鹿苑寺（金閣）
大徳寺
船岡山
龍安寺
等持院
北野天満宮
平安京の計画範囲
丹波街道
妙心寺
■肥前佐賀藩
聚楽第跡
司代役邸
下嵯峨街道
二条城
新選組壬生
将軍警護のために　　　た浪士隊の中で，近藤勇・土方歳三・芹沢鴨らの 13 名が京に残った。彼らは，壬生の八木邸を中心に屯所を構えて新選組を結成した。
■小浜藩邸
六角獄舎
壬生寺
御土居
豊臣秀吉によって，京都の町は再編されたが，その際，京都をとり囲む御土居とよばれる土塁をめぐらせた。寺院は御土居の周縁部に集められて，寺町が形成された。
千本通
西高瀬川
●輪違屋
●角屋
島原
西本願
隊士の増加により
1865 年，新選組
所を移した。彼ら
飼ったり軍事訓練
寺側を悩ませた。
現在の線路
■…幕府・各藩の関係する建物
●…幕末に関連するおもな場所
★…新選組に関係する場所
∴…幕末以前のおもな史跡
▶①…幕末関連用語解説
○東寺（教王護国寺）
1868 年，鳥羽・伏見の
戦いに際して，征討大
軍の本営とされた東寺
て，官軍の象徴である
の御旗がひるがえった。
羅城門跡∴

京の庶民

人々の生業

米を運ぶ人

A 池田屋事件〈1864 年 6 月 5 日〉

新選組は，尊王攘夷・倒幕運動の過激派志士が集まり，治安が悪化した京都において，京都守護職の配下(会津藩御預)で治安維持のために活動した組織であった。その新選組の名を一躍有名にしたのが池田屋事件であった。池田屋は京都木屋町にあった旅宿で，長州藩を中心とする尊王攘夷派が，一橋慶喜・松平容保を暗殺し，孝明天皇を長州に連れ去るなどのクーデタを計画したといわれる。事前にこれを把握した新選組が池田屋を急襲し，9名を殺害，4 名を捕縛した。この襲撃には，近藤勇，沖田総司，永倉新八，応援に土方歳三が加わっている。

新選組関係年表

1863.3	壬生浪士組結成。会津藩御預となる
.8	八月十八日の政変の働きにより，「新選組」を拝命
1864.6	**池田屋事件** ➔ p.205
.7	禁門の変(蛤御門の変)で，長州藩と交戦 ➔ p.205
1865.3	壬生屯所から西本願寺に屯所を移す
1866.1	薩長連合(薩長同盟)成立 ➔ p.205,206
1867.3	新選組，幕府召し抱えとなる
	不動堂村屯所へ移転
.10	大政奉還 ➔ p.208
.12	王政復古の大号令　小御所会議 ➔ p.208
1868.1	鳥羽・伏見の戦い(戊辰戦争始まる) ➔ p.208
.4	近藤勇，新政府軍に投降。板橋刑場で処刑される
1869.5	土方歳三，箱館戦争で戦死(戊辰戦争終わる)

B 薩長連合〈薩長同盟〉

1864 年の禁門の変で薩摩・会
長州藩を撃退し，尊王攘夷派が
のち，一橋慶喜と会津・桑名両
政治の主導権をにぎり，幕府権
化にのりだした。薩摩藩は雄藩の
をめざして慶喜を支持していたた
動きに危機感を抱き，倒幕のため
の連携を模索し始めた。しかし，
禁門の変での薩摩藩の行動にうら
ていたため，連携には踏み出せな
この両藩を坂本龍馬らが仲立ちし
の木戸孝允らと薩摩藩重役との
都で設定され，薩長連合が成立し

▶①薩長連合盟約の坂本龍

小松帯刀邸
B 薩長連合
近年，場所が特定された。
賀茂川
▶③下鴨神社
高野川
相国寺
薩摩藩邸（二本松）
花の御所跡
C 小御所会議
●三条邸
土佐藩下屋敷（陸援隊屯所）
吉田社
尾張藩邸
一条通
京都守護職邸
水戸藩邸
▶④ 蛤御門
禁裏御所
会津藩邸
聖護院
仙洞御所
白河殿跡
丸太町通
刈大広間
二条通
押小路通
御池通
越前藩邸
長州藩邸
薩摩藩邸（岡崎）
加賀藩邸
現在の山鉾巡行のルート（先祭）＊
＊2019年現在。
A 池田屋事件
三条通
六角通
六角堂
紀伊藩邸
本能寺跡
蛸薬師通
錦小路通
米沢上杉藩
酢屋（海援隊屯所）
三条大橋
▶⑤ 近江屋
土佐藩邸
祇園社（八坂神社）
堀川
四条通
綾小路通
薩摩藩邸
四条大橋
醒ヶ井通
仏光寺通
高辻通
建仁寺
河原町通
松原通
安芸藩邸
万寿寺通
高倉通
堺町通
富小路通
六波羅探題跡
六波羅蜜寺
五条通
六条通
五条大橋
東本願寺
一橋慶喜は，フランス式歩兵をここに駐屯させた。
西洞院通
天満屋
枳殻邸
方広寺
七条通
本光寺
三十三間堂
新町通
室町通
烏丸通
東洞院通
禁門の変の焼失範囲
鴨川
★ 京都での最後の屯所（推定）
新選組のふるまいに迷惑していた西本願寺は，新しい屯所を提供した。1867年に転居した屯所は，3000坪を超える大名屋敷なみの構えを備えていたという。
現在の京都駅
竹田街道
伏見街道
1611年ごろに角倉了以によって，京都と伏見を結ぶために開削された運河。各藩の藩邸も高瀬川沿いに多く集まる。
高瀬川
西洞院川
油小路通

〈1866年1月21日〉 ➔ p.205,206

津両藩が衰退した藩は中央力の再強幕政参加め，この長州藩と長州藩はみをもっいでいた。、長州藩会談が京た。

の裏書き

（宮内庁書陵部蔵）

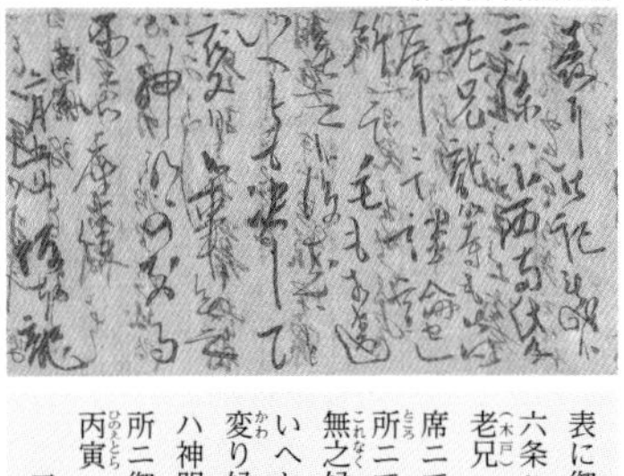

表に御記被成候
六条ハ、小（小松）・西（西郷）両氏及
老兄（木戸）・龍（坂本）等も御同
席ニて談論セし
所ニて毛も相違
無之候、後来と
いへとも決して
変り候事無之
ハ神明の知る
所ニ御座候
丙寅
二月五日　坂本龍

C 小御所会議 〈1867年12月9日〉 ➔ p.208

将軍慶喜によって政権（大政）を朝廷に返す大政奉還がなされたことで，徳川が主導する諸藩連合政権樹立へと流れ始めた。しかし，岩倉具視を中心とした薩摩・長州藩などの討幕派は，12月9日，クーデタを敢行し，天皇を政治の中心とする「王政復古の大号令」を出した。その夜，小御所会議を開き，討幕派は徳川慶喜の「辞官納地」を要求した。これに対して，山内豊信（容堂）は「会議に慶喜自身が出席できないのに（そのやり方は）陰険だ」と松平慶永（春嶽）らと反論し，一方，岩倉や大久保利通らは慶喜の罪状を理由に断固拒否した。しかし，休憩中に土佐藩士後藤象二郎が山内豊信を説得し，「辞官納地」で決着することとなった。この結果，この決定に不満をもつ会津藩ら旧幕府軍と新政府軍との鳥羽・伏見の戦いが勃発することになった。

〈島田墨仙筆 王政復古〉

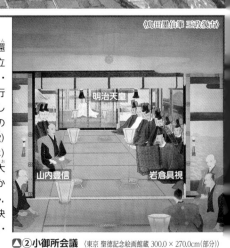

明治天皇
山内豊信
岩倉具視

△②小御所会議 〈東京 聖徳記念絵画館蔵 300.0×270.0cm（部分）〉

特集 幕末動乱の舞台 京都(1862～68年ごろ)

〈イラスト　黒澤達矢氏
監修　伊東宗裕氏〉

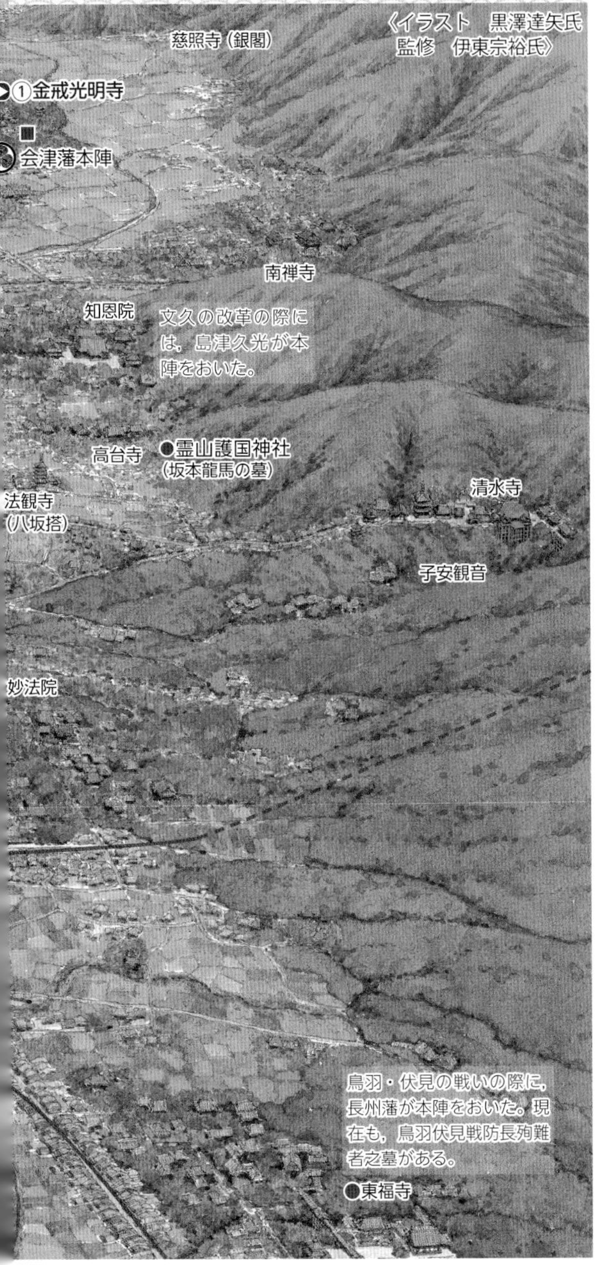

慈照寺(銀閣)
①金戒光明寺
会津藩本陣
南禅寺
知恩院
文久の改革の際には，島津久光が本陣をおいた。
高台寺
●霊山護国神社
(坂本龍馬の墓)
清水寺
法観寺
(八坂搭)
子安観音
妙法院
鳥羽・伏見の戦いの際に，長州藩が本陣をおいた。現在も，鳥羽伏見戦防長殉難者之墓がある。
●東福寺

幕末関連用語解説

①**金戒光明寺**　京都守護職は，文久の改革(➔p.204)の結果，1862年に将軍後見職・政事総裁職とともに設けられた幕府の要職で，会津藩主松平容保が就任した。金戒光明寺は，京都を見わたせる高台にあり，会津藩はここを本陣と定め，藩兵1000人が常駐した。

②**京都所司代**　京都の治安をつかさどる役所だが，この上位に京都守護職がおかれた。京都所司代には，松平容保の実弟で桑名藩主の松平定敬(➔p.208)が就任した。

③**下鴨神社**　1863年3月11日，孝明天皇は，将軍家茂と一橋慶喜を従えて，上賀茂・下鴨神社にて攘夷祈願を行った。その際に，将軍家茂に5月10日の攘夷決行を約束させた。

④**蛤御門**　御所の西側の門。八月十八日の政変で都を追放されていた長州藩勢力が，京都守護職松平容保らの排除をめざして挙兵し，京都市中で市街戦を繰り広げた(禁門の変)。とくに蛤御門前では会津・薩摩藩との激戦となった。➔p.205

⑤**近江屋**　1867年11月15日，醤油商近江屋の2階で密談していた坂本龍馬と中岡慎太郎が暗殺された。

幕末の動乱の中心地

江戸時代の京都は，長らく文化の中心地であった。しかし，1853年のペリー来航以降，幕政の乱れにより幕府の権威が失墜し，天皇の権威が浮揚することになった。1863年，攘夷実行を要望する孝明天皇の要請により，14代将軍家茂と将軍後見職一橋慶喜が上洛したことで，京都は幕府，公武合体派，尊王攘夷派が対立する政治の中心地となった。

幕末京都関連年表

＊月日は旧暦の月日。

1862

2.11	和宮と将軍家茂婚姻
	公武合体
3	島津久光が公武合体運動推進のため上洛
4.23	寺田屋事件(伏見)→薩摩藩内の尊王攘夷派を粛正
6	島津久光，勅使大原重徳を伴って，幕府に幕政改革を要求→文久の改革へ ➔p.204
8	生麦事件 ➔p.205

1863

3.4	将軍家茂上洛
3	「壬生浪士組」結成
4	幕府，5月10日に攘夷決行を奏上
5.10	長州藩，外国船を砲撃
7	薩英戦争 ➔p.205
8.18	八月十八日の政変
8.19	七卿落ち
8	壬生浪士組，「新選組」を拝命する

1864

	池田屋事件
6.5	
7.19	禁門の変(蛤御門の変)
7～12	長州征討(第1次)
8	四国艦隊下関砲撃事件 ➔p.205

1865

閏5	将軍家茂再上洛
9	長州再征の勅許

1866

1.21	**薩長連合(薩長同盟)**
6	長州征討(第2次)
7	将軍 家茂急死
12.5	一橋慶喜，将軍就任
12.25	孝明天皇死去

1867

10.13～14	討幕の密勅→薩長へ
10.14	大政奉還 ➔p.208
11.15	坂本龍馬暗殺される
12.9	王政復古の大号令
12.9	**小御所会議**

1868

1.3	鳥羽・伏見の戦い 戊辰戦争へ(～69)

1863年の相関関係図

＊年齢は1863年当時の数え年。

幕府

幕府は，朝廷と緊密に連携しながら挙国一致体制を組むことで，急進的な尊王攘夷論の動きを抑え，幕府の維持を画策した。その中心は将軍後見職一橋慶喜であり，彼は，京都守護職の会津藩，京都所司代の桑名藩と組み，京都で独自の政治を行った。

〈会津藩〉

27歳 一橋慶喜

29歳 松平容保

新選組　会津藩御預

29歳 土方歳三

30歳 近藤勇

幕政参加要求　攘夷決行要求　牽制

公武合体派

朝廷と幕府の連合政権のもとに諸大名を集結させ，列強へ対抗することが目的であった。薩摩藩主の父島津久光が強力に推進し，文久の改革を実現した。久光は，その過程で自身の政治力を強めたが，一橋慶喜と仲たがいし，西郷隆盛らに政治を託し薩摩に戻った。

〈越前藩〉　〈薩摩藩〉

36歳 松平慶永

47歳 島津久光

37歳 西郷隆盛

34歳 大久保利通

尊王攘夷派

欧米列強の外圧に対して，武力により外国勢力を排除することが目的であった。そのためには，幕府を倒し，朝廷中心の新政権樹立を目指した。尊王論は，長州藩の桂小五郎(のちの木戸孝允)や三条実美らが中心となり，推進した。

〈長州藩〉　〈公家〉

31歳 桂小五郎

25歳 高杉晋作

39歳 岩倉具視

27歳 三条実美

1866年の相関関係図

＊年齢は1866年当時の数え年。

朝廷のもとでの新政府樹立を構想

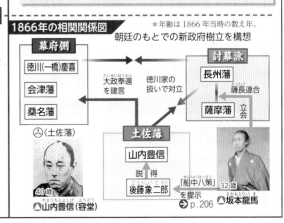

幕府側
徳川(一橋)慶喜
会津藩
桑名藩

大政奉還を建言　徳川家の扱いで対立

討幕派
長州藩
薩長連合
薩摩藩
立会

土佐藩
山内豊信
説得
後藤象二郎

〈土佐藩〉

40歳 山内豊信(容堂)

「船中八策」を提示 ➔p.206

32歳 坂本龍馬

図説日本史通覧 目次

赤字…特集　青字…東アジア全図　□…文化ページ　黒字(原始〜現代)…時代別 通史ページ

東アジア全図でみる日本史

このコーナーは，「東アジア全図」と「世界史概観」とで成り立っています。

東アジア全図

東アジアにおける日本の歴史を概観できる地図を，巻頭にまとめています。さらに，各時代のテーマ(タイトル)に関連した“日本と世界のつながり”を示す事がらを□で示し，年表*に赤字で表しています。

＊○その年のできごと(推定を含む)を示す。◎およその年を示す。

世界史概観地図

その時代における，世界の大きな動きを概観できる世界地図です。とくに世界各地が大きく動いた時代については，そのころの世界 ページも設けています。

時代別 通史ページ

「鎖国」ーかれうた渡海之儀これを停止せられおわんぬ 史(『徳川禁令考』)　159

ヒストリースコープ

キリスト教禁教から始まった幕府の「鎖国」政策は，徐々に取り締まりを厳しくしていった。1635年には日本人の渡航・帰国を，39年にはポルトガル船(かれうた*)の来航を禁止，41年にはオランダ商館を出島に移し，ここにいわゆる「鎖国」が完成した。
＊ヨーロッパの大型帆船ガレオンの小型版の船ガレウタ。ポルトガル人が使用した。

唐人屋敷
中国船
出島
オランダ船
奉行所

①長崎港のようす　キリスト教禁教と貿易統制を目的とした「鎖国」後も，幕府は中国船やオランダ船を直轄地である長崎に集め，貿易による利益を享受した。このため17世紀末の長崎の人口は，約6万5000人にまでのぼった。(兵庫 神戸市立博物館蔵(部分))

考察
❶長崎ではどこの国との交易が行われていたのだろうか。
❷長崎で行われた交易の特徴を説明しよう。→2
❸長崎で行われた交易のほかに日本はどこの国と交易を行っていたのだろうか。→1

ヒストリースコープ

当時の絵画や写真，資料を通して，時代の特徴をつかむ学習の窓口です。別冊『日本史重要史料』に詳しい【解説】を掲載しています。

考察　資料を読み解く問いかけです。資料を用いて説明・論述を行うことで，時代の特徴の理解を深めます。解答は別冊『日本史重要史料』に掲載しています。

サブタイトル

史料を用いた見出しによって，時代の特徴を端的に表しています。

なかでも学習上重要な史料は，別冊『日本史重要史料』にも掲載しています。

➡ 別冊掲載の史マークがついています。

時代区分の色分け　ページ番号やページ横の見出しの色を，時代別に統一しています。

●東アジア全図…4　●原始・古代…23　●古代(飛鳥時代～)…47　●中世(院政～)…98　●近世(安土・桃山時代～)…142　●近代(開国～)…201　●現代(第二次大戦後～)…292

歴史への興味・関心を広げる１行コラム

歴史のまど…学習内容に関連したテーマを扱う参考文献や映画を紹介。

歴史散歩…美術館，博物館，史跡などを紹介。

今日とのつながり…学習内容と現代の生活とのつながりがみえるものを紹介。

理解を深める特集ページと５つのコラム

特集…１つの題材をより詳細に解説したり，テーマ史にまとめたりした特集ページ

人物…人物のエピソードを紹介したコラム

時代を見る目…学習内容を新しい視点で多面的・多角的に理解するためのコラム

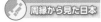

周縁から見た日本…日本史を周縁地域から見たコラム

Key Word…重要な用語について解説したコラム

環境…環境・風土にかかわるコラム

QRコンテンツ

スマートフォンやタブレットなどのコード読み取りアプリでQRコードを読みとると，内容が閲覧できます。https://ict.teikokushoin.co.jp/materials/tsuran/2024/

【特集】日本史研究へのいざない　科学技術を用いて年代を特定せよ！　科学技術を用いて真の姿を再現せよ！

＊アクセスの際に発生する通信料は，各自のご負担になります。あらかじめご了承ください。
＊QRコンテンツの配信期限は，2028年３月末までを予定しております。
＊QRコードは(株)デンソーウェーブの登録商標です。

便利なリンクとマーク

- 国…国宝指定の文化財，世…世界文化遺産登録の文化財をそれぞれ示しています。
- 史…別冊『日本史重要史料』に史料を掲載していることを示しています。
- ➔p.238，(➔p.238)…関連するページを示しています。
- ←p.226 ➔p.240，p.349「内閣一覧」…前後の内閣表および巻末の一覧表を示しています。
- ➔1 A，➔2，➔図③，➔🔍…ページ内で関連する項目を示しています。
  ※🔍は，ヒストリースコープの内容を参照することを示しています。
- ➔p.15 巻頭地図…関連する巻頭地図や特集のページを示しています。
- よみとき…図・表やグラフ，絵画などを読み解く際の着眼点を示しています。
- 地図を見る目…地図を読み解く際の着目点を示しています。

別冊『日本史重要史料』と【考察解答】【解説】

前半(縦書き)…重要史料ページ
後半(横書き)…「考察解答」・「解説」ページ

※年号について：改元のあった年の年号は，その年の初めから新しい年号を用いて表記しています(例：1989年は１月７日までが昭和64年，８日から平成１年ですが，本書では1989年は平成１年と表記しています)。

特集 入試に強くなる！日本史探究の学び方—見方・考え方を身につけよう

1 日本史探究はどう学べば良いのだろう？—学習を始めるにあたって

ポイント 日本史探究では，歴史的事実を確認するだけでなく，**自分なりの「問い」＝問題意識**をもち，その答えを仮説として考えながら学ぶことが重視されます。そのような学習の効果を高めるためには，次にあげる**歴史を読み解くための視点**をもとに歴史的事実を見ることが大切です。

入学試験を解くときにも，これらの視点は重要なのですね。

①歴史を読み解くためのさまざまな視点

因果関係をみる視点

- **背景や原因**
  - □なぜ，そのできごとは起こったのか？
- **経緯・経過**
  - □そのできごとの起こりと，移り変わりは？
- **変化や影響**
  - □それによって，歴史はどのように変化したのだろうか？
  - □のちの時代への影響は？

多角的にみる視点

- **比較**
  - □似たことがらを異なる地域・時代から見つけて比較してみるとどうなるか？
  - □違いは？類似点は？
- **立場や視点**
  - □さまざまな角度から歴史を見ると？
  - □それぞれ別の評価が生まれるか？
- **現在とのつながり**
  - □その事実の影響が現代社会に見られるか？

仮説 巻頭3-6ページ「**読み解きトレーニング**」では，これらの視点をもとに**仮説を立てる練習**を行います。

2 探究する「方法」を身につけよう！—鎌倉時代の「承久の乱」を例に考えてみよう

A 時代の「変化」を見ぬき，事実を因果関係でつなげて説明しよう！

ポイント 図①の６つの視点の中でも，「背景・原因」と「変化・影響」のつながりを「**歴史的因果関係**」といい，とくに重要視されます。「**経緯・経過**」とあわせて，「**何が原因で何が起こり，その結果，何がどう変わったのか**」をしっかりと押さえることが大切です。鎌倉時代の初期に起こり，武家政権が確立する契機（きっかけ）になったといわれる「**承久の乱**」を例に，「**歴史的因果関係**」を見てみましょう。

背景や原因

- **鎌倉幕府**という武士の新しい政権が生まれ，**朝廷の権力を圧迫**し始めた
  - ➡ 荘園の支配をめぐり，地頭が荘園領主と対立するなどの問題
- 朝廷の**後鳥羽上皇**は，**軍事力増強**をはかり院政を強化しようとしていた
  - 探究で新たに学ぶ内容 「**西面の武士**」の新設 ➲p.109
- 後鳥羽上皇と交流のあった３代将軍**源実朝**が，1219年に**暗殺**された
  - …朝廷と幕府をつなぐ人的関係が崩れ，朝幕関係は不安定になった

②源実朝の座像 実朝は和歌に傾倒し，後鳥羽上皇との関係も良好だった。その死後，上皇の皇子を将軍に迎えようとする幕府に対し，上皇は不信感を強めた。
〈山梨 甲斐善光寺蔵〉

承久の乱
(1221年)

経緯・経過

- 1221年，京都の朝廷の**後鳥羽上皇が，鎌倉幕府の北条氏**（執権 北条義時）**を倒すための兵をあげた**
- 上皇軍は，結果的に上京した幕府軍に敗れた

③京都近郊の宇治川での攻防戦（『承久記絵巻』）攻める鎌倉幕府軍（右手）に対して，後鳥羽上皇側の武士は橋の板を外して守っている。『承久記絵巻』は承久の乱を描いた現存唯一の絵巻で，長らく行方不明になっていた。2020年，約80年ぶりに再発見され，注目されている。
〈和歌山 高野山龍光院蔵／高野山霊宝館提供〉

変化や影響

- 朝廷・貴族の権勢が衰え，**朝廷に対する鎌倉幕府の優位が確立**した
  - …後鳥羽上皇ら３人の上皇を配流，六波羅探題による朝廷監視など
  - 探究で新たに学ぶ内容 **皇位継承に対する幕府の関与** ➲p.122
- **幕府の力が西国に及ぶ**ようになった
  - …**新たに地頭を任命** 探究で新たに学ぶ内容 **新補地頭** ➲p.109,111
- 幕府のなかでは，事態を収集した北条氏の権威が高まった

ポイント **「歴史の流れ」と「通史」**

すべての事実は互いに因果関係をもち，つながりながら時間軸に沿って連続的に変化していきます。この**変化の軌跡**を「**歴史の流れ**」といい，原始から現代までの「流れ」をまとめたものを「通史」とよびます。

入試ではこう出題された！

- 承久の乱の内容と，**承久の乱が朝廷と幕府の関係に与えた変化・影響**が問われた
  （東京大2019年前期，筑波大2009年前期 など）

因果関係による整理が大事なことがわかりますね。

B さまざまな角度から，歴史的事件に問いかけてみよう！

ポイント 学習では，視野を広げてさまざまな角度から事実を検討することも重要です。図①の**多角的にみる3視点**は，視野を広げることに役立ちます。これも承久の乱を例に見てみましょう。

④後鳥羽上皇

立場や視点

■荘園の支配・権益をめぐって…

・幕府の地頭が貴族や寺社の権益を侵害するのは許せない
・地域によっては地頭を廃止せよ

・地頭の権益は絶対に譲れない！

⑤承久の乱の際に執権 北条義時(左上)のもとに集まる御家人たち(『承久記絵巻』)

比較

タテ（時間軸）の比較 ― 前後の時代の似た事例と比較

■承久の乱と，その後の戦乱＝鎌倉幕府の滅亡を比較すると？

・承久の乱　…幕府軍が後鳥羽上皇軍を破り，決着をつけた
・鎌倉幕府の滅亡…足利尊氏ら御家人が反幕府にまわり，幕府を滅ぼした

仮説 歴史の流れを変えたのは武士の強力な武力ではないか？

ヨコ（空間軸）の比較

■鎌倉武士＝地頭の領民への態度は？

・畿内・西国：過酷な収奪も多い
…新補地頭は占領軍的な側面
・東国：本拠地のため収奪は限定的

入試ではこう出題された！

・荘園支配をめぐる，荘園領主と地頭の動向や関係が問われた（東京大 2021年前期，東京都立大 2021年前期 など）

★承久の乱後の状況も含めて確認してみよう！ ➲p.109-111

3 歴史を見るなかで芽生えた「問い」をもとに，未来を構想しよう！ 現在とのつながり

ポイント 歴史を**因果関係で理解**すると，「**なぜ今こうなっているのか？**」が見えてきます。この理解は同時に，「**このままいくと未来はどうなりそうか？**」という仮説＝未来予測を可能にします。また，過去を見るなかで問題点や教訓に気づくと，**現状の問題に対する解決のヒント**も見えてきます。こうして私たちは「**望ましい未来**」を構想しています。

入試問題でも，時事問題や，いま問題となっているできごとの歴史的背景を問う設問があります。歴史を学ぶ意義もわかりますね。

⑥歴史と現在・未来とのつながり

過去 → **現在** → **未来**

過去のできごと＝歴史

・何が起こり，どのように歴史を変化させたのだろうか？
・現在から見て問題となる点や，教訓はないか？

現在のわたしたちが置かれた状況

・なぜ，今こうなっているのだろうか？
＝過去に起こったできごとが，どのように現在に影響しているのだろうか？

未来に向けた構想

・見通しとして，このまま進むとどうなりそうなのか？
・どのような未来が望ましいのか？

★農業を例に見ると…

■農業基本法（1961年）による農業の近代化・合理化

・機械化促進，生産増加による収益増をめざす

結果
❶米の生産増加➡生産過剰➡減反政策（生産抑制，～2018年）
❷兼業農家の増加：農業機械のローン➡現金収入の必要
➡「三ちゃん農業」(➲p.308)・離農者も増加

■自由貿易化による農産物の輸入増加

・日米貿易摩擦➡牛肉オレンジ自由化（1991年）
・コメはほぼ100%の自給率を維持（1960～2010年代）

因果関係

■現在の問題

❶農家数減少・耕作放棄地増加
・農業就労者の高齢化・減少
・減反時の作付転換失敗による耕作放棄も
❷自由貿易拡大➡食料自給率低下
・73%（1965年）→38%（2021）

■現在の対応策

・農業経営の法人化・企業化

因果関係

仮説 このまま農業従事者が減り農業が衰退すると，主食のコメすら輸入に頼る状況になる可能性もないわけではない

⬇

ではどうするのか？

具体的に農業をどうしたら良いのかは，色々な意見がありうると思うけど…

農業経営が成り立って，働き手が安定して働く環境が必要なことは確かですね。

⑦胸まで沈む田での田植え（1962年）農業基本法による農地改良と機械化でこうした作業はなくなったが，農家は機械の購入に大きな負担を負った。

⑧機械による田植え（2020年）農業の法人化促進により，農業機械を法人で所有し，機械や人手・労働時間を構成員が融通しあうことが期待されている。

入試ではこう出題された！

・**農業基本法の目的や結果**が問われた（共通テスト 2021年第一日程など）

STEP① 経緯に注目して，貴族と武士の関係の変化を考えてみよう【経緯・経過】

1 さまざまな視点から歴史に問いかけよう

絵画Ⓐと Ⓑは，それぞれ平安時代の後期から末期にかけて起こった事件を描いた資料です。この資料から，武士の地位の変化を考えてみましょう。

絵画Ⓐと Ⓑは，どちらも絵巻物ですね。

年表Ⓐ ■院政期の政治をめぐるおもなできごと

1086	**白河上皇**が院政を始める（➡武力として**北面の武士**を設置）
1156	**保元の乱**　源義朝・**平清盛**の武力によって後白河天皇が勝利
1159	**平治の乱**　平清盛が院政の内紛を武力で解決
1167	**平清盛**が太政大臣に就任（平氏の全盛期へ）
1170	摂政 藤原基房襲撃事件（殿下乗合事件）おこる
1179	平清盛，後白河法皇を幽閉し，法皇の院政を停止

絵画Ⓐ 11世紀後半のようす

①『春日権現験記絵』巻二 第一段

〈皇居三の丸尚蔵館所蔵〉

黒い装束の人々が一列に並んでいて，その後ろに弓で武装した人たちがかしこまってひかえているね。

他の人たちが地面にひかえて出迎えているということは，車に乗っている人がいちばん身分が高いのかな？

黒い装束の人たちは貴族かな？

着ている装束から調べてみよう ➲p.92 図⑤

弓をもった人々は，貴族たちを護衛しているのかな？

車に乗っているのは誰か，武装している人々は何者か，本文で確認しよう。➲p.98 図②

絵画Ⓑ 12世紀後半のようす

②『平家物語絵巻』巻第一 殿下乗合

〈岡山県 林原美術館蔵〉

鎧や兜を身につけた武士たちが，貴族風の人たちに乱暴をはたらいているね。

『平家物語』は平氏の栄華と滅亡を描いた物語だから，描かれている武士は平氏の一族かな？

この絵でも，牛車に乗っているのは身分の高い人だね。

『平家物語絵巻』の第一巻に描かれているということは，平氏の全盛期のエピソードなのかな？

2 検討のなかで浮かんだ仮説をまとめてみよう

では，**年表Ⓐ**も参考にして，**絵画Ⓐと Ⓑの内容からそれぞれ武士について何がわかるか**を説明してみましょう。

絵画Ⓐ　絵画Ⓐでは，上皇が乗った車を一列に並んで出迎えている**貴族たちのうしろに，弓をもった武官がひかえています**。このころの武士も，**貴族よりも下の警護役の身分だった**ことが推測できます。

絵画Ⓑ　絵画Ⓑでは，平氏の武士たちが貴族で摂政の藤原基房の行列を襲っています。**平氏が政権をにぎり，その勢力に藤原氏のトップもかなわなくなった**ことがわかります。

絵画と歴史的事実を照らし合わせた結果，武士の地位が大きく変化したことがわかりました。それでは，**武士がどのようにして地位を上昇させたのか**，平氏を例に，年表事項も参考にして**経緯・経過をまとめてみましょう**。

仮説　武士は初めは天皇家や貴族に使われる立場だったけれど，**保元の乱や平治の乱の対立を武士の武力が解決した**ことをきっかけに**武士と貴族の力関係が逆転して，平氏が武士として初めて政権をにぎった**のだと思います。

➡巻頭1ページに「歴史を読み解くためのさまざまな視点」がまとめてあるよ！

本文で深めよう 武士団の形成と成長 ➲p.96　院政 ➲p.98　平氏政権 ➲p.99　源平の争乱 ➲p.105

STEP② 背景に注目して，碑がつくられた理由を考えてみよう【背景や原因】

1 さまざまな視点から歴史に問いかけよう

図③の石碑には，年代の異なるⒶⒷ2つの江戸時代の碑文*が刻まれています。年表Ⓑも参照して，この資料を検討してみましょう。

＊できごとや人物の業績を記念して石碑に刻みつけた文章。　＊2 災害などで亡くなった人を供養するためにも建てられた。

▼③2つの碑文をもつ石碑　石碑の左端には地蔵菩薩*2が彫られ，地蔵堂でおおわれている。

〈徳島県海陽町「大岩慶長・宝永津波碑」，海陽町教育委員会提供〉

地蔵堂　岩に彫られた地蔵がこのなかにまつられている
A
B

［共通テスト　平成30年度試行調査をもとに改変］

なぜ1つの石碑に碑文が2つ刻まれているんだろう？

なぜお地蔵さんが石碑の左に彫られているんだろう？

Ⓐの碑文が1605年，Ⓑが1707年のできごとで，どちらも津波が起こっているね。

碑文Ⓐ

南無阿弥陀仏

……一六〇五年……海が三度鳴りひびき、人々が驚いて手をこまねいている間に逆浪(津波)がしきりに起こった。高さは約三〇m、七回襲って来た。これを大潮と名づけた。村の男女が百人以上も海に沈んでしまった。後世のために伝える……

碑文Ⓑ

一七〇七年の冬……大地が大いに震え、海水が三m以上も湧き出して陸をかけ上った。三回くり返して止んだ。だが、この浦では一人の死者も出なかった。幸いというべきである。後世もし大地震にあったならば、あらかじめ海潮の変化を予想して避難するようにしなさい。そうすれば身を守ることができる。

年表Ⓑ

江戸時代のおもな地震

1605(慶長10)　**慶長地震**
房総半島から九州に大津波

1707(宝永4)　**宝永地震**
南海トラフのほぼ全域にわたる地震。家屋倒壊・津波で大きな被害

1854(安政1)
安政東海地震・安政南海地震
安政東海地震が起こった32時間後に安政南海地震が発生(安政東南海地震)　➔p.338

プレートの境界
ユーラシアプレート
太平洋プレート
南海トラフ
海陽町
フィリピン海プレート
0 200km

△④日本周辺のプレートの境界　フィリピン海プレートが日本の下にもぐりこむ南海トラフ周辺では，周期的に大地震が起こっている。

碑文Ⓐの1605年には，この村で大勢の人が亡くなったんだね。Ⓑの年はどうだろう？

2 検討のなかで浮かんだ仮説をまとめてみよう

では，ⒶⒷの碑文は，**どのような背景のもと，それぞれ何のためにつくられたと考えられるか，説明してみましょう。また，地蔵が彫られたのはⒶⒷどちらに関係があると考えられるでしょうか。**

仮説①　碑文Ⓐは，**1605年の慶長地震の津波で大勢の村人が亡くなった**ことが背景で，南無阿弥陀仏の文字があるから，**犠牲者を追悼するため**に建てたものだと思います。なので，**地蔵はⒶに関係がある**と思います。

仮説②　碑文Ⓑは**1705年の宝永地震**が背景で，**地震のあとには津波がくるという教訓を伝えるため**につくられたと思います。この年はこの村では死者が出なかったので，地蔵はⒷには関係がないと思います。

仮説①②のように，**できごとと背景や時代状況とを因果関係で結ぶと，なぜ？の理由が見えてきます。**ところで，碑文ⒷがⒶと同じ岩に彫られた事情は想像しかできませんが，Ⓐの内容と関係があるとすれば，どのようなことが考えられるでしょうか？

ひょっとすると，1707年の宝永地震のときに，村人は碑文Ⓐを教訓にして津波から逃れることができたから，その記念にⒶと同じ岩に彫ったということも考えられますね。

本文で深めよう 自然災害と人々の営み ➔p.338

STEP③ 秀吉の刀狩令の歴史的意義を考えてみよう

【変化や影響】

1 さまざまな視点から歴史に問いかけよう

豊臣秀吉の政策は，中世から近世への転換点になったと言われます。中学校で習ったことや資料を参考に，1588年に出された刀狩令が何をもたらしたか，その歴史的意義を検討してみましょう。

実際には，すべての武器を没収できなくても，刀狩令を出した意味はあったのじゃ。

▷①豊臣秀吉(1537-98)

資料A ■中学で習ったこと

- 中世は，自分たちの力で紛争を解決する時代だった(=「自力救済」の時代)
- 戦国時代には農民も武装していた
  - ・村の指導者層は武士と農民を兼ねる(地侍)
  - ・一般農民も武器をもち，合戦では雑兵に

▽②実際に出された刀狩令の写真　筑後国柳川(福岡県)の大名 立花氏に与えられたもの。

➡ 別冊『日本史重要史料』p.17 の現代語訳で内容を確認しよう〈福岡 立花家史料館蔵，柳川古文書館寄託〉

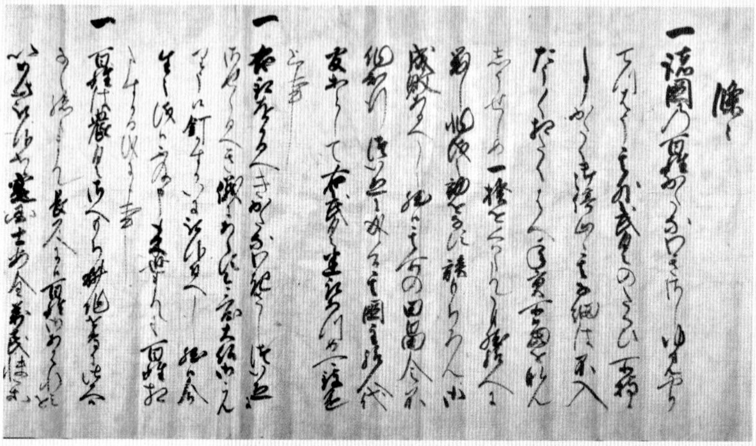

ある出来事が歴史に与えた変化・影響など，その出来事の重要性を歴史的意義といいます。

資料B ■あきらかになった刀狩りの実態

- 村に武器は残っていた
  - ・多くの農民が刀や槍をもっていた
  - ・鉄砲は害獣駆除用の農具として容認も
- 兵農分離の実際＝公的に武装を認められる者と認められない者を区別
  - ・武装を認められた武士身分(支配層)とそうでない者(被支配層)とを身分で厳しく区別
  - ・地侍らは百姓として村に残るか，武士として城下町に移るかの選択を迫られた

まずは，下の図の流れにそって問いを立てて，まとめてみれば良いんですね。

■経緯・経過 ①いつ？ …1588年

・秀吉の全国統一(1590年)の2年前，戦国時代が終わる時期

・人々が幅広く武装していた時代

➡ 実力行使で紛争を解決した時代

■経緯・経過 ②どのように？

・大名に命じて，農民や寺社の武器を取りあげさせた

■背景や原因＝なぜ？

・土一揆や一向一揆など農民の**一揆を防ぐ**ため

・武士と農民の身分を区別する**兵農分離**を進めるため

■変化や影響 ＝ どうなったのか？

・村に武器は残ったが，**武装を許された武士と許されない人との身分が区別**されるようになった

刀を差している人は武士身分だと一目でわかるようになったんだね。

公式には武器をもてなくなったということは，武器を使って自力で紛争を解決することができなくなったのかな。

刀狩令で兵農分離が進んだ結果，武士身分とそれ以外の身分を分ける身分社会ができて，江戸時代に受け継がれたのかな。

2 歴史的意義をまとめてみよう

では，それぞれの着眼をもとに，**刀狩令がどのような意味で時代の転換点になったのか**に注目して，歴史的意義に関する仮説をまとめてみましょう。

意義① 武士と農民が分離していない社会から，**武装した武士身分の支配層と，武装できない農民などの被支配層**とでなりたつ**身分制社会に変化する転換点**となったことが，歴史的意義だと思います。

意義② 民衆から武装する権利を取り上げることによって，中世社会の特徴だった，**自分たちの力で紛争を解決する「自力救済」を終わらせた**ことにも，刀狩令の歴史的意義があると思います。

意義①②のように，刀狩令には2つの歴史的意義が考えられます。意義①は，**太閤検地**や身分統制令など，豊臣秀吉のほかの政策とあわせて考えると理解が深まります。意義②は，中世の「自力救済」の社会が終わったあとにどのような社会になったのか，のちの時代を見てみるとさらに良いでしょう。

仮説は，学習が進むなかで再検討していく必要があるのですね。

本文で深めよう　豊臣秀吉の政策 ➡ p.146

STEP④ 刀狩令と「現在とのつながり」を考えてみよう 【現在とのつながり】

1 さまざまな視点から歴史に問いかけよう

できごとの意義を考えるには，前後の時代を長期的にみて比較したり，現在とどうつながっているかを検討することも必要になります。秀吉の刀狩令について，紛争の解決という視点から現在とのつながりを考え，歴史的意義を再検討してみましょう。

現在とのつながりを考えるには，何に注目すれば良いのでしょうか？

現在との共通点がないか，またどのような点で共通しているかをみると良いでしょう。

中世の紛争解決

■ 自力救済の原則による実力行使

幕府や戦国大名による裁定もなされたが，最終的には当事者が実力で解決する必要があった。実力で紛争を解決するための戦いは「喧嘩」とよばれた。

▽③「喧嘩」のようす　派手な衣装や奇異な行動で自己主張を行う「かぶき者」が喧嘩を始め，僧らが制止しようとしている。

〈『豊国祭礼図屏風』(部分) 徳川美術館蔵〉

資料C ■ 中世の紛争と解決手段

◉村と村の間の紛争
・境界争いや水利をめぐる水争いが発生
➡「喧嘩」では武士の合戦のように武器を使用，死者が出ることも

◉武士の所領争い
・鎌倉・室町時代：幕府による裁判・裁定は行われていたが，勝訴した側が実力で判決を実現する必要
・戦国時代：戦国大名が領内の紛争を裁定，分国法で家臣の「喧嘩」を禁止（喧嘩両成敗）
➡戦国大名どうしの紛争を裁く権力は存在せず

秀吉の天下統一　大名の統制，村々の「喧嘩」の禁止

「自力救済」の社会は厳しい社会でもあるんだね

江戸時代には，民衆の紛争にも裁判が行われたんだね。

でも，農民は土下座させられているし，今とはずいぶん違いそうだね。

近世の紛争解決

■ 幕府・藩による裁判

江戸時代には，奉行所や代官所が裁判を担当し，**幕府の法令や過去の先例と照らし合わせて**判決を下した。

〈新潟 水原代官所，阿賀野市商工観光課提供〉

▷④**農民の話を聴く代官所の役人（復元）**

資料D ■ 近世の紛争と解決手段

◉豊臣政権：「喧嘩」＝私戦の禁止
・大名の統制，領土の裁定
・村々の「喧嘩」の禁止
➡江戸幕府が継承

◉江戸時代：裁判の増加
・村々の境界争いや水争いのほか，金銭をめぐる個人の紛争などについて訴訟が頻発

この時代には司法と行政が分かれていないんだね。

2 「現在とのつながり」の視点から意義をまとめ直してみよう

では，発見をもとに現在とのつながりをまとめ，また，刀狩令の歴史的意義について，「自力救済」の時代を終わらせた結果どうなったのかをふまえて再検討してみましょう。

つながり　刀狩令ののち，**紛争を自力でなく裁判や裁定で解決する時代になった点が，今につながっている**と思います。裁判のしくみや内容は，不十分な点が多かったようですが。

意義　中世の自力救済の時代を終わらせることによって，**公的な裁判制度によって秩序が保たれる時代**を準備したことに，刀狩令の歴史的意義があったといえると思います。

刀狩令は「自力救済」の時代を終わらせ，裁判や調停を通じて解決する時代を準備したのですね。ただ，人権の考え方もない身分制社会だったため問題点も多く，これをどう評価するかはさまざまな意見がありえます。

刀狩令の意義も，「自力救済」による争いの悲劇を終わらせた面と，厳しい身分制社会の土台をつくったという面とでは，見方が違ってきますね。**歴史のできごとの意義は，さまざまな角度から多面的に考えなければいけないのですね。**

本文で深めよう　惣村の自治 ➲ p.126　戦国大名 ➲ p.140~141　大名の統制 ➲ p.155　公事方御定書 ➲ p.185

SKILL

①絵画資料を比較する

■読解のポイント

★描かれているもののようす・描かれ方に注目

➡人物の身なり・持ち物・表情・行動や，周囲に描かれている事物にも注目しよう

★比較を行う場合➡共通点と相違点を探す

②資料を他の資料と対照してチェックする

■ポイント

- 歴史資料に描かれた内容がすべて事実とは限らない
- ひとつの資料からわかることには限界がある

➡他の資料と比較検証して内容を確かめる(＝**史料批判**)

➡これによって，①その資料がどの程度信頼できるかという信頼性や，②資料の作成者の立場や先入観など，資料を扱う際の注意点，③その資料だけではわからない背景事情などが判明する

■資料と史料

- **資料**：現代の研究書なども含め，考察の参考となるものの全体
- **史料**：資料のうち，歴史の研究で主張の根拠などに用いられる文書・発掘品など

1 古代中国で描かれた倭国の使節の絵画を読み解いてみよう

中国南北朝時代の東アジアのようす ➲ p.5

6世紀はじめ，中国の南朝に成立した梁(502～557)では，周辺諸地域から朝貢に訪れた使節の姿を示した『梁職貢図』が描かれた。このなかでは，倭国(倭，当時の日本)の使節と朝鮮半島の百済の使節とが，大きく異なるようすで描かれている。その背景を読み解いてみよう。

■朝貢
- 中国の皇帝に貢ぎ物をもってあいさつに出向くこと。当時は中国が東アジア世界の先進国だった。

■「職貢図」
- 中国に朝貢に訪れた周辺諸地域の使者のようすを描き，その地域の事情を添え書きした絵画。なかでも『梁職貢図』はとくに有名。
- 「職貢」は，中央政府に差し出す貢ぎ物という意味。

資料1 ①『梁職貢図』に描かれた倭国使(倭国の使節，左)と百済使(中国 国家博物館蔵)

［共通テスト 平成29年度試行調査をもとに改変］

■倭国使

布を頭に巻いている
身に布をまとっている
足ははだしである

■百済使

頭に冠をかぶっている
中国風の礼服を身につけている
足に靴をはいている

資料2 ②当時の中国と倭・百済の朝貢

年	事項
239	倭の邪馬台国の卑弥呼が中国の魏に朝貢する ➲ p.36
372	百済が中国に初めて朝貢➡以後，定期的に朝貢
421	倭国の王が南朝の宋に朝貢する ➲ p.42
478	倭王 武(ワカタケル大王)が宋に朝貢する ➡倭が朝貢したことが確実とされる最後の例
502	**南朝に梁が成立する**
512	百済が梁に朝貢する
521	百済が梁に朝貢する
534	百済が梁に朝貢する
539	**このころ『梁職貢図』が描かれたと伝えられる**
541	百済が梁に朝貢し，博士や工芸技術者を求める
549	百済が梁に朝貢する

(502～549：梁の時代の朝貢)

資料3 ●『魏志』倭人伝に描かれた，邪馬台国の時代の倭の人々のようす【要約】史

…男子は冠をかぶらず，木綿の布を頭に巻き，衣は布をただ身にまとっていて…皆はだしである。

『魏志』倭人伝 ➲ p.36

STEP 1 資料1の絵画の内容を確認しよう

■人物の身なり・ようす
- 百済使は，**中国風の礼服**を着て頭に**冠**をかぶり，足には**靴**をはいている。
- 倭国使は身体に**布**をまとい，頭にも布を巻いていて，足は**はだし**である

➡百済使のほうが文化的に進んでいるという印象を与える描き方になっている。

■東アジアでの「文明」と「野蛮」
- 文化・技術面で周辺諸地域よりも進んでいた古代中国では，自らを「文明の中心」ととらえ，周辺を遅れた野蛮な地域とみなす中華思想が生まれた。
- 日本もこの中華思想の影響を受けていった。

STEP 2 資料1と資料2～3を対照して，空欄を埋めながら次の問いを考えよう

■倭国使と百済使は，当時の実際のようすを描いたものだろうか？ ➡**資料2**
- **資料2**の年表をみると，百済は(ⓐ)年から549年までひんぱんに梁に朝貢し，博士などの派遣も求めている。➡百済が中国文化を積極的に取り入れようとしていたために，百済使も中国風の服装を採用していたと推測できる。
- 一方，倭国は梁に朝貢していないため，実際には倭国使は梁を訪れなかったと判断できる。➡倭国使の姿は想像で描かれたと推測できる。

■倭国使の姿は，何をもとに描かれたのだろうか？ ➡**資料3**
- **資料3**『魏志』倭人伝では，邪馬台国の時代の倭国の人々は，頭や身体に(ⓑ)をまとい，みんな足は(ⓒ)だと書いてあり，**資料1**の姿に似ている。➡**資料1**の倭国使は，梁の時代の姿を正確に描いたのではなく，古い時代の記録をもとに描かれたと推測できる。

読み解きのまとめ

百済は中国文化を取り入れており，その結果，百済使も中国風の礼服を着ていたと考えられる。一方，倭国使は実際には梁を訪れておらず，職貢図の姿は古い記録からの想像と推測できる。

2 応仁の乱で活躍した足軽の絵画を読み解いてみよう

室町幕府が衰退するきっかけとなった応仁の乱(応仁・文明の乱，1467～77年)では，足軽が活躍した。彼らは戦闘に従事するだけでなく，都の各地で略奪も行った。資料4の絵画には，そのようすが詳しく描かれている。彼らが略奪をはたらいたのはなぜかを考えてみよう。 真如堂の位置 ➲ p.127

資料4 ③京の寺で略奪をはたらく足軽のようす(真如堂縁起) 〈図③④京都 真正極楽寺蔵〉

❶
❷
❸
❹
❺
❻
❼
❽

■**足軽**
- 簡素な装備で戦う軽装の雑兵。応仁の乱で本格的に登場し，それまでの騎馬武者の一騎打ち中心という戦いの姿(➔p.97)を劇的に変えた。
- 戦国時代には，足軽を長槍隊や鉄砲隊に大量に組織した集団戦が戦いの主流になった(➔p.144)。

★応仁の乱では，足軽の服装や装備はまちまちで，鎧や防具をまったく身につけていない者もいた。
➡京・奈良周辺の農民が，戦乱や飢饉のなかで足軽になったといわれる。

資料5
当時の貴族がみた足軽のすがた【要約】史

応仁の乱で初めて登場した足軽は度の過ぎた悪党で，多くの神社や寺・公家が滅んだのは彼らのせいである。放火をして財宝を盗んでいくこともあり，まったく白昼強盗というべきである。 (一条兼良*『樵談治要』)

➡資料5は将軍 足利義尚に提出された政治の教訓書。このなかでは足軽の禁止も主張された。

*一条兼良(1402～81) 摂政・関白，太政大臣を歴任。当代随一の学者でもあった。応仁の乱では兼良邸が火災で焼失し，代々の蔵書を収めた文庫も焼けた。

資料6
京の僧が描いた足軽のようす【要約】

東軍の陣に精兵(強い兵)が300人おり，足軽と称している。兜もかぶらず，ただ剣だけをもって敵軍のなかに突入してゆく。 (雲泉太極*『碧山日録』)

*雲泉太極(1421～?) 京の東福寺の禅僧。『碧山日録』はその日記。

資料7

戸板を運びこんでいる
木材を組み立てている

④京の郊外で建物を築く足軽たち(真如堂縁起)

資料8 ⑤応仁の乱での足軽の活動

応仁の乱での戦闘
=京の都を舞台とした戦い ➲ p.127
➡京の屋敷や寺を陣地に用いた陣地戦となった

足軽の任務
- 陣地構築，物見櫓の建設
- 敵陣を攻略するために放火を行う
- 小回りのきく戦力として活躍

戦場での足軽のようす ➲ p.127

STEP 1 資料4の絵画の内容を確認しよう

■人物の身なり・ようす
- 人物❽は，鎧と兜を身につけ，馬に乗っている。
- 人物❶・❷・❹・❺は簡素な鎧を身につけ，人物❻は腰のまわりにだけ防具をつけている。
- 人物❸・❼は防具も身につけていない。
  ➡❽が武士，その他の人物が足軽と考えられる。

■人物の行動
- 人物❶・❻・❼は戸板などの木材を運び出し，人物❸・❹は槍で床板をはがして奪おうとしている。
  ➡この絵で足軽が寺院から略奪しているものが，おもに木材であることがわかる。

STEP 2 資料4と資料5～7を対照して，空欄を埋めながら次の問いを考えよう

■足軽たちの行動を，当時の人々はどうみていただろうか？ ➡資料4・5
- **資料4**は，戸板や床板などの(ⓐ)を略奪している足軽のようすを描写している。
- **資料5**は，邸宅を焼かれた被害者の立場から足軽を「まったく(ⓑ)」と非難している。
  ➡**資料4・5**からは，略奪・放火など非道な行いをする集団としての足軽像が読みとれる。

■足軽は，兵としてどのような活動を行っていたのだろうか？ ➡資料6～8
- **資料6**の僧は，戦力としての足軽を強い兵＝「(ⓒ)」として評価している。
- **資料7**には，足軽が**資料4**で略奪したような(ⓓ)を使って建物をつくっている。こうした陣地・物見櫓などの構築のほか，敵陣攻略のための放火も，足軽の任務だった。
  ➡**資料6～8**からは足軽の非道な行いも，兵としての活動の一環だったと考えられる。

読み解きのまとめ 応仁の乱で足軽が略奪を行った背景には，陣地や物見櫓を建てるための建築材料を確保するという目的があった。

SKILL 荘園絵図の読み解き

■絵図
- 近世以前の地図のこと。上空のさまざまな方角から鳥瞰した地域のようすを一つの絵にまとめている
  ➡目的・用途に応じて多様な表現がある

■荘園絵図の読解ポイント
- 荘園絵図＝古代・中世の荘園，とくに領域型荘園の姿を示す
- 荘園絵図の目的
  ＝荘園の位置・ようすや，境界を示す
  ➡四隅などに境界を示す牓示を置く
  ★牓示を結んだ線の内側が荘園の領域

■荘園
- 貴族や寺社(寺・神社)の私有地

■領域型荘園 ➲ p.94
- 一つの地域全体が荘園となり，その領域は国司への税が免除された(不輸の権)
- 税の免除には，荘園の領域を示して認可を受ける手続きが必要だった

1 院政の時代の荘園絵図を読み解いてみよう

紀伊国桛田荘は，代表的な領域型荘園の一つとして知られており，荘園領主であった京都の神護寺には，この桛田荘の絵図が伝わっている。**資料 1** を読み解きながら，この絵図が描かれた目的を考えてみよう。 桛田荘の位置 ➲ p.94

資料 1 ▽①**紀伊国桛田荘絵図**〈京都 神護寺蔵 96.1 × 115.8cm〉 桛田荘は，現在の和歌山県伊都郡かつらぎ町西部にあたる。

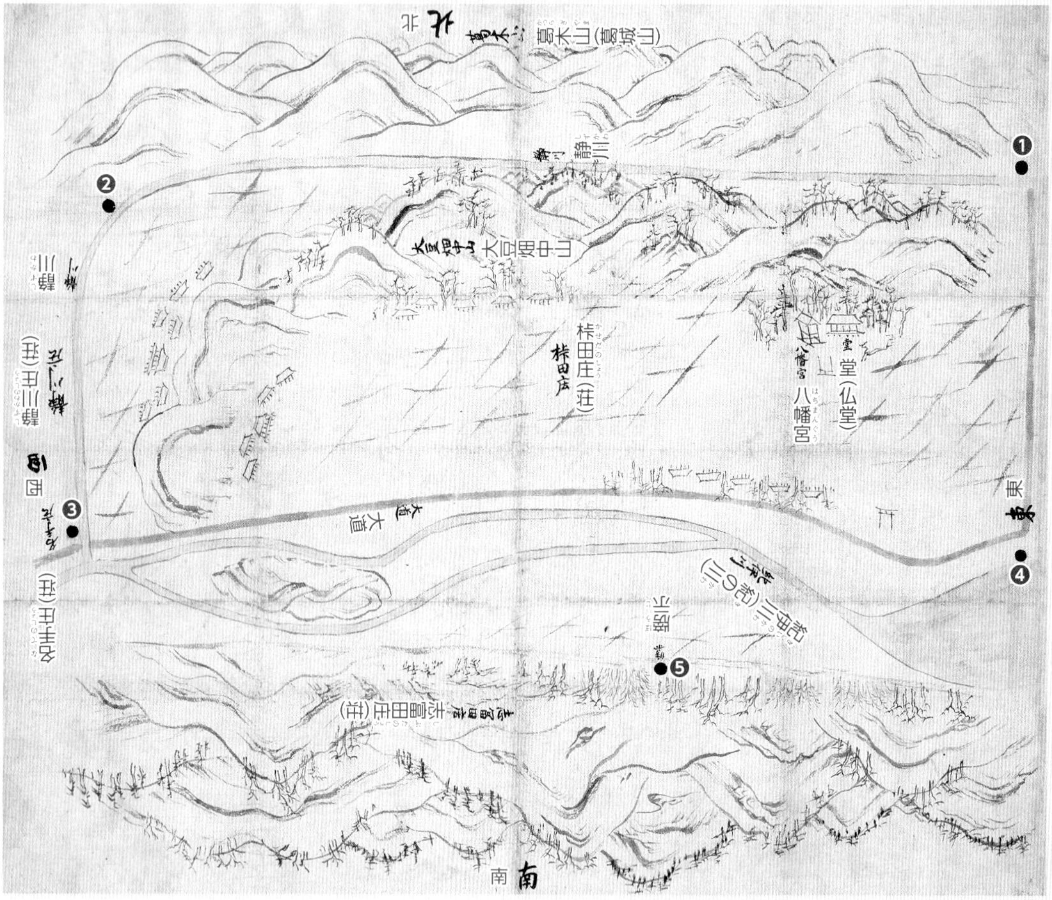
北
静川
桛田庄(荘)
堂(仏堂)
八幡宮
大道
東
西
南
志富田庄(荘)
❶
❷
❸
❹
❺

■境界争いと荘園
- 領域型荘園＝境界を画定
  ➡境界をめぐる争いが発生
- 荘園の境界＝山や河川・湖沼
  ➡河川の中央を境界とする
  ➡氾濫で河川の流れが変わると領域が変化
  ➡水利や土地をめぐって両岸の争いが起こる

資料 2 ▽②**桛田荘の歴史**

1147	桛田荘が史料に初めて登場する(崇徳上皇領)
1156	保元の乱で崇徳上皇が敗北 ➡のち桛田荘は後白河法皇へ
1164	紀の川の氾濫で川の流路が変わる ➡のち，桛田荘と志富田荘との間で境界争いが起こる
1183	後白河法皇が桛田荘を神護寺に寄進する
1184	桛田荘を神護寺領と認める手続きが取られる
1223	桛田荘と静川荘との間で境界をめぐる争いが起こる

STEP 1 資料 1 の絵図の内容を確認しよう

■荘園のようす
- 絵図の中央には桛田荘の名前が記入されている。
- **大道**と記された道が東西に走り，沿道や山のふもとには家屋がまとまった集落が 4 か所みえる。
- 東側には，仏をまつる堂と八幡神をまつる八幡宮が並んで描かれている。
- 道の南側には大河の紀伊川(紀の川)が東西に流れ，支流の静川が桛田荘の西側で紀の川に注いでいる。
- 桛田荘の南には志富田荘が，西には静川荘と名手荘がある。
- 荘園の境界を示す牓示が 5 か所，●で示されている。
  ➡❶〜❺

STEP 2 資料1と STEP1・資料2を対照して，空欄を埋めながら次の問いを考えよう

■この絵図の作成の目的を，牓示の意味に注目して推測してみよう➡資料 2
- 領域型荘園では国司への (ⓐ) が免除されるため，荘園を認可する手続きの際には，荘園の範囲を確定することが重要だったと考えられる。
  ➡その手続きの際，神護寺が，どの範囲が荘園かを牓示によって絵図で示したと推測できる。

■牓示の位置から，絵図の作成目的を再検討してみよう➡資料 2
- 牓示❺は紀の川の南の(ⓑ)荘側に飛び出し，❷や❸も川の静川荘側に置かれている。
- **資料 2** の年表では，(ⓑ)荘や静川荘との境界争いがあったことがわかる。
  ➡この絵図は，これらの境界争いの際に，桛田荘側の主張する境界を示すために作成されたとも考えられる。

読み解きのまとめ 荘園絵図では，国司への税を免除される荘園の範囲がどこまでかを確定したり，境界争いの際に自らの主張する境界を示すために，牓示で境界を示した。

SKILL 新田開発図の読み解き

■新田開発
- 新たに田や畑を切り開くこと
- 開発地の周辺に新しく村ができることもある

■新田開発図の読解ポイント
- 新田開発図の目的
  ＝開発範囲のようすや排水路・用水路，開発に参加する村々を示す

■新田開発図に描かれる要素
- 新田の範囲や名前，河川や水路
- 干拓の水路＝沼の水の排水路，農業用水の水路＝田畑に供給する用水路
- 開発に関係する村々や，開発後の村のようすなど

2 江戸時代の新田開発図を読み解いてみよう

江戸幕府の８代将軍徳川吉宗は，享保の改革のなかで新田開発を奨励した。これをうけて，鬼怒川と利根川の合流点の低湿地帯では，1722年から，周辺の村々が湿地の中心にある飯沼を干拓して大規模な新田開発を行った。この飯沼新田の開発の経過をまとめた江戸時代の記録には，新田のようすを描いた下の絵図が掲載されている。この絵図を読み解いて，新田開発の背景を考えてみよう。

■飯沼新田の開発結果（1728年）
- 新田の面積＝1,525町歩（15km^{2}強）
- 総石高＝1万4,383石7斗9升
  ➡小規模な大名の領地に匹敵する規模

資料3 ③飯沼新田の絵図　飯沼新田は現在の茨城県常総市・坂東市などにあたる。飯沼新田の位置➡p.183　〈茨城県立歴史館蔵〉

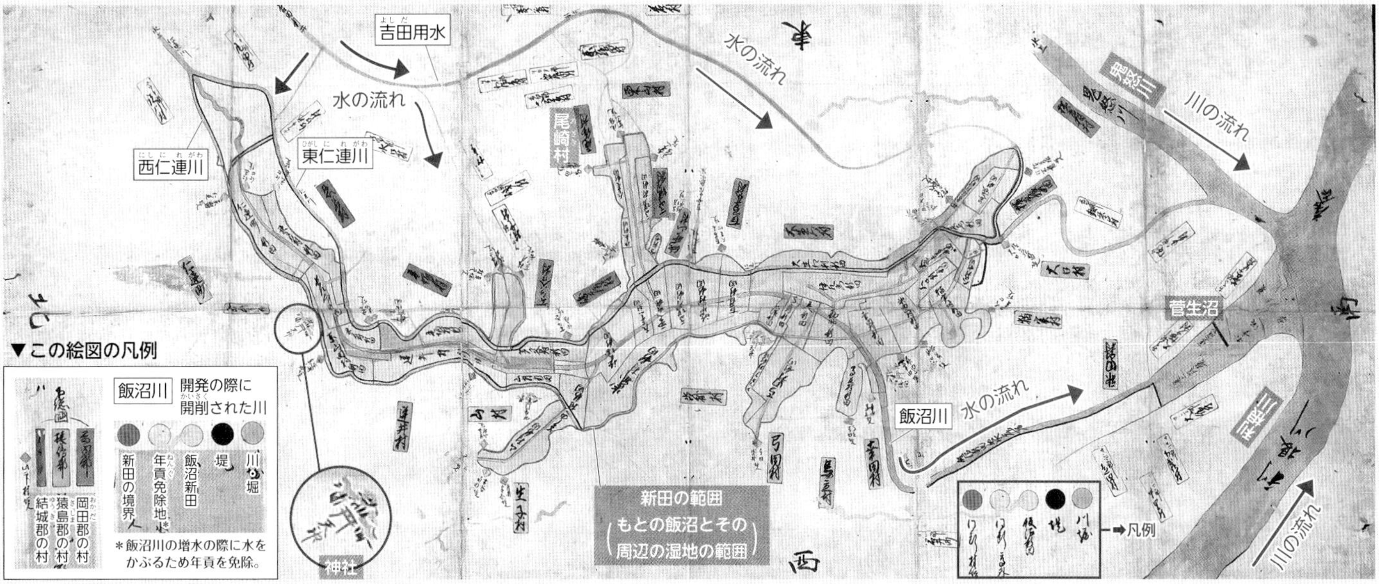
吉田用水
水の流れ
水の流れ
西仁連川
東仁連川
尾崎村
鬼怒川
川の流れ
菅生沼
飯沼川
水の流れ
利根川
川の流れ
新田の範囲（もとの飯沼とその周辺の湿地の範囲）
神社
▼この絵図の凡例
飯沼川　開発の際に開削された川
新田の境界
年貢免除地*
飯沼新田
堤
川堀
結城郡の村
猿島郡の村
岡田郡の村
*飯沼川の増水の際に水をかぶるため年貢を免除。
➡凡例

資料4 ④飯沼新田の開発の歴史

■江戸時代初期の飯沼のようす
- 水はけが悪く，不要な水を排水できない
- たまり水は作物の害となり，農業用水に活用できない
- 豪雨の際に，たびたび氾濫した

享保の改革（徳川吉宗）＝新田開発を奨励
目的　幕府財政の再建　➡耕地拡大で年貢収入増大めざす
➡1722　上総国岡田郡尾崎村の名主ら飯沼周辺各村の代表者，幕府に飯沼干拓・新田開発を申請➡幕府，許可

➡幕府，井沢弥惣兵衛を幕府側担当者に任命
- 井沢は土木・治水の技術をもち，のち見沼代用水（➡p.183）の開削などを指揮

➡井沢の設計・指揮により，飯沼川（排水路）・吉田用水（農業用水の供給路）など開削
1727　飯沼新田の開発がひとまず完了

STEP 1 資料3の絵図の内容を確認しよう

■新田のようす
- 絵図の中央には飯沼新田の全体の範囲が黄色く塗られ，赤い線で区画されている。
- 新田のほぼ中央に飯沼川が整備され，外周にそって東仁連川と西仁連川がみえる。新田の東側の吉田用水からも新田に水が引かれている。➡凡例
- 新田開発に関わった村として，結城郡の村が2か村，岡田郡と猿島郡の村が計22か村，記載されている。

■開発では，まず飯沼の水を抜く排水路がつくられた。絵図中の川のどの部分と考えられるか，開削された川と水の流れから推測して線で囲んでみよう。

STEP 2 資料3と資料4を対照して，空欄を埋めながら次の問いを考えよう

■地域の村々は，なぜ飯沼の干拓を望んだのだろうか？ ➡資料4
- 飯沼は水はけが悪く，（ⓐ）用水としても使うことができなかった。また，豪雨などの際には沼の水があふれた。
  ➡地域にとっては，氾濫対策と農業用水確保・田地拡大が課題だったと推測できる。

■幕府のおもわくはどのようなものだっただろうか？ ➡資料4
- 開発の幕府側担当者には（ⓑ）の技術をもつ井沢弥惣兵衛が任命されており，新田開発による耕地拡大・年貢増収に向けた，幕府の積極的な姿勢がよみとれる。
  ➡井沢の指導で，小規模な大名1家の領地にあたる約1万5千石もの農地が開発された。

読み解きのまとめ　飯沼新田では，地域の側は農地拡大や治水面の目的から飯沼の干拓による新田開発を望み，幕府は農地拡大による年貢増加を期待して開発を認めた。

読み解き演習③ 文字資料(1)

SKILL 木簡の読み解き

■木簡
- 木に墨で文字を描いた出土品資料。手紙やメモ書き，看板・掲示などさまざまな用途に使われた。出土数は荷札木簡と文書木簡が多く，官人の勤務成績を記した考選木簡などもある。

■木簡の読解ポイント
★木簡は漢文形式で書かれている➡ **文字資料読解の基礎**
★種類によっては内容がパターン化されている
- **荷札木簡のパターン・・・ 調を納める荷札の場合**
  ❶**貢納する地域名**(国・郡・里→郷) ❷**戸主名*** ❸**貢納者名**
  ❹動詞(「輸す」＝ 納める など)➡省略されることもあり
  ❺**税目**(税の種類)・**品名** ❻**数量・容量** ❼**年月**
- **文書木簡・・・ 役所間の連絡の公文書など** ➡ p.61

■奈良時代の税の種類
租…田の収穫を納める ➡**国(国司)に納入**
調…地域ごとに指定の特産物を貢納
(絹・糸・布・海産物など)
庸…都で年間10日の労役に代えて布2丈6尺 など

＊戸主…「戸」とよばれる大家族の代表者。個人は戸ごとに戸籍に登録された。戸籍のほか，調の課税台帳も存在した。➡ p.64

1 奈良時代の木簡を読み解いてみよう

1960年代以降，奈良の平城京跡を中心に各地で大量の木簡が出土している。その数は30万点を越え，調などの貢租物にくくりつけて用いた荷札木簡や，役所の公文書・伝票などの文書木簡によって，多くの事実が明らかになった。なかでも代表的な荷札木簡を読み解いてみよう。

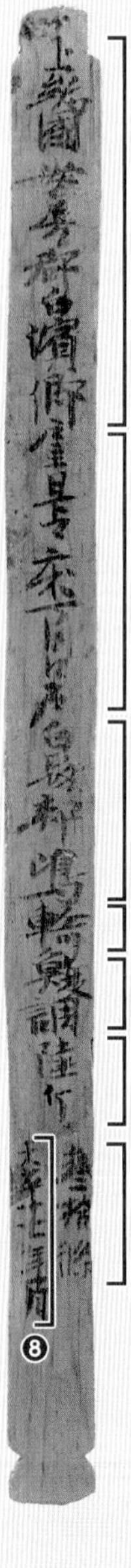

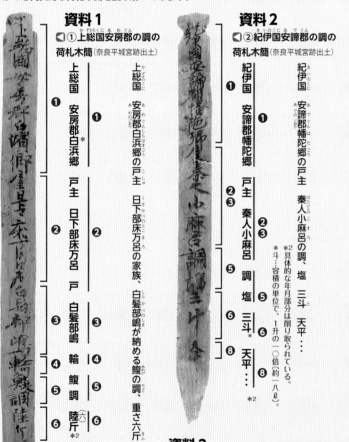

資料1
①上総国安房郡の調の荷札木簡(奈良平城宮跡出土)

❶ 上総国 安房郡白浜郷*
❷ 戸主 日下部床万呂
❸ 戸 白髪部嶋
❹ 輸
❺ 鰒 調
❻ 陸斤(六)*2
❼ 参拾条(三十)
❽ 天平十七年十月

上総国安房郡白浜郷の戸主 日下部床万呂の家族、白髪部嶋が納める鰒の調、重さ六斤 数量三十本 天平十七年十月

*2 斤…重さの単位。約六〇〇g
＊七五七年に安房国となる。

資料2
②紀伊国安諦郡の調の荷札木簡(奈良平城宮跡出土)

❶ 紀伊国 安諦郡幡陀郷
❷❸ 戸主 秦人小麻呂
❺ 調 塩
❻ 三斗*
❽ 天平…*2

紀伊国安諦郡幡陀郷の戸主 秦人小麻呂の調、塩 三斗 天平…

*2 具体的な年月部分は削り取られている。
＊斗…容積の単位で、1升の一〇倍(約一八ℓ)。

資料3 ③各地の特産物

布(麻布)→全国各地(東国中心)
絹・絹織物→全国各地(糸の太さで区分)
綿 筑前・豊前・肥後など九州各国
鉄 播磨・美作・備前・備中・備後など
海産物ほか 塩(尾張・紀伊など) あわび(安房・隠岐など) かつお(駿河・土佐など) 鮭(丹後・因幡など) イカ(隠岐・出雲) タコ(播磨) なまこ(志摩・能登など) 海草(隠岐など) ワカメ(下総・佐渡など) 鮎(上野・下野) 鹿(信濃・阿波)など

STEP1 資料1・2の木簡の内容を確認しよう

■資料1の木簡
❶貢納した地域＝上総国安房郡白浜郷
❷戸主の名＝日下部床万呂 ❸貢納者名＝白髪部嶋
❺税目＝調　品名＝あわび ❻数量＝重さ6斤・数量30本
❼年月＝天平17年10月(745年)

■資料2の木簡
❶貢納した地域＝紀伊国安諦郡幡陀郷 ❷戸主名＝秦人小麻呂
❸貢納者名＝秦人小麻呂 ❺税目＝調　品名＝塩
❻容量＝三斗 ❼年月＝天平年間か

STEP2 資料1・2とSTEP1・資料3を対照して，空欄を埋めながら次の問いを考えよう

■なぜ木簡には貢納者の情報が詳しく記されているのだろうか？
- **資料1・資料2**には，どこの誰が，いつ何を納めたのかが，詳細に記されている。
- 奈良時代には，誰がどこに住んでいるかが(ⓐ)に登録され，調についても，誰が何をどれだけ納めるかを指定した課税台帳が存在した。
  ➡**資料1・2**のような荷札木簡と台帳を都で照合し，調の納入を確認したと推測できる。

■同じ調でも，なぜ地域によって貢納物が異なるのだろうか？
- 調は，布などのほか，その地域ならではの(ⓑ)を納めた。
- 奈良時代には，各地の地名の由来や伝承，(ⓑ)を国ごとにまとめた『風土記』という書物が編纂されていた。
  ➡政府は，**資料3**のように各地域にどのような(ⓑ)があるのかを把握していたために，調の内容を地域ごとに指定できたと考えられる。

読み解きのまとめ 調の荷札木簡には上総国安房郡のあわび，紀伊国安諦郡の塩など貢納物と貢納者の情報が詳細に記されており，調が納入されたかの確認に用いられたと推測できる。

文字資料読解の基礎
★古代の文字資料には漢文と漢文書き下しの文体が多い
➡漢字だけの場合には，助詞や助動詞を補って読む
★漢字には当て字が多く用いられる
➡同じ音の漢字から当て字を推測して読む
★とくに単位の前に置かれる数字は漢数字と異なる漢字をあてることが多い
➡書き足しによる改ざんを防ぐため

一	二	三	四	五	六	七	八	九	十	百	千	万
＝	＝	＝	＝	＝	＝	＝	＝	＝	＝	＝	＝	＝
(壱)	(弐)	(参)	肆	伍	陸	漆・質	捌	玖	(拾)	陌・佰	阡・仟	萬

○は現在も正式な表記とされている (例)一万円札の表記「壱万円」

SKILL 古文書の読み解き

■古文書
- 歴史資料のうち，差出人が受取人にあてて書いた手紙形式の公文書・私文書を古文書という

■古文書の読解ポイント

★❶いつ（発行の日付），❷だれが（差出人，花押のみの場合も多い），❸だれに（受取人），❹どのようなこと（内容）を伝えているのかを確認する

■花押
- 古文書で，署名の代わりに書いた一種のサイン。名前の一部をとったり，組み合わせたりして作成した

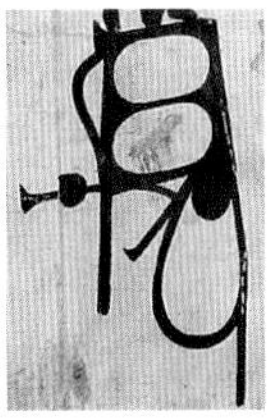

▶④武田信玄の花押

■候文
- 文末を「〜候」で結ぶ文。候は「です・ます」の意味で，戦国〜江戸時代に広く使われた

■戦国大名と家臣との関係
- 戦国大名と家臣は，家臣が大名に軍役で奉仕し，その功績に対して大名が恩賞として領地を与えるという関係にあった。➡功績が報われない場合，家臣は大名を見限って別の大名に仕えることもあった

2 戦国時代の古文書を読み解いてみよう

〈和歌山 高野山霊宝館蔵〉

1542年，甲斐の戦国大名 武田信玄（晴信）は信濃の諏訪地方に侵攻し，以後，信濃に領国（支配地）の拡大を進めた。その過程で家臣となった信濃の武将 真田幸隆（幸綱）に対して1550（天文19）年，信玄は下のような手紙を送り，まだ攻略していない信濃の領地を恩賞として与える約束をした。この古文書を読み解いてみよう。▶⑤武田信玄

資料4 ▽⑥真田幸隆宛武田信玄書状（武田晴信領知判物）〈図④⑥ 長野 真田宝物館蔵〉

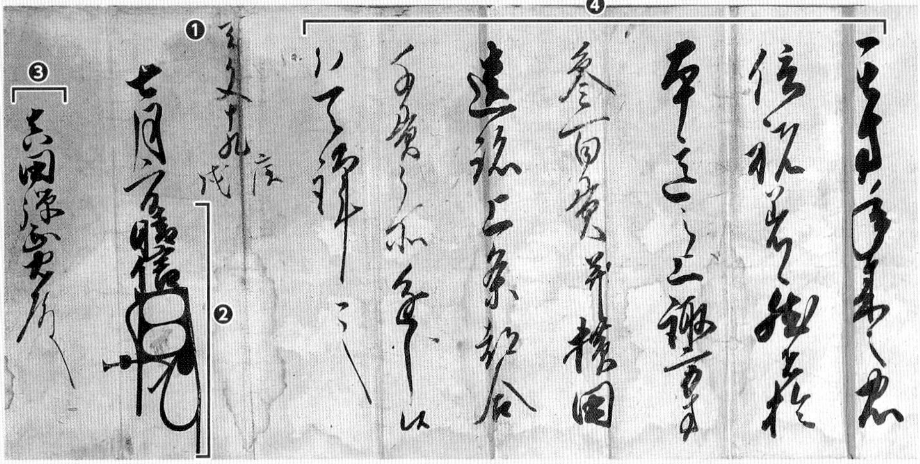

其方年来の忠信，祝着①に候。然らば本意②の上に於て，諏方方（諏訪形）③参（三）百貫④并に横田遺跡上条⑤，都合千貫の所，これを進らせ候。恐々謹言。❹

天文十九庚戌⑥七月二日 晴信（花押）❷❶

真田弾正忠⑦殿❸

①祝着：喜ばしいこと ②本意：目的 ③諏訪形：現在の長野県上田市域で，真田幸隆が失った領地の周辺 ④貫：銭の単位で，一貫は千文。土地からの収穫高を貫高で表した ↓140ページ ⑤横田遺跡上条：横田（人名）の遺領である上条（地名）。現在の上田市域と推定されている ⑥庚戌：天文一九（一五五〇）年の干支 ↓356ページ ⑦真田弾正忠：幸隆のこと

内容の訳　その方のこれまでの忠義は喜ばしい。そこで，（作戦の）目的を果たしたら，諏訪形の三百貫と横田の遺領の上条，合計千貫の所領を進呈する。恐々謹言。

STEP 1 資料4の古文書の内容を確認しよう

❶日付＝天文19（1550）年7月2日　❷差出人＝武田晴信（信玄）
❸受取人＝真田幸隆　❹内容＝幸隆のこれまでの「忠信」をほめ，「本意」（目的）をかなえたら計1千貫の領地を与えると述べている。

STEP 2 資料4と資料5を対照して，次の問いを考えよう

■資料4の「本意」とはどのようなことだっただろうか？➡資料5
- **資料4**は「本意」（目的）をかなえたら領地を与えると約束している。
- **資料5**をみると，この文書の日付と同じ1550年7月に，武田軍は信濃の松本方面の攻略に成功している。
  ➡上田周辺への進出が次の目的となったため，もと（ⓐ）城主の幸隆に，（ⓐ）城攻略に成功したら上田地方の諏訪形などの領地を恩賞に与えると約束したものだったと考えられる。

■武田信玄はなぜこのような約束をしたのだろうか？
- 戦国大名は，家臣の功績に対して（ⓑ）を与えて報いる必要があった。
  ➡信玄は，幸隆がもとの領地の回復を願っていると考え，攻略が成功したら（ⓐ）城周辺を（ⓑ）として与えることを約束したと推測できる。

読み解きのまとめ　この古文書では，武田信玄が，真田幸隆の旧領付近をあらかじめ恩賞として約束することで，幸隆の意欲を引き出そうとしている。

資料5

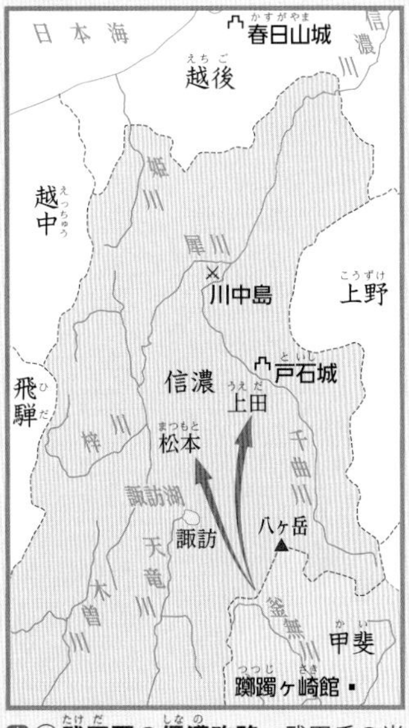

日本海
春日山城
越後
信濃
越中
上野
姫川
犀川
川中島
飛騨
信濃
戸石城
上田
松本
梓川
千曲川
諏訪湖
諏訪
八ヶ岳
天竜川
木曽川
釜無川
甲斐
躑躅ヶ崎館

△⑦武田軍の信濃攻略　武田氏の当主となって以降，信玄は信濃の攻略を進め，やがて北信濃の川中島で上杉謙信と対戦することになる。

▽⑧武田軍と真田幸隆の動向

年	事項
1541	武田信虎（信玄の父），信濃の上田方面に侵攻。真田幸隆，武田軍と対戦し敗北，逃亡 →幸隆，拠点の戸石城（砥石城，現在の上田市）を他の信濃の武士に奪われる ★この年，武田信玄，父 信虎を追放して武田氏の当主となる
1542	信玄，信濃の諏訪地方を攻略。以後，信濃で領国の拡大に努める
1549	幸隆，このころまでに信玄の家臣となる
1550	7月 信玄，**資料4**の文書を幸隆に与える。同月，武田軍，松本地方の攻略に成功。 9月 武田軍，上田の戸石城を攻めるが失敗
1551	幸隆，戸石城の攻略に成功する

特集 読み解き演習③ 文字資料(2)

SKILL 政治文書・外交文書の読み解き

■政治文書・外交文書
- 近現代の政治や外交についての公文書や，政治家・外交官の書簡などの文書全般。
- ある国・人物の主張や，他国との合意事項などが述べられている。

■政治文書・外交文書の読解ポイント
- それぞれの人物や国が何を主張しているのか，作成者の立場と状況に即して意図を読みとる。
  ➡❶いつ　❷誰が　❸誰に対して　❹何を　主張しているのか？
  ❺それはどのような状況でなされたのか？　❻それを主張することには，どのような意味があるのか？
- ❹について，主張の本当の意味は，その資料の表面的な意味からだけでは分からないことも多い。
  ➡前後の状況と突き合わせたり，他の資料と照合したりして，❺・❻を考える。
  ➡年表や地図，他の文書などと突き合わせて検討する。

1 朝鮮をめぐる日清対立を読み解いてみよう

日清戦争 ➲p.230

明治時代の初期～中期にかけて，日本と清は朝鮮をめぐって鋭く対立し，この対立はやがて日清戦争(1894-95年)へとつながっていった。日本と清の基本的な立場は，下の**資料1・2**に表れている。両国の主張を確認して，両国の対立点を読み解いてみよう。

資料1

▽①日本の主張　資料は，1878年，朝鮮政府から日本政府への文書に，朝鮮が清の「指揮」を受けているという文言があったことをとらえ，日本公使が朝鮮政府に提出した抗議文。

■在朝鮮 日本代理公使 花房義質より朝鮮政府への抗議文 【1878年9月】

【資料原文】(抜粋)
……条規第一款❶……朝鮮国**自主ノ邦**ト曰フ。若シ貴国ニシテ別ニ奉事❷スル所ノ上国❸アリテ其指揮ヲ仰ガバ、是**藩属**❹ノミ。

【現代語訳】
……日朝修好条規の第一款は，朝鮮国は自主の国(独立国)だと述べている。もし貴国(朝鮮)に自国のほかに仕える宗主国があってその指揮を仰ぐのであれば，それは独立国ではなく従属国にすぎなくなってしまう。

注❶条規第一款：日朝修好条規の第1款(第1条)。❷奉事：仕えること。❸上国：上に立つ国。周辺国を臣下として冊封する宗主国。❹藩属：冊封を受けた冊封国。従属国。

冊封 ➲p.5

▷②花房義質(1842-1917) 日本の外交官。朝鮮駐在の初代代理公使・公使を務めた。

資料2

▽③清の主張　資料は，1882年，朝鮮で起きた壬午軍乱(王妃一族らの閔氏政権に対する，王の父親 大院君らによるクーデタ)に際して，清が軍隊を派遣した際の出兵命令の上諭*。

＊君主が法律などを公布する際に冒頭に記す文言。

■壬午軍乱の際に清の光緒帝が発した出兵の上諭 【1882年6月24日】

【資料書き下し文】(抜粋)
朝鮮は久しく藩封❶に隷す。朝廷❷字小❸の義を論ぜば……**まさに派兵前往して保護すべし。**

【現代語訳】
朝鮮は長らく冊封国として清に従ってきた。朝廷が小国(朝鮮政府)を慈しむことの正義を考えれば……勇んで派兵し，保護すべきである。

注❶藩封：冊封国。❷朝廷：清の朝廷。❸字小：小国を慈しむこと。

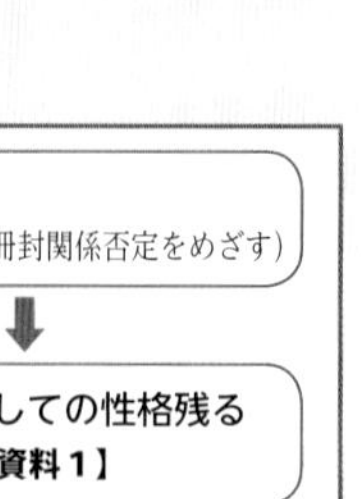
▷④光緒帝(1871-1908)　中国 清の11代皇帝。伯母で摂政の西太后が実権を握った。

資料3

▽⑤明治初期の東アジア

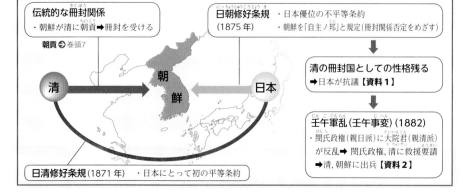

伝統的な冊封関係
・朝鮮が清に朝貢➡冊封を受ける

朝貢 ➲巻頭7

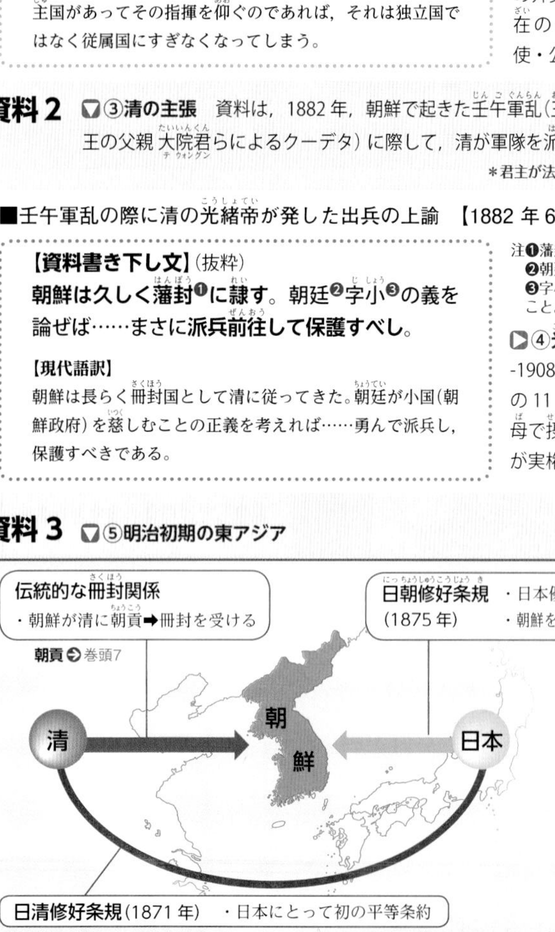

清
朝鮮
日本

日朝修好条規(1875年)
・日本優位の不平等条約
・朝鮮を「自主ノ邦」と規定(冊封関係否定をめざす)

⬇

清の冊封国としての性格残る
➡日本が抗議【資料1】

⬇

壬午軍乱(壬午事変)(1882)
・閔氏政権(親日派)に大院君(親清派)が反乱➡閔氏政権，清に救援要請
➡清，朝鮮に出兵【資料2】

日清修好条規(1871年)　・日本にとって初の平等条約

STEP 1 資料1・2の内容を確認しよう

➡読解のポイント ❶～❹

資料1の内容
❶いつ＝1878年9月
❷誰が＝朝鮮駐在の日本代理公使が
❸誰に対して＝朝鮮政府に対して
❹何を主張しているのか
　＝朝鮮は自主ノ邦(独立国)であると主張し，他国の指揮を仰いでいては従属国であると批判している

資料2の内容
❶いつ＝1882年6月24日
❷誰が＝清の光緒帝が
❸誰に対して＝清軍と各国に対して
❹何を主張しているのか
　＝朝鮮は清に従属してきた冊封国であるとして，清軍の朝鮮への出兵と，朝鮮政府の保護を宣言している

STEP 2 STEP1をもとに資料1～3を対照し，空欄を埋めながら次の問いを考えよう

➡読解のポイント ❺❻

■資料1の背景・意図はどのようなものだろうか？
- **背景**：日朝修好条規で朝鮮を「(ⓐ)ノ邦」(独立国)と規定したにも関わらず，朝鮮政府からの文書に，清を宗主国とする文言があったこと
- **意図**：朝鮮に対する清の「(ⓑ)」(影響力)を排除すること

■このことから，日本が朝鮮の独立を主張することにはどのようなねらいがあったとわかるか？
- 朝鮮を(ⓒ)から完全に独立させ，(ⓒ)の影響力が朝鮮に及ばないようにすること

■資料2で，清が朝鮮は「藩封」(冊封国)であると宣言した背景と意図はどのようなものだろうか？
- **背景**：(ⓓ)の締結以降，日本が清から朝鮮を切り離そうとしていること
- **意図**：日本の主張を否定し，朝鮮は清の(ⓔ)国であると改めて示すこと

読み解きのまとめ　日本と清の対立点は，朝鮮に対する清の宗主国としての立場・影響力を認めるかどうかにあった。

SKILL 回顧録の読み解き

■回顧録
- できごとの関係者が数年〜数十年後に当時を回想して著した記録。
- できごとの当時には公にできなかった裏話・秘話や，公的な記録には残りにくい当事者の感想・心情を伝える資料として，他の政治・外交資料を補う性格がある。

■回顧録の読解ポイント
- 何を話題としているのか，同時代のできごとと対照しながら読む。
- 後日の回想のため，記憶が不正確であったり，自らを正当化するための誇張や虚偽が含まれる可能性もある。➡執筆者の立場を示すものとして読む。

2 張作霖爆殺事件の真相を読み解いてみよう

この事件の時代 ➲ p.271

1928年6月，中国 東北部の奉天で，奉天軍閥の指導者 張作霖が，現地駐屯の日本軍である関東軍に暗殺された。張作霖は関東軍と提携し，国内統一をめざす中国国民党軍と戦っていたが，関東軍の意向に反して国民党への抗戦をやめ，拠点の奉天に引き揚げようしたところを乗車していた列車ごと爆破されたのである。その後の柳条湖事件(1931年)など軍部の独走の端緒となったこの事件について，日本の元老 西園寺公望の秘書 原田熊雄が残した回顧録『西園寺公と政局』を読み解いてみよう。

資料4 ▽⑥原田熊雄『西園寺公と政局』の張作霖爆殺事件に関する記述

【資料原文】(抜粋，表記は現代仮名づかい・新字体に修正)

……**満州某重大事件❶**といって世間に伝えられているが……あの爆破があった時に，その報道が新聞に出ると，その日に**公爵❷**は自分に向かって，「**どうも怪しいぞ，人には言えぬが，どうも日本の陸軍あたりが元凶❸じゃあるまいか**」と言って心配しておられた。……当時，この事件に関しては，**政友会❹**の幹部のほとんど全部は，もしこれが事実日本の軍人の所為❺であったとしたら闇から闇に葬ってしまえという意見で……

注 ❶満州某重大事件：張作霖爆殺事件は国内でこのようによばれた。❷公爵：西園寺公望 ❸元凶：悪事をたくらむ中心人物 ❹政友会：日本の政党，立憲政友会のこと。当時，陸軍出身の田中義一首相が総裁を務めており，田中は中国に対する強硬政策によって中国国民党との対立を深めていた ❺所為：おこない。しわざ

▷⑦**西園寺公望**(1849-1940) 元首相，元政友会総裁，公爵。当時，元老として首相の推薦を行うなど昭和天皇の側近を務めており，のち「最後の元老」とよばれた。

資料5

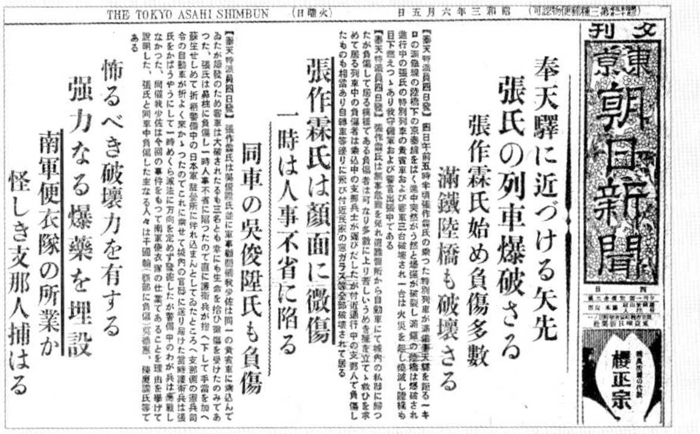

THE TOKYO ASAHI SHIMBUN

東京朝日新聞

奉天驛に近づける矢先 張氏の列車爆破さる

張作霖氏始め負傷多数

滿鐵陸橋も破壊さる

張作霖氏は顔面に微傷

一時は人事不省に陥る

同車の呉俊陞氏も負傷

怖るべき破壊力を有する 強力なる爆薬を埋設

南軍便衣隊の所業か

怪しき支那人捕はる

△⑧**当時の新聞報道** 張作霖は「顔面に微傷」，事件は「南軍便衣隊(中国 国民党軍の特殊部隊)の所業」とする関東軍軍人の発言を報じている。

資料6 ▽⑨新聞紙法(1909年公布,1949年廃止)による報道規制

- 発行後に検閲➡秩序を乱す内容と判断されれば処罰
- 発行物は発行停止，発行人・編集人・印刷人に刑事罰(罰金・禁固刑)。

STEP 1 資料4の内容を確認しよう

- 張作霖爆殺事件は，当時，満州某重大事件とよばれていた。
- 報道で事件を知った「公爵」(元老 西園寺公望)は，日本の陸軍の犯行ではないかと怪しんだ。
- 当時の首相，田中義一が総裁を務める立憲政友会の幹部たちのほとんどは，もしこの事件が日本の軍人の犯行によるものであれば真相を闇に葬ってしまえという意見だった。

STEP 2 資料4と資料5・6を対照して，空欄を埋めながら次の問いを考えよう

■**資料4**の西園寺公望に関する記述から，どのようなことが分かるだろうか？
- 「どうも怪しい」「日本の陸軍あたりが(ⓐ)」という発言は，元老の西園寺さえ事件当初は真相を知らなかったことを示している➡現地の(ⓑ)軍の軍人が国家の統制を受けずに行動したことが分かる。

■**資料4**のように，政友会の幹部らが真相を闇に葬ろうとしたのはなぜだと考えられるだろうか？
- この当時，政友会は陸軍出身の(ⓒ)内閣の与党という立場であった➡事件の真相が明らかになると，内閣に対して((ⓑ))軍の暴走を許したという批判が高まることをおそれたと考えられる。

■西園寺がなぜ**資料4**のような疑念を抱いたのか，当時の報道統制との関係から考えてみよう。
- 当時の新聞には**資料6**のように発行後の(ⓓ)があったため，国家機構に関わる報道には限界があった➡**資料5**の記事は現地の(ⓑ)軍関係者にもとづくと考えられ，(ⓑ)軍が事件に関与していても報道されないことが前提となっていた。

読み解きのまとめ 張作霖爆殺事件は，西園寺公望の秘書によれば西園寺も知らないうちに行われており，軍人に対する国家の統制が働かなくなっていたことを示している。報道内容が真実とは考えられなかった西園寺は日本軍の関与を疑ったが，政友会幹部は真相究明に不熱心だった。

■公開が進む文字資料のデジタルアーカイブ
- 近代の政治・外交文書をはじめ，文字資料の原本は，全国の図書館や博物館，公文書館・資料館に収蔵されていることが多い。
- 近年では，所蔵館が文書を画像化してインターネット上に公開するデジタルアーカイブ(デジタルライブラリー)の動きも進んでいる。

◁⑩**国立国会図書館** 国会図書館のデジタルコレクションでは，1883年7月以降の法律や勅令を公布した『官報』など，多くの資料をオンラインで確認することができる。https://dl.ndl.go.jp/

■その他の主なデジタルアーカイブ
- 国立公文書館デジタルアーカイブ https://www.digital.archives.go.jp/
- アジア歴史資料センター https://www.jacar.go.jp/

※都道府県や市区町村の博物館・資料館，図書館・文書館も検索エンジンで調べてみよう

特集 読み解き演習④ グラフ資料

SKILL 折れ線グラフの読み解き

■折れ線グラフ
★数量や割合などについて，年次を追って推移を表す。
★複数の項目をいっしょに示すことができる。

■折れ線グラフの読解ポイント
★グラフの傾きが急➡急激な変化があった時期
・右上がりの急勾配➡値が大幅に増加
・右下がりの急勾配➡値が大幅に減少
★関連する二つの折れ線の交差
➡変化の画期となる時期
★折れ線の「山」と「谷」
➡各項目の最高・最低の時期
★ここに注意！➡２つのグラフが並べられている場合，単位や縦軸の数値の違いに注意

1 近代経済の折れ線グラフを読み解いてみよう

近代の日本では，明治時代の半ばに工業化が本格的に始まった(産業革命)。その後，第一次世界大戦をはじめとする歴史的な事件の影響も受けながら，日本の経済は大きく成長した。工業化の進展や景気の変化は貿易に反映されるため，輸出入のようすをグラフで確認すると，経済の変化のようすがよく分かる。次のグラフを読み解いてみよう。

資料1 ①1868～1900年の日本の輸出入額

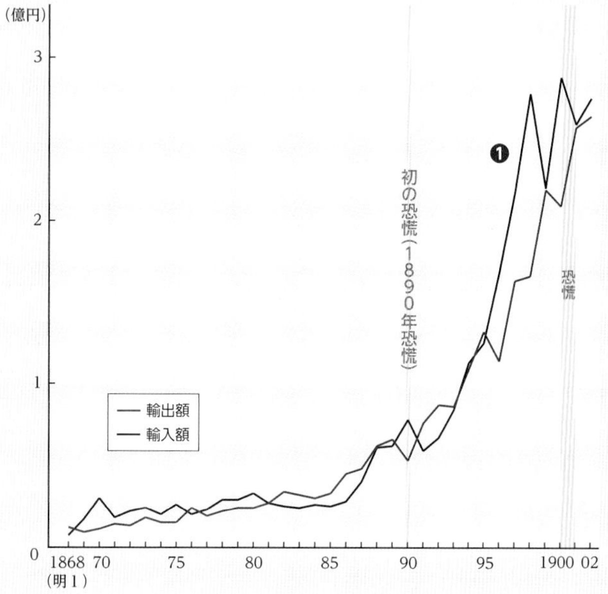

(億円)
3
2
1
0
1868 (明1)
70
75
80
85
90
95
1900
02
輸出額
輸入額
初の恐慌(1890年恐慌)
恐慌
❶

資料2 ②1901～1945年の日本の輸出入額

〈図①②『明治以降本邦主要経済統計』〉

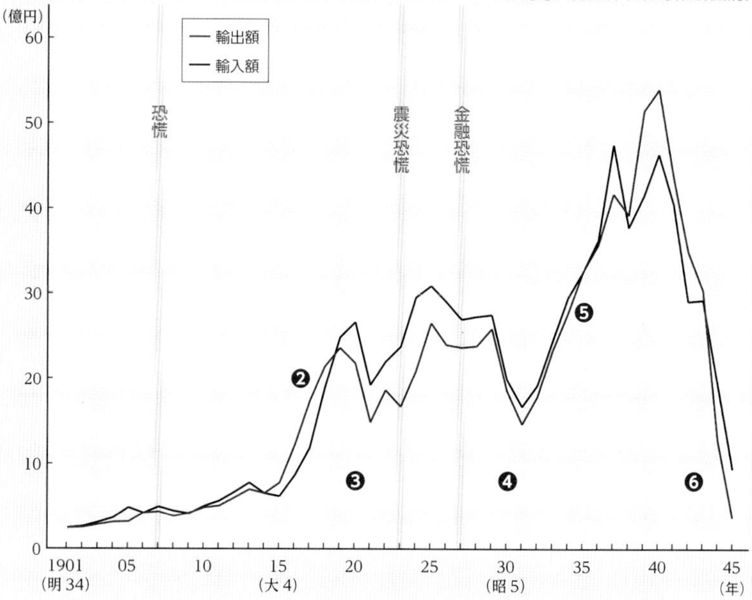

(億円)
60
50
40
30
20
10
0
1901 (明34)
05
10
15 (大4)
20
25
30 (昭5)
35
40
45 (年)
輸出額
輸入額
恐慌
震災恐慌
金融恐慌
❷
❸
❹
❺
❻

資料3 ③近代日本のおもなできごと

年	事項
1880年代後半	**産業革命**が始まる(紡績業・製糸業で**機械工業化**) 紡績業＝綿糸を生産，製糸業＝生糸を生産 ➡1890年代に産業革命がさらに進展する
1894	**日清戦争**が起こる(～95)
1904	**日露戦争**が起こる(～05)　○重工業化が始まる
1914	**第一次世界大戦**が始まる(～18)➡日本に**大戦景気** ○アジアに綿製品，ヨーロッパに軍需品，アメリカに生糸輸出
1919	ヴェルサイユ条約➡1920戦後恐慌(➡❸)
1923	関東大震災，経済に打撃➡27金融恐慌が起こる
1929	**世界恐慌**が起こる➡30日本で**昭和恐慌**が始まる(➡❹)
1931	**満州事変**が起こる➡32「**満州国**」建国宣言
1937	**日中戦争**始まる
1941	**太平洋戦争**始まる➡43～日本への空襲激化
1945	日本敗戦。第二次世界大戦終結

■1930年代の物資輸送
・1930年代，貿易の伸展で経済が回復し，物資の鉄道輸送が急増した。その対応として開発されたD51型蒸気機関車は輸送量に応じて増産され，機関車としての製造台数記録は現在も破られていない。

D51472

④**D51型蒸気機関車** 1100両以上が製造された。

STEP1 資料1・2のグラフの内容を確認しよう

■資料1の内容
・**1868年から1870年代**には，おおむね輸入額が輸出額を上まわっている。
・1890年代には輸出入が大幅に上昇し，**輸入額**は1897年に**2億円**を超えた。
・1890年代後半には，輸入額が輸出額を大きく上まわっている。

■資料2の内容
・1910年代後半には**輸出入額が大幅に上昇**し，ともに20億円を超えた。
・1915年から1918年までは輸出が輸入を上まわる**輸出超過**が続いた。
・輸出入額は1929年から大きく減少したが，**1932年から急速に回復**した。
・貿易額は**1940年にピーク**を迎え，1945年にかけて急激に落ち込んだ。

■資料1と資料2の比較
・1919年の輸入額は，1897年の輸入額の約10倍である。
➡**資料1**のグラフは**資料2**に比べて縦に大幅に拡大されている点に着目。

STEP2 資料1・2と資料3を対照して，次の問いを考えよう

■❶❷の時期の貿易と経済にはどのような関係があっただろうか？ ➡資料1・2
・❶の輸出入の急増➡(ⓐ)革命の進展によるものと推定できる。
・❷の輸出入の急増➡(ⓑ)大戦の開始が影響していると考えられる。

■その後，日本の経済はどのように変化しただろうか？ ➡資料2
・❹の輸出入の大幅な減少➡(ⓒ)と昭和恐慌の影響と考えられる。
・❺の時期に輸出入額が急激に回復➡1940年にピークを迎えたのち，急激に減少したのは，日中戦争と(ⓓ)戦争が本格化したためと推測できる。

読み解きのまとめ 日本の貿易は，産業革命や第一次世界大戦による経済発展にあわせて進展し，1930年代末にピークを迎えたが，第二次世界大戦で急減したことがわかる。

SKILL 帯グラフ・円グラフの読み解き

■帯グラフ・円グラフ
- 割合の傾向を表すことができる
- 総額・総量などの絶対値(金額・量などの数値)と組み合わせて用いられることが多い

■帯グラフ・円グラフの読解ポイント
★どの年のデータであるかを見て，そのころに何があったかを確認する
★帯グラフは，並べて変化・推移を表すことができる
➡急増・急減している項目に注目して背景をさぐる

★ここに注意！
- 推移をみる際には，割合が低下していても，数量・金額は増えている場合がある➡総数・総量・総額が大幅に増えていたら要注意

2 近代経済の帯グラフ・円グラフを読み解いてみよう

資料4

⑤工業製品出荷額にみる軽工業と重化学工業の割合(『近代日本経済史要覧』)

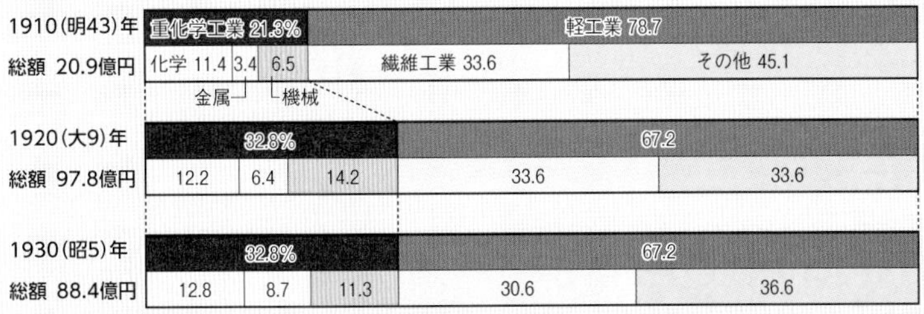

1910(明43)年
総額 20.9億円
重化学工業 21.3%
軽工業 78.7
化学 11.4
3.4
6.5
繊維工業 33.6
その他 45.1
金属
機械
1920(大9)年
総額 97.8億円
32.8%
67.2
12.2
6.4
14.2
33.6
33.6
1930(昭5)年
総額 88.4億円
32.8%
67.2
12.8
8.7
11.3
30.6
36.6

資料5

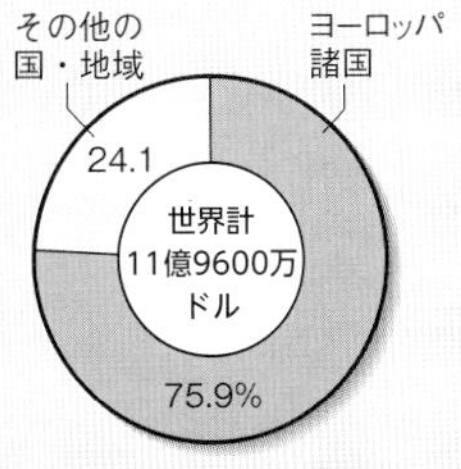

その他の国・地域
ヨーロッパ諸国
24.1
世界計
11億9600万ドル
75.9%

⑥1913年の機械製品の輸出国
(『近代国際経済要覧』)

資料6

⑦第一次世界大戦の影響

年	事項
1914	第一次世界大戦が勃発(ぼっぱつ) ヨーロッパの主要国がすべて参戦 ➡参戦国は兵器・軍需物資の生産中心に ➡他の国々には戦争特需
1918	第一次世界大戦が休戦となる
1919	ヴェルサイユ条約調印

STEP 1 資料4のグラフの内容を確認しよう

- 1910年から1930年までに，金属工業と機械工業の割合が大幅に高まった。
- 同じ時期に繊維(せんい)工業の割合は減少しているが，生産額は約7億円から約27億円に大幅に伸びている。
- 重化学工業が占める割合は1910年の21.3%から1920年の32.8%に増加したが，1920年と1930年との間では差がみられない。
  ➡資料4からは，1910年代に日本の重化学工業化が進んだことが推測できる。

STEP 2 資料4と資料5・6を対照して，次の問いを考えよう

■日本の重化学工業化の進展と世界の動きとの関わりを考えてみよう
- 資料4からは(ⓐ)年代に日本の重化学工業化が進んだことが，資料5からは，1913年にヨーロッパ諸国が機械製品のおもな製造国だったことがわかる。
- 資料6から，ヨーロッパの主要国が(ⓑ)に参戦したことがわかる。
  ➡ヨーロッパ諸国が(ⓑ)により兵器などの生産に追われて重化学工業製品の輸出を減らし，その結果，日本で重化工業の国産化が進んだと推測できる。

読み解きのまとめ 第一次世界大戦の開始によってヨーロッパ諸国の工業製品輸出が減少し，これを補うかたちで1910年代に日本で重化学工業が発展したと推測できる。

SKILL 棒グラフの読み解き

■棒グラフ
- 棒の長さで，数や量の大小の差を視覚的に表す。
- 複数のデータを同時に比較することができる。

■棒グラフの読解ポイント
★複数の対象について，同じ題材の推移などを表すことができる。➡ ・対象ごとに推移の傾向を読み取って背景を探る。

3 近代経済の棒グラフを読み解いてみよう

資料7

⑧1930年代の日本製品の主要輸出先(堀和生『東アジア資本主義史論Ⅰ』)

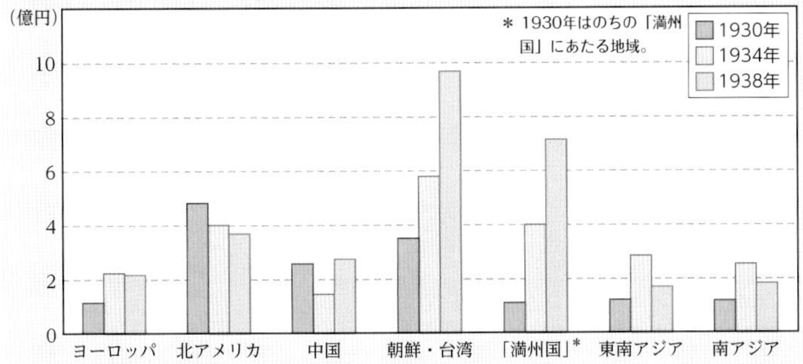

(億円)
10
8
6
4
2
0
＊1930年はのちの「満州国」にあたる地域。
1930年
1934年
1938年
ヨーロッパ
北アメリカ
中国
朝鮮・台湾
「満州国」＊
東南アジア
南アジア

資料8

⑨世界恐慌後の世界と日本の動き

年	世界の動き	日本の動き
1929	世界恐慌が起こる ➡	昭和恐慌が起こる(1930) 1931 満州事変が起こる ➲p.275 日本，円と金の交換停止 ➡円安で日本の輸出が激増
1932	イギリス，本国と植民地との関係強化によるブロック経済圏の建設を決定 ⬇ フランスやアメリカも追随	1932 「満州国」建国宣言 (各国，不承認) 日本，「満州国」承認 ➲p.275

STEP 1 資料7のグラフの内容を確認しよう

- 1930年の最大の輸出先は北アメリカであった。
- 1930年から1938年まで輸出額が増え続けているのは，朝鮮・台湾と「満州国」への輸出である。
- 逆に，北アメリカへの輸出はわずかずつ減少している。
- 1938年の最大の輸出先は朝鮮・台湾である。
- この期間に輸出額が最も大きく増えている輸出先は，朝鮮・台湾である。

STEP 2 資料7と資料8を対照して，次の問いを考えよう

■日本製品の輸出先地域の変化と世界の動きとの関わりを考えてみよう
- 資料7からは，1930年代に日本製品はおもに植民地の朝鮮・台湾や「(ⓐ)国」に輸出されるようになったことがわかる。➡資料8からはブロック経済圏の建設が世界的な動きであったことがうかがえ，日本の動向もこの動きと関連していたと考えられる。

読み解きのまとめ 1930年代に欧米諸国は世界恐慌からの脱出に向けブロック経済圏の建設をめざし，日本も植民地や「満州国」と結びつきを強めたと推定できる。

風刺画資料

SKILL 風刺画の読み解き

■風刺画（ふうしが）

- 社会や人物を風刺するために描かれた絵画や漫画。風刺とは，ユーモアや皮肉を交えながら対象を批判すること。風刺画のことを，カリカチュアともいう。

■風刺画の読解ポイント

★風刺画の目的＝その時代のできごとや人物を批判すること

➡題材として取りあげられている事件や人物を見つけ出す

- **風刺画の内容から，題材としている事件・人物を推測し，その時代の動きを確認する**
- **描かれているもののようす・描かれ方に注目する**

➡作者が何を批判しているかを考える

1 日露戦争後の社会のようすを取りあげた風刺画を読み解いてみよう

日露戦争後の国内政治 ➲ p.240

資料1は，漫画家 北沢楽天（きたざわらくてん）が創刊した日本初のカラー漫画雑誌『東京パック』に，日露戦争後の1908（明治41）年に掲載された風刺画で，当時の政治・社会の状況を批判している。この風刺画が当時のどのような状況を批判しているのか，読み解いてみよう。

資料1 ①『東京パック』に描かれた風刺画*（『東京パック』4巻15号，1908年） 右端には，「偏賜重賞（へんしじゅうしょう）」（もれなく与えられた手厚い恩賞）というタイトルが書かれ，その下には「戦後の行賞（こうしょう）*2 至らぬ隈（くま）*3 もなし（国民は増税といふ世も有り難い行賞にあづかった）」と解説文が書かれている。＊近代日本の風刺画が横浜の居留地で外国人による出版物から始まった経緯もあり，下の風刺画には英語・中国語の解説文も掲載されている。＊2 賞を与えること。＊3 物の隅。また，不十分なところ。

❷鉄道員は一般公衆の貨物を停滞させた功により

〈さいたま市立漫画会館蔵〉

❽愛国婦人会員は家のことなどそっちのけに恤兵（じゅっぺい）演劇会をした功により

❼元老は株でまけた（儲けた）功により

❻代議士は盲従の功により勲（くん）四等

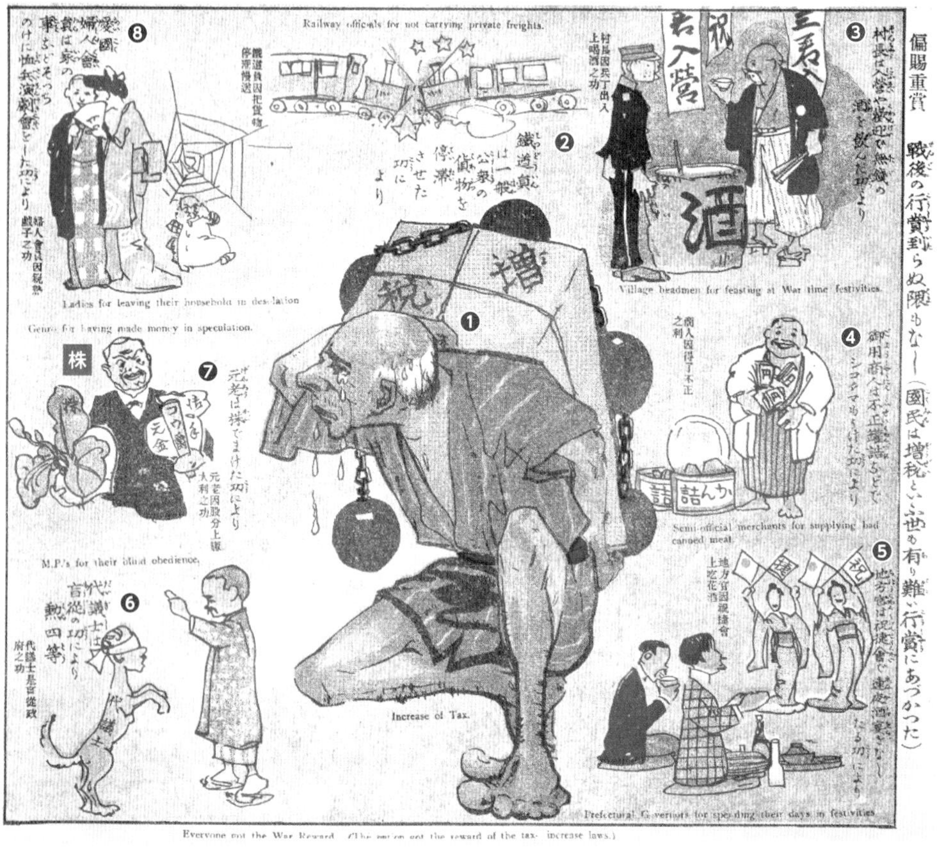

偏賜重賞
増
税
酒
株
Increase of Tax.

❸村長は入営（にゅうえい）や歓迎（の式典）で無銭の酒を飲んだ功により

❹御用商人は不正缶詰（かんづめ）などでシコタマ儲けた功により

❺地方官は祝捷会（しゅくしょうかい）（祝勝会）で連夜 酒宴をなしたる功により

資料2 ②当時のできごと

年		事　項
1904	2月	日露戦争が始まる
	3月	非常特別税法案が帝国議会を通過 ➡戦費調達のため
	4月	非常特別税法を公布 ○ 軍用食料の缶詰（かんづめ）に石をつめて納入した業者がいるとうわさになる➡❹
	5月	日比谷（ひびや）公園で日露戦争の戦闘の祝勝会が行われる➡以後，戦闘の勝利のたびに各地で開催➡❺
1905	1月	非常特別税法改正 ➡追加増税
	9月	ポーツマス条約締結 日露戦争終わる
1906	3月	非常特別税法再改正 ➡期限を撤廃
1908	2月	酒造税増徴などの増税法案，帝国議会通過

■語句の解説

❸入営（にゅうえい）＝兵役を務める者が部隊に入隊すること

❻勲（くん）四等＝勲章の等級。

❽愛国婦人会＝傷病兵やその家族の援護を目的に結成された女性団体。おもに上流階級の婦人で構成

❽恤兵（じゅっぺい）演劇会＝兵の援護のための演劇会

STEP 1 資料1の内容を確認しよう

■風刺画に描かれた人物のようす

- 中央に描かれた老人は，重りのついた荷物❶を背負っており，荷物には増税という文字が描かれている。
- 老人の周囲には，❷鉄道員や❸村長，❹御用商人，❺地方官（内務省から地方に派遣された官僚），❻代議士と書かれた犬，❼元老，❽愛国婦人会の会員などが描かれており，それぞれの「功績」がまとめられている。

STEP 2 資料1と資料2を対照して，空欄を埋めながら次の問いを考えよう

■風刺画のうち❻は何を批判しているのだろうか？　p.240の年表も対照して推測してみよう。

- ❻の解説文には「代議士（衆議院議員）は（ⓐ）の功により勲（くん）四等」と記されている。
- 犬に えさ を与えている子どもの顔は，p.240の年表にある日露戦争当時の首相 桂太郎（かつらたろう）の顔に似ている。

➡❻は，代議士が政府に「（ⓐ）」していると批判している。

■❻の背景を具体的に検討して，この風刺画が何を批判しているのかを読み解いてみよう。➡**資料2**

- **資料2**の年表をみると，日露戦争の際の（ⓑ）税が戦後も廃止されず，さらに増税されていたことがわかる。➡❻は，（ⓒ）がただ政府の増税方針に従うだけであると批判していると推測できる。
- 一方，❷～❺，❼❽に描かれた「功」は，本来は功績といえる内容ではなく，この点にも作者の批判が表れている。

読み解きのまとめ この資料は，日露戦争の結果，社会の有力者たちがたいした功績なく恩賞を与えられたのに対して，税を負担した一般の国民は増税を与えられただけだったと風刺している。

2 明治時代の日本の対外政策を取りあげた風刺画を読み解いてみよう

明治初期から中期にかけて日本に滞在したフランス人画家ビゴー(➔p.249)は，風刺画家として活躍したことで知られている。**資料3**は，ビゴーが日清戦争後の1897年に発表した風刺画である。この風刺画が何を批判しているのか，読み解いてみよう。

資料3 ③フランス人ビゴーによる風刺画 〔共通テスト 平成30年度試行調査をもとに改変〕

アジアの諸国民よ，
進め！
西洋への道
ROUTE D'OCCIDENT
PEUPLES
D'ASIE.
En Avant!!!

資料4 ④ナポレオンと「諸国民の春」に関するできごと

年	事項
1789	フランス革命 始まる
1799	ナポレオン，フランスの第一統領に就任➡フランス革命終わる
	ナポレオン，皇帝即位
1804	ナポレオン退位
1814	ナポレオン，セントヘレナ島に流刑(るけい)
1815	○　ウィーン体制が成立 ➡オーストリアを中心に各国の君主制の維持・強化をめざした支配体制
	パリで二月革命が起こる ➡ウィーン体制崩壊(ほうかい)
1848	➡各地で革命運動，自由・平等の理念広がる(「諸国民の春」)

日本に関するできごと

年	事項
1894	日清戦争が始まる
1895	下関(しものせき)条約締結 ➡日本，台湾・澎湖(ほうこ)諸島を獲得

BONAPARTE

資料5
⑤サン＝ベルナール峠を越えるナポレオン
(1800年作製)

資料6
⑥「諸国民の春」 1848年，オーストリアを中心とする列強の君主制支配に対して，ヨーロッパ各地で自由主義・国民主義を求める革命が起こった。この絵画は，立ち上がるヨーロッパ諸国民の姿を描いたもの。

STEP 1 資料3の内容を確認しよう

■風刺画に描かれた人物のようす
- 先頭の台車には，下駄(げた)・和服の上にコートを着て帽子をかぶり，刀を差した人物が乗っている。
- 台車の後ろには多くの人々の行列が続いている。
- 道の脇には，「西洋への道」と書かれた道標が置かれ，行列は「アジアの諸国民よ，進め」という旗を掲げている。
- 台車を引いたり押したりしている人々は，苦しそうな表情を浮かべている。また，頭にターバンを巻くなど，アジアの人々の衣装を身につけている。

STEP 2 資料3と資料4・5・6を対照して，空欄を埋めながら次の問いを考えよう

■**資料3**の台車に乗っている人物は，何を表しているだろうか？ ➡**資料4・5**
- 中央の人物は和服や刀から日本人と考えられるが，帽子やしぐさは**資料5**の(ⓐ)をまねている。
- 当時は，日本が(ⓑ)戦争で清に勝利し，台湾や澎湖(ほうこ)諸島を植民地として獲得した時期にあたる。
  ➡(ⓑ)戦争後の日本を，軍事力によるヨーロッパ統一をめざした(ⓐ)と重ねていると読みとれる。

■この風刺画には，日本に対するどのような意識が表れていると考えられるだろうか？ ➡**資料6**
- **資料6**では(ⓒ)の「諸国民」がそれぞれの旗を掲げて歩いているが，**資料3**は「(ⓓ)の諸国民」に対して「日本」が上位に立っている➡日本が(ⓓ)諸国を征服して西洋に立ち向かうことを危惧(きぐ)していると推測できる。
- また，日本が(ⓐ)のように征服を通じて周辺国の近代化を進めると予測しているとも推測できる。

読み解きのまとめ この資料は，日本が西洋と抗争するようになるのではないかという危機感や，アジア諸国に対する日本の軍事的膨張への危惧などを示したものと考えられる。

東アジアの自然環境とクニの形成

丁
零
北
匈奴
モンゴル高原
鮮卑
大興安嶺山脈
黒竜江
夫余（扶余）
北狄
樺太
オホーツク海
千島列島
リマン海流
日本海
親潮（千島海流）
太平洋
南匈奴
後漢
25光武帝が建国（～220）
鄴
洛陽
魏
220～265
長安
羌
中華
西戎
成都
氐
蜀
221～263
滇
南蛮
呉
222～280
南海
交趾（ハノイ）
日南
扶南
林邑
メコン川
オケオ
丸都
高句麗
楽浪
帯方
馬韓
辰韓
弁韓（弁辰）
松菊里
奴国
菜畑
板付
邪馬台国（九州説）
邪馬台国（近畿説）
百間川
唐古・鍵
登呂
砂沢
垂柳
対馬海流
倭
黄海
東夷
広陵
建業
良渚
河姆渡
屈家嶺
彭頭山
武昌
東シナ海
南西諸島
黒潮（日本海流）
北回帰線
中国文明を取り入れて国家形成
後漢の光武帝が広陵王に金印（➔図②）を与える 58
邪馬台国の卑弥呼が魏に使いを送り金印紫綬を賜る 239 ➔p.36
倭の奴国の王，後漢に遣使。光武帝より印綬を賜る 57 ➔p.36
大秦王安敦（ローマ皇帝？）の使者，海路で日南に到着 166
東西間の海上交易の中継地となり繁栄。遺跡からは，中国製の鏡，インド製の仏像，ローマ金貨などが出土
黒潮は，東シナ海を北上して福島県沖から東流する大規模な海流である。暖かく親潮に比べて栄養分が少ないため紺碧色をしており，黒潮の名がついた。夏の季節風は黒潮の上を渡ってくるため，日本に高い湿度をもたらす。
◀③漢匈奴悪適尸逐王の印　漢が匈奴に与えた駝鈕銅印。（京都 大谷大学博物館蔵）
▲②広陵王璽　後漢の光武帝が与えた亀鈕金印。（南京博物院蔵）
〈高さ2.6cm，印面2.3×2.3cm，藤井斉成会蔵〉
▲④氐族に与えた羊鈕の鍍金（メッキ）銅印
▲⑤滇王之印　前漢の武帝が滇族の王に与えた蛇鈕金印。（中国国家博物館蔵）
▲⑥文帝行璽　前漢に朝貢した南越王（文帝）が，漢の印章をまねて作成した龍鈕金印。（西漢南越王墓博物館蔵）
▲①奴国王が光武帝から授かったとされる蛇鈕金印 ➔p.36（国 福岡市博物館蔵）
針葉樹林（亜寒帯に多い）（エゾマツ・トドマツ・モミ・ヒノキなど）
落葉広葉樹林（温帯～亜寒帯）（ブナ・クリ・クルミ・クヌギ・ナラなど）
常緑広葉樹林（照葉樹林）（ツバキ・チャ・カシ・シイ・クスノキなど）
熱帯雨林（ラワン・シタン・コクタンなど）
草地　砂漠
暖流　寒流
後漢の領域（140年ごろ）
魏 三国時代の国境・王朝
西戎 中華思想における夷狄
●板付 おもな水稲農耕遺跡*
*中国の農耕遺跡は紀元前5000～2500年ごろのもの。
▲ 北日本の雑穀出土遺跡
―― おもな海上交易路
0 500km
45°
30°
15°
150°
135°
120°
105°

時代	年	日本	年	アジア	中国	朝鮮
弥生時代		○倭人は百余国に分かれ，定期的に楽浪郡に朝貢*	25	光武帝，後漢を建国	後漢	高句麗・三韓
			32	高句麗が後漢に朝貢* ＊臣下の礼をとり貢物を出すこと。		
	57	倭の奴国王，後漢に遣使，光武帝より「漢委奴国王」の金印を賜る ➔p.36	97	後漢，大秦（ローマ）に使者を派遣		
	107	倭国王帥升等，後漢に遣使，生口（奴隷？）を160人献上	166	大秦王安敦（ローマ皇帝？）の使者，後漢に到着		
			184	後漢，黄巾の乱起こる		
		○倭国大乱	204	○楽浪郡の南に帯方郡設置		
			220	後漢滅亡		
	239	邪馬台国の卑弥呼，魏に遣使，金印紫綬を賜る ➔p.36		○三国時代（魏・呉・蜀）	三国	
			265	晋（西晋）建国	西晋	
	266	邪馬台国の壱与，晋に遣使	280	西晋，中国統一		

時代の概観

農耕社会の成立と小国の分立

約1万年前に形成された日本列島の基本的な植生は，北東から南西に向けて，針葉樹林帯，落葉広葉樹林帯，常緑広葉樹林帯と分布する。大陸の分布も同様であり，気候や動植物，土器などがそれぞれ共通する。中国大陸で秦や漢という大帝国が出現すると，自らを中華とし，周辺地域を夷狄（野蛮人）とみる中華思想と，それにもとづく国際関係（華夷秩序）が形成された。そのことは，中国皇帝が周辺の支配者に与えた印章からもうかがえる。

1～3世紀ごろの世界

❶ローマでは帝政が始まり全盛期を迎えた。
❷パルティアやクシャーナ朝が栄え，新たな仏教美術文化がうまれた。
❸中国では後漢が西域にまで支配領域を広げ大きな力を誇った。

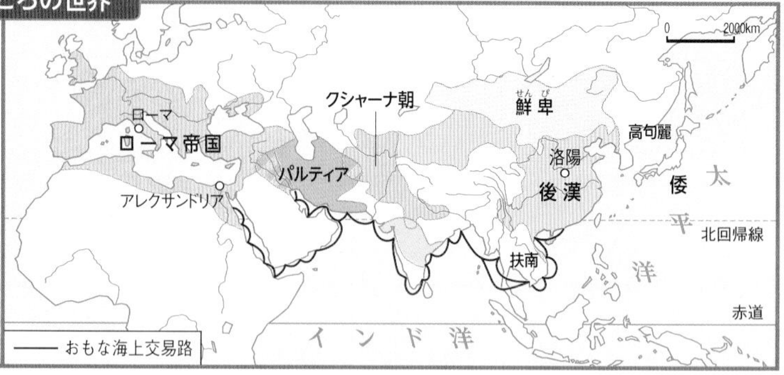
0 2000km
ローマ
ローマ帝国
アレクサンドリア
パルティア
クシャーナ朝
鮮卑
高句麗
洛陽
後漢
倭
太平洋
北回帰線
扶南
赤道
インド洋
―― おもな海上交易路

東アジア世界の形成と「倭の五王」

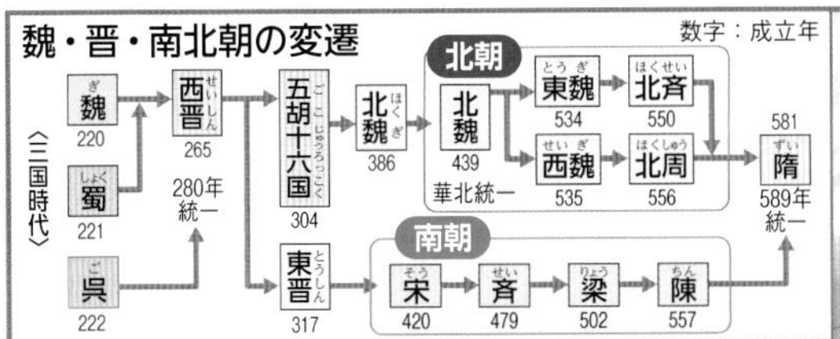
魏・晋・南北朝の変遷
数字：成立年
〈三国時代〉
魏 220
蜀 221
呉 222
280年統一
西晋 265
五胡十六国 304
東晋 317
北魏 386
北朝
北魏 439 華北統一
東魏 534
西魏 535
北斉 550
北周 556
南朝
宋 420
斉 479
梁 502
陳 557
隋 581
589年統一

△② 雲崗大仏（第20窟）

伊吾
柔然 ?～555
ゴビ砂漠
敦煌
莫高窟
酒泉
五原
平城
雲崗
幽門
丸都
好太王碑
高句麗 前37ごろ～668
平壌
百済 4世紀半ば～660
熊津
新羅 4世紀半ば～935
泗沘
金城
加耶＊4（伽耶・加羅）
北魏（北朝） 386～534
炳霊寺
麦積山
長安
洛陽
竜門
黄河
淮河
建康
成都
巴
南郡
長江
会稽
長沙
宋（南朝） 420～479
雲南
晋安
交趾
合浦
南海
日南
チャキュウ
インドシナ半島
扶南
チャンパー（林邑）
オケオ
ランカスカ
黒竜江
樺太
オホーツク海
オホーツク文化
勿吉
日本海
黄海
東シナ海
南シナ海
太平洋
続縄文文化
岡田山1号墳
稲荷山古墳
稲荷台1号墳
江田船山古墳
磐井の乱 ➔p.47
隅田八幡神社
倭（ヤマト政権）
沖縄本島
北回帰線
45°
150°
30°
135°
120°
15°
105°
0 500km

高句麗王への称号授与 420
宋が，高句麗王を，「使持節 都督営州諸軍事[*2] 征東大将軍 高句麗王 楽浪公」に任ずる

＊中国の軍政官の称号。＊2「都督～諸軍事」で「～の支配権をゆだねられている」という意味。

百済王への称号授与 420
宋が，百済王を，「使持節 都督[*3]百済諸軍事 鎮東大将軍 百済王」に任ずる　＊3『宋書』では「督」。

続縄文文化
北海道を中心に，7世紀ごろまで続いた，稲作をせず縄文文化を継承した文化

南北朝時代 439～589
華北を統一した北魏（北朝）と江南の宋（南朝）が対峙。ともにほかの王朝に交代し，隋による統一まで混乱が続く

巨大古墳の登場 5世紀
大仙陵古墳・誉田御廟山古墳（大阪府）など。当時のヤマト政権の中心地か

倭の五王の遣使 478
倭王武（雄略天皇と比定）は宋より，「使持節 都督倭・新羅・任那・加耶・秦韓・慕韓六国諸軍事 安東大将軍 倭王」に任じられる ➔p.42

貝塚文化
南西諸島一帯に広がる，貝塚などの食料採取を中心とした文化

＊4 加耶（伽耶・加羅）は『日本書紀』では「任那」と記述されているが，任那は本来は加耶の小国の一つ金官国をさす。➔p.42

仏教の伝播
- 大乗仏教
- 上座仏教
- おもな仏教遺跡
- 鉄素材の出土地
- 鉄剣・鉄刀の出土地
- おもな古墳
- 貝類のおもな産地
- おもな海上交易路
- おもな交易路

△① 飛鳥寺釈迦如来像

➔p.52

日本			アジア		中国		朝鮮	
古墳時代		○前方後円墳の造営始まる	304	五胡十六国時代始まる	西晋	五胡十六国		三韓時代
		○ヤマト政権の成立		○馬韓に百済がおこる				
	372	百済から七支刀が贈られる ➔p.44		○辰韓に新羅がおこる	東晋			
			372	高句麗に仏教伝来				
			384	百済に仏教伝来				
				○倭が百済救援のため，高句麗の好太王と戦う			北部 高句麗	南部 百済・新羅
	413	倭国，東晋に遣使（『晋書』）						
	421	倭王讃，宋に朝貢	420	**宋が江南におこる**	南朝 宋→斉→梁→陳			
	438	倭王珍，宋に朝貢	424	百済が宋に朝貢する				
	443	倭王済，宋に朝貢	439	**北魏が華北を統一**		北朝 北魏→西魏→北周		
	462	倭王興，宋に朝貢		南北朝時代始まる				
	478	倭王武，宋に朝貢						
	513	百済より五経博士来日						
	538	百済より**仏教**が伝来（552年説あり）➔p.47	589	隋，中国を統一				

時代の概観

＊辞令（冊書）を与えて領土を授ける（封建）形式。

大陸文化の受容とヤマト政権

黄河以北では遊牧民たちが次々に王朝をおこした。一方，長江以南では，遊牧民の支配をのがれた人々が多数移住した結果，開発が進み，中国は南北朝時代を迎えた。また，日本列島では，鉄器の出土や前方後円墳の分布などから**ヤマト政権**による統一が進んだ（➔p.38～44）と考えられる。これは，『宋書』倭国伝に**倭の五王**が中国皇帝の冊封＊を受けたという記述があることからも確かだといえる。

4～6世紀ごろの世界

❶ローマ帝国は東西に分裂し，西ローマ帝国は早々に滅びた。
❷ササン朝ペルシアが大きな勢力をもち，ローマ・中国・日本に文化面で影響を与えた。
❸中国は南北朝とよばれる時代が続いた。

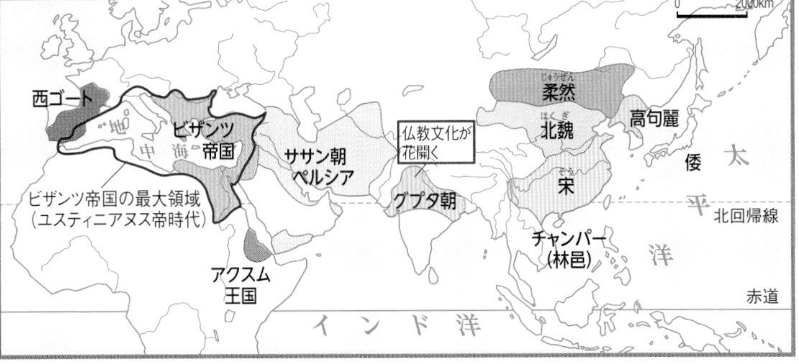
西ゴート
ビザンツ帝国
地中海
ビザンツ帝国の最大領域（ユスティニアヌス帝時代）
ササン朝ペルシア
仏教文化が花開く
グプタ朝
アクスム王国
柔然
北魏
高句麗
倭
宋
チャンパー（林邑）
太平洋
インド洋
北回帰線
赤道
0 2000km

律令国家の胎動と遣唐使

バイカル湖
唐の最大領域(7世紀半ば)
西突厥 583～657
ウイグル 744～840
東突厥 583～630 682～744
モンゴル高原
ゴビ砂漠
タクラマカン砂漠
突厥の勢力圏(583年分裂前)
西州
伊州
沙州
瓜州
甘州
青海
吐蕃
中国文化・インド文化の影響を受ける。しばしば唐に侵入，一時長安を攻略する
円仁が，密教のほか，浄土教を学び，日本に伝える(天台浄土教)。滞在記『入唐求法巡礼行記』 ➔p.82
黄河
五台山
幽州
太原
長安
洛陽
汴州
唐 618李淵が建国(～907)
日本から遣唐使の派遣始まる 630
成都
峨眉山
大和
南詔
唐と結び，吐蕃に対抗。ときには，吐蕃とも結んだ。漢字を公用化，仏教文化を受容
交州
驩州
崖州
雷州
広州
泉州
福州
岳州
九華山
長江
蘇州
杭州
天台山
明州
普陀山
楚州
揚州
青州
登州
赤山
北路
遼東
平壌
大興安嶺山脈
キタイ(契丹)
黒竜江
装身具などの交易でオホーツク文化に影響を与えた黒竜江流域の靺鞨による文化
トロイツコエ
ナイフェリド
靺鞨文化
黒水靺鞨
渤海 698～926
上京竜泉府
東京竜原府
南京南海府
新羅 356ごろ～935
白村江
金城
黄海
白村江の戦い 663 ➔p.55
那之津
大宰府
鴻臚館
南路
東シナ海
多褹島
掖玖島
南島路
奄美島
阿児奈波島
日本海
秋田城
能登客院
松原客院
平城京
飛鳥
難波津
日本
太平洋
3～13世紀にかけて北海道北岸，樺太，南千島の沿海部に栄えた文化
オホーツク文化
モヨロ
栄浦
擦文文化
7～13世紀にかけて北海道を中心に展開。続縄文土器と土師器の影響を受けた擦文土器を特徴とする文化
北回帰線
南シナ海
ドヴァーラヴァティー
カンボジア(真臘)
チャンパプラ
イーシャーナプラ
チャンパー(林邑・環王)
海路 陸路 遣隋使・遣唐使のルート(北路・南路*)
遣唐使のルート(南島路*2)
鑑真漂流ルート(推定)
渤海との交易路(推定)
白村江の戦いの航路
円仁の入唐ルート(838～847)
唐の対外関係
冊封(➔p.5)をうけた国
朝貢(➔p.4)のみ行う国
姻戚関係をもった国
▲ 中国の仏教霊山
オホーツク文化圏
擦文文化圏
靺鞨文化圏
* 遣隋使の航路は北路のみ。
*2 正式航路としての存在は証明されていない。

▽① 遣唐使船 (復元) 多い時期には4隻500名で編成されたため，「よつのふね」とよばれた。

〈広島市蔵〉

		日本		アジア	中国	朝鮮
飛鳥時代	604	厩戸王(聖徳太子)，憲法十七条制定 ➔p.47	612	隋，高句麗に遠征(～14)	隋	高句麗・百済・新羅
	607	小野妹子を隋に派遣	618	**唐，建国**	唐	
	630	**遣唐使始まる** ➔p.72		○貞観の治		
	645	大化改新始まる ➔p.54	660	唐・新羅，百済を滅ぼす		
	663	**白村江の戦い**	668	唐・新羅，高句麗を滅ぼす		
	672	壬申の乱 ➔p.55	676	新羅が朝鮮半島を統一		新羅
	701	大宝律令制定 ➔p.61	698	震国(713に渤海)建国		
奈良時代	710	**平城京**へ遷都				
	727	渤海使の来日(～919年,34回)				
	752	東大寺大仏，開眼供養 ➔p.74				
	754	**鑑真**，来日し入京 ➔p.76				
	784	長岡京遷都				
平安	794	**平安京**遷都 ➔p.80				
	838	最後となる遣唐使派遣 ➔p.72	875	黄巣の乱		

時代の概観

律令国家への道

中国の南北朝時代は，隋が南朝の陳を滅ぼして終わった。ついで唐が大帝国を築き，官制，土地制度，税制などを整備した。このようななか，日本でも強力な中央集権国家体制を築くことが火急の課題となり，**遣唐使**(➔p.72)を派遣して中国の制度を学ぶとともにさまざまな文物を持ち帰った。**白村江の戦い**以降唐や新羅と緊張関係を抱えた日本は，遣唐使による朝貢は行ったが，決して冊封を受けなかった。

周縁から見た日本 下貼文書にみる新羅との交易

正倉院宝物の鳥毛立女屏風(➔p.78)の下貼に使われている用紙には，新羅使がもたらした物品を買い取るための申請文書が使われていた。それによると佐波里(銅とすずの合金)の椀や朝鮮人参などの新羅特産のもののほか，香料や薬など東南アジア産のものも多く，新羅が交易によって入手したものを，日本は新羅を中継ぎして手に入れていたことがわかる。正倉院宝物にも新羅製の物品が多くみられ，当時の日本には，新羅を通じても国際的な物品が流入していたと思われる。

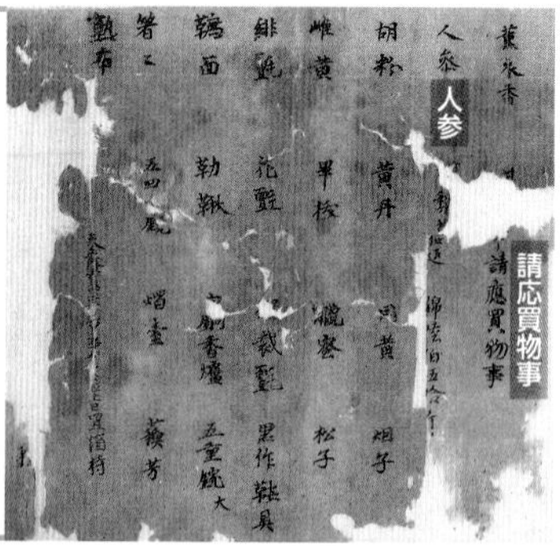

人参
請応買物事

▶② 下貼文書(買新羅物解)〈正倉院宝物〉

東西を結ぶ交易路

7〜9世紀ごろの世界

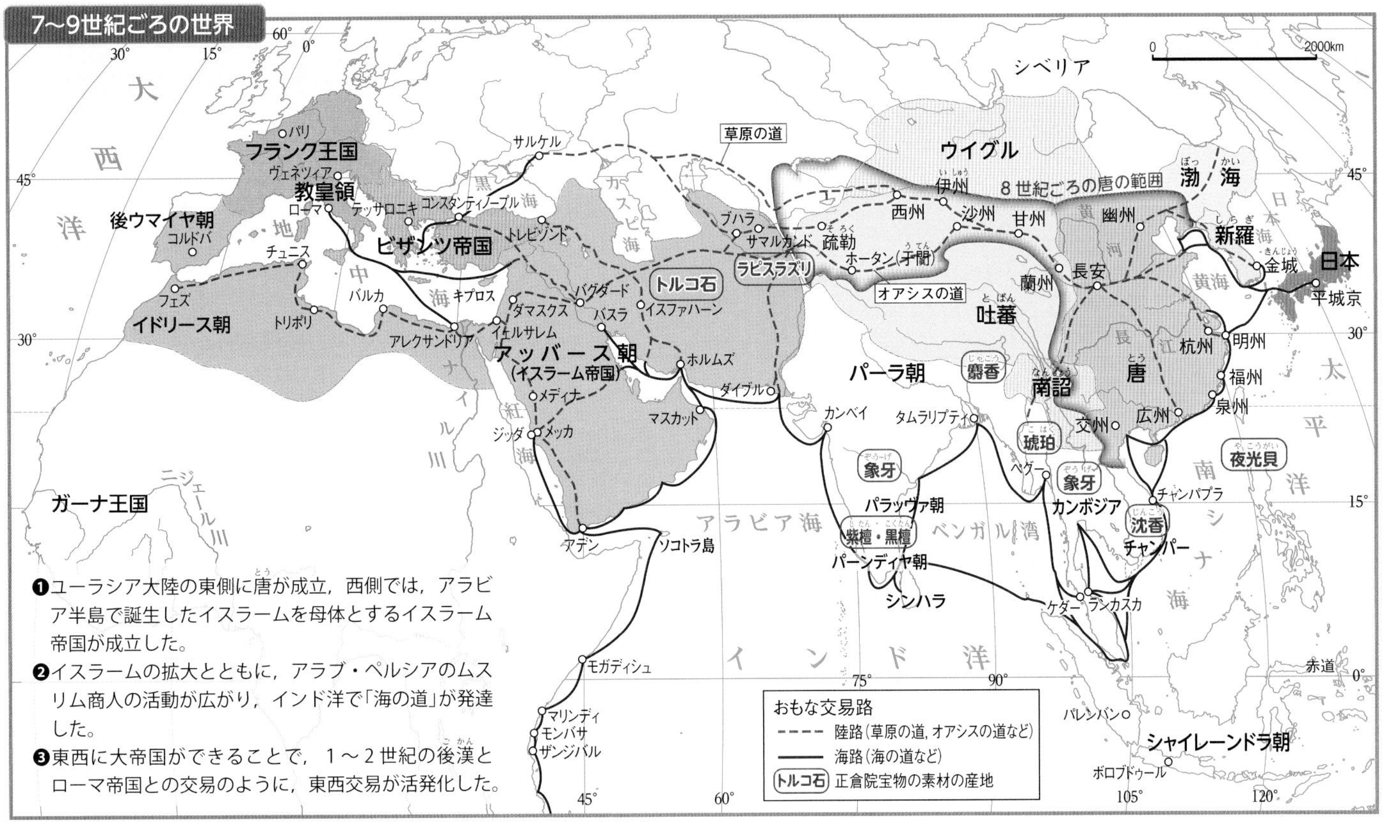
シベリア
大西洋
フランク王国
パリ
ヴェネツィア
教皇領
ローマ
後ウマイヤ朝
コルドバ
ビザンツ帝国
テッサロニキ
コンスタンティノープル
トレビゾンド
チュニス
フェズ
イドリース朝
トリポリ
バルカ
キプロス
アレクサンドリア
地中海
黒海
カスピ海
サルケル
草原の道
ウイグル
8世紀ごろの唐の範囲
伊州
西州
沙州
甘州
渤海
新羅
金城
日本
平城京
ブハラ
サマルカンド
疏勒
ホータン(于闐)
ラピスラズリ
トルコ石
オアシスの道
蘭州
長安
幽州
黄海
吐蕃
バグダード
ダマスクス
イェルサレム
バスラ
イスファハーン
アッバース朝(イスラーム帝国)
メディナ
ジッダ
メッカ
紅海
ホルムズ
ダイブル
マスカット
パーラ朝
麝香
南詔
唐
杭州
明州
福州
泉州
カンベイ
タムラリプティ
象牙
琥珀
交州
広州
夜光貝
南シナ海
太平洋
ペグー
ナイル川
ニジェール川
ガーナ王国
アラビア海
ベンガル湾
パラッヴァ朝
紫檀・黒檀
カンボジア
チャンパプラ
沈香
チャンパー
アデン
ソコトラ島
パーンディヤ朝
シンハラ
ケダー
ランカスカ
インド洋
モガディシュ
マリンディ
モンバサ
ザンジバル
赤道
パレンバン
シャイレーンドラ朝
ボロブドゥール
おもな交易路
陸路(草原の道, オアシスの道など)
海路(海の道など)
トルコ石 正倉院宝物の素材の産地
0 2000km

❶ユーラシア大陸の東側に唐が成立，西側では，アラビア半島で誕生したイスラームを母体とするイスラーム帝国が成立した。
❷イスラームの拡大とともに，アラブ・ペルシアのムスリム商人の活動が広がり，インド洋で「海の道」が発達した。
❸東西に大帝国ができることで，1〜2世紀の後漢とローマ帝国との交易のように，東西交易が活発化した。

1 世界から日本に伝来したもの

A 仏教の伝播

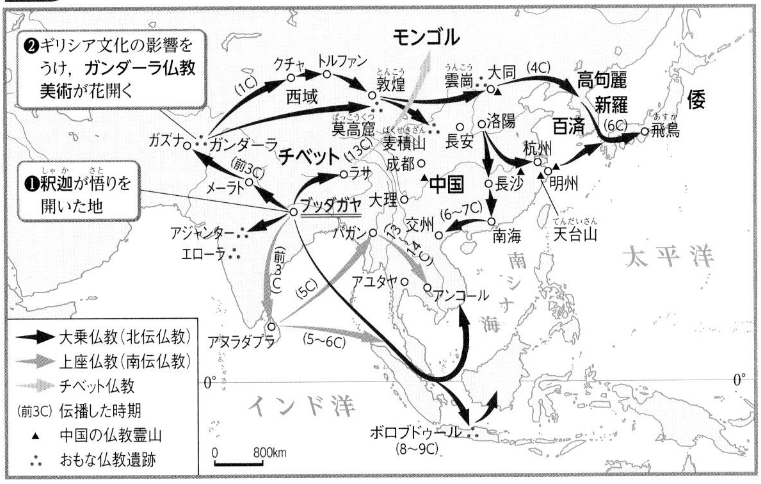
❷ギリシア文化の影響をうけ，ガンダーラ仏教美術が花開く
❶釈迦が悟りを開いた地
モンゴル
クチャ
トルファン
西域
敦煌
莫高窟
雲崗
大同
高句麗
新羅
百済
倭
飛鳥
ガズナ
ガンダーラ
チベット
麦積山
長安
洛陽
成都
中国
杭州
明州
ラサ
メーラト
ブッダガヤ
大理
長沙
南海
天台山
交州
アジャンター
エローラ
パガン
アユタヤ
アンコール
アヌラダプラ
インド洋
太平洋
南シナ海
ボロブドゥール(8〜9C)
大乗仏教(北伝仏教)
上座仏教(南伝仏教)
チベット仏教
(前3C) 伝播した時期
▲ 中国の仏教霊山
∴ おもな仏教遺跡
0 800km

	人名	旅行年	著作・業績
中国からインドに渡った僧	法顕(東晋)	399〜412 陸路→海路	『仏国記』
	玄奘(唐)	629〜645 陸路往復	『大唐西域記』
	義浄(唐)	671〜695 海路往復	『南海寄帰内法伝』
中国に渡った僧	仏図澄(ブドチンガ)	310	伝道と戒律
	鳩摩羅什(クマラジーヴァ)	？〜401	仏典漢訳
	達磨(ダルマ)	6世紀	中国禅宗の祖

△①中国に仏教を伝えた僧

▷②玄奘(602〜664) 629年に仏教経典を求めてインドに渡り，645年に唐の長安に経典を持ち帰った。経典は，三つに分類され，これを三蔵というため，経典を持ち帰った僧のことを三蔵法師という。

B 獅子狩文様

飛鳥文化 ➔p.49

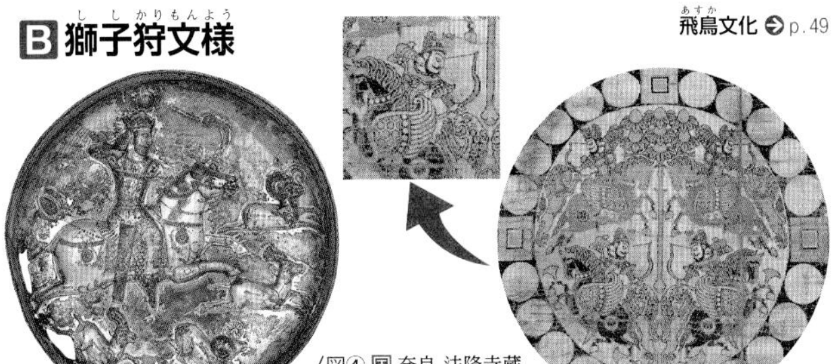

〈図④ 国 奈良 法隆寺蔵 250.0×134.5cm(部分)〉

△③ササン朝ペルシアの絵皿(左)と④法隆寺四騎獅子狩文錦(右) 法隆寺四騎獅子狩文錦(➔p.49)は，1本の木を中心に四騎士が左右対称に配され，四頭の獅子に弓を引き絞るところが図案化されている。円形を連ねた連珠文の構図や獅子狩の図など，ササン朝ペルシアの文化の影響がみられる。

C 忍冬唐草文様

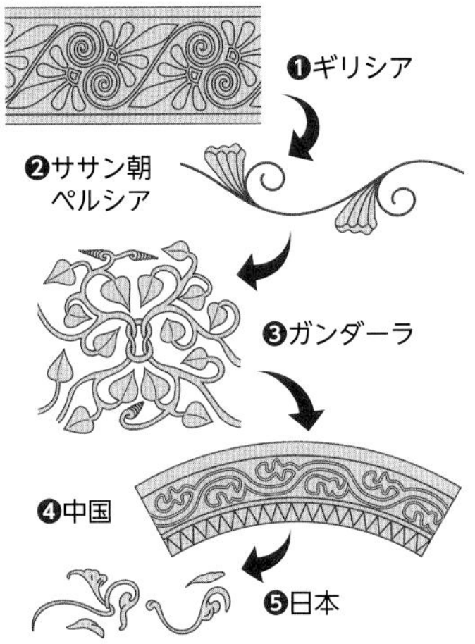
❶ギリシア
❷ササン朝ペルシア
❸ガンダーラ
❹中国
❺日本

〈法隆寺蔵〉

△⑤法隆寺の金堂天蓋 忍冬はスイカズラの漢名で，つる草がからみ這う形を描いた文様。エジプトから，ギリシア・ローマ・ペルシア・西域に伝わり仏教美術と結合して，中国を経て日本に伝わった。

中国周辺諸国の自立と国風文化

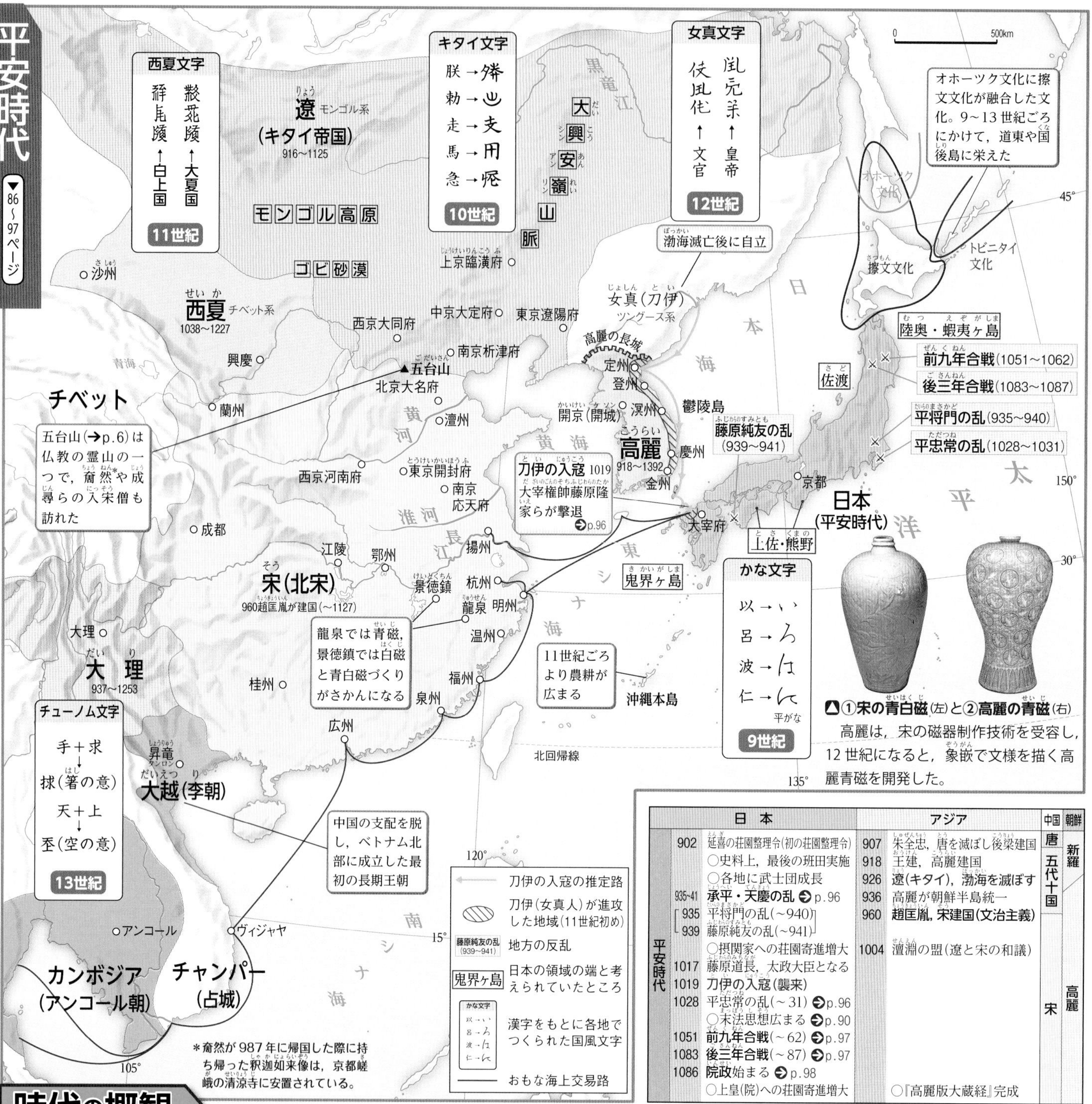
西夏文字
11世紀
キタイ文字
朕→
勅→
走→
馬→
急→
10世紀
女真文字
↑皇帝
↑文官
12世紀
遼(りょう) モンゴル系
(キタイ帝国)
916～1125
モンゴル高原
ゴビ砂漠
大興安嶺山脈
黒竜江
沙州
上京臨潢府
渤海滅亡後に自立
女真(刀伊) ツングース系
西夏 チベット系
1038～1227
中京大定府
東京遼陽府
西京大同府
南京析津府
高麗の長城
興慶
五台山
北京大名府
青海
チベット
蘭州
五台山(➔p.6)は仏教の霊山の一つで，奝然*や成尋らの入宋僧も訪れた
黄河
澶州
定州
登州
開京(開城)
溟州
鬱陵島
高麗 918～1392
慶州
金州
藤原純友の乱(939～941)
黄海
西京河南府
東京開封府
南京応天府
刀伊の入寇 1019 大宰権帥藤原隆家らが撃退 ➔p.96
淮河
成都
長江
揚州
大宰府
江陵
鄂州
宋(北宋)
960趙匡胤が建国(～1127)
景徳鎮
杭州
明州
龍泉
温州
福州
泉州
広州
龍泉では青磁，景徳鎮では白磁と青白磁づくりがさかんになる
大理
大理 937～1253
桂州
チューノム文字
手＋求
↓
拯(箸の意)
天＋上
↓
𡗶(空の意)
13世紀
昇竜(タンロン)
大越(李朝)
中国の支配を脱し，ベトナム北部に成立した最初の長期王朝
アンコール
ヴィジャヤ
カンボジア(アンコール朝)
チャンパー(占城)
南シナ海
東シナ海
11世紀ごろより農耕が広まる
沖縄本島
鬼界ヶ島
北回帰線
日本海
日本(平安時代)
京都
上佐・熊野
佐渡
平忠常の乱(1028～1031)
平将門の乱(935～940)
後三年合戦(1083～1087)
前九年合戦(1051～1062)
陸奥・蝦夷ヶ島
擦文文化
トビニタイ文化
オホーツク文化
オホーツク文化に擦文文化が融合した文化。9～13世紀ごろにかけて，道東や国後島に栄えた
太平洋
かな文字
以→い
呂→ろ
波→は
仁→に
平がな
9世紀
0 500km
45° 30° 15° 105° 120° 135° 150°
刀伊の入寇の推定路
刀伊(女真人)が進攻した地域(11世紀初め)
地方の反乱
日本の領域の端と考えられていたところ
漢字をもとに各地でつくられた国風文字
おもな海上交易路
*奝然が987年に帰国した際に持ち帰った釈迦如来像は，京都嵯峨の清凉寺に安置されている。

①宋の青白磁(左)と②高麗の青磁(右)
高麗は，宋の磁器制作技術を受容し，12世紀になると，象嵌で文様を描く高麗青磁を開発した。

	日本		アジア		中国	朝鮮
平安時代	902	延喜の荘園整理令(初の荘園整理令)	907	朱全忠，唐を滅ぼし後梁建国	唐	新羅
		○史料上，最後の班田実施	918	王建，高麗建国	五代十国	
		○各地に武士団成長	926	遼(キタイ)，渤海を滅ぼす		
	935~41	**承平・天慶の乱** ➔p.96	936	高麗が朝鮮半島統一		
	935	平将門の乱(～940)	960	**趙匡胤，宋建国(文治主義)**		
	939	藤原純友の乱(～941)			宋	高麗
		○摂関家への荘園寄進増大	1004	澶淵の盟(遼と宋の和議)		
	1017	藤原道長，太政大臣となる				
	1019	**刀伊の入寇(襲来)**				
	1028	平忠常の乱(～31) ➔p.96				
		○末法思想広まる ➔p.90				
	1051	**前九年合戦**(～62) ➔p.97				
	1083	**後三年合戦**(～87) ➔p.97				
	1086	**院政**始まる ➔p.98				
		○上皇(院)への荘園寄進増大		○『高麗版大蔵経』完成		

時代の概観

アジアの「国風文化」の時代

ウイグル・吐蕃・唐があいついで滅んだ中国大陸では，北部と南部で，それぞれ王朝が乱立した(五代十国)。**宋**が中国の大部分を統一するころ，北方では遼や女真が強大化した。また日本や高麗でも文化的な自立が進んだ(➔p.88～92)。このような民族自立のなかでそれぞれ自前の文字も発明されていった。また，律令とは異なる支配体制の構築や武人勢力の台頭，自尊意識の明確化などが共通してみられた。

10～11世紀ごろの世界

❶イスラーム勢力が，広範囲な商業ネットワークを構築した。
❷ヨーロッパでは，イスラーム勢力への反攻が試みられた。
❸宋が，文治主義を採用して周辺地域への軍事的圧力を弱めた。

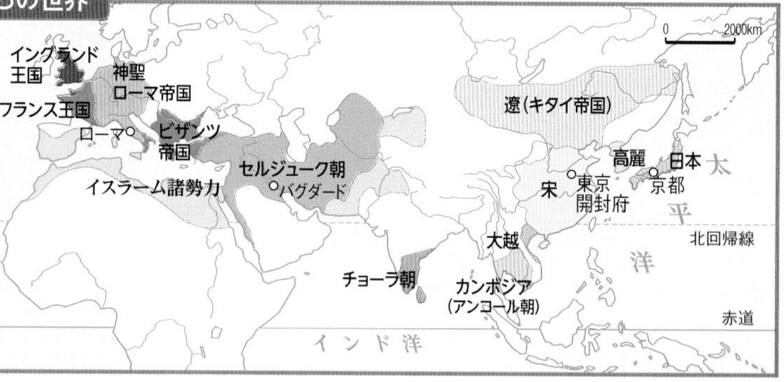
イングランド王国
神聖ローマ帝国
フランス王国
ローマ
ビザンツ帝国
セルジューク朝
バグダード
イスラーム諸勢力
遼(キタイ帝国)
高麗
日本
宋
東京開封府
京都
大越
チョーラ朝
カンボジア(アンコール朝)
太平洋
北回帰線
赤道
インド洋
0 2000km

中国海商の活躍と日宋貿易

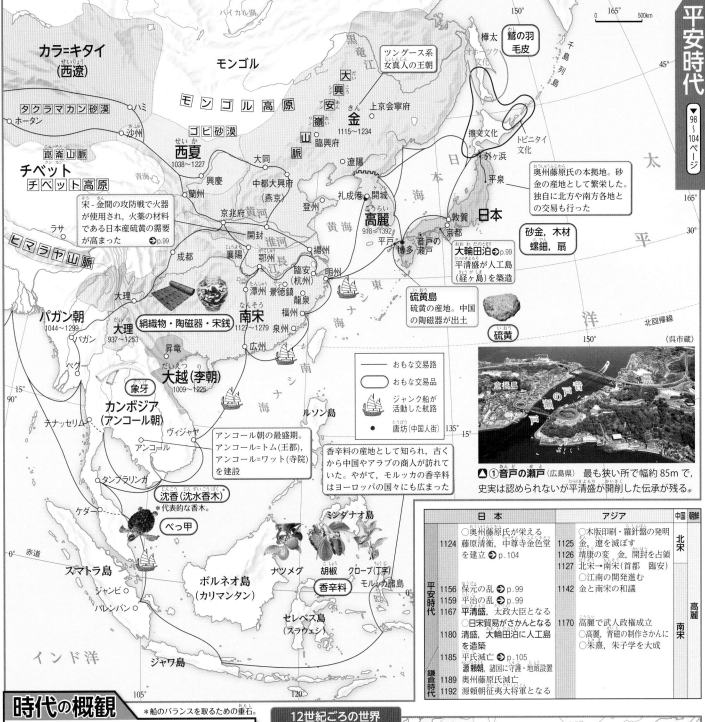

バイカル湖
150°
165°
0 500km
45°
30°
165°
15°
0°
90°
105°
120°
135°
150°
カラ=キタイ(西遼)
モンゴル
タクラマカン砂漠
ハミ
ホータン
沙州
モンゴル高原
ゴビ砂漠
崑崙山脈
チベット
チベット高原
青海
西夏 1038〜1227
興慶
蘭州
大同
中都大興府(燕京)
黒竜江
大興安嶺山脈
金 1115〜1234
上京会寧府
臨興府
遼陽
ツングース系女真人の王朝
樺太
鷲の羽 毛皮
オホーツク文化
千島列島
擦文文化
トビニタイ文化
外ヶ浜
平泉
日本海
奥州藤原氏の本拠地。砂金の産地として繁栄した。独自に北方や南方各地との交易も行った
太平洋
ラサ
ヒマラヤ山脈
宋‐金間の攻防戦で火器が使用され，火薬の材料である日本産硫黄の需要が高まった ➔p.99
京兆府
黄河
開封
登州
礼成港
開城
高麗 918〜1392
黄海
敦賀
京都
日本
平戸
博多
音戸の瀬戸
砂金，木材 螺鈿，扇
大輪田泊 ➔p.99
平清盛が人工島(経ヶ島)を築造
淮河
成都
襄陽
鄂州
長江
揚州
臨安(杭州)
明州
東シナ海
硫黄島
硫黄の産地。中国の陶磁器が出土
硫黄
〈呉市蔵〉
大理
潭州
景徳鎮
龍泉
福州
泉州
南宋 1127〜1279
絹織物・陶磁器・宋銭
パガン朝 1044〜1299
パガン
大理 937〜1253
昇竜
広州
大越(李朝) 1009〜1225
ペグー
象牙
カンボジア(アンコール朝)
南シナ海
ルソン島
北回帰線
チナッセリム
ヴィジャヤ
アンコール
アンコール朝の最盛期。アンコール=トム(王都)，アンコール=ワット(寺院)を建設
香辛料の産地として知られ，古くから中国やアラブの商人が訪れていた。やがて，モルッカの香辛料はヨーロッパの国々にも広まった
タンブラリンガ
沈香(沈水香木)*
*代表的な香木。
ケダー
べっ甲
ミンダナオ島
赤道
スマトラ島
ボルネオ島(カリマンタン)
ナツメグ
胡椒
クローブ(丁字)
香辛料
モルッカ諸島
ジャンビ
パレンバン
セレベス島(スラウェシ)
インド洋
ジャワ島
おもな交易路
おもな交易品
ジャンク船が活動した航路
唐坊(中国人街)

倉橋島
音戸の瀬戸

①音戸の瀬戸(広島県) 最も狭い所で幅約85mで，史実は認められないが平清盛が開削した伝承が残る。

	日本		アジア	中国	朝鮮
平安時代	○奥州藤原氏が栄える		○木版印刷・羅針盤の発明	北宋	高麗
	1124 藤原清衡，中尊寺金色堂を建立 ➔p.104	1125	金，遼を滅ぼす		
		1126	靖康の変 金，開封を占領		
		1127	北宋→南宋(首都 臨安)	南宋	
			○江南の開発進む		
		1142	金と南宋の和議		
	1156 保元の乱 ➔p.99				
	1159 平治の乱 ➔p.99				
	1167 平清盛，太政大臣となる				
	○日宋貿易がさかんとなる	1170	高麗で武人政権成立		
	1180 清盛，大輪田泊に人工島を造築		○高麗，青磁の制作さかんに		
			○朱熹，朱子学を大成		
	1185 平氏滅亡 ➔p.105 源頼朝，諸国に守護・地頭設置				
鎌倉時代	1189 奥州藤原氏滅亡				
	1192 源頼朝征夷大将軍となる				

時代の概観

*船のバランスを取るための重石。

中国海商によって活気づく東シナ海

中国海商が来航し日本の僧侶が入宋するなど，博多を拠点に大陸との活発な交易が行われた。貿易の窓口は，国家施設の鴻臚館から唐坊(中国人街)に変わった。ここを拠点に，日本からは硫黄や木材などが，大陸からは絹織物や陶磁器などが取り引きされた。当初，バラスト*として日本に流入した宋銭は，日本経済の基準通貨となった(➔p.114)。平氏政権は，この**日宋貿易**(➔p.99)に着目し，権勢を誇った。

12世紀ごろの世界

❶一つの地域を治める強大な帝国がどの地域にもみられない。
❷中国の江南開発が進み，当時の科学の最先端地域となった。
❸ヨーロッパはイスラーム圏を通じて東方との貿易を行った。

0 2000km
キエフ公国
キエフ
神聖ローマ帝国
ローマ教皇領
コンスタンティノープル
ビザンツ帝国
マグリブ
カイロ
メディナ
メッカ
アイユーブ朝
バグダード
アッバース朝
イスラーム世界
カラ=キタイ(西遼)
ベラサグン
モンゴル
上京会寧府
西夏
金
開城
興慶
開封
日本
京都
高麗
チベット
南宋
臨安
大理
大越
アンコール
ヴィジャヤ
パレンバン
インド洋
太平洋
北回帰線
赤道

蒙古襲来による東アジアの変動と鎌倉幕府

13～14世紀前半

▼105～121ページ

モンゴル
カラコルム
ブルカン山
アルタイ山脈
モンゴル高原
カラ=キタイ(西遼) 1132～1211
西夏 1038～1227
沙州(敦煌)
金 1115～1234
会寧府(上京)
元 1271～1368
大定(北京)
上都
中興(興慶)
中都大興府(燕京)→大都
フビライ，国号を元とする 1271
チベット
チベット高原
ヒマラヤ山脈
ラサ
西寧
成都
汴京(開封)
襄陽
鄂州
揚州
臨安(杭州)
慶元
南宋 1127～1276
大理 937～1253
パガン朝 1044～1299
パガン
デリー=スルタン朝
ペグー
スコータイ朝
アンコール
カンボジア
チャンパー
ヴィジャヤ
大越(陳朝) 1225～1400
昇竜
白藤江
白藤江の戦い 1288 大越が元を撃退
広州
泉州
福州
琉球
元，琉球に侵入 1292? ➲p.133
多くの日本僧侶が入宋し，南宋禅を学んだ。また南宋の禅僧も多く来日 ➲p.118, 131
開城
江華島
高麗 918～1392
新安沖で沈没船発見
済州島
博多
文永の役 1274
弘安の役 1281 ➲p.112
元，三別抄の乱平定 1273*
京都
鎌倉
日本
樺太
東征元帥府
モンゴルの前線拠点。たびたびアイヌと戦う
白主土城
十三湊
アイヌ文化圏
ルソン島
ミンダナオ島
ボルネオ島
セレベス島
スマトラ島
ジャワ島
シンガサリ朝 1222～92
インド洋
赤道
*高麗が元に服属した後も，高麗の軍隊(三別抄)が済州島を拠点に抵抗を続け，元の日本遠征への障壁となった。
モンゴル・元軍の進路
1274年 侵攻した年
モンゴル帝国の最大領域
おもな交易路

①フビライ＝ハン (1215～94)

〈皇居三の丸尚蔵館蔵〉

②蒙古襲来絵詞に描かれた元寇防塁(蒙古襲来絵詞国)

時代	年	日本	年	アジア	中国	朝鮮
鎌倉時代	1203	北条時政，執権となる	1206	チンギス＝ハンがモンゴル統一	南宋	高麗
	1221	承久の乱 ➲p.108	1225	ベトナムで大越国陳朝成立		
	1232	幕府が御成敗式目を定める	1234	モンゴル，金を滅ぼす		
			1259	高麗，モンゴルに服属		
			1260	フビライ＝ハンが即位		
	1268	北条時宗，執権となる	1271	**フビライ，国号を元とする**		
	1274	文永の役 ➲p.112	1273	元，三別抄の乱を平定		
	1275	異国警固番役を定める	1276	南宋滅亡		
	1279	元使を博多で斬る		○東・東南アジア遠征本格化		
	1281	弘安の役 ➲p.112	1282	元,海路でチャンパーへ侵攻(～84)	元	
	1284	北条時宗，死去	1286	元，3度目の日本遠征中止		
	1293	鎮西探題設置	1288	大越,元を撃退(白藤江の戦い)		
	1299	元使一山一寧が来航し，和平の国書をもたらす ➲p.131	1294	フビライが死去		
	1333	鎌倉幕府滅亡 ➲p.122	1323	現在の韓国 新安沖でジャンク船が沈没➡図③		

時代の概観

ユーラシアを席巻するモンゴル

13世紀初め，チンギス＝ハンがモンゴルを統一すると，彼らはモンゴル高原から四方八方に支配を広げた。大陸の東側では南宋を滅ぼし，高麗を服属させ，東南アジア諸国や日本をも支配下にいれようとした。

これに対抗するため，日本では鎌倉幕府が求心力を高めようとした。これにより，2度の蒙古襲来(➔p.112)は退けたものの，御家人の不満や支配体制の混乱を招く結果となり，鎌倉幕府は滅亡にいたった。

周縁から見た日本 蒙古襲来以後も行われた日元交易

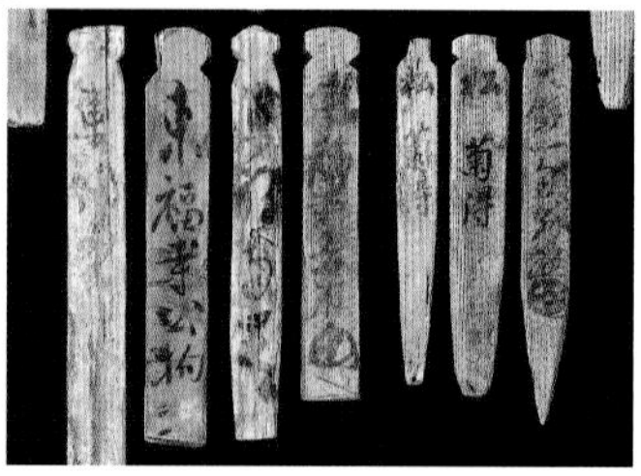

③「東福寺」などと書かれた木簡

2度にわたる蒙古襲来は，中世日本における最大の危機であり，幕府・朝廷ともにその対策に追われた。しかし，鎌倉時代末に兼好法師が記した『徒然草』の第120段には，「異国のものは薬のほかは不要である。…(中略)…危険をおかして唐土(中国)からの航路に無用の物をたくさん積んで持ってくるのは愚かなことである」とある。また，1975(昭和50)年に韓国の新安沖で発見された沈没船からは，1323年にあたる中国の元号と日本の東福寺や筥崎宮の文字が入った木簡が，中国製の陶磁器とともに見つかっている。このことからも，日元間では交易が活発であったことがわかる。

モンゴル帝国の拡大

13世紀ごろの世界

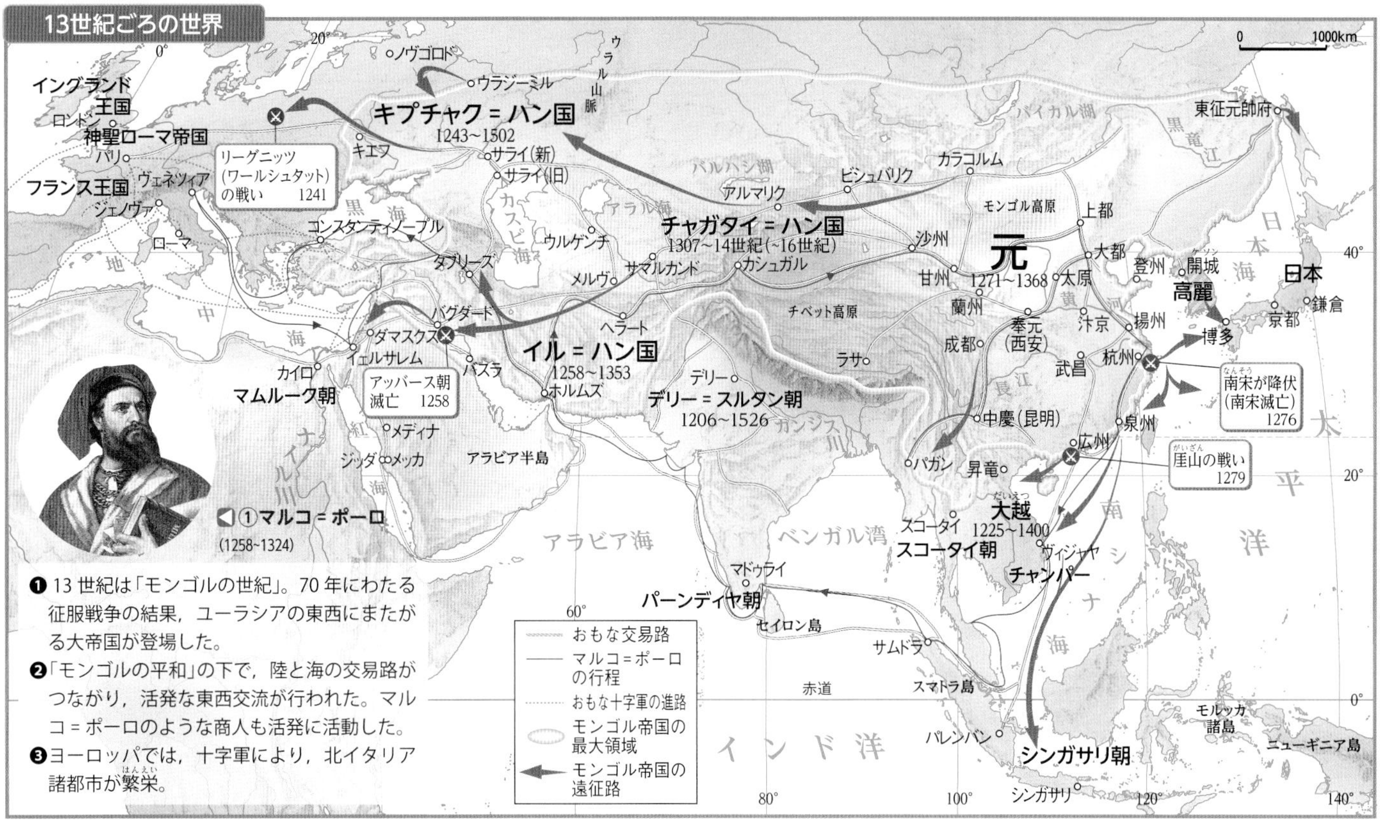

イングランド王国
ロンドン
神聖ローマ帝国
パリ
フランス王国
ヴェネツィア
ジェノヴァ
ローマ
ノヴゴロド
ウラジーミル
ウラル山脈
キエフ
リーグニッツ（ワールシュタット）の戦い 1241
キプチャク＝ハン国 1243～1502
サライ(新)
サライ(旧)
コンスタンティノープル
タブリーズ
ウルゲンチ
メルヴ
サマルカンド
カシュガル
バルハシ湖
アルマリク
ビシュバリク
カラコルム
バイカル湖
東征元帥府
チャガタイ＝ハン国 1307～14世紀(～16世紀)
モンゴル高原
上都
大都
沙州
甘州
元 1271～1368
太原
開城
高麗
日本
京都
鎌倉
博多
蘭州
汴京
揚州
チベット高原
奉元(西安)
成都
ラサ
武昌
杭州
南宋が降伏(南宋滅亡) 1276
バグダード
ダマスクス
イェルサレム
アッバース朝滅亡 1258
バスラ
ヘラート
イル＝ハン国 1258～1353
ホルムズ
デリー
デリー＝スルタン朝 1206～1526
カイロ
マムルーク朝
メディナ
メッカ
ジッダ
アラビア半島
中慶(昆明)
泉州
広州
厓山の戦い 1279
パガン
昇竜
大越 1225～1400
スコータイ
スコータイ朝
ヴィジャヤ
チャンパー
アラビア海
ベンガル湾
マドゥライ
パーンディヤ朝
セイロン島
サムドラ
スマトラ島
赤道
パレンバン
シンガサリ朝
シンガサリ
モルッカ諸島
ニューギニア島
インド洋
南シナ海
太平洋
0 1000km
おもな交易路
マルコ＝ポーロの行程
おもな十字軍の進路
モンゴル帝国の最大領域
モンゴル帝国の遠征路

◁①マルコ＝ポーロ（1258~1324）

❶ 13世紀は「モンゴルの世紀」。70年にわたる征服戦争の結果，ユーラシアの東西にまたがる大帝国が登場した。
❷「モンゴルの平和」の下で，陸と海の交易路がつながり，活発な東西交流が行われた。マルコ＝ポーロのような商人も活発に活動した。
❸ヨーロッパでは，十字軍により，北イタリア諸都市が繁栄。

1 騎馬遊牧民

△②遊牧民のくらし　東アジア北部にはモンゴル高原を中心に草原が広がっている。草原地帯は，降水量が少なく農耕に適さないため，家畜とともに水や草を求めて定期的に移動する遊牧が行われた。遊牧による生産物だけでは自給することには限界があるため，農耕社会の生産物との交易は必要不可欠であった。

轡　馬の口にくわえさせ，馬を制御する。
鞍　背につけ，人が乗りやすくする。
手綱　轡に取りつけ，馬をあやつる。
鐙　騎乗時に足を乗せ，身体の安定を保つ。

△③騎馬遊牧民と馬具　鞍や轡，手綱などの馬具の発明により騎馬の技術を身につけ，騎馬遊牧民となった。

〈大成建設株式会社提供〉

時代を見る目　モンゴルの大征服の実像

△④バグダードを攻略するモンゴル軍

モンゴルは「大量虐殺」を行う「恐怖の無敵軍団」というイメージが強い。しかし実際は，できるだけ敵味方とも損害を出さないように計画を練って征服活動を行っていた。もともと遊牧民は，定住民よりも人口が少なく保有する財産も少ない。そのようなモンゴルにとって戦争は仲間を増やし，領地や戦利品を手に入れる機会であった。降伏した敵軍はモンゴルの戦力に，また都市・農村の商品や農民は財源・労働力となった。このためバグダードに立てこもったアッバース朝の指導者を処刑したように，抵抗した者には厳しくし，それを自ら流布し残忍なイメージをもたせることで戦わずして勝利するようにしむけた。一方で，自ら進んで服従した者には，従来の権利や地位を保証し，支配層に加えて「モンゴル」として待遇した。例えば，6年にわたる襄城戦の末に降伏した南宋の将軍はそのまま軍司令官に取り立てられた。服属した高麗国王も，モンゴル名を名のり，モンゴル人を妃とし，王族の待遇を受けた。

2 世界を結びつけたモンゴル

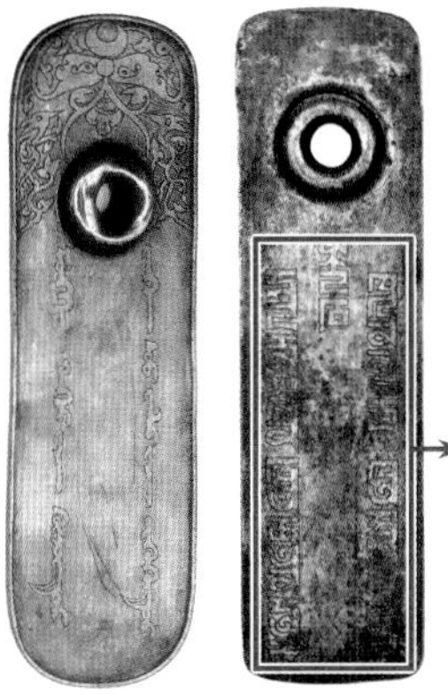

◁⑤モンゴルの銀牌　政府が発給する通行証で，所持者は駅伝や旅舎の利用ができた。

永遠なる天の力によりて。大いなる威力の加護によりて。アブド＝アッラーの勅諭に従わざる者はいかなる者も罰せられ，死なん。

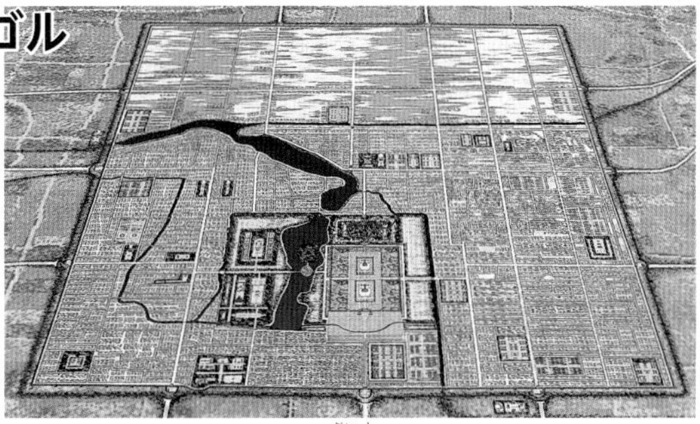

△⑥陸と海を結びつける都「大都」　フビライは，モンゴル高原へ連なる草原地帯と中国の農耕地域にまたがる地に「大都」（現在の北京）を建設した。都の中に運河を建設し，海と直結させることで，海と陸とがつながる一大交易網を成立させた。

明の海禁政策と琉球王国

14世紀半ば～16世紀半ば

▼122～139ページ

オイラトの最大領域
バイカル湖
オイラト（モンゴル）
韃靼（モンゴル）
カラコルム
天山山脈
ホータン
ウイグル
ハミ
沙州
モンゴル高原
大興安嶺山脈
黒竜江
ヌルガン
樺太
野人女真
海西女真
建州女真
崑崙山脈
明の最大領域（15世紀初）
粛州
涼州
寧夏
北京順天府
チベット高原
チベット
ラサ
ヒマラヤ山脈
黄河
京兆
開封
済南
成都
長江
明
1368朱元璋が建国（～1644）
南京応天府
武昌
杭州
寧波
南昌
長沙
雲南
福州
泉州
広州
朝鮮
1392～1910
漢城
塩浦
釜山浦
乃而浦
対馬
博多
坊津
日本海
日本
蝦夷ヶ島
十三湊
秋田
輪島
今町
普正寺本吉
岩瀬
三国
京都
安濃津
堺
東シナ海
太平洋
那覇
琉球王国
北回帰線
アヴァ
パガン
昇竜
大越（黎朝）
1428～1527
ペグー
チェンマイ
アユタヤ朝
1351～1767
シャム
アユタヤ
安南
ヴィジャヤ
アンコール
チャンパー
パンドゥランガ
南シナ海
ルソン
セブ島
マゼランの航路
マゼランの部下の航路
ブルネイ
ボルネオ島
パタニ
ケダー
サムドラ
マラッカ
シンガプラ
赤道
スマトラ島
ジャンビ
スマトラ
パレンバン
ジャワ島
ジャワ
マジャパヒト
マジャパヒト王国
1293～1527
インド洋
三浦の乱　1510
三浦に住む日本人が統制強化に反発し，対馬の宗氏の援軍を得て起こした反乱。以後日朝貿易が衰退した
コシャマインの戦い　1457
渡島半島東部の首長コシャマインを中心にアイヌの人々が蜂起。武田（蠣崎）信広により鎮圧される➔p.132,161
志苔館　渡島半島南端にあった和人の館。道南十二館の一つ。1968年，約38万枚の輸入銭が出土➔p.132
十三湊　得宗家の御内人であった安藤（安東）氏の拠点。アイヌの人々と和人との交易で栄えた
応永の外寇　1419
朝鮮が倭寇の根拠地とみなした対馬に侵攻
寧波の乱　1523
大内氏と細川氏が貿易権をめぐって争い，以後大内氏が勘合貿易を独占➔p.125
大交易時代
明の朝貢・冊封関係に参入し，優遇された条件を生かして中継貿易を展開➔p.133
世界一周をめざすマゼランが，現地首長と戦い戦死　1521
マラッカ　中国とインドを結ぶ貿易拠点として栄える。1511年にポルトガルに占拠された
日明貿易の交易路
琉球の朝貢路・おもな交易路
安南　琉球の史料にみえる南方交易地
前期倭寇の侵入地域（14～15世紀）
後期倭寇の侵入地域（16世紀）
倭館が設けられた三浦
「廻船式目」に記された三津七湊
三津
七湊
0　500km

△①明の軍隊と戦う倭寇〈倭寇図巻 東京大学史料編纂所蔵〉➔p.125

		日本		アジア	中国	朝鮮
南北朝時代	1333	**後醍醐天皇，建武の新政**			元	高麗
	1336	南北朝の動乱 ➔p.123				
	1338	**足利尊氏**，征夷大将軍となる	1351	中国，紅巾の乱（～66）		
	1350~52	観応の擾乱		○前期倭寇の活動が激化		
	1369	明より倭寇の禁圧要請 ➔p.125	1368	**朱元璋**（洪武帝），**明を建国**	明	
	1378	足利義満，幕府を室町に移す				
	1392	足利義満，南北朝を合体	1392	**李成桂，朝鮮を建国**		朝鮮
室町時代	1404	足利義満，**日明貿易**を開始	1402	明，永楽帝即位		
	1419	応永の外寇 ➔p.125		○明の外交活発化		
	1429	**琉球王国成立** ➔p.133	1421	明，北京に遷都		
		○琉球，さかんに遣明船派遣				
戦国時代	1467	応仁の乱始まる ➔p.127		○明の外交消極化		
	1510	三浦の乱 ➔p.125				
	1523	寧波の乱 ➔p.125		○後期倭寇の活動が激化		
		○日本銀の産出増加				
	1551	大内氏滅亡		○明，海禁を解除		

時代の概観

明の厳しい対外関係管理下での交易

14世紀は，天災・疫病が続発し，各地域の支配がゆらいだ。中国では**明**が中国を統一，朝鮮半島では**朝鮮**が建国され，日本では内乱が続いた。これらの混乱は，国家統制に服さない**倭寇**を生み出し，彼らは海上や沿岸部などで略奪行為を行った。これに対し明は，対外関係を朝貢・冊封関係（➔p.4~5）に限定し，民間の海上交易を禁止（**海禁**）して，沿岸部の治安回復をはかった。日本もこの体制を受け入れて**日明貿易**を行った（➔p.125）。**琉球王国**は，明と他国との中継貿易を行い，**大交易時代**とよばれる最盛期を迎えた（➔p.133）。

周縁から見た日本　蝦夷ヶ島の銅銭38万枚からみる当時の交易

△②志苔館付近出土の古銭（函館市）〈函館市教育委員会提供〉

1968年，志苔館の付近で3つの大きな甕に入った38万枚余りの銭が見つかった。甕のうち二つは越前（福井県），一つは珠洲（石川県）で焼かれたものである。銭は，古くは中国前漢の半両銭で，北宋の銭が最も多く（全体の約85%），明初期の洪武通宝にいたるまでの中国の銅銭であり，日本海交易によって運ばれたものである。この銅銭は，①海獣皮・鷲の羽などアイヌから手に入れた品物を売って得た収益の備蓄銭，②祭祀目的の埋納銭，③安泰・繁栄を祈願した地鎮供養銭などと考えられている。

アジアをめざすヨーロッパ

16世紀ごろの世界

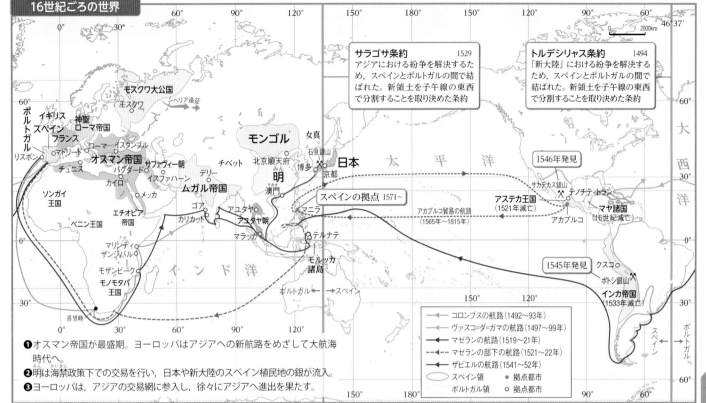

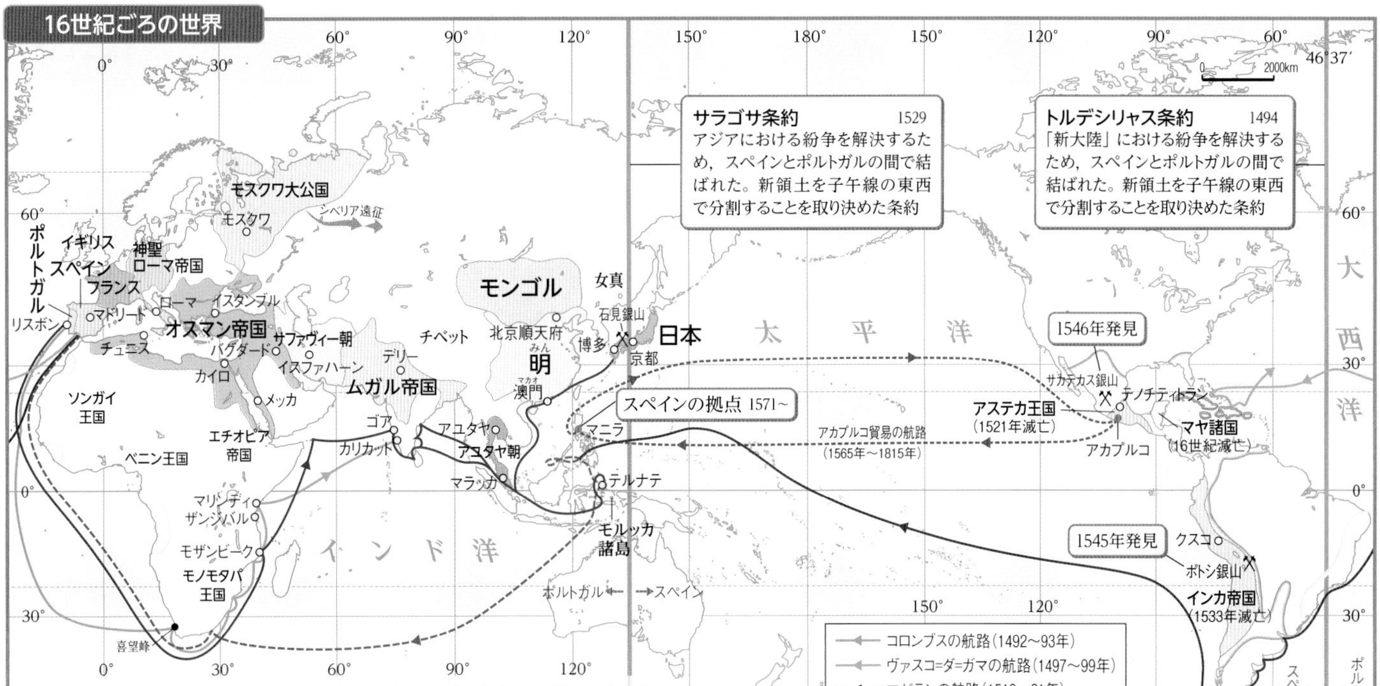
サラゴサ条約 1529
アジアにおける紛争を解決するため，スペインとポルトガルの間で結ばれた。新領土を子午線の東西で分割することを取り決めた条約
トルデシリャス条約 1494
「新大陸」における紛争を解決するため，スペインとポルトガルの間で結ばれた。新領土を子午線の東西で分割することを取り決めた条約
モスクワ大公国
モスクワ
シベリア遠征
ポルトガル
イギリス
スペイン
神聖ローマ帝国
フランス
ローマ
イスタンブル
マドリード
リスボン
オスマン帝国
サファヴィー朝
バグダード
チュニス
イスファハーン
カイロ
メッカ
ソンガイ王国
ベニン王国
エチオピア帝国
マリンディ
ザンジバル
モザンビーク
モノモタパ王国
喜望峰
ムガル帝国
デリー
ゴア
カリカット
チベット
モンゴル
女真
北京順天府
明
澳門
アユタヤ
アユタヤ朝
マラッカ
マニラ
テルナテ
モルッカ諸島
石見銀山
博多
京都
日本
スペインの拠点 1571〜
太平洋
インド洋
大西洋
アカプルコ貿易の航路（1565年〜1815年）
1546年発見
サカテカス銀山
テノチティトラン
アステカ王国（1521年滅亡）
アカプルコ
マヤ諸国（16世紀滅亡）
1545年発見
クスコ
ポトシ銀山
インカ帝国（1533年滅亡）
ポルトガル←→スペイン
スペイン←→ポルトガル
コロンブスの航路（1492〜93年）
ヴァスコ=ダ=ガマの航路（1497〜99年）
マゼランの航路（1519〜21年）
マゼランの部下の航路（1521〜22年）
ザビエルの航路（1541〜52年）
スペイン領
ポルトガル領
● 拠点都市
○ 拠点都市
0 2000km
46°37′

❶オスマン帝国が最盛期。ヨーロッパはアジアへの新航路をめざして大航海時代へ。
❷明は海禁政策下での交易を行い，日本や新大陸のスペイン植民地の銀が流入。
❸ヨーロッパは，アジアの交易網に参入し，徐々にアジアへ進出を果たす。

1 世界にも知られた石見銀山

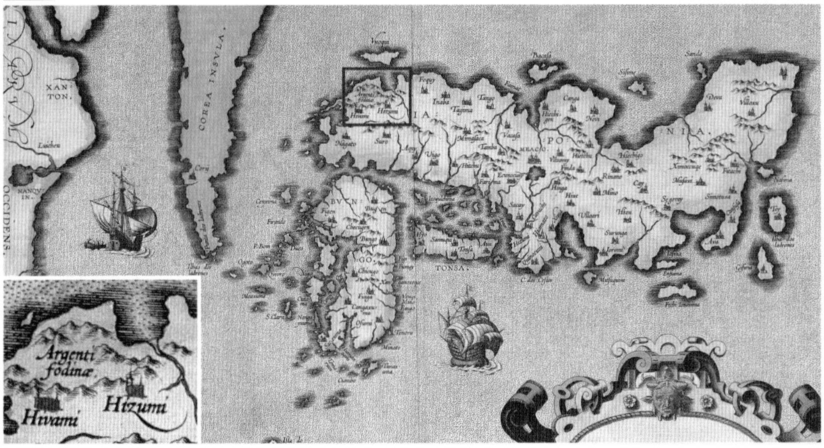
Argenti fodinæ
Hivami
Hizumi

◀①ポルトガル宣教師ティセラが作成した「日本図」 石見（Hivami）のところに銀鉱山（Argenti fodina）と記してある。〈東京 凸版印刷株式会社 印刷博物館蔵〉

▶②温泉津（島根県） 石見銀山の銀の積み出し港。水深が深く波もおだやかなため，江戸時代も北前船の寄港地として栄えた。現在でも船をくくりつけた鼻ぐり岩が残る。2007（平成19）年，石見銀山とともに世界文化遺産に登録された。

〈冊〉

石見銀山

＊椿の丸太で炉をおおい，炉の温度を調節した。〈中村俊郎氏蔵〉

ふいご
ふいご
炉
椿の丸太

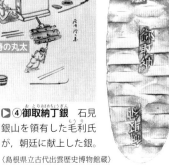

▲③銀の精錬（大森銀山図解） 銀の精錬では，まず銀鉱石と鉛を溶かして銀と鉛の合金をつくる。その合金を，炉に敷きつめた灰の上で熱し，**灰吹法**により銀を残す（➔p.345）。図では，地中に掘った炉にふいごで空気を送り，炉の温度を上げているようすがみえる。

御取納

▶④御取納丁銀 石見銀山を領有した毛利氏が，朝廷に献上した銀。〈島根県立古代出雲歴史博物館蔵〉

時代を見る目 世界の銀が集積された中国

16世紀には，灰吹法により日本の銀の産出量が増加し，日本は世界の銀の3分の1を産出するほどであった。日本やスペイン植民地の銀は，生糸や陶磁器などの生産地である明に流れ込んだ。このため，明では決済は銀が一般的になった。これらの銀は，税として吸い上げられ，さらに交易の代価として明から北方の女真などに流出し，これが新興勢力の形成をうながすことにもなった。

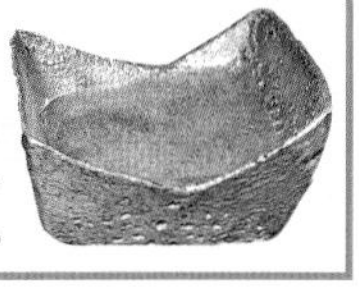

▶⑤**馬蹄銀** 銀は，重さで価値が決まる秤量貨幣であった。中国では，最初分銅型だったが，しだいに馬の蹄のようになった。

ヨーロッパの来航と朱印船貿易

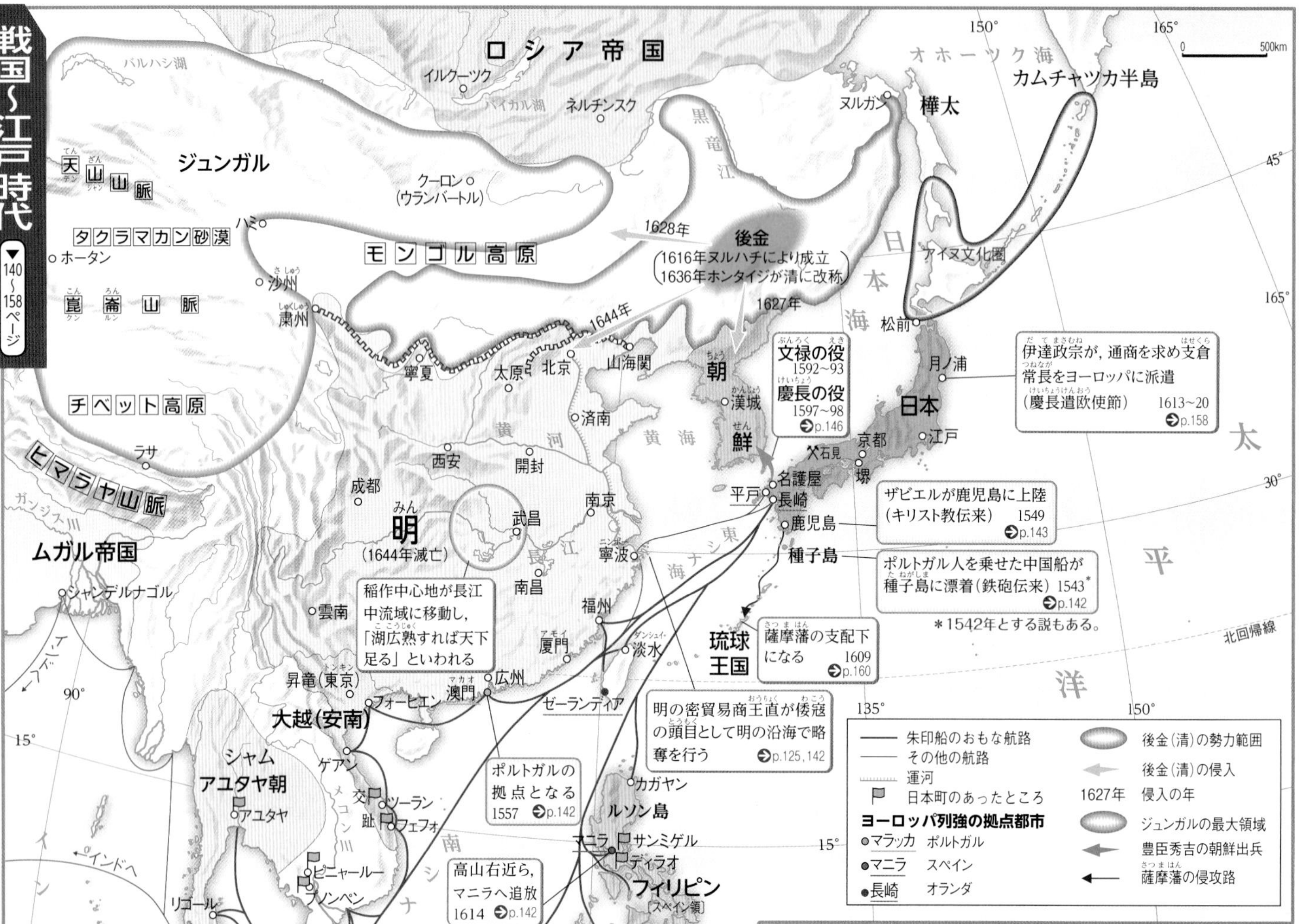

ロシア帝国
バルハシ湖
イルクーツク
バイカル湖
ネルチンスク
オホーツク海
カムチャツカ半島
ヌルガン
樺太
ジュンガル
天山山脈
クーロン（ウランバートル）
ハミ
タクラマカン砂漠
ホータン
モンゴル高原
沙州
崑崙山脈
粛州
チベット高原
ラサ
ヒマラヤ山脈
ガンジス川
ムガル帝国
シャンデルナゴル
1628年
後金
1616年ヌルハチにより成立
1636年ホンタイジが清に改称
1627年
1644年
黒竜江
日本海
アイヌ文化圏
松前
寧夏
太原
北京
山海関
朝鮮
漢城
文禄の役 1592～93
慶長の役 1597～98 ➔p.146
済南
黄海
黄河
西安
開封
成都
明（1644年滅亡）
武昌
南京
長江
寧波
南昌
稲作中心地が長江中流域に移動し，「湖広熟すれば天下足る」といわれる
雲南
福州
厦門
淡水
昇竜（東京）
広州
澳門
フォーヒエン
ゼーランディア
大越（安南）
シャム
アユタヤ朝
アユタヤ
ゲアン
交趾
ツーラン
フェフォ
ピニャールー
プノンペン
リゴール
パタニ
アチェ
マラッカ
ジョホール
スマトラ島
ボルネオ島
ブルネイ
サンボアンガ
カガヤン
ルソン島
マニラ
サンミゲル
ディラオ
フィリピン［スペイン領］
セレベス島
マカッサル
テルナテ
アンボイナ
バンテン
バタヴィア
ジャワ島
スラバヤ
ジャワ海
南シナ海
東シナ海
インド洋
インドへ
伊達政宗が，通商を求め支倉常長をヨーロッパに派遣（慶長遣欧使節） 1613～20 ➔p.158
月ノ浦
日本
江戸
京都
堺
石見
名護屋
平戸
長崎
鹿児島
種子島
ザビエルが鹿児島に上陸（キリスト教伝来） 1549 ➔p.143
ポルトガル人を乗せた中国船が種子島に漂着（鉄砲伝来） 1543* ➔p.142
*1542年とする説もある。
琉球王国
薩摩藩の支配下になる 1609 ➔p.160
明の密貿易商王直が倭寇の頭目として明の沿海で略奪を行う ➔p.125,142
ポルトガルの拠点となる 1557 ➔p.142
高山右近ら，マニラへ追放 1614 ➔p.142
ザビエル，布教中に日本人のアンジローと出会う ➔p.143
オランダのアジア貿易の中心拠点 1619～
太平洋
北回帰線
朱印船のおもな航路
その他の航路
運河
日本町のあったところ
ヨーロッパ列強の拠点都市
マラッカ ポルトガル
マニラ スペイン
長崎 オランダ
後金（清）の勢力範囲
後金（清）の侵入
1627年 侵入の年
ジュンガルの最大領域
豊臣秀吉の朝鮮出兵
薩摩藩の侵攻路
0 500km

日本				アジア		中国	朝鮮
室町時代	戦国時代	1543	種子島に**鉄砲**伝来 ➔p.142	1557	ポルトガルがマカオに進出	明	朝鮮
		1549	ザビエルが，**キリスト教**を伝える		○明，海禁を解除		
		1573	織田信長，室町幕府を滅ぼす	1571	スペイン，マニラ建設		
安土・桃山時代		1582	天正遣欧使節出発(～90)				
		1590	豊臣秀吉，全国統一				
		1592~93	**文禄の役**(壬辰倭乱) ➔p.146		○タイなどで日本町が発展		
		1597~98	**慶長の役**(丁酉倭乱) ➔p.146	1600	イギリス，東インド会社設立		
江戸時代		1603	**江戸幕府成立**	1602	オランダ，東インド会社設立		
		1609	島津氏，琉球征服 ➔p.160	1609	朝鮮，対馬宗氏に貿易の諸規定を与える(己酉約条)		
		1610	徳川家康，田中勝介らをメキシコに派遣(～11)	1616	ヌルハチ，後金を建国		
		1613	慶長遣欧使節出発(～20)	1619	オランダ,バタヴィア市建設		
		1623	イギリス，日本から撤退	1623	アンボイナ事件*		
		1624	スペイン船の来航禁止	1631	明で，李自成が反乱		
		1636	朝鮮通信使が来日	1636	後金，国号を清とする		
		1639	ポルトガル船の来航禁止 ➔p.159	1644	李自成，明を滅ぼす		

*イギリス，オランダに敗れインドネシアから撤退。

（静岡浅間神社蔵）

△①山田長政(?~1630) リゴールの太守となった日本人。

時代の概観

西欧の東南アジア進出と日本の貿易

東南アジアに進出した西欧諸国は，銀を求めて日本と交易(**南蛮貿易**)し，鉄砲やキリスト教をもたらした(➔ p. 142)。朝鮮出兵により，朝鮮・明との関係が悪化したため，日本人商人はルソン島やインドシナ半島に進出し，秀吉や家康らは，商人の海外渡航の許可と相手国に交易の安全を求める「朱印状」を発行した(**朱印船貿易**)。短期間であったが，貿易は日本町ができるほどさかんであった(➔ p. 158)。

17世紀前半の世界

❶スペイン・ポルトガルが,東南アジアに進出。イギリス,独立したオランダが続く。
❷西欧諸国は，新大陸植民地の経営を進める。
❸東アジアでは，女真人が後金を建国し，明や朝鮮をおびやかす。

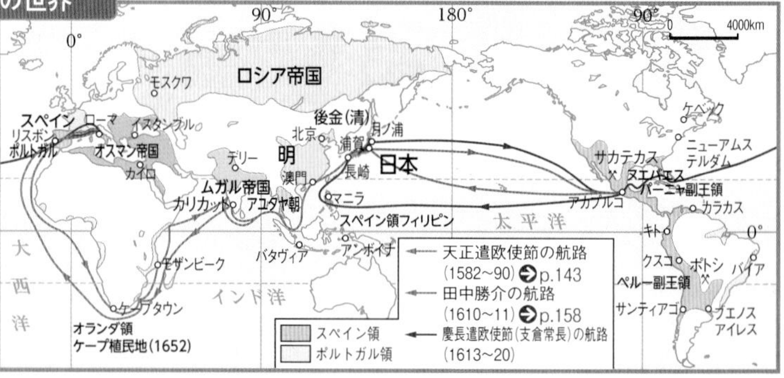

ロシア帝国
モスクワ
スペイン
リスボン
ポルトガル
ローマ
イスタンブル
オスマン帝国
カイロ
デリー
ムガル帝国
カリカット
アユタヤ朝
明
北京
後金(清)
月ノ浦
浦賀
日本
長崎
澳門
マニラ
スペイン領フィリピン
バタヴィア
アンボイナ
モザンビーク
ケープタウン
オランダ領ケープ植民地(1652)
大西洋
インド洋
太平洋
ケベック
ニューアムステルダム
サカテカス
ヌエバエスパーニャ副王領
アカプルコ
カラカス
キト
クスコ
ポトシ
バイア
ペルー副王領
サンティアゴ
ブエノスアイレス
天正遣欧使節の航路（1582～90）➔p.143
田中勝介の航路（1610～11）➔p.158
慶長遣欧使節(支倉常長)の航路（1613～20）
スペイン領
ポルトガル領
0 4000km

清帝国の成立と東アジア

ロシア帝国
イルクーツク 1652
ネルチンスク条約国境線 1689
キャフタ条約国境線 1727
バルハシ湖
アルタイ山脈
バイカル湖
キャフタ
ネルチンスク 1654
外モンゴル
ハルハ
天山山脈
ジュンガル
ウルムチ
カシュガル
新疆
ハミ
回部(ウイグル)
ホータン
タクラマカン砂漠
クーロン(ウランバートル)
モンゴル高原
内モンゴル
チャハル
ゴビ砂漠
大興安嶺山脈
斉斉哈爾
黒竜江
愛琿
ペトロパヴロフスク 1740
オホーツク海
キジ
ノテト
デレン
樺太
テンの毛皮
千島列島
択捉島
国後島
白主
宗谷
根室
クナシリ・メナシの戦い 1789
シャクシャインの戦い 1669
松前
崑崙山脈
チベット
青海
チベット高原
ホシュート
生糸　絹
陶磁器　茶
人参
吉林
盛京(瀋陽)
北京
朝鮮
漢城
日本海
海産物
銀・銅
江戸
日本
大坂
釜山
黄海
対馬
長崎
薩摩
黒砂糖
定高貿易仕法 1685
清・オランダとの貿易額制限 p.159
蘭州
清
1636ホンタイジが国号を改称(～1912)
黄河
西安
ラサ
ヒマラヤ山脈
ベンガル
アッサム
成都
長江
南京
杭州
寧波
福建省などの沿岸に遷界令を出し、鄭氏との交易をできなくさせる 1661～84
マラータ同盟
シャンデルナゴル
カルカッタ
雲南
福州
朝貢路
琉球
東シナ海
琉球王国
薩摩の支配下にあったが、一方で、清国に朝貢し、清との貿易を行う
ヨーロッパ交易を広州に限定 1757～1842
アヴァ(マンダレー)
ビルマ
厦門
広州
マカオ 1557
台湾
北回帰線
太平洋
昇竜
大越
フォーヒエン
海南島
1624～61 オランダが統治
1661～83 明の遺臣鄭氏が台湾に逃れ、清に抵抗 p.177
1683 清が占領、鄭氏降伏
ペグー
シャム
フエ
南シナ海
ルソン島
バンコク
イギリスの貿易ルート
マニラ 1571
フィリピン [スペイン領]
プノンペン
カンボジア
アチェ
ペナン
サンボアンガ
ブルネイ
マラッカ
赤道
スマトラ島
パダン
ポンティアナック
ボルネオ島
セレベス島
パレンバン
ベンクレーン
インド洋
ジャワ海
バンテン
バタヴィア
マカッサル
ジャワ島
香辛料
ディリ
バリ島
海産物 おもな交易品
長崎 鎖国体制下の四つの窓口
長崎からのおもな貿易路
朝鮮通信使・琉球使節の経路
蝦夷錦の伝播経路(サンタン交易)
サンタン交易を担った人々
サンタンの居住地
スメレンクルの居住地
西洋諸国による植民地・拠点都市
オランダ
スペイン
澳門 ポルトガル
ペナン イギリス
ネルチンスク条約国境線(1689年)
キャフタ条約国境線(1727年)
青数字 都市建設・獲得年
0　500km

△① 長崎出島之図(川原慶賀筆) 〈長崎大学附属図書館経済学部分館蔵 45.5 × 104.5cm〉

		日本		アジア	中国	朝鮮
江戸時代	1641	オランダとの交易を長崎に限定	1644	清，北京に政権樹立	清	朝鮮
	1669	シャクシャインの戦い	1661	鄭成功，台湾を占領		
	1685	清・オランダとの貿易額を制限		清，福建省などに遷界令(～84)		
	1689	長崎の唐人屋敷が完成	1683	清，台湾を占領		
	1715	幕府，長崎貿易を制限 ➔p.165	1689	清・露，ネルチンスク条約		
	1716~45	徳川吉宗，享保の改革 ➔p.185		○中国で人口急増		
	1720	漢訳洋書輸入制限を緩和	1727	清・露，キャフタ条約		
	1772~86	田沼意次の政治	1757	清，ヨーロッパ交易を広州に限定		
		○長崎貿易の転換 ➔p.187		○清の版図最大となる		
	1785	最上徳内ら千島探査出発				
	1787~93	松平定信，寛政の改革 ➔p.193		○露が，毛皮交易のためアラスカの開発を進める		
	1789	クナシリ・メナシの戦い				
	1790	長崎貿易を制限				
	1792	ラクスマン，大黒屋光太夫らを護送して根室に来航 ➔p.195	1796	清，アヘンの輸入を禁止 白蓮教徒の乱(～1804)		

時代の概観

「鎖国」という政策

江戸幕府は，スペイン・ポルトガルの来航を禁止し，西洋の貿易相手はオランダに限った(➔ p. 159)。中国(清)との貿易も長崎に限定したが，長崎の貿易高は伸び続けた。幕府が貿易制限に踏み切るのは，1683年に，台湾を占領した清が海禁を緩和し，清からの輸入増加と金銀流出が懸念されるようになってからである。一方，朝鮮とは使節による外交，琉球(➔ p. 160)・アイヌの人々(➔ p. 161)とは交易が行われた。

18世紀ごろの世界

❶イギリスとフランスが植民地争奪戦を展開した。

❷17世紀に東アジアに成立した清が，中央ユーラシアまで版図を拡大した。

❸インドや東南アジアに西欧列強が進出した。

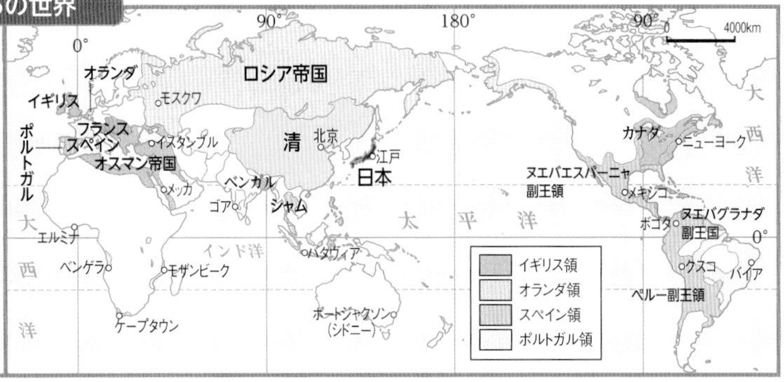
ロシア帝国
オランダ
イギリス
モスクワ
フランス
スペイン
ポルトガル
イスタンブル
オスマン帝国
メッカ
清
北京
江戸
日本
ベンガル
ゴア
シャム
バタヴィア
インド洋
太平洋
大西洋
エルミナ
ベンゲラ
モザンビーク
ケープタウン
ポートジャクソン(シドニー)
カナダ
ニューヨーク
ヌエバエスパーニャ副王領
メキシコ
ボゴタ
ヌエバグラナダ副王領
クスコ
バイア
ペルー副王領
イギリス領
オランダ領
スペイン領
ポルトガル領
0　4000km

華夷秩序の解体と近代日本

＊東清鉄道は1901年完成，03年営業開始。
ロシア帝国
清の最大領域
バルハシ湖
イルクーツク
バイカル湖
シベリア鉄道 (1904年)
チタ
アムール地方
黒竜江
アムール川
イリ地方
1871～81年 ロシアが一時支配
天山山脈
カシュガル
ウルムチ
新疆
ハミ
外モンゴル
クーロン (ウランバートル)
モンゴル高原
内モンゴル
ゴビ砂漠
タクラマカン砂漠
崑崙山脈
大興安嶺
山脈
東清鉄道 (1901年)＊
ハバロフスク 1858
愛琿
沿海州 1860
長春
1900～05年 ロシアが占領
ウラジオストク 1860
奉天
チベット
チベット高原
北京
天津
大連(露) 1898
旅順(露) 1898
元山(1880)
朝鮮
漢城
仁川(1883)
釜山(1876)
威海衛(英)1898
ドイツ，膠州湾を租借 1898
清国分割始まる ➔p.233
青島(独) 1898
清 1636～1912
ヒマラヤ山脈
ラサ
西安
黄河
成都
長江
南京
漢口
上海
インド帝国(英領)
カルカッタ
インド帝国成立(英領) 1877
ビルマ
ビルマ，インド帝国に編入 1886
ラングーン
福州
広州
澳門(ポ) 1557 (1887 正式領有)
九竜(英)＊2 1898
香港島(英)＊2 1842
広州湾(仏) 1899
澎湖諸島
ハノイ
シャム
バンコク
たくみな外交により英仏の緩衝地帯として独立を保つ
フランス領インドシナ(仏印)
フランス領インドシナ成立 1887
サイゴン
ベンガル湾
南シナ海
ルソン島
マニラ
アメリカ領フィリピン
米，フィリピン領有 1898
ミンダナオ島
基隆
台湾
下関条約により日本領となる 1895 ➔p.231
台湾出兵 1874
清が台湾での琉球漂流民殺害事件の責任を負わないため，西郷従道の指揮で出兵 ➔p.215, 218
台湾出兵の推定ルート
沖縄県を設置 1879 ➔p.215
東シナ海
佐世保
長崎
呉
大阪
東京
日本
日本海
函館
札幌
カムチャツカ半島
0 500km
日露和親条約では樺太には国境を定めず 1854
樺太
オホーツク海
樺太・千島交換条約による国境 1875
千島列島
得撫(ウルップ)島
択捉島
日露和親条約による国境 1854
小笠原諸島を領有 1876
小笠原諸島
父島
母島
火山列島が小笠原の所管となる 1891
火山列島
硫黄島
南鳥島
発見 1896 編入 1898
太平洋
北回帰線
マリアナ諸島(独) 1899
グアム島(米) 1898
＊2 1842年に香港島を，1860年に九竜半島南部を英に割譲。1898年，新界(南部以外の九竜半島と付属島嶼)を英が租借。
イギリス領マレー成立 1909
19世紀設置の海峡植民地や英領マレー連合州を基礎に成立
マラッカ海峡
イギリス領マレー
シンガポール
北ボルネオ
ブルネイ
サラワク
スマトラ島
ボルネオ島
パレンバン
セレベス島
バタヴィア
オランダ領東インド(蘭印)
ジャワ島
ディリ
インド洋
赤道
● 日朝修好条規による開港場 (数字)は開港年
清への進出(勢力範囲)
イギリス
フランス
イギリスとフランス
日本
ドイツ
ネルチンスク条約国境線(1689年)
キャフタ条約国境線(1727年)
アイグン条約国境線(1858年)
北京条約国境線(1860年)
タルバガタイ条約国境線(1864年)
イリ条約国境線(1881年)
青数字 獲得・建設した年

	日本		アジア	中国	朝鮮
江戸時代	1853 ペリー来航 ➔p.201	1851	清で太平天国の乱(～64)		
	1854 日米和親条約 ➔p.202	1856	アロー戦争(～60)		
	1858 日米修好通商条約 ➔p.202	1858	清，英米仏露と天津条約		
		1860	清，英仏露と北京条約		
明治時代	1868 戊辰戦争(～69)，明治改元		○清，洋務運動始まる		
	1871 **日清修好条規** ➔p.218	1875	江華島事件 ➔p.218		
	1874 **台湾出兵** ➔p.215	1877	英領インド帝国成立		
	1875 **樺太・千島交換条約**	1884	清仏戦争(～85)	清	朝鮮
	1876 日朝修好条規 ➔p.218	1887	フランス領インドシナ成立		
	1879 沖縄県設置 ➔p.215	1894	朝鮮で甲午農民戦争 ➔p.230		
		1896	英領マレー連合州発足		
	1894 日清戦争(～95) ➔p.231	1897	朝鮮，大韓帝国となる		
	1895 下関条約(台湾領有) 三国干渉(遼東半島還付)	1898	独，膠州湾を租借，青島建設(清国分割始まる) 米，フィリピン領有		

時代の概観

近代国家日本の誕生と東アジアの変容

1853年**ペリーの来航**(➔p.201)をきっかけに，幕府は開国し，不平等な条約を締結(➔p.202)させられて，欧米諸国の国際秩序に組み入れられた。明治新政府は，1871年，清との間に**日清修好条規**(➔p.218)を結んだが，これはアジアの国との初めての対等条約であるとともに，中国を頂点とする国際秩序である華夷秩序の解体につながるものであった。また，近代国家として国際的に自国の領土画定を行っていった。

周縁から見た日本 小笠原諸島－太平洋上の領土画定

△①小笠原諸島 父島(東京都)

小笠原諸島は，漂流民の報告にもとづき1675年に幕府が調査したが，その後は長く放置された。ケンペルが『日本誌』で「無人島」と紹介して欧米にもその存在が伝わった。19世紀に欧米による太平洋での捕鯨がさかんになると，物資補給場所とされ，1827年，イギリスが領有を宣言した。一方，30年にはアメリカ人がハワイ系住民とともに入植し，53年にはペリーが植民政府長官を任命した。英米が帰属を争うなか，幕府も62年に開拓を宣言し，その後，76年に明治政府が領有を再通告した。これを列国が承認したため，日本領が確定した。

近代日本の船出と国際情勢

19世紀半ばの世界

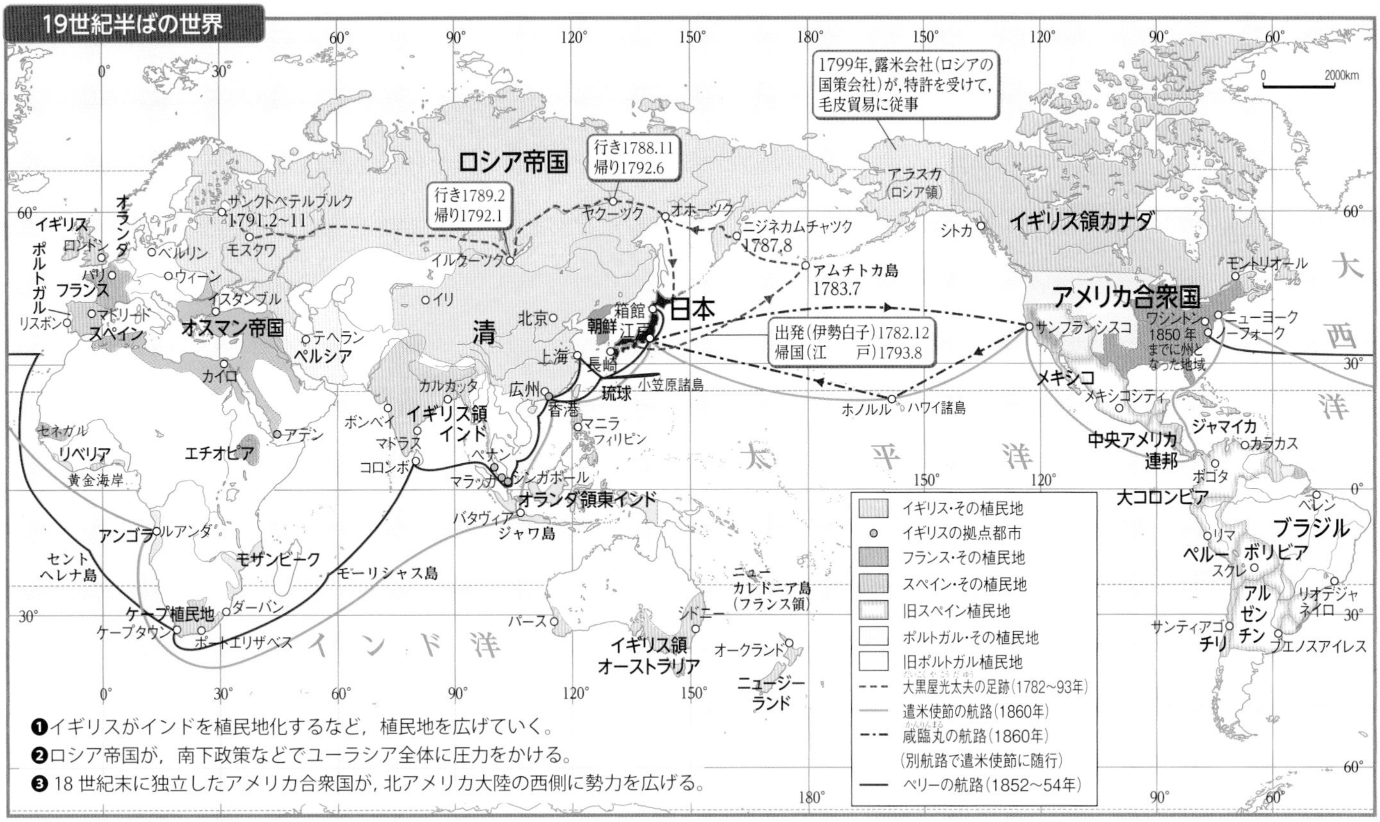
1799年，露米会社（ロシアの国策会社）が，特許を受けて，毛皮貿易に従事
ロシア帝国
行き1788.11 帰り1792.6
行き1789.2 帰り1792.1
サンクトペテルブルク 1791.2～11
モスクワ
ヤクーツク
オホーツク
ニジネカムチャツク 1787.8
アムチトカ島 1783.7
イルクーツク
アラスカ（ロシア領）
シトカ
イギリス領カナダ
モントリオール
アメリカ合衆国
ワシントン
ニューヨーク
ノーフォーク
1850年までに州となった地域
サンフランシスコ
出発（伊勢白子）1782.12 帰国（江 戸）1793.8
イギリス
オランダ
ポルトガル
フランス
スペイン
ロンドン
パリ
ベルリン
ウィーン
リスボン
マドリード
イスタンブル
オスマン帝国
テヘラン
ペルシア
カイロ
イリ
北京
清
朝鮮
箱館
江戸
日本
上海
長崎
広州
琉球
香港
小笠原諸島
カルカッタ
イギリス領インド
ボンベイ
マドラス
アデン
マニラ
フィリピン
ペナン
シンガポール
マラッカ
コロンボ
オランダ領東インド
バタヴィア
ジャワ島
ハワイ諸島
ホノルル
メキシコ
メキシコシティ
ジャマイカ
カラカス
中央アメリカ連邦
ボゴタ
大コロンビア
ベレン
ブラジル
リマ
ペルー
ボリビア
スクレ
アルゼンチン
リオデジャネイロ
サンティアゴ
チリ
ブエノスアイレス
セネガル
リベリア
黄金海岸
エチオピア
アンゴラ
ルアンダ
セントヘレナ島
モザンビーク
モーリシャス島
ダーバン
ケープ植民地
ケープタウン
ポートエリザベス
インド洋
太平洋
大西洋
パース
シドニー
イギリス領オーストラリア
ニューカレドニア島（フランス領）
オークランド
ニュージーランド
0 2000km
イギリス・その植民地
イギリスの拠点都市
フランス・その植民地
スペイン・その植民地
旧スペイン植民地
ポルトガル・その植民地
旧ポルトガル植民地
大黒屋光太夫の足跡（1782～93年）
遣米使節の航路（1860年）
咸臨丸の航路（1860年）（別航路で遣米使節に随行）
ペリーの航路（1852～54年）
❶イギリスがインドを植民地化するなど，植民地を広げていく。
❷ロシア帝国が，南下政策などでユーラシア全体に圧力をかける。
❸ 18世紀末に独立したアメリカ合衆国が，北アメリカ大陸の西側に勢力を広げる。

1 岩倉使節団と国際情勢

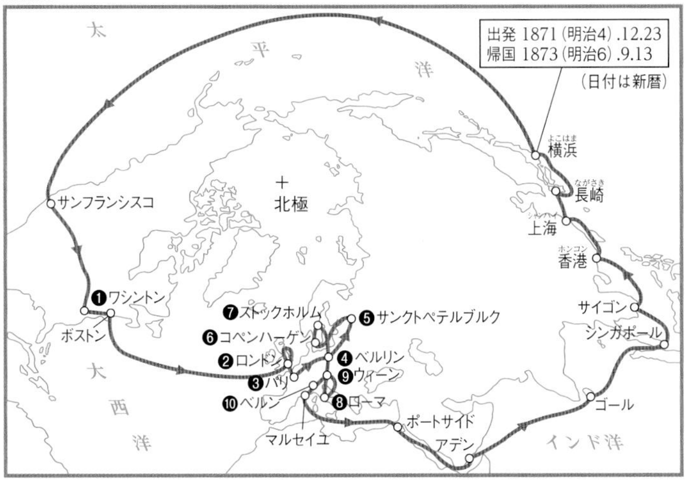
出発 1871（明治4）.12.23
帰国 1873（明治6）.9.13
（日付は新暦）
太平洋
横浜
長崎
上海
香港
サイゴン
シンガポール
北極
サンフランシスコ
❶ワシントン
ボストン
❷ロンドン
❸パリ
❹ベルリン
❺サンクトペテルブルク
❻コペンハーゲン
❼ストックホルム
❽ローマ
❾ウィーン
❿ベルン
マルセイユ
ポートサイド
アデン
ゴール
大西洋
インド洋

訪問地	おもなできごと
❶ワシントン（アメリカ）	大統領と会見
❷ロンドン（イギリス）	女王に謁見
❸パリ（フランス）	大統領と会見
❹ベルリン（ドイツ）	皇帝に謁見 ビスマルクと会見
❺サンクトペテルブルク（ロシア）	皇帝に謁見
❻コペンハーゲン（デンマーク）	国王に謁見
❼ストックホルム（スウェーデン）	国王に謁見
❽ローマ（イタリア）	国王に謁見
❾ウィーン（オーストリア）	皇帝に謁見
❿ベルン（スイス）	大統領と会見

▲①岩倉使節団のたどった経路

岩倉使節団（➔ p.218）は，当初，不平等条約改正*の予備交渉をめざしたが，その目的は早期に断念し，西洋文明の視察を行った。アメリカには7か月の長期にわたり滞在し，出発から1年9か月後に帰国した。西洋文明に触れた政府関係者や留学生は，政治，経済，教育，文化など多様な分野で日本の文明開化に貢献した。

*安政の五カ国条約（➔ p.202）では，1872年以降，改正の提起ができるとされていた。

◀②岩倉使節団のおもな訪問地

2 日露戦争と国際情勢

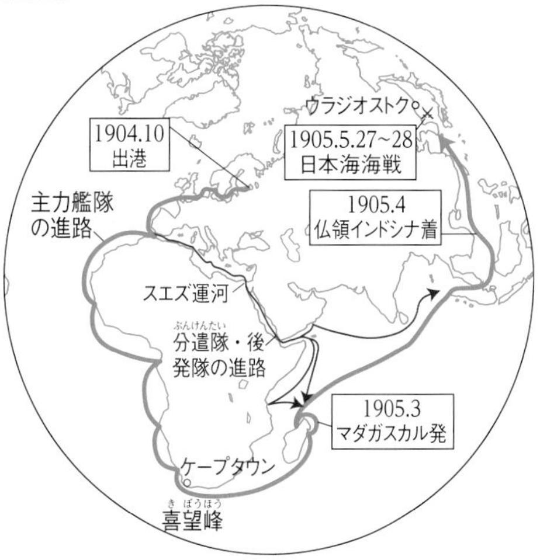
1904.10 出港
ウラジオストク
1905.5.27～28 日本海海戦
主力艦隊の進路
1905.4 仏領インドシナ着
スエズ運河
分遣隊・後発隊の進路
1905.3 マダガスカル発
ケープタウン
喜望峰

◀③**バルチック艦隊の航路** 1904～05年の**日露戦争**（➔ p.233）では，当時世界最強といわれたロシアのバルチック艦隊が，日本にとって脅威となった。しかし，艦の大きさのため，主力艦隊はスエズ運河を使用できず，また，水・石炭・食料の補給にも苦心した。そのためバルチック艦隊は，出発から7か月以上かかり，日本海海戦にのぞんだ。

時代を見る目 戦略的に重要なスエズ運河

1869年に開通した地中海と紅海・インド洋を結ぶ大運河。全長162km，幅60～100m，水深7.9m。スエズ運河の開通により，ヨーロッパとインドは，南アフリカの喜望峰を経由するよりも，時間を約40%短縮できた。この運河は，エジプトが建設したが，多額の資金を外債に頼ったため，法外な利子によりエジプトは破産に追い込まれた。以後，スエズ運河は，列強の影響下におかれた。

▲④**スエズ運河開通のようす**（1869年）

近代 明治

第一次世界大戦と戦後の国際協調

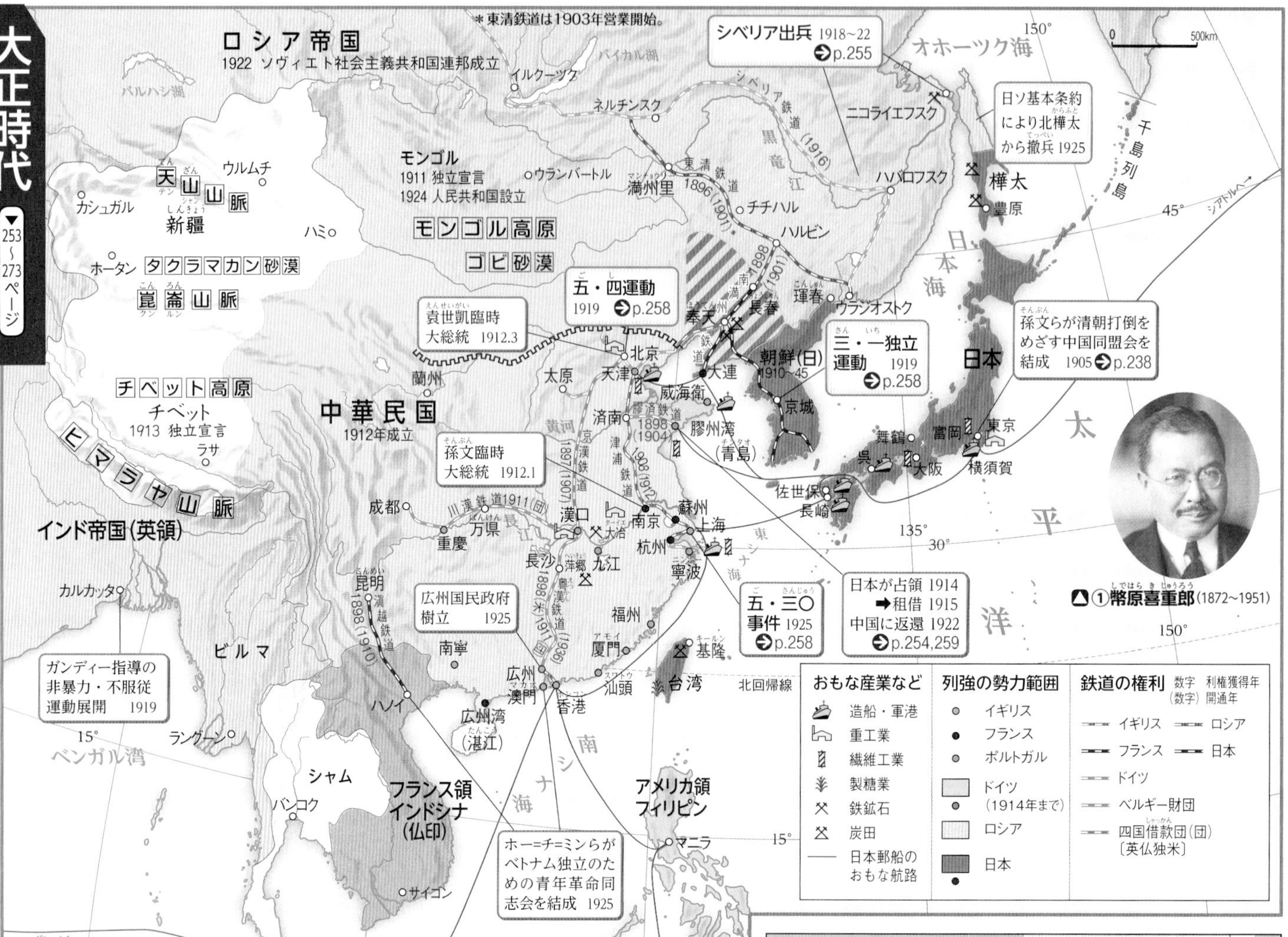
＊東清鉄道は1903年営業開始。
ロシア帝国
1922 ソヴィエト社会主義共和国連邦成立
シベリア出兵 1918～22 ➡p.255
オホーツク海
500km
日ソ基本条約により北樺太から撤兵 1925
千島列島
イルクーツク
バイカル湖
ネルチンスク
シベリア鉄道(1916)
ニコライエフスク
黒竜江
ハバロフスク
樺太
豊原
バルハシ湖
モンゴル
1911 独立宣言
1924 人民共和国設立
ウランバートル
東清鉄道 1896(1901)
満州里
チチハル
ハルビン
ウルムチ
天山山脈
カシュガル
新疆
ハミ
モンゴル高原
ゴビ砂漠
ホータン
タクラマカン砂漠
崑崙山脈
袁世凱臨時大総統 1912.3
五・四運動 1919 ➡p.258
南満州鉄道 1898(1901)
長春
琿春
ウラジオストク
奉天
三・一独立運動 1919 ➡p.258
日本海
孫文らが清朝打倒をめざす中国同盟会を結成 1905➡p.238
日本
北京
天津
太原
蘭州
大連
朝鮮(日) 1910～45
チベット高原
チベット
1913 独立宣言
中華民国
1912年成立
威海衛
済南
京城
黄河
膠済鉄道 1898(1904)
膠州湾(青島)
舞鶴
富岡
東京
横須賀
呉
大阪
孫文臨時大総統 1912.1
京漢鉄道 1897(1907)
津浦鉄道 1908(1912)
ラサ
ヒマラヤ山脈
佐世保
長崎
太平洋
成都
川漢鉄道 1911(団)
漢口
万県
重慶
大冶
南京
蘇州
上海
杭州
東シナ海
インド帝国(英領)
長沙
萍郷
九江
寧波
135°
30°
カルカッタ
昆明
滇越鉄道 1898(1910)
粤漢鉄道 1898(未)1911(団)(1936)
広州国民政府樹立 1925
福州
五・三〇事件 1925 ➡p.258
日本が占領 1914 ➡租借 1915 中国に返還 1922 ➡p.254,259
ビルマ
南寧
厦門
基隆
ガンディー指導の非暴力・不服従運動展開 1919
広州
澳門
香港
汕頭
台湾
北回帰線
ハノイ
広州湾(湛江)
150°
15°
ラングーン
ベンガル湾
南シナ海
シャム
フランス領インドシナ(仏印)
アメリカ領フィリピン
バンコク
ホー=チ=ミンらがベトナム独立のための青年革命同志会を結成 1925
マニラ
15°
サイゴン
←ボンベイへ
ペナン
サンボアンガ
イギリス領マレー
北ボルネオ
メルボルンへ
0°
マラッカ
ブルネイ
インド洋
赤道
シンガポール
サラワク
スマトラ島
ボルネオ島
パレンバン
オランダ領東インド(蘭印)
スカルノらインドネシア国民同盟*2結成 1927
バタヴィア
マカッサル
＊2 翌年，インドネシア国民党に改称。
90°
105°
ジャワ島
120°
おもな産業など
造船・軍港
重工業
繊維工業
製糖業
鉄鉱石
炭田
日本郵船のおもな航路
列強の勢力範囲
イギリス
フランス
ポルトガル
ドイツ（1914年まで）
ロシア
日本
鉄道の権利 数字 利権獲得年 (数字) 開通年
イギリス
ロシア
フランス
日本
ドイツ
ベルギー財団
四国借款団(団)〔英仏独米〕

①幣原喜重郎(1872～1951)

時代	外相	年	日本	年	アジア・世界	中国	朝鮮
大正時代		1911	関税自主権回復 ➡p.229	1910	韓国併合条約 ➡p.236	清	(日本の植民地支配)
				1911	**辛亥革命**		
				1912	**中華民国成立**	中華民国	
		1914	第一次世界大戦に参戦 日本，青島占領 ➡p.254	1914	**第一次世界大戦勃発**		
		1915	中国に二十一カ条の要求 ◯**大戦景気にわく** ➡p.256	1916	袁世凱死去→軍閥の割拠		
				1917	**ロシア革命** ➡p.255		
		1918	**シベリア出兵**(～22)				
		1919	**ヴェルサイユ条約** ➡p.258	1919	朝鮮，**三・一独立運動** 中国，**五・四運動** ➡p.258		
	(外相)	1921	**ワシントン会議，四カ国条約**				
		1922	**九カ国条約，ワシントン海軍軍縮条約** ➡p.259	1921	中国共産党結成		
				1924	第1次国共合作		
	幣原	1925	日ソ基本条約(日ソ国交樹立)	1925	五・三〇事件 ➡p.258		
昭和時代	田中	1927	東方会議 ➡p.271	1927	山東出兵(～28)		
				1928	張作霖爆殺事件 ➡p.271		
	幣原	1930	日中関税協定		国民政府，中国統一		

時代の概観

国際協調で経済的発展をめざす幣原外交

第一次世界大戦は協商国側の勝利に終わり(➔p.254)，**ヴェルサイユ条約**と**ワシントン会議**で結ばれた諸条約による新しい国際体制がつくられた(➔p.258~259)。この体制下では，日本の軍備増強や中国における軍事的権益拡大は押さえ込まれた。一方で，植民地や中国では独立運動が盛り上がった。日本では，英米とは協調しながら，中国に対しては内政不干渉をとり，日本の経済的利益を確保する**幣原外交**が主流となった。

周縁から見た日本 在華紡

②上海の在華紡で働く中国の女子工員(1940年)

中国において日本資本が経営した紡績会社を**在華紡**という。紡績会社は，**大戦景気**(➔p.256)で巨額の利益をあげたが，国内の労働賃金が上昇したことと，工場法(1916年施行)による生産力低下への危惧から，あいついで中国の上海や青島に進出した。在華紡は日本式経営をもち込み中国の紡績会社を圧倒したが，1925年の五・三〇事件(➔p.258)などでは排日運動の標的となった。30年代には日本軍の華北進出をうけて天津にも進出した。**日中戦争**が始まると，日本軍が接収した中国の紡績会社の経営を引き受けたが，敗戦によって中国側に接収された。

帝国主義列強の世界分割

19世紀後半～20世紀初頭の世界

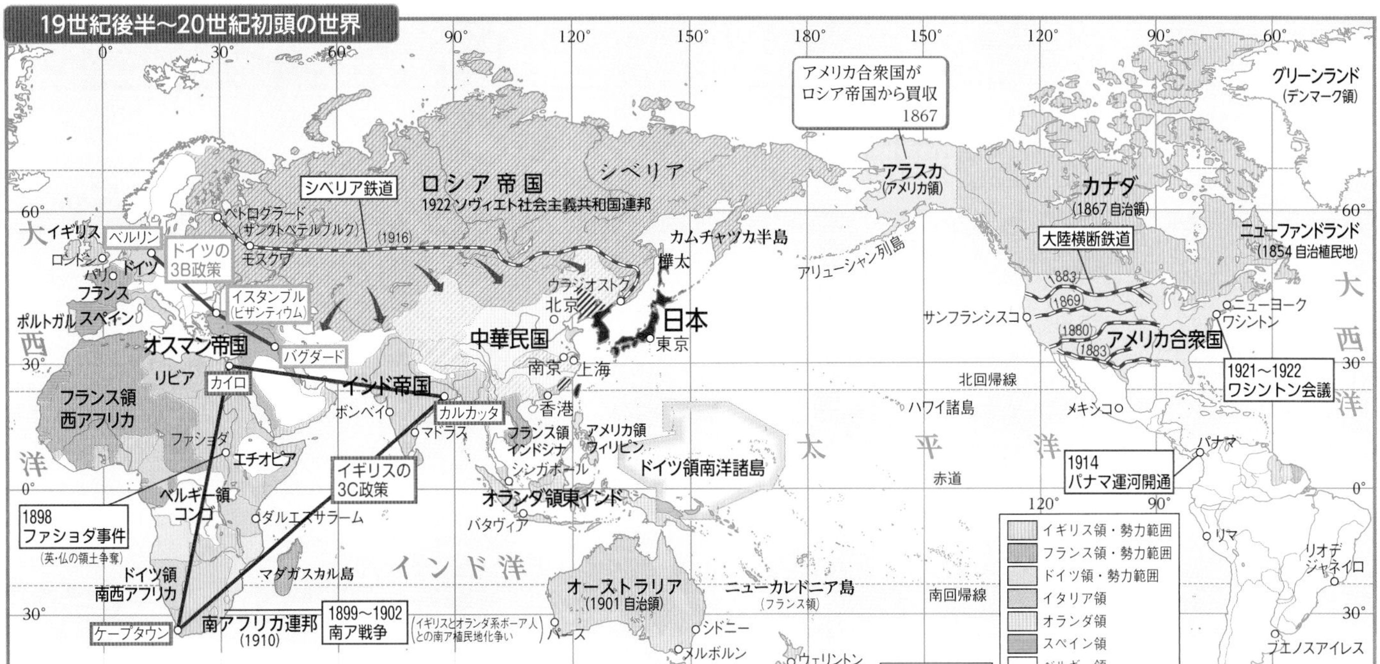

ロシア帝国
1922 ソヴィエト社会主義共和国連邦
シベリア
シベリア鉄道
(1916)
ペトログラード
(サンクトペテルブルク)
モスクワ
イギリス
ベルリン
ドイツの3B政策
ロンドン
パリ
ドイツ
フランス
ポルトガル
スペイン
イスタンブル(ビザンティウム)
オスマン帝国
バグダード
リビア
カイロ
フランス領西アフリカ
ファショダ
エチオピア
ベルギー領コンゴ
1898 ファショダ事件
(英・仏の領土争奪)
ドイツ領南西アフリカ
ケープタウン
南アフリカ連邦
(1910)
1899～1902 南ア戦争
(イギリスとオランダ系ボーア人との南ア植民地化争い)
ダルエスサラーム
マダガスカル島
インド洋
イギリスの3C政策
インド帝国
ボンベイ
カルカッタ
マドラス
中華民国
北京
南京
上海
香港
ウラジオストク
日本
東京
樺太
カムチャツカ半島
アリューシャン列島
フランス領インドシナ
アメリカ領フィリピン
シンガポール
オランダ領東インド
バタヴィア
ドイツ領南洋諸島
太平洋
赤道
オーストラリア
(1901 自治領)
パース
シドニー
メルボルン
ニューカレドニア島
(フランス領)
ウェリントン
ニュージーランド
(1907 自治領)
アメリカ合衆国がロシア帝国から買収 1867
アラスカ
(アメリカ領)
カナダ
(1867 自治領)
大陸横断鉄道
(1883)
(1869)
(1880)
(1883)
サンフランシスコ
アメリカ合衆国
ニューヨーク
ワシントン
1921～1922 ワシントン会議
北回帰線
ハワイ諸島
メキシコ
1914 パナマ運河開通
パナマ
リマ
リオデジャネイロ
ブエノスアイレス
南回帰線
グリーンランド
(デンマーク領)
ニューファンドランド
(1854 自治植民地)
大西洋
イギリス領・勢力範囲
フランス領・勢力範囲
ドイツ領・勢力範囲
イタリア領
オランダ領
スペイン領
ベルギー領
ロシアの勢力範囲
ロシアの進出
日本領
鉄道 (1883)(開通年)
2000km

❶欧米列強により，アジア・アフリカ地域の植民地分割が進む。
❷イギリスの3C政策に対抗してドイツが3B政策を推進する。
❸日本も朝鮮・中国に進出し帝国主義政策をおし進めていった。

1 第一次世界大戦－ヨーロッパ戦線 ➲p.254

＊1914年に，サンクトペテルブルクから改称(～24)。

ヨーロッパの戦線の経過

1882	三国同盟(独・墺・伊) 青字は日本の動き
1907	三国協商(英・仏・露)
1914.6	**サライェヴォ事件**
.7	オーストリア，セルビアに宣戦 **→第一次世界大戦の始まり**
.8	ドイツ，露・仏にあいつぎ宣戦
	イギリス，ドイツに宣戦
	日本，ドイツに宣戦(日英同盟にもとづく) ➲p.254
	タンネンベルクの戦い(東部戦線)
.9	マルヌの戦い(西部戦線)
.11	日本，青島のドイツ要塞占領 ➲p.255
1915.1	日本，二十一カ条の要求 ➲p.254
.5	ドイツ潜水艦，ルシタニア号(英)を撃沈 ➲p.255
	イタリア，オーストリアへ宣戦
1916.2	ヴェルダン要塞攻防戦(～.12)
.6	ソンムの戦い(～.11)
.12	英，ロイド＝ジョージ挙国一致内閣
1917.2	ドイツ，無制限潜水艦作戦開始
	日本，海軍を地中海へ派遣 ➡図②
.3	**ロシア，三月革命** ➲p.255
.4	**アメリカ,ドイツに宣戦** ➲p.255
.11	**ロシア，十一月革命** ➲p.255
	仏，クレマンソー挙国一致内閣
1918.1	ウィルソン，「14カ条」発表
.3	ブレストリトフスク条約(独ソ講和)
.9	ブルガリア降伏
.10	オスマン帝国降伏
.11	オーストリア-ハンガリー帝国降伏
	ドイツ，休戦協定に調印
1919.6	ヴェルサイユ条約 ➲p.258

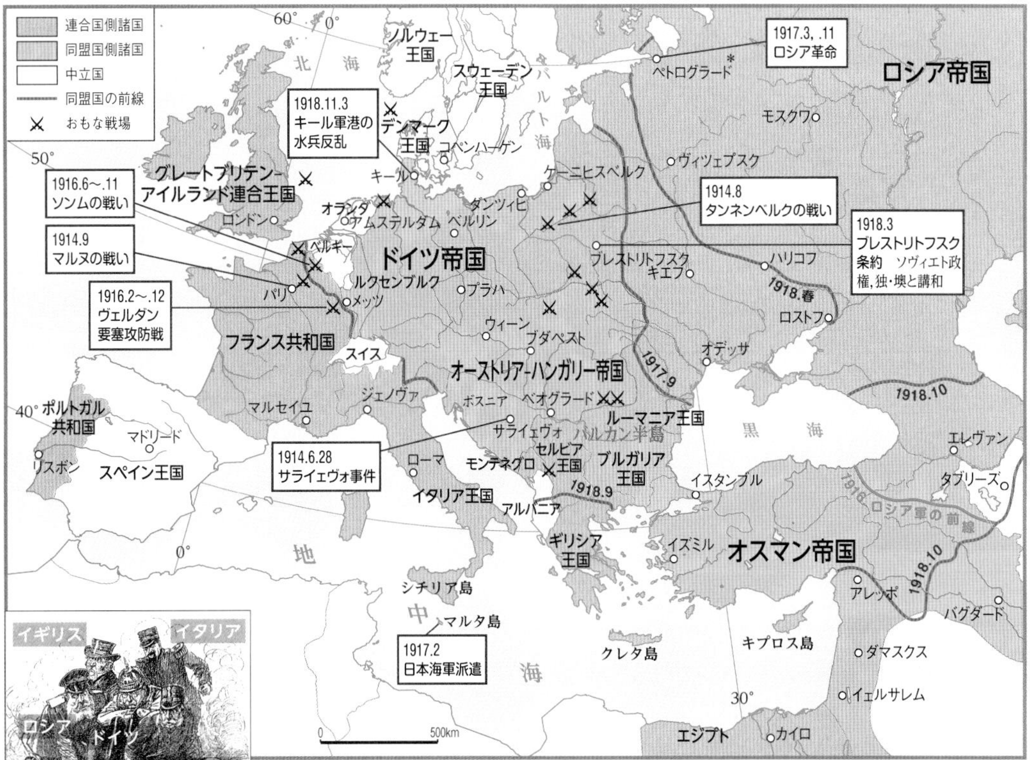

連合国側諸国
同盟国側諸国
中立国
同盟国の前線
おもな戦場
北海
バルト海
ノルウェー王国
スウェーデン王国
デンマーク王国
コペンハーゲン
1918.11.3 キール軍港の水兵反乱
キール
グレートブリテン-アイルランド連合王国
ロンドン
オランダ
アムステルダム
ベルギー
1916.6～.11 ソンムの戦い
1914.9 マルヌの戦い
1916.2～.12 ヴェルダン要塞攻防戦
パリ
メッツ
ルクセンブルク
ドイツ帝国
ベルリン
ダンツィヒ
ケーニヒスベルク
1914.8 タンネンベルクの戦い
1917.3, .11 ロシア革命
ペトログラード＊
モスクワ
ヴィツェプスク
ロシア帝国
1918.3 ブレストリトフスク条約 ソヴィエト政権,独・墺と講和
ブレストリトフスク
キエフ
ハリコフ
1918.春
ロストフ
プラハ
ウィーン
ブダペスト
フランス共和国
スイス
オーストリア-ハンガリー帝国
1917.9
オデッサ
マルセイユ
ジェノヴァ
ボスニア
ベオグラード
ルーマニア王国
サライェヴォ
1914.6.28 サライェヴォ事件
セルビア王国
バルカン半島
モンテネグロ
ブルガリア王国
ローマ
イタリア王国
アルバニア
1918.9
ポルトガル共和国
マドリード
リスボン
スペイン王国
黒海
1918.10
エレヴァン
タブリーズ
イスタンブル
1916 ロシア軍の前線
イズミル
ギリシア王国
オスマン帝国
アレッポ
バグダード
地中海
シチリア島
マルタ島
1917.2 日本海軍派遣
クレタ島
キプロス島
ダマスクス
イェルサレム
エジプト
カイロ
500km

イギリス
イタリア
ロシア
ドイツ
オーストリア
BALKAN TROUBLES
バルカン問題

◀①「ヨーロッパの火薬庫」(1912年) 爆発寸前の「バルカン問題」という大釜をヨーロッパ列強が押さえ込んでいる。

▶②マルタ島に派遣された日本艦隊(1917年) 地中海に派遣された日本の軍艦。ドイツ潜水艦から連合国軍の輸送船を護衛した。

ファシズムの台頭と日本の大陸進出

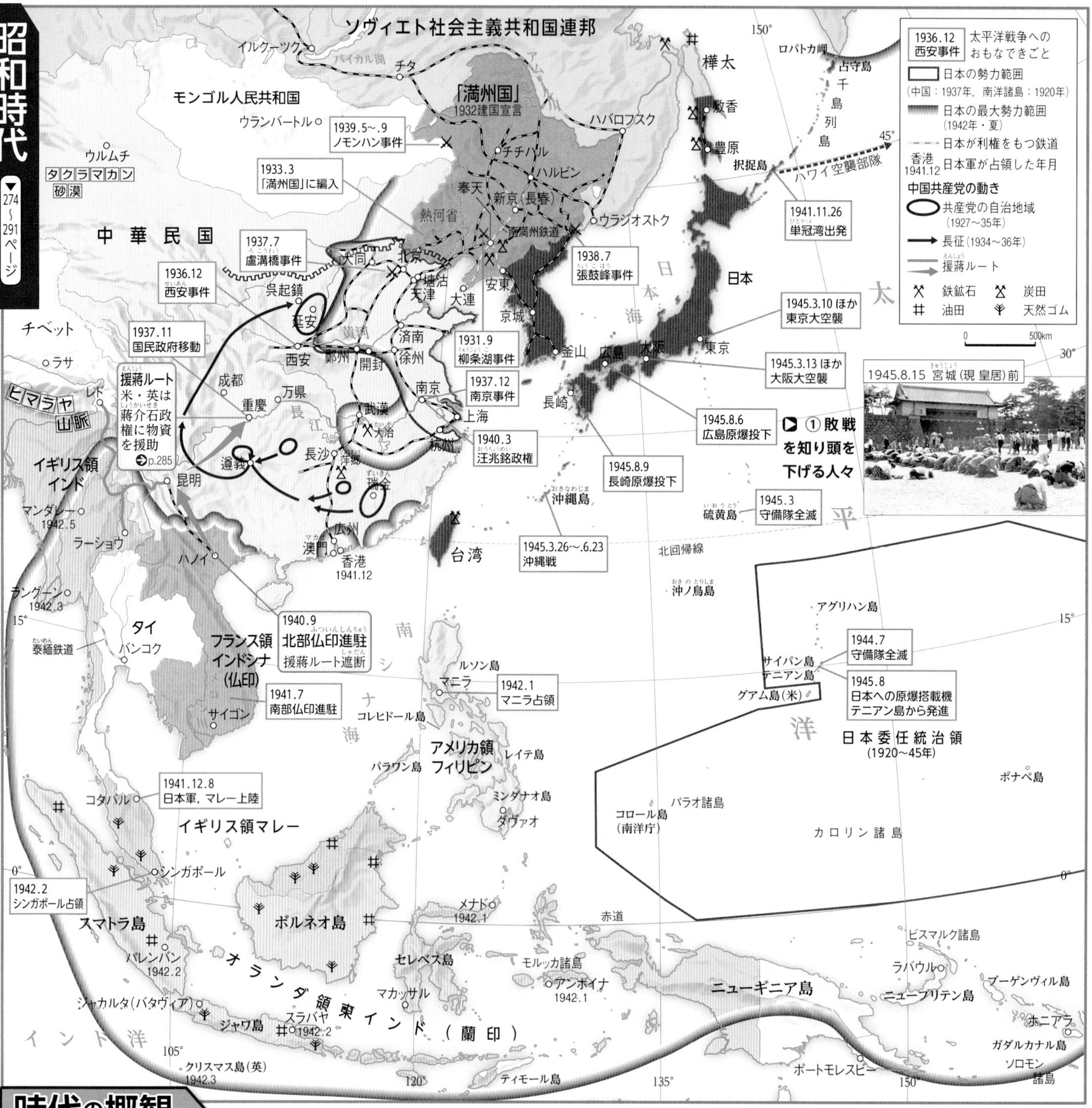
ソヴィエト社会主義共和国連邦
モンゴル人民共和国
中華民国
「満州国」
1932建国宣言
イルクーツク
バイカル湖
チタ
ウランバートル
ウルムチ
タクラマカン砂漠
チベット
ラサ
ヒマラヤ山脈
樺太
千島列島
ロパトカ岬
占守島
敷香
豊原
択捉島
ハバロフスク
チチハル
ハルビン
奉天
新京(長春)
熱河省
南満州鉄道
ウラジオストク
北京
大同
塘沽
天津
大連
安東
京城
釜山
広島
大阪
東京
長崎
日本
日本海
済南
徐州
西安
鄭州
開封
延安
呉起鎮
黄河
成都
重慶
万県
長江
南京
上海
杭州
武漢
大冶
萍郷
長沙
瑞金
遵義
昆明
広州
マカオ
澳門
香港
1941.12
台湾
沖縄島
硫黄島
沖ノ鳥島
北回帰線
アグリハン島
サイパン島
テニアン島
グアム島(米)
日本委任統治領
(1920～45年)
ポナペ島
パラオ諸島
コロール島
(南洋庁)
カロリン諸島
イギリス領インド
マンダレー
1942.5
ラーショウ
ハノイ
ラングーン
1942.3
タイ
バンコク
泰緬鉄道
フランス領インドシナ(仏印)
サイゴン
ルソン島
マニラ
コレヒドール島
アメリカ領フィリピン
パラワン島
レイテ島
ミンダナオ島
ダヴァオ
南シナ海
コタバル
イギリス領マレー
シンガポール
スマトラ島
パレンバン
1942.2
ボルネオ島
メナド
1942.1
セレベス島
マカッサル
モルッカ諸島
アンボイナ
1942.1
オランダ領東インド(蘭印)
ジャカルタ(バタヴィア)
ジャワ島
スラバヤ
1942.2
クリスマス島(英)
1942.3
ティモール島
インド洋
ニューギニア島
ポートモレスビー
ビスマルク諸島
ラバウル
ニューブリテン島
ブーゲンヴィル島
ホニアラ
ガダルカナル島
ソロモン諸島
赤道
太平洋
ハワイ空襲部隊
1939.5～.9 ノモンハン事件
1933.3 「満州国」に編入
1937.7 盧溝橋事件
1936.12 西安事件
1937.11 国民政府移動
1931.9 柳条湖事件
1937.12 南京事件
1940.3 汪兆銘政権
1938.7 張鼓峰事件
1941.11.26 単冠湾出発
1945.3.10 ほか 東京大空襲
1945.3.13 ほか 大阪大空襲
1945.8.6 広島原爆投下
1945.8.9 長崎原爆投下
1945.3 守備隊全滅
1945.3.26～.6.23 沖縄戦
1940.9 北部仏印進駐 援蒋ルート遮断
1941.7 南部仏印進駐
1942.1 マニラ占領
1944.7 守備隊全滅
1945.8 日本への原爆搭載機テニアン島から発進
1941.12.8 日本軍，マレー上陸
1942.2 シンガポール占領
援蒋ルート 米・英は蒋介石政権に物資を援助 p.285
1936.12 西安事件 太平洋戦争へのおもなできごと
日本の勢力範囲
(中国：1937年，南洋諸島：1920年)
日本の最大勢力範囲
(1942年・夏)
日本が利権をもつ鉄道
香港 1941.12 日本軍が占領した年月
中国共産党の動き
共産党の自治地域
(1927～35年)
長征(1934～36年)
援蒋ルート
鉄鉱石
炭田
油田
天然ゴム
0
500km
150°
45°
30°
15°
0°
105°
120°
135°

1945.8.15 宮城(現 皇居)前

①敗戦を知り頭を下げる人々

時代の概観

満州事変から太平洋戦争へ

日本が，**世界恐慌**（→ p. 274）の不況で苦しんでいたころ，関東軍は「満蒙の危機」の解決の名目で**満州事変**（→ p. 275）を起こした。これが国際連盟との対立を生み，ついには国連脱退へと進んだ。1937 年の**盧溝橋事件**から**日中戦争**に発展すると（→ p. 280），**日独伊三国同盟**（→ p. 285）を結び，中国やインドシナ半島へ進出していった。1941 年，マレー半島とハワイ真珠湾への奇襲から**太平洋戦争**が始まった。

昭和時代　太平洋戦争への動き

1931.9月	**柳条湖事件**（満州事変～1933.5）
1932.2	**リットン調査団**（～.6）
1932.3	**「満州国」建国宣言**
1932.5	五・一五事件（政党内閣崩壊）
1932.9	日満議定書（「満州国」承認）
1933.3	**国際連盟脱退を通告**（35年発効）
1933.5	塘沽停戦協定（満州事変終結）
1934.3	**「満州国」帝政実施**（皇帝に溥儀）
1934.10	長征（～36.10）
1935.11	冀東防共自治委員会（華北分離工作）
1936.2	二・二六事件
1936.12	**西安事件** ワシントン・ロンドン両海軍軍縮条約失効
1937.7	**盧溝橋事件**（日中戦争へ）
1937.9	第2次国共合作
1937.12	**南京事件**
1938.7	**張鼓峰事件**
1939.5	ノモンハン事件（～.9）
1940.3	汪兆銘政権樹立
1940.9	**日独伊三国同盟** 日本軍，北部仏印進駐
1941.7	日本軍，**南部仏印進駐**
1941.12	**マレー半島奇襲上陸・ハワイ真珠湾奇襲攻撃**（太平洋戦争開戦）
1942.6	ミッドウェー海戦
1944.7	サイパン島日本軍全滅
1945.3	東京大空襲　大阪大空襲 **沖縄戦**（～.6）
1945.5	ドイツ，無条件降伏
1945.8	**ポツダム宣言受諾** ソ連，対日宣戦布告 **広島・長崎に原爆投下**

中国	中華民国 →「満州国」
朝鮮	（日本の植民地支配）

1930年代の世界

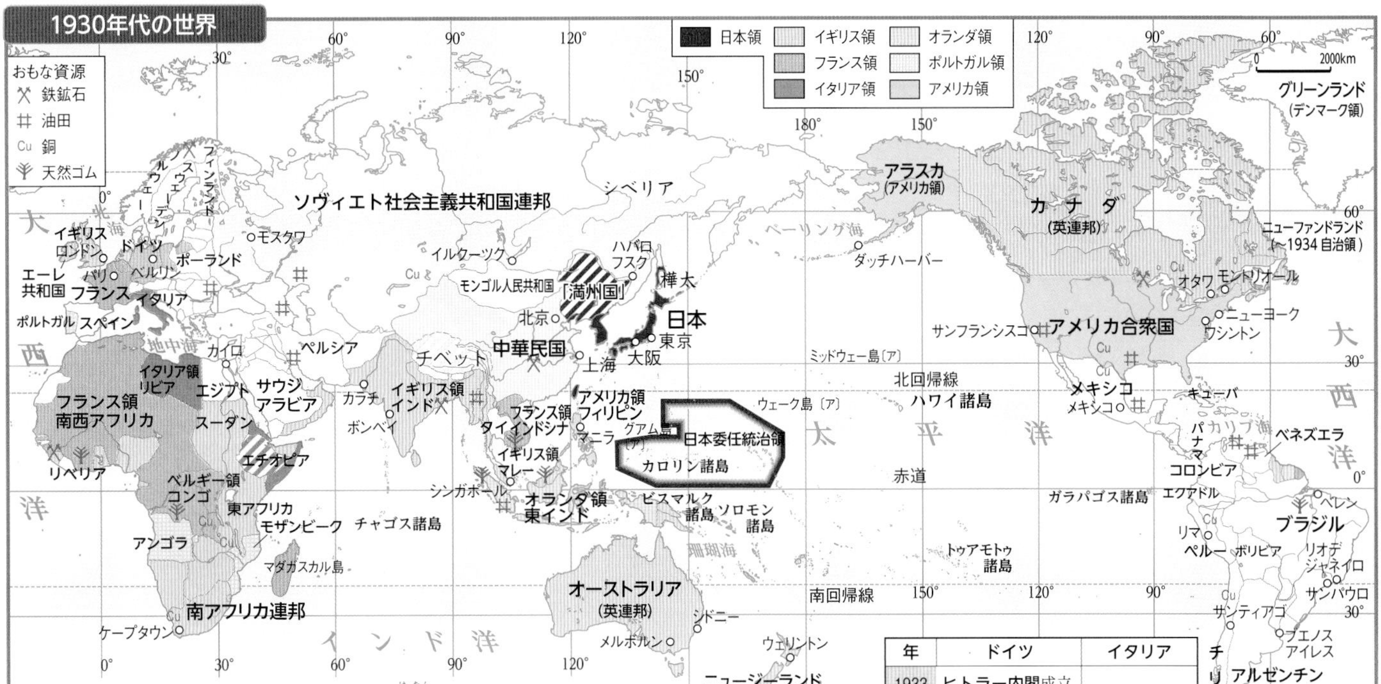

おもな資源
鉄鉱石
油田
Cu 銅
天然ゴム
日本領
イギリス領
オランダ領
フランス領
ポルトガル領
イタリア領
アメリカ領
2000km
グリーンランド（デンマーク領）
ソヴィエト社会主義共和国連邦
シベリア
モスクワ
イギリス
ロンドン
ドイツ
ポーランド
パリ
ベルリン
エーレ共和国
フランス
イタリア
ポルトガル
スペイン
ノルウェー
スウェーデン
フィンランド
イルクーツク
ハバロフスク
樺太
モンゴル人民共和国
「満州国」
北京
日本
東京
大阪
上海
中華民国
チベット
ペルシア
カイロ
イタリア領リビア
エジプト
サウジアラビア
カラチ
イギリス領インド
ボンベイ
フランス領インドシナ
タイ
アメリカ領フィリピン
マニラ
グアム島
日本委任統治領
カロリン諸島
イギリス領マレー
シンガポール
オランダ領東インド
ビスマルク諸島
ソロモン諸島
フランス領南西アフリカ
スーダン
エチオピア
リベリア
ベルギー領コンゴ
東アフリカ
モザンビーク
アンゴラ
チャゴス諸島
マダガスカル島
南アフリカ連邦
ケープタウン
オーストラリア（英連邦）
シドニー
メルボルン
ウェリントン
ニュージーランド（英連邦）
アラスカ（アメリカ領）
カナダ（英連邦）
ベーリング海
ダッチハーバー
ニューファンドランド（～1934 自治領）
オタワ
モントリオール
ニューヨーク
ワシントン
サンフランシスコ
アメリカ合衆国
ミッドウェー島〔ア〕
ウェーク島〔ア〕
北回帰線
ハワイ諸島
メキシコ
キューバ
カリブ海
パナマ
ベネズエラ
コロンビア
エクアドル
ガラパゴス諸島
赤道
ブラジル
ベレン
リマ
ペルー
ボリビア
リオデジャネイロ
サンパウロ
トゥアモトゥ諸島
南回帰線
サンティアゴ
ブエノスアイレス
チリ
アルゼンチン
大西洋
太平洋
インド洋

❶アメリカの好景気も1929年の世界恐慌で破綻(はたん)（ソ連にはほぼ影響なし）。
❷イギリスやフランスは，それぞれの植民地のブロック経済化を進める。
❸日本やドイツ，イタリアなどはファシズム体制下で侵略戦争を始める。

▶①ドイツのヒトラー（右）とイタリアのムッソリーニ（左）

年	ドイツ	イタリア
1933	ヒトラー内閣成立 国際連盟脱退を通告	
1934	ヒトラー，総統就任	
1935	再軍備宣言	エチオピア戦争
1936	スペイン内戦に干渉 ベルリン - ローマ枢軸成立	
1937	日独伊三国防共協定成立 ➲p.285	

◀②ドイツ・イタリアの動き

1 第二次世界大戦－ヨーロッパ戦線 ➲p.285

ヨーロッパの戦線の経過	
1938.3	ドイツ，オーストリア併合
.9	ミュンヘン会談
1939.3	チェコスロヴァキア解体
.8	独ソ不可侵条約
.9	ドイツ，ポーランドに侵入 **第二次世界大戦始まる** ドイツとソ連，ポーランドを分割
1940.5	イギリス，チャーチル内閣成立
.6	ドイツ，パリ占領 ロンドンに自由フランス政府樹立 **イタリア参戦**　ソ連，ルーマニア侵攻
.7	フランス，ヴィシー政府成立
.9	**日独伊三国同盟** ➲p.285
1941.6	独ソ戦開始
.8	**連合軍，大西洋憲章発表** ➲p.289
.12	ドイツ・イタリア，対米宣戦布告
1942.1	連合国共同宣言 ドイツ，ユダヤ人絶滅を決定
.5	英ソ相互援助条約
.7	スターリングラードの戦い
1943.1	カサブランカ会談（米・英）➲p.289
.2	スターリングラードでドイツ軍降伏
.7	連合軍，シチリア島上陸
.9	**イタリア無条件降伏**
.11	**カイロ会談（米・英・中）** ➲p.289
.11~.12	テヘラン会談（米・英・ソ）➲p.289
1944.6	連合軍，ノルマンディーに上陸
.8~.10	ダンバートン＝オークス会議（米・英・ソ・中）➲p.289　連合軍，パリ解放
1945.2	**ヤルタ会談（米・英・ソ）** ➲p.289
.5	**ドイツ，無条件降伏**
.7～.8	**ポツダム会談（米・英・ソ）** ➲p.289

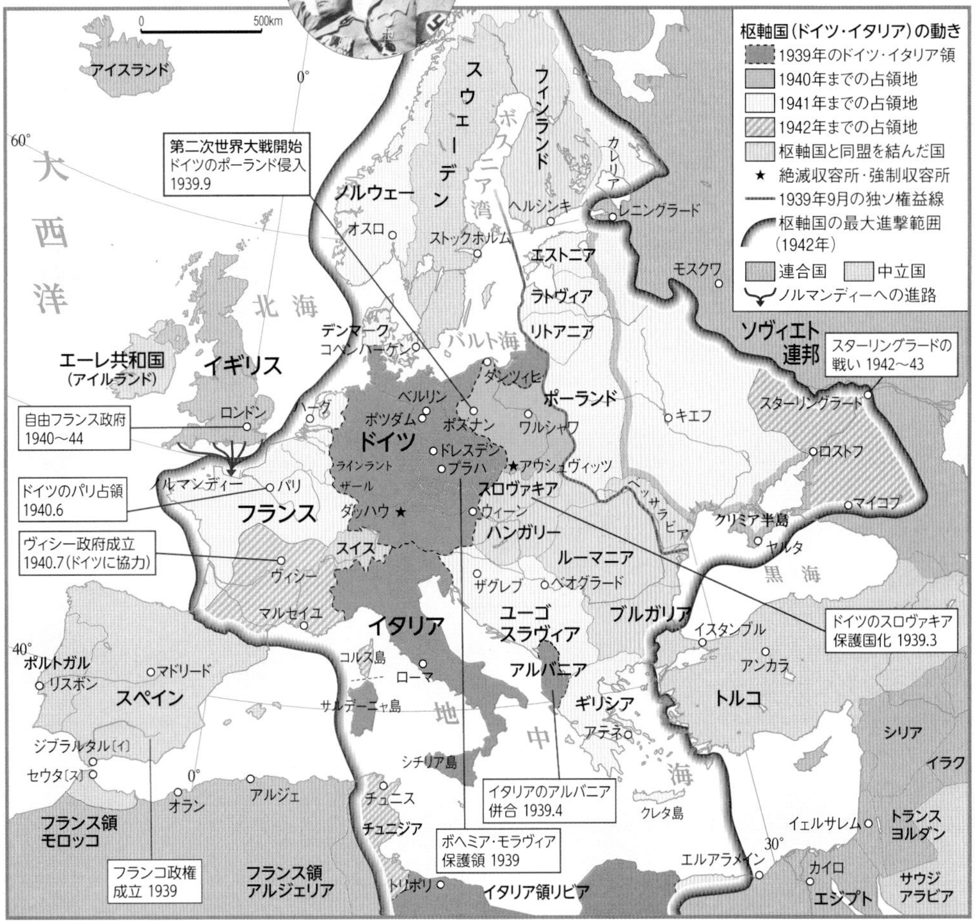

500km
枢軸国（ドイツ・イタリア）の動き
1939年のドイツ・イタリア領
1940年までの占領地
1941年までの占領地
1942年までの占領地
枢軸国と同盟を結んだ国
★ 絶滅収容所・強制収容所
1939年9月の独ソ権益線
枢軸国の最大進撃範囲（1942年）
連合国
中立国
ノルマンディーへの進路
第二次世界大戦開始 ドイツのポーランド侵入 1939.9
自由フランス政府 1940～44
ドイツのパリ占領 1940.6
ヴィシー政府成立 1940.7（ドイツに協力）
スターリングラードの戦い 1942～43
ドイツのスロヴァキア保護国化 1939.3
イタリアのアルバニア併合 1939.4
ボヘミア・モラヴィア保護領 1939
フランコ政権成立 1939
アイスランド
大西洋
北海
バルト海
ボスニア湾
ノルウェー
オスロ
スウェーデン
ストックホルム
フィンランド
ヘルシンキ
カレリア
レニングラード
エストニア
ラトヴィア
リトアニア
モスクワ
ソヴィエト連邦
エーレ共和国（アイルランド）
イギリス
ロンドン
デンマーク
コペンハーゲン
ダンツィヒ
ベルリン
ポツダム
ポズナン
ポーランド
ワルシャワ
キエフ
スターリングラード
ハーグ
ドイツ
ドレスデン
プラハ
アウシュヴィッツ
ラインラント
ザール
ダッハウ
スロヴァキア
ウィーン
ハンガリー
ノルマンディー
パリ
フランス
スイス
ヴィシー
マルセイユ
ロストフ
マイコプ
クリミア半島
ヤルタ
黒海
ベッサラビア
ルーマニア
ザグレブ
ベオグラード
ユーゴスラヴィア
ブルガリア
イタリア
コルス島
ローマ
サルデーニャ島
シチリア島
アルバニア
ギリシア
アテネ
クレタ島
イスタンブル
アンカラ
トルコ
シリア
イラク
イェルサレム
トランスヨルダン
エルアラメイン
カイロ
エジプト
サウジアラビア
ポルトガル
リスボン
マドリード
スペイン
ジブラルタル〔イ〕
セウタ〔ス〕
オラン
アルジェ
チュニス
チュニジア
フランス領モロッコ
フランス領アルジェリア
トリポリ
イタリア領リビア
地中海

ソヴィエト社会主義共和国連邦
イルクーツク
バイカル湖
モンゴル人民共和国
ウランバートル
モンゴル高原
ゴビ砂漠
タクラマカン砂漠
トゥルファン
大興安嶺山脈
黒竜江（アムール川）
ハバロフスク
オホーツク海
カムチャツカ半島
ペトロパヴロフスク=カムチャツキー
樺太
千島列島
サンフランシスコ平和条約にもとづき日本が放棄し，帰属未定となった地域 ➲p.302
択捉島
国後島
色丹島
歯舞諸(群)島
北方領土 ➲p.305
朝鮮戦争
1950〜53
大量の武器を輸入
➲p.301
瀋陽
中華人民共和国
1949年
北京
天津
朝鮮民主主義人民共和国
1948年
平壌
ソウル
大韓民国
1948年
竹島 ➲p.306
日本海
札幌
東京
広島
大阪
福岡
長崎
サンフランシスコ平和条約 1951
北緯29°以南の日本領の規定（第3条）
①将来，アメリカが自国の信託統治領とする提案を行った場合，日本政府はそれに同意する
②それまではアメリカが施政権をもつ
チベット高原
蘭州
黄河
西安
ラサ
ヒマラヤ山脈
成都
重慶
武漢
長江
上海
杭州
東シナ海
インド
1947年
インパール
昆明
吐噶喇列島
1952年
奄美諸(群)島
1953年 ➲p.306
小笠原諸島
1968年 ➲p.306
1968年
南鳥島
福州
台北
尖閣諸島 ➲p.313
沖縄島
1972年
琉球諸島・大東諸島
火山列島
1968年
北回帰線
台湾
(中華民国)
太平洋
マンダレー
ビルマ連邦
1948年
広州
ハノイ
マカオ
澳門
(ポ)
(1999年返還)
香港〔イ〕
(1997年返還)
ラオス
ベトナム民主共和国
1945年
ラングーン
ビエンチャン
インドシナ戦争
1946〜54
1968年
沖ノ鳥島
マリアナ諸島
北マリアナ諸島
(1986年アメリカ自治領)
ラオス内戦
1953〜73
タイ
1953年
フエ
バンコク
ベトナム戦争
1965〜75
派遣された米軍人員は多いときで55万人近くにものぼった
➲p.306〜307
ルソン島
マニラ
サイパン島
カンボジア内戦
1970〜75
1978〜91
カンボジア
1953年
プノンペン
メコン川
ベトナム共和国
1955年
サイゴン
グアム島〔ア〕
フィリピン共和国 1946年
ミクロネシア連邦
1986年
マレーシア 1957年
クアラルンプール
ブルネイ 1984年
(イギリス保護領)
ミンダナオ島
ダヴァオ
パラオ諸島
パラオ共和国
1994年
メダン
シンガポール
シンガポール 1965年
カロリン諸島
〔アメリカ国連信託統治領1947〜94年〕
スマトラ島
カリマンタン島
(ボルネオ)
スラウェシ島
(セレベス)
赤道
パレンバン
ジャカルタ
インドネシア共和国
1945年
ジャワ島
インド洋
1946年 周辺諸国の独立年次
1972年 日本への施政権の返還年
北方領土
李承晩ライン(1952〜65年)
日本の排他的経済水域
(1983年署名 1996年批准)
0 500km

冷戦時代の世界
二つのドイツ
フランス
西ドイツ
イギリス
アイスランド
グリーンランド〔デ〕
ベルリン
東ドイツ
アルジェリア
ムルマンスク
モスクワ
リビア
トルコ
エジプト
ナイジェリア
スーダン
イラン
エチオピア
タンザニア
南アフリカ
ソヴィエト連邦
中華人民共和国
北京
インド
二分された朝鮮半島
日本
東京
北ベトナム
タイ
中華民国
南ベトナム
フィリピン
二つのベトナム
インドネシア
チャゴス諸島
インド洋
オーストラリア
ニュージーランド
北極海
アラスカ
カナダ
アメリカ合衆国
ワシントン
キューバ
メキシコ
コロンビア
ブラジル
ペルー
チリ
アルゼンチン
フォークランド諸島
ハワイ諸島
太平洋
大西洋
北回帰線
赤道
南回帰線
東側諸国
西側諸国
その他

時代の概観

東西冷戦下の東アジアと日本

1949年，中国に巨大な共産主義国家が成立したことは，アジアの**冷戦**体制を緊迫化させた。50年に，**朝鮮戦争**が起こると，アメリカの日本占領政策は修正され，日本は独立を回復し西側諸国の一員として冷戦体制に組み込まれた（➔ p. 300 〜 302）。一方で，沖縄の返還は遅れ，**ベトナム戦争**では米軍の出撃基地となった。今なお米軍基地がおかれるなど，沖縄は米軍のアジアでの前線基地となっている（➔ p. 306 〜 307）。

人類の進化と日本人 —私たちはアフリカで生まれた(「日本人はるかな旅」展)

ヒストリースコープ

人類の起源に関しては，従来は，アフリカで誕生した原人が各地に進出しそのまま新人になった(多地域進化説)と考えられていた。しかし近年は，アフリカで誕生した新人が各地に広がり，各地の旧人とおきかわったとする**アフリカ単一起源説**が有力視されている。

考察

❶アフリカ単一起源説では，人類はどのように日本にやってきたと考えられるだろうか。

❷弥生時代までに，日本人はどのように形成されただろうか。→3

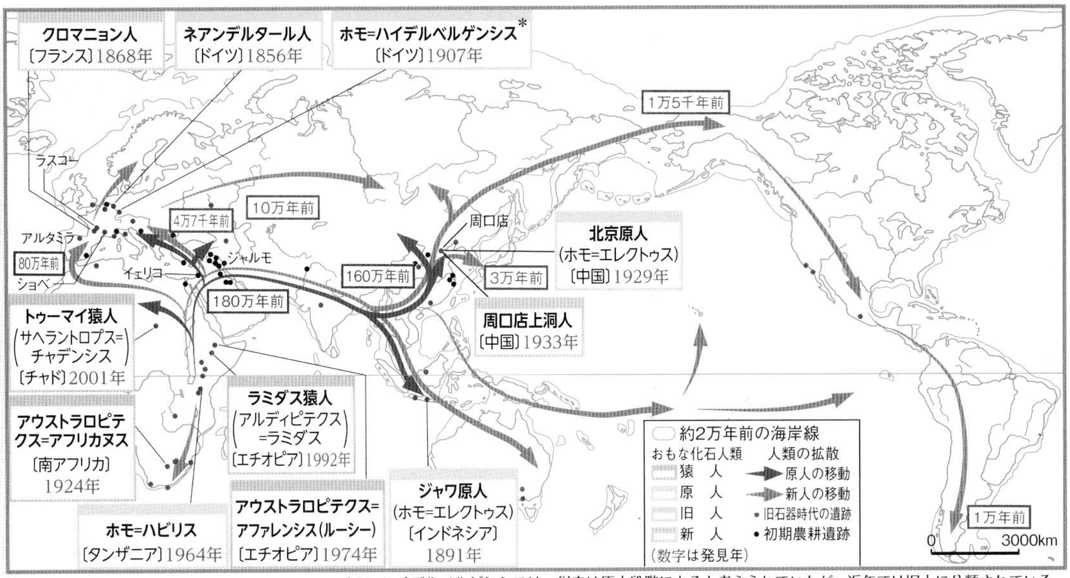

クロマニョン人 〔フランス〕1868年
ネアンデルタール人 〔ドイツ〕1856年
ホモ=ハイデルベルゲンシス* 〔ドイツ〕1907年
1万5千年前
ラスコー
アルタミラ
80万年前
ショベ
イェリコ
ジャルモ
4万7千年前
10万年前
180万年前
160万年前
周口店
3万年前
北京原人 (ホモ=エレクトゥス) 〔中国〕1929年
周口店上洞人 〔中国〕1933年
トゥーマイ猿人 (サヘラントロプス=チャデンシス) 〔チャド〕2001年
アウストラロピテクス=アフリカヌス 〔南アフリカ〕1924年
ラミダス猿人 (アルディピテクス=ラミダス) 〔エチオピア〕1992年
ホモ=ハビリス 〔タンザニア〕1964年
アウストラロピテクス=アファレンシス(ルーシー) 〔エチオピア〕1974年
ジャワ原人 (ホモ=エレクトゥス) 〔インドネシア〕1891年
約2万年前の海岸線
おもな化石人類 猿人 原人 旧人 新人
人類の拡散 原人の移動 新人の移動
・旧石器時代の遺跡 ・初期農耕遺跡
(数字は発見年)
1万年前
0 3000km

▶①人類の発祥地とその移動

＊ホモ=ハイデルベルゲンシスは，従来は原人段階にあると考えられていたが，近年では旧人に分類されている。

1 人類の進化

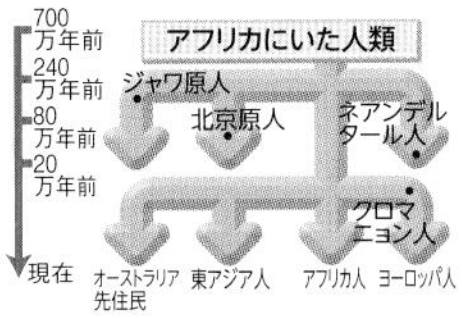

700万年前
240万年前
80万年前
20万年前
現在
アフリカにいた人類
ジャワ原人
北京原人
ネアンデルタール人
クロマニョン人
オーストラリア先住民
東アジア人
アフリカ人
ヨーロッパ人

◀②**アフリカ単一起源説** 人類の起源について，現代人は20万年前ごろにアフリカで誕生した新人の子孫であり，その新人が世界各地に拡散したとする説が有力である。

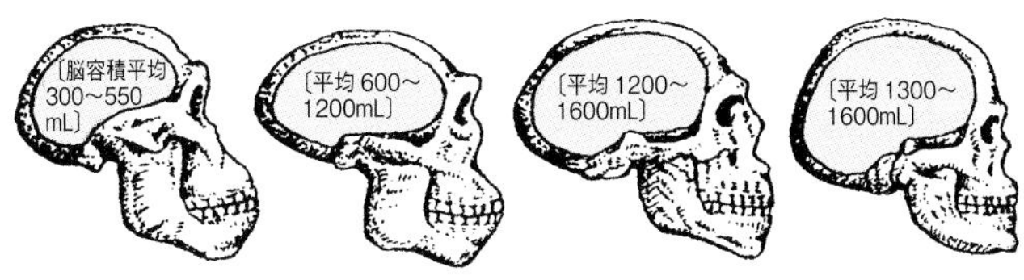

猿人
原人
旧人
新人
〔脳容積平均300〜550mL〕
〔平均600〜1200mL〕
〔平均1200〜1600mL〕
〔平均1300〜1600mL〕

◀③**人類の頭骨の変化** 人類は，猿人・原人・旧人・新人の順に出現した。進化するにつれて頭部が大きくなって脳容積が増大し，あごや歯が縮小し，頭における顔の位置も変化した。

2 地質年代と人類の進化

地質年代		年代(年前)	氷期	気温の変化	考古年代		人類の進化など
新生代第四紀	完新世		後氷期		新石器時代		日本列島の成立
	更新世後期	1.2万 / 3万	ヴュルム氷期		旧石器時代	後期 / 中期	港川人(新人)(約1万8000年前) 山下町洞人(新人)(約3万2000年前)
	更新世中期	13万 / 20万	リス氷期 / ミンデル氷期			前期	ネアンデルタール人(旧人)(約20万〜3万年前)
	更新世*前期	78万 / 80万	ギュンツ氷期				ジャワ原人(約110万〜70万年前)
新生代新第三紀	鮮新世	240万 / 260万					
	中新世	530万 / 700万					トゥーマイ猿人(サヘラントロプス＝チャデンシス)(約700万年前)
＊2		2300万					
中生代		6600万					
古生代		2億5200万					
先カンブリア時代		5億4100万 / 46億					地球の形成

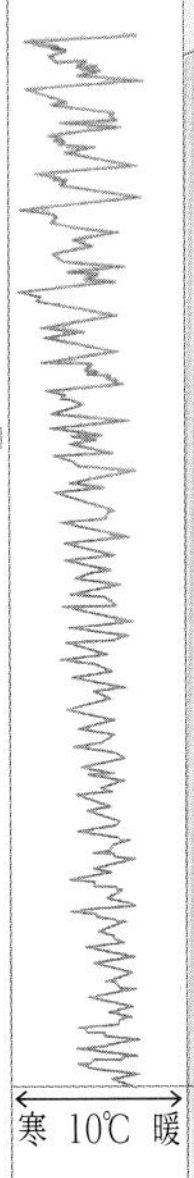

寒 10℃ 暖
新人
旧人
原人
猿人

＊更新世は**氷河時代**ともよばれる。＊2 新生代古第三紀。

3 日本人はどこから来たか

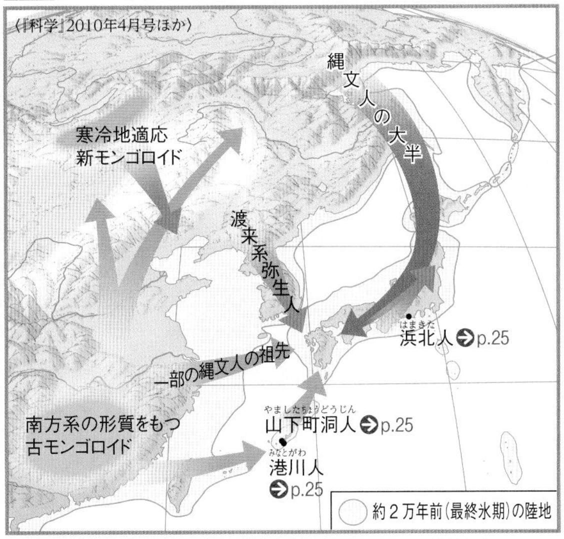

(『科学』2010年4月号ほか)
縄文人の大半
寒冷地適応新モンゴロイド
渡来系弥生人
一部の縄文人の祖先
浜北人 ➡p.25
南方系の形質をもつ古モンゴロイド
山下町洞人 ➡p.25
港川人 ➡p.25
約2万年前(最終氷期)の陸地

◀④**日本人の渡来ルート** アジア南方を起源とする古モンゴロイド(東南アジア人)は，東シナ海方面や樺太(サハリン)方面から**日本列島**に渡来して縄文人となった。さらに別の一派は，シベリアに移動し寒冷な気候に適応して新モンゴロイド(北東アジア人)となったのち，弥生時代ごろに日本列島に南下して，渡来系弥生人となった。これらの新旧モンゴロイドがまじり合って，現代の日本人が形成されたと考えられている。日本人のなかでも，北海道のアイヌの人々や沖縄の琉球人は，いまでも本土の日本人よりも色濃く縄文人の要素を残しているとされている。

〈イラスト 石井礼子氏〉

縄文人 弥生人

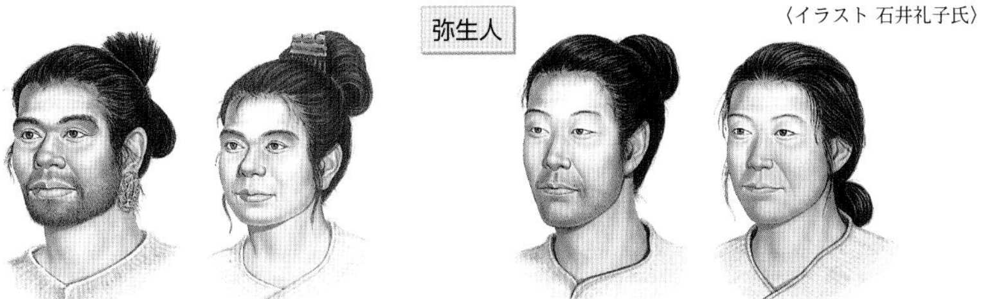

男性
女性
男性
女性

▲⑤**縄文人と弥生人**(想像復元図) 縄文中期から晩期にかけての縄文人の顔は，上下に短く角張った顔つきで，まゆが太く，鼻骨は広くて高い。これに対して，寒冷地に適応した新モンゴロイドに由来する弥生人は，顔が上下に細くなってまるみを帯び，まゆが薄く，鼻骨は狭くて低い。

旧石器時代の道具 ―ついに見つけた！定形石器…この赤土の中に(相沢忠洋)

ヒストリースコープ

在野の考古学者だった相沢忠洋(当時20歳)は，1946(昭和21)年に群馬県笠懸村(現みどり市)岩宿の関東ローム層とよばれる赤土の中から，定形石器の一種である黒曜石製の打製石器を発見した。そして1949年，明治大学考古学研究室の調査によって，岩宿が旧石器時代の遺跡であることが確認された。

考察

❶日本考古学において，岩宿の発見が画期的であった理由は何だろうか。
❷打製石器はどのように製作され，使用されたのだろうか。→1
❸遺物や遺跡から，旧石器時代の人々はどのような暮らしをしていたのだろうか。→2・3

旧石器時代の遺物
桐生市の近郊で発掘

明大考古研究室杉原荘介助教授は旧石器時代遺跡の試掘に取組み，去月一日から第一回発掘を行い，その結果を同月末東大で開かれる日本考古学協会第四回総会で発表する
場所は群馬県新田郡笠懸村[illegible]桐生市から西へ四キロ余，両毛線岩宿駅の西北一キロに稲荷山琴平山とよばれる標高二百メートル足らずの二つの孤立丘がある，この丘が発見された遺跡だ
東京考古学会員で桐生市在住の相沢忠洋氏が両丘の切通しの道のがけ面，関東ローム層中の石コロから，旧石器時代の遺物と思われる石クズを発見，明大考古学研究室に鑑定を依頼したのが動機となり，杉原助教授は去る十一日から三日間，約五坪を試掘した
その結果[illegible]によれば，関東ローム層の下部とその下の岩石層(地下一㍍から一㍍四〇の間)の中から握ツチ形の石器一個，楕円形のもの三個，先刃形のもの六個，打コブのある[illegible]十個が発見された，握ツチ形，楕円形，先刃形はいずれも一辺がナイフ状に鋭くけずられ，さらにノコギリのようにギザギザくになっているのもある
これらはいずれも先住民族が使った石器だといわれ，しかも発見された土中が関東ローム層の下部で，時代からいえば洪積世＊，つまり旧石器時代に属し，このローム層は地質学の[illegible]東大助教授の協力でガケ崩れや風で運ばれて出来た二次堆積でないことが判断された
なお発見された石器のうち握ツチ形の[illegible]に旧石器時代の特徴があり，これが確認されれば年代はぐっと古く十万年近くなるが，この点はもっと発掘して

△①岩宿遺跡発掘を伝える新聞記事(『朝日新聞』1949年9月20日)＊洪積世は更新世の旧称。

△②相沢忠洋(1926~89)

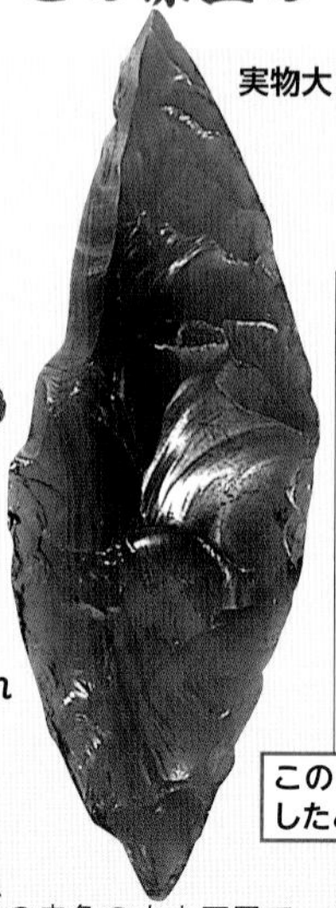

実物大

▷③最初に発見された黒曜石製の尖頭器〈群馬 岩宿遺跡 縦約69㎜〉

この層から発見したとみられる＊

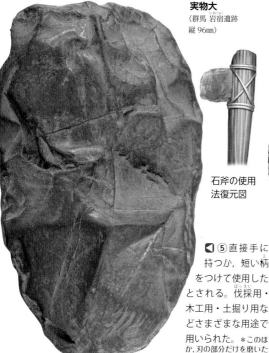

▷④岩宿遺跡の地層断面　関東ローム層は更新世の赤色の火山灰層で，火山活動が活発であったことを示している。戦前の考古学会では，この環境では人類は生活できず，人類文化は存在しないとして発掘対象にしていなかった。そのためこの打製石器の発見は，当時の考古学の常識をくつがえした。

＊正確な層は不明である。

1 旧石器の名称と使用法

〈図⑤～⑧ 東京 明治大学博物館蔵〉

A 打製石斧

〔おもな用途:切る・削る〕

実物大
〈群馬 岩宿遺跡 縦96㎜〉

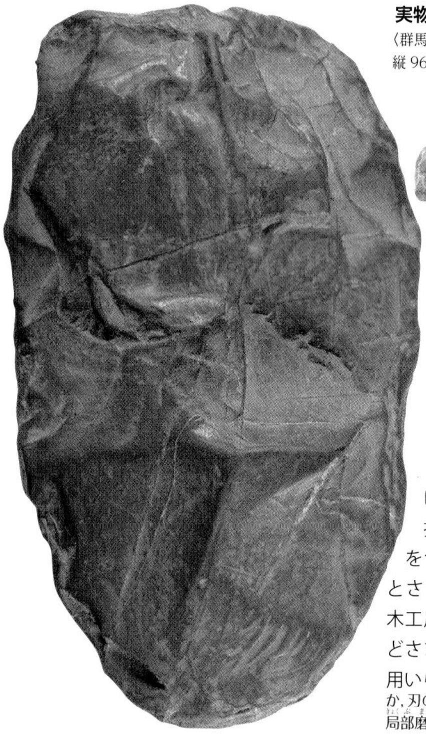

石斧の使用法復元図

◁⑤直接手に持つか，短い柄をつけて使用したとされる。伐採用・木工用・土掘り用などさまざまな用途で用いられた。＊このほか，刃の部分だけを磨いた局部磨製石斧も登場した。

B ナイフ形石器

〔切る・削る・刺す〕

実物大
〈埼玉 砂川遺跡 縦83㎜〉

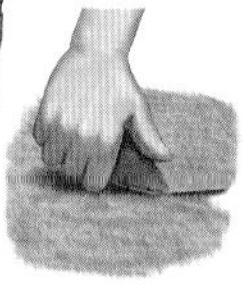

ナイフ形石器の使用法復元図

△⑥手に持ったり，木の柄につけたりして，動物の解体などに使用されたとみられる。

C 尖頭器(ポイント)

〔槍先につけて刺す〕

〈群馬 武井遺跡 縦88㎜〉

尖頭器の使用法復元図

△⑦柄の先に装着し，投げ槍や突き槍として使用した。用途に応じて柳葉型，有舌型などがつくられた。

D 細石器(マイクロリス)

〔棒にはめて刺す・切る〕

実物大

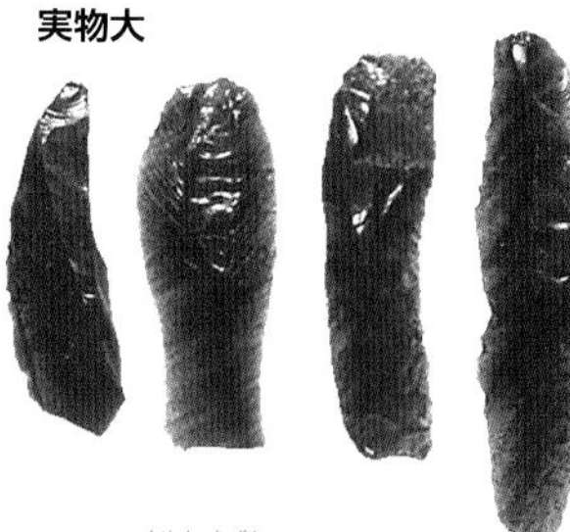

〈北海道 置戸安住遺跡 右端縦約35㎜〉

細石器の使用法復元図(投げ槍)

△⑧棒状の木や角・骨などの側面にみぞを掘り，細石刃を並べて埋め込んで使用。槍先や矢じりとして用いる一方，ナイフなどの切断具としても用いられた。細石器が現れる旧石器文化末期を，ヨーロッパでは中石器時代と区分することもある。日本には，シベリア方面から伝播したとみられる。

Key Word　打製石器

石を打ち欠いてつくった石器の総称。表面が磨かれた磨製石器(➔p.27)が新石器文化のものであるのに対して，石器時代を通して用途を変えながらつくられ続けた。旧石器時代は打製石器の文化。

E 打製石器のつくり方

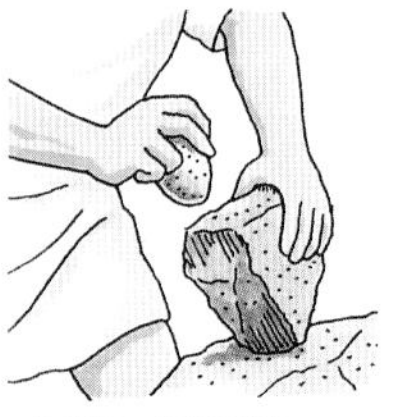

◁⑨直接打法　石のハンマーを材料に直接打ちつける基本的方法。不要な部分をはぎとり，形状を整えたり，刃状に加工したりする。

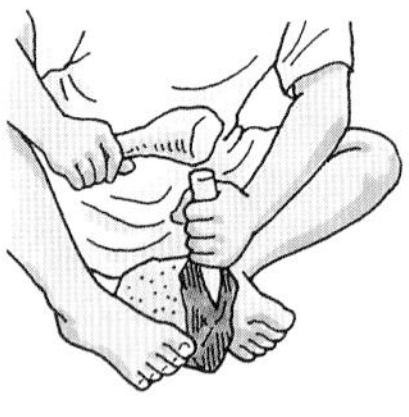

◁⑩間接打法　材料の一端にシカの角や獣骨をあて，槌でその部分に打撃を加えて不要な部分をはぎとる。石刃の製作に用いる。

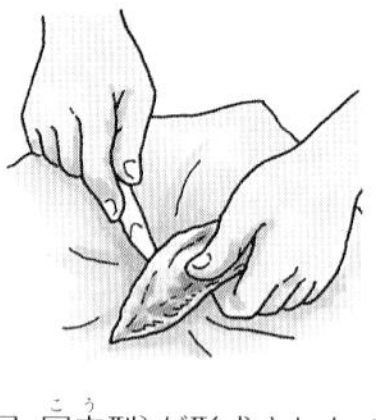

◁⑪押圧剝離法　材料のふちにシカの角や獣骨，木などをあて，力を加えて細かい石片をはぎとる。尖頭器や細石器などをつくるのに使用。

〈大阪 羽曳野市教育委員会保管 約15㎝〉

△⑫接合した剝片と石核　発掘された石器の接合資料は，石器生産技術の解明に重要である。

今日とのつながり　旧石器時代後半，日本列島に二つのナイフ形石器文化圏(東の杉久保・東山型と西の茂呂・国府型)が形成された。東と西の文化の違いはこのころからあったとされる。

＊沖縄県石垣島の白保竿根田原洞穴遺跡からは旧石器時代の人骨 1000 点超が出土。このうち，2017 年には全身骨格が国内最古の約２万７千年前のものと鑑定され，2018 年にはデジタル復元により南方系の顔つきだったことが判明した。

時代を見る目 化石人骨の発見と検証

琉球新報
THE RYUKYU SHIMPO
電子号外
2012年(平成24年)
10月19日(金)
1万2千年前人骨出土
石器と同時は国内最古
南城・サキタリ洞遺跡 貝、獣骨も

△⑬サキタリ洞遺跡からの出土を伝える新聞〈琉球新報社提供〉

〈沖縄以南の化石人骨〉 1970 年，沖縄県港川の石灰岩採石場の港川フィッシャー遺跡（幅 80cm程度，高さ 100m 以上の細長い地割れ）に落ち込んで化石化した動物骨の中から，人骨が確認された。これが港川人である（➔図⑲）。この時期以降，化石骨が残りやすい地質の沖縄本島以南からは，日本最古の山下町洞人をはじめとして多数の**更新世**の化石人骨が発見されてきた*が，九州以北のものも含めて石器が同時に出土することはなかった。ところが，2012 年，港川近くのサキタリ洞遺跡から１万２千年前の子どもの歯の化石と石英製の石器が出土した。この年代は九州以北では縄文早期になるが，沖縄では土器は未確認のため旧石器時代人と位置づけられた。

△⑭港川フィッシャー遺跡〈沖縄 八重瀬町立具志頭歴史民俗資料館 収蔵〉

〈九州以北の化石人骨〉 これに対して，九州以北では土壌の性質上，化石人骨がほとんど見つかっていない。また，これまで報告された事例も，2000 年に発覚した旧石器時代遺跡の捏造事件*2 以後に，理化学的測定法を用いて行われた再調査で，浜北人を除いて否定された。1931 年に見つかり，東京大空襲で焼失した明石人は，1985 年の再発掘で，出土したとする地層が更新世期であることは確認されたが，それ以上の詳細は不明のままである。

化石骨	発見地	発見年	現在の研究結果
葛生人	栃木県佐野市（旧葛生町）	1950	中世後半の人骨
牛川人	愛知県豊橋市牛川町	1957	ナウマンゾウのすね骨
三ケ日人	静岡県浜松市北区三ケ日町	1959～61	縄文時代早期の人骨
聖嶽人	大分県佐伯市	1962	近世の人骨
浜北人	静岡県浜松市浜北区	1960～62	旧石器時代の人骨➔3

△⑮九州以北の化石人骨の再調査結果

＊2 旧石器時代研究者が，遺跡から旧石器時代の石器が出土したかのようにいつわった事件。高森遺跡や座散乱木遺跡など，その人物がかかわった多くの遺跡での捏造が確認された。

2 旧石器時代の特色

	特　色
自然	• **更新世**（氷河期）の人類文化 • 海面は現在より 100m ほど低く，日本列島は一部で大陸と陸続き • きわめて寒冷で，森林は発達せず
生活	• ナウマンゾウやオオツノジカ，ヘラジカなど大型哺乳動物の**狩猟**，植物性食料の**採取** • 食料を求めて，小河川の流域などの一定範囲を移動 • 住居は簡単なテント式の小屋で，一時的に洞穴も使用 • **打製石器**を用いた石斧・**ナイフ形石器**・**尖頭器**など • 旧石器時代の終わりごろに**細石器**も登場

よみとき 大型哺乳動物と寒冷な気候との関係に注目しよう ➔p.27 4

縄文時代の特色 ➔p.27
弥生時代の特色 ➔p.31

港川人（沖縄県）

1970（昭和 45）年，沖縄県具志頭村（現八重瀬町）港川の石灰岩採石場で発見され，５～９体分の化石人骨が見つかった。約１万 8000 ～１万 6000 年前のものと推定され，インドネシアのワジャク人と特徴が共通する。

△⑲港川人の復元　額が狭く，眉間が突出し，横幅が広い顔である。オーストラリア先住民に近いとする説もある。

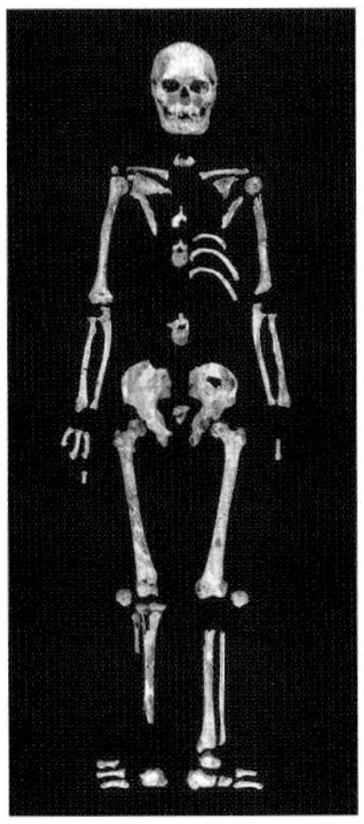
△⑳港川人の全身骨格　推定身長 153 cm で縄文人より低く，上半身は華奢で下半身は頑丈である。

3 旧石器時代のおもな遺跡

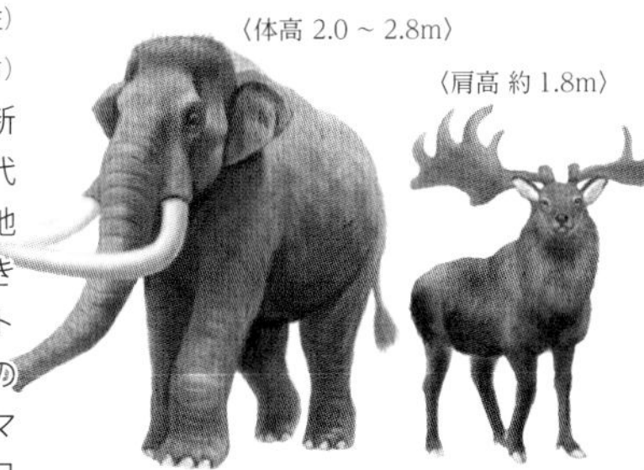
〈体高 2.0 ～ 2.8m〉
〈肩高 約 1.8m〉

▷⑯ナウマンゾウ*（左）と⑰オオツノジカ（右）

ナウマンゾウは更新世中期以降の氷河時代に，中国北部の草原地帯から日本に移ってきた。オオツノジカはトナカイに似た南方系の大型のシカで，ナウマンゾウと同じころに日本に移ってきた。

＊ドイツ人地質学者ナウマンの名に由来（➔p.245）

地図を見る目　出土した石器の素材に注目（➔p.29）

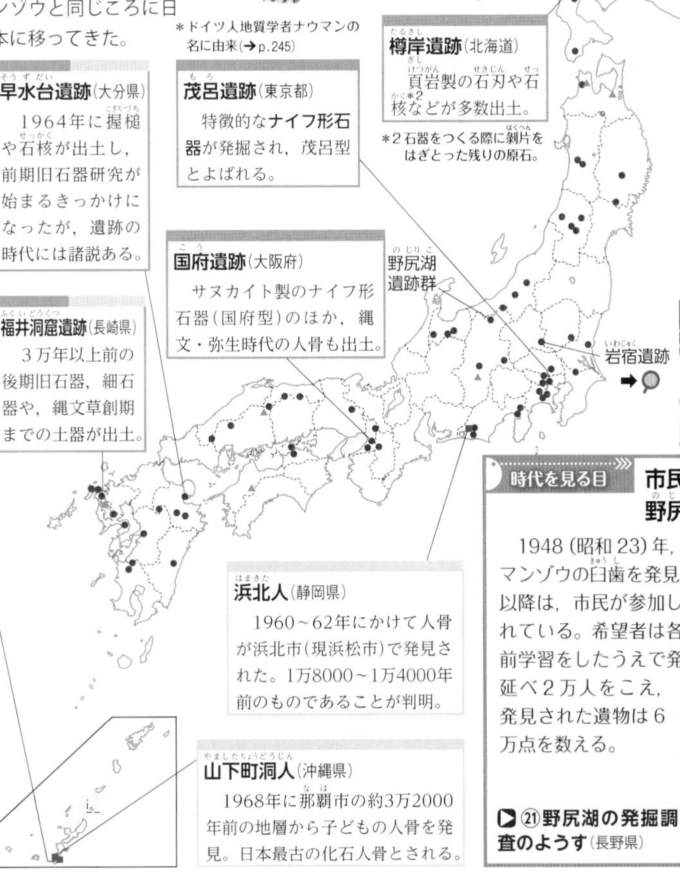
● 旧石器時代のおもな遺跡
▲ 縄文時代草創期のおもな遺跡
■ 更新世の化石人骨出土地
0 100km
野尻湖遺跡群
岩宿遺跡

白滝遺跡群（北海道）
黒曜石（➔p.29）の原産地にあり，細石器など黒曜石製の石器が多数出土。

樽岸遺跡（北海道）
頁岩製の石刃や石核*2 などが多数出土。

＊2 石器をつくる際に剝片をはぎとった残りの原石。

早水台遺跡（大分県）
1964年に握槌や石核が出土し，前期旧石器研究が始まるきっかけになったが，遺跡の時代には諸説ある。

茂呂遺跡（東京都）
特徴的な**ナイフ形石器**が発掘され，茂呂型とよばれる。

国府遺跡（大阪府）
サヌカイト製のナイフ形石器（国府型）のほか，縄文・弥生時代の人骨も出土。

福井洞窟遺跡（長崎県）
３万年以上前の後期旧石器，細石器や，縄文草創期までの土器が出土。

浜北人（静岡県）
1960～62年にかけて人骨が浜北市（現浜松市）で発見された。1万8000～1万4000年前のものであることが判明。

山下町洞人（沖縄県）
1968年に那覇市の約3万2000年前の地層から子どもの人骨を発見。日本最古の化石人骨とされる。

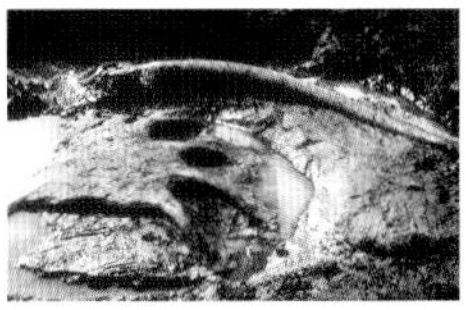
▽⑱野尻湖遺跡群出土のナウマンゾウの牙とオオツノジカの掌状角　1973（昭和 48）年の調査で発見され，出土状況から「月と星」とよばれた。

岩宿遺跡 ➔

時代を見る目 市民が発掘に参加する野尻湖遺跡群

1948（昭和 23）年，地元住民が湖底からナウマンゾウの臼歯を発見した。1962（昭和 37）年以降は，市民が参加しながら発掘調査が進められている。希望者は各地の友の会に参加し，事前学習をしたうえで発掘に参加する。参加者は延べ２万人をこえ，発見された遺物は６万点を数える。

▷㉑野尻湖の発掘調査のようす（長野県）

歴史散歩　岩宿博物館（群馬県みどり市）　出土遺物の展示だけでなく，岩宿大学として，考古学に関連した市民向け連続講座も開催している。

26 縄文時代の気候と土器 ―焼いたものは自然に属し，煮たものは文化の側に属している（レヴィ＝ストロース）

ヒストリースコープ フランスの人類学者レヴィ＝ストロース（1908～2009）は「焼いたものは，ものを直接火にかざし，媒介なしに火と結合しているが，煮たものは水とそれを入れる容器，つまり文化的な物体を媒介に火と結合している」と考えた。この考えにもとづくと，縄文土器の誕生によって，人々は文化的な生活を始めたといえる。

考察

❶図②において，縄文時代の人の歯に虫歯がみられるようになったのはなぜだろうか。

❷縄文時代の人の食生活について，その調達のための道具に着目して説明しよう。→4

❸食料の入手方法が変わったことで，人々の生活はどのように変化しただろうか。→2・4

△①縄文土器を用いた調理の再現 気候の温暖化によって，植物性食料の重要性が増した。人々はクリなどを**採取**し，土器を用いて煮たあと，水にさらしてアクを抜いた。その後すりつぶして粉にしてから粥や雑炊，だんごなどにして食べたとみられる。

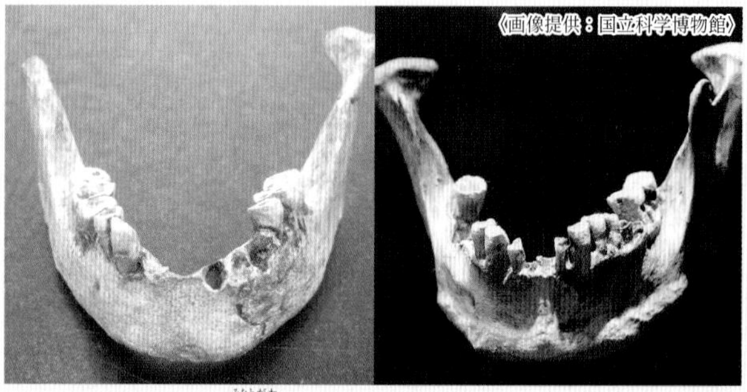
《画像提供：国立科学博物館》

△②旧石器時代の人（港川人）の歯（左）と**縄文時代の人の歯**（右） 左右とも，歯の表面が平らになっている。かたいものを食べ続けるなど，歯を酷使したためと考えられる。さらに，縄文時代の人の歯には，歯と歯の間に虫歯もみられる。

1 縄文土器の変遷

よみとき 草創期・早期の土器の底の形に注目しよう

弥生土器の形態➔p.31 3

草創期（紀元前1万1000年～）	早期（紀元前8000年～）	前期（紀元前4000年～）	中期（紀元前3000年～）	後期（紀元前2000年～）	晩期（紀元前1000年～300年）
〈長崎 泉福寺洞穴遺跡〉 Ⓐ 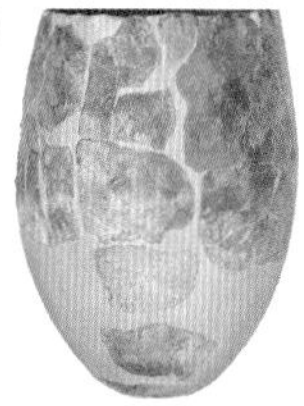	Ⓒ 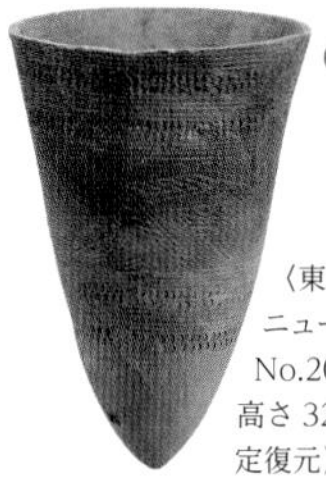 〈東京 多摩ニュータウンNo.207遺跡 高さ32cm（推定復元）〉	Ⓔ〈京都 志高遺跡 高さ26.5cm〉 	Ⓖ  〈国 新潟 笹山遺跡 高さ46.5cm〉	Ⓘ 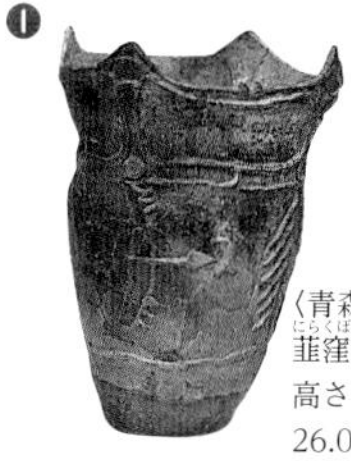 〈青森 韮窪遺跡 高さ26.0cm〉	Ⓚ  〈重 青森 亀ヶ岡遺跡 個人蔵 高さ12.4cm〉
Ⓑ  〈青森 表館遺跡 高さ30.5cm〉	Ⓓ  〈長野 石行遺跡〉	Ⓕ  〈栃木 篠山貝塚 高さ20.4cm〉	Ⓗ  〈群馬 郷原遺跡 高さ約37.8cm〉	Ⓙ  〈埼玉 雅楽谷遺跡〉	Ⓛ  〈福岡 橋本一丁田遺跡 手前左 高さ約15cm〉
・丸底深鉢土器が多い ・豆粒文（Ⓐ）・爪形文・隆起線文（Ⓑ）などの文様 ・世界的にも最も古い土器文化 ・細石刃や**尖頭器**などとともに出土 ・焼成温度は500℃前後と低い	・尖底深鉢土器が多い（ⒸⒹ） ・おもな用途は煮炊き ・石を積んでつくった炉や，炉の周辺のやわらかい土に底部を刺して使用 ・撚糸文・櫛目文・貝殻文など多様な文様	・西日本は丸底深鉢土器（Ⓔ）など ・東日本は平底の深鉢土器が多い（Ⓕ） ・文様をつける縄の撚り方を工夫し，多彩な縄文文様をほどこす ・皿形の浅鉢など煮炊き用以外の土器も現れる	・新潟県信濃川流域などで火炎（火焔型）土器とよばれる特徴的なデザインの土器がみられる（Ⓖ） ・平底深鉢土器にも人面や渦巻隆起文など多彩な文様が出現 ・**縄文文化**が最も隆盛をきわめた時期	・小型の土器が多い ・用途によって多様な形に分化 ・液体をおさめる注口土器（Ⓙ）が出現 ・縄文を磨り消した磨消縄文という技法が著しく発展	・青森県の亀ヶ岡式土器（Ⓚ）に代表される ・器形は多様 ・西日本では縄文がなく凸帯をめぐらした突帯文土器である夜臼式土器などが出現 ・東日本では小型で精巧な土器がつくられた

時代を見る目 植物学的手法の考古学への応用

イネ科植物の葉の細胞内に形成される50ミクロンほどのガラス質細胞（プラントオパール）は，土中に半永久的に残存し，その形状から植物種を知ることができる。1958年に炭化米などを出土した青森県垂柳遺跡（➔p.30）で，1981年，プラントオパール分析によって有望とされた地層を中心に調査が進められ，ついに水田跡が発見された。植物学的な手法による考古学的成果となった。しかし，この分析法は上位地層からの混入が排除できないため，1999年に岡山県朝寝鼻貝塚で検出された縄文前期（約6000年前）のプラントオパールについては異論が出ている。

近年は，土器製作の過程で土にスタンプされた植物種子の圧痕を，シリコン樹脂で写し取り，電子顕微鏡で観察して種を見きわめる圧痕法という手法が開発された。全国の土器を調査した結果，縄文前期から大豆，小豆などマメ類の栽培が始まっていたと考えられている。稲，麦，黍，粟などの大陸系の穀物栽培は，縄文後期以後のいずれかの時期に，北九州では水田稲作，ほかの地域ではその他の雑穀栽培を受容するという形で始まったとみられる。その時期をさらに特定するにはいたっていないが，縄文時代は狩猟・採集のみにたよる社会ではなかったといえよう。

△③稲のプラントオパール

歴史散歩 東京都埋蔵文化財センター（多摩市） 体験コーナーでは本物の縄文土器に触れられるほか，石皿でドングリをすりつぶす体験などもできる。

＊磨製石器・土器を使用し，農耕・牧畜が行われた時代を新石器時代という。日本では縄文文化にあたるが，基本的に食料採取段階にとどまっている。

2 縄文時代の特色

旧石器時代の特色 ➡p.25
弥生時代の特色 ➡p.31

	特色
自然	•完新世になり，現在に近い温暖な気候に •照葉樹林(西日本)，落葉広葉樹林(東日本)
生活	•食料ではドングリなど果実の重要性が高まり，煮炊きする調理具として縄文土器成立 •弓矢がシカやイノシシなどの狩猟具として発達 •漁労開始，漁労具や貝塚が発達。丸木舟登場 •竪穴住居での定住生活が始まり，大規模かつ長期にわたる定住集落(三内丸山遺跡など)も出現 ➡p.29 •石器は多様化し磨製石器＊が登場。骨角器や樹木繊維を利用したカゴ，漆製品なども登場 •貧富の差はなく共同体社会が維持された •土偶・石棒・抜歯・屈葬などアニミズムにもとづく遺物や風習 ➡p.28

縄文海進 ➡p.29

3 縄文時代の自然環境の変化

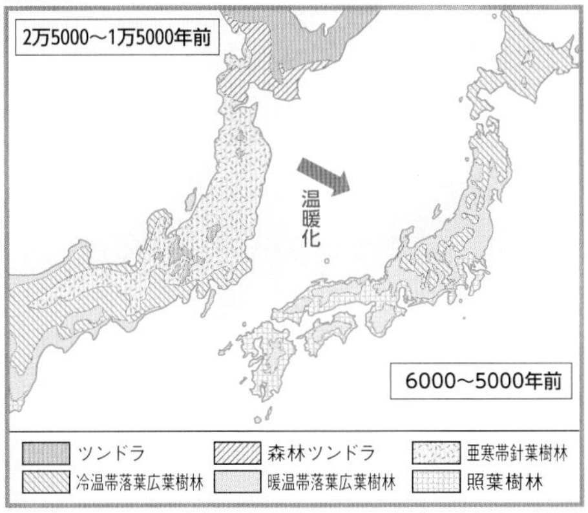
2万5000～1万5000年前
温暖化
6000～5000年前
ツンドラ
森林ツンドラ
亜寒帯針葉樹林
冷温帯落葉広葉樹林
暖温帯落葉広葉樹林
照葉樹林

〈講談社『古代史復元2 縄文人の生活と文化』〉

◀④照葉樹林　シイやカシなどの薄暗い大森林を形成。西南日本を中心とした暖温帯に広がる。照葉樹林文化＊をはぐくんだ。

◀⑤落葉広葉樹林　ブナやナラ，クリなどの樹木が生え，森林の中は比較的明るい。東日本を中心とした冷温帯に分布。

＊ヒマラヤ山脈東部～中国～西南日本の照葉樹林帯に共通するとされる文化。アク抜き，茶の利用，酒の醸造などが共通の文化要素としてあげられている。

4 縄文人の食料と調達のための道具

よみとき　縄文時代に入って人々の食料はどのように変わったかに注目しよう ➡p.25

旧石器時代の大型哺乳動物 ➡p.25 3

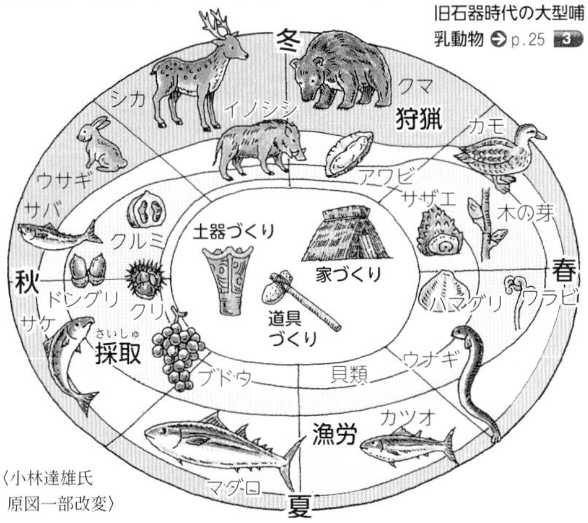
冬
シカ
クマ
イノシシ
狩猟
カモ
ウサギ
アワビ
サザエ
木の芽
サバ
クルミ
土器づくり
家づくり
秋
春
ドングリ
クリ
ハマグリ
ワラビ
道具づくり
サケ
採取
ウナギ
ブドウ
貝類
カツオ
漁労
マグロ
夏

〈小林達雄氏原図一部改変〉

▲⑥縄文カレンダー(概念図)　縄文人が季節の変化に応じて計画的に食料を確保していたことを示す。マメ類・エゴマ・ヒョウタンなどの栽培も行うなど，縄文人は植物性食料を中心に，正確な知識によって食料事情を安定させていた。

狩猟

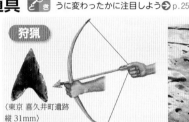

〈東京 喜久井町遺跡 縦31mm〉

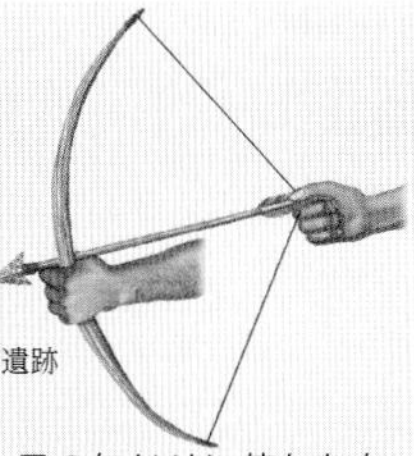

▲⑦石鏃　弓の矢じりに使われた。三角形やひし形，柳葉形などがある。

▲⑨落とし穴　イノシシやシカ，ウサギなどを追い落として捕獲した。底にくいをうち込んだと推定されるものも多い。くいが刺さり身動きがとれない状態でとどめを刺した。

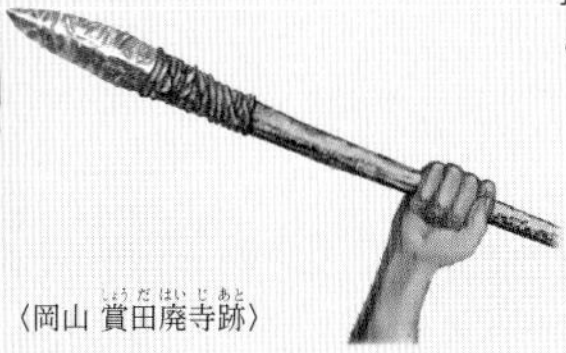

〈岡山 貫田廃寺跡〉

▲⑧石槍　落とし穴に落ちた動物にとどめを刺すなどの用途で使われた。

〈青森 是川中居遺跡 57×44mm〉

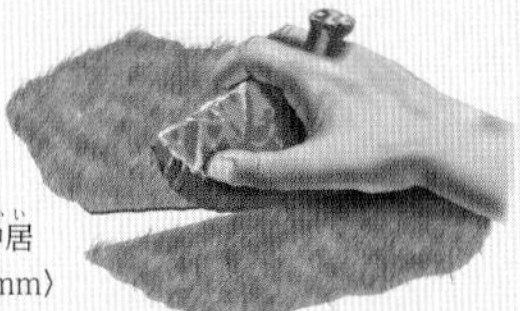

▲⑩石匙　さじの形をしていることからこの名があるが，実際は動物の皮をはぐことなどに用いられた。

漁労

▼⑪やす　磯や浅い海で魚類を突き刺して捕獲するための漁具。

〈長さ15cm〉

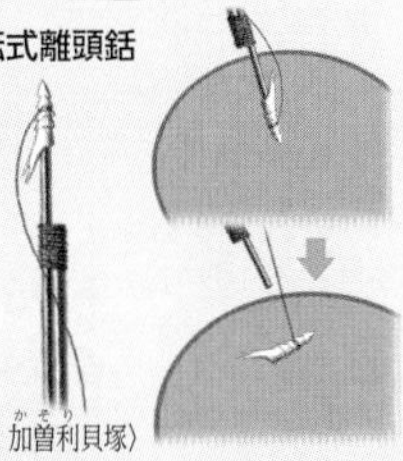

回転式離頭銛

〈図⑪⑫ 千葉 加曽利貝塚〉

▲⑫銛　大型の魚やクジラなどに投射して捕獲するための漁具。固定銛と獲物に突き刺さると先端が柄から離れる離頭銛がある。先端は骨角器のものが多い。

〈福井 鳥浜貝塚 長さ8.0cm〉

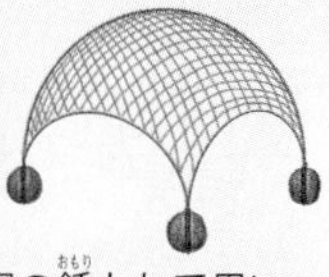

▲⑬石錘　網の錘として用いられた。

▲⑭丸木舟　スギやホウノキなどの樹木を縦に割って，表面をこがすなどして舟形に整形したと考えられる＊。〈宮城 市川橋遺跡〉

＊この丸木舟は古墳時代のもの。

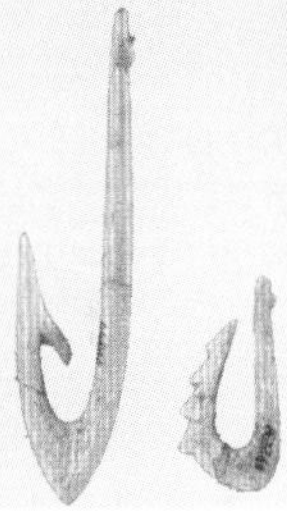

◀⑮釣針〈宮城 田柄貝塚〉

採取

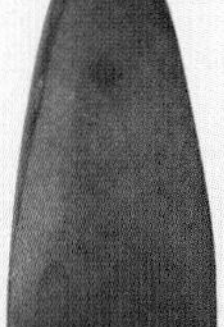

〈岩手 田中遺跡 縦6.5cm〉

▲⑯磨製石斧〈大分 龍頭遺跡〉

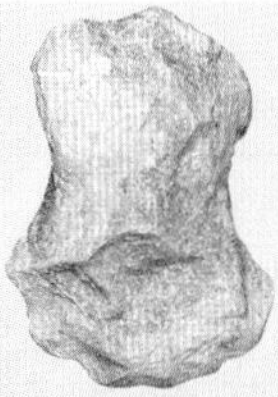

〈千葉 加曽利貝塚 縦10cm〉

▲⑲打製石斧　土掘り用の石斧。原始農耕に用いたともされる。

▲⑰ドングリを入れた網袋

(使用例)

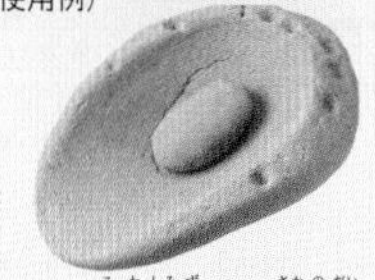

▶⑱石皿とすり石　木の実をすりつぶすのに用いた。

〈千葉 子和清水遺跡・坂之台遺跡〉

(想像図)

〈兵庫 本庄町遺跡〉

▲⑳木の実をたくわえる貯蔵穴

歴史のまど　佐藤洋一郎『縄文農耕の世界-DNA分析で何がわかったか』　DNA分析を縄文時代研究に導入し，クリ栽培など農耕の実在に迫っている。

28 縄文時代の住居・習俗・交易 ―北の交易センター（国立科学博物館）

ヒストリースコープ

縄文時代前期から中期の巨大遺跡である青森県の三内丸山遺跡(圖)では，さまざまな地域の産物が確認されている。そのため，海路での交易や，交易品の加工などがさかんに行われたとみられる。三内丸山遺跡を，縄文時代中ごろに花開いた「北の交易センター」とみる意見もある。

考察

❶図①の大型竪穴住居はどのように使われていたとみられるだろうか。
❷琥珀やひすいは何に使われたのだろうか。→**2**
❸琥珀・ひすいは産地から三内丸山遺跡までどのように運ばれたとみられるか説明しよう。→**3**

△①**大型竪穴住居の復元模型**　最も大きい**竪穴住居**は長さ 32m，幅 10m にも及ぶ。三内丸山遺跡では，長さ 10m 以上の大型のものが集落の中央から見つかることが多いため，集落の人々が共同で利用する場所であったとも考えられている。〈千葉 国立歴史民俗博物館蔵〉

△②**琥珀**　現在の岩手県久慈市付近(→図⑱)から運ばれ，ここで加工されてほかの集落へ運ばれたと考えられている。

重さ 496g
342g
277g
103g

△③**ひすい(硬玉)**　現在の新潟県糸魚川市の姫川流域(→図⑱)から運ばれ，装身具などとして用いられた。

〈青森 三内丸山遺跡〉

〈高さ 32.4cm〉

△④**板状土偶**　全国の遺跡で最も多い 2000 点余りの**土偶**が出土。出土数が非常に多いため，交易の対象であったとの見方もある。板状土偶は平たく，十文字で人間の姿を表しているのが特徴である。

1 住居と集落

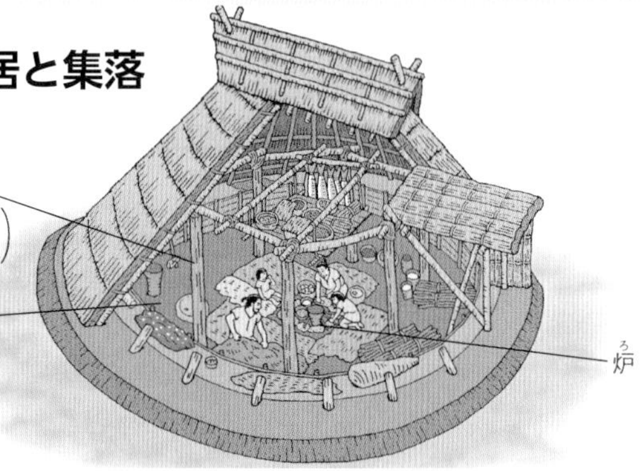
掘立柱
(土を掘り柱の根元を埋める)
半地下になっている
炉

△⑤**竪穴住居の復元図**　半地下式で中央部に炉をつくっていた。住居内は湿気は多いものの，夏は涼しく，冬は暖かかった。古墳時代には炉にかわって竈が普及した。竪穴住居は平安時代ごろまでみられた（→p.45）。

〈撮影 京葉測量〉

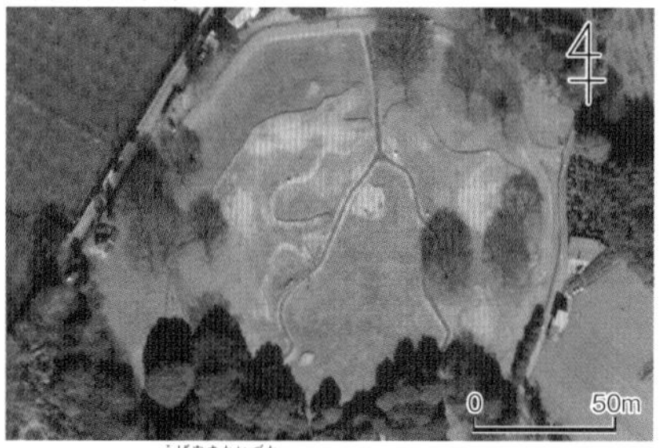
0
50m

〈市立市川考古博物館資料ほか〉

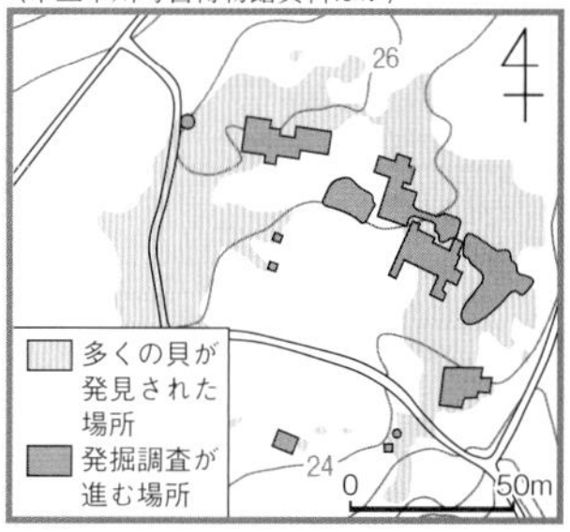
26
24
0
50m
多くの貝が発見された場所
発掘調査が進む場所

△⑥**現在の姥山貝塚**(左)と⑦**貝塚の平面図**(右)(千葉県)　縄文時代の集落は，漁労に便利である一方，洪水の被害を避けるため，おもに水辺に近い台地上に形成された。中央の広場を囲むように円形，または馬蹄形に**竪穴住居**が配置された。中央の広場からは祭祀や共同作業が行われたことを示す遺物が出土することが多い。一方，集落の周囲には**貝塚**が形成された。廃棄された住居跡も貝塚として利用された。

2 信仰や崇拝（アニミズム）を表す習俗

弥生時代の埋葬 ➡ p.33　→ p.330「宗教史の流れ」

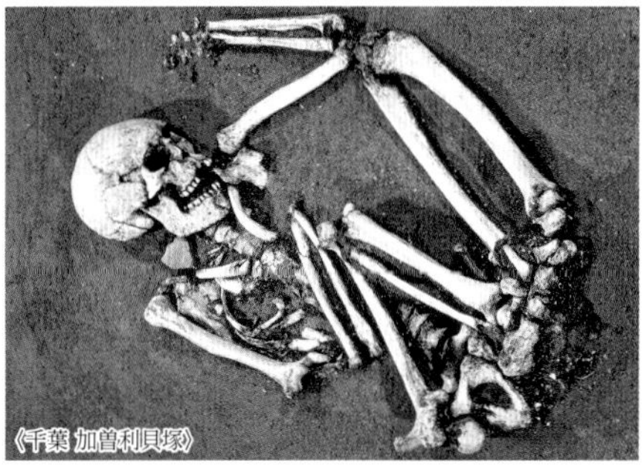

〈千葉 加曽利貝塚〉

◁⑧**屈葬**　体を曲げて埋葬したもの。死霊によるわざわいを防ぐためなどとみられる。

▷⑨**石棒**　子孫繁栄を願う信仰や呪術に用いた道具と推定される。自然物に霊威が存在すると考える**アニミズム**の風習を示す遺物の一つ。

〈千葉 加曽利貝塚 長さ 32cm〉

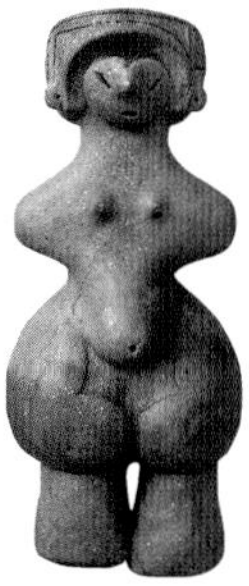

◁⑬**土偶**　土偶は女性をかたどったもの。この土偶は妊娠した女性を表現しており，「縄文のビーナス」とよばれる。

〈国 長野 棚畑遺跡 高さ 27cm〉

◁⑭**ハート型土偶**

〈群馬 郷原遺跡 東京国立博物館蔵 高さ 30.5cm〉

▷⑮**遮光器土偶**　東北地方北部を中心に出土。

〈圖青森 亀ヶ岡遺跡 東京国立博物館蔵 高さ 34.5cm〉

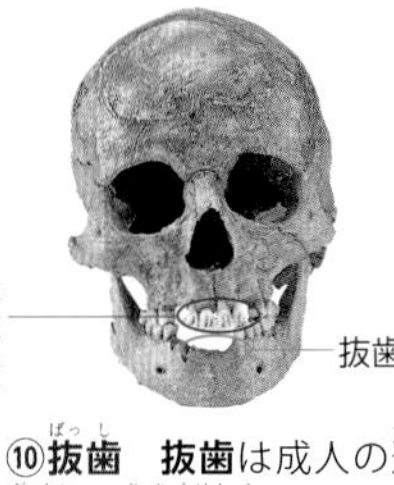
叉状研歯
抜歯

△⑩**抜歯**　**抜歯**は成人の通過儀礼。叉状研歯は魔術師など特殊な人物，有力者などにほどこしたとの説もある。

〈福井 鳥浜貝塚 左 長さ 6.5cm〉

△⑪**糞石**　福井県鳥浜貝塚から 2000 点をこえる糞石が出土。食生活や健康状態，生活環境などが読み取れる。

〈東京国立博物館蔵 長さ 16.7cm〉

△⑫**土版**　10～17cm ほどの板で，護符や呪術具などの説がある。

〈山口 土井ヶ浜遺跡〉

耳飾り〈圖青森 三内丸山遺跡〉

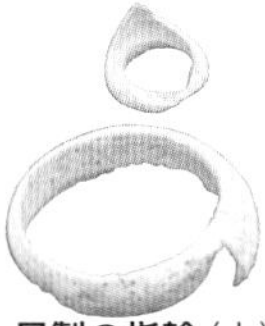

貝製の指輪（上）と腕輪（下）

漆ぬりの赤いくし〈福井 鳥浜貝塚 長さ 8.9cm〉

△⑯**装身具**　貝や動物の牙，琥珀やひすいなどでつくられた。装飾用以外に悪霊をはらう呪符の役割も担った。死後の装身のため遺体にも添えられた。

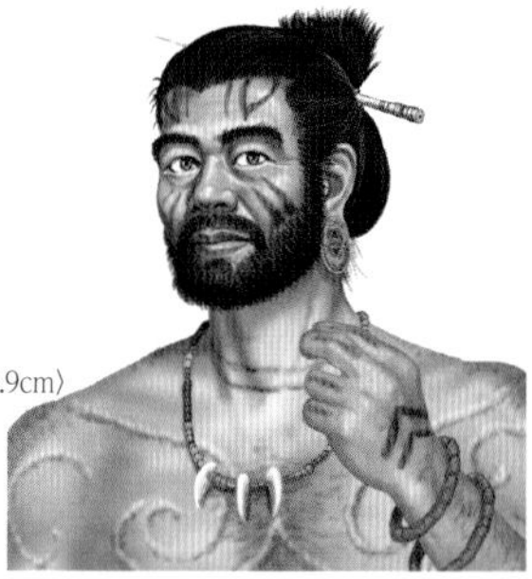

△⑰**装身具装着の復元想像図**

今日とのつながり　縄文時代の人々は，現代の人々と同じようにピアスやネックレスをしていた。ファッションのためだけでなく，同じ集団を示すために使われたともいわれる。

3 交易と遺跡の分布

A 縄文時代の交易

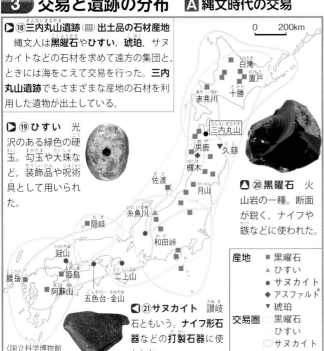

▶⑱三内丸山遺跡（世）出土品の石材産地

縄文人は**黒曜石**や**ひすい**，**琥珀**，サヌカイトなどの石材を求めて遠方の集団と，ときには海をこえて交易を行った。**三内丸山遺跡**でもさまざまな産地の石材を利用した遺物が出土している。

0　200km
白滝
置戸
十勝
赤井川
三内丸山
男鹿
久慈
槻木
佐渡
月山
糸魚川
隠岐
和田峠
冠山
姫島
腰岳
阿蘇山
二上山
五色台・金山
産地
■ 黒曜石
▲ ひすい
● サヌカイト
◆ アスファルト*
▼ 琥珀
交易圏
黒曜石
ひすい
サヌカイト
アスファルト

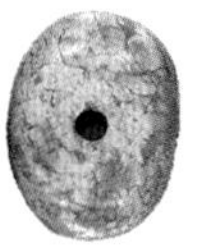

▶⑲**ひすい**　光沢のある緑色の硬玉。勾玉や大珠など，装飾品や呪術具として用いられた。

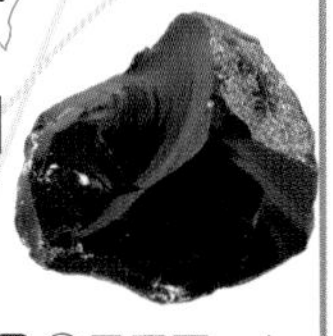

◀⑳**黒曜石**　火山岩の一種。断面が鋭く，ナイフや鏃などに使われた。

◀㉑**サヌカイト**　讃岐石ともいう。**ナイフ形石器**などの**打製石器**に使われた。

〈国立科学博物館資料ほか〉

＊おもに接着剤として使用。

環境　東日本の人口増大につながった温暖化　➔p.27

現在より7～8℃低かった日本列島付近の気温は，約1万年前ごろから始まった温暖化によって，現在を少し上まわるほどに上昇した。こうした急激な温暖化を背景に，東日本では落葉広葉樹林が形成され，多くの木の実が実り，イノシシやシカがすむようになった。また海水面が上昇し，内湾が形成され，内陸の豊富な栄養分が流入して魚介類が繁殖した。このような自然環境の変化は，豊かな食料をもたらし，食料事情の変化に対応して**縄文土器**が生み出された。人々の定住化が進み，生活が安定したことで人口が増大した。

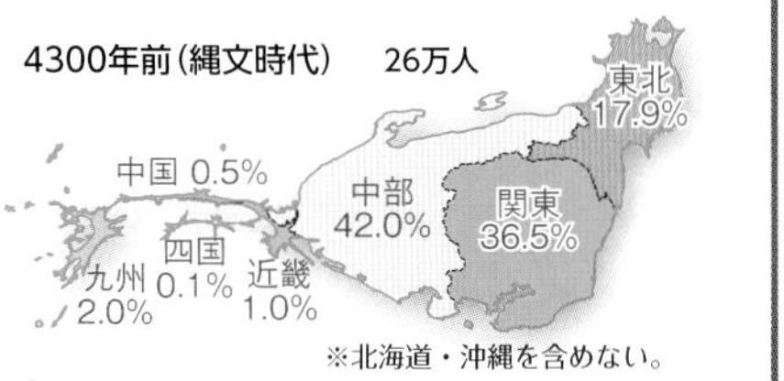
4300年前（縄文時代）　26万人
東北 17.9%
中国 0.5%
中部 42.0%
関東 36.5%
四国 0.1%
九州 2.0%
近畿 1.0%
※北海道・沖縄を含めない。

◀㉕人口比でみた日本（『人口から読む日本の歴史』）

B 縄文時代のおもな遺跡

世 北海道・北東北の縄文遺跡群の構成資産 ➔巻末1　旧石器時代のおもな遺跡 ➔p.25　弥生時代のおもな遺跡 ➔p.30

三内丸山遺跡（世 青森県）前～中期

〈高さ 14.7m〉

〈縦約15cm〉

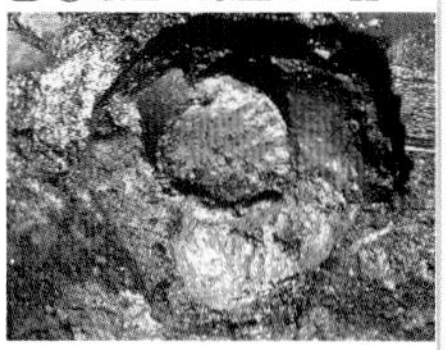

▼㉔最古の漆塗りの器

◀㉓**縄文ポシェット**　縄文時代前期の地層から出土した袋状の編み物。ヒノキ科とみられる植物で編まれ，中にクルミが1個入っていた。

◀㉒**大型掘立柱建物**（復元）　直径・深さ各2mの柱穴が6つ発掘された。クリの木の柱根も見つかり，大型掘立柱建物の存在が推定される。

縄文前期中ごろから中期末にかけて，約1500年続いた日本最大級の集落遺跡。最大で500人をこえる人口があったと推定される。DNA解析からクリなどの栽培が判明，またマグロの骨や新潟県産の**ひすい**が出土したことから，外洋での漁労や遠方との交易が行われていたことなどが明らかとなり，従来の縄文時代像を大きく塗り変えた。このほか，北海道や南九州でも縄文時代の大型集落跡が発見されている。

亀ヶ岡遺跡（世 青森県）晩期
精巧な模様や黒・赤の漆で装飾された多様な器形の土器が大量に出土。

大湯環状列石（世 秋田県）後期
共同墓地とみられる最大径54mと44mの環状列石。

桜町遺跡（富山県）草創～晩期
高床式建物のものとみられる柱材が出土。

里浜貝塚（宮城県）前～晩期
貝塚から多数の埋葬人骨が発見される。

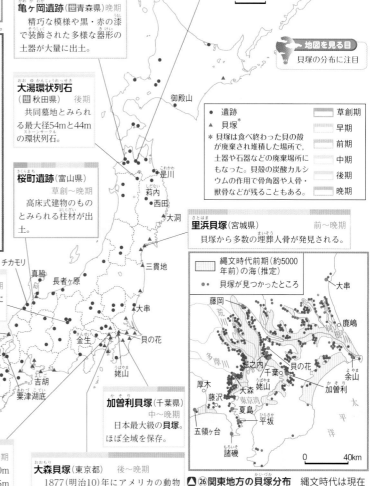

地図を見る目　貝塚の分布に注目

0　100km
御殿山
是川
萪内
西田
大洞
三貫地
チカモリ
真脇
長者ヶ原
大串
貝の花
金生
サルガ鼻洞窟
朝寝鼻貝塚 ➔p.26
滋賀里
国府
吉胡
粟津湖底
姥山
上黒岩岩陰 ➔p.25
早水台
福井洞窟 ➔p.25
彦崎貝塚
栫ノ原
● 遺跡
▲ 貝塚*
＊貝塚は食べ終わった貝の殻が廃棄され堆積した場所で，土器や石器などの廃棄場所にもなった。貝殻の炭酸カルシウムの作用で骨角器や人骨・獣骨などが残ることもある。
草創期
早期
前期
中期
後期
晩期

津雲貝塚（岡山県）後～晩期
約170体の人骨が出土し，屈葬・抜歯の風習のほか，装身具をつけていた形跡も確認。

鳥浜貝塚（福井県）草創～前期
栽培されていた可能性のあるヒョウタン・エゴマなどの植物化石が出土。

尖石遺跡（長野県）中期
標高1000mの高所にある大規模な集落跡。

➔p.30
板付遺跡（福岡県）
菜畑遺跡（佐賀県）
晩期
水田跡が発見される。

泉福寺洞窟遺跡（長崎県）
草創期
日本最古の土器である豆粒文土器が出土。

上野原遺跡（鹿児島県）早期
日本最古，最大規模の定住集落跡が発見される。

中里貝塚（東京都）中～後期
南北100m以上，東西500m以上の範囲に最大で厚さ4.5mの貝層が広がる。貝類の加工を専門的に行った水産加工場とみられる。

大森貝塚（東京都）後～晩期
1877（明治10）年にアメリカの動物学者モース（➔p.245）が，横浜から東京に向かう汽車の窓から貝層を発見。日本の近代考古学の出発点となった。

加曽利貝塚（千葉県）
中～晩期
日本最大級の**貝塚**。ほぼ全域を保存。

縄文時代前期（約5000年前）の海（推定）
貝塚が見つかったところ
大串
藤岡
鹿嶋
荒川
多摩川
堀之内
貝の花
千葉
余山
姥山
加曽利
厚木
大森
藤沢
東京湾
夏島
平坂
五領ヶ台
諸磯
太平洋
0　40km

◀㉖**関東地方の貝塚分布**　縄文時代は現在よりもやや温暖で，海水面は2～7m高かったと推定される。そのため海岸線は内陸の奥深くに入り込んでいた（縄文海進）。

歴史散歩　若狭三方縄文博物館「DOKIDOKI館」（福井県）　北信越地方の縄文土器を集めたギャラリーや，鳥浜貝塚の出土遺物も展示。勾玉づくり体験などもできる。

弥生時代の日本列島 ―一粒の籾，若し地にこぼれ落ちたらば…一粒の籾に終わらないであろう(森本六爾)

〈イラスト 中西立太氏〉

ヒストリースコープ

考古学者の森本六爾(1903～36)は，当時の考古学では一般的でなかった「弥生時代に稲あり」の説を展開したが，学会では異端児扱いされた。しかし，死後，唐古・鍵遺跡から木製農具などが発見され，その主張が正しかったことが証明された。

考察

❶水稲農耕のために必要な高度な技術とは何だろうか。
❷稲作が行われた縄文晩期の二つの遺跡にも着目しながら，日本列島への稲作伝播の説を説明しよう。→1
❸弥生時代の道具や土器にはどのような特徴があるだろうか。→2・3・4

水路
矢板
畔

①菜畑遺跡の復元水田(佐賀県唐津市) 弥生時代の集落跡のほか，縄文晩期の水田跡・農具・炭化米も発見された。水田には畔があり，土を止める矢板も組まれた本格的なものであった。稲作の伝来が，森本らの説よりさらに早い時期までさかのぼることになった。

初夏
春
(代掻き)
冬
(田おこし)
水路から水を引く
えぶり
鋤
鍬

②弥生時代の水稲農耕のようす(田おこし) 弥生時代の水田には水量調節のできる水路があり，鍬・鋤を使って田おこしをした後，水田に水を引き込み，田下駄をはき，えぶりなどで代掻き(土を細かく砕いてていねいにかき混ぜること)が行われた。

1 農耕社会の成立と弥生時代の遺跡

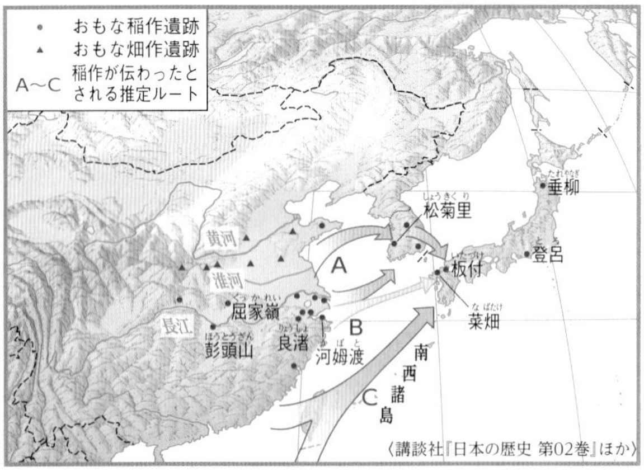
● おもな稲作遺跡
▲ おもな畑作遺跡
A～C 稲作が伝わったとされる推定ルート
黄河
淮河
長江
屈家嶺
彭頭山
良渚
河姆渡
松菊里
垂柳
登呂
板付
菜畑
A
B
C
南西諸島

〈講談社『日本の歴史 第02巻』ほか〉

A 稲作の伝来

③稲の原産地について，近年は中国の長江中・下流域説が有力視されている。長江下流域の河姆渡遺跡からは炭化米や農具が出土し，約7000年前には稲が栽培されていたことが判明した。日本の稲作も長江下流域からの伝播と考えられ(A・B)，とくにA説が有力である。一方，南方からのルートは疑問視されている(C)。日本における本格的な稲作の開始は紀元前4世紀とされており，以降，農耕社会が広がっていった。

B 弥生時代のおもな遺跡

旧石器時代の遺跡 ➔p.25
縄文時代の遺跡 ➔p.29

続縄文文化 →p.4~6 巻頭地図
北海道は寒冷な気候のため農耕社会が形成されず，鉄器を使用し，狩猟・採取・漁労を基盤とした文化が続いた。7世紀ごろまで継続し，その後**擦文文化**，より北方の影響を受けた**オホーツク文化**に変わった。

地図を見る目：水田跡の時代と分布に注目

弥生時代の時期区分
前期
中期
後期
▲ 弥生時代の遺跡
0 100km
稲作の広がり
妻木晩田 p.33
百間川
宇木汲田 p.36
原の辻 p.36
土井ヶ浜
加茂岩倉
立岩 p.36
荒神谷
紫雲出山 p.33
田村
須玖岡本 p.36
三雲南小路 p.36
朝日 p.32
大塚 p.32
南西諸島

砂沢遺跡(青森県) 前期
1987年，弥生時代前期にさかのぼる水田跡を発見(弥生時代の水田遺構の最北端)。

垂柳遺跡(青森県) 中期
1981年，東北地方で初めて弥生時代中期の水田跡を発見。

板付遺跡(福岡県) 前期
環濠集落の跡や弥生初期の土器と縄文終末期の土器が出土。縄文晩期の水田跡や石包丁，ジャポニカ種の炭化米発見から，弥生初期に稲作が行われていたことが明らかになった。

④水路からの引水

荒神谷遺跡(島根県) 中期
銅剣358本のほか，銅鐸，銅矛も出土。弥生時代の青銅器研究が進んだ。➔p.35

唐古・鍵遺跡(奈良県) 前～後期
1936～37年の初調査で農具や炭化米などが出土したことから，弥生時代での稲作が実証された。環濠集落遺跡で青銅器鋳造炉跡なども発見。

池上曽根遺跡(大阪府) 中期
大規模環濠集落。大型建物と井戸を発掘。

弥生二丁目遺跡(東京都) 後期
1884年に向ヶ岡貝塚(現在位置不明)から出土した最初の弥生土器とよく似た土器が，1974年に発掘された。そのため，この貝塚との関係が推測されている。

吉野ヶ里遺跡(佐賀県) 前～後期
旧石器～中世までの長期間の遺構が出土。とくに弥生時代の遺構は集落や墓地が変遷していったようすがわかる。➔p.32

菜畑遺跡(佐賀県) 前期
縄文晩期後半の水田跡・炭化米・農具や，弥生時代の集落跡が見つかる。➡図①

登呂遺跡(静岡県) 後期
1947年に本格的な調査を開始。後期の水田跡，水路跡・畦道跡，住居跡，穀物の貯蔵のための**高床倉庫**跡，土器，木製品，装飾品などが多数出土。弥生水田研究の基準となった。

貝塚文化(南島文化)
沖縄など南西諸島では，漁労・貝類の採取中心の文化が続いた。後期には弥生土器の伝播が認められる。
→p.5 巻頭地図

⑤高床倉庫とねずみ返し

今日とのつながり 松本清張『断碑』 森本六爾をモデルにした小説。小説の中で森本は，才能のある研究者だが頑固な性格の持ち主で，そのため研究者仲間から排除された人物として描かれる。

2 弥生時代の特色

特　色
• 縄文晩期，北九州にやって来た渡来人によって水田稲作技術が伝来
• まず西日本に水稲農耕(すいとう)が普及，本格的農耕社会を形成。東日本にも広まった
• 金属器・機織(はたお)り技術などの大陸文化が流入。弥生土器の登場
• 木製農具の製作(磨製石器→鉄製工具)
• 余剰生産物をめぐる争いから，環濠集落(かんごうしゅうらく)や高地(こうち)性(せい)集落の発達 ➔ p.32，33
• 青銅製祭器(せいどうせいさいき)(銅鐸(どうたく)・銅剣(どうけん)・銅矛(どうほこ)・銅戈(どうか))による宗教儀式 ➔ p.34
• 鉄製農具の普及により湿田(しつでん)農耕中心から乾田(かんでん)開発が可能になり，生産性向上
• 後期には各地に小国家が生まれ，規模の大きな王墓(墳丘墓(ふんきゅうぼ))も出現 ➔ p.33
• 小国家は中国との朝貢(ちょうこう)外交を行い，銅鏡(どうきょう)などを入手 ➔ p.36

旧石器時代の特色 ➔ p.25　縄文時代の特色 ➔ p.27

3 土器の形態

● 貯蔵用
▲ 煮炊(た)き用
◆ 盛り付け用

壺
甕
壺
高杯
甕
鉢
〈佐賀 吉野ヶ里遺跡〉

△⑥弥生土器　農耕の影響で，壺(つぼ)・甕(かめ)・高杯(たかつき)(坏)・鉢(はち)といった器形に分かれていった。

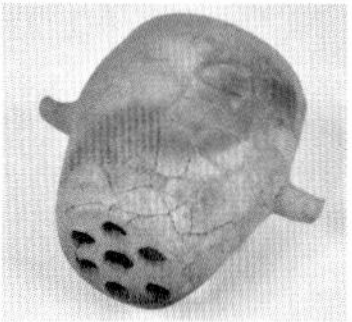

◁⑦甑(こしき)　底に孔(あな)をあけた土器は弥生時代に始まり*，古墳時代に米などの食物を蒸す甑が登場した。〈兵庫 市之郷遺跡 軟質土器(多孔式甑)〉

時代を見る目　弥生時代はいつから？

板付(いたづけ)・菜畑(なばたけ)両遺跡で，縄文晩期後半とされてきた突帯文(とったいもん)土器(➔p.26)を伴う水田跡が見つかった。水稲農耕の開始をもって弥生時代とする立場からは「弥生早期」が提唱されたが，土器の変化を重視する立場からの反対も多かった。2003年，両遺跡で出土した土器を炭素年代で調べた結果，最古の土器は紀元前10世紀にさかのぼるとされた。その後の研究により，九州北部で農耕生活が開始された同じころ，本州では同様の土器を使いながら縄文的生活が1世紀以上続いていたことがわかってきた。土器の形式の類似は人的な交流を示すが，稲作そのものは時間をかけて各地の縄文人が自ら選び取っていったようすが明らかになりつつある。

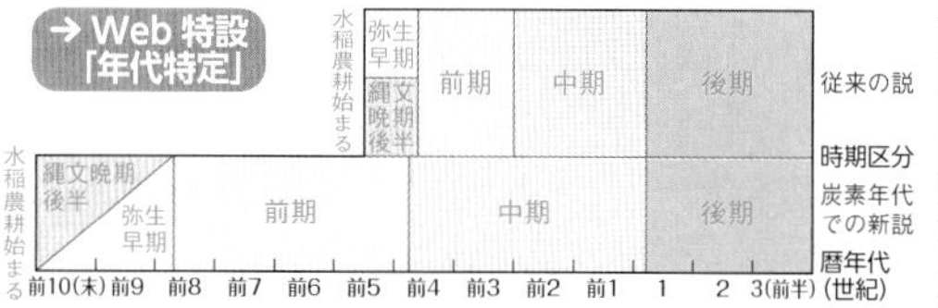
➔Web特設「年代特定」
水稲農耕始まる
弥生早期
縄文晩期後半
前期
中期
後期
従来の説
時期区分
縄文晩期後半
弥生早期
前期
中期
後期
炭素年代での新説
暦年代(世紀)
前10(末) 前9 前8 前7 前6 前5 前4 前3 前2 前1 1 2 3(前半)
△⑧弥生時代の開始と年代の考え方

＊弥生時代の底部有孔土器は甑としては用いられなかったとする説が有力であり，使用法は明らかではない。

4 弥生文化の道具

A 稲作のための道具

よみとき　鉄製農具・工具が稲作にもたらした変化に注目しよう

縄文時代の道具 ➔ p.27

①耕作(春～初夏)

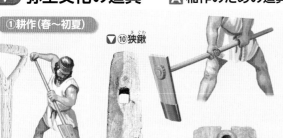

◁△⑨鋤(すき)　土をすくい上げる道具。田の土おこしに使う。

〈福岡 板付遺跡 復元〉

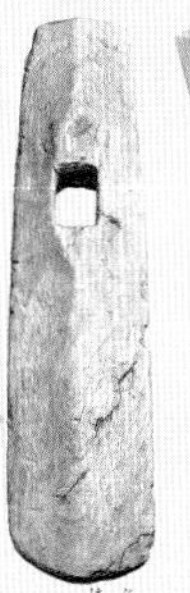

▽⑩狭鍬(さぐわ)　〈佐賀 土生遺跡 長さ42.7cm〉

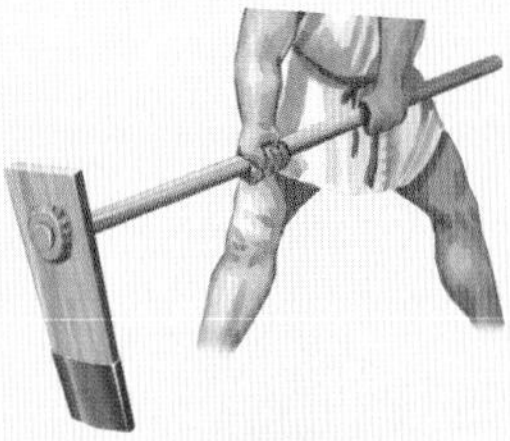

◁⑪鍬(くわ)　土を掘りおこす道具。広鍬(ひろぐわ)，狭鍬，丸鍬(まるくわ)，又鍬(またぐわ)などが作業の内容によって使い分けられた。鉄の刃先がつけられるようになると効率があがった。

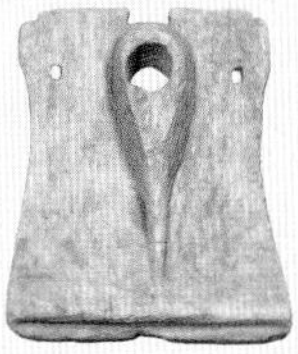

◁⑫広鍬　〈岡山 南方遺跡 長さ24.4cm〉

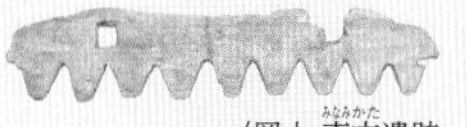

〈岡山 南方遺跡 長さ38.3cm〉

◁⑬えぶり　水田の表面をならしたり，天日干し(てんぴぼし)した穀物をかき集めるために用いた。

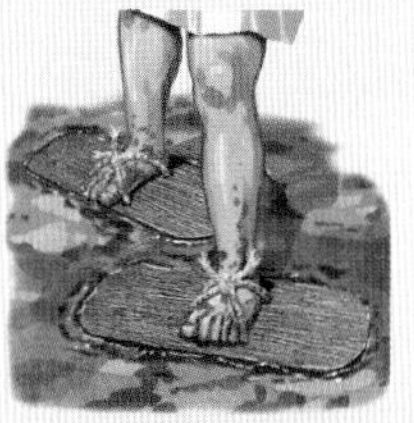

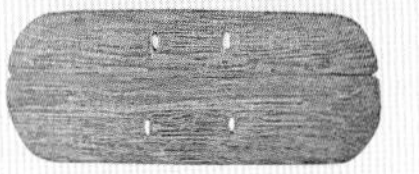

▷⑭田下駄(たげた)　水田で身体が沈むのを防ぐために使用した。〈静岡 登呂遺跡 20.2×50.2cm〉

②収穫(秋)

〈福岡 板付遺跡〉

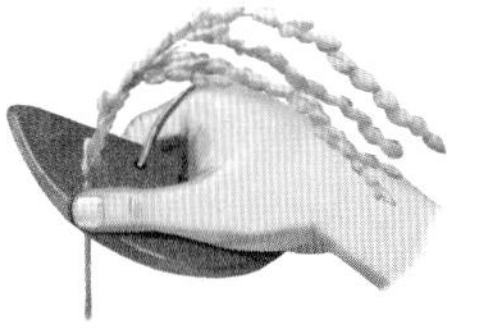

△⑮石包丁　大陸系の磨製石器(ませいせっき)。熟した稲の穂先を選別してつみとるために用いた(穂首刈り(ほくびがり))。

〈佐賀 吉野ヶ里遺跡 長さ20.5cm〉

△⑯鉄製手鎌　鉄器が普及する弥生時代後期には鉄製の手鎌で稲を根もとから刈り取るようになった(根刈り)。

③脱穀(秋～)

△⑰脱穀のようす　穂を臼(うす)に入れて竪杵(たてぎね)でついた。〈静岡市立登呂博物館蔵〉

〈大阪 鬼虎川(きとらがわ)遺跡〉

◁⑱竪杵(たてぎね)

◁⑲木臼(きうす)　〈大阪 亀井遺跡 高さ38.6cm〉

B 生活の道具・技術

①工具　木材加工用に鉄器を含む多様な工具が伝来した

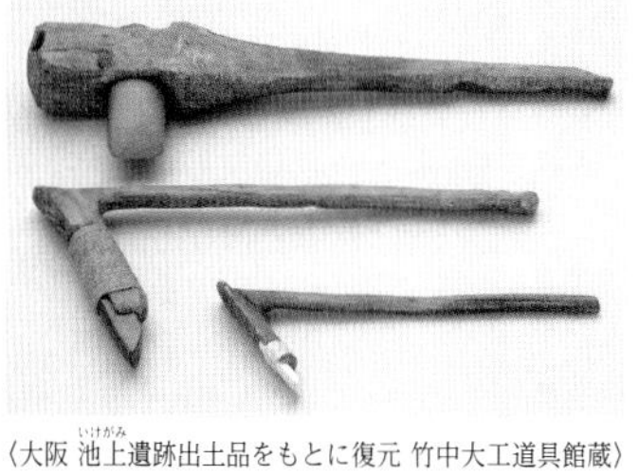

〈大阪 池上(いけがみ)遺跡出土品をもとに復元 竹中大工道具館蔵〉

◁⑳太型蛤刃石斧(ふとがたはまぐりばせきふ)(伐採用(ばっさいよう)，上)・柱状片刃石斧(ちゅうじょうかたばせきふ)(中央)・扁平片刃石斧(へんぺい)(切削(せっさく)・仕上用(しあげ)，下)　磨製石斧の種類が一挙に増えた。

△㉑鉇(やりがんな)　鉄製で，木材の表面加工に室町時代まで使われる。

②機織り　縄文以来の編み物に加えて本格的な織物が製作された

〈京都 神足遺跡(こうたり) 紡輪直径4.3cm〉

◁㉒紡錘車(ぼうすいしゃ)

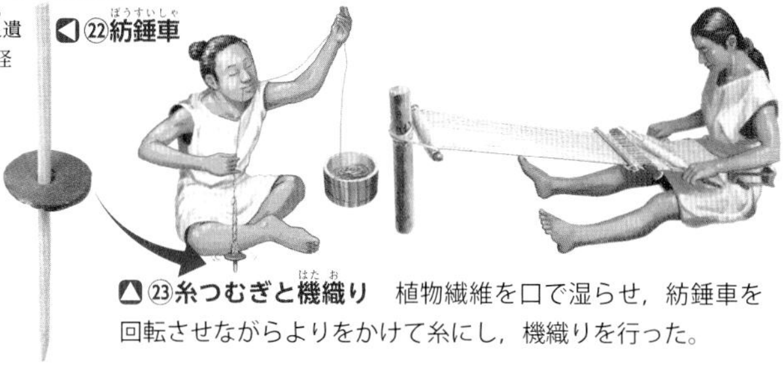

△㉓糸つむぎと機織(はたお)り　植物繊維を口で湿らせ，紡錘車を回転させながらよりをかけて糸にし，機織りを行った。

歴史散歩　静岡市立登呂博物館(静岡県)　住居，高床倉庫などの建物を復元したり水田をつくったりして，ムラのようすを"ミニ登呂"として再現している。

32 弥生時代の集落と埋葬 ―かつて戦争があった（佐原真）

ヒストリースコープ

考古学者の佐原真（1932～2002）は，弥生時代の石鏃が大型化したことから，狩猟具から武器への変質を読み取り，戦争が始まったと主張した。これは中国史書『後漢書』東夷伝の「倭国大乱」を裏づける事実でもある（➔p.36）。

考察

❶図①の人骨や図②の石鏃の変化，図③の復元図から，この時期に何が起こっていたのだろうか。
❷❶のような事態のなか，人々はどのような集落を形成したのだろうか。→**1**・**2**
❸この時代は，どのような埋葬法が，どの地域で行われていただろうか。→**3**

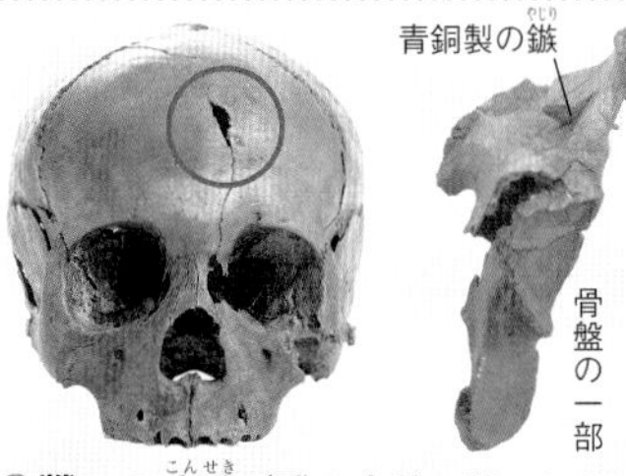

青銅製の鏃
骨盤の一部

①**戦いの痕跡が残る人骨**　戦いによる傷が残る人骨を含む109体が，ばらばらに散乱した状態で，みぞ状の遺構から出土した。〈鳥取 青谷上寺地遺跡〉

実物大
実物大
〈大きさ 23mm〉
〈大きさ 48mm〉

②**縄文時代の石鏃**（左）と**弥生時代の石鏃**（右）　石鏃は弥生中期に大型化し，大量に生産された。

〈山本耀也・画，『日本の歴史② 倭人争乱』田中琢・著，集英社〉

③**戦争の想像復元図**（愛知 朝日遺跡）　弥生時代中期になると，人々の間に貧富の差が発生し，土地や水をめぐる集団間の対立から戦争が起こるようになった。武器や集落も変質していった。

1 外敵に備えた環濠集落

歳勝土遺跡

④**大塚遺跡**（神奈川県横浜市）　弥生時代中期の代表的な**環濠集落**遺跡。環濠の外側に土塁があり，集落内には約90棟の**竪穴住居**跡と10棟の高床倉庫跡が発見された。土器・石器に伴い，炭化米やモモの種子などの遺物が出土。**方形周溝墓**群の歳勝土遺跡が隣接する。

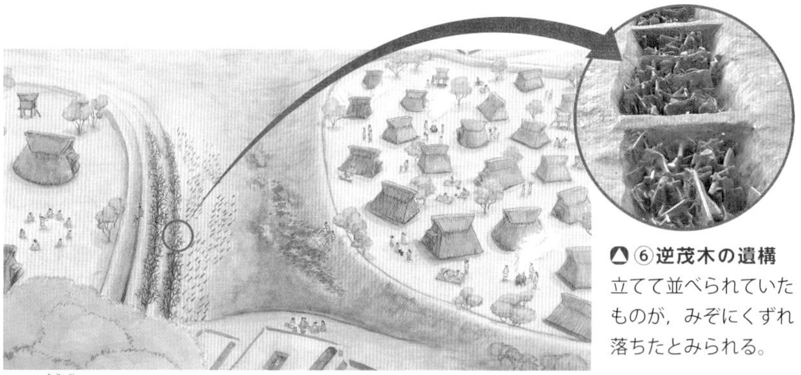

⑥**逆茂木の遺構**　立てて並べられていたものが，みぞにくずれ落ちたとみられる。

⑤**朝日遺跡**（愛知県）**の想像復元図**　東海地方最大級の環濠集落遺跡。弥生時代中期には，集落は3～4重の環濠で囲まれ，環濠と環濠の間には枝がついたままの木をからめた逆茂木や，無数に打ち込まれた乱杭など強固な防御施設がつくられた。「戦乱の弥生時代」へとかわったことを示している。居住域や墓域のほかに，玉類を製作した工房跡や**銅鐸**（➔p.34）の鋳型が見つかっている。

A 吉野ヶ里遺跡（佐賀県）

王の住まい
物見やぐら
高床倉庫

⑦**把頭飾付有柄銅剣とガラス製管玉**

⑧**外濠**　深さ約3m。

⑨**吉野ヶ里遺跡**（南内郭・復元）　吉野ヶ里遺跡は大規模な**環濠集落**遺跡。2重の環濠がめぐらされ，物見やぐらとみられる大型建物や住居跡，大型墳丘墓や3100基をこえる**甕棺墓**が発見された。弥生時代には各地に小国が成立したが，その中心となる集落の具体的な構造を知る手がかりとして重要である。

⑩**北内郭の大型建物**　北内郭は2重の環濠で囲まれ，宮殿や祭殿，物見やぐらと推定される大型建物跡が出土した。**「魏志」倭人伝**の記述「宮室・楼観・城柵，厳かに設け」を彷彿とさせる。史

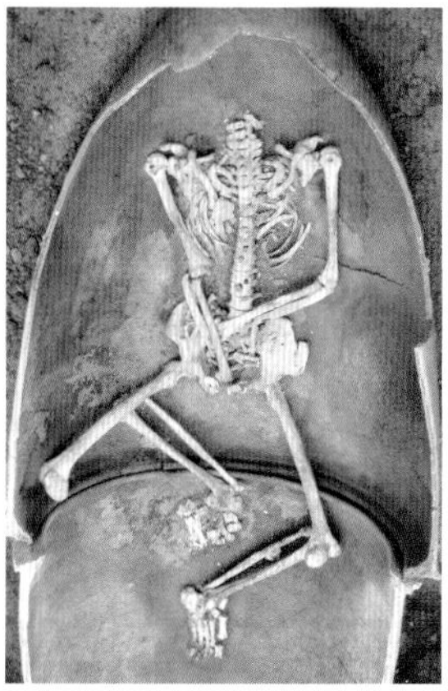

⑪**頭骨のない人骨**　甕棺墓列から発見された多くの人骨の中には，このような頭骨のない人骨のほかに，腕や肩に刀で傷をつけられたものや，石鏃を腹部に10本以上うち込まれたものもある。これらは，戦いの犠牲者である可能性が高いが，祭祀や習俗にかかわるものとする説もある。

今日とのつながり　吉野ヶ里遺跡では絹織物が発見されている。袖を縫い合わせた部分も残っており，現代に近い袖付きの衣服を着用していたとみられる。

2 西日本に出現した高地性集落

環濠集落	形成時期	弥生時代全期
	特徴	濠や土塁でまわりを囲んだ集落。防衛的機能をもつ
	分布	九州～関東地方
	例	唐古・鍵(奈良)，吉野ヶ里(佐賀)，板付(福岡)，大塚(神奈川)，朝日(愛知)
高地性集落	形成時期	弥生中～後期
	特徴	海抜 100m をこえる山頂・丘陵上につくられた集落。軍事・防衛的機能をもつ
	分布	初めは瀬戸内海や大阪湾の沿岸，しだいに河川沿いや盆地丘陵部。北陸や東海にも広がる
	例	紫雲出山(香川)，会下山(兵庫)，古曽部・芝谷(大阪)，貝殻山(岡山)

⑫**防衛的な機能をもつ集落**　弥生時代になると，長期保存の可能な稲が富の不均衡(貧富の差)をもたらすと同時に，水田や水利をめぐって集団同士が争う状況が生まれた。これが弥生時代の戦争の原因である。自らの集落を守るために防衛的な施設を設けたり，立地を考えたりするようになった。

〈講談社『日本の歴史第 02 巻』〉

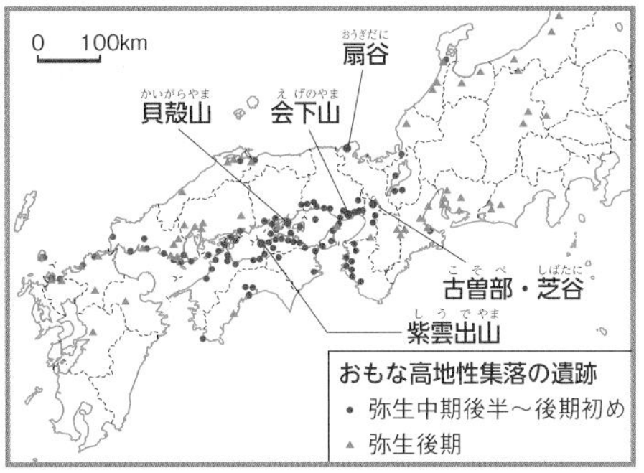

0　100km
扇谷
貝殻山
会下山
古曽部・芝谷
紫雲出山
おもな高地性集落の遺跡
• 弥生中期後半～後期初め
▲ 弥生後期

⑬**高地性集落の分布**　九州北部から瀬戸内，大阪湾沿岸周辺に多く分布。水田耕作に不適な立地の集落。**環濠集落**とともに防衛的機能をもつとみられる。

⑭**紫雲出山遺跡のある紫雲出山**(香川県)　紫雲出山は瀬戸内海に突出した三崎半島の先端にあり，この山の山頂部分(標高 352m)に紫雲出山遺跡がある。遺跡からは瀬戸内海中央部を一望できる。

3 墳墓と埋葬の地域性

A 伸展葬用の埋葬施設(土壙墓・木棺墓・箱式石棺墓)

〈大阪 安満遺跡〉

土壙墓　〈佐賀 吉野ヶ里遺跡〉

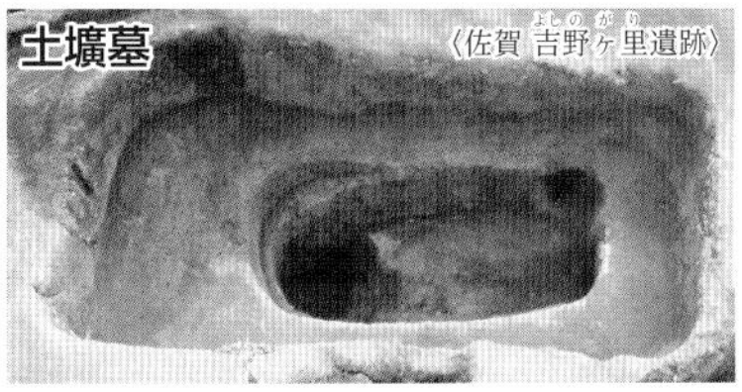

木棺墓

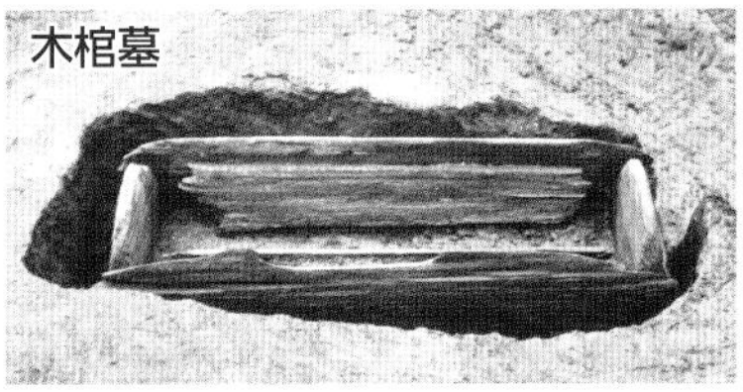

箱式石棺墓

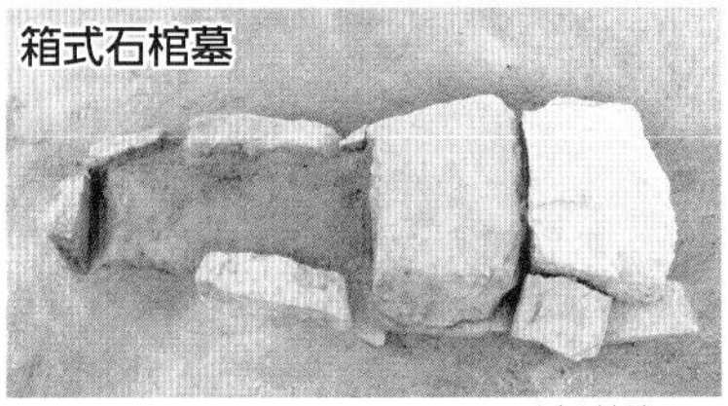

〈広島 入野中山遺跡〉

⑮稲作文化の伝来とともに新しい墓制も始まった。身体を横たえて葬る**伸展葬**用の埋葬施設として，一般的な**土壙墓**も長方形となり，新たに**木棺墓**や，板石等を組み合わせた**箱式石棺墓**などが伝わった。これらの埋葬施設は加工技術を高めながら**支石墓**や**方形周溝墓**など多様な墓に用いられた。

B 甕棺墓

〈福岡 藤崎遺跡〉

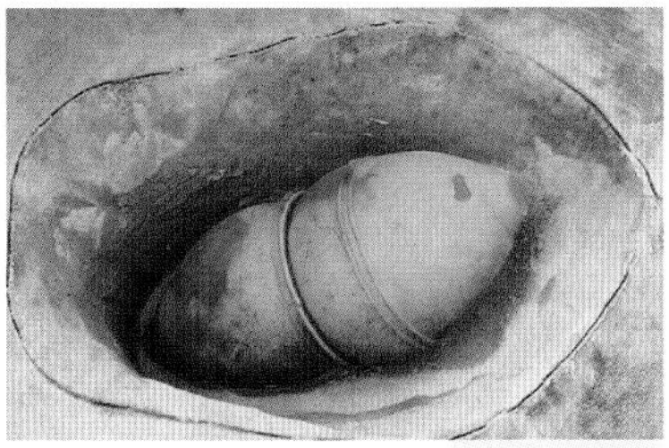

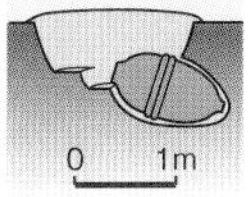

0　1m

⑯北九州で弥生前期末～中期に，二つの甕の口を合わせた成人用の甕棺をもつ墓が多数現れる。豪華で豊富な副葬品をもつものがあり，王墓と推定される。甕棺は，**支石墓**や**墳丘墓**にも用いられた。

C 支石墓

〈長崎 里田原遺跡〉

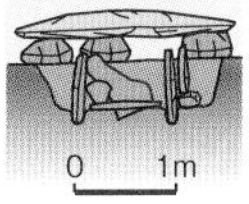

0　1m

⑰北九州の縄文終末期に朝鮮半島南部から稲作技術とともに伝わる。地中の埋葬施設は，木棺，箱式石棺，甕棺などがあった。九州北部に分布し，弥生前期～中期に存続。

〈長崎県埋蔵文化財センター資料ほか〉

D 方形周溝墓

⑱方形に溝を掘って低い**墳丘**を区画した墓制。墳丘頂や溝中に木棺，幼児用甕棺などが発見された。弥生前期後半に近畿地方で発達し，その後，分布範囲を東西に広げた。棺は数基，ときには 10 基以上埋葬されており，家族墓とみられている。

〈大阪 瓜生堂遺跡〉

よみとき　墓制のあり方から社会関係の変化や地域性を読み取ろう

縄文時代の埋葬 ➔p.28 2

⑲**おもな墳墓の分布**　弥生時代の墓制は地域や時期ごとに形態が大きく異なる特徴をもつ。墳墓の分布から当時の文化圏を知ることができる。また，集団の中から有力首長が出現したこともわかる。

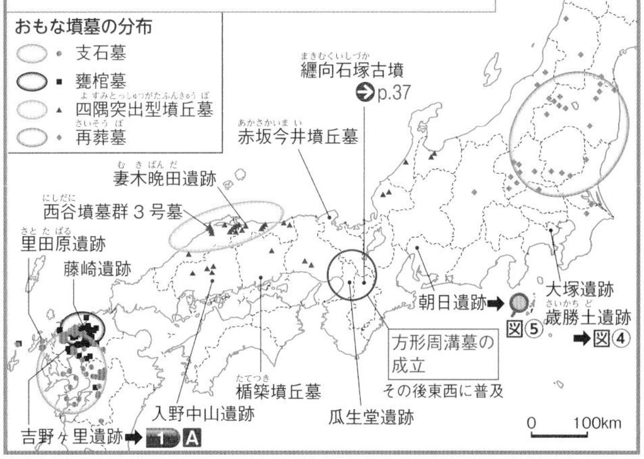

おもな墳墓の分布
支石墓
甕棺墓
四隅突出型墳丘墓
再葬墓
纒向石塚古墳
➔p.37
赤坂今井墳丘墓
妻木晩田遺跡
西谷墳墓群３号墓
里田原遺跡
藤崎遺跡
大塚遺跡
歳勝土遺跡
➔図④
朝日遺跡➔
図⑤
方形周溝墓の成立
その後東西に普及
楯築墳丘墓
入野中山遺跡
瓜生堂遺跡
吉野ヶ里遺跡➔ 1 A
0　100km

Key Word　再葬墓

＊壺や甕は，埋葬専用のものではなく，日常用の土器を転用した。

遺体をいったん土葬や風葬で葬ったのち，遺骨を取り出し，壺や甕におさめて再び埋葬する墓制＊。数人，ときには 10 人を一つの土壙に葬った。東日本で縄文晩期に始まり，関東では弥生中期後半に**方形周溝墓**が普及すると衰退した。

4 墳丘墓－前方後円墳の起源

➔p.40「ヤマト政権と前方後円墳」

九州地方では，弥生時代中期後半ごろから，飛び抜けた量の副葬品をもつ大型**甕棺墓**や円丘をもつ王墓が現れ，山陰地方でも同じころから**四隅突出型墳丘墓**が築造された。弥生時代終末期に，吉備に**楯築墳丘墓**(円丘両側突出)がつくられ，その後3世紀には，大和の纒向石塚古墳(前方後円)，丹後の赤坂今井墳丘墓(方形)など，数 10m の規模を誇るものが登場する。出雲地方にも同規模の四隅突出型墳丘墓である西谷墳墓群３号墓や９号墓が出現した。

埋葬の中心施設も**竪穴式石室**や木槨など手がこんだものになる。これら各地の王墓である墳丘墓に現れた特色が統合されて，定型的な**前方後円墳**(➔p.38)が成立する。

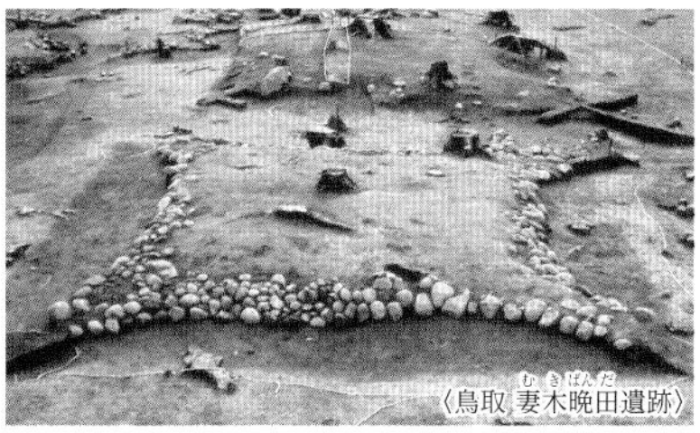

〈鳥取 妻木晩田遺跡〉

⑳**四隅突出型墳丘墓**

歴史散歩　土井ヶ浜遺跡・人類学ミュージアム(山口県下関市)　人類学専門の博物館。遺跡から出土した弥生人骨や装身具などの展示があり，日本人のルーツに迫る。

弥生時代の青銅器 ―日常生活から隔絶した神聖な場所に埋納したものらしい(佐原真)

〈奈良県立橿原考古学研究所附属博物館蔵〉

ヒストリースコープ

考古学者の佐原真(➔p.32)は，島根県の出雲地方にみられる青銅器埋納遺跡の発掘調査から，農耕祭祀の祭器として用いられた青銅器は，祭りが終わったあとは土中に埋められ，また祭りがあると再び土中から掘り起こして使用されたと主張した。したがって，青銅器を用いた農耕祭祀そのものが途中でなくなると，埋められた青銅器はそのまま土中に残されると考えた。青銅器祭祀のあり方や，祭祀の終焉を示唆する重要な考え方である。

考察

❶図①から，銅鐸はどのように使われていたとみられるだろうか。
❷青銅器の種類と形態の変化について説明しよう。→1
❸荒神谷遺跡と加茂岩倉遺跡の似ている点・異なる点を説明しよう。→2

△①**銅鐸を用いた祭祀のようす**(想像復元) 弥生時代には青銅器を祭器として用いて，神への豊かな収穫の祈願や，収穫の感謝をおもな目的とする祭りが行われた。**銅鐸**は当初楽器としてつるして使用されたが，しだいに巨大化し，モニュメントとしての意味合いが強くなった。

1 青銅器の出現

A 使用用途と地域分布

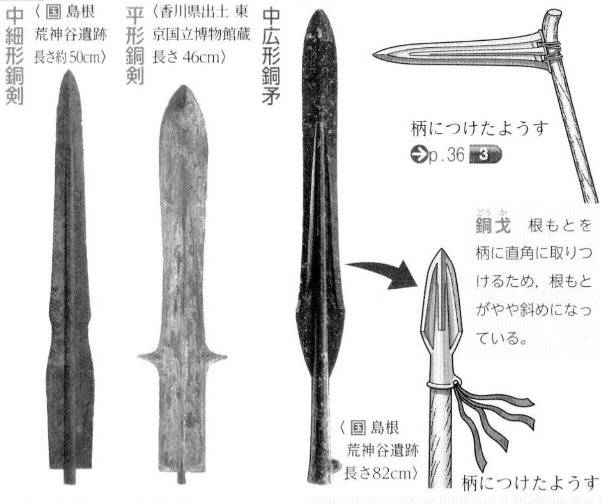

中細形銅剣
〈国 島根 荒神谷遺跡 長さ約50cm〉
平形銅剣
〈香川県出土 東京国立博物館蔵 長さ46cm〉
中広形銅矛
〈国 島根 荒神谷遺跡 長さ82cm〉
柄につけたようす
➔p.36 3
銅戈 根もとを柄に直角に取りつけるため，根もとがやや斜めになっている。
柄につけたようす

銅剣 細形・中細形・中広形・平形の順に大型化し，扁平化していった。根もとの突起部を柄に取り付ける。

銅矛 根もとを筒状につくり，長い柄の先を差し入れる。銅剣と同じく，細形だったものが大型化・扁平化していった。

△②**青銅器(青銅製祭器)の種類** **銅剣**や**銅矛・銅戈**は大陸では実用的な武器であったが，日本列島ではしだいに祭祀具として利用され，大型化して扁平化していった。**銅鐸**も，聞く楽器から見るモニュメントへと変化した。

よみとき 銅剣など青銅製祭器の分布に地域性があることに注目しよう

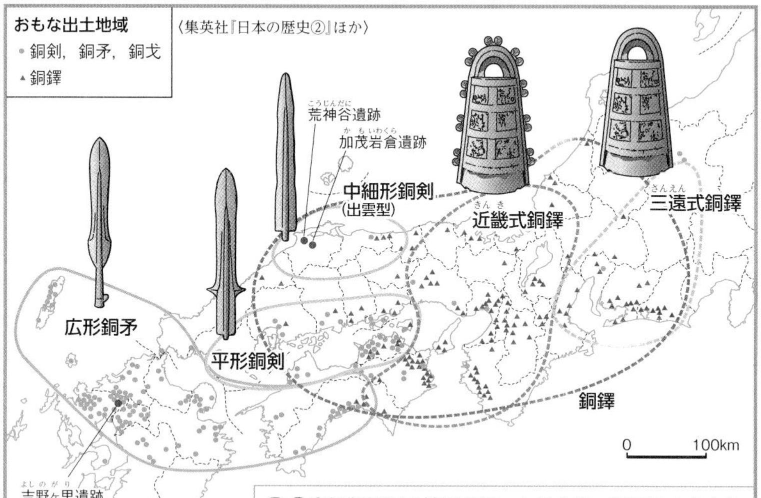

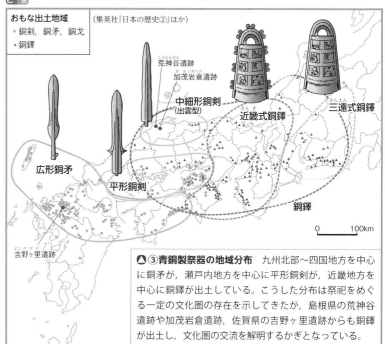

おもな出土地域
● 銅剣，銅矛，銅戈
▲ 銅鐸
〈集英社『日本の歴史②』ほか〉
荒神谷遺跡
加茂岩倉遺跡
中細形銅剣(出雲型)
近畿式銅鐸
三遠式銅鐸
広形銅矛
平形銅剣
銅鐸
吉野ヶ里遺跡
0 100km

△③**青銅製祭器の地域分布** 九州北部～四国地方を中心に銅矛が，瀬戸内地方を中心に平形銅剣が，近畿地方を中心に銅鐸が出土している。こうした分布は祭祀をめぐる一定の文化圏の存在を示してきたが，島根県の荒神谷遺跡や加茂岩倉遺跡，佐賀県の吉野ヶ里遺跡からも銅鐸が出土し，文化圏の交流を解明するかぎとなっている。

B 銅鐸絵画

▽④**袈裟襷文銅鐸**(伝香川県出土)〈国 東京国立博物館蔵 高さ43.0cm〉

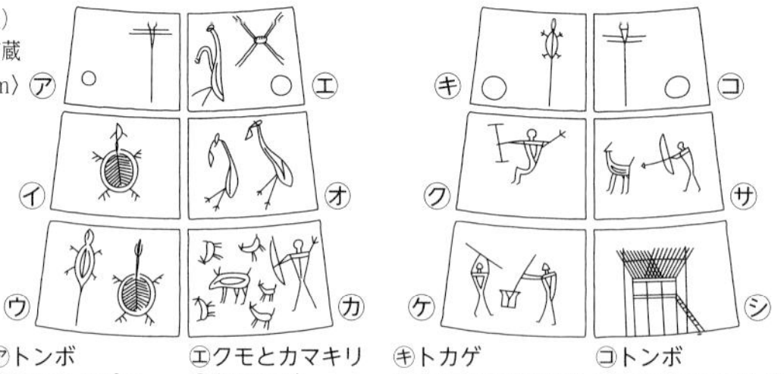

ア イ ウ エ オ カ
キ ク ケ コ サ シ

㋐トンボ
㋑魚とスッポン
㋒トカゲとスッポン
㋓クモとカマキリ
㋔魚とサギ
㋕弓を持つ円頭人物と犬とイノシシ
㋖トカゲ
㋗I字型道具を持つ円頭人物
㋘杵を持つ三角頭人物と臼
㋙トンボ
㋚弓を持つ円頭人物とシカ
㋛高床倉庫

△⑤**銅鐸絵画の意味** 銅鐸には動物や水田の生き物，稲作関連のものなどが刻まれている。こうした図像は「信仰の対象を表す」,「豊かな収穫を祈願する」などさまざまな解釈がある(人の頭部の表現も円形と三角形のものがある)。弥生時代の人々の生活を示す資料として重要である。

＊舌と触れることで鐸を鳴らすための部分。

時代を見る目 「聞く銅鐸」から「見る銅鐸」へ

銅鐸は中国や朝鮮半島で家畜の首につけた鈴などに由来する。初期のものは高さ20cmほどの小型のもので，鈕(つり手)は環状で，内部には音を鳴らすための舌や突帯*がつけられていた(➔図⑱)。しかし日本には牧畜が伝わらなかったために楽器としての機能は失われ，祭祀の道具として用いられるようになった。銅鐸はしだいに大型化し，1mをこえるものが現れる。鈕は扁平化し，側面には鰭(板状の装飾)がつけられた。

〈国 島根 荒神谷遺跡 高さ21.7～24cm〉

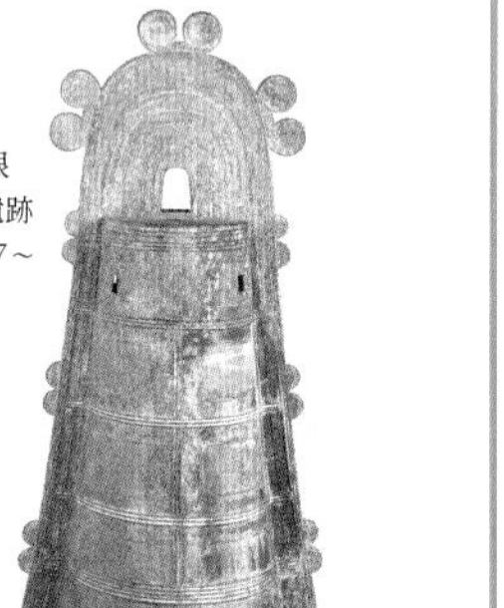

〈滋賀県出土 東京国立博物館蔵 高さ134.7cm〉

△⑥**初期**(左)**と後期**(右)**の銅鐸**

今日とのつながり 豊かな収穫をあらかじめ祝う予祝儀礼や，新穀を神にささげて豊作を感謝する新嘗祭などの祭りは，現在も行われている祭りの原型となっている。

2 出雲地方の大量埋納のなぞ

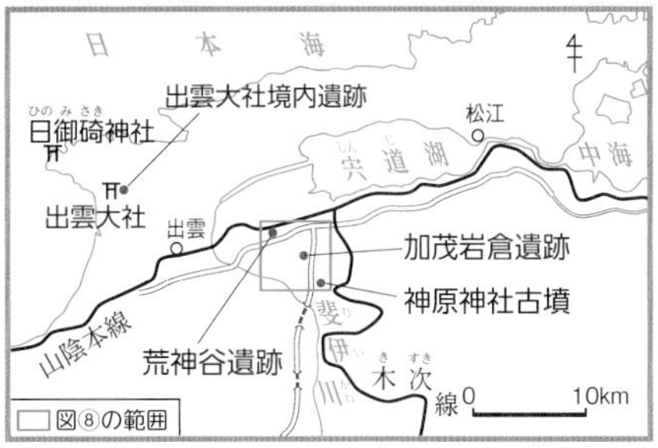
日本海
出雲大社境内遺跡
日御碕神社
松江
宍道湖
中海
出雲大社
出雲
加茂岩倉遺跡
神原神社古墳
山陰本線
荒神谷遺跡
斐伊川
木次線
0 10km
図⑧の範囲

荒神谷遺跡
加茂岩倉遺跡
神原神社古墳
斐伊川

⑧遺跡の位置〈国土地理院空中写真をもとに作成〉

A 荒神谷遺跡－「出雲に銅剣製作集団？」

⑦荒神谷遺跡と加茂岩倉遺跡
両遺跡は約3kmしか離れていないうえに，近辺にある神原神社古墳からは，**卑弥呼**（→p.36）の鏡といわれる景初3年の銘をもつ**三角縁神獣鏡**が出土している。出雲大社境内遺跡などとともに，実体が不明であった古代出雲の歴史の解明を大きく前進させた。

⑨銅鐸と銅矛の出土状況
1984（昭和59）年に358本の**銅剣**と，翌年に6個の**銅鐸**，16本の**銅矛**が埋納された状態で出土した。銅剣は中細形で「出雲型銅剣」とよばれている。1か所からの銅剣の出土数としては最多である。

〈国 荒神谷遺跡出土品 文化庁蔵〉

⑩銅剣の出土状況（左）と**⑪模鋳品**（下）
銅剣は四列に並べて，刃を起こした状態で埋納されていた。埋納当時は金色に輝いていたとも考えられる。

茎

〈長さ約50cm〉

⑫「×」印の刻まれた銅剣　出土した銅剣の大半には，茎*に「×」印が刻まれていた。一方，加茂岩倉遺跡出土の銅鐸14個にも「×」印が刻まれている。二つの遺跡のほかにこのような印を刻んだものはなく，両遺跡の関連性を示すものとして注目される。

＊柄の内部に入れる部分。

B 加茂岩倉遺跡－「バケツが山ほど落ちてきた」

〈国 加茂岩倉遺跡出土銅鐸 文化庁蔵〉

⑬出土した銅鐸群　1996（平成8）年に出土した39個の**銅鐸**は大小二種類あり，大きな銅鐸の中に小さな銅鐸が入る「入れ子」の状態で埋納されていた。15組26個に同笵（同じ鋳型を使ってつくられたものどうし）の関係が認められた。

⑭銅鐸の出土状況（左）と**⑮2遺跡での比較**（下）　農道建設の掘削工事の際に2個の銅鐸が見つかって以降，39個の銅鐸が発見された。荒神谷遺跡と同様に丘陵の斜面から出土した。銅鐸は鰭の部分を立てた形で埋納されていた。

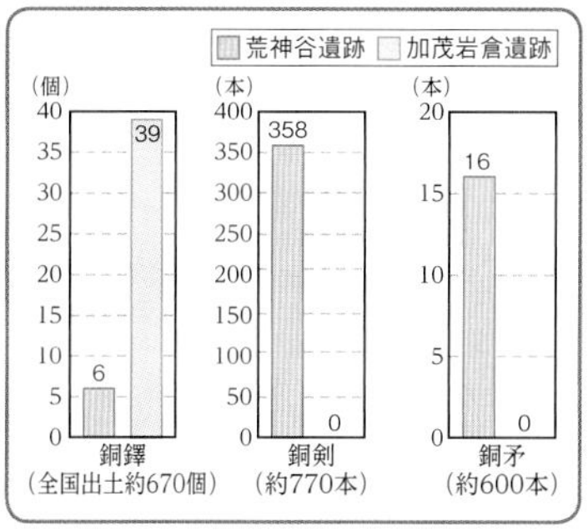
荒神谷遺跡
加茂岩倉遺跡
（個）
6
39
銅鐸
（全国出土約670個）
（本）
358
0
銅剣
（約770本）
（本）
16
0
銅矛
（約600本）

時代を見る目　銅鐸が教えてくれる歴史

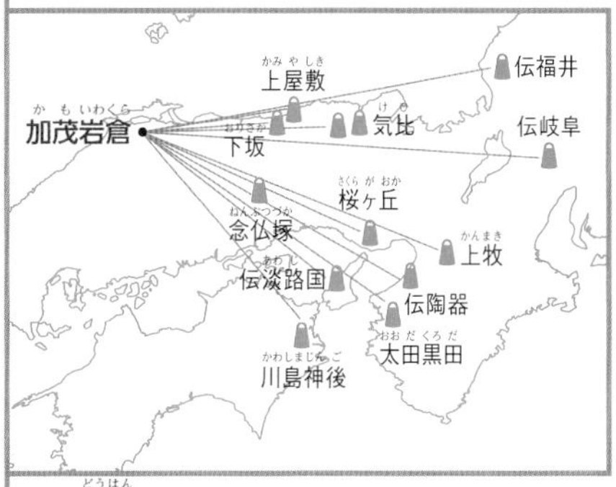
伝福井
上屋敷
加茂岩倉
気比
伝岐阜
下坂
桜ケ丘
念仏塚
上牧
伝淡路国
伝陶器
太田黒田
川島神後

⑯同笵銅鐸に見る地域のつながり

各地で出土した**銅鐸**には，加茂岩倉遺跡で発見された銅鐸のように，同じ鋳型を使用してつくられた同笵銅鐸とよばれるものがある。同じ鋳型で鋳造を繰り返すと，その過程で生じた傷が徐々に増加・進行し，完成品の表面に現れる。そのため，この傷に着目していくと，同笵関係のみならず鋳造順も追うことができる。例えば，加茂岩倉遺跡の22号鐸とよばれる銅鐸は，加茂岩倉遺跡のほかの三つと，和歌山県太田黒田銅鐸との同笵関係が判明したが，傷の検証から，この22号鐸が五つの中で最も早くつくられたとされている。また，他地域の出土品と同笵関係にあるということは，何らかのつながりがあったものと推定できることから，研究を進める手がかりとなっている。

⑰銅鐸ができるまで
①外型に流水文や袈裟襷文（帯を縦横に描いたもの）などの紋様を彫る。
②外型を合わせて土をつめた後，土を取り出し，鐸身の厚さの分を削って中子（内型）とする。
③外型と中子を組み合わせ(ア)，逆さにして砂中に埋め，溶融した銅とすずの合金を流し込む(イ)。
④冷却後に取り出し(ウ)，補鋳・補刻する。
⑤内部に舌を取り付ける（初期のみ）。

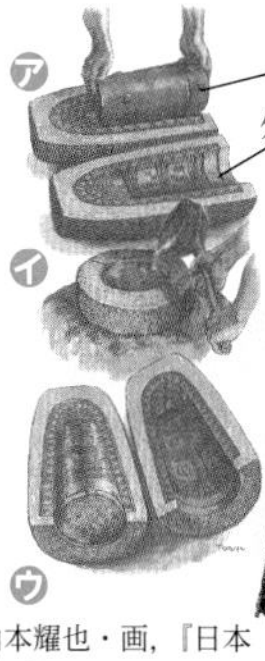
ア
中子
外型
イ
ウ

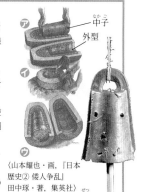

〈山本耀也・画，『日本歴史② 倭人争乱』田中琢・著，集英社〉

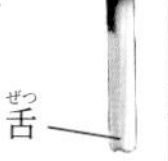
舌

⑱舌がついた状態の銅鐸（復元）

歴史散歩　島根県立古代出雲歴史博物館（出雲市）　テーマ別展示室では，出雲大社・出雲国風土記・青銅器の３つのテーマで，島根の古代文化を紹介している。

古代の王権と東アジア —倭の奴国，貢を奉じて朝賀す（『後漢書』東夷伝）

ヒストリースコープ
→p.4 巻頭地図

中国の歴史書の記述から，倭国(日本)のようすを知ることができる。奴国の王による後漢の光武帝への朝貢(臣下の礼をとり貢物を出すこと)を皮切りに，ほかの倭国のクニも使者を送るようになった。周辺諸国も朝貢を行った。

考察
❶奴国の王や卑弥呼は，中国皇帝に対してそれぞれ何を行い，どのような対応を受けただろうか。
❷奴国の王や卑弥呼が❶を行った理由を，倭国のクニの状況に着目して説明しよう。→3

A 奴国の朝貢

『後漢書』東夷伝【書下し文】 史

建武中元二年①，**倭の奴国，貢を奉じて朝賀す。**使人自ら大夫と称す。倭国の極南界なり。**光武②，賜ふに印綬を以てす。**安帝の永初元年，倭の国王帥升等，生口百六十人を献じ，請見を願ふ。桓・霊③の間，倭国大いに乱れ，更相攻伐し，歴年主なし。

①五七年 ②後漢の光武帝(位二五～五七) ③後漢の桓帝・霊帝(位一四七～一六七，一六八～一八九)

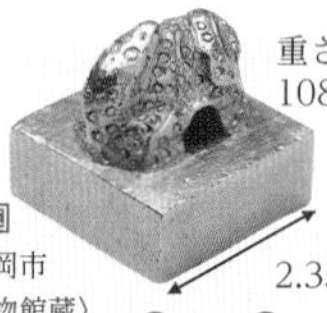

重さ108g 2.35cm 〈国 福岡市博物館蔵〉

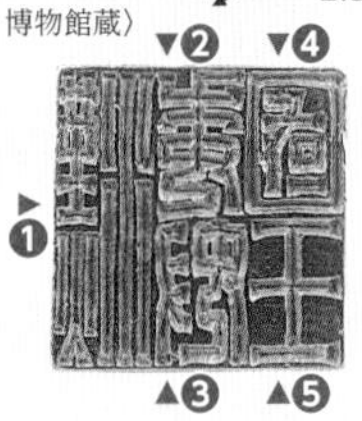
▼❷ ▼❹ ▶❶ ▲❸ ▲❺

❶漢 ❷委 ❸奴 ❹国 ❺王*

△①**金印** 純金製の印。1784年志賀島で発見された。
*「漢の委の奴の国王」と読まれる。

B 邪馬台国の朝貢

「魏志」倭人伝【書下し文】 史

その年①十二月，詔書して倭の女王に報じて曰く，「…**今汝を以て親魏倭王となし，金印紫綬を仮し，**装封して帯方②の太守③に付し仮授せしむ。…又，特に汝に…白絹五十匹…**銅鏡百枚**…を賜い，…」

①二三九(景初三)年 ②帯方郡(後漢末に朝鮮半島の楽浪郡を分割して新設) ③地方官名

△②**三角縁神獣鏡** 魏の皇帝が卑弥呼に授けたとする説，中国本土で出土例がないため中国の技術者が日本でつくったとする説などがある。〈奈良 黒塚古墳 直径22.3cm〉

1 中国の正史にみる倭国

中国	中国正史にみる倭の記事 中国との交渉	日本
前漢	前1世紀ごろ 倭人，百余国に分立，漢の楽浪郡と定期的に交渉 史 (『漢書』地理志)	↑ 小国の分立
8 新		
25 後漢	57 奴国の王が後漢に朝貢，光武帝より「漢委奴国王」の印綬賜る ➡ 🔍	
	107 倭国王帥升等，後漢の安帝に生口(奴隷？)160人献上	
	2世紀後半 倭国大乱 (『後漢書』東夷伝)	↓
220	(この間) 邪馬台国の女王卑弥呼，倭国王に(29国ほどの連合体) (「魏志」倭人伝)	弥生後期
222 呉 / 221 蜀 / 魏	239.6 卑弥呼，魏の明帝に使者(大夫難升米等)派遣 史	
	.12 卑弥呼，「親魏倭王」の称号と金印紫綬，銅鏡百枚などを賜る ➡ 🔍 (「魏志」倭人伝)	
	247ごろ 邪馬台国，狗奴国と対立	
263 265	卑弥呼没。大きな墓を築造。卑弥呼の宗女で13歳の壱与(台与)女王 史 (「魏志」倭人伝)	
280 晋	266 倭，晋の都洛陽に朝貢(壱与か)(『晋書』)	

ひと 卑弥呼(生没年不詳)

〈大阪府立弥生文化博物館蔵〉

復原像

諸国の王に共立されて女王となった。「魏志」倭人伝に「鬼道(呪術)にたくみで，夫はなく，弟が政治を補佐していた」と記されている。史

2 「魏志」倭人伝にみる倭人の社会 史

身分制度
・王の下に大人と下戸があり，下戸は道で大人に出会うと，後ずさりして草むらに入りあいさつする
・下戸が大人に話をする場合には，うずくまったり，ひざまずいたりして両手を地面につけて恭敬の意を表す
・生口(奴隷か)などの隷属民が存在

▶③男性の衣服

▶④女性の衣服

衣
男
・髪を結い，植物繊維でつくった布を頭に巻く
・横幅の広い布を体に巻き，端を結ぶ

女
・髪を束ねてまげをつくる
・一枚の布の中央に穴をあけ，そこから頭を出す衣服(貫頭衣)を着る

・男女共にはだしで生活する

食
・生野菜を食べる
・飲酒する

住
・家屋があり，父母兄弟で寝所が異なる

習俗
・男は大人も子どもも顔や身体に入れ墨をしている
・大人たちは妻を4，5人もち，下戸でも妻を2，3人もつ者もいる
・何か事を始めるときは，鹿の骨を焼いて，吉凶を占う。中国の亀卜と同じように，ひび割れを見て兆候を占う

3 遺跡に見る倭国の「クニ」

A 原の辻遺跡 →p.30 1

▶⑤**原の辻遺跡全景** 長崎県壱岐市にある。発掘調査により，3重の環濠を備え，墓域などを含んだ広さ約100ha，そのうち集落域は約24haにも及ぶ弥生時代の大型**環濠集落**であることが判明した。朝鮮半島や中国との交流を示す遺物も多く発掘され，**「魏志」倭人伝**の一支国の中心地と推定される。

▶⑥**船着き場の復元模型** 堤防状の石積み遺構(突堤)が2本並んで見つかった。弥生中期の日本最古の船着き場遺構であり，大陸との交流拠点であるとみられている。突堤も大陸から伝わった工法で築かれている。

B 宇木汲田遺跡 →p.30 1

▶⑦**銅戈** 佐賀県唐津市の遺跡。150基近い**甕棺墓**が検出され，中から銅鏡をはじめ細形**銅剣・銅矛・銅戈**(→p.34)，勾玉，管玉が見つかった。唐津平野を中心とする末盧国の領域内にある埋葬遺跡と考えられる。

C 須玖岡本遺跡 →p.30 1

▶⑧**王墓の上にあった巨石** 福岡県春日市にあり，**墳丘墓**を含む**甕棺墓**群を中心とする遺跡。30面もの前漢時代の鏡や**銅剣・銅矛**，勾玉・ガラス璧が出土。青銅器製作拠点でもあり，奴国の中心地と考えられる。

D 三雲南小路遺跡 →p.30 1

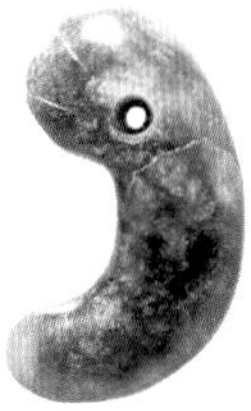

▶⑨**硬玉製勾玉** 福岡県糸島市の遺跡。弥生中期後半の甕棺墓で，写真の勾玉のほか50面以上の銅鏡や青銅製武器なども出土した。豊富な副葬品から伊都国の王墓とみられている。硬玉はヒスイの一種。

E 立岩遺跡 →p.30 1

▶⑩**甕棺** 福岡県飯塚市の遺跡。甕棺から前漢鏡や**銅矛**，鉄剣などが出土し，王墓と推定される。また石包丁などの石器を生産し，九州北部一帯に供給する拠点であったと考えられている。

銅鏡があった
貝の腕輪
鉄戈
甕棺

歴史散歩 壱岐市立一支国博物館(長崎県) 原の辻遺跡出土品の展示をはじめ，一支国の歴史を学べる。眺望を損なわないように，屋根は地形にあわせて起伏をつけ，緑化されている。

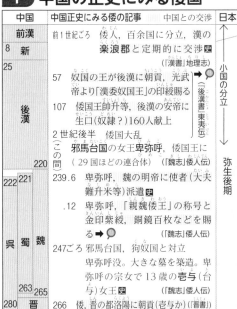

 ➔p.4 巻頭地図

特集 邪馬台国はどこにあるのか？

1 邪馬台国*への里程と二つの説

*「魏志」倭人伝には「邪馬壹国」と書かれている。「壹」は壱の旧字。

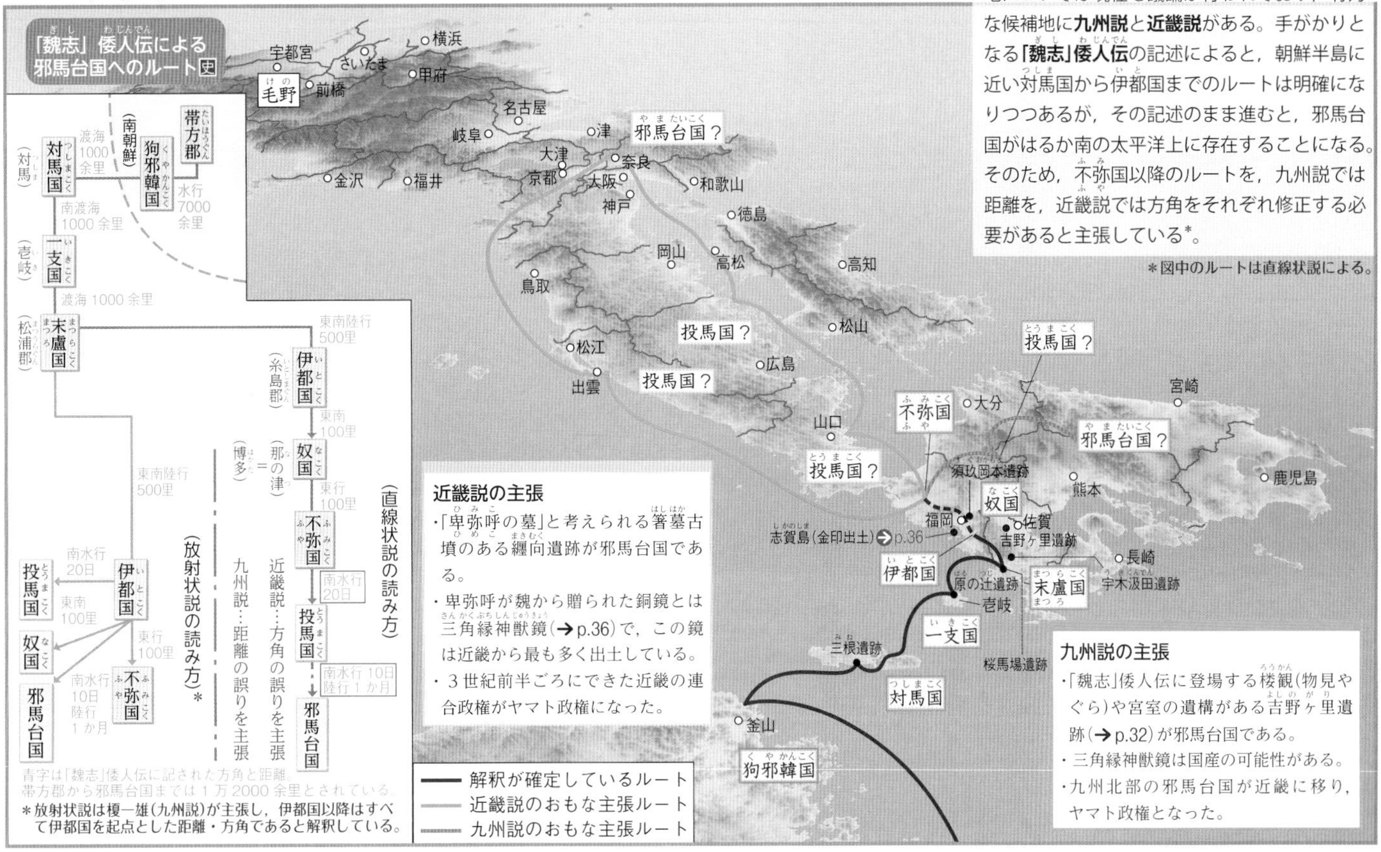

「魏志」倭人伝による邪馬台国へのルート 史
帯方郡
狗邪韓国
(南朝鮮)
水行7000余里
対馬国
(対馬)
渡海1000余里
南渡海1000余里
一支国
(壱岐)
渡海1000余里
末盧国
(松浦郡)
東南陸行500里
伊都国
(糸島郡)
東南100里
奴国
(那の津)＝(博多)
東行100里
不弥国
南水行20日
投馬国
南水行10日陸行1か月
邪馬台国
(直線状説の読み方)
近畿説…方角の誤りを主張
九州説…距離の誤りを主張
(放射状説の読み方)*
東南陸行500里
伊都国
南水行20日
投馬国
東南100里
奴国
東行100里
不弥国
南水行10日陸行1か月
邪馬台国
青字は「魏志」倭人伝に記された方角と距離。
帯方郡から邪馬台国までは1万2000余里とされている。
*放射状説は榎一雄(九州説)が主張し，伊都国以降はすべて伊都国を起点とした距離・方角であると解釈している。
宇都宮
さいたま
横浜
甲府
毛野
前橋
名古屋
岐阜
津
邪馬台国？
大津
奈良
京都
大阪
和歌山
金沢
福井
神戸
徳島
岡山
高松
高知
鳥取
投馬国？
松山
松江
広島
出雲
投馬国？
投馬国？
不弥国
大分
宮崎
邪馬台国？
山口
投馬国？
須玖岡本遺跡
熊本
鹿児島
福岡
奴国
志賀島(金印出土)➔p.36
佐賀
吉野ヶ里遺跡
長崎
伊都国
原の辻遺跡
末盧国
宇木汲田遺跡
壱岐
一支国
三根遺跡
桜馬場遺跡
対馬国
釜山
狗邪韓国
近畿説の主張
・「卑弥呼の墓」と考えられる箸墓古墳のある纒向遺跡が邪馬台国である。
・卑弥呼が魏から贈られた銅鏡とは三角縁神獣鏡(➔p.36)で，この鏡は近畿から最も多く出土している。
・３世紀前半ごろにできた近畿の連合政権がヤマト政権になった。
九州説の主張
・「魏志」倭人伝に登場する楼観(物見やぐら)や宮室の遺構がある吉野ヶ里遺跡(➔p.32)が邪馬台国である。
・三角縁神獣鏡は国産の可能性がある。
・九州北部の邪馬台国が近畿に移り，ヤマト政権となった。
解釈が確定しているルート
近畿説のおもな主張ルート
九州説のおもな主張ルート

▽ ①**邪馬台国への推定ルート**　**邪馬台国**の立地については現在も議論が行われており，有力な候補地に**九州説**と**近畿説**がある。手がかりとなる**「魏志」倭人伝**の記述によると，朝鮮半島に近い対馬国から伊都国までのルートは明確になりつつあるが，その記述のまま進むと，邪馬台国がはるか南の太平洋上に存在することになる。そのため，不弥国以降のルートを，九州説では距離を，近畿説では方角をそれぞれ修正する必要があると主張している*。

*図中のルートは直線状説による。

2 纒向遺跡 - 卑弥呼はここに眠るのか？

〈CG 後藤克典氏〉

三輪山
ホケノ山古墳
王宮か？
箸墓古墳(築造中)
南飛塚古墳
纒向石塚古墳
勝山古墳
東田大塚古墳
矢塚古墳

△ ②**纒向遺跡**（CG復元想像図）　文献や資料をもとに，CG技術を使って復元した遺跡の想像図。**纒向遺跡**（奈良県桜井市）は，弥生時代末期～古墳時代前期の大規模集落遺跡。王宮や市場とみられる建物跡が出土した一方で，農具類がほとんど出土していないことなどから，政治的都市という説が出ている。2009年には大型建物（➔図③）の柱穴が見つかり，「**卑弥呼**の居館跡」の可能性が浮上した。「卑弥呼の墓」とされる**箸墓古墳**もあり，**邪馬台国**との関係が指摘されている。

〈奈良 桜井市教育委員会蔵〉

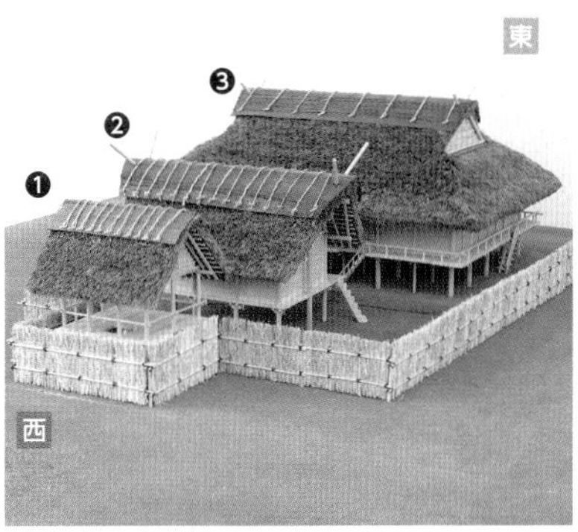

東
❶
❷
❸
西

△ ③**纒向遺跡の建物群**（復元模型）　遺跡の中心部では，これまでに，東西に並ぶ5棟の建物跡が発見され，王宮跡かと話題になっている*。

*❶の建物の西に，もう1棟，建物がある。また2014年，❸の東に新たに大型建物跡の発見が発表された。

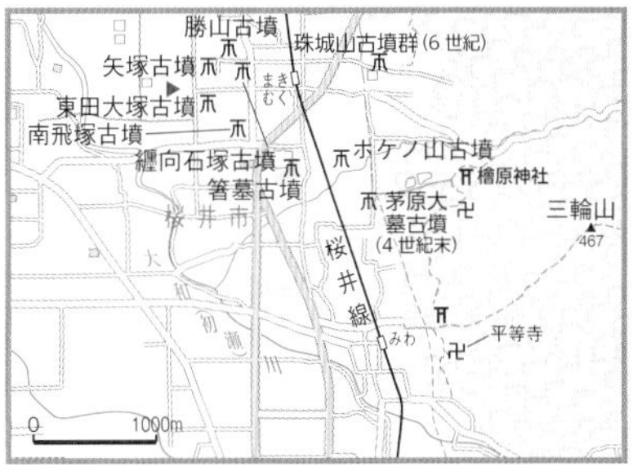

勝山古墳
珠城山古墳群(6世紀)
矢塚古墳
東田大塚古墳
南飛塚古墳
ホケノ山古墳
纒向石塚古墳
箸墓古墳
檜原神社
桜井市
茅原大墓古墳(4世紀末)
三輪山
467
桜井線
平等寺
0
1000m

△ ④**纒向遺跡と周辺図**　▶は図②のCGの視点。

38 古墳の出現 ―昼は人がつくり，夜は神がつくった(『日本書紀』)

ヒストリースコープ

『日本書紀』には，箸墓古墳(→p.37)は「昼は人がつくり，夜は神がつくった」と記述されている。巨大古墳づくりは神と人との共同作業として意識されていた。

考察

❶大仙陵古墳の大きさをほかの墳墓などと比べて説明しよう。
❷箸墓古墳以後，各地に同じ形・装飾の巨大古墳がつくられたことから何がわかるだろうか。
→1・2・3

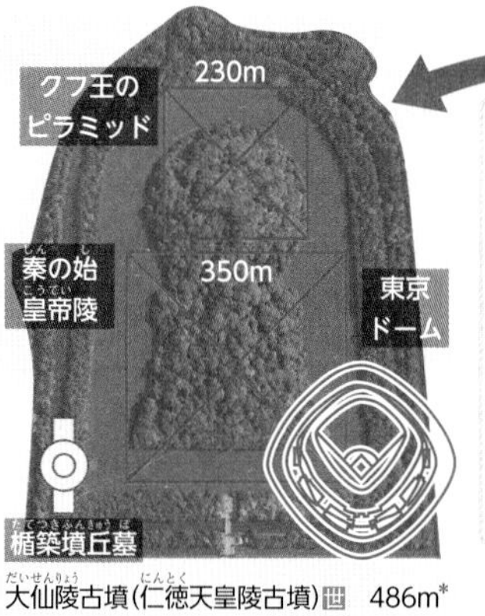

230m
クフ王のピラミッド
秦の始皇帝陵
350m
東京ドーム
楯築墳丘墓
大仙陵古墳(仁徳天皇陵古墳)
486m*

△①巨大建造物の大きさ比べ

●大仙陵古墳
15年8か月以上，約680万人(大林組試算)
●クフ王のピラミッド
20年，年に3か月働き，年間10万人(定説)
●秦の始皇帝陵
約40年，70万人(伝承)
●東京ドーム
3年，52万人

△②築造に費やした日数と延べ人数

＊5世紀の築造当初は全長が525mあったことが判明した(2016.12調査)。

大仙陵古墳
御廟山古墳
大仙公園
イタスケ古墳
土師ニサンザイ古墳
上石津ミサンザイ古墳

△③百舌鳥古墳群 大阪府堺市にある大古墳群。**大仙陵古墳**(仁徳天皇陵古墳)などの巨大**前方後円墳**を含む。

1 古墳の基本構造

▶④古墳の階層性　終末期(→p.39，41)を除く，6世紀までの古墳の基本的な形は，**前方後円墳**，前方後方墳*，円墳，方墳であり，地域ごとに全国に分布する。地域別にみると，前方後円墳が最大規模を誇り優位性をもっている。このことから，古墳の形と規模は，各豪族の**ヤマト政権**(→p.42)内での政治的地位を反映しているとする見解もある。古墳は単なる墳墓ではなく，すぐれて政治的な構造物であった。

A 古墳の形と規模

＊前方後方墳は4世紀末ごろを境に一部地域を除いて消滅。　〈都出比呂志氏原図改変〉

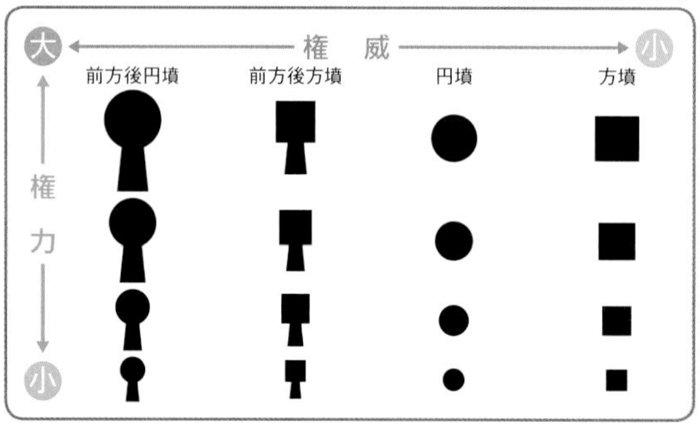

大
権威
小
前方後円墳
前方後方墳
円墳
方墳
権力
大
小

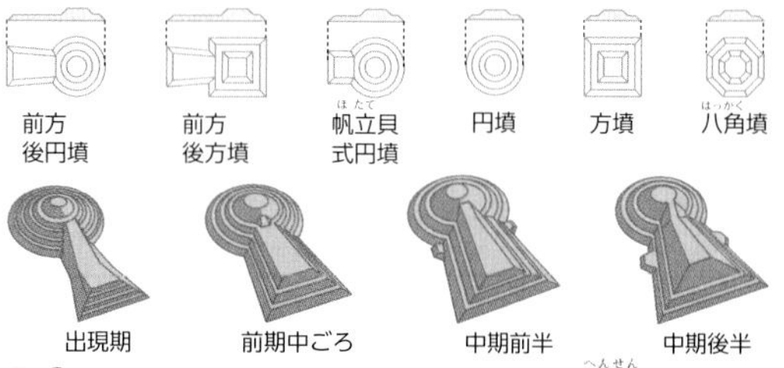

前方後円墳
前方後方墳
帆立貝式円墳
円墳
方墳
八角墳
出現期
前期中ごろ
中期前半
中期後半

△⑤おもな古墳の形式(上)と⑥前方後円墳の変遷(下)　前方後円墳は，当初，前方部が後円部に比べて細長く低かったが，しだいに幅広く高くなった。

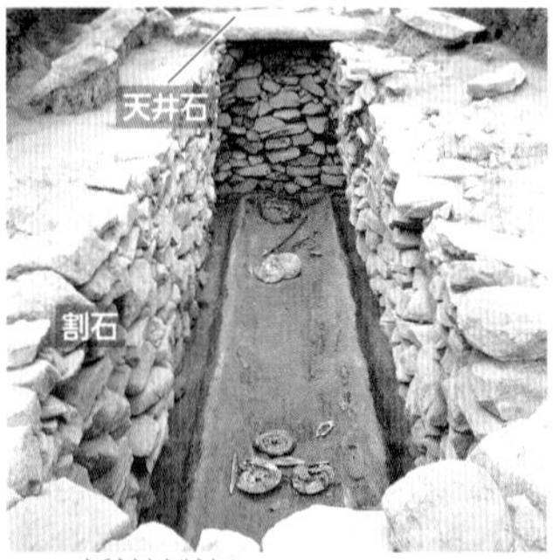

天井石
割石

△⑦竪穴式石室〈滋賀 雪野山古墳〉

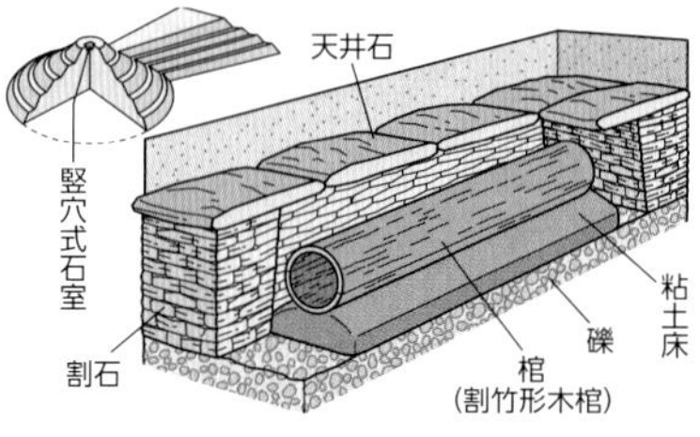

天井石
竪穴式石室
割石
棺(割竹形木棺)
礫
粘土床

△⑧竪穴式石室の構造　出現期～中期の古墳にみられる。木棺や石棺の周囲に小型の石を積み上げて壁を形成し，大型の石や木でおおい天井とした。原則として1体の遺体が埋葬された。

玄室
石棺

△⑨横穴式石室 ➡p.43
〈奈良 藤ノ木古墳 奈良県立橿原考古学研究所附属博物館提供〉

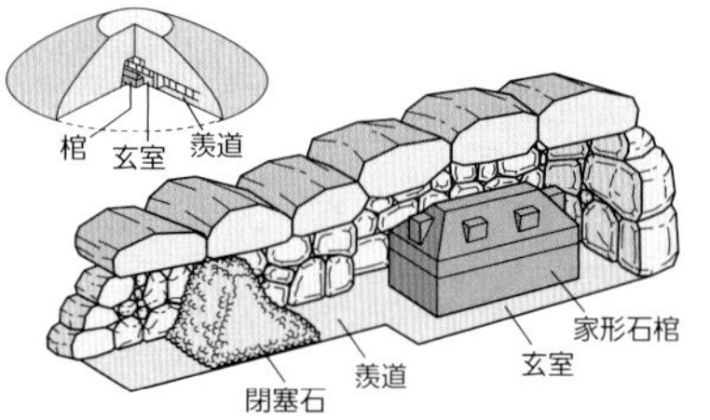

棺
玄室
羨道
家形石棺
羨道
玄室
閉塞石

△⑩横穴式石室の構造　後期に各地に普及。遺体を納める玄室とそこにいたる通路の羨道からなる。追葬が可能で，複数の遺体を葬ったものが多い。大陸から伝来した墓制。

B 埴輪の種類　埴輪の使われ方 ➡p.40，45

円筒埴輪

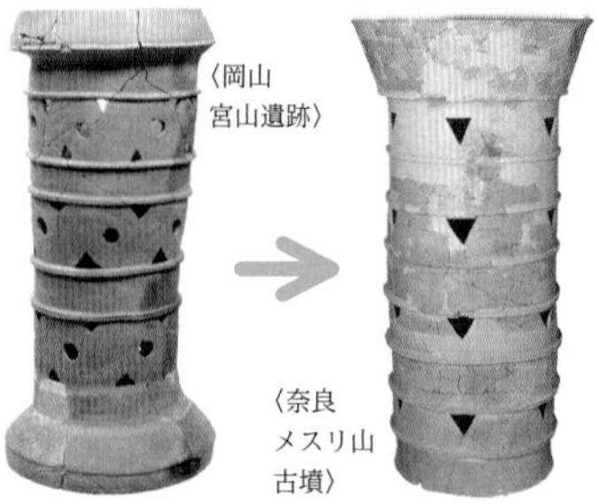

〈岡山 宮山遺跡〉　〈奈良 メスリ山古墳〉

△⑪特殊器台(左)と⑫円筒埴輪(右)　特殊器台は弥生後期に吉備地方(岡山県)で発達した。器台上に壺をのせ，祭祀に使用したと考えられる。特殊器台は円筒埴輪の祖型とされる。墳丘や斜面に並べられて墳墓を特殊な空間として画する役割を果たした。

形象埴輪

家形埴輪

〈宮崎県出土〉
△⑬家形埴輪

船形埴輪

〈宮崎 西都原古墳群〉
◁⑮船形埴輪

器財埴輪

〈奈良 宮山古墳〉
△⑭靫形埴輪　靫は矢をいれて背負うもの。

人物埴輪

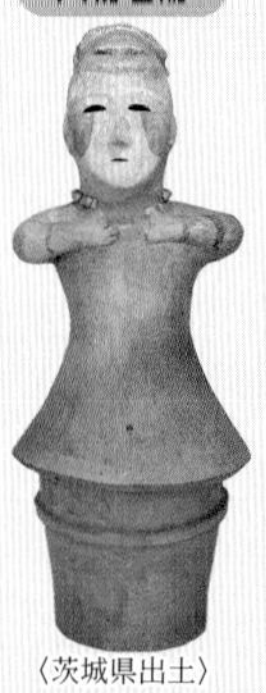

〈茨城県出土〉
△⑯女性の埴輪　巫女や貴婦人，踊り手などを表現。

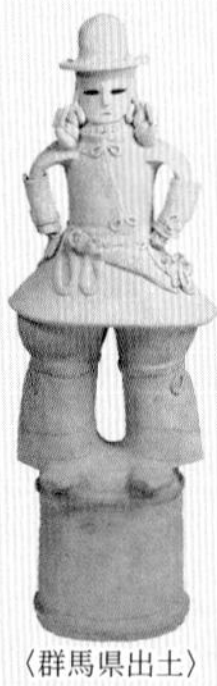

〈群馬県出土〉
△⑰男性の埴輪　正装した身分の高い人などを表現。

〈国 群馬県出土〉
△⑱武装した兵士の埴輪　挂甲*と冑を装着。
＊鎧の一種。

動物埴輪

〈埼玉県出土〉
△⑲馬の埴輪

〈栃木 鶏塚古墳〉
▷⑳鳥の埴輪

〈図⑬，⑮～⑳ 東京国立博物館蔵〉

今日とのつながり　2019年，百舌鳥古墳群は古市古墳群(→p.39)とともに世界文化遺産に登録された。これを機にあらためて古墳の被葬者などが注目を浴びている。

2 畿内の大型古墳と豪族分布

A 大型古墳の変遷

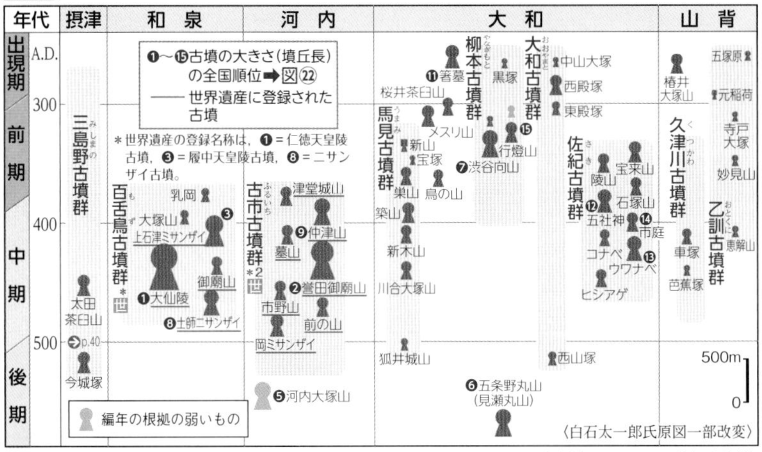
年代 摂津 和泉 河内 大和 山背
出現期 A.D. 300 前期 400 中期 500 後期
❶〜⓯古墳の大きさ（墳丘長）の全国順位➡図㉒
—— 世界遺産に登録された古墳
＊世界遺産の登録名称は，❶＝仁徳天皇陵古墳，❸＝履中天皇陵古墳，❽＝ニサンザイ古墳。
三島野古墳群
太田茶臼山
今城塚
百舌鳥古墳群
乳岡
大塚山
上石津ミサンザイ
❶大仙陵
御廟山
❽土師ニサンザイ
古市古墳群
津堂城山
❾仲津山
墓山
❷誉田御廟山
市野山
前の山
岡ミサンザイ
❺河内大塚山
馬見古墳群
巣山
新木山
築山
川合大塚山
狐井城山
柳本古墳群
⓫箸墓
桜井茶臼山
メスリ山
新山
宝塚
❼渋谷向山
大和古墳群
黒塚
中山大塚
西殿塚
東殿塚
⓯
佐紀古墳群
宝来山
陵山
⓬五社神
石塚山
⓮市庭
コナベ
⓭ウワナベ
ヒシアゲ
西山塚
❻五条野丸山（見瀬丸山）
久津川古墳群
車塚
芭蕉塚
乙訓古墳群
五塚原
元稲荷
寺戸大塚
妙見山
恵解山
500m 0
編年の根拠の弱いもの

（白石太一郎氏原図一部改変）

＊2 世界遺産の登録名称は❷＝応神天皇陵古墳，❾＝仲姫命陵古墳，市野山＝允恭天皇陵古墳，前の山＝白鳥陵古墳，岡ミサンザイ＝仲哀天皇陵古墳

B 畿内豪族の勢力範囲

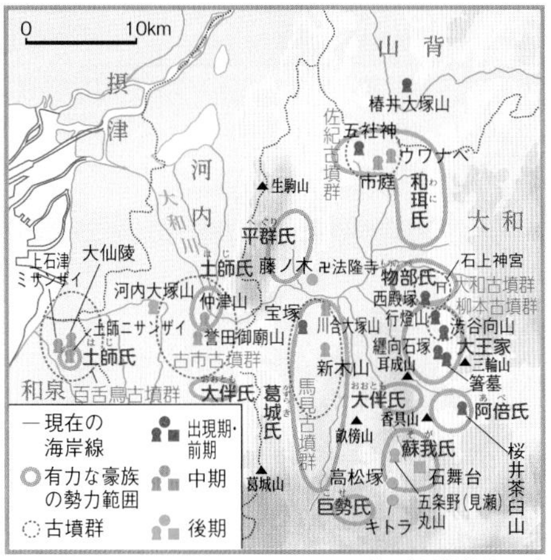
0 10km
山背
摂津
河内
大和
大和川
佐紀古墳群
椿井大塚山
五社神
ウワナベ
市庭
和珥氏
生駒山
平群氏
大仙陵
上石津ミサンザイ
土師氏
藤ノ木
法隆寺
物部氏
石上神宮
西殿塚
柳本古墳群
行燈山
渋谷向山
河内大塚山
仲津山
宝塚
川合大塚山
土師ニサンザイ
誉田御廟山
古市古墳群
巣山
新木山
纒向石塚
耳成山
大王家
三輪山
箸墓
和泉
百舌鳥古墳群
大伴氏
葛城氏
馬見古墳群
香具山
阿倍氏
畝傍山
蘇我氏
桜井茶臼山
葛城山
高松塚
石舞台
五条野（見瀬）丸山
巨勢氏
キトラ
—現在の海岸線
有力な豪族の勢力範囲
古墳群
出現期・前期
中期
後期

（『日本歴史地図』ほか）

◀ ㉑有力豪族の勢力範囲（想定図）
5〜6世紀の畿内における有力豪族の勢力範囲想定図。大和川水系の支流ごとに大型前方後円墳が分布する。**ヤマト政権**（➔p.42）の盟主である大王家は，大和盆地の東側の三輪山ろくを本拠地としていたと推定されている。

3 古墳の変遷と分布

大王墓 ➔p.40, 地方首長墓との関係 ➔p.41 群集墳・八角墳 ➔p.41
＊前期の前半をとくに出現期，後期の後半を終末期という。＊2 石室がわりに棺全体を粘土で囲んだもの。＊3 九州北部の有力豪族の古墳に登場。

時期	出現期（3世紀後半）	前期（4世紀〜4世紀後半）	中期（4世紀後半〜5世紀）	後期（6世紀）	終末期（7世紀）
分布	大和東南部・瀬戸内中心➡全国に広がる		全国に分布		限られた地域・階層
立地	丘陵や台地		丘陵や平地	丘陵や平地，山間部や島嶼部	平地や丘陵の南斜面
形態	箸墓型**前方後円墳**	前方後円（方）墳・円墳・方墳	前方後円墳の巨大化	関東および大王墓以外で前方後円墳の縮小・消滅，**群集墳**が急増	大王墓は**八角墳**に移行 群集墳は急速に消滅
内部主体	**竪穴式石室**と割竹形木棺	竪穴式石室・**粘土槨**＊2，割竹形木棺	竪穴式石室と長持形石棺，粘土槨，横穴式石室の出現＊3	**横穴式石室**・横穴墓 木棺・家形石棺	切石積横穴式石室，横口式石槨，漆塗りの棺
古墳表面	原則的には葺石でおおう			群集墳には葺石なし	列石による区画など
埴輪	特殊器台と壺形埴輪もしくはなし	円筒埴輪，**形象埴輪の登場**（家形，器財）	**形象埴輪の増加**（家形，人物など），円筒埴輪	**形象埴輪の隆盛**（埴輪群など）➔p.40，円筒埴輪	埴輪は原則なし
副葬品 ➔p.41,43	銅鏡（**三角縁神獣鏡**も）➔p.36，鉄剣・刀，玉類（勾玉など）	銅鏡（三角縁神獣鏡が多数），鉄剣・刀，玉類，碧玉製腕飾類	銅鏡，装身具，鉄製甲冑・武器➔p.40，鉄素材，金銅製馬具	金銅製装身具・馬具・工具，日用品（**須恵器・土師器**）➔p.42	中国鏡・玉類・飾大刀・装身具，四神・男女の官人群像などの壁画
被葬者	司祭者的首長➔p.43		武人的首長➔p.43	政治的首長（大規模墳），渡来人・工人・官人・有力農民（群集墳）	**大王**・中央貴族・地方有力者
代表的な古墳（は A に記載）	箸墓古墳（奈良）➔p.37 椿井大塚山古墳（京都） 浦間茶臼山古墳（岡山） 石塚山古墳（福岡） 元稲荷古墳（京都）	渋谷向山古墳（奈良） 桜井茶臼山古墳（奈良） 新山古墳（奈良） 会津大塚山古墳（福島） 行燈山古墳（奈良） 佐紀陵山古墳（奈良）	大仙陵古墳（大阪） 誉田御廟山古墳（大阪） 太田天神山古墳（群馬） 稲荷山古墳（埼玉）➔p.44 室宮山古墳（奈良） 造山古墳（岡山）	角塚古墳（岩手） 五条野（見瀬）丸山古墳（奈良） 今城塚古墳（大阪）➔p.40 岩戸山古墳（福岡）➔p.41 新沢千塚古墳群（奈良） 岩橋千塚古墳群（和歌山）	壬生車塚古墳（栃木） 石舞台古墳（奈良）➔p.48 高松塚古墳（奈良）➔p.59 天武・持統天皇陵（奈良） 中尾山古墳（奈良） 阿武山古墳（大阪）

㉒大規模前方後円墳

旧国名	古墳名	墳丘長（m）
和泉	❶大仙陵古墳	486
河内	❷誉田御廟山古墳	425
和泉	❸上石津ミサンザイ古墳（陵山古墳）	365
備中	❹造山古墳	360
河内	❺河内大塚山古墳	335
大和	❻五条野丸山古墳＊	318
大和	❼渋谷向山古墳	302
和泉	❽土師ニサンザイ古墳＊2	288
河内	❾仲津山古墳	286
備中	❾作山古墳	286
大和	⓫箸墓古墳	280
大和	⓬五社神古墳	276
大和	⓭ウワナベ古墳	265
大和	⓮市庭古墳	250
大和	⓯行燈山古墳	242

〈小学館『大系 日本の歴史2ほか』〉
＊見瀬丸山古墳ともいわれる。＊2再調査で，墳丘長が300mをこえたと発表された。

A 古墳の分布

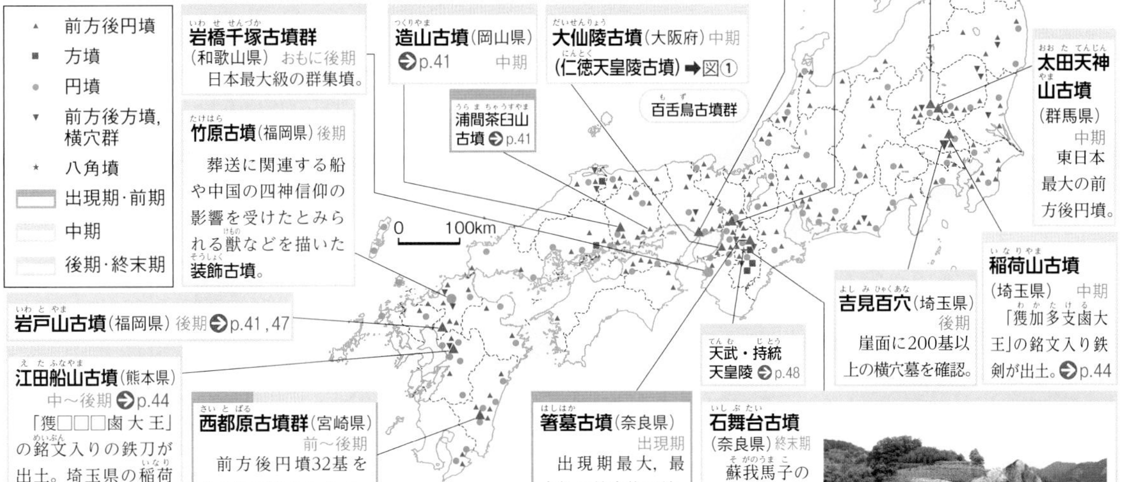
▲ 前方後円墳
■ 方墳
● 円墳
▼ 前方後方墳，横穴群
＊ 八角墳
出現期・前期
中期
後期・終末期
0 100km
百舌鳥古墳群

五色塚古墳（兵庫県） 中期

墳丘外形と円筒埴輪，葺石が築造当初の状態に復元されている。

角塚古墳（岩手県） 後期
日本最北端にある前方後円墳。

保渡田古墳群（群馬県）中・後期
三ツ寺Ⅰ遺跡 ➔p.45

今城塚古墳（大阪府）後期 ➔p.40

太田天神山古墳（群馬県） 中期
東日本最大の前方後円墳。

稲荷山古墳（埼玉県） 中期
「獲加多支鹵大王」の銘文入り鉄剣が出土。➔p.44

吉見百穴（埼玉県） 後期
崖面に200基以上の横穴墓を確認。

岩橋千塚古墳群（和歌山県） おもに後期
日本最大級の群集墳。

造山古墳（岡山県） 中期 ➔p.41

大仙陵古墳（大阪府）中期
（仁徳天皇陵古墳）➡図①

浦間茶臼山古墳 ➔p.41

竹原古墳（福岡県）後期
葬送に関連する船や中国の四神信仰の影響を受けたとみられる獣などを描いた**装飾古墳**。

岩戸山古墳（福岡県）後期 ➔p.41，47

江田船山古墳（熊本県）
中〜後期 ➔p.44
「獲□□□鹵大王」の銘文入りの鉄刀が出土。埼玉県の稲荷山古墳出土鉄剣の銘との類似から判読，5世紀のヤマト政権の東西勢力圏推測へ。

西都原古墳群（宮崎県）
前〜後期
前方後円墳32基を含む311基からなる。大正期に発掘され，近代古墳研究の第一歩となった。

天武・持統天皇陵 ➔p.48

箸墓古墳（奈良県）
出現期
出現期最大，最古級の前方後円墳。倭迹迹日百襲姫命の墓とする伝承がある。➔p.41

石舞台古墳（奈良県）終末期
蘇我馬子の墓ともいわれる。墳丘の土が失われている。➔p.47，48

歴史散歩 芝山町立芝山古墳・はにわ博物館（千葉県） 博物館では古墳時代をテーマに，県内出土の埴輪や土器などのほか，復元住居なども展示。埴輪づくりも体験できる。

ヤマト政権と前方後円墳 - 大王墓の世界

〈図①②, ④〜⑩ 大阪 高槻市立今城塚古代歴史館提供〉

1 今城塚古墳の発掘

A 発掘された大王墓* 今城塚古墳

私的儀礼空間
公的儀礼空間
殯庭
埴輪祭祀場のようす➡B

＊考古学では，同時期のほかの古墳に比べて格段に大きい古墳を大王の墓とみて，大王墓とよぶ。

全長 354m
墳丘長 181m
埴輪祭祀場 ➡ B

△②現在の今城塚古墳（今城塚古墳公園）

△①今城塚古墳（大阪府高槻市）と埴輪祭祀場建設のようすの復元想像図　今城塚古墳は６世紀前半に築造された大王墓で，学界では被葬者は継体天皇であることが確実視されている。畿内のほかの前方後円墳の大王墓はすべて陵墓*2 に指定されており，発掘調査ができないが，この古墳はその制約をまぬかれた稀有な例である。1997(平成 9) 年から発掘調査が行われ，出土した埴輪祭祀場や墳丘を復元したうえで，史跡公園として開放されている。*2国が管理する天皇・皇族の墓所。

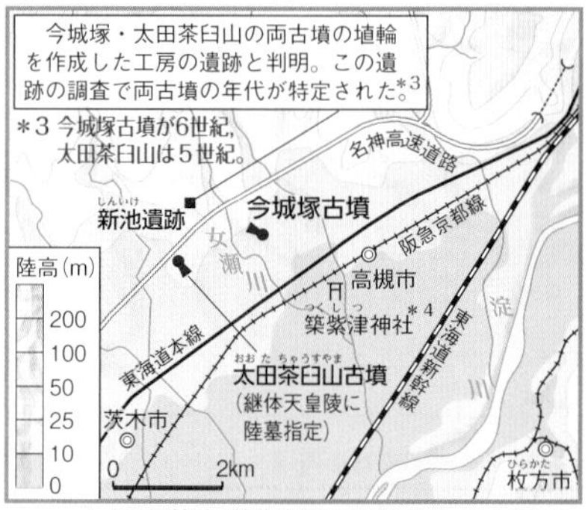
今城塚・太田茶臼山の両古墳の埴輪を作成した工房の遺跡と判明。この遺跡の調査で両古墳の年代が特定された。*3
＊3 今城塚古墳が6世紀，太田茶臼山は５世紀。
名神高速道路
新池遺跡
今城塚古墳
阪急京都線
女瀬川
高槻市
築紫津神社 ＊4
東海道本線
東海道新幹線
太田茶臼山古墳
(継体天皇陵に陵墓指定)
茨木市
淀川
枚方市
陸高(m)
200
100
50
25
10
0
0 2km

▷③今城塚古墳周辺図

＊４この付近に筑紫津(淀川の港)があったとされる。

B 今城塚古墳の埴輪群とよみがえる葬送儀礼

◁④発掘時の埴輪祭祀場と▽⑤その復元（全体像）　外濠の一部を埋め立てて設けられていた。記紀*5 には，大王の死後，棺に収めた遺体をすぐには埋葬せず，殯とよばれる葬送儀礼を行ったことが記されており，そのようすを再現したものと考えられる。殯庭には生前の武威を示す武人や力士，馬が，続く公的儀礼空間には巫女や側近が配され，最奥の私的儀礼空間に大王の遺骸が安置されたと推定される。＊5「古事記」と「日本書紀」(➔p.73)。

△⑥復元された埴輪（両手を広げて祈る巫女）

私的儀礼空間
公的儀礼空間
殯庭

> **時代を見る目**
>
> **大王墓の被葬者はどのように特定されたのか？**
>
> 陵墓の被葬者の推定は，延喜式の埋葬地情報*をもとに，蒲生君平『山陵志』（➔p.189）など江戸時代に研究が進められた。これらをもとに幕府や諸藩が各天皇(大王)の陵墓の指定・修築を行い，その指定が今も受け継がれている。江戸時代当時，今城塚古墳は地震による崩落や農業ため池としての再利用などで大きく変形していたため陵墓とみなされず，近隣の太田茶臼山古墳(➔図③)が継体陵に指定された。その後，今城塚古墳が延喜式記載の所在地と一致することが注目され，さらに墳丘や埴輪形式の分析で築造年代が判明したことから，現在では今城塚古墳が真の継体陵と考えられている。
>
> ＊延喜式（➔p.81,86）の諸陵式に陵墓とその所在地一覧が記載されている。

C 大王の威信を伝える副葬品の復元

△⑦出土した金銅製装身具片(上)と鉄製甲冑片・鉄鏃(下)　地震で墳丘・石室が破壊された*こともあり，副葬品は断片として出土した。　＊1596 年に起きた慶長伏見地震による。

▽⑧胡籙（復元）　矢を入れて背負う道具。古墳時代中・後期には，甲冑や武器，馬具など武威を示す副葬品が多く，今城塚古墳にも武具・馬具が副葬されていた。

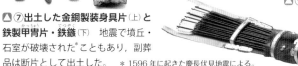

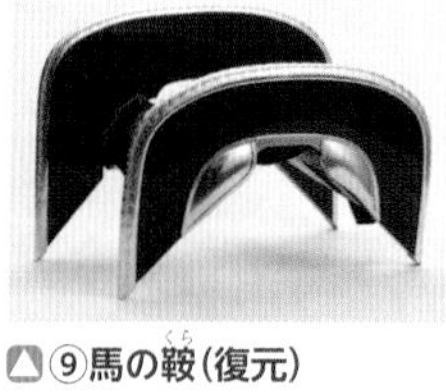

△⑨馬の鞍（復元）

▷⑩甲冑（復元）

> **ひと 継体天皇**（生没年不詳）➔p.47
>
> 記紀によれば北陸または近江出身で応神天皇の子孫にあたり，６世紀初頭，武烈天皇の姉妹を妻に迎え即位した。琵琶湖を含む淀川水系の水上交通を押さえ，東国豪族とも姻戚関係を結び勢力を伸ばしたと考えられている。即位から大和に入るまで 20 年ほどかかったとされ，即位をめぐる抗争の存在が推定されている。
>
> ＊大和入り直後の 527 年に磐井の乱（➔p.41,47）が起こったといわれる。

2 継体朝を支えた地方豪族

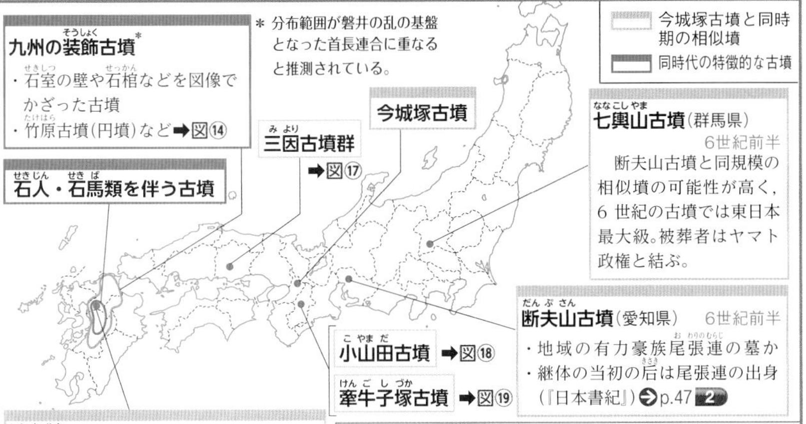
今城塚古墳と同時期の相似墳
同時代の特徴的な古墳
＊分布範囲が磐井の乱の基盤となった首長連合に重なると推測されている。
九州の装飾古墳＊
・石室の壁や石棺などを図像でかざった古墳
・竹原古墳(円墳)など➡図⑭
石人・石馬類を伴う古墳
三因古墳群 ➡図⑰
今城塚古墳
七輿山古墳(群馬県) 6世紀前半
断夫山古墳と同規模の相似墳の可能性が高く，6世紀の古墳では東日本最大級。被葬者はヤマト政権と結ぶ。
断夫山古墳(愛知県) 6世紀前半
・地域の有力豪族尾張連の墓か
・継体の当初の后は尾張連の出身(『日本書紀』)➔p.47 2
小山田古墳 ➡図⑱
牽牛子塚古墳 ➡図⑲
岩戸山古墳(福岡県)6世紀前半➡図⑫⑬
・筑紫国造(筑紫君)磐井の墓とされる➔p.47
・527年，磐井が新羅と結んで反抗したとして鎮圧(磐井の乱)➡磐井の子は朝廷に屯倉(➔p.44)を献上(『日本書紀』)

△⑪**継体朝と地方豪族** 地方豪族の墳墓には，時代ごとに大王墓の前方後円墳に準じた設計の相似墳＊2がみられる。今城塚古墳の相似墳の位置などから，継体朝を新興地方豪族が支えたと考えられている。＊2 縦横比などが相似形の古墳。規模の違いから完全な相似形ではない場合もある。

後期
前方後円墳

◁⑫**岩戸山古墳**(福岡県八女市)**の石人**(左)と▽⑬**石馬**(下) 阿蘇溶岩を彫刻した石の埴輪で，5・6世紀の北部九州に分布する独自の古墳表飾。

後期
円墳

▽⑭**竹原古墳石室の壁画**(福岡県)

3 前方後円墳の広がりと地方豪族の服属

出現期(3世紀後半)・前期(4世紀)

おもな大王墓	箸墓古墳(奈良県)➔p.39	古墳の副葬品
おもな相似墳	浦間茶臼山古墳(岡山県) ＝箸墓古墳の1/2相似形	銅鏡
ヤマトと地方の関係	ヤマトが優位ではあるが，基本的には対等な**豪族連合的性格**と推定される	円筒埴輪

◁⑮**箸墓古墳模型** 最新の航空レーザー測量から復元された模型。箸墓古墳は卑弥呼の墓との説もあるが，陵墓に指定され立入調査はできない。

中期(4世紀後半〜5世紀)

おもな大王墓 ➔p.39	大仙陵古墳(大阪府，百舌鳥古墳群) 誉田御廟山古墳(大阪府，古市古墳群) 上石津ミサンザイ古墳(大阪府，百舌鳥古墳群)	古墳の副葬品 武具
おもな相似墳 ➔p.39	造山古墳・作山古墳(岡山県) ＝ともに上石津ミサンザイ古墳と相似形，吉備氏による巨大古墳(大王墓に匹敵) 太田天神山古墳(群馬県) ＝誉田御廟山古墳の1/2相似形か	馬具 形象埴輪
ヤマトと地方の関係	・雄略天皇が関東・九州ともつながる➔p.44 ・吉備氏の制圧など**地方豪族の服属進む**	➔p.38，43

後期(6世紀)

おもな大王墓	今城塚古墳	古墳の副葬品
おもな相似墳	岩戸山古墳・断夫山古墳・七輿山古墳➡図⑪	埴輪の隆盛群
ヤマトと地方の関係	継体朝は新興地方豪族と連携して成立(新王朝とする説も)➡継体朝につながる地方豪族層が台頭，**国造制**・**部民制**(➔p.44)の整備が進行	

4 古墳の小型化と地方有力者の造墓

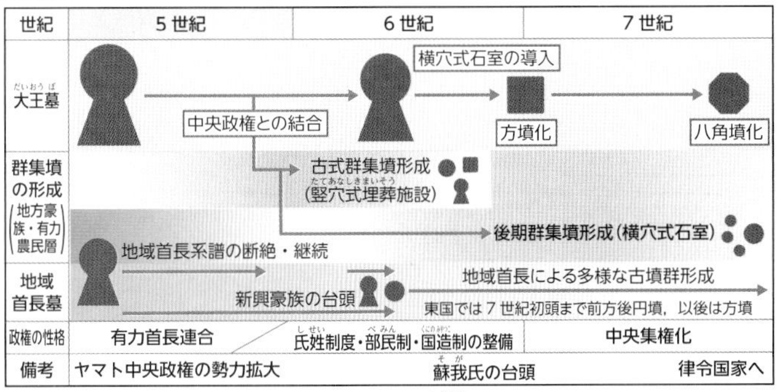
世紀
5世紀
6世紀
7世紀
大王墓
横穴式石室の導入
中央政権との結合
方墳化
八角墳化
群集墳の形成(地方豪族・有力農民層)
古式群集墳形成(竪穴式埋葬施設)
後期群集墳形成(横穴式石室)
地域首長墓
地域首長系譜の断絶・継続
新興豪族の台頭
地域首長による多様な古墳群形成
東国では7世紀初頭まで前方後円墳，以後は方墳
政権の性格
有力首長連合
氏姓制度・部民制・国造制の整備
中央集権化
備考
ヤマト中央政権の勢力拡大
蘇我氏の台頭
律令国家へ

△⑯**古墳の変化とヤマト政権** 巨大古墳の変遷から中央政権の強大化を，地域の古墳のあり方から地域社会の構造変化を，それぞれ読み取ることができる。

終末期
方墳
墳丘
周溝の底部

◁⑱**小山田古墳の遺構**(奈良県明日香村) ヤマト政権が地方首長を圧倒すると，6世紀末に大王墓は大型の方墳に変化した。小山田古墳は最大級の方墳で，最近，石張りの周溝や石室・羨道跡などの発見が続いている。被葬者を舒明天皇や蘇我蝦夷と比定する説がある。蘇我馬子の墓といわれる石舞台古墳(➔p.39)も方墳で，大王家との姻戚関係が反映していると考えられる。

後期〜終末期(6世紀〜7世紀)

群集墳

◁⑰**群集墳**(三因古墳群・峠支群，岡山県総社市) 小さな円墳が接するように密集。三因古墳群は約200基の円墳をもち，一部が移築復元された。5世紀に大王家と古墳の規模を競った吉備氏の本拠地近くにあり，吉備氏が衰退した6世紀以後，ヤマト政権が地元有力農民層を掌握し古墳築造を認めていったことが伺える。

時代を見る目 八角墳の登場と古墳時代の終焉

7世紀半ば以降，大王墓は八角形が基本となり，8世紀初頭まで続く。大化改新(➔p.54)ののち7世紀末までには皇族を除いて墳丘を伴う造墓はなくなり，古墳時代は終焉を迎える。

終末期
八角墳

◁⑲**八角墳**(牽牛子塚古墳，奈良県明日香村)と▽⑳**復元図** 牽牛子塚古墳は斉明天皇と皇女の間人皇女を合葬した墓との説が有力。

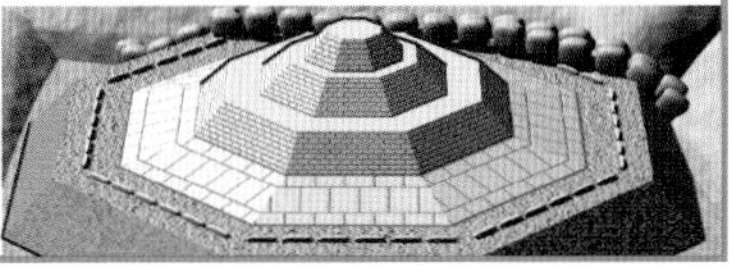

鉄からみえるヤマト政権 ―東は毛人を征すること五十五国 史(『宋書』倭国伝)

ヒストリースコープ

ヤマト政権は，国内統一を進めていく際に，「東方の55か国の毛人を従えた」という。このヤマト政権の統一を支えたのが，朝鮮半島からもたらされた鉄であった。当時，日本には鉄の生産技術はなかったが，ヤマト政権は朝鮮半島と深いつながりがあった。このため，朝鮮半島から鉄を入手し，地方豪族に鉄を供給して，豪族から貢物や兵士を動員させることができた。

考察

❶鉄はおもにどのような地域からもたらされたのだろうか。

❷❶でもたらされた鉄はどのように配分されたのだろうか。

→2・3・5

①古墳に埋納された鉄鋌(鉄の延べ板)　5世紀前半の大和6号墳からは，総計872枚もの鉄鋌が出土している。〈宮内庁書陵部蔵 大：約36cm，小：約14cm〉

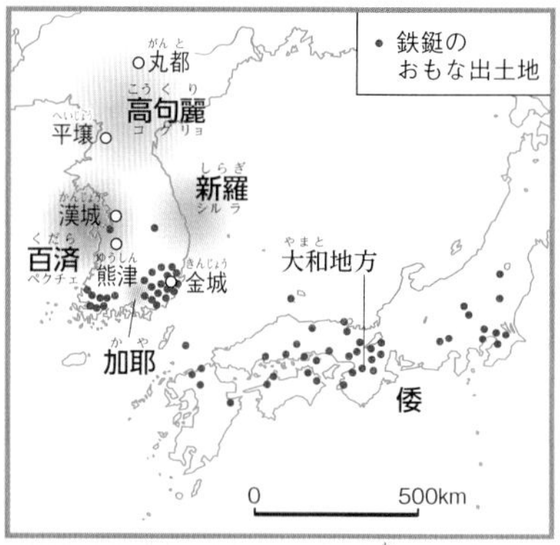

• 鉄鋌の おもな出土地
丸都
高句麗
平壌
新羅
漢城
百済
熊津
金城
大和地方
加耶
倭
0
500km

②鉄鋌の出土地　5世紀の倭国では，**ヤマト政権**が朝鮮半島南部から武器や農具の素材となる鉄鋌を入手し，国内の豪族に分配していたと考えられる。ヤマト政権が朝鮮半島との外交を重視した背景には，こうした鉄素材の安定確保という目的があった。

1 鉄資源にみる朝鮮半島との関係 →p.5 巻頭地図

4世紀末の朝鮮
← 高句麗好太王軍の南下に対する日本軍の反撃(想定路)(397～404)
好太王碑
丸都
後燕
沃沮
高句麗
平壌
楽浪郡
帯方郡
濊
漢城
加耶
(加羅・伽耶)
➔p.5
百済
新羅
金城
金官加羅
倭
対馬
壱岐
0
200km

③高句麗と倭の争い　朝鮮半島北部に勢力をもつ**高句麗**は，半島南部の支配をめざして倭と衝突した。倭は**加耶諸国**(倭の側は任那とよんだ)の鉄を求め，この地域への影響力の確保を重視していた。

百殘新羅舊是屬民
由来朝貢而倭以耒卯年来
渡海破百殘
羅以為

〈高さ 約6.3m〉

④高句麗好太王碑(左)と**⑤碑文**(右)　朝鮮半島南部の鉄資源確保のため，4世紀末～5世紀の倭は，加耶諸国と密接な関係をもった。碑文は，倭が高句麗の属民であった**百済**と**新羅**を服属させたため，好太王が百済を討ち倭を破ったと記すが，解釈には諸説がある。

好太王碑文【抜粋】 史

百残①・新羅は旧是れ属民なり。由来朝貢す。而るに倭，辛卯の年②を以て来り海を渡り，百残を破り，新羅を□□し，以て臣民と為す。(原漢文)

①百済　②三九一年と推定

5世紀	楽浪郡や帯方郡の遺民らが多数渡来し(**渡来人**)，畿内中心に定住。ヤマト政権は彼らを史部・韓鍛冶部・陶作部・錦織部など品部の技術者集団に組織
(応神朝)	**百済**から弓月君(秦氏の祖)が渡来し，養蚕・機織りを伝えたという 東漢氏の祖阿知使主や西文氏の祖王仁が渡来し，王仁は『論語』『千字文』を伝えたという。
6世紀～7世紀	百済や**高句麗**などから人々が渡来。朝廷や**蘇我氏**に仕えて**儒教・仏教**・暦法・医学などを伝え，**飛鳥文化**(→p.49)形成に貢献
	513　百済の**五経博士**が渡来し**儒教**を伝える(五経＝『詩経』『書経』『易経』『礼記』『春秋』)
	538　百済から**仏教の公伝**(552年説も)
	554　百済の易・暦・医博士渡来
	595　高句麗の僧恵慈が渡来し，**厩戸王**(聖徳太子)の師となる➔p.47
	602　百済の僧**観勒**，**暦法**を伝える➔p.47,49
	610　高句麗の僧**曇徴**，**彩色・紙・墨の技法**を伝える

⑥朝鮮半島から伝わった文化

時代を見る目　倭の五王が中国に遣使した理由

倭王は，中国の宋に朝貢して「安東将軍 倭国王」などの称号を得た。これは，中国を頂点とする冊封関係のなかでより上位の称号を獲得し，朝鮮半島南部の支配をめぐり外交・軍事上で優位な立場にたつためであった。

⑦天皇と倭の五王

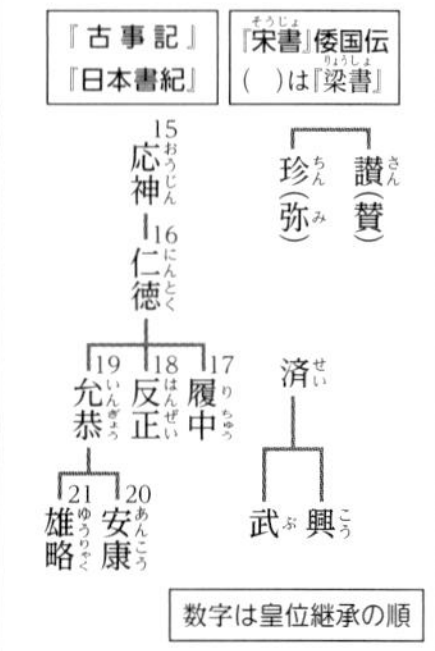

『古事記』『日本書紀』
『宋書』倭国伝 ( )は『梁書』
15 応神
16 仁徳
19 允恭
18 反正
17 履中
21 雄略
20 安康
珍(弥)
讃(賛)
済
武
興
数字は皇位継承の順

倭王武の上表文 史

興死して弟武立ち，自ら使持節都督倭・百済・新羅・任那・加羅・秦韓・慕韓七国諸軍事，安東大将軍，倭国王と称す。(『宋書』倭国伝，原漢文)

⑧倭の五王の朝貢

	倭の五王の遣使年と受けた称号	中国(南朝)		史料
讃	(応神天皇または仁徳天皇，履中天皇)	420 宋		『宋書』倭国伝
	421［宋の永初2年］(朝貢)		武帝	
	425［宋の元嘉2年］(朝貢)		文帝	
珍	(仁徳天皇または反正天皇)			
	438　安東将軍 倭国王			
済	(允恭天皇)			
	443　安東将軍 倭国王			
	451　使持節 都督倭・新羅・任那・加羅・秦韓・慕韓六国諸軍事 安東将軍 倭国王			
興	(安康天皇)			
	462　安東将軍 倭国王		孝武帝	
武	(雄略天皇)			
	478　使持節 都督倭・新羅・任那・加羅・秦韓・慕韓六国諸軍事 安東大将軍 倭王		順帝	
	479　鎮東大将軍(遣使はせず)	479 斉	高帝	『南斉書』倭国伝
	502　征東将軍(遣使はせず)	502 梁	武帝	『梁書』

⑨土師器(左)と**⑩須恵器**(右)　**土師器**は弥生土器と同様に野焼きされたもので，もろくて透水性が高い。**須恵器**は朝鮮半島から5世紀ごろに伝わった半地下式登り窯で，高温で青灰色に焼かれたもの。薄く硬質で，透水性も改善されている。

⑪登り窯　斜面を利用して築造された。

歴史のまど　窪田蔵郎『鉄から読む日本の歴史』　古代から近代にいたる日本の歴史と鉄の関係を追究している。

2 鉄によるヤマト政権の変化

A 副葬品にみる首長の支配の変化－司祭者から軍事・政治指揮者へ

副葬品 ➔ p.39, 40~41

古墳前期　呪術的・宗教的性格

◀⑫勾玉・管玉・ガラス小玉でつくられた首かざり　首かざりを身につけることで，玉に宿る霊力を身体に宿すことができると信じられた。〈金崎1号墳 島根大学法文学部考古学研究室蔵〉

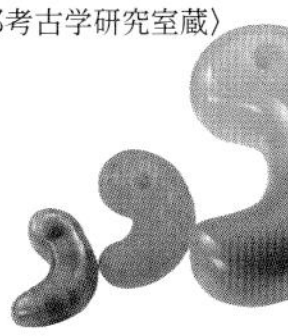

◀⑬勾玉　牙をモデルにしたという勾玉は，獣から身を守りたい，大事なものを身体に紐で結んでおきたいなどの願いがこめられた。〈上野1号墳 島根県教育委員会蔵〉

◀⑭前期の首長　前期古墳の副葬品は勾玉や銅鏡などが中心で，被葬者は司祭者的性格であった。鏡は祭りや呪術などに使用され，玉や剣とともに政治的に重要な役割をもった。〈滋賀県立安土城考古博物館蔵〉

時代を見る目　大陸からの馬の伝来

日本列島に乗馬の風習が伝わったのは，4世紀後半から5世紀初頭である。朝鮮半島からの渡来人集団によって馬の飼育法や乗馬術とともに，馬具一式も伝えられたのだろう。しかし，各地で発見される馬具は，実用というより，すぐれた工芸品であり，馬は豪族の権力を示すための生きた道具だったと考えられる。蔀屋北遺跡(大阪府)は，5世紀の「王家の牧場」と称される遺跡で，百済からの馬飼のムラと考えられている。この遺跡からは，馬具や馬骨のほか，馬一頭を埋納した土壙も見つかっている。

〈大阪府教育委員会蔵〉

▲⑮馬の全身骨格(復元)

古墳中期・後期　軍事的・政治的性格

〈滋賀県立安土城考古博物館蔵〉

〈滋賀県立安土城考古博物館蔵〉

◀⑯眉庇付冑　半球状の鉢の前面に半月形の眉庇がつく，5～6世紀の冑。

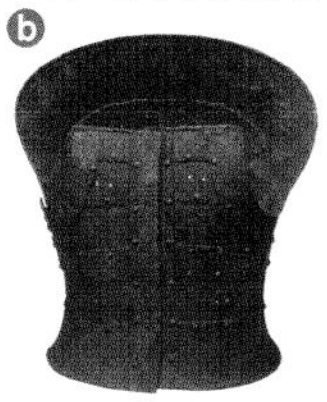

◀⑰短甲　板金をはぎ合わせ，胸から腰をおおう甲。〈東京国立博物館蔵〉

〈木更津市郷土博物館金のすず蔵〉

▶⑱環頭大刀

◀⑲古墳時代中期～後期の首長　中期～後期古墳の副葬品には，鉄製の甲冑や刀剣が増えることから，指導者の軍事的・政治的性格が強まったと考えられる。

〈島根県教育委員会提供〉

▲⑳出雲の大首長像　上塩冶築山古墳(出雲市)の副葬品をまとった出雲西部の大首長。

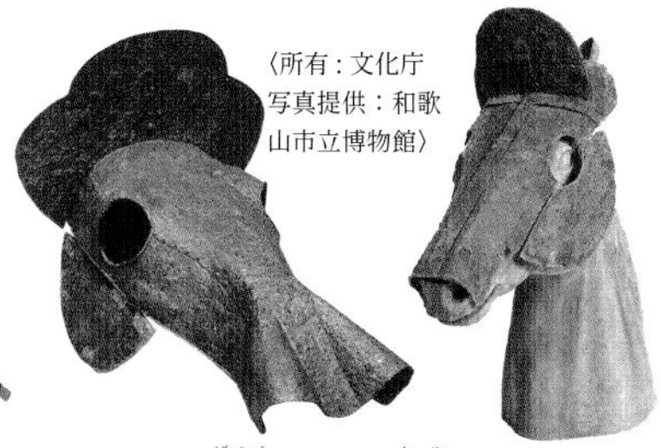

〈所有：文化庁 写真提供：和歌山市立博物館〉

▲㉑日本の馬冑(左)と㉒加耶の馬冑(右)　朝鮮半島南部，加耶諸国に出土例が多く，日本で出土したものとよく似ている。〈所有：文化庁 写真提供：奈良県立橿原考古学研究所附属博物館〉

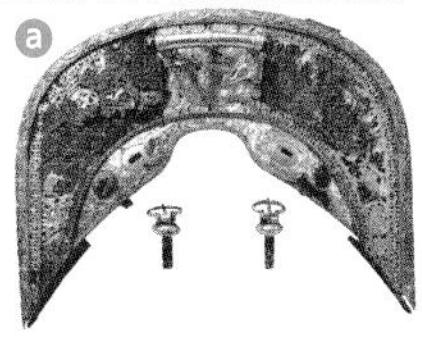

◀㉓金銅製鞍金具　馬の鞍につける金具で，透かし彫りなどの装飾が見える。〈奈良 藤ノ木古墳〉

B 鉄製農工具の改良による農業の発展

(5世紀半ば～)

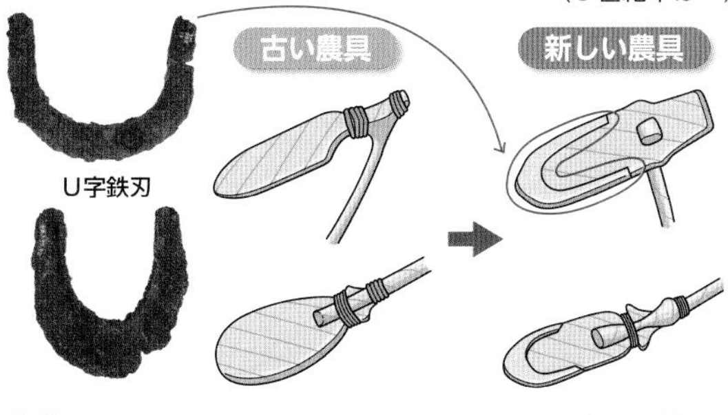
古い農具
新しい農具
U字鉄刃

▲㉔鉄製農工具　5世紀になると大陸から次々と新しい技術が伝えられた。なかでも農耕や土木工事に使用する農工具には，鉄製の刃先が装着されるようになり，それまで困難だった台地の開発が進み，生産性が大幅に向上した。開発を主導した各地の有力豪族は，古墳の築造にも力を注いで自らの権力を誇示し，群馬県三ツ寺Ⅰ遺跡(➔ p.45)のような居館に居住した。さらに，生産物を納める大型の高床倉庫群も建設され，こうした技術の革新が社会構造の変化をもたらした。

〈U字鉄刃：奈良県立橿原考古学研究所蔵〉

時代を見る目　藤ノ木古墳にみる大陸文化の影響

古墳時代後期(6世紀後半)に築造された藤ノ木古墳は，法隆寺(➔ p.51)の西約350mにある直径約50mの円墳である。石室内からは金銅製鞍金具などの馬具類や武器・武具類などが出土している。金銅製鞍金具は，文様に植物，鳳凰，龍，象，獅子などが使われ，遊牧民の鮮卑の様式に似ている。

▼㉕出土した石棺の内部

金銅製の沓
刀
人骨
銅製
帯状製品
筒形金銅
製品
刀
金製品

〈(国出土品)所有：文化庁 写真提供：奈良県立橿原考古学研究所附属博物館〉

▲㉖金銅製履　全面に150個以上の歩揺(かざり)がつけられている。〈奈良県立橿原考古学研究所附属博物館蔵 復元〉

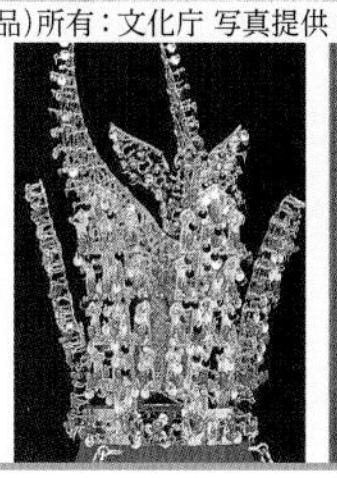

▶㉗冠(右)と㉘新羅の冠(左)　二つの冠は類似性をもっている。〈図㉘ 韓国慶州博物館蔵 復元〉

3 鉄剣・鉄刀にみるヤマト政権の広がり

A 稲荷山古墳出土鉄剣 史

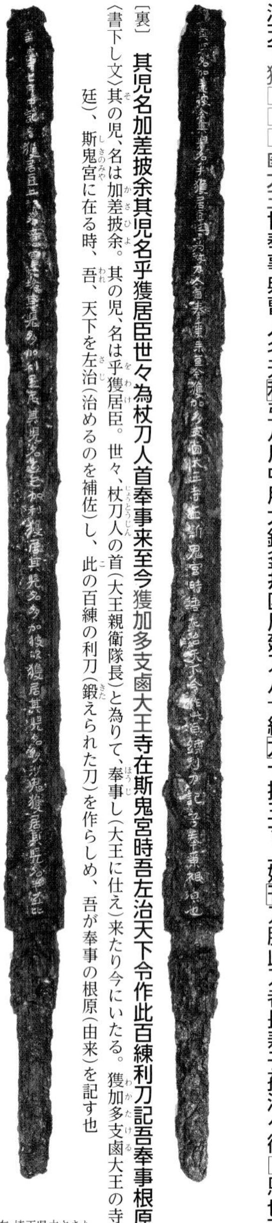

〔表〕 辛亥年七月中記乎獲居臣上祖名意富比垝其児多加利足尼其児名弖已加利獲居其児名多加披次獲居其児名多沙鬼獲居其児名半弖比

〈書下し文〉辛亥の年（四七一年）七月中記す。乎獲居の臣。上祖（遠い先祖）の名は意富比垝。其の児、多加利の足尼。其の児、名は弖已加利獲居。其の児、名は多加披次獲居。其の児、名は多沙鬼獲居。其の児、名は半弖比

〔裏〕 其児名加差披余其児名乎獲居臣世々為杖刀人首奉事来至今獲加多支鹵大王寺在斯鬼宮時吾左治天下令作此百練利刀記吾奉事根原也

〈書下し文〉其の児、名は加差披余。其の児、名は乎獲居臣。世々、杖刀人の首（大王親衛隊長）と為りて、奉事し（大王に仕え）来たり今にいたる。獲加多支鹵大王の寺（朝廷）、斯鬼宮に在る時、吾、天下を左治（治めるのを補佐）し、此の百練の利刀（鍛えられた刀）を作らしめ、吾が奉事の根原（由来）を記す也

〈国 文化庁所有 埼玉県立さきたま史跡の博物館提供 長さ73.5cm〉

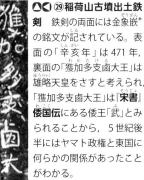

△◁ ㉙稲荷山古墳出土鉄剣　鉄剣の両面には金象嵌*の銘文が記されている。表面の「辛亥年」は471年，裏面の「獲加多支鹵大王」は雄略天皇をさすと考えられ，「獲加多支鹵大王」は『**宋書**』**倭国伝**にある倭王「武」とみられることから，5世紀後半にはヤマト政権と東国に何らかの関係があったことがわかる。

*工芸装飾の技法。金属などの材料の表面にほかの材料をはめ込む。

B 江田船山古墳出土鉄刀

治天下獲□□□鹵大王世奉事典曹人名无利弖八月中用大鉄釜幷四尺廷刀八十練九十振三寸上好刊刀服此刀者長寿子孫洋々得□恩也不失其所統作刀者名伊太和書者張安也

◁ ㉚江田船山古墳出土鉄刀　背の部分に銀象嵌された銘文のうち，「獲□□□鹵大王」は稲荷山古墳出土の鉄剣銘と同じ「獲加多支鹵大王」とする説が有力で，被葬者とヤマト政権との間には何らかの関係があったと考えられる。

〈国 東京国立博物館蔵 長さ90.6cm〉

〈書下し文〉
天の下治しめす獲加多支鹵大王の世，事え奉る典曹人，名は无利弖，八月中，大鉄釜幷びに四尺の廷刀を用いて，八十たび練り，九十たび振つ。三寸上好の刊刀也。此の刀を服る者は長寿にして，子孫は洋々，□の恩を得る也。其の統ぶる所を失わず，刀を作る者，名は伊太和，書く者は張安也

*ヤマト政権の工房に依頼した品が地方に伝わったとする説もある。

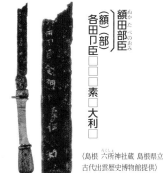

4 鉄刀や鏡とともに広がった漢字文化

〔表〕泰和*四年十一月十六日丙午正陽造百練鉄七支刀□辟百兵宜供供侯王□□□□作

〔裏〕先世以来未有此刀百済王世子奇生聖音故為倭王旨造伝示後世

*中国の東晋の年号である太和四（三六九）年とみる説，西晋の泰始四（二六八）年とする説などがある。

◁ ㉛石上神宮七支刀　物部氏の氏神である石上神宮に伝わる鉄製の刀で，刀身の左右に各3本の枝刃を段違いにつくり出した形をしている。表裏合わせて60余字の銘文が金象嵌で刻まれており，『日本書紀』に百済から献上されたとある「七枝刀」とされている。〈国 奈良 長さ74.9cm〉

始
癸未年八月日十大王年男弟王在意柴沙加宮時斯麻念長奉遣開中費直穢人今州利二人等取白上同二百旱作此竟
終

△ ㉜隅田八幡神社人物画像鏡　鏡背面の主要図像は中国製の神人画像鏡を模写したもので，まわりに48字の銘文がある。癸未年については，503年とする説と443年とする説が有力。〈国 和歌山 直径19.8cm〉

5 刀剣や鏡からみたヤマト政権の広がり

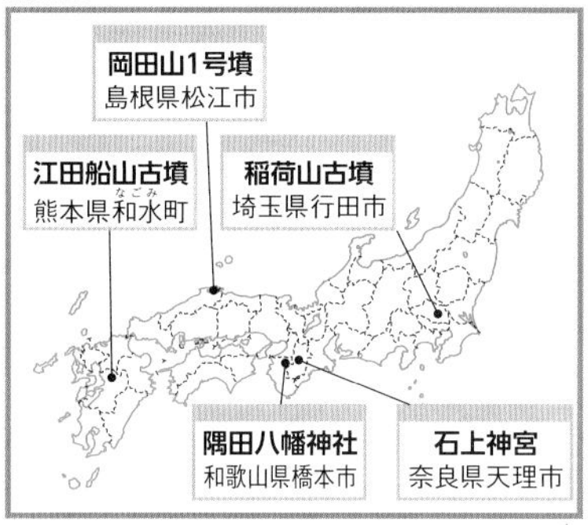

岡田山1号墳
島根県松江市
江田船山古墳
熊本県和水町
稲荷山古墳
埼玉県行田市
隅田八幡神社
和歌山県橋本市
石上神宮
奈良県天理市

△ ㉝ヤマト政権と地方　東西の古墳から「獲加多支鹵大王」と記した刀と剣が出土したことは，ヤマト政権との関係をうかがわせる。古墳の被葬者がヤマト政権に服属した地方豪族，または地方に派遣された将軍だったなど諸説ある*。

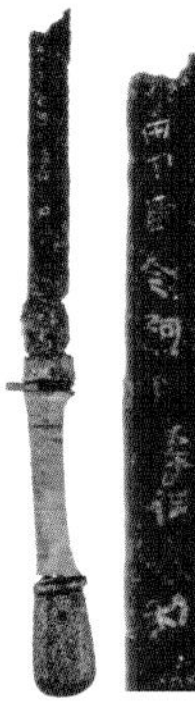

各田卩臣□□□素□大利□

（額）（部）額田部臣

〈島根 六所神社蔵 島根県立古代出雲歴史博物館提供〉

△ ㉞岡田山1号墳出土大刀　「額田部臣」の4字から，被葬者はヤマト政権の支配機構であった**氏姓制度**に組み込まれ，「**臣**」の**姓**を得た豪族とわかる。

6 ヤマト政権の氏姓制度と政治体制

*品部・伴・部はいずれも技術や貢納・労働で王権に奉仕した人民で，伴造に率いられた。実態には諸説がある。

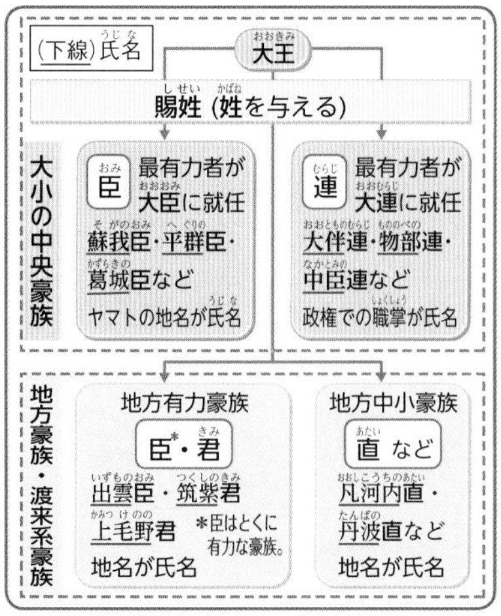

(下線)氏名
大王
賜姓（姓を与える）
大小の中央豪族
臣 最有力者が大臣に就任
蘇我臣・平群臣・葛城臣など
ヤマトの地名が氏名
連 最有力者が大連に就任
大伴連・物部連・中臣連など
政権での職掌が氏名
地方豪族・渡来系豪族
地方有力豪族
臣*・君
出雲臣・筑紫君
上毛野君
*臣はとくに有力な豪族。
地名が氏名
地方中小豪族
直 など
凡河内直・丹波直など
地名が氏名

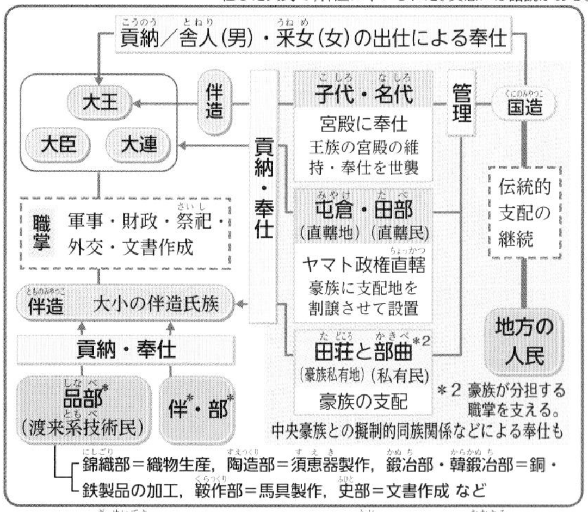

貢納／舎人(男)・采女(女)の出仕による奉仕
大王
大臣
大連
伴造
貢納・奉仕
子代・名代
宮殿に奉仕
王族の宮殿の維持・奉仕を世襲
管理
国造
伝統的支配の継続
職掌 軍事・財政・祭祀・外交・文書作成
屯倉・田部
(直轄地)(直轄民)
ヤマト政権直轄
豪族に支配地を割譲させて設置
伴造 大小の伴造氏族
貢納・奉仕
田荘と部曲*2
(豪族私有地)(私有民)
豪族の支配
地方の人民
品部*(渡来系技術民)
伴*・部*
*2 豪族が分担する職掌を支える。
中央豪族との擬制的同族関係などによる奉仕も
錦織部＝織物生産，陶造部＝須恵器製作，鍛冶部・韓鍛冶部＝銅・鉄製品の加工，鞍作部＝馬具製作，史部＝文書作成 など

△ ㉟**氏姓制度**（左）と㊱**政治体制**（右）　**氏姓制度**は血縁関係や擬制的な同族関係にもとづいて**氏**を編成し，大王が**氏**の由来や奉仕の内容にもとづいて氏名と**姓**を与え，一定の身分秩序をつくる制度。氏を単位にヤマト政権の職務が分担された。

今日とのつながり　弥生時代から古墳時代の銅鏡には，単に ものを映すだけでなく，呪術的な機能が与えられていた。現在の鏡にもそうした一面が残っている。

古墳時代の生活と信仰 ―深い堀で囲まれた中に，石垣をもつ巨大な区画がある（『よみがえる5世紀の世界』）

ヒストリースコープ

群馬県高崎市にある三ツ寺Ⅰ遺跡（➔図⑤）から発見された豪族の居館は，周囲に水濠がめぐらされ，その内側に石垣が積み上げられた厳重なつくりであった。住居の違いから，この時代に支配者である豪族と，被支配者である民衆の生活がはっきりと分離したことが証明された。

考察

❶豪族居館は民衆の住居と違いどのような構造であったか説明しよう。
❷当時の集落のようすについて説明しよう。→2
❸人々はどのようなものを信仰したのだろうか。→5

Ⓐ
Ⓑ
②
③
幅30m
石垣

△①豪族居館の復元模型（群馬 三ツ寺Ⅰ遺跡） 居館は一辺が約86mと広く，内部には中心的な大型建物（Ⓐ）や従者の施設（Ⓑ），豪族と人々が謁見する場（図②）や祭祀の場（図③）などがあり，豪族の生活の場であると同時に まつりごと も行われたことがわかる。〈群馬 かみつけの里博物館蔵〉

△②豪族と謁見する人

△③祭祀の場

1 古墳時代の生活まとめ表

特徴	①支配者である豪族と被支配者である民衆の生活が分離 ②人々はさまざまな自然物に神の存在を認めて信仰し，のちに神社を形成
住居・集落 ➔2	〔豪族居館〕➔🔍 ・民衆の集落から離れた場所に造営 ・環濠・水濠や柵列などの防御設備を伴う 〔民衆の集落〕➔3 ・複数の竪穴住居と平地住居，高床倉庫（竪穴住居内に竈を設置）
衣服	〔男性〕筒袖の衣・袴（乗馬ズボン風） 〔女性〕筒袖の衣・裳（スカート風） ・上下に分かれた衣服を着用
信仰 ➔p.46	〔占い・呪術〕禊，祓，太占の法，盟神探湯* 〔自然信仰〕沖ノ島（福岡県）㊎，三輪山（奈良県） 〔神社の登場〕出雲大社（本殿㊐）・伊勢神宮・住吉大社（本殿㊐） 〔農耕に関する祭祀〕祈年の祭（豊作祈願）・新嘗の祭（収穫祭）

*神判の方法で，熱湯に手を入れ，やけどの有無によって真偽を確かめるもの。

2 集落のようす

〈群馬 かみつけの里博物館蔵〉

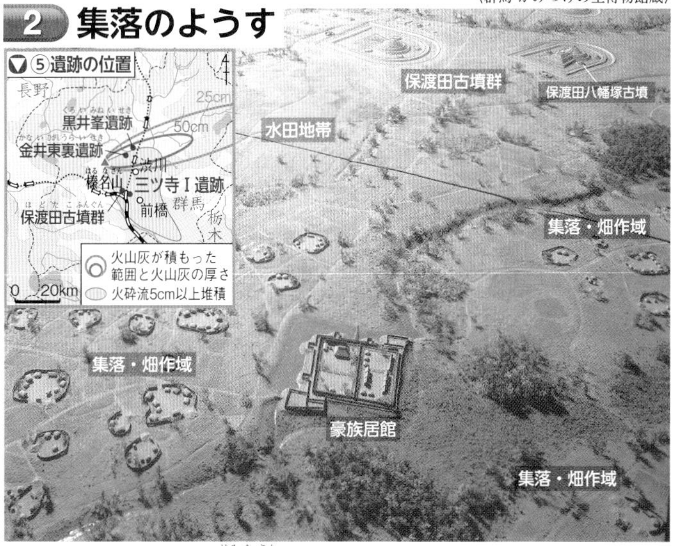
▽⑤遺跡の位置
長野
黒井峯遺跡
金井東裏遺跡
榛名山
三ツ寺Ⅰ遺跡
前橋
群馬
栃木
保渡田古墳群
25cm
50cm
火山灰が積もった範囲と火山灰の厚さ
火砕流5cm以上堆積
0 20km
保渡田古墳群
保渡田八幡塚古墳
水田地帯
集落・畑作域
集落・畑作域
豪族居館
集落・畑作域

△⑥5世紀の景観復元 榛名山の噴火により地中に埋もれていた遺跡が，発掘調査によって姿を現した。豪族は民衆の集落から離れた場所に居館を造営し，豪族居館を中心として，周辺に集落や耕地，古墳などが広がっていたことがわかった。

時代を見る目

甲をつけた人骨の発見

2012年11月，金井東裏遺跡（➔図⑤）の火山灰層から甲をつけた成人男性の人骨が出土した。甲を着用した状態で古墳時代の人骨が発見されたのは初めてのことである。甲は古墳の副葬品にも見られ，甲の着用方法や男性の人物像の研究に期待が集まっている。

▽⑦出土した人骨

甲を着た人骨
甲の部品

〈群馬県埋蔵文化財調査事業団蔵〉

時代を見る目

三ツ寺の豪族の古墳

三ツ寺Ⅰ遺跡に隣接する保渡田古墳群には，三ツ寺のあるじら近隣豪族が葬られたと考えられる。その一つ，保渡田八幡塚古墳からは，今城塚古墳（➔p.40）にも似た埴輪の配列が出土した。復元された埴輪たちは，当時の儀式や狩猟のようすを伝えている。

▽④保渡田八幡塚古墳と埴輪群

〈群馬 かみつけの里博物館提供〉

3 民衆の暮らし

〈群馬 かみつけの里博物館蔵〉

平地式建物
竪穴住居
畑
柵
畑

◁⑧民衆の集落の復元 環濠はつくられず，柵で囲まれた中に竪穴住居や畑，祭祀の場などが見える。人々は家族単位で生活していたと考えられる。

▽⑨竈（復元） 竈がつくられるようになり，煮炊きに使われた。➔p.28

〈千葉県立房総のむら蔵〉

〈群馬 かみつけの里博物館『常設展示解説書』〉

△⑩祭祀のようす 村のあちこちに，土器を積み上げた祭祀跡が見られる。当時の人々はさまざまな場所に神の存在を感じ，まつっていた。➔p.46

歴史散歩 かみつけの里博物館（群馬県高崎市） 三ツ寺Ⅰ遺跡をはじめとした，5世紀の榛名山麓のようすが展示されている。

4 呪術と神判

⑪禊　けがれは禊(水によって洗い流す儀礼)や祓(ちりを払うしぐさで罪やけがれを落とす儀礼)で除去できると考えられた。

⑫盟神探湯のようす(再現劇)
裁判では，神に誓ってから熱湯に手を入れ，やけどのようすで正偽を判定する盟神探湯が行われた。

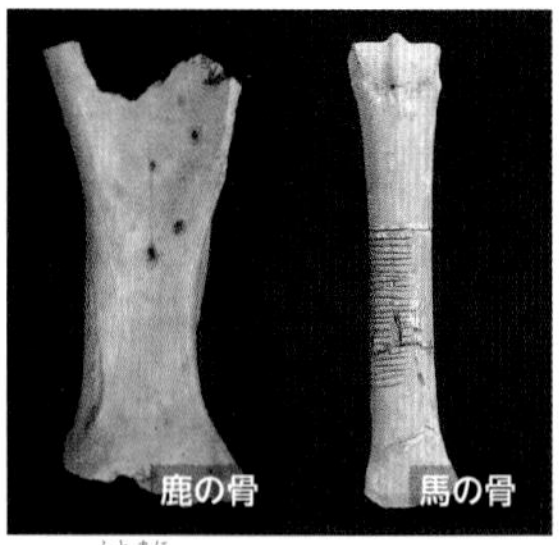

鹿の骨
馬の骨

⑬太占の法　鹿や馬の骨を焼いたときに生ずるさけ目の形や大きさなどで吉凶を占う風習。
〈右：東京国立博物館蔵〉

5 自然物を神とした祭祀遺跡

A 沖ノ島

⑭沖ノ島21号遺跡　玄界灘の沖合に浮かぶ沖ノ島は，九州と朝鮮の釜山を結ぶほぼ直線上に位置する(➔図⑰)周囲約4kmの島である。4世紀後半，東アジア世界との通交が始まると，航海の安全を祈願する国家的な祭祀が行われるようになった。21号遺跡からは，巨石の周りに小石を並べた祭祀遺構が発見され，大陸製品など(➔図⑮⑯)が約8万点出土している。

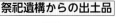

〈Aの写真は宗像大社蔵〉

祭祀遺構からの出土品

〈国〉

⑮金製指輪　5世紀後半～6世紀のものとみられ，新羅製。新羅の王墓からも類似品が出土している。

〈国〉

⑯金銅製龍頭　6世紀半ばのものとみられ，中国製(東魏時代)の渡来品。敦煌莫高窟の唐代の壁画に，その使用用途が描かれている。

世界遺産の構成資産：①沖ノ島(宗像大社沖津宮) ②小屋島 ③御門柱 ④天狗岩 ⑤沖津宮遙拝所 ⑥中津宮 ⑦辺津宮 ⑧新原・奴山古墳群

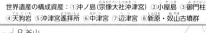

釜山
韓国
日本海
対馬
沖津宮
沖ノ島
山口県
大島
壱岐
中津宮
玄界灘
辺津宮(宗像大社)
福岡県
0 50km

⑰沖ノ島の位置

⑱沖ノ島(福岡県宗像市)

⑲辺津宮(宗像大社*)　*宗像大社は，沖津宮・中津宮・辺津宮の三社から成る。

B 三輪山

〈Bの写真は大神神社蔵〉

⑳三輪山　奈良盆地にある三輪山は，神の宿る山として信仰されていた(神体山)。山の一木一草にいたるまで神が宿るとされ，とくに巨木や岩が崇拝された。

㉑三輪山の磐座　山中に三つある磐座(神の座)の一つ。岩石そのものを信仰の対象とする磐座や祭祀遺跡が山中に点在する。

〈奈良〉

㉒大神神社　三輪山を御神体とし，その麓に造営された。本殿をもたず，拝殿*から三輪山を参拝する，原始的な形式の神社である。
*本殿の前にあり，参拝者が拝礼を行う建物。

6 自然の神々を身近に移した神社の登場*

*寺院建築の影響により社殿の建立が始まった。➔p.49

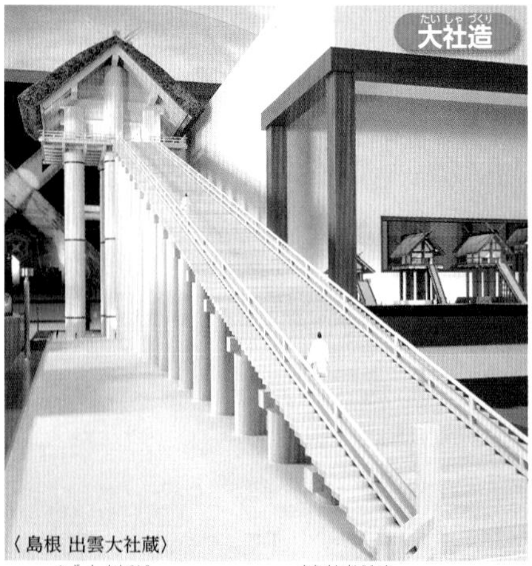

大社造

〈島根 出雲大社蔵〉

㉓出雲大社(模型)　祭神は大国主命。大国主命が天照大神への国譲りの条件に，神の国にあるような宮殿を要求してつくらせたと伝えられる。

〈三重〉

神明造

㉔伊勢神宮　祭神は天照大神(内宮)と豊受大神(外宮)である。20年に一度，社殿を建てかえ，装飾もつくりかえて御神体を新宮へ遷す式年遷宮は重要な祭りである。

〈国(本殿) 大阪〉

住吉造

㉕住吉大社　住吉大神(三人の男神)と神功皇后が祭神。海上平安の神として信仰され，神功皇后が神託を得て朝鮮半島を平定したのち，住吉大神を摂津にまつったとされる。

㉖出雲大社と東大寺大仏殿，平安京大極殿の比較
伝承によると，出雲大社は高さ48m(現在の建築で16階建てのビルに相当)で，国家事業であった大仏を安置する創建当時の東大寺大仏殿よりさらに高かった。

平安京大極殿
東大寺大仏殿
出雲大社本殿

今日とのつながり　伊勢神宮の式年遷宮は，前回は2013(平成25)年に行われた。次回の2033年に向けて，すでに木材の切り出しとお祓いが行われている。

ヤマト政権と飛鳥の朝廷 ―皇太子，親ら肇めて憲法十七条作りたまふ(『日本書紀』)

ヒストリースコープ

推古天皇の甥である厩戸王(聖徳太子)は，中国から伝えられた仏教や儒教，法家や道教の思想をもとに604年に憲法十七条をつくり，朝廷に仕える豪族たちに官吏としての守るべき道を示した。これは当時の氏姓制度(➔ p.44)による政治を改めるためであった。

考察

❶憲法十七条にはどのようなことが記されているのだろうか。
❷厩戸王が行ったとされる国内の政治改革にはどのようなものがあったのだろうか。→ 1 ・ 3
❸隋に遣使した国は，日本のほかにはどのような国があったのだろうか。→ 4

憲法十七条【抜粋】史

一に曰く，和を以て貴しとなし，忤ふること無きを宗となせ。…
二に曰く，篤く三宝を敬へ。三宝とは仏・法・僧なり。…
三に曰く，詔を承りては必ず謹め。…
四に曰く，群卿百寮①，礼を以て本とせよ。…
十二に曰く，国司②・国造，百姓を斂めとること勿れ。…
十五に曰く，私を背きて公に向くは，是れ臣の道なり。…
十七に曰く，夫れ事は独り断むべからず。必ず衆と宜く論ふべし。…(『日本書紀』，原漢文)

①役人 ②この時点での国司の存在は疑問視されている

◀ ①憲法十七条　厩戸王がつくったとされる法令。役人の心がまえや，民を大切に扱うことを述べている。その内容には，仏教・儒教のほか，法家の思想の影響がみられる。全文は『日本書紀』に記されている。

▶ ②伝聖徳太子像*　厩戸王は推古天皇の在位中に政治改革を行う中心人物となった。

*「聖徳太子」を描いたと伝えられているが，誰を描いたのかは不明。制作は8世紀ごろ(推定)。

〈宮内庁蔵〉

古代　飛鳥

1 ヤマト政権の発展と推古朝

大王(天皇)	大臣	大連	年	事項　(青字 東アジア情勢　赤字 女帝)
継体		(物部氏)麁鹿火　(大伴氏)金村	507	大伴金村ら継体天皇を擁立
			512	大伴金村，百済に加耶西部を割譲(この措置は加耶諸国の不信をよび，金村が百済より賄賂を受けたとのうわさが流れる)
			522	司馬達等が中国より来日，仏像を礼拝(仏教私伝)
	(蘇我氏)		527	筑紫国造(筑紫君)磐井の乱→翌年，平定
安閑・宣化	稲目	尾輿	538	百済の聖明王，仏像・経論を献上(仏教公伝・戊午説，『上宮聖徳法王帝説』史，『元興寺縁起』)
		失脚	540	大伴金村，百済への加耶割譲問題で大連辞任→蘇我・物部氏政権
欽明	[崇仏派]	[排仏派]	552	仏教公伝(壬申説，『日本書紀』史)→崇仏論争(崇仏派の蘇我稲目と排仏派の物部尾輿が論争)
			562	この年までに，百済・新羅が加耶諸国を滅ぼす(ヤマト政権の朝鮮半島での勢力は後退)
敏達・用明	馬子	守屋	587	蘇我馬子，泊瀬部皇子(崇峻天皇)，厩戸王らと物部守屋を討つ。物部氏滅び，大連制廃止
		滅亡	589	隋，中国統一
崇峻			592	馬子，東漢直駒に崇峻天皇を殺害させる　推古天皇即位
推古			593	厩戸王，政務参加
厩戸王			594	仏法(三宝)興隆の詔
			600	遣隋使派遣 ➡ 4
			601	厩戸王，斑鳩宮を建立
			602	百済の僧観勒，暦法を伝える ➔ p.42,49
			603	冠位十二階を制定 ➡ 3
			604	憲法十七条を制定 ➡ 🔍
			607	小野妹子を隋に派遣。斑鳩に法隆寺を創建
			608	小野妹子，答礼使裴世清とともに帰国。再び妹子を隋に派遣。高向玄理・南淵請安・旻ら同行し留学
			610	高句麗の僧曇徴，彩色・紙・墨の技法を伝える
			614	犬上御田鍬らを隋に派遣
			618	隋滅亡→唐建国
			620	厩戸王，蘇我馬子とともに『天皇記』『国記』『臣連伴造国造百八十部并公民等本記』を編集する
			622	厩戸王没。橘大郎女(厩戸王の妃)，天寿国繡帳を作製 ➔ p.50
	蝦夷		626	蘇我馬子没。蝦夷が大臣就任
			628	推古天皇没

2 系図にみる皇室と蘇我氏の関係①

7世紀半ばからの皇室と蘇我氏 ➔ p.54 2

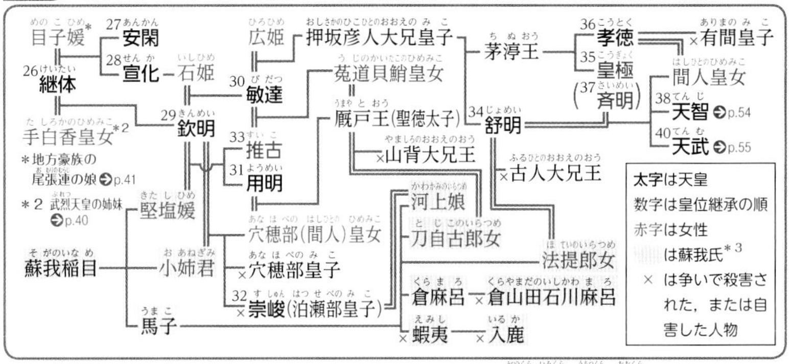

目子媛*
27 安閑
28 宣化
石姫
26 継体
手白香皇女*2
*地方豪族の尾張連の娘 ➔ p.41
*2 武烈天皇の姉妹 ➔ p.40
29 欽明
堅塩媛
蘇我稲目
小姉君
馬子
広姫
30 敏達
33 推古
31 用明
穴穂部(間人)皇女
×穴穂部皇子
32 ×崇峻(泊瀬部皇子)
押坂彦人大兄皇子
菟道貝鮹皇女
厩戸王(聖徳太子)
×山背大兄王
河上娘
刀自古郎女
倉麻呂
×倉山田石川麻呂
×蝦夷
×入鹿
茅渟王
34 舒明
×古人大兄王
法提郎女
36 孝徳
35 皇極
(37 斉明)
×有間皇子
間人皇女
38 天智 ➔ p.54
40 天武 ➔ p.55
太字は天皇
数字は皇位継承の順
赤字は女性
は蘇我氏*3
× は争いで殺害された，または自害した人物

*3 蘇我氏は三蔵(斎蔵・内蔵・大蔵)を管理したとされる。

3 冠位十二階の制定とその後の変遷

▶ ③冠位十二階　推古天皇は，高句麗と百済の官位の影響を受け，603年に冠位十二階を制定した。冠位は，六つの儒教の徳目にそれぞれ大小をつけた十二階で構成された。背景には国際的にも通用する新たな政治秩序をつくり出そうとする意図があったと考えられている。遣隋使に任命された時点で冠位が大礼であった小野妹子は，のち推古朝では最高位の大徳の冠位に昇進した。

603年(12階)	647年(13階)	649年(19階)	664年(26階)	685年(48階)	701年(30階)
推古	孝徳		中大兄(称制)	天武	文武
	大小 織　大小 繡　大小 紫	大小 織　大小 繡　大小 紫	大小 織　大小 縫　大小 紫	正(8階級)	正従 一位　正従 二位　正従 三位
大小 徳	大 錦	大 花 上下	大錦 上中下	直(8階級)	正従 四位 上下上下
大小 仁	小 錦	小 花 上下	小錦 上中下		正従 五位 上下上下
大小 礼	大 青	大 山 上下	大山 上中下	勤(8階級)	正従 六位 上下上下
大小 信	小 青	小 山 上下	小山 上中下	務(8階級)	正従 七位 上下上下
大小 義	大 黒	大 乙 上下	大乙 上中下	追(8階級)	正従 八位 上下上下
大小 智	小 黒	小 乙 上下	小乙 上中下	進(8階級)	大少 初位 上下上下
	建武	立身	大小 建		

4 遣隋使の派遣 史 (→p.6 巻頭地図)

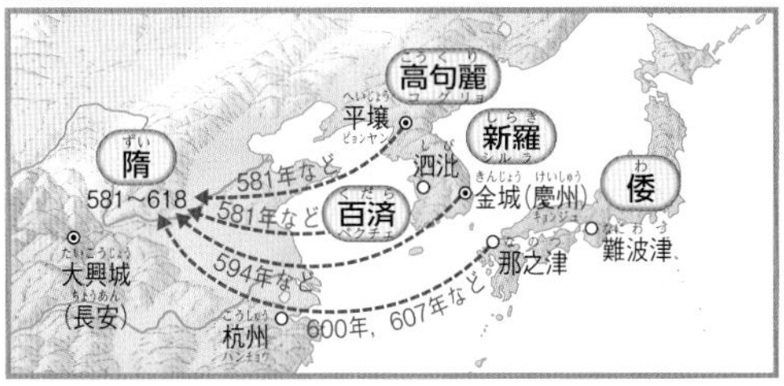

高句麗
平壌
新羅
泗沘
百済
金城(慶州)
倭
隋
581~618
581年など
594年など
600年，607年など
大興城(長安)
杭州
那之津
難波津

◀ ④周辺国の遣隋使派遣　隋へは各国が遣使した。倭国は600年に使者を派遣したが，政務のとり方が文明的ではないと隋の高祖から訓示された。その結果，国内政治改革が本格化したと考えられる。この遣使は日本側には記録がなく，607年のものが初見となる。

歴史のまど　武田佐知子『信仰の王権 聖徳太子』　厩戸王の死後に生まれた太子信仰と太子のイメージ像の変遷を多面的に検証している。

飛鳥地方の遺跡

➔p.40「ヤマト政権と前方後円墳」

1 飛鳥地方のようす(持統朝初期)

〈イラスト 香川元太郎氏(復元想像図)〉

耳成山
現在の線路
横大路
藤原宮
➔p.56
中ツ道
畝傍山
本薬師寺
現在の橿原神宮前駅
下ツ道
香具山(天香具山)
雷丘
小墾田宮?
山田道
山田寺
石神遺跡 B
甘樫丘東麓遺跡
(蘇我蝦夷・入鹿邸宅跡?)
水落遺跡 C
飛鳥寺
飛鳥池遺跡 D
五条野丸山古墳
(見瀬丸山)
飛鳥浄御原宮 A
川原寺
酒船石
小山田古墳*
➔p.41
伝欽明天皇陵
鬼の俎・雪隠
天武陵*2
橘寺
エビノコ郭
定林寺
嶋家・嶋宮遺跡
石舞台古墳
(蘇我馬子墓?)
➔p.39

*近年の発掘調査により飛鳥時代最大級の方墳であることが判明した(➔p.41)。 *2 のち持統天皇が合葬され,天武・持統天皇陵に(➔p.39)。

〈とくに記載のないものは奈良文化財研究所蔵〉

A 政治の中心地 飛鳥京跡

〈奈良県立橿原考古学研究所蔵〉

①乙巳の変(➔p.54)の舞台である飛鳥板蓋宮を中心として,7世紀の4つの宮殿が重複して確認されている。最上層は飛鳥浄御原宮にあたり,天皇の住居の内郭,その北西に大規模な苑池,東南にのちの大極殿相当の大規模建物が建つ東南郭が確認されている。

B 迎賓館 石神遺跡

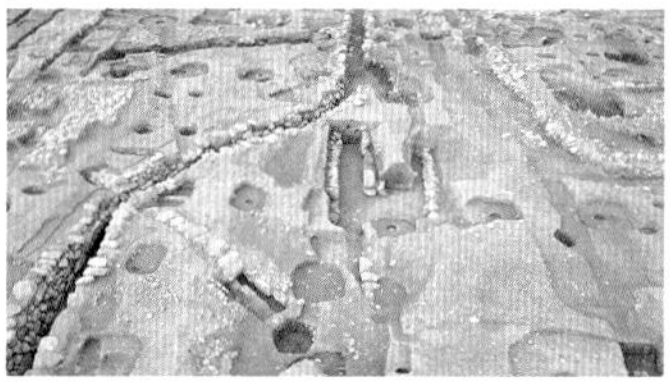

②大規模建物群や石組み溝があり,斉明朝では外国からの使節をもてなす迎賓館であったと考えられる。異国風の男女が寄り添う姿で口から水が噴き出すしくみの石像も出土している。

〈飛鳥資料館蔵 像高約1.7m〉

③異国人とみられる石像

C 水時計の使用 水落遺跡

④水落遺跡からは,漏刻(水時計)の遺構が発見されている。漏刻は,水をサイフォンの原理で階段状の木箱へ順次落とし,最下段の箱にたまった水に浮かせた棒の目盛りで時刻を知るしかけとなっていた。

D 総合工房 飛鳥池遺跡

復元模型

⑤飛鳥池遺跡は,飛鳥寺(➔p.49)の南東に位置する大規模な総合工房跡である。鉄くぎや**富本銭**が製造され,ほかにもガラスや漆製品の生産も行われた。「天皇」と墨書された木簡も発見されている。

⑥鍛冶工房の遺物

⑦富本銭と鋳棹 「民を富ませる基本は食と貨幣に在り」の故事に由来する「富本」の2字が刻まれた,日本最古の貨幣である。遺跡からは,鋳型に銅を流し込んだ鋳棹や,削り残しのついた銭,砥石(ヤスリ)も出土している。

⑧形を整えるようす 鋳棹から外したあと,四角い棒にさして削り残しを削り,形を整える。

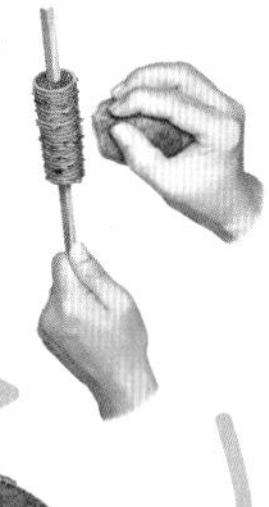

富
本

〈直径約2.4cm〉

⑨富本銭(実物大)

飛鳥文化①(仏教) —西蕃の諸国，一に皆礼ふ 史(『日本書紀』)

〈イラスト 中西立太氏〉

ヒストリースコープ

6世紀，日本に仏教が伝来する(史)と蘇我稲目はこれを信仰し，「西方の国々はみな仏教を信仰しております」と欽明天皇に勧めた。そして稲目の子である馬子は，百済・高句麗の最新の技術によって飛鳥寺を建立した。

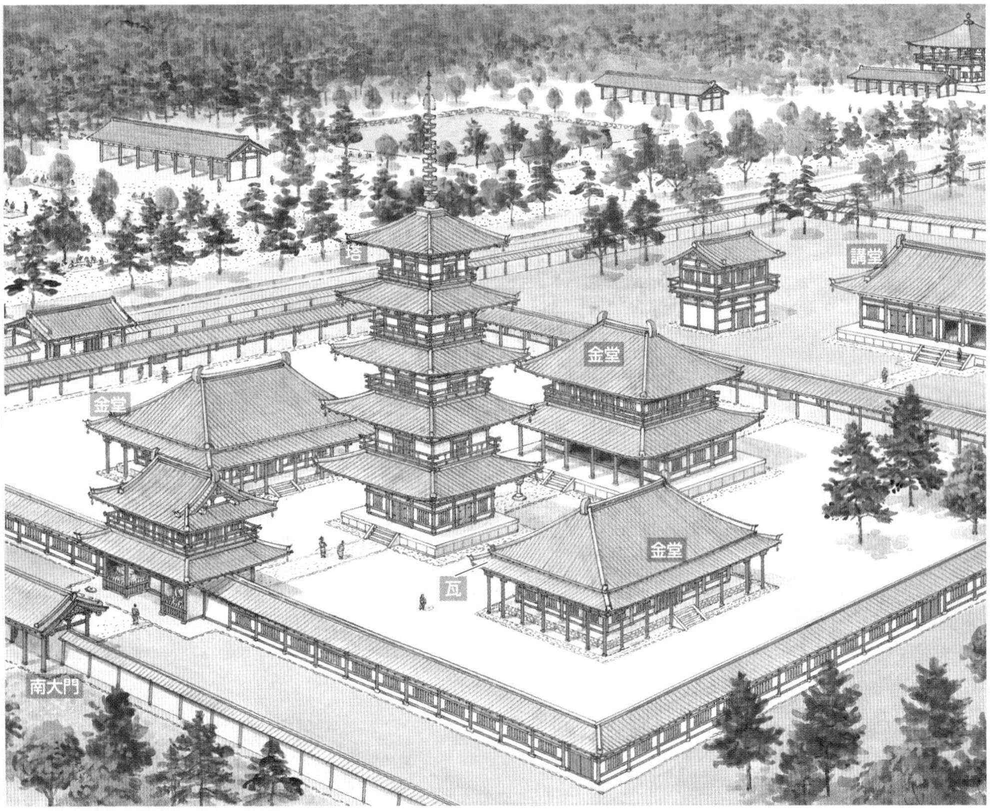

塔
講堂
金堂
金堂
金堂
瓦
南大門

①飛鳥寺復元イラスト 飛鳥寺は，渡来人の技術によって造営された日本の文化・技術の中心地であった。建築技術や伽藍配置*などに，百済・高句麗にあった寺院との類似性がみられ，朝鮮半島の影響を強く受けたと考えられる。とくに瓦は，日本で最初に飛鳥寺に導入され，国内に技術が伝播した。

＊寺院の主要建物群の配置形式。

②瓦の伝播

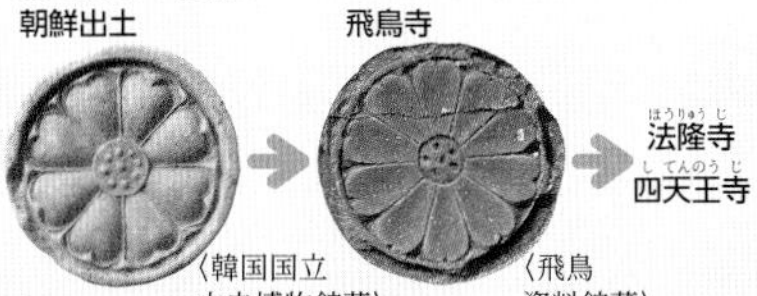

朝鮮出土
飛鳥寺
法隆寺
四天王寺

〈韓国国立中央博物館蔵〉 〈飛鳥資料館蔵〉

考察

❶飛鳥寺は，当時の文化の面でどのような地位にあったのだろうか。

❷寺院の伽藍配置の変化について説明しよう。→3

仏教伝来，飛鳥文化の世界性 ➔p.7

1 飛鳥文化まとめ表

特徴	日本で最初の国際色豊かな仏教文化 ①7世紀前半の文化(推古朝期が中心) ②飛鳥・斑鳩の地における蘇我氏や王族中心の文化 ③権威の象徴が古墳から寺院へと転換し，寺院建立がさかんに
彫刻 ➔p.52~53	〔北魏様式〕 法隆寺金堂釈迦三尊像(金銅像) 国 法隆寺夢殿救世観音像(木像) 国 飛鳥寺釈迦如来像(金銅像) 〔百済・中国南朝(梁)様式〕 法隆寺百済観音像(木像) 国 広隆寺弥勒菩薩半跏思惟像(木像) 国 中宮寺半跏思惟像(弥勒菩薩像)(木像) 国
建築 ➔p.51	法隆寺 世 金堂・五重塔・中門・回廊 国
絵画 ➔p.50	法隆寺玉虫厨子扉絵・須弥座絵 高句麗の僧曇徴が彩色・紙・墨の技法を伝える ➔p.42,47
工芸 ➔p.50	法隆寺玉虫厨子 国 法隆寺四騎獅子狩文錦 国 ➔p.7 法隆寺龍首水瓶 国 中宮寺天寿国繡帳(断片) 国
書物	『天皇記』『国記』 厩戸王(聖徳太子)・蘇我馬子が編集した歴史書 三経義疏(伝厩戸王撰) 法華経・維摩経・勝鬘経それぞれの注釈書の総称 百済の僧観勒，暦法を伝える ➔p.42

2 権威を示すための寺院建立

寺院名	創建者	特徴・所蔵品
飛鳥寺(法興寺)	蘇我馬子	蘇我氏の氏寺。初の本格的伽藍をもつ。百済・高句麗に同じ伽藍配置の寺院が存在
四天王寺	厩戸王(聖徳太子)	伽藍配置は百済様ともよばれる
法隆寺(斑鳩寺)	厩戸王(聖徳太子)	現存する世界最古の木造建築群(西院伽藍の金堂・五重塔・中門・回廊)*➔p.51
中宮寺	厩戸王(聖徳太子)	天寿国繡帳(太子の死を悼んで妃がつくらせたと伝わる)➔p.50，半跏思惟像所蔵 ➔p.53
広隆寺	秦河勝	秦氏は渡来人系。京都最古の寺院

③初期の仏教は，王家や氏ごとに受容され，有力者が祖先供養のために**氏寺**を建立。寺院造営は大陸伝来の高度な知識と技術が必要で，寺院は古墳にかわる権威の象徴となっていった。

＊法隆寺の東院伽藍は8世紀半ばの建立。➔p.76

＊2 礎石のなかで塔の中心柱を受けるもの。

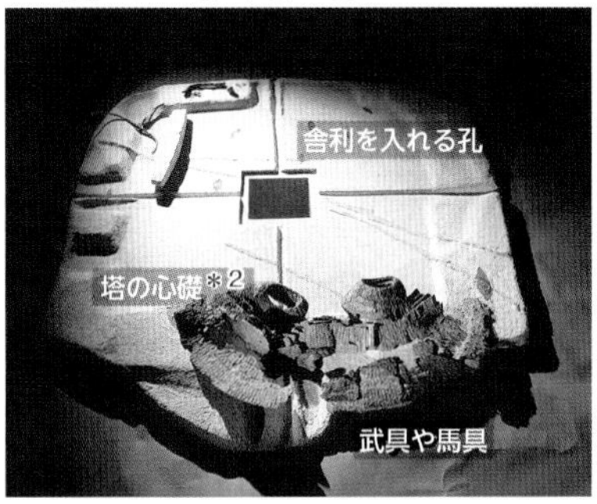

舎利を入れる孔
塔の心礎*2
武具や馬具

④飛鳥寺の塔の心礎 柱の土台に石を使用する礎石建築も渡来人による技術。これにより，瓦葺建築の重量に耐えることができた。

3 伽藍配置の変遷

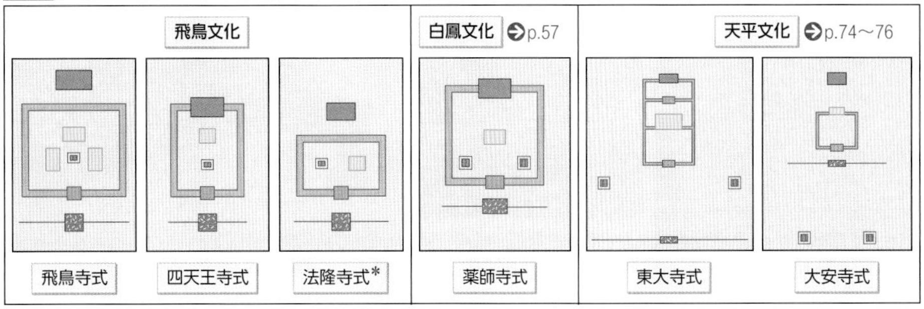

南大門
中門
回廊(歩廊)
塔
金堂
講堂
飛鳥文化
白鳳文化 ➔p.57
天平文化 ➔p.74〜76
飛鳥寺式
四天王寺式
法隆寺式*
薬師寺式
東大寺式
大安寺式

⑤初めは釈迦の遺骨(仏舎利)を納めた塔が伽藍の中心として重んじられた。しかし本尊が重視されるようになると，本尊をまつる金堂が中心となり，塔は外側へと移動する。さらに，仏教教学の研究で学問的性格が強まると，講堂が伽藍のなかで重視されるようになった。＊西院伽藍の配置(平安時代の講堂火災以前)。創建時の若草伽藍は四天王寺式。➔p.51

歴史のまど 吉川真司『飛鳥の都』 推古天皇即位から大宝律令成立直前までの国家形成の過程を，仏教や文化も交えて解説している。

飛鳥文化②（法隆寺）—世間虚仮，唯仏是真（天寿国繡帳）

〈国 奈良 中宮寺蔵 88.5 × 82.7cm〉

ヒストリースコープ

天寿国繡帳には，「この世にあるものごとはすべて仮の物であり，仏の教えのみが真実である」という，仏教を厚く信仰し，仏教による国内の平和をめざした厩戸王（聖徳太子）の言葉が記されている。厩戸王の建立した法隆寺を中心に，日本最初の仏教文化が花開いた。

考察

❶天寿国繡帳にはどの地域の影響がみえるだろうか。
❷飛鳥文化の建築文様には，どのような国際的影響がみえるだろうか。→ 2
❸飛鳥文化の担い手はどのような人々だったのだろうか。

Ⓐ亀甲
Ⓑ
読経の五僧
鐘をつく僧

①天寿国繡帳（断片）　厩戸王の死後，妃の橘大郎女は，推古天皇に，厩戸王をしのぶため，彼が往生した天寿国のようすを描いてほしいと願い出た。そのため，渡来系工人らが下絵を描き，その監督指導のもとで采女*たちが刺繡をした。制作の由来は，帳に配された100か所の亀甲（Ⓐ）に4字ずつ記された，計400字の文によって知ることができ，文全体は『上宮聖徳法王帝説』で読むことができる。＊地方豪族が献上した一族の女性で，宮廷で天皇の側に仕えた下級女官。

Ⓑ

②Ⓑの拡大　女性はすそが開いたスカート状の裳と，盤領とよばれる丸えりの衣を着ており，朝鮮半島の影響がうかがえる。

③天寿国繡帳（CG復元想像）

〈NHKエンタープライズ提供〉

1 玉虫厨子—飛鳥文化の総合芸術

④法隆寺玉虫厨子　厨子とは仏像や経典をおさめるもの。厨子の屋根や，仏像をおさめる宮殿部には，法隆寺金堂などの飛鳥建築の技法が用いられており，宮殿部と須弥座には仏教説話が描かれている。周囲の枠には透かし彫りの金具が用いられ，とくに宮殿部の金具の下には2563枚のタマムシの翅がはりつけてあるため，玉虫厨子と称される。

⑤宮殿部扉絵　正面と側面の扉に二天王像と四菩薩像が，背面の壁画には須弥山などがそれぞれ描かれており，釈迦のいる浄土を表現しているとみられる。

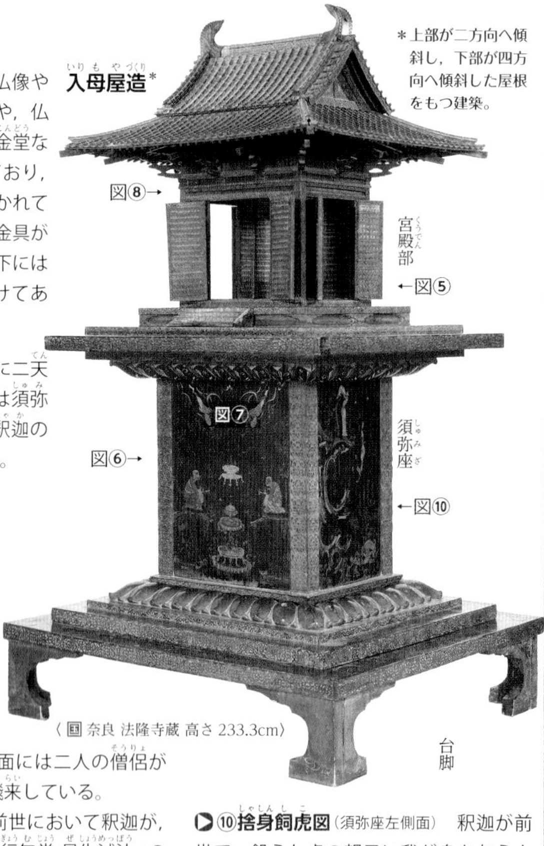
入母屋造*
図⑧→
宮殿部
←図⑤
図⑦
図⑥→
須弥座
←図⑩
台脚

〈国 奈良 法隆寺蔵 高さ233.3cm〉

＊上部が二方向へ傾斜し，下部が四方向へ傾斜した屋根をもつ建築。

⑧宮殿部正面軒下部分のタマムシの翅

⑨タマムシ

釈迦
釈迦
釈迦
羅刹

⑦舎利供養図（須弥座正面）　正面には二人の僧侶がおり，空から香炉を持つ天人が飛来している。

⑥施身聞偈図（須弥座右側面）　前世において釈迦が，羅刹という鬼神の唱える教え「諸行無常 是生滅法」の続きを教えてもらった代償として，自らの命を与えるために岩から身を投げた場面が描かれている。

⑩捨身飼虎図（須弥座左側面）　釈迦が前世で，飢えた虎の親子に我が身を与えようと崖から身を投げた慈悲の姿を描いた図。異時同図法（→p.100）が使われている。

今日とのつながり　奈良県斑鳩町の法隆寺建築物群は，法起寺とともに「法隆寺地域の仏教建造物」として，1993年ユネスコの世界文化遺産に登録された。

2 法隆寺－厩戸王(聖徳太子)による仏教信仰の中心地

経蔵
講堂
鐘楼
五重塔
金堂
回廊
中門

⑪法隆寺西院全景　法隆寺は，用明天皇が自らの病気平癒のために建立を発願した。その死後，推古天皇と厩戸王がその遺志を継いで607年に完成し(**若草伽藍** ➔時代を見る目)，厩戸王の仏教信仰や研究の拠点となった。若草伽藍の焼失により，塔と金堂が回廊によって囲まれた西院伽藍(➔p.49)が造営されたと推定されているが，平安時代に講堂が火災にあい，回廊が講堂とつながる現在の伽藍配置となった。〈世 国 奈良〉

法隆寺周辺
法起寺
歴史的風土特別保存地区
中宮寺
中宮寺跡
法隆寺
藤ノ木古墳
➔p.43
斑鳩町
0 500m
関西本線(大和路線)
西名阪自動車道
ほうりゅうじ

⑫法隆寺の位置

雲肘木
雲斗
人字形割束
卍崩しの勾欄

⑭法隆寺金堂細部　中国南北朝時代の影響がみられる。雲斗・雲肘木とよばれる組物によって軒が支えられ，上層の勾欄は卍崩しや人字形割束の装飾がほどこされた。

⑬法隆寺金堂　二重基壇の上に建つ入母屋造(➔1)の二重仏殿で，細部・内部に飛鳥様式の特徴がみえる。伽藍は回廊に囲まれた中央に塔と並んで配置され，四方から見てバランスのよい正方形に近い形をしている。初層の板葺の裳階(➔p.57)は後代につけ足されるなど，改装・補強がほどこされている。〈国 高さ15.2 m〉

二層
裳階
初層
基壇

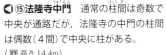

⑮法隆寺中門　通常の柱間は奇数で中央が通路だが，法隆寺の中門の柱間は偶数(4間)で中央に柱がある。〈国 高さ14.4m〉

⑯法隆寺回廊　現存する古代の回廊としては，唯一のものである。〈国〉

⑰法隆寺五重塔　心柱は二重基壇の礎石に建ち，初層には裳階がつく。上層にいくにつれて屋根(軒)の張り出しの幅が狭くなり，塔の幅も5層は初層の半分となる。〈国 高さ32.6 m〉

時代を見る目　法隆寺の再建・非再建論争　➔Web特設「年代特定」

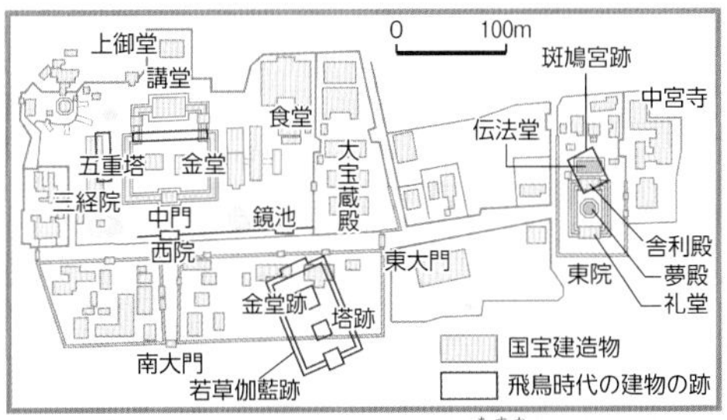
0 100m
上御堂
講堂
食堂
斑鳩宮跡
中宮寺
伝法堂
大宝蔵殿
五重塔
金堂
三経院
中門
鏡池
西院
東大門
舎利殿
夢殿
礼堂
東院
金堂跡
塔跡
南大門
若草伽藍跡
国宝建造物
飛鳥時代の建物の跡

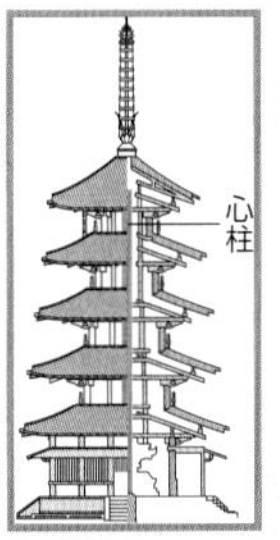
心柱

法隆寺(西院)は，建築様式的には飛鳥様式であるが，『日本書紀』には670年に焼失記事があり，再建・非再建論争が建築史家・古代史家の間で明治以来続けられた。1939年の若草伽藍跡の発掘調査で四天王寺式の創建伽藍が確認された。さらに近年，若草伽藍跡から焼けた壁画片が発見され，再建は決定的となった。しかし，年輪年代により五重塔心柱の伐採年が594年と判定され，また金堂の建築部材の一部が焼失年直前の伐採とされたことで，単純な再建ではなかった可能性も出てきている。

歴史散歩　法隆寺(奈良県斑鳩町)　西院伽藍では飛鳥文化の建築・仏像を，東院伽藍では天平文化の建築を，それぞれ見ることができる。

白鳳の仏像の世界 ➔ p.60

1 端正で厳しい顔立ちの北魏様式

よみとき 北魏様式の造形の特徴を，百済・中国南朝(梁)様式と比べて読み取ろう

北魏様式 北魏➔ p.5 巻頭地図

端正で力強い男性的な表現

制作者・指導者：鞍作鳥(止利仏師)とその一派

特徴 ①正面からの見え方を重視し，左右対称を基調とした表現
②しっかりと見開かれた杏仁形の眼，高く大きな鼻，仰月形*の鋭いくちびる ＊三日月の形。
③アルカイックスマイル(「古拙の微笑」(口もとに浮かべるほほえみ))

〈奈良 飛鳥寺(安居院)蔵 像高 275.2cm〉

①飛鳥寺釈迦如来像(金銅像)　飛鳥寺の本尊。鞍作鳥(止利仏師)の作といわれる日本最古の仏像。『日本書紀』には，605年4月，推古天皇が仏像の制作を命じ，606年に完成したとある。釈迦如来像は1196年の火災によって大きな損傷を受け，当初の部分は顔と手の一部しか残っていないとされていたが，近年の調査では大部分が造立当初のものとする見解も出ている。

〈国 奈良 像高 178.8cm〉

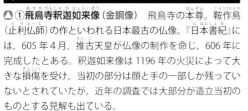

②法隆寺夢殿救世観音像(木像)　長らく秘仏とされていたが，明治時代に岡倉天心とフェノロサ(➔p.250)によって開扉され，その姿が明らかとなった。厩戸王(聖徳太子)の姿を写した等身像といわれる。髪や衣服から左右対象の重視がみてとれる。

③北魏の仏像(竜門石窟賓陽中洞如来坐像)　口元のアルカイックスマイルや杏仁形(➔図⑤)の眼などに類似が認められる。

④法隆寺金堂釈迦三尊像(金銅像)(拡大)

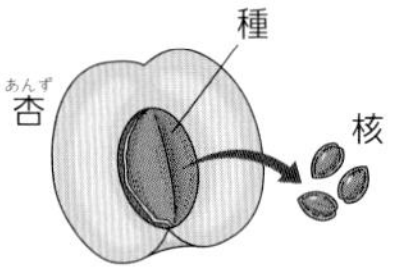
種
杏
核

⑤杏仁形　杏の種の中にある核(仁)と同じような形で，上下の弧線が同じカーブで開いた形。この特徴は北魏の石仏から受け継がれたものである。

＊中心の仏と左右の脇侍(菩薩)による三者一組の仏像配置。

⑥法隆寺金堂内陣　本尊は中心の釈迦三尊像*であり，光背の銘文によると，厩戸王の病気平癒を願った妃や王子たちの発願で，鞍作鳥(止利仏師)に太子の等身大の仏像をつくらせたとされる。面長な顔つきで杏仁形の眼と大きな鼻が特徴的であり，口元にはアルカイックスマイルを浮かべている。また，左右対称を意識した造形からは，鞍作鳥の特徴である「正面からの見え方の重視」もみてとれ，内陣の仏像配置自体も左右対称の構成となっている。

〈国 奈良 像高 中尊(釈迦如来)86.4cm 左脇侍(薬王菩薩)90.7cm 右脇侍(薬上菩薩)92.4cm〉

四天王立像
増長天
阿弥陀如来坐像
光背
吉祥天立像
中尊
右脇侍
釈迦三尊像
左脇侍
毘沙門天立像
薬師如来坐像
四天王立像
持国天

2 やさしくやわらかな顔立ちの百済・中国南朝(梁)様式

＊中宮寺では如意輪観音としている。

百済・中国南朝(梁)様式

柔和でまるみのある女性的な表現

制作者・指導者：朝鮮三国時代の仏師

特徴 ①曲線的で自然に近い身体や衣服の表現，側面にも立体感がみえる
②口角(口の左右)を明確に刻まず，おだやかな表情を表現
③アルカイックスマイル(「古拙の微笑」(口もとに浮かべるほほえみ))

⑦**法隆寺百済観音像**(拡大)

⑧**法隆寺百済観音像**(左手拡大)
人々の願いをかなえる水の入った水瓶を，左手の指先でそっとつまむように持っている。指1本1本の表情が細やかに表現されている。

〈国 像高 210.9cm〉

⑪**中宮寺半跏思惟像(弥勒菩薩像＊)**(拡大)

⑫**中宮寺半跏思惟像(弥勒菩薩像＊)(木像)** 球形を二つ並べた古風な髪型で，円形の台座に座っている。前傾姿勢の多い半跏思惟像において，背筋をのばした姿勢は独特であり，やわらかさの中に毅然とした美しさがある。かつては彩色されていた。〈国 奈良 像高 87.0cm〉

⑨**デルフォイの御者**
(前5世紀 ギリシア) 衣服にはやわらかく流れるような ひだが見える。これらの特徴は飛鳥文化の仏像にもみられる。

⑩**法隆寺百済観音像(木像)** 8頭身に近い，細身だが丸みのあるやわらかな体躯。やさしげなアルカイックスマイルを浮かべる。

⑬**朝鮮の半跏思惟像** 金銅像であるが，流れるような衣のひだや頭部の宝冠，やわらかな表情など，作風が広隆寺弥勒菩薩半跏思惟像と酷似している。
〈韓国国立中央博物館蔵〉

⑭**広隆寺弥勒菩薩半跏思惟像(木像)** 半跏思惟とは，台座に腰かけて右足を左ふとももに乗せて足を組み(半跏)，かしげた頭に右手で頬づえをつき深く考える(思惟)姿。〈国 京都 像高 84.2cm 総高(頂～左足裏)123.3cm〉

律令国家の形成 ―豈天孫を以て鞍作に代へむや(『日本書紀』)

〈奈良 談山神社 多武峯縁起絵巻* 16世紀成立〉

＊後世に描かれた想像図であるため，服装や調度品は平安時代以降のものとなっている。

ヒストリースコープ

『日本書紀』によると，中大兄皇子は「天皇家が蘇我氏にとってかわられていいはずがない」と述べ，中臣鎌足らとともに蘇我氏を滅ぼし，王族中心の中央集権をめざした。

考察

❶なぜ中大兄皇子は自ら先頭に立って乙巳の変を起こしたのだろうか。

❷改新政府がめざした支配体制について説明しよう。→3・4

❸天智・天武朝期の，人々の天皇への認識の変化について説明しよう。→8

皇極天皇
中大兄皇子
(天智天皇)
蘇我入鹿
中臣鎌足

乙巳の変【要約】

儀式のため，皇極天皇が大極殿に出御し，入鹿も入朝した。中大兄皇子と仲間は武器を持ってひそんでいた。上表文を読む石川麻呂は恐怖のあまり手がふるえ，入鹿に「なぜふるえるのか」と問われると，「天皇のお近くが恐れ多いのです」と答えた。そして中大兄皇子は，自らおどり出て仲間とともに入鹿に切りかかり，斬殺した。天皇は驚いて直ちに殿中へ退いた。(『日本書紀』)

◀①乙巳の変　蘇我入鹿が暗殺された板蓋宮(→p.48)の場面。儀式の場であるため，入鹿が剣を持たないときをねらったといわれる。

古代　飛鳥

1 大化改新から律令国家の形成へ

＊天皇没後に，皇太子または皇后が政務をとること。 →p.72「遣隋使・遣唐使と日本の文化」

天皇	時期	年	国内政治　赤字 女帝	年	東北・対外関係→6・7	情勢
舒明				630	第1回遣唐使(犬上御田鍬ら)	唐帝国の強大化
				632	犬上御田鍬・僧旻ら帰国	
641				640	南淵請安・高向玄理ら帰国	
642 皇極		643	蘇我入鹿，山背大兄王を襲撃し，自害させる	644	唐，高句麗を攻撃	
645 孝徳	改新政策の推進	645	中大兄皇子・中臣鎌足ら，大極殿で蘇我入鹿を殺害，蘇我蝦夷は自害(乙巳の変)→大化の改新始まる 初めて年号を定める(大化) 東国などの国司を任命 難波長柄豊碕宮に遷都→5			
		646	「改新の詔」を出す→3	647	渟足柵を築く	
			薄葬令(身分により墳墓の規模を規定)を出す	648	磐舟柵を築く	
				653	第2回遣唐使〔北路？〕	
654		649	右大臣蘇我倉山田石川麻呂，自害	654	第3回遣唐使〔北路〕	
655 斉明		655	皇極天皇が飛鳥板蓋宮で重祚*2　＊2 退位した天皇が再び即位すること。	658	阿倍比羅夫を東北に派遣	
661		661	筑紫に遷都。斉明天皇死去	660	唐・新羅，百済を滅ぼす	
中大兄称制＊	中央集権体制の強化	663	白村江の戦い→唐・新羅連合軍に大敗→7			東アジア情勢の緊張の高まり
		664	冠位二十六階を制定，氏上・民部・家部などを定める	664	筑紫に水城を築く	
				665	筑紫に大野城・基肄城を築く	
		667	近江大津宮に遷都。大和に高安城，讃岐に屋島城，対馬に金田城を築く。対外的危機最高潮			
668 天智		668	天智天皇即位。近江令完成？	668	唐・新羅，高句麗を滅ぼす	
		669	中臣鎌足，藤原の姓を賜る			
		670	庚午年籍(初の戸籍)を作成			
671		672	壬申の乱→8			
673 天武		673	天武天皇，飛鳥浄御原宮で即位			
		675	諸氏の部曲を廃止	676	新羅，朝鮮半島を統一	
	律令国家の完成	681	飛鳥浄御原令の編纂を開始 国史の編纂に着手			東アジアの安定
		683	銅銭(富本銭)の使用を命ずる		＊3 豪族を新しい身分秩序に編成した。真人・朝臣・宿禰・忌寸・道師・臣・連・稲置。	
		684	八色の姓*3を制定			
686 持統		686	大津皇子，謀反の疑いで逮捕			
		689	飛鳥浄御原令を施行			
		690	庚寅年籍を作成	690	則天武后，皇帝となり，唐を周と改める(～705)	
		694	藤原京へ遷都→p.56			
697 文武		701	大宝律令が完成(令は701，律は702施行)→p.61	698	渤海，建国	
707 元明		708	和同開珎を鋳造→p.67	702	第8回遣唐使(粟田真人ら)〔南路〕。国号を日本と伝える	
		710	平城京へ遷都→p.65			

2 系図にみる皇室と蘇我氏の関係②

7世紀初頭までの皇室と蘇我氏 →p.47 2

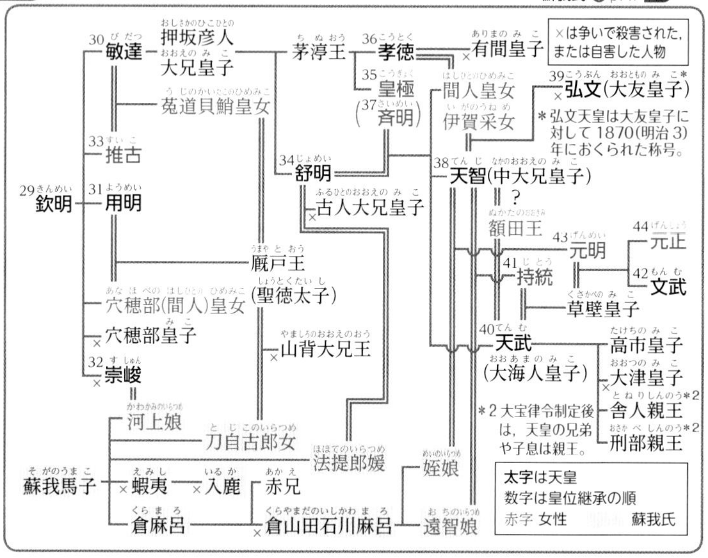

30 敏達
押坂彦人大兄皇子
茅渟王
36 孝徳
有間皇子
×は争いで殺害された，または自害した人物
菟道貝鮹皇女
35 皇極
(37 斉明)
間人皇女
伊賀采女
39 弘文(大友皇子)*
＊弘文天皇は大友皇子に対して1870(明治3)年におくられた称号。
33 推古
34 舒明
38 天智(中大兄皇子)
29 欽明
31 用明
古人大兄皇子
額田王
43 元明
44 元正
42 文武
41 持統
草壁皇子
厩戸王
(聖徳太子)
穴穂部(間人)皇女
穴穂部皇子
山背大兄王
40 天武
(大海人皇子)
高市皇子
大津皇子
舎人親王*2
刑部親王*2
＊2 大宝律令制定後は，天皇の兄弟や子息は親王。
32 崇峻
河上娘
刀自古郎女
法提郎媛
姪娘
蘇我馬子
蝦夷
入鹿
赤兄
倉麻呂
倉山田石川麻呂
遠智娘
太字は天皇
数字は皇位継承の順
赤字 女性　蘇我氏

3 改新の詔

第1条 (公地公民制)
- 土地と人民を朝廷の直接支配に
  天皇らの 屯倉(私地)・子代(私民)／豪族の 田荘・部曲 → 廃止 → (皇族・豪族への給与) 食封・布帛

第2条 (行政組織)
- 中央・地方の行政制度を整える
  畿内の範囲を定める／国を郡(評)・里に分ける／国司・郡司・里長を任命
- 軍事や交通制度を整える
  要地に関塞・斥候・防人を配する
  駅制・伝馬制をしく→p.68

第3条 (班田制)
- 人民を戸籍と計帳に登録する
- 班田収授法をつくる→50戸を1里に里制をしく／耕地を町・段・歩で表記

第4条 (租以外の税制)→p.64
- 田の調，戸別の調を割りあてる
- 軍事などの経費を戸別に割りあてる

△②改新の詔(『日本書紀』)　改新政治の基本方針を示し，豪族らが分散支配していた土地と人民を中央政府のもとに一元化した。

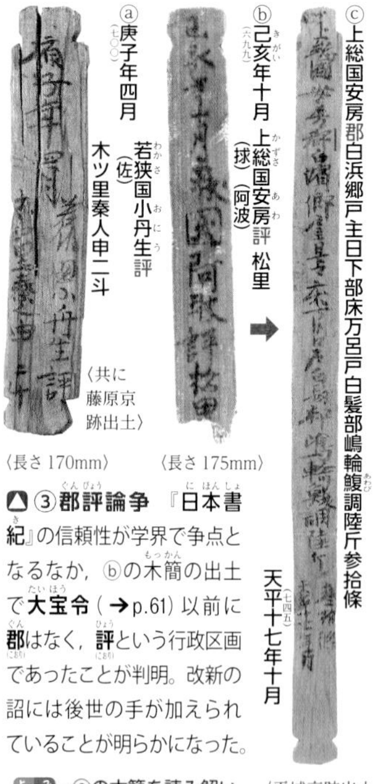

ⓐ庚子年四月(七〇〇) 若狭国小丹生評(佐) 木ツ里秦人申二斗

ⓑ己亥年十月(六九九) 上総国安房評(捄)(阿波) 松里

〈共に藤原京跡出土〉〈長さ170mm〉〈長さ175mm〉

ⓒ上総国安房郡白浜郷戸主日下部床万呂戸白髪部嶋輪鰒調陸斤参拾條　天平十七年十月(七四五)

〈平城京跡出土 長さ364mm〉

△③郡評論争　『日本書紀』の信頼性が学界で争点となるなか，ⓑの木簡の出土で大宝令(→p.61)以前に郡はなく，評という行政区画であったことが判明。改新の詔には後世の手が加えられていることが明らかになった。

よみとき　ⓒの木簡を読み解いてみよう →巻頭7

〈図③ⓐⓒ奈良文化財研究所蔵，ⓑ奈良県立橿原考古学研究所附属博物館蔵〉

歴史散歩　談山神社(奈良県桜井市)　中臣鎌足をまつっており，鎌足の肖像画や乙巳の変を扱った絵画も所蔵している。

4 改新政府の組織

＊政治顧問。

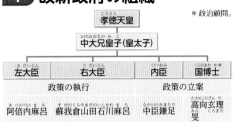

孝徳天皇
中大兄皇子(皇太子)

左大臣	右大臣	内臣	国博士＊
政策の執行		政策の立案	
阿倍内麻呂	蘇我倉山田石川麻呂	中臣鎌足	高向玄理 旻

△④改新政府の組織　乙巳の変後，蘇我氏が独占していた大臣は廃止され，皇太子を中心に天皇を補佐し，天皇に権力を集中する支配体制となった。

時代を見る目　大織冠　藤原鎌足

大織冠は，647（大化3）年に制定された冠位十三階の制度で最も上位の冠位。記録に残る大織冠は，亡くなる前日に天智天皇から授けられ，「藤原」の姓を賜った中臣鎌足だけで，鎌足個人をさす語としても用いられている。

△⑤大織冠（復元）
（大阪 高槻市教育委員会提供）

5 難波宮への遷都

➡p.56

〈大阪歴史博物館蔵〉

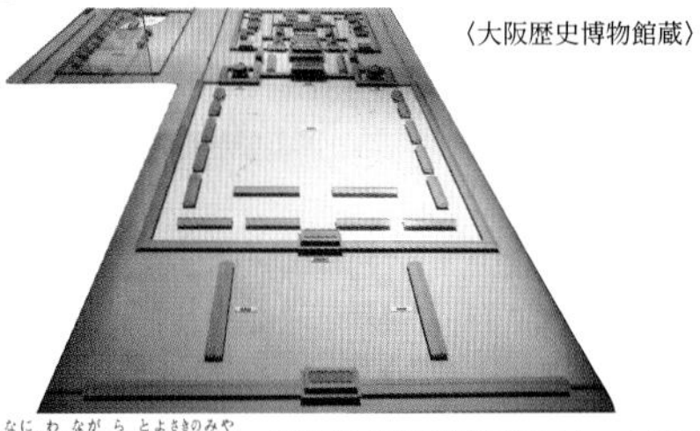

△⑥難波長柄豊碕宮　645年の難波遷都によって造営開始。朱雀門，朝堂院，内裏などが回廊で囲まれ，すべての建物が掘立柱構造（➡p.28）であった。

6 東北進出

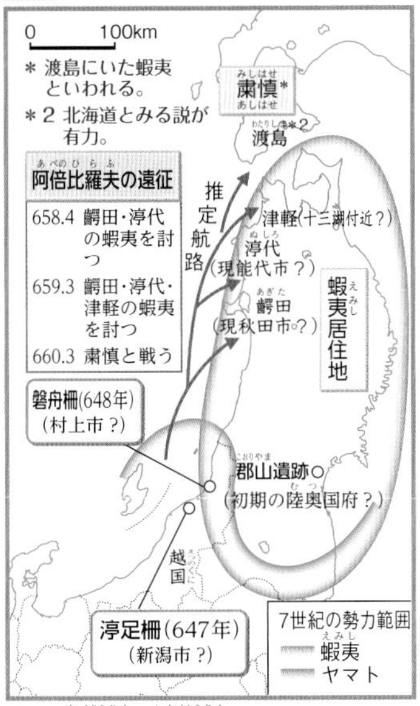

0　100km
＊渡島にいた蝦夷といわれる。
＊2 北海道とみる説が有力。
粛慎＊
渡島＊2
阿倍比羅夫の遠征
658.4 齶田・渟代の蝦夷を討つ
659.3 齶田・渟代・津軽の蝦夷を討つ
660.3 粛慎と戦う
推定航路
津軽(十三湊付近？)
渟代(現能代市？)
齶田(現秋田市？)
蝦夷居住地
磐舟柵(648年)(村上市？)
郡山遺跡(初期の陸奥国府？)
越国
渟足柵(647年)(新潟市？)
7世紀の勢力範囲
蝦夷
ヤマト

△⑦渟足柵・磐舟柵の設置と東北遠征
改新政治において政府は，中国にならった支配域の拡大をはかり，日本海側から舟で進出し，柵を設置して経営拠点とした。

7 国内に動揺をもたらした白村江の戦い

660	百済が唐・新羅軍に滅ぼされる
661.1	斉明天皇の遠征
661.7	斉明天皇没（中大兄皇子称制）
663	白村江の戦い
664	筑紫に水城を築く 対馬・壱岐・筑紫に防人・烽を設置
665	筑紫に大野城・基肄城を築く
667	近江大津宮に遷都
676	新羅が朝鮮半島を統一

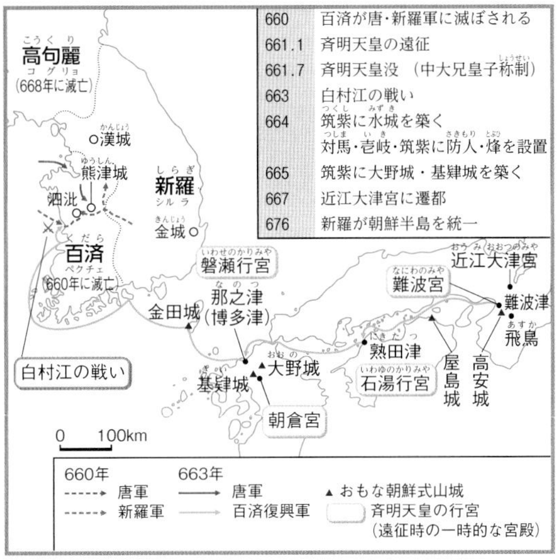

高句麗(668年に滅亡)
漢城
熊津城
新羅
泗沘
百済(660年に滅亡)
金城
磐瀬行宮
那之津(博多津)
金田城
大野城
基肄城
朝倉宮
熟田津
石湯行宮
屋島城
高安城
難波宮
近江大津宮
難波津
飛鳥
白村江の戦い
0　100km
660年　唐軍　新羅軍
663年　唐軍　百済復興軍
▲おもな朝鮮式山城
斉明天皇の行宮(遠征時の一時的な宮殿)

△⑧白村江の戦い　655年，高句麗・百済が連合して新羅に侵攻すると，新羅は唐に援軍を求め，その連合軍が660年に百済を制圧。百済の遺臣の要請によって661年中大兄皇子は斉明天皇とともに九州まで出征したが，斉明天皇が没し，663年の白村江の戦いで唐と新羅の連合軍に大敗した。

▽⑨水城（復元想像図）
〈イラスト 香川元太郎氏〉

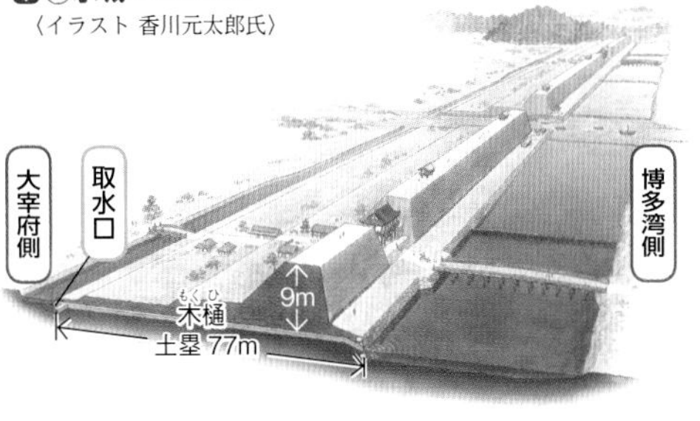

大宰府側
取水口
博多湾側
木樋
9m
土塁 77m

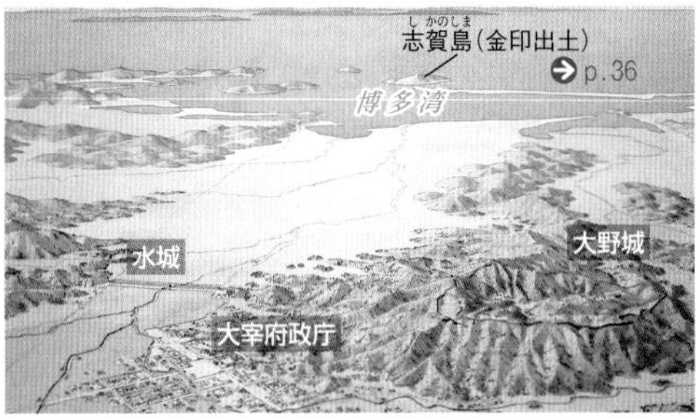

志賀島（金印出土）
➡p.36
博多湾
水城
大野城
大宰府政庁

△⑩水城の設置　白村江の戦い後，唐・新羅の攻撃に備え，大宰府を守るために土塁を構築した。

8 壬申の乱と天武朝での天皇神格化

671年	
10.20	大海人皇子，近江大津宮から吉野宮へ入る
12.3	天智天皇が大津宮で亡くなる
672年	
6.24	大海人皇子，吉野宮を進発
6.26	大海人皇子軍，不破関を閉鎖
6.27	大海人皇子，野上行宮に入る
6.29	大海人皇子方の大伴吹負ら，大和で挙兵
7.4	大和での戦闘が本格化
7.5	近江で戦いが始まる
7.22	瀬田の戦いで近江朝廷軍敗北
7.23	大友皇子が山前で自害

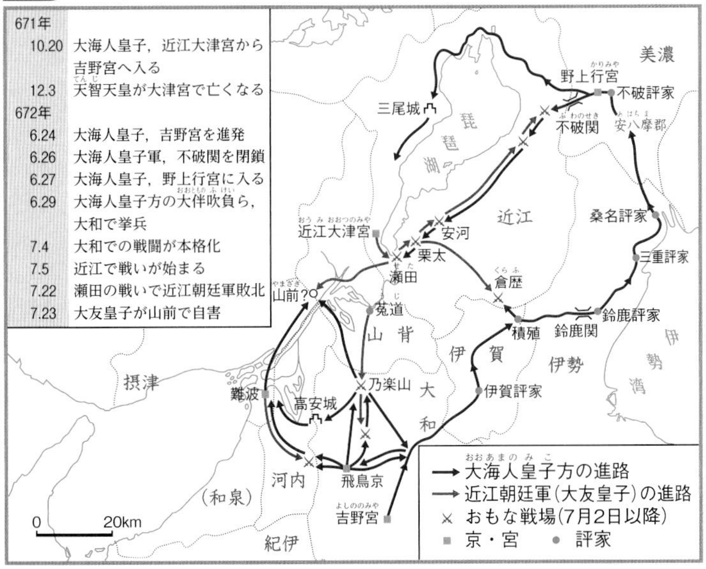

美濃
野上行宮
不破評家
不破関
安八磨郡
三尾城
琵琶湖
近江
近江大津宮
安河
栗太
瀬田
山前？
莵道
山背
倉歴
桑名評家
三重評家
鈴鹿評家
鈴鹿関
積殖
伊賀
伊勢
伊勢湾
伊賀評家
摂津
難波
高安城
乃楽山
大和
河内
飛鳥京
(和泉)
吉野宮
紀伊
0　20km
大海人皇子方の進路
近江朝廷軍(大友皇子)の進路
×おもな戦場(7月2日以降)
■京・宮　■評家

A 壬申の乱後の天皇の神格化

＊天武天皇は大臣をおかず，皇后（のちの持統天皇）と皇子とともに政治を行った（皇親政治）。

大君は　神にしませば　赤駒の　はらばふ田居を　都となしつ　大伴御行
大君は神にしませば　水鳥のすだく　水沼を都となしつ　作者不詳

①天皇（天武天皇）
②栗毛の馬ですら足をとられてしまうような沼田でも
③水鳥が群れるような水沼でも

◁⑪『万葉集』にみる天武天皇をたたえた和歌　大海人皇子は即位して天武天皇となったのちに，絶大な神的権威をもった＊。『万葉集』に，天皇を「神」としてたたえた和歌が残されている。

◁⑫壬申の乱　壬申の乱は多くの人々を巻き込んだ古代史上最大の内乱であった。地方豪族に支持された大海人皇子（天武天皇）が短期間で軍事的優位にたち，大友皇子を倒した。この乱により，中央の豪族も力を失った。

▷⑬「天皇」号の成立　天武・持統朝では，大王にかわって「天皇」の称号が用いられるようになった＊。天皇の即位儀礼である大嘗祭の創始もこのころとされる。

＊成立の時期には推古朝説や天智朝説もある。

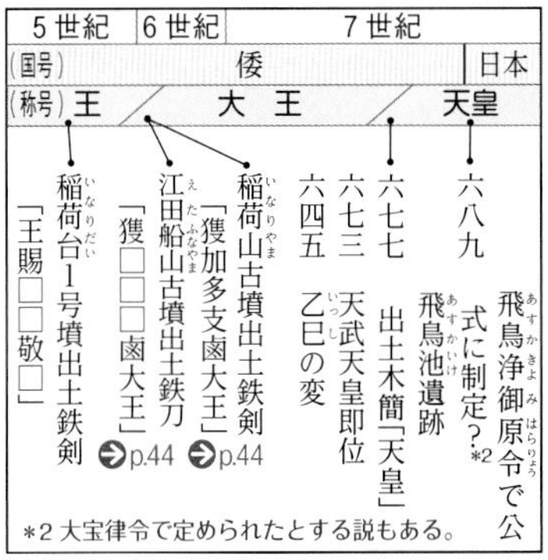

5世紀　6世紀　7世紀
(国号)　倭　日本
(称号)　王　大王　天皇
稲荷台1号墳出土鉄剣「王賜□□敬□」
江田船山古墳出土鉄刀「獲□□□鹵大王」➡p.44
稲荷山古墳出土鉄剣「獲加多支鹵大王」➡p.44
六四五　乙巳の変
六七三　天武天皇即位
六七七　飛鳥池遺跡出土木簡「天皇」
六八九　飛鳥浄御原令で公式に制定？＊2
＊2 大宝律令で定められたとする説もある。

特集 古代の宮都

1 初めての本格的な宮都である藤原京*

＊『日本書紀』では新益京と記されている。
＊2 舒明天皇創建とされる百済大寺の由緒を継ぐ高市大寺が，677年に大官大寺と改称。天皇が願主となり仏教の興隆と統制を掌握するための大寺とされた。九重の塔があったといわれる。平城京に移築され大安寺と改称。

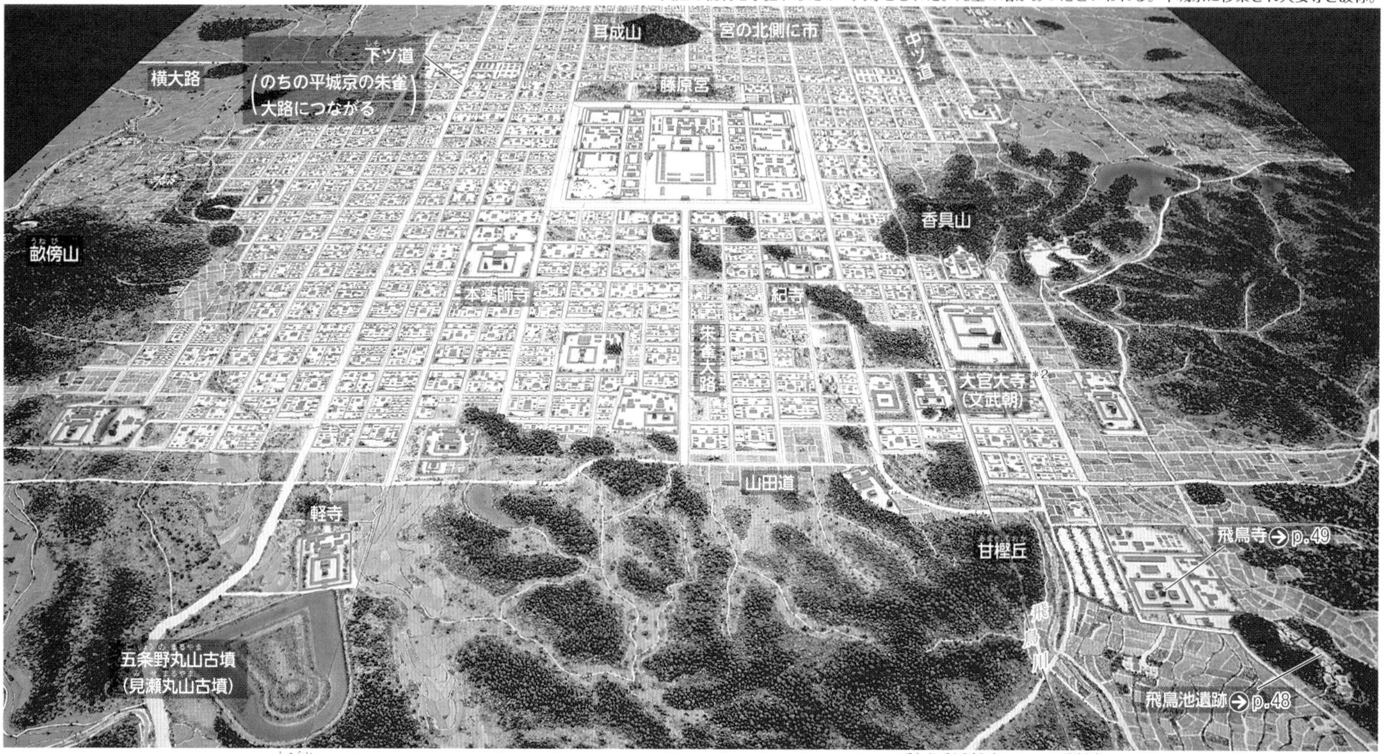

耳成山
宮の北側に市
中ツ道
下ツ道
（のちの平城京の朱雀大路につながる）
横大路
藤原宮
香具山
畝傍山
本薬師寺
紀寺
朱雀大路
大官大寺*2（文武朝）
山田道
軽寺
甘樫丘
飛鳥寺➔p.49
飛鳥川
五条野丸山古墳（見瀬丸山古墳）
飛鳥池遺跡➔p.48

△①藤原京の特色　**藤原京**は，『周礼』が説く王城の考え*3にもとづいてつくられた，**条坊制**による碁盤の目状の土地の区画をもつ日本最初の本格的都城である。王宮は大和三山（畝傍山・耳成山・香具山）に囲まれた宮都の中心にあり，宮都は約5km四方の大規模なものであった。また，真北に天智天皇陵（京都市山科区），真南に天武・持統陵（奈良県明日香村）があり，南北を結ぶ線上に王宮と朱雀大路が存在する。藤原京は，710年に**平城京**（➔p.65）に遷都するまで，持統以来三代の天皇が住む京となった。

＊3『周礼』は孔子が活躍した周時代の官制を記した書物。正方形都城の中心に宮城を置き，前面に政治の場，背面に市を設けるのを望ましいとした。

2 古代の宮都の位置と変遷

古代宮都の変遷	赤字 女帝		事項	
舒明	630	❶飛鳥岡本宮		
皇極	643	❷飛鳥板蓋宮	645	乙巳の変
孝徳	645	❸難波長柄豊碕宮		中大兄皇子らが宮都を飛鳥から難波に遷し政治改革を進める（**大化改新**）➔p.54
斉明	655	❹飛鳥板蓋宮		
		❺飛鳥川原宮（一時的な宮）		
	656	❻後飛鳥岡本宮		
天智*		＊661〜668称制。	663	倭軍，**白村江の戦い**で唐・新羅連合軍に敗れる。防備のため，667年に宮都を近江に遷す➔p.55
	667	❼近江大津宮		
			672	**壬申の乱**。大海人皇子が近江朝廷の大友皇子を倒し，翌年飛鳥浄御原宮で即位➔p.55
（天武）	672	❽飛鳥浄御原宮		
持統	694	❾**藤原京**		
元明	710	❿**平城京**		
聖武			740	**藤原広嗣の乱→聖武天皇**は都を転々と遷す➔p.70
	740	⓫恭仁京		
			741	聖武天皇，国分寺建立の詔
	742	紫香楽宮（離宮）	743	聖武天皇，紫香楽宮で**大仏造立の詔**を出す➔p.74
	744	⓬難波京		
	744	⓭紫香楽宮		
	745	⓮平城京へ還都		
桓武	784	⓯長岡京		
	794	⓰**平安京**➔p.80		
安徳	1180	⓱福原京➔p.98	1180	平清盛の要請により福原遷都
	1180	⓲平安京へ還都		

▽②宮都の変遷と古代の官道

❶〜⓲は年表中の番号と対応
⓰⓲平安京
❼近江大津宮
丹波
近江
長岡京⓯
紫香楽宮⓭
摂津
播磨
山城
⓫恭仁京
⓱福原京
難波長柄豊碕宮❸
⓬難波京
⓾⓮平城京
大和
河内
（和泉）
❶飛鳥岡本宮
❷❹飛鳥板蓋宮
❻後飛鳥岡本宮
❽飛鳥浄御原宮
藤原京❾
飛鳥川原宮❺
0 20km

藤原京以前は，政治的事情などの理由で，天皇がかわるたび，あるいは一代の間に数度の遷宮が行われた。律令制では，官人居住区として「京」が必要となり歴代遷宮の慣例はなくなっていくが，複数の宮が維持され，官道によって結ばれていた。

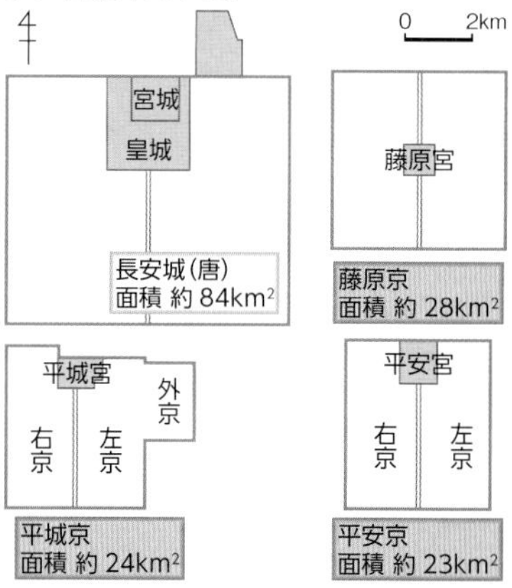

0 2km
宮城
皇城
長安城（唐）
面積 約84km²
藤原宮
藤原京
面積 約28km²
平城宮
外京
右京
左京
平城京
面積 約24km²
平安宮
右京
左京
平安京
面積 約23km²

▷③宮都規模の比較　宮都は唐の長安をモデルに，唐にも対抗できる国家をめざしてつくられたといわれるが，**平城京**（➔p.65）の張り出し（外京）など長安にはない特徴もある。

時代を見る目　「副都」難波京*の役割と中央集権化

＊条坊の存在が推定されているが，考古学的に確認はなされていない。

平城京造営後も，畿内各地の豪族層を官人として都に集住させることが不十分であった。そのような場合は，副都を設ける「複都」制が政治的に有効な手段であった。そこで，難波宮をもとに難波京が整備され，外交・交通・経済の重要拠点とされた。これを管理する摂津職は，摂津の豪族で占められており，これは有力豪族への政治的な妥協でもあったと考えられる。中央集権化が進み，桓武天皇によって，長岡京・平安京が造営されると，難波京の外交機能は，淀川水運を使う単独の「首都」に統合され，難波京は廃止された。こうして官人集住を伴う中央集権が完成した。

白鳳文化①(薬師寺) —凍れる音楽(黒田鵬心)

ヒストリースコープ

美術評論家の黒田鵬心(1885～1967)は，薬師寺東塔のリズミカルな様式美を「凍れる音楽」と評した*。これは裳階*2によって塔の形に独特な強弱の変化があることによると考えられる。白鳳文化の建築様式を伝えるとされる東塔からは，唐初期の文化の力強さを感じとることができる。

考察

❶薬師寺東塔のリズミカルな様式美は何によるものか説明しよう。
❷白鳳文化はどの国の影響を受けた文化であっただろうか。→ 1

＊原典では「氷れる音楽」。長らく，明治のお雇い外国人で東洋美術史家のフェノロサ(1853～1908，➔p.52,250)の言葉として知られてきたが，黒田の言葉であったことが判明した。
＊2 本来の屋根の下につけた屋根状の構造物。庇の役割以上に装飾性が強い。

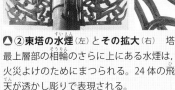

②東塔の水煙(左)とその拡大(右)　塔最上層部の相輪のさらに上にある水煙は，火災よけのためにまつられる。24体の飛天が透かし彫りで表現される。

①薬師寺東塔　730年ごろの建立か。外見は六重塔に見えるが，各層に裳階がつくため三重塔である。薬師寺の伽藍で唯一，創建期より現存している。〈国 高さ34.1m〉

時代を見る目

西塔再建による白鳳伽藍の復興

薬師寺は，金堂を中心に，左右対称に塔が配置され，それらを回廊で囲んだ「薬師寺式伽藍」(➔p.49)の寺院である。しかし，1528年，戦火によって金堂と西塔を焼失し，400年以上，金堂は仮の御堂のままであり，西塔にいたっては，再建がなされなかった。高田好胤管主と宮大工の西岡常一(1908～95)はこうした状況を憂え，1971～81年にかけて金堂・西塔の再建が行われた。西塔は，文献資料や，前後の時代の建築物の研究から，建築様式や彩色において当時の姿が復元され，創建時の伽藍の特徴やはなやかさを現在に伝えている。

水煙
相輪
三層
裳階
二層
裳階
初層
裳階
基壇

③再建された薬師寺西塔

1 白鳳文化まとめ表

特徴	新羅を介して唐初期の影響を受けた仏教文化 ①7世紀後半から8世紀初頭 ②仏教が興隆し，地方にも漢字文化の受容が進む ③天武天皇や豪族によるさかんな寺院建立
建築	薬師寺東塔 国
彫刻 ➔p.60	興福寺仏頭(金銅像) 国 法隆寺阿弥陀三尊像(金銅像) 国 法隆寺夢違観音像(金銅像) 国 薬師寺東院堂聖観音像(金銅像) 国 薬師寺金堂薬師三尊像(金銅像) 国
絵画 ➔p.58	法隆寺金堂壁画(インドや西域の影響) 高松塚古墳壁画・キトラ古墳壁画
工芸	薬師寺東塔水煙➔ ヒストリースコープ 薬師寺金堂薬師如来台座 ➔p.60
文芸	豪族による漢詩文の作成 柿本人麻呂・額田王らにより和歌の形式が整う ➔p.73

2 薬師寺

北門
西僧坊
東僧坊
大講堂
金堂
西塔
東塔
東院堂
中門
回廊
南門
休岡八幡宮

④薬師寺全景　天武天皇が持統天皇の病気回復を願って680年に建立し，平城京遷都に伴って，718年に現在の位置に移る。以後，地震や兵火で倒壊し，創建期の姿を残すのは東塔のみとなった。東院堂は鎌倉時代の，金堂と西塔は昭和時代の再建である。〈世 国〉

⑤本薬師寺金堂礎石　藤原京に創建された薬師寺は，平城遷都後も本薬師寺として新築の薬師寺とともに存続した。伽藍は新羅の寺院と共通している。

歴史のまど 西岡常一『蘇る薬師寺西塔』宮大工棟梁と薬師寺管主の話から，復元作業の苦労やその意味を学べる。

白鳳文化②(絵画) —すべて「酷似」するといわれても仕方がない(和辻哲郎『古寺巡礼』)

ヒストリースコープ

哲学者・文化史家として有名な和辻哲郎(1889～1960, ➔p.268)は，奈良の法隆寺を訪れた際，金堂壁画にインドのアジャンター石窟壁画との類似性を認めた。そして，白鳳文化の国際的な要素を指摘するとともに，日本的な要素も感じとった。

①アジャンター石窟壁画　インドのムンバイ北東にある石窟寺院の壁画で，4～6世紀のグプタ美術の傑作である。唐初期の絵画に影響を与えており，白鳳期の日本の絵画も，唐を経由して影響を受けた。まゆ のあたりの描き方や，衣装・装飾品などに法隆寺金堂壁画との類似性が見られる。

〈法隆寺蔵〉

②法隆寺金堂壁画６号壁　阿弥陀浄土図*　国際色豊かななかにも平面的な顔立ちなどに日本的な要素が感じられ，白鳳絵画の代表的な作品であった。しかし，1949年の火災で内陣内側の小壁20面に描かれた飛天図を除いて焼損した。これを契機に，翌50年，文化財保護法が制定された(➔p.303)。

＊焼損前の壁画を模写したもの。

考察

❶図①②の類似点について説明しよう。

❷白鳳文化の絵画は，ほかにどの地域の影響を受けているだろうか。→ 3・4

1 法隆寺金堂壁画 - 白鳳期の国際ミュージアム

飛天図
阿弥陀
浄土図
〈東海大学情報技術センター 坂田俊文　NHK エンタープライズ提供〉

③法隆寺金堂内部復元ＣＧ　法隆寺金堂には外陣の12面のほか，内陣と外陣の小壁にも壁画がある。外陣壁画の４面には三尊仏を中心とする浄土が描かれ，残りの８面には各１体ずつの菩薩像がある。

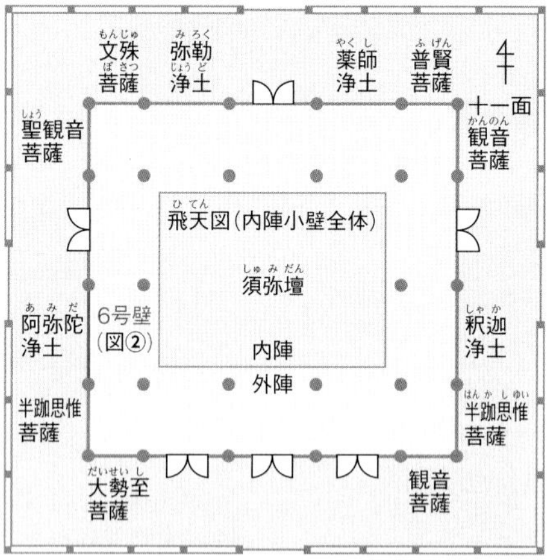
文殊菩薩
弥勒浄土
薬師浄土
普賢菩薩
十一面観音菩薩
聖観音菩薩
飛天図(内陣小壁全体)
須弥壇
内陣
外陣
阿弥陀浄土
6号壁(図②)
釈迦浄土
半跏思惟菩薩
半跏思惟菩薩
大勢至菩薩
観音菩薩

④金堂内部の壁画配置＊壁画はすべて内側に描かれている。

〈法隆寺蔵〉

⑥敦煌石窟壁画　飛天図

⑤法隆寺金堂壁画　飛天図　内陣小壁に描かれた飛天図は，敦煌石窟壁画との類似性が見られる。

2 上淀廃寺壁画

⑦上淀廃寺の復元図　上淀廃寺は，鳥取県にあった地方豪族の寺院であり，金堂と塔の跡が確認され，彩色壁画の断片も出土した。当時の地方寺院のようすを知ることができる。

〈鳥取 米子市教育委員会提供〉

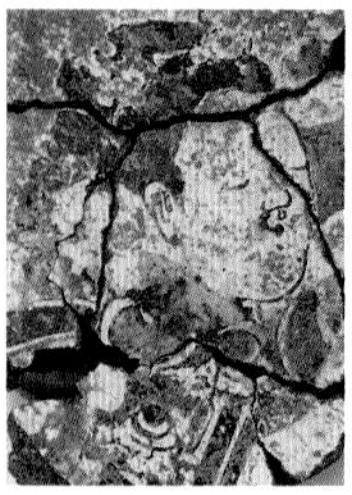

⑧出土壁画(左)と**⑨復元画**(右)　金堂跡から，法隆寺金堂壁画と並ぶ，日本最古級の寺院壁画が出土した。天然の顔料を使って仏教の世界が描かれていたと考えられる。

今日とのつながり　火災によって法隆寺金堂壁画が焼損した1月26日は，文化財防火デーとなった。

3 高松塚古墳 - 飛鳥美人の発見（奈良県高市郡明日香村）
➔ p.39

△ ⑩西壁女子群像　4人の女性があざやかな色彩で描かれ，その髪型や衣装には唐初期や朝鮮の影響が見られる（➔図⑪⑫）。左の女性の持つ丸いうちわの中心には針の跡があり，コンパスを使用して描かれたことがわかる。〈国 国（文部科学省）所管〉

△ ⑪永泰公主墓（唐）

△ ⑫水山里古墳（高句麗）

＊2005年の発掘調査で終末期のなかでも藤原京期（694～710年）の築造と判明。

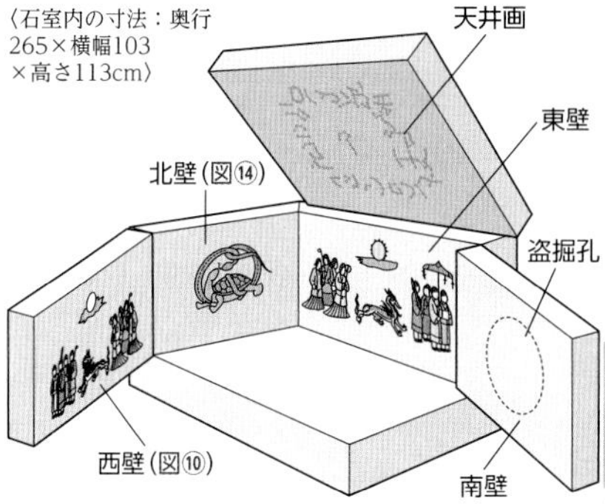

〈石室内の寸法：奥行265×横幅103×高さ113cm〉
天井画
東壁
北壁（図⑭）
盗掘孔
西壁（図⑩）
南壁

△ ⑬石室内部の壁画配置　〈国（文部科学省）所管　奈良文化財研究所写真提供〉

▷ ⑭北壁の玄武図　四神は中国の思想にある四方の守護神で，玄武は北を守護する（➔図⑲）。

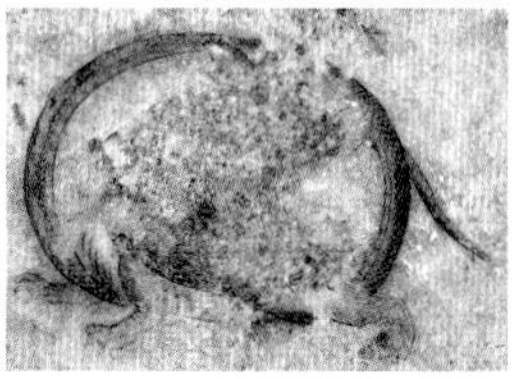

高松塚古墳は，高さ約5mの円墳であり，7世紀末から8世紀初めの終末期古墳とされる。＊ 1972年の発掘調査で石室内の彩色壁画が発見された。石室には，中国思想にもとづいて，天井に星宿図（天文図），周囲の壁には四神や人物が描かれている。カビの発生などによる壁画の退色・変色のため，2006～07年に石室を解体し，修理施設において壁画の修復が行われている。

4 キトラ古墳 - 古代のプラネタリウム（奈良県高市郡明日香村）
➔ p.39

〈国（文部科学省）所管　奈良文化財研究所写真提供〉

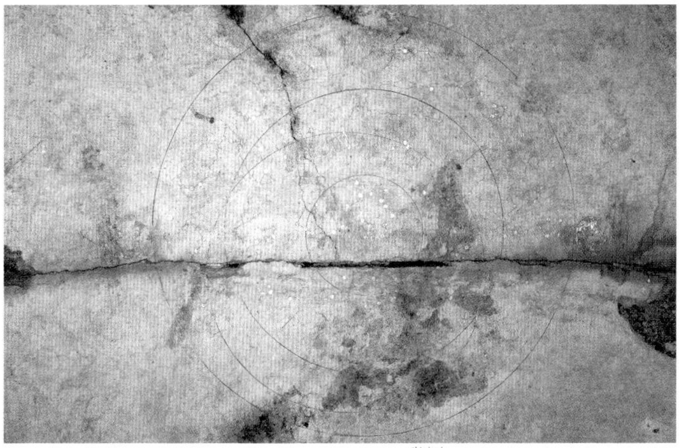

△ ⑰十二支像（午）　壁に獣頭人身の十二支像が描かれる。写真は壁画をおおっていた泥をはがした際に泥に転写されたもの＊。

＊壁画には図⑰と左右逆に描かれていた。

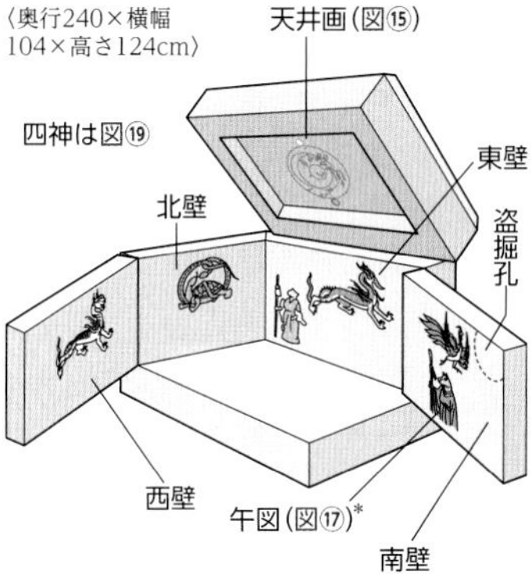

〈奥行240×横幅104×高さ124cm〉
天井画（図⑮）
四神は図⑲
東壁
北壁
盗掘孔
西壁
午図（図⑰）＊
南壁

△ ⑱石室内部の壁画配置

キトラ古墳は，高松塚古墳の南に位置する高さ約3.3mの円墳であり，7世紀末～8世紀初めごろの終末期古墳（➔ p.39）とされる。被葬者は，天武天皇の皇子や側近の高官など諸説ある。1983年に小型カメラによる調査で彩色壁画が発見された。石室の内部には漆喰が塗られ，東西南北の壁に四神が，天井には星宿図がそれぞれ描かれている。精密な星宿図と顔を北へ向けた白虎＊が特徴である。カビによる壁画の変色のため，2004～10年にすべての壁画がはぎとられ，保存された。

＊白虎は高松塚古墳のように南を向くのが一般的である。

△ ⑮星宿図　▽ ⑯星宿図復元イラスト

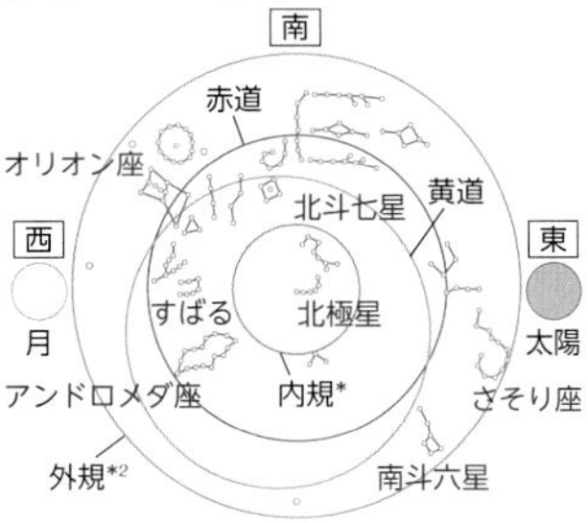

南
赤道
オリオン座
黄道
北斗七星
西
東
すばる
北極星
月
太陽
アンドロメダ座
内規＊
さそり座
外規＊2
南斗六星
北

オリオン座…現在知られている星名・星座名

＊地平線上に沈まない限界。

＊2 恒星が見える限界。

▽ ⑲石室に描かれた四神　＊2 朱は赤色，玄は黒色のこと。各図右上の色は四神を象徴する色を示す

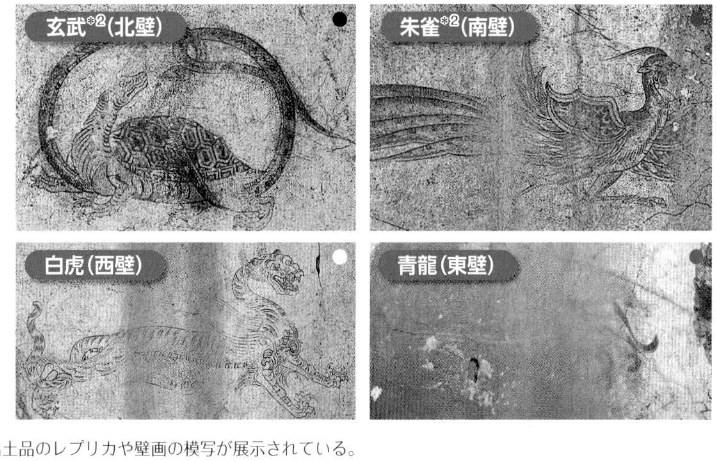

玄武＊2（北壁）
朱雀＊2（南壁）
白虎（西壁）
青龍（東壁）

歴史散歩　高松塚壁画館（奈良県明日香村）　石室内部の模型と，高松塚古墳の出土品のレプリカや壁画の模写が展示されている。

古代 飛鳥

白鳳の仏像の世界

飛鳥の仏像の世界 ➲p.52~53
天平の仏像の世界 ➲p.77

1 写実的でまるみをもった仏像

よみとき 飛鳥文化の仏像と身体の表現がどのように異なっているかに注目しよう ➲p.52

白鳳*様式 ＊7世紀後半～8世紀初頭。

写実的でまるみを帯びたやわらかな表現

影響：唐初期の様式

特徴 ①写実的な衣服や体の表現，ふくよかで立体感のある体躯

②アルカイックスマイル（➔p.52）は消え，よりおだやかな表情

◁①**興福寺仏頭** もとは蘇我倉山田石川麻呂によって建立された山田寺（➔p.48）の本尊（薬師如来）であった。1187年，再建された興福寺東金堂の本尊となったが，1411年の雷火で焼け落ち，頭部のみとなった。〈国 奈良 高さ98.3cm〉

〈国 奈良 像高 中尊33.3cm〉

△②**法隆寺阿弥陀三尊像**（橘夫人念持仏*） 光明皇后の母である橘三千代（➔p.70）の念持仏と伝えられる金銅仏。水面に咲く蓮の花から現れた阿弥陀如来などが浄土のようすを表している。まるみを帯びた体のラインやしなやかな手には唐初期の様式の影響がみえる。＊礼拝のため，身近に安置した仏像。

〈国 奈良 像高87.0cm〉

△③**法隆寺夢違観音像** 悪夢を吉夢にかえる不思議な力があるとされる。柔和な表情と清らかな立ち姿，衣の写実性が特徴。

〈国 奈良 像高188.9cm〉

△④**薬師寺東院堂聖観音像** 直立姿勢や左右対称の表現には飛鳥文化の伝統も感じられるが，豊満な肉づきなど唐初期の様式の影響が強い。

2 日本随一の金銅仏と評された薬師寺金堂薬師三尊像

〈国 奈良 像高 薬師如来254.7cm 日光菩薩317.3cm 月光菩薩315.3cm 日光・月光菩薩の背面は東京国立博物館の特別展の際の写真。普段は光背とともに安置されている〉

背面
月光菩薩（右脇侍）
薬師如来
日光菩薩（左脇侍）
背面

△⑤**薬師寺金堂薬師三尊像*** 本尊の薬師如来を中心に，本尊の脇に控える脇侍の日光菩薩（右）と月光菩薩（左）が左右対称に配置されている。薬師如来は病気平癒などの現世利益をもたらすとされる（如来➲p.85）。日光・月光菩薩は太陽と月の光の象徴で，昼夜を問わず世界を照らし，人々を病苦や不安から救おうとしている。均衡のとれた豊かな身体の造形，端正な表情，なめらかな衣の表現などに，写実的な唐初期の様式を吸収した作風が表れている。日光・月光菩薩の流れるような立ち姿や台座の意匠（➔図⑥）にはインドなどの国際的な要素もみられ，静的な飛鳥文化からの発展が感じられる。光背は後代の補作。

＊養老年間(717～723年)の作とする説がある。

▷⑥**薬師如来台座側面** インドの神と考えられる特殊な姿の人物が彫られている。中国の四神や，ペルシア風蓮華文・ギリシア風葡萄唐草文などもあり，白鳳文化の国際性が感じられる。

古代 飛鳥

律令体制の成立① —文物の儀，是に於て備れり（『続日本紀』）

ヒストリースコープ

『続日本紀』の大宝１（701）年の元日朝賀*に関する記事の中に，「国家の威厳を示すための文物の制度がここに整った」と記されている。大宝令の完成を受けて，さまざまな行政制度が改められ，律令体制が成立した。

＊元日の朝に天皇が大極殿において官人から祝いのあいさつを受ける行事。

考察

❶なぜ大宝１年の元日朝賀は，盛大に催されたのだろうか。

❷大宝律令とそれにもとづく官制はどこの国を手本としたものだろうか。→ 1

〈早川和子画，奈良文化財研究所提供〉

△①大宝１年元日朝賀のようす　天皇が大極殿（→p.65）に現れ，広場に整列した官人や外交使節から祝いのあいさつを受けた。『続日本紀』によれば太極殿前には７本の幢と幡*が立てられ，正月朝賀の儀式が盛大に催されたという。

＊どちらも儀式に用いられた旗の一種。近年の発掘で藤原京跡から７つの柱穴が見つかり，注目された。

▽②大宝１年のできごと

- 1.1　元日朝賀➡図①
- 1.23　遣唐使の任命 ➡p.72
- 3.21　年号制の開始
- 6.8　大宝令の施行
- 8.3　大宝律の完成

古代 / 奈良

1 律令*制定の過程

＊律…現在の刑法にあたり，刑罰規定を含む。
令…現在の民法・行政法にあたり，広範な法規定を含む。

名称	天皇	完成年（施行年）	おもな編者	内容・その他
近江令	天智天皇	668?（671?）	中臣鎌足	22巻。完成・施行を否定する説がある*2
飛鳥浄御原令	天武天皇（施行は持統）	?（689）	草壁皇子	22巻。律の完成は疑問とされる*2
大宝律令	文武天皇	701（令701 律702）	刑部親王 藤原不比等	律６巻。令11巻。初めて律令がそろって成立。令は『令集解』*3などに一部伝存
養老律令	元正天皇	718（757）	藤原不比等	律令ともに10巻ずつ。不比等の孫である藤原仲麻呂が施行。律は一部伝存。令は『令義解』*3などに引用 ➡p.81

＊2 伝存せず。

＊3『令義解』…養老令の官撰注釈書。清原夏野ら編，833年完成。
『令集解』…養老令の諸注釈の集成（私撰）。惟宗直本編。➡p.81

→p.324「法制度の移り変わり」

時代を見る目　木簡にみる律令体制の成立

〈奈良文化財研究所蔵〉

律令のもとで国家機構が整うと，役所間の命令や報告・連絡も増大した。平城宮跡からは，そうした文書木簡が多数出土している。また律令に伴い木簡の様式も変化した。遣唐使を派遣せず，朝鮮半島からの知識で国家整備を行った天武・持統朝では，木簡は日付を冒頭に記す朝鮮様式だったが（p.54図③ⓐⓑ），大宝律令後は末尾に記す唐様式に転換した（同ⓒ）。

陰陽寮 移 大炊寮 給飯捌升 右依（例…）
（陰陽寮移す 大炊寮給飯八升右，例に依り…）

▶③陰陽寮*が大炊寮*2に米の支給を求めた「移」*3の文書木簡

＊中務省に属し，占いや天文・暦などを担当する役所。＊2 宮内省に属し，諸国からの米・雑穀の収納と諸官庁への分配などを担当。＊3 直属関係にない官庁間の連絡文書。公文書の形式にはほかに「符」（上級から下級へ），「解」（下級から上級へ）などがある。

2 律令によって定められた官制

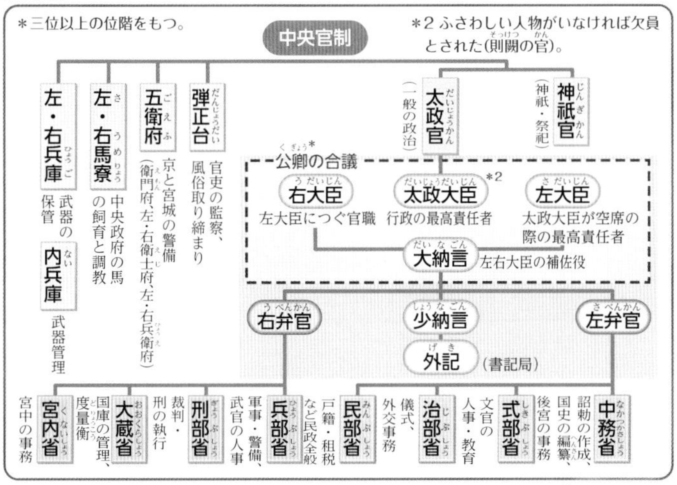

＊三位以上の位階をもつ。
＊2 ふさわしい人物がいなければ欠員とされた（則闕の官）。
中央官制
左・右兵庫　武器の保管
内兵庫　武器管理
左・右馬寮　中央政府の馬の飼育と調教
五衛府　京と宮城の警備（衛門府，左・右衛士府，左・右兵衛府）
弾正台　官吏の監察，風俗取り締まり
太政官（一般の政治）
神祇官（神祇・祭祀）
公卿の合議*
右大臣　左大臣につぐ官職
太政大臣*2　行政の最高責任者
左大臣　太政大臣が空席の際の最高責任者
大納言　左右大臣の補佐役
右弁官
少納言
左弁官
外記（書記局）
宮内省　宮中の事務
大蔵省　国庫の管理，度量衡
刑部省　裁判・刑の執行
兵部省　軍事・警備，武官の人事
民部省　戸籍・租税など民政全般
治部省　儀式，外交事務
式部省　文官の人事・教育
中務省　詔勅の作成，国史の編纂，後宮の事務

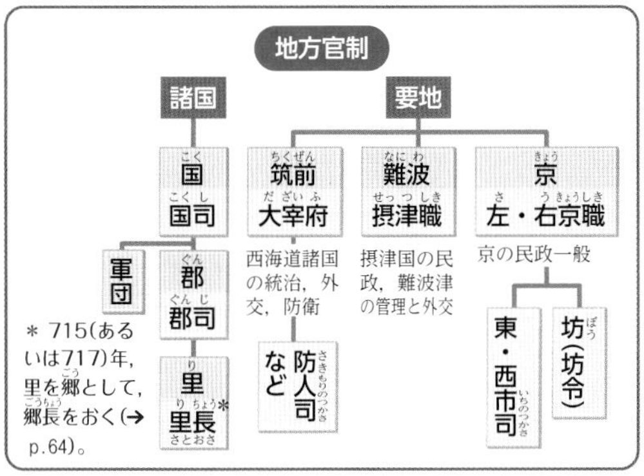

地方官制
諸国
国
国司
軍団
郡
郡司
里
里長*
要地
筑前
大宰府
西海道諸国の統治，外交，防衛
防人司など
難波
摂津職
摂津国の民政，難波津の管理と外交
京
左・右京職
京の民政一般
東・西市司
坊（坊令）
＊715（あるいは717）年，里を郷として，郷長をおく（→p.64）。

3 古代の行政区分 ➡p.68

▶④大宝律令の完成によって，全国が畿内・七道に行政区分された。地方には，それぞれに国・郡・里（のちに郷と改称）がおかれて，国司・郡司・里長が任じられ，国司には中央の貴族が派遣された。

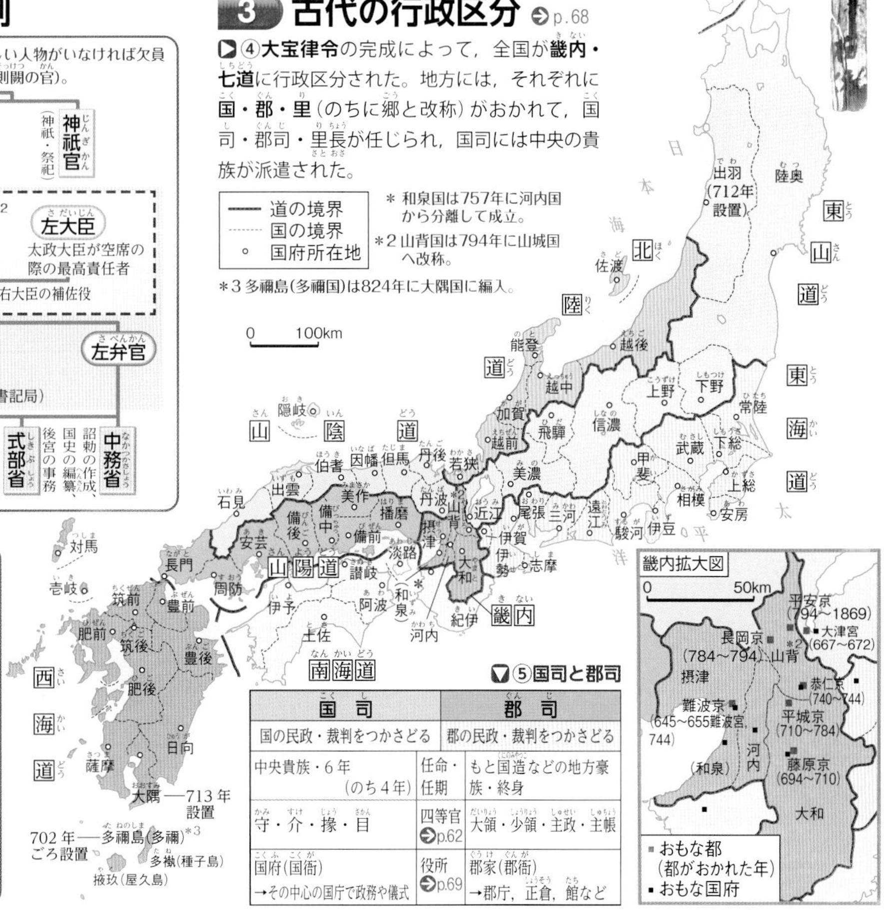

道の境界
国の境界
国府所在地
＊和泉国は757年に河内国から分離して成立。
＊2 山背国は794年に山城国へ改称。
＊3 多禰島（多禰国）は824年に大隅国に編入。
0　100km
日本海
太平洋
出羽（712年設置）
陸奥
東山道
北陸道
東海道
山陰道
山陽道
南海道
西海道
畿内
佐渡
能登
越後
越中
加賀
越前
隠岐
上野
下野
常陸
信濃
飛驒
美濃
武蔵
下総
上総
安房
甲斐
相模
駿河
伊豆
遠江
三河
尾張
近江
若狭
丹後
丹波
山背
伊賀
伊勢
志摩
大和
紀伊
河内
和泉
摂津
播磨
但馬
因幡
伯耆
出雲
石見
美作
備前
備中
備後
安芸
周防
長門
讃岐
阿波
伊予
土佐
淡路
対馬
壱岐
筑前
筑後
豊前
豊後
肥前
肥後
日向
薩摩
大隅 ―713年設置
702年―多禰島（多禰）*3 ごろ設置
多褹（種子島）
掖玖（屋久島）
畿内拡大図
0　50km
平安京（794～1869）
大津宮（667～672）
長岡京（784～794）
山背*2
摂津
恭仁京（740～744）
難波宮（645～655，744）
平城京（710～784）
河内
（和泉）
藤原京（694～710）
大和
■おもな都（都がおかれた年）
▪おもな国府

▽⑤国司と郡司

国司		郡司
国の民政・裁判をつかさどる		郡の民政・裁判をつかさどる
中央貴族・6年（のち4年）	任命・任期	もと国造などの地方豪族・終身
守・介・掾・目	四等官 ➡p.62	大領・少領・主政・主帳
国府（国衙）→その中心の国庁で政務や儀式	役所 ➡p.69	郡家（郡衙）→郡庁，正倉，館など

今日とのつながり　2016年，藤原京（→p.56）の藤原宮跡で，『続日本紀』が記す図①の元日朝賀の記述に合致する７本の旗竿跡が発見され，1300年前の儀式のようすが確認された。

律令体制の成立②　―この頃のわが恋力記し集め功に申さば五位の冠（『万葉集』）

ヒストリースコープ

「このごろの私の恋心はたいへんなものです。その恋心を記録として集めたならば，勤務評定で五位の冠をもらうことができるでしょう」という戯れ歌が『万葉集』におさめられている。恋の歌にまで登場するほど，「五位」はあこがれの位であったが，下級官人が昇進するのは容易ではなかった。

考察

❶図①の2名の官人を比較し，昇進の違いを説明しよう。

❷五位以上の貴族の経済的・身分的特権を説明しよう。→3・4・5

❸律令国家は，民衆を把握するために何をつくったのだろうか。→8・9

〈愛知 徳川美術館蔵（部分）〉

△②大伴家持

大伴家持（？～七八五）　大納言 大伴旅人の長男。三十六歌仙の一人で『万葉集』にも和歌が収録されている。生年は七一六年、七一八年など諸説ある。七三八年ごろから内舎人として仕え、七四五年、三〇歳前後で従五位下に昇進。その後も順調に昇進するが、橘奈良麻呂の変（↓70ページ）への関与を疑われるなど、苦労したようすもうかがえる。没後、藤原種継暗殺事件（↓80ページ）で除名*された。

＊八〇六年に従三位に復された。

上馬養（七一八～？）　七三九年以前に東大寺の写経所に勤め「校生」となる。七五〇年無位から「少初位下」の位階を得て、七七〇年には正六位下にまで昇進した。七七四年、正六位上で「造東大寺司主典」に抜擢される。七七六年以後の消息は不明。

▽③下級官人

〈人物戯画（続集別集48）正倉院宝物〉

△①官人の経歴

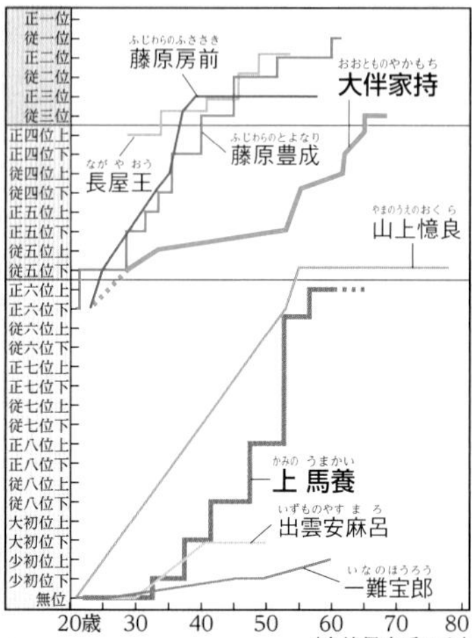

正一位
従一位
正二位
従二位
正三位
従三位
正四位上
正四位下
従四位上
従四位下
正五位上
正五位下
従五位上
従五位下
正六位上
正六位下
従六位上
従六位下
正七位上
正七位下
従七位上
従七位下
正八位上
正八位下
従八位上
従八位下
大初位上
大初位下
少初位上
少初位下
無位
藤原房前
大伴家持
藤原豊成
長屋王
山上憶良
上馬養
出雲安麻呂
一難宝郎
20歳
30
40
50
60
70
80

〈寺崎保広氏ほか〉

△④昇進のようす→図⑨⑩

1 官位相当制

長官　次官　判官　主典 →2　青字 令外官

区分	位階		神祇官	太政官	中務省	中務以外の7省	弾正台	衛府*2	大宰府	国	勲位
貴族・貴(公卿)	正一位			太政大臣							
貴族・貴(公卿)	従一位			太政大臣							
貴族・貴(公卿)	正二位			左右大臣 内大臣							
貴族・貴(公卿)	従二位			左右大臣 内大臣							
貴族・貴(公卿)	正三位			大納言							勲一等
貴族・貴(公卿)	従三位			中納言				近衛大将	帥		二等
貴族・通貴*	正四位	上			卿						三等
貴族・通貴*	正四位	下				卿					三等
貴族・通貴*	従四位	上		大弁　参議*3			尹				四等
貴族・通貴*	従四位	下	伯					近衛中将			四等
貴族・通貴*	正五位	上		中弁	大輔			衛門督	大弐		五等
貴族・通貴*	正五位	下		少弁		大輔 大判事	弼	近衛少将			五等
貴族・通貴*	従五位	上			少輔			兵衛督		大国守	六等
貴族・通貴*	従五位	下	大副	少納言	侍従 大監物	少輔		衛門佐	少弐	上国守	六等
官人	正六位	上	少副	大史	大丞 大内記		大忠				七等
官人	正六位	下				大丞 中判事	少忠	兵衛佐	大監	大国介 中国守	七等
官人	従六位	上	大祐		少丞 中監物	少丞		近衛将監	少監	上国介	八等
官人	従六位	下	少祐			少判事 大蔵大主鑰		衛門大尉	大判事	下国守	八等
官人	正七位	上		大外記 少史	大録	大録	大疏	衛門少尉	大典 少判事 大工 (防人正)		九等
官人	正七位	下			少監物 大蔵大主鈴	判事大属	巡察	兵衛大尉	主神	大国大掾	九等
官人	従七位	上		少外記	監物主典			兵衛少尉		大国少掾 上国掾	十等
官人	従七位	下			大典鑰	大蔵少主鑰		近衛将曹	博士		十等
官人	正八位	上			少内記 少録 大蔵少主鈴	少録	少疏		少典 算師 医師 少工 (防人佑)	中国掾	十一等
官人	正八位	下	大史			判事小属		衛門大志 兵衛大志			十一等
官人	従八位	上	少史		少典鑰			衛門少志 兵衛少志		大国大目	十二等
官人	従八位	下								大国少目 上国目	十二等
官人	大初位	上							判事大令史		
官人	大初位	下							判事少令史 (防人令史)	中国目	
官人	少初位	上								下国目	
官人	少初位	下									

＊2 五衛府と近衛府（令外官）の総称。表に記載のない衛士府の官位は衛門府と同じ。

＊3 二～四位から任命。参議は四位であっても公卿とされた。

＊四位，五位で清涼殿への昇殿を許された者を殿上人，昇殿を許されない者を六位以下も含めて地下といった。

△⑤官人の序列を示す位階が決められ，それに対応する官職も定められた。大伴家持は，770年には正五位下で，式部省の大輔であった（→Ⓐ）。署名の際，位階に相当する官より低い官につく場合を行，高い官につく場合を守と記した。また，位階があっても官職がない者を散位といった。

2 四等官制

〈職員令〉

	神祇官	太政官	省	弾正台	五衛府	大宰府	国	郡
長官 統轄	伯	太政大臣 左大臣 右大臣	卿	尹	督	帥	守	大領
次官 補佐	大副 少副	大納言	大輔 少輔	弼	佐	大弐 少弐	介	少領
判官 検察=文書審査	大祐 少祐	左右大・中・少弁 少納言	大丞 少丞	大忠 少忠	大尉 少尉	大監 少監	大掾 少掾	主政
主典 文書作成	大史 少史	左右弁大少史 大少外記	大録 少録	大疏 少疏	大志 少志	大典 少典	大目 少目	主帳

△⑥各官庁は，長官・次官・判官・主典の四つの等級からなる官人と，下級官人で構成されていた。770年の大伴家持は，式部省の次官として，長官の補佐を行っていたと考えられる（→Ⓐ）。

3 貴族・役人の収入

〈『週刊朝日百科 日本の歴史48』ほか〉

＊年1回，位階に応じて給された給与。

位階	位田（町）→7	位封*（戸）	位禄* 絁（匹）	位禄* 綿（屯）	位禄* 布（端）	位禄* 庸布（常）	季禄*2（半年分） 絁（匹）	季禄*2 綿（屯）	季禄*2 布（端）	季禄*2 鍬（口）	位分資人*3（人）
正一位	80	300					30	30	100	140	100
従一位	74	260					30	30	100	140	100
正二位	60	200					20	20	60	100	80
従二位	54	170					20	20	60	100	80
正三位	40	130					14	14	42	80	60
従三位	34	100					12	12	36	60	60
正四位	24		10	10	50	360	8	8	22	40	40
従四位	20		8	8	43	300	7	7	18	30	35
正五位	12		6	6	36	240	5	5	12	20	25
従五位	8		4	4	29	180	4	4	10	20	20
正六位							3	3	5	15	
従六位							3	3	4	15	
正七位							2	2	4	15	
従七位							2	2	3	15	
正八位							1	1	3	15	
従八位							1	1	3	10	
大初位							1	1	2	10	
少初位							1	1	2	5	

貴族・役人の年収（現在の金額に換算）

正一位（藤原仲麻呂）	3億7455万円
正二位（長屋王）	1億2484万円
従三位（大伴家持）	7490万円
少初位	230万円
現代のサラリーマンの平均年収	460万円

△⑦位階別の収入

＊2 年2回，位階に応じて給された給与。

＊3 位階に応じて給される従者。

官職	職田→7	職封*	職分資人*2
太政大臣	40（町）	3000（戸）	300（人）
左右大臣	30	2000	200
大納言	20	800	100
国司（大国守）	2町6段*3		8

◁⑧官職の収入　官人には位階や官職に応じて収入が保証されていた。従三位となった大伴家持は，現代のサラリーマンの約16倍の収入があった。

＊官職に応じて給される封戸。　＊2 官職に応じて給される従者。　＊3 郡司（大領）は6町。

歴史のまど　大津透『律令制とはなにか』　日本の古代国家の支配の特色を，最新の研究成果をふまえてわかりやすく説明している。

4 役人の昇進

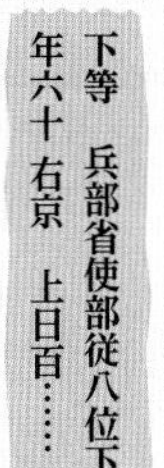
下等 兵部省使部従八位下………
年六十 右京 上日百……

訳 兵部省使部である従八位下の……(人名)、年齢六十歳、右京に住み、一年間の出勤日数(上日)が百……日。この年の評価が「下」。

少初位下高屋連家麻呂 年五十 右京 六考日并
千九十九 六年中

訳 少初位下の高屋連家麻呂、年齢五十歳、右京に住む。この六年間の出勤日の合計が一〇九九日で、その間の評価が毎年「中」だった。

〈選叙令〉

父祖の位階	嫡子*	庶子*2	嫡孫	庶孫
一位	Ⓐ 従五位下	正六位上	正六位上	正六位下
二位	正六位下	従六位上	従六位上	従六位下
三位	従六位上	従六位下	従六位下	正七位上
正四位	正七位下	従七位上		
従四位	従七位上	従七位下		
正五位	正八位下	従八位上		
従五位	従八位上	従八位下		

＊正妻の長子。
＊2 嫡子以外の子。

◀⑨役人の勤務評定を記した木簡　右は，兵部省の下級官人の勤務評定を，左は，高屋連家麻呂の勤務評定をそれぞれ記している。官人は，毎年「上中下」の3段階で評価され，「中」が4年間続くと位階が上がるしくみであった。

▲⑩蔭位の制　貴族がもつ特権で，父・祖父の位階に応じて子・孫に一定の位階を与える制度。大伴家持の場合，父の旅人が従二位だったため，令の規定により正六位下(➔Ⓐ)から官人としての歩みを始めたと考えられている(➔図④)

6 身分制度

天皇…国の支配者
皇親…天皇の親族(親王・内親王・王・女王)

良民	官人	有位	貴族：貴(三位以上)…特権階級　通貴(五位以上)　➔3・4
			六位～初位…下級官人。官人ではあるが苦しい生活。➔p.67
		無位	
	公民		一般農民。戸籍・計帳に登録され，租・調・庸などの税を負担。官人の給与を生産していた階級。
	雑色人		品部・雑戸(官庁に所属する手工業者)良民・賤民の中間的存在。

	官私	名称と特徴		戸の形成	口分田
賤民(五色の賤)	官有	陵戸	皇室の墓の守衛。	○	良民と同じ
		官戸	官司の雑役に駆使された。	○	
		公奴婢	中央官庁の雑役に使われ売買された。	×	
	私有	家人	貴族・寺社などに所有された。売買されなかった。	○	良民の1/3
		私奴婢	最下位の存在。売買された。	×	

5 司法制度

A 五刑
〈名例律〉

笞・杖	笞：細い棒で臀を打つ(10～50回の五段階) 杖：太い棒で臀を打つ(60～100回の五段階) 笞・杖はほとんど変わりがないが，「五」という数字が中国で重んじられた影響で区別された
徒	1～3年まで五段階の懲役で，雑役に使役される
流	近流：越前・安芸など 中流：信濃・伊予など 遠流：伊豆・安房・常陸・佐渡・隠岐・土佐など
死	絞(絞首刑)と斬(斬首刑)の2種

▲⑪各官庁は司法にも関係し，所管する事項についての裁判も行った。刑罰には，上記の五つがあった。

▶⑫天皇や国家に対する罪は八虐とよばれ，とくに重く罰せられた。貴族には軽微であれば免職や罰金ですむ特権があり，大伴家持は，782年，謀反への関与を疑われ解官されたが，数か月で許された。

B 八虐
〈名例律〉

謀反	天皇殺害・国家転覆をはかる罪
謀大逆	御陵(天皇・皇后・皇太后などの墓所)・皇居の損壊を企てる罪
謀叛	亡命・降伏・敵国との内通など，国家にそむく行為(直接天皇に危害を加えるものは除く)
悪逆	祖父母・父母を殴るなどして殺害しようとしたり，それ以外の親族を殺害する罪
不道	一家3人以上を殺害したり，妻が夫やその親族に対して暴力をふるうなどの罪
大不敬	神社の破壊や祭具の窃盗など，天皇に対する不敬にあたる罪
不孝	祖父母や父母を告訴したり，父母の喪に服さないなどの罪
不義	国守や師の殺害，夫の喪中の再婚など，礼儀に反する罪

時代を見る目 奈良時代の推計人口

茨城県石岡市の鹿ノ子遺跡から出土した漆紙文書*から8世紀末の常陸国の人口が22万4000人，もしくは24万4000人とわかった。この人口と出挙稲額との計算から，全国の人口が523万人または580万人と割り出すことができる。そして出挙稲に反映されない奴婢なども勘案すると，全国人口は600万人ないし650万人前後と推定される。

＊不要な文書を漆の入った容器の蓋にしたことで紙に漆が浸透し，腐らずに残った文書。

7 土地制度－土地分配と管理のためのシステム ➔p.326「土地制度の移り変わり」

A 公地公民制 史
＊租を納めることが定められた田。
＊2 1段(反)＝360歩。➔p.356 〈田令〉

輸租田*	口分田	6歳以上のすべての男女に班給 良男＝2段(反)*2 良女＝1段120歩
	位田 ➔3	五位以上の位階をもつ者に与えられた。輸租田であったが，私有地化
	賜田	天皇の勅により特別に与えられた
	功田	功績のあった者に与えられた 大功田：永久私有 上功田：三世(ひ孫の代まで) 中功田：二世(孫の代まで) 下功田：子どもの代まで
不輸租田		郡司の職田のみ輸租田。大領6町，小領4町
	職田(職分田)➔3	官職に応じて与えられた。太政大臣40町，左右大臣30町，大納言20町
	寺田・神田	寺社の永代所有地。
輸地子田	乗田(公田)	口分田を班給した残りの土地。1年の期限・賃料(地子)を取って貸し出された(賃租)

▲⑬戸籍の作成は6年ごとの籍年に行われ(➔p.64)，班田も6年ごとの班年に実施された(六年一班)。口分田は班年時に6歳以上の人に支給され，死後は班年に没収された。

B 条里制 坪地割 ➔p.356
〈国土地理院地形図1/2.5万大和郡山を縮小〉

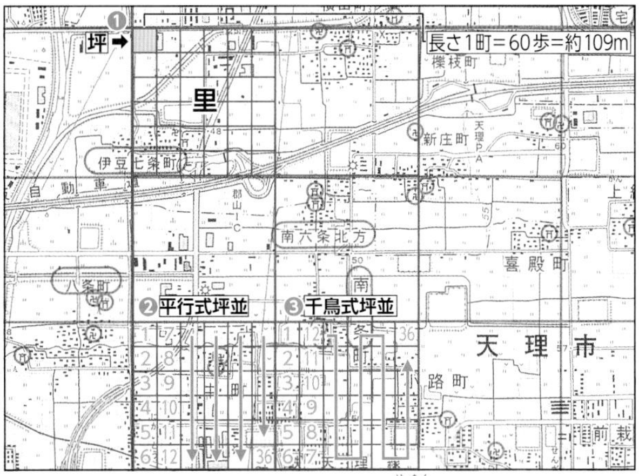
①
坪➔
長さ1町＝60歩＝約109m
里
櫟枝町
新庄町
伊豆七条町
南六条北方
喜殿町
八条町
②平行式坪並
③千鳥式坪並
天理市
路町

▲⑭現在に残る条里制区画　政府は土地を把握するために条里制を施行した。土地を6町四方に区切り(里)，さらに1町四方(＝坪)に細分化する(➔①)。36ある坪の数え方には，平行式坪並(➔②)と千鳥式坪並(➔③)がある。1町四方はさらに10等分された(段)。条里制区画には，その後も耕地の区画として継承されたり，再構築されたりしたところも多い。

〈国土地理院空中写真〉

▲⑮条里制の遺構　この空中写真は，左の地形図付近(奈良県天理市)である。このあたりには条里制の遺構が強く残っており，道路や水田の形から，条里制の区画がしのばれる。

今日とのつながり　岐阜県瑞穂市の十七条・十八条・十九条，岡山市の九ノ坪・十ノ坪など，条里制に由来するといわれる地名が残っている。

古代 奈良

8 土地税の課税台帳となった戸籍—御野国*加毛郡半布里 702(大宝2)年

＊現在の岐阜県。

五保①上政戸②縣主族安麻呂戸口③十七
正丁二 兵士一 小子四 緑児一 并八 正女三 小女四 緑女二 并九
下〃④戸主安麻呂年五十三 正丁
嫡子安倍年廿二(二十二) 兵士 次⑤足奈年十六 小子(中略)
中政戸追正八位上縣主族津真利戸口
廿三(二十三) 有位正丁一 正丁二 兵士一 小子六 緑児二 并十二 正女六 少女一 小女四 并十一
下中戸主津真利年六十 正丁 嫡子小麻呂年卅五(三十五) 正丁
次嶋年卅(三十) 兵士 次佐留年廿七(二十七) 正丁 次足嶋年十五 小子
次小足年十三 小子(中略)
戸主妻生部床波売年五十 正女
児⑥阿根都売年卅(三十) 正女 次古阿根売年廿三(二十三) 正女
次古津売年十九 少女 次古売年十六 小女
次比都自売年八 小女 戸主妹麻野売年五十六 正女
戸主孫生部稲持売年十三 小女 次意比売年四 小女
寄人⑦牟下部足奈売年五十三 正女 次都売年廿二(二十二) 正女

①「五戸」で一保を構成したので，「五保」と称する，里の下部組織 ②正丁の数による戸の分類。上政戸・中政戸・下政戸の区分がある ③戸の人数 ④戸の所有資産の等級。上上から下下まで九等戸ある ⑤続柄が前の人と同じ ⑥男子は「子」女子は「児」と区別 ⑦家族外の人。一定の課税対象者確保のために設けられたとする説がある　(正倉院文書)

◀⑯戸籍は班田収授の台帳として機能し，5比(30年〔1比＝6年〕)の間保存された。半布里戸籍は現存最古の戸籍とされる。内容から，戸主との血縁が強い男性から記載されることや，男女別姓であったこと，また「寄人」とよばれる家族外の人が含まれていたことなどがわかる。

時代を見る目　軍団の編成と戸籍 史　〈軍防令〉

白村江の敗戦の一因は，中央・地方の豪族が，支配下の人民を寄せ集めて武装させ，即席に部隊を編成したことにあった。その反省から，国が徴兵を行って平時から軍団を編成する軍団体制がつくられ，戸籍はその基本台帳としての役割も担っていた(➔10)。

9 人頭税の課税台帳となった計帳—山背国愛宕郡出雲郷雲下里* 726(神亀3)年

〈戸令ほか〉

戸主少初位上出雲臣深嶋戸
去年ノ帳①ニ定ムル良口②拾肆人(十四) 男八 女六
帳後無損益
今年ノ計帳ニ定ムル見良②大小拾肆人(十四) 男八 女六　神亀三年
不課口③拾貳人(十二) 舊
男陸人(六) 匠④二 小子四
女陸人(六) 丁女五 小女一
課口⑤貳人(二)
見輸貳人(二) 正丁
輸調銭拾捌文(十八)
戸主少初位上出雲臣深嶋、年肆捨伍歳(四十五)、正丁 造
宮省工、右手於灸⑥、
男出雲臣大津、年拾参歳(十三)、小子 左鼻辺ニ黒子
女出雲臣大羽売、年参拾歳(三十)、丁女
弟出雲臣古麻呂、年肆拾貳歳(四十二)、正丁 左頬ニ
黒子、営厨司工、
男出雲臣大足、年拾壹歳(十一)、小子 右耳於黒子
男出雲臣弟足、年肆歳(四)、小子
姉出雲臣家虫売、年伍拾肆歳(五十四)、丁女 右目後ニ黒子
姉出雲臣漆重売、年伍拾壹歳(五十一)、丁女 左頬ニ黒子
妹出雲臣難毛売、年参拾肆歳(三十四)、丁女
妹出雲臣奈由比売、年参拾伍歳(三十五)、丁女
戸出雲臣荒麻呂、年伍拾貳歳(五十二)、正丁
弟出雲臣百城、年肆拾歳(四十)、正丁 左腕ニ黒子
男出雲臣城麻呂、年陸歳(六)、小子
女出雲臣刀自売、年玖歳(九)、小女

①計帳 ②良民 ③課税を負担しない者 ④技術保有者 ⑤課税負担者 ⑥お灸をすえた跡　(正倉院文書)

◀⑰計帳の記載から今年の良民14人のうち不課口は12人，課口は2人である。不課口12人のうち2人は匠であり，戸主(郷戸主)の出雲臣深嶋と弟の出雲臣古麻呂であることも判明する。戸の構成員を ていねい に調べ，把握しようとしていたことから，庸・調の賦課を重視していたことがわかる。

	戸籍* 史	計帳
目的	**人民登録の基本台帳**。課税台帳であり，身分の掌握や徴兵の台帳でもあった。	調・庸などの課税台帳。
間隔	6年ごと	毎年
内容	戸主・名・続柄・年齢・性別・課税者数など	戸主・名・年齢・性別・課税者数・身体的特徴など

◀⑱**戸籍と計帳**　戸籍と計帳は作成目的が異なるため，作成の間隔や記載内容には大きな違いがあった。

＊生活単位の小家族を1房戸といい，2～3房戸(25人程度)で1郷戸という。(郷)戸50戸で郷とした(715〔または717〕年の郷里制で里から改称)。

＊8世紀前半の一時期には，国・郡・里の「里」を「郷」として，その下に里がおかれる郷里制が施行された(➔図⑱)。

10 税の負担と納入 史

〈田令など〉

区分		年齢	中男(少丁) 17～20歳の男性	正丁 21～60歳の男性	次丁(老丁) 61～65歳の男性	納入先	備考
土地税	租		**男女共通** 田1段につき2束2把の稲(収穫量の約3%)。706年より1束5把			国衙 ➔p.69 一部中央官庁	
人頭税	物納税	調	正丁の$\frac{1}{4}$	〔正調〕絹・絁8尺5寸，糸8両，綿1斤，布2丈6尺などから1種 〔調雑物〕鉄・鍬・塩・海産物	正丁の$\frac{1}{2}$	中央官庁	京と畿内は他の$\frac{1}{2}$ ／ 正調が基本だが調雑物で納入が命じられる地域もあった。調庸は公民によって都に運ばれ(**運脚**)，中央財政に組み込まれた。
人頭税	物納税	調	——	〔調副物〕紫・紅・茜などの染料，油，紙，塩などから1種	——	中央官庁	京と畿内はなし
人頭税	物納税	庸(歳役)	——	中央で年間10日の労役(歳役)にかえて**布2丈6尺**(約8m)を納入	正丁の$\frac{1}{2}$	中央官庁	京と畿内は免除
人頭税	労働税	雑徭	正丁の$\frac{1}{4}$	地方での労役　**年間60日**以下	正丁の$\frac{1}{2}$	国衙	
人頭税	労働税	兵役	——	正丁3人に1人の割合で徴兵交代で軍団に勤務	——	国衙 中央官庁 九州	役(庸と雑徭)を免除 ／ 兵士の武器や食料などは自己負担。衛士は衛門府・左右衛士府に配属された。
人頭税	労働税	兵役		〔**衛士**〕1年間，都の警備			課(調)と役(庸・雑徭)を免除
人頭税	労働税	兵役		〔**防人**〕3年間，北九州沿岸の警備			課(調)と役(庸・雑徭)を免除
人頭税	労働税	仕丁	——	50戸ごとに正丁2人が3年間，都で中央官庁の雑役や労役に服する	——	中央官庁	課(調)と役(庸・雑徭)を免除 ／ 仕丁の生活費は郷土負担。仕丁を出した房戸の雑徭を免除し，かわりに仕丁を養うための物を送らせた。
雑税	出挙(公出挙)		正倉(地方の財源である稲を収納する)に蓄えられた稲(正税*)を，春と夏の2回，高利(5割，のち3割)で強制的に貸しつけ*2			国衙	出挙の利稲➔中央に送るための物品調達の財源や，国・郡の財源，国司の俸給
雑税	義倉		凶作に備えて，貧富に応じて一定量の粟などを納める			国衙	

＊令制当初は大税とよばれた。　＊2 私出挙(寺社や富豪層が行った)は10割。

A 免税・免役規定

〈賦役令，戸令〉

	免除の理由
課役免(調・庸・雑徭免除)	・**官人であるため**→皇親・八位以上，初位 ・**特殊な技能を有す職能民・兵隊** →舎人・衛士・防人・品部・史生・駅長・主政・主帳・兵士・学生・里長など
徭役免(庸・雑徭免除)	・**障害のため** →廃疾・篤疾(中・重度の身体障がい者)・残疾(軽度の身体障がい者) ・**賤民**→陵戸・家人・私奴婢
雑役免(雑徭免除)	坊長(京の一坊ごとにおかれた，里長にあたる存在) 価長(物価の管理・売買を監督する市司)
その他	唐からの帰国者は3年間，課役免

B 諸国から京への運脚

〈『国史大辞典』ほか〉

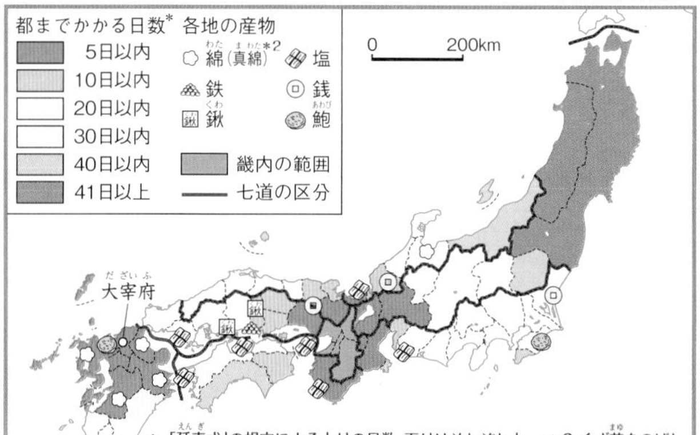

都までかかる日数* 各地の産物
5日以内
10日以内
20日以内
30日以内
40日以内
41日以上
綿(真綿)*2
塩
鉄
銭
鍬
鮑
畿内の範囲
七道の区分
0
200km
大宰府

＊「延喜式」の規定による上りの日数。下りはそれぞれ上りの約半分。西海道(九州)は大宰府までかかる日数。　＊2 くず繭をのばしてつくった綿。

歴史散歩　平城宮跡歴史公園(奈良市)　「朱雀門ひろば」では朱雀大路・二条大路といったメインストリートを整備し，遣唐使船(再現)を展示するなど，"奈良時代を感じる"空間を演出。

1 平城宮(へいじょうきゅう)への出勤のようす

〈イラスト 中西立太氏　朱雀門模型 奈良文化財研究所蔵〉

△②**復元された第一次大極殿(だいごくでん)** 朱雀門から朝堂院(ちょうどういん)を経て北側にあり(➜図④)，朝廷で最も重要な儀式の空間であったと考えられる。のちに東側に移動した。

◁①**朱雀門(すざくもん)の朝** 平城宮には東西南北に12の門があり，そのなかで最も重要な門が朱雀門である。平城宮では，陰陽寮(おんみょうりょう)に所属する漏刻博士(ろうこくはかせ)によって時間が管理され，門は午前3時にいっせいに開かれた。役人は，日の出とともに出勤するきまりであったため，離れたところに住んでいた下級役人は，まだ暗いうちに家を出なければならなかった。

2 平城京(へいじょうきょう)のようす　A 平城京

〈奈良市役所蔵〉

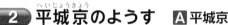

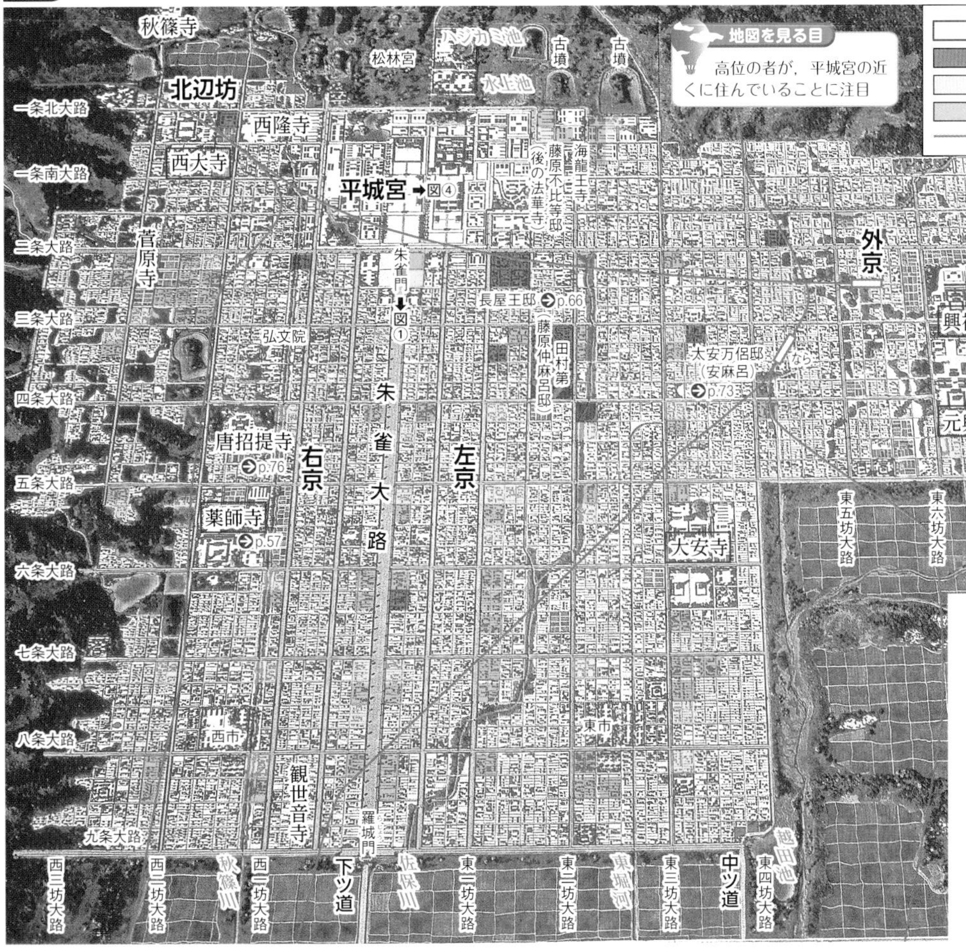
地図を見る目
高位の者が，平城宮の近くに住んでいることに注目
法隆寺を加えて南都七大寺 ➜p.76
従五位以上の有位者の邸宅
従五位未満の有位者の邸宅
無位者の邸宅
現在の鉄道路線
秋篠寺
北辺坊
一条北大路
一条南大路
西隆寺
西大寺
松林宮
ウワナベ池
水上池
古墳
古墳
平城宮 ➜図④
藤原不比等邸（後の法華寺）
海龍王寺
東大寺 ➜p.74
二条大路
菅原寺
外京
朱雀門 ➜図①
長屋王邸 ➜p.66
三条大路
弘文院
藤原仲麻呂邸（田村第）
興福寺 ➜p.77
春日大社（藤原氏の氏神）
太安万侶邸（安麻呂）➜p.73
四条大路
元興寺
新薬師寺 ➜p.77
唐招提寺 ➜p.76
右京
朱雀大路
左京
紀寺
五条大路
薬師寺 ➜p.57
大安寺
東五坊大路
東六坊大路
東七坊大路
六条大路
七条大路
東市
八条大路
西市
観世音寺
九条大路
羅城門
西三坊大路
西二坊大路
秋篠川
西一坊大路
下ツ道
佐保川
東一坊大路
東二坊大路
東堀河
東三坊大路
中ツ道
東四坊大路
越田池

◁③平城京は，東西・南北にはしる道路で碁盤(ごばん)の目状に区画される，**条坊制(じょうぼうせい)**による都市であった。中央を南北にはしる朱雀大路(すざくおおじ)(幅約74m，長さ約4km)で右京(うきょう)と左京(さきょう)に分けられていた。

B 平城宮

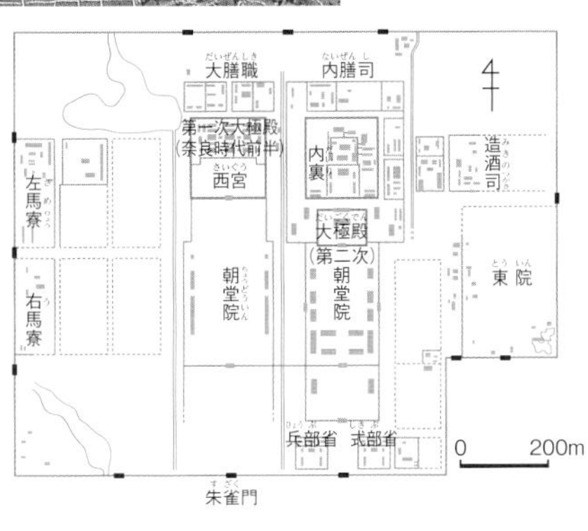
大膳職
内膳司
第一次大極殿（奈良時代前半）
西宮
内裏
造酒司
左馬寮
大極殿（第二次）
朝堂院
朝堂院
東院
右馬寮
兵部省
式部省
0 200m
朱雀門

▽④朱雀門を入った正面と東側にそれぞれ朝堂院(ちょうどういん)があり，東側の朝堂院の北側には内裏(だいり)があった。この図は奈良時代後半のもので，内裏の南側に，第二次大極殿(だいごくでん)が建てられた。

特集 平城京と人々の暮らし

1 貴族のぜいたくな暮らし

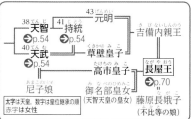

A 住居

〈奈良文化財研究所蔵〉

38 天智(てんじ) ➔p.54
40 天武(てんむ) ➔p.54
41 持統(じとう) ➔p.54
43 元明(げんめい)
吉備内親王(きびないしんのう)
草壁皇子(くさかべのみこ)
尼子娘(あまこのいらつめ)
高市皇子(たけちのみこ)
長屋王(ながやおう) ➔p.70
御名部皇女(みなべのひめみこ)(天智天皇の皇女)
藤原長娥子(ながこ)(不比等の娘)
太字は天皇，数字は皇位継承の順
赤字は女性

東一坊大路
二条大路
舎人所
吉備内親王御所
作業所
長屋王寝殿
家令所
作業所
持仏堂？政務所？
厨所
二坊・坊間路
三条・条間路

△②**長屋王邸復元模型**　左京三条二坊（➔ p.65）にあり，発掘調査で膨大(ぼうだい)な数の木簡(もっかん)が出土し，**長屋王**の邸宅とその生活が明らかになった。東京ドーム約 1.3 個分，4町（約 6 万 m^2）の広さをもち，長屋王のほか正妻の吉備(きび)内親王(ないしんのう)や，使用人らの居住空間もあった。儀式の空間では，新羅使(しらぎし)との面会なども行われた。

◁①**貴族の邸宅内部復元イラスト**　貴族の暮らしは，平安時代の絵巻物や，正倉院(しょうそういん)に伝わる調度品などから類推できる。屏風(びょうぶ)や衝立(ついたて)，几帳(きちょう)といった移動可能なもので建物内部を仕切って，生活したと考えられている。
〈イラスト 上野邦一氏〉

▽③**宅地の割当基準***　長屋王邸Ⓐは無位の役人Ⓑの 250 倍以上の広さである。無位の役人の宅地は，当時の家族構成から考えると手ぜまといえる。

＊平城京における宅地の班給基準を示す史料は残っていないが，藤原京などでの基準から類推。

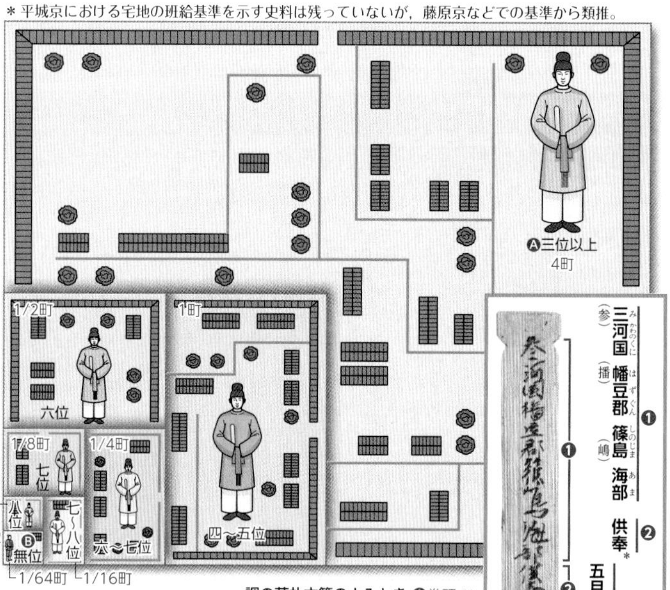

Ⓐ三位以上
4町
1/2町
六位
1町
1/8町
七位
1/4町
四～五位
六～七位
七～八位
八位
1/32町
Ⓑ無位
1/64町
1/16町

B 服装

頭巾(ときん)
位袍(いほう)
木笏(もくしゃく)
半臂(はんぴ)
白袴(しろばかま)
烏皮履(くろかわのくつ)
宝髻(ほうけい)
釵子(さいし)
領巾(ひれ)
衣
内衣(ないえ)
(小袖)
紕帯(そえおび)
裙(も)

◁④**貴族の服装**　養老令(ようろうりょう)の中に衣服令があり，位階に応じて色や かざりまで細かく規定されていた。貴族の衣服には上等な絹を用いていた。女性は衣に裙(も)をはいて靴(くつ)を履き，領巾(ひれ)とよばれる布をはおっていた。男性は位袍(いほう)とよばれる上着に袴(はかま)をはき，糸で編んだ腰帯をつけて，木の笏(しゃく)を持ち，皮靴を履いた。
〈京都 風俗博物館蔵〉

C 食事

❶はすの葉で包んだご飯❷菓子❸なすとうりの和え物❹漬物(つけもの)❺蘇(そ)（乳製品）❻焼き鮑(あわび)❼野菜のゆでもの，鰹(かつお)の汁物❽車エビの塩焼き❾なまこ❿干したたこ⓫生牡蠣(かき)⓬鹿肉(しかにく)の塩辛(しおから)⓭生鮭(さけ)のなます⓮はすの実入りご飯⓯醤(ひしお)*⓰塩⓱鴨(かも)とせりの汁物
＊醤油のような調味料。

△⑤**貴族の食事**〈奈良文化財研究所蔵 / 料理復元 奥村彪生氏〉

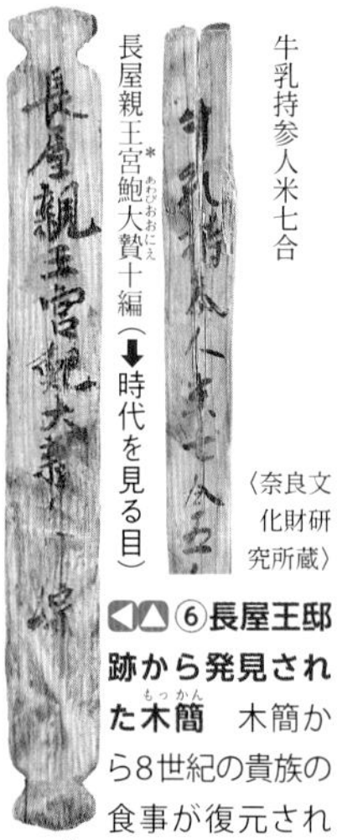

長屋親王宮鮑大贄(あわびおおにえ)十編*（⬇時代を見る目）
牛乳持参人米七合
〈奈良文化財研究所蔵〉

◁△⑥**長屋王邸跡から発見された木簡(もっかん)**　木簡から8世紀の貴族の食事が復元された。蘇（➔図⑤❺）とよばれる乳製品の一種は，薬用ともされ，薬を扱う部署から官人に与えられた。

＊「親王」と称されるほどの地位にいたことが推察される。

調の荷札木簡のよみとき ➔巻頭 11

時代を見る目　「贄(にえ)」荷札木簡(もっかん)の語るもの

平城宮跡(へいじょうきゅうあと)からは，令に規定のない「贄」「大贄(おおにえ)」という貢納(こうのう)物の木簡が大量に出土した。品目は山海の珍味など天皇・皇族に献上する食料品で，かつて地方の国造(くにのみやつこ)がヤマト政権に服属した証として献上した貢納物が，律令のもとで特殊な調(ちょう)として残ったものと考えられている。木簡からは，地域や集団が特定の品目を贄として納めたことがわかる（➔図⑦）。11 世紀半ば以降，贄は服属の証としての性格を弱め，皇室の食材は供御人(くごにん)とよばれる人々が担(にな)うようになっていった。

❶貢納した地域・貢納者＝三河国幡豆郡篠島の海部(みかわのくにはずぐんしのじまのあま)
❷動詞＝供え奉る（奉納する）　❸税目＝贄(にえ)（五月分）
品目＝佐米の楚割(さめのすわやり)（サメの干物(ひもの)）　❹数量＝重さ６斤(きん)
＊海民集団。＊2 重さの単位で，1斤は約 600g。

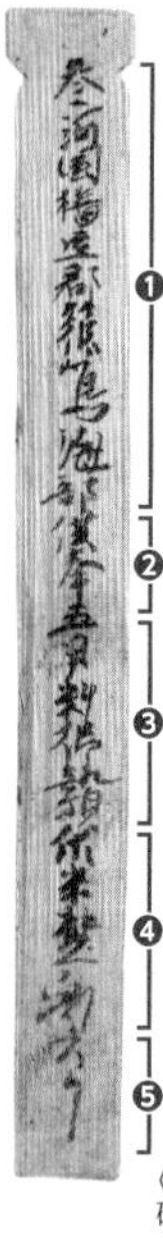

❶ 三河国(みかわのくに)（参） 幡豆郡(はずぐん)（播） 篠島(しのじま)（嶋） 海部(あま)
❷ 供奉*
❸ 五月料御贄(みにえ)
❹ 佐米(さめ)*2楚割(すわやり)*3
❺ 六斤(きん)
＊供え奉る。＊2サメ。＊3干物。
〈奈良文化財研究所蔵〉

△⑦**贄の木簡の例**と◁⑧**その内容**
贄が定期的に貢納されていたことが伺える。

2 仕事と借金に追われた下級官人の暮らし

〈イラスト 中西立太氏〉

△⑦**下級官人の住居** 平城宮から約4km，東市の南方にあった宅地の復元図。下級官人らは平城京（➔p.65）の南端に住まわされていた。

〈日本放送出版協会蔵〉

▷⑨**下級官人の食事** 食生活は玄米を中心としていた。

出勤日数	奈良時代前半(人)	奈良時代後半(人)
～99	1	0
100～199	13	2
200～299	10	15
300～	6	3

〈馬場基『平城京に暮らす』〉

◁⑧**下級官人の出勤日数** 下級官人は，年間140日以上出勤しなければ，出世のための勤務評定（➔p.63）を受けることができなかった。東大寺の写経所で働く下級官人は，2～3か月に2，3日程度しか休暇が取れず，その理由は病気としたものが多かった。

時代を見る目 借金に苦しんだ下級官人

8世紀後半には平城京の繁栄は過ぎ，大仏造立（➔p.74）などの国家的な大事業によって経済が疲弊し，下級官人らの生活はかなり困窮していた。正倉院に残された文書の中には，下級官人が自分の土地と建物を担保に銭を借り入れている記録（月借銭解）が多くみられる。当時の利息は月15%，年180%という非常に厳しいものだった。

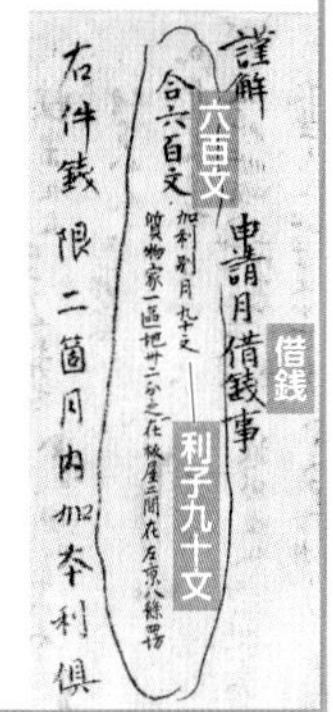

借銭
六百文
利子九十文

▷⑩**月借銭解**〈正倉院宝物〉

3 人々の信仰と遊び

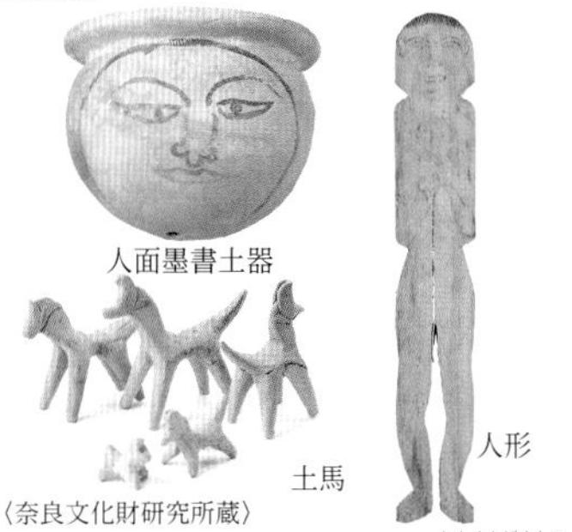

人面墨書土器
土馬
人形

〈奈良文化財研究所蔵〉

△⑪**祈りや まじない の道具** 人面墨書土器や木の人形に罪や けがれ を移し，川や海に流す祓（➔p.46）が行われていた。

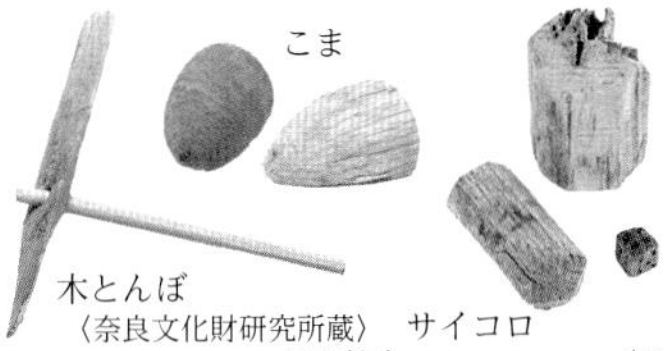

こま
木とんぼ
サイコロ

〈奈良文化財研究所蔵〉

△⑫**遊び道具** 平城京跡から出土。双六などは，この時代から始まった。

4 市の開設と銭貨の利用

〈イラスト 香川元太郎氏〉

富本銭 ➔p.48　〈三菱東京UFJ銀行貨幣資料館蔵〉

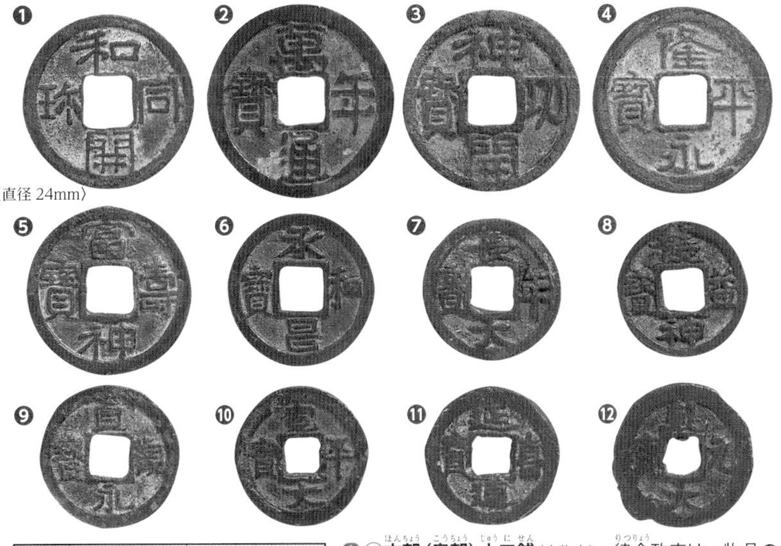

〈直径24mm〉

東西の市での交易品	
東市	繊維製品(絁，羅，糸，錦，縫衣，帯，麻，木綿など)，日用品(櫛，針，沓，筆，墨，丹，珠，薬など)，武具(大刀，弓，鎧など)，器類(鉄器，金器，漆，木器など)，食料・調味料(米，麦，塩，醤，油，海藻，菓子，干魚，生魚，索餅，心太など)，馬
西市	繊維製品(絹，糸，錦，紗，縫衣，裳，麻など)，日用品(櫛，針，蓑笠，土器など)，食料・調味料(米，塩，未醤〈味噌〉，油，糖，海藻，菓子，干魚，生魚，索餅，心太など)，牛

△⑬**東西の市** 平城京の左京と右京の八条には，政府直轄の**市**（東市と西市➔p.65）が設けられており，左・右京職の市司がこれを監督した。市は，各地の産物が売買されるだけでなく，宮殿や役所で必要な物資を調達するための施設でもあり，税として平城京に集められたものが売り出されることもあった。8世紀後半になると，**和同開珎**や万年通宝，神功開宝などの銅銭が流通した（➔図⑭）。

天皇	名称	鋳造年
元明	❶和同開珎	708(和銅1)
淳仁	❷万年通宝	760(天平宝字4)
称徳	❸神功開宝	765(天平神護1)
桓武	❹隆平永宝	796(延暦15)
嵯峨	❺富寿神宝	818(弘仁9)
仁明	❻承和昌宝	835(承和2)
仁明	❼長年大宝	848(嘉祥1)
清和	❽饒益神宝	859(貞観1)
清和	❾貞観永宝	870(貞観12)
宇多	❿寛平大宝	890(寛平2)
醍醐	⓫延喜通宝	907(延喜7)
村上	⓬乾元大宝	958(天徳2)

△⑭**本朝(皇朝)十二銭**(実物大) 律令政府は，物品の価値をはかる基準の掌握をねらい，和同開珎を発行した。さらに，711（和銅4）年，銭貨の流通をうながす**蓄銭叙位令**（➔図⑮）を発した。しかし，京や畿内以外の地域では，物品による交易が広く行われたため，流通拡大にはいたらなかった。奈良時代の銭貨（❶～❸）は，銅を8割も有する良質なものだったが，平安時代になると質は低下して，大きさも小さくなった。

▽⑮**蓄銭叙位令** 銭貨を一定額蓄え，政府に納入した者に位を与える制度。銭貨の流通促進が目的であった。

位階	蓄銭額(貫*)と叙位 *1貫=1000文。
正六位以上	10貫以上で臨時に勅授
従六位～従八位	10貫以上で位1階叙位 20貫以上で位2階叙位
大初位上	10貫で従八位下に叙位
大初位下～少初位下	5貫で位1階叙位

古代の交通と地方社会 ―駅・伝馬を給はむことは，皆鈴，伝符の剋の数に依れ（公式令42条）

ヒストリースコープ

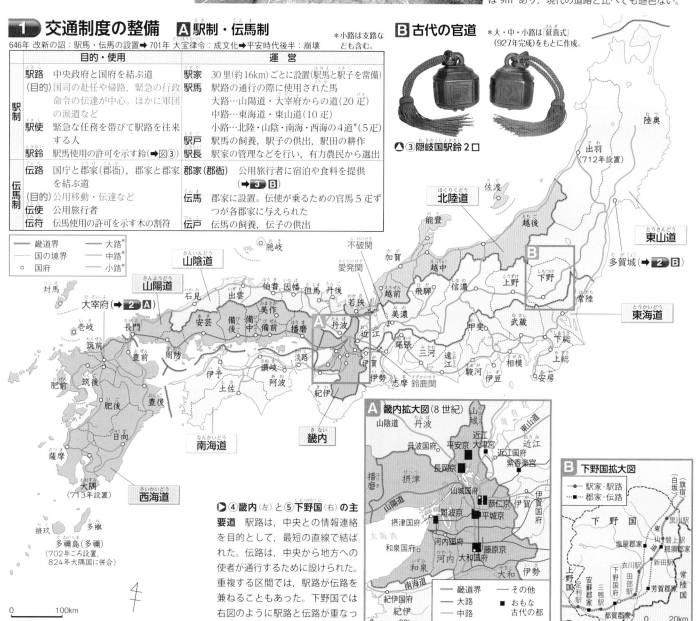

律令の条文に，「駅路の通行の際に使用する馬（駅馬）や公用旅行者が使用する馬（伝馬）の給付については，駅鈴や伝符の刻み目の数*によって決めよ」との規定があった。中央集権的な政治を機能させるために，道路や地方機関が整備された。　*使用者の位によって刻み目の数が異なった。

考察

❶図①②から，当時の道路建設の目的について説明しよう。
❷駅制・伝馬制の目的について説明しよう。→1
❸地方に置かれた機関について説明しよう。→3

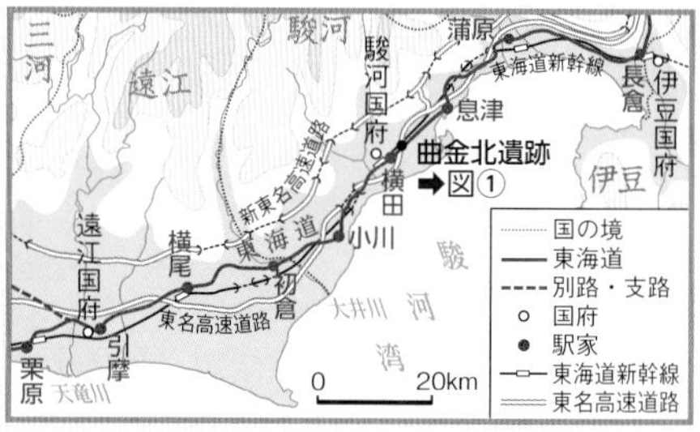

三河
駿河
遠江
駿河国府
蒲原
東海道新幹線
長倉
伊豆国府
息津
曲金北遺跡
➡図①
伊豆
横田
小川
遠江国府
横尾
東海道
新東名高速道路
初倉
大井川
東名高速道路
引摩
栗原
天竜川
駿河湾
0　20km
国の境
東海道
別路・支路
国府
駅家
東海道新幹線
東名高速道路

△②東海道駅路と高速道路・新幹線路　東海道と，東名高速道路・東海道新幹線との類似がみられる。古代官道の建設目的が，迅速な情報伝達であったことがうかがえる。

＊側溝の中心間で12m。

◁①曲金北遺跡（下 静岡県）と古代官道のイラスト（上）　古代の東海道駅路の遺構であり，道の両端に側溝が整備された直線道路が発掘された。道幅は9m*あり，現代の道路と比べても遜色ない。

1 交通制度の整備

A 駅制・伝馬制

＊小路は支路なども含む。

646年 改新の詔：駅馬・伝馬の設置➡701年 大宝律令：成文化➡平安時代後半：崩壊

	目的・使用		運営	
駅制	駅路	中央政府と国府を結ぶ道	駅家	30里（約16km）ごとに設置（駅馬と駅子を常備）
	（目的）	国司の赴任や帰路，緊急の行政命令の伝達が中心。ほかに軍団の派遣など	駅馬	駅路の通行の際に使用された馬 大路…山陽道・大宰府からの道（20疋） 中路…東海道・東山道（10疋） 小路…北陸・山陰・南海・西海の4道*（5疋）
	駅使	緊急な任務を帯びて駅路を往来する人	駅戸	駅馬の飼養，駅子の供出，駅田の耕作
	駅鈴	駅馬使用の許可を示す鈴（➡図③）	駅長	駅家の管理などを行い，有力農民から選出
伝馬制	伝路	国庁と郡家（郡衙），郡家と郡家を結ぶ道	郡家（郡衙）	公用旅行者に宿泊や食料を提供（➡3 B）
	（目的）	公用移動・伝達など	伝馬	郡家に設置。伝使が乗るための官馬5疋ずつが各郡家に与えられた
	伝使	公用旅行者		
	伝符	伝馬使用の許可を示す木の割符	伝戸	伝馬の飼養，伝子の供出

△③隠岐国駅鈴２口

B 古代の官道

＊大・中・小路は『延喜式』（927年完成）をもとに作成。

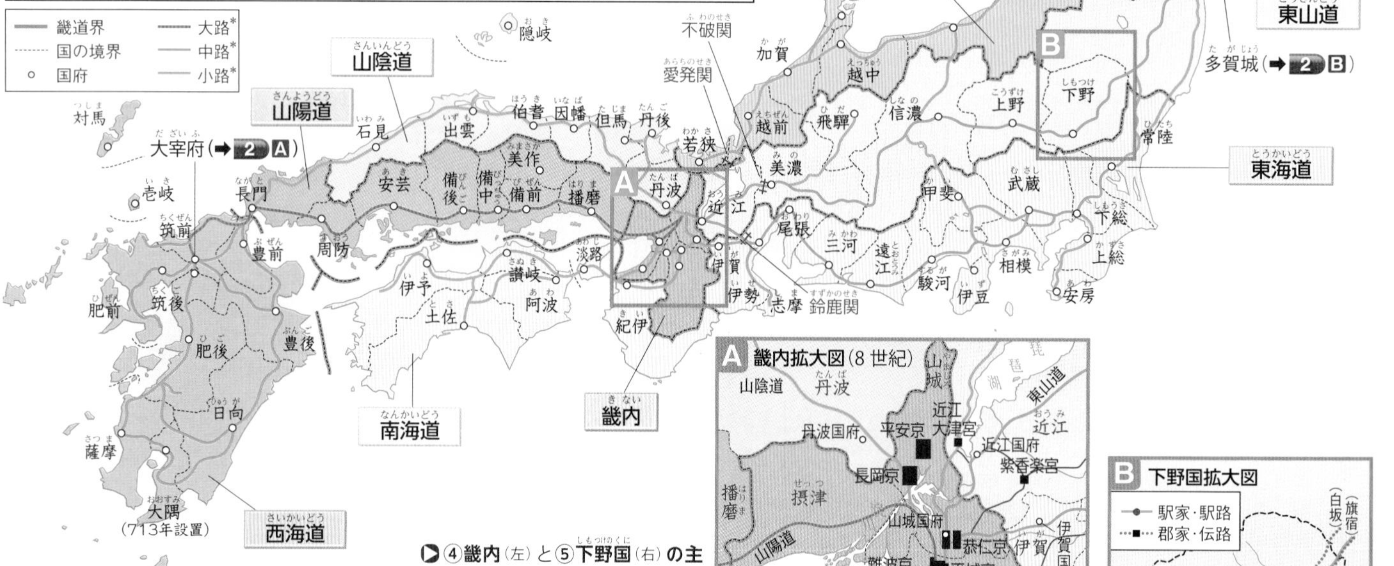

畿道界
国の境界
国府
大路*
中路*
小路*
陸奥
出羽（712年設置）
佐渡
北陸道
能登
越後
東山道
多賀城（➡2 B）
隠岐
不破関
加賀
越中
下野
上野
常陸
愛発関
山陰道
対馬
山陽道
大宰府（➡2 A）
石見
出雲
伯耆
因幡
但馬
丹後
若狭
越前
飛騨
信濃
美濃
武蔵
東海道
壱岐
長門
安芸
備後
備中
美作
備前
播磨
丹波
近江
甲斐
下総
筑前
豊前
周防
淡路
山城
尾張
三河
遠江
相模
上総
讃岐
伊賀
伊勢
志摩
鈴鹿関
駿河
伊豆
安房
肥前
筑後
伊予
阿波
土佐
紀伊
豊後
肥後
日向
南海道
畿内
薩摩
大隅（713年設置）
西海道
掖玖
多褹
多褹島（多禰）（702年ごろ設置，824年大隅国に併合）
0　100km

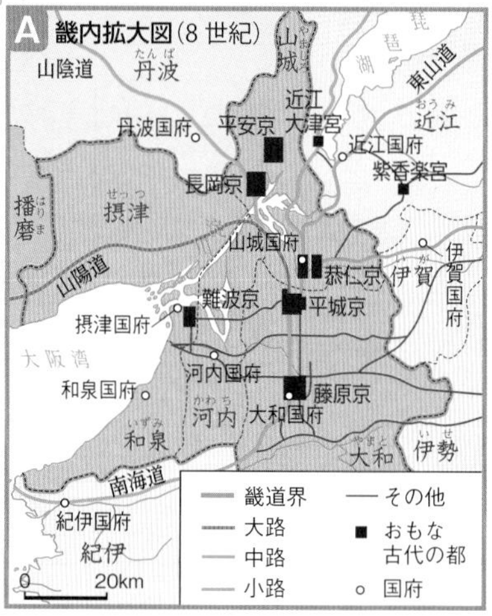

A 畿内拡大図（8世紀）
山陰道
丹波
山城
東山道
近江
丹波国府
平安京
近江大津宮
近江国府
紫香楽宮
長岡京
播磨
摂津
山城国府
恭仁京
伊賀
伊賀国府
山陽道
難波京
平城京
摂津国府
大阪湾
河内国府
和泉国府
藤原京
河内
大和国府
和泉
大和
伊勢
南海道
紀伊国府
紀伊
0　20km
畿道界
大路
中路
小路
その他
おもな古代の都
国府

B 下野国拡大図
駅家・駅路
郡家・伝路
（旗宿）
（白坂）
下野国
黒川駅
東山道
磐上駅
塩屋郡家
那須郡家
衣川駅
新田駅
上野国
足利駅
安蘇郡家
三鴨駅
下野国府
田部駅
芳賀郡家
常陸国
都賀郡家
0　20km

▷④畿内（左）と⑤下野国（右）の主要道　駅路は，中央との情報連絡を目的として，最短の直線で結ばれた。伝路は，中央から地方への使者が通行するために設けられた。重複する区間では，駅路が伝路を兼ねることもあった。下野国では右図のように駅路と伝路が重なっている区間が知られている。

歴史のまど　近江俊秀『道が語る日本古代史』　古代の道路の発掘を通して見えてくる新しい古代史像をやさしく解説した入門書。

2 東西の重要政庁

A 大宰府 – 遠の朝廷*

＊都から遠く離れた地方にある政庁。『万葉集』において，大宰府にこの表現が使われている。

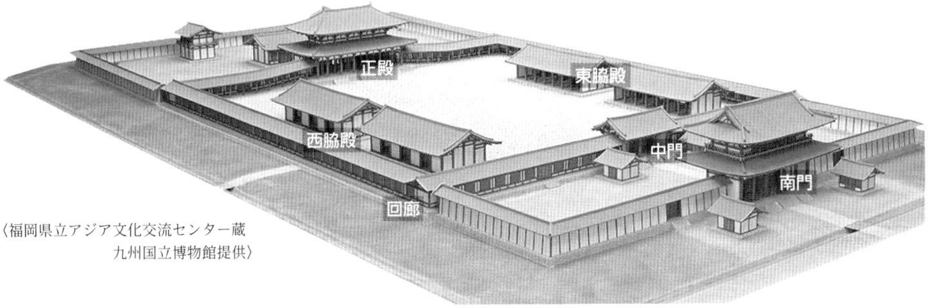

正殿
東脇殿
西脇殿
中門
南門
回廊

〈福岡県立アジア文化交流センター蔵 九州国立博物館提供〉

◀⑥大宰府政庁の復元模型 政庁は，平城宮の朝堂院(➔p.65)にあたり，政務や儀式の場となった。平城宮の朝堂院と同じ構造にすることで，律令政府の権威を地方にも示すねらいがあったと考えられている。付属して博多湾岸には，外国使節を接待するための鴻臚館(➔p.132)も設けられていた。

大野城石垣跡
水城築堤跡
0 1000m
大野城
水城
太宰府天満宮
国分寺
政庁➔図⑥
戒壇院
外郭
都府楼南
九州自動車道
西鉄大牟田線
鹿児島本線
武蔵寺

△⑦大宰府の位置 ➔p.55

B 多賀城 – 陸奥の鎮所

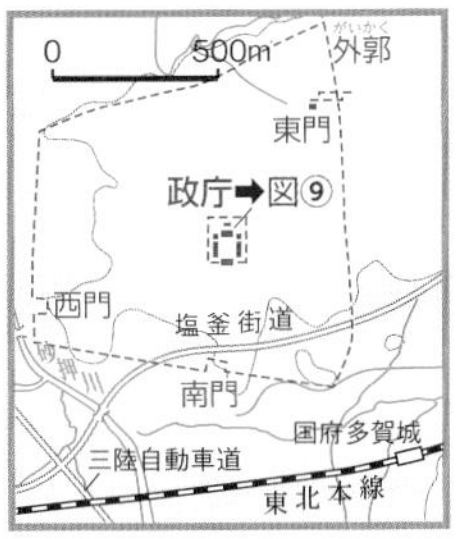

0 500m
外郭
東門
政庁➔図⑨
西門
塩釜街道
南門
国府多賀城
三陸自動車道
東北本線

△⑧多賀城の位置

▶⑨多賀城政庁の復元模型 多賀城の構造・建物の配置は城のイメージとは異なり，国の政庁(国庁)とほぼ同じと考えられている。当初，陸奥国の政庁と鎮守府がおかれたが，のちに東北経営の拡大に伴って，鎮守府は北方の胆沢城に移り，多賀城は国府として機能した。〈宮城 東北歴史博物館蔵〉

後殿
西脇殿
正殿
東脇殿
南門

3 地方機関の整備

西国分寺
国分寺
中央本線
武蔵国分寺公園
国分寺市
野川
東山道武蔵路跡
国分寺街道
0 700m
武蔵国分寺跡資料館
市界
JR
私鉄
道路
東山道武蔵路
武蔵国分寺跡
武蔵国分尼寺跡
➔C
北府中
府中市
武蔵野線
甲州街道
府中
京王線
分倍河原
武蔵国庁跡
➔A
南武線
府中本町
市役所
大國魂神社

△⑩地方機関の位置関係

A 国内の政治の中心である国衙・国庁

西脇殿
正殿
後殿
東脇殿
南門

〈東京 府中市郷土の森博物館提供〉

△⑪武蔵国庁の復元模型 令で定められた国の中心地に重要な施設を集めた都市域が**国府**であり，その中心となる政務機関の役所群が**国衙**である。また，国衙の中枢で，中央から赴任した国司が政治や儀式を行う施設が**国庁**である。各国の国衙区画プランには画一的な構造がみられる。

B 郡の支配拠点となった郡家(郡衙)

〈横浜市歴史博物館蔵〉

正殿
脇殿
脇殿
正倉

△⑫武蔵国都筑郡家の復元模型 郡家は租や出挙利稲(➔p.64)を収納する正倉と館などの建物からなっていた。建物の規模は比較的小さく，板塀と土塁で囲まれ，国衙と比べて建物配置に多様性がみられる。後世になると正倉をもたない郡家もあることから，律令の地方支配の変化に伴って，構造や配置も変わっていったとみられる。

C 国ごとにつくられた官営の国分寺 ➔p.74

〈武蔵国分寺跡資料館提供〉

国分寺
七重塔

◀⑬武蔵国分寺の復元模型 聖武天皇の詔によって，諸国に国分寺と国分尼寺が造営された。なかでも，武蔵国分寺は，最も規模が大きいものの一つといわれている。その中心である七重塔は，835年に落雷によって焼失するも，のちに再建されたようである。東山道をはさんで西側に，武蔵国分尼寺も造営された。

時代を見る目 計会帳にみる行政文書の徹底

計会帳とは，行政事務の文書や帳簿がやりとりされたことを後日に確認・照合するために作成された文書である。この出雲国計会帳は，出雲国から太政官に提出されたもので，記載されている文書・帳簿類は，「大帳」と記された計帳や，運脚の数を記したとみられる「運調脚帳」，勤務評定書の「考文」から「桑漆帳」・「鶏帳」まで多岐にわたっている。些細なことまで中央に報告し，逆に中央は細かなところまで文書で指示を与えていることが類推される。地方の行政は，文書や帳簿によって中央に掌握されていたのである。

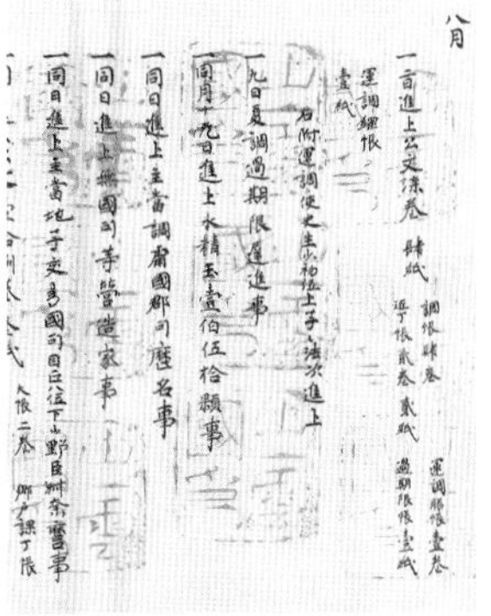

△⑭出雲国計会帳〈正倉院宝物〉

歴史散歩 武蔵国分寺跡資料館(東京都国分寺市) 発掘調査の出土品やその復元から，古代の国分寺のようすがわかる。

奈良時代の政治 ―藤原朝臣賜る所の姓，宜しく其の子不比等をして之を承らしめよ(『続日本紀』)

ヒストリースコープ

『続日本紀』によると，698年に「藤原朝臣(鎌足)が賜った姓については不比等とその子孫のみに継承させよ」との詔があり，一族のほかの者は中臣姓に戻された。これにより，不比等は藤原氏の祖となり，県犬養(橘)三千代との婚姻や，光明子の入内などの外戚政策で影響力を強め，藤原氏の政界進出の礎となった。

考察

❶藤原不比等と皇室の関係を説明しよう。
❷奈良時代の政権の特徴を，為政者の交代の面から説明しよう。
→1

①藤原不比等(659～720)
藤原鎌足の子。大宝律令・養老律令の編纂にかかわり，中央集権化を進めた。

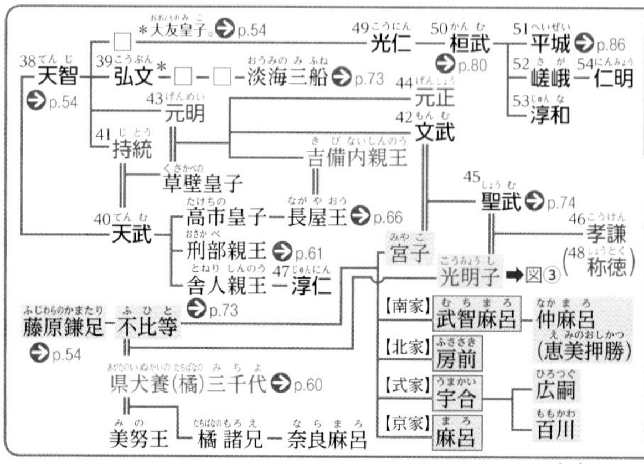

太字 天皇
数字は皇位継承の順
赤字 女性
藤原氏
(藤原四子)
38 天智 ➔p.54
39 弘文
*大友皇子。➔p.54
淡海三船 ➔p.73
49 光仁
50 桓武 ➔p.80
51 平城 ➔p.86
52 嵯峨
54 仁明
53 淳和
43 元明
44 元正
42 文武
41 持統
吉備内親王
草壁皇子
45 聖武 ➔p.74
46 孝謙
(48 称徳)
40 天武
高市皇子
長屋王 ➔p.66
刑部親王 ➔p.61
舎人親王
47 淳仁
宮子
光明子 ➔図③
藤原鎌足 ➔p.54
不比等 ➔p.73
【南家】武智麻呂
仲麻呂 (恵美押勝)
【北家】房前
【式家】宇合
広嗣
百川
【京家】麻呂
県犬養(橘)三千代 ➔p.60
美努王
橘諸兄
奈良麻呂

②皇室・藤原氏の関係系図　不比等とその息子たち(藤原四子)は，外戚政策で皇族との関係を深めて藤原氏繁栄の基礎を固め，皇親などと交互に政治を担うようになった。

③光明子

1 奈良時代の政治

＊藤原不比等の4人の息子。➡図②

天皇	政権 皇族・他氏	政権 藤原氏	年	事項 (東北関係 赤字 女帝)
文武		藤原不比等	701	**大宝律令**制定 ➔p.61
元明			708	和同開珎発行 ➔p.67
			710	**平城京遷都** ➔p.65
			711	蓄銭叙位令 ➔p.67
			712	**出羽国設置**
元正			718	**養老律令**完成 ➔p.61
			720	藤原不比等没
	長屋王		722	百万町歩の開墾計画 ➔p.71
			723	**三世一身法**を発布
聖武			724	蝦夷反乱。陸奥国に**多賀城**を設置➡❶
			727	渤海使，初の来日
			729	藤原四子*，策謀により長屋王を自害させる(**長屋王の変**➡❷)
		藤原四子	729	**光明子**立后(光明皇后➡図③)
			735~37	天然痘の流行➡❸
			737	藤原四子病死
	橘諸兄		738	○僧**玄昉**・**吉備真備**を登用 ➔p.72 藤原広嗣，大宰少弐に左遷
			740	玄昉や真備の排除を求めて九州で広嗣が大規模な反乱を起こし，鎮圧される(**藤原広嗣の乱**➡❹)，**恭仁京**遷都➡❶
			741	**国分寺建立の 詔** ➔p.74
			742	天皇，紫香楽に離宮造営開始➡❷
			743	**墾田永年私財法**発布。**大仏造立の詔**(紫香楽宮)
			744	難波京・紫香楽宮遷都➡❸❹
			745	平城京に還都➡❺
			752	**東大寺大仏開眼供養** ➔p.74
孝謙			756	橘諸兄隠退
		藤原仲麻呂	757	養老律令施行。橘奈良麻呂が仲麻呂を倒そうとし，滅ぼされる(**橘奈良麻呂の変**➡❺)
淳仁			758	仲麻呂，**恵美押勝**の名を賜る。官名を唐風に改称
			764	恵美押勝，**道鏡**を排除するために挙兵し，滅ぼされる(**恵美押勝の乱**➡❻)
称徳*2	道鏡		765	道鏡，太政大臣禅師となる
			769	宇佐八幡神託事件➡❼
			770	称徳天皇没。道鏡，下野薬師寺別当に左遷
光仁		藤原百川・永手ら	770	百川・永手ら，天智系の光仁天皇(➡図②)擁立
			780	陸奥国**伊治呰麻呂の乱**➡❽

＊2 考謙天皇重祚。

2 中央政界の動揺

地図を見る目　東北地方における事件と，城・柵の設置場所や年次に注目

A 政治事件と「辺境」の経営

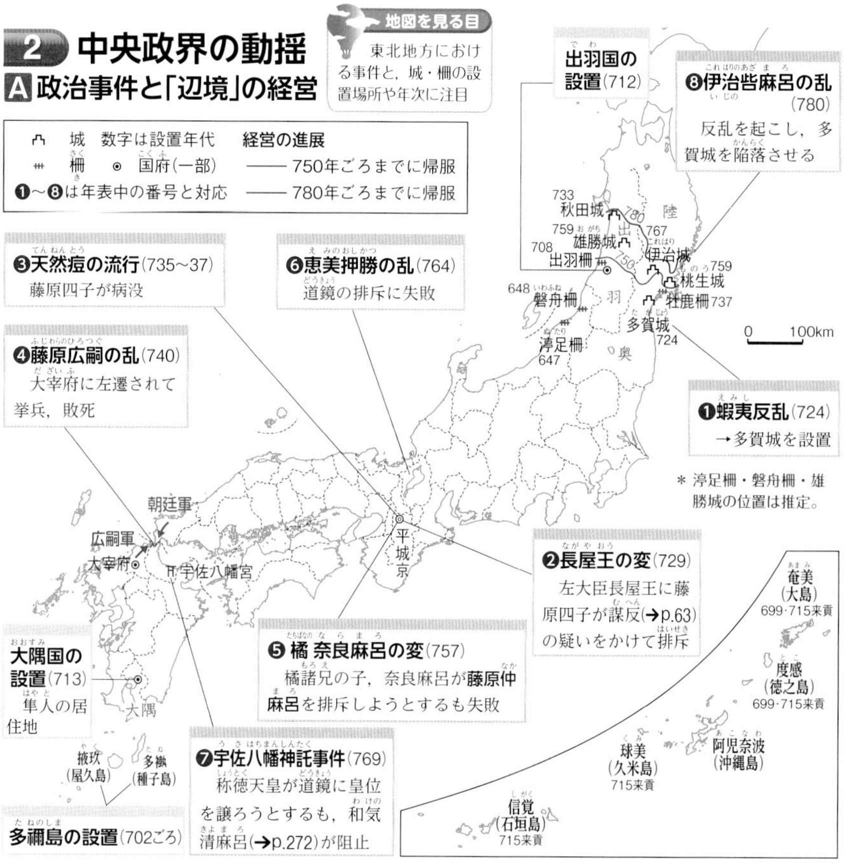

城　数字は設置年代
柵　国府(一部)
❶～❽は年表中の番号と対応
経営の進展
750年ごろまでに帰服
780年ごろまでに帰服
出羽国の設置(712)
❽伊治呰麻呂の乱(780)
反乱を起こし，多賀城を陥落させる
733 秋田城
759 雄勝城
708 出羽柵
767 伊治城
759 桃生城
737 牡鹿柵
648 磐舟柵
647 渟足柵
724 多賀城
陸
羽
奥
0 100km
❸天然痘の流行(735～37)
藤原四子が病没
❻恵美押勝の乱(764)
道鏡の排斥に失敗
❹藤原広嗣の乱(740)
大宰府に左遷されて挙兵，敗死
❶蝦夷反乱(724)
→多賀城を設置
＊ 渟足柵・磐舟柵・雄勝城の位置は推定。
朝廷軍
広嗣軍
大宰府
宇佐八幡宮
平城京
❷長屋王の変(729)
左大臣長屋王に藤原四子が謀反(➔p.63)の疑いをかけて排斥
大隅国の設置(713)
隼人の居住地
大隅
❺橘奈良麻呂の変(757)
橘諸兄の子，奈良麻呂が藤原仲麻呂を排斥しようとするも失敗
❼宇佐八幡神託事件(769)
称徳天皇が道鏡に皇位を譲ろうとするも，和気清麻呂(➔p.272)が阻止
掖玖(屋久島)
多褹(種子島)
多禰島の設置(702ごろ)
奄美(大島) 699・715来貢
度感(徳之島) 699・715来貢
球美(久米島) 715来貢
阿児奈波(沖縄島)
信覚(石垣島) 715来貢

B 聖武天皇による遷都

〈奈良文化財研究所資料ほか〉

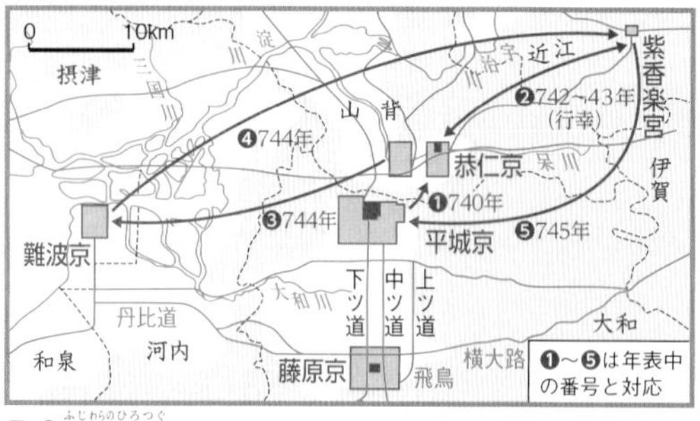

0 10km
摂津
近江
紫香楽宮
❷742～43年(行幸)
山背
❹744年
恭仁京
伊賀
❶740年
❸744年
難波京
平城京
❺745年
下ツ道
中ツ道
上ツ道
丹比道
大和
和泉
河内
藤原京
飛鳥
横大路
❶～❺は年表中の番号と対応

④藤原広嗣の乱などで政治が不安定になると，聖武天皇は恭仁京・難波京・紫香楽宮などに都を転々と移した。

Key Word　宇佐八幡宮

宇佐八幡宮は，8世紀前半に創建された神社である。宇佐八幡宮が発する託宣(神のお告げ)はしばしば政治的に利用された。東大寺大仏造立の際には，八幡宮の宮司らが造立協力の託宣をたずさえて上京するなど，「発言する神」として朝廷との結びつきが強くなった。称徳天皇は，宇佐八幡の託宣と称して，信任のあつい道鏡に皇位を譲ろうとしたものの，和気清麻呂らの行動によってはばまれた(宇佐八幡神託事件)。

歴史のまど　梓澤要『橘三千代』　6代の天皇に仕え，藤原不比等の才能を見込み妻となり，橘という姓を下賜されるほどの権勢をふるった橘三千代がヒロインの小説。

民衆と土地政策 ―かまどには火気ふき立てず こしきには蜘蛛の巣かきて 史(「貧窮問答歌」)

ヒストリースコープ

律令制下の農民は過剰な負担が課せられて，その生活は衣食とも粗末であった。山上憶良は「貧窮問答歌」に，「竈(→図④)に火をつけることがない」と記している。浮浪や逃亡も増加するなか，新たな土地政策が行われた。

考察

❶奈良時代における庶民の衣食住のようすを説明しよう。
❷なぜ人々の浮浪・逃亡が増加したのだろうか。→2
❸墾田永年私財法により生まれた土地制度を説明しよう。→3

衣

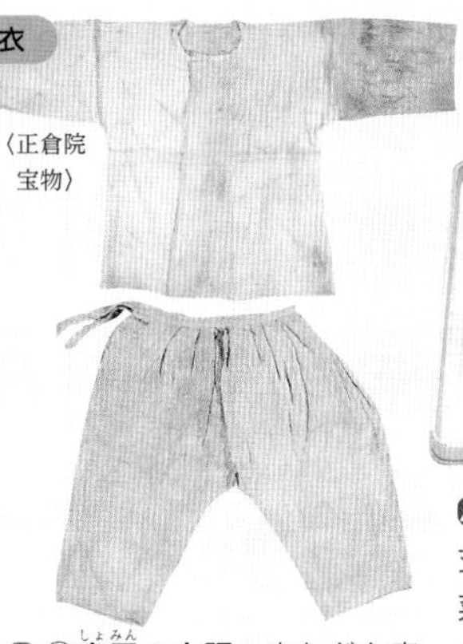

〈正倉院宝物〉

△①**庶民の衣服** 麻などを素材とした粗末なものであった。

→p.66~67 平城京と人々の暮らし

食

△②**庶民の食事** 1日2食で，玄米に近い白米の主食と，野菜や青菜の汁といった質素な内容であった。〈奈良文化財研究所蔵／料理復元 奥村彪生氏〉

住

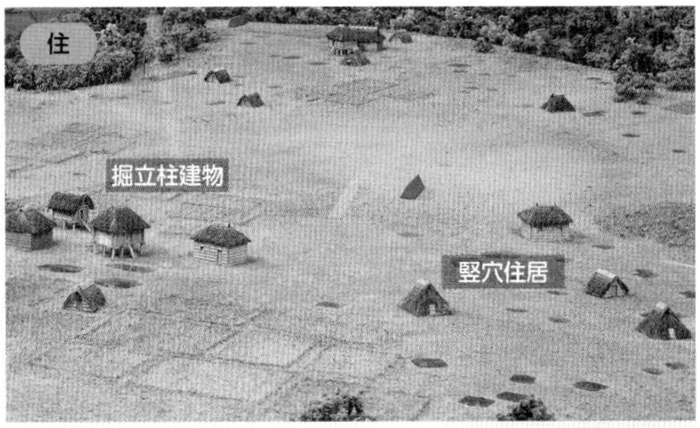
掘立柱建物
竪穴住居

△③**村上遺跡復元模型**(千葉県八千代市) 西日本から，竪穴住居にかわって平地式の**掘立柱住居**がしだいに普及した。

▷④**農家の竈の復元**(長野県塩尻市 平出遺跡)

→p.95「荘園の登場から荘園公領制の確立」，p.326「土地制度」

1 土地政策の推移

8世紀初頭 **公地公民制による税収の不足**
・人口が増加して口分田が不足
・過重な負担により班田農民が浮浪人化
→税収・財源の不足
⬇
722 **百万町歩の開墾計画**(長屋王政権)
・農民に食料・道具を支給し，10日間開墾に従事させる
→成果あがらず
⬇
723 **三世一身法** 史(長屋王政権)
目的：徴税対象の拡大
・灌漑施設を新設して開墾した者には，三世代*の所有を認める
・既存の灌漑施設で開墾した者は，本人一代(一身)の所有を認める
・開墾地は輸租田
＊本人・子・孫の三代と，子・孫・曾孫の三代の両説がある。
→「一身」の政府への返却が近づくと墾田は荒廃
⬇
743 **墾田永年私財法** 史(橘諸兄政権)
目的：政府の掌握する田地を増加させ，土地支配の強化をはかる積極策
・墾田の永久私有を許可
・身分や位階によって墾田所有を制限

所有制限		
	個人	10～500町
	大寺院	東大寺…4000町 元興寺…2000町 興福寺…1000町 法隆寺…500町など

・国司在任中の墾田を任期終了後に没収
→国司・郡司の協力を得た貴族・寺院が開墾を進める
765 加墾禁止令(道鏡政権)
・寺院などを除いて開墾禁止
772 墾田永年私財法復活(道鏡失脚)
8～9世紀 **初期荘園の成立**
・開発主体：上級貴族・大寺院
・付近の班田農民や浮浪人を集めて開墾

2 地方のようす

A 浮浪・逃亡

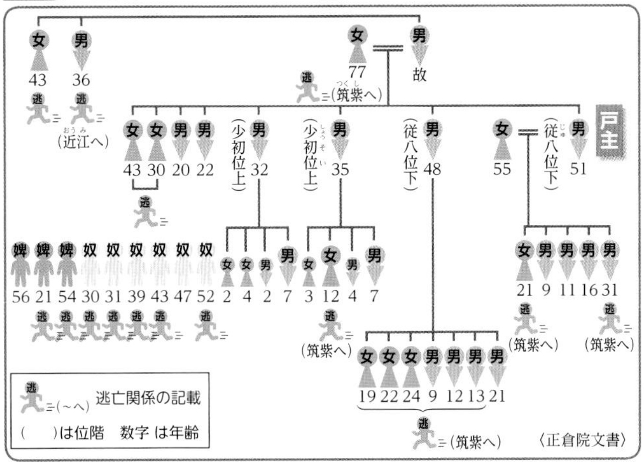
女 男
43 36
(近江へ)
女 男
77 故
(筑紫へ)
女 女 男 男
43 30 20 22
男 (少初位上) 32
男 (少初位上) 35
男 (従八位下) 48
女 55
男 (従八位下) 51
戸主
婢 婢 婢 奴 奴 奴 奴 奴 奴
56 21 54 30 31 39 43 47 52
女 女 男 男
2 4 2 7
女 女 男 男
3 12 4 7
女 男 男 男 男
21 9 11 16 31
(筑紫へ)
(筑紫へ)
(筑紫へ)
女 女 女 男 男 男 男
19 22 24 9 12 13 21
(筑紫へ)
逃 (～へ) 逃亡関係の記載
( )は位階 数字 は年齢
〈正倉院文書〉

△⑤**浮浪・逃亡の増加**(山背国愛宕郡出雲郷雲上里計帳) この計帳では41人中21人が**浮浪・逃亡**している。逃亡者には「逃」の字が記された。

● **浮浪人の増加【抜粋】** 史

「天下の百姓、多く本貫①に背き、他郷に流宕して課役を規避す。其れ、浮浪逗留して三月以上を経たる者は、即ち云(土)断して②調庸を輸せしむること、」…
「率土③の百姓、四方に浮浪し、課役を規避して、遂に王臣④に仕へ、或は資人⑤を望み、或は得度⑥を求む。…
(『続日本紀』，原漢文)

①本籍地 ②土着して ③全国 ④上級官人 ⑤親王・上級官人の従者 ⑥正式な出家

B 妻問婚

上総の農民の歌
馬来田の 嶺ろの笹葉の 露霜の
濡れて我来なば 汝は恋ふばぞも
(『万葉集』)

【現代語訳】 私が山野の笹葉の露や霜に濡れて，帰ってしまったら，あなたは私を恋しく思うだろうなあ。
(恋しい女性の家から帰る男性の，女性を思う気持ちが詠われている。)

妻問婚 男性が女性のもとを訪れ，女性が認めることで始まる婚姻形態。村内での婚姻の場合にみられる。夫婦の婚舎が妻の側にある場合を**婿入婚**という。ある期間を経た後，夫婦がどちらの家で暮らすか，新居に移るかはさまざまである(貴族社会の婚姻は婿入婚である)。
⬇
嫁入婚 女性が男性の家に嫁ぐ婚姻形態。中世の武家社会では遠方との婚姻が増え，仲人を介して地位や家がらなどを重くみた婚姻が結ばれた。

3 初期荘園の成立

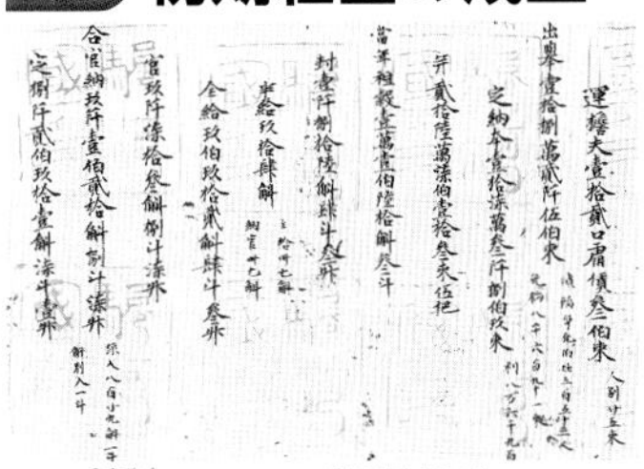

△⑥**疫病の大流行**(駿河国正税帳) 駿河国正税帳には，死亡して公出挙(→p.64)の返済を免除された者が非常に多く記録され，飢饉や疫病の流行がうかがえる。社会不安が広がると，仏教で国家を守護する**鎮護国家**思想が広まった。〈正倉院宝物〉

(中央部は破損のため不明)

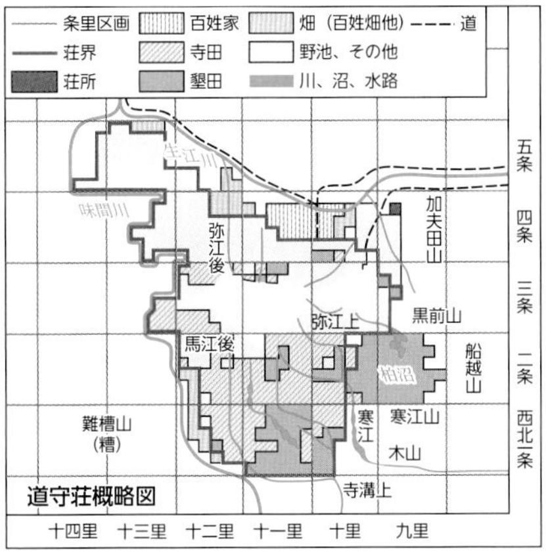
条里区画
荘界
荘所
百姓家
寺田
墾田
畑(百姓畑他)
野池、その他
川、沼、水路
道
味間川
弥江後
加夫田山
弥江上
黒前山
馬江後
船越山
寒江
寒江山
木山
難槽山(槽)
寺溝上
五条
四条
三条
二条
西北条
道守荘概略図
十四里 十三里 十二里 十一里 十里 九里

◁⑦**東大寺領越前国道守荘の地割** 東大寺領の荘園は，郡司クラスの有力者から土地の寄進を受けたり，用地買収や土地交換などを行ったりして成立した。そのため，開墾地の設定，開墾労働力の動員も国司・郡司の全面協力が前提とされていた。このようにして成立した私領経営を**初期荘園**とよぶ。

歴史のまど 関和彦『古代農民忍羽を訪ねて―奈良時代東国人の暮らしと社会』 正倉院に残る戸籍から庶民の生活を具体的に解説している。

遣隋使・遣唐使と日本の文化

1 遣隋使・遣唐使と日本の文化

□唐関係 赤字 女帝

	天皇	出発年	航路(遣唐使)	おもな使節と随行の留学生・僧	日本の文化への影響	中国
遣隋使	推古	600		最初の遣隋使(『隋書』のみに記述あり)	隋の文化が朝鮮半島経由で日本へ	隋
		607		小野妹子(国書「日出づる処の天子，書を日没する処の天子に致す。…」が煬帝を怒らせる)→翌年，隋使裴世清を伴い帰国	飛鳥文化 ➔p.49~53 6C後～7C前	
		608		小野妹子(裴世清の送使)，高向玄理(留学生)，南淵請安・旻(学問僧)を伴う	・寺院が古墳にかわる権威の象徴となる	
		610		不明(『隋書』に記述あり)	・中国南北朝時代の様式を受容	
		614		犬上御田鍬→翌年，百済使を伴い帰国		
遣唐使				貞観の治(627～649)	*このほか19回任命・16回派遣，18回任命・15回派遣など諸説がある。	初唐
	舒明	630	❶北路？	犬上御田鍬，薬師恵日		
				❶～⓴は遣唐使の回数(任命による回数*)		
	孝徳	653	❷北路？	吉士長丹，道昭ら	白鳳文化 ➔p.57~60 7C後～8C初	
		654	❸北路	高向玄理(唐で没)，河辺麻呂	・大官大寺の造営	
	斉明	659	❹北路	坂合部石布	・護国経典読誦，薬師信仰(現世利益)	
				白村江の戦い(663) ➔p.55		
	天智	665	❺北路	守大石(送唐客使)		
		667	❻北路	伊吉博徳(同上)	唐初期の文化が新羅経由で日本へ	
		669	❼北路？	河内鯨		
				34年間，遣唐使途絶える		
	文武	702	❽南路	粟田真人 山上憶良，道慈	日本仏教界を批判し，伝戒大使招請を提案	
				開元の治(713～741)	天平文化 ➔p.73~79 8C	盛唐
	元正	717	❾南路？	多治比県守，藤原宇合，玄昉(学問僧)，吉備真備・阿倍仲麻呂・井真成(留学生)➡ひとコラム	・玄宗・則天武后の仏教政策(巨大な石仏造営)の影響 ・北魏に発する「皇帝＝如来」思想→大仏造立へ	
	聖武	733	❿南路	多治比広成，栄叡・普照(学問僧) 玄昉・吉備真備帰国	・国際的な文物の流入→正倉院宝物	
		746	⓫(中止)	石上乙麻呂		
	孝謙	752	⓬南路	藤原清河，吉備真備，鑑真来日(753薩摩国坊津に上陸，754入京)	・僧侶に戒律を授ける戒壇の設置➔p.76	
				安史の乱(755～763)		
	淳仁	759	⓭渤海路	高元度(迎入唐大使)	中国大陸での社会の流動化や不安定化のなかで個人救済の宗教流行へ	中唐
		761	⓮(中止)	仲石伴，石上宅嗣		
		762	⓯(中止)	中臣鷹主(送唐客使)		
	光仁	777	⓰南路	佐伯今毛人，小野石根	→密教，浄土教	
		779	⓱南路	布勢清直(送唐客使)	弘仁・貞観文化 ➔p.82~85 9C	
	桓武	804	⓲南路	藤原葛野麻呂，橘逸勢(留学生)，最澄・空海(学問僧)	・密教の流行 ・文芸を国家の支柱とみなす文章経国思想の導入	晩唐
	仁明	838	⓳南路	藤原常嗣，小野篁，円仁(学問僧)→『入唐求法巡礼行記』		
				会昌の廃仏(845)		
				黄巣の乱(875～884)	→遣唐使中止	
	宇多	894	⓴(中止)	菅原道真➡コラム	国風文化 ➔p.88~92 10~11c	

よみとき 遣唐使の経路が北路から南路へ変わった背景に注目しよう

➔p.6 巻頭地図

A 7世紀～8世紀初め

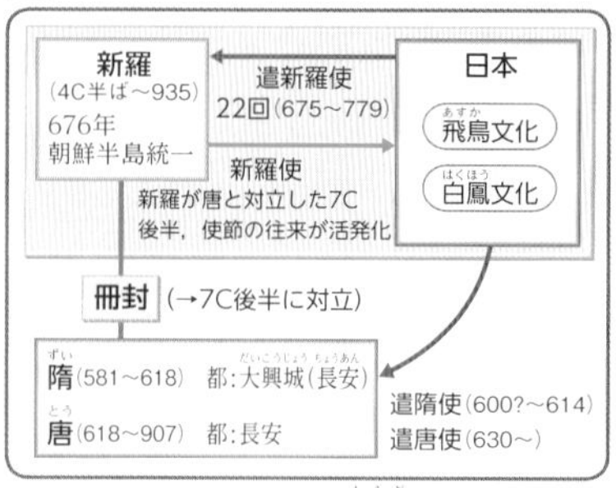

新羅 (4C半ば～935) 676年 朝鮮半島統一
遣新羅使 22回(675～779)
日本
飛鳥文化
白鳳文化
新羅使
新羅が唐と対立した7C後半，使節の往来が活発化
冊封 (→7C後半に対立)
隋(581～618) 都:大興城(長安)
唐(618～907) 都:長安
遣隋使(600?～614)
遣唐使(630～)

①7世紀後半，日本と新羅は使節の往来などで良好な関係にあった。しかし，8世紀になり，日本が新羅を朝貢国として扱おうとしたのに対し，新羅は対等な関係を求めたことから関係は悪化した。

B 8世紀初め～9世紀

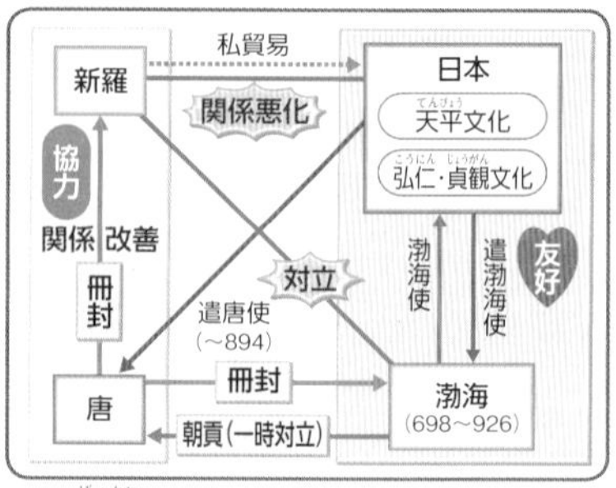

新羅
私貿易
日本
天平文化
弘仁・貞観文化
関係悪化
協力
関係改善
冊封
対立
遣唐使 (～894)
渤海使
遣渤海使
友好
唐
冊封
渤海 (698～926)
朝貢(一時対立)

②渤海は唐・新羅との対立から，日本は新羅との対立(➔A)から，両国は使節を派遣し良好な関係を築いた。日本は渤海も朝貢国として扱おうとした。日本と新羅の関係は悪化していたが，私貿易はさかんであった。

吉備真備(693?～775)と玄昉(?～746)

➔p.70

両者は，帰国後，聖武天皇夫妻に寵愛された。彼らは在唐中に中央集権国家の統治をつぶさに見ており，橘諸兄政権を補佐して活躍した。大宰府の藤原広嗣は二人の重用に不満をもち，反乱を起こした。藤原仲麻呂政権下では両者は九州に左遷されたが，真備は恵美押勝(藤原仲麻呂)の乱を契機に復活し，道鏡政権後の光仁天皇擁立に尽力した。

阿倍仲麻呂(698?～770?)

717年に入唐。玄宗皇帝に仕え，現在のベトナムのハノイに設置された安南都護府に赴任した。753年には，鑑真に面会し，来日して戒律を伝えるよう懇願した。そして，帰国する際，奈良をなつかしんで「天の原」の歌を詠んだ。しかし，乗船の難破や安史の乱で唐にとどまることとなった。仲麻呂は唐代の代表的な詩人である李白や王維とも交流があり，仲麻呂が帰国を試みた際などに，王維が仲麻呂を送る詩をつくった。

〈奈良 安倍文殊院蔵〉

③阿倍仲麻呂

天の原ふりさけ見れば春日なる三笠の山に出でし月かも

井真成(699?～734)

2004年に西安市郊外で発見された墓誌*には「井字真成国号日本」と記されており，「日本」という国号が使われた最古の事例として注目された。墓誌によると，真成は734年に36歳で亡くなったと記され，「尚衣奉御*2」という官を追贈されたという。真成の入唐の時期をめぐっても諸説あり，その出自・経歴は未詳。9世紀初めには円仁の弟子も在唐中に死去しており，こうした留学生はほかにも存在すると考えられる。

*故人の略歴を記した墓石あるいは石板。

*2 皇帝の衣服を管理する官職の長。

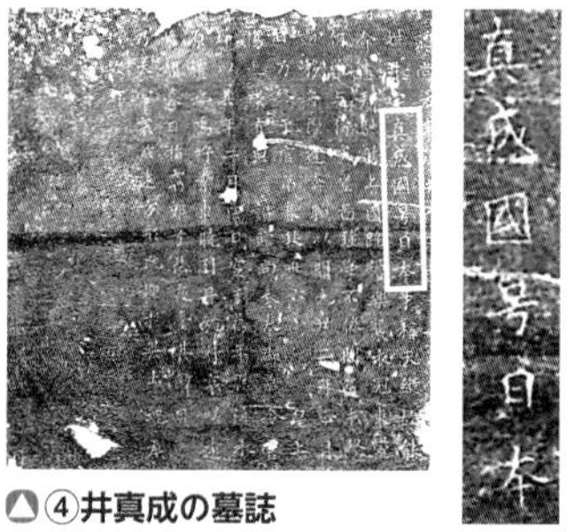

真成國號日本

④井真成の墓誌

時代を見る目 菅原道真による遣唐使見直しの建議

➔p.86

894年，遣唐大使に任命された菅原道真は，唐の国内状況の悪化から，危険な航海をしてまで公的な外交交渉を続ける必要はないとして，遣唐使の中止を宇多天皇に進言した。結果として，以後，遣唐使は派遣されなかった。

遣唐使見直しの建議 史

…臣某謹んで在唐の僧中瓘，去年三月商客王訥等に附して到る所の録記を案ずるに，大唐の凋弊，これに載すること具なり。…臣等伏して旧記を検するに，度々の使等，或は海を渡りて命に堪へざる者あり，或は賊に遭ひて身を亡ぼす者ありしも，唯未だ唐に至りて難阻飢寒の悲ありしことを見ず。…詳かに其の可否を定められん事を。…

(『菅家文草』原漢文)

〈奈良 長谷寺蔵〉

⑤菅原道真 (845～903)

天平文化①（文学）―臣安萬侶に詔していわく，稗田阿礼誦する所の勅語旧辞を撰録し，以て献上せよ（『古事記』）

ヒストリースコープ

『古事記』によると，天武天皇（631？～686）は「帝紀」「旧辞」を稗田阿礼（654？～？）に誦み習わせ，国史の編纂事業を開始し，元明朝において，「太安万侶（安麻呂）（？～723）に命じて，稗田阿礼の誦む『旧辞』を記録させた」とされる。こうして712年に『古事記』が完成し，8年後の720年には，国際関係を意識して漢文で記された『日本書紀』が完成した。これらは，天皇の日本国支配の正統性を示しており，以後も国史の編纂は続けられた。

考察

❶『古事記』は，誰の命によってどのようにつくられたのだろうか。

❷その後の国史編纂事業を説明しよう。→2

❸この時期に漢詩文集と和歌集が編纂された背景を説明しよう。→3

舎人親王
稗田阿礼
太安万侶

△①『古事記』『日本書紀』の編纂者　太安万侶と稗田阿礼を，机に向かう舎人親王が見ている。太安万侶は，苦労しながらも漢字での国史編纂をやりとげ，続いて舎人親王が中心となって『日本書紀』を編纂した。〈模写 東京大学史料編纂所蔵〉

古事記 序（太安万侶の編纂の苦労）【現代語訳】

昔の文章は，言葉も意味も素朴であって，外来語である漢字で記録するのは難しい。漢字の意味を重視すれば，もとの言葉の心意をそこない，万葉仮名で表現すれば文章が長くなり，主旨がわかりにくくなる。そこで，音訓を併用したり，訓だけで記述するなど工夫をした。

時代を見る目　太安万侶の墓

1979年，平城京の東の山中から太安万侶の墓が見つかった。骨壺から真珠4粒が見つかり，墓誌には，本籍地（→p.65）や，民部省の長官にまで出世したことが記されていた。

墓誌

左京四條四坊従四位下勲五等太朝臣安萬侶以癸亥年七月六日卒之　養老七年十二月十五日乙巳

▷②太安万侶の墓誌

〈所有：文化庁　写真提供：奈良県立橿原考古学研究所附属博物館〉

1 天平文化まとめ表

特徴	盛唐文化の影響が強い国際色豊かな文化 ①8世紀の文化（奈良時代） ②平城京中心。仏教色の濃い貴族文化 ③律令国家確立による国史・文学の編纂
歴史・地誌	『古事記』（稗田阿礼が誦習，太安万侶（安麻呂）が筆録） 『日本書紀』（舎人親王らが編纂） 『風土記』（常陸・出雲・播磨・豊後・肥前の5か国が現存，出雲のみほぼ完全に残存）
文学	『懐風藻』（現存最古の漢詩集） 『万葉集』（現存最古の和歌集）
建築 ➡p.75～76	東大寺 国宝 法華堂（三月堂）国・転害門 国 正倉院宝庫 国 法隆寺夢殿 国・伝法堂 国 唐招提寺 国宝 金堂 国・講堂 国
彫刻	・東大寺 ➡p.74 法華堂不空羂索観音像（乾漆像）国 法華堂日光・月光菩薩像（塑像）国 法華堂執金剛神像（塑像）国 戒壇堂四天王像（塑像）国 ・唐招提寺 ➡p.76 鑑真像（乾漆像）国 金堂盧舎那仏像（乾漆像）国 ・興福寺 国宝 ➡p.77 八部衆像（阿修羅像など）（乾漆像）国 十大弟子像（富楼那像など）（乾漆像）国 新薬師寺十二神将像（塑像）国 ➡p.77 聖林寺十一面観音像（乾漆像）国 ➡p.77
絵画 ➡p.78	正倉院鳥毛立女屏風 薬師寺吉祥天像 国 絵因果経（過去現在絵因果経）国
工芸 ➡p.78～79	東大寺大仏殿八角灯籠 国 ➡p.75 正倉院宝物 百万塔・百万塔陀羅尼
教育	・式部省に官吏養成のための大学*（都）・国学（国）を設置　*明経道などを学ぶ（→p.82）。 ・石上宅嗣 芸亭（初の公開図書館）

2 国史・地誌の編纂

A 六国史

六国史	巻数	内容の範囲	成立年代	天皇	編者
日本書紀	30	神代～持統	720（養老4）	元正	舎人親王
続日本紀	40	文武～桓武	797（延暦16）	桓武	藤原継縄
日本後紀	40	桓武～淳和	840（承和7）	仁明	藤原緒嗣
続日本後紀	20	仁明一代	869（貞観11）	清和	藤原良房
日本文徳天皇実録	10	文徳一代	879（元慶3）	陽成	藤原基経
日本三代実録	50	清和・陽成・光孝	901（延喜1）	醍醐	藤原時平

△③中国にならって，『日本書紀』を先例として，天武天皇のころから10世紀初めにかけて，6つの史書が編纂された。これらを総称して六国史とよんでいる。漢文で，年代を追ってできごとを表記する編年体で記されている。

B『風土記』

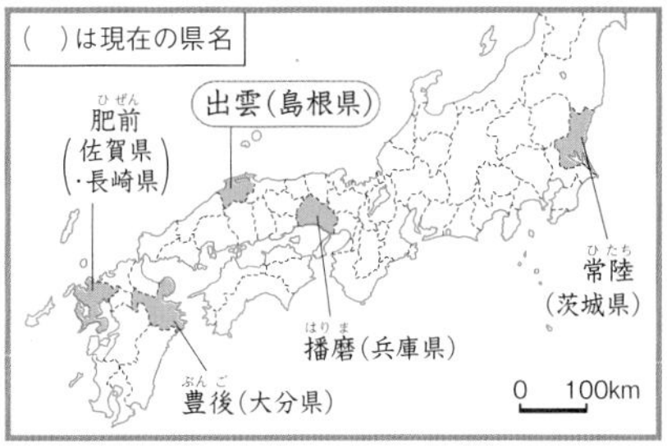
（　）は現在の県名
出雲（島根県）
肥前（佐賀県・長崎県）
常陸（茨城県）
播磨（兵庫県）
豊後（大分県）
0　100km

△④713年，政府は中国にならって，諸国の産物・地理・伝承などを記した『風土記』の編纂を命じた。地図中の5か国のものが現存するが，ほぼ完全に残っているのは出雲国のみ。

3 日本最初の「漢詩文集」と「和歌集」

A 貴族の教養としての漢詩文

大津皇子の辞世の漢詩

【白文】
金烏臨西舎
鼓声催短命
泉路無賓主
此夕離家向

【書下し文】
金烏西舎に臨み
鼓声短命を催す
泉路賓主無し
此の夕家を離りて向かふ

【現代語訳】
太陽は西に傾き
夕べの鐘に短い命が身にしみる
泉途を行くは一人の旅
この夕べ自分は家を離れて独り死出の旅路へ向かう（『懐風藻』）

△⑤『懐風藻』　751年成立。現存する最古の漢詩文集。天智天皇以後の64人120首の漢詩を収録。編者は淡海三船・石上宅嗣ら諸説あり。すべてが漢文でやりとりされる貴族社会の官人にとって，漢文の読み書きは必須の教養となり，漢詩文をたしなむことが貴族の間で流行した。

B「仮名」で書かれた最古の和歌集

茜草指　武良前野逝　標野行
野守者不見哉　君之袖布流　額田王

佐伎毛利尓　由久波多我世登　刀布比登乎
美流我登毛之佐　毛乃母比毛世受　防人の歌

青丹吉　寧楽乃京師者
咲花乃　薫如　今盛有　小野老

世間乎　宇之等夜佐之等　於母倍杼母
飛立可祢都　鳥尓之安良祢婆　山上憶良

田兒之浦従　打出而見者
真白衣　不盡能高嶺尓　雪波零家留　山部赤人
（『万葉集』）

◁⑥『万葉集』　7世紀半ば以後，4期にわたって段階的に成立し8世紀後半に完成した現存最古の和歌集。天皇，貴族から下級役人，防人や東国農民などさまざまな階層の人々の歌が約4500首収録されている。漢字の音と訓を併用して日本語を表記した万葉がなで書かれている。

▽⑦代表的な歌人

白鳳期		天平期	
第1期	第2期	第3期	第4期
（7世紀前半～天智朝まで）	（7世紀後半～8世紀初め）	（8世紀前半）	（8世紀半ば）
舒明天皇・大海人皇子 ➡p.54・有間皇子・額田王ら	持統天皇・柿本人麻呂・大津皇子・高市黒人ら	山上憶良 ➡p.71・山部赤人・大伴旅人ら	大伴家持 ➡p.62・大伴坂上郎女・笠郎女ら

歴史のまど　角川書店『角川ソフィア文庫 万葉集』　140首が丁寧な解説とともに紹介されており，当時のさまざまな身分の人々の感覚がわかる。

天平文化②（東大寺）―夫れ天下の富を有つ者は朕なり。…此の富勢を以て此の尊像を造る 史（大仏造立の詔）

ヒストリースコープ

聖武天皇(701~756，位 724~749)は，743 年に近江の紫香楽宮で「この世の富をもっているのは私であり，富と権勢により大仏を造る」との詔を出した。この大仏造立の詔により，国家的な大仏造立事業が始まった。同時代の唐の仏教政策から，聖武天皇が天下の富を使って巨大な仏像をつくらせた目的がみてとれる。

考察

❶東大寺の大仏はどこの国の影響を受けたのだろうか。
❷大仏造立の背景となった思想について説明しよう。→1
❸聖武天皇の遺品が収められた正倉院について，建築物としての特徴を説明しよう。→3

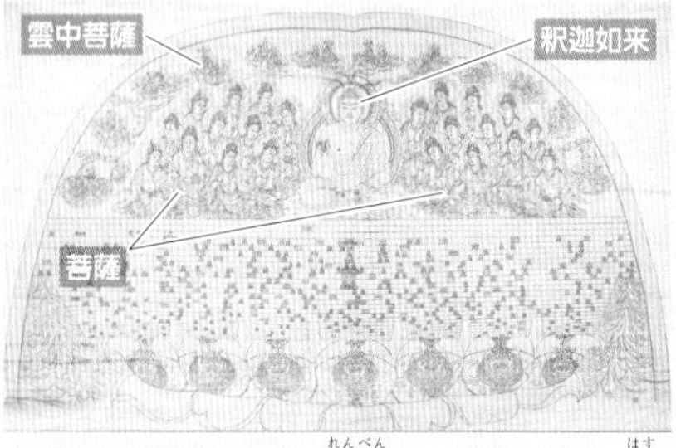
雲中菩薩
釈迦如来
菩薩

②東大寺盧舎那仏の蓮弁画　台座の蓮弁（蓮の花弁）に，華厳経にもとづく蓮華蔵世界が線刻される。説法をする中央の釈迦如来の左右を菩薩が囲み，上空を雲中菩薩が飛来する。盧舎那仏のなかで数少ない，天平時代のものが残る部分。

〈国 像高 14.73m〉

①東大寺の盧舎那仏　盧舎那仏は華厳経における大宇宙の中心にいる仏であり，唐の仏教政策にならって，聖武天皇・光明皇后が造立した。聖武天皇は，民衆も意義を正しく理解して，自ら進んで協力しなければ大願は成就しないと考え，協力を求めた。民衆に人気のあった行基も協力を求められ，勧進につとめ尽力したので，朝廷から仏教界最高の「大僧正」の位を賜った。

〈中国 像高 17.14m〉

蓮弁
仏像

③竜門奉先寺洞の盧舎那仏と蓮弁　為政者の盧舎那仏造立が国家の安寧をもたらすという考え方のもと則天武后が造立，遣唐使もこれを見学した。蓮弁に仏像が彫られている。

1 中国にならった鎮護国家思想

538	仏教公伝（『元興寺縁起』）
552	仏教公伝（『日本書紀』）
	崇仏論争…蘇我稲目と物部尾輿の対立➲p.47
593	四天王寺建立
596	飛鳥寺建立
607	法隆寺建立
	厩戸王・蘇我氏による仏教受容・寺院建立
680	薬師寺建立
	天武・持統朝での寺院建立
741	国分寺建立の詔 史
743	大仏造立の詔➡
752	大仏開眼供養
	聖武天皇・光明皇后の政策

唐の仏教政策　金光明経の流行と大仏建立

① **金光明経**（金光明最勝王経）…この経を広めまた読誦し，正法をもって国王が施政すれば，功徳として，国が守護される（鎮護国家）

② **則天武后の政策**…仏教を道教・儒教より重んじ，巨大な大仏（盧舎那仏）を建立

▼

日本への影響　光明皇后が則天武后の政策にならう

① **鎮護国家**…五穀豊穣・疫病終息・敵国調伏などの国家安寧の効果を期待

→677 年 天武天皇が大官大寺を整備➲p.56，330

② **聖武天皇の仏教保護**

国分寺・国分尼寺の建立，大仏造立
寺田を不輸租田とし，僧侶の課役を免除
〈統制〉私度僧の禁止➲p.76

▼

社会の変化

・大伽藍建立や寺領の増加で，国家財政の負担増
・唐の影響を受けた仏教文化の興隆
・**行基**らが仏教を民衆に布教，灌漑施設の整備などの社会事業を行う

④東大寺西大門勅額　聖武天皇の筆とされる「金光明四天王護国之寺」の文字が刻まれている。金光明経は国を守る経典で，国王が広めることで国が安らかに治まるとされた。東大寺は総国分寺と位置づけられた。

2 大仏の鋳造

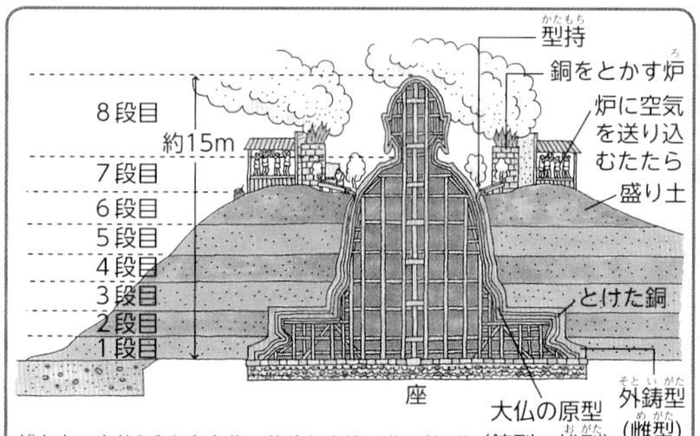
型持
銅をとかす炉
炉に空気を送り込むたたら
盛り土
8段目
約15m
7段目
6段目
5段目
4段目
3段目
2段目
1段目
とけた銅
座
大仏の原型
外鋳型（雌型）

〈『奈良の大仏』香取忠彦著・穂積和夫絵，草思社刊〉（鋳型＝雄型）

⑤大仏の鋳造法　のべ 260 万人が動員されたという。

熟銅*	499t
錬金*2	440kg
水銀	2.5t
白鑞*3	8.5t
木炭	300m³

＊ 長門の銅を使用。
＊2 陸奥の金を使用。
＊3 すずに鉛を混ぜた合金。

⑥大仏鋳造に使われた物資

時代を見る目　則天武后の仏教政策

中国では，実在の最高権力者を仏で表現するという極めて政治的な意図のもとに，5 世紀後半の北魏の孝文帝のころから巨大な仏像制作が始まった。とくに，8 世紀前半の唐の玄宗・則天武后の時代，国家が絶対的な権力を示す行為として，さかんに巨大な仏像が造立された。遣唐使らの報告によって，日本でも唐の仏教政策が取り入れられ，鎮護国家思想が導入された。そして国家の威信を示すためにも，大仏造立や国分寺の建立が行われた。

⑦則天武后（624?~705）

今日とのつながり　大仏鋳造にあたっては，金属の処理に用いられた水銀の中毒により，多くの人命が失われた。これは公害の始まりといえる。

3 東大寺の境内と仏像

転害門
➡図⑨
正倉院
➡図⑫⑬
西宝庫
東宝庫
伽藍
誌面に掲載されている建物
講堂跡
開山堂
二月堂
戒壇堂
➡図⑱
大仏殿➡p.179
行基堂
八角灯籠
➡図⑩
法華堂(三月堂)
➡図⑪⑮⑯
西塔跡
中門
東塔跡
本坊
南大門
0 200m
⑧東大寺境内図

〈国 高さ 10.6m〉

△⑨**東大寺転害門** 東大寺に現存する建造物のなかで，奈良時代のものは7棟ある。この転害門もその一つで，平城京一条南大路に向かって門が開く。

〈国 高さ 4.62m〉

拡大

△▷⑩**東大寺大仏殿八角灯籠** 現存する最古の金銅製の遺物で，創建当時のもの。

〈国 高さ 12.5m〉

正堂
礼堂

△⑪**東大寺法華堂(三月堂)** 左の正堂が創建当時のもので，執金剛神像や不空羂索観音像などが安置されている。右は安置した仏像を礼拝する礼堂で，鎌倉時代に改築されたものである。2棟がつながった構造になっている。

△⑫**正倉院宝庫** おもな収蔵品は，光明皇后が聖武天皇の遺愛の品々を東大寺に献じたものである。北倉に光明皇后が献じた品々を納めたため，その開扉には勅許(天皇の許可)を必要とした(勅封倉)。のちに中倉や南倉も，北倉に準じて勅封倉となった。北倉と南倉は校倉造(➔図⑬)である。〈国 高さ 14.0m 幅 33.1m〉

△⑬**校倉造** 校倉造とは断面が三角形の木材(校木)を井桁に組み上げて壁面を構成する工法。

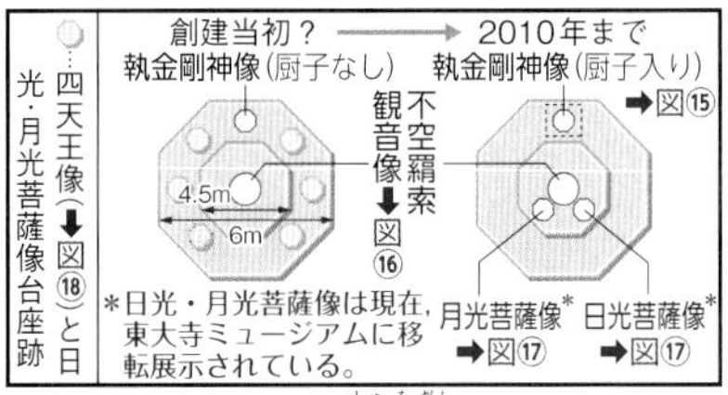
○…四天王像(➡図⑱)と日光・月光菩薩像台座跡
創建当初？ → 2010年まで
執金剛神像(厨子なし)
執金剛神像(厨子入り)
➡図⑮
不空羂索観音像
➡図⑯
4.5m
6m
月光菩薩像*
➡図⑰
日光菩薩像*
➡図⑰
*日光・月光菩薩像は現在，東大寺ミュージアムに移転展示されている。

△⑭**東大寺法華堂八角須弥壇の配置** 近年の調査の結果，須弥壇の下段に日光・月光菩薩像・執金剛神像・戒壇堂四天王像と合致する7体分の台座跡が確認された。このことにより，7体の仏像と本尊の不空羂索観音像は当時から法華堂の須弥壇上にあったと推定された。

▽⑰**法華堂月光菩薩像**(左)と**日光菩薩像**(右)**(塑像)** 唐風の礼服を身につけた均整のとれた姿と端正な顔立ちで合掌している。戒壇堂の四天王像と同一工房で制作されたとみられる。

◁⑮**法華堂執金剛神像(塑像)** 秘仏とされていたため保存状態がよく，あざやかな彩色が見られる。『日本霊異記』に良弁(➔ p.76)が安置したと記されている。金剛杵をにぎり，仏敵に一撃を加えようとする姿である。〈国 像高 174cm〉

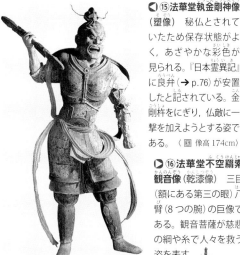

〈国 像高 362cm〉

▷⑯**法華堂不空羂索観音像(乾漆像)** 三目(額にある第三の眼)八臂(8つの腕)の巨像である。観音菩薩が慈悲の綱や糸で人々を救う姿を表す。

〈国 像高 月光菩薩 204.8cm 日光菩薩 207.2cm〉

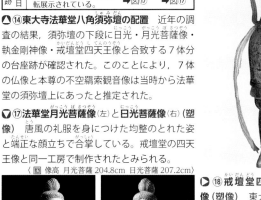

▷⑱**戒壇堂四天王像(塑像)** 東大寺戒壇堂は755年に日本初の正式な受戒(➔ p.76)の場として建立された。現在の戒壇堂は1732年に再建されたもの。四天王像は仏教における守護神であり，いずれも邪鬼を踏みしめて立つ。天平期の代表作。造立直後は法華堂におかれていた可能性が高い(➔図⑭)。〈国〉

持国天〈像高 160.5cm〉 増長天〈像高 162.2cm〉 広目天〈像高 169.9cm〉 多聞天〈像高 164.5cm〉

歴史のまど 坂東俊彦ほか著『もっと知りたい 東大寺の歴史』 東大寺の歴史や美術品がビジュアルに紹介されており，各堂やその本尊について初心者にわかりやすく説明されている。

古代 奈良

天平文化③（唐招提寺）—戒壇を立て，戒律を伝受せんと欲す。此の心有るに自り，日夜忘れず（『唐大和上東征伝』）

ヒストリースコープ

鑑真（688？～763）は，戒律を日本に伝えるために753年末に来日し，翌年東大寺に戒壇を設けた*。この鑑真の来日のようすを記録した『唐大和上東征伝』によると，聖武天皇は，「戒壇堂を設置して得度受戒（僧の位を得て正式な僧となる➔キーワード）したいと昼夜問わず強く願っていた」と言って鑑真を歓迎し，光明皇后とともに受戒した。

733	留学僧栄叡・普照ら，遣唐使船にて入唐
742	栄叡ら，鑑真に伝戒師としての来日を招請 この間に5回，渡日を試みるも失敗 （1・4回妨害，2・3・5回難破）
753	遣唐使船にて坊津（薩摩国）に入港
754	入京

＊755年に常設の東大寺戒壇院（堂）が建立された。

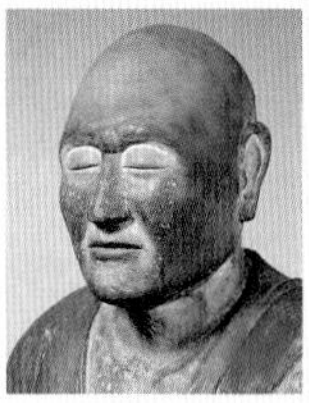

〈国 像高80.1cm〉

①唐招提寺鑑真像（乾漆像）　日本初の本格的な肖像彫刻。鑑真は，晩年は唐招提寺で受戒した僧の教育に尽力した。

〈国 高さ11.8m〉

②唐招提寺講堂　僧侶が学問や研究を行うための施設で，759年の創建にあたって最初に設置され，唐招提寺の伽藍の中心となっている。平城宮の東朝集殿（➔p.65）を移築・改修したもの。平城宮の宮殿を知る唯一の遺構である。

考察

❶なぜ鑑真が日本に招かれたのだろうか。
❷なぜこの時期に戒律と受戒が必要とされたのだろうか。→1
❸受戒した僧にとって唐招提寺はどのような場所だったのだろうか。→2

古代 奈良

1 天平期の仏教の性格と僧侶の活躍

A 学問・研究を重視する仏教（南都六宗）*

三論宗	飛鳥時代に伝来。大安寺の道慈が入唐して深化
成実宗	三論宗に付属して伝来し，成実論を研究
法相宗	道昭が唐の玄奘に学ぶ。玄昉らにより興福寺を拠点に隆盛。法相を学んだ行基は社会事業を進めた
倶舎宗	倶舎論を根本聖典とし，法相宗に付属して学ばれた
華厳宗	金鐘寺（のちの東大寺）の良弁が招いた新羅僧審祥が伝える。盧舎那仏は華厳経の教主
律宗	鑑真が唐招提寺を拠点に戒律を伝えさかんに

＊南都六宗の中心寺院（大安寺・薬師寺・元興寺・興福寺・東大寺・西大寺・法隆寺〔もしくは唐招提寺〕）を南都七大寺という。

B 仏教思想にもとづいた社会福祉事業

光明皇后の福祉事業	仏教を厚く信仰し，その思想にもとづいて，皇后宮職（皇后に仕える令外官）に施薬院や悲田院を設置 施薬院…貧しい病人に施薬治療を行う施設 悲田院…貧窮者や孤児の救済施設

Key Word　戒律と受戒

戒律とは，仏教徒が遵守すべき規範であり，受戒とは，戒律を守る正式な僧として認められることである*。日本に仏教が伝来した際の戒律は不完全なものであったことに加え，僧は税を免除されていたため，許可なく得度する僧（私度僧）や出家しても修行しない堕落した僧が多くみられた。そのため正式な戒律を導入し，受戒の制度を整えることが必要とされ，唐から鑑真を招いた。受戒の戒壇が設けられた東大寺・筑紫観世音寺・下野薬師寺は「本朝三戒壇」と称された。

＊戒律を授けることを授戒という。

時代を見る目　法隆寺東院伽藍（➔p.51）にみる聖徳太子信仰の広がり

厩戸王（聖徳太子）の死後，その親族や周辺の人々によって始まった聖徳太子信仰は，天平期にはさらに強まった。厩戸王の住まいであった斑鳩宮跡に夢殿が建立されたのを初めとして，聖徳太子をしのぶ伽藍がつくられた。

〈国 高さ14.4m〉

③法隆寺夢殿　八角堂で，本尊は厩戸王の等身とされる救世観音像（➔p.52）。

〈国 高さ7.7m〉

④法隆寺伝法堂　聖武天皇の夫人である橘古那可智の住宅を仏堂に改造したもの。床は板張りである。

2 戒律を学ぶ人たちの修行の場となった唐招提寺

〈国 高さ17.0m〉

⑤唐招提寺金堂　奈良時代建立の金堂として唯一現存。寄棟造の瓦葺の建物で，創建時の姿を残している。正面扉の金具下から，建立当時に描かれたと考えられる花の彩色文様が見つかった。

⑥唐招提寺金堂柱廊　直径約60cmの柱が8本立ち，前面の1間通りが吹き放しで，ゆとりある空間になっている。

講堂
戒壇
金堂

⑦唐招提寺全景　当初は鑑真の私寺で，新田部親王邸跡を改築し，受戒した僧の研究・教育機関として創建された。〈国〉

〈国 像高304.5cm〉

⑧唐招提寺金堂盧舎那仏像（乾漆像）　切れ長の目をした厳しい表情の像で，光背には千体の釈迦仏が並ぶ。台座には制作にかかわった工人たちとみられる墨書名が見える。

歴史のまど　井上靖著『天平の甍』　日本に戒律を伝えるため，危険を承知の上で来日した唐の高僧鑑真の決断と，鑑真招請に命をかけた留学僧たちの姿を描く。

1 塑像－表情や筋肉の写実性

鎮護国家思想のもとで力強く表情豊かな仏像が登場したことに注目しよう。

白鳳の仏像の世界 ➲ p.60

Key Word 塑像

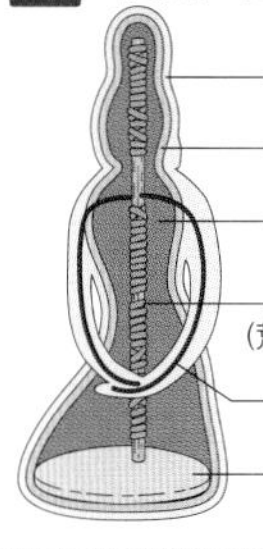
仕上土
中土
荒土
心木
(荒縄巻)
銅線
座板

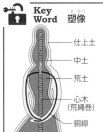

粘土で塗りかためる技法→本尊を取り巻く仏像・神像に用いられる。

つくり方
①座板に心木を立て，上に荒縄を巻く。腕は銅の針金を刺す。
②心木の上に，麻や藁を混ぜた荒土をつける。
③荒土の上に，中土，紙を混ぜた仕上土をつけて形を整える。
④白土を塗って彩色し，完成。

迷企羅大将*(拡大)

新薬師寺本堂内陣
迷企羅大将

〈国 奈良 像高 162.1cm〉*国指定名は因陀羅。〈国（補作除く）奈良 薬師如来坐像(一木造)像高約 191cm 十二神将像像高約 154~166cm〉

▶①新薬師寺本堂内陣と十二神将像(塑像) 天平建築の新薬師寺本堂には，弘仁・貞観文化期(➔ p.82)制作の本尊薬師如来像を中心に，その周囲に十二神将像がおかれている。十二神将像は仏敵に立ち向かうようすを表現している。

2 乾漆像－微妙な感情や，厚みをもった肉体の表現

Key Word 乾漆像

漆で塗りかためる技法→高価な漆を使用するため，寺院の代表的仏像に用いられる。乾漆像には，中国から伝わった土を土台とする脱活乾漆像と，脱活乾漆像に塑像の技法を取り入れて日本で開発された木心乾漆像がある。

脱活
乾漆像
乾漆
木枠

脱活乾漆像のつくり方
①土で大体の形をつくる。
②麻布をはり，漆を塗りかためる。
③底部や背面を切り開いて土を抜き取り，内部を木枠で補強し，開口部をふさぐ。
④細部の形を整え，彩色して完成。

〈国 奈良 像高 153.4cm〉

顔の拡大

▶②興福寺阿修羅像(脱活乾漆像) 八部衆像の一つで，三つの顔(三面)と六つの腕(六臂)をもつ。インドの神話では悪の戦闘神とされたが，仏教では釈迦の守護神となった。

当時の彩色の復元

朱塗り
金箔

◀③興福寺十大弟子像 富楼那(脱活乾漆像) 釈迦十大弟子像の1体。十大弟子とは，10人の高弟のことで，これらの像は，光明皇后の母である橘三千代(➔ p.70)の一周忌に創建された西金堂の旧像である。本尊の釈迦三尊像を取り囲んでいた。

〈国 奈良 像高 148.7cm〉

▶④興福寺五部浄像(脱活乾漆像) 八部衆像の一つで「天」に相当する神である。象の冠をかぶり，正面を凝視している。胸より下は失われており，全容は明らかではない。

〈国 奈良 像高上半身 50.0cm〉

▶⑤聖林寺十一面観音像(木心乾漆像) もともと大神神社の神宮寺である大御輪寺にまつられていたが，明治時代の神仏分離令・廃仏毀釈(➔ p.217)によって聖林寺に移された。切れ長の目で神秘的な表情をしており，均斉のとれた体は重厚な仕上がりである。

〈国 奈良 像高 209.1cm〉

天平文化④(絵画・工芸)—先帝翫弄の珍，内司が供擬せしもの…謹みて以て奉献す(『国家珍宝帳』)

ヒストリースコープ

光明皇后(701～760，➔p.70)は，756年に，「夫である聖武天皇の七七日忌(四十九日)に，冥福を祈るため，生前愛用していた品々を東大寺盧舎那仏に奉納した」という。その品々は正倉院(➔p.75)に納められ，今日まで伝わっている。

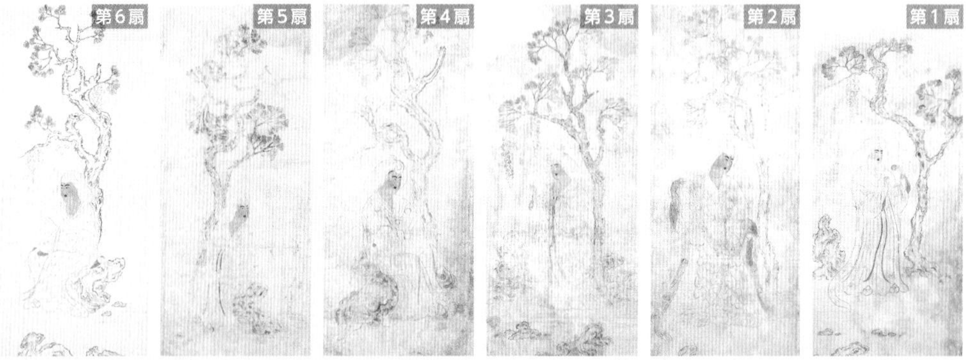

第6扇
第5扇
第4扇
第3扇
第2扇
第1扇

▶①鳥毛立女屛風　全部で6扇からなる。髪や衣服に日本のヤマドリの羽根を貼っていたことや下貼文書(➔p.6)の内容から日本製であることがわかった。〈正倉院宝物〉

▶②鳥毛立女屛風にみるアジアの絵画との共通性　㋐と㋑の題材は，樹下に美人を配置する構図になっており，この構図はインド・西アジアに源流をもつと考えられている。また，㋒の女性は細く弧を描いた蛾眉とよばれる眉を引き，眉間には紅で文様を描く「花鈿」が見える。頰には紅を塗り，唇の両側に黒点や緑点を描く「靨鈿」*とよばれる化粧をほどこしている。これらは唐代に流行した化粧法であるが，「花鈿」「靨鈿」も，もともとは中国ではなく，西アジアに起源をもつともいわれている。鳥毛立女屛風(㋐)は日本製だが，このように国際的な交流の跡がみてとれる。

*靨は，えくぼのこと。

㋐鳥毛立女屛風 第2扇

㋑樹下美人図(トルファン出土)〈静岡　MOA美術館蔵〉

㋒彩絵木胎女舞俑(トルファン出土)

考察

❶鳥毛立女屛風にはどのような国の影響がみられるだろうか。
❷国際色豊かな宝物の流入は，国内の技術にどのような影響を与えたのだろうか。→ 2

1 唐の影響を受けた仏教絵画と工芸

〈国 東京藝術大学蔵 26.5 × 1096.3cm(部分)〉

▲④絵因果経(過去現在絵因果経)　釈迦の前世と一生，弟子の帰依を述べた経典。下段に唐風の楷書で経文を写し，上段に唐風の絵が描かれている。

◀③薬師寺吉祥天像　仏教で福徳をつかさどる吉祥天は，もとはインドのバラモン教の女神であった。称徳天皇の発願により光明皇后を描いたといわれる美人像で，手には何でも願いごとをかなえることのできる赤い玉を持っている。〈国 53.0 × 31.7cm〉

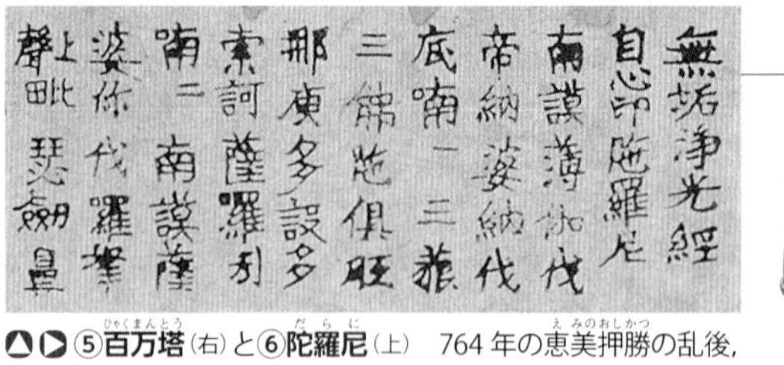

▲▶⑤百万塔(右)と⑥陀羅尼(上)　764年の恵美押勝の乱後，称徳天皇の発願で百万基の小塔が制作され，十大寺*に分置された。内部には最古の印刷物とされる陀羅尼が納められている。

〈千葉　国立歴史民俗博物館蔵　像高 21.4cm〉

*10の官寺。南都七大寺(➔p.65,76)に弘福寺，崇福寺，四天王寺を加えて10とした。

歴史散歩　印刷博物館(東京都文京区)　印刷の起源から最新の印刷技術にいたるまで，さまざまな印刷技術や文化を紹介しており，陀羅尼についての展示もある。

2 シルクロードの終着駅・正倉院に残る宝物

(➔ p.7 巻頭地図)

＊螺鈿は，貝殻の光沢部分を切ってはめこむ工芸技法。〈すべて正倉院宝物〉

中国製

夜光貝

〈 直径 32.8cm 〉

⑦平螺鈿背八角鏡　ミャンマー産の琥珀，イラン産のトルコ石，東南アジア産の夜光貝，アフガニスタン産のラピスラズリが使用され，美しい螺鈿*で知られる。金属成分は，8世紀後半の中国のものと同じである。

ペルシア風・中国風

〈 高さ 41.3cm 〉

⑧漆胡瓶　ササン朝ペルシアから中国に伝来した器形。漆塗という東アジアの工芸技法と西方の器形や意匠が融合したもの。

中国製

【表】
【裏】

〈 全長 108.1cm 最大幅 30.9cm 〉

中国風

〈 直径 18.0cm 高さ 18.8cm 〉

⑨銀薫炉　透かし彫りの球形の中に鉄炉があり，香をたくために制作された。球は上下に分割できる。中国でも同型のものが出土している。

ペルシア風・中国風

〈 高さ 11.2cm 〉

⑩紺瑠璃坏　ガラス部は，ササン朝ペルシアなど西アジアの高度な技術で作製。脚部の文様は中国風。

〈 帯幅 3.3cm 現存長 156.0cm 〉

⑪紺玉帯残欠　玉帯とは，玉のかざりをつけた革製の帯で，束帯などに用いられたものである。アフガニスタン産のラピスラズリが使用されており，広範な東西交渉を示す遺品の一つである。

拡大

⑫螺鈿紫檀五絃琵琶　紫檀はインド原産とされる木材。貝やべっ甲で螺鈿がほどこされ，表にはペルシア風の楽人の姿がみえる。インドに起源をもつ五絃の琵琶としては現存する世界唯一のもの。

⑬ラクダに乗った西域の楽人

新羅製

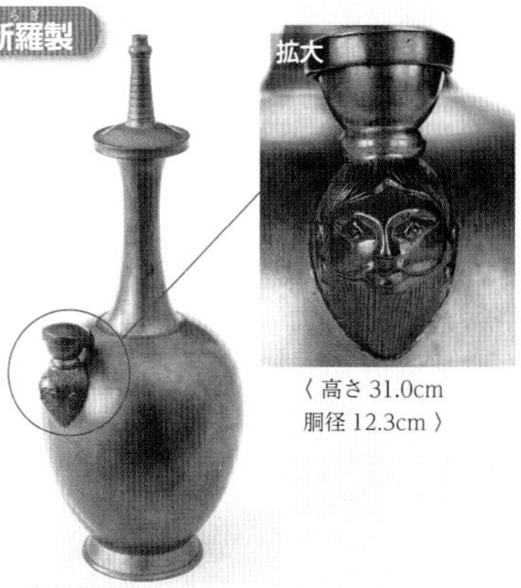
拡大

〈 高さ 31.0cm 胴径 12.3cm 〉

⑭佐波理水瓶　佐波理とは銅と すず の合金のことで，新羅から伝来したとされる。この水瓶は，注ぎ口に口ひげをたくわえた胡人*の顔がデザインされており，正倉院には，ほかにも佐波理製品が納められている。

イランの影響　ペルシア製

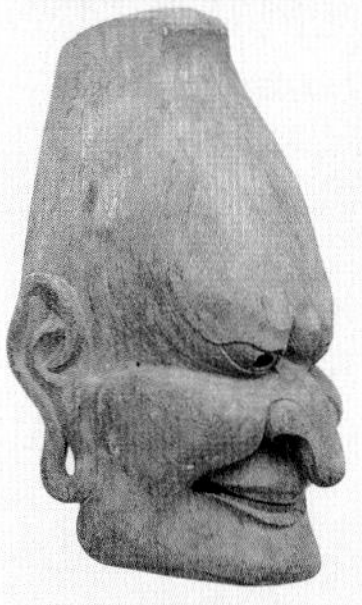

〈 高さ 39.2cm 〉

⑯白瑠璃碗　ササン朝ペルシアで制作されたものと考えられ，同じようなものがイラン高原あたりから出土している。

〈 高さ 8.5cm 口径 12.0cm 〉

⑮酔胡王面　大仏開眼供養をはじめ，奈良時代の寺院の法要でしばしば伎楽という演劇が上演された。その最後に登場する，酒に酔った胡人*の一群を率いる酔胡王の面。正倉院には酔胡王と考えられる面が7つ残っている。

＊2 中国の北方，のち西方の異民族をさす呼称。図⑮ではイラン系のソグド人またはペルシア人。

時代を見る目　国内技術の高まり

正倉院の宝物には，遣唐使(➔ p.72)などによって海外からもたらされた舶来品だけでなく，海外の技術を体得した日本人や外国の工人の手によって日本で制作されたといわれるものも多数見られる。その技術力は驚くほど高く，唐三彩に学んだ，奈良三彩とよばれる日本最初の国産施釉陶器*2もつくられた。また，蒔絵や螺鈿などの漆工芸は，後世，世界最高峰の技術に高められた。

＊2 ガラス質の物質を含んだ液体を表面にかけて焼いた陶器。

⑰日本製とされる螺鈿　〈 高さ 8.4cm 直径 25.8cm 〉

歴史のまど　奈良国立博物館監修『カラーでわかるガイドブック 知ってる？ 正倉院 今なおかがやく宝物たち』 正倉院宝物をカラーでわかりやすく紹介している。

平安遷都と桓武天皇の政治 ―方今，天下の苦しむ所は，軍事と造作となり 史『日本後紀』

ヒストリースコープ

桓武天皇(在位781～806)の治世の晩期となる805年，天皇は，藤原緒嗣と菅野真道に天下の徳政について論じさせた(徳政論争)。緒嗣は「今の天下の人民が苦しんでいることは，蝦夷との戦争と平安京造営である。この両方を停止すればすべての人民は安息するだろう」と述べた。桓武天皇は，この意見を取り入れ，長らく取り組んだ2大事業を停止した。

考察

❶長岡京と平安京のそれぞれの場所の選定理由について説明しよう。
❷朝廷にとって「異民族の平定」には，どのような意味があったのだろうか。→2
❸蝦夷征討の際につくられた，令に規定がない官職について説明しよう。→4

①北からながめた平安京* ＊中国の"天子南面"の思想(皇帝は，不動の北極星を背負い，南を向いて政治を行うべきとする考え)にもとづいて，大内裏を都の北辺に配置し，天皇が南面して政務を執るという設計思想で建設されたことをふまえ，南北を逆に表示した。

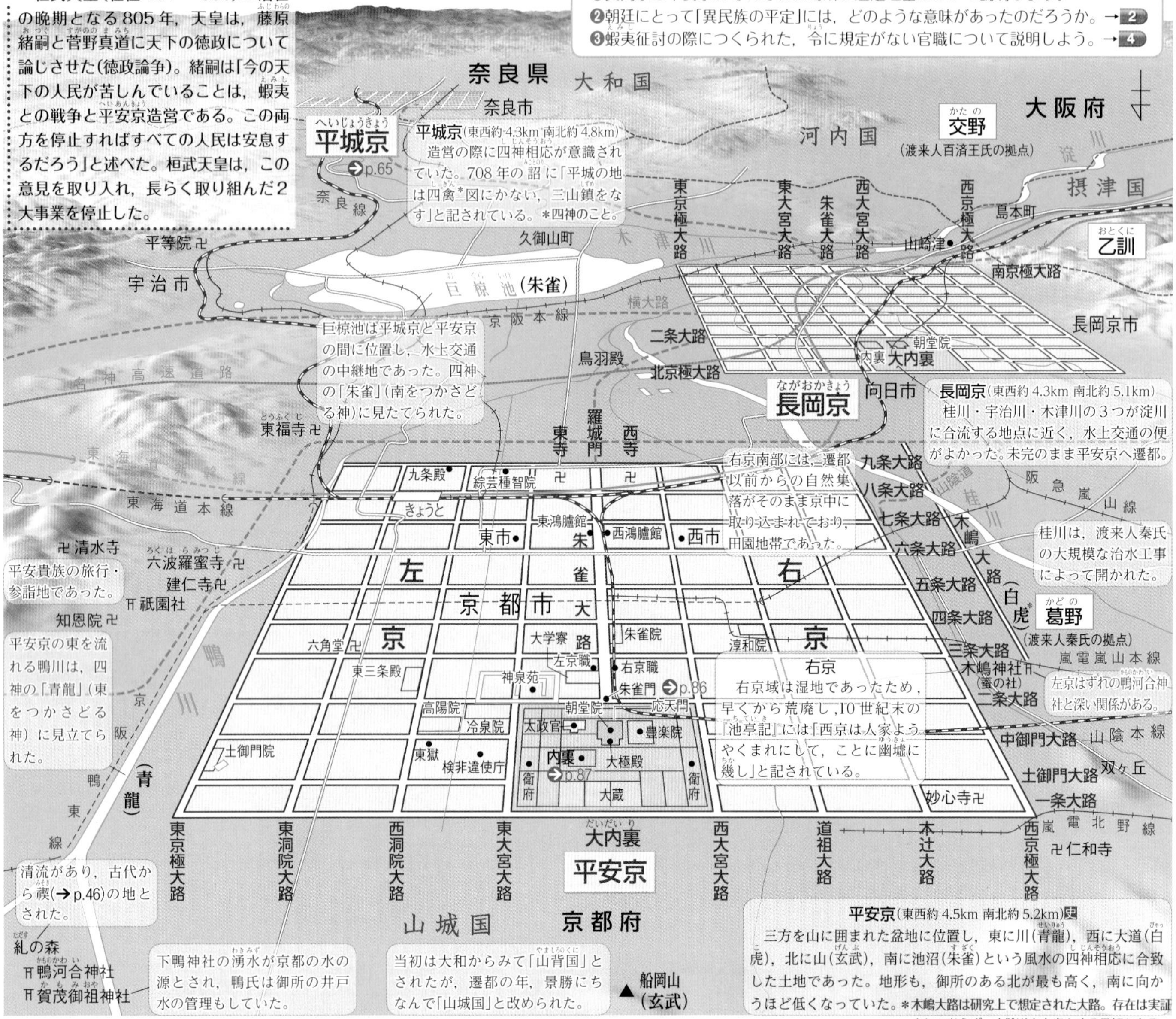

奈良県
大和国
奈良市
平城京
p.65
平城京(東西約4.3km 南北約4.8km) 造営の際に四神相応が意識されていた。708年の詔に「平城の地は四禽*図にかない，三山鎮をなす」と記されている。＊四神のこと。
河内国
交野
(渡来人百済王氏の拠点)
大阪府
淀川
摂津国
奈良線
東京極大路
東大宮大路
朱雀大路
西大宮大路
西京極大路
島本町
山崎津
乙訓
平等院
久御山町
木津川
南京極大路
宇治市
巨椋池(朱雀)
横大路
京阪本線
巨椋池は平城京と平安京の間に位置し，水上交通の中継地であった。四神の「朱雀」(南をつかさどる神)に見立てられた。
二条大路
朝堂院
内裏
大内裏
長岡京市
鳥羽殿
北京極大路
名神高速道路
長岡京
向日市
長岡京(東西約4.3km 南北約5.1km) 桂川・宇治川・木津川の3つが淀川に合流する地点に近く，水上交通の便がよかった。未完のまま平安京へ遷都。
東福寺
東寺
羅城門
西寺
右京南部には，遷都以前からの自然集落がそのまま京中に取り込まれており，田園地帯であった。
九条大路
八条大路
七条大路
六条大路
五条大路
四条大路
三条大路
二条大路
東海道新幹線
九条殿
綜芸種智院
阪急嵐山線
山陰道
桂川
東海道本線
きょうと
東鴻臚館
西鴻臚館
東市
西市
朱
木嶋大路
清水寺
六波羅蜜寺
建仁寺
桂川は，渡来人秦氏の大規模な治水工事によって開かれた。
平安貴族の旅行・参詣地であった。
左
雀
右
祇園社
京都市
大
白虎*
葛野
知恩院
京
路
京
(渡来人秦氏の拠点)
平安京の東を流れる鴨川は，四神の「青龍」(東をつかさどる神)に見立てられた。
六角堂
大学寮
朱雀院
淳和院
右京
左京職
右京職
嵐電嵐山本線
鴨川
東三条殿
神泉苑
朱雀門 p.86
右京域は湿地であったため，早くから荒廃し，10世紀末の『池亭記』には「西京は人家ようやくまれにして，ことに幽墟に幾し」と記されている。
木嶋神社(蚕の社)
左京はずれの鴨河合神社と深い関係がある。
京阪
高陽院
朝堂院
応天門
太政官
豊楽院
冷泉院
中御門大路
山陰本線
土御門院
東獄
検非違使庁
内裏 p.87
大極殿
衛府
衛府
土御門大路
双ヶ丘
(青龍)
大蔵
妙心寺
一条大路
鴨東線
東京極大路
東洞院大路
西洞院大路
東大宮大路
大内裏
西大宮大路
道祖大路
木辻大路
西京極大路
嵐電北野線
仁和寺
平安京
清流があり，古代から禊(→p.46)の地とされた。
山城国
京都府
平安京(東西約4.5km 南北約5.2km)史 三方を山に囲まれた盆地に位置し，東に川(青龍)，西に大道(白虎)，北に山(玄武)，南に池沼(朱雀)という風水の四神相応に合致した土地であった。地形も，御所のある北が最も高く，南に向かうほど低くなっていた。＊木嶋大路は研究上で想定された大路。存在は実証されておらず，山陰道を白虎とする見解もある。
糺の森
鴨河合神社
賀茂御祖神社
下鴨神社の湧水が京都の水の源とされ，鴨氏は御所の井戸水の管理もしていた。
当初は大和からみて「山背国」とされたが，遷都の年，景勝にちなんで「山城国」と改められた。
船岡山(玄武)

ひと 桓武天皇

(737~806)

〈滋賀 延暦寺蔵〉

律令制度の刷新をはかり，東北経営と平安京造営を重点政策とした。平安京への遷都は，平城京を拠点としていた貴族や仏教勢力を排除した天皇中心の律令制度の再建，交通網の掌握などが理由である。加えて，自らの外戚である渡来系の勢力が平安京の周辺を根拠地としており，彼らをたよったことも理由としてあげられる。

1 桓武天皇と平安京

②桓武天皇関係系図 桓武天皇の母である高野新笠は，百済系渡来人を祖先とする。

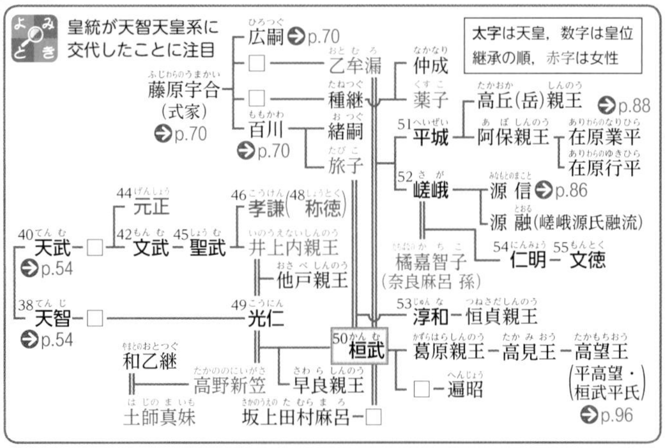

よみとき 皇統が天智天皇系に交代したことに注目
太字は天皇，数字は皇位継承の順，赤字は女性
藤原宇合(式家) p.70
広嗣 p.70
乙牟漏
種継
百川 p.70
緒嗣
旅子
仲成
薬子
高丘(岳)親王 p.88
51平城
阿保親王
在原業平
在原行平
52嵯峨
源信 p.86
源融(嵯峨源氏融流)
橘嘉智子(奈良麻呂 孫)
54仁明
55文徳
44元正
42文武
45聖武
46孝謙(48称徳)
井上内親王
他戸親王
40天武 p.54
38天智 p.54
49光仁
53淳和
恒貞親王
和乙継
高野新笠
土師真妹
50桓武
早良親王
坂上田村麻呂
葛原親王
高見王
高望王(平高望・桓武平氏) p.96
遍昭

時代を見る目 御霊信仰のはじまり

785年，桓武天皇の寵臣で長岡京造営の主導者である藤原種継が暗殺された。天皇は，首謀者をすでに亡くなっていた大伴家持(→p.62)とし，大伴氏・佐伯氏を処刑するとともに，弟である早良親王も関係者として淡路へ流罪にした。しかし早良親王は無実を訴え続け，自ら食を絶ち死亡した。するとこの後，天皇の母や皇后があいついで死去し，洪水までもが巻き起こった。天皇は早良親王の祟りと恐れ，鎮魂のためにまつったのであった。これが，怨霊をまつり災厄を逃れる御霊信仰*のはじまりである。＊後世でも，橘逸勢や菅原道真(→p.86)など政治的敗者が「祟りがあった」ためにまつられている。

歴史散歩 京都市平安京創生館(京都市) 大内裏や社寺，貴族の邸宅などを精巧に復元した平安京復元模型が展示されている。

2 海と川から北上する東北経営

➔p.70

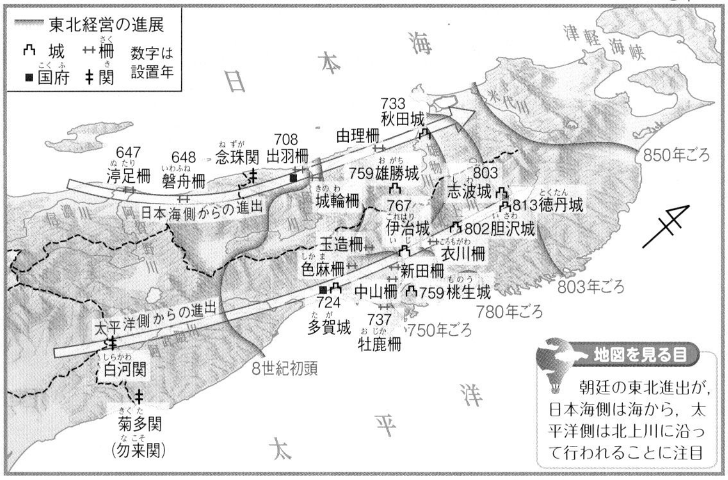
東北経営の進展
城　柵　数字は設置年
国府　関
日本海
津軽海峡
米代川
733 秋田城
由理柵
708 出羽柵
647 渟足柵
648 磐舟柵
念珠関
759 雄勝城
803 志波城
城輪柵
813 徳丹城
767 伊治城
802 胆沢城
日本海側からの進出
玉造柵
衣川柵
色麻柵
新田柵
中山柵
759 桃生城
724 多賀城
737 牡鹿柵
太平洋側からの進出
白河関
菊多関（勿来関）
850年ごろ
803年ごろ
780年ごろ
750年ごろ
8世紀初頭
太平洋
地図を見る目
朝廷の東北進出が，日本海側は海から，太平洋側は北上川に沿って行われることに注目

③坂上田村麻呂（758~811）
〈宮城 零羊崎神社蔵〉

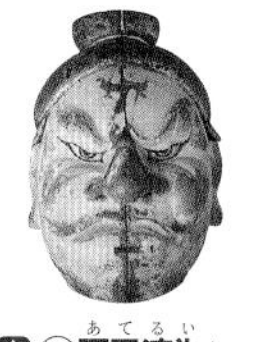
④阿弖流為（?~802）
〈茨城 鹿島神宮蔵〉

周縁から見た日本
公民となった隼人　俘囚となった蝦夷

南九州の隼人は，721年に大伴旅人により反乱が鎮定されて朝廷に従ったが，政府は対外的に勢力を誇示するため，異民族を服属させているようによそおった。隼人の一部は畿内に居住させられ，宮城の警備などにあたっていた。その後，800年に初めて班田収授が実施され，隼人は公民となった。一方，蝦夷は，坂上田村麻呂や文室綿麻呂らの征討軍派遣により，811年には一応の平定をみるが，完全な公民化は行われなかった。服属した蝦夷は，俘囚として関東以西の各地に移住させられ，一般の公民とは異なる計帳で管理された。東北に住む俘囚は，陸奥・出羽の国司の懐柔政策により服従を誓い，特産物を貢いでいた。しかし，国司の横暴に不満をもった俘囚は政府に抵抗し，のちの前九年合戦（➔p.97）へとつながっていった。

3 平安初期の政治と東北関係年表

時代	天皇	年	国内政治・対外関係	年	東北関係
奈良時代	元明	710	**平城京**へ遷都	712	**出羽国**を設置
		729	長屋王の変 ➔p.70	724	陸奥国に**多賀城**を築く
	称徳	764	恵美押勝の乱 ➔p.70		
				767	同，伊治城を築く
				774	蝦夷，桃生城攻撃
				780	**伊治呰麻呂の乱** ➔p.70
	桓武	782	国司交替期間を120日に	788（延暦7）	**第1回蝦夷征討**　征東大使（征東大将軍）に紀古佐美　翌年，蝦夷の族長阿弖流為らに大敗
		784	**長岡京**へ遷都		
		785	藤原種継暗殺事件，早良親王を廃す➡1		
		792	郡司の子弟などを**健児**に採用（軍団・兵士の廃止に伴い設置，東北・九州などは除く）	791（延暦10）	**第2回蝦夷征討**（～794）　征夷大使（征夷大将軍）に大伴弟麻呂
平安時代		794	**平安京**へ遷都	794~	蝦夷を諸国に移住させる
		795	公出挙率を減らし（5割→3割），雑徭を30日に半減	797	**第3回蝦夷征討**（～801）　**征夷大将軍**に**坂上田村麻呂**➡図③
		797ごろ	勘解由使の設置		
		801	畿内の班田を12年（一紀）一班に改める	802	陸奥国に**胆沢城**を築く　阿弖流為降伏
				803	志波城を築く
		805	徳政論争　平安京の造営と蝦夷征討が国家財政を圧迫しているとして中止➡🔍		
	嵯峨	810	蔵人所設置，藤原冬嗣（北家）らを**蔵人頭**（長官）に。平城太上天皇の変（薬子の変）➔p.86 →藤原式家没落	811	征夷将軍文室綿麻呂，**蝦夷平定**
		816ごろ	**検非違使**設置		
		820	**弘仁格式**撰上		
		823	大宰府管内で公営田を設置		

時代を見る目　辛酉革命と甲子革令

➔p.356

中国には，辛酉の年には王朝の交代（革命）が起こり，その3年後の甲子には社会的変革（革令）が起こりやすいとする予言があった。この説は日本にももたらされ，反乱を恐れた為政者は改元を仮想の革命・革令とし，改元で社会が安定すると考えた。桓武天皇が即位した781年は辛酉革命の年に，長岡京遷都の784年は甲子革令の年にあたり，いずれも暦と関係していたようである。辛酉・甲子の年の改元は，明治時代になるまで続けられた。

4 令外官*

＊平安時代に新設された令外官は官位相当はなく，ほかに本官をもつ者の兼官であった。天皇の宣旨によって任命された。

時代	おもな官名	設置年	天皇	おもな任務
飛鳥	中納言	705	文武	大納言につぐ官。職掌は大納言と同様
奈良時代	按察使	719	元正	地方行政の監督官。数か国ごとに設置し，国司を監督
	参議	731	聖武	公卿として朝政に参加。中納言につぐ重職
	内大臣	777	光仁	左右大臣が不参のときに，政務・儀式を代行
平安時代	征夷大将軍	794	桓武	蝦夷征討最高指揮官。のち武家政権の最高職
	勘解由使	797ごろ	桓武	国司交替時，引き継ぎ文書（解由状）を検査し，不正を防ぐ
	蔵人頭	810	嵯峨	蔵人所の長官。平城太上天皇の変（薬子の変）の際に設置。その後，天皇の秘書的役割を担うようになり，蔵人頭から参議に昇進するのが常となる。太政官との間に入り，詔勅の伝達・奏上の取りつぎを行った
	検非違使	816ごろ	嵯峨	京内の犯人検挙，風俗取り締まりなどにあたる。のち，訴訟・裁判も扱い，左右検非違使庁ができる
	摂政	866	清和	天皇が幼少または病気などの際の政務の代行者
	押領使	878	陽成	有力武士を任命し，地方の暴徒鎮圧にあてた
	関白	884	光孝	天皇を補佐し，奏上文の内覧権をもつ。諮問相手として機能
	追捕使	932	朱雀	諸国の盗賊を追捕。承平・天慶の乱後，常置に

⑤**令外官**とは令の規定にない新官職のこと。現実に存在する問題に対し，令制の官職だけでは対応しきれなくなったため，次第につくられていった。とくに**蔵人頭**と**検非違使**は画期的であった。

5 格式*の編纂

➔p.324「法制度の移り変わり」

	名称		内容	巻数	編者	完成年・天皇	施行年・天皇
三代格式*2	弘仁	格	701～819年の間の格	10	藤原冬嗣ら	820年 嵯峨	830年 淳和（840年改正版施行）
		式	701～819年の間の式	40			
	貞観	格	819～868年の詔勅・官符	12	藤原氏宗ら	869年 清和	869年 清和
		式	弘仁式の補遺	20		871年 清和	871年 清和
	延喜	格	869～907年の間の詔勅・官符	12	藤原時平ら	907年 醍醐	908年 醍醐
		式	弘仁式・貞観式の改訂	50	藤原忠平ら	927年 醍醐	967年 冷泉
注釈書	令義解		養老令の注釈書（官撰）	10	清原夏野ら	833年 淳和	834年 仁明
	令集解		養老令の諸注釈の集成（私撰）	35	惟宗直本	貞観年間	

＊格式は律令の補助法で，格は律令の修正や追加，式は律令，格の施行細則。
＊2 三代格式で完本が残っているのは延喜式のみ。格は『類聚三代格』（11世紀）のかたちで一部現存。

歴史散歩 清水寺（京都市）　坂上田村麻呂が建立したと伝えられている。平安遷都1200年にあたる1994年に，阿弖流為と母禮の碑が建立された。

弘仁・貞観文化①（平安仏教）—唐に入りて法を得んことを求む（空海）

〈年中行事絵巻 個人蔵 縦45.3cm〉

ヒストリースコープ

空海は，「唐に渡って密教*を習得する」として804年に入唐し，密教の秘儀を体得した。帰国後に開いた真言宗は，従来の経典研究を中心とした学問的な仏教と違い，実践を重視して，鎮護国家と現世利益をめざしたため，天皇や貴族の信仰を集めた。

考察

❶なぜ当時の人々は密教を信仰したのだろうか。
❷天台宗は，どのように密教を取り入れていったのだろうか。→2
❸密教はその寺院立地から，どのような信仰と結びついたのだろうか。→4

△①密教の修行のようす（護摩壇）　密教の仏事には，護摩のような火を使った呪術的でおごそかな儀式が多かったため，当時の人々はこの革新的な修行法に大きな効力を期待した。

△②宮中での密教の儀式　真言宗は国家・社会の安泰を祈ったため，国家行事にも組み込まれることとなった。正月には内裏の中に造営された御堂で，「後七日御修法」とよばれる，天皇家の安穏と鎮護国家を祈願する儀式が行われた。この儀式は年中行事（➔p.92）として明治*2まで続けられた。*2一時中断した時期あり。

＊人間の理性によっては把握しえない秘密の教えで，宇宙の真理を仏格化した大日如来が行った説法とされる。

1 弘仁・貞観文化まとめ表

特徴	深遠な密教空間の演出 ①9世紀の文化（嵯峨～清和朝） ②平安京における貴族中心の文化 ③密教の影響による仏教文化 ④文章経国思想（➔p.88）の隆盛
書道 ➔3	・三筆　力強い唐風の書体の能書家 嵯峨天皇・橘逸勢・空海（風信帖 国）
建築	室生寺（金堂 国・五重塔 国）➔4
彫刻 ➔p.85	薬師寺 世 僧形八幡神像 国 ➔4 薬師寺神功皇后像 国 ➔4 室生寺金堂釈迦如来像 国 室生寺弥勒堂釈迦如来坐像 国 ➔4 神護寺薬師如来像 国 元興寺 世 薬師如来像 国 観心寺如意輪観音像 国 法華寺十一面観音像 国
絵画 ➔p.84～85	教王護国寺（東寺）世 両界曼荼羅図 国 神護寺両界曼荼羅 国 園城寺不動明王像（黄不動）国
教育	・大学教科の充実 紀伝道（文章道）・明経道（儒教を学ぶ）・明法道（法律を学ぶ）・算道 ・大学別曹（有力貴族が設けた寄宿舎） 弘文院…和気氏（創設：和気広世） 勧学院…藤原氏（創設：藤原冬嗣） 学館院…橘氏（創設：橘嘉智子） 奨学院…在原氏・皇族（創設：在原行平） ・庶民教育機関 綜芸種智院（空海が京都に創設）➔p.80
文芸	・勅撰漢詩文集 『凌雲集』（814年，小野岑守ら） 『文華秀麗集』（818年，藤原冬嗣ら） 『経国集』（827年，良岑安世ら） ・私的漢詩文集・詩論 『性霊集』『文鏡秘府論』（空海） ・説話集　『日本霊異記』（景戒） ・日記　『入唐求法巡礼行記』（円仁）

2 平安仏教　最澄の天台宗と空海の真言宗

➔p.330「宗教史の流れ」

	天台宗	真言宗
開祖	〈国 兵庫 一乗寺蔵〉 ◁③最澄（伝教大師）（767～822）　近江出身。早くから勉学に励んで出家し，785年，東大寺にて受戒（➔p.76）した。同年，のちの延暦寺となる草庵を建てる。804年に入唐し，天台の奥義などを学んで翌年帰国。うしろだてであった桓武天皇が亡くなると苦難が続いたが，天台宗の体系化に努め，教育に力を注いだ。	▷④空海（弘法大師）（774～835）　讃岐出身。官僚となるべく上京し，大学で学ぶ。修行者との出会いをきっかけに出家し，畿内や四国で山岳修行を行った。804年に入唐し，青龍寺の恵果に真言密教を学んだ。帰国後，819年に金剛峯寺を建立。嵯峨天皇に重用され，823年に東寺（教王護国寺）を賜った。〈京都 教王護国寺（東寺）蔵〉
著作	『山家学生式』　天台宗僧侶育成の教育課程を定め，新しい受戒制度（大乗戒壇）の設立*をめざし，勅許を求めたもの。 『顕戒論』（820年）　大乗戒壇設立に反対する南都六宗（➔p.76）への反論を記した。　＊最澄の死後，勅許された。	『三教指帰』（797年）　戯曲の形式で儒教・道教・仏教の優劣を論じ，仏教が最も優れていることを述べた。 『十住心論』　真言密教こそが最高の境地であるとして，そこにいたる過程を記した。
教義	法華経を中心経典とし，人は誰もが仏になれる「仏性」をもつと説く。最澄は経典研究による真理探究を重視。その学風から，のち鎌倉仏教の開祖らを輩出。➔p.118	大日経・金剛頂経を中心経典とし，真言（➔p.84）を唱えることで悟りを開くことをめざす。空海は当初から密教を重視し，加持祈禱によって現世利益を得ることを説く。
密教	初期は顕教*2の性格が強かったが，弟子の円仁・円珍により本格的に密教が取り入れられた。宗派名から台密とよばれる。*2 密教に対して，釈迦の教えを教典から学び，修行によって悟りを開くことを目標とする。	秘密の教義と法式を師弟で相伝する密教の教義に山岳信仰を加味し，実践を重んじた。仏事は加持祈禱が中心。教王護国寺（東寺）を京での拠点としたため東密とよばれる。
展開	円仁・円珍が教団の基礎を確立。解釈の違いから993年に円珍派の僧侶が園城寺（三井寺）に移り（寺門派），延暦寺（山門派）と対立。その後，延暦寺は仏教の総合大学的な場所に。	現世利益の追求や，呪術のようなおごそかな加持祈禱などの儀式が，貴族・皇族の信仰を集めて発展した。
中心寺院	〈世 滋賀〉琵琶湖 延暦寺 比叡山 △⑤比叡山延暦寺　鎮護国家の寺として期待された。	金剛峯寺 △⑥高野山金剛峯寺　女人禁制，高野山全体が寺院。

共通点　❶密教の導入・加持祈禱の重視　❷現世利益と個人救済の重視　❸山岳仏教的な性格　❹自由な伽藍配置（➔図⑫）

今日とのつながり　漢字のおもな書体は，唐で完成し，渡来僧などによって日本に伝わった。

3 書道に見る空海と交流をもった人々

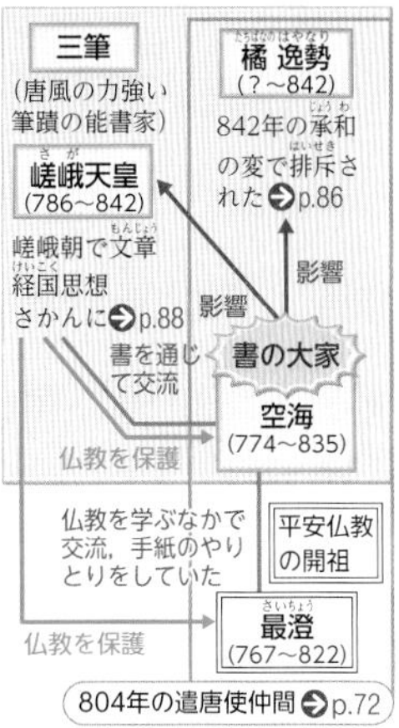

三筆
(唐風の力強い筆蹟の能書家)
橘逸勢
(?~842)
842年の承和の変で排斥された➔p.86
嵯峨天皇
(786~842)
嵯峨朝で文章経国思想さかんに➔p.88
影響
影響
書を通じて交流
書の大家
空海
(774~835)
仏教を保護
仏教を学ぶなかで交流，手紙のやりとりをしていた
平安仏教の開祖
仏教を保護
最澄
(767~822)
804年の遣唐使仲間➔p.72

⑦三筆の関係図

⑧風信帖（空海筆）　空海から最澄にあてた5通の手紙のうち，3通が1巻に仕立てられている。冒頭が「風信雲書」で始まるのでこの名がある。812年ごろの手紙で，それぞれの手紙の文字はどっしりとして落ちつきがあり，のびのびとしている。王羲之や顔真卿の書法を学んだうえで，空海独自の美意識を加えた書風である。

〈国 教王護国寺蔵 28.8 × 157.9cm(部分)〉

⑨光定戒牒（嵯峨天皇筆）　嵯峨天皇の現存する唯一の直筆。楷書・行書・草書を自在に駆使する書法は，空海の影響である。最澄の弟子である光定が延暦寺で受戒（➔ p.76）したことを証明するもので，最澄の悲願であった大乗戒壇（➔2）の設立が示されている。

〈国 滋賀 延暦寺蔵 36.9 × 148.1cm(部分)〉

⑩伊都内親王願文（伝 橘逸勢筆）　橘逸勢は空海と同じ遣唐使船で入唐し，唐文化を修得した。装飾的な書体からは，唐の書法を基礎に空海の書法の影響を受けたことがうかがえる。これは御物として皇室に伝来したものであるが，橘逸勢の自筆である確証はない。

〈宮内庁蔵 29.7 × 340.9cm(部分)〉

古代　平安

＊同じ真言宗の高野山(➔図⑥)が女人禁制であったのに対し，女性も入山が許されたため「女人高野」の名がある。〈国 16.7m〉

4 自然信仰と密教の融合　A 女人高野*とよばれた室生寺

〈国 奈良 9.6m〉

⑪室生寺金堂　正面側面とも5間の寄棟造。屋根は檜皮葺であったが，現在は柿葺。本尊は9世紀につくられた一木造の釈迦如来像。

〈国 像高 106.3cm〉

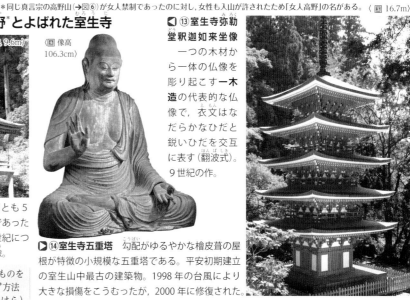

⑬室生寺弥勒堂釈迦如来坐像　一つの木材から一体の仏像を彫り起こす**一木造**の代表的な仏像で，衣文はなだらかなひだと鋭いひだを交互に表す（翻波式）。9世紀の作。

⑭室生寺五重塔　勾配がゆるやかな檜皮葺の屋根が特徴の小規模な五重塔である。平安初期建立の室生山中最古の建築物。1998年の台風により大きな損傷をこうむったが，2000年に修復された。

檜皮葺…檜の皮を板にしたものを重ねて屋根をふく*方法
柿葺…杉などの薄い板（こけら）でふく　＊屋根をおおうこと。
柿*2　＊2 杮(8画)は柿(9画)とは別の字。つくりの中心線がつながる。

奥の院
五重塔
本堂
金堂
弥勒堂
護摩堂

⑫室生寺伽藍配置図　真言宗や天台宗の寺院は多く山中に建立されたため，山の地形にあわせ，伽藍配置は従来の配置にとらわれない自由なものとなった（➔図⑤⑥）。〈室生寺蔵〉

時代を見る目　修験道の成立

密教は実践を重視したため，真言・天台両宗は山岳に寺院を建立して修行の道場とした。その結果，密教と日本古来の山岳信仰が結びつき，奈良時代の呪術者である役小角を創始者として**修験道**が成立した。山伏*たちは呪力を体得するため，石川県の白山や山形県の出羽三山などの霊山で修行を行った。

⑮現在の山伏の修行のようす（山形県 出羽三山）

＊山伏は，のちに天台宗の園城寺（三井寺）と真言宗の醍醐寺の2系統に組織された。

B 神仏習合　➔p.330「宗教史の流れ」

神祇信仰（日本固有の神への信仰）―融合―仏教信仰（外来の神への信仰）

神仏習合（明治初期の神仏分離令まで続く）

調和的（奈良時代）
- 神前での読経
- 神社内の神宮寺の建立
- 寺院での守護神・鎮守の設置（護法善神）

同一視（平安時代）
- 密教による神仏の系列化
- 神像彫刻の制作➔図⑰⑱

本地垂迹説
神は仏（本地＝本来の姿）が形をかえてこの世に現れた仮の姿（垂迹）とする思想
例）大日如来（本地）＝天照大神（垂迹）

⑯日本古来の神への信仰と仏教信仰の融合を**神仏習合**という。寺院では，関係の深い神を守護神，鎮守として設置した。例えば，興福寺の春日大社や，東大寺（➔ p.74）が宇佐八幡神を勧請*した手向山八幡宮などがこれにあたる。こうした神々を護法善神という。
＊神仏の分霊をほかの地に移してまつること。

〈国 奈良 像高 38.8cm〉

〈国 奈良 像高 33.9cm〉

⑰薬師寺僧形八幡神像（左）と⑱神功皇后像（右）　薬師寺（➔ p.57）の鎮守休岡（丘）八幡宮の神像である。元来，神社に偶像は存在しないが，神仏習合の影響で八幡神が僧の姿で表された。これは神が仏に救済を求めている姿である。9世紀末の制作で，彩色された一木造。

歴史散歩　龍谷大学仏教ミュージアム（京都市）　仏教が日本へと伝播してきたようすが，わかりやすく展示されている。

弘仁・貞観文化②(密教) ─密蔵深玄にして翰墨に載せがたし(恵果)

ヒストリースコープ

空海の師である恵果は,「密教はまことに奥深く,文章で表すことは困難である」と言った。そして,大日如来を中心に展開する密教の世界観を視覚的に体感するための曼荼羅や,経典・法具などをつくり,空海に授けた。

考察

❶なぜ曼荼羅や立体曼荼羅がつくられたのだろうか。→2
❷密教の仏事はどのような場所で,どのような道具を使って行われたのだろうか。→1

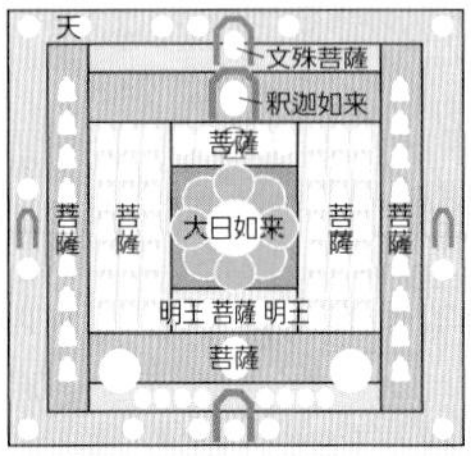

天
文殊菩薩
釈迦如来
菩薩
菩薩
菩薩
大日如来
菩薩
菩薩
明王 菩薩 明王
菩薩

△②曼荼羅(胎蔵界)の構成

大日如来

△①**教王護国寺*両界曼荼羅図(胎蔵界)** 大日如来を中心に,縦横12の区画で構成。人々の心にある(胎蔵する)悟りの種を守り育てる大日如来の慈悲を表現。中心を大きく周辺を小さく描くことにより,胎児が母胎で育つように,人の菩提心が大日如来に照らされながら成長し悟りに導かれるさまを示す。〈国 京都 183.6 × 163.0cm〉

大日如来

△③**教王護国寺両界曼荼羅図(金剛界)** 正方形を9分割して右上を除く8つの区画の中心に大日如来を置き,同様の構図を反復。金剛石(ダイヤモンド)のように強固な大日如来の智徳を表現。大日如来の智恵が縦横無尽に絶えず流動して人の心にある仏心を自覚させ,即身成仏*2に導くようすを示す。〈国 京都 183.6 × 164.2cm〉

*空海は,平安京の羅城門の東にあった東寺を嵯峨天皇から賜り,教王護国寺(東寺)とした。 *2 現在の身体のまま仏の境地に達すること。とくに真言密教で重視され,大日如来の真実の姿と修行者が一体となることで実現されるとする。

1 密教の仏事

◁④**東寺灌頂院内部** **空海**によって体系的な**密教**がもたらされると,新たな仏事も行われるようになり,仏事を行うための御堂も整備された。東寺には鎮護国家のための仏事を行う灌頂院が造営され,密教の法具を用いて,**加持祈祷**が行われた。

▷⑤**金銅密教法具**(左)と⑥**真言宗の真言**(右) 真言は音そのものが重要であるので,梵語*の音をそのまま音写している。
*古代から中世にかけてインドや東南アジアで使われていたサンスクリット語のこと。

五鈷鈴
五鈷杵
金剛盤

オン バ ザラ ダ ト バン
オン コ ロ コ ロ センダ リ マ トウ ギ ソワ カ

大日如来(金剛界)真言
金剛界如来に帰命し奉る,とくに大日如来。

薬師如来真言
唵,暴悪なる象王よ,除災せしめ給え,成就。
〈徳山暉純『新版梵字手帖』〉

2 密教の世界観を体感できる立体曼荼羅

▽⑦**東寺講堂内陣** 図⑧の配置図のように,大日如来を中心とする五智如来(Ⓑ),向かって左に五大明王(Ⓐ),右に五大菩薩(Ⓒ)が安置され,このまわりに四天王など仏法を守護する6体の仏が配されている。この構成と配置は空海の考案で,密教の世界観をより具体的に表現している。

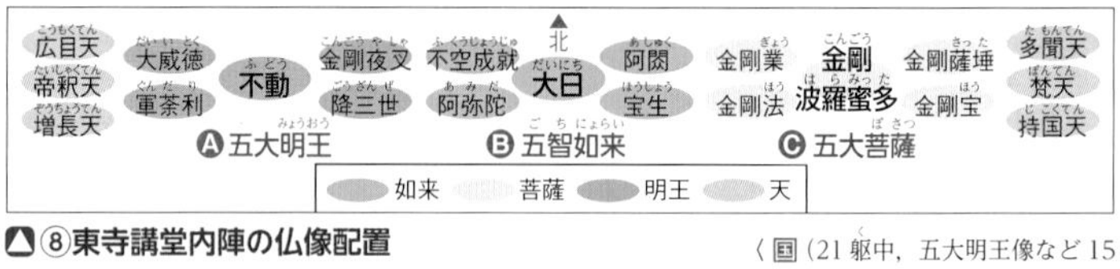

北
広目天
帝釈天
増長天
大威徳
軍荼利
不動
金剛夜叉
降三世
不空成就
阿弥陀
大日
阿閦
宝生
金剛業
金剛法
金剛
波羅蜜多
金剛薩埵
金剛宝
多聞天
梵天
持国天
Ⓐ五大明王
Ⓑ五智如来
Ⓒ五大菩薩
如来
菩薩
明王
天

△⑧**東寺講堂内陣の仏像配置**

〈国(21 躯中,五大明王像など 15 躯)〉

Ⓐ五大明王

Ⓑ五智如来

Ⓒ五大菩薩

歴史のまど 内田啓一監修『密教の美術 修法成就にこたえる仏たち』 密教の具体的な修行法とともに,仏像・曼荼羅について学ぶことができる。

悟りを開き最高位に君臨する「如来」

如来とは，悟りを開いた者である。肉髻とよばれる頭頂部の隆起や，螺髪といううず状の縮れ毛などが，悟りを開いた仏であることを象徴する。納衣(ぼろでつくった袈裟)をまとい，装身具を身につけない点も造形上の特徴。手には印相*を結び，その形で仏の意志を表現している。＊仏像の手の組み方。

◀②**神護寺薬師如来像**　空海が一時期拠点としていた神護寺に所蔵される。榧という針葉樹による一木造(➔p.83)の造形は重量感にあふれ，圧倒的な存在感を示している。翻波式(➔p.83)の特徴がよく表れている。
〈国 京都 像高 170.6cm〉

▶③**元興寺薬師如来像**　榧の一木造。背板(仏像の背についているふた)が失われているので，乾燥して割れるのを防ぐために内部をくりぬく内刳りがほどこされている。
〈国 奈良 像高 164.5cm〉

修行中の身である「菩薩」

菩薩とは，人々を救済することを願い，自らも修行を積んで如来をめざす者をいう。悟りを開く前の釈迦が菩薩のモデルであることから，インド王族の服装で多くの装身具を身につけて描かれる点が造形の特徴。

〈国 大阪 像高 109.4cm〉

▲④**観心寺如意輪観音像***　肉感的な体つきによって，密教の神秘的な美しさが表現される。一木造に乾漆(➔p.77)が盛られており，秘仏だったため彩色が残る。
＊観音は「観音菩薩」のことである。

▲⑤**法華寺十一面観音像**　一木造で，木肌を生かすため，表面の彩色は薄黄色のみ。寺伝では光明皇后(藤原光明子➔p.70)をモデルにした像といわれる。
〈国 奈良 像高 100.0cm〉

如来
菩薩
明王
天

▲①仏の順位

厳しい姿で悪を制し，人々を導く「明王」

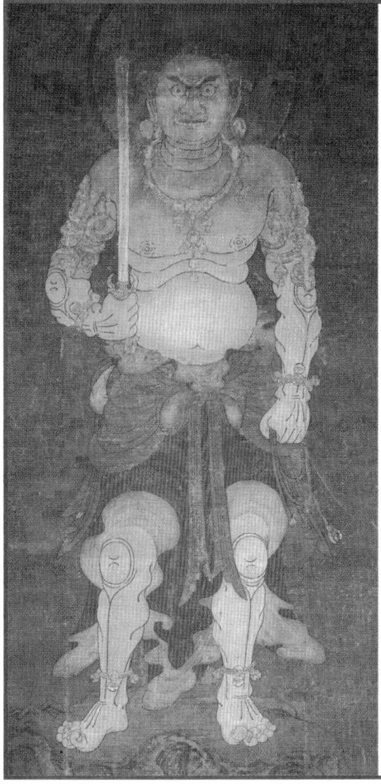

明王は，忿怒*の形相を表し，如来の教えに従わない者たちの迷いをうち破ることで，教えに導き救済する仏である。なかでも不動明王は，密教の中心である大日如来の化身とみなされ，あつい信仰を得た。不動明王の造形は，右手に剣，左手に羂索*2を持ち，両眼は見開き，上歯で下唇をかんでいるのが特徴である。とくに日本で根強い信仰を得ている。　＊ひどく怒ること。
＊2 両端に金具を付けた縄で，苦しむ衆生を救い上げるなどの役割をもつ。

◀⑥**曼殊院不動明王像**　園城寺(三井寺)の黄不動*を模したものとされる。岩座にしっかりと立ち，筋骨隆々とした姿で描かれた本図は，不動明王の力強さをよく表している。園城寺の黄不動，高野山の赤不動，京都の青蓮院の青不動を合わせて三不動と称される。
＊公開されていない。
〈国 京都 168.2 × 80.3cm〉

インドの神から仏教の守護神となった「天」

天は，インドの神話やバラモン教であがめられていた神が仏教に取り入れられ，仏教を守護する役割を与えられたもの。梵天・帝釈天や四天王，吉祥天，十二神将，十二天，八部衆，二十八部衆などがある。

〈京都 像高 90.0cm〉

◀⑧**浄瑠璃寺吉祥天立像**　平安朝風の優美な作品であるが，実際の制作は鎌倉時代で，秘仏である。

▲⑦**東寺帝釈天像**　講堂に安置される(➔p.84)。鳥や獣があしらわれた台座に座る姿は密教特有のもの。異国風の衣服などインド的な要素が強調されている。
〈国 京都 像高 105.4cm〉

藤原氏北家の発展 ―東風吹かば にほひおこせよ 梅花 主なしとて 春を忘るな(『拾遺集』)

〈国 京都 北野天満宮蔵 北野天神縁起絵巻 51.5 × 862.4cm(部分)〉

ヒストリースコープ

学者出身の政治家として，卓越した手腕を発揮した右大臣 菅原道真は，藤原時平らの策謀により大宰府に左遷された。道真は，京都を離れる際に「梅の花よ，東から風が吹いたら遠い大宰府まで香りを届けてくれ，主人がいなくても春を忘れるな」と詠んだ。道真の追放は，藤原北家の発展と他氏の没落における象徴的な事件*である。その後，藤原北家は摂政・関白の地位を独占し，栄華を誇った。

考察

❶なぜ道真は雷神となって清涼殿を襲ったとされるのだろうか。
❷藤原氏が摂政となったのはどの事件によるのだろうか。→1
❸藤原氏が独占した役職について説明しよう。→2・3

雷神
刀を抜いて立ち向かう藤原時平

▶①清涼殿を襲う雷神　903年，道真は左遷先の大宰府にて無念のうちに没した。その霊は雷神となって都に戻り，藤原時平のいる清涼殿を襲ったとされる場面。*2

＊道真をまつる北野社などでは，怨霊(御霊)を慰める鎮魂の祭り(御霊会)が現在も行われている。 ＊2 930年に実際に起きた清涼殿への落雷事故がもとになっている。なお，藤原時平は909年に没している。

1 藤原氏北家の台頭

A 政変と公卿比率の変化

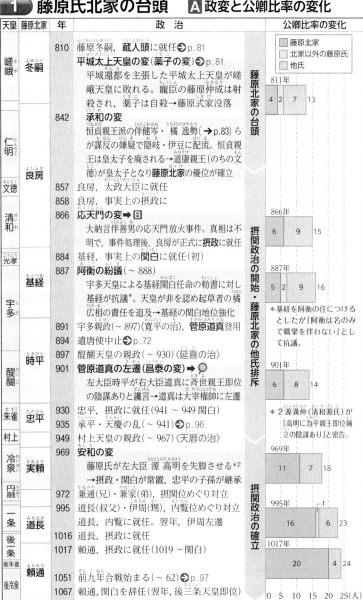

天皇	藤原北家	年	政治
嵯峨	冬嗣	810	藤原冬嗣，**蔵人頭**に就任➲p.81
			平城太上天皇の変(薬子の変)➲p.81 平城還都を主張した平城太上天皇が嵯峨天皇に敗れる。寵臣の藤原仲成は射殺され，薬子は自殺→藤原式家没落
仁明	良房	842	**承和の変** 恒貞親王派の伴健岑・橘逸勢(➔p.83)らが謀反の嫌疑で隠岐・伊豆に配流。恒貞親王は皇太子を廃される→道康親王(のちの文徳)が皇太子となり**藤原北家**の優位が確立
文徳		857	良房，太政大臣に就任
		858	良房，事実上の摂政に
清和		866	**応天門の変**➡B 大納言伴善男の応天門放火事件。真相は不明で，事件処理後，良房が正式に**摂政**に就任
光孝	基経	884	基経，事実上の**関白**に就任(初)
宇多		887	**阿衡の紛議**(～888) 宇多天皇による基経関白任命の勅書に対し基経が抗議*。天皇が非を認め起草者の橘広相の責任を追及→基経の関白地位強化
		891	宇多親政(～897)〈寛平の治〉，**菅原道真**登用
		894	遣唐使中止➲p.72
醍醐	時平	897	醍醐天皇の親政(～930)〈延喜の治〉
		901	**菅原道真の左遷(昌泰の変)**➡🔍 左大臣時平が右大臣道真に斉世親王即位の陰謀ありと讒言→道真は大宰権帥に左遷
朱雀	忠平	930	忠平，摂政に就任(941～949関白)
		935	承平・天慶の乱(～941)➲p.96
村上		949	村上天皇の親政(～967)〈天暦の治〉
冷泉	実頼	969	**安和の変** 藤原氏が左大臣 源 高明を失脚させる*2→摂政・関白が常置，忠平の子孫が継承
円融		972	兼通(兄)・兼家(弟)，摂関位めぐり対立
一条	道長	995	道長(叔父)・伊周(甥)，内覧位めぐり対立 道長，内覧に就任。翌年，伊周左遷
後一条		1016	道長，摂政に就任
	頼通	1017	頼通，摂政に就任(1019～関白)
後朱雀			
後冷泉		1051	前九年合戦始まる(～62)➲p.97
		1067	頼通，関白を辞任(翌年，後三条天皇即位)

藤原北家の台頭 ／ 摂関政治の開始・藤原北家の他氏排斥 ／ 摂関政治の確立

公卿比率の変化

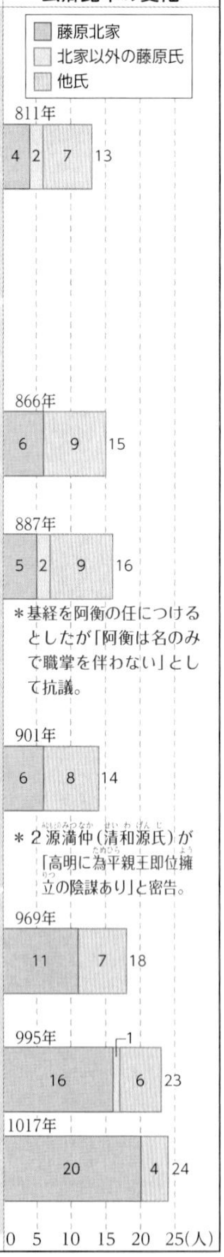

藤原北家
北家以外の藤原氏
他氏
811年
4
2
7
13
866年
6
9
15
887年
5
2
9
16
901年
6
8
14
969年
11
7
18
995年
1
16
6
23
1017年
20
4
24
0
5
10
15
20
25(人)

＊基経を阿衡の任につけるとしたが「阿衡は名のみで職掌を伴わない」として抗議。

＊2 源満仲(清和源氏)が「高明に為平親王即位擁立の陰謀あり」と密告。

B 応天門の変(866年)―漁夫の利を得た藤原良房

A
良房
清和天皇

①応天門炎上(➔p.80,101)
②伴善男が源信を告発
③藤原良房，清和天皇に源信の無実を進言―A
④子供の喧嘩から伴善男が犯人と発覚―B
⑤伴善男，検非違使に連行される―C

B
家に帰る出納の子供
子供の喧嘩
けとばされた舎人の子供

C
検非違使
伴善男を乗せた牛車

〈国 伴大納言絵巻 中巻 31.5 × 858.7cm(部分)〉

◀②大納言伴善男が，左大臣 源 信の失脚を画策して，清和天皇に応天門の放火を告げるも，太政大臣**藤原良房**が源信の無実を進言した。舎人が放火の現場を見ていたため，舎人の子と伴善男の出納の子の喧嘩を発端として，伴善男が犯人だと発覚した。伴善男は伊豆へ遠流(➔p.63)となり，藤原良房は正式に清和天皇の**摂政**となった。

C 延喜・天暦の治

〈延喜の治〉醍醐天皇(位897～930)	
901	右大臣菅原道真を大宰権帥に左遷 『日本三代実録』編纂(最後の六国史)➲p.73
902	**延喜の荘園整理令**(最初の荘園整理令)➲p.93~95
905	紀貫之ら，『古今和歌集』編纂(最初の勅撰和歌集)➲p.89
907	延喜通宝の使用➲p.67，延喜格完成➲p.81
914	三善清行「意見封事十二箇条」提出(地方政治の衰退ぶりを報告，政治改革などを上奏)史
927	延喜式完成➲p.81

〈天暦の治〉村上天皇(位946～967)	
951	『後撰和歌集』編纂➲p.89
957	菅原文時「意見封事三箇条」提出
958	乾元大宝鋳造(最後の本朝[皇朝]十二銭)➲p.67

△③醍醐・村上両天皇とも摂政・関白をおかずに親政を行った。格式の制定，歴史書・詩歌集の編集など，政治・文化の面で充実した時代として後世に理想化された。

今日とのつながり 京都で毎年7月に開催される祇園祭(➔とびら1)は，869年に疫病が流行した際，66本の鉾をまつり御霊を鎮めたのが最初といわれる。室町時代に山鉾巡行が開始された。

2 藤原氏の全盛時代

A 皇室と藤原氏の関係

よみとき ①冬嗣・良房以降，藤原北家が一族の女性を通じてどう皇室と結びついたかに注目しよう
②藤原道隆親子(伊周・隆家)と道長の外戚争いに注目しよう

皇室と藤原氏 ➔p.80,98

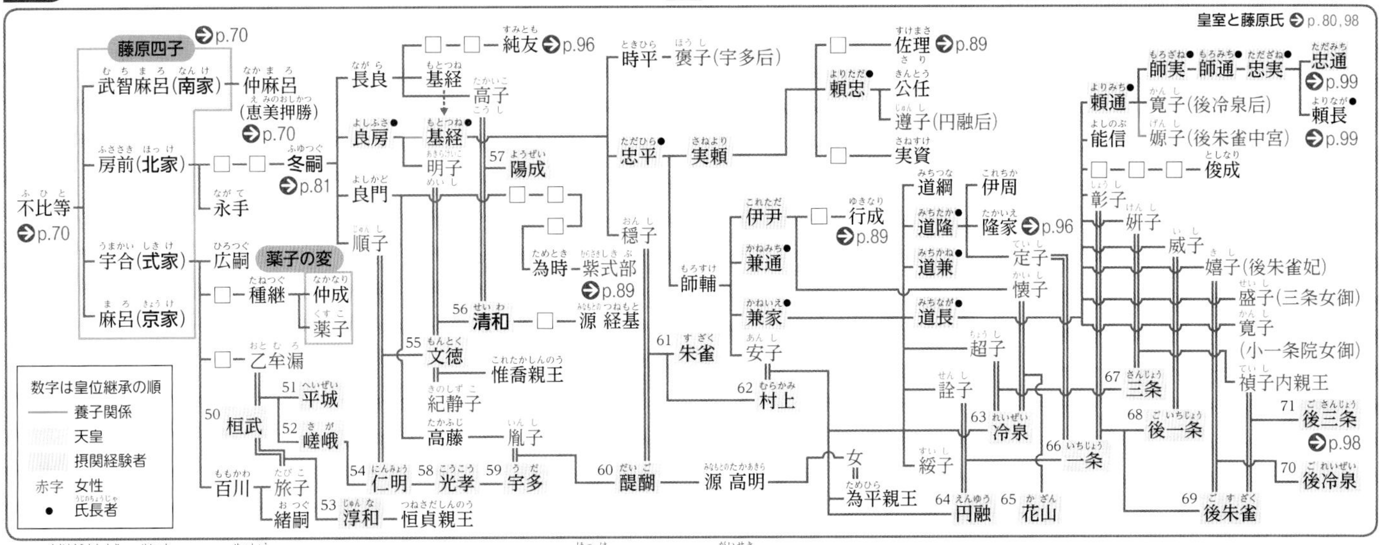

藤原四子 ➔p.70
不比等 ➔p.70
武智麻呂(南家)
仲麻呂(恵美押勝) ➔p.70
房前(北家)
冬嗣 ➔p.81
永手
宇合(式家)
広嗣
藤子の変
種継
仲成
薬子
麻呂(京家)
乙牟漏
50 桓武
51 平城
52 嵯峨
百川
旅子
緒嗣
53 淳和
恒貞親王
長良
基経
良房
明子
良門
順子
純友 ➔p.96
高子
57 陽成
為時
紫式部 ➔p.89
56 清和
源 経基
55 文徳
惟喬親王
紀静子
高藤
胤子
54 仁明
58 光孝
59 宇多
60 醍醐
源 高明
時平
褒子(宇多后)
忠平
実頼
穏子
師輔
61 朱雀
安子
62 村上
佐理 ➔p.89
頼忠
公任
遵子(円融后)
実資
伊尹
行成 ➔p.89
兼通
兼家
道綱
道隆
隆家 ➔p.96
伊周
定子
懐子
道兼
道長
超子
詮子
63 冷泉
綏子
女
為平親王
64 円融
65 花山
66 一条
67 三条
68 後一条
69 後朱雀
70 後冷泉
71 後三条 ➔p.98
師実
師通
忠実
忠通 ➔p.99
頼長 ➔p.99
頼通
寛子(後冷泉后)
能信
嫄子(後朱雀中宮)
俊成
彰子
妍子
威子
嬉子(後朱雀妃)
盛子(三条女御)
寛子(小一条院女御)
禎子内親王
数字は皇位継承の順
養子関係
天皇
摂関経験者
赤字 女性
● 氏長者

▲④**藤原良房**が清和天皇の**摂政**となったのをはじめとして，藤原氏(**北家**)は天皇家の**外戚**となって政治権力を手中におさめた。これは，藤原氏自身の繁栄に加え，最近の研究では，天皇家の身内として，幼い天皇の即位時などの皇位継承の危機を救済し，安定的な皇位継承を支える役割も果たしていたことが指摘されている。

B「この世をば我世とぞ思ふ」ほどの栄華

この世をば
わが世とぞ思ふ
望月の
かけたることも
なしと思へば

▲⑤**娘の婚礼のあとで和歌を詠む道長**　道長は三女威子が後一条天皇に入内する際，邸宅に公卿を集めて祝宴を催した。そのときに詠んだ和歌が，藤原実資の日記である『小右記』に見え，道長の自信に満ちたようすが感じられる。

『小右記』（藤原実資）【書下し文】史

…今日女御藤原威子を以て皇后に立つるの日なり。…太閤①下官②を招き呼びて云く，和歌を読まんと欲す，必ず和す③べしと。答へて云く，何ぞ和し奉らざらんや。又云く，誇りたる歌になむ有る，但し宿て構ふるに非ずと。此世をば我世とぞ思ふ望月のかけたることもなしと思へば　…（原漢文）

①道長　②実資　③返歌を詠む

ひと 藤原道長(966~1027)

藤原兼家の五男として生まれたが，兄の病死や，姉と妻の支援によって出世した。995年甥の藤原伊周との抗争に勝ち，摂関に準ずる内覧の宣旨を受けるとともに，「氏長者」となり，その地位を確立。999年に娘彰子を一条天皇に嫁がせ，妍子・威子・嬉子も順次入内させて，1016年に後一条天皇の摂政となった。翌年，息子**頼通**にその地位を譲ったのちも，天皇の外戚として栄華をきわめた。一方，道長は浄土教(➔p.90)をあつく信仰しており，極楽往生を願って1007年に吉野金峯山にのぼって祭儀を行い，経筒を**経塚**に奉納した。晩年は**法成寺***を建立して「御堂関白」とよばれ，1027年，法成寺で往生。『**御堂関白記**』(➔p.92)は現存最古の自筆日記である。

＊藤原氏の衰微とともに荒廃し，南北朝期に廃絶。

〈国 大阪 藤田美術館蔵 紫式部日記絵詞 第五段 23.9×440.0cm(部分)〉

3 摂関政治の構造と経済基盤

A 公卿の合議(陣定)によって進められた政治

➔p.80

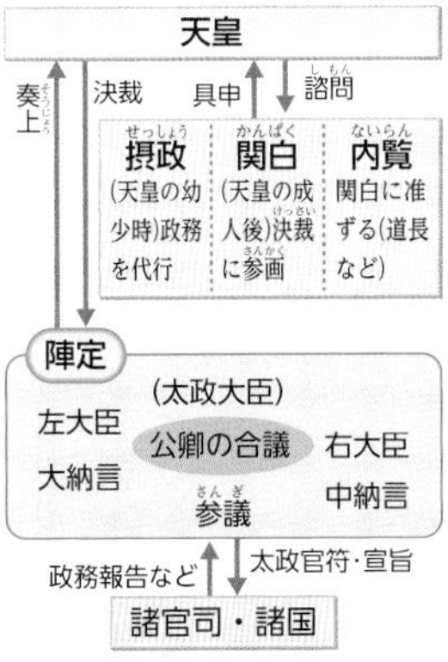

天皇
奏上
決裁
具申
諮問
摂政 (天皇の幼少時)政務を代行
関白 (天皇の成人後)決裁に参画
内覧 関白に準ずる(道長など)
陣定
(太政大臣)
左大臣
公卿の合議
右大臣
大納言
参議
中納言
政務報告など
太政官符・宣旨
諸官司・諸国

▲⑥**摂関政治の機構**　政務は，公卿の陣定で審議した結果を天皇に奏上したが，しだいに摂関の権限が強化された。年中行事(➔p.92)，叙位・除目が政治の中心であった。

▲⑦**陣定**　内裏にある近衛陣で行われる。大臣・大納言・中納言・参議が着座して，外交や財政，人事などの重要な議題を審議した。弁官が先例を検討した文書を参考に末座の公卿から順に意見を述べ，その結果を天皇に奏上する。

〈年中行事絵巻 6巻 約45.4×885.1cm(部分)〉

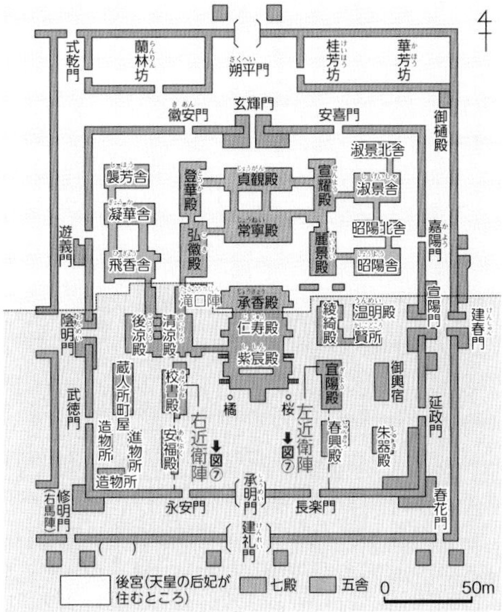

式乾門
蘭林坊
朔平門
桂芳坊
華芳坊
徽安門
玄輝門
安喜門
御樋殿
淑景北舎
襲芳舎
登華殿
貞観殿
宣耀殿
淑景舎
凝華舎
弘徽殿
常寧殿
麗景殿
昭陽北舎
遊義門
飛香舎
昭陽舎
嘉陽門
滝口陣
承香殿
綾綺殿
温明殿
後涼殿
清涼殿
仁寿殿
賢所
宣陽門
陰明門
紫宸殿
建春門
蔵人所町屋
校書殿
宜陽殿
御輿宿
月華門
日華門
橘
桜
春興殿
延政門
武徳門
造物所
進物所
安福殿
右近衛陣
左近衛陣
図⑦
朱器殿
造物所
承明門
修明門
永安門
長楽門
春花門
右馬陣
建礼門
後宮(天皇の后妃が住むところ)
七殿
五舎
0 50m

▶⑧**内裏**　本来は天皇とそれに奉仕する女官の生活空間であったが，のちに皇后や中宮も住むようになり，男性官人も出入りした。数多くの殿舎が廊下によって連絡されていた。

B 摂関家の経済基盤

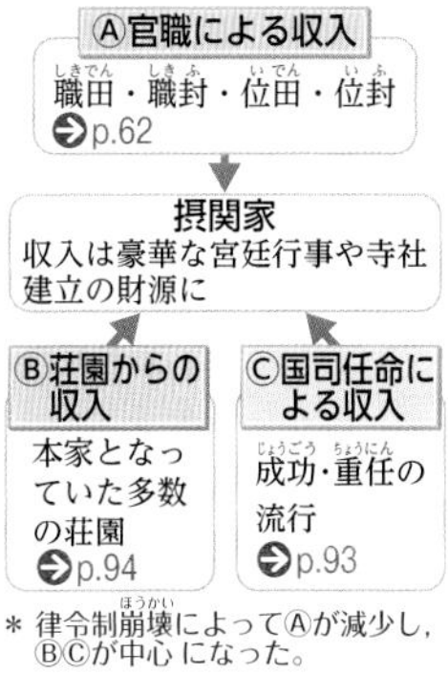

Ⓐ官職による収入
職田・職封・位田・位封 ➔p.62
摂関家
収入は豪華な宮廷行事や寺社建立の財源に
Ⓑ荘園からの収入
本家となっていた多数の荘園 ➔p.94
Ⓒ国司任命による収入
成功・重任の流行 ➔p.93

＊律令制崩壊によってⒶが減少し，ⒷⒸが中心になった。

▲⑨官職に伴う収入である職田・職封・位田・位封が主要な財源であったが，律令制的支配が崩壊すると，荘園からの収入や国司(受領 ➔p.93)からの私的な奉仕がそれにかわる財源となった。

歴史のまど　朧谷寿『さかのぼり日本史⑨平安 藤原氏はなぜ権力を持ち続けたのか』　藤原氏の台頭を，摂関政治の誕生，権力独占，道長の栄華，摂関家の危機の四つの転換点で検証する。

国風文化①(文学) ―やまとうたは,人の心を種として,よろづの言の葉とぞなれりける 史(『古今和歌集』)

ヒストリースコープ

『古今和歌集』の編者である紀貫之は，その仮名序で「和歌は人の心を根本として，さまざまな言葉となって出たものである」としている。公の場では男性貴族によって従来通り漢字が用いられたが，和歌や日常生活においては，かな文字が使われるようになった。かな文字によって人々の感情を日本語で生き生きと表現できるようになり，優れた文学が花開いた。こうしたかな文学は後宮の教養豊かな女性たちによってつくられた。

考察

1. 平がなはおもに，何を記す際に用いられたのだろうか。
2. 平がなが誕生した経緯について説明しよう。→2
3. 女流文学が後宮で栄えた理由について説明しよう。→3

〈国 東京 大倉集古館蔵(部分)〉

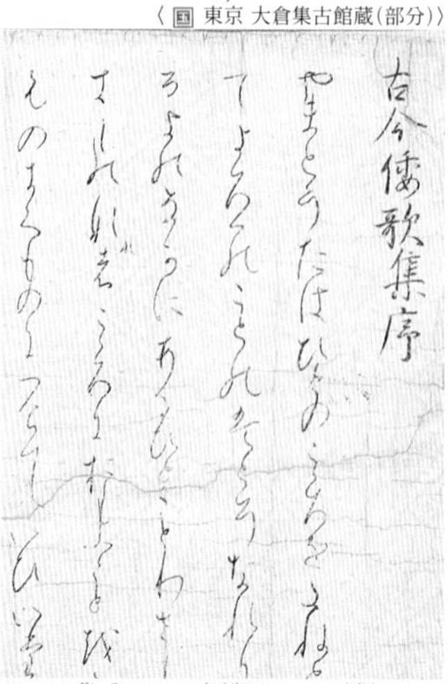

『古今和歌集』仮名序〔冒頭・現代語訳〕
和歌は，人の心を根本として，さまざまな言葉となって出たものである。世の中の人はさまざまなことを行うので，そうした行いの中で思ったことを，見るもの，聞くものにつけて和歌に詠むのである。

△①『古今和歌集』仮名序　醍醐天皇の勅命により編纂された最初の勅撰和歌集の序文。平がなで書かれた仮名序*は編者である紀貫之の文学論であり，かな文学の権威づけとなった。

＊漢文で書かれた真名序は，紀淑望が著したとされる。

花の色は うつりにけりな いたづらに わが身世にふる ながめせし間に

訳 桜の色はむなしく色あせてしまったなあ。そして，私の美貌も衰えてしまった。長雨が降り，物思いにふけっている間に。

〈愛知 徳川美術館蔵(部分)〉

△②小野小町(生没年不詳)　六歌仙*の1人。美人であったとされ，情熱的な歌が多い。

ちはやぶる 神代も聞かず 竜田川 からくれなゐに 水くくるとは

訳 はるか遠い神代にさえも聞いたことがない。竜田川の一面に紅葉が浮かび，真っ赤な色に水をしぼり染めにしているとは。

〈徳川美術館蔵(部分)〉

△③在原業平(825~880)　六歌仙の1人。情熱的な歌が多く，『伊勢物語』(→5)の主人公。

＊平安前期の和歌の名手6人の総称。他に，遍昭・喜撰・文屋康秀・大友黒主。

1 国風文化まとめ表

→p.72「遣隋使・遣唐使と日本の文化」

特徴	日本の人々の心情や風土にあった優雅で洗練された王朝文化 ① 10～11世紀の文化(摂関政治期) ②平安京における貴族(藤原氏中心)文化 ③後宮サロンの形成によるかな文学の発展 ④末法思想の広がりを背景に，浄土教の流行による熱心な阿弥陀信仰
文学 →3・5	・詩歌　勅撰和歌集の編纂 ・物語・日記・随筆　宮廷に仕える女性の手によるかな文字
書道 →4	・三跡(蹟)　和風の優美な書体 小野道風(秋萩帖 国) 藤原佐理(離洛帖 国) 藤原行成(白氏詩巻 国)
仏教 →p.90	・浄土教の流行→阿弥陀信仰 空也(市聖) 源信(恵心僧都)『往生要集』史 慶滋保胤『日本往生極楽記』 ・神仏習合の発展→本地垂迹説 →p.83

建築 →p.90~92	・密教寺院建築　醍醐寺 世 五重塔 国 ・浄土建築→阿弥陀堂 平等院 世 鳳凰堂 国　法界寺阿弥陀堂 国 ・国風建築→寝殿造
彫刻 →p.90~91	・阿弥陀如来像 平等院鳳凰堂阿弥陀如来像(定朝作) 国 法界寺阿弥陀如来像 国
絵画 工芸品 →p.90~91	・浄土教美術→来迎図 高野山聖衆来迎図 国 平等院鳳凰堂扉絵 国 ・国風美術 大和絵　唐絵に対し，日本の風俗や自然を描いた絵画。巨勢金岡など 蒔絵　漆で描いた文様に金や銀の粉をつける漆器の技法 →p.345 螺鈿　夜光貝などを薄くはぎ，模様として漆器に埋め込む技法 →p.79
歴史	『日本三代実録』(藤原時平ら) →p.73 『和名類聚抄』(源順)

時代を見る目　文章経国思想による唐文化の吸収から国風化へ

- 7C 遣唐使さかん　文章経国思想流入
  - →思想が収録された書物『文選』が手習いの手本となったことで人々へ浸透
- 9C 前半(嵯峨朝)　文章経国思想隆盛
  - →勅撰漢詩文集の編纂さかんに →p.82(『凌雲集』『文華秀麗集』『経国集』)
- 唐文化の吸収・消化
  - →より日本人の感覚・好みに合うものへと変化・改良
- 国風文化の萌芽・進展

△④国風化の流れ

文章経国思想とは，「文章は経国の大業，不朽の盛事なり(詩文をさかんにすることが国の統治にとって大切であり，永く世の中に平和と安定をもたらす)」という考え方をさす。この思想が遣唐使によってもたらされると，日本でも広く普及した。中国の政治思想を理想とした桓武朝において中国の文書を取り入れ，嵯峨朝において勅撰漢詩文集の編纂がさかんとなった。こうして，10世紀にかけて漢詩文を中心とする中国文化が十分に吸収・消化され，そこから日本の風土や人々の心情に合わせて国風化が進んだ。

2 日本独自の文字の誕生

→p.8 巻頭地図

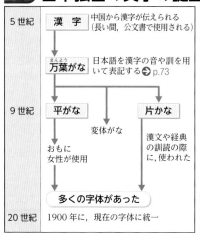

- 5世紀　漢字　中国から漢字が伝えられる(長い間，公文書で使用される)
- ↓ 万葉がな　日本語を漢字の音や訓を用いて表記する →p.73
- 9世紀　平がな(おもに女性が使用) / 変体がな / 片かな(漢文や経典の訓読の際に，使われた)
- ↓ 多くの字体があった
- 20世紀　1900年に，現在の字体に統一

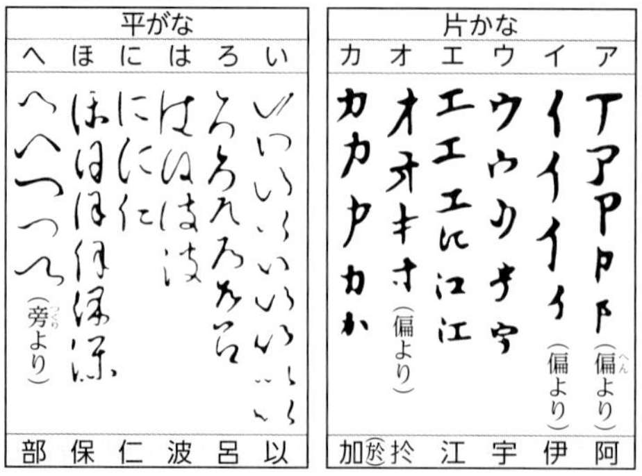

平がな
へ ほ に は ろ い
(旁より)
部 保 仁 波 呂 以
片かな
カ オ エ ウ イ ア
(偏より)
加 於 江 宇 伊 阿
〈新潮社『日本文学大辞典』〉

△⑥平がな(左)と片かな(右)

◁⑤日本独自の文字が生まれるまで　漢字の音を借りた万葉がなを起源に，**平がな・片かな**が生まれた。この時期には中国の周辺でそれぞれの民族文字が誕生していた。

紀貫之(?~945) →p.92,191

〈東京 五島美術館蔵(部分)〉

『土佐日記』〔冒頭〕
男もすなる日記といふものを，女もしてみむ，とて，するなり。それの年の十二月の二十日あまり一日の日の戌の刻に，門出す。そのよし，いささかにものに書きつく。

紀友則らとともに醍醐天皇の勅撰和歌集『古今和歌集』を編纂し，自ら文学論である仮名序(→①)を書いた。三十六歌仙の一人であり，『小倉百人一首』や以後の勅撰和歌集にも和歌が収録されている。自らを女性になぞらえて書いた『土佐日記』は，完全な状態で現存する最古の日記で，その後の女流文学の発達に大きな影響を与えた。

歴史のまど　橋本治『桃尻語訳枕草子』「いとおかし」を「すっごく素敵！」などと，現代の若い女性の口調で『枕草子』をわかりやすく訳している。

3 後宮で花開いた平がな文学

中宮彰子
紫式部

◀⑦**中宮彰子に講義を行う紫式部** 摂関政治は皇子の誕生に支えられたものであった。天皇を部屋に呼び寄せるため，貴族の娘には教養が必要とされ，貴族たちは家庭教師役として教養ある女房を雇った。紫式部は中宮彰子の家庭教師となり，当時の男性貴族に愛読されていた『白氏文集』*（➔図⑪）の講義を行った。

〈東京国立博物館蔵（部分）〉

＊中国唐代の詩人である白居易（白楽天）の詩文集。

A 摂関政治期における後宮サロンの成立

皇室と藤原氏 ➔p.87

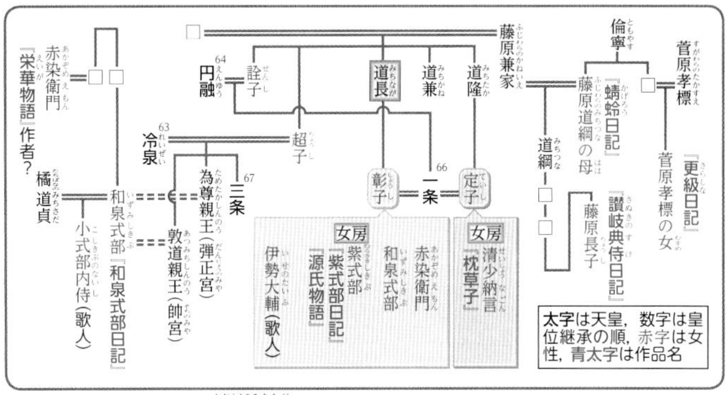
藤原兼家
道長
道兼
道隆
64 円融
詮子
超子
63 冷泉
67 三条
為尊親王（弾正宮）
敦道親王（帥宮）
和泉式部『和泉式部日記』
小式部内侍（歌人）
橘道貞
赤染衛門『栄華物語』作者？
彰子
66 一条
定子
女房 紫式部『紫式部日記』『源氏物語』
和泉式部
赤染衛門
伊勢大輔（歌人）
女房 清少納言『枕草子』
倫寧
藤原道綱の母『蜻蛉日記』
道綱
藤原長子『讃岐典侍日記』
菅原孝標
菅原孝標の女『更級日記』
太字は天皇，数字は皇位継承の順，赤字は女性，青太字は作品名

▲⑧**女房文学関係図** 藤原道長の力もあって，中宮彰子のまわりには多くの才女が集まり，後宮にサロンが形成された。彰子のサロンにいた女房間には厚い親交があり，一条天皇の皇后定子のサロンにいた女房とはライバルのような関係にあった。

B 宮中の二大才女

紫式部（生没年不詳）

〈滋賀 石山寺蔵 紫式部図 土佐光起筆〉

父は漢学者藤原為時であり，一族には有名な学者が多かった。そのため，紫式部は恵まれた教育環境で育ち，父から漢文の教育を受けた。藤原宣孝と結婚し一女をもうけたが，2年後に夫と死別。その後，文筆・学問の才能を買われ，一条天皇の中宮彰子に仕えた。そのときに執筆した『**源氏物語**』は世界最古の長編小説で，登場人物の「紫上」が名前の由来になったようである。

『源氏物語』【冒頭】 いづれの御時にか、女御・更衣あまたさぶらひ給ひけるなかに、いとやむごとなききはにはあらぬが、すぐれて時めき給ふありけり。

清少納言（生没年不詳）

〈東京国立博物館蔵 百人一首図（模本） 狩野探幽筆（部分）〉

父は学者で歌人の清原元輔。清少納言は学者の家で古典的教養を身につけながら成長した。女房名の「清」は清原姓に由来するようである。橘則光との離婚ののち，一条天皇の皇后定子に仕えた。随筆『**枕草子**』は，和漢に通じた教養やユーモアが随所にみられ，宮廷での生活が，独特の感性と美意識によってつづられている。

『枕草子』【冒頭】 春は曙。やうやう白くなりゆく山際、少しあかりて、紫だちたる雲の細くたなびきたる。

4 優雅な行書で宮中の話題となった和様

弘仁・貞観文化 ➔p.83

三筆*（唐様）→国家の中枢を担う3人（同世代）が切磋琢磨して到達した書法の頂点（空海・嵯峨天皇・橘逸勢）

↓

国風文化

三跡（蹟）（和様）→道風から行成まで約130年間受け継がれてきた書法，東晋の書家王羲之の影響を受け，優雅な書風

- 小野道風（894～966）
- 藤原佐理（944～998）➔p.87
- 藤原行成（972～1027）➔p.87

＊三筆・三跡は江戸時代に整理された概念である。

└世尊寺流と称され，室町時代まで継承

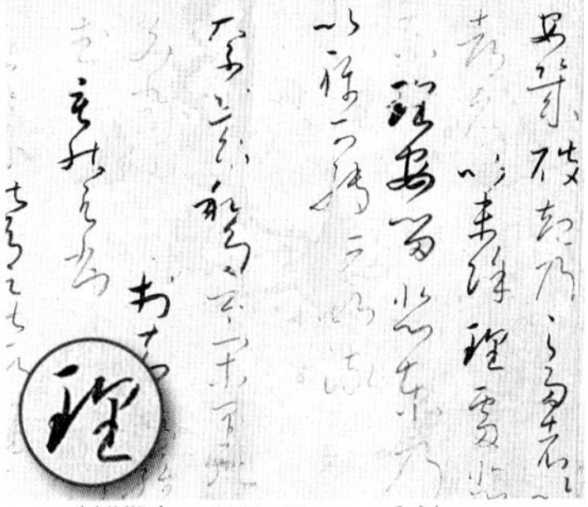
▲⑨**秋萩帖**（伝小野道風筆） 『古今和歌集』の歌「安幾破起乃」で始まるので，この名がある。〈国 東京国立博物館蔵 24.0×842.4cm（部分）〉

▲⑩**離洛帖**（藤原佐理筆） 佐理が大宰府の次官である大宰大弐（➔p.62）に任命されて下向する途中，甥に送った手紙。〈国 東京 畠山記念館蔵 31.7×64.6cm（部分）〉

▲⑪**白氏詩巻**（藤原行成筆） 白居易の『白氏文集』所収のうち8編の七言絶句・律詩を書写したもの。鎌倉時代の伏見天皇の遺愛の品。〈国 東京国立博物館蔵 25.4×265.2cm（部分）〉

5 国文学まとめ表

＊三代集のほか，『後拾遺和歌集』『金葉和歌集』『詞花和歌集』『千載和歌集』『新古今和歌集』を加えて八代集という。

	作品	編著者（成立年代）	内容
詩歌	古今和歌集 ➔🔍	紀貫之ほか（905年）	醍醐天皇による最初の勅撰和歌集。ほかの撰者は，紀友則・凡河内躬恒・壬生忠岑
	後撰和歌集	源順ほか（955年ごろ）	村上天皇による二番目の勅撰和歌集
	拾遺和歌集	未詳（1006年ごろ）	花山法皇の撰といわれる（以上を三代集*という）
	和漢朗詠集	藤原公任（1018年ごろ）	朗詠に適した詩歌約800首を収録
物語	竹取物語	未詳（10世紀初め）	現存最古の物語。竹から生まれたかぐや姫が貴族や天皇の求婚を受けるが，天女として月の世界に戻る
	伊勢物語	未詳（10世紀前半）	在原業平の歌を中心とした120編余りの歌物語
	源氏物語	紫式部（11世紀初め）	光源氏の恋愛や栄華，薫大将の悲劇を描いた54帖に及ぶ長編小説。物語文学の最高峰
	落窪物語	未詳（？）	継母にいじめられる落窪姫が貴公子と結婚し幸せになる
	宇津保物語	未詳（？）	貧しい主人公の秘琴伝授を中心とした最古の長編物語
日記・随筆	土佐日記 ➔2	紀貫之（935年ごろ）	土佐から帰京するまでの55日間の旅日記。自らを女性になぞらえ，かなで書いた
	蜻蛉日記	藤原道綱の母（974年ごろ）	名門貴族である藤原兼家との結婚生活や母としての苦悩を記した最初の女流日記文学
	枕草子	清少納言（1001年ごろ）	一条天皇の皇后定子に仕えたころの宮廷生活を随筆風に記した作品。批評性にすぐれ，文学性が高い
	和泉式部日記	和泉式部（1007年ごろ）	敦道親王との情熱的な恋愛を回想し，物語風に記した。約150首の歌を中心とした歌日記
	紫式部日記	紫式部（1010年ごろ）	一条天皇の中宮彰子に仕えた宮廷生活の日記。詳細な記録と消息文からなる
	更級日記	菅原孝標の女（1060年ごろ）	幼少期を東国で過した少女が，結婚・宮仕えなどを経て，晩年は信仰に生きた自伝的回想記

歴史散歩 台東区立書道博物館（東京都台東区） 書家中村不折が独力で収集した，中国および日本の書道史上重要な作品が見られる。とくに王羲之の書の拓本を多くそろえている。

国風文化②(浄土教)—厭離穢土，…欣求浄土

史

ヒストリースコープ

末法思想が広まるなか，中国から浄土教が流入した。源信(恵心僧都 942~1017)は『往生要集』において「汚れた現世を離れて，阿弥陀如来のいる浄土への往生を願う」と記した。以後，日本においても浄土教がさまざまな人々に広まった。

考察

❶来迎図はどのようにして使われたのだろうか。

❷浄土教が広まった背景を説明しよう。→ 1

❸浄土教を信仰した貴族は何を建立したのだろうか。→ 2 ・ 3

西に来迎図を設置
阿弥陀如来の手からたれる糸をにぎる
北

△①当時の臨終のようす　死の不安を消し去り，安らかに往生するため，人々は来迎図を臨終の床に供えた。

(『往生要集』)〈国 和歌山 高野山有志八幡講十八箇院蔵 左右幅 210.0 × 105.0cm，中幅 210.0 × 210.0cm(部分)〉

阿弥陀如来
勢至菩薩
観音菩薩

△②高野山聖衆来迎図　来迎図には，臨終の際に，阿弥陀仏が極楽往生のために迎えに来る(来迎する)ようすが描かれている。この図には 32 尊を従えた阿弥陀如来の来迎が描かれている。

1 信仰の広がり

A 密教寺院の建立

▶③醍醐寺五重塔

醍醐天皇の勅願寺で，東密の拠点。五重塔は村上天皇在位中の 951 年に完成し，その後も焼失をまぬかれ現存している。相輪が非常に長いのが特徴(約 13m)。初層内部の壁に描かれた両界曼荼羅は，平安前期の貴重な遺品。

相輪

〈国 京都 高さ 38.1m〉

B 浄土教の流入と発展 ➔ p.330「宗教史の流れ」

末法思想
1052(永承7)年
末法到来

社会不安増大
- 都で疫病の流行
- 地方での戦乱 1051~62年 前九年合戦 ➔ p.97
- 都での火事，地震

浄土教の流行
- **極楽往生へのあこがれ**
  人々は，現世の不安から逃れるため，来世で極楽浄土に行くことに期待
- **布教の増加**
  空也…民間布教➡図④
  源信(恵心僧都)…『往生要集』
- **往生者の伝記の登場**
  慶滋保胤著『日本往生極楽記』

『梁塵秘抄』(➔102ページ)にみえる浄土教
阿弥陀仏の誓願ぞ　かへすがへすも頼もしき
一度御名を称ふれば　仏に成るとぞ説いたまふ

Key Word　末法思想

釈迦入滅後，釈迦の教え(教)，その実践(行)，成果としての悟り(証)がそろう正法が千年間続き，次の千年間は証が欠ける像法，そして証も行も欠ける末法となり，わざわいと戦乱により世界が滅ぶという思想。日本では，1052 年に末法が到来すると信じられた。

釈迦入滅(前949年)
正法(1000年)
51年
像法(1000年)
1052年(永承7)
末法

〈京都 六波羅蜜寺蔵 像高 117.6cm〉

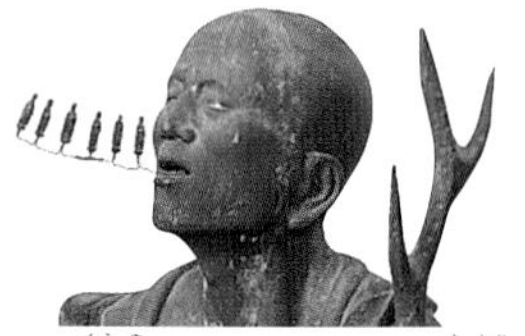

△④空也(903~972)　空也は尾張国分寺で出家し，諸国を遊行して社会事業を行った。938 年に上洛し市井*で念仏を勧め，浄土教の布教に貢献したので，市聖とよばれた。空也は，比叡山で受戒したのちは，貴族との関係を強め，貴族にも念仏を勧めた。疫病が流行した際に，その沈静を祈願して六波羅蜜寺を建立した。＊人が多く集まる所。

➔ p.117

2 浄土教の信仰による阿弥陀堂の建立

〈国 京都 高さ 14.8m〉

◀⑤法界寺阿弥陀堂　日野資業が 1051 年ごろに創建し，火災ののち再建。内陣上方には，飛天の舞う壁画(➔図⑦)があり，極楽浄土を表している。

▶⑥法界寺阿弥陀如来像　定朝の様式を踏襲した 11 世紀末の造立。柔和な表情。〈国 京都 像高 280.0cm〉

▼⑦法界寺阿弥陀堂壁画 飛天　〈京都(部分)〉

Key Word　寄木造

仏師定朝が確立した技法であり，背景には，浄土教の普及による阿弥陀仏像の大量需要があった。まず，像の各部を構成する数個の部材を用意して配置する。設計後，部材ごとに頭部・胴部などを彫刻し，内刳り(➔p.85)をほどこし，厚さを調整して最終的につぎ合わせる。この技法により，仏師による分担制作や自由な大きさの造像が可能になった。

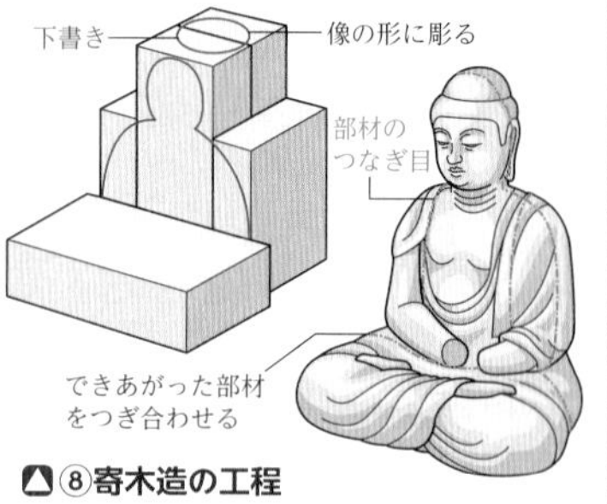
下書き
像の形に彫る
部材のつなぎ目
できあがった部材をつぎ合わせる

△⑧寄木造の工程

歴史のまど　源信『往生要集』　まず地獄の恐ろしさを説いたうえで，極楽往生するには念仏をするしかないと述べている。

3 平等院鳳凰堂 – 現世に現れた極楽浄土

平等院鳳凰堂
宇治川

◀ ⑨平等院鳳凰堂全景　平等院は宇治川の西岸にあり，宇治川から船で訪れると西方に極楽浄土が現れるように設計されていた。〈世 国〉

〈国 京都 像高 278.8cm〉

▶ ⑩平等院鳳凰堂阿弥陀如来像　寄木造で，1053 年に仏師**定朝**が制作した。仏の頭上をかざる天蓋には，繊細な透かし彫りがほどこされている。

〈国〉

▲ ⑪雲中供養菩薩像　楽器をかなでたり踊ったりする姿で浄土の天空を舞う，浮き彫りの菩薩像 52 体が現存する。

〈国 京都 上品中生図 374.5 × 106.0cm(部分)〉

◀ ⑫平等院鳳凰堂扉絵　鳳凰堂内の扉と壁は，生前の行いによって極楽往生の仕方には 9 通りあるとする，九品往生観（➔p.103）にもとづいた 9 場面の来迎図によって美しくかざられている。日本風の風景が描かれ，最古の**大和絵**とされている。

▼ ⑬平等院鳳凰堂　関白**藤原頼通**が宇治の別荘を平等院としたのは，**末法**元年とされた 1052 年である。翌 53 年に完成した鳳凰堂は，中央に位置する中堂から左右に広がる翼廊が，鳳凰が翼を広げた形に似ていること（➔図⑨）や，中堂の屋根の両端に鳳凰をかざっている*ことからその名がついた。2014 年 9 月にすべての修理が完了し，創建当時のいろどりが復元された。〈国 京都 幅約 47 m 奥行き約 35 m〉

▶ ⑭デジタル技術で再現された鳳凰堂内部　1053 年に完成した当時の鳳凰堂内のようすを，柱やはりの復元模写画をもとに複製し，絢爛豪華な空間を再現している。

＊鳳という雄と凰という雌のつがいを鳳凰というが，平等院の鳳凰は区別されていない。

歴史散歩　平等院ミュージアム鳳翔館(京都府宇治市)　浄土教美術に関する多くの国宝が展示されており，鳳凰堂の屋根上にすえられていた鳳凰も見学できる。

国風文化③（生活）—忽忘に備へんがために，また聊か件の暦に注し付すべし（『九条殿遺誡』）

ヒストリースコープ

藤原道長の祖父である師輔は「政務や重要なことなどは，物忘れに備えるため，わずかなことでも具注暦*に記すように」と子孫に説き，道長はその教えの通りに日記を記した。日記は子孫に伝えられ，そこから儀式書などがつくられた。＊季節や日の吉凶が書かれた暦。余白に日記を書きこむ習慣があった。

考察

❶男性貴族が日記をつけた目的を説明しよう。
❷年中行事の運用において重視されたことを説明しよう。→1
❸陰陽道によって，貴族はどのような行動をとったのだろうか。→2

〈国 京都 陽明文庫蔵(部分)〉

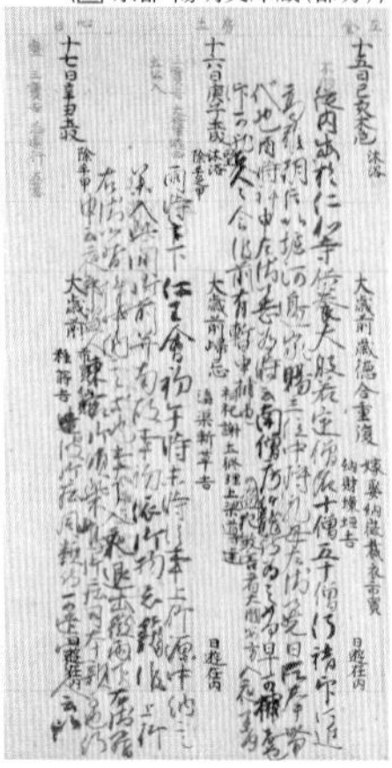

①『御堂関白記』　藤原道長自筆の日記で，道長33歳から56歳（998～1021年）までの記述がある。2013年，ユネスコ「世界の記憶」に登録。

〈岩手 毛越寺蔵〉

曲水宴
小袿 女房装束の略装
狩衣
貴族の平服

②曲水宴　3月3日に庭園の小川で，詩歌をつくりながら，酒を飲む年中行事。『御堂関白記』にも宴のようすが記されている。

『御堂関白記』【要約】
三月三日、庚子、土御門第での曲水宴　土御門第で曲水宴を催した。東渡殿から流れている川の東西に腰掛けと硯台を立てた。東対の南唐廂に公卿と殿上人の座，南廊に文人の座を設けた。…酒杯がしきりに流れてきた。これは唐の儀式にならったものである。皆は詩をつくった。

1 年中行事の発達と先例の重視

政務	1月朝賀・叙位・県召除目　8月定考
神事	1月四方拝　2月祈年の祭　4月賀茂祭　11月新嘗の祭
仏事	1月御斎会　4月灌仏会　7月盂蘭盆会　12月御仏名
学問	2・8月釈奠
武芸	1月射礼・賭弓　5月競馬　7月相撲節　8月駒牽
饗宴	1月元日節会・踏歌節会　3月曲水宴・闘鶏　7月七夕　9月観月宴
除災・祓	1月白馬節会・七種粥　5月端午節会　9月重陽節会　12月追儺　6・12月大祓

③年中行事　宇多天皇のころから宮廷行事の整備が進んだ。**年中行事**などの公事については，先例を重視する傾向が強まり，日記をもとに儀式書の編纂も行われた。また，男性は**元服**，女性は**裳着**という，現在の成人式にあたる行事も行われた。

④闘鶏のようす〈年中行事絵巻 個人蔵(部分)〉

2 行事に追われながらも装飾的で雅やかな貴族の生活

〈上畳本三十六歌仙絵 紀貫之像〉

冠
袍
裾

⑤束帯　衣冠と共に男子貴族の正装。朝廷の儀式や参内の際に着用した。裾を長く引くのが特徴。

〈佐竹本三十六歌仙絵巻断簡 小大君像〉

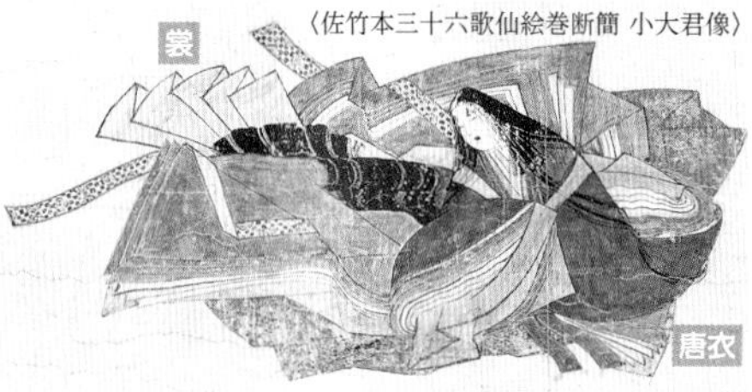
裳
唐衣

⑥女房装束(十二単)　女官の正装。下着の上に袿を重ね着して，裳と唐衣をつけた。

〈東京 徳川美術館蔵〉

冠
直衣

⑦直衣　天皇や貴族の日常着。長い尾のような裾はない。

〈東京 出光美術館蔵〉

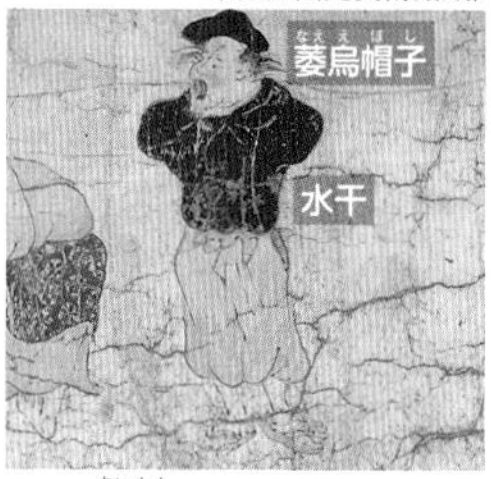
萎烏帽子
水干

⑧水干　武士や庶民が着用。丸襟で，袖口が広い。

北対
渡殿
寝殿(正殿)
東対
西透廊
東透廊
反橋
遣水
釣殿

⑨寝殿造　平安時代の貴族住宅の様式。寝殿(正殿)を中心に東西に対屋を設け，それらを渡殿でつなぐ。対屋からは東西の透廊がのび，西透廊の先には釣殿を配した。南面する庭には，反橋のかかった池がある。
〈千葉 国立歴史民俗博物館蔵 東三条殿復元模型〉

〈京都 向日市文化資料館 展示模型〉

⑪平安時代の貴族の食事　食事は1日2回。
❶白米 ❷焼いた鯛 ❸酢 ❹塩 ❺醤 ❻鮑のうに和え ❼里芋の煮物 ❽心太(寒天) ❾麦縄(冷麦) ❿蘇(乳製品) ⓫清酒 ⓬鴨のなます ⓭唐菓子 ⓮果物

二階棚
御帳台
鏡台
几帳
畳
火桶
《松岡映丘筆 みぐしあげ》

⑩貴族の邸宅の内部　畳を全面に敷きつめる書院造とは異なり，床の大部分は板張りで，高貴な人のみ畳に座る。多くは円座を持参して座る。柱は白木造で，襖(障子)や几帳，屏風によって室内を仕切る。

時代を見る目　貴族の生活を左右した陰陽道

貴族は，陰陽道にもとづいて作成された暦によって行動が規制されていた。藤原道長の日記『御堂関白記』を見ると，半月間のうちに，身を清めて家にこもる**物忌**の日が4日あり，悪いとされる方位をさけて別の家に泊まる**方違**の日もあることがわかる。

物忌の日　方違の日

1005年1月

1日 内裏へ出仕	8日 自宅にこもる
2日 自宅に中宮彰子・皇太子を招待する	9日 内裏へ出仕
3日 内裏へ出仕	10日 内裏へ出仕
4日 馬を献上される	11日 自宅にこもる
5日 天皇のもとへ参上	12日 自宅にこもる
6日 叙位の会議のため出仕	13日 来客がある
7日 自宅にこもる	14日 内裏へ出仕後，宿泊(1泊)

⑫藤原道長の行動

今日とのつながり　曲水宴は今日でも毛越寺(岩手県)や上賀茂神社(京都府)などで行われている。

摂関政治と地方政治の転換 ―受領ハ倒ル所ニ土ヲ摑メ（『今昔物語集』）

ヒストリースコープ

『今昔物語集』には，信濃守藤原陳忠が帰京する途中で谷に落ち，きのこをつかんで谷から戻り，「受領は転んだとしても手ぶらでは戻るな」と言ったという話がある。国司が徴税を請け負うようになると，陳忠のように任国で貪欲に税を取り立てて私腹を肥やす強欲な国司が増加し，地方政治は乱れた。

考察

❶なぜ図①の人物は国司に任命されて喜んでいるのだろうか。

❷国司が徴税請負人化した理由を説明しよう。→1・3

❸国司は任国でどのようにふるまっていたのだろうか。→4

〈皇居三の丸尚蔵館蔵〉

絵師草紙（伝藤原信実筆 14世紀）【要約】

…ある日突然に，宣旨がもたらされたのである。…絵師は，伊予国に知行所を賜ったのである。この吉報に一家は大喜びし，親類縁者や弟子たちを集めて，飲めや歌えやの宴を開いた。

△①**国司任命を喜ぶようす**（絵師草紙）　中心に見える男は，貧しい生活を送る宮廷絵師であったが，突然宣旨を受けて伊予守に任命された。国司になれば多くの収入を得られるため，男は大いに喜んで家族に話し，宴を開いた。国司任命は周辺の人々にとっても大きな関心事であった。

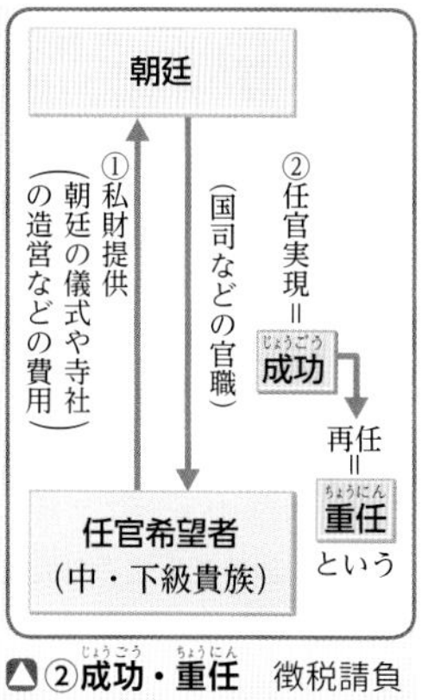
朝廷
②任官実現＝成功
再任＝重任という
①私財提供（朝廷の儀式や寺社の造営などの費用）
（国司などの官職）
任官希望者（中・下級貴族）

△②**成功・重任**　徴税請負人の性格を強めた国司は，多くの富を得られたため利権化し，希望する貴族によって**成功・重任**がさかんに行われた。

1 国司の徴税請負人化

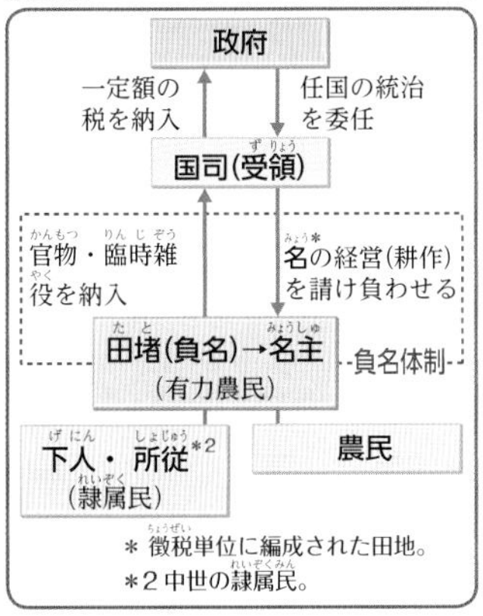
政府
一定額の税を納入
任国の統治を委任
国司(受領)
官物・臨時雑役を納入
名*の経営(耕作)を請け負わせる
田堵(負名)→名主（有力農民）
負名体制
下人・所従*2（隷属民）
農民
＊徴税単位に編成された田地。
＊2 中世の隷属民。

〈東京国立博物館蔵(部分)〉

国司を乗せた輿
武装した兵

△④**兵を伴い任国に向かう国司**（因幡堂薬師縁起絵巻）

◁③律令制的支配が崩壊して農民からの徴税が困難になると，政府は国家財源の確保を求めて，10世紀には国司に任国の統治を委任したので，国司は徴税請負人の性格を強めた。

2 遙任国司の出現

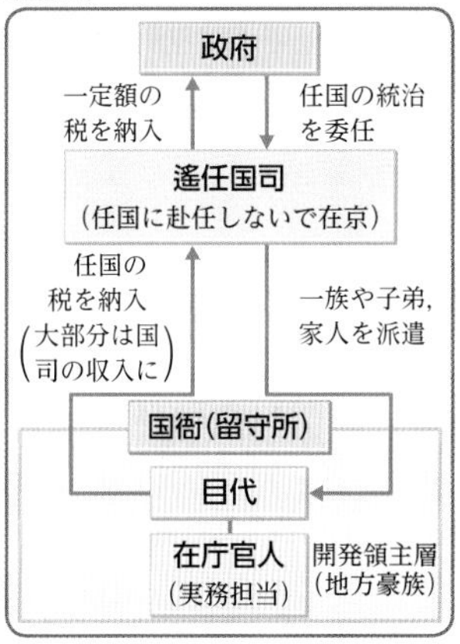
政府
一定額の税を納入
任国の統治を委任
遙任国司（任国に赴任しないで在京）
任国の税を納入（大部分は国司の収入に）
一族や子弟，家人を派遣
国衙(留守所)
目代
在庁官人（実務担当）
開発領主層（地方豪族）

◁⑤11世紀半ばには，公領における官物の税額が固定されたので，国司が恣意的に税額を変更できなくなり，国司に任じられても任国に赴任しないで在京する**遙任**国司が増えた。この場合，国司は国衙に一族や子弟を**目代**として派遣した。この目代と**開発領主**（地方豪族*）である**在庁官人**から構成される国衙を留守所という。＊有力農民や土着した下級貴族。

3 律令制の変容と荘園の展開

→p.95「荘園の登場から荘園公領制の確立」

時代	世紀	公領	荘園	税	行政
古代	8〜9世紀	班田制の破綻と初期荘園の成立		租・庸・調・雑徭	国―郡―郷(里)
		743年 墾田永年私財法			
		班田農民の**浮浪**・**逃亡**の増加，**偽籍**の横行 823年 **公営田**(大宰府) 879年 **官田**(畿内) の設定 } 財源の確保	墾田を中心とした**初期荘園**の成立 国司・郡司の協力で維持 律令制の動揺とともに衰退		
	10〜11世紀前半	延喜の国制改革　＊天皇と結びついて力をもった皇族や，三位(もしくは五位)以上の貴族。		官物・臨時雑役	国―郡―郷―名
		国司(受領)の徴税請負人化と任国支配の強化 **田堵**(**負名**)による請負耕作 国司職の利権化 → **成功**・**重任**の盛行 国衙支配機構 → 留守所(目代が赴任)，**遙任**国司の増加	院宮王臣家*と富豪百姓の結託による大土地所有 902年 **延喜の荘園整理令**史 受領はよい勤務評定を求めて摂関家に迎合 荘園整理は進まず		
		開発領主が墾田開発を活発化　国免荘・雑役免田の増加＝**免田型荘園** 受領と郡司(地方豪族)・百姓との対立激化 → 尾張国郡司百姓等解 開発領主は**在庁官人**あるいは寄進先の荘園の**荘官**として権利防衛			
中世	11世紀後半〜12世紀	後三条天皇の親政 1069年 **延久の荘園整理令**史 **記録荘園券契所**が，券契(証明書)のない荘園を強力に整理史 荘園領有の不安定化→院への寄進の集中と領域型荘園化への動きが加速			
		院政の開始(1086年)　＊2 院・摂関家による領域型荘園の設立行為。		年貢・公事・夫役	【荘園】荘 【公領】郡・郷・保
		院近臣による知行国主・受領の地位独占 **知行国制**の本格化と公領の私領化(院分国) →嫡子を受領に推薦，任地には**目代**派遣	御願寺造営を財源として立荘*2された**領域型荘園**が鳥羽院政期に激増　王家・摂関家とも家産として荘園群を集積 → 八条院領・長講堂領・殿下渡領		
		田堵は名(土地)への権利を強めて名主とよばれる 荘園公領制の確立			

4 国司の苛政への反抗

年	国	受領(国司)	訴えた側	結果
974	尾張	藤原連貞	百姓など	解任
988	尾張	藤原元命	郡司・百姓など	翌年解任
		「**尾張国郡司百姓等解**」を提出し元命の非法を訴える史		
999	淡路	讃岐扶範	百姓など	解任
1007	因幡	橘行平	官人・百姓など	解任
1008	尾張	藤原中清	郡司・百姓など	不明
1012	加賀	源政職	国司・百姓など	処分せず
1016	尾張	藤原経国	郡司・百姓など	解任？
1019	丹波	藤原頼任	氷上郡の百姓など	
		百姓たちが陽明門前に結集し愁訴状を提出するも，頼任がとらえようとして騒動に。受理後，頼任は一時勘当されたがすぐに任国に下向。その後，百姓が善状(政治をたたえる文書)を提出		
1036	近江	藤原実経？	百姓など	不明
1038	但馬		百姓など	不明
1040	和泉	(姓は不明)基相	百姓	不明
		行幸から帰る途中の後朱雀天皇に百姓が直訴		

歴史のまど　角川書店編集部『今昔物語集 ビギナーズ・クラシックス』　原文と現代語訳，さらに解説が掲載されており古典初心者でも読みやすい。芥川龍之介が題材にした説話も収録。

荘園の発達 ―天下の地，悉く一の家の領となり，公領は立錐の地も無き歟（『小右記』）

〈京都 神護寺蔵 96.1×115.8cm〉

ヒストリースコープ

平安時代の公卿 藤原実資は，日記である『小右記』の中で「国内は残らず特定の家の所領（荘園）となってしまい，公領はわずか（立錐）しかない」と嘆いている。この表現には誇張があり公領も広く存在したが，荘園の急増をよく表している。

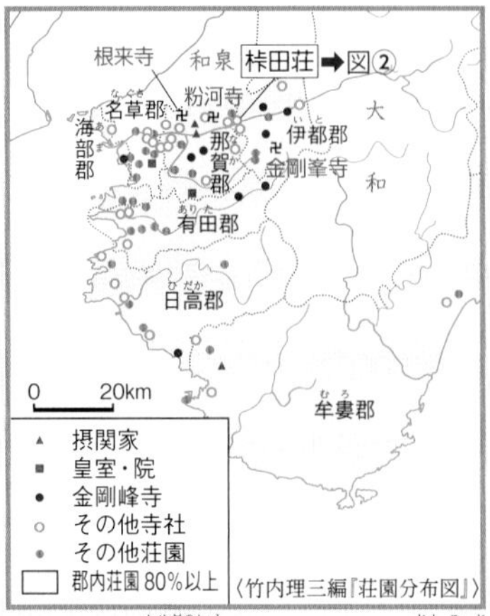

根来寺
和泉
桛田荘➡図②
名草郡
粉河寺
海部郡
那賀郡
伊都郡
金剛峯寺
大和
有田郡
日高郡
牟婁郡
0 20km
▲ 摂関家
■ 皇室・院
● 金剛峰寺
○ その他寺社
● その他荘園
□ 郡内荘園80%以上

〈竹内理三編『荘園分布図』〉

①紀伊国の荘園分布 1107年（白河院政）の官宣旨案では7郡中6郡で郡域の8～9割が荘園化されていたと在庁官人が訴えている。誇張はあるが，領域型荘園化への動きがみてとれる。

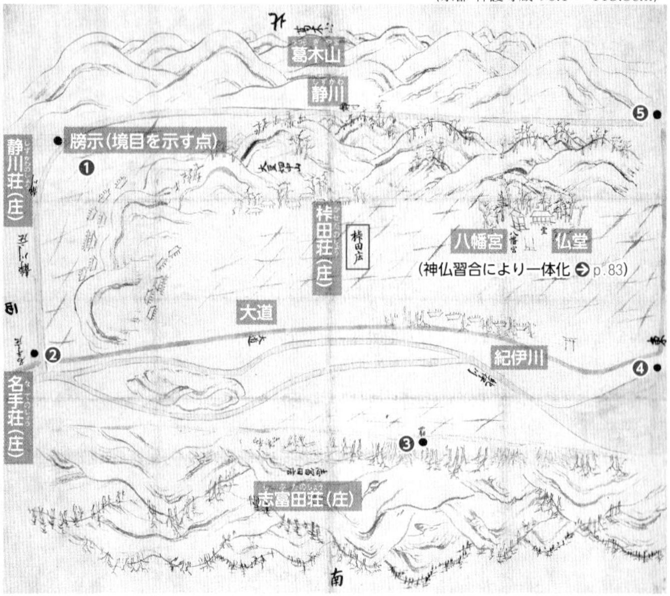

北
葛木山
静川
膀示（境目を示す点）
①
⑤
静川荘（庄）
桛田荘（庄）
八幡宮
仏堂
（神仏習合により一体化➡p.83）
大道
②
紀伊川
④
名手荘（庄）
③
志富田荘（庄）
南

②紀伊国桛田荘絵図 1184年に神護寺領となったときに作成された絵図とされ，領域を示す牓示（❶～❺）が描かれている。

よみとき 図②の絵図を読みといてみよう ➡巻頭9

考察

❶荘園絵図がつくられた目的は何だろうか。
❷延久の荘園整理令と以前の整理令との違いと結果について説明しよう。→1
❸領域型荘園とそれ以前の荘園の違いを整理しよう。→1・3

→p.95「荘園の登場から荘園公領制の確立」

1 荘園の類型と荘園整理令

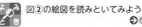

＊2 税の免除された田畑。＊3 寄人とは荘園領主の支配をうけた耕作民。公領の公民でもあり彼らの耕作する公領も荘園に取り込まれることがあった。

	古代		中世
	初期荘園	免田型荘園（初期の寄進地系荘園）	領域型荘園（本格的な寄進地系荘園）
時期	8～9世紀	10世紀～11世紀前半	11世紀後半～13世紀
契機	743年墾田永年私財法	902年延喜の荘園整理令	1069年延久の荘園整理令
土地支配	班田制の破綻	受領の徴税請負人化	荘園公領制の確立
収益権保持者	東大寺などの大寺社，院宮王臣家	権門勢家，開発領主	権門勢家，荘官，地頭
荘園の実態	輸租田である墾田の集積＊ ＊寺田・勅旨田などの不輸租田を手が かりに免税が実現することもあった。	官省符荘，国免荘，雑役免田などの多様な免田[＊2]の集積 国司の検田権は無視できず	山野河海を含む所領の境界が決定 不輸不入権の確定 中世的な領主権確立
経営の中心	8C官人・郡司/9C～富豪の輩	田堵（負名）	田地経営…名主／荘園経営…荘官
労働力	班田農民・浮浪人	作人・寄人[＊3]	公民とは区別された荘民（作人・下人）
朝廷から貴族層への給付	給付あり。ただし不安定化傾向	不安定化。免税特権を付与した荘園を代替として認めた	形骸化。支配層全体が家産として荘園からの収入に依存
備考	国司・郡司の協力不可欠。律令制の動揺とともに多くは衰退	免田は散在していたが，11世紀に入ると領域型化の動きが始まる	院による御願寺造営経費捻出が立荘の契機となるケースが多かった

A 代表的な荘園整理令

＊後三条天皇は枡の大きさを統一した（宣旨枡，➔p.98）。太閤検地まで使用された。

名称	内容と結果	対象
①延喜の荘園整理令史 902（延喜2）年	最初の荘園整理令。院宮王臣家と富豪百姓の結託による大土地所有を禁止して，公領の回復をめざす →勅旨田の停止。国務を妨げない荘園は対象外としたため不徹底	初期荘園
②寛徳の荘園整理令 1045（寛徳2）年	前任国司の任期中以降の新立荘園を停止 →寄進地系荘園の増加は止まらず	免田型荘園
③延久の荘園整理令史＊ 1069（延久1）年	寛徳2年以降の新立荘園を廃止，記録荘園券契所（史）を設置（職務を国司から太政官に） →中央政府による強力な荘園整理。摂関家所領にも及ぶ。荘園の再編を引き起こし，院への寄進集中と領域型荘園化への動きを加速させる	免田型荘園
④保元の荘園整理令 1156（保元1）年	寛徳2年以降の新立荘園を廃止。荘園の公認は王権固有の権限に。寺社荘園の実態把握 →王権の強化。寺社荘園の統制	領域型荘園

2 荘園の分布

＊鎌倉時代末期に開発領主中原氏のもつ収益権を手に入れた東寺が訴訟のために偽装した文書で，寄進の実態ではないという研究が進んでいる。

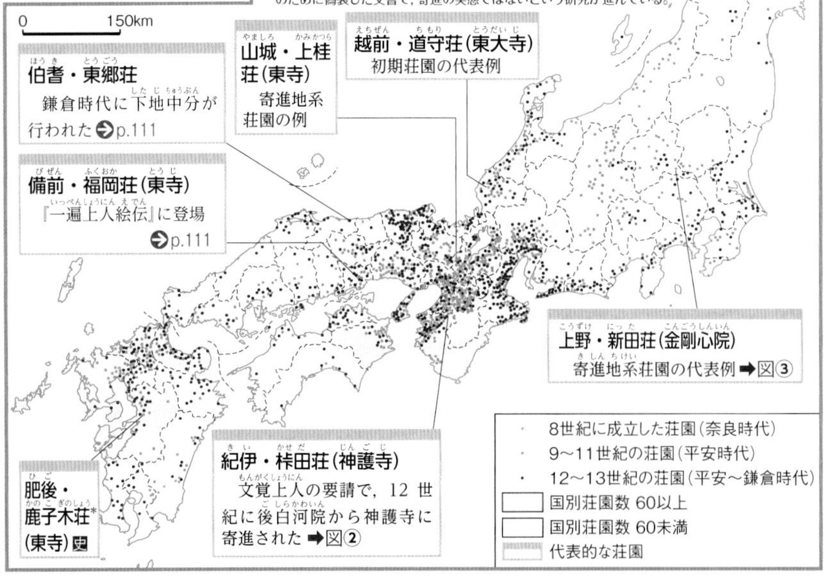

0 150km
伯耆・東郷荘
鎌倉時代に下地中分が行われた➡p.111
山城・上桂荘（東寺）
寄進地系荘園の例
越前・道守荘（東大寺）
初期荘園の代表例
備前・福岡荘（東寺）
『一遍上人絵伝』に登場 ➡p.111
上野・新田荘（金剛心院）
寄進地系荘園の代表例➡図③
肥後・鹿子木荘＊（東寺）史
紀伊・桛田荘（神護寺）
文覚上人の要請で，12世紀に後白河院から神護寺に寄進された➡図②
8世紀に成立した荘園（奈良時代）
9～11世紀の荘園（平安時代）
12～13世紀の荘園（平安～鎌倉時代）
国別荘園数60以上
国別荘園数60未満
代表的な荘園

3 領域型荘園の成立とその構造

領域型荘園（本格的な寄進地系荘園）

- 本家＊ 皇族・大寺社・摂関家
- ↑寄進 得分納入 ↓保護
- 領家＊ 貴族・寺社
- ↑寄進 年貢の一部納入 ↓保護
- 荘官（下司・公文など） 開発領主
- ↑年貢納入 ↓管理
- 荘民

上野国新田荘の例（1154～57の間に成立）

- 金剛心院（1154完成） 鳥羽院の御願寺（皇室の私寺）
- ↑寄進 「新田荘」立荘（新田郡の全域を領域とする領域型荘園）
- 藤原忠雅（鳥羽院の近臣） 正三位・中納言・左衛門督（当時の地位）
- ↑寄進 1157 義重を下司に任命
- 源（新田）義重＊2（開発領主）➡p.96，123 源義家の子 義国の子，新田氏の初代
- 開発 1108 浅間山噴火の降灰で荒廃した土地を，義国らが一部を再開発し「私領」として確保

＊本家・領家とも在京領主。荘官が現地を支配する。荘官を直接指揮して行政・司法を行う在京領主を本所とよぶ。＊2 義重は藤原忠雅と姻戚関係にあった。

③領域型荘園の構造と上野国新田荘の成立 御願寺 金剛心院の造営・維持の財源として鳥羽院の近臣が開発領主源義重に私領を寄進させ，鳥羽院はその寄進地をはるかに越える山野河海を含んだ一郡規模の領域をもつ荘園として新田荘の立荘（荘園の設立）を認めた。寄進主 義重は見返りとして広大な荘園の荘官の権利を得た

歴史のまど 野口実『武家の棟梁の条件』 新たな武士像を東国社会の形成と荘園公領制のつながりのなかで考えさせてくれる。

荘園の登場から荘園公領制の確立

→p.326「土地制度の移り変わり」

時代	政治の特徴	土地制度
8世紀(律令体制の維持)	奈良時代	
8世紀末〜9世紀(律令体制の動揺)	前期摂関政治	
10世紀〜11世紀前半(国司徴税請負制と負名体制)	延喜・天暦の治／後期摂関政治	
11世紀半ば〜12世紀前半(荘園公領制の成立)	後三条親政／院政	

土地制度

公地公民制 ➔p.63

戸籍(6年に1度)
計帳(毎年)による管理 ➔p.64

班田収授法

(6歳以上の男女に口分田班給) ➔p.63
租…土地にかかる税
調・庸・雑徭・兵役…人頭税(成人男性中心)
↓ 重い税負担

民衆の抵抗
浮浪・逃亡増加

口分田の不足解消と財源の確保

- 長屋王政権 ─722 百万町歩の開墾計画 ➔p.71
- ─723 三世一身法 ➔p.71 ……政府の土地支配の強化，徴税対象の拡大をめざす
- 橘諸兄政権 ─743 墾田永年私財法 ➔p.71 …身分による開墾制限あり
  - 貴族・大寺院は開墾進める → **初期荘園**

民衆の抵抗増加
浮浪・逃亡・偽籍
➔p.326図①

→ 取り込む

戸籍・計帳による公民管理の破綻
↓
財政確保困難に ← 財政補填

直営田方式導入

勅旨田	天皇の勅で設定される田。不輸租田(租がかからない)。
公営田(823年)	大宰府管内に設置された国家の直営田。歳入の減少を補う。
官田(879年)	公営田にならって畿内に設置。収益は中央官庁の財政補塡に。

人的つながり

「富豪の輩」出現
・有力農民
・郡司等と婚姻関係を結び，富豪化

院宮王臣家(皇族や有力貴族)

託して土地を集積し，荘園経営

時代を見る目 人身支配から土地を単位とした支配へ

律令制は戸籍にもとづく個別の人身支配が原則であった。しかし，重税にあえぐ班田農民は浮浪や逃亡をはかったため，口分田は荒廃した。そのため，奈良時代の後半には，戸籍・計帳の作成が困難となり，事実上，農業経営に長じた有力農民をたよるようになっていた。こうした有力農民は「富豪の輩」とよばれた。10世紀初めの国政改革によって，国司に徴税を請け負わせ，国司は「富豪の輩」の系譜をひく田堵に耕作を請け負わせて徴税をはかるという，支配原則の大転換が行われた。

初期荘園 8〜9世紀

- 開発主体…有力貴族
  大寺院(おもに東大寺)
- 労働力…周辺の班田農民・浮浪人
- 収入…租は国衙へ，残りは開発主体へ

◎律令のしくみ(墾田永年私財法)を使って成立し，国衙の協力を得て開発成立。合法的私有地。
◎輸租田(租を納める義務のある田) ➔p.71

↓
律令制が動揺するとともに衰退

902 **延喜の荘園整理令**(大土地所有を禁じ，公領の回復をめざす)史
史料上，最後の班田実施→不徹底
914 三善清行「意見封事十二箇条」提出史

郡司・百姓(田堵)らの農業経営

人に課税する律令体制の崩壊

徴税率を上げるための転換 ➔p.93

国司の徴税請負制 = 受領 の登場
→ 国司の権限強化
→ 郡司の役割低下
→ 国司職の利権化(成功・重任・遙任)

土地への課税に転換 = 負名体制
→ 口分田を名に編成し経営を請け負わせる
→ 税は 官物・臨時雑役 に簡素化
→ 田堵が名を請け負う(負名)

受領が国衙に拠って支配

大名田堵の出現
多くの下人をかかえて大規模な経営
例）藤原明衡著『新猿楽記』の登場人物，田中豊益

●『新猿楽記』〈抜粋〉
…田中豊益，偏に耕農を業と為し，…大名の田堵なり。兼ねて水旱の年を想ひて鋤・鍬を調へ，暗に腴え迫せたる地を度りて馬把・犁を繕ふ。…

9世紀 群盗の出没
935〜941 承平・天慶の乱 ➔p.96
988 尾張国郡司百姓等解史 ➔p.93

武士の地方下向と土着
→開発領主化

寄進地系荘園の展開 10〜11世紀前半

免田型荘園(初期の寄進地系荘園)

墾田も輸租田であったが，政府や国司に申請して認可されれば不輸租田となった。太政官や民部省から出された符によって不輸の特権が認められた荘園を官省符荘という。同様に，国司の免判により認められた荘園を国免荘というが，これは国司の任期中に限られた。10世紀から11世紀前半の荘園は，官物と臨時雑役の両方，あるいは臨時雑役だけが免除された田畑が散在する免田型荘園である。➔p.93

↓ 11世紀後半〜13世紀

領域型荘園(本格的な寄進地系荘園)

11世紀後半には東西南北の四至(境界)が確定する領域型荘園が確立する。この時期には，領域を示すための絵図が多くつくられており，神護寺領紀伊国桛田荘絵図は，その典型である。➔p.94

中央政府による荘園整理 ➔p.94 ← 寄進地系荘園の増加，国衙領(公領)を圧迫

1069 **延久の荘園整理令**(荘園・公領の区別)史 ➡時代を見る目
政府に記録荘園券契所を設置し，荘園と公領の区別を明確化史
→ 摂関家への打撃・国司の権限縮小

荘園公領制 院と国司の関係強化による公領の維持と，院と院近臣のつながりによる荘園の増加を背景に成立

国衙の役人に

公領＝国衙領　ポイント　荘園・公領の内部構造や利益の行き先は同じ

- 中央政府(権門勢家)＝皇族・上級貴族・大寺社
- 納税↑ ↓任命
- 国司(権門勢家とつながりあり→成功・重任)
- 目代(遙任国司の場合，国司の政務代行)
- 在庁官人(在地の有力者)
- 郡司・郷司・保司(開発領主が就任)

↓
知行国の制度 ➔p.98
権門勢家(院・平家など)が知行国主となり，近臣等を名目上の国司に →

武力による自衛・寄進

私領＝領域型荘園(本格的な寄進地系荘園)

- 中央政府(院＝治天の君*)
- 立荘申請↑ ↓立荘認可
- 本家(権門勢家)*2
- 寄進↑ ↓保護
- 領家(貴族・寺社)
- 寄進↑ ↓保護
- 荘官(下司・公文など)(開発領主が就任)

＊院政を行う上皇。＊2 実質的には院を含む。

不輸の権	官物や臨時雑役免除
不入の権	検田使など，国衙の使者の立ち入りを認めない

↑ 年貢・公事・夫役
名主－作人(農民)－下人・所従

↓ 鳥羽院政期に急増
権門勢家の荘園群
← 例）院領荘園(八条院領・長講堂領)

利益は権門勢家のもとへ集中

時代を見る目 荘園の変化と領域型荘園

摂関期になると，荘園領主は免田の周囲の未開発地や荒れ地の公領を囲い込んで荘園領域の拡大を企て，拡大した土地の税の免除も主張した。これに対し後三条天皇は延久の荘園整理令で荘園・公領の区別の明確化を図り，成果をあげた。一方，院政期には院やその近臣が荘園認可権を荘園収入の獲得に活用するようになり，開発領主に寄進を働きかけて積極的に立荘*を行った。その際，寄進を受けた土地の周辺もあわせて立荘されたため，地域全体を荘園の範囲とする領域型荘園が成立した。

＊立荘＝公式に荘園として設立すること。

武士団の形成と成長 ―朝廷…追討将軍を択ぶ。…独り源朝臣頼義に在り（『陸奥話記』）

ヒストリースコープ　9世紀ごろから地方の治安が乱れると，武芸にひいでた中・下級貴族のなかには，朝廷から押領使や追捕使（➔p.81）に任じられて地方に下り，そのまま開発領主となって土着し所領を広げる者もいた。やがて彼らは武力を見込まれて朝廷・貴族の家人となり，都へ進出して官位を受けるようになった。『陸奥話記』にある前九年合戦の鎮圧を請け負った源頼義・義家の親子は，この反乱をきっかけにして，東国武士を家人とした大規模武士団を形成していった。

①荘園領主の館前　地方の治安が乱れると，荘園領主たちは盗賊などから年貢を守るために**武士**の力をたよるようになった。

考察

❶図②から，武士は朝廷もしくは天皇・貴族に対してどのような立場にあったのか説明しよう。

❷源平はどのように力をつけていったのだろうか。→1

❸東北での戦乱と源氏の東国進出の関係について説明しよう。→3

やぐら
板塀
堀

〈国 和歌山 粉河寺蔵 粉河寺縁起絵巻 30.8×1984.2cm（部分）〉

②二条天皇の行幸（平治物語絵巻）　**平治の乱**（➔p.99）において幽閉された二条天皇は脱出後，武士に護衛されながら**平清盛**の六波羅邸に向かった。〈国 東京国立博物館蔵 42.2×952.9cm（部分）〉

1 武士団の反乱と源平の成長

A 武士団の形成と反乱（➔p.8 巻頭地図）

②藤原純友の乱（939～41）国司から海賊に
伊予国の純友（➔p.87）は国司の任期終了後も現地にとどまり勢力を築いた。やがて中央と対立し，日振島を拠点に反乱。大宰府も襲撃したが，追捕使小野好古・源経基（清和源氏の祖）らに鎮圧された。

多田源氏
摂津国多田荘が本拠地。多田源氏を称した源満仲は安和の変（➔p.86）で勢力をのばした。

伊勢平氏
伊勢守平維衡を祖とし，のちに平正盛，清盛（➔p.99）が出た。

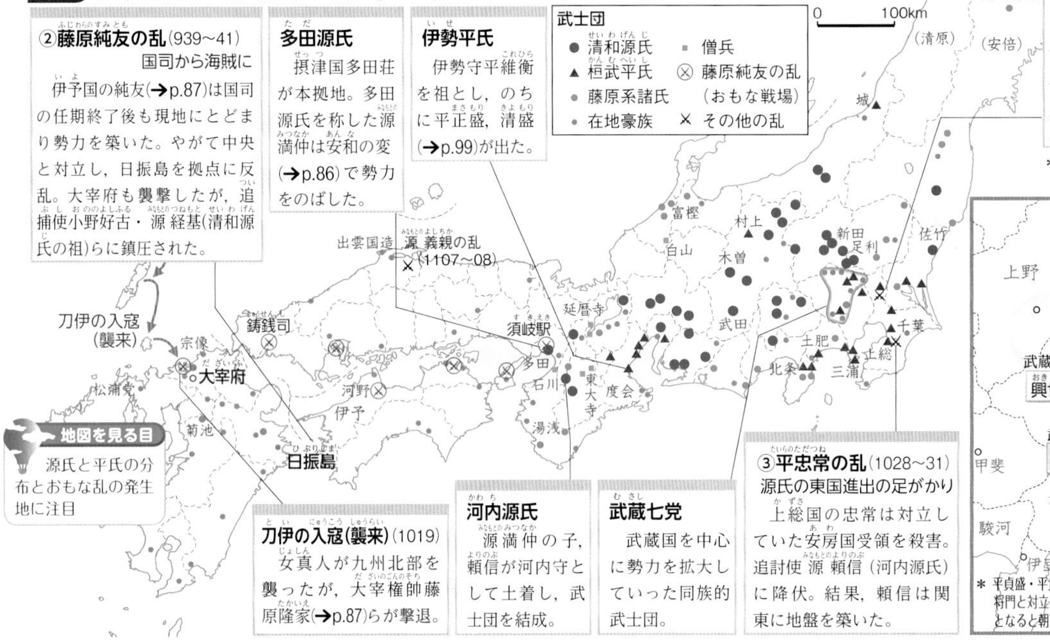

武士団
● 清和源氏
▲ 桓武平氏
● 藤原系諸氏
● 在地豪族
■ 僧兵
⊗ 藤原純友の乱（おもな戦場）
× その他の乱
0　100km
奥州藤原
（清原）
（安倍）
城
富樫
村上
新田
足利
佐竹
白山
木曽
延暦寺
武田
千葉
土肥
上総
北条
三浦
須岐駅
多田
石川
東大寺
度会
湯浅
出雲国造
源義親の乱（1107～08）
鋳銭司
宗像
大宰府
松浦党
河野
伊予
菊池
日振島
刀伊の入寇（襲来）

地図を見る目　源氏と平氏の分布とおもな乱の発生地に注目

刀伊の入寇（襲来）（1019）
女真人が九州北部を襲ったが，大宰権帥藤原隆家（➔p.87）らが撃退。

河内源氏
源満仲の子，頼信が河内守として土着し，武士団を結成。

武蔵七党
武蔵国を中心に勢力を拡大していった同族的武士団。

③平忠常の乱（1028～31）源氏の東国進出の足がかり
上総国の忠常は対立していた安房国受領を殺害。追討使源頼信（河内源氏）に降伏。結果，頼信は関東に地盤を築いた。

＊935年とする説もある

①平将門の乱（939＊～40）　新皇と称す
下総国の将門は，一族間の私領争い＊2のち，受領（➔p.93）と対立。現地豪族に助力して常陸・上野・下野国府を攻め謀叛人として追討された。一時は関東を制して新皇と称したが，平貞盛と押領使藤原秀郷らによって鎮圧された。

＊2 父の遺領をめぐる紛争から935年，伯父の国香を殺害。

③平将門の乱関係図

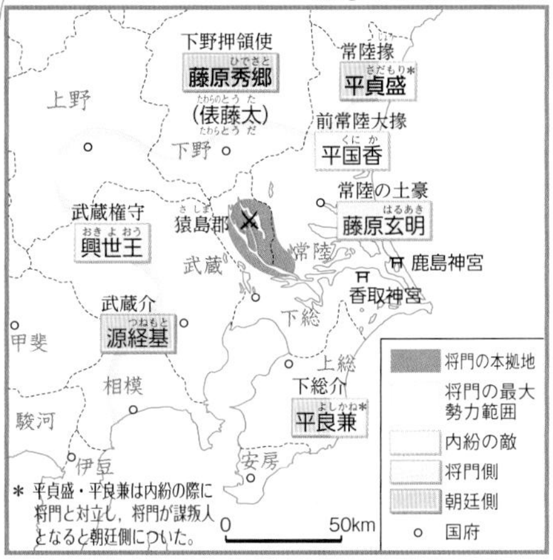

上野
下野押領使 藤原秀郷（俵藤太）
下野
常陸掾 平貞盛＊
前常陸大掾 平国香
常陸の土豪 藤原玄明
武蔵権守 興世王
猿島郡
常陸
鹿島神宮
香取神宮
武蔵
武蔵介 源経基
下総
甲斐
相模
上総
下総介 平良兼＊
駿河
伊豆
安房
将門の本拠地
将門の最大勢力範囲
内紛の敵
将門側
朝廷側
国府
0　50km
＊平貞盛・平良兼は内紛の際に将門と対立し，将門が謀叛人となると朝廷側についた。

B 源平の成長過程

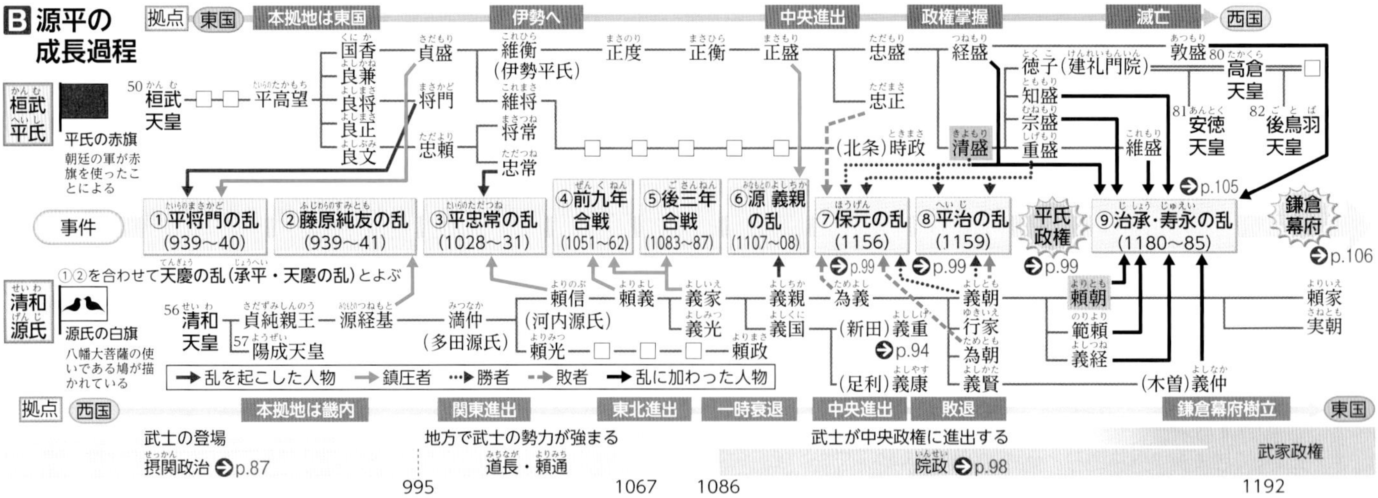

拠点　東国　本拠地は東国　伊勢へ　中央進出　政権掌握　滅亡　西国
桓武平氏
平氏の赤旗　朝廷の軍が赤旗を使ったことによる
50 桓武天皇―□―□―平高望
国香　良兼　良将　良正　良文
貞盛　将門　忠頼
維衡（伊勢平氏）　維将　将常　忠常
正度―正衡―正盛―忠盛―清盛　忠正
（北条）時政
経盛　敦盛
徳子（建礼門院）　80 高倉天皇
知盛　宗盛　重盛　維盛
81 安徳天皇　82 後鳥羽天皇
事件
①平将門の乱（939～40）
②藤原純友の乱（939～41）
③平忠常の乱（1028～31）
④前九年合戦（1051～62）
⑤後三年合戦（1083～87）
⑥源義親の乱（1107～08）
⑦保元の乱（1156）➔p.99
⑧平治の乱（1159）➔p.99
平氏政権 ➔p.99
⑨治承・寿永の乱（1180～85）➔p.105
鎌倉幕府 ➔p.106
①②を合わせて天慶の乱（承平・天慶の乱）とよぶ
清和源氏
源氏の白旗　八幡大菩薩の使いである鳩が描かれている
56 清和天皇―貞純親王―源経基―満仲（多田源氏）
57 陽成天皇
頼信（河内源氏）　頼光―□―□―□―頼政
頼義―義家―義親―為義
義光　義国
（新田）義重 ➔p.94　（足利）義康
義朝　行家　為朝　義賢
頼朝　範頼　義経
（木曽）義仲
頼家　実朝
→乱を起こした人物　→鎮圧者　…→勝者　-→敗者　→乱に加わった人物
拠点　西国　本拠地は畿内　関東進出　東北進出　一時衰退　中央進出　敗退　鎌倉幕府樹立　東国
武士の登場　摂関政治 ➔p.87
地方で武士の勢力が強まる　道長・頼通
武士が中央政権に進出する　院政 ➔p.98
武家政権
995　1067　1086　1192

今日とのつながり　「棟梁」という言葉は建築の用語が転じて武士団のトップを表し，現在でも建築業など職人の世界で使われている。

2 武士団形成の二つの流れ

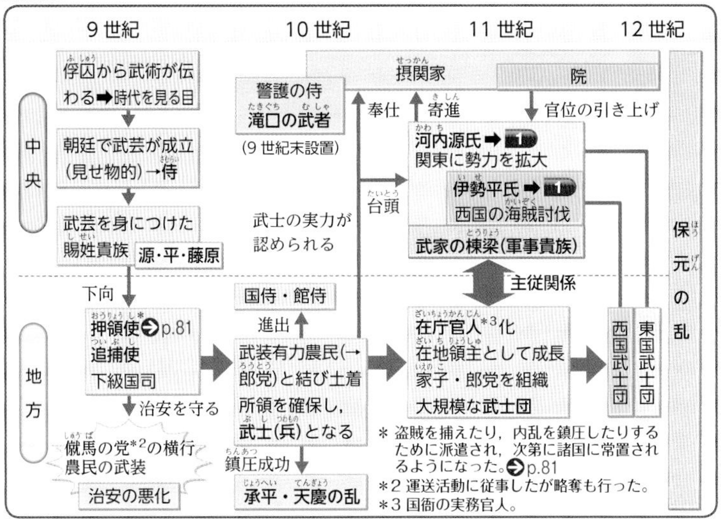
9世紀
10世紀
11世紀
12世紀
中央
地方
俘囚から武術が伝わる➡時代を見る目
朝廷で武芸が成立(見せ物的)→侍
武芸を身につけた賜姓貴族
源・平・藤原
下向
押領使➲p.81
追捕使
下級国司
治安を守る
僦馬の党*2の横行
農民の武装
治安の悪化
警護の侍
滝口の武者
(9世紀末設置)
武士の実力が認められる
国侍・館侍
進出
武装有力農民(→郎党)と結び土着
所領を確保し,武士(兵)となる
鎮圧成功
承平・天慶の乱
摂関家
院
奉仕
寄進
官位の引き上げ
台頭
河内源氏➡1
関東に勢力を拡大
伊勢平氏➡1
西国の海賊討伐
武家の棟梁(軍事貴族)
主従関係
在庁官人*3化
在地領主として成長
家子・郎党を組織
大規模な武士団
西国武士団
東国武士団
保元の乱
* 盗賊を捕えたり,内乱を鎮圧したりするために派遣され,次第に諸国に常置されるようになった。➲p.81
*2 運送活動に従事したが略奪も行った。
*3 国衙の実務官人。

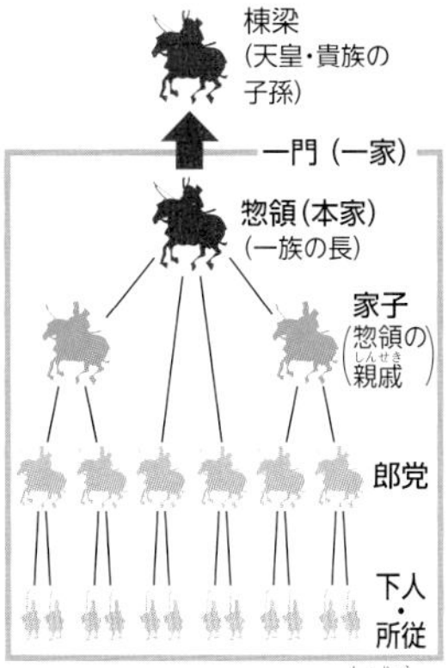
棟梁(天皇・貴族の子孫)
一門(一家)
惣領(本家)(一族の長)
家子(惣領の親戚)
郎党
下人・所従

▲④武士団のしくみ 所領の分割相続で成立した家子を惣領が統率し,郎党・下人・所従を従えて棟梁のもとに参陣した。

時代を見る目 「俘囚」から伝わった戦術

律令国家は8世紀末からの蝦夷征討戦争で帰服した蝦夷を「俘囚」とし,国衙の軍事力として全国に移住させた。彼らは騎馬戦を得意とし,馬上からの斬撃に適した反りのある蕨手刀を用いた。これが日本刀の源流である。蝦夷の武術は朝廷のなかで「武芸」として確立し,これを家職とする貴族が武門となり,平安時代中期以後,地方に下った。そして,治安維持にあたる軍事貴族として活動し,やがて武士団が形成された。

▼⑤蕨手刀
▼⑥毛抜形蕨手刀
▼⑦毛抜形太刀

3 前九年合戦・後三年合戦

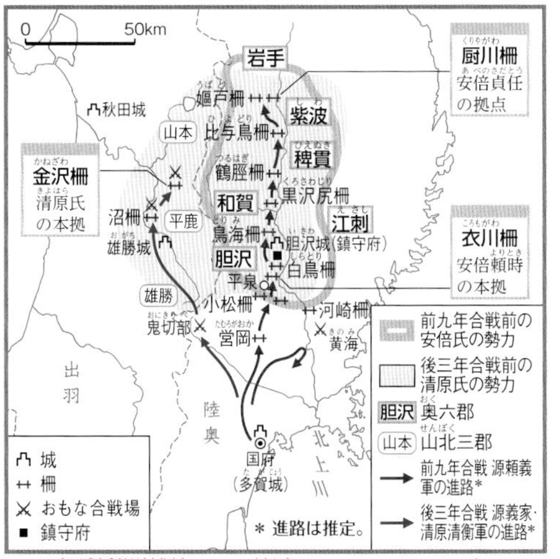
0
50km
岩手
厨川柵
安倍貞任の拠点
秋田城
嫗戸柵
山本
比与鳥柵
紫波
鶴脛柵
稗貫
黒沢尻柵
和賀
金沢柵
清原氏の本拠
沼柵
雄勝城
平鹿
鳥海柵
胆沢城(鎮守府)
江刺
衣川柵
安倍頼時の本拠
胆沢
白鳥柵
平泉
雄勝
小松柵
河崎柵
鬼切部
営岡
黄海
出羽
陸奥
北上川
国府(多賀城)
城
柵
おもな合戦場
鎮守府
前九年合戦前の安倍氏の勢力
後三年合戦前の清原氏の勢力
胆沢 奥六郡
山本 山北三郡
前九年合戦 源頼義軍の進路*
後三年合戦 源義家・清原清衡軍の進路*
* 進路は推定。

▲⑧陸奥守 源 頼義と息子義家は陸奥の豪族安倍氏と紛争を起こした(**前九年合戦**)。頼義は出羽の豪族清原氏の援護で勝利し,勢力をのばした。約20年後には,清原氏の内紛に陸奥守源義家が介入(**後三年合戦**)。義家は清原(藤原)清衡を助けて勝利し,東国の**武家**の**棟梁**の地位を確立した。

A 前九年合戦(1051～62年)

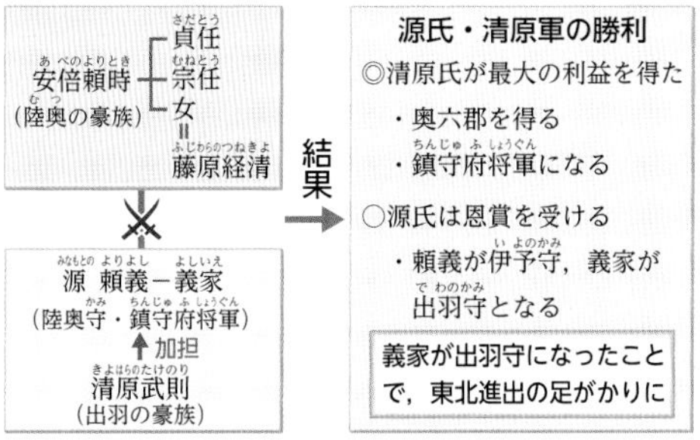
安倍頼時(陸奥の豪族)
貞任
宗任
女
藤原経清
源 頼義ー義家(陸奥守・鎮守府将軍)
加担
清原武則(出羽の豪族)
結果
源氏・清原軍の勝利
◎清原氏が最大の利益を得た
・奥六郡を得る
・鎮守府将軍になる
○源氏は恩賞を受ける
・頼義が伊予守,義家が出羽守となる
義家が出羽守になったことで,東北進出の足がかりに

B 後三年合戦(1083～87年)

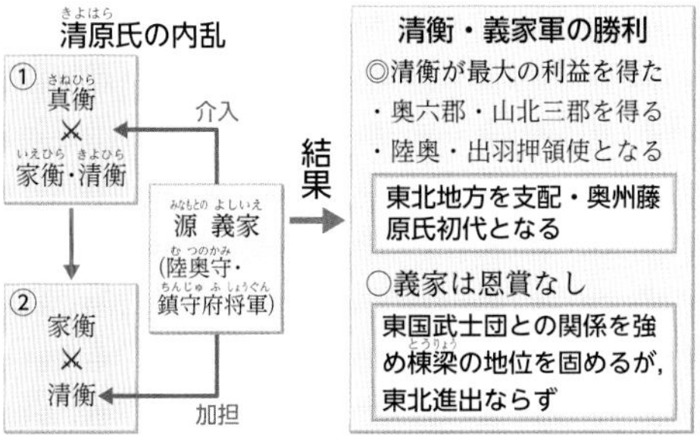
清原氏の内乱
① 真衡
家衡・清衡
介入
源 義家(陸奥守・鎮守府将軍)
② 家衡
清衡
加担
結果
清衡・義家軍の勝利
◎清衡が最大の利益を得た
・奥六郡・山北三郡を得る
・陸奥・出羽押領使となる
東北地方を支配・奥州藤原氏初代となる
○義家は恩賞なし
東国武士団との関係を強め棟梁の地位を固めるが,東北進出ならず

C 安倍氏から奥州藤原氏までの流れ

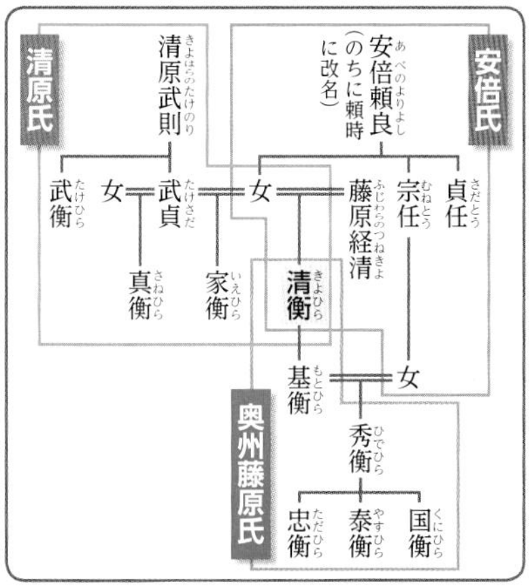
清原氏
清原武則
武衡
女
武貞
真衡
家衡
安倍氏
安倍頼良(のちに頼時に改名)
女
藤原経清
宗任
貞任
清衡
基衡
女
奥州藤原氏
秀衡
忠衡
泰衡
国衡

▲⑨安倍氏は奥六郡を支配し,金の産出地を押さえていたとされる。軍事貴族の藤原経清を娘婿に迎え,その間に清衡が生まれた。前九年合戦後,母とともに清原氏に迎えられた清衡は,後三年合戦で勝利者となり,藤原に復姓した。そして,白河院に近づき,奥州藤原氏(➔p.104)繁栄の基礎を築いた。

▲⑩**雁の乱れ**(飛驒守惟久筆 後三年合戦絵詞) 源 義家が,武衡・家衡のこもる金沢柵を攻めたとき,雁の列が乱れたことで伏兵の存在を知り,攻撃したとの伝説によるもの。騎馬で矢を射る「騎射の上手」が武士の誉れであったことがよくわかる。この絵巻では,義家が武士の棟梁として英雄化されている。

〈東京国立博物館蔵 上巻 45.7×1957.4cm(部分) 南北朝期成立〉

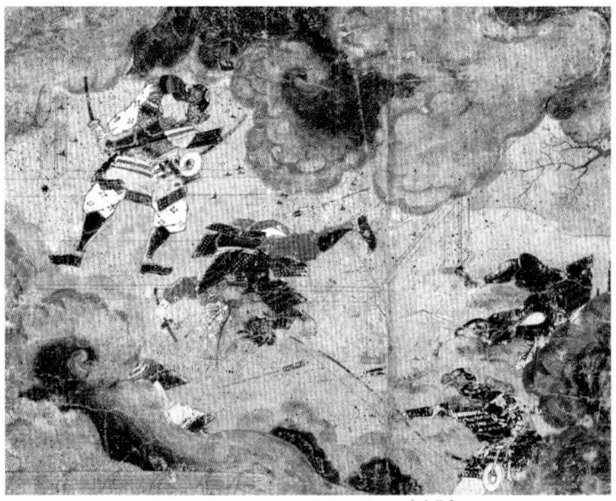

▲⑪**金沢柵の炎上**(後三年合戦絵詞) 清衡・義家の連合軍が,金沢柵を兵糧攻めののちに放火した場面。この絵巻にはきわめて残虐な戦闘行為が散見される。

〈同 下巻 45.7×1968.7cm(部分)〉

歴史散歩 後三年の役金沢資料館(秋田県横手市) 金沢柵跡近くにあり,後三年合戦絵詞(模写)や考古資料を展示し,当時の合戦のようすが感じられる。

院政―賀茂河の水，雙六の賽，山法師，これぞ朕が心に随はぬ者（『源平盛衰記』）

〈山法師強訴図 滋賀県立琵琶湖文化館提供〉〈春日権現験記 国 宮内庁三の丸尚蔵館蔵〉

ヒストリースコープ

白河上皇は，「賀茂川の氾濫と双六の賽子と延暦寺の僧兵だけは思いどおりにならない」と嘆いたとされる。この表現からは，そのほかは何でも思いどおりにできるという上皇の専制的な性格がみて取れ，実際に，除目*・叙位*2 をはじめとして，意のままに政治を行っていた。*官職の任命。*2 位階の授与。

考察

❶強訴に対して院はどのような政策をとったのだろうか。
❷院政の特徴を摂関政治と比較して説明しよう。→1・2
❸院の経済的基盤を説明しよう。→2

神輿

△①**強訴する延暦寺の僧兵** 日吉神社の神輿をかつぎ，権益承認を求めて院に対して強訴した*。

▷②**白河上皇を護衛する武官** 白河上皇は警護や南都・北嶺*2 の強訴鎮圧を目的に**北面の武士**をおいた。この絵はそれ以前に上皇が春日神社に行幸したようすを描いたもので，北面の武士の前身にあたる武官も描かれている。

よみとき 図②の絵画を読み解いてみよう➲巻頭3

*延暦寺の僧兵は山法師とよばれた。一方，興福寺の僧兵は奈良法師とよばれ，春日神社（藤原氏の氏神）の神木の榊をささげてしばしば強訴した。*2 南都とは興福寺，北嶺とは延暦寺のこと。

1 院政と平氏政権

院政	年	事 項　青字 平氏に関する事項
	1068	摂関家を外戚としない**後三条天皇**即位→親政を行う
	1069	**延久の荘園整理令**発布➲p.94（**記録荘園券契所**設置）
	1072	**宣旨枡**を制定
白河（1096～法皇）	1086	**白河天皇**，幼少の堀河天皇に譲位し，上皇（**院**）として院庁を開く（白河院政 開始）史
	1090	白河上皇，熊野に参詣→**熊野詣**の流行➲p.102
	1095	このころ，**北面の武士**設置→武士の中央政界進出の足場に
	1097	平正盛，六条院（白河上皇の娘の持仏堂）へ伊賀の荘園を寄進→その後北面の武士になり平氏が院に接近
	1098	源義家，院の昇殿を許される
鳥羽（1141～法皇）	1129	鳥羽上皇，院庁を開く（鳥羽院政 開始）
		平忠盛，瀬戸内海の海賊を追討
	1132	平忠盛，内裏への昇殿を許される
	1156	**保元の乱**➲p.99
後白河（1169～法皇）	1158	後白河上皇，院庁を開く（後白河院政 開始）
	1159	**平治の乱**➲p.99
	1164	平氏一族，経典を厳島神社に奉納（平家納経）➲p.100
	1167	平清盛，太政大臣就任→平氏の全盛
	1172	平徳子，高倉天皇の中宮となる➲p.99
	1177	**鹿ヶ谷の陰謀**（**院近臣***が平氏打倒を計画したが失敗）
	1179	平清盛，後白河法皇を幽閉。院政を停止
高倉	1180	以仁王・源頼政が挙兵したが敗死。6月に福原京に遷都，11月以降京都に戻る。源頼朝ら挙兵（↑源平の争乱）
後白河	1181	平清盛没 ➲p.105
	1185	壇の浦の戦いにて平氏滅亡（源平の争乱↓）

*藤原成親，僧 俊寛ら。

▷③**平安京跡出土の枡**

A 院政期の特徴

白河・鳥羽・後白河の三代

- ○摂関家を抑えた**後三条天皇**の親政を継承
- ○皇位を皇子に確実に継承する**譲位**と，上皇が幼帝を後見する**院政**を確立
- ○**院宣**によって上皇が専制的政治を展開
- ○**知行国**の制度が拡大し，院の財政を支える
- ○僧兵の**強訴**に対する警備に**北面の武士**を設置
- ○院の御所として**白河殿・鳥羽殿**を造営➲p.102
- ○仏教に帰依して**法皇**となり，**六勝寺**を建立。**熊野詣・高野詣**を繰り返す➲p.102

時代を見る目　「治天の君」の成立

院政は，白河天皇が，自身が望む皇子に皇位を継承させることを目的として始まった。結局，白河院政は40年以上続き，白河院は天皇家の家長として曾孫の崇徳天皇即位までを見届けた。その間，法勝寺の創建など国家的事業をてこに国政への関与を強め，独自の権力基盤をつくり上げた。こうして単なる上皇ではなく，のちに「治天の君」と称される，事実上の最高君主の地位が成立した。

B 院政期の皇室系図 ➲p.87

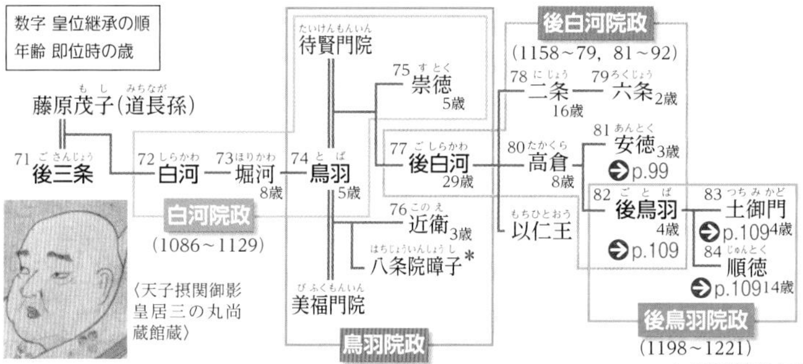
数字 皇位継承の順
年齢 即位時の歳
藤原茂子(道長孫)
71 後三条
72 白河
73 堀河 8歳
74 鳥羽 5歳
待賢門院
75 崇徳 5歳
77 後白河 29歳
76 近衛 3歳
八条院暲子*
美福門院
78 二条 16歳
79 六条 2歳
80 高倉 8歳
以仁王
81 安徳 3歳
➲p.99
82 後鳥羽 4歳
➲p.109
83 土御門
➲p.109 4歳
84 順徳
➲p.109 14歳
白河院政
(1086～1129)
鳥羽院政
(1129～56)
後白河院政
(1158～79，81～92)
後鳥羽院政
(1198～1221)
〈天子摂関御影 皇居三の丸尚蔵館蔵〉

△④**鳥羽法皇**（1103~56）

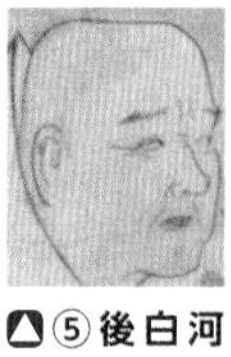

△⑤**後白河法皇**（1127~92）〈天子摂関御影 宮内庁三の丸尚蔵館蔵〉

*八条院領を与えられる。➲p.95

2 院政の機構

	摂関政治➲p.87	院政
天皇との関係	外戚（外祖父）	父，祖父
血縁の所在	母方	父方
背景となる婚姻形態	妻問婚 ➲p.71	嫁入り婚（妻が夫の家に入る）
政治への関与*	摂政・関白として天皇に直接諮問	院宣による太政官への政務の指示

*摂関政治・院政いずれも太政官制は存続。

△⑥**摂関政治と院政の比較** 院は家長として皇位継承の指名権をにぎり，摂関家の富と権力に対抗した。

A 院政の構造図

*国司の長官。

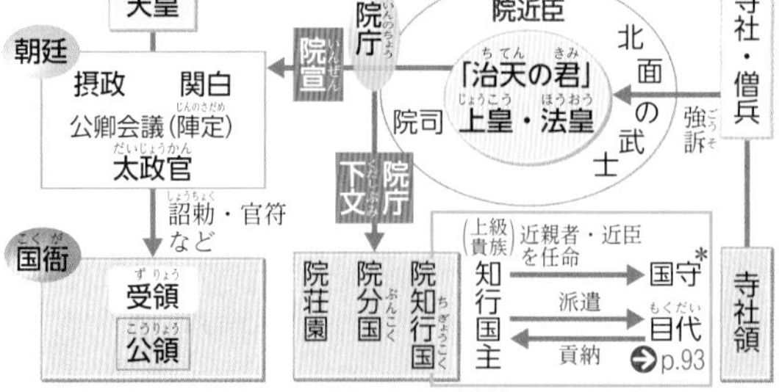
天皇
朝廷
摂政　関白
公卿会議(陣定)
太政官
詔勅・官符など
国衙
受領
公領
院宣
院庁
院近臣
「治天の君」
上皇・法皇
院司
北面の武士
強訴
寺社・僧兵
院庁下文
院荘園
院分国
院知行国
(上級貴族)
知行国主
近親者・近臣を任命
国守*
派遣
目代
貢納
➲p.93
寺社領

△⑦院は**院庁**を設け，**院庁下文**によって荘園支配を行い，**院宣**で太政官に政務を指示した。院は人事権を事実上にぎり，中・下級貴族の受領層や上皇の乳母一族を**院近臣**として掌握し，政務を分担させた。

B 経済的基盤

院のおもな支出

- 六勝寺の建立
- 白河殿・鳥羽殿の造営
- 熊野詣・高野詣

院のおもな収入

国衙領		荘園
受領層からの奉仕 ↕ 受領の成功・重任を有利に	院知行国（公領）からの収入 ↕ 子弟や近臣を国司に任命	院荘園からの収入 ↑ **荘園整理令**➲p.94 により摂関家・大寺社の荘園が減り，天皇家に寄進が集中

△⑧院近臣を受領に任命し，院の知行国が設定された。成功・重任を望む受領層は，争って院に奉仕し，また院のもとには膨大な荘園が集積された。

歴史のまど 岡野友彦『院政とは何だったか』 院政の構造を当時の家のあり方や荘園制とも絡めて，わかりやすく解説している。

平氏政権 —此一門にあらざらむ人は，みな人非人なるべし 史(『平家物語』)

〈東京国立博物館蔵 平治物語絵巻 三条殿夜討巻(模本，部分)〉

ヒストリースコープ

平氏は，貴人の警護を行いながら戦乱を通して成長し，平清盛は太政大臣にまでのぼりつめた。一族で高位高官を独占し，「平氏一門でなければ人でない」といわれるほどの栄華を誇った。

考察

❶図①の戦乱のあと，誰が政権を担ったのだろうか。
❷平氏が，貴族社会において強い権力をもつためにとった婚姻政策を説明しよう。→2・3
❸平氏政権の経済基盤の中心について説明しよう。→3

隠れる女
井戸で死ぬ女
首を切る男

◀①平治の乱 1159(平治1)年12月，平清盛が熊野詣に出かけたすきをねらって，藤原信頼・源義朝軍が後白河上皇の御所(三条殿)を急襲した場面で，女性の姿も見える。義朝が一時優位に立つが，清盛の巻き返しによって平氏が勝利し，権力をにぎるようになった。

1 保元の乱 1156(保元1)年

	勝		負
天皇家	後白河天皇(弟)	⟷	崇徳上皇(兄)
	支持 ↑ 美福門院* 藤原通憲(信西)		
藤原氏	関白 藤原忠通(兄)*2	⟷	左大臣 藤原頼長(弟)
源氏	源義朝(兄)		源為義・為朝 (父) (弟)
平氏	平清盛(甥)	夜襲 →	平忠正(叔父)

＊鳥羽法皇妃で天皇家領を継承した。
＊2 忠通は頼長に家長の地位と摂関家領を奪われていた。

天皇家の財産をにぎった美福門院と藤原信西は，院政から疎外された崇徳上皇と摂関家の復権をもくろむ頼長の排除を目的に彼らを追いつめ，武力蜂起にいたらしめた。結果，摂関家は軍事力を奪われて没落，信西が政権の中心に座った。

2 平治の乱 1159(平治1)年

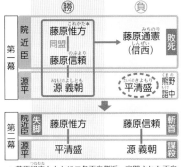

		勝	負	
第一幕	院近臣	藤原惟方* 同盟 藤原信頼	藤原通憲(信西)	敗死
	源平	源義朝	平清盛	熊野詣中
第二幕	院近臣	藤原惟方 (失脚)	藤原信頼	斬首
	源平	平清盛	源義朝	謀殺

＊藤原経宗とともに二条天皇側近。幽閉された天皇を清盛方に脱出させ，清盛勝利に貢献。

〈第一幕〉保元の乱後，信西の独裁に不満を抱いた藤原信頼と藤原惟方が同盟し，信西の排除に動き，源義朝を引き入れて兵をあげ，信西に勝利。〈第二幕〉しかし，信頼派と惟方派が対立し，平清盛は惟方らの内通を受けて，信頼・義朝側を倒した。義朝の子，頼朝は伊豆に流された。

△②保元・平治の乱の結果，武力なしでは政権を維持できないことが明らかになった。平治の乱後，武士はその武力を背景に既存の国家機構を利用しながら政権を獲得した。

A 平氏・皇室の系図

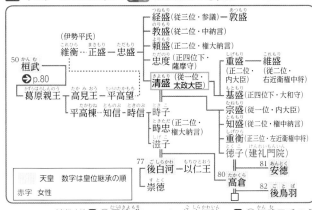

よみとき 平氏と藤原氏の共通点を系図から読み取ってみよう ➡p.87

50 桓武(➡p.80) — 葛原親王 — 高見王 — 平高望 …(伊勢平氏) 維衡 … 正盛 — 忠盛
忠盛の子：経盛(従三位・参議) — 敦盛／教盛(従二位・中納言)／頼盛(正二位・権大納言)／忠度(正四位下・薩摩守)／清盛(従一位・太政大臣)
清盛の子：重盛(正二位・内大臣) — 維盛(従二位・右近衛権中将)／基盛(正四位下・大和守)／宗盛(従一位・内大臣)／知盛(従二位・権中納言)／重衡(正三位・左近衛権中将)／徳子(建礼門院)
平高望 … 平高棟 … 知信 — 時信 — 時子／時忠(正二位・権大納言)／滋子
77 後白河 — 以仁王；後白河 — 80 高倉 — 81 安徳；高倉 — 82 後鳥羽
崇徳

(凡例) 天皇 数字は皇位継承の順　赤字 女性

〈京都 六波羅蜜寺蔵〉◀③平清盛(1118〜81) 後白河院と対立した平清盛は，院政を停止すると安徳天皇を即位させて**外戚**の地位を手に入れ，即座に高倉院政を実現し，その後見者として事実上の最高権力をにぎった。

△④桓武平氏のうち，地方に下向せず京に公家としてとどまった一族もあった。清盛の妻時子はその一族出身。

3 平氏政権の性格と経済基盤

武家的な性格	• **保元・平治の乱を制圧して政権を獲得** 武力を背景に天皇や院の勢力と対抗 各地の武士を家人とし，荘園や公領(国衙領)の**地頭**に任命して**武士団**を掌握
貴族的な性格	• **官職につき政権の基盤を確立** 清盛の太政大臣をはじめ，一門が高位・高官を独占 • **天皇の外戚となって朝廷を支配** 清盛の娘徳子を高倉天皇の中宮とし，その子安徳天皇を即位させた→清盛は外祖父の地位に • **多くの荘園や知行国を所有** そこからの収入が経済的基盤の中心となる 知行国約30か国，荘園500余か所
日宋貿易と経済	• **大輪田泊**の修築➡図⑥ 安全な停泊地として人工島(経ヶ島)を築造 • **瀬戸内海航路を整備**(瀬戸内海航路の安全をはかった) 安芸の**音戸の瀬戸**を開削したとの伝承が生まれた • **銅(宋)銭の大量輸入→貨幣として活用** 貨幣経済が発展 • **仏教経典の輸入** 鎌倉仏教に影響を与える➡p.118 そのほか陶磁器，薬品，書籍などの唐物を輸入 • 金，硫黄，木材を輸出

平氏の支配〔書下し文〕

日本秋津島は，纔に六十六箇国，平家知行の国卅余箇国，既に半国に超えたり。其外庄園・田畠いくらといふ数を知らず。(『平家物語』)

地図を見る目 平家が知行国とした国の多さに注目

▼⑤1179年以降の平氏の知行国

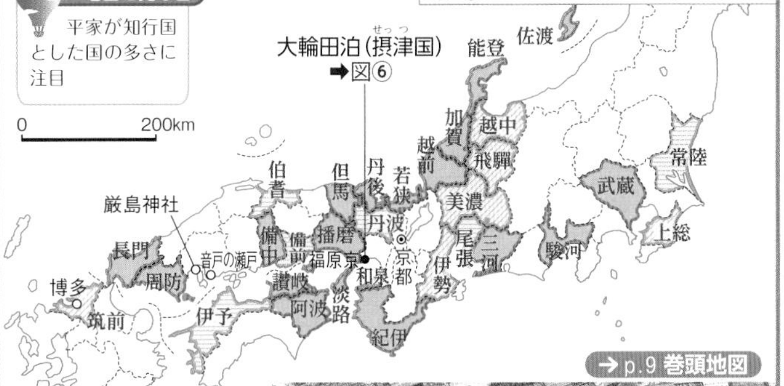

大輪田泊(摂津国)
➡図⑥
0 200km
能登
佐渡
加賀
越中
越前
飛騨
常陸
伯耆
但馬
丹後
若狭
武蔵
厳島神社
丹波
美濃
長門
備後
備中
播磨
京都
尾張
三河
駿河
上総
周防
音戸の瀬戸
福原京
和泉
伊勢
博多
讃岐
阿波
淡路
筑前
伊予
紀伊
薩摩

平氏一門 19か国	合計32か国	
平氏与党 6か国		
平氏家人 7か国		

➡p.9 巻頭地図

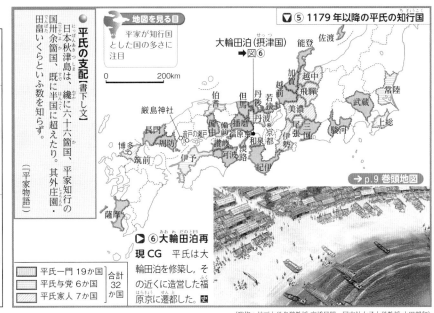

▶⑥大輪田泊再現CG 平氏は大輪田泊を修築し，その近くに造営した福原京に遷都した。史

歴史散歩 厳島神社(広島県廿日市市) 平家納経が所蔵され，清盛が摂津の四天王寺から移した舞楽も演じられている。

〈監修：神戸大学名誉教授 高橋昌明 同志社女子大学教授 山田邦和〉

院政期の文化①（絵画）—物語絵こそ，心ばへ見えて，見所あるものなれ（『源氏物語』）

ヒストリースコープ

　絵巻物は，絵画と詞書を織り混ぜて物語を表現するものであり，絵入りの仏教経典などから派生したとされる。『源氏物語』（➔ p.89）において，光源氏たちが絵巻物の優劣を競う場面があり，「物語（文学）を題材とした絵巻物がおもしろい」と評していることから，11世紀初めには絵巻物が存在していたと考えられる。院政期になると題材が広がり，絵巻物は，さまざまな人に鑑賞されるようになった。

考察

❶絵巻物は貴族にとって，どのようなものだったのだろうか。
❷絵画の題材の広がりについて説明しよう。→ 3
❸絵巻の鑑賞者はどのような人々だろうか。→ 4

〈国 愛知 徳川美術館蔵 21.5 × 39.2cm（部分）12 世紀前半〉

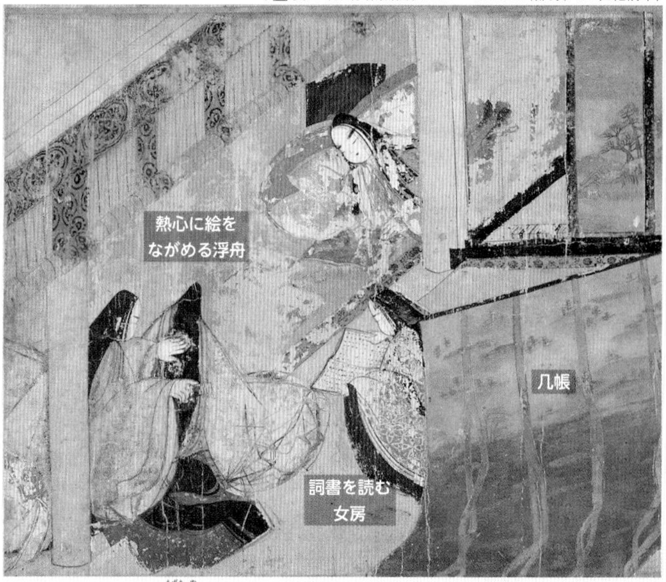

熱心に絵をながめる浮舟
几帳
詞書を読む女房

▲①源氏物語絵巻「東屋」（一）　源氏物語絵巻 は現存する最古の絵巻物。この場面には，浮舟が部屋で絵巻物を読んで過ごすようすが描かれている。

〈愛知 徳川美術館蔵 復元模写 馬場弥生制作（部分）〉

▲②「東屋」（一）（復元）　左の場面の当時の色を，科学調査によって再現。貴族階級では絵画収集が行われていたこともあり，色あざやかな絵巻物は，教養の高さと財力を示す調度品でもあった。

物語絵巻
主題：平安時代の物語文学（女流文学者の随筆や日記も含む）➔ p.89
特徴：王朝文学の内容を情緒豊かに表現
鑑賞者：貴族女性など

1 院政期の文化まとめ表

特徴	**貴族文化の空間的・身分的広がり** ①11世紀末～12世紀の文化（後白河院政期） ②京都から地方へ伝播，庶民・武士も担い手となり文化の融合が進む ③浄土教の広がりによる阿弥陀堂建立
絵画	・絵巻物　源氏物語絵巻国（伝藤原隆能） 鳥獣戯画国（伝鳥羽僧正覚猷） 信貴山縁起絵巻国 伴大納言絵巻国 年中行事絵巻 ・その他　厳島神社平家納経国 扇面古写経国
彫刻 ➔ p.103	蓮華王院千手観音立像 浄瑠璃寺本堂九体阿弥陀如来像国 臼杵磨崖仏国
建築 ➔ p.103 ~104	厳島神社 世 国 三仏寺奥院投入堂国 富貴寺大堂国 中尊寺金色堂 世 国 ➔ p.104 白水阿弥陀堂国
歌謡 ➔ p.102	『梁塵秘抄』（後白河上皇撰）今様（庶民や貴族の間で流行した歌謡）などを集成
歴史物語	『栄華物語』（伝赤染衛門）　藤原道長の栄華の賛美が中心 『大鏡』（作者未詳）　藤原氏の栄華を批判的に記述。『世継物語』ともいう 『今鏡』（藤原為経）　『大鏡』の続き
軍記物語	『将門記』（作者未詳）　平将門の乱を記した最初の合戦記 『陸奥話記』（作者未詳）　前九年合戦の経過を記した軍記物
説話文学	『今昔物語集』（源 隆国編？）➔ p.93 インド・中国・日本の伝説・説話を集録

2 作品間の影響 — 源氏物語絵巻 を模した平家納経

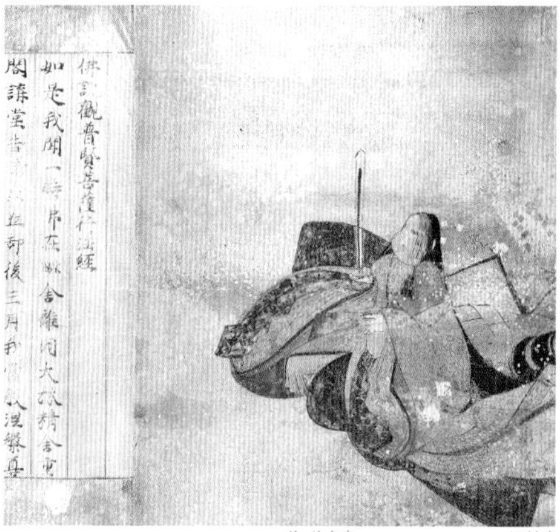

▲③平家納経　平家一門が法華経などを写経し，厳島神社に奉納した。経典の見返しに描かれた剣を持つ女房は，法華経の女神を人間の姿で描いたもので，その顔の表現には 源氏物語絵巻 の影響がみられる。男女の差別なく成仏できると説く法華経は女性の信仰を集めた。〈国 広島〉

時代を見る目　絵画の技法と絵巻の見方

　絵巻物は右から左へとストーリーが展開され，詞書と絵画が交互に登場する。詞書と絵画がセットで段落が構成され，段落ごとに見ていく形式のものが多い。短い時間の進行は同一画面のなかに同一人物を複数回描く**異時同図法**が使われる。目を墨線一筋，鼻をくの字で描く**引目鉤鼻**は日本独特の技法であり，とくに高貴な人物の容貌に用いられた。また室内のようすを見やすくするために屋根を取り払い，斜め上方から俯瞰的に描く**吹抜屋台**の技法も多用された。

引目鉤鼻

▲④顔の拡大

絵画
詞書
吹抜屋台

▲⑤源氏物語絵巻「竹河」（二）〈国 愛知 徳川美術館蔵（部分）〉

3 題材の広がり — 庶民の生活

〈大山寺縁起絵巻（模本）〉

牛耕➔p.114
田植え
田楽

▲⑥田楽　平安時代中期に，田植えの前の田遊びから発達したとされる庶民芸能。院政期には猿楽（➔ p.138）とともに各地で奉納・上演された。

〈国 大阪 四天王寺蔵 辺 25.6 × 上弦 49.4 × 下弦 19.0cm〉

▲⑦扇面古写経　四天王寺に奉納された，扇形の紙に装飾をほどこした経典。下絵には，庶民の生活が大和絵の手法で描かれている。この図には，井戸端につどう女性が見える。

歴史のまど　高畑勲『12世紀のアニメーション』　平安期の絵巻が今日の日本文化を代表するアニメの源流であるとする，ユニークな視点で記されている。

中世　平安

4 絵巻物の発展

〈国 東京 出光美術館蔵 上巻 31.5 × 839.5cm(部分) 12 世紀〉

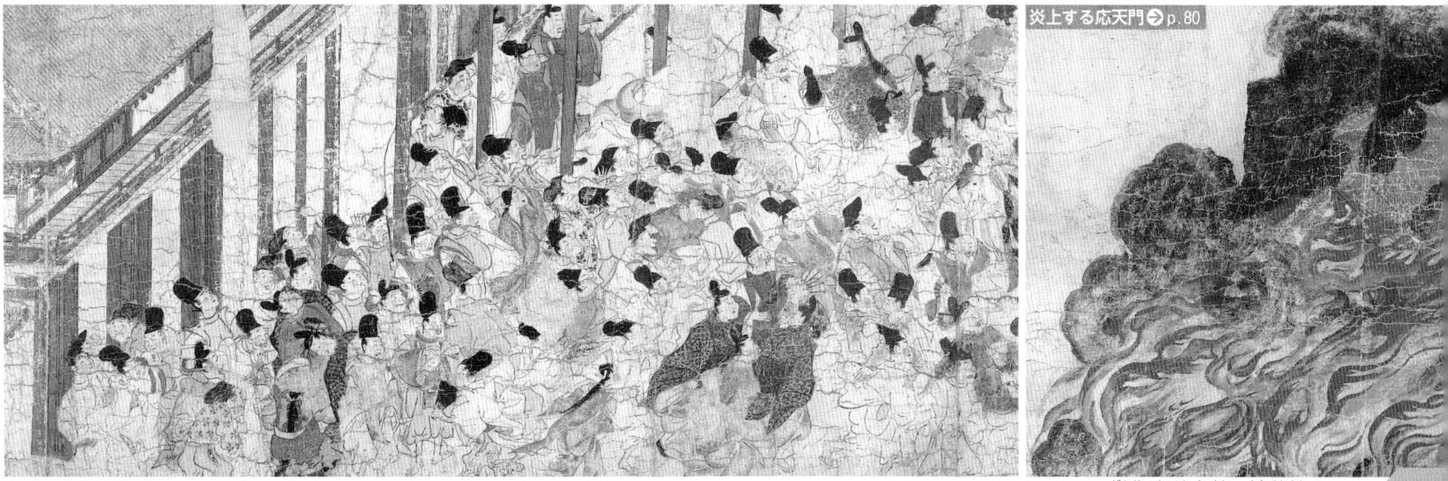
炎上する応天門 ➔ p.80

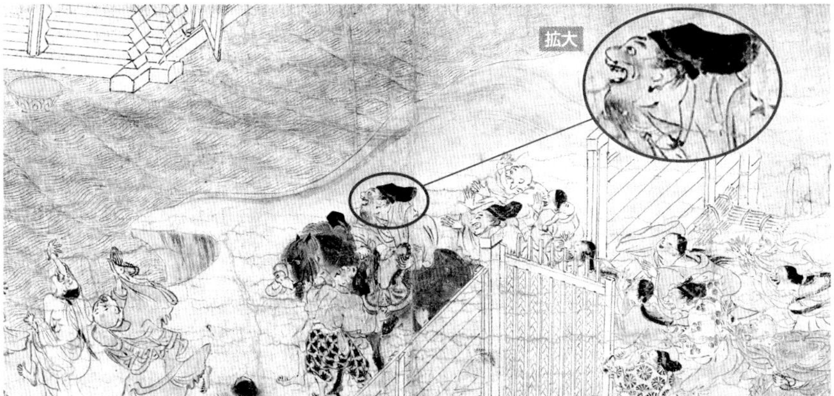
拡大

説話絵巻
主題：説話(伝説・神話・民話)
特徴：ダイナミックな画面構成。表情豊かな人物描写
鑑賞者：公家・武家・僧侶など

△ ⑧**伴大納言絵巻**　応天門の変(➔ p.86)を題材に描かれた絵巻物。詞書が一部失われている。応天門炎上の場面は絵巻物の長大な画面を生かして臨場感たっぷりに描かれ，炎上する応天門(右)と，それを見上げる100人をこす群衆の表情の描写(左)は秀逸である。

◁ ⑨**信貴山縁起絵巻**　信貴山に所在する朝護孫子寺に伝わる。社寺の由来や霊験*を説く社寺縁起とは異なり，僧侶 命蓮の起こした奇跡物語が描かれる。この場面は，命蓮が長者のもとに法力*2で飛ばした鉢が倉をのせて宙に浮き，山上の寺へと飛んでいくようすを描いた巻の一部。人々の表情がいきいきと描かれている。

＊神仏の力による不思議な現象。＊2 不思議な力。〈国 奈良 31.7 × 879.9cm(部分) 12 世紀後半〉

▷ ⑩**年中行事絵巻**　後白河上皇の命によって宮中の主要な年中行事が約 60 巻に描かれる。蓮華王院(➔ p.103)に伝わっていたがしだいに分散し，江戸初期の内裏火災で大部分を焼失。この図は原本を模写した住吉如慶・具慶(➔ p.179)が江戸時代に描いた，正月に宮中で行われる内宴での舞のようす。〈東京 個人蔵 巻五 45.4 × 745.1cm(部分)〉

▽ ⑪**鳥獣戯画**　京都の高山寺に伝わる，平安末期から鎌倉初期に別々に成立した絵巻を4巻にまとめたもの。作者は鳥羽僧正覚猷と伝わるが，実際には複数の作者が存在したとされる。当時の貴族社会の風俗や，仏教界の腐敗を風刺した内容が含まれる。擬人化された動物がいきいきと描かれており，動きを表す効果線や，口から引き出された声を表現する細い線など，現代の漫画表現に通じる技法が見られる。〈国 京都 甲巻 31.8 × 1148.0cm(部分) 12 世紀中ごろ〉

歴史散歩 徳川美術館(愛知県名古屋市)　徳川家康の遺品を中心に収蔵しており，国宝 源氏物語絵巻の一部やその複製，映像が常設展示されている。

中世 平安

院政期の文化②（信仰）―今は西方極楽の，弥陀の誓ひを念ずべし（『梁塵秘抄』）

ヒストリースコープ

後白河上皇は，自ら今様を集成した『梁塵秘抄』の中に「人はなぜ老いゆくのか 思えばこれほど哀しいことはない 今はただ西方極楽にいて，生きとし生けるものを救うという阿弥陀仏の誓いを信じよう」という歌をおさめた。熊野は，浄土につながる場所として人々の信仰を集め，なかでも白河・鳥羽・後白河・後鳥羽の４上皇は熱心に熊野詣を繰り返した。

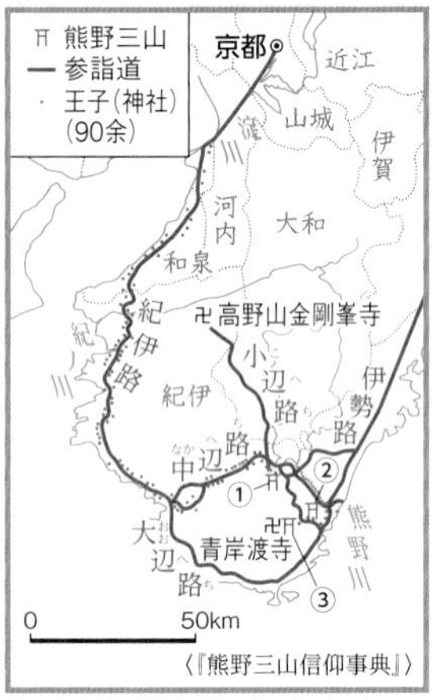

⛩ 熊野三山
― 参詣道
・ 王子(神社)(90余)
京都
近江
山城
伊賀
河内
大和
和泉
紀伊路
高野山金剛峯寺
小辺路
紀伊
伊勢路
中辺路
大辺路
青岸渡寺
熊野川
①
②
③
0 50km

〈『熊野三山信仰事典』〉

①熊野本宮大社　②熊野速玉神社（新宮）　③熊野那智大社

◀①**熊野詣の街道**　参詣の行程は，「熊野へ参らむと思へども 徒歩より参れば道遠し 勝れて山峻し」と歌われている。厳しい道のりを行くことが信仰心の表れとされ，高野詣とともに流行した。

世紀	上皇	回数
9・10	宇多	1
	花山	1
11・12	白河	9
	鳥羽	21
	後白河	34
13	後鳥羽	28
上皇*の参詣数の合計		98

＊9～13世紀のすべての上皇。

△②**上皇の参詣回数**

考察

❶なぜ上皇は熱心に熊野詣を行ったのだろうか。
❷上皇の熊野詣や寺社建立の経済基盤を説明しよう。→ 1
❸浄土教の広まりによって，地方にはどのような寺院が建立されたのだろうか。→ 2

〈和歌山 熊野那智大社蔵「那智山宮曼荼羅」150 × 163cm（部分）〉

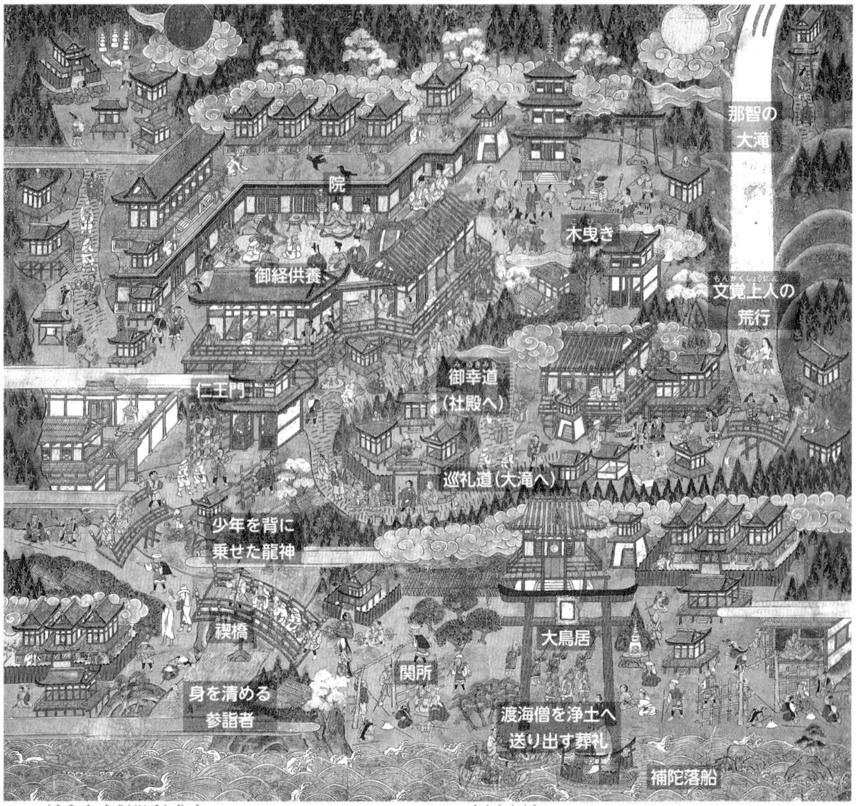

那智の大滝
院
木曳き
御経供養
文覚上人の荒行
御幸道(社殿へ)
仁王門
巡礼道(大滝へ)
少年を背に乗せた龍神
禊橋
大鳥居
関所
身を清める参詣者
渡海僧を浄土へ送り出す葬礼
補陀落船

△③**熊野那智参詣曼荼羅**（室町時代後半の作）　後鳥羽上皇の御経供養*を主題として，那智にまつわる伝説とともに，那智山全景が描かれている。神仏習合で祭神が阿弥陀如来にあてはめられ，熊野は浄土の地と考えられた。また，熊野全体は母胎にみたてられ，ここをめぐることは再生も意味した。この絵は熊野信仰を広めるために使われ，中世以降，全国各地から多くの民衆が参詣し，「蟻の熊野詣」ともいわれた。

＊経典を書写して仏前に供え，仏事を行うこと。ご利益があるとされた。

1 院政期の文化の中心地

A 白河殿と六勝寺

〈京都市歴史資料館蔵〉

鴨川
白河殿
白川
①
②
③
④
⑤
⑥

B 鳥羽殿*

〈京都市歴史資料館蔵〉
＊この模型の完成後も，発掘調査によって復元は変化している。

鳥羽の作道
金剛心院
➔p.94
田中殿
鳥羽天皇陵
東殿
北殿
白河天皇陵
馬場殿
鴨川(当時)
南殿
湊

△④白河天皇は，平安京の東の鴨川を越えた郊外にある白河の地に，高さ80ｍ以上の九重塔をもつ法勝寺を建立し，院となったのちもここを拠点とした。その後の院政を担った天皇，上皇も次々とこの地に寺院を建立し（**六勝寺**），白河は院政期の舞台となった。これらの事業には，莫大な費用がつぎ込まれ，それを集めるために院近臣（➔p.98）などを通じて全国に荘園（➔p.94）が次々とつくられた。

建立年	六勝寺	発願者
1077	❶法勝寺	白河天皇
1102	❷尊勝寺	堀河天皇
1118	❸最勝寺	鳥羽天皇
1128	❹円勝寺	待賢門院*
1139	❺成勝寺	崇徳天皇
1149	❻延勝寺	近衛天皇

＊鳥羽天皇中宮藤原璋子。

△⑤**六勝寺の建立**

〈高さ約81m〉

▶⑥**法勝寺八角九重塔復元CG**（復元考証：冨島義幸 CG制作：竹川浩平）

△⑦鳥羽は，平安京朱雀大路の延長線が，鴨川と交差する景勝地にあり，交通の要衝で，貴族の別邸も多く造営されていた。離宮としての整備は白河上皇の時代から始まり，歴代の上皇は生前，この地に墓所を定めた。六勝寺と同じく，院近臣である受領（➔p.93）たちの成功によって造営が進められ，白河と並ぶ院の拠点となった。治承３（1179）年の政変のとき，平清盛（➔p.99）によって後白河法皇が幽閉されたのもこの地であった。京都の城南宮は鳥羽殿のなごりをとどめる。

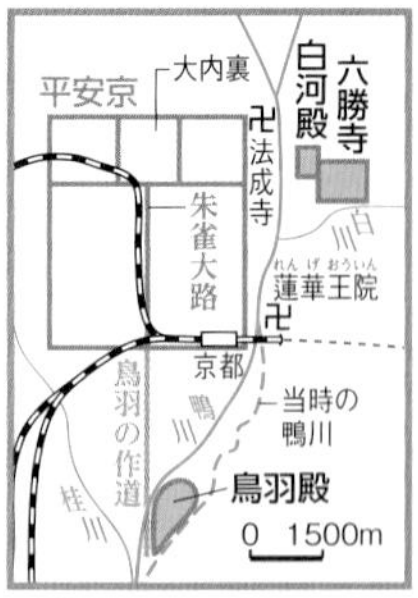

平安京
大内裏
白河殿
六勝寺
法成寺
朱雀大路
蓮華王院
京都
当時の鴨川
鳥羽の作道
桂川
鳥羽殿
0 1500m

△⑧**院政期の京都**

今日とのつながり　熊野三山やその参詣道は「紀伊山地の霊場と参詣道」として2004年に世界遺産に登録され，今日でも多くの人々が参詣している。

2 浄土信仰の深まりと地方への伝播

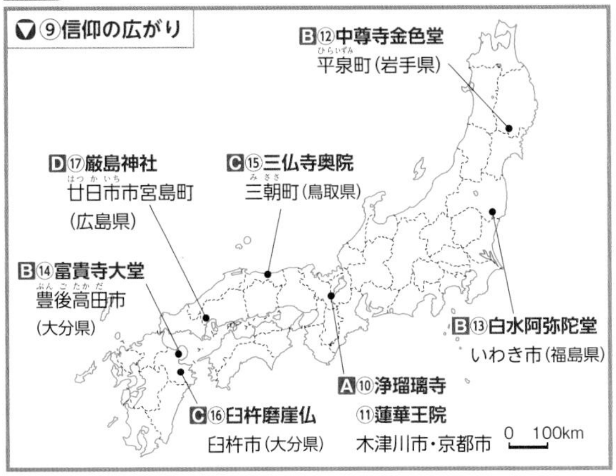
⑨信仰の広がり
B⑫中尊寺金色堂
平泉町(岩手県)
D⑰厳島神社
廿日市市宮島町
(広島県)
C⑮三仏寺奥院
三朝町(鳥取県)
B⑭富貴寺大堂
豊後高田市
(大分県)
B⑬白水阿弥陀堂
いわき市(福島県)
A⑩浄瑠璃寺
⑪蓮華王院
木津川市・京都市
C⑯臼杵磨崖仏
臼杵市(大分県)
0 100km

A	院を中心として浄土教があつく信仰され，寺院建立がさかんに。
B	聖や上人などの民間の布教者によって地方にも浄土教が伝播し，都の文化にあこがれをもつ地方豪族が阿弥陀堂を建立。
C	修験道・山岳信仰と結びついた仏教も地方へ広まった。
D	古代からの自然信仰(→p.46)の地に，権力者が寺社を建立。

A 都での浄土教の進展

〈国〉

⑩**浄瑠璃寺本堂九体阿弥陀如来像** 極楽往生の仕方には9通りあるとする経典の教え(九品往生観，→p.91)にもとづき，9体の阿弥陀仏を作成することで，いずれかの方法で極楽往生できるとして，白河院政期に建立された。当時の九体阿弥陀堂・九体阿弥陀像としては，ともに現存する唯一のもの。

⑪**蓮華王院千手観音立像** 三十三間堂として知られる。平清盛が1164年に後白河上皇の京都東山の法住寺殿の一角に造営。鎌倉時代に焼失，再建。安置された本尊のほか1001体に及ぶ千手観音立像のうち，124体が清盛が創建した当時のもの。一体ごとに顔の表情が異なっている。蓮華王院には多くの荘園が寄進され，後白河院政の経済基盤となった。〈三十三間堂蔵〉

B 民間布教者による浄土教の地方伝播

〈世国 高さ約8m〉

⑫**中尊寺金色堂** 奥州藤原氏による浄土教建築の代表(→p.104)。

⑬**白水阿弥陀堂** 藤原秀衡の妹*が夫の岩城則道の菩提を弔うために建立し，名称は平泉の「泉」からつけられた。三方を山に囲まれ，堂自体の東西南を池で囲み，中島を橋でつなぐ典型的な浄土庭園であった。＊諸説あり。〈国〉

内陣再現模型

⑭**富貴寺大堂** 山岳仏教色の強い国東半島で異彩を放つ，華麗な浄土教建築。12世紀後半には存在が確認される。〈国 高さ約7.5m〉

C 山岳仏教の広がり

〈国〉

三仏寺奥院投入堂

⑮**三仏寺奥院投入堂** 三徳山の断崖絶壁に建ち，年輪年代法で院政期の建立が裏づけられた。本尊は末法の世に現れる蔵王権現。投入堂は，役小角(→p.83)が法力で投げ入れたとの伝説がある。

大日如来

⑯**臼杵磨崖仏** 軟質の阿蘇凝灰岩に刻まれる，4グループ60体あまりの石仏群。写真中央は大日如来であり，密教の影響がうかがえる。平安後期から鎌倉前期にかけての作と推定される。1995年に石仏として国宝指定。

〈国 大日如来 像高約2.8m〉

D 自然信仰の地に伝播する貴族文化

〈世国〉

⑰**厳島神社** 古代から神々がいるとされ，島そのものが自然信仰の対象であり，593年に社殿が創建された。平清盛が安芸守となって以降，平氏一門にあつく信仰された。平氏全盛期には，大規模な社殿が造営された。

今日とのつながり 熊野信仰の若王子を勧請してまつってある土地を王子ということがあり，東京都北区王子も，熊野神社より若王子を勧請してまつったことからこの地名がつけられた。

中世 平安

奥州藤原氏と平泉文化 ―金銀は光を和して，弟子の中誠を照らす（『中尊寺落慶供養願文』）

〈国 岩手 中央壇 柱の高さ 219.4 × 幅 231.5 × 奥行き 175.6cm〉

ヒストリースコープ

奥州藤原氏の初代清衡は，仏教による平和な世の中を願い，中尊寺を建立した。その願文で，「金銀は光を合わせて，私の国家への真心を照らす」と述べ，朝廷との関係を保ちつつ，栄華の基礎を築いた。

考察

❶図①②に使われている奥州の特産品と，他地域からの交易品について説明しよう。
❷なぜ奥州藤原氏は京都文化を移入できたのだろうか。→ 1
❸奥州藤原氏は，なぜ積極的に仏教を受容したのだろうか。→ 2

阿弥陀
如来
中央の須弥壇（初代清衡）
夜光貝を用いた螺鈿

① 中尊寺金色堂内陣 中尊寺は初代清衡によって，平泉の中心寺院として造営された。金色堂の各須弥壇の中には三代の遺骸が納められ*，南海産の夜光貝を用いた螺鈿や，奥州の特産である金・漆を用いた蒔絵などの装飾がほどこされている。金色堂を含む平泉の文化遺産は，2011 年世界遺産に登録。

＊三代秀衡の須弥壇の中には四代泰衡の首級がともに安置されている。

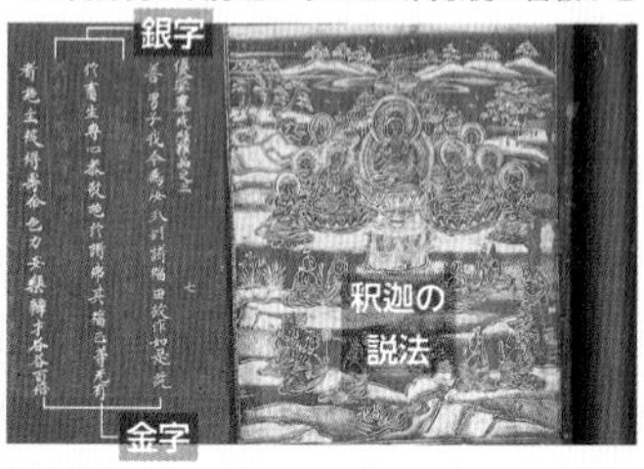

銀字
釈迦の
説法
金字

② 紺紙金銀字交書一切経 紺紙に金字と銀字で一行ずつ交互に書写され，見返絵には金銀泥で釈迦説法図などが描かれた経典。金銀交書という形式の一切経は類例がなく，中尊寺経ともよばれる。豊臣秀吉（➔ p.145）によって大半が運び出され，高野山に納められた。〈国 岩手 中尊寺蔵〉

1 三代にわたる寺院建立と都市平泉の発展

〈復元図(三代秀衡のころ) 板垣真誠氏〉

初代 清衡
(1056～1128)
三代 秀衡
(1122?～87)
二代 基衡
(?～1157?)

③ 奥州藤原氏三代 後三年合戦（➔ p.97）に勝利した初代清衡は，平泉に居館を移して中尊寺の造営に着手した。二代基衡・三代秀衡にわたって寺院建立や都市整備が進められ，100 年に及ぶ栄華を誇った。〈岩手 白王院蔵〉

中尊寺
衣川
金鶏山
毛越寺
無量光院
平泉館
観自在王院
加羅御所
奥大道
北上川

④ 平泉復元図 初代清衡は奥大道（中世の奥州道中）の一町ごとに笠卒都婆という供養塔を建て，その中心に中尊寺を造営した。二代基衡は毛越寺周辺を整備し，三代秀衡は平泉館（政庁）周辺に無量光院・加羅御所を造営した。

A 二代基衡の建立した毛越寺

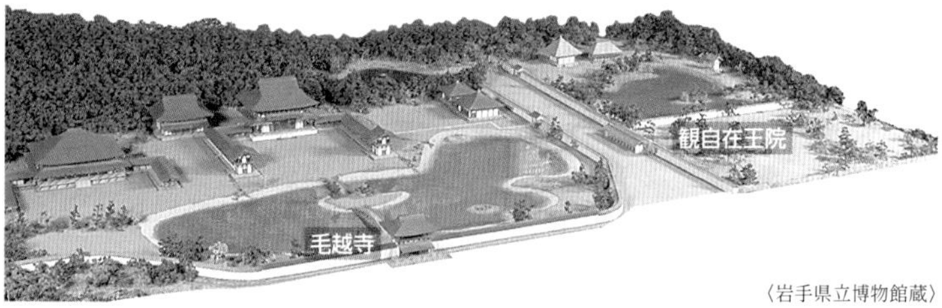

観自在王院
毛越寺

〈岩手県立博物館蔵〉

⑤ 毛越寺・観自在王院復元模型 基衡の妻によって，京都の法勝寺（➔ p.102）様式で造営された大伽藍。南大門は奥大道に通じ，平泉の玄関口となった。京都文化の積極的な移入は，奥州特産の金や馬，北方世界との交易品などの財力によるものであった。

B 三代秀衡の建立した無量光院

〈岩手 平泉町教育委員会提供〉

⑥ 無量光院復元CG 宇治の平等院（➔ p.91）を模倣して，12 世紀後半に造営された阿弥陀堂。庭園正面からのぞむと，盂蘭盆会*と初代清衡の命日に，仏堂背後の金鶏山に夕日が沈むよう設計されており，現世における西方極楽浄土を表している。

＊仏教の行事。

2 豪奢な仏教経典

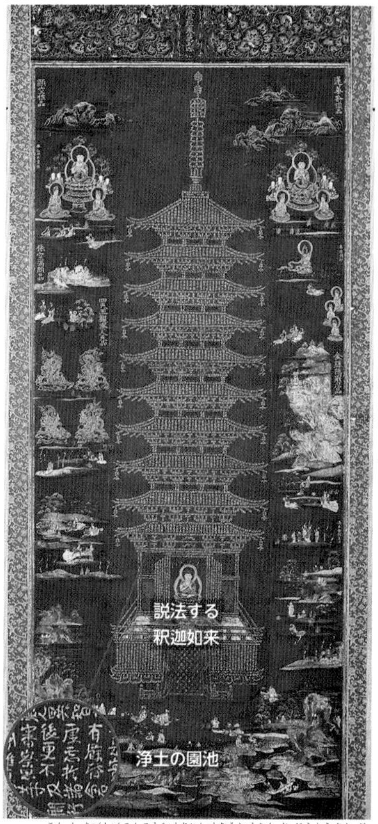

説法する
釈迦如来
浄土の園池

⑦ 紺紙著色金光明最勝王経金字宝塔曼荼羅図 鎮護国家を説く金光明最勝王経を塔の形に写経し，塔の初層には説法を行う釈迦如来を描く。周囲には大和絵風の彩色画によって経の意味が絵解きされている。奥州藤原氏は，奥羽の安泰を願い，絶大な財力で寺院建立・経典作成を積極的に行った。

〈国 岩手 中尊寺大長寿院蔵 140.0 × 54.5cm(部分)〉

今日とのつながり 四代泰衡の首桶から見つかったハスの種が，800年の時を経て2000年に開花し，「中尊寺ハス」として中尊寺や藤原氏ゆかりの地で見ることができる。

源平の争乱(治承・寿永の乱) —乗越え乗越え戦ふ候(『平家物語』)

ヒストリースコープ

源頼朝追討のため福原京からやってきた総大将平維盛は，富士川の戦いをひかえた前日，頼朝に味方する東国武士の豪胆さを聞いて恐れをなした。『平家物語』には，東国武士は親が討たれても子が討たれても屍を乗り越えて向かってくると，そのいさましさが表現されている。

水鳥
平氏軍

△①富士川の戦い(平家物語絵巻 江戸時代)

富士川を飛びたつ水鳥の羽音を源氏の襲来と勘違いした平氏は，東国武士への恐怖心から戦わずに逃げ去ってしまった。
〈岡山 林原美術館蔵〉

考察

❶富士川の戦いで平氏が源氏に敗走した理由を，『平家物語』から読み取って説明しよう。

❷富士川の戦いの後，頼朝はどうして上洛せず東国にとどまったのだろうか。→ 1

『平家物語』富士川の事 に書かれた東国武士と西国武士【要約】

東国武士は，乗馬の技術が高く戦場では親が討たれても子が討たれても屍を乗り越えて向かってくる。対する西国武士は，親が討たれれば退却してその供養をし，子が討たれれば嘆き悲しんで出陣せず，軍糧がつきればその補充のために戦線を離脱する。

1 源平の争乱

1177. 6	平清盛，**鹿ヶ谷の陰謀**を知る➡❶
1179.11	清盛，後白河法皇を幽閉
1180. 2	安徳天皇の即位(清盛の独裁)
. 4	以仁王，**平氏追討の令旨**を発する
. 5	**以仁王・源頼政ら挙兵**→敗➡❷
. 6	**福原京遷都**(～.11)➡❸ 史
. 8	源頼朝挙兵，**石橋山の戦い**→敗➡❹
. 9	源(木曽)義仲，信濃で挙兵
.10	頼朝，鎌倉入り。**富士川の戦い**→勝➡❺
.11	頼朝，侍所を設置
.12	平重衡，南都焼打ち➲p.115
1181.閏2	清盛没(64歳)
	このころ，養和の飢饉(～82)
1183. 5	義仲，**倶利伽羅峠の戦い**→勝➡❻
. 7	平氏都落ち。義仲入京
.10	後白河法皇，寿永二年十月宣旨で頼朝に東海道・東山道の支配権を認める 史
1184. 1	**宇治川の戦い**(義仲→敗，源範頼・義経→勝)➡❼
. 2	義経，**一の谷の合戦**→勝➡❽
.10	頼朝，公文所・問注所を設置
1185. 2	義経，**屋島の合戦**→勝➡❾
. 3	範頼・義経，**壇の浦の戦い**→勝➡❿ **平氏滅亡**
.10	後白河法皇，義経に頼朝追討を命ず
.11	頼朝，諸国に守護・地頭を設置
1189. 9	頼朝，奥州平定➲p.106
1190.11	頼朝上京，右近衛大将に就任
1192. 3	後白河法皇没(66歳)
. 7	頼朝，征夷大将軍に就任

△②争乱のいきさつ　鎌倉幕府機構整備過程➲p.106

A 争乱の動向

▽③争乱時の勢力範囲と進軍ルート

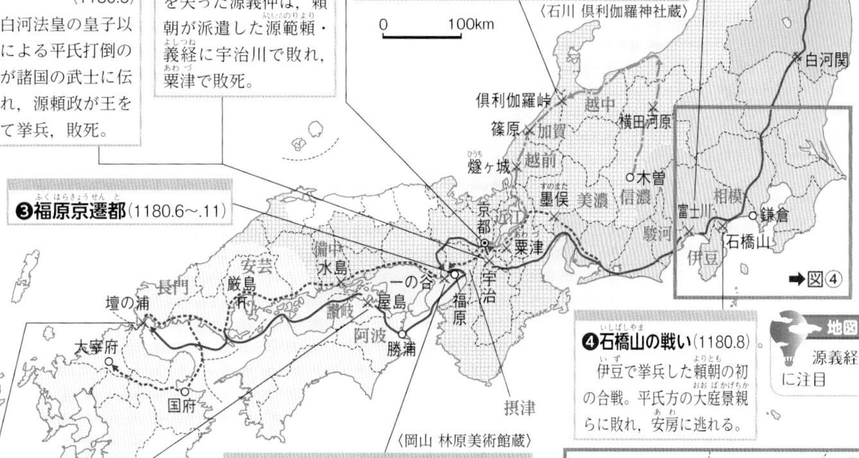

1183年の勢力範囲
奥州藤原氏
源頼朝
源(木曽)義仲
平氏
源義経のルート
源範頼のルート
源義仲のルート
❶～❿は順序を示す
0 100km
陸奥
平泉
白河関
倶利伽羅峠
越中
横田河原
篠原
加賀
燧ヶ城
越前
木曽
墨俣
美濃
信濃
相模
富士川
鎌倉
駿河
石橋山
伊豆
京都
近江
粟津
宇治
備中
水島
安芸
厳島
長門
一の谷
福原
屋島
讃岐
阿波
勝浦
壇の浦
大宰府
国府
摂津
硫黄島
(鬼界ヶ島か?)
➡図④

❶鹿ヶ谷の陰謀(1177.6)
後白河法皇の近臣が，京都郊外の鹿ヶ谷で平氏打倒を計画，失敗。一味の僧俊寛らは鬼界ヶ島に配流。

❷以仁王・源頼政挙兵(1180.5)
後白河法皇の皇子以仁王による平氏打倒の令旨が諸国の武士に伝えられ，源頼政が王を奉じて挙兵，敗死。

❸福原京遷都(1180.6～.11)

❹石橋山の戦い(1180.8)
伊豆で挙兵した頼朝の初の合戦。平氏方の大庭景親らに敗れ，安房に逃れる。

❺富士川の戦い(1180.10)

❻倶利伽羅峠(砺波山)の戦い(1183.5)
源義仲は，対立する平維盛らの軍を，松明をつけた牛を敵陣に放つ「火牛の計」で撃退。

〈石川 倶利伽羅神社蔵〉

❼宇治川の戦い(1184.1)
水島での敗戦で勢いを失った源義仲は，頼朝が派遣した源範頼・義経に宇治川で敗れ，粟津で敗死。

地図を見る目
源義経のルートに注目

❽一の谷の合戦(1184.2)
平氏の拠点であった福原の西方 一の谷に布陣中の平氏本陣は，義経軍の急襲により敗走する。

〈岡山 林原美術館蔵〉

❾屋島の合戦(1185.2)
義経軍は敵の意表をついて嵐の中，阿波の勝浦に上陸し，背後から平氏を急襲し勝利。那須与一の「扇の的」はここで披露された。

❿壇の浦の戦い(1185.3)
源平最後の戦い。西国の水軍を味方につけた義経が平氏と激突。追いつめられた平氏一門は安徳天皇とともに入水，平氏滅亡。➲p.120

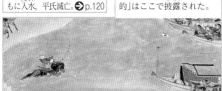

〈岡山 林原美術館蔵〉

▷④**源頼朝の東国覇権**　富士川の戦いに勝利した**頼朝**は，平維盛を追って上洛しようとした。しかし東国武士の千葉・三浦・上総氏から，まず東国を平定すべきといさめられ断念した。以後頼朝は鎌倉にとどまり実質的な東国支配権を確立した。

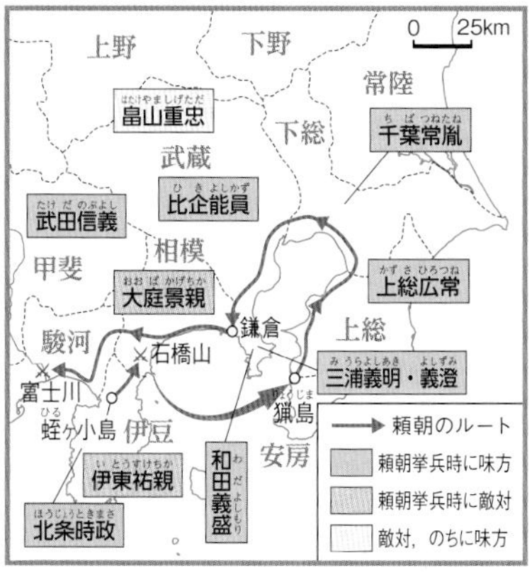

0 25km
上野
下野
常陸
畠山重忠
下総
千葉常胤
武蔵
比企能員
武田信義
相模
甲斐
大庭景親
上総広常
鎌倉
上総
駿河
石橋山
富士川
三浦義明・義澄
猪島
蛭ヶ小島
伊豆
安房
伊東祐親
和田義盛
北条時政
頼朝のルート
頼朝挙兵時に味方
頼朝挙兵時に敵対
敵対，のちに味方

歴史のまど　川合康『源平合戦の虚像を剝ぐ』『平家物語』など脚色された軍記物の実相や中世民衆の動向，鎌倉幕府の成立を，冷静な資料分析で明らかにする。

鎌倉幕府の成立 ―諸国平均に守護地頭を補任し 史(『吾妻鏡』)

ヒストリースコープ

内乱の過程で源頼朝は朝廷から守護*(国地頭・惣追捕使)・地頭(荘郷地頭)を設置する許可を得た。頼朝の全国的な治安維持権限が公認されて幕府の公的な地位が定まり，御家人の地位や所領も安定した。

＊1185年の勅許で国地頭が置かれ，のち，惣追捕使をへて12世紀初頭に名称が守護に統一されたとする説が有力。

考察

❶御家人がAを求めた理由を説明しよう。

❷幕府のしくみの土台となる御家人と鎌倉殿の関係について説明しよう。→ 1

❸藤原朝政が任命された，地頭の権限を説明しよう。→ 1 A

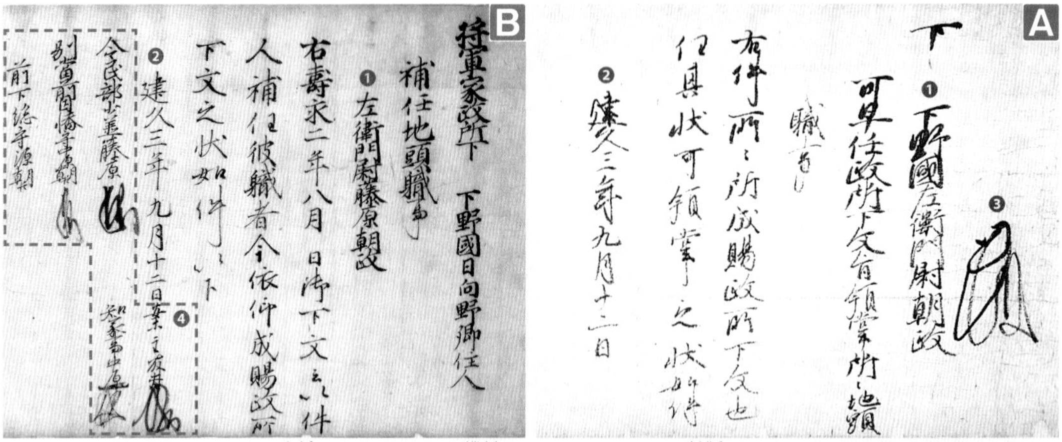
B
将軍家政所下　下野國日向野郷住人
❶補任地頭職事
左衛門尉藤原朝政
右、寿永二年八月日御下文云、件人補任彼職者、今依仰成賜政所下文之状如件、以下
❷建久三年九月十二日　❹案主藤井
令民部少丞藤原
別当前因幡守中原朝臣
前下総守源朝臣
A
下　❶下野國左衛門尉朝政
可早任政所下文領掌所々職
❸
右件所々任政所下文之旨可領掌之状如件
❷建久三年九月十二日

△①**二つの地頭補任状**　源頼朝の花押(サイン)のついた下文(A)と幕府機関である政所役人の署名と花押が書かれた下文(B)。両方とも，建久3(1192)年9月12日に有力御家人藤原(小山)朝政に対して発給され，朝政を下野国日向野郷の地頭に任命することが記されている。御家人の多くが幕府機関である政所発行のBだけではなく，武家の棟梁である頼朝から出されたAも入手することを求めたため，二つの地頭補任状が出された。

❶受取人 有力御家人藤原朝政
❷日付 建久3年9月12日
❸差出人 源頼朝の花押
❹差出人 5人の政所役人の署名と花押

中世　鎌倉

1 鎌倉幕府のしくみと権限

△②鎌倉幕府のしくみ(初期)と主従関係

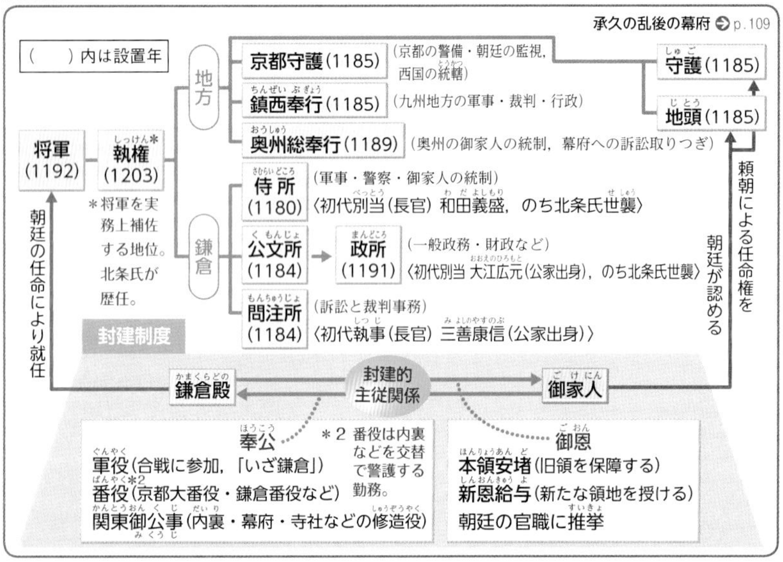
承久の乱後の幕府 ➲ p.109
(　)内は設置年
将軍(1192)
執権*(1203)
＊将軍を実務上補佐する地位。北条氏が歴任。
地方
京都守護(1185)(京都の警備・朝廷の監視，西国の統轄)
鎮西奉行(1185)(九州地方の軍事・裁判・行政)
奥州総奉行(1189)(奥州の御家人の統制，幕府への訴訟取りつぎ)
守護(1185)
地頭(1185)
鎌倉
侍所(1180)(軍事・警察・御家人の統制)〈初代別当(長官) 和田義盛，のち北条氏世襲〉
公文所(1184)→政所(1191)(一般政務・財政など)〈初代別当 大江広元(公家出身)，のち北条氏世襲〉
問注所(1184)(訴訟と裁判事務)〈初代執事(長官) 三善康信(公家出身)〉
朝廷の任命により就任
頼朝による任命権を朝廷が認める
封建制度
鎌倉殿　封建的主従関係　御家人
奉公
軍役(合戦に参加，「いざ鎌倉」)
番役*2(京都大番役・鎌倉番役など)
関東御公事(内裏・幕府・寺社などの修造役)
＊2 番役は内裏などを交替で警護する勤務。
御恩
本領安堵(旧領を保障する)
新恩給与(新たな領地を授ける)
朝廷の官職に推挙

△③鎌倉幕府の機構整備過程

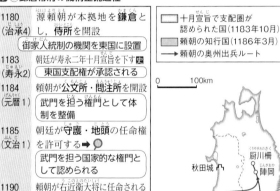

1180(治承4)	源頼朝が本拠地を鎌倉とし，侍所を開設	御家人統制の機関を東国に設置
1183(寿永2)	朝廷が寿永二年十月宣旨を下す 史	東国支配権が承認される
1184(元暦1)	頼朝が公文所・問注所を開設	武門を担う権門として体制を整備
1185(文治1)	朝廷が守護・地頭の任命権を許可する➡	武門を担う国家的な権門として認められる
1190(建久1)	頼朝が右近衛大将に任命される	朝廷における武門の最高の官職に任じられる
1192(建久3)	頼朝が征夷大将軍に任命される	名実ともに幕府の完成

十月宣旨で支配圏が認められた国(1183年10月)
頼朝の知行国(1186年3月)
頼朝の奥州出兵ルート
0 100km
厨川柵
陣岡
秋田城
平泉
出羽国府
念珠関
佐渡
陸奥国府(多賀城)
阿津賀志山
佐々木盛綱
越後
白河関
比企能員
藤原朝政
勿来関
上野
下野
常陸
小田(八田)知家
信濃
武蔵
下総
千葉常胤
相模
上総
鎌倉
平賀義信
三浦義澄
北条時政
安田義定
駿河
伊豆
甲斐
遠江
三河
尾張
美濃
飛驒
大内惟義
安達盛長
小野成綱
山内首藤経俊
近江
伊勢
若狭
佐々木定綱
津々見忠季
梶原景時
安達親長
隠岐
佐々木定綱
但馬
出雲
石見
播磨
安芸
宗孝親
河内義長
対馬
長門
讃岐
淡路
和泉
阿波
紀伊
佐原義連
土佐
佐々木経高
小野時広
肥前
豊後
後藤基清
武藤資頼
日向
薩摩
大隅
島津忠久

A 守護と地頭の権限

	守護(国地頭)	地頭(荘郷地頭) ➲ p.109
範囲	諸国に1人(数か国を兼帯することもある)	公領(郡・郷・保)と荘園(平家没官領と謀叛人跡地)
身分	有力御家人	御家人
職務	大犯三カ条 ①大番役の催促 ②謀叛人の逮捕 ③殺害人の逮捕 在庁官人への指揮権と大田文作成	①年貢の徴収と納入 ②地域の治安維持 ③新田開発や勧農(年貢納入をめぐる荘園領主との紛争発生)
収入	特になし(経済力のある有力御家人が任命される)	従来の荘官・郷司などとしての収益を継承

△④ 1185年の勅許を受け，頼朝は地頭(国地頭か荘郷地頭かは諸説あり)に荘園・公領を問わず1段あたり5升の兵粮米の徴収権を与えたが，混乱が生じ，翌年廃止した。

B 守護の配置(1190年代)

地図を見る目　有力守護の広がりに注目

△⑤源義経

〈中尊寺蔵〉

源頼朝の奥州平定(1189.9)

頼朝は，義経をかくまったことを口実に，藤原泰衡を追討。義経は泰衡に襲撃され自害。泰衡は大敗し，奥州藤原氏滅亡。

歴史のまど　高橋一樹『東国武士団と鎌倉幕府』　近年の武士像を土台にして東国武士団が鎌倉幕府に結集した理由を明快に説く。

1 武家政権の中心地 - 政治が行われる空間

◁①**鶴岡八幡宮** 源頼義が前九年合戦（➔p.97）の戦勝を祈願し源氏の氏神石清水八幡宮（京都）の霊を分けてまつったことに始まる。参道の段葛は御家人を動員して築かれたものが原型。鶴岡八幡宮を中心とする地区は武家の都の中核でもあった。大石段左下の大銀杏は，2010年，強風によって倒伏した。

〈岡田靖筆 黒田日出男著『源頼朝の真像』角川学芸出版〉

▷②**甲斐善光寺蔵 源頼朝坐像をもとに描かれたデッサン** 50歳前後の頬やまぶたの張りから活動的な風格が感じとれる。記録に残る通りの大きな顔の人物である。

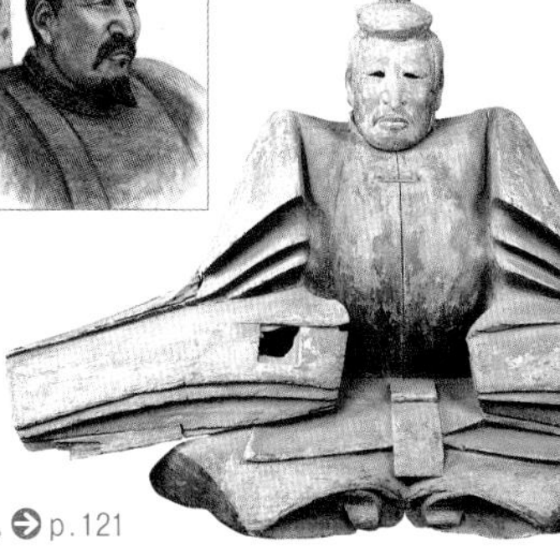

〈山梨 像高 95.5cm〉

▷③**甲斐善光寺蔵源頼朝坐像** 近年，内部の墨書銘文から，頼朝の死後，北条政子の命による造像であることが判明。信濃善光寺に源氏三代将軍御影として安置されていた像の一つと考えられている。➔p.121

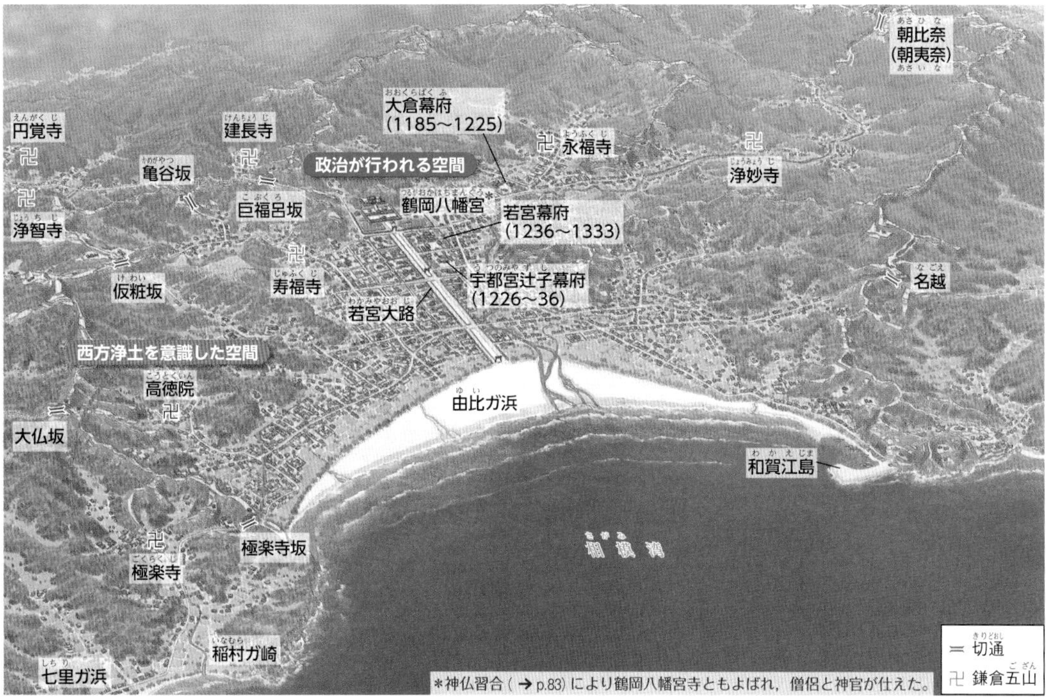

朝比奈
(朝夷奈)
大倉幕府
(1185～1225)
円覚寺
建長寺
永福寺
政治が行われる空間
亀谷坂
浄妙寺
鶴岡八幡宮*
巨福呂坂
若宮幕府
(1236～1333)
浄智寺
宇都宮辻子幕府
(1226～36)
名越
仮粧坂
寿福寺
若宮大路
西方浄土を意識した空間
高徳院
由比ガ浜
大仏坂
和賀江島
極楽寺坂
極楽寺
稲村ガ崎
七里ガ浜
═ 切通
卍 鎌倉五山

*神仏習合（➔p.83）により鶴岡八幡宮寺ともよばれ，僧侶と神官が仕えた。

△④**鎌倉の地図**〈イラスト 香川元太郎氏〉

△⑤**名越の大切岸** 敵の侵入を防ぐために山の斜面を垂直に切り落とした人工の崖を切岸とよぶ。近年，名越の大切岸は中世の石切場だったことが判明し，議論をよんでいる。〈横浜市教育委員会提供〉

△⑥**朝比奈（朝夷奈）切通** 北条泰時の命で開削。丘陵を切り開いた通路を切通という。鎌倉には7つの切通があり，鎌倉七口とよばれた。

2 鎌倉の玄関 - 西方浄土を意識した空間

時代を見る目 **鎌倉につくられた西方浄土のシンボル**

近年の研究では高徳院阿弥陀如来像（長谷の大仏）は中国大陸からもたらされた宋銭（➔p.114）を大量に鋳とかしてつくられていたことが判明している。京都方面から鎌倉に入る人々に対して東国の経済力を示す意図があったともいわれる。一方で，鎌倉の西方に位置するこの地区は，社会事業に積極的な律宗の極楽寺も造営されるなど，「浄土」をイメージさせる空間として機能していた。

◁⑦**高徳院阿弥陀如来像**〈国 神奈川 像高 11.3m〉

▷⑩**癩宿** 癩病患者のための癩宿などの施設が描かれる。

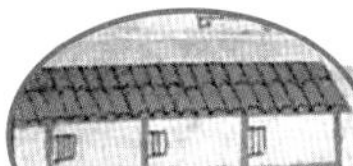

製薬鉢
茶臼

△⑧**極楽寺境内に残された製薬鉢と茶臼** 茶は僧侶が夜間に仏道修業をする際のめざましと，人々にふるまう滋養のための薬として重んじられた。極楽寺には茶をせんじる茶臼と薬の調合に使われた鉢が残る。

〈神奈川 極楽寺蔵〉

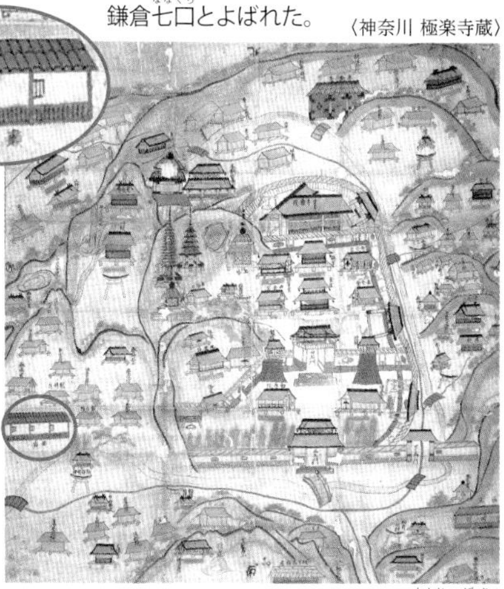

△⑨**極楽寺絵図** 律宗では社会的弱者を文殊菩薩と考え，彼らへの供養が功徳になるという発想から，積極的に社会事業を行った。極楽寺開山の僧忍性（➔p.119）は，鎌倉幕府からも信頼され，和賀江島の入港税の管理や病人の治療・投薬に活躍した。

幕府構造の変容 ―其の恩既に山岳よりも高く，溟渤よりも深し 史（『吾妻鏡』）

ヒストリースコープ

源頼朝の死後，後鳥羽上皇のクーデタに際し，頼朝の妻 北条政子は鎌倉に集まった御家人たちに向けて団結を訴えた。政子は頼朝以来の幕府に対する恩を説き，幕府こそが武士の利益を守る存在であることを再認識させた。

考察

❶政子のことばの「恩」とは具体的に何のことだろうか。
❷承久の乱における「奉公」の結果，「恩」はどのように変化しただろうか。→6 B

承久3年5月15日 後鳥羽上皇の院宣 史

【現代語訳】近ごろ鎌倉幕府の命令と称して，天下の政治を乱している。……かの北条義時は，むやみに尼将軍の言葉をかりて，勝手に国中に裁断を下している。そればかりか自己の威勢を誇り，朝廷の定めた法令を忘れているかのようである。これを政治のあり方に問えば謀反というべき行いとなる。即刻諸国に命令を下し，かの朝臣（＝義時）を追討せよ。

▽①後鳥羽上皇（藤原信実筆） 3代将軍実朝の死を契機として発した院宣には，守護・地頭（→p.106）の任命権を後鳥羽上皇のもとに再編成することが説かれている。〈国 大阪 水無瀬神宮蔵〉

承久3年5月19日 北条政子の訴え

【現代語訳】皆心を一つにして聞きなさい。これが最後の言葉です。故頼朝公が，朝敵を征討し鎌倉幕府を開いて以来，皆が得た官位といい俸禄といい，その恩は山よりも高く海よりも深いものです。……ところが今，反逆者によるいつわりの告げ口で，誤った綸旨が下されました。名誉を重んじる者は，……頼朝公以来三代の将軍が遺してくれたものを守りなさい。

▽②「尼将軍」北条政子 頼朝の死後，「尼将軍」として幕政の危機をたびたび救った。北条政子邸に集まった御家人たちは，政子のことばにみな涙を流し，忠誠を誓った。〈神奈川 安養院蔵〉

1 幕府政治（前期）の流れ

幕府政治（後期）➔p.112

天皇	院	将軍	執権	年	事項（北条氏の他氏排斥事件）	
後鳥羽		源 頼朝		1192	頼朝，征夷大将軍就任 ➔p.105	将軍独裁
土御門	後鳥羽	―1199―		1199	将軍頼朝の死，13人合議制に	合議
		―1202―		1200	梶原景時，失脚	
		―1203― 源頼家	―1203― 初代 北条時政	1203	時政，執権（政所別当）就任	
					比企能員，謀殺（比企能員の乱）	
					前将軍頼家，伊豆修禅寺に幽閉（翌年殺害）	
		源実朝	―1205―	1205	畠山重忠，敗死	
					時政，平賀朝雅の将軍擁立に失敗し失脚，義時執権に就任	
順徳				1213	和田義盛，敗死（和田合戦）	
					義時，政所・侍所の別当を兼任	
仲恭		―1219―	2代 義時	1219	将軍実朝，暗殺（源氏の正統断絶）	執権政治の確立*
後堀河	後高倉	藤原頼経（鎌倉殿4代目）		1221	承久の乱 ➔5	
					六波羅探題を設置	
	後堀河		―1224―	1223	新補率法制定，大田文作成	
			3代 泰時	1225	連署・評定衆を設置	
四条		―1226― 藤原頼経（摂家将軍）		1226	摂家（藤原）将軍*2の始まり	
			―1242― 4代 経時	1232	御成敗式目を制定➔6 C	
後嵯峨		―1244― 藤原頼嗣（摂家将軍）	―1246― 5代 時頼	1247	三浦泰村，敗死（宝治合戦）	北条氏独裁
後深草	後嵯峨	―1252― 宗尊親王（皇族将軍）		1249	引付衆を設置	
				1252	皇族（親王）将軍*2の始まり（宗尊親王）	

*執権北条氏が実権をにぎった幕府の体制。

*2 摂家・皇族将軍ともに，成年となったり側近勢力ができたりすると多くが京都に送還された。

2 北条氏・源氏・藤原北家・皇室の系図

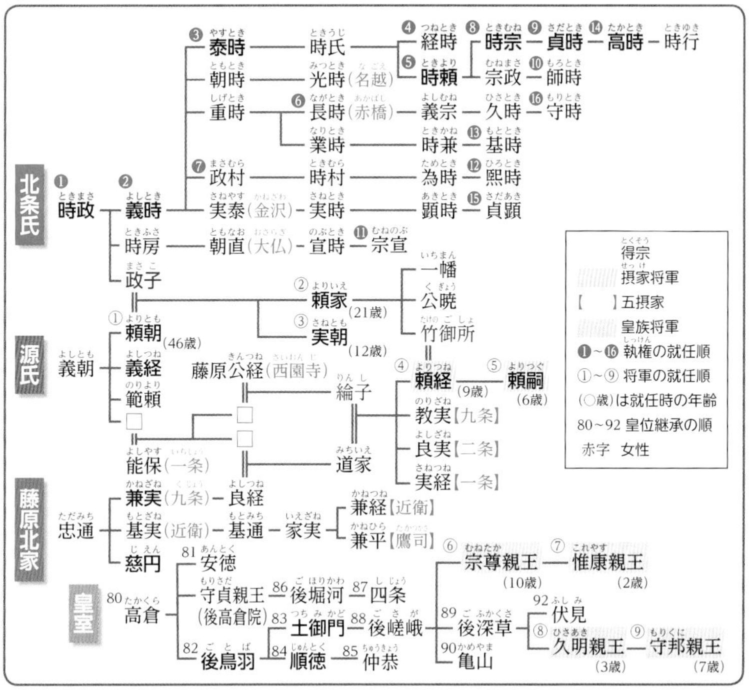
北条氏
❶時政
❷義時
❸泰時
時氏
❹経時
❺時頼
❽時宗
❾貞時
⓮高時
時行
朝時
光時（名越）
宗政
❿師時
重時
❻長時（赤橋）
義宗
久時
⓰守時
業時
時兼
⓭基時
❼政村
時村
為時
⓬熙時
実泰（金沢）
実時
顕時
⓯貞顕
時房
朝直（大仏）
宣時
⓫宗宣
政子
源氏
義朝
①頼朝（46歳）
②頼家（21歳）
③実朝（12歳）
一幡
公暁
竹御所
義経
範頼
藤原公経（西園寺）
綸子
④頼経（9歳）
⑤頼嗣（6歳）
教実【九条】
良実【二条】
実経【一条】
能保（一条）
道家
藤原北家
忠通
兼実（九条）
良経
基実（近衛）
基通
家実
兼経【近衛】
兼平【鷹司】
慈円
皇室
80 高倉
81 安徳
守貞親王（後高倉院）
86 後堀河
87 四条
82 後鳥羽
83 土御門
88 後嵯峨
84 順徳
85 仲恭
⑥宗尊親王（10歳）
⑦惟康親王（2歳）
89 後深草
92 伏見
⑧久明親王（3歳）
⑨守邦親王（7歳）
90 亀山
得宗
摂家将軍
【 】五摂家
皇族将軍
❶～⓰ 執権の就任順
①～⑨ 将軍の就任順
（○歳）は就任時の年齢
80～92 皇位継承の順
赤字 女性

3 鎌倉幕府の経済的基盤

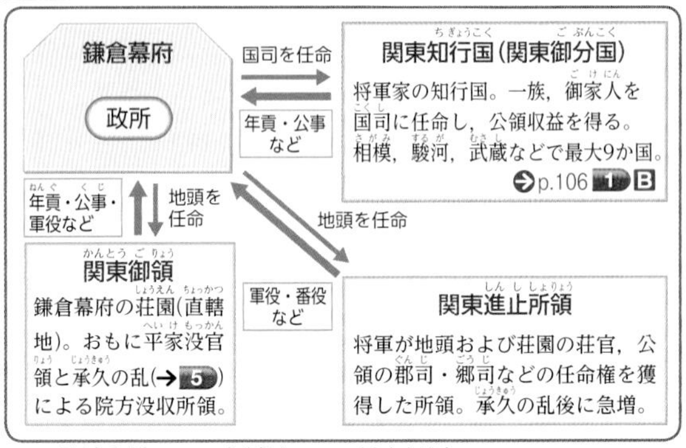
鎌倉幕府
政所
国司を任命
年貢・公事など
関東知行国（関東御分国）
将軍家の知行国。一族，御家人を国司に任命し，公領収益を得る。相模，駿河，武蔵などで最大9か国。
➔p.106 1 B
年貢・公事・軍役など
地頭を任命
関東御領
鎌倉幕府の荘園（直轄地）。おもに平家没官領と承久の乱（➔5）による院方没収所領。
軍役・番役など
関東進止所領
将軍が地頭および荘園の荘官，公領の郡司・郷司などの任命権を獲得した所領。承久の乱後に急増。

△③関東御領・関東知行国・関東進止所領はいずれも幕府の有力な経済的基盤であり，これらの経営を行った機関が政所であった。

4 朝廷と幕府の二元支配

*政治面でも，朝廷が10世紀半ば以降に出した法（荘園整理令など）は新制とよばれ，鎌倉時代も引き続き出された。

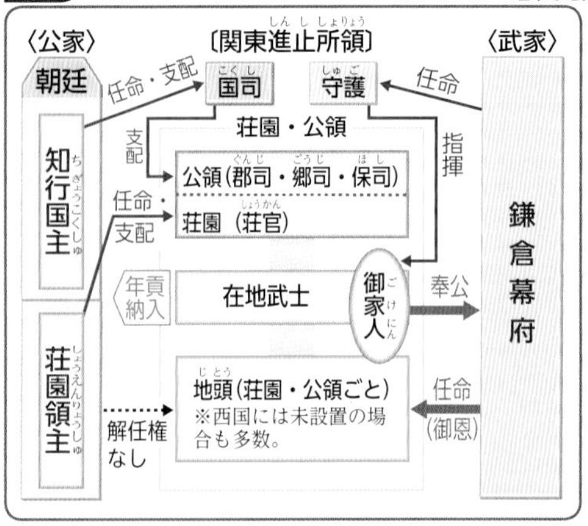
〈公家〉
〔関東進止所領〕
〈武家〉
朝廷
任命・支配
国司
守護
任命
荘園・公領
知行国主
支配
指揮
公領（郡司・郷司・保司）
任命・支配
荘園（荘官）
年貢納入
在地武士
御家人
奉公
鎌倉幕府
荘園領主
解任権なし
地頭（荘園・公領ごと）
※西国には未設置の場合も多数。
任命
（御恩）

◁④鎌倉幕府は地頭を通じて支配を浸透させていったが，京都の朝廷との二元的な支配であった*。武士は荘園・公領で荘官や郡司として任命されたが，その地位は不安定であった。そこで幕府による本領安堵と地頭任命がその地位を保障した。公家には地頭解任権がないので，武士は年貢納入の義務を負うものの地頭として在地支配を強め，在地領主化した。土地支配の基礎資料である大田文（➔p.326）は，守護が作成したものと，国衙が平均役（国の行事などの費用のために課税された臨時雑役）徴収の資料として作成したものがある。

歴史のまど 関幸彦『北条政子』 この時期の北条政子の役割をあざやかに描くとともに，その後どのように伝説化されたかを探る好著。

5 承久の乱* ―挽回をはかる公家政権

*のちの南北朝時代に，北畠親房が，義時追討を命じた後鳥羽上皇を批判している。史 ➔p.123

朝廷
後鳥羽上皇
朝廷の権威回復をねらう
幕府
北条義時
執権政治の確立を急ぐ
1219年
3代将軍・源実朝が暗殺される
討幕を決意
義時追討の院宣
御家人動揺するもほとんど動かず
1221年
承久の乱
幕府軍の圧勝
結果 武家の全国政権の成立
①3上皇(後鳥羽・土御門・順徳)の配流
仲恭天皇廃位→後堀河天皇即位
②六波羅探題の設置 ③新補地頭の任命
④全国的土地台帳大田文の作成(1223年)
隠岐
後鳥羽上皇
(法皇)
順徳上皇
佐渡
国府
北条朝時軍
(4万)
武田信光軍(5万)
京都
大井戸渡
墨俣
宇治
鎌倉
橋本
北条泰時・時房軍
(10万)
阿波
土佐
土御門上皇
(土佐→阿波)
承久の乱をさまざまな視点から読み解こう ➔巻頭1-2
0 100km
地図を見る目
新補地頭が置かれた土地の分布に注目
幕府軍について戦った国
承久の乱後，守護の交替があった国
上皇配流地
新補地頭が置かれた土地
幕府軍の進軍ルート

△⑤承久の乱の経緯

△⑥**承久の乱** 院を警護する西面の武士を置き軍事力の増強をはかった**後鳥羽上皇**は，1221(承久3)年，**北条義時**追討の院宣を出し挙兵した。幕府側は北条政子が大演説を行って御家人らをまとめると，東国武士が続々と集まり，約19万騎が京都に攻めのぼった。幕府は圧勝し，3上皇は配流されて，上皇方の貴族・武士の領地は没収された。朝廷では以後も**院政**(➔p.98)が続いたが，支配体制においては京都の朝廷に対する幕府の優位が確立した。

C 御成敗式目 ―最初の武家法

➔p.325「法制度の移り変わり」

御成敗式目(貞永式目) 1232(貞永1)年制定	
目的	公平な裁判のため
基準	**頼朝**以来の**先例**・武家社会の**道理**を成文化 史
規模	51か条 のちに追加法〈式目追加〉
内容	守護・地頭の職務，所領関係，訴訟裁判，強大な親権，女子の相続 史 など
適用範囲	幕府の勢力範囲(御家人のみ)* *朝廷では公家法，荘園領主のもとでは本所法が適用。

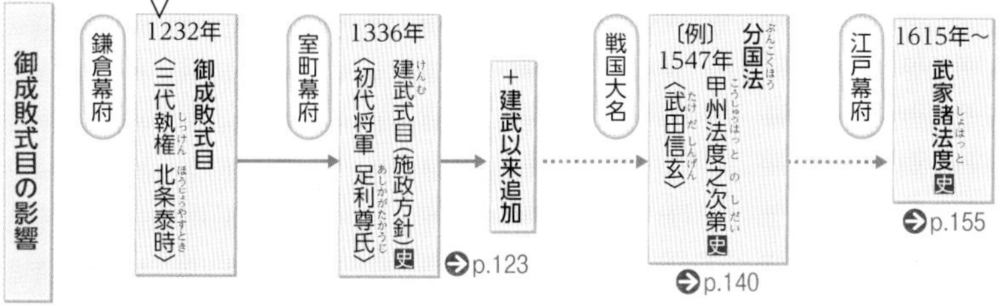
御成敗式目の影響
鎌倉幕府
1232年 御成敗式目〈三代執権 北条泰時〉
室町幕府
1336年 建武式目(施政方針)〈初代将軍 足利尊氏〉史
➔p.123
+建武以来追加
戦国大名
〔例〕分国法 1547年 甲州法度之次第〈武田信玄〉史
➔p.140
江戸幕府
1615年〜 武家諸法度 史
➔p.155

6 承久の乱後の幕府

A 鎌倉幕府のしくみ

よみとき 政治が評定による有力御家人の合議制に変化したことに注目しよう ➔p.106

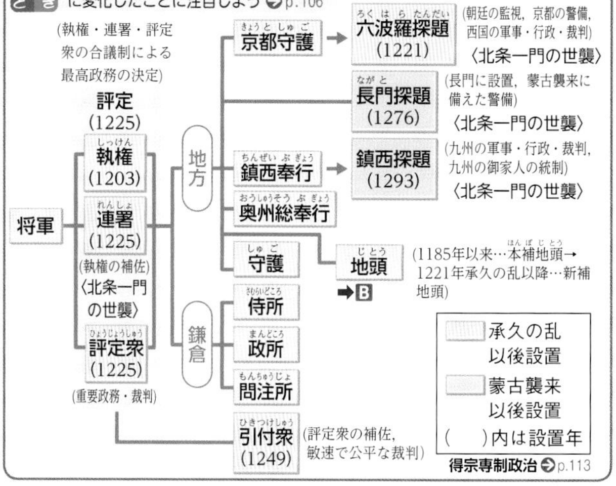
(執権・連署・評定衆の合議制による最高政務の決定)
評定
(1225)
将軍
執権
(1203)
連署
(1225)
(執権の補佐)
〈北条一門の世襲〉
評定衆
(1225)
(重要政務・裁判)
引付衆
(1249)
(評定衆の補佐，敏速で公平な裁判)
地方
京都守護
六波羅探題
(1221)
(朝廷の監視，京都の警備，西国の軍事・行政・裁判)
〈北条一門の世襲〉
長門探題
(1276)
(長門に設置，蒙古襲来に備えた警備)
〈北条一門の世襲〉
鎮西奉行
鎮西探題
(1293)
(九州の軍事・行政・裁判，九州の御家人の統制)
〈北条一門の世襲〉
奥州総奉行
守護
地頭
(1185年以来…本補地頭→1221年承久の乱以降…新補地頭)
➔B
鎌倉
侍所
政所
問注所
承久の乱以後設置
蒙古襲来以後設置
( )内は設置年
得宗専制政治 ➔p.113

B 本補地頭・新補地頭

	本補地頭 ➔p.106	新補地頭
設置年	1185(文治1)年 平家滅亡後	1221(承久3)年以後 承久の乱後
配置場所	公領と荘園 (平家没官領・謀叛人跡など)	承久の乱後の没収地(上皇方の所領3000余か所)のうち得分の先例のない所領
得分(収入)	荘官や郷司の得分を継承 先例による給田・給名など	慣例がない場合は**新補率法**による ①田畑11町に1町の給田 ②段別5升の加徴米 ③山や川からの収益の半分 ④犯罪人の財産の1/3

△⑦**承久の乱**後，朝廷方の没収地に新たに補任された地頭を**新補地頭**といい，承久の乱以前に設置された地頭を本補地頭という。地頭の職権・得分に慣例がない場合は，地頭の得分を確保するために幕府が定めた最低基準(新補率法)を，新補地頭に限り適用することにした。以降，地頭の荘園侵略が進められていった。

D 鎌倉幕府の訴訟制度 ―武士の道理と合議による裁判

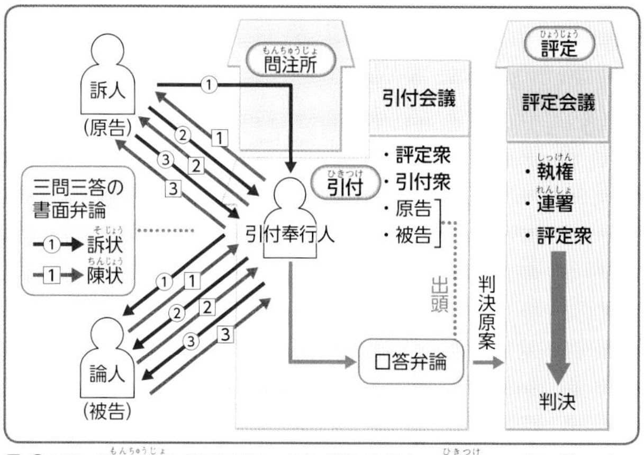
問注所
評定
訴人
(原告)
引付会議
評定会議
・評定衆
・引付衆
・原告
・被告
・執権
・連署
・評定衆
三問三答の書面弁論
①訴状
①陳状
引付
引付奉行人
出頭
判決原案
論人
(被告)
口答弁論
判決

△⑧原告が問注所に訴状提出。被告が陳状提出。**引付**で三問三答の書面弁論が行われる。その後判決原案が作成され，評定で判決が下された。

時代を見る目 武士の道理とは ―御成敗式目に込められた精神

北条泰時は京都にいる弟重時にあてた手紙の中で，御成敗式目の趣旨を「ただ道理*にかなうように記したもの。身分の高低にかかわらず，かたよりなく裁定するための基準として定めた。これにより公家法の内容がいささかも改められるものではない」と説明している。式目は室町幕府に引きつがれ，戦国大名の分国法にも大きな影響を与えた。

*武士社会の慣例。

歴史のまど 田端泰子『女人政治の中世』 北条政子と日野富子にスポットをあて，武士階級の女性が政治とどうかかわったかを描く。

中世 鎌倉

武士の生活と役割 ―流鏑馬有り。射手五騎…次に各射訖んぬ（『吾妻鏡』）

ヒストリースコープ

1187年，源頼朝は天下泰平を祈念して，鶴岡八幡宮の放生会（生きものを野山に放つ仏教儀式）で流鏑馬を奉納した。流鏑馬は，笠懸・犬追物と合わせて騎射三物とよばれ，武芸の訓練として武士の間でよく行われた。*

考察

❶図①～③を見て，この時代の武士に必要とされた技術とは何か説明しよう。
❷図④から，武士の日常生活はどのようなものか，説明しよう。→1
❸各地の地頭となった武士は，どのようにして荘園支配の権限を拡大していったのだろうか。→4

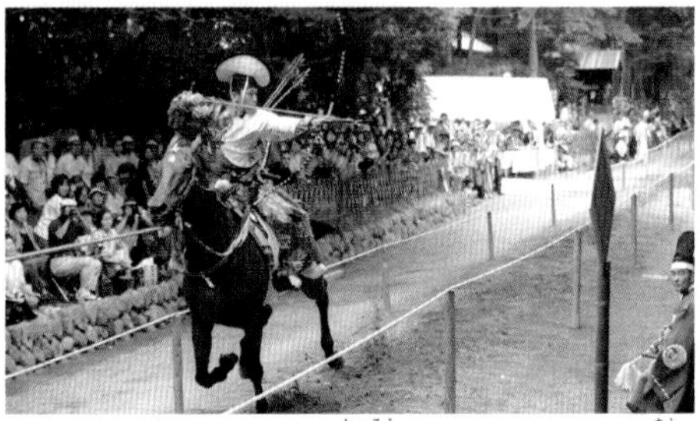

△①**流鏑馬**（鶴岡八幡宮）　疾走する馬上から三つの的に鏑矢をやつぎばやに射る，騎射の技術。馬を馳せながら矢を射ることから「矢馳せ馬」とよばれ，時代が下るにつれて「やぶさめ」になったといわれる。

〈東京国立博物館蔵（部分）〉

△②**笠懸**（男衾三郎絵詞）　馬上から遠距離の的（もとは射手の笠を懸けて使った）を射る競技。流鏑馬より余興的意味合いが強く，略儀・略装で行われ，的を破損しないように鏑矢から鏃を抜いた矢を用いた。

〈東京国立博物館蔵（部分）〉

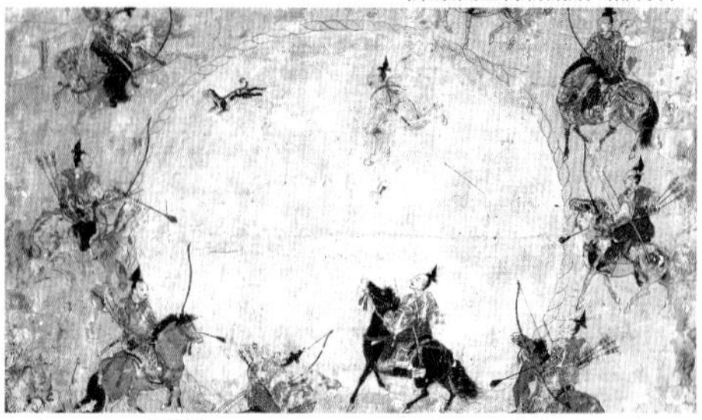

△③**犬追物**（月次風俗図屏風）　放たれた犬を追って馬上から射る武芸。騎手が2～3組に分かれ，射た犬の数を争う。弓の射方や命中箇所でもわざを競った。

*騎射三物とともに，多人数で獲物を追う巻狩も行われるようになった。

1 武士の暮らし

〈国 神奈川 清浄光寺（遊行寺）蔵 第4巻 37.7～38.1×1115.3cm（部分）〉

鷹
馬場
厩
持仏堂
母屋
主人
一遍➔p.118
猿
矢倉門
竹やぶ
一遍
板塀
堀

△④**筑前国武士の館**（一遍上人絵伝）　典型的な武士の**館**のようす。敷地内では武芸の基本となる馬や鷹狩り用の鷹のほか，厩の魔よけとして猿も飼育されている。母屋は板敷きで一部に畳が敷かれている。

よみとき　館の防御のための仕組みについて，どのようなものがあるかに注目しよう。

▷⑤**鎧と兜**（赤糸威鎧 兜・大袖付）　平安後期から鎌倉にかけて鎧や兜の意匠が発達した。縅（鎧の小札をつなぐひも）には赤糸が多く用いられた。赤は目立つため，一騎打ち手法が行われた戦場で戦功を誇示する必要のあった武士に好まれた。

〈国 青森 櫛引八幡宮蔵〉

Key Word　太刀と刀

太刀は刃を下に向けて腰につり下げる（太刀をはく）。室町以降，刃を上に向けて鞘を腰の帯にさす打刀（刀をさす）が主流になった。

△⑥**太刀**　鎌倉時代には備前の長光，京都の藤四郎吉光など各地に刀鍛冶が現れた。中でも鎌倉の正宗は最高の刀工とされた。

〈愛知 徳川美術館蔵〉

2 武士社会の決めごと

A 惣領制

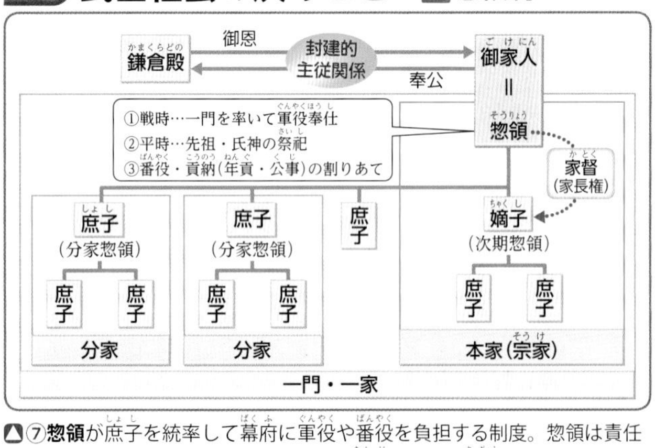

鎌倉殿
御恩
封建的主従関係
奉公
御家人
II
惣領
①戦時…一門を率いて軍役奉仕
②平時…先祖・氏神の祭祀
③番役・貢納（年貢・公事）の割りあて
家督（家長権）
庶子（分家惣領）
庶子
庶子
分家
庶子（分家惣領）
庶子
庶子
分家
庶子
嫡子（次期惣領）
庶子
庶子
本家（宗家）
一門・一家

△⑦**惣領**が庶子を統率して幕府に軍役や番役を負担する制度。惣領は責任者となり庶子に負担を配分した。所領の安堵（所領の知行を承認すること）も惣領に対して行われたが，所領は庶子らにも分割して相続された。

B 分割相続

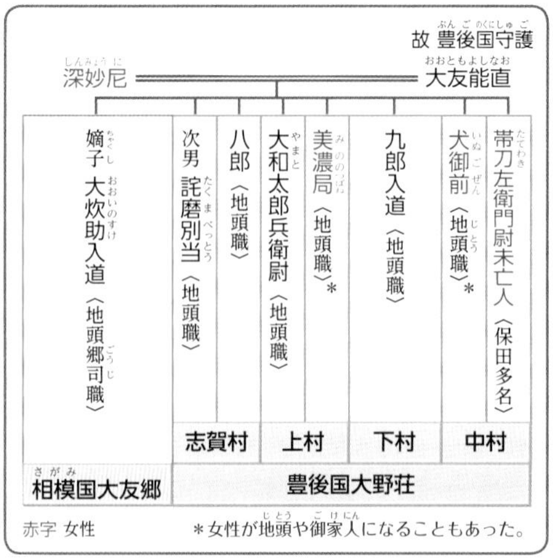

故 豊後国守護
大友能直
深妙尼
嫡子 大炊助入道（地頭郷司職）
次男 詫磨別当（地頭職）
八郎（地頭職）
大和太郎兵衛尉（地頭職）
美濃局（地頭職）*
九郎入道（地頭職）
犬御前（地頭職）*
帯刀左衛門尉未亡人（保田多名）
志賀村
上村
下村
中村
相模国大友郷
豊後国大野荘
赤字 女性
*女性が地頭や御家人になることもあった。

◁⑧惣領の財産を庶子ら複数に譲与する財産相続形態を**分割相続**という。豊後国守護大友能直の所領は妻の深妙尼が相続しており，女性にも相続の権利があったことがわかる。その後，本領である相模国大友郷は嫡子に，豊後国大野荘は庶子ら7人に与えられ分割相続された。鎌倉中期以降，分割相続の繰り返しにより一族の土地が細分化したため，女性が相続した所領などは本人の死後惣領に返すようになった（一期分）。分割相続は，武士を窮乏化させることになり，しだいに単独相続に移行した。

歴史散歩　鑁阿寺（栃木県足利市）・池上本門寺（東京都大田区）　各々，足利氏・池上氏の居館跡。中世武士の居館のおもかげをよく残す。

3 民衆の暮らし

〈国 神奈川 清浄光寺(遊行寺)蔵 第4巻〉

布売り
米売り
魚売り
履物売り
一遍
船着場
壺や甕

⑨**備前国福岡荘**(岡山県瀬戸内市)**の市のようす**(一遍上人絵伝) 吉井川の河口付近に設けられた**定期市**。地元の備前焼の壺・甕や，米や布・履物のような日常品のほか，新鮮な魚介類も売られ，多くの人々でにぎわっている。➔p.94

4 地頭の権限の拡大 →p.327「土地制度の移り変わり」

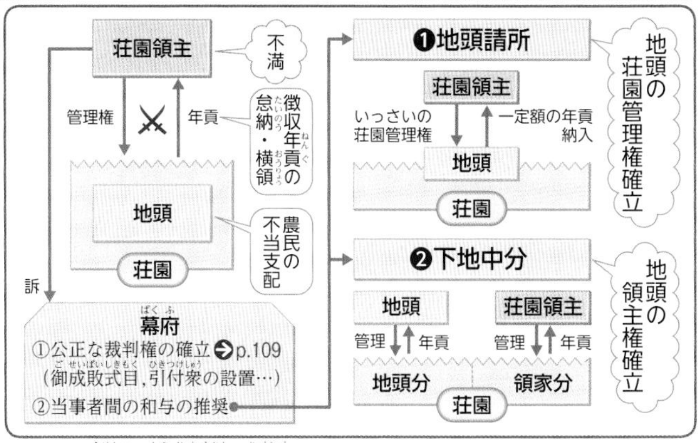
荘園領主
不満
管理権
年貢
徴収年貢の怠納・横領
地頭
農民の不当支配
荘園
訴
幕府
①公正な裁判権の確立➔p.109
(御成敗式目，引付衆の設置…)
②当事者間の和与の推奨
❶地頭請所
荘園領主
いっさいの荘園管理権
一定額の年貢納入
地頭
荘園
地頭の荘園管理権確立
❷下地中分
地頭
荘園領主
管理
年貢
管理
年貢
地頭分
領家分
荘園
地頭の領主権確立

⑩**地頭請所と下地中分** 承久の乱(→p.109)後，地頭の権限を使って土地の拡大をする者が現れ，各地で土地紛争が頻発した。紛争解決のために，年貢納入の確約と引きかえに荘園管理を地頭に請け負わせる**地頭請所**(❶)や，荘園領主と地頭で下地(土地)を分割する**下地中分**(❷)がとられた。領主と地頭の和与(当事者間の和解)によって行われる場合と，判決により命じられる場合があった。

A 下地中分

⑪**伯耆国東郷荘荘園絵図**(左)と⑫**その地形図**(右 鳥取県湯梨浜町) 1258年，京都松尾神社領東郷荘が領家と地頭の間で**下地中分**され，絵図が作成された。田地・山林・牧地などのそれぞれに境界線を記して，領家分と地頭分に分割している。境界線の左右には執権北条長時・連署北条政村が認定した花押があり，この決定は法的効力をもった。池の上の船は中分線の役割を果たし，牧場の馬や神社・寺院の数も双方同数になるように表されている。絵図と地形図を比較すると，東郷池の一部が埋め立てられたほかは地形は大きくかわっておらず，当時の状況を推測することができる。➔p.94

よみとき 領家分と地頭分に分割するために，なぜ境界線を複数引く必要があったのか，その理由に注目しよう

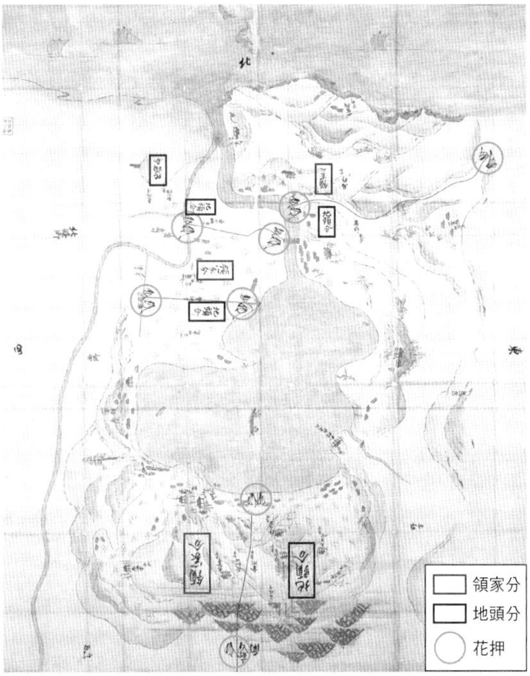
領家分
地頭分
花押

〈東京大学史料編纂所蔵 模写 地形図の向きと合わせるために北を上にして表示〉

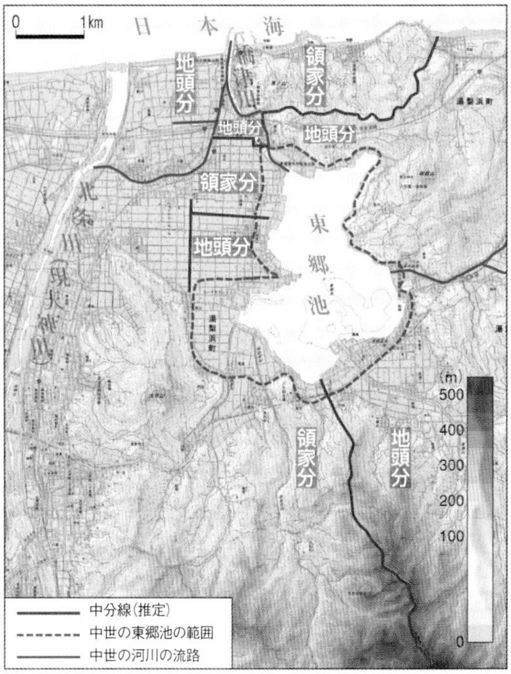
0 1km
日本海
地頭分
領家分
地頭分
地頭分
領家分
地頭分
北条川(現天神川)
東郷池
領家分
地頭分
(m)
500
400
300
200
100
0
中分線(推定)
中世の東郷池の範囲
中世の河川の流路

〈東郷荘総合情報閲覧システム 国土地理院地形図を元に作成〉

5 地頭の横暴－ミミヲキリハナヲソギ

一 ヲンサイモクノコト、アルイワチトウ
ノキヤウシヤウ①、アルイワチカフ②トマウ
シ、カクノコトクノ人フヲ、チトウノカタ
エセメツカワレ候ヘハ、ヲマヒマ候ワス候…③

(御材木のこと、或いは地頭の京上、或いは近夫と申し、かくのごとくの人夫を、地頭の方へ責め使われ候えば、手間暇候わず候)

①**京上** 大番役などで上京すること
②**近夫** 近所での使役
③**手間暇候わず候** 全く暇などありません

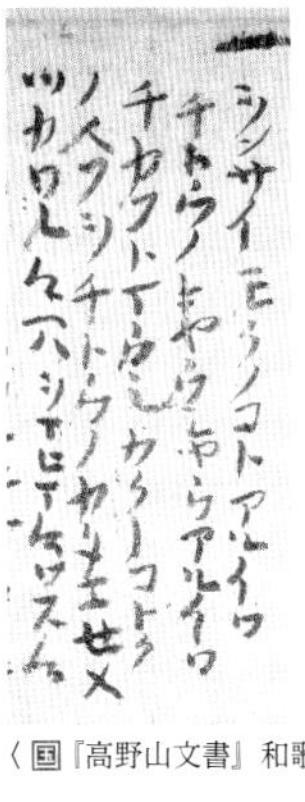

〈国『高野山文書』和歌山 金剛峯寺蔵(部分)〉

⑬**紀伊国阿氐河**(和歌山県有田郡)**荘民の訴状** 阿氐河荘は有田川上流にあった荘園。1275年，荘民らは，荘園領主(本家は園城寺円満院，領家は寂楽寺)に年貢として納めるべき木材の納入が遅れている原因は，地頭である御家人湯浅氏が人夫役を課したり，「耳を切り鼻をそぐ」といっておどかしたりしていることにあると，自ら訴状を書いて説明している。

環境 中世の危機 ➔p.109

12～16世紀は地球全体が「小氷期」に入ったこともあって，日本の中世は寒冷化し，冷害に伴う飢饉や異常気象が起こりやすい「危機の時代」であった。このため，農作物を恒常的に取り合う社会となり，地頭の荘園侵略や荘園領主との年貢をめぐるかけひきや紛争が頻発した。また，寛喜の大飢饉(1231年)による被害の拡大のなかで，鎌倉幕府に寄せられる訴訟は激増し，そのための裁判基準を早急に決めなければならなかった。その結果，**御成敗式目**が策定され，幕府の武家社会統治の正当性はなおいっそう高まったと理解することもできる。

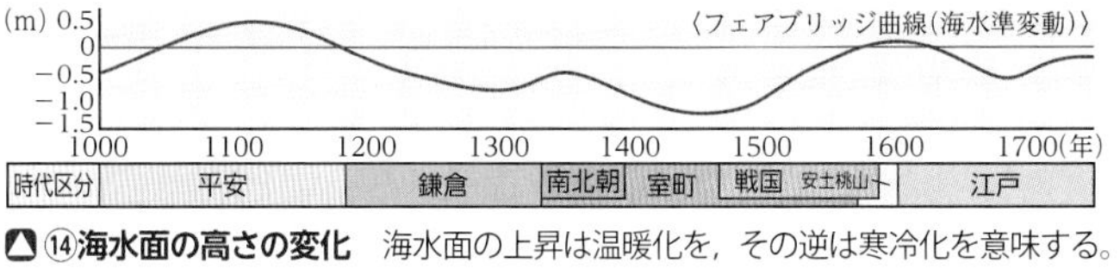
〈フェアブリッジ曲線(海水準変動)〉
(m) 0.5
0
−0.5
−1.0
−1.5
1000
1100
1200
1300
1400
1500
1600
1700(年)
時代区分
平安
鎌倉
南北朝
室町
戦国
安土桃山
江戸

⑭**海水面の高さの変化** 海水面の上昇は温暖化を，その逆は寒冷化を意味する。

今日とのつながり 神奈川県足柄上郡松田町の「松田惣領」・「松田庶子」などは惣領制に，埼玉県さいたま市浦和区の「領家」，岡山県高梁市川上町の「領家」「地頭」などの地名は，下地中分に由来する。

蒙古襲来と鎌倉幕府 ―兵を用うるに至りては，夫れ孰か好むところならん 史(フビライの国書)

ヒストリースコープ

モンゴル（元）の皇帝フビライ＝ハンは，1268年に高麗を通じて日本に国書をもたらし，「今後はたがいに友好を結ぼうではないか。…軍事力を用いようとは，誰が好んでするだろうか。王はこのことをよく考えて取りはからえ」と朝貢と服属を求めた。8代執権北条時宗がこれを拒否すると，元は大挙して博多湾に攻め込んできた。

➔p.10〜11 巻頭地図

△①蒙古襲来絵詞　2度にわたる蒙古襲来（文永・弘安の役）に出陣した肥後国の御家人竹崎季長が戦いのようすを描かせた絵巻で，図①は文永の役の場面。わずかな手勢とともに突撃する季長に対して，元軍は火薬を使った炸裂弾の「てつはう」（➔図④）で反撃し，馬を射倒して季長を討ち取ろうとしている。突進する季長と弓を射る元兵*との間に，炸裂する「てつはう」が見える。

〈国 皇居三の丸尚蔵館蔵 前巻 35.5 × 2351.7cm（部分）〉

*中央に描かれた3人の元の兵士はほかにくらべて輪郭がはっきりしており，のちの加筆とみる説もある。

考察

❶元軍と御家人それぞれの装備や戦い方の違いを説明しよう。
❷文永の役のあと，幕府はどのような防衛体制を築いただろうか。➔2
❸蒙古襲来によって，幕府の政治体制や御家人の生活にどのような影響があっただろうか。➔3・4・5

中世　鎌倉

1 幕府政治（後期）と蒙古襲来

幕府政治（前期）➔p.108

天皇	院	執権	得宗	年	事項
				1206	チンギス＝ハン（成吉思汗）即位，モンゴル帝国成立
後深草		―1256 6代長時	時頼	1259	モンゴル，高麗を服属させる
				1260	フビライ（忽必烈）＝ハン即位
亀山	後嵯峨	―1264 7代政村			日蓮，『立正安国論』を北条時頼に提出 ➔p.118
		―1268	時宗	1268	高麗の使節，朝貢を求めるフビライの国書をもたらす
				1270	高麗で三別抄の乱（1273 元・高麗によって平定）
				1271	フビライ，国号を元と定める
					日蓮，佐渡に配流
後宇多	亀山	8代時宗		1274	文永11年，文永の役（10.5〜20）➔2
				1275	幕府，異国警固番役を制度化
					北条時宗，元の使節一行を鎌倉の龍口で斬首
					竹崎季長，幕府から恩賞を得る ➔5 A
				1276	鎮西御家人，博多湾岸に防塁を築く ➔図②
					長門探題を設置 ➔4
				1279	南宋の残存勢力滅亡　幕府，再び元使を斬首
				1281	弘安4年，弘安の役（5.21〜閏7.7*）➔2
		―1284	貞時	1285	内管領 平頼綱，安達泰盛一族を滅ぼす（霜月騒動）➔4
伏見	後深草	9代貞時		1293	鎮西探題を設置 ➔4
					永仁の大地震起こる
					北条貞時，平頼綱を滅ぼす（平禅門の乱）➔4
					➔得宗専制政治の確立 ➔3
				1297	永仁の徳政令 ➔5 B

（1274〜1281：蒙古襲来（元寇）／1259〜1284：得宗権力の強化／1285〜：得宗専制）

国外事情・対外関係　*現在の暦で8月29日。その6日前に暴風雨が来襲。

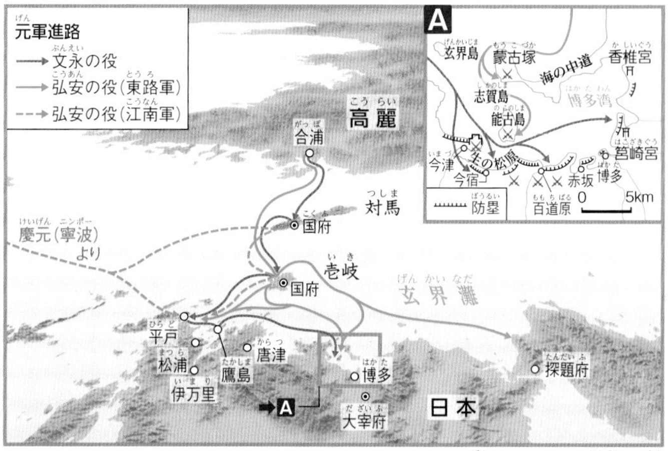

元軍進路
文永の役
弘安の役（東路軍）
弘安の役（江南軍）
高麗
合浦
対馬
国府
慶元（寧波）より
壱岐
国府
玄界灘
平戸
松浦
伊万里
鷹島
唐津
博多
探題府
大宰府
日本
A
玄界島
蒙古塚
海の中道
香椎宮
志賀島
博多湾
能古島
筥崎宮
今津
生の松原
今宿
赤坂
博多
百道原
防塁
0 5km

△②元軍の侵入　文永の役後，幕府は北九州防備の異国警固番役を制度化した。また九州の御家人に博多湾の防塁（➔図⑤）を築かせ，これらにより弘安の役（➔図⑥）では元軍の北九州上陸を防ぐことができた。この過程で幕府は非御家人も動員していった。

名称		文永の役	弘安の役	
年月		1274年10月	1281年5〜閏7月	
元軍	軍艦	約900艘（元・高麗の連合軍）	東路軍*（元・高麗の連合軍）約900艘	江南軍（旧南宋軍）約3500艘
元軍	兵士	3万数千人	4万人	10万人
日本軍兵士		1万人（騎兵含む）	4万人	

△③文永・弘安の役の比較　*元軍の先発隊。

2 蒙古襲来（元寇）―文永の役（1274年）と弘安の役（1281年）

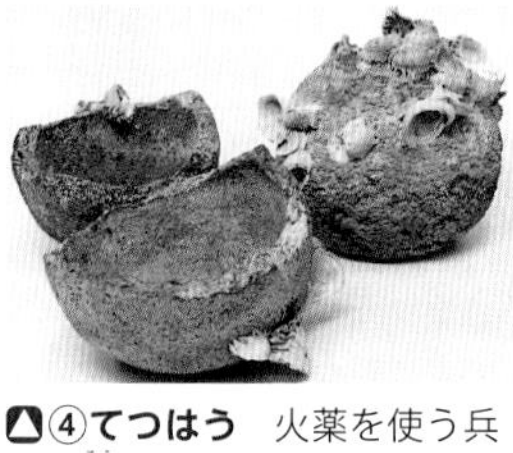

△④てつはう　火薬を使う兵器は宋代の中国で発明された（➔p.345図⑤）。元寇当時の「てつはう」は，2001年，長崎県の鷹島海底遺跡で，陶器に火薬をつめたものが初めて出土した。

△⑤防塁跡　文永の役後，元との再戦を決意した幕府は，博多湾沿岸に総延長20km・高さ2〜3mの防塁（石築地）を築き備えを固めた。➔図⑥，➔p.10図②

〈国 皇居三の丸尚蔵館蔵 後巻（部分）〉

△⑥弘安の役『蒙古襲来絵詞』　幕府軍は防塁で元軍の上陸を防ぎ，しばしば元船に攻撃をかけた。膠着状態のなか江南軍を待って一夏を過ごした元軍は，合流の直後に台風とみられる暴風雨の直撃を受けて撤退した。

△⑦発見された元寇船　2011年10月，元軍の沈没船とみられる船体が鷹島海底遺跡で発見された。船の構造がわかる状態で発見されたのは初めて。

今日とのつながり　弘安の役の勝利は寺社が行った「敵国降伏」の祈禱による神仏の加護の結果とされ，神国思想が形成された。その思想はのちに太平洋戦争の神風特攻隊につながった。

3 対外的緊張と得宗専制政治

時代を見る目 蒙古襲来後の防備と鎌倉幕府の変質

弘安の役ののちも，**北条時宗**をはじめ鎌倉幕府の首脳は次の襲来があると考え*，備えを固めた。幕府は九州地方の御家人を引き続き**異国警固番役**に動員するだけでなく，非御家人の武士も動員する権限を獲得していった。1292年に，高麗を経由して再び朝貢をうながす国書が来ると，幕府は博多に**鎮西探題**を設置し，北条一門を任命して，九州地方に勢力を拡大していった。また，蒙古襲来に備えるための新たな守護の配置や新設の役職などに得宗家が強い影響力をもち，幕府における得宗家の権力が大幅に強化された。

＊実際に３度目の遠征も計画されたが，大越(ベトナム)やビルマ(パガン朝)など東南アジアへの外征（➔p.10~11）を優先し実行されなかった。

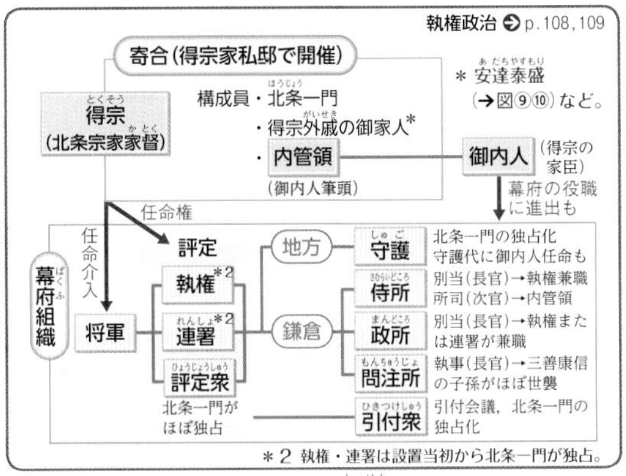

執権政治 ➔ p.108,109
寄合(得宗家私邸で開催)
構成員・北条一門
・得宗外戚の御家人*
・内管領
＊安達泰盛 (➔図⑨⑩)など。
得宗 (北条宗家家督)
(御内人筆頭)
御内人 (得宗の家臣)
幕府の役職に進出も
任命権
任命介入
幕府組織
将軍
評定
執権*2
連署*2
評定衆
北条一門がほぼ独占
地方
鎌倉
守護 北条一門の独占化 守護代に御内人任命も
侍所 別当(長官)→執権兼職 所司(次官)→内管領
政所 別当(長官)→執権または連署が兼職
問注所 執事(長官)→三善康信の子孫がほぼ世襲
引付衆 引付会議，北条一門の独占化
＊2 執権・連署は設置当初から北条一門が独占。

⑧**得宗専制政治の構造**　従来の**執権政治**（➔p.108）では有力御家人ら**評定衆**と**執権・連署**の評定で重要政務や裁判の判決が合議されたが，**得宗専制政治**では，北条一門が要職を独占し，決定の場も**得宗**家私邸で開かれる**寄合**に移った。同時に，得宗の家臣の御内人やその筆頭の内管領が力をもつようになった。

4 鎌倉末期の守護の設置

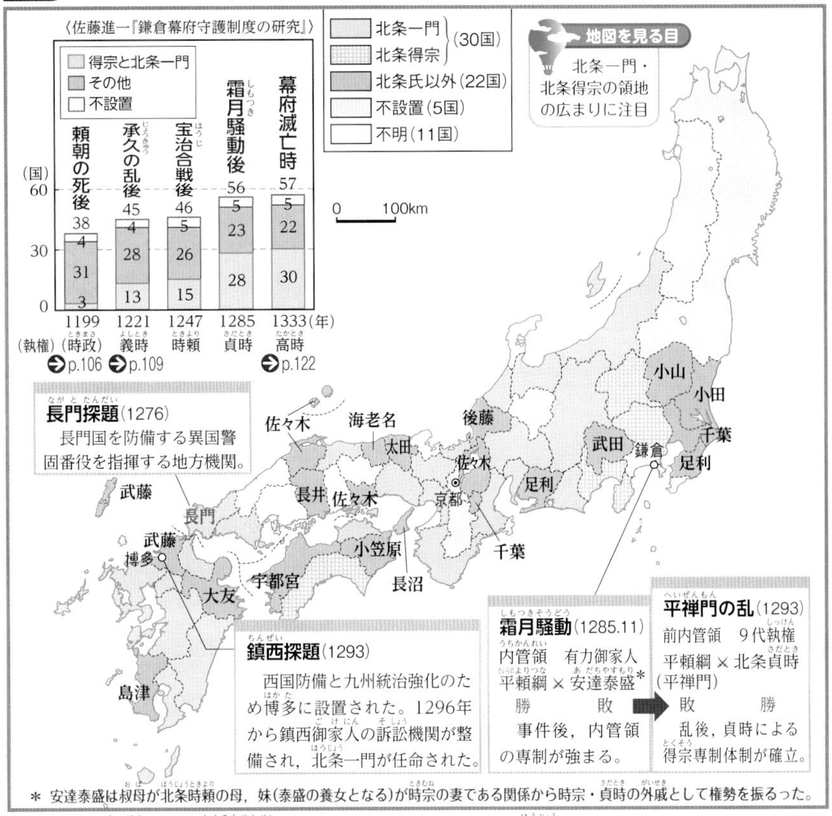

〈佐藤進一『鎌倉幕府守護制度の研究』〉
得宗と北条一門 / その他 / 不設置
(国) 60 30 0
頼朝の死後 1199 (執権)(時政) ➔p.106：38（4／31／3）
承久の乱後 1221 義時 ➔p.109：45（4／28／13）
宝治合戦後 1247 時頼：46（5／26／15）
霜月騒動後 1285 貞時：56（5／23／28）
幕府滅亡時 1333(年) 高時 ➔p.122：57（5／22／30）
北条一門 / 北条得宗 (30国)
北条氏以外(22国)
不設置(5国)
不明(11国)
地図を見る目 北条一門・北条得宗の領地の広まりに注目
0 100km
小山 小田 千葉 足利 武田 鎌倉 後藤 海老名 太田 佐々木 佐々木 京都 長井 佐々木 足利 武藤 長門 武藤 博多 小笠原 宇都宮 大友 長沼 千葉 島津
長門探題(1276) 長門国を防備する異国警固番役を指揮する地方機関。
鎮西探題(1293) 西国防備と九州統治強化のため博多に設置された。1296年から鎮西御家人の訴訟機関が整備され，北条一門が任命された。
霜月騒動(1285.11) 内管領 平頼綱 × 有力御家人 安達泰盛* 勝 敗 事件後，内管領の専制が強まる。
平禅門の乱(1293) 前内管領 平頼綱 × 9代執権 北条貞時 (平禅門) 敗 勝 乱後，貞時による得宗専制体制が確立。
＊ 安達泰盛は叔母が北条時頼の母，妹(泰盛の養女となる)が時宗の妻である関係から時宗・貞時の外戚として権勢を振るった。

⑨幕政が執権政治・**得宗専制政治**へと推移するにつれて，北条氏が守護を務める国も増加した。とくに９代執権の貞時以後は，全国の守護の半数以上を北条氏一門が占め，畿内周辺や東海・山陽・西海諸道の要地を独占した。あわせて**得宗**家領の荘園・公領も拡大し，御内人がその運営にあたった。

5 御家人の窮乏と徳政令

A 御家人の窮乏

〈国 皇居三の丸尚蔵館蔵 前巻(部分)〉

⑩**安達泰盛**(左)**と談判する竹崎季長**(右)（蒙古襲来絵詞）　竹崎季長(➔図①)は，恩賞が得られなかったため，北条時宗の義父にあたる有力御家人安達泰盛(➔図⑨)に談判して恩賞を与えられた。一方，他の御家人の多くは十分な恩賞が得られず，戦費が自己負担であったため，経済負担に苦しんだ。

敵國降伏

⑪**筥崎宮**(福岡市東区)**の扁額***
筥崎宮は筑前国一宮。扁額の「敵国降伏」の文字は蒙古襲来の際に亀山天皇が奉納した宸筆を写したもの。各地の寺社は異国調伏祈禱の功績を訴え，幕府に恩賞を要求した。
＊門戸・室内にかける細長い額。

B 永仁の徳政令(1297年)

背景
①分割相続による所領の細分化
②蒙古襲来の過重負担と恩賞無給与
③借上(金融業者)に対する所領の質入れ・売買
➡ 御家人救済の必要性

1297(永仁5)年　永仁の徳政令　執権：北条貞時(得宗)
Ⓐ御家人の土地の質入れ・売却の禁止
Ⓑすでに売却された所領の無償返還
・買い手が御家人→20年を過ぎたものは不問
・買い手が非御家人・凡下→年限なしで返還

永仁の徳政令〔抜粋〕 史
一、質券売買地の事
…以前沽却②の分に至りては，本主③領掌せしむべし。但し或いは御下文・下知状④を成し給い，或いは知行二十箇年を過ぎば，公私の領を論ぜず，今更相違あるべからず…次いで非御家人凡下の輩⑤質券売得地の事，年紀⑥を過ぐと雖も，売主知行せしむべし。
①質入れや売却された土地のこと　②売却　③元の所有者　④土地の譲渡や売却を幕府が認めた公文書　⑤庶民。ここでは借上→114ページ　⑥取得後二十年（『東寺百合文書』）

Ⓒ御家人に関する金銭貸借の訴訟を受け付けない
Ⓓ越訴(再審)の禁止

結果
経済の混乱　借上の貸し渋り(借り入れ条件悪化)
➡ 御家人の窮乏化に拍車　幕府への不信・御家人の離反　(幕府はⒷを除き翌年撤回)

時代を見る目 蒙古襲来と悪党の登場

鎌倉時代後期，地方の神領(神社の領地)では摂関家などの本所(荘園の実質的支配権をもつもの)が経営権を強めていたが，寺社が蒙古撃退のために行った異国調伏祈禱の恩賞を求めたため，幕府は神領回復の徳政を実施した。寺社は本所の影響を排除し，神官による一元支配を行える所領を回復した。これにより所領を失った新興の武士や，蒙古襲来で十分な恩賞が支払われず没落した御家人たちは，自力による権利獲得をめざし，荘園領主や幕府に抵抗し実力で土地や収穫物を奪った。彼らは旧来の秩序を乱す武士集団という意味で**悪党**とよばれ，各地に広がっていった。

〈大阪 四天王寺蔵〉

⑫**寺社に押し入る悪党**(聖徳太子絵伝)

歴史散歩　松浦市立鷹島歴史民俗資料館(長崎県松浦市)　弘安の役で元軍の船が多く沈んだといわれる鷹島周辺で発見された「てつはう」など，蒙古襲来関連の遺物などを展示。

農業と商工業の発展 ―准布を止め銅銭を用ゆべきの由，仰せ下さる（『吾妻鏡』）

ヒストリースコープ

12世紀後半，日宋貿易（➔ p.99）により宋銭が大量に輸入され，社会に流通し始めた。この実態を背景に，1226年，鎌倉幕府は物価を絹や布で換算すること（准布）にかえて，銅銭によって年貢などを納めることを認め，その流通を推進した。

考察

❶銅銭が普及したことによって，経済活動にどのような変化が起きただろうか。

❷貨幣経済の発達の背景にある，農工業の進展を具体的に説明しよう。→ 1 ・ 2

❸貨幣経済が浸透することによって生まれた，新しい商業の動きを説明しよう。→ 1 ・ 3

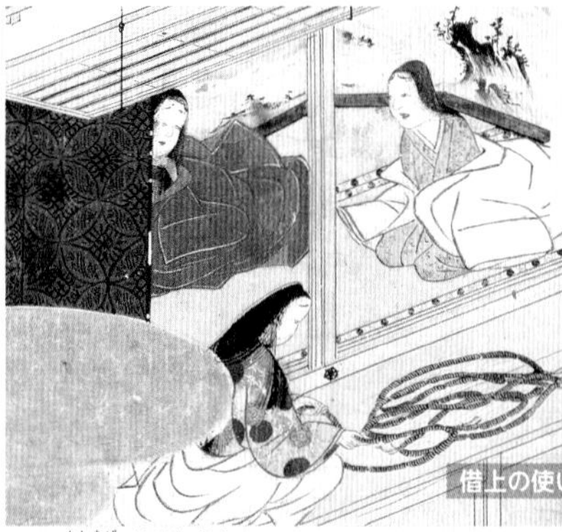
借上の使い

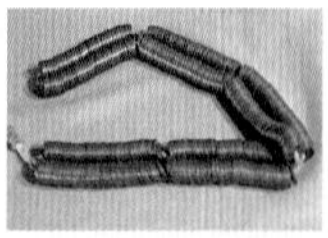

△②1貫文の銭緡

△①借上（山王霊験記絵巻）　高利貸し業者である借上の使いから銭を借りているようす。銅銭はひもを通した状態（銭緡）で管理された（1緡＝約100文，10緡＝1貫文）。図①の縁側におかれた銭緡は20貫文。〈大阪 和泉市久保惣記念美術館蔵〉

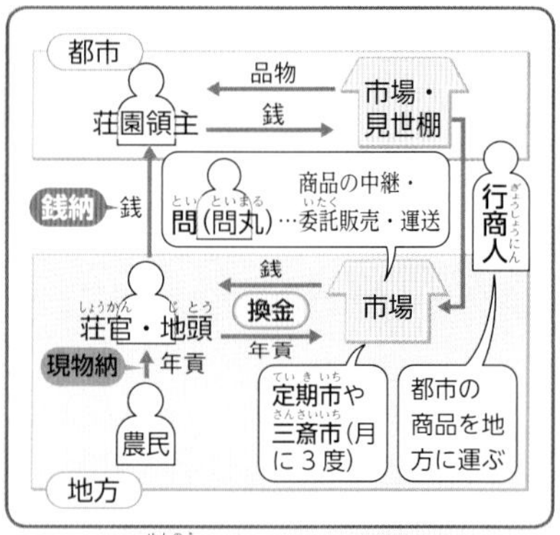
都市
荘園領主
品物
銭
市場・見世棚
銭納
銭
問（問丸）…委託販売・運送
商品の中継・
行商人
銭
荘官・地頭
換金
市場
現物納
年貢
年貢
農民
定期市や三斎市（月に3度）
都市の商品を地方に運ぶ
地方

△③年貢の銭納　農民から現物で納められた年貢は，地方の市場で売られて銭（多くは輸入された宋銭）に換金された。その銭が荘園領主に納められ，貨幣で必要品が売買された。

1 効率化が進む農業

▽④農業生産力の向上と商業の発達　室町時代の経済発展 ➔p.131 図⑥

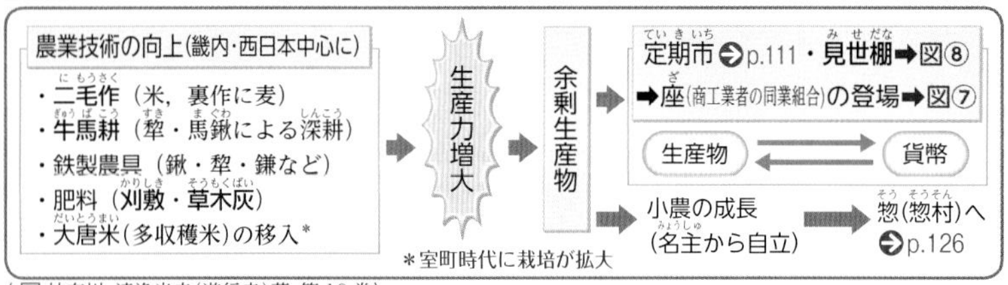
農業技術の向上（畿内・西日本中心に）
・二毛作（米，裏作に麦）
・牛馬耕（犂・馬鍬による深耕）
・鉄製農具（鍬・犂・鎌など）
・肥料（刈敷・草木灰）
・大唐米（多収穫米）の移入＊
生産力増大
余剰生産物
定期市➔p.111・見世棚➔図⑧
➔座（商工業者の同業組合）の登場➔図⑦
生産物
貨幣
小農の成長（名主から自立）
惣（惣村）へ➔p.126
＊室町時代に栽培が拡大

〈国 神奈川 清浄光寺（遊行寺）蔵 第10巻〉

休耕地

◁⑤休耕地のある農地（一遍上人絵伝）　春に米を，その裏作として秋に麦を同じ耕地に作付けする二毛作は，鎌倉中期に畿内～西日本で広く普及した。耕地は一年おきに休耕し，地力回復をはかった。

▷⑥牛馬耕（松崎天神縁起絵巻）　牛や馬に犂をひかせて田畑を耕作する作業（➔ p.128）。人力よりも深く耕すことができたため，作物の根が地中深く広がり，肥料がよく吸収されて生産力が上がった。これにより二毛作が可能になったと考えられる。

牛耕
犂

〈山口 防府天満宮蔵〉

2 手工業―専門職の成立

〈国 皇居三の丸尚蔵館蔵〉

△⑦番匠（春日権現験記）　建築を手がける技術者を番匠という。ほかにも刀剣などをつくる鍛冶や，なべ・釜などをつくる鋳物師といった手工業者が登場した。彼らは同業者組合である座の一員であり，寺社などの権門を本所とし，一定の労役・貢納（座役）を果たすと自分たちの仕事を保護してもらえるという関係（➔ p.130）にあった。

3 宋銭で活性化する商業

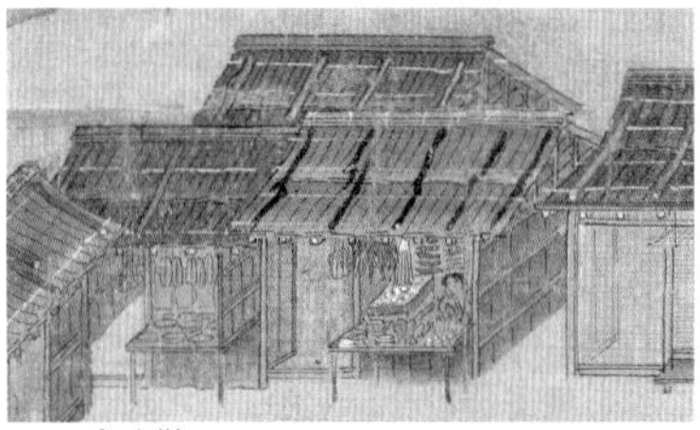

△⑧見世棚（一遍上人絵伝）　棚を設置し商品を陳列して販売する常設小売店。鎌倉末期から登場し，商人が集まる京都・鎌倉などでとくに発達した。洛中洛外図屛風には見世棚が多く描かれている。➔巻頭とびら「洛中洛外図屛風」

〈国 神奈川 清浄光寺（遊行寺）蔵 第5巻〉

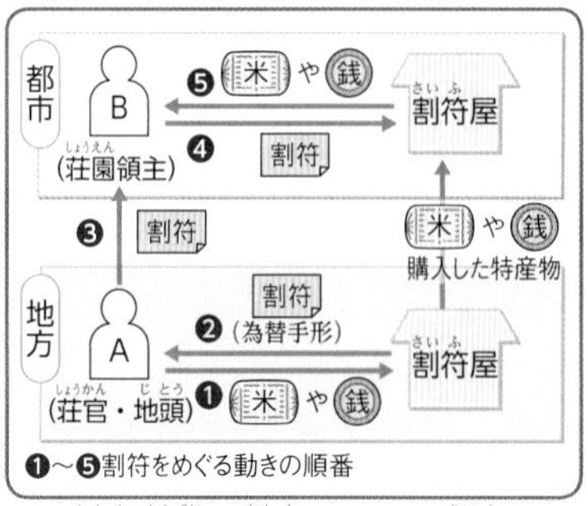
都市
B
（荘園領主）
❺ 米 や 銭
❹ 割符
割符屋
❸ 割符
米 や 銭
購入した特産物
地方
A
（荘官・地頭）
割符
❷（為替手形）
❶ 米 や 銭
割符屋
❶～❺割符をめぐる動きの順番

△⑨為替（替銭）　年貢の納入には割符（為替手形）が利用された。現物輸送の不便さや道中の危険を避けるためでもあった。

時代を見る目　中世における市庭

下野国下古館遺跡は，栃木県下野市にある12世紀後半から16世紀初めごろの遺跡である。この遺跡は，南西の空堀（一部葺石）で囲まれた小方形区画に建てられた阿弥陀堂を中心とした市庭の跡ではないかと推定されている。市庭は世俗権力の及ばない宗教性を帯びた空間であり，神仏の前で行われる交換・売買は公正性が保障された。遺跡の周囲は東西160 m，南北450 mの空堀で区画されており，堀の内側には数条の区画溝が認められる。遺跡内部には，大小の方形竪穴建物跡・井戸跡が点在し，掘立柱建物や火葬場などが確認されている。

▽⑩下野国下古館遺跡の模式図

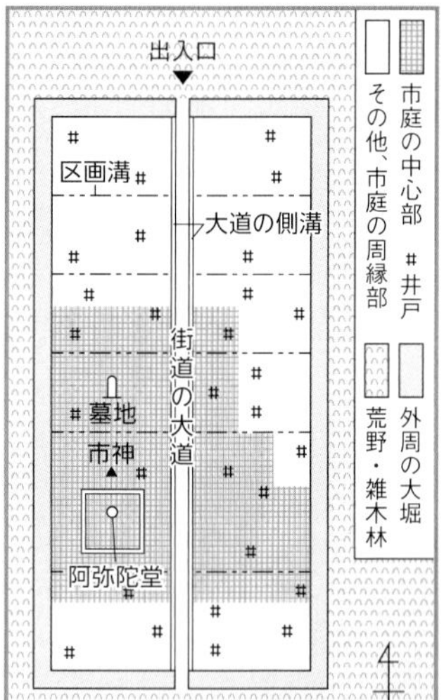
出入口
区画溝
大道の側溝
街道の大道
墓地
市神
阿弥陀堂
出入口
市庭の中心部
その他，市庭の周縁部
＃井戸
外周の大堀
荒野・雑木林

〈伊藤正義「中世の市庭の世界」『日本歴史館』〉

今日とのつながり　「○○日市」「○○市場」という地名は，中・近世にその土地で市場が栄えたことのなごりと考えられる。

〈奈良 東大寺蔵 下巻〉

1 南都焼打ち(1180年)

平重衡
盧舎那仏
大仏殿

△①炎上する東大寺(東大寺縁起)　平重衡の焼打ち(➔p.105)によって,「(大仏の)御頭は焼け落ちて大地にあり,御身は鎔合て(とけて)山の如し」(『平家物語』)という惨状となり,殿内に残った僧俗1700人が焼死した。鎮護国家(➔p.74)の仏を焼くという暴挙は衝撃的であった。重衡はのちにとらえられ,木津川河畔で処刑された。

2 鎌倉文化(建築・彫刻)まとめ表

特徴	天平復古と宋様式の導入 ① 13～14世紀前半の文化 ②京都・鎌倉における公武二元文化 ③奈良時代の伝統継承と新時代の精神を反映(宋・元文化の影響)
建築	【大仏様】東大寺 ㊐ 南大門 国 【禅宗様】円覚寺舎利殿 国 【和　様】石山寺多宝塔 国 ➔3 三十三間堂〈蓮華王院本堂〉国 ➔4 【折衷様】観心寺金堂 国
彫刻 ➔p.116～117	【東大寺】南大門金剛力士像 国(運慶・快慶ら) 僧形八幡神像 国(快慶)　重源上人像 国 【興福寺】無著・世親像 国(運慶ら) ㊐ 金剛力士像 国 天灯鬼・龍灯鬼像 国(康弁ら) 【その他】浄土寺阿弥陀三尊立像 国(快慶) 六波羅蜜寺空也上人像(康勝) 明月院上杉重房像 高徳院阿弥陀如来像〈鎌倉大仏〉国 ➔p.107

時代を見る目　復興援助とときの権力者

東大寺復興の際,後白河法皇(➔p.98)は,重源を起用し全国に勧進を呼びかけた。そして,復元された大仏の開眼当日には,自ら開眼の作法を行った。また,源頼朝(➔p.107)は,多額の米・砂金などを進んで寄進し,大仏殿落慶式には妻 政子と参列した。鎌倉から10万騎を率い,大仏殿を3重に取り巻く警護で武門の威勢を天下に誇示した。

3 重源と東大寺復興

＊寺院の建立・修復などのために寄進を募る責任者。重源の死後,栄西(→p.118)に引きつがれた。

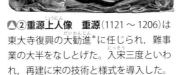

〈国 奈良 東大寺蔵 像高 82.2cm〉

△②重源上人像　重源(1121～1206)は東大寺復興の大勧進＊に任じられ,難事業の大半をなしとげた。入宋三度といわれ,再建に宋の技術と様式を導入した。

〈国 奈良 高さ約26m〉

＊宋の工人。南都焼打ちで落ちた東大寺大仏の首の修復にもあたった(1183年完成)。

大仏様

△③東大寺南大門　大仏様という新しい建築様式の代表的な遺構。重源が宋から招いた陳和卿＊が作業にあたった。大仏様は規格が統一されており短期間に建造ができるうえに,大風や地震のゆれにも強い免震構造になっている。

743	大仏造立の詔 ➔p.74
752	大仏開眼供養会
1180	平重衡の南都焼打ち
1185	大仏開眼供養会
1195	大仏殿落慶供養
1567	三好三人衆と松永久秀の合戦で大仏殿など焼失
1709	大仏殿落慶供養 ➔p.140

△④東大寺大仏殿関連年表

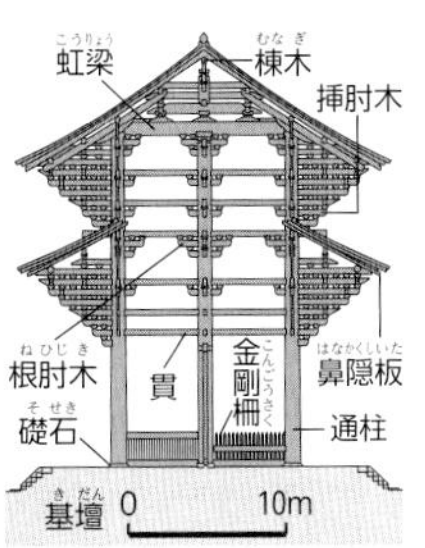
虹梁
棟木
挿肘木
根肘木
貫
金剛柵
鼻隠板
礎石
通柱
基壇
0
10m

貫
挿肘木
通柱

◁⑤東大寺南大門断面図(左)と⑥軒下(右)　屋根までの長い通柱を立て,その柱に挿肘木をさし込んで軒を支える。各柱は水平方向の貫でつながれ,ゆれに強い免震構造となっている。

4 鎌倉時代の建築

禅宗様
軒
花頭窓

△⑦円覚寺舎利殿　禅宗様(唐様)は軒のそり,花頭窓などを特色とする,洗練された装飾による宋風建築。**円覚寺**は1282年,**無学祖元**(➔p.131)が開いたが,この建物は15世紀の移築とされる。〈国 神奈川 高さ約10m〉

和様

△⑧三十三間堂(蓮華王院本堂)　**和様**は平安時代以来の寝殿造(➔p.92)に通じる優美で繊細な建築様式である。全長116mの堂内には,壮麗な千手観音など(➔p.103)を納める。1266年に再建された。〈国 京都 高さ約15m〉

折衷様

△⑨観心寺金堂　鎌倉時代後期には,和様に禅宗様もしくは大仏様を取り入れた**折衷様**(新和様)が増加する。簡素で平明な和風建築を基礎に,随所に装飾的な工夫が加わっている。〈国 大阪 高さ約12m〉

鎌倉文化①(彫刻)—木の中に埋っているのを,鑿(のみ)と槌(つち)の力で掘り出すまでだ(夏目漱石『夢十夜』)

〈国 奈良 像高 836.0cm〉

ヒストリースコープ

明治の文豪 夏目漱石(➔p.248)は,南大門の金剛力士像を彫る運慶に,木の中の完成像を取り出したに過ぎないと語らせている。生きているかのようなリアルな表現は,慶派仏師らによってさまざまに追求された。あふれる生命力は新興武士の力強さに共鳴するかのようである。

考察

❶南大門金剛力士像に表れた鎌倉時代の彫刻の特徴を説明しよう。
❷奈良仏師の運慶・快慶についてその活動を説明しよう。→1

◀①**東大寺南大門金剛力士像**(阿形) 阿形・吽形(➔図⑦)の2体は**運慶**・**快慶**の指揮のもと,1203年に69日間で完成された。部材3000余りを寄木造(➔p.90)で組んだ大作。1988年から5年間にわたって行われた解体修理の際,阿形には運慶と快慶,吽形には定覚と湛慶の名前が確認された。

Key Word 玉眼

肉体表現によるリアリズムを追求した慶派があみだした手法の一つ。水晶のレンズの裏に黒目を描き,その裏に白目となる紙を当てて本物の眼球のように目を光らせたしくみ。平安末期に慶派が始めると人気をよび,鎌倉時代以降ほとんどの仏像に採用された。

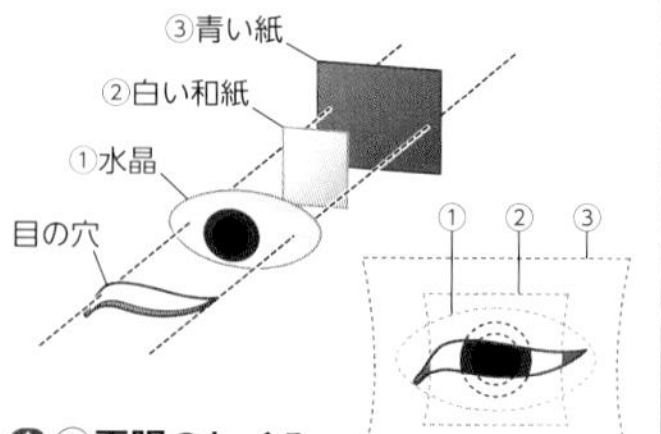
③青い紙
②白い和紙
①水晶
目の穴
① ② ③

▲②玉眼のしくみ

1 人間味を追求した写実性の高い彫刻

〈国 奈良 像高
無著像 194.7cm
世親像 191.6cm〉

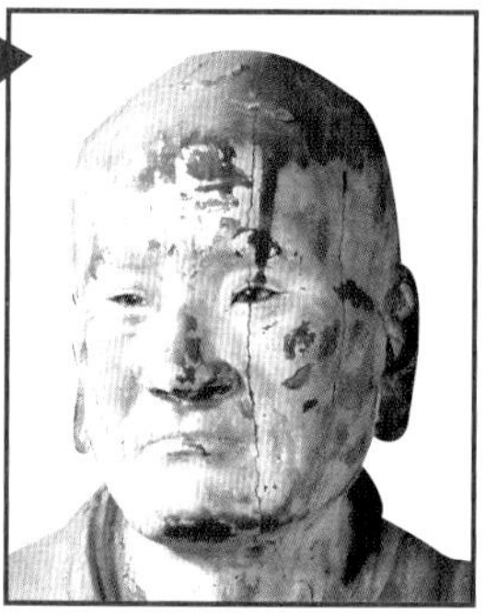

◀③**興福寺無著像**(右)と④**世親像**(左)(運慶ら作) 無著・世親は5世紀ごろインドで唯識の教学を確立した兄弟僧。目には水晶の玉眼をはめ込みリアルさを高めている。老年の深い思慮とおだやかさをただよわせる無著像に対し,世親像は壮年の機知と強靭な意志の力を感じさせる。興福寺北円堂に安置されている。

〈国 奈良 像高 87.1cm〉

▲⑤**東大寺僧形八幡神像**(快慶作) 東大寺鎮守八幡宮のご神体で,神仏習合(➔p.83)の神像。**重源**(➔p.115)の依頼で1201年に快慶がつくった。写実的で人間味豊かな作品。

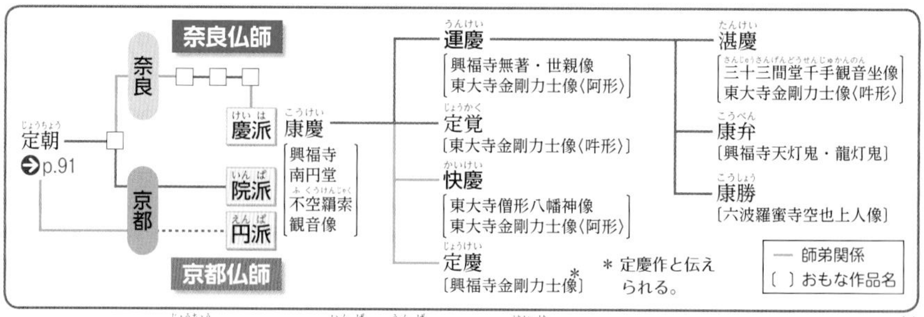
奈良仏師
奈良
定朝
➔p.91
慶派
康慶
興福寺南円堂不空羂索観音像
京都
院派
円派
京都仏師
運慶
〔興福寺無著・世親像
東大寺金剛力士像〈阿形〉〕
定覚
〔東大寺金剛力士像〈吽形〉〕
快慶
〔東大寺僧形八幡神像
東大寺金剛力士像〈阿形〉〕
定慶
〔興福寺金剛力士像〕*
湛慶
〔三十三間堂千手観音坐像
東大寺金剛力士像〈吽形〉〕
康弁
〔興福寺天灯鬼・龍灯鬼〕
康勝
〔六波羅蜜寺空也上人像〕
* 定慶作と伝えられる。
— 師弟関係
〔 〕おもな作品名

▲⑥**仏師の系譜** 定朝の後,京都に院派・円派,奈良に慶派がおこった。慶派ら奈良仏師は地元の南都復興に活躍し,天平彫刻(➔p.77)に学んだ写実性を深化させた。さらに鎌倉武士とも交際し,力強く人間的な彫刻史上の傑作を数多くつくった。

歴史のまど 夏目漱石『夢十夜』「こんな夢を見た」の書き出しでつづられた10の不思議な夢の世界。運慶と東大寺南大門金剛力士像の話は第六夜に登場する。

〈国 奈良 像高 153.7cm〉

⑧興福寺金剛力士像（吽形）（伝定慶作）　興福寺西金堂にあった，1202年前後の作品。筋肉や血管を強調し，玉眼を入れて忿怒を表す。

⑦東大寺南大門金剛力士像（吽形）　阿形と吽形の配置や持ち物などが伝統的な力士像と異なっているのは，宋風の新しいスタイルを南都復興に取り入れた大勧進重源の意向が反映されたためと考えられている。

〈国 奈良 総高 天灯鬼 110.5cm 龍灯鬼 137.3cm〉

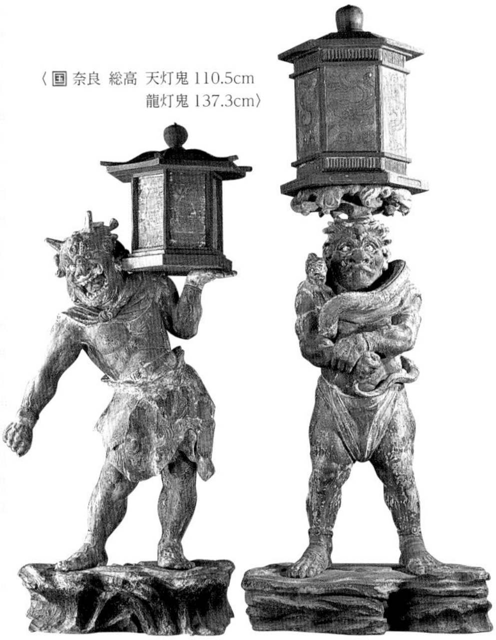

⑨興福寺天灯鬼（左）と**⑩龍灯鬼**（右）（康弁ら作）　運慶の三男康弁の作で，西金堂に並置されていた。天灯鬼は動的な姿，龍灯鬼は静的な姿と好対照をなす。

〈国 奈良 像高 842.0cm〉

〈国 兵庫 像高 中尊 530.0cm 脇侍各 371.0cm〉

⑪浄土寺阿弥陀三尊立像（快慶作）　重源が1197年に建てた大仏様建築の浄土堂に安置される。背後の戸から西日がさし込むと，阿弥陀三尊が来迎しているように見える効果がある。

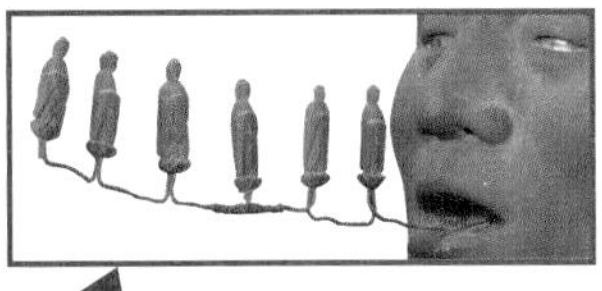

鹿革
種木
鉦

〈京都 像高 117.6cm〉

⑫六波羅蜜寺空也上人像（康勝作）　10世紀に活躍した空也（➔p.90）が**念仏**を広めるようすを再現した肖像彫刻。唱えた念仏「南無阿弥陀仏」の1字1字が仏に変容するという奇跡を表現。

〈神奈川 像高 68.2cm〉

⑬明月院上杉重房像　1252年，皇族将軍となった宗尊親王（➔p.108）にしたがって京都から鎌倉に下向し幕府に仕えた人物。孫娘は足利尊氏・直義（➔p.123）を生み，上杉家は関東管領を世襲した。13世紀からつくられる世俗の肖像彫刻の代表作で，温厚・実直な人がらを伝えている。

歴史散歩　興福寺国宝館（奈良市）　2010年にリニューアルオープン。仏頭（➔p.60），阿修羅像（➔p.77），金剛力士像，天灯鬼・龍灯鬼などを常時鑑賞することができる。

鎌倉文化②(仏教) —後の山に入り…終日終夜坐し給へり(『梅尾(栂尾)明恵上人伝記』)

ヒストリースコープ

明恵は禅定を好み，高山寺の裏山に入って木の空洞や岩穴などで一日中修行をしたという。明恵は，ただ悟りを得られればよいと考えて戒律や厳しい修行を軽視する時代の風潮や，その結果として起こった南都焼打ちに危機感を抱き，南都仏教の貞慶らとともに「旧仏教」の改革運動を行った。

考察

❶明恵らは当時の仏教の問題点をどのように考え，改革を進めようとしたのだろうか。

❷「旧仏教」が戒律復興をとなえた経緯を説明しよう。→1

❸「新仏教」の運動が「旧仏教」の改革と異なる点を説明しよう。→2・3・4

平安後期の仏教界の傾向【現代語訳】

唐の鑑真和上(→76ページ)が来日されてから，もっぱら戒律をお広めになったが，このごろの僧侶はこの戒律をまったく守っていない。…多くの宗派を学ぶ者はあるが，戒律を知っている者はおらず，まして戒律を受けてそれを守っている者はいない。(『梅尾明恵上人伝記』より貞慶の言葉)

▶①**明恵上人樹上坐禅図** 南都六宗(→p.76)のうち，華厳宗の僧侶である**明恵**が，裏山で二股の松に座して修行する姿を描いたとされる。作者は明恵の弟子 成忍で，似絵(→p.121)風の筆づかいで精密に描かれている。戒律復興や修行に打ち込んだ明恵は，「新仏教」の法然が『選択本願念仏集』を出すと，菩提心(悟りを求めようとする心)を軽視し極楽往生の条件としていないことを『摧邪輪』で批判した。〈国 京都 高山寺蔵 145.0×59.0cm(部分)〉

1 鎌倉時代の顕教と密教-顕密体制 (→p.330「宗教史の流れ」)

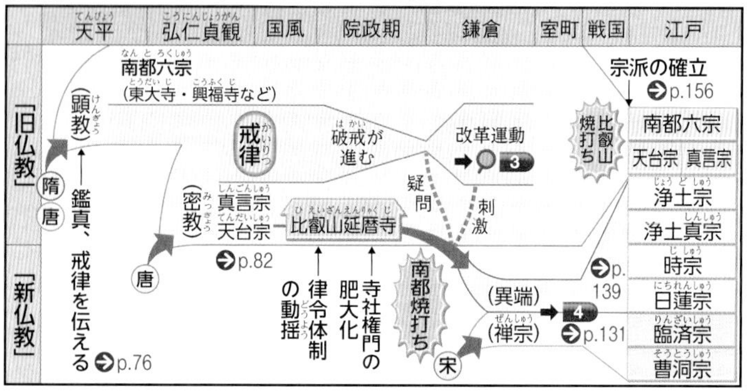

天平
弘仁貞観
国風
院政期
鎌倉
室町
戦国
江戸
「旧仏教」
「新仏教」
南都六宗
(東大寺・興福寺など)
(顕教)
隋
唐
鑑真、戒律を伝える →p.76
戒律
破戒が進む
改革運動
→3
疑問
刺激
(密教)
真言宗
天台宗
→p.82
比叡山延暦寺
唐
律令体制の動揺
寺社権門の肥大化
南都焼打ち
比叡山焼打ち
宗派の確立
→p.156
南都六宗
天台宗 真言宗
浄土宗
浄土真宗
時宗
日蓮宗
臨済宗
曹洞宗
→p.139
(異端)
→4
(禅宗)
→p.131
宋

◀②古代から中世にかけて，顕密仏教は鎮護国家を任務とし，荘園を経済基盤とした権門として体制化した(顕密体制)。院政末期には戒律と実践が軽視され，南都焼打ちを招いた。その反省から戒律を重視する「旧仏教」の改革や，実践を重んじる禅宗，易行の選択・専修を基本とする「新仏教」が誕生する。

2 鎌倉仏教の僧侶たち*

＊祖師像のうち，法然は南北朝時代，一遍は室町時代，栄西・貞慶は江戸時代に制作されたもの。その他は鎌倉時代の作。 ＊2 明治時代以前の文献では「ようさい」とされている。

	法然(1133～1212)	親鸞(1173～1262)	一遍(1239～89)	日蓮(1222～82)	栄西*2(1141～1215)→p.131	道元(1200～53)→p.131
僧侶			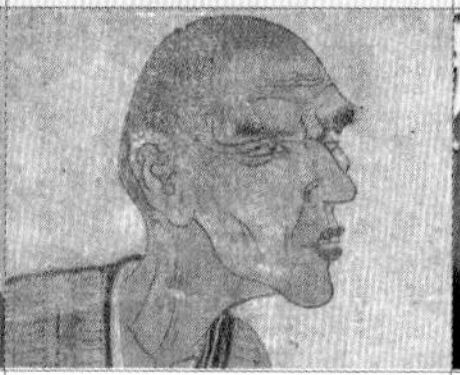			
経歴	15歳ごろに比叡山にのぼるが，専修念仏の教えに転じ，京都で布教を始める。「旧仏教」の迫害を受ける。	9歳ごろ出家。比叡山を離れて法然に帰依。「旧仏教」の迫害で越後に配流。のちに関東で布教。	10歳ごろ出家，一度還俗し再び出家。浄土教に帰依し，全国を遊行しながら人々に念仏を勧めた(遊行上人)。	12歳ごろ安房の天台宗の寺に入り，諸国でも修行。日蓮宗を開いてから他宗や幕府を批判。	14歳ごろ，比叡山で受戒。天台宗を学び，入宋して茶と禅を学んで帰国。東大寺大勧進職にもつく。	13歳ごろ比叡山にのぼる。天台宗のちに禅宗を学ぶ。入宋し帰国後，弾圧を避けるため永平寺を開いた。
宗派	浄土宗	浄土真宗 ＊「他」とは阿弥陀をさす。	時宗	日蓮宗(法華宗)	臨済宗	曹洞宗
教義	**専修念仏** 阿弥陀仏の本願を信じ，ひたすら念仏(南無阿弥陀仏)を唱えよ。	**悪人正機 他力本願*** 人はみな罪を犯しうる悪人であり，そのことを自覚し阿弥陀に救済を求める者こそが救われる。	**踊念仏** →p.330 信心の有無を問わず，念仏を唱えればすべての人が救われる。	**題目唱和** 法華経のみが釈迦の教え。「南無妙法蓮華経」の題目を唱和せよ。	**公案問答** 禅の必要を説き，天台・密教・禅宗の三宗一致をめざした。	**只管打坐** 出家主義で，ひたすら坐禅にうち込めと厳しい修行を弟子たちに課した。
著書・活動	『選択本願念仏集』 九条兼実の求めで撰述。浄土宗の根本宗典。 『一枚起請文』史 死期が近いころ，浄土の教えを簡潔に説明。	『教行信証』 浄土真宗の教えを体系的に論じた親鸞の主著。 『歎異抄』 弟子唯円が親鸞の言葉を記し，教団内の異義を批判した著。	(自分の著書をすべて焼却)「南無阿弥陀仏決定往生六十万人」という札を配布。 『一遍上人語録』 一遍の死後，弟子が一遍の和讃・法語などをまとめた。	『立正安国論』 北条時頼に提出した建白書。→p.112 法華経に帰依することを勧め，念仏を禁じなければ反逆や侵略が起こると説いた。	『興禅護国論』 禅宗が天台宗の教義にそむかず，国家の繁栄をもたらすと主張。 『喫茶養生記』 茶の薬効を説いた。源実朝に献上。	『正法眼蔵』 曹洞宗の根本教義をまとめた道元の法語集。 『正法眼蔵随聞記』史 道元が語った修行の注意点や覚悟を弟子が記録。
支持層	公家・武士・庶民	地方武士・農民	浮浪人・地方武士・庶民	下級武士・商工業者	公家・幕府有力武士	地方武士・農民
中心寺院	知恩院(京都)	本願寺(京都)	清浄光寺(神奈川)	久遠寺(身延山)(山梨)	建仁寺(京都)	永平寺(福井)

今日とのつながり 茶は天平時代から飲まれていたが，日本で茶が栽培されるようになったのは栄西が中国から茶の種子を持ち帰ったことに始まるといわれる。

3 「旧仏教」の改革 - 民衆化

●今様（→100ページ）【抜粋】

○弥陀の誓ひぞ頼もしき、十悪五逆①の人なれど、一度御名②を称ふれば、来迎引接疑はず
○女の殊に持たむは、薬王品③に如くは無し、如説修行年経れば、往生極楽疑はず

①十の悪い行いと五の最も起こしてはならないこと　②阿弥陀仏の名前　③法華経の第二十三品。女人往生について説く

（十二世紀末『梁塵秘抄』）

●貴族の日記【抜粋】

…弥陀の本願①は重罪人も棄てざるなり。これにより往生の志ある人は、ただ念仏を修すべきなり。…

①阿弥陀仏が一切衆生を救済するためおこした願　（『中右記』*）

*平安後期の公家 藤原宗忠の日記。

△③「旧仏教」の悪人往生・女人成仏　「旧仏教」が悪人往生・女人成仏を説いたことはすでに貴族・庶民社会に広く知れ渡っていた。ただし，悪人・女人をいやしい者として見くだしたうえでの救済であり，現世での差別を増幅した。

△④北山十八間戸（奈良市）　全長 38 m，幅 4 m で 18 間の棟割長屋になっている。忍性が，癩病などの重病者を救済するために設けたという。

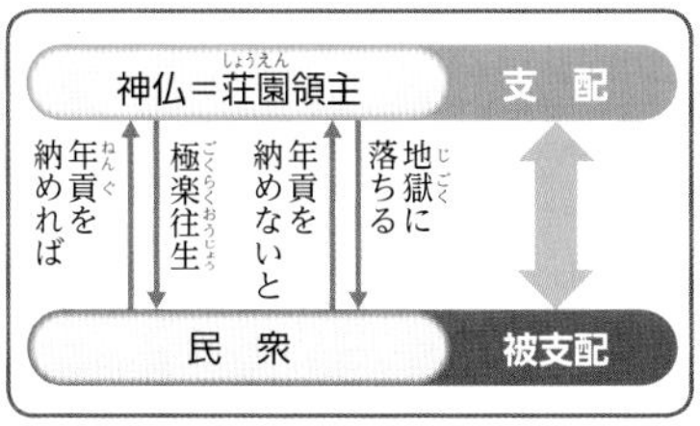

神仏＝荘園領主
支配
年貢を納めれば
極楽往生
年貢を納めないと
地獄に落ちる
民衆
被支配

△⑤「旧仏教」の民衆支配　中世においては神仏は領主と一体化しており，来世への安堵と恐怖感によって民衆の心を呪縛した。これが国家（王法）において顕密仏教（仏法）が果たす思想的役割（王法仏法相依）であった。

4 「新仏教」のおこり - 一元化・平等化

●道元の思想（咎）【抜粋】

…女人、ナニノトガヽアル。男子、ナニノ徳カアル。…

（『正法眼蔵』）

●日蓮の思想【抜粋】史

…薬師経の七難①の内、五難忽ちに起り二難猶残せり。所以他国侵逼の難・自界叛逆の難なり。…汝早く信仰の寸心②を改めて速やかに実乗③の一善に帰せよ。…

①人衆疾疫（人々の病気）・他国侵逼・自界叛逆・星宿変怪（星の運行異常）・日月薄蝕（日蝕月食）・非時風雨（時ならぬ風雨）・過時不雨（時が過ぎても雨降らぬ）の七難　②心　③法華経

（『立正安国論』）

●親鸞の思想【抜粋】史

「善人なをもて往生をとぐ、いはんや悪人をや。…自力作善の人①は、ひとへに他力をたのむこゝろかけたるあひだ、弥陀の本願にあらず。…煩悩具足②のわれらは、いづれの行にても生死をはなるゝことあるべからざるをあはれみたまひて、願をおこしたまふ本意、悪人成仏のためなれば、他力をたのみたてまつる悪人、もとも往生の正因なり。…」

①自分の力で善行を積み、往生をめざそうとする人。善人のこと　②煩悩（心身を悩ます欲望や妄念）を多く抱えていること

（『歎異抄』）

△⑥「新仏教」の悪人往生・女人成仏　**親鸞**は「すべての人間は平等に悪人（悪を犯しうる存在）で救いの対象（**悪人正機**）」と主張し，**道元**は女人罪障観を否定し「旧仏教」を批判した。**日蓮**は「すべて人は法華経を信ずる義務を平等に負う」と断定し他宗*・幕府を攻撃した。彼らの一元化・平等化の論理は民衆意識を仏法の呪縛から解放するものであった。

＊日蓮は「念仏無間・禅天魔・真言亡国・律国賊」として他宗を激しく批判した（四箇格言）。

時代を見る目　武士を魅了した臨済禅

臨済宗の**栄西**は，「旧仏教」同様の「王法・仏法相依論」を唱え政治権力に積極的に接近した。とくに鎌倉武士は禅宗の気風や宋風の文物を好み，臨済禅の文化を王朝文化に対抗するものとして興隆させた。鎌倉にはのちに鎌倉五山となる宋風建築の禅宗寺院が建てられ（→ p.107），宋・元から高名な禅僧を多く招いた。とくに，北条時頼は南宋の**蘭溪道隆**を開山に迎えて**建長寺**の大伽藍を建て，北条時宗は**無学祖元**を招いて**円覚寺**を建立した。この教えは室町幕府によって五山・十刹の制として官寺化され，政治にも深く関与していく。

→ p.131「禅僧の活躍と五山の発展」

中世　鎌倉

貞慶（解脱）	明恵（高弁）	俊芿（我禅）	叡尊（思円）	忍性（良観）
(1155 ~ 1213)	(1173 ~ 1232)	(1166 ~ 1227)	(1201 ~ 90)	(1217 ~ 1303)
藤原信西（→p.99）の孫。11 歳ごろ興福寺に入り出家，のちに笠置寺に隠遁した。弥勒や観音などを信仰。	京都高雄神護寺で出家。密教や華厳宗を学んだが隠遁し，高山寺を開いた。インドへの渡航を計画。	18 歳ごろ出家。戒律を学ぶため入宋し，13 年後帰国。泉涌寺（京都）を開山。	17 歳ごろ出家。醍醐寺で密教を学び，のちに戒律の復興を志した。奈良西大寺で律宗を復活させた。	大和の寺で出家，東大寺で受戒した後に叡尊にひかれて再度叡尊のもとで受戒。北条氏の招きで鎌倉に移る。
法相宗	**華厳宗**	**律宗**		
仏の教えは，性が一つで相が異なることを学ぶ学派。	絶対的な存在である仏について説く華厳経を学ぶ学派。	戒律を研究し，自ら実践することを説く学派。俊芿が京都でおこした律宗を北京律，叡尊らが奈良でおこした律宗を南京律という。　南都六宗 ➔ p.76		
笠置寺十三重塔を建立し寺院を整備。法然の専修念仏を批判し，停止を求めた。戒律を重視。	後鳥羽上皇から栂尾を下賜され，高山寺を開いた。戒律を重んじ，『摧邪輪』で法然を批判。➡	律宗を基本に，天台・真言・禅・浄土の四宗兼学の道場をおこす。戒律の復興に奔走。	奈良西大寺を復興した中興の祖。殺生禁断，病者・貧者への慈善事業を行い，幅広い帰依を受けた。	鎌倉極楽寺で戒律の復興を行う。北山十八間戸などで病者に療養をほどこし，道路・橋などの土木工事を行った。
笠置寺（京都） 海住山寺（京都）	高山寺（京都）	泉涌寺（京都）	西大寺（奈良）	極楽寺（神奈川） ➔ p.107

5 「旧仏教」と「新仏教」の動向

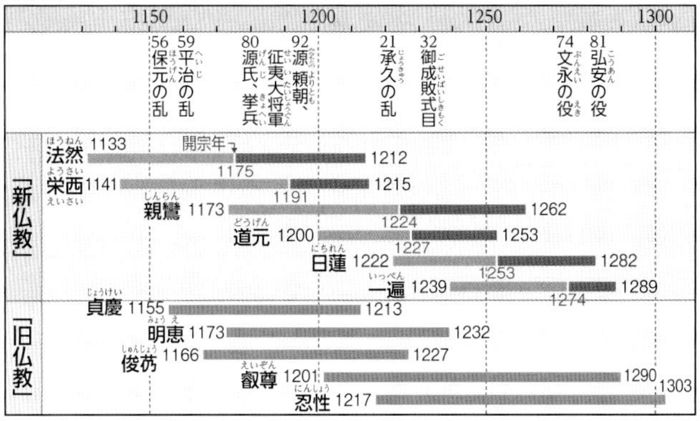

1150
1200
1250
1300
56 保元の乱
59 平治の乱
80 源氏、挙兵
92 源頼朝、征夷大将軍
21 承久の乱
32 御成敗式目
74 文永の役
81 弘安の役
「新仏教」
法然 1133
開宗年
1175
1212
栄西 1141
1191
1215
親鸞 1173
1224
1262
道元 1200
1227
1253
日蓮 1222
1253
1282
一遍 1239
1274
1289
「旧仏教」
貞慶 1155
1213
明恵 1173
1232
俊芿 1166
1227
叡尊 1201
1290
忍性 1217
1303

△⑦僧侶の活躍した時代

▽⑧中心寺院と僧侶の活躍

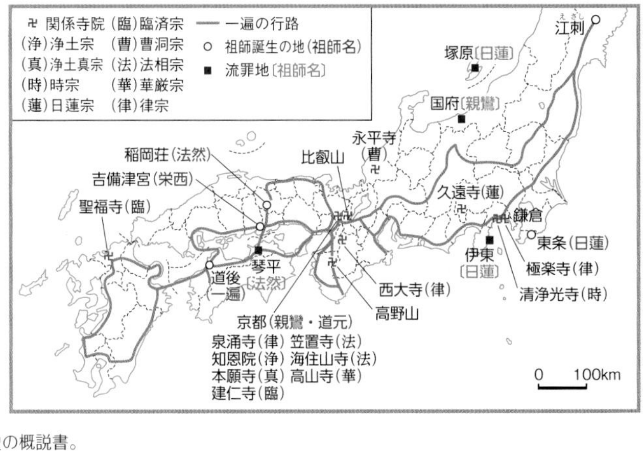

卍 関係寺院
(臨)臨済宗
(浄)浄土宗
(曹)曹洞宗
(真)浄土真宗
(法)法相宗
(時)時宗
(華)華厳宗
(蓮)日蓮宗
(律)律宗
一遍の行路
○ 祖師誕生の地（祖師名）
■ 流罪地〔祖師名〕
江刺
塚原〔日蓮〕
国府〔親鸞〕
永平寺(曹)
稲岡荘(法然)
比叡山
吉備津宮(栄西)
聖福寺(臨)
久遠寺(蓮)
鎌倉
東条(日蓮)
極楽寺(律)
清浄光寺(時)
伊東〔日蓮〕
琴平〔法然〕
道後(一遍)
西大寺(律)
高野山
京都(親鸞・道元)
泉涌寺(律)
笠置寺(法)
知恩院(浄)
海住山寺(法)
本願寺(真)
高山寺(華)
建仁寺(臨)
0　100km

歴史のまど　佐藤弘夫編『概説 日本思想史』　新しい中世社会と仏教のとらえ方を示す日本思想史の概説書。

鎌倉文化③(文芸・絵画)—諸行無常の響あり(『平家物語』)

ヒストリースコープ

平氏の興亡を描いた軍記物語『平家物語』の冒頭には，諸行無常の響きをたてて祇園精舎の鐘が鳴る，と仏教的無常観が表されている。源平の争乱などの戦乱や災害によって人々の心に生じた無常観を背景に，文学や絵画が制作された。

『平家物語』【冒頭】
祇園精舎①の鐘の声、諸行無常の響あり。沙羅双樹②の花の色、盛者必衰の理をあらはす。驕れる者久しからず、ただ春の夜の夢の如し。猛き人もつひには滅びぬ、ひとへに風の前の塵に同じ。

①釈迦が説法を行ったインドの寺院 ②釈迦入滅時に散ったナツツバキ

考察

❶『平家物語』に表された無常観の背景にはどのような社会状況があっただろうか。
❷鎌倉時代の文学から無常観を説明しよう。→2 A・B
❸人物の描き方はどのように変化しただろうか。→3・4

〈京都 西本願寺蔵〉

◀①琵琶法師(慕帰絵詞) 七・五調を基本とする『平家物語』の文章は，琵琶法師の伴奏で曲節をつけて語る平曲として親しまれた。

〈岡山 林原美術館蔵〉

安徳天皇
源氏軍

▲②壇の浦の戦い 貴族にとってかわって武士の世を実現した平氏も，源氏の台頭によって栄華を断たれた。幼い安徳天皇は「波の底にも都の候ふぞ」と慰められて二位尼とともに入水した(➔p.105)。

1 鎌倉文化(文芸・絵画)まとめ表

＊金沢実時が別邸に設けた書庫。蔵書は仏書が多い。

分野	内容	分野	内容
歴史書➡A	『愚管抄』(慈円) 『吾妻鏡』(作者不明) 『元亨釈書』(虎関師錬) 『水鏡』(中山忠親か)	和歌➡C	『新古今和歌集』(後鳥羽上皇) 『金槐和歌集』(源 実朝) 『山家集』(西行) 拾遺愚草(藤原定家)
軍記物語	『平家物語』(信濃前司行長か) 『保元物語』『平治物語』 『源平盛衰記』(作者不明)	紀行文・日記	『東関紀行』(作者不明) 『海道記』(作者不明) 『十六夜日記』(阿仏尼) 『玉葉』(九条兼実)
随筆➡B	『方丈記』(鴨長明) 『徒然草』(兼好法師)	学問	〈武蔵〉金沢文庫*(金沢実時) 宋学(朱子学)…大義名分論
説話集	『宇治拾遺物語』(作者不明) 『十訓抄』(作者不明) 『古今著聞集』(橘成季) 『沙石集』(無住)	有職故実*2	『禁秘抄』(順徳天皇) ＊2 朝廷の儀式・先例の研究。
		古典研究	『万葉集註釈』(仙覚) 『釈日本紀』(卜部兼方)

絵画	【絵巻物】 北野天神縁起絵巻 国　石山寺縁起絵巻 春日権現験記 国(高階隆兼)　法然上人絵伝 国 一遍上人絵伝 国(円伊)　平治物語絵巻 蒙古襲来絵詞 国　後三年合戦絵詞 男衾三郎絵詞　紫式部日記絵巻 国 西行物語絵巻　鑑真和上東征絵伝 地獄草紙 国　病草紙 国　餓鬼草紙 国 【肖像画】 伝源頼朝像 国・平重盛像 国(伝藤原隆信) 親鸞聖人像 国　後鳥羽上皇像 国(藤原信実) 明恵上人樹上坐禅図 国(成忍)　蘭溪道隆像 国
書跡	青蓮院流 鷹巣帖(尊円入道親王)
工芸	【陶器】瀬戸焼(尾張 加藤景正) 常滑焼(尾張) 備前焼(備前)　【その他】甲冑・刀剣*3 ➔p.110
神道	伊勢神道 神本仏迹説『類聚神祇本源』(度会家行)

＊3〔岡崎〕正宗(鎌倉)・藤四郎(粟田口)吉光(京都)・〔長船〕長光(備前)など。

2 無常の文学

A 歴史書

時代区分	上古	中古	保元の乱	末代
政治主体	天皇家	摂関家		朝廷と幕府
普遍の原理	天皇位の血筋による継承原理			
現実の世界	原理通り	摂関の助け	「保元以後ノコトハミナ乱世ニテ」史	朝幕の協調
道理の状態	原理と道理の一致	原理と道理の乖離		乖離のさらなる拡大

▲③『愚管抄』の歴史観 九条兼実の弟で天台座主*をつとめた慈円が，歴史を「道理」の変遷でとらえた歴史書。天皇位の正しい継承の道理が徐々に衰え，幼帝が出るようになると，摂関家が支えるという道理が現れたと考えた。保元の乱以降の武者の世となった今は，朝幕の協調こそが道理として，後鳥羽上皇の挙兵をいさめた。

＊延暦寺の住職で，天台宗の最高位の僧侶。

B 随筆

『方丈記①』(鴨長明)【冒頭】
行く川の流れは絶えずして、しかももとの水にあらず。よどみに浮ぶうたかたは、かつ消えかつ結びて、久しく止まる事なし。世の中にある人と住家と、またかくの如し。…

①長明が隠棲した一丈(約3.3m)四方の庵で執筆されたことが書名の由来〈13世紀初め〉

『徒然草』(兼好法師)【冒頭】
つれづれなるままに、日くらし①、硯にむかひて、心にうつりゆくよしなし事を、そこはかとなく②書きつくれば、あやしうこそものぐるほしけれ。…
〈14世紀前半〉

①一日中 ②とりとめもなく

年	災難	記述内容要約
1177	安元の大火	住宅が密集する都に家をつくることは火事の危険を考えると無益なことだ
1180	治承の辻風	まるで罪人を連れ去る地獄の業風のようだ。自然災害の前において人間の建てた住宅は無力だ
1180	福原遷都	家が解体され，材木は福原に運ばれた。その跡は目の前で畑となった
1181~82	養和の飢饉	消費都市 京都の惨状。賀茂の河原や都大路までも餓死者で埋まった
1185	元暦の大地震	家が倒壊して多くの人が亡くなった。人々は当座は動揺するものの，のどもとを過ぎれば忘れてしまう

▲④『方丈記』に書かれた災難 鴨長明が実際に体験した5つの災難が記述され，この世の無常とはかなさを実証している。

C 和歌

＊佐藤義清。北面の武士として鳥羽院に仕えた後，出家して各地を遍歴した。

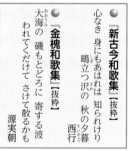

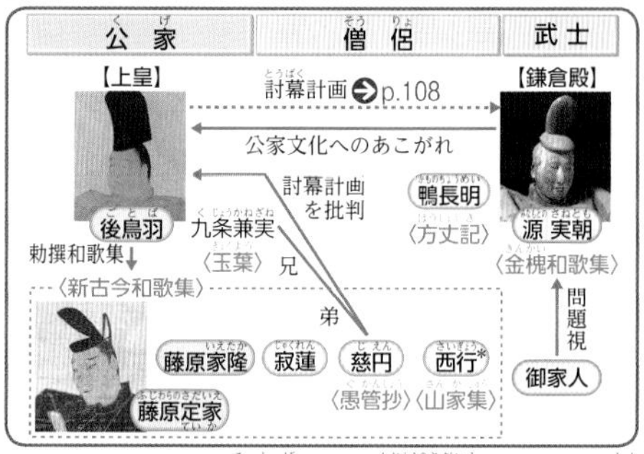

公家
僧侶
武士
【上皇】
【鎌倉殿】
討幕計画 ➔p.108
公家文化へのあこがれ
討幕計画を批判
後鳥羽
九条兼実
〈玉葉〉
兄
弟
鴨長明
〈方丈記〉
源 実朝
〈金槐和歌集〉
勅撰和歌集
〈新古今和歌集〉
問題視
藤原家隆
寂蓮
慈円
西行*
御家人
〈愚管抄〉〈山家集〉
藤原定家

▲⑤文学相関図 後鳥羽上皇は藤原定家らに命じて『新古今和歌集』を編集させ，和歌をさかんにした。将軍実朝は定家に心酔し和歌に精進して上皇を敬慕したが，朝廷文化にあこがれを抱く「鎌倉殿」を御家人は問題視した。

『新古今和歌集』【抜粋】
心なき 身にもあはれは 知られけり
鴫立つ沢の 秋の夕暮　西行

『金槐和歌集』【抜粋】
大海の 磯もとどろに 寄する波
われてくだけて さけて散るかも　源実朝

◀⑥『新古今和歌集』と『金槐和歌集』 繊細な技巧を駆使しおもむきを伝える『新古今和歌集』は，「新古今調」といわれる。一方の『金槐和歌集』は源実朝の私家集で，素朴で力強い「万葉調」を示す。

時代を見る目

文学の新ジャンル 紀行文の登場

源頼朝の上洛と幕府による駅の設置によって東海道の整備は著しく進んだ。所用や行楽で人々の往来は増加し，京都～鎌倉の旅は10日程度で行けるようになった。河川や峠の前後，街道の交差するあたりには多くの宿が営まれ旅人が利用した。『海道記』には沿道の田植えや養蚕にいそしむ農民が情感豊かに書かれ，『東関紀行』では街道に市がたち大勢の人々が売り買うさまが記される。旅での体験や地方での見聞は紀行文という新ジャンルを生んだ。

今日とのつながり　平曲は現在に伝えられる語りものの中で最も古く，国の無形文化財に登録されて，保護の対象となっている。

北野天神縁起絵巻 ➔p.86，春日権現験記 ➔p.98,114,130，蒙古襲来絵詞 ➔p.10,112,113，
後三年合戦絵詞 ➔p.97，男衾三郎絵詞 ➔p.110，紫式部日記絵巻(詞) ➔p.87

3 人々の営みを描いた絵巻物

〈滋賀 石山寺蔵 巻1 33.2×1532.0cm(部分)〉

縁起物

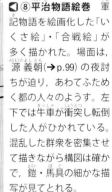

◀⑦石山寺縁起絵巻 「縁起」とは寺社の沿革や神仏の霊験に関する話や，それらを視覚的に伝える書画類。巻1の絵は正中年間(1324～26)の作。右側に仏閣建立の途中に，吉兆として5尺の銅鐸が出土したことを描き，左側には建築作業のようすが，当時の大工道具(鉋や手斧)とともに表されている。

〈東京国立博物館蔵 三条殿夜討巻(模本)(部分)〉

合戦物

◀⑧平治物語絵巻 軍記物語を絵画化した「いくさ絵」・「合戦絵」が多く描かれた。場面は，源義朝(➔p.99)の夜討ちが迫り，あわてふためく都の人々のようす。左下では牛車が衝突し転倒した人がひかれている。混乱した群衆を密集させて描きながら構図は確かで，鎧・馬具の細かな描写が見てとれる。

〈国 京都 知恩院蔵 巻34 32.7×1170cm(部分)〉

伝記物

◀⑨法然上人絵伝 開祖の生涯を劇的に描き，布教の宣伝に用いたと考えられる。本作は全48巻で，現存する絵巻物中最大のものである。摂津国に到着した法然が人々に念仏を唱えることを説く場面。若い女性や琵琶法師などのさまざまな身分の人々に浄土の教えである念仏往生を説く場面。

4 人間への関心が生んだ肖像画

▶⑩伝 源頼朝像 俗人の肖像画は**似絵**とよばれ，藤原隆信・信実父子が名人として知られた。右図は隆信の代表作と伝えられてきたが，近年，足利直義を描いた14世紀半ばの作とする説が出され，注目されている。

➔p.107

〈国 京都 神護寺蔵 143.0×112.8cm(部分)〉

A 似絵

似絵の特徴

描かれる人物 現存の人物をモデルにし，写実的に描く。

顔 斜めの視線で無表情に描く。スケッチ風に細かな描線で輪郭を描くものもある。

姿 衣服は直線的に類型化されている。

B 頂相

▶⑪蘭溪道隆像 禅宗の高僧の肖像画を**頂相**という。禅宗では師から弟子へ教えを受け継ぐことが重視されるので，弟子は悟りを得た証拠に師の肖像に師の賛(詩や文章)を所望することが一般的であった。右図は制作が中国か日本か判別しかねるほどの写実性と宋画様式の顕著なものである。1271年，道隆(➔p.131)の59歳の肖像であることが自賛によってわかる。

〈国 神奈川 建長寺蔵 104.8×46.4cm〉

頂相の特徴

自賛 描かれている人物自筆の賛で，教えの中心となる言葉が書かれる。

描かれる人物 禅宗の高僧。師資相承の証として弟子に贈られる。礼拝の対象となる。

顔 理想化せずありのままを写す。

姿 曲彔(禅僧が座る椅子)に履物を脱いで座し，手に竹箆か払子などの禅宗の法具を持つ。

中世 鎌倉

歴史のまど 小林泰三『後白河上皇「絵巻物」の力で武士に勝った帝』 数多くの絵巻物を素材にしながら12～13世紀の日本社会を読み解き，現代社会との対比や共通性を指摘した著作。

建武の新政と南北朝の動乱 —朕が新儀は未来の先例たるべし 史(『梅松論』)

八幡大菩薩
天照皇大神
春日大明神
礼冠
冠
御帳
直衣
五鈷杵
袈裟
蓮華の敷物
五鈷鈴
獅子座
獅子

ヒストリースコープ 後醍醐天皇の決裁は，後の世の「先例となる」ゆるぎないものという自信に満ちていた。また事の大小にかかわらず直接決裁を原則とした。しかしそのために決裁はとどこおり，朝令暮改となるものも出て，かえって社会の混乱を招く結果ともなった。

かぶっているもの 冠の上に天皇を象徴する礼冠を重ねてかぶっている。

身につけているもの 王を象徴する直衣の上に，僧侶の着る袈裟を着ている。また後醍醐天皇が信仰した真言密教の菩薩と同様に，右手に密教法具の五鈷杵を，左手に五鈷鈴を持っている。

その他 仏・菩薩や高僧の座る蓮華と獅子座を重ねている。また，御帳と獅子は神をまつるもの。

◀①後醍醐天皇像　王　仏　神　を象徴するもの
〈神奈川 清浄光寺(遊行寺)蔵 94.0×49.8cm〉

考察
❶後醍醐天皇像に重ねられたイメージを次の言葉を用いて説明しよう。　王　仏　神
❷後醍醐天皇はどのような政治をめざしただろうか。→1・3
❸南北朝の合体までの南朝の動向を説明しよう。→1・3・5

1 討幕から南北朝の動乱へ

▼②**南北朝の動乱**は単なる皇位争いではなく，分割相続から家督と財産を惣領が一括する**単独相続**へ，血縁的結合から**地縁的結合**への変化，国人一揆の結成など，日本社会に変革をもたらした全国規模の長期的動乱である。

佐渡
隠岐
船上山
A
新田
鎌倉
京都
吉野
大宰府

❹**隠岐脱出**(1333)　伯耆の名和長年，隠岐を脱出した後醍醐天皇を船上山にかくまう。

❺**六波羅攻め**(1333)　足利高氏，天皇方に転じ，赤松則村らとともに六波羅探題を攻略。

❷**元弘の変**(1331)　後醍醐天皇，二度目の討幕計画，失敗。天皇，隠岐に配流。

❾**多々良浜の戦い**(1336)　勝 足利尊氏×菊池武敏 敗

❶**正中の変**(1324)　後醍醐天皇，日野資朝・俊基と討幕計画，失敗(資朝，佐渡に配流)。

⓫**南北朝の分立**(1336)　後醍醐天皇，京都から吉野へ脱出し，足利氏打倒の拠点を築く。

❽**竹の下の戦い**(1335)　勝 足利尊氏×新田義貞 敗

⓭**藤島の戦い**(1338)　勝 斯波高経×新田義貞 敗

❻**鎌倉幕府滅亡**(1333)　新田義貞，稲村ヶ崎から鎌倉を攻略。北条高時以下の北条氏滅亡。

❼**中先代の乱**(1335)　高時の子時行，幕府再興を企図し一時鎌倉を占拠，尊氏により鎮圧。

→ 後醍醐天皇のルート　--→ 足利高(尊)氏のルート　→ 新田義貞のルート　❶～⓮は年表中の番号と対応　鎌倉幕府打倒期　建武の新政期　南北朝の動乱期　北朝側　南朝側

Aの拡大図

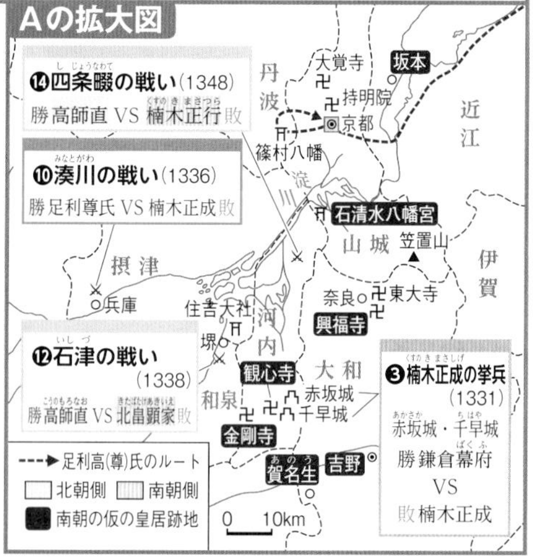

大覚寺
坂本
持明院
京都
丹波
近江
篠村八幡
淀川
石清水八幡宮
山城
笠置山
伊賀
摂津
兵庫
奈良
東大寺
興福寺
住吉大社
堺
河内
観心寺
大和
赤坂城
千早城
和泉
金剛寺
賀名生
吉野
0　10km

⓮**四条畷の戦い**(1348)　勝 高師直 VS 楠木正行 敗

⓾**湊川の戦い**(1336)　勝 足利尊氏 VS 楠木正成 敗

⓬**石津の戦い**(1338)　勝 高師直 VS 北畠顕家 敗

❸**楠木正成の挙兵**(1331)　赤坂城・千早城　勝 鎌倉幕府 VS 敗 楠木正成

--→ 足利高(尊)氏のルート　北朝側　南朝側　■ 南朝の仮の皇居跡地

2 討幕から建武の新政

天皇	年	事項	
花園(持明院統)	1316	北条高時，14代執権就任 内管領長崎高資，実権をにぎる このころ悪党の横行 ➔p.113	鎌倉幕府の弱体化
	1317	文保の和談…幕府は両統迭立*を提案(花園天皇→後醍醐天皇) *大覚寺統と持明院統が交代で皇位につく方式。	
後醍醐(大覚寺統)	1318	後醍醐天皇，即位(幕府の要請)	
	1321	後醍醐天皇，後宇多上皇の院政を廃止し記録所を再興	
	1324	正中の変➡❶→失敗	後醍醐天皇の幕府打倒
	1331	元弘の変➡❷→再失敗 楠木正成，河内で挙兵➡❸ 光厳天皇，即位(幕府が擁立)	
	1332	後醍醐天皇，隠岐に配流 護良親王，吉野で挙兵	
光厳	1333	後醍醐天皇，隠岐を脱出，伯耆の名和長年のもとへ➡❹ 足利高氏ら，六波羅探題を攻略➡❺ 新田義貞，鎌倉を攻略し，北条高時ら自害(鎌倉幕府滅亡)➡❻ 光厳天皇，廃位　建武の新政 恩賞方・雑訴決断所・武者所を設置	
	1334	建武と改元	建武の新政

3 建武の新政

▼③建武の新政のしくみ

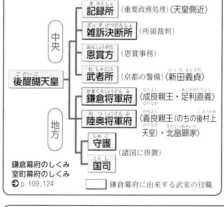

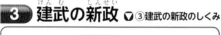

後醍醐天皇
- 中央
  - 記録所(重要政務処理)〈天皇側近〉
  - 雑訴決断所(所領裁判)
  - 恩賞方(恩賞事務)
  - 武者所(京都の警備)〈新田義貞〉
- 地方
  - 鎌倉将軍府〈成良親王・足利直義〉
  - 陸奥将軍府〈義良親王(のちの後村上天皇)・北畠顕家〉
  - 守護
  - 国司　(諸国に併置)

鎌倉幕府のしくみ
室町幕府のしくみ
➔p.109,124
□ 鎌倉幕府に由来する武家の役職

建武の新政
・年号を建武と改元
・大内裏の造営計画による負担増

武士
・恩賞の不公平
・綸旨による所領の安堵
・「尊氏なし」の新政権

公家
・天皇の先例無視への批判

反乱
・北条時行の中先代の乱
・足利尊氏の反乱

→ **北朝樹立**

史 **二条河原落書**　政治の乱れを非難

◀④**建武の新政から北朝樹立まで**　**後醍醐天皇**は，「延喜・天暦の治」(➔p.86)を目標に徹底した親政を行った。院政や摂政・関白の地位を廃止し，天皇直属の**記録所**などに近臣を任じ，官位相当制(➔p.62)や世襲も無視した。とくに**綸旨**による所領の安堵は非現実的であり大混乱を招いた。このような天皇独裁は，不公平な人事恩賞に対して不満をもつ武士層を怒らせた。

歴史のまど　黒田日出男『王の身体 王の肖像』　後醍醐天皇をはじめとした日本の中世・近世の王の肖像から，権威の表象を明らかにする。

中世　鎌倉・室町

4 足利氏と皇室の系図

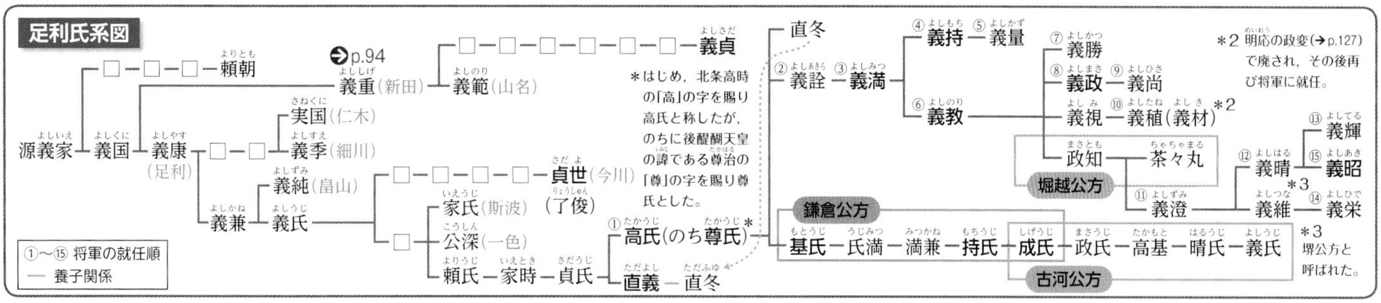
足利氏系図
源義家 ― 義国 ― 義康（足利）
頼朝 ➔p.94
義重（新田） ― 義範（山名）
義貞
実国（仁木）
義季（細川）
義純（畠山）
義兼 ― 義氏
家氏（斯波）
公深（一色）
頼氏 ― 家時 ― 貞氏
貞世（今川）（了俊）
①高氏（のち尊氏）*
直義 ― 直冬
＊はじめ，北条高時の「高」の字を賜り高氏と称したが，のちに後醍醐天皇の諱である尊治の「尊」の字を賜り尊氏とした。
直冬
②義詮 ― ③義満
④義持 ― ⑤義量
⑥義教
⑦義勝
⑧義政 ― ⑨義尚
義視 ― ⑩義稙（義材）*2
政知 ― 茶々丸
堀越公方
⑪義澄
⑫義晴
⑬義輝
⑮義昭
義維 *3 ― ⑭義栄
*2 明応の政変（➔p.127）で廃され，その後再び将軍に就任。
鎌倉公方
基氏 ― 氏満 ― 満兼 ― 持氏 ― 成氏 ― 政氏 ― 高基 ― 晴氏 ― 義氏
古河公方
*3 堺公方と呼ばれた。
①～⑮ 将軍の就任順
― 養子関係

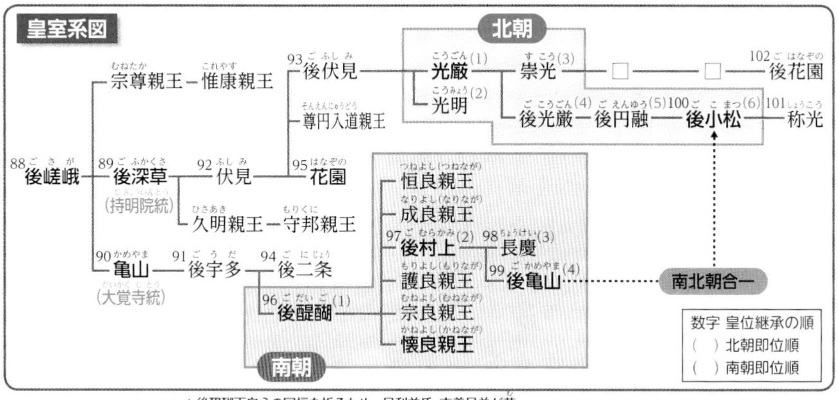
皇室系図
北朝
宗尊親王 ― 惟康親王
93 後伏見
光厳(1) ― 崇光(3)
光明(2)
後光厳(4) ― 後円融(5) ― 100 後小松(6) ― 101 称光
102 後花園
尊円入道親王
88 後嵯峨
89 後深草（持明院統）
92 伏見
95 花園
久明親王 ― 守邦親王
90 亀山（大覚寺統）
91 後宇多
94 後二条
96 後醍醐(1)
恒良親王
成良親王
97 後村上(2)
98 長慶(3)
99 後亀山(4)
護良親王
宗良親王
懐良親王
南朝合一
南朝
数字 皇位継承の順
（ ）北朝即位順
（ ）南朝即位順

5 南北朝の動乱 A 観応の擾乱

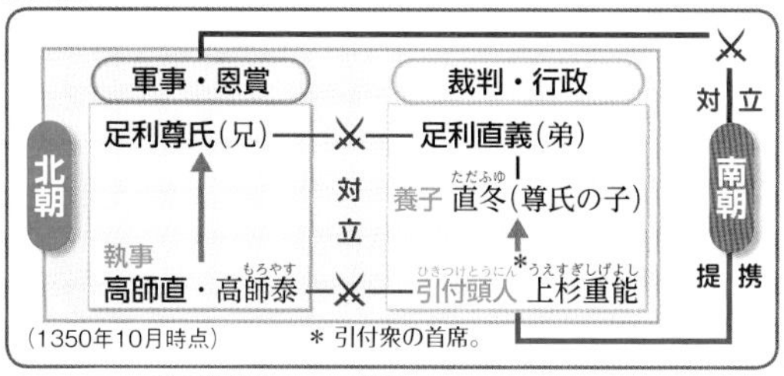
軍事・恩賞
裁判・行政
北朝
南朝
足利尊氏（兄）
足利直義（弟）
養子 直冬（尊氏の子）
対立
執事
高師直・高師泰
引付頭人* 上杉重能
対立
提携
（1350年10月時点）
＊引付衆の首席。

▲⑤当初，**足利尊氏**は弟の直義に裁判権などをまかせて共同統治を実現したが，伝統的秩序を破壊する新興勢力の高師直が台頭し，尊氏と結んで兄弟・父子の対立が激化した。

B 南北朝の動乱

＊後醍醐天皇らの冥福を祈るため，足利尊氏・直義兄弟が夢窓疎石の勧めで1国1寺の建立を進めた。安国寺と称され，利生塔（仏舎利〈釈迦の遺骨〉を収めた塔）も建立された。

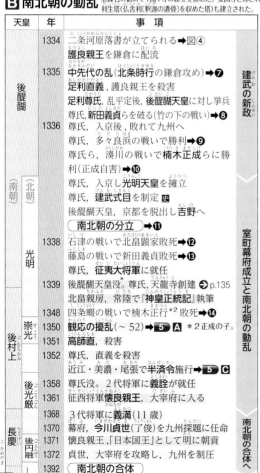

天皇		年	事項	
後醍醐		1334	二条河原落書が立てられる➡図④ **護良親王**を鎌倉に配流	建武の新政
		1335	**中先代の乱**（北条時行の鎌倉攻め）➡❼ **足利直義**，護良親王を殺害 **足利尊氏**，乱平定後，**後醍醐天皇**に対し挙兵 尊氏，**新田義貞**らを破る（竹の下の戦い）➡❽	
(南朝)	(北朝)	1336	尊氏，入京後，敗れて九州へ 尊氏，多々良浜の戦いで勝利➡❾ 尊氏ら，湊川の戦いで**楠木正成**らに勝利（正成自害）➡❿ 尊氏，入京し**光明天皇**を擁立 尊氏，**建武式目**を制定 史 後醍醐天皇，京都を脱出し**吉野**へ 南北朝の分立 ➡⓫	室町幕府成立と南北朝の動乱
	光明	1338	石津の戦いで北畠顕家敗死➡⓬ 藤島の戦いで新田義貞敗死➡⓭ 尊氏，**征夷大将軍**に就任	
		1339	後醍醐天皇没。* 尊氏，天龍寺創建 ➔p.135 北畠親房，常陸で『**神皇正統記**』執筆	
後村上		1348	四条畷の戦いで楠木正行*2 敗死➡⓮	
	崇光	1350	**観応の擾乱**（～52）➡5 A ＊2 正成の子。	
		1351	**高師直**，殺害	
		1352	尊氏，直義を殺害 近江・美濃・尾張で**半済令**施行➡5 C	
	後光厳	1358	尊氏没。2代将軍に**義詮**が就任	
		1361	征西将軍**懐良親王**，大宰府に入る	
長慶	後円融	1368	3代将軍に**義満**（11歳）	南北朝の合体へ
		1370	幕府，**今川貞世**（了俊）を九州探題に任命	
		1371	懐良親王，「日本国王」として明に朝貢	
		1372	貞世，大宰府を攻略し，九州を制圧	
後亀山	後小松	1392	南北朝の合体	

北朝の動き　南朝の動き

時代を見る目 「日本国王」になった懐良親王

＊中国側は文字を入れかえて「良懐」とよんだ。

南朝方の征西将軍として九州に下向した後醍醐天皇の皇子懐良親王は，勢力を拡大し，1361年大宰府に入城，九州を制覇した。同68年に成立した明の使者が倭寇（➔p.125）禁圧を求め大宰府に来航すると，懐良は「日本国王良懐*」として明に朝貢した。これを知った幕府は驚き，明に遣使するが拒絶された。幕府は懐良が明と結んで北朝を攻めてくるのではないかと危惧して九州平定を急ぎ，同72年，懐良たち征西府は九州探題の今川貞世によって制圧された。

C 守護の権限の拡大 ➔p.325「法制度の移り変わり」

＊その地に住み着いていた有力武士。
＊2 守護は原則在京し，守護代を任命して経営の実務にあたらせた。

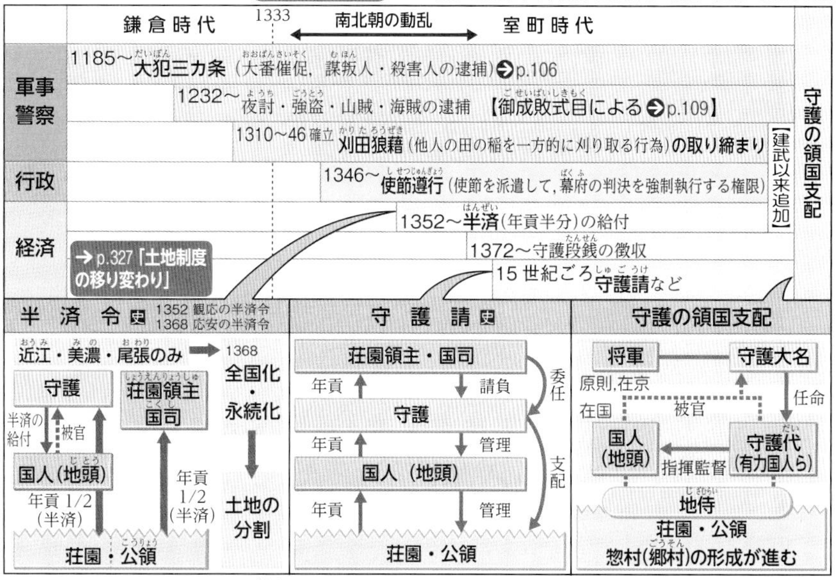
鎌倉時代
1333
南北朝の動乱
室町時代
軍事警察
1185～大犯三カ条（大番催促，謀叛人・殺害人の逮捕）➔p.106
1232～夜討・強盗・山賊・海賊の逮捕【御成敗式目による➔p.109】
1310～46 確立 刈田狼藉（他人の田の稲を一方的に刈り取る行為）の取り締まり
建武以来追加
行政
1346～使節遵行（使節を派遣して，幕府の判決を強制執行する権限）
経済
1352～半済（年貢半分）の給付
1372～守護段銭の徴収
15世紀ごろ 守護請など
守護の領国支配
➔p.327「土地制度の移り変わり」
半済令 史
1352 観応の半済令
1368 応安の半済令
近江・美濃・尾張のみ ➡ 1368 全国化・永続化
守護
荘園領主・国司
半済の給付
被官
国人（地頭）
年貢1/2（半済）
年貢1/2（半済）
荘園・公領
土地の分割
守護請 史
荘園領主・国司
年貢
請負
委任
守護
年貢
管理
国人（地頭）
支配
年貢
管理
荘園・公領
守護の領国支配
将軍
守護大名
原則，在京
任命
在国
被官
国人（地頭）
指揮監督
守護代（有力国人ら）
地侍
荘園・公領
惣村（郷村）の形成が進む

▲⑥動乱期を通じて地方武士（**国人***）の力が増大すると，彼らを統率し動員する守護が大きな役割を担うようになった。幕府は守護に対して荘園・公領における年貢の半分を徴収する権利（**半済**）を認め，守護はさらに荘園年貢の請け負い（**守護請**）を通じて土地支配権を強めた。また，守護のなかには国人の本領を安堵して被官化し，領国経営を行う者も出てきた（**守護大名***2）。こうした守護の領国支配成立の背景には，惣村（➔p.126）の発達や，その指導層も守護や国人領主の被官となり，**地侍**層を形成し始めていたことなどがあった。

歴史散歩 後醍醐天皇陵（奈良県吉野町） 後醍醐天皇が，「魂魄はつねに北闕の天を望まん」と詠んで崩じたと『太平記』にあるように，通常南面する天皇陵と異なり北を向いている。

室町幕府の構造 ―ためしある御階の右（『新後拾遺和歌集』より足利義満の和歌）

*太皇太后・皇太后・皇后(三后)に准じて経済的待遇を与えること。

ヒストリースコープ

1378年，室町幕府３代将軍足利義満は右大将に任じられ，その喜びを和歌に詠んだ。義満は源頼朝ゆかりの右大将就任を土台に地位を高めていった。公家の文化が色濃い京都の中で立場を築いたうえで，明との国交を開いた義満は，公武を超越した権力を手中にし得た。

→p.12 巻頭地図

考察

❶右大将就任後の義満は，どのように地位を変化させていったのだろうか。

❷義満が行った政策を以下の観点でそれぞれ説明しよう。

1．守護大名の統制→ 1 A p.126

2．明との関係→p.125

〈京都 承天閣美術館蔵〉

ためしある 御階の右に うつるより なを袖ふれて 匂ふたちばな

【現代語訳】源頼朝が右大将になった先例（ためし）にあるように，紫宸殿の階段下の右側に移ると（左中将から右大将に栄転すると），そこにある橘の香りがいっそう袖に染みることよ。

◀①足利義満像　没後まもなく描かれた肖像画。上部には，『新後拾遺和歌集』におさめられた義満作の和歌が３首書かれている。

▼②京都御所の紫宸殿に復元された右近の橘

右近の橘

凡例：地位の変遷／守護大名の統制／明との関係／権威的建築物の造営

年	事項
1358 (1歳)	誕生〈年齢は数え年で表示〉
1368 (11)	征夷大将軍就任　管領細川頼之が補佐
1378 (21)	右近衛大将(右大将)に就任 室町殿(花の御所)に移る
1379 (22)	幕府の実権を掌握
1380 (23)	明へ遣使，国王とみなしてもらえず失敗
1382 (25)	相国寺の造営を開始
1383 (26)	准三后の宣下*を受ける
1390 (33)	土岐康行を討伐 ➔p.126
1391 (34)	守護大名山名氏清を討伐(明徳の乱) ➔p.126
1392 (35)	南北朝の合体
1394 (37)	将軍職を義持にゆずり太政大臣に就任
1395 (38)	太政大臣を辞し出家
1397 (40)	北山殿の造営を開始 ➔p.134
1399 (42)	守護大名大内義弘を討伐(応永の乱) ➔p.126
1401 (44)	明に遣使「日本准三后某…」史
1402 (45)	明の皇帝より「日本国王」に冊封される 史
1404 (47)	日明貿易(勘合貿易)開始 ➔p.125
1408 (51)	急死　死後「太上法皇」の称号を贈られる(義持が辞退)

△③足利義満関係年表

1 室町幕府の政治

A 室町幕府の流れ

❶～⑮はp.126 2，p.127 2 に対応

時期	天皇	将軍	年	事項（青字一揆関係 ➔p.126）	中国	朝鮮	琉球
南北朝の動乱	後醍醐（南）／光明（北）	1338 足利尊氏	1338	尊氏，征夷大将軍就任	元	高麗	三山時代
	後村上（南）		1342	幕府，元に天龍寺船を派遣 ➔p.125 →			
	崇光（北）		1352	近江・美濃・尾張に半済令 ➔p.123			
	後光厳（北）	1358	1367	高麗が倭寇禁圧を要請 →			
	長慶（南）	1367 1368 義詮	1368	朱元璋が明を建国 →	明		
	後円融（北）		1378	義満，室町殿(花の御所)に移る			
	後亀山（南）	義満	1390	土岐康行の乱➔❶			
			1391	明徳の乱➔❷			
			1392	南北朝の合体　同年，李成桂が朝鮮を建国 →		朝鮮	
守護大名の成長	後小松	1394	1395	九州探題の今川貞世(➔p.123)罷免➔❸			
			1399	応永の乱➔❹			
		義持	1401	義満，僧祖阿・博多商人肥富を明に遣使 →			
			1404	日明貿易(勘合貿易)開始 ➔p.125 →			
			1411	義持，明と国交・貿易を断つ →	(国交断絶)		
	称光	義量	1416	上杉禅秀の乱(～17)➔❺			
		1423	1419	応永の外寇 ➔p.125 →			
		1425	1428	正長の徳政一揆➔❻			
	後花園	1429	1429	尚巴志が琉球王国を建国 ➔p.133 →			琉球王国
				播磨の土一揆➔❼			
		義教	1432	義教，明と国交・貿易を再開 →	明		
			1438	永享の乱(～39)➔❽			
		義勝	1440	結城合戦(～41)➔❾			
		1441	1441	嘉吉の変➔❿　嘉吉の徳政一揆➔⓫			
		1442 1443	1454	関東で享徳の乱(～78)➔⓬			
		1449	1455	足利成氏，古河に敗走(古河公方)			
		義政	1457	足利政知，拠点を堀越に(堀越公方)			
	後土御門		1467	応仁の乱(～77) ➔p.127			
		1473 義尚	1485	山城の国一揆(～93)➔⓭			
		1489	1488	加賀の一向一揆(～1580)➔⓮			
戦国大名の割拠		1490	1493	明応の政変➔⓯			
		義稙・義澄		伊勢宗瑞(北条早雲)，堀越公方を滅ぼす			
	後柏原		1510	三浦の乱 ➔p.125 →			
		1521	1523	大内氏と細川氏が寧波の乱を起こす →			
	後奈良	義晴 1546	1536	天文法華の乱 ➔p.139			
		義輝	1547	最後の遣明船派遣 →			
	正親町	1565 1568	1568	織田信長，義昭を奉じて入京 ➔p.144			
		義栄 義昭	1573	信長，義昭を京都から追放 室町幕府滅亡			

B 室町幕府のしくみ

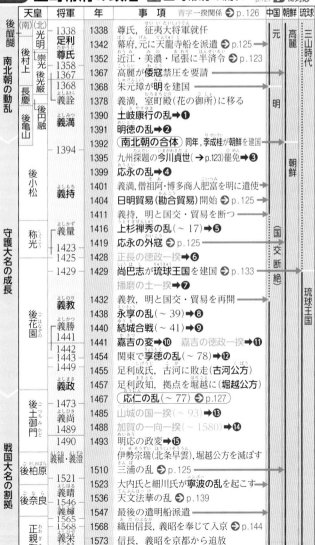

よみとき　鎌倉幕府の執権と管領の共通性に注目しよう ➔p.106

建武の新政の政治のしくみ ➔p.122

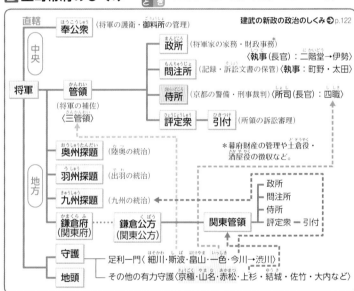

- 将軍
  - 直轄：奉公衆（将軍の護衛・御料所の管理）
  - 中央：管領（将軍の補佐）〈三管領〉
    - 政所（将軍家の家務・財政事務*）〈執事(長官)：二階堂→伊勢〉
    - 問注所（記録・訴訟文書の保管）〈執事：町野・太田〉
    - 侍所（京都の警備・刑事裁判）〈所司(長官)：四職〉
    - 評定衆 ― 引付（所領の訴訟審理）
  - 地方：
    - 奥州探題（陸奥の統治）
    - 羽州探題（出羽の統治）
    - 九州探題（九州の統治）
    - 鎌倉府(関東府) …… 鎌倉公方(関東公方) ― 関東管領 ― 政所／問注所／侍所／評定衆 ― 引付
    - 守護：足利一門〈細川・斯波・畠山・一色・今川→渋川〉／その他の有力守護〈京極・山名・赤松・上杉・結城・佐竹・大内など〉
    - 地頭

*幕府財産の管理や土倉役・酒屋役の徴収など。

△④幕府の中でも，三管領と侍所所司(長官)を務めた四職は大きな権力をもっていた。また，尊氏の子基氏の系譜が世襲する鎌倉府(➔p.123)は，独立性が強かった。

C 室町幕府の財政基盤の変遷 ―市場経済に依存していく財源

おもな税

伝統的財源	御料所(直轄領)の年貢・公事・夫役，地頭の賦課金，守護の分担金など 段銭(田地への臨時課税(即位・幕府行事など))・棟別銭(家屋への臨時課税(朝廷費用・寺社修復など))				
背景と将軍	南北朝の動乱	南北朝合一 幕府の安定期			徳政一揆の時代
	尊氏	義満	義持	義教	義政
商業・流通への課税	明朝頒賜銅銭・頒賜物(明朝皇帝から下賜された銅銭など) 抽分銭 ➔p.131	土倉役(倉役)・酒屋役(金融活動への賦課) 日明貿易	中断	再開 関銭(通行税)・津料(入港税)	五山への課税 ➔p.131 分一銭*

*徳政令発布の際，債務者がその額の十分の一を上納すると債務の破棄が認められ，一方で債権者が上納すると債権が保証された。

△⑤室町幕府の財源は鎌倉以来の伝統的財源に加えて，市場経済の発展をもとに商業・流通への課税が始まり，その比重はしだいに大きくなっていった。応仁の乱(➔p.127)以後は，京都周辺のみを支配する事実上の地方政権となり財政は困窮する。戦国期は大名からの献金や伝来宝物の売却によってしのぐようになった。

歴史のまど　平岩弓枝『獅子の座』　３代将軍足利義満周辺の権力抗争や文化・芸術などを描いた歴史小説。

中世 室町

室町時代の交易 ─肥富をして祖阿に相副へ，好みを通じ，方物を献ぜしむ史（瑞溪周鳳『善隣国宝記』）

ヒストリースコープ

1401年，博多の商人肥富の提案を受けて明との貿易を決断した足利義満は，禅僧祖阿を正使，肥富を副使として明に派遣した。これを受けて義満は明から「日本国王」に冊封され，1404年，日明貿易（勘合貿易）が始まった。幕府の外交にたずさわった禅僧の瑞溪周鳳（➔p.131）が著した『善隣国宝記』には，この間の事情が記されている。

考察

❶明は日本に何を求めていただろうか。
❷倭寇の活動は，当時の日本や東アジアの情勢とどのようにかかわっていただろうか。→1
❸日明貿易や日朝貿易では，どのような交易品がやりとりされていただろうか。→2

〈倭寇図巻〔後期倭寇のようすを中国で描いたもの〕，東京大学史料編纂所蔵〉

△①荷物を運び出す倭寇　14世紀以降，朝鮮半島や中国沿岸では私貿易を行う倭寇がさかんに活動していた。ときには略奪をはたらいたため，明はその禁圧を日本に求めていた。

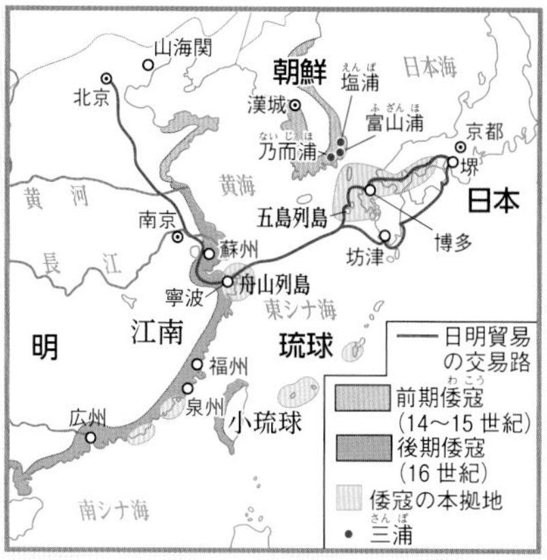

山海関
北京
朝鮮
塩浦
日本海
漢城
富山浦
乃而浦
京都
堺
黄河
黄海
五島列島
日本
南京
蘇州
博多
長江
舟山列島
坊津
寧波
東シナ海
江南
琉球
明
福州
泉州
小琉球
広州
南シナ海
日明貿易の交易路
前期倭寇（14～15世紀）
後期倭寇（16世紀）
倭寇の本拠地
三浦

△②倭寇の活動地域と日明貿易の交易路

1 室町時代の対外関係

▽③室町時代の対外関係の推移

中国	朝鮮	日本	年	明・朝鮮との対外関係と倭寇の件数
元	高麗		1325	㊥鎌倉幕府，建長寺船を元に派遣（建長寺修造資金調達のため）
		尊氏	1342	㊥足利尊氏，天龍寺船を元に派遣（天龍寺造営費用調達のため）
			1350	㊟このころから倭寇，高麗沿岸に出没
			1361	征西将軍懐良親王，大宰府に入る ➔p.123
		義詮	1367	㊟高麗，幕府に倭寇鎮圧を要請
1368 明建国		義満	1368	㊥朱元璋，明を建国
			1369	㊥明の太祖，懐良親王に倭寇禁圧を要請
			1370	幕府，今川貞世（了俊）を九州探題に任命 ➔p.123
			1371	㊥懐良親王，「日本国王」として明に朝貢 ➔p.123
			1380	㊥義満の使者，明で退けられる
	1392 朝鮮建国		1392	㊟李成桂，朝鮮を建国
			1397	㊟朝鮮，大内氏を通じて幕府に倭寇鎮圧を依頼 ➔
			1401	㊥義満，明と国交を開く。㊟朝鮮にも遣使
		義持	1404	㊥明，日本と日明貿易（勘合貿易）開始（朝貢貿易の形式）史
			1408	義満没　将軍は「日本国王臣源」と署名（1403）
			1411	㊥義持，朝貢形式に反対し明との国交・貿易を中断
			1419	㊟応永の外寇（朝鮮が倭寇の根拠地とした対馬を攻撃）
明	朝鮮	義教	1432	㊥義教，明との国交・貿易を再開
			1438	㊟文引の制確立（対馬の宗氏が朝鮮への通交者に渡航証明を発行）
		義勝	1443	㊟癸亥約条（宗氏から朝鮮への派遣を年50隻に制限）
		義政	1467~77	応仁の乱（応仁・文明の乱）➔p.127
		義尚		㊥（➔以後幕府の力が弱まり，博多商人と結んだ大内氏と，堺商人と結んだ細川氏が日明貿易の権利を争う）
		義稙・義澄	1510	㊟三浦の乱（朝鮮の日本人居留民の反乱）以後，日朝貿易中断 ➔p.12
			1512	㊟壬申約条（三浦のうち1港のみ開港，宗氏から朝鮮への派遣は年25隻に制限）
		義晴	1523	㊥寧波の乱（細川船と大内船が衝突，その後大内氏が日明貿易独占）
		義輝	1547	㊥最後の遣明船派遣
			1551	大内義隆，家臣陶晴賢に襲われ自害（のち大内氏滅亡）
		豊臣秀吉	1588	豊臣秀吉，海賊取締令
			1592	㊟秀吉の朝鮮出兵（文禄の役～93，慶長の役97～98）

倭寇の件数：100（件）　80　60　40　20　〔倭寇の件数〕（1325・1350・1375・1400・1425・1450・1475・1500・1525・1550・1575・1600）

㊥中国に関すること　㊟朝鮮に関すること

日本人中心 → 前期倭寇　　中国人が大半，多民族 → 後期倭寇

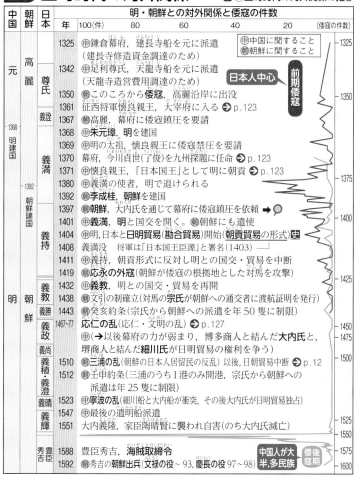

時代を見る目　倭寇が活動した時代

「倭寇」はもともと朝鮮半島・中国を襲う海賊行為をさした。14世紀半ばの日本は南北朝の動乱で無秩序状態であった。とくに瀬戸内・山陰・九州地方の人々は大陸との交易を通じて物資を調達していたが，不調の場合は武力を用いた強奪をいとわなかったので倭寇とよばれ恐れられた。勘合貿易が始まり鎮静化したが，戦国時代に突入し勘合貿易が途絶すると，中国人の密貿易者を中心とする多民族の倭寇集団が生まれ，再び「自由狼藉」の時代に突入した。明の海防の強化・海禁政策転換や豊臣秀吉の海賊取締令（➔p.146）によって終息した。

2 対外交易の展開

➔p.12 巻頭地図
➔p.132「中世日本の交易拠点」

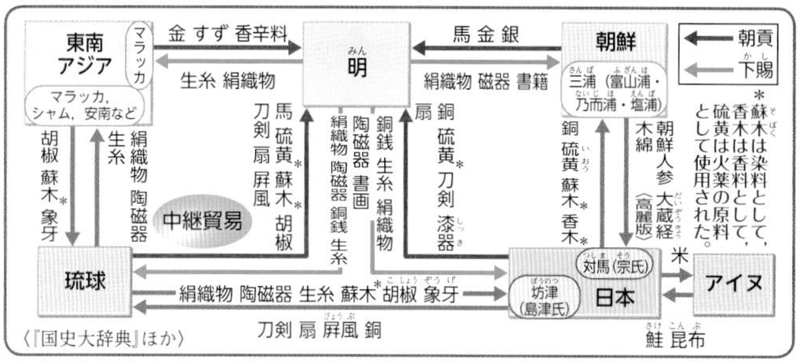

東南アジア
マラッカ
マラッカ，シャム，安南など
金 すず 香辛料
生糸 絹織物
明
馬 金 銀
絹織物 磁器 書籍
朝鮮
三浦（富山浦・乃而浦・塩浦）
朝貢
下賜
胡椒 蘇木* 象牙
生糸
絹織物 陶磁器
中継貿易
馬 硫黄* 蘇木* 胡椒
刀剣 扇 屏風
絹織物 陶磁器 銅銭 生糸
陶磁器 書画
銅銭 生糸 絹織物
扇 銅 硫黄* 刀剣 漆器
銅 硫黄 蘇木* 香木*
朝鮮人参 大蔵経〈高麗版〉
木綿
*蘇木は染料として，香木は香料として，硫黄は火薬の原料として使用された。
琉球
絹織物 陶磁器 生糸 蘇木* 胡椒 象牙
刀剣 扇 屏風 銅
対馬（宗氏）
坊津（島津氏）
日本
米
アイヌ
鮭 昆布
〈『国史大辞典』ほか〉

△④室町時代の交易関係と交易品　明を中心とする国際秩序のなかで日本も冊封を受けることになった。希少価値の高い下賜品をはじめ日本側の利益は大きかった。中国からの舶載品は唐物とよばれた。

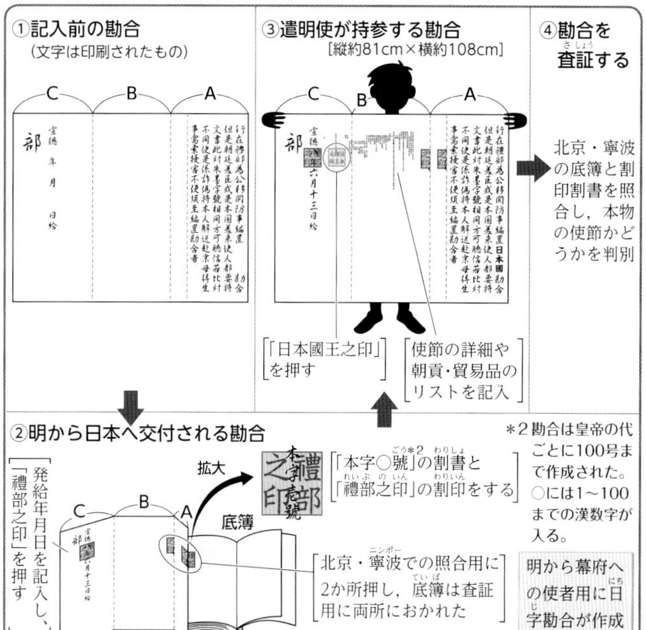

①記入前の勘合
（文字は印刷されたもの）
③遣明使が持参する勘合
〔縦約81cm×横約108cm〕
④勘合を査証する
C
B
A
北京・寧波の底簿と割印割書を照合し，本物の使節かどうかを判別
「日本國王之印」を押す
使節の詳細や朝貢・貿易品のリストを記入
②明から日本へ交付される勘合
*2 勘合は皇帝の代ごとに100号まで作成された。○には1～100までの漢数字が入る。
拡大
「本字○號*2」の割書と「禮部之印」の割印をする
底簿
「発給年月日を記入し，「禮部之印」を押す
北京・寧波での照合用に2か所押し，底簿は査証用に両所におかれた
明から幕府への使者用に日字勘合が作成され，北京と日本で底簿が保管された
空欄に相手国（この場合「日本國」）の文字を記入する
〈橋本雄『"日本国王"と勘合貿易』（NHK出版）より改変〉＊清の勘合から類推。

△⑤勘合のしくみ*（本字勘合の復元）　遣明船は，一隻につき一枚の本字勘合を中国に携行した。勘合は使節団の真偽を証明する身分証明書であるとともに，進貢品や貿易品も記入する決まりであったため貿易許可証としても機能した。

歴史のまど　橋本雄『"日本国王"と勘合貿易』　貿易利益を重視した足利義満の外交戦略と，対照的な状況下での義政の本格的な貿易再開について，勘合貿易の詳しい仕組みもまじえながら紹介。

惣の形成と一揆 ―日本開白以来，土民蜂起是れ始なり 史（『大乗院日記目録』）

ヒストリースコープ

1428年，近江坂本の馬借（➔p.130）が徳政（債務破棄の承認）を求めて高利貸などを襲い，管領畠山満家に鎮圧された。正長の徳政一揆（土一揆）とよばれるこの一揆は，近江から始まって京都・大和などの周辺諸国に広がり，人々に衝撃を与えた。

考察

❶正長の徳政一揆が，当時の人々に強い衝撃を与えたのはなぜだろうか。

❷民衆が結集して結ぶ一揆の基盤となっている，惣の特徴を説明しよう。→1

❸土一揆・国一揆・一向一揆は，何を求めて起こされたのだろうか。→2

正長元年ヨリサキ者，カンヘ四カンカウ①ニ，ヲキメアルヘカラス

① 神戸四か郷（邑地・坂原・大柳生・小柳生）
② 負目。負債のこと

●正長の徳政一揆【現代語訳】

正長元（一四二八）年九月，天下の土民（下級武士を含む一般庶民）が蜂起した。高利貸をしていた酒屋・土倉・寺院などを，徳政と称して壊し，質入れしていたものなどを勝手に奪い取って，借金などはことごとく破棄させた。管領がこの蜂起を成敗した。おしなべて国が滅びる原因としてこれ以上のものはない。日本が始まって以来，土民の蜂起はこれが初めてである。（『大乗院日記目録』）

◀①柳生の徳政碑文 史　正長の徳政一揆に対し幕府や荘園領主は徳政令を出さなかったが，大和では里ごとに徳政が実行された（在地徳政）。この柳生の徳政碑文はその成果を記している。〈奈良市教育委員会蔵〉

1 惣の形成と自治

▼②惣の構造

惣（惣村）
惣百姓（地侍*・名主・作人）の自治的村落

*上層農民で国人の被官となった者。

指導者
おとな（長・乙名），沙汰人

寄合：惣の運営を行う最高合議機関→全員参加

宮座：村の鎮守の氏子組織。惣の団結の中心的役割を果たす

入会地 ➔p.157・灌漑用水の利用・管理

地下請（村請・百姓請）：村の責任で一括して年貢を納入

地下検断（自検断）：治安維持のための警察権行使

惣掟（村法・村掟）史：村の規則。違反者は処罰

*2 いくつもの村落を連ねた大きな自治組織。

惣荘・惣郷*2ごとに一揆を結び，領主に抵抗

抵抗の手段
- 愁訴：百姓申状などで嘆願する
- 強訴：要求を掲げ集団で押しかける
- 土一揆：武力で抵抗
- 逃散：集団で田畑を捨てて逃亡

〈東京 永青文庫蔵 十二類合戦絵巻 上巻〉

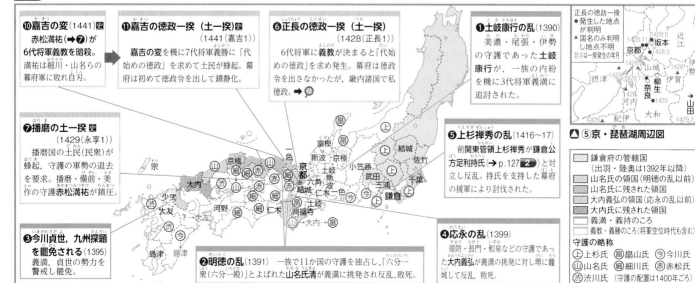

▲③動物たちの寄合　辱めを受けた狸が報復に向け仲間と軍議を行っている。このように，中世には志や利害を同じくする者が対等に結びつき「一揆」を結んだ*。「一揆」の構造は村落の惣，都市の町，商工業者の座，僧侶・神官の強訴や集会などにみられ，合議で外部に対する意思決定をする一方，内部には厳しい規律を課した。ときに外部に対して，権利の回復などを求めて武力行使を含む自力救済を行った。*「揆」は「はかる，はかりごと」という意味。「一揆」を結ぶ際，一味神水という儀式（起請文を書き，それを焼いた灰を神水に入れて飲み団結を誓う。一味同心）を行った。

2 室町中期の戦乱と土一揆

❶～❼，❿～⓫はp.124 1 の番号と対応

▼④6代将軍足利義教*が赤松満祐に殺害され権力が空白になると，徳政一揆が拡大した。

*くじ引きで選ばれた義教は将軍への権力集中をはかり，守護大名の家督への介入など恐怖政治を行った。

❿嘉吉の変（1441）史
赤松満祐（➔❼）が6代将軍義教を暗殺。満祐は細川・山名らの幕府軍に敗れ自刃。

⓫嘉吉の徳政一揆（土一揆）史（1441（嘉吉1））
嘉吉の変を機に7代将軍義勝に「代始めの徳政」を求めて土民が蜂起。幕府は初めて徳政令を出して鎮静化。

❻正長の徳政一揆（土一揆）（1428（正長1））
6代将軍に義教が決まると「代始めの徳政」を求め発生。幕府は徳政令を出さなかったが，畿内諸国で私徳政。➔ヒストリースコープ

❶土岐康行の乱（1390）
美濃・尾張・伊勢の守護であった土岐康行が，一族の内紛を機に3代将軍義満に追討された。

❼播磨の土一揆 史（1429（永享1））
播磨国の土民（民衆）が蜂起，守護の軍勢の退去を要求。播磨・備前・美作の守護赤松満祐が鎮圧。

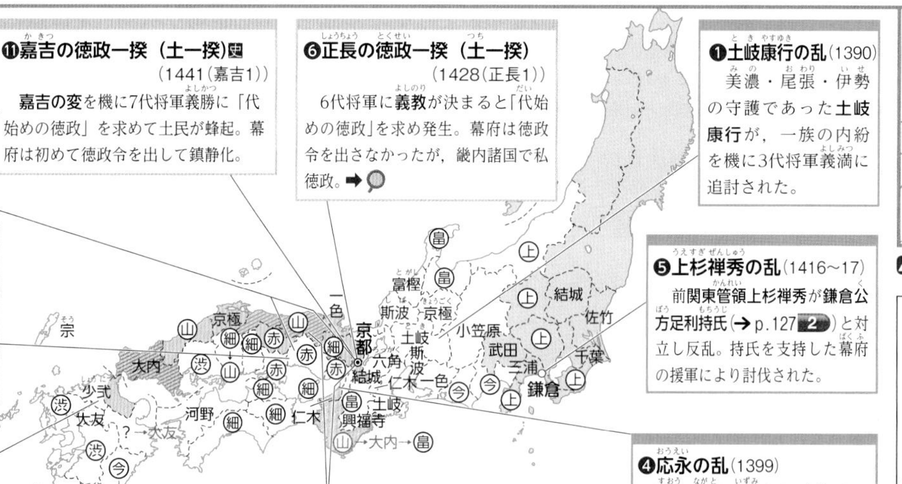

畠
上
富樫
斯波
京極
一色
京都
土岐
斯波
小笠原
武田
結城
佐竹
千葉
三浦
鎌倉
今
六角
仁木
一色
結城
畠
土岐
興福寺
大内→畠
宗
大内
京極
細
赤
山
渋
少弐
大友
河野
仁木
?→大友
島津
今

❺上杉禅秀の乱（1416～17）
前関東管領上杉禅秀が鎌倉公方足利持氏（➔p.127 2）と対立し反乱。持氏を支持した幕府の援軍により討伐された。

❸今川貞世，九州探題を罷免される（1395）
義満，貞世の勢力を警戒し罷免。

❷明徳の乱（1391）　一族で11か国の守護を独占し，「六分一衆（六分一殿）」とよばれた山名氏清が義満に挑発され反乱，敗死。

❹応永の乱（1399）
周防・長門・和泉などの守護であった大内義弘が義満の挑発に対し堺に籠城して反乱，敗死。

正長の徳政一揆
●発生した地点が判明
▲国名のみ判明し地点不明
数字は一揆発生の年月
近江
坂本
京都
山城
伊勢
摂津
伊賀
柳生
奈良
河内
大和
紀伊
→山田

▲⑤京・琵琶湖周辺図

凡例
- 鎌倉府の管轄国（出羽・陸奥は1392年以降）
- 山名氏の領国（明徳の乱以前）
- 山名氏に残された領国
- 大内義弘の領国（応永の乱以前）
- 大内氏に残された領国
- 義満・義持のころ
- 義教・義勝のころ（将軍空位時代も含む）

守護の略称
上 上杉氏　畠 畠山氏　今 今川氏
山 山名氏　細 細川氏　赤 赤松氏
渋 渋川氏　（守護の配置は1400年ごろ）

歴史散歩　柳生の徳政碑文（奈良市）　旧奈良（柳生）街道の路傍に，高さ3m・幅3.3m・奥行き4mの花崗岩が露出し，その南面に疱瘡地蔵と碑文が彫られている。

特集 戦場と化した都 - 応仁の乱と戦国時代の始まり

1 応仁の乱（応仁・文明の乱）－汝ヤシル都ハ野辺ノ夕雲雀アガルヲ見テモ落ツル涙ハ（『応仁記』）史

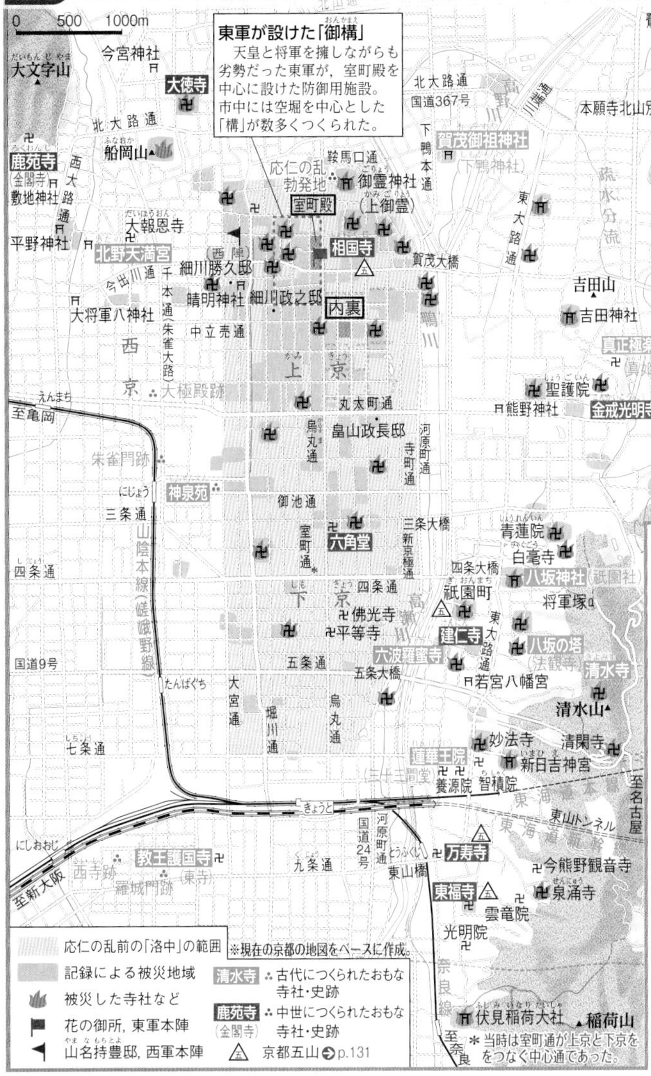

0 500 1000m
西山
東山
大文字山
今宮神社
大徳寺
北大路通
船岡山
鹿苑寺（金閣寺）
敷地神社
西大路通
大報恩寺
平野神社
北野天満宮
今出川通
細川勝久邸
晴明神社
細川政之邸
大将軍八幡社
千本通（朱雀大路）
中立売通
西京
上京
大極殿跡
至亀岡
えんまち
丸太町通
朱雀門跡
にじょう
神泉苑
三条通
四条通
山陰本線（嵯峨野線）
国道9号
たんばぐち
五条通
大宮通
堀川通
烏丸通
七条通
にしおおじ
西寺跡
教王護国寺（東寺）
羅城門跡
至新大阪
九条通
鞍馬口通
応仁の乱勃発地
御霊神社（上御霊）
室町殿
相国寺
内裏
賀茂大橋
下鴨本通
賀茂御祖神社（下鴨神社）
北大路通
国道367号
川端通
本願寺北山別院
鷺森神社
曼殊院
圓光寺
詩仙堂丈山寺
金福寺
瓜生山
疏水分流
東大路通
北白川天神宮
慈照寺（銀閣寺）
吉田山
吉田神社
法然院
真正極楽寺（真如堂）
安楽寺
霊鑑寺
鹿ケ谷
聖護院
熊野神社
金戒光明寺
哲学の道
禅林寺（永観堂）
南禅寺
畠山政長邸
河原町通
寺町通
御池通
室町通
六角堂
三条大橋
新京極通
青蓮院
白竜寺
四条大橋
八坂神社（祇園社）
祇園町
将軍塚
下京
四条通
佛光寺
平等寺
建仁寺
東大路通
八坂の塔（法観寺）
六波羅蜜寺
五条大橋
清水寺
若宮八幡宮
清水山
妙法寺
清閑寺
蓮華王院（三十三間堂）
新日吉神宮
養源院
智積院
至名古屋
東海道本線
東山トンネル
きょうと
国道24号
河原町通
とうふくじ
東山橋
万寿寺
今熊野観音寺
東福寺
泉涌寺
雲竜院
光明院
奈良線
伏見稲荷大社
稲荷山
至奈良

東軍が設けた「御構」
天皇と将軍を擁しながらも劣勢だった東軍が，室町殿を中心に設けた防御用施設。市中には空堀を中心とした「構」が数多くつくられた。

応仁の乱前の「洛中」の範囲 ※現在の京都の地図をベースに作成。
記録による被災地域
被災した寺社など
花の御所，東軍本陣
山名持豊邸，西軍本陣
清水寺 ∴古代につくられたおもな寺社・史跡
鹿苑寺（金閣寺） ∴中世につくられたおもな寺社・史跡
五 京都五山 ➡p.131
＊当時は室町通が上京と下京をつなぐ中心通であった。

◁①**広範囲に及んだ被災地域**　1467（応仁1）年5月，**応仁の乱**が勃発した。緒戦は上京を焼きつくすほどの激戦となったが，東西両軍とも決定打がないまま長期化し，持久戦となった。この戦乱と，東国での享徳の乱の長期化によって，戦国時代に突入していった。

〈『京都歴史アトラス』ほか〉

兵力	山名氏と細川氏の争い	将軍家の家督争い（1467年）	将軍家の家督争い（1468年以降）	畠山氏の家督争い	斯波氏の家督争い	戦乱の地方波及
西軍 約11万	侍所所司 **山名持豊（宗全）**	日野富子＝足利義政（8代将軍）―**義尚**	**義視**	畠山持国―**義就**	渋川義鏡―**義廉**	六角氏 一色氏 大内氏 河野氏 仁木氏ほか **有力守護**
✕	✕	✕	✕	✕	✕	✕
東軍 約16万	管領 **細川勝元**	養子 **義視**（義政の弟）	**義政・義尚**（73年9代将軍）	畠山持富―**政長**（養子）	斯波義健（養子）・斯波持種―**義敏**	**有力守護** 赤松氏 富樫氏 京極氏 武田氏ほか

△②**対立構図**　管領家（畠山家・斯波家）と将軍家の家督争いが結びつき，これに幕府首脳（**細川勝元・山名持豊**）の勢力争いがからみ，戦乱が長期化した。

△③**足利義政**（1436～90）〈東京国立博物館蔵（部分）〉

△④**日野富子**（1440～96）

▷⑤**細川勝元**（1430～73）（左）と⑥**山名持豊（宗全）**（1404～73）（右）　**足利義政**の後継をめぐって義尚の生母・日野富子から頼られた山名持豊は，西軍を編制し，細川勝元（持豊の娘婿だが義視の後見人）率いる東軍と対立した。

〈龍安寺蔵〉〈鳥取市歴史博物館蔵〉

時代を見る目 戦国時代はいつから始まった？

応仁の乱は，守護が京都で争う間に領国で**下剋上**が進み，また新たな戦力として足軽が登場したことなどから，戦国時代への幕を開けた事件といわれる。一方，近年の研究では，戦乱の長期化と既成秩序の崩壊の観点から，東国は享徳の乱（1454～78）ですでに戦国時代を迎えていたとされ，西国でも，将軍家の分裂が常態化し，将軍間の対立と諸勢力の対立が連動するようになったという点から，画期としての明応の政変（➡2）が注目されてきている。

▷⑦**足軽**（真如堂縁起）戦国期に多用された軽装歩兵。史

よみとき 応仁の乱での足軽の活動を読み解いてみよう ➡巻頭8

2 東西に広がる戦乱 ⑧⑨，⑫～⑮は p.124 1 の番号と対応

▷⑧**細川政元**〈龍安寺蔵〉

⑮明応の政変（1493）
管領細川政元が将軍足利義材（のちの義稙）を廃し新将軍に義澄を擁立。以降，幕府要人が異なる人物を擁立して将軍が並立することが常態化し，戦国の争乱が本格化。

複数の将軍にわたる
⑭加賀の一向一揆（1488～1580）史
浄土真宗（一向宗）の僧や国人・地侍が門徒の百姓を動員，守護の富樫政親を倒す。その後，約1世紀にわたって加賀国を自治。「百姓ノ持タル国」と称された。

⑨結城合戦（1440～41）
関東の幕府勢力と反幕府・反上杉氏の勢力との争いから下総の結城氏が足利持氏の遺児（安王丸・春王丸）を擁立して反乱。結城氏が敗北。

⑧永享の乱（1438～39）
幕府に反抗した鎌倉公方足利持氏（p.126➡2）を6代将軍義教が追討。持氏は降伏したのちに自殺。以降，**関東管領の上杉氏**の力が強まる。

⑬山城の国一揆（1485～93）史
国人や土民が，応仁の乱後も対陣する畠山政長・義就軍を南山城から撤退させ，8年間にわたり自治。

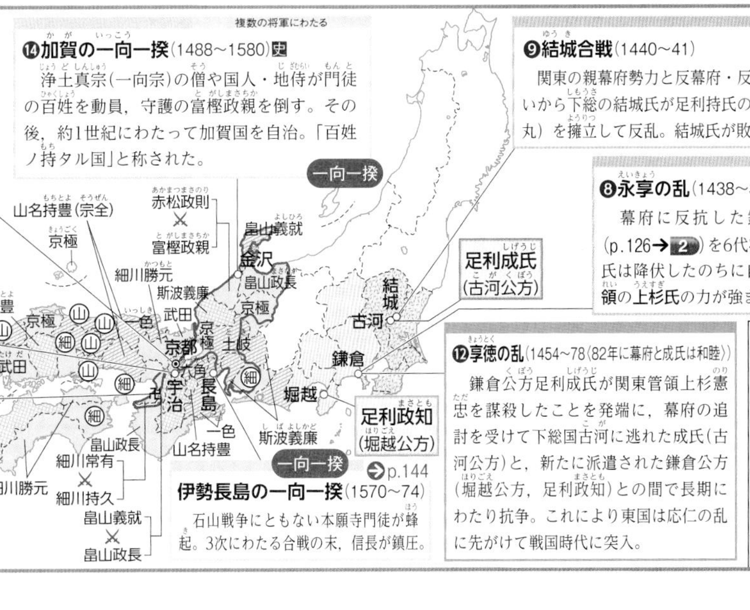

一向一揆
山名持豊（宗全）
京極
赤松政則
富樫政親
細川勝元
斯波義廉
畠山義就
金沢
畠山政長
京極
山名是豊
武田
一色
京都
土岐
京極
大内
武田
六角
宇治
長島
一色
斯波義廉
山名持豊
畠山政長
細川常有
細川持久
細川勝元
畠山義就
畠山政長
足利成氏（古河公方）
結城
古河
鎌倉
堀越
足利政知（堀越公方）
国一揆
一向一揆
西軍
東軍
両勢力の中立地域
堀越公方の党
古河公方の党
義教のころ
義政・義尚のころ
義稙・義澄のころ
義昭のころ
一向一揆のおもな発生地
守護の略称
山 山名氏
細 細川氏

石山戦争（1570～80）
本願寺11世顕如（光佐）が織田信長に対抗，敗れて石山本願寺（大坂本願寺）を退く。
➡p.141,144

伊勢長島の一向一揆（1570～74）➡p.144
石山戦争にともない本願寺門徒が蜂起。3次にわたる合戦の末，信長が鎮圧。

⑫享徳の乱（1454～78（82年に幕府と成氏は和睦））
鎌倉公方足利成氏が関東管領上杉憲忠を謀殺したことを発端に，幕府の追討を受けて下総国古河に逃れた成氏（古河公方）と，新たに派遣された鎌倉公方（堀越公方，足利政知）との間で長期にわたり抗争。これにより東国は応仁の乱に先がけて戦国時代に突入。

△⑨**東西に広がる戦乱と国一揆・一向一揆**

中世 室町

惣と農業の発達 ―一畓に一年三たび種く（『老松堂日本行録』）

ヒストリースコープ

1420年，来日した朝鮮の使者宋希璟は，摂津尼崎で三毛作が行われていることを見て驚き，その秘密を日本の水利灌漑技術の高さに起因すると日記に書きとめている。このころの日本では二毛作が各地に広まり，畿内を中心に三毛作も行われていた。

考察

❶鎌倉時代と比べ，室町時代の農業はどのように変化したのだろうか。→p.114

❷農業を発達させた技術には，どのようなものがあるだろうか。→1

15世紀 ← 13世紀

農業の変化【現代語訳】

水田の稲を刈り取った後に麦を蒔き，次の年の田植え前に収穫する。

（一二六四年『関東御教書』）

阿麻沙只村①に宿して日本を詠う

日本の農家は，秋に畓（水田）を耕して大小麦を種き，明年初夏に大小麦を刈りて苗種を種き，秋初に稲を刈りて木麦（そば）を種き，冬初に木麦を刈りて大小麦を種く。**一畓に一年三たび種く。**

（一四二〇年『老松堂＊日本行録』）

①現 兵庫県尼崎市　＊老松堂は宋希璟の号。

〈滋賀 石山寺蔵〉

▶①**水車**（石山寺縁起絵巻）　日本は山地の占める割合が高く，河川は急流となる場合が多い。その急流を利用した灌漑施設として，揚水式の水車が各地につくられた。1428年に朝鮮通信使として来日した朴瑞生は，畿内の農村で活用されている水車を目撃して，朝鮮の龍骨車（→図③）より便利であると賞賛した。

1 生産性を高める工夫 ➲p.131

よみとき　灌漑のためにどのような農具を使っているかに注目しよう　江戸時代の灌漑用農具 ➲p.166

田楽
苗を植える女性
苗を運ぶ男性
牛耕

〈東京国立博物館蔵（部分）〉

龍骨車
なげつるべ

〈国 滋賀 聖衆来迎寺蔵（部分）〉〈東京大学史料編纂所蔵〉

◀③**なげつるべと龍骨車**（たはらかさね耕作絵巻）　なげつるべ は つるべ の両端に なわ をかけて水をくみ上げる道具。中国で発明された龍骨車は，低地の用水路から高地の水田に水を引き上げる機械。灌漑技術の発達のほかに，水稲の品種改良により早稲・中稲・晩稲の作付けが行われるようになった。

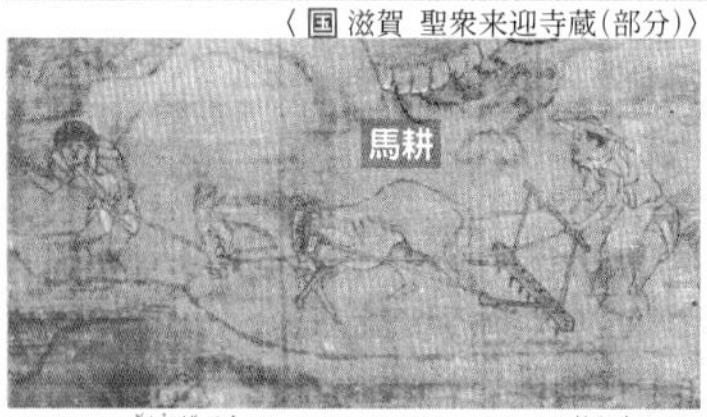

馬耕

◀▲④**牛馬耕**（六道絵のうち畜生道）　土壌をよく攪拌し，より深く耕すことで作物の根つきと栄養の浸透をうながす効果があった（→p.114）。

◀②**田植えと田楽**（月次風俗図屏風）　田植えのときには豊作を祈る神事から発展した田楽が行われ，かけ声に合わせて苗を植えていった。農作業や農業技術の発展は，**惣**（→p.126）の主体的な結束力に支えられていた。

環境　人糞尿が結ぶ都市と農村

14世紀ごろから，各地に都市が生まれると，人糞尿の処理という問題が浮上した。その解決策として，人糞尿が肥料として用いられるようになった（下肥）。速効性に優れた人糞尿は，都市での需要を見込んだ野菜などの作物の農業生産性を向上させた。また，人糞尿を集めるためにくみ取り式便所が都市で普及し，農村への運搬用具として結桶（→p.129）が使われるようになり，都市と農村にリサイクルのシステムが確立していった。

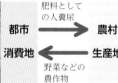

都市（消費地）→ 肥料としての人糞尿 → 農村（生産地）

農村（生産地）→ 野菜などの農作物 → 都市（消費地）

▲⑤**くみ取り式便所**　　▲⑥**人糞尿施肥**

2 製塩業の発達 ➲p.168

〈東京 たばこと塩の博物館蔵〉

塩をたく
たきぎを運ぶ
砂浜をならす
海水を運ぶ

▲⑦**製塩（揚浜）のようす**（文正草子）　海水を人力でくみ上げ，その海水を砂浜にまき散らして乾燥させ，そこから取れる濃縮した塩水（鹹水）を煮沸して塩をとるのが揚浜。一方，潮の干満を利用して塩田に海水を導き入れるのが入浜。江戸時代になると大規模な塩田が開発された。➲p.345

時代を見る目　『山椒大夫』と中世の人身売買

説経節＊の「さんせう（山椒）大夫」の一節に「忍（姉）は浜へ往って，日に三荷の潮をくめ。忘れ草（弟）は山へ往って日に三荷の柴を刈れ…」とある。姉弟は山椒大夫に買われた奴隷で，中世社会では日常的に人身売買が行われていたことがうかがえる。また，姉の海水くみからは，重労働を強いられる揚浜塩田の塩の生産に従事させられていたことがうかがい知れる。

＊鎌倉時代後期から行われた語り物の一つ。

▼⑧**製塩の変遷**

原始・古代

藻塩焼き（海藻からつくった鹹水を煮つめた＊塩）＊初めは土器が，のちに土釜や石釜，鉄釜が使われた。
↓
塩地（塩分が付着した砂からつくった鹹水を煮つめた塩）
↓

中世

塩浜（鹹水場所を浜に拡大）

	揚浜	古式入浜
手法	人力で海水をくみ上げ，砂面に散布する	干満の水位差を利用して海水を塩浜に導入
地域	干満差が小さい日本海側や，外海に面して波が荒い太平洋側	干満差が大きく，干潟が発達した内海や河口

歴史のまど　森鷗外『山椒大夫』　説経節『山椒大夫』をもとにして書かれた作品（→p.268）。背景に中世の苛酷な社会の実態が描かれている。

手工業と商業の発達 ―冬は紙衣・木綿小袖然るべし(武蔵鉢形城城主 北条氏邦による法令)

ヒストリースコープ

16世紀後半，戦国時代の武将が定めた法令には，家来の服装として紙の衣や木綿の小袖(冬季)，麻や藤づるの繊維で織ったあらい布の衣(夏季)など，さまざまな原料が登場する。なかでも木綿が普段着として親しまれるようになったことが注目される。

考察

❶船の帆や衣類として木綿が重宝されたのはなぜだろうか。
❷木綿などの特産品が生まれたのはなぜだろうか。→1
❸商工業者が結成した座のしくみを説明しよう。→4

〈東京国立博物館蔵(部分)〉

①鉄砲足軽(雑兵物語)　木綿は初め日朝貿易でもたらされた高価な輸入品であったが，16世紀後半には国産化が進み，その性質から軍事衣料としての需要が増大した。

火縄　銃を点火する際の火縄は木綿や竹でつくられた。

兵衣　甲冑の内側に着用する兵衣は，吸湿性にすぐれてじょうぶな木綿が重宝された。

	耐久性	保温性	吸湿性	価格(当時)
絹	弱い	高い	低い	高い
麻	強い	低い	高い	低い
綿	強い	高い	高い	高→低

②絹・麻・綿の性質

船

③木綿帆の船　中世の帆はおもに筵(わらなどで編んだ敷物)でつくられていたが，16世紀には木綿の帆が軍船を中心に導入された。木綿の帆はその性質から，船の速度や輸送力を向上させた。

1 専門家を生んだ特産品

A 手工業者の職人化

足縄

④機織　低く腰かけ，足縄を前後に動かして操作する地機を使用した。機織は女性の仕事であった。

⑤大鋸引き(三十二番職人歌合)　大鋸は二人がかりで角材をひき切る道具。

⑥紙すき　和紙は楮(➔p.344)などを原料に，簀と桁ですくい上げてつくられた。

⑦番匠　大工のこと。手斧を持ち，前方には木槌や曲尺(直角に曲がったものさし)，のみなどの道具が描かれている。
〈図④⑥⑦　東京国立博物館蔵　七十一番職人歌合(模本 部分)〉

⑧結桶師(職人尽絵)　結桶とは大型の桶や樽のこと。木材を曲げる技術は大型の酒樽や船舶に用いられ，醸造業や海運業の発展につながっていった。

B 各地の特産品

江戸時代の特産品 ➔p.167

十三湖
日本海
安藤氏館跡

⑨十三湊　中国や朝鮮の青磁や珠洲焼(石川県)などの陶磁器が出土し，中世日本海交易の物流拠点の一つであったことが実証された。➔p.12 巻頭地図　➔p.132「中世日本の交易拠点」

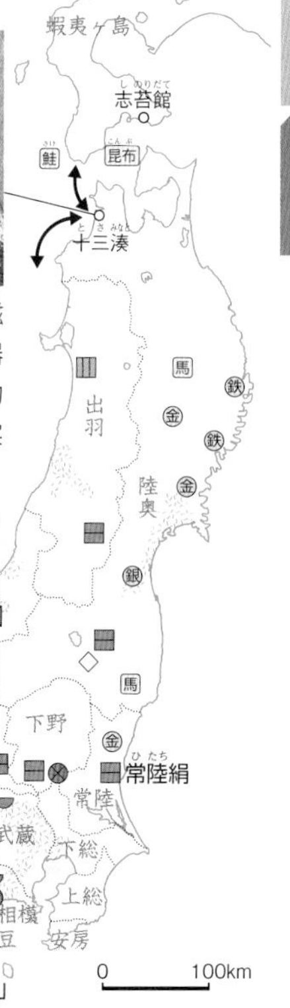
蝦夷ヶ島
志苔館
鮭
昆布
十三湊
出羽
陸奥
佐渡
佐渡金山
越後
下野
上野
常陸絹
常陸
甲斐金山
武蔵
下総
上総
相模
安房
伊豆
伊豆金山
0　100km

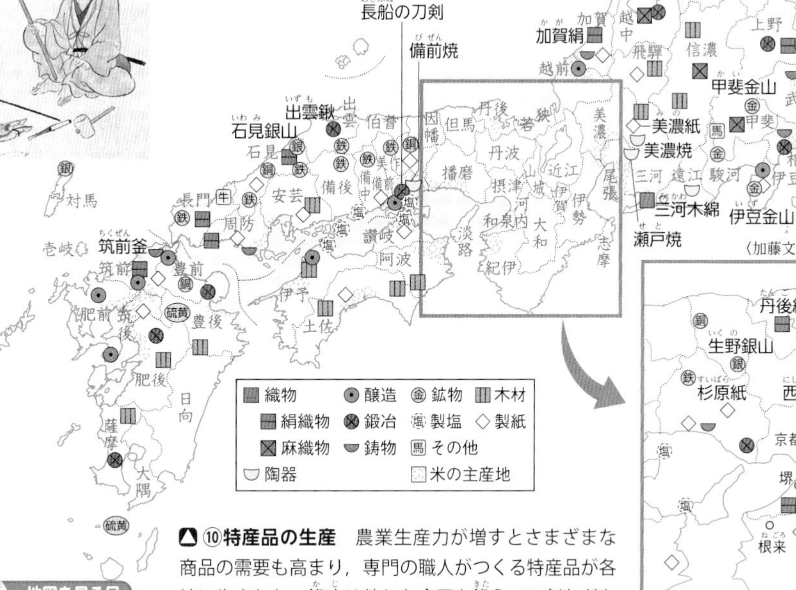
珠洲焼
室町中期に廃絶
能登釜
能登
加賀
加賀絹
越中
越前
飛騨
信濃
美濃紙
美濃焼
三河
三河木綿
遠江
駿河
瀬戸焼
尾張
伊勢
志摩
近江
山城
丹後
丹波
但馬
因幡
播磨
摂津
和泉
河内
大和
紀伊
淡路
長船の刀剣
備前焼
出雲鉄
石見銀山
出雲
石見
伯耆
備後
安芸
備中
備前
長門
周防
讃岐
阿波
伊予
土佐
筑前釜
筑前
豊前
豊後
肥前
筑後
肥後
日向
薩摩
大隅
壱岐
対馬
織物
絹織物
麻織物
陶器
醸造
鍛冶
鋳物
鉱物
製塩
その他
木材
製紙
米の主産地

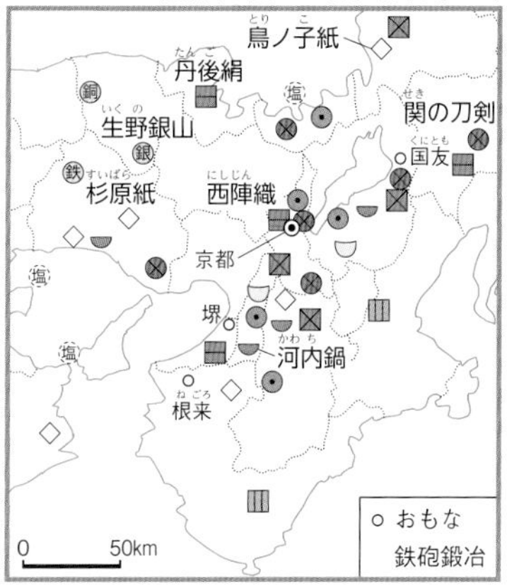
鳥ノ子紙
丹後絹
生野銀山
関の刀剣
国友
杉原紙
西陣織
京都
堺
河内鍋
根来
○おもな鉄砲鍛冶
0　50km
〈加藤文三他『100時間の日本史』ほか〉

⑩特産品の生産　農業生産力が増すとさまざまな商品の需要も高まり，専門の職人がつくる特産品が各地に生まれた。鍛冶は熱した金属を鍛えて刀剣などをつくる。鋳物(溶けた金属を鋳型に流して作る鍋・かまなど)を製作する職人は鋳物師という。

地図を見る目　現在に受け継がれる特産品に注目

今日とのつながり　京都府大山崎町では，荏胡麻油(➔p.343)を現代に復活させるため，荏胡麻の栽培や商品開発などに取り組んでいる。

2 交通の発達 - 物資の運搬

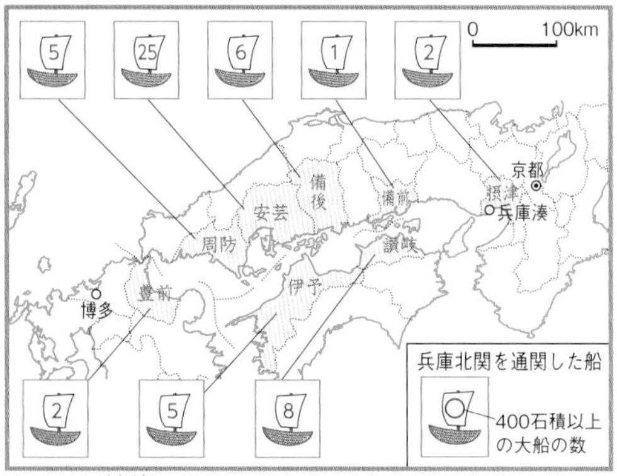

0 100km
京都
摂津
兵庫湊
備後
備前
安芸
周防
讃岐
伊予
豊前
博多
兵庫北関を通関した船
400石積以上の大船の数

▲⑪兵庫北関を通関した船の船籍地　東大寺の記録，「兵庫北関入船納帳」には，兵庫湊の北関に入る船の船籍地・積載物資・その数量・関税額などが記されている。それによると1445年の約1年間で1960隻もの船が入港しており，海運が発達した瀬戸内海では周辺の港がにぎわい，港ごとに関銭を徴収していたことが確認できる。船の船籍地は，西は九州から東は兵庫近辺に及んでいる。中には2500石積をこえる大船もあり，各地の特産品を京都に集めた。

▲⑫連雀商人（石山寺縁起絵巻）　連雀という背負縄や，木製の背負子で商品を運んだ行商人。

▲⑬振売（三十二番職人歌合）　「棒手振」ともいわれ，商品を天秤棒にかついで売り歩く商人。

〈東京国立博物館蔵（部分）〉

▲⑭桂女（同左）と▶⑮大原女（七十一番職人歌合（模本））　桂女は鮎などを，大原女は炭や薪などを売り歩いた。

〈東京国立博物館蔵（部分）〉

▲⑯運送業者　車借（左 洛中洛外図屏風 歴博甲本）は牛に荷物をひかせて，馬借（右 石山寺縁起絵巻（模本））は馬の背に荷物を乗せて運ぶ運送業者。どちらも発達したのは水運の拠点で，陸揚げされた年貢米などの物資を京都や奈良に運ぶことを仕事とした。交通の要地には問丸（➔ p.114）から卸売商に発展した問屋が成立した。

中世　室町

3 銅銭

▼⑰土倉（春日権現験記）　もとは漆喰で塗られた壁をもつ耐火性の高い倉庫。担保品の保管庫から転じて，金融業者そのものをさすようになった。

〈国 皇居三の丸尚蔵館蔵〉

実物大

▲⑱明銭（左）と⑲私鋳銭（右）

貨幣は中国銭（宋銭・明銭）などが流通の主流で，貨幣不足から私鋳銭といわれる粗悪な鐚銭が多くつくられると，撰銭が行われて経済に混乱をきたした。幕府や戦国大名は撰銭令を出して収拾をはかった。遠隔地取引では為替手形として割符（➔ p.114）もさかんに利用された。

▼⑳京都の酒屋・土倉の分布　➔ p.127「応仁の乱」

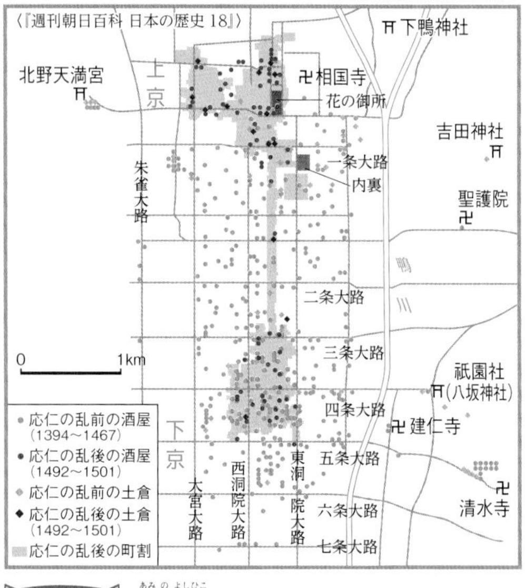

〈『週刊朝日百科 日本の歴史 18』〉
下鴨神社
北野天満宮
上京
相国寺
花の御所
吉田神社
朱雀大路
一条大路
内裏
聖護院
二条大路
三条大路
0 1km
祇園社（八坂神社）
四条大路
建仁寺
下京
五条大路
大宮大路
西洞院大路
東洞院大路
六条大路
清水寺
七条大路
● 応仁の乱前の酒屋（1394～1467）
● 応仁の乱後の酒屋（1492～1501）
◆ 応仁の乱前の土倉
◆ 応仁の乱後の土倉（1492～1501）
■ 応仁の乱後の町割

4 座 - 同業組合の発達

よみとき　寺社が座のしくみのどこに位置するかに注目しよう

正長の徳政一揆と馬借 ➔ p.126

▼㉑座の分布

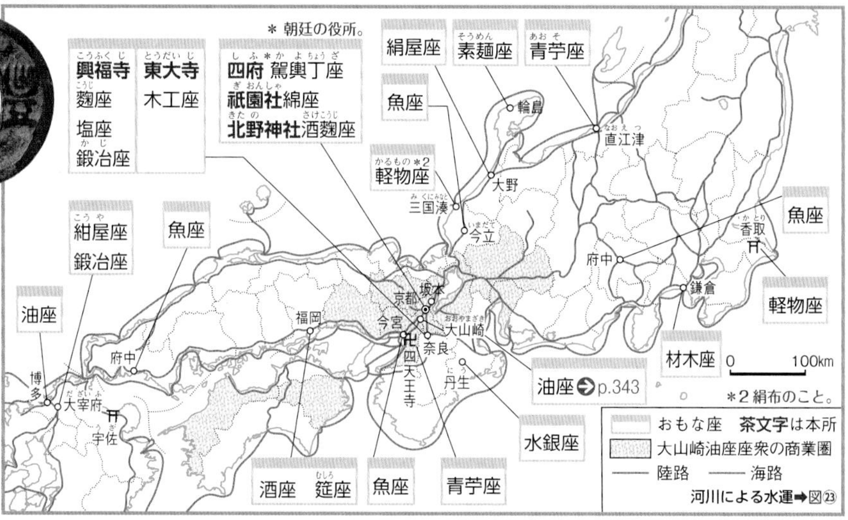

＊朝廷の役所。
興福寺 麴座 塩座 鍛冶座
東大寺 木工座
四府 駕輿丁座
祇園社 綿座
北野神社 酒麴座
絹屋座
素麺座
青苧座
魚座
輪島
直江津
軽物座*2
大野
三国湊
今立
紺屋座 鍛冶座
魚座
魚座
香取
府中
坂本
京都
鎌倉
軽物座
油座
福岡
今宮
大山崎
奈良
四天王寺
丹生
材木座
0 100km
府中
博多
大宰府
宇佐
油座 ➔ p.343
＊2 絹布のこと。
酒座 筵座
魚座
青苧座
水銀座
おもな座　茶文字は本所
大山崎油座座衆の商業圏
陸路　海路
河川による水運➡図㉓

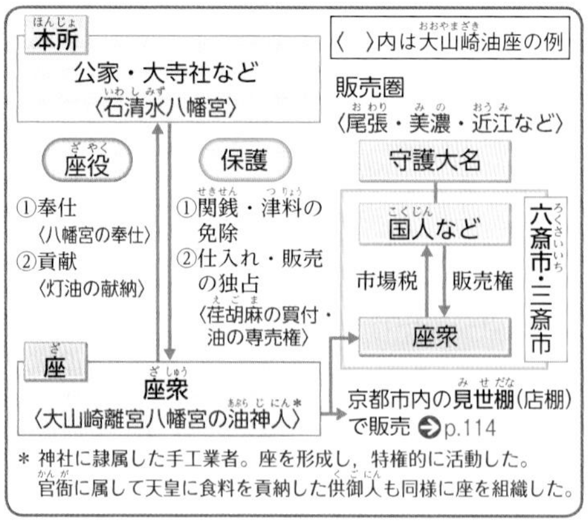

本所
公家・大寺社など
〈石清水八幡宮〉
〈　〉内は大山崎油座の例
販売圏
〈尾張・美濃・近江など〉
座役
①奉仕
〈八幡宮の奉仕〉
②貢献
〈灯油の献納〉
保護
①関銭・津料の免除
②仕入れ・販売の独占
〈荏胡麻の買付・油の専売権〉
守護大名
国人など
六斎市・三斎市
市場税
販売権
座衆
座
座衆
〈大山崎離宮八幡宮の油神人〉＊
京都市内の見世棚（店棚）で販売 ➔p.114
＊ 神社に隷属した手工業者。座を形成し，特権的に活動した。官衙に属して天皇に食料を貢納した供御人も同様に座を組織した。

▲㉒座のしくみ　座とは寺社などを本所とあおぎ，座役として貢納・奉仕するかわりに同業者組織の権益を本所に保障してもらうための組織をいう。

京都盆地
宇治川
桂川
木津川
石清水八幡宮
大山崎離宮八幡宮
淀川

▲㉓大山崎　桂川・宇治川・木津川の3本の川が合流し，淀川が始まる交通の要衝である。この水運環境を利用して大山崎離宮八幡宮は石清水八幡宮を本所とする油座を形成し，荏胡麻買付などの独占的権利を本所に保障してもらいながら，本所に座役として灯油の献納などを行った。

歴史のまど　網野善彦『日本の歴史をよみなおす』　貨幣経済・階級と差別・権力と信仰・女性の地位・多様な民族社会など，中世日本の社会への多様な視点から新しい歴史像を描く。

特集 禅僧の活躍と五山の発展

1 禅宗の伝来と展開

来日僧
青字 鎌倉五山
赤字 京都五山

中国	年	事項
宋(南宋)	1168	栄西，入宋・帰国
	1187	栄西，再入宋(帰国 1191 年)
	1195	栄西，博多に聖福寺開山* ➔p.132
	1223	道元，入宋(帰国 1227 年)
	1246	蘭溪道隆，南宋より来日
1271	1253	蘭溪道隆，鎌倉に建長寺開山
1276	1279	無学祖元，北条時宗の招きで来日，建長寺住持*2
元	1282	無学祖元，鎌倉の円覚寺の開山になる
	1299	一山一寧，元の国書を鎌倉幕府に呈す
	1307	雪村友梅，入元(帰国 1329 年)
	1325	建長寺焼亡のため，幕府は建長寺船を元に派遣(帰国 翌年9月ごろ) 夢窓疎石，南禅寺の住持に
	1339	後醍醐天皇の冥福を祈るため暦応寺造営決定 (南北朝文化)
	1341	暦応寺を天龍寺と改称，夢窓疎石を開山に 足利尊氏・直義，天龍寺船派遣決定
1368	1368	絶海中津，入明(帰国 1376 年)
明	1374	義満，使節を明に派遣(退けられる，80 年も同)
	1380	義堂周信，建仁寺に入寺
	1382	義満，相国寺創建 (北山文化)
	1386	義堂周信らの意見で南禅寺が「五山の上」に昇格
	1401	義満，博多商人の肥富，僧の祖阿を明に派遣
	1403	「日本国王」として義満が初めて明に使節派遣(以後，遣明使も五山僧の中から選出)
	1419	足利義持，明との通交を拒否
	1474	一休宗純，大徳寺住持 (東山文化)
	1593	藤原惺窩，徳川家康に『貞観政要』講じる

*開山とは仏寺を初めて開くこと，もしくは開いた僧のこと。 *2 住持とはその寺の主僧のこと。

①活躍したおもな禅僧

——五山僧 ——五山出身者 (五山・十刹の制確立前の僧も含む) 入宋 入元 入明 留学先(それぞれ宋・元・明)

栄西(1141~1215) 出身 備中 入宋 ➔p.118,132
・臨済宗を伝える。博多に聖福寺開山*(初の禅寺)

道元(1200~1253) 出身 京都 入宋 ➔p.118
・栄西の弟子に禅を学ぶ。曹洞宗をもたらす

蘭溪道隆(1213~78) 出身 南宋 渡来僧
・臨済宗の僧，5代執権北条時頼に招かれ鎌倉の建長寺の開山になる
・宋風の禅を伝える

無学祖元(1226~86) 出身 南宋 渡来僧
・蘭溪道隆の後任として8代執権北条時宗に招かれ来日。建長寺住持*2，のち円覚寺開山
・夢窓疎石は孫弟子にあたる

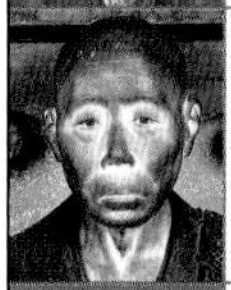

一山一寧(1247~1317) 出身 南宋 渡来僧
・元使として来日したが鎌倉幕府により幽閉
・9代執権北条貞時の帰依を受け，住持を歴任。五山文学(➔p.135)の基礎を築く

夢窓疎石(1275~1351) 出身 伊勢
・一山一寧に師事。後醍醐天皇や初代将軍足利尊氏の帰依を受け天龍寺開山➔図③
・尊氏・直義に天龍寺船の派遣を提案

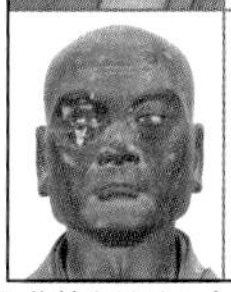

雪村友梅(1290~1346) 出身 越後 入元
・一山一寧に師事。留学先で捕らわれるが元朝の信任を得る。足利尊氏・直義の招請で万寿寺に住持，五山文学の隆盛を担う

絶海中津(1336~1405) 出身 土佐 入明
・夢窓疎石に学び明に留学，3代将軍足利義満に信任され等持寺・相国寺で住持
・明への文章の起草も担う
・義堂周信とともに五山文学の全盛期を築く

義堂周信(1325~88) 出身 土佐
・夢窓疎石に学ぶ。鎌倉公方足利基氏や，足利義満の信任を得て建仁寺・南禅寺で住持
・絶海中津と並ぶ五山文学の双璧(漢詩文)

一休宗純(1394~1481) 出身 京都 ➔p.135
・父は後小松天皇といわれる。大徳寺で住持
・五山派の硬直化と腐敗を奇行・狂詩で批判。在野の立場の林下の禅を求める

瑞溪周鳳(1391~1473) 出身 和泉 ➔p.135
・臨済宗夢窓派。相国寺で住持
・足利義教・義政*3に信任され幕府の外交に関与，『善隣国宝記』(➔p.125)を著す

雪舟(1420~1506?) 出身 備中 入明 ➔p.136
・京都・相国寺に入り画法を周文に学ぶ
・周防山口に移り，大内氏の保護のもと遣明船で入明。帰国後，水墨画を大成

藤原惺窩(1561~1619) 出身 播磨 ➔p.180
・相国寺の禅僧として朝鮮外交にかかわり朱子学の造詣を深める(のちに還俗)
・京学派を立て，林羅山などを輩出

*3 それぞれ室町幕府6代将軍・8代将軍。

2 五山・十刹と林下の禅

A 五山・十刹の制

(新潟大学附属図書館蔵)

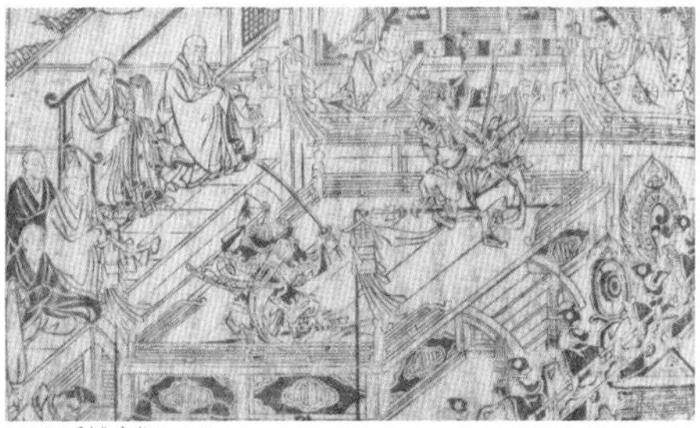

△②天龍寺供養のようす(太平記 江戸時代) 1345 年に行われた天龍寺完成を祝う儀式は，足利尊氏・直義のほか数多くの武士や僧侶が参列し，盛大に行われた。

▷③五山・十刹の制の組織 室町幕府は代々臨済宗を保護し，足利義満の時代に宋の五山の制度にならい臨済宗寺院を官寺化した。京都・鎌倉の五山を最上位とし(1386 年に南禅寺が「五山の上」となる)，その下に十刹，さらに諸山が続いた。僧録は相国寺鹿苑院の住持が兼ねた。幕府は五山の住持を任命し謝礼として官銭を納めさせたが，これは幕府の大きな収入源になった(➔p.124)。

1379 年に室町幕府が設置
・五山の禅僧の人事権・寺領の管理・訴訟の裁定

僧録 初代：春屋妙葩 ➔p.135

南禅寺(五山の上)

官寺

京都五山	鎌倉五山 ➔p.107
①天龍寺 ②相国寺 ③建仁寺 ④東福寺 ⑤万寿寺	①建長寺 ②円覚寺 ③寿福寺 ④浄智寺 ⑤浄妙寺
京都十刹	関東十刹
諸山	

B 林下の禅

禅宗寺院

五山派 ➔A (叢林)
・室町幕府の保護と統制
・官寺としての位置づけ
寺院 五山・十刹 ➔図③

林下 (叢林下〔叢林以外〕)
・幕府の保護は受けず，本来の禅を追求し民間布教に努めた
寺院
臨済宗 大徳寺(京都，一休が住持)・妙心寺(京都)
曹洞宗 永平寺(越前，道元が開山)・総持寺(能登→相模)

△④五山派と林下

3 外交・経済面での活躍

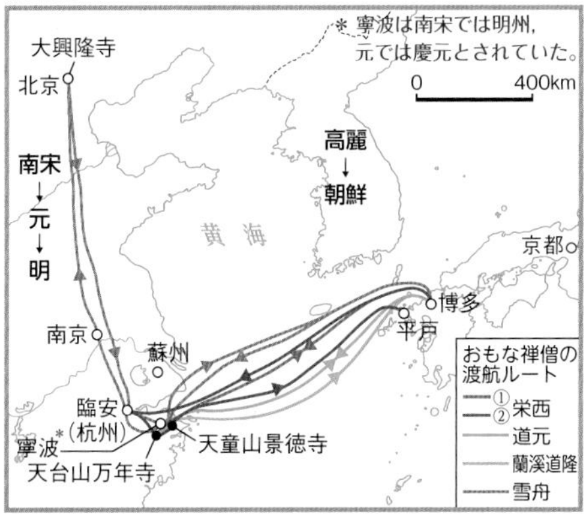

*寧波は南宋では明州，元では慶元とされていた。
0 400km
大興隆寺
北京
南宋
↓
元
↓
明
高麗
↓
朝鮮
黄海
京都
博多
平戸
南京
蘇州
臨安(杭州)
寧波*
天童山景徳寺
天台山万年寺
おもな禅僧の渡航ルート
①②栄西
道元
蘭溪道隆
雪舟

◁⑤禅僧の海外経験 禅僧は仏典や儒学の習得などを通して，漢文の読解・漢詩の創作力を徹底的に鍛えられた。数多くの禅僧が東シナ海を往来し，同じ師をもつ派閥ネットワークを通じて日中相互の情報を得ていた。幕府は禅僧を外交文書起草などの実務を担当する外交官として，日元・日明・日朝の交渉のなかで活用した。

時代を見る目 寺院と僧侶の経済活動

*荘園の代官請に励む僧もいた。

貨幣経済の発展した室町期において，寺院には寄進や寄付が多く集まり*，しばしば金融の舞台になった。寺院は寄進された銭である祠堂銭の一般への貸し付けとその収益を大きな財源とした。また，幕府から勘合を購入して勘合貿易船を仕立てた。それを利用した商人の収益の1割が抽分銭とよばれる収益となった。

▽⑥室町時代の経済発展 *2 手工業や加工業の原料などになった。鎌倉時代の経済発展 ➔p.114

農業技術の向上と普及 ➔p.128
・二毛作の普及と畿内では三毛作(米・麦)(米・麦・そば)
・稲の品種改良(早稲・中稲・晩稲)
・牛馬耕の普及
・肥料(刈敷・草木灰に加えて下肥)
・商品作物*2(苧・桑・楮・漆・藍・茶)
・灌漑施設の発達(水車・龍骨車)

➔ 生産性の向上で収量が安定 ➔ 商品の流通 ➔ 貨幣経済の発達

定期市(三斎市から六斎市へ)・行商人の増加・見世棚の一般化・座の増加

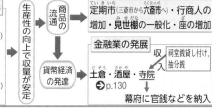

金融業の発展
土倉・酒屋・寺院 ➔p.130
収入 祠堂銭貸し付け，抽分銭
↓
幕府に官銭などを納入

特集 中世日本の交易拠点 - 博多・蝦夷ヶ島・琉球

1 海に開かれた博多

➔p.12 巻頭地図　日明貿易・日朝貿易 ➔p.125

太平洋
博多
平戸
赤間関
舟山列島
寧波
対馬
日本
上海
済州島
乃而浦(薺浦)
塩浦(蔚山)
富山浦(釜山)
南京(応天府)
揚州
日本海
朝鮮
黄海
漢城
元山
白翎島
寧海
膠州
登州
明
前期倭寇侵略地
前期倭寇の進路
後期倭寇侵略地
後期倭寇の進路
三浦
航路
北京(順天府)

△①環黄海貿易ネットワーク　9世紀以降，中国の江南地方や朝鮮半島など，黄海を囲む地域で民間の海上貿易が活発化した。この図から，博多は環黄海地域の外延部に位置していたことがわかる。中世の博多はこの貿易ネットワークに接続することで繁栄した。〈イラスト 鈴木輝夫氏〉

△②聖福寺（福岡市）　12世紀末に，栄西によって創建された日本で最初の中国式禅寺。博多にいた宋商人たちが支えた。➔p.131

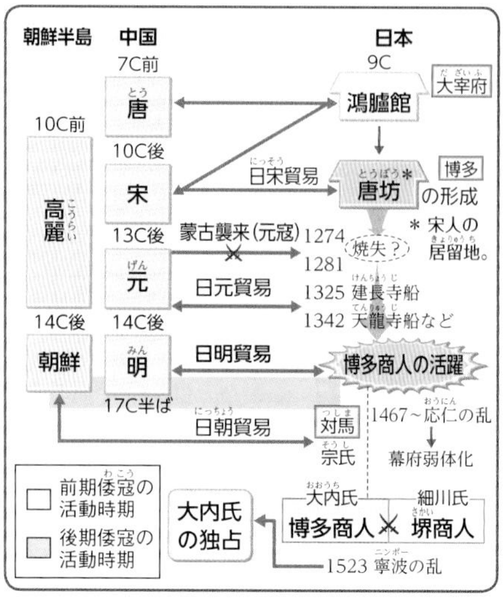

朝鮮半島
中国
日本
7C前
唐
9C
鴻臚館
大宰府
10C前
10C後
日宋貿易
宋
唐坊
博多
の形成
高麗
13C後
蒙古襲来(元寇)
1274
1281
焼失？
＊宋人の居留地。
元
日元貿易
1325 建長寺船
1342 天龍寺船など
14C後
14C後
朝鮮
明
日明貿易
博多商人の活躍
17C半ば
1467～応仁の乱
日朝貿易
対馬
宗氏
幕府弱体化
前期倭寇の活動時期
後期倭寇の活動時期
大内氏の独占
大内氏
細川氏
博多商人
堺商人
1523 寧波の乱

〈福岡市埋蔵文化財センター蔵〉

△③「白磁の洪水」　中世を通じて博多は中国・朝鮮産磁器の最大輸入港であった。「洪水」のように大量出土し，博多では日用品化していたことがわかる。

◁④博多の変遷　11世紀半ばの鴻臚館廃絶後，宋商人が移住して博多の歴史が始まった。蒙古襲来後も日元貿易をさかんに行い，日明貿易確立にも主導的役割を果たした。室町時代には12人の豪商からなる**年行司**による自治が行われた。

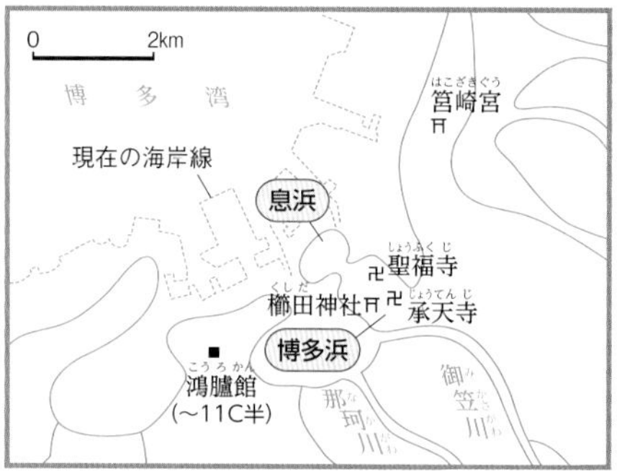

0
2km
博多湾
筥崎宮
現在の海岸線
息浜
聖福寺
櫛田神社
承天寺
博多浜
鴻臚館
(～11C半)
那珂川
御笠川

◁⑤博多の町なみ（13世紀）　中世の前半までは博多浜が中心で，後半には北側の息浜が隆盛した。大友氏が息浜，少弐（のちに大内）氏が博多浜を掌握し，大内氏の滅亡まで対立が続いた。➔p.125

博多のようす【現代語訳】
…住民は一万戸余，少弐殿と大友殿が分治し，西南の四千余戸が少弐，東北の六千余戸が大友である。…住民は商業を生業とする。琉球・南蛮の商船が集まる所である。…（一四七一年『海東諸国紀』）

2 蝦夷ヶ島での交易

➔p.12 巻頭地図　➔p.161「近世の蝦夷地」

年	事項	時代
12世紀～	**アイヌ文化**が形成される	鎌倉
13世紀～	**十三湊**を拠点とした**安藤(安東)氏**が勢力拡大	
1442	十三湊が南部氏に攻め落とされ，安藤氏は蝦夷ヶ島へ	室町
15世紀	渡島半島の南端に，道南十二館ができる	
1456	安藤氏が秋田に移る。道南十二館に「守護*」をおく	
1457	**コシャマインの戦い**　＊独自におかれた守護。 志苔館付近の和人の鍛冶屋が注文をめぐりアイヌを殺害したことを契機に，首長コシャマインが蜂起。10の館が攻め落とされるが，花沢館の客将武田信広がコシャマインを射殺して鎮圧する。 →武田信広が，上ノ国守護，**蠣崎氏**を継ぐ	
1473ごろ	蠣崎氏が，**上ノ国館(勝山館)**を創建	戦国
1514	蠣崎氏が勝山館から松前大館に移る	
1590	蠣崎氏，豊臣秀吉から「狄の島主」とされる →その後，蝦夷ヶ島の支配権が安藤氏から蠣崎氏に移る	安土・桃山
1599	蠣崎氏，**松前氏**に改称	

〈『明治大正期の北海道（写真編）』から転載〉

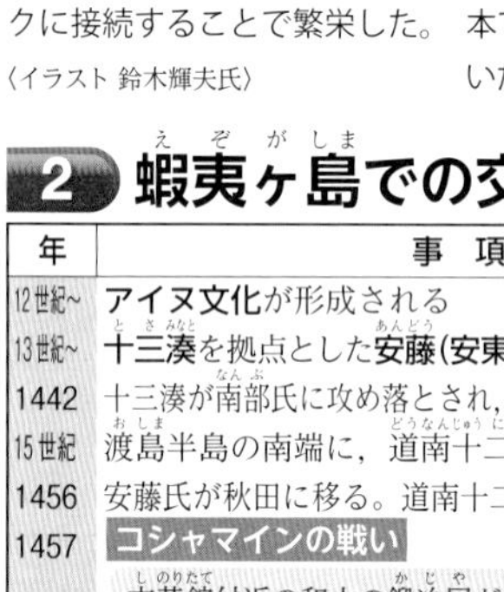

◁⑥武田信広（1431～94）　武田信広は若狭守護をつとめた武田氏の出身という。蜂起したコシャマインらを滅ぼして実力を示し，上ノ国を支配していた守護蠣崎季繁の娘婿となって蠣崎氏を継いだとされる。1473年頃には新たに築造した勝山館に本拠を移した。

〈函館市教育委員会提供〉

よみとき　和人とアイヌの交易と，館の築かれている場所との関係に注目しよう

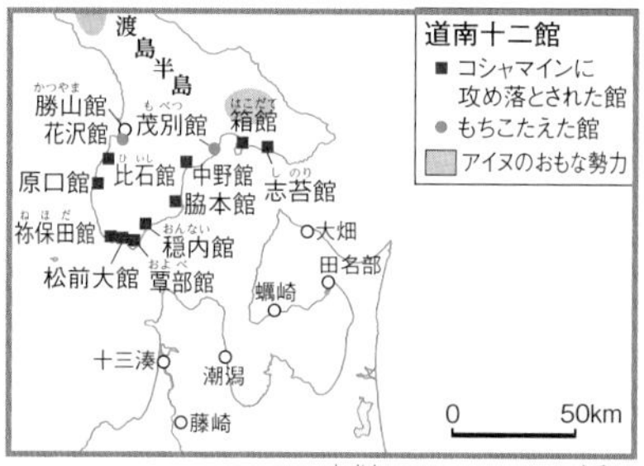

渡島半島
道南十二館
■ コシャマインに攻め落とされた館
● もちこたえた館
アイヌのおもな勢力
勝山館
花沢館
茂別館
箱館
原口館
比石館
中野館
脇本館
志苔館
禰保田館
穏内館
大畑
松前大館
覃部館
田名部
蠣崎
十三湊
潮潟
藤崎
0
50km

△⑦志苔館（左，函館市）と⑧道南十二館（右）　14世紀ごろ，蝦夷ヶ島に渡来した和人が築いた12の館を総称して「道南十二館」とよぶ。そのなかで最も東に所在するのが志苔館。1968年には，付近から多量の古銭の入った甕が出土した（➔p.12）。館は，海の入り江にほど近い丘に築かれる共通点があり，和人とアイヌの交易の拠点としての役割を担っていた。ここでの交易品は，日本海側の海上交易路を通って，都などに運ばれた。館は出土した日用品や空壕築造の技法などの点で，本州の武士の居館と共通点がある。

時代を見る目　勝山館とアイヌ

蠣崎氏が本拠とした勝山館は，海をのぞむ標高159mの夷王山の中腹を平らにし，空壕と柵を囲ってつくられた。その勝山館やその周辺では，右のような和人とアイヌの墓が混在するだけではなく，和人が用いたとみられる青磁・白磁・染付などの輸入陶磁器，瀬戸・美濃などの国産陶磁器，鉄や銅・古銭などが大量に出土したほか，アイヌ特有の刻印のある白磁の皿やイクパスイとよばれる儀礼に用いられるヘラ状の木器，骨角製の狩猟・漁労具なども出土した。このことは，勝山館の内外で，和人とアイヌとの混住が進んでいたことを示している。

〈上ノ国町教育委員会提供〉

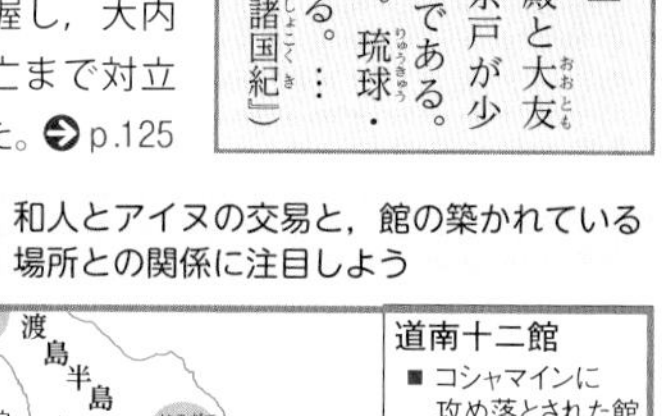
△⑨勝山館夷王山墳墓群のアイヌ墓（左，右）と和人墓*（中央）　アイヌは土葬で埋葬されているが，和人は仏教式の火葬もしくは屈葬で埋葬されることも多かった。

＊この墓は屈葬であったことや副葬品から和人墓とみられる。

3 琉球王国の成立 ➔p.160「近世の琉球・朝鮮」

琉球		年	事項	日本	中国
先史文化	貝塚時代	11世紀頃	本格的な農業生産が始まる	平安	宋
古琉球	グスク時代	12世紀頃	各地でグスク(城)が出現,按司(首長)が現れる	鎌倉	金／南宋
		1292?	元が琉球に攻め入る(諸説あり)➔p.10		元
		14世紀	城塞型の大型グスクが広まる		
	三山時代	1314	このころから,**三山**の対立が始まる➡図⑩		
		1372	中山,明に進貢　南山(80),北山(83)も続く	南北朝	明
		1389	中山王,高麗へ使者を派遣		
		1406	**尚巴志**,中山を倒し,父を中山王に即位させる		
	第一尚氏王朝	1416	尚巴志,北山を滅ぼす	室町	
			このころ,首里城が王城となる➡図⑪		
		1429	尚巴志,南山を滅ぼして**琉球を統一**		
		1458	万国津梁之鐘がつくられる➡図⑬		
		1470	金丸(尚円)が王位につき,王統がかわる(~1879)		
	第二尚氏王朝	1479	明,**尚真**を中山王に冊封➡図⑭		
		1480	室町幕府が来貢をうながす		
		1481	島津氏へ初めて綾船(慶事を祝う船)を派遣	戦国	
		1507	明への進貢,1年1貢となる(~21)➡図⑯		
		1570	東南アジアへの交易船派遣記録とだえる	安土・桃山	
		1606	島津家久,幕府に琉球出兵を許可される		
		1609	**島津氏,琉球侵攻**。幕府が琉球を島津氏所管とする	江戸	

A 三山時代と琉球の統一

おもな城
(── 城跡が世界遺産)
今帰仁城
北山
沖縄島
名護
東シナ海
座喜味城
勝連城
中山
太平洋
浦添城
中城城
那覇
首里城
久高島
島尻大里城
南山
0
20km

⑩三山時代の琉球　14～15世紀の沖縄本島は,北山・中山・南山の三つの勢力に分かれていた(三山時代)。1429年に,中山王である**尚巴志**によって琉球は統一され,琉球王国が成立した。

〈世 沖縄 首里城跡〉

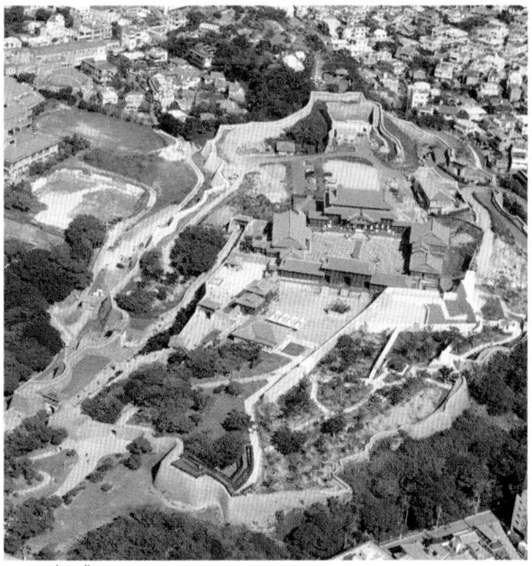

⑪**首里城**　小高い丘の上にあり,曲線を描く石積みの城壁で取り囲まれている。首里城は,王宮・行政機関・信仰の聖地の要素を兼ねていた。太平洋戦争で失われ,1992年に再建されたが2019年に再び焼失。再度の復元の検討が始められている。

4 交易で栄える琉球 ➔p.125

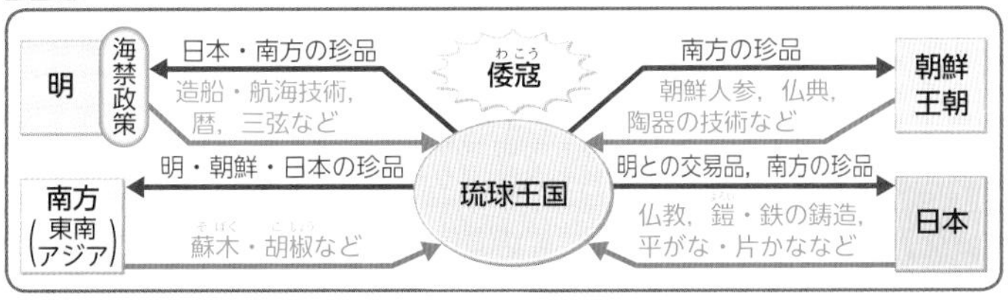

明
海禁政策
日本・南方の珍品
造船・航海技術,
暦,三弦など
倭寇
南方の珍品
朝鮮人参,仏典,
陶器の技術など
朝鮮王朝
明・朝鮮・日本の珍品
琉球王国
明との交易品,南方の珍品
南方(東南アジア)
蘇木・胡椒など
仏教,鎧・鉄の鋳造,
平がな・片かななど
日本

⑫琉球の交易関係

〈高さ154.5cm 沖縄県立博物館・美術館蔵〉

万国津梁之鐘銘文

琉球国は南海の勝地にして
三韓①の秀②を鍾め
大明③をもって輔車④となし
日域⑤をもって唇歯⑥となす
この二つの中間にありて
湧出するの蓬萊島なり
舟楫⑦をもって万国の津梁⑧
となし　異産至宝は十方刹⑨
に充満せり…(以下略)

①朝鮮　②豊かな文化　③中国
④上あごと下あごのように重要な関係　⑤日本　⑥唇と歯のように密接な関係　⑦船をかよわせて　⑧かけ橋　⑨国中

⑬**万国津梁之鐘(旧首里城正殿鐘)**　この梵鐘は,1458年に鋳造され首里城正殿前にかけられた。14世紀末から16世紀半ばまでの約150年間,琉球は交易によって繁栄した。銘文からは,当時の琉球の交易に対する考え方がうかがえる。

A 明との交易

期　間	朝貢数	船数
1420~30年代	57	70
1440~50年代	45	63
1460~70年代	23	42
1480~90年代	11	35
1500~10年代	13	28
1520~30年代	10	23
1540~50年代	9	24
1560~70年代	14	37
1580~90年代	10	17

〈岡本弘道「明朝における朝貢國琉球の位置附けとその變化」〉

⑯**琉球から明への朝貢数**　琉球の朝貢は,15世紀前半に最盛期を迎えた。朝貢品は,馬と硫黄を中心に蘇木・胡椒などであった。

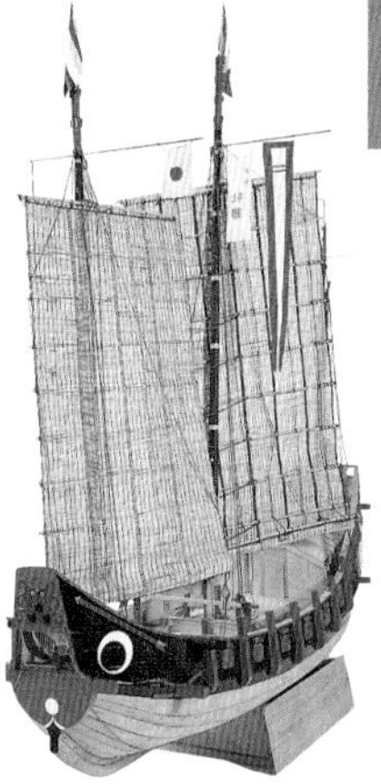

⑰**進貢船**(模型)　中国との朝貢貿易を行う進貢船は中国から支給された。船には,嵐よけの旗など,独特な装飾がほどこされている。〈沖縄県立博物館・美術館蔵〉

守禮之邦

⑱**守礼門**　守礼門は,首里城外で,明からの冊封使(明皇帝の詔勅をたずさえた使節)を出迎える地に建てられた門*である。1579年,冊封使を迎える際に,「守禮之邦」(礼を守る国)の額が掲げられ,それ以降「守礼門」と称された。

*牌楼とよばれる中国伝統建築。

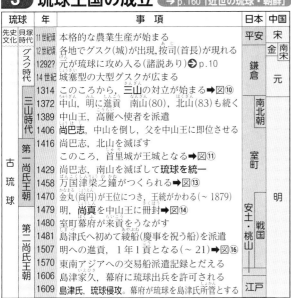

⑭**尚真**(1465～1526)　約50年の治世のなかで,中央集権化や海外貿易を推進し,琉球王国の黄金時代を築いた。〈鎌倉芳太郎撮影〉

〈那覇市歴史博物館蔵〉

⑮**尚王家に伝わる紅型**　あざやかな色彩と力強い文様が特徴の織物染色の技法。黄色や鳳凰の文様には中国の影響がみられる。

B 日本・朝鮮王朝との交易

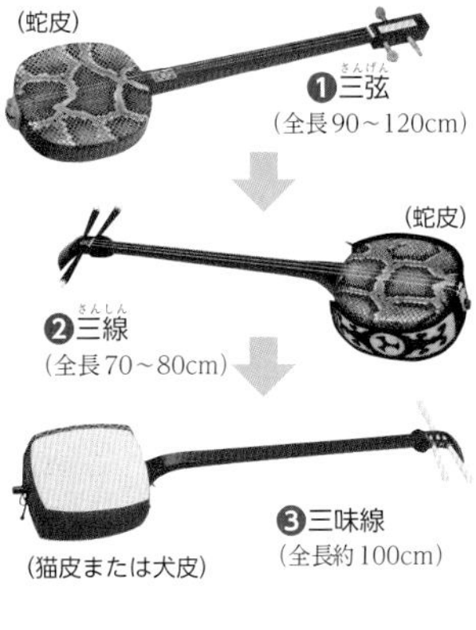

(蛇皮)
①三弦
(全長90~120cm)
(蛇皮)
②三線
(全長70~80cm)
③三味線
(全長約100cm)
(猫皮または犬皮)

⑲**日本の三味線の形成**　14世紀末ごろに中国から琉球へ三弦(①)が伝来し,それを改良して三線(②)がつくられた。16世紀後半に,三線が日本に伝来し,三味線(③➔p.177)となった。

⑳**朝鮮人参**　滋養強壮の効果がある。高麗時代に人工栽培が本格化し,交易量が増加した。ウコギ科。

室町文化①(南北朝・北山文化)－悉く以て漢朝の丹青(『喫茶往来』)

ヒストリースコープ

武家仲間の茶会のようすを伝える『喫茶往来』によると，茶会の場に日本絵画はひとつもなく，ことごとく中国の絵画(漢朝の丹青)であった。また掛軸や香合，香炉にいたるまで，唐物(中国からの舶来品)でにぎやかにかざりたてられたという。武家政権の確立をめざし，公家の文化との差を明確に打ち出そうとした武士は，高度に発達した唐物によって独自の文化を築いた。

考察

❶この時代の武士の茶席はどのようなものだったのだろうか。
❷唐物装飾の場となったと考えられる金閣の特徴を説明しよう。→4・5C
❸五山の禅僧はどのような文化を生み出したのだろうか。→5・p.131

①唐物茶席の復元想像図

工芸品

朱漆を塗った上に文様をほどこした堆朱や，南宋の建窯でつくられた曜変天目茶碗などの唐物がかざられた。

②堆朱屈輪香合〈奈良 大和文華館蔵 高さ4.3cm 径10.0cm〉

③曜変天目茶碗〈国 東京 静嘉堂文庫美術館蔵 高さ7.2cm 口径12.2cm〉

椅子と机

畳を敷いた日本的な座敷とは異なり，唐物でかざられた室内に机・椅子を並べて座った中国風の空間であった。

1 南北朝文化まとめ表

特色	「バサラ」の気風　青字 北朝側　赤字 南朝側 ①南北朝の動乱期(14世紀中ごろ)の文化 ②新興武士(「バサラ」)による唐物趣味 ③正統性の証として歴史書や軍記物語が発達
絵画	【水墨画】観音猿鶴図 国(牧谿)
学問・思想	【有職故実】『建武年中行事』(後醍醐天皇)『職原抄』(北畠親房) 【史書】『神皇正統記』(北畠親房)『増鏡』(未詳)『梅松論』(未詳)
文学	【軍記物語】『太平記』(未詳)『曽我物語』(未詳) 【連歌】『菟玖波集』・『応安新式』(二条良基) 【和歌】『新葉和歌集』
建築	【禅宗様】永保寺開山堂 国
庭園	天龍寺囲庭園　西芳寺(苔寺)囲庭園
芸能	能楽　【茶会】茶寄合　闘茶*

＊いくつかの異なる産地の茶を飲み，味を飲み分ける競技。

2 唐物崇拝の風潮

絵画

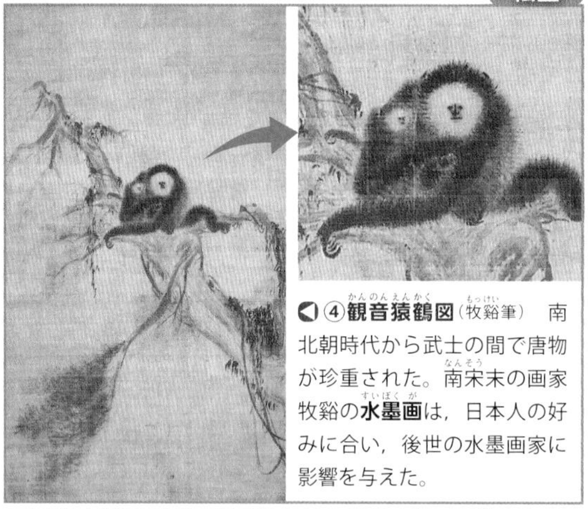

④観音猿鶴図(牧谿筆)　南北朝時代から武士の間で唐物が珍重された。南宋末の画家牧谿の**水墨画**は，日本人の好みに合い，後世の水墨画家に影響を与えた。

〈国 京都 大徳寺蔵 三幅対のうち猿図 174.2×100.0cm〉

時代を見る目 「バサラ」大名の都落ち

鎌倉幕府滅亡後の混乱した世相のなかで，従来の流行から外れた極端な豪華さやぜいたくさをもてはやす流行が生まれ，その表現者を「**バサラ**」とよんだ。その代表が佐々木導誉(高氏)で，1361年に南朝軍に攻められた際，都落ちにもかかわらず自分の宿所を豪華絢爛にかざってから退却した。このときの唐物の香炉・絵画などがのちの座敷かざりの原型となった。

⑤義満の鑑蔵印「天山」　作者の印が落款であるのに対し，所有者が押すのが鑑蔵印。「天山」印は猿図(→図④)と鶴図にも残る。

3 北山文化まとめ表

特色	文化を牽引する禅林(禅宗の寺院) ①14世紀後半～15世紀初めの文化(義満のころ) ②公家・武家文化の融合 ③臨済宗の発達(五山・十刹の制)による禅宗文化の普及
絵画	【水墨画】柴門新月図 国(未詳) 渓陰小築図 国(伝明兆) 寒山拾得図(伝周文)　瓢鮎図 国(如拙)
学問・思想	【軍記物語】『義経記』(未詳) 【今川氏歴史書】『難太平記』(今川了俊)
文学	【五山文学】(義堂周信・絶海中津ら) 【五山版】(五山文学の出版)→5A
建築	【寝殿造・禅宗様】鹿苑寺囲金閣 【和様】興福寺東金堂 国・五重塔 国
庭園	鹿苑寺庭園
芸能	【能】【狂言】→p.138

4 座敷かざりの場－金閣

〈京都 高さ約14m〉

⑥鹿苑寺金閣(左)と⑦鳳凰(右上)　鹿苑寺は義満が京都の北山に建立した邸宅(北山殿)で，義満の死後，**金閣**は舎利殿と称された。明の使節や後小松天皇を招き，唐物で装飾した山荘で権力を誇示したことが想像できる。室町の遺構(1398年創建)は1950年の火災により焼失し，現在の金閣は1955年に再建された(→p.303)。鳳凰はそのときの火災をまぬかれた唯一のオリジナル。

⑧金閣第3層究竟頂　金閣の第1層は寝殿造，第2層は和様の仏堂形式である。禅宗様の第3層は究竟頂ともよばれ，床は黒漆塗りで，天井と壁など全面に金箔を押す。

今日とのつながり　「鎌倉五山」や「京都五山」という禅宗寺院の格式・序列は，足利義満が宋の皇帝権力をまねた寺院統制の結果である。

➔ p.131「禅僧の活躍と五山の発展」

5 五山の禅僧の活躍

＊南宋水墨画を消化した雪舟画法の完成作。

1299	一山一寧，元の国書を鎌倉幕府に呈す ➔ p.131 ➔建長寺に入寺，禅僧たちが教養をもつきっかけに（五山文学の発展）
1322	虎関師錬『元亨釈書』（初の仏教通史）著す
1339	暦応寺（天龍寺）創建，西芳寺再建➔C
1352	永保寺開山堂建立（当初は祠堂のみ）
1382	足利義満，相国寺創建
1386	明兆，五百羅漢図完成
1420~40代	相国寺の画僧 周文が活躍
1470	瑞溪周鳳『善隣国宝記』を編集 ➔ p.131
1479ごろ~16世紀初	雪舟，秋冬山水図＊を描く ➔ p.136
1486	雪舟，四季山水図巻（山水長巻）を描く
1499	龍安寺（臨済宗）の庭園完成 ➔ p.136
1509	大徳寺大仙院創建 ➔ p.137

△⑨禅宗・禅僧の文化

◀⑩**春屋妙葩**（1311~88）
夢窓疎石の甥で弟子。1379年に初代僧録となり，全国の禅寺・禅僧を統轄した。足利義満の帰依を受け，相国寺開山に際しては故夢窓疎石を開山とし自らは第二世住持とした。五山版の多くを出版。

一休宗純（1394～1481）➔ p.131
アニメ「一休さん」のモデルとなった一休宗純。臨済宗大徳寺派の禅僧で，自ら戒律を破ることで，官寺の腐敗や堕落を批判したとされる。南禅寺を頂点とする五山を官寺というのに対して，大徳寺や妙心寺などの禅宗の私寺を**林下**の禅といって区別した。『一休さん』のとんち話は，臨済宗の公案（禅問答）に対する軽妙な回答から生まれた。自らが再興した京都の酬恩庵にて88歳で死去。

A 五山文学

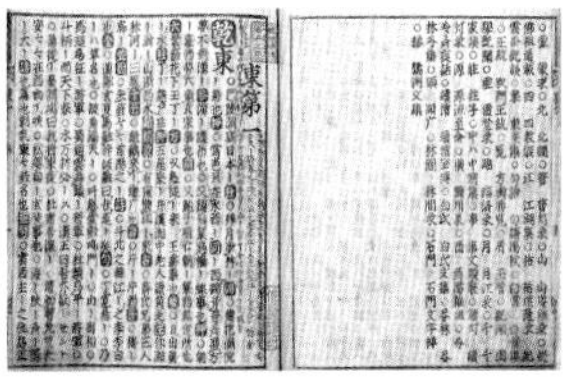

◀⑪**五山版** 五山の禅僧たちによってつくられた漢詩文や漢文学研究を**五山文学**という。それらを木版で印刷した書籍が五山版。

B 水墨画

▽⑫**渓陰小築図**（伝明兆筆）
東福寺の画僧明兆の作といわれる。五山派の禅院では，画面の上部の余白にその作品にちなんだ漢詩文を書いた掛軸（詩画軸）が流行しさかんにつくられた。〈国 京都 金地院蔵 101.5 × 34.5cm〉

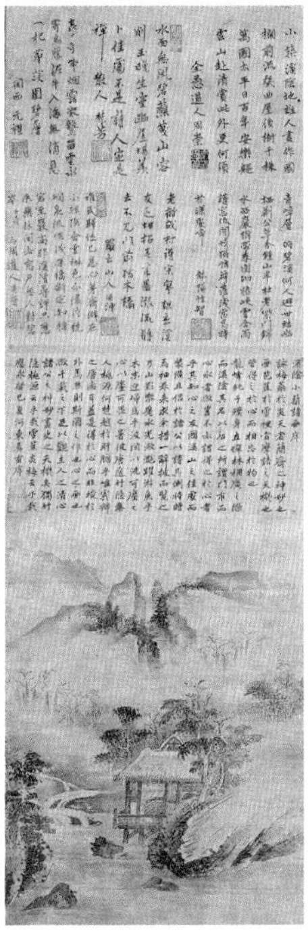

▽⑬**寒山拾得図**（伝周文筆）
寒山と拾得はおもに禅僧によって詩化・絵画化された伝説上の隠者。相国寺の僧 周文は如拙（➔図⑭）に画を学び，足利将軍家の御用絵師として活躍した。周文の画風は中国の北宗画と南宗画（院体画）の様式が融合している点が特徴で，弟子には雪舟（➔p.131,136）らがいる。〈東京国立博物館蔵 99.6 × 36.9cm（部分）〉

〈国 京都 妙心寺退蔵院蔵 111.5 × 75.8cm〉

五山僧周崇の回答

用活手段黏捺鮎
留更欲得妙重着
滑油

【書き下し文】活手段を用いて，瓢もて鮎を捺え留む。更に妙を得んと欲せば，重ねて滑油を著けよ。

【現代語訳】活き活きとした手段によって，ひょうたんでなまずを押さえとどめようとする。さらに絶妙の手を使うのならば，そこにヌルヌルの油を塗るがよい（ネバネバ，ヌルヌルとしてそもそも押さえられるはずはない）。

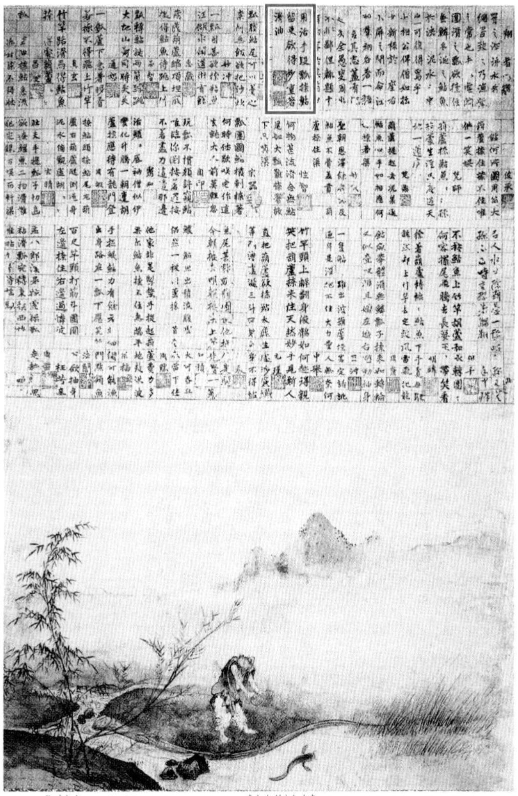

△⑭**瓢鮎図**（如拙筆） 4代将軍足利義持が，禅僧の画家如拙に描かせた絵の上に，31人の五山僧が賛を記している。この賛はひょうたん（瓢）でなまず（鮎＊）をつかまえるにはどうしたらよいかという公案の回答といわれるが，さまざまな解釈がある。

＊中国では鯰を意味する。

C 庭園－池泉廻遊式

〈京都〉

△⑮**天龍寺庭園** 天龍寺は，足利尊氏・直義兄弟が後醍醐天皇の冥福を祈るために建立した，**夢窓疎石**（臨済宗の黄金期を築いた禅僧，p.131）を開山とする臨済宗の寺院。建立の際には資金を得るために幕府公認の貿易船（天龍寺船）を元に派遣した（➔p.125）。庭園は中央の池を巡る池泉廻遊式庭園で，背景の嵐山などを借景として取り込んでいる。

▽⑯**西芳寺庭園の石組み** 西芳寺は夢窓疎石を開山とし，庭園も彼の作とされる。下段が池泉廻遊式の庭園で，上段が石を滝に見立てた石組みによる庭園である。石組みが発達して**枯山水**となった。

〈京都〉

〈京都〉

鏡湖池

△⑰**鹿苑寺庭園** 鏡湖池の周囲を実際に巡りながら鑑賞する池泉廻遊式の庭園。池に配した中島や岩島の石組みは金閣に向かって庭園の求心点となり，金閣第1層の阿弥陀堂に対応した浄土庭園とも解釈できる。

歴史のまど 横井清『室町時代の一皇族の生涯』 後花園天皇の実父伏見宮貞成親王が記した『看聞日記』を読み解き，南北朝の動乱から応仁の乱直前までの社会や文化を活写する。

室町文化②(東山文化) —石を立つる事あり，これを枯山水となづく(『作庭記』)

ヒストリースコープ

「枯山水」という言葉を定義した『作庭記』は，その大半をさいてどのような石をどのように立てるかを述べている。石組みと砂利のみによって山水を象徴的に表現する枯山水は，禅の精神性と合致した。

考察

❶東山文化でさかんになった枯山水と，北山文化のなかでつくられた池泉廻遊式庭園(➔p.135)とを，自然の表現法から比較して相違点を説明しよう。
❷枯山水と同様に禅の精神を具現化した水墨画は，どのように発展したのだろうか。→2
❸禅の精神にもとづいてどのような建築が生まれたのだろうか。→3

西

△①**龍安寺の庭園**　わずか75坪の長方形の庭に白砂を敷き，大小15個の石を配した**枯山水**。単純明快な構成は，大海に浮かぶ島々とも禅の境地を表現したともいわれる。また，西側の塀は手前から奥に向かって低くなるように設計され，視覚的な奥行きがつくり出されている。〈京都〉

中世 室町

1 東山文化まとめ表

特色	禅の簡素さ・伝統文化の幽玄* ＊幽玄は和歌を論じる用語として用いられ，言外に深い情趣があることをさす。 ①15世紀後半の文化(義政のころ) ②禅の精神が文化に反映 ③芸術性を取り込んだ生活文化の確立
絵画	【水墨画】秋冬山水図国・天橋立図国・四季山水図巻〈山水長巻〉国(雪舟) 【大和絵】(土佐派…土佐光信➔p.138) 【狩野派】周茂叔愛蓮図国(狩野正信) 大徳寺大仙院花鳥図(伝狩野元信)
工芸	【金工】後藤祐乗
学問・思想	【有職故実】『公事根源』(一条兼良) 【古典研究】『花鳥余情』(一条兼良) 【政治】『樵談治要』(一条兼良)
文学	【連歌】『新撰菟玖波集』(宗祇) 『水無瀬三吟百韻』(宗祇ら) 『犬筑波集』(宗鑑)
建築	【書院造・禅宗様】慈照寺国銀閣国 【書院造】慈照寺東求堂同仁斎国
庭園	慈照寺庭園 龍安寺国庭園　大徳寺大仙院庭園

2 日本的水墨画の完成と大和絵との融合

A 雪舟の水墨画

△②**秋冬山水図**(冬景 雪舟筆)　**雪舟**(➔p.131)は，京都相国寺で画を周文(➔p.135)に学ぶ。中国の**水墨画**の様式をこえて，大胆で力強い独自の水墨画を完成させた。写真は二対の「秋冬山水図」のうち冬景の図。幕府や大名に仕えた御用絵師にはない落款が押されている。
〈国 東京国立博物館蔵 2幅 各46.4×29.4cm(部分)〉

B 狩野派 ➔p.150

△④**周茂叔愛蓮図**(狩野正信筆)　宋の文人周茂叔を水墨と淡彩で描く。正信は**狩野派**(➔p.150)の祖で，周文の後を受けて足利将軍家の御用絵師となり，義政の東山山荘の襖絵などを描いた。
〈国 福岡 九州国立博物館蔵 1幅 84.5×33.0cm(部分)〉

▽⑤**大徳寺大仙院花鳥図**(伝狩野元信筆)　元信は正信の長男で，足利将軍家の御用絵師。水墨画の要素に大和絵(➔p.88)の技法を融合させ，色彩性・装飾性の強い画風を創造した。これが，安土桃山時代の豪華絢爛な障壁画(➔p.150)へとつながった。
〈京都 大徳寺大仙院蔵 8幅 各174.5×139.5cm(部分)〉

〈国 山口 毛利博物館蔵 40.4×1568.0cm(部分)〉

△③**四季山水図巻**(雪舟筆)　別名「山水長巻」。縦約40cm，横約15.7mに及ぶ長大な巻物のためこの名がある。雪舟芸術の頂点といってよい作品。生涯庇護を受けた中国地方の守護大名大内氏(➔p.139)の派遣船で明に渡り，中国の実際の風景を直接目で見たことが，独自の画風の形成をうながしたと考えられている。

歴史のまど 原勝郎『東山時代における一縉紳の生活』　室町時代の公家三条西実隆の生活をたんねんにたどりながら，15〜16世紀の時代像に迫った傑作。

3 禅の精神がいきづく空間

A 建築－書院造

よみとき 室町時代に確立した建築様式の特徴に注目しよう

◀⑥**慈照寺銀閣**　足利義政が京都東山に建てた山荘の観音殿。銀箔は貼られていない。上層は禅宗様，下層は**書院造**。住宅建築における寝殿造から書院造への過渡期の遺構である。庭園は西芳寺を手本として義政に重用された同朋衆（➔図⑪）の善阿弥やその子孫によってつくられた。江戸初期に大改修がなされるが，義政のころの石組みなどが残る。〈国 京都 高さ 10.9 m〉

◀⑦**慈照寺東求堂**　銀閣の東北側に位置する慈照寺の持仏堂。入母屋造で檜皮ぶきの，小規模ながら端正な建物。南に仏間，東北に義政の書斎である同仁斎を配する。〈国 京都 高さ 6.5 m〉

▼⑨**書院造の室内（慈照寺東求堂同仁斎）**　義政の書斎。畳敷きの四畳半の間取り・明障子・襖などを基礎に，唐物を効率よく飾りつけるための付書院（のちの床の間）や違い棚などの付帯設備をもった様式を書院造という。のちの日本の住宅建築の基本となった。

▼⑧**出文机**（法然上人絵伝）　部屋の一角が張り出した，書を読むためのスペース。違い棚などと融合して書院造へと発展した。〈国 京都 知恩院蔵〉

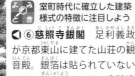

違い棚
襖
明障子
付書院
畳(四畳半)

B 庭園－枯山水

〈京都〉

▲⑩**大徳寺大仙院庭園**　伝説上の霊山蓬萊山から流れ出た水がやがて大海に達するまでを，石と砂と樹木で表現した**枯山水**の代表的な庭園。山水画を立体化したともいわれている。

時代を見る目　将軍の文化的推進者 同朋衆

将軍の側近として美術工芸の鑑定や諸芸能などにすぐれた能力をもつ僧体の専門家を同朋衆という。義教・義政の同朋衆を務めた能阿弥が作成したとされる『君台観左右帳記』は，東山山荘にかざる唐物のマニュアルで，唐物の鑑定評価や座敷かざりの方法を図入りで説明する。能阿弥は子の芸阿弥，孫の相阿弥とで三阿弥と総称される。

▼⑪**同朋衆**

4 いろどられた寄合の席

----東常縁（武家）── 宗祇（連歌師）┬ 三条西実隆（公家）── 公条
　　　　　　　　　　　　　　　　　├ 肖柏（連歌師）-------- 林宗二
　　　　　　　　　　　　　　　　　└ 近衛尚通
└ 実枝 ── 細川幽斎（武家）┬ 島津義久（戦国大名）➔p.145
　　　　　　　　　　　　　├ 中院通勝（歌人）
　　　　　　　　　　　　　├ 智仁親王 ── 後水尾天皇 ➔p.156
　　　　　　　　　　　　　└ 松永貞徳 ➔p.162

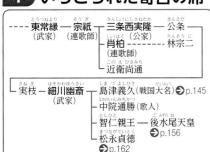

▲⑫**古今伝授**　『古今和歌集』（➔p.88）の解釈を中心に，歌学や関連分野の最も重要なことを師匠から弟子にのみ，口伝や切紙（免許目録）によって直接伝えることをいう。室町時代，東常縁が弟子の連歌師 **宗祇**に伝えたことによって確立された。

和歌 ── 連歌 ── 正風連歌／俳諧連歌 ── 俳諧 ➔p.162

『**水無瀬三吟百韻**』【抜粋】
雪ながら山もと霞む夕かな　宗祇
行水遠く梅にほふ里　肖柏
河風に一むら柳春見えて　宗長
舟さす音もしるき明方　宗祇
月や猶きりわたる夜に残るらん　肖柏
霜おく野原秋は暮れけり　宗長
鳴く虫の心ともなく草かれて　宗祇
垣根をとへばあらはなる道　肖柏

『**犬筑波集**』（宗鑑）【抜粋】
霞の衣裾はぬれけり
佐保姫の春立ちながら尿をして
大長刀に春風ぞ吹く
弁慶も今日や火花を散らすらん
月日の下に我は寝にけり
暦にて破れをつづる古衾

▲⑬**連歌**　和歌から派生して中世に大流行し，近世の俳諧へ受け継がれていった詩歌の一つ。和歌の上の句である五七五の長句に続いて，七七の短句を別の人が詠み，交互に継いで 100 句にいたる 100 韻を基本とする。宗祇によって芸術性の高い**正風連歌**が確立された。宗鑑は庶民性を帯びた俳諧連歌の道を開き，江戸時代に俳諧の祖とされた。

〈京都 華道家元池坊総務所蔵〉

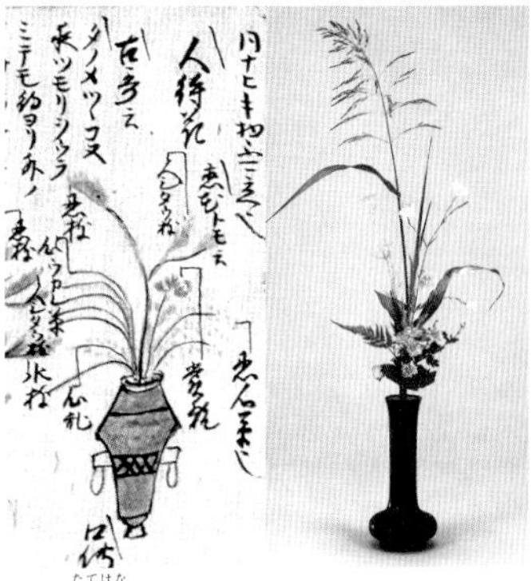

▲⑭**立花**　室町時代の立花の技法をまとめた『花伝書』の「人待花」（左）とその再現（右）。東山時代に京都六角堂の池坊専慶が，仏前に供える供花から発展させた立花は，簡素な**生花**へ受け継がれていった。

今日とのつながり　畳は初め可動式の敷物として使われていたが，書院造の発達などによって室町時代になると敷きつめられるようになり，部屋の大きさを畳で表すようになった。

室町文化③（庶民文化の発展）―諸人の心を和げて，上下の感をなさん事（『風姿花伝』）

ヒストリースコープ

『風姿花伝』は，世阿弥が父観阿弥の言葉をまとめ直した能の理論書。身分の上下に関係なく心をやわらげることを重視するという言葉からは，大衆芸能を演じる者の支配階級に対するプライドが感じられる。

考察

❶観世能と現代の能舞台の共通点を説明しよう。
❷能のようにさまざまな身分の人々が鑑賞できる文化として，ほかにどのようなものが発展したのだろうか。→ 2 ・ 3

橋掛り
鏡板

①**現在の能の舞台** 能舞台には，鏡板に描かれた松以外，装飾や舞台装置がない。〈東京 国立能楽堂提供〉

観客
松
主人公（シテ）
地謡
橋
囃子方

②**観世能の興行風景**（洛中洛外図屏風 歴博甲本） 鴨川の河原で行われた能のようす。河原では税がかからなかったため，芸能が上演されるようになった。多くの人々が同時に観劇できる能は，各地で行われ，庶民でも楽しめるものとなった。〈千葉 国立歴史民俗博物館蔵〉

中世 室町

1 庶民文化まとめ表

特色	身分を越えて共感できる庶民文化 ①惣の形成・民衆の台頭が影響 ②応仁の乱による文化の地域的広がり
芸能	【能】幽玄の境地を表現➔p.320 大和猿楽四座 『風姿花伝』(花伝書)（世阿弥元清） 『申楽談儀』（観世元能） 【狂言】喜劇性➔p.320
茶道・花道	【茶道】侘茶の創出…村田珠光* 【花道】立花の大成➔p.137 …池坊専慶・専応・専好
庶民文芸	【御伽草子】一寸法師・浦島太郎・物くさ太郎・百鬼夜行絵巻 【芸能】幸若舞，古浄瑠璃，小歌『閑吟集』（民間の歌謡） 【教科書】『節用集』・『庭訓往来』・『御成敗式目』
祭礼	祇園祭 ➔巻頭とびら ・風流踊り・盆踊り
神道	【唯一神道】反本地垂迹説（神本仏迹説）…吉田兼倶

＊一休宗純（➔p.131,135）に参じて禅の精神を学び，茶会を茶の湯にまで高めた。

2 寄合の精神が生んだ芸能

〈奈良時代〉 〈平安時代〉 〈鎌倉（末）～室町時代〉

（農耕芸能） → 田楽（➔p.100） → 田楽能

（舶来の特殊芸能）
散楽：唐から伝えられた音楽を伴った雑多な芸能 → 猿楽：こっけいな物真似や言葉芸 → 観阿弥・世阿弥による猿楽能＝能の大成　歌舞寸劇的な要素が付加 → 狂言の独立

（民間芸能）
今様 ➔p.100
白拍子：男装した遊女が今様を歌い舞う芸能
延年：法会の後に僧侶や稚児が行った芸能
曲舞：叙事的な詩歌や文章を鼓に合わせて歌い舞う芸能

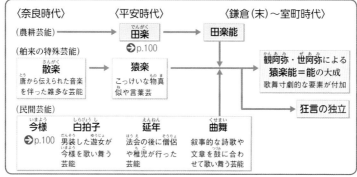

③**能・狂言の誕生** 大和猿楽四座の結崎座（のちの観世座）の**観阿弥・世阿弥**父子が，足利義満の同朋衆（➔p.137）として保護を受け，能を完成させた。おかしみの部分は能の幕間に演じる狂言として区別し，能では幽玄の境地を追い求めた。

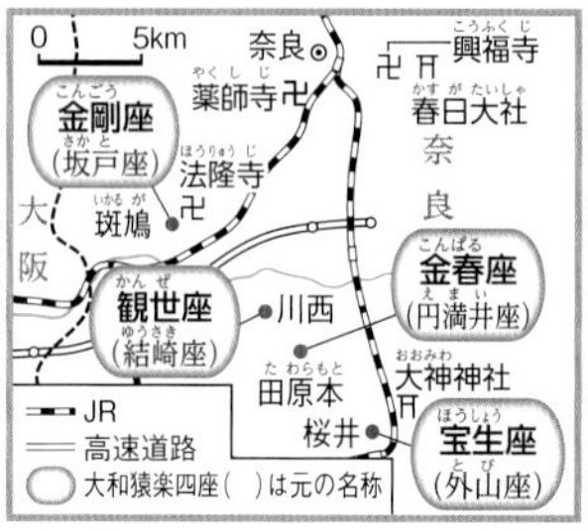

0 5km
奈良
興福寺
春日大社
薬師寺
金剛座（坂戸座）
法隆寺
斑鳩
大阪
奈良
観世座（結崎座）
川西
金春座（円満井座）
田原本
大神神社
桜井
宝生座（外山座）
JR
高速道路
大和猿楽四座（ ）は元の名称

④**大和猿楽四座** 興福寺・春日大社などに奉仕した大和地方の猿楽座。

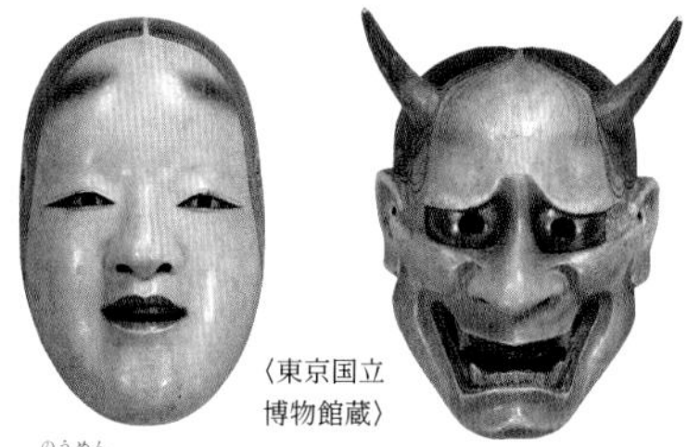

〈東京国立博物館蔵〉

⑤**能面** 能は大がかりな舞台装置がないかわりに多様な面を使用する。若い女性を表す小面(左)のほか，怒りを示す般若面(右)などがある。

⑥**狂言装束** はなやかな能の装束に対し，狂言装束には虫や動物などおかしみを表現する柄が表現されている。〈京都 茂山狂言会蔵〉

3 御伽草子と立身譚

〈京都 真珠庵蔵 33.0×747.1cm(部分)〉

⑦**百鬼夜行絵巻**（伝土佐光信筆） 楽器や仏具，鍋などの日用品に霊魂が宿り（「付喪神」），人々の寝静まった夜中になるとひつぎの中から出てきてあばれまわり，日の出とともに退散するという筋書きの**御伽草子**。鳥獣戯画（➔p.101）に始まる擬人化表現は御伽草子に共通する特徴である。

時代を見る目　下剋上と立身譚

物くさ太郎・一寸法師など，身分の低い主人公がひょんなきっかけから思いもよらない出世をとげる話を立身譚という。室町時代後半にこのような話ができあがっていくのは，実力さえあれば身分や出自に関係なく権力をにぎることのできる下剋上（➔p.127）の風潮が背景にあると考えられる。

⑧**物くさ太郎** 信州のいなかでなまけた生活を送っていた物くさ太郎が，都に出て妻をめとり出世する話。〈大阪府立大学学術情報センター図書館蔵〉

4 庶民の教科書

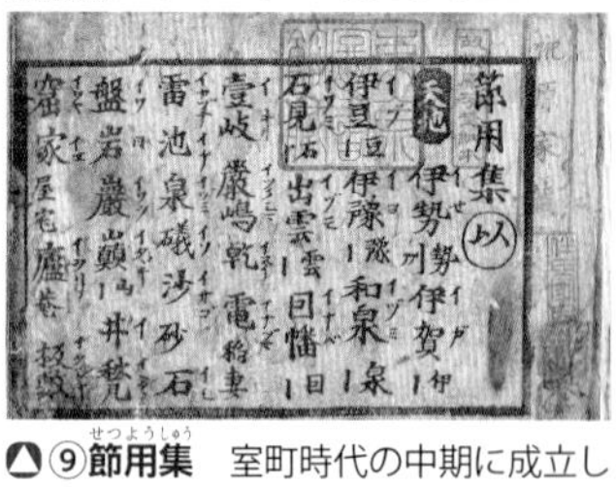

⑨**節用集** 室町時代の中期に成立した用字集・国語辞典。いろは順に並べられた漢字の熟語に読みがなを振ったもの。江戸時代には辞典として発展していった。庶民の文字の普及に大きな役割を果たした。〈東京 国立国会図書館蔵〉

今日とのつながり 現在でも多くの寺社の祭礼では，野点（野外での茶会）や薪能などが行われている。同じ茶を飲み，同じ演目を楽しむなかで絆を確かめる寄合の文化が受け継がれている。

室町文化④（文化の地方伝播）—統べて帝都の模様を遷す（『大内氏系図』）

ヒストリースコープ

大内氏は，京都の文化を模倣して城下町の山口に再現しようとした。山口には，宗祇・雪舟ら多くの文化人が集まり，祇園社や清水寺などが建立されて独特の文化が栄えた。

考察

❶山口ではどのような文化が栄えたのだろうか。
❷山口などの地方都市に京都の文化がもたらされた背景を説明しよう。→1
❸この時代の新仏教の広がりを説明しよう。→2

山口

△①**常栄寺雪舟庭**　常栄寺は，守護大名大内政弘の母の菩提寺 妙喜寺の旧地。室町時代中期に，大内氏をたよって山口に滞在していた雪舟に政弘が築庭させたものと伝えられる。

山口

▷②**瑠璃光寺五重塔**　応永の乱（➔p.126）で戦死した大内義弘の菩提を弔うために建立された香積寺の遺構。日本三名塔*の一つ。
＊ほかに京都の醍醐寺，奈良の法隆寺。

〈国 山口 高さ 31.2m〉

1 地方へ下る文化人

山口に文化人が集まった背景に注目しよう

▽③応仁の乱（➔p.127）をきっかけに文化人や公家たちが地方に移り住み，彼らの文化的教養を移住地に伝えていった。

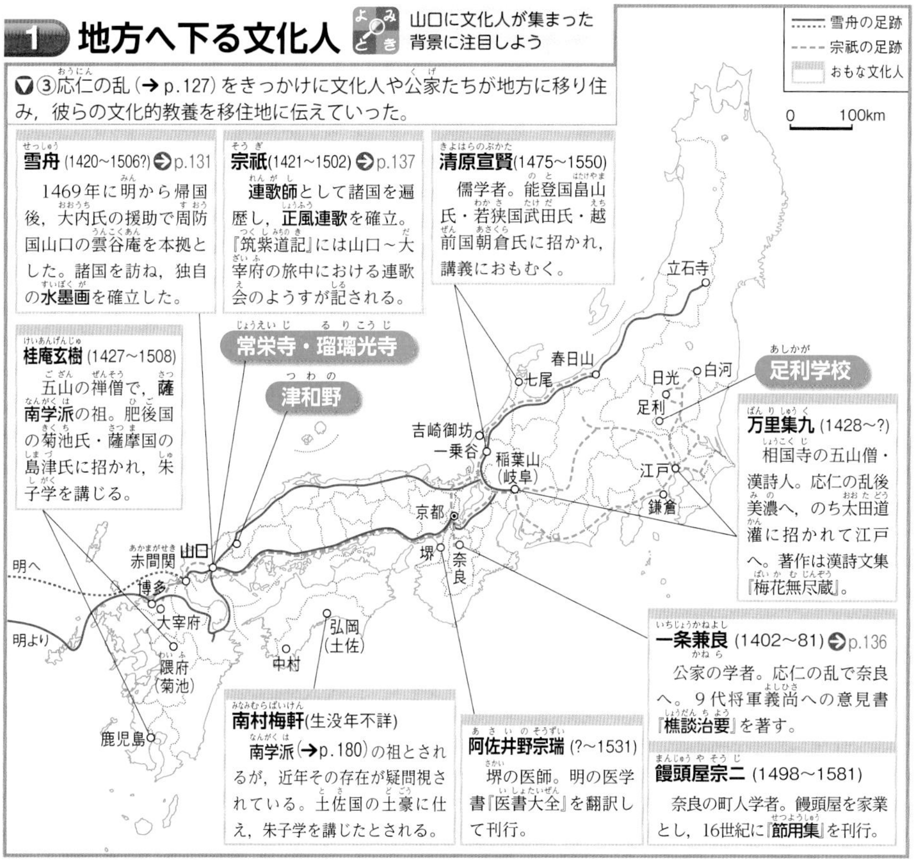
雪舟の足跡
宗祇の足跡
おもな文化人
0 100km
立石寺
春日山
七尾
日光
白河
足利学校
足利
吉崎御坊
一乗谷
稲葉山（岐阜）
江戸
鎌倉
京都
堺
奈良
常栄寺・瑠璃光寺
津和野
山口
赤間関
博多
大宰府
隈府（菊池）
鹿児島
中村
弘岡（土佐）
明へ
明より

雪舟（1420～1506?）➔p.131
1469年に明から帰国後，大内氏の援助で周防国山口の雲谷庵を本拠とした。諸国を訪ね，独自の水墨画を確立した。

宗祇（1421～1502）➔p.137
連歌師として諸国を遍歴し，正風連歌を確立。『筑紫道記』には山口～大宰府の旅中における連歌会のようすが記される。

清原宣賢（1475～1550）
儒学者。能登国畠山氏・若狭国武田氏・越前国朝倉氏に招かれ，講義におもむく。

桂庵玄樹（1427～1508）
五山の禅僧で，薩南学派の祖。肥後国の菊池氏・薩摩国の島津氏に招かれ，朱子学を講じる。

万里集九（1428～?）
相国寺の五山僧・漢詩人。応仁の乱後美濃へ，のち太田道灌に招かれて江戸へ。著作は漢詩文集『梅花無尽蔵』。

一条兼良（1402～81）➔p.136
公家の学者。応仁の乱で奈良へ。9代将軍義尚への意見書『樵談治要』を著す。

南村梅軒（生没年不詳）
南学派（➔p.180）の祖とされるが，近年その存在が疑問視されている。土佐国の土豪に仕え，朱子学を講じたとされる。

阿佐井野宗瑞（?～1531）
堺の医師。明の医学書『医書大全』を翻訳して刊行。

饅頭屋宗二（1498～1581）
奈良の町人学者。饅頭屋を家業とし，16世紀に『節用集』を刊行。

足利

△④**足利学校 学校門**　関東管領上杉憲実が再興。ザビエル（➔p.143）は「最も有名な坂東の大学」と紹介している。

▽⑤**字降松**　足利学校の学生が読めない文字や難しい言葉を紙に書いて松の枝につけておくと，そっと先生がふりがなや注釈をつけたことが名の由来。

津和野 ▽⑥**津和野の鷺舞のようす**
京都の祇園祭で演じられた鷺舞は，山口を経由して16世紀前半に領主の吉見氏が津和野（島根県）にもたらした。

2 新仏教の拡大 ➔p.118

A 日蓮宗（法華宗）　➔p.330「宗教史の流れ」

◁⑦**日親**（1407～88）　足利義教に『立正治国論』を書き日蓮宗への改宗を求めた。熱した鍋をかぶせられる迫害を受けても題目を唱え続けたことから，「鍋冠り上人」とよばれた。

15世紀中ごろ	**日親**の活躍　京都は「題目の巷」とよばれる
1532～	**法華一揆**を結ぶ←京都町衆の支持
1532	山科本願寺焼打ち←一向一揆と対立
1536	**天文法華の乱**←延暦寺と対立 ⇒一時京都を追放

△⑧**日蓮宗の京都布教**

B 浄土真宗（一向宗）

＊講とよばれる信者（門徒）の寄合で読み聞かされた。

◁⑨**蓮如（兼寿）**（1415～99）　浄土真宗中興の祖。延暦寺の弾圧を避け，越前の吉崎御坊を拠点に**御文***（蓮如が浄土真宗の教えをやさしく説いた手紙 史）による布教を続けた。

▷⑩**吉崎御坊**　拠点は，大谷（京都 東山）→本福寺（滋賀 堅田）→吉崎御坊（福井）→山科（京都）→石山（現在大阪城のあるところ）→七条堀川（京都 下京区。のちに江戸幕府によって東西に分断）と移っていった。周辺には僧侶の住む坊舎や門徒の宿坊が並び建ち，寺内町（➔p.141）を形成した。〈滋賀 照西寺蔵〉

時代を見る目　文化の媒介者—旅芸人

応仁の乱後，その戦乱を避けてさまざまな人々が都から離れ京都の文化を地方に広めていった。しかし，それ以前の平安から鎌倉時代にも旅芸人などの全国を遍歴する人々がいた。男装の遊女が今様などを歌いながら踊る白拍子，平家物語を弾き語る盲目の僧琵琶法師，剣をふるったり人形を操ったりする傀儡などがそれにあたる。

歴史散歩　中村の「大文字の送り火」（高知県四万十市）　応仁の乱を逃れて中村に下った一条氏（兼良の子孫）が，京都をなつかしんで始めたとされる。夏の終わりを告げる風物詩。

戦国大名の支配と都市の発達 ―人は城，人は石垣，人は堀(『甲陽軍鑑』)

ヒストリースコープ

江戸時代にまとめられた武田氏の軍学書『甲陽軍鑑』には，立派な城よりも有能な家臣や領民を重視する信玄の言葉が残る。信玄は分国法を定めたり大規模な治水事業による農業振興をはかったりして，領国(分国)経営を行った。

考察

❶信玄堤と武田氏の分国法からわかる，信玄の領国経営の特徴は何か。
❷各戦国大名の分国法を読み，戦国大名の特徴を説明しよう。→ 1
❸戦国時代に発展した都市の特徴を説明しよう。→ 2

△②武田信玄像

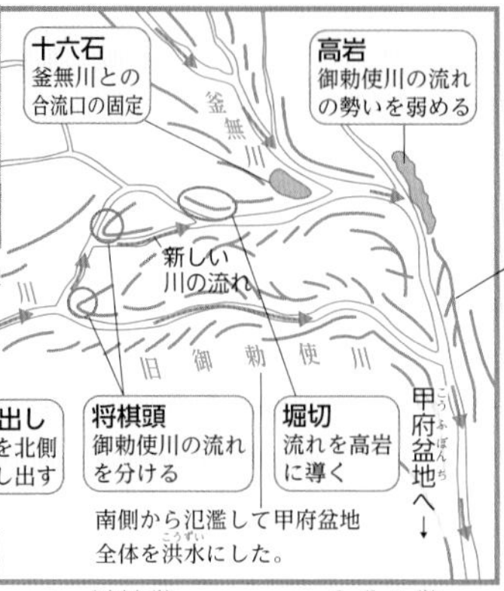

十六石
釜無川との合流口の固定
高岩
御勅使川の流れの勢いを弱める
釜無川
新しい川の流れ
御勅使川
旧御勅使川
石積出し
流路を北側に押し出す
将棋頭
御勅使川の流れを分ける
堀切
流れを高岩に導く
甲府盆地へ
南側から氾濫して甲府盆地全体を洪水にした。
― 堤(推定地)

△①信玄堤　信玄は，釜無川と合流する御勅使川の流れを高岩にぶつけて弱めた。その下流には，聖牛や蛇籠(➡図③)を配置して流れをゆるめ，堤防で氾濫を防いだ。

聖牛
蛇籠

◁③現在の信玄堤　竹かごに石を詰めた蛇籠を配し，丸太を固定した聖牛をつくって，流水の勢いを抑えた。

武田氏の分国法【現代語訳】史

一 先祖伝来の土地や買い取った領地などの私領のほか，武田氏から恩賞として与えられた所領の売却は禁止する。しかしこのように制定したとしても，避けがたい使い道があるならば，理由を述べて，年季を定めて売買せよ。……

一 喧嘩については，当否や善悪を論じるまでもなく処罰する。ただし喧嘩をしかけられたとしても，堪忍(我慢)した者は処罰すべきでない。

(『甲州法度之次第』(信玄家法))

1 群雄割拠の時代

▽④守護大名と戦国大名

	守護(守護大名)	戦国大名
系譜と権限	・幕府による任命 ・南北朝期に権限を拡大 ➡p.123	・守護大名のほか，下剋上で守護代・国人*などから成長 ・恒常的な戦時体制をしき，実力で領国を一元的に支配
領国の経営	・半済により荘園・公領を侵略 ・守護請による年貢請負	・荘園制を事実上廃止 ・指出検地(検地帳に登録)・楽市・鉱山開発・治水など
対幕府	・京都に常住し，幕府に出仕 ・領国に守護代を設置	・幕府の権限を否定 ・官職の推挙など必要に応じて権威を利用
家臣団の統制	・国人の家臣化(被官化)を進める ・守護の権力が弱い場合，国人一揆が発生	・国人一揆の盟主 ・国人・地侍を家臣化➡図⑤ 寄親・寄子制などにより統制 ・貫高による軍役を課す(貫高制)
法制度	・室町幕府の法令による	・独自の分国法(家法)を制定

*村落を支配した領主。

よみとき　守護の領国支配と戦国大名の分国支配の違いに注目しよう

戦国大名
戦国大名が，・寄子を指定 ・知行地の給与を保障
戦国大名が，・寄親を指定 ・加地子(小作料)取得権を保障
主従関係
寄親 国人領主層*
寄子 地侍層
寄子を指南
主従関係
家臣 地侍層
軍役衆(鉄砲足軽・槍足軽など) 百姓層

* 一族衆・譜代衆(代々の家臣)・外様衆(新参の家臣)・国衆(服属した国人)。

◁⑤家臣団の構成　戦国大名は国人領主層を寄親として惣村の地侍層(寄子)を家臣団に組み入れた(**寄親・寄子制**)。寄子は日常的に寄親の指南に従い，戦時は直接指揮下に入ったが，大名の直臣なので恩賞や処罰は大名が行った。

A 戦国大名の分国支配(16世紀半ば)

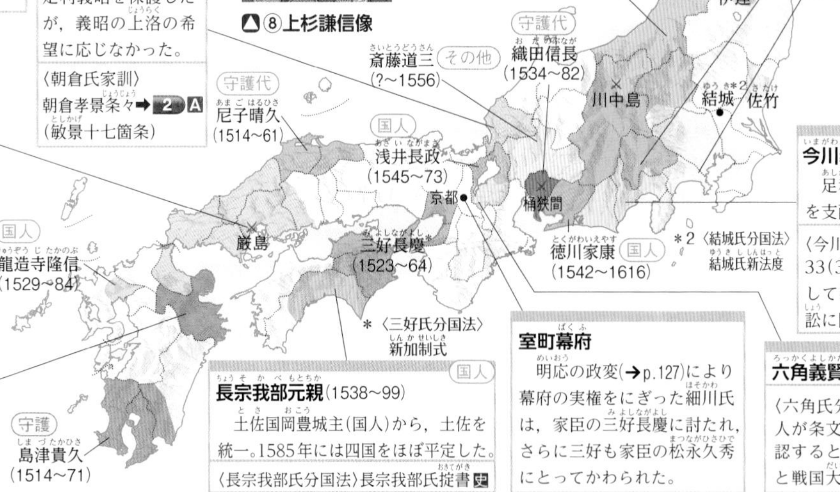

守護　国人　などは各戦国大名の出自を示す
0　100km
最上
伊達
川中島
結城*2
佐竹
京都
桶狭間
厳島

毛利元就(1497～1571)〔国人〕
安芸国郡山城主(国人)から，大内義隆を倒した家臣陶晴賢を厳島の戦いで破り，尼子氏を倒して，周防・長門・石見・出雲を制圧。

△⑦毛利元就像

朝倉義景(1533～73)〔守護代〕
守護代の勢力を退けて越前国を支配した朝倉孝景の子。一乗谷を本拠に，将軍足利義昭を保護したが，義昭の上洛の希望に応じなかった。
〈朝倉氏家訓〉朝倉孝景条々➡ 2 A(敏景十七箇条)

上杉謙信(長尾景虎)(1530～78)〔守護代〕
越後国守護代の長尾氏の出身。上杉氏から家督と関東管領職を譲られる。信濃・関東を攻めたが，攻略できなかった。武田信玄との川中島の戦いは5回に及んだ。

△⑧上杉謙信像

伊達氏〔国人〕
伊達政宗(1567～1636)の代に南奥州に広大な領国を築いた。
〈伊達氏分国法〉塵芥集 史
伊達稙宗(1488～1565)が制定。現存する分国法では最多の条文数(171条)。犯罪や年貢滞納に対し連座制をしいた。

△⑥伊達稙宗像

武田信玄(晴信)(1521～73)〔守護〕
源氏の支流，甲斐国守護。父信虎を追放し，信濃・駿河・遠江を制圧。上杉謙信と信濃北部の支配権をめぐり川中島の戦いを繰り広げた。
〈武田氏分国法〉甲州法度之次第 史　全55条で，信玄が1554年までに制定。通称「信玄家法」。喧嘩両成敗法が有名。➡ 🔍

北条氏康(1515～71)〔その他〕
北条早雲(伊勢宗瑞)に始まる後北条氏の3代。関東を制圧。
〈北条氏家訓〉早雲寺殿廿一箇条　早雲が伝えたとされる家訓。成立年不明。全21条で，生活上の心得などを簡潔に記したもの。

斎藤道三(?～1556)〔その他〕

織田信長(1534～82)〔守護代〕

尼子晴久(1514～61)〔守護代〕

浅井長政(1545～73)〔国人〕

今川義元(1519～60)〔守護〕
足利一門，駿河国守護。兄を倒して遠江・三河を支配。京をめざす途中，桶狭間の戦いで敗死。
〈今川氏分国法〉今川仮名目録 史　1526年に氏親が33(31)条を制定。その後，今川仮名目録追加として義元が21条を制定。東国最初の分国法。訴訟に関する規定が多く，喧嘩両成敗なども含む。

*2〈結城氏分国法〉結城氏新法度

徳川家康(1542～1616)〔国人〕

三好長慶*(1523～64)
*〈三好氏分国法〉新加制式

龍造寺隆信(1529～84)〔国人〕

大友義鎮(宗麟)(1530～87)〔守護〕
豊後国守護。1559年には九州北部6か国の守護となる。キリシタン大名となり，南蛮貿易も進める。➡p.142

島津貴久(1514～71)〔守護〕

長宗我部元親(1538～99)〔国人〕
土佐国岡豊城主(国人)から，土佐を統一。1585年には四国をほぼ平定した。
〈長宗我部氏分国法〉長宗我部氏掟書 史

室町幕府
明応の政変(➡p.127)により幕府の実権をにぎった細川氏は，家臣の三好長慶に討たれ，さらに三好も家臣の松永久秀にとってかわられた。

六角義賢(1521～98)〔守護〕　近江国守護を相伝。
〈六角氏分国法〉六角氏式目(義治式目)　有力家臣20人が条文を起草し，六角義賢・義治父子がそれを承認するという契約関係において制定された。家臣団と戦国大名の関係を示す史料として注目されている。

歴史のまど　井上靖『風林火山』　武田信玄の軍師であった山本勘助を主人公にした歴史小説。勘助や信玄の生涯とともに，上杉謙信との戦いが描かれる。

2 都市の発達

➔ p.132「中世日本の交易拠点」

春日山(現 上越市)
吉崎
金沢
長野
京都
一乗谷
小浜
敦賀
山坂本
科
稲葉山
石山
草津
清洲
府中(現 甲府市)
江戸
品川
兵庫
大津
奈良
小田原
山口
尾道
草戸千軒
府中(現 静岡市)
沼津
富田林
今井
宇治・山田*
桑名
大湊
博多
府内(現 大分市)
平野
堺
鹿児島
坊津
0 100km
城下町
門前町
寺内町
港町
宿場町
自治都市

＊伊勢神宮の内宮がある宇治と，外宮がある山田は，ともに門前町として発展した。

地図を見る目　戦国大名の支配の広がり(➔1 A)と城下町の形成に注目

A 城下町－一乗谷

『朝倉孝景条々』【抜粋】史
一、朝倉が館①之外、国内に城郭を構えさせまじく候。総別分限あらん者②一乗谷へ引っ越し、郷村には代官ばかり置かるべき事。
①朝倉氏の居城　②高禄の武士

足羽川
一乗谷川
下城戸
山城
朝倉氏本館
上城戸

⑨朝倉氏の城下町一乗谷　福井市の一乗谷川沿いにある細長い谷で，北には足羽川があり，防御に適した地であった。朝倉氏は山城を築き，家臣や商工業者を上下の城戸の内部 1.7km の谷間に住まわせ，日本で有数の城下町をつくった。〈イラスト 香川元太郎氏〉

B 寺内町－石山本願寺

よみとき　寺内町と門前町の違いに注目しよう

本願寺御坊

〈CG 成瀬京司氏〉

⑫寺内町・門前町　寺内町とはおもに浄土真宗の境内を中心に形成された町をいう。蓮如(➔p.139)が布教の根拠地とした越前吉崎など，北陸・畿内・東海地方におもに分布する。一方，門前町とは社寺の門前に形成された町で，伊勢神宮の門前町である宇治・山田がその例である。

⑪石山本願寺復元CG　石山本願寺は石山につくられた浄土真宗(一向宗)の寺で，のちにここに大坂城が築かれた。寺の周りに堀や土塁をめぐらして防衛体制が築かれている。販売座席(**市座**)や市場税を設けない**楽市**が存在し，また瀬戸内海への要衝の地であったことから経済の中心地となった。石山本願寺は石山戦争(➔p.144)で織田信長と争い，この地を明け渡した。石山本願寺と戦国大名は対立，もしくは経済的な実利を取るため融和する関係にあった。

寺内町			
吉崎(越前)	吉崎御坊	石山(摂津)	石山本願寺
金沢(加賀)	金沢御坊	富田林(河内)	興正寺
山科(山城)	山科本願寺	今井(大和)	称念寺

門前町	
宇治・山田(伊勢)	伊勢神宮(内宮・外宮)
長野(信濃)	善光寺
坂本(近江)	延暦寺・日吉大社
奈良(大和)	興福寺・春日大社

時代を見る目　自治の発達 堺・京都

自治都市とは，ときの権力者から離れて地域住民の意思で町が運営された都市をいう。堺は商人たちの財力を背景に 36 人の**会合衆**が市政を運営した。門番をつけるなど，町の安全性は高かった。一方京都では，**町衆**の中から選ばれた**月行事**を中心に独自の**町法**を定め，自治組織の**町**や町組がつくられた。

0 1000m
鉄砲鍛冶
大坂へ
16世紀の海岸線
中世の海岸線(推定)
熊野街道
近世の堀跡
堺駅
ザビエル滞在地
菅原神社
長尾街道
千利休の家跡
開口神社
堺東駅
会合衆の寄合する場
中世の都市の範囲(推定)
和泉へ

⑩中世の堺　堺は大阪湾にのぞみ，室町時代には日明貿易(➔p.125)の港町として栄えた。摂津国，河内国，和泉国の3国の境(堺)に位置したところからその地名がついたとされる。堀と海に囲まれ，戦国大名と戦う態勢ができていた。ポルトガル人の宣教師ガスパル＝ヴィレラは，堺の状況をイタリアの都市ベニスに例えて報告している。

ガスパル＝ヴィレラが見た堺【日本語訳，抜粋】史
・…堺の町は甚だ広大にして大なる商人多数あり。此町は**ベニス市の如く執政官に依りて治めらる**。(1561 年)
・日本全国当堺の町より安全なる所なく…市街には悉く門ありて番人を附し，紛擾あれば直に之を閉づることも一の理由なるべし。…町は甚だ堅固にして，西方は海を以て，又他の側は深き堀を以て囲まれ，常に水充満せり。(1562 年)
(『耶蘇会士日本通信』)

中世　戦国

C 港町－草戸千軒

芦田川

⑬草戸千軒町遺跡　中世に最盛期を迎えた**港町**で，川底に埋もれた町として有名である。備後の芦田川河口に栄えた(現 広島県福山市)。〈図⑬～⑮ 提供：広島県立歴史博物館　撮影：井手三千男〉

⑭船着き場の復元　14 世紀初めのようす。芦田川中・下流域の経済圏と瀬戸内の海上交通を結びつける港湾集落の一つであった。

⑮出土した銅銭　壺の中に銭緡(➔p.114)の形で見つかった中国銭で1万 2951 枚もあった。「いまくらとの(今倉殿)」と記された木簡も出土し，金融業者が活動していたことがわかっている。

今日とのつながり　広島県立歴史博物館(広島県福山市)　草戸千軒町遺跡を中心に，瀬戸内の民衆の歴史と文化を紹介。中世の草戸千軒を実物大で復元した展示室がある(➡図⑭)。

大航海時代と南蛮貿易 ―日本人は本来，新奇なことを好む国民（ルイス＝フロイス『日本史』）

ヒストリースコープ

イエズス会宣教師ルイス＝フロイスは日本人を新しく珍しいものを受け入れる性質があると紹介している。南蛮人や彼らがもたらすものへの好奇心が，異文化の積極的な摂取につながった。

▶①南蛮屏風（狩野内膳筆）　南蛮屏風は，大航海時代（➔p.13）に来航した南蛮人の風俗を描いた屏風絵。現在，南蛮屏風は90点以上の作例が知られている。左側に南蛮船の入港・荷揚げのようすを，右側にカピタン（船長）を出迎える宣教師を描いている。

〈兵庫 神戸市立博物館蔵 6曲1双 右隻 各154.5×363.2cm〉

◀②檻のなかのトラ（左）と③キリスト教の宣教師たち（中央）と④南蛮船がもたらした商品を売る店（右）

考察

❶図①～④には，南蛮貿易にかかわるどのようなものが描かれているだろうか。
❷なぜヨーロッパ人は，日本に来航したのだろうか。→1
❸南蛮人がもたらしたものは日本社会をどのように変容させただろうか。→2・3・4

➔p.13～14 巻頭地図

1 ヨーロッパ人の来航

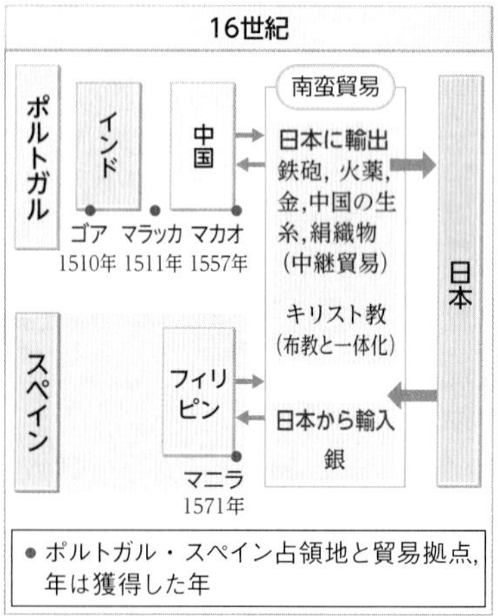
16世紀
ポルトガル
インド
中国
南蛮貿易
日本に輸出
鉄砲，火薬，金，中国の生糸，絹織物（中継貿易）
キリスト教（布教と一体化）
日本
ゴア 1510年
マラッカ 1511年
マカオ 1557年
スペイン
フィリピン
日本から輸入
銀
マニラ 1571年
●ポルトガル・スペイン占領地と貿易拠点，年は獲得した年

▲⑤南蛮貿易　ポルトガル人やスペイン人（南蛮人*）は，それぞれ中国のマカオやフィリピンのマニラを拠点に東アジアへ進出し，貿易を行った。当時の東アジア地域では中国の**明**が私貿易を禁止する**海禁政策**をとっていたため，南蛮人は日本からは**銀**を輸入し，中国からは生糸などを日本に輸出する中継貿易を行い，ばくだいな利益を得た（南蛮貿易）。

＊南蛮人に対し，オランダ人・イギリス人を紅毛人とよんだ。

Simeon Josui

FRCO

▲⑦**キリシタン大名の印判**　九州の大名の多くが**キリシタン大名**となった。黒田孝高（如水）は十字の周りにSimeon Josui（左），大友義鎮（宗麟）はFRCO（Franciscoの略，右）の印判を用いた。

2 鉄砲の伝来（1543年）*

＊1542年とする説もある。

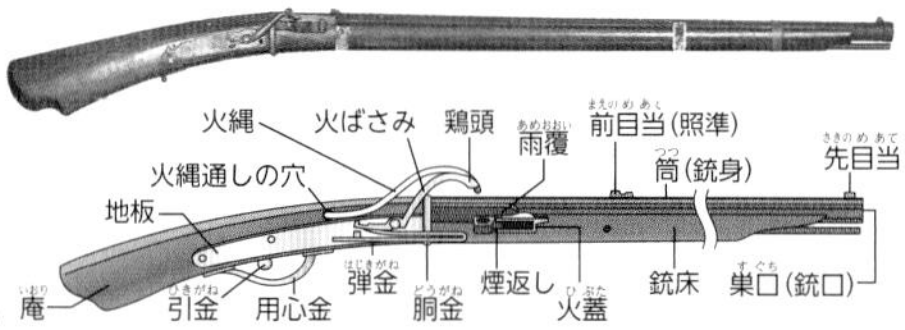
火縄
火ばさみ
鶏頭
雨覆
前目当（照準）
筒（銃身）
先目当
火縄通しの穴
地板
庵
引金
用心金
弾金
胴金
煙返し
火蓋
銃床
巣口（銃口）

◀⑥**火縄銃**　**種子島**に漂着した倭寇（➔p.125）の頭目王直の船にいたポルトガル人から種子島時堯が購入（史）。翌年には種子島で国産され，10年前後で実戦に使用された。和泉の堺や近江の国友がおもな生産地となった。

3 キリスト教の伝来（1549年）

▲⑧**南蛮寺**（京都）　キリシタンの教会堂のことを南蛮寺とよんだ。〈兵庫 神戸市立博物館蔵〉

0 100km
ポルトガル船の来航地
スペイン船の来航地
ザビエルの伝導路
氏名 おもなキリシタン大名
＋ 教会堂
☆ セミナリオ・コレジオ
ヴァリニャーニの3布教区*
下区 豊後区 都区
高山右近（1552～1615）
熱心なキリシタン大名で，洗礼名はジュスト。摂津高槻，のち播磨明石城主となるが，禁教令で1614年にマニラに追放され，同地で病死。➔p.158
セミナリオ（安土）
司祭・修道士育成の初等教育を行う神学校。
南蛮寺（京都）
1576年イエズス会によって建てられた。
大道寺（山口）
大内義隆が廃寺をザビエルに与え，キリスト教布教の拠点となった。
コレジオ（府内）
宣教師養成の高等教育を行う神学校。
木下勝俊
織田秀信
織田有楽斎
蒲生氏郷
黒田孝高（如水）
黒田長政
宗義智
小西行長
大村純忠
有馬晴信
有馬直純
大友義鎮（宗麟）
大友義統
国友
京都
安土
稲葉山
伏見
岡崎
府中
高槻
大坂
堺
明石
根来
雑賀
広島
山口
道後
小倉
高田
秋月
甘木
中津
府内
平戸
佐世保
柳河
横瀬
浦上
大村
島原
隈本
長崎
有馬
宇土
茂木
天草
八代
津久見
佐伯
野津
市来
鹿児島
飫肥
*日本を3つの布教区に分け，各区には布教区長を任命した。各布教区長の監督のもと，イエズス会士たちは宣教・教育活動にあたった。それぞれの布教区の拠点は，府内（豊後区）・長崎（下区）・京都（都区）におかれた。

▲⑨**宣教師の活動とキリシタン大名**　宣教師とは，異国でキリスト教を教え広める役割を担った人たちのこと。宣教師はあいついで来日し，布教活動を行った。大名の中には貿易を望んでその布教活動を保護し，信仰する者もいた。これを**キリシタン大名**という。大村純忠，大友義鎮（宗麟），有馬晴信など九州の大名のほか，高山右近らが有名である。また，セミナリオやコレジオなどの教育機関もつくられ，布教がさらに進んだ。

歴史のまど　村井章介『世界史のなかの戦国日本』　戦国時代の日本各地が，世界とどのような関係をもっていたかを詳しく描く。

〈兵庫 神戸市立博物館蔵〉

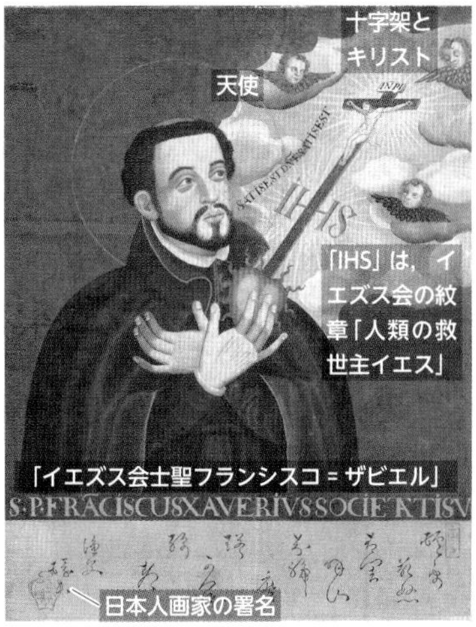
十字架とキリスト
天使
「IHS」は，イエズス会の紋章「人類の救世主イエス」
「イエズス会士聖フランシスコ＝ザビエル」
日本人画家の署名

◀⑩**フランシスコ＝ザビエル** スペイン出身。イエズス会宣教師。1547年末にマラッカで日本人のアンジロー（弥次郎）と出会い，その聡明さに感動し，日本での布教活動を決意した。1549年鹿児島に到着，日本に初めてキリスト教を伝えた。左はザビエルの肖像画で，日本人画家によって描かれた。ザビエルの手にある心臓は神に対し熱烈な愛をもっていることを示し，口から出ている文字は「満ちたれり，主よ，満ちたれり」という意味である。

▶⑪**来日した宣教師** イエズス会は日本におけるキリスト教伝道の中心的なカトリック教団。スペイン・ポルトガル・イタリアに多く，ザビエル・ヴァリニャーニらはイエズス会に所属していた。

氏名／出身国（所属）	（来日年）／おもな布教活動
フランシスコ＝ザビエル スペイン（イエズス会）	（1549）日本に初めてキリスト教を伝えた。山口（大内氏）・豊後府内（大友氏）で布教，中国広東省で没。
ガスパル＝ヴィレラ ポルトガル（イエズス会）	（1556）足利義輝の許可を得て畿内で布教。「堺の町は…ベニス市の如く」（『耶蘇会士日本通信』）と報告した。ゴアで没。➡p.141
ルイス＝フロイス ポルトガル（イエズス会）	（1563）織田信長と親交を重ねた。豊臣秀吉のバテレン追放令で西九州へ。『日本史』などを執筆。長崎で没。➡p.149
オルガンティノ イタリア（イエズス会）	（1570）信長の厚遇を受け**南蛮寺**建立，安土**セミナリオ**開設。長崎で没。➡図⑧，⑨
ヴァリニャーニ イタリア（イエズス会）	（1579，1590）3布教区を設定し，布教方針を日本の習慣に適応するように改革。**天正遣欧使節**を伴い離日したが再来日。活字印刷機を伝えた。マカオで没。
ルイス＝ソテロ スペイン（フランシスコ会）	（1603，1622）仙台藩主伊達政宗に使節派遣を勧め，**慶長遣欧使節**支倉常長に同行。再入国後，長崎で死刑。

4 南蛮文化

	南蛮貿易の影響
特徴	①16世紀後半～17世紀前半 ②戦国大名から庶民まで広がる ③油絵や銅版画
絵画	南蛮屏風
出版	活字印刷術を用いたキリシタン版・天草版
言語	服飾や食物の名などに影響が残る
宗教	教会堂，セミナリオやコレジオ建立
学問	天文学・地理学・医学などが伝わる

NIFON NO
COTOBA TO
Historia uo narai xiran to
FOSSURU FITO NO TAME-
NI XEVA NI YAVA RAGUETA-
RU FEIQENO MONOGATARI.
IESVS NO COMPANHIA NO
Collegio Amacusa ni voite Superiores no go men-
gio to xite core uo fan ni qizamu mono nari.
Go xuxxe yori M.D.L.XXXXII.

△⑫**天草版『平家物語』扉**〈熊本 天草コレジヨ館蔵〉

▽⑬**日本語になった外来語**

日本語	言葉の由来	日本語	言葉の由来
ポルトガル語		サラサ（更紗）	saraça
オルガン	órgão	カルタ（加留多）	carta（手紙・トランプ）
ビードロ	vidro（ガラス）	テンプラ（天ぷら）	tempêro（調味料）
カボチャ	cambodia	ボタン	botão
ジュバン（襦袢）	gibão	キリシタン	cristão
カステラ	castelo	**スペイン語**	
タバコ（煙草）	tabaco	メリヤス（靴下）*	medias*
カッパ（合羽）	capa	カナリア	canaria
シャボン	sabão（石鹸）	**オランダ語**	
コンペイトウ	confeito	ジャガイモ（ジャガタラ）	オランダ船がジャカルタから輸送
ラシャ（羅紗）	raxa		
オンブ（おんぶ）	ombro（肩）	ブリキ	blik
カルメラ	caramelo	ゴム	gom

＊ポルトガル語のmeiasにも由来している。

周縁から見た日本　キリシタンと輸出漆器

南蛮人によってもたらされた物とは逆に，南蛮人がヨーロッパに持ち帰ったものがある。例えば漆器は，初めは日本人のために国内生産された漆器を持ち帰っていたが，のちにヨーロッパ人用に注文制作されるようになった。イエズス会の紋章「IHS」が表されたものもある。

▶⑭**蒔絵と螺鈿の技法でつくられたキリスト教の聖龕**〈福岡 九州国立博物館蔵〉

〈兵庫 神戸市立博物館蔵 8曲1双 右隻 158.7×477.7cm〉

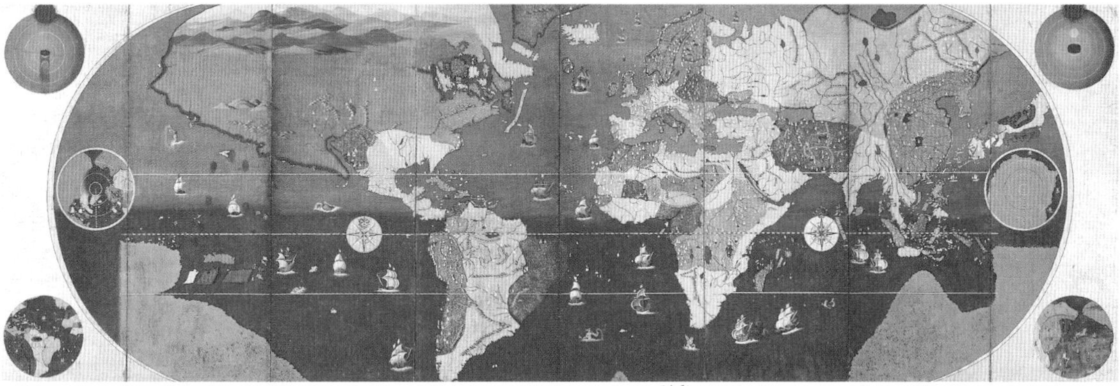

△⑮**世界図屏風** ヨーロッパの地図を参考に日本人が制作したとされる。三角の金泥によって世界の諸都市を表している。また，日本の部分が大きく強調されており，精度が高い点は注目される。当時の日本人の世界観に大きな影響を与えた。

〈奈良 天理大学附属天理図書館蔵〉

△⑯**地球儀** ルイス＝フロイスの『日本史』には織田信長が地球儀を所有していたことが書かれている。宣教師が地球儀を信長に見せたところ，地球は丸いことを理解したという。

〈東京 上智大学キリシタン文庫蔵〉

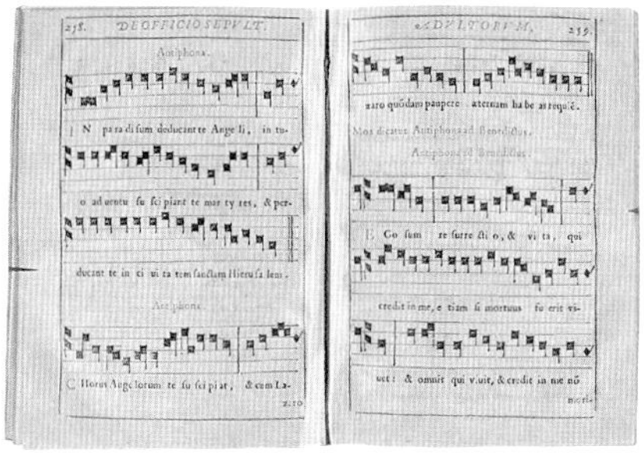

◀⑰**西洋式楽譜** 1549年にザビエルによって伝えられたキリスト教は，グレゴリオ聖歌などの西洋音楽を伝え，日本各地の聖堂で演奏された。『サカラメンタ提要』という出版物の中には，ラテン語聖歌19曲の楽譜がのっている。

時代を見る目　海を渡った少年たち

1582年，大友義鎮（宗麟）・有馬晴信・大村純忠のキリシタン大名はヴァリニャーニの勧めにより少年をローマ教皇のもとへ派遣した。これを**天正遣欧使節**という。右の絵は，1586年にドイツで印刷されたもので，右上に伊東マンショ，右下に千々石ミゲル，左上に中浦ジュリアン，左下に原マルチノが描かれている。ヴァリニャーニはキリスト教国の繁栄や偉大さ，裕福さを使節に見せるよう指示した。

〈京都大学附属図書館蔵〉

△⑱**天正遣欧使節**

今日とのつながり 英語の「japan」は漆器を意味し，「china」は磁器の意味をもつ。それぞれの主要輸出品の名前と国家名が結びつけられている。

信長の統一事業 ―天下布武（織田信長の用いた印章）

ヒストリースコープ

織田信長は，1567年に美濃を攻略して以降，「天下布武」と書かれた印章を使用するようになった。「天下に武を布く」と読め，武力によって天下を統一・支配することの意思表明と考えられる。

考察

❶図①の条書*によって，信長は足利義昭とどのような関係を結んだのだろうか。
❷信長はどのように天下統一を進めたのだろうか。→ 1 ・ 2

＊武家が出した箇条書きの文書。

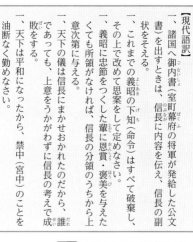

△①**五箇条の条書** 1570年1月23日付で**信長**が日乗上人（日蓮宗僧侶）と明智光秀宛に出し，15代将軍**足利義昭**に承諾させた条書。左下に「天下布武」の捺印があることから，この条書も信長の天下統一事業の一環であったことがうかがえる。〈東京 石川武美記念図書館成簣堂文庫蔵〉

【現代語訳】
一、諸国へ御内書（室町幕府の将軍が発給した公文書）を出すときは，信長に内容を伝え，信長の副状をそえる。
一、これまでの義昭の下知（命令）はすべて破棄し，その上で改めて思案をして定めなさい。
一、義昭に忠節をつくした輩に恩賞・褒美を与えたくても所領がなければ，信長の分領のうちから上意次第に与える。
一、天下の儀は信長にまかせおかれたのだから，誰であっても，上意をうかがわずに信長の考えで成敗をする。
一、天下は平和になったから，禁中（宮中）のことを油断なく勤めなさい。

1 天下統一をめざした信長

▽②織田信長

▽③信長関連年表

1534	尾張那古野城に生まれる➡❶
1551	父信秀死去，家督を継ぐ（18歳）
1560	尾張，**桶狭間の戦い**（今川義元戦死）➡❷
1567	美濃を攻略➡❸
1568	**足利義昭**を奉じ入京➡❹
1570	近江，姉川の戦い➡❺
	石山戦争始まる➡❻ ➔p.141
1571	**比叡山延暦寺焼打ち**➡❼
1573	**室町幕府滅亡**（将軍義昭を追放）➡❽
1574	伊勢長島の一向一揆を平定➡❾
1575	三河，**長篠合戦**（武田勝頼を破る）➡❿
	越前の一向一揆を平定➡⓫
1576	**安土城**を築く（～79）➡⓬ ➔p.148
1577	紀伊雑賀の一向一揆と戦う➡⓭
	羽柴秀吉に中国攻めを命じる
	右大臣就任（翌年辞任）
1580	加賀の一向一揆を平定➡⓮ ➔p.127
	石山戦争終結（本願寺屈服）➡⓯
1582	天目山の戦い（武田勝頼敗死，武田氏滅亡）➡⓰
	本能寺の変（明智光秀に襲われ自害，49歳）➡⓱

△④**長篠合戦**（長篠合戦図屛風） 織田・徳川連合軍の足軽鉄砲隊が活躍し，武田軍を撃破した。現在，長篠設楽原古戦場には空堀と土塁が残っている。〈愛知 徳川美術館蔵 6曲1隻（部分）〉

安土城 ➔p.148

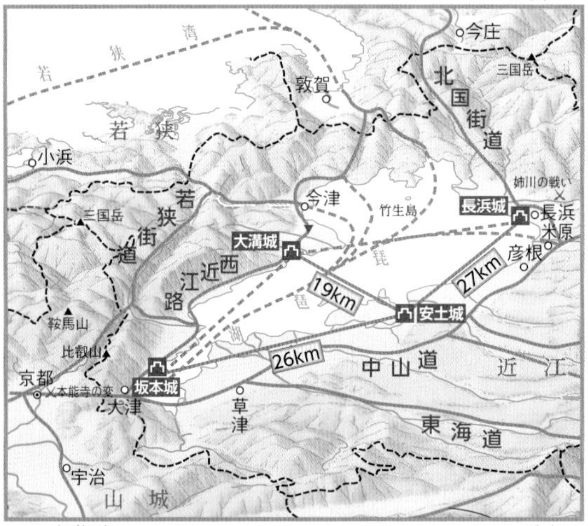

若狭湾
今庄
三国岳
北国街道
敦賀
若狭
小浜
若狭街道
三国岳
今津
竹生島
姉川の戦い
長浜城
長浜
米原
大溝城
彦根
西近江路
19km
27km
安土城
琵琶湖
鞍馬山
比叡山
坂本城
26km
中山道
近江
京都
本能寺の変
大津
草津
東海道
宇治
山城

△⑤**安土城の位置** 信長は，経済的・軍事的意図をもって琵琶湖の湖上交通の完全掌握をはかった。安土城は，坂本城・長浜城からそれぞれほぼ等距離の位置に築かれ，安土城の対岸には大溝城が置かれた。これらのどの城にも水軍が常駐したと推定されている。

▽⑥**信長の政策**

よみとき 信長の貿易政策と宗教政策との関係に注目しよう

特徴	伝統的な政治や宗教の秩序を克服，新たな支配体制を築こうとした
軍事	家臣団を城下町に集住させ，機動的な軍隊をつくった。琵琶湖の水軍を活用
土地	征服地で領地台帳を申告させる**指出検地**を実施
経済	**楽市令**＊により，商工業者に自由な取り引きを認め，都市の経済を重視 史 ＊楽市楽座令ともいう。
貿易	**南蛮貿易**を奨励 ➔p.142
宗教	延暦寺・一向一揆などの強大な仏教勢力を弾圧，キリスト教を保護

2 信長関連地図（16世紀後半）

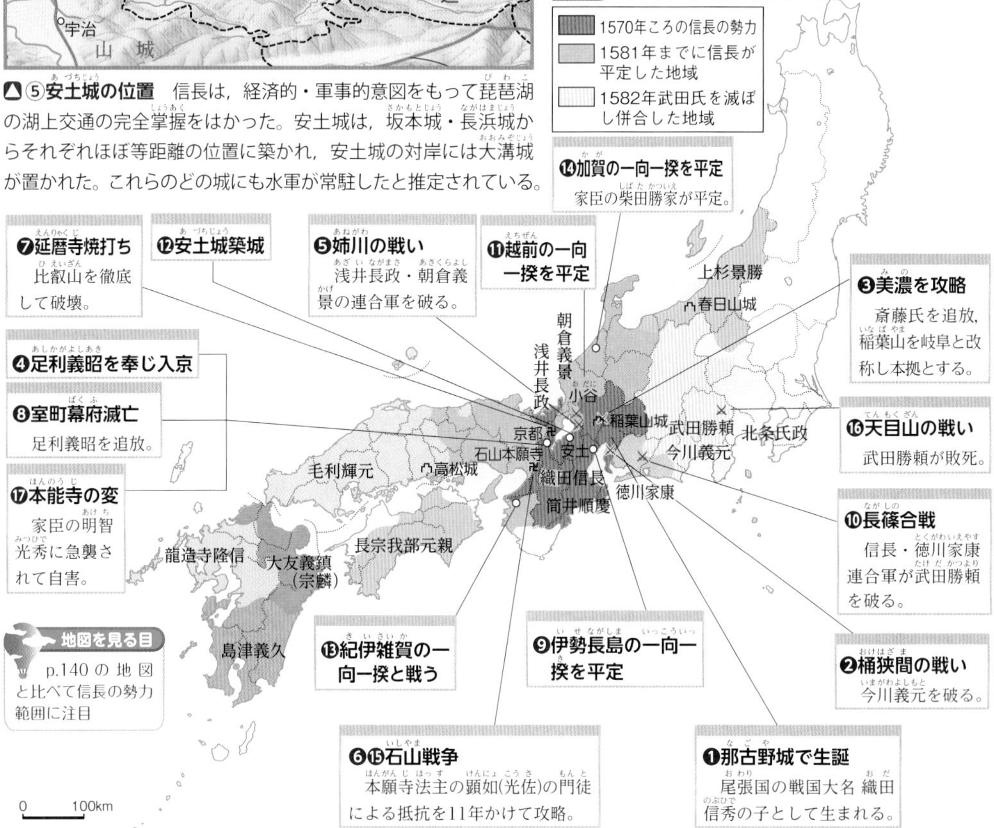

1570年ころの信長の勢力
1581年までに信長が平定した地域
1582年武田氏を滅ぼし併合した地域
⓮加賀の一向一揆を平定 家臣の柴田勝家が平定。
❼延暦寺焼打ち 比叡山を徹底して破壊。
⓬安土城築城
❺姉川の戦い 浅井長政・朝倉義景の連合軍を破る。
⓫越前の一向一揆を平定
❸美濃を攻略 斎藤氏を追放，稲葉山を岐阜と改称し本拠とする。
❹足利義昭を奉じ入京
❽室町幕府滅亡 足利義昭を追放。
⓰天目山の戦い 武田勝頼が敗死。
⓱本能寺の変 家臣の明智光秀に急襲されて自害。
❿長篠合戦 信長・徳川家康連合軍が武田勝頼を破る。
上杉景勝
春日山城
朝倉義景
浅井長政
小谷
稲葉山城
武田勝頼
北条氏政
今川義元
京都
石山本願寺
安土
織田信長
徳川家康
筒井順慶
毛利輝元
高松城
長宗我部元親
龍造寺隆信
大友義鎮（宗麟）
島津義久
⓭紀伊雑賀の一向一揆と戦う
❾伊勢長島の一向一揆を平定
❷桶狭間の戦い 今川義元を破る。
❻⓯石山戦争 本願寺法主の顕如（光佐）の門徒による抵抗を11年かけて攻略。
❶那古野城で生誕 尾張国の戦国大名 織田信秀の子として生まれる。
地図を見る目 p.140の地図と比べて信長の勢力範囲に注目
0 100km

今日とのつながり 巨大な松明を燃やして長篠合戦の戦死者を供養する「火おんどり」が，愛知県新城市の設楽原古戦場に400年以上続く盆行事として残っている。

近世 安土・桃山

秀吉の統一事業 ―長生不老のたのしびをあつむるもの(『聚楽行幸記』)

← 聚楽第の描かれた範囲 →
← 御所の描かれた範囲 →

〈新潟 個人蔵 上越市立総合博物館寄託 6曲1双 各156.3×358.4cm〉

▲①**御所参内・聚楽第行幸図屏風** 右隻には御所から西に向かう天皇が，左隻には**聚楽第**から東に向かう秀吉一行が描かれる。1588年4月14日に実施された後陽成天皇の聚楽第行幸とそれを迎えに御所まで参内した秀吉の行動を記録したものとされている。天皇と秀吉が乗る乗物(図②③)を同じ高さに描くことや御所よりも聚楽第の方が画面を大きく占めることなどから，豊臣方の視点から制作されたものと考えられる。

ヒストリースコープ

豊臣秀吉は，平安京の大内裏跡に公武協調の拠点として聚楽第を建てた。『聚楽行幸記』に「不老長寿の楽しみを聚めたもの」とあるように，豪勢な城郭建築であった聚楽第に，後陽成天皇を招いて自らの力を諸大名に見せつけた。

考察

❶秀吉はなぜ天皇を聚楽第に招いたのだろうか。
❷秀吉が織田信長の後継者となれたのはなぜだろうか。二つ答えよう。→1・2
❸天下統一の過程で，秀吉はどのような政策を展開したのだろうか。→3・4

◀②**秀吉が乗る牛車**(左)と③**天皇が乗る鳳輦***(右) 後陽成天皇は豊臣秀吉・徳川家康期に在位し(1586~1611)，朝廷の権威の回復に努めた。また学問・文芸に関心が深く，『日本書紀』神代巻などを木製活字本で刊行した(慶長勅版)。

＊天皇の乗り物で，屋形の上に金銅の鳳凰をつけた輿。

1 天下統一を果たした秀吉

▲④**豊臣(羽柴)秀吉** ▼⑤**秀吉関連年表**

1537	尾張国中村に生まれる➡❶
1558	織田信長に仕える
1582	備中高松城攻撃中，**本能寺の変**➡❷
	山崎の合戦➡❸ 清洲会議➡❹
	太閤検地(～98)➡4 B
1583	賤ヶ岳の戦い➡❺
	大坂城築城を開始➡❻ ➔p.149
1584	小牧・長久手の戦い➡❼
1585	紀伊平定➡❽ **関白**となる
	四国平定➡❾ 九州に停戦を命令
1586	太政大臣となり，後陽成天皇より**豊臣**姓賜る
1587	九州平定➡❿ **バテレン追放令**
	聚楽第完成➡⓫ 北野大茶湯 ➔p.147
1588	後陽成天皇，聚楽第行幸➡🔍
	刀狩令➡4 C **海賊取締令**
1590	小田原攻め➡⓬ 奥州平定➡⓭
1591	**人掃令**(92には関白秀次が発令)➡4 C
1592	朝鮮出兵(**文禄の役**，～93)➡⓮
1596	サン＝フェリペ号事件
	26聖人殉教 ➔p.331
1597	朝鮮出兵(**慶長の役**，～98) 4 D
1598	没 62歳

▼⑥**信長・秀吉・家康関係系図**

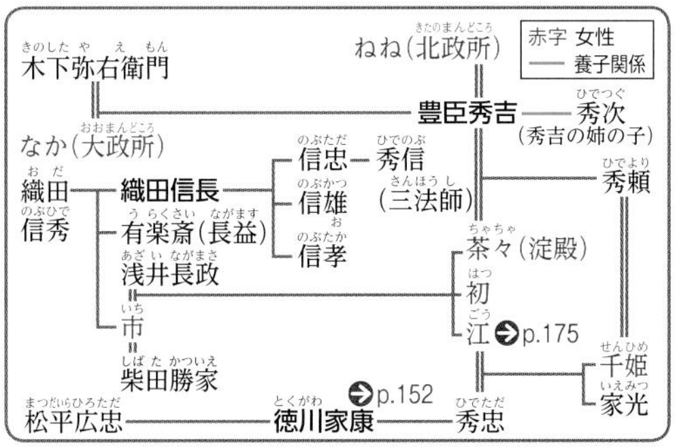

赤字 女性
── 養子関係
木下弥右衛門
ねね(北政所)
豊臣秀吉
秀次
(秀吉の姉の子)
なか(大政所)
織田信秀
織田信長
有楽斎(長益)
浅井長政
市
柴田勝家
信忠
信雄
信孝
秀信
(三法師)
秀頼
茶々(淀殿)
初
江 ➔p.175
千姫
家光
松平広忠
徳川家康 ➔p.152
秀忠

2 秀吉関連地図(16世紀末)

▼⑦秀吉は関白就任の後、各大名に，交戦を停止し，領土争いの裁定権を秀吉に与えるよう呼びかけた(これを総称して惣無事令ともいう)。そして，従わないものを武力で制圧し(❿，⓬，⓭)，天下統一を進めた。

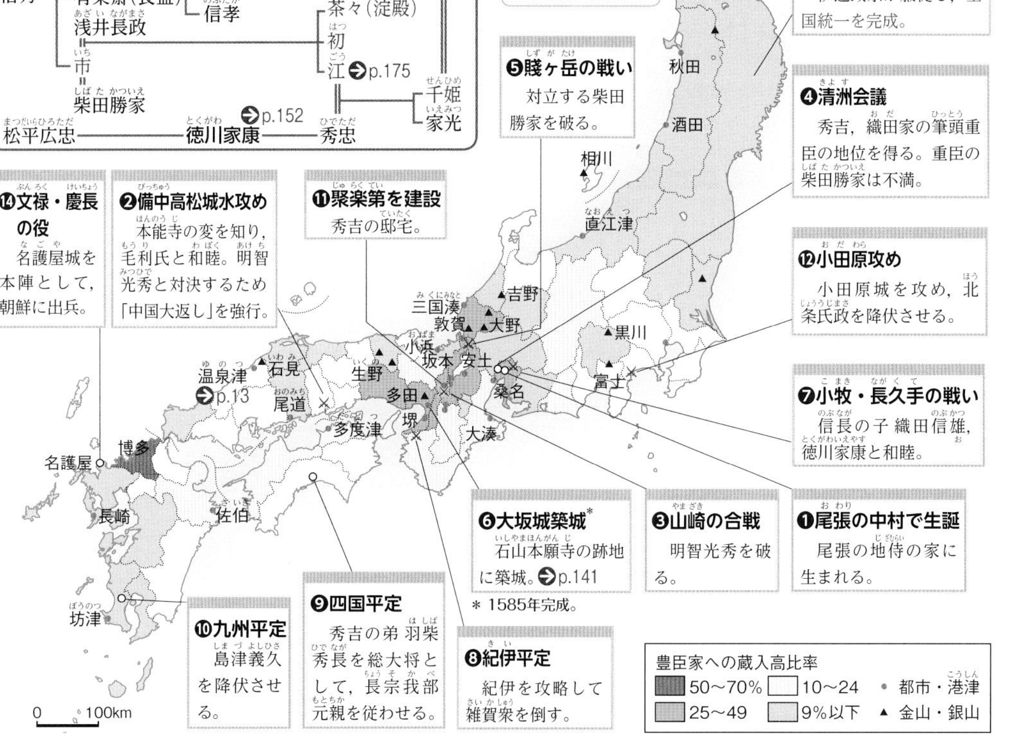

地図を見る目
秀吉の天下統一の過程に注目
⓭奥州平定
伊達政宗が服従し，全国統一を完成。
❺賤ヶ岳の戦い
対立する柴田勝家を破る。
❹清洲会議
秀吉，織田家の筆頭重臣の地位を得る。重臣の柴田勝家は不満。
⓮文禄・慶長の役
名護屋城を本陣として，朝鮮に出兵。
❷備中高松城水攻め
本能寺の変を知り，毛利氏と和睦。明智光秀と対決するため「中国大返し」を強行。
⓫聚楽第を建設
秀吉の邸宅。
⓬小田原攻め
小田原城を攻め，北条氏政を降伏させる。
❼小牧・長久手の戦い
信長の子 織田信雄，徳川家康と和睦。
秋田
酒田
相川
直江津
吉野
三国湊
敦賀
大野
黒川
小浜
坂本
安土
富士
桑名
温泉津
➔p.13
石見
生野
多田
尾道
多度津
堺
大湊
名護屋
博多
長崎
佐伯
坊津
❻大坂城築城*
石山本願寺の跡地に築城。➔p.141
＊1585年完成。
❸山崎の合戦
明智光秀を破る。
❶尾張の中村で生誕
尾張の地侍の家に生まれる。
❿九州平定
島津義久を降伏させる。
❾四国平定
秀吉の弟 羽柴秀長を総大将として，長宗我部元親を従わせる。
❽紀伊平定
紀伊を攻略して雑賀衆を倒す。
0 100km
豊臣家への蔵入高比率
50～70%
25～49
10～24
9%以下
都市・港津
金山・銀山

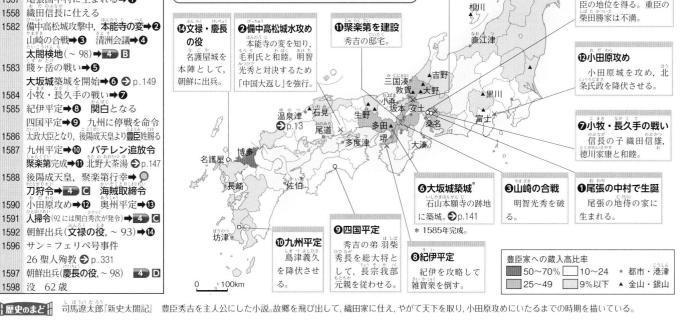

歴史のまど 司馬遼太郎『新史太閤記』 豊臣秀吉を主人公にした小説。故郷を飛び出して，織田家に仕え，やがて天下を取り，小田原攻めにいたるまでの時期を描いている。

3 秀吉の財政基盤

蔵入地(直轄領)	約220万石(総石高の約12%)➡2
主要鉱山の直轄	佐渡(金),石見大森(銀),但馬生野(銀)
重要都市の直轄	京都・大坂・堺・伏見・長崎・博多 豪商を統制下におき,経済力を利用 堺…千利休,小西隆佐 博多…島井宗室,神屋宗湛
貨幣の鋳造	天正大判の鋳造
南蛮貿易	生糸購入の先買権

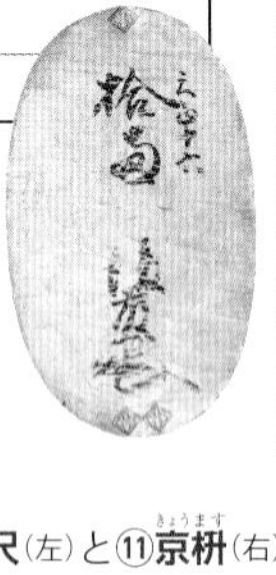

▶⑧天正大判　秀吉がつくらせた大判金貨。豊臣政権の財政基盤ははくだいな**蔵入地**にあり,全国の金山・銀山を支配して大判などをつくらせた。〈天正菱大判 約13.9×約8.4cm 165.4g〉

4 秀吉の政策

＊生産力を米に換算して石高を設定。農民には年貢を米で納めさせ,大名には石高に応じて軍役を負担させた。

特徴	**関白**(1585)・太政大臣(1586)になるなど,伝統的な権威を利用した。独裁的で政治組織の整備はできなかった➡ p.145	
軍事	有力大名を配下にし,全国統一を実現 大名の**石高**＊を決め,大名知行制を確立	奥州平定(1590)により全国統一
土地	**検地**を実施し,**検地帳**(御前帳)と**国絵図**の提出を命じた➡B	**太閤検地**(1582～98) **一地一作人**の原則
身分	農民から武器を没収し農業に専念させ,身分を固定化する兵農分離を進めた➡C	**刀狩令**(1588) **人掃令**(身分統制令)(1591,92)
宗教	キリスト教保護から弾圧へ	**バテレン**(宣教師)**追放令**(1587)史
外交＊2	海賊行為を禁止し,貿易を奨励 明にかわるアジア支配をめざし,朝鮮へ出兵➡D	**海賊取締令**(1588) **文禄の役**(1592～93) **慶長の役**(1597～98)

＊2 ゴアのポルトガル政庁やマニラのスペイン政庁,高山国(台湾)などに服属と入港を求めた。

A 政治組織

五大老(有力大名 前田利家没後,家康の独裁色強まる)
徳川家康　前田利家→利長＊
毛利輝元　宇喜多秀家　小早川隆景　上杉景勝
＊小早川の死後,五大老とよばれた。

五奉行(秀吉政権の実務を担う。秀吉没後は五大老との合議)
浅野長政(司法)　石田三成(行政)　増田長盛(土木)
長束正家(財政)　前田玄以(宗教)

▲⑨五大老・五奉行　豊臣政権末期の職制。有力大名が五大老として奉行の顧問役を担った。一方,五奉行とは実務を担った5人のこと。秀吉は,子の秀頼のもとで五大老と**石田三成**らの合議制をとるように遺言を残したが,五大老筆頭の徳川家康 中心の政治が展開された。

B 太閤検地 史

▼⑩検地尺(左)と⑪京枡(右)(東京国立博物館蔵)　➔p.327「土地制度の移り変わり」

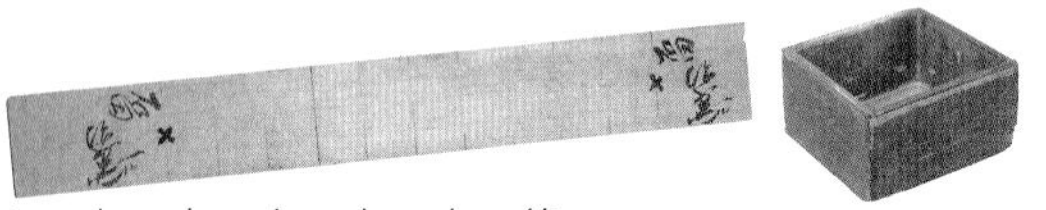

等級	面積	石高	作人
上田	京善坊 三畝壱歩	四斗五升五合	三郎兵衛
上田	同所道のひかし 三畝六歩	四斗八升	同人
上田	いわかミ 七畝拾九歩	壱石壱斗四升五合	弥六
中田	同所 弐畝拾歩	参斗三合三タ	永順
上田	同所 七畝廿二歩	壱石壱斗六升	九良兵衛
上田	同所 九畝拾歩	壱石四斗	同人

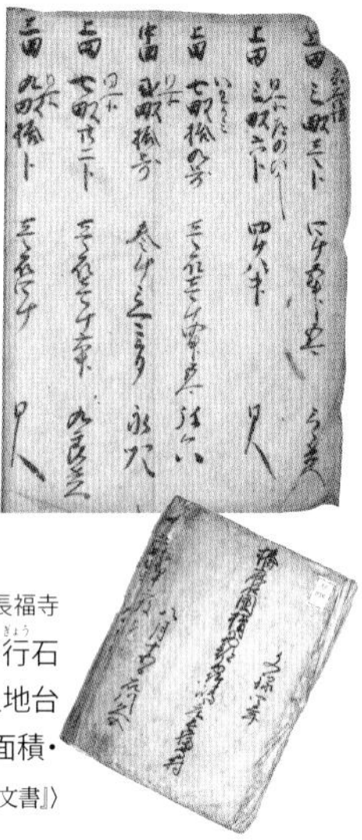

▲⑫検地帳(播磨国揖西郡之内竹島之庄長福寺村検地帳)　文禄4(1595)年に検地奉行石川久五により行われた太閤検地の土地台帳。田畑それぞれについて,等級・面積・石高・作人が記されている。〈『山下家文書』〉

長さ	検地竿を用いる 6尺3寸＝1間(約191cm)
面積	1間四方＝1歩(約3.65m^2) 30歩＝1畝　10畝＝1段(反)　10段＝1町
容積	京枡で統一 1升＝10合(約1800cm^3＝1.8L) 10升＝1斗　10斗＝1石

田畑	田	畑
上	1石5斗	1石2斗
中	1石3斗	1石
下	1石1斗	8斗
下々	見計らい(およその見当)	

◀⑬面積・容積の統一　戦国時代には大名の領国ごとに不統一だった面積の単位を町・段・畝・歩に統一するとともに,枡の容量を**京枡**に統一した。律令時代には1段＝360歩であったのを,1段＝300歩とした。

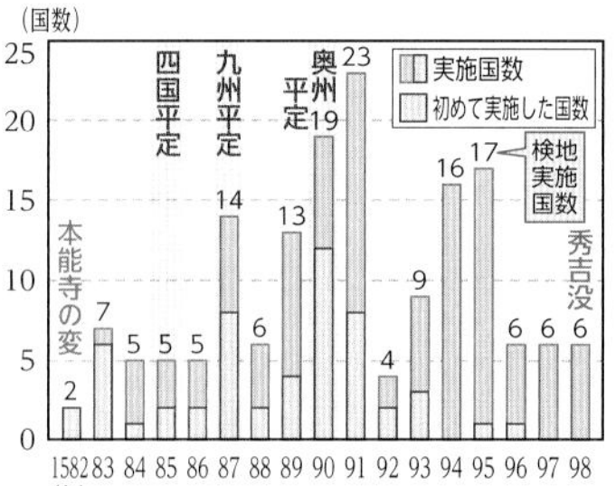

(国数)
25
20
15
10
5
0
実施国数
初めて実施した国数
本能寺の変
四国平定
九州平定
奥州平定
秀吉没
検地実施国数
2
7
5
5
5
14
6
13
19
23
4
9
16
17
6
6
6
1582 83 84 85 86 87 88 89 90 91 92 93 94 95 96 97 98
(年)

〈小学館『日本大百科全書⑭』〉

◀⑭太閤検地の実施期間　秀吉は新領地を獲得するごとに**検地**を実施した。初め各大名に命じられた検地は,やがて五奉行主導で行われるようになった。同時に**村切**を行い,村の境界を画定させた。

C 兵農分離

刀狩令【抜粋】史

一 諸国百姓、刀・わきさし・弓・鑓・鉄炮、其外武具のたくひ所持候事、かたく御停止候…
一 右取をかるへき刀、わきさし、ついへにさせらるへき儀にあらす、今度大仏御建立候釘・かすかひに仰付らるへし…
(『島津家文書』)

人掃令(身分統制令)【抜粋】

一、奉公人、侍、中間、小者、あらし子に至る迄…新儀に町人百姓に成り候者これあらば、其町中地下人として相改、一切をくべからず。
一、在々百姓等、田畠を打捨、或あきない、或賃仕事に罷り出づる輩これあらば…地下中御成敗たるべし。
(『毛利家文書』)

D 朝鮮出兵－文禄・慶長の役 ➔p.14 巻頭地図

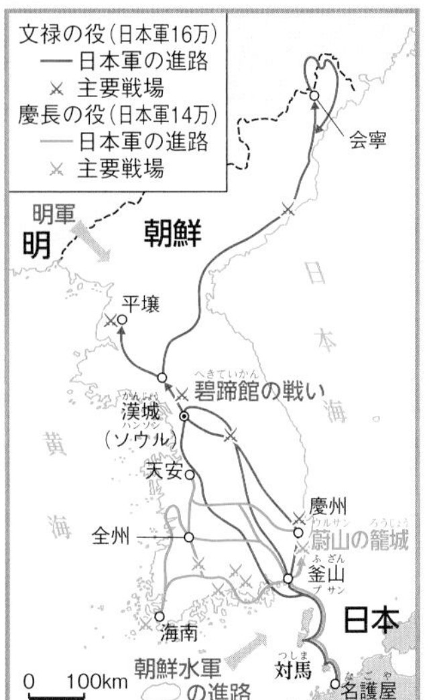

文禄の役(日本軍16万)
日本軍の進路
× 主要戦場
慶長の役(日本軍14万)
日本軍の進路
× 主要戦場
明軍
明
朝鮮
会寧
日本海
平壌
碧蹄館の戦い
漢城(ソウル)
黄海
天安
慶州
全州
蔚山の籠城
釜山
海南
朝鮮水軍の進路
対馬
日本
名護屋
0 100km

◀⑯亀甲船(想像図)　李氏朝鮮時代につくられた朝鮮水軍の船。武将の**李舜臣**が考案したとされる。船体には銃口があり,また屋根には無数のきりをつけて敵が容易に乗り込めないようにしたという。李舜臣はこの船を利用して日本水軍を苦しめたとされるが,諸説ある。この絵は,17～18世紀に描かれた想像図。

▶⑰耳塚　京都市東山区の方広寺(➔p.153)の西方に位置する。戦では,本来首をとることが戦功の証であったが,**文禄・慶長の役**では,秀吉は鼻(耳)をそぐことを命じ,腐敗するのを防ぐため塩漬けにして自分のもとへ送らせた。その後,塚をつくって埋葬した。その数は数万にも及ぶとされる。鼻塚ともいう。

◀⑮文禄・慶長の役(壬辰・丁酉倭乱)

時代を見る目
三国地図扇面に表された秀吉のプラン

朝鮮出兵は,秀吉が関白就任直後に「唐国まで仰せ付けられ候」と発言した通り,明の征服が想定されたものだった。秀吉が愛用した三国地図扇面には,広大な範囲の国割りプランを示すように,日本・朝鮮・中国の3国が九州・朝鮮を中心として描かれている。裏面には中国語と思われる外国語と日本語の対訳が記される。

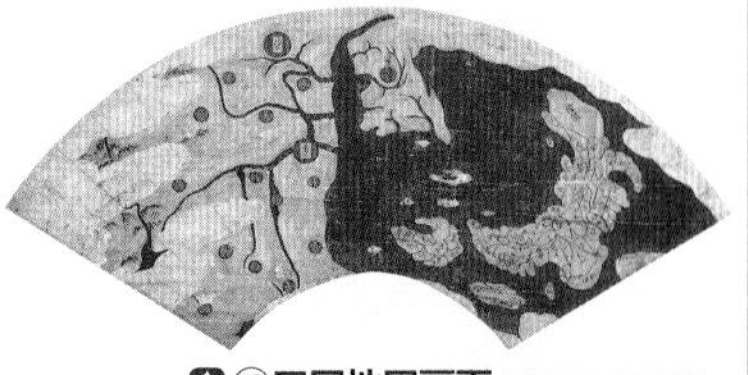

▲⑱三国地図扇面〈大阪城天守閣蔵〉

歴史散歩　大阪城天守閣(大阪市)　豊臣秀吉ゆかりの品々と大坂の役(➔p.153)関係の資料を展示している。

近世　安土・桃山

桃山文化①(町衆と娯楽)—塵芥ヲ払却シ,主客トモニ直心ノ交(『南方録』)

ヒストリースコープ

千利休は，室町文化以来行われていた唐物を重視する茶(➔p.134)ではなく，装飾を排した侘茶を大成した。侘茶は，小さな草庵で，あるじと客が「直心ノ交」を求めることを目的とした。

考察

❶利休が大成した侘茶の茶室はどのようなものだろうか。
❷茶道が政治と結びついたのはなぜだろうか。→1
❸侘茶の文化は戦国大名や庶民によってどのように変容していったのだろうか。→2

〈京都 表千家不審菴蔵〉

△①**千利休** 堺の富裕な**町衆**であった利休は，武野紹鷗に師事して茶を学び，信長・秀吉に仕えた。とくに秀吉に重用されて政治的権力を手にしたが，最期は秀吉の怒りに触れ自刃を命じられた。

▽②**妙喜庵茶室(待庵)の見取り図**(上方から) **千利休**の作と伝えられる妙喜庵の茶室は，たった2畳の中に，荒壁と窓から入るわずかな光が静寂な空間をつくり出している。

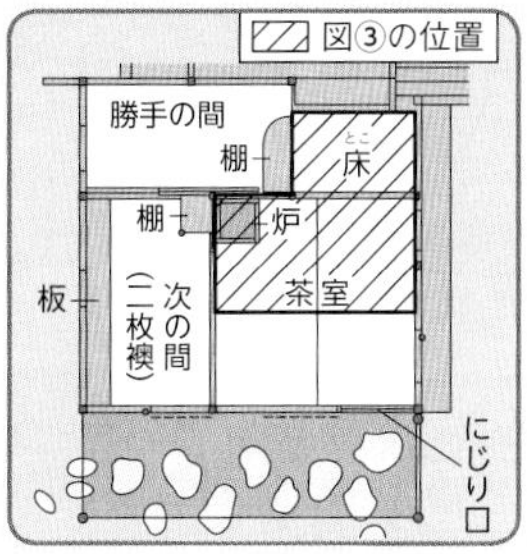
図③の位置
勝手の間
棚
床
棚
炉
茶室
板
次の間(二枚襖)
にじり口

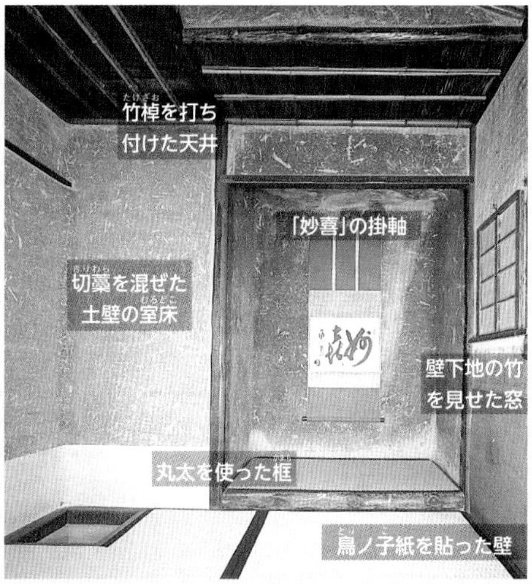
竹棹を打ち付けた天井
「妙喜」の掛軸
切藁を混ぜた土壁の室床
壁下地の竹を見せた窓
丸太を使った框
鳥ノ子紙を貼った壁

△③**妙喜庵茶室(待庵)の内部** 〈国 京都〉

1 茶道*と政治

＊江戸時代以前は「さどう」ではなく「ちゃどう」と読むのが一般的。現在もどちらでも間違いではない。

▷④**黄金の茶室**(復元) 「黄金太閤」といわれた秀吉の茶室。組み立て式で，大事な茶会には大坂城から運び出されて使われた。内部は全面金でおおわれている。秀吉は禁中茶会や北野大茶湯などの茶会を通じて権力を誇示した。一方で，北野大茶湯は貧富の別なく庶民が参加でき，千余りの茶席が設けられた。

〈静岡 MOA美術館蔵〉

▽⑤**茶道の系譜** 多くの大名や武将が茶の湯を保護し，茶会を催した。

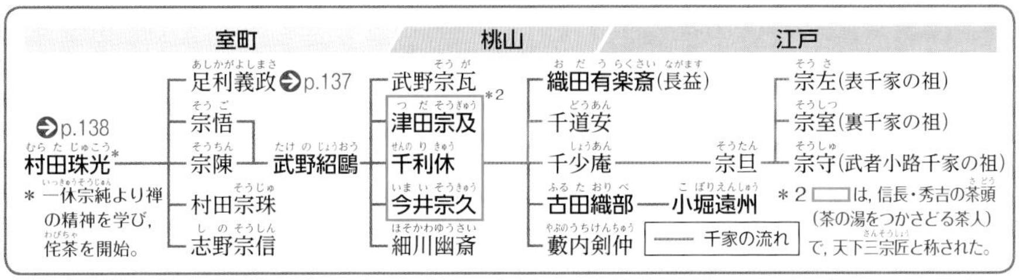
室町
桃山
江戸
➔p.138
村田珠光*
＊一休宗純より禅の精神を学び，侘茶を開始。
足利義政➔p.137
宗悟
宗陳
村田宗珠
志野宗信
武野紹鷗
武野宗瓦
津田宗及
千利休
今井宗久
細川幽斎
＊2
織田有楽斎(長益)
千道安
千少庵
古田織部
藪内剣仲
宗旦
小堀遠州
宗左(表千家の祖)
宗室(裏千家の祖)
宗守(武者小路千家の祖)
千家の流れ
＊2 ▭は，信長・秀吉の茶頭(茶の湯をつかさどる茶人)で，天下三宗匠と称された。

時代を見る目 茶室が語らせる政治

千利休の考案した茶室には，にじり口が設置された。入室するためには，刀などを外すため，誰もが俗世の身分を脱することを意味した。また，利休の茶室は小さな密室空間で，秘密の会談に向いていた。このように茶道と政治は相性がよかったため，利休は権力を掌握するようになっていったと考えられる。

にじり口

△⑥**妙喜庵茶室(待庵)のにじり口**

2 「かぶき」の娯楽

△⑦**耳付水指**(伊賀焼) 戦国大名の古田織部が好んだ「破袋」と銘のつく水指。桃山時代の後期には，オブジェのような伊賀焼(三重)や大胆なデザインの織部焼(岐阜)がつくられるようになった。侘茶の精神は「かぶく」精神によって，より装飾的なものに変容していった。

〈東京 五島美術館蔵 高さ21.4 口径15.2cm〉

▽⑧**陶磁器のおもな産地** 朝鮮出兵(➔p.146)の際に連行された朝鮮の陶工によって新しい焼き物が発展した。有田焼は朝鮮陶工の李参平が創始した日本最初の磁器*。朝鮮からは，**活字印刷術**もこのとき伝えられた。

＊陶器より透光性のある高級品で，当時は中国と朝鮮でしか生産できなかった。

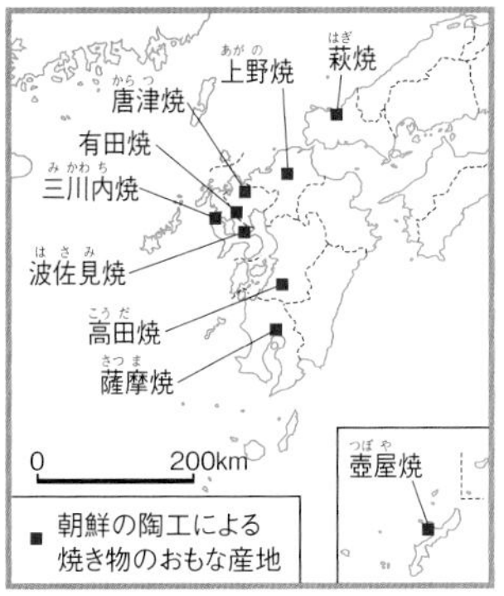
上野焼
萩焼
唐津焼
有田焼
三川内焼
波佐見焼
高田焼
薩摩焼
0 200km
壺屋焼
■ 朝鮮の陶工による焼き物のおもな産地

〈愛知 徳川美術館蔵 下巻 36.7×699.4cm(部分)〉

南蛮人
十字架
きせる
ひだえり

△⑨**歌舞伎図巻** 女歌舞伎の先端ファッションや，観客にまじる「かぶき者」のスタイルに，南蛮文化の影響がみられる。このころの庶民の衣類は**小袖**が一般に用いられた。歌舞伎(➔p.177)は出雲阿国が**阿国歌舞伎**として始め，その後，女歌舞伎→若衆歌舞伎→野郎歌舞伎と発展した。また，三味線(➔p.133)を伴奏に人形をあやつる**人形浄瑠璃**も庶民の娯楽として発達した。

歴史のまど 谷晃『茶人たちの日本文化史』 9世紀から20世紀までの30人を取りあげて，その人物と茶文化とのかかわりを紹介している。

桃山文化②(建築) —其の内には天主を仰せつけらるべき(『信長公記』)

〈[考証]藤井尚夫〉

ヒストリースコープ

織田信長は安土城の築城に際して天守(天主)をつくるよう命じた。安土城の天守は外観5重・内部7階で，それまでにない絢爛豪華な建築であった。その構想は信長が積極的に取り入れた南蛮文化(➔ p.143)に由来するといわれる。

考察

❶安土城に代表される城郭建築の特徴を説明しよう。
❷近世の城は防御のためにどのような工夫や設備を備えていただろうか。→ 2
❸戦国大名の気風にあったこの時代の建築の特徴はどのようなものだろうか。→ 2・3

琵琶湖
城下町

◀①安土城の立地　1576～79年，織田信長が近江国(現在の滋賀県近江八幡市)に築いた平山城。琵琶湖に面した水陸交通の要衝。城下町のあり方や総石垣の築城方法は，江戸時代初期にかけてつくられた多くの城の模範となった。1582年，焼失。

〈©佐藤大規〉

▲②安土城天守の復元図　高い石垣の上に重層建築の天守を建てた。

1 桃山文化(建築)まとめ表

特徴	「高く」・「輝く」は権威の象徴 ① 16世紀後半の文化 ②新興の大名や豪商の経済力を反映した豪華・壮大な文化		平城	平野に濠や石垣をめぐらせて築城 例：駿府城(静岡)，米沢城(山形)，松本城(長野)	建築	【城郭】姫路城(白鷺城)㊎天守㊂ 松本城天守㊂ 二条城㊎二の丸御殿㊂ 【寺院】西本願寺㊎書院(鴻の間)㊂・唐門㊂ 醍醐寺㊎三宝院表書院㊂・庭園 【茶室】妙喜庵茶室(待庵)㊂ 【遺構】伝聚楽第遺構 …大徳寺唐門㊂，西本願寺飛雲閣㊂ 伏見城遺構…都久夫須麻神社本殿㊂
城郭の種類	山城	山を利用した城。山全体を城郭化したものと，山ろくに居館をおき山上の城を籠城用としたものがある 前者例：春日山城(新潟) 後者例：躑躅ヶ崎館，積翠寺城(山梨)	平山城	平野部にある丘陵地を利用して築城。大きな城下町を築き，商工業を発展させることができた 例：安土城(滋賀)，姫路城(兵庫)，犬山城(愛知)		

平山城

▲③犬山城
〈㊂ 愛知　標高約80m　高さ約24m〉

平城

▲④松本城
〈㊂ 長野　高さ29.4m〉

2 近世の城郭建築

A 権威の象徴 天守

〈㊂ 兵庫　高さ46.4m〉

◀⑤姫路城天守　兵庫県姫路市にある平山城。その建築美から別名「白鷺城」ともいう。豊臣秀吉が整備し，1609年池田輝政が現在の姫路城を整えた。外観5重・内部6階の大天守と三つの小天守が渡り櫓でつながっている。天守は，城主の権威の象徴となった。1993(平成5)年に世界文化遺産に登録された。

内曲輪
中曲輪
外曲輪
播但線
姫路駅
山陽本線

◀⑥上から見た姫路城　曲輪や濠，門などの配置を縄張りという。姫路城は姫山という丘を利用した平山城で，その縄張りは左回りに大きく螺旋を描いた内濠・中濠・外濠が築かれ，城郭のそびえる内曲輪，武家町である中曲輪，町人町である外曲輪に分かれている。戦時を意識した複雑巧妙なつくりになっており，江戸城にも匹敵する壮大さである。現在の敷地は当時の姫路城の10分の1ほど。

— 内濠　— 中濠　— 外濠

〈国土地理院の空中写真データを接合して作成〉

B 城の防御

➔ p.174「江戸幕府の中心地 江戸城」

宇土櫓
天守

◀⑦熊本城石垣*　熊本市にある平山城で，加藤清正が1601年に築城開始。難攻不落の城として名高い。「扇の勾配」「武者返し」とよばれる高い石垣が特徴で，手がかりが少ないため登りにくく，きわめて防御性が高い。宇土櫓は高さ約20mの石垣の上に建っている。
＊2016年の熊本地震で熊本城は大きな被害を受け，宇土櫓も一部損壊した。

◀⑧石落とし　壁面の張り出しの下部にあけた穴から，真下の敵を攻撃した。

▶⑨鉄砲狭間　攻撃用の小さな穴で，弓や鉄砲の攻撃に利用した。

藤堂高虎(1556~1630)

近江出身。安土桃山～江戸時代初期の大名。豊臣秀吉に仕え，文禄・慶長の役(➔ p.146)に従軍した。関ヶ原の戦い(➔ p.152)後は徳川家康に重用された。築城の名手で，高く積み上げる石垣や濠の設計を工夫し，宇和島城・今治城・伊賀上野城などを手がけた。

▶⑩藤堂高虎像

歴史散歩　熊本城(熊本市)　城造りの名人といわれた加藤清正が築城し，明治以降は熊本鎮台がおかれ，西南戦争(➔ p.219)では西郷軍との間で激しい戦いがあった。

近世　安土・桃山

3 斬新で壮大・豪華な建築

鴻の欄間
上段
下段

⑪**西本願寺書院**（鴻の間） 広さは下段と上段を合わせて 203 畳あり，欄間の雲中を飛ぶ鴻の彫刻から「鴻の間」とよばれる。障壁画は狩野派の作品。〈国 京都〉

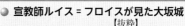

宣教師ルイス＝フロイスが見た大坂城
【抜粋】

…（羽柴）筑前殿は，まず最初にそこにきわめて宏壮な一城を築いた。その城郭は，厳密にいえば五つの天守から成っていた。すなわちそのおのおのは互いに区別され，離れており，内部に多くの屋敷を有するはなはだ高く豪壮な諸城である。それらのうちもっとも主要な城（本丸）に秀吉が住んでおり，その女たちも同所にいた。…また濠，城壁，堡塁，それらの入口，門，鉄を張った窓門があり，それらの門は高々と聳えていた。これらが秀吉自身，ならびにその武将や側近の家臣たちの住居であった。…〈ルイス＝フロイス『日本史』〉

ルイス＝フロイス ➡p.143

〈©佐藤大規〉

⑫**大坂城天守の復元図** 豊臣秀吉が築いた大坂城（➡ p.145）天守は外観 5 重・内部 9 階で，金箔の瓦や彫刻などでかざられていた。安土城や大坂城などの内部には**書院造**（➡ p.137）の居室が設けられた。

〈国 京都 高さ 14.0m〉

⑬**西本願寺飛雲閣**（伝聚楽第遺構） 金閣，銀閣とともに京都三名閣の一つ。3 層の楼閣建築で，屋根は柿葺（➡ p.83）。中央が弓形にふくらみ両端がそり上がった曲線が特徴の**唐破風**をもつ。

〈国 京都 高さ 8.0m〉

⑭**西本願寺唐門** 屋根は檜皮葺，前後に唐破風がついた入母屋造。麒麟や唐獅子の彫刻があり，その美しさを見ると時がたつのを忘れることから別名「日暮門」とも。

〈国 京都〉

⑮**醍醐寺三宝院表書院** 醍醐寺は多くの堂舎が応仁の乱（➡ p.127）で焼失したが，秀吉が再興。三宝院の表書院は，書院造の様式を伝える桃山文化を代表する建築。

〈国 京都 高さ 8.3m〉

⑯**大徳寺唐門**（伝聚楽第遺構*） 左右に切妻，前後に軒唐破風がつく。豪華な彫刻が特徴で，鯉や孔雀などの動物が彫られている。

＊近年の修理で「天正」の年号の刻銘をもつ金具が発見された。

⑰**醍醐寺三宝院庭園** 「醍醐の花見」とよばれる盛大な花見のために秀吉が自ら基本設計をして作庭した。〈京都〉

〈国 滋賀〉

⑱**都久夫須麻神社本殿** 琵琶湖に浮かぶ竹生島に鎮座する。本殿は伏見城内に建設した日暮御殿を，豊臣秀頼が移築・寄進したもの。内部は狩野永徳（➡ p.150）らの筆。

今日とのつながり 江戸時代以前からそのままの姿で残る天守は，姫路城・彦根城・犬山城・松本城・弘前城・丸岡城・備中松山城・丸亀城・伊予松山城・高知城・松江城・宇和島城の12か所のみである。

桃山文化③（絵画）―御座敷の内，皆金なり。そとがは，是れ又，金なり（『信長公記』）

ヒストリースコープ

『信長公記』には，安土城天守７階を内も外も金箔でふんだんに装飾したとある。この背景の一つには，当時，急速に鉱山開発の技術が進み，金銀が大量に産出したことがある。

考察

❶室内を金で装飾したのは，誰に対する，どのような効果をねらったと考えられるだろうか。
❷狩野派の系譜を確認し，その作品の特徴を説明しよう。
→ 2 ・ 4
❸長谷川等伯の作品を確認し，その特徴を説明しよう。→ 3

安土城天守のこと【現代語訳】

７階は三間四方（１辺約5.4ｍ）。**座敷内はみな金で、外側もすべて金。**四方の内柱には、昇り龍・降り龍、天井には天人御用向①図を描く。御座敷は、三皇・五帝・孔門十哲・商山四皓・七賢などの儒教の聖人君子が描かれ、12個の火打ち金②と宝鐸③でかざられた。狭間戸④は鉄製で数は60ほどもあり、すべて黒漆で塗りあげられていた。柱は座敷の内も外も漆と布でかざられ、その上に黒漆が重ねて塗られた。

①仏や神の姿
②焼き入れをした鋼
③仏堂などのかざりにする大型の風鈴
④堅格子のはいった窓

（『信長公記』巻九）

◁①**安土城天守７階内部**（復元）　中国故事にもとづく，道教・儒教の教義が描かれた。**障壁画**には大部分が金箔の上に絵を描く金碧濃彩の手法がとられ，城主の権威を高めた。制作には狩野永徳がかかわったと記録されている。〈内藤昌 復元／平井良直 障壁画復元〉

1 桃山文化（絵画・工芸）まとめ表

絵画	狩野派	洛中洛外図屏風 国（狩野永徳）→巻頭とびら 唐獅子図屏風 国・檜図屏風 国（狩野永徳） 松鷹図・牡丹図（狩野山楽） 職人尽図屏風（狩野吉信） 花下遊楽図屏風 国（狩野長信） 高雄観楓図屏風 国（狩野秀頼）
絵画		松林図屏風国（長谷川等伯）　智積院襖絵（楓図）国（伝長谷川等伯） 山水図屏風（海北友松）
工芸	蒔絵	高台寺蒔絵
工芸	欄間彫刻	二条城二の丸御殿 国　西本願寺書院（鴻の間）国

2 権力者が好んだ狩野永徳の絵画

〈国 皇居三の丸尚蔵館蔵　6曲1双 右隻 224.2×453.3cm（部分）〉

▷②**唐獅子図屏風**（狩野永徳筆）　**狩野永徳**は祖父元信の指導を受け，豪快な画風が信長・秀吉など，ときの権力者に好まれた。永徳一門は安土城のほかに大坂城・聚楽第・伏見城などの**障壁画**を手がけた。金碧の６曲屏風の左に雄，右に雌を配置。高さ２ｍをこえる大作。

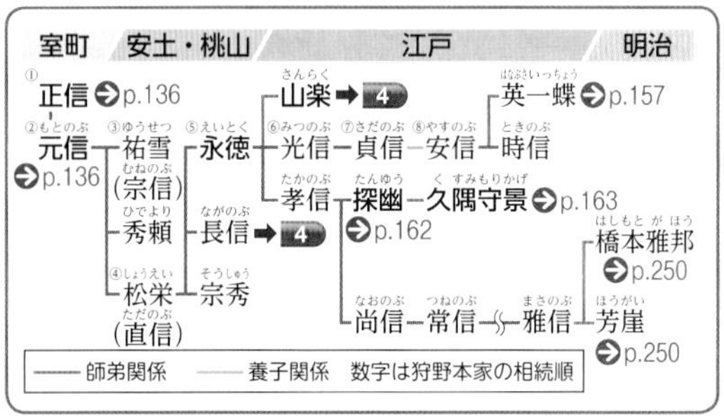

室町
安土・桃山
江戸
明治
①正信 ➔p.136
②元信 ➔p.136
③祐雪（宗信）
秀頼
④松栄（直信）
⑤永徳
長信 ➡ 4
宗秀
山楽 ➡ 4
⑥光信
⑦貞信
⑧安信
孝信
探幽 ➔p.162
久隅守景 ➔p.163
英一蝶 ➔p.157
時信
尚信
常信
雅信
橋本雅邦 ➔p.250
芳崖 ➔p.250
師弟関係　養子関係　数字は狩野本家の相続順

△③**狩野派の系譜**　狩野派は，正信を始祖とし，水墨画と大和絵とを融合させて新しい装飾画を大成した。江戸時代を通じて，幕府御用絵師として日本絵画の主流を担った。桃山期の狩野永徳は織豊政権下で重用され，狩野派の黄金時代を築いた。

△④**檜図屏風**（伝狩野永徳筆）　永徳の最晩年の作と伝えられる。中央付近に巨木を配し，枝が四方に広がる。金雲によって枝が強調され，生命力を感じさせる。左下には群青色の池が**濃絵***の技法で描かれている。

○ 引き手の跡　○ 枝のずれ　〈国 東京国立博物館蔵　８曲１隻 169.5×460.5cm〉＊金箔をはった画面に濃厚な色や金銀を厚く塗った装飾的な絵。

時代を見る目　檜図屏風の真の姿とは？

現在は屏風の形式に表装されている檜図屏風であるが，本来は襖絵として制作されたことが，引き手の跡や枝のずれからわかる。引き手は，両端と中央の高さ半分あたりに２，３か所の跡がみられ，繰り返し仕立て直されていたとみられる。また，中央付近の枝が縦方向にずれているが，襖絵として復元したCGを見ると，間に柱をはさむことによって枝がスムーズにつながっていたことがわかる。

▷⑤**襖絵として復元した檜図屏風CG**

歴史散歩　文芸の郷 信長の館（滋賀県近江八幡市）　セビリア万博日本館で展示された，原寸大の安土城天守（部分）の復元が展示されている。図①はその一部。

3 濃淡を使い分けた装飾性あふれる桃山期の絵画

〈国 東京国立博物館蔵 6曲1双 各156.0 × 347.0cm〉

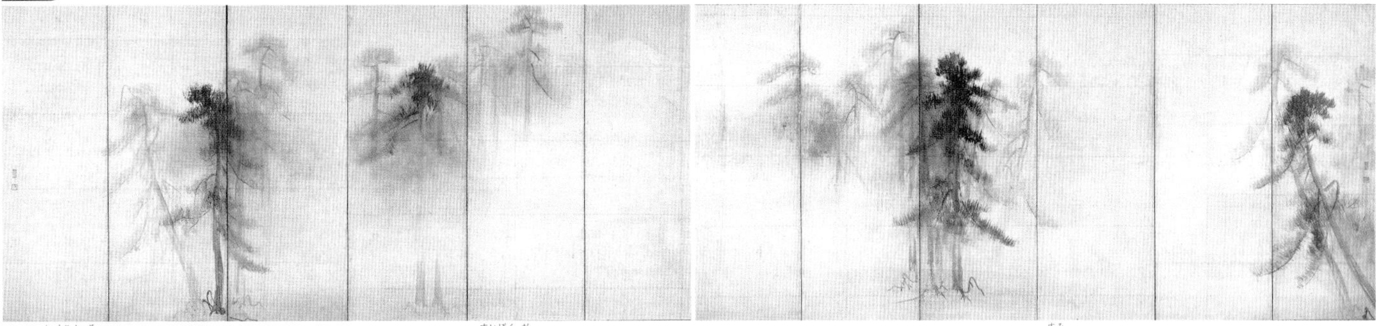

⑥松林図屛風（長谷川等伯筆） **長谷川等伯**の代表作。室町水墨画の伝統を洗練させ，雰囲気を重んじた絵を描いた。この作品は墨の濃淡で松林の遠近を表現し，余白からは靄の流れが感じとれる。等伯の故郷である能登の浜辺の風景を描いたとされる。下絵として描かれたものという説もある。

〈国 京都 智積院蔵 4面 各172.5 × 139.5cm（部分）〉

⑦**智積院襖絵（楓図）**（伝長谷川等伯筆） 等伯と子の久蔵ら一門による制作。中央に迫力あふれる巨木を配し，楓が秋の風情を伝える。濃絵の技法を発揮した障壁画である。水墨画の松林図屛風とは対極をなす傑作。

〈東京国立博物館蔵 6曲1隻 154.5 × 360.6cm〉

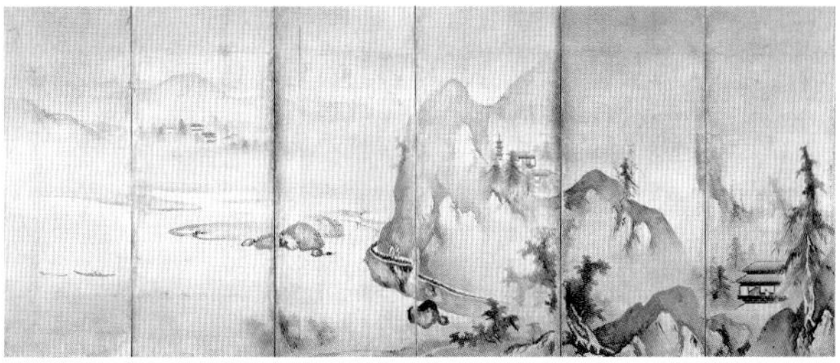

⑨**山水図屛風**（海北友松筆） 海北友松は近江出身で，戦国大名浅井長政（➔p.140）の重臣の子。狩野派や宋・元の画法を学び，独自の画風を確立した。この作品は四季を描いた水墨画である。

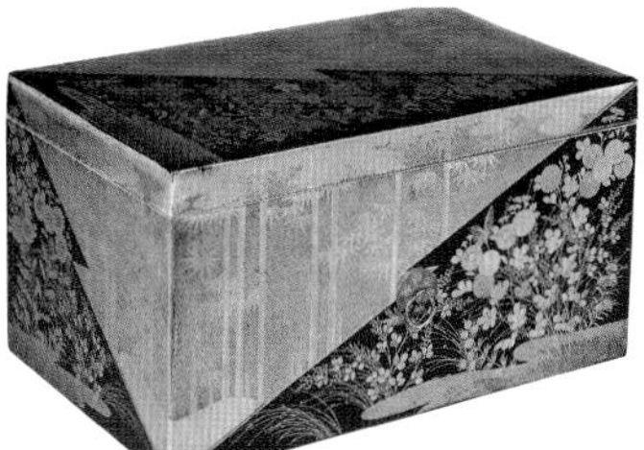

⑧**竹秋草蒔絵文庫** 秀吉の妻北政所が建立した高台寺に伝わる調度品。漆で文様を描き，金銀粉や色粉を付着させている。

〈京都 高台寺蔵 31.0 × 50.3 × 26.6cm〉

4 時代を牽引した狩野派

〈京都 大覚寺蔵 18面 各184.0 × 99.5cm（部分）〉

⑩**牡丹図**（狩野山楽筆） **狩野山楽**は近江出身。狩野永徳に学び，永徳の死後は狩野派の重鎮として活躍。秀吉に仕え，装飾性の高い作品を残した。

⑪**二条城二の丸御殿欄間** 欄間彫刻とは天井と鴨居（襖・障子などの上部の横木）の間の板にほどこした格子や透かし彫りの装飾のこと。

〈国 京都〉

鴨居

⑫**二条城二の丸御殿大広間** 二条城は，徳川家康が上洛した際の居館として築城された。内部をいろどるのは，狩野探幽（➔p.162）らによる障壁画。金箔を背景にした繁栄を示す松が，鴨居の上まではみ出している。

⑬**花下遊楽図屛風**（狩野長信筆） 長信は永徳の弟。桃山期の風俗画の傑作で，風俗画は狩野派の得意分野であった。この屛風には観桜の宴のようすが描かれ，華麗な衣装を身にまとった若い男女が自由に踊っている。

〈国 東京国立博物館蔵 6曲1双 左隻 149.0 × 348.0cm（部分）〉

歴史のまど 安部龍太郎『等伯』 桃山文化の画家長谷川等伯の視点から，彼の絵師としての想いと，同時代を生きた狩野永徳や織田信長らによる歴史的なできごとを描いた小説。

近世 安土・桃山

関ヶ原の戦いと大坂の役 ―なかぬなら鳴まで待よ郭公（家康の性格を詠んだ川柳『甲子夜話』）

ヒストリースコープ

じっと好機を待つことを信条とした徳川家康も，関ヶ原では待たなかった。狭い盆地での不利な布陣にもかかわらず*，積極的に攻撃をしかけたため，戦いは一日で決着がついた。

考察

❶関ヶ原は地形上，どのような場所だろうか。
❷勝利をおさめた東軍に有利に働いた要因は何だろうか。→ 1
❸関ヶ原で勝利した家康が，豊臣家を滅ぼす必要があったのはなぜだろうか。→ 1 ・ 3

❶午前8時ごろ	❷午前8時	❸午前10時	❹午前10時ごろ	❺正午ごろ	❻正午過ぎ
開戦ののろしがあがる	東軍の井伊軍らが宇喜多軍に突撃，福島軍も発砲	家康，三成の陣から約1kmに迫り，軍の士気を上げる	三成，小早川や毛利に進軍の合図を送るが動かず	家康，小早川を動かすため松尾山に向かって鉄砲を一斉射撃	小早川軍が西軍を裏切り攻撃，他4軍も東軍に寝返る

当時の街道
東軍　東軍の動き
西軍　西軍の動き
不戦軍（西軍として参加したが傍観）
内応軍（西軍から東軍へ寝返り）
内応軍の動き
西軍動員兵力約8万2000人
笹尾山
石田三成本陣
北国街道
島津義弘
小西行長
宇喜多秀家
開戦地
黒田長政
細川忠興
家康本陣
井伊直政
福島正則
藤堂高虎
中山道
京都方面へ
松尾山
小早川秀秋
徳川家康本陣
桃配山
東軍動員兵力約7万4000人
山内一豊
浅野幸長
池田輝政
東海道新幹線
名古屋方面へ
禅幢寺
伊富岐神社
真禅院
朝倉山
南宮神社
吉川広家
毛利秀元
長束正家
長宗我部盛親
南宮山

①**関ヶ原の戦い**（1600年9月15日） 緒戦は西軍有利に展開するが，**徳川家康**が鉄砲を撃ち込んで催促すると，小早川が東軍に寝返り形勢が逆転。西軍は総崩れとなったといわれる。*2

＊関ヶ原の戦いの布陣は明治時代に参謀本部が推測したもの。　＊2 戦いのようすは同時代史料には見えず，家康の神格化に向けた後世の創作とする説もある。

1 天下分け目の戦い

A 西軍と東軍

	西軍	東軍
五大老	毛利輝元　*は豊臣恩顧の大名。 上杉景勝 宇喜多秀家(1万7000)*	徳川家康(3万) 前田利長* (前田利家の嫡男)
五奉行	石田三成(6000)* 長束正家* 増田長盛* 前田玄以	浅野長政*
諸大名	島津義弘(1500) 小西行長(4000)* 毛利秀元(1万5000) 小早川秀秋(1万5600)*	黒田長政(5400)* 細川忠興(5000)* 福島正則(6000)* 井伊直政(3600) 藤堂高虎(3000)* 山内一豊(2000)* 池田輝政(4560)*
兵力	約8万2000人	約7万4000人

②**東西軍の勢力**　家康は，豊臣恩顧の大名のうち反**石田三成**派を味方につけ，恩賞を約束する手紙でつなぎとめながら，小早川秀秋にもばくだいな恩賞を約束するなど，さまざまな工作で東軍を固めた。一方，西軍は毛利輝元が出陣せず，三成の盟友を除いて，その結束も危ういものだった。

1542	三河国岡崎城主松平広忠の子として誕生
1547	織田信秀の人質となる
1549	今川義元の人質となる(～60)
1560	**桶狭間の戦い** p.144
1562	織田信長と同盟を結ぶ
1566	姓を徳川と改める
1572	**三方ヶ原の戦い**で，武田信玄に敗れる
1575	**長篠合戦**で，武田勝頼を破る p.144 →駿河・遠江・甲斐・信濃・三河を経営
1582	**本能寺の変** p.144
1584	**小牧・長久手の戦い**で秀吉と和睦 p.145
1590	秀吉の全国統一。**江戸城**に移る p.174
1598	秀吉死去→**五大老**の筆頭となる p.146
1600	**関ヶ原の戦い**で石田三成を破る
1603	征夷大将軍となり，**江戸幕府**を開く p.154
1605	将軍職を**秀忠**に譲る→**大御所政治**
1607	駿府城に移る
1614	方広寺鐘銘事件→**大坂冬の陣** → 3
1615	**大坂夏の陣**で豊臣氏を滅ぼす → 3 **武家諸法度・禁中並公家諸法度**を制定 p.154, 156
1616	太政大臣となる。病死(久能山に埋葬，75歳)

③**家康関連年表**

B 大坂の役後の大名配置（1616年） p.154

④要地には**親藩・譜代大名**を，遠隔地には**外様大名**を配置していることがわかる。また，**武家諸法度**違反で改易（領地没収）や減封（領地削減）の処分を下したが，長年功績のあった大名も例外ではなかった。

小早川秀秋
関ヶ原の戦いで東軍を勝利に導き，備前岡山城50万石を得たが，跡継ぎがなく家は断絶した。

豊臣秀頼
関ヶ原の戦いは，両軍とも豊臣氏への忠誠を大義としていたが，戦後摂津・河内・和泉65万石の一大名となる。

福島正則
関ヶ原の戦いで東軍の主力となり，安芸広島城主となる。無断で城を修築し，1619年に武家諸法度違反で改易。p.154

黒田長政
関ヶ原の戦いで小早川秀秋の内応を画策，筑前国を得て，城地を福岡と名づけた。

＊黒田氏ゆかりの地である備前福岡(岡山県)に由来するといわれる。

浅野長晟
関ヶ原の際，浅野長政・幸長親子が東軍に属し，幸長が和歌山藩主に。弟の長晟の代に，福島正則の改易で広島に加増移封。

地図を見る目
親藩・譜代大名と外様大名の配置に注目

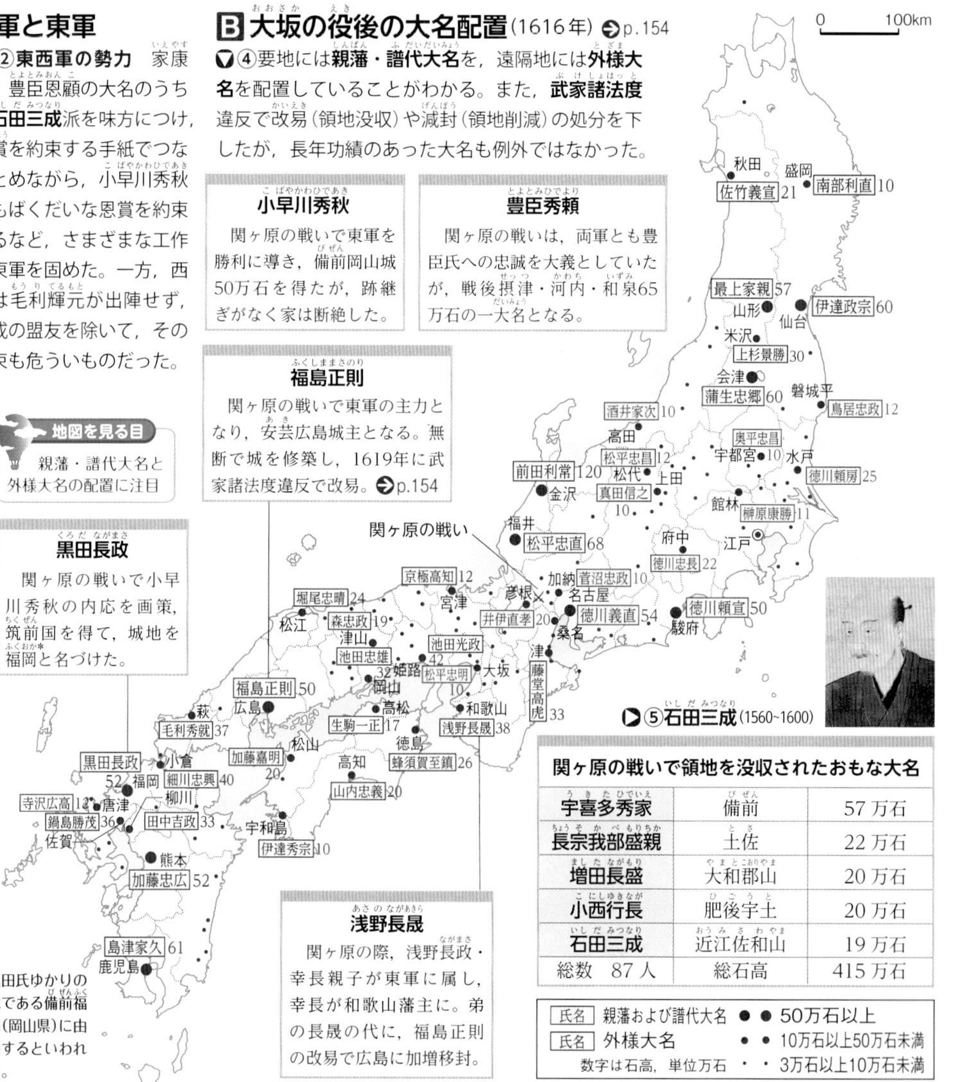

0 100km
秋田
盛岡
佐竹義宣 21
南部利直 10
最上家親 57
山形
仙台
伊達政宗 60
米沢
上杉景勝 30
会津
蒲生忠郷 60
磐城平
鳥居忠政 12
酒井家次 10
高田
松平忠昌 12
奥平忠昌
宇都宮 10
水戸
徳川頼房 25
前田利常 120
金沢
松代
上田
真田信之 10
館林
榊原康勝 11
福井
松平忠直 68
府中
江戸
関ヶ原の戦い
徳川忠長 22
加納
菅沼忠政 10
京極高知 12
宮津
彦根
名古屋
堀尾忠晴 24
井伊直孝 20
徳川義直 54
徳川頼宣 50
駿府
松江
森忠政 19
津山
桑名
池田光政 42
池田忠雄 32
姫路
松平忠明 10
大坂
津
藤堂高虎 33
岡山
福島正則 50
萩
広島
高松
和歌山
毛利秀就 37
生駒一正 17
浅野長晟 38
松山
徳島
加藤嘉明 20
蜂須賀至鎮 26
黒田長政 52
小倉
高知
福岡
細川忠興 40
山内忠義 20
寺沢広高 12
唐津
柳川
鍋島勝茂 36
田中吉政 33
佐賀
宇和島
伊達秀宗 10
熊本
加藤忠広 52
島津家久 61
鹿児島

⑤**石田三成**（1560～1600）

関ヶ原の戦いで領地を没収されたおもな大名		
宇喜多秀家	備前	57万石
長宗我部盛親	土佐	22万石
増田長盛	大和郡山	20万石
小西行長	肥後宇土	20万石
石田三成	近江佐和山	19万石
総数　87人	総石高	415万石

氏名 親藩および譜代大名	●	50万石以上
氏名 外様大名	•	10万石以上50万石未満
数字は石高，単位万石	・	3万石以上10万石未満

〈集英社『日本の歴史⑫』〉

歴史のまど　池波正太郎『真田太平記』　真田昌幸・信幸・信繁(幸村)親子を軸に，家臣や忍びのものたちの活躍を通して戦国の世を描いた長編小説。

2 徳川氏系図 ➔p.184「江戸幕府 歴代将軍一覧」

1600 家康大御所 秀忠大御所 1650 1700 正徳の政治 ➔p.165 享保の改革 ➔p.185 1750
03 05 16 23 32 武断政治 51 文治政治 ➔p.164 09 16 45

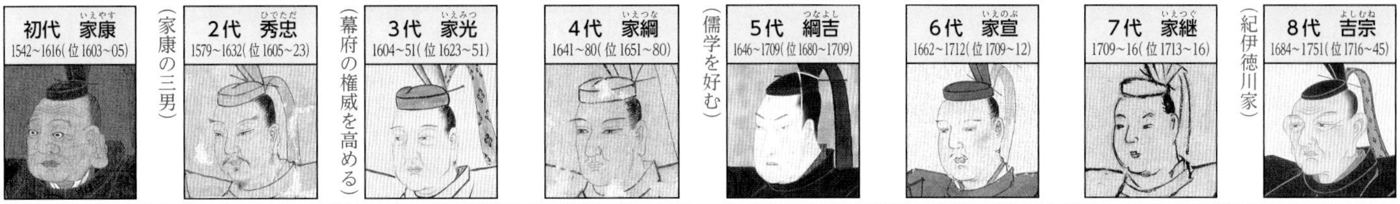

初代 家康 1542~1616(位1603~05)
(家康の三男)
2代 秀忠 1579~1632(位1605~23)
(幕府の権威を高める)
3代 家光 1604~51(位1623~51)
4代 家綱 1641~80(位1651~80)
(儒学を好む)
5代 綱吉 1646~1709(位1680~1709)
6代 家宣 1662~1712(位1709~12)
7代 家継 1709~16(位1713~16)
(紀伊徳川家)
8代 吉宗 1684~1751(位1716~45)

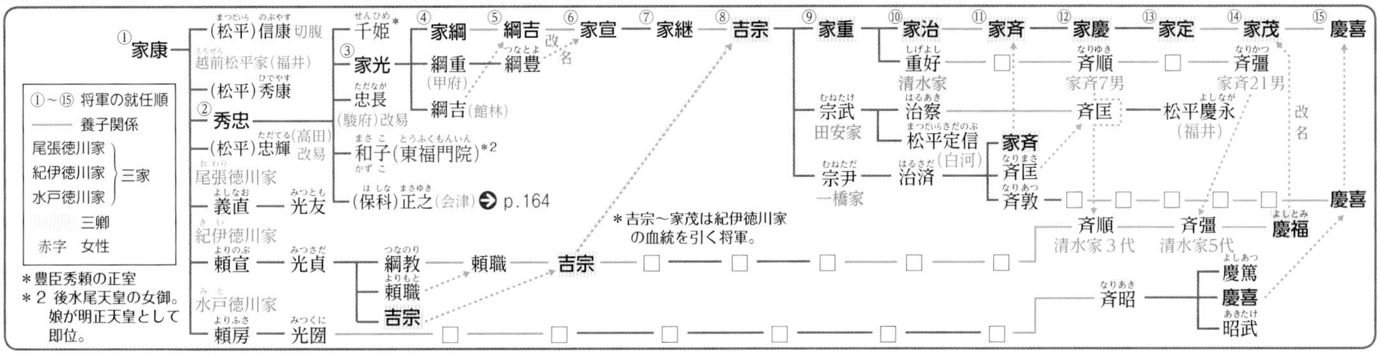

①家康
(松平)信康 切腹
越前松平家(福井)
(松平)秀康
②秀忠
(松平)忠輝(高田)改易
尾張徳川家
義直 — 光友
紀伊徳川家
頼宣 — 光貞
水戸徳川家
頼房 — 光圀
千姫*
③家光
忠長(駿府)改易
和子(東福門院)*2
(保科)正之(会津) ➔p.164
④家綱
綱重(甲府)
綱吉(館林)
⑤綱吉
綱豊
改名
⑥家宣
⑦家継
⑧吉宗
綱教
頼職
吉宗
頼職
⑨家重
宗武 田安家
宗尹 一橋家
⑩家治
重好 清水家
治察
松平定信(白河)
治済
⑪家斉
家斉
斉匡
斉敦
⑫家慶
斉順 家斉7男
斉匡
斉順 清水家3代
斉昭
⑬家定
松平慶永(福井)
斉彊 清水家5代
⑭家茂
斉彊 家斉21男
慶福
慶篤
慶喜
昭武
⑮慶喜
改名
慶喜
*吉宗～家茂は紀伊徳川家の血統を引く将軍。
①～⑮ 将軍の就任順
養子関係
尾張徳川家 紀伊徳川家 水戸徳川家 三家
三卿
赤字 女性
*豊臣秀頼の正室
*2 後水尾天皇の女御。娘が明正天皇として即位。

9代 家重 1711~61(位1745~60)
10代 家治 1737~86(位1760~86)
(一橋家)
11代 家斉 1773~1841(位1787~1837)
12代 家慶 1793~1853(位1837~53)
13代 家定 1824~58(位1853~58)
(紀伊徳川家・清水家)
14代 家茂 1846~66(位1858~66)
(水戸徳川家→一橋家)
15代 慶喜 1837~1913(位1866~67)

1750 1800 1850 1900
72 田沼時代 ➔p.187 86 87 93 大御所政治 ➔p.196 41 43 53 60 62 68 明治時代
寛政の改革 ➔p.193 天保の改革 ➔p.196 安政の改革 ➔p.201 文久の改革 ➔p.204

3 元和偃武 - 豊臣の滅亡, 徳川の平和

◀⑥**真田信繁(幸村)**(1567~1615) 信州上田の武将。**大坂の役**では豊臣方につき, 徳川方を苦しめた。

▶⑦**方広寺大仏殿の鐘銘** 関ヶ原の戦い後も秀吉の権威と遺産を引きつぐ**豊臣秀頼**が大坂城に残った。秀頼の成長が**江戸幕府**の支配確立の障害になると考えた家康は, まず豊臣方の財力削減のため, 方広寺(京都)などの寺社造営を勧めた。家康は鐘銘の「国家安康」・「君臣豊楽」の文字が, 家康を二分してのろい, 豊臣氏の繁栄を願うものであるとし, 大坂冬の陣を起こした。

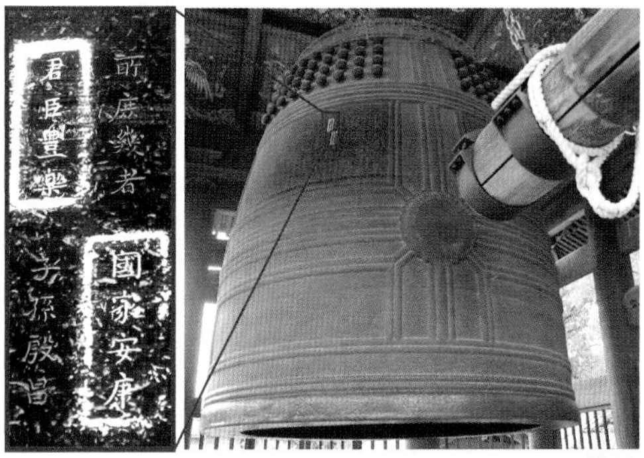

君臣豊楽
国家安康

〈京都〉

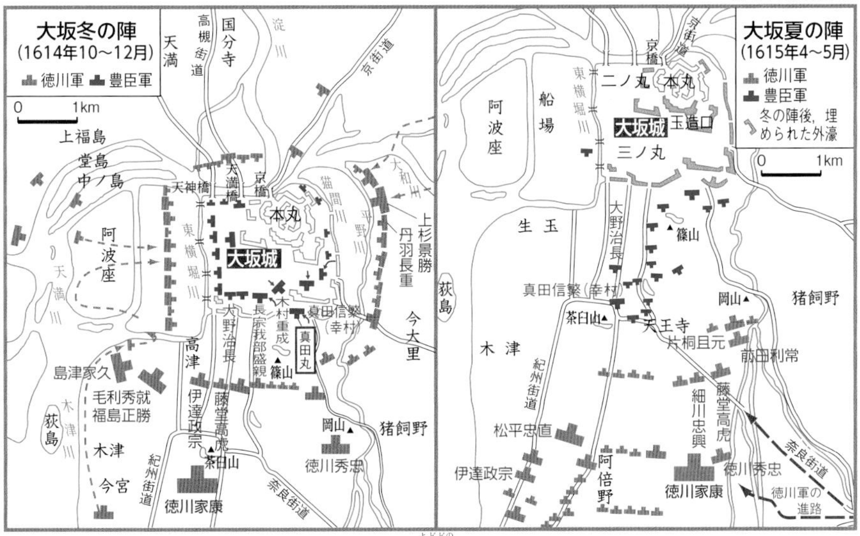

大坂冬の陣 (1614年10～12月)
徳川軍 豊臣軍
0 1km
上福島 堂島 中ノ島 天満 高槻街道 国分寺 淀川 京街道 天神橋 天満橋 京橋 本丸 大坂城 阿波座 東横堀川 天満川 猫間川 大和川 平野川 上杉景勝 丹羽長重 今大里 荻島 島津家久 毛利秀就 福島正勝 木津 今宮 高津 大野治長 長宗我部盛親 木村重成 真田信繁(幸村) 真田丸 篠山 伊達政宗 藤堂高虎 茶臼山 岡山 猪飼野 徳川秀忠 徳川家康 紀州街道 奈良街道
大坂夏の陣 (1615年4～5月)
徳川軍 豊臣軍 冬の陣後, 埋められた外濠
0 1km
京橋 二ノ丸 本丸 玉造口 大坂城 三ノ丸 東横堀川 阿波座 船場 生玉 大野治長 篠山 真田信繁(幸村) 茶臼山 天王寺 片桐且元 岡山 猪飼野 前田利常 木津 紀州街道 松平忠直 細川忠興 藤堂高虎 伊達政宗 阿倍野 徳川家康 徳川秀忠 奈良街道 徳川軍の進路

〈『大日本歴史地図』〉

▲⑧**大坂の役** 1615(元和1)年の夏の陣で秀頼と母淀殿は自害した。ここに戦国以来の戦乱が終わって, 平和が訪れた。これを元和偃武*という。 *「元和」は平和の始まりを,「偃武」は武器を偃せおさめることをさす。

4 大名統制の強制力

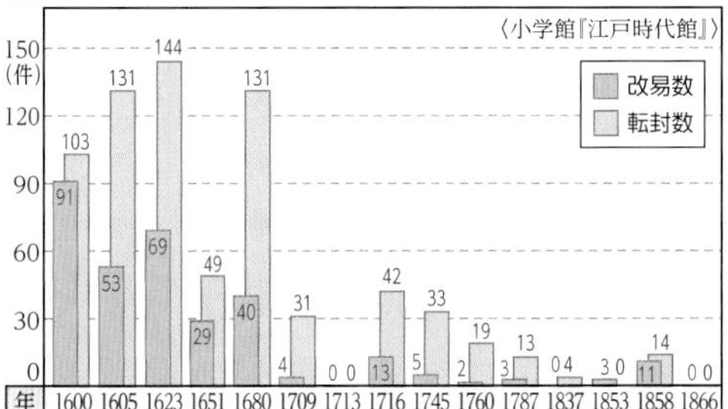

〈小学館『江戸時代館』〉
(件)
改易数
転封数

年代	1600~05	1605~23	1623~51	1651~80	1680~1709	1709~12	1713~16	1716~45	1745~60	1760~86	1787~1837	1837~53	1853~58	1858~66	1866~67
将軍	家康	秀忠	家光	家綱	綱吉	家宣	家継	吉宗	家重	家治	家斉	家慶	家定	家茂	慶喜
改易数	91	53	69	29	40	4	0	13	5	2	3	0	3	11	0
転封数	103	131	144	49	131	31	0	42	33	19	13	4	0	14	0

▲⑨江戸幕府は, 改易や減封, 転封(国替)を大名統制の基本とした(➔図④)。とくに改易は関ヶ原の戦い後に大規模に実施され, 3代将軍家光までの間に次々に行われた。

歴史散歩 方広寺(京都市) 大坂冬の陣のきっかけともなった約4.2mの梵鐘が安置されている。豊臣秀吉をまつった豊国神社が隣接している。

近世 江戸

幕藩体制の成立 ―大名小名，在江戸交替相定むる所なり 史（『武家諸法度』寛永令）

ヒストリースコープ

江戸幕府は全国支配を徹底するためにさまざまな政策を実行した。参勤交代の制は，1635年，3代将軍家光のときに正式に制度化され，大名は国元と江戸に1年ずつ（関東の大名は半年ずつ）滞在し，妻子は人質として強制的に江戸に居住させられた*。平時の軍役奉仕としてみなされ，行列の人数は石高によって決められていた。

考察

❶参勤交代は，幕府と大名にとってどのような意味をもっていたのだろうか。

❷幕府は全国の大名をどのように支配しただろうか。→1

❸幕府は，全国の大名とその領地をどのように把握しようとしただろうか。→2・3

具足
御駕
長槍
弓
お先払
お使番
鉄砲足軽

△①**参勤交代**（会津藩主参勤交代行列図） 徳川家康は，江戸に参勤する大名に屋敷地を与え，正妻・嫡子の江戸居住を奨励した。**家光**のときに林羅山が起草した**武家諸法度（寛永令）**で定められたこの制度は，大名にとって経費の負担が大きかった。費用の節約のため，行列は強行軍で行われた。松江藩では年間支出の約3分の1が参勤交代の費用であった。〈福島 会津若松市立会津図書館蔵〉

＊参勤交代をせずに江戸に定住する者もいた（定府）。老中など役職についていた者や，家康により江戸定住が定められていた水戸藩（水戸徳川家）などが定府だった。

1 国内統治のしくみ

A 幕藩体制

法制度 / **石高（江戸中期）**

- 将軍
  - 禁中並公家諸法度など → 天皇・公家 …… 禁裏御料 3万石／公家領 7万石
  - 諸宗寺院法度・諸社禰宜神主法度など ➔p.156 → 寺社 …… 寺社領 40万石
  - 武家諸法度など → 大名 …… 大名領 2250万石
  - → 旗本・御家人* …… 旗本知行地 300万石
  - → 直轄領（幕領） 400万石
  - 日本全国の総石高約3000万石
  - ＊御家人は俸禄制。
- 大名
  - 家法・国法 → 家臣団の編成：家老・郡奉行・代官
  - **地方知行制**…領地を与え，領民支配を認める。
  - **俸禄制度**…藩の直轄地から年貢を俸禄（蔵米）として与える。

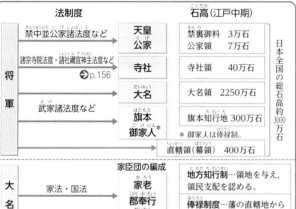

△②幕藩体制のしくみと藩の支配機構

	50万石以上	20万石以上	10万石以上	5万石以上	5万石未満	計
親藩	3	5	3	1	0	12
譜代	0	1	15	24	73	113
外様	4	12	7	18	59	100
計	7	18	25	43	132	225

△③**大名の分類と石高**（1664年）〈集英社『日本の歴史⑫』〉

一国一城令（1615年）
- 徳川家康の立案
- 大名が居住する城郭以外を原則破却

『武家諸法度』元和令（1615年）史
- 新規築城の禁止 ・金地院崇伝が起草 ➔p.156
- 城の修補に際して幕府の許可を受ける

⬇

目的 ・大名の軍事力削減
・西国大名の制圧

結果 ・戦国時代の多くの城郭を破却
・有力家臣の城がなくなり，家臣に対して大名が優位を保つ

△④**築城の制限**

〈岐阜〉

△⑤**飛驒郡代の陣屋跡** 陣屋は幕領の支配官である**郡代・代官**などの役所で，飛驒国の陣屋は，全国で建物が唯一現存。飛驒代官は1777年に郡代に昇格。

B 幕藩体制完成期の大名配置（1664年）

0 100km
佐竹義隆 21
秋田
南部重直 10
盛岡
酒井忠義 14
庄内
松平直矩 15
村上
松平忠弘 15
山形
仙台
伊達綱村 62
米沢
上杉綱憲 30
会津（若松）
保科正之 23
白河
本多忠平 10
松平光長 26
高田
日光
前田利次 10
富山
前田綱紀 103
松代
水戸
徳川光圀 24
館林
古河
真田幸道 10
飛驒郡代
高山
徳川綱吉 25
松平光通 53
福井
徳川綱重 25
江戸
甲府
京極高国 12
酒井忠直 12
笠松 美濃郡代
小浜 大垣
関東郡代
池田光仲 32
鳥取
名古屋
松平直政 19
宮津
戸田氏信 10
徳川光友 62
駿府
土井利重 10
松江
森 長継 19
京都
桑名
下田
水野勝種 10
池田光政 32
榊原忠次 15
大坂
津
坂本
新居
津山
姫路
奈良
藤堂高次 32
岡山
堺
郡山
浅野光晟 43
毛利綱広 37
萩
広島
福山
松平頼重 12
高松
徳島
和歌山
松平定重 11
本多政勝 15
蜂須賀光隆 26
徳川光貞 54
松山
高知
黒田光之 43
松平定長 15
山内忠豊 20
有馬頼利 21
福岡
鍋島光茂 36
日田
佐賀
久留米
柳川
立花忠茂
長崎
熊本
細川綱利 54
西国郡代
鹿児島
島津光久 73

地図を見る目 1616年の大名配置（➔p.152）と比較して親藩・譜代大名の所領範囲に注目

尾張徳川家
三家の筆頭。1607年に家康の9男義直が封じられ，加増されて尾張藩は62万石となる。

徳川綱吉
4代将軍家綱の弟。上野館林藩主であったが，家綱の後継者となる。儒学を好んで，朱子学を官学とした。➔p.180

水戸徳川家
三家の一つ。1609年に家康の11男頼房が封じられた。水戸藩の2代藩主光圀は『大日本史』を編纂。➔p.181

紀伊徳川家
三家の一つ。家康の10男頼宣が，1619年に駿府から転入。8代将軍吉宗，14代将軍家茂の出身。

凡例：
- 氏名 親藩および譜代大名とその領地
- 氏名 外様大名とその領地
- （数字は石高，単位万石）
- 幕府直轄領（幕領）
- ● 50万石以上
- • 10万石以上50万石未満
- · 3万石以上10万石未満
- ○ 幕府直轄地

歴史のまど 笠谷和比古『主君「押込」の構造』 近世武家社会において，主君とそれに仕える家臣の君臣関係はゆるぎないものではないことを，主君の強制的隠居＝押込の慣行から探る。

2 幕藩体制のしくみ

A 財政基盤

幕府直轄領(幕領)	約400万石(17世紀末)
貨幣の鋳造 ➡p.171	金貨・銀貨・銭貨の鋳造権
主要鉱山の支配 ➡p.168,182	金山(佐渡・伊豆)，銀山(生野・石見)，銅山(足尾)など
主要都市の直轄	江戸・京都・大坂・堺・長崎などを直轄にし，商工業から利益を得る
長崎貿易 ➡p.159	「鎖国」により，主要な貿易を独占

▲⑥**幕府の財政基盤**　歳入の多くが年貢収入で，その他は主要鉱山からの収入，貨幣鋳造権の掌握，重要都市の直轄，長崎貿易の独占などであった。のちに，株仲間が納める運上・冥加も重要な財源となっていった。幕領は，**新田開発**などにより18世紀にはおよそ450万石にのぼった。

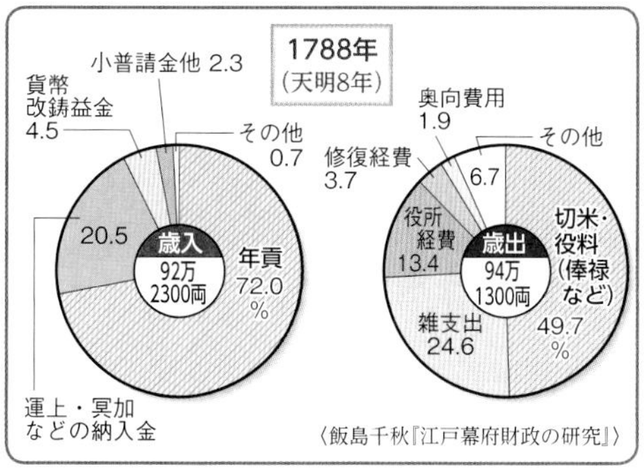
1788年
(天明8年)
小普請金他 2.3
貨幣改鋳益金 4.5
その他 0.7
20.5
歳入
92万2300両
年貢 72.0%
運上・冥加などの納入金
奥向費用 1.9
その他
修復経費 3.7
6.7
役所経費 13.4
歳出
94万1300両
切米・役料(俸禄など) 49.7%
雑支出 24.6
(飯島千秋『江戸幕府財政の研究』)

▲⑦**幕府財政の内訳**

B 大名の統制

▼⑧大名への賦課

大名の配置	親藩・譜代大名を要地に，有力外様大名を江戸から遠い所に配置➡1
一国一城令	大名が居住する城以外を破却➡1
武家諸法度	違反した大名は，改易・減封・転封などの処分を受けた
参勤交代	大名が，将軍のもと(江戸)に一定期間参勤。平時の軍役として機能した➡🔍
手伝普請	幕府が行った大規模な土木・治水工事に，領地高に応じて人足や資材を負担させた。江戸城・大坂城・駿府城の城普請，大和川・木曽川などの堤普請，御所・寺社の修復
軍役	戦時に兵馬を出させる➡C

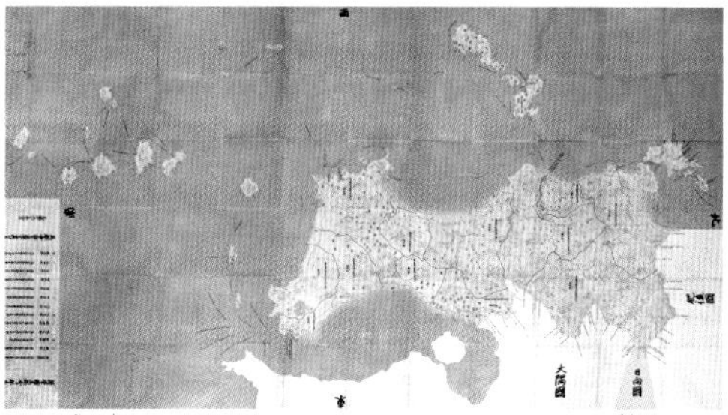

▲⑨**薩摩国絵図**　一国ごとに作成した絵図で，幕府の指示の下，各国に領地をもつ大名や代官が作成し提出した。同時に一国の村名と**石高**を記した郷帳も出された。

C 幕府の軍事基盤

将軍
- 親藩・譜代 …約16万人
- 旗本・御家人* …約8万人

10万石の武士の軍役数	2155人
1万石の武士の軍役数	235人
1000石の武士の軍役数	21人など

＊旗本全員の軍役人数に御家人とその家来を合わせて「旗本八万騎」という。

(1649年の軍役表による)

▲⑩**幕府の軍事力**　軍役は石高を基準に負担内容と人員が規定された。また，大規模な土木工事の際に賦課された普請役も軍役の一種であった。

▼⑪**旗本と御家人**

	旗本 1万石未満の直参【お目見え以上】	御家人 1万石未満の直参【お目見え以下】
総数	約5200人(18世紀後半) 500～3000石以上が7割 知行取　約2260人 蔵米取　約2940人*	約1万7240人(18世紀前半) 知行取　172人 ほとんどが蔵米取
組織	番方(軍事)や役方(行政)につく。役方の代表職は，勘定奉行や町奉行	番方・役方の与力・同心
	無役の者のうち，3000石以上は寄合組，それ以下は小普請組に編入された	

＊蔵米取はもともと下級者を対象としたが，江戸時代を通じてしだいに増加した。

近世　江戸

3 幕府の職制

よみとき　①三奉行の職務に注目しよう　②大目付と目付がそれぞれ誰の配下にいるのかに注目しよう

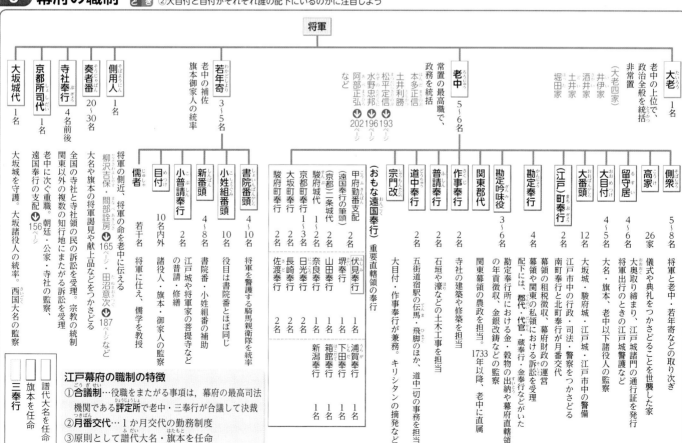

将軍
- **大老** 1名　老中の上位で，政治全般を統括　非常置　(大老四家)井伊家　酒井家　土井家　堀田家
- **老中** 5～6名　常置の最高職で，政務を統括　本多正信　土井利勝　松平定信➡193ページ　水野忠邦➡196ページ　阿部正弘➡202ページ　など
  - **側衆** 5～8名　将軍と老中・若年寄などの取り次ぎ
  - **高家** 26家　儀式や典礼をつかさどることを世襲した家
  - **留守居** 4～6名　大奥取り締まり，江戸城諸門の通行証を発行　将軍出行のときの江戸城警護など
  - **大目付** 4～5名　大名・旗本，老中以下諸役人の監察
  - **大番頭** 12名　大坂城・駿府城・江戸城・江戸市中の警備
  - **(江戸)町奉行** 2名　江戸市中の行政・司法・警察をつかさどる　南町奉行と北町奉行が月番交代
  - **勘定奉行** 4名　幕領の租税徴収，幕府財政の運営　幕領や関東の私領における訴訟を受理　配下には，郡代・代官・蔵奉行・金奉行などがいた
  - **勘定吟味役** 3～6名　勘定奉行所における金・穀物の出納や幕府直轄領の年貢徴収，金銀改鋳などの監察
  - **関東郡代**　関東幕領の農政を担当。1733年以降，老中に直属
  - **作事奉行** 2名　寺社の建築や修築を担当
  - **普請奉行** 2名　石垣や濠などの土木工事を担当
  - **道中奉行** 2名　五街道宿駅の伝馬・飛脚のほか，道中一切の事務を担当
  - **宗門改**　大目付・作事奉行が兼務。キリシタンの摘発など
  - **(おもな遠国奉行)**　重要直轄領の奉行
    - 甲府勤番支配 2名(遠国奉行の筆頭)　(京都)二条城代 2名　駿府城代 1～2名　京都町奉行 1～3名　大坂町奉行 2名　駿府町奉行 2名
    - 伏見奉行 1名　堺奉行 1名　山田奉行 1名　奈良奉行 1名　日光奉行 2名　長崎奉行 2名　佐渡奉行 2名
    - 浦賀奉行 1名　下田奉行 1名　箱館奉行 1名　新潟奉行 1名
- **若年寄** 3～5名　老中の補佐　旗本御家人の統率
  - **書院番頭** 4～10名　将軍を警護する騎馬親衛隊を統率
  - **小姓組番頭** 10名　役目は書院番とほぼ同じ
  - **新番頭** 4～8名　書院番・小姓組番の補助
  - **小普請奉行** 2名　江戸城や将軍家の菩提寺などの普請・修繕
  - **目付** 10名内外　諸役人・旗本・御家人の監察
  - **儒者** 若干名　将軍に仕え，儒学を教授
- **側用人** 1名　将軍の側近，将軍の命を老中に伝える　柳沢吉保・間部詮房➡165ページ・田沼意次➡187ページなど
- **奏者番** 20～30名　大名や旗本の将軍謁見や献上品などをつかさどる
- **寺社奉行** 4名前後　全国の寺社と寺社領の民の訴訟を受理。宗教の統制　関東以外の複数の知行地にまたがる訴訟を受理
- **京都所司代** 1名　老中に次ぐ重職。朝廷・公家・寺社の監察，遠国奉行の支配➡156ページ
- **大坂城代** 1名　大坂城を守護。大坂諸役人の統率。西国大名の監察

凡例：譜代大名を任命　旗本を任命　三奉行

江戸幕府の職制の特徴
①**合議制**…役職をまたがる事項は，幕府の最高司法機関である**評定所**で老中・三奉行が合議して決裁
②**月番交代**…1か月交代の勤務制度
③原則として譜代大名・旗本を任命

今日とのつながり　東京都千代田区にある紀尾井町という地名は，その場所に紀伊・尾張・彦根(井伊)の3藩の中屋敷があったことに由来する。

朝廷・寺社・民衆の統制 ―百姓は天下の根本なり 史(『本佐録』)

ヒストリースコープ

為政者の百姓観を伝える『本佐録』は，年貢の生産者である百姓を天下の根本に位置づけて，生産物を最大限に確保できるような百姓経営を説いた。幕府は寺請制度を通じて，百姓をすべて各寺院の檀家に組織し，宗門改帳*に登録した。

*のちに人別改(人口調査)と合わせて宗門人別改帳となった。

考察

❶寺請証文を読み，証明書が発行された理由を説明しよう。

❷江戸時代に定められた宗派や寺請制度は，民衆統制とどのような関係にあったのだろうか。→ 1

❸百姓や町人はどのような制度のもとに管理されたのだろうか。→ 2

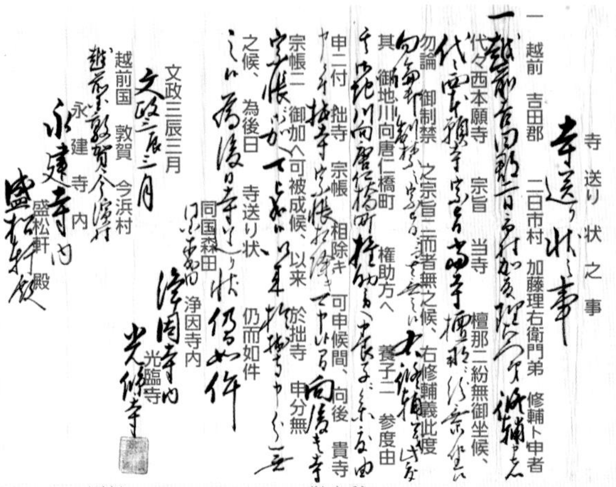

寺送り状之事
一 越前 吉田郡 二日市村 加藤理右衛門弟 修輔ト申者
代々西本願寺 宗旨 当寺 檀那ニ紛無御坐候、
勿論 御制禁 之宗旨ニ而者無之候、右修輔義此度
其 御地川向唐仁橋町 権助方へ 養子ニ 参度由
申ニ付 拙寺 宗帳 相除キ 可申候間、向後 貴寺
宗帳ニ 御加へ可被成候、以来 於拙寺 申分無
之候、為後日 寺送り状 仍而如件
文政三辰三月
同国森田 浄因寺内 光臨寺
越前国 敦賀 今浜村
永建 寺 内
盛松軒 殿

【現代語訳】
一 越前国吉田郡二日市村の加藤理右衛門の弟，修輔という者は，(先祖)代々西本願寺派の私どもの寺(浄因寺内の光臨寺)の檀家に間違いありません。もちろん，禁止の宗派(キリスト教など)ではありません。その修輔について，この度，川向こうの唐仁橋町に住む権助さんの所へ養子に行きたいと言っておりますので，私どもの宗門人別改帳から籍を抜きます。今後は，あなた様の寺(永建寺内の盛松軒)の宗門人別改帳に籍をお加えいただければ，以後こちらから申すことはありません。後日のため，寺送り状を右の通り記します。

文政三(一八二〇)年辰年三月　同国森田浄因寺内 光臨寺(印)

越前国敦賀今浜村 永建寺内 盛松軒殿

(『加藤竹雄家文書』)

△①**寺請証文** 宗門改帳をもとに檀那寺*が発行する身元証明書で，結婚・奉公・旅行などに必要とされた。檀家がキリシタンなど禁制の宗派の信徒ではないことを寺院が証明する**寺請制度**を通じて，武士を含むあらゆる人々がいずれかの寺院の檀家に組織されたため(**寺檀制度**)，宗門改帳は戸籍の役割を果たしていた。寺請証文の発行料は寺院の重要な収入源となった。

〈福井県文書館蔵〉 *檀家が所属する寺。

1 朝廷・寺社の統制

→p.331「宗教史の流れ」

▽②朝廷・寺社の監視機関と統制法

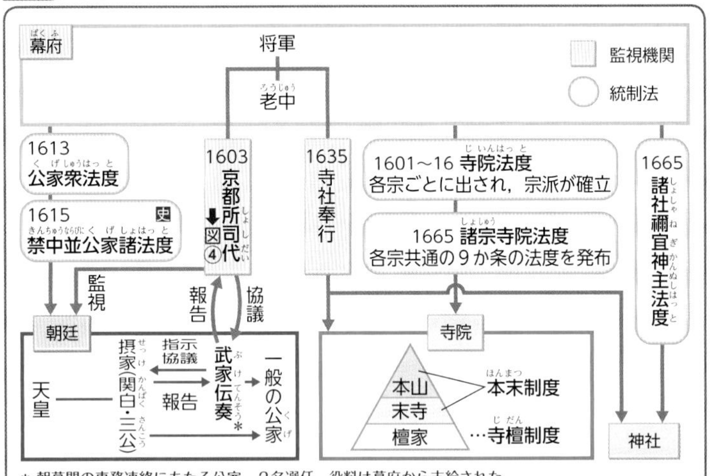

幕府
将軍
老中
監視機関
統制法
1613 公家衆法度
1615 史 禁中並公家諸法度
1603 京都所司代 ↓図④
1635 寺社奉行
1601～16 寺院法度 各宗ごとに出され，宗派が確立
1665 諸宗寺院法度 各宗共通の9か条の法度を発布
1665 諸社禰宜神主法度
監視
報告
協議
朝廷
天皇
摂家(関白・三公)
指示 協議
報告
武家伝奏*
一般の公家
寺院
本山
末寺
檀家
本末制度
…寺檀制度
神社

* 朝幕間の事務連絡にあたる公家。2名選任。役料は幕府から支給された。

▽③朝幕関係の変遷

よみとき 禁中並公家諸法度によって幕府が朝廷に対して優位に立ったことに注目しよう

1603	幕府，京都所司代・武家伝奏設置➡図④	朝廷統制強化
1613	幕府，公家衆法度(公家の務めを規定)の制定➡図②	
1615	幕府，禁中並公家諸法度(朝廷運営の基準)の制定➡図②	
1617	朝廷，家康に東照大権現の神号を授ける➔p.162	
1620	幕府，秀忠の娘の和子を後水尾天皇に入内させる➡図⑤	
1627	紫衣事件(～29)➡時代を見る目	
1687	幕府，大嘗祭の再興➔p.165	融和
1710	幕府，閑院宮家創設➔p.165	
1789	尊号一件(～93)➔p.193	対立
1858	幕府，日米修好通商条約を調印(無勅許)➔p.202	
1860	朝廷，和宮降嫁を勅許(公武合体策)➔p.204	朝廷優位
1861	このころ，尊王攘夷運動激化(～64)➔p.205	
1867	大政奉還の上表。王政復古の大号令➔p.208	

△④**京都所司代邸**(洛中洛外図屏風 池田本) 初期には京都市中や山城国内の民政を直轄するが，京都町奉行が設置されると朝廷・公家・寺社の監察や遠国奉行の支配にあたるようになった。〈岡山 林原美術館蔵〉

ひと 金地院崇伝(以心崇伝)(1569～1633)

京都南禅寺金地院の臨済僧。駿府で家康に面会後，政治・外交顧問を務め「黒衣の宰相」とよばれた。外交文書の作成や朝廷・寺社統制に関与。**武家諸法度**や**禁中並公家諸法度**を起草したほか，**紫衣事件**では沢庵らの厳罰を進言した。

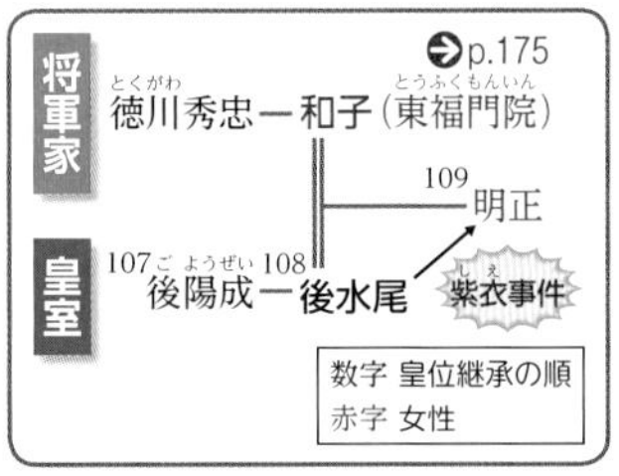

将軍家
徳川秀忠 ― 和子(東福門院)
109 明正
皇室
107 後陽成 ― 108 後水尾
紫衣事件
数字 皇位継承の順
赤字 女性

◀⑤**天皇の系図** 秀忠の娘和子は，1620年，後水尾天皇の女御として入内。のちの明正天皇を生み中宮となった。

時代を見る目 紫衣事件にみる朝幕関係

1627年の紫衣事件は，幕府が朝廷を支配・統制する当時の朝幕関係をよく表している。紫衣とは紫色の法衣や袈裟のことで，僧がこれを着るためには天皇の勅許が必要であった。幕府は宗教統制のため，禁中並公家諸法度に「みだりに紫衣を与えてはならない」と記すなど，紫衣の勅許に制限をかけていた。しかし後水尾天皇はそれらを無視し，無断での紫衣勅許を行い続けた。そのため1627年に幕府はこれを違反とし，後水尾天皇が僧に与えた紫衣を取りあげ，勅許も無効にした。沢庵ら幕府に抗議した僧たちは流罪にされた。この事件で幕府が天皇の勅許を無効にしたことで，幕府の法が天皇の力を上まわることが示されたのであった。その後，この事件に反発するため，後水尾天皇は幕府に無断で明正天皇に譲位(以降院政)。朝幕関係に亀裂を生んだ。

時代を見る目 宗派の整備

中世においては，鎌倉「新仏教」誕生後も古代以来の八宗(南都六宗(➔p.76)と天台宗・真言宗(➔p.82))を中心とする仏教が実際には大きな力をもっていた(顕密体制➔p.118)。個人の救済を掲げた鎌倉「新仏教」は，災害や戦乱が繰り返されるなか，室町から戦国期にようやく地域に定着していった(それゆえ，鎌倉「新仏教」を「戦国仏教」ということがある)。江戸時代になり，それらは幕府の寺社統制によって宗派として整備された。また中世以来の諸宗のほかに，1654年に明より来日した**隠元隆琦**は，皇族や幕府要人からの崇敬を受け，山城国宇治に寺領を与えられて禅宗の一派である**黄檗宗**の万福寺(➔p.331)を開いた。

〈東京国立博物館蔵〉

〈東京 国立国会図書館蔵〉

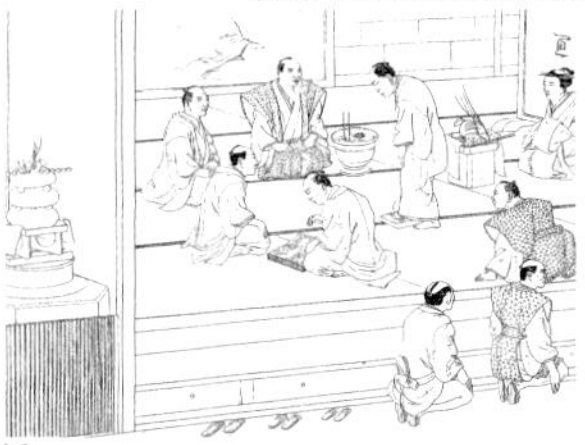

△⑥**踏絵**(左)と⑦**絵踏のようす**(右) 踏絵は，キリストや聖母マリアの像が彫られた金属や木製の板。キリシタン発見のためにこの絵を踏ませる行為を絵踏といい，**宗門改め**の際，使用された。1629年ごろ導入され，キリスト教の信者が多い九州北部では毎年行われた。➔p.331

歴史散歩 キリシタン遺物史料館(大阪府茨木市) キリシタン大名の高山右近の旧領地には隠れキリシタンが多く，彼らが信仰を続けたことを示す遺物が展示されている。

2 百姓・町人の統制*

➔ p.328「土地制度」

*百姓統制が表れた史料として，慶安の触書(史)がある。
*2 中世の地下請の流れをくむ。豊臣政権で兵農分離政策が進められるなか，村を統治する手段として採用。

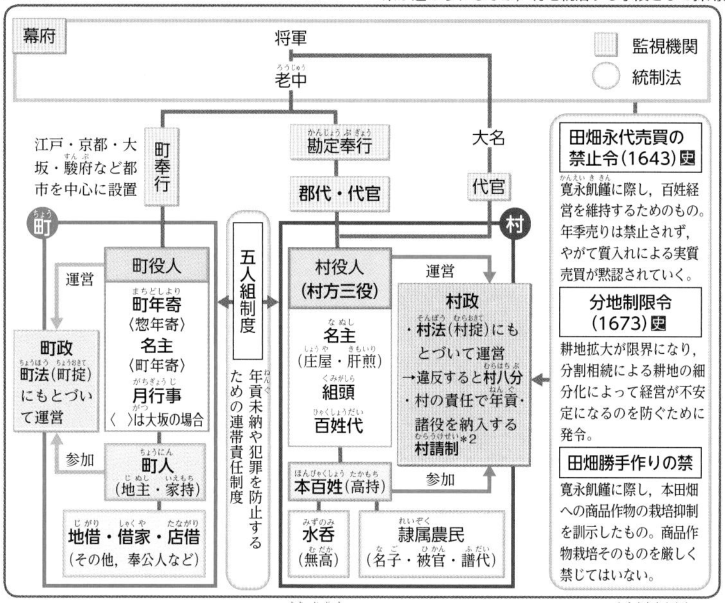

幕府
将軍
監視機関
統制法
老中
江戸・京都・大坂・駿府など都市を中心に設置
町奉行
勘定奉行
大名
郡代・代官
代官
田畑永代売買の禁止令(1643)史
寛永飢饉に際し，百姓経営を維持するためのもの。年季売りは禁止されず，やがて質入れによる実質売買が黙認されていく。
分地制限令(1673)史
耕地拡大が限界となり，分割相続による耕地の細分化によって経営が不安定になるのを防ぐために発令。
田畑勝手作りの禁
寛永飢饉に際し，本田畑への商品作物の栽培抑制を訓示したもの。商品作物栽培そのものを厳しく禁じてはいない。
町
村
運営
町役人
町年寄
〈惣年寄〉
名主
〈町年寄〉
月行事
〈 〉は大坂の場合
町政
町法(町掟)にもとづいて運営
参加
町人
(地主・家持)
地借・借家・店借
(その他，奉公人など)
五人組制度
年貢未納や犯罪を防止するための連帯責任制度
村役人
(村方三役)
名主
(庄屋・肝煎)
組頭
百姓代
運営
村政
・村法(村掟)にもとづいて運営
→違反すると村八分
・村の責任で年貢・諸役を納入する村請制*2
参加
本百姓(高持)
水呑
(無高)
隷属農民
(名子・被官・譜代)

⑧被支配身分の統制　町役人は**町奉行**のもとで町政を担当し，村役人(**村方三役**)は**郡代**や**代官**の指示を受け村政にあたった。また，幕府は**田畑永代売買の禁止令・分地制限令・田畑勝手作りの禁**などの法令や，**五人組**制度や**寺請制度**で百姓を管理した。

時代を見る目　枠外の人々と異動する身分

近世には，武士・百姓・職人・町人や かわた(長吏)*・非人という身分的区分では類別できない，さまざまな実態をもつ人々が存在した。天皇・公家・僧侶・神主などのほか，修験者・陰陽師・虚無僧なども独自の集団を形成し民衆の生活に密着していた。また身分の異動もあり，とくに江戸中期以降，貨幣経済の発展に伴い，武士の身分が「株」化して百姓・町人へ売買されもした。大名や旗本の改革に協力して**苗字・帯刀**を許されたり，土木技術の能力などを買われ家臣になったりする者もいた。逆に百姓や町人が飢饉などで困窮し，物ごいとなることもあった。

*「えた」などの蔑称でよばれた。〈東京国立博物館蔵(部分)〉

獅子舞
侍
陰陽師
犬
棒手振

⑨**雨宿りするさまざまな身分の人々**(英一蝶筆 雨宿り図屏風)　市井に生活するさまざまな人々の姿を描いている。都市人口の大部分は，棒手振や日雇いなど，長屋(➔図⑫)とよばれる借家*に住む下層の人々であった。

*一棟の建物を数世帯分にしきった棟割長屋が多く，表通りに面していない長屋は裏長屋(裏店)とよばれた。

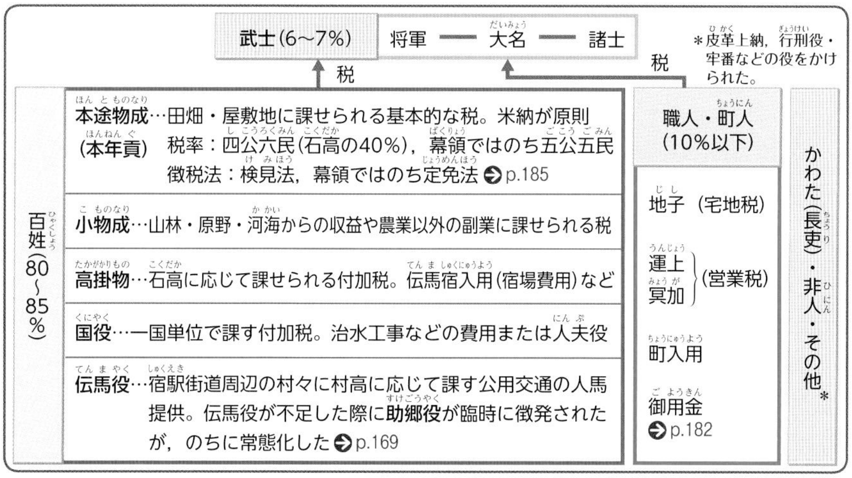

武士(6~7%)
将軍 — 大名 — 諸士
税
税
*皮革上納，行刑役・牢番などの役をかけられた。
百姓(80~85%)
本途物成…田畑・屋敷地に課せられる基本的な税。米納が原則
(本年貢) 税率：四公六民(石高の40%)，幕領ではのち五公五民
徴税法：検見法，幕領ではのち定免法 ➔p.185
小物成…山林・原野・河海からの収益や農業以外の副業に課せられる税
高掛物…石高に応じて課せられる付加税。伝馬宿入用(宿場費用)など
国役…一国単位で課す付加税。治水工事などの費用または人夫役
伝馬役…宿駅街道周辺の村々に村高に応じて課す公用交通の人馬提供。伝馬役が不足した際に助郷役が臨時に徴発されたが，のちに常態化した ➔p.169
職人・町人
(10%以下)
地子(宅地税)
運上
冥加
(営業税)
町入用
御用金
➔p.182
かわた(長吏)・非人・その他*

⑩**被支配身分の割合とかけられた税**

⑫**長屋のようす**　屋敷地をもつ地主と，町屋敷をもち居住する**家持**(家主)が**町人**で，町政に参加できた。都市人口の7割が地主から土地を借りて家屋を建てて住む**地借**と，家主に店賃を払って長屋などに住む**借家・店借**であった。

⑪**年貢を納めるようす**(円山応挙筆 七難七福図絵巻)
百姓たちは役人の前で枡を使って年貢米をはかり，俵につめて納めた。**幕藩体制**は**百姓**の年貢で支えられていたため，百姓の経営を安定させる必要があった。

Key Word　入会地 ➔p.126

「入会」とは，同一場所・地域を複数の人または村が利用し，あるいはそこから得分(収益)を得る関係を意味する。百姓は，田畑でつくり出せない必要物資を入会地の山野河海で入手しなければならず，建築用材や燃料，牛馬の飼料，肥料の材料，副食物など，多様な物が採取された。

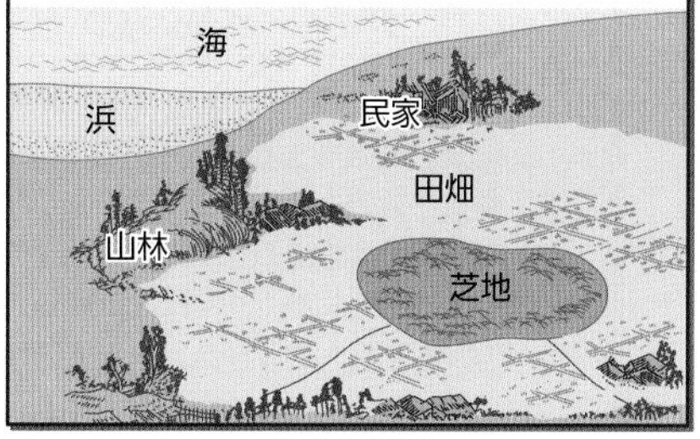

海
浜
民家
田畑
山林
芝地

時代を見る目　避難所としての縁切寺と協議離婚

江戸時代は封建的考え*のもとに男尊女卑が徹底され，女性はしいたげられていたと考えられてきた。前近代社会の避難所ともいえる縁切寺(駆込寺)は，離縁を望む妻を救う尼寺であった。有名なものが鎌倉の東慶寺と上野国の満徳寺だが，とくに後者では，門前で夫につかまりそうになったときに履物を門内に投げ入れれば，駆け入ったとみなして救助された。また，一方的と考えられていた三行半(離縁状)の申し入れも，離縁状に対し妻側から受領書が発行された事例があり，夫婦の協議を伴う離婚が通常の形であったことがわかってきている。

履物

⑬満徳寺への駆け込み

*近世社会では個人は家に所属し，戸主の権限が強かった。

歴史のまど　田中圭一『百姓の江戸時代』 江戸時代を幕府側ではなく百姓側の史料から読み解き，その実像を描きだしている。

朱印船貿易から「鎖国」へ —いきりすより日本へ,今度初めて渡海之船,万商売方之儀,相違無く仕るべく候(『異国日記』)

ヒストリースコープ

江戸初期の外交は，家康により活発に行われた。1613年には，オランダに続きイギリス商館も肥前の平戸に建てられ，自由貿易に対する許可証(朱印状)が家康から発行された。秀吉の朝鮮出兵(→p.146)により悪化した明との関係は回復できず，朱印船は東南アジア方面へ向かった。

考察

❶朱印船は，貿易のために日本からどこへ向かったのだろうか。
❷朱印船貿易の特徴を，相手国・商品に着目して説明しよう。→2・3
❸貿易から「鎖国」にいたる経緯を，禁教政策に着目して説明しよう。→1・4

奉掛
御寶前
諸願成就
皆令滿足
寛永十一戌七月吉
平

△①描かれた朱印船(清水寺末次船絵馬下絵)　貿易の際，幕府が海外渡航許可証である朱印状を与えたことから，朱印船とよばれる。朱印船は，東南アジア各国との貿易に加え，明船との出会貿易*を行った。貿易が活発化すると，アユタヤやルソン島など各地に日本町が形成された。アユタヤでは，王室に重用された山田長政が登場した。〈長崎歴史文化博物館蔵〉 →p.14 巻頭地図

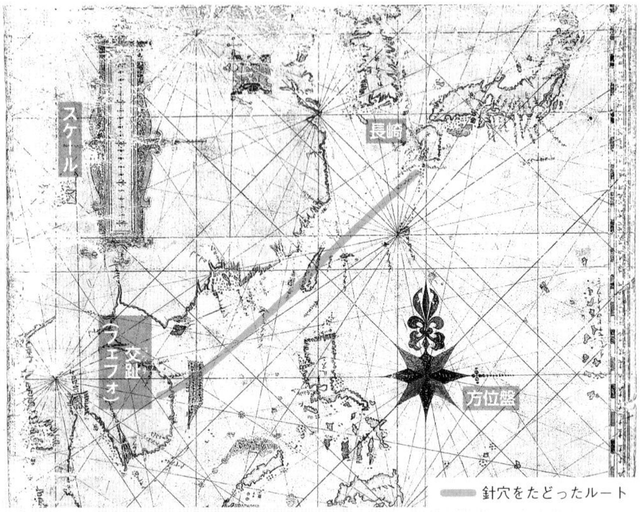

スケール
長崎
文献 フェフォ
方位盤
針穴をたどったルート

△②アジア航海図　朱印船貿易を行っていた商人が使用した航海図。長崎から目的地までのルートに，針穴が連なっている。〈三重 神宮徴古館農業館蔵〉

＊明は貿易を禁止する海禁政策をとっていたため，明商人とは東南アジアの各港で出会い，交易を行った。

1 朱印船貿易から「鎖国」*へ

＊ケンペルの著書『日本誌』を志筑忠雄(→p.200)が和訳した際に使用した「鎖国」が由来。

政権	年	事項(青字 禁教関連)
	1543	ポルトガル人，種子島に漂着 ➔p.142
	1549	キリスト教の伝来(ザビエル来日) ➔p.143
	1580	イギリス商船，肥前の平戸に来航
豊臣秀吉	1584	スペイン商船，平戸に来航
豊臣秀吉	1587	バテレン(宣教師)追放令 ➔p.146
豊臣秀吉	1588	海賊取締令 ➔p.146
豊臣秀吉	1596	スペイン船サン＝フェリペ号事件→26聖人殉教
徳川家康	1600	オランダ船リーフデ号，豊後に漂着
徳川家康	1601	朱印船制度(～35)➡2
徳川家康	1604	糸割符制度を創設➡3
秀忠	1607	朝鮮使節，来日
秀忠	1609	己酉約条(宗氏と朝鮮の修好通商条約)
秀忠		オランダ，平戸に商館を開く
秀忠	1610	家康,京都の商人田中勝介をメキシコへ派遣
秀忠	1611	中国(明)船に長崎での貿易を許可
秀忠	1612	直轄領に禁教令　＊大使は支倉常長。
秀忠	1613	伊達政宗,慶長遣欧使節*派遣(～20)
秀忠		イギリス，平戸に商館を開く➡🔍
秀忠		全国にキリスト教禁止令
秀忠	1614	高山右近らをマニラへ追放
秀忠	1616	中国船以外の外国船の来航を平戸・長崎に限定
秀忠	1622	元和の大殉教(長崎で宣教師・信徒ら55名処刑)
家光	1623	イギリス，平戸の商館を閉鎖し撤退
家光	1624	スペイン船の来航を禁止
家光	1631	奉書船制度(海外渡航船は朱印状のほか老中の許可状も必要となる)
家光	1633	鎖国令Ⅰ 史 奉書船以外の海外渡航を禁止
家光	1634	鎖国令Ⅱ 海外との往来や通商を制限
家光		長崎に出島を築かせる(～36) ➔p.159
家光	1635	鎖国令Ⅲ 史 日本人の海外渡航・帰国を禁止
家光		中国船の来航を長崎に限定
家光	1636	鎖国令Ⅳ ポルトガル人の妻子らを追放
家光	1637	島原・天草一揆(～38) ➡4
家光	1639	鎖国令Ⅴ 史 ポルトガル船の来航を禁止 ➔p.159
家光	1641	オランダ商館を平戸から出島に移す(「鎖国」の完成)
家光		初めてオランダ風説書を提出させる(～1859) ➔p.159

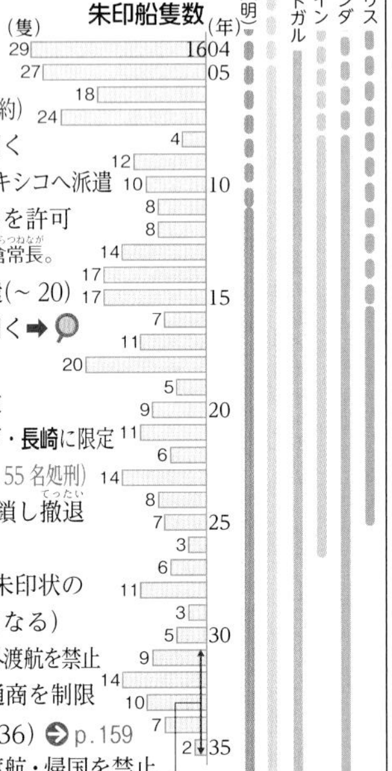

朱印船隻数
(隻)
(年)
29 1604
27 05
18
24
4
12
10 10
8
8
14
17
17 15
7
11
20
5
9 20
11
6
14
8
7 25
3
6
11
3
5 30
9
14
10
7
2 35
奉書船
各国との交流
中国(明)
朝鮮
ポルトガル
スペイン
オランダ
イギリス

2 朱印船貿易

▽③担い手と貿易品

朱印状下付先(100人あまり)	西国の大名	島津・松浦・有馬・鍋島ほか10氏
朱印状下付先(100人あまり)	豪商(初期豪商)	(京都)角倉了以・茶屋四郎次郎ら (長崎)末次平蔵　(摂津)末吉孫左衛門
朱印状下付先(100人あまり)	在留外国人	ヤン＝ヨーステン(耶揚子)* ウィリアム＝アダムズ(三浦按針)*ら
輸入品		アジア産…生糸・絹織物・砂糖・鹿皮・鮫皮 ヨーロッパ産…ラシャなどの毛織物
輸出品		銀(世界の銀産出額の3分の1)・銅・硫黄

＊外交・貿易の顧問とした。

自日本到
安南国商船也
右
慶長拾壹年丙午八月六日
日本より安南国にいたる商船なり

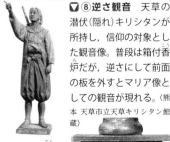

△④朱印状　日本から安南国(ベトナム)までの渡航を許可した証明書。朱印は徳川家康のもの。

3 糸割符制度 史

▶⑤ 1604年，ポルトガル商船が中国産生糸(白糸)と日本銀を交換して多大な利益を得ていたことから実施。糸割符仲間による輸入生糸の一括購入や販売を行った。糸割符仲間の割りあて率は，京都：堺：長崎：江戸：大坂＝100：120：100：50：30で，商業の中心である堺が最も多かった。

生糸(白糸：中国産)
ポルトガル船・オランダ船・中国船
↓ 価格を決定し一括購入(価格決定の主導権を日本側がにぎる)
糸割符仲間(五カ所商人)
京都・堺・長崎・江戸・大坂*
↓ ＊江戸・大坂の商人は1631～33年から加わる。一定比率で糸割符仲間に分配し，時価で販売
諸国商人

4 禁教政策と島原・天草一揆

長崎と天草地方の潜伏キリシタン関連遺産 世 ➔巻末1

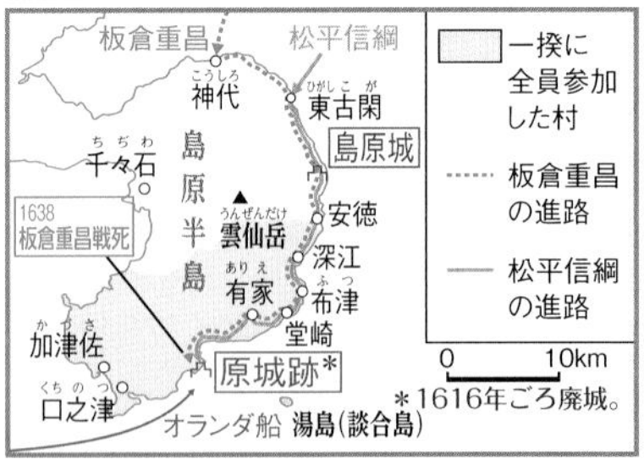

板倉重昌
松平信綱
神代
東古閑
島原城
千々石
島原半島
1638 板倉重昌戦死
雲仙岳
安徳
深江
有家
布津
堂崎
加津佐
原城跡*
口之津
オランダ船
湯島(談合島)
一揆に全員参加した村
板倉重昌の進路
松平信綱の進路
0 10km
＊1616年ごろ廃城。

△⑥島原・天草一揆(左)と⑦天草四郎像(右)　天草領主寺沢氏，島原城主松倉氏らの圧政に抵抗し，益田(天草四郎)時貞を首領として百姓ら約3万7000人が原城跡に籠もった。幕府は板倉重昌や老中松平信綱を派遣し，兵糧攻めのほかオランダ軍艦に命じて原城跡沖から砲撃をさせるなど，約12万人を動員し約4か月がかりで一揆を鎮圧した。これ以後幕府は禁教政策を強めた。〈熊本 天草市立天草キリシタン館蔵〉

▽⑧逆さ観音　天草の潜伏(隠れ)キリシタンが所持し，信仰の対象とした観音像。普段は箱付香炉だが，逆さにして前面の板を外すとマリア像としての観音が現れる。〈熊本 天草市立天草キリシタン館蔵〉

今日とのつながり 支倉常長がヨーロッパから持ち帰った遺品である慶長遣欧使節関係資料が，2013年にユネスコ「世界の記憶」に登録された。

「鎖国」—かれうた渡海之儀これを停止せられおわんぬ 史(『徳川禁令考』)

ヒストリースコープ

キリスト教禁教から始まった幕府の「鎖国」政策は，徐々に取り締まりを厳しくしていった。1635年には日本人の渡航・帰国を，39年にはポルトガル船(かれうた*)の来航を禁止，41年にはオランダ商館を出島に移し，ここにいわゆる「鎖国」が完成した。

*ヨーロッパの大型帆船ガレオンの小型版の船ガレウタ。ポルトガル人が使用した。

唐人屋敷
中国船
出島
オランダ船
奉行所

①長崎港のようす　キリスト教禁教と貿易統制を目的とした「鎖国」後も，幕府は中国船やオランダ船を直轄地である長崎に集め，貿易による利益を享受した。このため17世紀末の長崎の人口は，約6万5000人にまでのぼった。〈兵庫 神戸市立博物館蔵(部分)〉

考察

❶長崎ではどこの国との交易が行われていたのだろうか。
❷長崎で行われた交易の特徴を説明しよう。→2
❸長崎で行われた交易のほかに日本はどこの国と交易を行っていたのだろうか。→1

1 四つの窓口 —幕府の対外統制 →p.15 巻頭地図

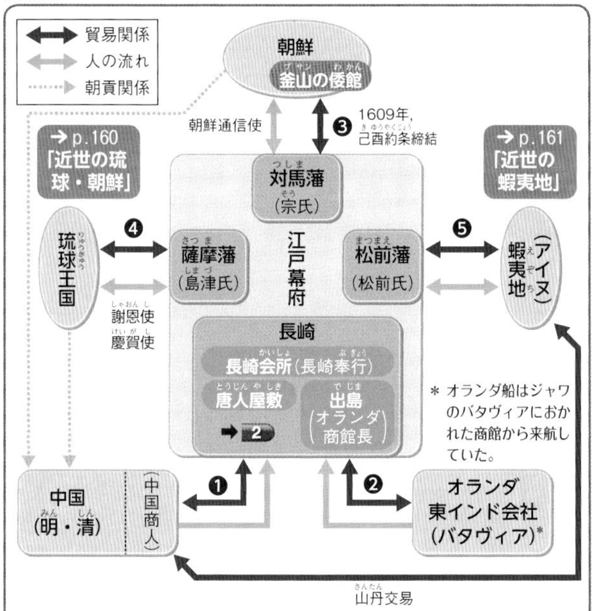

貿易関係
人の流れ
朝貢関係
朝鮮
釜山の倭館
朝鮮通信使
1609年，己酉約条締結
→p.160「近世の琉球・朝鮮」
→p.161「近世の蝦夷地」
対馬藩(宗氏)
琉球王国
薩摩藩(島津氏)
江戸幕府
松前藩(松前氏)
蝦夷地(アイヌ)
謝恩使
慶賀使
長崎
長崎会所(長崎奉行)
唐人屋敷
出島(オランダ商館長)
→2
*オランダ船はジャワのバタヴィアにおかれた商館から来航していた。
中国(明・清)
(中国商人)
オランダ東インド会社(バタヴィア)*
山丹交易

【貿易品の変遷】

	貿易相手	前期 輸入品	前期 輸出品	中期以降 輸入品	中期以降 輸出品
❶	中国	生糸・絹織物・砂糖	金・銀・銅など	絹織物・砂糖	銅・俵物 →p.342
❷	オランダ	生糸・絹織物・砂糖		毛織物・ビロード・胡椒	銅・伊万里焼・漆器
❸	朝鮮	生糸・絹織物・朝鮮人参		木綿・米	銅
❹	琉球	生糸・絹織物・砂糖・黒糖		絹織物・砂糖・黒糖	俵物
❺	蝦夷地	鮭・鷹・砂金(商場知行制)	米など	鰊・鮭・昆布漁経営(場所請負制度)	

時代を見る目　皿の模様から見る世界情勢

②マークが入った伊万里焼 (17世紀後半) →p.167

オランダ東インド会社のVOCマークが入ったこの皿は，オランダが日本に注文したものである。皿のふちを六等分して花びらのように見立てる形式は，中国製の陶磁器に用いられていたものと同じである。清が出した遷界令(→p.15)によって中国から磁器を輸入できなくなったオランダが，日本に中国産磁器に似せた代替品をつくらせたものとされる。

2 長崎の口

A オランダ・中国との交易

③長崎屋(葛飾北斎筆 画本東都遊)　オランダ商館長の江戸参府の際の常宿だった。

『オランダ風説書』【現代語訳】

一、去年申し上げたフランスが行っている戦争は未だ和平を結んでいないため、インドの諸商館に赴任しているオランダ東インド会社の職員たちはまだ同地につめたままです。
一、この度海上において唐船は見ませんでした。その他に変化した情報はございません。
カピタン げいすべるとへんみい
右に書いたことは、阿蘭陀人の船長が申したことをカピタンが承った通りに和訳申し上げました。以上。
通詞目付・通詞
(一七九五年『和蘭風説書集成』)

④オランダ風説書　幕府はオランダ船が来航するたびに，海外の情報を報告書(**風説書**)として提出させた。

高札
懐中改めをする役人
小間物店
門番
二之門

⑤唐人屋敷　中国貿易での輸入品は，**生糸**・絹織物・書籍・薬種のほか，東南アジア産の砂糖や香料などで，輸出品は銀の需要が高かった。密貿易を防ぐため屋敷の門で役人が懐中改めをする場面が描かれている。〈兵庫 神戸市立博物館蔵〉

B 長崎貿易の変遷

よみとき　幕府が貿易額や貿易隻数を制限した目的に注目しよう

1604	糸割符制度	価格引き下げのため糸割符仲間が生糸を一括購入 →p.158 3
1655	相対自由貿易	商人間の自由貿易となり，輸入品価格の高騰と金銀の流出を招く
1672	貨物市法	銀の流出を防ぐため，市法会所が輸入品を指定値で独占的に購入
1685	定高貿易仕法(貞享令)	清の台湾征圧後に清の対外貿易が活発化することを見越して清・オランダとの年間**貿易額を制限**(清は銀6000貫，オランダは銀3000貫)
1689	唐人屋敷設置	密貿易の防止を目的に，長崎に来航した唐人を隔離収容する施設→図⑤
1698	長崎会所設置	貿易統制機関である長崎会所ですべての貿易取引を管理し，利益を糸割符商人，長崎市政費用，長崎運上などに分配した。
1715	海舶互市新例	**信牌**(貿易許可証)を発行して年間貿易隻数を制限(清は1688年の70隻から30隻に，オランダは2隻)。貿易の安定化に成功 →p.165

⑥17世紀後半には金銀の産出減少が判明し，貿易支払いでの金銀流出をくいとめることが課題となった。長崎での貿易制限は一時的には成功するが，根本的な解決にはならなかったため，俵物(→p.342)などの金銀にかわる輸出品を用意したり，輸入品であった生糸や朝鮮人参の国産化(輸入代替産業)をめざしたりするようになった。

今日とのつながり　出島は，今日長崎市によって19世紀初頭の姿に復元が進められており，商館長の事務所兼住居である「カピタン部屋」や水門を見ることができる。

近世の琉球・朝鮮

→p.132「中世日本の交易拠点」，p.215「北海道の開拓・沖縄の歩み」

1 琉球王国の歴史（近世）

1531	『おもろそうし』第1巻編集
1606	薩摩藩主 島津家久，家康より琉球王国の征服と支配を許される
1609	**家久，琉球王国を征服**（琉球は引き続き明（のち清）にも服属）
1611	薩摩藩が検地。琉球の所領を8万9000石余とし，年貢品を指定また，琉球王国に対し「掟」15条を申しわたす➡図④
1634	第1回**謝恩使**。以後，将軍の代がわりに**慶賀使**，国王の代がわりに**謝恩使**を派遣➡図③⑤
1650	羽地朝秀（向象賢），歴史書『中山世鑑』を編纂（琉球最初の正史）
1663	琉球国王**尚氏**，**清**の冊封を受ける
1698	種子島へ甘藷（さつまいも）を贈る
1853	**アメリカ東インド艦隊司令長官ペリーが来航** ➡p.17，195，201

しより おわる てだこが
うきしまは げらへて
たう なばん よりやう なはどまり
（首里城にいる国王が浮島（那覇）を整備したので，那覇港は唐や南蛮からの船でにぎわっている。）

△①**那覇港をうたった歌謡集『おもろそうし』の一節**

〈滋賀大学経済学部附属史料館蔵 162.1 × 332.5cm（部分）〉

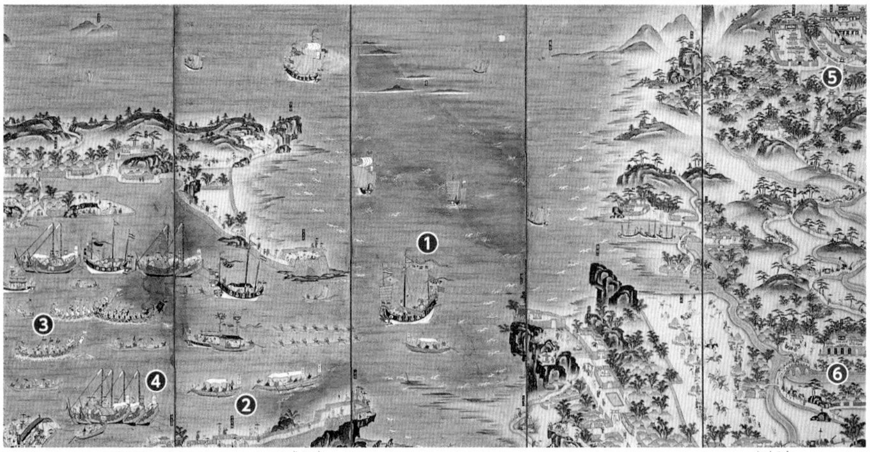

△②**那覇港**（琉球貿易図屏風） 中国・薩摩・琉球の船が行きかい，にぎわっている。❶中国に朝貢し帰国した琉球の進貢船が，ロープで小舟に引かれている。❷薩摩藩の御用船。❸競漕船ハーリー。❹薩摩藩の弁財船*タイプの御用船。❺首里城。❻歴代国王をまつる崇元寺のアーチ門。 ＊廻船（→p.169）に用いられる大型船で，千石船ともよばれた。

2 琉球の江戸幕府・薩摩藩との関係 →p.15 巻頭地図

年代	将軍	目的		人数
1634	家光		謝恩	不明
1644	家光	慶賀	謝恩	70
1649	家光		謝恩	63
1653	家綱	慶賀		71
1671	家綱		謝恩	74
1682	綱吉	慶賀		94
1710	家宣	慶賀	謝恩	168
1714	家継	慶賀	謝恩	170
1718	吉宗	慶賀		94
1748	家重	慶賀		98
1752	家重		謝恩	94
1764	家治	慶賀		96
1790	家斉	慶賀		96
1796	家斉		謝恩	97
1806	家斉		謝恩	97
1832	家斉		謝恩	78
1842	家慶	慶賀		99
1850	家慶		謝恩	99

△③**琉球使節一覧**〈岩波書店『日本史辞典』〉

薩摩を出航する琉球使節（1748年） 〈鹿児島市立美術館蔵 琉人御召舟之図 86.1 × 324.5cm（部分）〉

琉球使節の船

江戸城へ登城する琉球使節（1710年） 〈東京 国立公文書館蔵 琉球中山王両使者登城行列 30 × 1240cm（部分）〉

△⑤**琉球使節** 琉球は，将軍の代がわりには**慶賀使**，国王の代がわりには**謝恩使**を江戸に参府させた。使節は鹿児島で薩摩藩の一行と合流，船で瀬戸内海を渡って大坂に上陸し，陸路で江戸に向かった。異国風によそおった使節一行の姿は，薩摩藩にとっては琉球支配をアピールすることで幕藩体制内での地位の向上に，幕府にとっては異国を治めているという権威の高揚につながった。

▷④**琉球王 尚寧**（1564～1620） 1609年，島津氏が琉球を征服，尚寧は捕虜として薩摩藩に抑留された。島津氏は，琉球が守るべき「掟」を定め，尚寧に認めさせた。尚寧は1611年に帰国し，中国との貿易を推進した。

「掟」15条（一部要約抜粋）
1．薩摩藩の命令なしで，唐へ貢物を贈ってはいけない。
6．薩摩藩の許可がない商人を受け入れてはいけない。
13．琉球から他国（他藩）へ貿易船を出してはいけない。
14．日本の桝以外を用いてはいけない。

時代を見る目 **琉球王国にとっての「江戸上り」**

清が中国を統一すると，琉球は“幕藩体制のなかの異国”として清の冊封を受け，日本と清に両属した。この日清両属（二重支配）は，琉球に“日清の両国に属しながらも，どちらとも異なる独自の王国”という意識をめばえさせた。琉球の王朝にとって，使節の江戸派遣＝「江戸上り」は，この独自性を誇示する場となった。

3 朝鮮の江戸幕府・対馬藩との関係－朝鮮通信使*

年代	将軍	目的	人数
1607	秀忠	国交回復	504
1617	秀忠	大坂平定の祝賀	428
1624	家光	将軍襲職の祝賀	460
1636	家光	泰平の祝賀	478
1643	家光	家綱誕生の祝賀	477
1655	家綱	将軍襲職の祝賀	485
1682	綱吉	将軍襲職の祝賀	473
1711	家宣	将軍襲職の祝賀	500
1719	吉宗	将軍襲職の祝賀	475
1748	家重	将軍襲職の祝賀	477
1764	家治	将軍襲職の祝賀	477
1811	家斉	将軍襲職の祝賀	328

（囲み）は回答兼刷還使

△⑥**朝鮮通信使一覧**〈岩波書店『日本史辞典』〉

△⑦**日光東照宮を参拝する通信使**（1636年） 朝鮮出兵後国交はとだえたが，対馬藩の**宗氏**は朝鮮と幕府の関係回復をはかり，1607年に使節が来日。以後計12回（回答兼刷還使3回，通信使9回）来日した。家康をまつる東照宮を参拝させるなど幕府権威の高揚にも利用される一方で，文化的交流もなされた。

＊2017年，「朝鮮通信使に関する記録」がユネスコ「世界の記憶」に登録された。

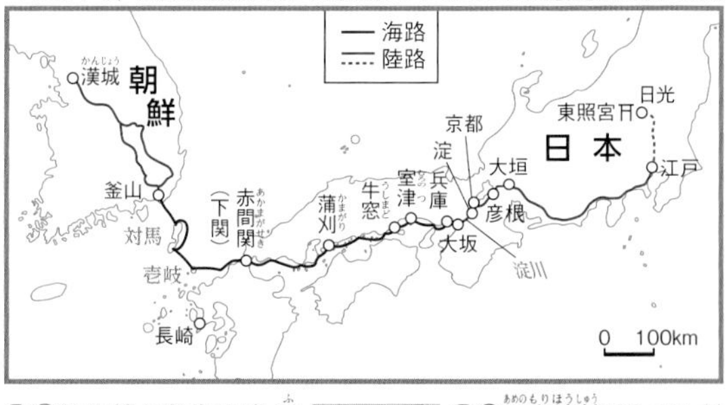
海路
陸路
漢城
朝鮮
釜山
対馬
壱岐
長崎
（下関）
赤間関
蒲刈
牛窓
室津
兵庫
淀
京都
大坂
彦根
大垣
淀川
日本
東照宮
日光
江戸
0 100km

△⑧**通信使の参府経路** 釜山から海路で対馬を経由し，瀬戸内海を航海して大坂に入った。大坂からは淀川を遡上し，陸路で江戸に向かった。

◁⑨**雨森芳洲**（1668～1755） 対馬藩に仕えた儒学者。朝鮮語・中国語に通じ，対朝外交に尽力。『交隣提醒』で朝鮮外交の概要を記す。

 ➔p.132「中世日本の交易拠点」，p.215「北海道の開拓・沖縄の歩み」

1 蝦夷地の歴史（近世） ➔p.15 巻頭地図

1457	**コシャマインの戦い*** ➔p.132
15~16世紀	アイヌと和人との抗争で道南部の蠣崎氏の支配権が確立
1593	蠣崎氏，秀吉から蝦夷地支配権を認可
1599	蠣崎氏，松前氏に改姓
1604	松前氏，家康からアイヌとの交易独占権を認可→**商場知行制**➔2 A
1669	**シャクシャインの戦い**でアイヌが敗北
18世紀	**場所請負制度**（和人商人はアイヌの人々を労働力として酷使）➔2 B
1789	クナシリ・メナシの戦いでアイヌが敗北（アイヌの最後の蜂起）
1799	幕府，東蝦夷地を直轄（場所請負制度廃止）
1807	幕府，全蝦夷地を直轄（松前藩は奥州へ）
1821	幕府，松前氏に蝦夷地を返す
1855	幕府，東西の蝦夷地を再び直轄
1869	**開拓使**設置，蝦夷地を**北海道**と改称

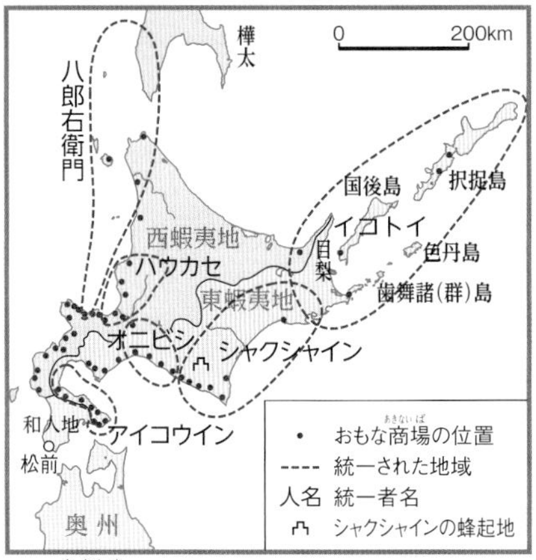
樺太
0 200km
八郎右衛門
国後島
択捉島
イコトイ
目梨
色丹島
歯舞諸(群)島
西蝦夷地
ハウカセ
東蝦夷地
オニビシ
シャクシャイン
和人地
アイコウイン
松前
奥州
おもな商場の位置
統一された地域
人名 統一者名
シャクシャインの蜂起地

①**和人地の北上　松前氏**は，1604年にアイヌとの交易独占権を得ると，徐々に勢力を拡大した。

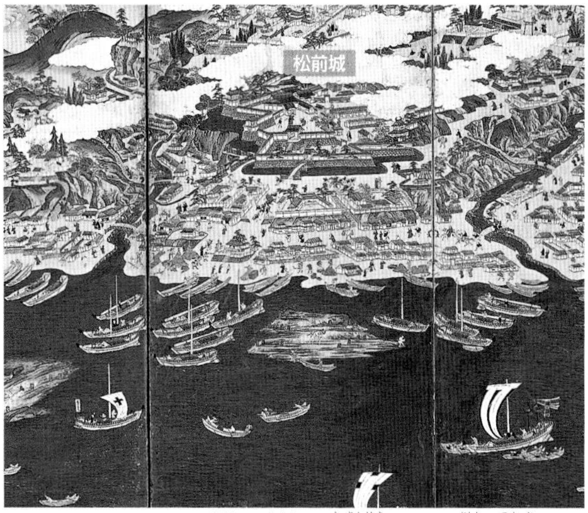
松前城

②**松前港のにぎわい**（江差松前屏風）　江差浜でとれた鰊や昆布など，蝦夷地特産の海産物を運ぶために多くの北前船（➔p.169）が来航した。

＊アイヌ大首長コシャマインによる大規模蜂起。これを鎮圧した武田信広は，蠣崎氏を継いで蝦夷地の支配者となった。

2 松前藩との関係

〈北海道 函館市中央図書館蔵〉

③**オムシャ**（日高アイヌ・オムシャ之図）　オムシャは，もともとは和人が蝦夷地に来て交易するときの儀式だった。**シャクシャインの戦い**ののちは，松前藩がアイヌの人々を支配するための行事へと変わった。

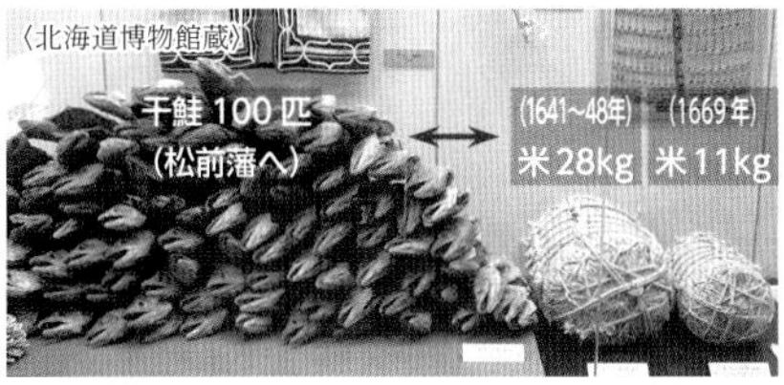
〈北海道博物館蔵〉
干鮭100匹（松前藩へ）
(1641~48年) 米28kg
(1669年) 米11kg

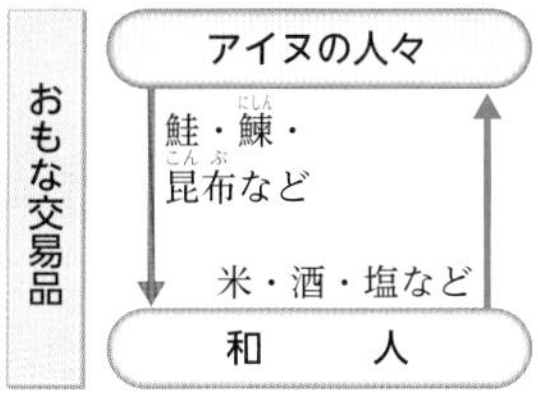
おもな交易品
アイヌの人々
鮭・鰊・昆布など
米・酒・塩など
和　人

④**不公平な取引**　和人はアイヌの人々が貨幣を用いていないことを利用し，アイヌの品物と米の交換比率を自分たちに有利なように変更し，もうけを増やしていった。

A 商場知行制とシャクシャインの戦い

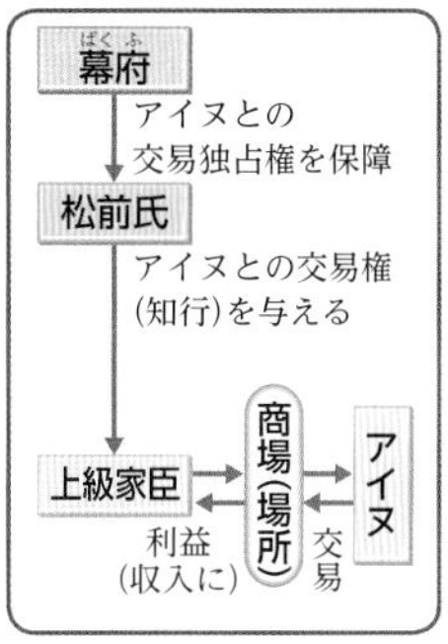
幕府
アイヌとの交易独占権を保障
松前氏
アイヌとの交易権（知行）を与える
上級家臣
商場（場所）
アイヌ
利益（収入に）
交易

⑤**商場知行制**　松前藩主は，上級家臣にアイヌとの交易場所（**商場**または**場所**という）を分与し（天明期に78か所），家臣は交易による利益を収入とした。

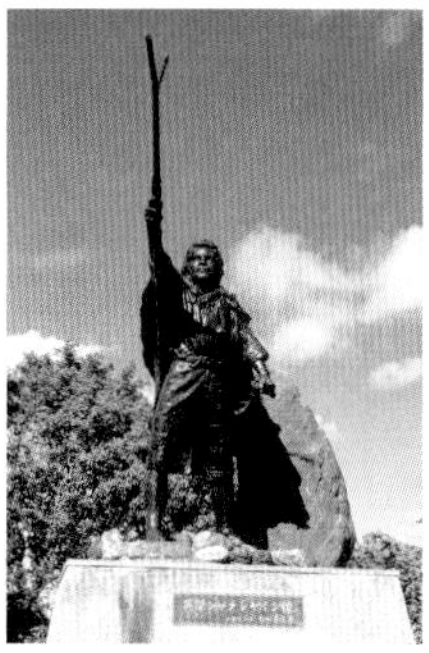

⑥**シャクシャインの像**　アイヌの首長シャクシャインは，商場により今までの自由な交易ができなくなったことに不満をもち，蜂起した。

B 場所請負制度とクナシリ・メナシの戦い

〈北海道 函館市中央図書館蔵 蠣崎波響筆〉

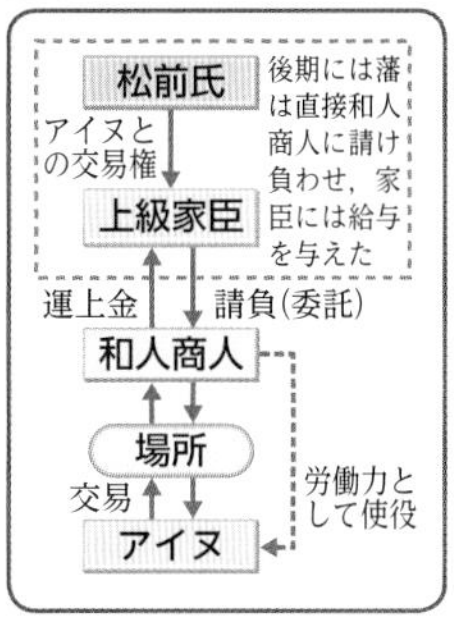
松前氏
後期には藩は直接和人商人に請け負わせ，家臣には給与を与えた
アイヌとの交易権
上級家臣
運上金
請負（委託）
和人商人
場所
交易
労働力として使役
アイヌ

⑦**場所請負制度**　知行主は，特権商人に交易を請け負わせ，運上金を納入させた。商人たちは，アイヌの人々を強制的に働かせた。

⑧**厚岸の首長イコトイ**　イコトイは，1789年に蜂起（クナシリ・メナシの戦い）した若者たちの説得にあたり，松前藩との戦闘を回避させた。

3 アイヌの人々の暮らし

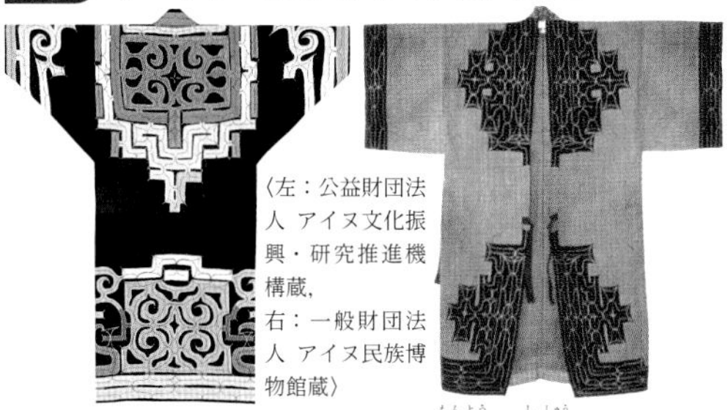
〈左：公益財団法人 アイヌ文化振興・研究推進機構蔵，右：一般財団法人 アイヌ民族博物館蔵〉

⑨**アイヌの人々の衣服**　アイヌの文様が刺繍された衣服。渦巻き文や括弧文とよばれる独特の文様がほどこされている。左は，木綿製のルウンペとよばれる晴れ着。右は，木の皮の繊維でつくられた生活着（アットゥシ織り）で，動物や魚の皮などからもつくられた。

⑩**イオマンテ（イヨマンテ）**（蝦夷島奇観）　アイヌの人々は，自然界や身の回りのものに感謝しながら暮らし，それらを神の国に送り返す儀式としてイオマンテを行った。熊は肉や毛皮をもたらしてくれる最高位の神として最大の敬意をもって扱われた。〈東京国立博物館蔵〉

⑪**ユカラをうたうアイヌの人々**（アイヌ風俗図巻）　ユカラには，神々の伝説の神話と，人間の伝承の民話の2つがあった。豊かな言葉の表現はあるが文字をもたないアイヌの人々は，口承でユカラを語り継いだ。〈北海道 函館市中央図書館蔵〉

寛永期の文化 ―東照大権現の名高き世のほまれ(『東照宮大権現縁起』)

ヒストリースコープ 東照宮は，久能山(静岡県)に納めていた徳川家康の遺体を日光(栃木県)に改葬したことに始まる霊廟。3代将軍家光は家康をとくに崇拝し，東照宮の造営には金57万両・銀百貫目・米一千石をかけ，家康を「東照大権現*」としてまつって神格化した。

考察
❶陽明門の建築の特徴を説明しよう。
❷寛永期の建築のもう一つの特徴を説明しよう。→ 3
❸寛永期の絵画から，文化の担い手を説明しよう。→ 4・5

◀①日光東照宮陽明門(左)と②その彫刻(右) 1636年に建造された楼門。高さ11.1m，正面の幅7.0m，奥行き4.4m。金や七宝のかざり金具をほどこした動植物や人物など500をこえる彫刻が，すきまなく配されている。寛永期には，権力を示すために豪華にかざりたてた**霊廟建築**が流行した。〈国 栃木〉

＊家康の死後，神号について，金地院崇伝(→p.156)は「大明神」を，天海は「大権現」を主張。秀忠が後者に決定した。天海は家康の帰依を受けた天台宗の僧で，上野忍ヶ岡に寛永寺を創建した。

1 寛永文化まとめ表

特徴	豪華な装飾文化の終結と王朝回帰 ① 17世紀前半の文化 ②桃山文化の継承 ③幕藩体制に呼応した新味
建築	【霊廟建築】 日光東照宮 世 (権現造)，陽明門 国 【茶室風建築】桂離宮(数寄屋造) 修学院離宮(数寄屋造) 【日本建築】清水寺 世 本堂 国 延暦寺 世 根本中堂 国 【中国風建築】 ➔p.331 崇福寺大雄宝殿 国　万福寺大雄宝殿
絵画	【狩野派】大徳寺方丈襖絵(狩野探幽) 【装飾画】 風神雷神図屏風 国(俵屋宗達) 【風俗画】彦根屏風 国 夕顔棚納涼図屏風 国(久隅守景)
工芸	【陶磁器】本阿弥光悦…楽焼 酒井田柿右衛門…有田焼・赤絵 【漆器】舟橋蒔絵硯箱 国(本阿弥光悦)
文学	【仮名草子】浮世草子(→p.177)の前身 【貞門俳諧】松永貞徳
学問	【朱子学】藤原惺窩 林羅山とその子孫(林家)➔p.180

2 豊かな財力による装飾文化

〈千葉 国立歴史民俗博物館蔵 6曲1双 右隻 162.5×366.0cm(部分)〉

尾張家
水戸家
紀伊家

△③江戸図屏風に描かれた三家の門　尾張・水戸・紀伊の屋敷は城内吹上(西の丸の西北)にあり，壮麗さを競った。御成門と表門は，陽明門を思わせる精密華麗な彫刻でかざられた。明暦の大火(→p.164)後，それぞれの屋敷は市ヶ谷・小石川・赤坂に移転した。

Key Word 権現造
霊廟建築の代表的な建築様式で，本殿の前に拝殿をおき，石の間でエの字形に連結した社殿全体をいう。その名は，徳川家康を「東照大権現」と号したことに由来する。

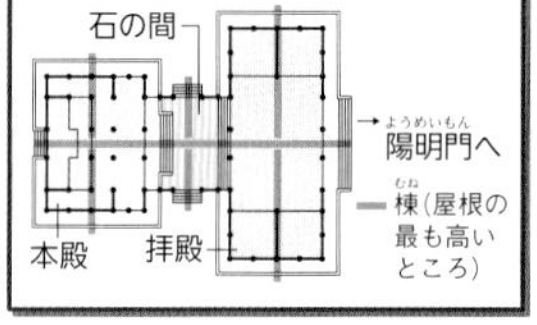

石の間
陽明門へ
棟(屋根の最も高いところ)
本殿
拝殿

△④日光東照宮の見取り図

3 王朝文化へのあこがれ

△⑤桂離宮書院〈京都〉

格天井
違い棚
付書院

Key Word 数寄屋造
書院造(→p.137)に草庵風の茶室建築を加味した建築様式。「数寄」とは，「好み」・「風流」などの意味から侘茶(→p.147)をさすようになり，茶室を数寄屋とよんだ。

◀⑥桂離宮新御殿一の間　**桂離宮**は後陽成天皇の弟八条宮(桂宮)智仁親王が造営した**数寄屋造**の別荘。上段の付書院は，最も趣向をこらしており，直線的な天井(格天井)や棚(違い棚)に対し，窓枠の曲線が空間をやわらげる。

〈京都 大徳寺蔵 4面 各178.0×91.0cm(部分)〉

◀⑦大徳寺方丈襖絵(狩野探幽筆)　大徳寺方丈は8室あり，83面の襖を**狩野探幽**一人で手がけた。山水・禅画などを優雅で知的に描く。安土・桃山時代の豪快な大画面様式(→p.150)から，枠内に画面を収める描き方への変化は，幕藩体制(→p.154)成立の影響ともいえる。

△⑧修学院離宮庭園　後水尾上皇(→p.156)が造営した**数寄屋造**の山荘。上皇自らの設計と伝えられる。上・中・下の三つの御茶屋からなり，比叡山を借景とした雄大な廻遊式庭園(→p.135)は，桂離宮と並ぶ名園である。〈京都〉

歴史のまど ブルーノ＝タウト『日本美の再発見』 ドイツの建築家タウト(1880〜1938)が，日本滞在中に桂離宮などを通して日本の美を「最大の単純の中の最大の芸術」として再発見した書。

4 京都町衆のデザイン

〈国 京都 建仁寺蔵 2曲1双 各157.0×173.0cm〉

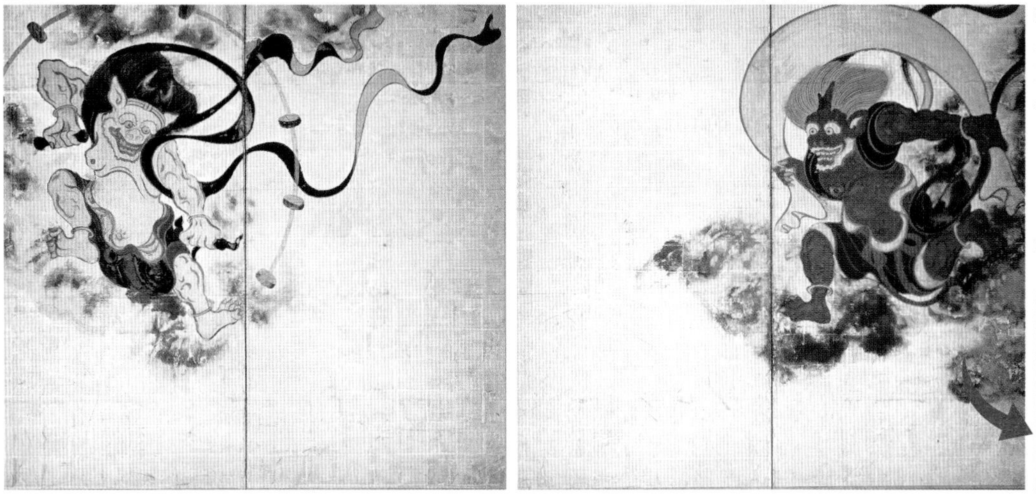

◀⑨**風神雷神図屏風**（俵屋宗達筆） 宗達の最高傑作で，三十三間堂の風神雷神像や，天神縁起絵巻を参考にしたともいわれる。枠をはみ出す躍動感，広がりを感じさせる中心の余白など，画面構成がみごと。京都の上層町衆だった宗達は，絵屋「俵屋」を経営していた。

▼⑩**たらしこみ** 絵の具が乾かないうちにさらに絵の具を落としてにじみを出す技法。

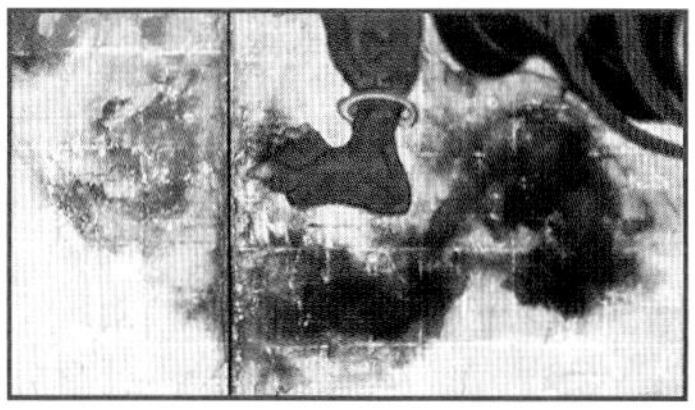

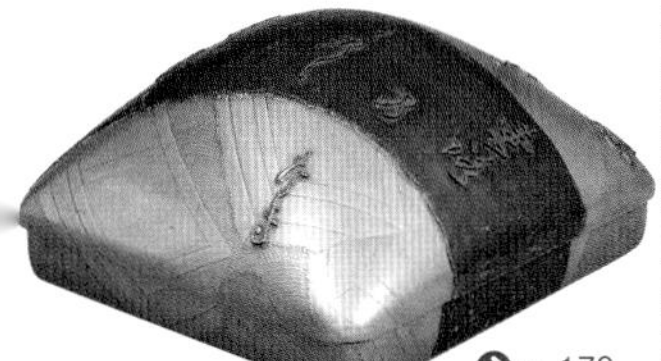

➔p.178

▲⑪**舟橋蒔絵硯箱**（本阿弥光悦作） ふたに鉛の板を張り，橋を表現。金蒔絵には舟と波模様を描き和歌を記す。**光悦**は家康から京都洛北の鷹ヶ峰の地を与えられ，芸術村を開いた。〈国 東京国立博物館蔵 24.2×22.9×11.8cm〉

時代を見る目

受け継がれる風神雷神

風神雷神図は，後世の琳派画家たち（➔p.178）に受け継がれた。宗達と琳派に血縁関係・師弟関係はないが，尾形光琳や酒井抱一らもこの伝統画題に挑戦した。光琳の風神雷神図は，姿形は同じだが色彩があざやかで，二神を囲む雲は黒色が濃く広い。また，二神の位置を少し下げ画面内に完全におさめているため，宗達画にみられる勢いや迫力は減じるが，二神と雲の明確な姿が強調され，空中に浮かぶというより黒雲にしっかり乗るというおもむきが強い。

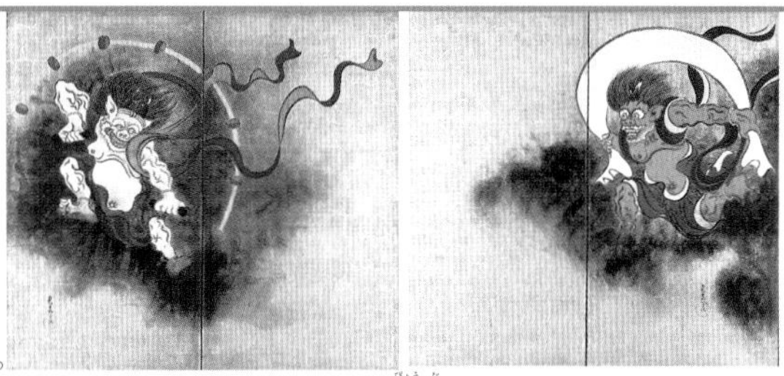

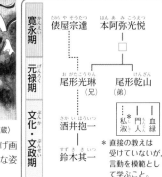

▲⑫**風神雷神図屏風**（尾形光琳筆）〈東京国立博物館蔵〉

寛永期	俵屋宗達	本阿弥光悦
		□
元禄期	尾形光琳（兄）	尾形乾山（弟）
文化・文政期	酒井抱一	
	鈴木其一	

┆私淑* ｜門人 ‖血縁

＊直接の教えは受けていないが，言動を模範として学ぶこと。

▲⑬**琳派の系譜**

5 風俗画の流行

〈国 滋賀 彦根城博物館蔵 6曲1隻 94.0×271.0cm〉

三味線
双六
長キセル
タバコ盆
手紙を読む者
恋文を書く者
若衆
犬

◀⑭**彦根屏風** 彦根藩主井伊家の所蔵であったことから彦根屏風とよばれる。狩野派（➔p.150）の手法で描かれた江戸初期風俗画の傑作で，17世紀前半の作と考えられるが，作者は不詳。若衆，恋文を書く者，三味線などが描かれ，当時の風俗資料としても貴重である。

時代を見る目

海を渡った「KAKIEMON」

朝鮮伝来の技術（➔p.147）により，江戸初期には陶磁器生産がさかんになった。なかでも有田（➔p.167）では**磁器**がつくられ，**酒井田柿右衛門**が**赤絵**（白の素地に明るい赤で染めつける技法）を完成させた。17世紀後半になると，柿右衛門様式の磁器はヨーロッパへ輸出され，「白い黄金」とよばれるほど絶大な人気を博した。ドイツでは国家事業としてマイセンの町に磁器工場が建設され，柿右衛門様式や有田焼の模倣品が大量につくられた。

▶⑮**柿右衛門様式の赤絵**（左）と⑯**模倣品のマイセン焼**（右）〈東京 出光美術館蔵〉

▶⑰**夕顔棚納涼図屏風**（久隅守景筆） 夕顔棚で涼む親子3人を描く。守景は狩野探幽の門人で，一時は探幽門下四天王筆頭と注目されたが，のちに破門された。庶民や農民など市井に画題を見いだした。

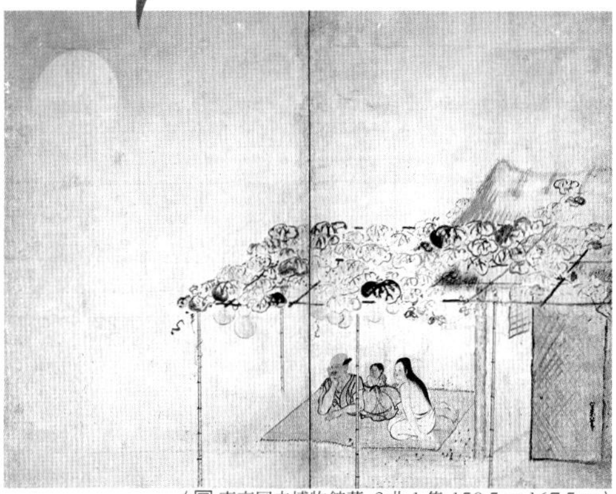

〈国 東京国立博物館蔵 2曲1隻 150.5×167.5cm〉

今日とのつながり 江戸時代の日光は東照宮の門前町として栄えたが，明治時代になると洋式ホテルができるなど開発が進み，日本を代表する観光・保養地となった。

幕政の安定 ―文武忠孝を励し，礼儀を正すべき事 史(『武家諸法度』天和令)

ヒストリースコープ

5代将軍綱吉は，武家諸法度(天和令)を発布し，元和令から続く第一条の文言を，武道を示す「弓馬の道」から，平和な時代に沿った「忠孝」や「礼儀」に変更した。

考察

❶元和令から，寛文令(口頭通達)や天和令で変更された内容は何だろうか。

❷末期養子の禁止を緩和した背景は何だろうか。→1・2

❸新井白石は将軍の権威を高めるために，どのような政策を行っただろうか。→1・4

＊元和令にも大名の参勤について記されているが，在府期間や交代の時期は未確定であった。

発令年	1615	1635	1663	1683	1710	1717
将軍	秀忠	家光	家綱	綱吉	家宣	吉宗
内容	元和令	寛永令	寛文令	天和令	正徳令	享保令
文武弓馬の道に専ら嗜む事	❶○	○	○	-	-	-
文武忠孝を励まし，礼儀正しく	-	-	-	❸○	○	○
新規築城禁止，城補修も届出	○	○	○	○	○	○
婚姻を許可なく行う事禁止	○	○	○	○	○	○
参勤交代規定	△*	○	○	○	○	○
500石積以上の大船禁止*2	-	○	○	○	○	○
養子の規定，殉死の禁止	-	-	❷△口頭	❹○	○	○

△①武家諸法度の内容　4代将軍**家綱**が発布した寛文令は，基本的に寛永令を受け継いだものであったが，口頭で**殉死の禁止**が通達された。天和令の第一条からは，武士が重視する思想の変化が読み取れる。また殉死の禁止が明文化された。

＊2 1609年に禁が出され，寛永令で法文化された。

❶ **元和令**〔抜粋〕(→154ページ・史)

一 文武弓馬の道、専ら相嗜むべき事。…

❷ **寛文令 口頭通達**〔現代語訳〕

殉死①は古くから不義，無益なことだといましめていても，仰せ出されていなかったので，近年は追腹②する者が多くいる。今後はこのような考えをもつ者に対して，主人は殉死しないようにかたく言いなさい。もし今後殉死者が出たら，亡き主の不覚，過失であり，跡をついだ者も止められなかったのだから不届きであると思われるものである。

①主君の死後，臣下が後追い自殺すること　②後追い切腹自殺

❹・❸ **天和令**〔抜粋〕史

一 文武忠孝を励し，礼儀を正すべき事。

一 養子は同姓相応の者を撰び，若之無きにおゐては，由緒を正し，存生の内言上致すべし。五拾(十)以上十七以下の輩，末期に及び養子致すと雖も，吟味の上之を立つべし。縦実子と雖も，筋目違たる儀之を立つべからざる事。附，殉死の儀，弥制禁せしむる事。

1 武断政治の転換

武断政治(数字は在将軍職)

① **家康**(1603～05)
② **秀忠**(1605～23)
③ **家光**(1623～51)

〈武力を背景とした強圧的支配〉

・転封や減封，改易(→p.152)などの処分
・あとつぎがいない大名の死亡

↓

主君をもたない牢人の増加*

＊17世紀中ごろで40万人といわれる。

牢人が関与する未遂事件が続発

由井(比)正雪の乱(慶安の変) 1651(慶安4)年

由井(比)正雪(兵学者)が首謀者，丸橋忠弥(牢人)らと起こした幕府転覆未遂事件

目的　牢人救済か

承応事件(承応の変) 1652年(承応1)年

別木(戸次)庄左衛門(軍学者)らによる騒乱・老中襲撃未遂事件

↓

幕府の対策
・**末期養子の禁止を緩和**(1651年)
・江戸に住む牢人，秩序におさまらないかぶき者の取り締まり強化
・**殉死の禁止**(1663年)

A 文治政治の展開

＊2 堀田正俊の補佐があった頃の治政は善政として評価が高く，「天和の治」とよばれる。(～1684)

文治政治　法律・制度・儀礼などを整え，儒教的な徳治主義により人々を教化し，秩序を保とうとする政治→幕藩体制の安定

文治政治への転換期	文治政治の進展期	文治政治の刷新期
④**家綱**(在職1651～80) **保科正之**→大老 **酒井忠清**	⑤**綱吉**(1680～1709) 大老 **堀田正俊***2→側用人 **柳沢吉保**	⑥**家宣**(1709～12)/⑦**家継**(1713～16) **新井白石**・側用人 **間部詮房**
〈幕政の転換〉 ・**末期養子の禁止の緩和** ・大名の証人(人質)の廃止 ・**殉死の禁止** 〈諸制度の整備〉 ・江戸に定火消を設置(1658) ・**諸宗寺院法度・諸社禰宜神主法度**を制定(1665)→p.156 ・**分地制限令**(1673)→p.157 〈大名への将軍の権威確認〉 ・**領知宛行状***(1664)	〈元禄時代〉 学問の奨励→p.180～181 ・**渋川春海**(**安井算哲**)を天文方に登用，**貞享暦**実施 ・**湯島聖堂**建設，林鳳岡(信篤)を大学頭に登用 ・**北村季吟**を歌学方に登用 〈綱吉の独断政治〉(1684年以降) ・**服忌令**(1684)，**生類憐みの令**(1685)→3 B ・護国寺・東大寺大仏殿の建立→p.179 ・勘定吟味役の荻原重秀*3の意見で金の含有率を下げた元禄小判を鋳造→図⑩	〈正徳の政治〉 ・生類憐みの令を廃止(1709) ・**閑院宮家**の設立(1710)→図⑯ ・家継と皇女との婚約成立 ・朝鮮通信使の待遇簡素化→図⑮ ・荻原重秀を罷免，良質の**正徳小判**を発行(1714)→p.171 ・**海舶互市新例**(長崎新令・正徳新令)(1715)→4

＊大名の領地を安堵する文書。　＊3 1687年に勘定吟味役，96年に勘定奉行に昇進。

2 文治政治の開始

A 家綱の治世

保科正之(1611～72)

父は2代将軍秀忠で，3代将軍家光の異母弟。武田信玄の次女である見性院に養育され，その縁で旧武田氏家臣の高遠藩主保科正光の養子となる。のち山形藩主を経て，会津藩主となった。朱子学者の**山崎闇斎**を招き，**殉死の禁止**や社倉を設けるなど，藩政を刷新した。1651年，家光の遺言により幕政に参画し，4代将軍家綱の文治政治も補佐した。1668年制定の「家訓十五箇条」は，その後の会津藩政の基本理念となった。

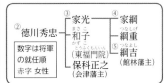

②徳川秀忠 ― ③家光 ― ④家綱 / 綱重 / ⑤綱吉(館林藩主)
　　　　　 ― 和子(東福門院)
　　　　　 ― 保科正之(会津藩主)

数字は将軍の就任順　赤字 女性

◁②保科正之と徳川将軍家の関係

		当主の年齢		
		17歳		50歳
江戸幕府初期		×	×	×
④家綱	(1651)	×	○	×
	(1663)	○(吟味の上)	○	×
⑤綱吉	(1683)	○(吟味の上)	○	○(吟味の上)

△④末期養子の禁止の緩和　初期の江戸幕府では，あとつぎのいない大名が死にのぞんだ際に，急に養子を迎えることを禁止していた。その結果，改易(大名家の断絶)され牢人となる臣下が増加した。家綱は**慶安の変**以降，段階的に末期養子の禁止を緩和していった。

◁③明暦の大火(1657年)　江戸市街の大半を焼いた大火で，死者は5～10万人といわれる。本妙寺で火に投じた振袖が燃え上がり大火になったとの伝説から，「振袖火事」の俗称が生じた。大火後，広小路が設けられるなど，都市改造が進んだ。→p.173「江戸の発展」

〈東京都立中央図書館特別文庫室蔵〉

主君	没年	数
徳川秀忠(将軍)	1632	1
伊達政宗(仙台)	1636	15
細川忠利(熊本)	1641	19
徳川家光(将軍)	1651	5
鍋島勝茂(佐賀)	1657	26

〈講談社『日本の歴史 第16巻』ほか〉

◁⑤おもな主君の殉死者数　殉死の風習は美風とされ，多くの家臣が命を落とした。4代将軍家綱のときに禁止され，5代将軍綱吉のときにほぼ絶えた。

B 諸藩の文治政治 →p.190

藩名(藩主)	指導した学者
岡山(池田光政)	熊沢蕃山(陽明学者)
・花畠教場を開設，藩校の岡山藩学校・郷校(郷学)の閑谷学校を設立 ・新田開発の奨励	
会津(保科正之)	山崎闇斎(朱子学者)
・「家訓十五箇条」制定 ・漆・蠟の専売 ・社倉(備荒貯蓄用)を設立	
水戸(徳川光圀)	朱舜水(明の儒者)
・江戸藩邸に彰考館を設立，『大日本史』の編纂開始	
加賀(前田綱紀)	木下順庵(朱子学者)
・和漢古典の収集保存，編纂事業 ・農政改革実施	

△⑥泰平の世となり軍役負担は軽減されたが，**参勤交代**や手伝普請などで藩財政にゆとりはなく，諸藩では儒学者を顧問にするなどして藩政の安定と刷新がめざされた。

今日とのつながり　綱吉が古来の制をもとに定めた服忌令(近親者の死に対する忌引の日数などを定めた法令)は，明治時代に受け継がれ，今日の慣習につながった。

3 元禄時代

A 側用人政治

柳沢吉保(1658～1714)
徳川綱吉の小姓から側用人になり，のち大老格に出世した。1684年に大老堀田正俊が殺害されると，側用人が将軍と老中の間の政務取次役を担うようになり，発言力が増した。荻生徂徠(➔p.180)ら学者を重用して幕政を主導した。

▼⑦おもな側用人

将軍	側用人(在職)	備考
⑤綱吉	牧野成貞(1681～95)	側衆から登用(初例)
	柳沢吉保(1688～1709)	老中上座，大老格に昇進
⑥家宣・⑦家継	間部詮房(1704～16)	老中格に昇進
⑨家重	大岡忠光(1756～60)	
⑩家治	田沼意次(1767～72)	1772年老中兼任➔p.187
⑪家斉	水野忠成(1812～18)	1818年勝手掛，老中就任

B 生類憐みの令 史

1685(貞享2)年
・将軍御成の道筋でも犬猫をつないでおく必要なし
・幕府の台所での鳥類・貝類・海老の使用禁止

1687(貞享4)年以降
・人宿・牛馬宿などで重病の生類を遺棄することを禁止
・食物としての生鳥・生魚の商売を禁止
・大八車や牛車が犬をひき殺さないように注意すること
・捨て子がいれば，保護し，養育すること

△⑧生類憐みの令(一部要約抜粋)

時代を見る目　生類憐みの令がめざしたこと

江戸の四谷・大久保・中野に広大な犬小屋を建て野犬を収容するなど動物愛護の法令である一方，捨て子や旅病人の保護，かぶき者の取り締まりなどの目的もあった。人々の武装解除や，人を含めた生類すべての庇護による世の安寧をめざしたが，違反者への厳罰や農作物への獣害の深刻化などは人々を苦しめた。

C 赤穂事件

➔p.174「江戸幕府の中心地 江戸城」
〈東京都江戸東京博物館蔵(部分)〉

△⑨吉良邸討ち入り　1701年，江戸城松之廊下で赤穂藩主浅野長矩が吉良義央を斬りつけた。浅野は即日切腹，藩は改易となった。翌年12月，大石内蔵助良雄ら旧浅野家家臣47士は吉良邸に討ち入り，義央を殺害した。

●朱子学派の評価
林鳳岡・室鳩巣らが「文武忠孝を励し…」(天和令)にかなうとして擁護・助命論を唱えた。

●古学派の評価
荻生徂徠・太宰春台らは「徒党を結び…制禁の事」(寛永令)にもとづき，厳罰処分を主張した。

→評定所　侍の礼をもって処すべきとし，打首ではなく切腹を命じた。

D 財政改善への取り組み

佐渡金山の元号年別平均産金量

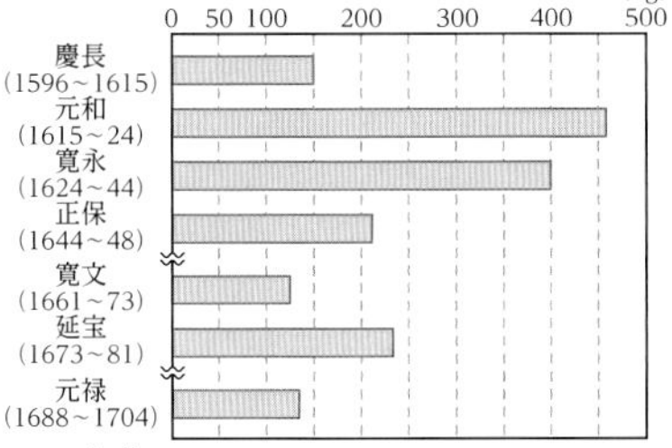

(kg)
0 50 100 200 300 400 500
慶長(1596～1615)
元和(1615～24)
寛永(1624～44)
正保(1644～48)
寛文(1661～73)
延宝(1673～81)
元禄(1688～1704)

△⑩佐渡金山の産金高　当初豊かであった鉱山収入は，佐渡金山などの金銀採掘量が低下し，しだいに減少した。勘定吟味役荻原重秀の意見で，金の含有率を少なくして差益(出目)を収入とする元禄小判が発行された(➔p.171)。史

宝永火口

△⑪富士山の宝永火口　火口は1707(宝永4)年の大噴火跡。紀伊半島～東海地方にかけて起きた宝永地震が原因といわれ，火山灰が江戸にまで達したとされる。幕府は復興のために全国から諸国高役(国役)金を石高100石につき2両の割合で徴収したが，多くを財政再建に利用したといわれる。

自然災害➔p.338

1657	明暦の大火(振袖火事)
1682	江戸の大火(天和の大火・お七火事)
1698	江戸の大火(勅額火事)
1703	関東に大地震(元禄地震)
1707	宝永地震，富士山大噴火
1772	江戸の大火(目黒行人坂の火事)
1777	三原山の噴火
1783	浅間山の大噴火 ➔p.187
1788	京都の天明の大火(御所・二条城炎上)
1792	雲仙岳大噴火(「島原大変，肥後迷惑」)
1806	江戸の大火(丙寅の大火)
1829	江戸の大火(文政の江戸大火)
1854	安政東海地震*・安政南海地震*
1855	安政江戸地震* ＊安政三大地震。

△⑫おもな地震・噴火・大火

E 朝幕関係の改善 －大嘗祭の再興

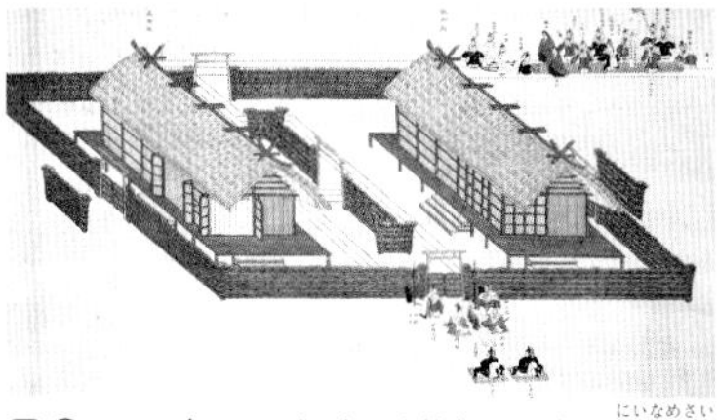

△⑬ 1687年，天皇が即位後初めて行う新嘗祭である大嘗祭が応仁の乱以来221年ぶりに復活。霊元上皇の意向を荻生徂徠が支持して実現した。

4 正徳の政治

A 経済政策

新井白石(1657～1725)
木下順庵門下の儒学者。甲府藩主時代の家宣に仕え侍講(将軍に仕える学者)となった。6代家宣・7代家継を補佐して正徳の政治を行う。金の含有率を上げた正徳小判の発行(➔p.171)，朝鮮通信使の待遇簡素化と国書の将軍呼称の改変などを推進。自伝『折たく柴の記』には金銀流出の懸念が記され，その解決策として1715年に海舶互市新例*を実施した。＊「互市」とは貿易のこと。

おもな著書
『読史余論』➔p.181
『西洋紀聞』史➔p.188
『古史通』➔p.181

●『折たく柴の記』(抜粋)
…長崎港にて，海舶互市①の料とすべき銅の数たらずして，交易の事行はれ難く，地下②の人産業をうしなふ由…我国万世の長策にあらず。…我国の宝貨，当時世に通じ行ふほどをも，また毎年諸国より産し出すほどをも，其数をはかりくらべて，唐山③ならびに西南外洋の国々④，朝鮮・琉球等に渡さるべき歳額を酌り定めらるべき事也。
①外国と貿易すること　②平民　③中国　④当時通商を許されていたのは中国のほかはオランダのみ

〈『岩波 日本史辞典』〉
＊信牌(貿易許可証)を与え，抜荷(密貿易)を防止した。

	入港船隻数	貿易額	実際の支払い
清船*	年30隻	銀6000貫	銅300万斤＋俵物など銀高3000貫まで
オランダ船	年2隻	銀3000貫	銅150万斤＋俵物など銀高3000貫まで

△⑭長崎貿易の統制　長崎貿易(➔p.159)により，日本は多量の金銀を海外に流出させていた。新井白石は，国内の金銀産出も限界に達し，さらに銅も流出するとして，1715年，海舶互市新例(長崎新令・正徳新令)を発して長崎入港船隻数や貿易額を制限したほか，金・銀での決済をやめ，銅(➔p.345)・俵物(➔p.342)などによる支払いを導入した。史

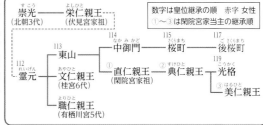

▶⑯閑院宮家の創設　1710年，東山天皇の皇子直仁親王を立て，三つの宮家(伏見宮・桂宮・有栖川宮)以外の宮家として閑院宮家を創設。財政難であった皇室に対し幕府から創設費用を献上した。朝幕関係は融和を強めたが，寛政期の「尊号一件」(➔p.193)以降，協調関係は崩れていった。

数字は皇位継承の順　赤字 女性
①～③は閑院宮家当主の継承順

崇光(北朝3代)―栄仁親王(伏見宮家祖)
112 霊元―113 東山―114 中御門―115 桜町―117 後桜町
東山―①直仁親王(閑院宮家祖)―②典仁親王―119 光格
典仁親王―③美仁親王
霊元―文仁親王(桂宮6代)
霊元―職仁親王(有栖川宮5代)

B 儀礼の整備

・国書に記す将軍の称号の変更
従前　朝鮮からの国書に「日本国大君殿下」
変更後　「日本国王」とする
理由　「大君」は朝鮮では国王より低い身分をさすため

・通信使の待遇の簡素化
従前　三家なみ，勅使・院使より厚遇。
変更後　各宿泊先の宴席を赤間関(帰りは牛窓)・大坂・京都・名古屋・駿府にしぼり，そのほかは普段の食事(材料・燃料)を提供

△⑮朝鮮通信使の待遇簡素化 ➔p.160

歴史のまど　福留真紀『将軍側近 柳沢吉保-いかにして悪名は作られたか』　時代劇ではしばしば悪役として描かれる柳沢吉保を，史料を駆使してその実像に迫っている。

農業の発展 ―惣じて農具をえらび，それぞれの土地に随って宜きを用ゆべし（『農業全書』）

ヒストリースコープ

宮崎安貞(1623~97)は，諸国をめぐって農業事情を見聞し，約150種の作物について，効果的な栽培方法をまとめた『農業全書』を記した。その後，大蔵永常(1768~1860?)は『農具便利論』で数十種の農具を図示し用法を記した（➔図⑤）。

考察

❶図①②の脱穀・選別作業を比較し，道具の改良が労働力にどのような変化をもたらしたか説明しよう。

❷なぜ農村に金肥が普及したのだろうか。→1

❸新田開発は，幕府と藩・町人・農民にそれぞれのどのような利益をもたらしたのだろうか。→2

△①『農業全書』(1697年刊)　扱箸で稲穂をはさんでしごいている。普段は小規模な家族経営だが，臨時に雇われた女性が脱穀を行った。〈東京 国立国会図書館蔵〉

唐箕
取っ手を回して風を起こし，籾と籾がらなどを選別
千歯扱
鉄製の歯に稲穂を通して引くことで脱穀
箕
あおって風を起こし籾がらやごみを選別
翌年の種籾
からさお(唐竿)打ち
穀類・豆類に打ち付けて脱穀

△②『老農夜話』(1843年刊)　脱穀・選別には短期間に集中的な労働力が必要であるため，臨時に女性が雇われていたが，効率のよい脱穀用具へと工夫・改良されたことで，こうした人も減っていった。〈東京大学史料編纂所蔵〉

1 農村の1年と商品作物の栽培

よみとき　室町時代に比べて耕作や灌漑の機具が発展したことに注目しよう➔p.128 1

		稲作 青字 おもな畑作	年中行事など
正月	3が日		雑煮，年始
	4日	焼土を田にふる	仕事始め
	7日		休日
	15日		小正月
	20日		二十日正月
2月		麦施肥	
3月	3日		3月節句
	土用	種まきの準備	
4月	中	田おこし 麦刈り，大豆・小豆施肥	
5月	節	田植え　麦刈り	田植え休み
6月		除草	代満の祝日
7月	13・14日	水干し　大豆・小豆収穫	盆掃除
	15日		盆休み，盆礼
8月	1日		頼母の節句
	節	田干し	
	彼岸	稲刈り，田すき	
9月		稲扱き　麦まき	年貢納め開始
10月	9～10日	麦まき	伊勢祭
11月	冬至		年貢皆済
12月	20日		煤払い

〈『図録 農民生活史事典』〉

◁③農村の1年（農事暦）

▽④千石簁　唐箕と同じく，穀粒の選別具。

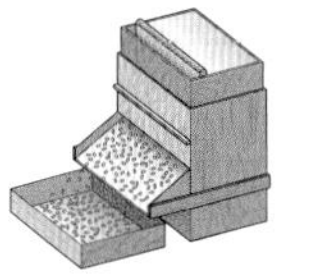

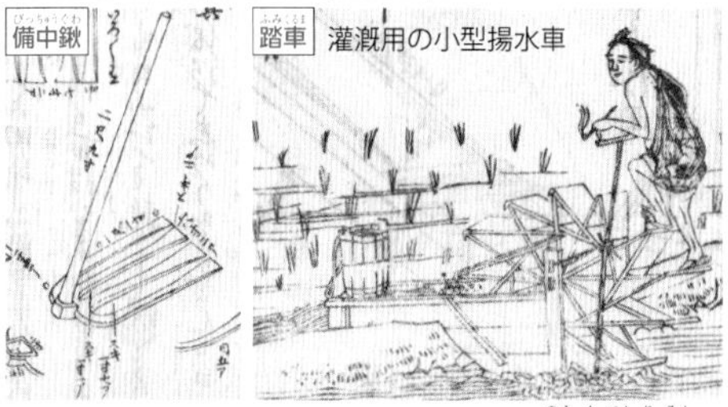

備中鍬
踏車
灌漑用の小型揚水車

〈東京 国立国会図書館蔵〉

製茶のようす
ぶどう棚での収穫

〈東京 国立国会図書館蔵〉

△⑤『農具便利論』（大蔵永常著）

◁⑥『広益国産考』（大蔵永常著）　諸国の特産物となるべき樹木，果樹，茶などの育成とその加工技術を詳述した。永常は，1826年に害虫駆除法をまとめた『除蝗録』も刊行した。➔p.200

時代を見る目

金肥の使用と貨幣経済

自給自足的な農村に**商品作物**が登場し，その栽培に必要な**金肥**を購入するため，貨幣経済が浸透した(史)。その結果，村落内部における経済格差が発生し，小農民が基本の幕藩体制が崩れていく要因になった。

干鰯	鰯や鰊などを日干しにしたもの。速効性肥料
〆粕	鰯・鰊などの魚や胡麻・豆などから油をしぼり取った残り粕
油粕	菜種や綿花の種子などから油をしぼり取った残り粕

△⑦金肥　金銭で購入する栄養価の高い肥料で，江戸時代からつくられた。綿や菜種などの商品作物の栽培に欠かせないものとなった。➔p.344

2 新田開発 ➔p.185

幕府・諸藩	代官見立新田	幕府代官が適地を見立てて開発させたもの
	藩営新田	藩が主導し，開発を推進
民間	村請新田	一村ないし複数の村で新田開発を申請
	町人請負新田	町人の資金・技術で開発(新田地主)

◁⑧新田開発の奨励　耕地の増加は年貢の増収につながるため，幕府や藩は百姓の年貢減免措置などを行い**新田開発**を奨励した。

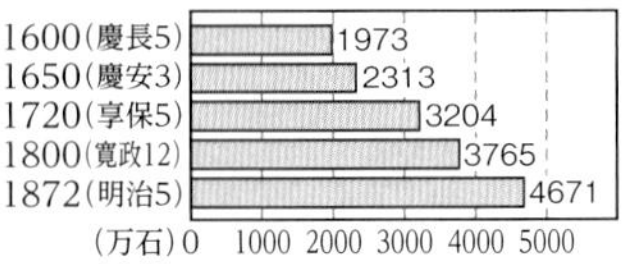

1600(慶長5) 1973
1650(慶安3) 2313
1720(享保5) 3204
1800(寛政12) 3765
1872(明治5) 4671
(万石) 0 1000 2000 3000 4000 5000

△⑨石高の増加

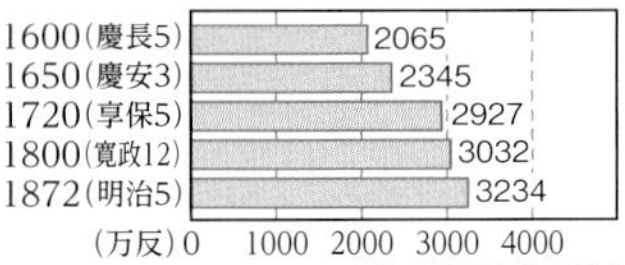

1600(慶長5) 2065
1650(慶安3) 2345
1720(享保5) 2927
1800(寛政12) 3032
1872(明治5) 3234
(万反) 0 1000 2000 3000 4000

△⑩稲作面積の増加　〈⑨,⑩『岩波講座 日本経済の歴史2 近世』〉

環境　新田開発と自然災害

江戸時代は国内の大開発時代であった。当時，田畑の肥料の中心は刈敷・草木灰(➔p.114)だったため，大規模な新田開発によって大量の草木が必要となり，山林の樹木が過剰に伐採された。その結果，河川へ土砂が流出し，洪水や地滑りが多発するようになった。そのため幕府は，1666年に諸国山川掟を発布し，木の根の採取などを禁止した。

A 新田開発と石高の増加

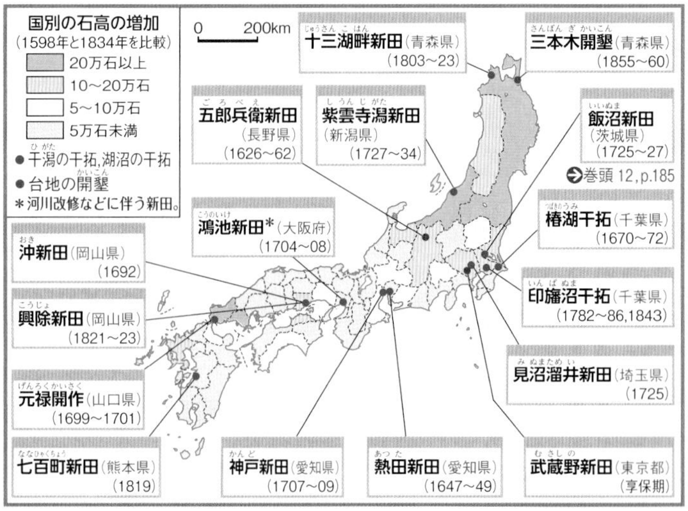

国別の石高の増加
(1598年と1834年を比較)
20万石以上
10～20万石
5～10万石
5万石未満
● 干潟の干拓，湖沼の干拓
● 台地の開墾
＊河川改修などに伴う新田。
0 200km
十三湖畔新田(青森県)
(1803～23)
三本木開墾(青森県)
(1855～60)
五郎兵衛新田(長野県)
(1626～62)
紫雲寺潟新田(新潟県)
(1727～34)
飯沼新田(茨城県)
(1725～27)
➔巻頭12,p.185
鴻池新田＊(大阪府)
(1704～08)
椿湖干拓(千葉県)
(1670～72)
沖新田(岡山県)
(1692)
興除新田(岡山県)
(1821～23)
印旛沼干拓(千葉県)
(1782～86,1843)
元禄開作(山口県)
(1699～1701)
見沼溜井新田(埼玉県)
(1725)
七百町新田(熊本県)
(1819)
神戸新田(愛知県)
(1707～09)
熱田新田(愛知県)
(1647～49)
武蔵野新田(東京都)
(享保期)

今日とのつながり　鴻池新田(大阪府)は，両替商などを営む鴻池善右衛門が開発を請け負った。その名前はJR片町線(学研都市線)の駅名に今も残っている。

諸産業と交通の発達 ―東方：大関 陸奥(むつ) 松前昆布(まつまえこんぶ) 西方：大関 土佐(とさ) 鰹節(かつおぶし)(諸国産物見立相撲(みたてすもう))

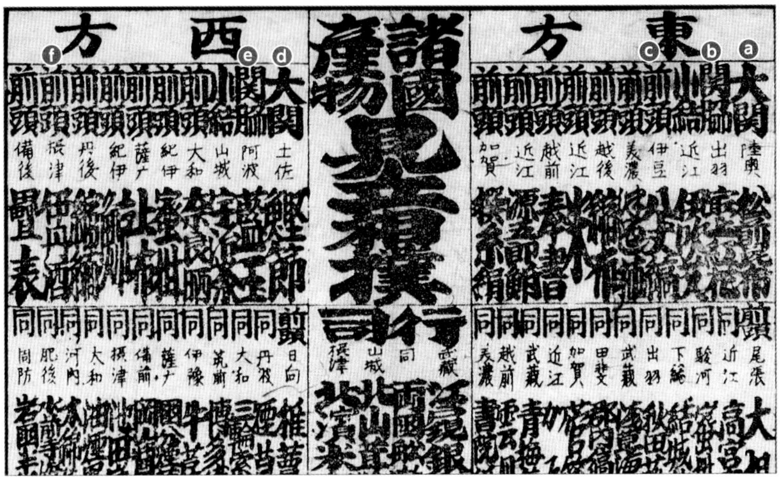

西方
諸國産物見立相撲
東方

ⓐ 陸奥 松前昆布
ⓑ 出羽(でわ) 最上紅花(もがみべにばな)
ⓒ 伊豆(いず) 八丈縞(はちじょうじま)(黄八丈(きはちじょう))
ⓓ 土佐 鰹節
ⓔ 阿波(あわ) 藍玉(あいだま)
ⓕ 摂津(せっつ) 伊丹酒(いたみざけ)

◀①諸国産物見立相撲　当時人気の高かった諸国の産物が，最上段の大関から始まり順に並んでいる。山城(やましろ)（京都府）の宇治茶，紀伊（和歌山県）の蜜柑など，現在でも特産物となっているものも多い。
〈山形 河北町教育委員会蔵〉

ヒストリースコープ

諸産業が発達した江戸時代には，諸国で特産品が多く生まれ，おもに船を使って大坂や江戸に集積された。江戸の人々らしく，諸国の産物を相撲番付に見立てて，その人気順を紹介した。

考察

❶図①の最上段にあるⓐ～ⓕの産物を，下の地図で確認しよう。
❷紀州海民のどのような技術が，各地に伝播(でんぱ)したのだろうか。→6
❸なぜ航路が発達したのか，各地の年貢(ねんぐ)や諸産業の関係から説明しよう。→8

1 おもな特産物

●**織物業**
- 絹　足利絹(あしかが)，桐生絹(きりゅう)，伊勢崎絹(いせさき)，西陣織(にしじん)，丹後縮緬(たんごちりめん)，上田紬(うえだつむぎ)，黄八丈(きはちじょう)，結城紬(ゆうき)
- 綿　三河木綿(みかわもめん)，河内木綿(かわち)，尾張木綿(おわり)，久留米絣(くるめがすり)，小倉織(こくら)
- 麻　近江麻(おうみ)，奈良晒(さらし)，越後(小千谷)縮(えちご おぢや ちぢみ)

●**製紙業**(流漉(ながしずき)の技術とともに普及)
- 高級紙　越前(えちぜん)の鳥ノ子紙・奉書紙(ほうしょがみ)，美濃紙(みの)，播磨(はりま)の杉原紙(すいばらがみ)
- 日用紙　美濃，土佐，駿河(するが)，石見(いわみ)，伊予(いよ)

●**工芸品**
- 陶磁器　有田焼(ありた)（伊万里焼(いまり)），薩摩焼(さつま)，萩焼(はぎ)，上野焼(あがの)，清水焼(きよみず)*，九谷焼(くたに)，備前焼(びぜん)，瀬戸焼，粟田焼(あわた)*
- 漆器　春慶塗(しゅんけい)，南部塗(なんぶ)，会津塗(あいづ)，輪島塗(わじま)

●**醸造業** →3
- 酒　伏見，灘(なだ)，伊丹(いたみ)，池田(いけだ)，西宮(にしのみや)
- 醤油　播磨龍野(たつの)，京都，野田(のだ)，銚子

●**林業** ➡p.168
- 檜　木曽(きそ)
- 杉　秋田，飛驒(ひだ)，吉野(よしの)，熊野(くまの)
- 薪・炭　摂津池田，紀伊備長(びんちょう)

*清水焼，粟田焼など京都でつくられた陶磁器（楽焼を除く）を京焼という。

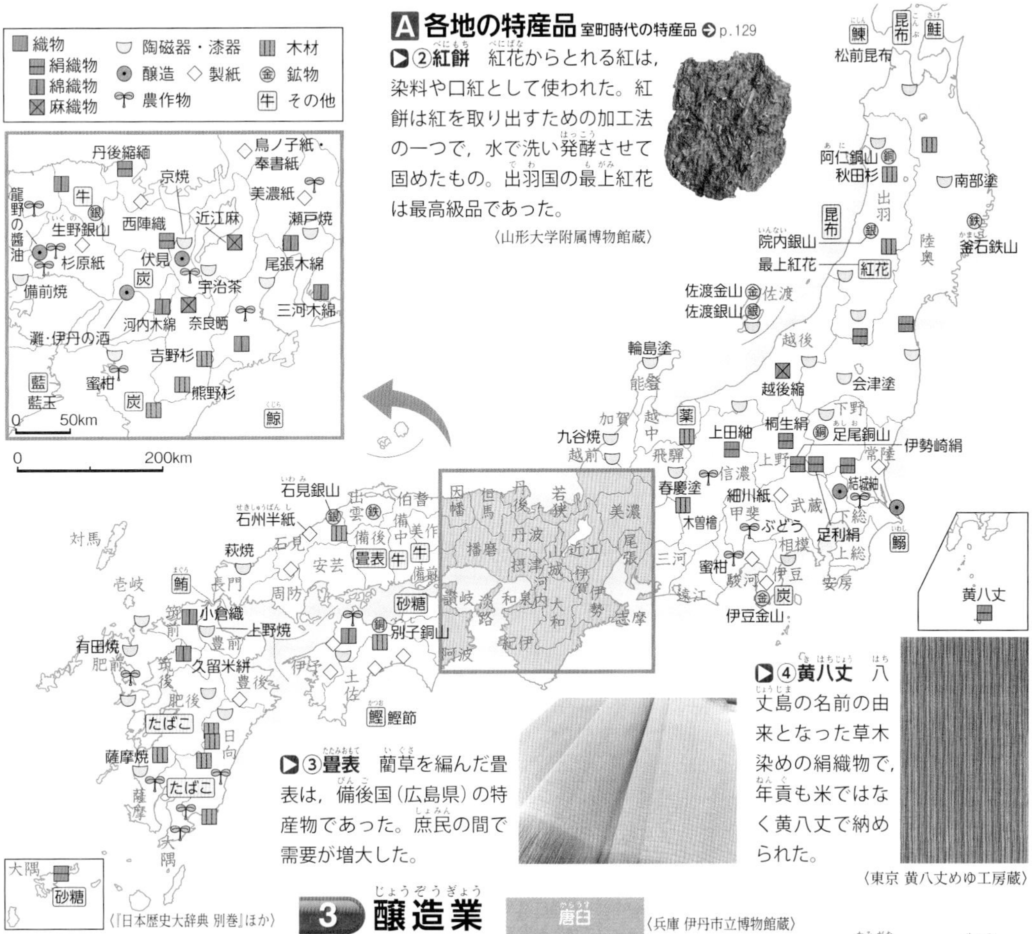

織物
絹織物
綿織物
麻織物
陶磁器・漆器
醸造
製紙
農作物
木材
鉱物
その他
丹後縮緬
鳥ノ子紙・奉書紙
京焼
美濃紙
龍野の醤油
生野銀山
西陣織
近江麻
瀬戸焼
杉原紙
伏見
尾張木綿
宇治茶
三河木綿
備前焼
河内木綿
奈良晒
灘・伊丹の酒
吉野杉
藍玉
蜜柑
熊野杉
50km
200km
松前昆布
阿仁銅山
秋田杉
南部塗
釜石鉄山
院内銀山
最上紅花
佐渡金山
佐渡銀山
輪島塗
越後縮
会津塗
九谷焼
上田紬
桐生絹
足尾銅山
伊勢崎絹
春慶塗
細川紙
結城紬
木曽檜
ぶどう
足利絹
石見銀山
石州半紙
萩焼
小倉織
上野焼
有田焼
久留米絣
別子銅山
鰹節
薩摩焼
たばこ
砂糖
畳表
伊豆金山
黄八丈
対馬
大隅

〈『日本歴史大辞典 別巻』ほか〉

A 各地の特産品 室町時代の特産品 ➡p.129

▶②**紅餅(べにもち)**　紅花からとれる紅は，染料や口紅として使われた。紅餅は紅を取り出すための加工法の一つで，水で洗い発酵(はっこう)させて固めたもの。出羽(でわ)国の最上(もがみ)紅花は最高級品であった。
〈山形大学附属博物館蔵〉

▶③**畳表(たたみおもて)**　藺草(いぐさ)を編んだ畳表は，備後国（広島県）の特産物であった。庶民の間で需要が増大した。

▶④**黄八丈(きはちじょう)**　八丈島(はちじょうじま)の名前の由来となった草木染めの絹織物で，年貢(ねんぐ)も米ではなく黄八丈で納められた。
〈東京 黄八丈めゆ工房蔵〉

2 窯業(ようぎょう)

唐臼で陶石を砕く
粘土づくり
採石
土を練る
本焼き
釉薬かけ

◀⑤**有田焼**（染付有田皿山職人尽し絵図大皿）　有田焼の生産工程を表した大皿。寛永期に酒井田柿右衛門(さかいだかきえもん)（➔p.163）が赤絵技法を完成させた。有田焼は，海外に向けて積み出され，その積み出し港の名前から伊万里焼ともよばれた。
〈佐賀 有田陶磁美術館蔵 口径59.4cm〉

3 醸造業(じょうぞうぎょう)

唐臼（足踏み式精米機）
米を蒸す
米洗い

〈兵庫 伊丹市立博物館蔵〉

◀⑥**上方の酒造**（摂津名所図絵）　**灘**では14世紀から酒づくりが行われていたといわれる。灘の酒は「西宮(にしのみや)の水，摂津・播磨の米，吉野杉の香り，六甲の寒風」が生んだ良酒という評価を得た。伊丹，池田，灘の酒は，**樽廻船(たるかいせん)**（当初は**菱垣廻船(ひがき)**，➔p.169）によって江戸に送られ，下り酒として喜ばれた。

歴史のまど　坂井隆『「伊万里」からアジアが見える−海の陶磁器と日本』 有田焼の世界的な流通ルートが説明されている。

近世 江戸

4 林業

◀⑦**木曽檜の伐採**（木曽材木伐出図）　城郭や武家屋敷の建築のために，木材の需要が高まった。とくに木曽山を藩領として管理した尾張藩の**木曽檜**は珍重された。

5 製塩業 ➲p.128，345

〈東京 国立国会図書館蔵〉

▲⑧**行徳塩田の製塩釜**　江戸周辺では，江戸川流域の行徳が塩の供給地であったため，幕府が直轄領とし，軍事上食塩確保の点もあって厚く保護した。上の図は，大きな吊釜に鹹水（塩分濃度の高い水）を入れ，水分を蒸発させて塩を得るようす。

〈兵庫 大避神社蔵〉

▲⑨**塩廻船**　江戸時代に瀬戸内海沿岸の赤穂，竹原などで**入浜塩田**が発達した。これらの塩は塩廻船で江戸や大坂に送られた。

6 紀州海民と漁業の発達

〈和歌山 太地町立くじらの博物館蔵〉

◀⑩**紀州太地の捕鯨**　紀州（現 和歌山県）は，中世より海民の活動がさかんであった。太地付近は潮の流れがゆるやかで海流の条件がよく捕鯨に適していた。捕鯨は，浦を単位として鯨組が組織され，船ごとに鯨を追い込む役，鯨の鼻先に網をかける役，銛を刺す役，陸上で解体する役と組織化していった。

▶⑪**紀州海民の旅網先**　紀州の漁場は狭いため，紀州海民は太平洋沿岸を中心に，旅網（遠方へ出漁すること）を行い，移住する者も多くいた。これにより技術的先進地域である紀州から全国に，その技術と方法が伝播していった。

〈中央公論社『日本の近世 第4巻』〉

一 紀州海民の旅網路（一部，上方海民も含む）
○ おもな旅網先
赤字は紀伊国
0 200km
宮古
釜石
九十九里
銚子
江戸
富津
勝浦
西宮
泉佐野
尾鷲
太地
印南
広川・湯浅
土佐清水
日向
枕崎
対馬
壱岐

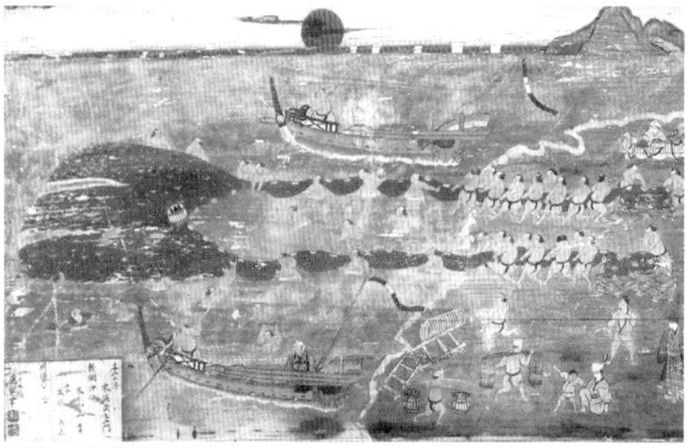

〈千葉 一松神社蔵〉

◀⑫**房総での地曳網漁**　千葉県房総半島に上方の**網漁**の技術を伝えたのも紀州海民であった。それを房総で独自に改良したのが大地曳網漁で，おもに鰯をとり，干鰯や魚油の原料とした。醤油醸造も**銚子**に伝わり特産品となった。

◀⑬**土佐の鰹漁**　鰹漁は船から生きた鰯をまき，集まる鰹を竿一本でつり上げる漁法で行う。鰹は，薩摩・土佐・紀州・房総が好漁場であるが，紀州海民はその漁場をまわり，漁法と船団の組織化を各地に広めた。

〈東京 国立国会図書館蔵〉

7 鉱業　A たたら精錬

〈加計正弘氏蔵〉

▲⑭**たたら*製鉄**　たたら炉に木炭と砂鉄を入れ，鞴で風を送ることで高温にする作業を3日間続けて行う。木炭と砂鉄をそれぞれ13tずつ使うと，2.8tの鉄のかたまりができた。

▲⑮**玉鋼**　たたら炉1回の操業期間につき少量しか取れない，不純物が極めて少ない鋼で，日本刀の原料となる。

*炉に送風するための足踏式鞴のこと。

B 鉱山

〈東京 国立公文書館蔵〉

◀⑯**佐渡金山での採掘**（佐渡金山金掘之図）　幕府は佐渡金山を直轄領として採掘に力を入れた。日本最大の金山であったが最盛期は短かった（➔p.182）。採掘の際は酸欠や湧水の問題があり，坑内作業は厳しい環境であった。排水や採掘の技術は，**新田開発**（➔p.166）や治水工事などに転用されていった。➲p.345

〈東京 国立国会図書館蔵〉

▲⑰**銅の精錬**　銅商住友氏が開発した伊予の別子銅山（現 愛媛県新居浜市）は，幕府へ御用銅を納めるまでに成長し（➔p.182，187），長崎貿易の主要な貿易品となった（➔p.165）。

歴史散歩　太地町立くじらの博物館（和歌山県）　鯨に関して自然科学も含めて総合的に展示し，捕鯨発祥の地のおよそ400年にわたる歴史を興味深くひもといている。

8 整備される陸路と海路

A 陸上交通

陸上交通		江戸幕府によって，江戸・大坂・京都を中心に各地の城下町をつなぐ街道が整備された
五街道		東海道，中山道，甲州道中，日光道中，奥州道中 江戸の日本橋を起点。幕府直轄下におかれ，**道中奉行**が管理
脇街道〈脇往還〉		伊勢街道，北国街道，中国街道，長崎街道など 五街道以外の主要街道。勘定奉行の間接的支配
施設など	伝馬役	物資輸送や人の移動のために課された人馬役。宿駅の伝馬役を補う村を助郷，その役を助郷役という
	一里塚	日本橋を起点に1里(約4km)ごとに設置された路程標。塚が築かれ，榎や松が植えられた
	関所	関所手形が必要。50数か所設置(東海道：箱根・新居，中山道：碓氷など)➡キーワード
	宿駅	宿泊施設(**本陣**・**脇本陣**〈大名・幕府役人など〉，旅籠〈庶民〉)や**問屋場**がおかれた。**宿場町**として発展
	飛脚	書簡や小貨物を運送。**継飛脚**(幕府公用)，大名飛脚(大名設置)，町飛脚(民営，飛脚問屋)

B 水上交通

水上交通		大量の物資を安価に運べることから河川舟運や江戸・大坂を結ぶ海運の整備が進んだ
河川		・角倉了以による整備(大堰川・富士川)と開削(高瀬川) ・淀川・利根川・信濃川，琵琶湖・霞ケ浦での舟運
海上	交通網	**東廻り海運(航路)・西廻り海運(航路)** …**河村瑞賢**が整備。東北地方と大坂，江戸を結ぶ
	廻船業	**菱垣廻船**(大型帆船を用いて江戸～大坂を結ぶ)，**樽廻船**(酒荷，しだいに酒以外の荷物も)

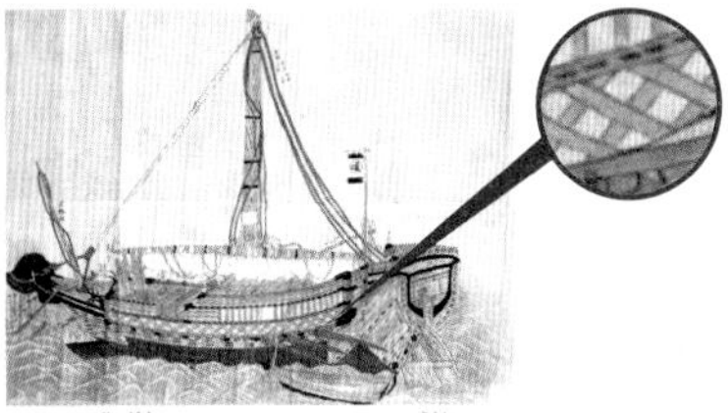

⑱**菱垣廻船** 1619年に堺商人が大坂から江戸へ日用品を送ったのが始まりといわれる。木綿・酒・醬油・紙などが江戸へ運ばれた。名前の由来は，ほかの船と明確に区別できるよう，船体の側面を檜板製の菱組の格子にしたことによるといわれる。〈東京 物流博物館蔵〉

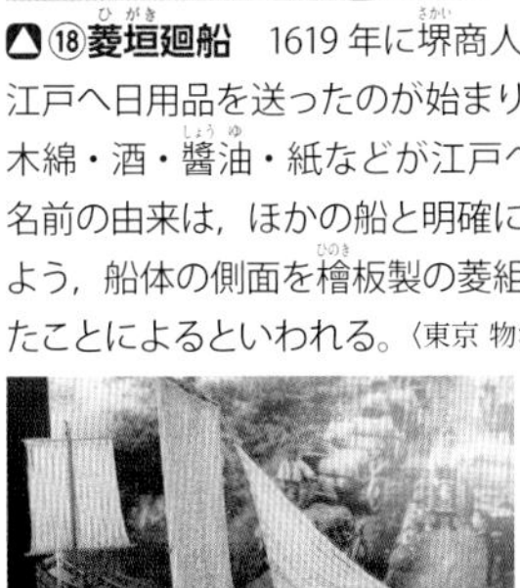

⑲**樽廻船** 酒は当初，**菱垣廻船**で運ばれていたが，腐りやすく迅速に運ぶ必要があったため，1730年に江戸の酒問屋によって，おもに酒樽を専門に積み込むことで早く輸送できる**樽廻船**が始められた。しだいに酒以外の荷物を低運賃で引き受けるようになったため，菱垣廻船との間に競争が起きた。〈兵庫 菊正宗酒造記念館蔵〉

C 東海道と中山道

＊東海道は53(大坂まで延長して57)，中山道は67，日光道中は21，奥州道中は10，甲州道中は33～42(または44)と数えられる。

⑳**東海道と中山道の宿駅と関所** **宿駅**＊は2～3里ごとにおかれ，関所は要所に設置された。

◎ おもな城下町
○ おもな宿駅
‡ おもな関所
中山道
甲州道中
東海道
江戸(日本橋)
京都(三条大橋)
大坂
板橋
品川
碓氷関
福島関
箱根関
新居関
小仏関
戸田の渡し
六郷の渡し
馬入の渡し
酒匂の渡し
富士川の渡し
大井川の渡し
天竜川の渡し
今切の渡し
七里の渡し
河渡の渡し
太田の渡し
美濃街道
佐屋街道
姫街道
0 20km

㉑**問屋場**(歌川広重筆 保永堂版 東海道 藤枝人馬継立図) **問屋場**は各宿に設置された。問屋・年寄などの役人が，旅人や荷物を運ぶ人足や馬の交代，荷物の継ぎ送りを行った。

〈静岡 藤枝市郷土博物館蔵〉

Key Word 関所

幕府が治安維持を目的に，五街道など主要街道を中心に50数か所設けたもので，通過するためには関所手形が必要であった。とくに，関東の関所では「入鉄砲に出女」(武器の流入と人質である大名妻子の脱出)を厳しく取り締まった。大名が関所を置くことは禁止されていたが，口留番所として設置する例もあった。

近世 江戸

D 江戸時代の交通網

㉒**北前船** 江戸中期以降に発展した海運で，蝦夷地特産の海産物や東北の米などを，下関をまわって大坂に輸送した。寄港地で売買をする買積船のため，大坂－蝦夷地間の航海で大きな利益をあげた。

〈港自治会蔵 京都府立丹後郷土資料館協力〉

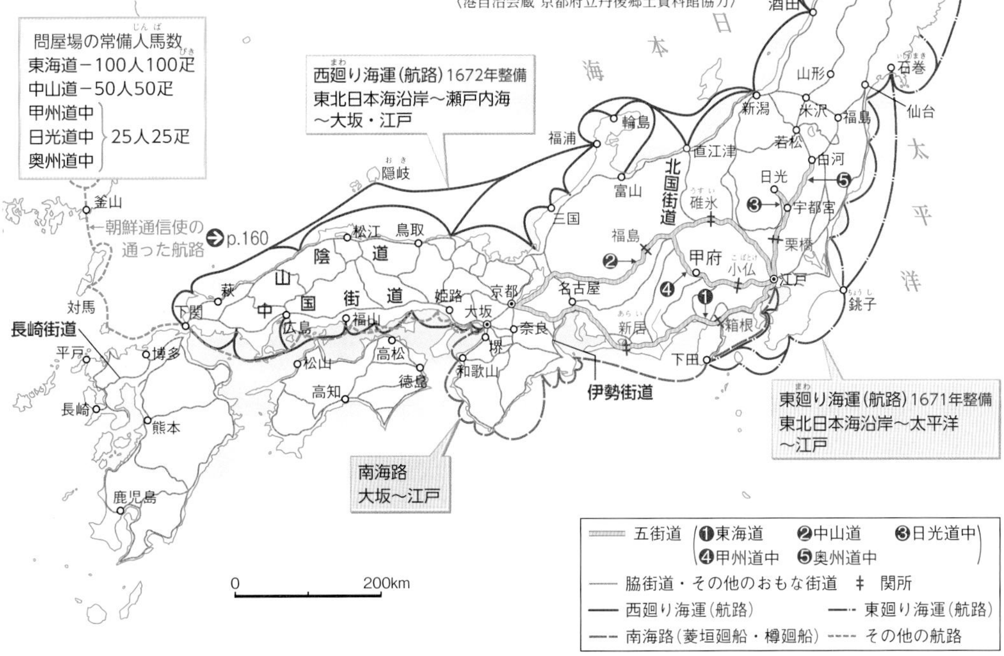

問屋場の常備人馬数
東海道－100人100疋
中山道－50人50疋
甲州道中
日光道中
奥州道中
25人25疋
西廻り海運(航路)1672年整備
東北日本海沿岸～瀬戸内海～大坂・江戸
東廻り海運(航路)1671年整備
東北日本海沿岸～太平洋～江戸
南海路
大坂～江戸
朝鮮通信使の通った航路 ➡p.160
日本海
太平洋
北国街道
山陰道
山陽道
中国街道
長崎街道
伊勢街道
江差
箱館
松前
弘前
青森
八戸
秋田
盛岡
酒田
石巻
仙台
山形
新潟
米沢
福島
若松
白河
輪島
福浦
直江津
日光
宇都宮
富山
碓氷
三国
栗橋
甲府
小仏
江戸
銚子
名古屋
箱根
新居
下田
京都
大坂
奈良
堺
和歌山
姫路
松江
鳥取
隠岐
萩
下関
広島
福山
高松
松山
徳島
高知
博多
平戸
対馬
釜山
長崎
熊本
鹿児島
0 200km
五街道 ❶東海道 ❷中山道 ❸日光道中 ❹甲州道中 ❺奥州道中
脇街道・その他のおもな街道 ‡ 関所
西廻り海運(航路)
東廻り海運(航路)
南海路(菱垣廻船・樽廻船)
その他の航路

今日とのつながり 江戸時代，紀州出身の漁民角屋甚太郎が，燻製にする鰹節の製法を考案した。土佐藩が積極的に導入し，さらに改良を加えて現在とほぼ同じ製法が確立した。

商業の発達 ―諸侯の蔵屋敷へ其国々より着船の米穀を改め蔵々へ水上す（『摂津名所図会』）

ヒストリースコープ

大坂には諸藩の蔵屋敷がおかれていたが，とくに中之島や堂島は川の中州にあるため水運に便利なことから，多くの蔵屋敷が立地していた（➔ p.176）。蔵屋敷には，舟運によって運ばれた領内の年貢米や特産物である蔵物が納められ，仲買商人との取り引きによって現銀（金）化されていた。

考察

❶大坂の蔵屋敷に集められた蔵米は，どのように取り引きされたのだろうか。
❷生産者から消費者にいたるまでの商品の流通を確認し，幕府は経済をどのように統制したのか説明しよう。→ 1
❸越後屋が行った，当時としては新しい商法について説明しよう。→ 2

1俵50～60kg
こぼれた米を集める女性たち
仲衆（荷揚げ人足）
約10～20石積の川舟

①**蔵屋敷のようす**（『摂津名所図会』） 蔵米を水揚げして検査している場面。**大坂**には，年間350万俵もの蔵米が集められていた。蔵米の買い手（落札者）は**掛屋**に代銀を支払うと銀切手が発行された。銀切手は**蔵屋敷**で米か米切手にかえることができ，米切手は米市場で取り引き*された。〈東京 国立公文書館蔵〉 ＊現米だけではなく先物取引（空米取引）も行われた。

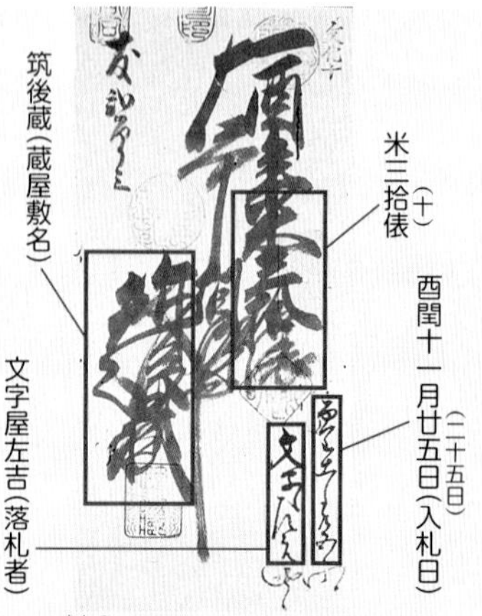

筑後蔵（蔵屋敷名）
米三拾俵（十）
酉閏十一月廿五日（二十五日）（入札日）
文字屋左吉（落札者）

②**筑後藩米切手**（1813年） 米切手は売買でき，大坂の米市場（➔ p.176）で取り引きが行われ，その米相場が全国的な影響力をもった。〈大阪歴史博物館蔵〉

1 江戸時代の経済のしくみ

A 江戸時代の商品流通のしくみ

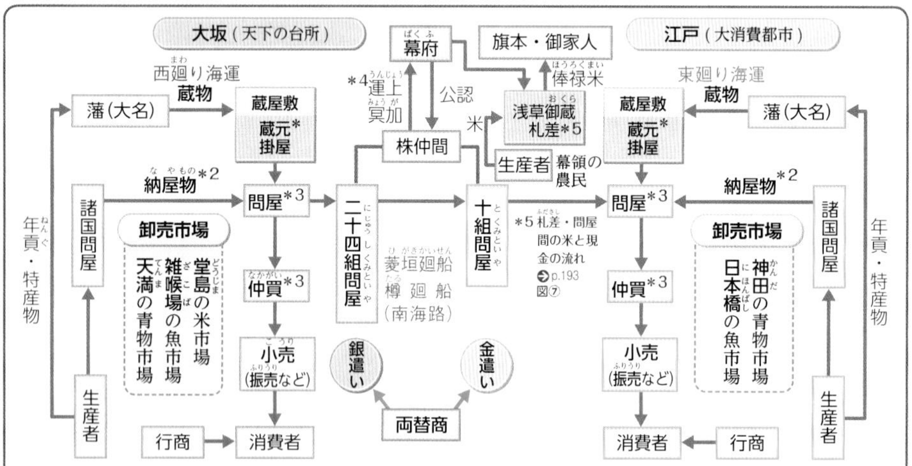

大坂（天下の台所）
江戸（大消費都市）
幕府
旗本・御家人
西廻り海運
蔵物
東廻り海運
蔵物
藩（大名）
蔵屋敷
蔵元*
掛屋
*4運上
冥加
公認
俸禄米
米
浅草御蔵
札差*5
株仲間
生産者
幕領の農民
蔵屋敷
蔵元*
掛屋
藩（大名）
納屋物*2
問屋*3
二十四組問屋
十組問屋
問屋*3
納屋物*2
年貢・特産物
諸国問屋
卸売市場
堂島の米市場
雑喉場の魚市場
天満の青物市場
菱垣廻船
樽廻船
（南海路）
*5 札差・問屋間の米と現金の流れ ➔ p.193 図⑦
卸売市場
神田の青物市場
日本橋の魚市場
諸国問屋
年貢・特産物
仲買*3
仲買*3
小売（振売など）
銀遣い
金遣い
両替商
小売（振売など）
生産者
生産者
行商
消費者
消費者
行商
農民
手工業者
農民
手工業者

＊蔵元…蔵物の取引にたずさわる商人。
掛屋…蔵物の販売代金を預り藩へ送金する商人。
＊2 蔵物に対し，生産者から民間商人に渡されて流通する商品。
＊3 仲間・組合とよばれる同業者団体をつくり，仲間掟を定めて営業権を独占しようとした。
＊4 商・工業などにおける営業税・免許税（もとは運上は定率税，冥加は献金）。➔ p.157

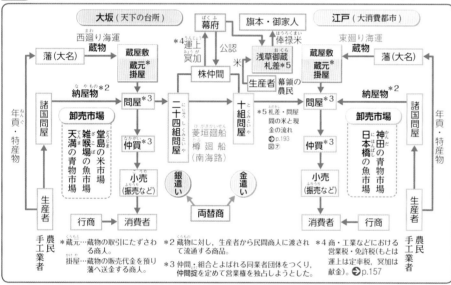

③**大坂から江戸への物の流れ** 江戸時代の商品流通の特徴は，経済の中心の大坂に各地からの物資が集まり，大消費地の江戸をはじめ全国に物資が流れたことである。物資の流通は**問屋**が中心的役割を担っていた。また大坂は**銀遣い**だが，江戸は**金遣い**という異なった貨幣体系であったため，両者の間には**両替商**（➔ p.171）の介在が不可欠であり，問屋と両替商を営む商人が大きな力をもった。

B 株仲間の変遷

江戸初期（17世紀前半）	禁止	戦国期の楽市令を踏襲。運送業，質屋などを除いて禁止
明暦～元禄（17世紀後半）	黙認	同業者同士での結成を黙認，商品流通統制に利用
享保の改革（18世紀前半）	公認	物価統制などの必要性から公認 ➔ p.185
田沼時代（18世紀後半）	奨励	運上・冥加の徴収を目的に積極的に公認し，奨励 ➔ p.187
天保の改革（1841年）	解散	物価騰貴の一因であるとして株仲間解散令を発布 ➔ p.196
嘉永期（1851年）	再興	阿部正弘（➔ p.202）により再興。在郷商人（農村を拠点としてきた商人）を含めた新しい株仲間を組織
明治維新（19世紀後半）	廃止	1872年に廃止

④**株仲間**とは商工業者の同業組合のことで，価格の決定と仲間以外の商工業者の営業を禁止する機能があった。幕府はしだいに物価調整や商工業統制のため株仲間を公認し，営業税として運上・冥加を徴収した。

2 新しい商法

従来の売り方	越後屋商法
・節季払い（年に2～3度まとめて支払う）→値段に利息分を含めるので高値 ・商品を包んだふろしき包みを背負い，家をまわる訪問販売	・「現金かけねなし」（即金払い，ぎりぎりの底値）→薄利多売による確実な利益重視 ・得意客だけでなく通行客も呼び入れる店前売り ・「引き札」（宣伝チラシ）の配布 ・即日仕立てのオーダーメイド ・端切れ物の大安売り

⑤**越後屋商法** 越後屋は，庶民相手に薄利多売の現金払いや販売員同士の販売実績を競わせるなどの商法で大きな利益をあげ，1745年には年間の売上高が23万両をこえた。これは，同じころの松江藩（18.6万石）の収入に比べると約2倍となる。越後屋は，呉服部門と金融部門の両輪で，江戸随一の豪商へと成長した。

〈東京 三井文庫蔵〉

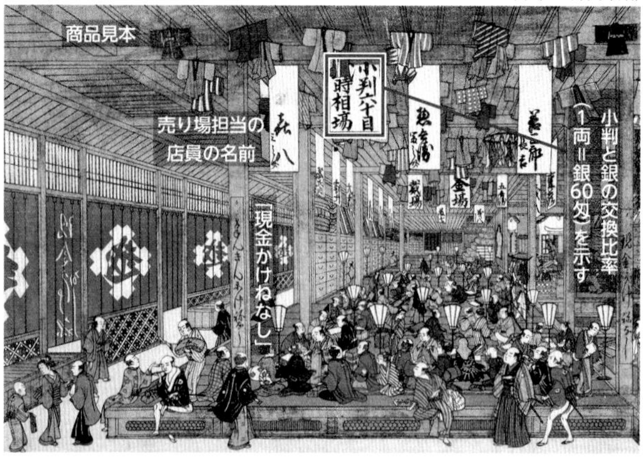

商品見本
売り場担当の店員の名前
「現金かけねなし」
小判六十目時相場
小判と銀の交換比率（1両＝銀60匁）を示す

⑥**越後屋の店内** 越後屋は豪商三井高利が1673年に江戸に呉服店を，京都に仕入店を開業したことから始まる。1683（天和3）年に江戸駿河町に移転し，両替店を併置した大店舗を構えた。売り場は12か所あり，売り場ごとに専門の使用人として手代と丁稚2人が割り振られ，天井からは，その手代・丁稚の名前と扱う商品がつり下げられていた。

今日とのつながり 東京都台東区の「蔵前」という地名は，かつて江戸幕府の蔵入地から集めた米を収蔵するための御米蔵（浅草御蔵）があったことに由来する。

特集 江戸時代の通貨と両替商

1 江戸時代の貨幣

＊金座：江戸・京都に設置，のちに江戸に統一。後藤庄三郎（名前を世襲）が管轄して小判などを鋳造。 銀座：伏見・駿府から京都・江戸に移転，大坂・長崎にも設置された。大黒常是を初代とする大黒屋が代々管理し，丁銀や豆板銀などを鋳造。 銭座：江戸・近江坂本など約10か所設置。寛永通宝を鋳造。

金・銀・銅 ➔ p.345

金貨

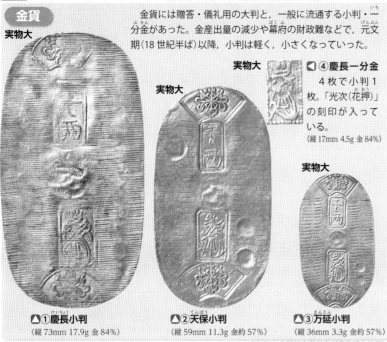

金貨には贈答・儀礼用の大判と，一般に流通する小判・一分金があった。金産出量の減少や幕府の財政難などで，元文期（18世紀半ば）以降，小判は軽く，小さくなっていった。

実物大

△①慶長小判
〈縦 73mm 17.9g 金 84%〉

実物大

△②天保小判
〈縦 59mm 11.3g 金約 57%〉

実物大

△③万延小判
〈縦 36mm 3.3g 金約 57%〉

実物大

◁④慶長一分金
4枚で小判1枚。「光次（花押）」の刻印が入っている。
〈縦 17mm 4.5g 金 84%〉

〈東京 日本銀行金融研究所貨幣博物館蔵〉

銀貨

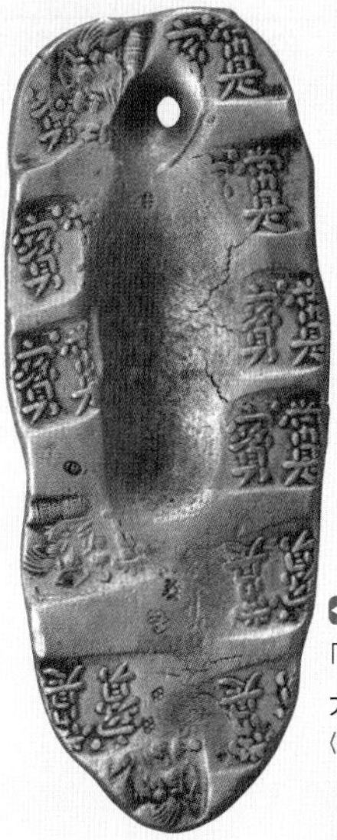

◁⑤丁銀
「常是」「宝」，大黒像の刻印。
〈縦 96mm 銀 80%〉

実物大

▷⑥豆板銀
「宝」，大黒像の刻印。
〈縦 14mm 銀 80%〉

実物大

〈縦 28mm 10.1g 銀 98%〉

△⑦南鐐二朱銀
金との交換数刻印。

➔ p.187

実物大

〈縦 25mm 8.6g 銀 99%〉

△⑧一分銀
4枚で小判1枚に相当。

銭貨

実物大

〈縦 25mm〉
△⑨寛永通宝（一文）
1636年以降に鋳造され，均質で全国に普及。

藩札

〈縦 169mm〉

△⑩藩札（福井藩） 三貨の不足や財政難への対処のため各藩が独自に発行。発行には幕府の許可が必要。1661年の福井藩の藩札が最初とされる。

△⑪金・銀・銭貨と藩札　1600年ごろ，徳川家康が**金座**＊・**銀座**＊に慶長金銀を大量につくらせ，1636年から徳川家光が**銭座**＊に**寛永通宝**をつくらせたことで，金・銀・銭の**三貨**による統一した貨幣制度が整った。17世紀後半以降，各大名・旗本の領国内では**藩札**という独自の紙幣も発行・流通した。

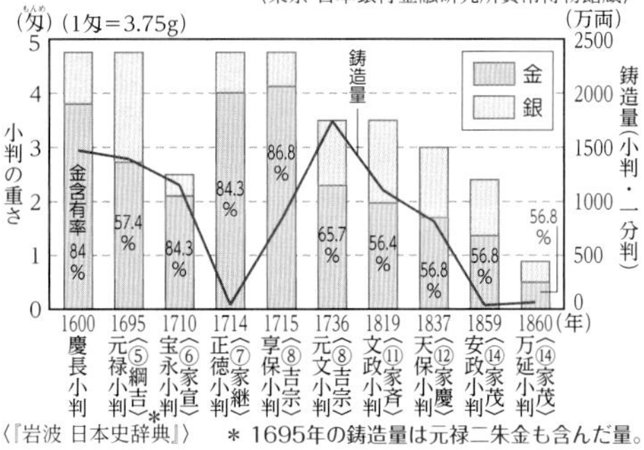

（匁）（1匁＝3.75g）
（万両）
小判の重さ
鋳造量（小判・一分判）
鋳造量
金
銀
金含有率 84%
57.4%
84.3%
84.3%
86.8%
65.7%
56.4%
56.8%
56.8%
56.8%
1600 慶長小判
1695 元禄小判〈⑤綱吉〉＊
1710 宝永小判〈⑥家宣〉
1714 正徳小判〈⑦家継〉
1715 享保小判〈⑧吉宗〉
1736 元文小判〈⑧吉宗〉
1819 文政小判〈⑪家斉〉
1837 天保小判〈⑫家慶〉
1859 安政小判〈⑭家茂〉
1860 万延小判〈⑭家茂〉
（年）

▷⑫小判1枚中の金・銀成分比〈『岩波 日本史辞典』〉　＊1695年の鋳造量は元禄二朱金も含んだ量。

2 両替商の発達

銀貨は500匁で包封され，「拾貫目入」と書かれた箱に入れられて流通した。

天秤ではかる
竿秤ではかる
紙で銀を包む
両替のためにやって来た客

〈東京 日本銀行金融研究所貨幣博物館蔵〉

△⑬両替商　江戸時代は，おもに東日本では金貨，西日本では銀貨が流通しており，「東の**金遣い**，西の**銀遣い**」といわれ，その交換比率は相場によって変動した。そのため，三貨（金貨・銀貨・銭貨）間の両替や為替を商売とする**両替商**が発達した。

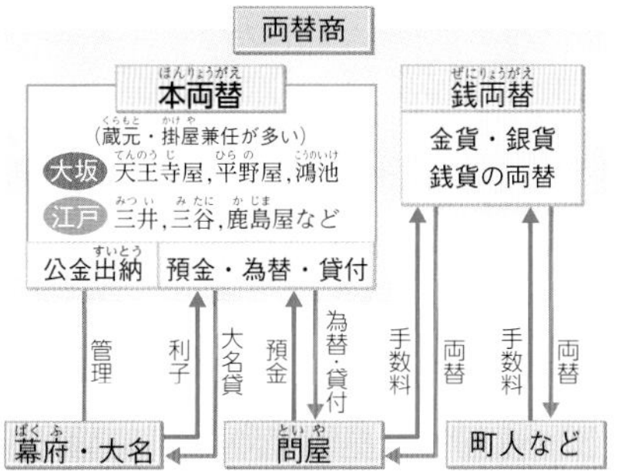

両替商
本両替
（蔵元・掛屋兼任が多い）
大坂 天王寺屋，平野屋，鴻池
江戸 三井，三谷，鹿島屋など
公金出納
預金・為替・貸付
銭両替
金貨・銀貨
銭貨の両替
管理
利子
大名貸
預金
為替・貸付
手数料
両替
手数料
両替
幕府・大名
問屋
町人など

▷⑭両替商のしくみ

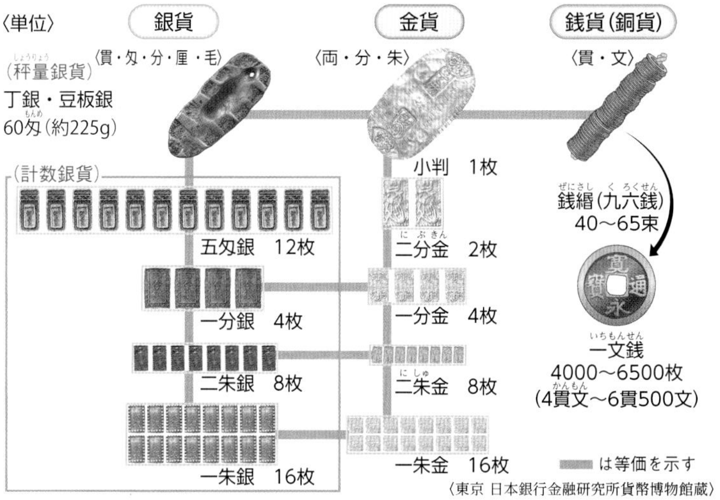

〈単位〉
銀貨
金貨
銭貨（銅貨）
（秤量銀貨）〈貫・匁・分・厘・毛〉
〈両・分・朱〉
〈貫・文〉
丁銀・豆板銀
60匁（約225g）
小判　1枚
銭緡（九六銭）
40～65束
（計数銀貨）
五匁銀　12枚
二分金　2枚
一分銀　4枚
一分金　4枚
一文銭
4000～6500枚
（4貫文～6貫500文）
二朱銀　8枚
二朱金　8枚
一朱銀　16枚
一朱金　16枚
は等価を示す

〈東京 日本銀行金融研究所貨幣博物館蔵〉

△⑮三貨の交換比率　1765年に江戸と上方の通貨統一をめざし，**田沼意次**は五匁銀を発行したが，うまくいかずに回収された。1772年に**南鐐二朱銀**（➔ p.187）を発行して成功し，金銀両替の必要性が軽減されたが，田沼失脚後，**寛政の改革**によって廃止された。しかし1800年に復活され，以後銀貨の計数貨幣化が進み，文政年間に一朱銀，天保年間には一分銀が発行され，計数銀貨は完成した。一方で，丁銀や豆板銀も**秤量貨幣**として商取引に用いられ続け，完全な通貨制度の統一はできなかった。

三都の発達①（江戸）—将軍のお膝元

ヒストリースコープ

徳川家康が1590年に江戸に入府して以降，江戸城（→p.174）を中心に町が形成された。江戸幕府が開かれてからは，「将軍のお膝元」とよばれ，政治の中心地として，人口100万を有する当時世界有数の大都市へと発展していった。

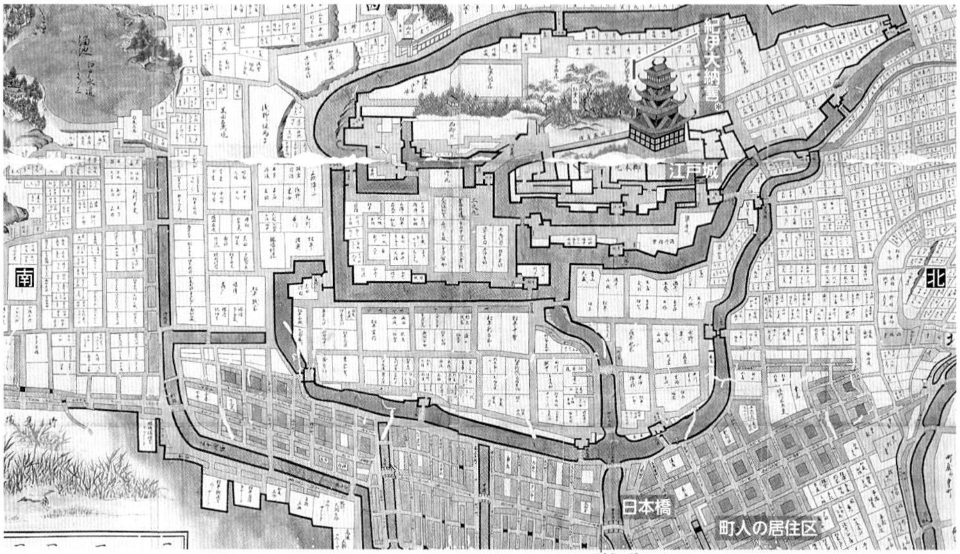
紀伊大納言*
江戸城
南
北
日本橋
町人の居住区
高札場

＊徳川頼宣のこと。

①武州豊嶋郡江戸庄図　明暦の大火（1657年）以前の1632年ごろの**城下町**を描いた地図。大名や旗本の居住区などの**武家地**には名前が書かれているが，町人の居住区（**町人地**）は大まかな町割りのみで黒く塗りつぶされている。〈東京都立中央図書館特別文庫室蔵〉

考察

❶江戸城の周辺にはどのような人々が居住していただろうか。

❷日本橋の高札場は，なぜ幕府によってとくに重視されたのだろうか。→2

1 江戸の大名屋敷

〈神奈川 横浜開港資料館蔵 F.ベアト撮影〉

②幕末に撮影された大名屋敷（現 港区三田，綱坂）　現在の慶応義塾大学周辺にあたる。右側の長屋は肥前島原藩松平家の中屋敷で，坂上の右側は伊予松山藩松平家の中屋敷である。大名屋敷のかわらぶきの屋根が続く江戸の景色を，幕末に来日した外国人は「長い道路と，白壁と，灰色の大海」と表現した。

Key Word　上・中・下屋敷

大名の正式な住居である上屋敷は江戸城周辺に，ひかえの中屋敷・下屋敷は江戸城から離れた場所に置かれた。

③新宿御苑　信濃国高遠藩内藤家の下屋敷の一部であった。玉藻池周辺は当時の大名庭園のおもかげを残している。

④赤門　東京大学の敷地（文京区本郷）は，加賀藩前田家の上屋敷だった。1827年，加賀藩主が11代将軍家斉の娘を正室に迎える際，大名が将軍家から妻を迎える場合の慣例にしたがい，朱塗りの門を創建。赤門は現存する唯一の加賀藩上屋敷の遺構である。

2 日本橋—経済と交通の中心地

よみとき　日本橋川の河岸に物資が集積されていることに注目しよう

日本橋
東海道
①
②
③
④
⑤
⑥
⑦
奥州道中・日光道中
日本橋川
小網町

〈千葉 国立歴史民俗博物館蔵（部分）〉

⑤日本橋付近のようす（江戸図屏風）　川舟によって運ばれた米，材木，魚などのさまざまな物資が，荷揚げ・集積された。そのため多くの商家が店を構え，江戸経済の中心となった。**五街道**（→p.169）の起点でもあり，数多くの人びとが通行した。

❶高札場　❷材木。日本橋の近くで材木を馬の背に積み運ぶようすが描かれている　❸魚河岸　❹米俵　❺町の境の木戸。夜間は通行を制限する　❻方形に区画された町人地。中央にある会所地という空き地には，樹木や蔵が見える　❼うだつ。屋根に取りつける防火壁

〈東京都江戸東京博物館蔵（部分）〉

⑥高札場（東京日本橋風景）　幕府は，人びとが集まる市街地中心や，日本橋などの大きな橋のそばに高札場を設けた。高札は，木の札に幕府が決めた法令を墨で書き，人目につくよう高く掲げたもの。1722年7月，8代将軍**吉宗**は日本橋の高札場に**新田開発**を奨励する高札を出し，新田開発の資金を町人に期待した（→p.185）。また，この高札場の向かいに罪人のさらし場もあった。

今日とのつながり　日本の道路元標は，現在も日本橋にある。橋の中央には道路元標が埋められている。

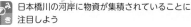

1 人口 100 万の都市

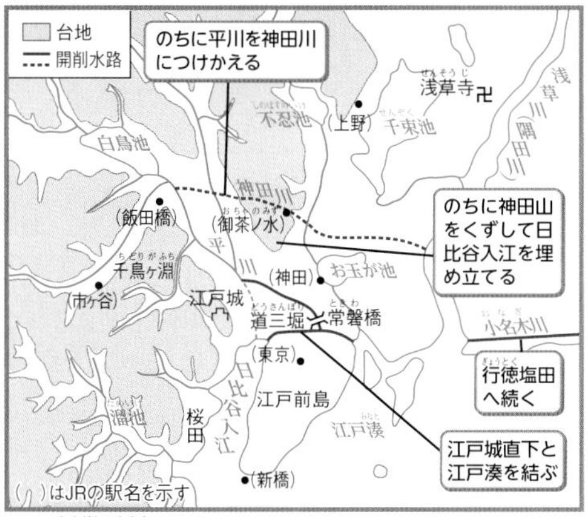
台地
開削水路
のちに平川を神田川につけかえる
浅草寺
不忍池
(上野)
千束池
白鳥池
隅田川
神田川
(飯田橋)
(御茶ノ水)
のちに神田山をくずして日比谷入江を埋め立てる
千鳥ヶ淵
(市ヶ谷)
江戸城
(神田)
お玉が池
道三堀
常磐橋
小名木川
(東京)
行徳塩田へ続く
江戸前島
日比谷入江
桜田
溜池
江戸湊
江戸城直下と江戸湊を結ぶ
(新橋)
( )はJRの駅名を示す

①**徳川家康の江戸整備**(概念図)　1590年に江戸に入った家康は，まず町づくりの物資を運ぶための水路(道三堀)を開削した。1603年に幕府を開くと，大名を使役して江戸の拡張工事を行った。神田山を切りくずして日比谷入江を埋め，江戸前島を商業地として造成した。家康は，川と運河を，防衛と経済の両立を考えて計画的に配置し，水の都「江戸」が誕生した。

〈『近世日本の人口構造』ほか〉

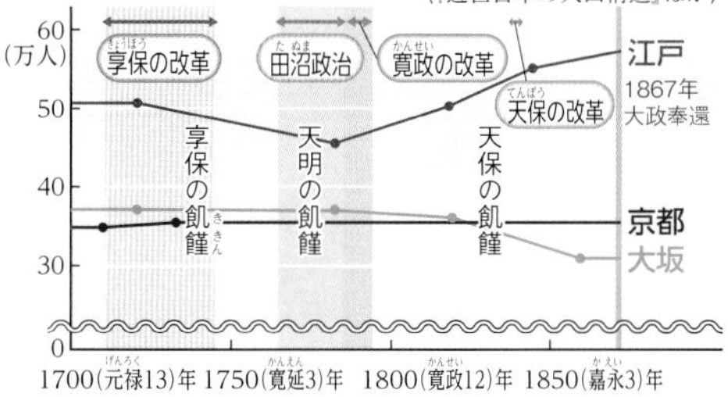
60
(万人)
50
40
30
0
享保の改革
田沼政治
寛政の改革
天保の改革
享保の飢饉
天明の飢饉
天保の飢饉
江戸
1867年 大政奉還
京都
大坂
1700(元禄13)年 1750(寛延3)年 1800(寛政12)年 1850(嘉永3)年

②**町人人口の変化**　江戸には50万をこえる町人のほか，武家・寺社もあわせると人口は100万以上だったとされる。全国から人々が移住してきたので，江戸の町人のうち，他地域での出生者は約3割にのぼった(1843年)。

A 江戸中心部(1860年ごろ)

＊明暦の大火(1657年)の出火元の一つといわれる本妙寺があった。寺はその後移転(豊島区巣鴨)。

近代の東京中心部のようす ➲ p.263

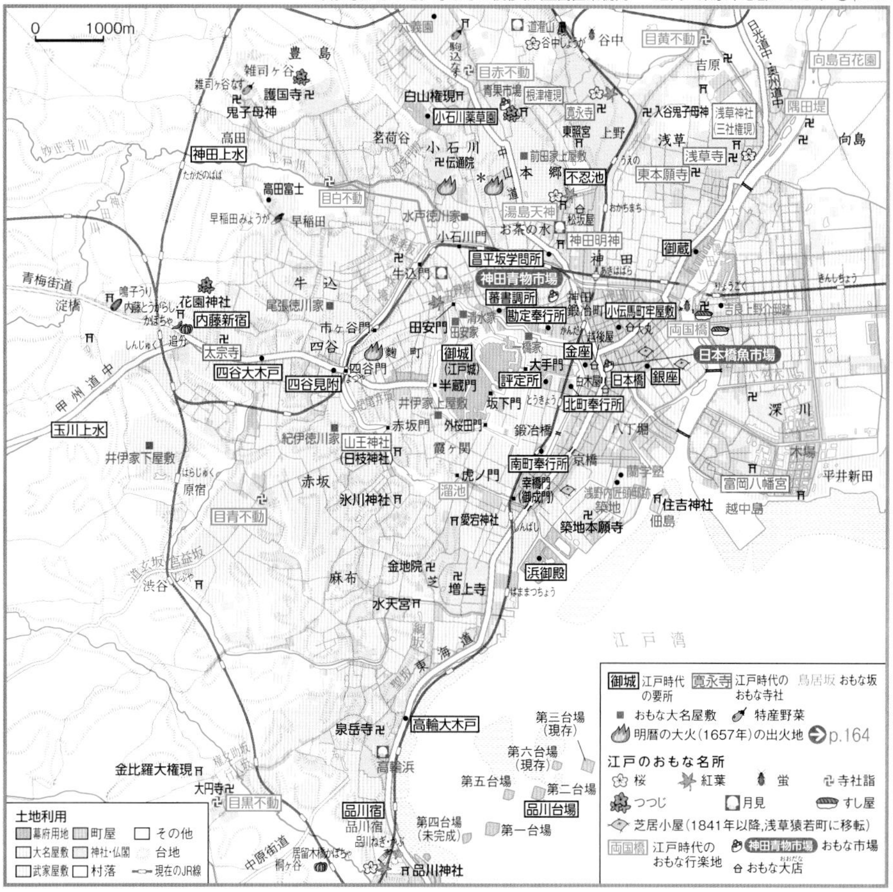
0 1000m
豊島
雑司ケ谷
護国寺
鬼子母神
白山権現
小石川薬草園
根津権現
寛永寺
上野
浅草
浅草寺
東本願寺
目赤不動
目黄不動
向島百花園
吉原
隅田堤
向島
高田
神田上水
茗荷谷
小石川
本郷
不忍池
湯島天神
目白不動
高田富士
早稲田
水戸徳川家
お茶の水
神田明神
御蔵
昌平坂学問所
神田青物市場
蕃書調所
勘定奉行所
小伝馬町牢屋敷
両国橋
吉良上野介邸
青梅街道
牛込
尾張徳川家
花園神社
内藤新宿
淀橋
太宗寺
四谷大木戸
四谷見附
四谷
市ヶ谷
田安門
御城(江戸城)
半蔵門
大手門
金座
日本橋
銀座
日本橋魚市場
評定所
北町奉行所
深川
甲州道中
玉川上水
井伊家下屋敷
紀伊徳川家
山王神社(日枝神社)
赤坂
霞ヶ関
虎ノ門
南町奉行所
溜池
氷川神社
目青不動
築地本願寺
富岡八幡宮
住吉神社
佃島
越中島
平井新田
愛宕神社
浜御殿
渋谷
金地院
増上寺
麻布
芝
水天宮
江戸湾
東海道
泉岳寺
高輪大木戸
第三台場(現存)
第六台場(現存)
第五台場
第二台場
第四台場(未完成)
第一台場
品川台場
品川宿
金比羅大権現
目黒不動
中原街道
品川神社
御城 江戸時代の要所
寛永寺 江戸時代のおもな寺社
鳥居坂 おもな坂
おもな大名屋敷
特産野菜
明暦の大火(1657年)の出火地 ➲p.164
江戸のおもな名所
桜 紅葉 蛍 寺社詣
つつじ 月見 すし屋
芝居小屋(1841年以降,浅草猿若町に移転)
両国橋 江戸時代のおもな行楽地
神田青物市場 おもな市場
おもな大店
土地利用
幕府用地 町屋 その他
大名屋敷 神社・仏閣 台地
武家屋敷 村落 現在のJR線

③江戸が発展した理由の一つに，江戸の中心部から「の」の字を描くように堀が築かれ，町づくりが行われたことがあげられる。家康のあとも，城の外周を拡大することで，多くの**武家地**と**町人地**，**寺社地**をバランスよく確保していた。また，品川など江戸の町の周縁部や，日本橋・浅草・上野・両国には多くの名所ができ，江戸の人々は花見や芝居鑑賞，寺社参詣といった日帰り観光などを楽しんだ。

2 江戸の暮らし

A 上水の整備

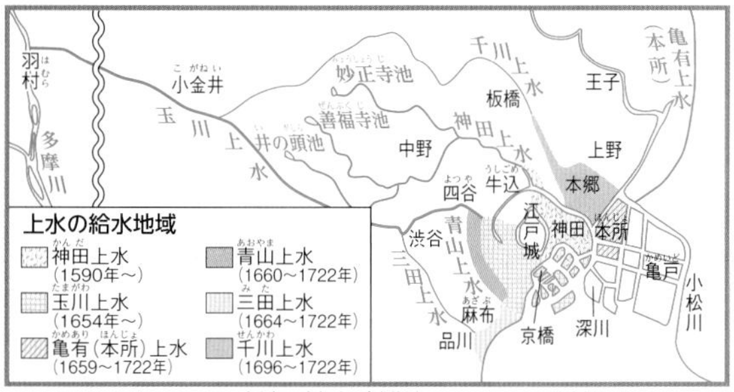
羽村
小金井
玉川上水
井の頭池
妙正寺池
善福寺池
千川上水
板橋
王子
亀有上水
(本所)
多摩川
中野
神田上水
上野
本郷
四谷
牛込
江戸城
神田
本所
亀戸
小松川
渋谷
青山上水
三田上水
麻布
品川
京橋
深川
上水の給水地域
神田上水(1590年～)
玉川上水(1654年～)
亀有(本所)上水(1659～1722年)
青山上水(1660～1722年)
三田上水(1664～1722年)
千川上水(1696～1722年)

④**江戸の上水道**　家康は大久保忠行に命じて小石川上水(のちの神田上水)をつくった。その後幕府は，人口増加による水不足対策のため玉川上水の開削を命じ，1654年に完成させた。計6つの上水が整備された。

⑤**地下に埋められた木樋**　道路の地下約1mに木樋が通され，各町に水が分配された。

木樋

〈東京都教育委員会蔵〉

B ごみを出さない暮らし

〈『地図・年表・図解でみる日本の歴史〈下〉』ほか〉

⑥**循環型社会のしくみ**　江戸では物を修理して使ったり，不要になった物も原材料として再利用したりしていたため，100万という人口に比べてごみの量は少なかった。

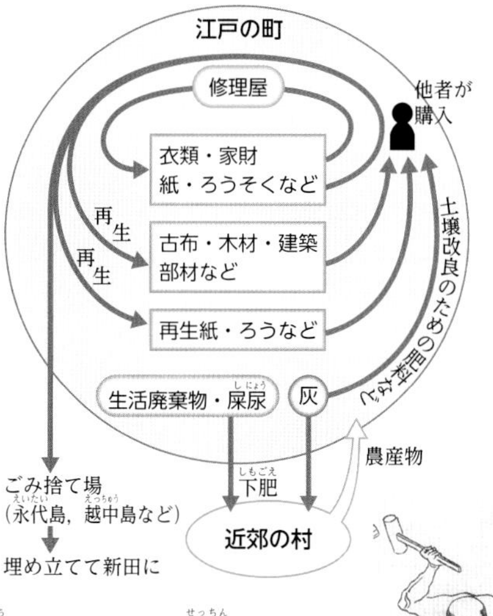
江戸の町
修理屋
他者が購入
衣類・家財
紙・ろうそくなど
再生
古布・木材・建築部材など
再生
再生紙・ろうなど
土壌改良のための肥料など
生活廃棄物・屎尿
灰
農産物
ごみ捨て場(永代島，越中島など)
下肥
近郊の村
埋め立てて新田に

⑦**灰の回収業者**　火鉢の灰だけでなく，雪隠(トイレ)の人糞も肥料として回収された。それらは，江戸近郊の農家に売られ，野菜などの肥料として活用された。江戸の近郊農家からは，小松菜や練馬大根などの農産物が江戸に供給された。

〈東京 国立国会図書館蔵〉

⑧**瀬戸物焼きつぎ業者**　割れた焼き物も，接着し焼き直して使われた。

⑨**桶・樽のゆるんだ箍のはめかえ**　道具を修理するリサイクル業者も多く存在した。

江戸幕府の中心地　江戸城

1 江戸城－政治の舞台

A 江戸城略年表

1457	**太田道灌が築城**
1524	北条氏の支城となる
1590	徳川家康が入城
1603	**家康，江戸幕府を開く**➔p.154 天下普請として諸大名を動員し，江戸の町づくりを始める
1604	城郭の大拡張を発表，諸大名に準備させる。改修工事着工
1606	工事本格化，本丸など築造
1607	**天守完成**。城の形がほぼ整う（その後も修築を重ねる）
1636	内郭・外郭，完成
1640	壮麗な本丸御殿が完成
1657	**明暦の大火**により天守，本丸，二の丸など焼失。天守の再建は見送られた（以後も江戸城はたびたび火災にあう）➔p.164 延焼防止の空き地をつくるため，**三家の屋敷が城外に移される**➔p.162
1684	本丸御座之間で，若年寄の稲葉正休が大老堀田正俊を刺殺 ➡図①
1701	本丸松之廊下で，赤穂藩主浅野長矩が吉良義央に斬りかかる ➡図④ →**赤穂事件**に発展➔p.165
1784	老中田沼意次の子で若年寄の意知，本丸で佐野政言に刺される➔p.187
1862	14代将軍家茂と皇女和宮の婚儀➔p.204
1863	**西の丸，ついで本丸と二の丸が炎上。**財政逼迫のため本丸は再建されず，仮御殿として再建された西の丸が将軍の居所となる
1868	**江戸城開城**。明治天皇が入城➔p.209 東京城と改称，翌年皇城と称される
1888	明治宮殿が完成し，宮城と称される
1948	宮城の名称を廃止，皇居とよばれる

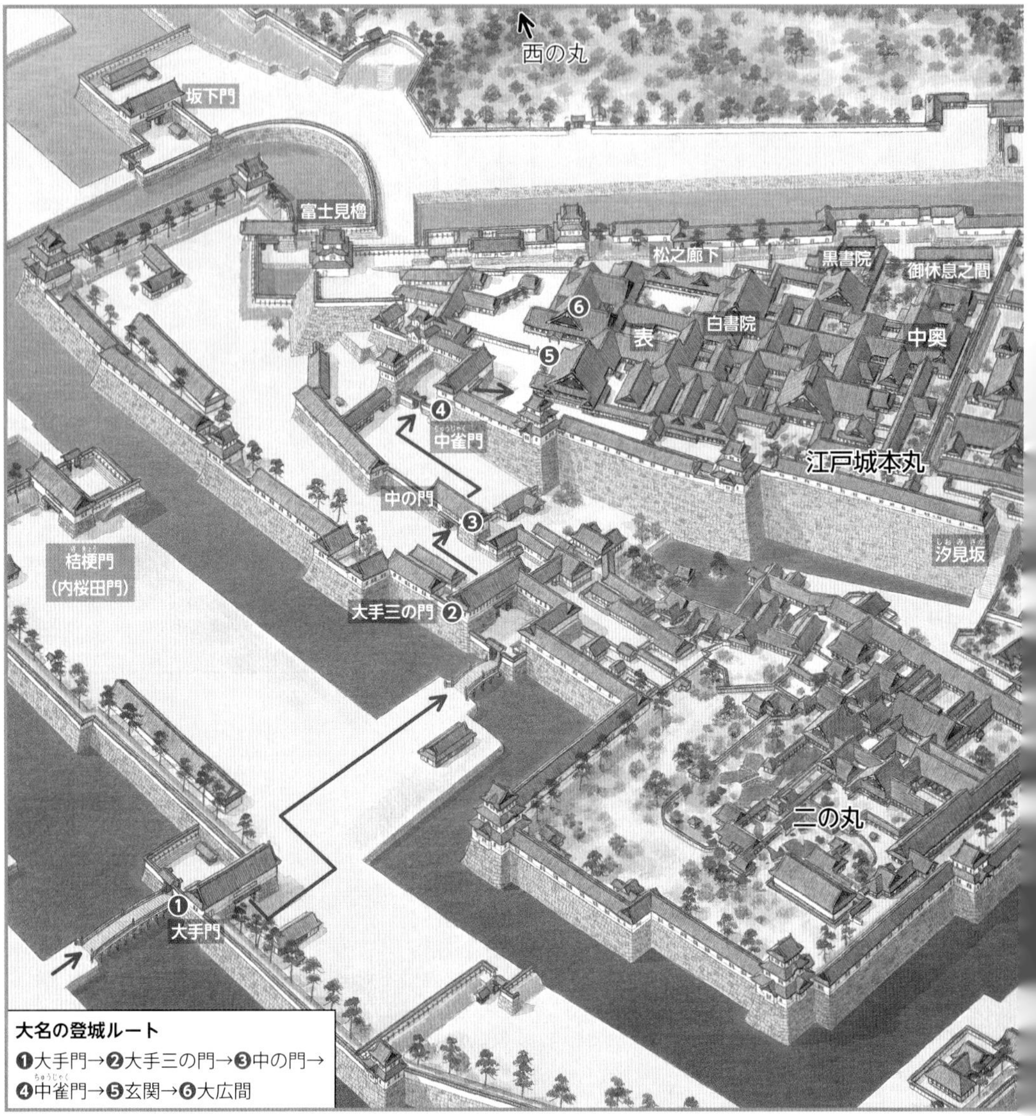
西の丸
坂下門
富士見櫓
松之廊下
黒書院
御休息之間
白書院
表
中奥
⑥
⑤
④
中雀門
江戸城本丸
中の門
③
汐見坂
桔梗門
（内桜田門）
大手三の門
②
二の丸
①
大手門

大名の登城ルート
❶大手門→❷大手三の門→❸中の門→❹中雀門→❺玄関→❻大広間

〈東京都江戸東京博物館蔵〉

B 本丸表－政治の中心地

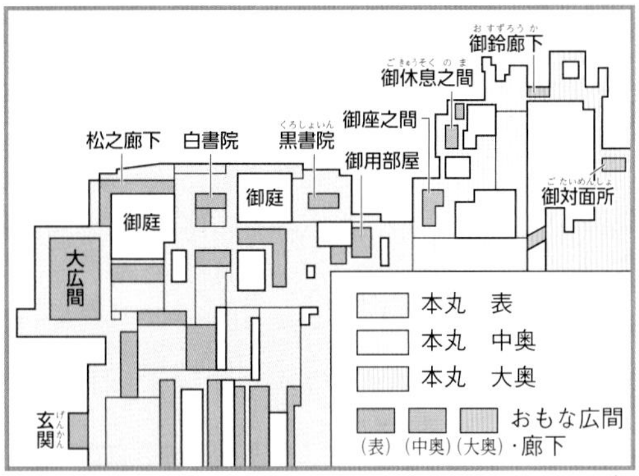
御鈴廊下
御休息之間
御座之間
御用部屋
松之廊下
白書院
黒書院
御庭
御庭
御対面所
大広間
玄関
本丸　表
本丸　中奥
本丸　大奥
おもな広間
（表）（中奥）（大奥）・廊下

△①江戸城本丸　本丸は政治の舞台となる表と，将軍の執務と生活の場である中奥，御台所や側室が暮らす男子禁制の大奥に分かれていた。表では，公式行事が白書院と大広間で行われ，この二つの部屋をつなぐのが松之廊下である。中奥は，当初御座之間が，将軍と老中の執務室であったが，1684年，5代綱吉の時期に，大老堀田正俊がここで若年寄に暗殺されたのを契機に，老中の執務室は御用部屋に移され，将軍と老中との連絡に側用人（➔p.165）をおくことになった。

△②**大広間断面図**（復元模型）　北から南へ上中下段と分かれ，7寸（約21cm）ずつ低くなっていった。

本丸座敷名	座敷ごとの格式
御座之間	三卿・老中・若年寄など
黒書院	幕府組織の管理職（組頭など）
白書院	三家，外様の大大名（前田家，島津家など），親藩（越前，会津などの松平家），有力譜代（井伊家など）
大広間	上記以外の譜代 外様大名（10万石以上）

◁③**本丸の座敷と格式**　三家や前田家などの四位以上の高い位をもつ大大名は白書院，五位以下は大広間と位による明確な差がつけられていた。部屋の中も上中下段に分かれ，座る場所も位により指定されていた。

C 松之廊下事件（1701年）

〈「忠臣蔵」©1958 KADOKAWA〉

△④**吉良上野介義央を斬りつける浅野内匠頭長矩**　1701（元禄14）年3月，将軍綱吉と朝廷との年賀儀式が白書院にてとり行われる日，赤穂藩主浅野長矩による高家吉良義央への刃傷事件が発生した。浅野は殿中抜刀の罪で即日切腹となり赤穂藩は改易となった。浅野長矩がなぜ刃傷に及んだかは不明。これを不満とした旧赤穂藩士たちは「主君のうらみを晴らし幕府に抗議する」として，翌年江戸本所の吉良邸で吉良義央を殺害した。これが「忠臣蔵」のモデルになった赤穂事件である。➔p.165,192

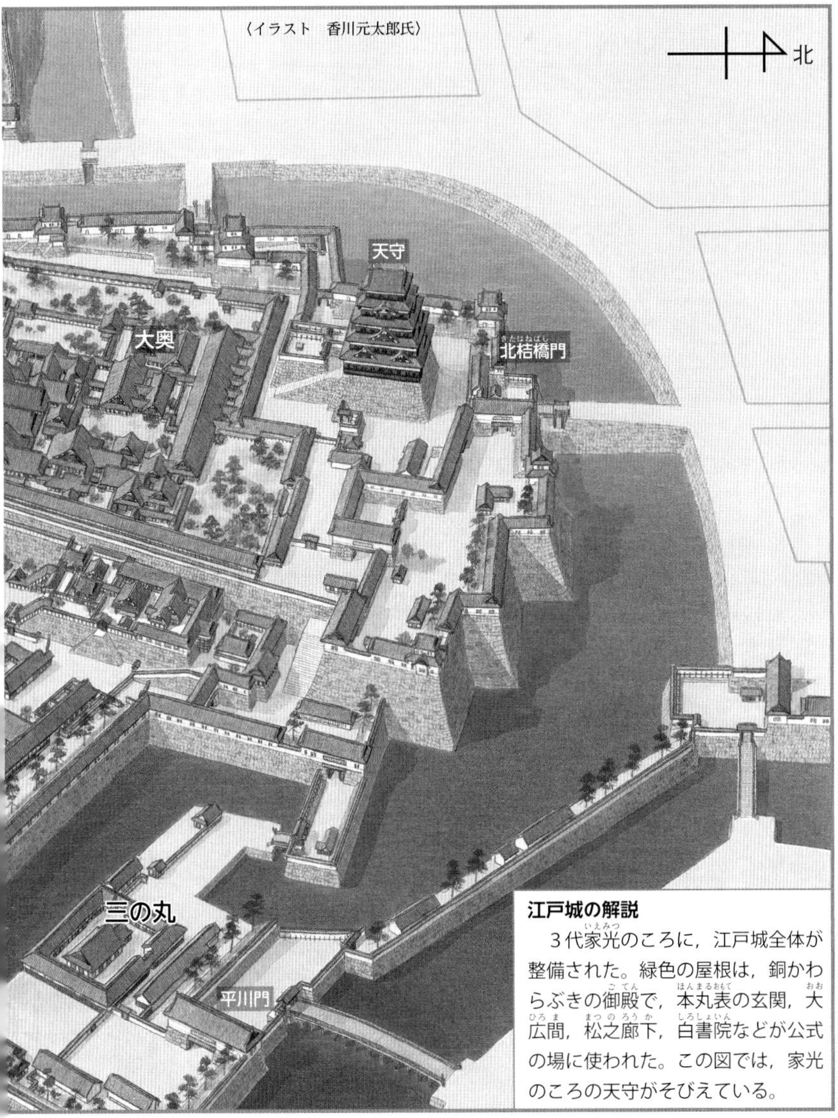
〈イラスト　香川元太郎氏〉
北
天守
大奥
北桔橋門
三の丸
平川門

江戸城の解説
　3代家光のころに，江戸城全体が整備された。緑色の屋根は，銅かわらぶきの御殿で，本丸表の玄関，大広間，松之廊下，白書院などが公式の場に使われた。この図では，家光のころの天守がそびえている。

D 中奥 - 将軍の日常生活の間

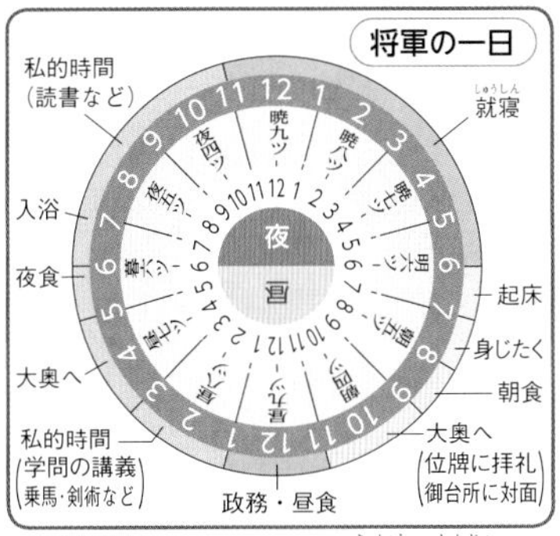
将軍の一日
私的時間（読書など）
就寝
入浴
夜食
起床
身じたく
朝食
大奥へ
大奥へ（位牌に拝礼 御台所に対面）
私的時間（学問の講義 乗馬・剣術など）
政務・昼食
夜
昼

⑤将軍は夜明けすぎに起床。寝所にてしたくを整えて朝食をとる。午前9時ごろには大奥に行き，代々の位牌に拝礼したあと，御台所と対面する。午前11時ごろに中奥の御座之間で政務を行う。老中は，午前10時ごろに登城して，このとき将軍に政務を言上し，決裁をあおぐ。午後は，将軍の私的時間となり，儒学者の講義や乗馬などを行う。夜は中奥か大奥で夜食をとる。

E 大奥 - 将軍の妻たちの居住空間

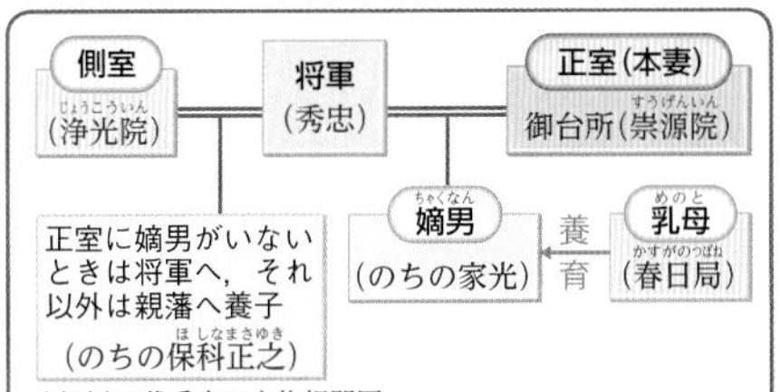
側室
（浄光院）
将軍
（秀忠）
正室（本妻）
御台所（崇源院）
嫡男
（のちの家光）
養育
乳母
（春日局）
正室に嫡男がいないときは将軍へ，それ以外は親藩へ養子
（のちの保科正之）
（青字）2代秀忠の人物相関図

⑥大奥が表・中奥と完全に切り離されたのは2代秀忠のころとされ，春日局によって整備された。将軍の正室は御台所といわれ，公家・宮家・天皇家から迎えるのがしきたりであった。したがって武家の娘などはいったん公家の養女となり，正式に将軍のもとに輿入れした。正室のほかに「世つぎ」をもうけるため数名の側室をおくのが慣例（実際正室が産んだ世つぎは3代家光のみ）であり，多いときには10名をこえた。彼女たちの身のまわりの世話をするのが奥女中で，ときには1000名近くいた。御台所をはじめとして，大奥は幕政にも関与し，とくに次期将軍の決定に関しては大きな影響力があった。

2 江戸城で活躍した女性たち

崇源院（江・江与）　1573～1626　2代将軍秀忠の正室

〈京都 養源院蔵〉

織田・豊臣・徳川に関わる生涯➡ p.145
　父は浅井長政，母は**信長**の妹お市。三女で，長姉は**秀吉**の側室淀殿である。2代将軍**秀忠**の正室となったが，本人は6歳上の再々婚であった。秀忠との夫婦仲は円満で，2男5女をもうけた。長男は3代**家光**，5女和子は後水尾天皇の女御（のちの明正天皇の母）となった。彼女が築いた「平和な家庭」こそが，徳川264年の礎となった。

春日局（斎藤福）　1579～1643　3代将軍家光の乳母

〈京都 麟祥院蔵〉

江戸城大奥の礎を築いた女性
　父は明智光秀の重臣斎藤利三，のちに公家三条西家で養育された。夫は**関ヶ原の戦い**の功労者の稲葉正成。1604年，秀忠の嫡男竹千代（のちの**家光**）の乳母となり，家光の将軍就任に尽力した。崇源院の死後大奥の実権をにぎった。1629年，後水尾天皇（➡ p.156）と崇源院の5女和子に拝謁し，従三位と春日局の名を賜った。

天英院（近衛熙子）　1662?～1741　6代将軍家宣の正室

〈東京都立中央図書館特別文庫室蔵〉

吉宗の将軍就任に尽力
　公家近衛家の出身。甲府藩主徳川綱豊（のちの6代将軍家宣）に嫁ぎ，1709年江戸城に入る。一時は側室お喜世の方（7代将軍家継の生母）と対立したが，8代将軍を決める際，二人は協力した。その際「将軍家宣の遺言」をたてに尾張藩主徳川継友をおす幕閣たちを抑え，紀州藩主徳川**吉宗**（➡ p.185）を将軍に就任させた。

天璋院（島津篤子）　1836～1883　13代将軍家定の正室

〈鹿児島 尚古集成館蔵〉

幕末の江戸幕府を支える
　薩摩藩9代藩主島津斉宣の孫。島津斉彬の養女となり，さらに近衛家の養女として13代将軍**家定**の正室となる。**一橋慶喜**とは不仲で，14代**将軍継嗣問題**（➡ p.204）では大奥をまとめ，紀州藩主徳川慶福（**家茂**）を将軍に迎えた。江戸開城の際には朝廷と薩摩藩に請願し，徳川家の存続と15代将軍慶喜の助命をはかったという。

和宮親子内親王　1846～1877　14代将軍家茂の正室

〈東京 徳川記念財団蔵〉

公武合体の政治に翻弄された皇女
　婚約者（有栖川宮熾仁親王）がいたが，幕府の**公武合体策**（➡ p.204）により，1862年14代将軍**家茂**の正室となった。当初はその運命を嘆き大奥になじもうとしなかったが，のちには朝廷と幕府の融和に努力した。徳川家の存続，江戸城無血開城がなったのは天璋院と彼女の力に負うところが大きいともいわれている。

三都の発達②(大坂・京都) ―天下の貨 七分は浪華にあり(『九桂草堂随筆』)

ヒストリースコープ

浪華(大坂)は天下の金の7割が集まる商業の中心地で，さらにその7割は船中にありとされる，水運の発達した都市であった。西廻り海運(➔p.169)の整備により，大坂は米どころの東北・北陸をはじめ，全国各地とつながり，多くの廻船でにぎわった。

考察

❶図①の安治川河口のようすも見ながら，大坂が商業の中心地になった理由を，物流の視点で説明しよう。

❷大坂・京都の都市としての特徴を説明しよう。→1・2

菱垣新綿番船川口出帆之図
天保山
菱垣廻船
菱垣廻船問屋
切手場
樽廻船問屋

(大阪城天守閣蔵)

①菱垣新綿番船川口出帆之図 大坂 安治川河口は各種の廻船問屋が集まる場所であった。この絵は，**菱垣廻船**がその年の新綿を浦賀(江戸方面)まで運ぶ毎年恒例のスピードレースの様子を描いたもの。図中の切手場はレースのスタート地点で，ここから船頭が河口で待つ菱垣廻船に向かう。レースの日には見物の客も多く出た。

Key Word 下り物

上方から江戸に出荷されるもののこと。一方，江戸近郊で生産されたもの(とくに酒)は品質が劣るとされ，「下らない物」といわれた。

1 大坂 ―天下の台所

将軍
- 大坂城代
  - ・譜代大名から選任
  - ・大坂城に駐在
  - ・城下諸役人の首班として政務を統轄
  - ・西国諸大名の動向監督
- 老中
  - 大坂町奉行
    - ・旗本が赴任
    - ・東西両町奉行の2名
    - ・月番交代で勤務
    - ・大坂の民政を担当
    - 与力　同心

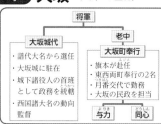

②幕府の大坂支配 2代将軍**徳川秀忠**は，1619年に大坂を幕領とし，**大坂城代**と**大坂町奉行**を任命した。大坂城代には譜代大名が着任し，大坂に在勤する諸役人の統率，大坂城の守護，西国の諸大名の監督を行った。大坂町奉行は老中支配のもと旗本から選ばれ，行政・裁判などの一般民政を担当した。

水をまく人
旗振り通信用の台

③堂島米市場『摂津名所図会』 堂島の米市場には米の現物はなく，**蔵屋敷**が発行した米切手(➔p.170)で大量の売買が行われ(空米取引)，その米価が諸物価の基本となった。1730年には8代将軍吉宗が堂島米市場を公認し，経済を統制しようとした(➔p.185)。図は取り引き終了後のようすで，帰ろうとしない仲買商人に水をかけようとする人や，米価を伝えるための旗振り通信(手旗信号)用の台も描かれている。(大阪城天守閣蔵)

A 大坂市街図

＊東西町奉行所は当初京橋口に並置されたが，1724(享保9)年の大火後，東町奉行所は同じ所に再建され，西町奉行所は▲に移転された。

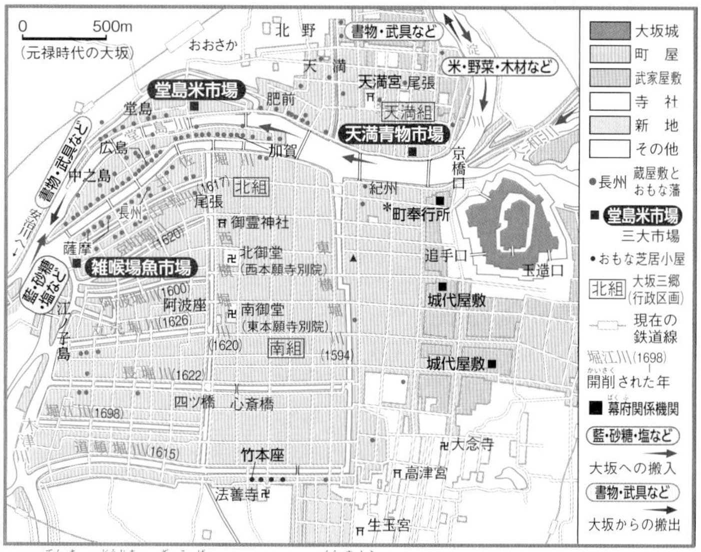
0 500m
(元禄時代の大坂)
おおさか
北野
天満
書物・武具など
米・野菜・木材など
堂島米市場
堂島
肥前
天満宮
尾張
天満組
天満青物市場
書物・武具など
広島
加賀
京橋口
中之島
北組
紀州
長州
尾張
御霊神社
＊町奉行所
薩摩
雑喉場魚市場
北御堂(西本願寺別院)
藍・砂糖・塩など
阿波座
南御堂(東本願寺別院)
追手口
玉造口
城代屋敷
南組
江戸子島
四ツ橋
心斎橋
竹本座
法善寺
大念寺
高津宮
生玉宮
大坂城
町屋
武家屋敷
寺社
新地
その他
●長州 蔵屋敷とおもな藩
■堂島米市場 三大市場
●おもな芝居小屋
北組 大坂三郷(行政区画)
現在の鉄道線
堀江川(1698) 開削された年
■幕府関係機関
藍・砂糖・塩など 大坂への搬入
書物・武具など 大坂からの搬出

④天満・堂島・雑喉場の三大市場や**蔵屋敷**が河川沿いに立地した。

2 京都 ―伝統工芸品の産地

➔巻頭とびら「幕末動乱の舞台」

将軍
- 京都所司代
  - ・譜代大名から選任
  - ・朝廷・公家・寺社の守護・監察
  - ・遠国奉行の統轄
- 老中
  - 京都町奉行
    - ・東西両町奉行の2名
    - ・月番交代で勤務
    - ・京都民政
    - ・山城など8か国の裁判，寺社支配

➔p.155

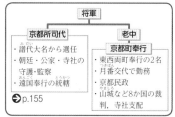

⑤幕府の京都支配 **京都所司代**は，朝廷・公家・寺社の監督などにあたり，**京都町奉行**は，京都市中の町人や寺社の支配・裁判などを担当した。

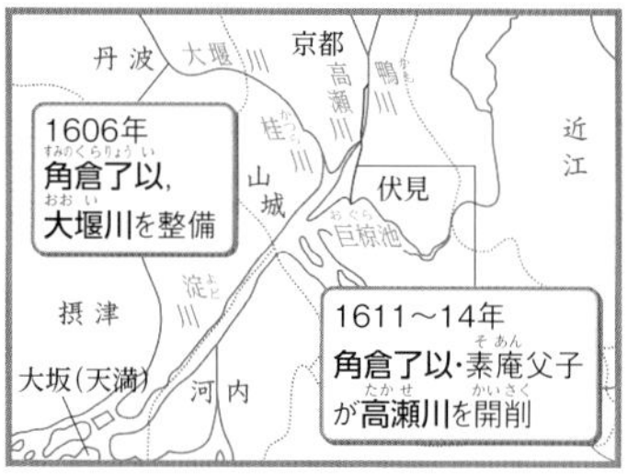
丹波
大堰川
京都
高瀬川
鴨川
桂川
山城
伏見
巨椋池
近江
摂津
河内
大坂(天満)
1606年 角倉了以，大堰川を整備
1611～14年 角倉了以・素庵父子が高瀬川を開削

⑥京都近辺の水上経路

⑦高瀬舟 水上輸送に用いられた，底が平らな小型船。京都の**豪商角倉了以**により開削された高瀬川は，高瀬舟の運航にちなみ命名されたもので，京都-伏見間における荷物の運送を担った。

A 京都市街図

⑧豊臣秀吉が築いた御土居や，**町人地**と寺町との分離，鴨川西への寺町配置などの町割りを基盤とした。美術・工芸の中心となった。

(171×151cm)

⑨西陣織 西陣＊は高度な技術を要する**高機**を用いた高級絹織物の産地であった。応仁の乱(➔p.127)の後にはさらに明の織技法を取り入れ発展した。＊応仁の乱の西軍本陣に由来。

大徳寺
下鴨神社
鹿苑寺(金閣)
西陣
相国寺
北野天満宮
島津(薩摩)
聚楽第跡
蛤御門
京都御所
京都守護職屋敷
二条城(京都滞在中の将軍の宿所)
寺町通
毛利(長州)
池田屋
三条大橋
山内(土佐)
新選組壬生屯所
壬生
0 1000m
町屋
武家屋敷
朝廷・公家地
寺社
諸藩邸
秀吉がつくった御土居
東本願寺
西本願寺
七条通

今日とのつながり 大阪市中央区道修町は江戸時代に輸入薬品を扱う店が集まっていた。その一角にある少彦名神社は，中国の医薬の神である神農氏をまつっている。

元禄文化①（文芸）—是世上世話浄るりの始めにて（『外題年鑑』：浄瑠璃作品の総目録）

ヒストリースコープ

近松門左衛門の作品『曽根崎心中』は，当時実際に起きた心中事件を取材した内容で，またたくまに大人気となった。すでに歌舞伎では，心中や殺人事件を現代のニュースのように取りあげていたが，浄瑠璃で扱ったのはこれが初めてであった。

考察

❶図①の人形浄瑠璃や図③の歌舞伎を鑑賞しているのは，どのような身分の人だろうか。

❷元禄時代の文芸を代表する近松門左衛門，井原西鶴，松尾芭蕉の作風を，それぞれ説明しよう。→1・2・3

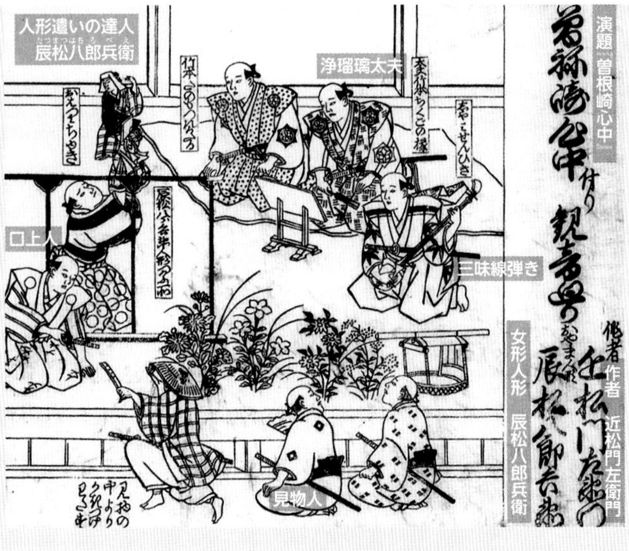

人形遣いの達人 辰松八郎兵衛
浄瑠璃太夫
口上人
三味線弾き
見物人
演題 曽根崎心中
作者 近松門左衛門
女形人形 辰松八郎兵衛

『曽根崎心中』道行（抜粋）

この世のなごり　夜もなごり
死にに行く身を　たとふれば
あだしが原の①　道の霜
一足づつに　消えて行く
夢の夢こそ　あはれなれ②
あれ数ふれば　暁の
七つの時が③　六つ鳴りて
残る一つが　今生の
鐘の響きの　聞き納め
寂滅為楽④と　響くなり…

①墓地 ②夢の中の夢のようで，哀れだ ③寅の刻（午前三時ごろ） ④死によって安楽を得られる

◀①**人形浄瑠璃**（『牟芸古雅志』，→p.320） 三味線弾きの伴奏にあわせて，浄瑠璃太夫が七五調の浄瑠璃を語り，人形遣いが人形をあやつって芝居をする。浄瑠璃太夫のなかでも**竹本義太夫**の語りは名声を博し，**義太夫節**とよばれるようになった。**近松門左衛門**の『曽根崎心中』は，醤油屋の手代徳兵衛が親友の裏切りによる汚名を返上するため，自死を決意して遊女お初と心中する悲劇を描いた。

〈(財)東洋文庫蔵 芝居狂言舞台顔見せ大浮絵 40.8×61.0cm〉

1 演劇—町人にひびいた義理と情け ➡p.147,192,198

	慶長	寛永		元禄	宝暦・天明	化政	明治
歌舞伎	阿国歌舞伎 出雲阿国	女歌舞伎 1629禁止	若衆歌舞伎 1652禁止	野郎歌舞伎	市川団十郎（江戸・荒事） 坂田藤十郎（上方・和事） 芳沢あやめ（上方・女形）	鶴屋南北（脚本） 河竹黙阿弥（脚本）	
浄瑠璃	古浄瑠璃* 浄瑠璃節 三味線で伴奏	人形浄瑠璃 浄瑠璃節・三味線弾き・人形遣いの三位一体		辰松八郎兵衛（人形遣い） 近松門左衛門（脚本）	竹田出雲（脚本） 近松半二（脚本）	常磐津節・清元節・新内節	

△②**歌舞伎と浄瑠璃**　＊室町時代に始まったとされる。

近松門左衛門（1653～1724）

時代物　歴史上の史実がテーマ
『国性（姓）爺合戦』…明の遺臣鄭芝龍が子の鄭成功とともに明の再興に努める話。史実をもとに創作。→p.15 巻頭地図
世話物　世相を取材し，恋愛・心中・怪談などがテーマ
『曽根崎心中』…徳兵衛と遊女お初の心中を扱った物語。
『冥途の飛脚』…忠兵衛が遊女梅川の身請けに公金を使い込んだ事件から創作。
『心中天網島』…治兵衛と遊女小春が心中に追い込まれる物語。

桟敷（上等の見物席）
枡席
花道

△③**歌舞伎のようす**　常設の**芝居小屋**がつくられ，歌舞伎や人形浄瑠璃が江戸の人々にとって日常の娯楽となった。客席には，武士のほか男女の町人の姿も見え，人気の高さをうかがわせる。

2 浮世草子—町人目線の浮世が舞台

井原西鶴（1642～93）

〈東京国立博物館蔵（部分）〉

好色物　『好色一代男』，『好色五人女』，『好色一代女』
武家物　『武道伝来記』，『武家義理物語』
町人物　『日本永代蔵』…出世話や破産話など30の短編からなる。
『世間胸算用』…一年の収支決算日である大晦日をのりきろうとする町人たちの話（20話）からなる。

時代を見る目　「憂き世」から「浮き世」へ

仏教思想が庶民にまで浸透した中世では，この世を無常ととらえ，現世は避けがたい「憂き世」であるという仏教的無常観が広まった。江戸時代に入り社会が安定してくると，一度しかない現世を「浮き世」として楽しむべきという現実的・享楽的な考えが起こった。人間の欲求（煩悩）を肯定するなかから，**井原西鶴**は好色（男女の情愛・愛欲）を主題とする『好色一代男』を発表し，**浮世草子**（社会の風俗を描いた小説）の先がけをなした。

△④**好色一代男**
〈東京国立博物館蔵（部分）〉

3 蕉風（正風）俳諧—俳諧を庶民詩へと発展させた文学 ➡p.192

松尾芭蕉（1644～94）

俳諧紀行文
『野ざらし紀行』…別名『甲子吟行』。
『笈の小文』…江戸～明石の紀行文。
『奥の細道』…1689（元禄2）年3月，門人の曽良を伴い江戸を出発し，東北・北陸の名所・歌枕をめぐり大垣にいたるまでの旅をもとに創作。
俳諧集
『猿蓑』…芭蕉とその一門を網羅した句集で，門人向井去来らが撰。

芭蕉たちの足跡
ルート
■ 史跡　卍 寺
○ おもな立ち寄り地
0　100km
芭蕉は2400kmの行程で51句詠んだ
象潟
中尊寺
酒田
出羽
平泉
羽黒山
月山
瑞巌寺
石巻
松島
仙台
佐渡
新潟
立石寺
出雲崎
越後
陸奥
福島
白河の関
雲巌寺
直江津
日光
金沢
越中
下野
大聖寺
加賀
武蔵
福井
千住
越前
下総
美濃
深川
大垣（8月下旬）
（1689年3月27日）
近江
尾張
伊勢
荒海や佐渡によこたふ天河
夏草や兵どもが夢の跡
閑さや岩にしみ入蝉の声

▶⑤『**奥の細道』のルート**　芭蕉は『奥の細道』の冒頭で「古人も多く旅に死せるあり。予もいづれの年よりか，片雲の風にさそはれて漂泊の思ひやまず」と記した。世俗を離れ，自由な精神で俳諧の文学性を高めた。

歴史散歩　封人の家（山形県最上町）　松尾芭蕉が『奥の細道』の道中で宿泊した役人の家。芭蕉が道中に宿泊した宿のなかで，現存する唯一の宿といわれている。

近世 江戸

元禄文化②（絵画・工芸）—扇のみか小袖にもはやる友禅染（『源氏ひなかた』）

ヒストリースコープ

染色技法の改良により，手書きで自在に絵を描けるようになった京染の友禅染は，豊かな絵画的表現を可能にした。扇絵師の宮崎友禅は扇だけではなく，その技術を使って，着物にも大胆なデザインをほどこして人気を博した。

考察

❶図①の本はどのように使われたのだろうか。
❷着物もデザインした光琳が確立した琳派の絵画作品を見て，その特徴を説明しよう。→2
❸元禄文化を担った生産者・消費者はどのような人々だろうか。→2・3・4

〈松坂屋コレクション〉

百五十九

△①『光琳雛形 わかみとり』 小袖（袖口を小さく縫いつめた着物）の背面図を中心に，文様や配色の説明などを記載。雛形本は17世紀後半～19世紀初期にかけて120種類以上刊行された。

〈千葉 国立歴史民俗博物館蔵〉

△②藤障子模様小袖 夜を思わせる藍色に障子と藤の花を斜めに配した，友禅染の小袖。

▷③束熨斗文様振袖 全面に祝いのかざりである熨斗を豪華にデザインし，松竹梅・鳳凰・つるなどの模様を描いた友禅染の振袖。

〈京都 友禅史会蔵 156.5×58.5cm〉

1 元禄文化まとめ表

特色	上方（京都・大坂）を中心とし，担い手が町人や商人にも広がった文化 ①「鎖国」を背景に日本文化が成熟 ②幕政の安定期で学問が重視された ③出版・印刷技術向上，流通の発展
絵画	【土佐派】秋郊鳴鶉図（土佐光起・光成） 【住吉派】洛中洛外図巻（住吉具慶） 【琳派】紅白梅図屏風 国（尾形光琳） 燕子花図屏風 国（尾形光琳） 【浮世絵】見返り美人図（菱川師宣）
工芸	色絵吉野山図茶壺・色絵藤花文茶壺 国（野々村仁清〈京焼〉） 八橋蒔絵螺鈿硯箱 国（尾形光琳） 色絵紅葉文透彫反鉢（尾形乾山） 友禅染（宮崎友禅） 木造物（円空・木喰など作仏聖）➡コラム
文学	小説，俳文・句集，脚本 ➔p.177
学問	儒学，実学，歴史学，国文学 ➔p.180～181
建築	東大寺世 大仏殿（奈良）国 善光寺本堂（長野）国
庭園	後楽園（東京） 六義園（東京）

2 琳派様式の確立

A 光琳の装飾画

〈国 静岡 MOA美術館蔵 2曲1双 各156.5×172.5cm〉

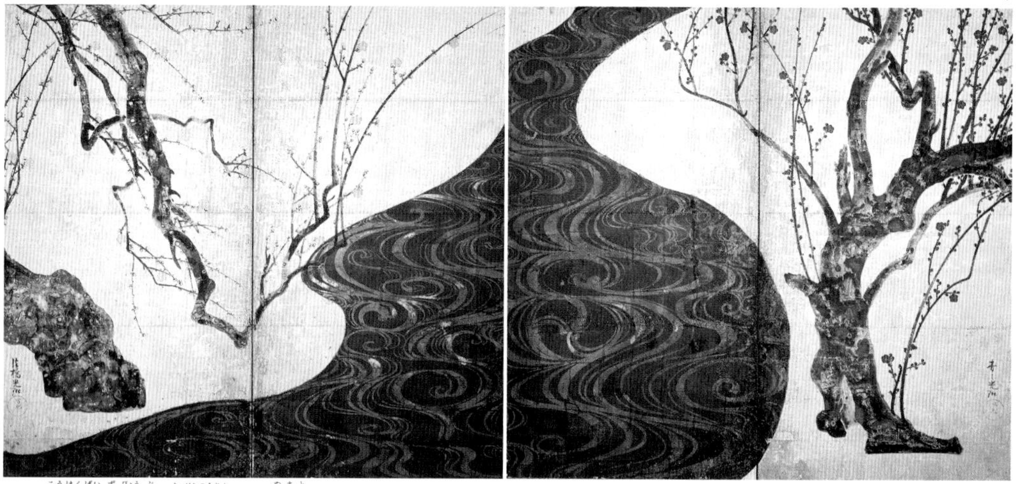

△④紅白梅図屏風（尾形光琳筆） 大和絵の伝統と装飾性に富んだ，**尾形光琳**の代表作。左右の紅白梅は老木と若木で，枝振りも対照的な構図をなす。「垂らし込み」とよばれる濃淡表現の紅白梅に対し，中央を流れる川のうずの文様は「光琳波」とよばれる装飾的な意匠で表現されている。俵屋宗達（➔p.163）の影響を受けた作風は，江戸後期に酒井抱一に受け継がれて広まった。

▷⑤八橋蒔絵螺鈿硯箱（尾形光琳作） 『伊勢物語』の三河国八橋の情景を描いた作品。燕子花の花は螺鈿（➔p.88），葉は蒔絵（➔p.345），橋は鉛板，杭を銀板で表現。**琳派**の美意識がたくみに表現されている。➔p.163

〈国 東京国立博物館蔵 27.3×19.7×14.3cm〉

▽⑥燕子花図屏風（尾形光琳筆） 八橋蒔絵螺鈿硯箱と同じテーマを，6曲1双の屏風絵で表現した作品。群青・白群・緑青のみの簡潔な色彩ながらも，同じ型の花群を描いたり，左隻と右隻で構図を大胆に変化させたりするなど意匠性が高い。□ □ はそれぞれに同じ型で描かれた部分。

〈国 東京 根津美術館蔵 6曲1双 各151.0×358.5cm〉

歴史散歩 根津美術館（東京都港区） 「琳派コレクション」と称される，燕子花図屏風などの琳派作品を所蔵。

B 仁清・乾山の工芸

＊上薬をつけた陶磁器に文様を絵付けし低火度で焼く，装飾技法の一つ。赤絵（➡p.163）も含む。

〈国 静岡 MOA 美術館蔵 高さ28.8cm〉

◀⑦**色絵藤花文茶壺**（野々村仁清作） 京焼の大成者**野々村仁清**は**上絵付法**をもとに**色絵**＊を完成させた。ろくろ技術にも優れ，ゆったりとした造形で藤の花房をきわだたせている。

▶⑧**色絵紅葉文透彫反鉢**（尾形乾山作） 光琳の弟である**尾形乾山**の作。乾山は仁清に作陶の教えを受けた。鉢の外部と内部の文様が一体となり，紅葉の形に合わせて透かし彫りがなされている。

〈神奈川 岡田美術館蔵 高さ11.5cm〉

〈東京国立博物館蔵 22.1 × 22.1 × 2.9cm〉

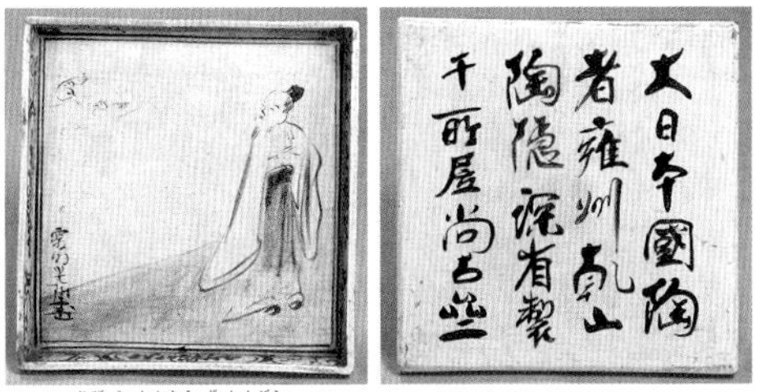
大日本國陶
者雍州乾山
陶隠深省製
于所屋尚古斎

▲⑨**銹絵観鷗図角皿**（尾形光琳・乾山作） 弟乾山が作陶し，兄光琳が絵付けをした合作の一つ。宋代の詩人が鷗を眺める絵柄で，裏面には乾山のみごとな銘文が残されている。

3 浮世絵の登場

➡p.191，199

房陽菱川友竹

▲⑩**見返り美人図**（菱川師宣筆） 江戸でさし絵画家として活躍していた師宣は，肉筆の美人画でも才能を発揮した。俳書『虚栗』のなかで「菱川やうの吾妻俤」（菱川の描く美人こそ東国の女性だ）とうたわれるほどで，独自の風俗画風は**浮世絵**とよばれ人気を博した。歩みを止めて振り返る女性を描いたこの作品も，絹地に彩色した肉筆画（手描き作品）の一枚。

〈東京国立博物館蔵 63.2 × 31.0cm（部分）〉

4 土佐派と住吉派

▲⑪**洛中洛外図巻**（住吉具慶筆） **住吉如慶**は住吉派を築き，子の**具慶**は幕府の奥絵師（御用絵師の最高職）となった。この作品は京都とその周辺の情景を，四季の移ろいとともに描いたもので，上図は新春のようす。〈東京国立博物館蔵 40.9 × 1368.0cm（部分）〉

◀⑫**秋郊鳴鶉図**（土佐光起・光成筆） 大和絵の伝統を継ぐ**土佐光起**は，朝廷の絵所預となり，土佐派を復興した。この作品は，光起が鶉を，子の光成が菊を描いた親子による合作。

〈東京国立博物館蔵 85.4 × 44.8cm（部分）〉

5 建築

➡p.115

▲⑬**東大寺大仏殿** 8世紀半ばに創建されたが，その後2度焼失。1709（宝永6）年に再建された際，費用が不足していたため創建時よりも正面の長さがやや短くなったが，現在でも世界最大級の木造建築である。鎌倉時代に再建されたときの大仏様を継承している。 〈国 奈良 高さ約47.5m〉

▲⑭**善光寺本堂** 1707年に再建された本堂は三方に参拝者のための廂が設けられている。「牛にひかれて善光寺参り」といわれ，老若男女の信仰を集めた。〈国 長野 高さ約26m〉

時代を見る目 さし絵から始まった浮世絵

書籍のさし絵に版画の技法を取り入れ，墨一色だが安価なさし絵本で人気となった**菱川師宣**は，さし絵を墨摺絵として独立させた。その後，筆で彩色する方法と工房による大量生産で，浮世絵は庶民に広まり，鉱物由来の赤に黄・緑を加えた丹絵や植物性の紅を用いた紅絵などが制作された。さらに，**鈴木春信**によって多色刷版画の**錦絵**へと発展した（➡p.191）。

▶⑮**菱川師宣が描いたさし絵**

時代を見る目 庶民による庶民のための祈り

社会が安定し，経済発展を迎えた元禄時代は，文化の担い手が，武士や豪商から，下層町人や地方の庶民にまで拡大した時代であった。『奥の細道』の旅で芭蕉が各地の弟子に歓迎されたのはその一例である（➡p.177）。また，「遠くとも一度は詣れ善光寺」とうたわれた善光寺への旅も，庶民の信仰がもとになっている。門前はにぎわいをみせ，旅は楽しみの一つとなった。参詣の喜びを庶民も味わえる時代が訪れたのである。さらに，円空や木喰のように各地を行脚する「作仏聖」も現れた。彼らは特定の宗派にこだわらず，庶民のために多くの仏像を残した。こうした旅は娯楽ではなく，俗世を離れ，修行の一環として行われたものであった。

◀⑯**円空仏**（円空作） 美濃で生まれた円空は遊行僧として各地を遍歴し，布教のかたわら鉈彫の素朴で力強い彫りの仏像を残した。

▶⑰**地蔵菩薩像**（木喰作） 江戸中期に登場した木喰は，諸国を遍歴して木像の神仏像を多く残した。微笑する仏が印象的。〈東京 日本民藝館蔵 高さ70.0cm〉

今日とのつながり 1948年に5円の記念切手として発売された「見返り美人図」は，今日ではコレクターが熱望する貴重なものとなっている。

元禄文化③（学問） ―上下の差別アルゴトク，人ニモ又君ハタフトク，臣ハイヤシキゾ（林羅山）

ヒストリースコープ

朱子学は，君臣の別をわきまえ，上下の身分秩序・礼節を重んじる大義名分論を重視した。そのため，幕藩体制の根幹をなす身分制度を正当化するための思想的背景として，幕府に重用された。

考察

❶幕府はなぜ朱子学を重用したのだろうか。

❷朱子学以外の儒学（陽明学・古学）の特徴を説明しよう。→1

❸儒学を知的基盤として発展した学問には，どのようなものがあるだろうか。→3

『春鑑抄』【現代語訳】

…天は尊く，地はいやしい。天は高く，地は低い。**上下に差別があるように，人もまた君は尊く，臣下はいやしいものだ。**…その差別がなかったら，国は治まるまい。…

△①**林羅山**（1583～1657，右）と②『**春鑑抄**』（左）　12世紀に南宋で大成された**朱子学**は，日本には禅宗とともに伝わった。朱子学を信奉する儒学者の**林羅山**が家康に登用されて以降，林家が幕府に仕えた。

聖堂

△③**湯島聖堂**　5代将軍綱吉は儒学の振興をはかるため，1690（元禄3）年，湯島（現 東京都文京区）に聖堂を創建して，上野忍ヶ岡にあった孔子廟と林家の家塾を移し，聖堂学問所として整備した。のちに官立となり昌平坂学問所とよばれた。
〈東京 湯島聖堂内財団法人斯文会蔵〉 ➔p.190

1 江戸時代人の知的基盤 －儒学の系譜

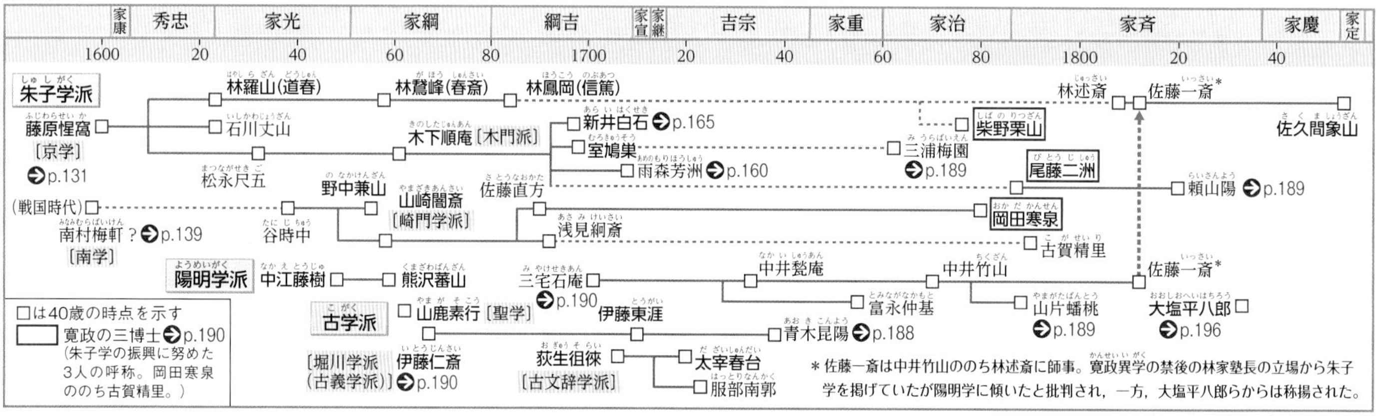

家康　秀忠　家光　家綱　綱吉　家宣　家継　吉宗　家重　家治　家斉　家慶　家定
1600　20　40　60　80　1700　20　40　60　80　1800　20　40
朱子学派
林羅山（道春）　林鵞峰（春斎）　林鳳岡（信篤）　林述斎　佐藤一斎*
藤原惺窩〔京学〕➔p.131
石川丈山
松永尺五
木下順庵〔木門派〕
新井白石➔p.165
室鳩巣
雨森芳洲➔p.160
三浦梅園➔p.189
柴野栗山
尾藤二洲
佐久間象山
頼山陽➔p.189
岡田寒泉
古賀精里
野中兼山
山崎闇斎〔崎門学派〕
佐藤直方
浅見絅斎
（戦国時代）
南村梅軒？➔p.139〔南学〕
谷時中
陽明学派　中江藤樹　熊沢蕃山
三宅石庵➔p.190
中井甃庵　中井竹山
富永仲基
山片蟠桃➔p.189
佐藤一斎*
大塩平八郎➔p.196
古学派　山鹿素行〔聖学〕
伊藤東涯
青木昆陽➔p.188
〔堀川学派（古義学派）〕伊藤仁斎➔p.190
荻生徂徠〔古文辞学派〕
太宰春台
服部南郭
□は40歳の時点を示す
寛政の三博士➔p.190（朱子学の振興に努めた3人の呼称。岡田寒泉ののち古賀精里。）
＊佐藤一斎は中井竹山ののち林述斎に師事。寛政異学の禁後の林家塾長の立場から朱子学を掲げていたが陽明学に傾いたと批判され，一方，大塩平八郎らからは称揚された。

A 儒学の学派

朱子学派	12世紀に南宋の朱熹が大成した儒学の一派。大義名分を重視し，封建的支配の正当性を理論化したため，幕府や藩が体制維持のために**教学**とした。
陽明学派	南宋の陸象山の説を受け，明の王陽明が創始した儒学の一派。知行合一を説き，道徳を追究してその実践を重視した。社会批判を行ったことから幕府に警戒された。
古学派	朱子学・陽明学は朱熹・王陽明の解釈だと批判し，孔子や孟子，四書五経などの古代聖賢の書に直接あたって真意を読み取ろうとした。

B 朱子学 －封建社会の教学

＊慶長の役（➔p.146）の際に連れてきた官人・儒学者。
＊2 明の道徳解説書『六諭衍義』をわかりやすく和訳した書で，寺子屋などで使用された。

京学〈祖：藤原惺窩　京都で発祥・発展〉

藤原惺窩（1561～1619）〈東京国立博物館蔵〉	朝鮮儒者姜沆*との交流などを経て学問を体系化。朱子学を基調とするが陽明学も受容。近世朱子学の祖。
林羅山（道春）（1583～1657）仕：家康～家綱 	藤原惺窩の推薦で家康に仕えた。武家諸法度寛永令などの法令や外交文書の起草など幕政に関与。上野忍ヶ岡に私塾を開いた。キリスト教を批判。
林鵞峰（春斎）（1618～80）仕：家光	林家を継ぎ幕政に参与。父の羅山とともに『本朝通鑑』を編集。
林鳳岡（信篤）（1644～1732）仕：家綱～吉宗	林家の官学的傾向を強めた。湯島の聖堂学問所にて初代大学頭。
木下順庵（1621～98）仕：綱吉	加賀の前田家に仕えたのちに江戸へ。木門派から白石などを輩出。
新井白石（1657～1725）➔p.165,188 仕：家宣～家継	**正徳の政治**を行った。『読史余論』（政治史研究），『西洋紀聞』（西洋研究）などを著す。
室鳩巣（1658～1734）仕：吉宗	加賀前田家に仕え木下順庵に学ぶ。幕府儒官となる。著書に『六諭衍義大意』*2。

南学（海南学派）〈祖：南村梅軒？　土佐で発展〉 ➔p.139

谷時中（1598?～1649）	土佐生まれ。僧から還俗。南学の実質的な祖。
野中兼山（1615～63）	土佐藩の家老。新田開発や専売制実施などの藩政改革を推進。
山崎闇斎（1618～82）仕：保科正之 	吉川惟足に神道を学んだ。神儒融合の**垂加神道**を創始。崎門学派を形成。➔p.164

C 陽明学 －革新的な教え

中江藤樹（1608～48）➔p.190 	日本陽明学の祖。時・処・位の具体的場面に適した行動をとることを説いた。故郷の近江に藤樹書院を開き，近江聖人とよばれた。
熊沢蕃山➔p.164,190（1619～91）仕：岡山 池田光政 	中江藤樹の門に学んだ。著書『大学或問』で参勤交代の緩和など幕政を批判したことから下総古河に幽閉。

D 古学 －孔子・孟子に帰れ

＊経世論とは，治国安民のための具体的な論策の総称で，徂徠らは商品経済の抑制と武士の土着化について説いた。

聖学

山鹿素行（1622～85）	朱子学・神道・兵学に通じ，儒学の立場から武士道の確立に努めた。孔子への回帰を説き朱子学を批判したため赤穂へ配流。著書『聖教要録』『中朝事実』。

堀川学派（古義学派）

伊藤仁斎（父）（1627～1705）**伊藤東涯**（子）（1670～1736） 仁斎	『論語』『孟子』などの原典を基準とし，孔子・孟子の原意に即した儒教の再構築（古義学）をめざした。京都堀川に古義堂（堀川塾）を開いた。

古文辞学派（蘐園学派）

荻生徂徠（1666～1728）➔p.185,190 仕：柳沢吉保 徳川吉宗 	古義学に対し，秦・漢以前に書かれた古典や聖賢の文辞に直接触れ，治国・礼楽の制を整えようとした。江戸の茅場町に蘐園塾を開いた。著書に『政談』（**経世論***）。
太宰春台（1680～1747）	徂徠に入門。経学・**経世論***にすぐれた。著書の『経済録』では藩政改革に示唆を与えた。ほかに『経済録拾遺』史。

歴史散歩 湯島聖堂（東京都文京区）　関東大震災時に焼失したが，現在は江戸時代当時の建物が復元されている。今も漢詩文の講座が行われている。

2 実学 -儒学が求めた知

	人物	内容
A 和算(数学)	吉田光由 (1598～1672)	数学の原理を平易な日常的例題で解説した和算入門書『塵劫記』(➡図④)を著した。
	関孝和 (1640？～1708)	和算の大成者。筆算代数学の点竄術を創始。円周率・円の面積などの研究も行った。『発微算法』を著した。
B 暦学	渋川春海 (安井算哲) (1639～1715)	元の授時暦を改良した貞享暦を完成させ(1684年)，初代天文方*に就任。天球儀・渾天儀(➡図⑥)などの製作も行った。
C 本草学(博物学)	貝原益軒 (1630～1714)	儒学者・博物学者。本草学では動物・鉱物・植物について論じた『大和本草』(➡図⑦)を著した。経済や教育についても実践道徳書『養生訓』『和俗童子訓』を記した。
	稲生若水 (1655～1715)	加賀藩主前田綱紀のもとで中国の本草書・農書など多くの書物から記事を書き出し，『庶物類纂』を作成。
農学	宮崎安貞 (1623～97)	明の徐光啓編『農政全書』を参考に，自らの体験・見聞をもとに農学書『農業全書』を著した。➲ p.166

＊天体観測・編暦を担当する幕府の機関。のちに洋書翻訳や測量も行う(→p.200)。

時代を見る目 初の全国統一の日本製暦「貞享暦」

古代の日本では，律令国家建設に伴い唐から暦を導入し，中央集権体制を成立させた。しかし，862年の宣明暦を最後に改暦が行われなくなった。これは，律令制が崩壊し，武士の台頭など，政治権力の分散を反映する形で，各地で独自の暦が発行されたためである。しかし，江戸幕府が全国を統一したことで，画一的な政治の運用の必要性や学問的な知識の高まり，さらに約800年採用した宣明暦の誤差などから，改暦の機運が高まった。渋川春海は，中国の元朝の授時暦をもとに，中国と日本との経度差を考慮して，京都を基準とする暦「大和暦」を編纂した。朝廷がこの暦を採用して「貞享暦」の名を下賜し，初めて日本製の暦によって全国の暦が統一された。渋川は幕府が新設した天文方に就任し，以後，編暦のための天体観測は天文方が，暦注*は朝廷が担当して暦を頒布することになった。

＊「大安」や「仏滅」など，暦に記載される日時や方位などの吉凶のこと。

A 和算(数学)

(宮城 東北大学附属図書館蔵『新編塵劫記』)

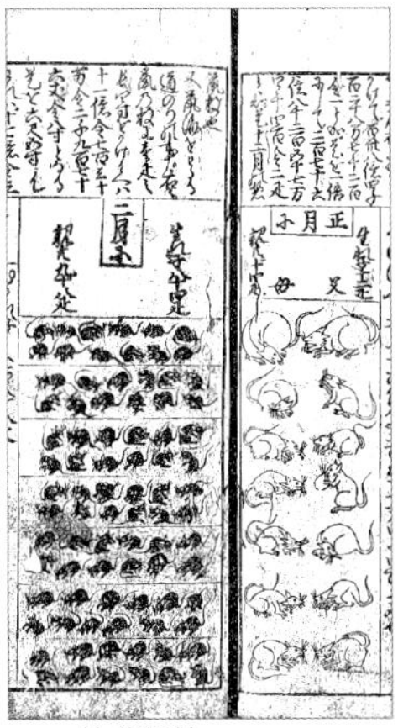

【問題】
1月に2匹のねずみ夫婦が12匹の子を産んだ。次の月(2月)には，この14匹が7組となってそれぞれ12匹ずつ新たに子を産み，合わせて98匹になった。このように続けていくと12月末には全部で何匹になるか。
解き方：$2 \times 7^{13-1}$
答：276億8257万4402匹

▲④吉田光由の和算書　掛け算(九九)や面積の出し方など，日常生活のなかに例題を求め，平易な日本語とさし絵によって解説した。何度も出版され，寺子屋などの教科書として庶民に親しまれた。

(東京 金王八幡宮蔵)

【問題】
図の中円の直径が9寸，小円の直径が4寸であるとき，大円の直径を求めよ。

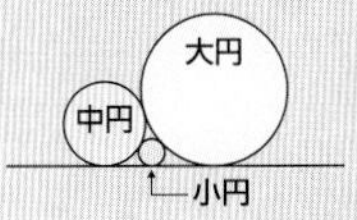

大円
中円
小円

解き方：$9 \div (\sqrt{\frac{9}{4}} - 1)^2$
答：36寸

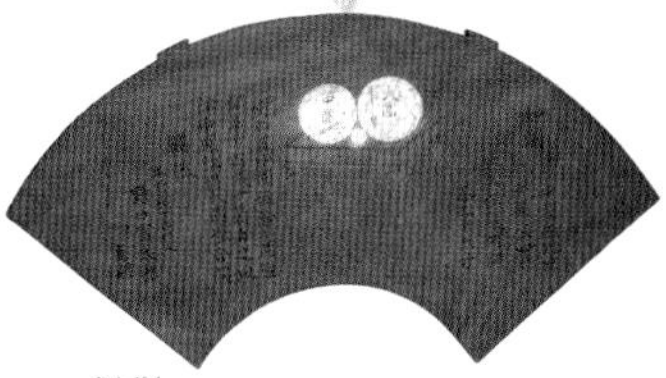

▲⑤算額　算額(数学の絵馬)を寺社に奉納することが流行した。奉納者は研究成果を披露し，参拝に訪れた人々が問題を解いた。数学塾が開かれるなど，庶民にも和算が教養・娯楽として広まった。

B 暦学

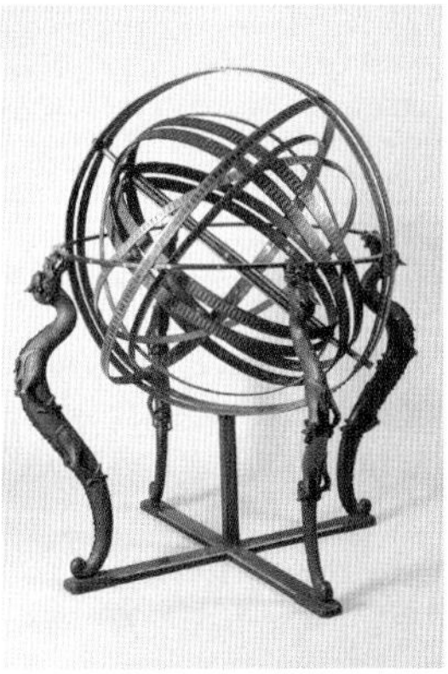

〈栃木 日光東照宮宝物館蔵 高さ109.3cm〉

◀⑥渾天儀　天球儀の一つで，それぞれの環が太陽や星の動きを示す。天体観測に用いる。天文方設置以降は天体観測が継続的に行われ，改暦も1755年(宝暦暦)，1798年(寛政暦，→p.200)，1844年(天保暦)に行われている。

▶⑦貝原益軒『大和本草』　明代の李時珍の著書『本草綱目』を翻訳し，日本の動植物，鉱物を加えた本格的な本草書。実際の見聞により真価を探究する実学の姿勢を示した。

C 本草学(博物学)

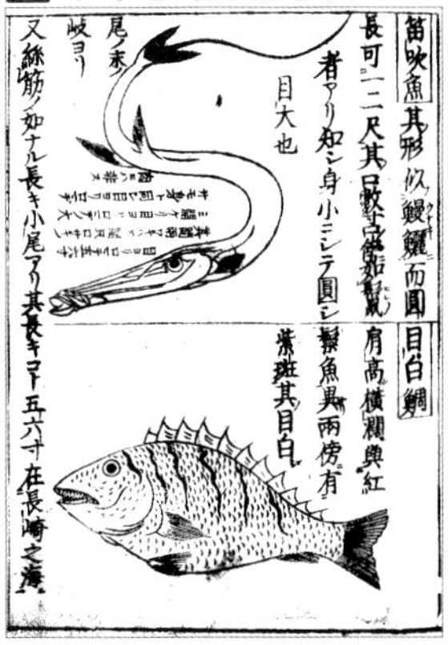

〈福岡 中村学園大学図書館蔵〉

3 歴史学・国文学 -儒学から発展した視点

	人物	内容
歴史学	林羅山(道春) (1583～1657) 林鵞峰 (1618～80)	幕府の命令で神武天皇～後陽成天皇の歴史を，儒学的な合理主義の立場から記した『本朝通鑑』(漢文・編年体，310巻)を編纂した。
	山鹿素行 (1622～85)	中国崇拝を排し，『日本書紀』を典拠としながら日本の歴史の優位性を説いた『中朝事実』などを記した。また，朱子学を批判した。
	徳川光圀 (1628～1700)	水戸藩主。江戸の藩邸に彰考館を設けて，神武天皇～後小松天皇までの歴史を大義名分論で記した『大日本史』(紀伝体，397巻)を編纂した(完成は1906(明治39)年)。
	新井白石 (1657～1725)	『読史余論』では歴史に時代区分を取り入れ徳川政権の正統性を説いた。自伝『折たく柴の記』(→p.165)，日本国家成立史の解釈『古史通』などを著した。
国文学 ➡189ページ	戸田茂睡 (1629～1706)	和歌に用いてはならない言葉「制の詞」や古今伝授の拘束を否定し，歌学の革新を主張した。
	北村季吟 (1624～1705)	歌学方に登用された。『源氏物語』の注釈書『源氏物語湖月抄』で実証的な研究を行った。
	契沖 (1640～1701)	徳川光圀の命で，万葉集の注釈書『万葉代匠記』を作成。古典・和歌の考証的な研究を行った。

〈茨城 徳川ミュージアム蔵〉

▲⑧『大日本史』　水戸藩は1657年から彰考館において編纂を開始。神武天皇から後小松天皇までの歴史を漢文の紀伝体でまとめた。南朝を正統とするなど，水戸学(→p.200)の礎となった。

時代区分 公家	時代区分 武家	歴史の流れ
1		藤原氏が摂政につく
2		藤原氏権勢をふるう
3		摂関政治の全盛
4		後三条・白河の親政
5		上皇による院政
6	1	鎌倉幕府の成立
7	2	北条氏の台頭(執権政治)
8		建武の新政
9	3	室町幕府の始まり
	4	信長・秀吉の治世
	5	当代の世(徳川時代)

◀⑨天下九変五変説　新井白石が6代将軍家宣に行った歴史講義がもとになり『読史余論』が成立。平安以降の歴史を，天皇中心の社会が9段階で没落し，武家中心の社会が5段階で成長していった過程ととらえ，歴史の流れに法則性を見いだそうとした。

時代を見る目 古典研究から生まれた国文学

後世の朱子学の解釈によらず，『論語』などの原典の実証的な研究によって本来の思想を読み取ろうとした荻生徂徠の古文辞学派。この方法論を，戸田茂睡や契沖らは日本の古典に援用して，歌や『古事記』などの書物における「古言」(古代の言語)の実証的研究を行う国文学が生まれた。さらに18世紀に入ると，国文学は賀茂真淵や本居宣長らの研究によって，古代の人々の精神を読み取るなかで，外来思想に影響されない理想的な「古道」を説く学問(国学)として大成されていった(➔ p.189)。

歴史のまど　冲方丁『天地明察』　渋川春海を題材にした時代小説。フィクションも多く含まれるが，暦学や和算の世界が描写されている。

特集 江戸幕府の財政と経済

1 江戸幕府の経済政策と文化への影響

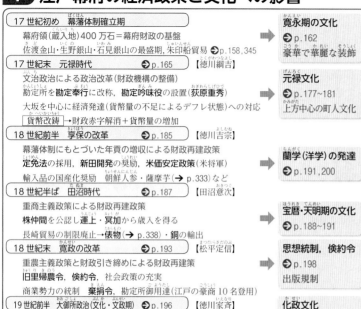

17世紀初め　幕藩体制確立期
- 幕府領(蔵入地)400万石＝幕府財政の基盤
- 佐渡金山・生野銀山・石見銀山の最盛期，朱印船貿易 ➲p.158,345

→ **寛永期の文化** ➲p.162　豪華で華麗な装飾

17世紀末　元禄時代 ➲p.165 【徳川綱吉】
- 文治政治による政治改革(財政機構の整備)
- 勘定所を**勘定奉行**に改称，**勘定吟味役**の設置(荻原重秀)
- 大坂を中心に経済発達(貨幣量の不足によるデフレ状態)への対応
- 貨幣改鋳→財政赤字解消＋貨幣量の増加

→ **元禄文化** ➲p.177~181　上方中心の町人文化

18世紀前半　享保の改革 ➲p.185 【徳川吉宗】
- 幕藩体制にもとづいた年貢の増収による財政再建政策
- **定免法**の採用，**新田開発**の奨励，**米価安定政策**(米将軍)
- 輸入品の国産化奨励　朝鮮人参・薩摩芋(➔p.333)など

→ **蘭学(洋学)の発達** ➲p.191,200

18世紀半ば　田沼時代 ➲p.187 【田沼意次】
- 重商主義政策による財政再建政策
- **株仲間**を公認し**運上**・**冥加**から歳入を得る
- 長崎貿易の制限廃止→俵物(➔p.338)・銅の輸出

→ **宝暦・天明期の文化** ➲p.188~191

18世紀末　寛政の改革 ➲p.193 【松平定信】
- 重農主義政策と財政引き締めによる財政再建策
- **旧里帰農令**，**倹約令**，社会政策の充実
- 商業勢力の統制　**棄捐令**，勘定所御用達(江戸の豪商10名登用)

→ **思想統制，倹約令** ➲p.198　出版規制

19世紀前半　大御所政治(文化・文政期) ➲p.196 【徳川家斉】
- 貨幣改鋳益による財政補塡(文政金銀の鋳造)
- 十組問屋，菱垣廻船積問屋仲間65組に改組し公認

→ **化政文化** ➲p.198~200　庶民文化

19世紀半ば　天保の改革 ➲p.196 【水野忠邦】
- 幕府権威の強化による幕藩体制の再建策→失敗

A 江戸幕府の歳入構造

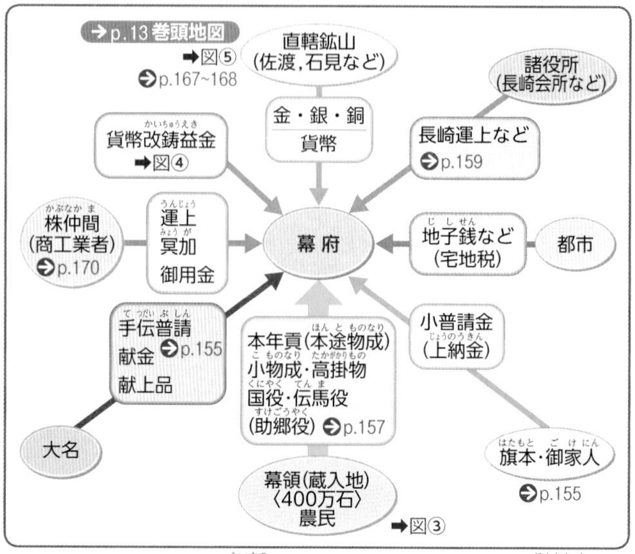

➔p.13巻頭地図
直轄鉱山(佐渡，石見など)
➡図⑤
➲p.167~168
諸役所(長崎会所など)
金・銀・銅貨幣
貨幣改鋳益金 ➡図④
長崎運上など ➲p.159
株仲間(商工業者) ➲p.170
運上 冥加 御用金
幕府
地子銭など(宅地税)
都市
手伝普請 献金 献上品 ➲p.155
本年貢(本途物成) 小物成・高掛物 国役・伝馬役(助郷役) ➲p.157
小普請金(上納金)
大名
幕領(蔵入地)〈400万石〉農民
➡図③
旗本・御家人 ➲p.155

△①幕府の歳入の基盤は，直轄地である幕府領400万石からの**本年貢**(米)である。しかし，米は不作や米価変動などがあるため幕府財政は安定しなかった。この歳入を補塡するのが，初期は直轄鉱山からの収入であったが，すぐに産出が減少した。歳入を増加させるために，年貢米の増収，株仲間(商工業者)からの徴収，貨幣改鋳，貿易の活性化など，その政策担当者によりさまざまな歳入増加・財政再建策が実施された。

B 幕府財政の特徴

よみとき　1843年の歳入では，1730年に比べて何の割合が大きく増えているかに注目しよう

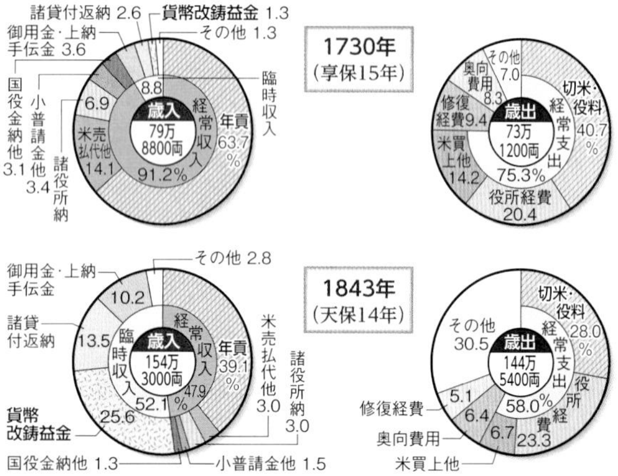

1730年(享保15年)
歳入 79万8800両
経常収入 91.2%
年貢 63.7%
米売払代他 14.1
6.9
8.8
臨時収入
諸貸付返納 2.6
貨幣改鋳益金 1.3
その他 1.3
御用金・上納手伝金 3.6
国役金納他 3.1
小普請金他 3.4
諸役所納
歳出 73万1200両
経常支出 75.3%
切米・役料 40.7%
役所経費 20.4
米買上他 14.2
修復経費 9.4
奥向費用 8.3
その他 7.0
1843年(天保14年)
歳入 154万3000両
経常収入 47.9
年貢 39.1%
臨時収入 52.1%
米売払代他 3.0
諸役所納 3.0
貨幣改鋳益金 25.6
諸貸付返納 13.5
御用金・上納手伝金 10.2
その他 2.8
国役金納他 1.3
小普請金他 1.5
歳出 144万5400両
経常支出 58.0%
切米・役料 28.0%
役所経費 23.3
その他 30.5
修復経費 5.1
奥向費用 6.4
米買上他 6.7

◁②**1730年と1843年の幕府財政の比較**　享保期の歳入は，年貢収入が全体の約64%と大きな比重を占めている。しかし，天保期の歳入は，年貢収入は約39%と減少し，貨幣改鋳益金が約26%にのぼっている。

天保期に，旗本らの給料である切米・役料の歳出に占める割合が減っているのは，米価が下がっているためである。各家の切米の支給額は変わらないため，実質収入の減った旗本たちの生活は困窮した。

〈岩波書店『岩波講座 日本歴史12』〉

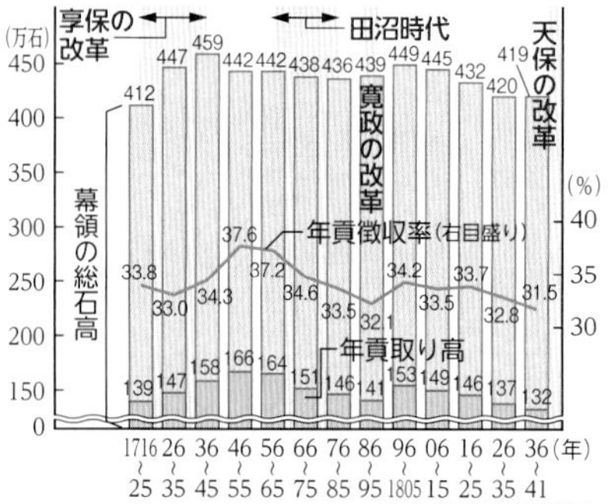

享保の改革
田沼時代
寛政の改革
天保の改革
(万石)
幕領の総石高
年貢徴収率(右目盛り)
年貢取り高
(%)
412 447 459 442 442 438 436 439 449 445 432 420 419
33.8 33.0 34.3 37.6 37.2 34.6 33.5 32.1 34.2 33.5 33.7 32.8 31.5
139 147 158 166 164 151 146 141 153 149 146 137 132
1716~25 26~35 36~45 46~55 56~65 66~75 76~85 86~95 96~1805 06~15 16~25 26~35 36~41(年)

〈『江戸実情誠斎雑記』〉

△③**幕府の年貢収入**　享保期に新田開発を奨励したため，幕府領の総石高が増加し，幕府史上最高になった。定免法により年貢徴収率も上昇し，年貢取り高は1744年に180万石となった(➔p.185)。

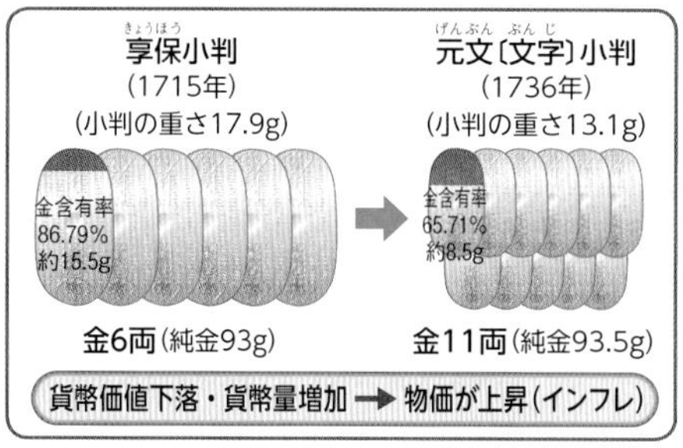

享保小判 (1715年) (小判の重さ17.9g)
金含有率 86.79% 約15.5g
金6両(純金93g)
元文〔文字〕小判 (1736年) (小判の重さ13.1g)
金含有率 65.71% 約8.5g
金11両(純金93.5g)
貨幣価値下落・貨幣量増加 ➡ 物価が上昇(インフレ)

△④**貨幣改鋳**　幕府財政が厳しくなると貨幣改鋳がひんぱんに行われた。改鋳ごとに金の含有率を下げることで小判の量を増やし，増えた分(出目)で幕府の財政を補塡した。しかし貨幣量の増加は，物価の上昇を招き，収納高が安定した年貢米を基盤とする財政は，物価の上昇に対応しにくく，さらに厳しくなっていった。

C 金・銀・銅の産出高 ➲p.345

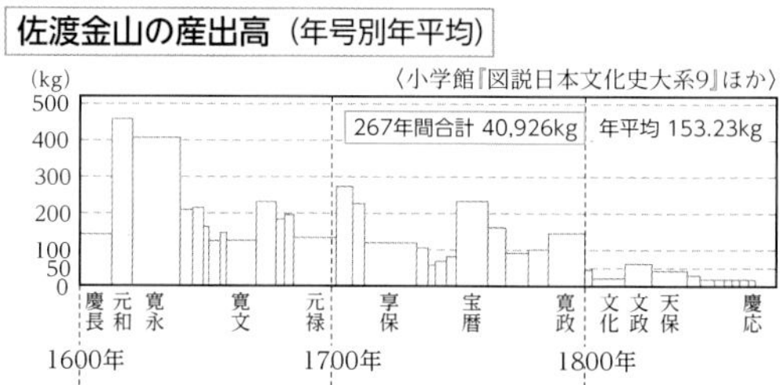

佐渡金山の産出高 (年号別年平均)
〈小学館『図説日本文化史大系9』ほか〉
(kg)
267年間合計 40,926kg 年平均 153.23kg
慶長 元和 寛永 寛文 元禄 享保 宝暦 寛政 文化 文政 天保 慶応
1600年 1700年 1800年

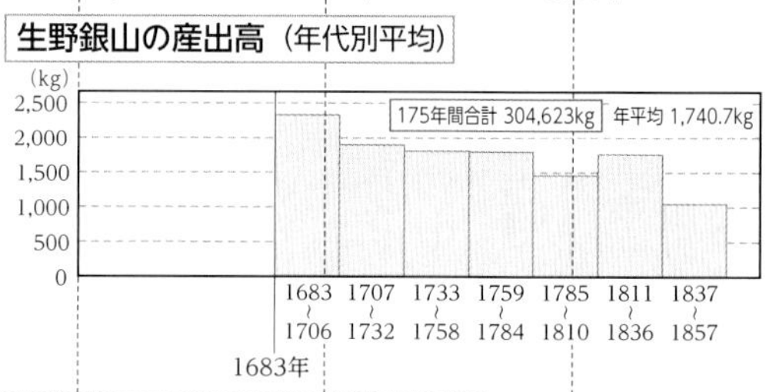

生野銀山の産出高 (年代別平均)
(kg)
175年間合計 304,623kg 年平均 1,740.7kg
1683~1706 1707~1732 1733~1758 1759~1784 1785~1810 1811~1836 1837~1857
1683年

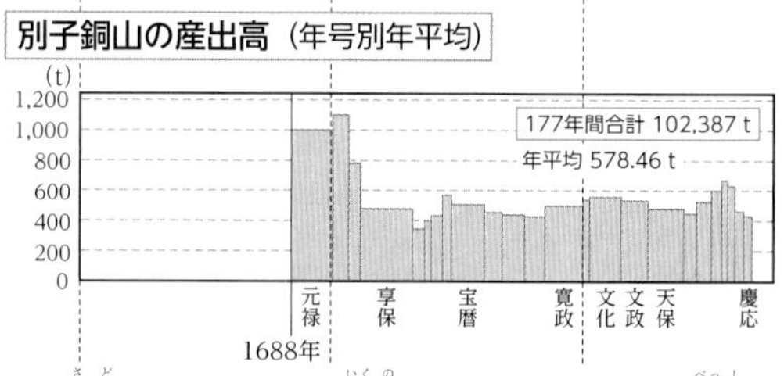

別子銅山の産出高 (年号別年平均)
(t)
177年間合計 102,387 t
年平均 578.46 t
元禄 享保 宝暦 寛政 文化 文政 天保 慶応
1688年

△⑤佐渡金山(➔p.168)と生野銀山は幕府直轄鉱山。別子銅山(➔p.168)は住友氏の鉱山。鉱山は，しだいに鉱脈が枯渇していくため，新しい鉱脈の発見や技術革新により一時的に産出高が増えることがあっても，徐々に減っていく。金・銀山は，早くから開発が進んだため，江戸前期にピークを迎えた。中期以降は銅山の開発が進み，長崎貿易のおもな輸出品となった(➔p.187)。

特集 江戸の水運と物資の流通

1 江戸周辺の水運と特産物－地廻り経済圏の形成

よみとき 特産物の産地と水運との関係に注目しよう

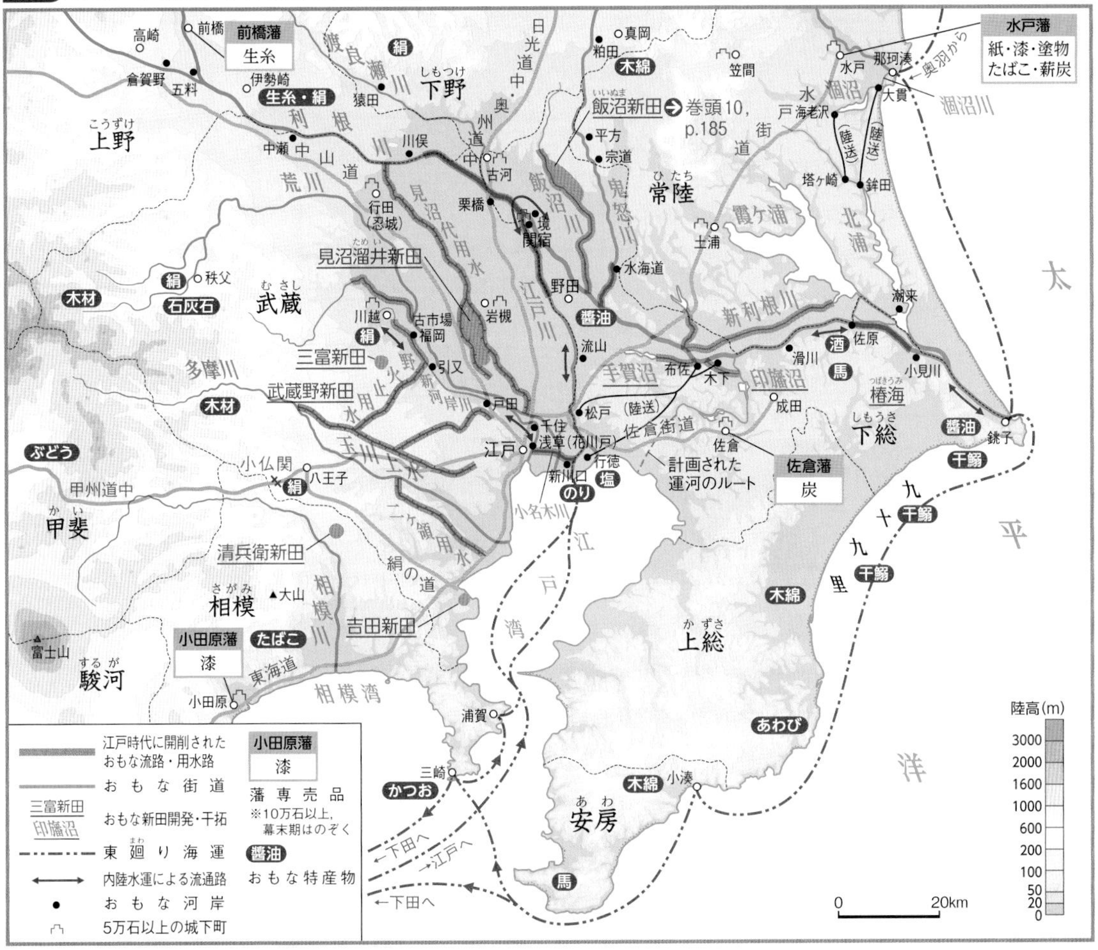

前橋藩 生糸
水戸藩 紙・漆・塗物 たばこ・薪炭
佐倉藩 炭
小田原藩 漆
高崎 前橋 倉賀野 五料 伊勢崎 猿田 中瀬 川俣 古河 栗橋 関宿 境 野田 水海道 平方 宗道 柏田 真岡 笠間 水戸 那珂湊 大貫 海老沢 塔ヶ崎 鉾田 土浦 潮来 佐原 滑川 小見川 銚子 木下 布佐 成田 佐倉 行徳 松戸 流山 岩槻 川越 古市場 福岡 引又 戸田 千住 浅草（花川戸） 江戸 新川口 小名木川 秩父 八王子 小仏関 小田原 浦賀 三崎 小湊 行田（忍城） 大山 富士山
上野 下野 常陸 武蔵 下総 上総 安房 相模 甲斐 駿河
利根川 渡良瀬川 荒川 鬼怒川 飯沼 江戸川 見沼代用水 新河岸川 野火止用水 玉川上水 二ヶ領用水 多摩川 相模川 新利根川 手賀沼 印旛沼 霞ヶ浦 北浦 涸沼 涸沼川 椿海 江戸湾 相模湾 太平洋 九十九里
日光道中 奥州道中 中山道 水戸街道 佐倉街道 甲州道中 東海道 絹の道
飯沼新田 ➔ 巻頭10，p.185
見沼溜井新田 三富新田 武蔵野新田 清兵衛新田 吉田新田
生糸・絹 絹 木綿 醤油 酒 馬 石灰石 木材 ぶどう たばこ のり 塩 干鰯 あわび かつお
（陸送） 奥羽から 計画された運河のルート ←下田へ ←江戸へ
陸高(m) 3000 2000 1600 1000 600 200 100 50 20 0
0 20km
江戸時代に開削されたおもな流路・用水路
おもな街道
おもな新田開発・干拓
東廻り海運
内陸水運による流通路
おもな河岸
5万石以上の城下町
藩専売品 ※10万石以上，幕末期はのぞく
おもな特産物

関東一円の水運

江戸と関東一円を結ぶ交通手段には，人馬を使った陸上輸送のほか河川を活用した水運が重要な役割を果たした。

とくに利根川は，江戸で消費される物資を運ぶ大動脈であった。利根川は，もとは江戸湾に注いでいたが，幕府が銚子から太平洋に注ぐつけかえ工事を行ったため，流路がかわった。河川による水運は，駄賃も陸運に比べて安かったため，江戸を中心とする水運航路が大いに発達し，積み荷をあげ下ろす河岸が多く整備された。

A 奥羽からの輸送の変遷

(1) 那珂湊→
　①涸沼—海老沢（陸送）—塔ヶ崎—北浦
　②涸沼川—大貫（陸送）—鉾田—北浦
　→潮来→利根川水運
(2) 銚子経由潮来（海船直行）→利根川水運
(3) 銚子湊→利根川水運
(4) 銚子（海船直行）→江戸湾〔18世紀以降〕

B 江戸を中心とする舟運航路

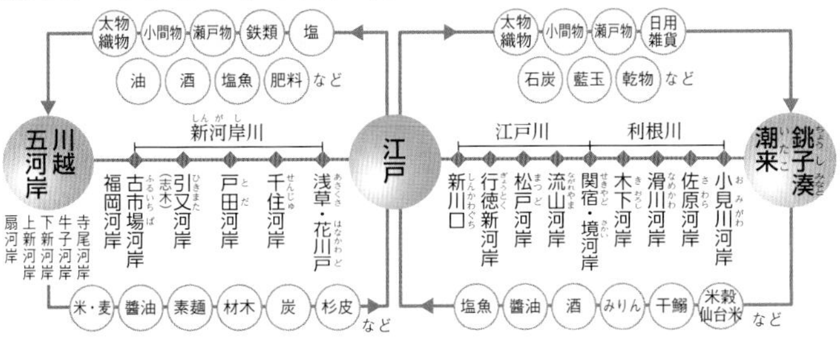

太物織物 小間物 瀬戸物 鉄類 塩 油 酒 塩魚 肥料 など
太物織物 小間物 瀬戸物 日用雑貨 石炭 藍玉 乾物 など
川越五河岸 新河岸川 江戸 江戸川 利根川 銚子湊 潮来
扇河岸 上新河岸 下新河岸 牛子河岸 寺尾河岸
福岡河岸 古市場河岸 引又河岸（志木） 戸田河岸 千住河岸 浅草・花川戸
新川口 行徳新河岸 松戸河岸 流山河岸 関宿・境河岸 木下河岸 滑川河岸 佐原河岸 小見川河岸
米・麦 醤油 素麺 材木 炭 杉皮 など
塩魚 醤油 酒 みりん 干鰯 米穀仙台米 など

◀①利根川－江戸川航路と新河岸川航路　銚子湊からは関宿まで利根川を上り，そこから江戸川を下り小名木川を経て江戸に至った。

荒川の支流である新河岸川は，17世紀中ごろに整備され，川越から建築用の材木などを運んだ。江戸時代後期には，川越と千住を一晩で結ぶ早船もあらわれ，旅客輸送もさかんに行われた。

▲②江戸川をゆく帆掛け船（明治・大正期撮影）
〈市川鴻之台公園　千葉県立房総のむら蔵〉

2 物資の中継地

A 関宿・境河岸

〈千葉県立関宿城博物館蔵〉

▲③境河岸のようす（復元）　関宿と境は，利根川と江戸川の分岐点のため，水運の要地としてこの二つの河岸は栄えた。関宿藩には譜代大名が配置され，関宿に関所も設けられた。

B 銚子湊－東廻り海運と利根川水運の中継地

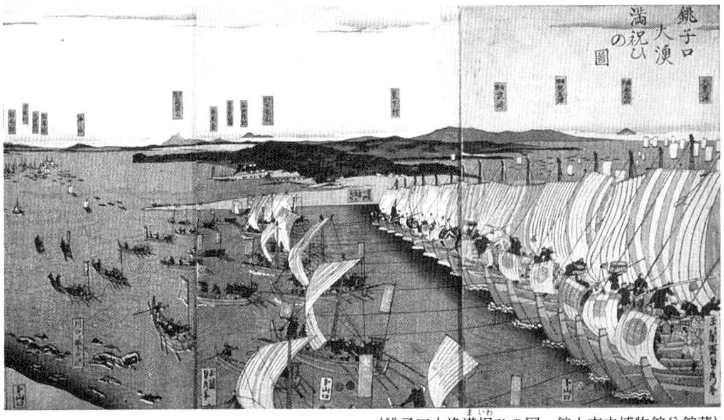

銚子口大漁満祝ひの図

◀④利根川の河口にあり太平洋に面する銚子湊は，利根川の改修工事や東廻り海運（➔p.169）の整備により交通の要所となった。また上方から伝わった醬油醸造や鰯漁がさかんになり，都市としても発展した。左の図では，水運や漁に出る船で大いににぎわっている。

〈銚子口大漁満祝ひの図　館山市立博物館分館蔵〉

江戸幕府　歴代将軍一覧

➔p.153 2 徳川氏系図

年	将軍	治世
1603	1 家康	家康大御所
05	2 秀忠	
23	3 家光	秀忠大御所
51	4 家綱	
80	5 綱吉	
1700		
09	6 家宣	正徳の政治
12	7 家継	
13		
16	8 吉宗	享保の改革
45	9 家重	吉宗大御所
60	10 家治	田沼時代
86		
87	11 家斉	寛政の改革
1800		大御所政治
		家斉大御所
37	12 家慶	天保の改革
53	13 家定	安政の改革
58	14 家茂	文久の改革
66	15 慶喜	
67		

1 徳川家康（在 1603～05）➔p.152

（1542～1616）
三河松平氏

本多正信・正純
林羅山［儒学者］
金地院崇伝［僧］
天海［僧］

すぐに秀忠に譲位し大御所に。死後，東照大権現として神格化。

1603 江戸幕府を開く
1604 糸割符制度を設ける
1607 朝鮮との国交を回復　大御所
1609 オランダに貿易を許可
1611 明の商人に長崎貿易を許可
1612 直轄領に禁教令，翌年全国に
1614 高山右近らを国外追放

2 徳川秀忠（在 1605～23）➔p.152

（1579～1632）
家康三男

老中　酒井忠世
　　　土井利勝

前半は家康の大御所政治。幕藩体制確立に努める。退位後自身も大御所に。

1615 大坂の役で豊臣氏を滅ぼす
　一国一城令・武家諸法度（元和令）・禁中並公家諸法度
1616 家康没す
　中国船を除く外国船の寄港地を長崎・平戸に限定
1622 元和の大殉教

3 徳川家光（在 1623～51）➔p.154,159

（1604～51）
秀忠次男

大老　井伊直孝
　　　土井利勝
　　　酒井忠勝
老中　松平信綱

参勤交代制度化など，幕藩体制の完成期。「鎖国」も完成させた。

1624 スペイン船の来航を禁止
1633 奉書船以外の渡航を禁止
1635 日本人の海外渡航・帰国の禁止
　武家諸法度（寛永令）
1637 島原・天草一揆（～38）
1639 ポルトガル船の来航禁止
1641 オランダ商館を長崎出島に移す

凡例

在 ……………将軍としての在職年
将軍の写真下（　）……………生没年
（網掛け）将軍の幕僚・側近
（網掛け）補足説明
徳川家康　隠居後，大御所（前将軍）として政治を行った将軍

［将軍の出自］
○○次男　家康直系
○○長男　紀伊徳川系
一橋家出身　水戸徳川系

4 徳川家綱（在 1651～80）➔p.164

（1641～80）
家光長男

補佐　保科正之*
大老　酒井忠清
*家光の異母弟で，会津藩主。

文治政治への転換期。保科正之の主導で武断政治から政策を転換した。

1651 由井（比）正雪の乱（慶安の変）
　末期養子の禁止を緩和
1663 武家諸法度（寛文令）・殉死禁止
1665 諸宗寺院法度・諸社禰宜神主法度
1671 宗門改帳の作成
1673 分地制限令（延宝元年令）

5 徳川綱吉（在 1680～1709）➔p.165

（1646～1709）
家綱弟

大老　堀田正俊
➡側用人　柳沢吉保
勘定吟味役　荻原重秀

堀田・柳沢を重用し，文治政治を推進。生類憐みの令を出したため，犬公方とよばれた。

1680 綱吉，館林藩主から将軍に
1683 武家諸法度（天和令）
1685 生類憐みの令（～1709，多数発布）
1688 柳沢吉保，側用人に就任
1689 唐人屋敷を長崎郊外に設置
1691 湯島聖堂が落成
1695 元禄小判発行

6 徳川家宣（在 1709～12）➔p.165

（1662～1712）
綱吉甥

侍講*　新井白石
側用人　間部詮房
*将軍につかえる学者。

綱吉の兄（綱重）の長男。新井白石・間部詮房の補佐による幕政刷新は正徳の政治とよばれる。

1709 家宣，甲府藩主から将軍に
　生類憐みの令を廃止
　新井白石を登用
1710 閑院宮家創設
　貨幣改鋳（宝永金銀を発行）
1711 朝鮮通信使の待遇を簡素化

7 徳川家継（在 1713～16）➔p.165

（1709～16）
家宣三男

侍講　新井白石
側用人　間部詮房

4歳で将軍就任，8歳で死去。政治は新井白石と間部詮房が行う。引き続き正徳の政治。

1714 貨幣改鋳（正徳金銀を発行）
1715 海舶互市新例（長崎新令）
1716 家継没す➡家康直系の家系が途絶えたため，御三家の紀伊徳川家から吉宗が将軍に。以降，14代家茂まで吉宗の子孫

8 徳川吉宗（在 1716～45）➔p.185

（1684～1751）
紀州家出身

町奉行　大岡忠相
侍講　荻生徂徠
　　　室鳩巣

享保の改革を行う。幕府中興の祖。米価調整に尽力，米将軍とよばれる。

1719 相対済し令
1720 漢訳洋書輸入の禁を緩和
1721 目安箱を設置
1722 上げ米の制・参勤交代の緩和・小石川養生所設置・定免法採用
1723 足高の制
1742 公事方御定書の完成

9 徳川家重（在 1745～60）➔p.187

（1711～61）
吉宗長男

側用人　大岡忠光

言語不明瞭の障がいがあったが，側用人の大岡忠光だけが意思を理解できた。政治は大岡を通して行われた。

1745 吉宗が将軍職を退き，家重将軍就任➡吉宗の大御所政治
1751 吉宗没す
1753 薩摩藩に木曽川改修工事を命じる（～55完成，「宝暦治水」）
1758 宝暦事件（翌年竹内式部を追放）

10 徳川家治（在 1760～86）➔p.187

（1737～86）
家重長男

側用人➡老中
田沼意次

田沼時代。田沼意次の主導で商業資本を利用した重商主義政策をとる。賄賂とインフレが不評。

1767 田沼意次，側用人に就任
　明和事件（山県大弐が死刑）
1772 田沼，老中就任➡株仲間を積極的に公認・南鐐二朱銀を鋳造
1782 印旛沼・手賀沼干拓に着手
　天明の飢饉（～87）
1785 最上徳内を蝦夷地に派遣

11 徳川家斉（在 1787～1837）➔p.193,196

（1773～1841）
一橋家出身

老中　松平定信

吉宗のひ孫。在位期間最長。寛政の改革の緊縮策から，経済拡大・政治腐敗の大御所政治へ。側室40人に子女55人。

1787 松平定信の寛政の改革（～93）
1789 棄捐令・囲米の制
1790 人足寄場を江戸石川島に設置
　寛政異学の禁・旧里帰農令
1791 七分積金の制度化
1825 異国船打払令（無二念打払令）
1837 大塩の乱，モリソン号事件*　*退任後。

12 徳川家慶（在 1837～53）➔p.196

（1793～1853）
家斉次男

老中　水野忠邦

前期は大御所家斉が実権を握る。家斉死後，水野忠邦に天保の改革を行わせるが失敗し，幕府権威は低下した。

1839 蛮社の獄
1841 家斉没す➡天保の改革（～43）
　倹約令・株仲間の解散
1842 天保の薪水給与令
1843 人返しの法・上知（地）令失敗・棄捐令
1853 ペリー浦賀に来航

13 徳川家定（在 1853～58）➔p.202,204

（1824～58）
家慶四男

老中　阿部正弘
➡老中　堀田正睦
➡大老　井伊直弼

日米和親条約に調印し，開国。ハリスを引見。将軍継嗣問題で南紀派と一橋派が対立。

1853 阿部正弘の安政の改革（～57）
1854 日米和親条約に調印
　日露和親条約に調印（国境画定）
1858 井伊直弼，大老に就任
　日米修好通商条約を無勅許調印
　安政の五カ国条約
　安政の大獄（～59）

14 徳川家茂（在 1858～66）➔p.204

（1846～66）
紀州家出身

大老　井伊直弼
➡老中　安藤信正

家斉の孫。公武合体派が幕政を主導するも，坂下門外の変，文久の改革で方針転換。

1860 桜田門外の変，五品江戸廻送令，和宮降嫁（公武合体）
1862 坂下門外の変，文久の改革
1864 禁門の変，長州征討（第1次）
1865 長州征討（第2次）を宣言
1866 薩長連合，改税約書調印
　長州征討（第2次）➡失敗（家茂急死）

15 徳川慶喜（在 1866～67）➔p.204,208

（1837～1913）
一橋家出身*

水戸家・徳川斉昭の七男。薩長両藩などによる激しい討幕運動のなか，大政奉還へ。
*水戸徳川家出身だが，家慶の意向で一橋家を相続していた。

1866 全国各地で世直し一揆
　この年，慶喜将軍就任
1867 大政奉還の上表を朝廷に提出
　王政復古の大号令，小御所会議（慶喜，辞官納地を命じられる）
1868 鳥羽・伏見の戦い（戊辰戦争開戦）
　江戸城無血開城

近世　江戸

享保の改革 ―万石以上の面々より八木差し上げ候様二仰せ付けらるべし 史（『御触書寛保集成』）

ヒストリースコープ

1722年，8代将軍吉宗は幕府財政再建のため，恥を忍んで一万石につき百石の八木*(米)を上納するよう命じた（上げ米の制）。同年，環境破壊を防ぐため50年以上抑制してきた新田開発を，商人資本を導入するなどして積極的に奨励する方策に転換した。これにより，領主権の複雑化や資金不足などで放置されてきた開発可能地の新田開発が進められた。＊米の字を分解した形からこのように表す。

考察

❶新田開発において，どのような方策転換がとられたのだろうか。
❷足高の制は，人材登用の面でどのような利点があるだろうか。→1・2
❸享保の改革における都市政策の特徴とはどのような点だろうか。→1・3

（茨城県立歴史館蔵）

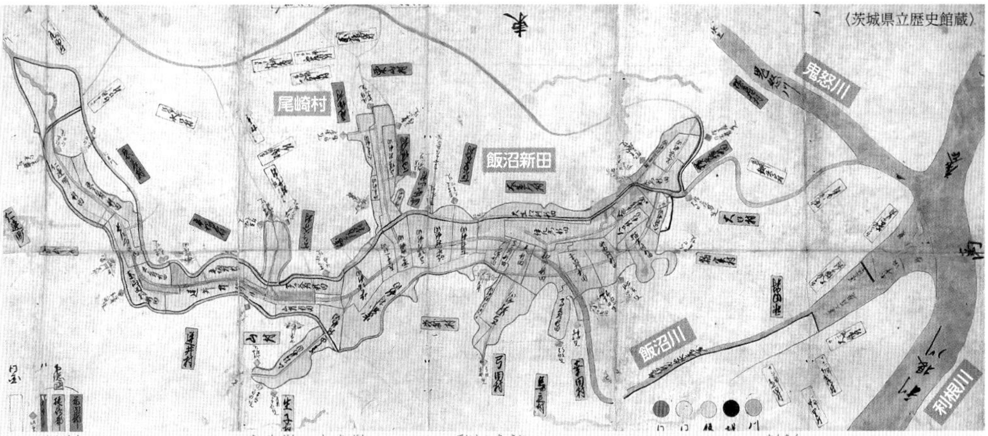

尾崎村
飯沼新田
鬼怒川
飯沼川
利根川

△①飯沼新田の開発　飯沼は鬼怒川と利根川が合流する低湿地帯にあり，周辺の村むらは飯沼の干拓による新田開発をたびたび願い出ていたが，幕府は許可しなかった。享保の改革で幕府が新田開発奨励に転じると，周辺各村は改めて干拓を出願して幕府も許可，1727年に1525町歩，石高1万4383石あまりの飯沼新田が完成した（→p.166,183）。赤い線が各村の新田境界。

1 享保の改革

＊おもに刑罰規定を集めた下巻を御定書百箇条とよぶ。

1716（享保1）～45（延享2）年

背景			貨幣経済の発展による幕府・諸藩の財政窮乏
特徴			①将軍主導の政治改革（「諸事権現様(家康)御定めの通り」） ②側用人の廃止，有能な紀州藩士を幕臣化。身分にとらわれず人材登用 ③行政改革，財政の再建，江戸の都市政策を推進
おもな施策・改革	財政再建		上げ米の制実施（1722～30 かわりに参勤交代を緩和）→🔍 定免法（1722）の全面採用による年貢増徴→2 B 新田開発の奨励（1722）→🔍　倹約令（1724）→4
	政治	人材登用	大岡忠相（1717　江戸町奉行のち関東農政も兼務，寺社奉行）→3 荻生徂徠・室鳩巣を侍講（政治顧問）に登用 田中丘隅（1721『民間省要』著，元川崎宿役人） 神尾春央（1737　勘定奉行）→2 B，田安家・一橋家の創設（のちに三卿）
		行政の合理化	相対済し令（1719　激増した金銭訴訟受付停止）史 目安箱の設置（1721　将軍主導の改革を実践）→3 足高の制（1723　在職中は役高の不足分を加算）→2 A 公事方御定書*（1742　裁判前例を調査し判決基準を整備）史 御触書寛保集成編集（1744　幕府法令の集成）
	都市		町火消（1720）・小石川養生所（1722）の設置→3
	経済		質流し禁令（1722 質流しによる田畑の売買禁止。各地で騒動，翌年撤回） 株仲間の公認（1721）➔p.170　江戸札差組合公認（1724） 堂島米市場公認（1730　米価上昇をねらう）➔p.176 元文金銀への改鋳（1736　貨幣供給量増，米価上昇をねらう）
	殖産		漢訳洋書輸入制限の緩和（1720　西洋技術の導入） 青木昆陽・野呂元丈に蘭語の学習を命じる（1740）➔p.188 商品作物栽培を奨励（甘藷，櫨，朝鮮人参，さとうきび）➔p.341~343
結果			①年貢増徴により財政は一時的に好転したが米価調整には苦しむ（米将軍，米公方） ②都市政策の本格化，文書による行政処理など合理的改革が進む ③百姓一揆の頻発（1732　享保の飢饉，翌年江戸で初めて打ちこわし）

2 行財政改革　A 足高の制 史

よみとき ①図①の絵図を読み解いてみよう ➔巻頭10
②同時期のほかの新田にも注目しよう ➔p.166

役料3000石の役職	大目付		町奉行		勘定奉行	
石高	足高制以前	足高制以後	足高制以前	足高制以後	足高制以前	足高制以後
5000石以上	4	1	2	0	4	0
4000石台	5	0	1	0	1	1
3000石台	3	3	2	1	6	2
2000石台	12	6	3	2	6	3
1000石台	11	15	15	7	18	19
500～1000石	4	12	0	6	2	8
500石未満	0	13	0	6	1	22

（石高による登用者数〈人〉）〈泉井朝子『足高制に関する一考察』〉

◁②足高の制による人材登用　禄高の少ない者でも，在任期間中は職に応じた規定の役料を支給し，退任後はもとの禄高に戻す制度。これによって，大目付・町奉行といった行政面での要職に，禄高が少なくとも有能な人材を登用することができ，退任後はもとの禄高に戻すため財政支出も抑制できた。例えば，大岡忠相は禄高1920石で町奉行に就任したが，町奉行の役料3000石には及ばないため，足高の制により不足の1080石が補われた。

B 定免法 →p.182「江戸幕府の財政と経済」

検見法 →	定免法
毎年のできぐあいを実地調査し，検地帳の基準と比較して年貢率を決定 ①検地結果が古く，農業技術の進歩による収穫の実態とあわない ②煩雑な検見作業に多額の経費がかかり役人の不正も横行 ③作物の多様化などで検見作業の時機決定が困難 ➡実年貢率の低下	実収穫平均により年貢率を一定期間固定 ①農業技術の進歩による生産力の実態を反映 ②徴税経費の節減，賄賂など役人の不正防止 ③豊作時の余剰は村で確保，幕府の介入機会も減少 ➡実年貢率の上昇

◁③年貢徴収法の転換　改革末期の勘定奉行神尾春央は定免法に加えて有毛検見法（検地帳を無視し，実収量から年貢率決定）を用い，さらに年貢率を高めた。村の余剰を奪う過酷な政策で，一揆の頻発につながった（➔p.186）。

▽④財政再建の成果　年貢率・米価上昇策，そのほか緊縮財政により，財政は立ち直った。

期　間	1年平均の年貢残高	1年平均の金残高
1722～31年	3万5654石	12万7557両
1732～41年	4万8575石	37万4519両
1742～51年	7万5594石	41万5562両

＊年貢は米と金銭で納めた。　『江戸実情誠斎雑記』

3 大岡忠相と都市政策

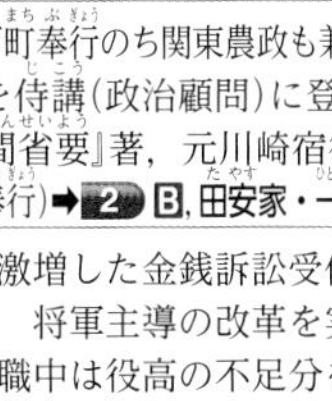

▷⑤大岡忠相（1677~1751）
旗本出身。江戸南町奉行に登用され，町火消制度の創設や小石川養生所の設置など公共政策を推進。1736年には貨幣鋳造を担当し，金の質を引き下げ，金1両＝銀60匁として江戸の物価安定対策も行った。

（大岡越前守市川八百蔵 早稲田大学演劇博物館蔵）

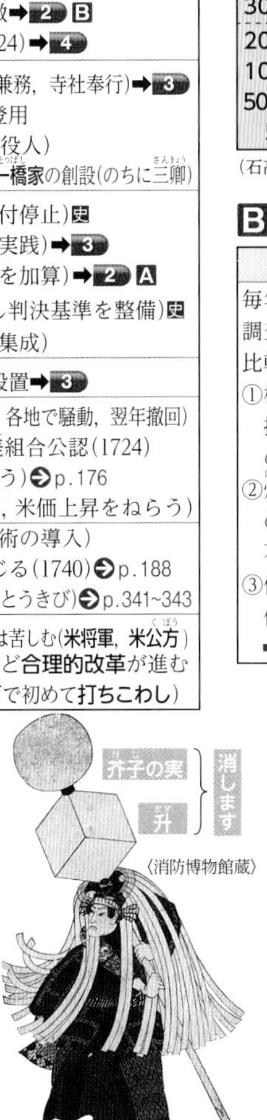

芥子の実
升
消します

（消防博物館蔵）

▷⑥町火消「いろは47組」　大岡忠相の考案により，町人の自治的な消防組織が編成された。

（東宝提供）

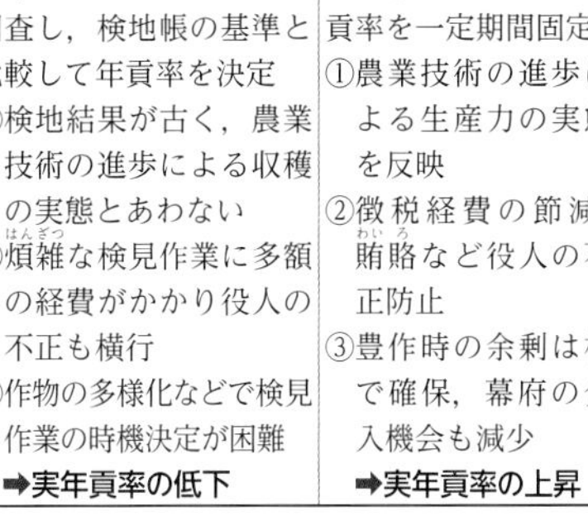

△⑦小石川養生所（1965年，黒澤明監督「赤ひげ」）　1722年に町医者小川笙船の目安箱への投書により設置された。目安箱の投書は住所・氏名記入式で，将軍自ら検分した。養生所の診察料は無料で，都市の窮民政策として幕末まで継続された。

4 倹約令への風刺

倹約令に対する風刺
「閻魔王より地獄への触」

一、向後万事倹約を相守り、只今迄鬼共虎の皮のふんどし致し候へども、以後は相止め、自今は木綿にて虎の皮染にざっと染め用い申すべく候。且又鉄の棒も樫を用い申すべく候。尤角など金銀にてたみ候事、堅く無用為るべき事。（『享保世話』）

△⑧吉宗の倹約令に対して，将軍への直接的な批判はできないため，「閻魔王より地獄への触」として倹約を風刺したもの。

今日とのつながり　吉宗は上野の寛永寺や向島の隅田川堤など江戸の各所に桜を植えさせ，庶民に遊興を推奨した。これが庶民の花見の始まりであり，これらの場所は現在も桜の名所である。

近世　江戸

民衆運動 ―此家の道具は皆悉く打ちこわせ。猫の椀でも残すな 史（「奥州信夫郡伊達郡之御百姓衆一揆之次第」）

ヒストリースコープ

「金銭品物は身につけるな　この働きは私欲にあらず　これは万人のためなるぞ」と打ちこわしの目的と決まりを確認して，人々は運動を起こした。ひとたび実行されると「猫の椀」も残さないくらい徹底的に行われた。

考察

❶打ちこわしを行っている人たちは，米をどのようにしているだろうか。

❷なぜ米商人に対して打ちこわしを行ったのだろうか。→ 2

❸どのような原因で民衆運動が発生するのだろうか。→ 1 ・ 2

〈東京国立博物館蔵 幕末江戸市中騒動図 伝細谷松茂筆〉
積み上げられた米俵
お手上げの主人
米を拾う窮民
歌舞伎のまねをして見得をきる打ちこわし勢

△①打ちこわし　1866（慶応2）年，江戸で起こった打ちこわしのようす。幕末には，米の買い占めにより米価が高騰し，米などの商人や役人に対して打ちこわしが起こった。これは，共同体による制裁の意味が強く，盗み・放火は自制された。捻りはち巻きの打ちこわし勢は，米俵を破り，米をまき散らしているだけである。一方で右端には米を拾う窮民が描かれている。

1 民衆運動の発生件数の推移

よみとき　百姓一揆・打ちこわしの件数と飢饉との関係に注目しよう

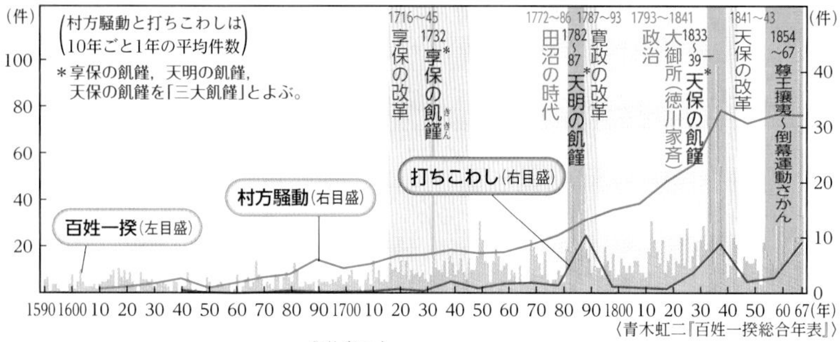

（件）
村方騒動と打ちこわしは10年ごと1年の平均件数
＊享保の飢饉，天明の飢饉，天保の飢饉を「三大飢饉」とよぶ。
1716〜45 享保の改革
1732 享保の飢饉＊
1772〜86 田沼の時代
1782〜87 天明の飢饉＊
1787〜93 寛政の改革
1793〜1841 大御所（徳川家斉）政治
1833〜39 天保の飢饉＊
1841〜43 天保の改革
1854〜67 尊王攘夷〜倒幕運動さかん
百姓一揆（左目盛）
村方騒動（右目盛）
打ちこわし（右目盛）
100
80
60
40
20
40
30
20
10
0
1590 1600 10 20 30 40 50 60 70 80 90 1700 10 20 30 40 50 60 70 80 90 1800 10 20 30 40 50 60 67（年）

〈青木虹二『百姓一揆総合年表』〉

△②幕藩領主に対する闘争である百姓一揆は，江戸時代を通じて約3200件に及んだ。また，村内の対立である村方騒動は，中・後期から激増しており，村落内の秩序の変容をうかがわせる。

時代を見る目　車（傘）連判状と一味同心

幕府は，「車連判と神水を用い徒党を結ぶこと」を禁止した。このことから，徒党を結ぶためにまず行うことは，参加者（村）名と捺印を車状に署名する車連判状を作成することであったとわかる。車状にするのは首謀者が誰かわからないようにする工夫であるとともに，「一列＝仲間」という平等観念を共有するためであった。ついで一味同心（一味神水）の儀式を行い，結束を固めた。これらは，中世の寄合のしきたりでもある（➔p.126）。

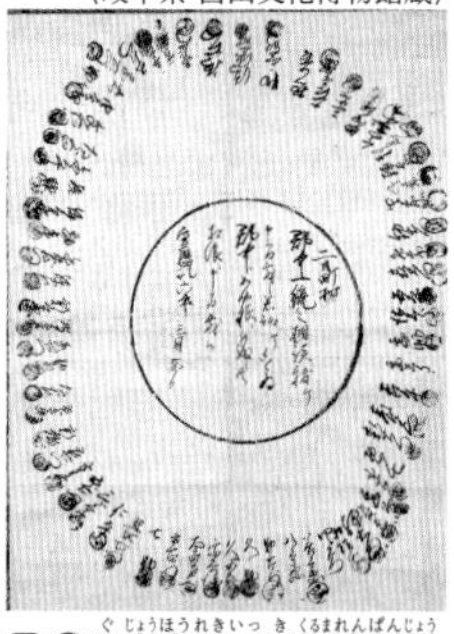
〈岐阜県 白山文化博物館蔵〉

△③郡上宝暦一揆車連判状

近世
江戸

2 民衆運動の類型とおもな民衆運動

A 百姓一揆の類型

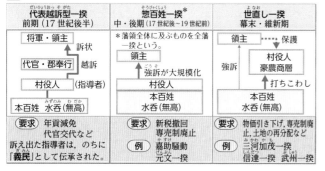

代表越訴型一揆 前期（17世紀後半）	惣百姓一揆＊ 中・後期（17世紀後〜19世紀前）	世直し一揆 幕末・維新期
将軍・領主 ↑訴状 代官・郡奉行 ↑越訴 村役人（指導者） 本百姓　水呑（無高）	＊藩領全体に及ぶものを全藩一揆という。 領主 ↑強訴が大規模化 村役人 本百姓 水呑（無高）	領主 ‥‥ 保護 村役人 豪農商層 強訴 ↑打ちこわし 本百姓 水呑（無高）
要求 年貢減免 代官交代など 訴え出た指導者は，のちに「義民」として伝承された。	要求 新税撤回 専売制廃止 例 嘉助騒動 元文一揆	要求 物価引き下げ，専売制廃止，土地の再分配など 例 三河加茂一揆 信達一揆　武州一揆

B 村方騒動・国訴

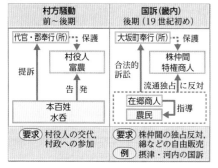

村方騒動 前〜後期	国訴（畿内） 後期（19世紀初め）
代官・郡奉行（所） ‥‥ 保護 村役人 富農 ↑提訴 告発 本百姓 水呑	大坂町奉行（所） ‥‥ 保護 株仲間 特権商人 ↑合法的訴訟 流通独占に反対 在郷商人 農民 指導
要求 村役人の交代，村政への参加	要求 株仲間の独占反対，綿などの自由販売 例 摂津・河内の国訴

C おもな民衆運動と国別発生件数

よみとき　惣百姓一揆と世直し一揆のそれぞれの時期に注目しよう

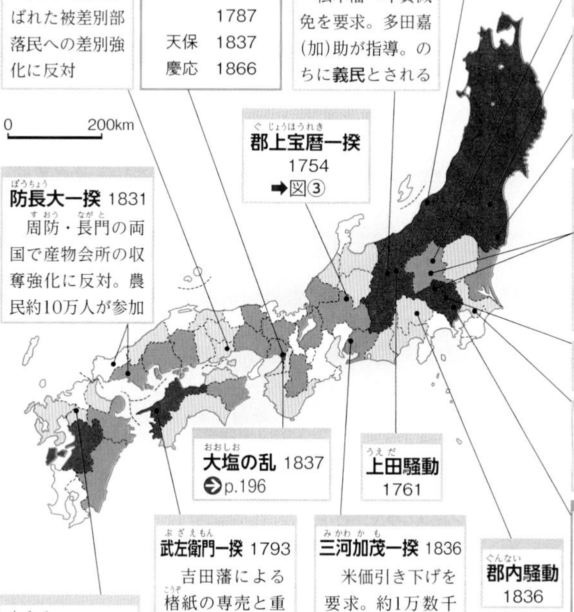

0　200km

百姓一揆の類型
代表越訴型一揆
惣百姓一揆（全藩一揆）
世直し一揆
都市騒擾 打ちこわし

国別発生件数（1590〜1877年）
101件以上
51〜100件
26〜50件
1〜25件

〈青木虹二『百姓一揆総合年表』〉

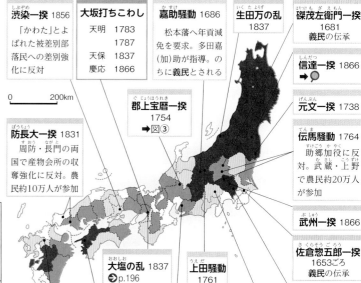

渋染一揆 1856　「かわた」とよばれた被差別部落民への差別強化に反対

大坂打ちこわし　天明 1783　1787　天保 1837　慶応 1866

嘉助騒動 1686　松本藩へ年貢減免を要求。多田嘉（加）助が指導。のちに義民とされる

生田万の乱 1837

磔茂左衛門一揆 1681　義民の伝承

信達一揆 1866 ➔🔍

元文一揆 1738

郡上宝暦一揆 1754 ➔図③

防長大一揆 1831　周防・長門の両国で産物会所の収奪強化に反対。農民約10万人が参加

伝馬騒動 1764　助郷加役に反対。武蔵・上野で農民約20万人が参加

武州一揆 1866

佐倉惣五郎一揆 1653ごろ　義民の伝承

大塩の乱 1837 ➔p.196

上田騒動 1761

武左衛門一揆 1793　吉田藩による楮紙の専売と重い年貢に反対

三河加茂一揆 1836　米価引き下げを要求。約1万数千人の百姓が参加

郡内騒動 1836

久留米一揆 1754

江戸打ちこわし　享保 1733　天明 1787　慶応 1866 ➔図①

今日とのつながり　越訴の結果，処刑されたとされる佐倉惣五郎の伝承は民衆の共感をよび，幕末に歌舞伎化され，現在も「佐倉義民伝」などの演題で人気の題材となっている。

田沼の時代 ―南鐐と唱へ候銀を以て，弐朱の歩判仰せ付られ候 史(『御触書天明集成』)

*南鐐とは質のよい銀のことで，その品位は98%前後であった。

ヒストリースコープ

1772年，田沼意次は，金の貨幣単位「朱」をもつ南鐐二朱銀を鋳造するよう命じた。銀貨の価値が重さで決まる秤量貨幣から，一定の形状・品位・重さを保ち貨幣単位で価値が決まる計数貨幣への移行であった。これにより，金貨と銀貨は，両‐分‐朱の単位に一本化され，東の金遣いと西の銀遣いの経済圏が統一された。さらに，全国市場の活性化がはかられた。

考察

❶秤量貨幣から計数貨幣に変わることで，どのような変化があるだろうか。
❷田沼は，このほかにどのような商業活性化の政策を行ったか。→1・2
❸人々は，田沼政治を自然災害と結びつけてどのようにとらえただろうか。→3・4

小判1両

＝

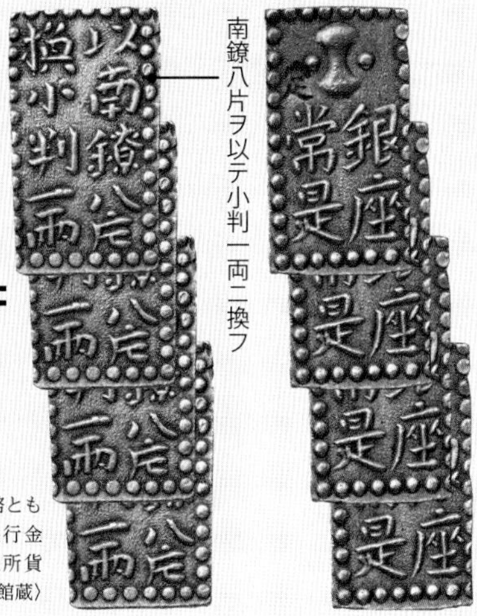
南鐐八片ヲ以テ小判一両ニ換フ

（貨幣はすべて実寸）

〈両貨幣とも日本銀行金融研究所貨幣博物館蔵〉

△②田沼意次(1719~88) 9代将軍家重に取り立てられ小姓から大名となる。1772年，10代将軍家治の側用人から老中となり，幕政の実権をにぎった。〈静岡 牧之原市教育委員会蔵〉

◁①南鐐二朱銀(左は表，右は裏) 裏にある「銀座常是」は，大黒常是家が銀貨の鋳造にあたったことを示す。➔p.171

1 田沼意次の政治

1772(安永1)～86(天明6)年〈10代将軍家治〉

特徴		①**商業資本を利用** 年貢以外の収入増加策 ②享保の改革の殖産興業の方針を継承
おもな施策・改革	商業政策	**株仲間の積極的公認**(運上・冥加の増収)➡2 B，➔p.170 専売制度の拡張(銅・鉄・真鍮・朝鮮人参などを専売，直営の座を設置) **南鐐二朱銀**の鋳造(1772～1824)➡ヒストリースコープ
	貿易	長崎貿易転換(銅・俵物の輸出)➔p.342
	開拓と開発	印旛沼・手賀沼の干拓工事(1782～86) ➔p.183 **工藤平助**『赤蝦夷風説考』の影響で**最上徳内**らを千島へ派遣➡図⑥，➔p.195
結果		①幕府役人に**賄賂**・縁故の人事が横行 ②天災頻発(**天明の飢饉** 1782～87，**浅間山の大噴火** 1783) ➡3 ③米価・物価の高騰 →政治への不満が高まる➡4 田沼意知暗殺(1784)，意次老中罷免(1786)

2 財政収入増加策

A 貿易の活性化

〈長崎歴史文化博物館蔵〉

下級役人
下級役人
銅
武士
オランダ人

△③出島銅検査(唐蘭館絵巻) 幕府は，輸出用の銅を確保するため銅座を大坂に設けた。高純度の日本産銅は，中国で貨幣鋳造に用いられた。さらに，新たな輸出商品として俵物の増産もはかった。金銀は輸入に転じ，南鐐二朱銀の一部にも用いられた。

◁④棹銅 〈住友史料館蔵〉

B 株仲間の積極的公認 ➔p.170

木綿仲間
祇園組

◁⑤鑑札(1837年) 木綿問屋の株仲間であることを示す鑑札。意次は，同業者組合の株仲間の独占を保証するかわりに，営業税として運上や冥加を上納させた。〈東京 国文学研究資料館蔵〉

時代を見る目 蝦夷地開発計画

蝦夷地開発を説く工藤平助の『赤蝦夷風説考』の影響を受けた意次は，1785年に蝦夷地へ調査隊を派遣した。この中に**最上徳内**がおり，千島列島・蝦夷地の探検家として名をあげた。蝦夷地開発は意次の失脚で進展しなかったが，その後の開発の契機となった。

△⑥最上徳内(1755～1836)

〈シーボルト『NIPPON』第3分冊より 九州大学附属図書館蔵〉

3 江戸時代の飢饉と気候

1615 1641～42	奥羽地方大冷害 寛永の飢饉(奥羽・北陸大冷害)	非常に寒冷
1680～82	異常気候のため全国的飢饉	温暖
1695 1701～03	奥羽地方大冷害 奥羽地方大冷害・全国的飢饉	非常に寒冷
1732	**享保の飢饉**(西日本の害虫ウンカの害)	寒冷
1755～56	宝暦の飢饉(奥羽地方大冷害)	温暖
1782～87 1783	**天明の飢饉** 奥羽地方大冷害 浅間山の大噴火	寒冷
1833～39	**天保の飢饉** 冷害・風水害続発 作柄平年の3～4割(全国平均)	非常に寒冷
1866	奥羽地方大冷害	寒冷

〈福島県会津美里町教育委員会蔵〉

▷⑦天明の飢饉(天明飢饉之図) 浅間山の大噴火・降灰，冷害などが重なり，東北・関東を中心に約92万人の死者を出した。死人の肉を食べたとの記録もみられ，各地で一揆や打ちこわしが続発した。幕府は窮貧政策を講じたが効果はなく，天災への不満は意次の政治批判につながっていった。

4 田沼政治への批判 ―狂歌

年号は安く永しと変はれども 諸色高直いまにめいわ九

●「諸色」とは物価のこと。明和九(一七七二)年を改めて安永元年としたが，物価は高く迷惑である，という意味。

浅間しや富士より高き米相場 火の降る江戸に砂の降るとは

●「浅ましい」は，ひどい・情けないという意味。「砂の降る」とともに，一七八三年の浅間山の大噴火をかけている。「火の降る」は，江戸の火事および庶民の生活が火の車であることを意味している。

金とりて田沼るる身のにくさゆえ 命捨てても佐野み惜しまん

●田沼が賄賂を受け取っていたことと，佐野が田沼の息子を刺殺したことをかけあわせている。

△⑧商業重視の政策は，幕府役人と商人との賄賂政治を横行させた。一方，自然災害と物価の高騰で，庶民の生活は困窮した。人々の不満は意次への批判となり，意次の子で若年寄の田沼意知が江戸城内で旗本の佐野政言に刺殺されると，民衆は佐野を「世直し大明神」ともてはやした。

歴史のまど 山本周五郎『栄花物語』 それまで賄賂政治の権化として扱われてきた田沼意次を，商業資本に目をつけた先進的な改革者としてとらえた歴史小説。

近世 江戸

宝暦・天明期の文化①（学問）—誠に艪舵なき船の大海に乗り出だせしが如く 史（『蘭学事始』）

ヒストリースコープ

徳川吉宗の漢訳洋書輸入制限の緩和を契機に，実学の分野から洋学が発達した。その一つの成果が医学書『ターヘル＝アナトミア』を翻訳した『解体新書』である。刊行者の杉田玄白は，翻訳の苦心を「櫓も舵もない船が大海に乗り出したようで，ただ広く果てしなく，途方に暮れるばかり」と『蘭学事始』で述懐している。

考察

❶洋学は，どのような分野から発達していったのだろうか。

❷洋学者たちは，どのようにして知識を深め合い，洋学を広めたのだろうか。→1

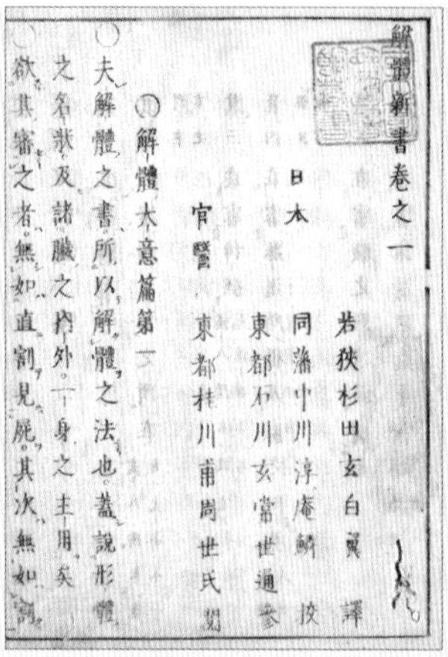

解體新書巻之一
若狭 杉田玄白 翼 譯
同藩 中川淳庵 鱗 校
東都 石川玄常 世通 參
官醫 東都 桂川甫周 世民 閲
日本

△①『解体新書』の刊行者たち

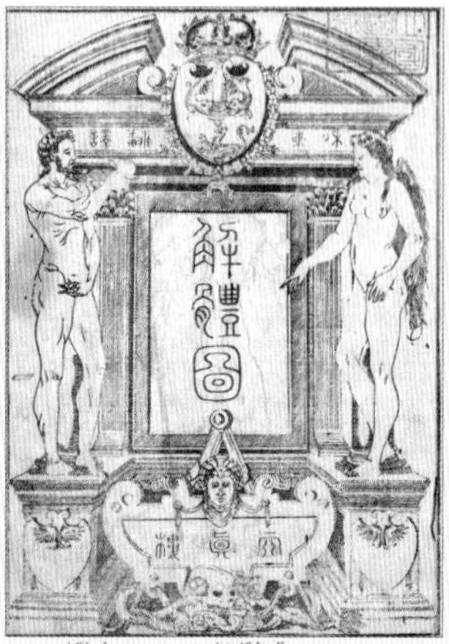

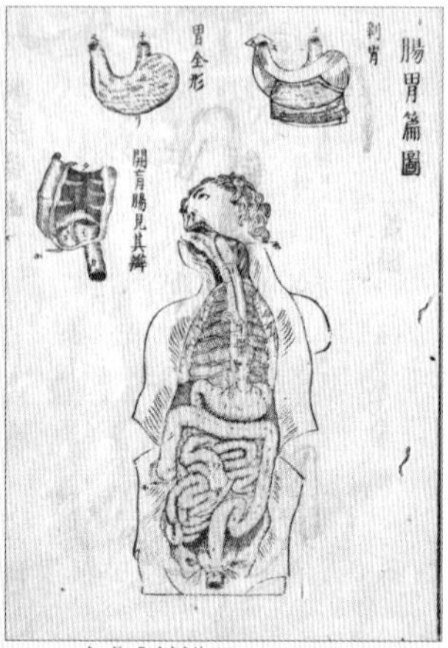

腸胃篇圖

△②扉絵（左）と③解剖図（右）　扉絵と解剖図は小田野直武（➔p.191）が描いた。

1 洋学の展開　A 洋学者の系統

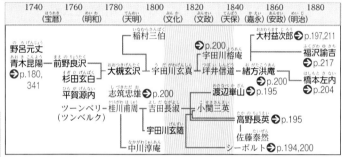

1740（宝暦）　1760（明和）　1780（天明）　1800（文化）　1820（文政）　1840（天保）　1860（嘉永）（安政）　1880（明治）

- 野呂元丈
- 青木昆陽 ➔p.180, 341 ― 前野良沢・杉田玄白 ― 大槻玄沢 ― 稲村三伯／宇田川玄真
- 宇田川玄真 ― 宇田川榕庵 ➔p.200／坪井信道 ― 緒方洪庵 ➔p.200 ― 大村益次郎 ➔p.197,211／福沢諭吉 ➔p.217／橋本左内 ➔p.204
- 平賀源内
- 志筑忠雄 ➔p.200
- ツーンベリー（ツンベルク）― 桂川甫周 ― 吉田長淑 ― 小関三英／渡辺崋山 ➔p.195／高野長英 ➔p.195／佐藤泰然
- 桂川甫周 ― 宇田川玄随／中川淳庵
- シーボルト ➔p.194,200

は宝暦・天明期　　は文化・文政（化政）期

B 洋学者の一覧

分野	人物	内容
西洋研究	西川如見（1648~1724）	『華夷通商考』（1695）　長崎で見聞した世界の地理・物産を紹介。天文暦算家で，徳川吉宗に招かれて江戸に下る
西洋研究	新井白石（1657~1725）	『采覧異言』（1713）『西洋紀聞』（1715）史　屋久島で捕えられたイタリア人宣教師シドッチの話から世界の地理・風俗を詳述 ➔p.165,181
西洋研究	桂川甫周（1754~1809）	『北槎聞略』（1794）　帰国した大黒屋光太夫（➔p.195）の話からロシアの風俗・制度を著す。『解体新書』の訳述に参加
勃興期	青木昆陽（1698~1769） 野呂元丈（1693~1761）	ともに吉宗の命でオランダ語を学ぶ。昆陽は『蕃薯考』（1735）で甘藷（薩摩芋，➔p.339）栽培を勧め，その普及により「甘藷先生」とよばれる。元丈は本草学（博物学）を研究し『阿蘭陀本草和解』（1741～50）を著す
勃興期	山脇東洋（1705~62）	『蔵志』（1759）　刑死人の解剖結果をもとに著した。後藤昆山に古医方（実験を重視した漢代への復古を説く医説）を学ぶ➡図⑤
実用の学問として発達	前野良沢（1723~1803） 杉田玄白（1733~1817）	『解体新書』（1774）　ドイツ人クルムスの『解剖図譜』のオランダ語訳『ターヘル＝アナトミア』をさらに和訳したもの。中川淳庵・桂川甫周らも参加。実質的な翻訳者の前野良沢は，その完成度に納得いかず刊行者として名前を掲載しなかった➡図①
実用の学問として発達	大槻玄沢（1757~1827）	『蘭学階梯』（1783）　蘭学の入門書を著す。江戸に新元会（オランダ正月➡図④）開催で有名な私塾芝蘭堂を開く（1786）➔p.190
実用の学問として発達	稲村三伯（1758~1811）	『ハルマ和解』（1796）　ハルマの『蘭仏辞典』を翻訳し，日本最初の蘭和辞典を刊行。玄沢に学び，長崎に遊学した
実用の学問として発達	宇田川玄随（1755~97）	『西説内科撰要』（1792）　オランダの医学書（内科）を翻訳したもので日本初の内科書。桂川甫周，杉田玄白らに蘭学を学ぶ
実用の学問として発達	平賀源内（1728~79）	本草学者・科学者・劇作者。蘭学にも通じ，寒暖計やエレキテル，火浣布（不燃布）などを製作したほか，洋画にも才能を発揮➡図⑦，⑧

時代を見る目　文人の交遊と洋学の普及

寛政6年閏11月11日は，西暦1795年1月1日にあたる。この日，蘭学者大槻玄沢が，私塾の芝蘭堂に医師や画家などさまざまな立場の人々を集めて祝宴を開いた。会場は，サロン的な雰囲気で自由な議論がかわされ，互いの知識を深めていった。恒例となり1837年まで続いたという。

大黒屋光太夫？
ワイン
洋食器
医者が多いため剃髪のものが多い

△④オランダ正月　〈早稲田大学図書館蔵　芝蘭堂新元会図〉

〈東京 国立公文書館蔵〉

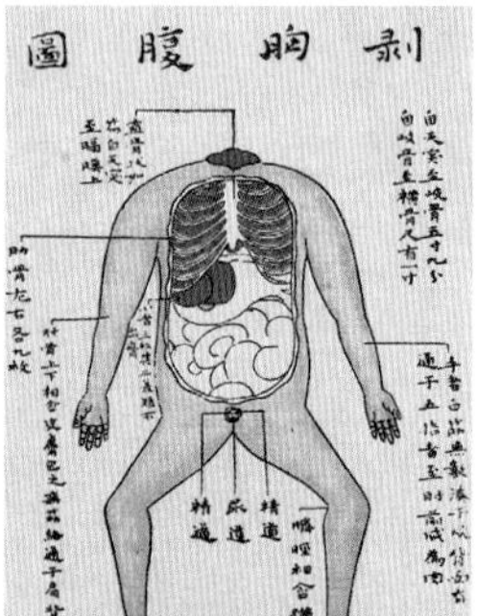

剖胸腹圖

△⑤山脇東洋『蔵志』　東洋は五臓六腑説の検証のため，解剖された罪人を観察。記録をもとに解剖図を描かせ，1759（宝暦9）年日本初の解剖書『蔵志』を刊行。蘭学勃興の誘因となった。

▶⑥山脇東洋　〈国立科学博物館提供〉

ひと　平賀源内（1728~79）

長崎で西洋の知識・技術を学ぶ。上方を経て江戸に移り，幅広い交友と独特の発想をもとに，本草学（博物学），蘭学，美術，文芸など多方面に足跡を残す。田沼時代の闊達な一面を体現した奇才だが，最期は獄死。

〈慶應義塾図書館蔵〉

〈郵政資料館蔵〉

△⑦エレキテル　内部でガラスびんと金箔を摩擦させ，静電気を発生。

▽⑧西洋婦人図（平賀源内筆）　小田野直武（➔図②）に西洋の絵画技法を伝えるなど，洋画の先駆者でもあった源内が残した唯一の油彩画。

〈兵庫 神戸市立博物館蔵 41.5 × 30.5cm〉

歴史散歩　小塚原刑場跡・観臓記念碑（東京都荒川区）　杉田玄白らが腑分け（解剖）に立ち合った小塚原刑場跡には，玄白らと腑分けを行った人々をたたえる観臓記念碑がある。

2 古典を研究する国学

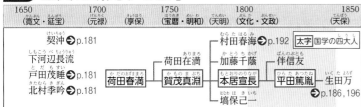

1650	1700	1750	1800	1850
(寛文・延宝)	(元禄) (享保)	(宝暦・明和) (天明)	(文化・文政)	(天保)

- 契沖 ➔p.181
- 下河辺長流
- 戸田茂睡 ➔p.181
- 北村季吟 ➔p.181
- 荷田春満 ─ 荷田在満
- 荷田春満 ─ 賀茂真淵 ─ 本居宣長 ─ 平田篤胤 ─ 生田万 ➔p.186, 196
- 賀茂真淵 ─ 村田春海 ➔p.192
- 賀茂真淵 ─ 加藤千蔭
- 賀茂真淵 ─ 塙保己一
- 本居宣長 ─ 伴信友

太字 国学の四大人

△⑨国学者の系譜　▽⑩おもな国学者

荷田春満 (1669 ~ 1736)	『古事記』『日本書紀』などの古典を研究。国学の学校建設を徳川吉宗に献言。『**創学校啓**』で儒学中心主義を批判する
賀茂真淵 (1697 ~ 1769)	荷田春満に学び，『万葉集』『古事記』を研究。『**万葉考**』は独自の注釈を加えた『万葉集』の注釈書。『**国意考**』は仏教・儒教以前の古代精神の復古を主張し，国学の思想的発展の契機となる
本居宣長 (1730 ~ 1801)	賀茂真淵に学び，『古事記』の注釈書『**古事記伝**』を完成。「漢意」である儒教を排し，日本古来の精神への復帰を主張して国学を体系化。『源氏物語玉の小櫛』(注釈書)，『玉勝間』(随想集)などを著す
塙保己一 (1746 ~ 1821)	盲目の学者。**和学講談所**を設立し，国史の講義と史料編纂に従事。古代から江戸時代初期までの古書を編集した『**群書類従**』を刊行
平田篤胤 (1776 ~ 1843)	**復古神道**を唱える。農村の有力者の支持をうけ，「草莽の国学」として尊王攘夷運動を支える ➔ p.200, 206 ➔p.331「宗教史の流れ」

△⑪**本居宣長の書斎鈴屋**(三重県松阪市)　柱に鈴をかけていたことから鈴屋とよばれ，宣長は鈴の音で気をまぎらわせたという(➔図⑫)。掛け軸の「縣居大人」は師の賀茂真淵のことをさす。

▷⑫**三十六鈴の柱掛鈴**

【賛】しき嶋のやまとごころを人とはば朝日ににほふ山ざくら花

【訳】日本人としての優美で柔和な心とは何かと問われれば，朝日に照り輝く山桜の美しさを知り，その麗しさに感動する，そのような心です

▷⑬**本居宣長六十一歳自画自賛像**　『古事記伝』を5巻目まで刊行したころの自画像。宣長は伊勢松坂出身の医者。『源氏物語』を研究し「もののあはれ」による物語論を提唱した。

3 おもな政治・社会思想家

＊寛政期に活躍した林・高山・蒲生の三人をさす。尊王・憂国に強い関心をもち奇行もみられた。

●鎖国批判・海防論

工藤平助 (1734~1800)	仙台藩医。海防・交易問題に関心をもち，田沼意次に『赤蝦夷風説考』を献じてロシアの南下を警告し，蝦夷地開発を主張 ➔ p.187
林　子平 (1738 ~ 93)	ロシアの南下に注目して『**海国兵談**』史や『**三国通覧図説**』で海防論を説くが，処罰され仙台に蟄居。寛政の三奇人*の一人 ➔ p.194

●尊王論

竹内式部 (1712 ~ 67)	京都で尊王斥覇の思想にもとづき，公家たちに尊王論を説き追放刑(1758年 **宝暦事件**)。その後，明和事件に連座して八丈島へ流罪
山県大弐 (1725 ~ 67)	江戸で尊王を説き死刑(1767年 **明和事件**)。主著『柳子新論』
高山彦九郎 (1747 ~ 93)	諸国を遊説し尊王論を説く。寛政の三奇人*の一人
蒲生君平 (1768 ~ 1813)	荒廃した天皇陵を調査し，『山陵志』を著す(➔p.40)。寛政の三奇人*の一人
頼　山陽 (1780 ~ 1832)	源平争乱から江戸時代にいたる武家の盛衰を『日本外史』に著し，尊王論を説く ➔ p.180

●その他

＊2 松平定信の諮問に答え，諸問題の打開策を論じた経世書『草茅危言』を著す。

石田梅岩 (1685 ~ 1744)	丹波の農家出身。京都の商家で奉公しながら儒学・仏教・神道を学ぶ。石門心学の祖。『都鄙問答』，弟子に手島堵庵，その弟子に中沢道二
安藤昌益 (? ~ 1762)	『**自然真営道**』で武士による収奪や身分制を批判➡図⑮　八戸の医師。万人直耕の「自然世」を理想とし，『統道真伝』で平等の世を説く
富永仲基 (1715 ~ 46)	大坂の**懐徳堂**で学ぶ。『出定後語』で，大乗仏教の経典は釈迦の説いたものではないという「大乗非仏説」を，加上説(新しい思想や経典はより古いそれらに異なる説が付加され複雑化していったとするもの)にもとづいて論証
山片蟠桃 (1748 ~ 1821)	『**夢の代**』➡図⑭　懐徳堂で中井竹山*2(4代目学主)に学ぶ。合理主義者。無鬼論(無神論)を展開し，地動説を主張
三浦梅園 (1723 ~ 89)	儒学と洋学を調和させ，独自の条理哲学を提唱。『玄語』(哲学原理)，『敢語』(道徳説)，『価原』(経済論)

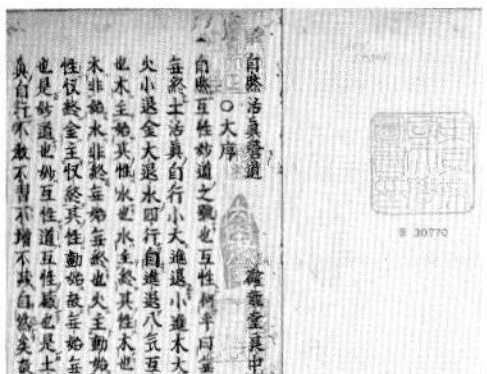

△⑮『**自然真営道**』(安藤昌益著)　封建制度を厳しく批判したため，一部の門弟の間でひそかに守り伝えられた。

『自然真営道』(安藤昌益)【抜粋】史

……彼ニ富モ無ク，此ニ貧モ無ク，此ニ上モ無ク，彼ニ下モ無ク，……上無レバ下ヲ責メ取ル奢欲①モ無ク，下無レバ上ニ諂ヒ巧ムコトモ無シ，……各耕シテ子ヲ育テ，子壮ニナリ，能ク耕シテ親ヲ養ヒ子ヲ育テ，一人之ヲ為レバ万万人之ヲ為テ，貪リ取ル者無レバ貪ラルル者モ無ク，転定②モ人倫③モ別ツコト無ク，転定生ズレバ，人倫耕シ，此ノ外一點ノ私事無シ。是レ自然ノ世ノ有様ナリ。

①過度の欲望　②天地の意味　③一般の人びと

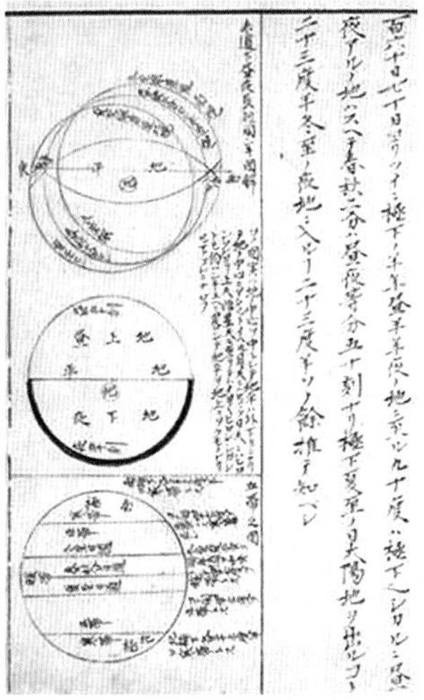

『夢の代』(山片蟠桃)【抜粋】

生熟スルモノハ，年数ノ短長ハアレドモ，大テイソレゾレノ持マヘアリテ死枯セザルハナシ。生ズレバ智①アリ，神アリ，血気アリ，四支・心支・臓腑②ミナ働キ，死スレバ智ナシ，神ナシ，血気ナク，四支・心支・臓腑ミナ働ラクコトナシ。然レバ何クンゾ鬼③アラン。又神アラン。

①知能のはたらき　②手足・心臓・腹わた　③霊魂

◁⑭『**夢の代**』(山片蟠桃著)　大坂の町人(豪商升屋の番頭)の山片蟠桃が，合理的態度で神代史や仏教・迷信を否定し，そこから無鬼論・無神論を展開。天文・地理の立場から地動説を主張した。合理主義者の先駆といえる。

時代を見る目　石門心学と心学講舎

石門心学は，18世紀初めに京都の石田梅岩が創唱した庶民教学である。儒学を中心に仏教や神道を取り入れ，町人の生き方を教えた。梅岩は『都鄙問答』を著し，商業活動の正当性・倫理性を肯定し，正直・倹約・堪忍などの徳目を説いたので，心学は町人の道徳として受け入れられていった。一般民衆への道話のため，1765年に弟子の手島堵庵が五楽舎という心学講舎を開いたのをはじめとして，最盛期には全国に180か所以上の心学講舎があった。

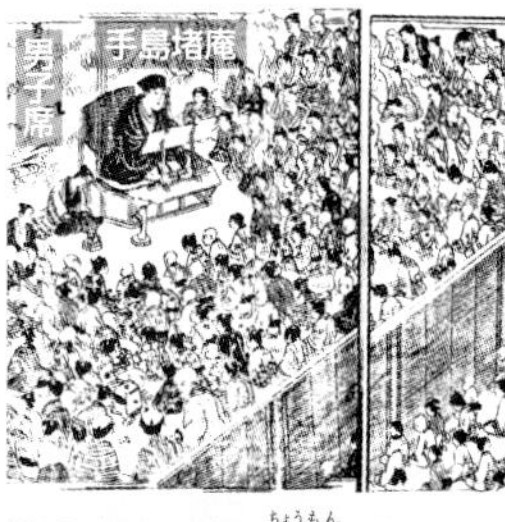

手島堵庵
男子席
女子席

△⑯**心学道話の聴聞**(『男子女子前訓』の口絵)

歴史散歩　本居宣長記念館(三重県松阪市)　国学者本居宣長の旧宅で，書斎の「鈴屋」を整備し，『古事記伝』などの自筆の稿本類や自画像などを公開している。

近世 江戸

宝暦・天明期の文化②（教育）—抑 筆学は人間万用を達す根源なり（『寺子教訓往来』）

ヒストリースコープ

寺子屋では，往来物とよばれる教科書を使って，文字の読み書きを町人や百姓の子どもたちに教えた。子どもたちは，「読み書きは，社会であらゆることを為すための根源だ」といった教訓も，あわせて身につけていった。当時の日本の識字率は世界最高水準にあったといわれる。

考察

❶町人や百姓は，どのようなことを寺子屋で学んだのだろうか。

❷幕府や藩では，どのような教育目的で何を教えたのだろうか。→1

❸私塾では，どのような学問を教えたのだろうか。→1・p.189

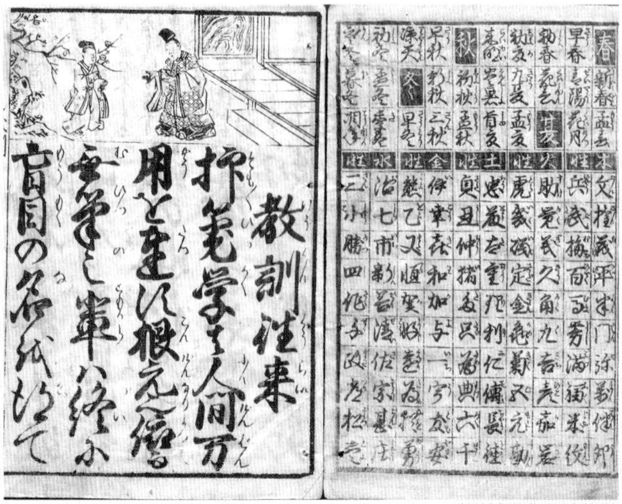

教訓往来
抑筆学者人間万用を達れ根元の道…

〈信州大学附属図書館蔵〉

先生（浪人や僧などが多かった）

△①寺子屋（手習所）（渡辺崋山（→p.195,199）筆『一掃百態』）入学年齢や学習時間・在学期間などは自由であった。

◁②『寺子教訓往来』 四季を表す言葉なども覚えた。このほか，『商売往来』などもあり，封建的道徳を教えるための四書五経の儒学書や，算術の『塵劫記』（→p.181）なども使われた。

1 江戸時代の教育

A 幕府直轄（官立）の学校の変遷

❷蛮書和解御用 →p.200 1811年，天文方高橋景保の進言で天文方の内部に設置。蘭書や外交文書などの翻訳を担当した。

❷1811 蛮書和解御用 → 1855 洋学所 → 1856 蕃書調所 → 1862 洋書調所 → 1863 開成所 → 1868 開成学校 → 1869 大学南校（分校）→ 1874 東京開成学校 → 1877（明治10）東京大学

1630 林家の家塾弘文館（上野忍ヶ岡）→p.180 → 1690 聖堂学問所 → ❶1797 昌平坂学問所 → 昌平学校 → 大学（本校）→ 東京大学

❶昌平坂学問所 ＊のちに古賀精里。
1790（寛政2）年，老中松平定信は朱子学の官学化と教学統制のため，聖堂学問所での講義を朱子学に限定した（寛政異学の禁）。儒官に柴野栗山・尾藤二洲・岡田寒泉（寛政の三博士）を登用。定信引退後の1797年，幕府直轄の昌平坂学問所（昌平黌）とした。

（明治以降）

→p.247「近代教育史」

1790 寛政異学の禁 史 →p.193

❸種痘館 1858年，牛痘苗の接種に成功した伊東玄朴らによって設立された。

❸1858 種痘館 → 1860 種痘所 → 1861 西洋医学所 → 1863 医学所 → 医学校 → 大学東校（分校）→ 東京医学校 → 東京大学

□官立 ▨私立

B 藩校（藩学）の増加

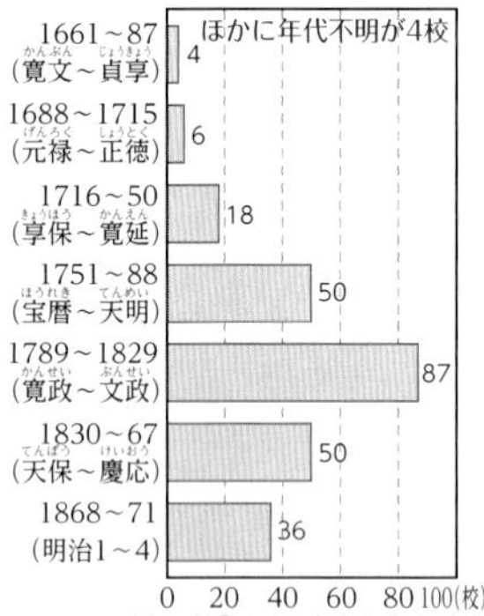

ほかに年代不明が4校
1661～87（寛文～貞享） 4
1688～1715（元禄～正徳） 6
1716～50（享保～寛延） 18
1751～88（宝暦～天明） 50
1789～1829（寛政～文政） 87
1830～67（天保～慶応） 50
1868～71（明治1～4） 36
0 20 40 60 80 100（校）

〈小学館『図説日本文化史大系』〉

△③藩校の設立数 藩校は，江戸後期になり増えていく。各藩が藩政改革に必要な優秀な人材の育成を目的として藩校を設立したからである。そのため実学が重視された。また，そこで育った人材が，のちに寺子屋を開いたことも，寺子屋が増えた要因になった。

C 藩校（藩学）・郷校（郷学）・私塾

凡例：創始者 藩校（藩学）／創始者 私塾／創始者 郷校（郷学）／（数字）…設立年・改称年

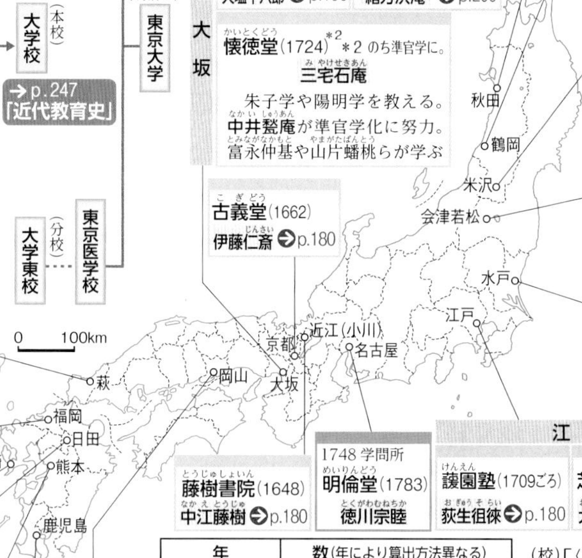

0 100km
秋田
鶴岡
米沢
会津若松
水戸
江戸
近江（小川）
名古屋
京都
大坂
岡山
萩
福岡
日田
長崎
熊本
鹿児島

秋田 1789 設立 1793 明道館 明徳館（1811） 佐竹義和 →p.197

鶴岡 1805 学問所 致道館（1816） 酒井忠器

米沢 1697 学問所 興譲館（1776） 上杉治憲 →p.197
1697年，上杉綱憲が始め，1776年に治憲が細井平洲を招いて再興

会津若松 1664 稽古堂 1674 講所 日新館（1799） 松平容頌

水戸 弘道館（1841） 徳川斉昭 →p.197 文武の2館からなる。洋学も教える

大坂
洗心洞（1830ごろ） 大塩平八郎 →p.196
適塾（適々斎塾）（1838） 緒方洪庵 →p.200
懐徳堂（1724）＊2 ＊2 のち準官学に。 三宅石庵
朱子学や陽明学を教える。中井甃庵が準官学化に努力。富永仲基や山片蟠桃らが学ぶ

京都 古義堂（1662） 伊藤仁斎 →p.180

近江 藤樹書院（1648） 中江藤樹 →p.180

名古屋 1748 学問所 明倫堂（1783） 徳川宗睦

江戸
蘐園塾（1709ごろ） 荻生徂徠 →p.180
芝蘭堂（1786） 大槻玄沢 →p.188

萩
松下村塾（1842） 玉木文之進
吉田松陰（→p.204）の叔父が開設し，1856年に松陰が引きつぐ。高杉晋作らが学ぶ
明倫館（1719） 毛利吉元

福岡 修猷館（1784） 黒田斉隆

長崎 鳴滝塾（1824） シーボルト
医学や博物学を教える。伊東玄朴や高野長英らが学ぶ →p.194,200

日田 1805 成章舎 咸宜園（1817） 広瀬淡窓

熊本 時習館（1755） 細川重賢 →p.197

鹿児島 造士館（1773） 島津重豪

岡山
花畠教場（1641） 1650年ごろから熊沢蕃山（→p.180）を中心とする勉強会「花園会」が開かれた
岡山藩学校（1669） 池田光政 →p.164 最古の藩校。1666年に仮学館ができ，69年に完成。1871年まで続いた
閑谷学校（1670）＊ 池田光政 最古の郷校。農村指導者育成のため庶民教育機関として藩により設立された

＊講堂は国宝に指定されている。

年	数（年により算出方法異なる）
1722（享保7）	840
1821（文政4）＊	496 ＊武士身分は除く。
1830（天保1）＊	230
1868（慶応4）	273
1873（明治6）	587
1883（明治16）	295
1892（明治25）	114

〈角川学芸出版『江戸文化の見方』〉

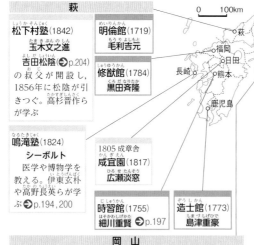

△④江戸府内の寺子屋（手習塾）の数 江戸時代には，幕府や藩の法令伝達や年貢徴収，さらに経済の発達により，民間でも多くの文書や帳簿が使われた。庶民も読み書きや計算の学習の必要を感じ，18世紀以降，寺子屋などの庶民の教育機関が江戸をはじめ全国に普及した。

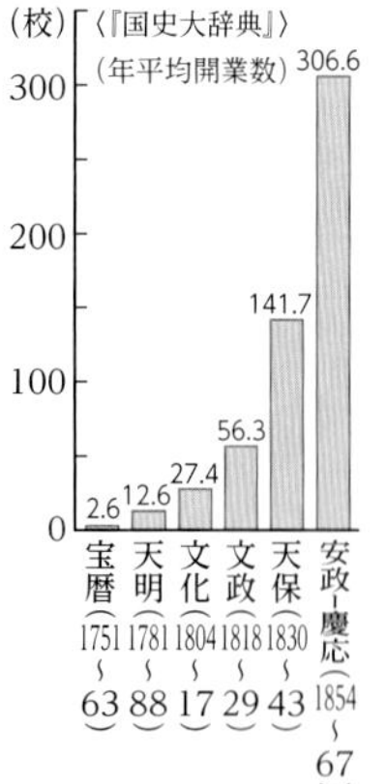

（校）〈『国史大辞典』〉（年平均開業数）
300
200
100
0
宝暦 1751～63 2.6
天明 1781～88 12.6
文化 1804～17 27.4
文政 1818～29 56.3
天保 1830～43 141.7
安政～慶応 1854～67 306.6

△⑤寺子屋の開業数

今日とのつながり 寺子屋では地域や身分，家がらをこえた共通の教材も使われた。これは近代的な国民意識が形成される一因となり，明治期の学校教育の成立・発展につながっていった。

宝暦・天明期の文化③(絵画) ―雨雲の立ち重なれる夜半なれば，ありとほしとも思ふべきかは(謡曲「蟻通」)

ヒストリースコープ

17世紀の元禄期に菱川師宣によって創始された浮世絵版画は，18世紀になると鈴木春信が錦絵(多色刷浮世絵版画)の技法を創始し，出版業の発達もあって黄金期に入ろうとしていた。またこの時代，歌舞伎の演出や浮世絵の主題などで，やつし(あるものをほかのものに姿をかえて表現すること)が流行し，春信もしばしば作品にやつしを取り入れていた。

考察

❶春信の描いた図②の女性は，謡曲「蟻通」のどの登場人物をやつしたものだろうか。

❷宝暦・天明期の文化はどのような人が担い手となっただろうか。→ 1 ・ 2

〈東京国立博物館蔵〉

紀伊国の玉津島明神に参詣の旅に出た紀貫之は，途中，急に日が暮れて大雨が降り出し，馬も倒れて弱り果てていた。そこへちょうど，かさをさし松明をもった宮守の老人がやって来たのでこの難を告げると，宮守は，この蟻通明神の神域を下馬もせずに通ろうとしたおとがめであろうといった。そして相手が紀貫之であることを知って，歌を詠んで神の心を慰めるようにすすめた。

貫之がおそれかしこみつつ「雨雲の立ち重なれる夜半なれば，ありとほしとも思ふべきかは」〔雨雲が立ち重なった夜中なので，星があるとも，蟻通明神様がいらっしゃるとも思えるでしょうか(思えなかったのです)〕と詠むと宮守は感心し，和歌の徳をたたえた。また宮守は貫之の願いに応じて祝詞を奏し神楽を舞い，実は自分は蟻通明神であると告げた…

△①謡曲「蟻通」のあらすじ

◀②**雨夜の宮詣**(鈴木春信筆)　謡曲「蟻通」の内容をやつしている。春信はおだやかで上品な色彩感覚と造形で，母と子，恋愛，さりげない日常などを主題とした絵を好んで描いた。また美人画も得意としており人気を博した。

1 まとめ表

特徴		幕藩体制の矛盾への批判とそこからの脱却 ①田沼政権下の経済発展(18世紀後半) ②裕福な百姓・都市の町人が担い手 ③識字層の拡大で情報が流通
絵画	浮世絵	五常，弾琴美人，ささやき(鈴木春信) 婦女人相十品(喜多川歌麿) 三代目大谷鬼次の奴江戸兵衛(東洲斎写楽)
	洋風画	不忍池図(司馬江漢) 不忍池図(小田野直武)
	写生画	雪松図屏風図，保津川図屏風(円山応挙)
	文人画	十便十宜図画(池大雅・蕪村)

2 黄金期に向けて幕が開いた浮世絵 ―町人に人気の美人画・役者絵・相撲絵

婦女人相十品
相観 歌麿考画

〈東京国立博物館蔵〉

◀③**婦女人相十品 ポッピンを吹く女**(喜多川歌麿筆)　女性の何気ない仕草を描き，人気を博した喜多川歌麿。女性が口にしているのはポッピンというガラス製の玩具。

▶④**三代目大谷鬼次の奴江戸兵衛**(東洲斎写楽筆)　写楽は，人物の上半身や顔面のみを大写しにする**大首絵**の描写で，見るものに強烈な印象を与える作品を残した。

〈東京国立博物館蔵〉

雷電
花頂山

△⑤**取組の図**(雷電・花頂山)(勝川春英筆)　相撲は庶民に人気の娯楽で，力士はしばしば浮世絵の画題となった。〈相撲博物館蔵〉

3 西洋の技法を取り入れた洋風画・写生画*

*蘭学がさかんになると長崎から油絵具や西洋技法が伝えられた。

▶⑥**不忍池図**(司馬江漢筆，1784年)　江漢が創始した銅版画の作品。この絵は，鏡に絵を反転させ，のぞき眼鏡を通して見ることで，絵の遠近を強調している。そのため絵や文字は左右反対に描かれている。

〈兵庫 神戸市立博物館蔵 28.5×41.5cm〉

鏡
絵

〈兵庫 神戸市立博物館蔵〉

▶⑦**のぞき眼鏡**

〈国 東京 三井記念美術館蔵 6曲一双 各156.1×362.1cm(部分)〉

◀⑧**雪松図屏風**(円山応挙筆)　応挙は，伝統的な画法に西洋画の遠近法や陰影法などの技法も取り入れ，写生画を完成させて円山派を開いた。墨一色の松の葉や立体感豊かな幹にその姿勢がうかがえる。

●**錦絵の製作過程**

❶**絵師** 浮世絵師が下絵を描く。→ ❷**彫師** 下絵をもとに色の数だけ版木を彫る。→ ❸**摺師** 1色ごとに摺り重ねる。→ ❹**版元** 企画から製作を統括し，完成品を販売する。

➔p.199

4 文人の余技で描かれた文人画(南画)

〈国 神奈川 川端康成記念会館蔵 両図とも17.9×17.9cm(部分)〉

Key Word　文人

高い教養と知識をおさめ，詩文書画などの芸術にひいでているが，世俗的な名声から遠ざかり，自己の精神世界の充実をのぞむ知識人。

△⑨**十便十宜図**(左 池大雅筆「釣便図」，右 蕪村筆「宜秋図」)　清の李笠翁の詩をもとに池大雅が郊外の自然に囲まれた暮らしの十便(十の便利)，蕪村(➔p.192)が十宜(十のよいところ)を描き，2帖の画集にまとめた合作。

歴史散歩　秋田県立近代美術館(秋田県横手市)　秋田蘭画(秋田藩士たちが遠近法や陰影法などの西洋技法を用いて描いた洋風画)の中心人物，小田野直武の作品を多数所蔵。

近世 江戸

宝暦・天明期～化政期の文学・出版

1 江戸時代の文学－文字を読む楽しみ

A 江戸時代の文芸の系統

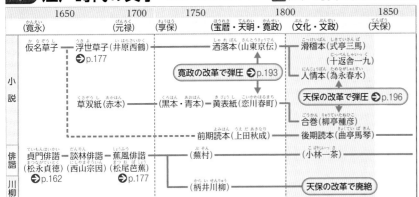

	1650	1700	1750	1800	1850
	(寛永)	(元禄)	(享保)	(宝暦・天明・寛政)	(文化・文政) (天保)

小説
- 仮名草子 ― 浮世草子(井原西鶴) ➔p.177 ――― 洒落本(山東京伝) ― 滑稽本(式亭三馬)(十返舎一九)
  - 寛政の改革で弾圧 ➔p.193
  - ― 人情本(為永春水)
  - 天保の改革で弾圧 ➔p.196
- 草双紙(赤本) ― (黒本・青本) ― 黄表紙(恋川春町) ― 合巻(柳亭種彦)
- (仮名草子・浮世草子から) ― 前期読本(上田秋成) ― 後期読本(曲亭馬琴)

俳諧
- 貞門俳諧(松永貞徳) ➔p.162 ― 談林俳諧(西山宗因) ― 蕉風俳諧(松尾芭蕉) ➔p.177 ― (蕪村) ― (小林一茶)

川柳
- (柄井川柳) ― 天保の改革で廃絶

時代を見る目 出版文化を支えた本屋

出版文化を支えたのは蔦屋重三郎(1750～97)に代表される出版人である。蔦屋は，出版と販売を兼ねる地本問屋で，山東京伝，十返舎一九，曲亭馬琴らの作家や，写楽らの絵師を育てるとともに，本に浮世絵を取り入れる斬新な企画などで，大きく業績を伸ばした。また，安価で本を貸す貸本屋の存在も大きく，これにより読者層が広がった。

書棚
製本作業
本の宣伝

△①耕書堂　江戸にあった蔦屋重三郎の店舗。

B おもな文学作品

□宝暦・天明・寛政期　□文化・文政期

小説	洒落本	『仕懸文庫』(山東京伝)
	黄表紙	『金々先生栄花夢』(恋川春町) 『江戸生艶気樺焼』(山東京伝)
	読本	『雨月物語』(上田秋成) 『南総里見八犬伝』『椿説弓張月』(曲亭馬琴)
	滑稽本	『東海道中膝栗毛』(十返舎一九) 『浮世風呂』『浮世床』(式亭三馬)
	人情本	『春色梅児誉美』(為永春水)
	合巻	『偐紫田舎源氏』(柳亭種彦，本名 高屋知久という旗本)
俳諧		『蕪村七部集』(蕪村) 『おらが春』(小林一茶)
川柳		『誹風柳多留』(柄井川柳ほか撰)
その他	和歌	村田春海，良寛，香川景樹
	狂歌	大田南畝[蜀山人，四方赤良]，石川雅望[宿屋飯盛]
	脚本 人形浄瑠璃 ➔p.177	『仮名手本忠臣蔵』『菅原伝授手習鑑』(竹田出雲) 『本朝廿四孝』(近松半二ほか)
	脚本 歌舞伎 ➔p.177，320	『東海道四谷怪談』(鶴屋南北) 『白波五人男』『三人吉三廓初買』(河竹黙阿弥)
	民俗・風俗	『菅江真澄遊覧記』(菅江真澄) 『北越雪譜』(鈴木牧之)

洒落本　通と滑稽を主とする写実的な短編の遊里小説

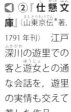

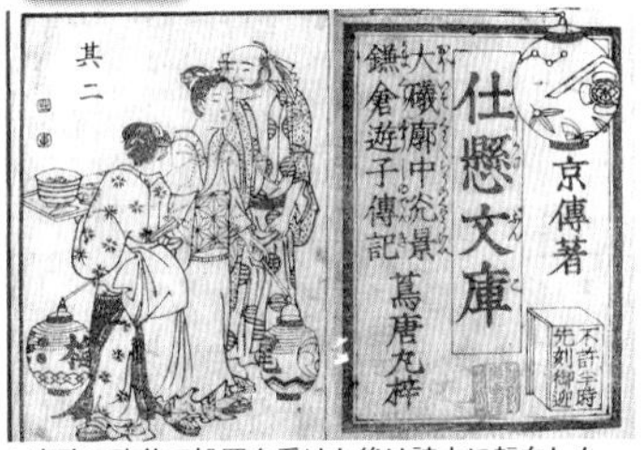

其二
仕懸文庫
京傳著

◁②『仕懸文庫』(山東京伝*著，1791年刊)　江戸深川の遊里での客と遊女との通な会話を，遊里の実情も交えて著した作品。

*寛政の改革で処罰を受けた後は読本に転向した。

黄表紙　絵入りで大人向けの風刺読物

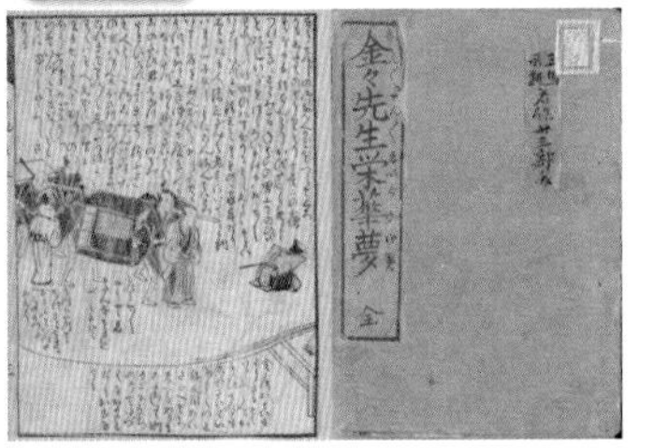

金々先生栄花夢

◁③『金々先生栄花夢』(恋川春町著，1775年刊)　夢のなかで金々先生とよばれて豪遊する男は，夢が覚めて落胆する。

読本　絵本ではなく文章を読む楽しみを主とする本

◁④『南総里見八犬伝』(曲亭馬琴著，1814～42年刊)　安房国里見家の八犬士による主家再興を描いた伝奇小説。

滑稽本　庶民の日常生活の笑いや滑稽を主とする小説

◁⑤『東海道中膝栗毛』*(十返舎一九著，1802～09年刊)　洒落にあふれた弥次郎兵衛と喜多八の道中記。*庶民の旅のガイド本としても読まれた。

人情本　町人生活，とくに恋愛を描いた女性向け小説

◁⑥『春色梅児誉美』(為永春水著，1832～33年刊)　男女の恋愛を描き，若い女性に支持されたが，天保の改革で絶版処分。

合巻　黄表紙を何冊か綴じ合わせた，絵入りの小説

◁⑦『偐紫田舎源氏』(柳亭種彦著，1829～42年刊)　『源氏物語』の舞台を室町時代に移した作品。天保の改革で絶版処分。

2 俳諧・川柳・狂歌－言葉を駆使するおかしみ ➔p.248

● **俳諧**

菜の花や月は東に日は西に　蕪村

春の海ひねもすのたりのたりかな　蕪村

雀の子そこのけそこのけお馬が通る　一茶

めでたさも中ぐらいなりおらが春　一茶

● **川柳**

孝行のしたい時分に親はなし

是小判たった一晩居てくれろ

柄井川柳ほか撰『誹風柳多留』

● **狂歌**

歌よみは下手こそよけれ天地の動き出してたまるものかは　宿屋飯盛(石川雅望)

本歌は『古今和歌集』の仮名序「…力をも入れずして天地を動かし…」という部分。「天地が動き出しては危ない，歌よみは下手なほうが安全でよいのだ」と茶化している。

ほととぎす鳴きつるあとに呆れたる後徳大寺の有明の顔　蜀山人(大田南畝)

本歌は，藤原実定(後徳大寺左大臣)の「時鳥鳴きつる方を眺むればただ有明の月ぞ残れる」。ほととぎすの初音を聞くために，夜明けまで待つようすを，待ちあきた滑稽な情景にかえた。

3 地方の文化－知識を満たす喜び

＊1783(天明3)年から40余年かけて巡遊した。

△⑧『菅江真澄遊覧記』　菅江真澄は地誌作成のため東北各地を調査した*。その日記は当時を知る貴重な資料。

△⑨『北越雪譜』(鈴木牧之著，1837～42年刊)　越後の縮商人であった鈴木牧之は，越後の自然とそこでの生活を随筆に記した。

寛政の改革 ―いま関東の近き村々，荒地多く出来たり(『宇下人言』)

ヒストリースコープ

寛政の改革を行った老中松平定信は，随筆『宇下人言』にて「近頃の関東近郊の村々には名主が一人残り，そのほかはみな江戸へ出てしまった」と，自然災害と田沼政治の商業中心主義による，関東農村の人口流出と耕作地の放棄の増加について嘆いた。

考察

❶松平定信は，自然災害による飢饉に備え，どのような政策を行っただろうか。
❷定信の政治の理念と目標とはどのようなものだろうか。→1
❸寛政の改革の特徴を，田沼の政治の財政政策との違いから考えよう。→1・2

A 囲米(1789年)

〈愛知 西尾市教育委員会提供〉

△①義倉　囲米の制により，各地で米穀の備蓄が行われ，義倉や社倉がつくられた。また，定信は有能な人材を代官に登用し，農政を指導させた。写真は1857年建造。

B 七分積金(1791年)

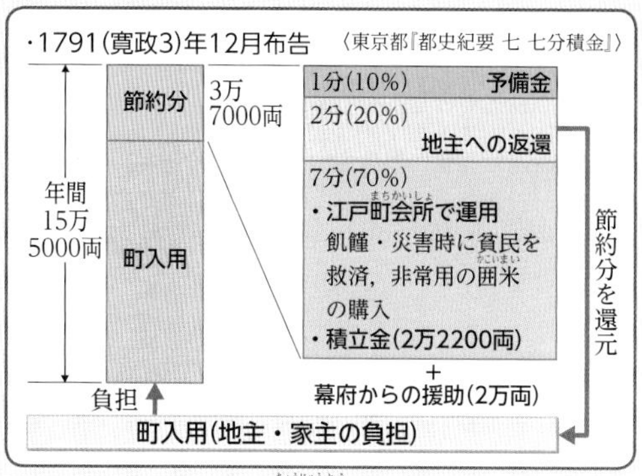

・1791(寛政3)年12月布告
〈東京都『都史紀要 七 七分積金』〉
年間 15万5000両
節約分
町入用
3万7000両
1分(10%) 予備金
2分(20%) 地主への返還
7分(70%)
・江戸町会所で運用
飢饉・災害時に貧民を救済，非常用の囲米の購入
・積立金(2万2200両)
＋
幕府からの援助(2万両)
節約分を還元
負担
町入用(地主・家主の負担)

△②町人の負担していた町入用(町費)を節約させ，節約額の70%(7分)を積み立てさせた。その積み立て金を，飢饉などの救済や社会福祉充実のために運用させた。

1 寛政の改革 1787(天明7)～93(寛政5)年〈11代将軍家斉〉

特徴		①享保の改革を目標に**復古的理想主義**を掲げる ②商業重視の政策を改め，農業を主とする政策を実施する ③士風を刷新し，思想統制・文武奨励により幕府権威の再建をはかる
おもな施策・改革	社会政策	勘定所御用達(江戸の豪商10名登用) **囲米**の制(1789発令，社倉・義倉に米穀を備蓄し，飢饉に備える)➡A **人足寄場**を設置(1790)➡B　**七分積金**の制(1791)➡B
	財政緊縮	倹約令(1787)　**棄捐令**(1789) 史 ➡C
	思想・出版統制	**寛政異学の禁**(1790 朱子学を正学とする) 史 ➔p.190 **出版統制令**(1790)　①洒落本の山東京伝，黄表紙の恋川春町，出版元の蔦屋重三郎ら処分 ➔p.192 ②**林子平**を処罰(1792 幕政批判の抑制) ➔p.194
	農村復興	出稼ぎ制限，**旧里帰農令**(1790 農村人口確保のため，帰村者に資金を援助)
	海防強化	ラクスマン来航→諸藩に海防強化を命ずる(1792) 定信自ら伊豆・相模沿岸を巡視(1793) ➔p.194
	朝幕関係	**尊号一件**(1789～93)，幕府と朝廷の関係悪化➡D
結果		①一時的に幕政は引き締まる ②厳しい統制・倹約で民衆の不満が増大 ③定信は老中在職6年で退任

A 松平定信の政策理念

撥乱而反正
賞善而罰悪

訳　世の乱れを治めて，もとの平和の世に返す。善を賞めて悪には罰を与える。

△③松平定信(1758～1829)　定信は，白河藩松平家の養子となり，藩政で実績をあげ，天明の飢饉の際には一人の餓死者も出さなかったといわれる。1787年に老中首座となる際に上の自画像を描き，その右上には「撥乱反正　賞善罰悪」と政治理念を記した。〈三重 鎮國守國神社蔵〉

▽④定信関係系図

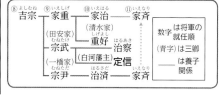

⑧吉宗 ― ⑨家重 ― ⑩家治 ― ⑪家斉
家重 ― (清水家)重好
吉宗 ― (田安家)宗武 ― 治察・(白河藩主)定信
吉宗 ― (一橋家)宗尹 ― 治済 ― 家斉

数字は将軍の就任順
(青字)は三卿
―― は養子関係

B 人足寄場(1790年)―社会政策

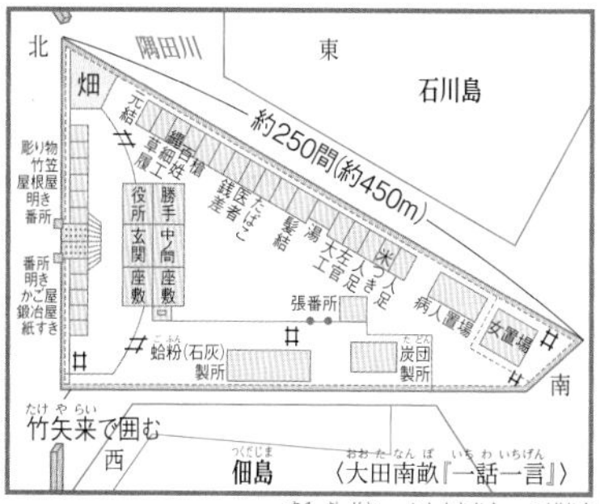

北
隅田川
東
石川島
畑
約250間(約450m)
役所
玄関
座敷
勝手
中間
座敷
張番所
米
病人置場
女置場
蛤粉(石灰)製所
炭団製所
竹矢来で囲む
西
佃島
南
〈大田南畝『一話一言』〉

△⑤人足寄場　江戸隅田川の石川島と佃島の間を埋め立てて設置した。人足寄場は，江戸で増加する無宿人に対して火付盗賊改長谷川平蔵の建議で設立され，無宿人や軽犯罪者を収容して江戸の打ちこわし(➔p.186)発生を防ぐとともに，職業訓練や社会復帰のための授産施設でもあった。この人足寄場や囲米の制などの社会政策のおかげで，天保の飢饉の際には，江戸では打ちこわしがなかった。

C 棄捐令(1789年)―旗本・御家人救済政策

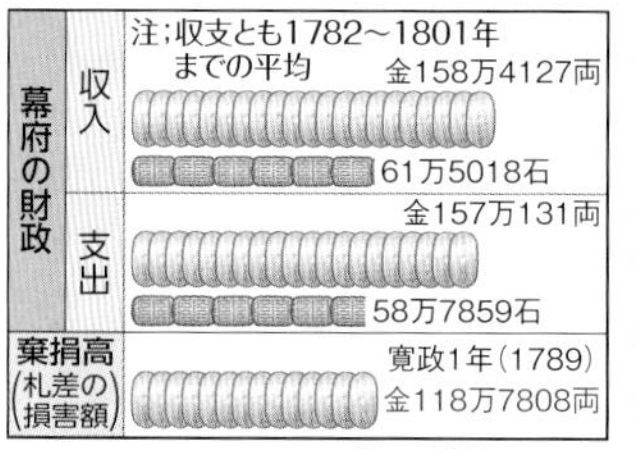

注：収支とも1782～1801年までの平均
幕府の財政
収入 金158万4127両 61万5018石
支出 金157万131両 58万7859石
棄捐高(札差の損害額) 寛政1年(1789) 金118万7808両

1784年以前の貸金
…札差に貸金の破棄(棄捐)を命ずる。
1785～89年8月までの貸金
…年利を18%から6%に下げ，年賦返還とする。
1789年9月以降の貸金
…年利を12%とする。

△⑥幕府財政と棄捐高　札差からの借金に苦しむ幕臣の窮乏を救うため，上記の内容で棄捐令が発令された。札差全体で幕府の年間財政に迫る総額約119万両の債務放棄が記録されており，札差の被害は大きかった。

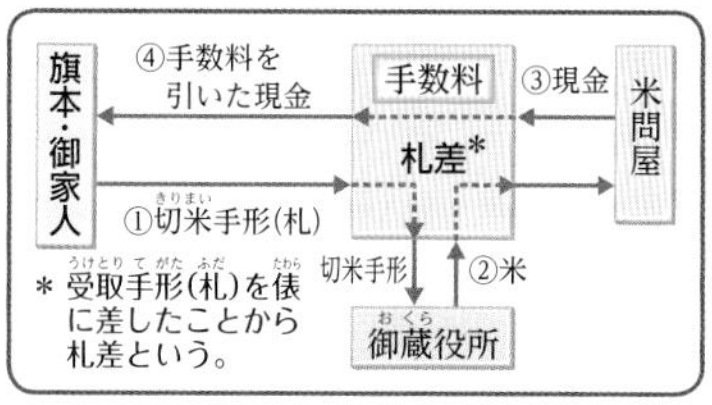

旗本・御家人
④手数料を引いた現金
手数料
③現金
米問屋
札差*
①切米手形(札)
切米手形
②米
御蔵役所
＊受取手形(札)を俵に差したことから札差という。

◁⑦札差　旗本らにかわって俸禄米を受け取り，販売・換金する豪商。のちに俸禄米を担保に旗本に金銀を貸し付けることで利益をあげた。

D 尊号一件(1789～93年)

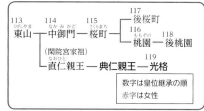

113東山 ― 114中御門 ― 115桜町 ― 117後桜町
115桜町 ― 116桃園 ― 118後桃園
113東山 ― (閑院宮家祖)直仁親王 ― 典仁親王 ― 119光格

数字は皇位継承の順
赤字は女性

△⑧皇室の系図　1789年，光格天皇が実父の閑院宮典仁親王に太上天皇号(尊号)を贈ろうとした。これに対し定信らは，皇位についていない天皇の父に尊号を贈るのは不可として，尊号宣下を拒絶し，関係した武家伝奏を処罰した(**尊号一件**)。同時期に将軍家斉が，将軍についていない実父一橋治済を将軍隠居後の尊号「大御所」にしようとする問題が起き，定信は拒否せざるをえなくなった。これにより定信と家斉は対立することになった。

2 寛政の改革への批判

白河の清きに魚のすみかねてもとの濁りの田沼こひしき
●「白河」とは，定信が奥州白河藩主であったことをさす。「水清ければ魚すまず」のことわざを引き合いに，田沼時代をなつかしんでいる。
世の中に蚊ほどうるさきものはなしぶんぶ(文武)といふて夜もねられず
●蚊の「ぶんぶん」という羽音と文武奨励をかけて風刺している。「蚊ほど」は「か(これ)ほど」との掛け言葉。

△⑨改革への批判　定信は「世の乱れを治める」という政治理念どおり，農村復興，緊縮財政，思想・出版統制と，厳しい引き締め政策をとって幕府の権威をいったんは復権させた。しかし人々の不満はたまり，将軍家斉との対立をきっかけに在職6年で老中を辞職した。

今日とのつながり　七分積金の資金は，明治維新後，道路・水道・ガスの社会事業整備のほか，商法講習所(現在の一橋大学)の経営などに活用された。

押し寄せる列強 ―細かに思へば江戸の日本橋より唐阿蘭陀迄境なしの水路なり 史（『海国兵談』）

ヒストリースコープ ➔p.15 巻頭地図

林子平は，『海国兵談』のなかで「詳細に考えると江戸の日本橋から中国，オランダまで国境のない水路である。しかし，江戸湾の入口を備えず，長崎だけを備えているのはどうしたことか」と著し，海岸防備を説いた。

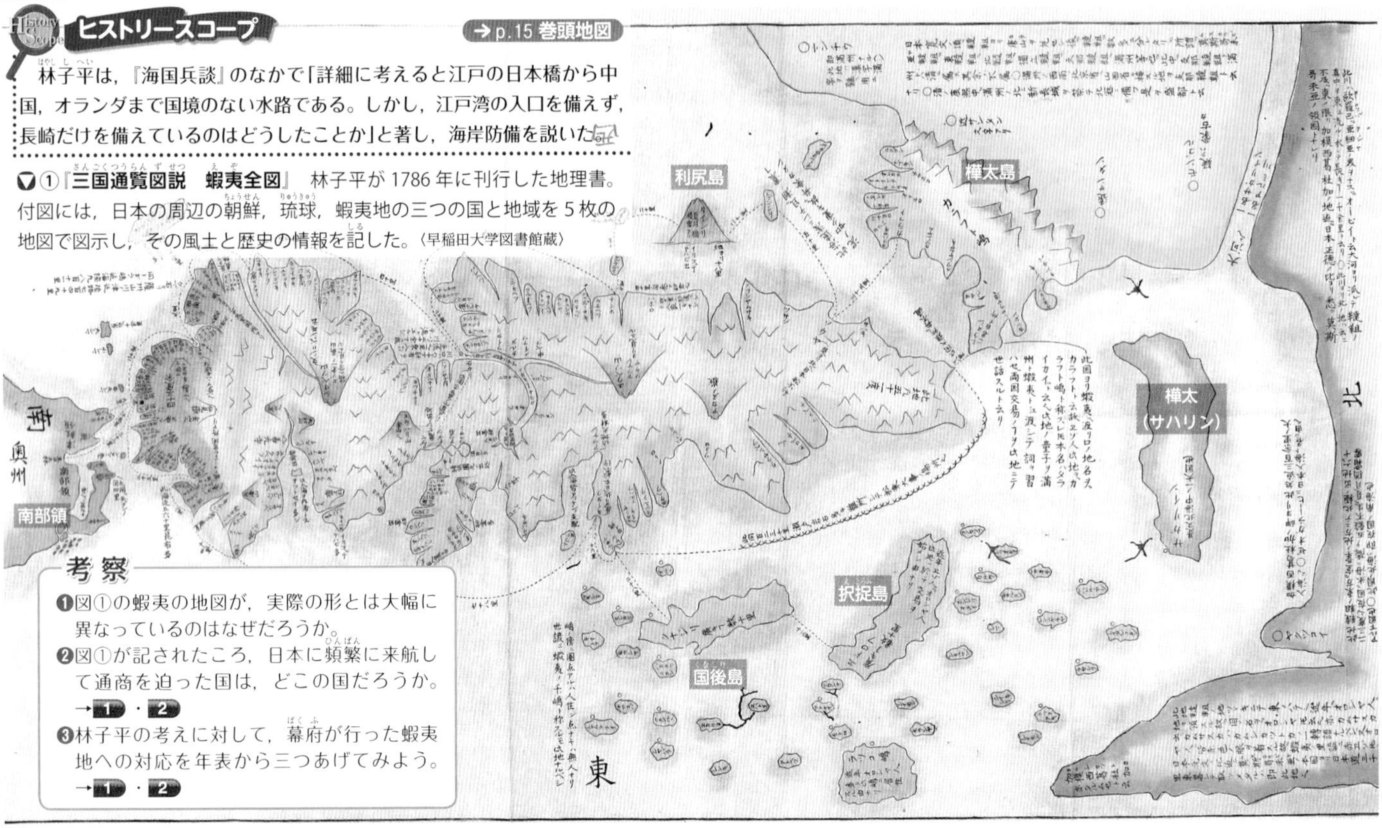
利尻島
樺太島
樺太
（サハリン）
択捉島
国後島
南部領
奥州
南
北
東

▽①『三国通覧図説　蝦夷全図』　林子平が1786年に刊行した地理書。付図には，日本の周辺の朝鮮，琉球，蝦夷地の三つの国と地域を5枚の地図で図示し，その風土と歴史の情報を記した。〈早稲田大学図書館蔵〉

考察

❶図①の蝦夷の地図が，実際の形とは大幅に異なっているのはなぜだろうか。

❷図①が記されたころ，日本に頻繁に来航して通商を迫った国は，どこの国だろうか。
→1・2

❸林子平の考えに対して，幕府が行った蝦夷地への対応を年表から三つあげてみよう。
→1・2

1 列強の接近と幕府の対応

蝦夷地管轄の変遷　● ロシア　● イギリス　● アメリカ　● オランダ

時代	年	幕府の対応
田沼時代	1783	**工藤平助**，『**赤蝦夷風説考**』を著し，田沼意次に献上
	1784	田沼意次，蝦夷地開発を計画 ➔p.187
	1785	**最上徳内**らを千島探査に派遣
	1786	林子平『三国通覧図説』発行
	1792	『**海国兵談**』で海防の必要性を説いた**林子平**を処罰
寛政の改革		老中松平定信，江戸湾と蝦夷地の防備を諸藩に命じる
	1798	南千島探査に派遣された近藤重蔵・最上徳内，択捉島に「大日本恵登(土)呂府」の標柱を建てる
	1799	幕府，東蝦夷地を一時的に直轄
	1800	**伊能忠敬**，蝦夷地東南海岸を測量 ➔p.200
	1806	文化の薪水給与令（穏便な対応）→1年で撤回
	1807	松前藩領と蝦夷地をすべて直轄とし，奥羽諸藩に警備を命じる（松前藩は奥州へ）
	1808	**間宮林蔵**，樺太を探査。翌年間宮海峡を発見，大陸に渡る
	1810	白河・会津両藩に江戸湾防備を命じる
	1821	蝦夷地を松前藩に還付 ➔p.161
	1825	**異国船打払令（無二念打払令）** 史（強硬な対応）
天保の改革	1828	**シーボルト事件**
	1838	**渡辺崋山**が『**慎機論**』，**高野長英**が『**戊戌夢物語**』で，幕府の対外政策を批判→翌年，渡辺と高野，処罰される（**蛮社の獄**）
	1842	異国船打払令を緩和し，避難船への燃料（薪）と水・食料の支給を認める（天保の**薪水給与令**） 史
	1853	幕府，アメリカからの国書を受理し，諸大名に提示，意見を求める。大船建造の禁を解く ➔p.202
	1854	**日米和親条約** 史を締結 ➔p.202 このあと，イギリス，ロシア，オランダとも和親条約を締結

年	列強の接近
1778	●ロシア船，根室に来航し，通商を要求（翌年，蝦夷地の厚岸に再来航➔松前藩が拒絶）
1792	●ロシア使節**ラクスマン**，**大黒屋光太夫**ら漂流民を伴い根室に来航，通商を要求➔❶（➔幕府，翌年拒絶。ただし長崎入港の許可証を付与）
1796	●イギリス人プロートン，海図作成のため室蘭に来航，日本近海を測量（～1797）
1804	●ロシア使節**レザノフ**，長崎に来航，通商を要求（➔幕府，翌年ロシア皇帝親書の受理と通商要求を拒絶）➔❷
1806	●ロシア船，樺太や択捉島の日本人居住地を襲う（～1807）
1808	●**フェートン号事件**➔❸
1811	●**ゴローウニン事件**（～1813）➔❹
1818	●イギリス人ゴルドン，浦賀に来航し貿易を求める
1824	●イギリス捕鯨船員，薪水を求めて常陸大津浜と薩摩宝島に上陸➔❺
1837	●**モリソン号事件**➔❻
1840	アヘン戦争（～1842）
1844	●オランダ国王，幕府に開国を勧告 史（→幕府，翌年，勧告を拒む返書を送る）
1846	●アメリカ使節**ビッドル**，浦賀に来航し通商を要求（➔幕府，拒絶）➔❼
1853	●アメリカ使節**ペリー**，浦賀に来航➔❽ ➔p.201 ●ロシア使節**プチャーチン**，長崎に来航➔❾
1854	●ペリー，再び来航 ➔p.201

ひと　林子平（1738～93）　仙台藩出身

〈早稲田大学図書館蔵〉

彼が著した『海国兵談』『三国通覧図説』は幕政批判とされ，彼は仙台藩士の兄のもとで蟄居処分となり，印刷用の版木も没収された。彼は「親も無し，妻無し，子無し，版木無し，金も無けれど，死にたくも無し」と詠み，「六無斎」と号し，失意のうちに亡くなった。

時代を見る目　シーボルト事件

〈長崎歴史文化博物館蔵〉

△②シーボルト（1796～1866）➔p.200

1823年，オランダ商館付医官として来日したドイツ人医師。長崎郊外に鳴滝塾を開き，高野長英・小関三英ら多くの門弟を指導した。1828年の帰国の際，国外持ち出し禁止の日本地図が見つかり，翌年国外追放。地図を渡した幕府天文方の高橋景保らも処罰された。1859年，オランダ貿易会社の顧問として再来日した。

今日とのつながり　間宮林蔵が樺太を島と確認した事実をシーボルトがヨーロッパに紹介したことで，樺太と大陸の間の海峡は「間宮海峡」とよばれるようになった。

2 押し寄せる列強と幕府の対応

➔p.17 巻頭地図

よみとき ロシア船とアメリカ船が来航した時期と目的に注目しよう

◀③大黒屋光太夫(左)(1751~1828) 伊勢国の船頭。1782年，江戸に向かう途中で暴風雨にあい，アリューシャン列島に漂着。ロシア女帝エカチェリーナ2世に謁見し，帰国を許され，ラクスマンの根室来航に伴い帰国。(早稲田大学図書館蔵)

△④ロシア使節レザノフ来航絵巻(東京大学史料編纂所蔵)

＊陸奥の漁民で漂流民だった津太夫ら4人が送還された。津太夫らはレザノフ一行に同行して日本人初の世界一周を達成。

△⑤間宮林蔵(1775?~1844)

19世紀初め，西蝦夷地と樺太が幕府直轄領となる際に，幕府はその探索のため間宮や松田伝十郎らを派遣し，彼らは樺太が島であることを確認した。また，間宮は伊能忠敬(➔p.200)に測量術を学び，蝦夷地の地図は間宮と伊能で分担して作成した。(茨城 間宮林蔵記念館蔵)

ロシアの東方進出
1841年までに獲得
1860年までに獲得
青数字 ロシアの領土獲得・都市建設した年
❶～❾は年表中の番号と対応
最上徳内の探検路(1785年)
最上徳内の探検路(1786年)
近藤重蔵・最上徳内の探検路(1798～99年)
間宮林蔵の探検路(1808年)
間宮林蔵の探検路(1808～09年)
大黒屋光太夫の足跡(1782～92年)
伊能忠敬の測量行路(1800年)
近藤重蔵の探検路(1807年)
ペリー艦隊の航路(1853・54年)
ヤクーツク 1632
大黒屋光太夫の往路
大黒屋光太夫の復路
オホーツク 1649
ロシア
チギリスク
ニジネカムチャツク
150°
カムチャツカ半島 1697～1706
ペトロパヴロフスク 1740
1689 ネルチンスク条約国境線
1853 ロシアが樺太領有主張
1854 日露和親条約では樺太に国境定めず
オホーツク海
ニコライエフスク
ナニオー
ラッカ
ノテト
キジ
デレン
アムール地方 1858
アムール川
ロパトカ岬(ラパッカ岬)
占守島
1858 アイグン条約国境線…アムール川左岸がロシア領に
間宮海峡
樺太
1798 近藤重蔵・最上徳内が「大日本恵登(土)呂府」の標柱を建てる。
千島列島
ハバロフスク 1858
得撫島
45°
日露和親条約の国境
沿海州 1860
1860 北京条約国境線…沿海州がロシア領に
稚内
宗谷
国後島
択捉島
利尻島
西蝦夷地
色丹島
歯舞諸(群)島
清
小樽
根室
厚岸
東蝦夷地
ウラジオストク 1860
室蘭
1860 北京条約にて獲得
松前
箱館
●日米和親条約(1854年調印)で開港(下田・箱館)
●日米修好通商条約(1858年調印)で開港(神奈川，新潟，兵庫，長崎)下田は閉港 ➔p.202
日本海
朝鮮
新潟
大津浜
水戸
太平洋
神奈川(横浜)
浦賀
下田
京都
兵庫(神戸)
下関
長崎
鹿児島
山川
宝島
大島(奄美大島)
小笠原諸島へ
小笠原諸島から
琉球
那覇
台湾
香港から
香港へ
0 500km
120°

❷1804 レザノフ来航(露)
ラクスマンに交付の長崎入港許可証(信牌)を持って長崎に来航，＊通商を要求。幕府は翌年，オランダ・中国(通商の国)，朝鮮・琉球(通信の国)以外の国とは交際しないという「鎖国」の祖法を理由に拒絶。報復として樺太や択捉島が攻撃された

❾1853 プチャーチン来航(露)
開国要求と国境確定のため長崎に来航。54年，下田で日露和親条約調印，58年には江戸で日露修好通商条約調印

❸1808 フェートン号事件(英)
英軍艦フェートン号が，フランスに支配されていたオランダのアジアにおける根拠地を襲撃するために長崎湾内に侵入。薪水などを強奪して退去。長崎奉行松平康英は自刃。長崎警備担当の肥前藩主は蟄居処分

❺1824 宝島事件(英)
英捕鯨船員，宝島に上陸し，略奪する

❻1837 モリソン号事件(米)
広州の米貿易商社が，マカオで保護中の日本人漂流民7人の送還と貿易交渉のためモリソン号を派遣。浦賀に到着したが砲撃を受け退去。薩摩の山川で再び砲撃を受け，マカオに引き返す

❹1811~13 ゴローウニン事件(露)
ロシア艦長ゴローウニン，国後島に上陸してとらえられ，箱館・松前に監禁。ロシアに抑留されていた高田屋嘉兵衛が釈放後，尽力して解決

❶1792 ラクスマン来航(露)
ラクスマンが日本人漂流民大黒屋光太夫らを伴いエカチェリーナ2世の命で根室に来航，通商を要求。幕府は翌年，通商拒絶するが長崎入港許可証(信牌)を交付，帰国させる

❽1853 ペリー来航(米) ➔p.201
米東インド艦隊司令長官ペリーがサスケハナ号ほか4隻で浦賀に来航し，久里浜に上陸。米大統領の国書を提出して開国を要求。翌年，軍艦7隻で再来日し，日米和親条約を締結

❼1846 ビッドル来航(米)
米東インド艦隊司令長官ビッドルがコロンブス号で浦賀沖に来航し通商を要求。幕府は拒絶

時代を見る目 蛮社の獄

渡辺崋山は，高野長英や小関三英らと蘭書の翻訳を手がけ，彼の周辺には幕臣も加わった西洋事情研究者たちが集った。彼らの学問は蛮学＊とよばれた。1837年，モリソン号事件が起こると，崋山は『慎機論』を長英は『戊戌夢物語』を著し幕府の対外政策を批判した。これに対して幕府は，1839年に2人を処罰した(蛮社の獄)。崋山は国元で永蟄居，長英は永牢となり，その後それぞれ自害した。

＊蛮学とは国学者たちがつけた蘭学への蔑称。

〈愛知 田原市博物館蔵〉

△⑥渡辺崋山(1793~1841) 三河国田原藩の家老。蘭学のほか，絵を谷文晁に学んだ文人画家でもある(➔p.199)。

〈岩手 高野長英記念館蔵〉

△⑦高野長英(1804~50) 陸奥国水沢出身の蘭方医・蘭学者。シーボルトに学ぶ。医学書，兵書など多くの本を著した。

歴史のまど 井上靖『おろしや国酔夢譚』 大黒屋光太夫をはじめとする漂流した神昌丸の乗組員など17人の運命を，日露関係を背景に描きだした歴史小説。

政治の混乱と社会の変容 ―下民を悩し苦しめ候役人共を先づ誅伐いたし 史（大塩平八郎檄文）

〈大阪歴史博物館蔵〉

ヒストリースコープ

「天下の民が生活に困窮するようではその国も滅びるであろう」で始まる大塩平八郎の檄文。1836年の天保の飢饉の際に，役人が大坂に集積された米を江戸へ廻送したことを儒教の仁に反するとして，「庶民の生活が守れない役人どもをまず誅伐する」と目的を掲げた。この檄文は，「天から下された村々の貧しき農民にまでこの檄文を贈る」と表書きして乱の2日前に村々に配付された。

考察

❶大塩平八郎は，何を訴えて乱を起こしたのだろうか。

❷大塩の乱は，なぜ幕府の威信失墜につながったのだろうか。→ 🔍・1

❸大塩の乱の背景である農村の変容とは何か。それに対する諸藩の対応を考えよう。→3・4

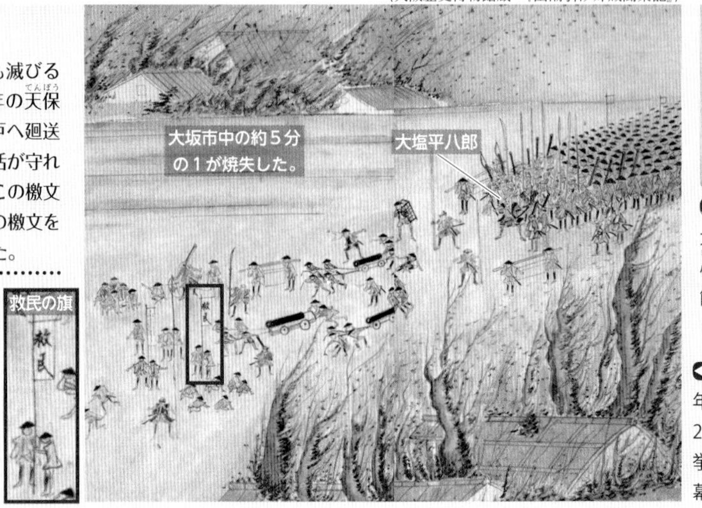
救民の旗
救民
大坂市中の約5分の1が焼失した。
大塩平八郎

〈大阪歴史博物館蔵『出潮引汐奸賊聞集記』〉

◀①大塩平八郎（1793～1837） 大坂町奉行所の元与力で，私塾洗心洞を経営した陽明学者。天保の飢饉では，自らの蔵書を売却し，困窮した人々を救済した。➔p.186,190

◀②大塩の乱 1837（天保8）年，「救民」の旗を掲げ，門弟20余人と貧民を率いて大坂で挙兵。乱は半日で鎮圧されたが，幕府側は大きな衝撃を受けた。

1 大御所政治* 1793（寛政5）～1841（天保12）年〈11代将軍家斉〉

内憂 外患

特徴		①文化期（1804～18）…寛政の改革の緊縮政策を維持 ②文政期（1818～30）…品質の劣る貨幣が大量に流通し，経済が拡大。町人文化が開花➔A ➔p.188～192,198～200
おもな施策・改革	商業	文政（文字）金銀の鋳造（文政年間～）
	治安対策	関東取締出役（1805）と寄場組合（1827）を設置➔B
	思想	聖堂学問所を昌平坂学問所に改組*2（1797） 蛮社の獄（1839）➔p.195＊2 幕府の直轄に。
結果		①放漫な政治 ②天保の飢饉（1833～39）で百姓一揆・打ちこわしが続発 ③大塩の乱や生田万の乱（1837）で幕府の威信は失墜 ④列強の脅威と対応に追われる幕府 ➔p.194,195

＊1793年以降の家斉の治政を表す言葉だが，実際に家斉が大御所となったのは1837年。

A 幕府財政と貨幣改鋳益（出目）

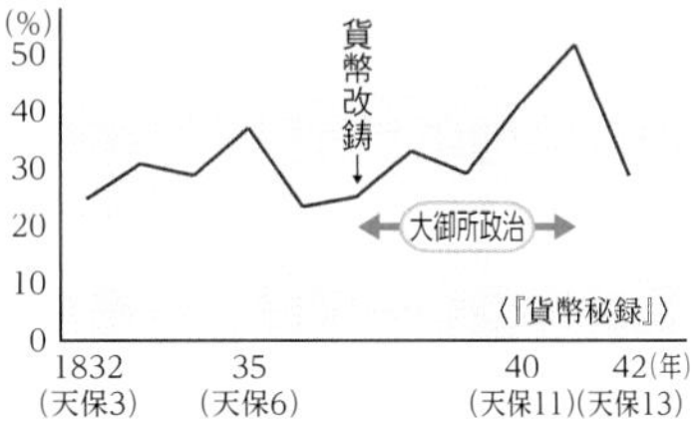
(%)
50
40
30
20
10
0
貨幣改鋳
大御所政治
〈『貨幣秘録』〉
1832（天保3）
35（天保6）
40（天保11）
42（天保13）(年)

◀③幕府財政に占める出目の割合 小判の金銀の含有量を減らす貨幣改鋳は，幕府に大きな利益を生んだ。しかし，貨幣改鋳は，貨幣流通量の増加を招き，インフレの遠因となった。➔p.182「江戸幕府の財政と経済」

B 関東取締出役と寄場組合

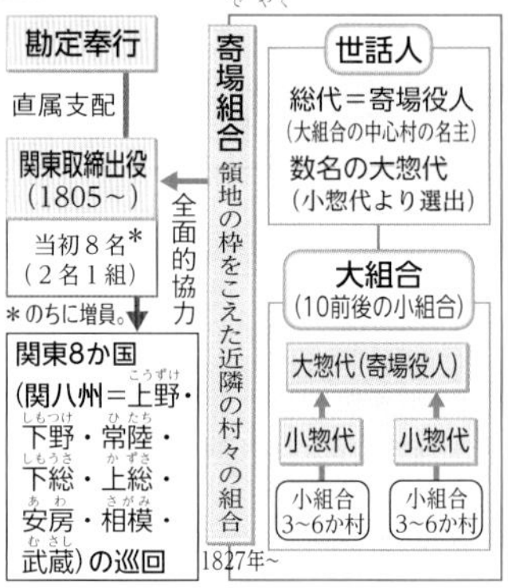
勘定奉行
直属支配
関東取締出役（1805～）
当初8名*（2名1組）
*のちに増員。
関東8か国（関八州＝上野・下野・常陸・下総・上総・安房・相模・武蔵）の巡回
全面的協力
寄場組合 領地の枠をこえた近隣の村々の組合
1827年～
世話人
総代＝寄場役人（大組合の中心村の名主）
数名の大惣代（小惣代より選出）
大組合（10前後の小組合）
大惣代（寄場役人）
小惣代
小惣代
小組合 3～6か村
小組合 3～6か村

◀④関東では，農村の荒廃とともに治安が悪化したため，関東取締出役（通称八州廻り）を設置し，犯罪者を取り締まらせた。しかし，幕領・私領・寺社領が複雑に入り組んでいたため人数が不足し，十分に取り締まれなかった。そこで，1827（文政10）年に寄場組合を設置して，共同で任務にあたらせた。

2 天保の改革 1841（天保12）～43（天保14）年〈12代将軍家慶〉

特徴		①復古理想主義…享保の改革や寛政の改革を目標とする ②幕府権力の強化…人返しの法，上知（地）令など
おもな施策・改革	財政	倹約令（1841 ぜいたくや初物の禁止） 上知（地）令（1843）史→撤回➔C
	商業	株仲間の解散（1841）史 ➔p.170，棄捐令 三都の商人へ御用金，貨幣改鋳
	農村	人返しの法（1843）史➔B
	海防	西洋砲術の採用（1841 高島秋帆に命令） 天保の薪水給与令（1842 異国船打払令を緩和）史
	その他	三方領知（地）替え（1840）→撤回➔A 印旛沼の掘り割り工事→水野失脚で中止 江戸の歌舞伎三座を場末の浅草に移転（1842）➔p.198 出版統制。人情本の為永春水，合巻の柳亭種彦を処罰（1842）➔p.192
結果		諸層の不満が募り，改革は失敗。幕府権威の低下。

▶⑤水野忠邦（1794～1851） 浜松藩主。1834年老中に就任。1841年11代将軍家斉の死後，12代将軍家慶のもとで「内憂外患」に対応するため天保の改革を推進。改革に失敗し，1843年に罷免される。一時，再任されるが再び失脚させられ，失意のうちに死去した。

A 三方領知（地）替え

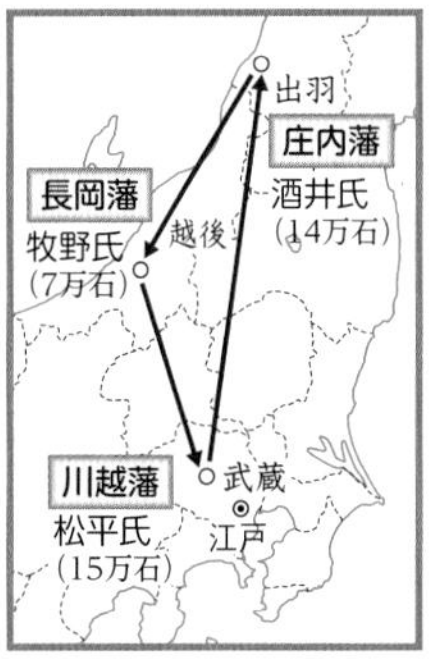
出羽
庄内藩
酒井氏（14万石）
長岡藩
牧野氏（7万石）
越後
川越藩
松平氏（15万石）
武蔵
江戸

◀⑥川越藩は将軍家斉の子を養子に迎えた縁故を利用し，生産性の高い土地への転封を希望した。1840年，幕府は川越藩，庄内藩，長岡藩の三方領知替えを命じた。庄内藩の領民は新領主の過酷な収奪を危惧し，大規模な反対運動を起こした。翌年，12代将軍家慶は中止を決断したが，これは幕府権威の失墜を象徴した。

B 人返しの法（1843年）

▶⑦関東地方の人口の推移 農民の出稼ぎや飢饉により関東農村部の人口が流出し，農村の荒廃が進んだ。幕府は農村人口確保のため，**人返しの法**を出したが，効果はなかった。

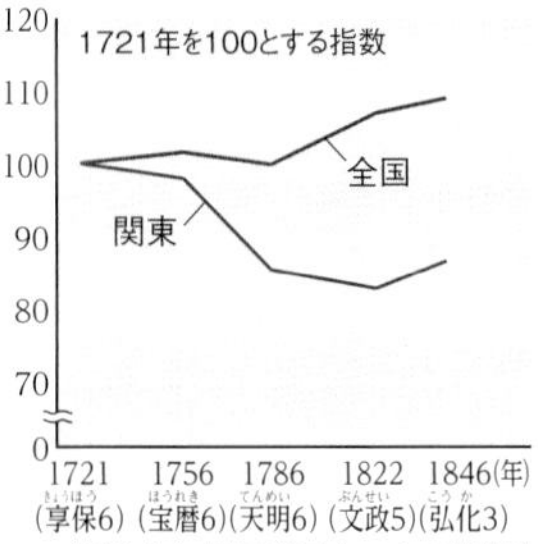
1721年を100とする指数
120
110
100
90
80
70
0
全国
関東
1721（享保6）
1756（宝暦6）
1786（天明6）
1822（文政5）
1846（弘化3）(年)

〈関山直太郎『近世日本の人口構造』〉

C 上知（地）令（1843年）

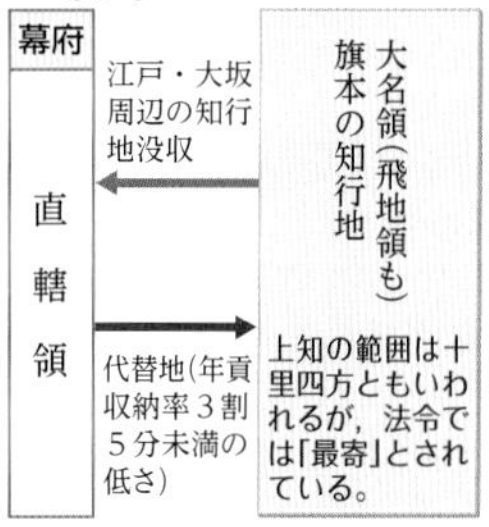
幕府
直轄領
江戸・大坂周辺の知行地没収
代替地（年貢収納率3割5分未満の低さ）
大名領（飛地領も）旗本の知行地
上知の範囲は十里四方ともいわれるが，法令では「最寄」とされている。

◀⑧財政の建て直しと海防強化のため，幕府は江戸・大坂周辺の大名・旗本領約50万石を直轄領にする上知令を発した。しかし，諸大名や旗本の反対にあい中止され，忠邦も失脚した。

D 天保の改革への批判

白河の岸打つ波に引き換えて 浜松風の音の烈しさ

●白河藩主松平定信による寛政の改革より，浜松藩主水野忠邦による天保の改革のほうが統制が厳しいと批判している。

水引いて十里四方はもとの土

●「水」は改革を実施した老中首座水野忠邦，「引いて」は上知（地）令の失敗をさす。「十里四方」は江戸・大坂の周辺を幕領にしようとした上知令の範囲。

◀⑨天保の改革に対しては，倹約令への庶民の批判や，失敗に終わった政策への批判など厳しい評価がなされた。幕府（公儀）の失策は権威の低下を招き，雄藩（➔4）の自立化の流れを招いた。

歴史のまど 藤沢周平『義民が駆ける』 三方領知替えに反対した庄内藩の農民たちを主人公にした小説。伝統的な一揆の手順がわかりやすく描写されている。

3 農村の変容

A 本百姓の分解

木綿の産地である河内国下小坂村の例〈『商品生産と寄生地主制』〉

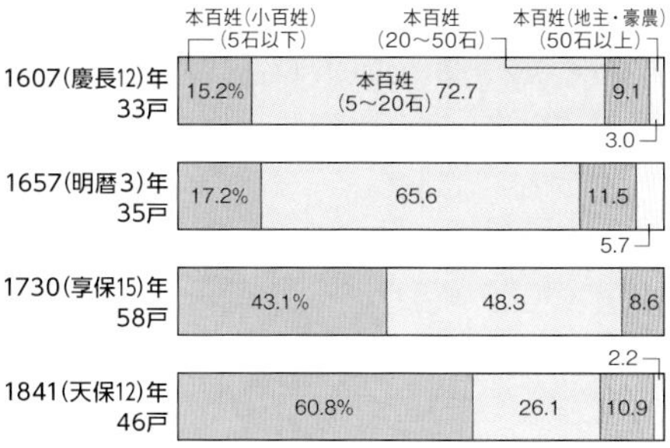
本百姓(小百姓)(5石以下)
本百姓(20～50石)
本百姓(地主・豪農)(50石以上)
1607(慶長12)年 33戸
15.2%
本百姓(5～20石) 72.7
9.1
3.0
1657(明暦3)年 35戸
17.2%
65.6
11.5
5.7
1730(享保15)年 58戸
43.1%
48.3
8.6
2.2
1841(天保12)年 46戸
60.8%
26.1
10.9

⑩農村に貨幣経済が浸透すると，貧富の差が拡大した。土地の売買は禁止されていたため，借り入れの担保として土地の所有権が移動(質流れ，→p.328)した。5石以下の小経営の本百姓(小百姓)が増加する一方で，50石以上をもつ地主や豪農などの本百姓も出現した。地主・豪農は年季奉公人や日雇いを使役した地主手作を行って経営を拡大し，在郷商人として成長する者も現れた。その資金をもとに農村工業が発展していった。

B 農村の商品作物栽培進展とマニュファクチュア(工場制手工業)の開始

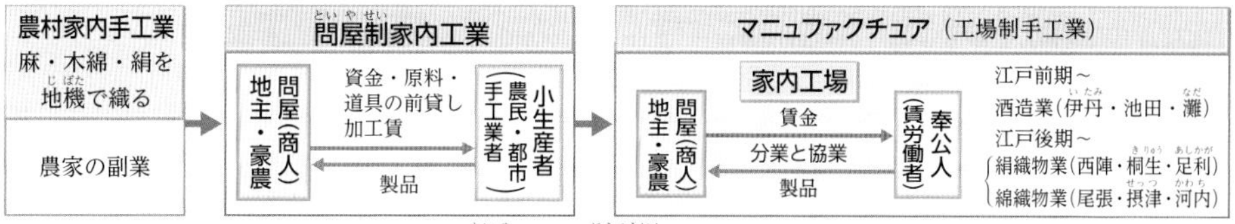
18世紀以前
農村家内手工業
麻・木綿・絹を地機で織る
農家の副業
18～19世紀
問屋制家内工業
問屋(商人) 地主・豪農
資金・原料・道具の前貸し 加工賃
製品
小生産者 農民・都市手工業者
19世紀前半
マニュファクチュア(工場制手工業)
家内工場
問屋(商人) 地主・豪農
賃金
分業と協業
製品
奉公人(賃労働者)
江戸前期～
酒造業(伊丹・池田・灘)
江戸後期～
絹織物業(西陣・桐生・足利)
綿織物業(尾張・摂津・河内)

⑪生産形態の変化　19世紀以降，地主や問屋商人が奉公人を集め，分業による手工業生産を行う形態が生まれた。

村の機屋
①
②
③
⑥

⑫問屋制家内工業　問屋が資金や原料を各農家に提供して，製品を回収する方法。右は縁側で製品を納めているようす。

〈国立公文書館蔵『河内名所図会』〉

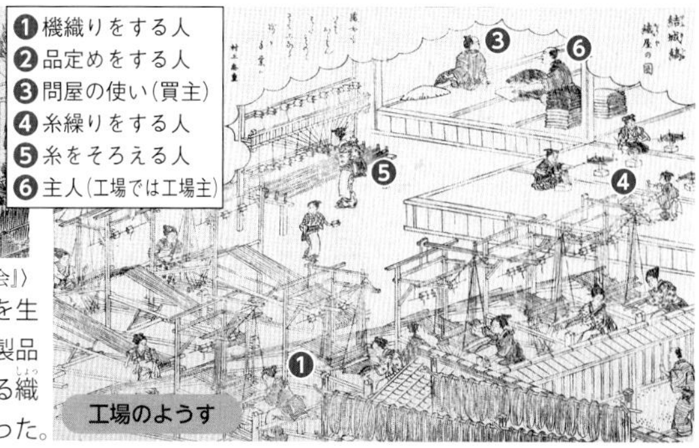
①機織りをする人
②品定めをする人
③問屋の使い(買主)
④糸繰りをする人
⑤糸をそろえる人
⑥主人(工場では工場主)
工場のようす

⑬マニュファクチュア　分業と協業で綿織物を生産している場面。各自の役割に精通することで，製品の生産量・品質の向上をはかった。高機とよばれる織機は，両足で操作するので複雑な織りが可能になった。

〈早稲田大学図書館蔵『尾張名所図会』〉

4 諸藩の「自立」と幕藩体制の崩壊へ－藩政改革と藩専売制の成功による雄藩*の登場

＊改革に成功し力をつけた藩を雄藩とよぶ。とくに，西国の雄藩は幕政への強い発言力をもち，幕末の情勢を左右した。

A おもな藩政改革

＊この4藩をまとめて薩長土肥とよぶ。

寛政の改革前後	Ⓐ秋田	佐竹義和	農・鉱・林業の奨励。織物・製糸業などを育成。明徳館(明道館)の設立 ➔p.190
寛政の改革前後	Ⓑ米沢	上杉治憲(鷹山)	織物業の育成。興譲館を設立。細井平洲を招き，文武を奨励 ➔p.190
寛政の改革前後	Ⓒ熊本	細川重賢(銀台)	治水・植林と養蚕業の育成。時習館を興し，文武を奨励 ➔p.190
天保期以後	❶水戸	徳川斉昭	藤田東湖・会沢安(正志斎)らを登用，藩校弘道館設立。専売制を強化し，軍備増強に努める。藩内の争いで改革が阻まれる➡図㉒ ➔p.190
天保期以後	❷越前(福井)	松平慶永(春嶽)	橋本左内・由利公正らを登用。横井小楠を政治顧問に招く。国産奨励と専売制を強化。洋式兵制を採用
天保期以後	❸長州(萩)*	村田清風(藩主 毛利敬親)	負債8万5000貫の37年賦払い。専売制推進。下関などに**越荷方**を設置し，他国廻船の物産を購入し，その委託販売で利益を得る➡図⑲
天保期以後	❹宇和島	伊達宗城	紙・ろうなどの専売制で財政強化。長州藩士大村益次郎を招き，蒸気軍艦を建造。洋式兵学を導入
天保期以後	❺土佐(高知)*	山内豊信(容堂)	吉田東洋・後藤象二郎らを登用，改革を推進。専売制を強化。洋式砲術採用など軍事力強化をはかる
天保期以後	❻肥前(佐賀)*	鍋島直正(閑叟)	陶磁器(**有田焼**)の専売。**反射炉**を築造し，**大砲鋳造**に成功。➡図⑭⑮ **均田制**により本百姓体制を再建➡図⑱
天保期以後	❼薩摩(鹿児島)*	調所広郷(藩主 島津斉興)／島津斉彬	負債500万両の無利息250年賦払い。奄美三島特産の**黒砂糖**の専売制強化。琉球との密貿易。広郷の死後，11代藩主**斉彬**は**反射炉**と藩営工場(集成館*2)を建設し，近代化をはかる➡図⑳㉑

＊2 1867年には，日本初の機械紡績工場である鹿児島紡績所が竣工。

B 大砲の製造

〈佐賀 鍋島報效会蔵 多布施公儀石火矢鋳立所図〉

水車の動力で錐を用いて砲腔を仕上げる
4炉の反射炉
多布施川

⑭佐賀藩大砲製造所　殖産興業の一環として，1850年藩内の築地に日本初の反射炉が建設された。52年には大砲鋳造に成功。幕府からの依頼も受けて，多布施に反射炉を増設し，50門の大砲を生産した。

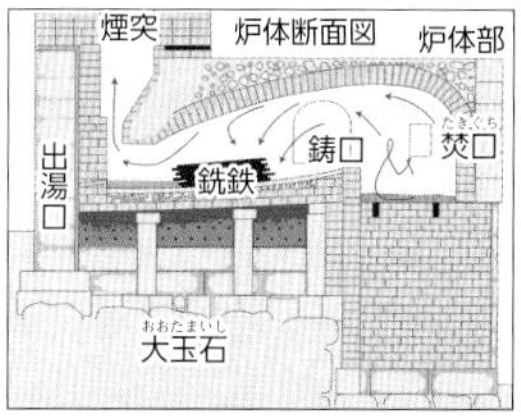
煙突
炉体断面図
炉体部
出湯口
銑鉄
鋳口
焚口
大玉石

〈図⑮⑯，伊豆の国市資料〉

⑮反射炉の構造　燃焼した炎は，天井に反射して鉱石や金属に集中するため，反射炉とよばれる。炉内の耐熱性を高めることが問題点であったが，佐賀藩は有田焼の技術を応用した。

〈㊞ 静岡〉

⑯伊豆韮山の反射炉　代官江川太郎左衛門(英龍・坦庵)が幕命によって築造。彼の死後は子の英敏が大砲製造を引きついだ。

C 藩政改革と専売品

⑰各藩は，財政補強のため，領内の産品の流通を独占して利益を得た。

⑱鍋島直正(1814~71)
〈佐賀 鍋島報效会蔵〉

⑲村田清風(1783~1855)
〈山口 村田清風記念館蔵〉

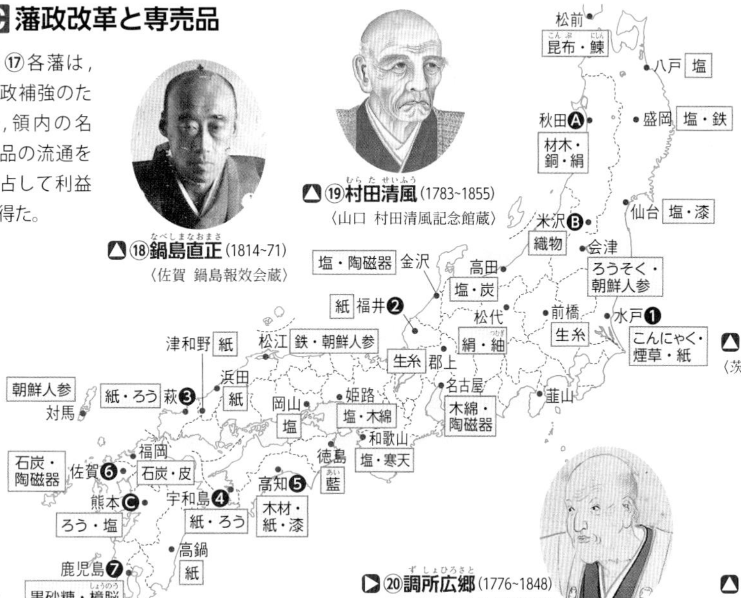
0　200km
Ⓐ～Ⓒ，❶～❼は左の表中の番号と対応
松前 昆布・鰊
八戸 塩
秋田Ⓐ 材木・銅・絹
盛岡 塩・鉄
仙台 塩・漆
米沢Ⓑ 織物
会津 ろうそく・朝鮮人参
塩・陶磁器 金沢
高田 塩・炭
紙 福井❷
松代 絹・紬
前橋 生糸
水戸❶ こんにゃく・煙草・紙
津和野 紙
松江 鉄・朝鮮人参
生糸 郡上
名古屋 木綿・陶磁器
朝鮮人参 対馬
紙・ろう 萩❸
浜田 紙
岡山 塩
姫路 塩・木綿
甲府
和歌山 塩・寒天
徳島 藍
石炭・陶磁器 福岡
佐賀❻ 石炭・皮
熊本Ⓒ ろう・塩
宇和島❹ 紙・ろう
高知❺ 木材・紙・漆
高鍋 紙
鹿児島❼ 黒砂糖・樟脳

㉒徳川斉昭(1800~60)
〈茨城 徳川ミュージアム蔵〉

⑳調所広郷(1776~1848)
〈鹿児島 尚古集成館提供〉

㉑島津斉彬(1809~58)
〈鹿児島 尚古集成館蔵〉

今日とのつながり　漢方の材料でもある朝鮮人参は，将軍吉宗のときに国産化が奨励されて，会津藩や松江藩が栽培に成功した。いまでも福島県会津若松市は，生産量の多くを占めている。

近世　江戸

化政文化①（生活と信仰，絵画）—伊勢に行きたい伊勢路が見たい せめて一生に一度でも（伊勢音頭）

ヒストリースコープ

庶民の間では伊勢神宮への参詣（御蔭参り）が流行した。旅行は原則禁止であったが，参詣という名目で黙認されていた。日常を抜け出す解放感と一度は行ってみたいとあこがれる気持ちは，伊勢音頭から強く感じられる。

考察

❶寺社参詣は，庶民にとって信仰以外にどのような性格があったのだろうか。
❷浮世絵の題材から，浮世絵と娯楽の関係を考えよう。→1・4
❸浮世絵や文学の題材から，この時期の文化の担い手はどのような人々か考えよう。→1・4

伊勢神宮
渡し船は御馳走船とよばれ，無料で利用ができた
体を清める人
御蔭参りの旗
道中，食べ物や金の喜捨を受けるためのひしゃく
主人にかわって参詣する犬
そろいの衣装で歌い踊りながら渡し船を待つ御蔭参りの一団

▶①1830（天保1）年の伊勢参詣　この年は，とくにご利益があるとされる「おかげ年」にあたり，伊勢神宮への参詣が大いににぎわった。

「おかげ年」の伊勢参詣者数	
1705年	約330～370万人
1771年	約200万人
1830年	約500万人

〈神奈川県立歴史博物館蔵 伊勢参宮 宮川の渡し 歌川広重筆〉

1 歌舞伎の流行 ➔p.177

〈国立国会図書館蔵〉

座の象徴である櫓と屋号
小名題看板
浄瑠璃の名題や配役をしらせる看板
役割看板
当たり看板
大名題看板

▲②中村座内外之図（歌川豊国筆）　江戸日本橋での歌舞伎人気を描いた図。櫓や演目・配役を知らせる看板，**芝居小屋**の前を行きかう人々の熱気が伝わってくる。中村座は，市村座・森田（守田）座とともに江戸三座とよばれたが，天保の改革（➔p.196）の風俗取締令で浅草猿若町に移転させられた。歌舞伎は，錦絵や地方興行などで全国に広まり，村では歌舞伎をまねた**村芝居**（地芝居，農村歌舞伎）が行われた。都市では，落語や講談などを興行する**寄席**もにぎわった。

時代を見る目　幕府の政策と文化との関係

享保の改革では，町奉行大岡忠相により風俗の取り締まりが行われた。田沼時代には，商業重視政策で経済が発展する中，**宝暦・天明期の文化**（➔p.188）が町人中心に花開いた。寛政の改革では，倹約令により娯楽が再び厳しく統制された。大御所政治期には，放漫財政が幕政の腐敗を招いた一方，貨幣改鋳によるインフレ（➔p.182）で経済が活性化し，庶民中心の**化政文化**が花開いた。天保の改革では，倹約令で再び厳しく統制された。

	享保の改革 ➔p.185	…漢訳洋書の輸入制限緩和 →洋学の隆盛
宝暦・天明期の文化	宝暦期	…百姓一揆・打ちこわしの激化 ➔p.186 →幕藩体制への批判や尊王思想が現れる
宝暦・天明期の文化	田沼時代 ➔p.187	…商業重視政策 →江戸の町人・文人を中心に学問・文芸が興隆
	寛政の改革 ➔p.193	…思想統制・倹約令 ・寛政異学の禁と山東京伝・恋川春町の処罰 →学問・文芸の一時的停滞
化政文化	大御所政治 ➔p.196	…貨幣改鋳と放漫財政 →商業活動の活発化と文化の爛熟，庶民への普及と地方への伝播
化政文化	天保の改革 ➔p.196	…厳しい倹約令・風俗取締令 ・歌舞伎小屋の浅草への移転 ・為永春水・柳亭種彦の処罰

▲③幕府の政策と文化

2 生活と信仰

A 祭礼

◀④神田明神祭礼図絵巻　平将門（➔p.96）をまつる神田明神は，「江戸総鎮守」として信仰を集めた。祭礼の神田祭は「天下祭」ともよばれ，祭礼の行列は江戸城内に入ることが許され，将軍も上覧した。各町が山車や踊屋台で祭りを盛り上げた。

▶⑤富突（富くじ）　寺社はくじを販売し，売り上げの一部を当選金にあて，残りは修繕費などにあてた。幕府はたびたび禁令を出したが，「御免富」として幕府が公認を与えるしくみをつくった。このほか，秘仏を公開する**開帳**や境内での**縁日**などで寺社の経費をまかなうことも行われた。

〈東京都立中央図書館特別文庫室蔵〉

B 講

青面金剛（庚申）
邪鬼
三猿（言わざる，聞かざる，見ざる）

◀⑥庚申塔　道教の影響を受けた民間信仰。60日に一度の庚申の夜，体から三尸という虫が抜け出し，天帝に罪悪を報告するのを防ぐため，朝まで寝ずにいるという風習が生まれた。各地に庚申講が結成され，庚申塔（塚）が立てられた。

▶⑦富士塚　富士講では，富士山の形を模した人工の塚（山）をつくり，浅間神社をまつって参詣した。

〈江戸東京博物館蔵 名所江戸百景 目黒新富士 歌川広重筆〉

おもな信仰				
	講	信仰・経済活動のための仲間，のちには社交・娯楽的性格も加わる ・日待・月待・**庚申講**など ・富士講・伊勢講・大山講など（参詣のための組織，**代参**も行う）	巡礼（遍路）	西国三十三カ所〔近畿地方，岐阜県〕，坂東三十三カ所〔関東地方〕（観音信仰） 四国八十八カ所遍路〔四国〕（弘法大師信仰，➔p.82）など
	寺社参詣	伊勢参詣（**御蔭参り**）〔三重県〕・善光寺参り〔長野県〕・金毘羅参り〔香川県〕・成田参り〔千葉県〕など	年中行事	五節句…人日（1/7），上巳（3/3），端午（5/5），七夕（7/7），重陽（9/9）

歴史散歩　深川祭（8月15日），神田祭（隔年の5月中旬），山王祭（隔年の6月中旬）を江戸三大祭りという。それぞれの特徴から「神輿深川，山車神田，だだっ広いが山王様」といわれる。

3 化政文化まとめ表

特徴		最盛期を迎えた庶民文化 ① 11 代将軍家斉の長い治世 …文化・文政期(19 世紀) ②江戸を中心に全国へ普及
絵画	浮世絵	富嶽三十六景(葛飾北斎) 東海道五十三次，名所江戸百景(歌川広重*) *歌川派➡図⑪ 朝比奈小人嶋遊(歌川国芳*)
	写生画	柳鷺群禽図屛風(呉春(松村月溪))
	文人画	鷹見泉石像国，一掃百態(渡辺崋山) 青緑山水図(谷文晁)
	洋風画	浅間山図屛風(亜欧堂田善)

文学作品 ➔ p.192

4 絵画 A 奇想の浮世絵

⑧通俗水滸伝豪傑百八人之一人 花和尚魯智深 初名魯達(歌川国芳筆) 大迫力の武者絵。国芳は奇想天外な発想と斬新なデザインで，武者絵・風刺画・風景画など多くの傑作を生んだ。

B 旅へのあこがれをかき立てる浮世絵(風景画)

〈⑧，⑩，⑫は東京国立博物館蔵〉

浮世絵 ➔ p.179，191

⑨富嶽三十六景 神奈川沖浪裏(葛飾北斎筆) 大胆な構図と劇的な構成で富士山の姿を描いた。富士山を主題としたのは，当時流行した富士山信仰をあてこんだためともいわれる。青色には西洋からの輸入品である人工顔料のプルシアンブルー(ベロ藍)が使われている。

⑩富嶽三十六景 凱風快晴(葛飾北斎筆) 朝焼けに染まる富士と鰯雲の流れる青い空。富嶽三十六景は大好評で，のちに続編十景も出版された。このシリーズの商業的成功により，風景画が役者絵・美人画と並ぶ一つのジャンルとして確立した。

⑪東海道五十三次 庄野(歌川広重筆*) 広重は各地の名所や宿場のようすを描き，旅にあこがれる庶民の人気を博した。この絵は伊勢国庄野宿(現 三重県鈴鹿市)が題材。たくみな雨の表現と身をかがめて駆ける旅人が，にわか雨の激しさを伝えている。

*歌川派は浮世絵の最大派閥。近代では鏑木清方(➔p.266~267)もその流れをくんでいる。

⑫東海道五十三次 日本橋(歌川広重筆) 夜明けの日本橋(➔p.172)に大名行列がさしかかる。橋のたもとには高札場や，魚河岸で魚を仕入れた棒手振などが描かれている。広重や北斎の絵は西洋で「ジャポニスム」の流行を巻き起こし，ゴッホやモネにも影響を与えた。

C 写生画

⑬柳鷺群禽図屛風(呉春筆)
呉春(松村月溪)は蕪村の門下で，のちに京都で円山派(➔p.191)を学び，四条派を開いた。蕪村風の筆法と円山派の写実的な描写が融合している。〈京都国立博物館蔵 6曲1双 164.8×365.5cm(部分)〉

D 洋風画

⑭浅間山図屛風(亜欧堂田善筆)
6曲の屛風に油彩で描かれた肉筆画。西洋画や銅版画の研究にもとづき，空を青く塗りつぶす表現や遠近法，陰影法といった西洋画の技法がみられるが，静寂さが漂う伸びやかな絵画表現は，独特の空間を構成している。〈東京国立博物館蔵 6曲1双 149.0×342.4cm(部分)〉

E 全盛期の文人画

文人 ➔ p.191

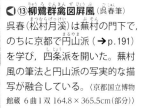

⑮鷹見泉石像(渡辺崋山筆)
渡辺崋山(➔p.200)が，交流のあった古河藩家老鷹見泉石を描いた作品。衣服は日本的線描表現，顔は陰影と精緻な描写による西洋的表現である。〈国 東京国立博物館蔵 115.4×57.6cm(部分)〉

⑯青緑山水図(谷文晁筆)
狩野派・円山派・大和絵・南画など多くの画法を学び，西洋画や朝鮮画の研究までも行った文晁は，さまざまな画法を折衷した独自の画風をなした。〈東京富士美術館蔵〉

今日とのつながり 旅先でおみやげを買い，人に配る風習は，江戸時代に生まれた。当時は徒歩での旅であったため，かさばらず日もちする工芸品，薬，絵図などがおもな おみやげ だった。

化政文化②（学問・思想）—神世の道に習ふ心ぞ本なりける（平田篤胤『玉だすき』）

ヒストリースコープ

国内外の危機が深刻化した19世紀には，これに対処しうる新しい思想や学問が求められた。そうしたなかで地域の指導者・知識人に広く受け入れられたのが，平田篤胤の国学（➔p.189）である。子を生み，家族を養い，家業に励むことがすなわち天皇への奉仕になるという平田派国学の「家職産業論」の主張は，幕末に尊王攘夷論が広がる基盤となった。

考察

❶平田は天皇と人々の関係についてどのように考えているだろうか。
❷化政期には，どのような身分の人々に学問や思想が広まっていったのだろうか。→1
❸それぞれの学問や思想が当時の情勢にどのような危機意識から生まれたのだろうか。→1

△①平田篤胤（1776~1843）　秋田藩士の家に生まれ，江戸に出て備中松山藩士平田家の養子になる。本居宣長の没後の弟子を自称し，日本古来の心の復活という古道論に，独自の世界観による宗教性を加えた国学を唱え，復古神道を発展させた。
➔p.331「宗教史の流れ」

平田篤胤の家職産業論【現代語訳】

天下の全人民は，常に自分たちが天皇の大御宝であることを自覚し，天皇の支配にありがたく服従し，おのおのがそれぞれの家業を好んで，怠らず勤めることは当然である。それゆえ，武士は武士の業を好み，農民は農業を好み，商工業者はまたそれぞれにその業を好くことで，…その（家業を好み励む）道にいたり，さらに長じていくことは，神世の道に習う心と同一なのである。（『玉だすき』）

おもな門人

◁②宮負定雄（1797~1858）　下総国の名主。農村の荒廃を復興するためには，神道を広め，人口増加をはかり，農業指導者を選任して農民を教導することで国益が増すと主張した。おもな著作『国益本論』。

△③松尾多勢子（1811~94）　信濃国の豪農の娘。平田の思想に感銘を受け尊王活動に参加。

△④鈴木重胤（1812~63）　淡路国の庄屋。平田に心酔して国学を学んだ。

1 学問思想の動き

A 思想家・学者

●経世論（幕藩体制の維持や，その改良のための具体的な政治経済論策）

本多利明（1743～1820）	経世家・数学者。『西域物語』や『経世秘策』史で，富国策として，開国による外国貿易の振興や蝦夷地の開発を主張
海保青陵（1755～1817）	儒者・経済学者。商業をいやしいと考える武士の偏見を批判，藩財政再建のため藩営専売制など重商主義を主張。著書『稽古談』など
佐藤信淵（1769～1850）	儒者・経済学者。産業の国営化や外国貿易の振興など重商主義を唱えた。おもな著書『経済要録』『農政本論』

●鎖国批判，開国論（モリソン号事件〈1837年〉に対する鎖国政策批判）

渡辺崋山（1793～1841）	三河国田原藩家老。モリソン号事件の翌年，『慎機論』を著して対外政策を批判。蛮社の獄で処罰され永蟄居，のちに自刃 ➔p.195,199
高野長英（1804～50）	蘭学者。モリソン号事件の翌年，『戊戌夢物語』で対外政策を批判。蛮社の獄で永牢となるが，脱獄・逃亡の末に自殺 ➔p.195

●尊王攘夷への動き

国学	平田篤胤（1776-1843）	本居宣長の死後，門人となった。古代の純粋な神道への復古（復古神道）を大成。天皇中心の排他的性格をもち，尊王攘夷運動に影響を与えた
水戸学	藤田東湖（1806～55）	藤田幽谷の子。水戸学の中心。藩校の弘道館を設立し，尊王攘夷派志士を指導 ➔p.197
水戸学	会沢安(正志斎)（1782～1863）	藤田幽谷に師事。『大日本史』（➔p.181）を編纂。『新論』で尊王攘夷論を説く ➔p.197

△⑤会沢安（正志斎）
〈個人蔵（茨城県立歴史館寄託）〉

Key Word　水戸学

徳川光圀が開始した『大日本史』編纂を通じて成立した学派。朱子学の大義名分論にもとづく尊王論が主張された（前期水戸学）。19世紀前半に外国船の接近や国内の社会不安（内憂外患）が深刻化すると，水戸藩では藩主徳川斉昭（➔p.197）を中心に藤田幽谷・東湖，会沢安（正志斎）らの学者により，天皇を中心に幕藩体制を再編強化する構想が打ち出された（後期水戸学）。こうした構想は，幕末の尊王攘夷論や運動の指導的理念となったのみならず，明治政府の国家構想や教育勅語（➔p.246）にも反映がみられる。

●農学（荒廃した農村を憂い，復興に貢献）

大蔵永常（1768～1860?）	豊後国出身。諸国をめぐり，『広益国産考』『農具便利論』など農書を著す ➔p.166
二宮尊徳（1787～1856）	相模の農民出身の農政家。倹約・貯蓄を中心とする報徳仕法により，荒廃した農村の復興に尽力
大原幽学（1797?～1858）	元尾張藩士。勤勉・倹約を説く性学を開き，下総国で農村復興に努力

B 実学として研究された洋学

*蛮書和解御用：幕府設置の翻訳機関。のちの蕃書調所（➔p.190）。

志筑忠雄（1760~1806）	オランダ通詞経験者。『暦象新書』で地動説や万有引力説を紹介。また，ケンペル『日本誌』の一部を『鎖国論』として訳出。「鎖国」の語はここから
宇田川榕庵（1798~1846）	蛮書和解御用*で翻訳に関わった。著作『舎密開宗』はイギリスの化学書をオランダ語訳本から訳出したもの。舎密とはオランダ語「化学(chemie[xémi])」の音訳
シーボルト（1796~1866）	長崎郊外に医学塾鳴滝塾を開く（1824）。帰国時にシーボルト事件を起こす。高野長英らが学ぶ。娘のイネは日本初の女性産科医 ➔p.190,194
緒方洪庵（1810~63）	大坂に適塾（適々斎塾）を開く（1838）。江戸末期の洋学の中心。福沢諭吉・大村益次郎・橋本左内らが学ぶ ➔p.190
佐久間象山（1811~64）	幕末の儒者・兵学者。朱子学・蘭学・砲学を学び，幕府に『海防八策』を献策。門人に吉田松陰，勝海舟，坂本龍馬，加藤弘之らがいる。攘夷派に暗殺される

C 天文方*（幕府の取り組み）

*天文方：貞享の改暦により設置（1684年，➔p.181）。

高橋至時（1764~1804）	西洋暦法を取り入れた「寛政暦」を作成，1797年に完成し1798年に施行
伊能忠敬（1745~1818）	下総佐原の名主であったが，50歳で江戸に出て高橋至時の門下に。1800～1816年幕命で全国を実測し「大日本沿海輿地全図」作成，没後の1821年に完成➡図⑦ ➔巻末2
高橋景保（1785~1829）	高橋至時の長男。伊能忠敬の死後，彼の地図を完成させる。景保の進言により蛮書和解御用（➔B）が設置（1811年）。伊能図（忠敬の地図）をシーボルトに渡したことが罪に問われ獄死（シーボルト事件）➔p.194

〈個人蔵 広島 呉市入船山記念館寄託 浦島測量之図〉

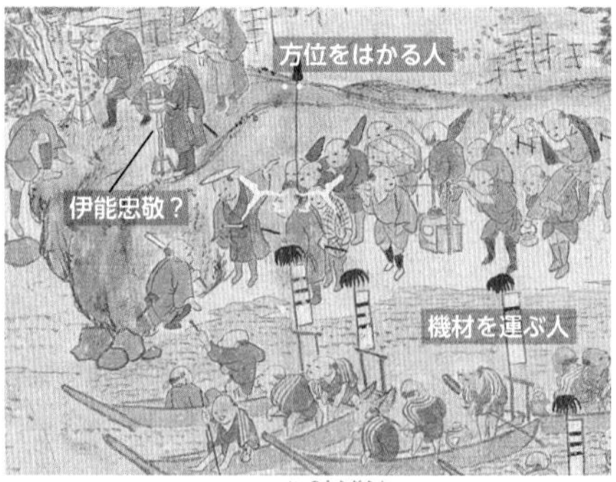

方位をはかる人
伊能忠敬？
機材を運ぶ人

◁⑥伊能忠敬（左）と⑦測量隊（上）　1800年，忠敬55歳の時に蝦夷地東南海岸を手始めに測量を始め，17年かけて全国を測量した。忠敬の没から3年後の1821年，高橋景保らが地図を完成させた。

〈東京国立博物館蔵〉

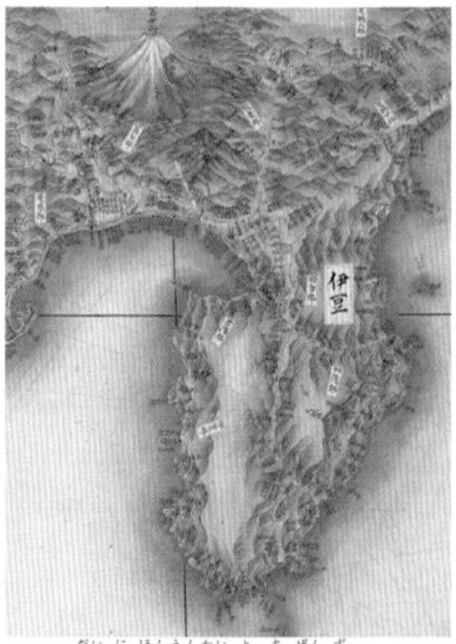

伊豆

△⑧大日本沿海輿地全図（中図 関東）　非常に精度が高く，海岸線は現代の地図とほぼ同じである。大図・中図・小図の三種類がつくられた。

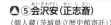

今日とのつながり　高橋至時の師である麻田剛立は，オランダから輸入した望遠鏡を使って日本初の月面観測図を描いた。その名前は月のクレーター「アサダ」に残されている。

ペリー来航の衝撃 ―太平之ねむけをさます上喜撰たつた四はいて夜るもねられず（狂歌）

ヒストリースコープ

1853年6月3日，ペリー艦隊4隻が浦賀沖に来航した。久里浜に上陸した一行は，開国を求める米大統領の国書を浦賀奉行に手渡した。このころ，カフェインの作用で眠れなくなる高級緑茶「上喜撰」と，来航した蒸気船をかけて，「鎖国」の眠りからさまされ，不安で眠れない人々と，対応に苦慮する幕府を風刺した狂歌がつくられた。

考察

❶黒船来航は，人々にどのように受け止められたのか，錦絵のようすから説明しよう。
❷なぜ，アメリカは日本に開国を求めたのだろうか。→1
❸幕府はどのような防備策を講じたのだろうか。→2

長サ七十五間
幅巾二十間
車 六間半
帆柱三本
水ヨリ上ニ出
石火矢 五人
大筒 拾五挺

→p.17 巻頭地図

◀①**黒船の図** ペリー艦隊の旗艦サスケハナ号を描いたとみられる錦絵。タールで黒く塗られ，蒸気機関で動く外輪を備えた黒船が，煙突から煙を吐き出しながら大砲（空砲）を発射している。〈神奈川県立歴史博物館蔵〉

◀②**錦絵に描かれたペリー** 天狗のような顔に描かれている。〈新潟 黒船館蔵〉

1 ペリー来航の背景

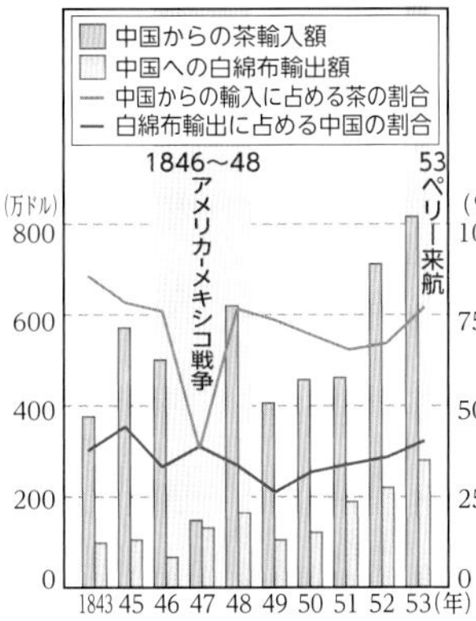

中国からの茶輸入額
中国への白綿布輸出額
中国からの輸入に占める茶の割合
白綿布輸出に占める中国の割合
1846～48 アメリカ-メキシコ戦争
53 ペリー来航
(万ドル)
800
600
400
200
0
(%)
100
75
50
25
0
1843 45 46 47 48 49 50 51 52 53(年)

△③**アメリカの対清国貿易** アメリカは，清国への太平洋航路の寄港地を求めていた。〈加藤祐三『黒船前後の世界』〉

◀④**アメリカの捕鯨** 当時，ランプ用の鯨油を求めて，アメリカの捕鯨船が，北太平洋で活発に活動していた。捕鯨船の航海は数年に及ぶため，途中の薪水（燃料・水）・食料の確保が課題であり，その点でも，アメリカは日本の開国を強く望んでいた。

△⑤**ペリー**（1794～1858）

米大統領フィルモアの国書【抜粋】

…余はペルリ提督に命じて，陛下に他の事を告げしむ。…（難破した）**吾が不幸なる人民を親切に遇し**，その財産を**保護**せられんことを願ひ又期待するものなり。…吾が汽船及びその他の船舶が日本に停船して，**石炭，食糧及び水の供給**を受くることを許されよ。

〈土屋喬雄・小野道雄編『ペルリ提督日本遠征記』第二冊〉

時代を見る目 日本沖漁場と中浜万次郎

土佐の漁師中浜万次郎は，14歳の時（1841年）嵐で太平洋上の無人島鳥島に漂着し，島で143日間生活したのち，アメリカの捕鯨船ジョン＝ハウランド号に救助された。海鳥の豊富な鳥島が，日本沖漁場に寄港地のないアメリカ船にとって貴重な食料補給地だったことが幸いしたのである。同船でアメリカに渡った万次郎は，船名からジョン＝マンの愛称でよばれ，働きながら英語を学んだ。1851年に帰国後は土佐藩校で英語を教え，ペリー来航ののちには幕府の旗本となり，1860年の遣米使節（→p.207）で通訳を務めた。

△⑥**中浜万次郎**（1827？～98）

2 安政の改革

この時期の政治の流れ →p.202

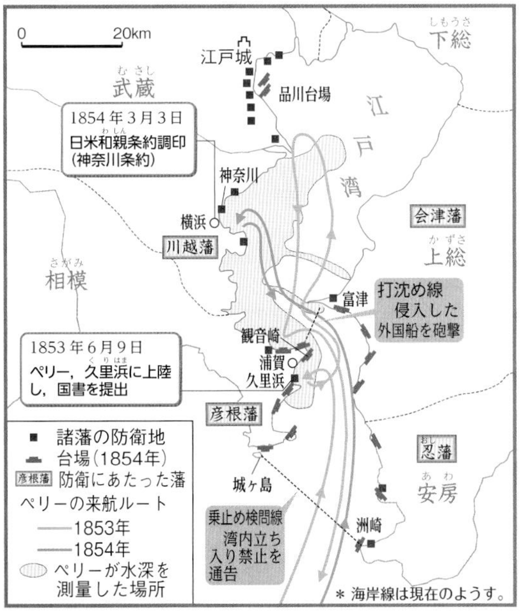

0 20km
江戸城
品川台場
武蔵
下総
江戸湾
1854年3月3日 日米和親条約調印（神奈川条約）
神奈川
横浜
川越藩
会津藩
上総
相模
富津
打沈め線 侵入した外国船を砲撃
観音崎
浦賀
久里浜
1853年6月9日 ペリー，久里浜に上陸し，国書を提出
彦根藩
忍藩
城ケ島
安房
洲崎
乗止め検問線 湾内立ち入り禁止を通告
諸藩の防衛地
台場（1854年）
防衛にあたった藩
ペリーの来航ルート
1853年
1854年
ペリーが水深を測量した場所
＊海岸線は現在のようす。

△⑦**江戸湾の防備**

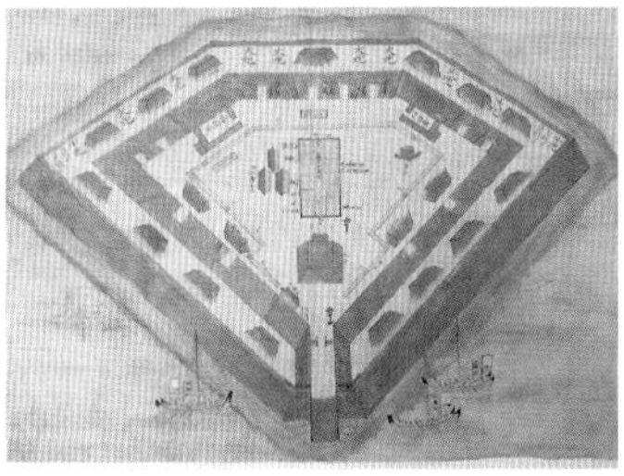

△⑧**品川砲台** ペリーが江戸湾の奥深くまで侵入したため，幕府は，江戸湾の防備にあたる藩を増やす一方（→図⑦），伊豆韮山代官**江川太郎左衛門**（→p.197）に命じて，計11基の洋式砲台の設置を計画した。砲台（台場）は，品川で5基が完成し，各地にもつくられた。〈山形 鶴岡市郷土資料館蔵〉

背景	1853年ペリーの来航（将軍：12代家慶） …4隻の軍艦・米大統領フィルモアの国書持参
政策内容	老中：阿部正弘（将軍：13代家定） ①幕府独裁の動揺…徳川斉昭（水戸）・松平慶永（越前）・島津斉彬（薩摩）ら有力大名の政治参与，有力幕臣の登用［川路聖謨・井上清直・岩瀬忠震（→p.202）・永井尚志ら］ ②国防の強化…江戸湾に台場を建築（→図⑦），大船建造の禁の解除，海軍伝習所（長崎），蕃書調所・講武所（江戸）

△⑨**阿部正弘が進めた安政の改革**

▶⑩**海軍伝習所** 幕府は，海軍創設をめざし，長崎に海軍伝習所を設立した。オランダ人が洋式航海・造船術の講義を行い，勝海舟（→p.206）や榎本武揚（→p.208）もここで学んだ。〈佐賀 鍋島報效会蔵 昭和初期作成 119.0×166.0cm〉

歴史散歩 横浜開港資料館（神奈川県横浜市） ペリーの横浜上陸地に建ち，ペリー来航に関する資料やイギリスの写真家ベアトの写真帳など，貴重なコレクションを所蔵・展示している。

開国 ―われわれの第一歩は，条約によってかれらの提供する市場に近づくことである(オールコック『大君の都』)

ヒストリースコープ イギリス外交官オールコックは，在日中の記録『大君の都』のなかで開国後の日本のようすを書きとどめるとともに，「母国イギリスの貿易市場は極東に拡大しており，その進出は条約によるコンタクトから始まる……新しい市場を獲得することが，マンチェスター*の夢だ」と述べている。

▶①**御開港横浜之全図**(1866年ごろ) 諸外国との通商条約では，開港地は東海道の神奈川宿の予定だったが，幕府は，民間人が外国人と接触するのを避けるため，街道から外れた小さな村であった横浜に変更した。外国商人の活動は，浅瀬を埋め立てた居留地に限定され，そのなかで日本商人と貿易を行った。

*マンチェスターは産業革命発祥の地で，イギリスの綿工業(紡績業・綿織物業)の中心地。

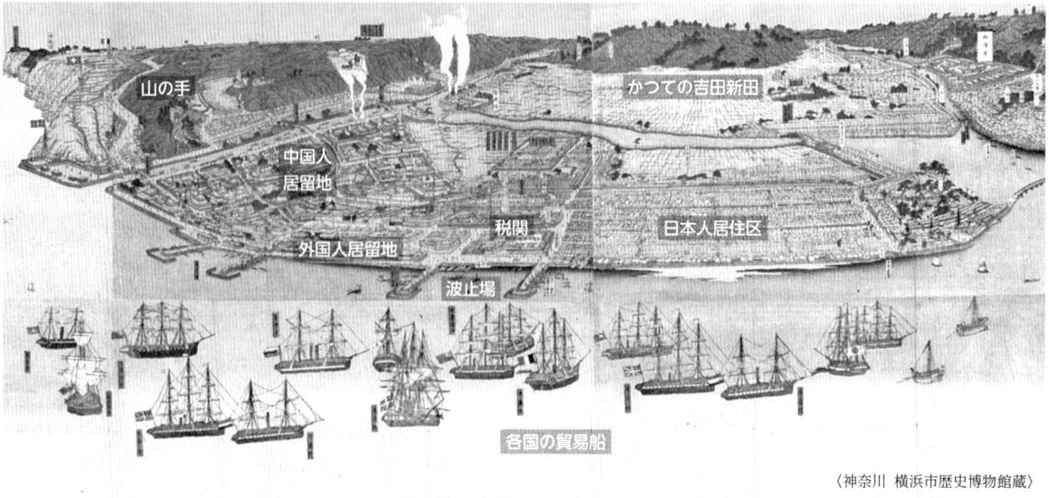

山の手
かつての吉田新田
中国人
居留地
税関
日本人居住区
外国人居留地
波止場
各国の貿易船

〈神奈川 横浜市歴史博物館蔵〉

考察

❶なぜ，外国商人の活動は居留地内に制限されたのだろうか。

❷日米修好通商条約が不平等なのはどのような点だろうか。→2

❸貿易は，日本の経済にどのような影響を与えただろうか。→4

1 開国までの流れ

将軍	老中など	年月	事項
12代 徳川家慶		1844 .7 (弘化1)	オランダ国王ウィレム2世，幕府に開国を勧告(史)，幕府は「鎖国の祖法」を理由に拒絶 ➔p.194
	(老中首座)阿部正弘	1846 .閏5	**ビッドル**(アメリカ東インド艦隊司令長官)浦賀来航，幕府は通商要求を拒絶
		1853 .6 (嘉永6)	**ペリー**(アメリカ東インド艦隊司令長官)浦賀に来航，久里浜で米大統領フィルモアの国書を提出 ➔p.201
		.7	**阿部正弘**，開国に関し諸大名に諮問 ➔2
			プチャーチン(ロシア使節)，長崎に来航
		.8	幕府代官江川太郎左衛門，**品川台場**の築造開始 ➔p.201
		.9	幕府，大船建造の禁を解く ◯**安政の改革**➔p.201
1853.10 13代 家定		1854 .1 (安政1)	ペリー再び来航，幕府と交渉へ
		.3	**日米和親条約**(神奈川条約)締結
		.閏7	イギリス艦隊，長崎に来航
		.10	**プチャーチン**，下田に来航
		.12	**日露和親条約**締結 史
		1855 .3	フランス艦隊，下田に来航
		.7	幕府，長崎に**海軍伝習所**を設立➔p.201
	(老中首座)堀田正睦	1856 .4	幕府，江戸築地に講武所を設立
		.7	アメリカ総領事**ハリス**，下田に来航
		.10	松平慶永(越前藩主)・島津斉彬(薩摩藩主)ら，将軍継嗣に**一橋慶喜**をおす運動を開始(一橋派の形成 ➔p.204)
		.12	13代将軍**家定**，島津斉彬の養女篤姫(敬子)と結婚 ➔p.175
		1857 .10	松平慶永ら，一橋慶喜を将軍継嗣にするよう幕府に建議
			ハリス，通商条約を求め江戸城に登城，将軍家定に米大統領の国書提出
		1858 .2	**堀田正睦**，通商条約の勅許を求めて上洛(3月，孝明天皇が勅許を拒否)
	(大老)井伊直弼	.6	**日米修好通商条約**を調印(無勅許)
			徳川慶福(紀伊藩主)を将軍継嗣に決定(14代**家茂**，10月，就任) ➔p.204
		.7	幕府，外国奉行を設置
		.7〜.9	蘭・露・英・仏とも通商条約調印(**安政の五カ国条約**)

△②**阿部正弘**(1819〜57)

△③**堀田正睦**(1810〜64)

△④**井伊直弼**(1815〜60)

2 日米和親条約と日米修好通商条約

明治の条約改正 ➔p.228

	日米和親条約	日米修好通商条約
調印前の大名の意見	**日米和親条約前の1853年**(老中 阿部正弘) 数字は藩数 開国論：積極的交易論 2，消極的開国論 14 攘夷論：開戦・攘夷論 8，平和的拒絶論 26 意見なし 4 〈本庄栄治郎『日本経済思想史研究』〉	**日米修好通商条約前の1857年**(老中 堀田正睦) 数字は藩数 開国論：積極的交易論 4，消極的開国論 16 攘夷論：開戦・攘夷論 3，平和的拒絶論 4 意見なし 7
条約名と担当者	**日米和親条約**(全12か条)史 調 印 1854(安政1)年3月3日 担当者 日本…**阿部正弘** 米国…**ペリー**	**日米修好通商条約**(全14か条)史 および付属の**貿易章程**7則 調 印 1858(安政5)年6月19日 担当者 日本…**井伊直弼** 米国…**ハリス**
おもな内容(赤字は不平等な内容)	・**開港地** 下田*・箱館の2港 *横浜開港後，下田は閉港。 ・燃料・食料などの供給 ・難破船と乗組員の救助 ・**片務的最恵国待遇** アメリカ側にのみ最恵国待遇*2を認める *2 相手国に認めた内容よりもよい条件や新たな権利を他国に認めた場合，自動的に同じ条件を相手国に認めること。本来は片務的(一方的)ではなく，相互に認め合う。 ・下田に領事駐在	・**開港地** 神奈川・長崎・新潟・兵庫の4港* ➔ 居留地での自由貿易 *実際の開港は神奈川→横浜，兵庫→神戸。 ・開港場に居留地を設置 ・江戸・大坂の開市 ・**片務的最恵国待遇の継続** ・**関税自主権の欠如**(協定関税制) 関税*2の税率を自主的に決める権利がなく，相手国の同意が必要 *2 輸出入品にかける税。 ・**領事裁判権の承認**(治外法権) 日本でのアメリカ人の犯罪は，米国領事が米国の法律で裁く
他国との関係	1855年までにイギリス・ロシア・オランダとも類似の条約締結	1858年中にオランダ・ロシア・イギリス・フランスとも類似の条約締結(アメリカも含め**安政の五カ国条約**)

人 岩瀬忠震(1818〜61) 江戸出身

つねに開国論を唱え，外交・海防事務に従事した幕臣。日本全権として日露和親条約，安政の五カ国条約などの条約交渉を担った。日米修好通商条約では，井上清直とともにハリスと繰り返し交渉し，外国人居留地以外での商業禁止などの内容をまとめたが，天皇の勅許は得られなかった。岩瀬は，清が英仏との戦争に敗れ不平等条約を結ばされている情勢から，無勅許での即時調印を主張。大老の井伊は反対したが，最終的に無勅許のまま条約締結にもち込んだ。

今日とのつながり 横浜に居留地が設けられると，そのなかに中華街が形成された。その場所は，現在も変わらず，通りは海に対して斜めにはしっている。

3 貿易の特徴

A 取り引きされた港

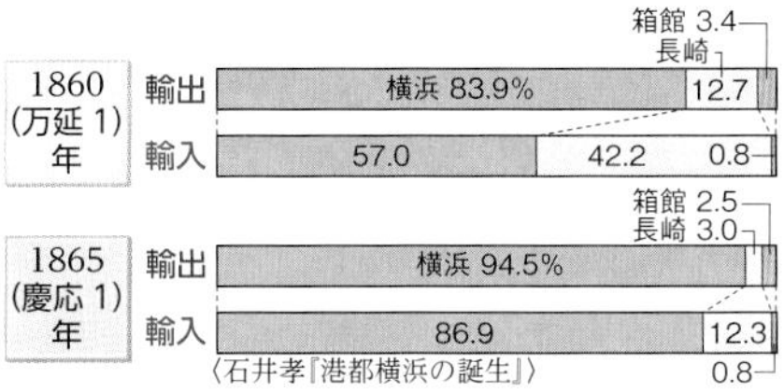
箱館 3.4
長崎
1860(万延1)年
輸出
横浜 83.9%
12.7
輸入
57.0
42.2
0.8
箱館 2.5
長崎 3.0
1865(慶応1)年
輸出
横浜 94.5%
輸入
86.9
12.3
0.8
〈石井孝『港都横浜の誕生』〉

よみとき 取引相手国の第1位の国に注目しよう

B 横浜港での国別取引高

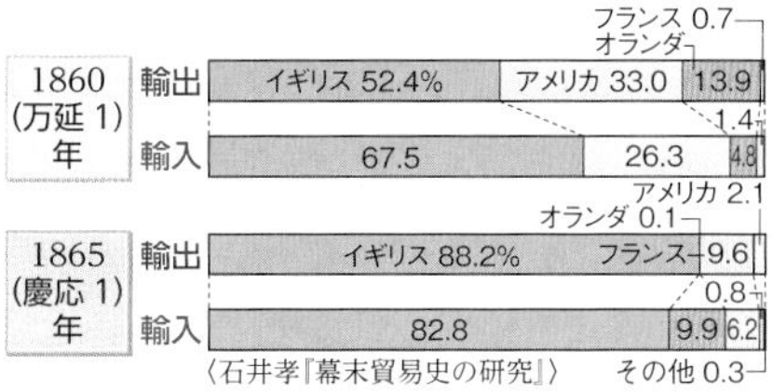
フランス 0.7
オランダ
1860(万延1)年
輸出
イギリス 52.4%
アメリカ 33.0
13.9
1.4
輸入
67.5
26.3
4.8
アメリカ 2.1
オランダ 0.1
1865(慶応1)年
輸出
イギリス 88.2%
フランス
9.6
0.8
輸入
82.8
9.9
6.2
その他 0.3
〈石井孝『幕末貿易史の研究』〉

> **時代を見る目 開港後の貿易**
> 1859年，横浜(神奈川)・長崎・箱館の3港で貿易が始まるが，大消費地の江戸，生糸の産地である関東・甲信，茶の産地の静岡を背後にもつ横浜が圧倒的な取引量を占めた。国別取引高では，南北戦争で国内が混乱したアメリカではなくイギリスが第1位となった。輸出品では，生糸の最大の輸出国であった清国が，アヘン戦争後輸出量を減らしたため，生糸の輸出が増加した。また，アメリカでの緑茶の流行もあり茶の輸出も増加した。輸入品は織物類が多く，毛織物は羽織や帯，軍服などに使用された。機械生産による安価なイギリス製の綿織物は国内の綿織物業を圧迫した。

C 取り引きされた商品(横浜港)

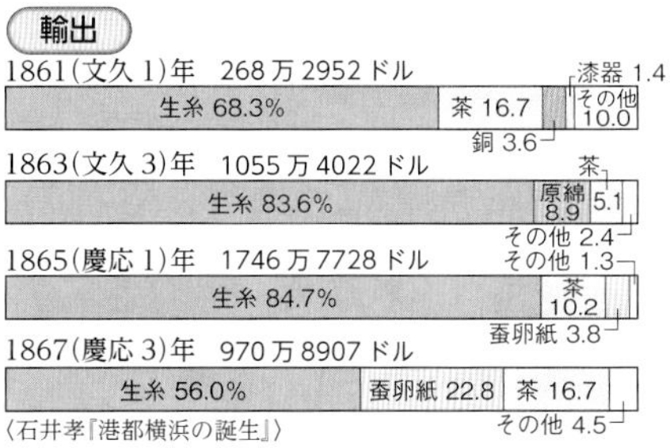
輸出
1861(文久1)年 268万2952ドル
漆器 1.4
生糸 68.3%
茶 16.7
その他 10.0
銅 3.6
1863(文久3)年 1055万4022ドル
茶
生糸 83.6%
原綿 8.9
5.1
その他 2.4
1865(慶応1)年 1746万7728ドル
その他 1.3
生糸 84.7%
茶 10.2
蚕卵紙 3.8
1867(慶応3)年 970万8907ドル
生糸 56.0%
蚕卵紙 22.8
茶 16.7
その他 4.5
〈石井孝『港都横浜の誕生』〉

輸入
1861(文久1)年 149万4315ドル
薬品
綿織物 46.0%
毛織物 26.7
金属類 8.6
4.9
4.1
その他 8.6
綿糸
艦船 1.1
1863(文久3)年 370万1089ドル
毛織物 28.3%
金属 21.5
17.6
綿織物 15.9
艦船 12.3
日用品・食料・薬品
その他 4.4
1865(慶応1)年 1315万3024ドル
その他 5.5
毛織物 43.8%
綿織物 35.8
綿糸 6.6
武器 6.5
艦船 1.8
1867(慶応3)年 1490万8785ドル
綿織物 25.3%
毛織物 22.4
米 10.1
武器等 9.9
綿糸 9.0
砂糖 8.6
その他 12.0
艦船 2.7
〈石井孝『港都横浜の誕生』〉

> **Key Word 蚕卵紙**
> 当時，ヨーロッパでは蚕(蛾の一種)の病気が広がり，日本から蚕を輸入して養蚕業の回復をはかった。このため，蚕に卵を産みつけさせた蚕卵紙が，日本から大量に輸出された。病気予防のため，仕切りをつくり一匹ずつ産卵させた。
> ▶⑤蚕卵紙

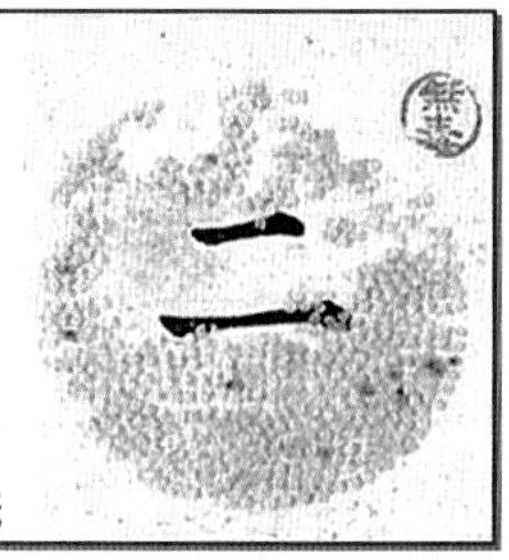
〈長野 上田市立博物館蔵〉

4 輸出超過とインフレ

A 貿易額の推移

〈小学館『図説日本文化史大系 10』〉

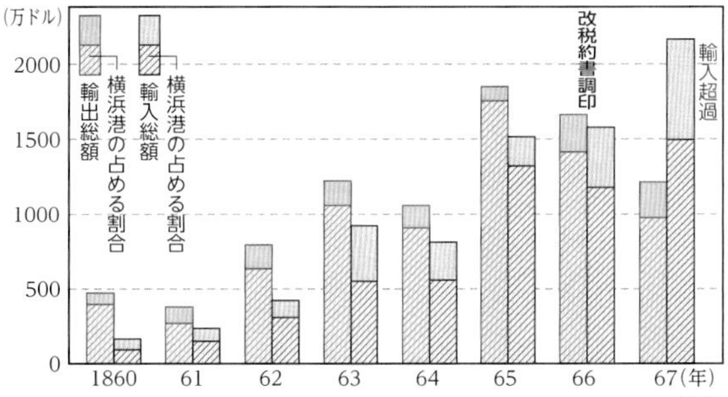
(万ドル)
2000
1500
1000
500
0
輸出総額
横浜港の占める割合
輸入総額
横浜港の占める割合
改税約書調印
輸入超過
1860
61
62
63
64
65
66
67(年)
△⑥開港直後から大幅な輸出超過が続いた。のち，1866年に**改税約書**で輸入関税が一律5%になると，輸入超過におちいった。

B 居留地貿易

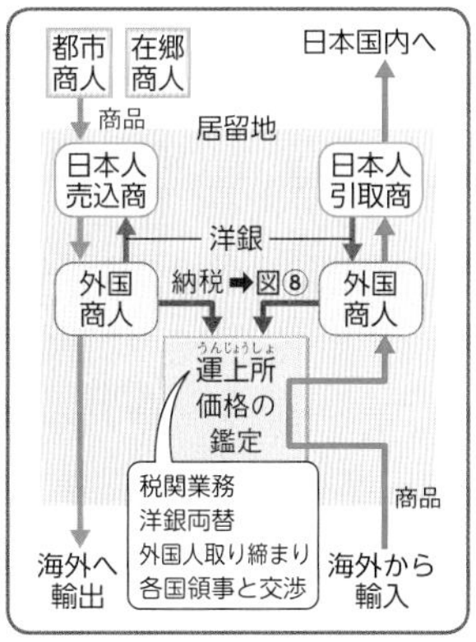
都市商人
在郷商人
商品
居留地
日本国内へ
日本人売込商
日本人引取商
洋銀
外国商人
納税➡図⑧
外国商人
運上所
価格の鑑定
税関業務
洋銀両替
外国人取り締まり
各国領事と交渉
商品
海外へ輸出
海外から輸入

◀⑦外国商人は，居留地以外での活動を認められていなかったが，日本人を使い内地での通商を試みた者もいた。一方，各地の日本人売込商が横浜に殺到するとともに，輸入では，横浜の引取商が，三都の大商人との為替取引を用いて巨額の買いつけを行った。こうした日本商人の活発な動きが，結果として外国商人の内地侵入を防いだ。
▶⑧関税率

*貿易開始当初の関税率(日米修好通商条約貿易章程第7則)。

区分	税率*	品目
輸入	無税	日本居留用の所持品(貨幣・衣服・家財など)
	5%	船の修復などの工具や建築材・捕鯨漁具・食料など
	35%	酒類(蒸留酒・醸造酒)
	20%	上記以外のすべての品
輸出	無税	金銀貨幣・棹銅
	5%	日本産の輸出品

C 金貨流出と物価高騰

▶⑨**金貨流出のしくみ　日米修好通商条約**は，貨幣の同種同量交換*を定めていた。だが，金貨と銀貨の交換比率は，日本(1:5)と海外(1:15)とで大きく異なったため，外国商人は，銀貨で同種同量交換を行いそれを金貨に両替して海外にもち出し，銀貨を3倍に増やした。これにより，開港直後の1859年に約10万両の金貨が海外に流出した。

*外国と国内の貨幣を，銀貨なら銀貨どうし，同じ重さで交換すること。

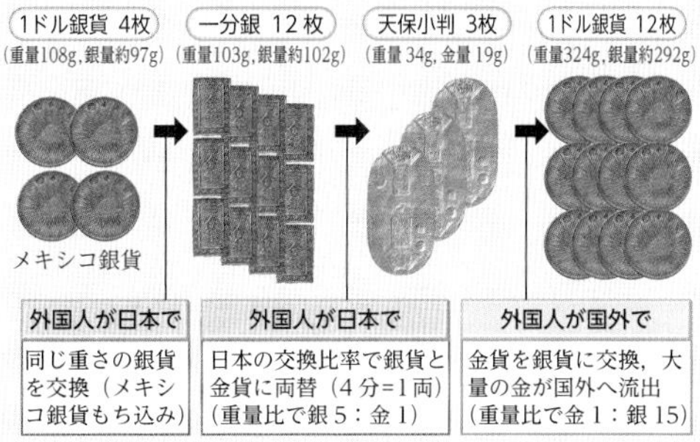
1ドル銀貨 4枚
(重量108g, 銀量約97g)
一分銀 12枚
(重量103g, 銀量約102g)
天保小判 3枚
(重量34g, 金量19g)
1ドル銀貨 12枚
(重量324g, 銀量約292g)
メキシコ銀貨
外国人が日本で
同じ重さの銀貨を交換(メキシコ銀貨もち込み)
外国人が日本で
日本の交換比率で銀貨と金貨に両替(4分=1両)(重量比で銀5：金1)
外国人が国外で
金貨を銀貨に交換，大量の金が国外へ流出(重量比で金1：銀15)

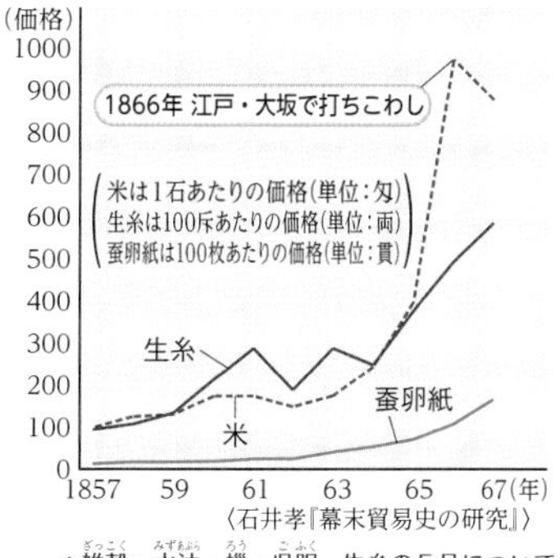
(価格)
1000
900
800
700
600
500
400
300
200
100
0
1866年 江戸・大坂で打ちこわし
米は1石あたりの価格(単位：匁)
生糸は100斤あたりの価格(単位：両)
蚕卵紙は100枚あたりの価格(単位：貫)
生糸
米
蚕卵紙
1857
59
61
63
65
67(年)
〈石井孝『幕末貿易史の研究』〉

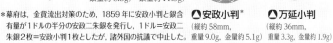

◀⑪**物価高騰**　生糸や蚕卵紙を筆頭に，大幅な輸出超過による品不足で価格が高騰，政情不安から米が買い占められ米価も暴騰した。1860年，**五品江戸廻送令***が発令されたが効果は薄かった。史

*雑穀・水油・蠟・呉服・生糸の5品について，開港場への直送を禁止して江戸を経由させ，江戸の問屋に統制させようとした。

△メキシコ銀貨
(径約38mm，重量27g，銀量約24.3g)

△一分銀
(縦約25mm，重量8.6g，銀量約8.5g)

△安政二朱銀*
(縦約28mm，重量13.5g，銀量約11.5g)

△安政小判*
(縦約58mm，重量9.0g，金量約5.1g)

△万延小判
(縦約36mm，重量3.3g，金量約1.9g)

*幕府は，金貨流出対策のため，1859年に安政小判と銀含有量が1ドルの半分の安政二朱銀を発行し，1ドル=安政二朱銀2枚=安政小判1枚としたが，諸外国の抗議で中止した。

◀⑩**貿易に用いられた貨幣**　金貨流出をとめるため，1860年，金の含有率はそのままで含有量を大きく減らした**万延小判**や万延二分金を鋳造した。金貨流出は止まったが，大幅な物価高騰の一因となった。

> **時代を見る目 万延貨幣改鋳と物価高騰**
> **万延小判**(➔図⑩)の金含有量は，それまで主流であった天保小判(➔p.171)の金含有量約6.4gに対して3分の1ほどの約1.9gしかなく，万延二分金は金含有率がさらに低かった。そのため貨幣の実質価値が下がって物価高騰に拍車をかけ，さらに多くの貨幣が必要となって，万延小判・二分金あわせて約5000万両が鋳造された。その結果，幕末の10年間で慢性的なインフレが進行し，庶民の生活が圧迫された。

歴史のまど　島崎藤村『夜明け前』　父・島崎正樹(作中では青山半蔵)の生涯をたどりながら，明治維新前後のあわただしい世相を描いた作品。

政局の転換から動乱へ ―大老亡ひて…万延改元ゴザッテ，是から追々世直し（風刺ちょぼくれ）

ヒストリースコープ

1860年3月3日，桜田門外の変が起こり，大老 井伊直弼が暗殺された。保守派の井伊は，雄藩の幕政参加を求める一橋派ら条約締結反対派に激しい弾圧を加えていた。事件を機に幕府の権威は大きく傷つき，事件後に流行したちょぼくれ（はやしうた）では，「大老の井伊が亡くなり，年号が万延に改元されたので，さてこれから世直しだ」とうたわれた。

考察

❶江戸城の門外で大老が暗殺されたことは，幕府の権威にどのような影響を与えたのだろうか。
❷桜田門外・坂下門外の変後，どのような大名が政治に参画するようになったのだろうか。→3
❸不安定な政情のなかで民衆は何を願い，どのような運動を起こしたのだろうか。→5

井伊直弼

①桜田門外之変図 井伊直弼は，江戸城への登城の途中，桜田門の手前で水戸・薩摩の脱藩浪士18人の襲撃を受け，死亡した。〈茨城県立図書館蔵〉

②井伊直弼（1815～60）

1 幕末の流れ

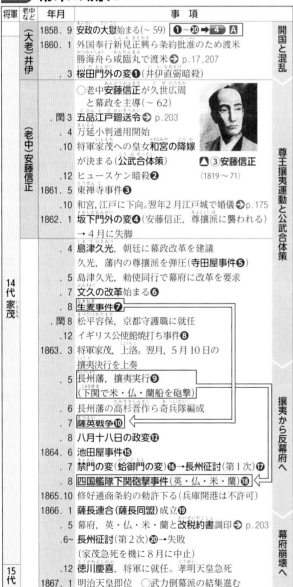

将軍	老中など	年月	事項
	（大老）井伊	1858. 9	安政の大獄始まる（～59） ❶～⑳➡4 A
		1860. 1	外国奉行新見正興ら条約批准のため渡米 勝海舟ら咸臨丸で渡米 ➡p.17,207
		. 3	桜田門外の変❶（井伊直弼暗殺）
	（老中）安藤信正		○老中安藤信正が久世広周と幕政を主導（～62）
		. 閏3	五品江戸廻送令 ➡p.203
		. 4	万延小判通用開始
		. 10	将軍家茂への皇女和宮の降嫁が決まる（公武合体策）
		. 12	ヒュースケン暗殺❷
		1861. 5	東禅寺事件❸
		. 10	和宮，江戸に下向。翌年2月江戸城で婚儀 ➡p.175
		1862. 1	坂下門外の変❹（安藤信正，尊攘派に襲われる）→4月に失脚
14代家茂		. 4	島津久光，朝廷に幕政改革を建議 久光，藩内の尊攘派を弾圧（寺田屋事件❺）
		. 5	島津久光，勅使同行で幕府に改革を要求
		. 7	文久の改革始まる❻
		. 8	生麦事件❼
		. 閏8	松平容保，京都守護職に就任
		. 12	イギリス公使館焼打ち事件❽
		1863. 3	将軍家茂，上洛。翌月，5月10日の攘夷決行を上奏
		. 5	長州藩，攘夷実行❾（下関で米・仏・蘭船を砲撃）
		. 6	長州藩の高杉晋作ら奇兵隊編成
		. 7	薩英戦争❿
		. 8	八月十八日の政変⓬
		1864. 6	池田屋事件⓯
		. 7	禁門の変（蛤御門の変）⓰→長州征討（第1次）⓱
		. 8	四国艦隊下関砲撃事件（英・仏・米・蘭）⓲
		1865. 10	修好通商条約の勅許下る（兵庫開港は不許可）
		1866. 1	薩長連合（薩長同盟）成立⓳
		. 5	幕府，英・仏・米・蘭と改税約書調印 ➡p.203
		. 6～	長州征討（第2次）⑳→失敗（家茂急死を機に8月に中止）
15代慶喜		. 12	徳川慶喜，将軍に就任。孝明天皇急死
		1867. 1	明治天皇即位 ○武力倒幕派の結集進む
		. 10	薩長に討幕の密勅 大政奉還 ➡p.206,208

（時期区分：開国と混乱／尊王攘夷運動と公武合体策／攘夷から反幕府へ／幕府崩壊へ）

③安藤信正（1819～71）

2 一橋派・南紀派の対立と安政の大獄

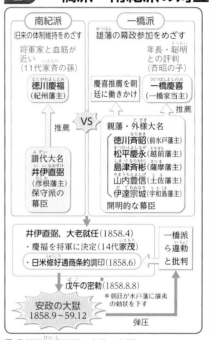

南紀派：旧来の体制維持をめざす
将軍家と血筋が近い（11代家斉の孫）
徳川慶福（紀州藩主）
↑推薦
譜代大名 井伊直弼（彦根藩主） 保守派の幕臣

VS

一橋派：雄藩の幕政参加をめざす
年長・聡明との評判（斉昭の子）
一橋慶喜（一橋家当主）
慶喜推薦を朝廷に働きかけ
↑推薦
親藩・外様大名
徳川斉昭（前水戸藩主）
松平慶永（越前藩主）
島津斉彬（薩摩藩主）
山内豊信（土佐藩主）
伊達宗城（宇和島藩主）
開明的な幕臣

井伊直弼，大老就任（1858.4）
・慶福を将軍に決定（14代家茂）
・日米修好通商条約調印（1858.6）
← 一橋派ら違勅と批判
↓
戊午の密勅*（1858.8.8）
*朝廷が水戸藩に攘夷の勅状を下す
↓弾圧
安政の大獄 1858.9～59.12

④将軍継嗣問題と安政の大獄

	人物	地位	処罰
大名	徳川斉昭	前水戸藩主 一橋派	永蟄居
	徳川慶篤	水戸藩主 慶喜の兄	登城停止
	一橋慶喜	一橋家当主 一橋派	隠居・謹慎
	松平慶永（春嶽）	越前藩主 一橋派	隠居・謹慎
	山内豊信（容堂）	土佐藩主 一橋派	隠居・謹慎
	徳川慶勝	尾張藩主 違勅調印批判	隠居・謹慎
幕臣	川路聖謨	勘定奉行 一橋派	隠居・謹慎
	岩瀬忠震	作事奉行 一橋派	隠居・謹慎
	永井尚志	軍艦奉行 一橋派	隠居・謹慎
藩士など	梅田雲浜	元小浜藩士 尊王攘夷派	（獄死）
	橋本左内	越前藩士 松平慶永の側近	死罪
	吉田松陰	長州藩士 幕政批判	死罪
	頼三樹三郎	儒者 頼山陽の子 尊王攘夷派	死罪
公卿	近衛忠熙（左大臣）	一橋派を支持	辞官・落飾*など
	鷹司輔熙（右大臣）	一橋派を支持	辞官・落飾*など
	鷹司政通（前関白）	一橋派を支持	辞官・落飾*など
	三条実万（前内大臣）	一橋派を支持	辞官・落飾*など

*髪をそり出家。
→合計100人以上処罰

⑤安政の大獄のおもな処罰者

3 公武合体策の展開

よみとき：尊王攘夷派の立場からは幕府の唱えた「公武合体」がどのようにみえたのかに注目しよう

尊王攘夷派（尊攘派）の台頭
・幕府権威の低下← 桜田門外の変
↓
公武合体
幕府（武）：老中 安藤信正 和宮の降嫁を要請（14代将軍 家茂の妻に）
朝廷（公）：孝明天皇 公家 岩倉具視 降嫁勅許（1860.10）（1861.10 和宮江戸へ）
期待：幕府権威の回復 尊攘派の封じ込め ／ 期待：条約破棄・攘夷断行 発言力強化
↓
尊攘派の批判 → 1862.1 坂下門外の変
↓
島津久光*の幕政改革要求 …勅使 大原重徳を同行
*薩摩藩主 島津忠義の父で，前藩主 斉彬の弟。
↓
文久の改革
政権：将軍後見職…徳川（一橋）慶喜／政事総裁職…松平慶永（越前藩主）／京都守護職…松平容保（会津藩主）
政策：参勤交代の緩和…3年に1回（100日滞在） 妻子の帰国許可／軍制改革（洋式軍隊）・近代化促進 ➡p.207
性格：・朝廷・雄藩への宥和 ・幕府権力の強化 → 矛盾も → 内部対立 政情不安定

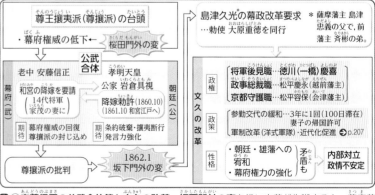

⑥安藤信正の公武合体策と文久の改革 坂下門外の変を機に安藤が失脚すると，薩摩の島津久光は江戸に下り，幕政を安政の改革（➡p.201）での雄藩との協調路線に復帰させた。

今日とのつながり 桜田門外の変の襲撃成功は，浪士たちが拳銃を用意していたためともいわれる。アメリカ製拳銃の複製で，うち1丁が2010年に発見・公開された。

4 尊王攘夷から反幕府へ

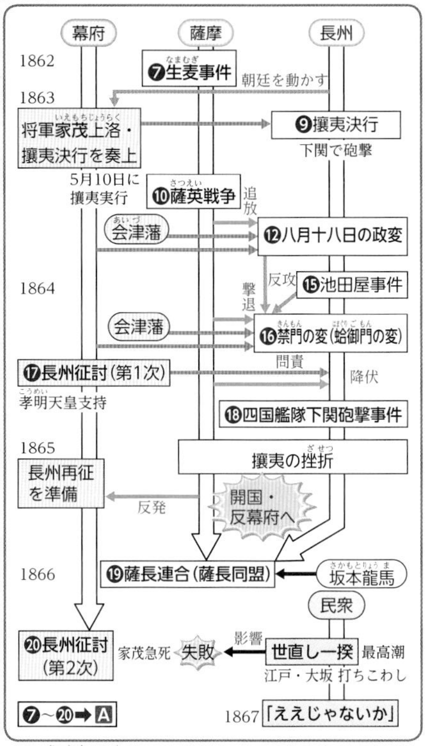

幕府
薩摩
長州
1862
❼生麦事件
朝廷を動かす
1863
将軍家茂上洛・攘夷決行を奏上
❾攘夷決行
下関で砲撃
5月10日に攘夷実行
❿薩英戦争
追放
会津藩
⓬八月十八日の政変
1864
反攻
⓯池田屋事件
撃退
会津藩
⓰禁門の変(蛤御門の変)
問責
⓱長州征討(第1次)
降伏
孝明天皇支持
⓲四国艦隊下関砲撃事件
1865
攘夷の挫折
長州再征を準備
反発
開国・反幕府へ
1866
⓳薩長連合(薩長同盟)
坂本龍馬
民衆
⓴長州征討(第2次)
家茂急死
失敗
影響
世直し一揆
最高潮
江戸・大坂 打ちこわし
1867
「ええじゃないか」
❼～⓴➡A

△⑦**薩長両藩と幕府の動き** 長州藩を中心とする尊攘派が急進化すると，幕府と薩摩・会津両藩は尊攘派を排除した。尊攘派の衰退を機に，幕府が権力強化にのりだすと，警戒を強めた薩摩藩は，**長州征討**で窮地にたった長州藩と**薩長連合**(**薩長同盟**)を結び，反幕府に転じた。

A 尊王攘夷運動と幕末の動乱

長州藩

❾長州藩の攘夷決行(1863.5)
下関を通過する外国船を砲撃。

⓱長州征討(第1次)(1864.7～.12)
幕府・諸藩が出兵，長州藩降伏。

⓲四国艦隊下関砲撃事件(1864.8)
長州藩の攘夷決行(❾)に欧米列強が報復。長州藩は攘夷が不可能であることを悟る。

△⑧ **4か国軍(英・仏・米・蘭)に占拠された下関砲台**

⓴長州征討(第2次)(1866.6～.8)
幕府が長州藩を攻撃するが，薩長連合により薩摩藩は長州を支援。そのため幕府は各地で敗戦，将軍家茂の急死を機に征討を中止。

京都 ➔巻頭とびら「幕末動乱の舞台」

❺寺田屋事件(1862.4)
島津久光が藩内の尊攘派を排除。

⓬八月十八日の政変(1863.8)
会津・薩摩両藩が，長州藩の勢力を京都から追放。

⓯池田屋事件(1864.6)
新選組が長州藩士を中心とする尊攘派を襲撃。

⓰禁門の変(蛤御門の変)＊3(1864.7)
長州藩兵が入京，薩摩・会津両藩が撃退。

⓳薩長連合(薩長同盟)(1866.1)
薩摩・長州両藩が土佐藩の坂本龍馬の仲介で同盟。

⓭生野の変
(1863.10)
福岡藩脱藩の平野国臣らが但馬の生野代官所を襲撃。

● 日米和親条約(1854)の開港地
● 日米修好通商条約(1858)の開港地
— 島津久光の上洛・東上(1862)
— 天狗党の転戦(1864)
❶～⓴は事件発生の順序
1862～66年のおもな藩
0 150km
箱館
新潟
会津藩 約28万石
水戸藩 約35万石
水戸
筑波山
越前藩 約32万石
下仁田
下諏訪
新保
神奈川＊
江戸
下田
長州藩 約31万石
＊2
兵庫
京都
下関
佐賀藩 約21万石
長崎
土佐藩 約19万石
薩摩藩 約73万石

地図を見る目 尊王攘夷運動や幕末の動乱が起こった場所に注目

＊ 神奈川の実際の開港は横浜。
＊2 兵庫の実際の開港は神戸。
＊3 もとは新在家御門とよばれ，常時閉ざされていたが，江戸時代の大火で初めて開門されたことから"焼けて口開く蛤"に例えられ「蛤御門」とよばれるようになった。「禁門」は禁裏(御所)の門の総称。

⓮天狗党の乱
(1864.3～.12)
水戸藩の尊攘派が挙兵，京都をめざすが途中で降伏。

薩摩藩

❿薩英戦争(1863.7)
生麦事件(❼)の報復でイギリス艦隊が鹿児島を攻撃。双方とも損害をこうむり講和，以降薩・英は接近する。

⓫天誅組の変(1863.8～.9)
土佐藩脱藩の吉村虎(寅)太郎らが大和の五条代官所を襲撃。

❼生麦事件(1862.8)
島津久光一行が，横浜近郊の生麦で，行列を横ぎったイギリス人4名のうち3名を殺傷。

△⑨**薩英戦争** イギリス軍の攻撃で鹿児島城下の一部が焼かれた。

江戸

❶桜田門外の変(1860.3) ➡

❷ヒュースケン暗殺(1860.12)
薩摩藩士がアメリカ総領事ハリスの通訳ヒュースケンを殺害。➔p.206

❸東禅寺事件(1861.5)
水戸藩脱藩の浪士が高輪のイギリス仮公使館を襲撃。

❹坂下門外の変(1862.1)

❻文久の改革(1862) ➡ 3

❽イギリス公使館焼打ち事件(1862.12)
長州藩の高杉晋作・伊藤博文・井上馨らが品川に建設中の公使館を襲撃。

5 民衆の不安と幕末の民衆宗教

➔p.331「宗教史の流れ」

宗教名	開　祖	内　容
黒住教(1814成立)	黒住宗忠(備前の神官)	天照大神を信仰。神に感謝して誠実・陽気に暮らせば願いがかなうと説く。
天理教(1838成立)	中山みき(大和の農婦)	天理王命が世の立て替え・民衆救済の道を開いたとし，人々の助け合いを説く。
金光教(1859成立)	川手文治郎(備中の農民)	神を信じ誠実勤勉な生活をおくれば天地金乃神が困難を助けると説く。

△⑩**幕末の民衆宗教** 19世紀に誕生した神道系の新宗教は幕末に拡大し，明治期に国家神道形成の過程で政府に公認されて，**教派神道**(➔ p.217)とよばれた。

◁⑪「**ええじゃないか**」 幕末の社会不安は，**世直し一揆**や打ちこわしなど，さまざまな民衆運動の形をとって現れた。1867(慶応3)年の夏から翌年にかけては，伊勢神宮の御札が降ったとして，三河吉田を皮切りに，東海道筋から関東・近畿・中国・四国にわたる広い範囲で，庶民がふうがわりな服装で踊り歩く「**ええじゃないか**」が起こった。武力倒幕派がこの騒動の混乱を利用したともいわれる。

歴史のまど 司馬遼太郎『酔って候』 短編小説集であるが，山内豊信，島津久光，鍋島直正ら幕末に活躍した大名たちを身近に感じることができる。

1 近代国家構想の登場

①坂本龍馬(1835～67) 土佐藩郷士(下級武士)の家に生まれる。攘夷派から開国派に転じ，**薩長連合**(**薩長同盟**)や**大政奉還**に尽力するが，京都の近江屋で暗殺された。 〈高知県立歴史民俗資料館蔵〉

②**「船中八策」** 1867年，坂本龍馬が長崎から京都に向かう船中で後藤象二郎(→図⑭)に示したとされる国家構想*。徳川家が政権を朝廷に返上し，朝廷のもとに議会を開くというこの構想を具体化するため，後藤は山内豊信(→図⑬)を通じて，**徳川慶喜**に**大政奉還**を建白した。議会開設構想は**五箇条の誓文**(→p.208)をはじめ，明治新政府に受け継がれていった。

一、天下ノ政権ヲ朝廷ニ奉還セシメ、政令宜シク朝廷ヨリ出ヅベキ事。 **大政奉還**
一、上下議政局ヲ設ケ、議員ヲ置キテ万機ヲ参賛セシメ、万機宜シク公議ニ決スベキ事。 **議会の開設**
一、有材ノ公卿諸侯及天下ノ人材ヲ顧問ニ備ヘ官爵ヲ賜ヒ、宜シク従来有名無実ノ官ヲ除クベキ事。 **官僚制の改革**
一、外国ノ交際広ク公議ヲ採リ、新ニ至当ノ規約ヲ立ツベキ事。 **外交の刷新**
一、古来ノ律令ヲ折衷シ、新ニ無窮ノ大典ヲ撰定スベキ事。 **法典整備**
一、海軍宜シク拡張スベキ事。 **海軍の整備**
一、御親兵ヲ置キ、帝都ヲ守衛セシムベキ事。 **直轄軍(近衛兵)の設置**
一、金銀物貨宜シク外国ト平均ノ法ヲ設クベキ事。 **貨幣制度整備**

*「船中八策」には原本が存在しないため，大政奉還後に龍馬が書いた文章をもとに，後世につくられたものだとする説もある。

2 大政奉還をめぐる攻防

よみとき 下の4つの立場の人々にとって，大政奉還がどのような意味をもったのかに注目しよう

佐幕*派～幕府・会津藩

*幕府体制維持。

徳川慶喜が実権をにぎり，軍備拡充など近代化と幕権強化に努めたが，**四国艦隊下関砲撃事件**(→p.205)以後，長州藩を屈服させようとして薩摩藩の離反を招いた。1867年，薩長両藩が武力倒幕に向かう動きをみて，将軍慶喜は**大政奉還**を断行した。

③**徳川慶喜**(1837～1913) 大政奉還を行っても，諸侯の会議を開設し，主導権をにぎれると考えていた。

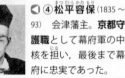

⑤**勝海舟**(1823～99) 幕臣。蘭学者。咸臨丸艦長として太平洋を横断，私塾で坂本龍馬を指導。のち軍艦奉行。

④**松平容保**(1835～93) 会津藩主。**京都守護職**として幕府軍の中核を担い，最後まで幕府に忠実であった。

⑥**小栗忠順**(1827～68) 幕臣。外国奉行・勘定奉行・軍艦奉行を歴任。幕府の洋式軍隊創設を主導した。

武力倒幕派(討幕派)

長州藩

長州征討(第1次)ののち，反幕府派(旧**尊王攘夷派**)が藩権力を奪回し，武力で幕府と対峙。

⑦**木戸孝允**(**桂小五郎**)(1833～77) 長州藩の尊王攘夷派を主導。**高杉晋作**らのクーデタで藩政をにぎる。

⑧**高杉晋作**(1839～67) 1864年，**奇兵隊**など諸隊の武力により，藩政の主導権を親幕府派から奪回した。

薩摩藩

1866年，**薩長連合**(**薩長同盟**)で公武合体から反幕府に転じ，翌年，武力倒幕(討幕)を決意。

⑨**西郷隆盛**(1827～77) **島津斉彬**(→p.197)の側近から，藩内の尊王攘夷派の指導者となる。

⑩**大久保利通**(1830～78) 島津久光に引き立てられるが，久光の意図をこえて討幕に進む。

朝廷

公武合体論を支持していた孝明天皇が亡くなり，三条実美・**岩倉具視**ら反幕府派が力をもった。薩長両藩と結んだ岩倉の主導で，1867年10月，討幕の密勅が出されたが，**大政奉還**で機先を制せられ，岩倉・三条らは**王政復古の大号令**発布に向かった(→p.208)。

⑪**三条実美**(1837～91) 尊王攘夷派の公卿。**八月十八日の政変**(→p.205)で長州に逃れた「七卿」の一人。

⑫**岩倉具視**(1825～83) 和宮降嫁(→p.204)を主導して失脚するが，薩摩藩と結んで復権。

公議政体派 土佐藩

郷士ら下級藩士には尊王攘夷・倒幕派が多かったが，上層部は徳川家を排除しない体制をめざした。

⑬**山内豊信**(**容堂**)(1827～72) 元土佐藩主。後藤象二郎の献策を受け，**大政奉還**を**徳川慶喜**に建言した。

⑭**後藤象二郎**(1838～97) 土佐藩士。坂本龍馬の「船中八策」をもとに，大政奉還を山内豊信に献策した。

⑮**板垣退助**(1837～1919) 土佐藩士。公議政体論が優勢な土佐藩上層部のなかにあって武力倒幕を主張した。

時代を見る目

倒幕と討幕

1867年の段階で，薩摩・長州・土佐の各藩は，幕府の専制を倒すという目標(倒幕)では一致していた。だが，議会開設による平和的な新体制樹立をめざし(公議政体論)，必ずしも徳川家を排除しないやり方を模索する土佐藩に対して，薩長両藩は武力による幕府の打倒(討幕)を主張していた。

3 幕末に来日した外国人

米	**ハリス**(1804～78) アメリカ駐日総領事	**日米和親条約**により1856年に下田に着任。アロー戦争後の清国情勢やイギリスの脅威を幕府に説き，**日米修好通商条約**締結に成功。➡p.202
米	ヒュースケン(1832～61) ハリスの通訳	オランダ人ながらハリスの秘書となり，1856年に来日。1860年，尊攘派の薩摩藩浪士に襲われ翌年死亡。➡p.205
英	**オールコック**(1809～97) イギリス駐日公使	1859年，江戸に着任し，東禅寺事件(➡p.205)ではかろうじて避難。1864年の**四国艦隊下関砲撃事件**を立案した。著書『大君の都』。➡p.202
英	**パークス**(1828～85) イギリス駐日公使	オールコックの後任。1865年着任。貿易促進に努め，日本との貿易でイギリスを**最大の貿易相手国**とした。**明治維新**でいち早く新政府を承認。
英	グラバー(1838～1911) イギリスの貿易商人	1859年来日。1861年，開港直後の長崎にグラバー商会を設立。**八月十八日の政変**後，薩長など西国雄藩に艦船・武器を供給し，巨利を得た。
仏	**ロッシュ**(1809～1900) フランス駐日公使	1864年着任。同年，幕府の依頼を受けて横須賀製鉄所設立の技術支援を斡旋するなど，幕府援助を基本方針とした。➡p.207

*ロッシュの写真は1890年撮影のもの。

⑯**パークス**(左)と⑰**ロッシュ***(右) 植民地獲得競争でイギリスにおくれをとるフランスの公使ロッシュは，貿易を求めて雄藩にも接近するイギリス公使パークスに対抗し，幕府を支持して貿易独占をはかろうとした。

幕末の近代化 ―欧州諸国と直に親懇を厚くすれば自ずから害は遠かるべし（西周）

ヒストリースコープ

幕府からオランダ留学に派遣された西周（1829～97）は，欧米のアジア進出に対応して対等な関係を築くためにも，文明国としてのふるまいを身につけ，直接交流を深めるべきだと主張した。

考察

❶なぜ『万国公法』がいち早く刊行され，人々に広く読まれたのだろうか。
❷海外体験は，国内変革への意識にどう影響しただろうか。→ 1 ・ 2

畢洒林氏說
官版
萬國公法
慶應四
戊辰年
西周助譯述

①西周訳『万国公法』（1868年刊） 文明国として国と国とが互いに守らなければならないルールを国際法とよぶ。1864年，清国で国際法の概説書が『万国公法』の題で漢訳され，翌年，幕府の開成所（➔p.190）がこれに訓点をつけて刊行した。本書のほかにも，明治初期にかけて多くの類書が刊行され，広く読まれた。

榎本武揚 ➔p.201，208
西周

②留学時代の西周 1862（文久2）年からオランダに留学した西は，1868年，留学中に受けた講義をもとに『万国公法』（➔図①）を刊行。この書籍は外交や貿易に活用された。西は1873年，**福沢諭吉**らと啓蒙団体**明六社**（➔p.217）を結成した。

1 通商条約の締結と幕府遣外使節 ➔p.17 巻頭地図

③アメリカ大統領と会談する遣米使節 1860年，**日米修好通商条約**の批准書交換のため，幕府使節がアメリカに派遣され，勝海舟（➔p.206）・**福沢諭吉**らを乗せた幕府の軍艦咸臨丸が随行した。米大統領ブキャナンに謁見した一行は，大統領が一般人と同じ服装をしていることに衝撃を受けた。

A. Beato

④スフィンクスと第2回幕府遣欧使節 1863年，横浜港閉鎖交渉のため派遣された使節一行。西洋文化に触れ，開国の重要性を認識して帰国した。彼らはエジプトにも立ち寄った。

2 留学生の派遣

出発年	幕府	諸藩
1862～63（文久2～3）	文久の改革 ⇩ 15	密航 ⇩ 5
1864（元治1）	1	
1865～67（慶応1～3）	1866 海外渡航解禁 52	53

おもな留学生
●幕府
西周（1862，蘭）
榎本武揚（1862，蘭）
中村正直（1866，英）
●長州藩
伊藤博文（1863，英）
井上馨（1863，英）
●薩摩藩
森有礼（1865，英）
五代友厚（1865，英）
寺島宗則（1865，英）

〈石附実『近代日本の海外留学史』〉

⑤留学生の派遣数 諸藩の留学生派遣は長州など西国雄藩が中心で，これにより雄藩は外交力を高めた。

伊藤博文
遠藤謹助
井上勝
井上馨
山尾庸三

⑥長州藩の留学生 1863年，藩命を受けてイギリスに密航留学した。**伊藤博文**と**井上馨**は，翌年，**四国艦隊下関砲撃事件**（➔p.205）に際して急ぎ帰国し，講和の実現に努めた。この5人は，長州藩の改革や明治の近代化に活躍する。

時代を見る目 高杉晋作のみた上海

⑦**高杉晋作**（1839～67） 1863年，**奇兵隊**を長州に創設。

1862年，長州藩士**高杉晋作**は藩命で上海に渡航した。**アヘン戦争**により欧米の租界（外国人居留地）が設けられていた上海について，高杉は「欧米人が道を通ると清国人は道を譲る。まるで英仏の属国のようだ」と述べている。高杉は清国を日本に重ね合わせ，日本の将来に強い危機感を抱いたのである。

近代 江戸

3 幕府の近代化 ―慶応の軍制改革

＊明治初頭に横須賀造船所（➔p.213）と改称し，のちに横須賀海軍工廠となった（➔p.243）。

⑧洋式の軍服を着た徳川慶喜 軍服は，友好関係にあったフランスのナポレオン3世から贈られたもの。

⑨フランス式の軍事教練 幕府は，ナポレオンが近代陸軍編制を確立したフランスの陸軍兵制を採用し，1867年，フランスから軍事顧問団を招聘して，砲兵・騎兵・歩兵の軍事教練を実施させた。

⑩横須賀製鉄所（明治初期撮影） 製鉄所という名の造船所＊。勘定奉行小栗忠順とフランス公使ロッシュの尽力により，フランス海軍の技師ヴェルニーの計画立案で1865年に着工した。

⑪旧横須賀製鉄所のドライドック（現 米軍横須賀海軍基地） 船舶の修理施設。建設には，日本の築城技術も応用された。

今日とのつながり 横須賀製鉄所は，横須賀造船所・横須賀海軍工廠への改称を経て，現在は在日アメリカ軍の施設となっているが，建設当時のドライドックは現在も使われている。

幕府崩壊と「御一新」—広ク会議ヲ興シ，万機公論ニ決スベシ 史(五箇条の誓文)

History Scope ヒストリースコープ

五箇条の誓文は，越前(福井)藩出身の参与由利公正が提案したものを参与 福岡孝弟(土佐藩)が修正し，さらに木戸孝允が文言を決定した。福岡案では「列侯会議を興し」とされていたものを改め，「広く会議を興し」としたことで，国政に参加する層を拡大し，国内の諸勢力を新政府に結集させようとした。

考察

❶五箇条の誓文発布の際，神前で儀式を行った意図は何か，説明しよう。
❷五箇条の誓文はどのような政治状況のもとで発せられたのだろうか。→1
❸「御一新」によって，天皇と民衆のあり方はどのように変化しただろうか。→2

〈東京 聖徳記念絵画館蔵 五箇條御誓文 乾南陽筆〉
神位
天皇
三条実美
公卿・諸侯

五箇条の誓文〔現代語訳〕

一、広く会議を開き，何ごとも公の議論で決定すること。
一、上に立つ者も人民も，心を一つにして，さかんに国家経営の策を行うこと。
（中略）
一、旧来の悪習①をやめ，国際法にもとづくこと。
（後略）

①攘夷のこと

（『太政官日誌』）

◁①五箇条の誓文の公布　1868年3月14日，**五箇条の誓文**が発せられた。まず，天皇が神位を拝し，新政府の副総裁三条実美が天皇の代理として上の誓文を読みあげた。続いて公卿(公家)や諸侯(大名)らが1人ずつ神位と天皇を拝して，誓約の書面に署名した。この儀式は，天皇を祭主とする神道様式によるものである。

1 大政奉還と戊辰戦争

❶〜❾は年表中の番号と対応
❸〜❾は戊辰戦争にあたる

❶大政奉還　1867(慶応3)年10月14日
徳川慶喜は，討幕の密勅に先んじて政権を返還し，政治の主導権をにぎろうとした。

〈大政奉還 邨田丹陵筆〉

△②大政奉還を諮問する徳川慶喜

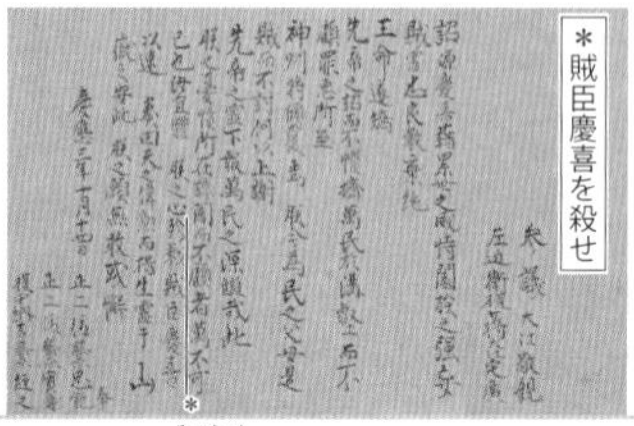
*賊臣慶喜を殺せ

△③討幕の密勅　10月13・14日に朝廷から薩長両藩に秘密裏に下された将軍慶喜追討の勅書。偽勅ともいわれている。

❷小御所会議　1867年12月9日 →巻頭とびら
倒幕派が大政奉還に対抗し，**王政復古の大号令**(史)に続き，慶喜への辞官納地*の命令を決定。

〈王政復古 島田墨仙筆〉

△④小御所会議での議論　*官職を辞し領地を返納すること。

❸鳥羽・伏見の戦い　1868(慶応4)年1月
慶喜が辞官納地を拒み大坂城に退くと，薩摩藩が挑発，京都郊外で旧幕府軍と衝突した。

❼長岡城の戦い(北越戦争)
1868年5〜7月
東北・北越諸藩が新政府に抵抗して**奥羽越列藩同盟**を結成。長岡藩が家老河井継之助を中心に東征軍と戦う。

❹赤報隊の偽官軍事件
1868年1〜3月
相楽総三ら赤報隊は，東征軍(官軍)の東山道先鋒として，年貢半減令の布告などを任務に東進。途中，新政府に引き返しを命じられたが従わず，偽官軍とされ下諏訪で解隊，幹部は処刑。

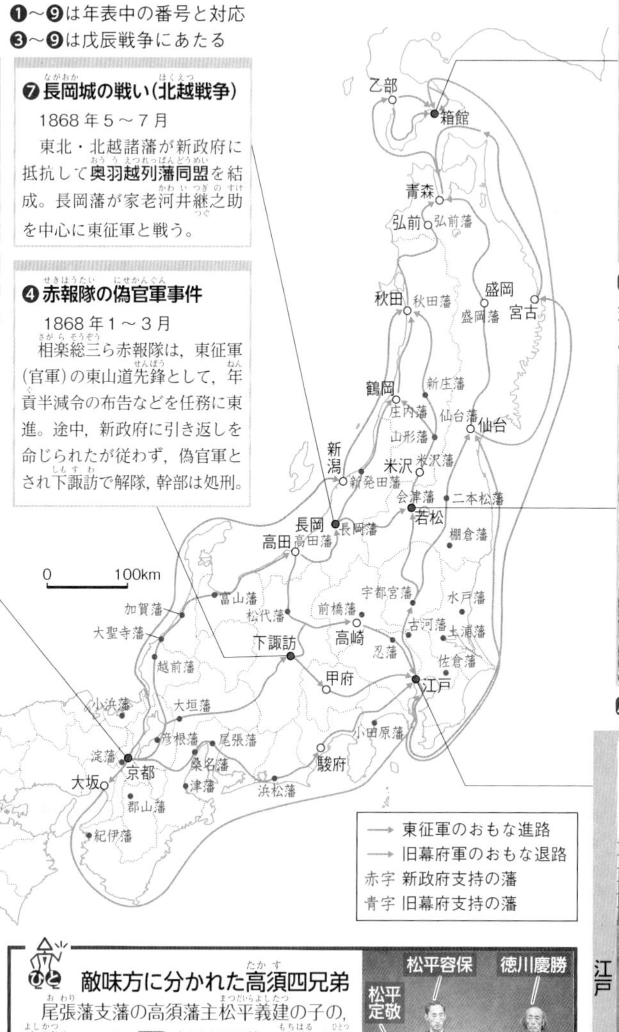
乙部
箱館
青森
弘前
弘前藩
秋田
秋田藩
盛岡
盛岡藩
宮古
鶴岡
庄内藩
新庄藩
山形藩
仙台藩
仙台
新潟
新発田藩
米沢
米沢藩
会津藩
若松
二本松藩
棚倉藩
長岡
長岡藩
高田
高田藩
0 100km
加賀藩
富山藩
松代藩
宇都宮藩
水戸藩
前橋藩
大聖寺藩
下諏訪
高崎
古河藩
土浦藩
忍藩
佐倉藩
越前藩
甲府
江戸
小浜藩
大垣藩
小田原藩
彦根藩
尾張藩
淀藩
京都
駿府
大坂
桑名藩
津藩
浜松藩
郡山藩
紀伊藩
京都
江戸
→ 東征軍のおもな進路
→ 旧幕府軍のおもな退路
赤字 新政府支持の藩
青字 旧幕府支持の藩

ひと 敵味方に分かれた高須四兄弟

尾張藩支藩の高須藩主松平義建の子の，慶勝(→p.204 2)は尾張藩，茂栄は一橋家，容保(→p.206)と定敬はそれぞれ会津・桑名藩を継いだ。**戊辰戦争**では慶勝が新政府側，容保と定敬は旧幕府側につき，茂栄は朝敵となった兄弟の助命に奔走した。

松平容保
徳川慶勝
松平定敬
一橋茂栄

▷⑤高須四兄弟　1878(明治11)年に撮影。

❾箱館戦争　1869(明治2)年5月
旧幕府海軍の榎本武揚や元新選組副長の土方歳三らが五稜郭に籠城するも敗北。戊辰戦争終わる。

△⑥五稜郭(左)と⑦リール城塞(右)　フランス式築城法で築かれたが，16〜17世紀の設計であり，新政府側の砲撃に対して無力だった。

❽会津戦争　1868(明治1)年8〜9月
東北諸藩のうち，徹底抗戦を続ける会津藩を東征軍が攻撃，会津藩は会津若松城にこもるが降伏。

〈佐野石峰筆〉

△⑧会津藩の白虎隊　10代の少年たちの悲劇。

❺西郷隆盛と勝海舟の会見　1868年3月13〜14日
東征軍の西郷と旧幕臣の勝が江戸の薩摩藩邸で会談し，江戸城開城と総攻撃中止を決定。

西郷隆盛
勝海舟

△⑨西郷・勝会見の図〈江戸開城談判 結城素明筆〉

❻彰義隊の戦い(上野戦争)　1868年5月
慶喜の警護などを名目に旧幕臣が彰義隊を結成。上野寛永寺で抵抗したが，大村益次郎が率いる新政府側に敗北。

歴史のまど　飯沼一元『白虎隊士飯沼貞吉の回生』　白虎隊の生き残り飯沼貞吉の手記から，白虎隊が若松城落城を誤認して自刃したという説を再検証し，新たな説を唱えている。

2 「御一新」(明治維新)の過程

1867 .8 (慶応3)	「ええじゃないか」流行(東海道筋・近畿を中心に，翌年4月ごろまで) ➔ p.205
.10.14	岩倉具視・薩長，討幕の密勅入手➡図③
	徳川慶喜，大政奉還の上表を朝廷に提出➡❶
.12. 9	王政復古の大号令史(天皇中心の新政府樹立を宣言)
	小御所会議➡❷→徳川慶喜に辞官納地を命じる
1868 .1. 3	鳥羽・伏見の戦い➡❸(戊辰戦争の始まり)
.1.15	新政府の成立を諸外国公使に告げる →英米など6か国，局外中立を宣言
.3. 3	赤報隊，偽官軍として解体，幹部処刑➡❹
.3.13	勝海舟と西郷隆盛が会見(～.3.14)➡❺ →江戸城総攻撃回避と，無血開城を決定
.3.14	五箇条の誓文➡ .3.15 五榜の掲示➡A
.4.11	江戸城開城
.閏4.21	政体書を制定→太政官制を採用➡C
.5. 3	東北・北越諸藩，奥羽越列藩同盟を結成
.5.15	彰義隊，上野寛永寺で壊滅➡❻
.7.17	新政府，江戸を東京と改称
.7.29	長岡城落城，長岡藩兵は会津へ逃走➡❼
.8.23	会津戦争始まる➡❽
.8.27	明治天皇，即位の礼をあげる
(明治1) .9. 8	明治と改元，一世一元の制を定める
.9.22	会津藩，東征軍に降伏
1869 .1.20 (明2)	薩摩・長州・土佐・肥前の4藩主が版籍奉還を上奏→他の藩主もこれにならう
.3.28	天皇，東京に到着→事実上の遷都➡B
.5.18	箱館戦争で五稜郭開城(戊辰戦争終わる)➡❾
1871 .7.14	廃藩置県 ➔ p.210

青字 戊辰戦争関連

A 新政府の民衆政策

⑩キリシタン禁制の高札 1868(慶応4)年3月の五榜の掲示*は，幕府の民衆政策を継承していた。キリシタン禁制の高札は，外国公使の抗議で1873年に撤去。

＊民衆の守るべき心得を記した高札が五種掲示された。

五榜の掲示【抜粋】史

第一札　定①〔道徳の遵守〕
一　人タルモノ五倫ノ道②ヲ正シクスヘキ事
一　鰥寡孤独廃疾ノ者③ヲ憫ムヘキ事
一　人ヲ殺シ家ヲ焼キ財ヲ盗ム等ノ悪行アル間敷事

第二札　定〔徒党・強訴・逃散禁止〕
…徒党…強訴…逃散…堅ク御法度タリ…

第三札　定〔キリスト教の禁止〕
切支丹邪宗門ノ儀ハ堅ク御制禁タリ…

第四札　覚④〔外国人の殺傷の禁止〕
…万国ノ公法ヲ以条約御履行…外国人ヲ殺害シ…暴行ノ所業無之様被仰出候事

第五札　覚〔郷村からの脱走の禁止〕
…本国⑤ヲ脱走イタシ候儀堅ク被差留…

①高札に永年掲示する掟　②君臣・父子・夫婦・長幼・朋友の間で守るべき道　③妻や夫，親や子を亡くした人，身体に障害や病気のある人　④暫定的な掟　⑤人別のある本籍地　(『法令全書』)

B 東京遷都

⑪軍服姿の明治天皇 1873(明治6)年21歳。

錦の御旗
鳳輦 ↓p.145
菊の御紋

⑫江戸城に入る明治天皇 1868年10月，天皇の行列が東京に到着した。いったん京都に戻った天皇は翌69年3月，再度東京に入った。

C 明治新政府のしくみ

よみとき 太政官制の二官六省制と三院制について，神祇官(省)の地位の変化に注目しよう

三職制	七官制	二官六省制	三院制	内閣制度 ➔p.226
1867(慶応3)年12月～	1868(慶4)年閏4月～	1869(明治2)年7月～	1871(明4)年7月～	1885(明18)年12月～
王政復古の大号令	政体書 史	版籍奉還後	廃藩置県後	
摂政・関白・征夷大将軍などを廃止	太政官に権力を集中，太政官内で三権を分立	神祇官を太政官から独立，行政機関の筆頭に(復古的)	神祇官を省に格下げ，太政官に三院を設置，中央集権の官僚体制の基礎を固めた	各省の長官を卿から大臣に

(太政官制：七官制・二官六省制・三院制)

三職
総裁(1名) 有栖川宮熾仁親王
議定(14名) 皇族・公家・大名
参与(31名) 下級公家・藩士
( )内は1867年中に任じられた人数
↓
三職七科制(課) 68.1～
↓
三職八局制 68.2～

太政官(七官制)
行政官(行政)：神祇官・会計官・軍務官・外国官・民部官 69.4～
刑法官(司法)
議政官(立法)：上局・下局 ⇢ 公議所 69.3～ ⇢ 集議院 69.7～ ⇢ 左院

神祇官／太政官(二官六省制)
＊各省の長官は卿，次官は大輔。
左大臣・右大臣・大納言・参議
大蔵省*・兵部省・外務省・民部省(分離→工部省 70.閏10～ ➔p.213)・刑部省・宮内省・大学校・開拓使・弾正台 69.5～

太政官(三院制)　青字は1871年8月10日時点 [ ]は1871年中に就任
正院(政府の最高機関)
太政大臣 三条実美(公)―左大臣／右大臣[岩倉具視(公)]／参議 木戸孝允(長)・西郷隆盛(薩)・板垣退助(土)・大隈重信(肥)
右院(行政の諮問機関) ～75.4 各省の卿・大輔で構成。各省間の連絡調整や法案決議を担当。(上申→正院)
左院(立法機関) ～75.4 議長[後藤象二郎(土)] 副議長[江藤新平(肥)] ⇢ 元老院* 75.4～
神祇省 ⇢ 教部省 72.3～77.1
外務省 卿 岩倉具視(公)[副島種臣(肥)] 大輔 寺島宗則(薩)
大蔵省 卿 大久保利通(薩) 大輔 井上馨(長)
兵部省 大輔 山県有朋(長) ⇢ 陸軍省 72.2～／海軍省 72.2～
文部省 卿 大木喬任(肥)
内務省 73.11～
工部省 大輔 後藤象二郎(土)[伊藤博文(長)]
農商務省 81.4～
司法省 大輔 佐々木高行(土)
参事院 81.10～ ⇢ 内閣法制局
宮内省 卿[徳大寺実則(公)] ⇢ 内大臣府・宮内省
開拓使 ～82.2 ➔p.215,221 次官 黒田清隆(薩)
元老院 ⇢ 枢密院 88.4～／帝国議会 90.11～
＊1875年，漸次立憲政体樹立の詔(➔p.220)により設置。

内閣
内閣総理大臣―大蔵省・陸軍省・海軍省・外務省・内務省・文部省・農商務省・逓信省・司法省

Key Word 政体書
1868年に新政府が発表した政治組織・綱領。五箇条の誓文を基本方針に，アメリカを模倣した太政官への権力集中・三権分立・官吏互選を規定。しかし立法・行政部門の役職を兼任する者も多く，権力分立は不十分だった。

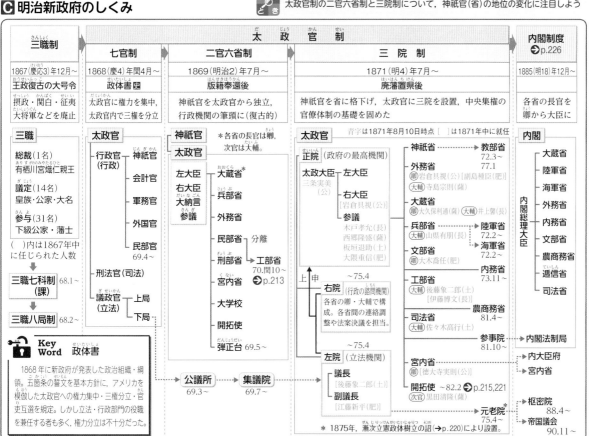

⑬王政復古の大号令では，朝廷組織を改めて新たに三職を設置し，1868年の政体書では，太政官に権力を集中させた。
1869年の版籍奉還後には，祭政一致をめざして神祇官が太政官の上におかれた。外見は古代律令制を模倣しているが，太政官の各役職には相応の実力者が配置された。
1871年の廃藩置県後には，正院・右院・左院の三院制となった。旧公家や大名のほとんどが退陣させられ，薩長土肥出身者が政権の中枢を占めた(藩閥政府)。
1885年に太政官制が廃止され，内閣制度が誕生した。

今日とのつながり 1869年の二官六省制以後，「省」を中心とする官制が現在まで続いているが，各省の中で外務省だけは名称が変わらないまま今日にいたっている。

政治の中央集権化 ―人タルモノ,固ヨリ心カヲ尽シ,国ニ報セサルヘカラス 史(徴兵告諭)

ヒストリースコープ

1872(明治5)年11月に発布された徴兵告諭は，自由と平等をうたい，その代償として誰もがみな徴兵に応じることが当然であると説いた。翌73年には徴兵令が発布され，各藩に属していた兵力を廃止し，国民皆兵を原則とする政府直轄の徴兵軍の建設がめざされた。

考察

❶新政府の合同演習で，なぜ兵士の軍服がまちまちなのだろうか。

❷なぜ，新政府による廃藩置県が可能だったのだろうか。→1・2

❸明治前期の諸改革で，武士はどうなったのだろうか。→3・4

〈東京 早稲田大学図書館蔵〉

駒場野風景之図

①東京・駒場野での合同演習　1870年4月17日，新政府は諸藩の兵を集めて軍事演習を行った。各藩は英・仏・蘭まちまちの兵装を採用していた。

徴兵告諭【現代語訳】

…いま，士農工商の四民に自由の権利をもたせようとしている。これは上下の身分をなくし，人権を平等にする道である。…だから，国に報いる方法も，区別があってはならない。…そもそもこの世に税のかからないものはなく，その税は国のために使われるのであるから，**人は力をつくして国に報いなければならない**。西洋ではこれを**血税**とよぶ。自らの血で国に報いるという意味である。…（『太政官日誌』）

1 中央集権化への道のり

年	事項　軍隊・警察制度の整備
1868(慶応4)	**政体書**公布，地方制度に府藩県三治制。府(直轄都市)・県(旧幕領・旗本領)に知府事・知県事をおき，藩は諸侯(藩主)が治める
1869(明治2)	**版籍奉還**。諸侯は知藩事となる **開拓使**設置，蝦夷地を**北海道**と改称 ➔p.215 兵部省設置。大村益次郎，襲撃され死亡➡3 A
1871	薩摩・長州・土佐3藩から御親兵を徴集，廃藩置県に対する諸藩の抵抗に備える **廃藩置県**(7月3府302県+開拓使→同年11月3府72県+開拓使)。知藩事は罷免，府知事・県令は中央政府が派遣➡2 全国4か所に**鎮台**をおく 東京府，邏卒3000人の取締組創設
1872	兵部省を廃し，陸軍省・海軍省を設置 御親兵を近衛兵に改称。司法省に警保寮設置 **徴兵告諭**(国民の兵役義務を示す)➡🔍
1873	全国を6軍管区に分け，6鎮台に➡3 A **徴兵令**公布。**内務省**を設置 ➔p.213
1874	警保寮を内務省に移管，東京に**警視庁**を設置，邏卒を巡査と改称➡3 B
1877	**西南戦争**(➔p.219)，鎮台兵(徴兵軍)動員
1878	**地方三新法**(郡区町村編制法・府県会規則・地方税規則)公布 竹橋事件(近衛兵による反乱事件) 参謀本部設置
1879	**琉球処分**，**沖縄県**を設置 ➔p.215
1882	**開拓使廃止**。函館・札幌・根室の3県を設置 **軍人勅諭**発布(天皇の統帥権を強調)
1885	**内閣制度**発足(➔p.224,226)，陸・海軍卿を陸・海軍大臣と改称
1886	北海道の3県を廃し，北海道庁を設置
1888	市制・町村制公布(➔p.224)。1道3府43県確定 鎮台を師団に改編。対外戦争に備える
1889	徴兵令大改正。国民皆兵の原則が確立 **大日本帝国憲法**発布(➔p.224)。軍隊の統帥権は天皇の大権と規定(統帥権の独立)
1890	府県制・郡制公布(➔p.224)。

2 藩から県へ ―1871(明治4)年11月3府72県発足時

②解体される小田原城天守(1870年)　戦国期に後北条氏(➔p.140)が居城とした小田原城は，江戸時代には関東の守りとして重要視された。小田原藩は，**版籍奉還**の翌年の1870年，自ら廃城を願い出た。この時期，諸藩は深刻な財政難に直面し，**廃藩置県**を受け入れざるをえない状況にあった。〈神奈川 小田原城天守閣蔵〉

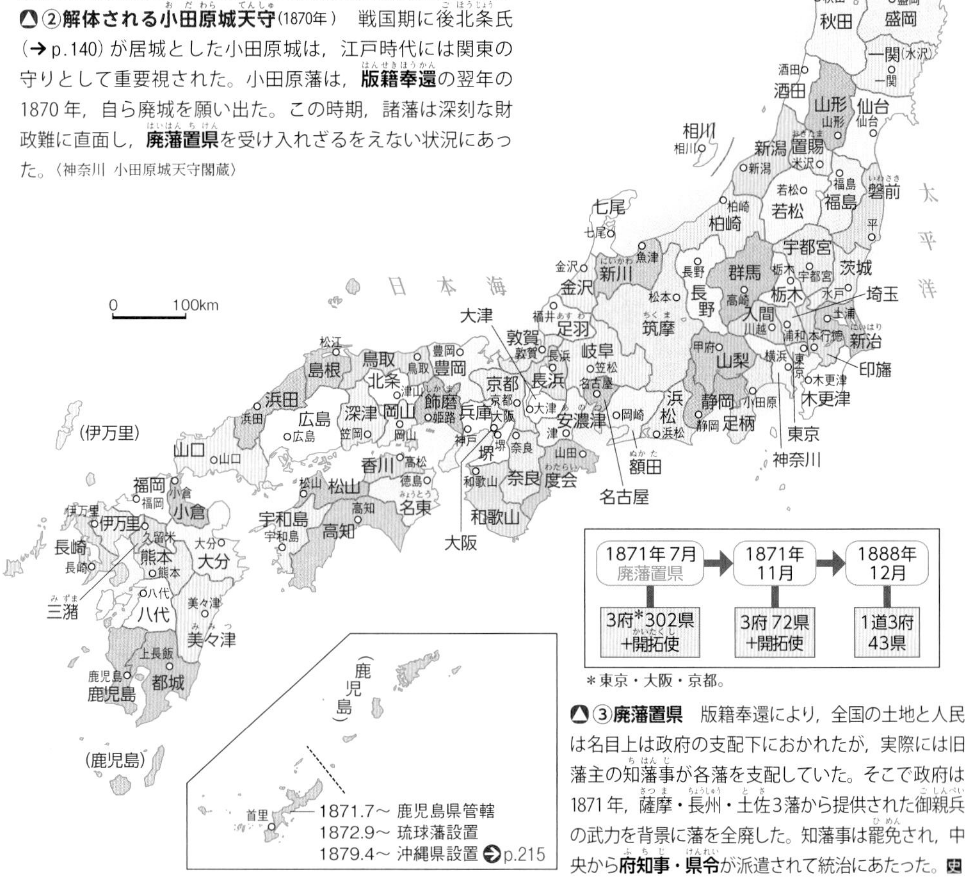
府県界
県庁所在地
地図を見る目
現在の都道府県界(➔巻末1)との相違に注目
札幌
(開拓使,1869年設置)
➔p.215
1871年9月から1872年9月までは青森県に所属
青森
秋田
盛岡
一関(水沢)
酒田
山形
仙台
相川
新潟
置賜(米沢)
若松
福島
磐前
平
七尾
金沢
新川
長野
群馬
宇都宮
栃木
茨城
埼玉
入間
筑摩
新治
印旛
木更津
山梨
足羽
敦賀
岐阜
大津
長浜
浜松
静岡
足柄
東京
神奈川
額田
名古屋
安濃津
度会
奈良
和歌山
大阪
堺
兵庫
京都
豊岡
飾磨
北条
鳥取
島根
浜田
広島
深津
岡山
山口
香川
名東
松山
宇和島
高知
福岡
小倉
伊万里
長崎
三潴
熊本
大分
八代
美々津
都城
鹿児島
(伊万里)
(鹿児島)
日本海
太平洋
0 100km
首里
1871.7～ 鹿児島県管轄
1872.9～ 琉球藩設置
1879.4～ 沖縄県設置 ➔p.215
1871年7月 廃藩置県 → 1871年11月 → 1888年12月
3府*302県+開拓使
3府72県+開拓使
1道3府43県
*東京・大阪・京都。

③廃藩置県　版籍奉還により，全国の土地と人民は名目上は政府の支配下におかれたが，実際には旧藩主の知藩事が各藩を支配していた。そこで政府は1871年，薩摩・長州・土佐3藩から提供された御親兵の武力を背景に藩を全廃した。知藩事は罷免され，中央から**府知事・県令**が派遣されて統治にあたった。史

今日とのつながり　廃藩置県から1道3府43県の確定までの過程で，戊辰戦争で旧幕府側についた藩の藩名の多くは県名から外され，現在にいたっている。

3 一元化された軍事力 A 国軍創設

▼④鎮台の設置　国民皆兵の徴兵軍は，長州出身の大村益次郎が構想し，山県有朋が具体化した。1871（明治4）年，廃藩置県ののち，治安維持のため全国4か所に**鎮台**（常備軍団）を設置し，御親兵と旧藩兵の志願者を配備した。**徴兵令**発布の73年には6鎮台に拡大し，兵も徐々に徴兵に切りかえた。

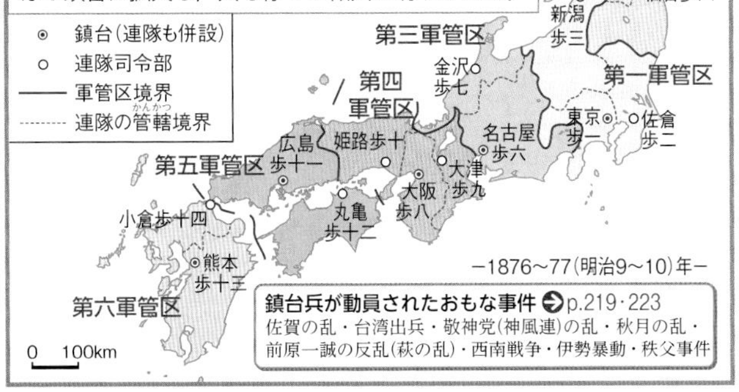

◉ 鎮台(連隊も併設)
○ 連隊司令部
—— 軍管区境界
------ 連隊の管轄境界
青森歩五
第二軍管区
仙台歩四
新潟歩三
第三軍管区
金沢歩七
第一軍管区
第四軍管区
名古屋歩六
東京歩一
佐倉歩二
広島歩十一
姫路歩十
大津歩九
第五軍管区
大阪歩八
丸亀歩十二
小倉歩十四
熊本歩十三
第六軍管区
0 100km
—1876～77(明治9～10)年—

鎮台兵が動員されたおもな事件 ➔p.219・223
佐賀の乱・台湾出兵・敬神党(神風連)の乱・秋月の乱・前原一誠の反乱(萩の乱)・西南戦争・伊勢暴動・秩父事件

①身長5尺1寸(約155cm)未満の者
②身体が弱く，兵役にたえない者
③官省府県に勤めている者
④海・陸軍の生徒で兵学寮にいる者
⑤官立の学校で学ぶ者，留学している者，医学や獣医学を学ぶ者
⑥一家の主人である者
⑦一家のあとつぎ
⑧一家で子や孫が自分一人だけの者
⑨重い刑罰の罪科がある者
⑩父兄が病気や事故で，家を治めている者
⑪養子(ただし実家にいる者は除く)
⑫徴兵されて兵役中の兄弟がいる者
⑬代人料270円を納めた者(1883廃止)

▲⑤**兵役免除規定**　1873（明治6）年の徴兵令は免除規定が多く，8割以上の対象者が免除され*，徴兵されたのは農家の次男以下が多かった。兵役逃れの風潮が強まり，免除規定の解説書『徴兵免役心得』まで出版された。

B 警察制度

◀⑥**明治5年の邏卒**　1871年，東京市中の取り締まりのため邏卒が募集された。1874年には薩摩出身の川路利良により東京に**警視庁**が設置され，邏卒は巡査と改称された。

▼⑦**警察機構**（1886年）

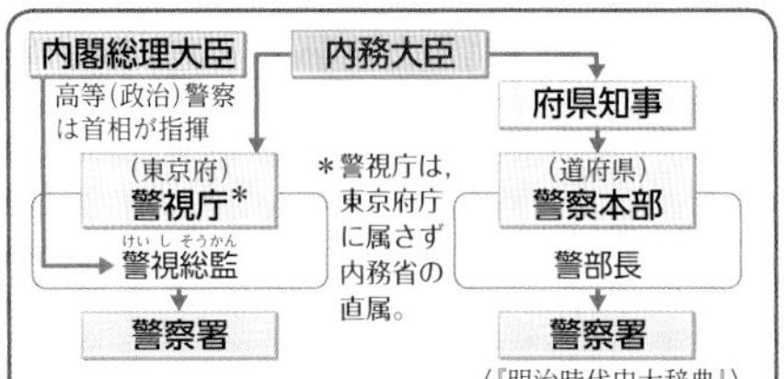

内閣総理大臣
内務大臣
高等(政治)警察は首相が指揮
府県知事
(東京府)警視庁*
＊警視庁は，東京府庁に属さず内務省の直属。
(道府県)警察本部
警視総監
警部長
警察署
警察署

〈『明治時代史大辞典』〉

＊1874年の徴兵対象者は約27万人，実際の徴兵者は約5万人。1879年・83年の改正で，免役条件はしだいに厳しくなった。

4 四民平等と士族特権の消滅

1869．6（明治2）**版籍奉還**
- 維新の功労者に賞典禄(恩賞)を交付
- 江戸時代の公卿(公家)と藩主を**華族**と改称，武士を**士族**とし，それぞれに家禄を定める
- 旧大名は知藩事となり，家禄は藩の石高の10分の1に
- 農工商の3民は**平民**となる

1870．9　平民の**苗字**(名字)使用を許可
1871．4　**戸籍法**を制定(華族・士族・平民の3族籍)
．8　散髪・脱刀の自由を認める
華族・士族・平民間の結婚を認める
いわゆる**解放令**を公布
- えた・非人などの称を廃し，制度のうえでは平民と同様とする

．10　**寺請制度**を廃止 ➔p.156
．12　華族・士族に職業選択の自由を認める
1872．2　戸籍法による最初の全国統一戸籍を作成(**壬申戸籍**)
1873．1　**徴兵令**公布　．7 **地租改正条例**公布 ➔p.212
．12　**家禄税**の創設　華族・士族の家禄に累進税を課す
秩禄奉還の法を定める
- 家禄・賞典禄の返上を希望する禄高100石未満の者に，授産資金として数年分の禄高を相場で換算し，現金と秩禄公債で支給

1874．11　秩禄奉還制度を禄高100石以上にも適用
1875．9　家禄・賞典禄の米給を改め，**金禄**(金銭支給)とする
1876．3　軍人・警察官以外の帯刀を禁じる(**廃刀令**)
．8　**金禄公債証書発行条例**公布
- 秩禄を廃止し，かわりに全受給者に年間支給額の5～14年分の金額の金禄公債証書を交付
- 公債証書は5年間のすえ置きを経て，6年目から抽選で償還開始。これにより禄制は廃止

→**秩禄処分の完了**（1906 金禄公債の償還完了）
1878．9　金禄公債証書の質入れ・売買を解禁

A 秩禄処分

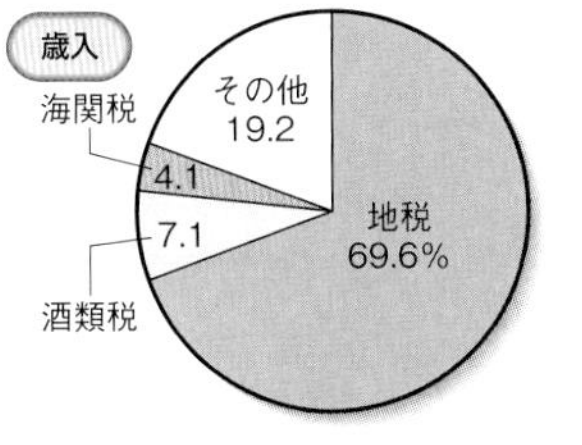

歳入
その他 19.2
海関税 4.1
7.1
酒類税
地租 69.6%

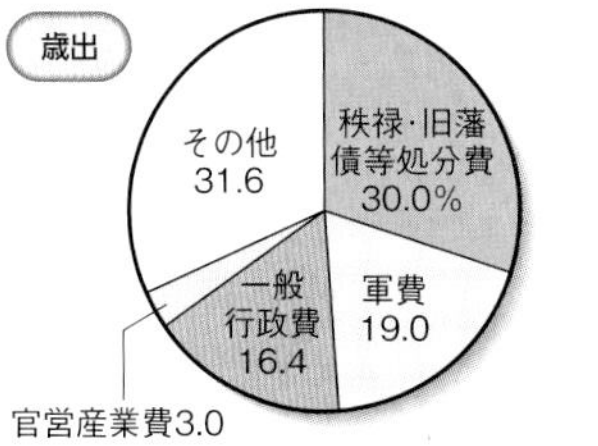

歳出
その他 31.6
秩禄・旧藩債等処分費 30.0%
一般行政費 16.4
軍費 19.0
官営産業費3.0

〈読売新聞社『日本の歴史⑩』〉

▲⑧**政府の財政**（1877～78年）　全人口に占める華族・士族の割合は約5.7%であったが，秩禄(家禄や賞典禄)の支給額が，政府歳出の30%を占めていた。廃藩置県と**徴兵制**で士族の存在価値が失われると，秩禄の支給も見直されることになった。

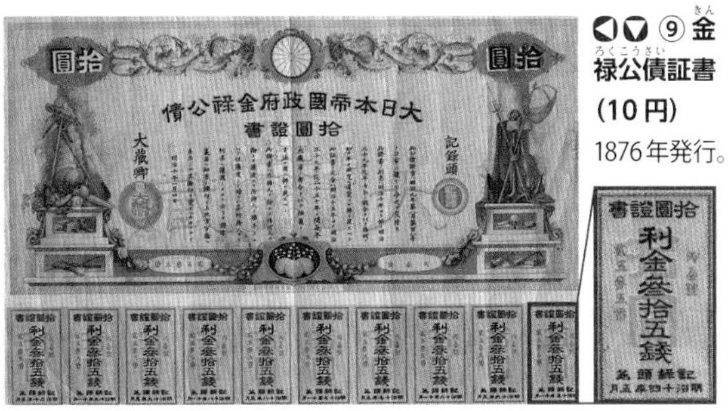

拾圓
拾圓
大日本帝國政府金祿公債
拾圓證書
大蔵卿
記録頭
書證圖拾
利金參拾五錢

◀▼⑨**金禄公債証書（10円）**
1876年発行。

〈東京大学出版会『講座日本歴史⑦ 近代1』〉

金禄高（推定石高）	利子	金利の対旧収入比率(%)	公債受取人員〈人〉(%)	公債総発行額〈万円〉(%)	1人平均〈円〉
1000円以上(220石以上)	5分	34～44	519 (0.2)	3141 (18.0)	6万527
100円以上(22石以上)	6分	46～74	1万5377 (4.9)	2504 (14.3)	1628
10円以上(2.2石以上)	7分	88～98	26万2317 (83.7)	1億884 (62.3)	415
売買家禄	1割		3万5304(11.3)	935(5.4)	265
合計			31万3517	1億7464	557

▲⑩**秩禄処分の実態**　下級士族の**金禄公債**は，華族や上・中級士族に支給されたものより利率が優遇されていた。しかし，その利子収入は金額としては安く*，利子だけでは生活できなかった。そのため公債を売却し，商売に手を出す士族も多かった。

＊額面10円の場合，利子7分(70銭)は，半年ごとに35銭ずつ支給された。

B「士族の商法」

〈東京 早稲田大学図書館蔵〉

⑤
①
④
③
②
困弊盗
不平おこし
有平黨
瓦斯提灯

▶⑪士族の主人❶が，❷有平党（不平のある人々），❸不平おこしなどの菓子を売っている。西南戦争を風刺した❹熊鹿戦べい(鹿児島士族の熊本城攻撃)や❺困弊盗(窮乏士族の強盗)にみえるように，不平士族(➔p.219)への対策が急務だった。

C 士族授産

開拓と移住の奨励
北海道への移住奨励 ➔p.215
－屯田兵制度・一般の士族移民
内地の開墾と植民
－安積原野開墾(福島県)など

事業資金の交付・貸与
蚕糸業・雑工業（傘張りなど従来の内職的な手工業を企業化）・紡績・マッチ製造など

結果
・事業の7割は成果なく失敗
・成果は開墾・蚕糸業など一部（農地増加・特産品開発）

▲⑫**士族救済策**

近代 明治

歴史のまど　司馬遼太郎『花神』　国民皆兵の原則を構想した大村益次郎の生涯をとりあげた長編小説。一方，同じ著者の短編『鬼謀の人』はコンパクトに大村を描いている。

地租改正 ―土地ノ代価ニ随ヒ，百分ノ三ヲ以テ地租ト相定ヘキ旨… 史(地租改正条例)

ヒストリースコープ

1873(明治6)年，地租改正条例が発布され，従来の年貢にかわり，定められた地価の3%を租税(地租)として金納する新税制が導入された。そのねらいは，近代的土地所有制度の確立と財政の安定化にあった。

考察

❶図①の土地の1877年以前の地租はいくらだろうか。
❷政府・地主・自作農・小作農それぞれにとって，地租改正はどのような意味をもっただろうか。→1
❸図①で「明治十年ヨリ」地租の税率が下がった背景は何だろうか。→3

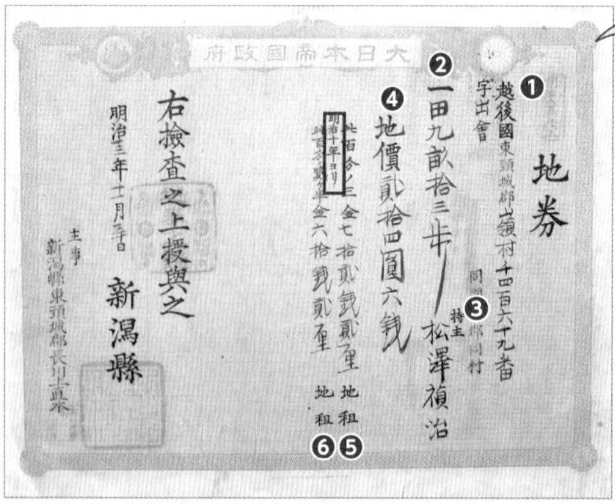

地券
越後國東頸城郡𥧄村十四百六十九番
字出會
一田九畝拾三歩
持主 同郡同村 松澤禎治
地價弐拾四圓六銭
明治十年ヨリ
金七拾弐銭弐厘 地租
金六拾銭弐厘 地租
右検査之上授與之
明治三年十二月十日
新潟縣
大日本帝國政府

❶地名…越後国東頸城郡𥧄村 ❷面積…9畝13歩=約950m²
❸所有者…松澤禎治 ❹地価…24円6銭
❺地租額…72銭2厘 ❻地租額(1877年以降)…60銭2厘
面積の単位 ➔p.356 金額の単位 ➔p.272

△①地券 地租改正に先だって発行され，❶地名 ❷面積 ❸所有者 ❹地価 ❺❻地租額* が記載された。地租改正条例で，地券記載の所有者が地租を負担することとなった。
*❻は1877(明治10)年以降，❺はそれ以前の地租額。〈新潟県立文書館蔵〉
➔p.328 図①

△②土地調査のようす 地租改正で政府は，地価の算定に向けて厳格な測量を行い，無届けであった隠し田や開墾地も把握して課税した。また，収穫量の調査もあわせて行い，収穫に応じて田畑に等級をつけて地価算出に反映した。〈秋田県立博物館蔵〉

1 地租改正の実施

➔p.328「土地制度の移り変わり」

準備
目的 新政府の収入基盤の確立・安定化
それまでの収入水準を維持→高税率
田畑勝手作りを許可(1871)
田畑永代売買の禁止令を解除 ➔p.157 (1872)
地券発行(壬申地券) ➔p.328 図①

実施

地租改正条例発布(1873)		旧来(江戸時代)
①課税基準 地価		①収穫高
②税率 地価の3%(3/100)	←	②幕領 四公六民 藩領 不統一
③納税者 土地所有者(地券の所有者)		③本百姓(農地の耕作者)
④納税方法 個人単位・金納		④村請制・物納

結果
意義 ①土地所有権確立 ②政府財源安定 ③寄生地主制成立への道をひらく➡図⑤⑥
農民の不満 高額な地租(➡図③)・入会地取り上げ(➔p.157，所有権不明確として国有地に)など
↓
地租改正反対一揆 1876 真壁騒動(茨城) 1876 伊勢暴動(三重・堺・愛知・岐阜)
↓
地租税率引き下げ(1877) 3% ➡ 2.5%

〈『地方官心得書』〉

① 販売代金P－必要経費C＝純利益＝地価xの6% と仮定する
② 必要経費C＝種籾・肥料代 ＋ 地租 ＋ 村入費*
右のように仮定……(Pの15%) (xの3%) (地租の3分の1)
$=0.15P+0.03x+\frac{0.03x}{3}$ ＊現在の市町村税にあたる。
③ これを上の公式にあてはめると，
$P-(0.15P+0.03x+\frac{0.03x}{3})=0.06x$ $x=8.5P$ となる
【演習問題】販売代金Pが4円80銭(1石あたり3円)の土地の，地価と地租を求めよ。
【解答】地価x＝8.5×4.8円＝40.8円＝40円80銭
地租＝地価の3%＝40.8×0.03＝1.224＝1円22銭4厘

△③政府によるモデル地価の算定 税収を確保するため，種籾・肥料代や利子率は低く設定され，地租は非常に高額だった。

政府 … 財源が安定
豊凶・米価の影響を受けず
歳入を見込み予算作成可能に

地主 … 土地を小作農に貸す
小作料(物納)値上げで地租に対応
米価上昇で大きな利益→成長
→のち産業界に進出

自作農 … 自分の土地を耕作
高額な地租を金納
米価下落で土地を失う ➔p.222

小作農 … 地主の土地を耕作
小作料負担が増加
高率小作料で窮乏化

△⑤地租改正の結果 政府は安定した収入の確保に成功し，物納小作料を収入源とする地主も，その後の米価上昇の流れを受けて利益を増大させたが，多くの農民には負担増となった。

時代を見る目 土地所有権の確立

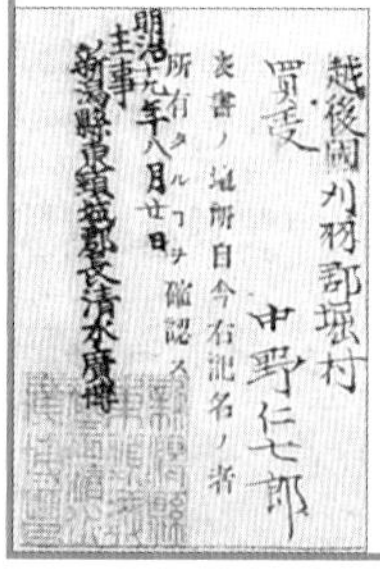

地券の裏面には，地券が土地の権利書であることを示す文言が印刷され，所有者が変わった場合も裏面に記入された。

◁④地券(図①)の裏面に記された新しい所有者

年	小作農	地主	政府(国家)
1873年(明6)	32%	34	34
1874～76年(明7～9)平均	32%	55	13
1877年(明10)	32%	50*	18
1878～83年(明11～16)平均	32%	58	10

＊豊作による前年の米価下落のため地租負担分が増加。
〈土屋喬雄『続日本経済史概要』〉

△⑥小作農生産米の配分 地租改正後，地主の取り分は急速に増え，自らは農業経営を行わない寄生地主も増えていった(➔p.222)。

2 政府財政の基礎となった地租

〈『日本経済統計総観』〉

年	地租	所得税	酒税	関税	営業税	織物消費税	砂糖消費税	その他	合計
1880年(明治13)	76.6%		10.0	4.7				8.7	5526万円
1885年(明18)	81.8%		2.0	4.0				12.2	5258万円
1890年(明23)	60.6%	1.7	21.0	6.6				10.1	6611万円
1895年(明28)	51.8%	2.0	23.8	9.1				13.3	7470万円
1900年(明33)	34.9%	4.8	37.6	12.7	4.5			5.5	1億3393万円
1905年(明38)	32.0%	9.3	23.5	14.6	7.5		2.1	4.5 / 6.5	2億5128万円
1910年(明43)	24.0%	10.0	27.3	12.6	8.1	5.7	5.6	6.7	3億1729万円

1898 地租増徴 2.5%→3.3%(1899～1903)
1904 非常特別税 地租3.3%→4.3%
1905 非常特別税 地租5.5%(～1910)

△⑦国税収入の内訳 当初は収入の約8割を地租が占めた。のちに所得税やさまざまな間接税の割合が増加するが，地租は政府の重要な財源であり続けた。

3 地租改正反対一揆 ―竹槍でドンと突き出す二分五厘

◁⑧農民は一揆で抵抗し，1876(明治9)年12月の伊勢暴動では，三重・愛知・堺・岐阜の4県で5万人が処罰された。一揆と不平士族の結合を恐れた政府は，翌77年，地租を地価の2.5%に減額し，「竹槍でドンと突き出す二分五厘」とうたわれた。〈東京大学法学部附属明治新聞雑誌文庫蔵〉

歴史のまど 長塚節『土』 貧しい小作農の生活を克明に描いた小説。夏目漱石の推薦で1910(明治43)年に『東京朝日新聞』に連載され，日本を代表する農民文学となった。

殖産興業 ―出品ノ大概ハ,人々必用ノ物ニテ,追々繁盛ニ致シ度キ見込ミアルモノ (内国勧業博覧会『出品者心得』)

ヒストリースコープ

1877(明治10)年,富国強兵をめざす殖産興業政策の一環として第1回内国勧業博覧会が開催された。産業発展に役だち,将来は輸出できるものを出品することが求められた。機械類では,図①の器械製糸のほかに紡績機が多数出品され,臥雲辰致発明のガラ紡(➔ p.242)が最高賞に輝いた。

考察

❶内国勧業博覧会開催の目的は何か,観客にも注目して説明しよう。
❷政府は殖産興業政策をどのように推進したのだろうか。→ 1
❸経済制度はどのように整備され,また民間の事業家はどのように成長したのだろうか。→ 3 ・ 4

内国勧業博覧会の開催

第1～3回(1877・1881・1890) 東京 上野
第4回(1895)京都 岡崎　第5回(1903)大阪 天王寺

内國勧業博覧會製絲器械之圖

△①**第1回内国勧業博覧会の器械製糸実演**　**工部省**の展示では,着かざった工女たちが,器械製糸(➔ p.241)の実演を行った。工女たちが中央の台の窯で繭を煮て,数個の繭から引き出した生糸を1本に繰りあわせ,頭上の器械が動力を使ってその糸を巻き取っている。第1回内国勧業博覧会には約45万人が訪れた。〈京都 立命館大学アート・リサーチセンター蔵〉

1 富国強兵をめざし欧米にならった官営事業

△②**富岡製糸場**　輸出の主力である生糸の増産と品質向上のため,フランス人技師ブリューナを雇い入れてフランスの技術を導入し,1872(明治5)年に開業した**官営模範工場**。ここで技能を身につけた士族の子女ら(富岡工女)は,各地に器械製糸の技術を伝えた。〈群馬〉

＊1873年に就任。

工部省(1870設置)
初代工部卿 伊藤博文＊
管轄…鉱山経営・製鉄・造船・鉄道・電信
施設…兵庫造船所など

内務省(1873設置)
初代内務卿 大久保利通
管轄…農業・農産品原料の加工(製糸など)ほか
施設…三田育種場・富岡製糸場などの官営模範工場の経営
事業…内国勧業博覧会開催

△③**殖産興業を担った官庁**

▷④**官営事業の推進**　幕府が経営していた佐渡などの鉱山や長崎造船所などの軍需工場,藩営の高島や三池などの炭鉱も,新政府の運営する官営事業に移管された。

A 殖産興業における官営事業 ➔ p.241 3

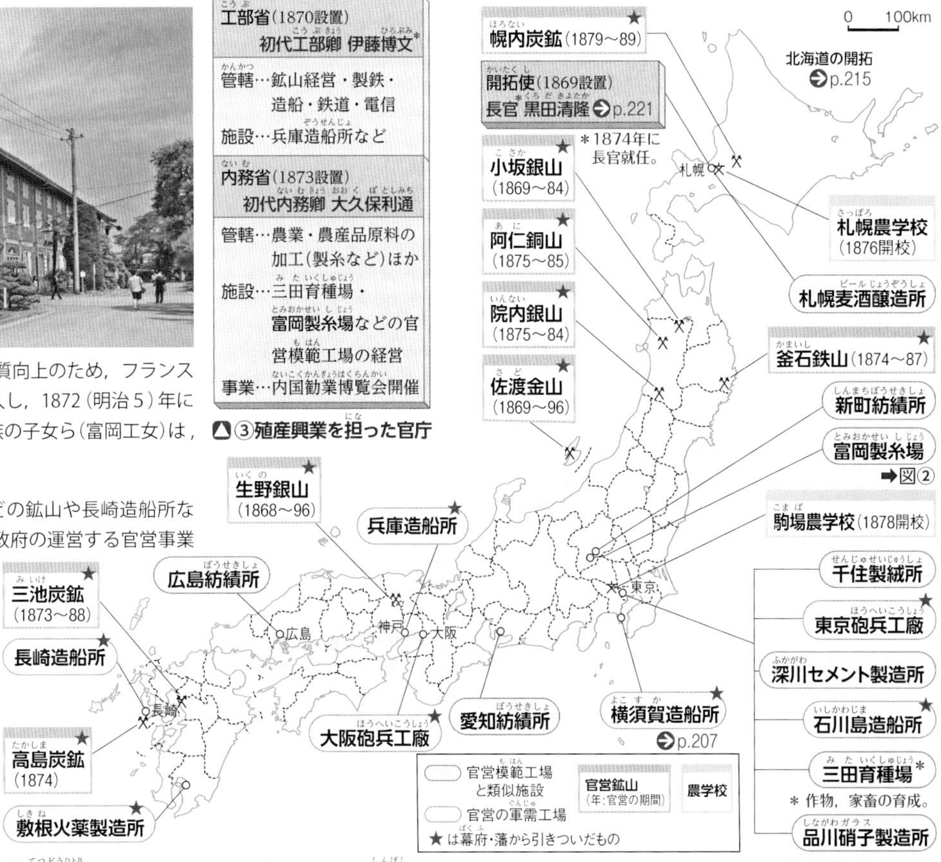
0　100km
幌内炭鉱(1879～89)★
開拓使(1869設置)
長官＊黒田清隆 ➔p.221
＊1874年に長官就任。
北海道の開拓 ➔p.215
札幌
小坂銀山(1869～84)★
阿仁銅山(1875～85)★
院内銀山(1875～84)★
佐渡金山(1869～96)★
札幌農学校(1876開校)
札幌麦酒醸造所
釜石鉄山(1874～87)★
新町紡績所
富岡製糸場 ➔図②
駒場農学校(1878開校)
千住製絨所
東京砲兵工廠★
深川セメント製造所
石川島造船所★
三田育種場＊
＊作物,家畜の育成。
品川硝子製造所
生野銀山(1868～96)★
兵庫造船所★
広島紡績所
三池炭鉱(1873～88)★
長崎造船所★
高島炭鉱(1874)★
敷根火薬製造所
広島
神戸
大阪
長崎
東京
大阪砲兵工廠★
愛知紡績所
横須賀造船所★ ➔p.207
官営模範工場と類似施設
官営の軍需工場
官営鉱山(年:官営の期間)
農学校
★は幕府・藩から引きついだもの

〈大阪 交通科学博物館蔵〉

◁⑤**鉄道独案内**　1872年,**工部省**は,東京の新橋と貿易港のある横浜の間に鉄道を開通させた。鉄道は両駅間を片道53分で結んだ。錦絵の上部には,時刻表と運賃が掲載された。

▷⑥**お雇い外国人**　政府は欧米の技術や学問を導入するため,官庁や学校,工場などで多くの外国人を高給で雇用した。最盛期には500名をこえたが,彼らに学んだ日本人や留学経験者がその役割を担うようになると,その数は減少した。 ➔ p.245

〈梅溪昇『お雇い外国人』〉

(単位:人)	学術教師	技術	工場労働	その他	計
1872(明治5)	102	127	46	94	369
1875(〃 8)	144	205	36	142	527
1878(〃 11)	101	118	7	95	321
1881(〃 14)	52	62	8	44	166
1884(〃 17)	52	40	8	51	151

今日とのつながり　京都での第4回内国勧業博覧会に際して,京都市で日本初の路面電車の営業運転が始まった。現在,その車両は平安神宮神苑に展示されている。

2 通信の整備

鉄道の室
飛脚の早
御

A 郵便制度

日本郵便
NIPPON

◀⑦前島密（1835 ～ 1919）元幕臣で運輸行政にたずさわり，**郵便制度**の創設に尽力。

◀⑧**郵便配達人** 1871（明治 4）年に東京 - 大阪間で始まった官営郵便は，飛脚問屋と競合しつつ，まもなく全国に拡大した。現金輸送も行うため，配達人は盗賊対策に拳銃を携行した。図は，文明開化の象徴として鉄道と郵便配達人を描いている。

B 電信事業

◀⑨**並木に設置された電信線**（保土ケ谷宿） 1869年に東京‐横浜間で**電信**（電報）事業が開始された。当初は沿道の並木も電信柱に使われた。荷物を運ぶと勘違いした人が電線に荷物を結びつけることもあったという。〈神奈川 横浜市中央図書館蔵〉

時代を見る目 電信と情報網

政府は国内の政治的統一のために通信網の整備を急ぎ，電信は 1869 年の開業からわずか数年で全国に拡充された。西南戦争（➔ p.219）では九州に敷設された電信が政府軍の勝利に貢献した。長崎からは海底ケーブルで海外通信網に接続された。

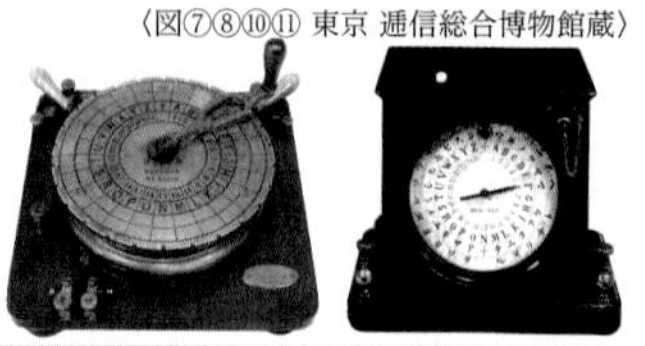

▼⑩**送信機**（左）と⑪**受信機**（右）
〈図⑦⑧⑩⑪ 東京 通信総合博物館蔵〉

3 貨幣制度の改革

A 貨幣制度の確立

➔ p.272「近代の貨幣制度と金本位制の展開」

維新直後
- 旧幕時代の単位で通貨を発行
- 硬貨：明治一分銀など
- 紙幣：太政官札（金札）（高額紙幣）、民部省札（小額紙幣）
- 不換紙幣 ➡ 価値が下落

➡

新貨条例（1871）
- 新しい通貨単位制定＝**円・銭・厘**（1円＝100銭＝1000厘）
- 硬貨：一円金貨・一銭銅貨など
- 特色：・**金本位制**（金の価値により通貨の信用を保証）をめざす ・十進法を採用
- 貿易用に一円銀貨（貿易銀）発行 ➡ 事実上の金銀複本位制
- 課題：紙幣は旧来のまま

➡

新紙幣発行（1872）
- 新貨条例の単位で発行 新紙幣＝明治通宝札（百円札～十銭札）
- 目的：貨幣統一…太政官札や藩札（➔ p.171）の回収
- 不換紙幣 ➡ 信用不十分
- ・金や銀と交換（兌換）できる兌換紙幣（兌換銀行券）の必要（金準備必要）
- ・財政なし ➡ 民間資金活用 ➡ 国立銀行券 ➡B

不換
金拾両
太政官
會計局

▲⑫**太政官札**（十両札） 政府が最初に発行した紙幣。

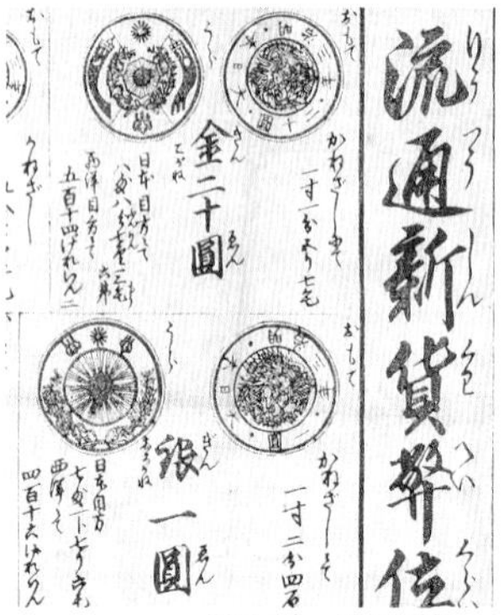
流通新貨幣位
金二十圓
銀一圓

▲⑬**新貨幣の早見表** **新貨条例**による**円・銭・厘**の新貨幣の早見表。〈東京 早稲田大学図書館蔵〉

不換
金拾圓

▲⑭**明治通宝札**（十円札）*〈図⑫，⑭～⑯ 東京 日本銀行金融研究所貨幣博物館蔵〉＊ドイツ フランクフルトの工場で印刷されたため，ゲルマン紙幣とよばれた。

B 国立銀行条例の発布（1872 年）

◀⑮**第一国立銀行** **国立銀行条例**により，国の基準で設立された民営の「国立銀行」が**兌換銀行券**の国立銀行券を発行した。しかし，兌換義務の負担から，銀行の設立は 4 行にとどまった。

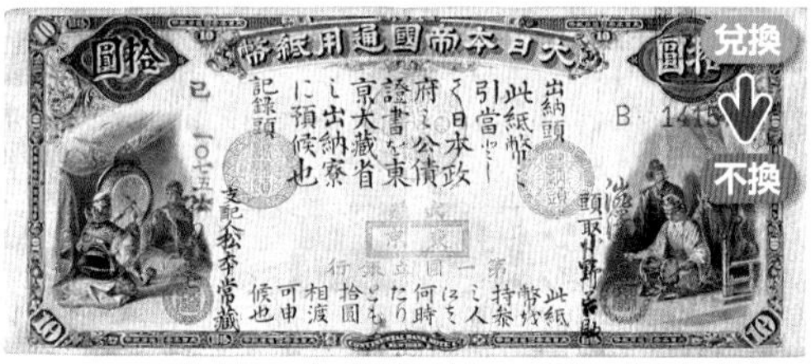
大日本帝國通用紙幣
拾圓
兌換
不換

◀⑯**国立銀行券（紙幣）** 1876 年，国立銀行券の兌換義務が廃止されると，国立銀行は 153 行まで増加した。➔ p.222

人物 渋沢栄一（1840~1931） 武蔵国出身

農家出身。一橋家に仕え，維新後，大蔵省に出仕。民間銀行が**兌換銀行券**を発行するアメリカのナショナル＝バンクを参考に，**国立銀行条例**を起草したが，国立銀行券は発行と同時に金と交換しつくされて流通せず，当初の狙いは果たせなかった。退官後は実業界で活躍した（➔ p.242）。

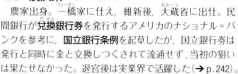

4 政商の活躍

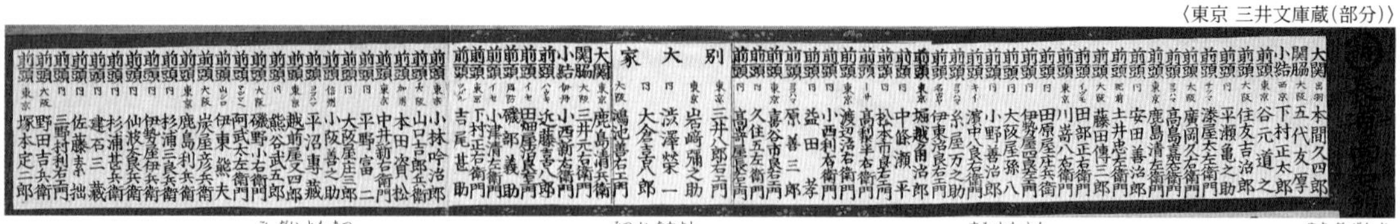

〈東京 三井文庫蔵（部分）〉

▶⑰**明治の長者番付**（1891 年） 政府の金融などを請け負った商人は，政府の保護を受け，**政商**とよばれた。番付には，豪商出身の三井・住友，官僚出身の五代・渋沢，藩営事業を企業化した岩崎（➔ p.242），一代で財を築いた安田・大倉喜八郎ら代表的な政商の名が見える。彼らは政府の事業に資金を提供しつつ官営事業の払い下げを受け（➔ p.241），**財閥**に成長した。

◀⑱**五代友厚**（1835～85） 薩摩藩出身の大阪の政商。黒田清隆と**開拓使官有物払下げ事件**を起こす（➔ p.221）。

◀⑲**三井高福**（1808～85） 三井家第 8 代当主。三井銀行初代総長となり，三井財閥の基礎をつくった。

◀⑳**住友友純**（1865～1926） 公家出身。住友家の養子となり事業拡大。実兄は**西園寺公望**（➔p.240）。

◀㉑**安田善次郎**（1838～1921） 富山藩出身。金融業で成功し，一代で安田財閥を築く。

今日とのつながり 国立銀行は1899年までに普通銀行に転換した。第四銀行（新潟）・十六銀行（岐阜）・百十四銀行（香川）などいくつかの銀行は，今でも国立銀行当時の番号を行名に掲げている。

近代 明治

➔p.160「近世の琉球・朝鮮」, p.161「近世の蝦夷地」, p.307「現代沖縄史」

1 北海道の開拓

A 近代の北海道

アイヌ文化 ➲p.321

1869 開拓使を設置➡B (太政官直属, 東京➔71 札幌に移転)
幕末の北方探検家松浦武四郎, 蝦夷地を北海道と改称
○ アイヌの人々への同化政策始まる(伝統的な狩猟方法も禁止)
1874 屯田兵制度を制定➡B ➔1904 廃止
1875 屯田兵(士族)入植開始。札幌郊外琴似に最初の屯田兵村を設置, 198 戸 965 人が入植(のち平民にも拡大, 計 3 万 9911 人入植)
1876 **札幌農学校**開校➡C
1881 **開拓使官有物払下げ事件** ➲p.221
1882 開拓使廃止。函館・札幌・根室の 3 県を置く
1886 3 県を廃止, **北海道庁**を設置
1897 支庁制を施行(19 支庁)➔2010 支庁制廃止
1899 北海道旧土人保護法制定➡D
同化政策で困窮したアイヌの人々に農地を支給➔農業の強制加速
➔1997 **アイヌ文化振興法**成立にともない廃止 ➲p.321
1902 北海道で初の衆議院議員選挙(函館・札幌・根室)

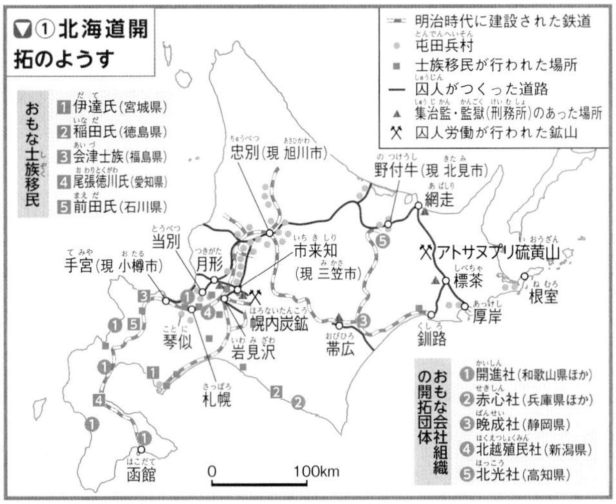
明治時代に建設された鉄道
屯田兵村
士族移民が行われた場所
囚人がつくった道路
集治監・監獄(刑務所)のあった場所
囚人労働が行われた鉱山
おもな士族移民
1 伊達氏(宮城県)
2 稲田氏(徳島県)
3 会津士族(福島県)
4 尾張徳川氏(愛知県)
5 前田氏(石川県)
忠別(現 旭川市)
野付牛(現 北見市)
網走
当別
手宮(現 小樽市)
月形
市来知
(現 三笠市)
アトサヌプリ硫黄山
標茶
根室
厚岸
幌内炭鉱
琴似
岩見沢
帯広
釧路
札幌
函館
0 100km
おもな会社組織の開拓団体
① 開進社(和歌山県ほか)
② 赤心社(兵庫県ほか)
③ 晩成社(静岡県)
④ 北越殖民社(新潟県)
⑤ 北光社(高知県)
▽① 北海道開拓のようす

B 開拓の始まり

＊初代長官鍋島直正, のち黒田清隆。

（図②～⑤北海道大学附属図書館蔵）

△② **開拓使＊庁舎** 1873(明治 6)年完成。開拓の中心官庁として設置された。

△③ **屯田兵村**(札幌近郊 琴似) 北海道防備と開拓を担った屯田兵の最初の入植地。

C 札幌農学校の設立

➔p.331「宗教史の流れ」

◁④ **札幌農学校** 開拓使顧問ケプロンの提案により 1876 年に開校し, 北海道開拓を担う農業指導者を育成した。

◁⑤ **クラーク**(1826~86) 開拓使の招きで札幌農学校の初代教頭に就任。キリスト教的な人格教育を行い, 卒業生から内村鑑三・新渡戸稲造ら札幌バンドとよばれるキリスト教徒が生まれた。

D アイヌ同化政策

北海道旧土人保護法【抜粋】
第一条 北海道旧土人ニシテ農業ニ従事スル者又ハ従事セムト欲スル者ニハ一戸ニ付土地一万五千坪以内ヲ限リ無償下付スルコトヲ得

◁⑥ アイヌの人々には土地所有が認められず, 伝統的な狩猟法も禁止され, 人々は困窮した。そこで 1899 年, 北海道旧土人保護法で農地が支給されたが, 実質的には農業の強制となった。➲p.321

知里幸恵(1903~22) 北海道出身

同化政策により日本語の使用が強制され, 文字をもたないアイヌ語の文化は失われていった。そのなかで知里は, 祖母が語るカムイユカㇻ(神謡)の発音と意味を記録した。死の翌年, 著書『アイヌ神謡集』が出版された。

2 沖縄の歩み

A 近代の沖縄

1871 鹿児島県が**琉球王国**との関係を管轄
1872 **琉球藩**設置(琉球国王尚泰を琉球藩王とする)
1874 **台湾出兵**(征台の役) ➲p.16, 218
背景 琉球漂流民殺害事件(1871)
政府は漂流民を「日本国属民」と主張
琉球から清国への最後の進貢使派遣
1879 琉球藩・琉球王国を廃止➔**沖縄県**設置
（琉球処分）
清国と琉球帰属問題で対立➡B
➔**日清戦争**により解消 ➲p.231
統治方針＝旧慣温存策 … 旧支配層の優遇
旧来の土地制度や高率の人頭税維持, 士族の免税特権など
1890 帝国議会開設➔沖縄県民には参政権なし
1893 宮古島の住民代表上京, 人頭税廃止を請願
1899 土地整理事業開始(土地制度の改革)
土地所有権確立, 入会地の没収・払い下げ
○ 謝花昇, 参政権獲得運動を開始 ➡C
1903 人頭税廃止
1909 府県制特例施行, 沖縄県会開設
○沖縄から海外への移民さかん ➲p.239
1912 沖縄県で初の衆議院議員選挙
1945 **太平洋戦争で沖縄戦** ➔p.291「沖縄戦・ソ連参戦」

B 琉球処分

△⑦ **尚泰**(1843~1901) 最後の琉球国王。政府は**琉球処分**に向け, 1872(明治 5)年に尚泰を琉球藩王とした。

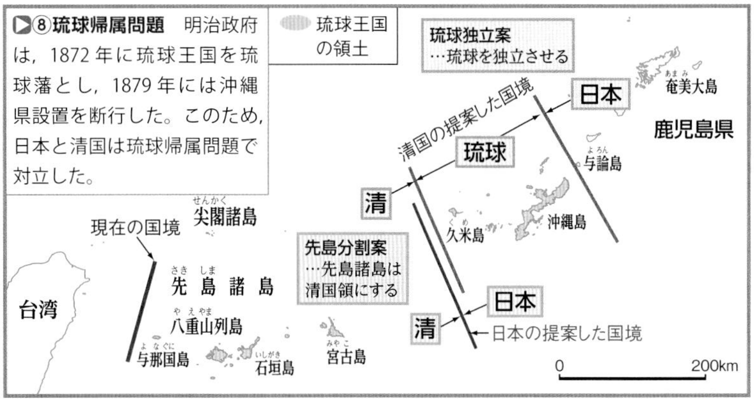
琉球王国の領土
琉球独立案
…琉球を独立させる
清国の提案した国境
日本
琉球
清
鹿児島県
奄美大島
与論島
沖縄島
久米島
尖閣諸島
現在の国境
先島分割案
…先島諸島は清国領にする
先島諸島
八重山列島
与那国島
石垣島
宮古島
台湾
日本
清
日本の提案した国境
0 200km
▷⑧ **琉球帰属問題** 明治政府は, 1872 年に琉球王国を琉球藩とし, 1879 年には沖縄県設置を断行した。このため, 日本と清国は琉球帰属問題で対立した。

C 沖縄の自由民権運動と沖縄学の創始

▽⑨ **謝花昇**(1865~1908) 沖縄県庁に勤めていたが, 知事奈良原繁の専横や, 土地整理事業での入会地没収などに抗議して辞職し, 選挙権のない沖縄県民の参政権獲得運動を展開した。

▷⑩ **伊波普猷**(1876~1947) 差別的教育への反対運動で中学を退学。のち歌謡集『おもろそうし』など琉球文化を研究して沖縄学を創始, 柳田国男(➔p.268)の民俗学形成にも影響を与えた。

時代を見る目 「ソテツ地獄」

沖縄では近代以降も, 砂糖のモノカルチャー＊的構造が維持された。その結果, 第一次世界大戦の戦後恐慌(➔p.256)では, 砂糖価格暴落による収入減で食料が買えず, 多くの人が有毒のソテツを食べて飢えをしのぐ惨状となった。＊農業でひとつの作物だけを生産すること。

△⑪ ソテツ

近代 明治

文明開化 —ジャンギリ頭ヲタヽイテミレバ，文明開化ノ音ガスル（『新聞雑誌』）

ヒストリースコープ

明治維新によって欧米の文化が取り入れられ，文明開化は時代の代名詞となった。1871（明治4）年に断髪令が公布され，「半髪頭ヲタヽイテミレバ因循姑息*ノ音ガスル。総髪頭ヲタヽイテミレバ王政復古ノ音ガスル。ジャンギリ頭ヲ…」という歌が流行した。この年には戸籍法・新貨条例が公布され，廃藩置県も断行された。＊古い習慣にこだわること。

考察

❶図④に描かれた文明開化の産物にはどのようなものがあるだろうか。
❷図④以外の文明開化の産物をあげよう。→2
❸文明開化をめざした近代人とはどのようなたしなみを身につけた人だろうか。→3

▼①半髪

▼②総髪

▼③ざんぎり

▼④1882年の銀座煉瓦街　新政府は，銀座・京橋の大火の焼け跡に，ヨーロッパ風の街なみを建設した。煉瓦街は庶民には住みにくく，新聞社や洋食屋が集中した。〈愛知 マスプロ美術館蔵〉

東京名所之内
銀坐通煉瓦造
鐵道馬車往復圖

1 文明開化の歩み

技術	1869. 1	初の洋式灯台，観音崎灯台が点火
	. 6	本木昌造が西洋式活版印刷術を導入
	.12	東京－横浜間で電信開通 ➔p.214 この年，人力車が発明される
	1872. 9	新橋－横浜間で鉄道開通 ➔p.213
生活・文化	1870.12	最初の近代的日刊紙『横浜毎日新聞』が創刊される ➡3
	1871. 8	散髪・脱刀が認められる →「ざんぎり頭」が流行 ➡🔍
	1874	この年，銀座通りにガス灯がともる ➡2
	1882. 6	新橋－日本橋間で鉄道馬車が開通
教育	1869. 5	京都で日本初の小学校の創立
	1872. 8	学制公布 ➔p.246
制度	1871. 3	東京－大阪間で郵便の取扱いが始まる 翌年にはほぼ全国に普及 ➔p.214
	1872.12	太陽暦の採用。この年明治5年12月3日が，明治6年1月1日となった。 1日24時間の定時制を導入 ➡コラム
	1876. 3	軍人・警察官以外の帯刀を禁止 ➔p.211
	. 4	官庁が日曜全休・土曜半休制を採用

2 文明開化の象徴

▲⑤ガス灯　1874（明治7）年に設置されたガス灯は，夕方に点灯夫が火をつけ，朝には消灯してまわった。〈小林清親筆 日本橋夜 東京 ガスミュージアム蔵〉

〈東京 日本近代文学館蔵〉

懐中時計
洋傘
牛鍋

◀⑥牛鍋　居留地の外国人がもたらした肉食は，鍋仕立ての「牛鍋」として受け入れられた。東京市内には牛鍋屋が次々に現れ，仮名垣魯文の『安愚楽鍋』（➔p.248）には「牛鍋食はねば開化不進奴」と書かれ，福沢諭吉（➔p.217）も「肉食を欠けば不摂生となり国の損失である」と説いた。

Key Word　ハイカラ

明治時代の男性に流行した洋服のハイカラー（高襟）のシャツに由来する。横浜毎日新聞の記者が使った造語であったが，またたくまに広まった。西洋の最新の流行を取り入れた「ハイカラ」とされる風俗は中流家庭のあこがれの対象となった。

▶⑦ハイカラはつらい　「アァ，顎が痛い。これもハイカラなら仕方がない」とぼやく男。双六のひとこま。

ハイカラ

〈時好双六 東京 三越伊勢丹蔵〉

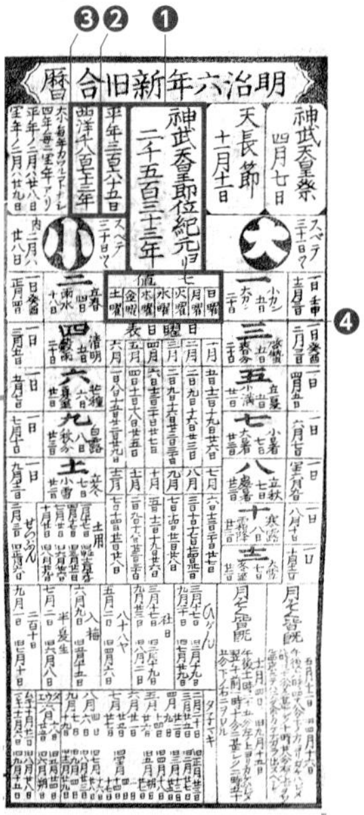
明治六年新旧合暦
神武天皇祭 四月七日
天長節 十一月三日
神武天皇即位紀元二千五百三十三年
西洋千八百七十三年
大
小
❸❷❶❹

▲⑩太陽暦の略歴
❶皇紀（神武天皇即位紀元）
❷1年365日　❸西暦　❹曜日

3 近代人の条件

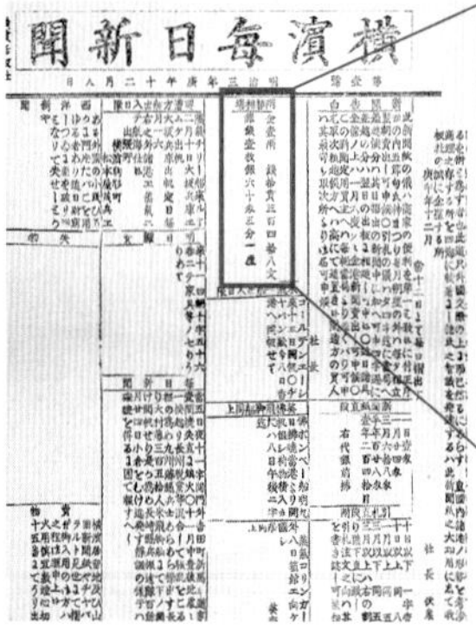
横濱毎日新聞
両替相場
金壹両　銭拾貫三百四拾八文
銀銭壹枚　銀六十匁三分一厘

〈東京 国立国会図書館蔵〉

◀⑧『横浜毎日新聞』　活版印刷の発達に伴い，新聞の発行が本格化した。日本初の**日刊新聞**である『横浜毎日新聞』は，1870（明治3）年創刊（➔p.249）。洋紙に鉛製活字で両面印刷され，内容は横浜らしく貿易・経済関係の記事がおもであった。拡大部分では両替相場の記事が確認できる。

〈東京学芸大学附属図書館蔵〉

▲⑨**公衆衛生**（衛生寿護禄）　富国強兵には健康な国民が必要として，政府はコレラなどの伝染病予防対策を行った。これは啓蒙用双六の「清潔」のこま。

時代を見る目

時間の近代化

政府は，貿易などの利便性から欧米と暦を統一した。1872年に太陰太陽暦（旧暦）にかえて**太陽暦**の採用（➔p.356）が布告され，1日24時間制も採用された。76年には日曜日が公務の休日と定められた。

江戸時代の時刻の測り方➔p.356

歴史散歩　京都国際マンガミュージアム（京都市）　1869（明治2）年，日本初の小学校の一つとして開校した龍池小学校の跡地に開設。明治の雑誌から現在の人気作品まで幅広い資料を取り扱っている。

特集 近代日本を考えた思想家・宗教家

→ p.331「宗教史の流れ」

1 思想家たちが考える「文明」

よみとき 中江兆民と福沢諭吉の文明観の違いに注目しよう

①福沢諭吉(1834~1901) 幕末に欧米に渡航し，帰国後に思想家として活躍。1858年に設立した蘭学塾がのちに慶応義塾に発展した。

- 西洋文明こそが文明
- 「半開*」である日本には開化が課題
- 一国の独立とその国の文明は一体であり，文明化が独立を保つ

＊当時の欧米の文明論で，「野蛮」よりも進んでいるが，科学や工業・軍事力などが未発達で「開化」にはいたっていないとする段階。

②福沢の「文明」のとらえ方 福沢諭吉は渡航中に触れた欧米の文明論に大きな影響を受けていた。

A 福沢諭吉(中津藩出身)

1834	中津藩士の子として出生
1858	蘭学塾(のち英学塾)を開く
1860	幕府の咸臨丸で渡米
1862	遣欧使節団に随行
1864	幕府翻訳方となる
1866	『西洋事情』
1867	再渡米
1868	私塾を慶応義塾に改称
1872	『学問のすゝめ』第1編 史
1873	明六社設立
1875	『文明論之概略』
1882	日刊紙『時事新報』創刊
1885	『時事新報』で「脱亜論」発表
1901	死去(68歳)

B 中江兆民(土佐藩出身)

1847	土佐藩の足軽の子として出生
1862	藩校の文武館に入門
1871	岩倉使節団に同行し，フランスに留学
1874	仏蘭西学舎(のち仏学塾)を開く
1881	『東洋自由新聞』創刊
1882	『民約訳解』
1887	『三酔人経綸問答』
1890	衆議院議員に当選(翌年辞職)
1897	国民党を組織 → p.226
1901	死去(55歳)

- 欧米がまさるのは技術と理論であり，東西両文明に優劣はない
- 日本の文明開化は，文明について深く考えずに欧米を賛美し，その文明をなぞろうとしている

⑤中江の「文明」のとらえ方 学問や芸術の進歩につれて「魂は腐敗した(道徳が失われた)」と考えたルソーの影響が指摘されている。

⑥中江兆民(1847~1901) 岩倉使節団に同行して，西園寺公望とともにフランスに留学。民権運動を理論的に支え「東洋のルソー」とよばれる。

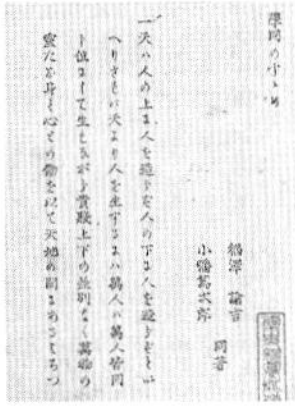

③『学問のすゝめ』 シリーズ合計340万冊をこえる大ベストセラーとなった。

『脱亜論』[抜粋] 史

我日本の士人…主義とする所は唯脱亜の二字にあるのみ。…西洋の文明国と進退を共にし，其支那朝鮮に接するの法も隣国なるが故にとて特別の会釈に及ばず，まさに西洋人が之に接するの風に従て処分すべきのみ。…我れは心に於て亜細亜東方の悪友を謝絶するものなり。(『時事新報』)

④「脱亜論」 福沢は，初め朝鮮の保護や開化を主張したが，甲申事変(→p.230)ののち「脱亜論」を発表し，東アジア諸国に対しては欧米各国と同様の態度をとるべきと主張した。

当時のアジア情勢

1876年 日朝修好条規
→日本による朝鮮開国
朝鮮国内では親日派と親清派の対立
1882年 壬午軍乱
1884年 甲申事変
→日清の対立 → p.230

欧米列強が武力・文明ともに優位にたつなかで，朝鮮・清との関係が悪化

『三酔人経綸問答』[要約]

【内容】南海先生・洋学紳士君・東洋豪傑君が酒を飲みながら議論する。
(南海先生)外交上の良策とは，世界のどの国とも関係を深め，やむを得ない場合にのみ防衛に努め，軍隊を出征させる労苦や費用を避けて，人民の負担を軽くすること，これです。

⑦『三酔人経綸問答』 無抵抗平和主義の「紳士君」，対外侵略を主張する「豪傑君」，守るためだけの戦力をもつと説く「南海先生」が登場する。兆民は「南海先生」に近い立場であった。

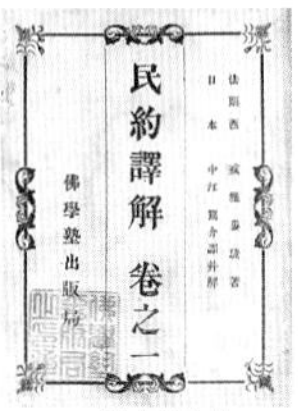

⑧『民約訳解』 ルソー『社会契約論』の漢訳。随所に中江なりの注解を加えた。

C 天賦人権の思想 → p.245

⑨おもな啓蒙思想家

人物	活動内容	おもな著書
中村正直(1832~91)	キリスト教の布教・女子教育・障がい者教育に尽力	『西国立志編』(1871，翻訳刊行)『自由之理』(1872，翻訳刊行)
田口卯吉(1855~1905) → p.222	自由主義経済を唱えて政府の経済政策を批判・論評	『日本開化小史』(1877～82) 雑誌『東京経済雑誌』(1879創刊)
植木枝盛 → p.221	自由民権思想の普及と運動の拡大に尽力	『民権自由論』(1879)
馬場辰猪 → p.221	自由党員として活動し，自由民権思想の啓蒙に尽力	『天賦人権論』(1883)
加藤弘之(1836~1916)	社会進化論に転向し，自由民権論を批判	『国体新論』(1875，天賦人権論)『人権新説』(1882，社会進化論)

⑩『明六雑誌』 1873(明治6)年，森有礼・福沢諭吉・加藤弘之・中村正直・西村茂樹・西周(→p.207)らは明六社を結成，翌74年から機関誌『明六雑誌』を発行して，自由主義・功利主義などの近代思想の普及に努めた。1875年，讒謗律・新聞紙条例(→p.220)による言論の取り締まり強化をみて，同年43号で廃刊した。

明六雑誌
洋字ヲ以テ国語ヲ書スルノ論
開化ノ度ニ因テ改文字ヲ発スヘキノ論

	人物	内容
仏	ルソー(1712~78)	社会契約による直接民主制を構想。著書『社会契約論』など
英	ミル(1806~73)	功利主義を主張。自由主義思想にも影響を及ぼした。著書『自由論』など
英	スマイルズ(1812~1904)	勤勉・節約・正直に徹するべきという人生哲学を説く。著書『自助論』など
英	ダーウィン(1809~82)	自然淘汰による生物の進化を提唱。著書『種の起源』など
英	スペンサー(1820~1903)	自然淘汰説を社会に流用し，「適者生存」論を主張

⑪明治初期に影響を与えた仏英の思想家

2 明治の宗教政策

1868	五榜の掲示(キリスト教禁止) → p.209 神仏分離令→廃仏毀釈が起こる→A 神祇官設置(太政官内)
1869	神祇官が独立
1870	大教宣布の詔(神道を国教と定める)
1871	神祇省を設置(宣教使をおき，国民教化をはかる)
1872	教部省を設置(神官や僧らによる国民教化) 大教院(神仏合同の布教機関)を設置
1875	信教自由保護の通達
1876	教派神道の公認。以後，教派神道十三派の成立【黒住教・天理教・金光教・扶桑教・実行教・御岳教・禊教・神理教・神道修成派・大成教・神習教・大社教・神道本局】→ p.205 5
1877	教部省を廃止，国家神道を確立→B
1889	大日本帝国憲法(信教の自由) → p.225 実際には神道を準国教化する動き

A 廃仏毀釈

仏具を燃やす神官
嘆き悲しむ僧

⑫廃仏毀釈(1873年『開化の入口』) 1868(明治1)年，神道国教化政策として神仏分離令が出され，従来の神仏習合・神仏混交を禁止した。このため，仏像・仏具を破壊し，経文を焼くなどの廃仏毀釈が行われた。浄土真宗本願寺派の僧島地黙雷は，仏教を神道から離脱させ，廃仏毀釈の打撃からの復興を進めた。

B 国家神道の成立

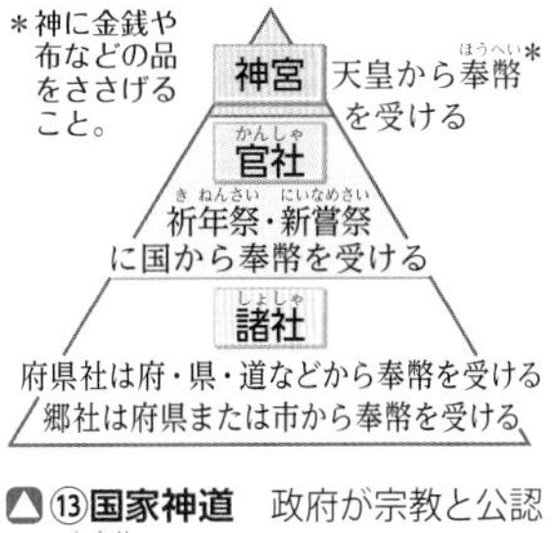
＊神に金銭や布などの品をささげること。
神宮
天皇から奉幣*を受ける
官社
祈年祭・新嘗祭に国から奉幣を受ける
諸社
府県社は府・県・道などから奉幣を受ける
郷社は府県または市から奉幣を受ける

⑬国家神道 政府が宗教と公認した教派神道と異なり，神社信仰を国家の祭祀として国が管理すること。宮中祭祀を基準に神宮・神社の祭祀を組み立て，伊勢神宮を頂点とする神社の等級化を実施した。神社信仰を宗教と区別することにより，天皇崇拝の安定性を確保しようとした。

C キリスト教を広めた人々

⑭ヘボン(1815~1911) ヘボン式ローマ字で，日本初の本格的な和英・英和辞書『和英語林集成』を作成。1863年，「ヘボン塾」*を創立し，日本の教育に尽力した。
＊現 明治学院中学・高校，明治学院大学。

人物	活動内容
ヘボン(米)	宣教師・医者。1859年来日
ジェーンズ(米)	1871年来日。熊本洋学校で教鞭を取る
新島襄	渡米し洗礼を受け，帰国後同志社英学校*2を設立
海老名弾正	熊本洋学校・同志社で学び，伝導に専念
山室軍平	同志社で学び，日本救世軍の創設に尽力
矢島楫子	矯風会を設立し，廃娼運動などに取り組む
クラーク → p.215，内村鑑三 → p.246，新渡戸稲造 → p.258	

⑮おもな宗教家 ＊2 現 同志社大学など(→p.247)。

明治初期の外交と内乱 ―世界ノ各国…強弱相凌キ（ドイツ首相ビスマルクの言葉）

ヒストリースコープ

1871（明治４）年に出発した岩倉使節団は欧米各国の制度・産業・軍事などを見聞した。ドイツで首相ビスマルクと面会した一行は，世界の現実を弱肉強食ととらえるビスマルクの言葉に衝撃を受けた。

考察

❶ビスマルクの言葉によれば，国際社会で重要とされるものは何だろうか。
❷この発想は，日本の周辺諸国との外交にどう現れただろうか。→1・3
❸1870年代半ばに士族の反乱があいついだのはなぜだろうか。→4・5

①ビスマルク（1815~98） ドイツ統一を「鉄と血によってのみ」解決できると演説した。

②プロイセン（ドイツ）の王宮（『米欧回覧実記』さし絵） 1873年3月15日，ドイツのベルリンを視察していた使節団はビスマルクの言葉に感銘を受けた。大久保利通は新興国の経営モデルとして賛同した。

ビスマルクが使節団に述べた言葉（現代語訳）

世界の各国は皆，親睦や礼儀をもって交流するといっているが，これはすべて表面上のことで，裏では弱肉強食の様相を呈している…いわゆる万国公法（→207ページ）は，列国の権利を保障するきまりごとであるが…もし自国に不利にはたらけば，軍隊の威力をもってこれをひるがえさせることになろう。（『米欧回覧実記』）

→p.16 巻頭地図

1 明治初期国際関係の道のり

1862．9	ビスマルク，「鉄血演説」を行う
1870．9	鎖国体制の朝鮮に国交を求め拒まれる
1871．7	**日清修好条規**調印→3 A
.11	岩倉使節団，欧米に出発→2
1872．9	琉球藩の設置 →p.215
.12	太陽暦を採用*
1873．8	**征韓論**起こる（閣議で西郷隆盛の朝鮮派遣内定）
.9	岩倉使節団，帰国
.10	岩倉具視，大久保利通らが朝鮮遣使に反対 →西郷の朝鮮派遣中止→征韓派下野→4
	明治六年の政変→4
.11	内務省設置（内務卿大久保利通）→p.213
1874．2	**佐賀の乱**（~.3）→p.219
.5	**台湾出兵**（征台の役，西郷従道が指揮）→p.16
1875．5	ロシアと**樺太・千島交換条約**調印（榎本武揚が交渉，樺太の権利を放棄，千島列島全島を領有）史
.9	**江華島事件**→3 B →p.348
1876．2	**日朝修好条規**（江華条約）調印
.10	小笠原諸島の領有を各国に通告 →p.16
1877．2	**西南戦争**（~.9）→p.219
1879．4	琉球藩・琉球王国を廃止し，沖縄県を設置（琉球処分の完了）→p.215

青字 国境の画定作業に関する事項
＊1873年以降の月は太陽暦で示す（→p.216）。

2 近代日本のめざめ

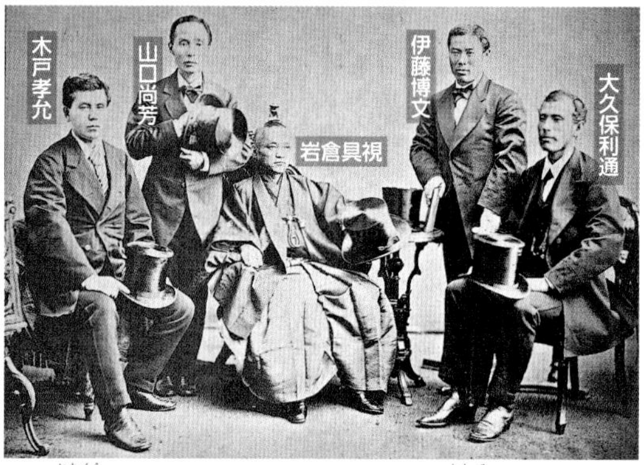

木戸孝允
山口尚芳
岩倉具視
伊藤博文
大久保利通

③**岩倉使節団** 1871（明治４）年，岩倉具視を特命全権大使に総勢108名の使節団が派遣された。安政の五カ国条約（→p.202）は翌72年から改正交渉できる条項があり，ワシントンで不平等条約改正の予備交渉に入ったが，副使の大久保利通らが全権委任状を取りに帰国する不手ぎわや国力の差の前に挫折。そのため，使節団は欧米の制度や文物の視察に専心し，アジア経由で1873年に帰国した。

→p.17 巻頭地図1

④おもな使節団構成員　（幕）：幕臣

特命全権大使	岩倉具視（公）	右大臣
副使	木戸孝允（長）	参議
副使	大久保利通（薩）	大蔵卿
副使	伊藤博文（長）	工部大輔
副使	山口尚芳（肥）	外務少輔
一等書記官	福地源一郎（幕）	外務大記
二等書記官	林董三郎（幕）	外務七等
大使随行	久米邦武（肥）	権少外史
大使随行	内海忠勝（長）	神奈川県大参事
理事官	田中光顕（土）	戸籍頭
理事官	佐々木高行（土）	司法大輔

（全体では留学生・随従者含む総勢108名）

永井繁子
上田悌子
吉益亮子
津田梅子
山川捨松

⑤**岩倉使節団の女子留学生** 使節団に5人の女子留学生が随行した。帰国後，女子教育に尽力した津田梅子は1900年，女子英学塾（現 津田塾大学）を創立（→p.247）。陸軍卿大山巌の妻となった山川捨松は，鹿鳴館外交（→p.228,229）で活躍した。

3 近代日本と周辺諸国

A 対等関係を結ぶ対清外交

日清両国が締結した最初の対等条約

伊達宗城（日本） ⇄ 李鴻章（清）（1871年調印／1873年批准）
・相互に開港
・関税率を最低に定める
・領事裁判権の相互承認

⑥**日清修好条規** 1871（明治４）年７月，日清間で結ばれた通商条約。日本全権伊達宗城，清全権李鴻章。両国相互の開港や領事裁判権などを認めた日中初の対等条約で，領土保全をうたい，琉球帰属問題（→p.215）には触れなかった。

B 優位に立つ対朝外交

⑦**日朝修好条規**

日本が朝鮮に強要した最初の不平等条約

1875年の江華島事件を機に1876年調印

江華島事件（1875年）→ 日朝修好条規（江華条約）（1876年）史（黒田清隆・井上馨）
・清の朝鮮に対する宗主権を否定（朝鮮は独立国であると明言）
・釜山・仁川・元山開港
・朝鮮に対する無関税特権を獲得
・日本の領事裁判権承認

⑧**江華島事件** 1875年，日本軍艦の雲揚が，朝鮮の首都漢城入口の江華島沿岸に侵入し，武力衝突にもち込んだ事件。日本軍は草芝鎮砲台を破壊し，永宗島を占領して軍民を死傷させた。翌76年，全権黒田清隆・井上馨が朝鮮で日朝修好条規を強要。

よみとき 日本が清と結んだ条約と，朝鮮と結んだ条約との相違点について，関税と領事裁判権に注目しよう

青数字 開港年
0 20km
臨津江（イムジン川）
江華府
江華島
塩河
漢江（ハン川）
草芝鎮砲台（江華島砲台）
金浦
漢城（ソウル）
永宗島
仁川（済物浦）
永宗鎮砲台
日本軍の進路
元山 1880
漢城
仁川 1883
朝鮮
釜山 1876

歴史のまど 久米邦武『米欧回覧実記』 岩倉使節団に同行した久米邦武が書いた全行程の報告書。使節団が見たものや感じたことを知ることができる。

4 留守政府と征韓派の下野

1871	.11 岩倉使節団，欧米に出発
1872	.2 初の全国戸籍編成(壬申戸籍) ➔p.211 .2 兵部省を廃止し，陸海軍省をおく .7 地券を交付　.8 学制公布 ➔p.246 .11 国立銀行条例制定 ➔p.214　.12 太陽暦を採用 ➔p.216
1873	.1 徴兵令公布 ➔p.210　.7 地租改正条例公布 .8 閣議で西郷隆盛の朝鮮派遣内定 .9 岩倉使節団帰国　.10 朝鮮派遣を中止

△⑨留守政府の政策　留守政府は新たな政策を実施しない約束だったが，徴兵令や地租改正などの重要政策を実施した。士族や民衆の反発を征韓論で突破しようとしたが，帰国使節団の内治派と対立して敗れ，征韓派参議は下野*。その結果，大久保利通の独裁体制となった。

*官職を辞して民間に下ること。

新政府のしくみ ➔p.209

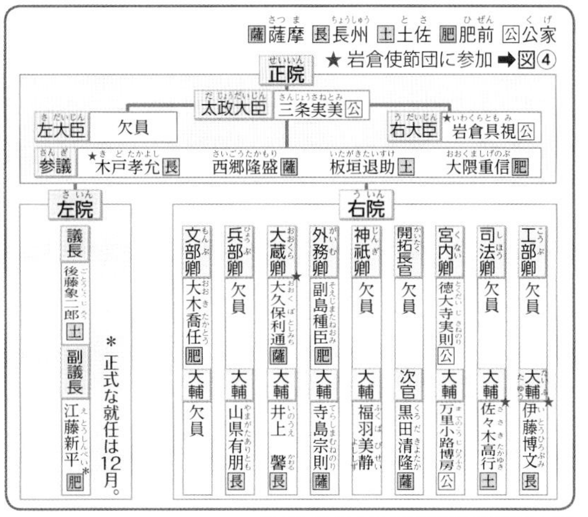
薩 薩摩　長 長州　土 土佐　肥 肥前　公 公家
★岩倉使節団に参加 ➔図④
正院
左大臣 欠員
太政大臣 三条実美 公
右大臣 ★岩倉具視 公
参議 ★木戸孝允 長　西郷隆盛 薩　板垣退助 土　大隈重信 肥
左院
議長 後藤象二郎 土
副議長 江藤新平 肥
＊正式な就任は12月。
右院
文部卿 大木喬任 肥　大輔 欠員
兵部卿 欠員　大輔 山県有朋 長
大蔵卿 大久保利通 薩★　大輔 井上馨 長
外務卿 副島種臣 肥　大輔 寺島宗則 薩
神祇卿 欠員　大輔 福羽美静
開拓長官 欠員　次官 黒田清隆 薩
宮内卿 徳大寺実則 公　大輔 万里小路博房 公
司法卿 欠員　大輔 佐々木高行 土★
工部卿 欠員　大輔 伊藤博文 長★
〈1871年11月の岩倉使節団出発時のもの〉

▷⑩藩閥政府と留守政府

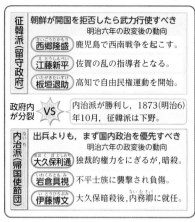

征韓派(留守政府)　朝鮮が開国を拒否したら武力行使すべき
明治六年の政変後の動向
- 西郷隆盛　鹿児島で西南戦争を起こす。
- 江藤新平　佐賀の乱の指導者となる。
- 板垣退助　高知で自由民権運動を開始。

政府内が分裂　VS　内治派が勝利し，1873(明治6)年10月，征韓派は下野。

内治派(帰国使節団)　出兵よりも，まず国内政治を優先すべき
明治六年の政変後の動向
- 大久保利通　独裁的権力をにぎるが，暗殺。
- 岩倉具視　不平士族に襲撃され負傷。
- 伊藤博文　大久保暗殺後，内務卿に就任。

△⑪明治六年の政変

5 農民一揆と不平士族の反乱

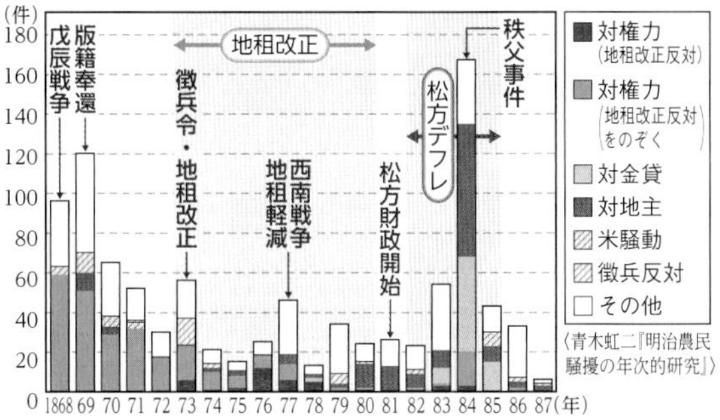
(件)
180 160 140 120 100 80 60 40 20 0
戊辰戦争
版籍奉還
地租改正
徴兵令・地租改正
西南戦争 地租軽減
松方財政開始
松方デフレ
秩父事件
1868 69 70 71 72 73 74 75 76 77 78 79 80 81 82 83 84 85 86 87(年)
対権力(地租改正反対)
対権力(地租改正反対をのぞく)
対金貸
対地主
米騒動
徴兵反対
その他
〈青木虹二『明治農民騒擾の年次的研究』〉

◁⑫農民一揆の件数と動機　新政府成立後も農民一揆は頻発した。1873(明治6)年以降は徴兵反対や**地租改正反対一揆**が激発した。1877年1月に，政府は地租を地価の3％から2.5％に減額して収拾をはかった。その翌月，最大規模の士族反乱である**西南戦争**が起こった。

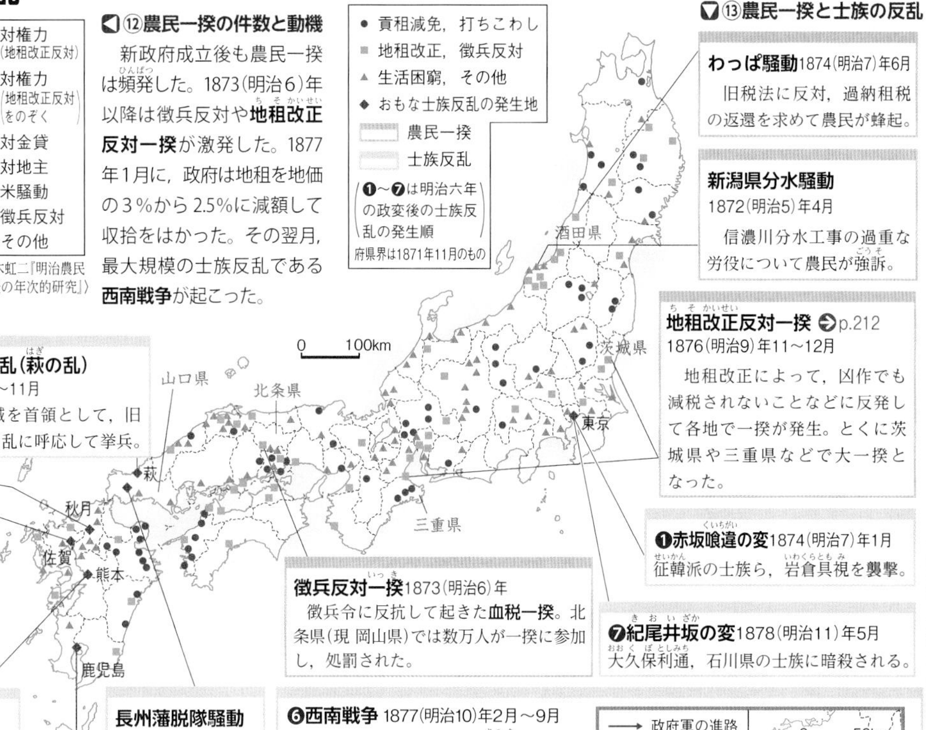
● 貢租減免，打ちこわし
■ 地租改正，徴兵反対
▲ 生活困窮，その他
◆ おもな士族反乱の発生地
農民一揆
士族反乱
❶～❼は明治六年の政変後の士族反乱の発生順
府県界は1871年11月のもの
0 100km
酒田県
茨城県
東京
三重県
山口県
北条県
萩
秋月
佐賀
熊本
鹿児島

▽⑬農民一揆と士族の反乱

わっぱ騒動 1874(明治7)年6月
旧税法に反対，過納租税の返還を求めて農民が蜂起。

新潟県分水騒動 1872(明治5)年4月
信濃川分水工事の過重な労役について農民が強訴。

地租改正反対一揆 ➔p.212
1876(明治9)年11～12月
地租改正によって，凶作でも減税されないことなどに反発して各地で一揆が発生。とくに茨城県や三重県などで大一揆となった。

❶赤坂喰違の変 1874(明治7)年1月
征韓派の士族ら，岩倉具視を襲撃。

❼紀尾井坂の変 1878(明治11)年5月
大久保利通，石川県の士族に暗殺される。

❹秋月の乱 1876(明治9)年10～11月
宮崎車之助ら旧秋月藩士が敬神党の乱に呼応して挙兵。

❺前原一誠の反乱(萩の乱) 1876(明治9)年10～11月
元参議前原一誠を首領として，旧長州藩士が秋月の乱に呼応して挙兵。

❷佐賀の乱
1874(明治7)年2～3月
不平士族約1万2000人が，征韓論に敗れ下野した江藤新平を迎えて蜂起。まもなく大久保が指揮する政府軍に敗れ，江藤は死刑。

徴兵反対一揆 1873(明治6)年
徴兵令に反抗して起きた**血税一揆**。北条県(現 岡山県)では数万人が一揆に参加し，処罰された。

△⑭江藤新平
(1834～74)　愛国公党の会合の翌日帰郷し，**佐賀の乱**で首謀者とされ，処刑された。

❸敬神党(神風連)の乱
1876(明治9)年10月
太田黒伴雄ら旧熊本藩士が，廃刀令など新政府の開化政策に反対して挙兵。

長州藩脱隊騒動
1869(明治2)～70年
長州藩諸隊の反乱。

❻西南戦争 1877(明治10)年2月～9月
私学校生徒を中心に，旧薩摩藩の不平士族約3万が西郷隆盛を指導者として挙兵した最大規模の反乱。政府軍に敗れ西郷は自刃。

〈熊本 植木町田原坂資料館蔵〉

◁⑮田原坂の戦い　熊本城に籠城する鎮台兵救援のために派遣された政府軍が，不平士族で構成する西郷軍主力と田原坂で交戦。壮絶な激戦の末，徴兵中心の政府軍が戦局の主導権をにぎった。西南戦争を最後に士族反乱はとだえた。

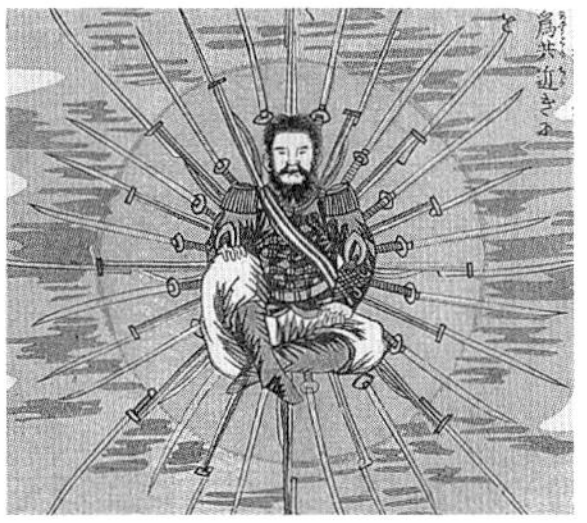

◁⑯西郷星　西南戦争中の1877年ごろ，大接近した火星の光の中に西郷隆盛の姿が見えたといううわさが流れた。火星は西郷星とよばれ，何種類もの錦絵に描かれて売り出された。〈東京大学法学部附属明治新聞雑誌文庫蔵〉

→ 政府軍の進路
→ 西郷軍の進路
→ 西郷軍の退路
0 50km
下関
政府軍神戸発(2月20日)
博多(2月22日)
小倉
博多
唐津
鳥栖
久留米
③田原坂の戦い(3月4日～20日)
大分
大牟田
田原坂
佐伯
②熊本城攻防戦(2月22日～4月15日)
熊本
八代
日奈久
延岡
奇襲上陸(3月19日～25日)
人吉
④人吉攻防戦(4月27日～6月21日)
宮崎
鹿児島
①西郷軍進発(2月15日)
⑤城山籠城戦 9月1日～24日 24日西郷は自刃
奇襲(3月8日)

△⑰西郷軍と政府軍の戦い

歴史散歩 西郷洞窟(鹿児島市)　西南戦争の際，敗戦を続けた西郷軍が立てこもった城山の洞窟。西郷は銃弾を受け，最後は皇居のある東の方角を向き自刃したという。

自由民権運動の開始 ―而独有司ニ帰ス 史（板垣退助『民撰議院設立の建白書』）

ヒストリースコープ

1874（明治7）年，明治六年の政変で下野した板垣退助らは，薩長を中心とした一部の役人が政権を独占している状況を打破すべく民撰議院設立の建白書を左院に提出した。建白書は世に広まり，自由民権運動がさかんに行われるきっかけになった。

考察

❶民撰議院設立の建白書は，どのような理論で国会開設を主張しているだろうか。
❷自由民権運動の発生・発展に対し，政府はそれぞれどう対応しただろうか。→1
❸ 1881年，罷免された大隈重信はその後どのような活動をしただろうか。→2・4

民撰議院設立の建白書【現代語訳】

私たちが考えてみると，現在の政権をにぎっているのは，上の天皇でも，下の人民でもなく，ひとえに政府の官僚なのです。…この状況を打開する道を追求すれば，それは天下の人民が議論を行うことしかあり得ません。そして，このように広く議論を行うには，民撰による議院を設立する以外にありません。…（『日新真事誌』）

①民撰議院設立の建白書（1874年）　板垣らは，広範な世論を政治に反映させるため，民撰による議院の設立を求めた。

モウトシロ

②演説会のようす（1887年『屑屋の籠』）　民権運動家が全国を遊説したほか，地域の演説会がさかんに行われた。巡査が弁士に演説中止を命令するのを聴衆が抗議している。
〈東京 国立国会図書館蔵〉

1 自由民権運動の発生と発展

A 自由民権運動の変遷①　自由民権運動の変遷② ➔p.223 3

よみとき　政府の弾圧策が，自由民権運動の各時期の内容に対応していることに注目しよう

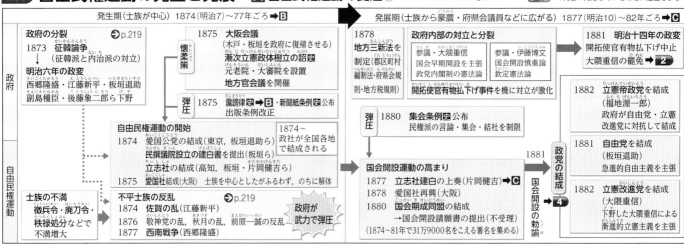

発生期（士族が中心）1874（明治7）～77年ごろ ➔B

政府
- 政府の分裂 ➔p.219
  - 1873　征韓論争（征韓派と内治派の対立）
  - ↓
  - 明治六年の政変　西郷隆盛・江藤新平・板垣退助・副島種臣・後藤象二郎ら下野
- 懐柔策：1875　大阪会議（木戸・板垣を政府に復帰させる）
  - 漸次立憲政体樹立の詔 史
  - 元老院・大審院を設置
  - 地方官会議を開催
- 弾圧：1875　讒謗律 史 ➔B・新聞紙条例 史 公布　出版条例改正

自由民権運動
- 自由民権運動の開始
  - 1874　愛国公党の結成（東京，板垣退助ら）
  - 民撰議院設立の建白書を提出（板垣ら）
  - 立志社の結成（高知，板垣・片岡健吉ら）
  - 1874～ 政社が全国各地で結成される
  - 1875　愛国社結成（大阪）　士族を中心としたがふるわず，のちに解体
- 士族の不満：徴兵令・廃刀令・秩禄処分などで不満増大
- 不平士族の反乱 ➔p.219
  - 1874　佐賀の乱（江藤新平）
  - 1876　敬神党の乱，秋月の乱，前原一誠の反乱
  - 1877　西南戦争（西郷隆盛）
  - 政府が武力で弾圧

発展期（士族から豪農・府県会議員などに広がる）1877（明治10）～82年ごろ ➔C

政府
- 1878　地方三新法を制定（郡区町村編制法・府県会規則・地方税規則）
- 政府内部の対立と分裂
  - 参議・大隈重信　国会早期開設を主張　政党内閣制の憲法論
  - 参議・伊藤博文　国会開設慎重論　欽定憲法論
  - 開拓使官有物払下げ事件を機に対立が激化
- 1881　明治十四年の政変　開拓使官有物払下げ中止　大隈重信の罷免 ➔2
- 弾圧：1880　集会条例 史 公布　民権派の言論・集会・結社を制限

自由民権運動
- 国会開設運動の高まり
  - 1877　立志社建白の上奏（片岡健吉）➔C
  - 1878　愛国社再興（大阪）
  - 1880　国会期成同盟の結成
  - →国会開設請願書の提出（不受理）
  - （1874～81年で31万9000名をこえる署名を集める）
- 国会開設の勅諭　1881
- 政党の結成 ➔4
  - 1882　立憲帝政党を結成（福地源一郎）　政府が自由党・立憲改進党に対抗して結成
  - 1881　自由党を結成（板垣退助）　急進的自由主義を主張
  - 1882　立憲改進党を結成（大隈重信）　下野した大隈重信による漸進的立憲主義を主張

B 自由民権運動の開始

③立志社　1874（明治7）年に東京で結成された愛国公党が民撰議院設立の建白書を左院に提出したあと，板垣退助が高知に戻って片岡健吉らと設立した地方政社。翌75年，立志社を中心に大阪で政社が連合する愛国社が結成され，愛国社第4回大会で国会期成同盟が組織された。

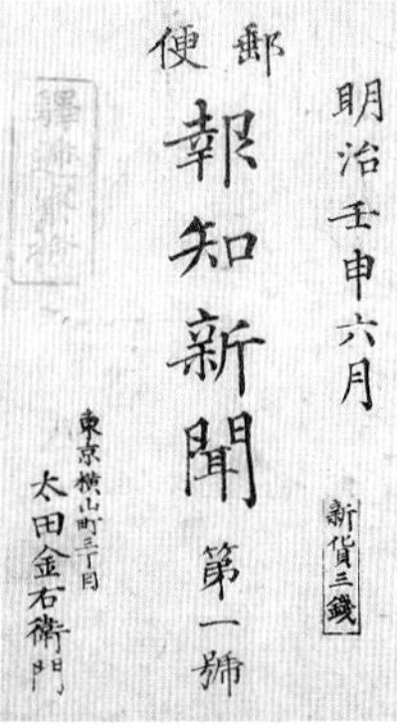
郵便
報知新聞
明治壬申六月
第一號
新貨三錢
東京横山町三丁目
太田金右衛門

④『郵便報知新聞』　1872年に前島密らが創刊。のちに立憲改進党の機関誌となった。➔p.249 2

⑤小野梓（1852～86）　学術結社の共存同衆を結成。のち立憲改進党や東京専門学校（現 早稲田大学，➔p.247）の設立に参加した。

讒謗律【抜粋】史

第一条　凡ソ事実ノ有無ヲ論セス，人ノ栄誉ヲ害スヘキノ行事ヲ摘発公布スル者，之ヲ讒毀①トス，人ノ行事ヲ挙ルニ非スシテ，悪名ヲ以テ人ニ加ヘ公布スル者，之ヲ誹謗②トス…

①人のことを悪く言い，名誉を傷つけること　②他を悪く言うこと
（『太政官日誌』）

讒（ざん）

⑥讒謗律　人の名誉を傷つけ誹謗すると，事実の有無にかかわらず処罰。小野梓らが提出した建議を受けて1875年に制定。同時に民衆への教唆扇動・国家顛覆論を禁じた新聞紙条例が制定され，新聞が民権運動の論理とならないように取り締まられた。

C 民権運動の発展

立志社建白【抜粋】

国の政府ある所以のものは…斯民①の権利を暢達し以て幸福安全の域に処らしむるにありと。…人民の安寧を計らんとせば，民撰議院を設立し，立憲政体の基礎を確立するより善きはなし。…

①国民
（『自由党史』）

⑦立志社建白　西南戦争中の1877（明治10）年，立志社総代の片岡健吉が提出しようとして却下された意見書。民撰議院の設立・地租軽減・条約改正という自由民権運動の三大基本要求を提起した。

⑧片岡健吉（1843～1903）　立志社建白を提出。建白は却下されたが，愛国社再興と国会期成同盟につながり，自由民権運動が国民全体に広がるきっかけになった。

時代を見る目　地域に広がった国会開設を求める声

1880年3月，愛国社が国会期成同盟へと改称されると，国会開設を求める運動は激しさを増した。自由民権運動の主体は，「上流の民権説」とよばれた発生期の段階から，都市や地方の結社へと拡大していった。各地域の人々が署名し，結社の指導者によって提出された国会開設を求める建白書や嘆願書は，1880年だけで70件以上にのぼった。

⑨新潟県の有志者による建白書

今日とのつながり　言論による改革を主張した福沢諭吉が建設した日本初の演説会堂となる三田演説館は，現在も慶応義塾大学三田キャンパス内に残っている。

2 明治十四年の政変

＊東京横浜毎日新聞（➔ p.249）が掲載，その後各紙が次々に報道。

発端

大久保利通暗殺（1878（明治11）年）

政府は強力な指導者を失い，自由民権運動の対処で内紛

憲法制定・国会開設の論議が高まり対立が激化（1881年）

対立の激化

参議 大隈重信（肥前）		参議 伊藤博文（長州）
急進論 ・国会の早期開設 ・福沢諭吉の考えを重視し，イギリス流の議院内閣制を主張	対立	漸進論 ・国会の漸進的開設 ・井上毅の意見を重視 天皇の大権を確立する ドイツ流の欽定憲法を主張

1881年

開拓使官有物払下げ事件＊ ➔p.215

北海道開拓長官の**黒田清隆**（薩摩）が官有物を民間の政商である関西貿易社の**五代友厚**（薩摩）に払い下げようとして，世論の反対を受け，取りやめた事件。伊藤博文らは，この事件は大隈重信が世論をたきつけたためだとして，大隈を政府から追放。

明治十四年の政変

・開拓使官有物払下げ中止　・大隈重信の罷免
・国会開設の勅諭（1890年の国会開設を公約）史

結果

・自由民権運動
・立憲改進党結成（大隈ら，➡4）

・薩長藩閥政府を形成
・政府を主導

▲⑩明治十四年の政変と国会開設の勅諭

北
定価
三十万円

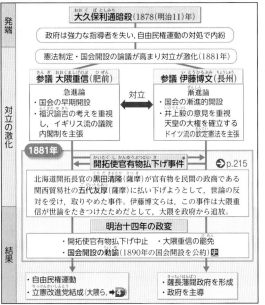

◀⑪**開拓使官有物払下げ事件の風刺画**（『奇鯰碑』『驥尾団子』154号）　黒ダコは開拓長官「黒田公」（黒田清隆）。頭に書かれた「定価三十万円」は開拓使官有物の払い下げ代金。取り囲む人々の貝の頭には「國」と書かれており，「国会」を意味する。

▲⑫**払い下げられた札幌の開拓使麦酒工場**（1876年）（北海道大学附属図書館蔵）

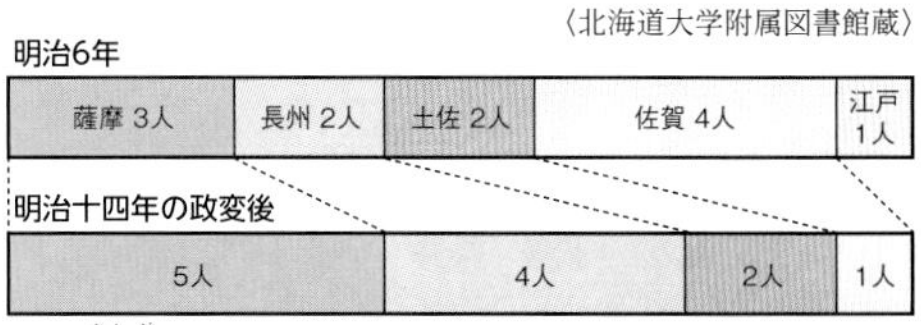

明治6年
薩摩 3人
長州 2人
土佐 2人
佐賀 4人
江戸 1人
明治十四年の政変後
5人
4人
2人
1人

▲⑬**参議の出身地の変化**　**明治十四年の政変**で政府から**大隈重信**が追放され，伊藤博文が主導権をにぎった。以後，薩長は連携を固め，薩長藩閥政権を維持していく。

3 私擬憲法の起草

▼⑭おもな私擬憲法

名称	成立	起草者	特徴
私擬憲法案	1881年4月	交詢社（福沢諭吉系）	イギリス流の立憲君主制 二院制　議院内閣制
日本帝国憲法（五日市憲法草案）	1881年4月	千葉卓三郎ら（民権派）	君民共同統治　三権分立 二院制　人権と自由を重視
東洋大日本国国憲按（日本国国憲按）	1881年8月	植木枝盛（自由党系）	主権在民（国民主権）　連邦制 一院制　抵抗権　革命権
日本憲法見込案	1881年9月	立志社（自由党系）	主権在民（国民主権） 一院制　抵抗権

▲⑮馬場辰猪
(1850~88)

私擬憲法案【抜粋】
第一条　天皇ハ宰相並ニ元老院国会院ノ立法両院ニ依テ国ヲ統治ス。
第二条　天皇ハ聖神ニシテ犯ス可ラサルモノトス…

◀⑯**交詢社私擬憲法案**　馬場辰猪など慶応義塾出身者で構成した福沢諭吉創設の民間組織交詢社の憲法草案。イギリス流の議院内閣制や二院制を規定した。

▼⑱**東洋大日本国国憲按**　**自由党**左派の植木枝盛が起草したとされる憲法草案。おもにアメリカ合衆国憲法を参考とし，主権在民や抵抗権・革命権，一院制を明記するなど，最も先進的で民主的だった。

▲⑰植木枝盛
(1857~92)

東洋大日本国国憲按【抜粋】史
第五条　日本ノ国家ハ日本各人ノ自由権利ヲ殺減スル規則ヲ作リテ之ヲ行フヲ得ズ。
第四十二条　日本ノ人民ハ法律上ニ於テ平等トナス。
第四十九条　日本人民ハ思想ノ自由ヲ有ス。
第七十一条　政府官吏圧制ヲ為ストキハ日本人民ハ之ヲ排斥スルヲ得。…
第七十二条　政府恣ニ国憲ニ背キ，擅ニ人民ノ自由権利ヲ浸害シ，建国ノ旨趣ヲ妨グルトキハ日本国民ハ之ヲ覆滅シテ新政府ヲ建設スルコトヲ得。
第百十四条　日本連邦ニ関スル立法ノ権ハ日本連邦人民全体ニ属ス。

▲⑲千葉卓三郎
(1852~83)

日本帝国憲法【抜粋】
第四十五条　日本国民ハ，各自ノ権利自由ヲ達ス可シ。他ヨリ妨害ス可ラズ。且国法之ヲ保護ス可シ。
第四十八条　凡ソ日本国民ハ，日本全国ニ於テ同一ノ法典ヲ準用シ同一ノ保護ヲ受ク可シ。地方及門閥若クハ一人一族ニ与フルノ特権アルコトナシ。
第一九四条　国事犯ノ為ニ死刑ヲ宣告ス可ラズ。又其罪ノ事実ハ陪審官之ヲ定ム可シ。

◀⑳**日本帝国憲法**
仙台藩士の千葉卓三郎を中心に五日市（現 東京都あきる野市）の民衆が作成。人権保障に厚いこの草案は旧家の土蔵から発見された。

4 政党の結成 ―国会開設を見すえて

➔ p.352「戦前の政党・政派」

	自由党（1881年10月結党）	立憲改進党（1882年4月結党）	立憲帝政党（1882年3月結党）
党首	**板垣退助**（1837～1919） 土佐出身。新政府参議だったが，**征韓論**で下野。**自由民権運動**のカリスマに。	**大隈重信**（1838～1922） 肥前出身。新政府参議だったが，**明治十四年の政変**で下野。自由民権運動の旗頭に。	**福地源一郎（桜痴）**（1841～1906） 旧幕臣。『東京日日新聞』を主宰し，政府を支持して民権運動に対抗した。
主義	フランス流の急進的自由主義	イギリス流の漸進的立憲主義	国粋主義　政府支持
主張	一院制・主権在民 普通選挙	二院制・君民同治 制限選挙	二院制・主権在君 制限選挙
主要党員	後藤象二郎　片岡健吉　星亨　中島信行	犬養毅　尾崎行雄　矢野龍溪　小野梓	丸山作楽 水野寅次郎
機関紙	『自由新聞』	『郵便報知新聞』➡図④	『東京日日新聞』
結成・結党	民権派結社を結集する中央政党結成の機運を受け結党。党内部の内紛や立憲改進党との軋轢，弾圧などで行きづまり1884年解党。	下野した大隈と旧官吏などを中心に結党。国会開設に向けて運動を展開するも弾圧強化により，1884年には大隈らが脱党。	民権派に対抗すべく政府の保護下で結党。欽定憲法主義を標榜し，自由党・立憲改進党と対立したが，政府の保護を失い結成翌年に解党。
支持層	士族　豪農 商業資本家	都市生活者 知識人層　産業資本家	官僚　神官・僧侶 儒者

1884.10 解党　1884.12 活動停止　1883.9 解党

1886.10 ～ 大同団結運動へ ➔p.223

近代　明治

歴史散歩 高知市立自由民権記念館（高知県）　「自由は土佐の山間より」ともいわれる土佐の運動を中心に，自由民権運動の歩みを紹介している。

松方財政と民権運動 —農民をして実に耐ゆる能はざらしむる(田口卯吉)

ヒストリースコープ

「日本のアダム=スミス*」といわれた経済学者の田口卯吉は，自由主義経済学の立場から政府の政策を批判した。とくに，松方財政による不況に農民が耐えられない現状を指摘し，強兵よりも富国を優先した国づくりが肝要である点を強調した。

＊イギリスの経済学者。自由主義経済学を大成させた。

考察

❶農民の収入に大きな影響を与えたのは，どのような物価の下落だろうか。

❷物価が変動した背景には，政府のどのような政策があっただろうか。→1

❸松方財政による不況は民権運動にどのような影響を与えただろうか。→2・3

強兵の象徴の軍艦
瓦
ブリキ
大工
左官
逃げる米
石屋
材木
屋根板
生糸
追いかける地主と小作

①松方デフレによる物価の下落(諸色峠谷底下り)　**松方正義**のデフレ政策によって物価が下落すると，生産者である農民の収入は減り，生活は苦しくなった。米・生糸などの諸物価だけでなく，労働者の賃金も下がった。〈東京都立中央図書館特別文庫室蔵〉

1 大隈財政から松方財政へ

→p.272「近代の貨幣制度と金本位制の展開」

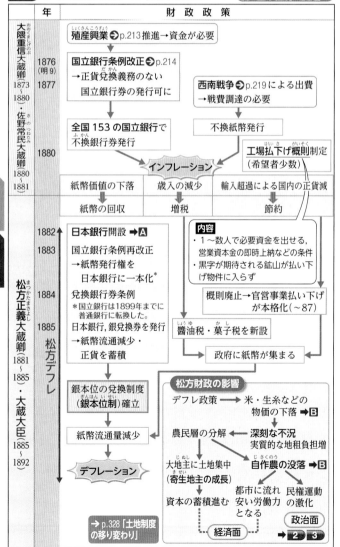

年	財政政策
	大隈重信大蔵卿(1873～1880)・佐野常民大蔵卿(1880～1881)
	殖産興業→p.213推進→資金が必要
1876(明9)	**国立銀行条例改正**→p.214 →正貨兌換義務のない国立銀行券の発行可に
1877	**西南戦争**→p.219による出費→戦費調達の必要
	全国153の国立銀行で不換銀行券発行 ／ 不換紙幣発行
1880	**工場払下げ概則制定**(希望者少数)
	インフレーション
	紙幣価値の下落→紙幣の回収 ／ 歳入の減少→増税 ／ 輸入超過による国内の正貨減→節約
	松方正義大蔵卿(1881～1885)・大蔵大臣(1885～1892)　松方デフレ
1882	**日本銀行開設**→A
1883	国立銀行条例再改正→紙幣発行権を日本銀行に一本化*
1884	兌換銀行券条例 ＊国立銀行は1899年までに普通銀行に転換した。 ／ 概則廃止→官営事業払い下げが本格化(～87)
1885	日本銀行，銀兌換券を発行→紙幣流通減少・正貨を蓄積 ／ **醤油税・菓子税を新設**
	政府に紙幣が集まる
	銀本位の兌換制度(銀本位制)確立
	紙幣流通量減少
	デフレーション

内容
・1～数人で必要資金を出せる，営業資本金の即時上納などの条件
・黒字が期待される鉱山が払い下げ物件に入らず

松方財政の影響

デフレ政策 → 米・生糸などの物価の下落→B → **深刻な不況** 実質的な地租負担増 → 農民層の分解
農民層の分解 → 大地主に土地集中(寄生地主の成長) → 資本の蓄積進む
農民層の分解 → **自作農の没落**→B → 都市に流れ安い労働力となる ／ 民権運動の激化
経済面 ／ 政治面 →2 3

→p.328「土地制度の移り変わり」

A 日本銀行の設立

〈『近現代日本経済史要覧』ほか〉

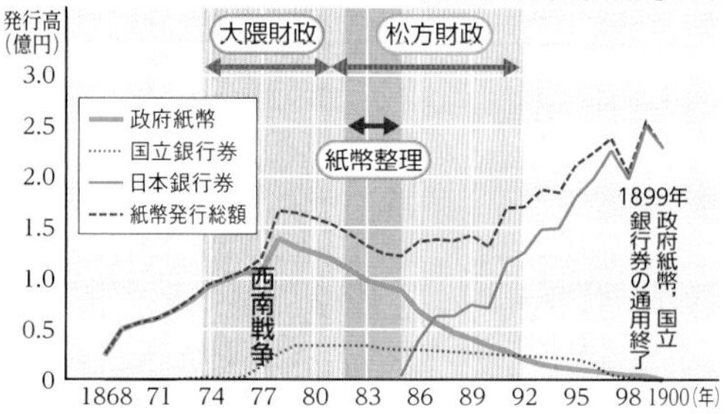

発行高(億円)
大隈財政
松方財政
紙幣整理
政府紙幣
国立銀行券
日本銀行券
紙幣発行総額
西南戦争
1899年 政府紙幣，国立銀行券の通用終了
1868 71 74 77 80 83 86 89 92 95 98 1900(年)

②紙幣発行の推移　大隈が増刷した不換紙幣を，松方は回収して整理した。1882(明治15)年に設立された**日本銀行**は，85年から**銀本位**にもとづく日本銀行券を発行し，紙幣価値の回復に努めた。

③日本銀行本店本館　西南戦争の戦費調達や兌換義務をなくした国立銀行(→p.214)による不換紙幣の増発は激しいインフレを招き，深刻な財政難と輸入超過におちいった。松方大蔵卿は1882年，国の金融制度の中心として，兌換銀行券発行や発行量の調節を行う中央銀行の日本銀行を設立。85年から銀兌換の日本銀行券を発行し，翌年には銀兌換を始めた。

B 物価の変動

＊先物取引による米相場。〈『新聞集成明治編年史』〉　〈栗原白寿『現代日本農業論』〉

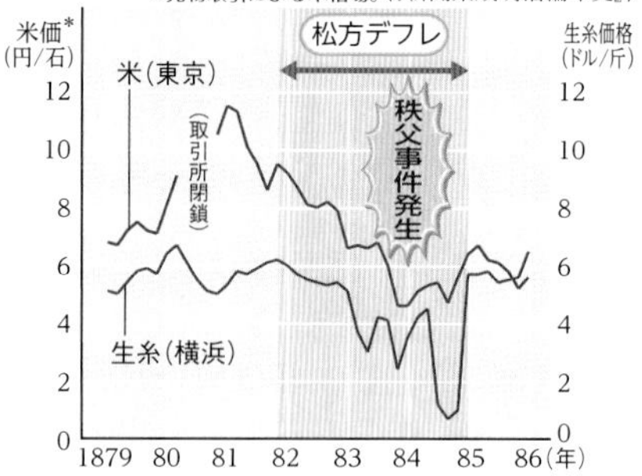

米価*(円/石)
生糸価格(ドル/斤)
松方デフレ
米(東京)
(取引所閉鎖)
秩父事件発生
生糸(横浜)
1879 80 81 82 83 84 85 86(年)

④米・生糸価格の変動　デフレ政策による物価下落は米価や生糸価格で著しく，農家は大打撃を受けた。とくに養蚕農家には，高利貸しに借金して土地を手放し，困窮没落する者が激増。この状況の中で激化事件が多発した(→2)。

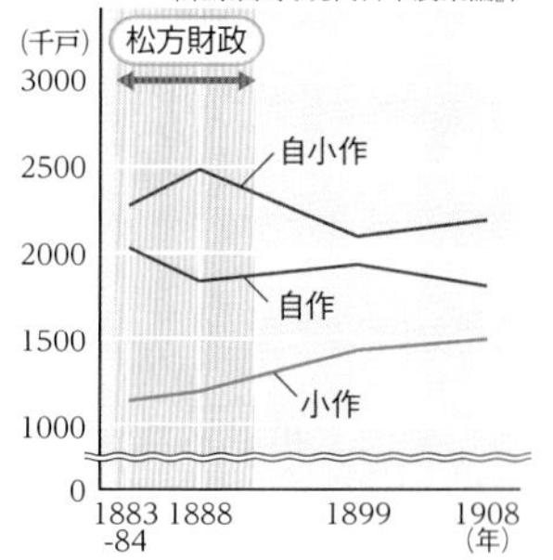

(千戸)
松方財政
自小作
自作
小作
1883-84 1888 1899 1908(年)

⑤自作農と小作農の変化　土地をもち納税の義務がある自作農は，松方デフレの不況のなか，定額金納の地租(→p.212)を払えず小作農に没落した。

今日とのつながり　松方デフレは，井上財政(→p.273)・ドッジ=ライン(→p.300)と合わせて日本史上の三大デフレといわれる。

2 農民民権のおこり

自由党結党（1881年10月） ➲p.221

松方デフレ➡農民層の分解 ➡ 1
寄生地主制成立へ。
民権運動は停滞の一方で急進化。

小作農　地主

米・繭などの農産物価格下落
農村は不況におちいり，多くの自作農が小作農に没落。

連携　民権運動離脱

自由党の党内分裂（1882年）
首脳部中心の穏健派と直接行動をもくろむ急進派に分裂。

急進派　穏健派（首脳部）

民権運動の激化

△ ⑥自由党と農民民権

A 自由民権運動の激化

よみとき 激化事件が集中している時期に注目しよう ➲p.222 図④

板垣遭難事件（岐阜事件）(1882.4)
自由党の党首板垣退助が岐阜の金華山のふもとの中教院で反民権派に襲われて負傷。「板垣死すとも自由は死せず」が広まった。

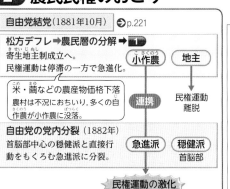

板垣退助
△ ⑦**襲われた板垣退助**（板垣君遭難之図）〈神奈川県立歴史博物館蔵〉

福島事件（福島・喜多方事件）(1882.11～.12)
薩摩出身の県令三島通庸は農民の労役による道路（三方道路）建設を計画した。これに反対する農民を支援した，福島自由党の河野広中らを検挙し弾圧した。

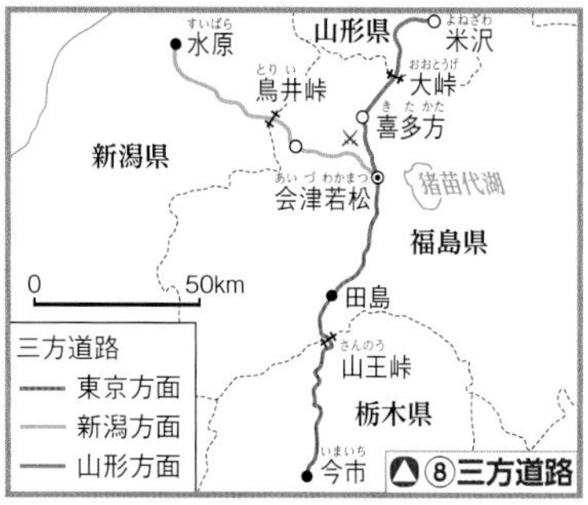

水原
山形県
米沢
鳥井峠
大峠
喜多方
新潟県
会津若松
猪苗代湖
福島県
0 50km
田島
三方道路
東京方面
新潟方面
山形方面
山王峠
栃木県
今市

△ ⑧三方道路

△ ⑨三島通庸 (1835~88)

△ ⑩河野広中 (1849~1923)

愛国社(1875) ➲p.220
→**愛国社再興**(78)
板垣退助・片岡健吉ら立志社の社員が中心になり結成。その後，十分な活動も行わないうちに解散したが，西南戦争後，大阪で再興大会が開催された。

第3回大会で国会開設請願の署名運動と全国組織化の方針決定

国会期成同盟を結成(1880)
愛国社第4回大会に各地の政社代表ら114名が署名をもって参集し結成。第2回大会で私擬憲法のもちよりを決定。のち自由党と立憲改進党へ。

大阪事件(1885.11)
壬午軍乱・甲申事変で，朝鮮における親日派の後退（➔p.230）をみた大井憲太郎らの旧自由党左派が，政権を樹立しようと画策。事前に発覚して，景山英子（➔p.261）ら130人余りが逮捕。朝鮮における改革を契機に，日本国内の自由民権運動の再興をはかろうとしたといわれる。

〈集英社『日本の歴史⑰』〉

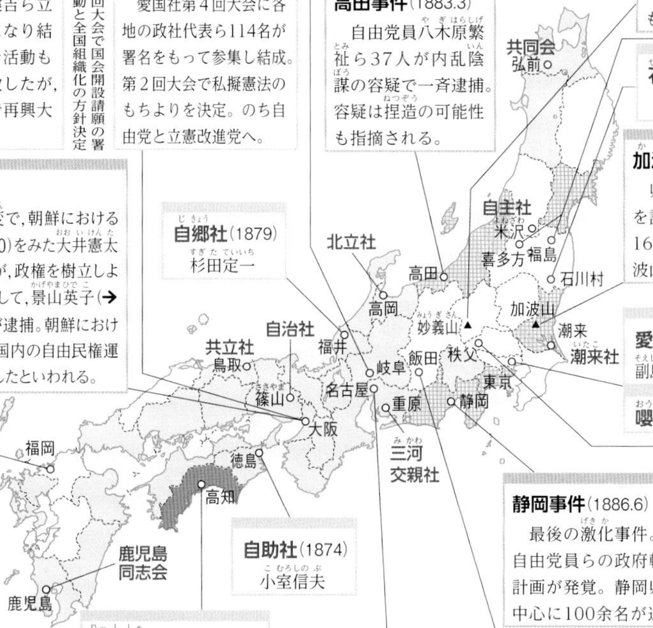

0 100km
共同会
弘前
自主社
米沢
喜多方
福島
石川村
加波山
潮来
潮来社
北立社
高田
高岡
妙義山
飯田
秩父
自治社
福井
岐阜
名古屋
東京
静岡
重原
共立社
鳥取
篠山
大阪
玄洋社
(のちに国家主義団体となる)
福岡
徳島
高知
三河交親社
鹿児島同志会
鹿児島

高田事件(1883.3)
自由党員八木原繁祉ら37人が内乱陰謀の容疑で一斉逮捕。容疑は捏造の可能性も指摘される。

群馬事件(1884.5)
自由党員が農民とともに政府転覆を企図。

石陽社(1875)
河野広中

加波山事件(1884.9)
県令三島通庸らの暗殺を計画していた自由党員16名が，9月に茨城県加波山で蜂起。

自郷社(1879)
杉田定一

愛国公党(1874)
副島・板垣・後藤ら

嚶鳴社(1878) 沼間守一

静岡事件(1886.6)
最後の激化事件。旧自由党員らの政府転覆計画が発覚。静岡県を中心に100余名が逮捕。

自助社(1874)
小室信夫

立志社(1874) ➲p.220
高知県で板垣退助が片岡健吉らと結成。当初は士族救済を目的としたが，のちに民権運動の中核的存在となった。

名古屋事件(1884.12)
自由党員を中心に政府転覆を計画。軍資金を略奪し巡査を殺害したが挙兵前に発覚。

飯田事件(1884.12)
愛知県の士族村松愛蔵らが，長野県飯田で没落農民と連携し蜂起を計画したが未然に発覚。

民権結社・政社の数（1874～84年）
- 100以上
- 60～100
- 20～60
- 20未満
- 青字 おもな結社・政社
- おもな激化事件
- その他の事件
- 県境は現在のもの

秩父事件(1884.10~.11)
最大規模の激化事件。秩父地方を中心に長野県・群馬県などの養蚕農家は松方デフレによる繭価格下落の打撃を受けた（➡図④）。彼らや自由党員が借金延納や減税などを求めて武装蜂起。秩父郡下吉田村（現 秩父市下吉田）の椋神社に集まった困民党の農民約3000人が，郡役所・警察などを襲撃。

▽ ⑪秩父事件の推移

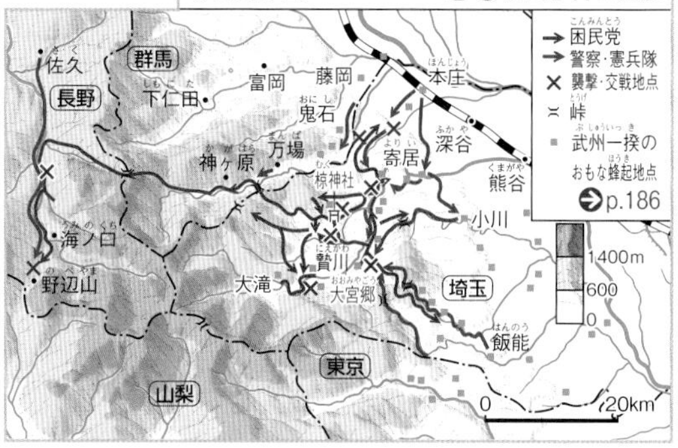

→ 困民党
→ 警察・憲兵隊
✕ 襲撃・交戦地点
峠
武州一揆のおもな蜂起地点
➲p.186
佐久
群馬
長野
下仁田
富岡
藤岡
本庄
鬼石
神ヶ原
万場
寄居
深谷
椋神社
熊谷
海ノ口
小川
贄川
1400m
600
0
野辺山
大滝
大宮郷
埼玉
飯能
東京
山梨
0 20km

3 自由民権運動の変遷②

自由民権運動の変遷① ➲p.220 1

よみとき 加波山事件など激化事件が政党に与えた影響に注目しよう

激化期（自由党急進派と困窮農民が中心）1882（明治15）～86年ごろ

政府
1882～
松方デフレによる農村不況→自作農没落 ➡ 1
弾圧 集会条例の改正（政党の地方支部・支社設置を禁止）

自由民権運動
激化事件の展開 ➡ 2
1882 板垣遭難事件（岐阜事件）
福島事件
1884 加波山事件→自由党が解党
秩父事件
立憲改進党から大隈が離党，活動停止

弾圧により民権運動衰退

民権運動再結集期（大同団結運動）1886（明治19）～89年

大同団結への対応
弾圧 1887 保安条例制定 史・新聞紙条例改正 ➡図⑫
懐柔策 1888 大隈重信を伊藤内閣の外務大臣に任命
1889 後藤象二郎を黒田内閣の逓信大臣に任命

自由民権運動の再燃
1887 大同団結運動の発展
（後藤象二郎が自由民権派の再結集をよびかける）
三大事件建白運動 ➲p.228
（片岡健吉らが地租の軽減，言論・集会の自由，外交失策の回復を求めた建白書を元老院に提出）

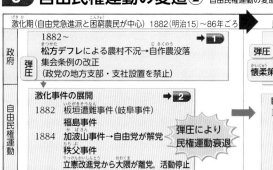

△ ⑫**言論弾圧の風刺**（『トバエ』1888年） 1887（明治20）年の**保安条例**で民権派は3年間，皇居外3里に追放。新聞紙条例も改正され，言論弾圧が激化。民権派に共鳴するフランス人ビゴーは雑誌『トバエ』（➔p.249）で批判した。

今日とのつながり 福島事件を引き起こした三島通庸が，明治の洋画家 高橋由一（➔p.251）に依頼し，栃木・福島・山形県における自らの土木業績を描かせた画帖が残っている。

近代 明治

憲法制定と立憲国家体制 ―滑稽なことには，誰も憲法の内容をご存じないのだ（『ベルツの日記』）

ヒストリースコープ

1889（明治22）年，新聞も国民も熱狂して大日本帝国憲法の発布を歓迎した。お雇い外国人のドイツ人医師ベルツ（1849～1913）は，憲法では自由が厳しく制限されているのを知らずに，お祭り騒ぎをする日本国民を冷静に評している。

考察

❶ベルツが指摘した，自由が厳しく制限されているとは，具体的にどのようなことだろうか。
❷大日本帝国憲法は，なぜドイツ憲法を手本としたのだろうか。→2
❸人々の生活を規定する民法の特徴とは何だろうか。→4

帝國憲法

〈Proclamation of Meiji constitution Tokyo 1889〉

大日本帝国憲法【抜粋】

第三条　天皇ハ神聖ニシテ侵スヘカラス
第四条　天皇ハ国ノ元首ニシテ統治権ヲ総攬シ此ノ憲法ノ条規ニ依リ之ヲ行フ
第二十八条　日本臣民ハ安寧秩序ヲ妨ケス及臣民タルノ義務ニ背カサル限ニ於テ信教ノ自由ヲ有ス
第二十九条　日本臣民ハ法律ノ範囲内ニ於テ言論著作印行①集会及結社ノ自由ヲ有ス
①図書の印刷や発行

①憲法発布を祝う人々　憲法が発布された1889年2月11日，人々は武具をつけて記念撮影をしたり，仮装行列や山車をひいて町を練り歩いたりして喜んだ。憲法の内容を知らずに騒ぐ彼らは，「絹布のハッピ」を賜って喜んでいると揶揄された。

→p.325「法制度の移り変わり」

1 憲法制定・行政近代化の歩み

年	事項（憲法作成／諸制度の整備）
1881	.10 国会開設の勅諭 ➡p.221 →2 A
1882	.3 憲法調査のため伊藤博文ら渡欧（～83.8.3）グナイスト（ベルリン大学）・シュタイン（ウィーン大学）らに学ぶ
1884	84.3 制度取調局（長官：伊藤博文）を設置し，立憲制導入に伴う諸制度を検討 84.7 **華族令**の制定（貴族院設置の準備）
1885	85.12 太政官制を廃し，**内閣制度**発足（初代総理大臣：伊藤博文）➡p.226
1887	.6 憲法草案*の検討開始（～88 最終草案作成）伊藤博文，井上毅，伊東巳代治，金子堅太郎らが起草，政府法律顧問ロエスレルが助言
1888	88.4 **市制・町村制**公布，→2 B C **枢密院**設置（議長：伊藤博文） .6～.7 枢密院で憲法草案を審議（89.1に再審）
1889	.2.11 **大日本帝国憲法**発布 →3 **皇室典範**制定，衆議院議員選挙法公布
1890	90.5 **府県制・郡制**公布 →2 B .7 第1回衆議院議員総選挙 .11 第1回帝国議会召集（山県内閣①）

＊1886年11月ごろから，井上毅が草案作成に着手していた。

2 欽定憲法の制定

A 憲法の調査

②ビスマルクへの元旦のごあいさつ（ビゴー筆『トバエ』1888年）　伊藤博文は，岩倉使節団で面会したプロイセンのビスマルクを崇拝し，「東洋のビスマルクたらん」とした。大久保利通の死後，彼の路線を引きついだ。

時代を見る目　ドイツの憲法をお手本にしたわけ

欧米視察の経験から，岩倉具視はプロイセン憲法を模範とすべきだと説き，伊藤博文もこれに賛同した。天皇・政府中心の富国強兵と近代化をめざす彼らにとっては，憲法はもつが君主権が強いドイツこそ手本となる姿であった。イギリス流の議院内閣制を主張した大隈重信の下野後，日本はドイツ流の国家体制へと急転回した。

B 地方自治制度の確立

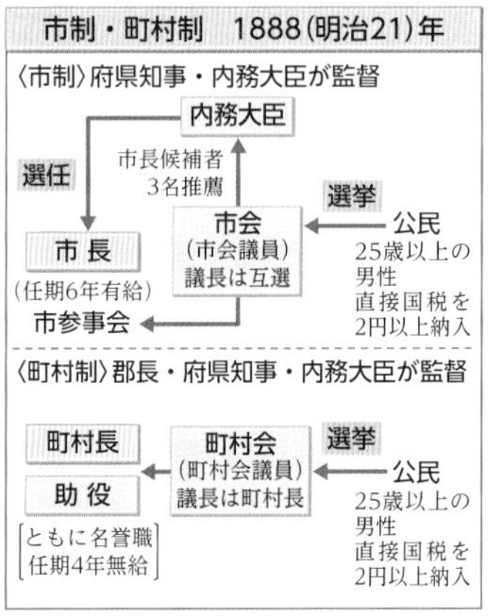
市制・町村制　1888（明治21）年
〈市制〉府県知事・内務大臣が監督
内務大臣
選任
市長候補者3名推薦
選挙
市長
（任期6年有給）
市参事会
市会（市会議員）議長は互選
公民
25歳以上の男性
直接国税を2円以上納入
〈町村制〉郡長・府県知事・内務大臣が監督
町村長
助役
ともに名誉職
任期4年無給
町村会（町村会議員）議長は町村長
選挙
公民
25歳以上の男性
直接国税を2円以上納入

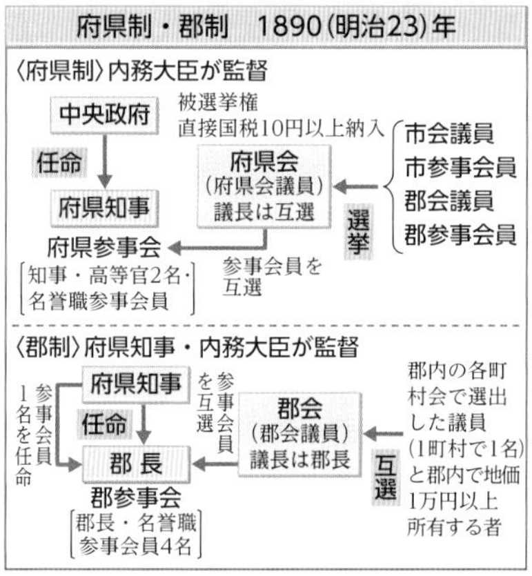
府県制・郡制　1890（明治23）年
〈府県制〉内務大臣が監督
中央政府
任命
府県知事
府県参事会
知事・高等官2名・名誉職参事会員
被選挙権
直接国税10円以上納入
府県会（府県会議員）議長は互選
参事会員を互選
選挙
市会議員
市参事会員
郡会議員
郡参事会員
〈郡制〉府県知事・内務大臣が監督
府県知事
任命
参事会員1名を任命
参事会員を互選
郡長
郡参事会
郡長・名誉職参事会員4名
郡会（郡会議員）議長は郡長
互選
郡内の各町村会で選出した議員（1町村で1名）と郡内で地価1万円以上所有する者

③地方自治制度　ドイツ人法律顧問モッセ（1846～1925）の助言にもとづき，地方自治体の権限は弱く，自治体や警察を統括する**内務省**の監督権が強い制度とされた。知事や市長郡長は任命制で，間接選挙の町村長は郡長・知事・内務大臣の統制下におかれ，地方議会も地域の有力者が選ばれるしくみだった。

C 枢密院―憲法起草

（東京 国立国会図書館蔵 楊洲周延筆 枢密院会議之図 1888年）

枢密院會議之図

④枢密院会議　枢密院は天皇の政務上の最高諮問機関として1888（明治21）年に設置された。初代議長は，初代内閣総理大臣だった伊藤博文。天皇臨席で憲法を最終審議した。

枢密院の構成（1888年）	
構成	議長，副議長各1名，顧問官*12名以上
条件	40歳以上の元勲および練達の人（各国務大臣は顧問官としての地位を有した）

＊大日本帝国憲法発布後は25名に制限。

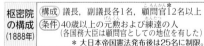

ひと　ロエスレル（1834～94）H.Roesler　ドイツ出身

ドイツ人法学者。外務省顧問として来日していたが，伊藤博文が進める憲法起草の助言者として招かれ，内閣顧問に就任した。君主権が強いドイツ流の**大日本帝国憲法**の生みの親。

Key Word　枢密院

憲法制定のための機関として設置されたが，憲法発布後も議会の制約を受けない特別機関として存続。天皇の最高諮問機関として内閣の原案を修正否決でき，藩閥政治家や官僚の有力者が多く任命された。

年	内閣	内閣との対立例
1927	第1次若槻内閣	台湾銀行救済の勅令案を否決（伊東巳代治ら）→内閣総辞職 ➡p.269
1930	浜口内閣	ロンドン海軍軍縮条約批准に初めは反対→世論の支持を背景に内閣が批准を達成 ➡p.259,271

歴史散歩　ベルツ記念館（群馬県草津町）　湯治客でにぎわう草津温泉の効能を医学的に検証し，草津温泉を世界に紹介したドイツ人医師ベルツの足跡を紹介している。

3 立憲国家体制

よみとき 憲法が誰から誰に与えられているかに注目しよう

〈東京 聖徳記念絵画館蔵 和田英作筆 憲法発布式 300×270cm〉

①
②
③

◀⑤憲法発布の式典　憲法を起草した伊藤博文❸は枢密院議長となり，2代首相には薩摩出身の黒田清隆がついた。天皇が定めた憲法（**欽定憲法**）として発布された**大日本帝国憲法**（明治憲法）は，宮中で明治天皇❶から黒田首相❷に授けられた。

▼⑥大日本帝国憲法と日本国憲法の比較

	大日本帝国憲法（明治憲法）史	日本国憲法 史 ➡p.298
公布・施行	1889（明治22）年2月11日 1890（明治23）年11月29日	1946（昭和21）年11月3日 1947（昭和22）年5月3日
制定の背景	近代国家の樹立 **自由民権運動**の高揚➡p.223	**ポツダム宣言**の受諾➡p.290 連合国による占領下➡p.294
制定の中心	伊藤博文，井上毅など	**連合国軍最高司令官総司令部**(GHQ)
形式	天皇が定める**欽定憲法**	国民が定める**民定憲法**
主権	天皇（議会の関与できない**天皇大権**をもつ）	国民
天皇の役割	国土・国民を統治し，軍隊を指揮する国家元首	日本国民統合の象徴（**象徴天皇制**） 政治的な権力はない
内閣	各国務大臣は天皇が任命し，国務大臣は個別に天皇に対して責任を負う	国民の代表である国会に対し，連帯して責任を負う（議院内閣制）
国会	天皇の協賛機関。**貴族院**と**衆議院**の二院制だが，貴族院は特権階級の代表➡p.227	国権の最高機関で唯一の立法機関。衆議院・参議院ともに民の代表
司法	天皇の名において裁判を行う	司法権は独立し裁判所に属する
戦争と軍隊	徴兵制をしき，軍隊をもつ 陸海軍は天皇直属（**統帥権の独立**）	平和主義の下，戦争を放棄
基本的人権	法律の範囲内で保障	永久の権利として保障
国民の義務	兵役・納税（・教育➡p.246）	教育を受けさせる・勤労・納税
憲法改正	天皇の発議により**帝国議会**で議決	国会の発議により国民投票

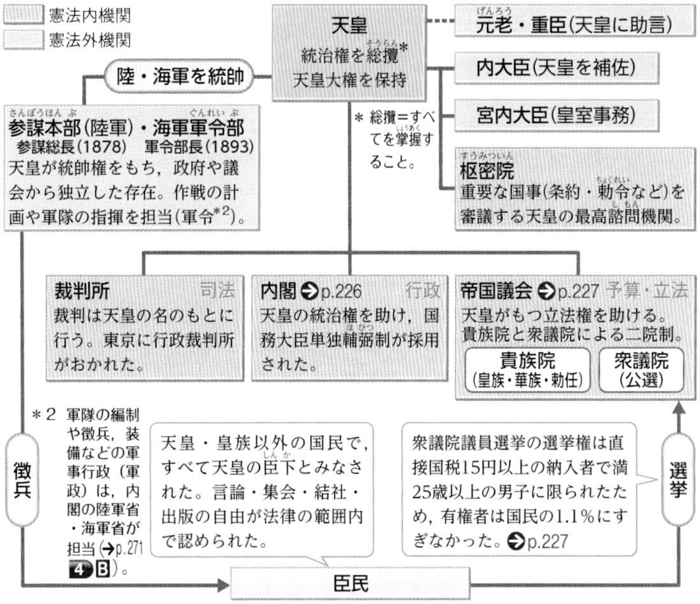

憲法内機関
憲法外機関
天皇
統治権を総攬*
天皇大権を保持
* 総攬＝すべてを掌握すること。
元老・重臣（天皇に助言）
内大臣（天皇を補佐）
宮内大臣（皇室事務）
枢密院
重要な国事（条約・勅令など）を審議する天皇の最高諮問機関。
陸・海軍を統帥
参謀本部（陸軍）・海軍軍令部
参謀総長（1878）　軍令部長（1893）
天皇が統帥権をもち，政府や議会から独立した存在。作戦の計画や軍隊の指揮を担当（軍令*2）。
裁判所 司法
裁判は天皇の名のもとに行う。東京に行政裁判所がおかれた。
内閣 ➡p.226 行政
天皇の統治権を助け，国務大臣単独輔弼制が採用された。
帝国議会 ➡p.227 予算・立法
天皇がもつ立法権を助ける。貴族院と衆議院による二院制。
貴族院（皇族・華族・勅任）
衆議院（公選）
*2 軍隊の編制や徴兵，装備などの軍事行政（軍政）は，内閣の陸軍省・海軍省が担当（➡p.271 4B）。
天皇・皇族以外の国民で，すべて天皇の臣下とみなされた。言論・集会・結社・出版の自由が法律の範囲内で認められた。
衆議院議員選挙の選挙権は直接国税15円以上の納入者で満25歳以上の男子に限られたため，有権者は国民の1.1%にすぎなかった。➡p.227
徴兵
選挙
臣民

▲⑦大日本帝国憲法下の国家機構　「万世一系」「神聖不可侵」で「元首ニシテ統治権ヲ総攬」する天皇のもとに政府や議会，裁判所，軍部などが結集する統治体制。天皇は国家権力に関する巨大な権限を有し（**天皇大権**），陸海軍を統帥した（**統帥権の独立**）。多くの憲法外機関が存在する一方，「臣民」とされた国民の自由や権利は制限された。

〈吉川弘文館『明治時代史大辞典』ほか〉

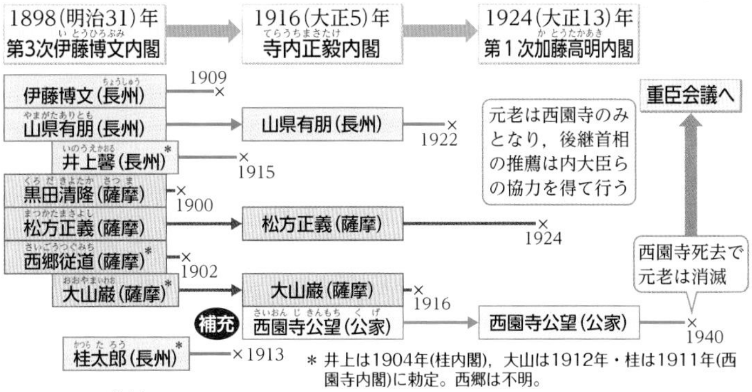

1898（明治31）年 第3次伊藤博文内閣
1916（大正5）年 寺内正毅内閣
1924（大正13）年 第1次加藤高明内閣
伊藤博文（長州） ×1909
山県有朋（長州）
山県有朋（長州） ×1922
井上馨（長州）* ×1915
黒田清隆（薩摩） ×1900
松方正義（薩摩）
松方正義（薩摩） ×1924
西郷従道（薩摩）* ×1902
大山巌（薩摩）*
大山巌（薩摩） ×1916
補充 西園寺公望（公家）
西園寺公望（公家） ×1940
桂太郎（長州）* ×1913
元老は西園寺のみとなり，後継首相の推薦は内大臣らの協力を得て行う
重臣会議へ
西園寺死去で元老は消滅
* 井上は1904年（桂内閣），大山は1912年・桂は1911年（西園寺内閣）に勅定。西郷は不明。

▲⑧おもな元老　憲法に規定されず，非公式に首相推薦や政局にかかわった天皇側近。

4 諸法典の編纂

＊大日本帝国憲法，民法，商法，民事訴訟法，刑法，刑事訴訟法を六法とよぶ。

法典名*	公布年	施行年	内容
刑法（旧刑法）	1880	1882	ボアソナード起草の刑法。1907年に新刑法に改正。
刑法（新刑法）	1907	1908	1880年の刑法をドイツ法を模範に改正。
治罪法	1880	1882	ボアソナード起草の刑事訴訟法典。1890年廃止。
大日本帝国憲法	1889	1890	**欽定憲法**。天皇主権を原理とした7章76か条。
皇室典範	1889制定（公布せず）		皇位継承，摂政設置，天皇・皇族の身分などを規定した皇室の基本法。当時は大日本帝国憲法とならぶ最高法規。
民事訴訟法	1890	1891	民事訴訟の手続きを規律する法規。1926年改正。
民法（旧民法）	1890	延期	ボアソナード起草。公布後の**民法典論争**で施行延期。
民法（新民法） 〈1～3編〉 〈4～5編〉	 1896 1898	 1898 1898	ドイツ民法が模範。明治民法とも。戸主権（家長権）と長男単独相続の家督相続を定め，家長が家族員を支配する家族制度を規定。女性の地位は低かった。
商法（旧商法）	1890	延期	ロエスレル起草。公布後の商法典論争で施行延期。経済発展による法整備が急務となり1893年一部施行。
商法（新商法）	1899	1899	1890年の商法をドイツ法を模範に改正。
刑事訴訟法	1890	1890	治罪法を全面改正。ドイツ法が模範。

◀⑨編纂された諸法典　フランス人法学者ボアソナードが，刑法や民法などの編纂に着手した。法典整備は条約改正に必要な近代国家の要件とされ，フランス流の自由主義的な法体系が整えられつつあったが，国情に適さないと反対された。

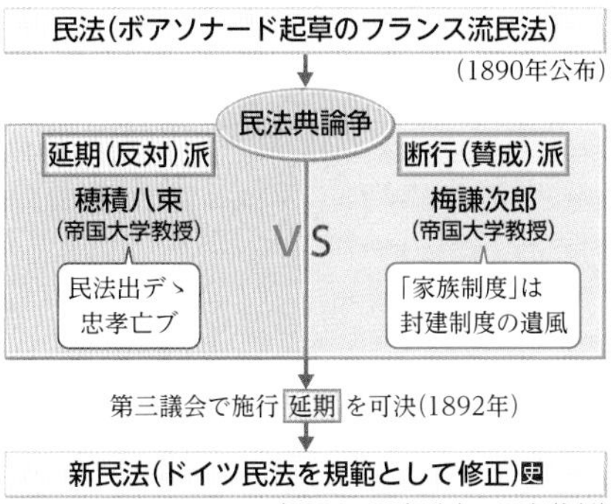

民法（ボアソナード起草のフランス流民法）
（1890年公布）
民法典論争
延期（反対）派
穂積八束
（帝国大学教授）
民法出デヽ忠孝亡ブ
VS
断行（賛成）派
梅謙次郎
（帝国大学教授）
「家族制度」は封建制度の遺風
第三議会で施行 延期 を可決（1892年）
新民法（ドイツ民法を規範として修正）史
（1896・98年公布，98年施行）

▲⑩ボアソナード（1825～1910）　フランスの法学者。

◀⑪民法典論争　ボアソナードが整備した民法に対して，帝国大学教授穂積八束は「民法出デヽ忠孝亡ブ」と題した論文を発表。断行（賛成）派の梅謙次郎と延期（反対）派の穂積とで論争が起きたが，「家」を重視した戸主権の強い新民法に改められて施行された。

今日とのつながり　憲法発布記念式典にあたり，文相森有礼の発案で学生・生徒の祝いのかけ声として「万歳」が採用されたことが，万歳三唱の始まりである。

内閣と初期議会 ―朕之ヲ国務大臣ニ命シテ議会ノ議ニ付セシム（明治天皇の言葉）

ヒストリースコープ

帝国議会開設に際し，明治天皇は開会式で，予算や各種法案について議会の議決に託し，公平慎重に審議するように述べた。速記者が記した議事録は，官報に掲載された。

考察

❶第1回通常会議事速記録から，政府の予算案に対して河島議員は何を求めているのだろうか。

❷初期議会で政府と民党が激しく対立したのはなぜだろうか。→1

❸初期議会での衆議院議員と貴族院議員は，それぞれどのような人が選ばれただろうか。→2・3

天皇
衆議院議員
議長
発議者

▽①大日本帝国議会之図（松斎吟光筆）

▷②「衆議院第1回通常会議事速記録」より（1890（明治23）年12月6日）

松方正義（大蔵大臣）の発言［現代語訳］

…予算追加案として提出いたしましたところの，軍艦製造費，鉄道建設費，電信新設費におきましては，ことに諸君の注意を求めるところでございます。…

河島醇（衆議院議員）の発言［現代語訳］

…いつも決算は予算より数百万円の超過をみております。…詳細の説明を受けたく考えます。…二十四年度予算の調整についても詳細な説明を求め，…

1 内閣の成立と変遷

➔p.232，349「内閣一覧」

内閣	年月	できごと
伊藤博文内閣① 1885.12～1888.4  (1841～1909)	1886.4	学校令公布 ➔p.246
	.5	井上馨外相，各国公使と条約改正会議
	1887.9	条約改正交渉への非難が高まり，交渉中止，井上外相辞任 ➔p.228
	.10	大同団結運動，三大事件建白運動 ➔p.223，228
	.12	保安条例公布（民権派を東京から追放）
	1888.4	市制・町村制公布 ➔p.224
		枢密院設置（議長伊藤博文）➔p.224
黒田清隆内閣 1888.4～1889.10  (1840～1900)	1888.6	枢密院，憲法草案審議を開始
	1889.2	大日本帝国憲法（明治憲法）発布 ➔p.225
		衆議院議員選挙法公布
		皇室典範制定 ➔p.225
		地方長官に向けて超然主義演説➡図⑥
	.7	東海道線，全通（新橋－神戸間）
	.10	大隈外相暗殺未遂事件➔黒田首相辞任➔条約改正交渉中止
	.10～.12	（内大臣三条実美が首相兼任）
山県有朋内閣① 1889.12～1891.4  (1838～1922)	1890.5	府県制・郡制公布 ➔p.224
	.7	第1回衆議院議員総選挙（旧民権派が大勝）
		集会及政社法（集会条例（➔p.220）を強化）
	.10	教育に関する勅語（教育勅語）発布 ➔p.246
	.11	第1回帝国議会（第一議会）召集（～91.3）
		藩閥政府が，過半数を占めた立憲自由党・立憲改進党などの反政府党（民党）と対立 ➡2
松方正義内閣① 1891.5～1892.7  (1835～1924)	1891.5	大津事件で青木周蔵外相辞任，改正交渉中止 ➔p.229
	.10	濃尾地震（死者7273名）
	.12	田中正造，議会で足尾鉱毒事件を追及 ➔p.244
		樺山資紀海相，蛮勇演説➡図⑩
	1892.2	第2回衆議院議員総選挙で品川弥二郎内相が選挙干渉（各地で騒乱，死者25名）
	.7	選挙干渉問題で総辞職➡図⑪⑫
伊藤博文内閣② 1892.8～1896.8  (1841～1909)	1894.3	朝鮮で甲午農民戦争（東学の乱）➔p.230
	.6	日清両国が朝鮮に出兵
	.7	日英通商航海条約調印
	.8	清国に宣戦布告，日清戦争 ➔p.231
	1895.4	下関条約調印➔三国干渉
	.11	自由党，伊藤内閣との提携を宣言
	1896.3	航海奨励法・造船奨励法公布
	.4	自由党総理板垣退助，内相として入閣
	.8	内閣不統一により伊藤首相辞任

A 内閣制度初期の構成 ―薩長による藩閥政府

＊内閣発足時の大臣。（ ）出身藩

大臣*	第1次伊藤内閣 1885(明18)年12月	黒田内閣 1888(明21)年4月	第1次山県内閣 1889(明22)年12月	第1次松方内閣 1891(明24)年5月	第2次伊藤内閣 1892(明25)年8月
総理	伊藤博文（長州）	黒田清隆（薩摩）	山県有朋（長州）	松方正義（薩摩）	伊藤博文（長州）
外務	井上馨（長州）	大隈重信（肥前）	青木周蔵（長州）	青木周蔵（長州）	陸奥宗光（紀伊）
内務	山県有朋（長州）	山県有朋（長州）	山県有朋（長州）	西郷従道（薩摩）	井上馨（長州）
大蔵	松方正義（薩摩）	松方正義（薩摩）	松方正義（薩摩）	松方正義（薩摩）	渡辺国武（官僚）
陸軍	大山巌（薩摩）	大山巌（薩摩）	大山巌（薩摩）	大山巌（薩摩）	大山巌（薩摩）
海軍	西郷従道（薩摩）	西郷従道（薩摩）	西郷従道（薩摩）	樺山資紀（薩摩）	仁礼景範（薩摩）
司法	山田顕義（長州）	山田顕義（長州）	山田顕義（長州）	山田顕義（長州）	山県有朋（長州）
文部	森有礼（薩摩）	森有礼（薩摩）	榎本武揚（幕臣）	芳川顕正（徳島）	河野敏鎌（土佐）
農商務	谷干城（土佐）	榎本武揚（幕臣）	岩村通俊（土佐）	陸奥宗光（紀伊）	後藤象二郎（土佐）
逓信	榎本武揚（幕臣）	榎本武揚（幕臣）	後藤象二郎（土佐）	後藤象二郎（土佐）	黒田清隆（薩摩）

B 初期議会の展開 ―藩閥政府と民党の攻防

＊中江兆民がこの“土佐派の裏切り”に憤慨して議員辞職した。

第一議会（第1次山県有朋内閣） 1890年11月～91年3月

山県首相は主権線（国境）と利益線（朝鮮）確保の軍備拡張予算を要求➔p.230

政府 VS 民党

政費節減・民力休養を主張➡図⑧

⇨政府が立憲自由党土佐派の一部を買収*し，予算案を可決

第二議会（第1次松方正義内閣） 1891年11月～同年12月

軍艦建造費を含む予算案提出（樺山資紀海相は蛮勇演説で政府を後押し➡図⑩）

政府 VS 民党

予算の削減要求

⇨最初の衆議院解散　第2回総選挙（1892年2月）品川弥二郎内相の選挙干渉（➡図⑫）にもかかわらず，吏党は勝利できず（➡図⑤）

第三議会（第1次松方正義内閣） 1892年5月～同年6月

軍艦建造費を含む予算案の提出

政府 VS 民党

内閣弾劾決議採択

⇨民党優勢をくつがえせず，議会終了後，第1次松方内閣総辞職

第四議会（第2次伊藤博文内閣） 1892年11月～93年2月

軍備拡大予算案提出

政府 VS 民党

予算の大幅削減要求

⇨天皇の「和衷協同の詔書」（宮廷費の節約分，文武官の俸給の1割を軍艦建造費の一部にあてるので，議会は協力せよ）で予算案成立

第五議会（第2次伊藤博文内閣） 1893年11月～同年12月

条約改正をめぐり外国人の内地雑居を容認，衆議院の対外硬派による条約励行論と対立

政府 VS 民党

立憲改進党・国民協会などが連合（対外硬派），条約励行建議案（条約どおり外国人の居住を制限し外国に圧力）提出

⇨衆議院解散　第3回総選挙（1894年3月）

第六議会（第2次伊藤博文内閣） 1894年5月～同年6月

政府 民党

条約改正問題で政府を追及

⇨衆議院解散，1894年8月清国に宣戦布告して日清戦争へ➔p.231
日清戦争後の第七議会（1894年10月）では，民党勢力は藩閥政府と妥協

歴史のまど 工藤美知尋『海軍大将加藤友三郎と軍縮時代』　政府側が軍艦建造費の増強を繰り返し主張した背景にあった，清の北洋艦隊によるデモンストレーションについて解説。

近代 明治

2 制限選挙による衆議院

よみとき ⓓがどのような人々であるのかに注目しよう

ⓐ
ⓑ
ⓒ
ⓓ

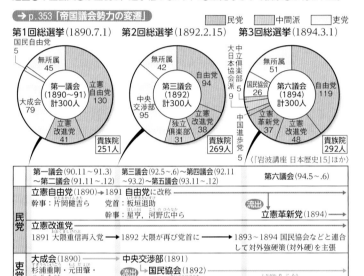

▼④投票用紙　自分の住所や氏名を書く記名投票。

▲③**第1回総選挙のようす**(ビゴー筆『国会議員之本』1890年)　憲法発布に合わせて1889(明治22)年2月に公布された衆議院議員選挙法による第1回総選挙は，公布から約1年半後の1890年7月に行われた。選挙権は満25歳以上の男子，被選挙権は満30歳以上の男子で，いずれも直接国税(地租や所得税のち営業税も)15円以上の納入者に限定された。選挙資格をもつのは人口のわずか1.1%にすぎなかった(➔p.262)。巡査ⓐや立会人ⓑが監視し，選挙権のない人々ⓓが見守る中で投票ⓒが行われた。

➔p.353「帝国議会勢力の変遷」

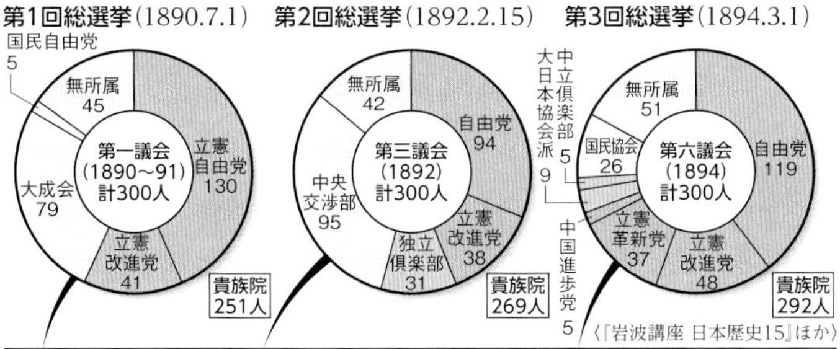
民党
中間派
吏党
第1回総選挙(1890.7.1)
第2回総選挙(1892.2.15)
第3回総選挙(1894.3.1)
第一議会(1890〜91)計300人
立憲自由党 130
立憲改進党 41
大成会 79
無所属 45
国民自由党 5
貴族院 251人
第三議会(1892)計300人
自由党 94
立憲改進党 38
独立倶楽部 31
中央交渉部 95
無所属 42
貴族院 269人
第六議会(1894)計300人
自由党 119
立憲改進党 48
立憲革新党 37
中国進歩党 5
大日本協会派 9
中立倶楽部 5
国民協会 26
無所属 51
貴族院 292人
〈『岩波講座 日本歴史15』ほか〉

	第一議会(90.11〜91.3)〜第二議会(91.11〜.12)	第三議会(92.5〜.6)〜第四議会(92.11〜93.2)〜第五議会(93.11〜.12)	第六議会(94.5〜.6)
民党	**立憲自由党**(1890)→1891 **自由党**に改称→ 幹事：片岡健吉ら	党首：板垣退助 幹事：星亨，河野広中ら	流出 **立憲革新党**(1894)→
民党	**立憲改進党**→ 1891 大隈重信再入党→	1892 大隈が再び党首に→	1893〜1894 国民協会などと連合して対外強硬策(対外硬)を主張
吏党	**大成会**(1890)→ 杉浦重剛・元田肇・津田真道ら	**中央交渉部**(1891) 流出 **国民協会**(1892)→ 会頭：西郷従道→	1893〜 品川弥二郎を中心に運営

▲⑤**初期議会のおもな政党と勢力**　1892年，選挙への圧力にもかかわらず，総選挙の結果は政府系の吏党が惨敗した。これまで激しく対立していた自由党と立憲改進党は再結集して**民党**を形成し，政府および吏党と対決した。

▶⑥**黒田清隆の演説**　憲法発布の翌日，黒田清隆首相は議会開催に先だち，政党の動向に左右されずに超然として政治を行うとする**超然主義**を表明し，政党内閣や議院内閣制を否定した。山県首相も，超然主義を踏襲し，第1回総選挙と第一議会をのりきろうとした。

黒田清隆の超然主義【抜粋】
…政党ナル者ノ社会ニ存立スルハ亦情勢ノ免レサル所ナリ。然レトモ**政府ハ常ニ一定ノ方向ヲ取リ、超然トシテ政党ノ外ニ立チ至公至正ノ道ニ居ラサル可ラス、**各員(府県知事)宜ク意ヲ此ニ留メ、不偏不党ノ心ヲ以テ人民ニ臨ミ、撫馭(いつくしんで統治する)宜キヲ得、以テ国家隆盛ノ治ヲ助ケンコトヲ勉ムヘキナリ。

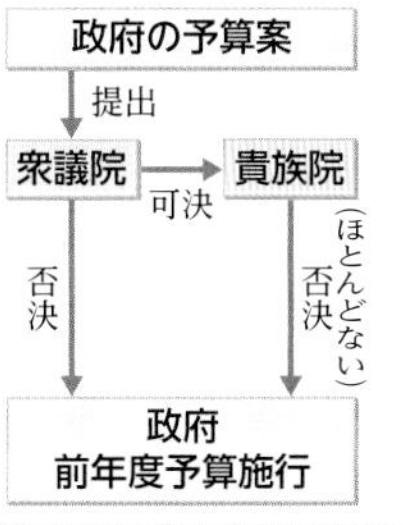
政府の予算案
提出
衆議院
可決
貴族院
否決
否決(ほとんどない)
政府
前年度予算施行

・予算案は衆議院が先に審議
・天皇大権と定められている内容の予算案は，**政府の同意**がなければ予算を削減できない〈例 軍艦建造費など〉
・帝国議会で予算案が不成立の場合，政府は前年度予算を施行することになる

◀⑦**予算の審議**　初期議会は予算案をめぐって政府と民党が対立した(➔🔍)。予算不成立の場合は，前年度予算がそのまま施行されたが，そのような結果は，政府の民党に対する政治的な敗北を意味した。

A 民党の攻勢

「政費節減・民力休養」
・財政支出の無駄を削減
・官僚の給与引き下げ
・軍備拡張費の抑制
・減税で国民負担軽減
・地租引き下げをめざす

▲⑧**民党の主張**　「民力休養」とは減税(地租引き下げ)のこと。

◀⑨**板垣退助**(1837〜1919)　勅命で伯爵になったため，**衆議院**議員にはならなかったが，立憲自由党や自由党のリーダーとして活躍。第一議会では山県内閣と妥協したが，第二議会以降は民党連合路線を守った。

Key Word　民党
自由党・改進党など民権運動(➔p.220)の流れをくむ政党。自らを国民の代表として民党とよび連合した。日清戦争後は各党と藩閥政府との提携が進み解消(➔p.232)。

B 政府の弾圧

▶⑩**樺山資紀の蛮勇演説**　樺山は第1次山県・第1次松方内閣の海軍大臣(➔p.226,231)。第二議会で軍艦建造費削減の動きに怒り，政府擁護の蛮勇演説を行ったが，かえって予算を削減され衆議院解散を招いた。

蛮勇演説【抜粋】
…現政府ハ此ノ如ク内外国家多難ノ艱難①ヲ切抜ケテ、今日迄来タ政府デアル。薩長政府トカ何政府トカ言ッテモ今日国ノ此安寧ヲ保チ、四千万ノ生霊ニ関係セズ、安全ヲ保ッタト云フコトハ、誰ノ功力デアル。(笑声起ル)…御笑ニ成ル様ノ事デハゴザイマスマイ。…
①困難にあって苦しみ悩むこと

▲⑪**品川弥二郎**
(1843〜1900)

	死者	負傷者
高知	10	66
佐賀	8	92
福岡	3	65
千葉	2	40
熊本	2	39
全国計	25	388

〈『大日本帝国議会誌』〉

◀⑫**選挙干渉による死傷者**　民党は第二議会で松方内閣の軍艦建造予算案を否決。内閣は衆議院を解散して第2回総選挙にのぞんだ。この際，品川弥二郎内務大臣による民党候補への激しい**選挙干渉**が行われ，多数の死傷者が出た。選挙後，品川内務大臣は引責辞任した。民党の攻勢は，第四議会での天皇の「和衷協同の詔書」まで続いた。

3 国民による選挙のない貴族院

▶⑬**爵位を受けた人の内訳**　ドイツから帰国した**伊藤博文**は，**帝国議会**の上院とする**貴族院**の基礎をつくるため，制度取調局長官となり1884(明治17)年に**華族令**を制定。華族を公・侯・伯・子・男の5爵に序列し，従来の華族(公家・大名)のほか維新の功臣として藩閥政治家らが華族に列せられた(のちに高級官僚や実業家も華族に加えられた)。華族には「皇室の藩屛(守護する囲い)」として貴族院で政府を支える役割が期待された。
〈『明治時代史大辞典』〉

	計	567(人)
	公家・大名家	484
	勲功による者	83
出身藩	薩摩	28
出身藩	長州	23
出身藩	土佐	10
出身藩	肥前	6
出身藩	その他	16

	皇族議員	有爵(華族)議員		勅任議員	
		公・侯爵議員	伯・子・男爵議員	勅選議員	多額納税者議員
年齢	20歳以上	満25歳以上		満30歳以上	
性別	男子	男子	男子	男子	男子
任期	終身	終身	7年	終身	7年
給与	無給	無給	有給	有給	
選出方法	※皇太子と皇太孫は18歳以上から選出	該当者全員	同爵位の互選により定数を選出	国家の勲功者または学識者 ※のちに帝国学士院会員の互選(4名)も加わる	各府県の多額納税者15名の中から1名を互選により選出
定数	無制限	無制限	143名以内	総数125名以内	

▲⑭**貴族院議員の選出方法**(1905年改正時点)　貴族院は皇族・華族と勅任議員で構成され，大日本帝国憲法により，国民の公選にもとづく衆議院とほぼ同等の権限をもつことになった。貴族院の議員資格は憲法発布と同時に公布された貴族院令で定められ，皇族と華族上層の公・侯爵が終身議員の地位を世襲し，伯爵以下の華族からは議員が互選で選ばれた。また勅任議員には，勲功者や学識経験者ら勅選議員と，多額納税者の互選で各府県から1名が選ばれる多額納税者議員がいた。

▶⑮**貴族院議員の人数構成**
(第一議会)

皇族	公・侯爵	伯・子・男爵	勅選	多額納税者
10人	31人 西園寺公望など	104人 伊藤博文など	61人 伊東巳代治など	45人

歴史散歩　国立国会図書館ホームページ「帝国議会会議録」　1890年11月〜1947年3月における帝国議会全会期の本会議・委員会の速記録をデジタル画像で利用できる。

条約改正 ―条約改正を為すは治外法権を破り，海関税権を収めんが為なり（「三大事件建白書」）

ヒストリースコープ

1886（明治19）年，ノルマントン号事件が起こり，幕末に締結された安政の五カ国条約をはじめ，欧米各国との修好通商条約の改正を求める声が高まった。

考察

❶ノルマントン号事件は修好通商条約のどの点が問題になったのだろうか。
❷井上馨や大隈重信の改正交渉では，改正案の何が問題とされたのだろうか。→3・4
❸陸奥宗光の交渉が成功した背景は何だろうか。→5・6

メンザレ号
Combien avez vous de dollars sur vous ! — Dites vite... Times is money.
「今何ドルもっているか―早く言え―タイム・イズ・マネーだ」

＊1887年のフランス船メンザレ号の遭難事件にノルマントン号事件を重ねて描いたもの。フランス人のビゴーは，治外法権を撤廃する条約改正に反対しており，イギリスの対応の悪さのために日本が条約改正を要求するようになったとしてイギリスを批判（風刺）するために描いた。

●**修好通商条約の不平等性** ➔p.202
- 法権…領事裁判権の承認（治外法権）
- 税権…関税自主権の欠如（協定関税制）
- 片務的（一方的）最恵国待遇

◀①ノルマントン号事件（ビゴー筆＊『トバエ』1887年） イギリス船ノルマントン号が紀伊半島沖で沈没し，イギリス人船長はじめ西洋人乗組員はボートで脱出したが，日本人乗客25名は船内に残され全員水死した。これに対し，神戸のイギリス領事裁判所は船長以下の乗組員を無罪としたため反発の声が高まった。その後，船長は殺人罪でも告発され，横浜の領事裁判所は禁錮3か月の判決を下したが，遺族への賠償はなかった。

1 条約改正の経過

青字 六法 ➔p.225

政権	外交担当	年	事項	背景（←）・結果（→）
三条実美 太政大臣	岩倉具視	1871	**岩倉使節団**，欧米に出発 ➔p.218	←**安政の五カ国条約** ➔p.202 改正交渉に向けての予備交渉のため
		1872	最初の訪問国アメリカで交渉	→不調のため各国との交渉を中止
	寺島宗則 →2	1876	税権回復をめざしアメリカと交渉開始	←地租引き下げ（1877）による税収減，関税自主権がないため輸入超過
		1878	日米関税改定約書，調印	
		1879	イギリス・ドイツが同意せず無効	←刑法（旧）公布（1880）
	井上馨 →3	1882	関係国公使と条約改正予備会議	・**鹿鳴館**外交（1883～87）➔p.245
伊藤①		1886	東京で条約改正会議（国際会議方式で一括交渉（～87）	・**ノルマントン号事件**（10月）による国民の対英感情悪化 → 🔍
		1887	領事裁判権撤廃の条件として 外国人が被告の裁判では半数以上の外国人判事を採用，西洋に範をとった法典の整備 を承認	←法律顧問ボアソナード，改正案への反対意見書を首相に提出
			井上，交渉を中止し辞任	←極端な欧化主義への反感もあり，国家主権の侵害として反対論が広がる
黒田	大隈重信 →4	1888	内地開放，協定税率の引き上げなどを規定した改正案で，国別に秘密交渉を開始	←大日本帝国憲法公布（1889）
		1889	米・独・露と改正条約調印 大審院への外国人判事任用 を条文外で承認	←英『ロンドン＝タイムズ』が交渉内容を掲載（4月） →反対運動が高揚
			大隈が襲撃されて辞任（10月）	→改正交渉は再び延期 ←民事訴訟法，民法（旧，延期），商法（旧，延期），刑事訴訟法公布（1890）
山県①	青木周蔵 →5	1891	イギリスと交渉，改正案への同意を得る	←条約改正に消極的だったイギリスが，ロシアの東アジア進出を警戒して日本に接近
松方①			青木外相が大津事件で引責辞任	←**大津事件**（5月） →交渉中断
伊藤②	陸奥宗光 →6	1894	**日英通商航海条約**の調印（7月） **領事裁判権の撤廃**，関税率の引き上げ，相互対等の最恵国待遇 を実現（駐英公使青木周蔵）	・陸奥外相，自由党と提携して議会の改正反対派（内地開放認めず）を抑える
			ほかの欧米諸国とも改正条約調印（1899実施，有効期限12年）	・**日清戦争**（1894～95）➔p.231
桂②	小村寿太郎 →7	1911	新条約を締結 **関税自主権の回復**	・**韓国併合**（1910）➔p.236

2 寺島宗則の交渉 1876（明治9）～78（明11）年

△②寺島宗則（1832～93） 薩摩藩出身の外交官。英国経験が豊富。

目標：関税自主権の回復
背景：①低関税による輸入超過 ②政府予算の地租依存度上昇
↓
アメリカが承認（日米関税改定約書調印）
↓
イギリスが拒否，ドイツも同調（米との新条約も無効）
↓
失敗 当時はイギリスが最大の貿易相手国で，日本が関税を自由に決定できるようになると，イギリスの利益は大きく減少するため（アメリカとの貿易は少なかった）。

△③寺島宗則の交渉

3 井上馨の交渉 1882（明治15）～87（明20）年

△④井上馨（1835～1915） 長州藩出身。伊藤博文の盟友。外務卿を経て初代外務大臣。

欧化主義外交
目標：
- 領事裁判権の撤廃 ― 外国人に日本国内開放（内地雑居）／西洋流の法典整備（内容を事前に通知）／外国人が被告の裁判では半数以上の外国人判事を採用
- 関税自主権の一部回復 ― 協定税率を平均5％→11％に引き上げ

↓
失敗 欧米諸国は条約改正を了承するが，極端な欧化主義や外国人判事任用に国内の反発が強まり，条約改正会議は無期延期。井上は辞任。

△⑤井上馨の交渉 関係国を一堂に集めて交渉する方式をとり，舞踏会開催など**鹿鳴館**外交（➔p.245）を展開。外国人判事の採用案に関し法律顧問ボアソナードや農商務相の谷干城らの批判を浴び失敗。

A 井上外交への批判と政府の対応

ボアソナード（➔p.225）・谷干城らの改正案反対（国家主権侵害など）
ノルマントン号事件に対する批判（政府内外）
→井上馨が外相を辞任

↓ 条約改正交渉をめぐる政府内の対立がもれる

三大事件建白運動（1887） ＊三大事件とは，地租の軽減，言論・集会の自由，外交失策の挽回。
議会開設に向けて民権派の再結集をめざす大同団結運動（➔p.223）が母体
…後藤象二郎（➔p.206）・星亨（➔p.232）
1887年10月 片岡健吉（➔p.220）ら高知県代表が，三大事件建白書を元老院に提出
11～12月 各府県代表が東京に集結，元老院・政府首脳に建白書の審議を陳情

↑弾圧
保安条例（1887.12.25）史
発布…内相山県有朋（➔p.226）・警視総監三島通庸（➔p.223）
→片岡健吉・星亨・中江兆民（➔p.217）ら民権派451人を内乱陰謀・治安妨害のおそれがあるとして皇居外3里の地へ退去命令

↑懐柔
民権派幹部の取り込み
①大隈重信の外相就任を要請（1888.2就任）→4
②後藤象二郎を黒田清隆内閣の逓信相に迎える（1889.3）

△⑥三大事件建白運動と政府の対応 外交批判は拡大し，大きな反政府運動へ発展した（**三大事件建白運動**）。政府は運動を弾圧する一方で，民権派幹部を閣僚に招いた。

今日とのつながり 現在，学校などで行われるバザーの日本での始まりは，鹿鳴館で婦人慈善会という名で開かれた催しである。

4 大隈重信の交渉 1888(明治21)～89(明治22)年

⑦大隈重信 (1838~1922) 井上の後任として，民権派から外相に抜擢された。
➲p.221

個別・秘密主義外交*

- 目標：領事裁判権の撤廃
  - 外国人に内地開放(内地雑居)
  - 諸法典の改正
  - 大審院(現在の最高裁判所に相当)のみ外国人判事任用を認める
- 目標：関税自主権の一部回復
  - 協定税率を平均11%に引き上げ

＊交渉は国別に行う。徹底的な秘密主義を貫く。

1889年 2月	アメリカと改正条約調印(その後ドイツ，ロシアとも調印)
4月	イギリス『ロンドン=タイムズ』に日米新条約が掲載
5月	日本の新聞『日本』に翻訳が掲載

↓

交渉中止論の噴出
民権派：「井上案」と本質的に同じである
政府内：外国人判事の任用は，大日本帝国憲法(第19条)に違反している

↓

1889年10月	大隈外相がテロリストに爆弾を投げられ，右足を失う大けがを負う

↓

挫折 黒田首相辞任・改正交渉中止

⑧**大隈重信の交渉**　政府は**明治十四年の政変**（➔p.221）で罷免した大隈重信を外相に迎え，秘密裏に改正交渉にあたらせた。大隈は各国と個別に交渉し，調印に成功したが，大審院に限り外国人判事の任用を認めた外交告知文の存在が『ロンドン＝タイムズ』に掲載され，政府内外から批判された。伊藤博文枢密院議長は黒田清隆首相に辞表を提出。1889年10月，国家主義団体玄洋社（➔p.223）の来島恒喜による大隈爆弾テロ事件が起こり，黒田は首相を辞任。改正交渉は中止になった。

時代を見る目　条約改正と明治の思想家たち
➲p.245

条約改正を行うために明治政府は，**鹿鳴館**建設をはじめとする欧化政策をとった。これを表面的な欧化主義と批判し，また欧米の態度にナショナリズムをかき立てられるなかから，明治中期を代表する新たな思想家たちが登場した。

外国人判事任用への批判【抜粋】
…夫れ一国の主権は不羈①独立なり。仮令ひ貧弱なるも決して他国主権の拘束を受くべからず。…欧米人を法官②にせよ，民商法を改正せよと要求するは，是れ此の事既に内治干渉③なり。…
（『日本』明治二十二年）
①束縛されないこと　②裁判官　③内政干渉

⑨**陸羯南**(1857~1907)（左）と⑩**その論説**（右）　陸羯南は1889(明治22)年に新聞『日本』を創刊，国民の統一と国家の独立を重視する国民主義を唱えた。その基盤として，社会・文化面では伝統の尊重，政治的には立憲主義を主張した。

⑪**鹿鳴館外交への風刺画**（ビゴー筆『トバエ』1887年）
欧化政策は表面的な猿まねであると皮肉ったもの。同様の批判は日本人にも芽生え，陸羯南と似た立場の三宅雪嶺は雑誌『日本人』を創刊して国粋(保存)主義を，徳富蘇峰は雑誌『国民之友』で内実の伴った**平民的欧化主義**（史）を唱えて政治の変革を主張した。

5 青木周蔵の交渉 1889(明治22)～91(明治24)年

⑫青木周蔵 (1844~1914) 長州藩出身の外交官。大隈の後任。

政府方針の決定(1889年12月)
①外国人判事を任用しない
②法典の公布を約束しない
③条約改正が認められなければ外国人の不動産所有を許さない

↓

個別交渉外交*

- 目標：領事裁判権の撤廃 ― 条約実施5年後に撤廃
- 目標：関税自主権の一部回復 ― 条約実施後6年で完全回復　それまでは税率の増加をはかる

＊大隈外交と同様に国別交渉。とくに最難関だったイギリスとの交渉を優先。

↓(英と露の対立，英の孤立化)

1891年3月	イギリスに条約改正案を提出
挫折 5月	大津事件が発生，青木外相辞任　交渉は延期，後任外相は榎本武揚に

⑬**青木周蔵の交渉**　それまで最も強硬に条約改正に反対していたイギリスが，ロシアとの対立から条約改正に応じる姿勢に変わったため，条約改正は順調に進展。法権回復で合意したが，**大津事件**が起こって青木外相は引責辞任し，頓挫した。

A 大津事件 1891(明治24)年

＊のちの皇帝ニコライ2世(➔p.235)。

⑭**人力車に乗ったニコライ***　ロシア皇太子ニコライは，縁戚にあたるギリシア王子との世界周遊の途中に来日し，滋賀県大津市で警備の巡査津田三蔵に襲われ負傷した。松方内閣はロシアとの関係悪化をおそれ，大逆罪による死刑を主張した。

Key Word 大逆罪
1880(明治13)年公布の旧刑法以降，1947(昭和22)年まで存在した規定。天皇・三后・皇太子などに危害を加える者を死刑とする。裁判は大審院のみの一審即決とされた。

⑮**児島惟謙**(1837~1908)　大審院長。大津事件の判決にあたり，児島は担当判事を説得し，大逆罪はあくまで日本の皇室に適用されるものとして，通常の謀殺未遂罪の適用を指示した。津田は大逆罪に処されず，無期徒刑(懲役)となった。司法権の独立を守った判決は内外から賞賛された。

6 陸奥宗光の交渉 1894(明治27)年

⑯**陸奥宗光** (1844~97) 紀州藩(和歌山藩)出身。幕末，坂本龍馬の海援隊に属した。

青木外交を継承→領事裁判権撤廃

- 目標：領事裁判権の撤廃
  - 条約実施5年後に撤廃
  - 外国人に内地開放(内地雑居)
- 目標：関税自主権の一部回復
  - 税率の増加をはかる(完全回復は要求しない)
- 目標：相互対等の最恵国待遇

↓ 大津事件の裁判で日本の評価が高まったことに加え，ロシアの極東進出に危機感を覚えたイギリスが親日政策をとる

成功

1894年7月16日	青木駐英公使がイギリス外相キンバレーとの間に新条約を調印(日英通商航海条約)→その後列国とも調印
1899年*	青木が外相の時に発効(12年間有効)

＊国内の諸法典整備のため発効まで5年すえおかれた。

⑰**陸奥宗光の交渉**　青木元外相の法権回復方針を継承し，第2次伊藤博文内閣の外相として条約改正を指揮。ロシアと対抗するイギリスとの間で，**日英通商航海条約**に調印したのは，日清戦争（➔p.231）開始の約2週間前だった。

7 小村寿太郎の交渉 1911(明治44)年

⑱**小村寿太郎** (1855~1911) 宮崎出身。外交官から外相。日露戦争時，ポーツマス条約調印時の日本全権を担う（➔p.234）。

⑲**小村寿太郎の交渉**

日本の国際的地位の向上
①日清・日露戦争の勝利，韓国併合
②諸法典の整備
③立憲国家の成立

↓

関税自主権の回復実現
- 目標：関税自主権の回復 ― 完全回復

1910年	イギリス・イタリア・ドイツなどに，1894年調印の通商航海条約の廃棄(1911.7)*を通告　＊有効期限は，1899年の発効から12年間であった。
1911年	新条約(日米通商航海条約など)調印

↓

成功
日本の国際的地位の向上やロシア・ドイツの東アジア進出を警戒したイギリスの対日外交の軟化
→ 条約の締結で，列強諸国と対等の地位を得る

歴史のまど　陸奥宗光『蹇蹇録』　陸奥自身が執筆した外交記録。甲午農民戦争から日清戦争，下関条約，そして三国干渉（➔p.230~231）にいたるまでを記述している。

日清戦争と戦後の国内政治 —日清両国が朝鮮に於ける権力競争の結果(『蹇蹇録』)

ヒストリースコープ

日清戦争前後に外務大臣を務めた陸奥宗光(1844～97)は，回顧録『蹇蹇録』で，日清戦争の原因は朝鮮の確保をめぐる日清両国の勢力争いであると述べた。

考察

❶図①は，日・清・露のどのようなおもわくを風刺しているだろうか。
❷朝鮮をめぐり，日本ではどのような対外政策論が唱えられたのだろうか。→1
❸戦後の国際関係の変化は，賠償金の使途にどう影響したのだろうか。→2・3

une partie de pêche.
RUSSIE
ロシア
日本
清
COREE
朝鮮

①漁夫の利(ビゴー筆『トバエ』1887年) 日本と清が魚(朝鮮を示す)を釣りあげようと競い，そのようすをロシアが注視している。

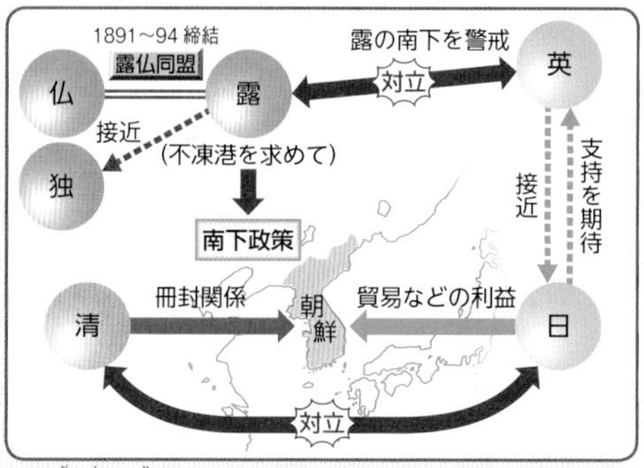

1891～94 締結
露仏同盟
露の南下を警戒
仏
露
英
対立
接近
(不凍港を求めて)
独
南下政策
接近
支持を期待
清
冊封関係
朝鮮
貿易などの利益
日
対立

②朝鮮をめぐる情勢 朝鮮を冊封関係にとどめようとする清と，清の宗主権を否定し勢力伸長をめざす日本が対立した。

1 朝鮮問題と日清の対立

青字 朝鮮の政権交代・政変

	年・月・日	事項	朝鮮の政権
朝鮮への日本の進出	1873.11 (明6)	朝鮮で摂政**大院君**(攘夷・親清派) 失脚➡A 国王**高宗**が親政開始，**閔妃による閔氏政権**成立	閔氏政権(親日・開化派主導)
	1875. 9	**江華島事件** 日本が軍艦を派遣し挑発 ➲p.218	
	1876. 2	**日朝修好条規**(江華条約) 日朝間の不平等条約 ➲p.218	
	○	閔氏政権が開国・開化路線をとる(親日派) ➔日本の軍事顧問団を招き，洋式軍隊整備に着手	
	1882. 7	**壬午軍乱(壬午事変)** 大院君支持の兵士が閔氏政権に反乱 在来軍の兵士が蜂起，民衆が日本公使館も襲撃 清軍の派遣で鎮圧 ➔ 閔氏政権は**親清派**に転換	
	. 8	**済物浦条約** 日朝間で壬午軍乱の事後処理 ①朝鮮が謝罪・賠償，②日本に公使館守備兵の駐留権	閔氏政権(親清・守旧派主導)
	○	**金玉均ら開化派(独立党)**と**守旧派(事大党*)**が対立 *大国(清)に事えるとの意味。	
日清の対立と日本の勢力後退	1884.12	**甲申事変** 金玉均ら開化派(独立党)のクーデタ(失敗) 日本公使と結び，公使館守備兵を頼り挙兵 清軍の来援により失敗 ➔ 日本の影響力低下	
	1885. 4	**天津条約** 日清両国が朝鮮をめぐり協定 ①両国軍の朝鮮撤退，②軍事顧問団の派遣中止， ③今後，朝鮮に出兵の際には事前通告	
	1889 ～93	**防穀令事件** 凶作により朝鮮地方官が穀物輸出 禁止(大豆・米) ➔ 日本の賠償要求で対日感情悪化	
日清戦争による解決	1894. 3	**甲午農民戦争**(東学の乱) **全琫準**が指導➡B	
	. 6	閔氏政権，鎮圧のため清に派兵要請 清・日本，互いに朝鮮への出兵を通告し派兵	
	○	イギリス，ロシアの南下を警戒し日本に接近	
	. 7	**日英通商航海条約**調印 法権回復 ➲p.229 イギリスは朝鮮をめぐる日清対立でも日本を支持 日本軍，朝鮮王宮を占領，**大院君**政権を樹立	大院君政権(親日派)
	. 8. 1	**日清戦争** 開始 日本が清に宣戦布告➡2	
	1895. 4.17	**下関条約** 日清戦争講和➡3 ①朝鮮の独立承認，②遼東半島・台湾・澎湖諸島の割譲， ③賠償金2億両の支払い，④開港場の追加	
日露の対立へ	. 4.23	**三国干渉** 翌月，遼東半島を清に還付➡3	
	. 7	閔妃，**ロシア**と結び大院君政権を倒す **閔氏政権**成立	閔氏政権(親露派)
	. 10	**閔妃殺害事件** 日本公使三浦梧楼ら，親日派政権の樹立をねらい朝鮮王宮を襲撃，閔妃を殺害 国王高宗，ロシア公使館に避難し，**親露派政権**成立	親露派政権

A 壬午軍乱(壬午事変)と甲申事変

大院君(李昰応)(1820～98)
高宗即位後，実権をにぎったが，1873年，閔妃により失脚。82年，壬午軍乱に際しクーデタを起こすが失敗。

対立

閔妃(1851～95)
大院君引退後，政権を維持した(閔氏政権)。

高宗(1852～1919)
朝鮮国王(位1863～1907年)，のち大韓帝国皇帝。➲p.236

閔氏一族の女性

③朝鮮政界の対立 朝鮮では，国王高宗の実父の大院君と，高宗の妃の閔妃とが激しく対立していた。この対立に，守旧派・開化派の路線対立と，日本・清など周辺各国のおもわくがからみ，**壬午軍乱**や**甲申事変**が引き起こされた。

金玉均(1851～94) 朝鮮 忠清道出身

朝鮮の開化派(独立党)の指導者で親日派。1884(明治17)年，親清派に転じた閔妃を**甲申事変**で倒そうとしたが失敗し，日本に亡命した。金と交流のあった福沢諭吉は，この事態を悲観し，「**脱亜論**」を発表した(➔p.217)。

〈集英社『日本の歴史⑱』〉

B 甲午農民戦争(東学の乱)

外交政略論(山県有朋)【抜粋】

国家独立自衛ノ道二ツアリ。一ニ曰、**主権線**ヲ守禦シ他人ノ侵害ヲ容レズ。二ニ曰、**利益線**ヲ防護シ自己ノ形勝ヲ失ハズ。何ヲカ主権線ト謂フ。彊土①是レナリ。何ヲカ利益線ト謂フ、隣国接触ノ勢我ガ主権線ノ安危ト緊ク相関係スルノ区域、是レナリ。……**我ガ国、利益線ノ焦点ハ実ニ朝鮮ニ在リ**……我ガ国ノ利害尤緊切ナル者朝鮮国ノ中立是レナリ。
(『山県有朋意見書』)

①領土

④1890(明治23)年，首相山県有朋は，第一議会で演説を行い，「主権線」(領土)と「利益線」(勢力圏)の防衛を訴えて朝鮮を確保することを主張した(➔p.226)。

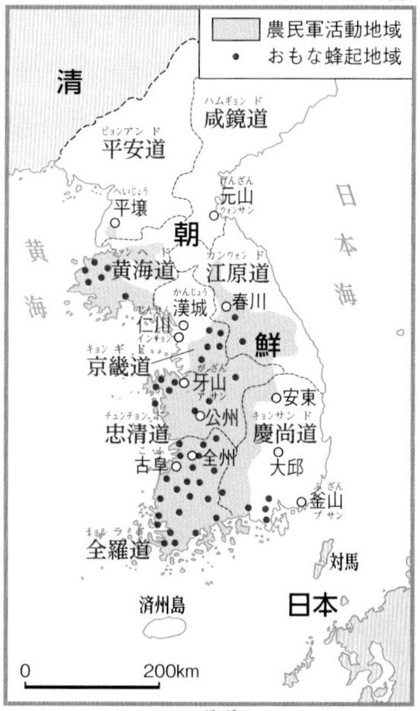

農民軍活動地域
おもな蜂起地域
清
咸鏡道
平安道
平壌
元山
朝
日本海
黄海
黄海道
江原道
漢城
春川
仁川
鮮
京畿道
牙山
安東
公州
忠清道
慶尚道
全州
古阜
大邱
釜山
全羅道
対馬
済州島
日本
0
200km

⑤甲午農民戦争の勃発 1894(明治27)年，減税と排日を訴えて蜂起した。

今日とのつながり 金玉均は1894年，上海におびき出され閔妃の刺客に暗殺された。福沢諭吉は自宅で金の葬儀を行い，青山霊園には犬養毅らによって建てられた墓が今も残る。

2 日清戦争 1894(明治 27)～95(明 28)年

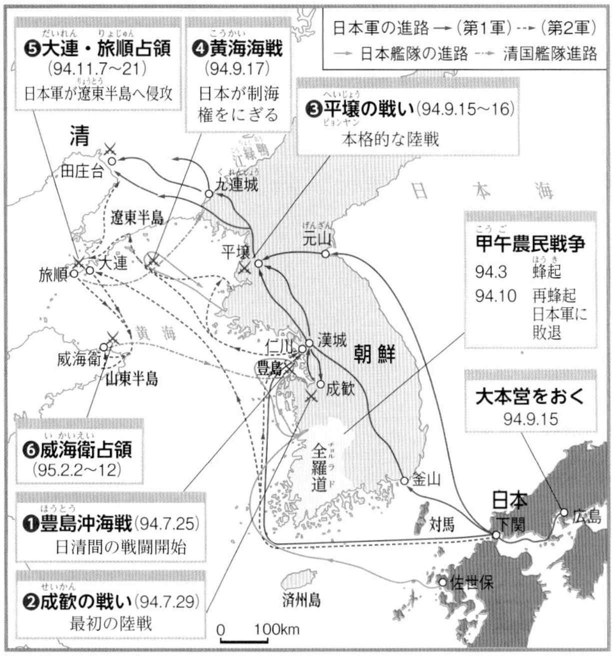
日本軍の進路 →（第1軍）--→（第2軍）
→ 日本艦隊の進路 --→ 清国艦隊進路
❺大連・旅順占領
(94.11.7～21)
日本軍が遼東半島へ侵攻
❹黄海海戦
(94.9.17)
日本が制海権をにぎる
❸平壌の戦い(94.9.15～16)
本格的な陸戦
清
田庄台
九連城
遼東半島
日本海
元山
平壌
旅順
大連
黄海
甲午農民戦争
94.3 蜂起
94.10 再蜂起 日本軍に敗退
威海衛
山東半島
仁川
漢城
豊島
朝鮮
成歓
大本営をおく
94.9.15
全羅道
❻威海衛占領
(95.2.2～12)
釜山
❶豊島沖海戦(94.7.25)
日清間の戦闘開始
対馬
日本
下関
広島
佐世保
❷成歓の戦い(94.7.29)
最初の陸戦
済州島
0 100km

臨時軍事費(決算)		(円)
収入	公債金	1億1681万
	特別資金*	7896万
	その他	2946万
計		2億2523万
支出	陸軍	1億6452万
	海軍	3596万
計		2億48万

戦死者	(人)
戦死	1415
病死	1万1894
計	1万3309

〈『近現代日本経済史要覧』ほか〉

*のちに賠償金(図⑪の臨時軍事費)により繰り入れ返済。

◀⑥**日清戦争の戦費と犠牲者** 日本軍は，清国軍を朝鮮から撤退させ，遼東半島の大連・旅順を占領，黄海の海戦でも勝利した。一方で，戦費は約2億円にのぼり，約1万3千人の戦死者・戦病死者を出した。

3 下関条約 史

〈東京 聖徳記念絵画館蔵 下関講和談判 永地秀太筆〉

陸奥宗光(外相)
伊藤博文(首相)
李鴻章

▲⑦**下関講和会議**　▶⑧**下関条約**

1895年4月，講和会議が開かれ，**下関条約**が締結された。日本は遼東半島を獲得したが，露・仏・独の反対で清国に返還(還付)した(**三国干渉**)。

▲⑨**李鴻章**(1823～1901) 清国全権。北洋軍閥を率いて近代化政策をとった。

第1条	清国は朝鮮が独立自主の国であることを認める。
第2条	遼東半島，澎湖諸島，台湾を日本に割譲する。
第4条	賠償金として2億両(約3.1億円)を支払う。
第6条	沙市・重慶・蘇州・杭州の4港を開港する。

日本の新領土
同上，還付地
新開港場
遼東半島
満州
奉天
北京
天津
旅順
大連
朝鮮
清
青島
下関
日本
黄河
蘇州
漢口
南京
上海
重慶
沙市
杭州
長江
台北(台湾総督府) 1895
台湾
澎湖諸島 1895
0 1000km

▲⑩**戦後の領土拡大**

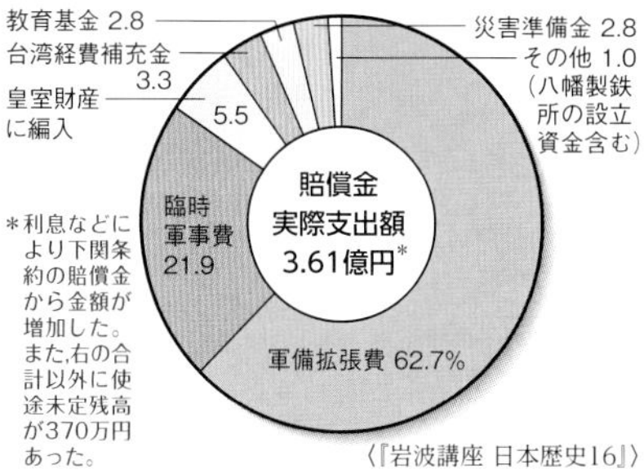
教育基金 2.8
台湾経費補充金 3.3
皇室財産に編入 5.5
災害準備金 2.8
その他 1.0 (八幡製鉄所の設立資金含む)
臨時軍事費 21.9
賠償金 実際支出額 3.61億円*
軍備拡張費 62.7%
*利息などにより下関条約の賠償金から金額が増加した。また,右の合計以外に使途未定残高が370万円あった。

〈『岩波講座 日本歴史16』〉

▲⑪**賠償金の使途** 賠償金はロンドンにて金兌換券であるポンドで支払われたため，政府の正貨準備となり，金本位制が確立(→p.272)した。また，支出の大部分は軍備拡張にあてられた。

4 台湾統治

1894	日清戦争(～1895)	
1895.4	下関条約(台湾が日本領となる)	
.5	海軍大将樺山資紀，初代台湾総督に就任 日本統治に反対の清国系官僚らが「台湾民主国」を宣言 日本軍上陸，抗日武装勢力の掃討開始	前期武官総督時代
.8	陸軍省，台湾総督府条例を制定 総督を陸海軍の大・中将とする軍政実施。翌年3月民政に移行するが，武官総督制は維持	
.11	総督府が「全島平定宣言」 →島民の武力抵抗は以後も続く	
1896	台湾総督府条例(勅令)公布	
1898	児玉源太郎，総督に就任 後藤新平，民政局長に抜擢される (同年，官制改革により民政長官) **土地調査事業**開始(～1905)	
1899	台湾銀行開業	
1900	台湾製糖会社設立	
1919	文官総督を認め，別に台湾軍司令官設置	文官
1922	治安警察法(→p.244)，台湾でも施行	
1930	霧社事件(台湾先住民の抗日蜂起)	
1936	武官総督制復活	武官
1940	改姓名運動始まる(台湾での創氏改名)➔p.287	
1944	徴兵制を施行 ➔p.287	
1945	第二次世界大戦終了。植民地統治終わる	

▲⑫**旧台湾総督府**(台北) 台湾総督府は，1895(明治28)年，台湾統治のために設置され，行政・司法・立法・軍事の幅広い権限を担った。庁舎の建物は，現在は台湾「中華民国政府」の「総統府」となっている。

▲⑮**さとうきびを運搬する汽車** 1900(明治33)年，三井財閥によって台湾製糖会社が設立されて以来，製糖会社の設立があいつぎ，製糖業は台湾における代表的な産業となった。

◀⑬**樺山資紀**(1837～1922) 1891(明治24)年，第二議会で，藩閥政府擁護の蛮勇演説を行った(→p.227)。1895年，初代の台湾総督となり，軍政をしいて現地の抵抗を武力で鎮圧し，植民地経営を軌道に乗せた。

◀⑭**後藤新平**(左)**と児玉源太郎**(右) 児玉総督のもと台湾民政局長(のち民政長官)に就任した後藤新平は，土地改革や産業基盤の整備を行い，製糖業や樟脳などの産業を育成した(→p.342,343)。

時代を見る目　台湾銀行の栄枯盛衰

台湾銀行は，1899年，台湾の中央銀行として日本が設立した。一般銀行業務も行い，内地資本と台湾を結びつける役割を果たしたが，樟脳・製糖事業で発展した鈴木商店への不健全融資が**金融恐慌**を招き，休業した(→p.269)。のち再建されるが日本の敗戦で閉鎖，現在は台湾の国営銀行となっている。

◀⑯**台湾銀行本店**

今日とのつながり 下関講和会議の会場となった春帆楼は，関門海峡を望む高台に位置し，ふぐ料理の割烹旅館として現在も営業している。隣接地には日清講和記念館もある。

近代　明治

5 日清戦争後の内閣と政治の流れ

➡p.226 ➡p.240, 349「内閣一覧」
＊第2次伊藤内閣発足時の政党。➡p.226~227

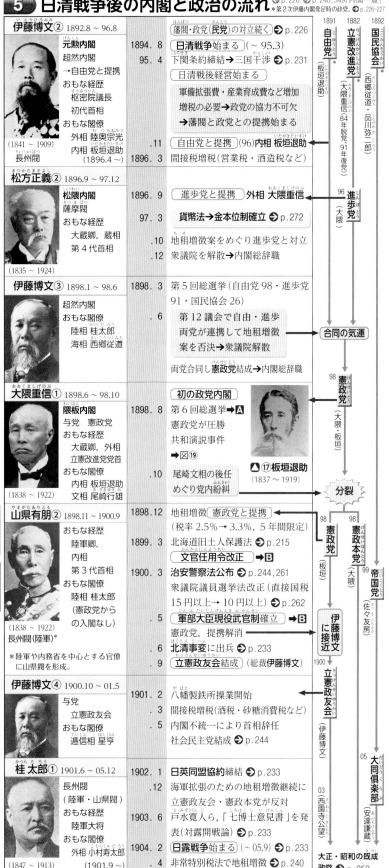

伊藤博文② 1892.8 ~ 96.8

(1841 ~ 1909) 長州閥

元勲内閣
超然内閣
→自由党と提携
おもな経歴
枢密院議長
初代首相
おもな閣僚
外相 陸奥宗光
内相 板垣退助 (1896.4 ~)

	藩閥・政党(民党)の対立続く ➡p.226
1894. 8	日清戦争始まる(~ 95.3)
95. 4	下関条約締結→三国干渉 ➡p.231
	日清戦後経営始まる
	軍備拡張費・産業育成費など増加 増税の必要→政党の協力不可欠 →藩閥と政党との提携始まる
.11	自由党と提携 (96)内相 板垣退助
1896. 3	間接税増税(営業税・酒造税など)

松方正義② 1896.9 ~ 97.12

(1835 ~ 1924)

松隈内閣
薩摩閥
おもな経歴
大蔵卿，蔵相
第4代首相

1896. 9	進歩党と提携 外相 大隈重信
97. 3	貨幣法→金本位制確立 ➡p.272
.10	地租増徴案をめぐり進歩党と対立
.12	衆議院を解散→内閣総辞職

伊藤博文③ 1898.1 ~ 98.6

超然内閣
おもな閣僚
陸相 桂太郎
海相 西郷従道

1898. 3	第5回総選挙(自由党98・進歩党91・国民協会26)
. 6	第12議会で自由・進歩両党が連携して地租増徴案を否決→衆議院解散
	両党合同し憲政党結成→内閣総辞職

大隈重信① 1898.6 ~ 98.10

(1838 ~ 1922)

隈板内閣
与党 憲政党
おもな経歴
大蔵卿，外相
立憲改進党党首
おもな閣僚
内相 板垣退助
文相 尾崎行雄

	初の政党内閣
1898. 8	第6回総選挙➡A 憲政党が圧勝 共和演説事件 ➡図⑲
.10	尾崎文相の後任めぐり党内紛糾

⑰板垣退助 (1837 ~ 1919)

山県有朋② 1898.11 ~ 1900.9

(1838 ~ 1922)
長州閥(陸軍)*

おもな経歴
陸軍卿，
内相
第3代首相
おもな閣僚
陸相 桂太郎
(憲政党からの入閣なし)

＊陸軍や内務省を中心とする官僚に山県閥を形成。

1898.12	地租増徴(憲政党と提携)(税率2.5%→3.3%，5年間限定)
1899. 3	北海道旧土人保護法 ➡p.215
	文官任用令改正 ➡B
1900. 3	治安警察法公布 ➡p.244, 261
	衆議院議員選挙法改正(直接国税15円以上→10円以上) ➡p.262
. 5	軍部大臣現役武官制確立 ➡B
	憲政党，提携解消
. 6	北清事変に出兵 ➡p.233
. 9	立憲政友会結成(総裁伊藤博文)

伊藤博文④ 1900.10 ~ 01.5

与党
立憲政友会
おもな閣僚
逓信相 星亨

1901. 2	八幡製鉄所操業開始
. 3	間接税増税(酒税・砂糖消費税など)
. 5	内閣不統一により首相辞任
	社会民主党結成 ➡p.244

桂太郎① 1901.6 ~ 05.12

(1847 ~ 1913)

長州閥
(陸軍・山県閥)
おもな経歴
陸軍大将
おもな閣僚
外相 小村寿太郎 (1901.9 ~)

1902. 1	日英同盟協約締結 ➡p.233
.12	海軍拡張のための地租増徴継続に立憲政友会・憲政本党が反対
1903. 6	戸水寛人ら，「七博士意見書」を発表(対露開戦論) ➡p.233
1904. 2	日露戦争始まる(~ 05.9) ➡p.233
. 4	非常特別税法で地租増徴 ➡p.240

（政党の流れ）
1891 自由党*(板垣退助)
1882 立憲改進党*(大隈重信 84年脱党，91年復党)
1892 国民協会*(西郷従道・品川弥二郎)
96 進歩党(大隈)
合同の気運
98 憲政党(大隈・板垣)
分裂
98 憲政党(板垣)
98 憲政本党(大隈)
99 帝国党(佐々友房)
伊藤博文に接近
1900 立憲政友会(伊藤博文)
03 (西園寺公望)
05 大同倶楽部(安達謙蔵)
大正・昭和の既成政党 ➡p.253

A 隈板内閣の成立 (1898(明治31)年6月)

内閣総理大臣	大隈重信*	旧進歩党系
内務大臣	板垣退助	旧自由党系
大蔵大臣	松田正久	旧自由党系
陸軍大臣	桂太郎	陸軍大将
海軍大臣	西郷従道	海軍大将
司法大臣	大東義徹	旧進歩党系
文部大臣	尾崎行雄	旧進歩党系
農商務大臣	大石正巳	旧進歩党系*2
逓信大臣	林有造	旧自由党系

⑱隈板内閣の閣僚　進歩党と自由党が合併した憲政党による初の政党内閣。陸相と海相以外のすべての大臣を政党員が占めた。首相は大隈重信(旧進歩党党首)，内相は板垣退助(旧自由党党首)であったため，隈板内閣とよばれた。＊外相は大隈が兼任。
＊2 自由民権運動当時，自由党幹部であったが，のち進歩党に参加。

⑲共和演説事件　旧進歩党出身の尾崎行雄文相が金権政治批判の演説を行ったところ，共和政治を仮定したために政治問題化し，尾崎は辞任した。後任人事をめぐる旧進歩党系と旧自由党系との対立から憲政党は分裂し，隈板内閣は4か月で瓦解した。

共和演説【抜粋】
日本に於ては共和政治を行う気遣はない。…が…日本に仮に共和政治ありと云う夢を見たと仮定せられよ。恐らく三井三菱は大統領の候補者になるのであろう。…
(小学館『大系日本の歴史13』)

B 政党勢力伸張への対抗

勅任官	親任官 首相や国務大臣	規定なし(自由任用)
勅任官	勅任官 次官・局長，府県知事など	同上→改正 奏任官から昇任
奏任官	書記官など	文官高等試験合格者
判任官	下級官吏	文官普通試験*合格者

＊官公立中学校卒業生は免除。

⑳文官任用令改正
1899年，第2次山県有朋内閣は文官任用令を改正して各省の次官などの高級官僚を文官高等試験合格者の奏任官から任じることとし，政党員が高級官僚に就任できないようにした。

時代を見る目 軍部大臣現役武官制と軍部の影響力

1900年，第2次山県内閣は，政党の軍部への影響を排除するため，陸・海軍省の官制を改正して軍部大臣を現役の大将・中将に限定した。この結果，軍部は，大臣を単独辞職させ，後任大臣を推薦しないという手段によって，内閣を崩壊させることが可能になった。

㉑軍部大臣現役武官制の展開　＊ともに現役を引退し，有事の際にのみ召集される軍人。

1912	第2次西園寺公望内閣	陸相の単独辞職により倒閣 ➡p.253
1913	第1次山本権兵衛内閣	軍部大臣現役武官制改正 ➡p.253 (資格を予備役*・後備役*に拡大)
1936	広田弘毅内閣	軍部大臣現役武官制復活 ➡p.278

C 立憲政友会の成立 (1900(明治33)年9月)

㉒星亨 (1850 ~1901)　大同団結運動(➡p.223)で活躍後，政府と協調し産業基盤整備を優先する現実主義路線をめざす。憲政党の分裂や，伊藤博文との合同による立憲政友会の設立に尽力し，政友会の実力者として力をふるうが，暗殺された。

自由党を祭る文 (幸徳秋水①)【抜粋】
歳は庚子②に在り八月某夜…嗚呼自由党死す矣，而して其光栄ある歴史は全く抹殺されぬ。…見よ今や諸君は退去令③発布の総理伊藤侯…の忠実なる政友として，汝自由党の死を視る路人の如く…
(『万朝報』④一九〇〇年八月三〇日)
①中江兆民の弟子。10代で自由民権運動に参加
②一九〇〇年 ③保安条例のこと(➡223・228ページ)
④黒岩涙香が創刊した進歩的な新聞

㉓『万朝報』の記者幸徳秋水(➡p.244)は，師の中江兆民(➡p.217)の依頼を受け，旧自由党系の憲政党が，かつての政敵である伊藤博文と結び立憲政友会を結党したことを批判した。

歴史のまど　瀧井一博『伊藤博文 知の政治家』・伊藤之雄『山県有朋 愚直な権力者の生涯』 政治路線の異なる伊藤と山県の考え方を読み比べられる。

日露戦争 ―英国と相携へて…韓国及び満洲に勢力を伸張すべし(戸水寛人)

ヒストリースコープ

東京帝国大学教授 戸水寛人(1861～1935)は，日本は日英同盟を背景に中国大陸に進出すべきだと唱え，1903(明治36)年には，同僚ら7人で「七博士意見書」を発表してロシアとの開戦を主張した。

考察

❶図①は，各国のどのようなおもわくを風刺したものだろうか。

❷日清戦争の結果，列強の中国での権益はどうなっただろうか。→1・2

❸戦争に世論が傾くなかで，どのような人々が非戦論を唱えていっただろうか。→1・p.249

露
日
英
米

①「火中の栗」(『中央新聞』1903年10月13日) 狡猾な大人の英が，少年の日本をそそのかし，栗(韓国)を焼いて食べようとしているコサック兵(露)に勝負をいどませようとしている。米はようすをうかがっている。

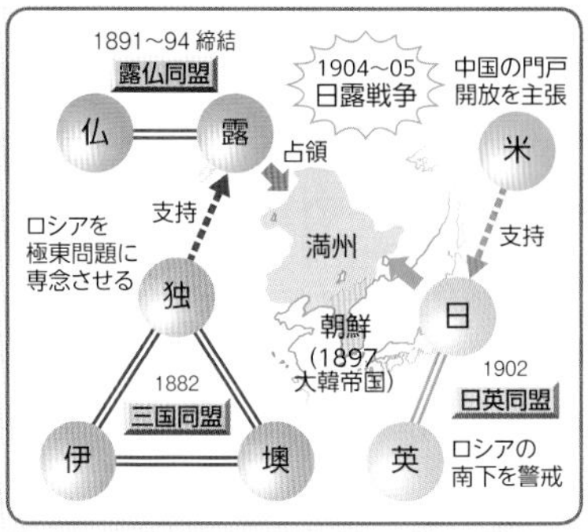
1891～94 締結
露仏同盟
仏
露
1904～05 日露戦争
中国の門戸開放を主張
米
占領
支持
ロシアを極東問題に専念させる
満洲
支持
独
朝鮮 (1897 大韓帝国)
日
1882
三国同盟
1902
日英同盟
伊
墺
英
ロシアの南下を警戒

②日露戦争前の国際関係 自らが極東に出兵することを望まないイギリスとアメリカは，ロシアの南下を抑える役割を日本に期待するようになった。

1 日露戦争関係年表

	ロシア，朝鮮に接近・満洲進出
1895. 4 (明28)	三国干渉(露・独・仏) ➔p.231
.7	朝鮮に閔妃政権成立(露に接近)
.10	閔妃殺害事件 ➔p.230
1896. 6	露，東清鉄道の敷設権を獲得
1897.10	朝鮮，国号を**大韓帝国**と改める
	列強による中国分割 ➔2
1898. 3	**露，旅順・大連を租借**
	→旅順と東清鉄道を結ぶ支線の敷設権を獲得
	中国の抵抗
1899. 3	山東省で義和団が蜂起
1900. 6～	**北清事変**➡図④
1901. 9	**北京議定書**調印➡図⑤
	露軍，満洲に残留
	→事実上満洲を占領
	→日本で反露感情高まる
	対露外交路線の変更
政府内の対立	**日露協商論(満韓交換論)** 伊藤博文 井上 馨 / **日英同盟論** 山県有朋 桂 太郎 小村寿太郎
	日英の提携
1902. 1.30	日英同盟協約締結 史
	①清国・韓国での相互の利益を承認 ②一方が他国と交戦の際，他方は中立 ③第三国が参戦の場合，他方も参戦
1903	○開戦世論の高まり
	主戦論 戸水寛人ら七博士 対露同志会 『万朝報』 『国民新聞』(徳富蘇峰) / **非戦論** 内村鑑三 史 『平民新聞』 幸徳秋水 史・堺利彦ら 平民社 ➔p.249
1904	**日露戦争**(～05)
.2. 8	日本陸軍，仁川に上陸
.2.10	宣戦布告
.2.23	日韓議定書調印 史 ➔p.236
	→韓国保護国化の足がかり
.9	与謝野晶子「君死にたまふこと勿れ」発表 史 →詩人 大町桂月による批判
1905. 9. 5	**ポーツマス条約**調印 ➔p.234
	日比谷焼打ち事件 ➔p.240

2 清国分割と北清事変

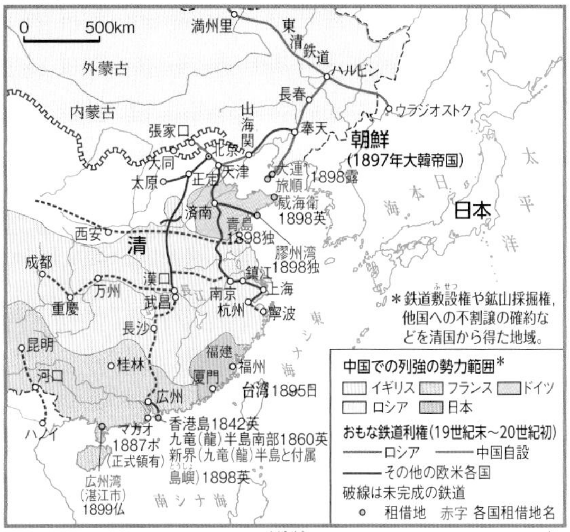
0 500km
満洲里
東清鉄道
ハルビン
外蒙古
長春
内蒙古
山海関
ウラジオストク
張家口
奉天
朝鮮 (1897年大韓帝国)
北京
大同
天津
大連
旅順 1898露
太原
正定
威海衛 1898英
済南
青島 1898独
日本
西安
清
膠州湾 1898独
成都
鎮江
漢口
南京
上海
万州
武昌
杭州
寧波
重慶
長沙
昆明
桂林
福建
福州
河口
台湾1895日
広州
厦門
ハノイ
マカオ 1887ポ (正式領有)
香港島1842英
九竜(龍)半島南部1860英
新界(九竜(龍)半島と付属島嶼)1898英
広州湾(湛江市)1899仏
南シナ海
太平洋
＊鉄道敷設権や鉱山採掘権，他国への不割譲の確約などを清国から得た地域。
中国での列強の勢力範囲＊
イギリス フランス ドイツ
ロシア 日本
おもな鉄道利権(19世紀末～20世紀初)
ロシア 中国自設
その他の欧米各国
破線は未完成の鉄道
○ 租借地 赤字 各国租借地名

③中国分割の進展 列強は**下関条約**の賠償金に苦しむ清に借款*を与え，代償に租借地や鉄道敷設権を獲得した。＊国家間の貸借金。

英 米 露 英領印 独 仏 墺 伊 日

④**北清事変に出兵した8か国連合軍兵士** 清国分割に対し，「扶清滅洋」を唱える義和団が蜂起したが(**義和団事件**)，列強の連合軍に鎮圧された(**北清事変**)。日露が連合軍の主力となったが，ロシア軍は事変後も満洲に駐留し続けた。

北京議定書(1901年)
①清は，賠償金総額4億5000万両を支払う
②北京の公使館所在区域の治外法権を認める
③北京公使館所在区域に，各国が守備隊として軍隊を駐屯させることを認める

⑤清国と北清事変参戦国との間で結ばれ，清国は多額の賠償金と各国軍隊の北京駐留権を認めた。日本の駐留軍はのちに**盧溝橋事件**で中国軍と衝突し，**日中戦争**の原因となった(➔p.280)。

〈提供：記念艦「三笠」〉

3 日露戦争 1904(明治37)～05(明38)年

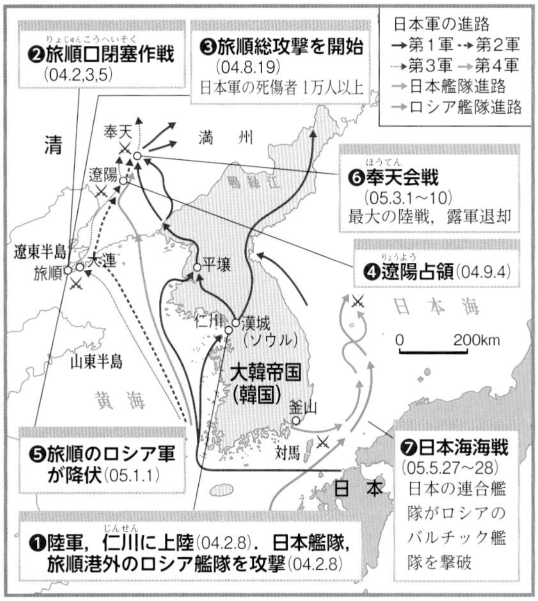
❷旅順口閉塞作戦 (04.2,3,5)
❸旅順総攻撃を開始 (04.8.19) 日本軍の死傷者 1万人以上
日本軍の進路
→第1軍 →第2軍
→第3軍 →第4軍
→日本艦隊進路
→ロシア艦隊進路
清
奉天
満州
遼陽
❻奉天会戦 (05.3.1～10) 最大の陸戦，露軍退却
鴨緑江
遼東半島
旅順
大連
平壌
❹遼陽占領(04.9.4)
仁川
漢城 (ソウル)
日本海
0 200km
山東半島
大韓帝国 (韓国)
黄海
釜山
❺旅順のロシア軍が降伏(05.1.1)
対馬
❼日本海海戦 (05.5.27～28) 日本の連合艦隊がロシアのバルチック艦隊を撃破
日本
❶陸軍，仁川に上陸(04.2.8)，日本艦隊，旅順港外のロシア艦隊を攻撃(04.2.8)

Z旗
東郷平八郎

⑥**三笠艦橋の図** バルチック艦隊を破った日本海海戦では，旗艦「三笠」に「皇国ノ興廃此ノ一戦ニアリ，各員一層奮励努力セヨ」を意味するZ旗が掲げられた。

→p.17 巻頭地図

	日本	ロシア
兵力	約108万人	129万人以上
死者	約8万4000人	約5万人
軍艦	23.3万t 106隻	19.1万t 63隻

⑦**日露の軍事力と犠牲** 〈小学館『明治時代館』〉

近代 明治

歴史のまど 司馬遼太郎『坂の上の雲』 愛媛県松山出身の秋山好古(陸軍軍人)，秋山真之(海軍軍人・好古の弟)，正岡子規(俳人)の三人を主人公に明治の日本を活写した歴史小説。

ポーツマス条約 ―開戦ノ目的タル満韓ニ関スル重大問題ノ解決シタル(小村全権宛訓令)

ヒストリースコープ

1905(明治38)年，アメリカ大統領セオドア＝ローズヴェルトの仲介により，アメリカのポーツマスで講和会議が開かれた。日本は，戦争目的である満州権益の確保と韓国の勢力圏化が達成されたとして，賠償金獲得はあきらめ，樺太(サハリン)の割譲範囲で妥協して，ロシアとポーツマス条約を結んだ。

考察

❶ポーツマス条約で日本とロシアとの領土・租借地の関係はどうなったか説明しよう。
❷なぜ，中国領内にある南満州鉄道の線路を日本軍が警備できたのだろうか。→1
❸樺太の開発は，どのような産業を中心に行われたのだろうか。→2

①
②
③
④

▲①ポーツマス講和会議　日本側は❶高平小五郎駐米公使，❷小村寿太郎首席全権(外務大臣)，ロシア側は❸ウィッテ首席全権，❹ローゼン駐米大使らが出席した。(東京 聖徳記念絵画館蔵 ポーツマス講和談判 白滝幾之助筆)

▶②ポーツマス条約　賠償金のない講和条約に対し，国民は不満を爆発させた(→p.240)。

ポーツマス条約【要約】 史
1905年9月5日調印

(1)ロシアは韓国に対する日本の指導・監督権を認める
(2)ロシアは，遼東半島の**旅順・大連**の租借権①，長春以南の鉄道とその付属利権を日本に譲渡する ➔p.235
(3)ロシアは，**北緯50度以南**の樺太(サハリン)と，その付属の諸島を日本に譲渡する
(4)ロシアは，沿海州とカムチャツカの漁業権を日本に認める

① 1898年，ロシアが25年間の期限で清国から租借

1 満州 －関東州統治の始まり

→p.276「満州国」と「王道楽土」

◀③統治機構の変遷

関東都督府 1906～19年 旅順
(関東州・満鉄付属地の行政機関)
関東都督(陸軍大将・中将より任命)

軍事	・陸軍部の統率
民政	・政務処理(外務大臣監督下)
	・清国地方官憲との交渉
	・関東都督府令の発布

南満州鉄道株式会社(満鉄)の業務監督

⬇ 関東庁と関東軍に分離

関東庁 1919～34年　旅順
(関東州・満鉄付属地の行政機関)
関東長官(文官，親任官)

民政　・内政・外交の処理
　　　(首相・外相の監督下)
南満州鉄道株式会社の業務監督

関東軍 1919～45年　旅順→奉天→新京→通化
関東軍司令官(陸軍大将・中将より任命)
・関東州と満鉄・満鉄付属地の警備

▶④大連の中心部　日本は大連を貿易都市として発展させるため，その整備に力を注いだ。

◀⑤旅順近郊の203高地に建てられた銃弾型の忠魂碑　203高地をはじめ，日露戦争の激戦地であった旅順周辺では，各地に忠魂碑や記念碑が建てられた。

▲⑥南満州鉄道(満鉄)本社　満鉄は鉄道のほか製鉄・炭鉱・農業など幅広い経営を行い，鉄道用地以外に撫順炭鉱(→p.276)などの鉱山や都市をも含む広大な満鉄付属地を所有した。

▲⑦鉄道を警備する日本軍　日本は満鉄付属地の行政権を獲得し，軍隊を駐屯させた。この軍はのちに**関東軍**となり，後年の日本の大陸進出を主導した(→p.275)。

2 南樺太の獲得

1854	日露和親条約 ➔p.202 樺太の国境は画定せず
1875	樺太・千島交換条約 ➔p.218 樺太全島がロシア領となる
1905	日露戦争末期に日本軍が樺太を占領 ポーツマス条約 北緯50度以南の樺太が日本領に
1907	樺太庁を設置 ➔p.235 初代長官は樺太守備隊司令官が兼任 →民政に移管，内務大臣が指揮・監督
1918	シベリア出兵　北樺太を占領(1920～25)
1925	日ソ基本条約 ➔p.262 ソヴィエト連邦と国交樹立，北樺太の油田の利権供与
1943	樺太を行政上内地に編入
1945	8月　ソ連が侵攻

日本側　菊の紋章

ロシア側　双頭の鷲の紋章

ГРАНИЦА

◀⑧南北樺太の国境標石　日露両国の協議により，北緯50度に沿って国境標石が建てられた。

▲⑨樺太大泊の製紙工場　樺太では，漁業や石炭産業，豊富な森林資源を生かした林業とパルプ・製紙業が発達した。図の製紙工場の手前には，パルプ原料の木材が大量に積み上げられている。樺太には約40万人が居住していた。

周縁から見た日本　**国境の移動に翻弄された樺太(サハリン)アイヌの人々**

11世紀以降，北海道から樺太に進出したアイヌの人々は，日本や大陸との交易を仲介し独自の文化を築いていた。しかし，1875(明治8)年，日本とロシアが**樺太・千島交換条約**を結び，樺太がロシア領になると，樺太在住の人々は北海道に強制的に移住させられた。**ポーツマス条約**で樺太の南半分が日本領になったため，北海道に移住した人々の多くは南樺太に帰還できたが，1933(昭和8)年まで日本国籍は与えられず，その後，1945年の**太平洋戦争**の日本敗戦により再び北海道へと戻ることとなった。

▶⑩鎧を着た樺太(サハリン)アイヌの男性 ➔p.215

今日とのつながり　大連の南満州鉄道の旧本社社屋は，現在も大連鉄道有限公司が使用している。旅順でも図⑤の忠魂碑(爾霊山記念碑)などがそのまま保存されている。

特集 日露戦争後の日露関係

1 ロシアへの接近と日露協約

A 満州・南樺太の領土・権益の獲得

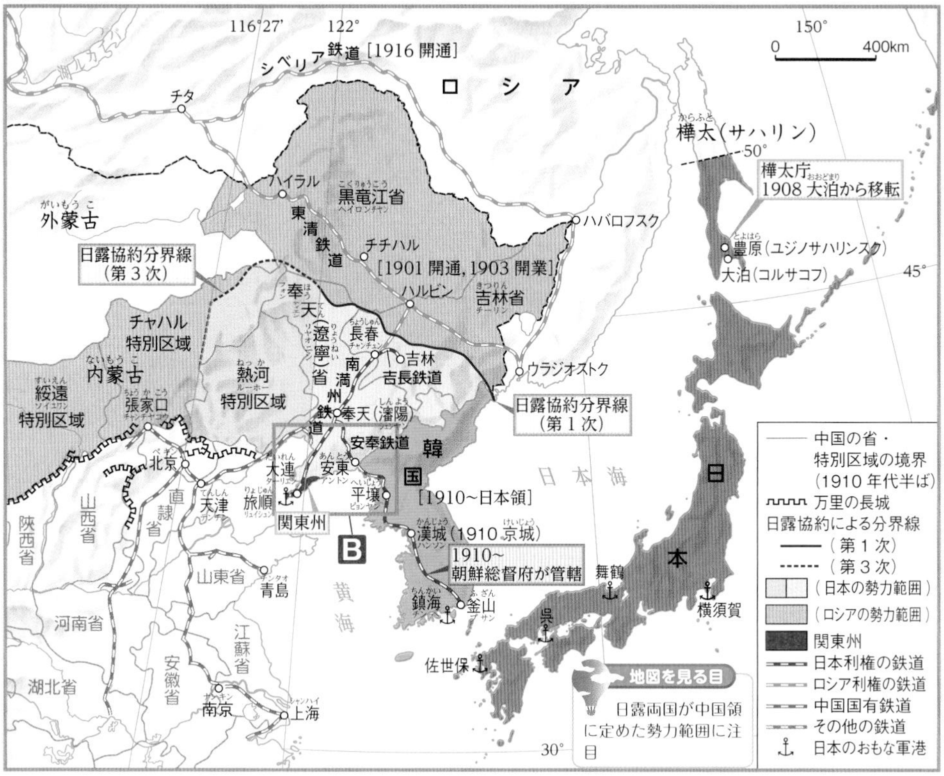

シベリア鉄道［1916開通］
ロシア
チタ
ハイラル
黒竜江省
東清鉄道
チチハル
［1901開通，1903開業］
ハルビン
吉林省
ハバロフスク
外蒙古
日露協約分界線（第3次）
チャハル特別区域
内蒙古
綏遠特別区域
張家口
熱河特別区域
奉天（遼寧）省
長春
吉林
吉長鉄道
南満州鉄道
奉天（瀋陽）
ウラジオストク
日露協約分界線（第1次）
安奉鉄道
韓国
［1910～日本領］
北京
大連
安東
平壌
天津
旅順
関東州
直隷省
山西省
陝西省
漢城（1910 京城）
1910～朝鮮総督府が管轄
山東省
青島
黄海
鎮海
釜山
河南省
江蘇省
安徽省
湖北省
南京
上海
佐世保
呉
舞鶴
横須賀
日本海
日本
樺太（サハリン）
50°
樺太庁 1908 大泊から移転
豊原（ユジノサハリンスク）
大泊（コルサコフ）
45°
150°
116°27′
122°
30°
0 400km
中国の省・特別区域の境界（1910年代半ば）
万里の長城
日露協約による分界線
（第1次）
（第3次）
（日本の勢力範囲）
（ロシアの勢力範囲）
関東州
日本利権の鉄道
ロシア利権の鉄道
中国国有鉄道
その他の鉄道
日本のおもな軍港
地図を見る目
日露両国が中国領に定めた勢力範囲に注目

B 関東州の権益

よみとき 日本が朝鮮半島への安奉鉄道も保有することに注目

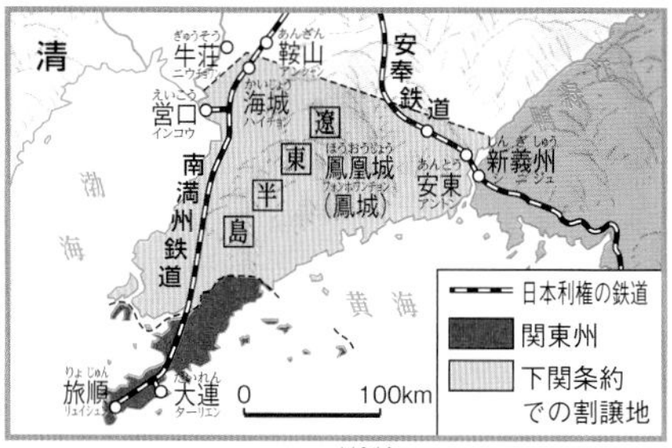

清
牛荘
鞍山
営口
海城
安奉鉄道
遼東半島
鳳凰城
安東
新義州
南満州鉄道
渤海
黄海
旅順
大連
0 100km
日本利権の鉄道
関東州
下関条約での割譲地

▲①関東州の日本権益　下関条約（→p.231）では，遼東半島全体が日本に割譲されたが，**三国干渉**により清国に返還した。一方，**ポーツマス条約**で日本がロシアから受け継いだ**関東州**の権益は，旅順・大連の租借権と**南満州鉄道**付属地の利権のみであった。

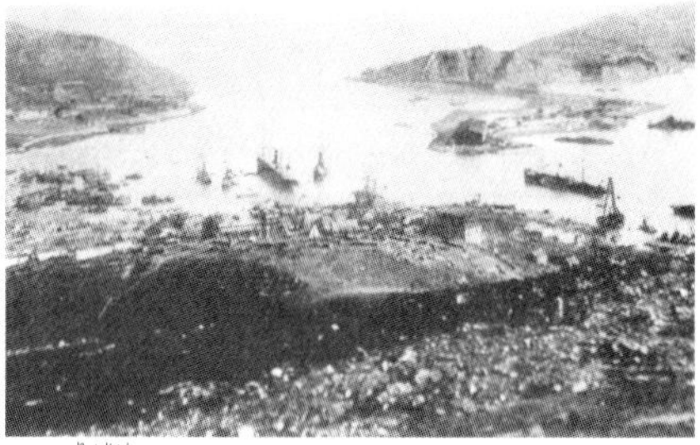

▲②**旅順**　旅順港は冬でも凍らない不凍港だったため，日露どちらの支配時代にも重要な軍港となった。

C 日露協約とロシア情勢

日露戦争後の国際関係 ➔p.238

青字 アメリカとの関係

1904	2	**日露戦争**開戦
1905	1	血の日曜日事件→革命運動起こる➡図③
	7	桂・タフト協定調印 ➔p.236,238
	8	第2次日英同盟協約調印，軍事同盟強化 ➔p.238
	9	**ポーツマス条約**調印（日露戦争終結）➡図①② ➔p.234
	10	桂・ハリマン協定（南満州の鉄道を日米で共同経営），直後に破棄→日米の対立始まる ➔p.238
1906	5	ロシア初の国会開設，直前に皇帝の専制権力を認める憲法が公布される
	9	**関東都督府**設置 ➔p.234
1907	7	**第1次日露協約調印** 満州での勢力範囲（日本－南満州，ロシア－北満州）と，韓国での日本の優越的地位，ロシアの外蒙古での特殊地位を承認
1909	12	米，満州の鉄道の中立化を各国に提案 ➔p.238
1910	7	**第2次日露協約調印**　以後，日露の連携でアメリカに対抗 米の南満州鉄道中立化案に対抗して，日露両国が鉄道権益を確保するため協力しあうことを確認
1911	7	第3次日英同盟協約調印，米は協約の適用外とする
1912	1	**中華民国**成立 ➔p.238
	7	**第3次日露協約調印** 勢力分割線を延長し，新たに内蒙古を東西に分割
1914	7	**第一次世界大戦**勃発 ➔p.254
1916	7	**第4次日露協約調印** 第三国の中国支配阻止と戦時の相互援助を決める（**日露の軍事同盟化**）→ロシア革命で消滅
1917		**ロシア革命起こる**　＊それぞれ露暦で二月革命・十月革命。
	3	ニコライ2世が退位，帝政が崩壊（三月革命＊）➡図④
	11	ボリシェヴィキがソヴィエト政権を樹立（十一月革命＊）

▲③**血の日曜日事件**　**日露戦争**中の1905年，戦争終結と民主化を請願しようとした民衆が，王宮前で軍隊に銃撃され，多くの死者を出した。これをきっかけに革命運動が起きた。

▲④**ニコライ2世一家**　ニコライへの国民の不満は**第一次世界大戦**で爆発し，**ロシア革命**が起きた。これにより日露協約は廃棄され，反帝国主義を掲げるソヴィエト政権が，秘密協定であった協約の満蒙勢力圏分割の条項を公表したこともあり，両国関係は悪化した（➔p.254）。

ひと **ウィッテ**（Vitte）（1849～1915）　グルジア出身

1905年の革命運動に際し，**ポーツマス条約**を結んで**日露戦争**を終結させ，また皇帝ニコライ2世（➔p.229）に国会開設を進言し，事態を収拾した。首相に就任したウィッテは立憲君主政をめざしたが，皇帝権限の維持をねらうニコライにうとまれ，辞任した。ウィッテを退けたニコライは，日露協約や**三国協商**を基盤に対外進出をはかる一方，反対派を国会から排除するなど強権的な政治を行った。

時代を見る目

日露関係と伊藤博文の退場

▲⑤**伊藤博文**（1841～1909）

日露戦争前，伊藤は，ロシアとの戦争に反対し満韓交換論による日露協商をめざすが挫折し，ロシアを恐れていると批判され影響力を失った。これにより，軍部・官僚を基盤とする**山県有朋**－**桂太郎**の派閥に旧藩閥勢力の主導権が移った。1905（明治38）年の韓国保護国化にあたり，伊藤は身の危険を予測しつつ初代統監に就任した。統監辞任後の1909年，満州・朝鮮問題をめぐりロシア蔵相と会談するために訪れたハルビン駅で暗殺された（➔p.236）。

近代 明治

韓国併合 ―韓国ニ対シ我保護権ヲ確立スルハ…今日ヲ以テ最好ノ時機(閣議決定)

ヒストリースコープ

1905(明治38)年10月，第1次桂太郎内閣は，ポーツマス条約(➔p.234)などで欧米各国が韓国に対する日本の支配権・優越権を認めた今こそ，韓国保護国化の好機であるとした。翌月，第2次日韓協約を結び，保護国とした。

考察

❶図①の風刺画に描かれた韓国皇太子は，何を読んでいるのだろうか。
❷第2次日韓協約までの間に，韓国に対する日本の影響力はどのように増していったか説明しよう。→1 A
❸伊藤博文が暗殺された時期，韓国はどのような状況になっていただろうか。→B

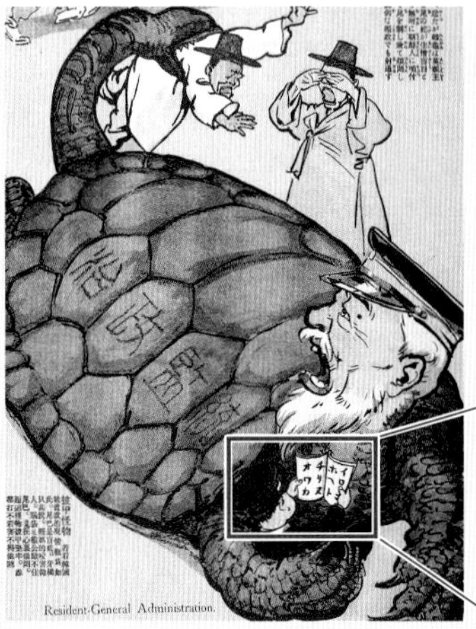
Resident-General Administration.

イロハニホヘト
チリヌルヲワカ

①伊藤博文の「鵺亀」(『東京パック』1908年11月1日号) 韓国を保護国とした日本は，伊藤博文を**統監**に任じ，1907年には韓国の内政権も得た(➔A)。図①は統監としての伊藤を風刺したもので，正体不明の鵺亀となった伊藤が，前足で韓国の皇太子李垠*を抱えこみ，しっぽのへびで韓国の民衆にかみついている。
*高宗(➔図④)の子で韓国最後の皇帝純宗の弟。

伊藤博文
皇太子 李垠

②和服を着た韓国皇太子と伊藤博文(1908年，東京で撮影) 皇太子の李垠はのちに，政治的理由から日本の皇族と結婚した。

1 韓国の保護国化と韓国併合

内閣	年	事項	
	1875	江華島事件 ➔p.218	日・清・露の勢力争い
	1876	日朝修好条規(江華条約)	
	1880	漢城(ソウル)に日本公使館設置	
	1882	壬午軍乱(壬午事変，大院君のクーデタ)	
	1884	甲申事変(独立党のクーデタ) ➔p.230	
	1885	天津条約(日清両国が朝鮮から撤兵)	
黒田	1889	防穀令(米・大豆などの輸出禁止)	
伊藤②	1894	甲午農民戦争→日清戦争(～95) ➔p.231	
	1895	閔妃殺害事件 *高宗が皇帝に即位。	
松方②	1897	朝鮮，国号を大韓帝国(韓国)と改称*	
桂① 1901.6~1905.12	1904	.2.10 日露戦争開始(～05) ➔p.233	日本の軍事占領
		.2.23 日韓議定書➡❶ (❶～❹はAの表に対応)	
		.8.22 第1次日韓協約➡❷	
	1905	韓国保護国化の承認を獲得	
		.7 桂・タフト協定：アメリカが承認	
		.8 第2次日英同盟協約：イギリスが承認	
		.9 ポーツマス条約：ロシアが承認	
		.11.17 第2次日韓協約➡❸	
西園寺① 1906.1~1908.7	1906	.2 漢城に統監府開庁(統監伊藤博文)	韓国の保護国化・植民地化
	1907	.6 ハーグ密使事件	
		.7.19 皇帝高宗，退位	
		.7.24 第3次日韓協約➡❹ →義兵運動，拡大	
桂② 1908.7~1911.8	1908	東洋拓殖会社設立	
	1909	伊藤博文，ハルビン駅で暗殺される	
	1910	.8 韓国併合条約 史	
		.10 京城(ソウル)に朝鮮総督府を設置	

A 韓国の保護国化

❶日韓議定書(1904.2.23) 史
日本は軍略上必要な韓国の土地を臨機に収用する
↓
❷第1次日韓協約(1904.8.22) 史
韓国政府に日本政府が推薦する財政・外交顧問をおく
↓
❸第2次日韓協約(1905.11.17) 史
統監をおき，韓国の外交権を接収 保護国化
↓
❹第3次日韓協約(1907.7.24) 史
統監が韓国の内政権を掌握，韓国軍隊解散

❶～❹は左の年表に対応

③韓国の保護国化 日露戦争(➔p.233)中の日韓議定書により，日本は韓国内での軍事行動権を確保し，これを基礎に，1905年に保護国化が進められた。

④高宗(1852~1919) 日本の韓国保護国化に抗議して，1907年，ハーグで開かれていた万国平和会議に密使を送るが，日本の権益を認めていた列強はこれを相手にせず，失敗に終わった(**ハーグ密使事件**)。高宗は退位し，日本は韓国の内政権も獲得した。

B 義兵運動の高揚

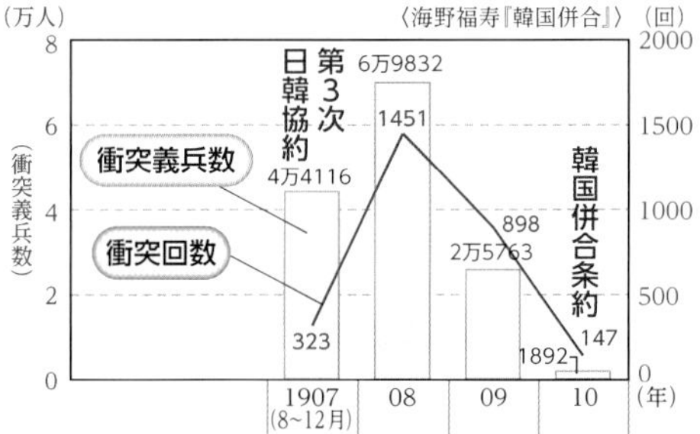
(万人)
〈海野福寿『韓国併合』〉
(回)
(衝突義兵数)
衝突義兵数
衝突回数
第3次日韓協約
韓国併合条約
4万4116
6万9832
2万5763
1892
323
1451
898
147
1907 (8~12月)
08
09
10
(年)

損害			1907(8~12月)	08	09	10
義兵	戦死者	人	3627	1万1562	2374	125
日本	戦死者	人	29	75	25	4

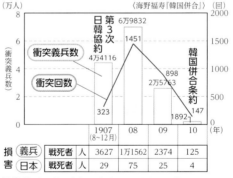

⑤義兵運動の高揚 高宗の退位後，解散させられた軍隊の軍人に農民，商工業者が加わり，**義兵運動**が全国化した。しかし，日本軍により鎮圧された。

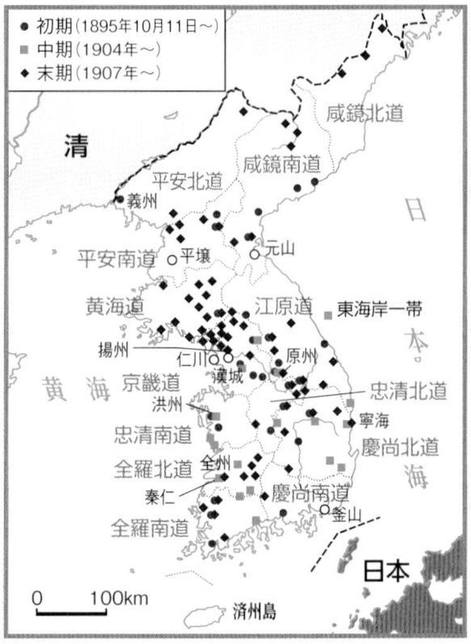
初期(1895年10月11日～)
中期(1904年～)
末期(1907年～)
清
咸鏡北道
咸鏡南道
平安北道
義州
平安南道
平壌
元山
黄海道
江原道
東海岸一帯
揚州
仁川
漢城
原州
京畿道
黄海
日本海
忠清北道
洪州
寧海
忠清南道
慶尚北道
全羅北道
全州
秦仁
慶尚南道
釜山
全羅南道
日本
0 100km
済州島

⑥義兵の蜂起地点〈金鎬城『韓末義兵運動史研究』〉

C 韓国併合

よみとき 併合後の朝鮮総督はどのような人物が務めたのかに注目しよう

保護国時代(1905～10)
統監府(漢城)
- 統監(文・武官)
  - 副統監
  - 参与官ほか(1907より)
- 統監府令の発令
- 韓国駐剳軍の指揮権(治安維持)

併合後(1910～45)
朝鮮総督府(京城)
- 朝鮮総督(陸・海軍大将)
  - 総務部
  - 内務部ほか
- 総督府令の発令
- 憲兵警察制度*
- 朝鮮駐剳軍*2の指揮権

⑦朝鮮の統治機構 1910年，**韓国併合**が実施され，**統監府**にかわり**朝鮮総督府**が設置された(➔p.237)。総督には陸・海軍大将が任命された。
* 1919年廃止。
*2 1918年に朝鮮軍と改称，天皇直属となる。

伊藤博文

⑧ハルビン駅に降り立った伊藤博文 1909(明治42)年10月，ロシア蔵相との会談のため伊藤は満州のハルビンを訪れた。この直後，伊藤は韓国の民族運動家安重根に暗殺された。

⑨安重根(1879~1910) 安は，義兵運動への弾圧に抗議して伊藤暗殺を決意した。日本政府は，事件の翌年，かねて決定していた韓国併合を実行し，韓国を植民地とした。

今日とのつながり 伊藤博文が暗殺されたハルビン駅の1番ホームには，安重根の拳銃発射地点と伊藤の被弾地点とされる場所に，それぞれタイルが埋め込まれている。

1 日本の朝鮮支配

武断政治

1910 韓国併合条約　大韓帝国を朝鮮と改称
朝鮮総督府設置(初代総督寺内正毅)➡A
武断政治の開始
- 憲兵警察制度(軍事警察による治安維持)
- 朝鮮人の政治活動禁止

△①寺内正毅 (1852~1919)

土地調査事業開始(～1918) ➡B
- 土地所有権の確定・土地課税に向けた調査
- 伝統的な公有耕作地や共有地の所有権・耕作権を認めず，国有地に
- →多くの農民が農地を失い，日本などに流入
- 国有地は日本人地主に払い下げ

1911 朝鮮教育令公布(日本語授業など同化政策)

文化政治

1919 元韓国皇帝高宗が死去
三・一独立運動→朝鮮総督府が鎮圧 ➲p.258
文化政治に転換(総督斎藤実)
- 憲兵警察廃止
- 朝鮮総督武官制廃止 ➲p.257
- 朝鮮人の官吏登用を一部認める

△②斎藤実 (1858~1936)

1920 朝鮮産米増殖計画実施(～34) ➡B
- 日本国内の米需要に対応するため
- →増産した米は日本に移出，朝鮮の食料事情悪化
- →朝鮮には満州産の雑穀を輸入

1923 関東大震災 → 東京などで朝鮮人虐殺 ➲p.263
1925 京城(ソウル)に朝鮮神宮創建
1931 万宝山事件 ➲p.275
○ 日本窒素肥料，朝鮮に進出 ➲p.277
(水力発電・化学コンビナートで発展)

総力戦体制への組み込み

1937 日中戦争勃発 → 長期化・総力戦化
総力戦体制への組み込み(兵站基地化政策) ➲p.287
- 朝鮮を総力戦遂行の後方基地とする
- 「皇民化」政策の開始(～45)　朝鮮の人々を，総力戦を担う「皇民」とする極端な同化政策

○ 神社参拝の強要　「皇民化」政策の具体的政策
1938 朝鮮に志願兵制度公布
朝鮮教育令改正，日本語教育の強化 ➡C
1939 強制連行開始(日本国内の労働力不足を補う)
1940 創氏改名の実施
- 朝鮮人の姓名を日本式の氏名に変更させる
- 法律上は任意の届け出制，実際は強制的に実施

1943 朝鮮に徴兵制施行(44 徴兵検査開始) ➡C
1945 日本敗戦，植民地統治終了→米ソの分割占領へ

柳宗悦(1889~1961)　東京府出身

民衆の工芸品(民芸品)の美を再評価する民芸運動をおこした美術研究家の柳宗悦は，1919(大正8)年，朝鮮総督府が三・一独立運動(➔p.258)に弾圧を加えると，「反抗する彼らよりも一層愚かなのは，圧迫する我々である」(「朝鮮人を想ふ」『読売新聞』)と述べ，その姿勢を批判した。また，1922年，景福宮の光化門を取りこわす計画に対し朝鮮で反対の声が高まるなか，論説「失はれんとする一朝鮮建築のために」を雑誌『改造』に発表して日本の世論に問題を訴えた。

A 支配機構の設置

よみとき　朝鮮総督府が景福宮(王宮)の前におかれたことに注目しよう

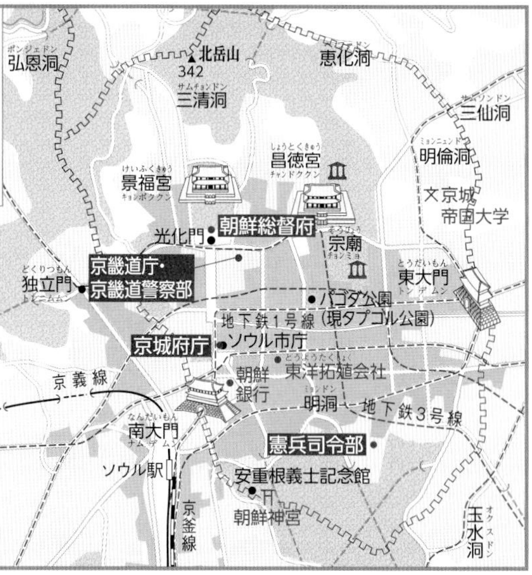

弘恩洞
北岳山 342
恵化洞
三清洞
三仙洞
昌徳宮
景福宮
明倫洞
文京城帝国大学
0 2km
光化門
朝鮮総督府
宗廟
独立門
京畿道庁・京畿道警察部
東大門
パゴダ公園(現タプコル公園)
地下鉄1号線
京城府庁
ソウル市庁
東洋拓殖会社
京義線
朝鮮銀行
明洞
地下鉄3号線
南大門
憲兵司令部
ソウル駅
安重根義士記念館
京釜線
朝鮮神宮
玉水洞
朝鮮総督府 日本の統治施設(官庁)
青字 その他の日本の施設
高速鉄道
鉄道と駅
地下鉄
世界遺産
朝鮮王朝時代の城壁跡
現在も残されている城壁
市街地の拡大
19世紀末ごろ
20世紀末ごろ
公園・緑地
その他

▷③現在のソウル市街と日本統治時代の施設　韓国併合とともに，漢城(ソウル)は京城と改称された。城内には**朝鮮総督府**など統治のための官庁や，国策企業などがおかれた。

△④東洋拓殖会社　東洋拓殖会社(東拓)は，1908(明治41)年，朝鮮の土地開発のための国策会社として設立された。

旧朝鮮総督府
光化門
景福宮

景福宮
光化門

▷⑤朝鮮総督府の庁舎*(上)と現在の景福宮(下)　朝鮮総督府庁舎は，1926(大正15)年，韓国の王宮(景福宮)の敷地内に建設された。1996(平成8)年，庁舎は撤去された。

*上の写真は1968～95年の状態。日本統治時代には，光化門は庁舎正面ではなく別の場所に移築されていた。

B 土地調査事業と朝鮮産米増殖計画

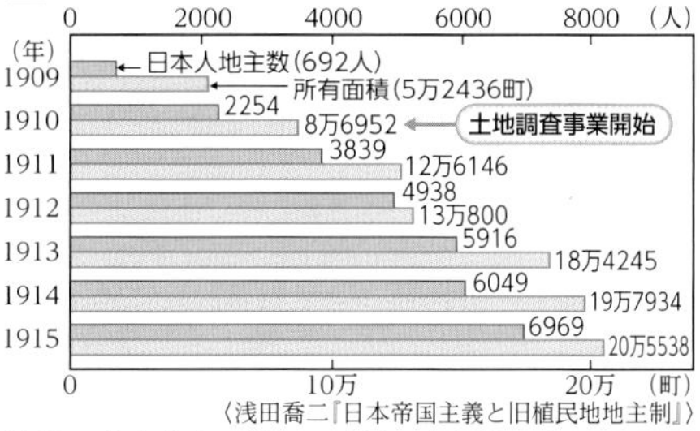

0 2000 4000 6000 8000 (人)
(年)
1909 日本人地主数(692人) 所有面積(5万2436町)
1910 2254 8万6952 土地調査事業開始
1911 3839 12万6146
1912 4938 13万800
1913 5916 18万4245
1914 6049 19万7934
1915 6969 20万5538
0 10万 20万 (町)

〈浅田喬二『日本帝国主義と旧植民地地主制』〉

△⑥日本人地主の増加　**土地調査事業**の結果，多くの土地が国有地とされ，のち東拓・日本人に払い下げられた。

△⑦朝鮮の港から積み出される米　米騒動(➔p.257)後，日本に供給する米を増産するため，1920年に朝鮮産米増殖計画が始まった。

C「皇民化」政策 ➲p.287

◁⑧日本語講習会　日中戦争(➔p.280)が始まると，**「皇民化」政策**が行われ，日本語常用や創氏改名が強いられた。

▷⑨朝鮮の学徒兵(1944年)　学徒兵を送り出す母親。1943年には朝鮮に徴兵制が施行された。

日露戦争後の国際関係 ―将来日米戦ありとせば，その原因は…中国(『ニューヨーク＝タイムズ』)

ヒストリースコープ

日露戦争によって日本は中国大陸への足がかりを得たが，それによりアメリカと対立するようになった。1907（明治40）年，アメリカの新聞『ニューヨーク＝タイムズ』は，将来，日米間に戦争が起こる可能性を指摘した。

考察

❶図①の日本人生徒は，世界地図のどこを変更したいと言っているのだろうか。
❷日露戦争後に日本が欧米列強と結んだ条約・協定は，何の承認を目的としていただろうか。→1
❸辛亥革命の主権国家建設が未完に終わったことで，中国国内の統治は，どのようになったのだろうか。→2

MANCHURIA

◀①日米対立の風刺画（オーストリアの雑誌 1907年）「私の学校で何が欲しいんだ？」と問う教師役のアメリカに対して，生徒の日本人が「あなたの世界地図に少し変更を加えたいだけだよ」と答えている。

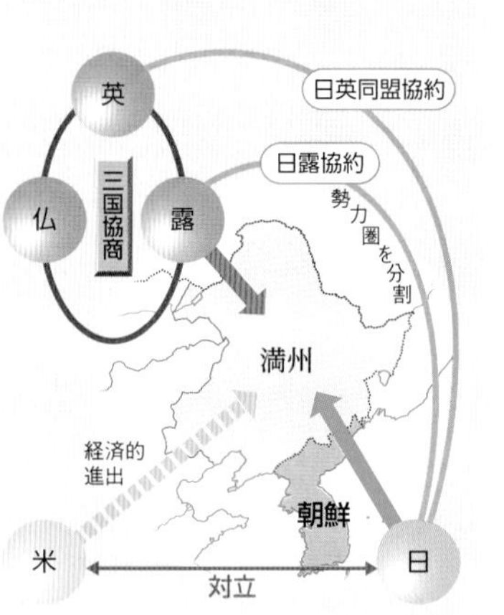
英
仏
露
三国協商
日英同盟協約
日露協約
勢力圏を分割
満州
経済的進出
朝鮮
米
日
対立

▶②日露戦争後の国際関係 日露の関係改善により（→p.235），日本は**日英同盟**・日露協約を通じて英・仏・露の**三国協商**と結びついたが，満州をめぐりアメリカと対立した*(→p.254)。

＊中国市場の獲得をめざす米国は，日本が満州に植民地的権益を拡大し，市場を囲い込むことを警戒した。

1 欧米列強との関係

A 欧米各国との条約

赤字 対米関係の悪化 青字 日米関係悪化への対応 韓国に関する内容 満州に関する内容

年	事項	内容
1905	桂・タフト協定 米	日本の韓国指導権と米のフィリピン統治を相互承認
	第2次日英同盟協約 英（日英同盟改定）	日本の韓国保護国化と英のインドにおける特権を相互承認，適用範囲をインドまで拡大，攻守同盟に改める
	ポーツマス条約 露 ➡p.234	日露の講和，満州権益と南樺太譲渡・韓国保護権承認
	桂・ハリマン協定 米	南満州鉄道の日米共同経営案→小村寿太郎の反対で破棄
	第2次日韓協約	韓国の外交権を接収し保護国化 ➡p.236
1906	サンフランシスコ学童排斥問題（日本人学童入学拒否事件）米	サンフランシスコ市がアジア人児童を東洋人学校に隔離，日本人移民排斥運動の激化
1907	第1次日露協約 ➡p.235	満州における日露の勢力範囲を相互承認（米の満州進出を警戒）
1908	移民に関する日米紳士協約 米	駐日米大使の要請を受け，米への移民を自主的に制限
	高平・ルート協定 米	日米，太平洋の現状維持・清国での商業上の機会均等を確認
1909	米，南満州鉄道の中立化を列国に提議 米	日露両国が共同で拒否（1910年）→日露の連携深まる
1910	第2次日露協約 露	日露両国が満州権益確保のため協力しあうことを確認
1911	日米通商航海条約改正 米	日本，関税自主権を回復。各国ともそれぞれ改正 ➡p.229
	第3次日英同盟協約 英	英の意向で，米を攻守同盟の適用対象から除外
1912	第3次日露協約 露	内蒙古の勢力範囲を画定（将来の進出範囲）
1916	第4次日露協約 露	日露の関係強化（軍事同盟化），第三国の中国支配を阻止

B 対米関係の悪化と移民問題 →p.239「日本人の海外移民」

◀③タフト（1857～1930）米陸軍長官，のちの第27代大統領。1905（明治38）年，桂・タフト協定を結び，中国の門戸開放・機会均等を主張。

▶④ハリマン（1848～1909）アメリカの鉄道王。桂・ハリマン協定で**南満州鉄道（満鉄）**(→p.234)の共同経営をめざすが実現しなかった。

▶⑤排日を訴える選挙ポスター（1920年）日本の移民を「SILENT INVASION」という言葉で表し，カリフォルニアに手をのばす日本を，アメリカがはばんでいる。急増する日本人移民に対し，1908年に，日米紳士協約が結ばれたが，排日気運はおさまらず，カリフォルニア州では，日本人の土地所有だけでなく借地も禁止された。1924年，全米で排日移民法が施行され，新移民は全面的に禁止された。

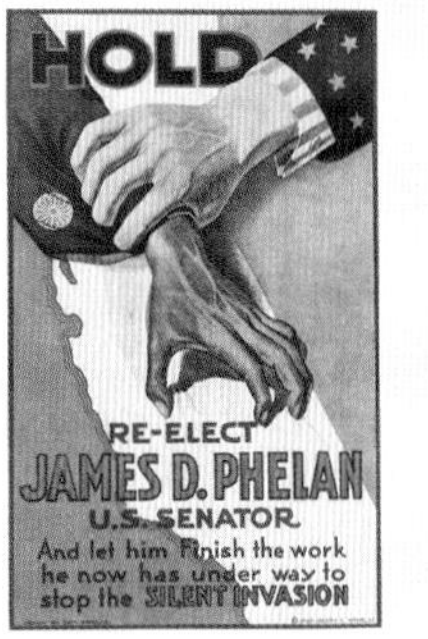
HOLD
RE-ELECT
JAMES D. PHELAN
U.S. SENATOR
And let him Finish the work he now has under way to stop the SILENT INVASION

2 辛亥革命 1911（明治44）～12（大正1）年

1894	孫文，ハワイで興中会を組織（反清革命をめざす）
1905	孫文ら革命派，亡命先の東京で**中国同盟会**を結成。孫文が三民主義（民族・民権・民生）を発表
1911.10	武昌で軍隊が蜂起し清朝支配からの独立を宣言。**辛亥革命**始まる。革命はただちに各地に波及
1912 .1	革命軍，南京で**中華民国**を樹立。アメリカから帰国した孫文が**臨時大総統**に就任
.2	孫文との取り引きを成立させた清朝の**袁世凱**，宣統帝（**溥儀**）を退位させる（**清朝滅亡**）➡p.276
.3	袁，中華民国臨時大総統に就任
.8	中国同盟会を母体に**国民党**結成
1913 .7	袁世凱打倒をめざし孫文らが第二革命を起こすが失敗，孫文は日本に亡命
.10	袁，正式に中華民国大総統に就任
1915.12	袁の帝政復活に対し第三革命起きる
1916	帝政取り消し。以後，**軍閥との割拠状態**となる

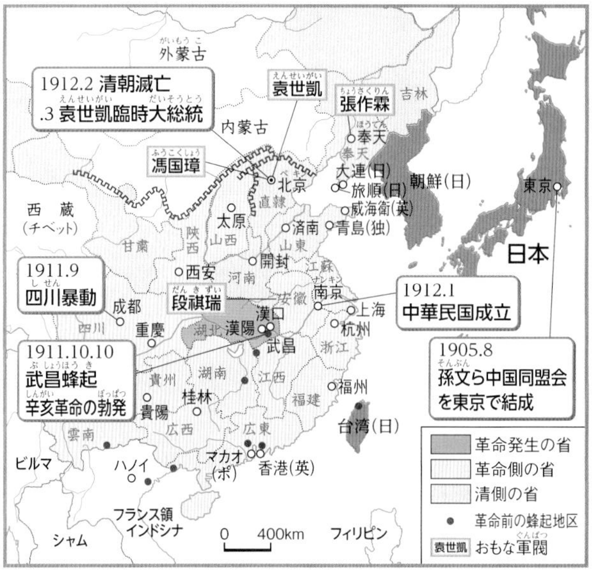
外蒙古
1912.2 清朝滅亡
.3 袁世凱臨時大総統
袁世凱
張作霖
吉林
内蒙古
奉天
馮国璋
大連(日)
旅順(日)
威海衛(英)
北京
朝鮮(日)
東京
西蔵(チベット)
太原
済南
青島(独)
日本
甘粛
陝西
山西
西安
開封
河南
1911.9 四川暴動
段祺瑞
南京
1912.1 中華民国成立
成都
漢口
上海
四川
重慶
湖北
漢陽
杭州
1911.10.10 武昌蜂起 辛亥革命の勃発
武昌
浙江
1905.8 孫文ら中国同盟会を東京で結成
湖南
江西
貴州
桂林
福州
貴陽
福建
雲南
広西
広東
台湾(日)
ビルマ
ハノイ
マカオ(ポ)
香港(英)
フランス領インドシナ
シャム
0 400km
フィリピン
革命発生の省
革命側の省
清側の省
革命前の蜂起地区
袁世凱 おもな軍閥

▶⑥辛亥革命関係地図

孫文（1866～1925）
広東省出身

中国の革命家。三民主義を唱え，1905（明治38）年，東京で中国同盟会を結成，1912年には**辛亥革命**で**中華民国**臨時大総統に就任した。北洋軍閥（→p.231）の袁世凱の圧力で地位を譲ったのち，袁の独裁に反対するが失敗して日本に亡命した。その後，第一次国共合作を行うなど，統一国家をめざすなか，北京で病死した。

今日とのつながり 孫文は多くの日本人と交流した。孫文を支援した貿易商梅屋庄吉が，亡命中の孫文と会談した別荘跡（千葉県いすみ市）をはじめ，各地にその足跡が残っている。

特集 日本人の海外移民

1 日本から海外への移民

A 日本からの移民と渡航先の推移

〈『わが国民の海外発展』ほか〉

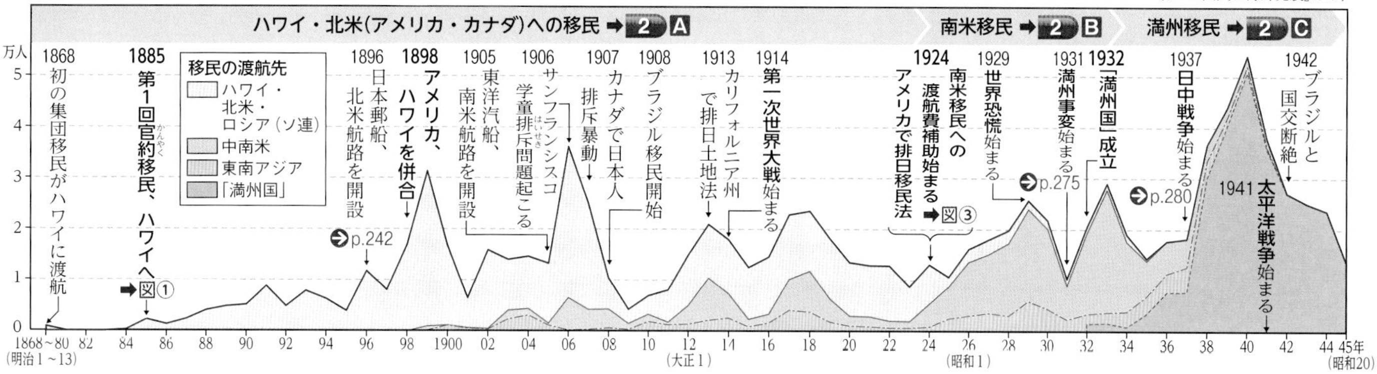
ハワイ・北米(アメリカ・カナダ)への移民 ➡2 A
南米移民 ➡2 B
満州移民 ➡2 C
万人
移民の渡航先
ハワイ・北米・ロシア(ソ連)
中南米
東南アジア
「満州国」
1868 初の集団移民がハワイに渡航
1885 第1回官約移民、ハワイへ ➡図①
1896 日本郵船、北米航路を開設 ➲p.242
1898 アメリカ、ハワイを併合
1905 東洋汽船、南米航路を開設
1906 サンフランシスコ学童排斥問題起こる
1907 カナダで日本人排斥暴動
1908 ブラジル移民開始
1913 カリフォルニア州で排日土地法
1914 第一次世界大戦始まる
1924 南米移民への渡航費補助始まる アメリカで排日移民法 ➡図③
1929 世界恐慌始まる ➲p.275
1931 満州事変始まる
1932 「満州国」成立
1937 日中戦争始まる ➲p.280
1941 太平洋戦争始まる
1942 ブラジルと国交断絶
1868~80(明治1~13) 82 84 86 88 90 92 94 96 98 1900 02 04 06 08 10 12(大正1) 14 16 18 20 22 24 26(昭和1) 28 30 32 34 36 38 40 42 44 45年(昭和20)

B 各時期の動きとその背景

ハワイ・北米移民 ⇐ 近代化による在地産業の衰退

1868～1924年ごろ

- 瀬戸内沿岸を中心とする西日本
  … 近世の先進地域 ➔ 近代化で在地産業衰退
- 沖縄
  … 砂糖モノカルチャー化した経済 ➲p.215
  近代的土地所有制度の成立 ➔ 土地を処分して渡航

南米移民 ⇐ 人口増加と貧困対策

1920年代～30年代半ば

- **米騒動**・社会運動の拡大 ➲p.257, 260
  ➔ 貧困対策として政府が移民を奨励
- アメリカで排日移民法成立(1924) ➔ 南米移民本格化

満州移民 ⇐ 満州事変(1931)以後，南米でも日本人排斥

1932～1945年

- **昭和恐慌** ➲p.274
  ➔ 養蚕地帯に打撃，農村から満州移民を派遣

C 海外移民の出身県

遠洋定期航路 ➲p.242

地図を見る目 移民人数が多い県が西日本に多いことに注目

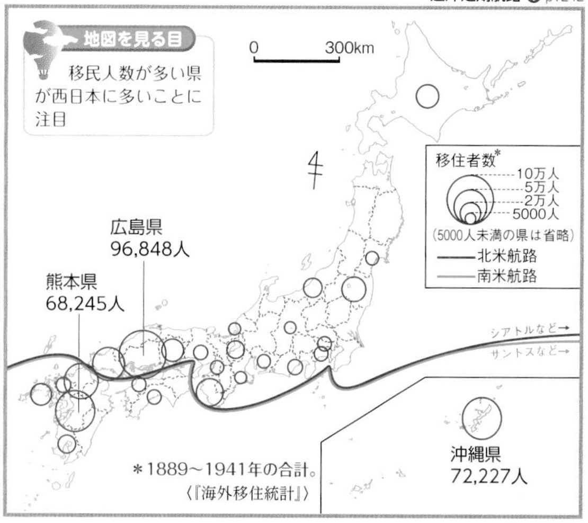
0 300km
移住者数*
10万人
5万人
2万人
5000人
(5000人未満の県は省略)
北米航路
南米航路
広島県 96,848人
熊本県 68,245人
沖縄県 72,227人
シアトルなど→
サントスなど→
＊1889～1941年の合計。〈『海外移住統計』〉

時代を見る目

広島県最大の移民村

広島県安芸郡仁保島村(現 広島市南区)は，多くの村民がハワイやアメリカに渡ったことで知られている。その背景には，宇品港(広島港の一部)建設による埋め立てのため，近世以来この地域の特産物であった牡蠣や海苔の養殖が打撃を受けたという事情があった。

2 移民の展開

A ハワイ・北米への移民

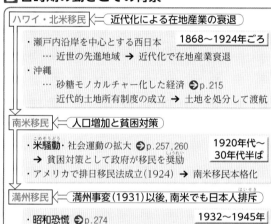

①**ハワイのさとうきび畑の日本人女性労働者** ハワイ政府の要請で，1885(明治18)年，政府間の取り決めによる官約移民が始まり，移住者はさとうきび畑などで働いた。しかし労働条件は悪く，ハワイがアメリカ領となると，日本人移民は，より賃金の高いアメリカ本土に向かい，各地に日本人街ができた。〈国立国会図書館蔵〉

②**日本人街の盆踊り**(シアトル，1936年) アメリカでは，日本人の低賃金労働や文化の違いから日本人移民排斥運動が起こり(➔ p.238)，1924年の排日移民法で日本人の移住は禁止された。〈JICA横浜海外移住資料館提供〉

B 国策としての南米移民

〈国立国会図書館蔵〉

さあ行かう一家をあげて南米へ
社会式株業興外海

③**南米移民を勧めるポスター** 1920年代，人口増加・貧困問題の解決策として，政府が渡航費を補助して南米移住を推進した。〈外務省外交史料館蔵〉

④**ブラジルに向かう日本人の移民船** 南米移民の多くはブラジルに渡り，コーヒー農園などで働いた。

C 満州移民による満蒙開拓

➔ p.276「満州国」と「王道楽土」

拓け満洲の大沃野
満蒙開拓青少年義勇軍

⑤**満蒙開拓青少年義勇軍募集のポスター** 満州事変(➔ p.275)ののち，移民政策は「満州国」への開拓移民に転換した。**日中戦争**(➔p.280)で成人男性が不足すると，10代の少年たちが開拓のために派遣された。〈個人蔵，水戸市立博物館提供〉

	1929年(円)	1931年(円)	1929~31年の下落率(%)
春繭1貫	7.26	3.02	58.4
夏秋繭1貫	6.97	2.99	57.1

〈北原朗「昭和恐慌期における長野県下農業・農村と産業組合の展開過程」〉

⑥**長野県の繭価下落** 満州移民は，長野県など，**昭和恐慌**(➔ p.274)で深刻な打撃を受けた養蚕地帯からの人々が中心であった。

日露戦争後の国内政治 ―苛酷なる重税…不平痛恨を生ぜざるを得ず（平民社）

〈東京大学法学部附属明治新聞雑誌文庫蔵〉

ヒストリースコープ

1905（明治38）年9月5日，日比谷焼打ち事件が起きた。非戦論を唱えた平民社（➔p.233）は，「無慈悲な重税が人々に不満や痛みを生じさせている」と述べ，税負担に対する民衆の不満がこの暴動の背景にあると指摘した。

考察

❶日露戦争によって，どのような税が増税されたのだろうか。

❷日露戦争の結果，戦後には，どのような経費が必要となっただろうか。→1・2

❸政府の財政政策はどのようなものだっただろうか。→2

①日比谷焼打ち事件（『風俗画報』326号）　賠償金のないポーツマス条約（➔p.234）に対して開催された講和反対国民大会は暴動化し，内相官邸・警察署などが襲撃された。政府は史上初めて戒厳令をしき，軍隊の力で鎮圧した。

戒厳令 ➔p.278

〈日露戦争の戦費〉 戦費の4分の3を国債でまかなう

総額 17億1600万円（明治36年度歳入の7年分）

〔外債〕6億9000万円　〔内債〕6億2400万円

〈『岩波講座 日本歴史17』ほか〉

歳入における租税収入

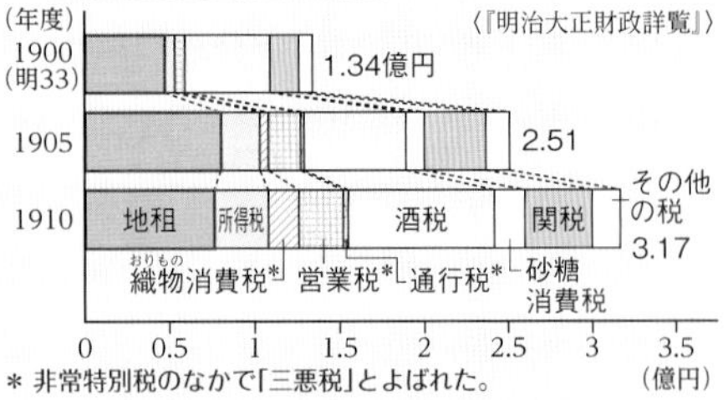

〈『明治大正財政詳覧』〉
（年度）
1900（明33）
1905
1910
1.34億円
2.51
その他の税
3.17
地租
所得税
酒税
関税
織物消費税*
営業税*
通行税*
砂糖消費税
0
0.5
1
1.5
2
2.5
3
3.5
（億円）

＊ 非常特別税のなかで「三悪税」とよばれた。

②日露戦争による増税　戦費調達のため，1904年から非常特別税の名で増税が行われ，土地や財産をもたない一般民衆にも負担が増大していた。

1 日露戦後経営と桂園時代

➔p.232 ➔p.253,349「内閣一覧」

桂太郎内閣① 1901（明治34）.6～1905（明38）.12 基盤　長州閥・陸軍（山県有朋を継承） おもな経歴　陸軍大将，台湾総督 おもな閣僚　外相　小村寿太郎 （全閣僚が官僚・軍人出身） （1847～1913）	1904. 2	日露戦争開戦 ➔p.233
	.4	非常特別税を実施　＊地租税率は3.3%→4.3%に増徴（05年に5.5%へ）。 地租*・所得税・営業税・酒税など増徴
	1905. 1	非常特別税を強化 織物消費税・通行税を新設，塩専売制導入
	.9	ポーツマス条約調印（賠償金なし）➔p.234 →日比谷焼打ち事件（戒厳令・軍隊出動）
	1906. 1	→ポーツマス条約支持への見返りに西園寺に政権委譲
西園寺公望内閣① 1906（明39）.1～1908（明41）.7 与党　立憲政友会（伊藤博文を継承） おもな経歴　公家出身，侯爵 立憲政友会総裁 おもな閣僚　内相　原敬 （政友会員は3名のみ） （1849～1940）	1906. 1	日本社会党の結党を公認 ➔p.244
	.2	韓国に統監府開庁（初代統監 伊藤博文）➔p.236
	.3	鉄道国有法公布（民営鉄道買収へ）➔p.243 非常特別税の継続を決定 国債費（借入金の返済）・軍事費（植民地・保護国の増加） 産業基盤整備費（鉄道・港湾など）のため
	1907. 1	恐慌始まる（日露戦後恐慌）
	.4	帝国国防方針策定 ➡図④
	1908. 7	→社会主義運動への対応について山県有朋ら元老の批判を浴び，財政難もあり総辞職
桂太郎内閣② 1908（明41）.7～1911（明44）.8 基盤　陸軍・官僚閥 おもな閣僚　外相　小村寿太郎 陸相　寺内正毅 逓信相　後藤新平 （全閣僚が官僚・軍人出身）	1908.10	戊申詔書発布　地方改良運動開始 ➡3
	1909. 7	地方改良事業講習会を開始（地方改良運動の具体的政策）
	1910. 5	大逆事件検挙始まる ➔p.244
	.8	韓国併合 ➔p.236
	.10	朝鮮総督府設置（初代朝鮮総督 寺内正毅）
	.11	帝国在郷軍人会発足　帝国農会発足
	1911. 2	日米通商航海条約調印（関税自主権回復）➔p.229
	.3	工場法公布（16.9 施行）　.8 警視庁に特別高等課設置
	.8	→政策遂行の成果が出たとして，総辞職
西園寺公望内閣② 1911（明44）.8～1912（大正1）.12	1912. 7	明治天皇没，大正に改元
	.12	上原勇作陸相，単独辞職 ➔p.253
桂太郎内閣③ 1912（大1）.12～1913（大2）.2	1912.12	第一次護憲運動激化 ➔p.253

2 財政支出と国民の負担

〈『岩波講座 日本歴史17』ほか〉

帝国国防方針（1907.4策定）

内容
- 仮想敵国…露・米・仏・独
- 陸軍　25個師団の整備（現有17個）
- 海軍　八・八艦隊*の建設をめざす

＊戦艦8隻・装甲巡洋艦（巡洋戦艦）8隻建造，以後，建造後8年未満の艦で維持。

その後の経過
- 1907 陸軍，2個師団増設
- 1912 さらに2個師団増設要求 →大正政変で挫折 ➔p.253
- 1915 2個師団増設実現
- 1922 ワシントン海軍軍縮条約 →八・八艦隊整備中止*2 ➔p.259
- ＊2 戦艦6隻・巡洋戦艦4隻が保有限度。
- 1925 陸軍で宇垣軍縮 →4個師団を削減 ➔p.259

④帝国国防方針の策定

1907年度歳出	単位：万円	割合（%）
鉄道の拡張	2290	(3.8)
郵便電話の拡張	2710	(4.5)
製鉄所の拡張	650	(1.1)
土木治水・港湾	750	(1.2)
国有林野経営	510	(0.9)
産業補助奨励	1150	(1.9)
植民地経営	1970	(3.3)
台湾・朝鮮	(1490)	
満州・樺太	(480)	
小計	1億 30	16.7
国債費（借入金の返済・利息支払い）	1億7650	29.3
軍事費	1億9832	32.9
その他	1億2728	21.1
合計	6億 240	100.0

⑤日露戦後の歳出の内訳（1907年）

元老
株
増
酒
村長
代議士
桂太郎

〈さいたま市立漫画会館蔵〉

⑥重税に苦しむ庶民（『東京パック』1908年）　歳出の増大により，民衆への課税はさらに強化された。左図は，戦争で元老や代議士らが利益を得たのに，国民は増税だけを与えられたと風刺している。

よみとき　この風刺画を読み解いてみよう ➔巻頭17

3 戊申詔書と地方改良運動

＊従来の部落の神社を廃し，一村一社化をめざした。

睦仁
天皇御璽
明治四十一年十月十三日
内閣總理大臣侯爵桂太郎

朕惟フニ方今人文日ニ就リ月ニ将ミ東西相倚リ彼此相濟シ以テ其ノ福利ヲ共ニス朕ハ爰ニ益〻國交ヲ修メ友義ヲ惇シ列國ト與ニ永ク其ノ慶ニ賴ラムコトヲ期ス顧ミルニ日進ノ大勢ニ伴ヒ文明ノ惠澤ヲ共ニセムトスル固ヨリ内國運ノ發展ニ須ツ戰後日尚淺ク庶政益〻更張ヲ要ス宜ク上下心ヲ一ニシ忠實業ニ服シ勤儉産ヲ治メ惟レ信惟レ義醇厚俗ヲ成シ華ヲ去リ實ニ就キ荒怠相誡メ自

⑦戊申詔書（1908年）　勤倹貯蓄（勤勉・倹約・貯蓄）を説いた詔書。以後，内務省を中心に地方改良運動が進められ，農事改良による生産力増強や納税完遂，民心向上がめざされた。そのなかで神社合祀政策が実施され*，神社の国家管理も進んだ。〈東京 国立公文書館蔵〉

時代を見る目　時代閉塞の現状

日清・日露戦争によって，日本は世界の「一等国」と肩を並べる存在になった。しかし一方で，日露戦争後には，財政危機や不況，大逆事件（➔p.244）などの影響で，青年層や知識人に無力感が広まっていた。詩人の石川啄木は，1910（明治43）年，評論「時代閉塞の現状」を執筆した。石川は，この閉塞感の原因を近代国家の完成により欠点も明らかになったからだと指摘し，未来を見すえた批判精神をもつことを説いた。

③石川啄木（1886～1912）

今日とのつながり　地方改良運動では，農村の立て直しをめざすうえで二宮尊徳（➔p.200）の思想がモデルとされ，その後，1930年代の不況期に全国で「二宮金次郎」の像が建てられた。

近代
明治

近代産業の発展—各種の機械工業起りたるも…日清戦役以来の事(横山源之助)

ヒストリースコープ

農商務省の『職工事情』調査(➔p.244)にも参画したジャーナリストの横山源之助(1871～1915)は，日清戦争を境として，機械工業が大きく進展したことを指摘した。

考察

❶座繰製糸と器械製糸は，どのような点で異なるだろうか。
❷生糸・絹織物と，綿糸・綿織物の輸出先は，それぞれどのような地域だろうか。➔2・5
❸鉄道はどのような地域に敷設されただろうか。➔8

座繰器
繭を煮るなべ

▲①**座繰製糸***　座繰器のハンドルを回すと，繭から引き出された生糸が均等によじられ，巻き取られる。座繰技術は幕末の開港後に普及し始めた。〈群馬 県立日本絹の里蔵〉
＊歯車を「座」とよんだことに由来する。

〈長野 市立岡谷蚕糸博物館蔵〉

▲②**器械製糸***　西洋の技術を導入して蒸気力や水力で巻き取りを行い，工場制のマニュファクチュア形態で生産性を上げた。図②では，作業を行う女工の背後に，巻き取り機の糸枠が見える。
＊繭から糸を引き出して糸をつなげる工程は熟練の手作業にたよるため，「器械」の文字を使う。

1 産業革命の進展

よみとき　官営事業の払い下げと財閥の形成との関係に注目しよう

殖産興業期(一八七〇年代)

殖産興業の推進 ➔p.213
担当官庁
・工部省(1870設置)…鉄道・鉱山
　1872　新橋 - 横浜間に鉄道開業(首都と開港場を結ぶ)
・内務省(1873設置)…製糸・紡績
官営事業…官営模範工場(製糸業・紡績業)➔1872 富岡製糸場開業
製糸　蚕の繭から生糸をつくる
紡績　綿花から木綿の糸(綿糸)をつくる

産業革命の開始(一八八〇年代)

最初の企業勃興(1886～89)…会社設立ブーム(紡績・鉄道など)
背景
○官営事業払い下げ(松方財政 ➔p.222)
払い下げ先＝政商…これを基盤に財閥に成長 ➔p.214
工場払下げ概則廃止(1884)…払い下げが本格化
○貿易黒字化・銀本位制確立による経済安定(1882 日本銀行設立)

紡績・織物業　1880年代　ガラ紡普及，飛び杼の採用➔4
　1883　大阪紡績会社操業開始(初の大規模機械紡績)➔図⑧
製糸業　・座繰製糸の普及➔図①
鉄道業　1881　日本鉄道会社設立(現在の東北本線など建設)
　1888　山陽鉄道会社設立(現在の山陽本線など建設)
炭鉱業　1881　炭鉱の排水に蒸気機関を導入(筑豊炭田)

産業革命の進展(一八九〇年代、軽工業中心)

資本主義の確立
背景
○日清戦争の賠償金による戦後経営
○金本位制確立…貨幣法(1897) ➔p.272

紡績業　・手紡，ガラ紡から機械制生産への転換➔4 A
　1890　綿糸　生産量＞輸入量
　1897　綿糸　輸出量＞輸入量
　資本主義成立の指標
　1890 最初の恐慌
　1900～01 資本主義恐慌
製糸業　・座繰製糸➔器械製糸へ転換➔2
　1894　器械製糸の生産量＞座繰製糸の生産量
海運業　1893　日本郵船会社，ボンベイ(ムンバイ)航路就航➔6
鉄道業　・官営鉄道の延伸と民間鉄道の発展➔8
　1889　官営東海道線が全通(新橋 - 神戸間)
　　民営鉄道の営業キロ数＞官営鉄道の営業キロ数
　1891　日本鉄道会社，上野 - 青森間を全通
　1901　神戸 - 下関間が全通し，青森 - 下関間の鉄道がつながる

重工業化の始まり(一九〇〇年代)

官営軍需工場中心の重工業化　背景　○日清・日露戦後経営
鉄鋼業　1901　官営八幡製鉄所操業開始…鉄鋼の国産化➔7
　1905　池貝鉄工所，旋盤を国産化　1907　日本製鋼所設立
織物業　・力織機による生産…豊田佐吉，国産力織機を発明➔図⑫
　1909　綿布輸出額＞綿布輸入額
製糸業　1909　生糸輸出量が世界第1位となる➔図⑥
鉄道業　1906　鉄道国有法公布…民営鉄道17社を買収➔8 B
その他　・電力事業の勃興…大都市で電灯普及始まる ➔p.256
　・財閥の発展…1909 三井合名会社設立 ➔p.269
重工業化の進展…第一次世界大戦期 ➔p.256・1930年代 ➔p.277

2 製糸業の発展

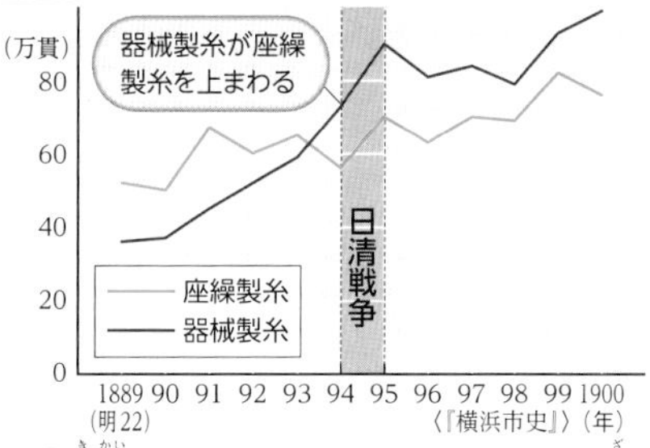
(万貫)
80
60
40
20
0
器械製糸が座繰製糸を上まわる
日清戦争
座繰製糸
器械製糸
1889 90 91 92 93 94 95 96 97 98 99 1900
(明22)
(年)

〈『横浜市史』〉

▲③**器械製糸の普及**　1894(明治27)年には座繰製糸の生産量を上まわった。製糸業や紡績業は，零細農家出身の女工の労働で支えられた*。
＊軽工業の急成長で女工の需要が高まった。家計補助・口減らしのため，実家が企業から給金の前借金を受け取り，本人は寄宿舎に拘束されるかたちの出稼ぎ労働が多かった(➔p.244)。

〈神奈川 シルク博物館蔵〉

RAW SILK
SHIMOTSUKE
TOCHIGI
SHIMIZU
JAPAN
絲製水清木栃國野下本日大

▲④**生糸の輸出用ラベル**　生糸は開港以来，輸出品目の1位を占め，貴重な外貨獲得手段であった。ラベルには，日本をイメージさせる図柄が多く用いられた。

〈『日本経済統計総観』〉

(単位：%)	アメリカ	フランス	イギリス
1899(明32)	63.8	30.6	0.5
1909(明42)	69.3	19.4	0.1
1919(大8)	95.8	2.4	0.6

▲⑤**生糸の輸出先**　高級品である生糸や絹織物は，おもに欧米に向けて輸出され，アメリカの経済発展とともに対米輸出が中心となった。

〈山田盛太郎『日本資本主義分析』〉

(単位：t)	日本	中国	イタリア*
1891(明24)	2994	4156	3210
1905(明38)	4619	6010	4440
1909(明42)	8372	7480	4251

▲⑥**生糸の輸出高**　1909(明治42)年には，中国を抜いて輸出量が世界第1位となった。＊イタリアは生産高。

3 官営事業の払い下げと民間企業の勃興

松方財政期　(単位：万円)

払い下げ年	事業所名 ➔p.213	所在地	投下資本額	払い下げ価格	払い下げ先	現況
1874	高島炭鉱	長崎	39.4	55.0	後藤象二郎(のち三菱)	1986年閉山
1882	広島紡績所	広島	5.4	1.3	広島綿糸紡績会社	1960年解散
1884	深川セメント製造所	東京	10.2	6.2	浅野総一郎(浅野)	太平洋セメント
	小坂銀山	秋田	54.7	27.4	久原庄三郎	1990年採掘終了
	院内銀山	秋田	70.3	10.9	古河市兵衛(古河)	1954年閉山
1885	阿仁銅山	秋田	167.3	33.8	古河市兵衛	1970年閉山
	品川硝子製造所	東京	29.4	8.0	西村勝三ほか	1892年廃止
1886	札幌麦酒醸造所	北海道	-	2.8	大倉喜八郎(大倉)	サッポロビール
1887	新町紡績所	群馬	13.9	14.1	三井	1975年操業停止
	長崎造船所	長崎	113.1	45.9	三菱	三菱重工業
	兵庫造船所	兵庫	81.6	18.8	川崎正蔵(川崎)	川崎重工業
	釜石鉄山	岩手	237.7	1.3	田中長兵衛	1993年閉山
1888	三池炭鉱	福岡・熊本	75.7	459.0	三井(佐々木八郎名義)	1997年閉山
1889	幌内炭鉱・鉄道	北海道	229.2	35.2	北海道炭礦鉄道	1989年閉山
1893	富岡製糸場	群馬	31.0	12.1	三井	1987年操業停止
1896	佐渡金山	新潟	141.9	256.1	三菱	1989年閉山
	生野銀山	兵庫	176.1	(佐渡金山と合計)	三菱	1973年閉山

青字　のちの8大財閥

政商の活躍 ➔p.214　財閥の成長 ➔p.269

歴史散歩　富岡製糸場(群馬県富岡市)　開設当時の煉瓦建造物が多く残っている(➔p.213)。国の重要文化財に指定されており，2014年には世界遺産に登録された。

4 紡績業・織物業の発展

A 紡績業

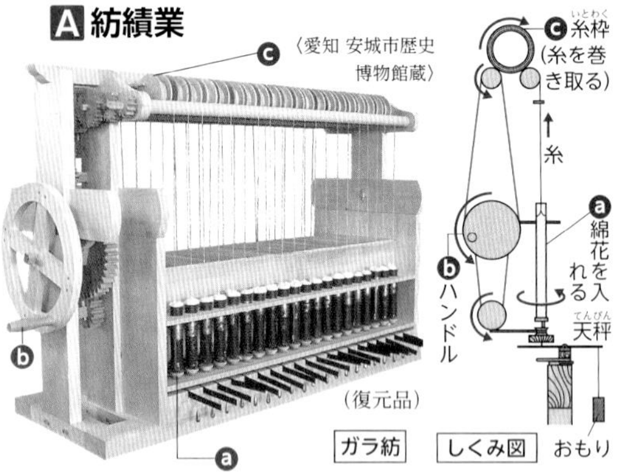
ⓒ
〈愛知 安城市歴史博物館蔵〉
ⓑ
(復元品)
ⓐ
ⓒ糸枠(糸を巻き取る)
↑糸
ⓐ綿花を入れる
ⓑハンドル
天秤
おもり
ガラ紡
しくみ図

◀⑦**ガラ紡**(左)と**そのしくみ**(右) 円筒形の容器ⓐに綿花をつめ,垂直に立てた状態で回転させ,綿に撚りをかけて引き出して糸をつむぐ。臥雲辰致(1842～1900)が発明し,第1回内国勧業博覧会(➔p.213)で最高賞を受賞した。手紡にかわり紡績の主流となった。

〈東洋紡提供〉

リング紡績機

◀⑧**大阪紡績会社** 綿製品の輸入を抑えるために,**渋沢栄一**(➔p.214)らが1882(明治15)年に設立した日本初の大規模紡績会社。動力に蒸気機関を用い,1883年に操業開始。イギリス製ミュール紡績機を導入,のち女性でも操作できて高性能なリング紡績機を用いて昼夜交代24時間操業で生産効率をあげた。

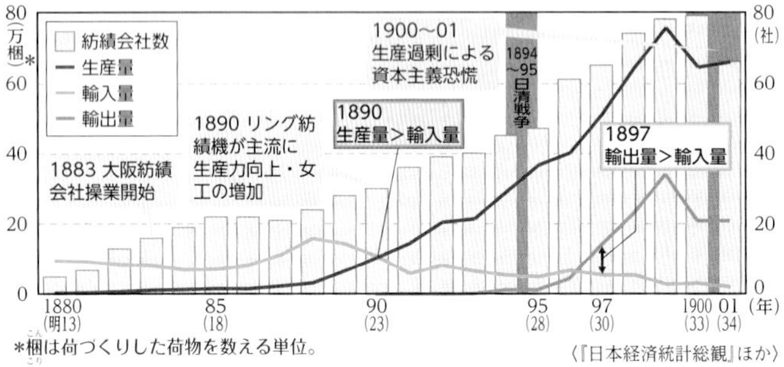
80 (万梱)*
60
40
20
0
80 (社)
紡績会社数
生産量
輸入量
輸出量
1900～01 生産過剰による資本主義恐慌
1894～95 日清戦争
1890 リング紡績機が主流に 生産力向上・女工の増加
1890 生産量>輸入量
1897 輸出量>輸入量
1883 大阪紡績会社操業開始
1880 (明13)
85 (18)
90 (23)
95 (28)
97 (30)
1900 (33)
01 (34) (年)

*梱は荷づくりした荷物を数える単位。
〈『日本経済統計総観』ほか〉

△⑨**綿糸の生産量と輸出入量** 1897(明治30)年に綿糸輸出量が輸入量を上まわった。

(単位:%)	インド	アメリカ	中国	その他	総額(万円)
1895(明28)	31.0	9.4	**57.0**	2.6	2482
1896(明29)	**59.1**	13.1	26.0	1.8	3257
1897(明30)	**59.0**	16.7	22.1	2.2	4362
1898(明31)	**54.3**	32.2	11.0	2.5	4574
1899(明32)	**63.2**	26.5	7.3	3.0	6221

◀⑩**綿花の輸入先** 原料の綿花はインド・アメリカ・中国から輸入されたが,1890年代後半には,安価なインド産綿花が他を圧倒した。
〈『日本経済統計総観』〉

B 織物業

▶⑪**飛び杼とそのしくみ** 緯糸を経糸に通す道具で,緯糸の糸巻きを入れた杼を,織機の杼箱におさめ,ひもの操作で杼箱の間をはじき飛ばした。これにより,効率よく緯糸を経糸の間に織り込むことができた。

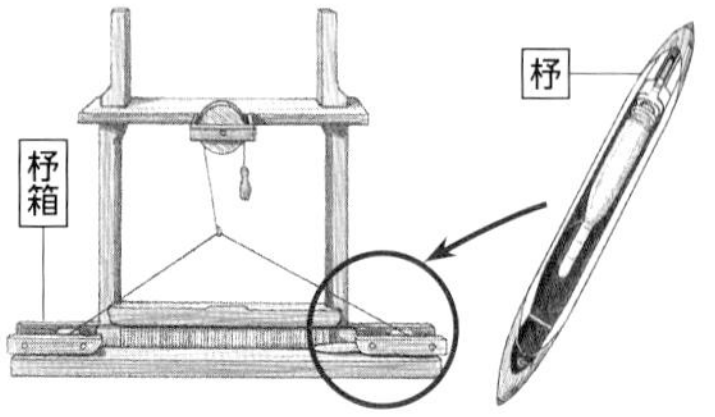
杼箱
杼

〈トヨタテクノミュージアム産業技術記念館蔵〉

◀⑫**豊田式汽力織機** 国産初の蒸気力による力織機。**豊田佐吉**が,飛び杼の原理を応用した人力織機に続いて1897(明治30)年に開発し,織物業の機械工業化に貢献した。

◀⑬**豊田佐吉**(1867～1930) 静岡県出身。早くから織機改良に関心をもち,力織機や自動織機を開発して,現在のトヨタグループの基礎をつくった。

5 貿易の振興

よみとき 金本位制の確立で貿易の伸びが加速したことに注目しよう

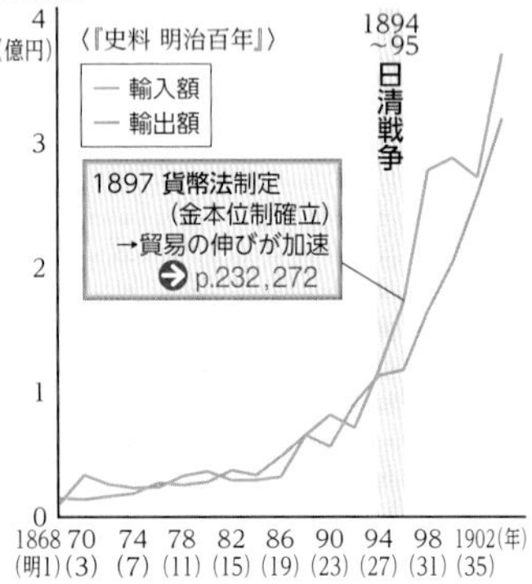
4 (億円)
〈『史料 明治百年』〉
輸入額
輸出額
1894～95 日清戦争
1897 貨幣法制定 (金本位制確立) →貿易の伸びが加速 ➔p.232,272
3
2
1
0
1868 (明1)
70 (3)
74 (7)
78 (11)
82 (15)
86 (19)
90 (23)
94 (27)
98 (31)
1902(年) (35)

◀⑭**貿易額の急増** 1890年代には,綿糸,綿織物,絹織物の輸出が増えた。だが,原料の綿花や機械類の輸入も増え,大幅な貿易赤字(輸入超過)となった。絹製品は欧米に,綿製品はアジアに輸出された。貿易品は,三井物産会社などの**商社**が取り扱った。

▽⑮**貿易品目の変化**

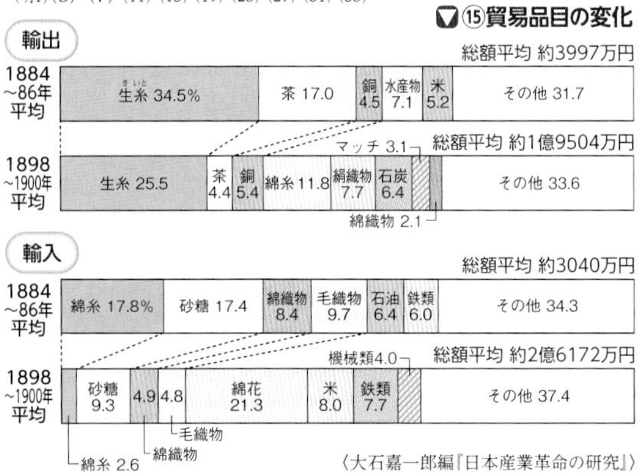
輸出
総額平均 約3997万円
1884～86年平均
生糸 34.5%
茶 17.0
銅 4.5
水産物 7.1
米 5.2
その他 31.7
マッチ 3.1
総額平均 約1億9504万円
1898～1900年平均
生糸 25.5
茶 4.4
銅 5.4
綿糸 11.8
絹織物 7.7
石炭 6.4
その他 33.6
綿織物 2.1
輸入
総額平均 約3040万円
1884～86年平均
綿糸 17.8%
砂糖 17.4
綿織物 8.4
毛織物 9.7
石油 6.4
鉄類 6.0
その他 34.3
機械類 4.0
総額平均 約2億6172万円
1898～1900年平均
砂糖 9.3
4.9
4.8
綿花 21.3
米 8.0
鉄類 7.7
その他 37.4
毛織物
綿織物
綿糸 2.6

〈大石嘉一郎編『日本産業革命の研究』〉

6 海運業の発展

＊1914(大正3)年のパナマ運河開通後,運河を通って直接ブラジルへ向かう航路も開設。

➔p.239「日本人の海外移民」

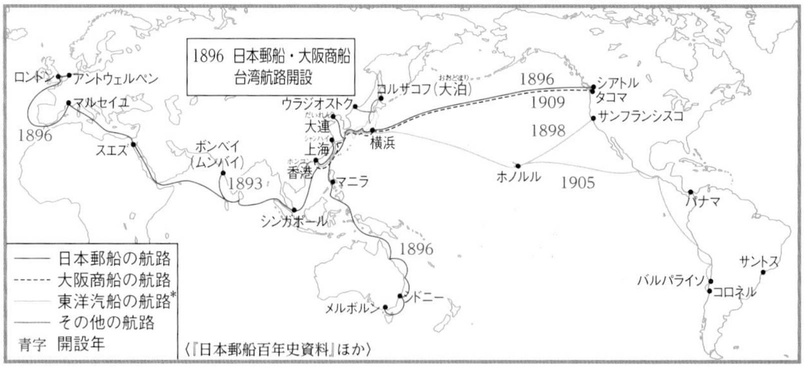
1896 日本郵船・大阪商船 台湾航路開設
ロンドン
アントウェルペン
マルセイユ
1896
スエズ
ボンベイ(ムンバイ)
1893
コルサコフ(大泊)
ウラジオストク
大連
上海
香港
マニラ
横浜
シンガポール
1896
メルボルン
シドニー
シアトル
タコマ
サンフランシスコ
1896
1909
1898
ホノルル
1905
パナマ
サントス
バルパライソ
コロネル
日本郵船の航路
大阪商船の航路
東洋汽船の航路＊
その他の航路
青字 開設年

〈『日本郵船百年史資料』ほか〉

△⑯**明治に開かれた定期航路** 1893(明治26)年に日本初の遠洋定期航路であるボンベイ(ムンバイ)航路が開設され,インド綿花が大量に輸入できるようになった。また,政府は1896年,**造船奨励法**と**航海奨励法**を公布して造船業と海運業の発展をうながし,遠洋航路の開拓が本格化した。

1871	土佐藩,藩経営の九十九商会(海運会社)を旧藩士の**岩崎弥太郎**に譲渡
73	九十九商会,**三菱商会**と改称(1875年,郵便汽船三菱会社と改称)
74	三菱,**台湾出兵**の軍事輸送で発展 ➔p.16,218
82	**渋沢栄一**ら**共同運輸会社**設立,三菱と激しい値引き競争を展開
84	大阪商船会社設立(瀬戸内海航路の船問屋を統合)
85	政府の調停により,三菱と共同運輸が合併し**日本郵船会社**設立
86	浅野総一郎(➔p.241),浅野回漕部(東洋汽船の前身)を設立
93	**日本郵船,ボンベイ(ムンバイ)航路開設 以後,インド綿花の輸入急増**➔図⑩
96	**造船奨励法・航海奨励法**公布,指定航路の大型汽船に補助金交付

△⑰**岩崎弥太郎**(1834～85)

◀⑱**海運業の勃興**

今日とのつながり 貿易金融を取り扱っていた横浜正金銀行の本店の建物は,1969(昭和44)年,国の重要文化財に指定され,現在は神奈川県立歴史博物館として活用されている。

7 製鉄業・石炭業

井上馨
伊藤博文

⑲官営八幡製鉄所　**日清戦争**の賠償金で建設され，ドイツの技術を取り入れて 1901（明治 34）年に操業開始。中国 漢冶萍公司の**大冶鉄山**の鉄鉱石と九州 **筑豊炭田**の石炭を用い，国内の銑鉄・鋼材の半分以上を生産した。のち**満鉄**（➔ p.234）経営の撫順炭鉱の石炭も利用した（➔ p.276）。

＊図⑲は伊藤博文の視察を迎えた記念写真。

⑳大冶鉄山と八幡製鉄所

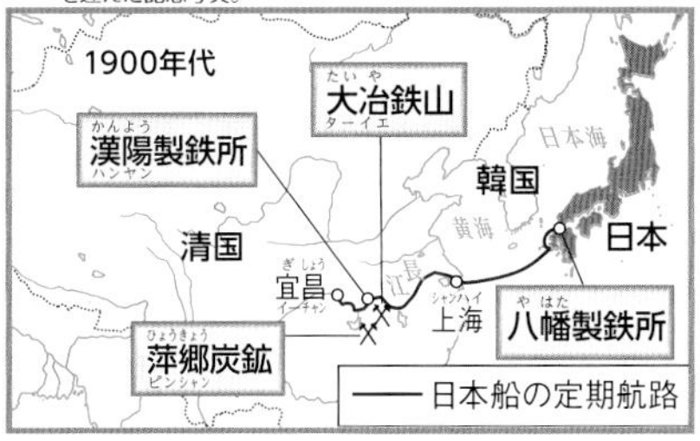

1900年代
大冶鉄山
漢陽製鉄所
韓国
日本海
清国
黄海
日本
宜昌
上海
八幡製鉄所
萍郷炭鉱
—— 日本船の定期航路

㉑石炭生産の拡大　筑豊炭田と北海道を中心に炭鉱開発が進んだ。産炭量は 1903（明治 36）年に 1000 万 t を突破し，1940（昭和 15）年には 5600 万 t に達した。

Key Word　漢冶萍公司

1908（明治 41）年，日本からの借款により，漢陽製鉄所・大冶鉄山・萍郷炭鉱を統合して設立された中国最大の民間製鉄会社。原料から製品までを一貫生産できる製鉄の一大拠点で，日本にとっては安価な鉄鉱石の供給元となった。

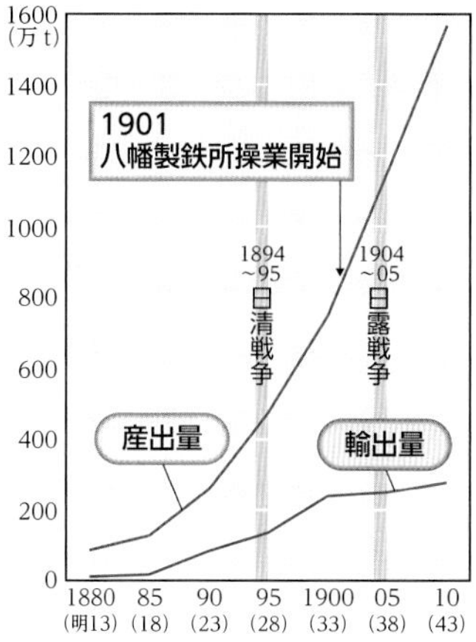

1600（万 t）
1400
1200
1000
800
600
400
200
0
1901 八幡製鉄所操業開始
1894～95 日清戦争
1904～05 日露戦争
産出量
輸出量
1880（明13）
85（18）
90（23）
95（28）
1900（33）
05（38）
10（43）

〈『日本経済統計総観』ほか〉

8 鉄道の整備

A 鉄道の発展

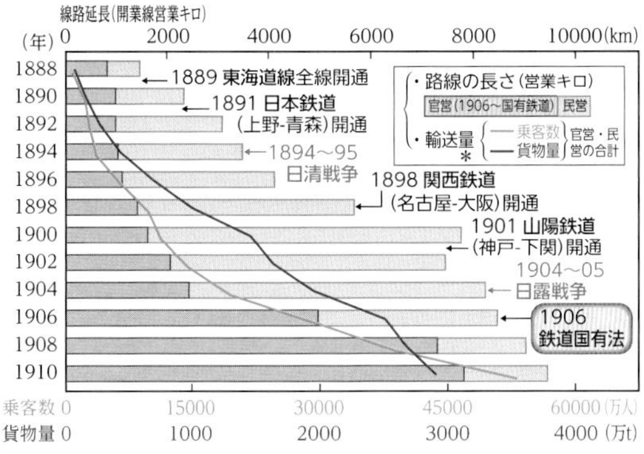

線路延長（開業線営業キロ）
（年）0　2000　4000　6000　8000　10000（km）
1888
1890
1892
1894
1896
1898
1900
1902
1904
1906
1908
1910
1889 東海道線全線開通
1891 日本鉄道（上野-青森）開通
1894～95 日清戦争
1898 関西鉄道（名古屋-大阪）開通
1901 山陽鉄道（神戸-下関）開通
1904～05 日露戦争
1906 鉄道国有法
・路線の長さ（営業キロ）官営（1906～国有鉄道）民営
・輸送量＊ 乗客数 貨物量 官営・民営の合計
乗客数 0　15000　30000　45000　60000（万人）
貨物量 0　1000　2000　3000　4000（万t）

＊1888年の輸送量は官営のみ。　〈『日本長期統計総覧2』〉

㉒ 1881（明治 14）年，日本初の民営鉄道**日本鉄道会社**が華族の金禄公債（➔ p.211）を資金に設立された。この会社の成功が鉄道への投資を呼び，1890 年代から民営鉄道が発展し，1906（明治 39）年の鉄道国有化まで，営業距離で官営を上まわった。鉄道網は，県庁所在地などの大都市や軍事拠点（師団駐屯地・軍港），鉱山，製糸・紡績のさかんな地域などを結びつけ，明治末には全国の営業キロ数が 8000kmを突破した。

B 鉄道の国有化（1906 年）

鉄道国有法（1906 年）の結果	買収された鉄道会社
・民営鉄道 17 社を買収 ・国有鉄道の総営業距離約 3 倍に 1905年:約2600km ➔1907年:約7100km ・鉄道路線の約 91％が国有化	北海道炭礦・北海道・日本・岩越・北越・甲武・総武・房総・七尾・関西・参宮・京都・西成・阪鶴・山陽・徳島・九州

㉓鉄道の国有化　鉄道が民営であると，会社の異なる路線間の物流の便が悪く，また外国人株主に軍事上の輸送状況がもれる可能性があった。そこで第 1 次西園寺内閣は 1906（明治 39）年，**鉄道国有法**を公布して主要幹線を国有化した。

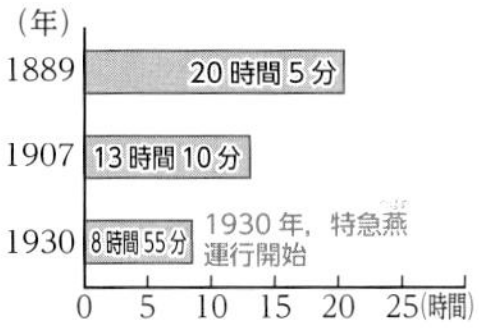

（年）
1889　20 時間 5 分
1907　13 時間 10 分
1930　8 時間 55 分　1930 年，特急燕運行開始
0　5　10　15　20　25（時間）

㉔東京 - 神戸間の所要時間（下り）〈交通新聞社資料ほか〉

C 産業の発展と鉄道網のひろがり（1907 年）

官営事業 ➔ p.213　払い下げ ➔ p.241　鉱物資源 ➔ p.345

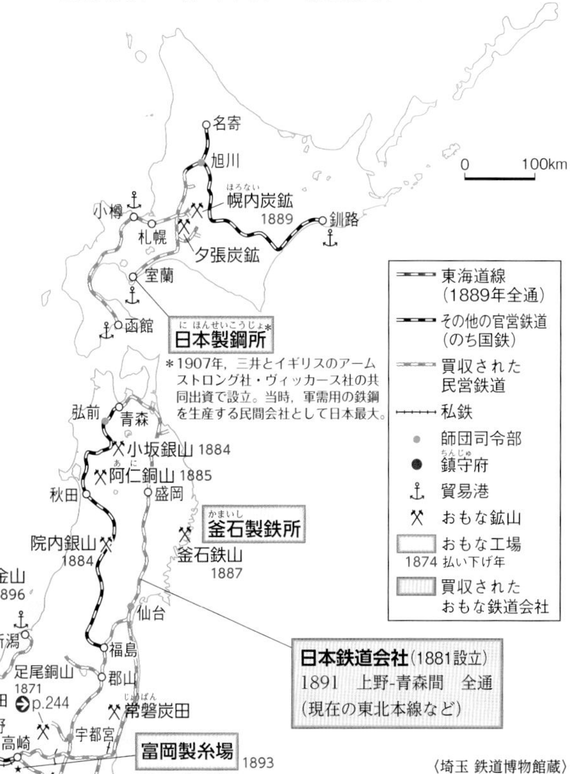

名寄
旭川
0　100km
小樽
幌内炭鉱 1889
札幌
釧路
夕張炭鉱
室蘭
函館
日本製鋼所＊
＊1907年，三井とイギリスのアームストロング社・ヴィッカース社の共同出資で設立。当時，軍需用の鉄鋼を生産する民間会社として日本最大。
━ 東海道線（1889年全通）
━ その他の官営鉄道（のち国鉄）
━ 買収された民営鉄道
━ 私鉄
● 師団司令部
● 鎮守府
⚓ 貿易港
⚒ おもな鉱山
□ おもな工場 1874 払い下げ年
□ 買収されたおもな鉄道会社
弘前
青森
小坂銀山 1884
阿仁銅山 1885
秋田
盛岡
釜石製鉄所
釜石鉄山 1887
院内銀山 1884
佐渡金山 1896
仙台
新潟
福島
日本鉄道会社（1881設立）
1891　上野-青森間　全通
（現在の東北本線など）
足尾銅山 1871 ➔p.244
郡山
七尾
高田
常磐炭田
金沢
富山
長野
伏木
高崎
宇都宮
富岡製糸場 1893
＊2 1906年，池貝工場を改組。
甲府
大宮
東京
池貝鉄工所＊2
横浜
東京砲兵工廠
横須賀
中津川
名古屋
豊橋
雨宮製糸場 ➔p.244
鐘淵紡績会社
横須賀海軍工廠 ➔p.207
天満紡績会社 ➔p.244
大阪紡績会社 ➔p.242

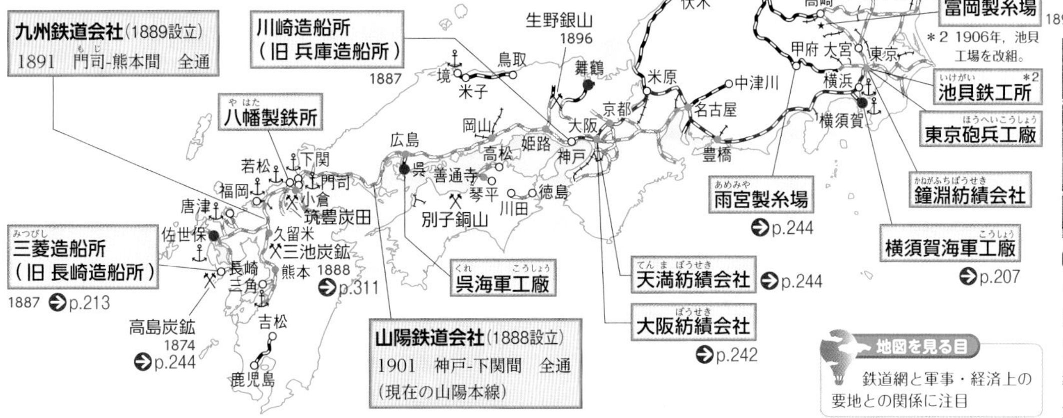

九州鉄道会社（1889設立）
1891　門司-熊本間　全通
川崎造船所（旧 兵庫造船所）1887
生野銀山 1896
鳥取
境
米子
舞鶴
米原
京都
大阪
神戸
姫路
岡山
高松
八幡製鉄所
若松
下関
門司
福岡
小倉
広島
呉
善通寺
琴平
徳島
川田
別子銅山
唐津
筑豊炭田
佐世保
久留米
三池炭鉱 1888 ➔p.311
三菱造船所（旧 長崎造船所）1887 ➔p.213
長崎
三角
熊本
高島炭鉱 1874 ➔p.244
吉松
鹿児島
呉海軍工廠
山陽鉄道会社（1888設立）
1901　神戸-下関間　全通
（現在の山陽本線）

地図を見る目　鉄道網と軍事・経済上の要地との関係に注目

〈埼玉 鉄道博物館蔵〉

㉕1号機関車　図は，イギリスから輸入された日本初の蒸気機関車。機関車は，当初は輸入に依存していたが，1893（明治 26）年，イギリス人技師の指導で最初の国産蒸気機関車が製造され，大正期には国産化が本格的に進んだ。

歴史散歩　鉄道博物館（埼玉県さいたま市）　1 号機関車をはじめ，北海道開拓に用いられた弁慶号，日本鉄道会社で使われた善光号など貴重な車両を展示している。

社会運動の発生 ―我が国労働者の生計がいかに困窮しつつあるや(横山源之助)

ヒストリースコープ

1899(明治32)年，ジャーナリスト横山源之助(➔p.241)は『日本之下層社会』を刊行した。横山は，産業革命期に急増した労働者や都市貧困層のおかれた苛酷な状況を具体的に描き出し，その問題点を指摘した。

考察

❶このころの労働条件には，どのような問題点があったのだろうか。
❷労働問題・社会問題に対して，どのような運動が展開されただろうか。→1 A C
❸労働条件の改善のため，政府はどのような対応をとっただろうか。→1

△①工場風景(『尼崎市現勢史』大正5年発行) 紡績機械の部品をつくっている。産業の発展により，工場・労働者とも激増した。

労働者の賃金

…労働者は，一日一三～一六時間の労働で，かろうじて五〇～六〇銭の賃金を得ている…一日に七〇銭以上の収入がなければ，家族を支えられない。…

(横山源之助『日本之下層社会』)

労働時間について

…一日一五～一七時間の労働だから会社は維持できているのです。一〇時間労働制にしたなら，会社はつぶれてしまう。…

(農商務省への工場主の意見)

△②労働条件は低賃金・長時間労働であり，女性労働者(女工)の深夜業や児童労働も広くみられた*。史

*この時期の工場労働者の多数を占めた女工の労働時間は，紡績業で昼夜2交代の12時間前後(➔p.242)，製糸業では14～18時間に及んだ。

1 社会問題と社会運動

工場・鉱山の位置 ➔p.243

労働・社会問題の発生

1870 長崎の高島炭鉱，賃下げで騒動(1878 暴動化)
1886 甲府の雨宮製糸場の女工が**日本初のストライキ**
1888 雑誌『日本人』(➔p.245)，高島炭鉱の労働者虐待を取りあげ，炭鉱批判高まる
1889 大阪の天満紡績会社で女工スト
1891 足尾鉱毒被害が社会問題となる➡C
1894 **日清戦争**(～95)➔p.231

労働組合の結成

1897 **高野房太郎**ら職工義友会結成
→**労働組合期成会**に改組(**片山潜**・**高野**ら)➔機関誌『労働世界』創刊

△③高野房太郎(1868～1904)

各種の労働組合結成を指導

鉄工組合結成(日本最初の近代的労働組合)
木下尚江ら普通選挙期成同盟会結成
1898 富岡製糸場女工スト 日本鉄道機関士らスト
→日本鉄道矯正会結成(労働組合)
安部磯雄・**片山**ら**社会主義研究会**結成

日清戦争後不況 ⬇ 労働争議の頻発

社会主義運動の登場

1899 **横山源之助**『**日本之下層社会**』を発表 史
1900 社会主義研究会，社会主義協会に改組

治安警察法公布 史 労働者の団結権否定・争議行為禁止，集会・結社の届け出義務，女性の政治集会参加禁止(第5条➔p.261)，警察の集会解散権，内相の結社禁止権

労働組合運動衰退→政治運動に転換(政党結成)

社会主義政党の結成

1901 **安部**・**片山**・**幸徳秋水**ら**社会民主党**結成
(初の社会主義政党→**治安警察法**により結社禁止➡A)
労働組合期成会，治安警察法の影響で活動停止
1903 農商務省，『**職工事情**』刊行(労働調査)
幸徳・**堺利彦**ら**平民社**結成，週刊『**平民新聞**』創刊→**非戦論**を展開 史 ➔p.233,249
1904 **日露戦争**(～05)➔p.233
1906 西園寺公望首相，穏健な社会主義政党は積極的に認めると表明➔**日本社会党**結成(堺・西川光二郎・幸徳・片山ら，初の合法社会主義政党)

社会主義運動への弾圧

1907 足尾銅山で暴動
日本社会党，片山らの議会政策派と幸徳らの直接行動派が対立，治安警察法により結社禁止
1908 赤旗事件(社会主義者が路上で赤旗を振りまわし逮捕)
1910 **大逆事件**(➔翌年，幸徳ら死刑)➡B
➔社会主義運動は「冬の時代」へ
1911 **工場法**公布(施行は1916) 史 ➔p.18,260
日本最初の労働者保護法。12時間労働制，12歳未満の就業の禁止，年少者・女性の深夜業務禁止→15人未満の工場には不適用，期限付きで14時間労働認める
1912 **鈴木文治**ら**友愛会**結成 ➔p.260
1925 細井和喜蔵『女工哀史』刊行(紡績女工の苛酷な労働をルポ)

A 社会主義運動の誕生と展開

➔p.352「戦前の政党・政派の変遷」

河上清
木下尚江
西川光二郎
安部磯雄
幸徳秋水
片山潜

△④**社会民主党の発起人** 1901(明治34)年，8時間労働制・普通選挙・貴族院廃止などを掲げて結成。結党届け出の直後，**治安警察法**により結社禁止となった。

◁⑤**堺利彦**(1870～1933) 日露戦争直前の1903(明治36)年，『万朝報』を幸徳秋水(➔図④⑥)らとともに退社して**平民社**を設立し，非戦論を展開(➔p.233)。その後，終生，社会主義運動にたずさわった。

Key Word 社会主義

労働者や農民の利益を重視し，工場・土地などの生産手段を社会的所有にすることで平等な社会をめざす思想。階級社会を否定する考え方のため，天皇制を否定するものと受けとめられ，明治憲法下の日本では弾圧を受けた。

B 大逆事件(1910年)

*このころ，ストライキを重視する直接行動派の社会主義者の一部は無政府主義を主張するようになっていた。

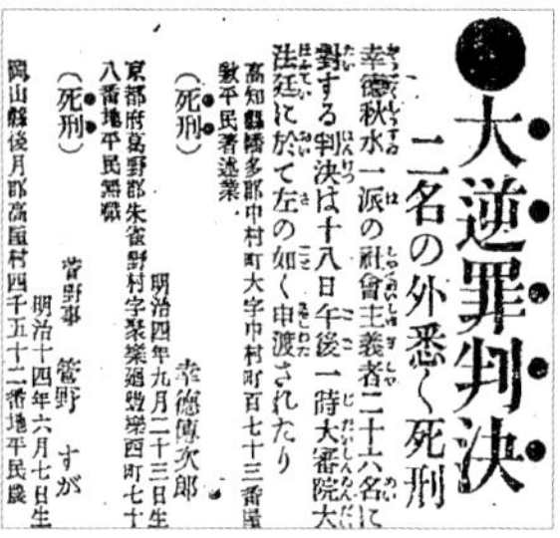

大逆罪判決
二名の外悉く死刑
幸徳秋水一派の社會主義者二十六名に對する判決は十八日午後一時大審院大法廷に於て左の如く申渡されたり
高知縣幡多郡中村町大字中村町百七十三番屋敷平民著述業
幸徳傳次郎
明治四年九月二十三日生
(死刑)
京都府葛野郡朱雀野村字聚楽廻西町七十八番地平民無職
管野事 管野すが
明治十四年六月七日生
(死刑)
岡山縣後月郡高屋村四千五十二番地平民農

◁⑥**大逆事件の判決を報じる新聞**(左，『東京朝日新聞』1911年1月19日)と⑦**幸徳秋水と管野スガ** 1910(明治43)年，天皇暗殺を計画したとして社会運動家*ら数百名が検挙され，非公開の裁判により大逆罪(➔p.229)で24名が死刑判決を受けた。うち，幸徳・管野ら12名が実際に処刑されたが，幸徳をはじめ多くの者は無実であったといわれる。

C 足尾鉱毒事件

銅 ➔p.345 足尾銅山 ➔p.243,345

◁⑧**田中正造**(1841～1913) 栃木県選出の立憲改進党(➔p.221)系代議士。1891(明治24)年，帝国議会で足尾銅山の鉱毒問題を初めて取りあげた。鉱毒問題に対して世論が盛り上がった1901(明治34)年，代議士を辞職し，馬車に乗る明治天皇に直訴を行った。直訴は失敗したが，その後も鉱毒問題を社会に訴え続けた。

◁⑨**水没した谷中村** 鉱毒は渡良瀬川に流入し，洪水のたびに流域の農地は汚染された。政府は谷中村を強制的に廃村とし，遊水地にした。

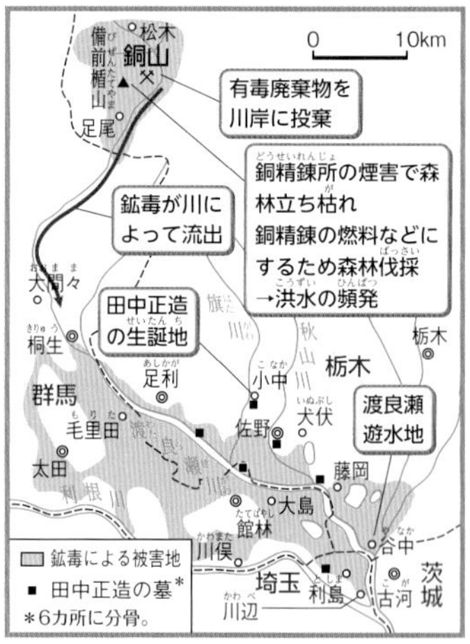

松木
備前楯山
銅山
足尾
0 10km
有毒廃棄物を川岸に投棄
銅精錬所の煙害で森林立ち枯れ
銅精錬の燃料などにするため森林伐採
→洪水の頻発
鉱毒が川によって流出
大間々
田中正造の生誕地
旗川
秋山川
桐生
足利
小中
栃木
栃木
群馬
毛里田
犬伏
佐野
渡良瀬遊水地
渡良瀬川
太田
藤岡
利根川
大島
館林
谷中
川俣
茨城
埼玉
利島
古河
川辺
鉱毒による被害地
■ 田中正造の墓*
*6カ所に分骨。

△⑩**鉱毒事件の被害地** 足尾銅山は1877(明治10)年から古河市兵衛(➔p.241)が経営。鉱毒被害は渡良瀬川流域一帯に広がった。

今日とのつながり 谷中村を廃村としてつくられた渡良瀬遊水地は，土壌に銅などが残るものの，今は貴重な湿地としてラムサール条約に登録されている。

近代 明治

明治の文化①(学問・思想) ―文明も亦平民的の需要より生し来れる 史(徳富蘇峰)

ヒストリースコープ

政府主導の欧化主義に対し対等外交をめざす考えは，条約改正問題(➔p.228)を契機にさらに強まっていった。徳富蘇峰は西欧の文明は平民の求めにより生じたものであると説き，日本の欧化政策を批判した。

考察

❶鹿鳴館での欧化主義外交を，蘇峰と雪嶺はどのように批判したのだろうか。
❷「国民」形成の動きはどのような展開をたどったのだろうか。→1
❸明治期の学問は，どのように発達したのだろうか。→2・3

欧化主義

△①**鹿鳴館での舞踏会のようす** 井上馨が鹿鳴館を舞台に進めた欧化主義外交は，文明開化以来政府が推進した西洋化に対する反感とともに国権論の台頭につながった。

批判

平民的欧化主義

欧化主義自体は否定しないし社会に残る封建的習慣の打破のために必要だ。しかし，貴族を対象としている点が問題だ…経済を支える平民の生活を近代化することこそが必要だ！

△②徳富蘇峰

対立

否定

近代的民族主義

欧化主義は駄目だ。西洋的な思想をそのまま輸入して日本の開化と両立しようとしてもうまくいかない。日本は世界の一部である…日本のために尽力することは世界のためでもある！

△③三宅雪嶺

1 「国民」としての自覚

時期	事項	思想の流れ
1870年代	文明開化期	**啓蒙主義** 自由主義・功利主義(英・米流)の影響 西洋文明の導入による近代化 1873**明六社**➔p.217 福沢諭吉『西洋事情』・『学問のすゝめ』 森有礼・西周・加藤弘之 中村正直『西国立志編』・『自由之理』
1874～86	自由民権運動活発に➔p.220	**民権論** 国民の権利(民権)と自由を主張(フランス流**天賦人権論**の影響) 中江兆民『民約訳解』➔p.217 植木枝盛『民権自由論』 **国権論** 国家の権利・権力(国権)の確立を主張(時期と論者により，内容は多様) **民権論の否定**(ドイツ流国家主義) 加藤弘之『人権新説』…弱肉強食の論理を説く**社会進化論**に転向，天賦人権論を否定 **対外的国権拡張論**＊民権論者も主張。 ［欧米に対して］諸外国と対等な関係をめざす ［アジアに対して］欧米と同様の態度でのぞむ 福沢諭吉「脱亜論」ほか
1882～85	朝鮮問題➔p.230	**欧化主義** 欧米の生活様式や制度を模倣すれば近代化できる 井上外相による鹿鳴館外交 (国権論と対立)
1882	条約改正交渉開始➔p.228	批判 ➔p.229 否定 **平民的欧化主義(平民主義)** 政府の**欧化主義を貴族的と批判**，**平民(一般国民)自身による平民のための欧化主義を説く** **徳富蘇峰**が個人の人権と平等・平和主義を提唱 民友社を創設，『国民之友』創刊 (対立) **近代的民族主義** 西洋文化のたんなる移入では，国民に根ざした自立的近代化は望めないと**欧化主義を否定** **国粋主義**＊2 **三宅雪嶺**らが伝統や国民性の重視を唱え政教社を結成。『日本人』創刊。**志賀重昂**『日本風景論』 **国民主義** 国家の独立と国民全体の福利を主張。**陸羯南**『日本』(新聞) ＊2 国粋保存主義ともいう。「国粋」はnationality(国民性)の訳語で，その国らしさの神髄という意味。
1894～95	**日清戦争** **三国干渉**➔p.231	**対外膨張論** 対外進出し植民地の獲得を主張 徳富蘇峰…日清戦争をきっかけに転向 **日本主義** 日本建国の精神の発揮と大陸への進出を主張 **高山樗牛**が雑誌『太陽』で主張
1904～05	**日露戦争**➔p.233	**国家主義的風潮強まる・国民道徳強化**(1908戊申詔書・地方改良運動➔p.240)

3 世界水準に達した近代的学問研究

	分野	人物・機関	事項
自然科学	医学	北里柴三郎	**破傷風菌**の純粋培養(1889)・**血清療法**(1890)に成功。**伝染病研究所**創立(1892)。**ペスト菌**発見(1894)
		志賀潔	**赤痢菌**を発見(1897)
	薬学	高峰譲吉	消化薬**タカジアスターゼ**創製 **アドレナリン**の抽出に成功(1900)
		秦佐八郎	梅毒の化学療法剤**サルバルサン**を創製(1910)
		鈴木梅太郎	**オリザニン**(ビタミンB_1)を米ぬかから抽出(1911発表)
	物理学	田中館愛橘	各地で**地磁気**を測定。濃尾地震(1891)に際し根尾谷断層(岐阜県)を発見
		長岡半太郎	**原子構造**を研究し，土星型原子模型の理論を発表(1903)
	天文学	木村栄	緯度変化を表す公式に，X・Yのほか第3の**Z項**を加えることを提唱(1902)
	植物学	牧野富太郎	『日本植物志図篇』を自費出版(1888～90) 以後1000種以上の新種を発見，命名する
	地震学	大森房吉	**大森式地震計**を考案(1901)
人文・社会科学	歴史学	田口卯吉 ➔p.217,222	『日本開化小史』(1877)で**文明史論**を展開
		久米邦武 ➔p.218	「**神道は祭天の古俗**」(1891)が神道家・国学者の非難を浴びる
		帝大史料編纂掛	『**大日本史料**』『**大日本古文書**』の編纂，刊行(1901～)
	法学 ➔p.225,325	梅謙次郎	フランス法研究 穂積陳重(ドイツ法)らと新民法を起草する
		穂積八束	ボアソナード民法(旧民法)に反対し，論文「**民法出デヽ忠孝亡ブ**」を発表(1891)

△⑧北里柴三郎

△⑨田口卯吉

△⑦**学問の発達** 明治後期になると，留学から帰国した日本人らによって専門的な研究が行われるようになった。

2 近代を伝えたお雇い外国人

▽④おもなお雇い外国人

＊参議 大久保利通の月給は500円(1874年)。また，金1gの価格で比較すると，1871年の100円が現在の約100万円にあたる。

よみとき 国家制度に関わる法学・軍事の分野には，どの国の出身者が多いかに注目しよう

△⑤**ハーン**(小泉八雲 1850～1904)
日本に帰化し，『怪談』を著す。

分野	人物(国名) 青字：月給	事項
教育	マレー(米)	文部行政顧問
教育	クラーク(米) 600円	札幌農学校教頭➔p.215
文芸	フェノロサ(米) 300円	哲学，東京美術学校教師➔p.250
文芸	ハーン(英) 400円	東大英文学教師 ➔図⑤
文芸	ケーベル(露)	東大哲学教師
法学	ボアソナード(仏) 700円	法典編纂に尽力➔p.225
法学	ロエスレル(独) 900円	憲法起草に貢献➔p.224
法学	モッセ(独)	地方自治制度に助言➔p.224
自然科学	ナウマン(独) 350円	東大地質学教師 ➔図⑥
自然科学	ミルン(英)	地震学の発展に貢献
自然科学	モース(米) 370円	動物学，考古学➔p.29
医学	ベルツ(独) 700円	内科学など講義➔p.224
美術	キヨソネ(伊)	紙幣の原版を制作
美術	フォンタネージ(伊) 278円	西洋画を指導 ➔p.251
美術	ラグーザ(伊)	西洋彫刻を指導➔p.252
宗教	フルベッキ(米) 600円	政府顧問，宣教活動
工学	ダイアー(英)	工部大学校教頭
建築	コンドル(英) 400円	近代洋風建築の父➔p.252
農業	ケプロン(米)	北海道開拓を指導➔p.215
軍事	メッケル(独)	ドイツ式兵制を紹介

▷⑥**ナウマン**(1854～1927)
1875年に来日。フォッサマグナを発見するなど日本の地質学に貢献。ナウマンゾウ(➔p.25)は彼の名にちなんで命名された。

歴史散歩 小泉八雲記念館(島根県松江市) 松江城の城下にはハーン(小泉八雲)が一時生活していた住居や記念館があり，彼の日本での生活に触れ，功績を学ぶことができる。

明治の文化②（教育）—学問ハ身ヲ立ルノ財本共云ベキ者 史（学制序文）

ヒストリースコープ

1872（明治5）年に公布された学制は，フランスの制度を参考にして学区制を採用した。日本初の近代的学校制度を定めた教育法令で，立身出世や実学主義，国民皆学などを理念として掲げた。

考察

❶近代の学校を近世の寺子屋（➔p.190）と比べると，授業方法にどのような変化がみられるだろうか。
❷義務教育がどのように普及したかを説明しよう。→2
❸近代教育の理念は，立身出世からどのように変容していっただろうか。→3

②塔内部のようす　中央には鐘楼が付属し，時間の概念を教育現場から発信した。

①旧開智学校 国　1876（明治9）年，現在の長野県松本市に擬洋風建築の開智学校が建てられた。学制公布以降，地域の負担で各地にこのような洋風の小学校もつくられるようになり，立身出世への期待が近代的学校教育にかけられた。

③教室の中のようす　掛け図を使った問答中心の授業が行われ，全員が同じ科目を学ぶようになった。寺子屋式の和風の学校でも，教室内では椅子と机が使用された。

1 教育制度の変遷

（凡例：網かけ＝義務教育）

年	事項	（学年）0 1 2 3 4 5 6 7 8 9
1871.7（明治4）	文部省の設置	
1872.8	学制を公布➔2（文部卿 大木喬任，文部大輔 江藤新平） • フランスにならい全国を8大学区に分け，さらに中学区，小学区を設置　文部省が全国の諸学校を統轄，小学校8年制（上等・下等各4年） • 男女の別なく国民皆学をめざす	下等小／上等小
1879.9	教育令を公布（自由教育令）（文部大輔 田中不二麻呂） • アメリカを参考に学制の画一性を改め学区制を廃止　小学校を町村の管理とし，最低就学期間を16か月に規定　師範学校・専門学校を加える	
1880.12	教育令改正（文部卿 河野敏鎌） • 自由教育令を改め中央集権化，文部卿や府知事・県令の権限を強化　就学義務を最低3年にする • 農学校・商業学校・職工学校を加える	
1886.3~4	学校令（総称）を公布（初代文部大臣 森有礼） • 帝国大学令・師範学校令・小学校令・中学校令など，学校の種類別に規定 • 小学校が尋常小学校・高等小学校各4年となる*	尋常小／高等小／簡易科* *尋常小は小学簡易科（年限3年以内）で代替できた。
1890.10	教育に関する勅語（教育勅語）を発布➔3 • 井上毅・元田永孚が原案起草，「忠君愛国」を強調 第2次小学校令公布*2（尋常小3～4年，高等小2～4年） *2 ドイツにならい，小学校の目的（道徳教育・国民教育・知識技能の教育）が明示された。	尋常小／高等小
1894.6	高等学校令を公布　中・高等教育の充実 ➔p.257 • 高等中学校を高等学校に改称	
1899.2	実業学校令・高等女学校令を公布 • 実業学校を振興，女子教育の充実をはかる	
1900.8	小学校令改正（第3次小学校令） • 尋常小学校を4年制に統一，義務教育として無償化	
1903	.3 専門学校令公布 .4 小学校令の改正，教科書の国定制度決定。 • 医学・外国語学などの高等専門教育の充実をはかる	
1904.4	全国の小学校で国定教科書の使用が開始される	
1907.3	小学校令改正 義務教育（尋常小学校）が6年制になる	尋常小／高等小
1908.10	戊申詔書を発布（第2次桂太郎内閣 ➔p.240） • 教育を通じた国民道徳の強化をはかる	

大学令 ➔p.257，264
国民学校令 ➔p.282

2 地域の期待を担った義務教育

学制序文【抜粋】 史

…学問ハ身ヲ立ルノ財本共云ベキ者ニシテ人タルモノ誰カ学バズシテ可ナランヤ…之ニ依テ今般文部省ニ於テ学制ヲ定メ、追々教則ヲモ改正シ布告ニ及フベキニツキ、自今以後、一般ノ人民華士族農工商及女子必ズ邑ニ不学ノ戸ナク家ニ不学ノ人ナカラシメン事ヲ期ス…

（一八七二年公布 学事奨励ニ関スル被仰出書『法令全書』）

年	学校数
1873	1万2558
1874	2万　17
1875	2万4303
1876	2万4947
1877	2万5459
1878	2万6584
1879	2万8025
1880	2万8410
1881	2万8742
1882	2万9081

④小学校数の変化　学制には，小学校・中学校・大学校の設置が掲げられたが，実際には小学校教育の普及に力が注がれた。

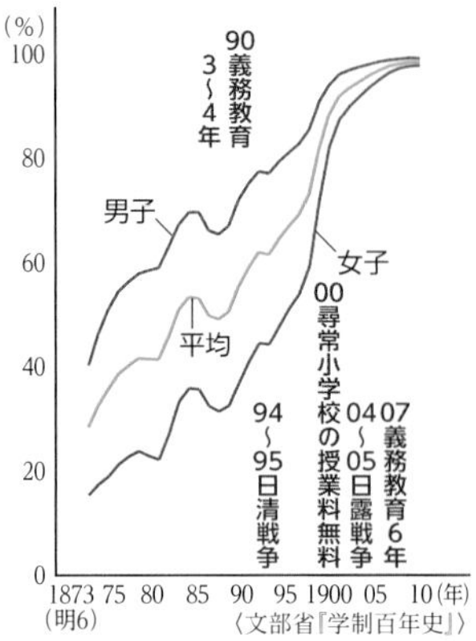

(%)
100
80
60
40
20
0
90 義務教育3～4年
男子
女子
平均
00 尋常小学校の授業料無料
94～95 日清戦争
04～05 日露戦争
07 義務教育6年
1873（明6） 75 80 85 90 95 1900 05 10(年)
〈文部省『学制百年史』〉

⑤義務教育の就学率　1873（明治6）年の就学率は男子が40%，女子が15%であったが，日露戦争（➔p.233）後には全体で97%をこえた。

3 国家による教育の統制

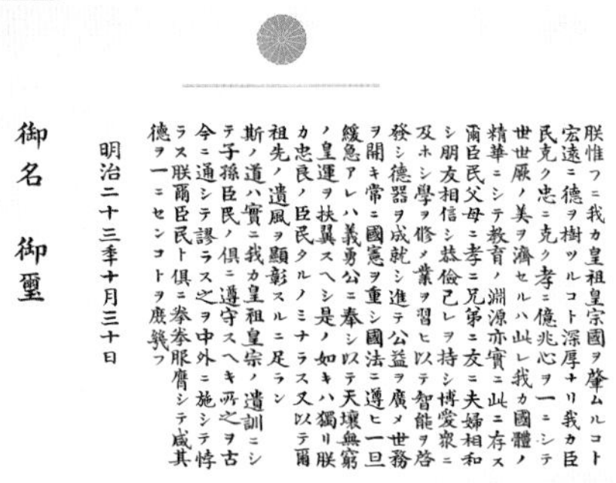

朕惟フニ我カ皇祖皇宗國ヲ肇ムルコト宏遠ニ德ヲ樹ツルコト深厚ナリ我カ臣民克ク忠ニ克ク孝ニ億兆心ヲ一ニシテ世世厥ノ美ヲ濟セルハ此レ我カ國體ノ精華ニシテ教育ノ淵源亦實ニ此ニ存ス爾臣民父母ニ孝ニ兄弟ニ友ニ夫婦相和シ朋友相信シ恭儉己レヲ持シ博愛衆ニ及ホシ學ヲ修メ業ヲ習ヒ以テ智能ヲ啓發シ德器ヲ成就シ進テ公益ヲ廣メ世務ヲ開キ常ニ國憲ヲ重シ國法ニ遵ヒ一旦緩急アレハ義勇公ニ奉シ以テ天壤無窮ノ皇運ヲ扶翼スヘシ是ノ如キハ獨リ朕カ忠良ノ臣民タルノミナラス又以テ爾祖先ノ遺風ヲ顯彰スルニ足ラン

斯ノ道ハ實ニ我カ皇祖皇宗ノ遺訓ニシテ子孫臣民ノ倶ニ遵守スヘキ所之ヲ古今ニ通シテ謬ラス之ヲ中外ニ施シテ悖ラス朕爾臣民ト倶ニ拳拳服膺シテ咸其德ヲ一ニセンコトヲ庶幾フ

明治二十三年十月三十日

御名御璽

⑥教育に関する勅語*（教育勅語）　1890（明治23）年，第1回帝国議会直前に発布され，教育理念の指針とされた勅語。井上毅（➔p.224,325）と元田永孚（儒学者，明治天皇の侍講）が中心となって起草。儒教的道徳思想と家族主義国家観に立ち，「忠君愛国」を軸に天皇制の強化をはかった。御真影とともに各学校に配布，奉安殿に安置された。史

内村鑑三（1861~1930）　東京都出身

明治・大正期の宗教家。札幌農学校でクラーク（➔p.215）に学び，同期の新渡戸稲造らとキリスト教に改宗。第一高等中学校の嘱託教員であった1891年，教育勅語の奉読式でキリスト教の信仰から天皇の署名のある教育勅語に最敬礼せず，不敬と非難されて職を追われた（内村鑑三不敬事件）。日露戦争では非戦論を主張（➔p.233）。

*教育勅語末尾の御名御璽の箇所は，原本では明治天皇の署名と押印がある。

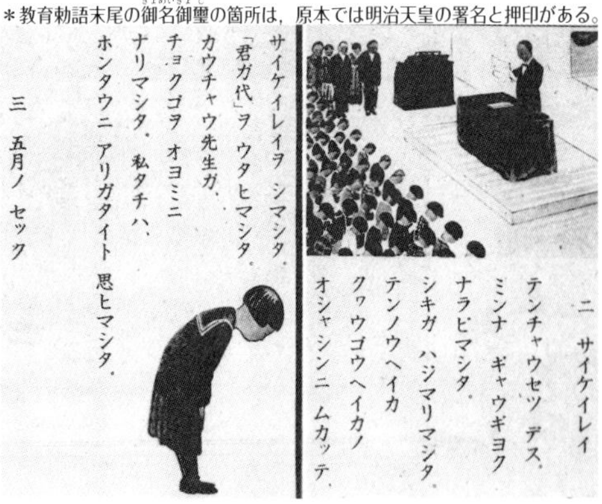

二　サイケイレイ
テンチャウセツ デス．
ミンナ ギャウギヨク
ナラビマシタ．
シキガ ハジマリマシタ．
テンノウヘイカ
クヮウゴウヘイカノ
オシャシンニ ムカッテ．
サイケイレイヲ シマシタ．
「君ガ代」ヲ ウタヒマシタ．
カウチャウ先生ガ，
チョクゴヲ オヨミニ
ナリマシタ．私タチハ，
ホンタウニ アリガタイト 思ヒマシタ．
三　五月ノ セック

⑦小学校修身科の国定教科書（『ヨイコドモ』）　1891年，小学校祝日大祭日儀式規程が制定されると，天長節式典での教育勅語奉読・校長訓話・式歌斉唱などが儀式化された。

1 近代教育の普及

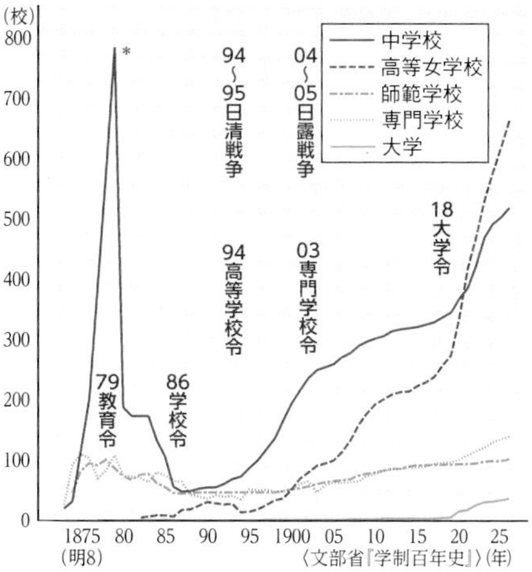
(校)
800
700
600
500
400
300
200
100
0
中学校
高等女学校
師範学校
専門学校
大学
79 教育令
86 学校令
94〜95 日清戦争
04〜05 日露戦争
94 高等学校令
03 専門学校令
18 大学令
1875 (明8) 80 85 90 95 1900 05 10 15 20 25
〈文部省『学制百年史』〉(年)

△ ①**中・高等教育の学校数** 中学校以上の学校数は高等学校令以後急増し，中等教育修了者が地方のインテリ層を形成した。高等学校や大学への進学者はごく少数で，エリートとされた。一方で，庶民の多くは小学校卒だった。＊教育令で中学校となった学校の多くが，教育令改正で各種学校とされ，中学校数は激減した。

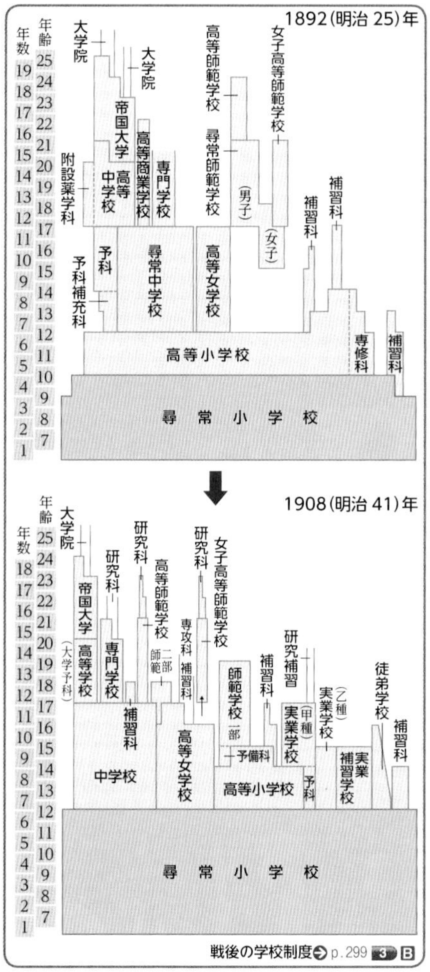
1892(明治25)年
年数
年齢
大学院
帝国大学
大学院
高等師範学校
尋常師範学校
女子高等師範学校
附設薬学科
中学校
高等中学校
高等商業学校
専門学校
(男子)
(女子)
補習科
予科補充科
予科
尋常中学校
高等女学校
高等小学校
専修科
補習科
尋常小学校
1908(明治41)年
大学院
帝国大学
研究科
研究科
研究科
女子高等師範学校
高等学校(大学予科)
専門学校
高等師範学校
師範二部
専攻科
補習科
研究補習
補習科
師範学校一部
実業学校(甲種)
実業学校(乙種)
徒弟学校
補習科
中学校
高等女学校
予備科
高等小学校
予科
実業補習学校
尋常小学校
戦後の学校制度➔p.299 3 B

△ ②**近代の学校制度** 1872(明治5)年の学制以来，学校制度はたびたび変更された。1892年の制度はいわゆる学校令とその後の改正によるもの，1908年の制度は小学校令改正による学校系統図である。

帝国大学「9帝大」
帝国大学(1886，東京)→東京帝国大学(1897)【東京大学】
京都帝国大学(1897，京都)【京都大学】
東北帝国大学(1907，仙台)【東北大学】
九州帝国大学(1911，福岡)【九州大学】
北海道帝国大学(1918，札幌)【北海道大学】
京城(けいじょう)帝国大学(1924，朝鮮 ソウル)
台北(たいほく)帝国大学(1928，台湾 台北)【台湾大学＊】
大阪帝国大学(1931，大阪)【大阪大学】
名古屋帝国大学(1939，名古屋)【名古屋大学】
官立高等学校(1894年制定の高等学校令により高等学校に)
第一高等学校(1886，東京)【東京大学】
第二高等学校(1887，仙台)【東北大学】
第三高等学校(1886，京都)【京都大学】
第四高等学校(1887，金沢)【金沢大学】
第五高等学校(1887，熊本)【熊本大学】
第六高等学校(1900，岡山)【岡山大学】
第七高等学校造士館(ぞうしかん)(1901，鹿児島)【鹿児島大学】
第八高等学校(1908，名古屋)【名古屋大学】

◁ ③**高等教育機関の充実**
( )内は設置年，所在地 【 】内は現在の大学名

▽ ④**学制による大学の区分**
大学区は，8学区制で始まった。1874(明治7)年には図④の7学区制となり，79年の教育令の公布で廃止された。

＊1945年に中華民国が接収し，国立台湾大学と改称。

第七大学区
第六大学区
仙台
新潟
東京
名古屋
第一大学区
第四大学区
広島
大阪
第二大学区
第三大学区
長崎
第五大学区
0 200km

官立教員養成学校
高等師範(しはん)学校(1886，東京)【筑波(つくば)大学】
東京美術学校(1887，東京)【東京芸術大学】┐専門家
東京音楽学校(1887，東京)【東京芸術大学】┘養成
東京女子師範学校(1874，東京)【お茶の水女子大学】➡図⑧
広島高等師範学校(1902，広島)【広島大学】

私学	( )内矢印の右の年号は大学に認可された年 赤字 創設者
蘭学塾(らんがくじゅく)(1858→1920，東京 福沢諭吉(ふくざわゆきち))【慶応義塾(けいおうぎじゅく)大学】➔p.217	関西法律学校(1886→1922，大阪)【関西大学】
立教(りっきょう)学校＊2(1874→1922，東京)【立教大学】＊2 1890年に校名が固定。	明治学院(1886→1949，東京)【明治学院大学】➔p.217
同志社(どうししゃ)英学校(1875→1920，京都 新島襄(にいじまじょう))【同志社大学・同志社女子大学】	日本法律学校(1889→1920，東京)【日本大学】
東京法学社(1880→1920，東京)【法政(ほうせい)大学】	関西(かんせい)学院(1889→1932，神戸)【関西学院大学】
専修(せんしゅう)学校(1880→1922，東京)【専修大学】	仏教大学(西本願寺(にしほんがんじ))(1900→1922，京都)【龍谷(りゅうこく)大学】
明治法律学校(1881→1920，東京)【明治大学】	京都法政学校(1900→1922，京都)【立命館(りつめいかん)大学】
成医会(せいいかい)講習所(1881→1921，東京)【東京慈恵会(じけいかい)医科大学】	台湾協会学校(1900→1922，東京)【拓殖(たくしょく)大学】
東京専門学校(1882→1920，東京 大隈重信(おおくましげのぶ))【早稲田(わせだ)大学】	女子英学塾(1900→1948，東京)【津田塾(つだじゅく)大学】➡図⑤⑥
皇典講究所(こうてんこうきゅうじょ)(1882→1920，東京)【国学院(こくがくいん)大学】	真宗(しんしゅう)大学(1901→1922，東京→京都)【大谷(おおたに)大学】
英吉利(イギリス)法律学校(1885→1920，東京)【中央大学】	日本女子大学校(1901→1948，東京)【日本女子大学】➡図⑨

2 近代的女子教育の創設

◁ ⑤**津田梅子(つだうめこ)**(1864~1929) 幕臣・洋学者の子。岩倉(いわくら)使節団(➔p.218)に満6歳で随行し渡米。帰国後，女子教育に尽力(じんりょく)し，女子英学塾(現 津田塾(つだじゅく)大学)を創立した。

▷ ⑥**河井道(かわいみち)**(1877~1953) 伊勢神宮神官の子。北海道でキリスト教に出会い，新渡戸稲造(にとべいなぞう)(➔p.258)夫妻と渡米。帰国後，女子英学塾教授に就任，1929年に恵泉(けいせん)女学園を創立。

▽ ⑦**フェリス女学院の授業風景**(大正期) 横浜居留地に1870(明治3)年に開校した日本最古の女子校。心身の健康のためダンベルを使う体操を教科に取り入れた。

△ ⑧**東京女子高等師範学校の授業風景**(1934年) 日本最初の女子教員養成機関であった官立の東京女子師範学校の後身(現 お茶の水女子大学)。写真は裁縫の授業。

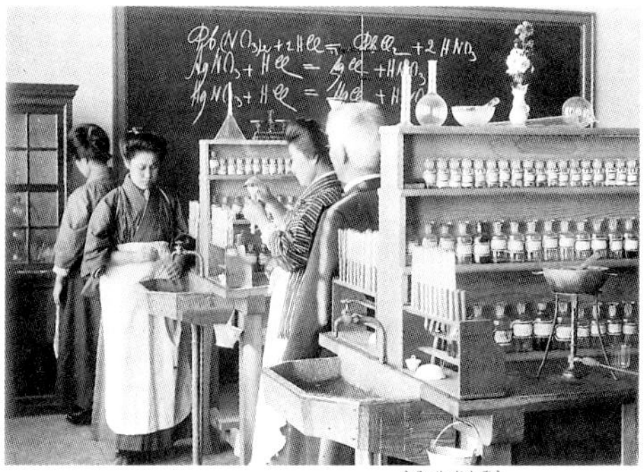

△ ⑨**日本女子大学校の授業風景** 成瀬仁蔵(なるせじんぞう)が1901(明治34)年に創立した日本女子大学校では，家政学や理科教育が重視された。写真は明治40年ごろの化学実験。

明治の文化③（文学・演劇・音楽）—小説の主脳は人情なり（坪内逍遙『小説神髄』）

ヒストリースコープ

坪内逍遙は，近代日本最初の文学論といわれる『小説神髄』で，あるがままの“人情”を描く写実主義を主張した。人間の内面に迫った尾崎紅葉の『金色夜叉』は，新聞に連載されてベストセラーとなった。

考察

❶『小説神髄』の理論は『金色夜叉』でどのように実践されたか具体的に説明しよう。
❷写実主義文学以降，近代文学はどのように発展しただろうか。→1 A
❸ジャーナリズムの展開を説明しよう。→2

『小説神髄』（坪内逍遙）【現代語訳】

…小説の主要な点は人情で，世の中のありさまや風俗が次点にあげられる。人情とはどのようなことをいうかというと，人間の情欲のこと，つまり人間の迷いのもととなる一〇八の煩悩のことである。…この人情の奥の微妙な点を言い表し，老若男女善悪正邪の心の内側をもらすことなく描き出して，詳細に心を砕いて人情を明らかに見えるようにするのが私の小説の務めである。…

①『小説神髄』(1885年)　人間の内面追求を文学の目的とし，勧善懲悪的な文学観を否定した。

②坪内逍遙
(1859～1935)

③尾崎紅葉
(1867～1903)

宮
貫一
④『金色夜叉』さし絵(東京 日本近代文学館蔵)

『金色夜叉』（尾崎紅葉）【抜粋】

…「どうして，貫一さん，どうしたのよう！」
貫一は力無げに宮の手を執れり。宮は涙に汚れたる男の顔をいと懇に拭ひたり。
「吁，宮さんかうして二人が一処に居るのも今夜ぎりだ。お前が僕の介抱をしてくれるのも今夜ぎり，僕がお前に物を言ふのも今夜ぎりだよ。一月の十七日，宮さん，善く覚えてお置き。来年の今月今夜は，貫一は何処でこの月を見るのだか！…（中略）…来年の今月今夜になつたならば，僕の涙で必ず月は曇らして見せるから，月が……月が……月が……曇つたらば，宮さん，貫一は何処かでお前を恨んで，今夜のやうに泣いてゐると思つてくれ」…

⑤『金色夜叉』(1897年)　人間の心の奥深くに迫る変化に富んだストーリーが好評を博し，当時の大ベストセラーとなった。

1 近代文学の展開

A 近代小説

＊明治18(1885)年，坪内逍遙『小説神髄』発表。＊2 晩年は自然主義に移行。

明治初期～10年代 戯作文学，翻訳，政治小説	明治18*～20年代 写実主義・擬古典主義文学	日清戦争前後～ ロマン主義文学	日露戦争前後～ 自然主義文学	明治末～大正期 反自然主義文学 ➔p.268
江戸戯作のなごり 仮名垣魯文『安愚楽鍋』 西洋小説の**翻訳** 井上勤訳『魯敏孫漂流記』 **政治小説** 矢野龍溪『経国美談』 東海散士『佳人之奇遇』 末広鉄腸『雪中梅』	人間心理や世相の**客観的な描写**をめざす。**近代文学**の始まり。 **言文一致体**小説登場 坪内逍遙『小説神髄』 二葉亭四迷『浮雲』 山田美妙『夏木立』 尾崎紅葉『金色夜叉』 幸田露伴『五重塔』(理想主義的作風)	主観的な真実や理想を**情熱的に追求**。神秘・幻想への志向，民族的な題材への関心もみられる 森鷗外『舞姫』 樋口一葉『たけくらべ』 徳冨蘆花『不如帰』 国木田独歩*2『武蔵野』 泉鏡花『高野聖』『歌行燈』	社会の現実を**ありのままに写す**。**私生活を告白**する形式をとるものが多い 島崎藤村『破戒』『家』 田山花袋『蒲団』『田舎教師』 正宗白鳥『何処へ』 長塚節『土』 徳田秋声『黴』『あらくれ』	**高踏派・余裕派** 森鷗外『青年』『雁』 夏目漱石『吾輩は猫である』『夢十夜』 **耽美派** ➔p.116 永井荷風『すみだ川』 谷崎潤一郎『刺青』『麒麟』 **白樺派** 武者小路実篤・志賀直哉・有島武郎

『たけくらべ』（樋口一葉）【抜粋】

…それと見るより美登利の顔は赤う成りて，何のやうの大事にでも逢ひしやうに，胸の動悸の早くうつを，人の見るかと背後の見られて，恐る〳〵門の傍へ寄れば，信如もふつと振返りて，此れも無言に脇を流るゝ冷汗，跣足になりて逃げ出したき思ひなり。…

⑥樋口一葉　**ロマン主義文学**の母体『文学界』の同人と交流し，雑貨商を営みながら名作を生むが，24歳で結核に倒れる。

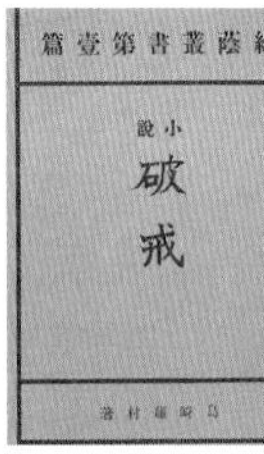
緑蔭叢書第壹篇
小説
破戒

『破戒』（島崎藤村）【抜粋】

…自分は其を隠蔽さう隠蔽さうとして，持つて生れた自然の性質を銷磨して居たのだ。…思へば今迄の生涯は虚偽の生涯であつた。自分で自分を欺いて居た。あゝ—何を思ひ，何を煩ふ。『我は穢多なり』と男らしく社会に告白するが好いではないか。…

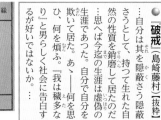

⑦島崎藤村　『破戒』は社会の前近代性を直視し，社会と個人の相克を描いた小説で，**自然主義文学**の先駆と評価された。

『吾輩は猫である』（夏目漱石）【冒頭】

吾輩は猫である。名前はまだ無い。
どこで生れたかとんと見当がつかぬ。何でも薄暗いじめじめした所でニャーニャー泣いていた事だけは記憶している。…

⑧夏目漱石　自然主義文学に批判的な立場で，余裕をもち，世俗を離れて物事をとらえた作風が特徴。

B 詩歌・短歌・俳句

＊大逆事件を機に社会主義への関心を深め，評論『時代閉塞の現状』を執筆した。➔p.240

正岡子規と日清戦争 ➔2

詩歌				短歌		俳句 ➔p.192 2
新体詩	外山正一ら『新体詩抄』 (文語定型の近代詩の起点)	象徴詩	上田敏『海潮音』 (訳詩集) 薄田泣菫『白羊宮』 『春鳥集』 北原白秋『邪宗門』	根岸派	正岡子規の短歌革新(写生と万葉主義) 子規の根岸短歌会雑誌『馬酔木』 伊藤左千夫らの雑誌『アララギ』	正岡子規の俳句革新 (写生) 子規，高浜虚子 雑誌『ホトトギス』 河東碧梧桐らの新傾向俳句運動起こる
ロマン詩	森鷗外ら『於母影』(訳詩集) 北村透谷『楚囚之詩』(長編劇詩) 島崎藤村『若菜集』 土井晩翠『天地有情』			ロマン派	与謝野鉄幹の新詩社雑誌『明星』 与謝野晶子『みだれ髪』➔p.233	
					石川啄木*『一握の砂』『悲しき玩具』	

若菜集
⑨『若菜集』

『若菜集』（島崎藤村）**『秋風の歌』**【抜粋】

さびしさはいつともわかぬ山里に
尾花みだれて秋かぜぞふく
しづかにきたる秋風の
西の海より吹き起り
舞ひたちさわぐ白雲の
飛びて行くへも見ゆるかな…

⑩『一握の砂』

『一握の砂』（石川啄木）**『我を愛する歌』**【抜粋】

…はたらけど
はたらけど猶わが生活楽にならざり
ぢつと手を見る
何もかも行末の事みゆるごとき
このかなしみは
拭ひあへずも…

柿くへば　鐘が鳴るなり　法隆寺　**秋**　正岡子規

白牡丹　といふといへども　紅ほのか　**夏**　高浜虚子

ひと　正岡子規(1867～1902) 愛媛県出身

俳句・短歌の写生によるリアリズム表現を提唱する革新運動を行う。雑誌『ホトトギス』にたずさわり，近代俳句の確立に努めた。野球好きで知られた子規であったが，晩年は結核をわずらい病床で過ごした。

⑪『ホトトギス』

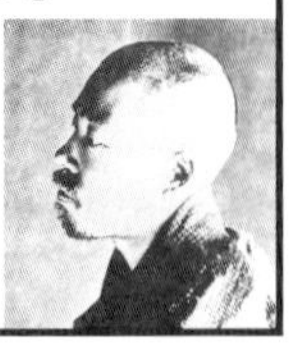

歴史散歩　子規庵(東京都台東区根岸)　正岡子規は日本新聞社入社後，根岸に移り住んだ。同地に再建された子規庵は，集った文人たちの空気を感じることができる。

2 ジャーナリズムの変遷

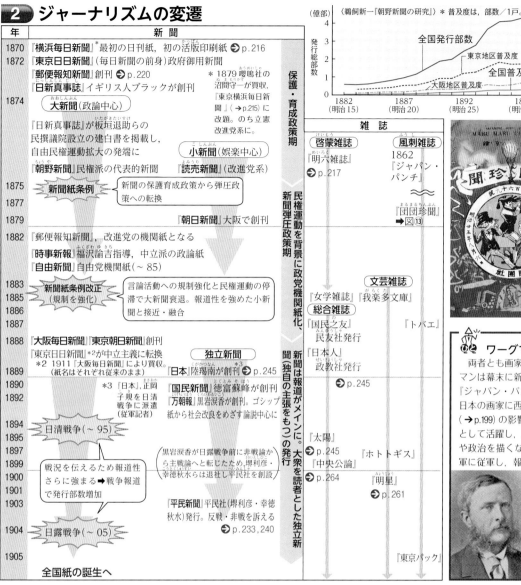

年	新聞
1870	『横浜毎日新聞』*最初の日刊紙，初の活版印刷紙 ➔p.216
1872	『東京日日新聞』(毎日新聞の前身)政府御用新聞
	『郵便報知新聞』創刊 ➔p.220
	『日新真事誌』イギリス人ブラックが創刊
1874	大新聞(政論中心)
	『日新真事誌』が板垣退助らの民撰議院設立の建白書を掲載し，自由民権運動拡大の発端に
	『朝野新聞』民権派の代表的新聞　小新聞(娯楽中心)『読売新聞』(改進党系)
1875	新聞紙条例　新聞の保護育成政策から弾圧政策への転換
1877	
1879	『朝日新聞』大阪で創刊
1882	『郵便報知新聞』，改進党の機関紙となる
	『時事新報』福沢諭吉指導，中立派の政論紙
	『自由新聞』自由党機関紙(～85)
1883	新聞紙条例改正(規制を強化)　言論活動への規制強化と民権運動の停滞で大新聞衰退。報道性を強めた小新聞と接近・融合
1885	
1886	
1887	
1888	『大阪毎日新聞』『東京朝日新聞』創刊
	『東京日日新聞』*2が中立主義に転換　独立新聞
1889	『日本』陸羯南が創刊*3 ➔p.245
1890	『国民新聞』徳富蘇峰が創刊
1892	『万朝報』黒岩涙香が創刊。ゴシップ紙から社会改良をめざす論説中心に
1894	日清戦争(～95)
1895	
1897	黒岩涙香が日露戦争前に非戦論から主戦論へと転じたため，堺利彦・幸徳秋水らは退社し平民社を創設
1899	戦況を伝えるため報道性さらに強まる➡戦争報道で発行部数増加
1900	
1901	
1903	『平民新聞』平民社(堺利彦・幸徳秋水)発行。反戦・非戦を訴える ➔p.233,240
1904	日露戦争(～05)
1905	
	全国紙の誕生へ

＊1879 嚶鳴社の沼間守一が買収，『東京横浜毎日新聞』(➔p.215)に改題。のち立憲改進党系に。

*2 1911『大阪毎日新聞』により買収。(紙名はそれぞれ従来のまま)

*3『日本』，正岡子規を日清戦争に派遣(従軍記者)

保護・育成政策期

民権運動を背景に政党機関紙化，新聞弾圧政策期

新聞は報道がメインに。大衆を読者とした独立新聞(独自の主張をもつ)の発行

雑誌

啓蒙雑誌	風刺雑誌
『明六雑誌』➔p.217	1862『ジャパン・パンチ』
	『団団珍聞』➡図⑬
文芸雑誌	
『女学雑誌』	『我楽多文庫』
総合雑誌	
『国民之友』民友社発行	『トバエ』
『日本人』政教社発行 ➔p.245	
『太陽』➔p.245	『ホトトギス』
『中央公論』➔p.264	『明星』➔p.261
	『東京パック』

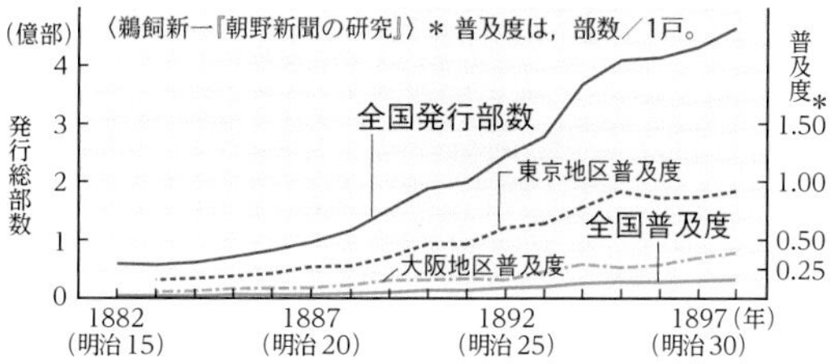

〈鵜飼新一『朝野新聞の研究』〉＊普及度は，部数／1戸。
(億部)
発行総部数
普及度＊
全国発行部数
東京地区普及度
全国普及度
大阪地区普及度
1882 (明治15)
1887 (明治20)
1892 (明治25)
1897 (明治30)(年)

⑫新聞・雑誌の普及　各紙は憲法発布や総選挙，国会開設に備えてそれまでの10倍の印刷能力をもつ機械を導入した。ラジオがまだない時代には新聞が最も迅速に伝達するメディアであった。

⑬『団団珍聞』　1877年に創刊された週刊風刺雑誌。社長野村文夫の外国での知識と経験をもとに，新聞雑誌では直接表現できない政府の施策批判を風刺の技法で表現した。画家として小林清親やビゴーが参加している。

ワーグマンとビゴー

両者とも画家でジャーナリズムに従事した。ワーグマンは幕末に新聞の報道記者として来日し，風刺雑誌『ジャパン・パンチ』を刊行。高橋由一(➔p.251)など日本の画家に西洋画の技法を指導した。ジャポニスム(➔p.199)の影響を受けて来日したビゴーは，通信員として活躍し，風刺雑誌『トバエ』を発行。日本の風俗や政治を描くなかで，日清戦争(➔p.231)では日本陸軍に従軍し，報道画を残した。

⑭ワーグマン(1832～91)イギリス出身。

⑮ビゴー(1860～1927)フランス出身。

3 演劇の近代化

⑯近代演劇の流れ

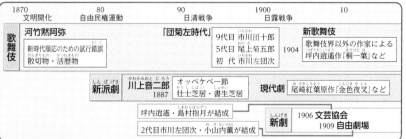

1870 文明開化　80 自由民権運動　90 日清戦争　1900 日露戦争　10

歌舞伎
- 河竹黙阿弥：新時代順応のための試行錯誤　散切物・活歴物
- 「団菊左時代」：9代目 市川団十郎，5代目 尾上菊五郎，初代 市川左団次
- 1904 新歌舞伎：歌舞伎界以外の作家による　坪内逍遙作『桐一葉』など

新派劇：川上音二郎 1887　オッペケペー節　壮士芝居・書生芝居　現代劇　尾崎紅葉原作『金色夜叉』など

新劇：坪内逍遙・島村抱月が結成　1906 文芸協会 ／ 2代目市川左団次・小山内薫が結成　1909 自由劇場

菊五郎
団十郎
左団次

⑰「団菊左時代」　河竹黙阿弥の新作で団十郎・菊五郎・左団次が活躍した，明治中期の歌舞伎最盛期。写真は東京新富座開場時の3人。

⑱川上音二郎　自由民権運動の壮士として「オッペケペー節」を自作自演し政府を批判。民権運動高揚とともに，壮士芝居を発展させた新派劇を創設。

4 西洋式メロディーの採用

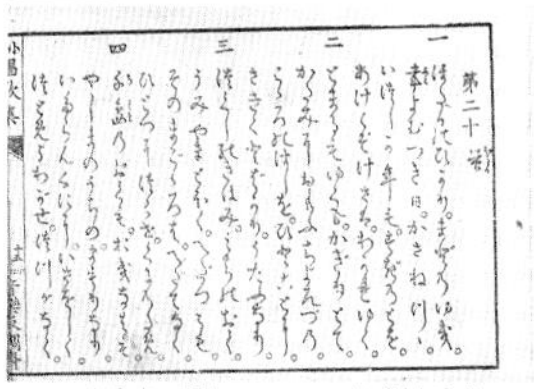

⑲唱歌「蛍の光」　伊沢修二は帰属意識や連帯意識を高める教育を音楽に託し，米人メーソンと音楽取調掛を開設。唱歌科授業の最初の教材として，和洋折衷の方針で作成した『小学唱歌集』を発行した。

滝廉太郎(1879～1903)

東京都出身

高度な音楽専門家の育成および教員養成が目的の東京音楽学校で，ピアノを学び授業補助として教壇にも立った。代表曲は「荒城の月」や「箱根八里」など。ドイツ留学の途中結核をわずらい帰国，23歳で亡くなる。近代の日本歌曲の基礎を固めた人物。

歴史散歩　滝廉太郎記念館(大分県竹田市)　滝が12歳から14歳まで住んでいた屋敷が記念館となっており，手紙や写真，直筆の譜面などが展示されている。

明治の文化④（絵画・彫刻・建築）—日本ヲ以テ勝レリ（『美術真説』）

〈東京藝術大学蔵 195.8 × 86.1cm〉

ヒストリースコープ

1882（明治 15）年，上野の博物館でお雇い外国人フェノロサは講演を行い，日本画の西洋画に対する優位性を主張した。この講演は，西洋画至上主義を推進していた政府の考えを見直させる効果があった。フェノロサは弟子の岡倉天心とともに，日本美術復興に奔走した。

考察

❶図③の絵画で，フェノロサが日本画を評価した観点が表されていると思う点を説明しよう。

❷伝統美術の復興に対し，西洋画はどのように発展しただろうか。→2

❸彫刻・建築における近代化の道のりを西洋技法の摂取に触れながら説明しよう。→4・6

①フェノロサ（1853~1908）

②フェノロサが唱えた西洋画と日本画の相違点　講演のなかであげたすべての観点において，「日本ヲ以テ勝レリ」と日本画を評価した。1887 年に設置された**東京美術学校**では，フェノロサや校長に就任した天心の考えを具現化する教育の中心地として，日本画科が重視された。

	観点	西洋画（油絵）	日本画	フェノロサのコメント
①	写実性	高い	低い	実物を写実的に模写することが美術の本旨でない
②	陰影	あり	なし	陰影は濃淡の表現の一つであり，陰影がなくても他の方法で濃淡は表現できる
③	鉤勒（輪郭線）	なし	あり	日本独自の鉤勒は，近年，欧米の画家に使用されようとしている
④	色彩	色数が多く濃厚	色数が少なく淡白	色数が多く濃厚だと調和しがたく，色彩にとらわれてしまう
⑤	粗密性	繁雑	簡潔	余白なく繁雑に事物が描かれていると，焦点を一つに合わせることができない

③**悲母観音**（狩野芳崖筆 1888 年）　フェノロサは衰退していた狩野派を擁護して，貧窮に苦しんでいた芳崖を励ました。芳崖は生前最後の作となる悲母観音を完成させた。

1 日本美術の再発見

〈東京 静嘉堂文庫美術館蔵 6 曲 1 双 各 160.5 × 369.5cm（部分）〉

④**龍虎図**（橋本雅邦筆 1895 年）　狩野派（→ p.150）の伝統によりながら，洋画の遠近法や陰影法を導入した，最も充実した時期の傑作。雅邦は東京美術学校教授として後進を指導，狩野芳崖（→図③）とともに近代日本画の開拓に尽力した。

⑤**無我**（横山大観筆 1897 年）東京美術学校１期生，同校助教授。童子のあどけない表情から仏教の無我の境地を表現した。〈東京国立博物館蔵 142.1 × 85.3cm〉

⑥**木の間の秋**（下村観山筆 1907 年）　第１回**文部省美術展覧会**（文展）出品作品。大観と同期であるが，復古的で琳派（→ p.178）の装飾性を加えた新感覚の大和絵（→ p.88）を描く。〈東京国立近代美術館蔵 2曲1双 各 169.5 × 170.0cm〉

⑦**岡倉天心**（1862~1913）

⑧**アレタ立に**（竹内栖鳳筆 1909 年）　第３回文展出品作品。四条派（→ p.199）の伝統的手法に西洋画の写実性を巧みに融合させた。〈大阪 高島屋史料館蔵 165.5 × 84.9cm（部分）〉

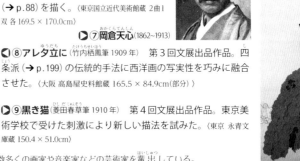

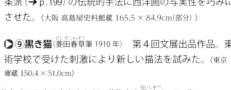

⑨**黒き猫**（菱田春草筆 1910 年）　第４回文展出品作品。東京美術学校で受けた刺激により新しい描法を試みた。〈東京 永青文庫蔵 150.4 × 51.0cm〉

今日とのつながり　東京美術学校は戦後，東京藝術大学に改編され，現在でも数多くの画家や音楽家などの芸術家を輩出している。

2 西洋画への本格的な挑戦

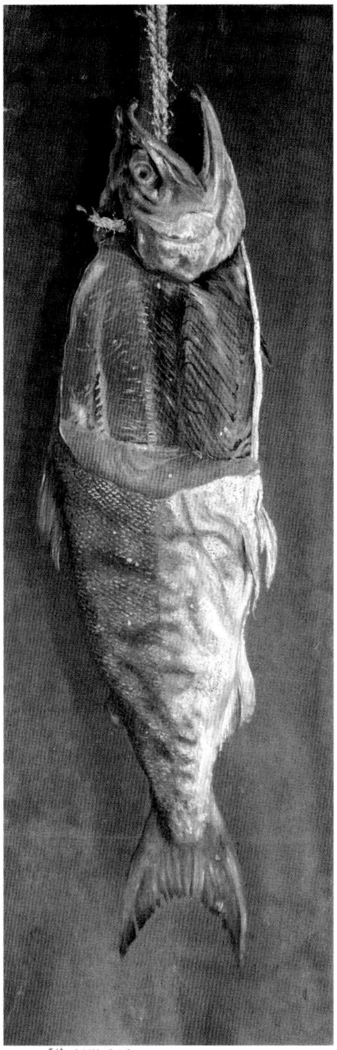

⑩鮭（高橋由一筆 1877年ごろ）　西洋画の先駆者。蕃書調所（➔p.190）で川上冬崖，外国人居留地でワーグマン（➔p.249）にそれぞれ師事。身近な題材を選び，静物の質感・重量感の表現にすぐれた，迫力ある作品を残した。〈東京藝術大学蔵 140.0 × 46.5cm〉

A 脂派（旧派）

⑪収穫（浅井忠筆 1890年）　工部美術学校でお雇い外国人フォンタネージに学ぶ。抒情的表現で写実的に描く。浅井ら西洋画の先駆者が設立した**明治美術会**を中心に活動した画家を，色調が暗いことから脂派とよんだ。明治美術会第2回展出品作品。〈東京藝術大学蔵 69.6 × 98.2cm〉

B 外光派（新派）

〈東京国立博物館蔵 69.0 × 84.7cm〉

⑫湖畔（黒田清輝筆 1897年）　パリに留学し，ラファエル＝コランに師事した黒田は，それまでの日本西洋画の教授法を一新して，東京美術学校西洋画科を創設し色彩の明るい外光派を形成。**白馬会**を設立し，画壇の主流をなした。

〈東京藝術大学蔵 126.6 × 189.3cm〉

⑬渡頭の夕暮（和田英作筆 1897年）　黒田清輝に学び，白馬会結成に参加。渡欧後，東京美術学校教授となり，のち同校校長。第2回白馬会展出品作品。

⑭天平の面影（藤島武二筆 1902年）　第7回白馬会展出品。外光派から離脱し，ロマン主義的風潮を受けた作品。〈福岡 石橋財団石橋美術館蔵 197.5 × 94.0cm〉

⑮南風（和田三造筆 1907年）　白馬会で黒田清輝に師事。東京美術学校教授。南風は東京美術学校在学中の作品で，外光派的な光あふれる作風。1907年創設の第1回文展で二等賞を受賞する。〈東京国立近代美術館蔵 151.5 × 182.4cm〉

⑯海の幸（青木繁筆 1904年）　東京美術学校西洋画科で黒田に指導を受ける。第9回白馬会展出品作品。房州布良への写生旅行の際，漁村での歓声にわく水揚げのようすを聞いて描いた。こちらを向く女性は恋人 福田たね，その前の人物は友人 坂本繁二郎。〈福岡 石橋財団石橋美術館蔵 70.2 × 182.0cm〉

3 近代日本絵画の流れ①

大正・昭和初期の日本絵画 ➔p.266 4

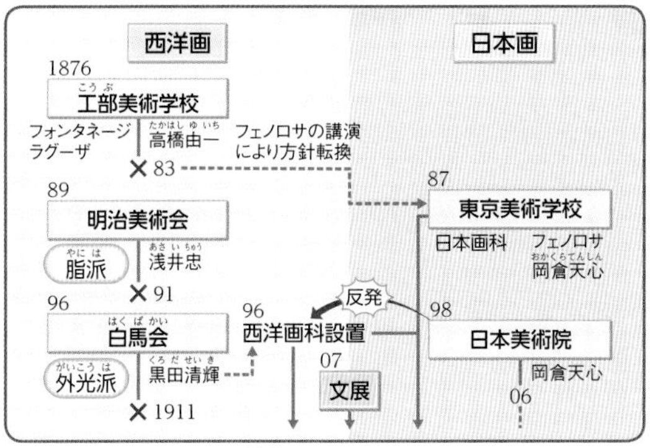

西洋画
日本画
1876
工部美術学校
フォンタネージ
ラグーザ
高橋由一
フェノロサの講演により方針転換
✕83
89
明治美術会
脂派
浅井忠
✕91
87
東京美術学校
日本画科
フェノロサ
岡倉天心
96
白馬会
外光派
黒田清輝
✕1911
96
西洋画科設置
反発
98
日本美術院
岡倉天心
06
07
文展

⑰文部省が主催した文展（➔図⑥）は，流派や美術団体の枠をこえた美術界の統合をめざした。

歴史散歩　東京藝術大学大学美術館（東京・上野）　東京美術学校時代からの多くの資料が収蔵されており，高橋由一の「鮭」や浅井忠の「収穫」などの著名な作品も収蔵されている。

近代　明治

4 彫刻の導入

A 木彫の伝統

〈東京国立博物館蔵 像高 90.9cm〉

◀ ⑱老猿（高村光雲作 1893 年）
老猿が鷲を取り逃した場面を表した作品。光雲は，廃仏毀釈（➔ p.217）などにより衰退しかけていた日本の伝統的木彫技術に，写実性を取り入れて復活させた。シカゴ万博（万国博覧会）出品作品。

▶ ⑲伎芸天（竹内久一作 1893 年）　伎芸をつかさどる天女を極彩色で仕上げた作品。シカゴ万博に出品され，評判となった。

〈東京藝術大学蔵 像高 214.5cm〉

時代を見る目

輸出された伝統工芸品

ウィーン万博により，西欧ではジャポニスムが流行した。西欧の需要にこたえるため，殖産興業政策（➔ p.213）のもとで日本的要素を意識的に取り入れた伝統工芸品が，輸出用にさかんに製作された。

▶ ⑳当時つくられた伝統工芸品（柴田是真作　烏鷺蒔絵菓子器）

〈東京国立博物館蔵 13.0×18.5×12.4cm〉

B 西洋流の彫塑

〈東京藝術大学蔵 像高 62.1cm〉

▲ ㉑日本婦人（ラグーザ作 1880 年ごろ）　ラグーザは，**工部美術学校**の彫刻科教師として日本における西洋アカデミズムの基礎を築いた。モデルは妻の清原玉。

◀ ㉒ゆあみ（新海竹太郎作 1907 年）
第 1 回文展に出品された。ドイツのベルリン美術学校で学んだ本格的写実彫塑の技術が用いられている。
〈東京国立近代美術館蔵 像高 189.0cm〉

▶ ㉓墓守（朝倉文夫作 1910 年）　老人の立ち姿を表現した写実的な作品で，安定感のある自然な造形表現にまとめあげている。第 4 回文展に出品された。

〈東京 台東区立朝倉彫塑館蔵 像高 181.5cm〉

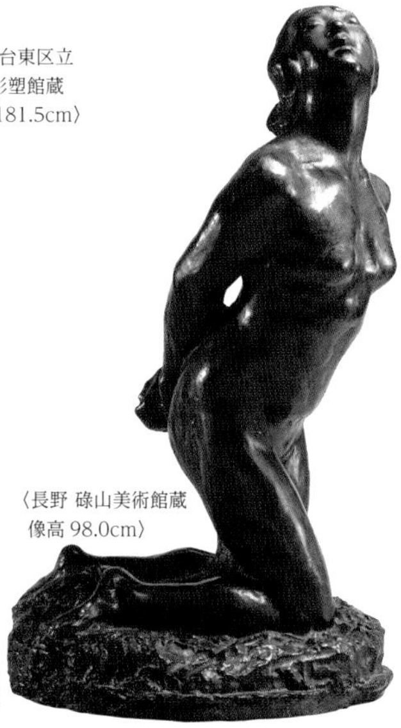
〈長野 碌山美術館蔵 像高 98.0cm〉

◀ ㉔女（荻原守衛*作 1910 年）　荻原守衛はパリでロダンの「考える人」に影響を受け，彫刻を始めた。普遍的な女性像を表現した名作「女」を最後に，30 歳の若さで亡くなった。日本近代彫刻の記念碑的作品である。＊荻原自身は「OGIHARA」と表記している。

5 明治の文化まとめ表

特徴		伝統と革新のあいだ ① 19 世紀後半～20 世紀初めの文化 ②政府が指導的立場にある文化 ③伝統技法の見直し ④西洋技法の摂取
絵画	日本画	悲母観音（狩野芳崖） 龍虎図（橋本雅邦） 無我（横山大観） アレタ立に（竹内栖鳳） 黒き猫・落葉（菱田春草） 木の間の秋・大原御幸（下村観山）
絵画	西洋画	鮭（高橋由一） 収穫（浅井忠） 湖畔・読書（黒田清輝） 渡頭の夕暮（和田英作） 天平の面影（藤島武二） 夜汽車（赤松麟作） 南風（和田三造） 海の幸（青木繁）
彫刻	木彫	老猿（高村光雲） 伎芸天（竹内久一）
彫刻	彫塑（塑像）	日本婦人（ラグーザ） ゆあみ（新海竹太郎） 墓守（朝倉文夫） 女（荻原守衛〈碌山〉）
建築		ニコライ堂・旧岩崎邸・鹿鳴館（コンドル） 日本銀行本店（辰野金吾） 旧東宮御所〈迎賓館赤坂離宮〉国（片山東熊）

6 明治の建築

〈東京 高さ 34.5m〉

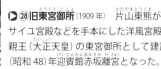

▲ ㉕ニコライ堂（1891 年）　宣教師ニコライが建築した日本ハリストス正教会の聖堂。建築家コンドルの設計。関東大震災後修復された。

〈東京 高さ 20.9m〉

▲ ㉖旧岩崎邸（1896 年）　洋風建築の中に和風・イスラーム風を折衷。三菱の岩崎弥太郎（➔ p.242）の長男久弥の邸宅。コンドル設計。

ジョサイア＝コンドル（1852～1920）　イギリス出身

建築家。お雇い外国人として来日し，工部大学校で辰野金吾・片山東熊らを育て，「日本近代建築の父」と称された。日本文化をこよなく愛し，設計のかたわら日本庭園や生け花の研究にいそしみ，日本を内側からながめようとした。

◀ ㉗日本銀行本店（1896 年）　コンドルの弟子辰野金吾が設計。明治の銀行建築の代表的建造物。〈東京〉

▶ ㉘旧東宮御所（1909 年）　片山東熊が設計。ヴェルサイユ宮殿などを手本にした洋風宮殿建築物。嘉仁親王（大正天皇）の東宮御所として建設され，1973（昭和 48）年迎賓館赤坂離宮となった。〈国 東京〉

歴史散歩　日本銀行本店（東京・日本橋）　重要文化財に指定されている本館では，旧地下金庫や旧営業場を見学できるほか，日本銀行関連の多くの資料を見ることができる（要予約）。

第一次護憲運動 ―玉座ヲ以テ胸壁トナシ，詔勅ヲ以テ弾丸ニ代ヘ 史（尾崎行雄弾劾演説）

ヒストリースコープ

1912（大正1）年，西園寺内閣が陸軍に倒され，陸軍長州閥で内大臣兼侍従長の桂太郎が詔勅を利用して内閣を組織した*。立憲政友会の尾崎行雄・立憲国民党の犬養毅らは「閥族打破・憲政擁護」を掲げてこれを批判，ジャーナリストや商工業者，都市民衆らと第一次護憲運動を展開した。翌年2月，内閣不信任案が提出され，尾崎は議会で弾劾演説を行った。

考察

❶尾崎行雄は，どのような理由で桂内閣を弾劾したのだろうか。

❷第一次護憲運動が，その後の政治に与えた影響を，政府と世論の関係から説明しよう。→1・2

〈東京 衆議院憲政記念館 72.0 × 60.0cm〉

弾劾演説（現代語訳）

彼らは天皇の玉座をもって防御の胸壁とし，天皇の詔勅をもって攻撃の弾丸にかえて，政敵を倒さんとするものではないか。

◀①**桂内閣弾劾**（山尾平筆） 後年「ここで桂公を指めさば，ひっくり返って椅子から転げ落ちるのではないか」と尾崎は回想している。

▲②**国会議事堂（当時）を取り囲む民衆**（1913年2月10日） 2月11日，第3次桂内閣は，組閣から53日で総辞職した（**大正政変**）。

＊第3次桂内閣。組閣時，前内閣の斎藤実海相が留任を拒否したため，詔勅により留任させた。

1 大正政変関連年表

p.240 p.254,349「内閣一覧」

内閣	年月	事項
西園寺公望内閣② 1911(明治44).8～1912(大正1).12		日露戦争後の財政難により緊縮財政
 与党 立憲政友会	1912. 3	美濃部達吉，天皇機関説を提唱 ➔ p.268
おもな経歴 立憲政友会総裁	(明治45)(大正1). 7.30	明治天皇没，大正に改元
おもな閣僚 内相 原敬 陸相 上原勇作 海相 斎藤実	.11.22	上原勇作陸相，陸軍**2個師団増設案**を閣議に提出（辛亥革命の影響）➔ p.240
(1849～1940)	.12. 2	上原陸相，単独で辞表を天皇に提出 →陸軍，後継陸相を推薦せず
	.12. 5	**軍部大臣現役武官制**により西園寺内閣総辞職 ➔ p.232
桂太郎内閣③ 1912(大1).12～1913(大2).2	.12.19	東京で第1回**憲政擁護大会**開催（第一次護憲運動）
 長州閥・陸軍大将	.12.21	桂太郎，内大臣・侍従長を辞任し組閣 史 →「宮中・府中の別」を乱すとの批判*
おもな経歴 内大臣兼侍従長	1913. 1.20	桂，新党（立憲同志会）結成計画発表
おもな閣僚 蔵相 若槻礼次郎 海相 斎藤実	. 2. 5	政友会・国民党，内閣不信任案提出 **尾崎行雄の桂首相弾劾演説** ➡図①
(1847～1913)	. 2.10	議会を民衆が取り囲む ➡図②
	. 2.11	**桂内閣総辞職（大正政変）**
山本権兵衛内閣① 1913(大2).2～1914(大3).3	. 2.20	山本権兵衛内閣成立，（与党**立憲政友会**）
	. 2.23	尾崎行雄ら政友会脱党宣言
 薩摩閥・海軍大将	. 6	**軍部大臣現役武官制改正**
与党 立憲政友会	. 8	**文官任用令改正** ➔ p.232
おもな経歴 海軍大臣	.12	立憲同志会結成（総裁加藤高明）
おもな閣僚	1914. 1	**ジーメンス事件** ➡2
内相 原敬 海相 斎藤実	. 3	貴族院の反対で予算不成立 貴族院 ➔ p.227 →山本内閣総辞職
大隈重信内閣② ➔ p.254 1914(大3).4～1916(大5).10	. 8	第一次世界大戦参戦
	1915. 3	総選挙で立憲同志会など与党が圧勝 ➔ p.353
	. 6	陸軍2個師団増設案を承認 ➔ p.240

＊内大臣兼侍従長として宮中にいた桂が政府（府中）に入ることは両者の境界を乱すと批判された。

A 大正・昭和の既成政党の系譜

➔ p.232,352

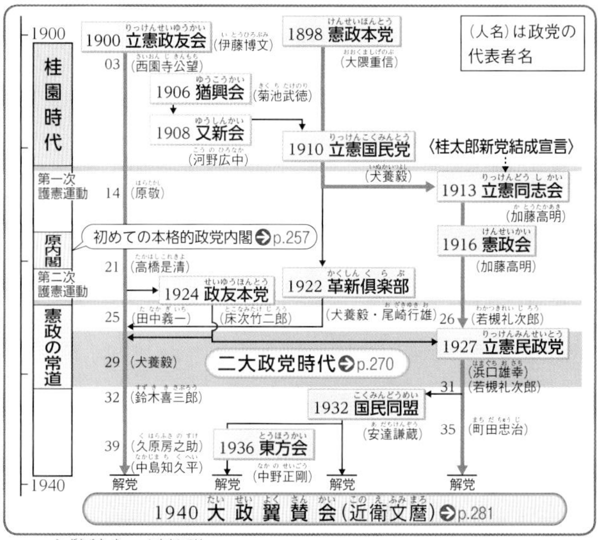
（人名）は政党の代表者名
1900
桂園時代
1900 立憲政友会（伊藤博文）
1898 憲政本党（大隈重信）
03（西園寺公望）
1906 猶興会（菊池武徳）
1908 又新会（河野広中）
1910 立憲国民党
〈桂太郎新党結成宣言〉
第一次護憲運動
14（原敬）
（犬養毅）
1913 立憲同志会（加藤高明）
原内閣
初めての本格的政党内閣 ➔p.257
1916 憲政会（加藤高明）
21（高橋是清）
第二次護憲運動
1924 政友本党
1922 革新倶楽部
憲政の常道
25（田中義一）
（床次竹二郎）
（犬養毅・尾崎行雄）
26（若槻礼次郎）
1927 立憲民政党
29（犬養毅）
二大政党時代 ➔p.270
（浜口雄幸）
31（若槻礼次郎）
32（鈴木喜三郎）
1932 国民同盟（安達謙蔵）
35（町田忠治）
39（久原房之助）（中島知久平）
1936 東方会（中野正剛）
解党
1940
1940 大政翼賛会（近衛文麿）➔p.281

▶③**尾崎行雄と犬養毅**

護憲運動ではその先頭に立ち，「憲政の神様」と併称された。その演説は「咢堂（尾崎）が雄弁は真珠玉を盤上に転じ，木堂（犬養）が演説は霜夜*に松籟*2を聴く」と評された。

犬養毅
尾崎行雄

＊霜の降りた寒い夜。 ＊2 松のこずえを吹き抜ける風音。

2 ジーメンス*事件

＊Siemens 独語読み ジーメンス 英語読み シーメンス。

議海の波も穏やかに四方の景色に天下の泰平楽を並らべていたが…リヒテルの収賄岩へハタと擱坐（船が座礁）して大破綻おまけに世論山弾劾嵐に波も段々と捲起り…懸命の働きも救けののろしも効目なく…椅子を投って念仏だ。

山本首相
斎藤海相
内閣丸
ジーメンス事件

◀④**ジーメンス事件の風刺**（『東京パック』1914年2月） 山本権兵衛内閣は，**軍部大臣現役武官制**と**文官任用令**（➔ p.232）の改正により，軍部や官僚の力を弱めることに成功したが，海軍高官がからんだこの汚職事件は，海軍出身の山本に大きな打撃を与えた。山本内閣は，議会や民衆から批判を浴びて，退陣に追い込まれた。

〈東京大学附属明治新聞雑誌文庫蔵〉

時代を見る目 イメージ選挙のさきがけ

山本内閣のあと組閣した大隈重信は，絶大な人気を背景に政権基盤強化のため，衆議院を解散した。この総選挙では，新しいメディアであるレコードに，大隈の演説「憲政に於ける与論の勢力」が吹き込まれ各地に配布された。まさに世論が政治を動かす大正時代の象徴であった。選挙は，与党立憲同志会153議席，野党立憲政友会108議席と，大隈が基盤とする与党が圧勝した。

〈早稲田大学大学史資料センター蔵〉

▲⑤**大隈の演説レコード**

歴史散歩 憲政記念館（東京都千代田区） 1970年に議会開設80年を迎え，議会制民主主義の認識を深めるために設立。入口には「憲政の神様」尾崎行雄の銅像がある。

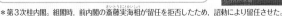

第一次世界大戦 ―大正新時代ノ天佑(てんゆう) 史（井上馨(いのうえかおる)の提言）

ヒストリースコープ

元外相の元老 井上馨（1835～1915）は，第一次世界大戦を日本の発展のための天佑（天のたすけ）とし，この機会に「東洋に対する日本の利権を確立すべき」とする意見書を，元老 山県有朋(やまがたありとも)と首相 大隈重信(おおくましげのぶ)に伝えた。

考察

1. 日本が，第一次世界大戦に参戦した目的とは何だろうか。
2. 日本の参戦の目的は，大戦中はどのように具体化され，結果はどのようになっただろうか。→1・2
3. 日露戦争後に生じた日米露の中国をめぐる対立は，第一次世界大戦中にどのような形であらわれただろうか。→1・3・5

加藤高明(かとうたかあき)外相の参戦論（一九一四年）【現代語訳】

日本は，今，第三次日英同盟協約の規定の義務にしたがって参戦しなければならない立場ではない。…ただ，一つはイギリスからの依頼にもとづく日英同盟に対して誠意を示す，もう一つは大日本帝国がこの機会にドイツの根拠地を東洋から一掃(いっそう)して，国際的な地位を一段と高める，この二点から参戦を断行するのが，現在最良の政策であると信じている。（『加藤高明』）

△①閣議における議論から，日英同盟の「情宜(じょうぎ)*」を理由に東洋からドイツ勢力の一掃(いっそう)をねらったことがわかる。
*よしみ。誠意を示すこと。

△②**青島(チンタオ)を占領する日本軍** 1914年8月，日本はドイツに宣戦布告(せんせんふこく)し，ドイツの租借地がある山東(さんとう)半島に出兵した。日本軍は，約5万人の兵力を動員して，10月には済南(チーナン)を，11月にはドイツ軍の要塞(ようさい) 青島(シャントン)を占領した（➔図⑦）。

1 第一次世界大戦と日本の外交

第一次世界大戦（とくに青字はヨーロッパ・アメリカ・中国の動き） p.253 p.257,349「内閣一覧」

内閣	年月	できごと	中国
大隈重信(おおくましげのぶ)内閣② 1914(大正3).4～1916(大5).10	1914. 6	サライェヴォ事件 ➔ p.19	北京政府
	. 7	オーストリア(墺)，セルビアに宣戦布告	
	. 8	日本，ドイツに宣戦布告	袁世凱（独裁政権）
		タンネンベルクの戦い（"東部戦線"）	
	. 9	マルヌの戦い（"西部戦線"）	
	.10	日本海軍，赤道以北のドイツ領南洋諸島占領	
	.11	日本軍，青島(チンタオ)を占領 ➡図②⑦	
(1838～1922) 与党 立憲同志会・中正会 おもな経歴 早稲田大学総長 おもな閣僚 外相 加藤高明 蔵相 若槻礼次郎 文相 高田早苗	1915. 1	日本，袁世凱(えんせいがい)政府に二十一カ条の要求 ➡図④	
	1916. 7	第4次日露協約調印 ➔ p.235	1916年
		日露両国による満蒙(まんもう)独占の秘密協約 第三国（アメリカを想定）による中国支配の防止のため，相互援助を定める（軍事同盟化） ➔ロシア革命により消滅	
寺内正毅(てらうちまさたけ)内閣 1916(大5).10～1918(大7).9	1917. 1	西原(にしはら)借款開始	段祺瑞（各地方の軍閥割拠の時代）
		段祺瑞(だんきずい)政権を支援し，政治・軍事・経済上の日本権益拡大をはかるため，寺内首相が私設秘書の西原亀三(にしはらかめぞう)を通して銀行から調達した総額1億4500万円の資金を貸す（西原借款） ➔ 1920年，段祺瑞政権崩壊	
	. 2	独，無制限潜水艦作戦を宣言 ➡4	
	. 3	露，三月革命（露暦で二月革命） ➡3	
(1852～1919) 与党 （立憲政友会） おもな経歴 陸軍大将，元帥(げんすい)，朝鮮総督 おもな閣僚 海相 加藤友三郎 内相 後藤新平	. 4	米，対独宣戦布告	
	. 8	中，対独・墺宣戦布告	
	.11	露，十一月革命（露暦で十月革命）	
		石井・ランシング協定調印 ➡図⑤	
		特派大使石井菊次郎(いしいきくじろう)と米国務長官ランシングとの間で協定➔九カ国条約締結により1923年廃棄	
	1918. 1	ウィルソンが「14カ条」発表 ➔ p.258	
	. 3	ブレスト＝リトフスク条約➔ソヴィエト政権が停戦	
	. 8	日本，シベリア出兵宣言 ➡5	
	.8～.9	米騒動(こめそうどう) ➔ p.257	
原敬(はらたかし)内閣 1918(大7).9～1921(大10).11 ➔ p.257	.11	ドイツ革命。独，休戦協定に調印	
	1919. 3	三・一独立運動(さんいちどくりつうんどう)（万歳(ばんざい)事件） ➔ p.258	
	. 5	五・四運動 ➔ p.258	
	. 6	ヴェルサイユ条約調印 ➔ p.258	
	1920. 3	尼港(にこう)事件（～5月） ➡図⑮	1920年 政権崩壊

➔ p.19「帝国主義列強の世界分割」 …イギリスの3C政策・ドイツの3B政策

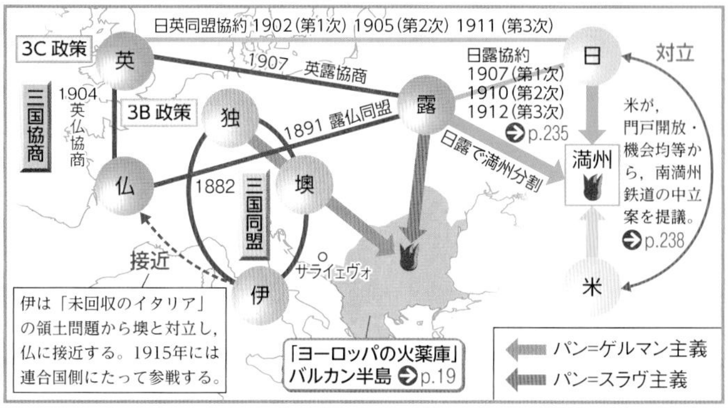

日英同盟協約 1902(第1次) 1905(第2次) 1911(第3次)
3C政策
英
日
対立
1907 英露協商
日露協約 1907(第1次) 1910(第2次) 1912(第3次) ➔p.235
三国協商
1904 英仏協商
3B政策
独
1891 露仏同盟
露
日露で満州分割
満州
米が，門戸開放・機会均等から，南満州鉄道の中立案を提議。➔p.238
仏
1882
三国同盟
墺
接近
サライェヴォ
伊
米
伊は「未回収のイタリア」の領土問題から墺と対立し，仏に接近する。1915年には連合国側にたって参戦する。
「ヨーロッパの火薬庫」バルカン半島 ➔p.19
パン＝ゲルマン主義
パン＝スラヴ主義

△③**大戦前の国際関係** 日本は日英同盟協約と日露協約の関係で，三国協商側にいた。アメリカは，ヨーロッパに対しては外交上相互に不干渉というモンロー主義の立場で，中立の立場をとっていた。

二十一カ条の要求（1915年）史 【要約】

第1号	山東省のドイツ権益①の継承
第2号	南満州及び東部内蒙古(ないもうこ)の日本権益の強化
第3号	漢冶萍公司(かんやひょうコンス)の日中合弁事業化 ➔ p.243
第4号	中国沿岸の不割譲の再確認
第5号	中国政府への日本人政治財政及び軍事顧問，日本人警察官の雇用

（『日本外交年表竝主要文書』）
①青島(チンタオ)など膠州湾(こうしゅうわん)の租借地と周辺の鉄道・鉱山

◁④ヨーロッパの戦乱に乗じ，中国における利権拡大をねらって，大隈(おおくま)内閣は袁世凱(ユワンシーカイ)政府に**二十一カ条の要求**を突きつけ，大半を認めさせた。中国は要求を受諾(じゅだく)した5月9日を「国恥(こくち)記念日」とし，排日運動はより強いものとなっていった。

石井・ランシング協定（一九一七年）【抜粋】史

合衆国及日本国両政府ハ，領土相近接(きんせつ)スル国家ノ間ニハ特殊ノ関係ヲ生スルコトヲ承認ス。従テ**合衆国政府ハ日本国カ支那ニ於(お)テ特殊ノ利益ヲ有スルコトヲ承認ス**。…尤(もっと)モ支那ノ領土主権(ないもう)ハ完全ニ存在スルモノニシテ，…合衆国及日本国両政府ハ毫(ごう)モ支那ノ独立又ハ**領土保全**ヲ侵害スルノ目的ヲ有スルモノニ非(あら)サルコトヲ声明ス。且右両国政府ハ，常ニ支那ニ於テ所謂(いわゆる)**門戸開放**又ハ商工業ニ対スル**機会均等**ノ主義ヲ支持スルコトヲ声明ス。…（『日本外交年表竝主要文書』）

◁⑤アメリカは中国における日本の「特殊利益」を承認し，同時に両国は中国の「領土保全・門戸(もんこ)開放・商工業上の機会均等」を承認しあった。のち「特殊利益」の解釈をめぐって日本とアメリカが対立し，ワシントン会議における**九カ国条約**（➔ p.259）の締結により1923（大正12）年に廃棄。

今日とのつながり バウムクーヘンは，ドイツ人捕虜のカール＝ユーハイムが，広島県で開催されたドイツ人捕虜作品展示販売会に出品したのが，日本での始まりといわれる。

近代 大正

2 日本の参戦

よみとき ドイツ領・ドイツ権益地の占領後に二十一カ条の要求を行った背景に注目しよう➡

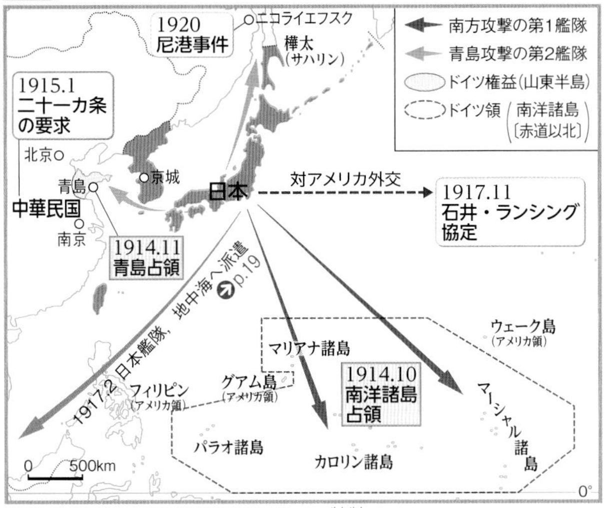
1920 尼港事件
ニコライエフスク
樺太（サハリン）
1915.1 二十一カ条の要求
北京
青島
中華民国
南京
京城
日本
対アメリカ外交
1917.11 石井・ランシング協定
1914.11 青島占領
1917.2 日本艦隊，地中海へ派遣 p.19
マリアナ諸島
ウェーク島（アメリカ領）
フィリピン（アメリカ領）
グアム島（アメリカ領）
1914.10 南洋諸島占領
マーシャル諸島
パラオ諸島
カロリン諸島
0 500km
0°
南方攻撃の第1艦隊
青島攻撃の第2艦隊
ドイツ権益（山東半島）
ドイツ領（南洋諸島〔赤道以北〕）

⑥日本の参戦　イギリスがドイツに宣戦すると，日英同盟を理由に日本も参戦。ドイツの根拠地青島と山東省の権益を接収し，太平洋にのがれた艦隊を追撃して，赤道以北のドイツ領南洋諸島も占領した。

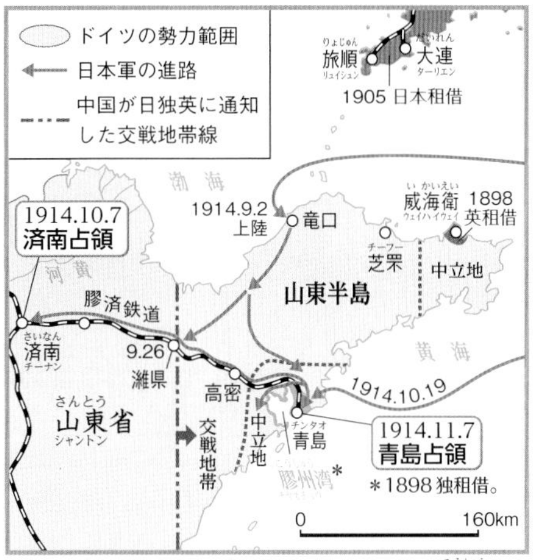
ドイツの勢力範囲
日本軍の進路
中国が日独英に通知した交戦地帯線
旅順
大連
1905 日本租借
渤海
1914.9.2 上陸
竜口
威海衛 1898 英租借
1914.10.7 済南占領
芝罘
中立地
膠済鉄道
山東半島
済南
9.26
濰県
黄海
高密
1914.10.19
山東省
交戦地帯
中立地
青島
1914.11.7 青島占領
膠州湾＊
＊1898 独租借。
0 160km

⑦青島占領　1898（明治31）年，ドイツは膠州湾一帯を中国政府から租借，湾口の青島に要塞を建設してドイツ東洋艦隊を配備した。**第一次世界大戦**が勃発した1914（大正３）年，日本はドイツ勢力を東洋から一掃すべく，天長節祝日である10月31日に攻撃を開始，11月7日に青島要塞を陥落させた。

時代を見る目　石橋湛山と小日本主義

日本が青島を占領したころ，武力を背景に領土を拡大していく外交姿勢に異を唱えたジャーナリストがいた。自由主義の立場に立つ経済雑誌『東洋経済新報』の記者石橋湛山である。彼は「青島は断じて領有すべからず」と題する論説を掲げて対外的膨張主義を批判した。日本は人材や技術といったソフトパワーを使って自由貿易を推進し，通商国家として繁栄すべきとする「小日本主義」を主張した。

⑧石橋湛山（1884~1973）　第二次世界大戦後，第55代内閣総理大臣に就任。病気のため２か月で辞職。

3 ロシア革命

⑨演説するレーニン　1917（大正６）年，ロシアで三月革命が勃発すると，レーニンは亡命先のスイスから帰国。同年の十一月革命でレーニンの指導するボリシェヴィキが中心となってソヴィエト政権が誕生した。その後，ドイツおよび同盟国と単独講和（ブレスト＝リトフスク条約）を行い，戦線を離脱した。

4 アメリカの参戦

The New York Times. EXTRA

LUSITANIA SUNK BY A SUBMARINE, PROBABLY 1,260 DEAD; TWICE TORPEDOED OFF IRISH COAST; SINKS IN 15 MINUTES; CAPT. TURNER SAVED, FROHMAN AND VANDERBILT MISSING; WASHINGTON BELIEVES THAT A GRAVE CRISIS IS AT HAN

⑩ルシタニア号沈没を伝える新聞　1915（大正４）年5月，イギリス客船ルシタニア号がアイルランド沖でドイツの潜水艦（Uボート）に無警告で撃沈された。乗客のアメリカ人128人が犠牲となったことからアメリカ世論はドイツ批判を強め，1917（大正６）年のドイツによる無制限潜水艦作戦の宣言を受けて，ドイツに対して宣戦布告を行った。

時代を見る目　戦争を激化させた新兵器の登場

第一次世界大戦では，機関銃からの防御のために塹壕が掘られた。塹壕に対抗して戦車や毒ガス，飛行機が実戦に投入された。飛行機は戦線を越えて戦地外も空襲したため，被害は拡大した。

⑪飛行機　1903年，ライト兄弟によって発明された飛行機は，偵察用としてすぐに軍時利用された。

⑫戦車　1916年，イギリスが初めて実戦に使用。「タンク（水槽）」とよばれ，鉄条網破壊や塹壕突破に威力を発揮した。

⑬毒ガス　1915年，ドイツ軍は毒ガス（塩素ガス）を初めて使用し，兵士は塹壕の中で防毒マスクをつけて戦うようになった。

5 シベリア出兵（1918 ～ 22年）

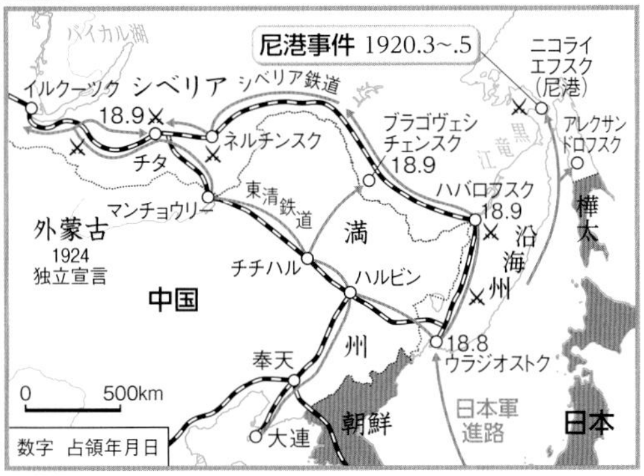
バイカル湖
尼港事件 1920.3~.5
ニコライエフスク（尼港）
イルクーツク
シベリア
シベリア鉄道
18.9
チタ
ネルチンスク
ブラゴヴェシチェンスク 18.9
アレクサンドロフスク
黒竜江
樺太
ハバロフスク 18.9
東清鉄道
マンチョウリー
外蒙古 1924 独立宣言
満
沿海州
チチハル
ハルビン
中国
州
奉天
18.8 ウラジオストク
大連
朝鮮
日本軍進路
日本
0 500km
数字 占領年月日

⑭シベリア出兵　**ロシア革命**の翌年，日米英仏は革命に干渉するため，チェコスロヴァキア兵救出を名目に出兵した。各国が撤兵したあとも日本は1922年まで駐留を続けた。

⑮尼港事件　1920年，シベリアの黒竜江河口のニコライエフスク（尼港）を占領した日本守備隊らが，ロシアの抗日パルチザンに攻撃され，多数の死傷者が出た。原内閣はこの事件を利用して北樺太を占領した（～ 1925年）。

シベリア出兵
西伯利

⑯シベリア出兵の風刺漫画（北沢楽天筆）　白熊（過激派＝ボリシェヴィキ）に手を焼く日本軍（ⓐ）を見ながら，先に撤兵した連合国は暖炉の前でなりゆきを評定している（ⓑ）。日本は，巨額な軍事費（約10億円）を底なし井戸（西伯利＝シベリア）に投げ入れている（ⓒ）。

〈さいたま市立漫画会館蔵〉

歴史のまど　レマルク『西部戦線異状なし』　従軍経験をもとに書かれた小説。題名には，塹壕戦の悲惨さにもかかわらず「異常なし」と報告されることへの皮肉を込めた。

大戦景気 ―どうだ明るくなったろう（和田邦坊「成金栄華時代」）

（香川 灸まん美術館蔵）

ヒストリースコープ

成金とは，将棋の「歩」などが敵陣に入ると「金」に成ることから，短期間で大金持ちになる人をいった。大戦景気では多くの成金が生まれ，人々のあこがれと興味の対象となり，多くの風刺画が描かれた。

考察

❶どのような産業が好景気を引っ張っただろうか。

❷大戦景気以降，産業構造はどのように変化しただろうか。→1

❸米騒動は，政治にどのような影響を与えただろうか。→3

どうだ明くなったろう
暗くてお靴がわからないわ

△①成金（和田邦坊筆）「百円」は，当時の最高額紙幣*。船成金の実話をもとにのちに描かれた画。

＊現在の20万円以上の価値。

△②浅野造船所（横浜）での白鹿丸の進水式（1917年） 世界的な船舶不足から海運・造船業は空前の好景気となり，いわゆる船成金も多数誕生した。

〈東京大学出版会『講座日本歴史9』〉（単位：%）

産業部門	1914	1915~16	1917~18	1919~20上期
銀行	12.3	12.5	16.2	28.8
商事	19.6	61.0	90.6	36.9
紡績	14.4	30.5	62.8	76.0
製糖	13.3	25.1	27.0	41.9
製粉	11.2	19.5	38.9	56.8
鉱業	13.6	27.8	37.0	24.2
海運・造船	13.9	42.1	102.5	48.6
鉄鋼	18.6	18.2	40.2	8.0
肥料	11.1	27.1	44.7	38.7
電力	9.1	10.2	13.5	12.7
鉄道	7.1	7.9	11.2	13.3
平均	11.5	19.8	36.3	31.1

△③産業部門別利益率* 重化学工業の部門が大きく成長したことがわかる。＊青字：各部門での最大利益率。

1 大戦景気

よみとき 第一次世界大戦の時期に輸出超過となった背景に注目しよう

好景気の背景と内容

背景
第一次世界大戦でヨーロッパ諸国がアジア市場から後退→日本は，アジアおよびアメリカ，ヨーロッパへの輸出増加

貿易
大幅な輸出超過➡A
- 綿糸・綿織物　中国などアジア市場へ ➔p.242
- 生糸　好景気なアメリカ市場へ
- 軍需品・日常品　ヨーロッパ市場へ

工業
重化学工業の発達
- 海運・造船業　世界第3位の海運国へ
- 鉄鋼業　八幡製鉄所の拡張 ➔p.243
　満鉄による鞍山製鉄所の設立(1918) ➔p.276
- 化学工業(薬品・染料・肥料など)
　ドイツから輸入がとだえ発展
- 電力事業　猪苗代水力発電所(1914➡1915送電開始)➡B
　工業原動力は電動機が蒸気機関をこえる(1917)

結果
債務国から債権国へ転換
工業生産額が農業生産額を上回る(1919)➡C
- 工場労働者は約100万人から約150万人に，とくに男性が増加
- 工業生産額が総生産額の半分をこえる工業国へ

成金が出現(内田汽船，鈴木商店など)
- 多数の民衆は物価騰貴で窮乏➡E
- 寄生地主制で農業は停滞➡D →p.329「土地制度」

影響
- 大戦が終結(1918)し，ヨーロッパ経済が復興
- 輸入超過(1919)となり生産過剰
- 戦後恐慌発生(1920)　慢性不況が続く ➔p.269

A 貿易額の増加と輸出超過

▶④貿易額の推移　第一次世界大戦中，ヨーロッパ諸国にかわり，日本が，綿糸・綿織物をアジア市場に輸出した。1917（大正6）年には，綿織物が輸出品の第2位となった。また，生糸は好景気のアメリカ市場に，軍需品はヨーロッパ市場に供給したので，輸出が超過となった。1920年には，日本は27億円以上の債権国となった。一方で，原材料の輸入も増え輸出が減少すると輸入超過となった。

〈『明治以降本邦主要経済統計』〉

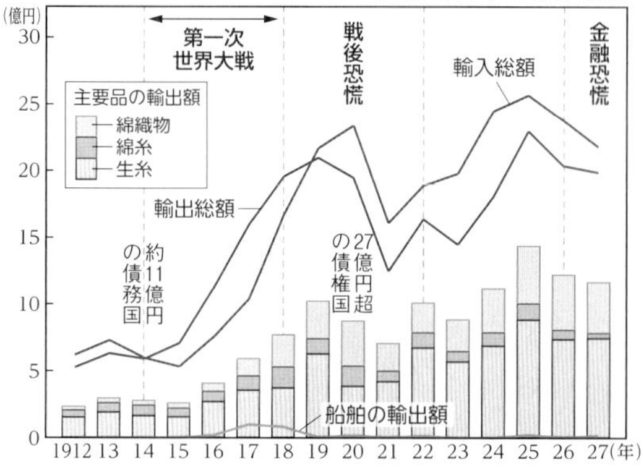
(億円)
第一次世界大戦
戦後恐慌
金融恐慌
輸入総額
主要品の輸出額
綿織物
綿糸
生糸
輸出総額
約11億円の債務国
27億円超の債権国
船舶の輸出額
1912 13 14 15 16 17 18 19 20 21 22 23 24 25 26 27(年)

B 電力への転換

年	発電量(百万kWh)	製造業の原動力馬力数(千馬力)	うち蒸気機関比率(%)	うち電動機比率(%)
1914	1791	561.6	47.6	30.6
1919	4193	1262.6	30.1	56.8
1924	7835	2316.0	32.2	62.2
1929	15123	3783.5	20.0	78.3
1934	21774	4499.5	15.8	81.3

〈東京大学出版会『日本経済史3』〉

△⑤製造業の原動力馬力数　大規模な水力発電事業や長距離送電の成功は，電灯の農村部への普及や工業エネルギーの電力への転換をうながした。製造業の原動機においては，馬力数で電動機が蒸気機関を抜いた。

〈東京電力蔵〉

△⑥猪苗代水力発電所（福島県）　1914（大正3）年完成。猪苗代と東京の田端変電所を約225kmの長距離高圧送電線がつないだ。

C 産業構造の変化

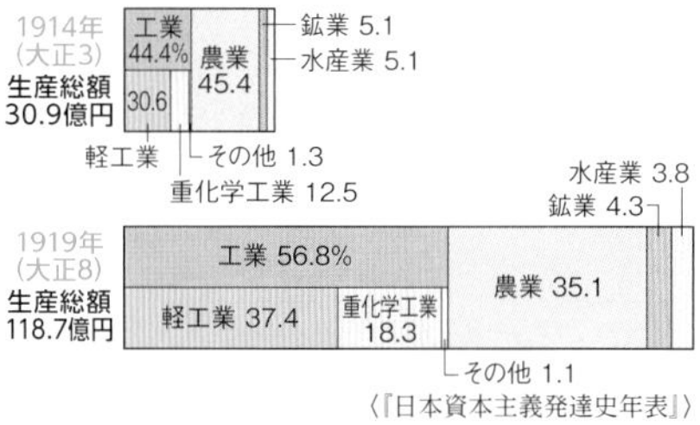
1914年(大正3)
生産総額30.9億円
工業44.4%
農業45.4
鉱業5.1
水産業5.1
30.6
軽工業
その他1.3
重化学工業12.5
1919年(大正8)
生産総額118.7億円
工業56.8%
農業35.1
軽工業37.4
重化学工業18.3
水産業3.8
鉱業4.3
その他1.1

〈『日本資本主義発達史年表』〉

△⑦工業生産額の増加　第一次世界大戦の前後で，産業全体の生産額は4倍にのび，工業の占める割合は約57%に達した。工業の躍進によって，農村から都市へ人口が流出し，工業労働者は150万人をこえた。一方，工業の飛躍的な発展に比べ，寄生地主制のもとで農業分野は停滞した。

D 寄生地主制の進展

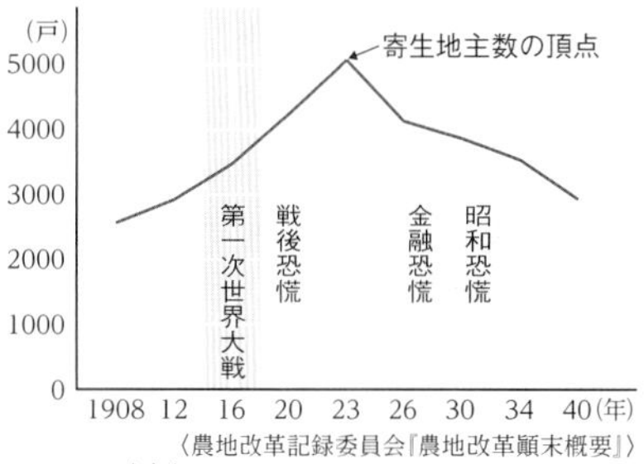
(戸)
寄生地主数の頂点
第一次世界大戦
戦後恐慌
金融恐慌
昭和恐慌
1908 12 16 20 23 26 30 34 40(年)

〈農地改革記録委員会『農地改革顛末概要』〉

△⑧50町歩以上の地主数の推移　この時期，米価の高騰や，投機で利益を上げた地主が土地を買い集め，50町歩（約60ha）以上の小作地を所有する大地主が増加した。1923（大正12）年には，寄生地主数は頂点に達した。

E 物価の高騰と賃金

▶⑨第一次世界大戦とその後の物価指数　好景気により輸出が増加し，国内物資の不足を招いた。さらに，好景気は激しいインフレを招き，物価の上昇に賃金の上昇が追いつかず，米騒動の原因の一つとなった。しかし，戦後恐慌で物価が下がると，ゆとりを取り戻した都市生活者による大衆文化が花開いた（→p.264）。一方，農村では，米価の上昇は低く抑えられ，寄生地主制のもと，高い小作料で小作農は苦しい生活を強いられた。

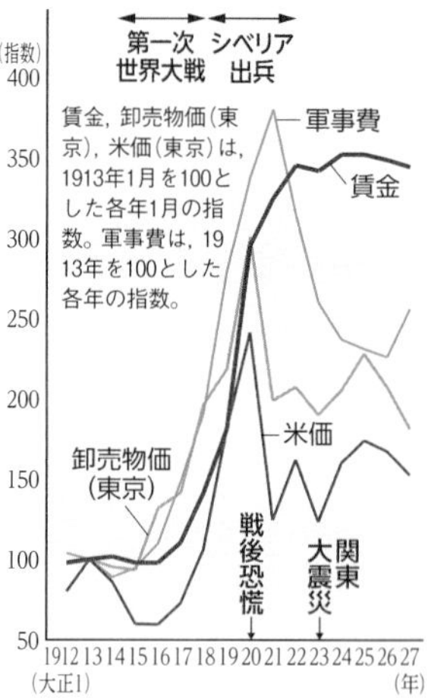
(指数)
第一次世界大戦
シベリア出兵
賃金，卸売物価(東京)，米価(東京)は，1913年1月を100とした各年1月の指数。軍事費は，1913年を100とした各年の指数。
軍事費
賃金
米価
卸売物価(東京)
戦後恐慌
関東大震災
1912 13 14 15 16 17 18 19 20 21 22 23 24 25 26 27
(大正1)
(年)

〈東洋経済新報社『日本の景氣變動』ほか〉

今日とのつながり 化学工業の発達は食品にも生かされ，1919年7月7日には脱脂乳を乳酸菌で発酵した乳酸菌飲料カルピスが発売された。

2 大戦期の政治と経済 ➲p.254 ➲p.262,349「内閣一覧」

内閣	年月	できごと
 大隈重信(おおくましげのぶ)② 1914(大正3).4～16.10 与党 立憲同志会など おもな閣僚 外相 加藤高明(かとうたかあき) (1838～1922)	1914.7	第一次世界大戦勃発(ぼっぱつ) ➲p.254
	(大正3) .8	第一次世界大戦に参戦
	1915.3	猪苗代(いなわしろ)－東京間で高圧送電開始➡図⑥
		○大戦景気始まる。輸出超過へ
	1916.10	野党と対立し，元老の支持も失い総辞職
 寺内正毅(てらうちまさたけ) 1916(大正5).10～18.9 与党 (立憲政友会) おもな経歴 陸軍大将，元帥(げんすい) おもな閣僚 海相 加藤友三郎(かとうともさぶろう) (1852～1919)		○寺内内閣に非立憲内閣(ビリケン)との批判
	1917.1	西原借款(にしはらしゃっかん)の開始 ➲p.254
	.9	金輸出禁止(きんゆしゅつ)(金本位制停止) ➲p.272
	.11	アメリカと石井・ランシング協定結ぶ ➲p.254
	1918.8	シベリア出兵宣言，米騒動(こめそうどう)が全国へ波及
	.9	米騒動の責任をとり総辞職➡3
 原(はら) 敬(たかし) ➡4 1918(大正7).9～21.11 与党 立憲政友会 おもな経歴 立憲政友会総裁 おもな閣僚 外相 内田康哉(うちだやすや) (1856～1921)	1918.11	第一次世界大戦終結
	1919.6	ヴェルサイユ条約調印 ➲p.258
	1920.1	国際連盟(こくさいれんめい)発足，原加盟国として加盟
	.3	株価暴落，戦後恐慌(きょうこう)始まる
	.7	海軍八・八艦隊(はち・はちかんたい)建造の予算成立 ➲p.240
	1921.11	原首相が東京駅で暗殺され，総辞職➡図⑮
 高橋是清(たかはしこれきよ) 1921(大正10).11～22.6 与党 立憲政友会 おもな閣僚 外相 内田康哉 (1854～1936)	1921.11	ワシントン会議(全権加藤友三郎ら) ➲p.259
	.12	四カ国条約調印
	1922.2	九カ国条約調印・ワシントン海軍軍縮条約調印
		○慢性不況続く
	.6	閣内不一致のため総辞職
 加藤友三郎(かとうともさぶろう) 1922(大正11).6～23.8 与党 (立憲政友会) おもな閣僚 陸相 山梨半造(やまなしはんぞう) (1861～1923)	1922.7	山梨軍縮発表 ➲p.259
	.8	日本経済連盟会設立
	.10	シベリア撤兵(てっぺい)完了(北樺太(からふと)は1925年まで)
	1923.4	石井・ランシング協定廃棄
	.8	加藤首相の病死で総辞職

3 米騒動(こめそうどう)

〈農地改革記録委員会『農地改革顛末概要』〉

年	価格	指数
1900(明治33)年	11円32銭	100
1905(〃 38)年	12 66	112
1910(〃 43)年	12 93	114
1915(大正 4)年	12 47	110
1916(〃 5)年	13 26	117
1917(〃 6)年	19 35	171
1918(〃 7)年	31 82	281
1919(〃 8)年	45 49	402

日本国内のおもな市場の米1石(約150kg)の平均価格。指数は1900年＝100としたもの。

△⑩米価の急騰(きゅうとう) 農業生産の停滞などで上がっていた米価は，1918年，シベリア出兵を見越した米商人の投機的買い占めで急騰した。

◆女群押寄(ちょぐんおしよ)す
▼滑川魚津生活難の悲鳴
▼米價の狂騰を叫び豪家に迫る
中新川郡滑川町海岸一帯の細民漁師の婦女子約三百名は各裏町細民ご諜し合せ數日前より米價暴騰の爲め生活難に襲はれ居るを口實に同町の富豪齊藤仁左衛門、齊藤淺次郎、

▶⑪米騒動の発端 1918年7月，富山県魚津町(うおづまち)の漁民の主婦たちが米の移出禁止と安売りを要求したのが米騒動の始まり。

〈愛知 徳川美術館蔵 33.3×1290.9cm〉

△⑫名古屋の米騒動(桜井清香筆 米騒動絵巻) 富山県で発生した米騒動は，8～9月にかけて全国に広まり，約70万人が参加。寺内内閣は鎮圧に延べ9万2000人の軍隊を出動させた。この絵では，群衆を騎兵と抜刀した警官隊が追い散らしている。米騒動は，労働組合結成・普選運動などの民衆が直接参加する社会運動につながった*。

＊米騒動の発祥地などについて，近年 再検討が進んでいる。

4 原敬内閣(はらたかし)の成立 －初の本格的政党内閣

性格	立憲政友会第3代総裁による本格的政党内閣 (陸・海・外相以外の閣僚を立憲政友会から任命) 原敬は華族の爵位(しゃくい)をもたない平民宰相(さいしょう) 大戦景気を背景とした積極政策を推進
四大政綱による積極政策	①教育の充実・振興…大学令・改正高等学校令公布(1918) 改正帝国大学令公布(1919) →慶応義塾(けいおうぎじゅく)・早稲田(わせだ)・明治・中央・同志社・法政・国学院(こくがくいん)・日本の8校が私立大学として昇格・認可(1920)➡図⑬ 高等学校数は22校に(1921) ②交通・通信の整備…鉄道院を鉄道省に昇格(1920) ③産業・貿易の振興 ④国防の充実…海軍八・八艦隊(はち・はちかんたい)の建造予算成立 ➲p.240
選挙制度	●衆議院議員選挙法改正(1919) …小選挙区制,直接国税3円以上を納める25歳以上の男子 ➲p.262 ●普選運動の高揚(1920)…数万人の大示威行動(だいじいこうどう)➡図⑭ →野党(憲政会・立憲国民党)，衆議院に男子普選法案を提出 →政府，時期尚早として拒否し衆議院を解散。第14回総選挙で与党立憲政友会圧勝 史 ➲p.353
外交	●朝鮮で三・一独立運動(さん・いち(サミル))(1919) ➲p.258 →武力鎮圧を強行，朝鮮総督の任用範囲を文官に拡大 ➲p.237 ●ヴェルサイユ条約調印(1919)・国際連盟発足と同時に加盟(1920) →新渡戸稲造(にとべいなぞう)が国際連盟事務局次長に選任 ➲p.258 ●シベリア出兵は継続→尼港事件(にこう)(1920)が起こる ➲p.255
結果と影響	政党内閣を確立 利益誘導の政治(党利党略の追求)への批判。汚職事件多発 戦後恐慌(きょうこう)(1920)により財政逼迫(ひっぱく) 原敬が東京駅で暗殺され，内閣総辞職(1921)➡図⑮

➔p.247「近代教育史」

△⑬慶応義塾大学本館(けいおうぎじゅく) 1918年公布の大学令によって，道府県や財団法人が大学を設立し，また専門学校も大学に昇格することができるようになった。これにより帝国大学すなわち官立総合大学だけが大学であるという独占(どくせん)体制が崩れた。1920(大正9)年には慶応義塾大学をはじめ私立8校が認可された。

時代を見る目 政治と鉄道

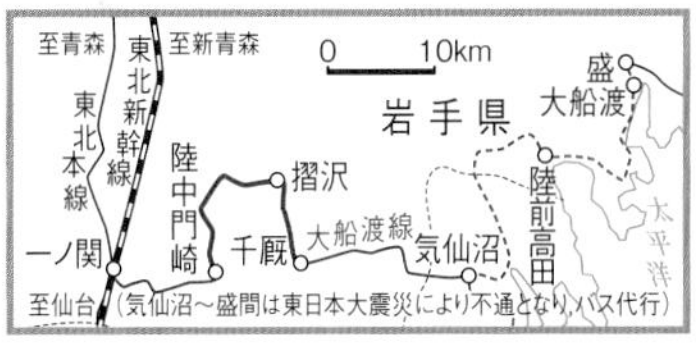

至青森
東北新幹線
至新青森
0 10km
盛
大船渡
岩手県
東北本線
陸中門崎
摺沢
陸前高田
一ノ関
千厩
大船渡線
気仙沼
太平洋
至仙台
(気仙沼～盛間は東日本大震災により不通となり,バス代行)

政治と鉄道は密接な関係にあり，政治家や地元有力者の力を使った強引な誘致(ゆうち)運動を「我田引水(がでんいんすい)」にかけて「我田引鉄(がでんいんてつ)」ともいう。現在のJR大船渡(おおふなと)線の陸中門崎(りくちゅうかんざき)－千厩(せんまや)間を大きく迂回(うかい)したルートはその典型である。当時，地方振興策として鉄道の建設は重要課題で，立憲政友会(りっけんせいゆうかい)も憲政会(けんせいかい)も鉄道を敷くことで票の獲得をねらっていた。

◀⑭国会前で普選要求をする人々(1920年2月11日) 原敬は普通選挙には消極的で，1919(大正8)年の選挙法改正でも条件を引き下げるにとどまった。1920年には，東京での「普選大示威行進(だいじ い)」をはじめ各地で普選要求のデモや集会が行われ，衆議院では普選法案も提出されたが，内閣は時期尚早(しょうそう)と拒否した。

中央新聞 外號
大正十年十一月四日發行
原總理大臣刺さる
近畿大會に赴く途中東京驛で
書生體の男短刀で左肺を刺す
原内閣總理大臣は京都に開かるゝ政友會近畿大會に赴くべく四日午後七時三十分東京驛發列車にて關西に赴くべく東京驛に至り驛長室より改札口に赴かん

△⑮原敬暗殺 1921年11月4日，原敬は東京駅で18歳の青年に心臓を刺され即死した。

歴史散歩 原敬記念館(岩手県盛岡市) 原敬の生家に隣接し，「当分世間に出すべからず」と遺言された『原敬日記』などの遺品や遺墨(いぼく)を展示している。

二つの体制による国際協調の時代 ―植民地問題の公正な解決(「14カ条」)

ヒストリースコープ

1919年1月，第一次世界大戦の講和会議がパリで開かれ，アメリカ大統領ウィルソンが提唱する「14カ条」を講和原則として，ヴェルサイユ条約が結ばれた。この条約をもとに形成されたヨーロッパの新しい国際秩序をヴェルサイユ体制という。

考察

❶ヴェルサイユ体制は，どの地域を対象とした国際秩序だろうか。
❷なぜ朝鮮と中国では民族運動がもりあがったのだろうか。→3
❸ワシントン体制は，どの地域を対象とした国際秩序だろうか。→4

クレマンソー(仏)
ロイド＝ジョージ(英)
ウィルソン(米)
ドイツ代表

● ウィルソンの「14カ条」のおもな内容
①秘密外交の廃止
②海洋の自由
④軍備の縮小
⑤民族自決の原則にもとづく植民地問題の公正な解決
⑭国際的な平和機構の設立

②ウィルソン(任1913～21年)

①ヴェルサイユ条約*の調印　条約は，ドイツに反論の機会を許さず，英仏の利害が優先され，ドイツにとって過酷な内容となった。また，民族自決の原則も中欧・東欧にだけ適用された。
*ヴェルサイユ条約の一部として，国際連盟規約(➡図③④)も採択された。

1 国際連盟の設立

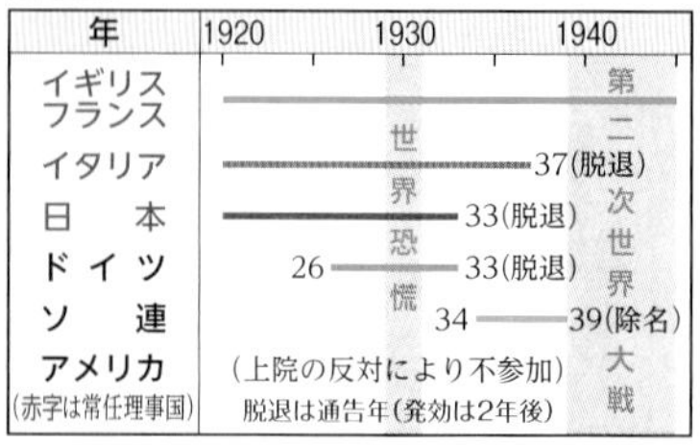
年
1920
1930
1940
イギリス
フランス
イタリア
日本
ドイツ
ソ連
アメリカ
(赤字は常任理事国)
世界恐慌
37(脱退)
33(脱退)
26
33(脱退)
34
39(除名)
(上院の反対により不参加)
脱退は通告年(発効は2年後)
第二次世界大戦

③国際連盟への参加状況　アメリカは，モンロー主義*などを理由に上院で否決され，不参加。社会主義国のソ連や，敗戦国のドイツは除外された。日本は，常任理事国として設立当初から加わった。国際連盟は，各国1票の全会一致制や制裁規定の不明確さなど不完全な部分はあったが，国際的な調整機関としてその理念は評価されている。
*アメリカの外交原理で，米欧相互不干渉を主張。

2 日本とヴェルサイユ体制

*日本人移民排斥(➡p.238)を抑えるねらいがあったため，米国などが賛成しなかった。

芦田均 ➡p.292
近衛文麿 ➡p.280,285
松岡洋右 ➡p.275
重光葵 ➡p.292
吉田茂 ➡p.300～302,304
首席全権 西園寺公望
全権 牧野伸顕

④パリ講和会議の日本代表(1919年6月)　日本は，戦勝国として英米仏伊と並ぶ5大国の一国となった。国際連盟規約の審議では人種差別撤廃条項の追加を提案し，過半数の国の賛同を得たが，採択されなかった*。日本の首席全権は元老西園寺公望が務め，随員にはのちに政界で活躍する人物が多く参加した。

➡p.255

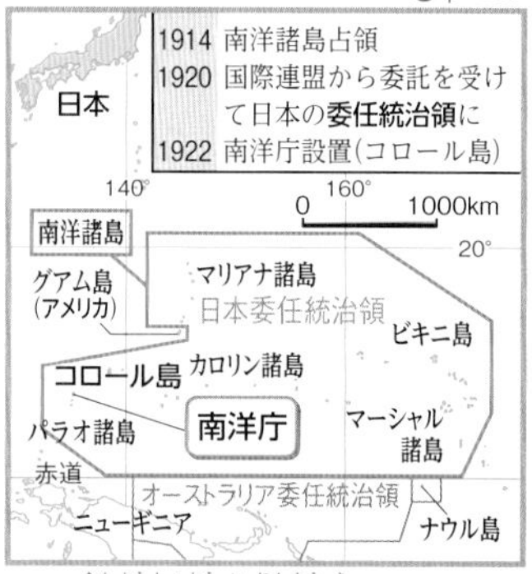
1914 南洋諸島占領
1920 国際連盟から委託を受けて日本の委任統治領に
1922 南洋庁設置(コロール島)
日本
140°
160°
0 1000km
20°
南洋諸島
グアム島(アメリカ)
マリアナ諸島
日本委任統治領
ビキニ島
コロール島
カロリン諸島
南洋庁
パラオ諸島
マーシャル諸島
赤道
オーストラリア委任統治領
ニューギニア
ナウル島

⑤南洋諸島委任統治領　日本はヴェルサイユ条約によって，山東省の旧ドイツ権益と赤道以北の旧ドイツ領南洋諸島の委任統治権を獲得した。

新渡戸稲造(1862～1933)　岩手県出身

札幌農学校で内村鑑三(➡p.246)らと学び，キリスト教の洗礼を受ける(➡p.331)。その後，渡米して農政学などを研究。日露戦争で日本が勝利して世界から関心をもたれていた時代に，『武士道』を英文で執筆して日本文化を紹介し，セオドア＝ローズベルト大統領にも影響を与えた。1920～26年まで国際連盟事務局次長を務め，国際平和に尽力。また，東京女子大学初代学長を務めるなど，女子教育にも貢献した。

3 中国・朝鮮における民族運動

A 三・一独立運動

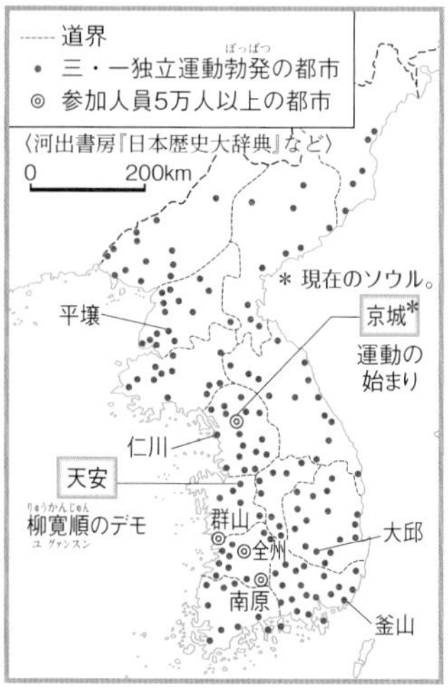
道界
• 三・一独立運動勃発の都市
◎ 参加人員5万人以上の都市
〈河出書房『日本歴史大辞典』など〉
0 200km
* 現在のソウル。
平壌
京城*
運動の始まり
仁川
天安
柳寛順のデモ
群山
全州
大邱
南原
釜山

⑥三・一独立運動　1919年3月1日，京城のパゴダ公園*2での「独立宣言」の朗読から始まった抗日・独立運動。またたくまに朝鮮全土に広がり，鎮圧される5月までに200万人以上が参加したといわれる。*2 現在のタプコル公園。

⑦デモ行進する市民　民衆が太極旗を振りつつ「独立万歳」と叫びながらデモ行進をしたことから，万歳事件ともよばれる。

⑧柳寛順のレリーフ　柳寛順は，梨花学堂在学中に郷里の天安でデモ行進を組織して逮捕され，獄死した。現在のソウルのタプコル公園には，デモの先頭で太極旗を振る彼女のレリーフがある。

B 五・四運動

⑨五・四運動　パリ講和会議で旧ドイツ権益の返還が認められず，加えて日本の二十一カ条の要求(➡p.254)への反発から，1919年5月4日，北京でデモが始まった。これは中国全土に広がり，中華民国政府はヴェルサイユ条約調印を拒否せざるをえなくなった。

吉野作造(➡260ページ)のみた五・四運動【要約】

中国人の排日感情は，日本の官僚・軍閥・財閥に対する反感である。我々は軍閥・財閥の対中国政策を制限させ，日本国民の真の平和的要求を隣邦の友人に明白にしなければならない。私たちは，愛する日本を官僚・軍閥の手より解放しようと努力してきた。北京における学生団の運動は，この点において我々と目標が同じである。

C 日貨排斥運動

⑩五・三〇事件(1925年)　五・四運動は，日本商品の不買運動(日貨排斥運動)につながった。上海では，在華紡(➡p.18)の中国人労働者のストライキから死傷者の出る五・三〇事件も発生した。

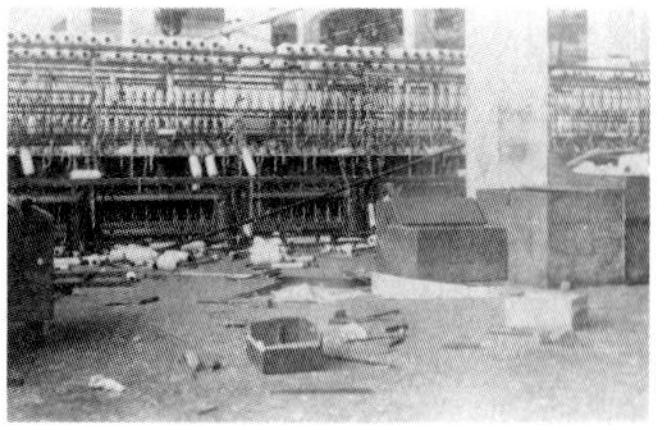

歴史散歩　日本が委任統治した赤道以北の旧ドイツ領南洋諸島は，のちの太平洋戦争において激戦地となり(➡p.286)，現在でも戦跡が数多く残っている。

4 国際協調の時代 ➔p.18 巻頭地図

立憲政友会　憲政会／立憲民政党　非政党内閣

年月	おもなできごと	内閣
1918.1 (大正7)	アメリカ大統領ウィルソンが「14カ条」発表	寺内
.11	第一次世界大戦終結	
1919.1	**パリ講和会議**開催(～.6)	原
.3	朝鮮で**三・一独立運動**➡3 A	
.5	中国で**五・四運動**➡3 B	
.6	**ヴェルサイユ条約調印**	
1920.1	国際連盟発足➡1	
1921.11	ワシントン会議開催(～22.2)	
.12	**四カ国条約**調印(日英同盟協約は廃棄)	高橋
1922.2	日中間で山東懸案解決条約調印	
	ワシントン海軍軍縮条約・九カ国条約調印	
.10	日本，シベリア撤兵完了(北樺太は1925年まで占領)	加藤友
	○中国への内政不干渉政策	
1925.1	日ソ基本条約調印(日ソ国交樹立，北樺太から撤兵)	加藤高*
.5	中国上海で五・三〇事件➡3 C	
	○日貨排斥運動高まる	若槻①
1927.6 (昭和2)	ジュネーヴ海軍軍縮会議開催(～.8)	田中
1928.8	不戦条約(パリ)調印	
1930.4	**ロンドン海軍軍縮条約**調印	浜口
	➔**統帥権干犯問題**が起こる ➔p.271	
.5	日中関税協定(中国に条件つきで関税自主権を認める)	
1931.9	柳条湖事件➔満州事変 ➔p.275,276	若槻②

幣原外交(1924～1931)

＊加藤①(1924.6～25.7)は護憲三派内閣(➔p.262)。

A おもな国際条約

よみとき 国際秩序が，多国間の条約による集団安全保障へと変化した背景に注目しよう 第一次世界大戦前の国際秩序 ➔p.254 図③

	会議・条約名	参加国	日本全権	おもな締結内容
ヴェルサイユ体制(ヨーロッパ内の平和と安全)	ヴェルサイユ条約 (1919.6) パリ	27か国	西園寺公望 牧野伸顕	第一次世界大戦のパリ講和会議で結ばれた条約。国際連盟の成立(1920年発足，日本は常任理事国に就任)
	ロカルノ条約 (1925.12)	ヨーロッパ7か国		7か国によるヨーロッパ集団安全保障条約。ドイツの国際連盟加盟を承認(翌年加盟)。
ワシントン体制(アジア・太平洋地域の平和と安全) ワシントン会議 ハーディング(米)提唱	四カ国条約 (1921.12)	英・米・日・仏	加藤友三郎 幣原喜重郎 徳川家達	**太平洋上の各国の領土を尊重。日英同盟協約は廃棄**(1923年)
	九カ国条約 (1922.2)	英・米・日・仏・伊・ベルギー・ポルトガル・蘭・中		**中国問題**について，中国の領土と主権の尊重，門戸開放，機会均等などを協定。石井・ランシング協定は廃棄(1923年)
	ワシントン海軍軍縮条約 (1922.2)	英・米・日・仏・伊		**主力艦**(戦艦・巡洋戦艦)**の保有量を制限**。1931年までの10年間，主力艦の建造禁止
集団安全保障・国際協調主義	山東懸案解決条約 (1922.2)	日・中	加藤友三郎 幣原喜重郎	**二十一カ条の要求**で日本が獲得した山東半島の旧ドイツ権益を中国に返還(青島など)
	ジュネーヴ海軍軍縮会議 (1927.6～.8)	米・英・日 (仏・伊不参加)	斎藤実	補助艦(巡洋艦・駆逐艦など)の保有量制限を目的とするが，米・英の対立で不成立
	不戦条約 (1928.8) パリ	15か国 (のち63か国)	内田康哉	戦争放棄を「其ノ各自ノ人民ノ名ニ於テ」取り決めることが問題化。この条項は天皇主権の立場をとる日本に適用せずとして調印
	ロンドン海軍軍縮条約 (1930.4)	英・米・日・仏・伊	若槻礼次郎 財部彪	英・米・日の3国で**補助艦保有量を制限**(1936年末まで)。主力艦の保有量制限・建造停止を36年まで延長。仏・伊は部分的な参加

⑪二つの国際体制は，正義と平和を基調とする「世界の大勢」をつくり出し，国際的な軍縮が行われた。日本も外相**幣原喜重郎**(➔p.18,271)によって，経済的発展を基調とする外交を展開した。

B ワシントン海軍軍縮条約(1922年) 史

有効期限　1922～31年，のち1936年まで延長

(排水量)	主力艦 (1万t超～3.5万t以下)	比率	航空母艦 (1万t超～2.7万t以下)	比率
イギリス	52万5000t	5	13万5000t	5
アメリカ	52万5000t	5	13万5000t	5
日本	31万5000t	3	8万1000t	3
フランス	17万5000t	1.67	6万0000t	2.22
イタリア	17万5000t	1.67	6万0000t	2.22

⑫**軍艦の保有量制限**　英米日仏伊の5大国の間で，**主力艦**(戦艦，巡洋戦艦)**と航空母艦の保有量制限**に関する条約が結ばれた。日本の海軍軍令部は対英米の7割を強く求めたが，全権で海軍大臣の加藤友三郎はその主張を抑え，調印に踏み切った。

⑬**戦艦「土佐」**　進水を終えたばかりの「土佐」は，ワシントン海軍軍縮条約により廃艦とされ，軍事訓練の標的艦として用いられた。最後は，高知県の宿毛沖で沈められた。

C ロンドン海軍軍縮条約(1930年)

有効期限 1930～36年末

	大型巡洋艦* (口径15.5cm超～20.3cm未満の砲)	比率	小型巡洋艦* (13cm以上～15.5cm以下の砲)	駆逐艦	潜水艦	合計	比率
イギリス	14万6800t	8.2	19万2200t	15万0000t	5万2700t	54万1700t	10.29
アメリカ	18万0000t	10	14万3500t	15万0000t	5万2700t	52万6200t	10
日本	10万8400t	6	10万 450t	10万5500t	5万2700t	36万7050t	6.98

⑭**補助艦の保有量制限**　総トン数では，日本が要求した対英米の7割に近い数字が認められたが，大型巡洋艦保有量が対米の6割に抑えられたことなどに，立憲政友会・海軍軍令部・右翼などは反発した。条約に調印はしたものの，統帥権干犯問題(➔p.271)に発展し，浜口雄幸内閣は激しく攻撃されることとなった。＊巡洋艦は主力艦・航空母艦以外の水上艦船で，排水量1850tをこえるか，口径13cm以上の砲を有するもの。

5 陸軍の軍縮

A 山梨軍縮(1922，23年)

⑮**山梨半造**(1864～1944)　加藤友三郎内閣の陸軍大臣。1922～23年，二度にわたって陸軍史上初の軍縮を行った。

山梨陸相(加藤友三郎内閣)の軍縮内容

①将校・准士官など約6万人を削減
②馬 約1万3000頭の削減
③中隊252個，野砲兵連隊6個などの削減・廃止(**師団の規模を縮小**)

結果　軍縮での経費削減は4033万円余(1922・23年度)
軍縮，装備の近代化は不徹底に終わる

⑯**山梨軍縮の内容**　山梨軍縮は，師団・歩兵連隊・騎兵連隊の数は変更はせず，平時兵力の削減と整備の充実で軍の近代化をはかろうとするものであった。しかし，関東大震災などでもくろみは頓挫した。

B 宇垣軍縮(1925年)

⑰**宇垣一成**(1868～1956)　第1次加藤高明内閣の陸軍大臣。大正後期から昭和初期にかけて，政治に長けた軍政家として活躍した(➔p.278)。

宇垣陸相(加藤高明①内閣)の軍縮内容

①将校・兵士など約3万4000人を削減
②馬 約6000頭の削減
③4個師団(高田・豊橋・岡山・久留米)の廃止(**師団廃止**)

結果　軍縮での経費削減分は近代的装備改善(戦車隊，飛行連隊，自動車学校，通信学校など)にまわす

⑱**宇垣軍縮の内容**　宇垣軍縮は山梨軍縮とは違い4個師団を削減したため，一度に大量の将校の首を切ることとなった。これは陸軍内部に深刻な衝撃を与え，のちに派閥抗争の激化を招いた。

時代を見る目　軍縮と教育

第一次世界大戦後の世界的な厭戦気分と政党政治の展開のなかで，軍縮は陸軍も例外ではなかった。宇垣軍縮では4個師団を廃止し，削減した経費を戦車・自動車・航空機といった装備の近代化にまわすとともに，中等学校以上の男子学校に軍事教練を設け，過剰となった将校を配属した。総力戦であった第一次世界大戦の経験から，国防能力増進のため，広く軍事的予備教育をほどこす必要が認識されてきたことが背景にあった。

今日とのつながり　炭鉱で栄えた長崎県の端島は戦艦「土佐」の姿にシルエットが似ていることから，軍艦島ともよばれた。2015年，「明治日本の産業革命遺産」の一つとして世界文化遺産に登録。

近代 大正

大正の社会運動 ―憲政の本義を説いて其有終の美を済すの途を論ず 史(吉野作造)

ヒストリースコープ

東京帝国大学法学部教授の吉野作造が1916(大正5)年に発表した論文は，「民本主義」という用語を理論化し，その後の「大正デモクラシー」における社会運動の発展に大きく貢献することとなった。

考察

❶民本主義とは何か。民主主義との違いをふまえて説明しよう。

❷民本主義の主張は，どのような社会運動に大きな影響を与えただろうか。→1

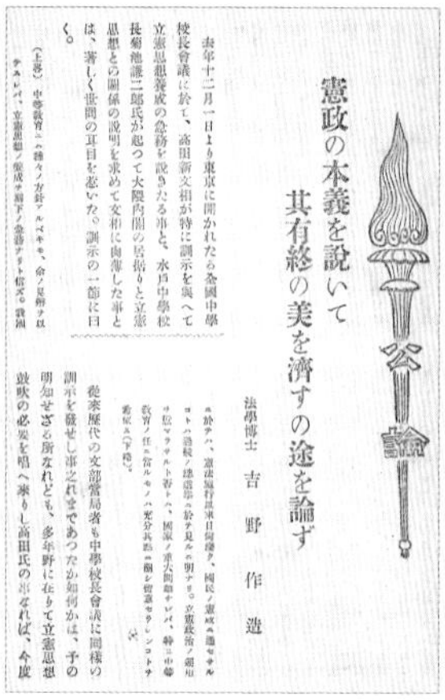

憲政の本義を説いて其有終の美を済すの途を論ず
法學博士 吉野作造

◀①『中央公論』 1916年1月号に発表された吉野作造の論文*。

民本主義(一九一六年)〔抜粋〕

…いわゆる民本主義とは，法律の理論上の主権が誰にあるかということは問わず，ただその主権を行使するにあたって，主権者は一般民衆の利福および意向を重んずることを方針とするべきであるという主義である。…主権は，君主にあるのか人民にあるのかを問うところではない。…

(『中央公論』)

*上の史料は，この論文「憲政の本義を説いて其有終の美を済すの途を論ず」からの抜粋。

吉野作造(1878～1933) 宮城県出身

学生時代には，海老名弾正(➔p.217,331)の本郷教会に通い，キリスト教精神がデモクラシーの基盤であることを学ぶとともに，安部磯雄(➔p.244,270)ら社会主義者との交友を深めた。また同郷の友人には，労働組合友愛会を組織した鈴木文治(➔A)がいる。1924(大正13)年，吉野は東大教授を辞任し，朝日新聞社に迎えられたが，その論説が不敬罪にあたるとして4か月で退社した。

1 大正の社会運動関係史

内閣	年	事項
桂②	1910	**大逆事件**(無政府主義者・社会主義者ら12人死刑) ➔p.244
	1911	工場法公布(施行は1916) ➔p.244 **平塚らいてう**ら，**青鞜社**を結成 ➔p.261
	1912	**鈴木文治**ら，**友愛会**を結成➔A 第一次護憲運動 ➔p.253
大隈②	1916	**吉野作造**，**民本主義**を発表➔🔍
寺内	1918	**米騒動**起こる，全国に拡大 ➔p.257 吉野作造ら**黎明会**を結成。**東大新人会**を結成
原	1919	北一輝，大川周明ら，猶存社を結成(23年解体，行地社へ) 友愛会，**大日本労働総同盟友愛会**と改称
	1920	森戸事件(東京帝国大学経済学部助教授 森戸辰男のクロポトキン研究論文が新聞紙法違反に) **新婦人協会**結成 第1回メーデー➔図② **日本社会主義同盟**結成➔B
	1921	山川菊栄・伊藤野枝ら，赤瀾会を結成 ➔p.261 日本労働総同盟友愛会，**日本労働総同盟**に改称
高橋	1922	西光万吉，阪本清一郎ら，**全国水平社**を結成➔C 杉山元治郎・賀川豊彦(➔p.329)ら，**日本農民組合**を結成
加藤友三郎		堺利彦・山川均ら，**日本共産党**を結成(コミンテルン日本支部として結成，無届けのため非合法)
山本②	1923	関東大震災。亀戸事件・甘粕事件起こる ➔p.263
加藤高明①②	1924	**市川房枝**ら，**婦人参政権獲得期成同盟会**を結成
	1925	**普通選挙法**・**治安維持法**公布 ➔p.262 日本労働総同盟，第1次分裂。細井和喜蔵『女工哀史』刊
若槻	1926	労働農民党などの無産政党が結成される ➔p.270

◀②第1回メーデー 5月に行われる国際的な労働者の祭典。日本では，1920(大正9)年5月2日に東京の上野公園で第1回が行われ，1万人余りが参加した。

A 労働組合の展開 ―友愛会から総同盟へ

□友愛会系の主流労働組合 □非主流派の労働組合

1912.8 友愛会 ➔p.244
鈴木文治が労働組合育成と労働者の地位向上のために設立。工場労働者の増加，労働争議の激増，工場法の制定，ILO(国際労働機関)設立の影響で急成長

↓

1919.8 大日本労働総同盟友愛会
労働組合の形態が整い，労組の公認・8時間労働制・普選実施など要求。1920年，**第1回メーデー**を実施

(1920.10 日本労働総同盟友愛会)

↓

1921.10 日本労働総同盟(総同盟)
労資協調主義から**階級闘争主義**へ転換

↓ 第1次分裂(左派を除名)

左派 1925.5 **日本労働組合評議会(評議会)**
初の左派労働組合で，日本共産党の影響が強い。**三・一五事件**で解散(1928) ➔p.270

右派 **日本労働総同盟(総同盟)**
社会民衆党(委員長 安部磯雄)結党の基盤。労働組合法制定運動など労資協調的・妥協的運動を展開

第2次分裂(中間派を除名) → **1926.12 日本労働組合同盟**

第3次分裂(残った左派・中間派を除名) → **1929.9 労働組合全国同盟**

1930.6 全国労働組合同盟(全労)
組織基盤は弱体。徐々に右傾化

→ **1936.1 全日本労働総同盟(全総)**

B 社会主義運動の再興 ➔p.270

1910 大逆事件 1911年，幸徳秋水ら処刑 ➔p.244

↓ 社会主義運動の「冬の時代」

1917 ロシア革命 ➔p.255
1918 米騒動 ➔p.257

1919年 **コミンテルン結成***(各国共産党の国際組織)

↓ 普選運動などの社会運動が高揚

*各国の共産党はその支部とされた(～1943年)。

1920.12 日本社会主義同盟 結成
社会主義者のほか労働運動家・学生運動家を結集

発起人：大日本労働総同盟友愛会代表，東大新人会代表，社会主義者(堺利彦・山川均・荒畑寒村)，無政府主義者(大杉栄)ら30名

1921.5 結社禁止 → **1922.7 日本共産党 結成**

◀③山川均(1880～1958) 1922年，『前衛』に「無産階級運動の方向転換」を発表。社会主義運動が大衆運動と結びつく必要性を説き大きな影響を与えた。彼は，妻菊栄とともに社会主義運動を行った。

時代を見る目 東大新人会と黎明会

1918年に，吉野作造を中心とする二つの団体が結成された。一つは，門下生の赤松克麿(➔p.279)ら東大の学生を中心にした**東大新人会**である。東大新人会は，その後，日本の学生運動をリードし，社会主義・マルクス主義の浸透をうながした。もう一つは，吉野と経済学者福田徳三を中心とする，学者たちによって結成された**黎明会**である。民本主義思想にもとづく啓蒙活動は，知識人を中心に大きな影響を与えた*。

*1919年，黎明会の吉野らが顧問，新人会も関わって雑誌『解放』が創刊された(➔p.264)。

C 全国水平社の結成(1922年3月3日)

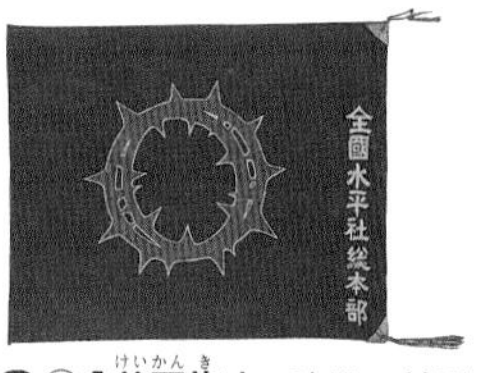

全國水平社總本部

▲④「荊冠旗」 暗黒の差別社会を表す黒地に，受難の象徴である赤い荊の冠。

西光万吉
阪本清一郎

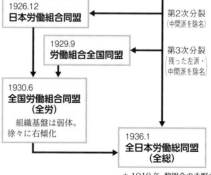

◀⑤全国水平社の創立者たち(1922年全国水平社創立大会) 西光万吉・阪本清一郎らが中心となり，自らの力による部落差別からの解放と，人間としての平等と自由の獲得をめざし，1922(大正11)年，京都の岡崎公会堂において全国水平社創立大会が開催された。水平社宣言は，日本初の人権宣言とよばれている。

水平社宣言(西光万吉起草)

全国に散在する吾が特殊部落民よ団結せよ。

…吾々は，かならず卑屈なる言葉と怯懦①なる行為によって，祖先を辱しめ人間を冒瀆してはならぬ。そうして人の世の冷たさが，何んなに冷たいか，人間を勦る事が何んであるかをよく知ってゐる吾々は，心から人世の熱と光を願求礼讃するものである。

水平社は，かくして生れた。

人の世に熱あれ，人間に光あれ。

大正十一年三月三日

①臆病で気の弱いこと

今日とのつながり 毎年5月1日に世界各地で労働者が団結や連帯を示すために，集会やデモ行進などを行う日をメーデーという。日本では，1920年に第1回メーデーが上野公園で行われた。

1 女性史関係年表

赤字 法令関係

時代	年	事項
明治	1871	津田梅子・山川捨松ら5人の女子，岩倉使節団に同行 ➔ p.218
	1874	森有礼，『明六雑誌』で一夫一婦制を説く ➔ p.217,245
	1883	自由民権運動家の岸田俊子，集会条例違反で処罰される➡B図②
	1885	景山（福田）英子，大阪事件（自由民権運動の激化事件）に女性でただ一人参加，投獄される➡B図③，➔ p.223
	1886	甲府，雨宮製糸場の女工が日本初のストライキ ➔ p.244
	1889	衆議院議員選挙法公布（女性の選挙権・被選挙権を認めず）
	1890	集会及政社法公布（政談集会・政治結社への女性の参加を禁じる）史
	1893	日本基督教婦人矯風会（会頭矢島楫子）発足，廃娼運動に取り組む ➔ p.217
	1898	新民法施行（戸主を頂点とする家制度，男女不平等を法制化）➡A
	1900	治安警察法公布（政談集会・政治結社への女性の参加を禁じる）史
	1904	与謝野晶子，「君死にたまふこと勿れ」を『明星』に発表史 ➔ p.233
	1911	工場法公布（女性の就業時間制限・深夜労働禁止などを規定）史 ➔ p.244 平塚らいてうら，青鞜社を結成，『青鞜』創刊➡C図⑤
大正	1918	富山県で「女一揆」。米騒動の発端となる ➔ p.257 平塚らいてう，与謝野晶子らが，女性の労働と育児をめぐり「母性保護論争」
	1920	平塚らいてう・市川房枝・奥むめお ら，新婦人協会を結成➡D
	1921	堺真柄，山川菊栄，伊藤野枝ら，赤瀾会を結成➡E
	1922	治安警察法第5条改正（女性の政談集会への参加禁止を削除）➡F
	1924	市川房枝ら，婦人参政権獲得期成同盟会を結成
昭和	1932	軍部の指導で国防婦人会が組織される（42年，大日本婦人会に統合）
	1945	GHQの命令により，治安警察法廃止 衆議院議員選挙法改正（女性の選挙権・被選挙権の実現）➔ p.298
	1946	第22回衆議院議員総選挙，39人の女性議員が誕生 ➔ p.298 日本国憲法公布（男女平等が保障される）➔ p.298
	1947	民法改正➡A

A 民法（新民法）における女性の権限

	民法（新民法）（1898年施行）	民法（1947年改正）➔ p.298
戸主権	「家」制度のために，戸主権（家族の居所指定権，結婚同意権，未成年者への親権行使）などを法制化	規定なし
婚姻	男は満30歳，女は満25歳まで父母の同意が必要。戸主の同意はつねに必要	20歳以上は親の同意は不必要
夫婦	妻が夫の「家」に，婿養子は妻の「家」に入る。妻は法律的に無能力，妻の財産も夫が管理・運用。妻の不貞で夫は離婚できるが，逆は不可* ＊夫が姦通罪（不貞をはたらいた既婚女性とその相手を刑法で処罰）で罰せられた場合を除く。	財産に関しては該当条文なし。配偶者（夫・妻の区別なし）の不貞行為で離婚可能
親権	親権は父親にある（父親のいない場合に限り母親が行使）	親権は両親に
相続	跡取り（長男優先）が家督（戸主権・戸主財産）を単独相続。子孫がおらず，親族が選任した場合のみ妻が家督相続	相続は男女平等，妻の相続権を保障

△① 1890（明治23）年，フランス流の個人主義的な民法がつくられたが施行されず，1898年，戸主権を重視したドイツ流の民法（新民法）に改められた（➔ p.225）。

B 自由民権運動での権利意識の芽生え

◁②岸田俊子（1863～1901）　19歳から自由民権運動に加わり，女権伸張をかかげて各地を遊説した。その演説に景山英子らが共鳴した。1884（明治17）年に中島信行と結婚したのちは，『女学雑誌』などの執筆活動で女性解放を主張した。

▷③景山（福田）英子（1865～1927）　大阪事件（➔ p.223）で投獄，のち社会主義運動に参加。社会主義婦人雑誌『世界婦人』を発行し，女性の政治的自由を主張。

C 青鞜社の結成（1911年）

△④平塚らいてう（明）（1886～1971）　青鞜社を主宰。『青鞜』発刊の辞は彼女が執筆した。

『青鞜』発刊に際して（平塚らいてう）【抜粋】史

元始，女性は実に太陽であった。真正の人であった。今，女性は月である。他に依って生き，他の光によって輝く，病人のような蒼白い顔の月である。…（『青鞜』）

△⑤『青鞜』創刊号　1911（明治44）年9月，日本女子大学校の同窓生が中心となり，婦人文芸思想誌を刊行した。表紙は，長沼智恵子（のち高村光太郎の妻）が担当。この動きは，前年の大逆事件（➔p.244）による時代の閉塞感を突き破る女性の自己表現ともいえる。値段は25銭で，最盛期には3000部発行した。青鞜とは，英語のブルー＝ストッキングスの直訳で，18世紀のイギリスで，青い靴下をはき文芸などについて討論した女性たちのことをいう。

時代を見る目　母性保護論争と3人の女性運動家

1918（大正7）～19年，女性の仕事と子育てをめぐり女性運動家が論争を展開した。**平塚らいてう**は「母性中心主義」を掲げ，国家による母子の生活保障の必要を説いた。一方，**与謝野晶子**は，11人の子育ての経験から国家による保護は男性への隷属であると反対し，夫婦による子育てと女性の経済的・人格的自立を唱えた。**山川菊栄**は，与謝野の「女権主義」と平塚の「母性主義」をともに評価しつつ，女性労働者の低賃金を改善する必要性や，育児以外に女性が負担する家内労働を社会が評価する必要を主張した。その後，与謝野は女子教育，平塚は新婦人協会，山川は社会主義運動と，それぞれの道で女性の権利確立をめざした。*

△⑥与謝野晶子（1878～1942）

＊山川は，第二次世界大戦後の1947年，労働省婦人少年局の初代局長に就任した。

D 新婦人協会の結成（1920年）

平塚らいてう
市川房枝

△⑦新婦人協会の創立　1920（大正9）年3月，平塚らいてう・市川房枝ら女性たちによって結成。とくに治安警察法（➔p.244）第5条の改正運動に取り組み，1922年に一部改正を達成した。これにより女性が政治演説会に参加することができるようになった。新婦人協会は，この年に解散した。

△⑧市川房枝（1893～1981）　新婦人協会，婦人参政権獲得期成同盟会を結成。戦後は，参議院議員（5期25年）となる。1980（昭和55）年の選挙では，当時の全国区でトップ当選した。生涯にわたり，女性の地位向上のために活動した。

E 赤瀾会の結成（1921年）

山川菊栄
伊藤野枝

△⑨赤瀾会　堺真柄，九津見房子らが中心となって設立された初の女性社会主義団体。顧問格として山川菊栄，伊藤野枝（➔p.263）が参加した。弾圧が厳しく，中心的活動家である堺真柄らが検挙され，わずか1年たらずで消滅した。

F 治安警察法の改正（1922年）

治安警察法（改正前）史

第五条　左ニ掲グル者ハ**政事上ノ結社ニ加入スルコトヲ得ズ**

一　現役及召集中ノ予備後備ノ陸海軍軍人　二　警察官　三　神官神職僧侶其ノ他諸宗教師　四　官立公立私立学校ノ教員学生生徒　五　女子　六　未成年者　七　公権剝奪及停止中ノ者

女子及未成年者ハ公衆ヲ会同スル政談集会ニ会同シ，若ハ其ノ発起人タルコトヲ得ズ

…（『官報』）

△⑩第2項の傍線部分が削除された。➡図⑦

護憲三派内閣成立と憲政の常道 ―記念せよ！喜びのこの日(『東京日日新聞』)

ヒストリースコープ

1924(大正13)年，選挙のない貴族院を背景とする清浦内閣が成立すると，第二次護憲運動が盛り上がり，総選挙に圧勝した加藤高明護憲三派内閣が成立した。こうして普通選挙法が成立し，人々の普通選挙を求める声は実現した。

考察

❶普通選挙法の提案理由の趣旨とはどのようなものだろうか。
❷政府はなぜ治安維持法を制定したのだろうか。→ 1
❸なぜ「憲政の常道」という言葉で政党政治の実現を求めたのだろうか。→ 2

高橋是清
(立憲政友会)
犬養毅
(革新倶楽部)
加藤高明
(憲政会)

△①加藤高明護憲三派内閣(1924年6月13日)

大正十四年三月三十日 (日曜月) 市 (二)
記念せよ！喜びのこの日
死線を越えて
普選法愈々成立
燃え盛る國民の熱望と
政府の忍從遂に酬はる
燦と輝く劃時代的大法典

△②普選法成立(『東京日日新聞』1925年3月30日)

加藤高明の普選法提案(一九二五年)【現代語訳】

慎んで考えますと憲法御制定の最終の御趣旨は広く国民に政治に参与させて，国民により国家の進歩を助けることにあると信じます。…政府はこのデモクラシーの高揚を受け，**広く国民に国家の義務を負わせ，国民を政治に参加させ，こうすることで国運を発展させる重要な責任を引き受けさせることが現在，最も急務であると認め**たのであります。…

1 第二次護憲運動と護憲三派内閣 →p.257 →p.269,349「内閣一覧」

内閣	年月	できごと
山本権兵衛内閣② 1923(大正12).9～.12	1923.9(大正12)	関東大震災の翌日に組閣(東京周辺に戒厳令発動)
	.12	虎の門事件(摂政宮裕仁親王，狙撃される)→総辞職
清浦奎吾内閣 1924(大13).1～.6 貴族院が基盤 おもな経歴 枢密院議長 おもな閣僚 陸相 宇垣一成 (1850～1942)	1924.1(大正13)	立憲政友会・憲政会・革新倶楽部の護憲三派，清浦内閣打倒運動を開始→第二次護憲運動
		立憲政友会脱党派が政友本党を結成 →p.253
		衆議院解散
	.5	総選挙で護憲三派が大勝
	.6	→清浦内閣が総辞職
加藤高明内閣① 1924(大13).6～25(大14).7 与党 護憲三派 おもな経歴 外相 おもな閣僚 外相 幣原喜重郎 陸相 宇垣一成 (1860～1926)	.6	加藤高明内閣(護憲三派内閣)が成立➡図① ⇩幣原喜重郎外相の協調外交 →p.271
	1925.1(大正14)	日ソ基本条約を締結(日ソ国交樹立)
	.3	治安維持法成立(1928年改正 →p.270)
		普通選挙法成立(1928年初の普通選挙)史
	.5	陸軍4個師団廃止 ⇦宇垣陸相の軍縮 →p.259
	.7	→財政をめぐり護憲三派の提携崩壊，総辞職
加藤高明内閣② 1925(大14).8～26.1	.8	憲政会単独内閣を組閣

*治安維持法の制定後も治安警察法(→p.244)は存続し，政党・結社の禁止や集会の取り締まりに用いられた。

治安維持法*(1925年4月22日公布)史

第一条　国体ヲ変革シ又ハ私有財産制度ヲ否認スルコトヲ目的トシテ結社ヲ組織シ又ハ情ヲ知リテ之ニ加入シタル者ハ十年以下ノ懲役又ハ禁錮ニ処ス
前項ノ未遂罪ハ之ヲ罰ス

△③「国体ヲ変革シ」「私有財産制度ヲ否認」とは，天皇制と資本主義体制を否定することを意味する。普通選挙法の成立と日ソ基本条約の締結による日ソ国交樹立により，社会主義や共産主義の影響力が増すことを政府は恐れたのである。法律では，結社の組織や加入をも犯罪行為と規定し，思想そのものを取り締まるものであった。そして「国体」という曖昧な文言は拡大解釈され，言論・結社・集会の自由を弾圧する大きな武器となった。→p.270

〈さいたま市立漫画会館蔵〉

思想
問題

△④「口に雨戸」(北沢楽天筆『楽天漫画集大成』) 思想問題を完全に取り締まるのは難しいことを風刺している。

2 「憲政の常道」の時代 政党 →p.253,352 総選挙 →p.353

与党	内閣	年月	閣僚・できごと
護憲三派→憲政会	**加藤高明①②** 1924.6～26.1		農商務大臣 高橋是清* 逓信大臣 犬養毅* 蔵相 浜口雄幸 外相 幣原喜重郎(協調外交) 陸軍大臣 宇垣一成 *第1次内閣のみ。
		1926.1	加藤首相病死。憲政会総裁に若槻
憲政会	**若槻礼次郎①** 1926.1～27.4		蔵相 浜口雄幸・片岡直温ら 外相 幣原喜重郎(協調外交)
		1926.12	昭和天皇即位
		27.4	金融恐慌処理に失敗→総辞職 →p.269
立憲政友会	**田中義一** 1927.4～29.7		蔵相 高橋是清 外相 (首相が兼務)(強硬外交)
		1927.4	モラトリアム →p.269
		.6	憲政会と政友本党が合同，立憲民政党に
		1928.2	第1回普通選挙 →p.270
		.6	張作霖爆殺事件→処理に失敗し総辞職
立憲民政党	**浜口雄幸** 1929.7～31.4		蔵相 井上準之助 外相 幣原喜重郎(協調外交)
		1930.1	金輸出解禁実施→昭和恐慌に →p.274
		.4	ロンドン海軍軍縮条約調印 →p.271
		.11	首相狙撃→幣原外相が首相を代理
立憲民政党	**若槻礼次郎②** 1931.4～.12		蔵相 井上準之助 外相 幣原喜重郎(協調外交が破綻)
		1931.9	満州事変勃発→総辞職 →p.275
立憲政友会	**犬養毅** 1931.12～32.5		蔵相 高橋是清 外相 (首相が兼務)
		1932.5	五・一五事件 首相死亡 →p.278 →「憲政の常道」は8年間で崩壊

時代を見る目

「憲政の常道」と貴族院改革

大日本帝国憲法には内閣や首相の規定がなく，慣例として，元老(→p.225)が次期首相を天皇に推挙し，推挙された人物が「組閣の大命」を受けて首相に就任した。

そこで政党勢力は，大正デモクラシーの気運を背景に，衆議院の多数党の党首を首相に推挙することが**「憲政の常道」**であると主張した。こうして1924年，総選挙で示された民意をもとに加藤高明の護憲三派内閣が成立し，以後8年間，"最後の元老"西園寺公望のもとで二大政党が交互に政権を担当した*。

また，第二次護憲運動では貴族院改革も主張された。これは選挙のない貴族院が衆議院よりも制度的に優位のため(→p.227)，貴族院が民意に反する政策を進めることを国民が危惧したことによる。

*内閣が政局運営に行きづまって総辞職した場合は第二の多数党の党首が，首相が死亡した場合には同じ政党の後継党首が推薦された。

3 普通選挙法成立 ―衆議院議員選挙法改正*

内閣	黒田清隆 →p.227	山県有朋② →p.232	原敬 →p.257	加藤高明①	幣原喜重郎 →p.298	安倍晋三③ →p.316
公布年	1889(明22)	1900(明33)	1919(大8)	1925(大14)	1945(昭20)	2015(平27)
有権者の資格 年齢	満25歳以上	満25歳以上	満25歳以上	満25歳以上	満20歳以上	満18歳以上
有権者の資格 性別	男	男	男	男	男・女	男・女
有権者の資格 直接国税	15円以上	10円以上	3円以上	制限なし	制限なし	制限なし
被選挙人年齢資格	満30歳以上	満30歳以上	満30歳以上	満30歳以上	満25歳以上	満25歳以上

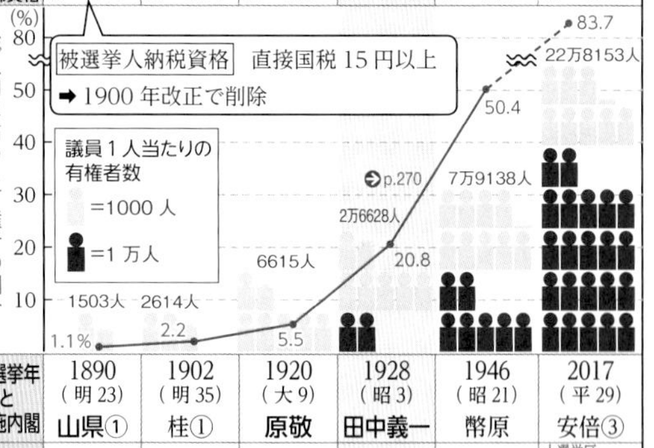

(%)
80
50
40
30
20
10
総人口に占める有権者の割合
被選挙人納税資格　直接国税15円以上
➡1900年改正で削除
議員1人当たりの有権者数
=1000人
=1万人
1.1%
1503人
2.2
2614人
5.5
6615人
20.8
2万6628人
p.270
50.4
7万9138人
83.7
22万8153人

総選挙年と実施内閣	1890(明23) 山県①	1902(明35) 桂①	1920(大9) 原敬	1928(昭3) 田中義一	1946(昭21) 幣原	2017(平29) 安倍③
選挙区制	小選挙区	大選挙区	小選挙区	中選挙区	大選挙区	小選挙区比例代表並立制
有権者数(万人)	45	98	307	1241	3688	10609

*安倍内閣は公職選挙法を改正。18歳選挙権は2016年の参院選から適用。

今日とのつながり 現在の国会議事堂は1920年に着工され，1936年に完成したが，奇しくも完成当時，すでに政党内閣は終わりを告げていた。

特集 関東大震災と東京の復興

1 関東大震災

➔p.339「自然災害と人々」

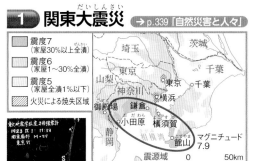

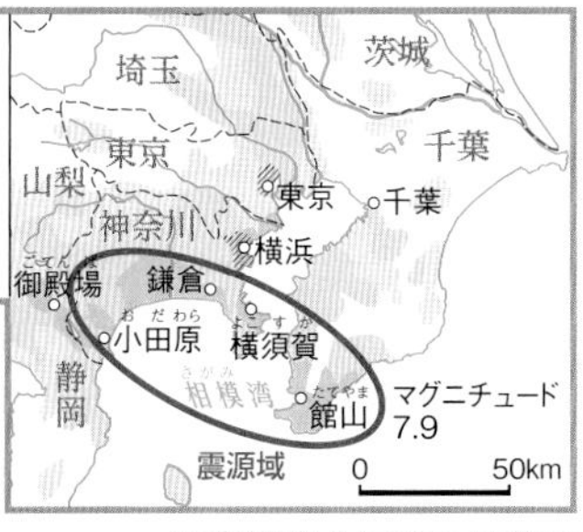
震度7（家屋30%以上全潰）
震度6（家屋1〜30%全潰）
震度5（家屋全潰1%以下）
火災による焼失区域
埼玉
茨城
東京
千葉
山梨
神奈川
東京
千葉
横浜
御殿場
鎌倉
小田原
横須賀
静岡
相模湾
館山
マグニチュード 7.9
震源域
0 50km

△①関東大震災の被災地域　1923（大正12）年9月1日午前11時58分，相模湾北西部を震源とする関東地震が発生した。

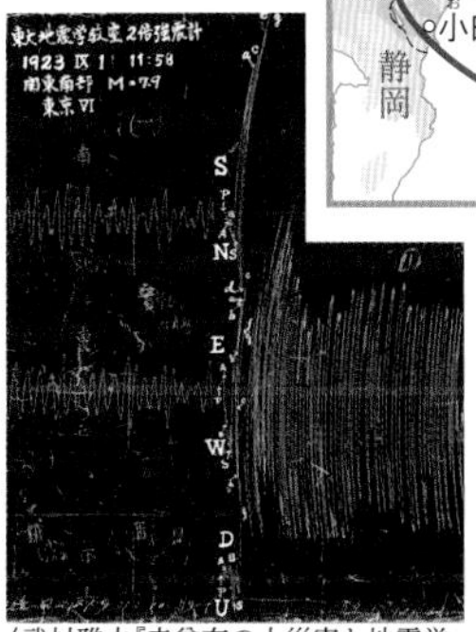

◁②振り切れる地震計の針
〈東京大学地震研究所蔵〉

〈武村雅之『未曾有の大災害と地震学 - 関東大震災』〉

家屋被害戸数		死者数(行方不明者を含む)	
全潰	7万9733戸	圧死	1万1086人
半潰	7万9272戸	焼死	9万1781人
焼失	21万2353戸	その他	2518人
流失・埋没	1301戸		
合計	37万2659戸	合計	10万5385人

△③関東大震災の被害　地震発生が昼食時であったため，各所で火災が発生し，陸軍被服廠跡では避難した約3万8千人が火災旋風で焼死するなど大惨事となった。陸軍被服廠跡には，震災記念堂（現在の東京都慰霊堂）が建てられた。

◁④倒壊した凌雲閣と焼失した浅草　浅草の興行街（➔p.264）の凌雲閣は「浅草十二階」とよばれ，観光名所であったが，地震で7階部分から崩れ落ちた。東京市では，このような建物の倒壊だけでなく，道路や橋，電気・水道・通信なども甚大な被害を受け，都市機能は一瞬にして壊滅した。

2 関東大震災後の東京市中心部（昭和10年ごろ）

江戸中心部のようす ➔p.173 T A

荒川区
豊島区
本郷区
下谷区
浅草区
小石川区
淀橋区
牛込区
東京市
神田区
本所区
四谷区
宮城
麹町区
日本橋区
深川区
京橋区
赤坂区
渋谷区
麻布区
芝区
目黒区
品川区
荏原区
同潤会アパート
復興支援のために設立された同潤会が建設したアパート
➡図③
陸軍被服廠跡
震災記念堂
東京府庁・市庁
明石小学校（復興小学校）
浜離宮恩賜庭園
芝公園
恩賜庭園（芝離宮）
上野公園
浅草公園
新宿御苑
明治神宮
明治神宮外苑
岩崎邸
銀座街
昭和通
大正通（靖国通）
品川台場
第六台場
第三台場
第二台場
第五台場
第四台場
第一台場
東京湾
防波堤
第一飛行学校
0 2km
区役所
東京市電ルート
ビル・建物密集地
皇族・華族の邸
住宅地
緑地・公園
公共施設・学校・病院
工場
その他の地域
関東大震災の焼失地域
新橋駅 関東大震災後に整備されたおもな建造物・施設
同潤会アパート（1920年代建設のもの）

A 関東大震災による混乱

◁⑤自警団　震災の夕方には「朝鮮人が井戸に毒を投げ入れ，放火・強盗をしている」などの根拠のないうわさが流れ，軍隊や警察，各地に組織された自警団が，“朝鮮人狩り”を行った。このころ，東京東部の土木工事のため多くの朝鮮人・中国人が労働者として集まっていた。

▷⑥甘粕事件　9月16日，無政府主義者大杉栄と伊藤野枝（➔p.261），大杉の甥は，東京憲兵隊本部に連行され，甘粕正彦憲兵大尉*らによって殺害された。このほか9月4日にも社会主義者10名らが亀戸警察署構内で軍隊に殺害された亀戸事件など，警察・軍隊によって社会運動家が抹殺・弾圧される事件も起こった。

大杉栄
伊藤野枝

*軍法会議で懲役10年の判決を受けるが3年で出獄し，のちに満州に渡った。

B 震災からの復興

日本銀行
日本橋三越
永代通り
昭和通り

△⑦大通りの建設　東京の都市復興計画は，台湾総督府の民政長官などを務めた後藤新平（➔p.231）が，内務大臣兼帝都復興院総裁に就任して立案した。壮大な構想であったため，その規模は縮小されたが，大通りの建設や区画整理，橋の増設などは実施され，単なる復旧ではなく「帝都復興」への基礎をつくった。

〈横浜都市発展記念館蔵〉

△⑧山下公園（神奈川県）　横浜港の山下公園は，震災のがれきを埋め立てて造成され，関東大震災からの復興のシンボルとして1930年に開園した。

JAPAN NEEDS YOU

◁⑨海外からの支援　米国赤十字は，震災の災害救助のため募金運動を行い，病院建設費寄付などの援助を行った。

大正・昭和初期の文化①(大衆文化) ―今日は帝劇 明日は三越(三越*のキャッチコピー)

ヒストリースコープ

1913(大正2)年，帝国劇場(帝劇)のパンフレットに三越百貨店がのせた広告文は，都市における大衆の消費増加という時代の波にのって流行語になった。帝劇や三越のあった銀座周辺は，文化の最先端を表現する場としてにぎわった。

考察

❶大正・昭和初期の銀座周辺はどのような場所だったのだろうか。
❷文化の担い手はどのような人々だったのだろうか。→1
❸どのようなマス＝メディアが登場しただろうか。→2

①帝国劇場の舞台 1911(明治44)年開場。日本初の本格的な洋式劇場であった。オーケストラピット(舞台下の演奏スペース)や，歌舞伎上演用に取り外し式の花道も設置された。

②混み合う三越内部のようす 1914年に完成した三越本館は，日本初のエスカレーターなど当時の最新設備も備え，大衆の人気を博した。1927年以降増改築を経て現在の姿に。

＊三越は三井高利創業の越後屋が起源(➔p.170,214)。

1 大衆の出現

A 俸給生活者(サラリーマン)と職業婦人

③サラリーマン 原敬内閣(➔p.257)が**大学令**を制定するなどして高等教育を充実させたこともあり，都市部ではサラリーマンが増加し大衆文化のおもな担い手となった。サラリーマンの多くは鉄筋コンクリートづくりのオフィスビルに勤務し，郊外にのびる鉄道沿線に建てられた**文化住宅**から通勤した(➔p.265)。

④職業婦人 工業化の進展を背景に経済が急成長すると，女性がバスガールや電話交換手，カフェの給仕などに広く進出した。なかでもバスガールは「赤襟嬢」とよばれ，女性のあこがれの職業となった。また，時代の先端をいく洋装・洋髪の女性はモガ(モダンガール)とよばれ*，銀座通りはモガでにぎわった。

＊男性はモボ(モダンボーイ)とよばれた。

B 地下鉄

東洋唯一の地下鐵道
上野浅草間開通

⑤地下鉄開通を知らせるポスター 1927(昭和2)年，上野-浅草間に日本最初の**地下鉄**東京地下鉄道が開通した。

C 娯楽

⑥浅草の興行街 浅草電気館は日本初の常設映画館。1920年代から黄金時代を迎えた日本映画は初めサイレント映画(無声映画)であったが，31年にトーキー(有声映画)が登場し庶民の娯楽として人気を集めた。

2 マス＝メディアの発達

ジャンル	雑誌名	創刊年
総合雑誌	『中央公論』	1899(明32)
	『改造』『解放』	1919(大8)
	『文藝春秋』	1923(大12)
経済雑誌	『東洋経済新報』	1895(明28)
大衆娯楽雑誌	『キング』	1925(大14)
プロレタリア雑誌	『種蒔く人』	1921(大10)
	『戦旗』	1928(昭3)
女性雑誌	『婦人公論』	1916(大5)
	『主婦之友』	1917(大6)
児童文芸雑誌	『赤い鳥』(鈴木三重吉)	1918(大7)
	『コドモノクニ』	1922(大11)
文学全集	『現代日本文学全集』	1926(昭1)
文学・学術書	岩波文庫	1927(昭2)

⑦発行された出版物 大衆娯楽雑誌『キング』(創刊号は74万部)などの雑誌が続々と創刊され，新聞とともに飛躍的に発行部数をのばした*。『現代日本文学全集』などの1冊1円の**円本**や，岩波文庫を先駆とする文庫本も低価格で大量に出版された。また，女性や児童を対象とした雑誌も発行された。

＊1924年には『大阪朝日新聞』『大阪毎日新聞』の発行部数が100万部をこえた。

A 雑誌・円本

〈図⑧～⑪東京 日本近代文学館蔵〉

現代日本文學全集

⑧『現代日本文学全集』1926年創刊。

改造
創刊號

⑨『改造』 創刊号(1919年)。

KING
キング

⑩『キング』 創刊号(1925年)。

コドモノクニ

⑪『コドモノクニ』 第4巻第2号(1925年)*。

＊創刊は1922年。➡図⑦

B ラジオ

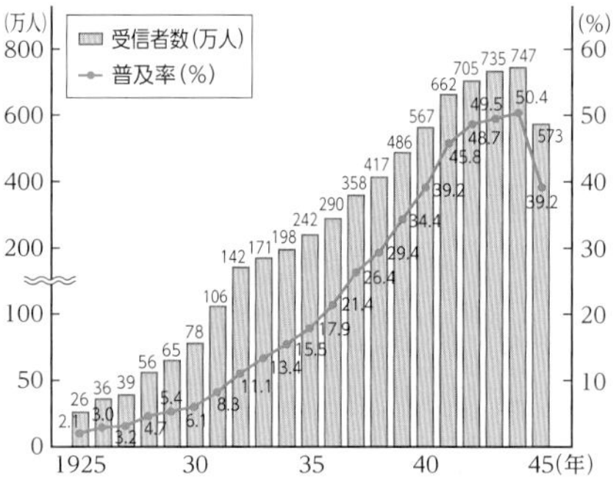
(万人)
(%)
受信者数(万人)
普及率(%)
26 36 39 56 65 78 106 142 171 198 242 290 358 417 486 567 662 705 735 747 573
2.1 3.0 3.2 4.7 5.4 6.1 8.3 11.1 13.4 15.5 17.9 21.4 26.4 29.4 34.4 39.2 45.8 48.7 49.5 50.4 39.2
1925 30 35 40 45(年)

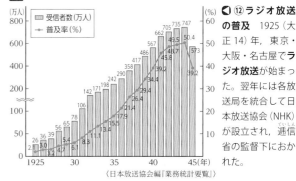

〈日本放送協会編『業務統計要覧』〉

⑫ラジオ放送の普及 1925(大正14)年，東京・大阪・名古屋で**ラジオ放送**が始まった。翌年には各放送局を統合して日本放送協会(NHK)が設立され，逓信省の監督下におかれた。

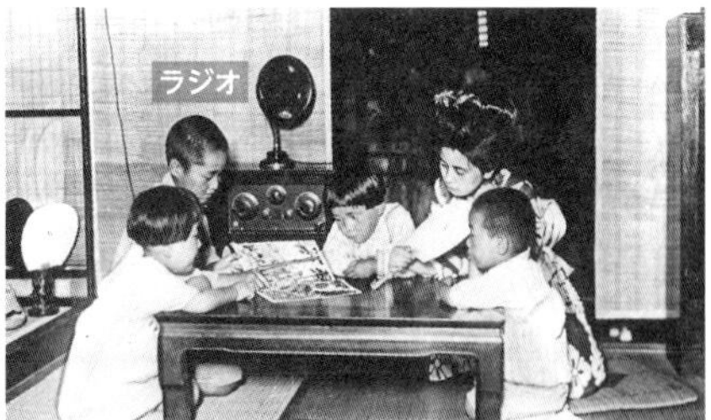
ラジオ

⑬ラジオがある生活 全国中等学校優勝野球大会(➔p.265)や大相撲の実況中継が開始されると，人々はラジオに熱中した。

今日とのつながり 鉄道網の広がりとともに郊外の宅地化が進み，東京では田園調布や成城に，和洋折衷の住宅である文化住宅が計画的に開発された。

1 私鉄と宅地開発

よみとき 鉄道網の発展と宅地（住宅都市）・観光地の立地との関係に注目しよう➡図②

〈兵庫 神戸市立博物館蔵〉

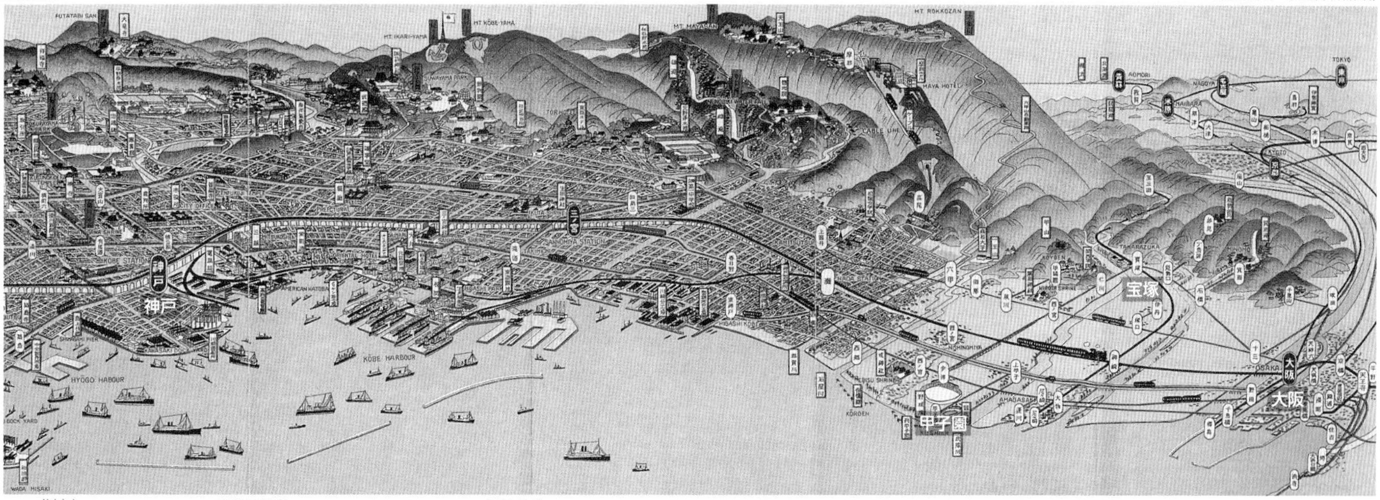
神戸
宝塚
甲子園
大阪

△①阪神地域のにぎわい（吉田初三郎筆 大神戸市を中心とせる名所鳥瞰圖繪 1930年） 翌年開通する国鉄高架線が神戸発展の象徴として描かれる。日清戦争（➔p.230）以後，大阪は「東洋のマンチェスター」とよばれて工業都市として発展し，1925（大正14）年の市域拡張で誕生した「大大阪」の人口は，一時は東京市を上まわった。東洋一の港湾都市となった神戸も市域拡張を重ね，神戸周辺や阪神間には資産家邸宅や郊外住宅，文化娯楽施設が充実するモダンな地域性が形成された。

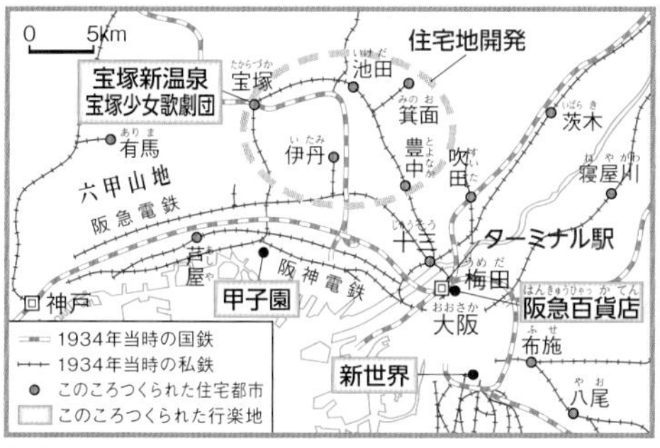
0 5km
住宅地開発
宝塚新温泉
宝塚少女歌劇団
宝塚
池田
箕面
有馬
伊丹
豊中
吹田
茨木
寝屋川
六甲山地
阪急電鉄
十三
ターミナル駅
芦屋
梅田
阪神電鉄
神戸
甲子園
大阪
阪急百貨店
布施
新世界
八尾
1934年当時の国鉄
1934年当時の私鉄
このころつくられた住宅都市
このころつくられた行楽地

△②阪神周辺の鉄道路線 大阪・神戸・京都を結ぶ私鉄は，郊外に家をもち電車で都心へ通勤する大卒サラリーマンの登場とともに発展し，一大都市圏を形成した。

△③池田室町住宅 小林一三が1910（明治43）年に手がけた日本最初の郊外型分譲住宅地。小林は住宅ローンを考案し，郊外にマイホームをもつことを可能にした。➡ひとコラム

ひと 小林一三（1873～1957） 山梨県出身

小林は，鉄道敷設予定の十三～箕面を何度も歩き，空気の汚れた工業都市大阪にはない快適な住宅適地をその沿線に発見し，1907年箕面有馬電気軌道（現在の阪急電鉄）の設立に参加した。沿線の土地開発とセットで鉄道事業を発展させるという，高度経済成長期（➔p.308）の宅地開発手法の創始者といわれる。また，宝塚歌劇場指定席入場料を一律30銭として，客を区別せず平等に扱った。この大衆第一主義は彼の経営理念として終生変わることはなく，のちのデパート経営にも発揮された。

2 レジャーの隆盛

（丸）甲子園
Koshien Play-Ground

△④阪神甲子園球場 1924（大正13）年に全国中等学校優勝野球大会（現全国高等学校野球選手権大会）開催地として阪神電気鉄道が整備。〈『神戸のハイカラ建築・むかしの絵葉書から』〉

〈神戸市立博物館蔵〉

△⑤有馬温泉 六甲山系北側の古代以来の温泉。1928（昭和3）年に神戸－有馬間の私鉄路線が開通し，リゾート地となった。

メニュー【抜粋】

メニュー	価格
ライスカレー	30銭
ビフテキ	30銭
カツレツ	30銭
コロッケ	30銭
シチュー	30銭
オムレツ	30銭
プリン	10銭
アイスクリーム	10銭
コーヒー	5銭
紅茶	5銭

◁⑦当時の洋食のメニュー

◁⑥宝塚少女歌劇団 小林一三が宝塚新温泉の集客のため1913年に組織した宝塚唱歌隊がはじまり。歌と踊りなどに時事風刺劇を組み合わせたレビューを公演した。写真は「モン・パリ」（1927年）。〈©宝塚歌劇団〉

△⑧阪急百貨店8階の食堂（1935年ごろ） 1929年開業の**ターミナルデパート**。ライスカレーは食堂の一番人気メニューとなった。小林一三は，昭和恐慌（➔p.274）時，ライスのみ注文し卓上のウスターソースと福神漬で食べる客を「将来家族連れで来てくれる客」として自ら頭を下げて歓迎した。

大正・昭和初期の文化②(絵画・彫刻・建築)—「緑色の太陽」(高村光太郎)

ヒストリースコープ

1910(明治43)年，高村光太郎は，雑誌『スバル』で「緑色の太陽」と題したエッセイに「人が「緑色の太陽」を画いても僕はそれを非なりとはいわない」と記し，芸術家の表現の自由を強調した。高村らが結成した芸術家集団「フュウザン会」には，岸田劉生や萬鉄五郎も参加し，文展を中心とするアカデミズムとは異なる表現を追求した。

考察

❶図①〜③より，この時代の画家がめざした絵画表現を説明しよう。
❷日本の西洋画や彫刻が西欧から受けた影響を説明しよう。→2・3
❸日本画壇の対立を具体的な団体名と合わせて説明しよう。→4・5

〈東京国立博物館蔵 44.2 × 36.4cm〉

①**麗子微笑**(岸田劉生筆 1921年) 娘麗子の肖像。岸田ははじめゴッホやセザンヌの影響を受けていたが，のちにルネサンス期のデューラーに傾倒し，単なる写実を越えた内面の神秘性を表現しようとした。

②**麗子10歳**(1923年)〈東京国立近代美術館蔵〉

〈東京国立近代美術館蔵 162.0 × 97.0cm〉

③**裸体美人**(萬鉄五郎筆 1912年) ゴッホとマティスに感化され，前衛美術の先駆者となった。

1 文化まとめ表

特徴		多様な表現の開花 ①20世紀前半の文化 ②大衆に普及した文化 ③反アカデミズムの台頭
絵画	日本画	炎舞(速水御舟) 築地明石町(鏑木清方) 生々流転(横山大観) 洞窟の頼朝(前田青邨) 阿弥陀堂・髪(小林古径) 風神雷神(安田靫彦) 黒船屋(竹久夢二)
	西洋画	麗子微笑(岸田劉生) 裸体美人(萬鉄五郎) エロシェンコ氏の像(中村彝) 金蓉(安井曽太郎)
彫刻	木彫	転生・五浦釣人(平櫛田中) 鯰(高村光太郎)
	塑像	曇り(戸張孤雁) 手(高村光太郎)
建築		旧帝国ホテル(フランク＝ロイド＝ライト) 東京駅(辰野金吾)

2 西洋画 - 個性の模索

④**エロシェンコ氏の像**(中村彝筆 1920年) レンブラントの精神性とルノワールの官能性に啓発されて独自の絵画観を追求した。モデルは作家で日本語の作品も発表。〈東京国立近代美術館蔵 45.5 × 42.0cm〉

〈東京国立近代美術館蔵 96.5 × 74.5cm〉

⑤**金蓉**(安井曽太郎筆 1934年) パリのアカデミーで学び，セザンヌに影響を受ける。二科展では未曽有の肖像画と絶賛される。モデルは小田切峰子*。

*「金」は美しい，「蓉」は峰を意味し，「金蓉」は峰子の愛称。

時代を見る目

ロダンに憧れた白樺派 ➔p.268

雑誌『白樺』は西洋美術図版を多く掲載しており，1910(明治43)年11月号ではフランス人彫刻家のロダンで特集号を組んだ。そこに掲載するメッセージを求めて白樺同人は，ロダンと文通を交わし，のちに完成したロダン特集号と浮世絵を送ると，ロダンは自分の作品を3点，白樺派に寄贈した。それは日本に初めてもたらされた，「近代彫刻の祖」ロダンの作品であった。

樺
白
AUGUSTE RODIN

⑥『**白樺**』**第1巻8号(ロダン特集号)表紙**(1910年)

3 彫刻 - 生命表現の追求

〈東京国立近代美術館蔵 像高 23.5cm〉

⑦**曇り**(戸張孤雁作 1917年) ニューヨークのナショナル＝アカデミーなどで絵画を学び，荻原守衛(➔p.252)の影響で彫刻に転じた。肉付けの美しい抒情的作風。

〈島根県立美術館蔵 高さ 39.2cm〉

⑧**手**(高村光太郎作 1918年) 彫刻家高村光雲(➔p.252)の長男で欧米に学び，荻原守衛やロダンと親交を結ぶ。ロダンの影響を色濃く受け，平凡な題材を力強く造形している。

4 近代日本絵画の流れ②

明治の日本絵画 ➔p.251 3

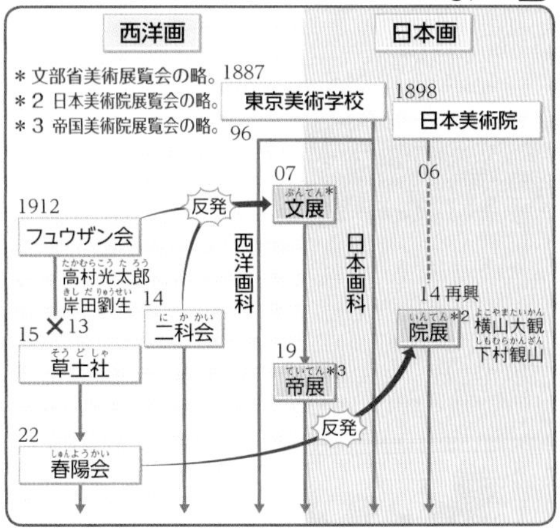
西洋画
日本画
＊文部省美術展覧会の略。
＊2 日本美術院展覧会の略。
＊3 帝国美術院展覧会の略。
1887
東京美術学校
1898
日本美術院
96
06
07
文展*
反発
1912
フュウザン会
高村光太郎
岸田劉生
西洋画科
日本画科
14
二科会
15
✕13
草土社
14再興
院展*2
横山大観
下村観山
19
帝展*3
反発
22
春陽会

今日とのつながり 白樺派がロダンから寄贈された三つの作品「或る小さき影」「ゴロツキの首」「ロダン夫人」は，現在大原美術館(岡山県倉敷市)に所蔵されている。

5 日本画 - 日本画壇における近代化

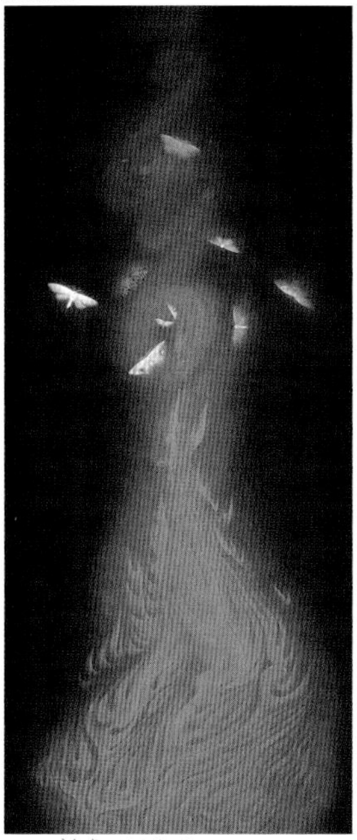

△⑨炎舞(速水御舟筆 1925年) 西洋画壇の動きに敏感な御舟が日本画に近代化をもたらした作品。〈東京 山種美術館蔵 120.3 × 53.8cm〉

△⑩築地明石町(鏑木清方筆 1927年) 第8回帝展で帝国美術院賞を受賞。居留地の情緒を女性像で表現。〈個人蔵 174.0 × 74.0cm〉

〈東京国立近代美術館蔵 55.3 × 4070.0cm(部分)〉

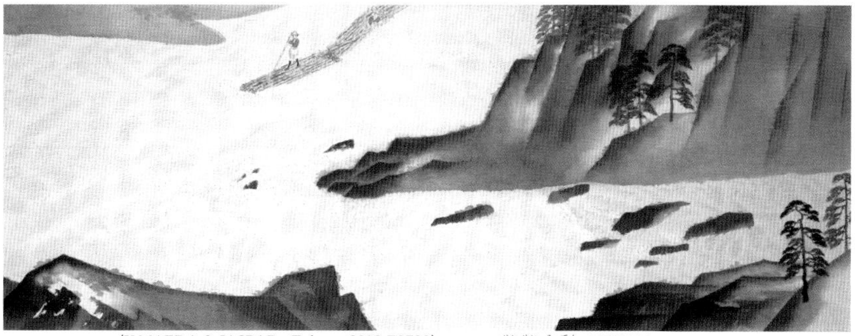

〈Y.MAEDA & JASPAR, Tokyo, 2013 E0730〉

△⑪生々流転(横山大観筆 1923年) 山奥の葉先から落ちたしずくが海まで流れて，雲に変化して天に昇るという水の一生に，人の一生を託して描く。大観は岡倉天心が創設した**日本美術院**(➔ p.251)を再興し，日本画の改革に尽力した。第10回院展出品作品。

△⑫洞窟の頼朝(前田青邨筆 1929年) 大画面いっぱいに人物を配した構図法は重苦しい雰囲気を表し，歴史画に新たな世界を築いた。第16回院展出品作品。〈東京 大倉集古館蔵 二曲一隻 189.8 × 278.0cm〉

時代を見る目 夢二デザインの商品力

少年少女雑誌のさし絵画家として活躍していた竹久夢二が描く，なで肩・痩身につぶらなひとみの「夢二式美人」は人気を集めた。夢二は資生堂や千疋屋の広告などのデザインも手がけた。

◁⑮黒船屋(竹久夢二筆 1919年) 夢二式美人の最高傑作。〈群馬 竹久夢二伊香保記念館蔵 130.0 × 50.6cm〉

▽⑯夢二デザインの広告〈東京 竹久夢二美術館蔵〉

△⑭風神雷神(安田靫彦筆 1929年) 再興日本美術院創立に参加。自由な発想で風神雷神を表現。〈埼玉 遠山記念館蔵 2曲1双 各190.4 × 177.1cm〉

◁⑬髪(小林古径筆 1931年) 髪をすく姉妹以外は画面から余分なものを消し，端正な格調高い画風で，古典を現代につなぐ新古典主義の代表作。〈東京 永青文庫蔵 170.0 × 108.2cm(部分)〉

6 建築 - 建築における個性の表現

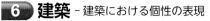

△⑰旧帝国ホテル(1923年) アメリカ近代建築界の巨匠フランク＝ロイド＝ライトが設計した2代目帝国ホテル。煉瓦と大谷石の材質を生かした壁面装飾が特徴。

△⑱創建当時の東京駅 1914(大正3)年開業の東京駅は，コンドルの教え子である辰野金吾(➔ p.252)の設計によるもの。1945年の東京大空襲(➔ p.289)で二つのドームが焼失したが，2012年に開業当時のドームの復原が完成した。〈埼玉 鉄道博物館蔵〉

▷⑲創建時の姿に復原された東京駅丸の内駅舎内部

歴史散歩 高村山荘・高村光太郎記念館(岩手県花巻市) 高村光太郎は戦火を逃れるため宮沢賢治の弟 清六を頼り花巻に疎開した。のちに移り住んだ高村山荘が残されている。

大正・昭和初期の文化③(文学・学問・演劇・音楽)—唯ぼんやりした不安(芥川龍之介)

ヒストリースコープ

『羅生門』で人間のエゴイズムを表現することに成功した芥川龍之介は，大正期を代表する作家となった。しかし1927(昭和2)年，関東大震災による人々の価値観の変化や貧富の格差などの社会的な状況に対し，「唯ぼんやりした不安」という言葉を残して命を絶った。

考察

❶芥川が不安を感じた昭和初期，文学界ではどのような作風が展開されただろうか。→1

❷明治時代と比べて，文化の対象はどのように変化しただろうか。→1・2・3・p.245,248〜249

●『羅生門』(芥川龍之介)【抜粋】

…どうにもならない事を、どうにかするためには、手段を選んでゐる遑はない。選んでゐれば、築土の下か、道ばたの土の上で、饑死をするばかりである。そうして、この門の上へ持って来て、犬のやうに棄てられてしまうばかりである。選ばないとすれば——下人の考えは、何度も同じ道を低徊した揚句に、やっとこの局所へ逢着した。しかしこの「すれば」は、いつまでたっても、結局「すれば」であった。…

➡303ページ

◀①『羅生門』表紙(1915年 上)と②芥川龍之介(1892〜1927 下) 『今昔物語集』(➡p.100)の説話を題材とした独自の「歴史小説」を完成させた。

…君は新聞の三面記事などに生活難とか、病苦とか、或は又精神的苦痛とか、いろいろの自殺の動機を発見するであらう。しかし僕の経験によれば、それは動機の全部ではない。のみならず大抵は動機に至る道程を示してゐるだけである。自殺者は大抵レニエ*の描いたやうに何の為に自殺するかを知らないであらう。それは我々の行為するやうに複雑な動機を含んでゐる。が、少くとも僕の場合は唯ぼんやりした不安である。何か僕の将来に対する唯ぼんやりした不安である。…

*作家。自殺者を主人公とした作品を書いている。

▲③友人あてに送られた芥川の遺書

1 文学—個性の表現と作風の多様化

時期	流派	特色	作家・作品
明治末〜大正	高踏派・余裕派	反自然主義。西欧的知識人の内面を描く	森鷗外『阿部一族』『山椒大夫』 夏目漱石『こころ』『道草』
明治末〜大正	耽美派	反自然主義。官能的な美を追求	永井荷風『腕くらべ』 谷崎潤一郎『刺青』『痴人の愛』
明治末〜大正	白樺派 ➡p.266	反自然主義。人道主義・理想主義を掲げる。雑誌『白樺』創刊	武者小路実篤『その妹』『友情』 有島武郎『或る女』『カインの末裔』 志賀直哉『城の崎にて』『暗夜行路』
明治末〜大正	新思潮派	雑誌『新思潮』から出た作家たち。理知的作風	芥川龍之介『羅生門』『鼻』 菊池寛『父帰る』『恩讐の彼方に』
大正〜昭和初期	新感覚派 ➡図⑥⑦	モダニズム文学。感覚的表現を試みる	横光利一『蠅』『機械』 川端康成『伊豆の踊子』『雪国』
大正〜昭和初期	プロレタリア文学 ➡図④⑤	マルクス主義の立場で貧困階級の解放を訴える	葉山嘉樹『海に生くる人々』 徳永直『太陽のない街』 小林多喜二『蟹工船』
大正〜昭和初期	大衆文学	雑誌や新聞に連載され広く読まれた。時代小説など	中里介山『大菩薩峠』 大佛次郎『鞍馬天狗』 吉川英治『宮本武蔵』 江戸川乱歩 探偵小説家
大正	詩歌・短歌・俳句	口語自由詩が開花。短歌・俳句も新しい表現を追求	高村光太郎『道程』 萩原朔太郎『月に吠える』 斎藤茂吉『赤光』

2 自然科学・人文・社会科学—学問の多様性

	分野	人物	事項
自然科学	医学	野口英世	梅毒スピロヘータの培養に成功(1911発表)。アフリカの黄金海岸(現ガーナ)で黄熱病の研究中，感染して死去
自然科学	物理学	本多光太郎	金属物理学を開拓，強力な永久磁石鋼であるKS磁石鋼*を発明(1917)*出資者の住友吉左衛門友純(➡p.214)のイニシャルに由来。
自然科学	工学	三島徳七 八木秀次	KS磁石鋼よりさらに強力なMK磁石鋼*2を発明(1931) 宇田新太郎と超短波用アンテナを発明(1926)
自然科学	数学	高木貞治	代数的整数論における「高木類体論」を発表(1920)
人文・社会科学	哲学	西田幾多郎 和辻哲郎	『善の研究』(1911)に始まる独創的な哲学体系を構築 『古寺巡礼』(1919)，『風土』(1935)など。文化哲学的な倫理学を確立
人文・社会科学	歴史学	白鳥庫吉 内藤湖南 津田左右吉	東洋史を近代史学として確立，また東洋文庫創設に尽力した 中国史を明確に時代区分して近代史学の対象として確立した 西洋史学の史料批判の方法で「記紀」*3を考証し，『神代史の研究』(1924)などを著す。太平洋戦争直前に発禁処分➡p.279
人文・社会科学	民俗学	柳田国男	民間伝承を調査し，無名の民衆(常民)の生活史を研究する民俗学を確立。『遠野物語』(1910)，雑誌『郷土研究』(1913創刊)などを刊行
人文・社会科学	政治学	吉野作造	「民本主義」の訳語で天皇制下のデモクラシーを説く(1916)➡p.260
人文・社会科学	法学	美濃部達吉	『憲法講話』(1912)で天皇機関説を唱え，天皇主権説の上杉慎吉と論争。昭和に入り軍部や右翼に攻撃される➡p.253,279
人文・社会科学	経済学	河上肇	『貧乏物語』(1917)で広く知られる。個人雑誌『社会問題研究』(1919〜30)を創刊してマルクス主義の研究を普及。のち共産党員となる

▲⑧野口英世(1876〜1928)

*2三島のMと彼の生家喜住家のKからとられた。*3『古事記』と『日本書紀』。

●『蟹工船』(小林多喜二)【冒頭】

「おい地獄さ行ぐんだで!」二人はデッキの手すりに寄りかかって、蝸牛が背のびをしたように延びて、海を抱え込んでいる函館の街を見ていた。…

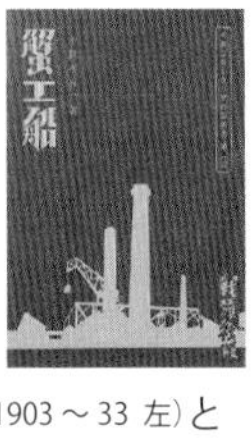

▲④小林多喜二(1903〜33 左)と⑤『蟹工船』表紙(右)

●『伊豆の踊子』(川端康成)【冒頭】

道がつづら折りになって、いよいよ天城峠に近づいたと思ふ頃、雨脚が杉の密林を白く染めながら、すさまじい早さで麓から私を追って来た。

私は二十歳、高等学校の制帽をかぶり、紺飛白の着物に袴をはき、学生カバンを肩にかけてゐた。…

▲⑥川端康成(1899〜1972 左)と⑦『伊豆の踊子』表紙(右)

3 演劇・音楽—大衆に向けた表現

団体	演劇
芸術座(1913〜19)	文芸協会を脱退した島村抱月・松井須磨子が結成➡p.249
築地小劇場(1924〜29)	小山内薫・土方与志が結成。新劇運動の本拠➡p.249
新国劇(1917〜87)	芸術座を脱退した沢田正二郎が結成。剣劇中心
人物	**音楽**
三浦環	ソプラノ歌手。「蝶々夫人」で世界的に活躍
山田耕筰	交響曲から歌曲・童謡(「赤とんぼ」など)まで幅広く作曲
近衛秀麿	オーケストラを育成

築地小劇場公演 84回
宿の夜

▶⑨築地小劇場の公演ポスター 1924(大正13)年，土方与志の私費で築地小劇場が設立され，新劇は画期を迎えた。劇団解散後はプロレタリア演劇運動の拠点となり左翼演劇を上演し，無産階級の権利を訴えた。治安維持法(➡p.262)で検閲が強化されると，禁句のせりふを役者のかわりに観衆が叫んだ。

ひと 山田耕筰(1886〜1965) 東京出身

日本初のオーケストラ東京フィルハーモニー会の管弦楽団で指揮を任せられた。日本交響楽協会の設立など交響楽の普及に努めた。

歴史散歩 野口英世記念館(福島県猪苗代町) 野口英世の生家や母シカから渡米した英世に送られた手紙などの貴重な資料が展示されている。

金融恐慌 ―東京渡辺銀行がとうとう破綻いたしました(片岡直温大蔵大臣)

ヒストリースコープ

1927(昭和2)年3月14日，震災手形を抱えた銀行の救済が問題となった衆議院予算委員会において，片岡蔵相は「本日正午東京渡辺銀行がとうとう破綻いたしました」と発言した。この発言を受けて，預金者が預金引き出しのため銀行に殺到(取付け騒ぎ)し，銀行が破綻に追い込まれる金融恐慌が勃発した。

考察

❶なぜ片岡蔵相の失言から取付け騒ぎが起きたのだろうか。

❷高橋是清蔵相は，なぜ金融恐慌を鎮静化できたのだろうか。→1・2

❸金融恐慌の結果，財閥の金融支配が進んだ理由を説明しよう。→1・3

①片岡直温蔵相* (1859～1934) ＊大蔵大臣のこと。大蔵省は2001年に財務省と金融庁に分離。

東京渡邊銀行の破綻を

藏相、突如言明す

昨日衆院豫算總會の席上で

當の銀行の營業中に

②蔵相の失言を報じる新聞(『東京朝日新聞』1927年3月15日)

③中野銀行での取付け騒ぎ(1927年3月22日 東京) 東京渡辺銀行は，蔵相の失言時には営業停止をまぬかれていたが破綻に追い込まれた。そのほかの銀行にも預金者が引き出しを求めて殺到し，3月中に全国で計13行の中小銀行があいついで休業・倒産に追い込まれた。

1 戦後恐慌から金融恐慌への流れ

➔p.262 ➔p.271,349「内閣一覧」

内閣	蔵相	年・月・日	事項
原敬	高橋是清	1920(大正9)	戦後恐慌→綿糸・生糸の相場が暴落
山本権兵衛②	井上準之助	1923.9.1	関東大震災 ➔p.263 →震災恐慌 →銀行手形が決済不能(震災手形)
		9.27	日銀震災手形割引損失補償令公布 日本銀行の特別融資(4億3082万円) 経営状態の悪い企業・銀行が残存(鈴木商店など)
若槻礼次郎①(憲政会)	片岡直温	1927.1.26(昭和2)	震災手形処理関係2法案提出
			第1段階 東京の中小銀行の破綻
		.3.14	片岡蔵相が失言し取付け騒ぎ
		.15	東京渡辺銀行休業 金融恐慌始まる (中小銀行があいつぎ休業)
		.21	日銀が非常貸し出し
		.23	震災手形処理関係2法案が貴族院通過
			第2段階 金融恐慌が全国に波及 史
		.4.4	鈴木商店が新規取引停止 ➡2
		.14	台湾銀行救済の緊急勅令案を上奏
		.17	枢密院否決→若槻内閣総辞職 ➔p.224
		.18	台湾銀行休業
田中義一(立憲政友会)	高橋是清		第3段階 モラトリアムによる収束
		.4.20	田中義一内閣が成立 ➔p.262,271
		.22	モラトリアム(支払猶予令)：3週間 →銀行の一斉休業(4月24日まで) 日銀が巨額の救済融資 (裏白の二百円紙幣を500万枚発行)
		.25	銀行営業再開→二百円紙幣を見せて支払いを約束し，人々を安心させる
			金融恐慌が鎮静化
		.5.12	モラトリアム終了

金融恐慌の結果

①銀行法の成立(1927年) 史
- 中小銀行の整理・合併→中小企業の経営困難
- 銀行の古い体質改善 →近代的な銀行への転換

②不良債権の整理
- 中小企業の倒産，合併→産業界の整理

③財閥の成長 ➡3
- 5大銀行(三井・三菱・住友・安田・第一)への預金集中
- 財閥がコンツェルン(企業連携)の形を整え経済界を支配

2 鈴木商店の破綻と台湾銀行 ―金融恐慌の第二波

[台湾銀行] (1899年開業) ➔p.231 台湾の**銀行券発行権**をもつ植民地銀行。台湾の産業開発と華南・南洋諸島の貿易金融を目的とした。

[鈴木商店] (1874年開業) 番頭の金子直吉により発展。日清戦争後，台湾に進出し，**樟脳と砂糖の販売権**をもった。大戦景気での投機的買いつけで巨額の利益を出し，総合商社へと成長した。

④鈴木商店と台湾銀行 台湾銀行は，鈴木商店に対して膨大な貸し付けを行った。しかし，鈴木商店は震災と金融恐慌で破綻し，台湾銀行は多大な不良債権を抱えた。政府が台湾銀行救済緊急勅令案を提出したが，枢密院(➔p.224)で否決され若槻内閣は総辞職，台湾銀行は休業におちいった。

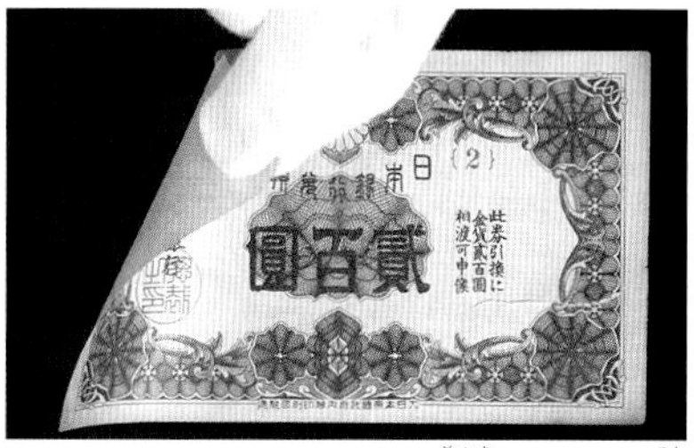

貳百圓

⑤裏白の二百円紙幣 田中義一内閣の高橋是清蔵相は，4月22日に銀行の預金などの債務支払いを3週間猶予させる**モラトリアム**(支払猶予令)を出し銀行を一斉休業とした。その間に，表だけを印刷した裏白の紙幣を3日間で500万枚発行し，日銀に巨額の救済融資を行わせた。

時代を見る目 手形のしくみと震災手形

商取引では，現金のかわりに手形を使って取引を迅速化する。手形には額面・支払い期日と支払い義務者が明記され，①商品の買い手が期日に額面を支払う約束で手形を振り出し，②売り手はこの手形を銀行で現金化*，③買い手は期日に銀行に現金を払う，の順で決済される。関東大震災で企業が被災して③が不可能になった手形を震災手形といい，日本銀行が特別融資で補償したが追いつかず，金融恐慌の当時，未処理の震災手形が大量に残っていた。

＊支払い期日での現金化を手形の取立，期日前の現金化を手形割引という。

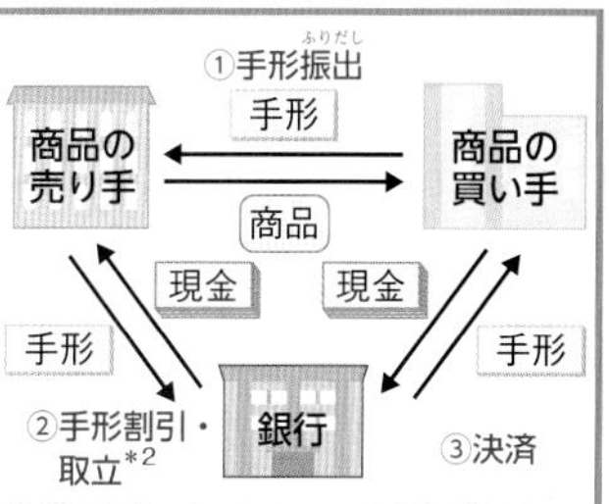

①手形振出
手形
商品の売り手
商品の買い手
商品
現金
現金
手形
手形
②手形割引・取立*2
銀行
③決済

⑥手形のしくみ ＊2 銀行は期日までの利息(手形割引の場合)や手数料を差し引いて利益とする。

3 財閥の成長

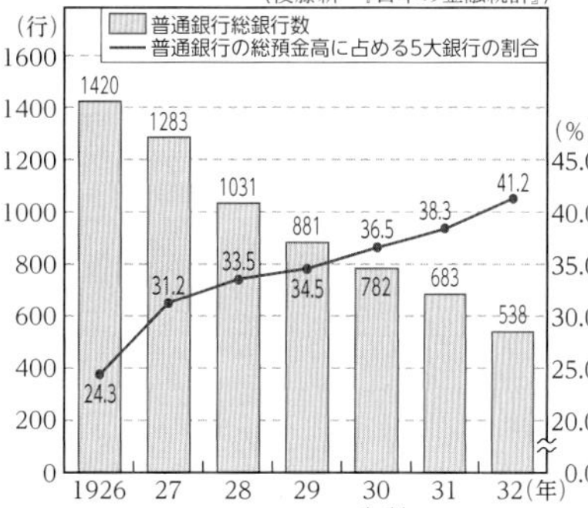

(後藤新一『日本の金融統計』)
(行)
普通銀行総銀行数
普通銀行の総預金高に占める5大銀行の割合
1600
1400
1200
1000
800
600
400
200
0
1420
1283
1031
881
782
683
538
24.3
31.2
33.5
34.5
36.5
38.3
41.2
(%)
45.0
40.0
35.0
30.0
25.0
20.0
0.0
1926 27 28 29 30 31 32(年)

⑦銀行統合と5大銀行の寡占化

8大財閥

4大財閥
- 三井〈三井合名会社〉1909年
- 三菱〈三菱合資会社〉1917年
- 住友〈住友合資会社〉1921年
- 安田〈安田保善社〉1912年

浅野 川崎 古河 大倉

第一

5大銀行

〈 〉は持株会社

⑧財閥 三井・三菱に住友・安田を加えた4大財閥は，傘下の企業の株式を一族で保有する持株会社をつくり，株式所有を通じて多数の企業を支配するコンツェルン(企業連携)の形を整えた。4大財閥*はいずれも銀行を抱え，恐慌の時期に組織を拡大して戦前の経済界を支配した。

＊産業資本の浅野・川崎などとあわせて8大財閥，のち新興の日産・日窒・理研・日曹(➔p.277)などを加えて15財閥とよばれた(➔p.296)。

歴史のまど 高橋亀吉・森垣淑 著『昭和金融恐慌史』 金融恐慌の背景と原因を豊富なデータをもとに分析した学術書。

二大政党政治の時代 ―投票スレバ明クナリ，棄権スレバ暗クナル（内務省ポスター）

ヒストリースコープ

普通選挙法制定（➔p.262）後，1928（昭和3）年に初めての衆議院議員総選挙が行われた。選挙を初めて経験する有権者に，内務省は積極的に投票を呼びかけた。各政党も，主張の違いが視覚的にわかるポスターを大量に作成した。

考察

❶ポスターからわかる3つの政党の政策の特徴とは何だろうか。

❷治安維持法が改正された理由と改正の要点とは何だろうか。→1・2

❸立憲政友会と立憲民政党の政策は，外交面でどのような違いとなって表れただろうか。→3・4

普通選舉
地方振興・産業助成
積極政策
對支外交の振張
小川平吉君
此一戦にあり
長野縣第三區 衆議院議員候補者

△①立憲政友会のポスター　主張する政策を端的に並べている。

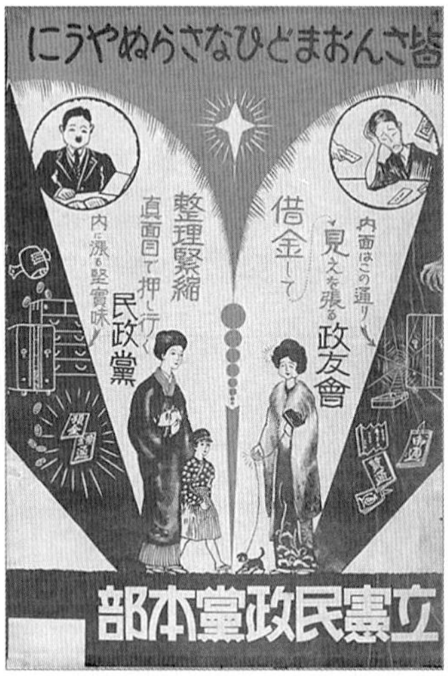

皆さんおまどひなさらぬやうに
整理緊縮 真面目で押し行く民政黨
内に漲る堅實味
借金して見えを張る政友會
内面はこの通り
立憲民政黨本部

△②立憲民政党のポスター　対立政党との政策の違いを比較している。

社會民衆黨公認
衆議院議員候補者
鈴木文治
富豪に重税・貧乏人に減税
働く者の生活を保証せよ!!!
労働者・小賣商人・月級取の一票は社會民衆党公認候補へ!!!

△③社会民衆党のポスター　立候補者の名前が中央に大きく書かれている。

〈図①～③法政大学大原社会問題研究所蔵〉

1 第1回普通選挙と治安維持法の改正

治安維持法の制定 ➔p.262 1

	政党	立候補者数	当選者数	得票数
保守系	立憲政友会	342	217	424万4385
	立憲民政党	342	216	425万6010
	実業同志会	31	4	16万6250
	革新党	15	3	8万1324
	中立・その他	146	18	62万5983
	計	876	458	937万3952
革新系（無産政党）	労働農民党	40	2	19万3027
	社会民衆党	17	4	12万　44
	日本労農党	12	1	8万5099
	日本農民党	14	0	4万7988
	九州民憲党（地方無産政党）	6	1	4万6086
	計	89	8	49万2244

〈東洋経済新報社『日本近現代史辞典』ほか〉

改正治安維持法（1928年6月公布）史

第一条　国体①ヲ変革スルコトヲ目的トシテ結社ヲ組織シタル者，…**死刑又ハ無期**，若ハ五年以上ノ懲役，若ハ禁錮ニ処シ，情②ヲ知リテ結社ニ加入シタル者，…二年以上ノ有期ノ懲役，又ハ禁錮ニ処ス…

①天皇制国家体制　②事情

（『官報』）

◁④第1回普通選挙（1928年）　田中義一内閣は選挙干渉を行ったが，立憲民政党との差がつかず議会の過半数も得られなかった。一方で，無産政党は山本宣治・安部磯雄・鈴木文治（➔🔍）らが8議席を得た。これに対し田中内閣は，選挙の際に**労働農民党**（労農党）を支援した日本共産党員らに**治安維持法**（➔p.262）を適用して大量検挙を行い（**三・一五事件**），また緊急勅令で治安維持法を改正して最高刑を死刑とした。

〈みすず書房『現代史資料』〉

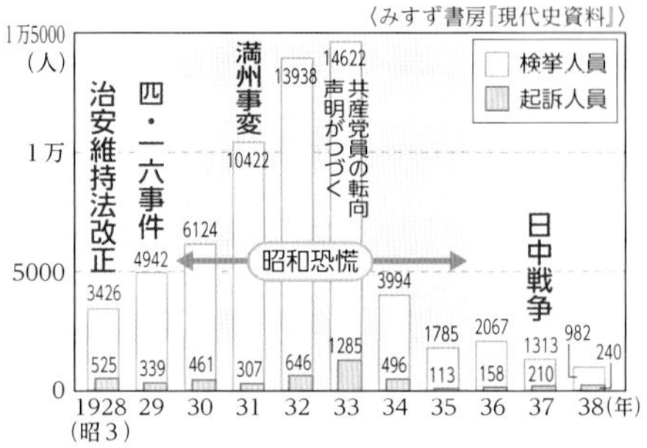

1万5000（人）
1万
5000
0
治安維持法改正
四・一六事件
満州事変
共産党員の転向声明がつづく
昭和恐慌
日中戦争
検挙人員
起訴人員
3426
525
4942
339
6124
461
10422
307
13938
646
14622
1285
3994
496
1785
113
2067
158
1313
210
982
240
1928（昭3）
29
30
31
32
33
34
35
36
37
38（年）

△⑤治安維持法の検挙者数　改正治安維持法は，社会主義運動などにも適用され検挙者は激増した。しかし，1933（昭和8）年に，佐野学などの日本共産党幹部が獄中で転向声明（➔p.279）を出したのちは激減した。

2 社会主義運動の高揚

＊いずれも治安警察法（➔p.244）による結社禁止。

年月	事項	内閣
1920.12	日本社会主義同盟結成 ➔p.260	
1922.7	堺利彦・山川均ら，**日本共産党**を結成→1924.3解散 ➔p.244,260	
1925.3	**治安維持法・普通選挙法**成立 ➔p.262	
1925.12	農民労働党結成→即日禁止＊	
1926.3	**労働農民党**（労農党）結成➡A	若槻礼次郎①
.10	労働農民党（労農党）から右派が脱退	
.12	佐野学（➔p.279）・鍋山貞親ら，**日本共産党**を非合法に再建 **労働農民党**（労農党）は社会民衆党（右派）・日本労農党（中間派）・労働農民党（左派）の3党に分裂	
1928.2（昭3）	**第1回普通選挙**で無産政党8人当選➡図④	田中義一
.3	**三・一五事件**　…共産党員ら大量検挙	
.4	労働農民党（労農党）・日本労働組合評議会に解散命令＊	
.6	緊急勅令で**改正治安維持法**公布 →死刑・無期刑が追加➡1	
.7	道府県警察部に**特別高等課**（特別高等警察）**設置** ➔p.240	
.12	日本大衆党結成（日本労農党の後身，中間派無産政党）	
1929.3	旧労農党代議士山本宣治暗殺➡図⑦	
.4	**四・一六事件**　…日本共産党，壊滅的打撃	
1930.2	第2回普通選挙で無産政党5人当選	浜口雄幸
.7	全国大衆党結成（日本大衆党を中心に結党，中間派）	

A 無産政党の成立

政党 ➔p.352

＊日本農民組合（➔p.260）が提唱し，農民組合・労働組合・社会運動家らが結成。労働組合のうち，右派の総同盟・左派の評議会は準備段階で脱退。

農民労働党＊1925.12　書記長　浅沼稲次郎 ｜ 最初の無産政党　治安警察法で即日結社禁止

↓

労働農民党（労農党）1926.3　委員長　杉山元治郎 ｜ 初の合法無産政党　内部対立で右派と中間派が脱退

↓残留　　↓脱退

- 左派 労働農民党 1926.12　委員長　大山郁夫　基盤：日本労働組合評議会（評議会）　得票数 約19万票
  - 1928.4 結社禁止
  - 1928.12 労働者農民党（禁止）
  - 1929.11 労農党 →
- 中間派 日本労農党 1926.12　書記長　三輪寿壮　基盤：日本労働組合同盟　得票数 約8万票
  - 1928.12 日本大衆党
  - 1930.7 全国大衆党
  - 1931.7 全国労農大衆党 →
- 右派 社会民衆党 1926.12　委員長　安部磯雄　基盤：日本労働総同盟（総同盟）　得票数 約12万票
  - → 1932.7 **社会大衆党**

△⑥無産政党の成立と労働組合　1925年の**普通選挙法**の成立により，労働者・農民の利害を代表する無産政党結党の動きが本格化し，1926年には，合法的な無産政党として**労働農民党**（労農党）が成立した。しかし，支持母体である労働組合各派（➔p.260）の対立と，党内での共産党系の勢力伸張に対する態度の違いから，まもなく3派に分裂し，第1回普通選挙を迎えた。

△⑦山本宣治（1889～1929）　第1回普通選で，労働農民党から立候補し，当選。議会にて，三・一五事件での拷問の実態を暴露し，右翼に刺殺された。

Key Word　無産政党

労働者・農民の階級を示す概念の「プロレタリアート」を，吉野作造（➔p.260）が「無産階級」と訳したことが定着し，労働者・農民を代表する社会主義の合法的政党を「無産政党」とよんだ。

歴史散歩　法政大学大原社会問題研究所（東京都町田市）　1919年，大原孫三郎によって設立された日本で一番古い社会・労働問題の研究所，専門図書館・資料館。

3 田中内閣の積極外交（強硬外交）

⊖p.269 ⊕p.278，349~350「内閣一覧」

よみとき 北伐の進展と日本軍の動向との関係に注目しよう

田中義一内閣
1927（昭和2）.4 ~ 1929（昭4）.7

(1864 ~ 1929)

与党　立憲政友会
おもな経歴　陸軍大将
おもな閣僚
　外相　田中義一（兼任）
　蔵相　高橋是清（➡高橋財政）

外交政策＝田中外交	対中国（強硬外交・積極外交）	国民革命軍による武力統一（北伐）と五・三〇事件後の排日運動に対抗 ➡p.18，258 ❶東方会議（1927）→「対支政策綱領」 (1)満州の特殊権益を防護→張作霖を支援，満蒙を中国本土から分離 (2)武力行使による居留民保護 ❷第1次~3次山東出兵（1927 ~ 28）➡A 国民革命軍（北伐軍）に対抗，山東省の日本人保護を名目に出兵 → 第2次出兵で済南事件（1928） ❸張作霖爆殺事件（1928）➡B
	対欧米（協調外交）	①ジュネーヴ海軍軍縮会議（1927） 日・米・英で補助艦制限をめざす → 各国とも妥協せず不成立 ②不戦条約（パリ）調印（1928） 条文の「人民ノ名ニ於テ」が問題化 →天皇大権をもつ日本には，この条文は不適用と宣言 ➡p.259
経済政策	高橋財政	❶金融恐慌の収束対策 ➡p.269 ❷積極財政　軍事費の増加 鉄道建設費の増加

A 北伐と山東出兵（1926 ~ 28年）

➡p.18 巻頭地図

モンゴル人民共和国
1924 独立宣言
張作霖爆殺事件
28.6
北伐完了*
28.7
長春
ウラジオストク
北平*2
(北京)
奉天
張家口
関東州
大連
旅順
天津
張作霖
山東出兵 27~28
京城
朝鮮
日本
馮玉祥
延安
閻錫山*3
済南
青島
西安
洛陽
張宗昌
徐州
済南事件 28.5
呉佩孚
南京
中国共産党 21.7
上海
重慶
漢口
孫伝芳
武昌
武漢国民政府
27.1
長沙
南昌
南京国民政府 27.4
（第2次）北伐再開
28.4~.6
毛沢東
（第1次）北伐
26.7~27.4
瑞金
厦門
台湾
広州
蔣介石
0
500km
フランス領
インドシナ
第1次国共合作
（孫文）24.1
日本軍の進路
国民革命軍とその進路
北方軍閥と張作霖退路
共産党の革命根拠地
* 軍事作戦の終了。
*2 1928年，蔣介石は，国民政府の首都を南京として，北京を北平と改称した。
*3 1927年，国民革命軍に協力。

B 張作霖爆殺事件（1928年）

⑧張作霖爆殺事件　日本は奉天軍閥の張作霖を援助し，満蒙での影響力の拡大をはかった。張作霖は1927年に北京政府の実権をにぎったが，翌28年，国民革命軍の北伐に敗北した。彼は，奉天へ帰還する途上，関東軍により列車ごと爆殺された。国内では満州某重大事件と報道されたが，事件の真相は公表されなかった。首謀者の関東軍参謀河本大作も軽い停職処分であった。これに対して，昭和天皇は，厳重な処分をしない田中首相を叱責し，田中内閣は総辞職した。

Key Word　軍閥
清朝末期から中国各地に割拠した地方軍事勢力。北伐により，政権をにぎっていた北方軍閥の支配が終わり，他の軍閥も国民政府に合流した。

4 浜口内閣の協調外交

浜口雄幸内閣
1929（昭和4）.7 ~ 1931（昭6）.4

(1870 ~ 1931)

与党　立憲民政党
おもな経歴　蔵相
おもな閣僚　外相　幣原喜重郎
　蔵相　井上準之助
　海相　財部彪

総選挙		1930年　第17回衆議院総選挙 ➡p.353 （解散時）→（選挙後） 立憲民政党　173議席（少数与党）→ 273議席（過半数確保） 立憲政友会　237議席 → 174議席
外交政策	幣原外交 ➡p.335	協調外交＝国際協調 ➡p.259 対中国内政不干渉（排日運動の鎮静化に向け中国のナショナリズムに配慮） ❶日中関税協定調印（1930） 中国に条件つきで関税自主権を容認 ❷ロンドン海軍軍縮条約調印（1930） →統帥権干犯問題起こる➡B
経済政策	井上財政 ➡p.273	❶緊縮財政…財政の健全化 →上級官僚の給与削減，軍縮 ❷金輸出解禁（金解禁）（1930） 金本位制に復帰 ➡p.273 →昭和恐慌へ ➡p.274 ❸重要産業統制法公布（1931） 生産性の低い企業を淘汰し，国際競争力のある日本経済へ →重化学部門でのカルテル結成

A 幣原喜重郎の協調外交

全権若槻礼次郎

⑨ロンドン海軍軍縮会議　1930年，イギリスは米・日・仏・伊を招請し，補助艦の保有量を制限する軍縮会議を開催した。浜口内閣は，軍縮は外交と財政に関するため，内閣の責任に属するとの考えにのっとり条約に調印した。➡p.259

幣原喜重郎（1872~1951）　大阪府出身

ワシントン体制下において，四つの内閣で外相を務め，国際協調外交を推進した。その特徴は，①対英米協調主義，②経済的利益優先，③平和主義，④対中国内政不干渉である。のちに軟弱外交と批判を浴びる原因ともなったが，激化する民族運動を刺激せず，満蒙の権益を守りながら安定した中国市場の確保をめざすものだった。

B 統帥権干犯問題

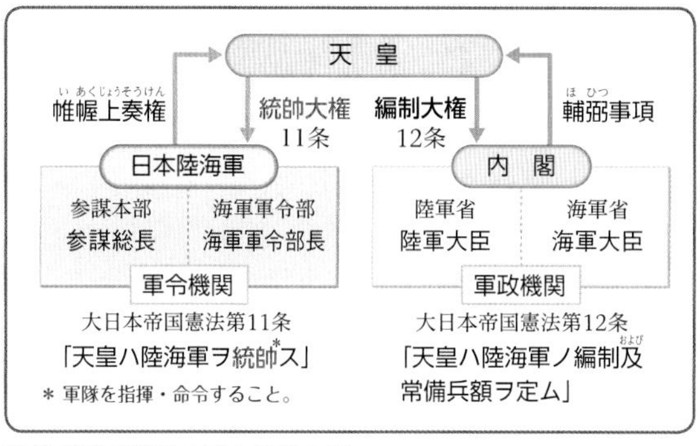

天皇
帷幄上奏権
統帥大権
11条
編制大権
12条
輔弼事項
日本陸海軍
参謀本部
参謀総長
海軍軍令部
海軍軍令部長
軍令機関
内閣
陸軍省
陸軍大臣
海軍省
海軍大臣
軍政機関
大日本帝国憲法第11条
「天皇ハ陸海軍ヲ統帥*ス」
* 軍隊を指揮・命令すること。
大日本帝国憲法第12条
「天皇ハ陸海軍ノ編制及常備兵額ヲ定ム」

⑩天皇の統帥大権と編制大権
ロンドン海軍軍縮条約に対し，立憲政友会が「軍令部長の意向に反しているので統帥権を犯している」と政治問題化させた。この問題で，浜口雄幸首相は軍部・国家主義者から激しい非難を浴びることになった。

Key Word　帷幄上奏権
統帥にかかわる事がらについて，参謀総長・海軍軍令部長および陸海軍大臣が，内閣から独立して直接天皇に上奏する権能。

⑪東京駅で狙撃された浜口首相（1930年11月）　統帥権干犯問題で非難を浴びた浜口首相は，東京駅で右翼青年にピストルで狙撃され重傷を負った。内閣は，同じ立憲民政党の若槻礼次郎に引きつがれるが，浜口はこの傷がもとで翌年夏に死去した。

歴史のまど　城山三郎『男子の本懐』　金解禁に命がけで取り組んだ浜口と井上が主人公の小説。

特集 近代の貨幣制度と金本位制の展開

1 近代経済の歩み①

＊本位貨幣（正貨）：額面に相当する量の貴金属を含み，それによって価値を保証された貨幣。

時期	内閣	大蔵大臣(卿)	年・月	経済関連事項（青字 法令名）
明治維新の混乱期			1868. 5（慶応4/明治1）	銀目廃止➔銀遣いを停止し，金と銭で統一 太政官札（十両，五両，一両など）発行 ➲p.214
			1869.10	民部省札（二分，一分，二朱など）発行
近代貨幣制度の草創期			1871. 5（明治4）	新貨条例制定➔A，➲p.214 本位貨幣（正貨）＊＝金貨（二十円，十円など），他に銀貨（一円，五十銭など）・銅貨（一銭，一厘など）発行 金本位制採用（実質は金銀複本位制）
		大久保利通	1872. 4	政府紙幣の明治通宝発行（不換紙幣）➲p.214
			.11	国立銀行条例制定　国立銀行設立（4行） ➔太政官札・民部省札の回収が目的
			1873. 8	第一国立銀行開業，国立銀行券発行（金貨兌換紙幣）
大隈財政によるインフレーション（1873～80）		大隈重信	1876. 8	国立銀行条例改正 ・金貨兌換義務をなくし不換紙幣発行へ ➔1879年までに153行の国立銀行開設
			1877	西南戦争 ➲p.219 ➔戦費（約4156万円）調達のため紙幣を多く発行 インフレーション（紙幣価値下落） ・歳入の実質的減少　・正貨（金）保有高減少
			1878	国内での銀貨の無制限通用を認め，金銀複本位制に
松方財政によるデフレーション 近代貨幣制度の確立期		佐野常民	1881.10	明治十四年の政変➔大隈重信の参議罷免 ➲p.221 松方財政　極端なデフレ政策 ➲p.222 ・増税による歳入増加（醬油税・菓子税の新設など） ・緊縮財政による歳出減少 （行政費削減・官業払下げ促進） ➔不換紙幣回収・焼却 自作農の没落➔1884 秩父事件 ➲p.223
		松方正義	1882.10	日本銀行開業 ➲p.222
			1883. 5	国立銀行条例を再改正 ・国立銀行の紙幣発行権をなくし，普通銀行化
			1884. 5	兌換銀行券条例 ・日本銀行が唯一の発券銀行に
			1885. 5	日本銀行，銀兌換銀行券を発行 銀本位制の確立➔B
第1次企業勃興期	伊藤博文①		○	輸出の急激な拡大（貿易黒字化）
			○	紡績・鉄道を中心に勃興（1881日本鉄道会社➲p.243／1883大阪紡績会社➲p.242） ➔日本の工業化の始まり
	黒田清隆			
	山県有朋①		1890	初の恐慌　企業勃興による金融機関の資金不足
	松方正義①			綿糸生産量が輸入量を上回る ➲p.241,242
第2次企業勃興期	伊藤②	松方	1894	日清戦争 ➲p.231
			1895	下関条約（賠償金2億両） ➔日清戦争の賠償金による財政拡張政策に呼応し，紡績業・鉄道・電力・銀行を中心に成長
	松方②	松方	1897. 3	貨幣法制定 ➲p.232,242 金本位制の確立➔C 綿糸輸出量が輸入量を上回る ➲p.241,242 ➔紡績業輸出産業化
	伊藤③	井上馨		
	大隈①			
	山県②	松方	1900	資本主義恐慌（～01）金融・銀行の倒産
重工業の発展	伊藤④		1901	官営八幡製鉄所操業開始 ➲p.243
	桂太郎①		1904	日露戦争 ➲p.233
	西園寺①		1907	経済恐慌　企業合併すすむ
	桂②	桂	1909	生糸輸出量世界第1位 ➲p.241 三井合名会社設立　財閥形成 ➲p.269
大戦景気	山本①	高橋是清	1914（大正3）	第一次世界大戦勃発 ➲p.254
	大隈重信②	若槻礼次郎		・アジア市場（綿織物），アメリカ市場（生糸）の輸出激増 ・造船業・海運業の発展➔船成金の出現 ➲p.256 ・自然科学の発達と化学工業の勃興 ➲p.256,268
	寺内正毅		1917. 9	金輸出禁止➔図⑩
	原敬	高橋	1919	輸入超過になる

〈貨幣・紙幣ともに日本銀行金融研究所貨幣博物館蔵〉

A 新貨条例と金本位制・金銀複本位制

1871（明治4）年の**新貨条例**で，1両を1円と決め，通貨単位を両・分・朱の四進法から**円・銭・厘**の十進法に改める貨幣改革が行われた。金貨を本位貨幣（**正貨**）とする**金本位制**を採用し，1円＝金1.5gと定めたが，金準備の不足から紙幣は正貨と交換義務のない**不換紙幣**となった。また，清が**銀本位制**をとった関係から東アジアの貿易では決済（支払い）に銀が使われたため，銀貨も発行された。

実物大（重量16.66 g 金の含有量15 g）
①十円金貨

実物大（重量26.96 g）
②一円銀貨（貿易用）

時代を見る目　金銀複本位制へ

新貨条例では**金本位制**を採用したが，東アジアでの貿易の決済には，**正貨**として通用する銀貨が必要であった。そこで政府は，貿易用の銀貨にも額面にみあう量の貴金属（銀）を含有させ，さらにこの銀貨は国内でも当事者間の同意があれば使えると定めた（実質的な**金銀複本位制**）。1878年，政府は銀貨の無制限通用を認め，正式に金銀複本位制を採用した。

B 松方財政と銀本位制

西南戦争のため不換紙幣が増発されたことで，紙幣の価値が下落し，米価が1石6円台から11円台になるなどインフレとなった。松方正義は紙幣の過剰供給によるインフレを抑えるため，**日本銀行**を設立して**唯一の紙幣発行機関**と定め，銀との交換を保証する**兌換紙幣**を発行した。こうして，日本は**銀本位制**となった。

実物大（重量26.96 g）
③一円銀貨

此券引かへに銀貨拾圓
相渡可申候也
④最初の日本銀行券（大黒札）
兌換銀券。銀貨（正貨）との交換を保証する言葉が記載されている。

Key Word　兌換紙幣（兌換銀行券）
金（銀）本位制下での中央銀行で発行され，本位貨幣（正貨）との交換が保証されている銀行券。

C 貨幣法制定と金本位制の確立

日清戦争の賠償金により，金本位制に必要な正貨準備金ができた。1897年には**貨幣法**が制定され，金との交換を保証する兌換紙幣の発行によって**金本位制**が確立した。この時期，世界経済は金本位制にもとづく国際金融決済が行われており，欧米との貿易振興や外国資本の導入のためには金本位制への移行が不可欠であった。

実物大（重量16.67 g 金の含有量15 g）
⑤二十円金貨

此券引換二金貨
拾圓相渡可申候也
⑦最初の金兌換紙幣（十円紙幣）　肖像は和気清麻呂（➔p.70）。（96×159mm）

実物大（重量8.33 g 金の含有量7.5 g）
⑥十円金貨　1円＝金0.75gとし，新貨条例の半値に改めた。

2 近代経済の歩み②

青字 法令名

時期	内閣	大蔵大臣	年・月	経済関連事項
戦後恐慌	原敬	高橋是清	1920.3	株価暴落→綿糸・生糸相場の暴落 戦後恐慌
				→日本銀行特別融資(3.6億円) ➔p.269
				●ヨーロッパ諸国の復興●大戦景気による過剰生産
	高橋		1922	ジェノヴァ国際経済会議→国際金本位制の再建を確認
震災恐慌	山本権兵衛②	井上準之助	1923.9	関東大震災 震災恐慌 ➔p.269
				・銀行の手形が決済不能に(震災手形)
				→日本銀行の特別融資(4.3億円)でも震災手形の決済進まず
				●震災手形の累積
	加藤①②	浜口雄幸		
金融恐慌	若槻礼次郎①	片岡直温	1927.3(昭和2)	片岡蔵相の失言 金融恐慌 ➔p.269 史
				→銀行への取付け騒ぎ→財閥系5大銀行に預金集中
			.4	→鈴木商店の不良債権を抱えた台湾銀行の救済案，枢密院(➔p.224)で否決 ➔p.269
				→若槻礼次郎内閣総辞職，台湾銀行休業
	田中義一	高橋是清		モラトリアム(支払猶予令)発令
				裏白銀行券緊急発行 ➔p.269
				→日本銀行の特別融資(18.7億円)
				●金本位制停止のため為替相場の動揺と下落
				→海外取引にも悪影響
				→貨幣価値と為替相場を安定させる必要
井上財政	浜口雄幸	井上準之助	1929.7	井上財政 金本位制復帰のためのデフレ政策➔B
				・緊縮財政 ・消費節約 ・産業合理化
			.10	世界恐慌始まる
昭和恐慌			1930.1	旧平価による金解禁を断行➔B 図⑬
				昭和恐慌「台風の最中に窓を開く」➔p.274
				・輸出減少，輸入超過→正貨が大量に流出
				・企業の操業短縮・倒産・人員整理→失業者増大
	若槻②		1931.4	重要産業統制法→不況カルテルを容認 ➔p.271
高橋財政	犬養毅	高橋是清	.12	高橋財政 金輸出再禁止→円安を利用した輸出推進
				→公共事業発注と軍事予算で需要を拡大 ➔p.277
	斎藤		1933	綿織物輸出世界第1位 昭和恐慌以前の生産水準に復帰
	岡田	高橋	1936.2	二・二六事件→高橋蔵相暗殺 ➔p.278
	広田	馬場鍈一		馬場財政(国債漸減方針を放棄し，軍備拡充へ)
	林	結城豊太郎	1937	結城財政「軍財抱合」(軍部と財界の調整をはかる)
戦時経済体制	近衛文麿①	賀屋興宣	.7	盧溝橋事件→日中戦争に発展 ➔p.280
			.9	臨時資金調整法
				・資金面から投資を統制
				・軍需産業や生産力拡充に優先的に融資を行う
				輸出入品等臨時措置法
				・貿易関係品に対する政府の全面的統制権限承認
			.10	企画院設置 ➔p.281
			1938.4	国家総動員法公布 ➔p.281 史
				電力国家管理法
		池田成彬	.6	臨時通貨法→新素材の貨幣発行
	平沼騏一郎		1939.3	賃金統制令
			.7	国民徴用令 ➔p.281
	阿部信行		.9	第二次世界大戦勃発 ➔p.21,285
			.10	価格等統制令 ➔p.281
	近衛②③		1940.10	大政翼賛会 ➔p.281
			.11	大日本産業報国会結成(政府による労働力統轄体制)
			1941.8	重要産業団体令(政府による企業統制)
	東条英機	賀屋興宣	.12	太平洋戦争勃発 ➔p.286
			1942.2	日本銀行法公布→管理通貨制度の法的確立
	鈴木		1945.8	ポツダム宣言受諾 ➔p.289~290
			1946.2	金融緊急措置令→新円切りかえ ➔p.300

A 金本位制のしくみ

独 マルク⇄金貨
国際金融市場
金貨⇄フラン 仏
日本
円(紙幣)
兌換
金貨
金の価値を基準にして取引
金貨⇄ポンド 英
金貨⇄ドル 米
1円=金0.75g
1ドル=金1.5046g
100円=49.845ドル

⑧**金本位制**とは，通貨の信用を金によって保証する制度のことをいう。そのためには，①国内的には紙幣と金との交換が自由(**金兌換自由**)，②対外的には金の輸出入が自由(**金輸出自由**)の二つの条件が成り立っていることが必要であった。

金と紙幣の交換が保証されるため，金(正貨)の保有高によって，通貨量が決定されるという特徴があった。

メリット	デメリット
・外国為替相場が安定する(100円＝約50ドル) →金本位制国(おもに欧米諸国)との貿易振興がはかれる ・貨幣価値と物価が安定する →金との交換の保証により貨幣価値が安定 →不換紙幣のような貨幣への信用不安によるインフレーションは起こらず ・自国通貨の国際的な信用が高まる →金本位制国からの外債募集がしやすい	・銀行は，求めに応じて通貨から金に交換しなければならない(兌換義務) →①正貨準備(金の保有)に巨額の経費がかかる →②状況により多量の金流出の危険(大幅な貿易赤字の際や他国が金兌換を停止した際など) ・柔軟な経済政策を実施できない →金の保有高によって通貨量が決められているため，通貨量を調節する経済政策ができない

⑨金本位制のメリット・デメリット

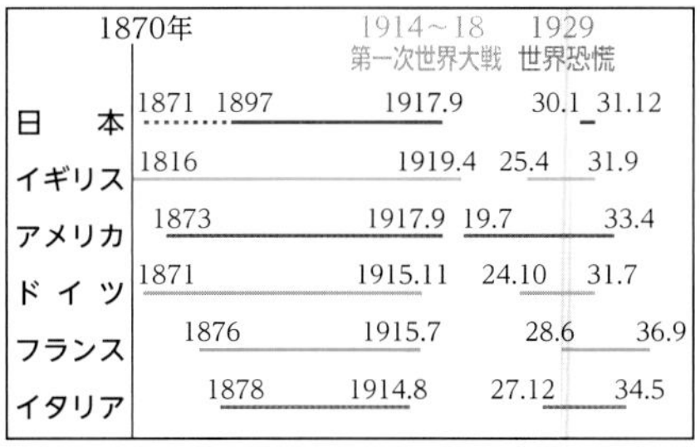

1870年
1914～18 第一次世界大戦
1929 世界恐慌
日本 1871 1897 1917.9 30.1 31.12
イギリス 1816 1919.4 25.4 31.9
アメリカ 1873 1917.9 19.7 33.4
ドイツ 1871 1915.11 24.10 31.7
フランス 1876 1915.7 28.6 36.9
イタリア 1878 1914.8 27.12 34.5

⑩**各国の金本位制の採用** 第一次世界大戦中，各国は金本位制を停止した。いち早くアメリカが金本位制に復帰し，アメリカの援助を受けてヨーロッパ各国も金本位制に復帰した。これにより，金融の中心地としてロンドンにかわりニューヨークが台頭した。

B 井上財政と金解禁政策

⑫井上財政の目的と結果

高橋財政への転換 ➔p.277

⑪**井上準之助**(1869～1932)

背景・目的	背景:第一次世界大戦後の輸出不振，経済不況 目的:金輸出の解禁(**金解禁**)・**金本位制**復帰で解決をめざす ①外国為替相場を安定させ，貿易振興をはかる ②不良企業を整理し，国際競争力をつける
政策	**緊縮財政**…上級官僚の給与削減・軍縮による財政の健全化 **産業の合理化**…**重要産業統制法**(1931年)
結果	解禁による不況に加え，世界恐慌によって金本位制による輸出振興が機能せず，恐慌が悪化→**昭和恐慌** ➔p.274

旧平価解禁論		新平価解禁論
金本位制停止時と同じ為替相場 100円＝49.845ドル(旧平価)	為替相場	**当時の実勢の為替相場** 100円＝46.5ドル(新平価)
井上準之助	提唱者	石橋湛山(➔p.255)・高橋亀吉
実質的な円の切り上げ(円高)となる。商品が海外で高くなるため，貿易には不利となる	貿易への影響	実勢にあわせた為替相場のため有利・不利はなし
金の保有高にあわせるため，実際よりも通貨量が少なくなり**デフレ**になる →大戦景気後の過剰資金の状態と，財政整理のためにはデフレが必要と考えていた	国内経済への影響	現状を維持 →景気刺激策としての通貨量増加政策は金本位制により行うことができない
当時約23億円あった対外債務は，額面どおりの債務となる	対外債務への影響	対外債務は，通貨価値を下げることで，実質的増加となる
貨幣法の改正が必要なし →民政党は少数与党のため，法律改正に消極的	法律改正	**貨幣法の改正の必要あり**

⑬**旧平価・新平価解禁論争** 旧平価による解禁を断行した。

昭和恐慌 —あたかも台風の最中に窓をあけひろげるような

ヒストリースコープ

浜口内閣が世界恐慌の最中に金解禁政策を行ったこと(➔p.273)が，昭和恐慌の一因となった状況を「あたかも台風の最中に窓をあけひろげるような結果になってしまった」と経済学者たちは評した。

考察

❶世界恐慌は，農村にどのような深刻な影響を与えたのだろうか。

❷昭和恐慌は，おもにどのような人々の生活を直撃したのだろうか。→1

❸昭和恐慌のなか，❷の人々はどのような行動を起こしたのだろうか。→2

①くず米で腹を満たす東北の農家(1934年)　恐慌に加え，1931・34年は，東北地方は冷害に見舞われ大凶作となった。農家は食べるものにも困り，娘が「身売り」を迫られる惨状となって，大きな社会問題となった。

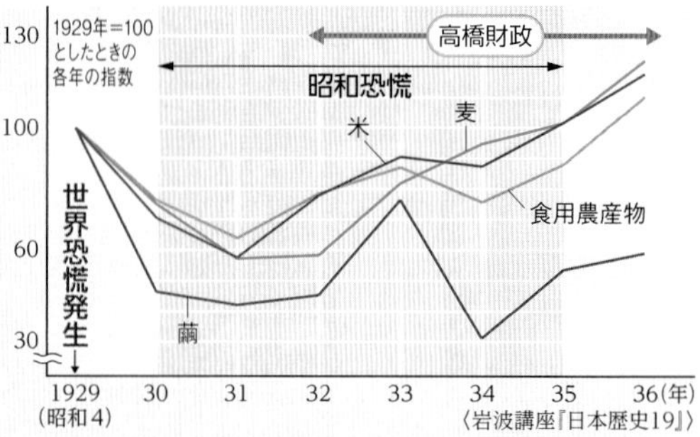

1929年＝100としたときの各年の指数
高橋財政
昭和恐慌
米
麦
食用農産物
繭
世界恐慌発生
130
100
60
30
1929(昭和4)
30
31
32
33
34
35
36(年)

〈岩波講座『日本歴史19』〉

②農産物価格の推移　恐慌により，輸出品の生糸の原材料である繭価が大暴落し，**農業恐慌**が始まった。養蚕は農家収入の根幹であったため大打撃を受けた。また，1930・33年は豊作で米価も下がり，農家の所得は急激に減少した。

1 昭和恐慌

金輸出解禁(金解禁) ➔p.273

背景	❶ 1929(昭和4)年の**世界恐慌** ❷ 1930(昭和5)年の**金輸出解禁** ―二重の打撃
状況	①輸出減少 ②輸入超過 ―**正貨(金)が海外へ大量流出** ③**工業恐慌**(企業の操業短縮・倒産)→**大量の失業者**が発生 ④**農業恐慌** ➡ ・農産物価格の暴落(アメリカへの生糸の輸出が減少し，繭価が大暴落)→所得減少 ・1930年の**豊作貧乏**(豊作による米価下落による貧乏) ・1931・34年の大凶作
対策	〈浜口雄幸内閣〉蔵相 井上準之助 ➔p.273 ❶低金利政策 ❷**重要産業統制法**(1931年，カルテルの助成と生産・価格の制限)→産業合理化により賃金低下

A 窮乏する人々

③貧民調査をする警察(大阪市)　**昭和恐慌**によって，企業の人員整理や倒産があいつぎ，失業者が増えた。失業者は日雇いで働くか帰農するしかなかった。しかし，そのまま都市の貧民として暮らす者も多く，貧民窟(スラム)ができるなど都市問題となった。

時代を見る目　宮沢賢治と自然災害

岩手県稗貫郡里川口村(現在の花巻市)の商家に生まれた賢治は，盛岡高等農林学校に首席合格し，地質学や土壌学を学んだ。東北地方は凶作が多く，賢治は農民の生活水準を，農業技術の指導や芸術文化活動の振興によって向上させようとした。農村に身をおいて稲作指導に奔走するが，過労のため肺を患った。「雨ニモマケズ」は，1931年，昭和恐慌と東北地方の凶作のただ中で手帳に書きとめられた。33年，37歳で死去。

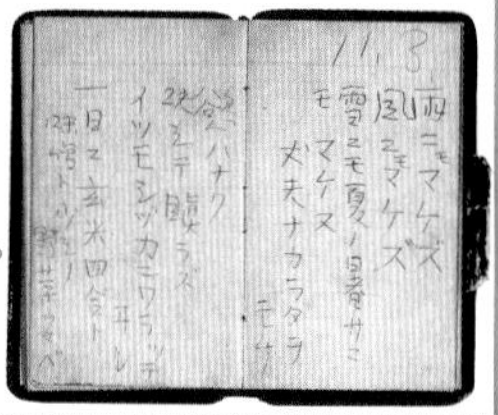

④手帳に書かれた「雨ニモマケズ」〈林風舎提供〉

時代を見る目　小作争議の増加と農地調整法

昭和恐慌で金融・事業経営から退き，土地の取りあげを求める地主と，それに抗う小作人(➔2)を調停し，食料増産を実現する点から，1938年4月に農地調整法が公布された(➔p.281)。この法律は農地委員会を設置し，自作農の創出と小作人の耕作権擁護をめざしたが限界があった。戦後，農地改革は実現したが(➔p.297)，改革のもとになった農地調整法は，戦前の総力戦体制のなかで制定されていた点に注目したい。

B 工業恐慌

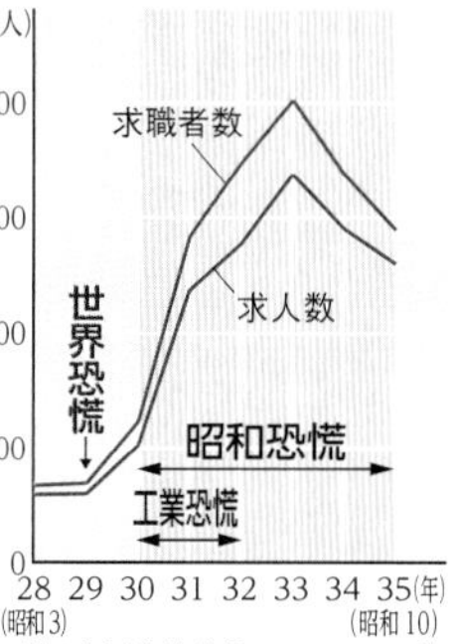

(万人)
2000
1500
1000
500
0
求職者数
求人数
世界恐慌
昭和恐慌
工業恐慌
28
29
30
31
32
33
34
35(年)
(昭和3)
(昭和10)

〈『日本経済統計集 1868-1945』〉

⑤日雇い労働の紹介状況　昭和恐慌に対処するため，大企業は操業短縮・人員整理・賃金引き下げ・労働強化などをおし進めた。1930～32年は，中小企業の倒産・休業もあいつぎ，職を求める人が急増した。

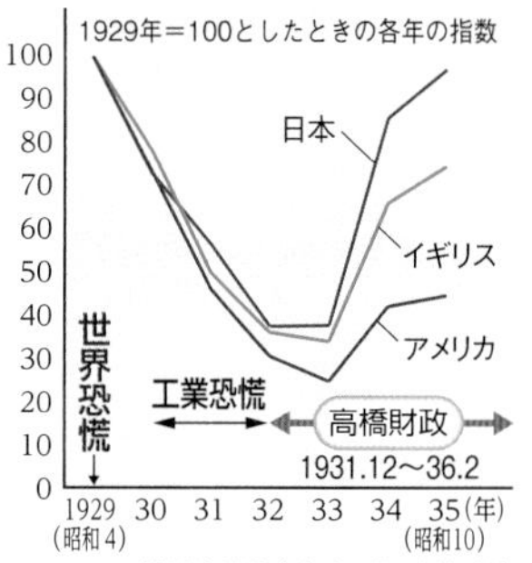

1929年＝100としたときの各年の指数
100
90
80
70
60
50
40
30
20
10
0
日本
イギリス
アメリカ
世界恐慌
工業恐慌
高橋財政
1931.12～36.2
1929(昭和4)
30
31
32
33
34
35(年)(昭和10)

〈『明治以降本邦主要経済統計』〉

⑥輸出額の国際比較　1929年の世界恐慌により，日本は，輸出の大半を占める対米向けの生糸の輸出額が激減した。高橋蔵相はただちに**金輸出再禁止**を断行し，円安を利用して輸出を増大させる方針をとった(➔p.277)。

2 小作争議と労働争議

➔p.329「土地制度の移り変わり」

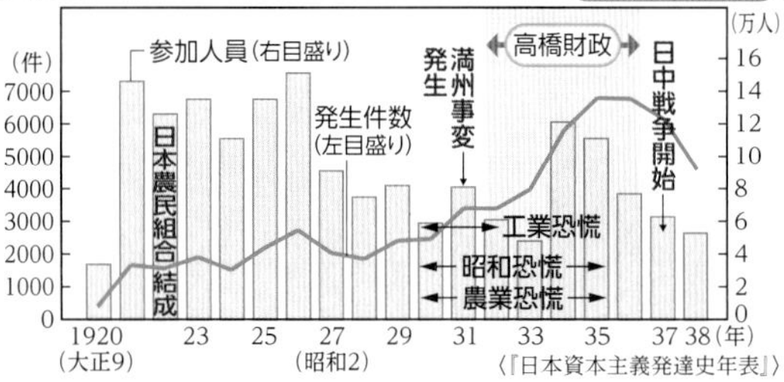

(件)
7000
6000
5000
4000
3000
2000
1000
0
(万人)
16
14
12
10
8
6
4
2
0
参加人員(右目盛り)
日本農民組合結成
発生件数(左目盛り)
満州事変発生
高橋財政
日中戦争開始
工業恐慌
昭和恐慌
農業恐慌
1920(大正9)
23
25
27(昭和2)
29
31
33
35
37
38(年)

〈『日本資本主義発達史年表』〉

⑦小作争議の推移　昭和恐慌期に**小作争議**は増え続け，1935年には最多の6824件を記録した。おもに中小地主の土地取りあげに対する小作農の反対であった。また，それまで小作争議の少なかった北海道などでも，凶作を理由に小作争議が増加した。

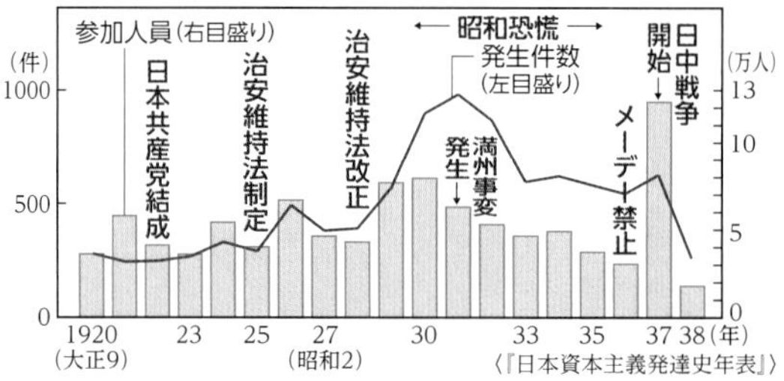

(件)
1000
500
0
(万人)
13
10
5
0
参加人員(右目盛り)
日本共産党結成
治安維持法制定
治安維持法改正
昭和恐慌
発生件数(左目盛り)
満州事変発生
メーデー禁止
日中戦争開始
1920(大正9)
23
25
27(昭和2)
30
33
35
37
38(年)

〈『日本資本主義発達史年表』〉

⑧労働争議の推移　労働条件の悪化で1937年に参加人員が第二次世界大戦前の最多を記録した。しかし，日中戦争(➔p.280)が始まり1938年に**産業報国会**(➔p.281)が結成されると，急激に減少した。

〈法政大学大原社会問題研究所蔵〉

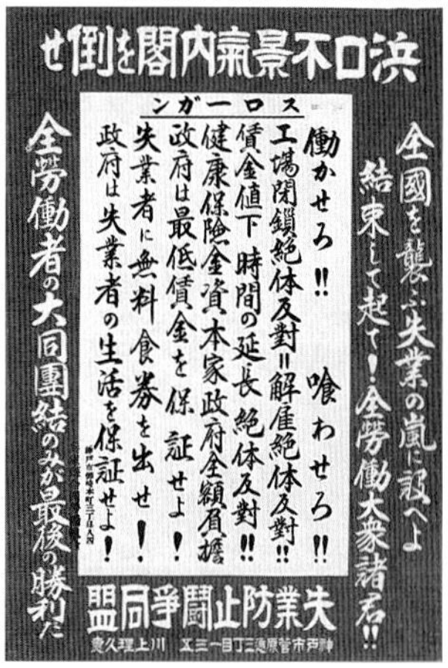

浜口不景氣内閣を倒せ
全國を襲ふ失業の嵐に
結束して起て!全勞働大衆諸君!!
スローガン
働かせろ!!
喰わせろ!!
工場閉鎖絶体反対!!解雇絶体反対!!
賃金値下時間の延長絶体反対!!
健康保険全額資本家政府負擔
政府は最低賃金を保証せよ!
失業者に無料食券を出せ!
政府は失業者の生活を保証せよ!
全勞働者の大同團結のみが最後の勝利だ
失業防止闘争同盟

⑨労働組合のポスター(1930年)　浜口雄幸内閣の緊縮財政・金輸出解禁政策に批判が集まった。

今日とのつながり　昭和恐慌期に，日銭を稼ぐ手段として生まれたのが紙芝居屋である。この時期の代表的な画家加太こうじ氏の原画は，台本とともにデジタル配信されている。

近代 昭和

満州事変―満蒙は日本の生命線(松岡洋右)

ヒストリースコープ

松岡洋右は，1931（昭和６）年の議会で，対英米協調・対中国内政不干渉方針の幣原外交（➔p.271）を厳しく批判し，「満蒙は，日本の生命線である」と演説，世論の強い支持を得ることとなった。

△①松岡洋右（1880～1946）

線命生の國帝 蒙滿れ守

日本民族の血と汗の結晶！特殊權益 斷じて侵害を許さず

滿洲事變導火線 ［何故日本は起つた？］

權益蹂躪と排日 この暴戻の事實を見よ

△②過熱する戦争熱（『東京日日新聞』1931年10月27日） 新聞は，満蒙の日本の特殊権益は「血と汗の結晶」で得られたものと満州*事変を擁護し，「満蒙の危機」をあおった。

考察

❶満州事変は人々にどのように受けとめられただろうか。
❷塘沽停戦協定により，日本の目的はどのように達せられただろうか。→1・2
❸満州事変の結果，日本の国際的立場はどのように変化しただろうか。→3

時代を見る目　石原莞爾と「満蒙問題」

石原は，近い将来日米両国間で「世界最終戦争」が起こると主張した。満州は，そのための重要な補給地であるとして日本が満州を占領する重要性を説き，強引な既成事実化も辞さないと考えた。そして，同じ関東軍参謀の板垣征四郎らと満州事変を計画，実行した。作戦の石原，実行の板垣といわれた。

◁③石原莞爾（1889～1949）

▷④板垣征四郎（1885～1948）

＊満州の本来の表記は「滿洲」で，民族名をあらわし，のちに彼らの現住地である中国東北部をさす地名としても使われた。現在は，「洲」の字が常用漢字からはずれたため，「州」の文字があてられている。

1 日中関係年表

➔p.276「満州国」と「王道楽土」

首相	日本の動き（■は幣原外交期）	中国の動き
田中	1928. 6 張作霖爆殺事件 ➔p.271	28. 6 国民政府，中国統一（北伐完了）
		.10 蒋介石，南京国民政府主席に就任
浜口	30. 5 日中関税協定 ➔p.271	29.12 国民政府，領事裁判権の撤廃を宣言
若槻②	31. 6 中村震太郎大尉事件 ➔❶（密偵中の中村大尉を，中国軍が殺害）	
	.7 万宝山事件 ➔❷（中国人と朝鮮人の農民どうしが衝突）	
	.9 柳条湖事件➔❸（満州事変*勃発） 朝鮮軍*2，独断で満州に進軍 日本政府，不拡大方針を発表	
	.10 関東軍，錦州を爆撃し戦線拡大 国際連盟理事会，満州撤兵を勧告	31.11 中華ソヴィエト共和国臨時政府成立（瑞金），毛沢東主席
犬養毅	32. 1 第１次上海事変 ➔❹	
	.2 リットン調査団来日	
	.3 「満州国」建国宣言 ➔❺	
斎藤実	.9 日満議定書調印史 ➔❼ 平頂山事件 ➔❽（平頂山の村民を関東軍が殺害）	
	.10 リットン報告書を公表➔3	
	33. 3 国際連盟脱退通告 ➔3	
	.5 塘沽停戦協定（日中両軍による満州事変の停戦協定）➔❾，2 B	
	34. 3 「満州国」帝政実施（「満州帝国」）➔❿ ➔p.276	34.10 中国共産党，長征（大西遷）
岡田	35. 5 ○関東軍，華北分離工作を開始	35. 8 中国共産党，八・一宣言（内戦停止と抗日をよびかける）
	35.11 冀東防共自治委員会を樹立（華北分離工作の一環）➔12月25日に冀東防共自治政府に改称	35.11 幣制改革（通貨統一）
広田		36.12 西安事件（37年，国共合作*3）

△⑤蒋介石（1887～1975）

△⑥毛沢東（1893～1976）

＊1931年の満州事変から日中戦争，太平洋戦争へと続く長期戦を十五年戦争ともよぶ。
＊２朝鮮を管轄する日本軍（➔p.236）。＊３第二次国共合作。

2 満州事変（1931年9月～1933年5月）

➔p.20 巻頭地図

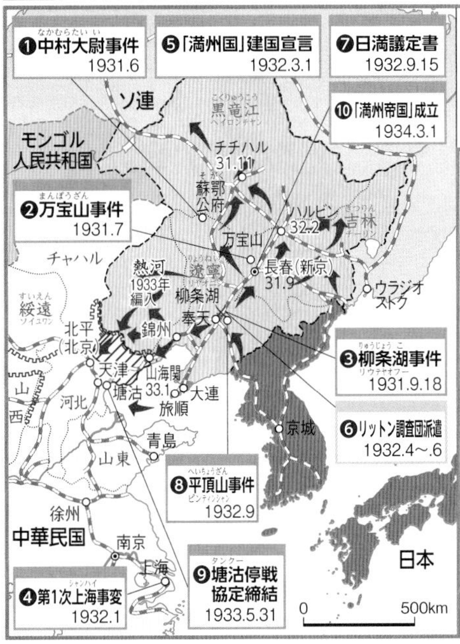

❶中村大尉事件 1931.6
❺「満州国」建国宣言 1932.3.1
❼日満議定書 1932.9.15
❿「満州帝国」成立 1934.3.1
ソ連
モンゴル人民共和国
黒竜江
チチハル 31.11
蘇鄂公府
ハルビン 32.2
吉林
❷万宝山事件 1931.7
万宝山
チャハル
熱河 1933年編入
遼寧
長春（新京） 31.9
柳条湖
ウラジオストク
綏遠
奉天
錦州
北平（北京）
天津
塘沽 33.1
山海関
大連
旅順
❸柳条湖事件 1931.9.18
❻リットン調査団派遣 1932.4～.6
京城
山西
河北
青島
山東
❽平頂山事件 1932.9
徐州
中華民国
南京
上海
❹第１次上海事変 1932.1
❾塘沽停戦協定締結 1933.5.31
日本
0 500km
「満州国」
日本軍進路
青字 東三省（日本が満州とよんでいた地域）
塘沽停戦協定による非武装地帯➔B
赤字 華北5省➔B華北分離工作
数字 占領年または事件発生年月日

A 柳条湖事件（1931年）

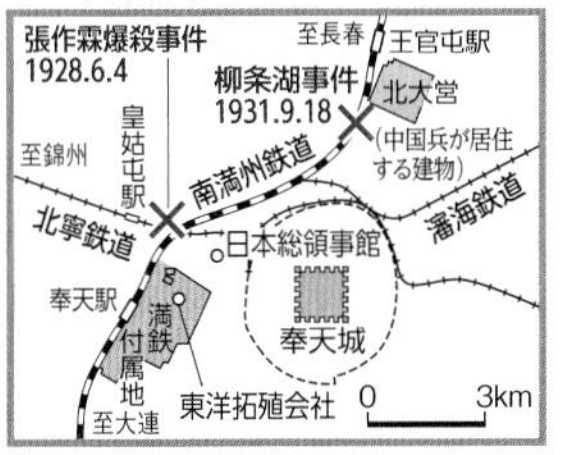

張作霖爆殺事件 1928.6.4
至長春
王官屯駅
柳条湖事件 1931.9.18
北大営（中国兵が居住する建物）
皇姑屯駅
至錦州
南満州鉄道
北寧鉄道
瀋海鉄道
日本総領事館
奉天駅
満鉄付属地
奉天城
至大連
東洋拓殖会社
0 3km

△⑦柳条湖事件 1931年9月18日，奉天郊外の柳条湖付近で，関東軍は満鉄の線路を爆破した。関東軍はこれを中国軍のしわざであるとして軍事行動を起こし，満州事変が始まった。

B 塘沽停戦協定（1933年）

▷⑧日本軍は長城の北に撤退、長城の南に非武装地帯を設け事実上「満州国」を中国から分離した。周辺で抗日の動きが高まると軍部は華北５省から国民政府の勢力を排除する華北分離工作に着手，非武装地帯には傀儡政権の冀東防共自治政府を置いた。

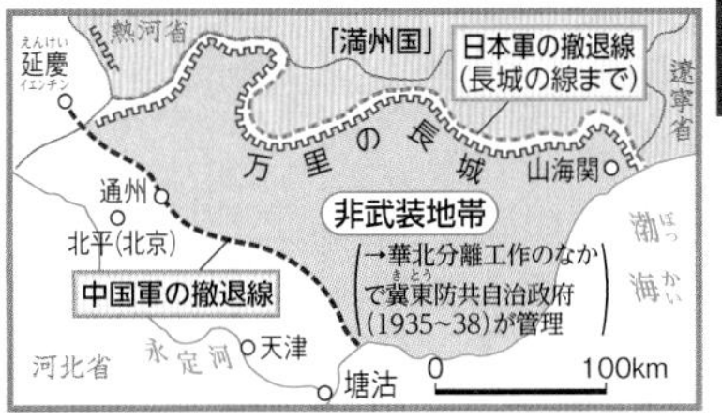

熱河省
延慶
「満州国」
日本軍の撤退線（長城の線まで）
遼寧省
万里の長城
山海関
通州
非武装地帯
→華北分離工作のなかで冀東防共自治政府（1935～38）が管理
北平（北京）
中国軍の撤退線
渤海
天津
河北省
永定河
塘沽
0 100km

3 国際連盟脱退

A リットン調査団の派遣（1932年2～9月）

◁⑨リットン調査団 国際連盟はイギリスのリットンを団長に調査団（英仏独伊米から各１名）を派遣した。10月，日本の満州の経済権益を認めつつも，満州事変は日本の侵略と報告した。

●リットン調査団のおもな報告（1932年10月）史
1. 満州事変以降の日本の軍事行動を自衛とは認めない
2. 「満州国」はその地の民族の自発的意思（独立運動）によって成立したものではない
3. 中国の主権のもとで満州の自治政府樹立を提案
4. 中国は，満州における日本の利益を承認

B 日本の孤立化

▷⑩国際連盟脱退の報道（『東京朝日新聞』1933年2月25日） 1933年2月24日，国際連盟総会で対日勧告案が42対1，棄権1で採択されると，松岡洋右日本全権は国際連盟脱退演説を行い，会場を退場した。3月には脱退を通告し史，1935年3月に発効した。1936年にはワシントン・ロンドン両海軍軍縮条約が失効（➔p.259）し，日本は国際的に孤立した。

聯盟よ　さらば！遂に協力の力

總會勧告書を採擇し　我が代表堂々退場す　四十二對一票　棄權一

支那側勧告受諾　第六項の権利強調

今日とのつながり 世界的指揮者の小澤征爾は，1935年に「満州国」で生まれ，父と親交のあった板垣征四郎と石原莞爾から一字ずつもらって命名されたという。

「満州国」と「王道楽土」

1 「満州国」の統治と満州移民

◀①「五族協和」をうたう「満州国」のポスター 「満州国」建国宣言では，日本人・蒙古(モンゴル)人・満州人・朝鮮人・漢人の5族が平等に協力する「王道楽土」(理想国家)であるとされた。だが，実際には日本人が優位にたち，政策も関東軍司令官をはじめとする日本人が決定していた。

〈鳥取県 南部町祐生出会いの館蔵〉

A「満州国」をめぐる動向

→p.20 巻頭地図 →p.291「ソ連参戦」

年・月・日	事 項	内 閣
1906. 8. 1	関東都督府官制公布。旅順に**関東都督府**設置(9月1日)	西園寺公望①
.11.26	**南満州鉄道株式会社(満鉄)**設立 ➔p.234	
1919. 4.12	関東都督府を廃止し，関東庁(旅順)と**関東軍**に分離	原敬
1928. 6. 4	**張作霖爆殺事件** ➔p.271	田中義一
1931. 9.18	**柳条湖事件(満州事変**勃発) ➔p.275	若槻礼次郎②
1932. 3. 1	**「満州国」建国宣言**(9日，執政に**溥儀**が就任)	犬養毅
. 8. 8	関東軍司令官が「満州国」駐在大使，関東長官を兼務	斎藤実
. 9.15	日本政府，「満州国」を承認し，**日満議定書**調印 史	
1934. 3. 1	「満州国」帝政実施(皇帝溥儀)	
1936. 8.25	政府,「20か年100万戸送出計画」を策定(満州移民推進計画)	広田弘毅
1937.11.30	満蒙開拓青少年義勇軍の編成を閣議決定	近衛文麿①
.12.27	日本産業，満州重工業開発会社に改組➡D ➔p.277	
1938.7〜.8	**張鼓峰事件**(「満州国」東南端で日ソ両軍が国境衝突)	
1939. 5.11	**ノモンハン事件**勃発 ➔p.280	平沼騏一郎
1941.7〜.9	関東軍特種演習(9月，満州に70万の兵力を集中)	近衛文麿②③
1945. 8. 8	**ソ連，対日宣戦布告**。翌日，ソ満国境を越えて進攻 ➔p.291	鈴木貫太郎
. 8.18	皇帝溥儀退位，「満州国」解体	東久邇宮稔彦

B「満州国」の「国土」*と日本の権益

＊現在の中国の東北三省(遼寧省・吉林省・黒竜江省)と内モンゴル自治区の一部。

〈小学館『原色図解大事典 第6巻』〉

産出量(万t)	石炭	鉄鉱石	銑鉄
1931(昭6)	905	92	34
1938(昭13)	2000	270	85

△②「満州国」の資源 ➡D

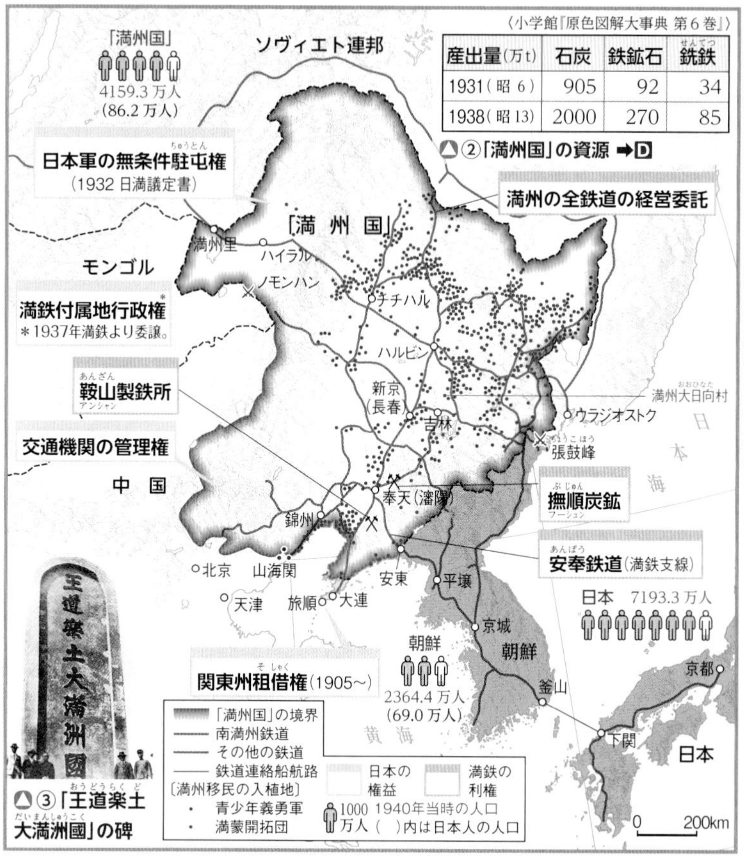
「満州国」
4159.3万人
(86.2万人)
ソヴィエト連邦
日本軍の無条件駐屯権
(1932 日満議定書)
満州の全鉄道の経営委託
「満 州 国」
満州里
ハイラル
モンゴル
ノモンハン
満鉄付属地行政権*
＊1937年満鉄より委譲。
チチハル
ハルビン
鞍山製鉄所
新京(長春)
吉林
満州大日向村
ウラジオストク
張鼓峰
交通機関の管理権
中 国
奉天(瀋陽)
撫順炭鉱
錦州
安奉鉄道(満鉄支線)
北京
山海関
安東
平壌
天津
旅順
大連
日本 7193.3万人
京城
朝鮮
朝鮮
2364.4万人
(69.0万人)
関東州租借権(1905〜)
京都
釜山
日本海
黄海
下関
日本
「満州国」の境界
南満州鉄道
その他の鉄道
鉄道連絡船航路
〔満州移民の入植地〕
青少年義勇軍
満蒙開拓団
日本の権益
満鉄の利権
1000万人 1940年当時の人口 ( )内は日本人の人口
0 200km

△③「王道楽土 大満洲國」の碑

C「満州国」の統治体制

△④「満州国」執政 溥儀(1906〜67) 1934年に皇帝に即位。かつては清朝最後の皇帝，宣統帝であった。➔p.238

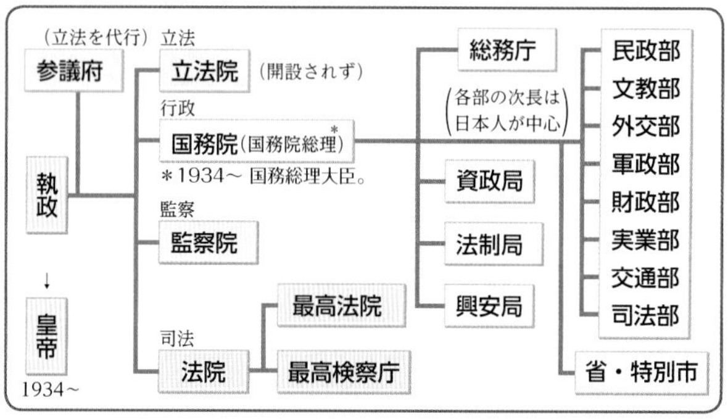
(立法を代行) 立法
参議府
立法院 (開設されず)
行政
国務院(国務院総理*)
＊1934〜 国務総理大臣。
監察
監察院
執政
↓
皇帝
1934〜
司法
法院
最高法院
最高検察庁
総務庁
(各部の次長は日本人が中心)
資政局
法制局
興安局
民政部
文教部
外交部
軍政部
財政部
実業部
交通部
司法部
省・特別市

◀⑤「満州国」の統治機構*2 (1932〜45) 傀儡国家*3と批判されることを避けるため，中国人による統治の形式をとったが，実際には要職についた日本人官僚・軍人の指導・指揮のもとで国政が行われた。日本人官僚は，こうした指導を「内面指導」とよんだ。

＊2 1932年の統治機構図。

＊3 他国によってあやつられる国家。

D「満州国」の産業開発

△⑥「満州国」での自動車生産 日本産業(➔p.277)が設立した満州重工業開発会社を中心に，重化学工業化が進められた。

時代を見る目 「王道楽土」としての「満州国」イメージ

「満州国」の映画スター 李香蘭*が出演する映画や，満鉄の最新鋭特急あじあ号，都市の整然とした区画などを通じて，日本ではモダンでロマンチックな「満州国」イメージが浸透した。＊日本人の女優 山口淑子(1920〜2014)が中国人風の芸名を名のらされていた。

△⑦特急あじあ号 大連－新京(長春)間を結ぶ豪華な特急として1934年にデビューし，流線型の機関車と展望車が人気となった。

© 東宝

◀⑧映画「白蘭の歌」(1939年) 李香蘭(右)演じる「満州国」の富豪の娘と満鉄技師(左，長谷川一夫)の恋愛を描き，大ヒットした。

E 満州移民

→p.239「日本人の海外移民」

▶⑨満州移民の出身県 「満州国」には，満蒙開拓団や満蒙開拓青少年義勇軍が送られた。移民数最多の長野県では，大日向村の村民の半数が移住し，満州大日向村を建設した。

▼⑩満州大日向村

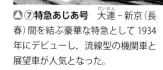

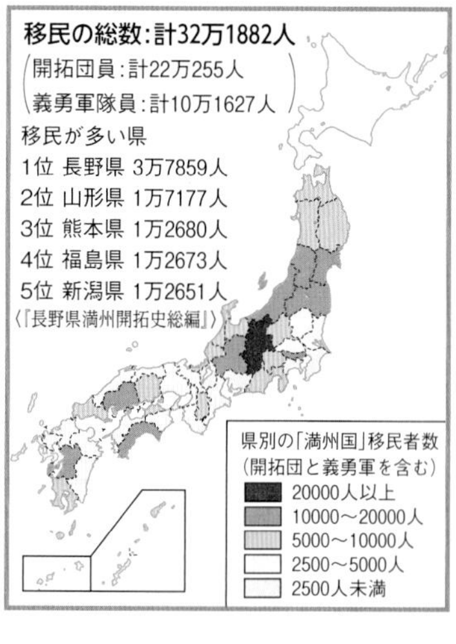
移民の総数:計32万1882人
開拓団員:計22万255人
義勇軍隊員:計10万1627人
移民が多い県
1位 長野県 3万7859人
2位 山形県 1万7177人
3位 熊本県 1万2680人
4位 福島県 1万2673人
5位 新潟県 1万2651人
〈『長野県満州開拓史総編』〉
県別の「満州国」移民者数
(開拓団と義勇軍を含む)
20000人以上
10000〜20000人
5000〜10000人
2500〜5000人
2500人未満

恐慌からの脱出 ―東洋のケインズ

ヒストリースコープ

犬養内閣の蔵相*となった高橋是清は，政府が公共事業を発注し，需要をつくり出して経済を活性化させる方法で，いち早く恐慌からの脱出に成功した。これはイギリスの経済学者ケインズの理論を先行して実施したもので，高橋は「東洋のケインズ」とよばれている。

＊大蔵大臣のこと。

考察

❶高橋は，財源をどのように確保し，おもにどの分野に投入したのだろうか。
❷なぜ日本は輸出をのばすことができたのだろうか。「円安」を使って説明しよう。→ 2
❸高橋財政の結果，産業と貿易はどのように変化したのだろうか。→ 3・4・5

①高橋是清（1854〜1936） **金融恐慌，昭和恐慌**の際に蔵相に就任し，日本経済再生に力を注いだ。二・二六事件で暗殺された。➲p.278

②**歳入補塡国債（赤字国債）** 高橋は，国債を発行し日本銀行が国債を受け入れるという型破りな方式で，財源を確保した。

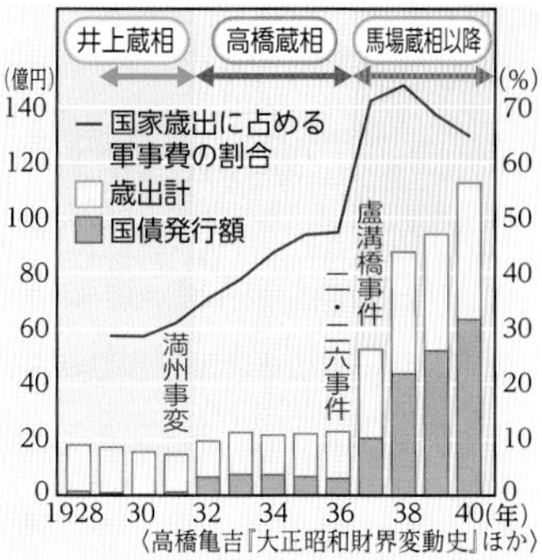

井上蔵相
高橋蔵相
馬場蔵相以降
(億円)
(%)
国家歳出に占める軍事費の割合
歳出計
国債発行額
満州事変
盧溝橋事件
二・二六事件
1928 30 32 34 36 38 40(年)

〈高橋亀吉『大正昭和財界変動史』ほか〉

③**財政に占める国債発行額と軍事費** 赤字国債を発行し，時局匡救事業費と軍事費に積極的な支出を行った。

1 高橋財政の展開

井上財政・金解禁と昭和恐慌 ➲p.273 2 B，274 1

	昭和恐慌以後，犬養毅・斎藤実・岡田啓介の内閣で蔵相を歴任
目的	昭和恐慌からの脱出
政策	❶**金輸出再禁止**(1931年12月)・金貨兌換停止令…**管理通貨制度**へ ・円相場の大幅下落(円安)を利用し輸出の振興 ➡ 2 ・関税を高くして国内産業の保護→円ブロック経済形成 ➡ 5 ❷**財政支出の増大**…歳入補塡国債(赤字国債)発行→財源を確保 ・**時局匡救事業費**の新設…公共土木事業を行い，農民を労働者として雇用→現金収入の道 ・満州事変による軍事費の増大…時局匡救事業費は3年でうち切り→「自力更生」をはかる**農山漁村経済更生運動**が中心に ❸**低金利政策**…日本銀行による国債の受け入れ
結果	❶**輸出増加と産業振興**→昭和恐慌から脱出 ❷**重化学工業の発展**→**新興財閥**が成長 ➡ 3 4 ❸**財政金融政策の始まり**→**管理通貨制度**，外国為替管理法(1933年)

2 為替相場の推移と綿織物の輸出の増大

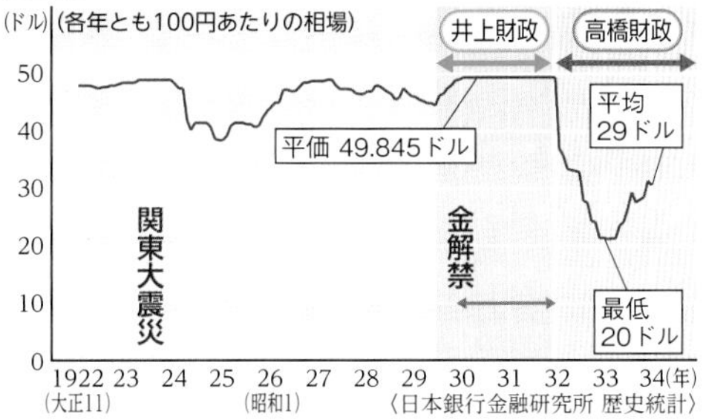

(ドル)(各年とも100円あたりの相場)
井上財政
高橋財政
平価 49.845ドル
平均 29ドル
最低 20ドル
関東大震災
金解禁
1922(大正11) 23 24 25 26 27(昭和1) 28 29 30 31 32 33 34(年)

〈日本銀行金融研究所 歴史統計〉

④**対米為替相場の推移** 1930年の金解禁は，旧平価*（100円＝49.845ドル ➔p.273）で行ったが，1931年12月に金輸出再禁止を行うと急激な円安（100円＝20ドル前後）となった。34年以後は100円＝29ドル前後で安定した。
＊1917年に金輸出禁止がなされる以前の，固定された交換比率。

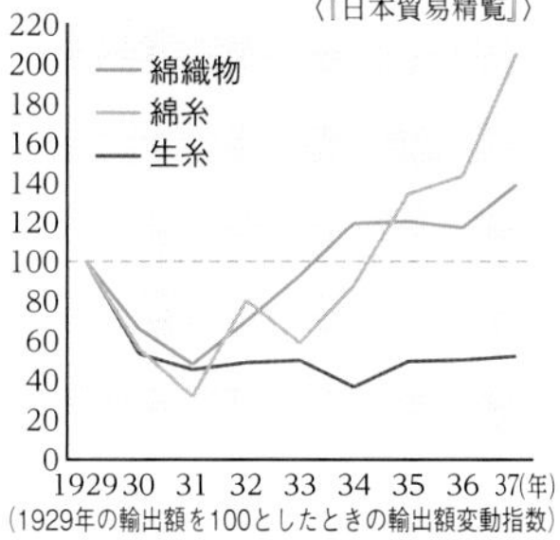

綿織物
綿糸
生糸
1929 30 31 32 33 34 35 36 37(年)
（1929年の輸出額を100としたときの輸出額変動指数）

〈『日本貿易精覧』〉

⑤**綿業の発展** 綿織物は，1933年に輸出量世界第1位となった。日本の総輸出額に占める割合でも，34年に生糸を抜き第1位となった。

3 重化学工業の発達

よみとき 満州事変の勃発・高橋財政と重化学工業化の進展との関係に注目しよう➡1

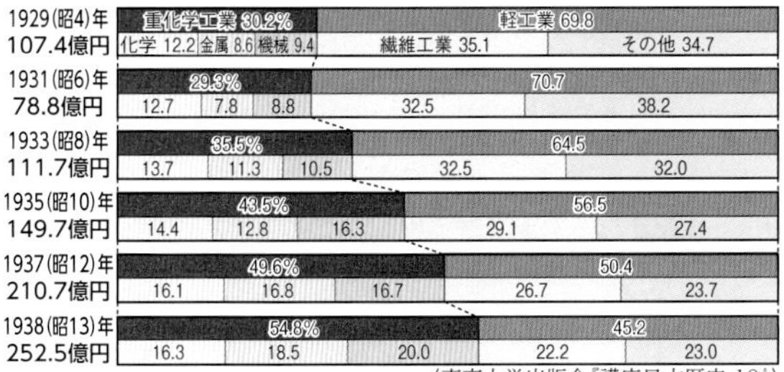

1929(昭4)年 107.4億円 重化学工業 30.2% 軽工業 69.8
化学 12.2 金属 8.6 機械 9.4 繊維工業 35.1 その他 34.7
1931(昭6)年 78.8億円 29.3% 70.7
12.7 7.8 8.8 32.5 38.2
1933(昭8)年 111.7億円 35.5% 64.5
13.7 11.3 10.5 32.5 32.0
1935(昭10)年 149.7億円 43.5% 56.5
14.4 12.8 16.3 29.1 27.4
1937(昭12)年 210.7億円 49.6% 50.4
16.1 16.8 16.7 26.7 23.7
1938(昭13)年 252.5億円 54.8% 45.2
16.3 18.5 20.0 22.2 23.0

〈東京大学出版会『講座日本歴史 10』〉

⑥**重化学工業の発達** 満州事変（➔p.275）による軍需品生産の増大や，企業の設備投資の進展で重化学工業が発展し，1933（昭和8）年には重化学工業の割合が繊維工業の割合を上まわった。34年には**八幡製鉄所**（➔p.243）を中心とした大合同で国策会社**日本製鉄会社**が誕生した。37年に**日中戦争**（➔p.280）が始まると，重化学工業化はさらに進んだ。

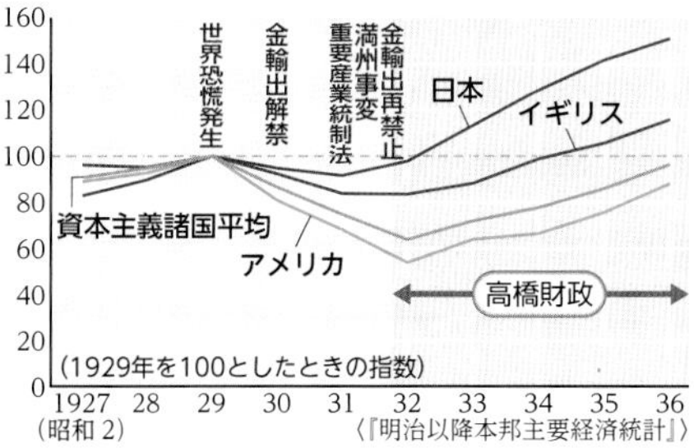

世界恐慌発生
金輸出解禁
重要産業統制法
満州事変
金輸出再禁止
日本
イギリス
資本主義諸国平均
アメリカ
高橋財政
(1929年を100としたときの指数)
1927(昭和2) 28 29 30 31 32 33 34 35 36

〈『明治以降本邦主要経済統計』〉

⑦**重化学工業生産指数の国際比較** 世界恐慌で，アメリカの重化学工業生産は激しく落ち込んだ。

4 新興財閥の成長

➲p.241，296〈『国史大辞典』ほか〉

財閥の名称	持株会社(設立年)	傘下企業 1937年時点	創業者
日産	日本産業(1928年)	日産自動車など77社	鮎川義介
日窒	日本窒素肥料(1908年)	日窒鉱業など26社	野口 遵
日曹	日本曹達(1920年)	日曹人絹パルプなど26社	中野友礼
森	森興業(1922年)	昭和電工など28社	森 矗昶
理研	理化学興業(1927年)	理研特殊鉄鋼など63社	大河内正敏

⑧**新興財閥** 重化学工業が進展するなかで，事業を多角的に拡大し，多くの企業を傘下に収める**新興財閥**が台頭した。彼らの特徴は，日産を除き創業者が技術者であり，系列の金融機関をもたないため，株式により資金を集めて成長したことである。また，日産は満州開発に協力したり（➔p.276），森や日窒は朝鮮で水力発電所を建設したりするなど，植民地に積極的に進出したことである。

5 ブロック経済の形成と対米依存の高まり

赤数字は，輸出より輸入が多い年 （百万円〈%〉）

年	対日本勢力圏(中国・満州・関東州) 輸出	対日本勢力圏 輸入	対アメリカ 輸出	対アメリカ 輸入	対イギリス連邦圏(スターリング＝ブロック) 輸出	対イギリス連邦圏 輸入
1931	221〈19.3〉	236〈19.1〉	425〈37.1〉	342〈27.7〉	259〈22.6〉	372〈30.1〉
1933	411〈22.1〉	281〈14.7〉	492〈26.4〉	621〈32.4〉	434〈23.3〉	586〈30.6〉
1935	575〈23.0〉	350〈14.2〉	536〈21.4〉	810〈32.8〉	599〈24.0〉	761〈30.8〉
1937	791〈24.9〉	437〈11.6〉	639〈20.1〉	1270〈33.6〉	713〈22.5〉	1003〈26.5〉
1939	1747〈48.9〉	683〈23.4〉	642〈18.0〉	1002〈34.3〉	508〈14.2〉	535〈18.3〉
1940	1867〈51.1〉	756〈21.9〉	569〈15.6〉	1241〈35.9〉	460〈12.6〉	515〈14.9〉

〈東京大学出版会『講座日本歴史 10』〉

⑨**日本の貿易相手（経済圏）** 日本は円安を利用して綿製品を列強のブロック圏に多く輸出したため，ソーシャル＝ダンピング（不当に安くした商品の大量輸出）と非難された。しかし，生糸の輸出減少にかわる輸出品に乏しく，原材料の多くを海外にたよったため，対列強との貿易は赤字であった。そのため，円ブロック圏内の貿易で総貿易額はのびたが，外貨獲得に苦しんだ。

（%）

生ゴム	100.0	白金	85.9
綿花	99.9	重油	80.1
羊毛	99.8	塩	63.0
水銀	97.8	軽銀	54.5
洋銀	96.0	亜鉛	52.8
鉛	93.2	鉄鉱	52.3

〈『近現代日本経済史要覧』〉

⑩**主要資源の外国依存度** 綿織物の原材料の綿花や重油・鉄鉱・鉛・水銀などの重化学工業の原材料は，外国とくにアメリカへの依存度が高かった。

今日とのつながり 「失われた10年」や「失われた20年」ともいわれる現代日本の長期不況を克服するため，高橋是清の財政政策に学べという主張が，研究者や政治家のなかにみられる。

政党内閣の崩壊と軍部の台頭 ―「話せばわかる」「問答無用，撃て」(犬養毅と青年将校の会話)

ヒストリースコープ

1932(昭和7)年5月15日，海軍の青年将校らが首相官邸を襲撃し犬養首相を射殺した。事件後，実行犯の1人山岸宏 元海軍中尉は，このとき犬養首相が「話せばわかるじゃないか」と制したのに対して「問答いらぬ。撃て。撃て」と言ったと回想している。この五・一五事件により「憲政の常道」による政党政治の慣行は崩壊した。

考察

❶五・一五事件では，誰が誰に殺害されたのだろうか。
❷五・一五事件や二・二六事件によって，政治と軍部との関係はどのように変わったのだろうか。→1
❸学問や思想はどのように統制されていったのだろうか。→3

首相遂に兇手に倒る
昨夜十一時廿六分絶命
臨時総理大臣は高橋蔵相が兼摂
今暁二時親任式挙行
けふ内閣総辞職
輝ける一生
犬養総裁は党葬に決定
後継総裁は何人？
高橋翁か鈴木氏か
けふ選考会議混乱せん
首相官邸を出る高橋

①五・一五事件を報じる新聞(『東京朝日新聞』1932年5月16日) 犬養襲撃のほか，血盟団の残党や民間右翼を含む別働隊が，警視庁や政友会本部などを襲った。

『木戸幸一*日記』【現代語訳】

…永田鉄山少将に面会し…その意見は…現在の政党による政治は絶対に退けるべきであり，もし政党による単独内閣が組織されようとすることになれば，陸軍大臣に就任する者は恐らくいないでしょうから，結局組閣は難しくなるでしょうと語り，…

*昭和前期の政治家。木戸孝允(→p.206)の孫。

②政党内閣の終焉 事件の衝撃を背景に，陸軍が政党政治を終わらせようとしたことがうかがえる。

1 国家改造運動とファシズムの進展 ←p.271 →p.280，350「内閣一覧」

内閣	年・月	事項
浜口雄幸	1930(昭和5) .9	橋本欣五郎陸軍中佐ら中堅将校，秘密結社「桜会」を結成
	.11	浜口雄幸首相，東京駅で佐郷屋留雄に狙撃され重傷(翌年死亡)
	1931 .3	三月事件 桜会が中心となり，宇垣軍部内閣樹立をめざすが未発
若槻②	.9	柳条湖事件 満州事変の発端となった事件 → p.275
	.10	十月事件 桜会と大川周明のクーデタ計画，未遂
犬養毅	1932. 2~.3	血盟団事件 井上準之助前蔵相と団琢磨*が射殺される→2 (*三井合名会社理事長。)
	.5	五・一五事件 海軍青年将校らが犬養毅首相を射殺→ヒストリースコープ
斎藤実	1933 .2	作家小林多喜二，特高(→p.270)により東京の築地署で虐殺される
	.4	滝川事件 京都帝大教授滝川幸辰への休職処分→3
岡田啓介	1934 .10	陸軍パンフレット事件 陸軍省が軍事優先の国防国家提唱→図⑭
	.11	士官学校事件 陸軍皇道派青年将校らのクーデタ未遂
	1935 .2	天皇機関説問題 菊池武夫らが美濃部達吉の憲法学説を批判
	.8	国体明徴声明 政府が天皇機関説を否定→3
		相沢事件 皇道派と統制派の対立表面化→1 B
	.10	第2次国体明徴声明
	1936 .2	二・二六事件 陸軍皇道派青年将校らによるクーデタ→1 C
広田	.5	軍部大臣現役武官制復活→1 D

A 政党内閣の終焉

*斎藤首相兼外相を除く11名。発足時。

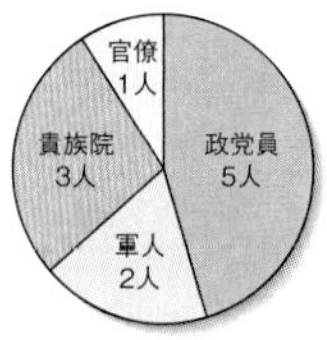

官僚 1人
貴族院 3人
政党員 5人
軍人 2人

③斎藤実内閣の構成員* 五・一五事件ののち，穏健派の海軍軍人であった斎藤実が組閣した。「挙国一致」を掲げた斎藤内閣は，政党・軍部のバランスをとり，政党の議員を内閣の要職に任じたが，政党内閣そのものは，結果的に敗戦後まで復活せず，政党政治は終焉を迎えた。

④斎藤実 (1858～1936)

B 陸軍の派閥抗争

	皇道派	統制派
中心人物	荒木貞夫・真崎甚三郎ら	永田鉄山・東条英機ら
起源	荒木が「皇道」を唱えたことに由来。1931年，荒木が陸相となり勢力伸長	皇道派により乱れた軍の統制を回復するとの意。1934年，林銑十郎*が陸相となり勢力伸張
支持勢力	隊付き青年将校層(連隊勤務)	中堅幕僚層(陸軍省・参謀本部勤務)
主張	天皇親政，反ソ主義，農村救済・反財閥	政財界とも提携した国家総動員体制の構築

*林は，もともと皇道派に近かったが，この当時は統制派寄りになっていた。

真崎甚三郎教育総監が更迭される(1935.7) → 相沢事件(1935.8) 相沢三郎中佐，永田鉄山軍務局長を斬殺 → 二・二六事件(1936.2) 事件後の人事で，皇道派一掃。統制派が権力掌握

赤字 皇道派　青字 統制派

C 二・二六事件(1936年)

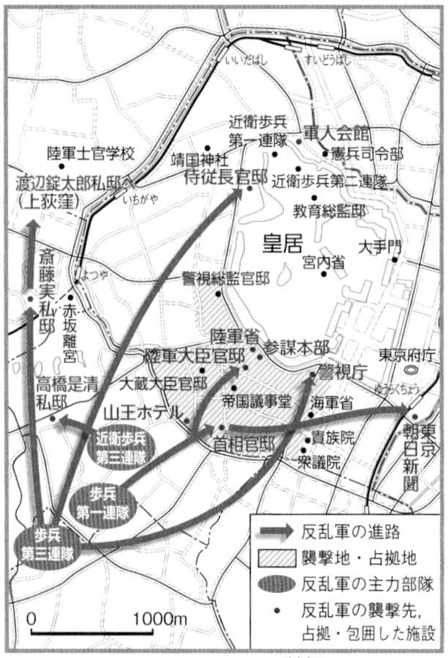

陸軍士官学校
渡辺錠太郎私邸(上荻窪)
斎藤実私邸
赤坂離宮
高橋是清私邸
近衛歩兵第一連隊
軍人会館
憲兵司令部
靖国神社
侍従長官邸
近衛歩兵第二連隊
教育総監部
皇居
宮内省
大手門
警視総監官邸
陸軍省
参謀本部
陸軍大臣官邸
警視庁
東京府庁
大蔵大臣官邸
帝国議事堂
海軍省
山王ホテル
首相官邸
貴族院
衆議院
東京朝日新聞
近衛歩兵第三連隊
歩兵第一連隊
歩兵第三連隊
反乱軍の進路
襲撃地・占拠地
反乱軍の主力部隊
反乱軍の襲撃先，占拠・包囲した施設
0 1000m

⑤反乱部隊の行動ルート・占拠地

⑥反乱部隊 1936(昭和11)年2月26日早朝，一部の皇道派青年将校が，約1400名の兵を率いて首相官邸などを襲撃した(二・二六事件)。青年将校らは要人を殺害して陸軍省などを占拠し，皇道派政権樹立をはかった。首都に戒厳令が布告されるなか*，昭和天皇は徹底鎮圧を主張した。青年将校らは「反乱部隊」とされ，29日に投降した。

*戒厳令はこのほか日比谷焼打ち事件(→p.240)と関東大震災(→p.262)の際に出された。

斎藤実(内大臣，前首相)	満77歳
高橋是清(大蔵大臣，元首相)	満81歳
渡辺錠太郎(陸軍教育総監)	満61歳

⑦襲撃で殺された要人 首相 岡田啓介も襲撃されたが，義弟の身がわりにより命が助かった。

勅命下る軍旗に手向ふな

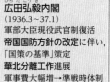

⑧原隊復帰をうながすアドバルーン 戒厳司令部はアドバルーンをあげて「反乱部隊」の帰順を呼びかけた。

D 軍部大臣現役武官制の復活

岡田啓介内閣(1934.7～36.2) 二・二六事件
↓
広田弘毅内閣(1936.3～37.1) 軍部大臣現役武官制復活 帝国国防方針の改定に伴い，「国策の基準」策定 華北分離工作進展 軍事費大幅増→準戦時体制
宇垣一成 流産内閣 陸軍が陸相を出さず組閣断念
↓
林銑十郎内閣(1937.2～37.5) 軍部と財界の連携を唱える軍財抱合演説(結城蔵相)
↓
近衛文麿内閣(第1次)(1937.6～39.1) 国家総動員法成立 →p.281

⑨岡田啓介 (1868～1952)

⑩広田弘毅 (1878～1948)

⑪林銑十郎 (1876～1943)

今日とのつながり 二・二六事件の際，湯河原温泉滞在中の元内大臣牧野伸顕は，反乱軍に襲撃されたが難をのがれた。滞在先の焼失した旅館は再建され，現在光風荘として公開されている。

2 国家改造の思想

◀⑫井上日召(1886～1967) 茨城県大洗で農村の青年を門下とし，右翼結社血盟団を主宰。１人が政財界の要人１人を暗殺する「一人一殺」による国家改造を唱え，団員が**血盟団事件**を起こした。

◀⑬**北一輝**(1883～1937) 大川周明(➔p.278)と並ぶ国家改造運動の理論的指導者。重臣や政党を排除した天皇中心の軍部独裁政権樹立と国家社会主義を唱え，陸軍青年将校に影響を与えた。**二・二六事件**後，弟子の西田税とともに処刑された。

北一輝『日本改造法案大綱』要旨

- 国家改造のため，天皇は3年間憲法停止
- 国民の私有財産の上限を100万円とする
- 資本金1000万円以上の企業を国有化
- 労働省の設置，私企業純利益の労働者への還元
- 児童・女性・老人の擁護，義務教育の延長
- 20年後に朝鮮人に参政権を与える，朝鮮・台湾の改造は内地に準ずる
- 自衛のほか「他の国家または民族」のための開戦と「不法に領地を独占する者」に対する開戦の権利

国防の本義と其強化の提唱(陸軍パンフレット)【抜粋】

たたかひの意義 たたかひは創造の父，文化の母である。
国家総動員的国防観 …平時より戦争指導体系を準備することが，戦勝の為め不可欠の問題たるに至った。…武力戦を基調とする国家総動員なる思想がこれに属する。これによって国民と軍隊とは，一体となって武力戦争に参与する…

◀⑭ 1934(昭和９)年，陸軍省新聞班が60万部を刊行した。「広義国防」を主張し，国力を総動員して戦う総力戦に耐えられる国家体制の必要性を説いた。**軍部**が公然と政治的発言を行う端緒となった。

Key Word 国家社会主義

資本主義の弊害を，日本の伝統や国家を至上のものとする国家主義的な社会政策で取り除こうとする主張。青年将校らは，兵士の供給源である農村が疲弊したままでは，対外進出のための総力戦遂行も不可能との危機感からこれを支持した。

3 思想・学問の弾圧と国家主義の高揚

A 社会主義者の転向

赤松克麿	1932(昭和7)年に日本国家社会党を結党。皇道政治，国家統制経済，アジア諸民族の解放などを主張。
佐野 学 鍋山貞親	日本共産党最高幹部。1933年に獄中で**転向**声明書を発表。国際共産主義運動を否定し，共産党の天皇制打倒方針・反戦闘争・植民地解放政策を批判。
麻生 久	1932年に結党された社会大衆党で書記長。陸軍に接近，国家社会主義に傾く。

B 学問・思想の弾圧

△⑰**滝川事件で辞表を提出した京大教授・助教授**(1933年) 京都帝大教授滝川幸辰の刑法学説が問題とされ，著書は発禁処分，本人も休職となった。京都帝大法学部の全教官が辞表を提出してこれに抗議した。

▶⑱**おもな弾圧事件**

名 前	所属・専攻分野	非難理由・弾圧内容
滝川幸辰	京都帝大教授 刑法	自由主義的な主張が共産主義的と問題視される 著書『刑法読本』など発禁 休職処分(文相 鳩山一郎)→**滝川事件**(1933年)
美濃部達吉	東京帝大教授 憲法・行政法	**天皇機関説**が非難をあびる→**天皇機関説問題**➡**C** 1935年，著書『憲法撮要』など発禁 貴族院議員を辞職
矢内原忠雄	東京帝大教授 植民政策学	1937年，発表した論文で日本の大陸政策を批判し，発禁処分。大学を辞職→矢内原事件
河合栄治郎	東京帝大教授 経済学	ファシズムとマルクス主義両方に反対 1938年，著書発禁。翌年休職処分→河合栄治郎事件
津田左右吉	早稲田大教授 歴史学	「記紀」の批判的研究を展開。1940年，『神代史の研究』など主著４冊が発禁
大内兵衛	東京帝大教授 経済学・財政学	マルクス経済学を研究(労農派*)，1938年，反ファシズム人民戦線の結成をはかったとして，有沢広巳ら他の労農派の学者とともに治安維持法違反で検挙→第２次人民戦線事件 第１次人民戦線事件➔p.282

＊雑誌『労農』に集ったマルクス主義研究グループ。野呂栄太郎ら講座派との間で日本資本主義論争を展開。➔p.378

◀⑮**赤松克麿**(1894～1955) **吉野作造**の娘婿。東京帝国大学在学中に**東大新人会**を結成(➔p.260)。のちに1937年に衆議院議員となる。**大政翼賛会**の設立に際しては，企画部長に就任した。

◀⑯**佐野学**(1892～1953) **東大新人会**に参加。再建後の**日本共産党**で中央委員長を務めた。1933年に**治安維持法**違反で服役中，鍋山貞親とともに獄中から転向声明を出した。1943年に出獄した。

Key Word 転向

社会主義者・共産主義者らが，国家権力の圧力などでその思想を放棄すること。斎藤実内閣の時局匡救事業が左翼活動家にも好感を与えるなか，佐野・鍋山の声明を機に転向があいついだ。地方では，農民運動の担い手たちが，転向後，農山漁村経済更生運動(➔p.277)に参加し，結果的に地主の支配秩序をゆるがした。

C 天皇機関説問題 史

東京日日新聞 夕刊
果然，美濃部博士起ち
「天皇機關説」反對逆襲
論戰成行重大視さる
學說論爭 ―敢て辭せず―
美濃部博士談
「斷片的論難當らず」
菊池男に皮肉の一矢
弁明要旨

◀⑲**美濃部達吉の釈明を報じる新聞**(『東京日日新聞』1935年2月26日)

美濃部達吉の**天皇機関説**は，明治憲法下での政党政治の思想的基盤であったが，1935(昭和10)年，陸軍出身の貴族院議員が批判すると，立憲政友会や右翼団体，在郷軍人会が機関説排撃運動を展開した。岡田内閣は２度にわたり**国体明徴声明**を発し，天皇機関説を否認した。

△⑳**美濃部達吉**(1873～1948)

国体明徴声明【抜粋】

…大日本帝国統治の大権は儼として天皇に存すること明かなり。…政府は愈々国体の明徴に力を効し其の精華を発揚せんことを期す。…

▶㉑**国体明徴声明**(1935年8月3日)

D 国家主義の高揚

国体の本義【抜粋】

…天皇はその機関に過ぎないといふ説の如きは，西洋国家学説の無批判的の踏襲といふ以外には何等の根拠はない。

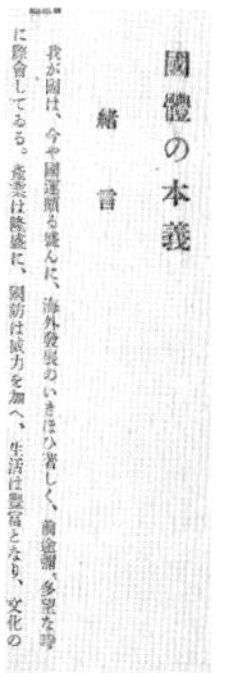
國體の本義
緒言
我が國は、今や國運頗る盛んに、海外發展のいきほひ著しく、前途彌々多望な時に際會してゐる。産業は隆盛に、國防は威力を加へ、生活は豊富となり、文化の

△㉒**文部省『国体の本義』**＊

奉祝
祝へ！元気に朗かに
11月10-14日
大政翼賛会

△㉓**紀元2600年記念式典ポスター**

＊「国体」とは本来，国家の区分に関する用語であるが，この時代には“万世一系の天皇をいただく優秀な国柄”といった意味で用いられた。

政府の政策	内閣 / 政策を実施した年
国体明徴声明	岡田 (1935〈昭和10〉年)
文部省『国体の本義』発行	林 (1937〈昭和12〉年)
紀元2600年記念式典	近衛② (1940〈昭和15〉年)
文部省『臣民の道』発行	近衛③ (1941〈昭和16〉年)

△㉔**政府の政策** **国体明徴声明**を受けて，文部省は『国体の本義』という国民教化のための教育指針を出版した。「記紀」にもとづき，「国体」の尊厳と天皇への絶対服従を説いた。1940年は，神武天皇即位2600年にあたるとして，紀元(皇紀)2600年記念式典が挙行された。

近代 昭和

歴史のまど 北博昭『二・二六事件全検証』 新出の裁判調書や供述をもとに事件を検証している。従来隠されてきた処罰の苛酷さや政治体制について触れ，事件の真相に迫る。

日中戦争 —爾後国民政府を対手とせず 史(第1次近衛声明)

ヒストリースコープ

1937(昭和12)年7月7日に始まった日中戦争は，軍部の独走により拡大の一途をたどった。12月，国民政府の首都南京を占領すると，政府も強硬方針に転じ，1938年1月16日第1次近衛声明が出された。一方，国民政府は漢口，さらに内陸の重慶へのがれて，抵抗を続けた。

考察

❶日本軍の進攻により中国国民政府は南京からどの方面にのがれたのだろうか。
❷第1次近衛声明は，日中戦争にどのような影響を与えたのだろうか。→**1**
❸戦争遂行のために，どのような政治体制・経済体制が導入されたのだろうか。→**2**・**3**・**4**

①南京で入城式を行う日本軍(1937年12月)　日本軍は，上海戦で頑強な中国軍の抵抗を受けて甚大な損害を出した。敗走する中国軍を追撃して首都南京を陥落させたが，その過程で多くの捕虜や民間人を殺害した(南京事件)。

②重慶を爆撃する日本軍(1941年12月撮影)　蒋介石の国民政府がのがれた重慶が奥地の要害の地にあり，地上軍の進攻が困難だったことから，日本軍は爆撃を行った。戦争はさらに長期化した。

1 日中戦争の始まり

→p.20 巻頭地図
←p.278 →p.285,350「内閣一覧」

内閣	年	日本と中国・アジア	日本と欧米
広田弘毅	1936(昭11)	12.12 西安事件(→国共停戦成立) →p.275	11.25 日独防共協定調印 12.31 ワシントン海軍軍縮条約失効
林銑十郎 近衛文麿①	1937(昭12)	7.7 盧溝橋事件(日中戦争*へ)→❶ 8.13 第2次上海事変→❷ 9.23 第2次国共合作成立(抗日民族統一戦線結成) 12.1 国民政府，重慶に移転→❸ 12.13 日本軍，南京を占領(南京事件が起きる)→❹	11 日独伊三国防共協定調印
	1938(昭13)	1.16 第1次近衛声明「国民政府を対手とせず」とし，交渉による和平の道を閉ざす *政府は宣戦布告を避け，戦争を「北支事変」のち「支那事変」と呼称した。 10 日本軍，広東(広州)，武漢三鎮(漢口・武昌・漢陽)占領 11.3 第2次近衛声明 日本の戦争目的は「日・満・華三国の提携による東亜新秩序建設にある」 12.20 汪兆銘，重慶を脱出しハノイへ(30日に対日和平声明) 12.22 第3次近衛声明 日本と中華民国との提携の原則は「善隣友好，共同防共，経済提携にある」	7.29～8.10 張鼓峰事件→❺(日ソ両軍が衝突)
平沼騏一郎	1939(昭14)	2.10 日本軍，海南島に上陸 6.14 日本軍，天津の英仏租界を封鎖	5.11 ノモンハン事件(～9月)→❻ 7.26 米，日米通商航海条約廃棄を通告
阿部信行			9.3 独軍のポーランド侵攻(1日)に対し，英仏が対独宣戦を布告→第二次世界大戦勃発
米内光政	1940(昭15)	3.30 汪兆銘,南京に新国民政府樹立→❼	
近衛②		9.23 日本軍，北部仏印進駐→❽ 11.30 汪政権と日華基本条約を調印	9.27 日独伊三国同盟調印 史 →p.285
	1941(昭16)		4.13 日ソ中立条約調印→p.285 4.16 日米交渉を開始(野村吉三郎大使・ハル国務長官)
近衛③		7.28 日本軍，南部仏印進駐 9.6 帝国国策遂行要領を決定 史	7.25 米，在米日本資産を凍結 8.1 米，対日石油輸出を全面禁止
東条英機		12.1 御前会議で対米英蘭開戦を決定 12.8 日本軍，マレー半島へ上陸 →p.286	11.26 米，ハル=ノートを提出 →p.285 12.8 日本軍，真珠湾奇襲攻撃 対米英宣戦布告 →p.286

③現在の盧溝橋

④南京事件の石碑

⑤近衛文麿

A 発端となった盧溝橋事件

⑥盧溝橋事件　1937(昭和12)年7月7日夜，北平*郊外の盧溝橋付近で夜間演習中の日本軍に対して発砲があり，兵士一人が行方不明になった。兵士は夜のうちに部隊に戻ったが，翌朝から日中両軍は交戦状態となった。その後，現地の両軍の間で停戦協定が結ばれたが，日中双方が協定の内容をめぐり対立し，軍隊を増派したので，日中間の全面戦争に突入した。8月上海の日本租界で市街戦が発生し，戦争は南へ拡大した。

〈小学館『大系 日本の歴史 14』〉

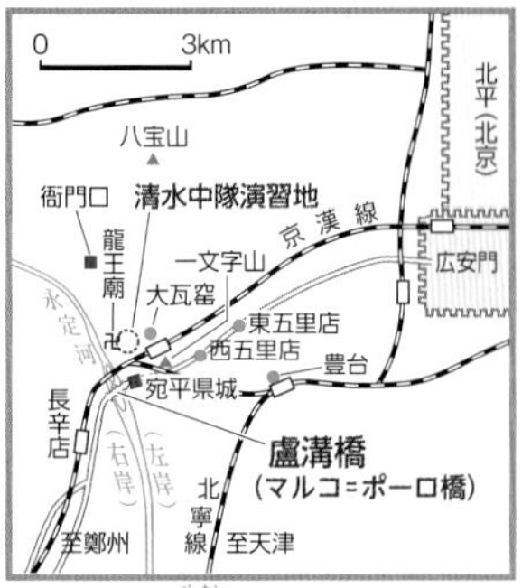
0
3km
北平(北京)
八宝山
衙門口
清水中隊演習地
京漢線
龍王廟
一文字山
広安門
大瓦窰
東五里店
西五里店
豊台
永定河
宛平県城
長辛店
盧溝橋
(マルコ=ポーロ橋)
右岸
左岸
北寧線
至鄭州
至天津

*1928年に北京が北平と改称されていた。

B 地図に見る戦争の経過

❶～❽は年表中の番号と対応

ソヴィエト連邦
❺張鼓峰事件 1938.7～.8
外蒙古
満州里
ハイラル
ノモンハン
チチハル
❻ノモンハン事件 1939.5～.9
「満州国」
ハルビン
❶盧溝橋事件 1937.7.7
吉林
新京(長春)
内蒙古
張家口 37.8
包頭 37.10
錦州
奉天(瀋陽)
山海関
大同 37.9
北平(北京)
塘沽
❸国民政府移転(蒋介石)1937.12
首都を南京から重慶へ移転
呉起鎮
太原 37.11
威海衛 38.3
朝鮮
延安
済南 37.12
❹南京事件 1937.12
西安
河南 44.3
徐州 38.5
中華民国
漢口 38.10
漢陽
南京
❼汪兆銘政権 1940.3
日本
重慶
遵義
上海
杭州 37.11
長沙 41.9
武昌
南昌 38.11
❷第2次上海事変 1937.8
杭州湾
東シナ海
瑞金
台北
台湾
広州 38.10
汕頭 39.6
ハノイ
ハイフォン
澳門
香港 41.12
❽北部仏印進駐 1940.9.23
仏領インドシナ連邦
海南島
三亜 39.2
南シナ海
0
500km
フィリピン
日本
日中戦争による戦線の拡大
「満州国」
日本の進路 数字は占領年.月
長征ルート (1934～36年)
援蒋ルート
事件・事項が起きた都市

⑦ノモンハン事件 →p.285

歴史のまど　加藤陽子『それでも,日本人は「戦争」を選んだ』　東京大学教授の著者が,高校生たちに日本近代史を講義した記録。

2 政治・経済の統制年表

内閣	年	政治統制など	経済統制
近衛文麿(このえふみまろ)①	1937 (昭12)	9 軍需工業動員法発動 民間施設を軍事物資生産のため動員する権限を政府に与える法律 公布は 1918.4	9 臨時資金調整法公布 輸出入品等臨時措置(そち)法公布 10 **企画院**設置➡3
	1938 (昭13)	1 **厚生省**設置➔ p.337 4 **国家総動員法**公布 ➡3	4 **電力国家管理法**公布 農地調整法*公布
平沼(ひらぬま)	1939		3 賃金統制令公布
阿部信行(あべのぶゆき)	(昭14)	7 **国民徴用令**(ちょうようれい)公布 国家総動員法にもとづく勅令(ちょくれい)で，国民を強制的に重要産業に就労させる	4 米穀(べいこく)配給統制法公布 10 **価格等統制令**公布 国家総動員法にもとづき公布された勅令。公定価格を設定して経済の統制を強化
米内光政(よないみつまさ)	1940 (昭15)	6 **近衛文麿(このえふみまろ)，新体制運動**開始 ドイツのナチ党がモデル。8月までに全政党が解散し，大政翼賛会(たいせいよくさんかい)結成へ	
近衛文麿(このえふみまろ)②③		10 **大政翼賛会**(たいせいよくさんかい)発足 11 **大日本産業報国会**(ほうこくかい)結成➡4	
東条英機(とうじょうひでき)	1942 (昭17)	4 **翼賛選挙**➡4 5 **翼賛政治会**発足	2 **食糧管理法**公布 主要食糧の**供出制・配給制**が確立し，国による管理・統制が徹底される(1995年廃止) ➔ p.329
	1943 (昭18)	12 **学徒出陣**史➔ p.288 徴兵適齢(てきれい)が1年引き下げられ，19歳に	
小磯国昭(こいそくにあき)	1944 (昭19)	10 徴兵適齢が17歳に ➔ p.282	10 松根油(しょうこんゆ)等緊急増産対策措置要綱決定 ガソリン不足のため，その代用品として増産が進む
	1945 (昭20)	3 国民勤労動員令公布 本土決戦に備えた強制労働体制の強化	
鈴木貫太郎(すずきかんたろう)		6 戦時緊急措置法公布 本土決戦に備え，政府に広範な命令権を与える法律 義勇兵役法公布 本土決戦に備え，全国民の軍事組織化を目的とする法律	

＊最初の戦時農地立法。農地の管理や自作農創設の強化，小作争議の抑制をめざした。戦後の農地改革で改正(➔ p.297)。

3 戦時経済体制の強化

A 軍事費の増大 〈『近現代日本経済史要覧』〉

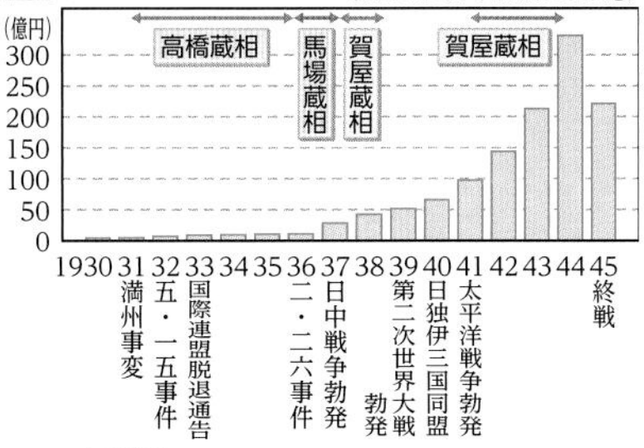

(億円)
300
250
200
150
100
50
0
高橋蔵相
馬場蔵相
賀屋蔵相
賀屋蔵相
1930 31 32 33 34 35 36 37 38 39 40 41 42 43 44 45
満州事変
五・一五事件
国際連盟脱退通告
二・二六事件
日中戦争勃発
第二次世界大戦勃発
日独伊三国同盟
太平洋戦争勃発
終戦

△⑧**盧溝橋事件**(ろこうきょうじけん)後，中国戦線拡大に伴い軍部は軍事費増大を要求した。膨大(ぼうだい)な歳出を公債の発行で補い，紙幣増発のためインフレとなったが，賃金の上昇が追いつかなかった。

B 戦時生産の推移 〈『明治以降本邦経済主要統計』〉

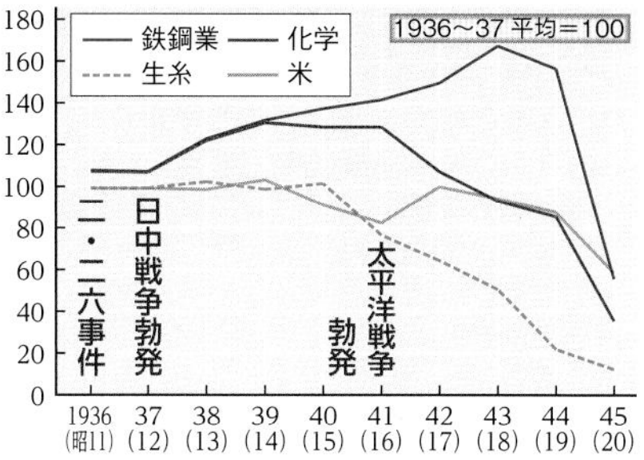

1936～37 平均=100
鉄鋼業
化学
生糸
米
180
160
140
120
100
80
60
40
20
0
二・二六事件
日中戦争勃発
勃発
太平洋戦争勃発
1936 (昭11)
37 (12)
38 (13)
39 (14)
40 (15)
41 (16)
42 (17)
43 (18)
44 (19)
45 (20)

△⑨中国戦線の拡大とともに軍需品を優先して生産する政策が進められた。生活に必要な繊維，農産業は1939年以降衰退し，国民生活を苦しめた。

C 企画院の設置

内閣資源局(1927) →
企画庁(1937) →
企画院(37～43) 戦時統制経済政策を立案(重要物資の生産・物資受給) →
軍需省(43～45) 商工省と企画院の大部分を吸収し，機能強化

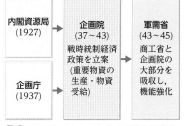

△⑩軍需品を重点的に生産する戦時経済政策を行うため，人的・物的資源の統制運用計画をつかさどる資源局と，経済政策を推進する企画庁を統合し，**企画院**が創設された。重要物資の生産が加速され，労働力もこれらの産業に集中させられた。年度ごとに石炭・石油・鉄鋼などの受給計画を立てた。

D 国家総動員法 1938(昭和13)年4月1日公布

国家総動員法【抜粋】 史

第一条 本法ニ於(お)テ国家総動員トハ戦時(戦争ニ準ズベキ事変ノ場合ヲ含ム以下之(これ)ニ同ジ)ニ際シ国防目的達成ノ為(ため)国ノ全力ヲ最モ有効ニ発揮セシムル様(よう)人的及(および)物的資源ヲ統制運用スルヲ謂(い)フ

第四条 政府ハ戦時ニ際シ国家総動員上必要アルトキハ勅令(ちょくれい)ノ定ムル所ニ依(よ)リ帝国臣民ヲ徴用(ちょうよう)シテ総動員業務ニ従事セシムルコトヲ得(う)但(ただ)シ兵役法ノ適用ヲ妨ゲズ

第八条 政府ハ戦時ニ際シ国家総動員上必要アルトキハ勅令ノ定ムル所ニ依リ総動員物資ノ生産、修理、配給、譲渡其(そ)ノ他ノ処分、使用、消費、所持及移動ニ関シ必要ナル命令ヲ為(な)スコトヲ得

△⑪総力戦体制に向けて政府に強大な権限を与える法律で，政府は議会での審議を経ることなく，勅令や省令で物資や人員を統制，徴用(ちょうよう)できるようになった。

4 国民を総動員する政治体制

よみとき 国民を戦争に動員するうえで，隣組が果たした役割に注目しよう

大政翼賛會

△⑫**大政翼賛会**(たいせいよくさんかい) 国から市町村単位まで一元的な戦争指導体制をとる組織である。

大政翼賛会(1940～45) 総裁(首相兼務)
中央本部事務局
↓ 道府県支部
↓ 六大都市・郡支部
↓ 市区町村支部
↓ 町内会/部落会－隣組
42～45 大日本翼賛壮年団(そうねんだん)
42～45 大日本産業報国会／大日本婦人会／大日本青少年団／農業報国連盟／商業報国会／日本海運報国団

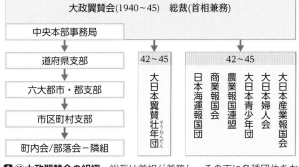

△⑬**大政翼賛会の組織** 総裁は首相が兼務し，その下に各種団体をおく上意下達(じょういかたつ)機関。末端組織に10戸ほどを1単位とする隣組(となりぐみ)がおかれた。

A 大日本産業報国会(ほうこくかい)の成立

産業報国(産報)運動
1938 協調会*が提唱 ＊半官半民の労資協調団体。
↓
産業報国連盟
1938 近衛内閣 ⟶ 連盟発足
➡各工場・職場に産業報国会結成進む(連盟と警察の指導)
↓
大日本産業報国会(産報会)
1940 ⟶ 近衛内閣，連盟を改組して産報会発足
道府県産報会→支部→各産報会→青年隊→五人組
➡すべての労働組合を解散

◁⑭軍需品生産が重点化されるなか，労資が一体となって戦争遂行(すいこう)のために国家に奉仕する組織として，各種産業界で事業所ごとに**産業報国会**が設立された。1940(昭和15)年11月にはこれらを統括する組織として大日本産業報国会が結成された。これにより労資の対立は否定され，労働組合や経営者側の団体もすべて解散させられた。

B 行政の末端としての隣組(となりぐみ)(隣保班(りんぽはん))の設置

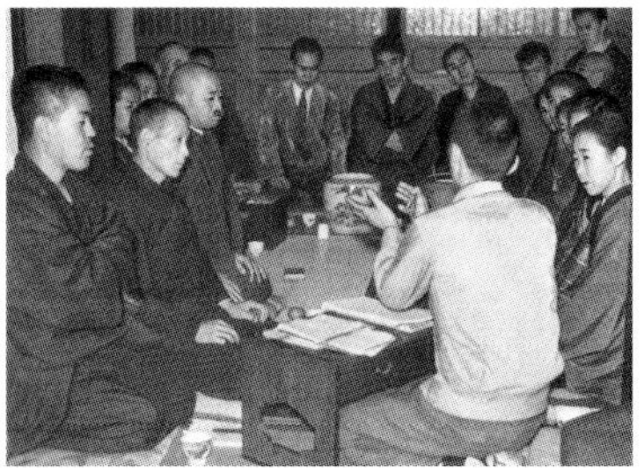

◁⑮隣組のメンバーが参加する常会が開かれ，国民に国策を周知，浸透させた。生活物資の配給も隣組を通して行われたので，隣組への加入は不可欠だった。このなかで住民の相互監視が強化された。

C 翼賛(よくさん)選挙 ➔ p.352「戦前の政党・政派」

立候補者 総計1079人

推薦466人(43.2%)		非推薦613人(56.8%)	
209人	257	54	559

当選者 総計466人

推薦381人(81.8%)		非推薦 85人(18.2%)	
176人	205	21	64

□ 翼賛議員同盟　□ その他

〈小学館『昭和の歴史⑥』〉

◁⑯1942(昭和17)年4月に行われた第21回衆議院議員総選挙を**翼賛選挙**という。政府が翼賛政治体制協議会を組織し，立候補者を推薦する形がとられた。翼賛選挙に批判的であった鳩(はと)山一郎(やまいちろう)(➔ p.295)，尾崎行雄(おざきゆきお)，斎藤隆夫(さいとうたかお)(➔ p.283)らは非推薦で立候補し，警察による非推薦候補への厳しい選挙干渉にもかかわらず当選した。83.1%の高投票率で，推薦を受けた381人と非推薦85人が当選。5月には翼賛政治会が発足し，それ以外の政治団体は禁止された。

今日とのつながり 1937年，総力戦遂行のために設立された企画院で活躍した経済官僚は，戦後も経済企画庁を中心に，戦前とは異なる手法で戦後の経済発展を主導した。

戦時統制と国民生活 ─欲しがりません　勝つまでは（戦時標語）

ヒストリースコープ

1942（昭和17）年，大政翼賛会と大手新聞社数社の共催，情報局後援で「国民決意の標語」が募集され，「欲しがりません　勝つまでは」が入選した。この標語は当時，10歳の少女の作と宣伝された*。

考察

❶戦時標語やポスターがつくられたのはなぜだろうか。
❷戦時下において女性はどのような役割を期待されたのだろうか。→ 3
❸戦時下の教育はどのような目的をもっていたのだろうか。→ 1 ・ 3

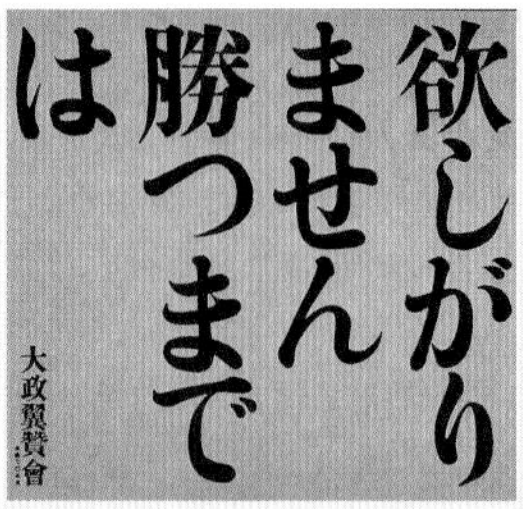
欲しがりません勝つまでは
大政翼賛会

△①「欲しがりません 勝つまでは」のポスター　この標語はポスターにされ，戦時中の代表的なスローガンとなった。

足らぬ足らぬは工夫が足らぬ
大政翼賛会

△②「足らぬ足らぬは工夫が足らぬ」のポスター　図①と同様に，**大政翼賛会**宣伝部が作成した。

▷③「撃ちてし止まむ」の巨大ポスター　敵を撃たずにおくものかという意味のスローガンで，1943年3月10日（陸軍記念日）にあわせ，陸軍省の後援で新聞社が畳100枚分もの大きさにあたる巨大ポスターを作成。東京・有楽町の日本劇場（日劇）の壁面に掲げた。

＊戦後，少女の父親がつくったものと判明した。

1 戦時下の生活・教育

＊37年，反ファッショ人民戦線を企図したとして，加藤勘十ら無産政党関係者417名が検挙された。

内閣	年	生活	教育・思想	政治
林 37.5 / 近衛①	1937（昭12）	◯慰問袋・千人針がさかんに 10 **国民精神総動員運動**始まる 12 綿製品・スフ等混用規則公布	5 文部省『国体の本義』を全国に配布 ➔p.279 3 10 国民精神総動員中央連盟結成 12 矢内原事件　第1次人民戦線事件*	9 軍需工業動員法発動 11 大本営設置
近衛① 39.1	1938（昭13）	3 綿糸配給統制規則公布（初の**切符制**） 4 灯火管制規則実施	2 第2次人民戦線事件➔p.279 石川達三筆禍事件➔p.284 3 10 河合栄治郎の著書発禁	4 **国家総動員法**公布史 ➔p.281 3
平沼 39.8 / 阿部 40.1	1939（昭14）	4 米穀配給統制法公布 外国映画上映制限 6 パーマネント禁止，ネオン廃止	3 大学での軍事教練必修化 4 宗教団体法公布 9 興亜奉公日実施（毎月1日）	7 **国民徴用令**公布 10 **価格等統制令**公布➔p.281
米内 40.7 / 近衛②③	1940（昭15）	7 奢侈品等製造販売制限規則公布（**七・七禁令**） 9 隣組（隣保班）の制度化 11 砂糖・マッチ切符制全国実施 国民服令公布	2 津田左右吉『神代史の研究』など発禁 ➔p.279 3 11 紀元（皇紀）2600年記念式典 ➔p.279 3	6 **新体制運動**開始➔p.281 7 日本労働総同盟解散 8 立憲民政党解党 大日本農民組合解散 10 **大政翼賛会**発足➔p.281 4 11 大日本産業報国会結成
近衛②③ 41.10	1941（昭16）	4 米穀配給通帳制（1日に2合3勺）開始 ➔p.288 3 7 全国の隣組，いっせいに常会を開く（毎月1回） 8 金属類回収令公布（寺院の鐘なども対象）	3 **国民学校令**公布 治安維持法改正公布（予防拘禁制）➔p.270 1 7 文部省教学局『臣民の道』発行 12 言論出版集会結社等臨時取締法公布	10 ゾルゲ事件 12 対米英宣戦布告（真珠湾奇襲攻撃）
東条	1942（昭17）	1 食塩の通帳配給制実施 2 衣料・味噌・醤油切符制実施 ➔p.288 3 食糧管理法公布	1 大詔奉戴日実施（毎月8日）〈興亜奉公日廃止〉 5 日本文学報国会結成 12 大東亜戦争美術展	4 **翼賛選挙**➔p.281 4 5 翼賛政治会発足 11 大東亜省の設置（拓務省廃止）
東条	1943（昭18）	12 都市疎開実施要綱決定	1 ジャズなど米英楽曲の演奏禁止（約1000種） 6 学徒戦時動員体制確立要綱決定	10 文科系学生の徴兵猶予停止史 12 **学徒出陣**史徴兵適齢1年引き下げ（19歳）➔p.288
東条 44.7 / 小磯	1944（昭19）	4 旅行制限の強化 8 竹槍訓練開始 11 たばこ配給制（1日6本）	6 大都市の**学童疎開**決定 7『中央公論』『改造』廃刊命令 8 学徒勤労令・女子挺身勤労令公布	2 決戦非常措置要綱決定 10 徴兵適齢さらに引き下げ（17歳以上に徴兵検査）
小磯 45.4 / 鈴木 45.8	1945（昭20）	7 主食配給1割減（成人1日に2合1勺）	3 決戦教育措置要綱決定（4月以降，国民学校初等科を除き授業を1年間停止） 5 戦時教育令公布（全生徒を学徒隊に編成）	3 国民勤労動員令公布 6 戦時緊急措置法公布 義勇兵役法公布

2 戦意高揚をねらった映画

〈東宝提供〉

△④映画「ハワイ・マレー沖海戦」（1942年）　1941（昭和16）年12月の真珠湾攻撃とマレー沖海戦という**太平洋戦争**の開戦当初に勝利をおさめた戦いを描き，戦意高揚をねらった映画。円谷英二による模型・ジオラマを使った特撮と，実写を組み合わせた海戦シーンが絶賛され，記録的な大ヒットとなった。円谷は，戦後，円谷プロを設立し，「ウルトラマン」などを生み出していった。

時代を見る目　大政翼賛会と花森安治

◁▽⑤『美しい暮しの手帖』*の発刊

美しい暮しの手帖
第一号
特集●
戦争中の暮しの記録
たとえぼろぼろになっても
この一冊は
これから後に生まれてくる人のために残しておきたい
暮しの手帖

「欲しがりません 勝つまでは」のポスター（➔図①）作成にかかわったのは，**大政翼賛会**宣伝部に勤める31歳の帰還兵　花森安治であった。**日中戦争**出征中に罹病し療養しているところをスカウトされた花森は，「進め一億 火の玉だ」など数々の標語の採用にたずさわったとされる。戦後は，こうした国策宣伝活動に対する反省から，日本を再び戦争へと向かわせないためには，国民一人ひとりが自分の生活を大切にし，温かい暮らしと家庭をもつことが必要であると考え，生活雑誌『美しい暮しの手帖』を発刊した。

△⑥**花森安治**（1911～78）

＊のちに『暮しの手帖』と変更。

歴史のまど　吉村文成『戦争の時代の子どもたち-瀬田国民学校五年智組の学級日誌より』・山中恒『暮らしの中の太平洋戦争』　戦時下の学校生活や庶民の生活を，ともに貴重な資料で具体的に紹介。

3 国民を総動員しての戦争協力

A 女性に求められた「銃後(じゅうご)*」の守り

＊戦場の後方。内地(国内)と内地の国民のこと。

⑦飛行機工場で働く女子挺身(ていしん)隊　女性は「銃後」において労働力不足を補う役割を求められた。

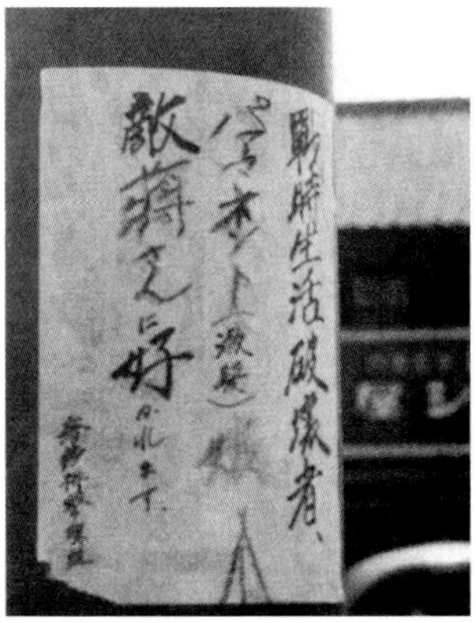

⑧パーマネントの禁止　国民の間に相互監視の風潮(ふうちょう)もみられた。

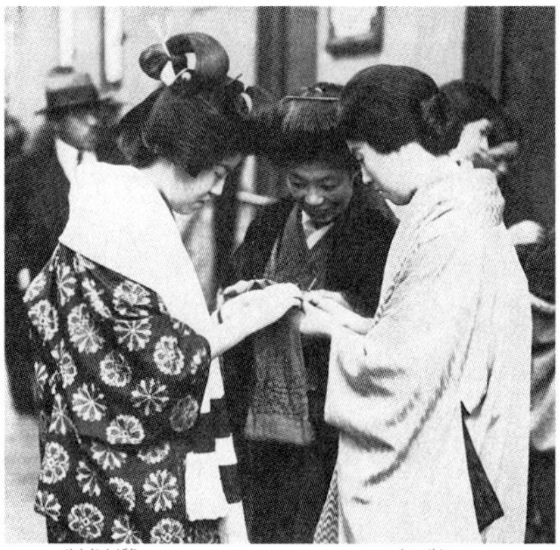

⑨千人針(せんにんばり)を縫う女性　千人針は出征(しゅっせい)兵士に持たせた，銃弾から身を守るとされたお守り。千人の女性が一針(ひとはり)ずつ縫い目を入れていった。

結婚改善
富山縣
富山縣結婚改善同志會

⑩質素な婚礼を推奨(すいしょう)するポスター(1937年)　〈東京 昭和館蔵〉

B 教育や遊びを通して子どもたちに浸透した軍国色

⑪国民学校　1941年，小学校は皇国民(こうこくみん)の基礎的錬成(れんせい)を目的とする**国民学校**に改められ，教科書も軍国色が強められた。

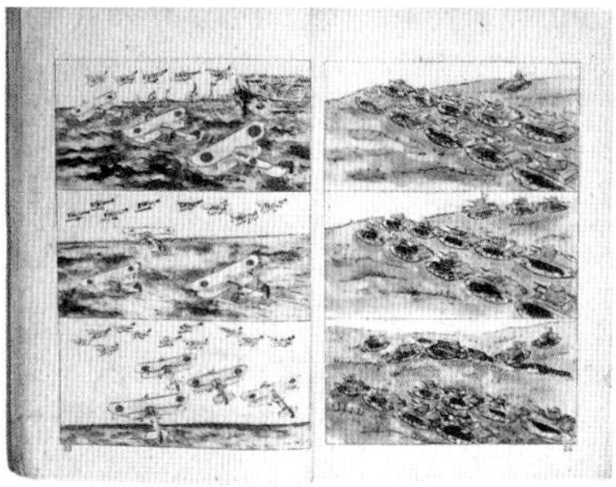

⑫初等科一年生の算数の教科書　1941年の教科書で，現在の小学校一年生にあたる子どもたちが使用した。

⑬従軍(じゅうぐん)看護婦と軍人の服装をした七五三の子ども　人々の生活は軍国色一色となっていった。

⑭戦争ごっこ　3年生以上の児童は，大日本青少年団(➔p.281)に組織され，遊びも戦争にかかわるものが多くなった。上図は夏休みの夏期鍛錬(たんれん)で，敵前渡河の戦争ごっこをする子どもたち。

4 資源供出と代用品の増加

⑮釣鐘(つりがね)の供出　日米戦争が始まり金属資源の不足が顕著となり，家庭用品の鉄材から寺の釣鐘まで供出が求められた。

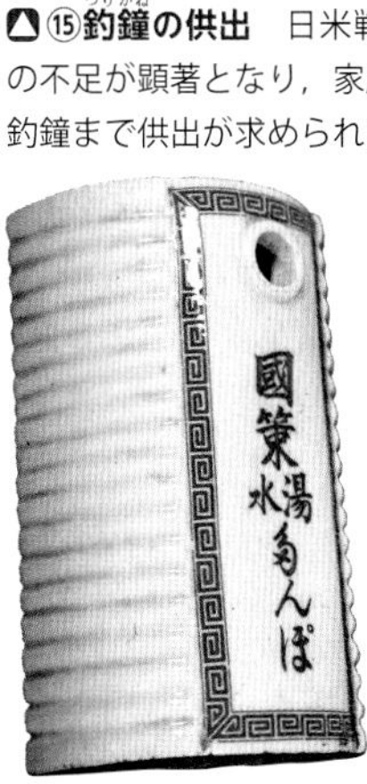

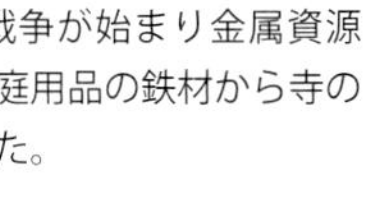

⑯陶製(とうせい)のボタン
⑰陶製湯(ゆ)たんぽ
鉄材の不足は国民生活のすみずみに及び，多くの鉄製品が代用品におきかえられていった。

5 言論・情報の取り締まり

⑱不許可とされた写真　敵軍の砲撃によって日本軍の自動車が焼かれたとの文章があったため，掲載不許可となった。

上6—109
検閲済

⑲検閲された写真　兵器の詳細がわかる部分を消すように命じている。

時代を見る目　軍を批判して国会から除名された斎藤隆夫(さいとうたかお)

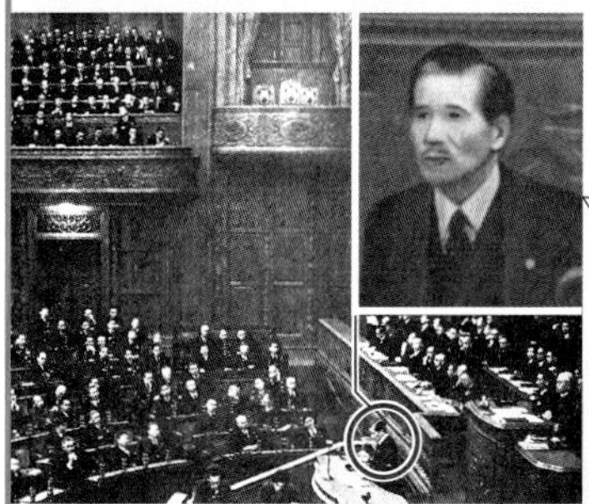

唯徒(ただいたずら)に聖戦の美名に隠れて，国民的犠牲を閑却(かんきゃく)*し，…国家百年の大計を誤るようなことがありましたならば，現在の政治家は死してもその罪を滅ぼすことはできない。

＊放っておくこと。

⑳反軍演説を行う斎藤隆夫(1940年2月2日)

第七十五議会で，立憲民政党を代表して，第2次近衛(このえ)声明の「東亜(とうあ)新秩序」と汪兆銘擁立(おうちょうめいようりつ)工作に対して「支那(シナ)事変処理を中心とした質問演説」(反軍演説)を行い，一連の政策・軍事行動を批判した。陸軍の強い圧力で立憲民政党からの離党を余儀なくされ，さらに議員まで除名されたが，1942年には翼賛(よくさん)選挙に非推薦(すいせん)で当選した。戦後は日本進歩党(➔p.354)の結成に参加した。

㉑除名後，名札が取りはずされるようす

今日とのつながり　戦時下の日本では，女性の社会参加が進んだ。「良妻賢母(りょうさいけんぼ)」からは大きな価値観の転換だったが，敗戦により男たちが復員すると，女性労働者は職場を追われた。

戦時下の文化 ―陸軍ガ必要トスル美術ニ…以テ作戦目的遂行ニ協力カスル（陸軍美術協会）

ヒストリースコープ

1939（昭和14）年4月，陸軍美術協会が発足した。副会長＊に画家の藤島武二（藤島没後は藤田嗣治）が就任した。陸軍情報部の指導のもとで戦争画を制作することで，日本の戦争遂行に協力する団体だった。同年7月，朝日新聞社と第1回聖戦美術展覧会を共催した。

＊会長には松井石根陸軍大将が就任した。

考察

❶陸軍はなぜ画家たちを動員して戦争画を描かせたのだろうか。その目的を説明しよう。
❷発禁処分となった文学作品が，発禁になった理由を説明しよう。→3
❸戦時下の文化について，共通する特色は何だろうか。→1・2・3・4

〈東京国立近代美術館蔵（合衆国無期限貸与）180.7 × 225.5cm〉

△②第1回聖戦美術展覧会（1939年）

◁①山下，パーシバル両司令官会見図（宮本三郎筆，1942年） シンガポールを攻撃した日本軍の山下奉文司令官が，イギリス軍に降伏を迫った場面を描いた。戦争記録画は，誰もがわかるように，大きなキャンバスに写実的に描かれた。

1 戦時下の文化まとめ表

特徴	厳しい取り締まりと国家主義的気運の高揚の影響 ①マルクス主義の影響力が衰退 ②伝統的文化・思想への回帰
絵画	【戦争記録画】 山下，パーシバル両司令官会見図（宮本三郎） アッツ島玉砕（藤田嗣治） 【日本画】 耀八紘（横山大観） 黄瀬川陣（安田靫彦） 夕暮・序の舞（上村松園） 【西洋画】 立てる像（松本竣介） 長安街・紫禁城（梅原龍三郎）
文学	戦争文学，転向文学など→3

2 絵画

〈東京国立近代美術館蔵（合衆国無期限貸与） 193.5 × 259.5cm〉

△③アッツ島玉砕（藤田嗣治筆，1943年） 洋画家の藤田嗣治は，陸軍から国民を鼓舞するための戦争記録画を依頼された。だが彼が描いた作品は，戦場の残酷さ，悲惨さ，凄惨さを細かく描写したものだった。

時代を見る目 ヒューマニズムを追究した松本竣介

△④立てる像（松本竣介筆，1942年）
〈神奈川県立近代美術館蔵 162.0 × 130.0cm〉

曇り空の下，青年の両側には，静かな町なみが広がる。青年のまなざしは強い意志を宿し，両足はしっかりと大地をとらえている。この姿は，本人の自画像とされる。松本は「今，沈黙することは賢い。けれども今ただ沈黙することが凡て正しい，のではない」と，一方的なファシズム社会の風潮を批判し，ヒューマニズムの尊重を訴えた。

3 文学＊

＊1942年に日本文学報国会が結成され（会長は徳富蘇峰），文学者による国策宣伝・戦争協力が推進された。

	特色	代表的な作品
戦争文学	戦争を題材とする	火野葦平『麦と兵隊』 石川達三『生きてゐる兵隊』（発禁）
転向文学	プロレタリア文学からの転向を強要された苦悩を描く	中野重治『村の家』 島木健作『生活の探求』
文芸評論	日本の伝統を重視した芸術復興を掲げる	雑誌『日本浪曼派』（保田与重郎・亀井勝一郎ら）
既成の作家		島崎藤村『夜明け前』 谷崎潤一郎『細雪』（連載禁止）

麦と兵隊
火野葦平

私は死ぬ時には，敵にも味方にも聞こえるような声で，大日本帝国万歳と叫ぼうと思った。しかし，生きたい。生きられるだけは生きたい，とそう思うと，又も故国のことが思われて，胸が一ぱいになり，涙が出そうになった。…

△⑤『麦と兵隊』（火野葦平著，1938年刊） 徐州作戦を描いた戦争文学のベストセラー。

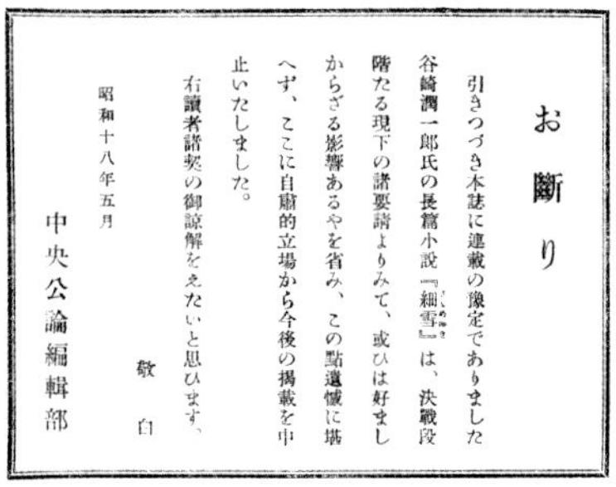

お断り

引きつゞき本誌に連載の豫定でありました谷崎潤一郎氏の長篇小説『細雪』は、決戦段階たる現下の諸要請よりみて、或ひは好ましからざる影響あるやを省み、この點遺憾に堪へず、ここに自粛的立場から今後の掲載を中止いたしました。
右讀者諸契の御諒解をえたいと思ひます、

昭和十八年五月

敬白

中央公論編輯部

◁⑥『細雪』連載禁止（『中央公論』1943年6月号） 時局にふさわしくないとして連載禁止となった。

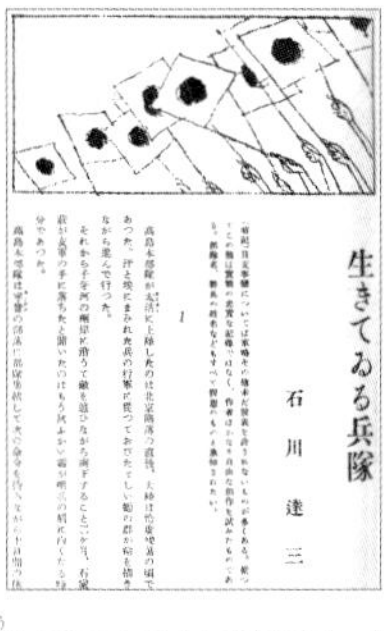
生きてゐる兵隊
石川達三

◁⑦『生きてゐる兵隊』（石川達三著，1938年） 日本軍の残虐行為を描いて発禁となった。石川達三は戦後も社会派作家として，『人間の壁』や『金環蝕』などの作品を残した。

4 限られた娯楽

△⑧宝塚歌劇団「翼の決戦」（1944年） 公演内容に軍事色が強くなってからも人気を保ち，戦前最後の公演では，観客が宝塚大橋を越えて駅付近まで長蛇の列をつくった。

スタルヒン
呉昌征
白石勝巳

野球用語
・ワンストライク→よし一本
・アウト→ひけ ・セーフ→よし
・ファウル→だめ

その他
・日本アルプス→中部山岳
・アナウンサー→放送員
・カレーライス→辛味入汁掛飯
・キャディ（ゴルフ）→球童

◁⑨プロ野球（左）と△⑩敵性語の追放（上） スタルヒン選手には「須田博」という日本名が与えられた。スタルヒンは亡命ロシア人で北海道育ち。

今日とのつながり 1951（昭和26）年，GHQは戦争画153点を接収してアメリカに持ち帰ったが，1970年に日本へ無期限貸与し，現在は東京国立近代美術館に保管されている。

第二次世界大戦から太平洋戦争へ ―好機ヲ捕捉シ対南方問題ヲ解決ス史(大本営政府連絡会議)

ヒストリースコープ

1939(昭和14)年9月，第二次世界大戦が勃発した。ドイツ軍はヨーロッパを席巻し，またたくまにヨーロッパの主要部を占領した。こうした情勢をみた近衛内閣と軍部は，1940年7月，南方進出による援蔣ルートの遮断と独・伊との連携を決定，9月に北部仏印に進駐し，日独伊三国同盟を締結した。➔p.20~21 巻頭地図

考察

❶ドイツ軍に対するオランダとフランスの降伏は，日本の動向にどのような影響を与えたのだろうか。
❷日独伊三国同盟締結の日本側のねらいは何だろうか。→図①
❸日米開戦にいたる両国の関係を説明しよう。→1

◀①日独伊三国同盟の締結(1940年9月) ドイツ軍は1940年5月にオランダを，6月にはフランスを降伏させた。これを背景に日本は両国の東南アジア植民地への進出をはかり，あわせて**日独伊三国同盟**を締結した。この同盟は，三国が遂行している戦争に「第三国」が参戦した際の相互援助を定めたもので，アメリカを牽制するねらいがあったが，これに反発したアメリカは逆に態度を硬化させた。史

◀p.280 ▶p.286,350「内閣一覧」

1 太平洋戦争への道のり

	**平沼騏一郎内閣** 1939(昭和14).1～.8 (1867～1952) 男爵。大審院長，貴族院議員，枢密院議長などを歴任。
1939 .5.11 (昭14)	**ノモンハン事件**勃発(モンゴル軍との戦闘が日ソ両軍の戦闘に発展→9.15停戦協定成立) ▶p.280
.7.26	米，日米通商航海条約廃棄を通告
.8.23	独ソ不可侵条約締結→「複雑怪奇」として内閣総辞職
	**阿部信行内閣** 1939(昭和14).8～40.1 (1875～1953) 陸軍軍人。元台湾軍司令官。首相退任後，翼賛政治会初代総裁，朝鮮総督などを務める。
1939 .9. 3 (昭14)	独軍のポーランド侵攻(1日)に対し，英仏が対独宣戦布告(**第二次世界大戦**勃発)
.12.22	米，日米新通商航海条約の締結を拒否
	**米内光政内閣** 1940(昭和15).1～.7 (1880～1948) 海軍軍人。連合艦隊司令長官，海軍大臣などを歴任。「親英米派」と目された。
1940 .6.14 (昭15)	独軍，パリ無血占領
.6.24	近衛文麿，**新体制運動**を提唱 ▶p.281
.7.16	畑俊六陸相，単独辞職*。米内内閣崩壊 *独伊との軍事同盟を求める陸軍が，近衛の新体制運動に期待した。
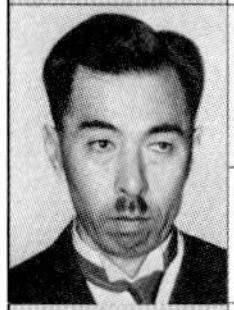	**近衛文麿内閣** 第2次 1940(昭15).7～41.7 第3次 1941(昭16).7～.10 (1891～1945) 公爵。1919年のパリ講和会議に随員として参加。貴族院副議長・議長を務める。
1940 .9.23 (昭15)	日本軍，北部仏印進駐(援蔣ルート遮断)
.9.26	米，日本への屑鉄輸出を禁止
.9.27	**日独伊三国同盟**調印(➡図①)→日米関係悪化
.10.12	**大政翼賛会**発足 ▶p.281
1941 .4.13 (昭16)	**日ソ中立条約**調印➡図③
.4.16	日米交渉開始(野村吉三郎大使・ハル国務長官)
.6.22	独ソ戦開始→.7.2 関東軍特種演習(関特演)発動*史
.7.25	米，在米日本資産を凍結
.7.28	日本軍，**南部仏印進駐**➡図④
.8. 1	米，対日石油輸出を全面禁止 *状況に応じて極東ソ連領を占領(中止)。
.9. 6	御前会議で**帝国国策遂行要領**を決定(対米交渉が進展しない場合，対米英蘭開戦)史
.10.16	近衛首相の対米交渉継続と東条陸相の打ち切り・開戦で両者が対立，近衛内閣総辞職

A 第二次世界大戦当時の国際関係

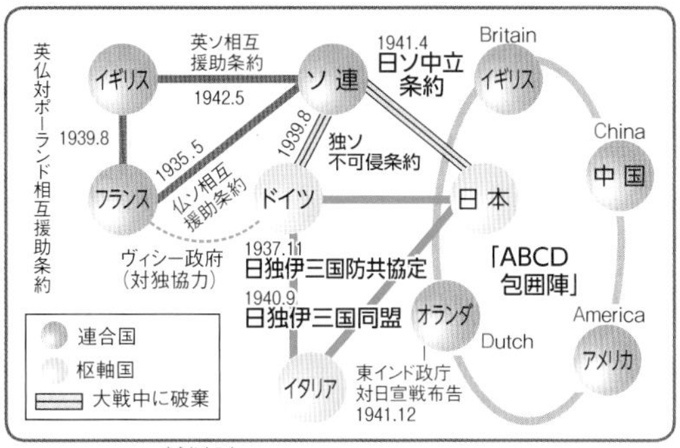
英仏対ポーランド相互援助条約
イギリス
英ソ相互援助条約
1942.5
ソ連
1941.4
日ソ中立条約
Britain
イギリス
1939.8
1935.5
仏ソ相互援助条約
フランス
ドイツ
1939.8
独ソ不可侵条約
日本
China
中国
ヴィシー政府
(対独協力)
1937.11
日独伊三国防共協定
1940.9
日独伊三国同盟
「ABCD
包囲陣」
オランダ
Dutch
America
アメリカ
イタリア
東インド政府
対日宣戦布告
1941.12
連合国
枢軸国
大戦中に破棄

▲②日独伊の**枢軸国**と米英ソの**連合国**が対立した。連合国にとっては，反ファシズム戦争という性格があった。

B 日ソ中立条約(1941年4月)史

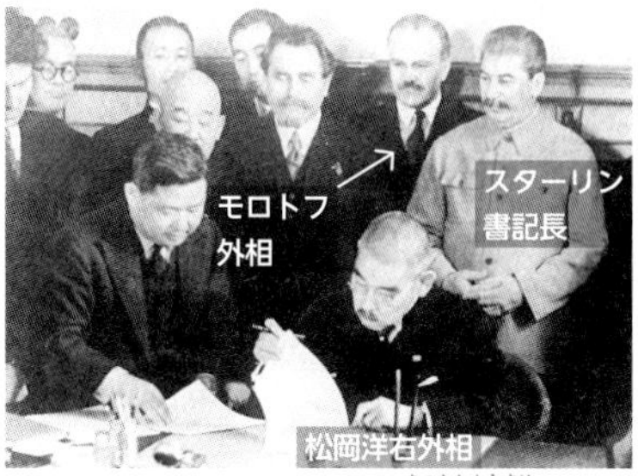
モロトフ
外相
スターリン
書記長
松岡洋右外相

▲③日ソ中立条約の調印 松岡洋右外相とモロトフ外相の間で締結，期限は5年間。南方進出のため，北方の安全を確保することがねらいであったが，2か月後に独ソ戦が始まり，日本の戦略方針は大きくゆらいだ(史)。

C 南部仏印進駐(1941年7月)

▲④**南部仏印進駐**(1941年，サイゴン市内) 日本は石油などの資源確保のため**南部仏印進駐**を実行した。これに対しアメリカは石油の全面禁輸を実施し，日米関係は最悪の局面を迎えた。

D 日米交渉の決裂(1941年11月)

ハル＝ノート(1941年11月26日)【要約】史
・日本軍の仏印および**中国全土からの無条件撤収**
・**重慶国民政府以外の中国の政権の否認**(＝「**満洲国**」・**汪兆銘政権の否認**)
・中国での治外法権撤廃
・第三国と結んだどのような協定も，太平洋地域の平和維持に反するものとして解釈(運用)しない(＝**日独伊三国同盟の実質的廃棄**)

▲⑤ハル米国務長官の最終対日提案。仏印と中国からの完全撤退・「満洲国」や汪兆銘政権の否認など，**満州事変**以前の状態への復帰を要求した。日本側は最後通牒と判断，日米開戦を決意した。

時代を見る目 生産力でみる日米比較

資源や工業の生産能力を比較してみると，日米間には大きな格差があった。日本にとって資源の確保は，戦争を行ううえでの生命線であったが，戦局の悪化とともに，東南アジア方面の資源を確保できなくなり，工業の生産力も伸び悩んだ。太平洋戦争は「資源確保」の戦争でもあった。

日本の生産を1とする	1929	1933	1938	1941	1944
石炭	16.1	10.5	7.2	9.3	13.8
石油	501.2	468.0	485.9	527.9	956.3
鉄鉱石	416.8	55.6	37.5	74.0	26.5
銑鉄	38.9	9.2	7.3	11.9	15.9
鋼塊	25.0	7.4	4.5	12.1	13.8
銅	12.4	3.1	5.3	10.7	11.3
アルミニウム	…	…	8.7	5.6	6.3

▲⑥**日米の主要物資の生産高** とりわけ石油の生産格差が大きいが，これは，1941年のアメリカの対日石油輸出の全面禁止や，戦局の悪化により日本の石油備蓄が減少したことが関係する。

数字は機数	1941	1942	1943	1944	1945
日本	5088	8861	1万6693	2万8180	1万1066
アメリカ	1万9433	4万9445	9万2196	10万752	…

▲⑦**日米の航空機の生産数** アメリカは開戦当初から増産を続けて生産数は飛躍的にのびた。一方，日本の生産数はあまりのびず，また無理な増産の結果，戦争の末期には故障や欠陥も多くなった。

近代 昭和

歴史のまど 戦争遺跡保存全国ネットワーク『日本の戦争遺跡』 今なお戦争の記憶をとどめる，日本各地に残る戦争遺跡を約130件紹介している。

2 開戦から結終まで ➲p.285 ➲p.292，350「内閣一覧」

東条英機内閣
1941(昭和16).10～1944(昭19).7
(1884～1948) 陸軍軍人。関東憲兵隊司令官，関東軍参謀長，陸軍大臣などを歴任。

1941 (昭16)	.11. 5	御前会議，9月の**帝国国策遂行要領**を再審議(12月初旬の武力発動を決意) 史
	.11.20	日本，米へ最終案を提出
	.11.26	米，ハル＝ノート(満州事変以前への復帰など事実上の最後通告)を提示 ➲p.285
	.12. 1	御前会議で対米英蘭開戦を決定
	.12. 8	マレー半島コタバル，真珠湾奇襲攻撃。米英に宣戦布告，**太平洋戦争***開戦➡❶
	.12.11	ドイツとイタリアが対米宣戦
1942 (昭17)	. 1. 2	日本軍，フィリピンのマニラを占領
	. 2.15	シンガポールの英軍降伏➡❸
	. 3. 9	ジャワのオランダ軍降伏➡❻
	. 4.18	米軍爆撃機，初めて日本本土を空襲
	4.30	第21回総選挙(**翼賛選挙**) ➲p.353
	. 5. 7	コレヒドール島の米軍降伏➡❼
	. 6. 5	日本軍，**ミッドウェー海戦**で敗北➡❾

◀⑧炎上する日本海軍重巡洋艦 暗号解読により米側に作戦を読まれた日本軍は空母4隻，航空機約300機を失った。以後戦局は逆転していった。

1943 (昭18)	. 2. 1	日本軍，ガダルカナル島撤退開始➡⓫
	. 2. 2	スターリングラードの戦いでドイツ軍敗北
	. 5.29	アッツ島の日本守備隊「玉砕」(全滅)➡⓬
	. 9. 3	イタリア，無条件降伏
	.11. 5	**大東亜会議**開催 ➲p.287
	.11.22	連合国首脳がカイロ会談を開催。日本の無条件降伏まで戦争続行を合意➲p.289
1944 (昭19)	. 7. 4	インパール作戦中止➡⓮
	. 7. 7	**サイパン島陥落**➡⓯ ➲p.289

小磯国昭内閣
1944(昭19).7～1945(昭20).4
(1880～1950) 陸軍軍人。関東軍参謀長兼特務部長，朝鮮軍司令官，朝鮮総督など歴任。

1944 (昭19)	.10.23	レイテ沖海戦で日本海軍敗北(～.25)➡⓰
	.10.25	神風特別攻撃隊(特攻隊)が初出撃
1945 (昭20)	. 2. 4	連合国首脳が**ヤルタ会談**を開催。ドイツ降伏後のソ連の対日参戦を確認➲p.289
	. 3.10	B29爆撃機による東京大空襲➡⓱
	. 3.22	硫黄島の日本守備隊全滅➡⓲
	. 3.26	米軍，沖縄慶良間列島に上陸➡⓳ ➲p.291
	. 4. 1	米軍，沖縄本島に上陸 ➲p.291

鈴木貫太郎内閣
1945(昭20).4～.8.17
(1867～1948) 海軍軍人。連合艦隊司令長官，軍令部長，侍従長，枢密院議長など歴任。

1945 (昭20)	. 5. 7	ドイツ，無条件降伏
	. 6.23	沖縄で日本軍の組織的抵抗終わる
	. 7.17	連合国首脳がポツダム会談➡**ポツダム宣言**発表，日本に無条件降伏を求める ➲p.289
	. 8. 6	**広島に原子爆弾投下**➡⓴ ➲p.290
	. 8. 8	ソ連，対日宣戦布告➡㉑
	. 8. 9	**長崎に原子爆弾投下**➡⓴ ➲p.290
	. 8.14	**ポツダム宣言**受諾
	. 8.15	天皇，ラジオで終戦の詔書を放送(玉音放送)➡鈴木内閣総辞職，東久邇宮稔彦内閣へ
	. 9. 2	東京湾で降伏文書調印式 ➲p.290

A 戦線の拡大(1941年12月～1942年6月ごろ) ➲p.20巻頭地図

❶～㉑は年表中の番号と対応
▶⑨日本軍の真珠湾奇襲攻撃で炎上する米戦艦〈写真：AP/アフロ〉
ソヴィエト連邦
モンゴル人民共和国
「満州国」
中華民国
日本
アメリカ
オーストラリア
機動部隊進路
単冠湾(択捉島)出発 (41.11.26)
日本委任統治領 1920～(旧ドイツ南洋諸島)
❾ミッドウェー海戦 1942.6.5 主力空母を失い攻守の転換点に
❷マレー沖海戦 1941.12.10 航空機が英戦艦2隻を撃沈
❼米・フィリピン連合軍降伏 1942.5
❶真珠湾奇襲攻撃 1941.12.8 連合艦隊司令長官山本五十六の発案で，空母中心の機動部隊が攻撃
❶マレー半島上陸 1941.12.8
❸シンガポール占領 1942.2.15
❺バタヴィア沖海戦・スラバヤ沖海戦 1942.2～.3 日本軍勝利，ジャワ島上陸
❻蘭領東インド連合軍降伏 1942.3
❹ポートダーウィン空襲 1942.2.19 日本軍による最大規模のオーストラリア爆撃
❽珊瑚海海戦 1942.5 ポートモレスビー攻略をめざすが断念
赤道
0 1000km
開戦当時の日本の領土
開戦当時の日本の勢力範囲
日本軍の進出方向
1942年夏の日本軍の前線
日本軍の攻勢
戦局の停滞と転換
日本軍の空襲地点
日本軍の基地
連合軍の基地
おもな戦い

*太平洋戦争について日本政府は12月11日，「支那事変」(➲p.280)に遡って「大東亜戦争」と呼ぶことを閣議決定した。

B 戦局の悪化による前線後退(1942年8月～1945年8月)

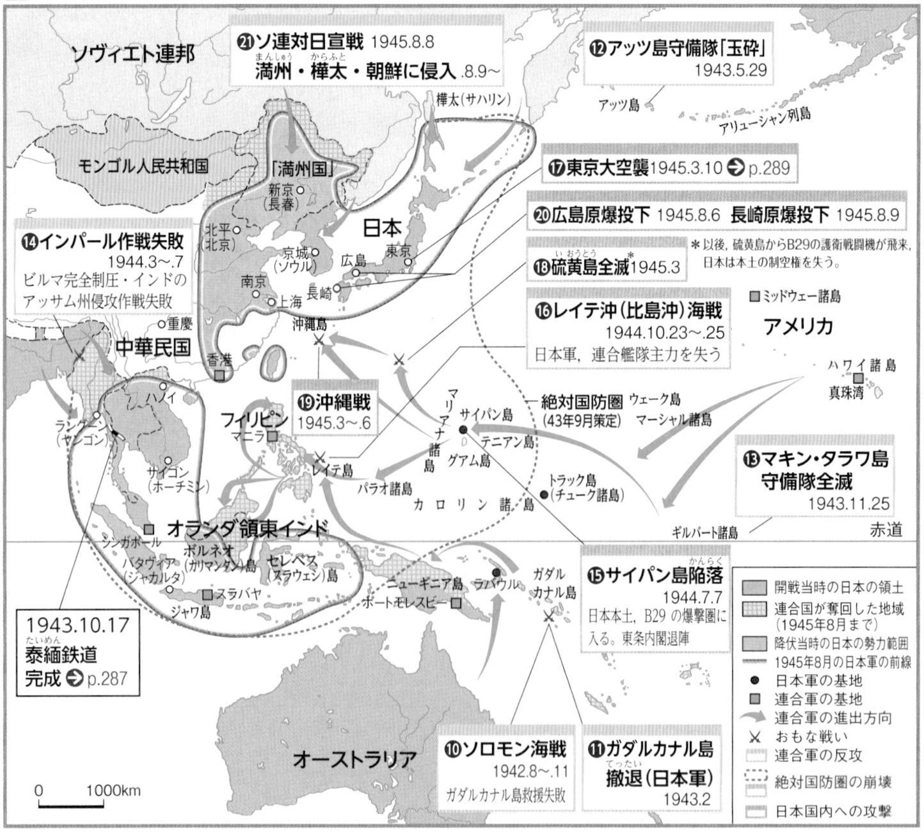

㉑ソ連対日宣戦 1945.8.8 満州・樺太・朝鮮に侵入 .8.9～
⓬アッツ島守備隊「玉砕」 1943.5.29
⓱東京大空襲 1945.3.10 ➲p.289
⓴広島原爆投下 1945.8.6 長崎原爆投下 1945.8.9
⓮インパール作戦失敗 1944.3～.7 ビルマ完全制圧・インドのアッサム州侵攻作戦失敗
⓲硫黄島全滅* 1945.3
*以後，硫黄島からB29の護衛戦闘機が飛来，日本は本土の制空権を失う。
⓰レイテ沖(比島沖)海戦 1944.10.23～.25 日本軍，連合艦隊主力を失う
⓳沖縄戦 1945.3～.6
絶対国防圏 (43年9月策定)
⓭マキン・タラワ島守備隊全滅 1943.11.25
オランダ領東インド
1943.10.17 泰緬鉄道完成 ➲p.287
⓯サイパン島陥落 1944.7.7 日本本土，B29の爆撃圏に入る。東条内閣退陣
❿ソロモン海戦 1942.8～.11 ガダルカナル島救援失敗
⓫ガダルカナル島撤退(日本軍) 1943.2
ソヴィエト連邦
モンゴル人民共和国
「満州国」
中華民国
日本
アメリカ
オーストラリア
赤道
0 1000km
開戦当時の日本の領土
連合国が奪回した地域(1945年8月まで)
降伏当時の日本の勢力範囲
1945年8月の日本軍の前線
日本軍の基地
連合軍の基地
連合軍の進出方向
おもな戦い
連合軍の反攻
絶対国防圏の崩壊
日本国内への攻撃

歴史のまど 加藤陽子『戦争の日本近現代史』 明治維新以降，国民が戦争を主体的に受けとめるようになっていく論理と歴史的過程を追究している。

大東亜共栄圏 ―大東亜ノ安定ヲ確保シ道義ニ基ク共存共榮ノ秩序ヲ建設ス(大東亜共同宣言)

ヒストリースコープ

日本は太平洋戦争の戦争目的を「大東亜共栄圏」の建設と宣伝した。1943(昭和18)年11月，占領地域諸勢力の代表を東京に集め，大東亜会議を開催し，大東亜共同宣言を採択した。

考察

❶大東亜共同宣言やビラから，「大東亜共栄圏」建設の目的をどのように宣伝したか説明しよう。

❷大東亜共同宣言の下線部❶❷の実態はどのようなものであっただろうか。→1

❸日本の行動は，アジア各地ではどのようにみられていたのだろうか。→1 Aコラム

バー＝モー(ビルマ)
張景恵(「満州国」)
汪兆銘(南京国民政府)
東条英機(日本)
ワイタヤコーン(タイ)
ホセ＝ペ＝ラウレル(フィリピン)
チャンドラ＝ボース(自由インド仮政府)

大東亜共同宣言【要約】 1943(昭和18)年11月6日発表

・協同で大東亜の安定を確保して，道義にもとづく共存共栄の秩序を建設する
・たがいに自主独立を尊重して親密な関係の実績をあげて，大東亜の親睦と平和を確立する
・たがいにその伝統を尊重して各民族の創造性をのばし❶，大東亜の文化を高める
・たがいの利益尊重のもと緊密に提携してその経済発展をはかり，大東亜の繁栄を増進する
・人種的差別を撤廃して❷すみずみまで文化交流をして，進んで資源を開放し，世界が進歩するように貢献する

▲①大東亜会議(上) ▶③インドで配られた日本軍のビラ 日本・中国・インドなどアジア各地の人々が地球儀からイギリスを追い落として祝杯をあげている。
と②大東亜共同宣言

〈写真提供／小学館〉

1 大東亜共栄圏の実態

年・月	事　項
1937 .10	朝鮮で「皇国臣民ノ誓詞」を配布
.12	南京事件 ➔p.280
1940～	中国で抗日ゲリラに対する大掃討作戦を展開(三光作戦)
1941 . 8	細菌戦研究の石井部隊が731部隊と名称変更 ➔p.295
1942 . 2	シンガポール華僑虐殺事件(中国系住民を多数殺害)
. 4	バターン死の行進(多くの捕虜を死にいたらしめる)➡図④
. 6	泰緬鉄道建設を決定。工事では，連合軍捕虜とアジア人労働者を酷使し，多数の死者を出す(～43)➡図⑥
1943 . 8	朝鮮に徴兵制施行(台湾は1944年) ➔p.237
.11	**大東亜会議**開催(大東亜共同宣言を採択)➡
1945 . 6	花岡事件(秋田県花岡鉱山で中国人労働者が蜂起・逃亡，弾圧などで計400名以上が死亡) ➡図⑦，➔p.319

A 大東亜共栄圏での悲劇

◀④**バターン死の行進**(1942年4月)
日本軍がルソン島南西部のバターン半島を攻略した際，投降した米・フィリピン軍の将兵は約8万人(うち米兵約1万2千人)に達した。捕虜は収容所へ移送されたが，半島の先端のマリベレスからサンフェルナンドまでは鉄道もなく，行程の大半は徒歩となった。その際，飢餓による衰弱や疫病の蔓延などで約1万7千人が死亡したといわれる。

時代を見る目 アジアの指導者からみた日本

「すべての日本人に」は，日本軍に帝国主義戦争の停止を求めたガンディーの公開状。「イギリスの撤退を要求する運動の目的とねらいは，インドを解放することにより，イギリスの帝国主義であろうと，ドイツのナチズムであろうと，日本の型のものであろうと，いっさいの軍事的な帝国主義的野心に抵抗する準備をインドに整えさせることにあります」と訴えた。

▲⑤**ガンディー**
(1869～1948)

B 捕虜や労働者の過酷な労働

▲⑥**タイとビルマを結ぶ泰緬鉄道の建設** 酷使と栄養失調などで捕虜と労働者あわせて5万人以上が死亡。

▲⑦**中国に帰国する花岡事件の犠牲者の遺骨**(1953年) 戦争で労働力が不足すると，朝鮮や中国から人々が徴用・動員された。花岡事件は，多数の労働者が就労中に死亡する苛酷な状況で起きた(➔年表)。

C 植民地・占領地での同化政策

朝鮮	神社参拝の強制(1936) 「皇国臣民ノ誓詞」斉唱の強制(1937) →宮城遙拝，君が代斉唱も強制 学校での朝鮮語の事実上使用禁止(1938) 創氏改名(1940より実施) 国民総力運動・愛国班の組織(1940) →朝鮮版大政翼賛会・隣組 ➔p.281 徴兵制施行(1943)
台湾	日本語の普及，神社参拝の強制 皇民奉公会(1941)→台湾版大政翼賛会 徴兵制施行(1944) 改姓名

◀⑧「**皇民化**」**政策** ▲⑨**朝鮮神宮**
植民地住民に対する皇国臣民化は，民族性を否定した同化政策で，徴兵制実施を目的とするものであった。

▶⑩**朝鮮での創氏改名**

▲⑪**小学校でのラジオ体操** 1942年，日本軍がシンガポールを占領し昭南島と改称した。ここでも日本式教育が導入されたが，ラジオ体操もその一つであった。

時代を見る目 植民地の金メダル

1936年，ベルリンオリンピックのマラソンで優勝したのは朝鮮人の孫基禎*だったが，植民地下朝鮮のもとで日本代表として出場していた。朝鮮の新聞『東亜日報』は，孫の胸にあった日の丸を抹消して掲載した。社員は逮捕され，朝鮮総督府の指示により新聞は発行停止処分となった。

▲⑫**日の丸を抹消した写真**(左)と⑬**元の写真**(右)〈東亜日報提供〉

*のち韓国籍を取得。

歴史散歩 血債の塔(シンガポール) 日本軍に虐殺された華人をはじめ，日本の占領のなかで死亡した人々の霊を慰めるため，1967年に華人の経済団体などによって建設された。

戦時下の国民生活 ─挺身以て頑敵を撃滅せん。生等もとより生還を期せず(学徒出陣代表者答辞)

ヒストリースコープ

1943(昭和18)年10月，文科系大学・高校・専門学校の学生・徒徒に対して徴兵猶予が停止され(➔p.282)，12月から学徒出陣が行われた。壮行会で学徒代表は「任務にわが身をささげ，生還することなど期待せず敵を撃滅します」と答辞を述べた。

考察

❶兵力の不足を補うため，政府はどのような対策をとったのだろうか。

❷空襲に備えて，民間でどのような対策がとられたのだろうか。→2

❸戦況の悪化は，国民の生活にどのような影響を与えたのだろうか。→1・2・3

△①出陣学徒壮行会(1943年10月21日 東京・明治神宮外苑競技場) 学徒兵は下級士官などとして戦地に送られ，特攻隊員になった者もいた。

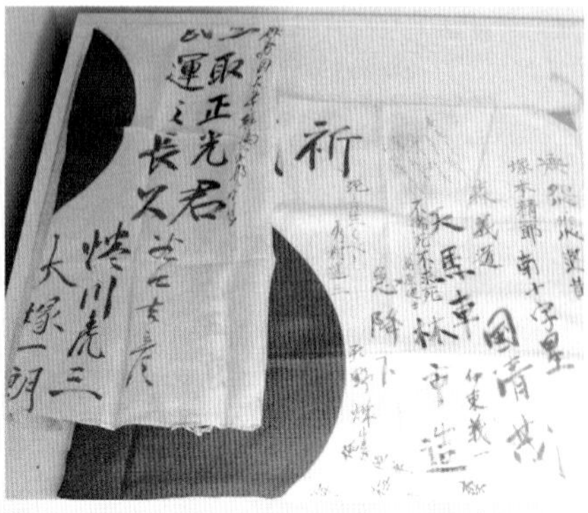

△②出陣学徒が持参した日の丸 入隊が決まった学生たちのために，家族・親族や友人が日の丸への寄せ書きを集めた。

1 戦争動員の拡大

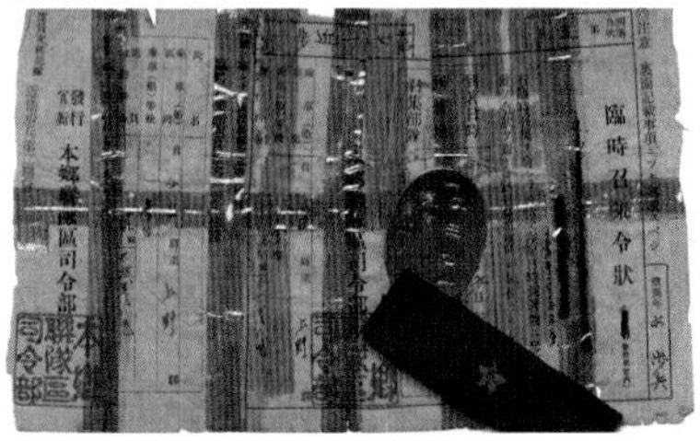

臨時召集令状

◁③臨時召集令状 戦局の悪化で兵力不足となり，かつての軍隊経験者である中年男性も軍隊に動員された。臨時召集令状はその色から「赤紙」とよばれた。

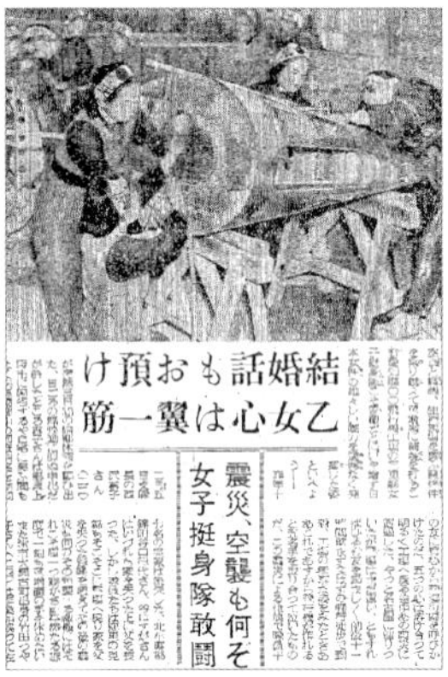

乙女心は翼一筋 結婚話も預け
女子挺身隊敢闘
震災、空襲も何ぞ

◁④女子挺身隊(『中部日本新聞』1945年1月21日) 労働力不足を補うため，学生・生徒や女性が軍需産業に動員された(**勤労動員**)。1943年には14歳以上25歳未満の未婚女性による女子勤労挺身隊の自主的結成がよびかけられ，44年8月には女子挺身勤労令で罰則が設けられ動員が強化された。

▷⑤勤労学徒 中学校以上の生徒・学生を軍需工場で労働させた。

2 「銃後」に迫る戦争

A 空襲への備え

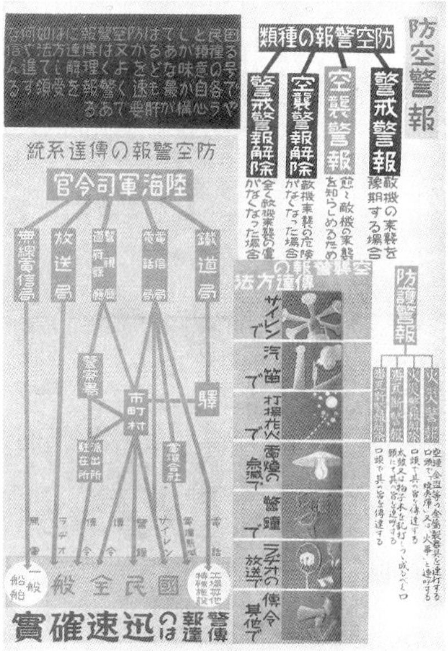

防空警報
類種の報警空防
警戒警報
空襲警報
空襲警報解除
警戒警報解除
統系達傳の報警空防
官令司軍海陸
放送局
鉄道局
市町村
法方達傳
サイレン
汽笛
打揚花火
警鐘
實確速迅は達傳報警

△⑥防空警報の解説 空襲に備えて，サイレン，汽笛，警鐘などを用いた伝達方法を表した。こうしたポスターが，各戸に一枚ずつ備えつけられた。

△⑦防空壕を掘る女性 男性は軍隊などに動員されているため，女性が空襲避難用の穴を掘った。

B 学童疎開

△⑧学童疎開 本土空襲の激化を前に，都会に暮らす国民学校初等科の児童の地方への疎開が始まった。

3 困窮を極める生活

A 配給・切符制

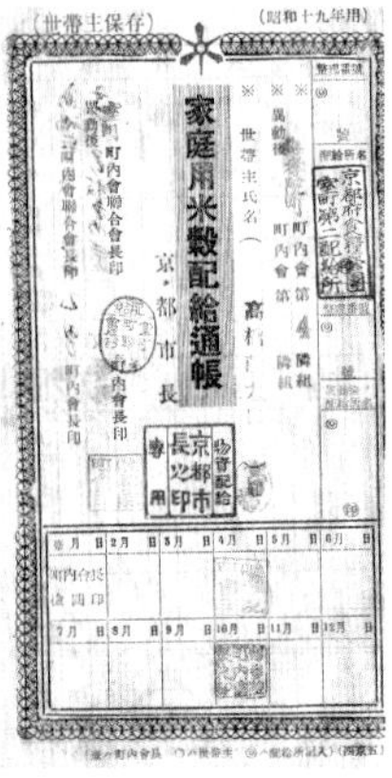

家庭用米穀配給通帳

◁⑨米穀配給通帳 1941年に米の**配給制**が始まり，まず東京，京都などの六大都市の各世帯に米穀配給通帳が交付された。当時の配給量はわずか大人一日2合3勺(約330g)であった。そのうえ，いもなどの**代用品**が増えていった。

衣料切符(1943年)
・もち点1人80～100点
・入手に必要な点数

コート	女40 男50
国民服	32
セーター	20
毛布	18
長袖シャツ	12
もんぺ	10
タオル	3
靴下	1

衣料切符

△⑩衣料切符とその点数 生活物資は政府が統制した。衣料では1942年に**総合切符制**を導入したが割りあて分を受け取ることは困難で，品質も悪化していった。

B 代用食

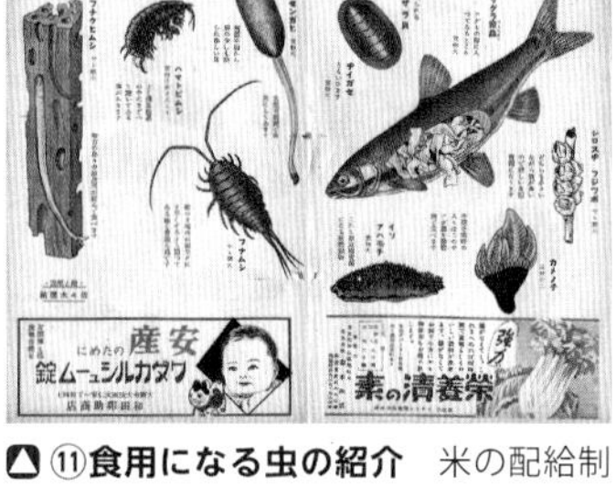

△⑪食用になる虫の紹介 米の配給制は生活を直撃した。1944～45年には深刻な食料難になり，都市部では生鮮食品が入手困難になった。この雑誌ではフナムシまで食用の虫として紹介していた。

C 厭戦感情

・翼賛会は国賊にして且つ憲法の大敵
・専制政治に議員はいらぬ
・軍政をたおせ、戦争を止めろ
・物資の不公平なる配給
・二合三勺の米では仕事ができぬ

△⑫翼賛選挙(1942年)の投票用紙に書かれた批判・不満

今日とのつながり 出陣学徒壮行会が行われた競技場の跡地は戦後に国立競技場となり，壮行会の21年後の同じ10月21日にはオリンピック東京大会のマラソン競技が行われた(➔p.308)。

本土空襲と敗戦 ―米英支蘇四国ニ対シ其ノ共同宣言ヲ受諾スル旨通告 史(終戦の詔書)

△①空襲で被害を受けた東京市街　東京は，1944(昭和19)年以降100回をこえるB29爆撃機による激しい空襲を受けた。なかでも，1945年3月10日未明の東京大空襲では，家屋が密集した下町を中心に大きな被害を受け，一晩で約10万人が亡くなったとされている。

ヒストリースコープ

1944(昭和19)年7月のサイパン島陥落で，日本本土はB29爆撃機の爆撃圏内に入り，以降，本土空襲が激化した。45年3月から6月まで沖縄戦が展開される一方，空襲で主要都市は焼き払われた。8月，原爆の投下とソ連の参戦，ポツダム宣言受諾で，日本は無条件降伏した。

考察

❶日本本土への空襲が本格化した背景には，何があったのだろうか。
❷空襲による死者・行方不明者が多いところはどのような地域だろうか。→1
❸ソ連が対日参戦にいたるには，連合国間でどのような過程を経たのだろうか。→2

長野
高岡
福山
富山
舞鶴
水戸
八王子
大津
西宮
前橋
郡山

◁②B29爆撃機　日本の戦闘機や高射砲の届かない高空から空襲を行い，「超空の要塞」と恐れられた。左図は，アメリカ軍がまいたビラに印刷された爆撃中のB29の写真で，周囲には，今後の攻撃目標の都市名が描かれている。

1 空襲の拡大

釧路
室蘭
青森
釜石
仙台
長岡
郡山
富山
宇都宮
日立
前橋
福井
熊谷
水戸
立川
甲府
敦賀
銚子
千葉
八王子
川崎
東京
横浜
西宮
一宮
岐阜
大垣
桑名
尼崎
沼津
静岡
清水
四日市
浜松
豊橋
下関
広島
福山
岡山
姫路
明石
宇部
徳山
呉
岩国
今治
高松
和歌山
八幡
光
松山
徳島
福岡
大牟田
佐世保
宇和島
高知
神戸
大阪
熊本
長崎
鹿児島
東京(区域)(10万1396人)
広島(9万2133人)
長崎(2万5680人)
那覇
0 100km
空襲による県別死者・行方不明者数
15000人以上
10000～15000人
5000～10000人
1000～5000人
500～1000人
500人未満
資料なし
空襲による都市別死者・行方不明者数
(800人以上の死者・行方不明者を出した都市，都市名は当時の名称)
10000人
5000人
1000人
死者・行方不明者には，空襲だけでなく，艦砲射撃などによる犠牲者も含む。広島・長崎の数には原爆被害も含む。

＊沖縄県の犠牲者数は，1944(昭和19)年10月10日の空襲による，那覇・伊江島などでの死者数。このほかに地上戦などでの犠牲者が多くいた。➲p.291

〈日本の空襲編集委員会『日本の空襲』〉

● 東京大空襲【抜粋】

その夜は風がひときわ強く，烈風の中を火が帯状となって走った。夜空は真っ赤で，まるで夕焼けのよう。その火の中を老人や女，子どもが逃げまどい，ばたばたとたおれ，煙と火でせめたてられて死んでいった。

人々はまた，少しでも水のあるところを求め，運河などにとびこんだ。しかし，その水は熱湯になっており，またたく間に死んでしまった。(中略)背中に赤ん坊をおぶったまま死んでいる母親の焼死体など，あまりのむごたらしさに思わず目をおおうばかりだった。

(高木敏子『新版 ガラスのうさぎ』金の星社)

〈岐阜市平和資料室蔵　焼夷弾の直径37.4cm 全長150.0cm〉

△③アメリカ軍が使用した焼夷弾(復元)　焼夷弾はゼリー状の油をつめた金属の筒で，上図はそれを38発束ねたもの。空中で拡散して地上で自動発火し，1000℃を超える高温を発した。

▽④B29の爆撃圏

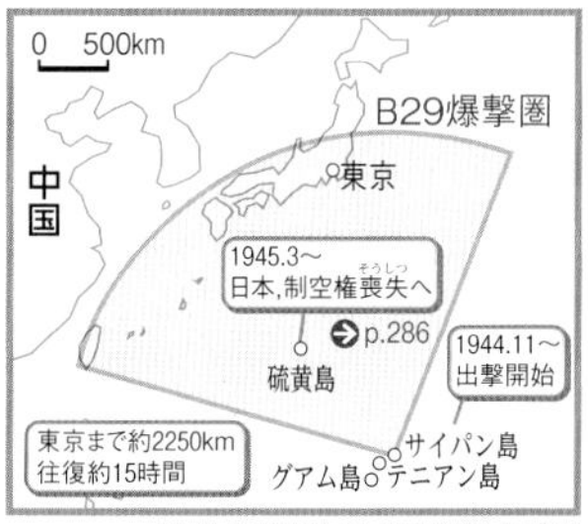

0 500km
B29爆撃圏
中国
東京
1945.3～ 日本,制空権喪失へ
➲p.286
硫黄島
1944.11～ 出撃開始
東京まで約2250km 往復約15時間
サイパン島
グアム島
テニアン島

〈中央公論新社『太平洋戦争(下)』〉

2 連合国の戦争処理方針

❶大西洋上会談 (ニューファンドランド沖) 米英
❹ポツダム会談 米英ソ
❸ヤルタ会談 米英ソ
ダンバートン=オークス会議 (ワシントン郊外)米英ソ中 C
テヘラン会談 米英ソ B
カサブランカ会談 米英 A
❷カイロ会談 米英中

A 1943.1(米英) シチリア上陸作戦と枢軸国の無条件降伏原則に言及。
B 1943.11～.12(米英ソ) 三国の協力を確認し，北仏上陸の日程を決定。
C 1944.8～.10(米英ソ中) 国際連合憲章の原案を作成。
❶～❹は図⑤の番号と対応

▽⑤おもな首脳会談の内容

❶大西洋上会談 1941.8 米英	1941年8月の大西洋憲章で，戦勝後の領土不拡大，民族自決などを掲げた。
❷カイロ会談 1943.11 米英中 史	日本の無条件降伏まで戦うことが確認され，朝鮮の独立，満州・台湾・澎湖諸島の中国への返還を宣言した(カイロ宣言)。
❸ヤルタ会談 1945.2 米英ソ 史	ヤルタ秘密協定で，ドイツの戦後処理と，ドイツ降伏から2～3か月後のソ連の対日参戦，その見返りとして南樺太・千島列島をソ連領とすることを決めた。→現在の北方領土問題につながる。➲p.291,305
❹ポツダム会談 1945.7～8 米英ソ 史	**ポツダム宣言**で，日本の戦後処理について取り決めた。日本軍の無条件降伏，主権の及ぶ範囲の限定を掲げる。宣言は，当初，米・英・中3国の名義で発表し，ソ連は，8月8日の対日宣戦布告とともに宣言に加わった。

チャーチル(英)
フランクリン=ローズヴェルト(米)
スターリン(ソ)

△⑥ヤルタ会談(クリミア半島)

チャーチル(英)＊
トルーマン(米)
スターリン(ソ)

△⑦ポツダム会談(ドイツ)　＊のち，アトリーに交替。

歴史散歩　太平洋戦全国戦災都市空爆死没者慰霊塔(兵庫県姫路市)　太平洋戦争時に空爆などで被災した都市の犠牲者を追悼するためにつくられた。

3 原子爆弾の投下

A 広島（1945年8月6日午前8時15分）　**B 長崎**（1945年8月9日午前11時2分）

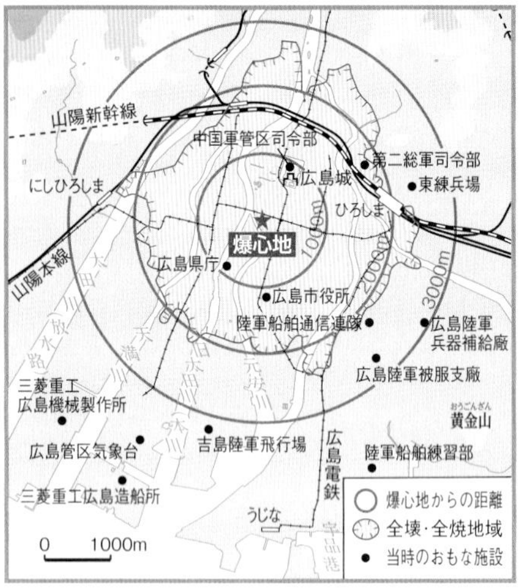
山陽新幹線
中国軍管区司令部
第二総軍司令部
広島城
東練兵場
にしひろしま
ひろしま
爆心地
広島県庁
山陽本線
広島市役所
陸軍船舶通信連隊
広島陸軍兵器補給廠
広島陸軍被服支廠
三菱重工広島機械製作所
黄金山
広島管区気象台
吉島陸軍飛行場
陸軍船舶練習部
三菱重工広島造船所
広島電鉄
うじな
1000m
2000m
3000m
0　1000m
爆心地からの距離
全焼・全焼地域
当時のおもな施設

△⑧**広島への原爆投下**　「マンハッタン計画」という暗号名のアメリカの原子爆弾製造計画は，1942年に本格化し，45年には実験に成功した。同年8月6日，**広島**に**原子爆弾**が投下された。史

	広島		長崎
推定人口(軍人除く)	32万7457人	推定人口(軍人除く)	28万6702人
死亡者	7万8150人	死亡者	2万3753人
行方不明者	1万3983人	行方不明者	1924人
	(1945年11月調査)		(1945年10月調査)
重軽傷者	3万7425人	重軽傷者	7万4909人
	(1945年11月調査)		(1950年7月調査)
5年以内の死亡者	約20万人	5年以内の死亡者	約14万人
全焼・全壊	6万1820戸	全焼・全壊	1万4146戸
半焼・半壊	6040戸	半焼・半壊	5441戸
	(1945年11月調査)		(1945年11月調査)

〈岩波書店『広島・長崎の原爆災害』〉

△⑨**広島と長崎の被害**　猛烈な熱線と爆風が地表を襲い大量の放射性物質が放出された。大勢が即死，または放射線にむしばまれ亡くなった。

△⑩**広島に落とされた原子爆弾**（模型）　ウランを使い製造され，全長3m，最大直径0.7m，重さ4tだった。「リトルボーイ」とよばれた。

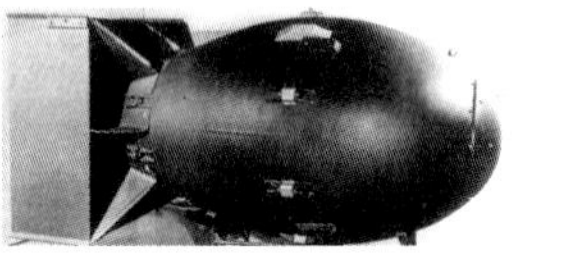

△⑪**長崎に落とされた原子爆弾**（模型）　プルトニウムを使い製造され，全長3.25m，直径1.52m，重さ4.5tで「ファットマン」とよばれた。

長崎本線
にしうらかみ
三菱重工長崎兵器製作所大橋工場
爆心地
浦上天主堂
うらかみ
1000m
2000m
3000m
三菱製鋼長崎製鋼所第一工場
三菱重工長崎造船所幸町工場
稲佐山
ながさき
長崎市役所
長崎県庁
0　1000m
出島
長崎電軌
長崎港
爆心地からの距離
全壊・全焼地域
当時のおもな施設

△⑫**長崎への原爆投下**　8月9日に投下。小倉が焼夷弾による煙などで視界が悪く目標が**長崎**に変更された。
◁⑬**長崎をおおう原爆のキノコ雲**

● **『原爆詩集』序**（峠三吉）

ちちをかえせ　ははをかえせ
としよりをかえせ　こどもをかえせ
わたしをかえせ　わたしにつながる
にんげんをかえせ
にんげんの　にんげんのよのあるかぎり
くずれぬへいわを
へいわをかえせ　（青木書店『原爆詩集』）

◁⑭**にんげんをかえせ**　峠三吉（1917～53）は28歳のときに広島市内で被爆した。親類友人を探して市内を歩きまわった経験をもつ。アメリカが**朝鮮戦争**（→p.301）で原爆使用を示唆したことに対し，抗議の意を込めて，療養中の1951年に『原爆詩集』をまとめた。

▽⑮**焼け野原となった広島**

〈広島平和記念資料館提供　1945年11月 アメリカ軍撮影〉

ひと　中沢啓治（1939~2012）　広島県出身

6歳のときに広島の爆心地から1.3kmの国民学校前で被爆し，父と姉・弟・妹を失った。1966年に母が亡くなったとき，遺骨が強い放射線の影響でほとんど残らなかったことに憤り，原爆を題材にした作品を描き始めた。漫画『はだしのゲン』は自伝的な作品である。20か国語に訳され，世界中で読まれている。

◁⑯**絵本はだしのゲン**　原爆投下直後の場面。原作の漫画は1973年から『週刊少年ジャンプ』に連載され，シリーズ合計で650万部をこえるベストセラーとなった。

時代を見る目　原爆投下をめぐるアメリカでの見解

①「あの爆弾が勝利をもたらしたとはいえないが，戦争の終結を早めたことは確かである。もし原爆を使用しなかったとすれば喪われたであろう数千人のアメリカおよび連合軍兵士の生命が，これによって救われた…」
（トルーマンの演説 1945年10月）

②「原爆を投下しなくても…日本は，1945年11月に予定されていた九州上陸作戦の前には降伏していたであろう」
（アメリカ戦略爆撃調査の報告結果 1946年）

③「あくまでも日本が降伏を拒否し，上陸作戦が展開されれば，米兵の新たな犠牲者は100万人と推定された」
（元陸軍長官スティムソンの論文 1947年）

左の③がアメリカ政府の公式見解とされたが，イギリスの研究者ブラッケットは，戦後のソ連との関係をにらんだ「冷たい外交戦争の最初の大作戦」としての性格があったと指摘している。

〈Maurie Ashland 所有 星貴提供〉

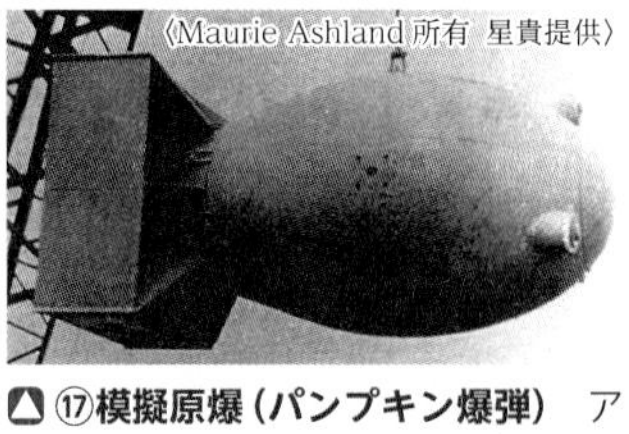

△⑰**模擬原爆（パンプキン爆弾）**　アメリカは原爆投下訓練を兼ねて長崎原爆と同形の通常爆弾を日本に49発投下し，400人以上の死者を出した。

4 日本の敗戦 －ポツダム宣言受諾

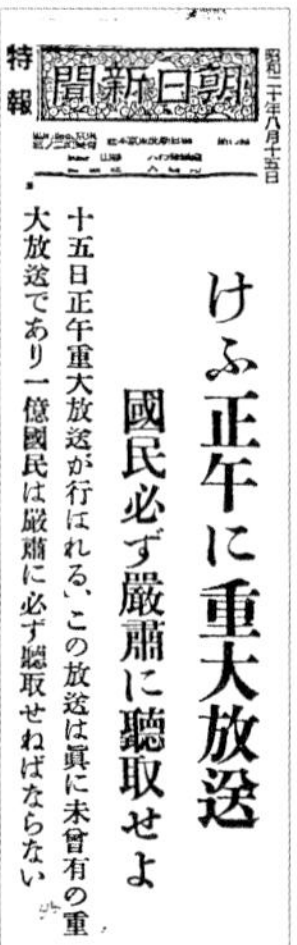

特報　朝日新聞　昭和二十年八月十四日

けふ正午に重大放送
國民必ず嚴粛に聽取せよ

十五日正午重大放送が行はれる，この放送は眞に未曾有の重大放送であり一億國民は嚴粛に必ず聽取せねばならない

◁⑱**玉音放送を知らせる新聞**　1945年8月14日の御前会議で**ポツダム宣言**受諾を決定，**連合国**側に通告。15日に昭和天皇が読みあげる終戦の詔書（史）がラジオで放送された（玉音放送（→p.20））が，中国や千島列島，樺太などではなおも戦闘が続いた。〈『朝日新聞』1945年8月15日〉

▽⑲**米戦艦ミズーリ号上での降伏文書調印式**（1945年9月2日，東京湾）

参謀総長 梅津美治郎
外相重光葵

日本側は外相重光葵と参謀総長の梅津美治郎が，連合国側はマッカーサー（→p.294）など各国代表が調印し，この日，公式に戦争が終結した*。〈写真：AP/アフロ〉

＊多くの旧連合国では，この9月2日が対日戦勝記念日となっている。

歴史のまど　奥住喜重ほか訳『米軍資料 原爆投下報告書 パンプキンと広島・長崎』 原子爆弾投下の計画から実行までの過程を記録した資料の全訳。

近代　昭和

1 沖縄戦

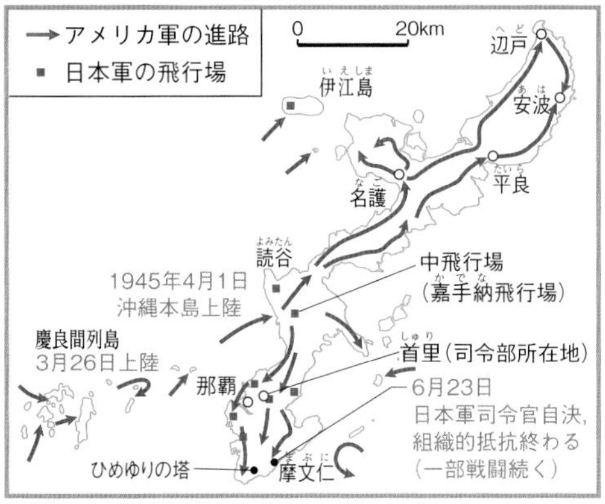

→アメリカ軍の進路
■ 日本軍の飛行場
0 20km
辺戸
伊江島
安波
名護
平良
読谷
中飛行場（嘉手納飛行場）
1945年4月1日 沖縄本島上陸
慶良間列島 3月26日上陸
首里（司令部所在地）
那覇
6月23日 日本軍司令官自決，組織的抵抗終わる（一部戦闘続く）
ひめゆりの塔
摩文仁

◁①**沖縄戦** 1945年3月末，慶良間列島に米軍が上陸し戦闘が始まった。上陸に際し行った艦砲射撃と空爆は，地形を変えるほど激しく，「鉄の暴風」とよばれた。日本軍には捕虜となることをよしとしない風潮があったことに加え，司令官・牛島満中将が「最後まで戦って悠久の大義に生きよ」との命令を出したまま自決したこともあり，民間人を含め多くの犠牲者が出た。

さとうきび畑 （部分）
【作詞・作曲】寺島 尚彦
ざわわ ざわわ ざわわ
広いさとうきび畑は
ざわわ ざわわ ざわわ
風が通りぬけるだけ
むかし海の向こうから
いくさがやってきた
夏の陽ざしの中で
ざわわ ざわわ ざわわ
広いさとうきび畑は
ざわわ ざわわ ざわわ
風が通りぬけるだけ
あの日鉄の雨にうたれ
父は死んでいった
夏の陽ざしの中で
ざわわ ざわわ ざわわ
広いさとうきび畑は
ざわわ ざわわ ざわわ
風が通りぬけるだけ
そして私の生まれた日に
いくさの終わりがきた
夏の陽ざしの中で
……

△②**さとうきび畑** この歌の主人公は1人の少女である。父親は戦死したため，少女は顔を知らない。戦死した父親を想い少女は歌うが，少女の悲しみは，沖縄戦で肉親を失った人々の悲しみそのものでもあろう。

日本軍将兵	9万4136人
県外出身軍人	6万5908人
県内出身軍人・軍属	2万8228人
県民で戦闘協力者	5万5246人
民間の県民	9万4754人
アメリカ軍	1万2520人

〈河出書房新社『図説 沖縄の戦い』ほか〉

◁③**沖縄戦の犠牲者** 戦闘や空爆による犠牲だけでなく，民間人が集団自決に追い込まれたり，マラリアにかかったりして死亡し犠牲者がさらに増えた。また日本軍はスパイ活動を警戒し，参謀長・長勇中将が「沖縄方言を話すとスパイとみなし処分する」と通達を出した結果，スパイ容疑で軍により殺害された犠牲者もいた。

◁④**ひめゆり学徒隊** 沖縄戦では中学校，師範学校，専門学校，高等女学校の生徒も徴用された。沖縄師範学校女子部と県立第一高等女学校の女子生徒たちは，従軍看護師として動員された（ひめゆり学徒隊）。ほかにも男子学生による鉄血勤皇隊なども組織された。

時代を見る目 松代大本営移設計画と沖縄戦

1944（昭和19）年7月，サイパン島が陥落すると，本土決戦に備え，戦争を指揮する大本営と皇居を長野県松代（長野市）に移設する計画が進められた（松代大本営）。しかし移設準備が進まないうちにアメリカ軍は日本に迫っていた。そうしたなかで戦われた沖縄戦は，本土決戦までの時間をかせぐ「捨て石」としての性格をもっていたことが指摘されている。

△⑤**松代大本営地下壕**

△⑥**ガマ（洞窟）に火炎放射を浴びせるアメリカ軍の戦車**

△⑦**ガマに隠れていたところをアメリカ兵に発見された母子**

2 ソ連の参戦

A ソ連軍の侵攻と北方の占領

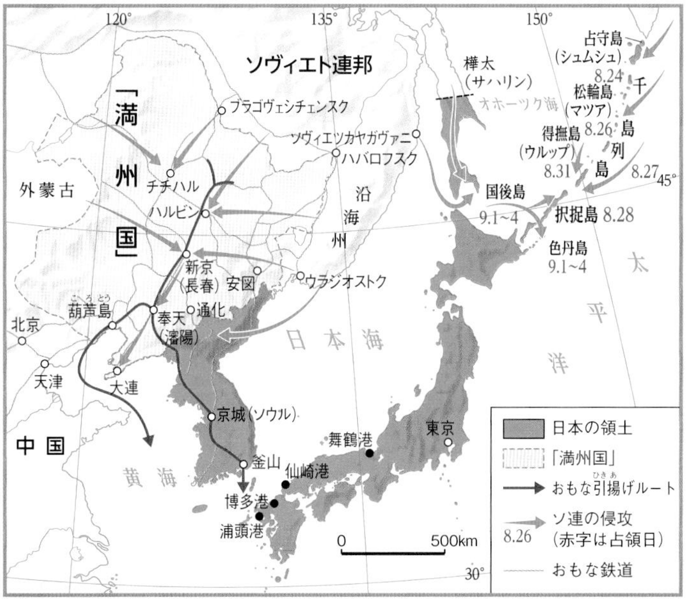

120°
135°
150°
ソヴィエト連邦
樺太（サハリン）
オホーツク海
占守島（シュムシュ）
8.24
千島列島
松輪島（マツワ）
得撫島（ウルップ）
8.26
8.31
8.27
45°
国後島
9.1～4
択捉島 8.28
色丹島 9.1～4
「満州国」
ブラゴヴェシチェンスク
ソヴィエツカヤガヴァニ
ハバロフスク
外蒙古
チチハル
ハルビン
沿海州
新京（長春）
安図
ウラジオストク
葫芦島
奉天（瀋陽）
通化
北京
天津
大連
日本海
太平洋
京城（ソウル）
中国
黄海
釜山
舞鶴港
仙崎港
東京
博多港
浦頭港
0 500km
30°
日本の領土
「満州国」
おもな引揚げルート
8.26 ソ連の侵攻（赤字は占領日）
おもな鉄道

◁⑧ 1945年8月8日，ソ連は**日ソ中立条約**を無視し日本に宣戦布告した。当時，関東軍の精鋭部隊は南方戦線に送られており，また大本営が朝鮮守備のため大連と通化・安図を結ぶ線に防衛線を後退させたため，満州の戦力は縮小していた。満蒙開拓移民は南へ逃げたが，その途上で8万人以上が犠牲になった。なかには親とはぐれ中国人に育てられる子どももいた（中国残留孤児➔ p.293）。ソ連参戦はヤルタ秘密協定による取り決めであったが，これが北方領土問題につながっている（➔ p.305）。

B シベリア*抑留

＊シベリアだけではなく，外モンゴル・中央アジア・ヨーロッパなどの広い範囲にまたがっていた。

△⑨**北へ西へ**（香月泰男筆） ソ連は終戦後，軍人らをシベリアなどに抑留し労働を強制した。自らも抑留者であった香月泰男は，その経験を「シベリア・シリーズ」に描いた。〈山口県立美術館蔵 72.7×116.6cm〉

〈厚生労働省資料ほか〉

旧ソ連への抑留者	約57万5000人
死亡と認められる者	約5万5000人*

※モンゴルへの抑留者を含む

＊6万2000人とする見解もある。

◁⑩**シベリア抑留者・死亡者** 1991（平成3）年以降，ソ連・ロシアから約4万1千人分の死亡者名簿が提供されたが，まだ不明な点も多い。

1945～1970 年の日本と世界

1 戦後の首相①

1～11戦後歴代内閣の順番 ← p.286 → p.312,350「内閣一覧」

(1887 ～ 1990)

1 東久邇宮稔彦内閣
1945(昭和20).8 ～.10
おもな経歴
陸軍大将
おもな閣僚
外相　重光葵，吉田茂
国務相　近衛文麿

(1872 ～ 1951)

2 幣原喜重郎内閣
1945(昭20).10～1946(昭21).4
おもな経歴
駐米大使，外相
おもな閣僚
外相　吉田茂
国務相　松本烝治

(1878 ～ 1967)

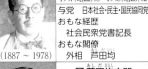

3 吉田茂内閣①
1946(昭21).5～1947(昭22).5
与党　日本自由党・日本進歩党
おもな経歴
日本自由党～自由党総裁
おもな閣僚
蔵相　石橋湛山

(1887 ～ 1978)

4 片山哲内閣
1947(昭22).5～1948(昭23).2
与党　日本社会・民主・国民協同党
おもな経歴
社会民衆党書記長
おもな閣僚
外相　芦田均

(1887 ～ 1959)

5 芦田均内閣
1948(昭23).3～.10
与党　民主・日本社会・国民協同党
おもな経歴
外相
おもな閣僚
文相　森戸辰男

6 吉田茂内閣②～⑤ 1948(昭23).10～1954(昭29).12

(1883 ～ 1959)

7 鳩山一郎内閣①～③
1954(昭29).12～1956(昭31).12
与党　①・②日本民主党，③自民党
おもな経歴　文相
おもな閣僚
外相　重光葵
通産相　石橋湛山

(1884 ～ 1973)

8 石橋湛山内閣
1956(昭31).12～1957(昭32).2
与党　自民党
おもな経歴
ジャーナリスト，蔵相
おもな閣僚
外相　岸信介

(1896 ～ 1987)

9 岸信介内閣①・②
1957(昭32).2～1960(昭35).7
与党　自民党
おもな経歴　自民党幹事長
おもな閣僚
蔵相　①池田勇人，②佐藤栄作
外相　藤山愛一郎

(1899 ～ 1965)

10 池田勇人内閣①～③
1960(昭35).7～1964(昭39).11
与党　自民党
おもな経歴　蔵相
おもな閣僚
外相　②・③大平正芳
蔵相　②・③田中角栄

(1901 ～ 1975)

11 佐藤栄作内閣①～③
1964(昭39).11～1972(昭47).7
与党　自民党
おもな経歴
郵政相，建設相，蔵相
おもな閣僚
外相　①・②三木武夫

→ p.312「1970～1990 年の日本と世界」

時代を見る目　東西冷戦の始まり

大戦末期から，アメリカとソ連は戦後の世界での覇権をめざして，戦略を立て始めていた。1947 年，アメリカのトルーマン大統領は，社会主義勢力と対抗する勢力に積極的な援助を行い，社会主義勢力の拡大を封じ込める政策を表明した(トルーマン＝ドクトリン)。ついで，ヨーロッパの経済復興のための援助計画(マーシャル＝プラン)を発表して，ソ連に対する「封じ込め」政策を具体化した。1949 年には軍事同盟である**北大西洋条約機構**(NATO)を結成し，日本も 51 年の**日米安全保障条約**によって西側陣営に協力することになった。一方，ソ連は 55 年に**ワルシャワ条約機構**を結成して対抗した。この「**冷戦**」とよばれる**米ソ対立**の影響は世界中に及び，東西ドイツの分断をはじめ，アジアでもベトナムや朝鮮半島で東西陣営の代理戦争が勃発し，多くの人々が苦しんだ。

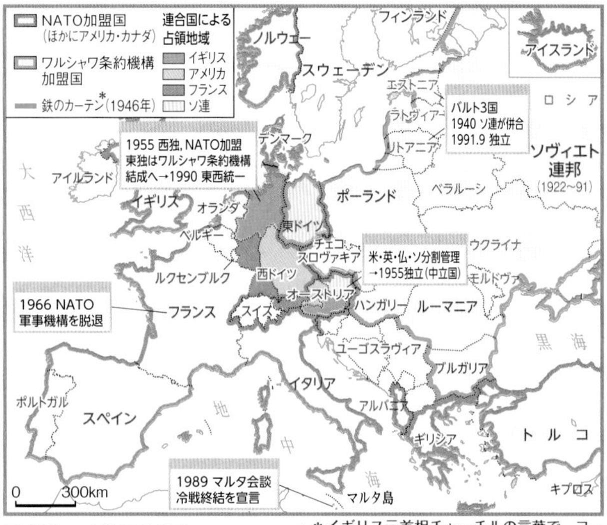
NATO加盟国
(ほかにアメリカ・カナダ)
ワルシャワ条約機構加盟国
鉄のカーテン*(1946年)
連合国による占領地域
イギリス
アメリカ
フランス
ソ連
フィンランド
ノルウェー
スウェーデン
アイスランド
エストニア
ラトヴィア
リトアニア
バルト3国
1940 ソ連が併合
1991.9 独立
ロシア
ソヴィエト連邦
(1922～91)
デンマーク
1955 西独，NATO加盟
東独はワルシャワ条約機構
結成へ→1990 東西統一
アイルランド
イギリス
オランダ
ベルギー
東ドイツ
ポーランド
ベラルーシ
ウクライナ
チェコ
スロヴァキア
西ドイツ
米・英・仏・ソ分割管理
→1955独立(中立国)
モルドヴァ
ルクセンブルク
オーストリア
ハンガリー
ルーマニア
1966 NATO
軍事機構を脱退
フランス
スイス
黒海
ユーゴスラヴィア
ブルガリア
イタリア
ポルトガル
スペイン
アルバニア
ギリシア
トルコ
大西洋
地中海
1989 マルタ会談
冷戦終結を宣言
マルタ島
キプロス
0 300km

△ ①第二次世界大戦後のヨーロッパ　＊イギリス元首相チャーチルの言葉で，ヨーロッパが東西陣営に分断されたことを表す。

2 1945 ～ 70 年ごろの日本と世界

1～11は1の内閣に対応　→ p.22 巻頭地図

年	内閣	日本	資本主義陣営	国際関係	社会主義陣営	アジア・アフリカ
1945(昭和20)	1 2	**ポツダム宣言**受諾 → p.290		**国際連合**の成立		
1946		**日本国憲法**公布	「鉄のカーテン」演説	世界銀行業務開始		インドシナ戦争(～54)
1947	3 4	日本国憲法施行 → p.298	トルーマン=ドクトリン マーシャル=プラン GATT調印		コミンフォルム結成	インド・パキスタン分離独立
1948	5	**東京裁判**終わる 米，対日占領政策を転換		朝鮮，南北に分断 ベルリン封鎖		イスラエル建国 第 1 次中東戦争
1949	6 吉田茂	**ドッジ＝ライン** シャウプ勧告 → p.300	NATO 発足	ドイツ，東西に分断	COMECON 結成 ソ連，初の核実験 中華人民共和国成立	インドネシア連邦共和国成立
1950		**警察予備隊**発足 → p.301		**朝鮮戦争**(～53 休戦協定調印)	中ソ友好同盟相互援助条約	
1951		**サンフランシスコ平和条約・日米安全保障条約**		サンフランシスコ講和会議		
1952		IMF と世界銀行に加盟 保安隊発足	英，初の原爆実験 米，水爆実験			エジプト革命
1953		奄美諸(群)島返還	米韓相互防衛条約	朝鮮休戦協定調印		
1954		**自衛隊**発足 → p.301	米，ビキニ環礁で水爆実験(第五福龍丸事件)	ベトナム南北に分断		周恩来・ネルー会談(平和五原則) **インドシナ休戦協定**
1955	7 鳩山一郎	第 1 回原水爆禁止世界大会 **55 年体制**の成立 **高度経済成長**始まる	西ドイツ，NATO に加盟	ジュネーヴ 4 巨頭会談	**ワルシャワ条約機構**成立(～91)	**第 1 回アジア＝アフリカ会議**(バンドン会議)
1956		**日ソ共同宣言** **国連加盟**				エジプト，スエズ運河国有化 第 2 次中東戦争(スエズ戦争)
1958	8 9 岸信介		EEC 発足			
1959					キューバ革命	
1960		**日米相互協力及び安全保障条約** → p.305	EFTA 発足 仏，初の原爆実験			アフリカ諸国の独立あいつぐ(「アフリカの年」)
1961	10 池田勇人		OECD 発足	「ベルリンの壁」構築	ソ朝・中朝友好協力相互援助条約	第 1 回非同盟諸国首脳会議
1962		**LT 貿易**の協定調印		**キューバ危機**		
1963				部分的核実験禁止条約	中ソ論争激化	OAU 結成
1964		OECD 加盟	仏，中国を承認		中国，初の核実験	UNCTAD 発足
1965		**日韓基本条約**調印	米，**北爆**開始	**ベトナム戦争**(～75)		
1966	11 佐藤栄作		仏，NATO 軍事機構から脱退		中国で文化大革命(～76)	
1967		**非核三原則**宣言 → p.306	EC 発足			第 3 次中東戦争 ASEAN 結成
1968		小笠原諸島返還				
1970				核拡散防止条約発効		

(時期区分) 冷戦体制の成立（1945～1953）／冷戦激化（1954～1960）／緊張と緩和（1961～1970）
(資本主義陣営) アメリカ主導の資本主義陣営の形成／西欧と日本の復興
(米大統領) トルーマン／アイゼンハワー／ケネディ／ジョンソン
(ソ連指導者) スターリン／マレンコフ／ブルガーニン／フルシチョフ／ブレジネフ
(社会主義陣営) ソ連主導の社会主義陣営の形成／ソ連の指導力の低下／多極化
(アジア・アフリカ) アジア・アフリカ諸国の独立／第三勢力の形成

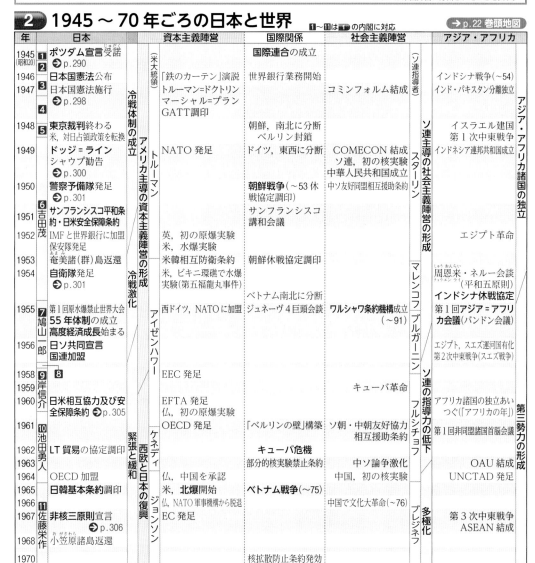

GATT…関税及び貿易に関する一般協定　NATO…**北大西洋条約機構**　COMECON…経済相互援助会議　IMF…国際通貨基金
EEC…ヨーロッパ経済共同体　EFTA…ヨーロッパ自由貿易連合　OECD…経済協力開発機構　OAU…アフリカ統一機構
UNCTAD…国連貿易開発会議　EC…ヨーロッパ共同体　ASEAN…東南アジア諸国連合

終戦と人々の暮らし ―自分はどれほど苦しくともヤミ買出しなんかは絶対にやらない(山口良忠判事)

ヒストリースコープ

東京地方裁判所の判事山口良忠(1913〜47)は，闇取り引きにからんだ事件を担当しており，おもに庶民が被告であった。彼らを有罪にする自分が，違法な闇米を食べるわけにはいかないとして闇米を拒んだ。1947年，栄養失調が起因となった結核で，33歳で死去した。

考察

❶戦後の混乱期において，人々は食料をどのような方法で入手していただろうか。

❷旧満州から本土への復員・引揚げに際して，どのような問題が起こっただろうか。→2

判事がヤミを拒み
栄養失調で死亡
遺した日誌で明るみへ

山口良忠判事

△①山口判事の死去を報道する新聞(『朝日新聞』1947年11月5日)

△②闇市(1946年，東京・銀座)　駅前や広場にできた闇市は「青空市場」「自由市場」とよばれ，農産物や横領された軍需物資，アメリカ軍の横流し品などの食料品，生活必需品などありとあらゆる物が高額で売買された。

△③買出し列車(1947年)　都市の人々は食料を求めて産地である農村につめかけた。衣類や貴重品を少しずつ物々交換していったので「タケノコ生活」，泣きの涙の「タマネギ生活」とよばれた。

1 終戦後の人々の暮らし

◁④バラック(東京都)　住まいを失った人々は，都市の公有地や所有者不在地に廃材を組み立てた簡易住宅を建てた。治安や衛生面の環境は劣悪で立ち退きが命じられたが，1960年代まで各地に存在した。

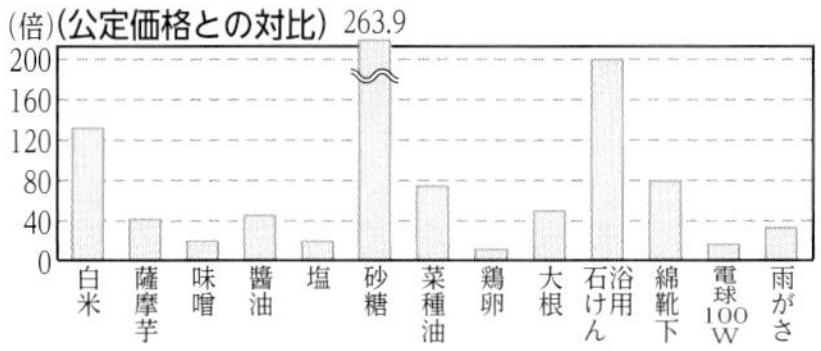

(倍)(公定価格との対比)
263.9
200
160
120
80
40
0
白米
薩摩芋
味噌
醤油
塩
砂糖
菜種油
鶏卵
大根
浴用石けん
綿靴下
電球100W
雨がさ

〈講談社『昭和 第7巻』〉

◁⑤闇市の商品価格　1945(昭和20)年の平均闇価格は，公定価格の34倍であった。横流し物資の高騰がめだつ。

△⑥靴磨き少年(1947年，東京・上野)　終戦直後，戦争で家族を失った孤児は全国に12万人以上いた。彼らは橋やガード下で雨風をしのぎ，靴磨きや新聞売り，モク(タバコの吸い殻)拾いなどをして生き抜いた。

◁⑦食糧メーデー(1946年5月19日)　皇居前広場の飯米獲得人民大会には約25万人が参加し，吉田内閣の組閣が一時中止されるほどだった。マッカーサーは「暴民デモ許さず」の声明を出し輸入小麦の放出を命じた。

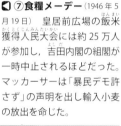

▷⑧映画「そよかぜ」(1945年公開)　主演の並木路子は，東京大空襲で母を失い自身も隅田川で救出された。父と兄も復員しておらず生活が苦しいなか，主題歌「リンゴの唄」を明るい歌声で歌いあげた。歌は人々の励みとなり，戦後初のヒット曲となった。

〈監督/佐々木康(1945年) 写真提供/松竹〉

2 復員と引揚げ

△⑨樺太からの引揚げ船(北海道，函館港)　海外にいた民間人の**引揚げ**と，軍人・軍属の**復員**は，アメリカ軍などの援助で進められたが，地域によっては困難をきわめ犠牲者も少なくなかった。大半は1947年までに帰国したが，ソ連からの帰国は1950年代後半までかかった。

2006年1月1日現在

総数
629万
6813人
軍人・軍属*
49.3
民間
50.7
%
310万
7411人
318万
9402人

*軍に所属する文官。〈厚生労働省資料〉

△⑩海外からの引揚げ者数

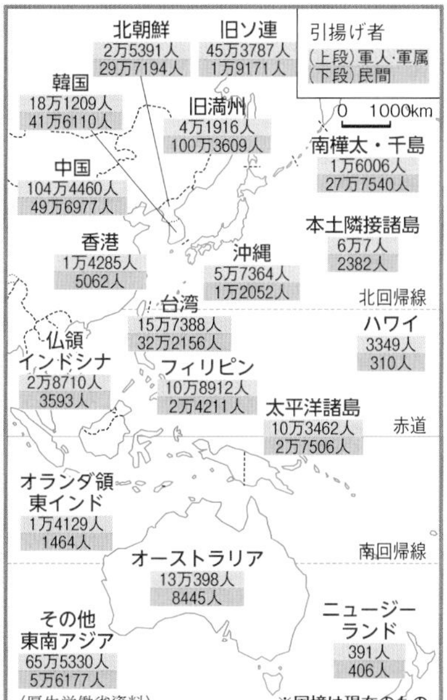

引揚げ者
(上段)軍人･軍属
(下段)民間
0　1000km
北朝鮮
2万5391人
29万7194人
旧ソ連
45万3787人
1万9171人
韓国
18万1209人
41万6110人
旧満州
4万1916人
100万3609人
南樺太・千島
1万6006人
27万7540人
中国
104万4460人
49万6977人
香港
1万4285人
5062人
沖縄
5万7364人
1万2052人
本土隣接諸島
6万7人
2382人
北回帰線
台湾
15万7388人
32万2156人
ハワイ
3349人
310人
仏領インドシナ
2万8710人
3593人
フィリピン
10万8912人
2万4211人
太平洋諸島
10万3462人
2万7506人
赤道
オランダ領東インド
1万4129人
1464人
オーストラリア
13万398人
8445人
南回帰線
その他東南アジア
65万5330人
5万6177人
ニュージーランド
391人
406人

〈厚生労働省資料〉　※国境は現在のもの

▷⑪各地から引揚げてきた人々

時代を見る目　中国残留孤児

1945年8月9日以降，ソ連軍が満州・朝鮮・樺太に侵攻し(➔p.291)，国境付近に動員されていた兵士や居留民はシベリアに抑留された。**関東軍**は崩壊・逃亡し，満州の日本人一般市民はソ連軍に追われながら壮絶な運命にさらされ，多くが犠牲となった。その渦中で取り残された子どもたち(中国残留孤児)の問題は，日中国交正常化(➔p.313)まで約30年間本格的な調査が行われなかったため，肉親探し事業は困難をきわめた。

△⑫旧満州から引揚げた子どもたち

▽⑬中国残留孤児の人数　(人)

	総数	身元判明者数
中国残留孤児数	2818	1284
永住帰国者数	2556	1104
現在中国に残る孤児数	262	180

2017年11月末現在　〈厚生労働省資料〉

今日とのつながり　闇市は経済復興とともに消滅したが，その場所に露天商が集まり，現在の東京・上野のアメヤ横丁(アメ横)や秋葉原の電気街などの商店街や繁華街が登場した。

現代　昭和

占領の開始とGHQ ―かかる写真はまことに古今未曽有のことである（高見順）

ヒストリースコープ

1945（昭和20）年9月27日，昭和天皇がマッカーサーを訪問した。図①はその際の写真である。正装の天皇に対しノーネクタイのマッカーサーの姿は国民に衝撃を与え，作家の高見順*は「古今未曽有のこと」と驚きを日記に記した。会談で天皇はマッカーサーへの協力を約束したと伝えられ，GHQは天皇の戦争責任を問わず，占領政策の遂行に利用した。

*（1907～1965）。

考察

❶なぜGHQは図①を日本国民に公開したのだろうか。
❷連合国の日本統治方式の特徴は何だろうか。→1
❸GHQが非軍事化と民主化のために行ったことは何だろうか。→2・3・4・5

△①マッカーサーと昭和天皇（1945年9月27日）

天皇，現御神にあらず
君民信頼と敬愛に結ぶ

△②人間宣言（『朝日新聞』1946年1月1日）史

天皇を探す女性
天皇

△③巡幸（1949年，福岡県）　昭和天皇は1946年2月の神奈川巡幸を皮切りに，54年8月にかけて沖縄を除く各地を巡幸した。天皇の背広とソフト帽という庶民的な服装や「あ，そう」といった言葉・しぐさから，人々は人間天皇を実感したが，なかにはとまどう人もいた。

1945.9.27	マッカーサーを訪問
46.1.1	人間宣言
46.2～	地方巡幸（～54.8）
46.11.3	日本国憲法公布 ➲p.298

▷④昭和天皇の動き

1 連合国の日本管理機構

A 連合国軍の日本統治機構

- 極東委員会（FEC）
  - 11か国 ワシントンに設置
  - 米（議長国）・英・仏・ソ・中・蘭・カナダ・オーストラリア・インド・フィリピン・ニュージーランド
- ↓ 基本方針
- 米政府
- 連合国対日理事会（ACJ）
  - 東京に設置
  - 米（議長国）・英・ソ・中
- 米政府 → 指令（中間指令権），対日理事会 → 助言，↑諮問
- 連合国軍最高司令官総司令部（GHQ）
  - 本部を東京に設置
  - 最高司令官（SCAP）マッカーサー
- ↓ 指令・勧告
- 日本政府 → 実行 → 日本国民

△⑤日本本土の占領は連合国軍による**間接統治**方式であった。極東委員会が政策を決定し，米政府を通じてGHQに伝えられ，GHQが対日理事会と協議しつつ日本政府に指令する形式であった。しかし日本を降伏させたアメリカの力は絶大で，事実上はアメリカの単独占領であった。

B GHQ（GHQ-SCAP）の組織

- 連合国軍最高司令官（SCAP）マッカーサー …… 極東国際軍事裁判所
- 参謀長
  - 参謀部：G-1 人事，G-2 情報・治安，G-3 作戦，G-4 設営・補給
  - 外交局，渉外局，書記局，国際検察局，法務局
- 副参謀長
  - 幕僚部：公衆衛生福祉局，民間情報教育局，（民間諜報局），民政局，経済科学局，民間運輸局，天然資源局，統計資料局，民間通信局

△⑥GHQ組織図

◁⑦民政局次長をつとめたケーディス（1906～96）
民政局長のホイットニー（1897～1969）（➔p.301）とともに，**日本国憲法**のGHQ草案（➔p.298）起草や内務省解体，**公職追放**などで大きな役割を果たした。

2 五大改革指令と日本の民主化

ポツダム宣言受諾（1945.8）
- 6条 軍国主義の除去
- 9条 日本軍の武装解除
- 10条 戦争犯罪人の処罰，民主主義・基本的人権の尊重

軍国主義の除去
- ・陸・海軍解体，軍需工業の停止
- ・治安維持法（➔p.262，270）・特別高等警察（➔p.270）の廃止，政治犯の即時釈放（**人権指令**）（1945.10）➡4
- ・戦犯容疑者の逮捕→極東国際軍事裁判（46.5～48.11）➡3
- ・国家と神道の分離（神道指令）（45.12）　*国家神道➲p.217,331
- ・戦争犯罪人などの**公職追放**を指令（46.1）➡5

五大改革指令（1945.10）
GHQが幣原喜重郎首相へ出した指令
民主化の基本を示す

五大改革指令	おもな民主化の例
①参政権付与による婦人の解放	**新選挙法（改正選挙法）**➲p.298 選挙資格を満20歳以上の男女とした。
②労働組合の結成奨励	**労働三法**➲p.297（労働組合法・労働関係調整法・労働基準法）
③教育制度の自由主義的改革	**教育三法**➲p.299（教育基本法・学校教育法・教育委員会法）
④秘密警察など圧政（制）的諸制度の撤廃	
⑤経済機構の民主化	**財閥解体**➲p.296　**農地改革**➲p.297

時代を見る目　「進駐軍」とアメリカ文化

8月28日，アメリカ軍が厚木飛行場に到着し，日本占領が始まった。連合国軍のことを日本の国民は進駐軍とよんだ。進駐軍は主要都市の施設を接収し，都市には英語表記が現れた。進駐軍とともに映画，ジャズなどのアメリカ文化も流入した。PX（Post Exchange）は進駐軍専用の購買部のことで，東京・日本橋の白木屋百貨店，銀座の服部時計店などが接収され，豪華なアメリカ製品が並んだが，日本人は入れなかった。

PX

◁⑧PX（東京・銀座，1945年）

▷⑨「風と共に去りぬ」（1939年）　M. ミッチェル原作の映画。南北戦争から戦後の社会変動のなかを生き抜いた女性スカーレット＝オハラの姿は，戦後の復興に向けて歩む日本人の心をとらえた。

今日とのつながり　マッカーサーは国際基督教大学（ICU）の創設にあたり，財団の名誉理事長としてアメリカでの募金活動に尽力した。

現代　昭和

3 極東国際軍事裁判(東京裁判)

東条英機

⑩証言台にすわる東条英機　連合国が，日本の戦争指導者に対して行った裁判。1946(昭和21)年5月から東京・市ヶ谷の旧陸軍士官学校大講堂を改修した法廷で開かれた。1948年11月判決。東条英機，広田弘毅など7人が絞首刑。荒木貞夫，木戸幸一など16人が終身禁錮となった。

A級戦犯とB・C級戦犯の区分	
A級	**平和に対する罪**　通例の戦争犯罪に加え，侵略戦争を計画，開始，遂行した罪
B級	**通例の戦争犯罪**　攻撃目標の制限や非戦闘員の保護などを定めた戦時国際法違反
C級	**人道に対する罪**　一般人に対する殺戮・虐待・追放，政治的・人種的・宗教的理由での迫害

⑪戦犯の区分　極東国際軍事裁判所条例は，戦争犯罪人をA級・B級・C級と区分した。A級戦犯は**東京裁判**で裁かれ，B・C級戦犯については戦場となったアジア各地で裁判が行われた。

絞首刑　7名　1948.12.23 執行　(　)はおもな前歴

東条英機(陸軍大将，首相，陸相，陸軍参謀総長) ➔p.286
広田弘毅(首相，外相，駐ソ大使) ➔p.278
松井石根(陸軍大将，中支派遣軍司令官)
土肥原賢二(陸軍大将，在満特務機関長，陸軍航空総監)
板垣征四郎(陸軍大将，陸相，満州国軍政部最高顧問) ➔p.275
木村兵太郎(陸軍大将，陸軍次官，ビルマ派遣軍司令官)
武藤　章(陸軍中将，陸軍省軍務局長)

終身禁錮　16名

木戸幸一(内大臣，内相) ➔p.278
賀屋興宣(蔵相*) ＊大蔵大臣のこと。
白鳥敏夫(駐伊大使)
荒木貞夫(陸軍大将，陸相)
小磯国昭(陸軍大将，首相) ➔p.286
梅津美治郎(陸軍参謀総長)
鈴木貞一(企画院総裁)
橋本欣五郎(陸軍大佐)
平沼騏一郎(首相) ➔p.285
嶋田繁太郎(海軍大将，海相)
大島　浩(陸軍中将，駐独大使)
星野直樹(満州国総務長官)
畑　俊六(元帥，陸相)
南　次郎(陸軍大将，陸相)
佐藤賢了(陸軍省軍務局長)
岡　敬純(海軍中将)

禁錮20年　東郷茂徳(駐ソ・駐独大使，外相)
禁錮7年　重光　葵(駐英・駐華大使，外相)

判決前に，松岡洋右(外相) ➔p.275，永野修身(元帥，軍令部総長)は死亡。大川周明(国家革新運動指導者)は精神障害で免訴。

⑫A級戦犯と裁判結果

(人)　〈三省堂『戦後史大事典』〉

裁判国	人員	判決 死刑	判決 無期	判決 有期	おもな裁判地
アメリカ	1453	143	162	871	横浜，上海，マニラなど
イギリス	978	223	54	502	シンガポール，香港など
オーストラリア	949	153	38	455	ラバウル，ラブアンなど
オランダ	1038	236	28	705	バタヴィア，メダンなど
フランス	230	63	23	112	サイゴン(現ホーチミン)
フィリピン	169	17	87	27	マニラ
中国(国民政府)	883	149	83	272	北京，南京，台北など
計	5700	984	475	2944	

⑬B・C級戦犯裁判(1945年10月～51年4月)

MP

〈1959年 東宝提供〉

⑭映画「私は貝になりたい」　元陸軍中尉・加藤哲太郎の手記をもとに橋本忍が脚本を書いた。理髪店を営む男性が，上官の命令に従い捕虜の処刑に加わったため，B・C級戦犯として死刑になるという悲劇を描いた。

時代を見る目　極東国際軍事裁判の意義と問題点

東京裁判では，戦争中の日本軍による行為の実態が，初めて国民の前に明らかにされた。その一方で，天皇の戦争責任が問われなかったこと，ハルビン近郊で人体実験を行った731部隊などの関係者が，アメリカへの資料引き渡しを条件に，戦犯にならなかったことなどの問題点がある。また，この裁判は，事後に定めた法律を適用したことや，裁く側はすべて戦勝国が任命した人物で，原爆投下や植民地政策など連合国側の行為はすべて不問にされたことから，「勝利の裁き」との批判がある。東京裁判とは別に，アジア各地でB・C級戦犯の裁判も行われた。5700人が捕虜虐待，民間人殺害などの罪に問われ，984人が死刑判決を受け，うち934人に執行された。そのなかには，日本軍人・軍属として動員された朝鮮人23人，台湾人26人も含まれていた。この裁判で，戦犯たちは専門家の弁護を受けられなかったことや，上官の命令による行為であっても，実行者として責任を追及されたことなど，多くの問題点が指摘されている。

⑮今も残る731部隊の実験施設　(中国，黒竜江省)　陸軍軍医石井四郎が中心となり，生物(細菌)兵器，化学兵器の開発が行われた。人体実験で約3000人もの人を殺害したとされる。➔p.287

⑯パル判事　イギリス植民地下のインド代表判事として就任(政府代表ではない)。戦後に制定された法では被告は裁けないとしてA級戦犯全員の無罪を主張した。日本軍による残虐行為は認定できるが，それらはこの裁判で裁く対象ではないとし，原爆投下についてはナチスのホロコーストに比すべき罪として強く批判した。

4 政治犯の釈放と政党の復活

徳田球一
志賀義雄
黒木重徳

⑰釈放される共産党指導者　GHQの**人権指令**により1945年10月10日，志賀義雄，黒木重徳，徳田球一ら16人の政治犯が，東京都府中市の予防拘禁所から出所した。日本共産党は彼らを中心に12月に再建され，徳田球一が書記長になった。

⑱日本自由党結成大会であいさつする鳩山一郎　(1945年11月)　日本自由党は1942年の翼賛選挙で非推薦議員であった鳩山一郎(➔p.281)が中心となり45年11月に結成された。同年，日本社会党は戦前の無産政党各派を統合し11月に結成された。

5 公職追放

〈『日本史史料[5]現代』ほか〉

公職追放の分類		(人)
A項	戦争犯罪人	3422
B項	職業軍人	12万2235
C項	超国家主義団体有力者	3438
D項	大政翼賛会関係者	3万4396
E項	開発金融機関役員	433
F項	占領地行政長官	89
G項	その他の軍国主義者	4万5993
計		21万　6

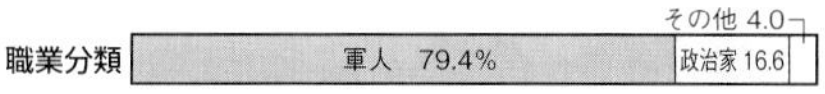
職業分類
軍人　79.4%
政治家 16.6
その他 4.0

⑲GHQの指令で，戦争犯罪人など7つの項目に該当する人物を，公職から罷免・排除した。1945年に特高(➔p.270)の排除と教育界での公職追放が行われ，46年には政財界，言論界に及んだ。

歴史のまど　高見順『敗戦日記』　戦時中の1941年から戦後の1951年まで書かれた膨大な量の日記のうち，1945年の一年間を抜粋したもの。当時の状況を知る貴重な資料の一つ。

現代　昭和

民主化政策―民主主義的傾向ノ復活強化ニ対スル一切ノ障礙ヲ除去スヘシ 史(ポツダム宣言第10条)

ヒストリースコープ

ＧＨＱはポツダム宣言にしたがい，1945年10月，幣原喜重郎首相に五大改革(→p.294)を指令し，徹底した民主化を指示した。そのうち，経済の民主化にあたるものが財閥解体・農地改革であった。

考察

❶図①②ともにＧＨＱ関係者が立ち会ったり視察したりしているのはなぜだろうか。
❷財閥解体と農地改革の結果を，民主主義改革の観点から説明しよう。→1・2
❸二・一ゼネストが中止に追い込まれ，財閥解体が中途で終わったのはなぜだろうか。→1・3

MP
MP

①ＭＰに監視され三井本店から運び出される株券(1946年10月8日 東京・日本橋) ＭＰ(Military Police)はアメリカ軍の警察(憲兵隊)である。各財閥本社から接収された株券は日本勧業銀行の倉庫で保管された。

リッジウェイ最高司令官
(マッカーサーの後任)
蚕

②農村を視察するＧＨＱの最高司令官夫妻(1951年9月 東京) ＧＨＱは日本政府の農地改革案(第一次農地改革)をくつがえし，第二次農地改革を指令した。強力な指導によって，1950年7月までにほぼ完了させた。

1 経済の民主化

戦前	戦後
・財閥による産業の支配 持株会社 → 財閥家族 →	・財閥解体 解散 企業支配力の排除
・寄生地主制 ➲p.222 による小作農の支配 大地主(寄生地主) → 小作農 →	・農地改革 寄生地主の一掃 経済力，社会的威信喪失 自作農の大量創出

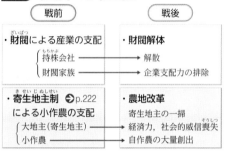

③ＧＨＱは軍国主義の基盤は財閥・地主・軍部という三つの社会勢力の結託にあったと考えた。そこで**財閥解体**による自由競争の確立と，**農地改革**による小作農民の中産階級化が，日本の民主化の根幹と結論づけた。

A 財閥解体への道

財閥 ➲p.214 4，269，277

GHQ(連合国軍最高司令官総司令部)
↓ 指令
持株会社整理委員会(1946.8発足)
持株会社，財閥家族所有の株式(有価証券)の譲渡を受ける

指定 ↓↑ 譲渡有価証券(1950年) 約1億6377万株 約73億9451万円 ↑↓ 指定

持株会社(83社)
・4大財閥(三井・三菱・住友・安田)本社とその他の財閥の本社・中核企業…15財閥*と一部中小財閥が対象→解体(32社)
・9社は過度経済力集中排除法を適用
・42社は株式譲渡後，生産会社として再建

財閥家族(10家56名)
三井(11名)　浅野(4名)
岩崎(11名)　野村(4名)
安田(10名，のちに+1名)　大倉(4名)
古河(2名)
住友(4名)　鮎川(1名)
中島(5名)

＊8大財閥(➲p.269)に新興の日産・日窒・理研・日曹・中島と金融資本の渋沢・野村を加えた15の大財閥。➲p.277

→ 譲渡された株式を一般へ売却

法の制定 ➡C
・独占禁止法(1947.4)
・過度経済力集中排除法(1947.12)
・財閥同族支配力排除法(1948.1)
独占体制の排除

④ＧＨＱの指令により，政府から独立した特殊法人として**持株会社整理委員会**が発足した。持株会社および財閥家族を指定し，株式譲渡を受けてこれを広く売却した。**独占禁止法**により持株会社は禁止され，財閥本社は消滅した。また，**過度経済力集中排除法**による対象会社の認定と解体の監督なども行われた。

B 企業の分割

〈三菱の場合〉
財閥解体により指定を受け解体
- 三菱本社 → 46年 持株会社整理委員会により解散
- 三菱商事 → 47年 解散，130社以上に解体(名称使用不可) 54年 復活

過度経済力集中排除法により分割
- 三菱鉱業 → 石炭部門と金属部門の2社に分離→90年合併
- 三菱化成 → 3社に(企業再建整備法による)
- 三菱重工業(1950年分割) → 東日本重工業―52年 三菱日本重工業／中日本重工業―新三菱重工業／西日本重工業―三菱造船 → 64年合併 三菱重工業

〈ほかの企業の例〉**過度経済力集中排除法により分割**
- 日本製鐵(1950年分割) → 八幡製鐵・富士製鐵―70年合併 新日本製鐵―2012年合併 新日鐵住金―19年改称 日本製鉄／日鐵汽船―62年合併 新和海運―2010年合併 NSユナイテッド海運／播磨耐火煉瓦―88年 ハリマセラミック―2000年合併 黒崎播磨
- 王子製紙(1949年分割) → 苫小牧製紙―52年 王子製紙―93年 新王子製紙／本州製紙 → 96年合併 王子製紙／十條製紙―93年 日本製紙

⑤おもな企業の分割 大企業の多くが独占を理由に解体された。しかし，冷戦を背景とした占領政策の転換(→p.300)により，日本を反共産主義の拠点とするために財閥資産の活用による日本経済の早期復興がめざされ，規制は緩和されていった。

(堀田祐治提供)

10月1日
親切第一
三菱銀行が
千代田銀行
と改名いたします

⑥銀行の改名 財閥本社は解体されたが，財閥系金融機関は名称を変えるだけで存続を許された。三菱，住友は占領終了後に財閥名称を復活させた。その後，三井・三菱・住友などの都市銀行は，系列企業への融資を通じて**企業集団**を形成していった。

時代を見る目 財閥所有株はどう処分されたか

財閥解体とは，持株会社や財閥家族に集中していた株式所有を分散化することで，全産業分野にまたがる強力な会社支配力を解体することに目的があった。持株会社83社と財閥家族56名が保有していた株式や小切手などの有価証券(総額約103億円)のうち，**持株会社整理委員会**に約74億円分が譲渡された。そのうち約43億円分が売却され(1950年3月時点)，代金など一部は持株会社・財閥家族に返却された。売却先は，当該企業の従業員が優先されたが，一般の労働者に購入できる資金があるはずもなく，経営権を守りたい企業は従業員に融資して，実質的に自社株を購入したとみられている。

C 独占体制を排除する法律

持株会社 ➲p.269
＊価格維持のため同業他社と価格や生産量を取り決めること。

法律	内容	その後の展開
独占禁止法(1947年4月公布)	・持株会社などの私的独占，カルテル*を禁止 ・公正取引委員会が監視	1949・53年に改正され，規制内容が緩和された。97年の改正で持株会社の禁止規定が解禁された。
過度経済力集中排除法(1947年12月公布)	・独占的な経済力をもつ巨大企業の分割	1948年2月に325社が指定されたが，占領政策の転換により，実際に分割されたのは11社のみ。55年7月廃止。
財閥同族支配力排除法(1948年1月公布)	・財閥家族が財閥系会社の役員に就任することを禁止	実際には40人が排除された。52年1月廃止。

今日とのつながり 戦前までビール市場で大きなシェアを占めていた大日本麦酒は，過度経済力集中排除法により日本麦酒(サッポロビール)と朝日麦酒(アサヒビール)に分割された。

2 農地改革

→p.329「土地制度の移り変わり」

よみとき　2回の農地改革における，在村地主に関する規定や譲渡方式の違いに注目しよう

		第一次農地改革(案)	第二次農地改革
内閣		1945(昭和20)年12月 幣原喜重郎内閣 →農地調整法の改正 ➔p.281	1946(昭和21)年10月 第1次吉田茂内閣 →農地調整法の再改正，**自作農創設特別措置法**の公布
内容	不在地主	小作地保有を認めない	小作地保有を認めない
	在村地主(小作地保有制限)	隣接市町村在住者を含める 5町歩内(約5ha)	農地のある市町村に在住する者に限定する 1世帯あたり都府県平均1町歩(北海道4町歩)
	自小作地の制限	なし	都府県3町歩(北海道12町歩)
	譲渡方式	地主・小作農の協議	国が強制的に買い上げ，小作農に安く売り渡す
	農地委員会	地主・自作農・小作農各5人	地主3・自作農2・小作農5人
	小作料	金納(物納も可)	金納(田は収穫価格の25%，畑は15%以内)
結果		日本政府が自主的に実施を決定したが，GHQより不徹底との非難を受け，実施できず。	1947(昭和22)年3月～50(昭和25)年7月に実施。全小作地の約88%を解放。大地主は経済力と社会的威信を失い，寄生地主制は崩壊。

⑦GHQは農村の貧困による国内市場の未発達が，海外輸出と侵略にたよる経済構造をつくったと判断し，その元凶は寄生地主制にあるとした。一方，日本政府にも，農業生産性の低さを克服するための自作農育成案があったことから，自発的に第一次**農地改革**案がつくられ，帝国議会で可決された。しかし，地主の抵抗が大きく不徹底な内容となったことから，GHQはこれに満足せず，第二次農地改革案の策定・実施を命じ，1950年までにほぼ完了させた。

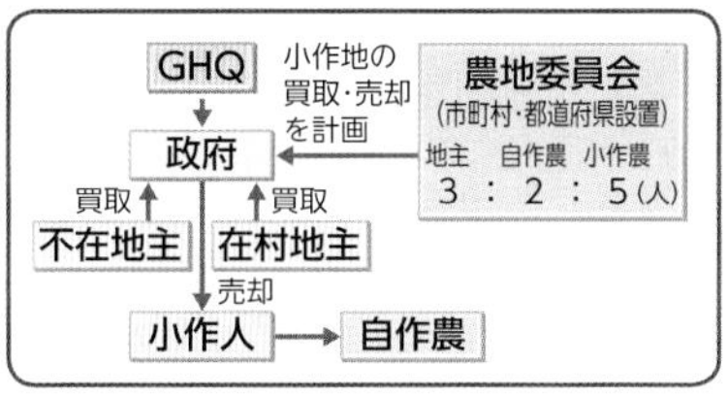
GHQ
小作地の買取・売却を計画
農地委員会
(市町村・都道府県設置)
政府
地主　自作農　小作農
3：2：5(人)
買取
買取
不在地主
在村地主
売却
小作人
自作農

⑧**第二次農地改革のしくみ**　農地委員会での小作の立場が強化された。

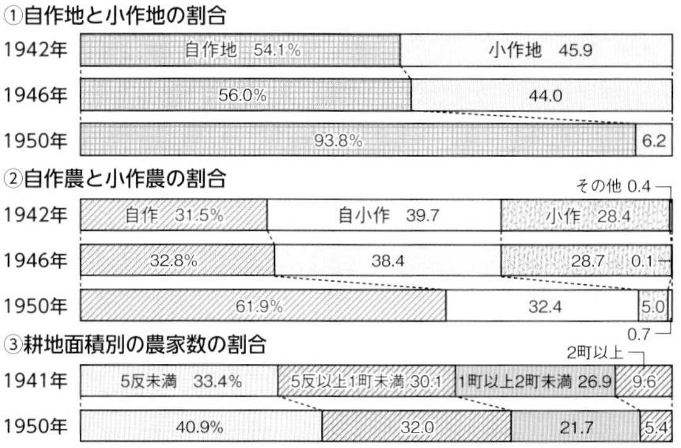
①自作地と小作地の割合
1942年　自作地 54.1%　小作地 45.9
1946年　56.0%　44.0
1950年　93.8%　6.2
②自作農と小作農の割合
その他 0.4
1942年　自作 31.5%　自小作 39.7　小作 28.4
1946年　32.8%　38.4　28.7　0.1
1950年　61.9%　32.4　5.0
0.7
③耕地面積別の農家数の割合
2町以上
1941年　5反未満 33.4%　5反以上1町未満 30.1　1町以上2町未満 26.9　9.6
1950年　40.9%　32.0　21.7　5.4

(『農林省統計表』)

⑨**農地改革前後の変化**　農地改革の結果，全農地の半分近くを占めていた小作地の割合は1割以下にまで激減した。小作農家も5%にすぎなくなり，多くの農民が自立することになった。農家は家族経営が中心となり，経営規模は縮小した。このことは，やがて工業化が進んで産業構造が高度化すると，零細農民の兼業化を促進することになった。農業をやめて都市に移住する農民が増え，就農人口が減少する要因ともなった(➔p.308)。また，土地所有者となった農民は保守化し，保守政党の勢力基盤となった。

二百万町歩解放む
自作地
490万町歩
改革後
自作地
290万町歩
小作地
260万町歩
改革前
農地改革
農林省
今年中に大部分の買収を終らそう

⑩**農地改革啓発ポスター**

3 労働の民主化と労働運動の高揚

労働組合法 1945年12月公布	労働者の団結権・団体交渉権・争議権を保障。
労働関係調整法 1946年9月公布	斡旋・調停・仲裁などの労働争議の調整方法や争議行為の制限を規定。
労働基準法 1947年4月公布	労働者保護のため，8時間労働制や年次有給休暇など，労働条件の最低基準を規定。

⑪**労働三法**　1945年10月に労務法制審議委員会が設置され，労働者側委員の主導で**労働組合法**が成立。**労働関係調整法**はGHQの主導で制定が進められ，**労働基準法**は憲法制定後，日本側の主導で制定された。

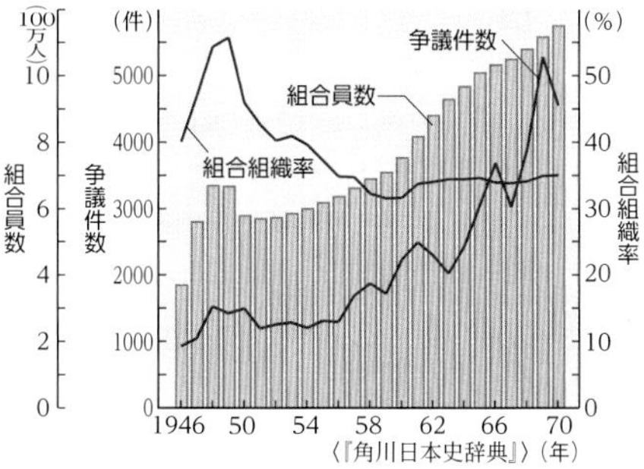
組合員数(100万人)
争議件数(件)
組合組織率(%)
争議件数
組合員数
組合組織率
1946 50 54 58 62 66 70(年)

(『角川日本史辞典』)

⑫**労働組合と労働争議**　戦後，労働組合運動が再開し，治安維持法により投獄されていた労働運動指導者や共産党員らが釈放(➔p.295)されて急速に発展した。1948年には組合員数660万人，組織率は50%をこえた。

⑬**復活メーデー**(1946年5月1日)　11年ぶりにメーデーが開催され，皇居前広場に約50万人の労働者が集まった。

進駐軍回線絶体確保せよ
スト準備完了

⑭**二・一ゼネストの準備を行う電話局の組合員**(1947年1月30日)　公務員の賃上げ要求に対して吉田首相が労働組合指導者を「不逞の輩」と罵倒したため，内閣打倒をめざすゼネストが計画され，しだいに革命運動の色彩を強めた。スト指導部はGHQのスト容認を想定していた。「進駐軍回線絶体(対)確保せよ」の貼り紙がそれを物語る。

しかし…↓
GHQ「通信・交通ストは占領政策を妨害」「革命運動への発展は断固阻止」
→スト前日　全官公庁共同闘争委員会の伊井弥四郎議長をNHKに連行し，中止の放送を行わせた。

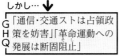

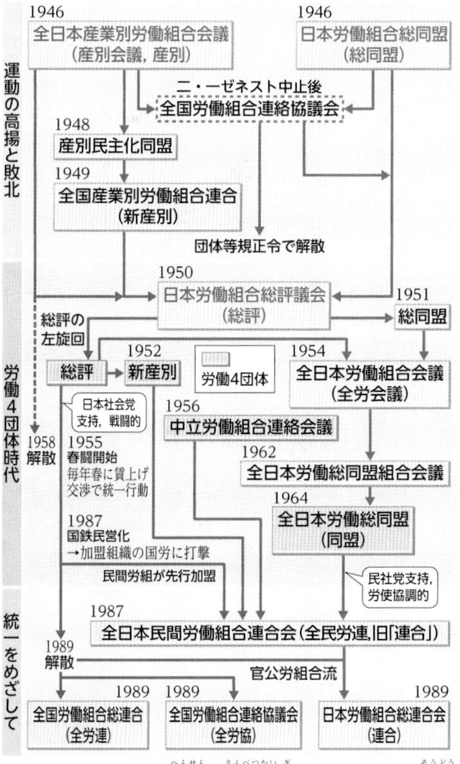
運動の高揚と敗北
1946
全日本産業別労働組合会議
(産別会議，産別)
1946
日本労働組合総同盟
(総同盟)
二・一ゼネスト中止後
全国労働組合連絡協議会
1948
産別民主化同盟
1949
全国産業別労働組合連合
(新産別)
団体等規正令で解散
1950
日本労働組合総評議会
(総評)
1951
総同盟
総評の左旋回
労働4団体時代
1952
総評
新産別
労働4団体
1954
全日本労働組合会議
(全労会議)
日本社会党支持，戦闘的
1956
中立労働組合連絡会議
1958解散
1955
春闘開始
毎年春に賃上げ交渉で統一行動
1962
全日本労働総同盟組合会議
1964
全日本労働総同盟
(同盟)
1987
国鉄民営化
→加盟組織の国労に打撃
民間労組が先行加盟
民社党支持，労使協調的
統一をめざして
1987
全日本民間労働組合連合会(全民労連,旧「連合」)
1989解散
官公労組合流
1989
全国労働組合総連合
(全労連)
1989
全国労働組合連絡協議会
(全労協)
1989
日本労働組合総連合会
(連合)

⑮**戦後労働組合の変遷**　産別会議は共産党指導，総同盟は非共産党で結成されたが，GHQの指導で1950年に労使協調の総評に運動が一本化された。ところが，翌年には労使対決路線へと急速に転換。これに不満をもつ勢力が全労会議で対抗した。1980年代に統一がめざされ，連合が結成されたが，いまだ完全には統一されていない。

歴史散歩　旧岩崎邸庭園(東京都台東区，p.252)　三菱創業者・岩崎家の邸宅として明治29年建築。コンドル設計の豪勢な洋館建築が都立庭園として保存，公開されている。

日本国憲法の成立 ―みなさん，あたらしい憲法ができました（『あたらしい憲法のはなし』）

ヒストリースコープ

日本国憲法は最後の帝国議会で審議・可決され，1946年11月3日公布，47年5月3日に施行された。8月には新憲法の内容をやさしく解説した文部省著作物『あたらしい憲法のはなし』が刊行され，中学1年生用の教科書として使用された。

大日本帝国憲法 ➔ p.225

考察

❶民主主義をうたった新憲法が旧憲法改正という形式をとったのはなぜだろうか。

❷憲法第9条の武力保持について『あたらしい憲法のはなし』での解説とは異なる解釈が可能となったのはなぜだろうか。→1

❸新憲法に定められた普遍的な人権の尊重と平等の精神にもとづいて，どのような法がどのように改正されたか，おもなものを説明しよう。→2・3

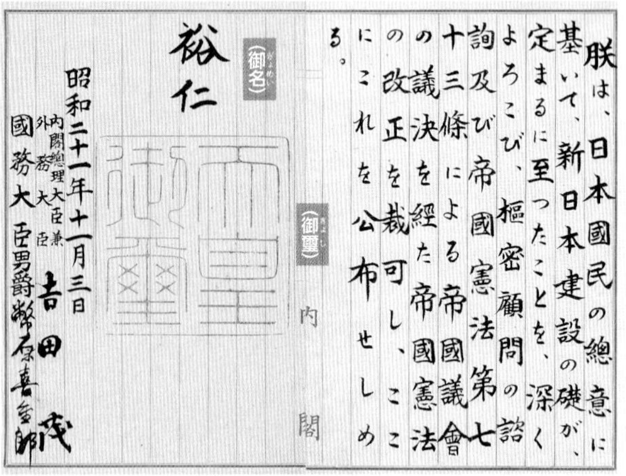
朕は、日本國民の總意に基いて、新日本建設の礎が、定まるに至つたことを、深くよろこび、樞密顧問の諮詢及び帝國憲法第七十三條による帝國議會の議決を經た帝國憲法の改正を裁可し、ここにこれを公布せしめる。

御名　裕仁

御璽

昭和二十一年十一月三日

内閣總理大臣兼外務大臣　吉田茂

國務大臣男爵　幣原喜重郎

内閣

△①**日本国憲法公布の詔書**　GHQの天皇制存続の方針にもとづき，新憲法も大日本帝国憲法改正という手続きがとられた。史〈東京 国立公文書館蔵〉

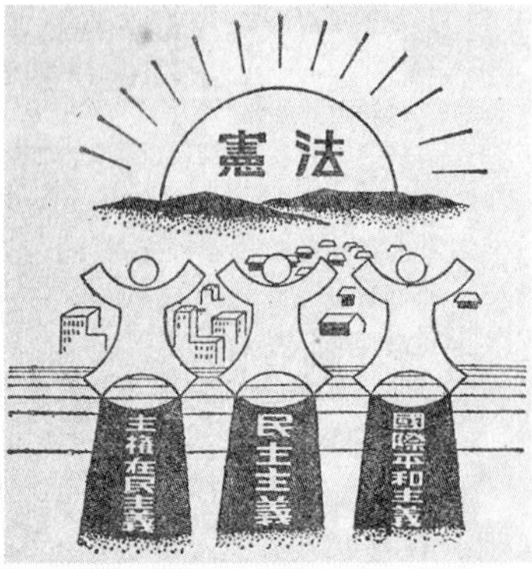
憲法
主権在民主義
民主主義
国際平和主義

△②**『あたらしい憲法のはなし』**　図は前文の精神を表したもの。この本には憲法第9条の戦力の不保持について，「およそ戦争をするためのものは，いっさいもたない」と記述されている。

1 日本国憲法の制定 史

A 憲法制定過程

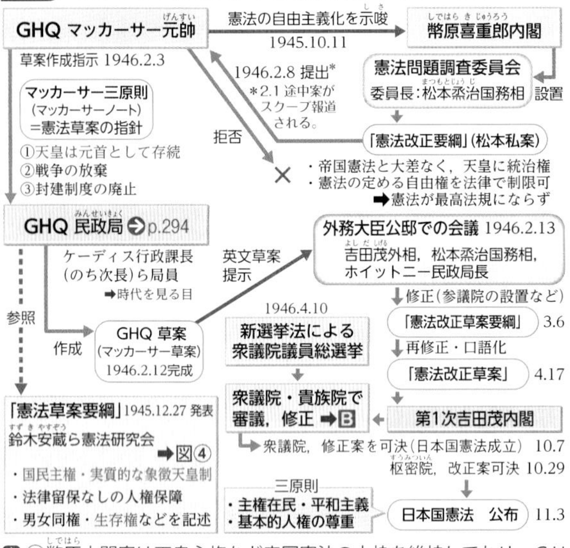
GHQ マッカーサー元帥
憲法の自由主義化を示唆
1945.10.11
幣原喜重郎内閣
設置
憲法問題調査委員会
委員長：松本烝治国務相
「憲法改正要綱」（松本私案）
1946.2.8 提出*
*2.1 途中案がスクープ報道される。
拒否
×
・帝国憲法と大差なく，天皇に統治権
・憲法の定める自由権を法律で制限可
➡憲法が最高法規にならず
草案作成指示 1946.2.3
マッカーサー三原則
（マッカーサーノート）
＝憲法草案の指針
①天皇は元首として存続
②戦争の放棄
③封建制度の廃止
GHQ 民政局 ➔p.294
ケーディス行政課長
（のち次長）ら局員
➡時代を見る目
作成
GHQ 草案
（マッカーサー草案）
1946.2.12完成
英文草案
提示
外務大臣公邸での会議 1946.2.13
吉田茂外相，松本烝治国務相，
ホイットニー民政局長
修正（参議院の設置など）
「憲法改正草案要綱」 3.6
再修正・口語化
「憲法改正草案」 4.17
第1次吉田茂内閣
1946.4.10
新選挙法による
衆議院議員総選挙
衆議院・貴族院で
審議，修正 ➡B
衆議院，修正案を可決（日本国憲法成立） 10.7
枢密院，改正案可決 10.29
日本国憲法　公布 11.3
三原則
・主権在民・平和主義
・基本的人権の尊重
参照
「憲法草案要綱」1945.12.27 発表
鈴木安蔵ら憲法研究会
➡図④
・国民主権・実質的な象徴天皇制
・法律留保なしの人権保障
・男女同権・生存権などを記述

△③幣原内閣案は天皇主権など帝国憲法の大枠を維持しており，GHQは極東委員会（➔p.294）の反対を恐れた。そこでGHQ草案をもとに憲法改正草案が起草され，帝国議会で審議・修正されることになった。

B 憲法制定の背景

〈東京 国立公文書館蔵〉

根本原則

一、日本國ノ統治權ハ日本國民ヨリ發ス

一、天皇ハ國政ヲ親ラセス國政ノ一切ノ最高責任者ハ内閣トス

一、天皇ハ國民ノ委任ニヨリ專ラ國家的儀礼ヲ司ル

一、天皇ノ即位ハ議會ノ承認ヲ經ルモノトス

▶④**「憲法草案要綱」原稿**　高野岩三郎ら憲法研究会の憲法草案で，原案は鈴木安蔵。鈴木は植木枝盛の憲法草案を発見した憲法学者で，民権派の私擬憲法（➔p.221）も参照して起草した。**国民主権**や**象徴天皇制**などその骨格はGHQ草案にいかされ，また先進的な生存権規定は，衆議院での憲法草案修正の段階で日本国憲法に盛り込まれた*。

*衆議院議員となっていた森戸辰男（➔p.260）らにより憲法25条として取り入れられ，保守系議員の提案で「最低限度の」の文言が加えられた。

時代を見る目

GHQ草案を作成した民政局員

GHQ民政局員には，世界恐慌後（➔p.273,277）の社会民主主義的なニューディール政策を学んだ者が多かった。彼らはニューディーラーとよばれ，女性・子どもの権利や社会権など世界最先端の民主主義的条項を盛り込むことに情熱を燃やした。専門学者ではなかったが，多彩な経歴をもち，市民の視点で起草にあたった。

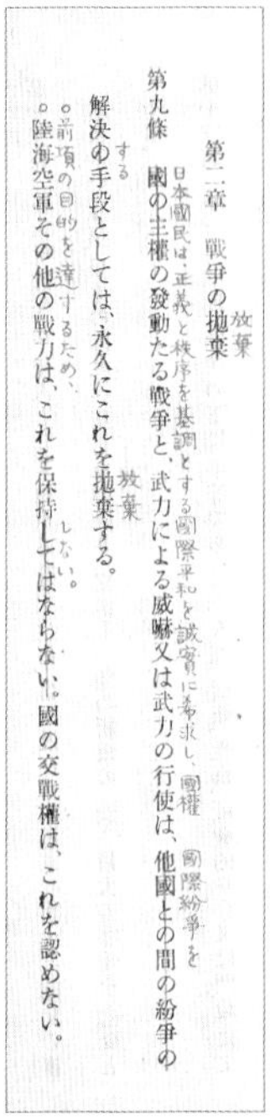
第二章　戰爭の抛棄 放棄

第九條　日本國民は、正義と秩序を基調とする國際平和を誠實に希求し、國の主權の發動たる戰爭と、武力による威嚇又は武力の行使は、他國との間の紛爭の國權 國際紛爭を解決の手段としては、永久にこれを抛棄する。放棄 する

○前項の目的を達するため、○陸海空軍その他の戰力は、これを保持してはならない。しない。國の交戰權は、これを認めない。

▶⑤**第9条をめぐる修正**　当初のマッカーサーの指示は自衛戦争の放棄を含んでいたが，GHQ草案段階で省かれた。さらに衆議院の憲法改正小委員会で，芦田均委員長が「前項の目的を達するため（国際紛争を解決するため）」という文言を挿入したことで，自衛のための戦力保持は禁じられていないという解釈の余地をつくった。

2 衆議院選挙と女性参政権 ➔p.262

党派名	当選者〔人〕（うち女性）	得票率〔%〕
日本自由党	140（5）	24.4
日本進歩党	94（6）	18.7
日本社会党	92（8）	17.8
日本協同党	14（0）	3.2
日本共産党	5（1）	3.8
諸派	38（10）	11.7
無所属	81（9）	20.4
合計	464（39）	100.0

△⑥**第22回総選挙**（1946年4月10日）　1945年12月成立の新選挙法*にもとづき，有権者資格を満20歳以上の男女とし，**女性参政権**を認めた初の総選挙。朝鮮，台湾出身者の選挙権は停止された。投票率は70%をこえた。

*改正衆議院議員選挙法の通称。

△⑦**女性議員の誕生**　衆議院議員の被選挙権は25歳以上の男女とされた。女性79名が立候補し，そのうち半数の39名が当選した。

3 法律の制定・改正

法律	公布	内容
改正刑法	1947.10	皇室に対する不敬罪・大逆罪の廃止，姦通罪を廃止。
改正民法（新民法）	1947.12	戸主・家督相続の廃止など「家」制度を解体。男女同権の婚姻・相続などを規定。
改正刑事訴訟法	1948.7	人権尊重の精神にもとづき，令状主義，黙秘権などを認める。
地方自治法	1947.4	都道府県知事・市町村長の公選制（直接選挙）やリコール制などを規定。※地方行政・警察を支配してきた内務省は廃止。
警察法	1947.12	国家地方警察と自治体警察（市および人口5000人以上町村）の二つを定めた。54年の改正警察法で都道府県警察に一本化。
国家公務員法	1947.10	天皇の官吏から国民への奉仕者としての国家公務員を定めた。
裁判所法	1947.4	日本国憲法で定められた最高裁判所および下級裁判所について組織や権限を明記。

ベアテ＝シロタ（1923～2012）　オーストリア出身

ユダヤ人の父がピアニストとして日本で活動していたことから，5歳からの10年間を日本で過ごし，留学のために渡米した。戦後，来日してGHQ民政局の職員となり，**日本国憲法**の人権条項の起草にかかわる。のちに彼女は，当時をふり返り「日本の女性が全然権利をもっていないことをよく知っていました。だから，私は憲法のなかに女性のいろんな権利を含めたかったのです」と述べている。第24条の「両性の平等」はその成果である。

歴史のまど　国立国会図書館ホームページ「日本国憲法の誕生」　日本国憲法の制定過程に関する概説と資料を閲覧できる。

現代 昭和

1 戦後教育史年表

▒ 教科関係　＿ 法律・委員会関係

	年・月	事　項
戦後教育改革	1945. 9	墨塗り教科書の使用➡図③
	.12	修身・日本歴史・地理の授業禁止
	1946. 3	第1次アメリカ教育使節団来日➡図⑤
	. 9	『くにのあゆみ』刊行➡図④
	.10	文部省，教育勅語奉読禁止を通達
	1947. 3	**教育基本法，学校教育法**公布➡3 A
	. 4	六・三・三・四制教育開始(新制中学発足)
	. 8	『あたらしい憲法のはなし』発行 ➔p.298
	. 9	社会科が始まる➡図⑨
	1948. 4	新制高等学校発足➡図⑧
	. 7	教育委員会法公布(公選制)➡3 A
	1949. 4	検定教科書の使用開始
高度成長と教育	1952. 6	中央教育審議会(中教審)発足
	1954. 6	教育の政治的中立に関する教育二法公布
	1956. 6	教育委員会が任命制になる➡図⑦
	1957.12	勤務評定反対闘争が激化
	1958. 3	文部省，道徳教育実施要綱を通達
	. 4	道徳の時間が週1回で始まる
	1962. 4	工業高等専門学校が発足
	.11	文部省，『日本の成長と教育』発行
	1963. 6	中教審「後期中等教育の拡充整備について(付：期待される人間像)」答申
	1969ごろ	大学で学園紛争激化
教育改革の模索	1974	高校進学率が90%をこえる
	1979. 1	国公立大学の共通一次試験開始
	1980	非行や校内暴力が社会問題に，テレビドラマ「3年B組金八先生」が大ヒット
	1984. 8	臨時教育審議会設置法公布，「教育の自由化」が論議される(個性重視路線)
	1985. 6	男女雇用機会均等法公布(公的な啓発活動を規定)
	.10	文部省，校内暴力の沈静化と，いじめ・登校拒否の増加を報告
	1990. 1	第1回大学入試センター試験実施
	1992. 4	小学校1・2年生で新教科「生活」開始
	2001. 1	文部科学省発足
	2002. 4	完全週5日制導入・「総合的な学習の時間」開始，義務教育で「絶対評価」導入「ゆとり教育」の本格実施
	2004. 3	文科省，脱ゆとり教育を明示(この間学力低下が社会問題化)
	2006.12	改正教育基本法公布➡3 A
	2008. 3	学習指導要領全面改定(「生きる力」の育成)
	2018. 3	高等学校学習指導要領改訂

2 学校の再開

◀①**青空教室**　都市部では空襲で木造校舎が焼失し，**学童疎開**(➔p.288)の解除ともあいまって教室が不足した。やむをえず野外での授業が実施されたが，雨が降れば休校にせざるをえず，午前と午後の二部制授業で校舎をやりくりすることもあった。

＊牛乳などから脂肪分を除いた脱脂乳を粉末状に乾燥させたもの。スキムミルク。

味噌汁(だいこん，にんじん，缶づめの肉)
脱脂粉乳

▲②**戦後まもないころの給食**　食料難のなかで，欠食対策として給食が実施された。アメリカの民間援助団体からの食料，ユニセフからの脱脂粉乳*，アメリカ政府からの小麦などの援助を利用して実施された。

▶③**墨塗り教科書**　GHQの指示のもと，再開された学校では，教科書の国粋主義，軍国主義的部分を児童自身に墨で塗りつぶさせて使用させた。〈東京 東書文庫蔵〉

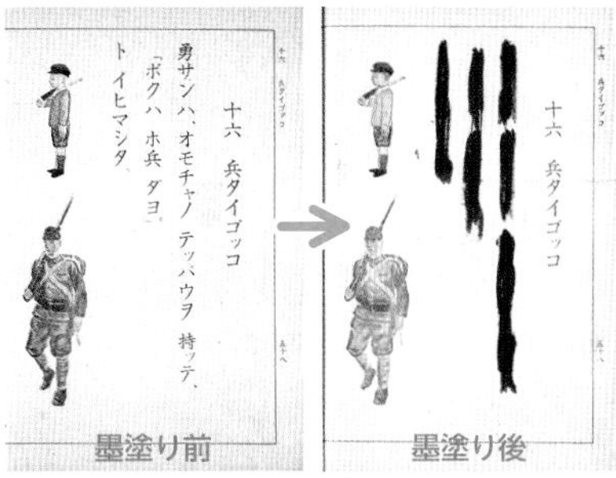
十六 兵タイゴッコ
勇サンハ、オモチャノ テッパウヲ 持ッテ、
「ボクハ 歩兵 ダヨ。」
トイヒマシタ。
十六 兵タイゴッコ
墨塗り前
墨塗り後

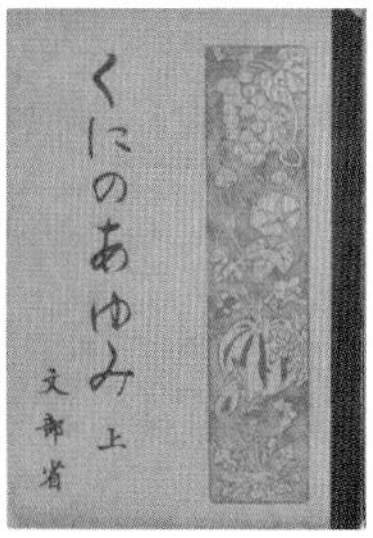
くにのあゆみ 上
文部省

◀④『**くにのあゆみ**』　GHQが停止した国史の教科書のかわりとして，急遽文部省が著作した国定歴史教科書。軍国的内容は削除され，庶民の歴史が登場した。

3 教育改革　A 教育に関する法律

教育基本法(1947.3公布)史

日本国憲法の精神にもとづき，民主主義教育の理念を明示

・教育の機会均等
・義務教育9年制
・男女共学

改正(2006.12)
「伝統と文化を尊重」「我が国と郷土を愛する」などの文言を追加

学校教育法(1947.3公布)

教育基本法の精神にもとづき，学校制度の基本を規定

・六・三・三・四の単線型学校制度の確立
(義務教育9年制・男女差別撤廃の実現)➡図⑥

教育委員会法(1948.7公布)

教育行政の民主化，地方分権化をめざす

・都道府県，市町村に教育委員会(公選制)を設置(1956年より任命制に➡図⑦)

時代を見る目　アメリカ教育使節団

GHQの要請で，当時のアメリカ教育会の中心的なメンバー27名が1946年3月に来日し，教育の民主化について勧告した。**教育基本法**，公選教育委員会，単線型の教育体系，男女共学，社会科の導入，国定教科書廃止，大学での教員養成など戦後教育改革の基本的な枠組みが示された。

▲⑤**アメリカ教育使節団**

B 学校制度の変化　近代の学校制度 ➔p.247 1

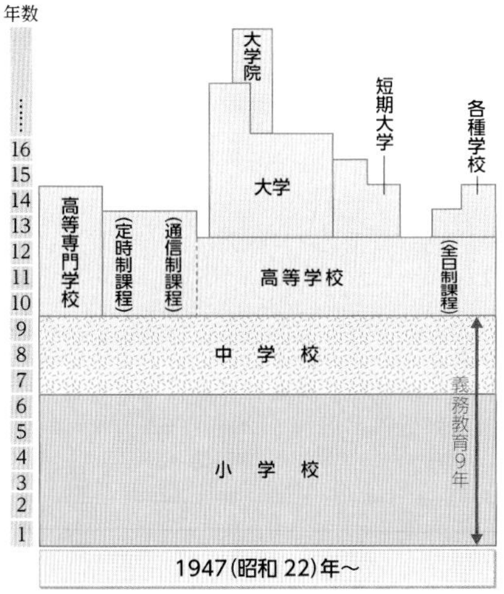
年数
16
15
14
13
12
11
10
9
8
7
6
5
4
3
2
1
大学院
短期大学
各種学校
大学
高等専門学校
(定時制課程)
(通信制課程)
高等学校
(全日制課程)
中学校
小学校
義務教育9年
1947(昭和22)年～

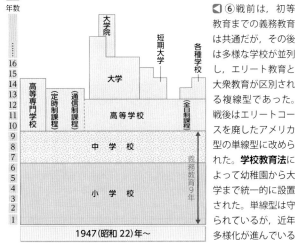

◀⑥戦前は，初等教育までの義務教育は共通だが，その後は多様な学校が並列し，エリート教育と大衆教育が区別される複線型であった。戦後はエリートコースを廃したアメリカ型の単線型に改められた。**学校教育法**によって幼稚園から大学まで統一的に設置された。単線型は守られているが，近年多様化が進んでいる。

C 教育の民主化

▶⑦**公選教育委員会制度**　地方議会の代表者1名と住民代表委員による合議制機関で，民意の反映と政治的に独立した教育行政運営がめざされた。しかし，関心の低さと政争の具になったことで，1956年に首長による任命制に変わった。

教育委員選挙
投票日 11月10日
時間
子を思う心でもれなく投票しましょう
東京都選挙管理委員会
区市町村選挙管理委員会

〈愛媛県立宇和島南中等教育学校提供〉

◀⑧**男女共学の始まり**　**教育基本法**の制定を受けて，1948(昭和23)年に新制高等学校制度が発足し，男女共学が実施された。

D 社会科の誕生

社会科 1
わが國土

▲⑨修身・公民・地理・歴史にかわる民主教育の象徴的教科として，1947年9月に誕生。「社会生活についての良識と性格を養う」ことが目的とされた。経験を通した学習が強調され，人と人，自然環境，社会制度との相互依存の関係を学ぶことが課題とされた。

占領政策の転換 —全体主義の戦争の脅威に対する防壁（米陸軍長官ロイヤル）

ヒストリースコープ

1948（昭和23）年1月，アメリカ陸軍長官ロイヤルは演説を行い，占領政策を見直す姿勢を示した。彼は，日本経済を自立化させてアメリカの負担を軽くするとともに，共産主義に対する防壁としての役割を日本に負わせることを主張した。

①ロイヤル（1894～1971）

ロイヤル米陸軍長官演説【訳】

…陸軍省および国務省は，政治的安定の維持と将来とも自由な政局を継承させるために，健全にして自立的な経済がなければならないことを知っている。…

アメリカは日本に…今後極東に発生するかもしれない新たな**全体主義**①**の戦争の脅威に対する防壁**②の役目を果たすことができるような，自足的な民主主義を確立するという目的をもっている。…

〔『時事年鑑』〕

①共産主義　②原文はdeterrent（妨害物・抑止力）

考察

❶ロイヤルが演説を行った当時の世界情勢，とりわけ東アジア情勢はどのようになっていただろうか。

❷経済の自立化に向け，どのような施策が行われただろうか。→1

❸朝鮮戦争は，日本経済にどのような影響をもたらしただろうか。→2・3

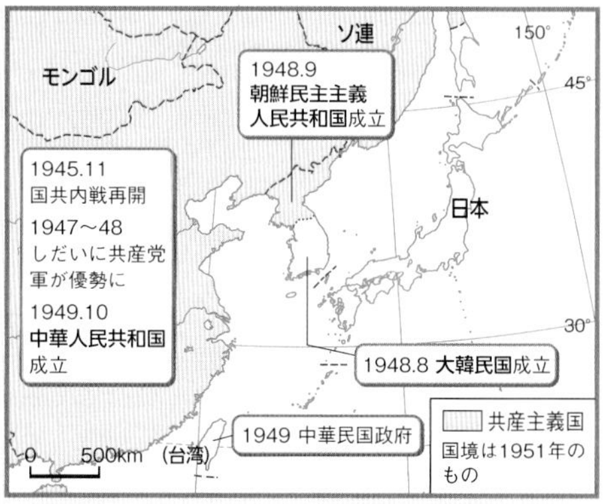

ソ連
モンゴル
1948.9 朝鮮民主主義人民共和国成立
1945.11 国共内戦再開
1947～48 しだいに共産党軍が優勢に
1949.10 中華人民共和国成立
日本
1948.8 大韓民国成立
1949 中華民国政府（台湾）
共産主義国 国境は1951年のもの
0 500km
150°
45°
30°

②1940年代末の東アジア →p.22 巻頭地図

1 経済自立化への転換と混乱

戦後

極度の物不足・通貨の増発 ➡ インフレーション（➡A）

幣原喜重郎内閣
- 金融緊急措置令（1946.2）
- インフレ対策…貨幣流通量を抑制
  - ・預金封鎖で旧円の流通を禁止
  - ・新円の発行・引き出し量制限

↓ 効果は一時的

吉田茂内閣①
- ・経済安定本部の設置（46.8）
- ・傾斜生産方式（46.12決定～芦田均内閣）
  - …重要産業に重点的に資金・資材を投入（石炭・鉄鋼など）
  - ➡復興金融金庫（復金）の創設（47.1）…石炭・鉄鋼・電力・海運などへの資金供給
- ・賃金の抑制

生産再開の起動力に ⟷ 赤字財政による巨額資金投入でますますインフレに（**復金インフレ**）

占領政策の転換：「反共の防壁」に向けた育成➡／経済の米国依存脱却・自立化求める ← 米国の財政負担（資金援助）

GHQ —指令→ 吉田内閣② ➡B

経済安定九原則（48.12）
①予算の均衡　②徴税強化　③資金貸出制限　④賃金安定　⑤物価統制　⑥貿易統制強化　⑦物資割当の改善での輸出増加　⑧増産　⑨食糧集荷計画の改善

財政 → **ドッジ=ライン**（49.3）
- ・均衡予算の編成（赤字を許さない予算）
- ・単一為替レート（1ドル=360円）

税制改革 → **シャウプ勧告**（49.9発表）
- ・直接税中心主義…とくに個人への所得税重視
  - ・資本蓄積のため，企業への課税は抑制
  - ・所得税は累進課税…一般勤労者層に配慮

結果
- ・インフレ収束➡ただし不況深刻化，中小企業倒産
- ・人員整理の強行，失業者増加（→労働者側の抵抗）

A インフレの進行

③新円への切りかえ　経済混乱によるインフレーションを抑えるため，幣原内閣は預金を封鎖し旧円の流通をとめ，新円への切りかえを進めた（**金融緊急措置令**）。しかし効果は一時的であった。

④急激なインフレーションと対策　**傾斜生産方式**のもとでインフレがさらに進行すると（復金インフレ），GHQは第2次吉田内閣に**経済安定九原則**を指令した。

よみとき　復興金融金庫の創設後，通貨量の増大と物価の上昇が加速していることに注目しよう

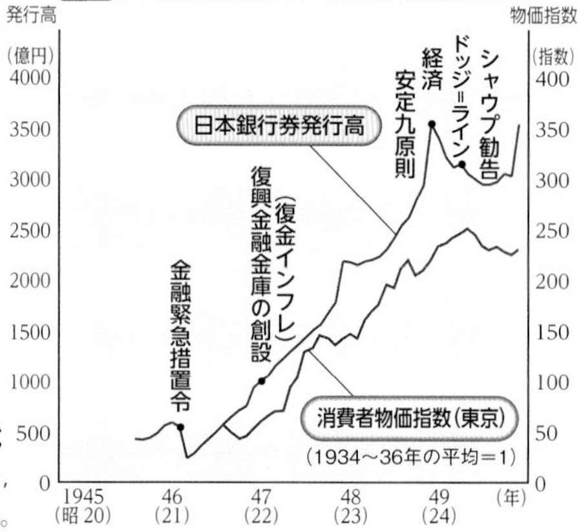

発行高（億円）
物価指数（指数）
4000 3500 3000 2500 2000 1500 1000 500 0
400 350 300 250 200 150 100 50 0
日本銀行券発行高
消費者物価指数（東京）（1934～36年の平均=1）
金融緊急措置令
復興金融金庫の創設（復金インフレ）
経済安定九原則
ドッジ=ライン
シャウプ勧告
1945（昭20） 46（21） 47（22） 48（23） 49（24）（年）

〈日本銀行『国内経済調査』ほか〉

B 日本経済自立化の試み - 竹馬経済の修正

ドッジ
池田蔵相
根本農相

⑤ドッジと池田勇人蔵相らの会談（1951年11月）　**経済安定九原則**の実施のため1949年2月に来日したドッジ*は，日本経済をアメリカの援助と政府の補助金という2本の足に乗った「竹馬経済」と表現し，徹底的な行財政整理を求めた（**ドッジ=ライン**）。

*ジョセフ=ドッジ（1890-1964）デトロイト銀行頭取。

一ドル三百六十圓
総司令部指令
あすから実施

⑥単一為替レートの決定『朝日新聞』1949年4月24日）

シャウプ
池田蔵相

⑦シャウプと池田蔵相（1950年7月）　財政学者シャウプ*を団長とする税制使節団は，所得税などの直接税中心主義，地方税の独立，税負担の不公平さを解消するための累進課税や青色申告制度の導入などを勧告した。このシャウプ勧告は戦後の日本税制の基礎となった。

*カール＝シャウプ（1902-2000）コロンビア大学教授。

時代を見る目　国鉄三大ミステリー事件

ドッジ＝ラインによる不況の結果，東芝争議など労働運動が高揚した。また，1949（昭和24）年には，行財政整理の一環として，国鉄が2回にわたり計約10万人の大量解雇を計画し，それに反対する国鉄労働組合（国労）と対立した。こうしたなか，同年7月には国鉄総裁が変死する下山事件，中央線三鷹駅で無人電車が暴走する三鷹事件，8月には列車が脱線転覆する松川事件が発生。政府によって，これらは共産党員ら労働組合員による犯行と発表されたことで，反対運動は衰退し，国鉄の大量解雇が実行された。

⑧下山事件（1949年7月6日）　国鉄総裁の下山定則が，常磐線の綾瀬駅付近（東京都足立区）で，死体で発見された。事件の真相はいまだに不明だが，大量解雇を命じるGHQや政府と，職員との板挟みになった結果の自殺とも考えられている。

⑨松川事件（1949年8月17日）　福島県の東北本線 松川駅付近で走行中の列車が転覆し，機関士など3名が死亡した。国労組合員・東芝労組員20名が逮捕されたが，のちに全員の無罪が確定。

歴史のまど　松本清張『日本の黒い霧』　下山事件・三鷹事件・松川事件など，戦後日本で起きた怪事件の真相に迫る。背景にGHQの陰謀があったことを示唆している。

現代　昭和

2 朝鮮戦争の勃発と経過

年・月・日	事項　北朝鮮側の動き　韓国・国連軍側の動き
1950 .6 .25 (昭25)	北朝鮮軍，未明に北緯38度線を越え韓国に侵攻(**朝鮮戦争**勃発)
.6 .28	北朝鮮軍，ソウル占領
.7 .7	国連安保理(ソ連欠席)，国連軍創設*と韓国派遣を決定(総司令官マッカーサー)
.8 .18	韓国政府，釜山に臨時遷都
.9 .15	国連軍，仁川に上陸，反撃開始 ➡❶
.9 .26	国連軍，ソウル奪回
.10. 1	韓国軍，38度線突破
.10.20	国連軍，平壌占領
.10.25	中国人民義勇軍，参戦
11月ごろ	国連軍・韓国軍，北進 ➡❷
.12. 5	北朝鮮・中国人民義勇軍，平壌奪回
1951 .1. 4 (昭26)	北朝鮮・中国人民義勇軍優勢で，国連軍，ソウル放棄
.3 .14	国連軍，ソウル再奪回
.4 .11	国連軍総司令官マッカーサー解任➡図⑪
.6	戦線が38度線でほぼ膠着
.7 .10	開城で休戦交渉開始
1953 .7 .27 (昭28)	板門店で休戦協定調印➡❸

❶～❸は年表中の番号と対応　＊国連安全保障理事会の決議で編制された，米軍を中心とする多国籍軍であり，国連憲章の規約による国連軍ではない。

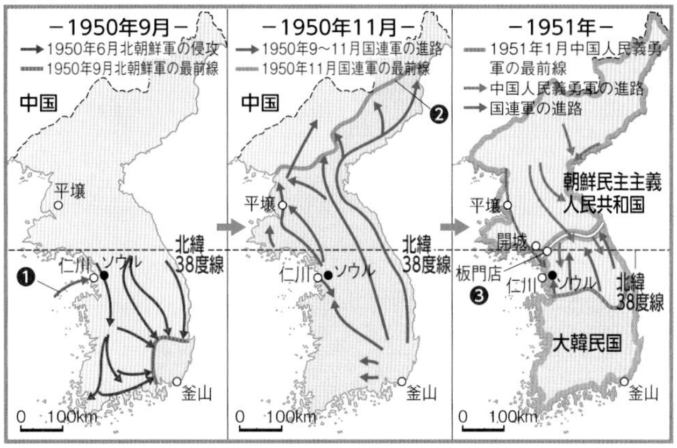

－1950年9月－
1950年6月北朝鮮軍の侵攻
1950年9月北朝鮮軍の最前線
中国
平壌
仁川
ソウル
北緯38度線
釜山
0　100km
－1950年11月－
1950年9～11月国連軍の進路
1950年11月国連軍の最前線
中国
平壌
仁川
ソウル
北緯38度線
釜山
0　100km
－1951年－
1951年1月中国人民義勇軍の最前線
中国人民義勇軍の進路
国連軍の進路
朝鮮民主主義人民共和国
平壌
開城
板門店
仁川
ソウル
北緯38度線
大韓民国
釜山
0　100km

△ ⑩**朝鮮戦争の経過**　1950(昭和25)年6月，朝鮮半島の武力統一をめざして北朝鮮が韓国に侵攻し，朝鮮戦争が始まった。在韓米軍・韓国軍が釜山周辺まで退却を余儀なくされたため，7月，米軍・韓国軍を中心とする国連軍が結成された。国連軍の総司令官となったマッカーサーは，9月15日，北朝鮮側が予測しない仁川への上陸作戦を成功させ，形勢を逆転させた。その後，一進一退の攻防が続き，1953年に休戦したが，法的にはいまだ休戦状態が続いている。日本はこの戦争の特需で飛躍的な経済復興をとげた。また，共産主義の波及を懸念した米政府が，いかなる時も中立を保つべきと考えていた*日本の位置づけを大きく転換するなど，朝鮮戦争がもたらした日本への影響は大きい。＊1949年3月，マッカーサーは日本には「太平洋のスイス」になることを望むと述べていた(スイスは永世中立国)。

▽ ⑪**マッカーサー解任**　国連軍が中国国境に迫ると，1950年10月，中国人民義勇軍が北朝鮮側で参戦し，その後戦線は膠着状態におちいった。マッカーサーは中国への直接爆撃と核攻撃を主張したため，休戦を模索するトルーマン大統領によって1951年4月に解任された。退任式でマッカーサーは「老兵は死なず，ただ消え去るのみ」と語った。同年，休戦会談が始まり，53年に休戦協定が結ばれた。

マッカーサー
ホイットニー民政局長

3 朝鮮特需による経済復興

(『近現代日本経済史要覧』)

順位	第1年 (1950.6~51.5)	第2年 (1951.6~52.5)	第3年 (1952.6~53.5)	第4年 (1953.6~54.5)	第5年 (1954.6~55.5)
1	トラック	自動車部品	兵器	兵器	兵器
2	綿布	石炭	石炭	石炭	石炭
3	毛布	綿布	麻袋	食糧品	食糧品
4	建築鋼材	ドラム缶	有刺鉄線	家具	家具
5	麻袋	麻袋	セメント	乾電池	セメント

△ ⑫**主要物資の年別契約高順位**　日本経済は**朝鮮戦争**による特需により活気づいた。この**特需景気**では，兵器関係などの金属製品やトラック・自動車部品などの輸送機械，麻袋などの繊維製品がよく売れたことから，「糸へん」「金へん」ブームとよばれた。

▷ ⑬**輸出を待つ「特需」自動車**(1952年)　日本の自動車産業は**ドッジ＝ライン**による不況もあって低迷しており，とくにトヨタ自動車は倒産の危機に直面していた。しかし，朝鮮戦争の勃発でアメリカから大量のトラックの注文を受けたため，各メーカーとも生産の合理化を進めて需要に対応し，急成長をとげていった。

時代を見る目　**なぜ朝鮮戦争が"特需"をもたらしたのか**

朝鮮戦争によって，日本がアメリカから受注した製品の支払いにはドルが使用された。そのため，これまで外貨不足によって輸入による設備投資がとどこおっていた状況を解消することができた。また，産業構造においても，一般家庭向け製品の生産能力は著しく低下していたが，軍需製品の生産能力は残存していたため，こうした軍需関連産業への受注は，日本経済の復興に効果的であった。

4 「太平洋のスイス」から「全体主義の防壁」へ

A 警察予備隊の創設

警察力大幅に強化
マ元帥 書簡で首相に指示
國警予備隊を創設
政府に直属・人員は七万五千
海上保安官八千をも増員

△ ⑭**警察予備隊の新設**(『読売新聞』1950年7月9日)　**朝鮮戦争**勃発に伴い，在日米軍4個師団が朝鮮半島に出撃した。1950年8月，GHQの要請により，治安維持のため4個師団分の定員7万5000人で**警察予備隊**が設立された。

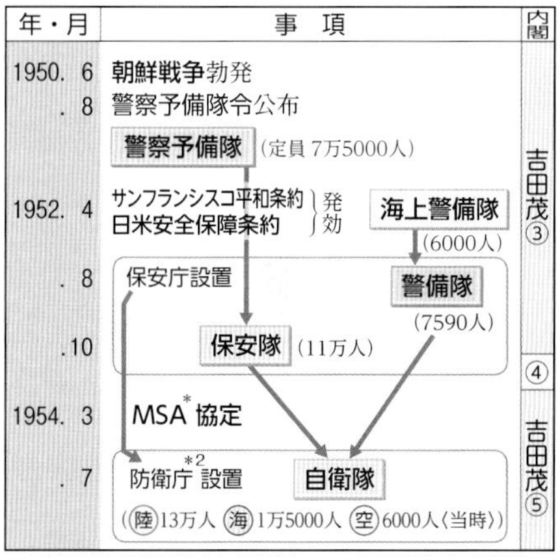

年・月　事項　内閣
1950. 6　朝鮮戦争勃発
. 8　警察予備隊令公布
警察予備隊(定員7万5000人)
1952. 4　サンフランシスコ平和条約 日米安全保障条約 発効
海上警備隊(6000人)
. 8　保安庁設置
警備隊(7590人)
.10　保安隊(11万人)
1954. 3　MSA*協定
. 7　防衛庁*2設置
自衛隊
(陸13万人 海1万5000人 空6000人(当時))
吉田茂③
④
吉田茂⑤

＊日米相互防衛援助協定など4協定。　＊2 2007年に防衛省へ。

△ ⑮**警察予備隊から自衛隊へ**　➡p.317

B レッドパージ(共産主義者の追放)と公職追放解除

速報

△ ⑯**労組が貼り出した追放の速報**(1950年11月，農林省)　**GHQ**は**朝鮮戦争**の最重要基地である日本で反戦運動が起こるのをおそれ，共産主義勢力への圧力を強めた。1950年6月，GHQは日本共産党幹部の公職追放を指示。続いて共産主義者がマスコミ・官公庁・企業から排除された。

▽ ⑰**総評の結成**(1950年7月)　**レッドパージ**の一方，戦争協力による公職追放者は追放を解除された。GHQは労働組合の非共産主義化のため，共産党主導の産別会議(➡p.297)にかわる組織として**日本労働組合総評議会**(総評)の結成を支援した。独立回復後，総評は社会党・共産党などとともに米軍に対する基地反対闘争(➡p.304)を支援した。

歴史散歩　市ヶ谷記念館(東京都新宿区)　防衛省の敷地内にあり，極東国際軍事裁判(東京裁判)(➡p.295)の法廷として使用された大講堂も見学できる。

講和と安保条約 ―すべての国を完全に満足させることは，不可能であります（吉田首相）

ヒストリースコープ

1951年，サンフランシスコ講和会議が開かれた。吉田茂首相は，その受諾演説において，「和解」と「信頼」の文書である平和条約調印を喜ぶとともに，憂慮する課題として，領土問題，経済問題，安全保障問題をあげた。しかし，この平和条約によって日本の占領状態は終了し，独立国として国際社会に復帰した。

考察

❶平和条約と同日にアメリカと結んだ条約と，その条約に署名した双方の人物は誰だろうか。
❷平和条約締結に際して，日本国内でどのようなことが議論になっただろうか。→1
❸二つの条約を結んだことで，日本は当時の世界情勢下の東アジアにおいてどのような役割を担うことになっただろうか。→1・2

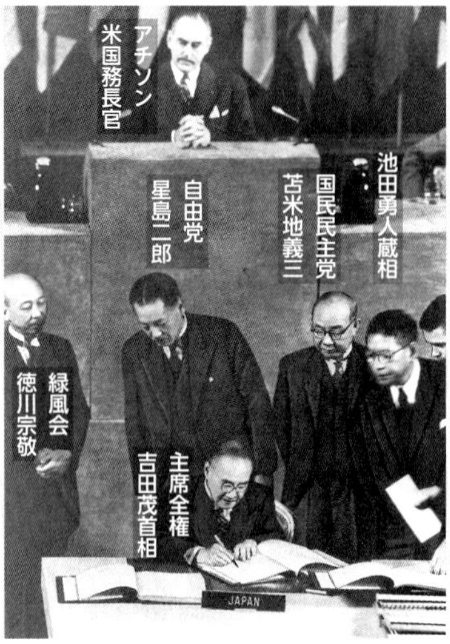
アチソン米国務長官
池田勇人蔵相
国民民主党 苫米地義三
自由党 星島二郎
緑風会 徳川宗敬
主席全権 吉田茂首相
JAPAN

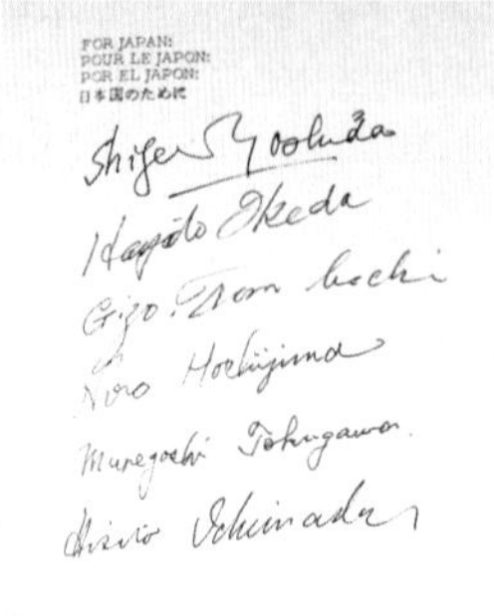
FOR JAPAN:
POUR LE JAPON:
POR EL JAPON:
日本国のために

△①サンフランシスコ平和条約の調印　サンフランシスコのオペラハウスで5日間にわたって開かれた講和会議の最終日に，調印式が行われた。
◁②条約に署名する吉田茂首相

△③日米安全保障条約調印　平和条約締結と同日に米軍基地内で吉田首相とアチソン国務長官以下4人が署名した。この条約と**日米行政協定**によりアメリカは日本独立後も在日米軍を維持できる権利を得た。

1 サンフランシスコ平和条約 史

- 日本と各連合国との戦争状態は，この条約が効力を生じる日に終了する。（第1条）
- 日本は朝鮮の独立を承認する。台湾および澎湖諸島，千島列島，樺太の一部（南樺太）などを放棄する。（第2条）➡B
- 日本は，北緯29度以南の諸島（琉球諸島・小笠原諸島など）を将来米国の信託統治下におくことに同意する。（第3条）➡B
- 占領軍はこの条約の効力発生後，日本から撤退しなければならない。ただし協定にもとづく外国軍隊の駐留は認める。（第6条）➡2　1951年9月8日調印　52年4月28日発効

△④条約の締結と内容　**朝鮮戦争**が始まり**冷戦**が激化すると，アメリカは沖縄や小笠原諸島の直接統治と在日米軍の駐留継続を前提に早期講和に動き，第3次吉田内閣がこれを受け入れて調印した。こうして7年間の占領は終わり，日本は主権を回復した。

A 単独講和と全面講和

［　］内は各国と国交を結んだ年

平和条約を調印…48か国（アメリカ，イギリス，オーストラリアなど）		
調印を拒否…3か国	会議を欠席…3か国	会議に招かれず…2か国
・ソ連［→日ソ共同宣言(1956)］ ・ポーランド［→国交回復(1957)］ ・チェコスロヴァキア［→国交回復(1957)］	・インド［→日印平和条約(1952)］ ・ビルマ(現ミャンマー)［→日本-ビルマ平和条約(1954)］ ・ユーゴスラヴィア［→国交回復(1952)］	・中華人民共和国［→日中共同声明(1972)］ ・中華民国(台湾)［→日華平和条約(1952)］
理由：講和の内容に不満があったため。		理由：中華人民共和国を認める英と，認めない米が対立したため。

△⑤条約をめぐる各国の対応　すべての交戦国と一度に講和条約を結ぶべきとする全面講和論と，それでは再独立が遅れるとし，アメリカを中心とする西側陣営との講和を先行させるべきだという単独講和論に分かれた。実際の会議では，朝鮮戦争下にあった韓国・北朝鮮や中国の代表は招かれず，ソ連をはじめとする東側陣営は署名をしなかった。この問題をめぐって，日本社会党は左右両派に分裂した（➔p.304）。

曲学阿世
吉田首相
南原総長

△⑥吉田首相発言に激怒する南原繁東大総長（那須良輔筆）　吉田首相は，すべての交戦国との全面講和を主張する南原総長を名指しで「曲学阿世の徒」（真理をまげた不正の学問で世にこびへつらう者）と非難した。

B 縮小した日本の領土

➔p.22 巻頭地図

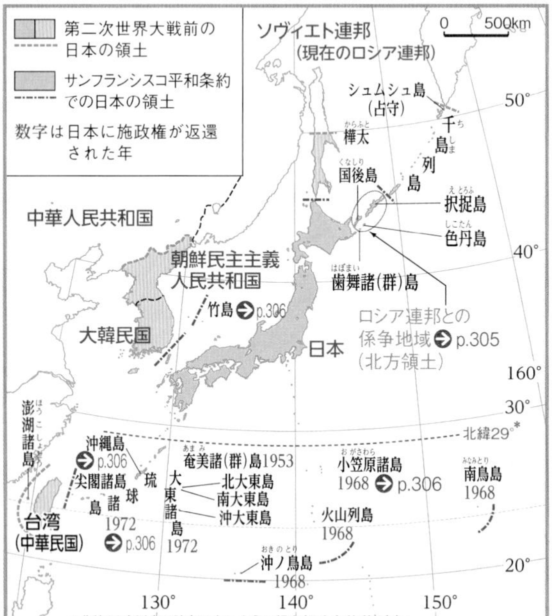
第二次世界大戦前の日本の領土
サンフランシスコ平和条約での日本の領土
数字は日本に施政権が返還された年
0　500km
ソヴィエト連邦（現在のロシア連邦）
シュムシュ島（占守）
樺太
千島列島
国後島
択捉島
色丹島
歯舞諸(群)島
ロシア連邦との係争地域➔p.305（北方領土）
中華人民共和国
朝鮮民主主義人民共和国
大韓民国
竹島➔p.306
日本
澎湖諸島
沖縄島➔p.306
尖閣諸島
琉球諸島 1972
台湾（中華民国）➔p.306
奄美諸(群)島1953
大東諸島 1972
北大東島
南大東島
沖大東島
小笠原諸島 1968➔p.306
南鳥島 1968
火山列島 1968
沖ノ鳥島 1968
北緯29°*
50°
40°
30°
20°
160°
130°
140°
150°

＊北緯29度以南の諸島は次のように規定（平和条約 第3条）：
①将来，米国が自国の信託統治領とする提案を行った場合，日本政府はそれに同意する。
②それまでは米国が施政権をもつ。

C アジア諸国への戦後賠償

（億円）

	賠償額	準賠償額❸	合計
フィリピン❶	1980		1980
(南)ベトナム❶	140.4		140.4
インドネシア❷	803.1		803.1
ビルマ(現ミャンマー)❷	720	504	1224
韓国		1080	1080
マレーシア		29.4	29.4
シンガポール		29.4	29.4
タイ		96	96
モンゴル		50	50
ミクロネシア		18	18
カンボジア		15	15
ラオス		10	10
合計	3643.5	1831.8	5475.3

〈外務省資料〉

◁⑦平和条約には「日本の存立可能な経済の維持」をそこなわない範囲での賠償が規定され，4か国が賠償金を請求した。ほかのアジア諸国については無償の資金協力や経済協力を賠償に準ずるものとして実施したが，これは日本の海外経済援助の先がけとなった。

❶サンフランシスコ平和条約にもとづく賠償。
❷個別に締結した平和条約にもとづく賠償。
❸経済技術協力協定などによる援助（賠償に準じた支払い）。
・賠償請求権を放棄…アメリカをはじめ多くの交戦国
・個別の条約等で放棄…中華民国（52年），ソ連（56年），中華人民共和国（72年）

2 日米安全保障条約と日米行政協定

▷⑧**日米行政協定**は1960年に日米地位協定に継承された（➔p.305）。治外法権的な米軍駐留に関しての規定はほとんど変わっておらず，沖縄基地問題の根源となっている。

日米安全保障条約 史　1951年9月8日調印　52年4月28日発効
- 米軍を日本に配備することを承諾する。
- 米軍は極東の平和と安全の維持に協力する（日本の安全を保障する義務はない）。
- アメリカ以外の国に軍事的権利を与えない。
- アメリカ軍の日本国における配備の条件は，**日米行政協定**で決定する。

日米行政協定　1952年2月28日調印　52年4月28日発効
①駐留軍施設の無償提供。　②駐留費用を分担する。
③米軍関係者の犯罪は米軍に裁判権がある。

歴史散歩　外務省外交史料館（東京都港区）　外交記録の管理・保存・公開を行う公文書館。別館の展示室では吉田茂関係資料などの常設展示のほか，特別展示も行っている。

占領期の文化 ─三，連合国に関し虚偽又は破壊的批判をしてはならぬ（プレス＝コード第三項）

ヒストリースコープ

占領政策によって日本の民主化が進み，映画・スポーツ・ラジオ・文芸などさまざまな文化が解放され，復活した。その一方で，GHQはプレス＝コード（新聞・出版を規制するための規則）を定めて検閲を行い，第三項にあるようにアメリカ軍に不利な情報や表現は統制された。原爆に関する表現も対象となった。

考察

❶永井隆の随筆はなぜ検閲に引っかかったのだろうか。

GHQのプレス＝コード【現代語訳】

一、報道は厳格に真実に即すること

二、直接又は間接とを問わず，公安を害するようなものを掲載してはならない

六、報道記事は事実に即し，かつ完全に編集上の意見を払拭したものでなくてはならない

七、報道記事は宣伝目的の色をつけてはならない

永井隆
長崎の鐘
マニラの悲劇

△①**永井隆**（1908～51）（左）と②『**長崎の鐘**』（右）　永井隆は長崎医科大学の放射線科医師として，原爆で妻を失い自らも被爆しながら診療に専念した。その記録が『長崎の鐘』である。この随筆には原爆投下の詳細な描写があり，検閲当局から日本軍のマニラ虐殺の記録と合冊することで出版が許された。ベストセラーとなり映画化された。〈長崎市永井隆記念館蔵〉

D 復興期をいろどった人々

BAR

◁⑩**笠置シズ子**（1914～85）　歌謡曲「東京ブギウギ」が大ヒットし，「ブギの女王」として一世を風靡。アメリカの大衆音楽のリズムを日本に定着させた。

◁⑪**原節子**（1920～2015）　黒澤明の「わが青春に悔なし」，小津安二郎の「東京物語」「晩春」など，日本映画黄金期の名作に多数主演した。〈東宝提供〉

◁⑫**美空ひばり**（1937～89）　8歳で初舞台。大人顔負けの歌唱力で「天才少女」と称され，以後多くのヒット曲を歌い国民的歌手となった。➲p.323

〈『悲しき口笛』監督/家城巳代治(1949年) 写真提供/松竹〉

◁⑬**湯川秀樹**（1907～81）　物理学の「中間子論」で日本初のノーベル賞を受賞。占領下に自信と希望を与えた。後年は核兵器廃絶運動の先頭に立った。➲p.323

◁⑭**古橋広之進**（1928～2009）　水泳自由形で世界新記録を連発。「フジヤマのトビウオ」と称された。のちに日本オリンピック委員会会長に就任した。

◁⑮**白井義男**（1923～2003）　GHQの生物学者アルビン＝カーンの指導で才能が開花。1952年，日本人初のボクシング世界チャンピオンとなった。

1 占領期の文化　A まとめ表

特徴	抑圧からの解放，従来の価値観の転換 ①アメリカ軍占領期（1945年8月～52年4月）の文化 ②GHQが民主化・自由化を推進，一方でマスメディアに対して検閲を行い言論を統制 ③大衆文化が広まり，アメリカ的な生活様式や文化が急速に流入する	
学芸	人文・社会・自然科学の発展	丸山真男の政治学，大塚久雄の経済史学，川島武宜の法社会学 湯川秀樹のノーベル物理学賞受賞（1949）

学芸	文学	太宰治，坂口安吾，大岡昇平，野間宏，三島由紀夫
学芸	学問・芸術の奨励	文化勲章復活（1946），日本学術会議設立（1949），文化財保護法制定（1950）
学芸	新聞・雑誌	『中央公論』復刊，『世界』・『展望』創刊
大衆文化	映画	今井正「青い山脈」，小津安二郎「晩春」，黒澤明「羅生門」，溝口健二「西鶴一代女」
大衆文化	歌謡曲	並木路子「リンゴの唄」➲p.293，笠置シズ子，美空ひばり
大衆文化	ラジオ	スポーツ中継復活，民間ラジオ放送開始
アメリカ文化の流入		洋画，英会話の流行，ダンスホール

B 日本映画の復活

△③**黒澤明**（1910～98）　「生きる」「七人の侍」など重厚な人間ドラマ，斬新な撮影技法は国内外の映画監督に影響を与えた。➲p.323

△④「**羅生門**」　黒澤監督作品。ヴェネツィア国際映画祭で金獅子賞を受賞し，日本映画の実力を海外に示した。

▽⑤**溝口健二**（1898～1956）　独特の長まわし撮影で人間の宿命と情念を美しく描いた。

〈1952年 東宝提供〉

▷⑥「**西鶴一代女**」　溝口監督作品。転落人生を生きる女性を田中絹代が熱演。

〈1949年 東宝提供〉

◁⑦「**青い山脈**」　石坂洋次郎の小説を今井正監督が映画化。戦後の学生達が原節子演じる女教師とともに古い倫理や旧体制を爽やかにくつがえす，はつらつとした青春劇。「若く明るい歌声に」で始まる主題歌は同世代のテーマソングとなった。

C スポーツ中継の復活

△⑧**東京六大学野球リーグの早慶戦**（1946年6月）　1946年に全国中学野球大会（現在の全国高等学校野球選手権大会），東京六大学野球が復活した。プロ野球も**復員**してきた選手を加え，ロシア生まれの投手スタルヒン（➔p.284），「赤バット」の川上，「青バット」の大下らの活躍に人々は熱狂した。

時代を見る目　金閣放火事件

1950年7月，国宝の鹿苑寺金閣が放火によって全焼した。犯人は同寺の見習い僧で21歳の学生。自殺未遂の状態で左大文字山で逮捕された。また，前年に法隆寺金堂壁画が焼損したことをきっかけに成立した**文化財保護法**（1950年5月）の違反適用第1号事件となった。作家三島由紀夫の小説『金閣寺』は，この放火事件をモデルにしたものである。

▷⑨**炎上する金閣**　1時間足らずで全焼した。

今日とのつながり　1946年にNHKラジオで始まった「のど自慢素人音楽会」は，今日まで続いている。当初は「鐘」ではなく声をかけていた。

現代　昭和

55年体制の成立 ―「護憲・革新・反安保」対「改憲・保守・安保護持」(政党スローガン)

ヒストリースコープ

サンフランシスコ平和条約の批准(➔ p.302)以来，分裂していた日本社会党の左右両派が，「憲法擁護・反安保」という共通点を軸に1955(昭和30)年10月に再統一された。この革新勢力の動きを受け，保守陣営でも，11月に日本民主党と自由党が合同して自由民主党を結成した。「55年体制」の始まりである。

考察

❶日本社会党の再統一で，憲法改正については議会でどのような影響が出るだろうか。
❷日本社会党の再統一は，どのような政治・社会の動きから実現したのか。→1
❸新安保条約の変更点をまとめ，日本国内での人々の反応について説明しよう。→5

日本社會党統一大会万才!!
SDPJ

△①**日本社会党の再統一**(1955年10月13日)　左派社会党は，政府の「逆コース」(➔1)への反発が強まるなか行われた1955年2月の総選挙で躍進した。右派社会党との合同によって日本社会党は議会の3分の1の議席を確保したことから，改憲を阻止できる政治勢力となった。

新党結成大会
党名 自由民主

△②**自由民主党の結成大会**(1955年11月14日)　強力な保守勢力を求める財界の圧力により，初の単一保守政党が誕生した。初代総裁には鳩山一郎首相が選出された。

1 吉田茂内閣による国内再編

内閣	年・月・日	事項
特徴		吉田内閣は，平和条約締結に伴い，社会・労働運動を取り締まる法律・制度を整備し，防衛力の強化を推進した
1949.2.16	1952.4.28 (昭27)	サンフランシスコ平和条約・日米安全保障条約発効→GHQ廃止 ➔ p.302
	.5.1	血のメーデー事件(皇居前広場事件)➡図③
吉田茂③	.7.21	**破壊活動防止法**(破防法)・公安調査庁設置法公布 …「暴力主義的破壊活動を行った団体」と構成員への活動規制を規定，その調査機関として公安調査庁を設置
	.7.31	保安庁法公布(8.1 保安庁発足)
	.8.1	海上警備隊を警備隊に改編 ➔ p.301
1952.10.30	.9.18	政府，石川県内灘村へ接収交渉を通知➡図④
④	.10.15	**警察予備隊**を**保安隊**に改編
1953.5.21	1953.8.7	スト規制法公布施行 …電気・石炭業での争議を制限
	1954.3.8	**MSA協定**(日米相互防衛援助協定など4協定)調印 …アメリカの援助を受けるかわりに，日本は防衛力を強化するよう義務づけたもの
吉田茂⑤	.6.3	教育二法公布 …公立学校教員の政治活動や生徒・学生への参加の呼びかけなどを規制
	.6.8	新警察法公布 …自治体警察を廃し，都道府県警察に一本化
1954.	.6.9	自衛隊法・防衛庁設置法公布
12.10	.7.1	**自衛隊**・防衛庁発足

A 「逆コース」と基地反対闘争

◁③**血のメーデー事件(皇居前広場事件)**(1952年5月1日)　使用禁止の皇居前広場に突入したデモ隊に警官隊が催涙弾と拳銃を発射，死者2名，負傷者約1500名の大惨事となった。背景には，平和条約締結後も米軍の駐留が続き，政策も民主化政策(➔p.296)から再軍備・権力強化をめざす「逆コース」に転じたことへの不満があったが，事件はデモ隊による騒擾とされ，これを機に**破壊活動防止法**(破防法)が制定された。

△④**内灘事件**(1952～53年)　石川県内灘村の海浜地帯を，米軍試射場の新設のために接収するという通告に対して，村民・県民はじめ労働組合員や学生も加わり「金は一年，土地は万年」を合言葉に反対した。

△⑤**砂川事件**(1955～59年)　東京都砂川町(現在の立川市)で起きた米軍基地の拡張反対運動。反基地闘争の焦点となった。裁判では初めて日米安全保障条約の憲法適合性が争点となった。

2 第五福龍丸事件と原水爆禁止運動

邦人漁夫、ビキニ原爆実験に遭遇
23名が原子病
一名は東大で重症と診断
水爆か
"死の灰"つけ遊び回る

〈『読売新聞』1954年3月16日〉

△⑥**第五福龍丸事件**　1954年，中部太平洋ビキニ環礁でのアメリカの水爆実験で，マグロ漁船第五福龍丸が被曝した。船には多量の放射性降下物(「死の灰」)が降り注いだ。乗組員23人が急性放射能症となり久保山愛吉無線長が約半年後に死亡した。

原水爆禁止世界大会
WORLD CONFERENCE AGAINST ATOMIC & HYDROGEN BOMBS

△⑦**第1回原水爆禁止世界大会**
1955年8月6日に広島で開催され，11か国50余名の代表も含め，およそ5000人が参加。東京都杉並区の主婦たちが始めた反核の署名運動は，世界で6億7千万に達したと報告された。

3 55年体制の成立

➔ p.354「戦後の政党」

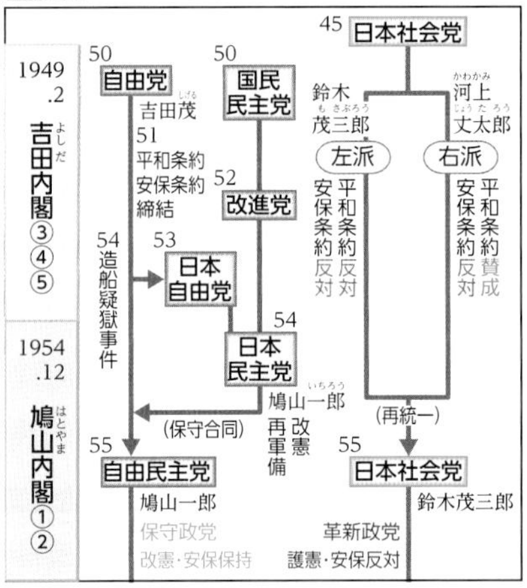

1949 .2
吉田内閣③④⑤
1954 .12
鳩山内閣①②
45 日本社会党
50 自由党
吉田茂
51 平和条約 安保条約 締結
50 国民民主党
52 改進党
54 造船疑獄事件
53 日本自由党
54 日本民主党
鳩山一郎
改憲 再軍備
(保守合同)
55 自由民主党
鳩山一郎
保守政党
改憲・安保保持
鈴木茂三郎
左派
平和条約反対 安保条約反対
河上丈太郎
右派
平和条約賛成 安保条約反対
(再統一)
55 日本社会党
鈴木茂三郎
革新政党
護憲・安保反対

◁⑧左右社会党は，「逆コース」批判運動の高まりを受けて党勢を拡大した。一方の保守陣営も，日本民主党と自由党が合流して自由民主党を結成した(**保守合同**)。保守勢力が3分の2弱を，革新勢力が3分の1の議席を占める構成となった。**55年体制**とよばれるこの保守一党優位体制は，1993年の細川連立内閣発足(➔ p.318)までおよそ40年間続いた。

今日とのつながり　ビキニ環礁水爆実験に関して，厚生労働省が新たに公開した資料によると，当時周辺海域には第五福龍丸だけでなく，556隻の船が操業していたことがわかっている。

4 日ソ共同宣言と国際連合への加盟

年	事　項
1854	日露和親条約 ➡❶ ➔ p.202 択捉島とウルップ(得撫)島間に国境が引かれる
1875	樺太・千島交換条約 ➡❷ ➔ p.218 樺太をロシア領，ウルップ島からカムチャツカ半島までの島々(千島列島)を日本領とする
1905	ポーツマス条約 ➡❸ ➔ p.234 日露戦争後，北緯 50 度以南の樺太が日本領となる
1945	ソ連軍，南樺太・千島列島・北方四島を占領
1951	サンフランシスコ平和条約 ➡❹ ➔ p.302 日本は南樺太・千島列島の領有を放棄
1956	日ソ共同宣言 ➡❺
1993	東京宣言 細川首相・エリツィン大統領が署名。四島問題を解決し，平和条約の早期締結を確認
2010	メドヴェージェフ大統領，国後島訪問
2013	日露パートナーシップの発展に関する共同声明 安倍首相・プーチン大統領が発表。双方に受け入れ可能な解決策の作成加速化 ➔ p.319

⑨北方領土周辺をめぐる歩み

鳩山一郎首相
ブルガーニン首相

⑩日ソ共同宣言の調印(1956年 10月 19日)　モスクワで鳩山一郎，ブルガーニンの両首相が調印し，日ソの戦争状態が終結。ついで 12 月の国連総会で日本の**国連加盟**が承認された。

- 日ソは戦争状態を終了し平和と友好関係を回復する
- 日ソは外交と領事関係を回復する
- ソ連は日本の国際連合への加入を支持する
- ソ連は戦争で有罪となった日本人を帰還させる
- ソ連は日本への一切の賠償請求権を放棄する
- 日ソは通商関係の交渉を開始する
- 漁業協定を結ぶ
- 日ソは平和条約締結交渉を継続し，締結後に歯舞諸(群)島・色丹島を日本に引き渡す

⑪日ソ共同宣言のおもな内容 史

❶～❺は年表中の番号と対応 ➔ p.348

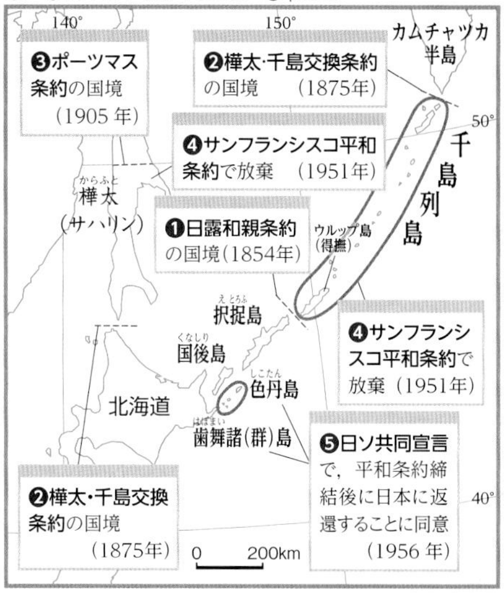
140°
150°
カムチャツカ半島
❸ポーツマス条約の国境(1905 年)
❷樺太･千島交換条約の国境(1875年)
❹サンフランシスコ平和条約で放棄(1951年)
50°
千島列島
樺太(サハリン)
❶日露和親条約の国境(1854年)
ウルップ島(得撫)
択捉島
国後島
❹サンフランシスコ平和条約で放棄(1951年)
色丹島
北海道
歯舞諸(群)島
❺日ソ共同宣言で，平和条約締結後に日本に返還することに同意(1956 年)
❷樺太･千島交換条約の国境(1875年)
40°
0　200km

⑫北方領土の周辺図　**日ソ共同宣言**において，北方四島のうち，歯舞諸(群)島・色丹島を日ソの平和条約締結後に日本へ引き渡すことが決められたが，冷戦の影響もあり進展していない。国後島・択捉島については両国で意見が一致していない。➔ p.22 巻頭地図

5 安保条約改定

A 改定をめぐる動き

内閣	年・月・日	事　項
岸信介②	1959(昭34) .3.28	社会党・総評・原水協など 13 団体がよびかけ，日米安保改定阻止国民会議を結成→各地で組織化進む
	.11.27	国会請願デモの約 2 万人が国会構内に突入
	1960 .1. 5	三井三池の大量解雇通告を一括返上(三池争議 ➔ p.311)
	.1.19	**日米相互協力及び安全保障条約**(新安保条約)，日米地位協定調印➡図⑭
	.5.20	衆議院本会議で新安保条約の批准を強行採決➡図⑮
	.6.10	ハガチー米大統領秘書官がデモ隊に包囲され，米軍ヘリで脱出(アイゼンハワー米大統領の訪日中止に)
	.6.15	全学連主流派が国会突入。東大生が死亡➡図⑯
	.6.19	新安保条約が自然成立
	.6.23	新安保条約の批准書を交換，発効
	.7.15	岸内閣総辞職
池田①	.7.19	池田勇人内閣発足(12.27 **国民所得倍増計画**を閣議決定)
	.10.12	浅沼稲次郎社会党委員長，右翼青年に刺殺される

B 新安保条約 史

第1条	平和の維持のための努力	国際連合憲章に従い，国際紛争を平和的手段によって解決する。
第2条	経済的協力の促進	
第3条	自衛力の維持発展	憲法上の規定に従うことを条件として，自衛力を維持し発展させる。
第4条	随時協議	日本や極東における国際平和と安全に対する脅威が生じたときは，いつでも協議する。
第5条	共同防衛	日本への武力攻撃には，共同で防衛する。国連安全保障理事会に報告し，その決定に従う。
第6条	基地の許与	アメリカ合衆国は日本において施設と区域を使用することを許され，その内容は日米地位協定で示される。
第7条	国連憲章との関係	国連憲章の権利や義務を優先する。
第8条	批准	
第9条	旧安全保障条約 ➔p.302 の失効	
第10条	条約の終了	10年存続後は終了の通告もできる。

⑬新安保条約のおもな内容　新安保条約では，両国間の経済協力の促進や在日米軍による軍事行動の事前協議制，条約の終了規定のほか，アメリカによる日本領域内の防衛と日本の自衛力増強が義務づけられた。条約の適用範囲は極東地域まで拡大された。日本国内ではアメリカの極東紛争に巻き込まれることなどを懸念した反対運動が起こった(**60 年安保闘争**)。

藤山愛一郎外相
岸信介首相
アイゼンハワー大統領

⑭新安保条約の調印(1960年 1月 19日)　ホワイトハウスで調印する岸信介首相とアイゼンハワー大統領。同時に日米地位協定も結ばれ，駐留米軍に対する便宜供与と法的保護が定められた。

⑮新安保条約批准の強行採決(1960年 5月 20日未明)　政府自民党は 500 人の警官隊を導入して，座り込む野党議員を排除。清瀬一郎衆議院議長がマイクにしがみついて会期延長を宣言し，直後に新安保条約批准を強行採決した。

国会乱入，ついに犠牲者
毎日新聞
全学連，警官隊と激突
女子東大生死ぬ
暴力は絶対排
全国に厳戒
百八十二人
トラックに放火

⑯樺美智子さんの死を伝える新聞　全学連が国会に乱入し機動隊が応戦するなか，東大 4 年生の樺美智子さんが死亡。右は大学入学前に書いた詩。(『毎日新聞』1960 年6月16 日)

「最後に」(樺美智子)

誰かが私を笑っている
向うでも　こっちでも
私をあざ笑っている
でもかまわないさ
私は自分の道を行く
笑っている連中もやはり
各々の道を行くだろう
よく云うじゃないか
「最後に笑うものが
最もよく笑うものだ」と
でも私は
いつまでも笑わないだろう
いつまでも笑えないだろう
それでいいのだ
ただ許されるものなら
最後に
人知れずほほえみたいものだ

現代　昭和

歴史散歩　東京都立第五福竜丸展示館(東京都江東区)　船体実物と水爆被害についての展示があり，久保山愛吉さん夫妻が生前に育てたバラが株わけされて育てられている。

保守政権の安定とベトナム戦争 ―日本政府は戦争に協力するな(べ平連)

ヒストリースコープ

1965年にアメリカがベトナム内戦に介入し，ベトナム戦争が本格化すると，「ベトナムに平和を！市民連合」(べ平連)をはじめとする反戦平和運動が活発になった。それとともに，日本本土やアメリカの施政下にあった沖縄が米軍の前線基地となったこともあって，沖縄の祖国復帰運動も高まりをみせた。一方で，軍需物資の調達地となった日本は経済的な恩恵を受けた。

考察

❶ベトナム戦争に対して沖縄や日本本土はどのようにかかわることになったか，位置関係も含めて説明しよう。

❷中国・韓国との関係はどのように変化しただろうか。→1・2A

❸なぜこの時期に南西諸島・小笠原の返還をなしとげることができたのだろうか。→2B・p.307

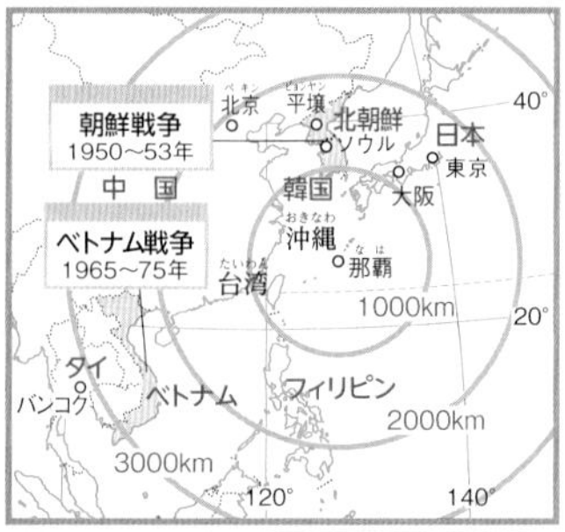

朝鮮戦争 1950～53年
中国
ベトナム戦争 1965～75年
北京
平壌
北朝鮮
ソウル
日本
東京
韓国
大阪
沖縄
那覇
台湾
1000km
タイ
バンコク
ベトナム
フィリピン
2000km
3000km
40°
20°
120°
140°

②沖縄の位置 →p.22 巻頭地図

①沖縄県嘉手納基地でのB52撤去要求デモ(1969年2月4日) 沖縄の米軍基地からベトナムに向けて，B52爆撃機が飛び立っていった。

1 池田勇人内閣 ―寛容と忍耐

中山マサ厚生大臣(初の女性閣僚)
池田勇人首相

③第1次池田勇人内閣 大蔵官僚出身の池田は，「寛容と忍耐」をとなえ低姿勢で議会にのぞみ，国民の自民党に対する不信感の払拭に努め，革新勢力との対立を避けた。

高碕達之助
廖承志

④日中準政府間貿易(1962年11月) 国交のない両国の貿易。交渉にあたった廖承志(L)と高碕達之助(T)の頭文字からLT貿易という。

時代を見る目 「所得倍増」と社会

1960年に池田内閣が打ち出した国民**所得倍増計画**は，10年間で国民総生産および国民所得が2倍になるよう年平均7.2%の経済成長目標を設定した。しかし，目標をはるかに上まわる10.4%の成長率を記録し，1967年には計画を達成。これによって日本の**高度経済成長**が加速した。民間設備投資の増大や技術革新の進展で人々の生活水準は向上し，社会は急激に変化した。

2 佐藤栄作内閣

A 日韓基本条約の締結 史

1965(昭和40)年6月22日調印

第二条 1910年8月22日以前に大日本帝国と大韓帝国との間で締結された**すべての条約及び協定は，もはや無効であることが確認される。**

第三条 大韓民国政府は，国際連合総会決議第195号(Ⅲ)に明らかに示されているとおりの**朝鮮にある唯一の合法的な政府であることが確認される。**

⑤日韓基本条約のおもな内容 両国は経済協力の面で歩み寄り，1965年6月に，佐藤栄作首相と朴正熙大統領との間で締結。国交樹立とともに漁業協定や在日韓国人の法的地位・待遇に関する協定なども結ばれた。

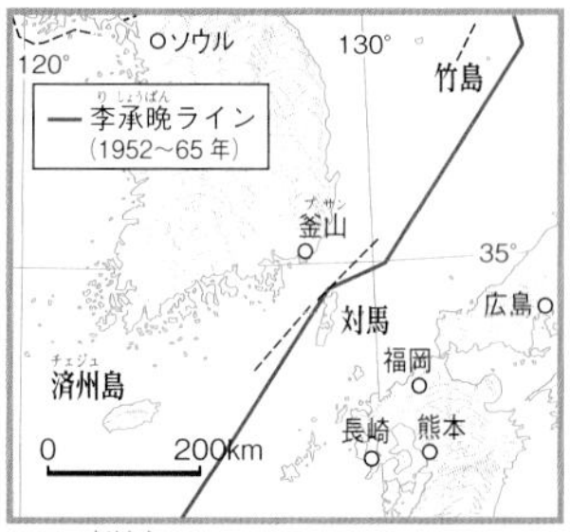

ソウル
130°
120°
竹島
李承晩ライン (1952～65年)
釜山
35°
対馬
広島
福岡
済州島
長崎
熊本
0
200km

⑥竹島問題 1905年に日本が竹島を島根県に編入したが，戦後，韓国が李承晩ラインを設定。日本基本条約でラインは消滅したが，韓国は今も警備隊員を常駐させ不法占拠している。→p.319

時代を見る目 非核三原則と核をめぐる疑惑

佐藤首相は1967年に「核を製造せず，核をもたない，もち込みを許さない」と断言した。しかし，のちにライシャワー元駐日大使が核兵器を積んだ艦船が日本に寄港していたと発言。国民も政府の釈明を信じられず，ベトナム戦争に向かう空母や潜水艦の寄港反対運動が，横須賀港や佐世保港で行われた。

B 南西諸島・小笠原諸島の復帰

(『沖縄歴史地図』)

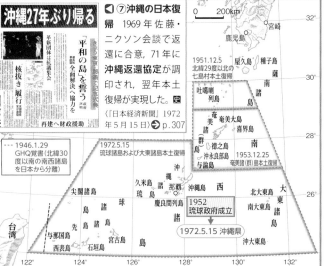

沖縄27年ぶり帰る
「平和の島」を誓う
全面解決へ協力を
核抜き履行
再建へ財政援助

⑦沖縄の日本復帰 1969年佐藤・ニクソン会談で返還に合意，71年に**沖縄返還協定**が調印され，翌年本土復帰が実現した。史 〈『日本経済新聞』1972年5月15日〉→p.307

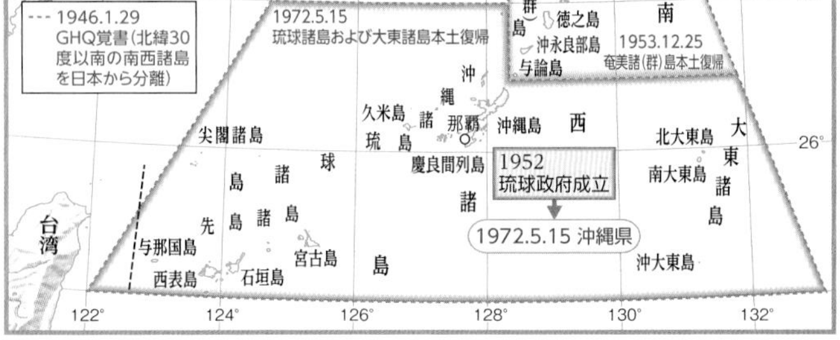

0 200km
32°
宮崎
鹿児島
1951.12.5 北緯29度以北の七島村本土復帰
屋久島
種子島
30°
薩南諸島
吐噶喇列島
奄美諸(群)島
奄美大島
喜界島
28°
徳之島
沖永良部島
与論島
1953.12.25 奄美諸(群)島本土復帰
1946.1.29 GHQ覚書(北緯30度以南の南西諸島を日本から分離)
1972.5.15 琉球諸島および大東諸島本土復帰
南西諸島
沖縄諸島
久米島
那覇
沖縄島
慶良間列島
琉球諸島
尖閣諸島
先島諸島
北大東島
南大東島
大東諸島
沖大東島
1952 琉球政府成立
1972.5.15 沖縄県
26°
台湾
与那国島
西表島
石垣島
宮古島
122°
124°
126°
128°
130°
132°

23年ぶり晴れて日の丸
小笠原帰る

⑧小笠原諸島の返還 1967年佐藤・ジョンソン会談で，沖縄の「両三年以内」の返還時期決定と小笠原諸島の1年以内の返還が約束された。翌年，沖縄の本土復帰(1972年)に先がけて，小笠原諸島の返還が実現した。〈『読売新聞』1968年6月26日〉

C ベトナム戦争反対と大学闘争

殺すな
STOP THE KILLING! STOP THE VIETNAM WAR!
AN APPEAL FROM CITIZENS OF JAPAN AND THE VOICE OF HIROSHIMA

⑨ワシントンポスト紙に掲載された反戦広告 べ平連はメディアを積極的に利用するなど新しい市民運動の形を示した。文字は岡本太郎氏。〈東京 岡本太郎記念館蔵〉

⑩東大安田講堂の攻防戦(1969年1月19日) 反戦運動や70年安保闘争にゆれるなか，帝国主義支配体制の一翼だとして大学解体を訴える運動家を中心に，全国で大学紛争が発生。東大では安田講堂に立てこもる学生を機動隊が排除した。

今日とのつながり 韓国は，ベトナム戦争参戦による米国からの援助や特需，日本からの円借款などを活かし，1970年代に「漢江の奇跡」といわれる経済成長を達成した。

特集 現代沖縄史

➔p.215「北海道の開拓・沖縄の歩み」

1 現代沖縄史年表

沖縄の帰属をめぐる動き
米軍基地をめぐる動向・事件
基地縮小をめぐる動き

1945.3～.6	米軍が沖縄に上陸，地上戦展開 ➔p.291
(昭和20).8	**ポツダム宣言**を受諾し終戦 ➔p.290
1946. 1	GHQ，沖縄・宮古・八重山・奄美など北緯30度以南の南西諸島を日本より分離統治
1951. 9	**サンフランシスコ平和条約**調印→沖縄は米の施政下
1952. 4	サンフランシスコ平和条約発効 →本土は独立回復，沖縄には琉球政府が置かれる
1953. 4	土地収用令公布。米軍の土地強制接収が続く →米軍基地建設
1956. 6	プライス勧告。島ぐるみ闘争が全土に広がる➡図②
1958. 9	B円からドルへの通貨交換を実施➡図①
1960. 4	沖縄県祖国復帰協議会結成
1965. 2	米軍が北ベトナム爆撃を開始。沖縄にB52爆撃機が配備
1968.11	初の主席公選で革新系の屋良朝苗当選➡図④
1969.11	佐藤・ニクソン会談で「核ぬき・本土なみ」の沖縄返還に合意
1970.12	コザ暴動(群衆が米軍車両を炎上させた事件)発生
1971. 6	沖縄返還協定調印 史 米軍施設の使用を許可
1972.5.15	**沖縄日本復帰**(沖縄県復活)➡図⑤
. 6	沖縄知事選で屋良朝苗当選(戦後初代県知事)
1982	駐留軍用地特別措置法を適用しての強制使用始まる
1992.11	首里城の復元が完了し，首里城公園開園 ➔p.133
1995. 9	米兵による少女暴行事件発生。大田昌秀知事，米軍用地使用の代理署名拒否を表明
.10	少女暴行に抗議する県民総決起大会➡図⑥
1996. 4	日米両政府，5～7年以内の普天間飛行場返還で合意
1999.11	県(稲嶺恵一知事)が普天間の移設候補地に名護市辺野古を表明。名護市長が移設受諾→閣議決定
2000. 7	九州・沖縄サミット開催
2004. 8	沖縄国際大学(宜野湾市)に米軍ヘリが墜落
2006. 5	米海兵隊のグアム移転と普天間飛行場の辺野古移転などを掲げたロードマップで日米合意➡図⑨
2008. 7	県議会，辺野古移設反対決議可決
2012. 2	日米両政府，普天間移設と米海兵隊のグアム移転を切り離すロードマップ変更を発表
.10	輸送機オスプレイを普天間に配備，訓練飛行開始
2013. 4	日米両政府，嘉手納より南の米軍基地返還計画で合意(普天間の返還は2022年度以降に)

「本土決戦の捨て石」
「太平洋の要石」
「核ぬき・本土なみ」
基地縮小されず

A 軍政下の沖縄

MILITARY CURRENCY
五
5
B
A06540819A
五圓
FIVE YEN
5

①軍票B円　米軍が占領下の沖縄の通貨として発行したもの。1B円＝日本円3円，120B円＝1ドルであった。

プライス勧
を断固粉砕せ

②プライス勧告への抗議　米軍の軍用地新規接収に対し，沖縄住民は激しく抵抗した。米国政府は調査団を派遣したが，その報告書「プライス勧告」は，基地の重要性を強調するなど米軍を擁護していたため，1956年，島ぐるみ闘争が起きた。その結果，米軍は土地使用料を値上げし，毎年支払うことになったが，軍用地の新規接収は黙認された。

B 沖縄の復帰

③佐藤栄作首相の沖縄訪問(1965年8月)
佐藤首相は，「沖縄が復帰しないかぎり，日本の戦後は終わらない」と表明したが，日米両国は沖縄を「太平洋の要石」として維持するため基地存続を前提としていた。

屋良朝苗(1902～97)　沖縄県出身

④屋良朝苗主席(左)と佐藤首相(右)の会談(1969年)

1960年に沖縄県祖国復帰協議会が結成されると，初代会長に就任した。68年の沖縄初の主席選挙では，革新統一候補で出馬し当選。「核も基地もない平和でゆたかな沖縄県」を実現するために日米両政府と折衝を重ねた。しかし苦渋の選択が多く，「(眉間の)縦しわの屋良」とよばれた。

変わらぬ基地 続く苦悩
琉球新報
いま祖国に帰る
沖縄県きびしい前途
なお残る「核」の不安
解決へ大きな一歩
平和で豊かな県づくりを
きょうから道

⑤沖縄日本復帰　沖縄復帰記念式典で屋良県知事は「祖国復帰は達成したが，基地問題などが残された」とあいさつした。〈『琉球新報』1972年5月15日〉

屋良朝苗沖縄県知事の言葉【抜粋】

…ここに，つつしんで，沖縄の祖国復帰が実現しましたことをご報告するとともに，…世界の恒久平和の達成に一段と努力をすることを誓うものであります。

さて，沖縄県の復帰は疑いもなく，ここにやってきました。しかし，沖縄県民のこれまでの要望と心情にてらして，復帰の内容をみますと，必ずしもわたしどもの切なる願望がいれられたとはいえないことも事実であります。

そこには，米軍基地をはじめ，いろいろな問題があり，これらをもちこんで復帰したわけであります。従ってわたしどもにとって，これからもなおきびしさが続き，新しい困難に直面するかもしれません。…

(一九七二年五月十五日「沖縄復帰記念式典」)

2 基地の島　沖縄

沖縄県民総決起大会

⑥沖縄県民の怒り　1995年に起きた米兵3人による少女暴行事件をきっかけに，基地問題が再燃した。10月21日の沖縄県民総決起大会には約8万5000人が参加し，基地の整理縮小と日米地位協定の見直しを求める運動が起こった。

A 今なお残る基地問題

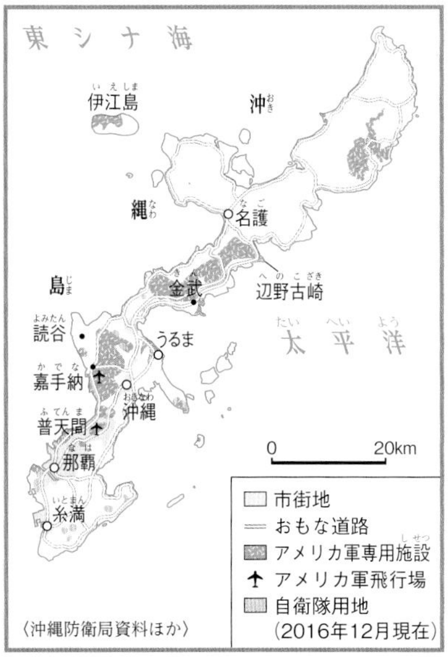
東シナ海
伊江島
沖縄島
名護
金武
辺野古崎
太平洋
読谷
うるま
嘉手納
沖縄
普天間
那覇
糸満
0 20km
市街地
おもな道路
アメリカ軍専用施設
アメリカ軍飛行場
自衛隊用地
(2016年12月現在)

〈沖縄防衛局資料ほか〉

よみとき　沖縄におけるアメリカ軍施設の広がりとその立地に注目しよう

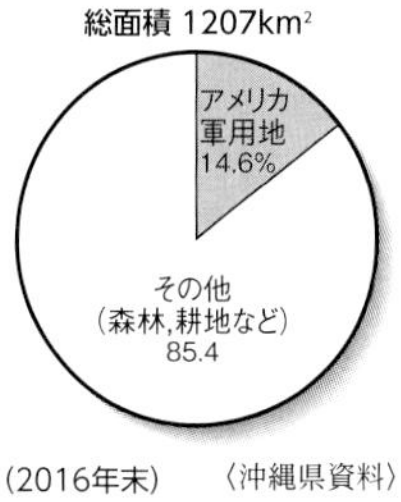
総面積 1207km²
アメリカ軍用地 14.6%
その他(森林,耕地など) 85.4

(2016年末)〈沖縄県資料〉

⑦沖縄島の土地利用

⑧普天間飛行場(宜野湾市)

⑨辺野古沿岸部(名護市)
1996年，住宅密集地にある普天間飛行場の移設先として，辺野古にある米軍のキャンプ・シュワブ沖合があげられた。住民の反対にもかかわらず，2006年に日米で合意され，現在埋め立てについて政府と沖縄県との対立が続いている。

高度経済成長の光と陰 ―待ちに待ってた世界の祭り…オリンピックの晴れ姿(東京五輪音頭)

〈JASRAC 出 1316143-311〉

ヒストリースコープ

1964(昭和39)年10月，紺碧の秋空のもと，アジアで初のオリンピックが東京で開催された。国立競技場や日本武道館などの関連施設をはじめ，首都高速道路・東海道新幹線・東京モノレールといった交通網も多額の費用をかけて建設された。まさに日本の復興と経済成長をアピールする絶好の機会となった。三波春夫らが歌った東京五輪音頭は大ヒットした。

考察

❶東京オリンピックの開催にあわせ，交通網はどのように変わっただろうか。
❷高度経済成長期に，日本の産業構造はどのように変わったのだろうか。→1
❸高度経済成長期に，なぜ多くの公害・環境問題が起きたのだろうか。→1・2・3

JAPAN

①**第18回オリンピック東京大会**(1964年10月10日開会式，東京・国立競技場) 94か国が参加。日本選手は金16，銀5，銅8個のメダルを獲得するなど大活躍した。

②**東海道新幹線**(東京・有楽町付近) オリンピック直前の1964年10月1日に開業。6時間30分かかっていた東京‐大阪間を4時間で走行し，「夢の超特急」とよばれた。新幹線の建設は，日本が国際復興開発銀行(IBRD)から融資を受けた最後の事業となった。

1 高度経済成長と産業構造の変化

A 経済成長率の推移

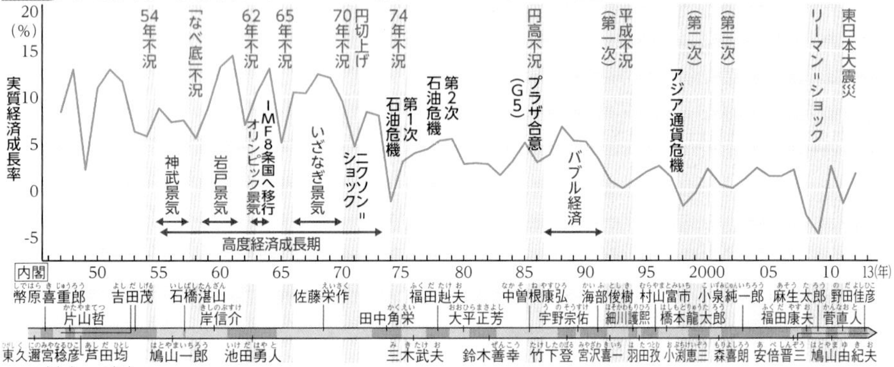
実質経済成長率
(%)
54年不況
「なべ底」不況
62年不況
65年不況
70年不況
円切上げ
74年不況
円高不況
平成不況(第一次)
(第二次)
(第三次)
リーマン＝ショック
東日本大震災
神武景気
岩戸景気
IMF8条国へ移行
オリンピック景気
いざなぎ景気
ニクソン＝ショック
第1次石油危機
第2次石油危機
プラザ合意(G5)
バブル経済
アジア通貨危機
高度経済成長期
内閣
幣原喜重郎 片山哲 吉田茂 石橋湛山 岸信介 佐藤栄作 田中角栄 福田赳夫 大平正芳 中曽根康弘 宇野宗佑 海部俊樹 細川護熙 村山富市 橋本龍太郎 小泉純一郎 福田康夫 麻生太郎 菅直人 野田佳彦
東久邇宮稔彦 芦田均 鳩山一郎 池田勇人 三木武夫 鈴木善幸 竹下登 宮沢喜一 羽田孜 小渕恵三 森喜朗 安倍晋三 鳩山由紀夫

③神武・岩戸・いざなぎ景気の言葉は建国神話に由来しており，建国以来の好景気を意味していた。1956年度の『経済白書』には「**もはや戦後ではない**」と記された(史)。60年代半ばには先進国とみなされるうえで指標となるIMF8条国への移行やOECD加盟などを実現し，**為替と資本の自由化**を進めた(→p.311 1)。

B GNP(国民総生産)の国際比較

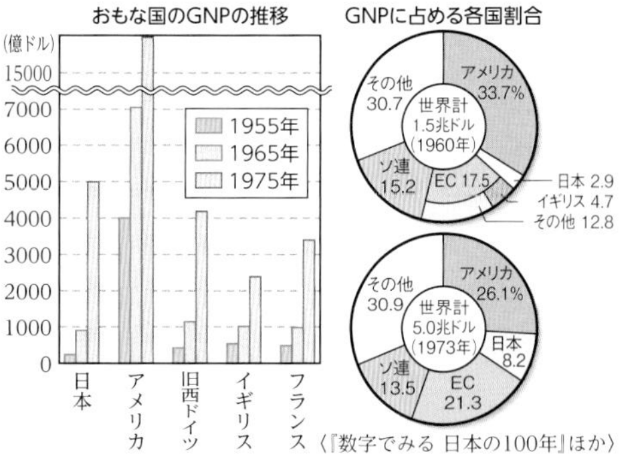
おもな国のGNPの推移
(億ドル)
1955年
1965年
1975年
日本 アメリカ 旧西ドイツ イギリス フランス
GNPに占める各国割合
世界計 1.5兆ドル (1960年)
アメリカ 33.7%
その他 30.7
ソ連 15.2
EC 17.5
日本 2.9
イギリス 4.7
その他 12.8
世界計 5.0兆ドル (1973年)
アメリカ 26.1%
その他 30.9
ソ連 13.5
EC 21.3
日本 8.2

〈『数字でみる 日本の100年』ほか〉

④1968年には，日本のGNPは資本主義国の中でアメリカについで世界第2位となった。一方で，「エコノミックアニマル」と揶揄されることもたびたびあった。

C 産業構造の転換

〈『数字でみる 日本の100年』ほか〉

年	第1次産業	第2次産業	第3次産業
1950年(昭和25)	48.6%	21.8	29.6
1960年	32.7	29.1	38.2
1970年	19.3	34.1	46.6
1980年	10.9	33.6	55.5
1990年	7.2	33.5	59.3
2000年	5.1	29.8	65.1

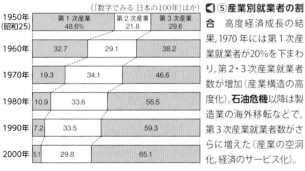

⑤**産業別就業者の割合** 高度経済成長の結果，1970年には第1次産業就業者が20%を下まわり，第2・3次産業就業者数が増加(産業構造の高度化)。**石油危機**以降は製造業の海外移転などで，第3次産業就業者数がさらに増えた(産業の空洞化，経済のサービス化)。

年	重化学工業: 金属	機械	化学	軽工業: 食料品	繊維	その他
1955年 6兆3960億円	17.2%	14.7	14.9	18.8	16.0	18.4
1960年 15兆5786億円	18.8	25.8	11.8	12.4	12.3	18.9
1970年 69兆348億円	19.3	32.3	10.6	10.4	7.7	19.7
1980年 214兆6998億円	17.1	31.8	15.5	10.5	5.2	19.9
1990年 327兆931億円	13.8	43.1	9.7	10.2	3.9	19.3
2000年 303兆5824億円	11.1	45.8	11.0	11.6	2.3	18.2
2010年 290兆8029億円	13.6	44.6	14.2	11.7	1.4	14.5

⑧**工業製品出荷額の割合** 自動車・電気機器などの機械工業は，欧米の先進技術を取り入れ，政府の産業育成策のもと，設備投資を進めて大きく成長した。このような重化学工業製品を中心に輸出がのび，**貿易黒字**が続いた。

〈『日本国勢図会 2013/14』ほか〉

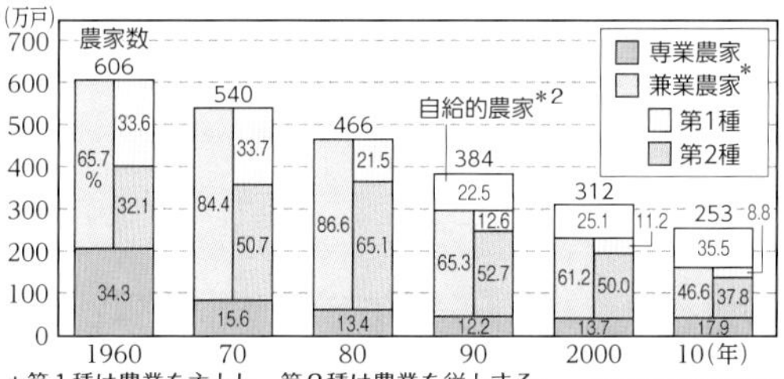
(万戸)
農家数
専業農家
兼業農家*
第1種
第2種
自給的農家*2
1960: 606 / 34.3 / 65.7% / 33.6 / 32.1
70: 540 / 15.6 / 84.4 / 33.7 / 50.7
80: 466 / 13.4 / 86.6 / 21.5 / 65.1
90: 384 / 12.2 / 65.3 / 12.6 / 52.7 / 22.5
2000: 312 / 13.7 / 61.2 / 11.2 / 50.0 / 25.1
10(年): 253 / 17.9 / 46.6 / 8.8 / 37.8 / 35.5

＊第1種は農業を主とし，第2種は農業を従とする。
＊2 飯米自給等を主体とし，耕地面積30a未満または年間農産物販売額が50万円未満。

⑥**専業・兼業農家の割合** 1961年の**農業基本法**で農業の近代化がはかられた。一方で兼業農家の割合が高くなり，農業就業者は，じいちゃん・ばあちゃん・かあちゃんが中心となり「三ちゃん農業」などとよばれた。

⑦**集団就職**(1964年，東京・上野駅) 地方の中学校・高校を卒業した若者が，大都市の企業や商店などに集団で就職した。彼らは「金の卵」とよばれ，**高度経済成長**を支えた。

時代を見る目 映画にみる「昭和」

2005年に公開された「ALWAYS 三丁目の夕日」は1958(昭和33)年の東京の下町を舞台にした映画である。建設途中の東京タワーを最新の視覚効果技術で表現したほか，普及し始めた冷蔵庫(→p.310)，集団就職など，**高度経済成長期**に入ったばかりの社会や経済情勢を再現しつつ，そこで暮らす人々の心温まる交流を描いている。映画は大ヒットして日本アカデミー賞を総なめにした。07年，12年には続編が公開された。

⑨**映画で再現された1958年の町なみ**
〈日本テレビ放送網提供〉
〈©2005「ALWAYS 三丁目の夕日」製作委員会〉

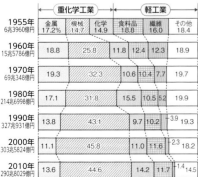

今日とのつながり 1970年の大阪万博の開会式の日に，敦賀原子力発電所1号炉が営業運転を開始し，開幕式会場に送電を行った。

2 公害・環境問題年表

法制定・採択関連　認定・訴訟関連

高度経済成長下の公害発生

- 1949 東京都，工場公害防止条例を制定➡全国へ拡大
- 1955 富山県神通川流域のイタイイタイ病が学会で報告
- 1956 熊本県水俣で水俣病患者の発生を公式に確認
- 1960 このころから三重県四日市市でぜんそく患者が急増
- 1965 新潟県阿賀野川流域で新潟水俣病患者を確認
- 1967 **公害対策基本法**制定(93年，環境基本法に統合)
  典型7公害…大気汚染，水質汚濁，土壌汚染，騒音，振動，地盤沈下，悪臭

公害訴訟と公害対策

- 1968 (昭和43) 厚生省，イタイイタイ病・水俣病・新潟水俣病を公害病と認定➡3
  大気汚染防止法・騒音規制法制定　カネミ油症事件
- 1969 政府，初の『公害白書』を発行
  公害に係る健康被害の救済に関する特別措置法(救済法)制定(医療費の自己負担分を給付)
- 1970 東京で光化学スモッグの被害発生
  水質汚濁防止法・廃棄物処理法のほか，公害関係の14法案が成立(公害国会)
- 1971 **環境庁**設置(72年から『環境白書』を発行)
  新潟水俣病訴訟で患者側勝訴➡図⑩
- 1972 四日市公害訴訟・イタイイタイ病訴訟で患者側勝訴➡図⑩
- 1973 水俣病訴訟で患者側勝訴➡図⑩
  公害健康被害補償法制定(87年以後，随時改正)
- 1974 サリドマイド薬害訴訟，和解が成立

新しい公害・地球環境問題

- 1982 日本の観測隊が南極上空にオゾンホール発見
- 1992 地球サミットで気候変動枠組み条約(地球温暖化防止条約)を採択
- 1993 環境基本法制定➡5
- 1997 (平成9) 環境影響評価法(環境アセスメント法)制定
  地球温暖化防止京都会議で**京都議定書**(先進国に温室効果ガス排出削減目標を課すもの)を採択
- 1999 ダイオキシン類対策特別措置法制定➡5
- 2000 循環型社会形成推進基本法制定
- 2001 環境庁が環境省となる
- 2006 アスベスト新法制定➡5　➔p.319
- 2011 東京電力の福島第一原発事故で放射性物質放出
- 2013 水銀の扱いを規制する水俣条約を採択
- 2015 国連気候変動枠組条約締約国会議，パリ協定採択

時代を見る目　田子の浦ヘドロ公害

静岡県の田子の浦は，古くは「田子の浦ゆうち出でて見れば真白にぞ富士の高嶺に雪は降りける」と万葉歌人の山部赤人が詠んだ(➔p.73)，富士山を背景にした絶景の地であった。そこに戦後，大小の製紙工場が多く集まり，工場から出た排水に含まれる紙かすなどがヘドロとなって湾内にたまっていった。悪臭を放つだけでなく港湾機能にも障害をきたし社会問題化した。住民訴訟が起こされ，部分的ではあるが，住民側が勝訴した全国初の事例となった。1971年にはゴジラ映画第11作「ゴジラ対ヘドラ」で，田子の浦のヘドロから生まれた怪獣ヘドラが登場している。ゴジラと同じく「人間が生み出した恐怖の象徴」である。

⑭ヘドロで汚染された田子の浦港(上，1970年)と**⑮現在のようす**(下，2010年)

3 四大公害訴訟 ＊判決時の人数。

⑩四大公害訴訟と判決

		新潟水俣病	四日市ぜんそく	イタイイタイ病	水俣病
被害発生時期		1965年	1960年ごろ	1910年代	1956年
被害地域		新潟県阿賀野川流域	三重県四日市市の石油コンビナート周辺	富山県神通川流域	熊本県水俣湾周辺
症状		手足のしびれ，目や耳が不自由に，言語障害など	呼吸器がおかされ，ぜんそく発作が襲う	骨がもろくなる，全身の痛み	手足のしびれ，目や耳が不自由に，言語障害など
訴訟	提訴日	1967年6月	1967年9月	1968年3月	1969年6月
	原告＊	76人	12人	33人	138人
	被告	昭和電工	三菱油化など6社	三井金属鉱業	チッソ
	判決	1971年9月 原告が全面勝訴	1972年7月 原告が全面勝訴	1972年8月 原告が全面勝訴	1973年3月 原告が全面勝訴
	判決内容(原因)	工場排水中の有機水銀	コンビナート工場排出の二酸化硫黄	鉱山から放流されたカドミウム	工場排水中の有機水銀

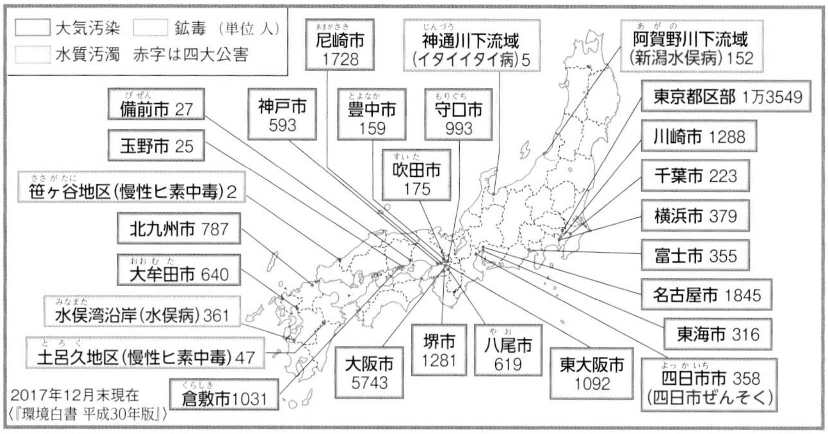

大気汚染　鉱毒　(単位 人)
水質汚濁　赤字は四大公害
尼崎市 1728
神通川下流域 (イタイイタイ病) 5
阿賀野川下流域 (新潟水俣病) 152
備前市 27
神戸市 593
豊中市 159
守口市 993
東京都区部 1万3549
玉野市 25
吹田市 175
川崎市 1288
笹ヶ谷地区(慢性ヒ素中毒) 2
千葉市 223
北九州市 787
横浜市 379
大牟田市 640
富士市 355
名古屋市 1845
水俣湾沿岸(水俣病) 361
東海市 316
土呂久地区(慢性ヒ素中毒) 47
堺市 1281
八尾市 619
大阪市 5743
東大阪市 1092
四日市市 358 (四日市ぜんそく)
倉敷市 1031
2017年12月末現在
(『環境白書 平成30年版』)

⑪公害病の認定患者数(生存者数)

⑫水俣病の子ども　2018年3月末までの認定者数は，2996人(熊本県1789人，鹿児島県493人，新潟県714人)にのぼる。

〈Photograph by W.Eugene Smith & Aileen M.Smith/PPS 通信社〉

⑬マスクをつける小学生(1967年)　四日市コンビナートから排出された工場煤煙によってぜんそくが蔓延。空は灰色になり，川はドブと化したといわれた。

4 革新自治体の成立

⑯大気汚染測定室を視察する美濃部都知事　公害や農村の**過疎化**など高度経済成長のひずみが表面化すると，東京，大阪などの大都市では，保守系の首長にかわり社会党や共産党を支持の中心とする**革新自治体**が誕生し，公害規制条例の制定や高齢者医療の無料化などの福祉政策を実現した。東京では，1967年に美濃部達吉(➔p.279)の息子美濃部亮吉(1904～84)が最初の革新首長となった。一方で，財政難におちいる自治体もあった。

5 新しい公害・環境問題

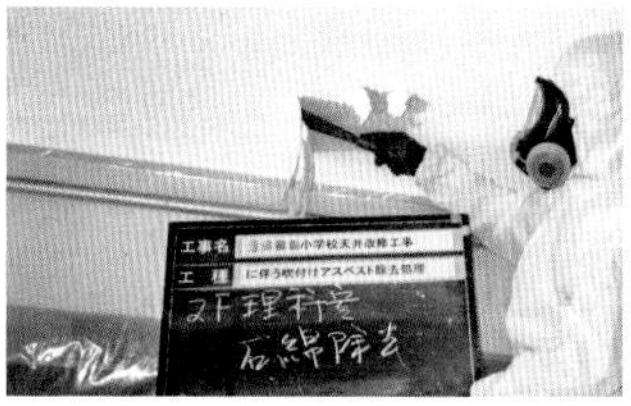

⑰小学校での石綿(アスベスト)除去(東京都)
〈北区役所提供〉

公害対策が進んだ結果，産業型の公害は減少したが，化学物質による汚染が新たな公害・環境問題となった。学校や病院などの建材として使用された石綿は，人体への悪影響が指摘されたため，現在使用が禁止され，除去作業が進んでいる。また，香川県の豊島のように，産業廃棄物の不法投棄によってダイオキシンなどの有害物質が発生し，環境が汚染された地域もある。こうした事態に対応するため，1993年に新たに環境基本法が，99年にダイオキシン類対策特別措置法が制定された。

現代 昭和

歴史のまど　石牟礼道子『苦海浄土 わが水俣病』　熊本県天草市出身の著者が，水俣病の悲惨さに直面して記したノンフィクション作品。

大衆消費社会の到来 ―消費は美徳（1959年の流行語）

ヒストリースコープ

高度経済成長のなかで人々の所得がのび，電化製品（耐久消費財）が次々に発売された。人々の意識が「もったいない」から，最新鋭の新製品に買いかえる「消費は美徳」に変わっていった。

考察

❶電化製品の目的は，家事の軽減から何に変わっただろうか。
❷人々の消費に対する認識はどのように変化しただろうか。→2
❸テレビが人々の生活や娯楽に与えた影響を説明しよう。→3

「三種の神器」

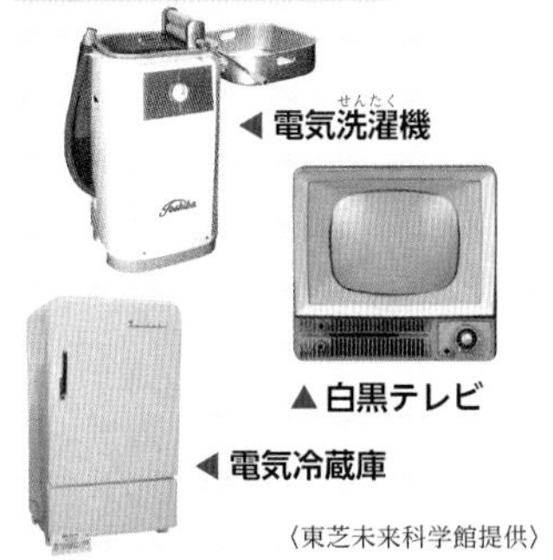

電気洗濯機
白黒テレビ
電気冷蔵庫

〈東芝未来科学館提供〉

△①1950年代後半に人気を集めた「三種の神器」

「新三種の神器」（3C）

カラーテレビ (Color Television)
〈東芝未来科学館提供〉
クーラー (Cooler)
乗用車 (Car)

〈東芝未来科学館提供〉〈トヨタ博物館提供〉

△②1960年代後半から人気を集めた「新三種の神器」（3C）

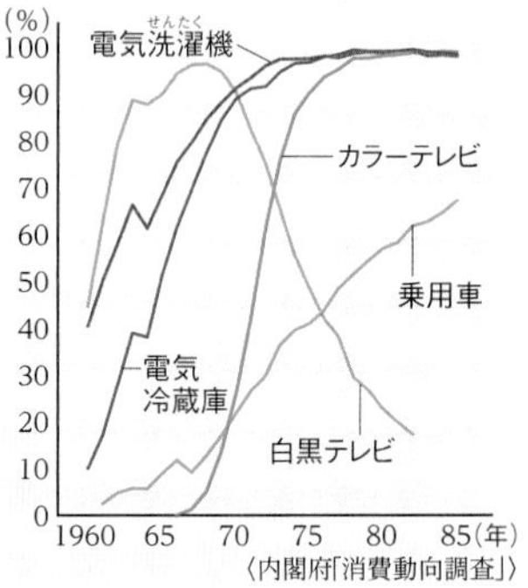

(%)
100
90
80
70
60
50
40
30
20
10
0
電気洗濯機
カラーテレビ
乗用車
電気冷蔵庫
白黒テレビ
1960 65 70 75 80 85(年)

〈内閣府「消費動向調査」〉

△③耐久消費財の普及率　乗用車の普及により，移動手段の主役が自動車になった（**モータリゼーション**）。

1 生活・文化年表

鉄道・道路関係

年	事項
1953	**テレビ放送**開始，街頭テレビに人だかり➡図⑥ 電気洗濯機ほか家庭用電化製品の普及開始（電化元年）
1954	力道山の活躍でプロレス人気高まる➡図⑦ 特撮映画「ゴジラ」封切り
1955	東芝，国産初のトランジスタラジオ発売
1956	『週刊新潮』創刊（新週刊誌のさきがけ）
1958	日本最初の大衆車といわれる軽自動車「スバル360」発売。インスタントラーメン発売。東京タワー完成。1万円札発行
1959	『少年マガジン』『少年サンデー』創刊➡図⑩
1960	ソニー，世界初のトランジスタテレビ発売 カラーテレビ本放送開始
1961	坂本九「上を向いて歩こう」大ヒット 大鵬と柏戸が同時横綱に（柏鵬時代）➡図⑧
1962	千里ニュータウン（大阪府）入居開始
1963	テレビアニメ「鉄腕アトム」放送開始➡図⑪
1964	海外旅行自由化。**東海道新幹線**開業 ➲p.308 **オリンピック東京大会**開催 ➲p.308
1965	朝永振一郎，ノーベル物理学賞受賞 ➲p.320, 323 名神高速道路全通
1966	ビートルズ，来日公演
1968	川端康成，ノーベル文学賞受賞 ➲p.320, 323
1969	映画「男はつらいよ」（山田洋次監督）シリーズ第1作封切り，東名高速道路全通
1970	大阪で**日本万国博覧会**開催（テーマ「人類の進歩と調和」） 食生活の洋風化，米の供給過剰を受け**減反政策**を開始

2 「豊かな」国民生活へ

△④**家財道具がそろう部屋**　戦後，**核家族**（夫婦のみや親と未婚の子どもからなる家族）化が進んだ。人々にとって，団地に住み，電化製品を買いそろえ，洋風の生活をおくること（団地族）があこがれとなった。〈松戸市立博物館提供〉

時代を見る目　中流意識の形成

高度経済成長により所得が増加し，消費水準が上昇したことで，日本人の生活スタイルや社会認識が大きく変化した。小売業界ではスーパーマーケットなどが普及し（**流通革命**），人々は商品をまとめて購入できるようになった。日本人が豊かさを実感した一方，生活の均質化も進んだ。1970年には，自分は「中流階級」だと認識する人が約9割となった。

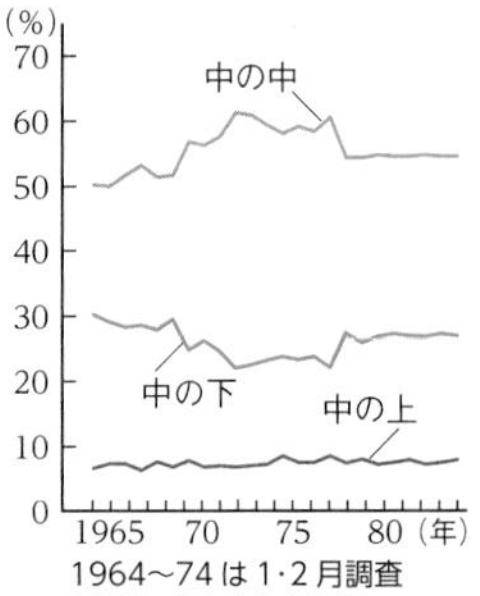

(%)
70
60
50
40
30
20
10
0
中の中
中の下
中の上
1965 70 75 80（年）

1964〜74は1・2月調査
1975〜84は5月調査
〈内閣府「国民生活に関する世論調査」〉

△⑤**中流意識の推移**

3 マスメディアの発達と大衆文化

A テレビの時代の到来

△⑥**街頭テレビで力道山を見る人々**（1954年）　大勢の人が街頭テレビにつめかけ，放送を楽しんだ。テレビが一般家庭に普及してからは，家族団らんの中心となった。

△⑦**力道山**（1924〜63）　痛めつけられながらも最後に外国人レスラーを倒す姿が大人気となった。

△⑧**大鵬**（1940〜2013）　当時の子どもの好きなものは「巨人・大鵬・卵焼き」といわれるほど人気があった。➲p.323

△⑨**長嶋茂雄**（1936〜）　初の天覧試合でサヨナラホームランを放つなど，「記録より記憶に残る」選手と評された。➲p.323

B 漫画からアニメーションへ

週刊少年サンデー
新刊号

◁⑩**少年週刊誌の発刊**　1959年3月17日に『少年マガジン』『少年サンデー』が同時に発刊され，漫画雑誌は，貸本時代を経て月刊から週刊の時代となった。『巨人の星』『ゲゲゲの鬼太郎』などのヒット漫画はテレビアニメ化され，さらに人気を博した。〈写真提供/小学館〉

〈©手塚プロ・虫プロ〉

△⑪**アニメ「鉄腕アトム」**　手塚治虫原作の人気漫画『鉄腕アトム』は1963年，日本初の連続長編テレビアニメとして放送が始まった。

時代を見る目　映画が描いた 社会の変化と人々

△⑫**大阪万博を訪れた場面**〈監督/山田洋次(1970年) 写真提供/松竹〉

山田洋次監督の映画「家族」は，長崎県の離島の伊王島から，北海道中標津の「開拓村」に向かう一家の旅を，ドキュメンタリータッチで追った作品である。高度経済成長をとげた1970年代の社会をみごとに切り取りながら，経済成長が必ずしも人々に幸福をもたらすものではないことを，厳しくも温かく語りかけている。

今日とのつながり　2003年1月，小泉純一郎首相（当時）は施政方針演説で，食器洗い乾燥機・薄型テレビ・カメラ付き携帯電話を「新三種の神器」と命名した。

特集 現代経済の歩みとエネルギーの転換

1 現代経済の歩みとエネルギー

___ 経済成長下の貿易・為替と資本の自由化
エネルギー関係

時期	年	事項	景気動向	
戦後復興期	1945	**ポツダム宣言**受諾(史)，**復員・引揚げ**による急激な人口増で経済混乱		石炭増産体制の確立(炭主油従政策)
	1946	**金融緊急措置令**(新円発行・旧円封鎖)，物価統制令施行。アメリカ，生活必要物資の供給を開始。**傾斜生産方式**の採用を閣議決定 ➔p.300		
	1949	**ドッジ＝ライン**の実施(緊縮財政による超均衡予算，1ドル＝360円の**単一為替レート**設定など)でインフレ収束 ➔p.300 日本国有鉄道(国鉄)・日本専売公社発足		
	1950	**朝鮮戦争**勃発(～53休戦協定調印) ➔p.301		
	1951	**サンフランシスコ平和条約・日米安全保障条約**調印 史 ➔p.302 鉱工業生産が戦前水準に回復	特需景気	
高度経済成長期	1952	国際通貨基金(IMF)加盟〔**国際通貨体制に参加**〕，世界銀行に加盟		
	1954	第五福龍丸事件発生 ➔p.304，原子力予算案成立		
	1955	GATT(関税及び貿易に関する一般協定)に加盟〔**自由貿易体制への参加**〕 景気回復，農業生産回復，産業活発化。原子力基本法制定	神武景気	
	1956	経済企画庁の『経済白書』，「**もはや戦後ではない**」と記述 史		
	1960	三池争議 ➡図③，国民所得倍増計画を決定(池田内閣)	岩戸景気	
	1962	原油の輸入自由化。国産原子炉第1号で臨界実験成功 ➡図④ 新産業都市建設促進法公布(2001年廃止)		石炭から石油への転換(油主炭従政策)
	1963	GATT11条国に移行*〔**貿易の自由化**〕 東海村に建設された動力試験炉で日本初の原子力発電成功	オリンピック景気	
	1964	IMF8条国に移行*2〔**為替の自由化**〕，経済協力開発機構(OECD)に加盟*3〔**資本の自由化**〕		
	1966	戦後初の赤字国債発行		
	1967	**公害対策基本法**公布施行 ➔p.309	いざなぎ景気	
	1968	GNP(国民総生産)，資本主義国でアメリカにつぐ世界第2位に		
	1970	大阪千里丘陵で**日本万国博覧会**開催(福井県の敦賀原発から送電)		
	1971	ニクソン＝ショック ➔p.313，株価大暴落 10か国蔵相会議，1ドル＝308円に(スミソニアン体制)	ニクソン不況	
	1972	田中角栄通産相，「日本列島改造論」発表 ➔p.313	列島改造ブーム	
	1973	変動為替相場制に移行 第1次**石油危機**(オイル＝ショック)。資源エネルギー庁発足		
安定成長期	1974	経済成長率，戦後初の**マイナス成長**。「サンシャイン計画」策定(石炭の液化，地熱利用，太陽熱発電，水素エネルギーなどの研究開発)。原子力船「むつ」から放射線もれる	石油危機・円高不況	省エネルギーとエネルギー源の多様化
	1975	石油備蓄法公布		
	1979	第2次石油危機		
	1980	石油代替エネルギー法制定		
	1982	日米貿易摩擦深刻化 ➔p.314		
	1985	日本電信電話株式会社(NTT)・日本たばこ産業株式会社(JT)発足 **プラザ合意**。円高が急激に進行 ➔p.314	ハイテク景気	
円高不況	1986	中曽根首相の私的諮問機関が内需拡大・金融自由化の報告書*4提出	円高不況	
バブル経済	1987	国鉄分割民営化。JRグループ7社発足		
	1988	牛肉・オレンジの**輸入自由化**決定(91年実施)	バブル経済	
	1989	**消費税**3％スタート		
	1991	地価が下落，**バブル経済**崩壊(**平成不況**へ)	バブル崩壊	
長期デフレ	1993	米の市場の部分開放決定(翌年実施)		
	1995	**阪神・淡路大震災**。急激な円高で，一時1ドル＝79円75銭に	カンフル景気	
	1997	消費税5％に。先進国の温室効果ガス削減目標を定めた**京都議定書**採択		
	2002	シンガポールと初の経済連携協定(EPA)調印 エネルギー政策基本法制定→政府がエネルギー基本計画策定(2003年)	IT景気 列島総不況 デフレ不況	原子力の基幹電源化
	2004	道路公団民営化法成立		
	2007	郵政民営化スタート		
	2008	米大手証券会社リーマンブラザーズが破綻(リーマン＝ショック)。世界同時株安	いざなみ景気	
	2009	省エネ家電にエコポイント付与。エコカー購入には補助金支給	世界同時不況	
	2010	中国のGDPが日本を抜き世界第2位に		
	2011	東北地方太平洋沖地震(**東日本大震災**)・東京電力福島第一原発事故		
	2012	再生可能エネルギーの固定価格買取制度開始 ➔p.319 消費税関連法が成立(税率を2014年に8％，15年に10％*5)		再生可能エネルギーへ
	2013	第2次安倍内閣，アベノミクスを推進*6	＊6「大胆な金融政策」「機動的な財政政策」「民間投資を喚起する成長戦略」	
	2014	消費税8％に引き上げ		
	2015	パリ協定採択(発展途上国を含めすべての国に温室効果ガス削減目標を義務化)		

＊国際収支が悪化しても貿易制限を行えない国。
＊2 国際収支が悪化しても為替の制限を行えない国。
＊3 加盟国は先進国とみなされ，自国保護のために投資の制限を行うことができなくなる。
＊4 通称，前川リポート。
＊5 14年，10％への引き上げを17年に延期，その後19年に再延期。

2 変わりゆくエネルギー

〈資源エネルギー庁資料ほか〉

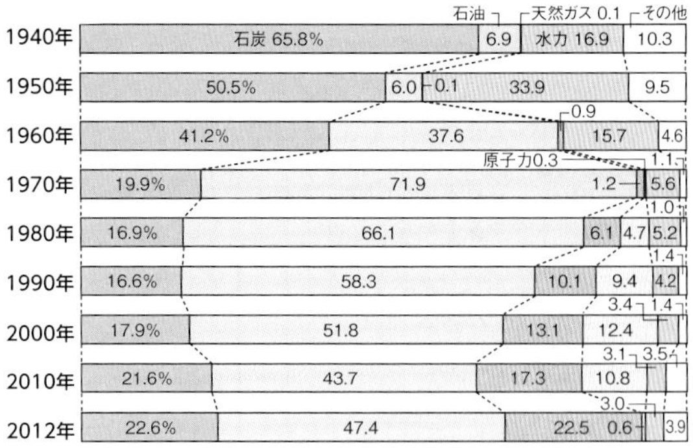
石油
天然ガス 0.1
その他
1940年 石炭 65.8% 6.9 水力 16.9 10.3
1950年 50.5% 6.0 0.1 33.9 9.5
1960年 41.2% 37.6 0.9 15.7 4.6
原子力0.3
1.1
1970年 19.9% 71.9 1.2 5.6
1.0
1980年 16.9% 66.1 6.1 4.7 5.2
1.4
1990年 16.6% 58.3 10.1 9.4 4.2
3.4 1.4
2000年 17.9% 51.8 13.1 12.4
3.1 3.5
2010年 21.6% 43.7 17.3 10.8
3.0
2012年 22.6% 47.4 22.5 0.6 3.9

△①**エネルギー供給割合の変遷**　産業革命(➔p.241)以後，「黒ダイヤ」とよばれる石炭が中心であったが，高度経済成長期の**エネルギー革命**とよばれる産業構造の転換過程で，その中心は石油に移った。70年代には「未来のエネルギー」として原子力が登場し，国の政策により拡大が進められてきたが，2011年の東京電力福島第一原発事故以後，原子力行政への批判が高まっている。

A 石炭から石油へ

(©Yamamoto Family)

◁②**『炭坑記録画および記録文書』**(山本作兵衛筆)
山本作兵衛(1892～1984)は，自らの経験をもとに，明治末から戦後にいたる炭坑労働のようすを描いた。これらは，2011年に，日本で初めてユネスコの「世界の記憶」に登録された。

首切り 賃下げ 絶対反対

◁③**三池争議**(1960年)
大量解雇を軸とする経営合理化案に対し，労組は激しく反発した。厳しい労使対立のなか組合員が暴力団員に殺害されたこともあり，和解斡旋受け入れまで282日を要した。

B 原子力と再生可能エネルギー

◁④**臨界実験に成功した国産原子炉第1号**(1962年9月12日)
茨城県東海村の旧日本原子力研究所東海研究所につくられた国産原子炉第1号の臨界実験が9月11日に始まり，翌日成功した。日本は唯一の被爆国として，「原子力の平和利用」を国策によって推進していった。

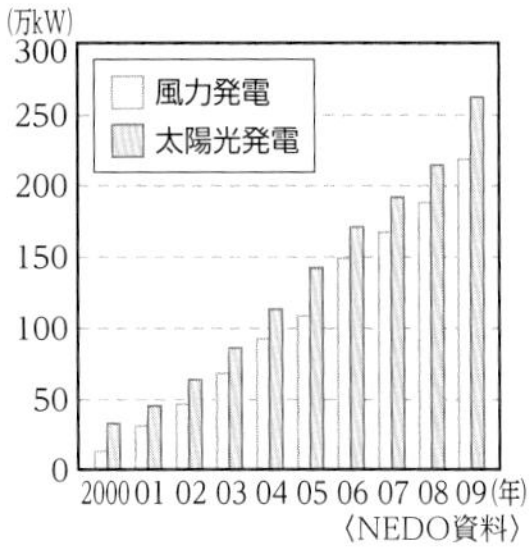
(万kW)
300
250
200
150
100
50
0
風力発電
太陽光発電
2000 01 02 03 04 05 06 07 08 09(年)
〈NEDO資料〉

◁⑤**日本の太陽光発電と風力発電の導入量**　20世紀後半の日本は，化石燃料や原子力を用いての発電が主流だった。しかし，近年は環境への配慮が高まり，太陽光や風力，地熱など，再生可能エネルギーを利用する発電が開発され始めている。

現代 昭和・平成

1970 ～ 1990 年の日本と世界

1 戦後の首相②

12～21は戦後歴代内閣の順番 ⇦p.292 ⇨p.316，351「内閣一覧」

(1918 ～ 1993)

12田中角栄内閣①・②
1972(昭和47).7～74(昭49).12
与党　自民党
おもな経歴
　郵政相，蔵相，通産相
おもな閣僚
　外相　大平正芳
　副総理　三木武夫

(1907 ～ 1988)

13三木武夫内閣
1974(昭和49).12～76(昭51).12
与党　自民党
おもな経歴
　通産相，外相，副総理
おもな閣僚
　外相　宮沢喜一
　蔵相　大平正芳

(1905 ～ 1995)

14福田赳夫内閣
1976(昭和51).12～78(昭53).12
与党　自民党
おもな経歴　蔵相
おもな閣僚
　農林相　鈴木善幸
　外相　園田直

(1910 ～ 1980)

15大平正芳内閣①・②
1978(昭和53).12～80(昭55).6
与党　自民党
おもな経歴
　外相，蔵相
おもな閣僚
　蔵相　②竹下登

(1911 ～ 2004)

16鈴木善幸内閣
1980(昭和55).7～82(昭57).11
与党　自民党
おもな経歴
　厚生相，農林相
おもな閣僚
　官房長官　宮沢喜一
　行政管理庁長官　中曽根康弘

(1918 ～ 2019)

17中曽根康弘内閣①～③
1982(昭和57).11～87(昭62).11
与党　自民党(・新自由クラブ)
おもな経歴
　通産相，防衛庁長官
おもな閣僚
　蔵相　①②竹下登
　運輸相　③橋本龍太郎

(1924 ～ 2000)

18竹下登内閣
1987(昭和62).11～89(平成1).6
与党　自民党
おもな経歴　蔵相
おもな閣僚
　外相　宇野宗佑
　官房長官　小渕恵三

(1922 ～ 1998)

19宇野宗佑内閣
1989(平成1).6～.8
与党　自民党
おもな経歴
　通産相，外相
おもな閣僚
　厚生相　小泉純一郎

(1931 ～ 2022)

20海部俊樹内閣①・②
1989(平成1).8～91(平3).11
与党　自民党
おもな経歴
　文部相，官房副長官
おもな閣僚
　蔵相　橋本龍太郎

(1919 ～ 2007)

21宮沢喜一内閣
1991(平成3).11～93(平5).8
与党　自民党
おもな経歴　蔵相(財務相)
おもな閣僚
　蔵相　羽田孜
　建設相　山崎拓

➔p.316「1990 年以降の日本と世界」

時代を見る目　ブレトン＝ウッズ(IMF)体制の崩壊

ベトナム戦争の泥沼化によってアメリカの戦費は増大した。産業も軍事生産に傾斜していたため工業力が衰退し，1970 年代初頭には経済成長をとげた西ドイツや日本が自動車や家電の対米輸出を急増させていた。その結果，アメリカの国際収支が悪化し，金準備が著しく減少した(**ドル危機**)。1971 年 8 月，ニクソン米大統領は，突如として金とドルの交換停止を発表した(ニクソン＝ショック，➔p.313)。これは，自国経済を立て直すためのドル防衛策だったが，金とリンクしたドル本位体制であるブレトン＝ウッズ(IMF)体制を崩壊させ，ドルの価値をゆるがした。さらに，1973 年には，第 4 次中東戦争を契機に第 1 次**石油危機**が起こり，世界経済は混乱をきわめた。

1945 発効
ブレトン＝ウッズ(IMF)体制
ドルを基軸通貨，固定相場制
(49 年～ 1 ドル ＝ 360 円)
→ 体制崩壊
1971.8
ニクソン＝ショック
金とドルの交換(金兌換)停止を発表，変動相場制へ
背景　ベトナム戦争の戦費増大，対外投資・援助によるドル流出，輸入の急増
1971.12
スミソニアン協定(スミソニアン体制)
10 か国蔵相会議，固定相場制の復活へ
(1 ドル ＝ 308 円)
→ 体制崩壊
1973.2～3
変動相場制へ移行

▷①ブレトン＝ウッズ体制から変動相場制へ

2 経済の混乱からサミットの開催へ

よみとき　サミットが開催されるようになった背景に注目しよう

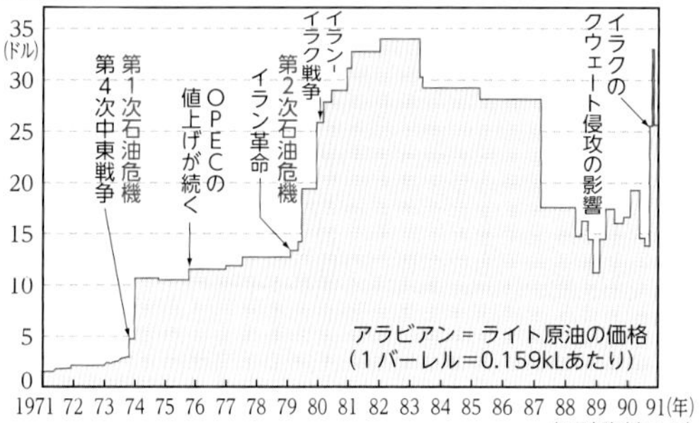

35
(ドル)
30
25
20
15
10
5
0
1971 72 73 74 75 76 77 78 79 80 81 82 83 84 85 86 87 88 89 90 91(年)
第1次石油危機
第4次中東戦争
OPECの値上げが続く
イラン革命
第2次石油危機
イラン・イラク戦争
イラクのクウェート侵攻の影響
アラビアン＝ライト原油の価格
(1バーレル＝0.159kLあたり)

〈石油資料ほか〉

▲②**石油価格の変動**　1973 年，アラブ石油輸出国機構(OAPEC)は原油価格を引き上げた。そのため，安い石油を利用して経済成長をとげてきた西側先進国は打撃を受けた。

開催回・年		背景	開催地(国)	おもな議題など
第1回	1975	変動相場制 石油危機	ランブイエ(仏)	為替相場への介入や世界経済の再建を討議
第6回	1980	ソ連，アフガニスタン侵攻	ヴェネツィア(伊)	政治問題も議題になる
第12回	1986	日本の好景気	東京(日)	7か国蔵相・中央銀行総裁会議(G7)創設
第17回	1991	冷戦終結	ロンドン(英)	ゴルバチョフ大統領を招待
第22回	1996	グローバル化	リヨン(仏)	経済のグローバル化への対応
第26回	2000	IT(情報技術)革命	九州・沖縄(日)	IT 憲章

▲③**サミット開催**　ドルの価値の動揺や第 1 次**石油危機**により，世界同時不況が起こった。この不況を，西側主要先進国の協調で解決するため，**先進国首脳会議**(サミット)が開催された。

3 1970 ～ 90 年ごろの日本と世界

12～20は p.292 と本ページ1の内閣の順番に対応　➔p.22 巻頭地図

年	内閣	日本	時代	米大統領	資本主義陣営・社会主義陣営	ソ連共産党書記長	中国共産党主席・総書記	アジア・アフリカ
1971(昭和46)	11佐藤	**沖縄返還協定**調印➔p.306 1ドル＝308円に	高度経済成長の終焉	ニクソン	ニクソン＝ショック→ブレトン＝ウッズ体制崩壊 中華人民共和国が国連代表権獲得 多国間通貨調整(スミソニアン体制)	ブレジネフ	毛沢東	
1972	12田中	沖縄の施政権復帰 田中首相訪中，**日中共同声明**(**日中国交正常化**)➔p.313			ニクソン米大統領が訪中，米中共同声明 米ソ，第1次戦略兵器制限交渉(SALTⅠ)調印 東西ドイツ基本条約調印			
1973		円，変動相場制に移行 第1次**石油危機**(⬅第4次中東戦争)			東西ドイツ国連同時加盟			**ベトナム和平協定** 第4次中東戦争
1974		戦後初の**マイナス成長**を記録	石油危機と世界的不況					
1975	13三木			フォード	第1回**先進国首脳会議**(サミット)開催			ベトナム戦争終結
1976		ロッキード事件に関連して田中前首相逮捕			毛沢東死去			
1977		領海法，漁業水域暫定措置法を公布		カーター	中国共産党，文化大革命終結を宣言		華国鋒	
1978	14福田	新東京国際空港(成田空港)開港 **日中平和友好条約**調印➔p.313 靖国神社，A級戦犯14名を合祀 「日米防衛協力のための指針」決定						ベトナム軍，カンボジアに侵攻
1979	15大平	第2次**石油危機** 東京で第5回サミット開催			米中国交正常化➔p.313 米ソ，第2次戦略兵器制限交渉(SALTⅡ)調印			イラン革命 ソ連軍，アフガニスタン侵攻
1980		モスクワオリンピック不参加決定(ソ連のアフガニスタン侵攻に抗議)						イラン-イラク戦争勃発(～88)
1981	16鈴木	初の「北方領土の日」開催		レーガン		アンドロポフ チェルネンコ	胡耀邦	
1985	17中曽根	NTT，JT発足(**行財政改革**の一環) 男女雇用機会均等法公布			**プラザ合意**(先進国がドル高是正の協調介入)	ゴルバチョフ		
1986			バブル経済		ソ連，**ペレストロイカ**開始			
1987		国鉄分割民営化，JR7社発足			米ソ，中距離核戦力(INF)全廃条約調印		趙紫陽	
1989(平成1)	18竹下 19	昭和天皇崩御　消費税3％スタート		ブッシュ(父)	中国，天安門事件 米ソ，「**冷戦の終結**」宣言➔p.316		江沢民	
1990	20				東西ドイツ統一			イラク，クウェートに侵攻
1991	21	地価が下落し，**バブル経済**崩壊			ワルシャワ条約機構解体　**ソ連邦解体**			**湾岸戦争**勃発

ドル危機と石油危機 ―私は平和の旅となるものと強く期待して中国を訪問する(ニクソン声明)

ヒストリースコープ

アメリカはベトナム戦争の泥沼化からの「名誉ある撤退(てったい)」のため，新たな国際秩序の構築をめざした。大統領のニクソン(1913～94)は特別補佐官のキッシンジャーを1971年に中国へ送り，訪中を実現させた。ニクソン訪中の発表は，世界に衝撃(しょうげき)を与えた。

考察

❶ニクソン大統領が訪中した目的を，アメリカが抱えていた国際問題をふまえて説明しよう。
❷ニクソン訪中に対して，日本は外交方針をどのように転換しただろうか。→ 1
❸変動相場制に変わることで，日本はなぜ不景気になったのだろうか。→ 2

周恩来首相
ニクソン大統領

△①乾杯する周恩来(チョウエンライ)首相とニクソン大統領　1972年2月，ニクソン大統領の訪中が実現した。これまで中国と対決する姿勢をみせていたアメリカは，ベトナム戦争撤退のため対中政策を転換した。

周恩来首相
毛沢東主席
田中首相

△②毛沢東(マオツォトン)主席・周恩来首相と会談する田中角栄(たなかかくえい)首相　アメリカの対中政策転換を受けて1972年9月に田中首相と大平正芳(おおひらまさよし)外相が中華人民共和国を訪問した。晩餐(ばんさん)会の席上で田中首相が中国侵略に対する事実上の謝罪をし，国交正常化への意欲を示した。

1 日中関係の進展

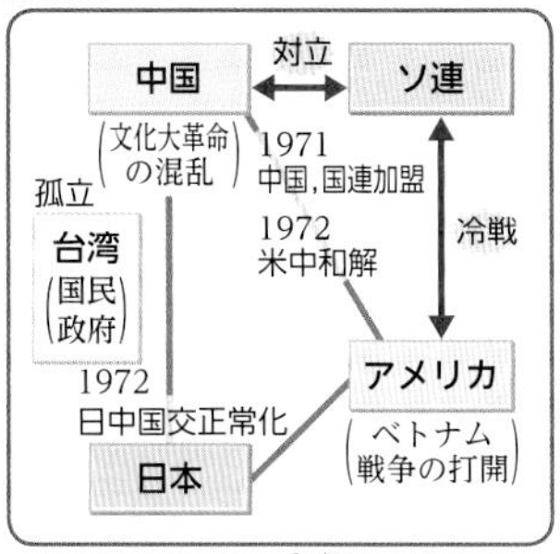
中国
対立
ソ連
文化大革命の混乱
1971 中国,国連加盟
孤立
台湾(国民政府)
1972 米中和解
冷戦
1972 日中国交正常化
アメリカ
ベトナム戦争の打開
日本

△③ベトナム戦争撤退(てったい)をめざすアメリカは敵対していた中国と和解し，和平交渉を有利にしようとした。日本はアメリカの突然の訪中に衝撃(しょうげき)を受けた。

A 日中共同声明 史　1972(昭和47)年9月調印(田中角栄(たなかかくえい)内閣)

日本側は，…戦争を通じて中国国民に重大な損害を与えたことについての責任を痛感し，深く反省する。
1　日本国と中華人民共和国との間のこれまでの不正常な状態は，この共同声明が発出される日に終了する。
2　**日本国政府は，中華人民共和国政府が中国の唯(ゆい)一の合法政府であることを承認する。**
5　…日本国に対する戦争賠償の請求を放棄する…

◁④日中共同声明の内容　**日中共同声明**では，中華人民共和国を中国唯一の合法政府とし，**日中国交正常化**が実現された。また大平(おおひら)外相が「日華平和条約は存在意義を失い終了した」と政府見解を述べ，日台関係は断交した。

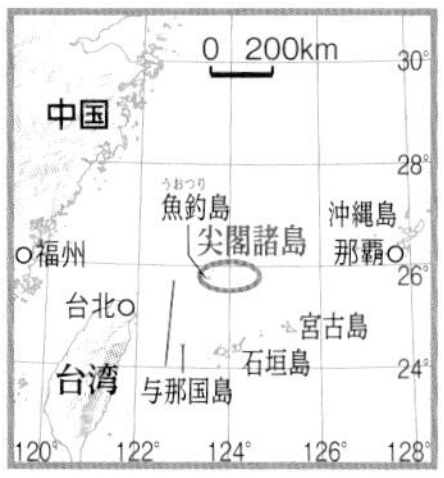
0 200km
中国
魚釣島
尖閣諸島
沖縄島
那覇
福州
台北
宮古島
石垣島
台湾
与那国島
30°
28°
26°
24°
120°
122°
124°
126°
128°

◁⑤尖閣(せんかく)諸島　無人島と岩礁(がんしょう)からなる。沖縄県石垣(いしがき)市に属している。日中共同声明では具体的な領土の交渉はされなかった。

B 日中平和友好条約　1978(昭和53)年8月調印(福田赳夫(ふくだたけお)内閣)

・両締約国は，主権及び領土保全の相互尊重，相互不可侵，…恒久的な平和友好関係を発展させる…
・両締約国は，…アジア・太平洋地域…他のいずれの地域においても覇(は)権を求めるべきではなく…覇権を確立しようとする…国又は国の集団による試みにも反対する…

◁⑥日中平和友好条約の内容　日中の平和友好関係の発展が約束された。経済界が貿易関係を維持してきたことも一助となった。

ランラン
カンカン

◁⑦日中友好のシンボルとして贈られたパンダ(1972年，東京・上野(うえの))

2 二つのショックと経済混乱

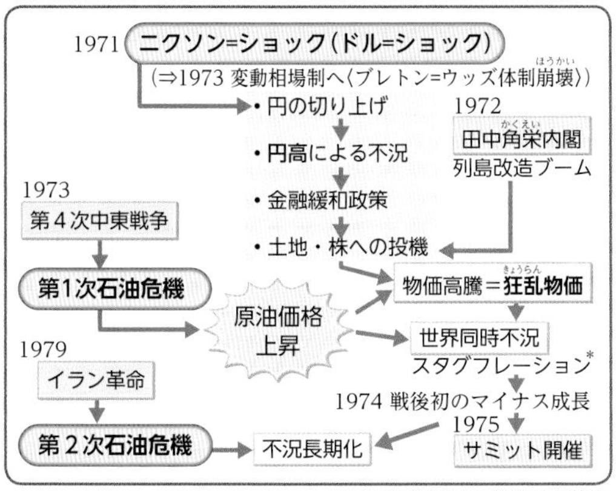
1971 ニクソン=ショック(ドル=ショック)
(⇒1973 変動相場制へ(ブレトン=ウッズ体制崩壊))
・円の切り上げ
1972 田中角栄内閣 列島改造ブーム
・円高による不況
1973 第4次中東戦争
・金融緩和政策
・土地・株への投機
第1次石油危機
物価高騰=狂乱物価
原油価格上昇
世界同時不況 スタグフレーション*
1979 イラン革命
1974 戦後初のマイナス成長
1975 サミット開催
第2次石油危機
不況長期化

＊不況と物価上昇が併存する状態。

A ニクソン=ショック(ドル=ショック)

米、金・ドル交換を停止
ドル防衛へ政策大転換
輸入に課徴金10%
国際通貨の再調整迫る
「円」「自由化」圧力強まる
IMF体制に最大の危機
事実上のドル切り下げ
国際通貨市場の混乱必至
賃金・物価90日凍結
インフレ・失業にも対策

〈『毎日新聞』1971年8月16日〉

◁⑧ベトナム戦争によって悪化した国際収支と金準備高の減少を背景に，アメリカが金とドルの交換を停止するドル防衛策をとったことで，ブレトン=ウッズ(IMF)体制が崩壊(ほうかい)した。日本も円の切り上げを余儀なくされ，1973年には為替(かわせ)レートが変動相場制に移行した。

B 石油危機(オイル=ショック)

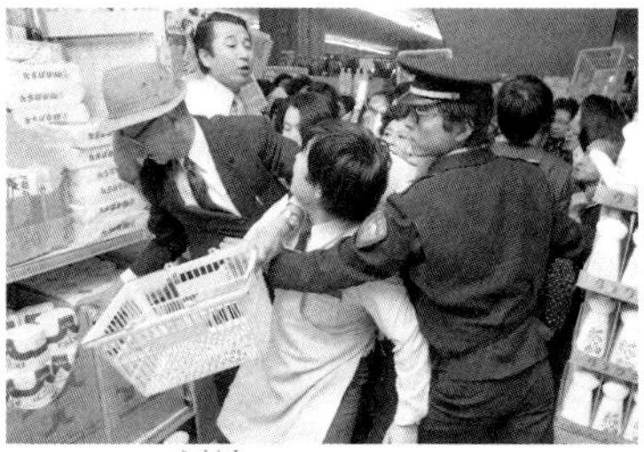

△⑨第4次中東(ちゅうとう)戦争を契機に原油価格は約4倍に引き上げられた。石油価格暴騰(ぼうとう)による「狂乱物価(きょうらんぶっか)」と物資不足への不安から消費者が買いだめに走り，トイレットペーパー・洗剤・砂糖などがたちまち売り切れた。

3 田中(たなか)内閣と高度経済成長の終焉(しゅうえん)

▷⑩『日本列島改造論(れっとうかいぞうろん)』　田中角栄(かくえい)は，太平洋ベルトに集中する工業の地方分散や，政治経済の開発拠点である「新25万都市」の建設により，過疎・過密問題の解決をうたった。しかし，激しいインフレをもたらし，高度経済成長の終焉のきっかけとなった。

田中角栄著
日本列島改造論

事件(年)	内閣	概要	政界への影響
昭和電工事件(1948)	芦田(あしだ)均(ひとし)	昭和電工による復金融資をめぐる贈収賄(ぞうしゅうわい)事件。	芦田内閣総辞職
ロッキード事件(1976)	三木(みき)武夫(たけお)	米ロッキード社による航空機売り込みの際の巨額贈収賄事件。	田中角栄前首相の逮捕，総選挙での自民党大敗，三木内閣総辞職
リクルート事件(1988)	竹下(たけした)登(のぼる)	リクルート社による未公開株の贈収賄事件。	89年の参院選で自民党大敗，参院で与野党逆転
佐川急便事件(1992)	宮沢(みやざわ)喜一(きいち)	東京佐川急便より政治家らへの巨額献金事件。	選挙で自民党大敗，細川(ほそかわ)連立政権へ ➡p.318
そのほか，造船疑獄事件(1954年)など			

◁⑪政治資金をめぐるおもな事件

田中前首相を逮捕
丸紅から五億受領
自民衝撃 政局激動
収賄解明へ頂上決戦

〈『読売新聞』1976年7月27日〉

◁⑫田中前首相逮捕　政治資金調達をめぐる疑惑(**金脈(きんみゃく)問題**)で総理を辞任した田中前首相は，ロッキード事件で逮捕された。

今日とのつながり　1970年代の石油危機のときには節電や省エネが進められた。2011年の東日本大震災後，再び節電や省エネに注目が集まり，エネルギー政策への関心が高まっている。

現代 昭和

経済大国への成長 ―ジャパン・アズ・ナンバーワン（エズラ＝ヴォーゲル）

ヒストリースコープ

ハーバード大学の社会学者エズラ＝ヴォーゲルが1979年に執筆した本『Japan as No.1』は，そのタイトル通り，日本的経営や経済政策などを高く評価した。実際に日本は80年代に経済大国の道を歩んでいった。

考察

❶ 1980年代に，なぜ日本車の生産台数がのびたのだろうか。

❷ 1985年に，ドルに対して円が高くなったのはなぜだろうか。→1・2

❸円高ドル安の状況で，日本経済はどのような状態になっていっただろうか。→2

Japan as No.1

△①『Japan as No.1』 日本企業が業績を上げた理由として，終身雇用・年功賃金・労資協調などを特徴とする**日本的経営**をあげて評価した。

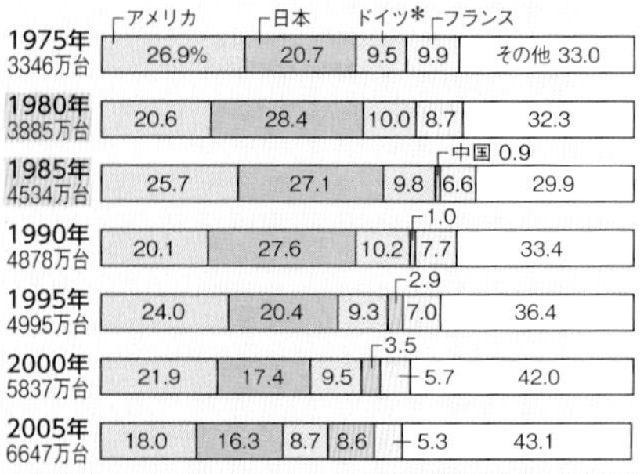

アメリカ 日本 ドイツ* フランス
1975年 3346万台 26.9% 20.7 9.5 9.9 その他 33.0
1980年 3885万台 20.6 28.4 10.0 8.7 32.3
1985年 4534万台 25.7 27.1 9.8 6.6 29.9 中国 0.9
1990年 4878万台 20.1 27.6 10.2 7.7 33.4 1.0
1995年 4995万台 24.0 20.4 9.3 7.0 36.4 2.9
2000年 5837万台 21.9 17.4 9.5 5.7 42.0 3.5
2005年 6647万台 18.0 16.3 8.7 8.6 5.3 43.1

＊1990年までは西ドイツの数値。〈『数字でみる 日本の100年』〉

△②**機械化された自動車工場**（左，1988年，埼玉県）と③**主要国の自動車生産占有率**（右） 企業は省エネなど**減量経営**に努め，工場では自動車の溶接作業などの工程で機械化が進んだ。加えて**石油危機**を契機に，低燃費で価格の安い小型車が売れるようになった。海外でも日本車は燃費がよく故障しにくいとの評価を受けて，輸出が急増したことから，自動車生産台数が飛躍的に増えた。

1 経済大国への歩み

よみとき 円高が急激に進んだ時期と背景に注目しよう

▽④円の対ドル相場の変化

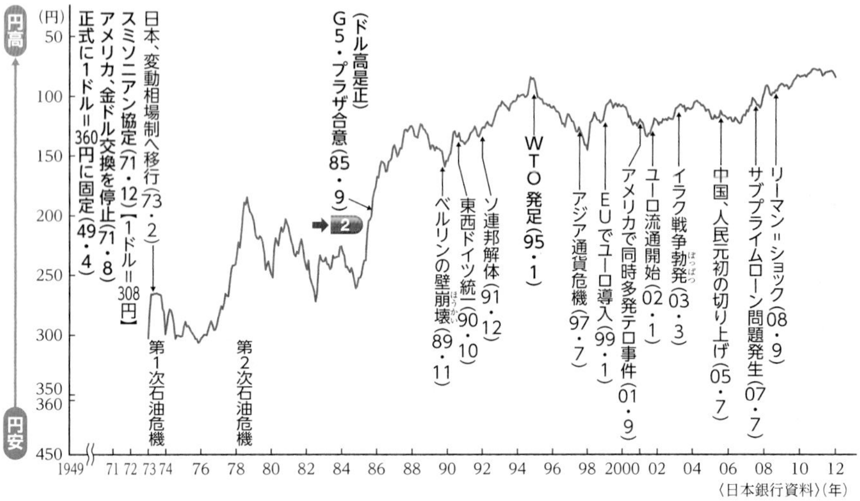

円高
円安
（円）
日本，変動相場制へ移行（73・2）
スミソニアン協定（71・12）［1ドル＝308円］
アメリカ，金ドル交換を停止（71・8）
正式に1ドル＝360円に固定（49・4）
G5・プラザ合意（85・9）（ドル高是正）
第1次石油危機
第2次石油危機
ベルリンの壁崩壊（89・11）
東西ドイツ統一（90・10）
ソ連邦解体（91・12）
WTO発足（95・1）
アジア通貨危機（97・7）
EUでユーロ導入（99・1）
アメリカで同時多発テロ事件（01・9）
ユーロ流通開始（02・1）
イラク戦争勃発（03・3）
中国，人民元初の切り上げ（05・7）
サブプライムローン問題発生（07・7）
リーマン＝ショック（08・9）
〈日本銀行資料〉（年）

戦後の1ドル＝360円の単一為替レートが，1971年に円ドル一時交換停止後，スミソニアン協定によって1ドル＝308円に切り上げられた。さらに，73年には変動相場制に移行（→p.312）。以降，日本経済は安定成長の軌道にのった。

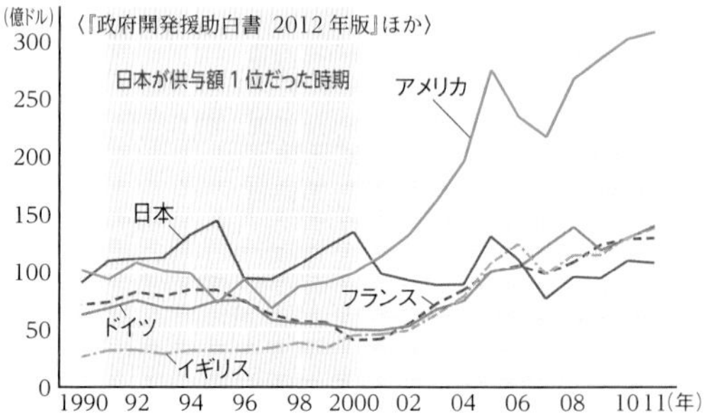

（億ドル）
〈『政府開発援助白書 2012年版』ほか〉
日本が供与額1位だった時期
アメリカ
日本
フランス
ドイツ
イギリス
（年）

△⑤**政府開発援助（ODA）の供与額** 日本は1987年には1人あたりの国民所得でアメリカを抜き，「**経済大国**」となった。アジアを中心とする発展途上国へのODA供与額は急増し，1990年代には10年連続で世界最大の援助国となった。

2 日米貿易摩擦とプラザ合意

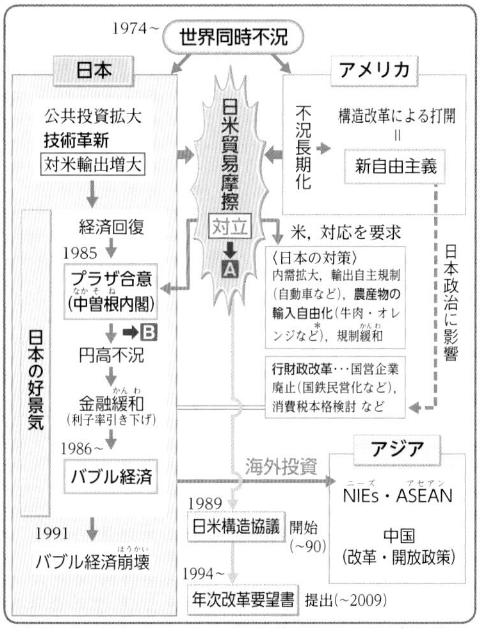

1974～ 世界同時不況
日本
公共投資拡大
技術革新
対米輸出増大
経済回復
1985 プラザ合意（中曽根内閣）
→B
円高不況
金融緩和（利子率引き下げ）
1986～ バブル経済
1991 バブル経済崩壊
日本の好景気
アメリカ
不況長期化
構造改革による打開 ＝ 新自由主義
日米貿易摩擦
対立
A
米，対応を要求
〈日本の対策〉内需拡大，輸出自主規制（自動車など），農産物の輸入自由化（牛肉・オレンジなど*），規制緩和
行財政改革…国営企業廃止（国鉄民営化など），消費税本格検討 など
日本政治に影響
海外投資
アジア
NIEs・ASEAN
中国（改革・開放政策）
1989 日米構造協議 開始（～90）
1994～ 年次改革要望書 提出（～2009）

△⑥**日本経済の動き** ＊GATTのウルグアイ＝ラウンドで交渉が行われ，1988年にまず牛肉とオレンジの輸入自由化が決定，93年にはコメ市場の部分的開放が決定された。

A 日米貿易摩擦

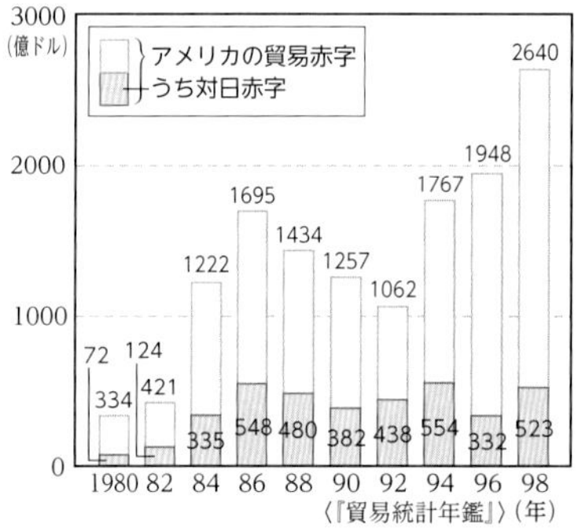

（億ドル）
アメリカの貿易赤字
うち対日赤字
1980 72 334
82 124 421
84 1222 335
86 1695 548
88 1434 480
90 1257 382
92 1062 438
94 1767 554
96 1948 332
98 2640 523
〈『貿易統計年鑑』〉（年）

◁⑦**アメリカの貿易赤字と対日赤字** アメリカでは対日貿易赤字が続き，産業界が不振となって労働者の解雇・賃金引き下げにつながった。その結果，解雇された工場労働者などを中心に対日非難（ジャパン＝バッシング）が起こった。

△⑧**日本車をたたきこわすアメリカ人**（1982年） 日本製品への反発の高まりは，製品のたたきこわしや不買運動へとつながった。日本の自動車メーカーは海外に工場を建設し，現地生産を行うようになった。

B プラザ合意 ―円高ドル安の是認

竹下登蔵相

◁⑨ 80年代前半のアメリカは，多額の貿易赤字と財政赤字を抱えていた（「双子の赤字」）。ニクソン＝ショック（ドル＝ショック）の再発を恐れた先進国の代表（日・米・英・仏・西独）が，1985年に協調介入してドル安を誘導することで合意した（**プラザ合意**）。これにより円高ドル安となり，アメリカが国際競争力を高めた一方で，日本は輸出産業が打撃を受け深刻な不況となった。これに対し企業がアジアに生産拠点を移すなどするなか政府・銀行が金融緩和を進めると，余った資金が土地や株式などに流れ，**バブル経済**が発生した。

今日とのつながり 今でも日本はODA供与額の上位国だが，日本のODAの資金が，援助を請け負う日本企業に環流しているとの批判を受けてきた。

1970・80年代の文化 ―おいしい生活。（西武百貨店の広告コピー）

ヒストリースコープ

1983年の広告コピー「おいしい生活。」が表すように，1980年代は，高度経済成長期の「消費は美徳」という意識（➔ p.310）から，一人ひとりが生活の何に価値を見いだすかを問うようになり，芸術鑑賞やウインドーショッピング，海外旅行などの快楽を消費するようになった。社会がバブル経済に浮き足だち，高値の海外製品や企業の買収もあいついだ。

考察

❶ 80年代の文化を生み出した日本の社会世相はどのようなものだろうか。

①**約53億円で購入されたゴッホ筆「ひまわり」** 1987年に安田火災海上（現 損保ジャパン）が，オークションで約3992万ドル（当時のレートで約53億円）という高値で落札し，世界を驚かせた。

②**カラオケボックスで歌う人々**（1989年） 1970年代に登場したカラオケは，当初は飲食店でのサービスの一部として使われていた。1985年に岡山県でコンテナを改造した屋外型カラオケボックスが登場。以降，家族や友達どうしで楽しめることからブームとなり，全国に広がった。

1 1970年代の文化

1970年代の特徴

- 「混迷の時代」…高度経済成長が終焉を迎え，低成長時代に移行
- 個人主義の浸透　「家族そろってマイカーでお出かけ」から「1人で必要に応じて手軽に」が求められるように
- 「仮面ライダー」，「機動戦士ガンダム」など等身大のヒーローへの共感

③**山口百恵**（1959～） 大人びた雰囲気で10代のうちに大スターとなり，NHK「紅白歌合戦」のトリも務めた。70年代で最もレコードの売り上げが多い歌手だったが，結婚を機に21歳で引退した。

⑤**「仮面ライダー」**（1971年） 1960年代のウルトラマンのような巨大で超人的なヒーローに対して，苦悩を抱え，仲間の協力を得て戦う等身大のヒーローとして，絶大な人気を集めた。〈©石森プロ・東映〉

④**コンビニエンスストアの登場**（1974年） セブンイレブン1号店が東京都江東区に開店した。長時間営業で，必要なときにほしい物が手軽に購入できることが当時の需要に合致し，浸透していった。「開いててよかった」はセブンイレブンの代名詞となった。〈セブン&アイHLDGS.提供〉

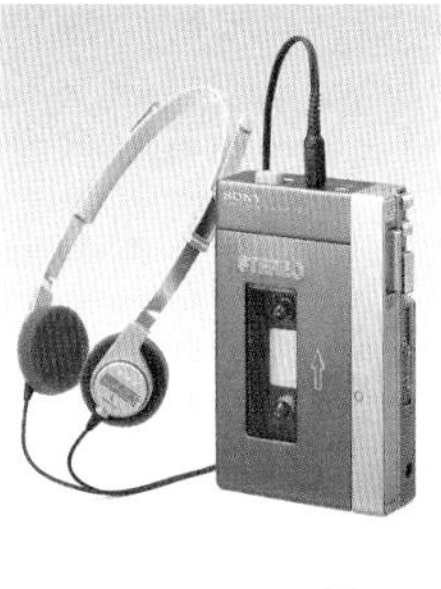

⑥**ヘッドホンステレオ**（1979年） ウォークマン®の名のとおり歩きながら音楽が聴けるスタイルが，若者の爆発的な支持を集めた。

CUP NOODLE
カップヌードル

⑦**カップ麺の登場**（1971年） 鍋を使わずに熱湯をかけるだけで食べられるカップ麺が発売された。以降，手軽なインスタント食品・冷凍食品が普及していった。

2 1980年代の文化

1980年代の特徴

- 「繁栄の時代」…ジャパン・アズ・ナンバーワン（➔ p.314）
- **プラザ合意**を契機とした**バブル経済**の発生　リゾート建設・地上げ・フリーターの増加・拝金主義
- テレビゲームや漫画，アニメの流行→90年代以降世界へ広まる（➔ p.321）

⑧**松田聖子**（1962～） 80年代を代表するアイドル。彼女の髪型「聖子ちゃんカット」が大流行した。彼女の生き方は，今もなお多くの女性に影響を与え続けている。

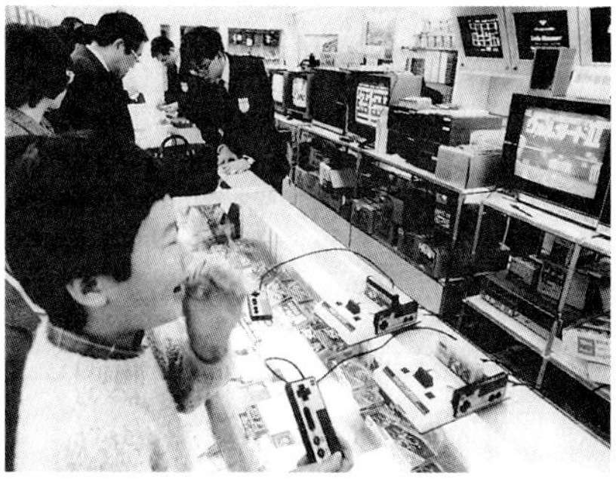

スーパーマリオブラザーズ
Nintendo

⑩**テレビゲームを楽しむようす**（上）と⑪**流行したゲームソフト**（下）

1983年にファミリーコンピュータ（ファミコン）が発売され，国内累計出荷台数1935万台にまで達した。「スーパーマリオブラザーズ」などの人気ソフトも誕生した。

少年ジャンプ
聖闘士星矢

〈車田正美／集英社〉

⑨**『週刊少年ジャンプ』** 1968年創刊の漫画雑誌。80年代には『ドラゴンボール』『キャプテン翼』『聖闘士星矢』など多くの人気漫画を連載し，小中学生のみならず大人まで読者層に取り込んだ。80年代後半には，年間発行部数が400万を突破した。

⑫**東京ディズニーランドの開業**（1983年） バブル期に，全国各地にさまざまなテーマパークがオープンしたが，その後閉園したものも多い。東京ディズニーランドは，魅力的な施設やサービスにより，現在も人気を誇っている。〈© Disney〉

歴史のまど 「バブルへGO!! タイムマシンはドラム式」（2007）現代人がバブル経済期にタイムスリップするコメディ映画。当時の日本の浮き足だった様子が現代人の視点から描かれている。

1990～2010年の日本と世界

1 戦後の首相③
22～34は戦後歴代内閣の順番 ⬅p.312 ➔p.322,351「内閣一覧」

(1938～)

22細川護熙内閣
1993(平成5).8～94(平6).4
与党　日本新党など非自民・非共産8党派
おもな経歴　熊本県知事
おもな閣僚　外相　羽田孜

(1935～2017)

23羽田孜内閣
1994(平成6).4～.6
与党　非自民・非共産の連立
おもな経歴　農水相，外相
おもな閣僚
　労働相　鳩山邦夫

(1924～)

24村山富市内閣
1994(平成6).6～96(平8).1
与党　自民・社会・さきがけ
おもな経歴　大分県議員
おもな閣僚
　文部相　与謝野馨
　通産相　橋本龍太郎

(1937～2006)

25橋本龍太郎内閣①・②
1996(平成8).1～98(平10).7
与党　自民党*　*橋本②閣外協力：社民・さきがけ。
おもな経歴　運輸相，蔵相
おもな閣僚
　厚生相　①菅直人

(1937～2000)

26小渕恵三内閣
1998(平成10).7～2000(平12).4
与党　自民・自由(保守)・公明党
おもな経歴　官房長官，外相
おもな閣僚
　蔵相　宮沢喜一

(1937～)

27森喜朗内閣①・②
2000(平成12).4～01(平13).4
与党　自民・公明・保守党
おもな経歴　文部相
おもな閣僚
　外相　河野洋平

(1942～)

28小泉純一郎内閣①～③
2001(平成13).4～06(平18).9
与党　自民・公明・保守(新)党
おもな経歴　厚生相，郵政相
おもな閣僚
　外相　①田中眞紀子
　官房長官　①・②福田康夫

(1954～2022)

29安倍晋三内閣①
2006(平成18).9～07(平19).9
与党　自民・公明党
おもな経歴　官房長官
おもな閣僚
　外相　麻生太郎

(1936～)

30福田康夫内閣
2007(平成19).9～08(平20).9
与党　自民・公明党
おもな経歴　官房長官
おもな閣僚
　厚労相　舛添要一
　防衛相　石破茂

(1940～)

31麻生太郎内閣
2008(平成20).9～09(平21).9
与党　自民・公明党
おもな経歴　総務相，外相
おもな閣僚
　総務相　鳩山邦夫
　農水相　石破茂

(1947～)

32鳩山由紀夫内閣
2009(平成21).9～10(平22).6
与党　民主・社民・国民新党
おもな経歴　民主党代表
おもな閣僚
　外相　岡田克也
　財務相　菅直人

(1946～)

33菅直人内閣
2010(平成22).6～11(平23).8
与党　民主・国民新党
おもな経歴　厚生相
おもな閣僚
　財務相　野田佳彦
　外相　前原誠司

(1957～)

34野田佳彦内閣
2011(平成23).9～12(平24).12
与党　民主・国民新党
おもな経歴　財務相
おもな閣僚
　経産相　枝野幸男

➔p.322「2010年以降の日本と世界」

時代を見る目　冷戦の終結

1989年は，東欧の民主化運動の盛り上がり(**東欧革命**)から大きく世界が動いた。11月には，東西両陣営による**冷戦**の象徴であった「ベルリンの壁」が崩壊し，12月には米ソ首脳による会談がマルタで設けられ，**冷戦の終結**が宣言された。こうして1945年から始まる冷戦は，終結した。

△①**「ベルリンの壁」崩壊**(1989年11月)

ブッシュ(父)大統領
ゴルバチョフ書記長

△②**マルタ会談**(1989年12月)

2 「世界の警察官」を自負するアメリカ

よみとき　アメリカが軍事介入した国や地域には，産油地域や海上輸送の重要地点が多いことに注目しよう

▶③**第二次世界大戦後にアメリカが軍事介入した国と日本のPKO活動**

アメリカは第二次世界大戦後に世界の覇権をにぎり，各地に軍事介入を行ってきた。冷戦終結後の1991年には，クウェートに侵攻したイラクに対し，アメリカを中心とした「多国籍軍」が武力制裁を行い，**湾岸戦争**が勃発した。日本は国際貢献として「多国籍軍」に多額の資金援助を行い，また1992年のカンボジアを皮切りに，**国連平和維持活動**(PKO)として自衛隊の海外派遣を行い，治安維持やインフラ整備などの活動を行っている(➔p.317)。

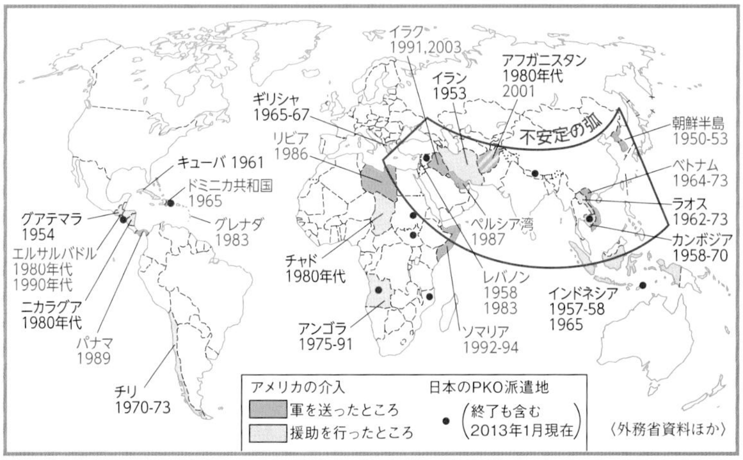
イラク 1991,2003
アフガニスタン 1980年代 2001
イラン 1953
ギリシャ 1965-67
リビア 1986
不安定の弧
朝鮮半島 1950-53
ベトナム 1964-73
ラオス 1962-73
カンボジア 1958-70
キューバ 1961
ドミニカ共和国 1965
グアテマラ 1954
グレナダ 1983
ペルシア湾 1987
エルサルバドル 1980年代 1990年代
チャド 1980年代
レバノン 1958 1983
インドネシア 1957-58 1965
ニカラグア 1980年代
アンゴラ 1975-91
ソマリア 1992-94
パナマ 1989
チリ 1970-73
アメリカの介入
軍を送ったところ
援助を行ったところ
日本のPKO派遣地
(終了も含む 2013年1月現在)
〈外務省資料ほか〉

3 1990～2010年ごろの日本と世界

年	内閣	日本	世界
1990	20海部		東西ドイツ統一
1991		牛肉・オレンジ輸入自由化 バブル経済崩壊	**湾岸戦争**勃発　ユーゴスラヴィア内戦突入　**ソ連邦解体**
1992	21宮沢	**PKO協力法**成立 ➔p.317	
1993		細川内閣発足→55年体制崩壊➔p.318	EU発足
1994	22 23		南アで初の全人種参加の選挙実施
1995	24村山	**阪神・淡路大震災**発生　地下鉄サリン事件発生　食糧法施行(米の自由化)	WTO発足(GATTを発展解消)
1996	25橋本	衆議院で小選挙区比例代表並立制実施	包括的核実験禁止条約(CTBT)採択
1997		消費税5%に引き上げ	アジア通貨危機　**京都議定書**採択
1998	26		インド・パキスタンが核実験
2000	27	九州・沖縄サミット開催 ➔p.312	朝鮮の南北首脳会談が実現
2001		小泉内閣が成立，構造改革を推進	米で同時多発テロ事件発生 米，アフガニスタンを攻撃
2002	28小泉	日韓でワールドカップ共催 小泉首相訪朝 ➔p.319	EU共通通貨ユーロの流通開始 米ロ，モスクワ条約(核軍縮)調印
2003			イラク戦争勃発
2004	29安倍①	小泉首相，2度目の訪朝	スマトラ沖大地震
2005		愛知万博開催　郵政民営化法成立	ロンドンで同時多発テロ
2006			北朝鮮，初の地下核実験
2008	30	北海道洞爺湖サミット開催	リーマン=ショック
2009	31	総選挙で民主党大勝→鳩山内閣成立	欧州債務危機が拡大
2010	32		米ロ，新START調印 中国のGDPが世界第2位に
2011	33 34	**東日本大震災**，東京電力**福島第一原発事故**発生 ➔p.319	アラブ諸国で民主化(アラブの春)

20～34はp.312と本ページ1の内閣の順番に対応

EU…ヨーロッパ連合　WTO…世界貿易機関　GATT…➔p.292　CTBT…包括的核実験禁止条約
START…戦略兵器削減条約

現代
平成

日本の国際貢献 – too little too late（国際社会の反応）

ヒストリースコープ

湾岸戦争に際し，国際貢献のあり方を迅速に決定できない日本の政治に対して，国際社会から“too little too late”（少なすぎる，遅すぎる）と非難を受けた。湾岸戦争は，冷戦体制崩壊後の国際社会において「日本の果たすべき役割とは何か」を，真剣に考えるきっかけとなった。

考察

❶湾岸戦争において，日本はどのような国際貢献を行っただろうか。

❷PKOへの自衛隊の派遣が可能となった法律と，最初の適用例は何だろうか。→1

❸1990年代以降の自衛隊による国際貢献について説明しよう。→1

橋本龍太郎蔵相
海部俊樹首相

△①**湾岸戦争多国籍軍への追加支援に関する関連法案の可決**（1991年2月28日） アメリカの非難を受け，日本は90億ドルの追加支援を含む総額130億ドル（約1兆7千億円）の資金援助を行った。しかし，クウェートが感謝を示した30か国の中に日本の名前はなかった。

◁②**海外派遣される海上自衛隊**（1991年5月26日） 湾岸戦争終結後，ペルシア湾にある機雷除去のための掃海艇が派遣された。政府は，自衛隊法99条にもとづく措置としたが，海外派遣に対する国内の反発は強く，法整備不足も明確であった。

ストップ海外派兵
戦争協力はゴメンだ！

△③**海外派遣に反対する人々**（1990年）

1 自衛隊関連年表

自衛隊関連法 / おもな戦争・テロ

首相	年	事項	時期
吉田⑤	1954	防衛庁設置法，自衛隊法公布➡自衛隊発足➲p.301	55年体制期
岸	1960	**新安保条約**調印，発効。日米行政協定を**日米地位協定**として改正（条約並みの扱いに）➲p.305	
佐藤	1970	新安保条約，自動延長	
	1971	沖縄返還協定の付帯決議で，**非核三原則**を議決	
	1972	沖縄が日本復帰，自衛隊を配備 ➲p.306	
三木	1976	初の「防衛計画の大綱」を決定 防衛費の対GNP比1％以内（防衛費1％枠）を決定➡図⑥	
福田	1978	「日米防衛協力のための指針（ガイドライン）」合意	
大平	1980	海上自衛隊，リムパック（環太平洋合同演習）に初参加	
中曽根	1987	国際緊急援助隊派遣法（海外での災害に対して救助チーム・医療チームなどを派遣）施行	
海部	1991	**湾岸戦争**勃発。戦後，海上自衛隊掃海艇を機雷除去のためペルシア湾に派遣➡図②	
宮沢	1992	**PKO（国連平和維持活動）協力法**制定➡図④ カンボジアに自衛隊派遣➡図⑤	
村山	1995	沖縄で米兵による少女暴行事件発生 日米合同委員会，地位協定の運用改善を合意	グローバル化期
橋本	1997	新ガイドラインを日米合意	
小渕	1998	ハリケーン被害を受けたホンジュラス救援に自衛隊を派遣，対人地雷禁止条約（オタワ条約）を批准	
	1999	周辺事態安全確保法など**新ガイドライン関連法**制定➡図④	
	2000	自衛隊保有の対人地雷廃棄開始（～03）	
小泉	2001	アメリカで同時多発テロ事件発生 テロ対策特別措置法制定➡図④ インド洋で海上自衛隊の補給艦が洋上給油開始	
	2002	護衛艦「イージス艦」をインド洋に派遣	
	2003	イラク戦争勃発 武力攻撃事態対処法など有事関連3法制定 イラク復興支援特別措置法制定➡図④ 閣議で弾道ミサイル防衛システムの導入を決定	有事法制整備期
	2004	自衛隊（本隊）をイラクに派遣 国民保護法など，有事関連7法制定	
安倍①	2007	防衛庁，防衛省に昇格。防衛施設庁は廃止 陸上自衛隊，有事に対処するため中央即応集団を編成	
麻生	2009	政府，北朝鮮のミサイル発射に備え，初の弾道ミサイル破壊措置命令を発令。海賊対処法成立	
菅	2011	政府，**東日本大震災**と東京電力**福島第一原発事故**に対し，自衛隊行動命令を発令	
安倍③	2015	安全保障関連法成立➡図④ パリ同時多発テロ事件発生	

A 自衛隊の海外派遣

▽④自衛隊の海外派遣関連法

PKO協力法（1992年～）	**国連平和維持活動**（PKO）への協力のほか，国際救援活動や国際的な選挙監視活動への協力。
周辺事態安全確保法（1999年～）	日本周辺地域での紛争等発生時に，自衛隊が活動できる内容を定めた法律。適用時には自衛隊による武器や弾薬の輸送など米軍への後方地域支援が可能になる。
テロ対策特別措置法（2001～2007年）	2001年アメリカの同時多発テロ事件を受けて，自衛隊によるインド洋・アラビア海での米軍艦艇等への燃料補給や米軍基地間の物資・兵員輸送協力などを定めた法律。
イラク復興支援特別措置法（2003～2009年）	イラク戦争後のイラク復興を支援するための法律。活動の範囲は非戦闘地域に限定し，人道的支援にあたる。
安全保障関連法（2015年～）	**集団的自衛権**の行使を可能にする。外国軍隊への後方支援や国際平和協力活動などの分野において，自衛隊の海外での活動の範囲や内容を広げるもの。

△⑤**港の工事をする自衛隊員**（1993年，カンボジア） 日本の自衛隊が初めて経験したカンボジアでの**国連平和維持活動**（PKO）には，1200名あまりの自衛隊員が道路や橋の修理といったインフラの整備にたずさわった。

B 防衛費の推移

よみとき 日本の防衛費とそのGNP（のちGDP）に占める割合の推移に注目しよう

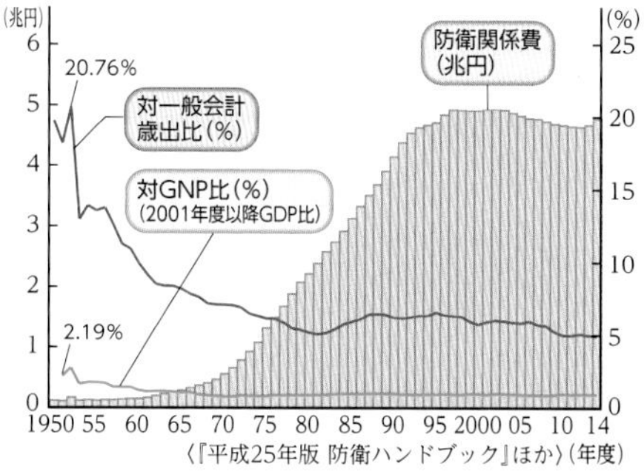

(兆円)
(%)
20.76%
対一般会計歳出比(%)
対GNP比(%)(2001年度以降GDP比)
2.19%
防衛関係費(兆円)
1950 55 60 65 70 75 80 85 90 95 2000 05 10 14
（『平成25年版 防衛ハンドブック』ほか）(年度)

△⑥日本の防衛関係費は，1990年代半ばまではほぼ毎年増加してきたが，その後横ばいとなっている。1976年に「GNP比1％枠」，87年からは「総額明示方式」が設けられ，防衛関係費の膨張を防いでいる。一方，アメリカは防衛費増額を要求している。

C 自衛隊と米軍基地の配備

0 100km
旭川
札幌
帯広
千歳
青森
大湊
三沢
仙台
百里
入間
朝霞
横田
座間
御殿場
横須賀
厚木
相馬原
小松
伊丹
舞鶴
岩国
海田
呉
小牧
市ケ谷
浜松
守山
春日
福岡
佐世保
善通寺
健軍
那覇
沖縄島での所在地 ➲p.307
（『平成25年版 防衛白書』ほか）
自衛隊所在地（おもな駐屯地・基地）
防衛省
陸上自衛隊
海上自衛隊
航空自衛隊
米軍基地所在地

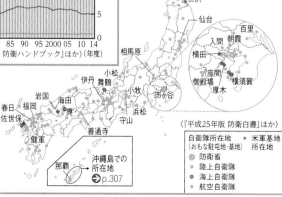

△⑦米軍用地*の面積は全国で約1024km²，自衛隊は約1087km²に及ぶ。なかでも沖縄県では，県の面積の約1割を米軍用地が占めている。

＊一時使用施設を含む。

歴史のまど 孫崎享『戦後史の正体 1945-2012』 外務省の国際情報局長や外交官を経験した著者が，戦後の日米関係の「隠された真実」について記述している。

現代 平成

55年体制崩壊後の政治と経済 ─失われた10年（1990年代をさす言葉）

ヒストリースコープ

冷戦終結は国内政治の再編もうながし，1993年には55年体制が崩壊した。バブル経済崩壊後の1990年代は「失われた10年」とよばれ，長期不況・深まる政治不信・若者の失業・混迷するアジア外交などさまざまな課題に直面した。

江田
大内
石田
山花
羽田
細川
武村
星川
社会民主連合
民社党
公明党
社会党
新生党
日本新党
さきがけ
民主改革連合

△①細川護熙連立内閣の誕生（1993年） 8月，元熊本県知事の細川護熙が内閣総理大臣に選出され，非自民・非共産の8党派による連立政権が成立した。1955年の結党以来初めて自民党が野党に転落し，**55年体制**（➔p.304）が終わった。

△②山一證券の自主廃業（1997年） 1897年創業の大手証券会社だったが，1990年代の株価暴落で業績が悪化し，経営破綻した。当時の記者会見で，野澤社長は号泣しながら「社員は悪くありません」と謝罪した。

考察

❶ 1990年代前半に，政治と経済において，それぞれ何が崩壊しただろうか。

❷ バブル経済崩壊後，日本ではどのような問題が顕著になっただろうか。→2・3

❸ 東日本大震災では，どのような問題が発生したか説明しよう。→4

1 1990年以降の政治と経済の動き ➔p.354「戦後の政党」

年	内閣	(政党)	日本（赤字 消費税関連）	世界
1991	海部	自民党	前年より株価が下落，バブル経済崩壊	湾岸戦争勃発
			牛肉・オレンジ輸入自由化実施（決定は88年）	ソ連邦解体
1992	宮沢		PKO協力法成立 ➔p.317	
1993			55年体制崩壊➡図①	EU（ヨーロッパ連合）発足
1994	細川	8党派	政治改革関連4法（小選挙区比例代表並立制の導入など）制定	NAFTA*発足 *北米自由貿易協定
1995	羽田	5党	阪神・淡路大震災発生　戦後五十年決議 史	
	村山	3党*2	食糧法施行（米の生産・流通・販売自由化）	WTO（世界貿易機関）発足
1997	橋本	自民党（自由・公明・保守などとの連立）	消費税5％に引き上げ *2自社さ政権（自民・社会・さきがけ）	アジア通貨危機
			北海道拓殖銀行，山一證券経営破綻➡図②	京都議定書採択
1999	小渕		改正男女雇用機会均等法の施行	ASEAN*3 10か国体制に
2000	森		*3 東南アジア諸国連合	朝鮮南北首脳会談
2001	小泉		政府，デフレ認定。完全失業率5％を突破	米で同時多発テロ事件発生
			閣議，特殊法人等整理合理化計画を決定	中国がWTO加盟
			テロ対策特別措置法制定 ➔p.317	
2002			シンガポールと初のEPA（経済連携協定）調印	
			エネルギー政策基本法制定	ユーロ流通開始
2003			イラク復興支援特別措置法制定 ➔p.317	
2004			日本道路公団などの民営化関係4法制定	イラク戦争勃発
2005			郵政民営化法成立➡図⑤	
2007	安倍①			
2008	福田		北海道洞爺湖サミット開催	米，サブプライムローン問題
2009	麻生		裁判員制度始まる	リーマン・ショック 世界金融危機
2010	鳩山	民主党政権*4	高校無償化法成立 *4 当初は民主・社民・国民新の3党連立，のち国民新との連立政権	
2011	菅		東日本大震災（東京電力福島第一原発事故発生➡図⑩）	アラブ諸国で政権崩壊
2012	野田		消費税関連法成立（消費税の段階的な引き上げを規定）	ロシアがWTO加盟
2013	安倍②③④	自・公	アベノミクス推進	
2014			消費税8％に引き上げ	中東でIS*5が勢力拡大
2016			日本銀行がマイナス金利を導入	*5「イスラム国」を称する過激派組織。
2017				トランプ大統領就任
2019			消費税10%に引き上げ	
2020	菅		新型コロナウイルス流行	米大統領選でバイデン勝利
2021	岸田①②		新型コロナウイルス対策のワクチン接種進む	米軍，アフガニスタン撤退

2 平成不況

A バブル経済とその崩壊

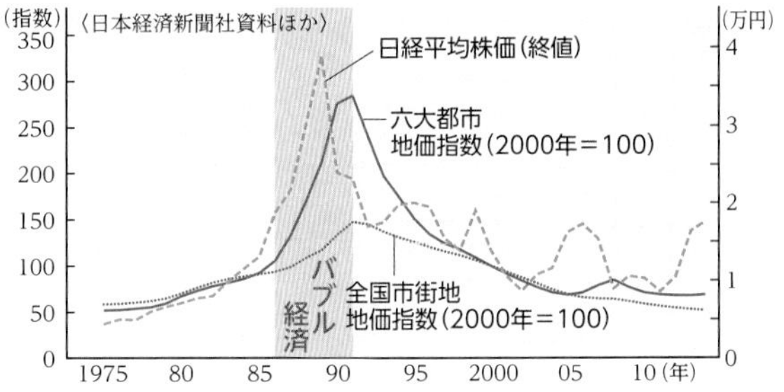

（指数）
〈日本経済新聞社資料ほか〉
（万円）
日経平均株価（終値）
六大都市地価指数（2000年＝100）
全国市街地地価指数（2000年＝100）
バブル経済
350
300
250
200
150
100
50
0
4
3
2
1
0
1975
80
85
90
95
2000
05
10（年）

△③ 1985年の**プラザ合意**で円高ドル安が加速し（➔p.314），超低金利政策と金余りで土地や株などに資金が投入され，**バブル経済**にいたった。その後株価が暴落すると，巨大な不良債権を残してバブル経済は崩壊。金融の自由化を背景とした**複合不況**におちいった。

B 公債依存度にみる景気の動向

〈財務省資料〉

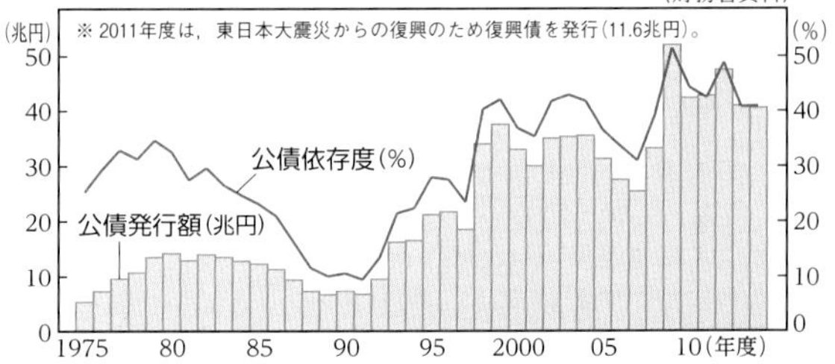

（兆円）
（%）
※ 2011年度は，東日本大震災からの復興のため復興債を発行（11.6兆円）。
公債依存度（%）
公債発行額（兆円）
50
40
30
20
10
0
1975
80
85
90
95
2000
05
10（年度）

△④現在の「豊かさ」は公共事業や社会資本のうえに成り立っているが，その財源は公債*という国や地方公共団体の借金依存によって継続されてきた。公債発行額はバブル経済崩壊後に急増し，現在，政府の発行する国債発行残高は800兆円を超えた（平成28年度末）。

*国の債務を国債，地方公共団体の債務を地方債という。

3 小泉内閣の構造改革と貧富の格差

小泉純一郎内閣の構造改革
-「小さな政府」をめざす
- 平成の市町村大合併
- 郵政民営化
- 日本道路公団分割民営化

↓

「バブル後からの脱却」

しかし，所得格差・地域格差の拡大という課題が残る

改革を止めるな。

△⑤郵政民営化を焦点にした衆議院選挙で圧勝した自民党（2005年）

年越し派遣村
食・住・職の保障を！
─年越し派遣村─

△⑥「年越し派遣村」関係者らによるデモ（2009年1月） 2008年12月31日に東京の日比谷公園に一時的な宿泊所が開設され，約500人の失業者が集まった。

〈「労働力調査」ほか〉

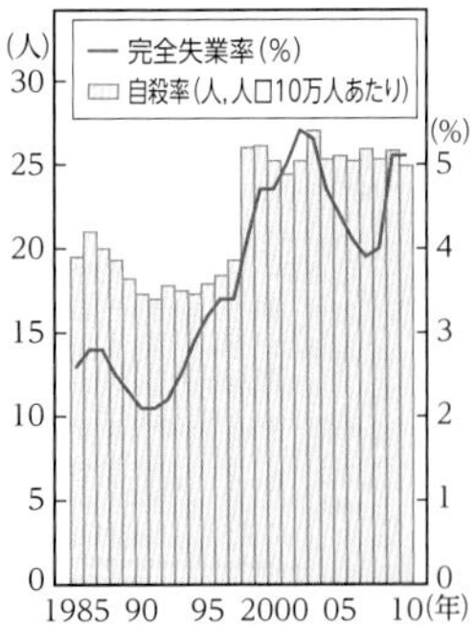

（人）
（%）
完全失業率（%）
自殺率（人，人口10万人あたり）
30
25
20
15
10
5
0
5
4
3
2
1
0
1985
90
95
2000
05
10（年）

▷⑦完全失業率と自殺率 自殺率は，金融機関の破綻があいつぎ，失業者が増加した1997～98年に急上昇した。また，最近は20～30歳代の自殺率が上昇しており，就職問題や過重労働，将来への不安が原因とみられている。

歴史のまど 『NHK中学生・高校生の生活と意識調査2012 失われた20年が生んだ"幸せ"な十代』 中高生の90%以上が「幸せ」と答える意識調査の分析。

現代 平成

4 ゆらぐ「安全神話」

災害	阪神・淡路大震災（1995.1）	M7.3，最大震度７の兵庫県南部地震により，死者6434人，行方不明者３人，負傷者４万人以上 ➔p.339
災害	東日本大震災（2011.3）	M9.0，最大震度７の東北地方太平洋沖地震とそれに伴う巨大津波により，死者１万5894人，行方不明者2546人（2017年９月８日現在）➔p.339
事件	地下鉄サリン事件（1995.3）	東京都の地下鉄でオウム真理教が起こした無差別テロ事件
事故	笹子トンネル天井板落下事故（2012.12）	中央自動車道での事故。死者９人，負傷者２人。高度経済成長期につくられた高速道路やトンネル，橋などインフラの老朽化問題が顕在化
原発事故	東海村JCO臨界事故（1999.9）	ウラン燃料加工工場で発生した臨界事故。被曝した作業員３人のうち２人が死亡，事故被曝での死亡は国内初
原発事故	東京電力福島第一原発事故（2011.3）	東北地方太平洋沖地震による地震動と津波によって発生した原発事故

⑧近年起きたおもな災害・事件・事故

A 地下鉄サリン事件

⑨事件発生後に路上に設けられた救護所（東京都中央区） 1995年３月20日に発生した無差別テロ事件。オウム真理教の信者によって，地下鉄の３路線計５本の車内で猛毒のサリンが散布された。乗客と駅員ら13人が犠牲となり，負傷者は6300人にものぼった。

B 東京電力福島第一原発事故

⑩東北地方太平洋沖地震によるゆれと津波により，国内で史上最悪の原発事故が起きた。写真は水素爆発によって屋根部分が倒壊した原子炉建屋。原発の１号機から３号機までが炉心溶融し，水素爆発を引き起こして多量の放射性物質が放出された。半径20km圏内への一般市民の立ち入りが禁止された。政府の危機管理能力が問われている。

5 東アジア諸国と日本

A おもな戦後補償訴訟

補償問題	訴訟内容	提訴年	判決など
韓国・朝鮮人，台湾人元日本兵	台湾人元軍人・軍属・遺族等戦死傷補償請求	1977	1992年，最高裁棄却
	在日韓国・朝鮮人の戦傷軍人・軍属への援護法適用の確認（鄭商根裁判）	1991	2001年，最高裁棄却
サハリン残留	サハリン残留韓国・朝鮮人の補償請求	1990	1995年，東京地裁取り下げ
韓国・朝鮮人，台湾人のＢＣ級戦犯	韓国・朝鮮人BC級戦犯者国家補償等請求	1991	1999年，最高裁棄却
	台湾出身元BC級戦犯損害賠償請求	1998	2004年，最高裁棄却
「従軍慰安婦」をめぐる問題	アジア太平洋戦争韓国人犠牲者（「従軍慰安婦」）補償請求	1991	2004年，最高裁棄却
	フィリピン「従軍慰安婦」国家補償請求	1993	2003年，最高裁棄却
	中国人「慰安婦」損害賠償請求（第１次・第２次）	1995・96	2007年，最高裁棄却
	台湾人元「慰安婦」損害賠償・謝罪請求	1999	2005年，最高裁棄却
戦時動員	鹿島花岡鉱山での中国人犠牲者損害賠償（花岡事件に関する訴訟 ➔p.287）	1995	2000年，和解
毒ガス・細菌戦	旧日本軍遺棄毒ガス・砲弾被害損害賠償請求（第１次・第２次）	1996・97	2009年，不受理
	731部隊細菌戦国家賠償請求 ➔p.295	1997	2007年，最高裁棄却
軍票	香港軍票補償請求	1993	2001年，最高裁棄却
在韓被爆者	在韓被爆者の健康管理手当受給権の地位確認	1998	2002年，大阪高裁認容

〈『戦後補償から考える日本とアジア』〉

B 領土をめぐる動き

⑪日露首脳会談にのぞむ安倍晋三首相とプーチン大統領（2013年） 北方領土は戦後旧ソ連が４島を占領し現在にいたる（➔p.305）。2010年にはメドヴェージェフ大統領（当時）が国後島を訪れ関係が悪化した。2013年の日露首脳会談で，双方が受け入れ可能な形で最終的な解決をはかることが合意され，2016年には未来志向の「新しいアプローチ」による交渉の加速化が提唱された。

⑫竹島を訪れた李明博大統領（当時） 日本政府が，歴史的・国際法的にも日本固有の領土であるとする竹島（➔p.306）は，1954年から韓国が実効支配している（韓国名：独島）。2012年８月に，李大統領が突然竹島に上陸したため，日本政府は強く反発し，駐韓国大使を一時帰国させた。

魚釣島
海上保安庁の巡視船
中国船

⑬尖閣諸島周辺の領海に侵入した中国船（2013年） 尖閣諸島は1972年にアメリカから日本に返還された（➔p.306）。しかし，中国が領有権を主張し対立。2012年には香港の活動家らが尖閣諸島に上陸し，沖縄県警に逮捕された。現在でも中国船による領海侵犯が起きている。

C 北朝鮮問題

⑭日朝平壌宣言

2002年９月に小泉純一郎首相が北朝鮮を電撃的に訪問。金正日総書記と首脳会談を行った。しかし，現在も拉致問題は解決しておらず，国交正常化に向けた交渉は中断している。

日朝平壌宣言【要約】
- 国交正常化交渉を再開させる。
- 日本側は過去の植民地支配の反省と謝罪を表明。
- 国交正常化交渉において，経済協力の具体的な内容，財産請求権の相互放棄，在日朝鮮人の地位などを協議する。
- 相互安全保障を確認。
- 核・ミサイル問題などの安全保障問題の解決をはかる。

⑮拉致被害者の帰国（2002年10月）

D 日中関係の悪化

⑯大規模な反日デモ（2012年，中国） 日本政府は2012年９月に尖閣諸島の国有化を決定した。このことが報道されると，中国の20都市以上で反日デモが起き，一部が暴徒化。日系企業の工場，スーパーなどは大規模な破壊と略奪行為に見舞われた。

歴史散歩 奇跡の一本松（岩手県陸前高田市）や，たろう観光ホテル跡（岩手県宮古市）など，岩手・宮城・福島の三県には東日本大震災の震災遺構が数多く保存されている。

現代の日本の文化 —日本は天然資源が限られているが，研究成果や知的財産は無限(山中伸弥)

ヒストリースコープ

2012年，京都大学の山中伸弥教授(1962～)が，iPS細胞の開発の功績により，ノーベル生理学・医学賞を受賞した。山中教授は記者会見で，研究はアイデアと努力でいろいろなものが生み出せるとし，日本の若い研究者や学生にエールを送った。

考察

❶ iPS細胞の開発によって，今後どのような成果が期待されているだろうか。
❷現代に継承されてきた伝統芸能はどの時代に生まれたものだろうか。→2
❸現代の日本の文化は，世界でどのような評価を受けているだろうか。→3

①ノーベル賞授賞式(2012年12月，スウェーデン)➔p.323

〈山中伸弥京大教授提供〉

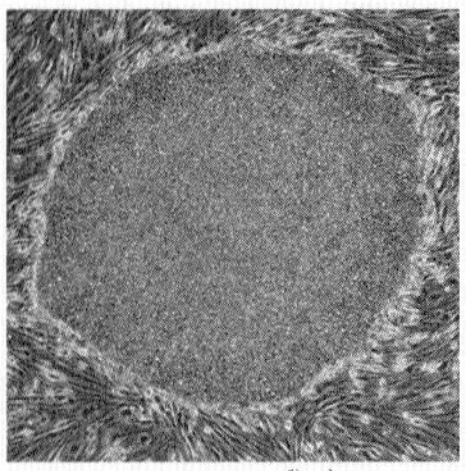

② iPS細胞　皮膚などの体細胞からつくられ，心臓や肝臓，神経などさまざまな細胞になりうる能力をもつ。難病のしくみの解明や新薬開発，再生医療への活用など新しい道を開いた。

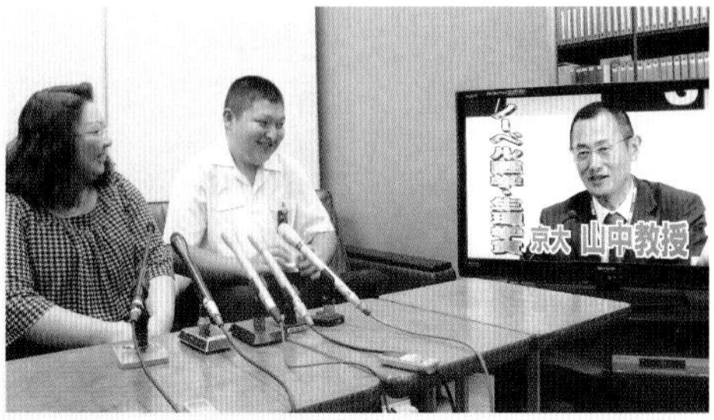
京大 山中教授

③ iPS細胞に期待する患者　筋肉が骨になってしまう難病をわずらう山本育海さんは，自分の病気を「神様が出してくれた宿題」と表現した。治療に役だつことを願い，自分の皮膚の細胞を山中教授に提供した。山中教授は受賞決定後の会見で「一日でも早く医学に応用しなければならない」と語った。iPS細胞の実用化が実現すれば多くの病気が治療できるとみられている。

1 日本のノーベル賞受賞者*

→p.323「ノーベル賞と国民栄誉賞」

＊経済学賞にはまだ受賞者がいない。

物理学賞	1949年 湯川 秀樹➔p.303 1965年 朝永 振一郎 1973年 江崎 玲於奈 2002年 小柴 昌俊 2008年 南部 陽一郎(米国籍) 小林 誠　益川 敏英 2014年 赤﨑 勇　天野 浩 中村 修二(米国籍) 2015年 梶田 隆章 2021年 眞鍋 淑郎
文学賞*2	1968年 川端 康成➔p.268 1994年 大江 健三郎 *2 2017年に日系イギリス人のカズオ・イシグロ氏が受賞。
化学賞	1981年 福井 謙一 2000年 白川 英樹 2001年 野依 良治 2002年 田中 耕一 2008年 下村 脩 2010年 鈴木 章　根岸 英一 2019年 吉野 彰
生理学・医学賞	1987年 利根川 進 2012年 山中 伸弥➡ 2015年 大村 智 2016年 大隅 良典 2018年 本庶 佑
平和賞*3	1974年 佐藤 栄作➔p.306

④ノーベル賞は，物理学，化学，生理学・医学，文学，平和および経済学で顕著な功績を残した人物に贈られる。

＊3 2017年，日本の平和団体や日系被爆者も参加するNGO連合体のICAN(核兵器廃絶国際キャンペーン)が受賞。

時代を見る目　海外からみた日本人らしさ

日本人は海外からどのようにみられているのだろうか。日本人は勤勉で手先が器用であるという評価がある。中小企業で開発される世界トップレベルの品質を誇る部品はその一例である。また，物を大切に使うという評価もあげられるだろう。グリーンベルト運動でアフリカ人女性初のノーベル賞を受賞したワンガリ＝マータイさんは，「もったいない」という日本語に感銘を受け，その精神を自らの活動に生かした。2011年の**東日本大震災**のときにみられたように，日本の地理的条件が引き起こす天災に対する冷静さも，日本人特有のものかもしれない。

⑤東日本大震災の際に徒歩で帰宅する人々(2011年3月11日，東京)　大勢の人が騒動を起こすことなく整然と帰宅する姿を見て，世界の人々が賞賛した。

2 伝統の継承 —人間国宝

無形文化財
演劇，音楽，工芸技術，その他の無形の文化的所産で，日本にとって歴史上または芸術上価値の高い「人間のわざ」

芸能	能楽・歌舞伎・文楽(人形浄瑠璃)など
工芸技術	陶芸・染織・漆芸・金工など

⬇

・無形文化財のうち，とくに重要なものを重要無形文化財に指定
・重要無形文化財のわざを高度に体現している人のうち，「各個認定」を受けた人物＝「人間国宝」

A 工芸

→p.163 陶磁器

⑥十四代酒井田柿右衛門(1934～2013)作の濁手枝垂桜文鉢　〈国(文部科学省)所管〉

⑦鈴田滋人(1954～)作の木版摺更紗着物 樹閑　〈東京国立博物館蔵〉

→p.151，163，178，345 蒔絵

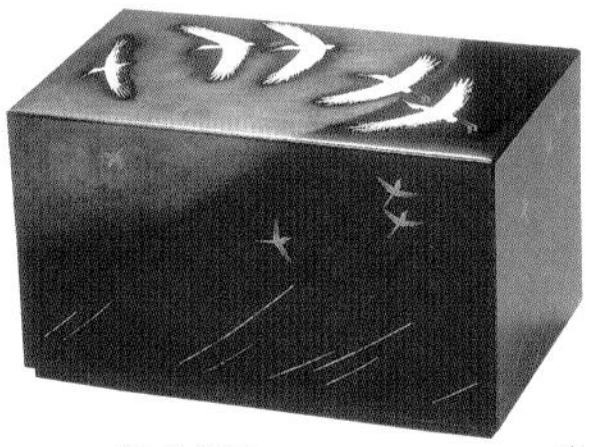

⑧寺井直次(1912～1998)作の残照蒔絵箱　〈神奈川 人間国宝美術館蔵〉

B 芸能

→p.147，177，198 歌舞伎

⑨歌舞伎役者の二代目中村吉右衛門　歌舞伎は江戸時代に隆盛を極め，現代にまで続く芸能である。〈写真提供 松竹株式会社〉

→p.147，177 人形浄瑠璃

⑩人形遣いの三代目吉田簑助　人形浄瑠璃は大阪松島の「文楽座」で公演されたことから「文楽」ともよばれる。〈協力：人形浄瑠璃文楽座むつみ会〉

〈写真提供 国立能楽堂〉 →p.138 能

⑪能シテ方の三川泉

→p.138 狂言

⑫狂言師の野村万作

今日とのつながり 日本政府は2001年に「50年間にノーベル賞受賞者30人」を出すという数値目標を掲げたが，国の資金的援助は減少し，若手研究者の採用が抑制されている現状がある。

3 日本文化の広がり

A 小説

ירושלים

△⑬エルサレム賞を受賞した村上春樹氏（2009年）

文学的にも商業的にも成功した数少ない作家で，世界にも幅広い層の読者がいる。エルサレム賞は，直前にイスラエルによるガザ侵攻があり，村上氏の動向が注目を浴びたが，「高くて，固い壁があり，それにぶつかって壊れる卵があるとしたら，私は常に卵側に立つ」とスピーチした。

▽⑭世界各国で翻訳された村上春樹著『1Q84』（オランダ）

B 新しいメディア文化の登場

illustration by KEI
© Crypton Future Media,INC.www.piapro.net

◁⑮初音ミク　歌声合成ソフトウェアを用いると，歌詞とメロディを入力して歌声を作成したり，アクセントなど声の特性を設定したりすることができる。こうしてつくられた曲を歌うバーチャルアイドルとして「初音ミク」が登場した。楽曲はインターネット上に公開され，多くの人々に共有されている。日本だけでなく，台湾など東アジアやアメリカ，ヨーロッパにも浸透しつつあり，各地でコンサートが開かれるほどの人気を博している。

C "MANGA"から広がるクールジャパン

◁⑯海外でも人気の日本の"MANGA"（ドイツ）　日本の漫画は海外にも輸出されており，若者を中心に人気が高まっている。漫画をきっかけに，日本に興味をもつ若者も多い。

▷⑰ジャパンエキスポ（2012年，フランス）　漫画・アニメ・音楽から，書道・茶道などの伝統芸能にいたるまで，日本のさまざまな文化を発信するイベント。フランス以外の国でも開催されるようになった。

D 映画

△⑱「HANA-BI」で金獅子賞を受賞した北野武監督（1997年）　金獅子賞はヴェネツィア国際映画祭の最高賞で，黒澤明監督（➔p.303），稲垣浩監督に続き日本人3人目の受賞となった。海外にも北野監督作品のファンは多い。

時代を見る目

最新と伝統の融合

デジタル放送用のアンテナとして建設された東京スカイツリー。高さ634mで自立式電波塔として世界一の高さを誇る（2017年現在）。デザインは，日本の伝統美を活かし，日本刀がもつ「そり」や神社仏閣の柱にみられる中央がゆるやかにふくらむ「むくり」を取り入れている。地震に備え，五重塔の建築技術である心柱方式（➔p.51）を応用した制振構造をもつ。夜間照明ではLEDの技術で複雑な色合いを表現し，江戸紫などでいろどられている。

△⑲東京スカイツリー

4 多層化する日本の文化

A アイヌ文化の振興

〈北海道 アイヌ民族博物館蔵〉

◁⑳アイヌ古式舞踊（鶴の舞）　アイヌの人々に伝わる芸能で，祭りや親類が集まったときなどに踊られ，先祖や神に感謝や敬意を表す。動物の動きをまねたもの，祭祀的性格の強いものなどさまざまある。重要無形民俗文化財。

明治	1869	開拓使の設置，蝦夷地を北海道と改称 ➔p.215
	1871	戸籍法公布（アイヌの人々を平民籍に編入，苗字の使用を強制）
	1875	**樺太・千島交換条約**で樺太からアイヌ841名を北海道に移送 ➔p.234
		この間に，伝統的な生業であるサケ漁やシカ猟が禁止される
	1899	**北海道旧土人保護法**制定（アイヌ民族の保護をうたっていたが，実態は日本語や日本風習慣の教育の強制，差別的な農地配分など）➔p.215
平成	1997	**アイヌ文化振興法**制定（アイヌ文化の振興と，民族としての誇りが尊重される社会の実現をはかる）
	2008	「アイヌ民族を先住民族とすることを求める決議」が国会で可決される
令和	2019	**アイヌ施策推進法**制定（初めて先住民族と明記，施策の理念や国の責務を規定）

△㉑アイヌの人々への諸政策　明治時代以来，アイヌの人々への政策は，民族の伝統的な生活を激変させ，アイヌの人々は差別にさらされてきた。1997年制定のアイヌ文化振興法は，北海道旧土人保護法を廃止してアイヌの人々の民族としての誇りが尊重される社会の実現をうたい，2019年にアイヌ施策推進法へと発展した。

B 地域社会の祭り

△㉒地域に根づく石見神楽（島根県江津市）　豪華な衣装を身にまとい，『日本書紀』などの神話を題材にした演目が夜通し行われる。子どもたちからは「どんちっち」という名前で親しまれている。

△㉓復興を願う虎舞（岩手県釜石市）　東日本大震災（➔p.339）で大きな被害を受けた東北地方では，地域の伝統芸能を伝えることで，人々のきずなを深め，復興への礎になるとして祭りが続けられている。

C 浸透した外国文化

◁㉔浅草サンバカーニバル（東京都台東区）　1981年に町の活性化をめざして始められたイベント。毎年8月に開催され，浅草の夏を締めくくる行事となっている。ブラジルのリオのカーニバルになぞらえて，サンバのリーグがある。ブラジル大使館も後援者として名を連ねる。

歴史散歩 秋葉原（東京都千代田区）　戦前はラジオ部品の問屋が出店し，高度経済成長期に電気店街として急成長。1990年代以降はアニメの聖地「アキバ」として知られている。

現代 平成

2010年以降の日本と世界

時代を見る目 グローバル化とその反動

冷戦終結後，グローバル化の進展により，人・もの・金や技術・情報文化の流れが拡大し，人々の生活に大きな影響を与えた。経済活動の活発化は新興国の成長をもたらし，世界経済での存在感を高めている。一方で，グローバル化の進展は，世界的な金融危機や感染症の流行などのリスクをもたらした。こうしたリスクに直面して，各国で反グローバル化を訴え，自国の利益を優先する政治勢力の動きが強まっている。

よみとき 貿易総額や各地域の貿易額がどのように変化したかに注目しよう

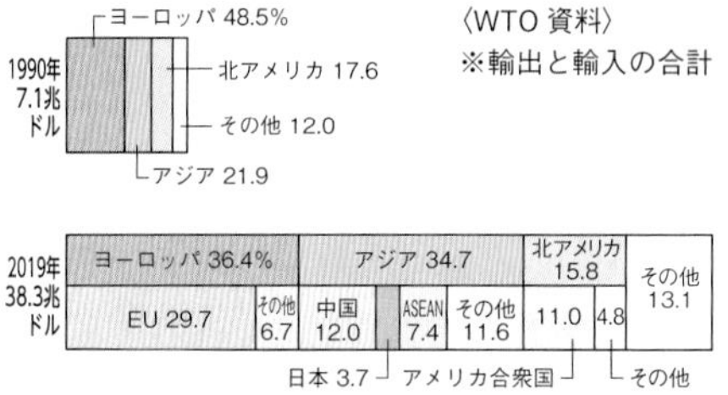

〈WTO資料〉
※輸出と輸入の合計
1990年 7.1兆ドル
ヨーロッパ 48.5%
北アメリカ 17.6
その他 12.0
アジア 21.9
2019年 38.3兆ドル
ヨーロッパ 36.4%
EU 29.7
その他 6.7
アジア 34.7
中国 12.0
ASEAN 7.4
その他 11.6
北アメリカ 15.8
11.0
4.8
その他 13.1
日本 3.7
アメリカ合衆国
その他

①貿易の拡大と地域構成の変化　グローバル化により，世界全体の貿易総額は拡大している。アジアの貿易額が大きく増加する一方で，欧米諸国の貿易額全体に占める割合は，相対的に低下している。

WOMEN FOR TRUMP
MAKE AMERICA SAFE AGAIN
TRUMP

②アメリカ第一主義を唱えるトランプ大統領(2020年)

1 国際関係の変容

A 中国の台頭

③中国・中央アジアサミットに参加する習近平(シーチンピン)主席と各国首脳(2023年)　中国は21世紀に入り，急速な経済成長を遂げ，経済力を背景に国際社会での発言力を高めている。一方で，南シナ海や台湾に対して圧力をかけ，現状変更を狙う姿勢を示している。

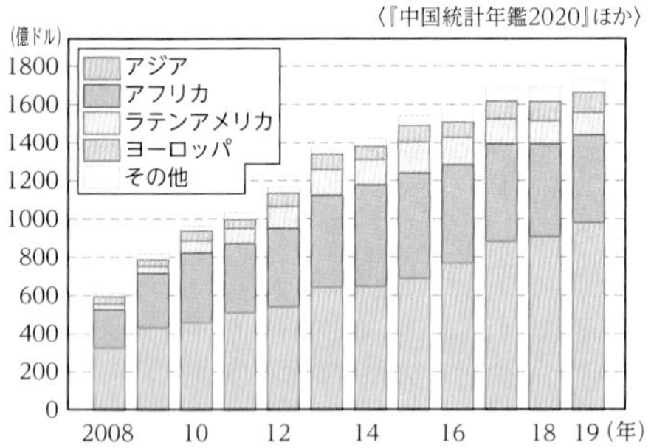

〈『中国統計年鑑2020』ほか〉
(億ドル)
1800
1600
1400
1200
1000
800
600
400
200
0
アジア
アフリカ
ラテンアメリカ
ヨーロッパ
その他
2008
10
12
14
16
18
19(年)

④中国の地域別対外経済協力額の推移　中国はアジアやアフリカの国々の結集をうながす外交を進めている。なかでも，アジア・アフリカの途上国に対しては，インフラ整備などの面で積極的に経済協力を行っている。

B 新たな戦争

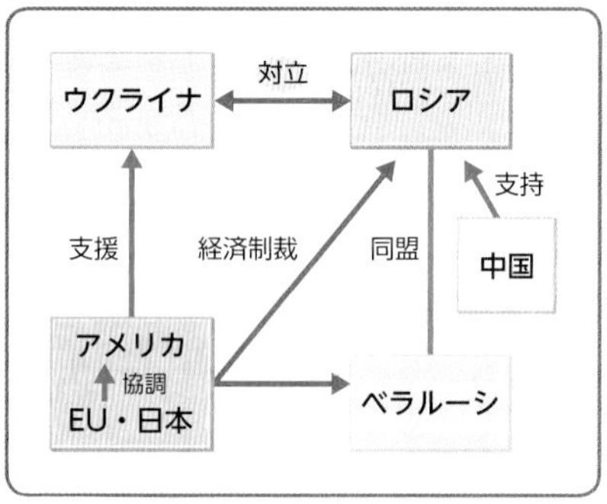

ウクライナ
対立
ロシア
支持
支援
経済制裁
同盟
中国
アメリカ
協調
EU・日本
ベラルーシ

⑤ウクライナをめぐる国際関係　ウクライナは旧ソ連の構成国(➔p.292)であったが，ロシアが2014年にウクライナが領有するクリム(クリミア)半島編入を表明して以降，両国の関係が悪化した。2022年2月，ロシアがウクライナ侵攻を始めたのち，アメリカを中心とした各国は，ロシア側に対して経済制裁を実施し，対立が深まっている。

⑥戦地を視察するウクライナのゼレンスキー大統領(2022年)　首都キーウ(キエフ)の周辺やウクライナ東部・南部などで激しい戦闘が続き，民間人を含む多くの人々が犠牲になった。ウクライナは国連の早期介入を期待したが，実現せず戦争終結の見通しはたっていない。

2 戦後の首相④

(1954～2022)

35安倍晋三内閣②～④
2012(平成24).12～20(令和2).9
与党　自民・公明党
おもな閣僚
副総理・財務相②～④麻生太郎
環境相　②石原伸晃

(1948～)

36菅義偉(すがよしひで)内閣
2020(令和2).9～21(令3).10
与党　自民・公明党
おもな閣僚
副総理・財務相　麻生太郎
行政改革担当　河野太郎

(1957～)

37岸田文雄(きしだふみお)内閣①②
2021(令和3).10～
与党　自民・公明党
おもな閣僚
防衛相　岸信夫
地方創生等担当　野田聖子

35～37は戦後歴代内閣の順番
←p.316 ➔p.351「内閣一覧」
WTO…世界貿易機関
INF全廃条約…中距離核戦力全廃条約

3 2010年以降の日本と世界

33～37はp.316と本ページ2の内閣の順番に対応

年		日本	世界
2011	33 34	**東日本大震災，東京電力福島第一原発事故発生** ➔p.319	アラブ諸国で民主化(アラブの春)
2012		総選挙で自民党大勝→安倍内閣成立	ロシアがWTO加盟
2013			
2014		消費税8%に引き上げ	ロシア，クリム半島編入を表明
2015		改正公職選挙法(18歳選挙権)成立	パリ同時多発テロ事件
2016	35安倍②～④	伊勢志摩サミット開催	北朝鮮，初の水爆実験
2017			
2018		成人年齢を満18歳とする改正民法成立	初の米朝首脳会談開催
2019		徳仁(なるひと)親王が即位し，元号が「令和」に改められる G20大阪サミット開催 消費税10%に引き上げ	米ロ，INF全廃条約が失効
2020		国内でも新型コロナウイルス感染症が流行	新型コロナウイルス感染症が世界的に流行
2021	36菅	東京オリンピック・パラリンピック開催	イギリス，EUから離脱(27か国に)
2022	37岸田		ロシア，ウクライナに侵攻
2023		広島サミット開催	

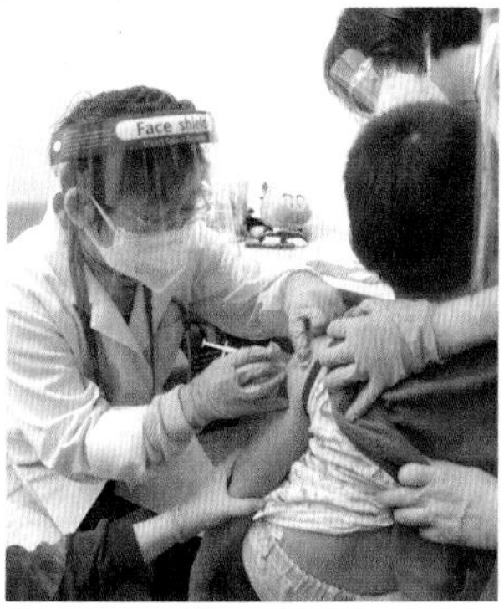

Face shield

⑦ワクチン接種を受ける子ども(2022年)　新型コロナウイルス感染症は，2019年に中国で初の感染者が確認されて以降，世界的に流行し，2022年時点で600万人以上の死者を出している。日本では，感染抑制のため，外出自粛やワクチン接種の奨励などの取り組みが行われた。

特集 ノーベル賞と国民栄誉賞

1 ノーベル賞受賞者

2021年現在 計28人*

＊ほか，日系イギリス人のカズオ・イシグロ氏が文学賞を，国際NGOのICANが平和賞を受賞（➔p.320）。

受賞分野 物理 物理学賞 文学 文学賞 平和 平和賞 化学 化学賞 生医 生理学・医学賞。

湯川秀樹 物理 (1907~81) 日本初の受賞。中間子論。

朝永振一郎 物理 (1906~79) 量子力学(超多時間理論)。

川端康成 文学 (1899~1972) 小説家。『伊豆の踊子』など。

江崎玲於奈 物理 (1925~) エサキ＝ダイオードの開発。

佐藤栄作 平和 (1901~75) 受賞理由に非核三原則。

福井謙一 化学 (1918~98) 化学反応を電子の軌道で説明。

利根川進 生医 (1939~) 免疫と遺伝，抗体遺伝子の解明。

大江健三郎 文学 (1935~2023) 小説家。『死者の奢り』など

白川英樹 化学 (1936~) 導電性高分子の発見と発展。

野依良治 化学 (1938~) 触媒による不斉反応の研究。

小柴昌俊 物理 (1926~2020) ニュートリノの検出に成功。

田中耕一 化学 (1959~) タンパク質の構造解析の手法を開発。

南部陽一郎 物理 (1921~2015) 素粒子物理学研究。米国籍。

小林誠 物理 (1944~) 素粒子物理学の研究。

益川敏英 物理 (1940~2021) 素粒子物理学の研究。

下村脩 化学 (1928~2018) オワンクラゲの発光原理を解明。

根岸英一 化学 (1935~2021) 有機合成に関する研究。

鈴木章 化学 (1930~) 有機合成に関する研究。

山中伸弥 生医 (1962~) iPS細胞の研究。再生医療に貢献。

赤崎勇 物理 (1929~2021) 青色発光ダイオードの開発。

天野浩 物理 (1960~) 青色発光ダイオードの開発。

中村修二 物理 (1954~) 青色発光ダイオード開発。米国籍。

梶田隆章 物理 (1959~) ニュートリノ振動の発見。

大村智 生医 (1935~) 寄生虫感染症の治療法の確立。

大隅良典 生医 (1945~) オートファジーのしくみの解明。

本庶佑 生医 (1947~) ガン新薬につながる免疫研究。

吉野彰 化学 (1948~) リチウムイオン電池の開発。

眞鍋淑郎 物理 (1931~) 気候モデルで地球温暖化を予測。米国籍。

受賞年	分野	人名
1949	物理	湯川秀樹➔p.303
1965	物理	朝永振一郎
1968	文学	川端康成➔p.268
1973	物理	江崎玲於奈
1974	平和	佐藤栄作➔p.306
1981	化学	福井謙一
1987	生医	利根川進
1994	文学	大江健三郎
2000	化学	白川英樹
2001	化学	野依良治
2002	物理	小柴昌俊
	化学	田中耕一
2008	物理	南部陽一郎
	物理	小林誠
	物理	益川敏英
	化学	下村脩
2010	化学	根岸英一
	化学	鈴木章
2012	生医	山中伸弥➔p.320
2014	物理	赤崎勇
	物理	天野浩
	物理	中村修二
2015	物理	梶田隆章
	生医	大村智
2016	生医	大隅良典
2018	生医	本庶佑
2019	化学	吉野彰
2021	物理	眞鍋淑郎

ノーベル賞とは ➔p.320

ダイナマイトの発明者ノーベル(1833~96)の遺言で，1901年に創設。

①ノーベル賞の金メダル

©® The Nobel Foundation. Photo:Lovisa Engblom.

2 国民栄誉賞受賞者

2023年現在 計27人・団体 スポ…スポーツ分野

植村直己(登山家，探検家)

山下泰裕(柔道選手)

千代の富士(大相撲力士)

長谷川町子(漫画家)

松井秀喜
長嶋茂雄
長嶋茂雄と松井秀喜(野球)

伊調馨(レスリング選手)

国民栄誉賞とは

「広く国民に敬愛され，社会に明るい希望を与えることに顕著な業績があった」人物に贈られる内閣総理大臣表彰。1977(昭和52)年，プロ野球の本塁打新記録(756本)を樹立した王貞治選手をたたえるために創設された。

②表彰式後の王選手(左)と福田赳夫首相(右)

受賞年月	分野	人名*(生没年)	授賞理由 ＊芸能人・相撲力士の名は芸名・四股名。
1977.9	スポ	王貞治(1940~)	プロ野球で756本のホームラン新記録達成
1978.8	音楽	古賀政男(1904~78)	数々の「古賀メロディー」作品の作曲
1984.4	俳優	長谷川一夫(1908~84)	卓越した演技と映画演劇界への貢献
1984.4	スポ	植村直己(1941~84)	登山家・探検家。世界五大陸最高峰登頂など
1984.10	スポ	山下泰裕(1957~)	柔道家。ロサンゼルス五輪ほかで前人未踏の203連勝
1987.6	スポ	衣笠祥雄(1947~2018)	プロ野球連続試合出場記録を達成
1989.7	音楽	美空ひばり(1937~89)➔p.303	歌謡曲を通じて国民に夢と希望を与えた功績
1989.9	スポ	千代の富士(1955~2016)	幕内優勝31回など，相撲界での著しい功績
1992.5	音楽	藤山一郎(1911~93)	歌謡曲を通じて国民に夢と希望を与えた功績
1992.7	漫画	長谷川町子(1920~92)	漫画を通じて社会にうるおいと安らぎを与えた
1993.2	音楽	服部良一(1907~93)	多くの歌謡曲をつくり，国民に希望を与えた
1996.9	俳優	渥美清(1928~96)	映画「男はつらいよ」の人情味豊かな演技
1998.7	音楽	吉田正(1921~98)	「吉田メロディー」作品とその作曲人生
1998.10	映画	黒澤明(1910~98)➔p.303	世界の映画史に輝かしい足跡。「七人の侍」ほか
2000.10	スポ	高橋尚子(1972~)	2000年シドニー五輪女子マラソンで金メダル
2009.1	音楽	遠藤実(1932~2008)	世代をこえて長く愛唱される名曲を作曲
2009.7	俳優	森光子(1920~2012)	舞台劇など，長年にわたり多彩な芸能活動
2009.12	俳優	森繁久彌(1913~2009)	俳優，歌手。映画，演劇，放送で活躍
2011.8	スポ	サッカー女子代表チーム	2011年サッカー女子ワールドカップ優勝
2012.11	スポ	吉田沙保里(1982~)	女子レスリングで前人未到の世界大会13連覇
2013.2	スポ	大鵬(1940~2013)➔p.310	幕内優勝32回など，相撲界での輝かしい功績
2013.5	スポ	長嶋茂雄(1936~)➔p.310	選手・監督として，プロ野球への長年の貢献
	スポ	松井秀喜(1974~)	野球界に世界的な功績。長嶋茂雄と同時受賞
2016.10	スポ	伊調馨(1984~)	女子レスリングでオリンピック4大会連続優勝
2018.2	将棋	羽生善治(1970~)	初の七冠制覇・永世七冠達成など歴史的偉業
	囲碁	井山裕太(1989~)	囲碁界初の2度の七冠同時制覇の歴史的偉業
2018.7	スポ	羽生結弦(1994~)	フィギュアスケートでオリンピック連覇の偉業
2023.3	スポ	国枝慎吾(1984~)	車いすテニスの四大大会で史上最多の通算50勝

法制度の移り変わり

1 中国にならった律令の導入(古代)

7世紀以降，大王・天皇を中心とする**中央集権国家**がめざされ，**隋・唐をモデルとする律令の整備**が進められた。養老律令がその後の基本法典となる。

社会の変化に応じて出された**格**は，9世紀以降，**式**とともに**三代格式**として集成された。しかし地方統治は行きづまり，権限を得た受領の支配が広がった。

世紀	7C	8C	9C～11C
時代	飛鳥時代	奈良時代	平安時代

法制史の流れ

中央集権国家形成の試み
- 憲法十七条による豪族の官僚化
- 令の制定による中央集権化の試み

法(律令)にもとづく中央集権国家
- 律＝刑法，令＝国家と行政のしくみに関する法
- 隋・唐にならい強大な中央集権国家の建設をめざす

格式による律令の補完
- 格＝律令の一部を修正する法令，式＝律令の施行細則
- 実情や時代的変化にあわせて律令を修正・補足

古墳時代…豪族の土地・民衆支配 p.44

憲法十七条 → 令の制定 → 律令の完成 → (行政事務迅速化の必要) → 三代格式の編纂

645 大化の改新

憲法十七条*(604) 史
- 制定 厩戸王(聖徳太子)ら 〈推古朝〉
- *法令ではなく，官人の心構えを説いたもの。➡p.47

近江令*(668?)
- 制定 天智天皇
- *伝存せず。完成を疑問視する説も。➡p.61

飛鳥浄御原令*(689施行)
- 制定 天武天皇(編纂を指示)
- 施行 持統天皇
- *伝存せず。➡p.61

大宝律令*(701)
- 制定 文武天皇
- 編者 刑部親王・藤原不比等
- *令は『令集解』などに一部伝存 ➡p.61

養老律令* 史 (718完成, 757施行)
- 編者 藤原不比等
- 施行 藤原仲麻呂(恵美押勝)
- *律：一部伝存。令：『令義解』などに引用。➡p.61

格の蓄積
- 三世一身法(723) 史
  - 制定 長屋王 ＝「養老七年の格」
- 墾田永年私財法(743)
  - 制定 橘諸兄 ➡p.71 史 ＝「天平十五年の格」

三代格式の編纂
- **弘仁格式**(820)
  - 天皇 嵯峨天皇
  - 編者 藤原冬嗣ら
- **貞観格式**(869)
  - 天皇 清和天皇
  - 編者 藤原氏宗ら
- **延喜格式**(格907, 式927)
  - 天皇 醍醐天皇
  - 編者 格：藤原時平 式：藤原忠平

法律書の編纂
- 『**令義解**』(833)
  - 養老令の官撰注釈書
  - 編者 清原夏野ら
- 『**令集解**』(9世紀後半)
  - 養老令の私撰注釈書
  - 編者 惟宗直本
- 『**類聚三代格**』(11世紀)
  - 弘仁格，貞観格，延喜格を集成 ➡p.81

→延喜の荘園整理令(902) 史 発布 醍醐天皇
→延久の荘園整理令(1069) 史 発布 後三条天皇
…寛徳2(1045)年以後の新立荘園を停止 ➡p.94

①伝聖徳太子像

②律令制下の天皇の姿(桓武天皇) 中国にならい律令国家建設を進めた8～9世紀には，中国皇帝の正装が天皇の正装とされた。

③醍醐天皇

地方

国造法 → 郡司による支配 → 地方統治の弛緩 → 地方政治を国司に委任 → 任国統治の慣習法
- 国造など地方豪族による土地・民衆支配の慣習法
- 統治の実務は地方豪族の郡司が担当，国造法の慣行も継承
- 在庁官人の

3 自力救済から法の支配へ(近世)

江戸幕府の法令が朝廷や寺社にも影響を与え，**幕府は全国を法で支配する権力**をもった。一方，各藩は藩内に藩法を出し，幕藩体制のなかで一定の独立を保った。

幕政改革や諸外国との対応もさまざまな法令によって実施された。また，**法典の整備**も進められ，法の蓄積と法による支配が，社会の各層に拡大していった。

世紀	17C	18C	19C
時代	江戸時代		

幕府法(江戸幕府の法)による支配の確立
- 旧権門を禁中並公家諸法度・武家諸法度などで統制
- 触れ(触書・御触書)により民衆を統制
- 平和の持続をうけた幕政の変化
- 牢人・「かぶき者」対策，戦国の野蛮な気風の一掃

社会の変化への対応と法の制定
- 社会の変化に対応する努力＝幕政改革
- 触れや裁判例の蓄積をふまえた法の編纂

法度と触れによる統制 → (紛争・対立も権力が裁定) → 武断政治から文治主義へ → 幕政改革と法の編纂 → 明治維新

天皇・公家
- 禁中並公家諸法度(1615) 史
  - 起草 金地院崇伝 ➡p.156

寺院
- 寺院法度*(1601～16)
  - *諸宗諸本山法度ともいう。
- 諸宗寺院法度(1665) ➡p.156

神社
- 諸社禰宜神主法度(1665)

大名
- 武家諸法度〈元和令〉(1615) 史 ➡p.154,156,164
  - 制定 徳川家康→2代徳川秀忠の名で発布
  - 起草 金地院崇伝 文武弓馬の道，専ら…
- 〈寛永令〉(1635) 史 将軍 3代徳川家光
  - ・参勤交代制度化，大船建造禁止

庶民
- 触れ………田畑永代売買の禁令(1643) 史
- (触書・御触書)分地制限令(1673) 史 など

⑥金地院崇伝

4代徳川家綱
- 殉死の禁(1683)
- 末期養子の禁の緩和

5代徳川綱吉
- 〈天和令〉(1683) 史
  - 文武忠孝を励し…
- 生類憐みの令 史 (1685～1709) ➡p.164～165

⑦徳川綱吉

⑧徳川吉宗

享保の改革
- 上げ米(1722) 史
- 相対済し令(1719) 史 ➡p.185

寛政の改革
- 棄捐令(1789) 史
- 旧里帰農令(1790) 史
- 寛政異学の禁(1790) 史 ➡p.193

天保の改革
- 株仲間解散令(1841)
- 人返しの法(1843)
- 上知(地)令(1843) 史 ➡p.196

裁判例や法令の体系化
- 公事方御定書(下巻は御定書百箇条)(1742) 史
  - 制定 8代徳川吉宗 編者 大岡忠相ら→裁判の基準
- 御触書寛保集成(1744)：編纂 8代徳川吉宗の命

「鎖国」政策の展開と法
- 禁教令 史 (1612幕領, 13全国)
  - ・寺請制度
- 鎖国令(1633～39) 史
  - 制定 3代徳川家光 ➡p.158
- 海舶互市新例(1715) 史 (長崎新令・正徳新令)
  - 制定 新井白石 ➡p.165
- 異国船打払令(1825) 史 ➡p.194
- →天保の薪水給与令(1842) 史
  - 制定 水野忠邦

村法(村掟)・町法(町掟)
- 村・町で村人・町人が守るべき規約
- 制裁 村八分

2 法の分立と実力による自力救済(中世)

公武二元支配の社会に入り，律令の流れをくむ公家法や荘園に適用される本所法，幕府が制定し武家を対象とする**武家法**などが同時に存在する法体系となった。

自力救済を基本とする中世社会で，惣(惣村)は**惣掟**を自ら定めて自治を行った。一方，戦国大名は**分国法**を制定し，法による領国内の一元的支配をめざした。

12C～13C 鎌倉時代	14C～15C 室町時代	16C 戦国時代	安土・桃山時代
社会階層ごとに異なる法の体系(公家法・本所法・武家法の分立)		戦国大名による法の統一	全国の法の統一

社会階層ごとに異なる法の体系(公家法・本所法・武家法の分立)
- 武家法は頼朝以来の**先例**や**道理**にもとづいて制定
- 幕府の支配が拡大し，武家法の及ぶ範囲も広がる
- 実力による権利獲得・維持＝**自力救済**の広がり
- 武士による実力支配の優越 ➔p.126

戦国大名による法の統一
- 戦国大名が領国内の法を統一
- 領国ごとに分国法が分立

全国の法の統一
- 豊臣秀吉の天下統一政策
- 社会各層の自力救済の禁止

寄進地系荘園の増加・荘園公領制の成立 → 武士の成長 → 鎌倉幕府の成立

武家法の広がり → 分国法の制定 → 天下統一政策

御成敗式目・式目追加

御成敗式目(貞永式目)(1232) 史
(制定) 北条泰時 ➔p.109

式目追加：鎌倉幕府の追加法

永仁の徳政令 史 (1297)
(制定) 北条貞時 ➔p.112

◁④北条泰時

建武式目・建武以来追加

建武式目(1336) 史 (制定) 足利尊氏
- 政治方針を示した文書→基本法典は御成敗式目

建武以来追加：室町幕府の追加法*
➔p.123 *下記のほか撰銭令(➔p.130)など。

△⑤足利尊氏

守護大名から戦国大名へ

守護権限の強化 ➔p.123
- 大犯三カ条に加えて使節遵行権・刈田狼藉の取り締まり権
- 半済令(1352～)年貢の半分を守護に 史

分国法の制定

今川仮名目録(1526) 史
(制定) 今川氏親
今川仮名目録追加(1533)
(制定) 今川義元
塵芥集(1536) 史
(制定) 伊達稙宗
甲州法度之次第(1547)
(制定) 武田信玄 史
朝倉孝景条々 史
(朝倉敏景十七箇条)
➔p.140

(内容) 喧嘩両成敗・楽市令など
→ 武士の自力救済の禁止

豊臣秀吉の政策 ➔p.145

自力救済の否定
惣無事令
- 停戦命令や領土裁定による天下統一政策

刀狩令(1588) 史
海賊取締令(1588)

諸身分の確定
人掃令(身分統制令)(1591)

対外関係の法令
バテレン追放令(1587) 史

→ 農民の自力救済の禁止

本所法	・荘園領主(皇族・貴族・寺社)の荘園支配に関する慣習法	消滅へ	・紛争解決を守護に依頼 ・守護請の普及
公家法	・朝廷が出す法令(新制など ➔p.108)	影響範囲縮小	

消滅へ ・国司権限を守護が吸収

任免，荘園(国免荘)許可などをめぐる慣習法

惣(惣村)の登場 → 惣掟(村法・村掟) ＝惣の規約 ➔p.126
- 地下検断＝惣が警察権・裁判権行使
- (制裁) 死刑を含む刑罰を執行
- 惣＝農民の自治の拠点

4 近代的法制度の導入と人権の確立(近現代)

明治政府は，欧米の**近代的法制度**を取り入れながら，立憲国家をめざした。**大日本帝国憲法**は君主権が強大で，民法でも戸主の強い権限が示された。

国民主権のもと，**基本的人権**と個人の平等を基調とする**日本国憲法**が制定され，民主的な憲法にそうかたちで多くの法令が制定・改正された。

明治時代	20C 大正時代 昭和時代	
近代的法制度の導入	大日本帝国憲法の制定と立憲国家体制の確立	日本国憲法の制定と基本的人権の確立

近代的法制度の導入
- 近代国家建設，条約改正上の必要
*明治維新期の法令 ➔p.209～215

大日本帝国憲法の制定と立憲国家体制の確立
- 天皇は統治権を総攬，軍隊を統帥
- 臣民の権利は法律で制限
- 戦時体制の構築
国家総動員法(1938) 史

日本国憲法の制定と基本的人権の確立
- 広範な人権規定(自由権・社会権・平等権)
- 立法権は国会に限定
- 憲法にあわせ各分野で法整備
- 戦後民主主義の展開

諸法典の整備

刑法・治罪法(刑事訴訟法)(1880)
民法・商法，民事・刑事訴訟法(1890)
(起草) ボアソナード(仏)

民法典論争 (批判) 穂積八束
「民法出デヽ忠孝亡ブ」 ➔p.225

改正民法(1898) ➔p.261，298
- 家父長的家制度(戸主権) 史

▽⑨ボアソナード

△⑩井上毅

大日本帝国憲法 史 ➔p.224
*民権運動期の私擬憲法 ➔p.221
*2 民権運動への弾圧法規 ➔p.220

(発布) **黒田清隆内閣(1889)** (形式) 天皇が定める**欽定憲法**

制定過程
- (指導) ロエスエル(独) (指揮) 伊藤博文
- (起草) 井上毅・金子堅太郎・伊東巳代治
- (審議) 枢密院(議長 伊藤)

帝国憲法下の政治的規制

国会開設時の対応 ➔p.261
集会及政社法(1890) (制定) 第1次山県内閣

労働組合への対応 ➔p.244
治安警察法(1900) 史 (制定) 第2次山県内閣

男子普通選挙導入への対応
- 護憲三派勝利→**普通選挙法** 史・**治安維持法** 史
(制定) 第1次加藤高明内閣(1925) ➔p.262
- 第1回普選→**治安維持法改正**(1928) 史 ➔p.270
(制定) 田中義一内閣(緊急勅令で改正，最高刑死刑)

第二次世界大戦

日本国憲法 史 ➔p.298

(公布) **1946.11.3** (施行) **1947.5.3**

日本国憲法の3原則
①主権在民(国民主権) ②平和主義(戦争の放棄)
③基本的人権の尊重

制定過程
- GHQ，憲法改正指示(1945.10)
- 憲法問題調査委員会(幣原喜重郎内閣)
松本私案…依然，統治権は天皇に
- GHQ草案作成
(作成) GHQ民政局 {ケーディス，ベアテ＝シロタら
(参考) 憲法研究会の憲法草案
- 政府案作成➡国会での審議・修正を経て成立
- 第9条芦田修正条項・第25条(生存権規定)など追加

各分野の民主化

幣原喜重郎内閣
- **衆議院議員選挙法改正**(1945.12)
→男女普通選挙確立 ➔p.297
- 労働三法
労働組合法(1945.12)

第1次吉田茂内閣
- **労働関係調整法**(1946.9)
- **労働基準法**(1947.4)
- **教育基本法** 史・➔p.299
学校教育法(1947.3)
- **独占禁止法**(1947.4) ➔p.296

片山哲内閣
- **過度経済力集中排除法**(1947.12)→財閥解体
- **新民法(民法改正)**(1947.12)

大区・小区制(1871) → 地方三新法(郡区町村編制法・府県会規則・地方税規則)(1878) → 市制・町村制(1888)，府県制・郡制(1890)
- モッセ(独)の指導 ➔p.224
条例・規則 ・政府の強い統制下での自治

地方自治法(1947) ➔p.298
- 都道府県知事の公選化
- 戦前に比べ広範な自治権
条例・規則 ・条例・規則制定の自主性高まる

1 公地公民制の崩壊と荘園の登場

豪族の土地支配を否定して成立した**公地公民制**は農民の浮浪・逃亡で破綻し始め，開墾地の私財化が始まった（**初期荘園**）。10世紀には任国経営を一任された国司（受領）が田堵に名を請け負わせ徴税する**負名体制**が成立する一方，貴族らに税を一部免除する**免田型荘園**が登場し開発領主の私領寄進が進んだ（**寄進地系荘園**）。

2 荘園公領制と地頭の荘園侵略

＊権勢のある皇族・貴族・大寺社。この場合は院と院近臣。

院政期には院など権門勢家＊から開発領主への働きかけで**寄進地系荘園**が増え＊2，内実も周辺の公領など一定領域を囲い込んだ**領域型荘園**に変質した。残る公領も荘園同様の構造に再編され，**荘園公領制**が成立した。荘官・在庁官人層のうち，鎌倉幕府の御家人となった者は**地頭**の地位を保証され，荘園侵略を進めた。

＊2 寺院建立費用確保などのため，開発領主に積極的に寄進を求めた。➲p.98

対応する時代 1 → 2

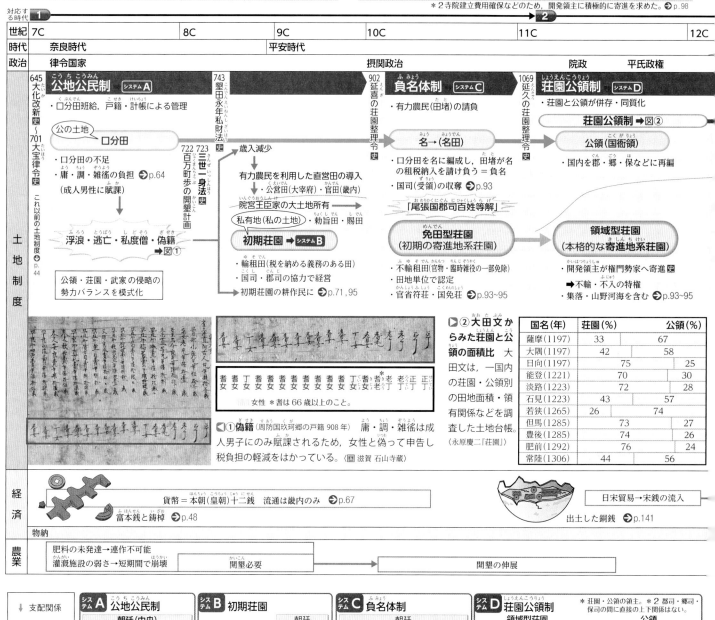

世紀	7C	8C	9C	10C	11C	12C
時代	奈良時代		平安時代			
政治	律令国家			摂関政治	院政	平氏政権

土地制度

645 大化改新 史 ～ 701 大宝律令 史

これ以前の土地制度 ➲p.44

公地公民制 システムA
- 口分田班給，戸籍・計帳による管理

公の土地 → 口分田
- 口分田の不足
- 庸・調・雑徭の負担 ➲p.64
（成人男性に賦課）

↓

浮浪・逃亡・私度僧・偽籍 ➡図①

公領・荘園・武家の侵略の勢力バランスを模式化

722 百万町歩の開墾計画
723 三世一身法 史
743 墾田永年私財法 史

歳入減少
↓
有力農民を利用した直営田の導入
↓・公営田（大宰府）・官田（畿内）

院宮王臣家の大土地所有 →

私有地（私の土地）・勅旨田・賜田

初期荘園 ➡システムB
- 輸租田（税を納める義務のある田）
- 国司・郡司の協力で経営
- 初期荘園の耕作民に ➲p.71，95

902 延喜の荘園整理令 史

負名体制 システムC
- 有力農民（田堵）の請負

名→（名田）
- 口分田を名に編成し，田堵が名の租税納入を請け負う＝負名
- 国司（受領）の収奪 ➲p.93

「尾張国郡司百姓等解」

免田型荘園（初期の寄進地系荘園）
- 不輸租田（官物・臨時雑役の一部免除）
- 田地単位で認定
- 官省符荘・国免荘 ➲p.93~95

1069 延久の荘園整理令 史

荘園公領制 システムD
- 荘園と公領が併存・同質化

荘園公領制 ➡図②

公領（国衙領）
- 国内を郡・郷・保などに再編

領域型荘園（本格的な寄進地系荘園）
- 開発領主が権門勢家へ寄進 史
➡不輸・不入の特権
- 集落・山野河海を含む ➲p.93~95

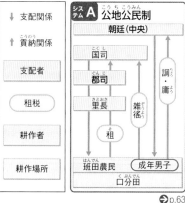

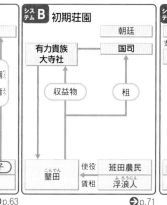

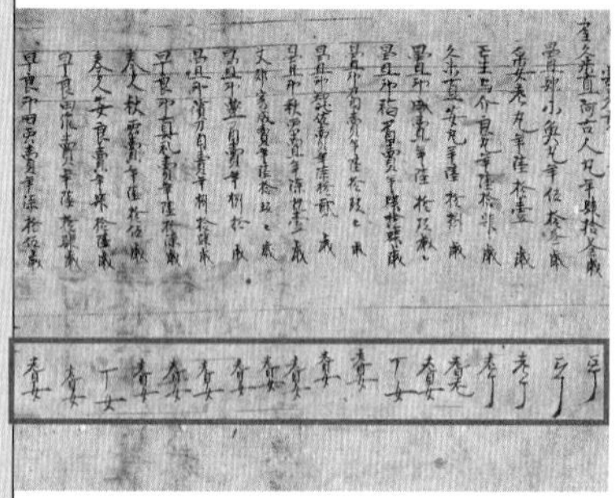

耆女	耆女	丁女	耆女	耆女	耆女	耆女	耆女	耆女	耆女	丁女	耆女＊	老丁	正丁	正丁

女性 ＊耆は66歳以上のこと。

◀①**偽籍**（周防国玖珂郷の戸籍 908年） 庸・調・雑徭は成人男子にのみ賦課されるため，女性と偽って申告し税負担の軽減をはかっている。〈国 滋賀 石山寺蔵〉

▷②**大田文からみた荘園と公領の面積比** 大田文は，一国内の荘園・公領別の田地面積・領有関係などを調査した土地台帳。〈永原慶二『荘園』〉

国名（年）	荘園（%）	公領（%）
薩摩（1197）	33	67
大隅（1197）	42	58
日向（1197）	75	25
能登（1221）	70	30
淡路（1223）	72	28
石見（1223）	43	57
若狭（1265）	26	74
但馬（1285）	73	27
豊後（1285）	74	26
肥前（1292）	76	24
常陸（1306）	44	56

経済

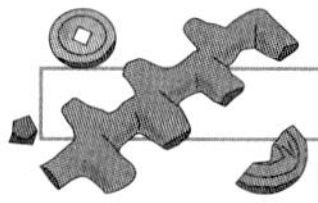

貨幣＝本朝（皇朝）十二銭 流通は畿内のみ ➲p.67

富本銭と鋳棹 ➲p.48

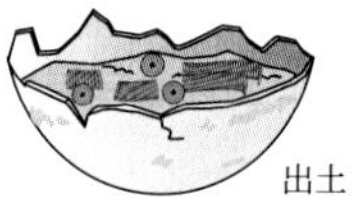

出土した銅銭 ➲p.141

日宋貿易→宋銭の流入

物納

農業

肥料の未発達→連作不可能
灌漑施設の弱さ→短期間で崩壊 → 開墾必要 → 開墾の伸展

凡例：↓ 支配関係　↑ 貢納関係　支配者　租税　耕作者　耕作場所

システムA 公地公民制
- 朝廷（中央）
- 国司
- 郡司
- 里長
- 租　雑徭　調・庸
- 班田農民（成年男子）
- 口分田

➲p.63

システムB 初期荘園
- 朝廷
- 有力貴族 大寺社 ― 国司
- 収益物　租
- 墾田 ― 使役 班田農民／賃租 浮浪人

➲p.71

システムC 負名体制
- 朝廷
- 支配一任↓　↑徴税請負
- 国司（受領）
- 名の管理一任（耕作を請け負わせる）
- 官物 臨時雑役
- 田堵（負名）（浮浪人・公民を使役）
- 名

➲p.93～95

システムD 荘園公領制

＊荘園・公領の領主。＊2 郡司・郷司・保司の間に直接の上下関係はない。

領域型荘園		公領
本家	荘園公領主＊	朝廷
領家		国司
預所		目代
荘官（開発領主） 下司・公文	在地領主	在庁官人（開発領主） 郡司・郷司・保司＊2

年貢・公事・夫役

名主（下人・所従を使役）

名田

➲p.93～95

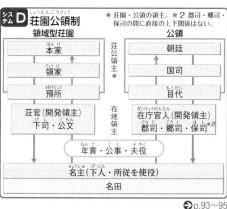

3 惣(惣村)の成立と守護の成長

鎌倉後期以降，荘園や公領の内部に**惣(惣村)**という自治的農村が形成された。惣村の有力者の中には，**守護**に被官した地侍も現れ，荘園領主や地頭などによる支配は困難になっていった。守護は**半済令**を利用して荘園・公領を侵略し，さらに**守護請**を通じて土地支配権を強めて領国を形成し，守護大名に成長した。

4 太閤検地と一地一作人

戦国時代には戦乱によって荘園領主の支配権は形骸化した。戦国大名は指出検地を推進して強力な支配権を確立した。豊臣秀吉が行った**太閤検地**は**一地一作人の原則**によって農民の耕作権を保障するとともに旧来の荘園領主の支配権を一掃した。同時に**兵農分離**を進めて幕藩体制の基本をつくった。

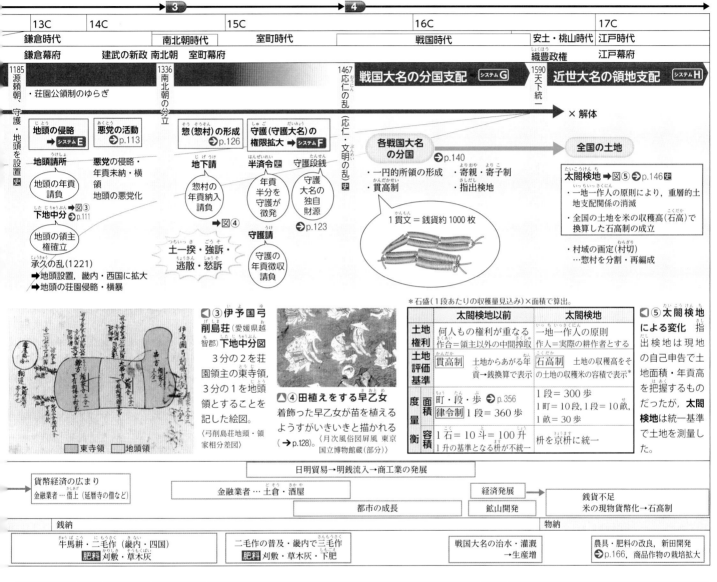

13C　14C　15C　16C　17C

鎌倉時代　南北朝時代　室町時代　戦国時代　安土・桃山時代　江戸時代

鎌倉幕府　建武の新政　南北朝　室町幕府　織豊政権　江戸幕府

1185 源頼朝，守護・地頭を設置 史

1336 南北朝の分立

1467 応仁の乱(応仁・文明の乱) 史

戦国大名の分国支配 ➡システムG

1590 天下統一

近世大名の領地支配 ➡システムH

・荘園公領制のゆらぎ　→ × 解体

地頭の侵略 ➡システムE

悪党の活動 ➔p.113

惣(惣村)の形成 ➔p.126

守護(守護大名)の権限拡大 ➡システムF

各戦国大名の分国 ➔p.140　→　**全国の土地**

地頭請所
地頭の年貢請負

下地中分 ➡図③ ➔p.111
地頭の領主権確立

承久の乱(1221)
➡地頭設置，畿内・西国に拡大
➡地頭の荘園侵略・横暴

悪党の侵略・年貢未納・横領
地頭の悪党化

地下請
惣村の年貢納入請負
➡図④

土一揆・強訴・逃散・愁訴

半済令 史
年貢半分を守護が徴発

守護段銭
守護大名の独自財源
➔p.123

守護請
守護の年貢徴収請負

・一円的所領の形成
・貫高制
・寄親・寄子制
・指出検地

1貫文＝銭貨約1000枚

太閤検地 ➡図⑤ ➔p.146 史
・一地一作人の原則により，重層的土地支配関係の消滅
・全国の土地を米の収穫高(石高)で換算した石高制の成立

・村域の画定(村切)
…惣村を分割・再編成

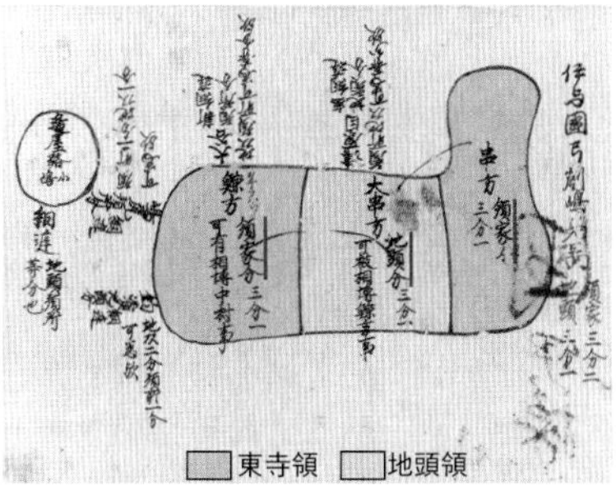
東寺領
地頭領

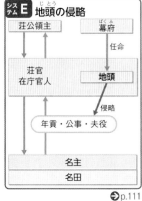

◀③**伊予国弓削島荘**(愛媛県越智郡)**下地中分図**　3分の2を荘園領主の東寺領，3分の1を地頭領とすることを記した絵図。〈弓削島荘地頭・領家相分差図〉

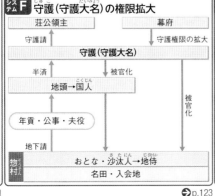

△④**田植えをする早乙女**　着飾った早乙女が苗を植えるようすがいきいきと描かれる(➔p.128)。〈月次風俗図屏風　東京国立博物館蔵(部分)〉

＊石盛(1段あたりの収穫量見込み)×面積で算出。

		太閤検地以前	太閤検地
土地権利		何人もの権利が重なる 作合＝領主以外の中間搾取	一地一作人の原則 作人＝実際の耕作者とする
土地評価基準		貫高制　土地からあがる年貢→銭換算で表示	石高制　土地の収穫高をその土地の収穫米の容積で表示＊
度量衡	面積	町・段・歩 ➔p.356 律令制 1段＝360歩	1段＝300歩 1町＝10段，1段＝10畝，1畝＝30歩
	容積	1石＝10斗＝100升 1升の基準となる枡が不統一	枡を京枡に統一

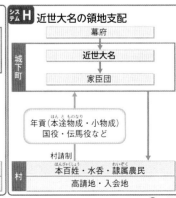

◀⑤**太閤検地による変化**　指出検地は現地の自己申告で土地面積・年貢高を把握するものだったが，**太閤検地**は統一基準で土地を測量した。

日明貿易→明銭流入→商工業の発展

貨幣経済の広まり
金融業者…借上(延暦寺の僧など)

金融業者…土倉・酒屋

都市の成長

経済発展　鉱山開発 → 銭貨不足
米の現物貨幣化→石高制

銭納　物納

牛馬耕・二毛作(畿内・四国)
肥料 刈敷・草木灰

二毛作の普及・畿内で三毛作
肥料 刈敷・草木灰・下肥

戦国大名の治水・灌漑→生産増

農具・肥料の改良，新田開発
➔p.166，商品作物の栽培拡大

システムE 地頭の侵略

荘公領主 ⇅ 荘官・在庁官人
幕府 →(任命)→ 地頭
地頭 →(侵略)→ 年貢・公事・夫役
名主 / 名田

➔p.111

システムF 守護(守護大名)の権限拡大

荘公領主 ←(守護請)← 守護(守護大名)
幕府 →(守護権限の拡大)→ 守護(守護大名)
守護(守護大名) ←(半済)／→(被官化)→ 地頭→国人
年貢・公事・夫役
地下請
被官化
惣村：おとな・沙汰人→地侍
名田・入会地

➔p.123

システムG 戦国大名の分国支配

城下町：戦国大名 →(主従関係)→ 国人層(寄親)　家臣団　地侍層(寄子)
年貢・公事・夫役
地下請
惣村：地侍・百姓
耕作地・入会地

➔p.140

システムH 近世大名の領地支配

幕府 → 城下町：近世大名 → 家臣団
年貢(本途物成・小物成)
国役・伝馬役など
村請制
村：本百姓・水呑・隷属農民
高請地・入会地

➔p.157

5 本百姓体制と土地の流動化

幕藩体制下では，一定以上の土地をもつ者を「**本百姓**」として課税対象にした。村は本百姓によって運営され，自治をゆだねられるかわりに，村の責任で年貢を一括納入する**村請制**が成立した。しかし貨幣経済の浸透によって土地を質に入れて金銭にかえる事実上の土地売買が多く行われるようになり，農民は**地主**と**小作人**に分解した。

6 近代的土地所有の確立

地租改正によって土地所有の一元化がはかられ，土地は個人の所有物となり売買が可能になった。土地売買の自由・四民平等・職業選択と居住の自由は，資本家と労働者という社会階級を生み出し，**資本主義**の全面的な発展が始まった。一方で，地主と小作人の関係においてはなお封建的な結びつきを残した。

対応する時代 5 → 6 → 7

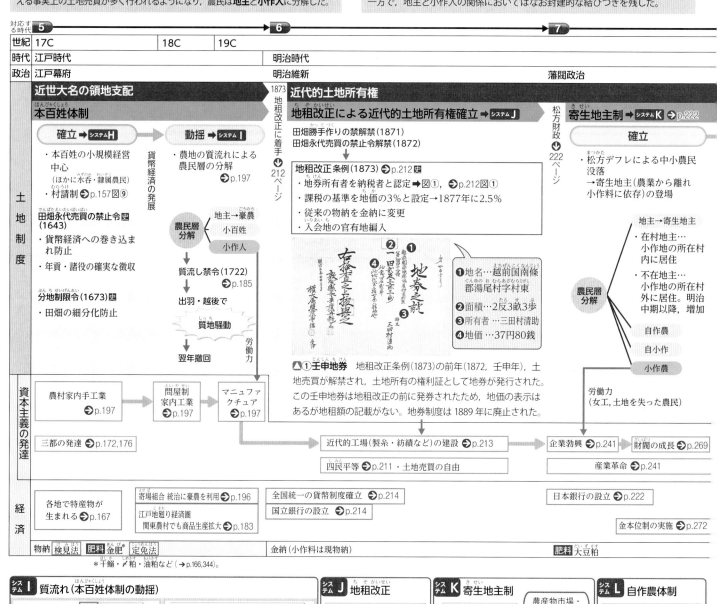

世紀	17C / 18C / 19C		
時代	江戸時代	明治時代	
政治	江戸幕府	明治維新	藩閥政治

土地制度

近世大名の領地支配

本百姓体制

確立 ➡ システムH
- 本百姓の小規模経営中心（ほかに水呑・隷属農民）
- 村請制 ➔p.157図⑨

田畑永代売買の禁止令 史（1643）
- 貨幣経済への巻き込まれ防止
- 年貢・諸役の確実な徴収

分地制限令（1673）史
- 田畑の細分化防止

貨幣経済の発展

動揺 ➡ システムI
- 農地の質流れによる農民層の分解 ➔p.197

農民層分解：地主→豪農／小百姓／小作人

質流し禁令（1722） ➔p.185
↓
出羽・越後で質地騒動
↓
翌年撤回

労働力

1873 地租改正に着手 ➔212ページ

近代的土地所有権

地租改正による近代的土地所有権確立 ➡ システムJ

田畑勝手作りの禁解禁（1871）
田畑永代売買の禁止令解禁（1872）
↓
地租改正条例（1873） ➔p.212 史
- 地券所有者を納税者と認定➡図①，➔p.212図①
- 課税の基準を地価の3%と設定→1877年に2.5%
- 従来の物納を金納に変更
- 入会地の官有地編入

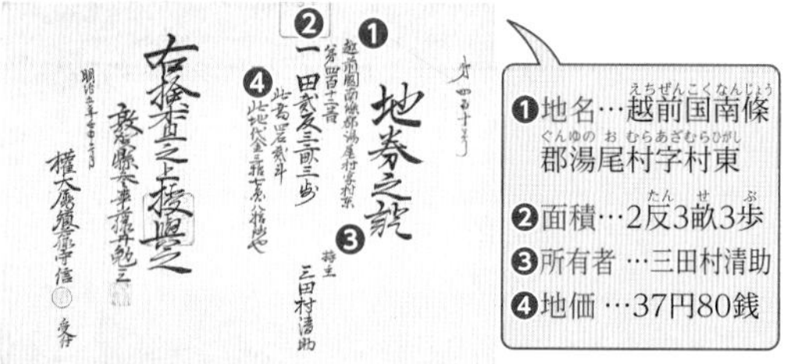
地券之証
①地名…越前国南條郡湯尾村字村東
②面積…2反3畝3歩
③所有者 …三田村清助
④地価 …37円80銭

△①壬申地券　地租改正条例(1873)の前年(1872，壬申年)，土地売買が解禁され，土地所有の権利証として地券が発行された。この壬申地券は地租改正の前に発券されたため，地価の表示はあるが地租額の記載がない。地券制度は1889年に廃止された。

松方財政 ➔222ページ

寄生地主制 ➡ システムK ➔p.222

確立
- 松方デフレによる中小農民没落
→寄生地主（農業から離れ小作料に依存）の登場

農民層分解：
- 地主→寄生地主
  - 在村地主…小作地の所在村内に居住
  - 不在地主…小作地の所在村外に居住。明治中期以降，増加
- 自作農
- 自小作
- 小作農

労働力（女工，土地を失った農民）

資本主義の発達

農村家内手工業 ➔p.197 → 問屋制家内工業 ➔p.197 → マニュファクチュア ➔p.197 → 近代的工場（製糸・紡績など）の建設 ➔p.213 → 企業勃興 ➔p.241 → 財閥の成長 ➔p.269

三都の発達 ➔p.172,176

四民平等 ➔p.211・土地売買の自由

産業革命 ➔p.241

経済

各地で特産物が生まれる ➔p.167

寄場組合 統治に豪農を利用 ➔p.196

江戸地廻り経済圏 関東農村でも商品生産拡大 ➔p.183

全国統一の貨幣制度確立 ➔p.214

国立銀行の設立 ➔p.214

日本銀行の設立 ➔p.222

金本位制の実施 ➔p.272

物納 検見法　肥料 金肥*　定免法　｜　金納（小作料は現物納）　｜　肥料 大豆粕

＊干鰯・〆粕・油粕など（➔p.166,344）。

システムI 質流れ（本百姓体制の動揺）

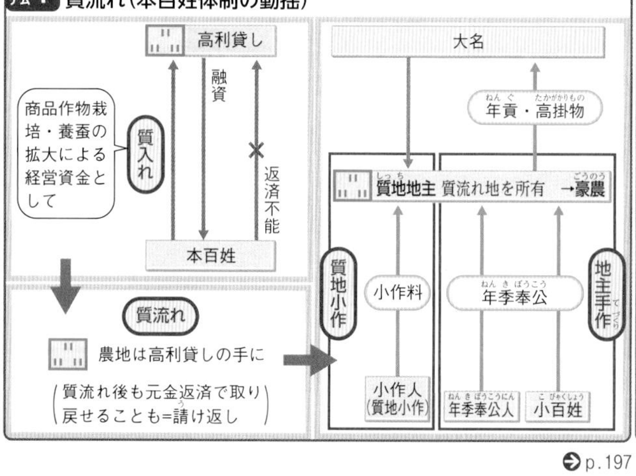
高利貸し
融資
商品作物栽培・養蚕の拡大による経営資金として
質入れ
返済不能
本百姓
質流れ
農地は高利貸しの手に
（質流れ後も元金返済で取り戻せることも=請け返し
大名
年貢・高掛物
質地地主 質流れ地を所有 →豪農
質地小作
小作料
年季奉公
地主手作
小作人（質地小作）
年季奉公人
小百姓
➔p.197

システムJ 地租改正

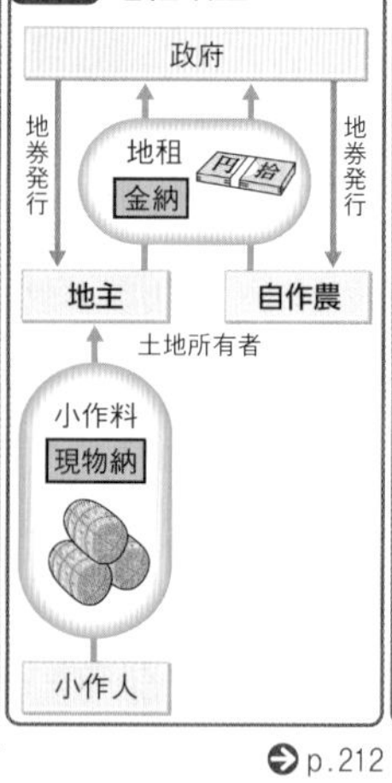
政府
地券発行
地租
金納
地券発行
地主
自作農
土地所有者
小作料
現物納
小作人
➔p.212

システムK 寄生地主制

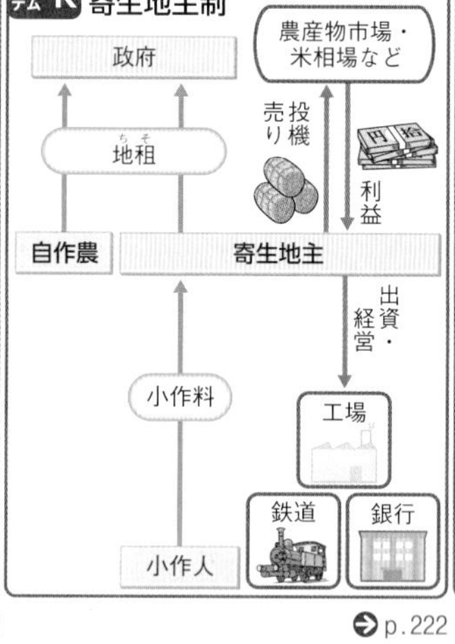
政府
農産物市場・米相場など
地租
投売り機
利益
自作農
寄生地主
出資・経営
小作料
工場
鉄道
銀行
小作人
➔p.222

システムL 自作農体制

政府
所得税・固定資産税など
消滅 地主制
小規模自作農
➔p.297

7 寄生地主制の展開と農村の近代化政策

農地を買い集めた地主は，自らは農業から離れて小作料に依存する**寄生地主**となった。寄生地主による搾取は農民の生産意欲を低下させ，小作料の減免を求める**小作争議**が頻発した。政府も農山漁村経済更生運動を推進したり，自作農創設などを盛り込んだ**農地調整法**をうち出すなどの農業政策を実施した。

8 農地改革と自作農の創出

戦後，農地調整法を改正して地主制改革をはかった第一次農地改革は，不徹底な内容にとどまった。第二次**農地改革**で寄生地主制は解消し，ほとんどの小作農は自作農へと変わり，地主と小作人の封建的関係も崩壊した。**農業基本法**では大規模な機械化や果樹・牧畜・酪農などへの多角経営が促進された。

20C				21C
大正時代	昭和時代			平成時代
大正デモクラシー	ファシズム	占領改革	55年体制	

1945 敗戦

自作農体制 ➡システムL

展開	動揺 ➲p.274, 281	創出 ➲p.297	展開	見直し
・1923年まで伸展 ➲p.256 ・寄生地主の搾取による農業生産性の悪さが問題化	・小作争議の頻発 ・政府，食料確保のため農民を保護し小作争議を抑制	・農地改革の実施による自作農中心の体制確立 ・多くが零細経営	・生産量の飛躍的増大 ・専業農家減少，兼業農家増加 ➲p.308	・日米貿易摩擦・貿易自由化の圧力を背景とする ➲p.314 ・離農の増加，農村の過疎化
地方改良運動(1909〜内務省推進) ➲p.240 **植民地下の朝鮮における土地調査事業**(1910〜18) ➲p.237	**昭和恐慌・農業恐慌** ➲p.274 ↓ **時局匡救事業** ➲p.277 **農山漁村経済更生運動** ➲p.279 ↓ 総力戦体制 **戦時統制経済** ・農地調整法(1938) ➲p.274 ・食糧管理法(1942) ➲p.281	**第一次農地改革(1945)** ・農地調整法改正 ➡図② ・不徹底な内容 ↓ 不実施 **第二次農地改革(1946)** ・自作農創設特別措置法制定 ・農地の強制買い上げ 不在地主…全貸付地 在村地主…1町歩を超える分(北海道4町歩) ・農地委員会(地主：自作農：小作農＝3：2：5) ・山林地主・宅地地主は解体されず	**農業基本法(1961)** ➡図③ ・農業構造の改善をめざす ↓ 生産過剰 **減反政策**(1969〜) **食糧管理制度** ・生産者米価による買い上げ維持(政府米)	**農産物輸入自由化** ・牛肉・オレンジ自由化実施(1991) ・米の部分開放(1993) **新食糧法改正(2004)** ・食糧管理法廃止(1995) **農業の法人化** ・農地法改正(2009) ・企業の農業参入容認 **TPP協定交渉参加(2013)** ➡図④ **大筋合意(2015)**

小作争議・農民運動 ➲p.274
・1920〜30年代，小作争議激化
・1922 日本農民組合結成
・指導者に杉山元治郎・賀川豊彦ら ➡コラム

農業協同組合法(1947) → **農協改革**

資本輸出・帝国主義化	新興財閥の成長 ➲p.277	経済復興	高度経済成長 ➲p.308	低成長時代
	軍需産業への傾斜	民主産業への転化	輸出拡大政策	自由貿易への流れ
4大財閥の確立 ➲p.269		財閥解体 ➲p.296	国民所得倍増計画 ➲p.306 日本列島改造論 ➲p.313	バブル経済崩壊 ➲p.318 少子高齢化社会
工業生産額＞農業生産額		傾斜生産方式 ➲p.300		
肥料 硫安(硫化アンモニウム)		(小作料は定額金納に)		

ひと 賀川豊彦(1888~1960)
兵庫県出身

キリスト教徒の社会運動家。神戸貧民街での伝道を契機に社会問題の解決に奔走した。日本農民組合結成のほか，各地で小作争議・労働争議を指導。『死線を越えて』は，スラム街に移り住み，キリスト教的隣人愛を実践した著者の自伝的小説。

時代を見る目 寄生地主制の光と影

高額な現物小作料を寄生地主に請求された小作農家は，家計のために子女を劣悪な労働環境の繊維産業などに従事させねばならなかった。このような労働に支えられて産業革命が進展し，日本の工業製品は国際競争力を得た。しかし日本は国内市場が狭く輸出に依存したため，対外侵略が進行していった。

農地調整法

△② **農地改革広報の紙芝居** 麦わら帽をかぶった小作人が背広を着た地主に農地調整法を説いている。1938年の農地調整法で地主・小作関係調整のため各地におかれた農地委員会は，第二次農地改革では農地買収立案の中心機関となった。

△③ **農業の機械化** 農業基本法で耕作機械が入りやすいよう農地改良が進められ，生産量はさらに増加した。一方，農民は機械ローンなどを背負い，その金融や農作物の流通・販売を一手に担う農協(現JA)の力がのびた。

NO! TPP
断固反対

△④ **TPP協定に反対する農協**(2013年) 農協は，関税撤廃によって安価な外国産農作物の輸入が増えると，国内農業が打撃を受け食料自給率の低下を招くとして，TPP協定に反対の立場をとっている。

宗教史の流れ

1 仏教の伝来と神仏習合(古代)

自然に神が宿ると考える**アニミズム**は農耕儀礼や神判*に発展し，この伝統的な神々への信仰は，大陸から伝来した仏教と融合した(**神仏習合**)。奈良時代には**鎮護国家思想**の下で国家仏教が確立し，平安時代には，密教や浄土教が貴族層に普及して，南都六宗と天台宗・真言宗による**顕密仏教**が権門*2 として体制を支えた。

＊神意をうけて行う裁判。＊2特権をもち権勢のある集団。

2 仏教界の革新と鎌倉仏教の誕生(中世)

鎌倉時代には**新仏教**(鎌倉仏教)が登場し，旧仏教(顕密仏教)の側でも，戒律の重視などの革新が行われた。新仏教は易行・選択・専修*を特徴とし，戦国時代以後に民衆に浸透した。鎌倉幕府は旧仏教や禅宗を保護し，室町幕府は**臨済宗の五山制度**を確立した。戦国時代には宣教師が来日し，**キリスト教**が広まった。

＊易行・選択・専修➡図E

対応する時代 1 → 2

世紀	～5C	6C～8C	9C～12C	13C	14C
時代	縄文・弥生・古墳時代	飛鳥時代 奈良時代	平安時代	鎌倉時代	室町時代

宗教の流れ

アニミズムから神々の信仰へ

縄文時代

アニミズム➡図A
- 呪術的風習を示す遺物(土偶・石棒)➡図① ➲p.28

弥生時代

水稲農耕の普及 → 階層の分化

祭祀者の登場➡図B
- 祭祀者を通じた神のマツリ(祀り場)
- 祭器としての青銅器(銅鏡・銅鐸など) ➲p.34

〈東京国立博物館蔵〉

△①ミミズク型土偶

仏教の伝来

神祇信仰
- 社殿の建築始まる ➲p.46
- 伊勢神宮の国家的祭祀(天武・持統朝)

神仏習合の始まり
神仏習合
- 神祇信仰と仏教の融合 ➲p.83

神仏習合の進展
本地垂迹説の登場 ＊本地=真の姿。
- 神仏習合を合理化=本地*としての仏が，日本の神々の姿で仮に現れる(垂迹)とする
- 僧形八幡神像・神宮寺の造営 ➲p.83

神道理論の展開
伊勢神道(度会神道) 度会家行
- 神本仏迹説=日本の神が仏教では仏の姿で現れるとする『類聚神祇本源』➲p.120
- 旧仏教への対抗

国家仏教(鎮護国家の国家宗教)
- 仏教公伝(538 または 552)➲p.49 史
- 仏教は国家を守り繁栄させるとの信仰
- 宗派 = 南都六宗・方法 = 造仏・読経・写経

国家仏教の成立

国家仏教の進展
- 信仰：蘇我馬子・厩戸王(聖徳太子) 氏寺の建立(飛鳥寺・斑鳩寺)
- 天武天皇：大官大寺の整備➲p.56, 74(寺院の国家管理)
- 聖武天皇：国分寺建立の詔(741)史 ➡図C
  - 大仏造立の詔(743)史 ➲p.74
  - 東大寺大仏開眼供養(752)
  - 鑑真来日(753)

民間への布教
- 行基の活躍 → 大仏造営に協力

密教の登場
- 鎮護国家と貴族の現世利益，五穀豊穣を願う➡図②

顕密仏教の成立(旧仏教)
- 顕教 = 南都六宗 ➲p.76
- 密教 = 真言宗・天台宗 ➡図③ ➲p.82

顕密仏教の権門化➡図D
- 密教は山岳の地に寺院を建立し修行を行う

山岳信仰の進展 ➲p.83
- 修験道・山伏
  - 霊場：大峰山，白山，月山，熊野など

浄土教の流行
- 末法思想の広まりと阿弥陀信仰

浄土教の流れ
- 阿弥陀仏を信じて念仏を唱え極楽往生を願う
- 空也(市聖)により庶民にも流布
- 源信『往生要集』
- 平等院鳳凰堂建立
- 熊野詣の流行

仏教の武士・民衆への浸透・組織化
- 民衆(個人)救済の仏教の登場
- 誰でも行える修行方法(易行)

旧仏教の革新と鎌倉仏教の登場

新仏教の興隆 ➲p.118
- 旧仏教の革新 戒律の重視，民衆の救済も視野に→荘園支配は維持
- 新仏教の興隆 鎌倉仏教の登場

鎌倉仏教➡図E → 民衆に浸透(戦国期)
- 浄土系：浄土宗(法然)史，浄土真宗(親鸞)史，時宗(一遍)史
- 法華経：日蓮宗(日蓮)史
- 禅宗：曹洞宗(道元)史，臨済宗(栄西) → 五山・十刹の制 ➲p.1… ・官寺として組織
- 日親(日蓮宗)の活動
- 蓮如(浄土真宗)による講の組織など 史 ➲p.139

△②東大寺大仏殿での法要(1980 年)

顕密仏教

顕教	経典に記された教説を研究・修行
宗派	南都六宗(三論・成実・法相・倶舎・華厳・律)
密教	師弟間の口伝による秘密の教えと儀式を重視
宗派	真言宗(東密)・天台宗(台密)

初期は顕教，円仁・円珍が密教化

△③顕教と密教

〈『一遍上人絵巻 第7巻』(部分)国 東京国立博物館蔵〉

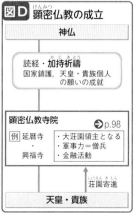

◁④**踊念仏** 時宗の開祖一遍が用いた布教法。一遍と時衆が念仏を唱えて踊り，念仏三昧の境地に入っている。鎌倉仏教はこうした易行が特徴。

生活との関わり
- 太古の法・盟神探湯➡参籠起請・湯起請として後世に残る
- 禊・祓(現代まで続く)➲p.46
- 御霊信仰…怨霊から御霊へ(菅原道真信仰など)➲p.86
- 宮座…惣百姓の祭祀集団，惣村結合の中心➲p.12…
- 仏教式の葬儀と墓地への…

図A アニミズム

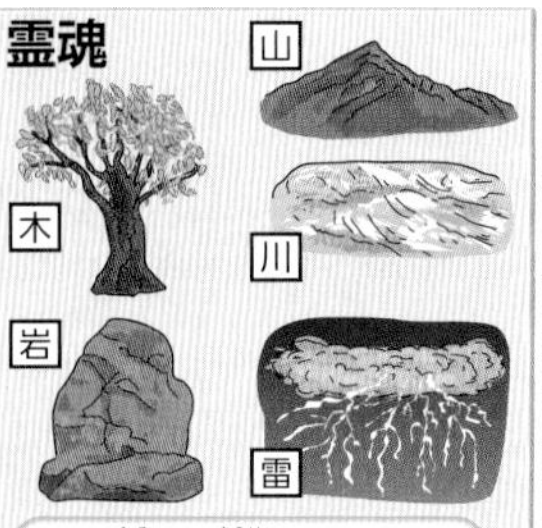

霊魂
山
木
川
岩
雷

畏れ・崇拝の対象

原始時代の人びと(階層未分化)

図B 祭祀者の登場

在来の神々

政 まつりごと

祭祀者→統治者

農耕儀礼・神判(祈年の祭,新嘗の祭，盟神探湯)

民衆

図C 国家仏教の構造

守護神
神仏習合
八幡神
東大寺盧舎那仏

749 年，手向山八幡宮*創建(東大寺の守護神)

＊宇佐八幡宮から勧請

国家鎮護のための読経

国分寺・国分尼寺の造営，大仏建立

南都六宗寺院 ← 命令 ← 朝廷

図D 顕密仏教の成立

神仏

読経・加持祈禱 国家鎮護，天皇・貴族個人の願いの成就

顕密仏教寺院 ➲p.98
- 例 延暦寺・興福寺
- 大荘園領主となる
- 軍事力=僧兵
- 金融活動

↑ 荘園寄進

天皇・貴族

図E 鎌倉仏教の構造

武士・民衆

浄土宗・浄土真宗	念仏	極楽往生
時宗	踊念仏	極楽往生
日蓮宗	題目	即身成仏
臨済宗	坐禅(公案問答)	悟り
曹洞宗	坐禅(只管打坐)	悟り

共通点
- 易行=行いやすい方法で
- 選択=一つの方法を選び
- 専修=それに打ち込む

3 寺社の組織化と民間信仰の展開（近世）

天下統一の過程で，織豊政権は，宗教的権威に対する政治権力の優越をめざし，厳しい宗教弾圧を行った。江戸幕府はキリスト教禁圧に**寺請制度**を利用し，寺院は支配の末端組織となった。国学が発展し，外来の思想を排除する**神道**の純化が進んだ。幕末には多数の民衆宗教が生まれ，のちに**教派神道**として公認された。

4 神道の利用と信教の自由の確立（近現代）

明治政府は，祭政一致の実現のため神仏分離令を出した。**神道国教化**には挫折したものの，神社と神職を利用した**国家神道**を確立した。一方，明治憲法では**信教の自由**が認められ，キリスト教は社会運動にも活躍した。第二次世界大戦後は，国家と神道は分離され，新宗教も増加して宗教が多様化した。

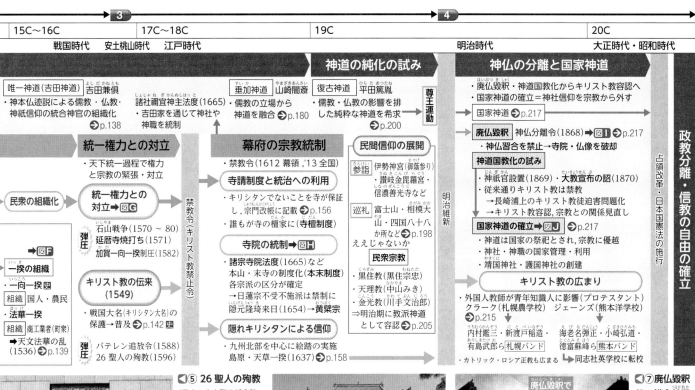

15C～16C　戦国時代　安土桃山時代　／　17C～18C　江戸時代　／　19C　明治時代　／　20C　大正時代・昭和時代

唯一神道（吉田神道） 吉田兼倶
・神本仏迹説による儒教・仏教・神祇信仰の統合神官の組織化 ➡p.138

諸社禰宜神主法度（1665）
・吉田家を通じて神社や神職を統制

神道の純化の試み

垂加神道 山崎闇斎
・儒教の立場から神道を融合 ➡p.180

復古神道 平田篤胤
・儒教・仏教の影響を排した純粋な神道を希求 ➡p.200 → 尊王運動

統一権力との対立

・天下統一過程で権力と宗教の緊張・対立

民衆の組織化 → **統一権力との対立➡図G**

弾圧：石山戦争（1570～80）／延暦寺焼打ち（1571）／加賀一向一揆制圧（1582）

➡図F
一揆の組織
・一向一揆 史
組織：国人・農民
・法華一揆
組織：商工業者（町衆）
➡天文法華の乱（1536）➡p.139

キリスト教の伝来（1549）
・戦国大名（キリシタン大名）の保護→普及 ➡p.142 史

弾圧：バテレン追放令（1588）／26聖人の殉教（1596）

禁教令（キリスト教禁止令）

幕府の宗教統制

・禁教令（1612 幕領，'13 全国）

寺請制度と統治への利用
・キリシタンでないことを寺が保証し，宗門改帳に記載 ➡p.156
・誰もが寺の檀家に（寺檀制度）

寺院の統制➡図H
・諸宗寺院法度（1665）など
本山・末寺の制度化（本末制度）
各宗派の区分が確定
→日蓮宗不受不施派は禁制に
隠元隆琦来日（1654）→黄檗宗

隠れキリシタンによる信仰
・九州北部を中心に絵踏の実施
島原・天草一揆（1637）➡p.158

民間信仰の展開

参詣：伊勢神宮（御蔭参り）・讃岐金毘羅宮・信濃善光寺など
巡礼：富士山・相模大山・四国八十八か所など ➡p.198
ええじゃないか

民衆宗教
・黒住教（黒住宗忠）
・天理教（中山みき）
・金光教（川手文治郎）
⇒明治期に教派神道として容認 ➡p.205

明治維新

神仏の分離と国家神道

・廃仏毀釈・神道国教化からキリスト教容認へ
・国家神道の確立＝神社信仰を宗教から外す

→ 国家神道 ➡p.217 →

廃仏毀釈 神仏分離令（1868）➡図I ➡p.217
・神仏習合を禁止→寺院・仏像を破却

神道国教化の試み
・神祇官設置（1869）・大教宣布の詔（1870）
・従来通りキリスト教は禁教
→長崎浦上のキリスト教徒迫害問題化
→キリスト教容認，宗教との関係見直し

国家神道の確立➡図J ➡p.217
・神道は国家の祭祀とされ，宗教に優越
・神社・神職の国家管理・利用
・靖国神社・護国神社の創建

キリスト教の広まり
・外国人教師が青年知識人に影響（プロテスタント）
クラーク（札幌農学校） ➡p.215 → 内村鑑三・新渡戸稲造・有島武郎ら **札幌バンド**
ジェーンズ（熊本洋学校） → 海老名弾正・小崎弘道・徳富蘇峰ら **熊本バンド** → 同志社英学校に転校
・カトリック・ロシア正教も広まる

占領改革・日本国憲法の施行

政教分離・信教の自由の確立

◁⑤ **26聖人の殉教**（日本二十六聖人祈念碑，長崎市） 1596年のサン＝フェリペ号事件を機に，豊臣秀吉の命令で京都・大坂で宣教師らが捕えられ，長崎の西坂で磔刑に処せられた。

△⑥ **万福寺大雄宝殿** 1661年，明僧隠元隆琦が開創した黄檗宗本山。〈国 宇治市〉

廃仏毀釈で取り壊された大塔→
《横浜美術館蔵》

◁⑦ **廃仏毀釈前の鎌倉鶴岡八幡宮**（19世紀半ば，鎌倉市） 廃仏毀釈で薬師堂・護摩堂・大塔等の神宮寺が壊され，社僧は神主に転じた。

祇園祭…法華一揆の主体である京都町衆が復興 ➡巻頭とびら
埋葬が広まる
宗門人別改帳が戸籍に代用される
御蔭参りの隆盛 → 抜け参りの流行（1705年・1771年・1830年）
「先祖代々の墓」が広まる（19世紀後半）
島地黙雷の仏教復興
神前結婚式が始まる（20世紀初）

図F 一向一揆と法華一揆

一向一揆 浄土真宗
蓮如（1415-99）の布教活動
・拠点 吉崎御坊（越前）
・惣村に講を組織，御文により布教
国人・農民層に浸透 ／ 一揆：加賀の一向一揆，伊勢長島・三河

対立

法華一揆 日蓮宗
日親（1407-88）の布教活動
・法華経至上主義➡他宗と対立
商工業者に浸透（京の町衆など） ／ 天文法華の乱（1536）

図G 織豊政権と宗教の対立

織豊政権
すべての権威・権力への優越をめざす
- 西国大名（・大友氏など キリシタン大名）キリスト教 → バテレン追放令（1587）
- 京都町衆　法華一揆 → 安土宗論（1579）
- 比叡山延暦寺　仏教界の最大権門 → 比叡山焼打ち（1571）
- 加賀の一向一揆　浄土真宗 → 石山戦争（1570-80）

図H 江戸幕府の宗教統制

江戸幕府
・幕府が宗派を確定
・本山を通じ統制
本山 ―本末制度― 末寺　末寺
民衆の宗教統制
・寺請制度
➡宗門改め・絵踏
檀家（武士・農民・町人）
寺社奉行による監督

図I 神仏分離と廃仏毀釈

寺院
神社

神仏習合
・寺院と神社が融合（奈良時代から継続）➡p.83

神仏分離令（1868）
神道国教化・祭政一致に向け神仏習合禁止

廃仏毀釈 ・神官・国学者らが寺院・仏像を破壊

寺院数は半減とも

図J 国家神道の構造

国家神道 国家の祭祀
・神職を官吏とし，管理・統制
国家的な神社
官幣社・国弊社……国家祭祀
靖国神社・護国神社…戦死者顕彰
ムラの神社　地域の氏神
参拝・行事参加 → 国民教化
宗教 個人の信仰
仏教・キリスト教・教派神道 など
信仰
国民

女性史・家族史の流れ

1 父系・母系対等の家族関係と女性の活躍（原始・古代）

古代は子が父系（男系）・母系（女系）双方の地位・財産を継承する双系制社会であり，当初は男女とも能力に応じて首長となった。古墳時代中期には軍事的統合を背景に男性首長が主流となったが，飛鳥・奈良時代には８代６人の女帝が活躍した。平安時代の**摂関政治期**には天皇の**外戚**である藤原氏が権勢を得た。

2 父系制への転換と女性の役割の限定化（中・近世）

律令制が崩壊するなか，官職を世襲する「**家**」が成立すると父権が伸長した。これを背景に**院政**が展開し，また軍事を世襲した武士の社会では**惣領制**にもとづく**家父長制**家族が成立した。鎌倉時代の前半には比較的高かった女性の地位も，鎌倉時代後半から低下し，江戸時代には**儒教**道徳のもとで女性は男性や「家」に従属すべきとされた。

おもな人物など

①仮面の女神　土偶は女性をかたどったものが多く，安産や子孫繁栄の願いの反映と考えられる。仮面は呪術との関連が指摘されている。

②持統天皇（645-702）　夫の**天武天皇**の死後，**飛鳥浄御原令**の施行や**藤原京**の造営など**律令国家**の建設を進めた。➔p.56

③日野富子（1440-96）　**足利義政**の妻。実子義尚をめぐり**応仁の乱**の一因となる。義政や義尚にかわり政務をとることもあった。➔p.127

④徳川和子（東福門院）（1607-78）　将軍**徳川秀忠**の娘で後水尾天皇の中宮となる。のち娘が明正天皇として即位。➔p.156

時代	縄文・弥生・古墳・飛鳥	奈良時代	平安時代		鎌倉時代	室町時代	戦国時代

政治・社会的な動き

政治の動向

- **祭政一致➡豪族連合**
  - 司祭者的首長から武人的首長へ
- **律令制の導入**
  - 天皇の地位確立 ➡半数が女性（8世紀）
- **摂関政治**
  - 天皇の外戚（母方の親族）による政治
- **院政**
  - 「治天の君」（天皇家の家長）による政治
- **鎌倉幕府・室町幕府**
  - 「武家社会の成立・発展 家父長制社会の成立

政治・社会面での女性の活動など

女性指導者の存在 ➡ **政治的役割の限定化** ➡ **社会的地位の低下へ**

女性首長・女性天皇も存在 ➡ 後宮での活躍 ➡ 出身の「実家」と婚家を支える女性

■縄文時代
- **土偶**は多くが女性をかたどる ➡図①

■弥生～古墳時代
- 女性首長も存在 ➡**卑弥呼・壱与**（台与）＝司祭者的首長（シャーマン）➔p.36, 43

- **古墳時代中期・後期**　軍事的衝突・首長連合の再編進む ➡女性首長が減少

女帝の活躍

■飛鳥～奈良時代
- 多くの女性天皇が活躍（8代6人）➔p.54, 70
- 皇位は父系継承（中国の律令制の原則を継承）

■社会福祉的活動
- 光明皇后　悲田院・施薬院の設置
- 和気広虫　孤児の養育

天皇の生母の「家」が政治力行使
- 天皇の外戚（とくに外祖父）が**摂政・関白**となる

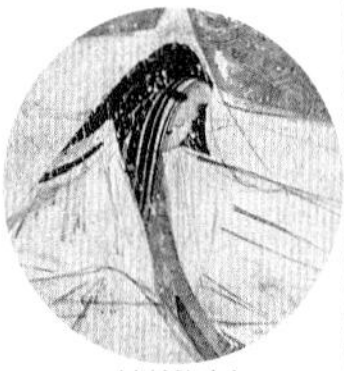

⑨藤原彰子（988-1074）　藤原道長の長女。➔p.89

父系相続の重視と家父長制社会への転換始まる

女院による天皇家の祭祀・先祖供養

■八条院暲子
- 鳥羽上皇の皇女
- 天皇家の菩提を弔う ➡父母から多数の荘園を継承＝**八条院領**

将軍の妻による政治の調整・代行
■家長の未亡人による「家」の統制

■**北条政子**
- 「尼御台」＝尼将軍
- 実質的に「鎌倉殿」を代行➔p.108

■日野富子 ➡図③

⑫北条政子（1157-1225）　**源頼朝**の妻。**承久の乱**にあたって頼朝の恩を説き，鎌倉幕府の御家人を団結させた。

婚姻による戦国大名間の外交

■お市の方
- 織田信長の妹 ➡浅井長政に嫁す

■細川ガラシャ
- 明智光秀の三女

■千姫
- 徳川秀忠の娘，豊臣秀頼の正室

権門体制の形成
- 権門＝公家・社寺・武家の権勢ある家柄・門閥が権力を分掌
- 権門を支える女性　＊皇族・公家の次・三男らが有力寺社を継承

家族と「家」のあり方

「家」の形成と展開

- 「家」は未成立
  - 「家」＝家産・家業を継承し，役割を分担する家族集団
- ➡ 9世紀「家」の形成 始まる
  - 貴族らの官職が父子継承されることから始まる
- ➡ 【武士層】惣領制による一族の結合
  - 惣領と庶子の分割相続，女性にも相続権
  - 女性の御家人・地頭も存在（鎌倉時代）
  - **女人養子**＝**御成敗式目**（貞永式目）23条
- 所領の細分化
- ➡ 嫡子単独相続制
  - 惣領と庶子の対立 ➡ 南北朝の争乱
  - 女性の相続権制限　一期分

家族と婚姻関係

双系制家族 ➡ **父系制＝家父長制へ**

夫婦別姓 ➡ 同姓・別姓の混在

縄文時代　小家族の同居

➡ **妻問婚**➔p.72
- 男性が女性のもとに通う →のち妻方居住婚
- それぞれが財産をもつ
- 子は妻方で養育

➡ **嫁入婚**
- 武士層から広がる（婚姻で武士団間を結合）
- 実家を背景に，正妻の権限・発言力は大

- 家長の未亡人による家の監督権は残る

生活・文化

生業・文化

旧石器・縄文
- 男＝狩猟
- 女＝採取

⑩夫の来訪を待つ妻（『伊勢物語絵巻』筒井筒）

■文学ほか・女房の活躍➔p.89

■芸能
- 白拍子
- 遊女

⑪白拍子の装束

■商業
- 市での行商
- 大原女・桂女
➔p.130

■芸能
- 出雲阿国 阿国歌舞伎
➔p.147

3 家制度の固定化と女性解放運動(近代)

江戸時代から明治期にかけて**家父長制**が定着するなかで，明治政府は近代的な法制度を整備するにあたってフランス流の民法を否定し，**戸主権**の強い新民法(明治民法)を施行した。また,女性の政治参加は**治安警察法**により禁止された。そのなかで**平塚らいてう**が**青鞜社**を結成し，本格的に女性解放運動が展開した。

4 男女同権と家族の多様化(現代)

第二次世界大戦後，占領下の民主化のもと，**日本国憲法**や改正民法によって家父長制にもとづく「**家**」制度は否定され，**男女同権・夫婦平等**が規定された。政治的な男女同権化に続いて社会的な同権化も進められ，1980年代以降には行政指導も伴う男女雇用機会均等法や男女共同参画社会基本法が制定された。

◀⑤ 津田梅子 (1864-1929) 1871年，6歳でアメリカに留学。のち女子英学塾を創設。写真は帰国後の18歳ごろ。➔p.218,247

◀⑥平塚らいてう (1886-1971) 文芸による女性の自己表現を求めて**青鞜社**を結成，のち**新婦人協会**を結成して女性解放運動へ。➔p.261

◀⑦ 山川菊栄 (1890-1980) 社会主義の立場から女性運動に従事。写真は1947年，労働省婦人労働局長に就任時のもの。➔p.261

◀⑧ 市川房枝 (1893-1981) 新婦人協会・婦人参政権獲得期成同盟で**女性参政権**の獲得に尽力し，戦後，参議院議員。➔p.261

江戸時代 / 明治時代 / 大正時代 / 昭和時代 / 平成時代

江戸幕府
儒教道徳による男性優位の確立➡「男尊女卑」の浸透

文明開化・自由民権
啓蒙思想・天賦人権論
➡女権拡張運動の展開

明治憲法体制
新民法(明治民法)公布
➡「家」制度の法制化

大正デモクラシー
女性団体の結成と
女性解放運動の展開

日本国憲法体制
憲法第24条＝両性の本質的平等を規定
➡憲法研究会「憲法草案要綱」(➔p.298)から日本国憲法へ

政治・社会的活動の限定

儒教道徳の導入による社会秩序の強化と男尊女卑の強調

婚家への従属

「家」に従属する女性

■儒教道徳による三従の教え*

*「乳の家にありては父に従い，夫の家にゆきては夫に従い，夫死しては子に従うを三従という」(『和俗童子訓』)

・『女大学』の刊行(女性用道徳書)

■遊廓の成立(公娼制度)

女性の権利拡張運動

女性の権利拡張要求と「家」制度の相克

女性の政治・社会活動開始

■津田梅子・山川捨松らアメリカ留学➔p.218

■女子教育の開始

■自由民権運動での活動➔p.261

◭⑭岸田俊子 ➔p.247

新民法の整備による「家」制度の法制化

女性の権利を制限

■**衆議院議員選挙法**(1889)➔p.227
・女性の参政権認めず

■**治安警察法**(1900)
・女性の政治活動禁止

◀⑮与謝野晶子

■**与謝野晶子**「君死にたまふこと勿れ」(1904)史

■**大逆事件**(1910)
・管野スガ刑死➔p.244

同権化をめざす動き

女性解放運動の本格化

■新たな女性運動の開始
・**青鞜社**結成(1911)
＝文芸団体として

■女性団体の活動➔p.261
・**新婦人協会**(1920)・

◭⑯**平塚らいてう**と**市川房枝** 1920年撮影。

■治安警察法第5条改正(1922)
・女性の政治集会参加を容認

■婦人参政権獲得期成同盟会

男女同権化

日本国憲法の施行と男女同権化

政治的同権化の達成

戦後の民主化

■**女性の参政権** 獲得
・**衆議院議員選挙法改正**(1945)➔p.298

■男女同権・夫婦平等
・改正民法(1947)

◭⑰**奥むめお** (1895-1997) 新婦人協会に参加。戦後は消費者運動に従事，参議院議員となる。

社会的同権化へ

グローバル化のなかの同権化

■世界的なウーマン＝リブ運動*(1960～70年代)

*リブはliberation(解放)の略語

■女子差別撤廃条約 批准(1985)
➡男女雇用機会均等法(1986)→改正(1999)
・改正国籍法施行(1985)
父系主義→父母両系主義
・男女共同参画社会基本法(1999)

小農層でも「家」を形成
・夫婦を中心とする小家族

旧民法 公布(1890)
＝ボアソナード民法
➡「家」制度を壊すとの批判
➡**民法典論争**➔p.225

全国民を「家」制度のもとに組織

民法(明治民法)公布(1890)
・家長である戸主の命令・監督(戸主権)
・男性・年長者優先の家督相続

*戦時下の女性 ➔p.283

高度成長と家族の変容
・核家族化の進展(夫婦と子供のみ)
・専業主婦の増加

バブル経済破綻の影響
・共働き世帯の増加
・高齢者単独世帯の増加
・晩婚化・未婚化

家父長制的家族(家制度)の確立

「家」制度による嫁入婚・婿入婚
・離婚は夫からの通告の形式
・夫の同意が得られない場合，駆込寺へ ➔p.157
・離縁状＝三行半

■手工業 農村家内工業
・養蚕・製糸・機織りなど

▷⑬糸繰りの作業

法制化された家父長制的家族

夫婦同姓

家父長制的嫁入婚の制度化
・「妻は婚姻によりて夫の家に入る」(新民法)
・戸主権のもと，女性は戸主の管理・監督下に置かれる
・一夫一婦制をとりつつ夫に「妾」を認める

■工業：**産業革命**を支える
・**女工**の活躍(製糸・紡績)
・深夜業を含む長時間労働
➔p.241・244

■「職業婦人」の登場
・タイピスト・バスガール

■「モガ」の登場

家族の多様化

両性の合意にもとづく婚姻
・三世代同居から核家族へ

多様な家族のあり方へ
・事実婚の増加
・性にとらわれない家族

■性差で違いのある雇用
・女性は補助的業務中心

■**労働基準法**に女子保護規定
・深夜業・時間外労働など規制➡・女子保護規定も削除

■女性総合職も一般化

■性差による雇用差別の全面禁止

特集 近現代の国際秩序の変化と日本の動き

1 地域世界の秩序の並存と"小中華"としての日本(～19世紀前半)

近世の世界では，多様な地域世界の秩序が並存した。東アジアでは中華思想(→巻頭5)をもとに明・清と周辺の諸勢力との朝貢・冊封関係にもとづく秩序が成立し，日本は自らを"小中華"とする独自の秩序の形成をめざした。一方，西欧には国家間の対等な関係にもとづく主権国家体制が成立し，現代の国際秩序の原型となった。

2 帝国主義のもとでの開国と近代化(19世紀後半)

19世紀後半には，欧米列強が製品市場や原料供給地を求めて世界各地に進出し，帝国主義的な国際秩序が世界をおおった。"文明の論理"のもと「未開(野蛮)」とみなされた地域は，欧米の植民地とされた。また，欧米と対等な主権国家とは認められない「半開(半野蛮)」とされた日本などの国々は，主権国家化をめざして近代化に取り組んだ。

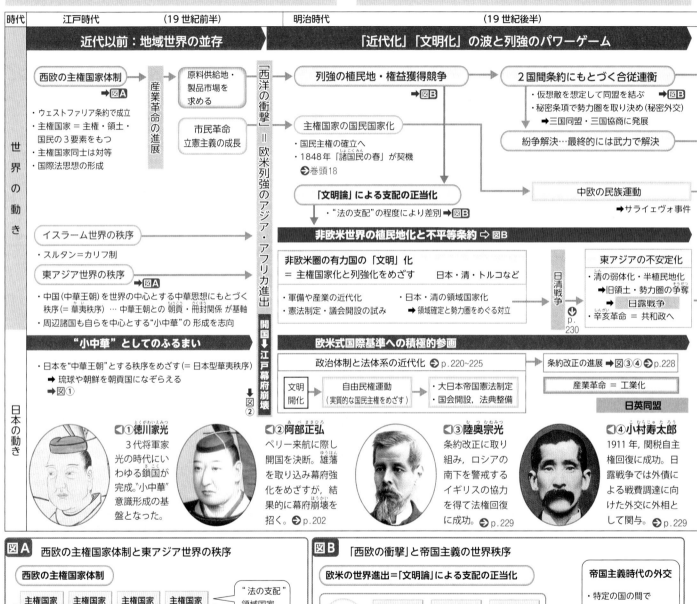

時代	江戸時代 (19世紀前半)	明治時代 (19世紀後半)

世界の動き

近代以前：地域世界の並存

- 西欧の主権国家体制 ➡図A
  - ・ウェストファリア条約で成立
  - ・主権国家 ＝ 主権・領土・国民の3要素をもつ
  - ・主権国家同士は対等
  - ・国際法思想の形成
- → 産業革命の進展 → 原料供給地・製品市場を求める
- → 市民革命 立憲主義の成長
- イスラーム世界の秩序
  - ・スルタン＝カリフ制
- 東アジア世界の秩序 ➡図A
  - ・中国(中華王朝)を世界の中心とする中華思想にもとづく秩序(＝華夷秩序)… 中華王朝との 朝貢・冊封関係 が基軸
  - ・周辺諸国も自らを中心とする"小中華"の 形成を志向

「西洋の衝撃」＝欧米列強のアジア・アフリカ進出

「近代化」「文明化」の波と列強のパワーゲーム

- 列強の植民地・権益獲得競争 ➡図B
- → 2国間条約にもとづく合従連衡
  - ・仮想敵を想定して同盟を結ぶ ➡図B
  - ・秘密条項で勢力圏を取り決め(秘密外交)
  - ➡三国同盟・三国協商に発展
  - → 紛争解決…最終的には武力で解決
- 主権国家の国民国家化
  - ・国民主権の確立へ
  - ・1848年「諸国民の春」が契機 ➲巻頭18
  - → 中欧の民族運動 ➡サラエヴォ事件
- 「文明論」による支配の正当化
  - ・"法の支配"の程度により差別➡図B

非欧米世界の植民地化と不平等条約 ⇨ 図B

- 非欧米圏の有力国の「文明」化 ＝ 主権国家化と列強化をめざす　日本・清・トルコなど
  - ・軍備や産業の近代化
  - ・憲法制定・議会開設の試み
  - ・日本・清の領域国家化 ➡領域確定と勢力圏をめぐる対立
- → 日清戦争 ➲p.230
- → 東アジアの不安定化
  - ・清の弱体化・半植民地化 ➡旧領土・勢力圏の争奪 ➡ 日露戦争
  - ・辛亥革命 ＝ 共和政へ

日本の動き

"小中華"としてのふるまい

- ・日本を"中華王朝"とする秩序をめざす(＝日本型華夷秩序)
  - ➡ 琉球や朝鮮を朝貢国になぞらえる
  - ➡図①

開国 ⬇ 江戸幕府崩壊 ⬇図②

欧米式国際基準への積極的参画

- 政治体制と法体系の近代化 ➲p.220~225
  - 文明開化 → 自由民権運動(実質的な国民主権をめざす) → ・大日本帝国憲法制定 ・国会開設，法典整備
- → 条約改正の進展 ➡図③④➲p.228
- 産業革命 ＝ 工業化
- 日英同盟

◁①徳川家光 3代将軍家光の時代にいわゆる鎖国が完成。"小中華"意識形成の基盤となった。

◁②阿部正弘 ペリー来航に際し開国を決断。雄藩を取り込み幕府強化をめざすが，結果的に幕府崩壊を招く。➲p.202

◁③陸奥宗光 条約改正に取り組み，ロシアの南下を警戒するイギリスの協力を得て法権回復に成功。➲p.229

◁④小村寿太郎 1911年，関税自主権回復に成功。日露戦争では外債による戦費調達に向けた外交に外相として関与。➲p.229

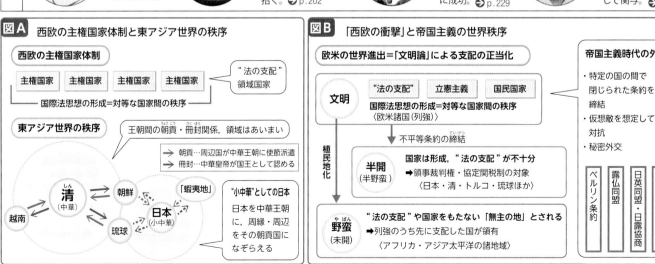

図A 西欧の主権国家体制と東アジア世界の秩序

西欧の主権国家体制

主権国家　主権国家　主権国家　主権国家 ―― "法の支配" 領域国家

国際法思想の形成＝対等な国家間の秩序

東アジア世界の秩序

王朝間の朝貢・冊封関係，領域はあいまい

→ 朝貢…周辺国が中華王朝に使節派遣
→ 冊封…中華皇帝が国王として認める

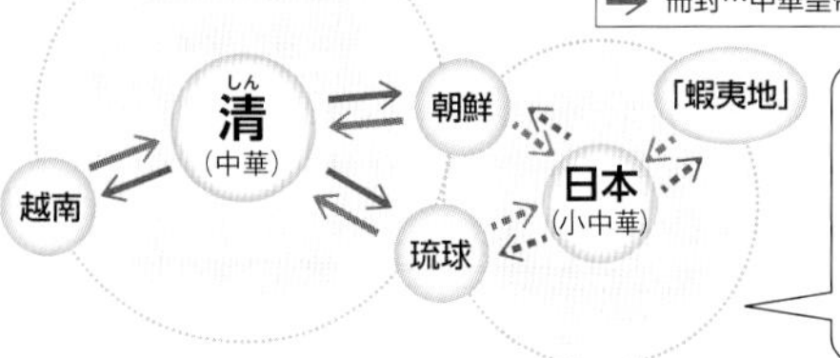

清
(中華)
朝鮮
越南
琉球
日本
(小中華)
「蝦夷地」

"小中華"としての日本
日本を中華王朝に，周縁・周辺をその朝貢国になぞらえる

図B 「西欧の衝撃」と帝国主義の世界秩序

欧米の世界進出＝「文明論」による支配の正当化

- 文明　"法の支配"　立憲主義　国民国家
  - 国際法思想の形成＝対等な国家間の秩序〈欧米諸国(列強)〉
- ⬇ 不平等条約の締結
- 半開(半野蛮)　国家は形成，"法の支配"が不十分
  - ➡領事裁判権・協定関税制の対象〈日本・清・トルコ・琉球ほか〉
- ⬇ 植民地化
- 野蛮(未開)　"法の支配"や国家をもたない「無主の地」とされる
  - ➡列強のうち先に支配した国が領有〈アフリカ・アジア太平洋の諸地域〉

帝国主義時代の外交

- ・特定の国の間で閉じられた条約を締結
- ・仮想敵を想定して対抗
- ・秘密外交

ベルリン条約　露仏同盟　日英同盟・日露協商　サイクス-ピコ協定

3 国際秩序の変化と対応の模索(20世紀前半)

帝国主義的な利権獲得競争は第一次世界大戦の惨禍を招き，戦後には戦争の違法化や国際組織・国際条約を通じた合意形成による新たな国際秩序がめざされた。こうして成立したヴェルサイユ-ワシントン体制は，植民地支配そのものは容認するものであり，世界恐慌後の植民地・勢力圏争奪の動きのなかで崩壊した。

4 全世界に共通する規範の成立(20世紀後半)

第二次世界大戦後，その反省から，国際連合をはじめ国際組織・国際条約を通じて全世界共通の規範が形成されるようになった。その結果，国家レベルでは民族自決と主権国家の平等の原則が，個人レベルでは基本的人権が，それぞれ規範として確立した。日本も憲法に先進的な人権規定を盛り込み，1956年に国連に加盟した。

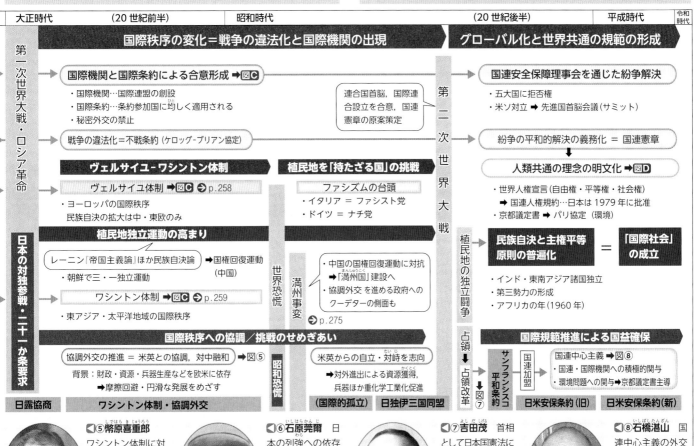

大正時代 (20世紀前半) 昭和時代 (20世紀後半) 平成時代 令和時代

国際秩序の変化＝戦争の違法化と国際機関の出現

第一次世界大戦・ロシア革命

- 国際機関と国際条約による合意形成 ➡図C
  - 国際機関…国際連盟の創設
  - 国際条約…条約参加国に均しく適用される
  - 秘密外交の禁止
- 戦争の違法化＝不戦条約（ケロッグ-ブリアン協定）

ヴェルサイユ-ワシントン体制

- ヴェルサイユ体制 ➡図C ➡p.258
  - ヨーロッパの国際秩序
  - 民族自決の拡大は中・東欧のみ

植民地独立運動の高まり

- レーニン『帝国主義論』ほか民族自決論 ➡国権回復運動（中国）
  - 朝鮮で三・一独立運動
- ワシントン体制 ➡図C ➡p.259
  - 東アジア・太平洋地域の国際秩序

日本の対独参戦・二十一か条要求

植民地を「持たざる国」の挑戦

世界恐慌

- ファシズムの台頭
  - イタリア ＝ ファシスト党
  - ドイツ ＝ ナチ党

満州事変

- 中国の国権回復運動に対抗 ➡「満州国」建設へ
- 協調外交を進める政府へのクーデターの側面も

➡p.275

国際秩序への協調／挑戦のせめぎあい

- 協調外交の推進 ＝ 米英との協調，対中融和 ➡図⑤
  - 背景：財政・資源・兵器生産などを欧米に依存
  - ➡摩擦回避・円滑な発展をめざす

昭和恐慌

- 米英からの自立・対峙を志向
  - ➡対外進出による資源獲得，兵器ほか重化学工業化促進

日露協商 ｜ ワシントン体制・協調外交 ｜ （国際的孤立） ｜ 日独伊三国同盟

第二次世界大戦

連合国首脳，国際連合設立を合意，国連憲章の原案策定

グローバル化と世界共通の規範の形成

- 国連安全保障理事会を通じた紛争解決
  - 五大国に拒否権
  - 米ソ対立 ➡ 先進国首脳会議（サミット）
- 紛争の平和的解決の義務化 ＝ 国連憲章
  - ⬇
- 人類共通の理念の明文化 ➡図D
  - 世界人権宣言（自由権・平等権・社会権）
    - ➡ 国連人権規約…日本は1979年に批准
  - 京都議定書 ➡ パリ協定（環境）

植民地の独立闘争 ➡ **民族自決と主権平等原則の普遍化 ＝「国際社会」の成立**

- インド・東南アジア諸国独立
- 第三勢力の形成
- アフリカの年（1960年）

国際規範推進による国益確保

占領 ⬇ 占領改革 ⬇ 図⑦ ➡ サンフランシスコ平和条約 ➡ 国連加盟 ➡

- 国連中心主義 ➡図⑧
  - 国連・国際機関への積極的関与
  - 環境問題への関与➡京都議定書主導

日米安保条約（旧） ｜ 日米安保条約（新）

◀⑤幣原喜重郎 ワシントン体制に対応した協調外交を推進。背景には，財政・貿易等で列強に依存する日本の実情があった。➡p.271

◀⑥石原莞爾 日本の列強への依存を克服すべき弱点と捉え，米国と対峙できる体制をめざし満州事変を計画。➡p.275

◀⑦吉田茂 首相として日本国憲法に関わり，のち講和条約・日米安保条約を締結。対米協調と軽武装を基軸とした。➡p.298

◀⑧石橋湛山 国連中心主義の外交方針を構想。国連中心主義は岸信介内閣のもとで外交の基軸と定められた。➡p.292

図C 第一次世界大戦後の世界秩序 ― ヴェルサイユ-ワシントン体制

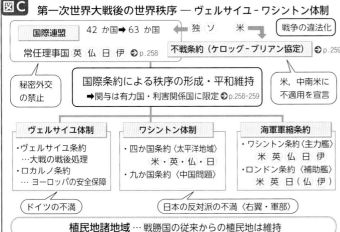

- 国際連盟 42か国➡63か国
  - 常任理事国 英 仏 日 伊 ➡p.258
  - 独 ソ 米（不参加）
- 戦争の違法化：不戦条約（ケロッグ-ブリアン協定） ➡p.259
  - 米，中南米に不適用を宣言
- 秘密外交の禁止
- 国際条約による秩序の形成・平和維持
  - ➡関与は有力国・利害関係国に限定 ➡p.258-259

ヴェルサイユ体制	ワシントン体制	海軍軍縮条約
・ヴェルサイユ条約…大戦の戦後処理 ・ロカルノ条約…ヨーロッパの安全保障	・四か国条約〈太平洋地域〉米・英・仏・日 ・九か国条約〈中国問題〉	・ワシントン条約〈主力艦〉米 英 仏 日 伊 ・ロンドン条約〈補助艦〉米 英 日（仏 伊）

ドイツの不満 ／ 日本の反対派の不満〈右翼・軍部〉

植民地諸地域…戦勝国の従来からの植民地は維持

図D 第二次世界大戦後の世界秩序

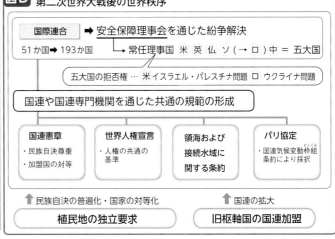

- 国際連合 51か国➡193か国
  - ➡ 安全保障理事会を通じた紛争解決
  - 常任理事国 米 英 仏 ソ（→ロ）中 ＝ 五大国
  - 五大国の拒否権 … 米 イスラエル・パレスチナ問題 ロ ウクライナ問題
- 国連や国連専門機関を通じた共通の規範の形成

国連憲章	世界人権宣言	領海および接続水域に関する条約	パリ協定
・民族自決尊重 ・加盟国の対等	・人権の共通の基準		・国連気候変動枠組条約により採択

⬆民族自決の普遍化・国家の対等化 ― 植民地の独立要求

⬆国連の拡大 ― 旧枢軸国の国連加盟

感染症の歴史と社会の変容

1 疫病の流行と宗教・呪術(前近代)

前近代には，天然痘 や はしか などの感染症がくり返し流行した。その原因が解明されず，有効な治療法もほとんどなかったため，人々は読経・加持祈祷などの宗教的儀式や呪術に救いを求めた。時代が下ると漢方薬なども広まったが，薬は高価だったため，庶民は疱瘡絵・はしか絵などによって疫病の魔を祓おうとした。

2 近代化における感染症の流行と公衆衛生の誕生(19世紀後半)

幕末に日本が開国すると，開港場からコレラが流入し，明治時代中期にかけて流行をくり返した。その対応として，消毒と隔離を基調とする近代的な公衆衛生が導入された。コレラの周期的な流行が収まった明治時代中期には，近代化が進むなか，工場の女工や寮に寄宿する学生ら閉鎖空間で生活する人々の間で結核が広まった。

対応する時代 1 → 2

時代：奈良時代　鎌倉時代　江戸時代　明治時代

おもな感染症と対応

A 天然痘(疱瘡)
- 高熱が出て膿疱が発生
- 高い死亡率。病後も膿疱の跡(痘痕)が残り，失明することも。

その他の主な感染症　はしか・赤痢・梅毒など

①伊達政宗(1567-1636) 幼少期に天然痘で右目を失明した。

B コレラ(幕末～明治中期)
- 激しい下痢と嘔吐による脱水症状
- 発症後，たちまち死に至るため「コロリ(虎狼痢)」とよばれ恐れられた
- 開国後から明治時代中期まで断続的に流行
- 当時は有効な治療法なし

C 結核(1900年ごろ～)
- 肺炎の症状に始まり(肺結核の場合)，罹患した臓器を徐々に破壊
- 結核は空気感染➡密閉空間の増加により感染拡大(栄養状態で発症率に差)
- 女工や学生らに感染，帰郷者を通じ農村にも

公衆衛生：(公衆衛生の概念なし) ➡ 隔離と消毒

医療：信仰(祈り)・呪術・漢方薬など ➡ 種痘の登場 ➡ 細菌学の発展

背景と展開

背景

前近代…各地の地域世界の並存 ➡ 近代化

■前近代のヨーロッパ
- ペスト(黒死病)の大流行
- 高熱・皮下出血→皮膚が黒くなるため「黒死病」とよばれる。
- 天然痘も蔓延 ➡ジェンナー，牛痘法による種痘(1796)＝世界初の安全なワクチン

欧米の産業革命 ➡ 市場を求めて各地に進出
- 欧米諸国の開国要求
 ➡ ペリー来航(1853) ➲p.201

➡ 非欧米世界の近代化
- アジア諸国などで欧米をモデルにした近代化政策が進む

具体的な動き

■古代　大陸との交流
- 遣唐使や遣新羅使などの往来 ➲p.72
 ➡ 天然痘の流入

■中世～近世　天候不順と飢饉
- 栄養状態の悪化
 ➡ 抵抗力の低下
 ➡ 天然痘・はしかなど「疫病」流行

天然痘(疱瘡)の流行 ➡ A
- ■奈良時代の大流行(735～737)
 ➡藤原四子(藤原不比等の4人の子)死亡 ➲p.70
 ➡藤原広嗣の乱(740)
- 数十年に1度の間隔で大流行

国家仏教による鎮護国家 ➲p.74

密教の加持祈祷 ➲p.82　宗教史 ➲p.330

種痘の実施
- 伊東玄朴ら蘭方医，種痘所設置
 ➡幕府直轄(1860)

開国

欧米諸国との貿易の開始
- 日米修好通商条約など
 安政の五か国条約締結(1858) ➲p.202
 ➡ 物品の移動，商人らの来日
 - コレラ菌流入
 - 菌に汚染された水が感染源に

コレラの流行 ➡ B

上水道の整備

公衆衛生の登場
- 伝染病予防法(1897)
- 法定伝染病の指定(コレラ・チフスなど)
 ➡患者の隔離と住居などの消毒を規定

近代的諸制度の導入
- 学校や官庁の登場

日本の産業革命の進展 ➲p.241
- 工場の登場＝紡績業・製糸業中心
 ➡ 労働者は女工が中心
 (寄宿舎に住み昼夜2交代勤務)

結核の流行 ➡ C

■結核で亡くなった主な人物
- 正岡子規(1867-1902)
- 樋口一葉(1872-1896)
- 石川啄木(1886-1912)

②樋口一葉 ➲p.248

③聖武天皇(701～756)　奈良時代の天然痘の流行後の政治混乱に対し，国分寺建立・大仏造立による国家仏教の強化で対応した

■病人救済の社会事業
- 光明皇后：施薬院(奈良時代)
- 忍性：北山十八間戸(鎌倉時代)

〈内藤記念くすり博物館蔵〉

④疱瘡絵(1857年)　疱瘡除けのための浮世絵。図では桃太郎が疱瘡の病魔を退治している。

⑤コレラ絵(1880年)　庶民にとって医療が縁遠かった江戸時代には，疱瘡絵(図④)のような浮世絵がお守りとして用いられた。明治時代にも，コレラ絵(コレラ除けの浮世絵)が数多く残されている。図⑤では，洋装の紳士が病魔(コレラの虎)に消毒液を吹きかけており，近代的な公衆衛生が反映されている。〈提供：博物館 明治村〉

⑥顕微鏡をのぞく北里柴三郎(1853-1931)　19世紀後半には細菌に関する研究が大きく進み，北里によるペスト菌の発見など病原菌の発見が相次いだ。一方で，治療法の進歩は抗生物質の登場を待たなければならなかった。〈提供：学校法人北里研究所 北里柴三郎記念室〉

3 国民の健康・福祉の社会問題化（20 世紀前半）

20 世紀に入ると，人々の国際的な移動の増加により世界的な感染爆発が起こるようになり，第一次世界大戦のなかでスペインかぜが大流行した。また，19 世紀後半から細菌学が発展する一方で治療法の面では大きな進展はなかったが，1930 年代には総力戦体制構築の必要から国家が国民の健康に大きく関わるようになった。

4 医療・福祉に関する施策の発展（現代）

第二次世界大戦後，抗生物質や予防接種（ワクチン）の普及により感染症をめぐる状況は劇的に改善し，日本でも結核による死者は激減した。健康保険制度の拡充・整備による医療へのアクセスの確保も，それを後押しした。一方，アフリカやアジアでの開発の進展により，新たなウイルスによる感染症が登場した。

3 → 4 →

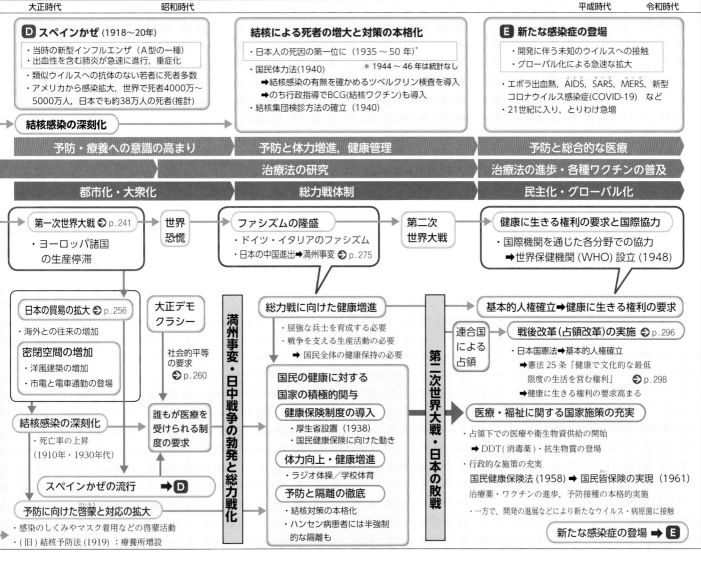

大正時代　昭和時代　平成時代　令和時代

D スペインかぜ（1918～20年）
- 当時の新型インフルエンザ（A型の一種）
- 出血性を含む肺炎が急速に進行，重症化
- 類似ウイルスへの抗体のない若者に死者多数
- アメリカから感染拡大，世界で死者4000万～5000万人，日本でも約38万人の死者(推計)

結核による死者の増大と対策の本格化
- 日本人の死因の第一位に（1935～50 年）*
- 国民体力法(1940)
 ➡結核感染の有無を確かめるツベルクリン検査を導入
 ➡のち行政指導でBCG(結核ワクチン)も導入
- 結核集団検診方法の確立（1940）

＊1944～46 年は統計なし

E 新たな感染症の登場
- 開発に伴う未知のウイルスへの接触
- グローバル化による急速な拡大
- エボラ出血熱，AIDS（エイズ），SARS（サーズ），MERS（マーズ），新型コロナウイルス感染症(COVID-19)　など
- 21世紀に入り，とりわけ急増

→ **結核感染の深刻化** →

予防・療養への意識の高まり ／ 予防と体力増進，健康管理 ／ 予防と総合的な医療

治療法の研究 ／ 治療法の進歩・各種ワクチンの普及

都市化・大衆化 ／ 総力戦体制 ／ 民主化・グローバル化

第一次世界大戦 ➲ p.241
- ヨーロッパ諸国の生産停滞

→ **世界恐慌** →

ファシズムの隆盛
- ドイツ・イタリアのファシズム
- 日本の中国進出➡満州事変 ➲ p.275

→ **第二次世界大戦** →

健康に生きる権利の要求と国際協力
- 国際機関を通じた各分野での協力
 ➡世界保健機関（WHO）設立（1948）

日本の貿易の拡大 ➲ p.256
- 海外との往来の増加

密閉空間の増加
- 洋風建築の増加
- 市電と電車通勤の登場

大正デモクラシー
社会的平等の要求 ➲ p.260

満州事変・日中戦争の勃発と総力戦化

総力戦に向けた健康増進
- 屈強な兵士を育成する必要
- 戦争を支える生産活動の必要
 ➡ 国民全体の健康保持の必要

国民の健康に対する国家の積極的関与

健康保険制度の導入
- 厚生省設置（1938）
- 国民健康保険に向けた動き

体力向上・健康増進
- ラジオ体操／学校体育

予防と隔離の徹底
- 結核対策の本格化
- ハンセン病患者には半強制的な隔離も

第二次世界大戦・日本の敗戦

→ **基本的人権確立➡健康に生きる権利の要求**

連合国による占領 → **戦後改革（占領改革）の実施** ➲ p.296
- 日本国憲法➡基本的人権確立
 ➡憲法 25 条「健康で文化的な最低限度の生活を営む権利」 ➲ p.298
 ➡健康に生きる権利の要求高まる

医療・福祉に関する国家施策の充実
- 占領下での医療や衛生物資供給の開始
 ➡ DDT（消毒薬）・抗生物質の登場
- 行政的な施策の充実
 国民健康保険法（1958）➡ 国民皆（かい）保険の実現（1961）
 治療薬・ワクチンの進歩，予防接種の本格的実施
- 一方で，開発の進展などにより新たなウイルス・病原菌に接触

新たな感染症の登場 ➡ E

結核感染の深刻化
- 死亡率の上昇（1910年・1930年代）

誰もが医療を受けられる制度の要求

スペインかぜの流行 ➡ D

予防に向けた啓蒙（けいもう）と対応の拡大
- 感染のしくみやマスク着用などの啓蒙活動
- （旧）結核予防法（1919）：療養所増設

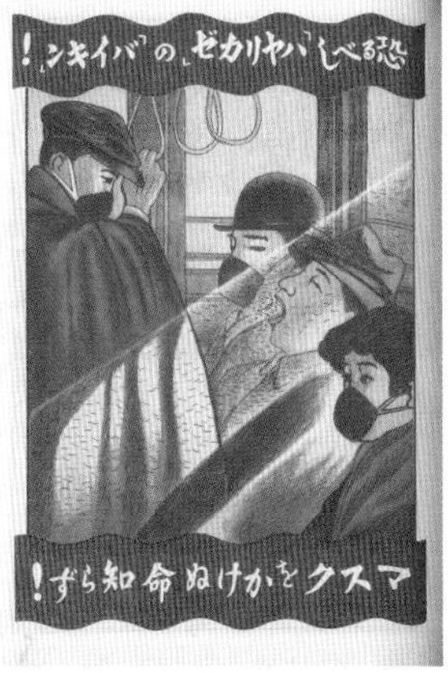
恐るべしハヤリカゼのバイキン!
マスクをかけぬ命知らず!

◁⑦**内務省衛生局の広告**（1922 年）　スペインかぜの流行後に作成された公衆衛生のための啓蒙（けいもう）広告。大都市への電車（市電）の登場を受け，閉鎖空間での感染が問題になったことがわかる。 〈国立保健医療科学院図書館蔵〉

▽⑧**ラジオ体操を行う傷病兵**（1939 年，香川県）　ラジオ体操は 1932 年に始まり，体力向上・健康増進に向け政策的に広められた。

◁⑨**DDT の散布を行う職員**（1946 年，東京都）　発疹（はっしん）チフスを媒介するシラミの駆除（くじょ）などに，GHQ 提供の殺虫剤 DDT が使われた。

▽⑩**新型コロナウイルス感染症 COVID-19 の顕微鏡写真**（2020 年）

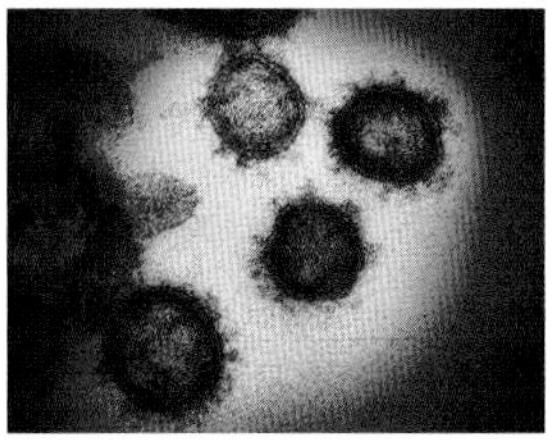

自然災害と人々の営み

1 祈りによる防災と自力での救済 古代～中世

古代・中世には，災害は神や怪異の仕業と考えられた。人々は神仏への祈禱や祭祀を行い，災害が鎮まり，また起こらないことを願った。災害の際に為政者は，被災者に租税の免除は行うものの，実際の救済や復興は基本的に地域に任され，防災事業もあまり有効に行われなかった。

2 中央集権による防災と救済の進展 近世

ほとんどの人々は災害を神や怪異の仕業だと考えたが，洋学の影響で学問的な研究をする者も出始めた。幕藩体制で支配が地域の末端にまで及んだことから，被災時の復興・救済をはじめ，洪水対策の治水や飢饉対策の食料保存など災害対策についても幕府や藩の主導で組織的に行われるようになった。

時代：古墳時代 飛鳥時代 奈良時代 平安時代 鎌倉時代 室町時代 江戸時代

●地震（赤字：南海トラフ地震 オレンジ：三陸沖地震）▲噴火 ■台風 ◆飢饉

年	おもな自然災害（赤字：マグニチュード）	地域や人々への影響（緑字：災害による社会の変化）
6世紀	▲榛名山が二度噴火	周辺の集落が滅亡、火山灰により地中に埋もれる ➡p.45
684	●白鳳(南海)地震 M8.0	日本最古の地震・津波の記録。土佐・伊予に被害
734	●畿内七道地震 M7.0	畿内を中心に被害 ➡聖武天皇が仏教に帰依する一因に ➡p.74
745	●天平地震 M7.9	美濃中心に関西で被害 ➡直後に紫香楽宮から平城京へ還都、地震が決定打か ➡p.70
800	▲富士山が噴火	東海道の足柄峠が埋まったため、箱根路が新設される
818	●弘仁地震 M7.5以上	関東に大きな被害 ➡被害地復興のため勅旨田の設定が進む ➡p.95
864	▲富士山が噴火	青木ヶ原の溶岩地帯が形成される（864・869：祇園祭開始の一因ともいわれる ➡巻頭1, p.86）
869	●貞観(三陸)地震 M8.0	三陸で大津波、多賀城が一時倒壊
1069	●永長地震 M8.0～8.5	この時期周辺は地震が活発化
1181	◆養和の飢饉	西日本一帯で飢饉、京都で死者4万人以上と記される ➡源平の争乱中のため、西日本中心の平氏方に打撃 ➡p.105
1231	◆寛喜の大飢饉	鎌倉時代最大規模、「天下の人種三分の一失す」と記される
1293	●鎌倉大地震 M8.0	鎌倉に被害、建長寺が倒壊し一山一寧が再建 ➡p.131
1361	●正平(康安)地震 M8.2～8.4	摂津・阿波・土佐を津波が襲う
1428	◆鎌倉の飢饉	鎌倉で餓死者2万人と記される
1461	◆寛正の大飢饉	京都で8万2千人の死者が出たと記される
1498	●明応東海地震 M8.2～8.4	紀伊から房総に津波襲来、浜名湖が外海とつながる ➡p.145
1586	●天正地震 M7.8	近畿・中部などに被害、家康と対立する秀吉に打撃
1605	●慶長地震 M7.9	房総半島から九州にかけて津波が襲来 ➡巻頭4
1707	●宝永地震 M8.4	地震・津波で太平洋岸全域に5千人以上の死者 ➡紀州藩で徳川吉宗の倹約令(享保の改革へつながる) ➡巻頭4, p.165
1707	▲富士山が噴火(宝永噴火)	火山灰で広範囲の農業に打撃、各地で飢饉起きる
1732	◆享保の飢饉	西日本を中心に死者約1万2千人
1783	◆天明の飢饉 ▲浅間山が噴火	火山灰で農業に打撃、大規模な飢饉が起きる ➡天災への不満が田沼意次に対する政治批判へ ➡p.187
1833	◆天保の飢饉	幕府の対策により、享保の飢饉より餓死者減 ➡百姓一揆や打ちこわし頻発、大塩平八郎の乱の一因になる ➡p.196
1854	●安政南海地震 ●安政東海地震 両方M8.4	32時間差で地震が2つ発生、関東から九州に被害 ➡巻頭4
1855	●安政江戸地震 M6.9	江戸中心に被害、鯰絵が流行

14世紀～18世紀前半は地球気候の寒冷化で飢饉頻発

災害と人々の営みの変遷

	古代～中世	近世
災害の捉え方と災害への対応	・災害は神や怪異の仕業 ・災害は君主の治世が悪いから起こる，という考え ・神仏へ祈り，災害が静まり起こらないよう願う ・一部での治水事業 ・火山への自然信仰➡図① ➡p.46 ・災害を鎮めるための加持祈禱【平安時代～】➡p.84 ・鎮護国家の思想【奈良時代～】➡p.74 ・甲州の信玄堤【戦国時代】➡p.140	・前代と同様(一部で洋学の影響から学問的分析) ・幕府や藩主導で治水事業や食料保存が進展 ・幕府や藩の対応を民衆が要求，買い占めには打ちこわし ・囲米の制 ➡p.193 ・鯰絵の流行➡図③ ➡p.186
被災者救済と被災地復興	・租税や労役の免除 ・地域主導で被災者の救済(基本的に自力救済) ・被災地の復興は時間がかかり，上手くいかず(復興放棄もみられる) ・被災者に朝廷から租税・労役の免除 ・地域の有力者による治療や食料供給 ※古代から中世にかけて，被災地の復興に関する史料は非常に少ない	・幕府や藩主導の被災者救済増加(自力救済も) ・幕府と藩が連携して地域の復興が行われる ・幕府や藩による御救小屋の設置や御救米の支給➡図② ・幕府が藩にお手伝普請要請 ・藩が幕府に借入金要請

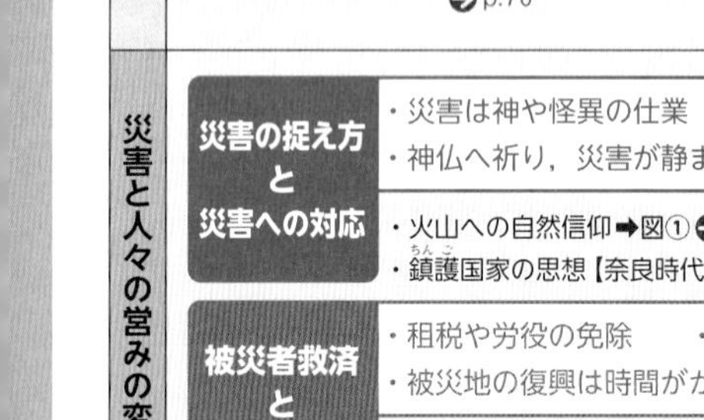

①富士山と河口浅間神社の遙拝所 たびたび噴火する富士山を，人々は古代から信仰してきた。周辺には，富士山の神霊を祀る浅間神社が多数つくられた。河口浅間神社は865年に富士山鎮火の祭祀を行うため創建された。〈囲〉

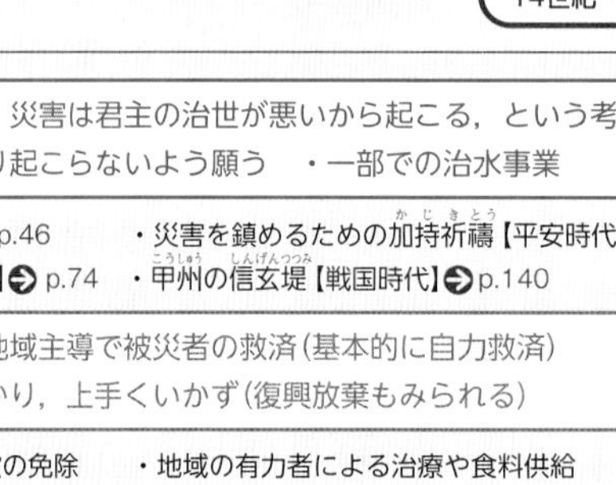

救小屋

②天保の飢饉時に建てられた御救小屋 江戸時代，災害時には幕府や藩などが御救小屋を建てた。御救小屋では，被災者に対して宿泊や食事の支給が行われた。〈国立国会図書館蔵〉

③鯰絵 江戸時代には，地底の大鯰が地震を起こしているという俗説が人々に広まっていた。この絵は1855年の安政江戸地震に際して描かれた鯰の浮世絵(鯰絵)のひとつ。大鯰を要石でおさえつける役割を担っていた鹿島大明神の留守中に，要石の番を代わった恵比寿神が居眠りしてしまい，それにより大地震が起こったという考えが描かれている。

要石

3 学問的な災害研究と災害情報の共有 近代

西洋科学の受容により，学問的な地震研究が日本国内で進展し，実用的な防災の技術が培われていった。災害が起こると，政府の主導で復興・救済は計画的に進められた。また，被災地の状況が写真や新聞で広く伝わり，日本各地や時には海外からも支援が集まるようになった。

4 減災意識の高まりと国際協力 現代

現在では，災害経験の積み重ねにより，「災害を完全に防ぐことは難しいので，被害を極力減らす」という考えのもと，迅速な避難報道や防災教育の徹底など，災害に強い国づくりが進められている。また，国際協力として，被災地支援だけでなく，技術・情報共有などの国際的な防災協力も進んでいる。

時代	年	災害	規模	被害・影響
明治時代	1880	●横浜地震	M5.5〜6.0	横浜の家屋などが一部破損。お雇い外国人が地震に驚く ⬇外国人を中心に日本地震学会結成（世界初の地震学会）
明治時代	1891	●濃尾地震	M8.0	岐阜中心に死者7千人以上 ⬇日本人中心に地震予防調査会結成，地震予知や耐震の研究進む
明治時代	1896	●明治三陸沖地震	M8.2	三陸で津波が発生。現在も自然災害伝承碑が多数残る
大正時代	1914	▲桜島が噴火		地震も併発，溶岩で桜島と大隅半島が陸続きに
大正時代	1923	●**関東大震災**	M7.9	関東全域に被害，地震後の火災で東京市に壊滅的打撃 ⬇震災恐慌・金融恐慌の打撃も。東京は復興事業で発展 ➔p.269, p.263
昭和時代（戦前期）	1927	●北丹後地震	M7.3	北近畿を中心に死者3千人弱 ⬇地震観測や断層研究で地震学進展，活断層という言葉生まれる
昭和時代（戦前期）	1933	●昭和三陸地震	M8.1	三陸で津波が発生。現在も自然災害伝承碑が多数残る
昭和時代（戦前期）	1934	■室戸台風		畿内で登校時間と重なり，子供の死者多数 ⬇文部省，防災教育を促進する方針を示す
昭和時代（戦前期）	1944	●昭和東南海地震	M7.9	**太平洋戦争**末期に発生，政府は被害状況隠蔽 ➡図⑤ ➔p.289
昭和時代（戦後期）	1945	■枕崎台風		終戦直後の9月に発生，原爆で崩壊した広島などに被害 ➔p.290
昭和時代（戦後期）	1946	●昭和南海地震	M8.0	中部以西の各地で被害，津波が太平洋岸に襲来
昭和時代（戦後期）	1954	■洞爺丸台風		青函連絡船が沈没 ⬇青函トンネルの建造計画が本格化し，1988年完成
昭和時代（戦後期）	1959	■**伊勢湾台風**		死者約5千人，台風被害では明治以降最大 ➡図⑥ ⬇2年後に災害対策基本法が公布される
昭和時代（戦後期）	1960	●チリ沖地震	M9.5	震源はチリだが，太平洋沿岸に津波が襲来 ⬇気象庁，海外地震についても津波警報を出すようになる
平成時代	1993	●北海道南西沖地震	M7.8	地震発生の5分後に奥尻島を津波が襲う ⬇津波報道のさらなる迅速化
平成時代	1995	●**阪神・淡路大震災**	M7.3	都市直下型で兵庫・大阪などに甚大な被害 ⬇人々の災害ボランティアへの意識が高まる ➔p.319
平成時代	2000	▲有珠山が噴火		ハザードマップに従った避難により死傷者全く出ず ⬇ハザードマップの有用性証明され，人々に浸透する
平成時代	2011	●**東日本大震災**	M9.0	三陸が津波で被害甚大，福島第一原発事故発生 ➡図⑦ ➔p.319 ⬇人々の防災意識が大きく高まる
平成時代	2014	▲御嶽山が噴火		死者・行方不明者63人，噴火による犠牲者が戦後最多
平成時代	2016	●熊本地震	M7.3	熊本中心に被害，熊本城も破損・倒壊 ➔p.148
令和時代	2019	■令和元年東日本台風		関東甲信越や東北，静岡などで被害
令和時代	2024	●令和6年能登半島地震		長期の群発地震ののち最大震度7，家屋倒壊・津波等で被害大

- 学問的な災害研究や対策により防災技術が発達
- 教育や新聞による情報共有により，国民の防災意識が向上

・日本地震学会や地震予防調査会による科学的な地震研究➡図④
・1932年日本火山学会結成　・室戸台風後の防災教育促進

➡

- 災害発生を前提とする減災の考え
- 災害に強い都市や建造物，仕組みの整備
- メディアの進化で避難報道が迅速化
- 防災に関する国際協力

・テレビやスマートフォンでの避難情報共有　・ハザードマップの浸透
・防災教育の徹底（東日本大震災後さらに強化）　・国連防災世界会議の開催

- 都市復興や地域救済は政府により計画的に進む
- 写真や新聞で被害が全国や海外に伝わり，支援集まる

・災害に際して被災地に日本各地や海外からの支援
・関東大震災後の東京復興 ➔p.263

➡

- 政府による迅速な都市復興と，手厚い被災者救済
- 交通や情報共有技術の発達により，日本全国や世界からさらに支援集まるように

・災害対策基本法に基づく災害時の救済と復興　・東日本大震災に際した全世界からの支援
・阪神淡路大震災以降の災害ボランティア

△④日本で開発された地震計　外国人中心に開発され，1880年完成。1895年のシカゴ万博にて，先進性が高く評価された。

△⑤昭和東南海地震の被災地（1944年，和歌山県）　太平洋戦争の戦局が悪化するなか，1944年12月に地震が起きた。政府は，国民の戦意維持や連合国側への被害隠蔽のために情報統制をしき，詳細な被害状況はほとんど伝えられなかった。

△⑥小学校に避難する伊勢湾台風の被災者たち（1959年，愛知県）　甚大な被害をもたらしたこの台風を契機に制定された災害対策基本法は，現代日本の災害対策の基礎となっている。

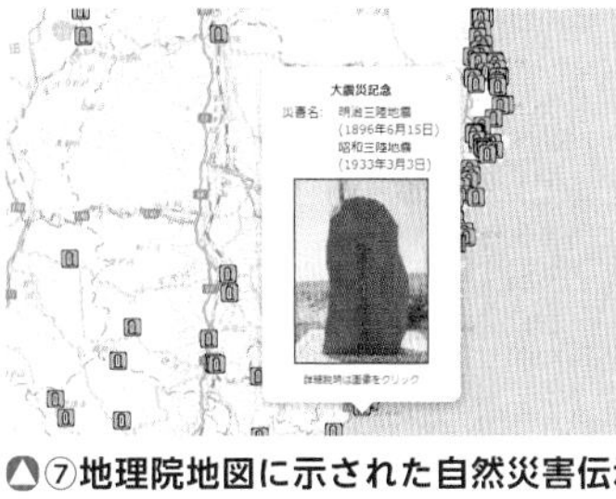

△⑦地理院地図に示された自然災害伝承碑　古来，災害に見舞われた人々は，その時の様子や教訓を石碑に刻み，子孫に伝えてきた。近年，そうした石碑の教えを災害対策に活かすため，地図への掲載などが進められている。〈国土地理院ウェブサイト〉

衣服の素材にかかわる植物

庶民の衣服に用いられた麻

△①苧麻(左)と大麻(右) 麻繊維をとる植物で，日本でも古くから栽培されてきた。かたくて風通しがよく，古代から綿織物の生産が広がる16世紀まで，庶民の衣類に用いられた。➔p.71

➔p.129，p.167

△②麻の着物 麻は，長らく庶民の衣類であった。一方で，苧麻で織った上布とよばれる高級品が珍重された。越後上布，近江上布，宮古上布などが有名。

絹の原料(生糸)をつくる蚕のえさとなる桑

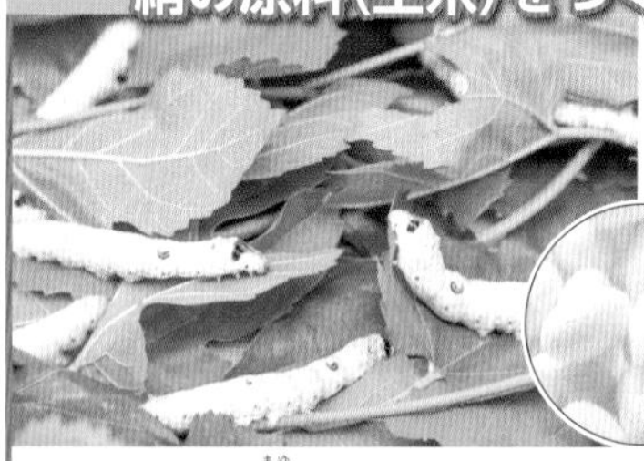

△③桑と蚕と繭 桑は，葉を蚕のえさとする養蚕にとって重要な落葉広葉樹。中国で始まった養蚕と絹織物の技法は，4世紀ごろまでには日本に伝わったとされ，日本で糸といえば「生糸」をさした。

➔p.66，p.129，p.167

△④絹の着物 古代から絹の衣服を着用できたのは，貴族や支配階級だけであった。江戸時代には養蚕がさかんになり，生糸が取れない粗悪な繭からつくった紬が庶民に普及した。

庶民の衣服を快適にした木綿

△⑤綿花 世界各地で古くから重要な繊維作物として栽培されている。日本には室町時代に朝鮮から種が伝わり，江戸時代ごろから栽培がさかんになった。

➔p.129

△⑥木綿の着物 はだざわりがよく，保温性・吸湿性にすぐれる木綿は，16世紀以降，畿内を中心に生産され始めると，従来の麻にかわって庶民に普及した。➔p.167

河内木綿の出荷〈綿圃要務〉

①現在の暦で8月の中ごろ，綿花を収穫する。

②綿花から種を取り除く「綿繰り」を行う。

③河内で産出された河内木綿のほとんどは大坂に集められ，商人の手を経て全国に出荷された。

染め物の普及

高価でありながら庶民まで普及した紅花(末摘花)

△⑦紅花 キク科の植物で，中国から伝わり，山形・秋田(出羽)などで栽培されてきた。花を餅状にして乾かしたものを紅餅という。紅花染めの染料や口紅の原料となり，種子からは食用油がとれる。

➔p.167

△⑧紅花染めの着物 多くの紅花を使う紅花染めは高価であった。江戸時代後期に模様染めがさかんになると，紅花の生産量も増え，庶民へと広がった。

山形の紅餅づくり〈紅花屏風〉

①山形では桜が咲く4月中旬ごろ，紅花畑の整地や種まきが行われる。

②摘みとった紅花を桶に入れて踏み，糊状になったら団子にまるめる(紅餅)。

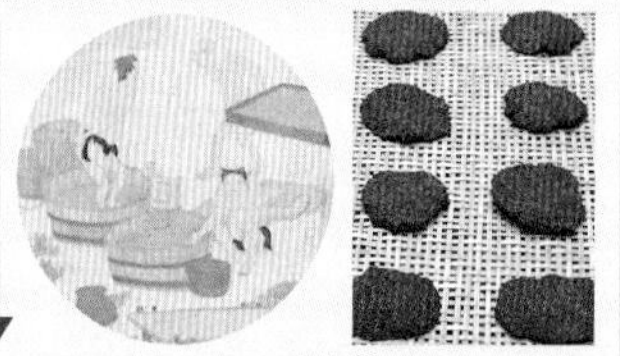

③できあがった紅餅を梱包。紅餅は敦賀，大津を経由し，京都まで輸送された。

防虫効果もある藍

△⑨藍 古代から栽培されてきた染料の原料。葉を発酵させて藍染めの染料にする。江戸時代には，京都・摂津・阿波がおもな産地であった。

➔p.167

△⑩藍染めの着物 藍染めが庶民に普及したのは江戸時代の初めごろ。木綿の着物が普及するようになったのがきっかけで，木綿を染めやすく防虫効果もある藍が広まった。

藍染めの流れ―阿波藍

①藍の葉を発酵・熟成させて臼でつき，固めて藍玉をつくる。この藍染めの原料を染め物屋に出荷する。〈徳島 三木文庫蔵〉

②鎌倉時代には，染め物屋は紺屋とよばれた。紺屋では藍で染液をつくり藍染めを行った。

〈画本東都遊より紺屋の図 葛飾北斎〉

五穀 古代から日本人の主食となった米

△①稲　水稲耕作が日本に伝わったのは縄文時代晩期とされる。生産性が高く，良質なたんぱく質を含むことから日本人の主食となった。わら(稲の茎)は俵や筵などの生活用品の材料にもなった。➲p.26

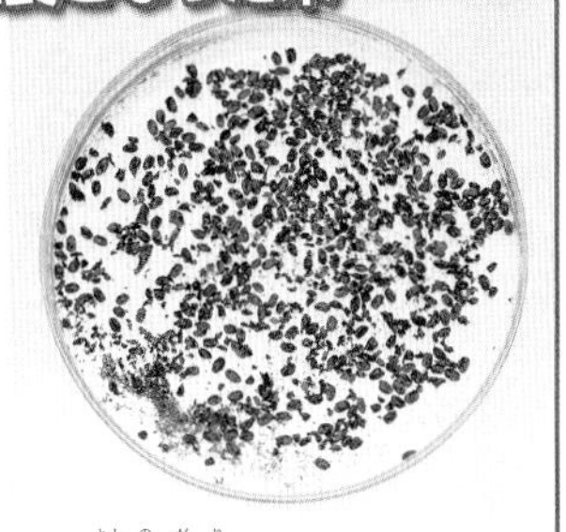

△②吉野ヶ里遺跡出土の炭化米　弥生時代の遺跡から出土した米粒。現在日本で栽培されている稲と同じ短粒のジャポニカ種に属していることが確認された。➲p.32

〈小西酒造蔵〉

粳米	私たちが普段食べている米。
糯米	炊くと強いねばりがあり，餅や赤飯に使う。
赤米	日本に初めて伝わったともいわれる米。
黒米	中国から伝わったとされる。紫黒米とも。

△③米の種類

△④酒の醸造のようす　酒は精米した米を洗って蒸し，麹で仕込む。上図は江戸時代，摂津国伊丹での醸造のようす。酒は伊丹の特産物となり将軍にも献上された。➲p.167

やせた土地でも育ち，庶民の食事を支えた雑穀

そば

△⑨そば　日本では5世紀半ばごろにはすでに栽培されていた。やせた土地でもよく育つので，救荒作物として重要視された。

△⑩江戸時代のそば屋　古くは粥などにして食べたが，戦国時代末ごろに麺が誕生。その後，日常食として普及した。

五穀 粟

△⑪粟　中国北部が原産で，日本には縄文時代晩期までに稲・黍などとともに伝来。広い地域で栽培可能で，生育期間も短いのが特徴。稲・粟・稗・麦・豆は五穀とよばれた。➲p.344

△⑫粟餅を売るようす　粟餅は古来より米の餅と同様につくられてきたが，江戸時代になると庶民の菓子として食べられるようになった。

〈十返舎一九 江戸名所図会 目黒茶屋〉

五穀 麺類の原料であり，調味料にも使われた麦

△⑤小麦(左)と大麦(右)　小麦は縄文時代晩期ごろ，大麦は弥生時代に伝来し，のち麺類などに用いられた。また，醤油や味噌の原料にもなった。ひき臼が普及した江戸時代以降は，うどんなどが庶民に広まった。

〈金毘羅祭礼図屏風〉

△⑥江戸時代のうどん屋　うどんは江戸時代に現在の形状になり，社寺の門前などにうどん屋ができた。

稗

△⑬稗　縄文早期には東北地方などで栽培されていた。寒冷地や高地でも栽培でき，たんぱく質を豊富に含み栄養価が高く，救荒作物としても利用された。

五穀 黍

△⑭黍　米・粟とともに縄文時代晩期には伝来。やせた土地でもよく育ち，乾燥にも強く生育期間が短い。栄養価が高く，粥にしたり団子にしたりする。

飢饉対策となった薩摩芋(甘藷)

△⑦薩摩芋　17世紀に中国から日本に伝わった。やせた土地でも育ち，干ばつにも強いので救荒作物として広く栽培された。甘藷，唐芋，琉球薯ともいう。

△⑧青木昆陽　江戸中期の儒学・蘭学者。救荒作物として甘藷の栽培を勧め，『蕃薯考』を著す。甘藷先生とよばれた。➲p.188

時代を見る目　見直される雑穀の価値

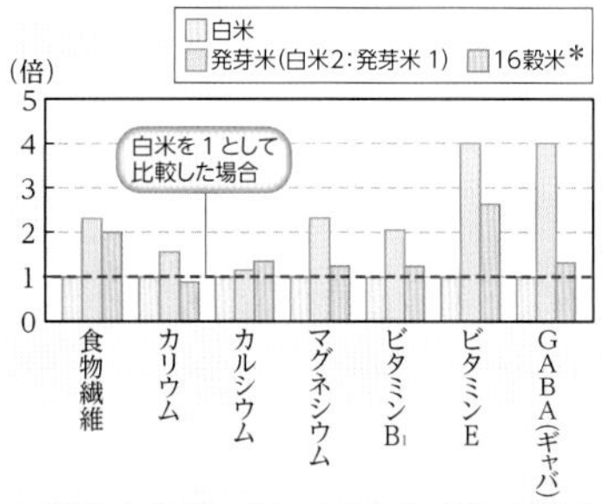

白米
発芽米(白米2:発芽米1)
16穀米*
(倍)
5
4
3
2
1
0
白米を1として比較した場合
食物繊維
カリウム
カルシウム
マグネシウム
ビタミンB1
ビタミンE
GABA(ギャバ)

*雑穀米商品などに表示されている一般的な混合割合で炊飯したもの。

〈ファンケル総合研究所〉

△⑮白米・発芽米・雑穀の栄養価比較

近年，米以外の穀物，雑穀を使った料理が食卓にのぼることが増えている。そもそも雑穀は，戦後しばらくは日本各地で食べられていたが，食習慣の変化などによって，急速に食卓から消えていった。しかし，最近の食や健康に対する関心の高まりとともに，雑穀の豊富な栄養価が注目され，その価値が見直されている。食感の多様な雑穀は，ほかの食材と組み合わせることで料理のバラエティを広げることにも一役買っている。

五穀

味噌・醤油

▲①**大豆** 縄文時代中期には小豆とともに中部地方から関東地方で栽培が確認されつつある。のちに，味噌や醤油，豆腐など伝統加工食品の材料となった。

時代を見る目

味噌汁の普及

味噌は奈良時代以前に中国から伝わった。当初は朝廷や寺院などの自家用のものであったが，平安時代になると市に味噌屋が現れ，市販された。当初は，調味料として直接食べ物につけて食べたが，室町時代には味噌汁を米飯にかけて食べるようになり，庶民に広がった。江戸時代になると，味噌汁は日常の献立に欠かせないものとなった。

醤油の製造〈広益国産考〉 ➔p.167，200

①収穫した大豆を乾燥させて煎る。

②煎った大豆と蒸した小麦を混ぜ，麹を入れてかきまわす。

③塩と水を加えてかき混ぜ，発酵させる。

さとうきび

▲②**さとうきび** 茎に糖分を含み，砂糖の原料になるイネ科の植物。別名を甘蔗。栽培種はニューギニア原産といわれ，日本では慶長年間に奄美大島で栽培が始められた。やがて薩摩，土佐などで砂糖(黒糖)が製造されるようになった。➔p.167

▲③**和三盆づくり** 高級砂糖の和三盆は，江戸時代，高松藩が財源確保を目的に，さとうきびを特産物として栽培し始めたのが誕生のきっかけである。製糖技術の研究を進め，白い砂糖をつくった。

茶

▲④**茶** 奈良時代には中国から伝来していたと考えられ，平安貴族が茶を飲んでいたという記録がある。12世紀に臨済禅を伝えた栄西(➔p.118)が中国から茶の苗などを持ち帰り，本格的な茶の栽培が始まった。

時代を見る目

茶を用いて病人を救済した忍性

▲⑤**忍性**

鎌倉時代の律宗の僧侶である忍性(➔p.119)は，鎌倉の極楽寺の開山で，病人・弱者救済の社会事業を行った。極楽寺本堂前に「千服茶臼」とよばれる大きな茶臼と「製薬鉢」が残されており(➔p.107)，忍性が病人に茶を薬として与えるためなどに使ったものと伝えられている。

俵物3品

➔p.159，187

いりこ

▲⑥**いりこ**(左)と**いりこを使った料理**(右) いりこは，なまこの内臓を取り除き，食塩水で煮て，乾燥させたもの。古代には調物として朝廷に献上された。江戸時代には俵物の一つとして中国に輸出された。 ➔p.66

▲⑦**なまこ**

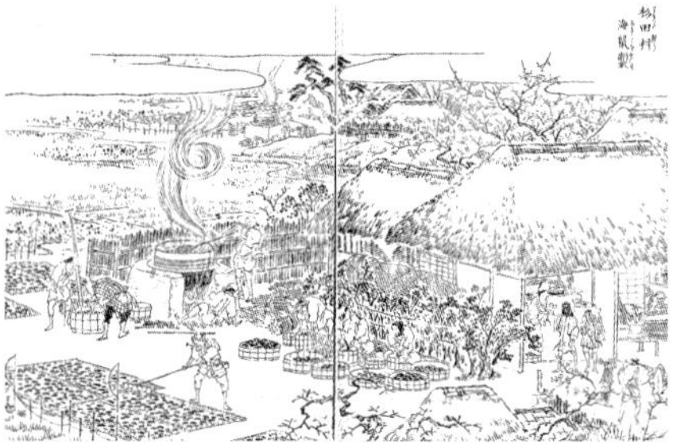

▲⑧**いりこの生産風景**〈江戸名所図会〉

干鮑

▲⑨**干鮑**(左)と**干鮑を使った料理**(右) 干鮑は，鮑を煮て乾燥させたもの。松前産の干鮑は，鮑を不老不死の霊薬とみる中国で好評だった。

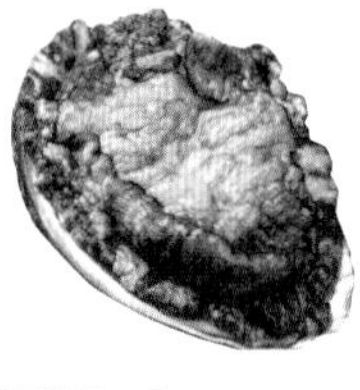

▲⑩**鮑** ➔p.66

ふかひれ

▲⑪**ふかひれ**(左)と**ふかひれを使った料理**(右)
ふかひれは，サメのひれを乾燥させたもので，中華料理の高級食材として珍重される。漁場の特定が難しく輸出量は多くはなかった。

▶⑫**ふかひれに使われることの多いヨシキリザメ**

時代を見る目

中国に輸出された海産物

▲⑬**俵物の計量**〈唐蘭館絵巻(部分)〉

江戸時代の輸出海産物であるいりこ・干鮑・ふかひれなどは，長崎から中国に輸出する際に，俵につめて輸送したことから**俵物**とよばれた。当時の中国貿易において，日本は生糸，絹織物，漢方薬などを輸入していたが，つねに輸入超過の状態で，多額の金銀が海外に流出している状況にあった。日本は貿易の決済を銅によって行うようにしたが，やがてその銅も不足するようになると，かわって俵物を貿易の決済に使うようになった(➔p.165)。俵物として輸出された海産物には，いりこ・干鮑・ふかひれの俵物3品のほかに，昆布・するめ・ふのり・かつおぶしなどがあった。

この部屋に見える生活用品の原料を確認しよう。
漆塗のたんす
引出しのなかには樟脳
和蠟燭
和紙
行灯
畳
漆塗の机

生活の中心となった畳の原料である藺草

▲①藺草　水湿地に見られる多年草。水田で栽培し，茎を畳表やござの材料にする。また，茎の髄を和蠟燭の芯の素材としても用いる。➔p.167

〈職人尽歌合(模本) 東京国立博物館蔵(部分)〉

▲②畳づくり　藺草は，古代から江戸時代初期にかけて近江地方を中心に栽培され，畳表が生産されていた。江戸後期には日本各地で栽培された。

照明に用いられた荏胡麻油

▲③荏胡麻　縄文遺跡から栽培をうかがわせる遺物が見つかっている採油用・食用植物。中世以降，江戸中期まで灯火用に広く栽培されたが，菜種油が主流となって栽培が減った。

〈職人尽歌合(模本) 東京国立博物館蔵(部分)〉

▲④山崎の油売り　京都南西の大山崎は荏胡麻油の産地で，鎌倉期から油座が栄えた(➔p.130)。油売りは，各地を行商して回った。

照明に用いられた菜種油

▲⑤菜の花と菜種　近世〜近代に灯火用の油をとるために栽培された作物。換金性が高く，水稲耕作の裏作に，畿内を中心として大量に栽培された。菜種油は水油ともよばれる。

〈和国百女〉

▲⑥行灯を使うようす　携帯用がほとんどだった行灯が，江戸時代になると室内用に発展した。灯火用の油には菜種油などを用いた。

木製品を長持ちさせ，装飾性も高かった漆

▲⑦漆　日本や中国など東アジアに分布し，漆塗もこの地域で発展した。日本では縄文晩期には漆塗の技術が存在していたとされている。

▲⑧会津漆器　会津地方では古くから漆塗が行われた。16世紀末に産業として根づき始め，1630年ごろには江戸への出荷も始まって，中国やオランダなどへも輸出された。英語で漆器のことを「japan」ということが，漆器が当時の日本の代表的な輸出品であったことを物語っている。

漆塗

①漆の幹に傷をつけ，そこから乳液状の樹液を採集する。

②精製した樹液を木地挽きした椀や箸などに塗る。塗りと乾燥を繰り返して完成。

〈九州大学附属図書館蔵〉

和蠟燭の原料である櫨

▲⑨櫨　江戸時代ごろに琉球から渡来し，栽培が始まった。果実から和蠟燭などの原料になる木蠟を採取した。島原，伊予，薩摩など西日本の諸藩で櫨の栽培と木蠟生産が奨励された。

〈慶応義塾大学文学部古文書室蔵〉

▲⑩蠟燭職人　櫨の実を使った和蠟燭は，江戸時代にさかんにつくられた。当初は高価であったため，使用したのは裕福な商人や武家に限られ，庶民は菜種油を使った。

防虫剤の原料である樟(楠)

▲⑪樟と樟脳*　関東以西の暖地に自生する常緑高木。芳香があり虫を寄せつけず，腐朽しにくいため，古代には仏像彫刻などに用いられた。江戸時代から，衣類の防虫に用いられる樟脳がつくられるようになった。

〈『台湾写真帖』〉

▲⑫台湾の樟脳工場　明治期の台湾統治時代には，多くの樟脳製造工場が台湾につくられ，日本は世界一の樟脳生産国であった。➔p.231

＊樟の木材片を蒸留してできる白色の結晶体。

和紙の原料である楮

①楮　西日本の山地に自生する落葉低木。古代には，布を織るため樹皮繊維が利用されていたが，その後は和紙の主要な原料として栽培されるようになった。

和紙の製造から出荷〈製紙勤労之図〉

①紙をすく。

②すき上げた紙を板干しして，乾燥させる。

③決まった寸法に裁断して，梱包・出荷。

金肥

➡p.166

干鰯

②干鰯　鰯を乾燥させたもので，近世の農業における代表的な**金肥**。江戸時代に，大量の肥料を必要とする木綿・菜種などの商品作物の栽培がさかんになると干鰯が流通するようになった。畿内では綿作だけでなく稲作にも使用された。

③明治時代の干鰯づくりのようす　房総半島の九十九里浜は干鰯づくりの一大産地であり，干鰯づくりは明治に入っても続けられた。

油粕

徳用
油粕

⑥油粕　大豆や菜種，荏胡麻などの種子から油をしぼったあとのかす。家畜の飼料や農作物の肥料として利用された。

〆粕

④〆粕　〆粕とは魚類などから油をしぼったあとの残りかすを肥料としたもの。なかでも鰯粕と鰊粕は，木綿や藍，菜種，さとうきびなどの商品作物の栽培を支えた重要な金肥であった。房総半島を中心につくられ，江戸や大坂の肥料問屋の手によって各地に販売された。

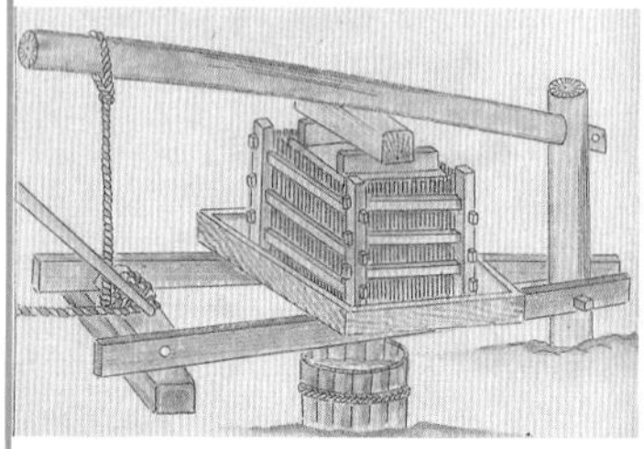

⑤魚油しぼり器（総房水産図誌）　魚油は薬用や灯油などに使用された。

〆粕の出荷〈搾槽製造之図〉

①大釜でゆでた鰯を枡形の木箱に入れ，上から重石をのせて魚油をしぼる。

②魚油をしぼったあとの かす（〆粕）を，砕いて筵の上に広げて干す。

③俵につめて出荷。

時代を見る目　金肥への移行

江戸時代の初めごろ，田畑の肥料は水肥・草木灰・草・厩肥・堆肥などがおもだった。これらの自給肥料から干鰯や〆粕などの代価を支払って購入する購入肥料（**金肥**）への移行は，大坂周辺で行われていた綿作農業から始まる。大量の養分が必要な綿作には，肥料として効力の高い金肥が欠かせなかった。そして金肥の効果はまたたくまに各地に知れわたっていった。

江戸時代後半になると，収穫量を上げるために綿作以外でも金肥を用いるのが一般的になった。一方で，金肥の価格の動向が農業経営の収益を左右するなどの問題も生まれた。

⑦植物・特産物の輸入時期〈河出書房新社『日本歴史大辞典』ほか〉

○自生　●伝来　◆栽培　▲顕著な増加　▼顕著な減少

			縄文	弥生	古墳	飛鳥	奈良	平安	鎌倉	室町	安土・桃山	江戸	明治	大正	昭和	平成
五穀	米		●	◆		▲ 租として徴収					▲	▲			▼	
五穀	麦		●	◆												
五穀	粟		●	◆									▼		▼	
五穀	黍		●	◆									▼			
五穀	大豆		●◆											▼		
四木	茶						●		◆ 栄西が広める	▲ 喫茶の普及						
四木	桑				●							▲	▲		▼	
四木	楮	○		◆								▲				
四木	漆	○	◆			▲ 調として徴収						▲	▼			
三草	藍				●							▲		▼		
三草	紅花				●							▲	▼			
三草	麻	○	◆										▼			
その他			◆荏胡麻 ◆稗		◆そば	◆藺草				●綿花		●さとうきび ●薩摩芋				

江戸幕府による商品作物栽培の奨励

江戸時代，幕府は四木三草の栽培を奨励し，各藩では，その地の条件に合い，古くからさかんであった作物の栽培を奨励した。四木とは桑・漆・茶・楮をさし，三草とは麻・藍・紅花をさす。いずれも古代から重要な工芸作物として栽培されてきた。桑，楮，麻は全国的に栽培されたが，漆（漆塗）は会津，藍は阿波，紅花は出羽などで特産物となり，現在でもその伝統は続いている。

また，最も重要な穀物を五穀とよんだ。時代や地域によって少しずつ異なるが，江戸時代以降は米・麦・粟・黍・大豆を五穀とするのが一般的である。

社会を支えた鉱物資源と技術

日本の発展を支えた鉱物資源

金

◀①金鉱石　金は，奈良時代には陸奥国などで砂金の採取や金山採掘が始まり，銀や銅とともに，貨幣や美術品・装飾品の材料として用いられた。古代から輸出品として海外の文物を入手する手段に用いられた。

おもな産地			
陸奥国の砂金・金山	古代～中世	経営	奥州藤原氏など
甲州金山(甲斐国)	中世～近世	経営	武田氏➡江戸幕府直轄
佐渡(相川)金山	近世～近代	経営	江戸幕府直轄➡官営

▲②片輪車螺鈿蒔絵手箱　平安時代の蒔絵の名品。➡年表〈国 東京国立博物館蔵〉

銀

◀③銀鉱石(石見(大森)銀山)　銀は，戦国時代に生野(但馬)銀山・石見銀山が開発され，生産に向けて掘削・排水技術が進展した。16世紀半ば，朝鮮から伝わった灰吹法により生産量は飛躍的に増え，最盛期には世界の銀の1/4～1/3が日本で産出されたともいう。➡時代を見る目

おもな産地			
石見(大森)銀山	戦国～近世	経営	戦国大名が争奪➡毛利氏➡幕府直轄
但馬(生野)銀山	戦国～近代	経営	信長・秀吉・江戸幕府直轄➡官営
院内銀山	近世～近代	経営	秋田藩➡官営➡古河

銅

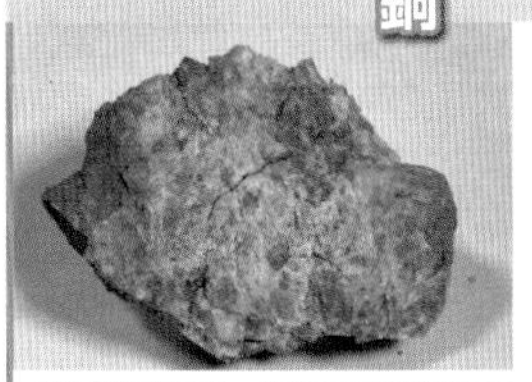

▲④銅鉱石　銅は日明貿易の主要輸出品となり，近世には産出量がさらに増えた。中世以来，宋銭や明銭が用いられていた銅銭も，江戸幕府が鋳造するようになった。➡p.171

おもな産地
*時期はすべて近世～近代
- 別子銅山　経営　住友氏(泉屋)
- 阿仁銅山　経営　秋田藩➡官営➡古河
- 足尾銅山　経営　江戸幕府直轄➡官営(➡民営)➡古河

硫黄

▲⑤硫黄　中国で発明された黒色火薬の原料の一つ。宋代の中国で火薬を使った武器が用いられるようになると，日本からさかんに硫黄が輸出された。

おもな産地
- 硫黄島(薩摩国)
- 九重山(豊後国)(～現代)

近代の発展を支えた石炭

◀⑥石炭　幕末から利用が始まり，近代に入ると，蒸気機関や溶鉱炉などの燃料として，工業・交通などで幅広く用いられた。高度経済成長期まで最も主要なエネルギー源であった。

おもな産地
- 九州　筑豊炭田(福岡県)　三池炭鉱・高島炭鉱
- 北海道　夕張炭鉱➡p.243
- 海外　萍郷炭鉱➡p.243　撫順炭鉱➡p.276

鉱物資源の歴史

古代	7世紀後半	飛鳥池遺跡で金・銀・銅の加工が行われる➡p.48
	○	銅 富本銭が鋳造される➡p.48（708 銅 和同開珎が鋳造される➡本朝(皇朝)十二銭の鋳造➡p.67）
	10-13世紀	日宋貿易　輸出品…金 硫黄　輸入品…宋銭(銅銭)➡銅 国内で宋銭が流通(12世紀中期以後)➡p.114
	11世紀ごろ	金 銀 蒔絵の技法が発展する（漆で描いた模様の上に金銀の粉をまく）➡図②，➡p.163,178
中世	15世紀	日明貿易　輸出品…銅 硫黄 金 蒔絵　輸入品…銅銭➡銅 国内で明銭が流通➡p.130
	16世紀	金 銀 銅 戦国大名が鉱山開発を進める
	1533	銀 博多商人 神屋(谷)寿禎，朝鮮半島から石見(大森)銀山に灰吹法を伝える➡銀生産が飛躍的に増大➡時代を見る目➡p.13
	16~17世紀	南蛮貿易・朱印船貿易　輸出品…銀 硫黄
	○	金 銀 銅 採掘技術の進展で採掘量が増える➡p.168
	17世紀	金 銀 銅 江戸幕府発行の通貨により，初めて金貨・銀貨・銭(銅)貨の三貨による貨幣制度が整う➡p.171
	17~19世紀	長崎貿易　輸出品…銀 銅 金 俵物➡p.342
近世	17世紀後半	金 銀 採掘過多により金銀の生産量が急減する
	1690	銅 住友氏，別子銅山の開発開始➡銅生産増大➡p.168
	1695	金 銀 元禄金銀を発行(金銀不足に対応)➡p.165,171
	1715	銅 新井白石，海舶互市新例(正徳新令・長崎新令)発布(金銀の流出を防ぐため銅・俵物の輸出を奨励，銅が最大の輸出品に)➡p.165
	1772	銀 南鐐二朱銀を鋳造する(金の単位をもつ計数貨幣)➡p.187
	19世紀初頭	石炭 肥前(佐賀)藩，高島炭鉱の経営を始める➡p.197
	1858	日米修好通商条約が結ばれる(59貿易開始)➡p.202
	○	金 金銀の交換比率の違いから大量の金貨が流出➡p.203
	1870年代	金 銀 銅 石炭 各地の鉱山が官営となる➡p.213
	1880年代	金 銀 銅 石炭 官営の鉱山を民間に払い下げる➡p.241
	1890~1900年代	銅 足尾銅山の鉱毒被害が社会問題となる➡p.244
近現代	1905	石炭 ポーツマス条約で満州 撫順炭鉱の経営権を獲得➡南満州鉄道株式会社(満鉄)が経営➡p.234,276
	○	石炭 筑豊炭田と北海道を中心に炭鉱開発進む➡p.243
	1907	銅 足尾銅山で暴動が起こる➡p.244
	1950~60年代	石炭 石炭から石油へのエネルギー転換が進む➡p.311
	1960	石炭 三井三池炭鉱で争議が起こる(三池争議)➡p.311
	1980年代	石炭 夕張炭鉱などで事故があいつぎ，多くが閉山する

時代を見る目　銀の生産を飛躍的に増やした灰吹法とは？

灰吹法は，次の手順で銀を効率的に精錬することができた。❶銀鉱石を砕いて鉛とともに溶かす➡銀と鉛の合金(貴鉛)ができ，鉄や珪酸などの不純物が分離できる。❷灰を突き固めた炉の上に貴鉛を置き，ふいごで十分な空気を送り込んで溶かす。❸鉛は酸化鉛となり，銀と分離して灰に吸収され，溶けた銀は表面張力が大きいため，灰の上に残る(灰吹銀)。©TBS「世界遺産」

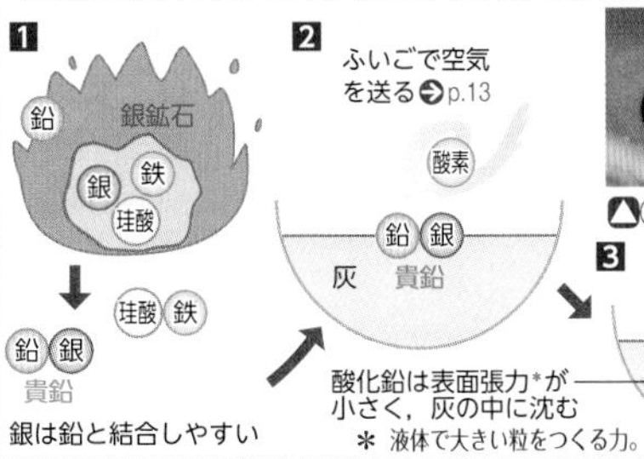
1
鉛
銀鉱石
鉄
銀
珪酸
珪酸
鉄
鉛
銀
貴鉛
銀は鉛と結合しやすい
2
ふいごで空気を送る➡p.13
酸素
鉛
銀
灰
貴鉛
酸化鉛は表面張力*が小さく，灰の中に沈む
＊液体で大きい粒をつくる力。
3
銀
鉛
酸素
酸化鉛

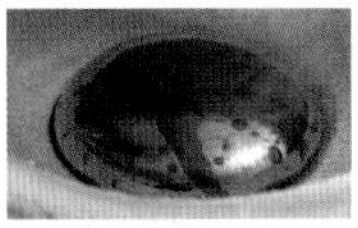

▲⑦灰吹銀(復元)

時代を見る目　食塩の大量生産に成功した入浜塩田の製塩技術

戦国時代に鉱山採掘や治水事業のなかで発達した土木技術は他分野にも応用され，製塩でも，高度な堤防築造技術を用いた入浜塩田が登場した。人力で大量の海水をまく揚浜塩田(➔p.128)と異なり潮の干満差を利用する入浜は，塩の効率的な生産を可能とし，1950年代まで行われた。

沼井

▲⑧入浜塩田のようす(愛知県，1950年ごろ)

おもな産地
瀬戸内地方(赤穂など)

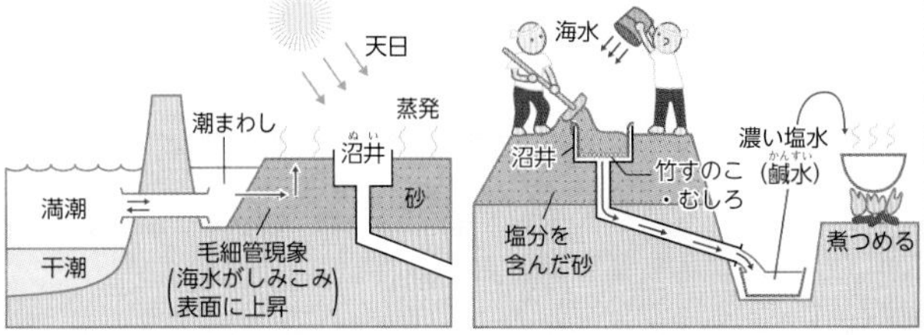
天日
蒸発
潮まわし
沼井
満潮
砂
干潮
毛細管現象(海水がしみこみ表面に上昇)
海水
濃い塩水(鹹水)
沼井
竹すのこ・むしろ
塩分を含んだ砂
煮つめる

❶「潮まわし」に取り込まれた海水が，塩田の下に浸透する。浸透した海水は，毛細管現象によって塩田の表面に上昇し，天日にさらされる。

❷水分が蒸発して塩粒がついた砂を沼井に投入して海水を流し入れ，濃くなった塩水を導水管で集めて鍋に投入し，煮つめて塩をとる。

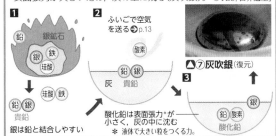

天皇系図

( )は在位期間(践祚・称制期間を含む)

(数字は天皇・皇室および皇族の系譜を登録した皇統譜にもとづく即位順を示す。赤字は女性を示す。)

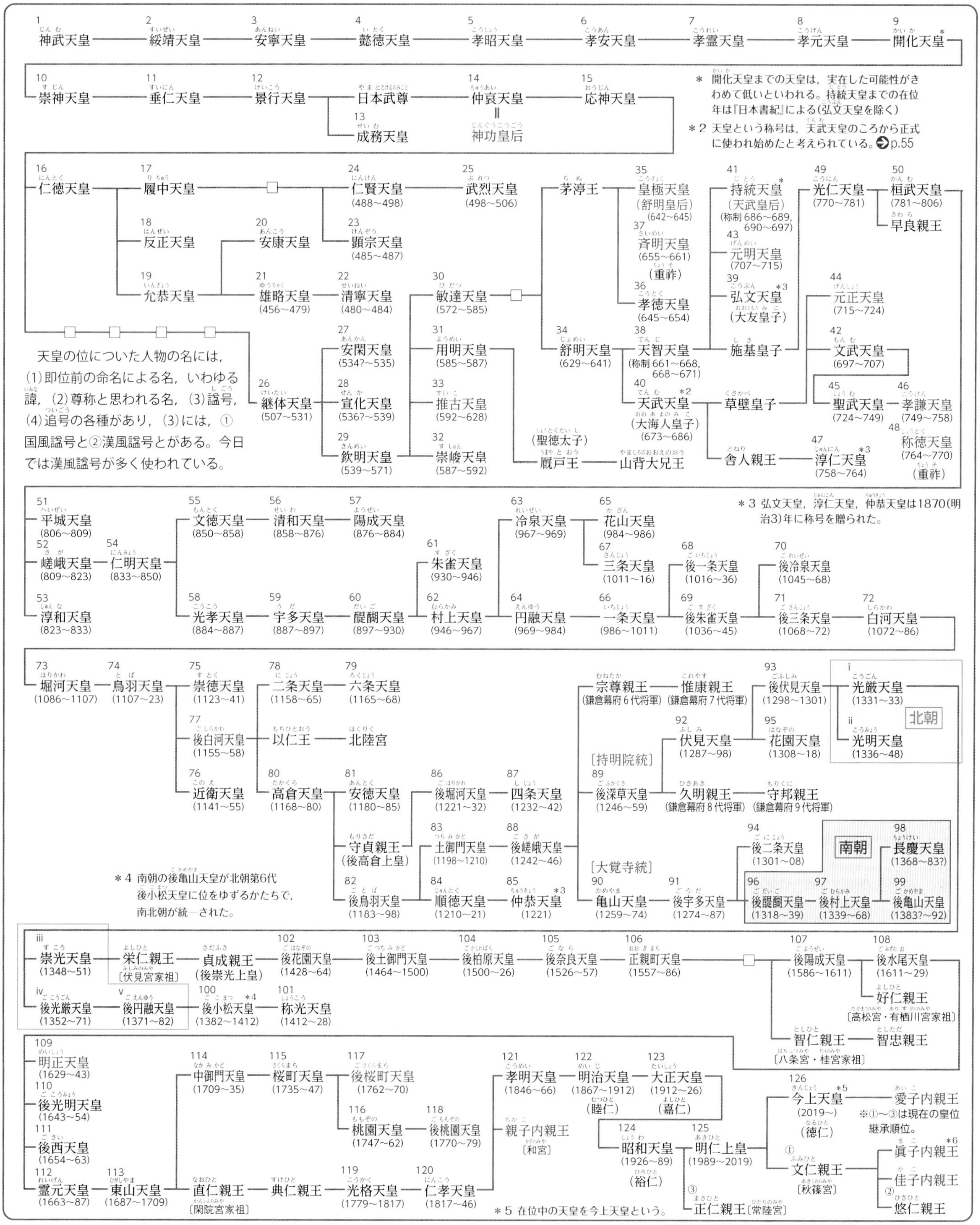

1 神武天皇
2 綏靖天皇
3 安寧天皇
4 懿徳天皇
5 孝昭天皇
6 孝安天皇
7 孝霊天皇
8 孝元天皇
9 開化天皇*
10 崇神天皇
11 垂仁天皇
12 景行天皇
日本武尊
13 成務天皇
14 仲哀天皇
神功皇后
15 応神天皇
* 開化天皇までの天皇は，実在した可能性がきわめて低いといわれる。持統天皇までの在位年は『日本書紀』による(弘文天皇を除く)
*2 天皇という称号は，天武天皇のころから正式に使われ始めたと考えられている。➔p.55
16 仁徳天皇
17 履中天皇
18 反正天皇
19 允恭天皇
20 安康天皇
21 雄略天皇 (456~479)
22 清寧天皇 (480~484)
24 仁賢天皇 (488~498)
25 武烈天皇 (498~506)
23 顕宗天皇 (485~487)
26 継体天皇 (507~531)
27 安閑天皇 (534?~535)
28 宣化天皇 (536?~539)
29 欽明天皇 (539~571)
30 敏達天皇 (572~585)
31 用明天皇 (585~587)
33 推古天皇 (592~628)
32 崇峻天皇 (587~592)
(聖徳太子) 厩戸王
山背大兄王
茅渟王
34 舒明天皇 (629~641)
35 皇極天皇 (舒明皇后) (642~645)
37 斉明天皇 (655~661) (重祚)
36 孝徳天皇 (645~654)
38 天智天皇 (称制 661~668, 668~671)
40 天武天皇*2 (大海人皇子) (673~686)
41 持統天皇* (天武皇后) (称制 686~689, 690~697)
43 元明天皇 (707~715)
39 弘文天皇*3 (大友皇子)
施基皇子
草壁皇子
舎人親王
47 淳仁天皇*3 (758~764)
49 光仁天皇 (770~781)
50 桓武天皇 (781~806)
早良親王
44 元正天皇 (715~724)
42 文武天皇 (697~707)
45 聖武天皇 (724~749)
46 孝謙天皇 (749~758)
48 称徳天皇 (764~770) (重祚)
天皇の位についた人物の名には，(1)即位前の命名による名，いわゆる諱，(2)尊称と思われる名，(3)諡号，(4)追号の各種があり，(3)には，①国風諡号と②漢風諡号とがある。今日では漢風諡号が多く使われている。
51 平城天皇 (806~809)
52 嵯峨天皇 (809~823)
53 淳和天皇 (823~833)
54 仁明天皇 (833~850)
55 文徳天皇 (850~858)
56 清和天皇 (858~876)
57 陽成天皇 (876~884)
58 光孝天皇 (884~887)
59 宇多天皇 (887~897)
60 醍醐天皇 (897~930)
61 朱雀天皇 (930~946)
62 村上天皇 (946~967)
63 冷泉天皇 (967~969)
64 円融天皇 (969~984)
65 花山天皇 (984~986)
67 三条天皇 (1011~16)
66 一条天皇 (986~1011)
68 後一条天皇 (1016~36)
69 後朱雀天皇 (1036~45)
70 後冷泉天皇 (1045~68)
71 後三条天皇 (1068~72)
72 白河天皇 (1072~86)
*3 弘文天皇，淳仁天皇，仲恭天皇は1870(明治3)年に称号を贈られた。
73 堀河天皇 (1086~1107)
74 鳥羽天皇 (1107~23)
75 崇徳天皇 (1123~41)
77 後白河天皇 (1155~58)
76 近衛天皇 (1141~55)
78 二条天皇 (1158~65)
79 六条天皇 (1165~68)
以仁王
北陸宮
80 高倉天皇 (1168~80)
81 安徳天皇 (1180~85)
守貞親王 (後高倉上皇)
82 後鳥羽天皇 (1183~98)
86 後堀河天皇 (1221~32)
87 四条天皇 (1232~42)
83 土御門天皇 (1198~1210)
88 後嵯峨天皇 (1242~46)
84 順徳天皇 (1210~21)
85 仲恭天皇*3 (1221)
*4 南朝の後亀山天皇が北朝第6代後小松天皇に位をゆずるかたちで，南北朝が統一された。
宗尊親王 (鎌倉幕府6代将軍)
惟康親王 (鎌倉幕府7代将軍)
〔持明院統〕
89 後深草天皇 (1246~59)
92 伏見天皇 (1287~98)
93 後伏見天皇 (1298~1301)
95 花園天皇 (1308~18)
久明親王 (鎌倉幕府8代将軍)
守邦親王 (鎌倉幕府9代将軍)
北朝
i 光厳天皇 (1331~33)
ii 光明天皇 (1336~48)
〔大覚寺統〕
90 亀山天皇 (1259~74)
91 後宇多天皇 (1274~87)
94 後二条天皇 (1301~08)
南朝
96 後醍醐天皇 (1318~39)
97 後村上天皇 (1339~68)
98 長慶天皇 (1368~83?)
99 後亀山天皇 (1383?~92)
iii 崇光天皇 (1348~51)
iv 後光厳天皇 (1352~71)
v 後円融天皇 (1371~82)
栄仁親王 〔伏見宮家祖〕
貞成親王 (後崇光上皇)
100 後小松天皇*4 (1382~1412)
101 称光天皇 (1412~28)
102 後花園天皇 (1428~64)
103 後土御門天皇 (1464~1500)
104 後柏原天皇 (1500~26)
105 後奈良天皇 (1526~57)
106 正親町天皇 (1557~86)
107 後陽成天皇 (1586~1611)
108 後水尾天皇 (1611~29)
好仁親王 〔高松宮・有栖川宮家祖〕
智仁親王 〔八条宮・桂宮家祖〕
智忠親王
109 明正天皇 (1629~43)
110 後光明天皇 (1643~54)
111 後西天皇 (1654~63)
112 霊元天皇 (1663~87)
113 東山天皇 (1687~1709)
114 中御門天皇 (1709~35)
115 桜町天皇 (1735~47)
117 後桜町天皇 (1762~70)
116 桃園天皇 (1747~62)
118 後桃園天皇 (1770~79)
直仁親王 〔閑院宮家祖〕
典仁親王
119 光格天皇 (1779~1817)
120 仁孝天皇 (1817~46)
121 孝明天皇 (1846~66)
親子内親王 〔和宮〕
122 明治天皇 (1867~1912) (睦仁)
123 大正天皇 (1912~26) (嘉仁)
124 昭和天皇 (1926~89) (裕仁)
125 明仁上皇 (1989~2019)
③ 正仁親王 〔常陸宮〕
126 今上天皇*5 (2019~) (徳仁)
愛子内親王
※①~③は現在の皇位継承順位。
① 文仁親王 〔秋篠宮〕
眞子内親王*6
佳子内親王
② 悠仁親王
*5 在位中の天皇を今上天皇という。

*6 2021年10月，婚姻により皇籍離脱。〈2021年11月現在〉

年号一覧

時代	年号	西暦年	改元月日
飛鳥時代	大化	645~650	6.19
	白雉	650~654	2.15
	朱鳥	686	7.20
	大宝	701~704	3.21
	慶雲	704~708	5.10
奈良時代	和銅	708~715	1.11
	霊亀	715~717	9.2
	養老	717~724	11.17
	神亀	724~729	2.4
	天平	729~749	8.5
	天平感宝	749	4.14
	天平勝宝	749~757	7.2
	天平宝字	757~765	8.18
	天平神護	765~767	1.7
	神護景雲	767~770	8.16
	宝亀	770~780	10.1
	天応	781~782	1.1
平安時代	延暦	782~806	8.19
	大同	806~810	5.18
	弘仁	810~824	9.19
	天長	824~834	1.5
	承和	834~848	1.3
	嘉祥	848~851	6.13
	仁寿	851~854	4.28
	斉衡	854~857	11.30
	天安	857~859	2.21
	貞観	859~877	4.15
	元慶	877~885	4.16
	仁和	885~889	2.21
	寛平	889~898	4.27
	昌泰	898~901	4.26
	延喜	901~923	7.15
	延長	923~931	閏4.11
	承平	931~938	4.26
	天慶	938~947	5.22
	天暦	947~957	4.22
	天徳	957~961	10.27
	応和	961~964	2.16
	康保	964~968	7.10
	安和	968~970	8.13
	天禄	970~973	3.25
	天延	973~976	12.20
	貞元	976~978	7.13
	天元	978~983	11.29
	永観	983~985	4.15
	寛和	985~987	4.27
	永延	987~989	4.5
	永祚	989~990	8.8
	正暦	990~995	11.7
	長徳	995~999	2.22
	長保	999~1004	1.13
	寛弘	1004~1012	7.20
	長和	1012~1017	12.25
	寛仁	1017~1021	4.23
	治安	1021~1024	2.2
	万寿	1024~1028	7.13
	長元	1028~1037	7.25
	長暦	1037~1040	4.21
	長久	1040~1044	11.10
	寛徳	1044~1046	11.24
	永承	1046~1053	4.14
	天喜	1053~1058	1.11
	康平	1058~1065	8.29
	治暦	1065~1069	8.2
	延久	1069~1074	4.13
	承保	1074~1077	8.23
	承暦	1077~1081	11.17
	永保	1081~1084	2.10
	応徳	1084~1087	2.7
	寛治	1087~1094	4.7
	嘉保	1094~1096	12.15
	永長	1096~1097	12.17
	承徳	1097~1099	11.21
	康和	1099~1104	8.28
	長治	1104~1106	2.10
	嘉承	1106~1108	4.9
	天仁	1108~1110	8.3
	天永	1110~1113	7.13
	永久	1113~1118	7.13
	元永	1118~1120	4.3
	保安	1120~1124	4.10
	天治	1124~1126	4.3
	大治	1126~1131	1.22
	天承	1131~1132	1.29
	長承	1132~1135	8.11
	保延	1135~1141	4.27
	永治	1141~1142	7.10
	康治	1142~1144	4.28
	天養	1144~1145	2.23
	久安	1145~1151	7.22
	仁平	1151~1154	1.26
	久寿	1154~1156	10.28
	保元	1156~1159	4.27
	平治	1159~1160	4.20
	永暦	1160~1161	1.10
	応保	1161~1163	9.4
	長寛	1163~1165	3.29
	永万	1165~1166	6.5
	仁安	1166~1169	8.27
	嘉応	1169~1171	4.8
	承安	1171~1175	4.21
	安元	1175~1177	7.28
	治承	1177~1181	8.4
	養和	1181~1182	7.14
	寿永	1182~1184(1185)	5.27
鎌倉時代	元暦	1184~1185	4.16
	文治	1185~1190	8.14
	建久	1190~1199	4.11
	正治	1199~1201	4.27
	建仁	1201~1204	2.13
	元久	1204~1206	2.20
	建永	1206~1207	4.27
	承元	1207~1211	10.25
	建暦	1211~1213	3.9
	建保	1213~1219	12.6
	承久	1219~1222	4.12
	貞応	1222~1224	4.13
	元仁	1224~1225	11.20
	嘉禄	1225~1227	4.20
	安貞	1227~1229	12.10
	寛喜	1229~1232	3.5
	貞永	1232~1233	4.2
	天福	1233~1234	4.15
	文暦	1234~1235	11.5
	嘉禎	1235~1238	9.19
	暦仁	1238~1239	11.23
	延応	1239~1240	2.7
	仁治	1240~1243	7.16
	寛元	1243~1247	2.26
	宝治	1247~1249	2.28
	建長	1249~1256	3.18
	康元	1256~1257	10.5
	正嘉	1257~1259	3.14
	正元	1259~1260	3.26
	文応	1260~1261	4.13
	弘長	1261~1264	2.20
	文永	1264~1275	2.28
	建治	1275~1278	4.25
	弘安	1278~1288	2.29
	正応	1288~1293	4.28
	永仁	1293~1299	8.5
	正安	1299~1302	4.25
	乾元	1302~1303	11.21
	嘉元	1303~1306	8.5
	徳治	1306~1308	12.14
	延慶	1308~1311	10.9
	応長	1311~1312	4.28
	正和	1312~1317	3.20
	文保	1317~1319	2.3
	元応	1319~1321	4.28
	元亨	1321~1324	2.23
	正中	1324~1326	12.9
	嘉暦	1326~1329	4.26
	元徳	1329~1331	8.29

時代	年号（北朝）	西暦年	改元月日	年号（南朝）	西暦年	改元月日
	元徳	1331~1332		元弘	1331~1334	8.9
	正慶	1332~1333	4.28			
南北朝時代	建武	1334~1338	1.29	建武	1334~1336	1.29
	暦応	1338~1342	8.28	延元	1336~1340	2.29
	康永	1342~1345	4.27	興国	1340~1346	4.28
	貞和	1345~1350	10.21	正平	1346~1370	12.8
	観応	1350~1352	2.27			
	文和	1352~1356	9.27			
	延文	1356~1361	3.28			
	康安	1361~1362	3.29			
	貞治	1362~1368	9.23			
	応安	1368~1375	2.18	建徳	1370~1372	7.24
	永和	1375~1379	2.27	文中	1372~1375	4. ?
	康暦	1379~1381	3.22	天授	1375~1381	5.27
	永徳	1381~1384	2.24	弘和	1381~1384	2.10
	至徳	1384~1387	2.27	元中	1384~1392	4.28
	嘉慶	1387~1389	8.23			
	康応	1389~1390	2.9			
	明徳	1390~1394	3.26			

時代	年号	西暦年	改元月日
室町時代	応永	1394~1428	7.5
	正長	1428~1429	4.27
	永享	1429~1441	9.5
	嘉吉	1441~1444	2.17
	文安	1444~1449	2.5
	宝徳	1449~1452	7.28
	享徳	1452~1455	7.25
	康正	1455~1457	7.25
	長禄	1457~1460	9.28
	寛正	1460~1466	12.21
	文正	1466~1467	2.28
戦国時代	応仁	1467~1469	3.5
	文明	1469~1487	4.28
	長享	1487~1489	7.20
	延徳	1489~1492	8.21
	明応	1492~1501	7.19
	文亀	1501~1504	2.29
	永正	1504~1521	2.30
	大永	1521~1528	8.23
	享禄	1528~1532	8.20
	天文	1532~1555	7.29
	弘治	1555~1558	10.23
	永禄	1558~1570	2.28
	元亀	1570~1573	4.23
安土・桃山時代	天正	1573~1592	7.28
	文禄	1592~1596	12.8
江戸時代	慶長	1596~1615	10.27
	元和	1615~1624	7.13
	寛永	1624~1644	2.30
	正保	1644~1648	12.16
	慶安	1648~1652	2.15
	承応	1652~1655	9.18
	明暦	1655~1658	4.13
	万治	1658~1661	7.23
	寛文	1661~1673	4.25
	延宝	1673~1681	9.21
	天和	1681~1684	9.29
	貞享	1684~1688	2.21
	元禄	1688~1704	9.30
	宝永	1704~1711	3.13
	正徳	1711~1716	4.25
	享保	1716~1736	6.22
	元文	1736~1741	4.28
	寛保	1741~1744	2.27
	延享	1744~1748	2.21
	寛延	1748~1751	7.12
	宝暦	1751~1764	10.27
	明和	1764~1772	6.2
	安永	1772~1781	11.16
	天明	1781~1789	4.2
	寛政	1789~1801	1.25
	享和	1801~1804	2.5
	文化	1804~1818	2.11
	文政	1818~1830	4.22
	天保	1830~1844	12.10
	弘化	1844~1848	12.2
	嘉永	1848~1854	2.28
	安政	1854~1860	11.27
	万延	1860~1861	3.18
	文久	1861~1864	2.19
	元治	1864~1865	2.20
	慶応	1865~1868	4.7
近代	明治	1868~1912	9.8
	大正	1912~1926	7.30
現代	昭和	1926~1989	12.25
	平成	1989~2019	1.8
	令和	2019~	5.1

Key Word 年号(元号)

年につける称号。明治以降は天皇1代に1元号(一世一元)とし，それを天皇の諡としている。現在は元号法により，内閣が決定権をもつ。

近代の国境と国域の変遷

①明治政府成立時(19世紀半ば)

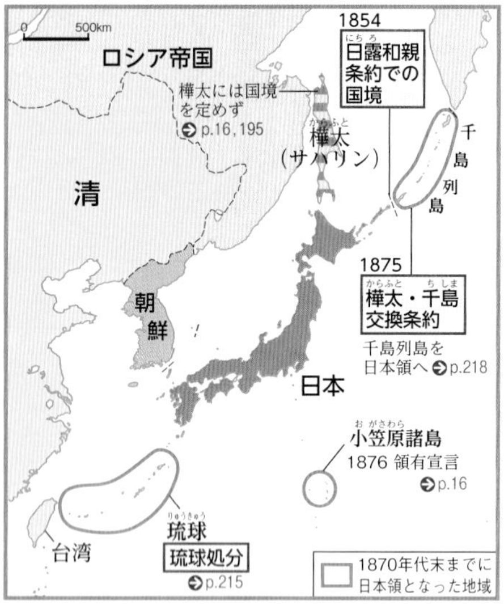
0 500km
ロシア帝国
1854
日露和親条約での国境
樺太には国境を定めず
➲p.16,195
樺太(サハリン)
千島列島
清
1875
樺太・千島交換条約
千島列島を日本領へ➲p.218
朝鮮
日本
小笠原諸島
1876 領有宣言
➲p.16
琉球
琉球処分
➲p.215
台湾
1870年代末までに日本領となった地域

②日清戦争後(1895年) ➲p.231,233

0 500km
ロシア帝国
樺太
遼東半島
旅順・大連*
➲p.231
清
朝鮮
日本
澎湖諸島
台湾
沖縄
日本への帰属が最終的に確定
＊1898年，ロシアが租借。
下関条約(1895)による獲得地
下関条約で獲得後，三国干渉で還付した地域

③日露戦争後(1910年) ➲p.235

0 500km
ロシア帝国
北緯50度
南樺太
南満州鉄道
➲p.234
長春
1910
韓国併合
清
朝鮮
日本
関東州(旅順・大連)
台湾
ポーツマス条約(1905)による獲得地(割譲)
ポーツマス条約で獲得した租借地

④第一次世界大戦後(1920年) ➲p.258

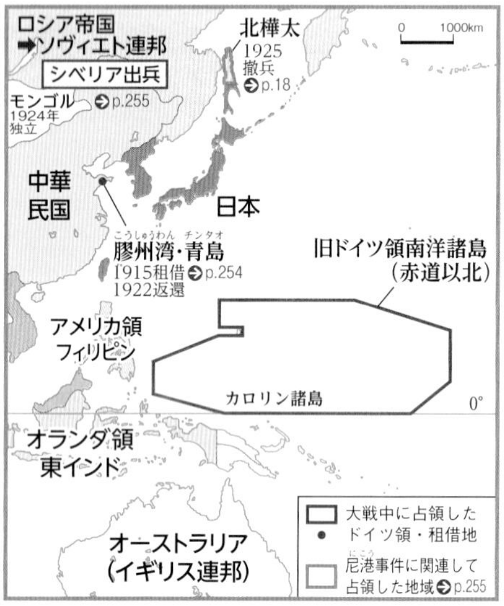
ロシア帝国
➡ソヴィエト連邦
シベリア出兵
北樺太
1925 撤兵
➲p.18
0 1000km
モンゴル ➲p.255
1924年独立
中華民国
日本
膠州湾・青島
1915租借 ➲p.254
1922返還
旧ドイツ領南洋諸島(赤道以北)
アメリカ領フィリピン
カロリン諸島
0°
オランダ領東インド
オーストラリア(イギリス連邦)
大戦中に占領したドイツ領・租借地
尼港事件に関連して占領した地域 ➲p.255

⑤太平洋戦争(1941～1945年) ➲p.286

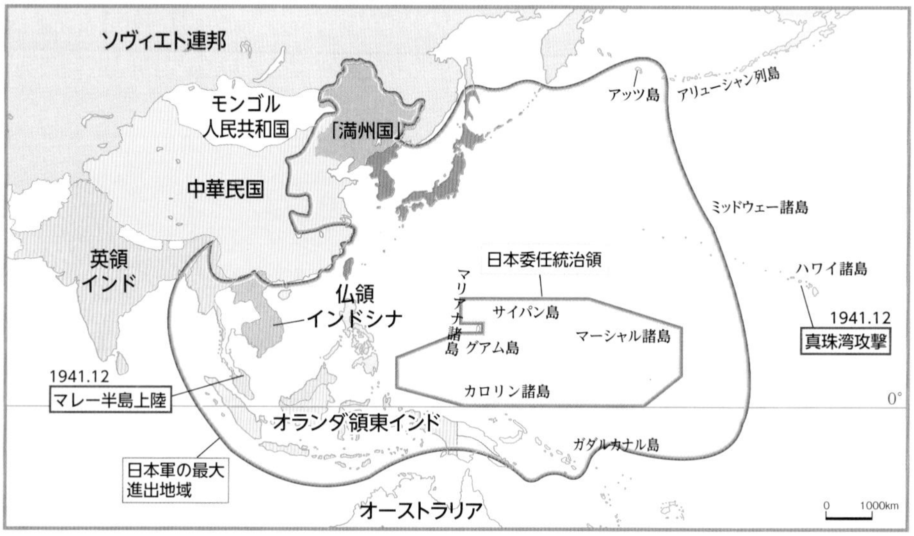
ソヴィエト連邦
モンゴル人民共和国
「満州国」
アッツ島
アリューシャン列島
中華民国
ミッドウェー諸島
英領インド
日本委任統治領
マリアナ諸島
サイパン島
グアム島
マーシャル諸島
カロリン諸島
仏領インドシナ
ハワイ諸島
1941.12
真珠湾攻撃
1941.12
マレー半島上陸
0°
オランダ領東インド
ガダルカナル島
日本軍の最大進出地域
オーストラリア
0 1000km

⑥敗戦時(1945年)

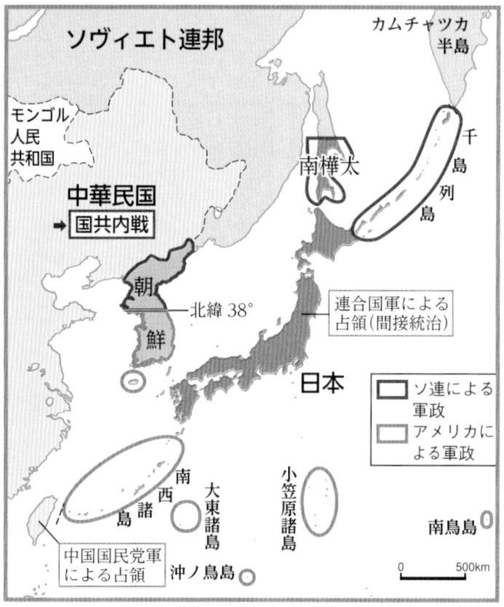
ソヴィエト連邦
カムチャツカ半島
モンゴル人民共和国
南樺太
千島列島
中華民国
➡国共内戦
朝鮮
北緯38°
連合国軍による占領(間接統治)
日本
ソ連による軍政
アメリカによる軍政
南西諸島
大東諸島
小笠原諸島
南鳥島
中国国民党軍による占領
沖ノ鳥島
0 500km

⑦サンフランシスコ平和条約(1951年調印)

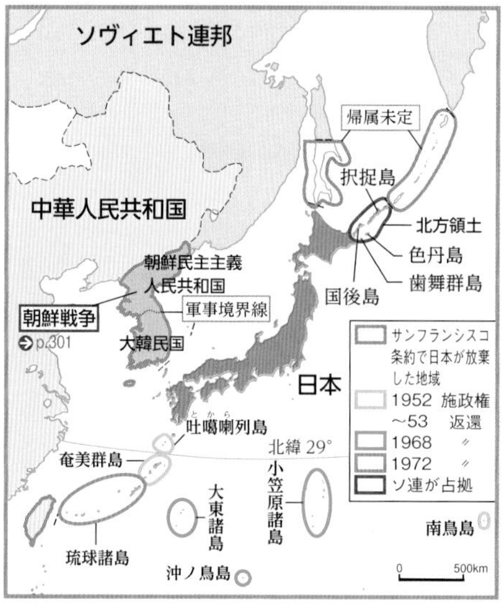
ソヴィエト連邦
帰属未定
択捉島
中華人民共和国
北方領土
色丹島
歯舞群島
国後島
朝鮮民主主義人民共和国
軍事境界線
朝鮮戦争
➲p.301
大韓民国
日本
サンフランシスコ条約で日本が放棄した地域
1952～53 施政権返還
1968
1972
ソ連が占拠
吐噶喇列島
北緯29°
奄美群島
大東諸島
小笠原諸島
琉球諸島
沖ノ鳥島
南鳥島
0 500km

⑧現在

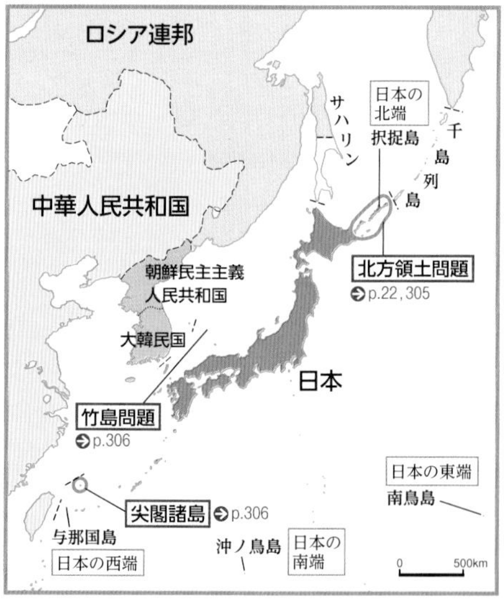
ロシア連邦
サハリン
日本の北端
択捉島
千島列島
中華人民共和国
北方領土問題
➲p.22,305
朝鮮民主主義人民共和国
大韓民国
竹島問題
➲p.306
日本
日本の東端
南鳥島
尖閣諸島 ➲p.306
与那国島
日本の西端
沖ノ鳥島
日本の南端
0 500km

歴代内閣一覧表

政党内閣　与与党　＿＿対外関係　☒内閣総辞職のおもな要因

時代	内閣	在職期間(日数)　出身	写真	事　項
明治	1 伊藤博文①	1885.12–1888.4 (861日) 山口県		□内閣制度発足(85)　□外相 井上馨 □鹿鳴館外交　□大同団結運動起こる(87) □保安条例公布(87)　□市制・町村制公布(88) □☒伊藤，辞任し枢密院議長に(88)　➔p.226
	2 黒田清隆	1888.4–1889.10 (544日) 鹿児島県		□大日本帝国憲法発布(89)　□外相 大隈重信 □衆議院議員選挙法公布(89) □超然主義を表明(89) □☒大隈重信外相暗殺未遂事件(89)　➔p.226
	3 山県有朋①	1889.12–1891.4 (499日) 山口県		□外相 青木周蔵　□府県制・郡制公布(90) □第1回衆院選(90)→第1回帝国議会開催(90) →民党「政費節減・民力休養」で抵抗 □教育勅語発布(90)→内村鑑三不敬事件(91) □☒予算案成立後，議会終了を機に(91)　➔p.226
	4 松方正義①	1891.5–1892.7 (461日) 鹿児島県		□外相 青木周蔵 □大津事件(91)→条約改正交渉中断 □樺山資紀海相の蛮勇演説(91)→☒第2回衆院選で品川弥二郎内相が選挙干渉(92)　➔p.226
薩長藩閥政府	5 伊藤博文②	1892.8–1896.8 (1485日) 山口県		□「元勲内閣」　□外相 陸奥宗光　□内相 板垣退助 □日英通商航海条約調印(94)→領事裁判権撤廃 □日清戦争開始(94)→下関条約調印(95)→三国干渉(95)　□☒大隈入閣をめぐる閣内不統一　➔p.232
	6 松方正義②	1896.9–1897.12 (482日) 鹿児島県		□「松隈内閣」とよばれる　□外相 大隈重信 □貨幣法公布(97)→金本位制確立 □☒進歩党が地租増徴案に反対　➔p.232
	7 伊藤博文③	1898.1–1898.6 (170日) 山口県		□自由党・進歩党，地租増徴案否決(98) □☒憲政党結成(98, 自由・進歩合同)　➔p.232
	8 大隈重信①	1898.6–1898.10 (132日) 佐賀県		□与憲政党(最初の政党内閣) □「隈板内閣」とよばれる　□内相 板垣退助 □尾崎行雄文相の共和演説事件(98) →☒憲政党の分裂　➔p.232
	9 山県有朋②	1898.11–1900.9 (711日) 山口県 陸軍大将		□与(憲政党)　□文官任用令の改正(99) □治安警察法公布(00) □衆議院議員選挙法改正(00, 直接国税10円以上) □軍部大臣現役武官制確立(00)　□立憲政友会結成(00)　□☒憲政党との対立など　➔p.232
	10 伊藤博文④	1900.10–1901.5 (204日) 山口県		□与立憲政友会 □八幡製鉄所操業開始(01) □☒財政方針をめぐる閣内不一致 □社会民主党結成(01)→2日後に禁止　➔p.232
	11 桂太郎①	1901.6–1905.12 (1681日) 山口県 陸軍大将		□外相 小村寿太郎　□日英同盟協約締結(02) □日露戦争開始(04)→ポーツマス条約調印(05) →☒日比谷焼打ち事件(05) □第1・2次日韓協約(04, 05)　➔p.232,240
	12 西園寺公望①	1906.1–1908.7 (920日) 京都府 公家		□与立憲政友会　□日本社会党結成許可(06) →翌年禁止　□鉄道国有法公布(06) □南満州鉄道株式会社設立(06)　➔p.240 □ハーグ密使事件(07)　□第3次日韓協約(07) □☒社会主義者への政策に対する元老の批判
桂園時代	13 桂太郎②	1908.7–1911.8 (1143日) 山口県		□外相 小村寿太郎　□戊申詔書発布(08)　□大逆事件(10, ムチ)　□韓国併合(10)　□日米通商航海条約調印(11)→関税自主権回復　□工場法公布(11, アメ)　□☒政策実行が一段落　➔p.240
	14 西園寺公望②	1911.8–1912.12 (480日) 京都府		□与立憲政友会 □明治から大正へ(1912.7) □陸軍2個師団増設問題(12)→☒上原勇作陸相辞職(軍部大臣現役武官制を利用)　➔p.253
大正	15 桂太郎③	1912.12–1913.2 (62日) 山口県		□☒第一次護憲運動「閥族打破・憲政擁護」(12～13, 大正政変)　➔p.253
	16 山本権兵衛①	1913.2–1914.3 (421日) 鹿児島県 海軍大将		□与立憲政友会 □軍部大臣現役武官制改正(13) □文官任用令改正(13) （以上2項）護憲運動の成果 □☒ジーメンス事件(14)　➔p.253
	17 大隈重信②	1914.4–1916.10 (908日) 佐賀県		□与立憲同志会など　□外相 加藤高明 □第一次世界大戦参戦(14) □二十一カ条の要求(15)　□工場法施行(16) □☒選挙干渉問題や貴族院との対立　➔p.254,257
	18 寺内正毅	1916.10–1918.9 (721日) 山口県 陸軍大将		□西原借款開始(17)　□金輸出禁止(17) □石井・ランシング協定調印(17) □シベリア出兵宣言(18) □☒米騒動(18)　➔p.254,257
	19 原敬	1918.9–1921.11 (1133日) 岩手県		□与立憲政友会(最初の本格的政党内閣) □三・一独立運動(19)　□五・四運動(19) □衆議院議員選挙法の改正(19, 直接国税3円以上) □ヴェルサイユ条約調印(19)　□国際連盟加盟(20) □☒首相暗殺(21)　➔p.254,257
	20 高橋是清	1921.11–1922.6 (212日) 東京都		□与立憲政友会 □ワシントン会議開催(21)→四カ国条約(21)・ワシントン海軍軍縮条約(22)・九カ国条約(22) □☒閣内不一致　➔p.257
	21 加藤友三郎	1922.6–1923.8 (440日) 広島県 海軍大将		□シベリア撤兵完了(22) □石井・ランシング協定廃棄(23) □☒病死(23) □関東大震災(23.9.1)　➔p.257
	22 山本権兵衛②	1923.9–1923.12 (128日) 鹿児島県 海軍大将		□与革新倶楽部 □関東大震災による混乱→朝鮮人虐殺事件・亀戸事件・甘粕事件(23) □☒虎の門事件(23)　➔p.262
	23 清浦奎吾	1924.1–1924.6 (157日) 熊本県		□第二次護憲運動(24) →政友本党と提携し対抗 □☒総選挙で護憲三派圧勝(24)　➔p.262
	24 加藤高明①②	1924.6–1926.1 (597日) 愛知県		□与①護憲三派→②憲政会 □外相 幣原喜重郎　□日ソ基本条約締結(25, ソ連と国交樹立)　□治安維持法成立(25, ムチ) □普通選挙法成立(25, アメ)　□☒病死(26)　➔p.262
昭和	25 若槻礼次郎①	1926.1–1927.4 (446日) 島根県		□与憲政会　□外相 幣原喜重郎 □大正から昭和へ(1926.12)　➔p.269 □金融恐慌開始(27)→☒台湾銀行救済緊急勅令案否決(27)
憲政の常道	26 田中義一	1927.4–1929.7 (805日) 山口県 陸軍大将		□与立憲政友会　□外相 田中義一(兼任) □財政:高橋是清蔵相のモラトリアム(27)　➔p.269 □内政:第1回普通選挙, 三・一五事件, 治安維持法改正(死刑追加), 全国に特高設置(28), 四・一六事件(29) □外交:協調外交の継続と強硬外交, 山東出兵(27～28) □☒張作霖爆殺事件(28)　➔p.271

政党内閣　(与)与党　対外関係　☒内閣総辞職のおもな要因

区分	代・首相	在職期間(日数)　出身	写真	事項
昭和 憲政の常道	27 浜口雄幸	1929.7–1931.4 (652日) 高知県		□(与)立憲民政党　□外相 幣原喜重郎　□蔵相 井上準之助 □世界恐慌(29)→金解禁(30)→昭和恐慌 □ロンドン海軍軍縮条約(30)→統帥権干犯問題 □☒浜口狙撃事件(30)　□重要産業統制法公布(31)　➔p.271
憲政の常道	28 若槻礼次郎②	1931.4–1931.12 (244日) 島根県		□(与)立憲民政党　□外相 幣原喜重郎 □柳条湖事件(31, 満州事変勃発)→不拡大方針を声明 □☒満州事変収拾に失敗　➔p.278
憲政の常道	29 犬養毅	1931.12–1932.5 (156日) 岡山県		□(与)立憲政友会　□蔵相 高橋是清 □金輸出再禁止(31)　□血盟団事件(32) □「満州国」建国(32) □☒五・一五事件(32)→「憲政の常道」終焉　➔p.278
挙国一致内閣	30 斎藤実	1932.5–1934.7 (774日) 岩手県 海軍大将		□外相 内田康哉 □日満議定書調印(32)　□国際連盟脱退通告(33) □滝川事件(33)　□塘沽停戦協定(33) □☒帝人事件(34)　➔p.278
挙国一致内閣	31 岡田啓介	1934.7–1936.2 (611日) 福井県 海軍大将		□天皇機関説問題(35)→国体明徴声明(35) □☒二・二六事件(36)　➔p.278
挙国一致内閣	32 広田弘毅	1936.3–1937.1 (331日) 福岡県 文官		□軍部大臣現役武官制復活(36) □「国策の基準」策定(36, 北進論と南進論) □日独防共協定調印(36) □☒閣内不一致　➔p.278 □宇垣一成は陸軍の反対で組閣に失敗(37)
挙国一致内閣	33 林銑十郎	1937.2–1937.5 (123日) 石川県 陸軍大将		□軍財抱合演説(37) □☒政党・軍部の反発　➔p.278
挙国一致内閣	34 近衛文麿①	1937.6–1939.1 (581日) 東京都 公家		□盧溝橋事件→日中戦争勃発(37) □国民精神総動員運動開始(37)　□企画院創設(37) □日独伊三国防共協定調印(37)　□南京事件(37) □近衛声明(38)　□国家総動員法公布(38) □張鼓峰事件(38)　□☒閣内の対立激化　➔p.280
挙国一致内閣	35 平沼騏一郎	1939.1–1939.8 (238日) 岡山県		□ノモンハン事件(39) □国民徴用令公布(39) □日米通商航海条約廃棄通告(39) □☒独ソ不可侵条約締結「欧州情勢は複雑怪奇」(39)　➔p.280, 285
挙国一致内閣	36 阿部信行	1939.8–1940.1 (140日) 石川県 陸軍大将		□第二次世界大戦勃発(39)→不介入の方針 □☒政党・陸軍の反発　➔p.280, 285 □近衛, 新体制運動推進(40)
挙国一致内閣	37 米内光政	1940.1–1940.7 (189日) 岩手県 海軍大将		□☒陸軍による畑俊六陸相の単独辞任(後継陸相推薦得られず, 40)　➔p.280, 285
挙国一致内閣	38・39 近衛文麿②③	1940.7–1941.7, 1941.7–1941.10 (455日) 東京都	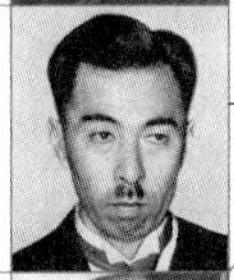	②□外相 松岡洋右　□北部仏印進駐(40) □日独伊三国同盟締結(40)　□大政翼賛会発足(40) □日ソ中立条約締結(41)　□関東軍特種演習(41) □☒松岡外相更迭のため(第2次) ③□南部仏印進駐(41)→米, 対日石油禁輸 □帝国国策遂行要領決定(41) □☒東条英機陸相との対立(第3次)　➔p.280, 285
挙国一致内閣	40 東条英機	1941.10–1944.7 (1009日) 東京都 陸軍大将		□ハル＝ノート(41)→太平洋戦争開戦 □翼賛選挙(42)→翼賛政治会発足 □ミッドウェー海戦(42)→日本劣勢へ □大東亜会議開催(43,「大東亜共栄圏」の結束誇示) □☒サイパン島陥落(44)→本土空襲へ　➔p.286
	41 小磯国昭	1944.7–1945.4 (260日) 栃木県 陸軍大将		□ヤルタ会談開催(45.2)　□東京大空襲(45.3) □硫黄島陥落(45.3) □米軍, 沖縄慶良間列島に上陸(45.3) □☒閣内不一致　➔p.286
	42 鈴木貫太郎	1945.4–1945.8 (133日) 大阪府 海軍大将		□広島原子爆弾投下(45.8.6)　□ソ連参戦(45.8.8) □長崎原子爆弾投下(45.8.9) □☒ポツダム宣言受諾(45.8.14)→終戦の詔書放送(45.8.15)　➔p.286
	43 東久邇宮稔彦	1945.8–1945.10 (54日) 京都府 皇族		□降伏文書調印(45) □☒GHQによる人権指令拒絶　➔p.292 □五大改革指令(45)
	44 幣原喜重郎	1945.10–1946.4 (226日) 大阪府		□衆議院議員選挙法改正(45, 満20歳以上, 婦人参政権) □天皇の人間宣言(46)　□公職追放を指令(46) □金融緊急措置令施行(46) □☒新選挙法による衆院選(46, 戦後初の総選挙)　➔p.292
	45 吉田茂①	1946.5–1947.5 (368日) 高知県		□(与)日本自由党・日本進歩党　□第二次農地改革(46) □日本国憲法公布(46)　□傾斜生産方式採用(46) □教育基本法公布(47)　□労働基準法公布(47) □独占禁止法公布(47) □☒衆院選敗北　➔p.292
	46 片山哲	1947.5–1948.2 (292日) 神奈川県		□(与)日本社会党などの連立内閣 □労働省発足(47) □過度経済力集中排除法公布(47) □☒社会党左派・右派の対立　➔p.292
	47 芦田均	1948.3–1948.10 (220日) 京都府		□(与)民主党などの連立内閣 □政令201号公布(48) □☒昭和電工事件(48)　➔p.292
	48~51 吉田茂②~⑤	1948.10–1954.12 (2248日) 高知県		□(与)②③民主自由党→④⑤自由党 □経済安定九原則実行指令(48)→ドッジ＝ライン(49) □シャウプ勧告(49, 税制改革) □朝鮮戦争開始(50)→警察予備隊の新設(50)・特需景気 □サンフランシスコ平和条約・日米安全保障条約調印(51)→社会党の分裂　□☒造船疑獄事件(54) □MSA協定調印(54)→自衛隊発足(54)　➔p.292
55年体制	52~54 鳩山一郎①~③	1954.12–1956.12 (745日) 東京都		□(与)①②日本民主党→③自由民主党 □社会党の再統一(55) □自由民主党結成(55, 保守合同)→55年体制 □憲法調査会設置(56) □日ソ共同宣言調印(56)→国際連合加盟(56) □☒首相引退表明　➔p.292
55年体制	55 石橋湛山	1956.12–1957.2 (65日) 東京都 ジャーナリスト		□(与)自由民主党 □☒病気　➔p.255, 292
55年体制	56・57 岸信介①②	1957.2–1960.7 (1241日) 山口県		□(与)自由民主党 □貿易の自由化開始(59) □日米新安保条約調印(60)→☒60年安保闘争による混乱　➔p.292
55年体制	58~60 池田勇人①~③	1960.7–1964.11 (1575日) 広島県		□(与)自由民主党 □所得倍増計画決定(60)→LT貿易取決め締結(62) □農業基本法公布(61)　□IMF8条国移行(64) □OECD加盟(64)　□東海道新幹線開通(64)→オリンピック東京大会(64)　□☒病気　➔p.29
55年体制	61~63 佐藤栄作①~③	1964.11–1972.7 (2798日) 山口県		□(与)自由民主党　□米, 北爆開始(65)→いざなぎ景気　□日韓基本条約調印(65) □公害対策基本法公布(67)→環境庁設置(71) □日本万国博覧会開催(70)　□沖縄返還協定調印(71)→沖縄復帰(72)　□☒首相引退表明　➔p.29

▒政党内閣　与与党　＿対外関係　☒内閣総辞職のおもな要因

区分	代	首相	在職期間(日数) 出身	写真	事項
昭和 / 55年体制	64・65	田中角栄①②	1972.7–1974.12 (886日) 新潟県		□与自由民主党 □列島改造ブーム □日中共同声明(72, 日中国交正常化) □第1次石油危機(73)→高度経済成長終焉 □☒首相の金脈問題 ➲p.312
	66	三木武夫	1974.12–1976.12 (747日) 徳島県		□与自由民主党 □第1回サミット参加(75) □ロッキード事件発覚(76) □☒衆院選敗北 ➲p.312
	67	福田赳夫	1976.12–1978.12 (714日) 群馬県		□与自由民主党 □日中平和友好条約調印(78) □☒首相が総裁選に敗北 ➲p.312
	68・69	大平正芳①②	1978.12–1980.6 (554日) 香川県		□与自由民主党 □第2次石油危機(79) □東京サミット(79) □☒衆参同日選挙のとき病死 ➲p.312
	70	鈴木善幸	1980.7–1982.11 (864日) 岩手県		□与自由民主党 □北方領土の日を制定(81) □☒首相が総裁選に不出馬 ➲p.312
	71~73	中曽根康弘①~③	1982.11–1987.11 (1806日) 群馬県		□与自由民主党 □NTT・JT 発足(85) □男女雇用機会均等法公布(85) □G5 でプラザ合意(85)　□JR 発足(87) □☒総裁任期満了 ➲p.312
	74	竹下登	1987.11–1989.6 (576日) 島根県		□与自由民主党 □☒リクルート事件(88) □昭和から平成へ(1989.1) □消費税施行(89, 3％) ➲p.312
平成	75	宇野宗佑	1989.6–1989.8 (69日) 滋賀県		□与自由民主党 □☒参院選敗北 ➲p.312
	76・77	海部俊樹①②	1989.8–1991.11 (818日) 愛知県		□与自由民主党 □湾岸戦争への対応(91) □バブル経済崩壊(91) □☒政治改革の失敗など ➲p.312
	78	宮沢喜一	1991.11–1993.8 (644日) 広島県		□与自由民主党 □ＰＫＯ協力法施行(92) □平成不況 □☒衆院選敗北 ➲p.312
非自民連立政権	79	細川護熙	1993.8–1994.4 (263日) 熊本県		□与日本新党など非自民８党派連立政権 □55 年体制終焉 □コメ市場部分開放受入決定(93) □☒佐川急便からの不正資金提供疑惑(94) □衆議院に小選挙区比例代表並立制導入(94) ➲p.316
	80	羽田孜	1994.4–1994.6 (64日) 長野県		□与非自民連立政権 □現憲法下で最短命政権 □☒自民党による不信任案に社会党が同調 ➲p.316
	81	村山富市	1994.6–1996.1 (561日) 大分県		□与日本社会党・自由民主党・さきがけ □阪神・淡路大震災(95)　□地下鉄サリン事件(95) □戦後 50 年の首相談話(95) □☒自民党への政権譲渡 ➲p.316
	82・83	橋本龍太郎①②	1996.1–1998.7 (932日) 岡山県		□与自由民主党 □日米安保共同宣言(96)　□消費税５%に引き上げ(97) □アイヌ文化振興法公布(97) □財政構造改革法公布(97) □京都議定書採択(97)　□☒参院選敗北 ➲p.316
自公連立政権	84	小渕恵三	1998.7–2000.4 (616日) 群馬県		□与自由民主党・自由党・公明党 □新ガイドライン関連法公布(99) □男女共同参画社会基本法公布(99) □国旗・国歌法公布(99) □☒病気 ➲p.316
	85・86	森喜朗①②	2000.4–2001.4 (387日) 石川県		□与自由民主党・公明党・保守党 □中央省庁の再編(01) □☒失言などによる支持率低下 ➲p.316
	87~89	小泉純一郎①~③	2001.4–2006.9 (1980日) 神奈川県		□与自由民主党・公明党・保守(新)党 □米で同時多発テロ(01)→テロ対策特措法公布(01) □日朝平壌宣言(02)　□イラク戦争(03) □郵政民営化法成立(05) □平成大合併進む　□☒総裁任期満了 ➲p.316
	90	安倍晋三①	2006.9–2007.9 (366日) 山口県		□与自由民主党・公明党 □教育基本法改正(06) □防衛省発足(07) □☒体調不良 ➲p.316
	91	福田康夫	2007.9–2008.9 (365日) 群馬県		□与自由民主党・公明党 □北海道洞爺湖サミット(08) □☒参議院で野党多数の「ねじれ国会」 ➲p.316
	92	麻生太郎	2008.9–2009.9 (358日) 福岡県		□与自由民主党・公明党 □裁判員制度開始(09) □☒衆院選敗北 ➲p.316
民主政権	93	鳩山由紀夫	2009.9–2010.6 (266日) 北海道		□与民主党・社会民主党*・国民新党 □子ども手当・高校無償化法成立(10) □☒普天間飛行場移設問題(10) ➲p.316 ＊社会民主党は 2010 年５月，普天間飛行場の沖縄県内移設容認への転換に反対して連立離脱。
	94	菅直人	2010.6–2011.8 (452日) 東京都		□与民主党・国民新党 □東日本大震災(11) □東京電力福島第一原発事故(11) □☒震災対応への不信感から支持率低下 ➲p.316
	95	野田佳彦	2011.9–2012.12 (482日) 千葉県		□与民主党・国民新党 □消費税関連法成立(12) □尖閣諸島を国有化(12) □☒衆院選敗北 ➲p.316
自公連立政権	96~98	安倍晋三②~④	2012.12–2020.9 (2822 日) 山口県		□与自由民主党・公明党 ➲p.322 □アベノミクス推進　□特定秘密保護法成立(13) □消費税８％に引き上げ(14)→ 10％に引き上げ(19) □改正公職選挙法(18 歳選挙権)成立(15) □安全保障関連法成立(15)　□新型コロナウイルス流行(20)
	99	菅義偉	2020.9–2021.10 (384 日) 秋田県		□与自由民主党・公明党 □Go To キャンペーン実施 (新型コロナウイルス流行へ経済対策) □☒新型コロナウイルス感染拡大による支持率低下 ➲p.322
	100~101	岸田文雄①②	2021.10– 東京都		□与自由民主党・公明党 □新自由主義的な政策の見直しを掲げ，総選挙で与党の政権維持 ➲p.322

戦前の政党・政派と帝国議会勢力の変遷

1 戦前の政治と社会の動き

青字 政党・政治活動への規制・弾圧法規

年代	おもなできごと	内閣	総選挙(回)
1874	愛国公党結成(初の政党) ➡民撰議院設立の建白書		
1875	大阪会議，愛国社結成 ➡漸次立憲政体樹立の詔 讒謗律，新聞紙条例		
1876	日朝修好条規		
1877	西南戦争，立志社建白		
1880	国会期成同盟結成➡集会条例		
1881	開拓使官有物払下げ事件 ➡明治十四年の政変，国会開設の勅諭，自由党結成		
1882	立憲改進党結成		
1884	加波山事件，自由党解党		
1887	三大事件建白運動➡保安条例	伊藤1	
1889	大日本帝国憲法発布	黒田	松方1
1890	初の衆議院議員総選挙 帝国議会開設(第一議会召集)	山県1	1 2
1894	日清戦争(～95)，藩閥と政党の提携始まる 松方2	伊藤2	3 4
1898	第1次大隈重信内閣成立(隈板内閣，初の政党内閣) ➡共和演説事件	大隈1	5 6 伊藤3
1899	文官任用令改正		
1900	治安警察法，軍部大臣現役武官制制定，立憲政友会結成	山県2	西園寺2 7
1901	社会民主党結成	伊藤4	8
1904	日露戦争(～05)	桂1	9
1906	日本社会党結成 西園寺1		10
1910	大逆事件，韓国併合条約	桂2	11
1912	第一次護憲運動➡13大正政変	桂3	山本1
1914	第一次世界大戦(～18)	大隈2	12
1918	シベリア出兵宣言➡米騒動	寺内	13
	原敬内閣成立(初の本格的政党内閣)	原	14
1922	治安警察法改正 加藤(友)	高橋	
1923	関東大震災	山本2	
1924	第二次護憲運動	清浦	15
1925	護憲三派内閣成立 ➡普通選挙法制定 治安維持法 若槻1	加藤(高)1・2	
1928	初の普通選挙の実施 ➡三・一五事件 治安維持法改正(緊急勅令)	田中	16
1929	四・一六事件 浜口		17
1931	柳条湖事件(満州事変)	若槻2	18
1932	五・一五事件➡政党内閣終わる	犬養	
1933	国際連盟脱退を表明	斎藤	
1935	国体明徴声明	岡田	
1936	二・二六事件 広田		19
1937	盧溝橋事件(日中戦争，～45)	近衛1	20 林
1938	国家総動員法公布 平沼		
1939	第二次世界大戦(～45)	阿部	
1940	大政翼賛会発足	近衛2・3	米内
1941	太平洋戦争(～45) 小磯		
1942	第21回衆議院総選挙 ➡翼賛選挙，翼賛政治会発足	東条	21
1945	太平洋戦争終結，終戦の詔	鈴木	

2 戦前の政党と政派の変遷

赤字 首相を務めた党首

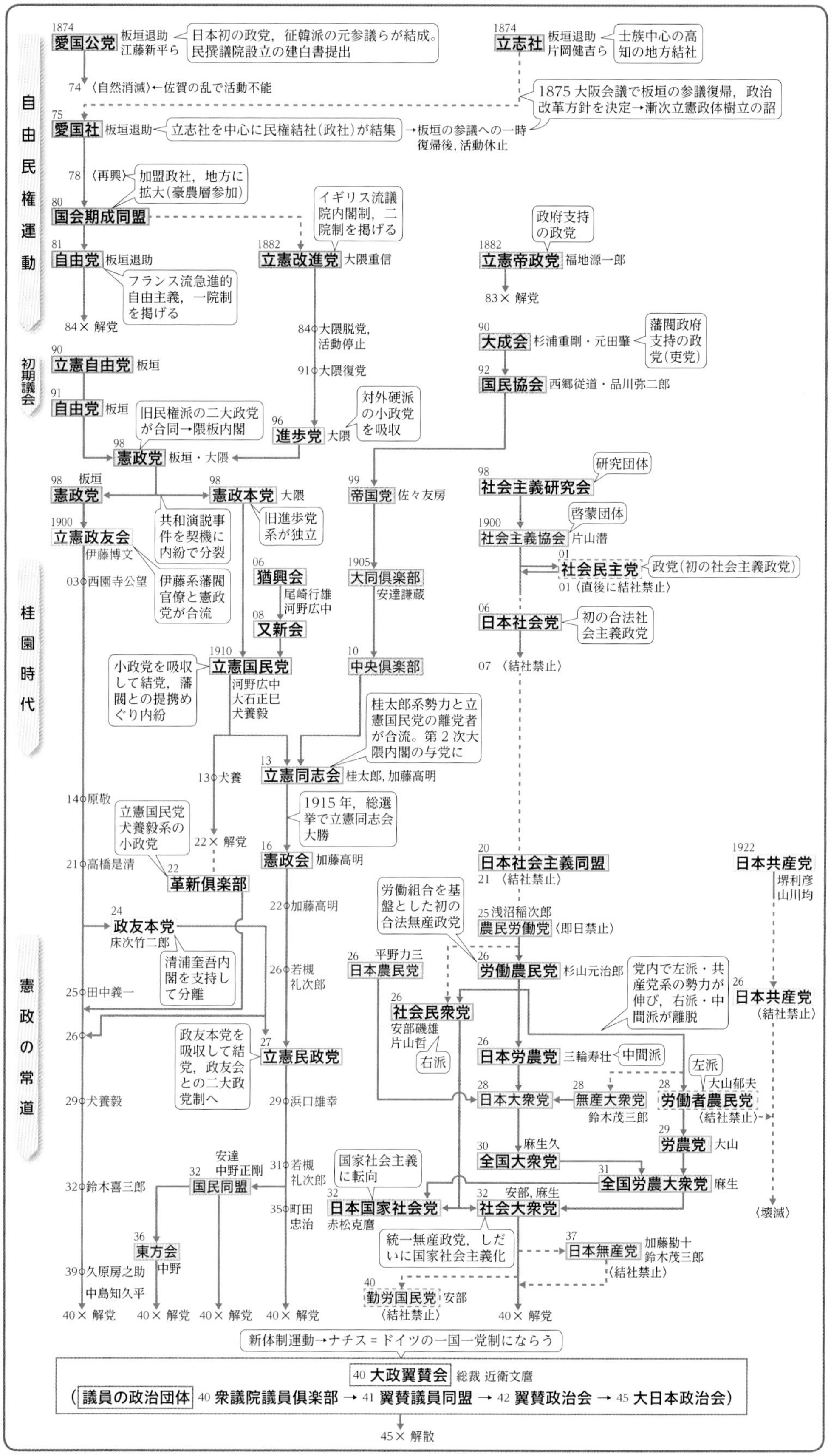

自由民権運動
初期議会
桂園時代
憲政の常道
1874 愛国公党 板垣退助 江藤新平ら
日本初の政党，征韓派の元参議らが結成。民撰議院設立の建白書提出
1874 立志社 板垣退助 片岡健吉ら
士族中心の高知の地方結社
74〈自然消滅〉←佐賀の乱で活動不能
1875 大阪会議で板垣の参議復帰，政治改革方針を決定→漸次立憲政体樹立の詔
75 愛国社 板垣退助
立志社を中心に民権結社(政社)が結集
→板垣の参議への一時復帰後，活動休止
78〈再興〉
加盟政社，地方に拡大(豪農層参加)
80 国会期成同盟
イギリス流議院内閣制，二院制を掲げる
政府支持の政党
81 自由党 板垣退助
フランス流急進的自由主義，一院制を掲げる
1882 立憲改進党 大隈重信
1882 立憲帝政党 福地源一郎
83× 解党
84× 解党
84 大隈脱党，活動停止
91 大隈復党
90 大成会 杉浦重剛・元田肇
藩閥政府支持の政党(吏党)
90 立憲自由党 板垣
92 国民協会 西郷従道・品川弥二郎
91 自由党 板垣
旧民権派の二大政党が合同→隈板内閣
対外硬派の小政党を吸収
96 進歩党 大隈
98 憲政党 板垣・大隈
98 憲政党 板垣
98 憲政本党 大隈
99 帝国党 佐々友房
98 社会主義研究会
研究団体
共和演説事件を契機に内紛で分裂
旧進歩党系が独立
1900 立憲政友会 伊藤博文
1900 社会主義協会 片山潜
啓蒙団体
01 社会民主党 政党(初の社会主義政党)
01〈直後に結社禁止〉
03 西園寺公望
伊藤系藩閥官僚と憲政党が合流
06 猶興会 尾崎行雄 河野広中
1905 大同倶楽部 安達謙蔵
06 日本社会党
初の合法社会主義政党
08 又新会
10 中央倶楽部
07〈結社禁止〉
小政党を吸収して結党，藩閥との提携めぐり内紛
1910 立憲国民党 河野広中 大石正巳 犬養毅
桂太郎系勢力と立憲国民党の離党者が合流。第2次大隈内閣の与党に
13 犬養
13 立憲同志会 桂太郎，加藤高明
14 原敬
1915年，総選挙で立憲同志会大勝
立憲国民党犬養毅系の小政党
22× 解党
16 憲政会 加藤高明
21 高橋是清
22 革新倶楽部
20 日本社会主義同盟
21〈結社禁止〉
1922 日本共産党 堺利彦 山川均
22 加藤高明
労働組合を基盤とした初の合法無産政党
24 政友本党 床次竹二郎
25 浅沼稲次郎
農民労働党〈即日禁止〉
清浦奎吾内閣を支持して分離
26 若槻礼次郎
26 平野力三 日本農民党
26 労働農民党 杉山元治郎
党内で左派・共産党系の勢力が伸び，右派・中間派が離脱
26 日本共産党〈結社禁止〉
25 田中義一
26 社会民衆党 安部磯雄 片山哲
右派
26
政友本党を吸収して結党，政友会との二大政党制へ
27 立憲民政党
26 日本労農党 三輪寿壮
中間派
左派
29 犬養毅
29 浜口雄幸
28 日本大衆党
28 無産大衆党 鈴木茂三郎
28 労働者農民党 大山郁夫〈結社禁止〉
29 労農党 大山
30 全国大衆党 麻生久
31 全国労農大衆党 麻生
安達 中野正剛
31 若槻礼次郎
国家社会主義に転向
32 鈴木喜三郎
32 国民同盟
32 日本国家社会党 赤松克麿
32 社会大衆党 安部，麻生
〈壊滅〉
35 町田忠治
統一無産政党，しだいに国家社会主義化
36 東方会 中野
37 日本無産党 加藤勘十 鈴木茂三郎〈結社禁止〉
39 久原房之助 中島知久平
40 勤労国民党 安部〈結社禁止〉
40× 解党
40× 解党
40× 解党
40× 解党
40× 解党
新体制運動→ナチス＝ドイツの一国一党制にならう
40 大政翼賛会 総裁 近衛文麿
(議員の政治団体 40 衆議院議員倶楽部 → 41 翼賛議員同盟 → 42 翼賛政治会 → 45 大日本政治会)
45× 解散

3 戦前の衆議院総選挙と党派別獲得議席数

初の総選挙　総選挙の背景・性格・通称など
赤字　政党指導者を首相とする内閣　▲定数の過半数

選挙回数・内閣・年	内容	時代	定数
第1回 初の総選挙 山県有朋内閣① 1890年	最初の衆議院総選挙➡ 結果 民権派(民党)が過半数，「政費節減」「民力休養」を主張し政府と対立	初期議会	300
第2回 品川内相の選挙干渉 松方正義内閣① 1892年	第2議会が樺山資紀海相の蛮勇演説により紛糾，解散。品川弥二郎内相が選挙干渉➡ 結果 民党は過半数を割るが中間派の協力で優位維持	初期議会	300
第3回 条約改正をめぐる争い 伊藤博文内閣② 1894年3月	伊藤内閣の条約改正に自由党が協調，他の民党は対外硬派の連合で吏党も取り込み政府に対抗，解散➡ 結果 改進党など対外硬派が自由党と拮抗	初期議会	300
第4回 日清戦争勃発 伊藤博文内閣② 1894年9月	対外硬派の優勢をうけ解散。選挙中に日清戦争勃発➡ 結果 対外硬6派過半数に迫る。のち国民協会以外の対外硬派が合同し進歩党へ	初期議会	300
第5回 伊藤博文内閣③ 1898年3月	松方内閣と提携していた進歩党が地租増徴案の否決にまわったため解散。内閣も総選挙前に総辞職，第3次伊藤内閣へ➡ 結果 自由党と進歩党で約2/3	初期議会	300
第6回 憲政党の結成 大隈重信内閣① 1898年8月	伊藤内閣の地租増徴案否決で解散後，自由党・進歩党が合同。内閣交代し，憲政党の隈板内閣で総選挙へ➡ 結果 憲政党圧勝するが憲政党・憲政本党に分裂	初期議会	300
第7回 初の任期満了選挙 桂太郎内閣① 1902年	地租増徴に協力した立憲政友会に配慮し解散なし。改正選挙法で直接国税10円以上・大選挙区制・無記名投票➡ 結果 立憲政友会多数	桂園時代	376
第8回 桂太郎内閣① 1903年	地租増徴継続法案を立憲政友会・憲政本党の反対で否決，解散➡ 結果 立憲政友会・憲政本党ともに選挙前の議席を維持	桂園時代	376
第9回 奉答文事件 桂太郎内閣① 1904年	河野広中衆議院議長が勅語への奉答文で内閣を批判したとして衆院解散➡ 結果 日露戦争開戦で挙国一致へ	桂園時代	379
第10回 任期満了による総選挙 西園寺公望内閣① 1908年	日露戦時増税で直接国税10円以上を納める有権者数が倍増➡ 結果 立憲政友会が過半数に迫る	桂園時代	379
第11回 任期満了による総選挙 西園寺公望内閣② 1912年	沖縄県に初めて選挙区が設定(先島諸島を除く)➡ 結果 立憲政友会が過半数を超える議席獲得	桂園時代	381
第12回 大浦内相の選挙干渉 大隈重信内閣② 1915年	陸軍2個師団増設予算否決で解散。大隈首相，演説レコードの配布などの選挙活動➡ 結果 与党 立憲同志会が第一党に。2個師団増設実現		381
第13回 寺内正毅内閣 1917年	憲政会・立憲国民党の内閣不信任上奏案提出をうけて解散➡ 結果 立憲政友会が第一党に		381
第14回 立憲政友会大勝 原敬内閣 1920年	普選要求が高まり，衆議院への普選法案提出をうけ解散。直接国税3円以上，小選挙区制。➡ 結果 立憲政友会大幅増		464
第15回 懲罰解散 清浦奎吾内閣 1924年	護憲三派の第二次護憲運動に対し解散➡ 結果 護憲三派が圧勝。憲政会の加藤高明を首相に護憲三派内閣成立		464
第16回 第1回普通選挙 田中義一内閣 1928年	初の男子普通選挙。立憲民政党の内閣不信任案提出をうけ解散。中選挙区制➡ 結果 立憲政友会・民政党とも過半数得られず。無産政党各派で8議席	憲政の常道	466
第17回 浜口雄幸内閣 1930年	浜口内閣と与党 立憲民政党に対する信を問う選挙。➡ 結果 立憲民政党が大勝し，少数与党から脱却	憲政の常道	466
第18回 犬養毅内閣 1932年	少数与党の犬養毅内閣が政権基盤強化をめざし解散➡ 結果 与党の立憲政友会が301議席獲得し圧勝	憲政の常道	466
第19回 岡田啓介内閣 1936年	立憲政友会の内閣不信任案提出をうけて解散➡ 結果 内閣支持の立憲民政党が第一党に躍進		466
第20回 食い逃げ解散 林銑十郎内閣 1937年	政権与党(昭和会・国民同盟)の勢力を伸ばすために解散➡ 結果 立憲政友会・立憲民政党の二大政党制は揺るがず		466
第21回 翼賛選挙 東条英機内閣 1942年	任期満了による選挙➡ 結果 翼賛政治体制協議会の推薦者381人が当選し，東条内閣を支持する翼賛議員一色に		466

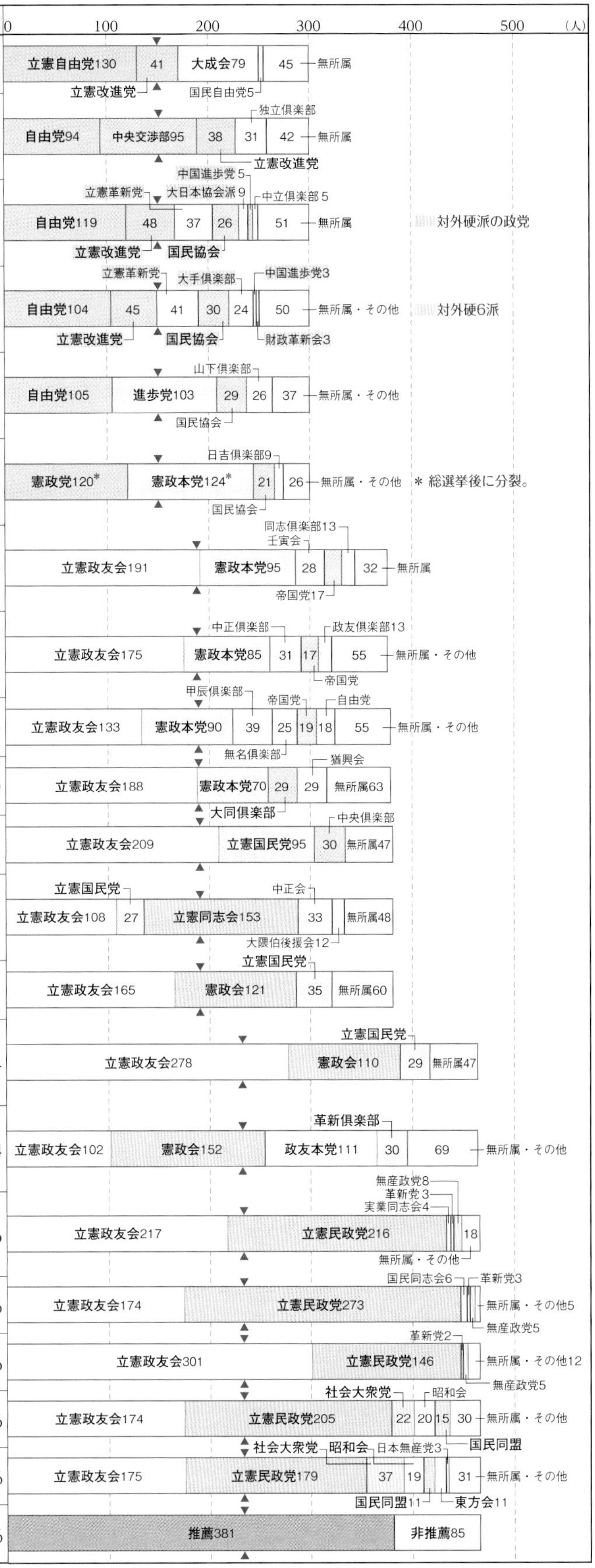

0 100 200 300 400 500 (人)
立憲自由党130 41 大成会79 45 無所属 立憲改進党 国民自由党5
自由党94 中央交渉部95 38 31 42 無所属 独立倶楽部 立憲改進党
自由党119 48 37 26 51 無所属 立憲革新党 中国進歩党5 大日本協会派9 中立倶楽部5 立憲改進党 国民協会 対外硬派の政党
自由党104 45 41 30 24 50 無所属・その他 立憲革新党 大手倶楽部 中国進歩党3 立憲改進党 国民協会 財政革新会3 対外硬6派
自由党105 進歩党103 29 26 37 無所属・その他 山下倶楽部 国民協会
憲政党120* 憲政本党124* 21 26 無所属・その他 日吉倶楽部9 国民協会 ＊総選挙後に分裂。
立憲政友会191 憲政本党95 28 32 無所属 同志倶楽部13 壬寅会 帝国党17
立憲政友会175 憲政本党85 31 17 55 無所属・その他 中正倶楽部 政友倶楽部13 帝国党
立憲政友会133 憲政本党90 39 25 19 18 55 無所属・その他 甲辰倶楽部 帝国党 自由党 無名倶楽部
立憲政友会188 憲政本党70 29 29 無所属63 猶興会 大同倶楽部
立憲政友会209 立憲国民党95 30 無所属47 中央倶楽部
立憲政友会108 27 立憲同志会153 33 無所属48 立憲国民党 中正会 大隈伯後援会12
立憲政友会165 憲政会121 35 無所属60 立憲国民党
立憲政友会278 憲政会110 29 無所属47 立憲国民党
立憲政友会102 憲政会152 政友本党111 30 69 無所属・その他 革新倶楽部
立憲政友会217 立憲民政党216 18 無産政党8 革新党3 実業同志会4 無所属・その他
立憲政友会174 立憲民政党273 国民同志会6 革新党3 無所属・その他5 無産政党5
立憲政友会301 立憲民政党146 革新党2 無所属・その他12 無産政党5
立憲政友会174 立憲民政党205 22 20 15 30 無所属・その他 社会大衆党 昭和会 国民同盟
立憲政友会175 立憲民政党179 37 19 31 無所属・その他 社会大衆党 昭和会 日本無産党3 国民同盟11 東方会11
推薦381 非推薦85

戦後の政党と国会勢力の変遷

1 戦後政治と社会の動き

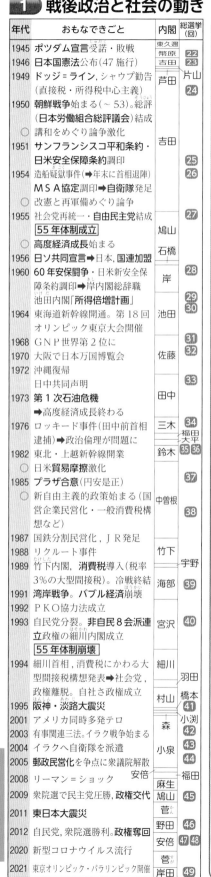

年代	おもなできごと	内閣	総選挙(回)
1945	ポツダム宣言受諾・敗戦	東久邇 幣原	22
1946	日本国憲法公布（47 施行）	吉田	23
		片山	
1949	ドッジ＝ライン，シャウプ勧告（直接税・所得税中心主義）	芦田	24
1950	朝鮮戦争始まる（～53）。総評（日本労働組合総評議会）結成	吉田	
○	講和をめぐり論争激化		
1951	サンフランシスコ平和条約・日米安全保障条約調印		25
1954	造船疑獄事件（➡年末に首相退陣）MSA協定調印➡自衛隊発足		26
○	改憲と再軍備めぐり論争		
1955	社会党再統一・自由民主党結成 55年体制成立	鳩山	27
○	高度経済成長始まる	石橋	
1956	日ソ共同宣言➡日本，国連加盟		
1960	60年安保闘争・日米新安全保障条約調印➡岸内閣総辞職 池田内閣「所得倍増計画」	岸	28 29 30
1964	東海道新幹線開通。第 18 回オリンピック東京大会開催	池田	
1968	GNP世界第 2 位に		31
1970	大阪で日本万国博覧会	佐藤	32
1972	沖縄復帰 日中共同声明		33
1973	第 1 次石油危機 ➡高度経済成長終わる	田中	
1976	ロッキード事件（田中前首相逮捕）➡政治倫理が問題に	三木 福田 大平	34
1982	東北・上越新幹線開業	鈴木	35 36
○	日米貿易摩擦激化		
1985	プラザ合意（円安是正）	中曽根	37
○	新自由主義的政策始まる（国営企業民営化・一般消費税構想など）		38
1987	国鉄分割民営化，JR発足		
1988	リクルート事件	竹下	
1989	竹下内閣，消費税導入（税率3%の大型間接税）。冷戦終結	宇野 海部	39
1991	湾岸戦争。バブル経済崩壊		
1992	PKO協力法成立	宮沢	40
1993	自民党分裂。非自民 8 会派連立政権の細川内閣成立 55年体制崩壊		
1994	細川首相，消費税にかわる大型間接税構想発表➡社会党，政権離脱。自社さ政権成立	細川 羽田 村山	
1995	阪神・淡路大震災	橋本	41
2001	アメリカ同時多発テロ	小渕 森	
2003	有事関連三法。イラク戦争始まる		42
2004	イラクへ自衛隊を派遣	小泉	43
2005	郵政民営化を争点に衆議院解散		44
2008	リーマン＝ショック	安倍 福田 麻生	
2009	衆院選で民主党圧勝，政権交代	鳩山	45
2011	東日本大震災	菅	
2012	自民党，衆院選勝利。政権奪回	野田	46
2020	新型コロナウイルス流行	安倍	47 48
2021	東京オリンピック・パラリンピック開催	菅 岸田	49

2 戦後の政党の変遷

赤字 首相を務めた党首

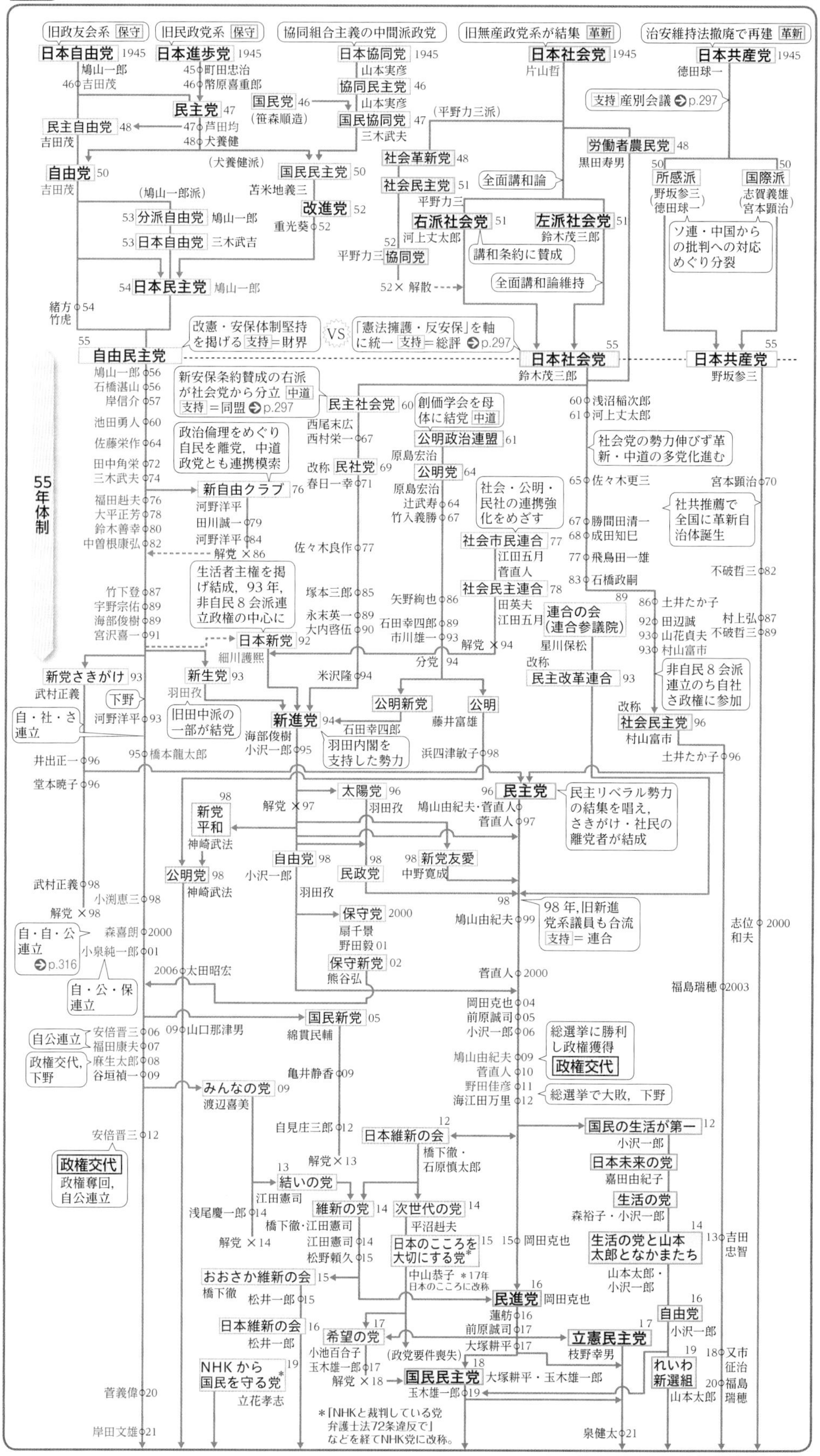

旧政友会系 保守
日本自由党 1945
鳩山一郎
46 吉田茂
旧民政党系 保守
日本進歩党 1945
45 町田忠治
46 幣原喜重郎
協同組合主義の中間派政党
日本協同党 1945
山本実彦
協同民主党 46
山本実彦
国民党 46
（笹森順造）
国民協同党 47
三木武夫
旧無産政党系が結集 革新
日本社会党 1945
片山哲
治安維持法撤廃で再建 革新
日本共産党 1945
徳田球一
支持 産別会議 ➲p.297
民主党 47
47 芦田均
48 犬養健
民主自由党 48
吉田茂
（平野力三派）
労働者農民党 48
黒田寿男
自由党 50
吉田茂
（犬養健派）
国民民主党 50
苫米地義三
社会革新党 48
社会民主党 51
平野力三
全面講和論
所感派
野坂参三
徳田球一
国際派
志賀義雄
宮本顕治
（鳩山一郎派）
改進党 52
重光葵 52
53 分派自由党 鳩山一郎
53 日本自由党 三木武吉
右派社会党 51
河上丈太郎
左派社会党 51
鈴木茂三郎
講和条約に賛成
ソ連・中国からの批判への対応めぐり分裂
平野力三 協同党 52
全面講和論維持
52× 解散
54 日本民主党 鳩山一郎
緒方竹虎 54
改憲・安保体制堅持を掲げる 支持＝財界
VS
「憲法擁護・反安保」を軸に統一 支持＝総評 ➲p.297
自由民主党 55
日本社会党 55
鈴木茂三郎
日本共産党 55
野坂参三
55年体制
鳩山一郎 56
石橋湛山 56
岸信介 57
池田勇人 60
佐藤栄作 64
田中角栄 72
三木武夫 74
福田赳夫 76
大平正芳 78
鈴木善幸 80
中曽根康弘 82
新安保条約賛成の右派が社会党から分立 中道 支持＝同盟 ➲p.297
民主社会党 60
西尾末広
西村栄一 67
創価学会を母体に結党 中道
公明政治連盟 61
原島宏治
公明党 64
原島宏治
辻武寿 64
竹入義勝 67
改称 民社党 69
春日一幸 71
60 浅沼稲次郎
61 河上丈太郎
65 佐々木更三
67 勝間田清一
68 成田知巳
77 飛鳥田一雄
83 石橋政嗣
社会党の勢力伸びず革新・中道の多党化進む
宮本顕治 70
社共推薦で全国に革新自治体誕生
政治倫理をめぐり自民を離党，中道政党とも連携模索
新自由クラブ 76
河野洋平
田川誠一 79
河野洋平 84
解党 ×86
社会・公明・民社の連携強化をめざす
社会市民連合 77
江田五月
菅直人
社会民主連合 78
田英夫
江田五月
佐々木良作 77
塚本三郎 85
永末英一 89
大内啓伍 90
矢野絢也 86
石田幸四郎 89
市川雄一 93
不破哲三 82
生活者主権を掲げ結成，93年，非自民8会派連立政権の中心に
竹下登 87
宇野宗佑 89
海部俊樹 89
宮沢喜一 91
日本新党 92
細川護熙
連合の会（連合参議院）89
86 土井たか子
92 田辺誠
93 山花貞夫
93 村山富市
村上弘 87
不破哲三 89
解党 ×94
星川保松
改称
民主改革連合 93
非自民8会派連立のち自社さ政権に参加
新党さきがけ 93
武村正義
新生党 93
羽田孜
下野
河野洋平 93
自・社・さ連立
旧田中派の一部が結党
米沢隆 94
分党 94
公明新党
公明
藤井富雄
新進党 94
海部俊樹
小沢一郎 95
石田幸四郎
羽田内閣を支持した勢力
浜四津敏子 98
改称
社会民主党 96
村山富市
土井たか子 96
井出正一 96
95 橋本龍太郎
堂本暁子 96
太陽党 96
羽田孜
96 民主党
鳩山由紀夫・菅直人 97
菅直人 97
民主リベラル勢力の結集を唱え，さきがけ・社民の離党者が結成
解党 ×97
98 新党平和
神崎武法
自由党 98
小沢一郎
98 民政党
98 新党友愛
中野寛成
公明党 98
神崎武法
武村正義 98
小渕恵三 98
羽田孜
98
解党 ×98
鳩山由紀夫 99
98年，旧新進党系議員も合流 支持＝連合
保守党 2000
扇千景
野田毅 01
保守新党 02
熊谷弘
自・自・公連立 ➲p.316
森喜朗 2000
小泉純一郎 01
2006 太田昭宏
菅直人 2000
志位 2000 和夫
自・公・保連立
福島瑞穂 2003
岡田克也 04
前原誠司 05
小沢一郎 06
国民新党 05
綿貫民輔
自公連立
安倍晋三 06
福田康夫 07
麻生太郎 08
谷垣禎一 09
09 山口那津男
政権交代，下野
総選挙に勝利し政権獲得
政権交代
鳩山由紀夫 09
菅直人 10
野田佳彦 11
海江田万里 12
総選挙で大敗，下野
亀井静香 09
みんなの党 09
渡辺喜美
安倍晋三 12
自見庄三郎 12
日本維新の会 12
橋下徹・石原慎太郎
国民の生活が第一 12
小沢一郎
日本未来の党
嘉田由紀子
生活の党
森裕子・小沢一郎
政権交代
政権奪回，自公連立
解党 ×13
13 結いの党
江田憲司
浅尾慶一郎 14
維新の党 14
橋下徹・江田憲司
江田憲司 14
松野頼久 15
次世代の党 14
平沼赳夫
解党 ×14
日本のこころを大切にする党* 15
中山恭子 *17年日本のこころに改称
15 岡田克也
生活の党と山本太郎となかまたち
山本太郎・小沢一郎
13 吉田忠智
おおさか維新の会 15
橋下徹
松井一郎 15
民進党 16
岡田克也
蓮舫 16
前原誠司 17
大塚耕平 17
自由党 16
小沢一郎
日本維新の会 16
松井一郎
17 希望の党
小池百合子
玉木雄一郎 17
解党 ×18
（政党要件喪失）
立憲民主党 17
枝野幸男
NHKから国民を守る党* 19
立花孝志
国民民主党 18
大塚耕平・玉木雄一郎
玉木雄一郎 19
19 れいわ新選組
山本太郎
18 又市征治
20 福島瑞穂
菅義偉 20
岸田文雄 21
泉健太 21
*「NHKと裁判している党 弁護士法72条違反で」などを経てNHK党に改称。

3 戦後の衆議院総選挙と党派別獲得議席数

GHQ解散　総選挙前の解散の通称など
なれあい解散　内閣不信任決議案可決による解散　▼定数の過半数　▼定数の2/3

選挙回数・内閣・年	内容	定数	党派別獲得議席数（0　100　200　300　400　500（人））
第22回 GHQ解散 幣原喜重郎内閣 1946年	初の男女普通選挙(最後の帝国議会総選挙)➡結果 第1党・第2党の自由党・進歩党が連立，吉田茂内閣成立	466	日本自由党140, 日本進歩党94, 国民協同党14, 日本社会党92, 日本共産党5, 諸派38, 無所属81
第23回 新憲法解散 吉田茂内閣① 1947年	日本国憲法施行を前にGHQの指示で解散➡結果 第1党の社会党が民主党・国民協同と連立，片山哲内閣成立	466	日本自由党131, 民主党121, 国民協同党29, 日本社会党143, 社会革新党5, 日本農民党5, 日本共産党4, 諸派16, 無所属12
第24回 なれあい解散 吉田茂内閣② 1949年	少数与党に苦しむ吉田首相が解散を望み，GHQの仲介で野党と解散を合意➡結果 与党 民主自由党が大勝	466	民主自由党264, 民主党69, 国民協同党14, 日本社会党48, 日本共産党35, 労働者農民党7, 農民新党6, 諸派6, 無所属12
第25回 抜き打ち解散 吉田茂内閣③ 1952年	公職追放解除の鳩山一郎らへの打撃をねらい，吉田首相が突如解散➡結果 与党 自由党議席減，吉田・鳩山の対立深まる	466	自由党240, 改進党85, 社会党(右派)57, 社会党(左派)54, 労働者農民党4, 諸派7, 無所属19
第26回 バカヤロー解散 吉田茂内閣④ 1953年	吉田首相の暴言が問題化し解散➡結果 自由党(吉田派)過半数を割り，左右社会党が議席増。政権運営不安定に。	466	自由党(吉田派)199, 自由党(鳩山派)35, 改進党76, 社会党(右派)66, 社会党(左派)72, 労働者農民党5, 日本共産党1, 諸派1, 無所属11
第27回 天の声解散 鳩山一郎内閣① 1955年	左右社会党との事前合意で解散➡結果 憲法改正を訴えた民主党が第1党になるが，左右社会党も1/3を確保➡社会党再統一・自由民主党結成 **55年体制成立**	467	自由党112, 日本民主党185, 社会党(右派)67, 社会党(左派)89, 労働者農民党4, 日本共産党2, 諸派2, 無所属6
第28回 話し合い解散 岸信介内閣① 1958年	岸首相と社会党・鈴木委員長，それぞれ勢力拡大ねらい会談で解散決定➡結果 自・社両党ともにほぼ現状維持	467	自由民主党287, 日本社会党166, 日本共産党1, 諸派1, 無所属12
第29回 安保解散 池田勇人内閣① 1960年	岸内閣が安保闘争で退陣，池田首相が「所得倍増」を掲げ解散➡結果 自民党議席増。民主社会党離脱の社会党も善戦。（多党化現象）	467	自由民主党296, 日本社会党145, 民主社会党17, 日本共産党3, 諸派1, 無所属5
第30回 所得倍増解散 池田勇人内閣② 1963年	池田首相，東京オリンピックを前に所得倍増論をアピールして解散➡結果 自・社両党ともほぼ現状維持	467	自由民主党283, 日本社会党144, 民主社会党23, 日本共産党5, 無所属12
第31回 黒い霧解散 佐藤栄作内閣① 1967年	「黒い霧」とよばれる自民党議員の汚職事件が続く中で解散➡結果 自民党現状維持。公明党，衆院初進出	486	自由民主党277, 日本社会党140, 民主社会党30, 公明党25, 日本共産党5, 無所属9
第32回 沖縄解散 佐藤栄作内閣② 1969年	沖縄返還協定調印(72年返還)を受けて解散➡結果 自民党大勝。社会党惨敗	486	自由民主党288, 日本社会党90, 民主社会党31, 公明党47, 日本共産党14, 無所属16
第33回 日中解散 田中角栄内閣① 1972年	田中首相が日中国交正常化を背景に解散➡結果 インフレで自民党議席減，社会党3桁回復，共産党躍進	491	自由民主党271, 日本社会党118, 民社党19, 公明党29, 日本共産党38, 諸派2, 無所属14
第34回 ロッキード解散 三木武夫内閣 1976年	戦後初の任期満了による総選挙➡結果 ロッキード事件の影響で自民党過半数割れの惨敗。三木内閣退陣（保革伯仲）	511	自由民主党249, 新自由クラブ17, 日本社会党123, 民社党29, 公明党55, 日本共産党17, 無所属21
第35回 増税解散 大平正芳内閣① 1979年	一般消費税(大型間接税)導入の是非をめぐり解散➡結果 自民党，前回以上の惨敗	511	自由民主党248, 新自由クラブ4, 社会民主連合2, 日本社会党107, 民社党35, 公明党57, 日本共産党39, 無所属19
第36回 ハプニング解散 大平正芳内閣② 1980年	初の衆参同日選挙 自民の党内抗争で内閣不信任成立➡結果 選挙中に大平首相急死，同情票もあり自民圧勝	511	自由民主党284, 新自由クラブ12, 日本社会党107, 社会民主連合3, 民社党32, 公明党33, 日本共産党29, 無所属11
第37回 田中判決解散 中曽根康弘内閣① 1983年	田中元首相の有罪判決(一審)後に解散➡結果 自民党，過半数割れの大敗，新自由クラブと連立	511	自由民主党250, 新自由クラブ8, 日本社会党112, 社会民主連合3, 民社党38, 公明党58, 日本共産党26, 無所属16
第38回 死んだふり解散 中曽根康弘内閣② 1986年	衆参同日選挙 中曽根首相，解散はしないとの約束をくつがえし突如解散➡結果 自民党300議席越え圧勝	512	自由民主党300, 新自由クラブ6, 日本社会党85, 社会民主連合4, 民社党26, 公明党56, 日本共産党26, 無所属9
第39回 消費税解散 海部俊樹内閣① 1990年	1989年に導入の消費税の賛否が争点に➡結果「土井ブーム」の社会党が大幅に議席増，自民党も安定多数	512	自由民主党275, 日本社会党136, 民社党14, 公明党45, 日本共産党16, 社会民主連合4, 諸派1, 無所属21
第40回 嘘つき解散 宮沢喜一内閣 1993年	政治改革などをめぐり自民党分裂➡結果 自民党過半数割れ。非自民8会派連立の細川内閣成立 **55年体制崩壊**	511	自由民主党223, 日本社会党70, 新党さきがけ13, 新生党55, 日本新党35, 民社党15, 公明党51, 日本共産党15, 社会民主連合4, 無所属30
第41回 小選挙区解散 橋本龍太郎内閣① 1996年	小選挙区比例代表並立制で実施。橋本首相が新進党の機先を制し解散➡結果 自民党過半数ならず，自・社・さ連立維持	500	自由民主党239, 新党さきがけ2, 社会民主党15, 新進党156, 民主党52, 日本共産党26, 諸派1, 無所属9
第42回 神の国解散 森喜朗内閣① 2000年	森首相の「神の国発言」が政治問題化，内閣支持率が低迷するなか解散➡結果 自民党議席減，公明党との連立へ	480	自由民主党233, 公明党31, 保守党7, 民主党127, 自由党22, 社会民主党19, 日本共産党20, 政党自由連合1, 無所属の会5, 無所属15
第43回 マニフェスト解散 小泉純一郎内閣① 2003年	小泉首相，自民党総裁再選の勢いをかって解散➡結果 自民党伸びず。民主党が議席増，二大政党制の傾向現れる	480	自由民主党237, 保守新党4, 公明党34, 民主党177, 社会民主党6, 無所属の会1, 日本共産党9, 政党自由連合1, 無所属11
第44回 郵政解散 小泉純一郎内閣② 2005年	小泉首相が郵政民営化を争点に解散➡結果「小泉劇場」効果で自民党圧勝	480	自由民主党296, 公明党31, 民主党113, 国民新党4, 社会民主党7, 新党大地1, 新党日本1, 日本共産党9, 無所属18
第45回 政権選択解散 麻生太郎内閣 2009年	衆議院の任期満了迫り麻生首相が解散。年金などが争点に➡結果 自民党が歴史的大敗，民主党圧勝 **政権交代**	480	自由民主党119, 公明党21, 民主党308, 社会民主党7, みんなの党5, 国民新党3, 新党大地1, 新党日本1, 日本共産党9, 無所属6
第46回 近いうち解散 野田佳彦内閣 2012年	野田首相，「社会保障と税の一体改革」を自・公両党と合意し解散➡結果 自民党圧勝，自・公政権奪回 **政権交代**	480	自由民主党294, 公明党31, 民主党57, みんなの党18, 日本維新の会54, 日本未来の党9, 国民新党1, 社会民主党2, 新党大地1, 日本共産党8, 無所属5
第47回 アベノミクス解散 安倍晋三内閣③ 2014年	安倍首相，消費税率の再引き上げを先送りする方針を示し解散➡結果 自民党・公明党の与党が勢力維持	475	自由民主党290, 公明党35, 民主党73, 維新の党41, 次世代の党2, 社会民主党2, 日本共産党21, 生活の党2, 無所属9
第48回(初の質疑なし解散) 安倍晋三内閣③ 2017年	内閣支持率回復をみて首相が臨時国会冒頭で解散➡結果 与党勝利。新党の希望の党は不振，立憲民主党が野党第一党	465	自由民主党284, 公明党29, 立憲民主党55, 希望の党50, 日本維新の会11, 社会民主党2, 日本共産党12, 無所属22
第49回(任期満了直前の解散) 岸田文雄内閣① 2021年	衆議院任期満了を前に菅義偉内閣から岸田文雄内閣に交代して解散➡結果 与党勝利，立憲民主党伸びず日本維新の会躍進	465	自由民主党261, 公明党32, 立憲民主党96, 日本維新の会41, 国民民主党11, 社会民主党1, 日本共産党10, 無所属10, れいわ新選組3

暦・時刻・度量衡

1 干支

＊数字は干支の順番を表す。

五行	陰陽	十干	子	丑	寅	卯	辰	巳	午	未	申	酉	戌	亥
木	兄	甲	①甲子*		51甲寅		41甲辰		31甲午		21甲申		11甲戌	
	弟	乙		②乙丑		52乙卯		42乙巳		32乙未		22乙酉		12乙亥
火	兄	丙	13丙子		③丙寅		53丙辰		43丙午		33丙申		23丙戌	
	弟	丁		14丁丑		④丁卯		54丁巳		44丁未		34丁酉		24丁亥
土	兄	戊	25戊子		15戊寅		⑤戊辰		55戊午		45戊申		35戊戌	
	弟	己		26己丑		16己卯		⑥己巳		56己未		46己酉		36己亥
金	兄	庚	37庚子		27庚寅		17庚辰		⑦庚午		57庚申		47庚戌	
	弟	辛		38辛丑		28辛卯		18辛巳		⑧辛未		58辛酉		48辛亥
水	兄	壬	49壬子		39壬寅		29壬辰		19壬午	Ⓐ	⑨壬申		59壬戌	
	弟	癸		50癸丑		40癸卯		30癸巳		20癸未		⑩癸酉		60癸亥

①五行・十干・十二支表 十干(甲乙丙丁…)と十二支(子丑寅卯…)を組み合わせて年や日数を表すことは，古く中国の漢から伝わった。これが干支である。また，十二支は方位・時刻を表すのにも用いられ(➡3)，日本では，十干を陰陽説にもとづく五行思想(木火土金水)にあてはめ，それぞれを兄(え)と弟(と)に分け，これをさらに十二支と組み合わせて年・日数をよぶことが広く行われた。この干支の組み合わせは，①甲子②乙丑…と表の数字の順番で進んでいく。例えば，壬申の乱は十干の「壬」と十二支の「申」が組み合わされた「壬申」の年(Ⓐ)に起きた戦乱であるため，その年の干支をとって名づけられた。干支の組み合わせは60通りあるので，60年で一まわりする。そのため，生まれ年の干支にかえってくる60歳を還暦という。

計算してみよう!! 今年の干支は？ 2023 ÷ 60 = 33 … 43（余り） ➡ 43 − 3* = 40 ➡ 表の40番目は癸卯

＊干支と西暦にはずれがあるため，西暦から換算する場合は3を引く。

2 暦

太陰太陽暦(旧暦)とは

1年は太陽の，1か月は月の運行を基準とする暦。この暦では1年が354日になり，季節のズレを補正するため，19年に7回の割合で閏月をいれる。そのため，約3年に一度，1年が13か月となる。

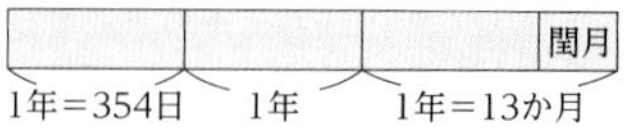

閏月
1年＝354日
1年
1年＝13か月

➲p.181

太陽暦・グレゴリオ暦(新暦)とは

太陽の運行に合わせて1年を365日とし，4年ごとに1日多い閏年をおく。現在，私たちが使用している暦。

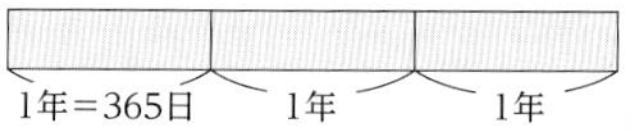

1年＝365日
1年
1年

②太陽暦への改暦 1872年，太陰太陽暦(旧暦)を廃して太陽暦(新暦)を採用。明治5年12月3日を明治6年1月1日とした。明治政府のこの改暦は文明化の一環であった。また権力を誇示するものでもあった。➲p.216

3 方位と時刻

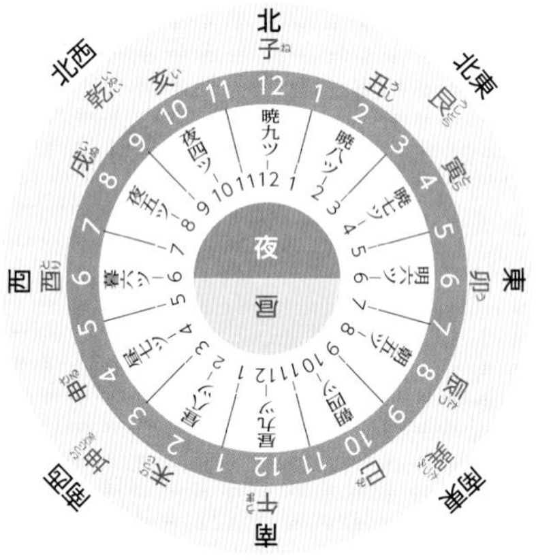

北 子
北東 丑 艮 寅
東 卯
南東 辰 巽 巳
南 午
南西 未 坤 申
西 酉
北西 戌 乾 亥
夜
昼
暁九ツ
暁八ツ
暁七ツ
明六ツ
朝五ツ
朝四ツ
昼九ツ
昼八ツ
昼七ツ
暮六ツ
夜五ツ
夜四ツ

③方位と時刻 時のよび方は十二支呼称と数字呼称の2通りが使われた。十二支呼称は，真夜中の24時の前後1時間を合わせた2時間を「子の刻」として，2時間ずつ順番に十二支をあてていったもの。丑三ツ時は丑(午前1～3時)を四つに分けた3番目の時刻のことで午前2時～2時30分ごろ。

十二支呼称は方位にも用いられた。真北を子として順番に右回りし，真南は午。北東は丑と寅の間として艮とよばれた。

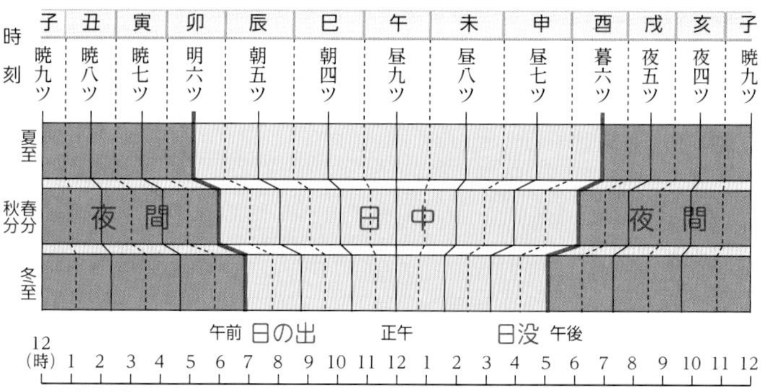

時刻
子 丑 寅 卯 辰 巳 午 未 申 酉 戌 亥 子
暁九ツ 暁八ツ 暁七ツ 明六ツ 朝五ツ 朝四ツ 昼九ツ 昼八ツ 昼七ツ 暮六ツ 夜五ツ 夜四ツ 暁九ツ
夏至
春分秋分
冬至
夜間
日中
夜間
午前 日の出
正午
日没 午後
12(時) 1 2 3 4 5 6 7 8 9 10 11 12 1 2 3 4 5 6 7 8 9 10 11 12

④不定時法 江戸時代には一般には不定時法が用いられた。不定時法とは四季によって変わる日の長さに合わせ，日の出と日没を基準にとり，日中と夜間とをそれぞれ6等分したもので，一区切りを一刻とよぶ。一刻の長さは昼夜・四季によって異なり，夏至の昼間の一刻は約2.6時間，冬至の一刻は約1.8時間である。

4 度量衡の換算

度 (長さ・距離)

1里 ＝ 36町	≒ 3.927km
1町 ＝ 60間 ＝ 360尺	≒ 109.09m
1間 ＝ 6尺	≒ 1.818m
1丈 ＝ 10尺	≒ 3.03m
1尺 ＝ 10寸	≒ 0.303m

量 (体積・容積)

1石 ＝ 10斗	≒ 180.39ℓ
1斗 ＝ 10升	≒ 18.039ℓ
1升 ＝ 10合	≒ 1.8039ℓ
1合 ＝ 10勺	≒ 0.1803ℓ
1勺	≒ 0.018ℓ

衡 (重さ)

1貫 ＝ 1000匁	≒ 3.75kg
1斤 ＝ 160匁	≒ 600g
1匁	≒ 3.75g

面積 (太閤検地以降) 1段(反) ＝ 300歩 ➲p.146

1町 ＝ 10段(反)	≒ 9917m²
1段(反) ＝ 10畝	≒ 991.7m²
1畝 ＝ 30歩(坪)	≒ 99.17m²
1歩(坪) ≒ 6尺平方	≒ 3.305m²

面積 (律令制) 1段(反) ＝ 360歩 ➲p.63

1町* ＝ 10段

1段 ＝ 360歩 { 長地型地割＝60歩×6歩 / 半折型地割＝30歩×12歩

＊面積1町＝1坪(現在の「坪」とは異なる)。

⑤江戸時代の度量衡は尺貫法とよばれる方法である。尺貫法は，尺が腕の長さ，貫が銭千枚の重さであり，非常にあいまいに決められた単位で，用途や地域によって基準がさまざまであった。度量衡が統一されたのは，1875(明治8)年に度量衡取締条例が施行されてからであった。

現在では，国際標準であるメートル法が使われているが，建物・土地の広さの単位(坪)など，現在でも名称が残るものもある。

⑥律令制(条里制)の坪地割

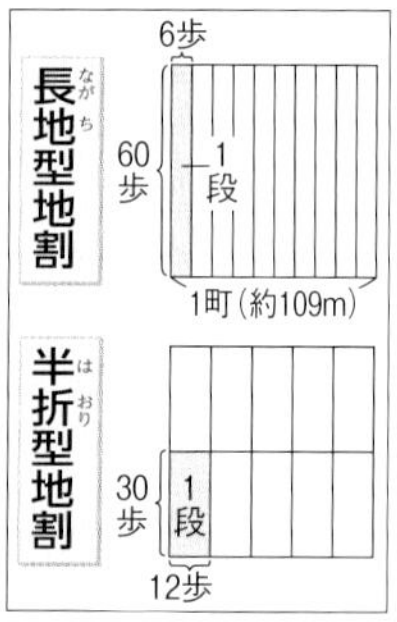

長地型地割
6歩
60歩
1段
1町(約109m)
半折型地割
30歩
1段
12歩

年表

B.C. = Before Christ の略

世界の動きの青文字は東アジア・東南アジアのできごとを意味する。

年代 西暦	日本の動き
約30万年前	◎ナウマンゾウ・オオツノジカなどが大陸から渡来
約4万年前	◎野尻湖遺跡群(長野県)：ナウマンゾウとオオツノジカの角が発見される
	◎日本列島で人類が活動を始める
	◎**岩宿遺跡**(群馬県)：相沢忠洋によって日本で最初に確認された旧石器遺跡
約3万2000年前	◎山下町洞人(新人)(沖縄県)：現在，日本最古の人類化石
約3万年前	◎立切遺跡(鹿児島県)：現在，日本最古の旧石器時代生活跡
	◎日向林B遺跡(新潟県)：磨製石器を含む石器が多数出土
約1万8000年前	◎港川人(沖縄県)・浜北人(静岡県)
約1万3000年前	◎大平山元Ⅰ遺跡(青森県)：現在，最古の縄文土器
約1万2000年前	◎最後の氷期が終わり，温暖化が始まる
B.C.7500	◎上野原遺跡(鹿児島県)：定住生活初期の大集落
B.C.4000	◎**三内丸山遺跡**(青森県)：大集落跡。**黒曜石**や**翡翠**が出土→遠方との交易
	◎貝の花貝塚(千葉県)：広場をもつ環状集落
	◎長者ヶ原遺跡(新潟県)：糸魚川流域産出の翡翠を加工し，各地に供給
	◎姥山貝塚(千葉県)：大正時代に発掘された最初の竪穴住居例
B.C.2500	◎加曽利貝塚(千葉県)：縄文時代最大級の貝塚
B.C.2000	◎大湯環状列石(秋田県)：共同墓地遺跡か？
	◎**大森貝塚**(東京都)：モースによる日本初の考古学調査
B.C.1000	◎亀ヶ岡遺跡(青森県)：亀ヶ岡式土器が出土
	◎菜畑遺跡(佐賀県)：縄文晩期後半の土器とともに水田跡が出土
	◎板付遺跡(福岡県)：夜臼式土器(縄文終末期)と弥生初期の土器が出土
	◎土井ヶ浜遺跡(山口県)：多数の弥生人の遺骨が出土
B.C.300	◎砂沢遺跡(青森県)：東北地方最古の水田跡
	◎唐古・鍵遺跡(奈良県)：**大環濠集落**
	◎吉野ヶ里遺跡(佐賀県)：大環濠集落。旧石器～中世までの長期間の遺跡
	◎原の辻遺跡(長崎県)：一支国の中心地とみられる
	◎須玖岡本遺跡(福岡県)：**甕棺墓**群があり奴国の中心地とみられる
	◎三雲南小路遺跡(福岡県)：伊都国の王墓とみられる大型甕棺墓
	◎荒神谷遺跡(島根県)：大量の**銅剣**と，**銅鐸**・**銅矛**が出土
	◎加茂岩倉遺跡(島根県)：荒神谷遺跡に近接し，大量の銅鐸が出土
B.C.1世紀	◎倭人，百余国に分立，その一部は**楽浪郡**と交渉もつ(『**漢書**』地理志)

●旧石器時代⬇

旧石器文化(旧石器時代)〈更新世〉

- 土器を伴わぬ**打製石器**の文化
- 簡単な小屋や岩陰，洞窟に住む
- **狩猟**・**採取**の生活

●縄文時代⬇

縄文文化(新石器時代)〈完新世〉

- 縄文土器を使用→型式に地域性あり→機能も分化
- 打製石器と**磨製石器**・骨角器を使用
- **竪穴住居**に住む→定住→大型集落もできる・巨大建造物
- **狩猟**・**漁労**・**採取生活**→弓矢の発明，漁具発達・丸木舟の登場
- **屈葬**，**抜歯**の風習
- **土偶**・**石棒**

●弥生時代⬇

弥生文化

- **弥生土器**・磨製石器・**青銅器**・**鉄器**・**金属器**を使用(**銅剣**・**銅戈**・**銅矛**・**銅鐸**)
- **水稲農耕**発展→前期は湿田，後期は乾田も。貯蔵庫として**高床倉庫**
- 低地に定住→小国の成立→軍事的**高地性集落**出現→大陸との交渉
- 墓の階層化と王墓の出現

朝鮮	中国	年代 西暦	世界の動き
		約700万年前	◎アフリカに猿人登場
		約240万年前	◎原人登場
		約80万年前	◎旧人登場(ネアンデルタール人など)
		約20万年前	◎新人登場(クロマニョン人・周口店上洞人など)
		B.C.8000	◎ヨルダン川周辺・メソポタミア北部で初期農耕始まる
		B.C.5000	◎仰韶文化おこる
		B.C.4000	エ ◎ナイル川流域に都市国家が発達
		B.C.3500	メ ◎メソポタミアに都市国家が発達
		B.C.3000	エ ◎エジプトに統一国家 ギ ◎エーゲ文明
		B.C.2600～B.C.1900	印 ◎インダス文明繁栄
		B.C.2000	◎クレタ文明おこる
		B.C.1760	メ ◎ハンムラビ法典発布
	殷	B.C.1600	中 ◎殷(商)がおこる ◎ミケーネ文明
	殷	B.C.1500	印 ◎アーリヤ人侵入
	殷	B.C.1100	◎ドーリア人の南下
	周	B.C.1027	中 ◎殷滅び周がおこる
	周	B.C.1000	印 ◎アーリヤ人，ガンジス川流域に進出
	春秋時代(東周)	B.C.770	中 周の東遷，春秋時代となる
	春秋時代(東周)	B.C.753	ロ ローマ建国(伝承)
	春秋時代(東周)	B.C.563	印 ◎シャカ誕生
	春秋時代(東周)	B.C.551	中 ◎孔子誕生
	春秋時代(東周)	B.C.525	アケメネス朝ペルシア，オリエント統一
	春秋時代(東周)	B.C.509	ロ ローマで共和政治
	春秋時代(東周)	B.C.500	ギ ペルシア戦争(～B.C.449) ◎ギリシア文化
	戦国時代(東周)	B.C.403	中 戦国時代となる
	戦国時代(東周)	B.C.334	アレクサンドロス大王の東方遠征(～B.C.323) ◎ヘレニズム文化
	戦国時代(東周)	B.C.272	ロ イタリア半島統一
	戦国時代(東周)	B.C.264	ロ ポエニ戦争(～B.C.146)
(衛氏朝鮮)	秦	B.C.221	中 秦の始皇帝，中国統一
(衛氏朝鮮)	漢(前漢)	B.C.202	中 漢(前漢)，中国統一
四郡	漢(前漢)	B.C.108	中 武帝，朝鮮半島に楽浪郡など4郡設置
四郡・高句麗	漢(前漢)	B.C. 27	ロ アウグストゥス，初代ローマ皇帝就任
四郡・高句麗	漢(前漢)	B.C. 4	◎イエス誕生

○その年のできごと(推定を含む)を示す　◎およそそのころを示す

エ エジプト　メ メソポタミア　ギ ギリシア　印 インド　中 中国　ロ ローマ

A.D. = Anno Dominiの略

政治・経済・社会の青文字は戦いを，文化の赤文字は作品・建物名を，世界の動きの青文字は東アジア・東南アジアのできごとを意味する。

西暦	天皇	年号	西暦	政治・経済・社会	西暦	文化
			A.D.			
			57	○倭の奴国王，後漢に朝貢し光武帝より印綬を受ける(『後漢書』東夷伝)		◎登呂遺跡(静岡県)：村と水田を同時に発掘，初の水田跡発掘例
100			107	○倭国王帥升等後漢に遣使，生口(奴隷か)160人献上(『後漢書』東夷伝)		◎吉野ヶ里遺跡が最盛期 ◎伊勢遺跡(滋賀県)：後期に出現した大環濠集落
			110	◎倭，朝鮮半島南部から鉄をさかんに輸入		
150			2世紀後半	◎桓帝と霊帝のころ，倭国大乱(『後漢書』東夷伝)		
				◎倭の諸国，女王卑弥呼を共立し，邪馬台国を中心に連合(「魏志」倭人伝)		
200			239	○卑弥呼，魏の帯方郡に遣使，「親魏倭王」の称号と金印紫綬と銅鏡百枚を受ける(「魏志」倭人伝)		◎纒向遺跡(奈良県)：大規模な宮殿跡，他地方の土器が大量出土
			247	○邪馬台国，狗奴国王と戦う(「魏志」倭人伝)		◎各地の王墓として独自の墳丘墓が発達
				◎卑弥呼死去　径百余歩の墳墓を築造(「魏志」倭人伝)		
250				◎内乱再発，宗女壱与(台与)が共立され治まる(「魏志」倭人伝)		◎纒向遺跡で「桃」を用いた祭祀跡が確認
			266	○邪馬台国女王壱与，晋に朝貢(『晋書』)　◎古墳時代⬇		
				◎大和盆地および瀬戸内海沿岸に前方後円墳出現(3～5世紀は竪穴式石室をもち，6世紀には横穴式石室が一般化。三角縁神獣鏡などの呪術的な副葬品をもつ)		
300						
350			4世紀半ば	◎古墳が東北中部まで波及		◎前期古墳被葬者は副葬品からみて司祭者的首長
			369	○倭，朝鮮に出兵し，加耶(加羅)諸国(かつての弁韓)を破る		
			372	○百済王，七支刀をヤマト政権に贈る		◎土師器の全国普及
	応神		391	○倭軍，百済・新羅を破る(好太王碑の碑文)		◎沖ノ島祭祀始まる
400			400	○倭軍，高句麗に撃退される(好太王碑の碑文)		◎中期古墳被葬者は武具副葬から武人的首長
			404	○倭軍，帯方郡で高句麗と戦い敗れる(好太王碑の碑文)		
	仁徳		413	○倭国，東晋に朝貢(『晋書』)		◎陶邑(大阪府)で須恵器が集中的に生産される
	履中		421	○倭王讃，宋に朝貢		
	反正 允恭		438	○倭王珍，宋に朝貢，安東将軍倭国王の称号を受ける		◎河内平野に巨大前方後円墳が継続的に築造
			443	○倭王済，宋に朝貢，安東将軍倭国王の称号を受ける		◎秦氏，西文氏，東漢氏らの祖先(弓月君，王仁，阿知使主ら)が渡来，先進技術を伝える
450	安康		451	○倭王済，宋より使持節都督倭・新羅・任那・加羅・秦韓・慕韓六国諸軍事を加えられる		
			462	○倭王興，安東将軍倭国王の称号を受ける		
	雄略		478	○倭王武，宋に遣使し上表文を提出　宋より使持節都督倭・新羅・任那・加羅・秦韓・慕韓六国諸軍事安東大将軍倭王の称号を受ける	471	◎稲荷山古墳出土鉄剣
500	清寧 顕宗 仁賢 武烈				513	百済から五経博士渡来(儒教伝来)
					522	南梁の司馬達等，渡来
	継体		512	○大伴金村，加耶4県を百済に割譲(540 金村失脚)		◎江田船山古墳出土鉄刀
			527	○新羅と通じた筑紫国造磐井の乱	538	百済の聖(明)王から仏像・経巻を贈られる(仏教伝来，『日本書紀』では552年)
550	安閑 宣化			◎屯倉を集中的に設置		
			552	○蘇我稲目と物部尾輿の対立(仏教採用をめぐり有力氏族間の対立が表面化)	554	百済より医・易・暦博士渡来
	欽明		562	○加耶，新羅に滅ぼされる	585	物部守屋ら仏寺・仏像を焼く
	敏達		570	○高句麗，日本に遣使	588	飛鳥寺建立開始
	用明 崇峻		587	○蘇我馬子・厩戸王(聖徳太子)・泊瀬部皇子(のちの崇峻天皇)ら，物部守屋とその一族を滅ぼす	593	◎四天王寺建立
					594	◎仏法(三宝)興隆の詔
			592	○蘇我馬子，崇峻天皇を倒す　推古天皇即位		◎寺院建立さかんになる
			593	4 厩戸王(聖徳太子)，政治に参加　●飛鳥時代⬇	602	百済の僧観勒，暦法を伝える
600	推古*		600	○第1回遣隋使(『隋書』倭国伝にみられる遣隋使初見)	603	広隆寺創建
			603	12 冠位十二階を制定	604	暦を採用
			604	4 憲法十七条を制定	605	飛鳥寺釈迦如来像(鞍作鳥作)
			607	7 小野妹子を隋に派遣(～08)	607	◎法隆寺建立
			608	4 隋の使節裴世清，妹子らと来日	610	高句麗の僧曇徴，彩色・紙・墨の製法伝える
			621	○新羅，初めて朝貢		
			622	2 厩戸王(聖徳太子)没(49歳)		◎『三経義疏』成立
			623	○新羅，加耶を討つ　征新羅軍を派遣	620	『天皇記』『国記』撰上
	舒明		630	8 犬上御田鍬を唐に派遣(第1回遣唐使)	622	中宮寺天寿国繡帳
			631	3 百済皇子豊璋，人質として来日	623	法隆寺金堂釈迦三尊像(鞍作鳥作)
	皇極*		642	1 蘇我入鹿，国政を執る	625	高句麗僧恵灌，三論宗を伝える
			643	11 蘇我入鹿，山背大兄王一族を滅ぼす	639	百済大寺の造営開始

政治・経済・社会の時代区分：ヤマト政権の国土統一／倭の五王の朝貢(『宋書』倭国伝)／ヤマト政権の動揺／国家組織の形成

文化の時代区分：弥生文化(金石併用時代)／古墳文化／飛鳥文化

＊女帝　593年以降の太数字は月を示す

○その年のできごと(推定を含む)を示す　◎およその年代を示す

朝鮮：四郡(楽浪郡ほか三郡)／高句麗／帯方郡／三韓時代／百済／新羅

中国：新／後漢／蜀・呉／魏／西晋／東晋／五胡十六国／(南朝)宋／斉／梁／陳／(北朝)北魏／東魏・西魏／北斉・北周／隋／唐

西暦	世界の動き
A.D. 8	中 王莽，新をおこす
25	中 光武帝，後漢おこす
30	◎イエス，処刑される
36	中 後漢，中国統一
105	中 蔡倫，製紙法改良
130	印 ◎ガンダーラ美術栄える
204	中 ◎朝鮮半島に帯方郡設置
220	中 三国(魏・蜀・呉)時代
224	ササン朝ペルシアおこる
265	中 司馬炎，西晋をおこす
280	中 西晋の中国統一
313	朝 高句麗，楽浪郡を滅ぼす
317	中 江南に，東晋建国
346	朝 ◎百済の馬韓統一進む
356	朝 ◎新羅の辰韓統一進む
375	ロ ゲルマン民族大移動開始
392	ロ キリスト教を国教とする
395	ロ ローマ帝国，東西に分裂
	印 ◎ヒンドゥー教発展
420	中 宋がおこる
439	中 北魏が華北統一，南北朝時代となる
476	ロ 西ローマ帝国滅亡
479	中 宋，滅亡し，斉おこる
486	◎フランク王国の形式
502	中 斉，滅亡し，梁おこる
534	中 東魏おこる
535	中 西魏おこる
	ロ ◎ビザンティン文化
552	突厥おこる
557	中 梁，滅亡し，陳おこる
570	◎ムハンマド(マホメット)が生まれる
589	中 隋の中国統一
605	中 隋，大運河建設開始
610	◎ムハンマド，アッラーの教え(イスラーム)を説く
618	中 李淵(高祖)，唐建国
622	ムハンマド，メディナに聖遷(ヒジュラ＝イスラーム暦元年)
624	中 唐，均田制・租庸調制実施
629	中 玄奘，インドへ

中 中国　印 インド　朝 朝鮮
ロ ローマ帝国，東ローマ帝国

西暦	天皇	年号	西暦	政治・経済・社会	西暦	文化	朝鮮	中国	西暦	世界の動き
	孝徳	大化 1	645	6 中大兄皇子，中臣鎌足ら，蘇我氏を滅ぼす（乙巳の変） 初めて年号を定める **大化改新**（中大兄皇子を皇太子とし，左大臣・右大臣・内臣・国博士を設置） 8 戸籍を作成し，男女の法を定める 12 難波に遷都（長柄豊碕宮）	645	仏法興隆の詔 ◎法隆寺玉虫厨子 ◎法隆寺百済観音像 ◎**八角墳**の造営	百済 新羅 高句麗	唐		
		2	646	1「**改新の詔**」を宣布 3 屯倉・田荘，子代・部曲を廃止する（公地公民制） 薄葬令を制定（墳墓葬送の制）						
		3	647	○七色十三階の冠位制定 ○渟足柵を設ける						
		4	648	○磐舟柵を設ける						
		5	649	2 冠位十九階を制定 **八省**・百官を設置						
650		白雉 4	653	○天皇と中大兄皇子が不和となる	657	飛鳥寺の西に須弥山の像をつくり，盂蘭盆会開催			651	ササン朝ペルシア，滅亡
	*斉明（皇極重祚）	斉明 4	658	4 阿倍比羅夫，**蝦夷**征伐へ（～659） 11 有馬皇子の謀反						
		6	660	3 阿倍比羅夫，粛慎を討つ	660	中大兄皇子，漏刻（水時計）を作製			660	朝 百済，滅亡
		7	661	1 天皇と中大兄皇子，前年に滅亡した百済救済のため九州へ 7 斉明天皇，筑紫朝倉宮で没（68 歳）					661	ウマイヤ朝おこる
	（中大兄称制）	天智 1	662	5 阿曇比羅夫らを百済に派遣し，余豊璋を王位につける						
		2	663	8 白村江の戦いで日本・百済軍，唐・新羅軍に大敗						
		3	664	2 冠位二十六階を制定 民部・家部を設置（部曲の復活） ○対馬・壱岐・筑紫などに**防人**・烽を，筑紫に水城を築く						
		4	665	○長門と筑紫（大野城・基肄城）に築城						
		6	667	○近江大津宮に遷都						
	天智	8	669	10 中臣鎌足に大織冠と大臣の位 藤原姓を与える 鎌足没（56 歳）	669	中臣鎌足，山階寺建立			668	朝 高句麗，滅亡
		9	670	2 **庚午年籍**（初の戸籍）をつくる	670	法隆寺全焼			671	中 義浄，インドへ
	（弘文）	（弘文）天武 1	672	6 壬申の乱 ○**飛鳥浄御原宮**に遷都	675	初めて占星台（天文台）設置			676	朝 新羅，朝鮮半島を統一
	天武	天武 10	681	2 飛鳥浄御原令の編纂を開始 3 国史の編纂に着手	680	官寺（国の大寺）を定める 天武天皇，薬師寺建立を発願				
		12	683	4 銅銭の使用を命ずる（富本銭か）						
		13	684	10 **八色の姓**を制定	685	山田寺本尊丈六仏像（興福寺仏頭）開眼				
	（持統称制）	朱鳥 1	686	9 天武天皇没，皇后称制 10 大津皇子の謀反	686	園城寺（三井寺）創建				
	*持統	持統 3	689	6 飛鳥浄御原令（22 巻）を施行						
		4	690	9 庚寅年籍をつくる	690	元嘉暦と儀鳳暦を併用			690	中 則天武后即位，国号を周とする
		8	694	12 **藤原京**に遷都	698	◎薬師寺完成	渤海		698	中 渤海がおこる
700	文武	大宝 1	701	8 藤原不比等らにより**大宝律令**完成	700	道昭，火葬（火葬の初め）				
	*元明	和銅 1	708	**和同開珎**（5 銀銭・8 銅銭）発行 ○出羽柵設置	705	◎高松塚古墳築造			705	中 則天武后退位し，唐復活
		3	710	3 **平城京**に遷都 ●奈良時代⬇	710	山階寺の後身を奈良に移し，興福寺と改称				
		4	711	10 **蓄銭叙位令**					711	ムスリム，イベリア半島征服 西ゴート王国滅亡
		5	712	9 出羽国設置	712	太安万侶『**古事記**』撰上			712	中 玄宗即位 ◎唐文化隆盛
		6	713	4 丹後国・美作国・大隅国設置	713	諸国に『**風土記**』の撰進命じる				
	*元正	霊亀 1	715	○郷里制を施行（717 年の説もあり）						
		養老 2	718	○養老律令制定	718	元興寺・薬師寺を平城京に移す				
		4	720	3 大隅国で隼人の反乱 9 陸奥国で蝦夷の反乱	720	舎人親王ら『**日本書紀**』撰上				
		6	722	4 百万町歩の開墾計画	723	太安万侶墓誌				
		7	723	4 **三世一身法**を制定	726	興福寺東金堂建立			726	ロ 聖像禁止令
	聖武	神亀 1	724	○陸奥国に**多賀城**設置	728	国家鎮護のため，金光明経を諸国に頒布				
		4	727	12 渤海使，初の来朝（以後 919 年までに 34 回）						
		天平 1	729	2 **長屋王の変** 8 **光明子**（不比等娘）皇后に立つ	730	薬師寺東塔建立				
		2	730	4 皇后宮職に施薬院設置		興福寺五重塔建立			732	トゥール－ポワティエ間の戦い（フランク王国，イスラーム軍撃退）
		9	737	4 疫病（天然痘）が流行し死者多数，藤原不比等の四子も死亡（～8） 9 私出挙の禁止	733 734	『出雲国風土記』完成 ◎興福寺阿修羅像（乾漆像）				
		10	738	1 阿倍内親王が皇太子となる **橘諸兄**が右大臣となり，吉備真備・玄昉を登用	735 739	吉備真備・玄昉が帰国 法隆寺夢殿建立				朝 ◎新羅，仏教文化繁栄
		12	740	9 藤原広嗣の乱 11 広嗣，大宰府で討たれる 12 恭仁京に遷都	741	**国分寺建立の詔**				
		15	743	5 **墾田永年私財法**を制定	743	**大仏造立の詔**				
		16	744	2 難波京に遷都 11 紫香楽宮に遷都	745	**行基**，大僧正に任ぜられる				
		17	745	5 平城京に遷都（5 年ぶり） 11 玄昉を筑紫に左遷	747 749	新薬師寺建立 行基没（82 歳） 東大寺大仏鋳造				

律令国家の建設（645～672） / 律令国家の完成（672～740） / 律令制度の動揺（740～）

飛鳥文化 / 白鳳文化 / 天平文化 / 思想 鎮護国家

＊女帝

朝 朝鮮 中 中国
ロ ローマ帝国，東ローマ帝国

西暦	天皇	年号	西暦	政治・経済・社会	
750	孝謙*	天平勝宝 6	754	1 大伴古麻呂，鑑真を伴い入京(前年に鹿児島坊津着) ◎墾田私有が進行	律令制度の動揺
		8	756	5 聖武太上天皇没(56 歳)	
		天平宝字 1	757	5 養老律令施行　7 橘奈良麻呂の変	
	淳仁	2	758	1 問民苦使を諸国に派遣　8 藤原仲麻呂，大保(右大臣)に就任，恵美押勝の名を賜り，官名・省名を唐風に改める	
		3	759	○諸国に常平倉をおく	
		4	760	1 恵美押勝を大師(太政大臣)とする	
		8	764	9 恵美押勝の乱，押勝(藤原仲麻呂)殺害される(59 歳)	
	称徳*(孝謙重祚)	天平神護 1	765	3 寺院以外の墾田開発を禁止する　閏10 道鏡，太政大臣禅師就任	
		2	766	10 道鏡を法王とする	
		神護景雲 1	767	10 陸奥に伊治城建設される	
		2	768	2 筑前に怡土城建設される	
		3	769	9 宇佐八幡神託事件(道鏡が和気清麻呂を大隅国に，姉の広虫を備後国に配流)	
	光仁	宝亀 1	770	8 道鏡，下野薬師寺別当に左遷される	
		2	771	10 武蔵国を東山道から東海道の所属に改める	
		3	772	10 寺院を除く墾田開発の禁止を解く	
		5	774	○蝦夷の反乱続く	
		11	780	3 伊治呰麻呂の乱 ◎初期荘園が発達	
	桓武	延暦 3	784	11 国司の職田以外の私営田を禁止　長岡京に遷都	
		4	785	9 造長岡京使の藤原種継，暗殺される(49 歳)	
		11	792	6 陸奥・出羽・佐渡・大宰府を除き軍団廃止し，健児をおく	
		13	794	10 桓武天皇，平安京遷都　●平安時代⬇	律令制度の立て直し
		16	797	○勘解由使設置　11 坂上田村麻呂を征夷大将軍に任命	
		17	798	4 渤海に遣使	
		18	799	5 遣新羅使廃止	
800		20	801	6 畿内の班田を 12 年に 1 度(一紀一班)とする	
		21	802	1 坂上田村麻呂，胆沢城を築く　4 阿弖流為ら降伏	
		22	803	3 坂上田村麻呂，志波城を築く　○官人の交替に関する規定を定めた『延暦交替式』施行	
		23	804	6 能登国に渤海使のための客院をつくる	
		24	805	12 菅野真道と藤原緒嗣の徳政論争により平安京造営・蝦夷征討中止	
	平城	大同 1	806	閏6 王臣家・寺家の山野占有を禁ず　勘解由使廃止	
		4	809	12 平城太上天皇，旧都平城京に行幸	
	嵯峨	弘仁 1	810	3 蔵人所設置(蔵人頭に藤原冬嗣・巨勢野足)　9 平城太上天皇の変(薬子の変)	
		3	812	6 大輪田泊修築	
		5	814	5 嵯峨天皇の皇子・皇女に源姓を与える(源氏賜姓の初め)	
		6	815	7 橘嘉智子(嵯峨天皇夫人)，皇后とする(檀林皇后)	
		7	816	○検非違使設置	
		11	820	4 弘仁格式を撰上(830 年施行)	
		12	821	5 空海，讃岐に満濃池を再興する	
		14	823	2 大宰府管内に公営田設置	
	淳和	天長 3	826	9 上総・常陸・上野を親王の任国とする	
		5	828	1 畿内に班田(以後 50 年間班田不施行) ○伊勢国の空閑地 100 町を勅旨田とする(以後勅旨田が増加する) ◎荘園が広がる	
		10	833	2 清原夏野ら『令義解』を撰上	藤原氏(北家)の台頭
	仁明	承和 5	838	7 事実上最後の遣唐使派遣(翌年帰国)	
		9	842	7 承和の変(藤原北家の台頭)	
		14	847	10 円仁，弟子 2 人と唐の商人 42 人を連れて帰国	
		嘉祥 2	849	8 唐の商人 53 人来着	

＊女帝

西暦	文化	
751	『懐風藻』成立(現存最古の漢詩集)	天平文化
752	東大寺大仏(盧舎那仏)開眼供養 ◎鳥毛立女屛風	
754	唐僧鑑真来朝，律宗を伝える	
755	東大寺戒壇堂建立 ◎東大寺日光・月光菩薩像	
756	聖武太上天皇の遺品を東大寺に施入，のちに正倉院となる	
759	唐招提寺建立	
761	下野薬師寺・筑紫観世音寺に戒壇を建立	
765	西大寺の建立始まる ◎東大寺法華堂不空羂索観音像(乾漆像) ◎薬師寺吉祥天像	
770	百万塔に陀羅尼を納め，諸寺分置 ◎『万葉集』成立 ◎石上宅嗣ら芸亭をつくる	
780	◎室生寺建立	
788	最澄，比叡山に一乗止観院，のちの延暦寺を建立	弘仁・貞観文化
796	諸国に地図作製を下命 東寺建立	
797	『続日本紀』完成 空海，『三教指帰』を著す	
798	清水寺創建 ◎高雄山寺創建 ◎神護寺薬師如来像	
804	最澄・空海ら渡唐	
805	最澄帰国する	
806	最澄，天台宗を開く　空海帰国する ◎和気広世，弘文院創立	
810	唐招提寺五重塔建立 ◎文章経国思想広まる	
812	◎空海『風信帖』(三筆の一人)	
814	小野岑守ら『凌雲集』	
818	藤原冬嗣ら『文華秀麗集』	
819	空海，高野山金剛峯寺を創建	
820	最澄，『顕戒論』を進上	
821	藤原冬嗣，勧学院創立	
823	空海，東寺を与えられ教王護国寺と称し，真言宗を開く	
827	良岑安世ら『経国集』	
828	空海，綜芸種智院を創設	
838	円仁ら入唐(～847 帰国) ◎園城寺不動明王像(黄不動)	
840	藤原緒嗣ら『日本後紀』撰上	
847	◎円仁『入唐求法巡礼行記』 ◎観心寺如意輪観音像 ◎橘氏ら学館院創立	

朝鮮	中国	西暦	世界の動き
新羅 渤海	唐	750	アッバース朝おこる
		751	中 タラス河畔の戦い(唐軍，イスラーム軍に敗れる　製紙法の西伝)
		755	中 安史の乱
		756	ピピンの寄進(教皇領の始まり)
		762	バグダード造営
		768	フランク王国，カール大帝即位
		780	中 均田制くずれ，両税法を実施
		800	フランク王国のカール大帝，西ローマ皇帝となる ◎イスラーム文化全盛 ◎ノルマン人，ヨーロッパ各地に侵入
		829	英 ウェセックス王のエグバート，イングランド統一
		843	ヴェルダン条約が結ばれフランク王国三分割される ◎ジャワ，ボロブドゥール造営

中 中国　英 イギリス

西暦	天皇	摂関	年号	西暦	政治・経済・社会		西暦	文化		朝鮮	中国	西暦	世界の動き
850	文徳		仁寿 3	853	○諸国に疱瘡流行し死者多数		853	円珍ら入唐(～858帰国)		新羅	渤海 唐		
			天安 1	857	2 右大臣藤原良房，太政大臣となる		857	大衍暦を五紀暦に改める					
	清和		2	858	8 清和天皇，9歳で即位　藤原良房，実質的に摂政の任につく		860	山城の石清水八幡宮創建					
			貞観 3	861	11 武蔵国，郡ごとに検非違使設置								
			4	862	5 山陽道・南海道に海賊追捕を命ず		862	渤海から伝わった唐の宣明暦を実施(～1684)				862	◎ノヴゴロド国成立(ロシアの起源)
			6	864	1 大納言に伴善男，参議に藤原基経が就任								
		○良房	8	866	閏3 応天門炎上　8 藤原良房，正式に摂政となる(人臣摂政の初め)　9 応天門の変(伴善男ら配流)　◎惟宗直本『令集解』を著す		866 868	最澄に伝教大師，円仁に慈覚大師の諡号(大師号の初め) 円珍，延暦寺座主になる					
			11	869	5 陸奥国で巨大地震，津波で大きな被害(貞観地震)　9 藤原氏宗ら，貞観格撰上		869	藤原良房ら『続日本後紀』撰上　初の祇園御霊会					
			12	870	11 大宰少弐藤原元利麻呂，新羅に通じた疑いでとらえられる				弘仁・貞観文化			870	メルセン条約(ドイツ・フランス・イタリアの起源)
			13	871	10 藤原氏宗ら，貞観式撰上								
		○基経	14	872	9 藤原良房没(69歳)　11 藤原基経，摂政となる		874	醍醐寺創建				875	中 黄巣の乱(～884)
	陽成		18	876	2 嵯峨院を大覚寺とする　4 大極殿火災		876	◎祇園社(八坂神社)創建					
			元慶 2	878	3 元慶の乱(出羽の蝦夷の反乱)								
			3	879	12 畿内に官田を設置(元慶官田)		879	藤原基経ら『日本文徳天皇実録』撰上					
			5	881	5 山陽道・南海道の海賊追捕								
	光孝		8	884	5 基経，事実上の関白(あらゆる上奏，下達を太政大臣の基経に諮問させる)		 881	◎神仏習合が広まる 在原行平，奨学院創立					◎キエフ公国建国
	宇多	●基経	仁和 3	887	11 藤原基経，関白の詔を受ける　閏11 阿衡の紛議(～888)			◎加持祈禱が流行					
			寛平 1	889	5 桓武天皇の曽孫高望王に平姓を与える(桓武平氏)	藤原氏(北家)の台頭	888	仁和寺金堂建立					
			3	891	1 藤原基経没(56歳)　2 菅原道真，蔵人頭就任		890	宮中で四方拝が行われる					
			5	893	3 僧中瓘が唐の衰退を報告　5 新羅人，肥前・肥後に来寇		892	菅原道真『類聚国史』撰上 ◎年中行事の整備が進む					
			6	894	8 菅原道真が遣唐大使に任命され遣唐使の中止を建議　遣唐使の派遣中止を決定			◎薬師寺僧形八幡神像 ◎平がながあらわれる					
			8	896	4 五位以上の私営田を禁止 ◎滝口の武者をおく		899	教王護国寺(東寺)両界曼荼羅図				895	◎マジャール人，ハンガリー侵入
	醍醐		9	897	延喜の治(醍醐天皇の親政)始まる(～930)								
			昌泰 2	899	2 藤原時平を左大臣，菅原道真を右大臣にする 11 宇多上皇，剃髪出家(法皇の初め)								
900			延喜 1	901	1 昌泰の変(右大臣菅原道真を大宰府に左遷，903年，59歳で没)　4 群盗が横行		901	『日本三代実録』を撰上 ◎『竹取物語』『伊勢物語』					
			2	902	3 初の荘園整理令(延喜の荘園整理令) ○史料上最後とされる班田を実施		905	紀貫之ら『古今和歌集』(勅撰和歌集の初め)撰上(三代集)					
			7	907	11 延喜格を撰上(908年施行)			◎国風文化が発達			五代十国	907	中 唐の滅亡(五代十国の分裂時代へ)
			14	914	4 三善清行，「意見封事十二箇条」を提出								
			19	919	11 渤海使来日(最後の渤海使)							916	中 キタイ帝国(遼)建国
			20	920	12 高明親王ら，源姓を賜う(醍醐源氏)		920	能書家小野道風の昇殿を許す				918	朝 王建，高麗を建国
			延長 1	923	5 新羅使来日(最後の新羅使)		921	空海に弘法大師の諡号 ◎本地垂迹説おこる					
			5	927	12 延喜式を撰上(967年施行)		925	法性寺建立	国風文化		キタイ帝国(遼)	926	中 キタイ帝国(遼)，渤海を滅ぼす
	朱雀		承平 1	931	2 京中に群盗横行		927	円珍に智証大師の諡号					
			3	933	12 南海海賊横行により諸国に警固使を設置	武士の成長	928	小野道風屏風土代(三跡の一人)					
		○忠平	5	935	2 平将門が伯父の国香を殺害(平将門の乱の始まり) 承平・天慶の乱(～41)		935	◎紀貫之『土佐日記』		高麗		936	朝 高麗，朝鮮半島統一
			7	937	11 富士山噴火		938	空也，都で念仏を説く					
			天慶 2	939	12 将門，常陸・下野・上野の国府を攻略，新皇と称する　藤原純友の乱起こる			◎浄土信仰さかんとなる					
			3	940	2 平貞盛，藤原秀郷ら将門を討つ(平将門の乱平定)		940	◎『将門記』(最初の軍記物)					
			4	941	5 小野好古，源経基らが藤原純友を博多津に破る		947	北野天満宮建立(菅原道真の祠を北野に移す)					
	村上	●忠平	天暦 2	948	○京都に群盗横行，右近衛府・清涼殿などにおしいる								
			3	949	天暦の治(村上天皇の親政)始まる(～967)								

○摂政　●関白

中 中国　朝 朝鮮

西暦	天皇	摂関	年号	西暦	政治・経済・社会	西暦	文化	西暦	世界の動き
950	村上		天徳 1	957	12 菅原文時、「意見封事三箇条」奏上	955	◎『後撰和歌集』成立(三代集)		
			2	958	3 乾元大宝(本朝十二銭の最後)鋳造	960	天徳内裏歌合		
					◎国司の遙任さかん	963	空也、西光寺(のちの六波羅蜜寺)建立	960	中 趙匡胤(太祖)、宋(北宋)建国
	冷泉	●実頼	康保 4	967	6 藤原実頼、関白就任　7 延喜式を施行				
			安和 1	968	6 東大寺・興福寺の両寺、荘園をめぐり乱闘		◎寝殿造の大成	962	オットー1世、神聖ローマ帝国皇帝となる
			2	969	3 安和の変、左大臣源高明左遷(藤原氏北家の他氏排斥完了)　8 円融天皇即位　実頼、摂政に就任(以後摂関を常置)		◎『大和物語』 ◎『宇津保物語』 ◎『落窪物語』		
	円融	実頼○ 伊尹○	天禄 3	972	10 高麗使、対馬に来着　◎権門へ荘園集中				
		兼通●	天延 2	974	5 尾張国の百姓らの訴えで、国司藤原連貞を解任	974	藤原道綱の母『蜻蛉日記』		
		頼忠●	永観 1	983	8 奝然、宋商人の船で宋へ　◎日宋貿易始まる		◎浄土教の流行	979	中 宋、中国を統一
	花山		2	984	4 高麗人、筑前国に来着	984	『医心方』(最古の医術書)		
	一条	○兼家	永延 1	987	10 宋の商人来日　11 諸寺に銭貨の流通を祈らせる	985	源信『往生要集』	987	仏 カペー朝(フランス王国)おこる
			2	988	11 尾張国の郡司・百姓ら国司藤原元命の非法を訴える(尾張国郡司百姓等解)	986	奝然帰国、宋より釈迦如来像請来		
		兼家●	永祚 1	989	2 藤原元命、尾張守を解任される		◎慶滋保胤『日本往生極楽記』		◎デーン人、イギリス侵入激化
		○●道隆	正暦 1	990	5 藤原道隆、摂政就任　10 女御藤原定子(道隆の娘)、一条天皇の中宮となる				
			2	991	9 円融皇太后詮子出家、東三条院の女院号	991	藤原佐理『離洛帖』(三跡の一人)		
		道隆●	5	994	8 右大臣に藤原道兼、内大臣に藤原伊周が就任	993	円珍門徒(寺門派)、円仁門徒(山門派)と争い比叡山を下りて園城寺に入る		
		道兼●	長徳 1	995	疫病流行し、4 藤原道隆(43歳)、5 道兼(35歳)没　藤原道長、内覧(関白に準ずる)を命じられる　7 道長、伊周と争う		◎清少納言(定子に仕える)、紫式部(彰子に仕える)、和泉式部ら輩出、国文学隆盛となる		
		道長(内覧)	3	997	10 奄美島人、壱岐・対馬に来襲				
1000			長保 2	1000	2 中宮定子、皇后となる　彰子(道長の娘)、一条天皇の中宮となる		◎清少納言『枕草子』		
					5 興福寺の僧徒、大和国司の館に乱入		◎紫式部『源氏物語』、『紫式部日記』	1004	中 澶淵の盟(宋・遼の和約)
	三条		長和 1	1012	2 藤原道長の娘妍子、三条天皇の中宮となる				
			4	1015	11 内裏焼失	1006	◎『拾遺和歌集』成立(三代集)		
	後一条	道長○	5	1016	1 藤原道長、摂政となる　◎藤原氏全盛	1007	◎和泉式部『和泉式部日記』	1016	英 デーン人のクヌート、イギリス王となる(～35)
		○頼通	寛仁 1	1017	3 藤原頼通、摂政に、12 道長、太政大臣になる				
			2	1018	10 道長の娘威子、後一条天皇の中宮となる	1018	藤原行成『白氏詩巻』(三跡の一人)		
			3	1019	4 刀伊の入寇(襲来)(女真人、対馬・壱岐・筑前に来襲)　大宰権帥藤原隆家ら、撃退		◎藤原公任『和漢朗詠集』		
						1020	藤原道長、無量寿院阿弥陀堂(1022年より法成寺)建立		
			万寿 4	1027	12 藤原道長没(62歳)		定朝の阿弥陀像を安置		
		●頼通	長元 1	1028	6 平忠常の乱(～31)				
			4	1031	4 源頼信、平忠常の乱を平定し東国に勢力をのばす		◎藤原道長『御堂関白記』		
			9	1036	4 敦良親王即位(後朱雀天皇)		◎『栄華物語』(正編)		
	後朱雀		長暦 1	1037	1 興福寺僧徒、東大寺東南院破壊			1038	セルジューク朝おこる(1157年分裂)
			長久 1	1040	6 長久の荘園整理令　11 京中の放火頻発				中 李元昊、西夏建国(～1227)
			寛徳 2	1045	10 寛徳の荘園整理令	1047	浄瑠璃寺創建		
1050	後冷泉		永承 6	1051	○前九年合戦(陸奥の俘囚安倍頼時の反乱、源頼義を陸奥守に任じ討たせる～62)	1051	日野資業、法界寺建立		
						1052	この年より末法の世に入るといわれ末法思想流行		
			天喜 3	1055	3 天喜の荘園整理令			1054	キリスト教会、東西に分裂
						1053	藤原頼通、宇治に平等院鳳凰堂建立　定朝、阿弥陀如来像		
			康平 5	1062	9 源頼義ら厨川柵に安倍貞任を討ち、前九年合戦平定	1060	◎菅原孝標の女『更級日記』	1066	英 ノルマンディー公ウィリアム、イングランド征服
	後三条		延久 1	1069	2 延久の荘園整理令　閏10 記録荘園券契所を設置	1063	源頼義、鎌倉に八幡宮を勧請(鶴岡八幡宮の起源)		
		●教通	4	1072	9 延久の宣旨枡制定			1069	中 王安石の改革
			5	1073	1 院蔵人所設置	1072	成尋、入宋		
			承保 2	1075	1 宋の神宗より経論・錦を贈られる(77に返書)　2 延暦寺・園城寺の僧徒争う		◎『陸奥話記』		
	白河					1077	白河天皇、法勝寺落慶供養(六勝寺の初め)	1077	カノッサの屈辱
			承暦 3	1079	6 延暦寺の僧徒強訴				
		●師実	4	1080	3 高麗使来日(10 高麗との国交絶える)				
			永保 1	1081	10 石清水八幡宮・賀茂社に行幸、源義家らが警護	1081	成尋、宋にて死去(71歳)		
			2	1082	10 熊野の僧徒、上京して強訴				
			3	1083	9 後三年合戦(陸奥守源義家、清原氏の内紛に介入～87)			1084	中 司馬光『資治通鑑』
									◎ローマ教皇の全盛

政治区分: 摂関政治の全盛／武士団の発達
文化区分: 国風文化／末法思想と浄土信仰の広まり
朝鮮: 高麗　中国: 五代十国、宋(北宋)、遼

○摂政　●関白

中 中国　仏 フランス　英 イギリス

西暦	天皇	院政	摂関	年号	西暦	政治・経済・社会		西暦	文化		朝鮮	中国	西暦	世界の動き
			○師実	応徳 3	1086	11 堀河天皇，8歳で即位し，白河上皇，院庁で院政を始める	院政	1086	藤原通俊『後拾遺和歌集』撰上	末法思想と浄土信仰の広まり	高麗	遼／宋(北宋)		
								1087	鳥羽殿完成					
				寛治 1	1087	12 源義家，後三年合戦を平定			◎熊野信仰がさかんに					
			●師実	5	1091	6 源義家への荘園寄進を禁ず		1088	白河上皇，高野山に行幸					
				7	1093	8 興福寺僧徒，春日大社神木を奉じ強訴		1089	『類聚三代格』成立					
				嘉保 1	1094	5 藤原伊房ら，遼との私貿易で処罰		1090	白河上皇，熊野に行幸					
	堀河			2	1095	10 延暦寺僧徒，日吉神社神輿を奉じ強訴		1092	藤原師実，興福寺北円堂再建					
			●師通			◎院に北面の武士を設置		1094	◎『栄華物語』(下編)				1095	クレルモン教会会議
				承徳 2	1098	10 源義家，院昇殿を許される			清水寺再建				1096	第1回十字軍の遠征(～99)
						◎売官・売位がさかんになる	中央における武士の台頭	1096	京で田楽流行					
				康和 1	1099	1 仁和寺覚行を親王とする(法親王の初め)			◎皇円『扶桑略記』				1099	イェルサレム王国の建国(～1291)
1100		白河		3	1101	7 対馬守源義親(義家の子)が九州で乱行								
				長治 2	1105	8 宋船が博多に来航		1102	堀河天皇，尊勝寺建立					
			●忠実	嘉承 2	1107	12 源義親の乱		1105	藤原清衡，平泉に中尊寺建立					
				天仁 1	1108	1 平正盛，反徒源義親を討つ		1107	浄瑠璃寺本堂建立					
						3 延暦寺・園城寺の僧徒入京，源平両氏が阻止 7 浅間山が噴火		1115	醍醐寺三宝院建立					
								1118	鳥羽天皇，最勝寺建立					
	鳥羽		○忠実			◎僧兵の争い激化 ◎二毛作始まる			◎『今昔物語集』					
						◎知行国の制度発達 ◎按司が沖縄各地に出現			◎『大鏡』				1115	中 満州に金建国
			●忠実	永久 4	1116	5 宋より牒状到来			◎『源氏物語絵巻』					
		●忠通		元永 2	1119	平正盛，5 京中の強盗，12 西国の賊を討つ		1124	良忍，融通念仏を説く					◎アンコール＝ワット(カンボジア)造営
				保安 4	1123	7 延暦寺の僧徒，日吉神社の神輿を奉じ入京，平忠盛・源為義ら防戦			源俊頼『金葉和歌集』撰上					
									藤原清衡，中尊寺金色堂上棟			金	1125	中 遼滅びる
	崇徳		○忠通	天治 2	1125	12 京都で大火		1126	藤原基衡，平泉に毛越寺再興				1126	中 靖康の変(～27)
				大治 4	1129	3 平忠盛，山陽道・南海道の海賊追討						南宋	1127	中 金，北宋を滅ぼす 高宗，南宋をおこす
		鳥羽	●忠通	長承 1	1132	3 平忠盛，内裏への昇殿を許される ◎問丸発展		1128	待賢門院(鳥羽后)発願の円勝寺供養	院政期の文化				
				2	1133	8 宋の商船来着，平忠盛が大宰府と対立								
	近衛		○忠通	久安 2	1146	1 源為義，左衛門尉・検非違使就任			◎『鳥獣戯画』				1143	ポルトガル王国成立
1150				6	1150	9 藤原頼長，氏長者となり兄忠通と不和		1139	崇徳天皇，成勝寺供養				1147	第2回十字軍の遠征(～49)
	後白河		●忠通	保元 1	1156	7 保元の乱		1140	北面の武士佐藤義清(西行)出家				1150	仏 ◎パリ大学創立
				2	1157	2 大内裏造営が始まる		1149	近衛天皇，延勝寺建立				1154	英 プランタジネット朝成立
	二条		●基実	平治 1	1159	12 平治の乱		1151	藤原顕輔『詞花和歌集』撰上					
		○基実		永暦 1	1160	3 源頼朝伊豆配流 6 平清盛，公卿に列する	平氏政権	1152	平清盛，厳島神社修復				1163	仏 ノートルダム大聖堂の起工
	六条	後白河	○基房	仁安 2	1167	2 平清盛，太政大臣となり，平氏全盛に		1156	高野山金剛峯寺の「両界曼荼羅図」完成					
				嘉応 2	1170	5 藤原秀衡，鎮守府将軍となる							1167	英 オックスフォード大学創立
	高倉			承安 1	1171	12 清盛の娘徳子，入内(高倉天皇女御，翌年中宮)		1160	白水阿弥陀堂建立				1169	エジプトのファーティマ朝滅亡，アイユーブ朝成立
			●基房	3	1173	◯清盛，摂津に経ケ島築造(日宋貿易さかん)		1164	平清盛，経典を厳島神社に奉納(『平家納経』)					
				治承 1	1177	4 京都で大火 6 鹿ケ谷の陰謀			蓮華王院(三十三間堂)建立					
			基通●	3	1179	11 清盛，後白河を鳥羽殿に幽閉，院政を停止		1167	重源，入宋					中 ◎朱熹，朱子学を大成
	安徳	高倉	○基通	4	1180	2 清盛，大輪田泊修築勅許される 治承・寿永の乱(～1185)(5 以仁王・源頼政平氏追討の挙兵，宇治で敗死 6 福原京遷都 8 源頼朝，伊豆に挙兵，石橋山の戦い 9 源義仲，信濃で挙兵 10 頼朝，鎌倉に入る 富士川の戦いに源氏勝利 11 頼朝，鎌倉に侍所設置)		1168	栄西，入宋 富貴寺大堂建立 ◎後白河上皇，今様を集成した『梁塵秘抄』を撰する					
								1170	◎『今鏡』					
								1175	法然(源空)，専修念仏を唱え浄土宗を開く					
				養和 1	1181	閏2 平清盛死去(64歳) ◯養和の飢饉(～82)	源平の争乱	1180	平重衡，東大寺・興福寺を焼く(南都焼打ち)					
		後白河	師家	寿永 2	1183	5 倶利伽羅峠の戦い 7 平氏，天皇・神器を奉じ西国へ逃れ，源義仲入京 10 源頼朝の東国支配公認(寿永二年十月宣旨)		1181	重源，東大寺再建の大勧進を始める					
			○基通	元暦 1	1184	1 宇治川の戦い 2 一の谷の合戦 3 頼朝，平家没官領を与えられる 10 頼朝，公文所・問注所設置		1183	宋の仏工陳和卿，東大寺大仏を補修					
				文治 1	1185	2 義経ら屋島の合戦，3 壇の浦の戦いに勝利し平氏滅亡 5 頼朝，義経と不和 11 頼朝，守護・地頭の設置権など獲得 ◎鎌倉時代⬇			◎『山家集』(西行)					
	後鳥羽							1187	栄西，再度の入宋(初回1168)				1187	サラディン，イェルサレムを征服
			●兼実(1196)	3	1187	2 義経，陸奥の藤原秀衡のもとへ逃れる			藤原俊成，『千載和歌集』撰上					
				5	1189	閏4 藤原泰衡，義経(31歳)を衣川で襲撃 9 頼朝，藤原泰衡(35歳)を討つ(奥州平定)	院政	1188	四天王寺『扇面古写経』				1189	第3回十字軍の遠征(～92)

○摂政 ●関白

中 中国 仏 フランス 英 イギリス

西暦	天皇	院政	将軍	執権	年号	西暦	政治・経済・社会		西暦	文化		朝鮮	中国	西暦	世界の動き
		後白河			建久 1	1190	11 源頼朝入京，権大納言・右近衛大将に任官(のち，辞退)　12 頼朝，鎌倉へ帰る	院政				高麗	金　南宋	1190	ドイツ騎士団おこる
	後鳥羽				2	1191	1 頼朝，公文所を政所と改称		1191	栄西，宋より帰国し禅宗(臨済宗)を広める					
			源頼朝		3	1192	3 後白河法皇没(66歳)　7 頼朝，征夷大将軍となる(鎌倉幕府，名実ともに成立→成立時期は諸説あり)	幕府の始まり	1194	延暦寺の強訴により禅宗禁止　石山寺多宝塔建立	鎌倉文化の発達			1194	セルジューク朝分裂
					4	1193	8 源範頼殺害　◯宋銭通用停止		1195	東大寺大仏殿再建供養					
					7	1196	11 九条兼実，関白を罷免		1198	法然『選択本願念仏集』　栄西『興禅護国論』				1198	インノケンティウス3世，教皇即位
				源頼家	正治 1	1199	1 頼朝没(53歳)，源頼家が鎌倉殿に　4 北条時政以下有力御家人13名による合議制をとる(頼家の親裁を停止)		1199 1201	東大寺南大門再建 快慶「東大寺僧形八幡神像」完成					
1200					2	1200	1 梶原景時，失脚		1202	栄西，建仁寺創建				1202	第4回十字軍遠征(～04)
	土御門				建仁 2	1202	7 頼家，征夷大将軍就任		1203	運慶・快慶ら「東大寺南大門金剛力士像」					
				北条時政	3	1203	9 比企能員の乱(比企一族滅亡)　頼家を伊豆の修禅寺に幽閉　北条時政執権就任			◎藤原隆信「伝源頼朝像」				1204	十字軍，コンスタンティノープルを占領しラテン帝国(～61)建国
		後鳥羽	源実朝		元久 1	1204	7 頼家(23歳)，修禅寺で時政に暗殺される　10 諸国地頭の違乱戒告		1205 1206	藤原定家ら『新古今和歌集』撰進 明恵(高弁)，栂尾高山寺創建				1206	テムジン，モンゴル統一，チンギス＝ハンと称す
					2	1205	6 時政，畠山重忠父子を殺害　閏7 将軍源実朝排除失敗で時政失脚　北条義時，執権		1207	承元の法難(専修念仏を禁じ，法然を土佐〔実際は讃岐〕に，親鸞を越後に流す)			モンゴル帝国		
					承元 4	1210	3 幕府，武蔵国の大田文作成							1209	英 ケンブリッジ大学創設
	順徳				建保 1	1213	5 和田合戦(→和田義盛，挙兵し敗死)　義時，政所・侍所別当兼任		1212	鴨長明『方丈記』　明恵『摧邪輪』　運慶ら「無著像・世親像」				1215	英 マグナ＝カルタ(大憲章)の制定
					4	1216	11 実朝，渡宋企て陳和卿に大船建造を下命		1213	源実朝『金槐和歌集』					
				義時	承久 1	1219	1 実朝(28歳)，鶴岡八幡宮で公暁に暗殺される(源氏正統断絶)　7 三寅(藤原頼経)鎌倉下向，北条政子が政務を後見(尼将軍)		1214 1219 1220	栄西『喫茶養生記』献上 ◎「北野天神縁起絵巻」 ◎慈円『愚管抄』				1219	チンギス＝ハン，西アジア遠征
	仲恭	後高倉			3	1221	5 承久の乱　6 幕府軍，京を制圧し六波羅探題をおく　7 後鳥羽上皇を隠岐に，順徳上皇を佐渡に配流　閏10 土御門上皇を土佐に配流		 1221	◎『保元物語』　◎『平治物語』 ◎『宇治拾遺物語』 順徳天皇『禁秘抄』					
					貞応 2	1223	6 新補地頭の得分を定める(新補率法)　◯幕府，諸国に大田文の作成を命じる	執権政治の確立	1223	道元入宋(加藤景正同行か)					
	後堀河				元仁 1	1224	6 執権義時没(62歳)　北条泰時，執権となる		1224	◎親鸞，浄土真宗(一向宗)を開く　◎親鸞，『教行信証』を著す				1225	ベトナムに大越国(陳朝)おこる
					嘉禄 1	1225	6 大江広元没(78歳)　7 北条政子没(69歳)　北条時房，連署となる　12 幕府，評定衆を設置		1226	平泉毛越寺焼失					
				泰時	2	1226	11 藤原頼経，将軍就任(摂家将軍の初め)		1227	道元帰国し，曹洞宗を伝える　加藤景正，瀬戸焼を始める　◎京都に猿楽流行				1227 1228	モンゴル，西夏を滅ぼす 第5回十字軍(～29)
			藤原頼経		寛喜 3	1231	◯諸国に大飢饉								
	四条	後堀河			貞永 1	1232	8 泰時，御成敗式目(貞永式目)制定　大犯三カ条の成文化　◎武士の荘園侵略が進む		1234 1235	幕府，専修念仏を禁止 藤原定家『小倉百人一首』				1234 1236	モンゴル，金を滅ぼす バトゥ，西征(ヨーロッパ遠征)(～42)
					延応 1	1239	4 人身売買を禁止								
				経時	仁治 1	1240	5 御家人の私領・恩地の非御家人への売買禁止		1242	◎『東関紀行』				1241	ワールシュタット(リーグニッツ)の戦い
					3	1242	1 幕府，皇位継承に介入		1244	越前に大仏寺(1246，永平寺と改称)を建立，道元を招請					
	後嵯峨		藤原頼嗣		寛元 4	1246	5 宮騒動(名越光時，前将軍頼経を擁し執権排除謀り露見)　7 頼経を京都に送還			◎『平家物語』が琵琶法師によって平曲として語られる					
				時頼	宝治 1	1247	6 宝治合戦(三浦泰村反し三浦一族滅亡)　11 守護・地頭の私的検田禁止　◎北条氏の有力御家人打倒ほぼ完了		1246	宋僧蘭溪道隆来日　◎道元『正法眼蔵』					
	後深草				建長 1	1249	12 幕府，引付衆を設置		1252	『十訓抄』				1248	第6回十字軍(～54)
1250		後嵯峨			4	1252	4 宗尊親王，将軍就任(皇族将軍の初め)　◎五摂家分立		1253	日蓮，題目を唱えることで救われると説き，日蓮宗を開く				1250	エジプト，マムルーク朝成立
			宗尊親王		6	1254	4 幕府，宋船の入港を年5隻に制限		1254	蓮華王院千手観音像完成　橘成季『古今著聞集』著す				1254 1258	ドイツ大空位時代(～73) アッバース朝滅亡　イル＝ハン国成立
				(赤橋)長時	康元 1	1256	11 北条時頼，出家するが実権を掌握(得宗の実質的始まり)		1255	東福寺創建					
	亀山				正元 1	1259	11 後深草天皇，弟の亀山天皇に譲位(両統迭立の因)　◯諸国に大飢饉(正嘉の大飢饉)							1259	高麗，モンゴルに服属

英 イギリス

西暦	天皇	院政	将軍	執権	年号	西暦	政治・経済・社会		西暦	文化		朝鮮	中国	西暦	世界の動き
	亀山	後嵯峨	惟康親王	政村	文永 5	1268	1高麗使，モンゴル皇帝フビライの国書を携え大宰府に来着　2幕府，西国守護に防備を命じる　3**北条時宗**，執権就任	元寇と御家人制度の動揺	1260	日蓮『立正安国論』	鎌倉文化	高麗	南宋 モンゴル帝国	1260	フビライ＝ハン(世祖)即位(～94)
									1261	日蓮，伊豆に流される(～63) ◎金沢実時，**金沢文庫**創設				1265	英 シモン＝ド＝モンフォールの議会(英議会の始まり)
					6	1269	3モンゴル(元)の使い，対馬に来着		1265	藤原為家ら『続古今和歌集』撰進					
					8	1271	9九州所領の御家人に沿岸警備下命 10元使来着		1271	日蓮，佐渡に配流					
									1272	覚信尼，父親鸞の墓を京大谷に移し御影堂(後，本願寺)建立				1270	第7回十字軍
					11	1274	10文永の役(元・高麗連合軍九州上陸)							1271	中 フビライ＝ハン，国号を元と定める(～1368)
	後宇多	亀山		時宗	建治 1	1275	2**異国警固番役**を制度化　4元使，長門に来着，9鎌倉に召喚して斬る　10紀伊国阿氏河荘民の訴状		1274	日蓮，甲斐身延山に久遠寺を創建 ◎**一遍**，**踊念仏**によって教えを広め，**時宗**を開く					◎トマス＝アクィナス『神学大全』
					2	1276	3幕府，博多湾沿岸に防塁を築かせる							1275	マルコ＝ポーロ，大都に到着
					弘安 2	1279	6元使，筑紫に来着　7博多で元使を斬る		1279	宋僧無学祖元来日					
					4	1281	5弘安の役(元の東路軍・江南軍14万人，九州北部に来襲，閏7 大風雨で撤退)			阿仏尼『十六夜日記』(～80) ◎武具・刀剣の進歩			元	1276	中 南宋が元に降伏→南宋滅亡
				貞時	7	1284	4北条時宗没(34歳)		1282	円覚寺建立(舎利殿：禅宗様)				1279	中 厓山の戦い
					8	1285	11霜月騒動(内管領平頼綱，安達一族を滅ぼす)→**得宗専制政治**		1283	無住『沙石集』					◎羅針盤の発明
		後深草			9	1286	12幕府，異国警固をさらに厳重にする		1291	南禅寺創建					
	伏見		久明親王		永仁 1	1293	3**鎮西探題**設置　4永仁の大地震(鎌倉) 平禅門の乱(執権北条貞時，平頼綱ら滅ぼす)		1293	「蒙古襲来絵詞」					
									1294	日像入京し日蓮宗を広める				1294	中 モンテ＝コルビノ，大都でカトリック布教
	後伏見	伏見			5	1297	3幕府，初の徳政(**永仁の徳政令**)		1298	「鑑真和上東征絵伝」					
1300	後二条	後宇多		師時	正安 3	1301	1幕府，皇位継承に介入		1299	円伊「一遍上人絵伝」				1295	英 エドワード1世，模範議会召集
					徳治 1	1306	4日本船，元の慶元(寧波)におもむき交易		1302	幕府，一向宗取り締まり					
	花園	後伏見	守邦親王	(大仏)宗宣 熙時	文保 1	1317	4文保の和談(持明院・大覚寺両統迭立) ◎**為替**・無尽銭・質屋あらわれる		1305	**伊勢神道**の度会行忠没(70歳)				1299	オスマン帝国おこる
									1309	高階隆兼「春日権現験記」					◎マルコ＝ポーロ，『東方見聞録(世界の記述)』
	後醍醐	後宇多		基時	元応 1	1319	3地頭に**悪党**追捕を命じる	倒幕から建武の新政	1311	紀伊長保寺本堂・多宝塔建立					
				高時	元亨 1	1321	12院政廃止，**後醍醐天皇**親政，記録所設置		1320	**度会家行**『類聚神祇本源』					
					正中 1	1324	9正中の変(朝廷の討幕計画露見)		1322	虎関師錬『元亨釈書』				1302	仏 最初の三部会召集
					2	1325	○幕府，建長寺船を元に派遣		1324	大徳寺創建					伊 ◎ダンテ『神曲』
				(金沢)貞顕	元徳 2	1330	5米価が高騰し，洛中の米価を公定		1325	**夢窓疎石**，南禅寺住持となる					◎北イタリアにルネサンスが始まる
					元徳 3・元弘 1	1331	5元弘の変(朝廷の再度の討幕計画露見) 8後醍醐天皇，笠置山に逃れる　9楠木正成挙兵　幕府，光厳天皇を擁立　後醍醐天皇捕えられる		1326	玄恵，後醍醐天皇に朱子学を講じる ◎尊円入道親王が**青蓮院流**を創始				1309	伊 ローマ教皇のアヴィニョン捕囚
	光厳	後伏見		(赤橋)守時	正慶 1・元弘 2	1332	3後醍醐天皇，隠岐に流される　○護良親王，挙兵　楠木正成，応じる		1330	◎兼好法師『**徒然草**』				1325	イブン＝バットゥータ，世界旅行へ(～49)
					正慶 2・元弘 3	1333	閏2後醍醐天皇，隠岐脱出，5**足利高氏**(**尊氏**)，六波羅探題を攻略　新田義貞，鎌倉を攻略し，鎌倉幕府滅亡　6後醍醐天皇，京都帰還 ○**記録所**を復置，恩賞方・**雑訴決断所**・武者所など設置　**建武の新政**始まる							1328	仏 ヴァロア朝おこる(～1589) ◎ヨーロッパ各国に商業都市発達する
	後醍醐				建武 1	1334	8二条河原落書　11護良親王を鎌倉へ配流		1334	南禅寺を五山の第一とする	南北朝文化				
					2	1335	7中先代の乱(北条高時の子時行，鎌倉を一時奪還)　10足利尊氏，建武政権より離反			◎後醍醐天皇『建武年中行事』					
	(南朝)(北朝)				建武 3・延元 1	1336	2尊氏，九州に敗走　4尊氏，東上 5湊川の戦いで楠木正成敗死(43歳？) 8尊氏，光明天皇擁立　11**建武式目**制定(室町幕府成立)		1337	妙心寺創建				1336	南インド，ヴィジャヤナガル王国成立(～1649)
	光明						12後醍醐天皇，吉野へ(**南北朝の動乱**へ)	南北朝の動乱	1338	足利尊氏・直義，国ごとに寺・塔を建立(1345年，安国寺利生塔と命名)					
			足利尊氏		暦応 1・延元 3	1338	5石津の戦いで北畠顕家戦死(21歳) 閏7新田義貞，藤島の戦いで戦死(37歳) 8足利尊氏，北朝より征夷大将軍に任じられる　●室町時代↓		1339	夢窓疎石，西芳寺(苔寺)庭園を築造 北畠親房『神皇正統記』					
	後村上				暦応 2・延元 4	1339	8後醍醐天皇没(52歳)			足利尊氏，暦応寺(1341，天龍寺)建立(1345年，落慶供養)				1339	英 仏 百年戦争(～1453)

中世
鎌倉・室町

中 中国　英 イギリス　仏 フランス　伊 イタリア

西暦	天皇	将軍	年号	西暦	政治・経済・社会		西暦	文化		朝鮮	中国	西暦	世界の動き
	(南朝) 後村上 / (北朝) 光明	足利尊氏	康永1/興国3	1342	○夢窓疎石の請により天龍寺船を元に派遣	南北朝の動乱	1342	幕府，五山・十刹の制を再編	南北朝文化	高麗	元	1343	英 イギリス議会，二院制始まる
								◎五山版の発行					
							1345	天龍寺落慶供養					
							1346	出雲神魂神社建立					
			貞和4/正平3	1348	1 四条畷の戦い（楠木正行没(23歳)）		1347	飛驒守惟久「後三年合戦絵詞」				1347	ヨーロッパにペスト大流行，人口の3分の1が死ぬ(～50)
	崇光		貞和5/正平4	1349	閏6 足利直義と高師直不和 9 足利基氏，鎌倉公方に		1349	『梅松論』					
1350			観応1/正平5	1350	11 観応の擾乱（尊氏・直義兄弟の抗争(～52)）								
					○倭寇，高麗沿岸を侵す			◎茶寄合・闘茶の流行				1351	タイにアユタヤ朝がおこる
			観応2/正平6	1351	2 足利尊氏，直義と和睦(高師直・師泰殺害)								
	後光厳		文和1/正平7	1352	2 尊氏，直義を殺害(47歳) 7 観応の半済令(近江・美濃・尾張に当年一作半済)								中 紅巾の乱(～66)
												1356	独 金印勅書公布(七選帝侯)
			文和3/正平9	1354	4 北畠親房没(62歳)		1356	二条良基『菟玖波集』(翌年，勅撰に准じられる)					
			延文3/正平13	1358	4 足利尊氏没(54歳)								◎イブン=バットゥータ『三大陸周遊記』
		義詮	康安1/正平16	1361	12 南朝が京都を攻略するが，足利義詮が奪還								
			貞治6/正平22	1367	9 高麗使来日，倭寇の禁圧を求める		1364	堺の道祐，『論語集解』(正平版論語)→論語の初の木版印刷				1358	仏 ジャックリーの乱(農民一揆)
	長慶	義満	応安1/正平23	1368	6 応安の半済令 足利義満，征夷大将軍に就任								
			応安2/正平24	1369	○倭寇，明の山東・浙江を侵す 明，倭寇の禁求める		1368	絶海中津，渡明(～76)			明	1368	中 朱元璋(太祖・洪武帝)，元を滅ぼし，明をおこす
	後円融		応安3/建徳1	1370	6 今川貞世(了俊)，九州探題に任じられる		1371	◎『太平記』 ◎『増鏡』					
			永和3/天授3	1377	○高麗使来日，倭寇の禁を求める		1372	二条良基『応安新式』					
			永和4/天授4	1378	3 足利義満，京の室町に花の御所造営 9 今川貞世(了俊)，肥後で菊池武朝(南朝側)を破る	室町幕府の全盛		◎『義経記』				1370	ティムール帝国おこる
							1373	鎌倉五山の制を定める				1378	ローマ教会の大分裂(ローマとアヴィニョン，～1417)
	後亀山		永徳3/弘和3	1383	6 義満，准三后となる		1379	春屋妙葩，僧録に就任					
			嘉慶2/元中5	1388	7 倭寇，高麗の光州を攻め，州都を焼く		1382	足利義満，相国寺創建					
			康応1/元中6	1389	2 高麗軍，対馬を攻撃し俘虜を奪還		1386	五山の座位を定め，南禅寺を京都五山・鎌倉五山の上とする				1381	英 ワット=タイラーの乱(農民一揆)
			明徳1/元中7	1390	閏3 土岐康行の乱(幕府,美濃守護土岐康行を討つ)								
			明徳2/元中8	1391	12 明徳の乱(山名氏清敗死(48歳))								
	後小松		明徳3/元中9	1392	閏10 南北朝の合体(後亀山天皇が京都に帰還し，後小松天皇に神器を譲る)					朝鮮		1392	朝 李成桂(太祖)，朝鮮建国
			明徳4	1393	11 幕府，土倉役・酒屋役を制定，課税を恒常化								
			応永1	1394	12 義満，義持に将軍職を譲り，太政大臣に								
		義持	5	1398	8 義満，朝鮮王朝に倭寇禁圧を約し，修好の意伝える ○三管領・四職の家格が定まる		1397	義満,北山殿(鹿苑寺)の造営開始	北山文化				
			6	1399	12 応永の乱(大内義弘，堺で敗死(45歳))		1400	世阿弥『風姿花伝』(花伝書)					
1400			7	1400	1 義満，今川貞世(了俊)を討伐 7 了俊，降伏								
			8	1401	○義満，祖阿・肥富を明に派遣 ◎惣の発達		1402	今川貞世(了俊)『難太平記』					
			9	1402	8 遣明使帰国 9 義満，明の国書(「日本国王源道義」)を受ける			◎五山の禅僧により水墨画が伝わる				1402	中 永楽帝(成祖)即位 明の全盛時代
			12	1404	5 義満，明使より「日本国王之印」・「永楽勘合」受領し，勘合貿易始まる	日明貿易	1407	円覚寺焼失				1403	朝 銅版活字をつくる
							1408	明兆「涅槃図」(東福寺)				1405	中 鄭和の第1次南海遠征(～33)
			15	1408	5 足利義満没(51歳)			◎如拙「瓢鮎図」(妙心寺退蔵院)					
			18	1411	9 明使を拒絶，明との国交中断(～32)							1414	コンスタンツ公会議(～18)
	称光		23	1416	10 上杉禅秀の乱(禅秀，鎌倉を攻める(～17))			◎五山文学盛行					
			26	1419	6 応永の外寇(朝鮮軍，対馬を攻撃)			◎茶の湯・生花の流行				1415	中『四書大全』『五経大全』
			27	1420	○飢饉と疫病が広がる(～21)			◎観阿弥・世阿弥の能楽大成					
		義量	33	1426	6 近江坂本の馬借一揆	土一揆さかん	1422	一条兼良『公事根源』				1421	中 明，北京に遷都
	後花園		正長1	1428	9 正長の徳政一揆(土一揆)(畿内の民衆，徳政を要求して蜂起)		1426	興福寺五重塔成る					
							1430	観世元能『申楽談儀』					
		義教	永享1	1429	1 播磨の土一揆 ○尚巴志，琉球王国を建国		1434	世阿弥，佐渡へ配流				1429	仏 ジャンヌ=ダルク，オルレアン解放
			4	1432	8 足利義教，明へ使者派遣し日明国交回復，勘合貿易再開 10 大和土一揆		1435	幕府，延暦寺・五山の悪僧を斬る					
							1439	上杉憲実，足利学校を再興				1434	伊 フィレンツェの黄金時代始まる
			10	1438	8 永享の乱(幕府，鎌倉公方足利持氏を討つ(～39))			飛鳥井雅世『新続古今和歌集』(最後の勅撰和歌集)撰進	東山文化				
			12	1440	3 結城合戦(足利持氏の遺児の挙兵(～41))								
			嘉吉1	1441	6 嘉吉の変(赤松満祐，将軍義教(48歳)を殺害)	日明貿易	1440	日親『立正治国論』					
		義勝			9 近江・京周辺に嘉吉の徳政一揆		1445	周文「水色巒光図」					
			3	1443	○対馬の宗貞盛，朝鮮と嘉吉条約(癸亥約条)を結ぶ			◎連歌の流行				1445	独 ◎グーテンベルク，活版印刷術を改良
		(将軍空位)	文安4	1447	7 山城西岡の徳政一揆								
			5	1448	11 近江で惣掟定める							1446	朝 訓民正音(ハングル)制定
		義政	宝徳1	1449	8 琉球商人が幕府に薬種や銭を進上								

英 イギリス　中 中国　独 ドイツ
仏 フランス　朝 朝鮮　伊 イタリア

西暦	天皇	将軍	年号	西暦	政治・経済・社会
1450	後花園	義政	宝徳 3	1451	7 琉球の商船，兵庫に来着
			享徳 3	1454	9 京都で享徳の徳政一揆　10 幕府は分一徳政令公布　12 享徳の乱(～77，東国は戦国時代へ)
			康正 1	1455	1 鎌倉公方足利成氏，上杉房顕と武蔵で戦う　6 成氏下総古河に敗走(古河公方の初め)
			長禄 1	1457	4 太田道灌，江戸城築城　5 蝦夷ヶ島にアイヌのコシャマインの戦い起こる　12 将軍義政，政知を伊豆堀越におく(堀越公方の初め)
			3	1459	8 京都七口に新しい関設置
			寛正 1	1460	○寛正の大飢饉
	後土御門		6	1465	10 山城国西岡で徳政一揆
			文正 1	1466	7 斯波義敏と義廉の家督争い
			応仁 1	1467	5 応仁の乱(東軍細川勝元，西軍山名持豊(宗全))おこり，京都で激戦，各地に波及(～77)　◎戦国時代⬇
			文明 4	1472	9 近江坂本の馬借一揆
			5	1473	3 山名持豊没(70歳)　5 細川勝元没(44歳)
		義尚	6	1474	11 加賀で一向宗の宗徒が蜂起
			9	1477	11 応仁の乱一応終結
			12	1480	2 幕府，琉球の入貢をうながす　9 京都で徳政一揆
			13	1481	○朝倉孝景，『朝倉孝景条々』(敏景十七箇条)制定　◎農民疲弊し，連年各地で一揆起こる
			17	1485	12 山城の国一揆(抗争中の畠山両軍の国外退去要求し，国人・土民らの自治(～93))
			18	1486	7 扇谷上杉定正，太田道灌を殺害
			長享 2	1488	6 加賀の一向一揆(守護富樫政親を高尾城に攻め，国中を支配(～1580))
		義稙	明応 2	1493	4 明応の政変(細川政元，将軍を廃立．幕府の衰退決定的に→本格的に戦国時代に移行)　○伊勢宗瑞(北条早雲)，堀越公方を滅ぼし伊豆を支配
		義澄	4	1495	9 北条早雲，大森氏を追い小田原城入城
			7	1498	8 明応東海地震，浜名湖が外海とつながる
1500	後柏原		9	1500	10 幕府，初めて撰銭令定める
			永正 3	1506	8 越前守護朝倉貞景，一向宗吉崎御坊攻撃
		義稙	7	1510	4 朝鮮で三浦の乱，日朝間断絶
			9	1512	○対馬の宗氏，朝鮮と壬申約条を締結(国交復活)
			12	1515	6 アイヌ蜂起
			13	1516	4 幕府，大内義興に勘合貿易の管理を命ず
			14	1517	8 今川氏親，遠江を攻略
		義晴	大永 3	1523	4 寧波の乱(寧波で大内・細川の使者争う)
	後奈良		6	1526	3 石見銀山発見　4 今川氏親，『今川仮名目録』定める　◎山口，小田原などの城下町栄える
			天文 1	1532	○法華宗徒による法華一揆
			2	1533	○石見銀山で灰吹法による精錬に成功
			5	1536	4 伊達稙宗，『塵芥集』を定める　7 天文法華の乱
			10	1541	1 毛利元就，尼子晴久を破る　6 武田信玄(晴信)，父信虎を追放
			11	1542	8 生野銀山発見　斎藤道三(利政)，土岐氏を追放
			12	1543	8 ポルトガル人，種子島に漂着し鉄砲を伝える
		義輝	16	1547	5 最後の遣明船派遣　6 武田信玄，『甲州法度之次第』(信玄家法)を定める(各地で分国法成立)
			18	1549	11 松平竹千代(徳川家康)，今川家の人質となる　12 六角氏，近江石寺に最初の楽市令
1550			19	1550	6 ポルトガル船，平戸に入港
			20	1551	9 陶晴賢，大内義隆を自害させる
			22	1553	8 上杉謙信・武田信玄の川中島の戦い(64年まで計5回)
	正親町		弘治 1	1555	12 毛利元就，厳島の戦いで陶晴賢を破る　◎南蛮貿易で堺・平戸栄える

日明貿易 / 土一揆さかん / 戦国大名の対立(下剋上の世)

西暦	文化
1450	細川勝元，龍安寺を創建
1456	金春禅竹『歌舞髄脳記』
1458	尼寺の制
	◎村田珠光が侘茶を創出
1464	雪舟，周防の雲谷庵に住む
1467	応仁の乱により南禅寺・相国寺・天龍寺など被災
	雪舟，桂庵玄樹の渡明
1470	瑞渓周鳳『善隣国宝記』
1471	蓮如，越前吉崎御坊建設
	東常縁，宗祇に古今伝授
1472	一条兼良『花鳥余情』
1474	一休宗純，大徳寺住持就任
1479	蓮如，山科本願寺を建立
1480	一条兼良，将軍義尚に『樵談治要』『文明一統記』を贈る
1482	義政，東山山荘(慈照寺)の造営開始
1486	雪舟「四季山水図巻(山水長巻)」
	◎慈照寺東求堂完成
1488	宗祇ら『水無瀬三吟百韻』(正風連歌を確立)
1495	宗祇『新撰菟玖波集』
	雪舟「秋冬山水図」
1496	蓮如，石山本願寺を築く
	◎龍安寺石庭完成(枯山水)
1500	京都で祇園会再興
1501	日蓮・浄土両宗の宗論
1503	土佐光信「北野天神縁起絵巻」(土佐派の基礎を固める)
1518	『閑吟集』
	◎寺院の檀家制度成立
	◎御伽草子が流行
1528	阿佐井野宗瑞『医書大全』
1529	天竺人，周防に来着
1531	『おもろそうし』
	◎宗鑑ら『犬筑波集』
1543	伝狩野元信「花鳥図」(狩野派をおこす)
1549	フランシスコ＝ザビエル，鹿児島に来着，キリスト教を各地に伝える
	◎狂言の完成
1550	ザビエル，山口で布教
1556	アルメイダ，西洋式医療を行う(西洋医学の伝来)
1559	ガスパル＝ヴィレラ上洛

東山文化 / 南蛮文化の伝来

朝鮮	中国	西暦	世界の動き
朝鮮	明	1453	オスマン帝国，コンスタンティノープル征服(ビザンツ帝国滅亡)
		1455	英 ばら戦争(～85)
		1461	英 ヨーク朝がおこる
		1479	西 スペイン王国成立
		1480	露 モスクワ大公国独立
		1485	英 テューダー朝がおこる
		1488	ポ バルトロメウ＝ディアス，喜望峰に到達
		1492	西 コロンブス，バハマ諸島に到達
		1498	伊 レオナルド＝ダ＝ヴィンチ「最後の晩餐」
			ポ ヴァスコ＝ダ＝ガマ，インドのカリカット着(インド航路開拓)
		1510	ポ ポルトガル，ゴア占領
		1517	独 ルターの宗教改革始まる
		1519	西 マゼラン艦隊の世界周航(～22)
			中 ◎陽明学
		1521	西 コルテス，アステカ王国を征服
		1526	印 ムガル帝国建国
		1532	西 ピサロ，インカ帝国を征服(～33)
		1534	英 イギリス国教会の成立　パリでイエズス会創立
		1541	カルヴァン，ジュネーヴで宗教改革(～64)
		1543	コペルニクス，地動説を発表
		1547	露 イヴァン4世，ツァーリ(皇帝)を称す
		1555	独 アウクスブルクの宗教和議
		1556	印 アクバル大帝即位，ムガル帝国最盛期
			西 フェリペ2世即位
		1558	英 エリザベス1世即位(～1603)

英 イギリス　西 スペイン　露 ロシア　ポ ポルトガル
独 ドイツ　中 中国　印 インド　伊 イタリア

西暦	天皇	将軍	年号	西暦	政治・経済・社会
1560	正親町	義輝	永禄 3	1560	5 桶狭間の戦い(**織田信長**，今川義元(42歳)を討つ)
			4	1561	閏3 長尾景虎，関東管領上杉氏を継承
		義栄	8	1565	5 三好義継・松永久秀ら，将軍足利義輝(30歳)を殺害
			10	1567	8 信長，斎藤龍興の稲葉山城を落とし岐阜と改名 10 信長，美濃加納を**楽市**とする
		義昭	11	1568	9 信長，**足利義昭**を奉じて入京
			元亀 1	1570	6 姉川の戦い(信長，浅井長政・朝倉義景を破る) 9 石山戦争始まる(～80)
			2	1571	9 信長，比叡山延暦寺焼打ち ○ポルトガル船の寄港地が長崎となる
			3	1572	12 三方ヶ原の戦い(**武田信玄**，**徳川家康**軍を破る)
		(織田信長の天下統一事業)	天正 1	1573	4 **室町幕府滅亡**(信長討伐を謀った将軍義昭を信長，追放) ●安土・桃山時代⬇ 8 信長，越前の朝倉・近江の浅井両氏を滅ぼす
			2	1574	9 信長，伊勢長島の一向一揆(70～)を平定する
			3	1575	5 長篠合戦(信長・家康軍，武田軍を破る) 8 越前の一向一揆を鎮圧する
			4	1576	2 信長，**安土城**を築き居城とする 11 上杉謙信，能登七尾城を攻める(～77)
			5	1577	6 信長，安土城下に**楽市令**を出す
1580			8	1580	閏3 信長，本願寺の顕如(光佐)と和睦(石山戦争終結) 6 イギリス商船，**平戸**に来航 9 信長，大和に**検地**実施 11 柴田勝家，加賀の一向一揆を平定する ○大村純忠，長崎をイエズス会に寄進
		(秀吉)	10	1582	3 天目山の戦い(信長・家康，武田勝頼(37歳)を討ち武田氏滅亡) 6 本能寺の変→明智光秀の奇襲，信長(49歳)自害 山崎の合戦で**羽柴秀吉**，光秀(55歳)を討つ 7 秀吉，山城を検地(**太閤検地**開始～98)
			11	1583	4 賤ヶ岳の戦い(秀吉，柴田勝家(62歳)を討つ) 9 秀吉，石山本願寺跡に**大坂城**を築城開始
		(関白豊臣秀吉)	12	1584	4 小牧・長久手の戦い(秀吉軍，織田信雄・家康軍と和睦) 6 スペイン商船，平戸に来航
			13	1585	3 秀吉，紀州攻め(根来衆・雑賀衆を掃討) 7 秀吉，**関白**となり藤原姓を受ける 長宗我部元親，秀吉に降伏(四国平定) 8 佐々成政，秀吉に降伏(北陸平定)
	後陽成		14	1586	12 秀吉，太政大臣となり，**豊臣**の姓を賜る
			15	1587	3 秀吉，九州に出陣 5 島津義久降伏(九州平定) 6 **バテレン追放令**(キリスト教宣教師の国外退去令)
			16	1588	4 後陽成天皇，聚楽第に行幸 5 秀吉，長崎を直轄領とする 7 秀吉，**刀狩令**・**海賊取締令**発布 ○秀吉，天正大判を鋳造
			18	1590	4 秀吉，小田原攻め 7 北条氏降伏 続いて奥州平定(**全国統一**) 8 家康，**江戸城**入城 秀吉，奥羽の検地を命ずる 10 陸奥で検地反対の一揆
		(太閤秀吉)	19	1591	8 **人掃令**(,92 身分統制令，兵・百姓・町人の区分を徹底) 9 秀吉，ルソン総督に服属を勧告 ○秀吉，諸大名に御前帳(検地帳)と郡図(国絵図)の提出を命じる
			文禄 1	1592	4 文禄の役(～93) **朝鮮出兵**開始 5 漢城・6 平壌を陥す ○秀吉，**朱印船**制度を制定
			2	1593	4 龍山停戦協定 秀吉，高山国(台湾)に入貢要求
			3	1594	8 伏見(桃山)城完成し，秀吉移る
			慶長 1	1596	8 スペイン船サン=フェリペ号，土佐に漂着 9 秀吉，明の国書の無礼を怒り明使を追う 12 秀吉，キリスト教徒26人，長崎にて処刑(26聖人殉教)
			2	1597	1 慶長の役(再度の朝鮮出兵～98) 3『長宗我部氏掟書』制定
			3	1598	8 秀吉没(62歳) 12 朝鮮より撤兵がほぼ完了

天下統一の進展 / 天下統一の完成

西暦	文化
1562	**大村純忠**(**キリシタン大名**)，教会領寄進 ◎琉球から三味線が伝わる
1565	**狩野永徳**「洛中洛外図屛風」
1567	東大寺大仏殿，松永久秀軍の兵火にかかり焼失
1568	大村純忠，大村・長崎に教会堂建立
1569	織田信長，フロイスの京都布教許可 ◎茶道・猿楽・連歌大流行
1570	狩野秀頼「高雄観楓図屛風」
1574	信長，狩野永徳の「洛中洛外図屛風」を上杉謙信に贈る
1576	京都南蛮寺の改築完成
1577	**千利休**，茶会を催す
1579	浄土宗・法華宗の安土宗論 信長，オルガンティノに安土の教会建立許可 ◎狩野永徳「唐獅子図屛風」
1582	大友・大村・有馬の3大名，ローマ教皇に少年使節を派遣(**天正遣欧使節**)(～90長崎帰着)
1586	◎方広寺大仏殿建立
1587	聚楽第落成 豊臣秀吉，キリスト教を禁止 秀吉の北野大茶湯
1588	秀吉，方広寺大仏を鋳造
1590	堺で『節用集』(天正本)刊行 **天正遣欧使節**を連れ帰ったヴァリニャーニ，**活版印刷術**伝える
1591	千利休切腹を命じられる(71歳) ◎**長谷川等伯**「智積院襖絵」
1593	藤原惺窩，徳川家康に『貞観政要』を講義 **天草版**(**キリシタン版**)『伊曽保物語』(ローマ字本)刊行 ◎朝鮮より活字印刷・製陶法伝わる
1594	『拉丁文典』刊行
1597	慶長勅版刊行始まる(後陽成天皇の勅命による)
1598	醍醐寺三宝院表書院と庭園
1599	慶長勅版『日本書紀』など刊行

南蛮文化の伝来 / 桃山文化

朝鮮	中国	西暦	世界の動き
朝鮮	明	1562	仏 ユグノー戦争(～98)
		1565	西 フィリピン征服
		1568	蘭 オランダ独立戦争(～1609)
		1569	蘭 メルカトルの世界地図完成
		1571	西 レパントの海戦，オスマン帝国敗北 西 フィリピンにマニラ市建設
		1581	蘭 **オランダ独立宣言** 露 イェルマークのシベリア遠征
		1582	伊 グレゴリウス暦(太陽暦)制定
		1588	英 **スペイン無敵艦隊を破る**
		1589	仏 ブルボン朝おこる
		1591	中 ヌルハチ，東満州統一
		1598	仏 ナントの王令発布，ユグノー戦争終結 英 蘭 仏 ◎東洋進出を企図

仏 フランス　西 スペイン　蘭 オランダ　露 ロシア
伊 イタリア　英 イギリス　中 中国

中世　室町・戦国　近世　安土・桃山

西暦	天皇	将軍	年号	西暦	政治・経済・社会	
1600	後陽成		慶長 5	1600	3 オランダ船リーフデ号，豊後に漂着　5 徳川家康，ウィリアム=アダムス・ヤン=ヨーステンを大坂城に引見　9 関ヶ原の戦い(家康の東軍，石田三成の西軍を破る)	
			6	1601	1 東海道に伝馬制度　5 伏見銀座を設置し，丁銀・小粒銀を鋳造　10 ルソン総督に修好を求める	
		徳川家康	8	1603	2 家康，征夷大将軍となり江戸幕府を開く　●江戸時代⬇　3 板倉勝重，京都所司代に就任	幕藩体制の確立
			9	1604	5 糸割符制度創設　8 内外貿易船に朱印状下付　○東海・東山・北陸の諸街道に一里塚	
		秀忠	10	1605	4 家康，将軍を辞す(大御所)　秀忠，征夷大将軍になる　○幕府，国絵図・郷帳の提出を命じる	
			11	1606	8 角倉了以，大堰川を整備　○駿府に銀座をおく	
			12	1607	5 朝鮮使節(1636より通信使)，江戸に来る　○角倉了以，富士川を整備	
			14	1609	1 豊臣秀頼の方広寺再興　2 島津家久，琉球に出兵(琉球王国征服)　3 朝鮮と己酉約条(宗氏の貿易管理)　8 オランダ船に貿易許可　平戸に商館設置　12 有馬晴信，長崎でポルトガル船を撃沈	
			15	1610	6 家康，京商人田中勝介らをメキシコ(ノビスパン)に派遣(翌年，勝介帰国)　○足尾銅山発見	
	後水尾		17	1612	3 幕府，直轄領に禁教令　(翌年，全国に禁教令)	
			18	1613	9 イギリス船に貿易許可(平戸に商館設置)　伊達政宗，支倉常長を欧州に派遣(～20，慶長遣欧使節)	
			19	1614	7 方広寺鐘銘事件　9 高山右近らキリシタン148人をマニラ・マカオに追放　10 大坂冬の陣(～12)	禁教から「鎖国」へ
			元和 1	1615	4 大坂夏の陣　5 秀頼(23歳)自刃し豊臣氏滅亡(元和偃武)　閏6 一国一城令　7 武家諸法度(元和令)(13カ条)・禁中並公家諸法度(17カ条)を制定	
			2	1616	4 家康没(75歳)　8 中国船以外の外国船の来航を平戸・長崎に制限　10 煙草栽培・人身売買の禁止	
			5	1619	7 徳川頼宣を和歌山に移す(三家成立)　○菱垣廻船始まる　○箱根関所を設置　◎五人組制度	
1620			6	1620	6 秀忠の娘和子，女御(のちの東福門院)となる	
			8	1622	8 元和大殉教　○外様大名の妻子を江戸におく	
		家光	9	1623	7 秀忠，将軍を辞す　家光が将軍となる　11 イギリス，平戸商館閉鎖	
			寛永 1	1624	3 スペイン船の来航禁止	
			6	1629	7 紫衣事件(大徳寺僧沢庵ら流刑に)，後水尾天皇譲位	
	明正＊		7	1630	○山田長政，シャムで毒殺される(アユタヤ日本町衰退)	
			8	1631	6 奉書船制度(海外渡航船は老中奉書を必要とする)	
			10	1633	2「鎖国」の始まり　奉書船以外の海外渡航を禁止，5年以上在外の日本人の帰国を禁止	
			11	1634	1 大名火消の制　8 譜代大名の妻子を江戸におく	
			12	1635	5 中国船入港を長崎のみとし，日本人の海外渡航・帰国を禁止　6 武家諸法度(寛永令)で参勤交代制を定める　大船の建造禁止	
			13	1636	○長崎出島完成し，ポルトガル人を移す	
			14	1637	10 島原・天草一揆(島原・天草のキリシタン蜂起)(～38)	
1640			16	1639	7 ポルトガル人の居住・来航を禁止	
			18	1641	4 平戸のオランダ商館を長崎出島に移す(「鎖国」完成)　オランダ風説書を提出させる(～1859)	
			20	1643	3 田畑永代売買の禁止令　8 田畑勝手作りの禁	
	後光明	家綱	慶安 4	1651	7 由井(比)正雪の乱(慶安の変)　12 末期養子の禁止の緩和	
			承応 1	1652	9 承応の変　10 江戸市中の牢人を調査	
			2	1653	8 下総佐倉の佐倉惣五郎，将軍に直訴し刑死の伝承	
			3	1654	6 玉川上水竣工	
	後西		明暦 3	1657	1 江戸明暦の大火(江戸城本丸など焼失)	
			万治 1	1658	9 江戸定火消の制	
			2	1659	8 江戸城本丸御殿完成(天守は再建されず)	

西暦	文化
1602	家康，東本願寺を創建させる　ドミニコ会・アウグスティノ会，布教開始　海北友松「山水図屏風」
1603	出雲の阿国，京でかぶき踊りを始める(阿国歌舞伎)　キリシタン版『日葡辞書』を刊行
1607	林羅山，幕府の儒官(将軍の侍講)に就任，幕政の整備に貢献，子孫(林家)も儒者として代々幕府に仕える　京都北野天満宮本殿完成
1609	姫路城天守完成
1610	名古屋城築城(～14完成)
1611	松江城・弘前城完成
1613	キリスト教徒大迫害始まる
1615	◎人形浄瑠璃の流行　諸宗諸本山法度成立　◎薩摩焼・有田焼創始
1617	狩野探幽，幕府御用絵師に就任(江戸狩野様式創始)　◎仮名草子さかん
1620	◎桂離宮創建(数寄屋造)(～63ごろ完成)
1624	日光東照宮陽明門着工(霊廟建築)(～36完成)
1625	僧天海，上野に寛永寺を創建
1626	二条城二の丸御殿完成
1627	吉田光由『塵劫記』
1629	女舞・女歌舞伎を禁止　◎絵踏の開始
1630	中江藤樹，近江で陽明学を提唱，学派確立　林羅山，上野忍ケ岡に私塾設立　キリスト教関係書籍の輸入禁止　◎俵屋宗達「風神雷神図屏風」　◎貞門俳諧さかん
1636	日光東照宮完成(権現造の建築を多用)
1638	品川・牛込に薬園を設置
1641	狩野探幽「大徳寺方丈襖絵」
1647	酒井田柿右衛門の赤絵　◎野々村仁清の京焼　◎各地に寺子屋おこる
1652	若衆歌舞伎禁止
1654	明僧隠元隆琦，長崎に来る(黄檗宗を伝える)
1655	加賀九谷焼おこる
1657	徳川光圀，『大日本史』編纂開始(1906年完成)

朝鮮	中国	西暦	世界の動き
朝鮮	明	1600	英 イギリス東インド会社設立
		1601	中 マテオ=リッチ，北京に入る
		1602	蘭 オランダ連合東インド会社設立
		1603	英 ◎シェークスピアの「ハムレット」初演　英 ステュアート朝おこる
		1604	仏 フランス東インド会社設立
		1607	米 ヴァージニア植民地成立
		1608	仏 ケベック市建設
		1609	伊 ガリレイが天体望遠鏡を発明し，木星の衛星を発見
		1613	露 ロマノフ朝おこる(～1917)
		1615	西 セルバンテス『ドン=キホーテ』第1部出版
	(後金)	1616	中 ヌルハチ(太祖)，後金(清)を建国
		1618	独 三十年戦争(～48)
		1619	蘭 ジャワにバタヴィア建設
		1620	米 イギリスの清教徒，メイフラワー号でアメリカ移住
		1622	中 白蓮教徒の乱
		1623	蘭 アンボイナ事件→オランダ，香辛料貿易独占
		1628	英 議会の権利請願
		1632	印 タージ=マハルの起工
		1633	伊 ガリレイ，宗教裁判で地動説を撤回
		1636	中 後金，清に国号改称
		1642	英 ピューリタン革命(～49)＊　＊1640～60年とする説もあり
		1643	仏 ルイ14世即位
		1644	中 明の滅亡
	清	1648	独 ウェストファリア条約(三十年戦争終結)
		1649	英 チャールズ1世，処刑される
		1651	英 航海法制定
		1652	蘭 ケープ植民地建設　英 英蘭戦争(～54)

＊女帝

英 イギリス	中 中国	蘭 オランダ	仏 フランス	米 アメリカ
伊 イタリア	露 ロシア	西 スペイン	独 ドイツ	印 インド

西暦	天皇	将軍	年号	西暦	政治・経済・社会	
1660	後西		寛文 3	1663	5 殉死を禁止　○定飛脚成立	文治政治への転換
	霊元		5	1665	7 諸宗寺院法度・諸社禰宜神主法度制定　12 幕府，日蓮宗不受不施派の僧を処罰	
		家綱	9	1669	7 シャクシャインの戦い→のち場所請負制度が広まる	
			11	1671	7 河村瑞賢，東廻り海運を整備　10 宗門改帳作成を命じる	
			12	1672	7 河村瑞賢，西廻り海運を整備	
			延宝 1	1673	1 イギリス，通商復活要求，幕府拒否　6 分地制限令を発布	
			3	1675	6 伊奈忠易，小笠原諸島探検	
1680		綱吉	天和 2	1682	6 勘定吟味役設置　12 江戸大火（八百屋お七の火事）	
			3	1683	7 武家諸法度（天和令）で殉死の禁止明文化	
			貞享 1	1684	2 河村瑞賢，安治川開削　服忌令制定　12 天文方設置	
			2	1685	7 生類憐みの令（～1709）	
	東山		4	1687	11 大嘗祭の再興（221 年ぶり）	
			元禄 1	1688	7 唐人屋敷を長崎郊外に建設開始（1689 完成）　11 柳沢吉保，側用人就任	
			4	1691	5 幕府，住友友芳に伊予別子銅山開発許可	
			7	1694	○江戸に十組問屋仲間が成立　12 側用人柳沢吉保，老中格となる	
			8	1695	8 荻原重秀の建議で金銀貨幣改鋳（元禄小判）	
			9	1696	4 荻原重秀，勘定奉行就任	
			11	1698	○長崎会所設置	
1700			15	1702	12 赤穂事件（大石良雄ら吉良義央を討つ）	
			宝永 2	1705	1 禁裏御料を1万石増進（計3万石に）	
			5	1708	8 イタリア宣教師シドッチ，屋久島に来着	
			6	1709	1 生類憐みの令廃止　間部詮房・新井白石を登用	正徳の政治
	中御門	家宣	7	1710	8 閑院宮家創設	
			正徳 1	1711	2 新井白石，朝鮮通信使の待遇簡素化	
		家継	3	1713	5 輸入糸不足で，諸国に養蚕・製糸を奨励	
			4	1714	3 絵島事件　5 正徳小判鋳造（品位を慶長に復す）	
			5	1715	1 海舶互市新例（長崎新令・正徳新令）を定め金銀流出を防ぐ	
		吉宗	享保 1	1716	4 将軍家継没（8 歳）　紀州藩主吉宗，将軍就任	享保の改革
			2	1717	2 大岡忠相を江戸町奉行に任命	
			4	1719	11 相対済し令（～29，金銀貸借関係の訴訟不受理）	
1720			5	1720	3 江戸大火　8 江戸町火消いろは 47 組創設　12 漢訳洋書の輸入制限を緩和	
			6	1721	6 初めて全国の戸口・田数調査　8 目安箱設置　江戸市中商人・職人の株仲間結成	
			7	1722	4 質流し禁令を発布（翌年撤回）　7 上げ米の制を定め，参勤交代の在府期間を半減（～30）　新田開発を奨励　12 小石川薬園に養生所（小石川養生所）設置	
			8	1723	3 6年毎の人口調査を定める　6 足高の制を定める	
			9	1724	6 諸大名・幕臣に倹約令　7 札差の株仲間を公認	
			14	1729	3 陸奥の幕領で百姓一揆起こる	
			15	1730	7 江戸米会所を許可　8 大坂堂島の米市場を公認　○酒専用の樽廻船運航始まる　◎薩摩・結城などで綿布生産が始まる	
			17	1732	○享保の飢饉（西日本，虫害による大飢饉，餓死者多数）	
			18	1733	1 米価高騰，江戸で米問屋が打ちこわしにあう	
	桜町		元文 1	1736	5 享保小判にかえて，元文小判鋳造	
			2	1737	6 勘定奉行に神尾春央を登用	
			3	1738	12 但馬生野銀山の鉱夫の強訴，周辺幕領に一揆起こる	
			4	1739	3 青木昆陽，幕府に登用され救荒用食物として甘藷栽培を奨励　5 ロシア船，陸奥沖・安房沖に出没	
1740			寛保 1	1741	○農民の強訴・徒党・逃散を禁止	
			2	1742	4 公事方御定書を制定　8 関東地方大水害　11 銅の輸出額を制限　○百姓一揆さかん	
			4	1744	○『御触書寛保集成』編集	

西暦	文化	
1661	隠元隆琦，黄檗宗の万福寺創建	
1662	伊藤仁斎，京都に古義堂を開設	
1670	閑谷学校創設	
1671	山崎闇斎，垂加神道を創始	
1673	市川団十郎，江戸歌舞伎の荒事を上演	元禄文化
1674	関孝和『発微算法』	
1678	坂田藤十郎，上方歌舞伎の和事を上演	
1682	井原西鶴『好色一代男』	
1684	渋川春海，貞享暦を献上	
1685	竹本義太夫，竹本座創立	
1688	井原西鶴『日本永代蔵』　◎契沖『万葉代匠記』	
1689	松尾芭蕉『奥の細道』の旅	
1691	湯島聖堂落成　林鳳岡（信篤），大学頭就任	
1694	浮世絵の菱川師宣死去（77 歳）　◎浮世草子の全盛	
1695	西川如見『華夷通商考』	
1697	宮崎安貞『農業全書』刊行	
	◎寺子屋普及する	
1703	近松門左衛門『曽根崎心中』　◎伊勢御蔭参り流行	
1709	新井白石，シドッチに尋問　貝原益軒『大和本草』刊行　東大寺大仏殿再建	
1712	新井白石『読史余論』	
1715	新井白石『西洋紀聞』　近松門左衛門『国性（姓）爺合戦』	
1717	荻生徂徠，古学派・古文辞学派を創始　陪臣・庶民に昌平黌の聴講許可	
1720	キリスト教以外の漢訳洋書の輸入許可　近松門左衛門『心中天網島』	
1721	田中丘隅『民間省要』（1722 吉宗に献上）	
1723	歌舞伎・浄瑠璃の心中物上演を禁止	
1724	大坂尼崎に懐徳堂設立（1726 年，準官学）	
1728	荷田春満『創学校啓』	
1729	石田梅岩，心学を提唱　太宰春台『経済録』　◎洒落本の流行	
1735	青木昆陽『蕃薯考』　◎吉宗の実学奨励→蘭学の発展，諸科学研究誘発	
1740	吉宗，青木昆陽・野呂元丈に蘭語の学習を命じる	
1744	江戸神田に天文台設置（～57）　◎上方で読本流行	
1748	竹田出雲ら『仮名手本忠臣蔵』（浄瑠璃）初演　◎読本・滑稽本の台頭	

朝鮮	中国	西暦	世界の動き
朝鮮	清	1660	[英] 王政復古
		1661	[仏] ルイ 14 世の親政　[中] 康熙帝即位，清の全盛期
		1670	[露] ステンカ＝ラージンの乱（～71）
		1673	[中] 三藩の乱
		1679	[英] 人身保護法制定
		1682	[露] ピョートル1世即位
		1683	[中] 清，台湾を領有
		1687	[英] ニュートン，万有引力の法則を発見
		1688	[英] 名誉革命（～89）
		1689	[中] [露] ネルチンスク条約締結　[英] 権利の章典制定
		1690	[英] ロック『統治二論（市民政府二論）』
		1694	[英] イングランド銀行創立
		1699	[中] 英に広東貿易許可
		1700	[露] 北方戦争（～21）
		1701	[独] プロイセン王国成立　[西] スペイン継承戦争（～13）
		1706	[露] カムチャツカ占領
		1707	[英] スコットランドを併合しグレートブリテン王国成立
		1710	[仏] ヴェルサイユ宮殿完成
		1713	[英] ユトレヒト条約を締結，ジブラルタルを獲得
		1714	[英] ハノーヴァー朝おこる
		1723	[中] 清，キリスト教禁止
		1726	[英] スウィフト『ガリヴァー旅行記』
		1727	[中] [露] キャフタ条約
		1732	[米] イギリスの東部 13 植民地成立
		1733	[英] ジョン＝ケイ，飛び杼（梭）を発明
		1740	[独] フリードリヒ2世即位（～86）　[墺] マリア＝テレジア即位（～80）オーストリア継承戦争（～48）
		1748	[仏] モンテスキュー『法の精神』

[露] ロシア　[中] 中国　[英] イギリス　[独] ドイツ　[西] スペイン
[仏] フランス　[米] アメリカ　[墺] オーストリア

西暦	天皇	将軍	年号	西暦	政治・経済・社会	西暦	文化	朝鮮	中国	西暦	世界の動き
	桃園	家重	宝暦 1	1751	6 徳川吉宗没(68歳)			朝鮮	清	1750	米 フランクリン，避雷針を発明
			3	1753	4 諸大名に租米の10分の1を貯蔵させる 12 薩摩藩に木曽川改修を命ず(～55完成)						
			4	1754	3 筑後久留米の大一揆 8 美濃郡上一揆(～55)	1754	山脇東洋，囚人の死体解剖，『蔵志』を著す(1759年刊行)			1756	英 独 墺 仏 露 七年戦争(～63)
1760			8	1758	7 宝暦事件(公家に尊王論を説いた竹内式部らが捕らえられ，59年に追放される) 9 側衆田沼意次，大名に列し，評定所への出座許される 12 清水家創始(三卿の成立)	1755 1759 1760	宝暦暦を施行 安藤昌益『自然真営道』 熊本時習館創立 山県大弐『柳子新論』 賀茂真淵『万葉考』			1757 1762	印 プラッシーの戦いでイギリス，フランスをインドから撃退 仏 ルソー『社会契約論』 ◎英 産業革命始まる
	後桜町＊	家治	13	1763	11 江戸神田に朝鮮人参座を設置					1763	英 仏 西 パリ条約(七年戦争終結)
			明和 1	1764	2 朝鮮通信使，将軍に謁す 3 俵物の生産を奨励 閏12 助郷役増徴に反対し，信濃・上野・下野・武蔵の農民蜂起(明和の伝馬騒動)	1764	平賀源内，火浣布(石綿)を創製			1764	英 ハーグリーヴズ，紡績機を発明
			2	1765	9 明和五匁銀鋳造(初めての計数銀貨)	1765	鈴木春信，錦絵を創始 柄井川柳『誹風柳多留』			1765	英 ワット，蒸気機関を改良(～69)
			4	1767	7 田沼意次，側用人となる 8 明和事件(幕府への謀反の容疑で山県大弐(43歳)ら死刑，竹内式部は八丈島へ流罪)	1768 1771	上田秋成『雨月物語』 杉田玄白ら，小塚原で囚人の解剖を見学				
			6	1769	8 田沼意次，老中格となる					1769	英 アークライト，水力紡績機を発明
	後桃園		8	1771	12 飛騨幕領の一揆(大原騒動)		池大雅・蕪村「十便十宜図」 御蔭参りさかん(約200万人)				
			安永 1	1772	1 田沼意次，老中就任 2 目黒行人坂火事 9 南鐐二朱銀鋳造 ○株仲間を広く公認(同業者組合の排他的活動を保護して，運上や冥加の増収をめざす) ○大坂樽廻船問屋株を公認	1773 1774 1775	鹿児島造士館創立 前野良沢・杉田玄白ら，『解体新書』を出版 恋川春町『金々先生栄花夢』(最初の黄表紙)			1773 1775	米 ボストン茶会事件 米 独立戦争(～83)
			2	1773	4 菱垣廻船問屋株を公認 ◎木綿が普及する	1776	米沢興譲館創立			1776	米 独立宣言 英 アダム＝スミス『国富論』
			7	1778	6 ロシア船，根室に来航，松前藩に通商を要求(翌年拒否)	1779	平賀源内獄死(52歳)(エレキテル，銅版画)				
1780	光格		8	1779	10 桜島の大噴火 11 閑院宮典仁親王の男子(兼仁親王)を皇嗣とする(光格天皇)		手島堵庵，時習舎創立			1781	独 カント『純粋理性批判』
			天明 2	1782	7 印旛沼・手賀沼の干拓(～86) ○天明の飢饉(～87) 各地に百姓一揆		塙保己一『群書類従』の編纂に着手			1782	中『四庫全書』完成
			3	1783	7 浅間山大噴火(死者約2000人) 伊勢の船頭大黒屋光太夫ら，アリューシャンに漂着	1783	工藤平助『赤蝦夷風説考』 名古屋明倫堂創立 大槻玄沢『蘭学階梯』			1783	英 米 パリ条約(アメリカ合衆国の独立承認)
			4	1784	3 若年寄田沼意知(田沼意次の子)，江戸城中で佐野政言に刺殺される 8 大坂に二十四組問屋の株仲間公認 ○奥羽地方に飢饉続き，死者数十万人	1784	ツーンベリ(ツンベルク)『日本植物誌』 司馬江漢「不忍池図」(銅版画) 「漢委奴国王」の金印発見				
			5	1785	2 幕吏山口鉄五郎，最上徳内ら蝦夷地調査に出発 4 ロシア人，千島に来る						
			6	1786	8 田沼意次，老中罷免 ○最上徳内ら千島を探索し，得撫島にいたる	1785	山東京伝『江戸生艶気樺焼』(黄表紙)			1785	英 カートライト，力織機を発明
		家斉	7	1787	5 天明の打ちこわし(米価高騰し，江戸・大坂の町人ら騒乱) 6 松平定信 老中首座となる(～93) 8 3年間の倹約令	1786 1787	大槻玄沢，芝蘭堂設立 林子平『三国通覧図説』刊行 山東京伝『通言総籬』(洒落本)				
			8	1788	3 松平定信，将軍補佐役となる 10 江戸の豪商を幕府の勘定所御用達に登用する(7名，翌年10名)						
			寛政 1	1789	2 尊号一件(～93，武家伝奏ら処分) 5 クナシリ・メナシの戦い(アイヌ最後の蜂起) 9 奢侈禁令 棄捐令 諸大名に囲米を命じる 5年間の倹約令					1789	仏 フランス革命 人権宣言 米 ワシントン，初代大統領就任
			2	1790	2 人足寄場を江戸石川島に置く 5 寛政異学の禁 11 旧里帰農令	1790	朱子学以外の学派の衰退 朱子学説固定沈滞する				
			3	1791	1 男女混浴の禁 5 最上徳内ら択捉島にいたる 12 江戸の各町に七分積金を命じ，町会所と籾蔵をつくらせる	1791	寛政の改革の出版統制により，山東京伝刑を受け洒落本衰退 林子平『海国兵談』(87～)→翌年筆禍			1791	朝 洋学を禁止
			4	1792	9 ロシア使節ラクスマン，漂流民大黒屋光太夫・磯吉を連れ根室に来航(幕府，光太夫・磯吉を生涯軟禁)	1792	宇田川玄随『西説内科撰要』			1792	仏 第一共和政
			5	1793	2 伊予吉田藩で紙専売反対一揆(武左衛門一揆) 3 幕府，沿岸警備を厳重にする 7 松平定信，老中退任 将軍家斉の大御所政治始まる ○大豊作で米価下落	1793 1794	塙保己一，和学講談所設立許される ◎東洲斎写楽，大首絵で活躍			1793	英 中 英使節マカートニーが北京にいたり，通商要求

宝暦・天明期の文化

田沼時代

寛政の改革

＊女帝

米 アメリカ 英 イギリス 独 ドイツ 墺 オーストリア 西 スペイン
仏 フランス 露 ロシア 印 インド 中 中国 朝 朝鮮

西暦	天皇	将軍	年号	西暦	政治・経済・社会	
	光格	家斉	寛政 7	1795	11 高橋至時，天文方就任	大御所政治
			8	1796	8 イギリス人ブロートン，室蘭沿岸を測量(～97)	
			9	1797	11 ロシア人，択捉島上陸	
			10	1798	7 **近藤重蔵**・**最上徳内**ら，択捉島を探査，「大日本恵登(土)呂府」の標柱を建てる	
			11	1799	1 幕府，東蝦夷地を一時的に直轄地とする 7 高田屋嘉兵衛，択捉航路を開く	
1800			12	1800	閏4 **伊能忠敬**，幕命で蝦夷地測量(全国測量～16)	
			享和 1	1801	6 富山元十郎，得撫島に大日本属島の標柱を建てる	
			2	1802	2 幕府，蝦夷地奉行(のちの箱館奉行)をおく 7 幕府，東蝦夷地を永久の直轄地とする	
			3	1803	7 アメリカ船，長崎に来航し通商要求	
			文化 1	1804	9 ロシア使節**レザノフ**，長崎に来航し通商要求	
			2	1805	3 幕府，ロシアの要求を拒絶する 6 関東取締出役(八州廻り)を設置	
			3	1806	1 幕府，沿岸警備と難破異国船に**薪水給与令**を布達	
			4	1807	3 幕府，蝦夷地をすべて直轄にする 4 ロシア船，択捉島を襲う，ついで樺太の番屋を焼く 5 東北諸藩に蝦夷地を警護させる 6 ロシア船，利尻島を襲い幕府の船を焼く 10 **松前奉行**をおく	
			5	1808	4 **間宮林蔵**，樺太探検 8 長崎で**フェートン号事件**	
			6	1809	9 間宮林蔵，間宮海峡を発見	
1810			7	1810	2 幕府，白河藩・会津藩に江戸湾の防備を命じる	
			8	1811	6 ロシア軍艦の艦長**ゴローウニン**を国後島でとらえる	
			9	1812	8 高田屋嘉兵衛，国後島沖にてロシア艦にとらえられる	
			10	1813	5 高田屋嘉兵衛送還され，ゴローウニンの釈放に尽力(ゴローウニン事件解決)	
			11	1814	10 箱館・松前以外の蝦夷地守備兵を撤収	
			13	1816	10 イギリス船，琉球に来航，通商を求める	
	仁孝		14	1817	9 イギリス船，浦賀に来航	
			文政 1	1818	5 イギリス人ゴルドン，浦賀に来航し通商求める	
1820			4	1821	12 幕府，蝦夷地を松前藩に還付(松前奉行廃止)	
			5	1822	3 小田原藩主，**二宮尊徳**を登用	
			7	1824	5 イギリス捕鯨船員，常陸大津浜に上陸し薪水求める 8 イギリス捕鯨船員，薩摩宝島に上陸	
			8	1825	2 **異国船打払令**(**無二念打払令**，沿岸に接近する外国船の即時撃退を諸大名に命じる)	
			10	1827	2 幕府，関東のすべての農村に**寄場組合**を結成させる ○薩摩藩**調所広郷**の財政改革始まる	
			11	1828	10 **シーボルト事件**(日本地図を渡した高橋景保投獄)	
			12	1829	9 シーボルト追放，再来日禁止	
1830			天保 1	1830	1 水戸藩主**徳川斉昭**，藩政改革を開始	
			3	1832	5 長州藩の負債，銀8万貫に達する	
			4	1833	○**天保の飢饉**(～39) ○全国各地で**一揆・打ちこわし**	
			5	1834	3 **水野忠邦**，老中就任	
		家慶	8	1837	2 大坂で大塩の乱 6 越後柏崎で生田万の乱 **モリソン号事件**(浦賀入港の米船を砲撃)	
			9	1838	8 長州藩**村田清風**，藩政改革始める	
			10	1839	5 **蛮社の獄**(蘭学者の幕府外政批判に対する弾圧。渡辺崋山は国元で永蟄居，高野長英は永牢)	
1840			11	1840	7 オランダ船，アヘン戦争勃発を伝える 11 三方領知替(翌年撤回) ◎**マニュファクチュア**生産広まる	
			12	1841	閏1 徳川家斉没(69歳) 5 老中**水野忠邦**の**天保の改革**始まる 倹約令 高島秋帆，武蔵徳丸ヶ原で西洋砲術の訓練実施 12 全国の**株仲間**を**解散**させる	天保の改革
			13	1842	7 異国船打払令を緩和し，**薪水給与令**を発布	
			14	1843	3 **人返しの法** 6 **上知令**(失敗) 閏9 水野忠邦失脚	
			弘化 1	1844	6 忠邦，老中首座に再任(翌年退任) 7 オランダ国王の開国勧告書簡(幕府，翌年謝絶)	

西暦	文化	
1795	江戸芝蘭堂で大槻玄沢ら，オランダ正月を始める	
1796	**稲村三伯**ら『ハルマ和解』	
1797	昌平坂学問所を幕府直轄とする	
1798	**本居宣長**『古事記伝』全44冊完成 本多利明『西域物語』	
1801	蒲生君平『山陵志』(1808年刊)	
1802	**十返舎一九**『東海道中膝栗毛』 志筑忠雄『暦象新書』 ◎**滑稽本**流行	
1804	華岡青洲，麻酔剤手術(1805年説もあり) 美人画を描いた**喜多川歌麿**，幕府に処罰される	化政文化
1808	**間宮林蔵**『東韃紀行』	
1809	**式亭三馬**『浮世風呂』	
1811	天文方に**蛮書和解御用**を設置	
1812	**平田篤胤**『古史伝』執筆開始(未完)	
1813	海保青陵『稽古談』	
1814	**曲亭(滝沢)馬琴**『南総里見八犬伝』刊行(～42)	
1815	**杉田玄白**『蘭学事始』	
1819	**小林一茶**『おらが春』 塙保己一編『群書類従』正編全530巻刊行	
1820	山片蟠桃『夢の代』	
1821	**伊能忠敬**の「大日本沿海輿地全図」完成(忠敬18年に没後，弟子たちにより完成)	
1823	ドイツ人医師**シーボルト**，オランダ商館付医官として来日	
1824	シーボルト，長崎郊外に診療所と**鳴滝塾**を開く	
1825	**鶴屋南北**『東海道四谷怪談』	
1827	**頼山陽**『日本外史』 佐藤信淵『経済要録』	
1829	**柳亭種彦**『偐紫田舎源氏』(～42) ◎合巻の刊行さかん	
1830	**御蔭参り**流行	
1831	**葛飾北斎**『富嶽三十六景』	
1832	**為永春水**『春色梅児誉美』	
1833	**歌川広重**『東海道五十三次』 ◎**滑稽本**，**人情本**さかん	
1837	**鈴木牧之**『北越雪譜』 **渡辺崋山**『鴃舌或問』	
1838	**緒方洪庵**，**適々斎塾**(適塾)開設 中山みき，天理教を開く **高野長英**『戊戌夢物語』 **渡辺崋山**『慎機論』	
1841	水戸**弘道館**開設 渡辺崋山自刃	
1842	人情本禁止，柳亭種彦・為永春水処罰される 大蔵永常『広益国産考』(～59全巻刊行)	
1844	高野長英脱獄(1850自刃)	

朝鮮	中国	西暦	世界の動き
朝鮮	清	1796	英 ジェンナー，種痘法発見 中 白蓮教徒の乱(～1804)
		1799	蘭 オランダ連合東インド会社解散，オランダ領東インド(蘭印)成立
		1800	中 アヘンの輸入禁止
		1801	英 アイルランドを併合しグレートブリテン-アイルランド連合王国となる
		1802	阮福暎，ベトナム統一
		1804	仏 ナポレオン法典制定 **ナポレオン**，皇帝となる
		1806	独 神聖ローマ帝国の消滅 仏 大陸封鎖令 ◎ゲーテ『ファウスト』
		1809	英 マニラに商館設置
		1811	エジプト事実上独立
		1812	仏 ナポレオンのロシア遠征失敗
		1813	英 東インド会社のインド貿易独占権廃止
		1814	ウィーン会議(～15) 英 スティーヴンソン，**蒸気機関車**を運転 ◎ラテンアメリカ諸国の独立(1810～20年代)
		1819	英 シンガポール買収
		1821	ギリシア独立戦争→29年独立
		1823	米 **モンロー宣言**
		1825	英 世界最初の鉄道開通(ストックトン-ダーリントン間) 露 デカブリストの乱
		1826	英 海峡植民地成立
		1830	仏 **七月革命**
		1831	英 ファラデー，電磁誘導の法則を発見
		1832	英 第1回選挙法改正
		1833	英 東インド会社の中国貿易独占権廃止
		1834	独 関税同盟成立
		1837	米 モールス，電信符号を発明 英 ヴィクトリア女王即位(～1901)
		1838	◎英 チャーティスト運動(～50年代)
		1839	中 林則徐，アヘン没収
		1840	英 中 アヘン戦争(～42)
		1842	中 香港を英へ割譲(南京条約)

蘭 オランダ 英 イギリス 中 中国 仏 フランス
独 ドイツ 米 アメリカ 露 ロシア

西暦	天皇	将軍	年号	西暦	政治・経済・社会	
		家慶	弘化 2	1845	2 阿部正弘，老中首座に就任	
	孝明		3	1846	閏5 アメリカ東インド艦隊司令長官ビッドル，浦賀に来航し通商を求める　6 フランス艦・デンマーク艦の来航	
			4	1847	2 彦根・川越・会津・忍各藩に関東沿岸の厳重な警戒を命じる　9 徳川慶喜，一橋家を相続	
1850			嘉永 3	1850	5 民間の海防論議禁止　10 佐賀藩，反射炉の築造開始　◎佐賀藩主鍋島直正が均田制実施	
			5	1852	○薩摩藩主島津斉彬，反射炉・兵器工場を設置	
			6	1853	6 アメリカ東インド艦隊司令長官ペリー，軍艦４隻を率い浦賀に来航，大統領国書提出　7 老中阿部正弘，アメリカ国書の返書に関し諸大名の意見を求める　ロシア使節プチャーチン，軍艦４隻を率いて長崎に来航　◎安政の改革	
		家定	安政 1	1854	1 ペリー再来　3 日米和親条約（神奈川条約）締結（下田・箱館の２港を開く）　6 江川太郎左衛門，伊豆韮山に反射炉築造開始（～57）　8 日英和親条約（長崎・箱館を開港）　12 日露和親条約（下田・箱館・長崎を開港，国境画定）	開国
			2	1855	10 江戸で大地震（安政大地震）　12 日蘭和親条約	
			3	1856	7 アメリカ初代駐日総領事ハリス，下田に着任，通商条約締結を求める　○将軍継嗣問題	
			4	1857	5 下田条約	
			5	1858	2 老中首座堀田正睦，日米通商条約の勅許奏請，3 朝廷拒否　4 井伊直弼，大老就任　6 日米修好通商条約調印　紀州藩主徳川慶福（家茂）を将軍継嗣に決定　7 将軍家定没（35歳）　日蘭・日露・日英修好通商条約　9 日仏修好通商条約調印（安政の五カ国条約）　安政の大獄（～59）	
		家茂	6	1859	5 イギリス駐日公使オールコック着任　6 横浜・長崎・箱館の３港で貿易開始　10 橋本左内・吉田松陰ら刑死	（尊王攘夷運動）
1860			万延 1	1860	1 安藤信正，老中就任　幕府，遣米使節派遣（咸臨丸，太平洋横断，特使は米艦で出航）　3 桜田門外の変（大老井伊直弼暗殺）　閏3 五品江戸廻送令公布　10 皇妹和宮の家茂への降嫁勅許（公武合体政策）　○万延貨幣改鋳　◎百姓一揆頻発　◎外国人殺傷事件の頻発	
			文久 1	1861	2 ロシア艦の対馬占領事件　5 東禅寺事件　12 幕府遣欧使節，出発	
			2	1862	1 坂下門外の変　2 皇妹和宮，家茂に降嫁　4 寺田屋事件　7 文久の改革　8 生麦事件　閏8 幕府，京都守護職を置き，松平容保を任命　○尊王攘夷論の激化	
			3	1863	5 長州藩，下関で米・仏・蘭船を砲撃（攘夷の決行）　6 高杉晋作ら奇兵隊編成　7 薩英戦争　8 天誅組の変　八月十八日の政変（三条実美ら七卿，長州へ下る〔七卿落ち〕）　10 平野国臣ら但馬で挙兵（生野の変）	
			元治 1	1864	3 フランス公使ロッシュ着任　6 池田屋事件　7 禁門の変（蛤御門の変）（長州藩兵，幕軍と交戦）　幕府，長州征討（第１次）を命ず　8 英・仏・米・蘭の４か国連合艦隊，下関を砲撃（四国艦隊下関砲撃事件）	討幕運動
			慶応 1	1865	5 幕府，長州征討（第２次）を命じる　閏5 イギリス公使パークス着任　10 安政諸条約勅許（兵庫開港は不許可）	
			2	1866	1 薩長連合（薩長同盟）の密約成立　5 幕府，英・仏・米・蘭と改税約書調印　6 江戸・大坂などで打ちこわし　7 将軍家茂死去（21歳）　8 長州征討中止　12 一橋慶喜，将軍就任　○各地で世直し一揆頻発	
	明治	慶喜	3	1867	1 明治天皇即位　5 大政奉還の薩土盟約　兵庫開港勅許　8 東海・畿内一帯で「ええじゃないか」の大衆乱舞発生，全国に拡大　9 薩長芸３藩，討幕挙兵の密約　10 土佐藩，幕府に大政奉還を建白　討幕の密勅，薩長２藩に下る　大政奉還の上表　11 坂本龍馬（33歳）・中岡慎太郎（30歳），京都で暗殺される　12 王政復古の大号令　小御所会議（慶喜に辞官納地）	

西暦	文化
1845	翻訳書出版許可権を町奉行より天文方に移す
1847	公家子弟の学習所（49年，学習院）を開設
1848	本木昌造らオランダから鉛活字活版印刷機購入　◎佐久間象山，大砲鋳造
1849	幕府，官医に外科・眼科以外の蘭方使用を禁止　佐賀藩・長州藩で蘭方種痘を実施
1850	洋書の翻訳・刊行を規制
1851	本木昌造『和蘭通弁』（活版印刷機で印刷）
1852	小林一茶『おらが春』刊行　◎河竹黙阿弥，作家活動により歌舞伎を再興
1853	椿椿山「渡辺崋山像」
1855	天文方の蛮書和解御用を独立させ洋学所とする　長崎に，海軍伝習所設置　薩摩藩，外輪蒸気船建造
1856	吉田松陰，萩の松下村塾を継承　江戸築地に講武所設置　洋学所を蕃書調所と改称
1857	長崎奉行所，『蘭訳英文典』を活版印刷
1858	伊東玄朴ら江戸に種痘館開設　幕府，官医のオランダ医術兼修を許可　福沢諭吉，蘭学塾を開設（慶応義塾の前身）
1859	シーボルト，再来日　米宣教師ヘボン，フルベッキ来日
1860	遣米使節に福沢諭吉随行　種痘館，幕府直轄の種痘所になる
1861	種痘所を西洋医学所と改称　福沢諭吉・寺島宗則，遣欧使節に随行
1862	幕府，オランダへ留学生（榎本武揚・西周ら）派遣　蕃書調所を洋書調所と改称　上野彦馬，長崎に写真館を開く
1863	西洋医学所を医学所と改称　洋書調所を開成所と改称　長州藩士井上馨・伊藤博文ら，密出国し英へ留学
1864	新島襄，米へ密出国　箱館五稜郭完成　幕府，勝海舟を頭取にして海軍操練所を設置
1865	長崎大浦天主堂建立　薩摩藩，英へ留学生（森有礼・寺島宗則・五代友厚ら）派遣
1866	幕府，海外留学を許可　幕府，英へ留学生（中村正直ら）派遣　福沢諭吉『西洋事情』初編
1867	ヘボン『和英語林集成』　『西洋雑誌』創刊

朝鮮	中国	西暦	世界の動き
朝鮮	清	1846	[米] アメリカ－メキシコ戦争（～48）
		1848	[独] マルクス・エンゲルス『共産党宣言』　[仏] 二月革命　[米] カリフォルニア獲得　ゴールド＝ラッシュ
		1851	[中] 太平天国の乱（～64）
		1852	[仏] ナポレオン３世即位（～70）
		1853	[露] クリミア戦争（～56）
		1855	[仏] パリ万国博覧会
		1856	[中][仏] アロー戦争（第２次アヘン戦争）（～60）
		1857	[印] インド大反乱（シパーヒーの乱）（～59）
		1858	[中][露] アイグン条約　[中][英][米][仏][露] 天津条約　[印] ムガル帝国滅亡
		1859	[英] ダーウィン『種の起源』
		1860	[英][仏][露][中] 北京条約　ロシア，北京条約により清から沿海州を獲得　◎[中] 洋務運動（～90年代）
		1861	[米] 南北戦争（～65）　[伊] イタリア王国成立　[露] 農奴解放令の発布
		1862	[仏] インドシナの一部を占領　[独] ビスマルク時代（～90）
		1863	[米] リンカンの奴隷解放宣言
		1864	ヨーロッパ，第１インターナショナル結成　国際赤十字条約成立
		1865	[墺] メンデル，遺伝の法則を発見
		1866	[瑞] ノーベル，ダイナマイトを発明
		1867	[米] ロシアからアラスカを買収　[英] マレー半島の植民地を直轄化　[独] マルクス『資本論』　[墺] オーストリア－ハンガリー帝国成立（～1918）

[独] ドイツ　[仏] フランス　[米] アメリカ　[中] 中国　[露] ロシア　[印] インド
[伊] イタリア　[墺] オーストリア　[英] イギリス　[瑞] スウェーデン

西暦	天皇	大臣	年号	西暦	政治・経済・社会	西暦	文化	朝鮮	中国	西暦	世界の動き
	明治	(総裁)有栖川宮熾仁	慶応 4 明治 1	1868	1 鳥羽・伏見の戦い(戊辰戦争～69) 新政府, 王政復古を外国公使に通告 **徳川慶喜**, 大阪を出帆(2 江戸寛永寺に閉居) 3 西郷隆盛・勝海舟会見 **五箇条の誓文** **五榜の掲示** 4 江戸城開城, 慶喜, 水戸へ退く 閏4 政体書制定 5 奥羽越列藩同盟成立 彰義隊の戦い 太政官札発行 7 江戸を東京と改称 8 会津戦争 9 改元(一世一元の制) **●明治時代⬇** (明治維新)	1868	**神仏分離令→**廃仏毀釈運動 福沢諭吉, 英学塾を芝新銭座に移し**慶応義塾**と改称 浦上・五島のキリシタン弾圧 福地源一郎『江湖新聞』創刊 (文明開化)	朝鮮	清	1868	西 スペイン革命
		(輔相)三条実美 岩倉具視	2	1869	1 関所撤廃 3 東京遷都 5 榎本武揚ら箱館で降伏(戊辰戦争終結) 6 **版籍奉還** **華族・士族**を制定 7 **官制の改革**(2官6省設置) **開拓使**設置 8 蝦夷地を**北海道**と改称 9 大村益次郎, 襲われ重傷(11没, 46歳)	1869	**本木昌造**, 西洋式活版印刷術を導入 大学校設立 東京-横浜間に**電信**開通			1869	米 **大陸横断鉄道**完成 レセップスにより**スエズ運河**完成 露 トルストイ『戦争と平和』
1870		(右大臣)三条実美	3	1870	9 **平民**に苗字(名字)を許可 10 **岩崎弥太郎**ら土佐藩, 九十九商会(のちの三菱商会)設立 閏10 工部省設置	1870	**大教宣布の詔**(神道の国教化) 最初の日刊新聞『横浜毎日新聞』創刊			1870	独 仏 **普仏戦争**(～71) **イタリアの統一**完成 仏 第三共和政 伊 教皇領併合
			4	1871	1 **郵便制度**発足 4 戸籍法制定 5 新貨条例制定 7 **廃藩置県**(1使3府302県, 年末までに1使3府72県) 文部省設置 **日清修好条規**を調印 8 散髪・脱刀を許可 「解放令」公布 10 寺請制度(宗門人別改帳)廃止 11 **岩倉使節団**を欧米に派遣(～73) **琉球漂流民殺害事件**	1871	**中村正直**訳『西国立志編』出版 華族・士族・平民相互の婚姻を許可 **津田梅子**・山川捨松ら少女5人アメリカ留学			1871	独 プロイセン, **ドイツ統一** **ビスマルク**, 宰相となる(～90) 朝 大院君, 排外鎖国を声明 独 シュリーマン, トロイアの遺跡を発掘 英 労働組合法制定 仏 パリ=コミューン
		(太政大臣)三条実美	5	1872	2 初の全国統一戸籍を作成(**壬申戸籍**)(総人口3311万825) 田畑永代売買の禁を解く 7 すべての土地への**地券**交付を通達(壬申地券) 9 琉球藩設置 琉球国王**尚泰を琉球藩王とする** 10 官営模範工場**富岡製糸場**操業 11 **国立銀行条例**制定 **徴兵告諭**	1872	**福沢諭吉**『学問のすゝめ』第一編 東京に師範学校創立(73年, 東京師範学校に改称, 現在の筑波大学) **学制**公布 新橋-横浜間**鉄道開通** **太陽暦**を採用(1日を24時間とする)				
			6	1873	1 **徴兵令**布告 6 第一国立銀行設立 7 **地租改正条例**公布 8 **征韓論** 9 **岩倉使節団**帰国 10 征韓派敗れて西郷隆盛・副島種臣・江藤新平・板垣退助ら下野(**明治六年の政変**) 11 **内務省**設置 12 **秩禄奉還の法**を定める ○全国に徴兵反対の一揆(**血税一揆**)	1873	キリシタン禁制の高札を撤廃 外人との婚姻許可 **森有礼**ら**明六社**を結成			1873	独 墺 露 三帝同盟なる
			7	1874	1 愛国公党結成 板垣退助ら**民撰議院設立の建白書**を提出(→**自由民権運動**) 東京に警視庁設置 2 佐賀の乱 4 板垣ら土佐に**立志社**結成 5 琉球漂流民殺害(1871)を根拠に台湾出兵 6 北海道に**屯田兵制度** (自由民権運動)	1874	東京に女子師範学校創立 『明六雑誌』創刊 『朝野新聞』創刊 『読売新聞』創刊			1874	スタンリー, アフリカ探検
			8	1875	2 愛国社結成 4 **漸次立憲政体樹立の詔**発布 元老院・大審院・地方官会議設置 5 ロシアと**樺太・千島交換条約** 6 **讒謗律・新聞紙条例**公布 9 江華島事件	1875	東京気象台を設立 **新島襄**, 同志社英学校創立 福沢諭吉『文明論之概略』			1875	朝 江華島事件 英 スエズ運河会社の株式を買収
			9	1876	2 日朝修好条規(江華条約)調印 3 **廃刀令**発布 8 **金禄公債証書**発行条例(**秩禄処分**) 10 小笠原諸島領有 敬神党(神風連)の乱 秋月の乱 萩の乱 ○**地租改正反対一揆**	1876	札幌農学校開校 工部美術学校開校			1876	米 **ベル, 電話機**発明 中 英と芝罘条約 朝 朝鮮開国→釜山開港(1880年元山開港)
			10	1877	1 地租軽減(3%→2.5%) 2 西南戦争 **西郷隆盛**, 鹿児島に挙兵 3 田原坂の戦い 5 木戸孝允没(45歳) 6 立志社建白 9 西郷, 鹿児島で自刃(50歳)	1877	博愛社(のちの日本赤十字社)創立 東京上野で**第1回内国勧業博覧会** モース, 大森貝塚を発掘 田口卯吉『日本開化小史』(～82) 東京大学設立			1877	印 英 インド帝国樹立 露 露土(ロシア-トルコ)戦争(～78)
			11	1878	5 **大久保利通**暗殺される(49歳) 7 **地方三新法**公布 8 竹橋事件(近衛砲兵隊の反乱) 9 **愛国社**再興	1879	**植木枝盛**『民権自由論』 学制を廃し, **教育令**制定			1878	ベルリン会議開催(ロシアの南下阻止)
			12	1879	4 琉球藩を廃し沖縄県とする(**琉球処分**の完了。琉球王朝終わる 5 清国, 抗議) 8 前米大統領グラント来日	1880	東京法学社(のちの法政大学)創立			1879	米 **エディソン, 電球**を発明 ◎ヨーロッパ, 帝国主義時代に入る 独 墺 独墺同盟
1880			13	1880	3 愛国社, **国会期成同盟**と改称 4 **集会条例**を公布 7 井上馨外務卿, 条約改正案を各国公使に交付 11 **工場払下げ概則**制定(84年廃止)	1881	交詢社「私擬憲法案」 **立志社**「日本憲法見込案」 明治法律学校(のちの明治大学)創立				
			14	1881	7 **開拓使官有物払下げ事件** 10 大隈重信罷免(**明治十四年の政変**) **国会開設の勅諭** **自由党**(**板垣退助**)結成 11 日本鉄道会社設立					1881	**パナマ運河**起工 中 ロシアとイリ条約 英 アフガニスタンを保護国化
			15	1882	1 **軍人勅諭**発布 3 **立憲帝政党**(福地源一郎)結成 4 **立憲改進党**(**大隈重信**)結成 5 大阪紡績会社設立 7 壬午軍乱(壬午事変) 8 朝鮮と済物浦条約調印(公使館駐兵権) 10 **日本銀行**開業 11 **福島事件**	1882	上野博物館開館 大隈重信, 東京専門学校(のちの早稲田大学)創立 皇典講究所(のちの国学院大学)創立 **中江兆民**『民約訳解』(ルソー『社会契約論』の漢訳)			1882	独 墺 伊 三国同盟成立 朝 壬午軍乱 英 エジプト占領
			16	1883	3 高田事件 5 国立銀行条例再改正 12 徴兵令改正	1883	馬場辰猪『天賦人権論』 鹿鳴館開館 (近代文化の発達)			1883	独 **コッホ, コレラ菌を発見**(前年, 結核菌発見)
			17	1884	5 群馬事件 7 **華族令**制定 9 加波山事件 10 自由党解党 **秩父事件** 12 甲申事変 名古屋事件 飯田事件 ○**松方財政**による不況(会社・銀行などの倒産多発)	1884	東京商業学校(のちの一橋大学)創立 東京本郷で弥生土器発見			1884	中 仏 清仏戦争(～85) 朝 甲申事変

西 スペイン 米 アメリカ 露 ロシア 独 ドイツ 墺 オーストリア 仏 フランス
伊 イタリア 朝 朝鮮 英 イギリス 中 中国 印 インド

西暦	天皇	内閣	年号	西暦	政治・経済・社会		西暦	文化		朝鮮	中国	西暦	世界の動き
	明治	伊藤博文(1)	明治18	1885	4 清国と天津条約(朝鮮派兵の事前通告) 10 日本郵船会社開業 11 大阪事件 12 内閣制度採用 第1次伊藤博文内閣成立	資本主義の成立	1885	尾崎紅葉ら硯友社結成 福沢諭吉『脱亜論』 坪内逍遙『小説神髄』 種痘規則制定	近代文化の発達	朝鮮	清	1885	[独] ベンツ, 自動車発明 [中][仏] 天津条約(清, ベトナムの宗主権放棄) ◎[伊] 海外進出始まる
			19	1886	5 井上馨外相, 第1回条約改正会議開催 10 ノルマントン号事件(英船紀州沖で沈没, 日本人乗客全員溺死)		1886	帝国大学令, 小学校令・中学校令・師範学校令公布 国際赤十字条約加入				1886	[英] ビルマをインド帝国に併合 [独] マーシャル諸島領有
			20	1887	6 伊藤首相ら, 憲法草案の検討開始 司法省法律顧問ボアソナード, 外国人判事任用による条約改正を批判する意見書提出, 反対論広まる 9 井上外相辞任 10 後藤象二郎, 大同団結運動をおこす 12 三大事件建白運動(地租軽減・言論集会の自由・外交失策の回復)高揚 保安条例を公布, 即日施行		1887	徳富蘇峰, 雑誌『国民之友』創刊 中江兆民『三酔人経綸問答』 二葉亭四迷『浮雲』 東京音楽学校・東京美術学校創立				1887	仏領インドシナ連邦成立 [英] 炭坑法(少年労働禁止)
		黒田清隆	21	1888	4 市制・町村制公布(翌年施行) 枢密院を設置(議長伊藤博文) 6 枢密院, 憲法草案の審議を開始 高島炭鉱夫虐待問題 11 大隈重信外相の条約改正交渉開始 メキシコと通商条約(最初の対等条約)		1888	東京天文台設立 三宅雪嶺ら政教社結成, 雑誌『日本人』創刊 下瀬火薬の発明					
			22	1889	2 大日本帝国憲法発布 皇室典範制定 衆議院議員選挙法・貴族院令など公布 森有礼文相暗殺される 黒田清隆首相, 地方長官に超然主義訓示 5 大隈の条約改正案に世論反対 7 東海道線全通 10 大隈襲撃される 12 条約改正延期		1889	陸羯南, 新聞『日本』創刊 日本法律学校(のちの日本大学)創立				1889	パリで第2インターナショナル結成 [朝] 防穀令事件(～93) ブラジル連邦共和国成立
1890		山県有朋(1)	23	1890	5 府県制・郡制公布(地方自治制) 7 第1回衆議院議員総選挙 9 立憲自由党(総裁板垣退助 翌年, 自由党と改称)結成 11 第1回帝国議会開会 ○綿糸生産量, 輸入量をこえる ○最初の恐慌起こる	立憲政治の展開(初期議会)	1890	教育に関する勅語発布 東京－横浜間に電話開通 北里柴三郎, 破傷風血清療法発見					[墺] ◎フロイトの精神分析学
		松方正義(1)	24	1891	5 大津事件(ロシア皇太子, 大津で巡査に襲われ負傷) 12 田中正造, 議会で初めて足尾銅山鉱毒について質問(足尾鉱毒事件が社会問題化)		1891	川上音二郎, 東京で壮士芝居を興行(新派劇の始め) ニコライ堂の開堂				1891	[露][仏] 露仏同盟(94完成)
			25	1892	2 第2回総選挙(松方内閣の選挙干渉) 5 民法典論争(貴族院, 民法・商法施行の延期法案審議)		1892	久米邦武, 論文「神道は祭天の古俗」が問題とされ, 帝国大学教授を辞職 北里柴三郎, 伝染病研究所設立 黒岩涙香,『万朝報』発刊 琵琶湖発電所設立(最初の水力発電) 森鷗外『即興詩人』				1892	[独] ディーゼル, ディーゼル機関を発明
		伊藤博文(2)	26	1893	1 衆議院, 軍艦建造費を削除し内閣と対立 5 防穀令事件, 朝鮮政府の賠償支払いで結着 7 陸奥宗光の条約改正案を閣議決定 ○日本郵船, ボンベイ(ムンバイ)航路開設		1893	郡司大尉の千島探検 福島中佐のシベリア横断 田中館愛橘, 全国地磁気測定 北村透谷ら『文学界』発刊 御木本幸吉, 真珠養殖に成功				1893	[米] エディソン, キネトスコープを発明 [仏] ラオスを保護国化
			27	1894	3 朝鮮で東学が蜂起(甲午農民戦争) 6 日清両国, 朝鮮に出兵 7 日英通商航海条約調印(領事裁判権撤廃) 日本軍, 朝鮮王宮占領 日本艦隊, 豊島沖で清国艦攻撃 8 清に宣戦布告, 日清戦争始まる 9 広島に大本営 黄海海戦 11 旅順占領	資本主義の発展(産業革命の進展)(社会運動の発生)	1894	高等学校令公布 高山樗牛『滝口入道』 北里柴三郎, ペスト菌発見				1894	[朝] 甲午農民戦争 [中] 日清戦争(～95)
			28	1895	2 威海衛占領 清国北洋艦隊降伏 4 日清講和条約(下関条約)調印 三国干渉(露独仏, 遼東半島還付を要求→11 還付) 5 日本軍, 台湾に上陸, 台湾総督府を設置 10 駐朝公使三浦梧楼らソウルで大院君を擁しクーデタ, 閔妃を殺害		1895	神田に救世軍創立 雑誌『太陽』創刊 樋口一葉『にごりえ』『たけくらべ』 平安神宮造営 黒田清輝の裸体画問題化				1895	[独] レントゲン, X線を発見 [伊] マルコーニ, 無線電信を発明 ◎ヨーロッパ列強のアフリカ分割
			29	1896	3 進歩党(総裁大隈重信)結成 日本郵船, 欧州航路開設 航海奨励法・造船奨励法公布 5 朝鮮問題について日露の覚書・協定 7 日清通商航海条約調印		1896	日本銀行本店完成 白馬会創立				1896	第1回オリンピックアテネ大会 [露][中] 露清密約 [仏] マダガスカル領有宣言
		松方正義(2)	30	1897	3 貨幣法公布(金本位制実施) 7 労働組合期成会の発起人会開催 8 日本勧業銀行開業 ○綿糸輸出高, 輸入高を超える		1897	尾崎紅葉『金色夜叉』 『ホトトギス』創刊 京都帝国大学設立 島崎藤村『若菜集』 志賀潔, 赤痢菌発見 高村光雲「西郷隆盛像」 豊田佐吉, 蒸気力による力織機を発明		大韓帝国		1897	[韓] 国号を大韓帝国とする
		伊藤博文(3) 大隈重信(1)	31	1898	6 自由・進歩両党合同し憲政党結成 隈板内閣(最初の政党内閣)成立 7 民法(新民法)施行 10 社会主義研究会組織される 憲政党分裂し内閣瓦解		1898	日本映画初めて制作 正岡子規『歌よみに与ふる書』 日本美術院創立				1898	[米][西] 米西(アメリカ・スペイン)戦争(キューバ独立 米, フィリピン・グアム・プエルトリコ領有) ハワイ併合 [独] 膠州湾を租借 [露] 旅順・大連を租借 [英] 威海衛を租借

[独]ドイツ [中]中国 [仏]フランス [朝]朝鮮 [伊]イタリア [英]イギリス
[墺]オーストリア [露]ロシア [米]アメリカ [韓]韓国 [西]スペイン

西暦	天皇	内閣	年号	西暦	政治・経済・社会	西暦	文化	朝鮮	中国	西暦	世界の動き
	明治	山県有朋(2)	明治32	1899	3 北海道旧土人保護法公布 文官任用令改正 4 八幡製鉄所，大冶鉄鉱の優先買入契約締結 7 日英通商条約ほか改正条約発効，外国人の内地雑居許可 台湾銀行設立 10 普通選挙期成同盟会結成	1899	実業学校令・高等女学校令公布 『中央公論』創刊 横山源之助『日本之下層社会』 水沢緯度観測所創立 ◎大森房吉の地震研究（初期微動の継続時間と震源までの距離との関係を発見）	大韓帝国	清	1899	仏 広州湾租借 ◎ヨーロッパ列強の中国分割が進む 米 中国の門戸開放・機会均等提案 独 バグダード鉄道敷設権獲得 英 南アフリカ戦争（～1902）
1900			33	1900	1 社会主義協会発足 3 治安警察法公布 衆議院議員選挙法改正（直接国税10円以上） 5 軍部大臣現役武官制制定 6 義和団事件により日本出兵（北清事変） 9 伊藤博文，立憲政友会を組織 ◯最初の本格的資本主義恐慌，紡績業で長期操業短縮	1900	小学校令改正（義務教育4年・原則無償化） 高峰譲吉，アドレナリンの抽出 与謝野鉄幹ら『明星』創刊 津田梅子，女子英学塾（のちの津田塾大学）創立			1900	中 北清事変に列強出兵（～01）
		伊藤博文(4)	34	1901	2 八幡製鉄所操業開始 5 安部磯雄ら，社会民主党結成（直後に禁止） 12 伊藤博文，日露交渉開始 田中正造，足尾鉱毒事件を天皇に直訴	1901	愛国婦人会創立 国木田独歩『武蔵野』 日本女子大学校（のちの日本女子大学）開校 与謝野晶子『みだれ髪』			1901	オーストラリア連邦成立 瑞 ノーベル賞創設 露 シベリア鉄道と東清鉄道連結
		桂太郎(1)	35	1902	1 日英同盟協約締結 4 日本興業銀行開業 7 呉海軍工廠の職工ストライキ	1902	木村栄，緯度変化のZ項発見 大谷光瑞ら中央アジア探検				
			36	1903	6 東京帝大戸水寛人ら七博士，対露強硬論の「七博士意見書」を発表 8 対露同志会結成しロシアの満州撤兵要求を決議 10 幸徳秋水・堺利彦，『万朝報』を退社 11 平民社設立，週刊『平民新聞』発行	1903	専門学校令 小学校に国定教科書導入決定 農商務省『職工事情』 長岡半太郎，土星型原子模型の理論発表			1903	米 ライト兄弟，飛行機の初飛行成功
			37	1904	2 日本艦隊，旅順港外の露艦隊を攻撃 日露戦争始まる 日韓議定書調印 4 非常特別税法・煙草専売法公布 5 英米で外債募集 8 片山潜，第2インターナショナルのアムステルダム大会に出席 第1次日韓協約	1904	小泉八雲死去（55歳） 青木繁「海の幸」 与謝野晶子「君死にたまふこと勿れ」を『明星』に発表			1904	露 日露戦争（～05） 英 仏 英仏協商締結
			38	1905	1 旅順開城 塩専売法実施 3 奉天会戦 5 日本海海戦に日本艦隊大勝利 6 米大統領の講和勧告 7 樺太占領 8 第2次日英同盟協約 9 ポーツマス条約調印 日比谷焼打ち事件（戒厳令布告） 10 平民社解散 11 第2次日韓協約（日本，外交権掌握） 12 漢城（ソウル）に統監府設置（初代統監伊藤博文） ◯東北地方飢饉	1905	夏目漱石『吾輩は猫である』			1905	露 シベリア鉄道完成 ロシアで革命運動 独 アインシュタイン，「特殊相対性理論」を発表 第1次モロッコ事件
		西園寺公望(1)	39	1906	1 日本社会党結成（翌年禁止） 3 鉄道国有法・京釜鉄道買収法公布 6 ロシアより樺太北緯50度以南を受領 関東州（遼東半島の租借地）を統治 池貝鉄工所設立 9 関東都督府を設置 10 サンフランシスコで日本人学童排斥 11 南満州鉄道株式会社（満鉄）設立	1906	島崎藤村『破戒』 ◎自然主義文学盛行 夏目漱石『坊ちゃん』			1906	英 労働党成立
			40	1907	1 東京株式相場暴落（経済恐慌） 2 足尾銅山で暴動，軍隊出動 6 別子銅山暴動に軍隊出動 7 ハーグ密使事件で韓国皇帝退位 第3次日韓協約（日本，内政掌握） 第1次日露協約 8 韓国軍隊解散 義兵運動 11 移民に関する日米紳士協約 日本製鋼所設立	1907	小学校令改正（義務教育6年） 第1回文部省美術展覧会（文展） 田山花袋『蒲団』			1907	英 仏 露 三国協商成立 韓 全土に義兵運動広がる
		桂太郎(2)	41	1908	6 赤旗事件 10 戊申詔書 12 東洋拓殖株式会社設立 ◯初のブラジル移民	1908	『婦人之友』『アララギ』創刊			1908	青年トルコ革命
			42	1909	9 満州・間島に関する日清協約 10 伊藤博文，ハルビンで暗殺される（69歳） 12 アメリカ，満州の鉄道中立化を提議（翌年，日露両国拒否） ◯生糸輸出量世界第1位に 綿布輸出額，輸入額をこえる ◎地方改良運動，本格的に推進	1909	小山内薫ら自由劇場創立				
1910			43	1910	5 大逆事件（翌年，幸徳秋水ら12名死刑執行） 7 第2次日露協約 8 韓国併合条約（韓国併合） 韓国国号を朝鮮とし朝鮮総督府設置を公布 9 朝鮮で土地調査事業開始 11 帝国在郷軍人会発足 帝国農会設立	1910	『白樺』創刊 白瀬矗中尉ら南極探検 石川啄木『一握の砂』 秦佐八郎，サルバルサン開発 長塚節『土』	日本領（朝鮮）		1910	南アフリカ連邦成立 韓 韓国併合条約
	西園寺公望(2)		44	1911	2 日米通商航海条約調印（小村寿太郎による条約改正，関税自主権回復） 3 工場法公布（16年施行） 朝鮮総督府，朝鮮土地収用令公布 7 第3次日英同盟協約 8 警視庁，特別高等課（特高）を設置 東京市電従業員のゼネスト	1911	西田幾多郎『善の研究』 平塚らいてうら青鞜社結成 野口英世，スピロヘータ培養成功と発表 鈴木梅太郎，オリザニン（ビタミンB1）抽出を発表			1911	中 辛亥革命起こる 仏 独 第2次モロッコ事件 伊 イタリア-トルコ戦争（～12） ノ アムンゼン，南極探検

産業資本の確立（国際的地位の向上） 桂園時代

近代文化の発達

仏 フランス　米 アメリカ　独 ドイツ　英 イギリス　中 中国
瑞 スウェーデン　露 ロシア　韓 韓国　伊 イタリア　ノ ノルウェー

●大正時代⬇

西暦	天皇	内閣	年号	西暦	政治・経済・社会	西暦	文化	朝鮮	中国	西暦	世界の動き
	大正	西園寺(2) / 桂(3)	大正 1	1912	7 明治天皇没(61歳) 8 鈴木文治ら友愛会設立 9 乃木希典夫妻殉死(大葬当日) 12 第一次護憲運動(立憲政友会の尾崎行雄, 立憲国民党の犬養毅中心)	1912	美濃部達吉『憲法講話』(天皇機関説を唱える) 第5回オリンピックストックホルム大会でオリンピック初参加	日本領(朝鮮)	中華民国	1912	中 中華民国成立 第1次バルカン戦争(～13)
		山本権兵衛(1)	2	1913	2 桂太郎内閣総辞職(大正政変) 6 軍部大臣現役武官制改正(任用資格を予備役・後備役まで拡大)	1913	森鷗外『阿部一族』 柳田国男ら『郷土研究』創刊 島村抱月の芸術座 宝塚唱歌隊(宝塚歌劇団の前身)発足			1913	中 第二革命に失敗し, 孫文, 日本に亡命 第2次バルカン戦争
		大隈重信(2)	3	1914	1 ジーメンス事件(海軍汚職) 3 山本内閣総辞職 8 ドイツに宣戦布告, 第一次世界大戦(～18)に参戦 10 日本軍, 赤道以北のドイツ領南洋諸島の一部を占領 11 山東省の青島占領	1914	日本美術院再興 二科会結成 芥川龍之介ら『新思潮』(第3次)創刊(新思潮派文学) 猪苗代水力発電所完成			1914	第一次世界大戦(～18) パナマ運河開通
			4	1915	1 中国に二十一カ条の要求 6 陸軍2個師団増設費を含む追加予算を公布 12 東京株式市場暴騰(大戦景気始まる)	1915	第1回中等学校野球大会 芥川龍之介『羅生門』 北里研究所開設			1915	伊 三国同盟破棄し, オーストリアに宣戦 中 排日排貨運動 中 袁世凱, 皇帝宣言(翌年取消す)
			5	1916	7 第4次日露協約 9 工場法施行 10 憲政会(総裁加藤高明)結成	1916	吉野作造, 民本主義を主張				
		寺内正毅	6	1917	9 金輸出禁止 11 日米間の中国問題に関して石井・ランシング協定締結 ○西原借款(段祺瑞政権に巨額の貸付け)成立(～18)	1917	『主婦之友』創刊 河上肇『貧乏物語』(前年『大阪朝日新聞』に連載) 菊池寛『父帰る』 理化学研究所開設 本多光太郎, KS磁石鋼発明			1917	米 第一次世界大戦に参戦 露 ロシア革命 三月革命でロマノフ朝滅亡 十一月革命(レーニン率いるボリシェヴィキがソヴィエト政権樹立)
		原敬	7	1918	5 満鉄, 鞍山製鉄所設立 7 米価大暴騰 8 富山県に米騒動発生, 全国に波及 シベリア出兵(～22) 9 寺内内閣総辞職 原敬の立憲政友会内閣成立(初の本格的政党内閣) ○スペイン風邪流行	1918	市町村義務教育費国庫負担法 鈴木三重吉ら『赤い鳥』創刊 大学令制定 黎明会・東大新人会結成			1918	独 ドイツ革命(共和政を宣言)
			8	1919	2 国際連盟規約委員会で日本代表, 人種的差別待遇撤廃を提案 3 朝鮮の三・一独立運動弾圧 4 関東庁官制・関東軍司令部条例(軍民分離) 5 衆議院議員選挙法改正(直接国税3円以上に引き下げ) パリ講和会議で赤道以北の旧ドイツ領南洋諸島の委任統治権を獲得 6 ヴェルサイユ条約調印 ○労働争議頻発 12 渋沢栄一, 協調会設立	1919	大原社会問題研究所設立 有島武郎『或る女』 『改造』創刊 『キネマ旬報』創刊 大川周明ら猶存社を結成 帝国美術院創立 ◎俸給生活者(サラリーマン)の増加, 職業婦人の出現			1919	パリ講和会議開く コミンテルン結成 朝 三・一独立運動 中 五・四運動 印 ガンディーら非暴力・不服従の抵抗運動開始 ヴェルサイユ条約調印
1920			9	1920	1 国際連盟に加盟(常任理事国) 2 八幡製鉄所ストライキ 各地に普通選挙要求のデモ 3 尼港事件(～5月) 戦後恐慌始まる 平塚らいてうら新婦人協会結成 5 上野公園で日本初のメーデー 10 第1回国勢調査(人口約7700万) 12 大杉栄, 堺利彦ら日本社会主義同盟結成	1920	森戸事件			1920	国際連盟発足 独 ナチ党結成
		高橋是清	10	1921	10 日本労働総同盟(前身は友愛会) 11 原敬首相暗殺される(65歳) ワシントン会議開催(～22年2月) 12 四カ国条約調印 ○小作争議頻発	1921	志賀直哉『暗夜行路』 第1次大本教事件 『種蒔く人』創刊			1921	中 中国共産党結成 ワシントン会議(～22)
		加藤友三郎	11	1922	2 九カ国条約・ワシントン海軍軍縮条約調印 3 全国水平社創立 4 日本農民組合結成 7 陸軍軍縮計画発表(山梨軍縮) 日本共産党結成(非合法) 10 シベリア派遣軍, 北樺太(～25)以外撤兵完了	1922	『前衛』創刊 『週刊朝日』『サンデー毎日』創刊 アインシュタイン来日			1922	伊 ファシスト政権成立(ムッソリーニ首相) ソ ソヴィエト社会主義共和国連邦成立
		山本権兵衛(2)	12	1923	2 丸の内ビルヂング竣工 3 中国の排日運動拡大 9 関東大震災(死者・行方不明者10万人以上) 東京に戒厳令 朝鮮人・中国人虐殺 亀戸事件 甘粕事件 12 虎の門事件	1923	『文芸春秋』創刊 『赤旗』創刊 北一輝『日本改造法案大綱』 横山大観「生々流転」				
		清浦奎吾 / 加藤高明(1)(2)	13	1924	1 第二次護憲運動開始 6 加藤高明内閣成立(護憲三派内閣) 小作調停法公布	1924	築地小劇場開場(新劇運動) 『文芸戦線』創刊			1924	中 第1次国共合作 英 労働党内閣成立 米 排日移民法成立
			14	1925	1 日ソ基本条約調印, 国交樹立 4 治安維持法公布 5 4個師団廃止(宇垣軍縮) 普通選挙法公布 五・三〇事件(上海の日本紡績工場のスト弾圧に反対デモ) 12 農民労働党結成(即日禁止)	1925	『キング』創刊 東京放送局, ラジオ放送開始 東大附設地震研究所設立 日本プロレタリア文芸連盟 細井和喜蔵『女工哀史』			1925	中 五・三〇事件 ロカルノ条約

第一次護憲運動から政党内閣へ

普通選挙権獲得運動の高揚

政党政治

デモクラシーの風潮と大衆文化の登場

プロレタリア文学

中 中国　伊 イタリア　米 アメリカ　露 ロシア　独 ドイツ
朝 朝鮮　印 インド　ソ ソ連　英 イギリス

西暦	天皇	内閣	年号	西暦	政治・経済・社会		西暦	文化		朝鮮	中国	西暦	世界の動き
	昭和	加藤(高)(2) 若槻礼次郎(1)	昭和 1	1926	1 共同印刷争議起こる ○労働争議頻発 3 労働農民党結成 12 大正天皇没(47歳) ●昭和時代⬇	政党政治(金融恐慌(世界恐慌と独占資本の成立)(農村不況の深刻化)	1926	改造社『現代日本文学全集』 円本時代 川端康成『伊豆の踊子』	プロレタリア文学の隆盛	日本領(朝鮮)	中華民国	1926	[中]蔣介石，北伐開始 [独]国際連盟に加盟
			2	1927	3 金融恐慌 銀行の休業続出 4 モラトリアム 5 第1次山東出兵 6 立憲民政党結成 東方会議開催		1927	岩波文庫創刊(最初の文庫本) 上野‐浅草間に地下鉄開通				1927	[中]南京に国民政府成立
		田中義一	3	1928	3 三・一五事件 4 第2次山東出兵 5 済南事件 6 張作霖爆殺事件(満州某重大事件) 治安維持法改正(死刑追加) 7 全国の警察に特別高等課(特高)設置 8 不戦条約(パリ)に調印		1928	全日本無産者芸術連盟『戦旗』創刊 野口英世(53歳)，黄熱病研究中アフリカに客死				1928	[中]張作霖爆殺事件 不戦条約(パリ) [ソ]第1次五か年計画
			4	1929	○大学卒業者の就職難 4 四・一六事件 10 世界恐慌 生糸価格暴落 ○昭和恐慌		1929	日本プロレタリア美術家同盟結成 島崎藤村『夜明け前』連載開始 小林多喜二『蟹工船』 徳永直『太陽のない街』				1929	[米]ウォール街で株式大暴落 世界恐慌
1930		浜口雄幸	5	1930	1 金輸出解禁 4 ロンドン海軍軍縮条約調印 統帥権干犯問題 5 日中関税協定(中国の関税自主権を承認) 11 浜口首相狙撃される(31年没，62歳) ○米価など価格暴落し農村危機，失業者増大		1930	文部省，各高等学校へ思想対策の良書推薦開始 ◎エロ・グロ・ナンセンスの風潮				1930	ロンドン海軍軍縮会議
		若槻礼次郎(2)	6	1931	3 三月事件 4 重要産業統制法公布 7 万宝山事件 9 柳条湖事件(満州事変始まる) 10 十月事件 国際連盟，満州撤兵勧告 11 関東軍，チチハル占領 12 金輸出再禁止 ○東北地方大凶作		1931	前進座結成 初の国産トーキー映画公開 日本プロレタリア文化連盟結成				1931	[西]スペイン革命(共和国宣言) [中]満州事変 [中]瑞金に中華ソヴィエト政権成立
		犬養毅	7	1932	1 第1次上海事変 2 ハルビン占領 血盟団事件(〜3) リットン調査団来日 3「満州国」建国宣言 5 五・一五事件(犬養首相暗殺) 9 日満議定書調印 10 満州試験移民始まる ○農山漁村経済更生運動	軍国主義の台頭と中国侵略	1932	ラジオ契約者100万突破 野呂栄太郎ら講座派，『日本資本主義発達史講座』刊行開始			「満州国」	1932	[中]「満州国」建国宣言 [独]ナチ党，第一党となる
		斎藤実	8	1933	2 関東軍，熱河省侵攻 3 国際連盟脱退を通告 4 関東軍，華北へ侵攻 5 塘沽停戦協定(華北分離工作へ) 6 共産党幹部獄中転向 7 神兵隊事件		1933	長野県教員赤化事件 小林多喜二，特高警察に虐殺される(29歳) 滝川事件				1933	[独]ヒトラーのナチス政権成立，国際連盟脱退通告 [米]ニューディール政策開始
			9	1934	3「満州国」帝政実施 4 帝人事件 11 日本労働組合全国評議会結成 12 ワシントン条約破棄							1934	[ソ]国際連盟に加盟 [中]共産党の長征開始
		岡田啓介	10	1935	2 貴族院で美濃部達吉の天皇機関説攻撃 6 梅津・何応欽協定，土肥原・秦徳純協定(華北進出へ) 8 政府，国体明徴声明 相沢事件(統制派の永田鉄山陸軍省軍務局長，斬殺される) 11 冀東防共自治委員会成立 ○小作争議頻発		1935	湯川秀樹，中間子論発表 美濃部達吉の3著書発禁，不敬罪で告発される 第1回芥川賞・直木賞 日本ペンクラブ結成 第2次大本教事件	思想・学問の統制			1935	[独]再軍備宣言 [伊]エチオピアに侵攻
			11	1936	1 ロンドン海軍軍縮会議脱退通告 2 二・二六事件 3 メーデー禁止 5 軍部大臣現役武官制復活 11 日独防共協定調印 12 西安事件		1936	ひとのみち教団教祖，不敬罪で検挙される				1936	[西]スペイン内戦(〜39) [中]西安事件
		広田弘毅 林銑十郎 近衛文麿(1)	12	1937	7 盧溝橋事件，日中戦争始まる(〜45) 8 第2次上海事変 10 国民精神総動員運動始まる 11 日独伊三国防共協定成立 12 日本軍，南京占領 南京事件 労農派一斉検挙(第1次人民戦線事件) 日産コンツェルン，満州へ進出		1937	文化勲章制定 文部省『国体の本義』配布 川端康成『雪国』 文学座結成 第1回(新)文展 矢内原忠雄，東京帝国大学を追われる				1937	[中]日中戦争(〜45) 中ソ不可侵条約 第2次国共合作 国民政府，重慶に移転 [伊]国際連盟脱退
			13	1938	1 第1次近衛声明(11 第2次，12 第3次) 2 第2次人民戦線事件 4 国家総動員法公布 7 張鼓峰事件(〜8) 8 産業報国連盟結成		1938	河合栄治郎の諸著作発禁，起訴される 石川達三『生きてゐる兵隊』筆禍 火野葦平『麦と兵隊』				1938	[独]オーストリア併合 [独][英][仏][伊]ミュンヘン会談
		平沼騏一郎 阿部信行	14	1939	4 米穀配給統制法公布 5 ノモンハン事件(〜9) 7 国民徴用令公布 米，日米通商航海条約破棄を通告 10 価格等統制令公布 12 朝鮮総督府，創氏改名に関する布告を公布		1939	映画法公布(脚本を事前検閲) 大学の軍事教練必修化 初の興亜奉公日(毎月1日)				1939	[独][ソ]独ソ不可侵条約 [独]ポーランド侵入 第二次世界大戦(〜45)
1940		米内光政 近衛文麿(2)	15	1940	3 汪兆銘，南京政府樹立 6 新体制運動 7 七・七禁令 9 日本軍，北部仏印進駐 日独伊三国同盟締結 10 大政翼賛会発足 11 大日本産業報国会結成 紀元2600年記念式典 汪兆銘政権と日華基本条約調印	戦時下の日本	1940	津田左右吉の著作『神代史の研究』などが発禁 国民服令公布				1940	[伊]英仏に宣戦 [独]パリ入城，フランス降伏 [ソ]バルト3国を併合
		近衛文麿(3) 東条英機	16	1941	4 六大都市に米穀配給通帳制・外食券制実施 日ソ中立条約締結 日米交渉開始 7 関東軍特種演習 米・英・蘭，日本人資産凍結 日本軍，南部仏印進駐 8 米，対日石油輸出禁止 10 東条英機内閣成立 12 真珠湾奇襲攻撃，マレー半島上陸，英米に宣戦布告(太平洋戦争始まる)		1941	国民学校令公布 『臣民の道』配布 大学・専門学校などの修業年限の短縮決定 言論出版集会結社等臨時取締法公布 高村光太郎『智恵子抄』				1941	[米][英]大西洋憲章発表 [独]ソ連と開戦 太平洋戦争(〜45)
			17	1942	2 シンガポール占領 6 ミッドウェー海戦に敗北		1942	日本文学報国会結成 大日本言論報国会結成				1942	[独][ソ]スターリングラードの戦い

[中]中国 [独]ドイツ [ソ]ソ連 [米]アメリカ [西]スペイン [伊]イタリア [英]イギリス [仏]フランス

西暦	天皇	内閣	年号	西暦	政治・経済・社会		西暦	文化		朝鮮	中国	西暦	世界の動き
	昭和	東条英機	昭和18	1943	2 日本軍，ガダルカナル島撤退 5 アッツ島で日本軍全滅 8 朝鮮に徴兵制施行 11 大東亜会議 12 学徒出陣開始 徴兵適齢19歳に	戦時下の日本(戦時経済とその破綻)	1943	米英約1000楽曲演奏禁止 中学・高校の修業年限を1年短縮 上野動物園で猛獣薬殺 谷崎潤一郎『細雪』連載禁止	思想・学問の統制	日本領(朝鮮)	中華民国 「満州国」	1943	伊 無条件降伏 カイロ会談 テヘラン会談
		小磯国昭	19	1944	3 インパール作戦 6 大都市の学童疎開を決定 7 サイパン島で日本軍全滅 空襲激化 8 学徒勤労令・女子挺身勤労令 10 徴兵適齢17歳に 神風特別攻撃隊(特攻隊)，初の出撃		1944	軍事教育全面強化 歌舞伎座・帝劇など閉鎖 『中央公論』『改造』廃刊命令				1944	連合軍，ノルマンディー上陸，パリ入城 ブレトン=ウッズ協定
		鈴木貫太郎 東久邇宮稔彦 幣原喜重郎	20	1945	3 東京大空襲 硫黄島の日本軍全滅 4 米軍，沖縄本島に上陸(6 組織的抵抗終わる) 8.6 広島に原爆投下 .8 ソ連，対日宣戦 .9 長崎に原爆投下 .14 ポツダム宣言受諾(日本降伏) .15 終戦の詔勅のラジオ放送 .28 連合国軍，厚木飛行場到着 10 連合国軍最高司令官総司令部(GHQ)設置 人権指令(治安維持法・特高警察の廃止，政治犯の釈放) 五大改革指令 11 各政党の結成進む 12 日本共産党再建 衆議院議員選挙法改正(女性参政権) 労働組合法公布 第一次農地改革	占領下の日本(民主化改革)	1945	地方新聞を一県一紙とする 初等科を除き学校授業1年間停止し防衛生産に動員 墨塗り教科書 初の戦後映画「そよかぜ」封切，主題歌「りんごの唄」大流行 GHQ，新聞・ラジオの検閲実施 大学の男女共学制決定 GHQ，国家と神道の分離指令(神道指令) 修身・日本歴史・地理授業停止(～46)	民主主義への思想改革(占領下のアメリカ風文化)	(ソ連軍進駐)(アメリカ軍進駐)		1945	ヤルタ会談(ソ連の対日参戦密約) 独 無条件降伏 ポツダム会談 日本降伏(第二次世界大戦終結) インドネシア独立宣言 国際連合成立 中 国共内戦始まる
		吉田茂(1)	21	1946	1 天皇の人間宣言 GHQ，公職追放指令 2 金融緊急措置令 5 メーデー復活 極東国際軍事裁判(東京裁判)開廷 8 日本労働組合総同盟結成 10 自作農創設特別措置法 11 日本国憲法公布		1946	『中央公論』『改造』復刊 第1回日展 米国教育使節団来日 第1回国民体育大会 当用漢字告示				1946	伊 共和国宣言 フィリピン独立 ニュルンベルク国際軍事裁判 インドシナ戦争(～54)
		片山哲	22	1947	1 全官公労の二・一ゼネスト計画に対し，マッカーサーが中止命令 4 労働基準法・独占禁止法・地方自治法公布 5 日本国憲法施行 初の日本社会党片山哲内閣成立(連立) 9 労働省設置 10 改正刑法公布(不敬罪・姦通罪廃止) 12 過度経済力集中排除法・改正民法(家制度廃止)など公布 内務省解体		1947	教育基本法・学校教育法公布 六・三・三・四制の発足 登呂遺跡の発掘 文部省『あたらしい憲法のはなし』 社会科授業開始				1947	米 トルーマン=ドクトリン声明(冷戦の開始) マーシャル=プラン発表 印 インド・パキスタン分離独立 コミンフォルム結成
		芦田均 (2)吉田茂	23	1948	6 昭和電工事件 10 芦田均内閣総辞職 11 極東国際軍事裁判判決(東条英機ら7名死刑) 12 GHQ，経済安定九原則発表	占領政策の転換	1948	国立国会図書館開館 新制高等学校発足 教育委員会法公布		大韓民国 朝鮮民主主義人民共和国		1948	ビルマ独立 イスラエル建国宣言 第1次中東戦争 ベルリン封鎖(～49) 朝 大韓民国，朝鮮民主主義人民共和国成立
		吉田茂(3)	24	1949	3 GHQ経済顧問ドッジ，ドッジ=ライン発表 4 単一為替レート(1ドル=360円) 6 行政機関の大量人員整理 7 下山事件 三鷹事件 8 松川事件 9 シャウプ税制改革勧告		1949	日本学術会議発足 法隆寺金堂壁画焼失 国立新制大学設置 岩宿遺跡を発掘調査 湯川秀樹にノーベル物理学賞			中華人民共和国	1949	北大西洋条約機構(NATO)成立 独 ドイツ連邦共和国成立 ソ 原爆保有を公表 中 中華人民共和国成立 独 ドイツ民主共和国成立
1950			25	1950	4 公職選挙法公布 6 マッカーサー，日本共産党中央委員の追放を指令 7 日本労働組合総評議会(総評)結成 8 警察予備隊設置 9 レッドパージ始まる ○朝鮮戦争で特需景気		1950	文化財保護法公布 金閣，放火で焼失				1950	韓 北 朝鮮戦争(～53)
			26	1951	4 マッカーサー解任 6 第1次追放解除 ユネスコ・ILOに加盟 9 サンフランシスコ平和条約・日米安全保障条約調印 10 日本社会党，左右に分裂	講和と経済復興	1951	第1回アジア競技大会，ニューデリーで開催 児童憲章制定 民間ラジオ放送開始 黒澤明「羅生門」，ヴェネツィア国際映画祭で金獅子賞受賞	映像文化の進展			1951	イラン，石油国有化宣言
			27	1952	1 韓国，李承晩ライン宣言 2 日米行政協定調印 琉球政府発足 4 日本，独立回復(平和・安保両条約発効) 日華平和条約調印 5 皇居前広場で「血のメーデー事件」 7 破壊活動防止法公布 8 国際通貨基金・世界銀行に加盟 10 警察予備隊を保安隊に改編		1952	第15回オリンピックヘルシンキ大会に戦後初参加				1952	エジプト革命 英 最初の原爆実験 米 最初の水爆実験
		吉田茂(4)	28	1953	3 中国からの引揚げ第1船舞鶴入港 6 内灘米軍基地反対闘争激化 8 スト規制法公布 9 町村合併促進法公布 10 池田=ロバートソン会談で防衛力漸増を協議 12 奄美諸(群)島返還日米協定調印		1953	NHK，テレビ本放送開始 保安大学校開校(54年，防衛大学校) 民間テレビ，本放送開始				1953	ソ 水爆保有を宣言
		吉田茂(5)	29	1954	3 ビキニ水爆実験で第五福龍丸事件 日米相互防衛援助協定などのMSA協定調印 4 広島平和記念公園完成 造船疑獄に犬養法相，指揮権発動 7 防衛庁・陸海空自衛隊発足		1954	平城京跡発掘調査開始				1954	中 印 周恩来・ネルー，平和五原則を提唱 ジュネーヴ協定(インドシナ休戦協定)

伊 イタリア　独 ドイツ　中 中国　米 アメリカ　印 インド
朝 朝鮮　韓 韓国　北 北朝鮮　英 イギリス　ソ ソ連

天皇：昭和　朝鮮：大韓民国／朝鮮民主主義人民共和国　中国：中華人民共和国

西暦	内閣	年号	西暦	政治・経済・社会	西暦	文化	西暦	世界の動き
	鳩山一郎(1)／鳩山一郎(2)	昭和30	1955	8 第1回原水爆禁止世界大会(**原水爆禁止運動**の高揚)　9 GATT正式加盟　砂川基地拡張強制測量で反対派と警官隊衝突(各地の基地反対闘争激化)　原水爆禁止日本協議会結成　10 左右社会党統一　11 **自由民主党**結成(**保守合同，55年体制**)　○スモン患者発生　神武景気(～57)	1955	重要無形文化財を初指定　国産初のトランジスタラジオ発売　長崎平和祈念像建立	1955	バンドンで第1回アジア・アフリカ会議　**ワルシャワ条約機構**成立　ジュネーヴ4巨頭会談
	鳩山一郎(3)	31	1956	5 水俣病公式確認　原子力三法公布　売春防止法公布　6 新教育委員会法公布(委員任命制)　沖縄の反基地闘争激化　10 日ソ共同宣言調印(ソ連との国交回復)　12 **国際連合加盟**(国際復帰)	1956	日中文化交流協会発足　石原慎太郎『太陽の季節』　◎太陽族　◎週刊誌ブーム	1956	ハンガリーで反ソ暴動　エジプト，スエズ運河国有化宣言　第2次中東戦争(スエズ戦争)
	石橋湛山／岸信介(1)	32	1957	10 国連安全保障理事会非常任理事国に当選(～59)　12 日ソ通商条約調印　○なべ底不況(～58)	1957	南極観測隊，昭和基地設営　東海村原子力研究所に日本初の原子の火ともる　初の国産ロケット発射に成功	1957	[ソ]人工衛星打ち上げ成功
	岸信介(2)	33	1958	9 狩野川台風　10 **日米安全保障条約**(安保条約)改定交渉始まる　12 一万円紙幣の発行　○日教組・総評，勤務評定反対闘争	1958	関門国道トンネル開通　小中学校で道徳教育始まる　東京タワー完工	1958	ヨーロッパ経済共同体(EEC)発足　[米]人工衛星打ち上げ成功　[仏]第五共和政発足
		34	1959	4 皇太子(明仁上皇)結婚式(直前テレビ契約者200万突破)　安保改定阻止第1次統一行動　国民年金法公布　9 伊勢湾台風(死者5000人超)　11 貿易の自由化開始　○岩戸景気(～61)	1959	メートル法施行　国立西洋美術館開館　◎「三種の神器」が人気	1959	キューバ革命　[中][印]国境紛争　[ソ]宇宙ロケット月到着
1960	池田勇人(1)	35	1960	1 日米新安全保障条約調印　三井三池炭鉱の指名解雇通告に対し無期限スト　5 衆議院，新安保条約批准を強行採決，**60年安保闘争**激化　6 全学連，国会突入し警官隊と衝突　新安保条約自然成立　7 岸信介内閣総辞職　10 浅沼稲次郎社会党委員長，右翼青年に刺殺される　12 池田勇人内閣，**国民所得倍増**計画発表　○消費ブーム　レジャーブーム	1960	世界初のポータブルトランジスタテレビ発売　カラーテレビ本放送開始　◎ダッコちゃん人形大流行	1960	石油輸出国機構(OPEC)結成　OECD(経済協力開発機構)条約　アフリカの年(アフリカに17の独立国誕生)
	池田勇人(2)	36	1961	6 **農業基本法**公布　8 松川事件，差し戻し審で全員無罪判決　11 第1回日米貿易経済合同委員会開催(日米経済協力を進める)	1961	平城宮跡で初の木簡大量出土　東大調査団，ネアンデルタール人全身骨格を発見	1961	[ソ]有人衛星，地球一周　[独]ベルリンの壁構築
		37	1962	5 新産業都市建設促進法公布　10 全国総合開発計画開始　11 日中準政府間貿易(**LT貿易**)開始	1962	堀江謙一，ヨットによる単独太平洋横断　NHKテレビ契約者数，1000万を突破	1962	[中][印]国境紛争　[米]キューバ危機
		38	1963	2 GATT11条国に移行(国際収支を理由とする貿易制限不可)　8 部分的核実験停止条約調印　11 三井三池炭鉱炭塵爆発(死者458人)	1963	小中学校教科書，無償配布を決定　◎ボウリング盛行	1963	[中][ソ]中ソ論争激化　**部分的核実験禁止条約**(PTBT)調印　[米]ケネディ大統領暗殺される
	池田勇人(3)	39	1964	4 国際通貨基金(IMF)8条国に移行，貿易為替の自由化進む　経済協力開発機構(OECD)に加盟　6 新潟地震　8 社会党などベトナム戦争反対集会　9 名神高速道路一部開通　10 **東海道新幹線**開業　第18回**オリンピック東京大会**	1964	海外旅行自由化(66年まで1人年1回の制限)　東京の異常渇水　東京モノレール開業	1964	パレスチナ解放機構(PLO)結成　[米]公民権法成立　トンキン湾事件
	佐藤栄作(1)	40	1965	5 ILO87号条約批准　6 新潟水俣病表面化　**日韓基本条約**調印　8 佐藤栄作首相，沖縄訪問(戦後初)　○いざなぎ景気(～70)	1965	博物館明治村開村　朝永振一郎，ノーベル物理学賞受賞　◎農山漁村で**過疎化**が進行	1965	[米]ベトナムで北爆開始　印パ戦争　インドネシアでクーデタ　[仏]NATO正式脱退
		41	1966	1 戦後初の赤字国債発行　3 人口1億突破(住民登録集計)　12 建国記念の日制定　○航空機事故あいつぐ(羽田沖，羽田空港，富士山麓ほか)	1966	ビートルズの来日公演　出光丸(20万9000t)進水，巨大タンカー時代	1966	[中]文化大革命(～77終結宣言)
		42	1967	5 朝日訴訟に最高裁判決　8 **公害対策基本法**公布　9 四日市ぜんそく訴訟	1967	NHKラジオ受信料廃止を決定(68年実施)	1967	第3次中東戦争　ヨーロッパ共同体(EC)発足　東南アジア諸国連合(ASEAN)設立
	佐藤栄作(2)	43	1968	2 成田空港建設反対運動激化　4 小笠原返還協定　5 イタイイタイ病を公害病に認定　6 大気汚染防止法・騒音規制法　10 国際反戦デー，学生ら新宿駅占拠　11 明治百年記念式典　○GNP，資本主義国第2位に　◎全国115大学で紛争(全共闘運動)	1968	文化庁発足　川端康成，ノーベル文学賞受賞　日本初の心臓移植手術(手術是非問題化)　◎3C(カー・カラーテレビ・クーラー)の普及率上昇	1968	[仏]「五月革命」　核拡散防止条約(NPT)調印(70年発効)　チェコスロヴァキア「プラハの春」
		44	1969	1 機動隊導入により東大安田講堂占拠解除　5 東名高速道路全線開通	1969	初の国産原子力船むつ進水	1969	[米]人類初めて月踏査(アポロ11号)

政治・経済・社会：55年体制始まる・国際社会への復帰(1955～1960)／高度経済成長(1960～1969)
文化：映像文化の進展(1955～1968)／情報化社会の文化(1968～)

[ソ]ソ連　[米]アメリカ　[仏]フランス　[中]中国　[印]インド　[独]ドイツ

高度経済成長期(公害問題)　経済低成長期　55年体制　円高不況からバブル経済へ

情報化社会の文化(漫画文化の盛行)

朝鮮：大韓民国／朝鮮民主主義人民共和国　中国：中華人民共和国

西暦	天皇	内閣	年号	西暦	政治・経済・社会	西暦	文化	西暦	世界の動き
1970	昭和	佐藤栄作(3)	昭和45	1970	2 核拡散防止条約調印　3 赤軍派学生による日航よど号ハイジャック事件　6 新安保条約自動延長　11 三島由紀夫，市ヶ谷の自衛隊駐屯地内で割腹自殺　○米の**減反政策**	1970	初の国産人工衛星打ち上げ　大阪で**日本万国博覧会**　日本隊として初のエヴェレスト登頂　東京で歩行者天国開始		
			46	1971	6 **沖縄返還協定**調印　7 **環境庁**発足　11 **非核三原則**を国会(衆議院)で採択　12 10か国蔵相会議，円切り上げ(1ドル＝308円)	1971	ラジオの深夜放送が人気	1971	ニクソン＝ショック　中国，国連加盟
		田中角栄(1)	47	1972	1 グアム島で旧日本兵横井庄一元軍曹発見　2 連合赤軍浅間山荘事件　5 **沖縄復帰**(施政権返還・沖縄県再設置)　6 田中角栄『日本列島改造論』発刊　9 **日中共同声明**(日中国交正常化)	1972	冬季オリンピック札幌大会開催　奈良県高松塚古墳の壁画発見	1972	米 ニクソン大統領の訪中　米ソ 第1次戦略兵器制限交渉(SALT Ⅰ)調印
		田中角栄(2)	48	1973	2 変動為替相場制に移行　8 金大中拉致事件　10 第1次**石油危機**(～74)　○**狂乱物価**，異常インフレ	1973	江崎玲於奈，ノーベル物理学賞受賞	1973	拡大EC発足　第4次中東戦争　東西ドイツ国連加盟　ベトナム和平協定成立
			49	1974	11 田中首相の**金脈問題**　12 田中内閣総辞職　○戦後初の**マイナス成長**　経済不況深刻化	1974	佐藤栄作，ノーベル平和賞受賞　高校進学率90%をこえる		
		三木武夫	50	1975	3 山陽新幹線開通　11 三木首相，第1回**先進国首脳会議**(サミット)に出席	1975	沖縄海洋博覧会	1975	ベトナム戦争終結　第1回先進国首脳会議(サミット)
			51	1976	7 ロッキード事件で田中角栄前首相逮捕される	1976	初の「重要伝統的建造物群保存地区」選定(長野県妻籠宿など)	1976	南北ベトナム統一
		福田赳夫	52	1977	7 領海12海里・漁業専管水域200海里(96年より排他的経済水域)実施　9 日本赤軍，日航機をハイジャック(ダッカ事件)	1977	大学入試センター設置　静止気象衛星きく2号打ち上げ　国民栄誉賞創設，王貞治受賞		
			53	1978	4 中国漁船，尖閣諸島で示威行動　5 新東京国際空港(成田空港)開港　8 **日中平和友好条約**調印　○第2次**石油危機**	1978	埼玉県稲荷山古墳出土鉄剣に銘文確認　福岡県板付遺跡から縄文晩期の水田跡発見		
		大平正芳(1)	54	1979	1 ダグラス・グラマン疑獄　4 東条英機らA級戦犯14名が78年に靖国神社に合祀されていたことが判明　6 元号法公布　東京サミット開催	1979	共通一次試験，初めて実施(90年，大学入試センター試験と改称)　文部省，遺伝子組換え研究について初めて指針を告示	1979	米中 国交正常化　イラン革命　国連が女子差別撤廃条約を採択　ソ アフガニスタン侵攻
1980		大平正芳(2)	55	1980	2 海上自衛隊，リムパックに初参加　6 初の衆参同時選挙に自民党圧勝　○自動車生産台数世界一に　◎日米に**貿易摩擦**起こる　◎校内暴力急増　◎**政府開発援助**(ODA)世界最大規模に			1980	イラン－イラク戦争(～88)
		鈴木善幸	56	1981	2 初の「北方領土の日」(2月7日)開催　3 中国残留孤児47名初の正式来日	1981	ローマ法王来日　福井謙一，ノーベル化学賞受賞	1981	エジプトのサダト大統領暗殺される
			57	1982	6 東北新幹線開通　公職選挙法改正(参議院に拘束名簿式比例代表制導入)　11 上越新幹線開通　○歴史教科書記述が国内外で問題化	1982	野辺山宇宙電波観測所開所　エアロビクス，ゲートボール流行	1982	英 アルゼンチンとフォークランド戦争
		中曽根康弘(1)	58	1983	3 中国自動車道全線開通　5 日本海中部地震　6 中曽根首相，国有地の有効利用指示(地価高騰の引き金)　10 田中元首相，ロッキード事件で有罪判決	1983	東北大で日本初の体外受精児出生　国立歴史民俗博物館開館　奈良県キトラ古墳から彩色壁画発見	1983	ソ ソ連軍機，大韓航空機を撃墜
		中曽根康弘(2)	59	1984	1 中曽根首相，現職首相として戦後初の靖国神社年頭参拝(85年には公式参拝)　5 自民党，防衛費のGNP比1％枠見直しに着手	1984	島根県荒神谷遺跡から358本の銅剣発見	1984	アフリカで飢饉深刻化　印 インディラ＝ガンディー首相暗殺される
			60	1985	4 電電公社・専売公社民営化，NTT・JT発足(国有企業の民営化による**行財政改革**本格化)　5 男女雇用機会均等法成立(翌年より施行)　8 日航機，御巣鷹山に墜落(死者520人)　9 5か国蔵相会議，ドル高是正の**プラザ合意**(円高の契機)	1985	筑波科学万博開催　奈良県藤ノ木古墳発掘調査開始　奈良県伝飛鳥板蓋宮跡付近より「大津皇子」と書かれた木簡出土	1985	メキシコ大地震　米ソ ジュネーヴで米ソ首脳会談
		中曽根康弘(3)	61	1986	7 衆参同時選挙に自民党圧勝　11 伊豆大島三原山大噴火　12 予算案の防衛費，GNP1％突破　○円高不況深刻化(～87)，対策として超低金利政策実施　**バブル経済**始まる　株価・地価高騰			1986	ソ チェルノブイリ(チョルノービリ)原子力発電所で大事故　ソ **ペレストロイカ開始**
			62	1987	4 国鉄分割民営化，JR発足　6 生産者米価5.95％引下げ　11 全日本民間労働組合連合会(全民労連，連合)結成	1987	利根川進，ノーベル生理学・医学賞受賞　村上春樹『ノルウェイの森』発刊	1987	米ソ 中距離核戦力(INF)全廃条約調印
		竹下登	63	1988	3 青函トンネル開業　4 瀬戸大橋開通　7 リクルート事件発覚	1988	東京ドーム球場開場　平城京跡長屋王邸宅跡から約3万5000点の木簡出土　『週刊少年ジャンプ』500万部発行	1988	ソ アフガニスタンより撤兵(～89)

米 アメリカ　中 中国　ソ ソ連
英 イギリス　印 インド

西暦	天皇	内閣	年号	西暦	政治・経済・社会	西暦	文化	西暦	世界の動き
	昭和	竹下登 / 宇野宗佑 / (1)海部俊樹	平成 1	1989	1 昭和天皇(87歳)没, 明仁親王即位 ●平成時代⬇ 4 **消費税**(3%)実施 7 参院選で与野党逆転(自民党大敗, 社会党躍進) 11 総評解散, **日本労働組合総連合会**(連合)発足	1989	佐賀県吉野ヶ里遺跡で大規模な環濠集落発見 初の生体肝移植手術	1989	中 天安門事件 ポーランドで東欧初の非共産党政権誕生 ベルリンの壁崩壊 米 ソ マルタ会談(冷戦の終結)
1990	(明仁上皇)	(2)海部俊樹	2	1990	6 日米構造協議, 大規模小売店への規制緩和・大型公共事業実施など合意(**貿易摩擦**への対策)	1990	大阪で花の万博開催 森重文, フィールズ賞受賞	1990	イラク, クウェートに侵攻 ドイツ統一
			3	1991	1 湾岸戦争の多国籍軍に90億ドル支援 4 ペルシア湾に掃海艇派遣 ○**バブル経済**崩壊	1991	イスラーム批判の『悪魔の詩』の翻訳者暗殺	1991	**湾岸戦争** 南アフリカのアパルトヘイト廃止 ワルシャワ条約機構解体 ソ ソ連邦解体
		宮沢喜一	4	1992	6 **PKO(国連平和維持活動)協力法**成立 9 PKOでカンボジアに自衛隊派遣 ○**平成不況**深刻化(**複合不況**による)	1992	日本医師会, 尊厳死容認 毛利衛, スペースシャトルで日本人初の宇宙飛行	1992	ユーゴスラヴィア解体 EC加盟国, マーストリヒト条約調印 地球サミット 韓 中 国交樹立
		細川護熙	5	1993	7 第40回衆議院議員総選挙で自民党過半数割れ, 8 非自民8会派連立の細川護熙内閣成立(**55年体制**終わる) ○米の大凶作, 緊急輸入 ○ゼネコン汚職	1993	曙, 初の外国人横綱 日本初のプロサッカーJリーグ開幕 屋久島, 白神山地が世界自然遺産に, 法隆寺地域の仏教建造物, 姫路城が世界文化遺産に, ともに日本初登録	1993	イスラエル・PLO相互承認 ヨーロッパ連合(EU)発足
		羽田孜 / 村山富市	6	1994	4 細川首相, 資金疑惑で辞職(後継羽田孜首相) 6 松本サリン事件 自民・社会・さきがけ連立の村山富市内閣成立 12 新進党結成	1994	青森県三内丸山遺跡で大型建物跡発見 大江健三郎, ノーベル文学賞受賞 古都京都の文化財が世界文化遺産に登録	1994	南ア, 黒人のマンデラ大統領就任 金日成北朝鮮主席死去
			7	1995	1 **阪神・淡路大震災** 3 地下鉄サリン事件 9 日銀公定歩合0.5%と過去最低(低金利時代～) 11 食糧法施行, 食糧管理法廃止	1995	高速増殖炉「もんじゅ」試運転中にナトリウム漏えい事故 白川郷・五箇山の合掌造集落が世界文化遺産に登録	1995	世界貿易機関(WTO)発足
		橋本龍太郎(1)	8	1996	1 橋本龍太郎3党連立内閣成立 3 薬害エイズ訴訟和解成立 らい予防法廃止 10 第41回総選挙(小選挙区比例代表並立制) 11 第2次橋本内閣, 自民党単独内閣で成立	1996	原爆ドーム, 厳島神社が世界文化遺産に登録	1996	国連総会, 包括的核実験禁止条約(CTBT)を採択 ペルー日本大使公邸人質事件
		橋本龍太郎(2)	9	1997	4 **消費税**率5%に引き上げ 6 改正男女雇用機会均等法成立(99年施行) 9「日米防衛協力のための指針」(**新ガイドライン**)に合意 12 山陽自動車道全線開通 ○不況下の国民負担増, 金融機関の破綻あいつぐ	1997	アイヌ文化振興法成立 臓器移植法成立(脳死は人の死) 土井隆雄, 日本人初の宇宙遊泳 ◎たまごっち大流行	1997	中 英 香港の中国返還 対人地雷禁止条約署名(99年発効) **京都議定書**採択
		小渕恵三	10	1998	6 金融システム改革法成立 7 第18回参院選で自民党惨敗, 橋本首相退陣 小渕恵三内閣成立 ◎実質経済成長率, 戦後2度目のマイナス成長	1998	冬季オリンピック長野大会開催 日本, サッカーワールドカップ初出場	1998	インド, パキスタン核実験
			11	1999	5 周辺事態安全確保法など**新ガイドライン関連法**成立 6 男女共同参画社会基本法公布 7 新農業基本法成立 8 国旗・国歌法成立 9 茨城県東海村の核燃料工場で臨界事故発生	1999	奈良県飛鳥池遺跡で**富本銭**と鋳型出土 日光の社寺が世界文化遺産に登録	1999	NATO軍によるユーゴ空爆
2000		(1)森喜朗(2)	12	2000	4 介護保険制度始まる 小渕首相急病 森喜朗内閣発足 7 三宅島で噴火, 全島民避難 九州・沖縄サミット開催	2000	白川英樹, ノーベル化学賞受賞 琉球王国のグスク及び関連遺産群が世界文化遺産に登録	2000	韓 北 南北首脳会談
		小泉純一郎(1)	13	2001	1 中央省庁再編(1府12省庁) 2「えひめ丸」が米国原子力潜水艦に衝突され沈没 4 小泉純一郎内閣発足 5 ハンセン病訴訟で政府が控訴断念 6 大阪府池田市内小学校で児童殺傷事件 9 国内初のBSE感染牛発見 11 テロ対策特別措置法公布 ○完全失業率5%突破	2001	野依良治, ノーベル化学賞受賞	2001	米 9.11同時多発テロ事件 アフガニスタン空爆
			14	2002	5 経団連と日経連が統合, 日本経団連発足 7 日本郵政公社法公布 8 住民基本台帳ネットワーク稼働開始 9 日朝首脳会談, 日朝平壌宣言 10 北朝鮮に拉致されていた5人が帰国	2002	サッカーワールドカップ日本・韓国共催 小柴昌俊, ノーベル物理学賞受賞 田中耕一, ノーベル化学賞受賞	2002	欧州単一通貨ユーロ流通開始 アフリカ連合(AU)発足
			15	2003	5 個人情報保護法成立 6 武力攻撃事態対処法など有事関連3法成立 8 イラク復興支援特別措置法公布 12 米国産牛肉輸入禁止			2003	イラク戦争
		小泉純一郎(2)	16	2004	1 イラクへ自衛隊派遣 6 国民保護法など有事法制関連7法成立 10 新潟県中越地震	2004	紀伊山地の霊場と参詣道が世界文化遺産に登録	2004	スマトラ沖大地震
		小泉純一郎(3)	17	2005	4 JR西日本福知山線で脱線事故 10 道路公団民営化 郵政民営化法公布 ◎平成の市町村大合併(2003～05にピーク)	2005	愛知万博開催		

政治・経済・社会の時代区分: 55年体制(バブル経済とその崩壊)(1989～1993) / (自民党政権の復活)(ゼネコンの倒産・金融破綻)(1996～2000)

文化の時代区分: 情報化社会の文化(漫画文化の盛行)(1990～1996) / 情報化社会の文化(インターネット急速に広まる)(1998～2001)

朝鮮: 大韓民国 / 朝鮮民主主義人民共和国 **中国:** 中華人民共和国

中 中国 米 アメリカ ソ ソ連 韓 韓国 英 イギリス 北 北朝鮮

現代 平成

西暦	天皇	内閣	年号	西暦	政治・経済・社会		西暦	文化		朝鮮	中国	西暦	世界の動き
	(明仁上皇)	小泉(3) (1)安倍晋三	平成18	2006	7 イラクから陸上自衛隊撤収 9 安倍晋三内閣発足 12 改正教育基本法公布	(自民党中心の連立政権)	2006	奈良県高松塚古墳，石室解体に向け墳丘発掘開始	情報化社会の文化(スマートフォン急速に普及)	大韓民国 朝鮮民主主義人民共和国	中華人民共和国	2006	北 初の地下核実験 世界人口推計65億人突破
		福田康夫	19	2007	1 防衛庁が省に昇格 2 年金記録問題浮上 5 国民投票法成立 7 第21回参院選で自民党惨敗(ねじれ国会) 9 福田康夫内閣発足		2007	石見銀山遺跡とその文化的景観が世界文化遺産に登録					
		麻生太郎	20	2008	7 北海道洞爺湖サミット 9 麻生太郎内閣発足 ○世界的な金融危機		2008	南部陽一郎・小林誠・益川敏英，ノーベル物理学賞受賞 下村脩，ノーベル化学賞受賞				2008	米 証券大手リーマンブラザーズ経営破綻 初の黒人大統領オバマ当選
		鳩山由紀夫	21	2009	3 ソマリア沖へ護衛艦派遣 5 裁判員制度開始 8 第45回総選挙，民主党圧勝 9 鳩山由紀夫内閣発足								
2010		菅直人	22	2010	4「高校無償化」制度開始 6 子ども手当支給開始 菅直人内閣発足 9 尖閣諸島沖で中国漁船が日本の巡視船に衝突	(民主党政権)	2010	小惑星探査機はやぶさ，イトカワから帰還 鈴木章・根岸英一，ノーベル化学賞受賞				2010	米 ロ 新START(戦略兵器削減条約)調印 北 韓国延坪島を砲撃
		野田佳彦	23	2011	3 **東日本大震災**，東京電力福島第一原発事故 9 野田佳彦内閣発足 ◎尖閣・竹島をめぐり，日中・日韓の関係悪化		2011	サッカー女子ワールドカップ，なでしこジャパンが優勝 平泉が世界文化遺産に登録 山本作兵衛の炭坑記録画がユネスコ「世界の記憶」に登録				2011	アラブ諸国に「アラブの春」，リビアのカダフィ政権崩壊
			24	2012	8 消費税関連法成立 10 米軍，沖縄にオスプレイ配備 12 第46回総選挙，自民・公明両党が圧勝 第2次安倍内閣発足	(自民党政権の復活)	2012	東京スカイツリー開業 山中伸弥，ノーベル生理学・医学賞受賞				2012	米 オバマ再選 中 習近平体制発足 北 金正恩体制発足
		安倍晋三(2)	25	2013	1 東京証券取引所と大阪証券取引所が合併，日本取引所グループ誕生 4 公職選挙法改正(インターネット選挙運動解禁) 7 第23回参院選，自民党が圧勝(両院のねじれ状態解消)		2013	慶長遣欧使節関係資料，『御堂関白記』がユネスコ「世界の記憶」に登録 富士山が世界文化遺産に登録 2020年オリンピック開催地，東京に決定				2013	EU28か国に拡大
			26	2014	4 **消費税**率8%に引き上げ 12 第47回総選挙，自民・公明両党が引き続き3分の2以上の議席を維持 第3次安倍内閣発足		2014	**富岡製糸場**が世界文化遺産に登録 赤崎勇・天野浩・中村修二，ノーベル物理学賞受賞				2014	過激派組織のIS(“イスラム国”)，イラク・シリアで勢力拡大 ロ ロシア，クリミアを連邦へ編入表明
		安倍晋三(3)	27	2015	6 改正公職選挙法(18歳選挙権)成立 9 安全保障関連法成立 10「マイナンバー法」施行 TPP交渉大筋合意		2015	明治日本の産業革命遺産が世界文化遺産に登録 シベリア抑留と引揚げ関係資料，『東寺百合文書』がユネスコ「世界の記憶」に登録 大村智，ノーベル生理学・医学賞受賞 梶田隆章，ノーベル物理学賞受賞 理化学研究所，新元素の人工合成に成功(原子番号113番ニホニウム)				2015	米 キューバと国交回復 ミャンマー総選挙で野党NLDが圧勝 仏 パリ同時多発テロ事件 パリ協定採択 ASEAN共同体発足
			28	2016	4 熊本地震 5 伊勢志摩サミット開催 7 第24回参院選で18歳選挙権適用，自民・公明過半数維持 8 台風(10号)が東北に上陸(観測史上初)		2016	国立西洋美術館が世界文化遺産に登録 大隅良典，ノーベル生理学・医学賞受賞				2016	英 国民投票で過半数がEU離脱を支持 米 大統領選でトランプ当選(公職経験のない初の大統領)
		安倍晋三(4)	29	2017	10 第48回総選挙，自民党単独で過半数を大きく上まわる議席獲得 11 第4次安倍内閣発足 12 閣議，2019年4月の天皇退位・5月の新天皇即位を決定		2017	「神宿る島」宗像・沖ノ島と関連遺産群が世界文化遺産に登録 朝鮮通信使に関する記録と上野三碑がユネスコ「世界の記憶」に登録				2017	IS(“イスラム国”)のイラク・シリアでの拠点都市陥落
			30	2018	6 成人年齢を18歳とする改正民法が成立(施行は2022年4月) 大阪府北部地震 9 北海道胆振東部地震		2018	長崎と天草地方の潜伏キリシタン関連遺産が世界文化遺産に登録 本庶佑，ノーベル生理学・医学賞受賞				2018	韓 北 南北首脳会談 米 北 初の米朝首脳会談
	今上		令和1	2019	4 明仁天皇が退位 5 徳仁親王が即位 **●令和時代⬇** 10 消費税を10%に引き上げ								
			2	2020	○国内でも新型コロナウイルスが流行 3 東京オリンピック・パラリンピックの1年延期を決定 9 菅義偉内閣発足							2020	新型コロナウイルスが世界的に流行 米 大統領選で民主党のバイデン当選(史上最多得票)
		菅義偉	3	2021	○新型コロナウイルスの流行続く 7～9 東京2020オリンピック・パラリンピック競技大会開催 10 岸田文雄内閣発足 11 第2次岸田内閣発足		2021	眞鍋淑郎，ノーベル物理学賞受賞				2021	米 アメリカ，アフガニスタンから完全撤退
		岸田文雄(1)(2)	4	2022	○新型コロナウイルス，変異株により引き続き流行 7 安倍晋三元首相，銃撃を受け死亡		2022	北京冬季オリンピックで日本選手が冬季過去最多の18メダル獲得				2022	ロ ロシア軍，ウクライナ侵攻

北 北朝鮮　米 アメリカ　ロ ロシア　中 中国
仏 フランス　英 イギリス　韓 韓国

青字は人名を表す。赤字は文化関連の作品・用語，建築・寺社を表す。

き

く

け

こ

さ

し

す

せ

写真資料所蔵・提供・協力一覧(敬称略，50音順)

相澤忠洋記念館 / 愛知教育大学 / 愛知県教育委員会 / 愛知大学国際中国学研究センター / 会津若松市 / 会津若松市立会津図書館 / アイヌ民族博物館 / 青森県教育庁文化財保護課 / 青森県埋蔵文化財調査センター / 青山融 / 阿賀野市商工観光課 / 秋田県立近代美術館 / 秋田県立博物館 / 秋葉剛士 / 赤穂市立歴史博物館 / 浅沼光晴 / 朝日新聞社 / 朝日放送 / アジア経済研究所図書館 / 足利市教育委員会 / 飛鳥園 / 飛鳥資料館 / 飛鳥寺(安居院) / 明日香村 / 明日香村教育委員会 / 安土城天主信長の館 / アーテファクトリー / アート・エフ / アフロ / 安倍文殊院 / 尼崎市立地域研究史料館 / 天草市立天草キリシタン館 / 天草市立天草コレジヨ館 / アマナイメージズ / 新井家 / 新居関所史料館 / 有田陶磁美術館 / 淡路市教育委員会 / 安城市歴史博物館 / 安藤綾信 / 安養院 / 飯田市教育委員会 / 飯塚市歴史資料館 / 壱岐市教育委員会 / 池上本門寺 / 石井礼子 / 石川県立歴史博物館 / 石戸信也 / 石橋財団石橋美術館 / 石橋財団ブリヂストン美術館 / 石山寺 / 伊豆の国市 / 和泉市教育委員会 / 和泉市久保惣記念美術館 / 出雲大社 / 石上神宮 / 板垣真誠 / 伊丹市立博物館 / 一乗寺 / 一戸町教育委員会 / 厳島神社 / 一般財団法人石川武美記念図書館成簣堂文庫 / 一般財団法人黒船館 / 一般財団法人 J. フロントリテイリング史料館 / 一般財団法人奈良県ビジターズビューロー / 一般財団法人西陣織物館 / 一般財団法人白虎隊記念館 / 井手三千男 / 出光美術館 / 犬山市観光協会 / 伊能忠敬記念館 / 茨城県天心記念五浦美術館 / 茨城県立図書館 / 茨城県立歴史館 / 今城塚古代歴史館 / 彌高神社 / 入船山記念館 / 岩宿博物館 / 岩手県立博物館 / 植木町合併特例区 / 上田市立博物館 / 上野邦一 / 上野則宏 / 宇治市教育委員会 / 臼杵市教育委員会 / エイチ・ツー・オー リテイリング株式会社 / 枝幸町教育委員会 / NNP / 絵葉書資料館 / 愛媛県立宇和島南中等教育学校 / 円覚寺 / 延暦寺 / 奥州市立後藤新平記念館 / 近江八幡市 / 大分県教育庁埋蔵文化財センター / 大分県立歴史博物館 / 大久保利泰 / 大倉集古館 / 大阪城天守閣 / 大阪府教育委員会 / 大阪府文化財センター / 大阪府立大学学術情報センター図書館 / 大阪府立近つ飛鳥博物館 / 大阪府立弥生文化博物館 / 大阪歴史博物館 / 大避神社 / 大谷大学博物館 / 大田原市教育委員会 / 大塚写真事務所 / 大原美術館 / 大神神社 / 大山崎町歴史資料館 / 岡田美術館 / 岡田靖 / 岡本太郎記念現代芸術振興財団 / 岡安直行 / 岡山県立博物館 / 岡山市教育委員会 / 億岐家宝物館 / 小城市教育委員会 / 沖縄県公文書館 / 沖縄県立芸術大学附属図書・芸術資料館 / 沖縄県立博物館・美術館 / 奥村彪生 / 小田原城天守閣 / 小千谷縮同業協同組合 / お茶の水女子大学 / 小野市 / 表千家不審菴 / オフィスルリ / オリエンタルランド / 海住山寺 / 甲斐善光寺 / 外務省 / 外務省外交史料館 / 香川県環境森林部みどり保全課 / 香川元太郎 / 賀川豊彦記念松沢資料館 / 加計正弘 / 鹿児島県歴史資料センター黎明館 / 鹿児島市立美術館 / 橿原市教育委員会 / 鹿島市教育委員会 / 春日市教育委員会 / 香月直樹 / 学校法人北里研究所 北里柴三郎記念室 / 華道家元池坊総務所 / 神奈川県立近代美術館 / 神奈川県立歴史博物館 / 株式会社伊勢半本店 / (株)NHK エンタープライズ / 株式会社 TBS テレビ / (株)ファンティック / 鎌倉国宝館 / 鎌倉秀雄 / 上郡町教育委員会 / かみつけの里博物館 / 唐澤博物館 / 唐津市教育委員会 / 川越市立博物館 / 川崎市市民ミュージアム / 川端康成記念会 / 元興寺 / 韓国国立中央博物館 / 願成寺 / 観心寺 / 神田明神 / 菊正宗酒造記念館 / 木更津市郷土博物館金のすず / 喜多院 / 北上市教育委員会 / 北区立中央図書館 / 北野天満宮 / 記念艦「三笠」 / 黄八丈めゆ工房 / 旧開智学校管理事務所 / 九州国立博物館 / 九州大学附属図書館 / 九州歴史資料館 / 灸まん美術館 / 共同通信社 / 京都外国語大学付属図書館 / 京都国立博物館 / 京都市歴史資料館 / 京都大覚寺 / 京都大学生存圏研究所 / 京都大学総合博物館 / 京都大学附属図書館 / 京都府 / 京都府立総合資料館 / 京都府立丹後郷土資料館 / 近現代フォトライブラリー / 櫛引八幡宮 / 工藤弘之 / 宮内庁 / 宮内庁京都事務所 / 宮内庁書陵部 / 熊野那智大社 / 久米美術館 / 暮しの手帖社 / 倶利伽羅神社 / 栗原市 / クリプトン・フューチャー・メディア株式会社 / 呉市 / 郡上市立白山文化博物館 / 群馬県立日本絹の里 / 慶應義塾広報室 / 慶應義塾大学文学部古文書室 / 慶應義塾図書館 / 慶應義塾福沢研究センター / 恵泉女学園 / 京葉測量株式会社 / ゲッティイメージズ / 建長寺 / 建仁寺 / 玄福寺 / 小泉淳作 / 光雲寺 / 公益財団法人愛知県教育・スポーツ振興財団愛知県埋蔵文化財センター / 公益財団法人アイヌ文化振興・研究推進機構 / 公益財団法人永青文庫 / 公益財団法人大阪府文化財センター / 公益財団法人紙の博物館 / 公益財団法人京都市埋蔵文化財研究所 / 公益財団法人京都府埋蔵文化財調査研究センター / 公益財団法人群馬県埋蔵文化財調査事業団 / 公益財団法人高野山文化財保存会 / 公益財団法人五島美術館 / 公益財団法人竹中大工道具館 / 公益財団法人東洋文庫 / 公益財団法人土門拳記念館 / 公益財団法人京都市埋蔵文化財研究所 / 公益財団法人鍋島報效会 / 公益財団法人日産厚生会 / 公益財団法人日本美術刀剣保存協会 / 公益財団法人芭蕉翁顕彰会 / 公益財団法人広島県教育事業団 / 公益財団法人三井文庫 / 公益財団法人陽明文庫 / 公益財団法人横浜市ふるさと歴史財団埋蔵文化財センター / 公益社団法人日本相撲協会 / 公益社団法人日本俳優協会 / 公益社団法人能楽協会 / 公益財団法人冷泉家時雨亭文庫 / 皇居三の丸尚蔵館 / 高山寺 / 高台寺 / 講談社 / 高知県立坂本龍馬記念館 / 高知県立歴史民俗資料館 / 高知市立市民図書館 / 高知市立自由民権記念館 / 交通科学博物館 / 高徳院 / 豪徳寺 / 幸徳秋水を顕彰する会 / 興福寺 / 神戸市 / 神戸市教育委員会 / 神戸市立博物館 / 高野山龍光院 / 光楽堂 / 廣隆寺 / 郡山城史跡柳沢文庫保存会 / 粉河寺 / 古環境研究所 / 國學院大學研究開発推進センター / 國學院大學図書館 / 国際日本文化研究センター / 国際放映 / 国土地理院 / 国土地理院ウェブサイト http://mapps.gsi.go.jp/ 国文学研究資料館 / 国分寺市教育委員会 / 極楽律寺 / 国立科学博物館 / 国立教育政策研究所教育図書館 / 国立劇場 / 国立公文書館 / 国立国会図書館 / 国立能楽堂 / 国立保健医療科学院図書館 / 国立歴史民俗博物館 / 後藤克典 / 小西酒造 / 小林泰三 / 小林英好 / 金地院 / 金王八幡宮 / 金刀比羅宮 / 西大寺 / 埼玉県立さきたま史跡の博物館 / さいたま市 / さいたま市立漫画会館 / (財)アダチ伝統木版画財団 / 財団法人美術院 / 堺・葉山・鶴田顕彰会 / 佐賀県教育委員会 / 佐賀県立博物館 / 作兵衛(作たん)事務所 / 桜井市教育委員会 / 佐世保市教育委員会 / 佐藤大規 / 真田宝物館 / 佐野市郷土博物館 / サントリー美術館 / 三仏寺 / シアトル仏教会 / JR 東日本 / JTB フォト / ジオグラフィックフォト / 塩尻市立平出博物館 / 滋賀県立安土城考古博物館 / 滋賀県立琵琶湖文化館 / 滋賀大学経済学部附属史料館 / 信貴山朝護孫子寺 / 茂山狂言会 / 慈済院 / 時事通信社 / 時事通信フォト / 慈照寺 / 静岡県埋蔵文化財センター / 静岡市教育委員会 / 静岡浅間神社 / 四天王寺 / シーピーシー・フォト / 渋沢史料館 / 島根県教育委員会 / 島根県教育庁埋蔵文化財調査センター / 島根県立古代出雲歴史博物館 / 島根県立美術館 / 四万十市立郷土資料館 / 清水吉一 / 下関市教育委員会 / JICA 横浜海外移住資料館 / 聖衆来迎寺 / 重要文化財旧開智学校校舎 / 首里城公園管理センター / 常栄寺 / 上越市立総合博物館 / 小学館 / 相国寺 / 尚古集成館 / 照西寺 / 清浄光寺(遊行寺) / 正倉院宝物 / 正倉院宝物・正倉 / 松竹株式会社 / 上智大学キリシタン文庫 / 承天閣美術館 / 浄土寺 / 正福寺 / 聖福寺 / 消防博物館 / 聖林寺 / 浄瑠璃寺 / 昭和館 / 市立市川考古博物館 / 市立岡谷蚕糸博物館 / シルク博物館 / 新疆ウイグル自治区博物館 / 神宮徴古館農業館 / 神護寺 / 真珠庵 / 真宗大谷派(東本願寺) / 信州大学附属図書館中央図書館 / 新宿歴史博物館 / 真正極楽寺(真如堂) / 新城市設楽原歴史資料館 / 真如苑 / 新薬師寺 / 水産航空 / 水平社博物館 / 鈴木輝夫 / 鈴田滋人 / 隅田八幡神社 / 住友史料館 / 住吉大社 / 相撲博物館 / 静嘉堂文庫美術館 / 聖徳記念絵画館 / セブン＆アイ HLDGS. / 仙台市博物館 / 早雲寺 / 総合地球環境学研究所 / 外ヶ浜町教育委員会 / ソニー株式会社 / 醍醐寺 / 大成建設株式会社 / 大仙院 / 太地町くじらの博物館 / 台東区立朝倉彫塑館 / 大徳寺派宗務本所 / 高木侃 / 高崎市教育委員会 / 高島屋史料館 / 鷹司尚武 / 高月観音の里歴史民俗資料館 / 高槻市教育委員会 / 高野長英記念館 / 高橋昌明 / 宝塚歌劇団 / 田川市 / 竹川浩平 / 竹久夢二伊香保記念館 / 竹久夢二美術館 / 畳ショップオカベ / 立花家史料館 / 田付新 / 龍野歴史文化資料館 / 館山市立博物館 / 田中重 / 種子島時邦 / 種子島開発総合センター / たばこと塩の博物館 / 田原市博物館 / 玉川大学教育博物館 / 田原本町教育委員会 / 談山神社 / 知恩院 / 竹葉亭 / 智積院 / 千總 / 茅野市尖石縄文考古館 / 千葉県香取市伊能忠敬記念館 / 千葉県立関宿城博物館 / 千葉県立中央博物館 / 千葉県立房総のむら / 千葉市立加曽利貝塚博物館 / 中央公論新社 / 中央日報 / 中宮寺 / 中国国家博物館 / 中尊寺 / 中日新聞社 / 長興寺 / 長善寺 / 知立市歴史民俗資料館 / 知里幸恵銀のしずく記念館 / 九華明神鎭國守國神社 / つがる市教育委員会 / つがる市森田歴史民俗資料館 / 津田塾大学津田梅子資料室 / 津野町教育委員会 / 坪田恵子 / 鶴岡市郷土資料館 / 津和野町郷土館 / DNPartcom / 鉄道博物館 / 天理大学附属天理図書館 / 天龍寺 / 土井ヶ浜遺跡・人類学ミュージアム / 東奥日報社 / 十日町市博物館 / 東京学芸大学附属図書館 / 東京ガス株式会社 / 東京藝術大学 / 東京国立近代美術館 / 東京国立博物館 Image : TNM Image Archives / 東京大学地震研究所 / 東京大学史料編纂所 / 東京大学総合研究博物館 / 東京大学総合図書館 / 東京大学法学部附属明治新聞雑誌文庫 / 東京電力 / 東京都教育委員会 / 東京都埋蔵文化財センター / 東京都立大学図書館 / 東京都立中央図書館特別文庫室 / 東京都歴史文化財団イメージアーカイブ / 東京農工大学科学博物館 / 東京富士美術館 /© 東京富士美術館イメージアーカイブ / 東京文化財研究所 / 東京メトロ / 東寺 / 等持院 / 東芝未来科学館 / 藤樹書院 / 東照宮博物館 / 唐招提寺 / 東書文庫 / 東大寺 / 東宝 / 東北大学附属図書館 / 東北歴史博物館 / 同盟通信社 / 遠山記念館 / 東洋紡 / 徳川記念財団 / 徳川美術館 / @徳川美術館イメージアーカイブ / 徳川ミュージアム / 徳川林政史研究所 / 徳島県立埋蔵文化財総合センター / 独立行政法人大学入試センター / 栃木県立博物館 / 鳥取県埋蔵文化財センター / 凸版印刷株式会社印刷博物館 / 苫小牧市美術博物館 / 富岡市 富岡製糸場 / 冨島義幸 / 富山県立図書館 / 豊丘村教育委員会 / 豊田市郷土資料館 / トヨタテクノミュージアム産業技術記念館 / トヨタ博物館 / 豊橋市美術博物館 / 内藤昌 / 内藤記念くすり博物館 / 内藤泰彦 / 中淳志 / 長岡京市教育委員会 / 長岡京市埋蔵文化財センター / 中岡慎太郎館 / 長崎県教育委員会 / 長崎市永井隆記念館 / 長崎大学附属図書館 / 長崎大学附属図書館経済学部分館 / 長崎歴史文化博物館 / 中澤ミサヨ / ナガタ地図表現研究所 / 中津城(奥平家歴史資館) / 中西立太 / 長浜教会 / 長浜市教育委員会 / 中村学園大学図書館 / 中村俊郎 / 名古屋市秀吉清正記念館 / 那覇市歴史博物館 / 奈良県教育委員会事務局 / 奈良県立橿原考古学研究所 / 奈良県立橿原考古学研究所附属博物館 / 奈良国立博物館 / 奈良市教育委員会 / 奈良市役所 / 奈良女子大学附属図書館 / 奈良・長谷寺 / 奈良文化財研究所 / 成瀬京司 / 南禅寺 / 南部町祐生出会いの館 / 新潟県立文書館 / 新潟市歴史博物館 / 西尾市岩瀬文庫 / 西尾市塩田体験館 / 西尾市教育委員会 / 西本願寺 / 2005「ALWAYS 三丁目の夕日」製作委員会 / 日刊工業新聞社 / 日光東照宮社務所 / 日光東照宮宝物館 / 佐倉厚生園 / 日清食品ホールディングス / 日本オリンピック委員会 / 日本銀行 / 日本銀行金融研究所貨幣博物館 / 日本銀行金融研究所アーカイブ / 日本近代史研究会 / 日本近代文学館 / 日本経済新聞社 / 日本女子大学成瀬記念館 / 日本漫画資料館 / 日本民藝館 / 日本レスリング協会 / 人形浄瑠璃文楽座むつみ会 / 人間国宝美術館 / 人間文化研究機構国文学研究資料館 / 任天堂株式会社 / 仁和寺 / 根津美術館 / 根本章雄 / 野尻湖発掘調査団 / 野村万作 / バージョン / 芳賀ライブラリー / 萩市教育委員会 / 萩博物館 / 白毫院 / 博物館 明治村 / 函館市中央図書館 / 箱根町立郷土資料館 / 長谷川重子 /© 長谷川町子美術館 / 畠山記念館 / 八王子市郷土資料館 / 八戸市是川縄文館 / 土津神社 / 羽曳野市教育委員会 / 浜松市楽器博物館 / 林原美術館 / 阪急コミュニケーションズ / 阪急阪神ホールディングス株式会社 / 阪急文化財団池田文庫 / 東吾妻町教育委員会 / 東近江市教育委員会 / 東大阪市教育委員会 / 彦根城博物館 / 一松神社 / ピーピーエス通信社 / Peabody Essex Museum / 姫路市 / 兵庫県立考古博物館 / 平等院 / 平井良直 / 平泉町教育委員会 / 平戸市教育委員会 / 広島県立埋蔵文化財センター / 広島県立歴史博物館 / 広島市 / 広島平和記念資料館 / FondationFoujita / 風俗博物館 / フェリス女学院資料室 / フォッサマグナミュージアム / 福井県立歴史博物館 / 福井県立若狭歴史民俗資料館 / 福井県文書館 / 福井市立郷土歴史博物館 / 福岡県立アジア文化交流センター / 福岡市経済観光文化局文化財保護課 / 福岡市博物館 / 福岡市埋蔵文化財センター / 福岡ソフトバンクホークス / 福島県会津美里町教育委員会 / 福島県立博物館 / 福山誠之館同窓会 / 藤井斉成会有鄰館 / 藤井尚夫 / 藤枝市郷土博物館 / 藤田美術館 / 藤森照信 / 双葉社 / 府中市郷土の森博物館 / 富貴寺 / 物流博物館 / 部落解放同盟中央本部 / 文化学園服飾博物館 / 文化庁 / 便利堂 / 法界寺 / 宝鏡寺 / 宝慶寺 / 方広寺 / 芳洲会 / 法政大学大原社会問題研究所 / 法政大学史委員会 / 房総のむら / 法隆寺 / 星貴 / 北海道大学附属図書館 / 北海道博物館 / 法華寺 / 堀田祐治 / 福泉博物館 / 穂積和夫 / 本願寺 / 本法寺 / 舞鶴市教育委員会 / 毎日新聞社 / MaurieAshland / 前田育徳会 / 牧之原市史料館 / マスプロ美術館 / 松浦市教育委員会 / 松浦史料博物館 / 松戸市教育委員会 / 松戸市立博物館 / 松本城管理事務所 / 曼殊院門跡 / 万次郎直系５代目・中濱京 / 港自治会 / 三木文庫 / 三谷一馬 / 三井記念美術館 / 三越伊勢丹 / 三菱東京 UFJ 銀行貨幣資料館 / 御寺泉涌寺 / 水戸市立博物館 / 水無瀬神宮 / 港区立港郷土資料館 / 南伊勢町役場 / MinekoMiyamoto / 三春町歴史民俗資料館 / 宮尾昌弘 / 宮城教育大学附属図書館 / 三宅立雄 / みやこ町歴史民俗博物館 / 宮若市教育委員会 / 妙喜庵 / 妙心寺退蔵院 / 妙智院 / 妙法院 / 民主音楽協会 / 向日市文化資料館 / 武蔵国分寺跡資料館 / 虫プロダクション / 宗像大社 / 村田清風記念館 / 室生寺 / 名鏡勝朗 / 明月院 / 明治学院大学 / 明治大学博物館 / MOA 美術館 / 毛越寺 / 毛利博物館 / 本居宣長記念館 / 元離宮二条城事務所 / 森山知己 / 八重瀬町立具志頭歴史民俗資料館 / 八尾市立歴史民俗資料館 / 薬師寺 / 八雲産業株式会社 / 柳川古文書館 / 山形県河北町 / 山形県河北町紅花資料館 / 山形県立博物館教育資料館 / 山形大学附属博物館 / 山川菊栄記念会 / 山川誠人 / 山口県 / 山口県光市 伊藤公資料館 / 山口県防府天満宮 / 山口市教育委員会 / 山口市経済産業部観光課 / 山田邦和 / 山種美術館 / 山寺芭蕉記念館 / 大和文華館 / 山本耀也 / 八女市岩戸山歴史文化交流館 / 八女市教育委員会 / 悠工房 / 郵政博物館 / 友禅史会 / 湯島聖堂内財団法人斯文会 / University of Toronto Roberts Library / ユニフォトプレス / 湯前町教育委員会 / 余市町教育委員会市川文庫 / 養源院 / 横須賀市自然・人文博物館 / 横浜開港資料館 / 横浜市教育委員会 / 横浜市中央図書館 / 横浜市歴史博物館 / 横浜都市発展記念館 / 横浜美術館 / 米子市教育委員会 / 米沢市上杉博物館 / 読売新聞社 / 嵐山町 / 陸前高田市立博物館 / 立教大学図書館 / 立正大学 / 立命館大学アート・リサーチセンター / 琉球新報社 / 琉球大学考古学研究室 / 流通経済大学三宅雪嶺記念資料館 / 龍安寺 / 麟祥院 / 林風舎 / 零羊崎神社 / 鹿苑寺 / 碌山美術館 / 六所神社 / 六波羅蜜寺 / WWP / Y.MAEDA & JASPAR / 若宮八幡宮社 / 和歌山県 / 和歌山市立博物館 / 早稲田大学會津八一記念博物館 / 早稲田大学演劇博物館 / 早稲田大学大学史資料センター / 早稲田大学図書館 / 和田由貴夫 / ワールドフォトサービス / JASRAC 出 1316143-311

図説 日本史通覧

2014年2月25日　初版発行
2024年2月20日　印刷

監修
東京大学名誉教授
黒田 日出男
編集協力　唐杉 素彦

編　集　帝国書院編集部
発　行　株式会社　帝国書院
〒101-0051　東京都千代田区神田神保町3-29
電話 03-3262-4795(代)　振替口座 00180-7-67014
URL https://www.teikokushoin.co.jp/

【考察解答】【解説】のもくじ

【考察解答】…『図説日本史通覧』本体「ヒストリースコープ」の考察の解答例
【STEP2 解答】…本体巻頭特集「読み解き演習」STEP2 の解答
【解説】 …「ヒストリースコープ」「読み解き演習」の解説

図説　日本史通覧　別冊付録
日本史重要史料
編集　帝国書院編集部　　発行　株式会社帝国書院
2024 年 2 月 20 日印刷　　33949

読み解き演習

巻頭 7 ～ 18　特集 読み解き演習①～⑤

巻頭 7 1【STEP2 解答】 ⓐ 512　ⓑ布　ⓒはだし

【解説】ⓐは**資料 2** の梁の時代の朝貢に、ⓑは**資料 3** の文面にそれぞれ注目する。**資料 1** の「梁職貢図」は梁の 4 代皇帝 元帝が即位前に描いたといわれ、現存しているものは後世の模本である。**資料 2** にあるように倭国が梁に朝貢した事実は確認できないため、職貢図の倭国使は古い記録にもとづく想像図と考えられる。その描かれ方には、中華思想(→巻頭 7「**■東アジアでの「文明」と「野蛮」**」)によって倭を野蛮な遅れた地域とみなす意識が現れていると指摘されている。のち、隋の時代に倭国の遣隋使は隋の皇帝から倭国の風習が文明的でないと批判され(→本体 p.47 図④)、やがて倭国は国号を日本と改めて中国をモデルに律令国家を形成していく。奈良時代には、日本は自らを中華になぞらえ、蝦夷や隼人、朝鮮半島の各国を属国として扱おうとするようになっていった(→本体 p.55,72,81)。

巻頭 8 2【STEP2 解答】 ⓐ木材　ⓑ白昼強盗　ⓒ精兵　ⓓ木材

【解説】それぞれ**資料 4** ～**資料 7** の内容に注目する。**資料 4** では足軽が戸板や床板などの木材を運び出し、**資料 7** ではそうした木材で建物を築いている。当時の農民はみな武装しており、土一揆(→本体 p.126)などで戦闘の経験も豊富であった。この経験を背景に、飢饉・戦乱など何らかの理由で農村を離れた農民たちが足軽に雇われたと考えられている。一方、こうした足軽の活動を**資料 5** で「白昼強盗」とよんだ一条兼良は、将軍足利義尚に足軽の禁止を求めた。なお、**資料 5**『樵談治要』は、兼良が義尚に対して政治についての意見をまとめたものである(→別冊付録 p.15 史料⑳)。

巻頭 9 1【STEP2 解答】 ⓐ税　ⓑ志富田荘

【解説】ⓐは SKILL の「**■領域型荘園**」に注目する。国司に納める税とは租(→本体 p.64)のことで、領域型荘園は租の納入を免除される不輸租田であった。ⓑは**資料 1** で桛田荘の南にある志富田荘に注目し、**資料 2** の年表で桛田荘との境界争いを確認する。**資料 1** の絵図は、かつては荘園としての認可手続き(この手続きを立券荘号または立荘という)の際に描かれたものと考えられていたが、牓示が置かれた位置について説明書きがない点が荘園の領域を確定した絵図としては不自然なため、現在では境界争いに関連して作成されたとする見解が主流となっている。

巻頭 10 2【STEP2 解答】 ⓐ農業　ⓑ土木・治水

【解説】ⓐⓑともに**資料 4** の内容に注目する。享保の改革のもと、年貢収入の増加をめざしていた幕府は、土木・治水技術をもつ井沢弥惣兵衛を飯沼干拓の担当者に任命し、井沢は開発に積極的に協力した。飯沼の水を抜く排水路(Step1)は、井沢の発案により、飯沼と菅生沼とを結ぶ河川として開削された。なお、周辺の村々はこれ以前にも飯沼干拓・新田開発を出願していたが(→本体 p.185)、幕府は許可してこなかった。これは、江戸時代初期に各地で新田開発が進んだ結果、開発の弊害が現れ、幕府が開発を抑制するようになっていたためと考えられている(→本体 p.166)。

巻頭 11 1【STEP2 解答】 ⓐ戸籍　ⓑ特産物

【解説】ⓐは SKILL の「**■木簡の読解ポイント**」の注記を参照。個人は大家族の戸ごとに戸籍に登録されていた。ⓑはやはり「**■木簡の読解ポイント**」の「**■奈良時代の税の種類**」にある、調の内容解説に注目する。なお、木簡の発見により、律令国家形成前後のさまざまな事実が明らかになった。その内容は本体 p.56・61・66 を参照。

巻頭 12 2【STEP2 解答】 ⓐ戸石　ⓑ恩賞

【解説】ⓐは**資料 5** の図⑧「武田軍と真田幸隆の動向」に、ⓑは SKILL の「**■戦国大名と家臣との関係**」に注目する。真田幸隆は 1541 年の敗戦で逃亡した際、戸石城と周辺の領地を他の信濃の武士に奪われており(図⑧)、その回復を願って、信濃に勢力を伸ばしてきた武田勢に加わったと推察できる。また、当時の戦国大名と家臣の関係は、家臣の軍役負担に対して大名が恩賞を与えるという契約関係にあった。このことから、武田信玄は上田攻略にあたり、幸隆の旧領回復に向けた熱意に期待して戸石城攻撃の軍役を幸隆に課し、攻略成功のあかつきには恩賞として旧領周辺を与えると約束したものと考えられる。

巻頭 13 1【STEP2 解答】 ⓐ自主　ⓑ指揮　ⓒ清　ⓓ日朝修好条規　ⓔ冊封

【解説】資料 1 は、1878 年、朝鮮政府が前年に逮捕したフランス人司教を釈放した際、この措置が清の勧告・指導によるものと判明したため、日本の花房代理公使が朝鮮政府に宛てて提出した抗議文である。**資料 2** とあわせると、日朝修好条規の条文をもとに朝鮮に対する清の影響力を削ぎたい日本と、朝鮮は清の冊封国だとして朝鮮に対する指導的な立場を確認したい清との対立状況が鮮明に浮かびあがってくる。

巻頭 14 2【STEP2 解答】 ⓐ元凶じゃあるまいか　ⓑ関東　ⓒ田中(義一)　ⓓ検閲

【解説】張作霖爆殺事件当時、**資料 4** にあるように田中首相ら与党幹部は事件の真相追究に消極的だったが、その背景には首相が陸軍出身という事情もあった。その後、田中は事態を危惧する西園寺公望の意見を受けて真相公表・関係者への厳罰という方針に転換したが、軍部の反対で断行できなかったため昭和天皇の信任を失い、田中内閣は総辞職した。

巻頭 15 1【STEP2 解答】 ⓐ産業　ⓑ第一次　ⓒ世界恐慌　ⓓ太平洋

【解説】ⓐ～ⓓとも、❶❷❹❺の時期にそれぞれ何があったのかを、**資料 3** の図③年表「近代日本のおもなできごと」と対照して確認する。❶の時期には、紡績業・製糸業で産業革命が始まり、その製品が輸出されるとともに、原料となる綿花などの輸入が進んだために、輸出入ともに伸びたと考えられる。

巻頭 16 2【STEP2 解答】 ⓐ 1910　ⓑ第一次世界大戦

【解説】ⓐ STEP1 にあるように、**資料 4** の 1910 年と 1920 年との間で重化学工業の占める割合が増えているため、1910 年代に重化学工業化が進んだことが読み取れる。ⓑ**資料 6** から 1910 年代の半ば～後半にヨーロッパを中心に第一次世界大戦が戦われていたことがわかる。**資料 5** にあるように第一次世界大戦前には世界の機械製品の大半がヨーロッパ諸国で生産されていたが、大戦の勃発でこれら諸国は戦争遂行のための兵器・軍需物資の生産に追われた。その結果、ヨーロッパからの製品輸出が減り、日本で重化学工業の国産化が進んだ。日本の重化学工業はその後、1930 年代にさらに成長した(→本体 p.277)。

巻頭 16 3【STEP2 解答】 ⓐ満州

【解説】ⓐ**資料 7** の棒グラフを見ると、1930 年・34 年・38 年を通じて日本からの輸出が増えているのは朝鮮・台湾と「満州国」である。ブロック経済圏は、本国を中心とする経済圏のなかに植民地や勢力圏を囲い込み、植民地・勢力圏を原料供給地・製品市場として活用して他国製品を排除しようとするもの。**資料 7** が示す日本の輸出動向からは、日本もブロック経済圏建設と同じ方向に進んでいたことが読み取れる。ただし、**資料 7** には日本の輸入についての情報が示されていない点に注意する。1930 年代の日本は、重化学工業の成長と中国での戦争の進展に伴って、原油やくず鉄など重工業製品に必要な資源をアメリカに依存するようになっており(→本体 p.277,285)、日本のブロック経済圏が完成したとはいえない。

巻頭 17 1【STEP2 解答】 ⓐ盲従　ⓑ非常特別税　ⓒ代議士(衆議院議員)

【解説】STEP2 にヒントがあるように、ⓑの解説文と**資料 2** の年表との関連に注目する。盲従とは、ひたすら人の言うままになることをいう。**資料 2** からは、日露戦争の戦費調達のために導入された非常特別税が戦争後も継続し、増税法案が成立し続けていることが読み取れる。国民の負担をよそに政府の求める増税に賛成し続ける代議士たちのようすを、この資料は政府に「盲従」していると表現している。非常特別税の詳細は本文 p.240 を参照。

巻頭 18 2【STEP2 解答】 ⓐナポレオン　ⓑ日清　ⓒヨーロッパ各地　ⓓアジア

【解説】資料 3 は**資料 6** のパロディと考えられ、**資料 6** のキリストや自由の女神像の代わりに、ナポレオンをまねた日本人らしき人物が人々の上に君臨している。日清戦争における日本の勝利から、日本がやがてアジアの人々を従えて西洋に攻め込むという未来像を示したものと解釈できる。ただ、ナポレオンに軍事的征服者としての面とフランス革命の成果を各地に広めた面の両面があるように、**資料 3** も、どの点に批判のポイントがあるのかは、多様な解釈が可能